新中国刑法的立法源流与展望

利子平　蒋帛婷　著

XINZHONGGUO XINGFA DE LIFA YUANLIU YU ZHANWANG

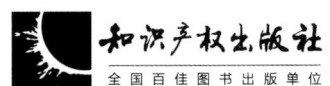

知识产权出版社

全国百佳图书出版单位

图书在版编目（CIP）数据

新中国刑法的立法源流与展望／利子平，蒋帛婷著．—北京：知识产权出版社，2015.12

ISBN 978-7-5130-3987-1

Ⅰ.①新… Ⅱ.①利… ②蒋… Ⅲ.①刑法—立法—研究—中国 Ⅳ.①D924.02

中国版本图书馆 CIP 数据核字（2015）第 296767 号

责任编辑：齐梓伊　　　　　　　　　　责任出版：刘译文

封面设计：SUN 工作室　韩建文

新中国刑法的立法源流与展望

利子平　蒋帛婷　著

出版发行：知识产权出版社 有限责任公司		网　　　址：http：//www.ipph.cn	
社　　址：北京市海淀区西外太平庄 55 号		邮　　　编：100081	
责编电话：010-82000860 转 8176		责 编 邮 箱：qiziyi2004@qq.com	
发行电话：010-82000860 转 8101/8102		发 行 传 真：010-82000893/82005070/82000270	
印　　刷：北京嘉恒彩色印刷有限责任公司		经　　　销：各大网上书店、新华书店及相关专业书店	
开　　本：787mm×1092mm　1/16		印　　　张：90.25	
版　　次：2015 年 12 月第 1 版		印　　　次：2015 年 12 月第 1 次印刷	
字　　数：1820 千字		定　　　价：198.00 元	

ISBN 978-7-5130-3987-1

简　目

详　目

绪言　新中国刑法的立法概况

一、《中华人民共和国刑法》的制定

《中华人民共和国刑法》（以下简称《刑法》）的制定，经历了一个漫长而曲折的过程。

早在新中国成立之初，国家在明令废除以"六法全书"为代表的国民党政权全部法律的同时，即根据需要和可能，先后制定了一些单行刑法。例如，1950 年的《关于镇压反革命活动的指示》《关于严禁鸦片烟毒的通令》，1951 年的《中华人民共和国惩治反革命条例》《妨害国家货币治罪暂行条例》《保守国家机密暂行条例》，1952 年的《中华人民共和国惩治贪污条例》《管制反革命分子暂行办法》等。这些单行刑法在同反革命犯罪和贩运毒品、伪造国家货币、贪污贿赂等犯罪作斗争中，发挥了十分重要的作用。但是，由于当时颁布的单行刑法数量有限、覆盖面不大，司法机关办案主要还是以政策作依据。①因此，在颁布实施单行刑法的同时，我国开始了刑法典的起草工作。

刑法典最初的起草准备工作，是由中央人民政府前法制委员会主持进行的。自 1950 年至 1954 年 9 月，法制委员会先后拟订了两个稿本：一是 1950 年 7 月 25 日的《中华人民共和国刑法大纲草案》（以下简称 1950 年《刑法大纲草案》），该草案分"总则——罪刑指导原则"和"分则——具体犯罪与具体处罚"两大部分，共 12 章 157 条；②二是 1954 年 9 月 30 日的《中华人民共和国刑法指导原则草案（初稿）》（以下简称 1954 年《刑法指导原则草案》）③，该草案除序言外，共 3 章 76 条。④当时，由于社会主义三大改造还没

---

① "在无产阶级领导的以工农联盟为主体的人民民主专政的政权下，国民党的《六法全书》应该废除，人民的司法工作不能再以国民党的《六法全书》作依据，而应该以人民的新法律作依据，在人民的新的法律还没有系统地发布以前，则应该以共产党的政策以及人民政府与人民解放军所发布的各种纲领、法律、命令、条例、决议作依据。在目前，人民的法律还不完备的情况下，司法机关的办事原则，应该是：有纲领、法律、命令、条例、决议规定者，从纲领、法律、命令、条例、决议之规定；无纲领、法律、命令、条例、决议规定者，从新民主主义政策"（参见中共中央 1949 年 2 月 22 日发布的《中央关于废除国民党〈六法全书〉和确定解放区司法原则的指示》）。

② 参见高铭暄、赵秉志编：《新中国刑法立法文献资料总览》（上），中国人民公安大学出版社 1998 年版，第 136 页以下。

③ 该草案"可以考虑改名为中华人民共和国刑法草案"（参见 1954 年《刑法指导原则草案》中的备注说明）。

④ 参见高铭暄、赵秉志编：《新中国刑法立法文献资料总览》（上），中国人民公安大学出版社 1998 年版，第 166 页以下。

进行，颁布系统完备的刑法典的条件还不成熟，① 因而这两个草案均未对外征求意见，也未正式进入立法程序，但却为后来的刑法起草工作奠定了一定的基础。②

1954 年 9 月召开的一届全国人大一次会议通过了《中华人民共和国宪法》《中华人民共和国全国人民代表大会组织法》《中华人民共和国人民法院组织法》以及《中华人民共和国人民检察院组织法》等 4 部组织法，标志着我国法制建设进入了一个新的阶段，这极大地推动了刑法典的起草工作。自此，刑法典的起草工作改由全国人大常委会法律室负责。法律室从 1954 年 10 月开始起草刑法典，到 1956 年 11 月，已经拟出了 13 稿。其间，社会主义三大改造取得了基本胜利，并且召开了中国共产党第八次全国代表大会。在党中央十分重视法制建设的背景下，③ 刑法典的起草工作加紧进行。到 1957 年 6 月 28 日，已经拟出了《中华人民共和国刑法草案（初稿）（第 22 次稿）》（以下简称《刑法草案》第 22 稿）。该稿分总则、分则两编，共 13 章 215 条。④ 该稿经中共中央法律委员会、中央书记处审查修改，再经全国人大法律委员会审议修正，并在一届全国人大四次会议上发给全体代表征求意见。这次会议曾作出决议："决定由常务委员会根据代表和其他方面所提意见，再加修改，提请全国人民代表大会审议通过。"然而，随着 1957 年"反右"斗争的开始和法律虚无主义思潮的滋生，再加上三年经济困难时期，使刑法的起草工作停顿了三四年。

到了 1961 年 10 月，又开始对刑法草案进行座谈研究。1962 年 3 月 22 日，毛泽东同志针对当时民主与法制不健全的严重状况，明确指出："不仅刑法要，民法也需要，现在是无法无天。没有法律不行，刑法、民法一定要搞。不仅要制定法律，还要编案例。"⑤ 根据中央指示精神，全国人大常委会法律室从 1962 年 5 月开始，对《刑法草案》第 22 稿进行全面修订，到 1963 年 10 月 9 日，拟出了《中华人民共和国刑法草案（修正稿）（第 33 次稿）》（以下简称《刑法草案》第 33 稿），该稿分总则、分则两编，共 13 章 206 条。⑥ 该稿经过中共中央政治局常委和毛泽东同志审查，曾经考虑公布试行。但是，由于

---

① 参见高铭暄：《中华人民共和国刑法的孕育和诞生》，法律出版社 1981 年版，第 2 页。

② 参加这两个草案起草工作的不少是法律专家，如陈瑾昆、蔡枢衡、李光灿、李浩培、李祖荫等，这两个草案可以说是他们集体智慧的结晶，在某种程度上也可以说是他们的学术作品，从今天看来也不乏耀眼的闪光点（参见高铭暄、赵秉志：《中国刑法立法之演进》，法律出版社 2007 年版，第 39 ~ 40 页）。

③ 《中国共产党第八次全国代表大会关于政治报告的决议》明确指出："由于社会主义革命已经基本完成，国家的主要任务已经由解放生产力变为保护和发展生产力，我们必须进一步加强人民民主法制，巩固社会主义建设的秩序。国家必须根据需要，逐步地系统地制定完备的法律。"

④ 参见高铭暄、赵秉志编：《新中国刑法立法文献资料总览》（上），中国人民公安大学出版社 1998 年版，第 252 页以下。

⑤ 转引自《人民日报》1978 年 10 月 29 日。

⑥ 参见高铭暄、赵秉志编：《新中国刑法立法文献资料总览》（上），中国人民公安大学出版社 1998 年版，第 337 页以下。

随后开始的"四清""文化大革命"等政治运动的冲击，该稿被搁置了整整 15 年。

1976 年粉碎"四人帮"以后，党和国家对法制工作开始有所重视。全国人大常委会委员长叶剑英 1978 年 3 月 1 日在五届全国人大一次会议上所作的《关于修改宪法的报告》中指出："我们还要依据新宪法，修改和制定各种法律、法令和各方面的工作条例、规章制度。"邓小平同志在 1978 年 10 月的一次谈话中更加具体地指出："过去'文化大革命'前，曾经搞过刑法草案，经过多次修改，准备公布。'四清'一来，事情就放下了。"现在，"很需要搞个机构，集中些人，着手研究这方面的问题，起草有关法律。"① 在这次谈话后不久，中央政法小组即牵头组成了刑法草案修订班子，对《刑法草案》第 33 稿进行修订，并先后拟出了两个稿本。在此过程中，中共中央召开了具有历史意义的十一届三中全会，会议公报明确指出："为了保障人民民主，必须加强社会主义法制，使民主制度化、法律化，使这种制度和法律具有稳定性、连续性和极大的权威，做到有法可依，有法必依，执法必严，违法必究。"十一届三中全会精神，对刑法的起草工作起了巨大的指导和推动作用。1979 年 2 月下旬，全国人大常委会法制委员会正式成立，在彭真同志主持下，从 3 月中旬开始，抓紧进行刑法起草工作。当时的刑法起草工作仍以《刑法草案》第 33 稿为基础，结合新情况、新问题，对该草案作了较大的修改，先后拟出了 3 个稿本。其中，第 2 个稿本于 5 月 29 日获得了中共中央政治局原则通过，接着又在法制委员会全体会议和五届全国人大常委会第八次会议上进行了审议，之后提交五届全国人大二次会议审议。在审议的过程中，又对该稿作了一些修改和补充，最后于 7 月 1 日获得一致通过，并于 7 月 6 日正式公布，1980 年 1 月 1 日起施行。至此，新中国第一部刑法典——《中华人民共和国刑法》（以下简称 1979 年《刑法》）正式诞生。②

1979 年《刑法》分总则和分则两编，共 13 章 192 条。其中，总则共 5 章 89 条，是关于刑法的指导思想、任务和适用范围，以及犯罪与刑罚一般原理、原则的规范体系。总则 5 章的章名依次为：（1）刑法的指导思想、任务和适用范围；（2）犯罪；（3）刑罚；（4）刑罚的具体运用；（5）其他规定。分则共 8 章 103 条，是关于具体犯罪及其法定刑的规范体系。分则 8 章的章名依次为：（1）反革命罪；（2）危害公共安全罪；（3）破坏社会主义

① 转引自高铭暄：《中华人民共和国刑法的孕育和诞生》，法律出版社 1981 年版，第 4 页。

② 有学者对 1979 年《刑法》曲折、艰辛的孕育诞生历程感慨万分："一部出台时不过 192 个条文的刑法典（条文数在当代世界各国刑法典中可以说是最少的），从全国人大常委会法律室着手起草算起，先后竟然孕育了 25 年之久。其实工作时间只用了 5 年多，有 19 年多是处于停顿状态。第 22 稿拟出后停顿了 4 年多，第 33 稿拟出后居然停顿了 15 年！这说明'以阶级斗争为纲'的思想，法律虚无主义，一个接一个的政治运动，对中国法制建设的冲击有多么大！新中国成立近 30 年，中国才有了第一部粗放型的刑法典，这不能不说是法制的严重滞后。有法才能治国，无法就要祸国。这是中国人民付出了无数血的代价之后才总结出来的一条经验教训。只有深刻地记取这一历史教训，才能使我们今天走上'依法治国，建设社会主义法治国家'的道路上变得更聪敏些、更自觉些"（高铭暄、赵秉志：《中国刑法立法之演进》，法律出版社 2007 年版，第 43 页）。

经济秩序罪;(4)侵犯公民人身权利、民主权利罪;(5)侵犯财产罪;(6)妨害社会管理秩序罪;(7)妨害婚姻、家庭罪;(8)渎职罪。1979年《刑法》的公布和施行,是我国刑法立法发展史上的重要里程碑,标志着我国刑事法治从此步入了一个新的阶段。

二、《中华人民共和国刑法》的修改和补充

"1979年制定的刑法,经过17年的实践,总的看来,刑法规定的任务和基本原则是正确的,许多具体规定是可行的,对于打击犯罪,保护人民,维护国家的统一和安全,维护社会秩序,维护人民民主专政的政权和社会主义制度,保障社会主义建设事业的顺利进行,发挥了重要的作用。同时,也反映出一些问题:一是制定刑法时对有些犯罪行为具体分析研究不够,规定得不够具体,不好操作,或者执行时随意性较大,如渎职罪、流氓罪、投机倒把罪三个'口袋',规定得都比较笼统;二是有些犯罪行为现在已经发展得很严重,如走私犯罪、毒品犯罪,需要相应加重刑罚;三是随着十几年来我国政治、经济和社会生活的发展变化,出现了许多新情况、新问题,发生了一些新的犯罪行为。为了适应与犯罪作斗争的实际需要,有必要对刑法进行修订、补充、完善。"①

但是,"由于来不及也没有条件对刑法进行全面的、完整的修改"②,因此,对需要修改补充的,全国人大常委会当时主要是采用单行刑法和附属刑法的方式进行修改和补充。自1981年至1995年,全国人大常委会陆续对《刑法》作出了24个修改补充规定和决定,依次为:(1)1981年6月10日通过的《中华人民共和国惩治军人违反职责罪暂行条例》;(2)1981年6月10日通过的《关于处理逃跑或者重新犯罪的劳改犯和劳教人员的决定》;(3)1982年3月8日通过的《关于严惩严重破坏经济的罪犯的决定》;(4)1983年9月2日通过的《关于严惩严重危害社会治安的犯罪分子的决定》;(5)1987年6月23日通过的《关于对中华人民共和国缔结或者参加的国际条约所规定的罪行行使刑事管辖权的决定》③;(6)1988年1月21日通过的《关于惩治走私罪的补充规定》;(7)1988年1月21日通过的《关于惩治贪污罪贿赂罪的补充规定》;(8)1988年9月5日通过的《关于惩治泄露国家秘密犯罪的补充规定》;(9)1988年11月8日通过的《关于惩治捕杀国家重点保护的珍贵、濒危野生动物犯罪的补充规定》;(10)1990年6月28日通过的《关于惩治侮辱中华人民共和国国旗国徽罪的决定》;(11)1990年12月28日通过的《关于禁毒的决定》;(12)1990年12月28日通过的《关于惩治走私、制作、贩卖、传播淫秽物品的

---

① 参见全国人大常委会副委员长王汉斌1997年3月6日在八届全国人大五次会议上所作的《关于〈中华人民共和国刑法(修订草案)〉的说明》。
② 同上。
③ 1997年修订的《刑法》所列附件一和附件二中均未提及该决定。

犯罪分子的决定》；（13）1991 年 6 月 29 日通过的《关于惩治盗掘古文化遗址古墓葬犯罪的补充规定》；（14）1991 年 9 月 4 日通过的《关于严禁卖淫嫖娼的决定》；（15）1991 年 9 月 4 日通过的《关于严惩拐卖、绑架妇女、儿童的犯罪分子的决定》；（16）1992 年 9 月 4 日通过的《关于惩治偷税、抗税犯罪的补充规定》；（17）1992 年 12 月 28 日通过的《关于惩治劫持航空器犯罪分子的决定》；（18）1993 年 2 月 22 日通过的《关于惩治假冒注册商标犯罪的补充规定》；（19）1993 年 7 月 2 日通过的《关于惩治生产、销售伪劣商品犯罪的决定》；（20）1994 年 3 月 5 日通过的《关于严惩组织、运送他人偷越国（边）境犯罪的补充规定》；（21）1994 年 7 月 5 日通过的《关于惩治侵犯著作权的犯罪的决定》；（22）1995 年 2 月 28 日通过的《关于惩治违反公司法的犯罪的决定》；（23）1995 年 6 月 30 日通过的《关于惩治破坏金融秩序犯罪的决定》；（24）1995 年 10 月 30 日通过的《关于惩治虚开、伪造和非法出售增值税专用发票犯罪的决定》。此外，全国人大常委会"在一些民事、经济、行政法律中规定了'依照''比照'刑法的有关规定追究刑事责任的有 130 条"。① 例如，《中华人民共和国专利法》第 63 条、《中华人民共和国兵役法》第 61 条第 2 款等。"这些单行刑法和附属刑法对 1979 年《刑法》作了一系列的修改和补充，及时弥补了《刑法》中的某些缺陷。然而，由于单行刑法和附属刑法这两种立法模式本身的性质和特点所决定，它们只能头痛医头、脚痛医脚，不可能从根本上解决刑法立法不完善的问题。况且，这种零散的修补方式还产生了一些新的矛盾和不平衡现象。因此，为了适应同犯罪作斗争的实际需要，有必要对《刑法》作一次全面系统的修订。"②

三、《中华人民共和国刑法》的修订

早在 1982 年，全国人大常委会就决定研究修改刑法。1983 年 9 月，全国人大常委会法制工作委员会刑法室总结中央和地方政法机关、政法院校提出的关于刑法总则和分则的修改和补充意见，整理出了《对刑法的修改意见》③，以供修改刑法时参考。1987 年，最高人民法院、最高人民检察院分别向各地征集了有关刑法修改和补充的意见。这些工作，为立法机关修改刑法的决策提供了重要的依据和资料。④

1988 年 7 月 1 日，七届全国人大常委会第二次会议通过的《七届全国人大常委会工作

① 参见全国人大常委会副委员长王汉斌 1997 年 3 月 6 日在八届全国人大五次会议上所作的《关于〈中华人民共和国刑法（修订草案）〉的说明》。

② 利子平：《刑法司法解释瑕疵研究》，法律出版社 2014 年版，第 363 页。

③ 参见高铭暄、赵秉志编：《新中国刑法立法文献资料总览》（下），中国人民公安大学出版社 1998 年版，第 2084 页以下。

④ 参见赵秉志：《刑法改革问题研究》，中国法制出版社 1996 年版，第 43 页。

要点》明确地将刑法修改列入立法规划。至此，刑法的全面修改问题被正式提上了国家立法机关的议事日程。此后，全国人大常委会法制工作委员会刑法室根据各方面的意见，拟出了《关于修改刑法的初步设想（初稿）》（1988 年 9 月）①。1988 年 9 月，全国人大常委会法制工作委员会邀请中央和北京市的政法机关及部分专家学者就刑法的修改问题进行了专门讨论，并于同月拟订出了第一个刑法修改稿——《中华人民共和国刑法（修改稿）》②。随后，立法机关又到全国各地调查研究、广泛征求意见，并于 1988 年 11 月 16 日和 1988 年 12 月 25 日先后拟出了两个刑法修改稿（1988 年 12 月 25 日的《中华人民共和国刑法（修改稿）》以下简称 1988 年《刑法修改稿》）③。

1989 年，由于受春夏之交"六四"风波的影响，全面研究修改刑法的工作停了下来。④ 到了 1991 年 1 月，中央提出修改反革命罪，并要求尽快进行。此后，全国人大常委会法制工作委员会将修改重点放在了反革命罪上。在广泛调查研究的基础上，起草了关于修改反革命罪的决定草案，并邀请中央政法委员会、最高人民法院、最高人民检察院、公安部、国家安全部的负责同志和部分专家进行研究修改，准备提请当年 3 月召开的七届全国人大四次会议审议。然而，由于在有些问题上存在着不同意见，决定暂不提交这次会议。后来，苏联解体和东欧剧变使国际形势发生了急剧的变化，刑法的全面修改工作也因此暂时停了下来。⑤

1992 年 10 月，中国共产党第十四次全国代表大会的召开，标志着我国开始向社会主义市场经济转型。市场经济的发展，需要法律保驾护航。在此背景下，刑法的修订工作再次全面展开。这次修订工作，首先从刑法分则入手。为了系统地研究刑法修改问题，全国人大常委会法制工作委员会刑法修改小组于 1993 年 10 月 19 日拟订了《刑法分则条文汇集（体系、结构）》，并于 1993 年 11 月 21 日和 1994 年 3 月 3 日先后拟出了两个《刑法分则条文汇集》。⑥ 有关刑法总则的修改则委托中国人民大学法学院的刑法专家负责起草，中国人民大学法学院刑法总则修改小组在 1994 年一年之内就拟出了 5 个修改稿本。⑦ 在上述工作的基础上，全国人大常委会法制工作委员会刑法修改小组于 1995 年 8 月 8 日拟订

---

① 参见高铭暄、赵秉志编：《新中国刑法立法文献资料总览》（下），中国人民公安大学出版社 1998 年版，第 2105 页以下。

② 参见高铭暄、赵秉志编：《新中国刑法立法文献资料总览》（中），中国人民公安大学出版社 1998 年版，第 829 页以下。

③ 同上书，第 903 页以下。

④ 参见赵秉志：《刑法改革问题研究》，中国法制出版社 1996 年版，第 110 页。

⑤ 参见赵秉志主编：《新旧刑法比较与统一罪名理解与适用》，中国经济出版社 1998 年版，第 13 页以下。

⑥ 参见高铭暄、赵秉志编：《新中国刑法立法文献资料总览》（中），中国人民公安大学出版社 1998 年版，第 939 页以下。

⑦ 参见高铭暄、赵秉志编：《新中国刑法立法文献资料总览》（下），中国人民公安大学出版社 1998 年版，第 2877 页以下。

了《中华人民共和国刑法（总则修改稿）》（以下简称 1995 年《刑法总则修改稿》）和《刑法分则条文汇集》。①

　　1996 年 3 月 17 日通过了修订的《中华人民共和国刑事诉讼法》以后，全国人大常委会加快了刑法修订的步伐。从 1996 年 4 月下旬起，多次召开规模不等的刑法修改研讨会，并集中时间邀请一些专家学者与立法机关的工作人员一起详细研究刑法的具体修改问题。在此基础上，全国人大常委会法制工作委员会于 1996 年 6 月 24 日拟出了《中华人民共和国刑法（总则修改稿）》，并于 1996 年 8 月 8 日拟订了《中华人民共和国刑法（总则修改稿）》（以下简称 1996 年《刑法总则修改稿》）和《刑法分则修改草稿》。② 在征求意见的基础上，全国人大常委会法制工作委员会于 1996 年 8 月 31 日拟出了《中华人民共和国刑法（修改草稿）》（以下简称 1996 年《刑法修改草稿》）。③ 同年 9 月，主持刑法修订工作的全国人大常委会副委员长王汉斌主持召集有关负责人，对上述《刑法修改草稿》进行逐条讨论，形成了《中华人民共和国刑法（修订草案）（征求意见稿）》（以下简称 1996 年《刑法修订草案》（征求意见稿））（共 403 条），④ 并于 10 月 10 日印发各省、市、自治区、中央有关部门及有关政法院校、科研机构征求意见。同年 11 月 11 日至 22 日，全国人大常委会法制工作委员会召开了由中央和地方各方面人士参加的大型刑法修改座谈会，用 12 天时间对《刑法修订草案》（征求意见稿）逐条进行论证。12 月中旬，全国人大常委会法制工作委员会在集中各方面意见后，形成了提交八届全国人大常委会第二十三次会议审议的《中华人民共和国刑法（修订草案）》（以下简称 1996 年《刑法修订草案》）（共 384 条）⑤。

　　1996 年 12 月 24 日至 30 日，八届全国人大常委会第二十三次会议对《刑法修订草案》进行了第一次审议。会后，全国人大常委会就刑法修订问题又召开了两次重要的研究会议：一是 1997 年 1 月 6 日至 9 日专门召集公检法等有关部门负责同志开会，对《刑法修订草案》中重大的、有争议的问题共同讨论研究修改；二是 1997 年 1 月 13 日至 24 日全国人大法律委员会和内务司法委员会召开联席会议，根据常委会委员和各方面的意见，对《刑法修订草案》逐条进行审议、修改。在此基础上，形成了提交八届全国人大常委会第二十四次会议审议的《中华人民共和国刑法（修订草案）（修改稿）》（以下简称 1997 年

---

　　① 参见高铭暄、赵秉志编：《新中国刑法立法文献资料总览》（中），中国人民公安大学出版社 1998 年版，第 1055 页以下。

　　② 同上书，第 1128 页以下。

　　③ 同上书，第 1215 页以下。

　　④ 同上书，第 1288 页以下。

　　⑤ 同上书，第 1451 页以下。

《刑法修订草案》（修改稿））（共 446 条）。① 1997 年 2 月 19 日至 23 日，八届全国人大常委会第二十四次会议对《刑法修订草案》（修改稿）进行了第二次审议。会后又对该草案作了一些修改和补充，形成了提交八届全国人大五次会议审议的《中华人民共和国刑法（修订草案）》（共 449 条）②。

1997 年 3 月 1 日至 14 日，八届全国人大五次会议在北京举行。根据全国人大常委会的决定，全国人大常委会副委员长王汉斌于 1997 年 3 月 6 日向八届全国人大五次会议第三次全体会议作了《关于〈中华人民共和国刑法（修订草案）〉的说明》。在会议期间，全国人大法律委员会根据代表们提出的意见，对该草案进行了必要的修改，并由法律委员会向八届全国人大五次会议主席团第三次会议作了报告。主席团会议通过了该报告，并决定将修改后的《中华人民共和国刑法（修订草案）》（共 452 条）提交八届全国人大五次会议进行最后的审议和表决。1997 年 3 月 14 日下午，出席八届全国人大五次会议的 2720 名代表经过表决，以 2446 票通过了《中华人民共和国刑法》。同日，国家主席江泽民发布第 83 号主席令予以公布。至此，历时 15 年的刑法修订工作圆满结束。

"这次修订刑法，主要考虑：第一，要制定一部统一的、比较完备的刑法典。将刑法实施 17 年来由全国人大常委会作出的有关刑法的修改补充规定和决定研究修改编入刑法；将一些民事、经济、行政法律中'依照''比照'刑法有关条文追究刑事责任的规定，改为刑法的具体条款；将拟制定的反贪污贿赂法和中央军委提请常委会审议的惩治军人违反职责犯罪条例编入刑法；对于新出现的需要追究刑事责任的犯罪行为，经过研究认为比较成熟、比较有把握的，尽量增加规定。第二，注意保持法律的连续性和稳定性。对刑法的原有规定，包括文字表述和量刑规定，原则上没什么问题的，尽量不作修改。第三，对一些原来比较笼统、原则的规定，尽量把犯罪行为研究清楚，作出具体规定。"③ 1979 年《刑法》原来共 13 章 192 条，修订后的《刑法》共 15 章 452 条。其中，总则共 5 章 101 条，章名依次为：（1）刑法的任务、基本原则和适用范围；（2）犯罪；（3）刑罚；（4）刑罚的具体运用；（5）其他规定。分则共 10 章 350 条，章名依次为：（1）危害国家安全罪；（2）危害公共安全罪；（3）破坏社会主义市场经济秩序罪；（4）侵犯公民人身权利、民主权利罪；（5）侵犯财产罪；（6）妨害社会管理秩序罪；（7）危害国防利益罪；（8）贪污贿赂罪；（9）渎职罪；（10）军人违反职责罪。附则 1 条，即第 452 条，规定了修订的《刑法》开始施行的日期，并明确了修订后的《刑法》与此前的单行刑法的关系。

---

① 参见高铭暄、赵秉志编：《新中国刑法立法文献资料总览》（中），中国人民公安大学出版社 1998 年版，第 1638 页以下。

② 同上书，第 1733 页以下。

③ 参见全国人大常委会副委员长王汉斌 1997 年 3 月 6 日在八届全国人大五次会议上所作的《关于〈中华人民共和国刑法（修订草案）〉的说明》。

"制定一部统一的、比较完备的刑法典，是继去年 3 月全国人大通过修改刑事诉讼法的决定以后，进一步完善我国刑事法律制度和司法制度的重要步骤，对于进一步实行依法治国，建设社会主义法制国家，具有重要意义。"① 1997 年《刑法》的修订与实施，标志着我国刑事法治的发展进入了一个新的历史阶段。

四、《中华人民共和国刑法》的新发展

1997 年修订的《刑法》施行后，"随着亚洲金融危机的发展，一些不法分子千方百计骗购外汇，非法截留、转移和买卖外汇，活动十分猖獗，发案数量激增，涉案金额巨大。这种状况如不及时制止，将严重损害国家金融、经济的稳定和安全"②。因此，为了惩治骗购外汇、逃汇和非法买卖外汇的犯罪行为，维护国家外汇管理秩序，全国人大常委会 1998 年 12 月 29 日通过了《关于惩治骗购外汇、逃汇和非法买卖外汇犯罪的决定》（共 9 条），对《刑法》作了补充修改。其主要内容是：（1）增设了骗购外汇罪；（2）将逃汇罪的主体扩大到所有公司、企业和单位，并加重处罚；（3）对非法买卖外汇，明确规定依照《刑法》第 225 条规定的非法经营罪处罚；（4）对内外勾结、为犯罪分子提供便利或者服务的海关、外汇管理部门和金融机构、外贸企业的工作人员，依法从重处罚。

刑法虽经全面修订，并且又适时对违反外汇的犯罪行为作了补充规定，但是，随着形势的发展，新的犯罪情况总是不断地出现，特别是违反会计法的犯罪和期货犯罪尤为突出。有鉴于此，国务院于 1999 年 6 月提请九届全国人大常委会第十次会议审议《关于惩治违反会计法的犯罪的决定（草案）》和《关于惩治期货犯罪的决定（草案）》。③ 但是，"鉴于现行刑法中对于大多数做假账构成犯罪的行为已有不少规定，如虚报注册资本罪，虚假出资、抽逃出资罪，提供虚假财务报告罪，妨害清算罪，吸收客户资金不入账非法拆借、发放贷款罪，偷税罪，骗税罪，中介会计机构人员提供虚假证明文件罪以及走私罪，贪污罪，挪用公款罪，私分国有资产、私分罚没财物罪等。如再作一个惩治违反会计法的决定，困难很多。《关于惩治期货犯罪的决定（草案）》中规定的犯罪行为，许多与刑法中已规定的证券犯罪行为相类似。一些委员、部门和专家提出，考虑到刑法的统一和执行的方便，不宜再单独搞两个决定，认为采取修改刑法的方式比较合适。同时，根据惩治犯罪的需要，对刑法中有关国有公司、企业工作人员严重不负责任、滥用职权方面的犯罪也需要扩大规定。因此，法律委员会建议将上述三项内容合并规定为《中华人民共和国刑法

---

① 参见全国人大常委会副委员长王汉斌 1997 年 3 月 6 日在八届全国人大五次会议上所作的《关于〈中华人民共和国刑法（修订草案）〉的说明》。

② 参见中国人民银行行长戴相龙 1998 年 10 月 27 日在九届全国人大常委会第五次会议上所作的《对〈关于惩治骗购外汇、逃汇和非法买卖外汇犯罪的决定（草案）〉的说明》。

③ 国务院于 1999 年 5 月 25 日通过了《期货交易管理暂行条例》。

修正案》，10 月 18 日，委员长会议同意采用修正案方式修改刑法。"① 经审议，全国人大常委会 1999 年 12 月 25 日通过了《中华人民共和国刑法修正案》（以下简称《刑法修正案（一）》）（共 9 条），对《刑法》作了补充修改。其主要内容是：（1）增设了隐匿、故意销毁会计凭证、会计账簿、财务会计报告罪；（2）对非法经营证券、期货或者保险业务，明确规定依照《刑法》第 225 条规定的非法经营罪处罚；（3）将《刑法》第 168 条规定的徇私舞弊造成破产、亏损罪修改为国有公司、企业、事业单位人员失职罪和国有公司、企业、事业单位人员滥用职权罪；（4）将期货犯罪与证券犯罪合并规定，对《刑法》第 174 条、第 180 条、第 181 条、第 182 条作出修改、补充；（5）在《刑法》第 185 条中增加规定期货交易所、期货经纪公司工作人员挪用本单位或者客户资金的犯罪。自此以后，全国人大常委会均采用修正案的方式修改刑法。②

为了惩治毁林开垦和乱占滥用林地的犯罪，切实保护森林资源，全国人大常委会 2001 年 8 月 31 日通过了《中华人民共和国刑法修正案（二）》（以下简称《刑法修正案（二）》），将《刑法》第 342 条规定的非法占用耕地罪修改为非法占用农用地罪，扩大了犯罪对象的范围。

随着恐怖主义对和平与安全的威胁日益严重，"针对最近出现的恐怖活动的一些新情况，如何适用刑法需要进一步明确，刑法的有关条款也需要进一步完善。为了严厉打击恐怖活动犯罪，更好地维护国家安全和社会秩序，保障人民生命、财产安全"③，全国人大常委会 2001 年 12 月 29 日通过了《中华人民共和国刑法修正案（三）》（以下简称《刑法修正案（三）》）（共 9 条），对《刑法》作了补充修改。其主要内容是：（1）增设了资助恐怖活动罪，投放虚假危险物质罪，编造、故意传播虚假恐怖信息罪 3 个新罪名；（2）将《刑法》第 114 条、第 115 条中的"投毒"修改为"投放毒害性、放射性、传染病病原体等物质"；（3）加重对组织、领导恐怖组织罪的处罚；（4）增加规定非法制造、买卖、运输、储存以及盗窃、抢夺、抢劫毒害性、放射性、传染病病原体等物质的恐怖性犯罪；（5）在《刑法》第 191 条规定的洗钱罪的上游犯罪中增加"恐怖活动犯罪"的规定，并加重对单位犯洗钱罪的责任人员的处罚。

"1997 年修改刑法以来，海关法、药品管理法等一些法律作了修改，刑法中的有关规

---

① 参见全国人大法律委员会副主任委员顾昂然 1999 年 10 月 25 日在九届全国人大常委会第十二次会议上所作的《关于〈中华人民共和国刑法修正案（草案）〉的说明》。

② 以刑法修正案的方式对《刑法》进行必要、及时的修改和完善，既能保持《刑法》基本原则和主体结构、内容的稳定性，又具有良好的适应性，能够针对实践需要作出及时、恰当的反应，从而为解决刑法稳定性与适应性之间的关系，提供了一个重要的技术平台（参见雷建斌："1997 年以来我国刑法的新进展"，载《中国人大》2006 年第 4 期）。

③ 参见全国人大常委会法制工作委员会副主任胡康生 2001 年 12 月 24 日在九届全国人大常委会第二十五次会议上所作的《关于〈中华人民共和国刑法修正案（三）（草案）〉的说明》。

定需要作相应调整。同时，司法实践中也遇到了一些新的情况和问题，需要在刑法中增加相应规定。"① 因此，全国人大常委会 2002 年 12 月 28 日通过了《中华人民共和国刑法修正案（四）》（以下简称《刑法修正案（四）》）（共 9 条），对《刑法》作了补充修改。其主要内容是：（1）增设了走私废物罪，② 雇佣童工从事危重劳动罪，非法收购、运输、加工、出售国家重点保护植物、国家重点保护植物制品罪，执行判决、裁定失职罪，执行判决、裁定滥用职权罪 5 个新罪名；（2）将《刑法》第 145 条规定的生产、销售不符合标准的医用器材罪由结果犯改为危险犯；（3）在《刑法》第 155 条第 2 项中增加了"界河、界湖"的内容；（4）将《刑法》第 344 条规定的非法采伐、毁坏珍贵树木罪修改为非法采伐、毁坏国家重点保护植物罪；（5）取消《刑法》第 345 条第 3 款"在林区"的限制，并将非法收购盗伐、滥伐林木罪修改为非法收购、运输盗伐、滥伐林木罪。

为了适应打击信用卡犯罪和破坏武器装备、军事设施、军事通信犯罪的需要，全国人大常委会 2005 年 2 月 28 日通过了《中华人民共和国刑法修正案（五）》（以下简称《刑法修正案（五）》）（共 4 条），对《刑法》作了补充修改。其主要内容是：（1）增设了妨害信用卡管理罪和过失毁坏武器装备、军事设施、军事通信罪 2 个新罪名；（2）在《刑法》第 196 条信用卡诈骗罪中增加规定"使用以虚假的身份证明骗领的信用卡"进行诈骗的情形。

根据国务院 2006 年 8 月提出的关于修改刑法有关规定的建议稿、全国人大代表提出的一些修改刑法的议案和最高人民法院、最高人民检察院等部门提出的一些修改建议，③ 全国人大常委会 2006 年 6 月 29 日通过了《中华人民共和国刑法修正案（六）》（以下简称《刑法修正案（六）》）（共 21 条），对《刑法》作了补充修改。其主要内容是：（1）增设了大型群众性活动重大安全事故罪，不报、谎报安全事故罪，虚假破产罪，背信损害上市公司利益罪，骗取贷款、票据承兑、金融票证罪，背信运用受托财产罪，组织残疾人、儿童乞讨罪，开设赌场罪，枉法仲裁罪 9 个新罪名；（2）扩大了《刑法》第 134 条、第 135 条规定的重大责任事故罪、重大劳动安全事故罪的主体范围；（3）将《刑法》第 161 条规定的提供虚假财务报告罪修改为违规披露、不披露重要信息罪；（4）将《刑法》第 163 条、第 164 条规定的公司、企业人员受贿罪、对公司、企业人员行贿罪修改为非国家工作人员受贿罪、对非国家工作人员行贿罪；（5）将《刑法》第 182 条规定的操

---

① 参见全国人大常委会法制工作委员会副主任胡康生 2002 年 12 月 23 日在九届全国人大常委会第三十一次会议上所作的《关于〈中华人民共和国刑法修正案（四）（草案）〉的说明》。

② 同时将《刑法》第 339 条第 3 款修改为："以原材料利用为名，进口不能用作原料的固体废物、液态废物和气态废物的，依照本法第一百五十二条第二款、第三款的规定定罪处罚。"

③ 参见全国人大常委会法制工作委员会副主任安建 2005 年 12 月 24 日在十届全国人大常委会第十九次会议上所作的《关于〈中华人民共和国刑法修正案（六）（草案）〉的说明》。

纵证券、期货交易价格罪修改为操纵证券、期货市场罪；（6）将《刑法》第186条规定的违法向关系人发放贷款罪和违法发放贷款罪修改为违法发放贷款罪；（7）将《刑法》第187条规定的用账外客户资金非法拆借、发放贷款罪修改为吸收客户资金不入账罪；（8）将《刑法》第188条规定的违规出具金融票证罪由结果犯改为情节犯；（9）在《刑法》第191条规定的洗钱罪的上游犯罪中增加"贪污贿赂犯罪、破坏金融管理秩序罪、金融诈骗罪"的规定；（10）将《刑法》第312条规定的窝赃、销赃罪修改为掩饰、隐瞒犯罪所得、犯罪所得收益罪，并加重处罚。

《刑法修正案（六）》施行后，"一些全国人大代表陆续提出了一些修改刑法的议案、建议，司法机关和一些部门也提出一些修改刑法的意见。按照全国人大常委会今年立法工作计划，法制工作委员会根据全国人大代表的议案、建议，司法机关和一些部门的意见，经调查研究，多次征求最高人民法院、最高人民检察院和各有关部门、部分专家的意见，起草了刑法修正案（七）（草案）。"①经审议，全国人大常委会2009年2月28日通过了《中华人民共和国刑法修正案（七）》（以下简称《刑法修正案（七）》）（共15条），对《刑法》作了补充修改。其主要内容是：（1）增设了利用未公开信息交易罪，组织、领导传销活动罪，出售、非法提供公民个人信息罪，非法获取公民个人信息罪，组织未成年人进行违反治安管理活动罪，非法获取计算机信息系统数据、非法控制计算机信息系统罪，提供侵入、非法控制计算机信息系统程序、工具罪，伪造、盗窃、买卖、非法提供、非法使用武装部队专用标志罪，利用影响力受贿罪9个新罪名；（2）将《刑法》第151条第3款规定的走私珍稀植物、珍稀植物制品罪修改为走私国家禁止进出口的货物、物品罪；（3）将《刑法》第201条规定的偷税罪修改为逃税罪，并修改了逃税罪的定罪量刑标准；（4）对非法从事资金支付结算业务，明确规定依照《刑法》第225条规定的非法经营罪处罚；（5）降低《刑法》第239条规定的绑架罪的法定刑；（6）在《刑法》第312条规定的掩饰、隐瞒犯罪所得、犯罪所得收益罪中增加单位犯罪的规定；（7）将《刑法》第337条规定的逃避动植物检疫罪修改为妨害动植物防疫、检疫罪；（8）对《刑法》第395条第1款规定的巨额财产来源不明罪加重处罚。

"1997年第八届全国人大第五次会议全面修订了刑法。此后，全国人大常委会根据惩治犯罪的需要，先后通过了一个决定和七个刑法修正案，对刑法作出修改、补充。一些全国人大代表、社会有关方面提出，近年来，随着经济社会的发展，又出现了一些新的情况和问题，需要对刑法的有关规定作出修改。中央关于深化司法体制和工作机制改革的意见

---

① 参见全国人大常委会法制工作委员会主任李适时2008年8月25日在十一届全国人大常委会第四次会议上所作的《关于〈中华人民共和国刑法修正案（七）（草案）〉的说明》。

也要求进一步落实宽严相济的刑事政策，对刑法作出必要的调整和修改。"① 据此，全国人大常委会 2011 年 2 月 25 日通过了《中华人民共和国刑法修正案（八）》（以下简称《刑法修正案（八）》）（共 50 条），对《刑法》作了补充修改。其主要内容是：（1）调整刑罚结构。"这次刑法修改的重点是，落实中央深化司法体制和工作机制改革的要求，完善死刑法律规定，适当减少死刑罪名，调整死刑与无期徒刑、有期徒刑之间的结构关系。"② 主要是：取消近年来较少适用或基本未适用过的 13 个经济性非暴力犯罪的死刑；③ 限制对被判处死刑缓期执行犯罪分子的减刑；完善假释规定，加强对被假释犯罪分子的监督管理；适当延长有期徒刑数罪并罚的刑期。（2）完善惩处黑社会性质组织等犯罪的法律规定。一是完善黑社会性质组织犯罪的法律规定。主要是：明确黑社会性质组织犯罪的特征，加大惩处力度；调整敲诈勒索罪的入罪门槛，完善法定刑；完善强迫交易罪的规定，加大惩处力度；完善寻衅滋事罪的规定，从严惩处首要分子。二是扩大特殊累犯的范围，加大对恐怖活动犯罪、黑社会性质组织犯罪的惩处力度。此外，还增设了虚开发票罪和持有伪造的发票罪 2 个新罪名；修改了走私普通货物、物品罪和非法采矿罪的犯罪构成条件。（3）完善从宽处理的法律制度，规范非监禁刑的适用。"根据宽严相济的刑事政策，在从严惩处严重犯罪的同时，应当进一步完善刑法中从宽处理的法律规定，以更好地体现中国特色社会主义刑法的文明和人道主义，促进社会和谐。"④ 一是完善对未成年人和老年人犯罪从宽处理的规定。主要是：对犯罪时不满 18 周岁的人不作为累犯；对不满 18 周岁的人和已满 75 周岁的人犯罪，只要符合缓刑条件的，应当予以缓刑；已满 75 周岁的人故意犯罪的，可以从轻或者减轻处罚，过失犯罪的，应当从轻或者减轻处罚；对已满 75 周岁的人，原则上不适用死刑；对不满 18 周岁的人犯罪被判处 5 年有期徒刑以下刑罚的，免除其前科报告义务。二是进一步明确缓刑适用的条件。三是完善管制刑及缓刑、假释的执行方式，增加禁止令和社区矫正的规定。四是进一步落实坦白从宽的刑事政策。（4）加强对民生的保护，增加一些新的犯罪规定，加大惩处力度。一是增设了危险驾驶罪，组织出卖人体器官罪，盗窃、侮辱、故意毁坏尸体罪，拒不支付劳动报酬罪 4 个新罪名。二是加大对弱势群体的保护和对某些犯罪的惩处力度。主要是：修改《刑法》第 244 条规定的

---

① 参见全国人大常委会法制工作委员会主任李适时 2010 年 8 月 23 日在十一届全国人大常委会第十六次会议上所作的《关于〈中华人民共和国刑法修正案（八）（草案）〉的说明》。

② 同上。

③ 取消的 13 个死刑罪名是：走私文物罪，走私贵重金属罪，走私珍贵动物、珍贵动物制品罪，走私普通货物、物品罪，票据诈骗罪，金融凭证诈骗罪，信用证诈骗罪，虚开增值税专用发票、用于骗取出口退税、抵扣税款发票罪，伪造、出售伪造的增值税专用发票罪，盗窃罪、传授犯罪方法罪，盗掘古文化遗址、古墓葬罪，盗掘古人类化石、古脊椎动物化石罪。

④ 参见全国人大常委会法制工作委员会主任李适时 2010 年 8 月 23 日在十一届全国人大常委会第十六次会议上所作的《关于〈中华人民共和国刑法修正案（八）（草案）〉的说明》。

强迫劳动罪，将法定最高刑由 3 年有期徒刑提高到 7 年，将为强迫劳动的个人或者单位招募、运送人员的行为规定为犯罪；修改《刑法》第 358 条，明确规定为组织卖淫的人招募、运送人员的，按照协助组织卖淫罪追究刑事责任。三是加强对广大人民群众生命健康的保护，修改《刑法》第 141 条生产、销售假药罪，第 143 条生产、销售不符合卫生标准的食品罪，第 144 条生产、销售有毒、有害食品罪和第 338 条重大环境污染事故罪的规定，调整上述犯罪的构成条件，降低入罪门槛，增强可操作性。此外，还对危害国家安全的有关犯罪、盗窃罪的规定等作了修改或者补充。

"刑法是我国的基本法律，全国人大常委会历来十分重视刑法的修改和完善工作。1997 年全面修订刑法以来，全国人大常委会根据惩罚犯罪、保护人民和维护正常社会秩序的需要，先后通过了一个决定和八个刑法修正案，对刑法作出修改、完善。"[①] 但是，由于近年来司法实践中出现了许多新情况、新问题，因此，"一段时间以来，全国人大代表、政法机关和有关部门都提出了一些修改刑法的意见，其中，十二届全国人大第一次会议以来，全国人大代表共提出修改刑法的议案 81 件。这次需要通过修改刑法解决的主要问题：一是，一些地方近年来多次发生严重暴力恐怖案件，网络犯罪也呈现新的特点，有必要从总体国家安全观出发，统筹考虑刑法与本次常委会会议审议的反恐怖主义法、反间谍法等维护国家安全方面法律草案的衔接配套，修改、补充刑法的有关规定。二是，随着反腐败斗争的深入，需要进一步完善刑法的相关规定，为惩腐肃贪提供法律支持。三是，落实党中央关于逐步减少适用死刑罪名的要求，并做好劳动教养制度废除后法律上的衔接。因此，根据新的情况，针对上述问题对刑法有关规定作出调整、完善，是必要的。"[②] 有鉴于此，全国人大常委会 2015 年 8 月 29 日通过了《中华人民共和国刑法修正案（九）》（以下简称《刑法修正案（九）》）（共 52 条），对《刑法》作了补充修改。其主要内容是：（1）逐步减少适用死刑罪名。一是进一步减少适用死刑的罪名，取消走私武器、弹药罪，走私核材料罪，走私假币罪，伪造货币罪，集资诈骗罪，组织卖淫罪，强迫卖淫罪，阻碍执行军事职务罪，战时造谣惑众罪 9 个罪的死刑；二是进一步提高对死缓罪犯执行死刑的门槛。（2）维护公共安全，加大对恐怖主义、极端主义犯罪的惩治力度。一是对组织、领导、参加恐怖组织罪增加规定财产刑；二是将资助恐怖活动罪修改为帮助恐怖活动罪；三是增设了准备实施恐怖活动罪，宣扬恐怖主义、极端主义、煽动实施恐怖活动罪，利用极端主义破坏法律实施罪，强制穿戴宣扬恐怖主义、极端主义服饰、标志罪，非法持有宣扬恐怖主义、极端主义物品罪 5 个新罪名；四是完善偷越国（边）境的规定，对参加

---

① 参见全国人大常委会法制工作委员会主任李适时 2014 年 10 月 27 日在十二届全国人大常委会第十一次会议上所作的《关于〈中华人民共和国刑法修正案（九）（草案）〉的说明》。

② 同上。

恐怖活动组织、接受恐怖活动培训或者实施恐怖活动，偷越国（边）境的，提高了法定刑。（3）维护信息网络安全，完善惩处网络犯罪的法律规定。一是将出售、非法提供公民个人信息罪和非法获取公民个人信息罪修改为侵犯公民个人信息罪；二是增设了拒不履行信息网络安全管理义务罪，非法利用信息网络罪，帮助信息网络犯罪活动罪，编造、故意传播虚假信息罪4个新罪名；三是修改扰乱无线电通讯管理秩序罪，降低构成犯罪门槛，加大惩处力度。此外，还对单位实施侵入、破坏计算机信息系统犯罪规定了刑事责任。（4）进一步强化人权保障，加强对公民人身权利的保护。一是将强制猥亵、侮辱妇女罪修改为强制猥亵、侮辱罪，同时加大对情节恶劣情形的惩处力度；二是修改收买被拐卖的妇女、儿童罪，对于收买妇女、儿童的行为一律作出犯罪评价；三是增设了虐待被监护、看护人罪；四是取消了嫖宿幼女罪。① 此外，还对绑架罪的加重处罚条件和法定刑作了适当调整。（5）进一步完善反腐败的制度规定，加大对腐败犯罪的惩处力度。一是修改贪污受贿犯罪的定罪量刑标准；同时，对犯贪污受贿罪，如实供述自己罪行、真诚悔罪、积极退赃，避免、减少损害结果发生的，规定可以从宽处理；对犯贪污受贿罪，被判处死刑缓期执行的，人民法院根据犯罪情节等情况可以同时决定在其死刑缓期执行期满依法减为无期徒刑后，终身监禁，不得减刑、假释。② 二是加大对行贿犯罪的处罚力度。主要是：第一，完善行贿犯罪财产刑规定；第二，进一步严格对行贿罪从宽处罚的条件。三是增设了对有影响力的人行贿罪。此外，还完善了预防性的规定，对因利用职业便利实施犯罪，或者实施违背职业要求的特定义务的犯罪被判处刑罚的，人民法院可以根据犯罪情况和预防再犯罪的需要，禁止其自刑罚执行完毕之日或者假释之日起从事相关职业，期限为3至5年。（6）维护社会诚信，惩治失信、背信行为。一是将伪造、变造居民身份证罪修改为伪造、变造、买卖身份证件罪，并增设了使用虚假身份证件、盗用身份证件罪；二是增设了组织考试作弊罪，非法出售、提供试题、答案罪，代替考试罪和虚假诉讼罪4个新罪名。（7）加强社会治理，维护社会秩序。一是进一步完善惩治扰乱社会秩序犯罪的规定。主要是：第一，修改妨害公务罪，增加暴力袭击正在依法执行职务的人民警察从重处罚的规

---

① "对这类行为可以适用刑法第二百三十六条关于奸淫幼女的以强奸论、从重处罚的规定，不再作出专门规定"（参见全国人大法律委员会主任委员乔晓阳2015年8月24日在十二届全国人大常委会第十六次会议上所作的《关于〈中华人民共和国刑法修正案（九）（草案）〉审议结果的报告》）。

② "对贪污受贿数额特别巨大、情节特别严重的犯罪分子，特别是其中本应当判处死刑的，根据慎用死刑的刑事政策，结合案件的具体情况，对其判处死刑缓期二年执行相适应的刑法原则，维护司法公正，防止在司法实践中出现这类罪犯通过减刑等途径服刑期过短的情形，符合宽严相济的刑事政策"（参见全国人大法律委员会主任委员乔晓阳2015年8月24日在十二届全国人大常委会第十六次会议上所作的《关于〈中华人民共和国刑法修正案（九）（草案）〉审议结果的报告》）。

定；第二，修改危险驾驶罪，增加危险驾驶应当追究刑事责任的情形；① 第三，修改抢夺罪，将多次抢夺的行为规定为犯罪；第四，增设了扰乱国家机关工作秩序罪，组织、资助非法聚集罪2个新罪名；第五，将组织、利用会道门、邪教组织、利用迷信致人死亡罪修改为组织、利用会道门、邪教组织、利用迷信致人重伤、死亡罪；第六，将盗窃、侮辱尸体罪修改为盗窃、侮辱、故意毁坏尸体、尸骨、骨灰罪；第七，将拒绝提供间谍犯罪证据罪修改为拒绝提供间谍犯罪、恐怖主义犯罪、极端主义犯罪证据罪。二是为保障人民法院依法独立公正行使审判权，完善刑法有关规定。主要是：第一，增设了泄露不应公开的案件信息罪和披露、报道不应公开的案件信息罪2个新罪名；第二，修改扰乱法庭秩序罪，将殴打诉讼参与人，侮辱、诽谤、威胁司法工作人员或者诉讼参与人，不听法庭制止以及毁坏法庭设施，抢夺、损毁诉讼文书、证据等扰乱法庭秩序的行为增加规定为犯罪；第三，进一步完善拒不执行判决、裁定罪的规定，加大惩处力度，并增加单位犯罪的规定。三是针对当前毒品犯罪形势严峻的实际情况和惩治犯罪的需要，将走私制毒物品罪和非法买卖制毒物品罪修改为非法生产、买卖、运输制毒物品、走私制毒物品罪。

经过上述1个决定和9个刑法修正案的补充修改，我国的刑法立法日臻完善。此外，全国人大常委会还根据司法实践中遇到的情况，对《刑法》的有关规定作出了13件立法解释，进一步阐明了《刑法》有关规定的含义及适用问题。②

---

① "考虑到目前有关方面对'毒驾'入刑的认识尚不一致，对于'毒驾'入刑罪与非罪的界限、可执行性等问题还需深入研究，目前可依法采取注销机动车驾驶证、强制隔离戒毒等措施，对'毒驾'造成严重后果的还可以根据案件的具体情况追究其交通肇事、以危险方法危害公共安全的刑事责任。因此，未将'毒驾'列入刑法修正案（九）草案"（参见全国人大法律委员会主任委员乔晓阳2015年8月24日在十二届全国人大常委会第十六次会议上所作的《关于〈中华人民共和国刑法修正案（九）（草案）〉审议结果的报告》）。

② 全国人大常委会通过的13件立法解释，依次是：（1）2000年4月29日《关于〈中华人民共和国刑法〉第九十三条第二款的解释》；（2）2001年8月31日《关于〈中华人民共和国刑法〉第二百二十八条、第三百四十二条、第四百一十条的解释》；（3）2002年4月28日《关于〈中华人民共和国刑法〉第三百八十四条第一款的解释》；（4）2001年4月28日《关于〈中华人民共和国刑法〉第二百九十四条第一款的解释》；（5）2002年8月29日《关于〈中华人民共和国刑法〉第三百一十三条的解释》；（6）2002年12月28日《关于〈中华人民共和国刑法〉第九章渎职罪主体适用问题的解释》；（7）2004年12月29日《关于〈中华人民共和国刑法〉有关信用卡规定的解释》；（8）2005年12月29日《关于〈中华人民共和国刑法〉有关出口退税、抵扣税款的其他发票规定的解释》；（9）2005年12月29日《关于〈中华人民共和国刑法〉有关文物的规定适用于具有科学价值的古脊椎动物化石、古人类化石的解释》；（10）2014年4月24日《关于〈中华人民共和国刑法〉第三十条的解释》；（11）2014年4月24日《关于〈中华人民共和国刑法〉第一百五十八条、第一百五十九条的解释》；（12）2014年4月24日《关于〈中华人民共和国刑法〉第二百六十六条的解释》；（13）2014年4月24日《关于〈中华人民共和国刑法〉第三百四十一条、第三百一十二条的解释》。

第一篇

总　则

第一章　刑法的任务、基本原则和适用范围

一、刑法的目的和根据（第1条）

【立法沿革】

刑法的目的和根据是在1979年《刑法》第1条规定的刑法的指导思想和制定根据的基础上修改而来的。

在新中国刑法立法史上，关于刑事立法的目的的规定，最早见之于1950年的《刑法大纲草案》。该草案第1条规定："中华人民共和国刑事立法的目的为保卫人民民主主义的国家，人民的人身和其他权利及人民民主主义的法律秩序，防止犯罪的侵害，对于实施侵害之人适用本大纲所规定的刑罚或其他处分。"1954年的《刑法指导原则草案》则在"序言"中规定了刑法的目的和根据："现在中华人民共和国宪法已经公布，为了加强革命法制，同一切卖国贼、反革命分子和其他犯罪分子作斗争，进一步保卫人民民主制度，保护公民的人身和权利，保障国家的社会主义建设和社会主义改造事业的顺利进行，根据中华人民共和国宪法和实际情况的需要，总结已有的经验，制定本刑法指导原则。"[①] 1957年的《刑法草案》第22稿采纳了《刑法指导原则草案》的"另一写法"，但在其第一章"刑法的任务和适用范围"中并未规定刑法的目的和根据。到了1963年，《刑法草案》第33稿第1条增加规定了刑法的制定根据："中华人民共和国刑法，以宪法为根据，依照严格区分敌我矛盾性质的犯罪和人民内部矛盾性质的犯罪的原则和惩办与宽大相结合的政策制定。"[②] 1979年《刑法》第1条在上述规定的基础上，作了较大的补充和修改：一是增

---

① 在该草案的起草过程中，对于要不要写"序言"的问题存在较大的争议。因此，该草案还设计了"另一写法，不用序言，改写为以下增添的一章：第一章刑法的任务和适用范围"。

② 需要说明的是，"有的同志主张在总则前面增加一个前言，理由是：有些问题，例如关于正确区分和处理两类不同性质犯罪的原则，党的基本刑事政策，我国刑事立法随着阶级斗争形势的发展变化而发展变化等，在条文中不易写得具体的，可以写在前言里，以便司法干部从中了解我国刑法的指导思想和基本精神，有助于正确掌握和运用条文。根据这个意见，由人大常委会法律室尝试写了一个前言，作为一种方案提出，并先后作了一些修改。在这次讨论中多数同志认为，一个简短的前言不能把问题说得很清楚，关于刑法的指导思想和基本精神问题，可以在刑法草案的说明报告中充分阐述，因此倾向于不要前言，主张把原第一章第一条改写一下，增加些内容就可以了"（参见《关于〈对中华人民共和国刑法草案（初稿）的修改意见（1962年6月7日）〉的修改意见报告》（1962年7月16日）"，见高铭暄、赵秉志编：《新中国刑法立法文献资料总览》（下），中国人民公安大学出版社1998年版，第1968～1969页）。

加了"以马克思列宁主义毛泽东思想为指针"的指导思想，指明了马克思列宁主义毛泽东思想与刑法的关系；二是删去了"严格区分敌我矛盾性质的犯罪和人民内部矛盾性质的犯罪的原则"的表述，避免了与惩办与宽大相结合政策在内容上的不必要重复；三是增加了"结合我国各族人民实行无产阶级领导的、工农联盟为基础的人民民主专政即无产阶级专政和进行社会主义革命、社会主义建设的具体经验及实际情况"这一实践根据，指明了我国的国情及司法实践经验与刑法的关系。[1]

1979 年《刑法》第 1 条规定："中华人民共和国刑法，以马克思列宁主义毛泽东思想为指针，以宪法为根据，依照惩办与宽大相结合的政策，结合我国各族人民实行无产阶级领导的、工农联盟为基础的人民民主专政即无产阶级专政和进行社会主义革命、社会主义建设的具体经验及实际情况制定。"

在全面研究修改刑法的过程中，对本条规定的存废问题产生了较大的争论。"主要有三种意见：1. 认为本条内容不需要规定在刑法中，主张删去；2. 主张简化，改为'中华人民共和国刑法，以宪法为依据，依照惩办与宽大相结合的政策，结合我国同犯罪作斗争的实践经验及实际情况制定'；3. 认为既然已规定，没有大的问题可以不必大改。"[2] 1988 年的《刑法修改稿》第 1 条采纳了上述第三种意见，仅删去了 1979 年《刑法》第 1 条中"社会主义革命"的表述。到了 1996 年，《刑法修订草案》（征求意见稿）第 1 条对上述规定作了较大的修改和调整：一是删去了"以马克思列宁主义毛泽东思想为指针"的表述；二是将"惩办与宽大相结合的政策"改为"惩办与宽大相结合的原则"；三是将"结合我国各族人民实行无产阶级领导的、工农联盟为基础的人民民主专政即无产阶级专政和进行社会主义建设的具体经验"改为"结合我国同犯罪作斗争的具体经验"。修改后的条文为："中华人民共和国刑法，以宪法为根据，依照惩办与宽大相结合的原则，结合我国同犯罪作斗争的具体经验及实际情况制定。"1996 年的《刑法修订草案》第 1 条基本上沿用了上述规定，仅将"依照惩办与宽大相结合的原则"修改为"依照惩办与改造和惩办与宽大相结合的原则"。1997 年的《刑法修订草案》（修改稿）第 1 条在上述规定的基础上，主要作了以下三方面的删改：一是删去了"中华人民共和国刑法"这一主语；二是增加了"为了惩罚犯罪，保护人民"这一制定刑法的目的；[3] 三是删去了"依照惩办与改造

---

[1] "在世界各国的刑法中，开宗明义第一条这样写是没有的。资本主义国家的刑法要掩盖阶级性，不可能写它是根据资产阶级利益制定的。就是其他社会主义国家的刑法也没有这样写。因此这条是很有创造性的。在这条规定里，最重要之点就是指明我国刑法是以马克思列宁主义、毛泽东思想为指针，结合我国具体情况制定的。这是我国刑法最鲜明的特色"（高铭暄：《中华人民共和国刑法的孕育和诞生》，法律出版社 1981 年版，第 11 页）。

[2] 参见全国人大常委会法制工作委员会刑法室整理："《刑法总则中争论较多的几个问题》（1989 年 2 月 17 日）"，见高铭暄、赵秉志编：《新中国刑法立法文献资料总览》（下），中国人民公安大学出版社 1998 年版，第 2123 页。

[3] 增加这一规定，主要是为了与 1996 年修订的《刑事诉讼法》第 1 条规定的刑事诉讼法的目的相协调。

和惩办与宽大相结合的原则"的表述。① 这一修改方案，为现行刑法所采纳。

【立法规定】

《刑法》第 1 条规定："为了惩罚犯罪，保护人民，根据宪法，结合我国同犯罪作斗争的具体经验及实际情况，制定本法。"

【立法释义】

目前，尚无与刑法的目的和根据相关的法律解释。

【立法建言】

建　议：将《刑法》第 1 条修改为："为了惩罚犯罪，保护人民，保障人权，根据宪法，结合我国同犯罪作斗争的具体经验及实际情况，制定本法。"

理　由：

从现代刑法理念来看，将刑法的目的仅限于"惩罚犯罪，保护人民"有失偏颇。长期以来，我国刑法理论的通说囿于《刑法》第 1 条的规定，认为刑法制定的目的就在于惩罚犯罪，保护人民。惩罚犯罪与保护人民是制定刑法的目的的两个方面，这两个方面是密切联系、有机统一的。② 然而，这一传统观点越来越受到刑法学界的质疑。③ "因为刑法不仅具有社会保护功能，同时还有人权保障功能，因此，除了确认刑罚权，它还必须以限制刑罚权为目的，以防止刑罚权的滥用。"④ 在人权观念日益深入人心，"尊重和保障人权"已上升为宪法规范的时代背景下，⑤《刑法》理应与时俱进，适时将"保障人权"规定为刑法的目的。

二、刑法的任务（第 2 条）

【立法沿革】

刑法的任务是在 1979 年《刑法》第 2 条规定的刑法的任务的基础上修改而来的。

如前所述，1954 年的《刑法指导原则草案》在总则前面设计了两种不同的写法：一

①　在刑法修订研拟的过程中，"有的委员认为，'惩办与宽大相结合'不是原则，建议将'原则'改为'政策'；有人建议将'惩办与宽大相结合'与刑法的基本原则规定在一起；也有人建议，干脆删去'惩办与宽大相结合'的表述。考虑到这一问题分歧太大，而且惩办与宽大相结合的政策内涵和精神已经内化在具体的法条中"，因此，立法机关删去了该规定（参见高铭暄：《中华人民共和国刑法的孕育诞生和发展完善》，北京大学出版社 2012 年版，第 169 ~ 170 页）。

②　参见高铭暄主编：《新编中国刑法学》，中国人民大学出版社 1998 年版，第 12 页。

③　相关学术观点及其争议，可参见周少华："刑法的目的及其观念分析"，载《华东政法大学学报》2008 年第 2 期，本书不予赘述。

④　刘艳红主编：《刑法学》（上），北京大学出版社 2014 年版，第 15 页。

⑤　全国人大 2004 年 3 月 14 日通过的《中华人民共和国宪法修正案》（以下简称《宪法修正案》）第 24 条在《中华人民共和国宪法》（以下简称《宪法》）第 33 条中增加了第 3 款"国家尊重和保障人权"的规定。

是在总则前面规定"序言";二是不用"序言",而将其改写为"第一章刑法的任务和适用范围"。其中,第二种写法的第1条规定:"刑法的任务是为了加强同一切卖国贼、反革命分子和其他犯罪分子作斗争,以进一步保卫人民民主制度,保护公民的人身和权利,保障国家的社会主义建设和社会主义改造事业的顺利进行。"到了1957年,《刑法草案》第22稿第1条主要对上述规定作了两方面的修改和补充:一是将"刑法的任务是为了加强同一切卖国贼、反革命分子和其他犯罪分子作斗争"改为"中华人民共和国刑法的任务,是用刑罚同一切反革命分子和其他犯罪分子作斗争";二是增加了"维护社会秩序,保护公共财产"的内容。修改后的条文为:"中华人民共和国刑法的任务,是用刑罚同一切反革命分子和其他犯罪分子作斗争,以保卫工人阶级领导的人民民主专政制度,维护社会秩序,保护公共财产,保护公民的人身和权利,保障国家的社会主义改造和社会主义建设事业的顺利进行。"1963年的《刑法草案》第33稿第2条基本上沿用了上述规定,仅将"保护公共财产"改为"保护国家所有的和集体所有的公共财产",并将"保护公民所有的合法财产"从保护公民的权利中单列出来加以规定。1979年《刑法》第2条在上述规定的基础上,从内容和表述方面进行了修改和补充:一是将"用刑罚同一切反革命分子和其他犯罪分子作斗争"改为"用刑罚同一切反革命和其他犯罪行为作斗争";二是将"保卫工人阶级领导的、工农联盟为基础的人民民主专政制度"改为"保卫无产阶级专政制度";三是将"保护国家所有的和集体所有的公共财产"改为"保护社会主义的全民所有的财产和劳动群众集体所有的财产";四是将"保护公民的人身和其他权利"改为"保护公民的人身权利、民主权利和其他权利";五是将"维护社会秩序"改为"维护社会秩序、生产秩序、工作秩序、教学科研秩序和人民群众生活秩序"。

1979年《刑法》第2条规定:"中华人民共和国刑法的任务,是用刑罚同一切反革命和其他犯罪行为作斗争,以保卫无产阶级专政制度,保护社会主义的全民所有的财产和劳动群众集体所有的财产,保护公民私人所有的合法财产,保护公民的人身权利、民主权利和其他权利,维护社会秩序、生产秩序、工作秩序、教学科研秩序和人民群众生活秩序,保障社会主义革命和社会主义建设事业的顺利进行。"

在全面研究修改刑法的过程中,1988年的《刑法修改稿》第2条主要是对上述规定作了相应的文字修改和处理:"中华人民共和国刑法的任务,是用刑罚同犯罪作斗争,以保卫人民民主专政制度,保护公民的人身权利、民主权利和其他权利,保护公共财产和私人的合法财产,维护社会秩序、经济秩序,保障社会主义建设事业的顺利进行。"到了1996年,《刑法修订草案》(征求意见稿)第2条放弃了上述修改方案,重新以1979年《刑法》第2条的规定为基础作了以下四方面的修改:一是将"同一切反革命和其他犯罪行为作斗争"改为"同一切犯罪行为作斗争";二是将"无产阶级专政制度"改为"人民民主专政的政权和社会主义制度";三是将"保护公民私人所有的合法财产"改为"保护公民私人所有的财产";四是将"保障社会主义革命和社会主义建设事业的顺利进行"改为"保障社会主义建设事业的顺利进行"。修改后的条文为:"中华人民共和国刑法的任务,是用刑罚同一切犯罪行为作斗争,以保卫人民民主专政的政权和社会主义制度,保护社会主义的全民所有的财产和劳动群众集体所有的财产,保护公民私人所有的财产,保护公民的人身权利、民主权利和其他权利,维护社会秩序、经济秩序、工作秩序、教学科研秩序和人民群众生活秩序,保障社会主义建设事业的顺利进行。"1997年的《刑法修订草案》(修改稿)第2条在上述规定的基础上,又作了以下三处补充和修改:一是增加了"保卫国家安全"的内容;二是将"保护社会主义的全民所有的财产和劳动群众集体所有的财产"改为"保护国有财产和劳动群众集体所有的财产";三是将"维护社会秩序、经济秩序、工作秩序、教学科研秩序和人民群众生活秩序"改为"维护社会秩序、经济秩序"。这一修改方案,为现行刑法所采纳。

【立法规定】

《刑法》第2条规定:"中华人民共和国刑法的任务,是用刑罚同一切犯罪行为作斗争,以保卫国家安全,保卫人民民主专政的政权和社会主义制度,保护国有财产和劳动群众集体所有的财产,保护公民私人所有的财产,保护公民的人身权利、民主权利和其他权利,维护社会秩序、经济秩序,保障社会主义建设事业的顺利进行。"

【立法释义】

目前,尚无与刑法的任务相关的法律解释。

【立法建言】

建　议:将《刑法》第2条修改为:"中华人民共和国刑法的任务,是用刑罚同一切犯罪行为作斗争,以保卫国家安全,保卫人民民主专政的政权和社会主义制度,保护国有财产和劳动群众集体所有的财产,尊重和保障人权,保护公民的人身权利、财产权利、民主权利和其他权利,维护社会秩序、经济秩序,保障社会主义建设事业的顺利进行。"

理　由:

1. 从刑法机能的角度来看,保障人权是刑法的基本机能之一。[①] "人权保障机能(或自由保障机能),指刑法具有保障公民个人的人权不受国家刑罚权不当侵害的机能。"[②]

[①] 刑法的机能,是指刑法的积极作用或者功能。在刑法理论上,对刑法的机能从不同的角度提出了诸多不同的机能。但一般认为,刑法主要具有以下三种基本机能:(1)规律机能;(2)保护机能;(3)保障机能(参见利子平主编:《刑法原理》,江西高校出版社1995年版,第12页以下)。

[②] 张明楷:《刑法学》,法律出版社2011年版,第25页。

"刑法以罪刑法定为基本原则,而罪刑法定,实际上是给国家行使刑罚权制定了一个标准,它要求国家必须依法行使刑罚权。这不仅对国家任意行使刑罚权是一种限制,起到了防止刑罚权的擅用和抑制刑罚权的滥用的作用,而且对守法公民和犯罪人的合法权益也是一种保障,起到了保障守法公民不受刑罚处罚和犯罪人不受法外刑处罚的作用。因此,从这个意义上讲,刑法既是守法公民的权利保障书,也是犯罪人的权利保障书。"[1] 刑法的保障机能势必要求在刑法的任务中加以体现。因为,刑法的机能与刑法的任务具有内在的一致性。刑法的机能是设定刑法任务的前提和基础,而刑法任务的完成则有赖于刑法机能的充分发挥。因此,刑法的机能必须体现在刑法的任务中。

2. 从法律协调的角度来看,刑法必须与宪法和其他法律的规定相协调。如前所述,2004 年《宪法修正案》第 24 条规定了"国家尊重和保障人权"的原则。《宪法》规定的这一原则,必须由各部门法加以具体贯彻。为此,2012 年 3 月 14 日修订的《中华人民共和国刑事诉讼法》(以下简称《刑事诉讼法》) 第 2 条增加规定了"尊重和保障人权"的内容。[2] 为了与《刑事诉讼法》的规定相协调,《刑法》第 2 条也应作相应的修改。

三、罪刑法定原则 (第 3 条)

【立法沿革】

罪刑法定原则是 1997 年《刑法》第 3 条增设的刑法基本原则。

新中国成立之初,由于法律尚不健全,1950 年的《刑法大纲草案》设立了"法律的类推适用于根据人民民主主义政策判罪"的制度,对法律没有明文规定的犯罪,不仅可以"比照本大纲最相类似之条文处罚之",而且还可以"由法院根据人民民主主义的政策处罚之"。该草案第 4 条规定:"犯罪行为,无明文规定者,依其性质,比照本大纲最相类似之条文处罚之;如无最相类似之条文可资比照时,由法院根据人民民主主义的政策处罚之。""类推适用法律,或根据人民民主主义的政策判罪时,仅以其行为有重大社会危险性或已有严重结果者为限,并须向直接上级法院请示后,判决之。"1951 年的《中华人民共和国惩治反革命条例》(以下简称《惩治反革命条例》) 沿用了上述类推制度,但删去了其中"由法院根据人民民主主义的政策处罚之"的规定。该条例第 16 条规定:"以反革命为目的之其他罪犯未经本条例规定者,得比照本条例类似之罪处刑。"1957 年的《刑法草

---

① 利子平主编:《刑法原理》,江西高校出版社 1995 年版,第 14 页。
② 《刑事诉讼法》第 2 条规定:"中华人民共和国刑事诉讼法的任务,是保证准确、及时地查明犯罪事实,正确应用法律,惩罚犯罪分子,保障无罪的人不受刑事追究,教育公民自觉遵守法律,积极同犯罪行为作斗争,维护社会主义法制,尊重和保障人权,保护公民的人身权利、财产权利、民主权利和其他权利,保障社会主义建设事业的顺利进行。"

案》第 22 稿第 90 条也规定了类推制度："本法分则没有明文规定的犯罪，可以比照本法分则最相类似的条文定罪判刑。"到了 1963 年，《刑法草案》第 33 稿第 86 条在上述规定的基础上，对类推的适用作了程序上的限制："本法分则没有明文规定的犯罪，可以比照本法分则最相类似的条文定罪判刑，但是应当报请高级人民法院或者最高人民法院核准。"① 在修订第 33 稿的过程中，"在快要定稿时，关于类推问题有过一场小小的争论。有的同志主张，我国刑法应当采取罪刑法定主义，明确宣布：法律无明文规定的不为罪、不处罚。有的认为规定类推，'后患无穷'，而且很可能造成'不教而诛'，因此法律上不是'限制类推'的问题，而应当是'禁止类推'的问题。有的认为把适用类推的核准权交给最高人民法院，会造成司法侵越立法权力。""但是，多数同志不这样看。他们认为，我国刑法在罪刑法定原则的基础上，应当允许类推，作为罪刑法定原则的一种补充。"② 因此，1979 年《刑法》保留了类推制度，但是，"对没有明文规定的犯罪，严格限制了类推的应用，规定类推的使用应一律报请最高人民法院核准"。③

1979 年《刑法》第 79 条规定："本法分则没有明文规定的犯罪，可以比照本法分则最相类似的条文定罪判刑，但是应当报请最高人民法院核准。"

在全面研究修改刑法的过程中，对类推制度的存废问题产生了激烈的争论。概括起来，主要有永久保留说、暂时保留说和立即废止说 3 种不同的观点。④ 但在当时，暂时保留说仍占据主导地位，因此，1988 年的《刑法修改稿》第 79 条沿用了上述规定，未作任何修改。到了 1995 年 8 月 8 日，《刑法总则修改稿》不仅取消了类推制度，而且还在第一章"刑法的任务和基本原则"中首次明确规定了罪刑法定原则。该稿第 3 条规定："对于行为时法律没有明文规定为犯罪的，不得定罪处罚。"1996 年 4 月 30 日，在全国人大常委会法制工作委员会召开的刑法修改问题座谈会上，全国人大常委会法制工作委员会副主任高西江提出了刑法修改中应当着重研究的十大问题，并把"是否规定罪刑法定原则、取消类推"列为之首。会后，最高人民法院、最高人民检察院和公安部就法工委提出的十大问题分别进行了研究和论证，并提出了书面意见。最高人民法院旗帜鲜明地提出，"应当取

① "社会主义各国刑法，现在只有朝鲜、蒙古采取'类推'原则。捷克、匈牙利一向没有'类推'，苏联、阿尔巴尼亚、罗马尼亚、保加利亚、民主德国原有'类推'，后来苏联于 1958 年废除，其他国家也于 1957 年以前就废除了，我们考虑，刑法即使写得完备，也不可能将一切犯罪都包括无遗，特别是我国地大人多，情况复杂并且发展变化很快，现在制定的第一部刑法又不可能十分完备，因之继续采取'类推'原则是必要的（惩治反革命条例中已有'类推'规定）"（参见中央政法小组："《关于〈中华人民共和国刑法草案（草稿）〉修改情况和意见的报告》（1963 年 1 月 8 日）"，见高铭暄、赵秉志编：《新中国刑法立法文献资料总览》（下），中国人民公安大学出版社 1998 年版，第 1987 页）。

② 参见高铭暄：《中华人民共和国刑法的孕育和诞生》，法律出版社 1981 年版，第 126 页。

③ 参见全国人大法案委员会主任、全国人大常委会法制委员会主任彭真 1979 年 6 月 26 日在五届全国人大二次会议上所作的《关于七个法律草案的说明》。

④ 参见赵秉志：《刑法总则问题专论》，法律出版社 2004 年版，第 233～234 页。

消法律类推制度。理由：1. 法律类推制度与罪刑法定原则矛盾，取消类推是加强社会主义法制的必然趋势。2. 类推制度对于惩治法律无明文规定但确实危害社会的犯罪行为来说，作用不大。司法实践中适用类推定罪处刑的案件很少。3. 从司法实践看，类推案件多是轻微刑事案件，而类推的核准程序又比较严格。有的法院因类推案件报核时间长，出现了不报请核准违法办案的问题。而且，类推案件罪与非罪的界限很难界定，办一个案子，四级法院都要经手，时间太长，不符合诉讼经济的原则。"① 最高人民检察院也提出，"同意刑法取消类推制度。其主要理由是：类推制度与罪刑法定原则的精神相矛盾，并且类推制度的保留不利于我国的法制建设和对公民权利的有效保护，取消类推反映了社会主义国家法制化、民主化的必然趋势。""同时，取消类推制度后，要考虑其可能带来的影响，在当前社会变动较大的情况下，应尽量使刑法条文较为周全，并应有一定的预见性，防止出现法律修改后不久就出现漏洞。"② 公安部则提出，"确立罪刑法定原则，就应当取消类推制度。因此，在这次修改刑法时，如明确规定了罪刑法定原则，就必须充分考虑到现实斗争的需要，把需要规定为犯罪的危害行为分析、界定清楚，尽最大努力做到没有疏漏，做到有较大的前瞻性，保证不放纵犯罪。如果不能够做到这一点，就可以考虑不要匆忙取消类推制度。"③ 1996 年 6 月 24 日的刑法总则修改稿采纳了最高人民法院、最高人民检察院的意见，维持了 1995 年《刑法总则修改稿》第 3 条的规定。1996 年 8 月 8 日的刑法总则修改稿第 3 条对上述规定作了两方面的修改和补充：一是将"对于行为时法律没有明文规定为犯罪的，不得定罪处罚"改为"法律没有规定为犯罪的，不得定罪"；二是增加了"定罪处罚应当以行为时的法律和本法第十条的规定为依据"的规定。修改后的条文为："法律没有规定为犯罪的，不得定罪。定罪处罚应当以行为时的法律和本法第十条的规定为依据。"④ 1996 年 8 月 12 日至 16 日，全国人大常委会法制工作委员会邀请法律专家就刑法修改的有关问题进行了座谈。⑤ "专家一致赞同删去刑法规定的类推，明确规定罪刑法定原则，认为这是刑法修改的一大进步。但提出修改稿第三条的后一句'定罪处罚

① 参见最高人民法院刑法修改小组："《对修改刑法的十个问题的意见》（1996 年 5 月 30 日）"，见高铭暄、赵秉志编：《新中国刑法立法文献资料总览》（下），中国人民公安大学出版社 1998 年版，第 2404 页。

② 参见最高人民检察院刑法修改研究小组："《关于修改刑法十个重点问题的研究意见》（1996 年 5 月）"，见高铭暄、赵秉志编：《新中国刑法立法文献资料总览》（下），中国人民公安大学出版社 1998 年版，第 2589～2590 页。

③ 参见公安部修改刑法领导小组办公室："《当前修改刑法中亟待研究解决的十大问题（汇报提纲）》（1996 年 5 月 29 日）"，见高铭暄、赵秉志编：《新中国刑法立法文献资料总览》（下），中国人民公安大学出版社 1998 年版，第 2653 页。

④ 该稿第 10 条是关于刑法溯及力的规定。

⑤ 参加这次座谈会的专家有：中国人民大学教授高铭暄、王作富，武汉大学教授马克昌，北京大学教授储槐植，中国政法大学教授曹子丹和中国法官协会秘书长、教授单长宗。

应当以行为时的法律和本法第十条的规定为依据'是多余的，建议删去。"① 1996 年 8 月 31 日的《刑法修改草稿》第 3 条采纳了上述建议，重新恢复了 1996 年 6 月 24 日刑法总则修改稿的写法。到了 1996 年 10 月 10 日，《刑法修订草案》（征求意见稿）对上述规定作了较大的调整和修改：一是删去了第一章"刑法的任务和基本原则"中的"基本原则"，并相应将罪刑法定原则的规定移至第二章"犯罪"之中；二是从正反两个方面对罪刑法定原则进行了表述。该草案第 11 条规定："法律明文规定为犯罪行为的，依照法律定罪处刑；法律没有明文规定为犯罪行为的，不得定罪处刑。"对此，"刑法学界和实务部门提出，刑法的基本原则是贯穿全部刑法规范和刑法适用、体现刑法的基本性质与基本精神的准则，在刑法中起到统帅和核心作用，其地位决定了它应当规定在刑法的首章，而罪刑法定原则作为贯穿于刑事立法和刑事司法全部活动的基本原则，将其仅仅看作定罪原则规定在第二章第一节'犯罪和刑事责任'中，显然不妥。只有将刑法的基本原则集中规定在刑法总则第一章中，才能充分体现这些原则在刑法典中的重要地位，充分体现其对刑事立法和司法的重要指导意义。"② 有鉴于此，1996 年 12 月 20 日的《刑法修订草案》重新恢复了第一章"刑法的任务、基本原则和适用范围"的章名，并在第 3 条中规定了罪刑法定原则："法律明文规定为犯罪行为的，依照法律定罪处刑；法律没有明文规定为犯罪行为的，不得定罪处刑。"③ 这一修改方案，为现行刑法所采纳。

【立法规定】

《刑法》第 3 条规定："法律明文规定为犯罪行为的，依照法律定罪处刑；法律没有明文规定为犯罪行为的，不得定罪处刑。"

【立法释义】

目前，尚无与罪刑法定原则直接相关的法律解释。但是，在一些刑法司法解释中，坚持了罪刑法定原则的基本精神。例如，最高人民法院 2001 年 1 月 21 日发布的《全国法院审理金融犯罪案件工作座谈会纪要》中规定："根据刑法第三十条和第一百九十三

---

① 参见全国人大常委会法制工作委员会刑法室整理："《法律专家对〈刑法总则修改稿〉和〈刑法分则修改草稿〉的意见》（1996 年 9 月 6 日）"，见高铭暄、赵秉志编：《新中国刑法立法文献资料总览》（下），中国人民公安大学出版社 1998 年版，第 2128 页。

② 参见高铭暄：《中华人民共和国刑法的孕育诞生和发展完善》，北京大学出版社 2012 年版，第 174 页。

③ 关于"进一步明确规定罪刑法定原则，取消类推的规定"的理由，全国人大常委会副委员长王汉斌 1997 年 3 月 6 日在八届全国人大五次会议上所作的《关于〈中华人民共和国刑法（修订草案）〉的说明》中作了较为全面的说明："刑法原来基本上也是按照罪刑法定原则的精神制定的，当时考虑到刑法分则只有 103 条，可能有些犯罪行为必须追究，法律又没有明文规定，不得不又规定可以采用类推办法，规定对刑法分则没有明文规定的犯罪，经最高人民法院核准，可以比照刑法分则最相类似的条文定罪判刑。这次修订，刑法分则的条文从原来 103 条增加到 345 条，对各种犯罪进一步作了明确、具体的规定。事实上，刑法虽然规定了类推，实际办案中使用的很少。现在已有必要也有条件取消类推的规定。"

条的规定，单位不能构成贷款诈骗罪。对于单位实施的贷款诈骗行为，不能以贷款诈骗罪定罪处罚，也不能以贷款诈骗罪追究直接负责的主管人员和其他直接责任人员的刑事责任。"①

【立法建言】

建　议：将《刑法》第3条修改为："行为时法律没有明文规定为犯罪的，不得定罪处刑。"

理　由：

1. 从文字表述来看，《刑法》第3条关于罪刑法定原则的规范表述是不科学的，容易使人产生不必要的误解。众所周知，我国《刑法》第3条规定的罪刑法定原则与西方罪刑法定原则的经典表述是不尽相同的。据此，有学者认为，按照我国《刑法》第3条的规定，我国的罪刑法定原则可以分为积极的罪刑法定与消极的罪刑法定两个基本方面：一方面，"法律明文规定为犯罪行为的，依照法律定罪处刑"，是积极的罪刑法定；另一方面，"法律没有明文规定为犯罪行为的，不得定罪处刑"，是消极的罪刑法定。积极的罪刑法定的基本精神是从扩张刑罚权的方面，要求积极地运用刑罚，惩罚犯罪、保护社会；而消极的罪刑法定的基本精神则是从消极方面限制刑罚权的滥用，以保障人民的权利不受其非法侵害。积极的罪刑法定与消极的罪刑法定的统一，运用刑罚权、惩罚犯罪与限制刑罚权、保障人权的统一，就是我国罪刑法定原则的全面而正确的含义。并且认为，规定积极的罪刑法定原则，是我国刑法与西方国家的刑法、宪法不同的一个特点，它克服了西方罪刑法定原则的片面性，是对罪刑法定原则的新的发展。② 也有学者认为，"在价值观念从个人本位向个人、社会双本位变迁的现代社会，罪刑法定原则的机能也发生了转移，从只重视人权保障机能向保障机能和保护机能的协调转移。社会保护机能是通过对犯罪的惩治来实现的，因而属于罪刑法定的积极机能或曰扩张机能；而人权保障机能是通过限制国家的刑罚权来实现的，因而属于罪刑法定的消极机能或曰限制机能。罪刑法定的保障机能和保护

---

① 最高人民法院有关负责人指出，对于单位盗窃、单位贷款诈骗等应如何适用法律问题，涉及法律如何完善的问题，不是通过司法解释所能解决的。在刑法没有作出修正或者制定立法解释之前，对司法实践中发生的此类行为，不宜对单位或者其直接负责的主管人员和其他直接责任人员定罪处罚（参见周道鸾等："刑法实务若干问题研究"，载《刑事审判参考》2004年第1辑）。坚持罪刑法定原则的基本精神，是最高人民法院此前的一贯立场。例如，最高人民法院在起草《关于审理单位犯罪具体应用法律有关问题的解释》的过程中，曾专门对单位实施纯正自然人犯罪如何适用法律的问题进行过论证。一种意见认为，应当将单位实施纯正自然人犯罪的行为作为单位犯罪处理，并在具体处罚上实行单罚制。但该解释最终并未采纳这种意见。因为最高人民法院考虑到，司法解释同样必须坚持罪刑法定原则，不能对法律任意扩大解释。因此，对于单位实施纯正自然人犯罪的行为，无论它是立法者有意为之，还是立法的疏漏，在法律作出修改、调整以前，必须坚持罪刑法定原则的基本要求（参见孙军工："《关于审理单位犯罪具体应用法律有关问题的解释》的理解与适用"，载《刑事审判参考》1999年第3辑）。

② 参见何秉松主编：《刑法教科书》（上卷），中国法制出版社2000年版，第63页以下。

机能并非势不两立，而是可以在共同的基础上统一起来并协调发展。"① 对于上述观点，笔者不敢苟同。诚然，刑法具有保护社会和保障人权两个方面的基本机能，两者不可偏废。但是，刑法的机能与罪刑法定原则的机能并不是一回事，刑法机能的外延要广于罪刑法定原则机能的范围。上述观点的根本错误就在于，"将刑法的机能与罪刑法定原则的机能混为一谈"②。因为刑法的机能并非只是透过罪刑法定原则来体现的，"事实上刑法的双重机能是通过刑法的构成要素从多角度加以体现的，而这些具体的构成要素又往往是从不同侧面体现刑法这种双重功能。特别是由于各种构成要素受到其本身内容的限制，因而体现刑法双重功能的角度或侧重面有可能完全不同。就此而言，考察罪刑法定原则，我们就不难发现，正是由于受该原则原本含义和基本内容的限制，因此，罪刑法定原则的机能实际上只能突出对行为人个人基本权利的保障机能，而无法如刑法一样达到保护机能与保障机能双重功能的统一。"③ 由此可见，罪刑法定原则显然是不可能包括所谓积极的罪刑法定原则的。那种认为我国的罪刑法定原则包含积极的罪刑法定的观点，其实是对《刑法》第 3 条规定的一种误读。笔者认为，我国《刑法》第 3 条关于罪刑法定原则的规范表述是不科学的，但是，这仅仅是文字表述上的问题，即我国的立法者习惯性地从正反两个方面来加以表述所产生的问题，并不意味着立法者误读历史或者刻意在罪刑法定原则的内涵方面进行"创新"。④ 为避免产生不必要的误解，宜删去"法律明文规定为犯罪行为的，依照法律定罪处刑"的规定。

2. 从基本内涵来看，罪刑法定原则原本就是"消极的罪刑法定"。罪刑法定原则是以人权保障为价值取向，以限制国家刑罚权的无端发动为目的定位，以法治主义为制度基础的刑法思想和原则。⑤ 它是深受中世纪刑罚权无节制扩张和滥用之苦而作出的价值选择。就其基本属性而言，它倾向于保障人权、实现一般正义和增强社会安全感。可以说，罪刑法定是价值偏一的选择，而非兼顾各种价值目标和利益。⑥ 也就是说，"罪刑法定主义系以限制国家刑罚之行使为主要目的，而以保障个人自由为最高目标"。⑦ "罪刑法定主义，作为近代法治主义的一环，是基于法律主义的原则的产物。然而，假如将这一原则的存在理由仅仅理解为以成文的法规事先规定犯罪与刑罚这种形式的意义，那么，只要以成文的

———————

①　陈兴良主编：《刑事法总论》，群众出版社 2000 年版，第 167 页。

②　参见周少华："罪刑法定与刑法机能之关系"，载《法学研究》2005 年第 3 期。

③　刘宪权："新中国刑事法治中罪刑法定原则的发展"，见赵秉志等主编：《新中国刑法 60 年巡礼》（上卷：历程暨反思），中国人民公安大学出版社 2009 年版，第 114～115 页。

④　参见利子平：《刑法司法解释瑕疵研究》，法律出版社 2014 年版，第 130 页。

⑤　参见蔡道通："罪刑法定原则确立的观念基础"，载《法学》1997 年第 7 期。

⑥　参见宗建文："刑罚正义论——罪刑法定的价值分析"，见赵炳寿主编：《刑罚专论》，四川大学出版社 1995 年版，第 31 页。

⑦　杨建华：《刑法总则之比较与研讨》，汉林出版社 1982 年版，第 10 页。

法规规定犯罪与刑罚的关系，规定什么是犯罪与科处什么样的刑罚就可以了。如果是那样的话，罪刑法定主义就失去了自由主义为基调的近代刑法之大原则的意义。支配这一原则的，是通过人类长远的历史，追求确立国民的自由与权利而主张的人权思想。"① 正因如此，现代各国刑法所规定的都是"消极的罪刑法定原则"②。

四、法律面前人人平等原则（第4条）

【立法沿革】

法律面前人人平等原则是 1997 年《刑法》第 4 条增设的刑法基本原则。

在刑法修订研拟的过程中，对于是否有必要将法律面前人人平等原则写入刑法典的问题，曾经产生过激烈的争论。否定意见认为，刑法的基本原则必须是刑法所特有的原则，不应该包括作为法的一般原则的法律面前人人平等原则，况且该原则作为法的一般原则在宪法中已有明确规定，就不宜在刑法中再作重复规定。肯定意见则认为，把"刑法部门所特有"作为确立刑法基本原则的标准之一，是不妥当的。③ 后来，考虑到"这个原则宪法中已有规定，在刑法中再明确规定是有实际意义的"。④ 因此，1996 年的《刑法修订草案》（征求意见稿）第 60 条第 1 款明确规定了法律面前人人平等原则："对任何人犯罪，在适用法律上一律平等，在法律面前，不允许有任何特权。"基于与罪刑法定原则同样的原因，1996 年的《刑法修订草案》将其移入第一章"刑法的任务、基本原则和适用范围"中的第 4 条，并在文字上作了适当修改，将"在法律面前，不允许有任何特权"改为"不允许任何人有超越法律的特权"。这一修改方案，为现行刑法所采纳。

【立法规定】

《刑法》第 4 条规定："对任何人犯罪，在适用法律上一律平等。不允许任何人有超越法律的特权。"

【立法释义】

最高人民法院 2011 年 12 月 30 日发布的《关于进一步加强危害生产安全刑事案件审

---

① 【日】大野真义、墨谷葵：《要说刑法总论》（改订版），嵯峨野书院 1990 年版，第 14 页。转引自马克昌主编：《外国刑法学总论》（大陆法系），中国人民大学出版社 2009 年版，第 35 页。

② 《公民权利和政治权利国际公约》也是从消极的意义上规定罪刑法定原则的。该公约第 15 条第 1 款规定："任何人的任何行为或不行为，在其发生时依照国际法或国内法均不构成刑事罪者，不得据以认为犯有刑事罪。所加的刑罚也不得重于犯罪时适用的规定。如果在犯罪之后依法规定了应处以较轻的刑罚，犯罪者应予减刑。"该款关于"法无明文规定不为罪"的现代表述，揭示了罪刑法定原则的精髓。

③ 参见赵秉志：《刑法总则问题专论》，法律出版社 2004 年版，第 219 页。

④ 参见全国人大常委会副委员长王汉斌 1996 年 12 月 24 日在八届全国人大常委会第二十三次会议上所作的《关于中华人民共和国刑法（修订草案）的说明》。

判工作的意见》第 5 条规定："主体平等，确保公正。审理危害生产安全刑事案件，对于所有责任主体，都必须严格落实法律面前人人平等的刑法原则，确保刑罚适用公正，确保裁判效果良好。"

【立法建言】

建　议：将《刑法》第 4 条修改为："任何单位或者个人犯罪，在适用法律面前一律平等。不允许任何单位或者个人有超越法律的特权。"

理　由：

1. 从语法结构来看，"对……犯罪"的表述，不符合主谓结构的现代汉语语法，且未能准确表达"法律面前人人平等"的含义。诚如有学者指出，"第 4 条'对任何人犯罪，在适用法律上一律平等'表述不准。'对……犯罪'，通常理解为'对某某对象而为犯罪行为'。若说本句原意就是'对任何对象而为的犯罪行为，在适用法律上一律平等'，显然偏离了'法律面前人人平等'原则本意。因此，这句应表述为'对任何犯罪的人，在适用法律上一律平等'。这句强调的是不同犯罪主体的定罪量刑的平等。"①

2. 从宪法要求来看，我国宪法强调的是"任何组织或者个人"在法律面前一律平等。1982 年，党的十二大首次将"党必须在宪法和法律范围内活动"作为一项重要原则写入了党章。同年，《宪法》明确规定："一切国家机关和武装力量、各政党和各社会团体、各企业事业组织都必须遵守宪法和法律。一切违反宪法和法律的行为，必须予以追究。""任何组织或者个人都不得有超越宪法和法律的特权。"《宪法》的上述规定具有很强的针对性和重大的现实意义，作为基本法律的刑法，理应充分体现《宪法》的基本精神和要求。

3. 从司法实践来看，在适用法律上不平等的主要表现是对个人和单位犯罪的定罪量刑标准实行"区别对待"。② 以走私普通货物、物品罪为例，最高人民法院 2000 年 9 月 26日发布的《关于审理走私刑事案件具体应用法律若干问题的解释》第 10 条第 2 款规定："单位犯走私普通货物、物品罪……偷逃应缴税额在二十五万元以上不满七十五万元的，

---

① 范忠信："刑法典应力求垂范久远——论修订后的《刑法》的局限与缺陷"，载《法学》1997 年第 10 期。

② 有学者认为，"关于同职权相连的财产罪，我国刑法规定了四个罪，贪污罪、职务侵占罪、挪用公款罪、挪用资金罪。""从经济学和所有权的权能分析，在刑法上这四种行为的本质是同一的（许多国家将这四种行为统一纳入一个罪名即侵占罪，变合法持有为非法占有）。""但我国刑法之所以将其分定为四罪，主要是出于政治考虑，其一是从严治吏（这可取，是否要设死刑则另当别论），其二是对公有财产的特殊保护（其实是刑法对公有财产与非公有财产的不平等保护，这是计划经济和政治体制问题在刑法上的反映）"（参见储槐植："再说刑事一体化"，见陈兴良、梁根林主编：《润物无声——北京大学法学院百年院庆文存之刑事一体化与刑事政策》，法律出版社 2005 年版，第 17 ～18 页）。对于上述"不平等保护"的观点，笔者不敢苟同。因为，如果是单纯出于对公共财产特殊保护的目的而将其分为四罪，自然可以得出"不平等保护"的结论。但是，我国刑法之所以将其分为四罪，主要是为了从严治吏，对国家工作人员提出更高的要求。

对单位判处罚金……"而1997年《刑法》第153条第2款规定："单位犯前款罪的，对单位判处罚金……"也就是说，根据1997年《刑法》第153条第2款的规定，单位犯走私普通货物、物品罪的定罪标准，应当按照第153条第1款的规定，即"走私货物、物品偷逃应缴税额在五万元以上不满十五万元"的标准执行。① 但是，该解释却将单位构成走私普通货物、物品罪的标准提高了5倍，明显逾越了《刑法》的规定。此外，该解释对个人和单位犯走私普通货物、物品罪的定罪标准实行"区别对待"，还导致了单位与个人共同走私普通货物、物品案件处理上的困惑。遗憾的是，相关司法解释不但未从源头上检讨并解决业已存在的问题，反而沿着错误的道路越走越远。例如，关于单位和个人共同走私普通货物、物品案件的处理问题，最高人民法院、最高人民检察院、海关总署2002年7月8日发布的《关于办理走私刑事案件适用法律若干问题的意见》第20条第2款明确规定："对单位和个人共同走私偷逃应缴税额为5万元以上不满25万元的，应当根据其在案件中所起的作用，区分不同情况做出处理。单位起主要作用的，对单位和个人均不追究刑事责任，由海关予以行政处理；个人起主要作用的，对个人依照刑法有关规定追究刑事责任，对单位由海关予以行政处理。无法认定单位或个人起主要作用的，对个人和单位分别按个人犯罪和单位犯罪的标准处理。"该解释关于单位和个人共同走私普通货物、物品案件以单位起主要作用还是个人起主要作用分别按个人犯罪和单位犯罪的标准处理的规定，不仅于法无据，而且有违法律面前人人平等原则。追根溯源，其错误还是源于对个人和单位构成走私普通货物、物品罪采取不同的标准所导致的。②

五、罪刑相适应原则（第5条）

【立法沿革】

罪刑相适应原则是1997年《刑法》第5条增设的刑法基本原则。

从立法源流来看，罪刑相适应原则最早见之于1996年的《刑法修订草案》（征求意见稿）。该草案第60条第2款规定："对犯罪分子判处的刑罚轻重，应当与其所犯罪行和承担的刑事责任相适应。"1996年的《刑法修订草案》考虑到"这是刑法的一个重

---

① 《刑法修正案（八）》第27条已将上述具体数额标准改为"走私货物、物品偷逃应缴税额较大"，为此，最高人民法院、最高人民检察院2014年8月12日发布的《关于办理走私刑事案件适用法律若干问题的解释》第16条第1款将上述数额标准改为："走私普通货物、物品，偷逃应缴税额在十万元以上不满五十万元的，应当认定为刑法第一百五十三条第一款规定的'偷逃应缴税额较大'……"但与此同时，该解释第24条第2款也相应将单位走私普通货物、物品罪的数额标准改为："偷逃应缴税额在二十万元以上不满一百万元的，应当依照刑法第一百五十三条第二款的规定，对单位判处罚金……"尽管上述数额标准有所变化，但对个人和单位犯走私普通货物、物品罪的定罪标准实行"区别对待"的做法并没有改变。

② 参见利子平：《刑法司法解释瑕疵研究》，法律出版社2014年版，第255~256页。

要原则"，① 因而将其移入第一章"刑法的任务、基本原则和适用范围"中。此外，该草案第5条还在上述规定的基础上，将"对犯罪分子判处的刑罚轻重"修改为"对犯罪分子量刑的轻重"。1997年的《刑法修订草案》（修改稿）第5条基本上沿用了上述规定，仅在文字上作了适当的调整。修改后的条文为："刑罚的轻重，应当与犯罪分子所犯罪行和承担的刑事责任相适应。"这一修改方案，为现行刑法所采纳。

【立法规定】

《刑法》第5条规定："刑罚的轻重，应当与犯罪分子所犯罪行和承担的刑事责任相适应。"

【立法释义】

最高人民法院1999年10月27日发布的《全国法院维护农村稳定刑事审判工作座谈会纪要》"关于对农民被告人依法判处缓刑、管制、免予刑事处罚问题"部分中规定："对农民被告人适用刑罚，既要严格遵循罪刑相适应的原则，又要充分考虑到农民犯罪主体的特殊性。要依靠当地党委做好相关部门的工作，依法适当多适用非监禁刑罚。对于已经构成犯罪，但不需要判处刑罚的，或者法律规定有管制刑的，应当依法免予刑事处罚或判处管制刑。对于罪行较轻且认罪态度好，符合宣告缓刑条件的，应当依法适用缓刑。"

最高人民法院2011年12月30日发布的《关于进一步加强危害生产安全刑事案件审判工作的意见》第4条规定："区分责任，均衡量刑。危害生产安全犯罪，往往涉案人员较多，犯罪主体复杂，既包括直接从事生产、作业的人员，也包括对生产、作业负有组织、指挥或者管理职责的负责人、管理人员、实际控制人、投资人等，有的还涉及国家机关工作人员渎职犯罪。对相关责任人的处理，要根据事故原因、危害后果、主体职责、过错大小等因素，综合考虑全案，正确划分责任，做到罪责刑相适应。"

最高人民法院2013年12月23日发布的《关于常见犯罪的量刑指导意见》第一部分"量刑的指导原则"第2条规定："量刑既要考虑被告人所犯罪行的轻重，又要考虑被告人应负刑事责任的大小，做到罪责刑相适应，实现惩罚和预防犯罪的目的。"第三部分"常见量刑情节的适用"部分规定："量刑时要充分考虑各种法定和酌定量刑情节，根据案件的全部犯罪事实以及量刑情节的不同情形，依法确定量刑情节的适用及其调节比例。对严重暴力犯罪、毒品犯罪等严重危害社会治安犯罪，在确定从宽的幅度时，应当从严掌握；对犯罪情节较轻的犯罪，应当充分体现从宽。具体确定各个量刑情节的调节比例时，应当

---

① 全国人大常委会副委员长王汉斌1996年12月24日在八届全国人大常委会第二十三次会议上所作的《关于中华人民共和国刑法（修订草案）的说明》中明确指出："罪刑相当，就是罪重的量刑要重，罪轻的量刑要轻，各个法律条文之间对罪刑要统一平衡，不能罪重的量刑比罪轻的轻，也不能罪轻的量刑比罪重的重。这是刑法的一个重要原则。"

综合平衡调节幅度与实际增减刑罚量的关系，确保罪责刑相适应。"

最高人民法院、最高人民检察院、公安部 2014 年 9 月 9 日发布的《关于办理暴力恐怖和宗教极端刑事案件适用法律若干问题的意见》第一部分"正确把握办理案件的基本原则"第 2 条"坚持宽严相济、区别对待"规定："对犯罪嫌疑人、被告人的处理，要结合主观恶性大小、行为危害程度以及在案件中所起的作用等因素，切实做到区别对待。对组织、策划、实施暴力恐怖、宗教极端违法犯罪活动的首要分子、骨干成员、罪行重大者，以及曾因实施暴力恐怖、宗教极端违法犯罪活动受到行政、刑事处罚或者免予刑事处罚又实施暴力恐怖、宗教极端犯罪活动的，依法从重处罚。对具有自首、立功等法定从宽处罚情节的，依法从宽处罚。对情节较轻、危害不大、未造成严重后果，且认罪悔罪的初犯、偶犯、受裹胁蒙蔽参与犯罪、在犯罪中作用较小，以及其他犯罪情节轻微不需要判处刑罚的，可以依法免予刑事处罚。"

【立法建言】

建　议： 将《刑法》第 5 条修改为："刑罚的轻重，应当与犯罪行为的社会危害性和犯罪人的人身危险性相适应。"①

理　由：

1. 从刑法用语来看，"刑事责任"一词内涵丰富，从不同的方面和角度可以赋予其不同的含义，因而不宜作为"刑罚的轻重"的适用标准。在我国刑法中，"刑事责任"一词被广泛使用。然而，什么是刑事责任，在刑法理论上却是众说纷纭，莫衷一是。例如，有学者将刑事责任的不同理解概括为法律责任说、法律评价说（或称否定评价说、责难说、谴责说）、法律后果说、刑事处罚（制裁）说、刑事义务说等 5 种观点。② 有学者则将刑事责任概念的不同理解概括为法律责任说、法律后果说、否定评价说（或称责难说、谴责说）、刑事义务说、刑事负担说等 5 种观点。③ 也有学者将刑事责任概念的各种表述归纳为刑罚说、责任说、后果说、谴责说、法律关系说、义务说等 6 种观点。④ 还有学者将刑事责任概念的各种表述归纳为心理状态说、法律责任说、强制方法（刑罚处罚）说、法律关系、否定评价（责难或谴责）说、双向说、法律（刑事义务）说、法律后果说等 8 种观点。⑤ 可以说，刑事责任是我国刑法理论上分歧最大的范畴之一。笔者认为，上述各种观点其实并不是相互排斥和相互矛盾的。其原因在于，我国刑法所规定的"刑事责任"在

---

① 本着"对刑法的原有规定，包括文字表述和量刑规定，原则上没什么问题的，尽量不作修改"的精神，也可将第 5 条修改为："刑罚的轻重，应当与犯罪分子所犯罪行和再犯可能性相适应。"

② 参见张智辉：《刑事责任论》，警官教育出版社 1995 年版，第 70 页以下。

③ 参见赵秉志主编：《刑法争议问题研究》，河南人民出版社 1996 年版，第 539 页以下。

④ 参见陈兴良主编：《刑法适用总论》（下），法律出版社 1999 年版，第 95 页以下。

⑤ 参见王晨：《刑事责任的一般理论》，武汉大学出版社 1998 年版，第 41 页以下。

不同的场合具有不同的含义。例如，《刑法》总则第二章第一节"犯罪和刑事责任"中的"刑事责任"，是在犯罪的法律后果的意义上使用的；① 而《刑法》第 5 条中的"刑事责任"，则并非是在犯罪的法律后果的意义上使用的。② 因此，完全可以从不同的方面和角度来揭示刑事责任的含义。鉴于我国刑法中的"刑事责任"具有多种不同的含义，其内涵并不确定也不明确，因而不宜将其作为"刑罚的轻重"的适用标准，③ 以免在理论上和实践中产生不必要的纷争。

2. 从语义分析来看，《刑法》第 5 条实际上包括两层含义：一是刑罚的轻重，应当与犯罪分子所犯罪行相适应；二是刑罚的轻重，应当与犯罪分子所承担的刑事责任相适应。一般来说，刑事责任的轻重首先是由罪行的轻重所决定的。但是，由于"刑法第五条将'罪行'与刑事责任并列作为刑罚轻重的因素，这说明两者之间没有包容关系，不能认为刑事责任包括了罪行，也不能将刑事责任看作罪行的补充"。④ 因此，不宜简单地将罪刑相适应解读为"犯多大的罪，就应承担多大的刑事责任，法院也应判处其相应轻重的刑罚，做到重罪重罚，轻罪轻罚，罪刑相称，罚当其罪"⑤，而应当赋予罪刑相适应原则新的含义。目前，尽管我国刑法学界对罪刑相适应原则争议较大，但是，就其基本内容而言，一般都认为，刑罚的轻重，既应当与犯罪行为的社会危害性相适应，也应当与犯罪人的人身危险性相适应。⑥ 换言之，可以将《刑法》第 5 条的"罪行"解释为犯罪行为的社

① 张明楷教授也认为，刑法一般是在犯罪的法律后果意义上使用刑事责任概念，所以，刑事责任与"有责性""责任"概念不同。例如，《刑法》第 14 条第 2 款规定："故意犯罪，应当负刑事责任。"本款的含义是，故意犯罪的，应当承担相应的法律后果。又如，《刑法》第 20 条规定"……正当防卫，不负刑事责任"，这并不是说正当防卫具备违法性但缺乏有责性，而是指正当防卫并不违法因而不承担犯罪的法律后果。因此，张明楷教授将刑事责任与犯罪的法律后果作为大体相同的概念使用（参见张明楷：《刑法学》，法律出版社 2011 年版，第 446 页）。

② 关于该条中"刑事责任"的含义，刑法学界争议较大。例如，有学者认为，"这里的刑事责任主要是指行为人的人身危险性程度，包括初犯可能与再犯可能"（参见陈兴良：《刑法疏义》，中国人民公安大学出版社 1997 年版，第 97 页）。也有学者认为，"刑法第五条中的'刑事责任'不同于刑事责任的概念和外延，根据立法本意和量刑原则应将其理解为犯罪人在犯罪过程中以及犯罪前后表现出来的、与犯罪人的人格直接相关的、决定其人身危险性的一系列主观情况。这些情况不决定犯罪成立与否，而仅在犯罪成立的基础上确定其轻重的法定和酌定情节"（参见刘德法："论罪责刑相适应原则"，载《国家检察官学院学报》2000 年第 2 期）。还有学者认为，"根据刑法典第 5 条的规定，似乎将刑事责任与犯罪和刑罚相提并论"（参见高铭暄、马克昌主编：《刑法学》，北京大学出版社、高等教育出版社 2011 年版，第 202 页）。

③ "刑法的规定无论是关于犯罪的还是关于刑罚的，都必须尽可能是具体的，而且，其意义必须明确"（【日】大塚仁：《刑法概说》（总论），冯军译，中国人民大学出版社 2003 年版，第 56 页）。它要求"法律的用语，对每一个人要能够唤起同样的观念"（【法】孟德斯鸠：《论法的精神》（上册），张雁深译，商务印书馆 1961 年版，第 297 页）。

④ 刘德法："论罪责刑相适应原则"，载《国家检察官学院学报》2000 年第 2 期。

⑤ 高铭暄、马克昌主编：《刑法学》，北京大学出版社、高等教育出版社 2011 年版，第 28 页。

⑥ 例如，有学者认为，"刑法第 5 条关于罪刑相适应原则的规定，实际上是要求刑罚的轻重必须与罪行的轻重以及犯罪人的再犯罪可能性相适应。与罪行的轻重相适应，是报应刑对刑罚的限制；与犯罪人的再犯罪可能性相适应，是目的刑的要求"（张明楷：《刑法学》，法律出版社 2011 年版，第 492 页）。也有学者认为，"从当今世界各国的刑事立法来看，罪刑相适应原则内容已得到修正：既注重刑罚与犯罪行为相适应，又注重刑罚与犯罪人个人情况（主观恶性和人身危险性）相适应"（高铭暄、马克昌主编：《刑法学》，北京大学出版社、高等教育出版社 2011 年版，第 29 页）。

会危害性程度，而将"刑事责任"解释为犯罪人的人身危险性程度。[①]

3. 从司法实践来看，"量刑既要考虑被告人所犯罪行的轻重，又要考虑被告人应负刑事责任的大小"。其具体做法是，首先，根据"被告人所犯罪行的轻重"，决定量刑起点和基准刑；其次，根据"被告人应负刑事责任的大小"，即被告人具有的各种法定和酌定量刑情节，"调节"基准刑；[②] 最后，综合考虑全案情况，依法确定宣告刑。最高人民法院 2013 年 12 月 23 日发布的《关于常见犯罪的量刑指导意见》第二部分"量刑的基本方法"第 1 条"量刑步骤"明确规定："（1）根据基本犯罪构成事实在相应的法定刑幅度内确定量刑起点；（2）根据其他影响犯罪构成的犯罪数额、犯罪次数、犯罪后果等犯罪事实，在量刑起点的基础上增加刑罚量确定基准刑；（3）根据量刑情节调节基准刑，并综合考虑全案情况，依法确定宣告刑。"

六、属地管辖原则（第 6 条）

【立法沿革】

属地管辖原则是在 1979 年《刑法》第 3 条规定的属地管辖原则的基础上修改而来的。

在新中国刑法立法史上，1950 年的《刑法大纲草案》第 3 条第 1 款最早规定了属地管辖原则："本大纲对于在中国领域内犯罪的中国人及外国人，均适用之。"1954 年的《刑法指导原则草案》第 2 条仅概括地规定了刑法的适用范围："对于中华人民共和国公民在中国领域内和领域外的犯罪，居住在中国领域内的或者引渡到中国的外国人和无国籍人的犯罪，一律适用本刑法指导原则。"到了 1957 年，《刑法草案》第 22 稿又重新采用了单独规定属地管辖原则的立法例。该稿第 2 条规定："凡在中华人民共和国领域内犯罪的，除有特别规定的以外，都适用本法。""犯罪的行为或者结果有一项发生在中华人民共和国领域内的，就认为是在中华人民共和国领域内犯罪。"1979 年《刑法》第 3 条在上述规定的基础上，增加了第 2 款"凡在中华人民共和国船舶或者飞机内犯罪的，也适用本法"的规定。[③]

[①] 人身危险性是刑事实证学派中一个特殊的概念，是构建刑事实证学派的一块理论基石。它是随着刑事实证学派对刑法古典学派的批判而创立的。以往刑事古典学派对于犯罪的研究重心放在犯罪行为上，因而以社会危害性为核心构建其理论体系；而刑事实证学派则将研究的重心放在犯罪人上，并以人身危险性为核心构建其理论体系（参见利子平、辛加：《论保安处分之人身危险性评估标准与方法》，载《江西行政学院学报》2006 年第 4 期）。有关人身危险性的概念及其与主观恶性的关系问题的争议，可参见利子平：《刑法司法解释瑕疵研究》，法律出版社 2014 年版，第 341 页以下，本书不予赘述。

[②] 这些表明被告人人身危险性程度的情节，能够说明"被告人应负刑事责任的大小"，却不能说明"被告人所犯罪行的轻重"。因此，这些量刑情节只能对基准刑起"调节"作用。

[③] "本来以为这个问题不规定也可以，其实是个漏洞，因为'领域'的概念并不包括船舶、飞机在内，如不增加这个规定，就有可能引起不必要的纠纷。因此这次仿照日本、德国等国的立法例，对此加以明文规定"（参见高铭暄：《中华人民共和国刑法的孕育和诞生》，法律出版社 1981 年版，第 28 页）。

1979 年《刑法》第 3 条规定："凡在中华人民共和国领域内犯罪的，除法律有特别规定的以外，都适用本法。""凡在中华人民共和国船舶或者飞机内犯罪的，也适用本法。""犯罪的行为或者结果有一项发生在中华人民共和国领域内的，就认为是在中华人民共和国领域内犯罪。"

在全面研究修改刑法的过程中，1988 年的《刑法修改稿》第 3 条基本上沿用了上述规定，仅将其中的"飞机"改为"航空器"。这一修改方案，为刑法修订草案历次稿本所沿用，并为现行刑法所采纳。

【立法规定】

《刑法》第 6 条规定："凡在中华人民共和国领域内犯罪的，除法律有特别规定的以外，都适用本法。凡在中华人民共和国船舶或者航空器内犯罪的，也适用本法。犯罪的行为或者结果有一项发生在中华人民共和国领域内的，就认为是在中华人民共和国领域内犯罪。"

【立法释义】

最高人民法院 2000 年 1 月 3 日发布的《关于审理拐卖妇女案件适用法律有关问题的解释》第 2 条规定："外国人或者无国籍人拐卖外国妇女到我国境内被查获的，应当根据刑法第六条的规定，适用我国刑法定罪处罚。"

【立法建言】

建　议：在《刑法》第 6 条中增加 1 款作为第 3 款："凡在中华人民共和国驻外大使馆、领事馆内犯罪的，也适用本法。"原第 3 款作为第 4 款。

理　由：

根据我国承认的 1961 年 4 月 18 日《维也纳外交关系公约》关于各国驻外大使馆、领事馆不受驻在国的司法管辖而受本国司法管辖的规定，凡在我国驻外大使馆、领事馆内犯罪的，也应适用我国刑法。[①] 因此，宜在《刑法》第 6 条中增加这方面的规定。

七、属人管辖原则（第 7 条）

【立法沿革】

属人管辖原则是在 1979 年《刑法》第 4 条、第 5 条规定的属人管辖原则的基础上修改而来的。

在新中国刑法立法史上，属人管辖原则的立法模式和具体规定经历了一个较为复杂的

---

① 参见高铭暄、马克昌主编：《刑法学》，北京大学出版社、高等教育出版社 2011 年版，第 34 页。

发展演变过程。1950 年的《刑法大纲草案》没有单独规定属人管辖原则，而是将其与保护管辖原则合并加以规定。该草案第 3 条第 2 款规定："对于在中国领域外，对中国国家或中国人民犯罪的中国人或外国人（不问已否经过外国的裁判和执行）亦同，① 但对于中国人民的犯罪以重大者为限。"1954 年的《刑法指导原则草案》第 2 条仅概括地规定了刑法的适用范围："对于中华人民共和国公民在中国领域内和领域外的犯罪，居住在中国领域内的或者引渡到中国的外国人和无国籍人的犯罪，一律适用本刑法指导原则。"到了1957 年，《刑法草案》第 22 稿始对属人管辖原则单独加以规定。该稿第 3 条规定："中华人民共和国公民在中华人民共和国领域外犯下列各罪的，适用本法：（一）反革命罪；（二）第一一三条、第一一四条的海盗罪；（三）第一三八条的伪造货币罪、第一四一条的伪造有价证券罪；（四）侵犯公共财产罪；（五）第一九二条的冒充国家工作人员招摇撞骗罪，第一九三条的伪造、变造、盗用国家机关、人民团体的印章、公文、证件罪。"第 4 条规定："中华人民共和国公民在中华人民共和国领域外犯前条以外的罪，而本法规定的最轻刑罚为五年以上有期徒刑的，也适用本法；但是按照犯罪地的法律不受处罚的除外。"② 1963 年的《刑法草案》第 33 稿沿用了上述立法模式，但在适用范围上作了较大的修改和调整。该稿第 4 条规定："中华人民共和国公民在中华人民共和国领域外犯下列各罪的，适用本法：（一）反革命罪；（二）伪造国家货币罪（第一百三十一条）、伪造有价证券罪（第一百三十三条）；（三）侵犯国家所有的和集体所有的公共财产罪；（四）侵犯公民所有的合法财产罪；（五）侵犯人身权利罪；（六）冒充国家工作人员招摇撞骗罪（第一百八十二条），伪造公文、证件、印章罪（第一百八十三条）。"第 5 条规定："中华人民共和国公民在中华人民共和国领域外犯前条以外的罪，而本法规定的最低刑为三年以上有期徒刑的，也适用本法；但是按照犯罪地的法律不受处罚的除外。"1979 年《刑法》在上述规定的基础上，删去了所列举的"侵犯国家所有的和集体所有的公共财产罪""侵犯公民所有的合法财产罪"和"侵犯人身权利罪"，增加了"贪污罪""受贿罪"和"泄露国家机密罪"。

1979 年《刑法》第 4 条规定："中华人民共和国公民在中华人民共和国领域外犯下列各罪的，适用本法：（一）反革命罪；（二）伪造国家货币罪（第一百二十二条）、伪造有

① 该款所说的"亦同"，是指与第 1 款规定的"本大纲对于在中国领域内犯罪的中国人及外国人，均适用之"的规定相同。

② "我国公民在国外犯罪应如何适用本法，是一个应当慎重解决的问题。我国侨居国外的同胞特别多，且绝大多数是在资本主义国家。近几年来已有不少侨民归国，今后还会有不少人陆续回来。而这些人中，有的曾在国外犯过罪，如果不管外国环境的特殊性，不管他们曾犯过什么罪，都要依本法追究，就会发生种种有害的后果。考虑到上述情况，草案对我国公民在国外的犯罪未采取一律适用本法的原则，而规定只追究一部分较严重的犯罪"（参见李琪同志在刑法教学座谈会上的报告："《有关草拟〈中华人民共和国刑法草案（初稿）〉的若干问题》（1957 年 8 月印）"，见高铭暄、赵秉志编：《新中国刑法立法文献资料总览》（下），中国人民公安大学出版社 1998 年版，第 1955 页）。

价证券罪（第一百二十三条）；（三）贪污罪（第一百五十五条），受贿罪（第一百八十五条），泄露国家机密罪（第一百八十六条）；（四）冒充国家工作人员招摇撞骗罪（第一百六十六条），伪造公文、证件、印章罪（第一百六十七条）。"第 5 条规定："中华人民共和国公民在中华人民共和国领域外犯前条以外的罪，而本法规定的最低刑为三年以上有期徒刑的，也适用本法；但是按照犯罪地的法律不受处罚的除外。"

1979 年《刑法》施行后，国际毒品犯罪向我国渗透日益严重。鉴于"毒品犯罪是一种国际性犯罪。'国际公约'[①] 规定，任何一个缔约国对于境外的毒品罪犯，当其进入该国领域内被抓获后，如不引渡给另一缔约国时，就应依照该国法律追究其刑事责任"。[②]因此，全国人大常委会 1990 年 12 月 28 日通过的《关于禁毒的决定》第 13 条第 1 款补充规定："中华人民共和国公民在中华人民共和国领域外犯走私、贩卖、运输、制造毒品罪的，适用本决定。"

在全面研究修改刑法的过程中，1988 年的《刑法修改稿》第 5 条除将 1979 年《刑法》第 4 条、第 5 条合并规定为 1 条外，还作了以下三方面的修改和补充：一是将"反革命罪"改为"危害国家安全罪"，并删去了其所列举的其他具体罪名；二是将"犯其他罪"的，由"也适用本法"改为"也可以适用本法"；三是增加了第 2 款"中华人民共和国国家工作人员，在中华人民共和国领域外犯罪的，都适用本法"的规定。修改后的条文为："中华人民共和国公民在中华人民共和国领域外犯本法分则第一章危害国家安全罪的，适用本法；犯其他罪，本法规定最低刑为三年以上有期徒刑的，也可以适用本法，但是按照犯罪地的法律不受处罚的除外。""中华人民共和国国家工作人员，在中华人民共和国领域外犯罪的，都适用本法。"到了 1996 年，《刑法修订草案》（征求意见稿）第 4 条对上述规定作了较大的修改：一是扩大了属人管辖原则的适用范围，规定"中华人民共和国公民在中华人民共和国领域外犯本法规定之罪的，适用本法，但是按本法规定的最高刑为三年以下有期徒刑的，可以不予追究"；二是删去了"但是按照犯罪地的法律不受处罚的除外"的限制条件；[③] 三是将第 2 款"中华人民共和国国家工作人员，在中华人民共和国领域外犯罪的，都适用本法"的规定改为"中华人民共和国国家工作人员

---

① 这里所说的"国际公约"，是指《联合国禁止非法贩卖麻醉药品和精神药物公约》。

② 参见全国人大常委会法制工作委员会副主任顾昂然 1990 年 10 月 25 日在七届全国人大常委会第十六次会议上所作的《关于禁毒的决定（草案）的说明》。

③ 在刑法修订研拟的过程中，最高人民检察院提出，"建议取消该条中'但是按照犯罪地的法律不受处罚的除外'的规定，这主要是考虑到目前我国公民出境机会较多、人数较多，中国公民在国外同外国人的法律地位不一样，我国法律对在国外的中国公民的行为评价，不应等同于外国人；在国外的中资企业、驻外工程承包单位、留学生、驻外机构中的内部案件较多，中国公民和中国公民之间发生的刑事案件也较多，其中许多案件，按照当地法律是不管的，如果仍规定这一限制条件，不符合目前的实际情况，不利于对我国国家利益和公民权益的保护"（参见最高人民检察院刑法修改研究小组："《关于修改刑法十个重点问题的研究意见》（1996 年 5 月）"，见高铭暄、赵秉志编：《新中国刑法立法文献资料总览》（下），中国人民公安大学出版社 1998 年版，第 2592～2593 页）。

和军人在中华人民共和国领域外犯本法规定之罪的，适用本法"。这一修改方案，为现行刑法所采纳。

【立法规定】

《刑法》第7条规定："中华人民共和国公民在中华人民共和国领域外犯本法规定之罪的，适用本法，但是按本法规定的最高刑为三年以下有期徒刑的，可以不予追究。中华人民共和国国家工作人员和军人在中华人民共和国领域外犯本法规定之罪的，适用本法。"

【立法释义】

最高人民法院、最高人民检察院2005年5月11日发布的《关于办理赌博刑事案件具体应用法律若干问题的解释》第3条规定："中华人民共和国公民在我国领域外周边地区聚众赌博、开设赌场，以吸引中华人民共和国公民为主要客源，构成赌博罪的，可以依照刑法规定追究刑事责任。"

【立法建言】

建　议：在《刑法》第7条中增加1款作为第2款："中华人民共和国公民在境外受胁迫或者受诱骗参加敌对组织、间谍组织，从事危害中华人民共和国国家安全的活动，及时向中华人民共和国驻外机构如实说明情况，或者入境后直接或者通过所在单位及时向国家安全机关、公安机关如实说明情况，并有悔改表现的，可以不予追究。"原第2款作为第3款。

理　由：

全国人大常委会2014年11月1日通过的《中华人民共和国反间谍法》（以下简称《反间谍法》）第28条规定："在境外受胁迫或者受诱骗参加敌对组织、间谍组织，从事危害中华人民共和国国家安全的活动，及时向中华人民共和国驻外机构如实说明情况，或者入境后直接或者通过所在单位及时向国家安全机关、公安机关如实说明情况，并有悔改表现的，可以不予追究。"为了与《反间谍法》的规定相衔接，《刑法》第7条宜增加这方面的规定。

八、保护管辖原则（第8条）

【立法沿革】

保护管辖原则是在1979年《刑法》第6条规定的保护管辖原则的基础上修改而来的。

如前所述，1950年的《刑法大纲草案》第3条第2款最早规定了保护管辖原则："对于在中国领域外，对中国国家或中国人民犯罪的中国人或外国人（不问已否经过外国的裁判和执行）亦同，① 但对于中国人民的犯罪以重大者为限。"1954 年的《刑法指导原则草案》虽未明确规定保护管辖原则，但却包含了该原则的内容。该草案第 2 条规定："对于中华人民共和国公民在中国领域内和领域外的犯罪，居住在中国领域内的或者引渡到中国的外国人和无国籍人的犯罪，一律适用本刑法指导原则。"到了 1957 年，《刑法草案》第 22 稿第 5 条始对保护管辖原则单独加以规定："外国人在中华人民共和国领域外对中华人民共和国国家或者公民的犯罪，适用本法第三条、第四条的规定。"② 1979 年《刑法》第 6 条对上述立法模式作了重大调整，明确规定了保护管辖原则的具体内容。

1979 年《刑法》第 6 条规定："外国人在中华人民共和国领域外对中华人民共和国国家或者公民犯罪，而按本法规定的最低刑为三年以上有期徒刑的，可以适用本法；但是按照犯罪地的法律不受处罚的除外。"③

在全面研究修改刑法的过程中，1988 年的《刑法修改稿》第 6 条基本上沿用了上述规定，仅将"但书"之前的分号修改为逗号。这一修改方案，为刑法修订草案历次稿本所沿用，并为现行刑法所采纳。

【立法规定】

《刑法》第 8 条规定："外国人在中华人民共和国领域外对中华人民共和国国家或者公民犯罪，而按本法规定的最低刑为三年以上有期徒刑的，可以适用本法，但是按照犯罪地的法律不受处罚的除外。"

【立法释义】

目前，尚无与保护管辖原则相关的法律解释。

【立法建言】

建　议：将《刑法》第 8 条修改为："外国人或者无国籍人在中华人民共和国领域外对中华人民共和国国家或者公民犯罪，而按本法规定的最低刑为三年以上有期徒刑的，适

---

① 该款所说的"亦同"，是指与第 1 款规定的"本大纲对于在中国领域内犯罪的中国人及外国人，均适用之"的规定相同。

② 该稿第 3 条规定："中华人民共和国公民在中华人民共和国领域外犯下列各罪的，适用本法：（一）反革命罪；（二）第一一三条、第一一四条的海盗罪；（三）第一三八条的伪造货币罪、第一四一条的伪造有价证券罪；（四）侵犯公共财产罪；（五）第一九二条的冒充国家工作人员招摇撞骗罪，第一九三条的伪造、变造、盗用国家机关、人民团体的印章、公文、证件罪。"第 4 条规定："中华人民共和国公民在中华人民共和国领域外犯前条以外的罪，而本法规定的最轻刑罚为五年以上有期徒刑的，也适用本法；但是按照犯罪地的法律不受处罚的除外。"

③ "有人怀疑这样规定是否实际？他们认为最好写明在我国领域内被捕的，适用我国刑法。其实，条文用'可以'二字，已表明是考虑到这种实际情况，留有灵活余地。因为犯罪分子是外国人，而且是在国外，如果没有为我所捕获，或由国外引渡过来，是无法适用我国刑法对其加以惩罚的。但是，根据国家主权不可侵犯的原则和保护国家利益及公民权利的原则，规定本条是有必要的。有了这条规定，我们同犯罪人所在国通过外交途径进行交涉，就有了法律上的根据；如果犯罪人是对华侨犯罪，这样规定对华侨也是有力的声援和支持。因此本条的规定可以在政治上保持主动，是符合国家利益的"（参见高铭暄：《中华人民共和国刑法的孕育和诞生》，法律出版社 1981 年版，第 29 页）。

用本法，但是按照犯罪地的法律不受处罚的除外。"

理　由：

无国籍人与外国人并非同一范畴，外国人的概念并不包括无国籍人。正因如此，最高人民法院 2000 年 1 月 3 日发布的《关于审理拐卖妇女案件适用法律有关问题的解释》专门针对无国籍人的问题作了解释。该解释第 1 条规定："刑法第二百四十条规定的拐卖妇女罪中的'妇女'，既包括具有中国国籍的妇女，也包括具有外国国籍和无国籍的妇女。被拐卖的外国妇女没有身份证明的，不影响对犯罪分子的定罪处罚。"第 2 条规定："外国人或者无国籍人拐卖外国妇女到我国境内被查获的，应当根据刑法第六条的规定，适用我国刑法定罪处罚。"尽管上述解释纯属多余，[1] 但是，该解释第 2 条所提出的无国籍人的管辖问题却应当引起重视。因此，为进一步严密刑事法网，有必要在保护管辖原则中增加无国籍人的规定。此外，《刑法》第 8 条规定的"可以适用本法"中的"可以"一词，不仅没有必要，而且还与其他管辖原则的规定不相协调，[2] 应予删去。

九、普遍管辖原则（第 9 条）

【立法沿革】

普遍管辖原则是在全国人大常委会 1987 年《关于对中华人民共和国缔结或者参加的国际条约所规定的罪行行使刑事管辖权的决定》规定的普遍管辖原则的基础上修改而来的。

1979 年《刑法》施行后，"我国已于 1980 年加入了《海牙公约》和《蒙特利尔公约》。现在，国务院又提请全国人大常委会审议决定加入《关于防止和惩处侵害应受国际保护人员包括外交代表的罪行的公约》。这些条约均规定，各缔约国应将非法劫持航空器、危害国际民用航空安全、侵害应受国际保护人员等行为定为国内法上的罪行，予以惩处；有关缔约国应采取必要措施，对任何这类罪行行使管辖权，而不论罪犯是否其本国人、罪行是否发生于其国内。这一旨在对危害人类生命财产安全、损害国际关系的罪行确立普遍管辖权的条款，已成为各类反恐怖主义国际条约的基本内容。我国批准或加入这类条约后，便承担了对犯有条约规定的罪行的罪犯实施管辖的义务。特别是，对于在我境外针对其他国家应受条约保护的对象，犯有条约规定的罪行之后，进入我境内的外国人，有义务行使刑事管辖权。但是，根据我国刑法第一章有关条款的规定，我国刑法的适用范围是：（1）在我国境内、我国船舶或飞机内的犯罪行为；（2）犯罪结果发生在我境内的犯罪行

---

[1]　参见利子平：《刑法司法解释瑕疵研究》，法律出版社 2014 年版，第 350 页。
[2]　在我国刑法中，属地管辖原则、属人管辖原则均没有"可以适用本法"的规定，即便是普遍管辖原则，也是规定"适用本法"。

为；（3）中国公民在我境外的犯罪行为；（4）外国人在我境外针对我国国家或者公民的犯罪行为。这样就出现了我国承担的国际义务同我国刑法规定的适用范围不相衔接的问题。因此，需要通过立法措施加以处理。"① 有鉴于此，全国人大常委会1987年6月23日通过的《关于对中华人民共和国缔结或者参加的国际条约所规定的罪行行使刑事管辖权的决定》规定："对于中华人民共和国缔结或者参加的国际条约所规定的罪行，中华人民共和国在所承担条约义务的范围内，行使刑事管辖权。"

到了1990年，考虑到"毒品犯罪是一种国际性犯罪。'国际公约'② 规定，任何一个缔约国对于境外的毒品罪犯，当其进入该国领域内被抓获后，如不引渡给另一缔约国时，就应依照该国法律追究其刑事责任"。③ 因此，全国人大常委会1990年12月28日通过的《关于禁毒的决定》第13条第2款规定："外国人在中华人民共和国领域外犯前款罪④进入我国领域的，我国司法机关有管辖权，除依照我国参加、缔结的国际公约或者双边条约实行引渡的以外，适用本决定。"

在全面研究修改刑法的过程中，1988年的《刑法修改稿》将《关于对中华人民共和国缔结或者参加的国际条约所规定的罪行行使刑事管辖权的决定》改为了刑法的具体条款："对于中华人民共和国缔结或者参加的国际条约所规定的罪行，在所承担条约义务的范围内，适用本法。"⑤ 考虑到将普遍管辖原则规定在"外国判决的效力"之后，人为地割裂了其与属地管辖原则、属人管辖原则和保护管辖原则的内在联系，因此，1996年的《刑法修订草案》（征求意见稿）第6条在保护管辖原则之后规定了普遍管辖原则。这一修改方案，为现行刑法所采纳。

【立法规定】

《刑法》第9条规定："对于中华人民共和国缔结或者参加的国际条约所规定的罪行，中华人民共和国在所承担条约义务的范围内行使刑事管辖权的，适用本法。"

【立法释义】

目前，尚无与普遍管辖原则相关的法律解释。

【立法建言】

建　议：将《刑法》第9条修改为："对于中华人民共和国缔结或者参加的国际条约

---

① 参见国务院法制局局长孙琬钟1987年6月18日在六届全国人大常委会第二十一次会议上所作的《关于提请作出〈中华人民共和国对于其缔结或者参加的国际条约所规定的罪行行使刑事管辖权的决定〉的说明》。

② 这里所说的"国际公约"，是指《联合国禁止非法贩卖麻醉药品和精神药物公约》。

③ 参见全国人大常委会法制工作委员会副主任顾昂然1990年10月25日在七届全国人大常委会第十六次会议上所作的《关于禁毒的决定（草案）的说明》。

④ 《关于禁毒的决定》第13条第1款规定的是走私、贩卖、运输、制造毒品罪。

⑤ 1988年的《刑法修改稿》在第7条"外国判决的效力"之后作了上述规定，但未编条文序号。

所规定的罪行，中华人民共和国在所承担条约义务的范围内的，适用本法。"

理　由：

从逻辑上来说，"行使刑事管辖权"与"适用本法"是同一个意思，因此，同时规定"行使刑事管辖权"与"适用本法"有同义反复之嫌。

十、外国判决的效力（第 10 条）

【立法沿革】

外国判决的效力是在 1979 年《刑法》第 7 条规定的外国判决的效力的基础上修改而来的。

关于外国判决效力的规定，最早见之于 1957 年的《刑法草案》第 22 稿。该稿第 6 条规定："凡在中华人民共和国领域外犯罪，依照本法应当负刑事责任的，虽然经过外国审判，仍然可以依照本法处理；但是在外国已经受过刑罚处罚的，可以免除或者减轻处罚。"1979 年《刑法》第 7 条直接移植了上述规定，未作任何修改。

在刑法修订研拟的过程中，1996 年的《刑法修订草案》（征求意见稿）第 7 条基本上沿用了上述规定，仅将"仍然可以依照本法处理"改为"仍然可以依照本法追究"。这一修改方案，为现行刑法所采纳。

【立法规定】

《刑法》第 10 条规定："凡在中华人民共和国领域外犯罪，依照本法应当负刑事责任的，虽然经过外国审判，仍然可以依照本法追究，但是在外国已经受过刑罚处罚的，可以免除或者减轻处罚。"

【立法释义】

目前，尚无与外国判决的效力相关的法律解释。

【立法建言】

建　议： 将《刑法》第 10 条修改为："凡在中华人民共和国领域外犯罪，依照本法应当负刑事责任的，如果经过域外审判，一般不予追究；如果认为必须追究的，须报请最高人民检察院核准，但是在域外已经受过刑罚处罚的，可以免除或者减轻处罚。"

理　由：

在传统上，"关于外国法院判决的既判力问题，一般的提法是，承认这一判决的事实，而不承认其既判力。如果承认其既判力，就不能对该犯适用国内法，再进行审判。否则，违反一事不容许两判决的原则。本国对该犯罪，根据属人主义或保护主义，仍应进行审判。只是在外国已执行其全部或一部分刑罚时得免除其全部或一部分之执行。本国适用国内刑法审判有可能发现外国判决不合法定原则或有畸重的情况，本国法院可重新判决，以利被告"。① 我国《刑法》第 10 条所采取的即是这种传统的、消极承认外国判决效力的立场。② 然而，随着国际性犯罪的日益增多，国际刑事司法合作的日益加强，越来越多的国家转而采取积极承认外国判决效力的立场。所谓积极承认外国判决的效力，是指不仅承认外国判决的事实，而且还承认外国判决的既判力。换言之，即"本国具有刑事管辖权的犯罪行为，在外国受到有罪判决时，将该犯人移至本国后，执行外国法院所确定的有关判决；如果犯人在外国已经将刑事判决所确定的刑罚执行完毕，或者外国法院虽宣告有罪但免除刑罚，或者对行为人作出无罪判决，则本国不再予以追诉"。③ 积极承认外国判决的效力，意味着将外国法院的判决与本国法院的判决同等对待。目前，欧盟各国已普遍采取这种做法。

　　笔者主张，我国刑法原则上应当采取积极承认域外判决的效力的立场。这是因为：（1）普遍管辖原则要求积极承认域外判决的效力。基于普遍管辖原则，"无论根据属地主义还是属人主义，都不能否认各该国的刑法判处，不得否认该法院所下判决的既判力。如加以否定，各国都有权否定，而各自进行审判。这样，同一犯罪行为须受无数国家的审判，实属有失公平"。④ （2）"一国两制"要求积极承认域外判决的效力。"对于大陆居民在港、澳、台地区受到刑事审判的，不宜采取消极承认，而应采取积极承认。一方面，不能认为港、澳、台地区的审判是'外国审判'；另一方面，如果对于大陆居民在港、澳、台地区受到刑事审判的类推适用刑法第 10 条采用消极承认，则因为这种类推适用不利于被告人，因而违反了罪刑法定原则。"⑤ （3）国际和区际刑事司法合作要求积极承认域外判决的效力。积极承认域外判决的效力，是国际和区际刑事司法合作的前提和基础。诚如有学者所言，"承认外国刑事判决是执行外国刑事判决的基础。如果一国不承认另一国的刑事判决，那就根本谈不上执行外国刑事判决问题"。⑥ （4）我国被判刑人移管的实践要求积极承认域外判决的效力。"被判刑人移管"是国际刑事司法合作的形式之一。联合国预防犯罪和罪犯待遇大会分别于 1985 年和 1990 年讨论并通过了《关于外国囚犯移管的模式协定》和《有条件判刑或有条件释放罪犯转移监督示范条约》，我国代表团也参加了这

　　① 甘雨沛、何鹏：《外国刑法学》（上），北京大学出版社 1984 年版，第 246 页。
　　② 我国刑法理论的通说认为，"这条规定表明，我国作为一个独立自主的主权国家，不受外国审判效力的约束；但是也要照顾实际情况，如果犯罪分子在外国已经受过刑罚处罚，比如受过缓刑宣告，或者执行了刑期的一部或者全部的，可以考虑免除或者减轻处罚。这样的规定是合情合理的，体现了原则性与灵活性的统一"（参见高铭暄、马克昌主编：《刑法学》，北京大学出版社、高等教育出版社 2011 年版，第 35 页）。
　　③ 贾济东：《外国刑法学原理》（大陆法系），科学出版社 2013 年版，第 100 页。
　　④ 甘雨沛、何鹏：《外国刑法学》（上），北京大学出版社 1984 年版，第 246 页。
　　⑤ 张明楷：《刑法学》，法律出版社 2011 年版，第 79 页。
　　⑥ 赵永琛：《国际刑法与司法协助》，法律出版社 1994 年版，第 302 页。

两项文件的讨论和制定工作。1993 年，我国各主管机关参考国际上通行的规则，为在无条约可循的情况下与外国开展被判刑人移管的个案合作确定了一系列基本原则。1997 年 9 月，我国首次以个案合作的方式向乌克兰移管了乌克兰籍被判刑人克里米诺·奥列格和舍夫佐夫·杰尼斯。① "被判刑人移管"实质上是有关国家在相互承认和执行对方的刑事判决方面进行的合作，被判刑人移管合作的首要前提是双方必须相互承认对方刑事判决的效力。② 因此，为了更好地开展被判刑人移管的合作，消除相关的法律障碍，刑法必须积极承认域外判决的效力。当然，积极承认域外判决的效力是有条件的。③ 因此，在原则上采取积极承认域外判决效力立场的前提下，还应当留有一定的余地，以最大限度地维护我国的国家主权。④

十一、管辖豁免权（第 11 条）

【立法沿革】

管辖豁免权是在 1979 年《刑法》第 8 条规定的管辖豁免权的基础上修改而来的。

在新中国刑法立法史上，关于管辖豁免权的规定，经历了几次表述上的变化。在新中国成立初期，1950 年的《刑法大纲草案》将其称之为"治外法权"。该草案第 3 条第 3 款规定："关于享有治外法权的外国人之刑事责任，以外交方法解决之。"到了 1957 年，《刑法草案》第 22 稿第 7 条对上述规定主要作了两方面的修改：一是将"治外法权"的表述

---

① 克里米诺·奥列格和舍夫佐夫·杰尼斯于 1994 年伙同两名俄罗斯人在中国境内抢劫钱财，同年 3 月，被哈尔滨市中级人民法院分别判处有期徒刑 10 年。

② 1997 年初，乌克兰方面向中国有关部门提出将两名乌克兰籍被判刑人移交乌方的请求，中国外交部对此请求给予了充分的重视，立即按照中国各主管机关为与外国开展被判刑人移管合作而确定的原则，通过乌克兰驻华使馆与乌方进行磋商。1997 年 3 月，乌克兰驻华使馆照会中国外交部，表示同意中方为移交两名乌克兰籍被判刑人而提出的以下 6 项条件：（1）将遵循互惠原则，为中方可能提出的类似请求提供协助；（2）实行移管应以有关的被判刑人同意为条件；（3）乌克兰司法机关在移管后不对中国法院的判决进行再审，如有申诉，应向中国的主管法院提出；（4）在乌克兰境内执行刑罚的活动依照乌克兰法律进行；（5）乌克兰方面将向中方通报被移管者的服刑情况；（6）乌克兰方面承担有关迁移的组织工作和费用。中国外交部迅速将乌克兰方面的上述承诺向中国最高人民法院、最高人民检察院、司法部和公安部进行通报并征求意见；上述几家主管机关一致同意按照已商定的 6 项条件开展被判刑人移管的个案合作。关于我国首次开展被判刑人移管实践的情况（参见"中乌首次开展被判刑人移管合作——中国向乌克兰移管乌克兰籍被判刑人克里米诺·奥列格和舍夫佐夫·杰尼斯案"，见赵秉志、黄风主编：《被判刑人移管国际暨区域合作》，中国人民公安大学出版社 2004 年版，第 567 页以下）。

③ 关于外国刑事判决的承认和执行的条件，可参见赵永琛：《国际刑法与司法协助》，法律出版社 1994 年版，第 303 页以下，本书不予赘述。

④ 有学者认为，"我国《刑法》第 10 条对外国刑事判决消极承认的规定，一则与我国即将批准的人权公约相矛盾，二则未能符合对外国刑事判决效力由完全否认至消极承认再至积极承认的世界立法潮流，三则不符合国家主权权利部分让渡的当代国际法发展趋势，四则不利于充分保障刑事被告人的权利，五则与我国正在开展的国际刑事司法协助实践相矛盾，六则造成了累犯司法认定上不必要的争论与困惑"（苏彩霞：《中国刑法国际化研究》，北京大学出版社 2006 年版，第 153～154 页）。因此，主张将《刑法》第 10 条修改为："凡在中华人民共和国领域外犯罪，依照本法应当负刑事责任的，适用本法，但已经外国审判的除外。"

改为"外交特权"；二是将"以外交方法解决之"的表述改为"通过外交途径解决"。修改后的条文为："享有外交特权的外国人的刑事责任问题，通过外交途径解决。"1979 年《刑法》第 8 条在上述规定的基础上，将"外交特权"修改为"外交特权和豁免权"。

1979 年《刑法》第 8 条规定："享有外交特权和豁免权的外国人的刑事责任问题，通过外交途径解决。"

在刑法修订研拟的过程中，1996 年的《刑法修订草案》（征求意见稿）第 8 条基本上沿用了上述规定，仅删去了其中的"问题"一词。这一修改方案，为现行刑法所采纳。

【立法规定】

《刑法》第 11 条规定："享有外交特权和豁免权的外国人的刑事责任，通过外交途径解决。"

【立法释义】

目前，尚无与管辖豁免权相关的法律解释。

【立法建言】

建　议：将《刑法》第 11 条修改为："享有外交特权和豁免权的外国人在中华人民共和国领域内犯罪的，依照国际惯例处理。"

理　由：

1. "享有外交特权和豁免权的外国人的刑事责任"指代不明。从立法意图来看，该条所要解决的其实并不是上述人员的"刑事责任"问题，而是"刑事管辖"问题。换言之，即解决享有外交特权和豁免权的外国人在我国领域内犯罪是否适用我国刑法的问题。根据1961 年《维也纳外交关系公约》第 31 条的规定，各国驻外大使馆、领事馆及其外交人员不受驻在国的司法管辖而受本国的司法管辖。全国人大常委会 1986 年 9 月 5 日通过的《中华人民共和国外交特权与豁免条例》也规定，外交信使人身不受侵犯，不受逮捕或者拘留；外交代表人身不受侵犯，不受逮捕或者拘留；外交代表享有刑事管辖豁免。据此，上述人员即便是在我国领域内犯罪，因其依法享有刑事管辖豁免，也不能直接适用我国刑法。[1]

2. "通过外交途径解决"含义不清。正如"外交辞令"一样，"外交途径"是一种很

---

① 对于刑事管辖豁免的规定，"国外刑法理论有两种观点：一种观点认为，对享有外交特权和豁免权的外国人不适用本国刑法，是属地原则的例外；另一种观点认为，对这些人不适用本国刑法，是因为存在诉讼障碍或犯罪阻却事由，如果这种障碍与事由消失，则仍可适用本国刑法。尽管说法不同，但刑法适用的结局不存在很大的差异，后一观点似乎更加维护了本国主权"（参见张明楷：《刑法学》，法律出版社 2011 年版，第 74 页）。但也有学者对此持不同的看法，认为"两种观点在具体问题上的看法是不一样的。例如，如果某人行为时享有外交特权或豁免权，行为后丧失了该项权利，且仍在国内的，能否追究其刑事责任？根据第一种规定，不能追究刑事责任；根据后一观点，则可以追究刑事责任"（参见贾济东：《外国刑法学原理》（大陆法系），科学出版社 2013 年版，第 96 页）。

宽泛、模糊的说法。由于"外交途径"的多样性，决定了"通过外交途径解决"不可能有一个可预期的结果。① 因此，这一规定是不可取的。如前所述，外交特权和豁免权在刑法上无非是要解决刑事管辖问题。由于刑事管辖豁免本身是依据国际惯例而来的，它并不能完全消除行为的刑法意义，只是阻却诉讼的进行，属于如何进行司法管辖的问题，② 因而最终应回归到依据国际惯例来处理。③

十二、刑法的溯及力（第 12 条）

【立法沿革】

刑法的溯及力是在 1979 年《刑法》第 9 条规定的刑法的溯及力的基础上修改而来的。

我国刑法对溯及力问题所采取的原则，经历了一个较为复杂、曲折的发展演变过程。1950 年的《刑法大纲草案》原则上采取从新原则，但对其施行前"判决尚未确定，或执行未完毕"的案件采取从旧兼从轻原则。该草案第 2 条规定："本大纲对于施行后，解放后，及解放前的犯罪行为均适用之。但解放前的犯罪，仅以对于国家或人民权益造成严重损害，法院认为有处罚之必要者为限。""本大纲施行前的犯罪行为，法院判决尚未确定，或执行未完毕，而本大纲不处罚或其处罚轻于原判决者，依照本大纲，更为判决。"1951年的《惩治反革命条例》第 18 条所采取的是从新原则："本条例施行以前的反革命罪犯，亦适用本条例之规定。"1957 年的《刑法草案》第 22 稿第 8 条则采取从新兼从轻原则："本法施行以前的犯罪，依照本法总则第四章第八节的规定应当追诉而没有经过审判或者判决的，都适用本法；但是中华人民共和国成立以后本法施行之前的行为，如果当时的政策、法律、法令不认为是犯罪的，适用当时的政策、法律、法令。"④ 到了 1979 年，《刑法草案》第 37 稿第 9 条对溯及力问题的立场作了重大调整，改采从旧原则。修改后的条文为："本法自颁布实施之日起生效。中华人民共和国成立以后本法实施以前的行为，如果当时的政策、法律、法令不认为是犯罪的，适用当时的政策、法律、法令。如果当时的

---

① "通过外交途径解决"，既可能得到一个政治上、外交上的结果，也可能得到一个法律上的结果。

② 参见【意】杜里奥·帕多瓦尼：《意大利刑法学原理》（注评版），陈忠林译评，中国人民大学出版社 2004 年版，第 66 页。

③ 事实上，"通过外交途径解决"，也应遵循国际惯例。

④ "全国解放以后，我们对于国民党政府的刑法，是明令废除了的，因之对于解放前的犯罪，不能以国民党政府刑法为依据。当时各解放区虽然制定有一些刑事法律，但很不完备，而且大多还是地方性的，只在一部分地区适用过，因而也难作为国家对解放前犯罪量刑的依据。解放后我们制定了一些刑事法律，但还只限于惩治反革命、惩治贪污等，对惩治其他犯罪的法律，也还没有来得及制定。基于上述情况，考虑到现在草拟的刑法是我国第一部刑法，所以草案第八条对于刑法的时间效力问题，采取了一般从新的原则，即依照本法应当追诉而没有经过审判或者判决的，都适用本法"（参见李琪同志在刑法教学座谈会上的报告："《有关草拟〈中华人民共和国刑法草案（初稿）〉的若干问题》（1957 年 8 月印）"，见高铭暄、赵秉志编：《新中国刑法立法文献资料总览》（下），中国人民公安大学出版社 1998 年版，第 1956 页）。

政策、法律、法令认为是犯罪的，依照本法总则第四章第八节的规定应当追诉的，按照当时的政策、法律、法令追究刑事责任。"1979年《刑法》第9条在上述规定的基础上，进一步将从旧原则改为从旧兼从轻原则。

1979年《刑法》第9条规定："本法自1980年1月1日起生效。中华人民共和国成立以后本法实施以前的行为，如果当时的政策、法律、法令不认为是犯罪的，适用当时的政策、法律、法令。如果当时的政策、法律、法令认为是犯罪的，依照本法总则第四章第八节的规定应当追诉的，按照当时的政策、法律、法令追究刑事责任。但是，如果本法不认为是犯罪或者处刑较轻的，适用本法。"

1979年《刑法》施行后，为了坚决打击严重破坏经济的罪犯，全国人大常委会1982年3月8日通过的《关于严惩严重破坏经济的罪犯的决定》在溯及力问题上，采取了有条件的从新原则。该决定第3条规定："本决定自1982年4月1日起施行。""凡在本决定施行之日以前犯罪，而在1982年5月1日以前投案自首，或者已被逮捕而如实地坦白承认全部罪行，并如实地检举其他犯罪人员的犯罪事实的，一律按本决定施行以前的有关法律规定处理。凡在1982年5月1日以前对所犯的罪行继续隐瞒拒不投案自首，或者拒不坦白承认本人的全部罪行，亦不检举其他犯罪人员的犯罪事实的，作为继续犯罪，一律按本决定处理。"为了严惩严重危害社会治安的犯罪分子，全国人大常委会1983年9月2日通过的《关于严惩严重危害社会治安的犯罪分子的决定》第3条在溯及力问题上采取了从新原则："本决定公布后审判上述犯罪案件，适用本决定。"

在全面研究修改刑法的过程中，1988年的《刑法修改稿》第9条沿用了1979年《刑法》第9条的规定，仅将其中"政策、法律、法令"的顺序调整为"法律、法令、政策"。1996年的《刑法修订草案》（征求意见稿）第9条在上述规定的基础上，主要作了以下四方面的修改和补充：一是删去了刑法生效时间的规定；二是删去了"法律、法令、政策"中的"法令"和"政策"；三是增加了第2款"对于本法实施以前发生的行为、本法施行以后尚未处理或者正在处理的案件，依照前款规定办理"的规定；四是增加了第3款"本法施行以前，依照当时的法律定罪判刑的，继续有效"的规定。修改后的条文为："中华人民共和国成立以后本法施行以前的行为，如果当时的法律不认为是犯罪的，适用当时的法律；如果当时的法律认为是犯罪的，依照本法总则第四章第八节的规定应当追诉的，按照当时的法律追究刑事责任，但是如果本法不认为是犯罪或者处刑较轻的，适用本法。""对于本法实施以前发生的行为、本法施行以后尚未处理或者正在处理的案件，依照前款规定办理。""本法施行以前，依照当时的法律定罪判刑的，继续有效。"1997年的《刑法修订草案》（修改稿）第12条基本上沿用了上述规定，仅将第3款中的"依照当时的法律定罪判刑的"修改为"依照当时的法律已经作出的生效判决"。1997年《刑法》第

12 条在上述规定的基础上，删去了第 2 款"对于本法实施以前发生的行为，本法施行以后尚未处理或者正在处理的案件，依照前款规定办理"的规定。

【立法规定】

《刑法》第 12 条规定："中华人民共和国成立以后本法施行以前的行为，如果当时的法律不认为是犯罪的，适用当时的法律；如果当时的法律认为是犯罪的，依照本法总则第四章第八节的规定应当追诉的，按照当时的法律追究刑事责任，但是如果本法不认为是犯罪或者处刑较轻的，适用本法。本法施行以前，依照当时的法律已经作出的生效判决，继续有效。"

【立法释义】

最高人民法院 1997 年 3 月 25 日发布的《关于认真学习宣传贯彻修订的〈中华人民共和国刑法〉的通知》第 3 条规定："修订的刑法实施后，各级人民法院必须坚决贯彻执行。对于修订的刑法实施前发生的行为，10 月 1 日实施后尚未处理或者正在处理的案件，依照修订的刑法第十二条的规定办理；对于修订的刑法实施前，人民法院已审结的案件，实施后人民法院按照审判监督程序重新审理的，适用原审结时的有关法律规定。"第 4 条规定："修订的刑法实施前，人民法院审判刑事案件仍然应当依照现行刑法和人大常委会修改、补充刑法的有关决定、补充规定及最高人民法院的有关司法解释，并应遵守刑事诉讼法有关程序和期限的规定。"第 5 条规定："修订的刑法实施后，对已明令废止的全国人大常委会有关决定和补充规定，最高人民法院原作出的有关司法解释不再适用。但是如果修订的刑法有关条文实质内容没有变化的，人民法院在刑事审判工作中，在没有新的司法解释前，可参照执行。其他对于与修订的刑法规定相抵触的司法解释，不再适用。"

最高人民法院 1997 年 9 月 25 日发布的《关于适用刑法时间效力规定若干问题的解释》第 1 条规定："对于行为人 1997 年 9 月 30 日以前实施的犯罪行为，在人民检察院、公安机关、国家安全机关立案侦查或者在人民法院受理案件以后，行为人逃避侦查或者审判，超过追诉期限或者被害人在追诉期限内提出控告，人民法院、人民检察院、公安机关应当立案而不予立案，超过追诉期限的，是否追究行为人的刑事责任，适用修订前的刑法第七十七条的规定。"第 2 条规定："犯罪分子 1997 年 9 月 30 日以前犯罪，不具有法定减轻处罚情节，但是根据案件的具体情况需要在法定刑以下判处刑罚的，适用修订前的刑法第五十九条第二款的规定。"第 3 条规定："前罪判处的刑罚已经执行完毕或者赦免，在1997 年 9 月 30 日以前又犯应当判处有期徒刑以上刑罚之罪，是否构成累犯，适用修订前的刑法第六十一条的规定；1997 年 10 月 1 日以后又犯应当判处有期徒刑以上刑罚之罪的，是否构成累犯，适用刑法第六十五条的规定。"第 4 条规定："1997 年 9 月 30 日以前被采取强制措施的犯罪嫌疑人、被告人或者 1997 年 9 月 30 日以前犯罪，1997 年 10 月 1 日以后仍在服刑的罪犯，如实供述司法机关还未掌握的本人其他罪行的，适用刑法第六十七条第二款的规定。"第 5 条规定："1997 年 9 月 30 日以前犯罪的犯罪分子，有揭发他人犯罪行为，或者提供重要线索，从而得以侦破其他案件等立功表现的，适用刑法第六十八条的规定。"第 6 条规定："1997 年 9 月 30 日以前犯罪被宣告缓刑的犯罪分子，在 1997 年 10 月 1 日以后的缓刑考验期间又犯新罪、被发现漏罪或者违反法律、行政法规或者国务院公安部门有关缓刑的监督管理规定，情节严重的，适用刑法第七十七条的规定，撤销缓刑。"第 7 条规定："1997 年 9 月 30 日以前犯罪，1997 年 10 月 1 日以后仍在服刑的犯罪分子，因特殊情况，需要不受执行刑期限制假释的，适用刑法第八十一条第一款的规定，报经最高人民法院核准。"第 8 条规定："1997 年 9 月 30 日以前犯罪，1997 年 10 月 1 日以后仍在服刑的累犯以及因杀人、爆炸、抢劫、强奸、绑架等暴力性犯罪被判处十年以上有期徒刑、无期徒刑的犯罪分子，适用修订前的刑法第七十三条的规定，可以假释。"第 9 条规定："1997 年 9 月 30 日以前被假释的犯罪分子，在 1997 年 10 月 1 日以后的假释考验期内，又犯新罪、被发现漏罪或者违反法律、行政法规或者国务院公安部门有关假释的监督管理规定的，适用刑法第八十六条的规定，撤销假释。"第 10 条规定："按照审判监督程序重新审判的案件，适用行为时的法律。"

最高人民检察院 1997 年 10 月 6 日发布的《关于检察工作中具体适用修订刑法第十二条若干问题的通知》第 1 条规定："如果当时的法律（包括 1979 年刑法，中华人民共和国惩治军人违反职责罪暂行条例，全国人大常委会关于刑事法律的决定、补充规定，民事、经济、行政法律中'依照'、'比照'刑法有关条款追究刑事责任的法律条文，下同）、司法解释认为是犯罪的，修订刑法不认为是犯罪的，依法不再追究刑事责任。已经立案、侦查的，撤销案件；已批准逮捕的，撤销批准逮捕决定，并建议公安机关撤销案件；审查起诉的，作出不起诉决定；已经起诉的，建议人民法院退回案件，予以撤销；已经抗诉的，撤回抗诉。"第 2 条规定："如果当时的法律认为是犯罪的，修订刑法也认为是犯罪的，按从旧兼从轻的原则依法追究刑事责任：1. 罪名、构成要件、情节以及法定刑没有变化的，适用当时的法律追究刑事责任。2. 罪名、构成要件、情节以及法定刑已经变化的，根据从轻原则，确定适用当时的法律或者修订刑法追究刑事责任。"第 3 条规定："如果当时的法律不认为是犯罪，修订刑法认为是犯罪的，适用当时的法律；但行为连续或者继续到 1997 年 10 月 1 日以后的，对 10 月 1 日以后构成犯罪的行为适用修订刑法追究刑事责任。"

最高人民法院 1997 年 12 月 23 日发布的《关于适用刑法第十二条几个问题的解释》第 1 条规定："刑法第十二条规定的'处刑较轻'，是指刑法对某种犯罪规定的刑罚即法定刑比修订前刑法轻。法定刑较轻是指法定最高刑较轻；如果法定最高刑相同，则指法定最低刑较轻。"第 2 条规定："如果刑法规定的某一犯罪只有一个法定刑幅度，法定最高刑或者最低刑是指该法定刑幅度的最高刑或者最低刑；如果刑法规定的某一犯罪有两个以上的法定刑幅度，法定最高刑或者最低刑是指具体犯罪行为应当适用的法定刑幅度的最高刑或者最低刑。"第3条规定："1997年10月1日以后审理1997年9月30以前发生的刑事案件，如果刑法规定的定罪处刑标准、法定刑与修订前刑法相同的，应当适用修订前的刑法。"

最高人民检察院1998年12月2日发布的《关于对跨越修订刑法施行日期的继续犯罪、连续犯罪以及其他同种数罪应如何具体适用刑法问题的批复》第1条规定："对于开始于1997年9月30日以前，继续到1997年10月1日以后终了的继续犯罪，应当适用修订刑法一并进行追诉。"第2条规定："对于开始于1997年9月30日以前，连续到1997年10月1日以后的连续犯罪，或者在1997年10月1日前后分别实施同种类数罪，其中罪名、构成要件、情节以及法定刑均没有变化的，应当适用修订刑法，一并进行追诉；罪名、构成要件、情节以及法定刑已经变化的，也应当适用修订刑法，一并进行追诉，但是修订刑法比原刑法所规定的构成要件和情节较为严格，或者法定刑较重的，在提起公诉时应当提出酌情从轻处理意见。"

最高人民检察院1999年1月21日发布的《关于认真贯彻执行〈全国人大常委会关于惩治骗购外汇、逃汇和非法买卖外汇犯罪的决定〉的通知》第3条规定："对于《决定》公布施行后发生的犯罪行为，应当依照《决定》办理；对于《决定》公布施行前发生的行为，按照刑法第十二条规定的原则办理。"

最高人民法院、最高人民检察院、公安部1999年3月16日发布的《办理骗汇、逃汇犯罪案件联席会议纪要》第2条第1款规定："全国人大常委会《关于惩治骗购外汇、逃汇和非法买卖外汇犯罪的决定》（以下简称《决定》）公布施行后发生的犯罪行为，应当依照《决定》办理；对于《决定》公布施行前发生的公布后尚未处理或者正在处理的行为，依照修订后的刑法第十二条第一款规定的原则办理。"

最高人民检察院2000年6月29日发布的《关于〈全国人民代表大会常务委员会关于《中华人民共和国刑法》第九十三条第二款的解释〉的时间效力的批复》规定："《全国人民代表大会常务委员会关于〈中华人民共和国刑法〉第九十三条第二款的解释》是对刑法第九十三条第二款关于'其他依照法律从事公务的人员'规定的进一步明确，并不是对刑法的修改。因此，该《解释》的效力适用于修订刑法的实施日期，其溯及力适用修订刑法第12条的规定。"

最高人民法院、最高人民检察院2001年12月7日发布的《关于适用刑事司法解释时间效力问题的规定》第1条规定："司法解释是最高人民法院对审判工作中具体应用法律问题和最高人民检察院对检察工作中具体应用法律问题所作的具有法律效力的解释，自发布或者规定之日起施行，效力适用于法律的施行期间。"第 2 条规定："对于司法解释实施前发生的行为，行为时没有相关司法解释，司法解释施行后尚未处理或者正在处理的案件，依照司法解释的规定办理。"第 3 条规定："对于新的司法解释实施前发生的行为，行为时已有相关司法解释，依照行为时的司法解释办理，但适用新的司法解释对犯罪嫌疑人、被告人有利的，适用新的司法解释。"第 4 条规定："对于在司法解释施行前已办结的案件，按照当时的法律和司法解释，认定事实和适用法律没有错误的，不再变动。"

最高人民检察院 2003 年 1 月 14 日发布的《关于认真贯彻执行〈中华人民共和国刑法修正案（四）〉和〈全国人大常委会关于《中华人民共和国刑法》第九章渎职罪主体适用问题的解释〉的通知》第 3 条规定："要准确把握《刑法修正案（四）》和《解释》的时间效力，正确适用法律。《刑法修正案（四）》是对《刑法》有关条文的修改和补充，实践中办理相关案件时，应当依照《刑法》第十二条规定的原则正确适用法律。对于 1997 年修订刑法施行以后、《刑法修正案（四）》施行以前发生的枉法执行判决、裁定犯罪行为，应当依照《刑法》第三百九十七条的规定追究刑事责任。根据《立法法》第四十七条的规定，法律解释的时间效力与它所解释的法律的时间效力相同。对于在 1997 年修订刑法施行以后、《解释》施行以前发生的行为，在《解释》施行以后尚未处理或者正在处理的案件，应当依照《解释》的规定办理。对于在《解释》施行前已经办结的案件，不再变动。"

最高人民法院 2003 年 7 月 29 日发布的《关于九七刑法实施后发生的非法买卖枪支案件，审理时新的司法解释尚未作出，是否可以参照 1995 年 9 月 20 日最高人民法院〈关于办理非法制造、买卖、运输非军用枪支、弹药刑事案件适用法律问题的解释〉的规定审理案件请示的复函》规定："原审被告人侯磊非法买卖枪支的行为发生在修订后的《刑法》实施以后，而该案审理时《最高人民法院关于审理非法制造、买卖、运输枪支、弹药、爆炸物等刑事案件具体应用法律若干问题的解释》尚未颁布，因此，依照我院法发〔1997〕3 号《关于认真学习宣传贯彻修订的〈中华人民共和国刑法〉的通知》的精神，该案应参照 1995 年 9 月 20 日最高人民法院法发〔1995〕20 号《关于办理非法制造、买卖、运输非军用枪支、弹药刑事案件适用法律问题的解释》的规定办理。"

最高人民法院 2003 年 11 月 13 日发布的《全国法院审理经济犯罪案件工作座谈会纪要》第六部分"关于渎职罪"第 3 条"国有公司、企业人员渎职犯罪的法律适用"规定："对于 1999 年 12 月 24 日《中华人民共和国刑法修正案》实施以前发生的国有公司、企业人员渎职行为（不包括徇私舞弊行为），尚未处理或者正在处理的，不能按照刑法修正案追究刑事责任。"

最高人民法院 2009 年 9 月 11 日发布的《关于醉酒驾车犯罪法律适用问题的意见》第

3 条第 2 款规定："为维护生效裁判的既判力，稳定社会关系，对于此前已经处理过的将特定情形的醉酒驾车认定为交通肇事罪的案件，应维持终审裁判，不再变动。"

最高人民法院 2011 年 4 月 25 日发布的《关于〈中华人民共和国刑法修正案（八）〉时间效力问题的解释》第 1 条规定："对于 2011 年 4 月 30 日以前犯罪，依法应当判处管制或者宣告缓刑的，人民法院根据犯罪情况，认为确有必要同时禁止犯罪分子在管制期间或者缓刑考验期内从事特定活动，进入特定区域、场所，接触特定人的，适用修正后刑法第三十八条第二款或者第七十二条第二款的规定。犯罪分子在管制期间或者缓刑考验期内，违反人民法院判决中的禁止令的，适用修正后刑法第三十八条第四款或者第七十七条第二款的规定。"第 2 条规定："2011 年 4 月 30 日以前犯罪，判处死刑缓期执行的，适用修正前刑法第五十条的规定。被告人具有累犯情节，或者所犯之罪是故意杀人、强奸、抢劫、绑架、放火、爆炸、投放危险物质或者有组织的暴力性犯罪，罪行极其严重，根据修正前刑法判处死刑缓期执行不能体现罪刑相适应原则，而根据修正后刑法判处死刑缓期执行同时决定限制减刑可以罚当其罪的，适用修正后刑法第五十条第二款的规定。"第 3 条规定："被判处有期徒刑以上刑罚，刑罚执行完毕或者赦免以后，在 2011 年 4 月 30 日以前再犯应当判处有期徒刑以上刑罚之罪的，是否构成累犯，适用修正前刑法第六十五条的规定；但是，前罪实施时不满十八周岁的，是否构成累犯，适用修正后刑法第六十五条的规定。曾犯危害国家安全犯罪，刑罚执行完毕或者赦免以后，在 2011 年 4 月 30 日以前再犯危害国家安全犯罪的，是否构成累犯，适用修正前刑法第六十六条的规定。曾被判处有期徒刑以上刑罚，或者曾犯危害国家安全犯罪、恐怖活动犯罪、黑社会性质的组织犯罪，在 2011 年 5 月 1 日以后再犯罪的，是否构成累犯，适用修正后刑法第六十五条、第六十六条的规定。"第 4 条规定："2011 年 4 月 30 日以前犯罪，虽不具有自首情节，但是如实供述自己罪行的，适用修正后刑法第六十七条第三款的规定。"第 5 条规定："2011 年 4 月 30 日以前犯罪，犯罪后自首又有重大立功表现的，适用修正前刑法第六十八条第二款的规定。"第 6 条规定："2011 年 4 月 30 日以前一人犯数罪，应当数罪并罚的，适用修正前刑法第六十九条的规定；2011 年 4 月 30 日前后一人犯数罪，其中一罪发生在 2011 年 5 月 1 日以后的，适用修正后刑法第六十九条的规定。"第 7 条规定："2011 年 4 月 30 日以前犯罪，被判处无期徒刑的罪犯，减刑以后或者假释前实际执行的刑期，适用修正前刑法第七十八条第二款、第八十一条第一款的规定。"第 8 条规定："2011 年 4 月 30 日以前犯罪，因具有累犯情节或者系故意杀人、强奸、抢劫、绑架、放火、爆炸、投放危险物质或者有组织的暴力性犯罪并被判处十年以上有期徒刑、无期徒刑的犯罪分子，2011 年 5 月 1 日以后仍在服刑的，能否假释，适用修正前刑法第八十一条第二款的规定；2011 年 4 月 30 日以前犯罪，因其他暴力性犯罪被判处十年以上有期徒刑、无期徒刑的犯罪分子，2011

年5月1日以后仍在服刑的，能否假释，适用修正后刑法第八十一条第二款、第三款的规定。"

最高人民法院研究室2011年7月15日发布的《关于假释时间效力法律适用问题的答复》第1条规定："根据刑法第十二条的规定应当以行为实施时，而不是审判时，作为新旧法选择适用的判断基础。故《最高人民法院关于适用刑法时间效力规定若干问题的解释》第八条规定的'1997年9月30日以前犯罪，1997年10月1日以后仍在服刑的累犯以及因杀人、爆炸、抢劫、强奸、绑架等暴力性犯罪被判处十年以上有期徒刑、无期徒刑的犯罪分子'，包括1997年9月30日以前犯罪，已被羁押尚未判决的犯罪分子。"第2条规定："经《中华人民共和国刑法修正案（八）》修正前刑法第八十一条第二款规定的'暴力性犯罪'，不仅包括杀人、爆炸、抢劫、强奸、绑架五种，也包括故意伤害等其他暴力性犯罪。"

最高人民法院2013年9月11日发布的《关于执行〈关于办理减刑、假释案件具体应用法律若干问题的规定〉有关问题的通知》第1条规定："原生效裁判在《中华人民共和国刑法修正案（八）》生效后作出的，适用《规定》①。"第2条规定："原生效裁判在《中华人民共和国刑法修正案（八）》生效前作出的，适用1997年《最高人民法院关于办理减刑、假释案件具体应用法律若干问题的规定》（以下简称《1997年规定》）。但适用《规定》对罪犯有利的，适用《规定》。"第3条规定："原生效裁判在《中华人民共和国刑法修正案（八）》生效后作出，但犯罪行为发生在《中华人民共和国刑法修正案（八）》生效前，且适用《中华人民共和国刑法修正案（八）》生效前刑法定罪量刑是，适用《1997年规定》。但适用《规定》对罪犯有利的，适用《规定》。"

最高人民检察院、公安部2014年5月20日发布的《关于严格依法办理虚报注册资本和虚假出资抽逃出资刑事案件的通知》第3条规定："依法妥善处理跨时限案件。各级公安机关、检察机关对发生在2014年3月1日以前尚未处理或者正在处理的虚报注册资本和虚假出资、抽逃出资刑事案件，应当按照刑法第十二条规定的精神处理：除依法实行注册资本实缴登记制的公司以外，依照新修改的公司法不再符合犯罪构成要件的案件，公安机关已经立案侦查的，应当撤销案件；检察机关已经批准逮捕的，应当撤销批准逮捕的决定，并监督公安机关撤销案件；检察机关审查起诉的，应当作出不起诉决定；检察机关已经起诉的，应当撤回起诉并作出不起诉决定；检察机关已经抗诉的，应当撤回抗诉。"

最高人民法院2015年10月29日发布的《关于〈中华人民共和国刑法修正案（九）〉时间效力问题的解释》第1条规定："对于2015年10月31日以前因利用职业便利实施犯

---

① 该通知所说的《规定》，是指最高人民法院2012年1月17日发布的《关于办理减刑、假释案件具体应用法律若干问题的规定》。

罪，或者实施违背职业要求的特定义务的犯罪的，不适用修正后刑法第三十七条之一第一款的规定。其他法律、行政法规另有规定的，从其规定。"第2条规定："对于被判处死刑缓期执行的犯罪分子，在死刑缓期执行期间，且在2015年10月31日以前故意犯罪的，适用修正后刑法第五十条第一款的规定。"第3条规定："对于2015年10月31日以前一人犯数罪，数罪中有判处有期徒刑和拘役，有期徒刑和管制，或者拘役和管制，予以数罪并罚的，适用修正后刑法第六十九条第二款的规定。"第4条规定："对于2015年10月31日以前通过信息网络实施的刑法第二百四十六条第一款规定的侮辱、诽谤行为，被害人向人民法院告诉，但提供证据确有困难的，适用修正后刑法第二百四十六条第三款的规定。"第5条规定："对于2015年10月31日以前实施的刑法第二百六十条第一款规定的虐待行为，被害人没有能力告诉，或者因受到强制、威吓无法告诉的，适用修正后刑法第二百六十条第三款的规定。"第6条规定："对于2015年10月31日以前组织考试作弊，为他人组织考试作弊提供作弊器材或者其他帮助，以及非法向他人出售或者提供考试试题、答案，根据修正前刑法应当以非法获取国家秘密罪、非法生产、销售间谍专用器材罪或者故意泄露国家秘密罪等追究刑事责任的，适用修正前刑法的有关规定。但是，根据修正后刑法第二百八十四条之一的规定处刑较轻的，适用修正后刑法的有关规定。"第7条规定："对于2015年10月31日以前以捏造的事实提起民事诉讼，妨害司法秩序或者严重侵害他人合法权益，根据修正前刑法应当以伪造公司、企业、事业单位、人民团体印章罪或者妨害作证罪等追究刑事责任的，适用修正前刑法的有关规定。但是，根据修正后刑法第三百零七条之一的规定处刑较轻的，适用修正后刑法的有关规定。实施第一款行为，非法占有他人财产或者逃避合法债务，根据修正前刑法应当以诈骗罪、职务侵占罪或者贪污罪等追究刑事责任的，适用修正前刑法的有关规定。"第8条规定："对于2015年10月31日以前实施贪污、受贿行为，罪行极其严重，根据修正前刑法判处死刑缓期执行不能体现罪刑相适应原则，而根据修正后刑法判处死刑缓期执行同时决定在其死刑缓期执行二年期满依法减为无期徒刑后，终身监禁，不得减刑、假释可以罚当其罪的，适用修正后刑法第三百八十三条第四款的规定。根据修正前刑法判处死刑缓期执行足以罚当其罪的，不适用修正后刑法第三百八十三条第四款的规定。"

【立法建言】

建　议：将《刑法》第12条第2款修改为："本法施行以前，依照当时的法律已经作出的生效判决，继续有效，但是如果本法不认为是犯罪或者处刑较轻的，可以适用本法。"

理　由：

在传统上，禁止事后法的例外规则仅适用于未经审判或者判决尚未确定的行为，而不适用于已经作出生效判决的行为。① 也就是说，"只要是依据当时法律已经作出生效判决的行为，即使原判决尚未交付执行或尚未执行完毕，尽管新法不再认为是犯罪或处刑较轻，也不影响原判决的效力，原判决继续执行。一般认为，该款的立法理由就是维护已生效判决的权威性、稳定性，如果对已经按照当时法律作出生效判决的行为，为了从轻还要适用新法，则违背了既判力原则。即当既判力原则与从轻原则发生冲突时，既判力原则优先。"② 简言之，"即使按新刑法的规定，其行为不构成犯罪或处刑较当时的法律要轻，也不例外。这主要是维护人民法院生效判决的严肃性和稳定性，避免再翻腾。"③ 应当说，这种传统做法有一定的道理，但却没有将个人自由置于优先考虑的地位，同时，也缺乏充分、合理的根据。④ 正因如此，联合国大会1966年12月6日通过的《公民权利和政治权利国际公约》⑤ 第15条第1款规定："任何人的任何行为或不行为，在其发生时依照国际法或国内法均不构成刑事罪者，不得据以认为犯有刑事罪。所加的刑罚也不得重于犯罪时适用的规定。如果在犯罪之后依法规定了应处以较轻的刑罚，犯罪者应予减刑。"该款虽然没有明确规定有利于被告人的事后法应当适用于已经作出生效判决的行为，但却隐含了这一旨趣。因为"减刑"一般是针对判决已经生效的案件而言的，只有对生效判决所确定的刑罚减轻，才称得上"减刑"。因此，将《公民权利和政治权利国际公约》第15条第1款的规定解释为"有利于被告人的事后法，不仅应当适用于未经审判或者判决尚未确定的行为，而且应当适用于已经作出生效判决的行为"，是符合该公约保障人权的根本宗旨的。⑥ 目前，不少国家和地区的刑法典，如法国、意大利、西班牙、俄罗斯、韩国、泰国以及我国澳门等都明确规定，在新法不处罚或者处罚较轻的情况下，即使判决已经确定，新法也具有溯及力。⑦ 这是禁止事后法例外规则的新发展，符合保障人权的根本宗旨和人道主义精神，值得高度重视。笔者认为，为与相关国际公约相衔接，有必要在《刑法》第12条第2款中增加规定禁止事后法的例外规则。

---

① 我国刑法所采取的即是这种传统做法。《刑法》第12条第2款明确规定："本法施行以前，依照当时的法律已经作出的生效判决，继续有效。"

② 苏彩霞：《中国刑法国际化研究》，北京大学出版社2006年版，第156页。

③ 高铭暄、马克昌主编：《刑法学》，北京大学出版社、高等教育出版社2011年版，第37页。

④ 如果说为了"避免再翻腾"而不适用新法尚有一定道理的话，那么对再审案件仍然强调只能适用行为时的法律则难以自圆其说。但是，最高人民法院1997年9月25日发布的《关于适用刑法时间效力规定若干问题的解释》第10条明确规定："按照审判监督程序重新审判的案件，适用行为时的法律。"

⑤ 我国政府已于1998年10月5日在联合国总部签署了该公约。

⑥ 参见利子平：《刑法司法解释瑕疵研究》，法律出版社2014年版，第124页。

⑦ 例如，《西班牙刑法典》第2条第1项规定："在实施行为前未有法律规定的犯罪或者过失不受处罚。规定保安处分的法律亦无溯及力。"第2项规定："但是，即使已经最后宣判、罪已经服刑，有利于罪犯的刑法条款仍具有溯及力。确定最有利的法律时，应听从罪犯的意见。"

第二章 犯　　罪

第一节　犯罪和刑事责任

一、犯罪的定义（第 13 条）

【立法沿革】

犯罪的定义是在 1979 年《刑法》第 10 条规定的犯罪的定义的基础上修改而来的。

在新中国刑法立法史上，犯罪的定义最早见之于 1950 年的《刑法大纲草案》。该草案第 7 条规定："凡反对人民政权及其所建立的人民民主主义的法律秩序的一切危害社会行为，均为犯罪。法律上负有防止义务之人，而不防止或因自己行为将发生一定危害结果，有防止义务而不防止（不作为）者，亦为犯罪。"1954 年的《刑法指导原则草案》第 1 条首次采取了从"不认为犯罪"的角度补充说明"什么是犯罪"的立法例。该条规定："一切背叛祖国、危害人民民主制度、侵犯公民的人身和权利、破坏过渡时期的法律秩序，对于社会有危险性的在法律上应当受到刑事惩罚的行为（行为包括作为和不作为），都认为是犯罪。情节显然轻微并且缺乏危害结果，因而不能认为对社会有危险性的行为，不认为犯罪。"到了 1957 年，《刑法草案》第 22 稿第 9 条首次在犯罪的定义中采用了"但书"规定："一切危害工人阶级领导的人民民主专政制度、破坏社会秩序、对于社会有危害的、依照法律应当受刑罚处罚的行为，都是犯罪；但是情节显著轻微危害不大的，不以犯罪论处。"1963 年的《刑法草案》第 33 稿第 10 条沿用了上述立法例，并进一步明确概括了反映社会危害性基本内容的社会关系："一切危害工人阶级领导的、工农联盟为基础的人民民主专政制度、破坏社会主义革命和社会主义建设、破坏社会秩序、侵犯国家所有的和集体所有的公共财产、侵犯公民所有的合法财产、侵犯公民的人身和其他权利，以及其他危害社会的行为，依照法律应当受刑罚处罚的，都是犯罪；但是情节轻微危害不大的，不以犯罪论处。"1979 年《刑法》第 10 条在上述规定的基础上，主要作了两方面的补充和修改：一是更加详细地列举了社会危害性的表现，增加了"一切危害国家主权和领土完整"等内容；二是进一步明确了"但书"规定的作用，将"情节轻微危害不大的，不以犯罪论处"改为"情节显著轻微危害不大的，不认为是犯罪"①。

1979 年《刑法》第 10 条规定："一切危害国家主权和领土完整，危害无产阶级专政制度，破坏社会主义革命和社会主义建设，破坏社会秩序，侵犯全民所有的财产或者劳动群众集体所有的财产，侵犯公民私人所有的合法财产，侵犯公民的人身权利、民主权利和其他权利，以及其他危害社会的行为，依照法律应当受刑罚处罚的，都是犯罪；但是情节显著轻微危害不大的，不认为是犯罪。"

在全面研究修改刑法的过程中，1988 年的《刑法修改稿》第 10 条对上述规定作了较大的修改和调整：一是将"无产阶级专政制度"改为"人民民主专政制度"；二是删去了"社会主义革命"的内容；三是调整了人身权利与财产权利的先后顺序；四是将"侵犯全民所有的财产或者劳动群众集体所有的财产，侵犯公民私人所有的合法财产"改为"侵犯公共财产和私人的合法财产"；五是明确了行为"包括作为和不作为"；六是将"依照法律应当受刑罚处罚"改为"依照法律应当负刑事责任"。修改后的条文为："一切危害国家主权和领土完整，危害人民民主专政制度，破坏社会主义建设，破坏社会秩序，侵犯公民的人身权利、民主权利和其他权利，侵犯公共财产和私人的合法财产，以及其他危害社会的行为（包括作为和不作为），依照法律应当负刑事责任的，都是犯罪，但是情节显著轻微危害不大的，不认为是犯罪。"到了 1996 年，基于"注意保持法律的连续性和稳定性"的考虑，②《刑法修订草案》（征求意见稿）重新以 1979 年《刑法》的规定为基础进行修订。③ 该草案第 10 条主要作了以下四处补充和修改：一是增加了"分裂国家、危害国家安全利益"的内容；二是将"危害无产阶级专政制度，破坏社会主义革命和社会主义建设"的表述改为"颠覆人民民主专政的政权和推翻社会主义制度"；三是在"破坏社会秩序"之后增加了"经济秩序"；四是删去了"公民私人所有的合法财产"中的"合法"一词。修改后的条文为："一切危害国家主权和领土完整，分裂国家、危害国家安全利益、颠覆人民民主专政的政权和推翻社会主义制度，破坏社会秩序和经济秩序，侵犯全民所有的财产或者劳动群众集体所有的财产，侵犯公民私人所有的财产，侵犯公民的人身权利、民主权利和其他权利，以及其他危害社会的行为，依照法律应当受刑罚处罚的，都是犯罪，但是情节显著轻微危害不大的，不认为是犯罪。"1997 年的《刑法修订草案》（修改稿）第 13 条在上述规定的基础上，主要作了两方面的修改和调整：一是在"一切危害国家主权和领土完整"之后增加了"安全"一词，并相应删去了"危害国家安全利益"的

---

① "不认为是犯罪"的表述与"不以犯罪论处"相比，更加清楚、明确地划清了罪与非罪的界限。

② 全国人大常委会副委员长王汉斌 1997 年 3 月 6 日在八届全国人大五次会议上所作的《关于〈中华人民共和国刑法（修订草案）〉的说明》中明确指出："注意保持法律的连续性和稳定性。对刑法的原有规定，包括文字表述和量刑规定，原则上没什么问题的，尽量不作修改。"

③ 如无特别需要，本书对此一般不再作具体说明。

表述；二是将"全民所有的财产"改为"国有财产"。这一修改方案，为现行刑法所采纳。

【立法规定】

《刑法》第 13 条规定："一切危害国家主权、领土完整和安全，分裂国家、颠覆人民民主专政的政权和推翻社会主义制度，破坏社会秩序和经济秩序，侵犯国有财产或者劳动群众集体所有的财产，侵犯公民私人所有的财产，侵犯公民的人身权利、民主权利和其他权利，以及其他危害社会的行为，依照法律应当受刑罚处罚的，都是犯罪，但是情节显著轻微危害不大的，不认为是犯罪。"

【立法释义】

最高人民检察院法律政策研究室 2003 年 4 月 18 日发布的《关于相对刑事责任年龄的人承担刑事责任范围有关问题的答复》第 2 条规定："相对刑事责任年龄的人实施了刑法第二百六十九条规定的行为的，应当依照刑法第二百六十三条的规定，以抢劫罪追究刑事责任。但对情节显著轻微，危害不大的，可根据刑法第十三条的规定，不予追究刑事责任。"

最高人民法院、最高人民检察院 2003 年 9 月 4 日发布的《关于办理非法制造、买卖、运输、储存毒鼠强等禁用剧毒化学品刑事案件具体应用法律若干问题的解释》第 5 条第 1 款规定："本解释施行以前，确因生产、生活需要而非法制造、买卖、运输、储存毒鼠强等禁用剧毒化学品饵料自用，没有造成严重社会危害的，可以依照刑法第十三条的规定，不作为犯罪处理。"

最高人民法院 2006 年 1 月 11 日发布的《关于审理未成年人刑事案件具体应用法律若干问题的解释》第 6 条规定："已满十四周岁不满十六周岁的人偶尔与幼女发生性行为，情节轻微、未造成严重后果的，不认为是犯罪。"第 7 条规定："已满十四周岁不满十六周岁的人使用轻微暴力或者威胁，强行索要其他未成年人随身携带的生活、学习用品或者钱财数量不大，且未造成被害人轻微伤以上或者不敢正常到校学习、生活等危害后果的，不认为是犯罪。已满十六周岁不满十八周岁的人具有前款规定情形的，一般也不认为是犯罪。"第 9 条规定："已满十六周岁不满十八周岁的人实施盗窃行为未超过三次，盗窃数额虽已达到'数额较大'标准，但案发后能如实供述全部盗窃事实并积极退赃，且具有下列情形之一的，可以认定为'情节显著轻微危害不大'，不认为是犯罪：（一）系又聋又哑的人或者盲人；（二）在共同盗窃中起次要或者辅助作用，或者被胁迫；（三）具有其他轻微情节的。已满十六周岁不满十八周岁的人盗窃未遂或者中止的，可不认为是犯罪。已满十六周岁不满十八周岁的人盗窃自己家庭或者近亲属财物，或者盗窃其他亲属财物但其他亲属要求不予追究的，可不按犯罪处理。"

最高人民法院 2010 年 2 月 8 日发布的《关于贯彻宽严相济刑事政策的若干意见》第 20 条中规定："对于未成年人犯罪，在具体考虑其实施犯罪的动机和目的、犯罪性质、情节和社会危害程度的同时，还要充分考虑其是否属于初犯，归案后是否悔罪，以及个人成长经历和一贯表现等因素，坚持'教育为主、惩罚为辅'的原则和'教育、感化、挽救'的方针进行处理。对于偶尔盗窃、抢夺、诈骗，数额刚达到较大的标准，案发后能如实交代并积极退赃的，可以认定为情节显著轻微，不作为犯罪处理。"

最高人民法院、最高人民检察院 2011 年 3 月 1 日发布的《关于办理诈骗刑事案件具体应用法律若干问题的解释》第 4 条规定："诈骗近亲属的财物，近亲属谅解的，一般可不按犯罪处理。诈骗近亲属的财物，确有追究刑事责任必要的，具体处理也应酌情从宽。"

最高人民法院 2013 年 1 月 16 日发布的《关于审理拒不支付劳动报酬刑事案件适用法律若干问题的解释》第 6 条第 1 款规定："拒不支付劳动者的劳动报酬，尚未造成严重后果，在刑事立案前支付劳动者的劳动报酬，并依法承担相应赔偿责任的，可以认定为情节显著轻微危害不大，不认为是犯罪……"

最高人民法院、最高人民检察院 2013 年 4 月 2 日发布的《关于办理盗窃刑事案件适用法律若干问题的解释》第 8 条规定："偷拿家庭成员或者近亲属的财物，获得谅解的，一般可以不认为是犯罪；追究刑事责任的，应当酌情从宽。"

最高人民法院、最高人民检察院 2013 年 4 月 23 日发布的《关于办理敲诈勒索刑事案件适用法律若干问题的解释》第 6 条规定："敲诈勒索近亲属的财物，获得谅解的，一般不认为是犯罪；认定为犯罪的，应当酌情从宽处理。被害人对敲诈勒索的发生存在过错的，根据被害人过错程度和案件其他情况，可以对行为人酌情从宽处理；情节显著轻微危害不大的，不认为是犯罪。"

最高人民法院、最高人民检察院、公安部、司法部 2013 年 10 月 23 日发布的《关于依法惩治性侵害未成年人犯罪的意见》第 27 条规定："已满十四周岁不满十六周岁的人偶尔与幼女发生性关系，情节轻微、未造成严重后果的，不认为是犯罪。"

最高人民法院、最高人民检察院 2014 年 8 月 12 日发布的《关于办理走私刑事案件适用法律若干问题的解释》第 9 条第 4 款规定："不以牟利为目的，为留作纪念而走私珍贵动物制品进境，数额不满十万元的，可以免予刑事处罚；情节显著轻微的，不作为犯罪处理。"

最高人民法院、最高人民检察院 2014 年 11 月 3 日发布的《关于办理危害药品安全刑事案件适用法律若干问题的解释》第 11 条第 2 款规定："销售少量根据民间传统配方私自加工的药品，或者销售少量未经批准进口的国外、境外药品，没有造成他人伤害后果或者延误诊治，情节显著轻微危害不大的，不认为是犯罪。"

最高人民法院、最高人民检察院、公安部、司法部 2015 年 3 月 2 日发布的《关于依法办理家庭暴力犯罪案件的意见》第 18 条第 2 款规定："对于实施家庭暴力情节显著轻微危害不大不构成犯罪的，应当撤销案件、不起诉，或者宣告无罪。"

最高人民法院 2015 年 5 月 29 日发布的《关于审理掩饰、隐瞒犯罪所得、犯罪所得收益刑事案件适用法律若干问题的解释》第 2 条第 2 款规定："行为人为自用而掩饰、隐瞒犯罪所得，财物价值刚达到本解释第一条第一款第（一）项规定的标准，① 认罪、悔罪并退赃、退赔的，一般可不认为是犯罪；依法追究刑事责任的，应当酌情从宽。"

【立法建言】

建　议： 将《刑法》第 13 条修改为："一切危害社会，依照法律应当受刑罚处罚的行为，都是犯罪，但是情节显著轻微危害不大的，不认为是犯罪。"

理　由：

1. 从文字表述来看，现行定义不符合简洁、概括的定义要求。定义是用简洁明确的语言对事物的本质特征作概括，它要求语言的表述具有简洁性和概括性。而现行刑法中的犯罪定义因受苏联刑事立法的影响，② 对社会危害性的表现作了较为详细的列举性表述。这种表述方式，显然不符合定义的基本要求。对于这种冗长的犯罪定义，早在全面研究修改刑法的过程中，就有学者指出，"现行刑法典中的犯罪概念规定得太长，应当予以简化，可规定为'侵害我国人民民主专政政权、社会主义制度和法律秩序，危害社会、违反刑法、应受刑罚处罚的行为，都是犯罪；情节显著轻微，危害不大的，不是犯罪'。"③ 在刑法修订研拟的过程中，最高人民检察院也提出，"建议简化对犯罪概念的表述，以利于操作和理解。建议将草案稿第十条关于犯罪概念的规定修改为：'一切危害国家、社会和公民的行为，依照法律应受刑罚处罚的，都是犯罪，但是情节显著轻微危害不大的，不认为是犯罪。'"④ 遗憾的是，现行刑法并未采纳上述简化犯罪定义的建议。

2. 从逻辑结构来看，现行定义不符合属加种差的定义方法。属加种差是一种常见的

---

① 该解释第 1 条第 1 款第 1 项规定的标准为："掩饰、隐瞒犯罪所得及其产生的收益价值三千元至一万元以上的。"

② 1958 年的《苏联和各加盟共和国刑事立法纲要》第 7 条规定："凡是刑事法律规定的危害苏维埃社会制度或国家制度，破坏社会主义经济体系和侵犯社会主义所有制，侵犯公民的人身权利、政治权利、劳动权利、财产权利和其他权利的危害社会的行为（作为和不作为），以及刑事法律规定的违反社会主义法律秩序的其他危害社会的行为，都是犯罪。"

③ 参见赵秉志主编：《刑法修改研究综述》，中国人民公安大学出版社 1990 年版，第 120 ~ 121 页。

④ 参见最高人民检察院刑法修改研究小组："《关于对〈中华人民共和国刑法（修订草案）〉（征求意见稿）的修改意见》（1996 年 11 月 15 日）"，见高铭暄、赵秉志编：《新中国刑法立法文献资料总览》（下），中国人民公安大学出版社 1998 年版，第 2642 页。

定义方法，它的公式是：被定义项＝种差＋邻近的属。具体到犯罪的定义，其邻近的属应为"行为"。因此，在定义犯罪概念时，应将"行为"置于定义项的最后位置。此外，有学者从犯罪特征的角度也提出了同样的建议，"宜将其中的'行为'后移，规定为，'……以及其他危害社会，依照法律应当受到刑罚处罚的行为，都是犯罪'。其理由是，犯罪有三个特征即行为的社会危害性、行为的违反刑法性、行为的应受刑罚处罚性，这三特征都是'行为'的特征，因而将'行为'二字置于最后，符合逻辑"。①

二、故意犯罪（第14条）

【立法沿革】

故意犯罪是从1979年《刑法》第11条的规定直接移植过来的。

犯罪必须出于故意或者过失，这是我国刑法始终坚持的原则立场。但是，历次刑法草案对其规定所采的立法模式却不尽相同。1950年的《刑法大纲草案》第8条仅用1个条文规定了犯罪的故意和过失："犯罪行为，有下列情形之一者，始得处罚：一、故意的犯罪行为，系指犯罪人明知自己行为之危害社会的结果，而希望或放任其发生者；二、过失的犯罪行为……"1954年的《刑法指导原则草案》也用1个条文规定"犯罪必须出于故意或者过失"。该草案第2条第1款规定："犯罪的故意有两种：（一）明知自己的行为会发生某种危害结果，并且希望这种结果发生。（二）明知自己的行为可能发生某种危害结果，并且有意识地放任这种结果发生。"到了1957年，《刑法草案》第22稿除专条规定"故意犯罪或者过失犯罪应当负刑事责任"外，还分别规定了故意犯罪和过失犯罪的概念。其中，第11条规定："明知自己的行为会发生危害社会的结果，并且希望或者放任这种结果发生的，是故意犯罪。"1963年的《刑法草案》第33稿在立法模式上改变了上述专条规定"故意犯罪或者过失犯罪应当负刑事责任"的做法，而将其内容分别移入相关条文之中。该稿第11条规定："明知自己的行为会发生危害社会的结果，并且希望或者放任这种结果发生的，是故意犯罪。故意犯罪，应当负刑事责任。"1979年《刑法》第11条基本上沿用了上述规定，仅在其中增加了"因而构成犯罪"的表述。

1979年《刑法》第11条规定："明知自己的行为会发生危害社会的结果，并且希望或者放任这种结果发生，因而构成犯罪的，是故意犯罪。故意犯罪，应当负刑事责任。"

在全面研究修改刑法的过程中，虽然也曾动议调整上述条款，②但是，1988年的《刑法修改稿》和1996年的《刑法修订草案》（征求意见稿）均直接移植了上述规定，并为

---

① 参见赵秉志主编：《刑法修改研究综述》，中国人民公安大学出版社1990年版，第120页。
② 例如，1995年8月8日、1996年6月24日和1996年8月8日的刑法总则修改稿均将故意犯罪和过失犯罪规定在1个条文中，并在第1款规定："故意犯罪和过失犯罪，应当负刑事责任。"

现行刑法所采纳。

【立法规定】

《刑法》第 14 条规定："明知自己的行为会发生危害社会的结果，并且希望或者放任这种结果发生，因而构成犯罪的，是故意犯罪。故意犯罪，应当负刑事责任。"

【立法释义】

全国人大常委会 2014 年 4 月 24 日通过的《关于〈中华人民共和国刑法〉第三百四十一条、第三百一十二条的解释》规定："知道或者应当知道是国家重点保护的珍贵、濒危野生动物及其制品，为食用或者其他目的而非法购买的，属于刑法第三百四十一条第一款规定的非法收购国家重点保护的珍贵、濒危野生动物及其制品的行为。知道或者应当知道是刑法第三百四十一条第二款规定的非法狩猎的野生动物而购买的，属于刑法第三百一十二条第一款规定的明知是犯罪所得而收购的行为。"

最高人民法院、最高人民检察院、公安部、国家工商行政管理局 1998 年 5 月 8 日发布的《关于依法查处盗窃、抢劫机动车案件的规定》第 17 条规定："本规定所称的'明知'，是指知道或者应当知道。有下列情形之一的，可视为应当知道，但有证据证明确属被蒙骗的除外：（一）在非法的机动车交易场所和销售单位购买的；（二）机动车证件手续不全或者明显违反规定的；（三）机动车发动机号或者车架号有更改痕迹，没有合法证明的；（四）以明显低于市场价格购买机动车的。"

最高人民法院、最高人民检察院、公安部 1999 年 3 月 16 日发布的《办理骗汇、逃汇犯罪案件联席会议纪要》第 2 条第 4 款规定："认定《解释》① 第四条所称的'明知'，要结合案件的具体情节予以综合考虑，不能仅仅因为行为人不供述就不予认定。报关行为先于签订外贸代理协议的，或者委托方提供的购汇凭证明显与真实凭证、商业单据不符的，应当认定为明知。"

最高人民法院 2000 年 11 月 22 日发布的《关于审理破坏森林资源刑事案件具体应用法律若干问题的解释》第 10 条规定："刑法第三百四十五条规定的'非法收购明知是盗伐、滥伐的林木'中的'明知'，是指知道或者应当知道。具有下列情形之一的，可以视为应当知道，但是有证据证明确属被蒙骗的除外：（一）在非法的木材交易场所或者销售单位收购木材的；（二）收购以明显低于市场价格出售的木材的；（三）收购违反规定出售的木材的。"

最高人民法院 2001 年 1 月 17 日发布的《关于审理为境外窃取、刺探、收买、非法提

---

① 该纪要所说的《解释》，是指最高人民法院 1998 年 8 月 28 日发布的《关于审理骗购外汇、非法买卖外汇刑事案件具体应用法律若干问题的解释》。

供国家秘密、情报案件具体应用法律若干问题的解释》第 5 条规定："行为人知道或者应当知道没有标明密级的事项关系国家安全和利益，而为境外窃取、刺探、收买、非法提供的，依照刑法第一百一十一条的规定以为境外窃取、刺探、收买、非法提供国家秘密罪定罪处罚。"

最高人民法院 2001 年 4 月 9 日发布的《关于办理生产、销售伪劣商品刑事案件若干问题》第 6 条第 4 款规定："医疗机构或者个人，知道或者应当知道是不符合保障人体健康的国家标准、行业标准的医疗器械、医用卫生材料而购买、使用，对人体健康造成严重危害的，以销售不符合标准的医用器材罪定罪处罚。"

最高人民法院、最高人民检察院、海关总署 2002 年 7 月 8 日发布的《办理走私刑事案件适用法律若干问题的意见》第 5 条"关于走私犯罪嫌疑人、被告人主观故意的认定问题"规定："行为人明知自己的行为违反国家法律法规，逃避海关监管，偷逃进出境货物、物品的应缴税额，或者逃避国家有关进出境的禁止性管理，并且希望或者放任危害结果发生的，应认定为具有走私的主观故意。走私主观故意中的'明知'是指行为人知道或者应当知道所从事的行为是走私行为。具有下列情形之一的，可以认定为'明知'，但有证据证明确属被蒙骗的除外：（一）逃避海关监管，运输、携带、邮寄国家禁止进出境的货物、物品的；（二）用特制的设备或者运输工具走私货物、物品的；（三）未经海关同意，在非设关的码头、海（河）岸、陆路边境等地点，运输（泊载）、收购或者贩卖非法进出境货物、物品的；（四）提供虚假的合同、发票、证明等商业单证委托他人办理通关手续的；（五）以明显低于货物正常进（出）口的应缴税额委托他人代理进（出）口业务的；（六）曾因同一种走私行为受过刑事处罚或者行政处罚的；（七）其他有证据证明的情形。"第 6 条"关于行为人对其走私的具体对象不明确的案件的处理问题"规定："走私犯罪嫌疑人主观上具有走私犯罪故意，但对其走私的具体对象不明确的，不影响走私犯罪构成，应当根据实际的走私对象定罪处罚。但是，确有证据证明行为人因受蒙骗而对走私对象发生认识错误的，可以从轻处罚。"

最高人民法院、最高人民检察院 2003 年 5 月 14 日发布的《关于办理妨害预防、控制突发传染病疫情等灾害的刑事案件具体应用法律若干问题的解释》第 3 条第 2 款规定："医疗机构或者个人，知道或者应当知道系前款规定的不符合保障人体健康的国家标准、行业标准的医疗器械、医用卫生材料而购买并有偿使用的，以销售不符合标准的医用器材罪定罪，依法从重处罚。"

最高人民法院、最高人民检察院、公安部、国家烟草专卖局 2003 年 12 月 23 日发布的《关于办理假冒伪劣烟草制品等刑事案件适用法律问题座谈会纪要》第 2 条"关于销售明知是假冒烟用注册商标的烟草制品行为中的'明知'问题"规定："根据刑法第二百一十四条的规定，销售明知是假冒烟用注册商标的烟草制品，销售金额较大的，构成销售假冒注册商标的商品罪。'明知'，是指知道或应当知道。有下列情形之一的，可以认定为'明知'：1. 以明显低于市场价格进货的；2. 以明显低于市场价格销售的；3. 销售假冒烟用注册商标的烟草制品被发现后转移、销毁物证或者提供虚假证明、虚假情况的；4. 其他可以认定为明知的情形。"

最高人民法院、最高人民检察院2004年12月8日发布的《关于办理侵犯知识产权刑事案件具体应用法律若干问题的解释》第9条第2款规定："具有下列情形之一的，应当认定为属于刑法第二百一十四条规定的'明知'：（一）知道自己销售的商品上的注册商标被涂改、调换或者覆盖的；（二）因销售假冒注册商标的商品受到过行政处罚或者承担过民事责任、又销售同一种假冒注册商标的商品的；（三）伪造、涂改商标注册人授权文件或者知道该文件被伪造、涂改的；（四）其他知道或者应当知道是假冒注册商标的商品的情形。"

最高人民法院、最高人民检察院2007年5月9日发布的《关于办理与盗窃、抢劫、诈骗、抢夺机动车相关刑事案件具体应用法律若干问题的解释》第6条规定："行为人实施本解释第一条、第三条第三款规定的行为，涉及的机动车有下列情形之一的，应当认定行为人主观上属于上述条款所称'明知'：（一）没有合法有效的来历凭证；（二）发动机号、车辆识别代号有明显更改痕迹，没有合法证明的。"

最高人民法院、最高人民检察院、公安部2007年11月8日发布的《关于办理毒品犯罪案件适用法律若干问题的意见》第2条"关于毒品犯罪嫌疑人、被告人主观明知的认定问题"规定："走私、贩卖、运输、非法持有毒品主观故意中的'明知'，是指行为人知道或者应当知道所实施的行为是走私、贩卖、运输、非法持有毒品行为。具有下列情形之一，并且犯罪嫌疑人、被告人不能做出合理解释的，可以认定其'应当知道'，但有证据证明确属被蒙骗的除外：（一）执法人员在口岸、机场、车站、港口和其他检查站检查时，要求行为人申报为他人携带的物品和其他疑似毒品物，并告知其法律责任，而行为人未如实申报，在其所携带的物品内查获毒品的；（二）以伪报、藏匿、伪装等蒙蔽手段逃避海关、边防等检查，在其携带、运输、邮寄的物品中查获毒品的；（三）执法人员检查时，有逃跑、丢弃携带物品或逃避、抗拒检查等行为，在其携带或丢弃的物品中查获毒品的；（四）体内藏匿毒品的；（五）为获取不同寻常的高额或不等值的报酬而携带、运输毒品的；（六）采用高度隐蔽的方式携带、运输毒品的；（七）采用高度隐蔽的方式交接毒品，明显违背合法物品惯常交接方式的；（八）其他有证据足以证明行为人应当知道的。"

最高人民检察院、公安部2008年6月25日发布的《关于公安机关管辖的刑事案件立案追诉标准的规定（一）》第21条第2款规定："医疗机构或者个人知道或者应当知道是不符合保障人体健康的国家标准、行业标准的医疗器械、医用卫生材料而购买并有偿使用的，视为本条规定的'销售'。"第74条第2款规定："本条规定的'非法收购'的'明知'，是指知道或者应当知道。具有下列情形之一的，可以视为应当知道，但是有证据证明确属被蒙骗的除外：（一）在非法的木材交易场所或者销售单位收购木材的；（二）收购以明显低于市场价格出售的木材的；（三）收购违反规定出售的木材的。"第80条第2款规定："具有下列情形之一的，可以认定为本条规定的'明知'：（一）有证据证明曾到医疗机构就医，被诊断为患有严重性病的；（二）根据本人的知识和经验，能够知道自己患有严重性病的；（三）通过其他方法能够证明是'明知'的。"

最高人民法院2008年12月1日发布的《全国部分法院审理毒品犯罪案件工作座谈会纪要》第10条"主观明知的认定问题"规定："毒品犯罪中，判断被告人对涉案毒品是否明知，不能仅凭被告人供述，而应当依据被告人实施毒品犯罪行为的过程、方式、毒品被查获时的情形等证据，结合被告人的年龄、阅历、智力等情况，进行综合分析判断。具有下列情形之一，被告人不能做出合理解释的，可以认定其'明知'是毒品，但有证据证明确属被蒙骗的除外：（1）执法人员在口岸、机场、车站、港口和其他检查站点检查时，要求行为人申报为他人携带的物品和其他疑似毒品物，并告知其法律责任，而行为人未如实申报，在其携带的物品中查获毒品的；（2）以伪报、藏匿、伪装等蒙蔽手段，逃避海关、边防等检查，在其携带、运输、邮寄的物品中查获毒品的；（3）执法人员检查时，有逃跑、丢弃携带物品或者逃避、抗拒检查等行为，在其携带或者丢弃的物品中查获毒品的；（4）体内或者贴身隐秘处藏匿毒品的；（5）为获取不同寻常的高额、不等值报酬为他人携带、运输物品，从中查获毒品的；（6）采用高度隐蔽的方式携带、运输物品，从中查获毒品的；（7）采用高度隐蔽的方式交接物品，明显违背合法物品惯常交接方式，从中查获毒品的；（8）行程路线故意绕开检查站点，在其携带、运输的物品中查获毒品的；（9）以虚假身份或者地址办理托运手续，在其托运的物品中查获毒品的；（10）有其他证据足以认定行为人应当知道的。"

最高人民法院、最高人民检察院、公安部2009年6月22日发布的《关于办理制毒物品犯罪案件适用法律若干问题的意见》第2条"关于制毒物品犯罪嫌疑人、被告人主观明知的认定"规定："对于走私或者非法买卖制毒物品行为，有下列情形之一，且查获了易制毒化学品，结合犯罪嫌疑人、被告人的供述和其他证据，经综合审查判断，可以认定其'明知'是制毒物品而走私或者非法买卖，但有证据证明确属被蒙骗的除外：1. 改变产品形状、包装或者使用虚假标签、商标等产品标志的；2. 以藏匿、夹带或者其他隐蔽方式运输、携带易制毒化学品逃避检查的；3. 抗拒检查或者在检查时丢弃货物逃跑的；4. 以伪报、藏匿、伪装等蒙蔽手段逃避海关、边防等检查的；5. 选择不设海关或者边防检查站的路段绕行出入境的；6. 以虚假身份、地址办理托运、邮寄手续的；7. 以其他方法隐瞒真相，逃避对易制毒化学品依法监管的。"

最高人民法院 2009 年 9 月 11 日发布的《关于醉酒驾车犯罪法律适用问题的意见》第 2 条规定："根据刑法第一百一十五条第一款的规定，醉酒驾车，放任危害结果发生，造成重大伤亡事故，构成以危险方法危害公共安全罪的，应处以十年以上有期徒刑、无期徒刑或者死刑。具体决定对被告人的刑罚时，要综合考虑此类犯罪的性质、被告人的犯罪情节、危害后果及其主观恶性、人身危险性。一般情况下，醉酒驾车构成本罪的，行为人在主观上并不希望、也不追求危害结果的发生，属于间接故意犯罪，行为的主观恶性与制造事端为目的而恶意驾车撞人并造成重大伤亡后果的直接故意犯罪有所不同，因此，在决定刑罚时，也应当有所区别。此外，醉酒状态下驾车，行为人的辨认和控制能力实际有所减弱，量刑时也应酌情考虑。"

最高人民法院 2009 年 11 月 4 日发布的《关于审理洗钱等刑事案件具体应用法律若干问题的解释》第 1 条规定："刑法第一百九十一条、第三百一十二条规定的'明知'，应当结合被告人的认知能力，接触他人犯罪所得及其收益的情况，犯罪所得及其收益的种类、数额，犯罪所得及其收益的转换、转移方式以及被告人的供述等主、客观因素进行认定。具有下列情形之一的，可以认定被告人明知系犯罪所得及其收益，但有证据证明确实不知道的除外：（一）知道他人从事犯罪活动，协助转换或者转移财物的；（二）没有正当理由，通过非法途径协助转换或者转移财物的；（三）没有正当理由，以明显低于市场的价格收购财物的；（四）没有正当理由，协助转换或者转移财物，收取明显高于市场的'手续费'的；（五）没有正当理由，协助他人将巨额现金散存于多个银行账户或者在不同银行账户之间频繁划转的；（六）协助近亲属或者其他关系密切的人转换或者转移与其职业或者财产状况明显不符的财物的；（七）其他可以认定行为人明知的情形。被告人将刑法第一百九十一条规定的某一上游犯罪的犯罪所得及其收益误认为刑法第一百九十一条规定的上游犯罪范围内的其他犯罪所得及其收益的，不影响刑法第一百九十一条规定的'明知'的认定。"

最高人民法院、最高人民检察院、公安部 2009 年 12 月 15 日发布的《办理黑社会性质组织犯罪案件座谈会纪要》"关于黑社会性质组织的认定"部分第 1 条第 4 款规定："关于黑社会性质组织成员的主观明知问题。在认定黑社会性质组织的成员时，并不要求其主观上认为自己参加的是黑社会性质组织，只要其知道或者应当知道该组织具有一定规模，且是以实施违法犯罪为主要活动的，即可认定。""关于办理黑社会性质组织犯罪案件的其他问题"部分第 1 条规定："关于包庇、纵容黑社会性质组织罪主观要件的认定。本罪主观方面要求必须是出于故意，过失不能构成本罪。会议认为，只要行为人知道或者应当知道是从事违法犯罪活动的组织，仍对该组织及其成员予以包庇，或者纵容其实施违法犯罪活动，即可认定本罪。至于行为人是否明知该组织系黑社会性质组织，不影响本罪的成立。"

最高人民法院、最高人民检察院 2010 年 2 月 2 日发布的《关于办理利用互联网、移动通讯终端、声讯台制作、复制、出版、贩卖、传播淫秽电子信息刑事案件具体应用法律若干问题的解释（二）》第 8 条规定："实施第四条至第七条规定的行为，具有下列情形之一的，应当认定行为人'明知'，但是有证据证明确实不知道的除外：（一）行政主管机关书面告知后仍然实施上述行为的；（二）接到举报后不履行法定管理职责的；（三）为淫秽网站提供互联网接入、服务器托管、网络存储空间、通讯传输通道、代收费、费用结算等服务，收取服务费明显高于市场价格的；（四）向淫秽网站投放广告，广告点击率明显异常的；（五）其他能够认定行为人明知的情形。"

最高人民法院、最高人民检察院、公安部、司法部 2010 年 3 月 15 日发布的《关于依法惩治拐卖妇女儿童犯罪的意见》第 21 条第 3 款规定："认定是否'明知'，应当根据证人证言、犯罪嫌疑人、被告人及其同案人供述和辩解，结合提供帮助的人次，以及是否明显违反相关规章制度、工作流程等，予以综合判断。"

最高人民法院、最高人民检察院、公安部 2010 年 8 月 31 日发布的《关于办理网络赌博犯罪案件适用法律若干问题的意见》第 2 条"关于网上开设赌场共同犯罪的认定和处罚"第 3 款规定："实施本条第一款规定的行为，[①] 具有下列情形之一的，应当认定行为人'明知'，但是有证据证明确实不知道的除外：（一）收到行政主管机关书面等方式的告知后，仍然实施上述行为的；（二）为赌博网站提供互联网接入、服务器托管、网络存储空间、通讯传输通道、投放广告、软件开发、技术支持、资金支付结算等服务，收取服务费用明显异常的；（三）在执法人员调查时，通过销毁、修改数据、账本等方式故意规避调查或者向犯罪嫌疑人通风报信的；（四）其他有证据证明行为人明知的。"

最高人民法院、最高人民检察院、公安部 2012 年 1 月 9 日发布的《关于依法严惩"地沟油"犯罪活动的通知》第二部分"准确理解法律规定，严格区分犯罪界限"第 2 条规定："明知是利用'地沟油'生产的'食用油'而予以销售的，依照刑法第 144 条销售有毒、有害食品罪的规定追究刑事责任。认定是否'明知'，应当结合犯罪嫌疑人、被告人的认知能力，犯罪嫌疑人、被告人及其同案人的供述和辩解，证人证言，产品质量，进货渠道及进货价格、销售渠道及销售价格等主、客观因素予以综合判断。"

最高人民检察院、公安部 2012 年 5 月 28 日发布的《关于公安机关管辖的刑事案件立

---

① 该条第 1 款规定的是明知是赌博网站，而为其提供服务或者帮助的行为。

案追诉标准的规定（三）》第 1 条第 8 款、第 9 款规定："走私、贩卖、运输毒品主观故意中的'明知'，是指行为人知道或者应当知道所实施的是走私、贩卖、运输毒品行为。具有下列情形之一，结合行为人的供述和其他证据综合审查判断，可以认定其'应当知道'，但有证据证明确属被蒙骗的除外：（一）执法人员在口岸、机场、车站、港口、邮局和其他检查站点检查时，要求行为人申报携带、运输、寄递的物品和其他疑似毒品物，并告知其法律责任，而行为人未如实申报，在其携带、运输、寄递的物品中查获毒品的；（二）以伪报、藏匿、伪装等蒙蔽手段逃避海关、边防等检查，在其携带、运输、寄递的物品中查获毒品的；（三）执法人员检查时，有逃跑、丢弃携带物品或者逃避、抗拒检查等行为，在其携带、藏匿或者丢弃的物品中查获毒品的；（四）体内或者贴身隐秘处藏匿毒品的；（五）为获取不同寻常的高额或者不等值的报酬为他人携带、运输、寄递、收取物品，从中查获毒品的；（六）采用高度隐蔽的方式携带、运输物品，从中查获毒品的；（七）采用高度隐蔽的方式交接物品，明显违背合法物品惯常交接方式，从中查获毒品的；（八）行程路线故意绕开检查站点，在其携带、运输的物品中查获毒品的；（九）以虚假身份、地址或者其他虚假方式办理托运、寄递手续，在托运、寄递的物品中查获毒品的；（十）有其他证据足以证明行为人应当知道的。制造毒品主观故意中的'明知'，是指行为人知道或者应当知道所实施的是制造毒品行为。有下列情形之一，结合行为人的供述和其他证据综合审查判断，可以认定其'应当知道'，但有证据证明确属被蒙骗的除外：（一）购置了专门用于制造毒品的设备、工具、制毒物品或者配制方案的；（二）为获取不同寻常的高额或者不等值的报酬为他人制造物品，经检验是毒品的；（三）在偏远、隐蔽场所制造，或者采取对制造设备进行伪装等方式制造物品，经检验是毒品的；（四）制造人员在执法人员检查时，有逃跑、抗拒检查等行为，在现场查获制造出的物品，经检验是毒品的；（五）有其他证据足以证明行为人应当知道的。"第 2 条第 4 款规定："非法持有毒品主观故意中的'明知'，依照本规定第一条第八款的有关规定予以认定。"第 5 条第 4 款规定："实施走私制毒物品行为，有下列情形之一，且查获了易制毒化学品，结合行为人的供述和其他证据综合审查判断，可以认定其'明知'是制毒物品而走私或者非法买卖，但有证据证明确属被蒙骗的除外：（一）改变产品形状、包装或者使用虚假标签、商标等产品标志的；（二）以藏匿、夹带、伪装或者其他隐蔽方式运输、携带易制毒化学品逃避检查的；（三）抗拒检查或者在检查时丢弃货物逃跑的；（四）以伪报、藏匿、伪装等蒙蔽手段逃避海关、边防等检查的；（五）选择不设海关或者边防检查站的路段绕行出入境的；（六）以虚假身份、地址或者其他虚假方式办理托运、寄递手续的；（七）以其他方法隐瞒真相，逃避对易制毒化学品依法监管的。"第 6 条第 5 款规定："非法买卖制毒物品主观故意中的'明知'，依照本规定第五条第四款的有关规定予以认定。"

最高人民法院、最高人民检察院、公安部 2012 年 6 月 18 日发布的《关于办理走私、非法买卖麻黄碱类复方制剂等刑事案件适用法律若干问题的意见》第 5 条"关于犯罪嫌疑人、被告人主观目的与明知的认定"规定："对于本意见规定的犯罪嫌疑人、被告人的主观目的与明知，应当根据物证、书证、证人证言以及犯罪嫌疑人、被告人供述和辩解等在案证据，结合犯罪嫌疑人、被告人的行为表现，重点考虑以下因素综合予以认定：1. 购买、销售麻黄碱类复方制剂的价格是否明显高于市场交易价格；2. 是否采用虚假信息、隐蔽手段运输、寄递、存储麻黄碱类复方制剂；3. 是否采用伪报、伪装、藏匿或者绕行进出境等手段逃避海关、边防等检查；4. 提供相关帮助行为获得的报酬是否合理；5. 此前是否实施过同类违法犯罪行为；6. 其他相关因素。"

最高人民法院、最高人民检察院、公安部、司法部 2013 年 10 月 23 日发布的《关于依法惩治性侵害未成年人犯罪的意见》第 19 条规定："知道或者应当知道对方是不满十四周岁的幼女，而实施奸淫等性侵害行为的，应当认定行为人'明知'对方是幼女。对于不满十二周岁的被害人实施奸淫等性侵害行为的，应当认定行为人'明知'对方是幼女。对于已满十二周岁不满十四周岁的被害人，从其身体发育状况、言谈举止、衣着特征、生活作息规律等观察可能是幼女，而实施奸淫等性侵害行为的，应当认定行为人'明知'对方是幼女。"

最高人民法院、最高人民检察院、公安部 2014 年 9 月 9 日发布的《关于办理暴力恐怖和宗教极端刑事案件适用法律若干问题的意见》第三部分"明确认定标准"第 2 条规定："对是否'明知'的认定，应当结合案件具体情况，坚持重证据，重调查研究，以行为人实施的客观行为为基础，结合其一贯表现，具体行为、程度、手段、事后态度，以及年龄、认知和受教育程度、所从事的职业等综合判断。曾因实施暴力恐怖、宗教极端违法犯罪行为受到行政、刑事处罚、免予刑事处罚，或者被责令改正后又实施的，应当认定为明知。其他共同犯罪嫌疑人、被告人或者其他知情人供认、指证，行为人不承认其主观上'明知'，但又不能作出合理解释的，依据其行为本身和认知程度，足以认定其确实'明知'或者应当'明知'的，应当认定为明知。"

【立法建言】

建　议：将《刑法》第 14 条修改为："明知自己的行为会发生危害社会的结果，并且追求或者放任这种结果发生，或者明知自己的行为会危害社会，并决意实施这种行为，因而构成犯罪的，是故意犯罪。"

理　由：

1. 故意犯罪的概念未能涵盖刑法中的所有故意犯罪。《刑法》第 14 条规定的"故意"是以结果标准来认定行为人的主观罪过形式的。"这种罪过心理认定标准，把行为人认识的内容和意志的对象都局限于对'危害社会的结果'的认识和态度，明显忽略了行为人对其实施危害社会的行为本身的主观态度，完全排除了行为人对其行为所持的主观心理态度在认定其罪过形式中的价值，因而是有一定缺陷的。"① 为弥补这一缺陷，有学者提出了"行为故意"的概念。所谓行为故意，是指明知自己的行为属于违法的、构成要件的事实，而决意并以意志努力支配实施该种行为的心理状态。行为故意以行为人对构成要件行为的明知及意志为主要内容，具备之则构成犯罪故意，并不要求行为人对行为的结果有所认识，也不必考察行为人对于行为结果的意志态度。② 笔者认为，行为故意的概念可以将不以结果为构成要件的行为犯、举动犯等犯罪形态涵盖在故意犯罪之中，有助于克服现行故意犯罪概念"以偏概全"的弊端。

2. "希望"一词未能准确揭示直接故意的心理状态。"希望"是一种纯粹的主观心理活动，并不包含体现意志的行为，因而将"希望"作为直接故意的意志因素并不妥当。有学者指出，"根据汉语词义，'希望'没有行为，'追求'有行为，因而追求中包含希望，但希望中并不包含追求。直接故意犯罪人对待危害结果的态度，不仅仅是希望，而是在希望基础上进一步的追求。故用'希望'一词不能准确地揭示直接故意犯罪人的主观心理状态，而应改用'追求'一词。"③ 有学者进一步指出，"使用'希望'一词，不但不能充分揭示直接故意犯罪的心理状态，而且违背汉语文字的使用规则"。④

3. "故意犯罪，应当负刑事责任"的规定纯属多余。根据《刑法》第 13 条的规定，犯罪是"依照法律应当受刑罚处罚"的行为。因此，"故意犯罪"，当然"应当负刑事责任"，此乃"犯罪"的题中应有之义，毋庸赘言。

三、过失犯罪（第 15 条）

【立法沿革】

过失犯罪是从 1979 年《刑法》第 12 条的规定直接移植过来的。

1950 年的《刑法大纲草案》第 8 条规定："犯罪行为，有下列情形之一者，始得处罚：……二、过失的犯罪行为，系指犯罪人并无故意，但应预见自己行为之结果，而竟未预见或轻信可避免结果之发生者。过失犯罪之处罚，以本大纲分则有明文规定者为限。" 1954 年的《刑法指导原则草案》第 2 条第 2 款、第 3 款对犯罪过失及过失犯罪的处罚作了较为详细的规定："犯罪的过失有两种：（一）已经预料到自己的行为可能发生危害结果，

---

① 利子平、郭芾："滥用职权罪罪过形式新探——以行为故意为视角"，载《江西师范大学学报（哲学社会科学版）》2006 年第 1 期。

② 参见贾宇：《罪与刑的思辨》，法律出版社 2002 年版，第 144 页。

③ 参见赵秉志主编：《刑法修改研究综述》，中国人民公安大学出版社 1990 年版，第 122～123 页。

④ 侯国云："修改刑法第 11 条之我见"，载《中国法学》1996 年第 3 期。

却轻率地相信能够避免，以致发生了危害结果。（二）按照具体情况，应当预料到并且能够预料到自己的行为可能发生危害结果，但是竟然没有预料到，以致发生危害结果。同样的犯罪结果，过失的犯罪比较故意的犯罪，应当负较轻的刑事责任。轻微的过失犯罪，可以免予处罚。"到了1957年，《刑法草案》第22稿分2条对过失犯罪的处罚和过失犯罪的概念作了规定。该稿第10条第1款、第2款规定："故意犯罪或者过失犯罪应当负刑事责任。对于过失犯罪，有特别规定的才处罚。"第12条规定："应当预见自己的行为可能发生危害社会的结果，因为疏忽大意没有预见，或者已经预见但是轻信能够避免，以致发生这种结果的，是过失犯罪。"1963年的《刑法草案》第33稿第12条将上述内容合并加以规定："应当预见自己的行为可能发生危害社会的结果，因为疏忽大意没有预见，或者已经预见但是轻信能够避免，以致发生这种结果的，是过失犯罪。过失犯罪，有规定的才负刑事责任。"1979年《刑法》第12条基本上沿用了上述规定，仅作了个别文字修改。

1979年《刑法》第12条规定："应当预见自己的行为可能发生危害社会的结果，因为疏忽大意而没有预见，或者已经预见而轻信能够避免，以致发生这种结果的，是过失犯罪。过失犯罪，法律有规定的才负刑事责任。"

在全面研究修改刑法的过程中，1988年的《刑法修改稿》第12条在上述规定的基础上，作了两处修改：一是将"以致发生这种结果的，是过失犯罪"改为"以致发生这种结果，因而构成犯罪的，是过失犯罪"；二是将"过失犯罪，法律有规定的才负刑事责任"改为"过失行为，法律规定为犯罪的才负刑事责任"。到了1996年，《刑法修订草案》（征求意见稿）第13条又恢复了1979年《刑法》第12条的规定，并为现行刑法所采纳。

【立法规定】

《刑法》第15条规定："应当预见自己的行为可能发生危害社会的结果，因为疏忽大意而没有预见，或者已经预见而轻信能够避免，以致发生这种结果的，是过失犯罪。过失犯罪，法律有规定的才负刑事责任。"

【立法释义】

最高人民法院2010年2月8日发布的《关于贯彻宽严相济刑事政策的若干意见》第32条规定："对于过失犯罪，如安全责任事故犯罪等，主要应当根据犯罪造成危害后果的严重程度、被告人主观罪过的大小以及被告人案发后的表现等，综合掌握处罚的宽严尺度。对于过失犯罪后积极抢救、挽回损失或者有效防止损失进一步扩大的，要依法从宽。对于造成的危害后果虽然不是特别严重，但情节特别恶劣或案发后故意隐瞒案情，甚至逃逸，给及时查明事故原因和迅速组织抢救造成贻误的，则要依法从重处罚。"

【立法建言】

建　议：删去《刑法》第 15 条第 2 款。

理　由：

早在刑法修订研拟之前，就有"许多论著一致认为，刑法第十二条第二款关于'过失犯罪，法律有规定的才负刑事责任'的规定，存在明显的逻辑错误，易造成还存在着不负刑事责任的过失犯罪之误解，因此应修改为'过失（危害社会的）行为，法律有规定的才负刑事责任'。有的论著认为亦可改为'过失行为之处罚，以法律有明文规定者为限'。有的论文还指出，也可以考虑再加上'造成严重后果'的限制，即规定'过失行为，只有造成严重后果，才负刑事责任'，以缩小对过失行为的刑事制裁面"。① 的确，从文字表述来看，1979 年《刑法》的规定存在"犯罪"一词使用不当的缺陷。② 但从实质内容来看，上述规定仍有其存在的价值。因为，"过失犯罪，法律有规定的才负刑事责任"的规定，体现了过失犯罪法定性原则，即"法律有明文规定的才能认为是犯罪并追究刑事责任。如果刑法分则性条文没有规定，无论造成何种危害结果，都不能构成犯罪"。③ 应当说，在当时存在类推制度的情况下，上述规定起到了严格限制过失犯罪成立范围的作用。然而，在 1997 年《刑法》第 3 条明确规定了罪刑法定原则的情况下，上述规定则显得"多此一举"，没有必要。④ 此外，有学者认为，"这一规定在逻辑上包含着，过失犯罪，法律没有规定的就不负刑事责任。换言之，在我国尚有法律没有规定的过失犯罪。这显然与新规定的罪刑法定原则相矛盾"。⑤

四、不可抗力和意外事件（第 16 条）

【立法沿革】

不可抗力和意外事件是在 1979 年《刑法》第 13 条规定的不可抗力和意外事件的基础上修改而来的。

从立法源流来看，关于不可抗力和意外事件的规定，最早见之于 1957 年的《刑法草

---

① 参见赵秉志主编：《刑法修改研究综述》，中国人民公安大学出版社 1990 年版，第 124 页。

② "过失造成损害者，刑法有规定的才视为犯罪，未规定者只能叫过失致人损害之行为"（范忠信："刑法典应力求垂范久远——论修订后的《刑法》的局限与缺陷"，载《法学》1997 年第 10 期）。

③ 利子平主编：《刑法原理》，江西高校出版社 1995 年版，第 78 页。

④ 值得一提的是，有学者认为，上述规定仍具有刑法上的意义。它表明刑法以处罚故意犯罪为原则，以处罚过失犯罪为例外；分则条文仅描述客观构成要件、没有规定责任形式的犯罪，只能由故意构成；只有当"法律"对处罚过失犯罪"有规定"时，才能将该犯罪确定为过失犯罪（参见张明楷："罪过形式的确定"，载《法学研究》2006 年第 3 期）。

⑤ 侯国云、梁志敏、张起淮："论新刑法的进步与失误——评修订后的《中华人民共和国刑法》"，载《政法论坛》1999 年第 1 期。

案》第 22 稿。该稿第 10 条第 3 款规定："行为在客观上虽然造成了损害结果，但是如果不是出于故意和过失，而是由于预料不到的或者不能抗拒的原因所引起的，不认为是犯罪。"1963 年的《刑法草案》第 33 稿第 13 条基本上沿用了上述规定，仅在文字上作了两处修改：一是将"故意和过失"改为"故意或者过失"；二是将"预料不到"改为"不能预见"。修改后的条文为："行为在客观上虽然造成了损害结果，但是如果不是出于故意或者过失，而是由于不能预见的或者不能抗拒的原因所引起的，不认为是犯罪"。1979 年《刑法》第 13 条在上述规定的基础上，又作了两处修改和调整：一是删去了"但是"后面的"如果"一词；二是调整了"不能预见"与"不能抗拒"的先后顺序。

1979 年《刑法》第 13 条规定："行为在客观上虽然造成了损害结果，但是不是出于故意或者过失，而是由于不能抗拒或者不能预见的原因所引起的，不认为是犯罪。"

在刑法修订研拟的过程中，1997 年的《刑法修订草案》（修改稿）第 16 条基本上沿用了上述规定，仅将其中"不认为是犯罪"的表述修改为"不是犯罪"。这一修改方案，为现行刑法所采纳。

【立法规定】

《刑法》第 16 条规定："行为在客观上虽然造成了损害结果，但是不是出于故意或者过失，而是由于不能抗拒或者不能预见的原因所引起的，不是犯罪。"

【立法释义】

目前，尚无与不可抗力和意外事件相关的法律解释。

【立法建言】

建　议：将《刑法》第 16 条修改为："行为在客观上虽然造成了危害结果，但是不是出于故意或者过失，而是由于不能抗拒或者不能预见的原因所引起的，不是犯罪。"

理　由：

在法律上，"损害结果"与"危害结果"具有不同的含义。一般来说，"危害结果"是针对危害行为而言的。《刑法》第 16 条之所以使用"损害结果"一词，主要是因为不可抗力和意外事件不属于危害行为。但是，由于"这里的'损害结果'是指体现刑法所保护的社会关系的人和物所发生的客观上与刑法规定的犯罪结果相同的变化"[1]，因此，在未经刑法评价之前，是根本无法区分"损害结果"与"危害结果"的。如果某种结果显然属于"损害结果"，那么，即便是"出于故意或者过失"[2]，也不应纳入刑法的视野。正因如此，《刑法》第 18 条第 1 款在规定精神病人的刑事责任时，并没有使用"损害结

---

[1]　王作富主编：《刑法》，中国人民大学出版社 2011 年版，第 85 页。

[2]　当然，这里所说的"出于故意或者过失"，不是指出于犯罪的故意或者过失。

果"而是使用了"危害结果"一词。① 笔者认为，为使刑法的用语更加准确、规范和统一，宜将《刑法》第 16 条中的"损害结果"改为"危害结果"。

五、未成年人的刑事责任（第 17 条）

【立法沿革】

未成年人的刑事责任是在 1979 年《刑法》第 14 条规定的未成年人的刑事责任的基础上修改而来的。

在新中国刑法立法史上，有关未成年人刑事责任的立法，主要围绕未成年人负刑事责任的起点年龄和相对负刑事责任的范围问题，先后作了不同的规定。1950 年的《刑法大纲草案》将未成年人的刑事责任分为完全不负刑事责任和减轻刑事责任两种情形。该草案第 11 条规定："犯罪人未满十四岁者，不处罚；十四岁以上未满十八岁者，得从轻处罚；但均应施以教育，并得对其父母或监护人作严厉警告。"1951 年 12 月 5 日中央人民政府法制委员会发布的《关于未成年人被匪特利用放火投毒是否处罚问题的批复》，将未成年人负刑事责任的起点年龄规定为 12 岁，并将未成年人的刑事责任分为完全不负刑事责任、相对负刑事责任和减轻刑事责任 3 种情形："未满十二岁者的行为不予处罚。未满十四岁者犯一般情节轻微的罪，可不予处罚，但应交其亲属、监护人或其所属机关团体，予以管理教育。但已满十二岁者如犯杀人罪、重伤罪、惯窃罪以及其他公共危险性的犯罪，则可由法院认定。如法院认为有处罚之必要者，得酌情予以处罚，并得对其家长或监护人予以警告。十四岁以上未满十八岁者的犯罪，一律予以处罚，但得比较十八岁以上的成年人犯罪从轻或减轻处罚。"1954 年 8 月 26 日政务院通过的《中华人民共和国劳动改造条例》第 21 条规定："少年犯管教所，管教十三周岁以上不满十八周岁的少年犯。"1954 年的《刑法指导原则草案》第 3 条将未成年人的刑事责任分为完全负刑事责任、相对负刑事责任、完全不负刑事责任和减轻刑事责任四种情形："已满十五岁的人，不论犯任何罪，都应当负刑事责任。已满十二岁不满十五岁的人，犯反革命、杀人、放火和严重破坏交通罪，应当负刑事责任；犯其他罪，不负刑事责任，但是应当责令他的父母或者其他监护人，加以管教。不满十二岁的人，不论犯任何罪，不负刑事责任；但是应当责令他的父母或者其他监护人，加以管教。已满十二岁不满十八岁的人犯罪，应当减轻处罚。"1957 年的《刑法草案》第 22 稿对上述立法模式和文字表述作了相应的修改和调整，并将未成年人负刑事责任的起点年龄提高到 13 岁。该稿第 13 条规定："已满十五岁的人犯罪，应当负刑事责任。已满十三岁不满十五岁的人，犯杀人、重伤、放火、严重偷窃罪或者严重破

---

① 《刑法》第 18 条第 1 款规定："精神病人在不能辨认或者不能控制自己行为的时候造成危害结果，经法定程序鉴定确认的，不负刑事责任……"

坏交通罪，应当负刑事责任。已满十三岁不满十八岁的人犯罪，从轻或者减轻处罚。因不满十五岁不处罚的，责令他的家属或者监护人加以管教。"1963年的《刑法草案》第33稿第14条沿用了上述立法模式，但在刑事责任年龄阶段的划分上作了较大的调整，并增加了一些具体规定。修改后的条文为："已满十六岁的人犯罪，应当负刑事责任。已满十四岁不满十六岁的人，犯杀人、重伤、放火、严重偷窃罪或者严重破坏交通罪，应当负刑事责任。已满十四岁不满十八岁的人犯罪，应当从轻或者减轻处罚。因不满十六岁不处罚的，责令他的家属或者监护人加以管教；在必要的时候，也可以由政府收容教养。"1979年《刑法》第14条在上述规定的基础上，主要是补充修改了相对负刑事责任的范围，将"犯杀人、重伤、放火、严重偷窃罪或者严重破坏交通罪"改为"犯杀人、重伤、抢劫、放火、惯窃罪或者其他严重破坏社会秩序罪"。此外，还将第4款中的"家属"改为"家长"。

1979年《刑法》第14条规定："已满十六岁的人犯罪，应当负刑事责任。已满十四岁不满十六岁的人，犯杀人、重伤、抢劫、放火、惯窃罪或者其他严重破坏社会秩序罪，应当负刑事责任。已满十四岁不满十八岁的人犯罪，应当从轻或者减轻处罚。因不满十六岁不处罚的，责令他的家长或者监护人加以管教；在必要的时候，也可以由政府收容教养。"

在全面研究修改刑法的过程中，1988年的《刑法修改稿》第14条对上述规定主要作了两方面的修改：一是在负刑事责任的起点年龄方面，将"已满十四岁"改为"已满十三岁"[①]；二是在相对负刑事责任的范围方面，将"犯杀人、重伤、抢劫、放火、惯窃罪或者其他严重破坏社会秩序罪"改为"犯杀人、放火、抢劫、惯窃、爆炸、投毒、强奸、故意重伤罪"[②]。然而，1996年的《刑法修订草案》（征求意见稿）第15条又基本恢复了1979年《刑法》第14条的规定，仅将第4款中"因不满十六岁不处罚"的表述修改为"因不满十六岁不予刑事处罚"。1996年的《刑法修订草案》第17条在上述规定的基础上，修改了相对负刑事责任的范围，将"犯杀人、重伤、抢劫、放火、惯窃罪或者其他严重破坏社会秩序罪"改为"犯故意杀人、故意伤害致人重伤或者死亡、抢劫、放火罪或者其他严重破坏社会治安秩序的犯罪"。到了1997年，《刑法修订草案》（修改稿）第17条又对上述规定作了两方面的修改和调整：一是将年龄的表述由"岁"改为"周岁"；二是删去了相对负刑事责任范围中的兜底性规定，将"犯故意杀人、故意伤害致人重伤或者死

---

① "鉴于近几年犯罪出现低龄化现象，对刑法规定的刑事责任年龄可降低1岁，即将14岁降为13岁，16岁降为15岁，18岁降为17岁。同时，对刑法第44条关于不满18岁的人不适用死刑的规定，也作相应修改"（参见全国人大常委会法制工作委员会刑法室："《关于修改刑法的初步设想》(1988年9月)"，见高铭暄、赵秉志编：《新中国刑法立法文献资料总览》（下），中国人民公安大学出版社1998年版，第2111页）。

② 该稿删去了"其他严重破坏社会秩序罪"的规定。

亡、抢劫、放火罪或者其他严重破坏社会治安秩序的犯罪"改为"犯故意杀人、故意伤害致人重伤或者死亡、强奸、抢劫、贩卖毒品、放火、爆炸、投毒罪"①。这一修改方案，为现行刑法所采纳。

【立法规定】

《刑法》第17条规定："已满十六周岁的人犯罪，应当负刑事责任。已满十四周岁不满十六周岁的人，犯故意杀人、故意伤害致人重伤或者死亡、强奸、抢劫、贩卖毒品、放火、爆炸、投毒罪②的，应当负刑事责任。已满十四周岁不满十八周岁的人犯罪，应当从轻或者减轻处罚。因不满十六周岁不予刑事处罚的，责令他的家长或者监护人加以管教；在必要的时候，也可以由政府收容教养。"

【立法释义】

全国人大常委会法制工作委员会2002年7月24日发布的《关于已满十四周岁不满十六周岁的人承担刑事责任范围问题的答复意见》规定："刑法第十七条第二款规定的八种犯罪，是指具体犯罪行为而不是具体罪名。对于刑法第十七条中规定的'犯故意杀人、故意伤害致人重伤或者死亡'，是指只要故意实施了杀人、伤害行为并且造成了致人重伤、死亡后果的，都应负刑事责任。而不是指只有犯故意杀人罪、故意伤害罪的，才负刑事责任，绑架撕票的，不负刑事责任。对司法实践中出现的已满十四周岁不满十六周岁的人绑架人质后杀害被绑架人、拐卖妇女、儿童而故意造成被拐卖妇女、儿童重伤或死亡的行为，依据刑法是应当追究其刑事责任的。"

最高人民检察院2002年8月9日发布的《关于已满十四周岁不满十六周岁的人承担刑事责任范围问题的复函》规定："你院关于已满十四周岁不满十六周岁的人承担刑事责

---

① 在刑法修订研拟的过程中，对于是否保留"其他严重破坏社会秩序罪"的规定有两种不同的意见：一种意见认为，"这种'口袋式的规定'是立法经验不丰富、不成熟的表现，搞不好会扩大打击面。在刑法实施已经十余年的今天，仍然规定这样一个含糊的概念是不适宜的。"另一种意见认为，"从我国目前司法实践的实际情况看，确有一些犯罪虽然不是本款明确规定了的，但性质很严重，危害性很大，应当予以惩治，否则就会放纵罪犯。另一方面，从立法精神来看，确定已满14岁不满16岁的人对哪些罪应当负刑事责任，主要是根据其所犯罪行的性质和社会危害程度来决定的。而社会危害程度的大小是通过犯罪性质、犯罪情节、行为人的主观恶性等多方面体现的，而且刑法也难以将所有严重危害社会的犯罪都列出无遗。如果采取穷列举的办法，遇到刑法没有规定而所犯罪行性质、情节、后果都很严重的犯罪就无法处理。为了克服单纯列举罪名来确定已满14岁不满16岁的人应当负刑事责任的范围的局限性，仍然以保留'其他严重破坏社会秩序罪'的规定为宜。但是必须严格控制，防止滥用。对此，我们考虑可以规定对已满14岁不满16岁的人犯其他严重破坏社会的犯罪追究刑事责任的案件，应当报请高级人民法院核准"（参见最高人民法院刑法修改小组："《关于刑法修改若干问题的研讨与建议》（1991年草拟，1993年修改补充）"，见高铭暄、赵秉志编：《新中国刑法立法文献资料总览》（下），中国人民公安大学出版社1998年版，第2350页）。

② 《刑法修正案（三）》第1条、第2条已将《刑法》第114条、第115条中的"投毒"修改为"投放毒害性、放射性、传染病病原体等物质"，据此，最高人民法院、最高人民检察院2002年3月15日发布的《关于执行〈中华人民共和国刑法〉确定罪名的补充规定》已将"投毒罪"的罪名修改为"投放危险物质罪"。因此，《刑法》第17条第2款中的"投毒罪"目前应指"投放危险物质罪"。

任范围问题的请示（川检发研［2001］13号）收悉。我们就此问题询问了全国人民代表大会常务委员会法制工作委员会，现将全国人民代表大会常务委员会法制工作委员会的答复意见转发你院，请遵照执行。"

最高人民检察院法律政策研究室2003年4月18日发布的《关于相对刑事责任年龄的人承担刑事责任范围有关问题的答复》第1条规定："相对刑事责任年龄的人实施了刑法第十七条第二款规定的行为，应当追究刑事责任的，其罪名应当根据所触犯的刑法分则具体条文认定。对于绑架后杀害被绑架人的，其罪名应认定为绑架罪。"第2条规定："相对刑事责任年龄的人实施了刑法第二百六十九条规定的行为的，应当依照刑法第二百六十三条的规定，以抢劫罪追究刑事责任。但对情节显著轻微，危害不大的，可根据刑法第十三条的规定，不予追究刑事责任。"

最高人民法院2006年1月11日发布的《关于审理未成年人刑事案件具体应用法律若干问题的解释》第2条规定："刑法第十七条规定的'周岁'，按照公历的年、月、日计算，从周岁生日的第二天起算。"第3条规定："审理未成年人刑事案件，应当查明被告人实施被指控的犯罪时的年龄。裁判文书中应当写明被告人出生的年、月、日。"第4条规定："对于没有充分证据证明被告人实施被指控的犯罪时已经达到法定刑事责任年龄且确实无法查明的，应当推定其没有达到相应法定刑事责任年龄。相关证据足以证明被告人实施被指控的犯罪时已经达到法定刑事责任年龄，但是无法准确查明被告人具体出生日期的，应当认定其达到相应法定刑事责任年龄。"第5条规定："已满十四周岁不满十六周岁的人实施刑法第十七条第二款规定以外的行为，如果同时触犯了刑法第十七条第二款规定的，应当依照刑法第十七条第二款的规定确定罪名，定罪处罚。"第6条规定："已满十四周岁不满十六周岁的人偶尔与幼女发生性行为，情节轻微、未造成严重后果的，不认为是犯罪。"第7条规定："已满十四周岁不满十六周岁的人使用轻微暴力或者威胁，强行索要其他未成年人随身携带的生活、学习用品或者钱财数量不大，且未造成被害人轻微伤以上或者不敢正常到校学习、生活等危害后果的，不认为是犯罪。已满十六周岁不满十八周岁的人具有前款规定情形的，一般也不认为是犯罪。"第9条规定："已满十六周岁不满十八周岁的人实施盗窃行为未超过三次，盗窃数额虽已达到'数额较大'标准，但案发后能如实供述全部盗窃事实并积极退赃，且具有下列情形之一的，可以认定为'情节显著轻微危害不大'，不认为是犯罪：（一）系又聋又哑的人或者盲人；（二）在共同盗窃中起次要或者辅助作用，或者被胁迫；（三）具有其他轻微情节的。已满十六周岁不满十八周岁的人盗窃未遂或者中止的，可不认为是犯罪。已满十六周岁不满十八周岁的人盗窃自己家庭或者近亲属财物，或者盗窃其他亲属财物但其他亲属要求不予追究的，可不按犯罪处理。"第10条规定："已满十四周岁不满十六周岁的人盗窃、诈骗、抢夺他人财物，为窝藏赃物、抗拒抓捕或者毁灭罪证，当场使用暴力，故意伤害致人重伤或者死亡，或者故意杀人的，应当分别以故意伤害罪或者故意杀人罪定罪处罚。已满十六周岁不满十八周岁的人犯盗窃、诈骗、抢夺罪，为窝藏赃物、抗拒抓捕或者毁灭罪证而当场使用暴力或者以暴力相威胁的，应当依照刑法第二百六十九条的规定定罪处罚；情节轻微的，可不以抢劫罪定罪处罚。"第 11 条规定："对未成年罪犯适用刑罚，应当充分考虑是否有利于未成年罪犯的教育和矫正。对未成年罪犯量刑应当依照刑法第六十一条的规定，并充分考虑未成年人实施犯罪行为的动机和目的、犯罪时的年龄、是否初次犯罪、犯罪后的悔罪表现、个人成长经历和一贯表现等因素。对符合管制、缓刑、单处罚金或者免予刑事处罚适用条件的未成年罪犯，应当依法适用管制、缓刑、单处罚金或者免予刑事处罚。"第 12 条规定："行为人在达到法定刑事责任年龄前后均实施了犯罪行为，只能依法追究其达到法定刑事责任年龄后实施的犯罪行为的刑事责任。行为人在年满十八周岁前后实施了不同种犯罪行为，对其年满十八周岁以前实施的犯罪应当依法从轻或者减轻处罚。行为人在年满十八周岁前后实施了同种犯罪行为，在量刑时应当考虑对年满十八周岁以前实施的犯罪，适当给予从轻或者减轻处罚。"第 13 条规定："未成年人犯罪只有罪行极其严重的，才可以适用无期徒刑。对已满十四周岁不满十六周岁的人犯罪一般不判处无期徒刑。"第 14 条规定："除刑法规定'应当'附加剥夺政治权利外，对未成年罪犯一般不判处附加剥夺政治权利。如果对未成年罪犯判处附加剥夺政治权利的，应当依法从轻判处。对实施被指控犯罪时未成年、审判时已成年的罪犯判处附加剥夺政治权利，适用前款的规定。"第 15 条规定："对未成年罪犯实施刑法规定的'并处'没收财产或者罚金的犯罪，应当依法判处相应的财产刑；对未成年罪犯实施刑法规定的'可以并处'没收财产或者罚金的犯罪，一般不判处财产刑。对未成年罪犯判处罚金刑时，应当依法从轻或者减轻判处，并根据犯罪情节，综合考虑其缴纳罚金的能力，确定罚金数额。但罚金的最低数额不得少于五百元人民币。对被判处罚金刑的未成年罪犯，其监护人或者其他人自愿代为垫付罚金的，人民法院应当允许。"第 16 条规定："对未成年罪犯符合刑法第七十二条第一款规定的，可以宣告缓刑。如果同时具有下列情形之一，对其适用缓刑确实不致再危害社会的，应当宣告缓刑：（一）初次犯罪；（二）积极退赃或赔偿被害人经济损失；（三）具备监护、帮教条件。"第 17 条规定："未成年罪犯根据其所犯罪行，可能被判处拘役、三年以下有期徒刑，如果悔罪表现好，并具有下列情形之一的，应当依照刑法第三十七条的规定免予刑事处罚：（一）系又聋又哑的人或者盲人；（二）防卫过当或者避险过当；（三）犯罪预备、中止或者未遂；（四）共同犯罪中从犯、胁从犯；（五）犯罪后自首或者有立功表现；（六）其他犯罪情节轻微不需要判处刑罚的。"

最高人民法院 2010 年 2 月 8 日发布的《关于贯彻宽严相济刑事政策的若干意见》第

20 条规定："对于未成年人犯罪，在具体考虑其实施犯罪的动机和目的、犯罪性质、情节和社会危害程度的同时，还要充分考虑其是否属于初犯，归案后是否悔罪，以及个人成长经历和一贯表现等因素，坚持'教育为主、惩罚为辅'的原则和'教育、感化、挽救'的方针进行处理。对于偶尔盗窃、抢夺、诈骗，数额刚达到较大的标准，案发后能如实交代并积极退赃的，可以认定为情节显著轻微，不作为犯罪处理。对于罪行较轻的，可以依法适当多适用缓刑或者判处管制、单处罚金等非监禁刑；依法可免予刑事处罚的，应当免予刑事处罚。对于犯罪情节严重的未成年人，也应当依照刑法第十七条第三款的规定予以从轻或者减轻处罚。对于已满十四周岁不满十六周岁的未成年犯罪人，一般不判处无期徒刑。"

最高人民检察院 2011 年 1 月 25 日发布的《关于对涉嫌盗窃的不满 16 周岁未成年人采取刑事拘留强制措施是否违法问题的批复》规定："根据刑法、刑事诉讼法、未成年人保护法等有关法律规定，对于实施犯罪时未满 16 周岁的未成年人，且未犯刑法第十七条第二款规定之罪的，公安机关查明犯罪嫌疑人实施犯罪时确系未满 16 周岁依法不负刑事责任后仍予以刑事拘留的，检察机关应当及时提出纠正意见。"

最高人民法院、最高人民检察院、公安部、司法部 2013 年 10 月 23 日发布的《关于依法惩治性侵害未成年人犯罪的意见》第 27 条规定："已满十四周岁不满十六周岁的人偶尔与幼女发生性关系，情节轻微、未造成严重后果的，不认为是犯罪。"

最高人民法院 2013 年 12 月 23 日发布的《关于常见犯罪的量刑指导意见》第三部分"常见量刑情节的适用"第 1 条规定："对于未成年人犯罪，应当综合考虑未成年人对犯罪的认识能力、实施犯罪行为的动机和目的、犯罪时的年龄、是否初犯、偶犯、悔罪表现、个人成长经历和一贯表现等情况，予以从宽处罚。（1）已满十四周岁不满十六周岁的未成年人犯罪，减少基准刑的 30% ～60%；（2）已满十六周岁不满十八周岁的未成年人犯罪，减少基准刑的 10% ～50% 。"

最高人民检察院 2013 年 12 月 27 日发布的《人民检察院办理未成年人刑事案件的规定》第 26 条规定："对于犯罪情节轻微，具有下列情形之一，依照刑法规定不需要判处刑罚或者免除刑罚的未成年犯罪嫌疑人，一般应当依法作出不起诉决定：（一）被胁迫参与犯罪的；（二）犯罪预备、中止、未遂的；（三）在共同犯罪中起次要或者辅助作用的；（四）系又聋又哑的人或者盲人的；（五）因防卫过当或者紧急避险过当构成犯罪的；（六）有自首或者立功表现的；（七）其他依照刑法规定不需要判处刑罚或者免除刑罚的情形。"第 27 条规定："对于未成年人实施的轻伤害案件、初次犯罪、过失犯罪、犯罪未遂的案件以及被诱骗或者被教唆实施的犯罪案件等，情节轻微，犯罪嫌疑人确有悔罪表现，当事人双方自愿就民事赔偿达成协议并切实履行或者经被害人同意并提供有效担保，符合刑法第三十七条规定的，人民检察院可以依照刑事诉讼法第一百七十三条第二款的规定作出不起诉的决定，并可以根据案件的不同情况，予以训诫或者责令具结悔过、赔礼道歉、赔偿损失，或者由主管部门予以行政处罚。"第 29 条规定："对于犯罪时已满十四周岁不满十八周岁的未成年人，同时符合下列条件的，人民检察院可以作出附条件不起诉决定：（一）涉嫌刑法分则第四章、第五章、第六章规定的犯罪；（二）根据具体犯罪事实、情节，可能被判处一年有期徒刑以下刑罚；（三）犯罪事实清楚，证据确实、充分，符合起诉条件；（四）具有悔罪表现。"第 46 条规定："被附条件不起诉的未成年犯罪嫌疑人，在考验期内有下列情形之一的，人民检察院应当撤销附条件不起诉的决定，提起公诉：（一）实施新的犯罪的；（二）发现决定附条件不起诉以前还有其他犯罪需要追诉的；（三）违反治安管理规定，造成严重后果，或者多次违反治安管理规定的；（四）违反考察机关有关附条件不起诉的监督管理规定，造成严重后果，或者多次违反考察机关有关条件不起诉的监督管理规定的。"第 59 条规定："对于具有下列情形之一，依法可能判处拘役、三年以下有期徒刑，有悔罪表现，宣告缓刑对所居住社区没有重大不良影响，具备有效监护条件或者社会帮教措施、适用缓刑确实不致再危害社会的未成年被告人，人民检察院应当建议人民法院适用缓刑：（一）犯罪情节较轻，未造成严重后果的；（二）主观恶性不大的初犯或者胁从犯、从犯；（三）被害人同意和解或者被害人有明显过错的；（四）其他可以适用缓刑的情节。建议宣告缓刑，可以根据犯罪情况，同时建议禁止未成年被告人在缓刑考验期限内从事特定活动，进入特定区域、场所，接触特定的人。人民检察院提出对未成年被告人适用缓刑建议的，应当将未成年被告人能够获得有效监护、帮教的书面材料于判决前移送人民法院。"第 80 条规定："实施犯罪行为的年龄，一律按公历的年、月、日计算。从周岁生日的第二天起，为已满××周岁。"

最高人民检察院 2014 年 9 月 15 日发布的指导性案例检例第 19 号《张某、沈某某等七人抢劫案》中的"要旨"指出："1. 办理未成年人与成年人共同犯罪案件，一般应当将未成年人与成年人分案起诉，但对于未成年人系犯罪集团的组织者或者其他共同犯罪中的主犯，或者具有其他不宜分案起诉情形的，可以不分案起诉。2. 办理未成年人与成年人共同犯罪案件，应当根据未成年人在共同犯罪中的地位、作用，综合考量未成年人实施犯罪行为的动机和目的、犯罪时的年龄、是否属于初犯、偶犯、犯罪后的悔罪表现、个人成长经历和一贯表现等因素，依法从轻或者减轻处罚。3. 未成年人犯罪不构成累犯。"

【立法建言】

建　议：将《刑法》第 17 条第 2 款修改为："已满十四周岁不满十六周岁的人，犯故意杀人、故意伤害致人重伤或者死亡、强奸、抢劫、贩卖毒品、放火、爆炸、投放危险物质罪的，应当负刑事责任。"①

理　由：

《刑法修正案（三）》第 1 条、第 2 条已将《刑法》第 114 条、第 115 条中的"投毒"修正为"投放毒害性、放射性、传染病病原体等物质"，为了与修正后的《刑法》第 114 条、第 115 条的规定相协调，宜将《刑法》第 17 条第 2 款中的"投毒罪"改为"投放危险物质罪"。

六、老年人的刑事责任（第 17 条之一）

【立法沿革】

老年人的刑事责任是《刑法修正案（八）》第 1 条新增设的规定。

"根据宽严相济的刑事政策，在从严惩处严重犯罪的同时，应当进一步完善刑法中从宽处理的法律规定，以更好地体现中国特色社会主义刑法的文明和人道主义，促进社会和谐。"鉴于"对老年人犯罪予以从宽处理，刑法虽未明确规定，但在司法实践中一般也有体现"。② 因此，《刑法修正案（八）》第 1 条增加规定了老年人犯罪从宽处罚的原则。

【立法规定】

《刑法》第 17 条之一规定："已满七十五周岁的人故意犯罪的，可以从轻或者减轻处罚；过失犯罪的，应当从轻或者减轻处罚。"

【立法释义】

最高人民检察院 2010 年 2 月 5 日发布的《关于深入推进社会矛盾化解、社会管理创新、公正廉洁执法的实施意见》第 6 条中规定："建立健全对初犯、偶犯、老年人犯罪以

---

① 值得一提的是，自 1997 年修订《刑法》以来，刑法学界对《刑法》第 17 条第 2 款的规定始终褒贬不一。有学者高度评价这一规定，认为这是"新刑法的重大进步"。"新刑法第 17 条第 2 款将这一规定改为全部列举式，去掉了'其他严重破坏社会秩序罪'的兜底式规定，而且删除了惯窃罪的规定。这对于缩小此类人员负刑事责任的范围，对于保护未成年人的合法权益，对于挽救和教育失足的青少年，无疑都有着十分重大的意义"（参见侯国云、梁志敏、张起淮："论新刑法的进步与失误——评修订后的《中华人民共和国刑法》"，载《政法论坛》1999 年第 1 期）。也有学者对此持批评态度，认为"已满 14 周岁不满 16 周岁的人负刑事责任的罪行范围过窄"，建议修改为"已满 14 周岁不满 16 周岁的人，犯故意杀人、故意伤害致人重伤或者死亡、强奸、抢劫或其他严重危及人身安全的罪行、制造、贩卖、运输毒品、放火、爆炸、投放危险物质或故意以其他危险方法危害公共安全的罪行的，应当负刑事责任"（参见马荣春：《刑法完善论》，群众出版社 2008 年版，第 44～45 页）。笔者认为，单纯从立法技术上看，《刑法》第 17 条第 2 款未采取兜底的方式加以规定，确实可能会遗漏部分严重罪行，因而是有一定缺陷的。但是，鉴于 1979 年《刑法》施行过程中不断扩大相对负刑事责任范围的历史教训，删去"其他严重破坏社会秩序罪"这一兜底性规定，并严格限制相对负刑事责任的范围，对于防止司法实践中"蠢蠢欲动"的扩大归责范围的惯性"冲动"，准确确定刑事责任的范围，具有十分重要的意义。因此，笔者不赞成急于修订《刑法》第 17 条第 2 款归责范围的任何方案。

② 参见全国人大常委会法制工作委员会主任李适时 2010 年 8 月 23 日在十一届全国人大常委会第十六次会议上所作的《关于〈中华人民共和国刑法修正案（八）（草案）〉的说明》。

及因邻里、亲友纠纷引发的轻伤害等案件依法适当从宽处理机制。"

最高人民法院 2010 年 2 月 8 日发布的《关于贯彻宽严相济刑事政策的若干意见》第 21 条规定:"对于老年人犯罪,要充分考虑其犯罪的动机、目的、情节、后果以及悔罪表现等,并结合其人身危险性和再犯可能性,酌情予以从宽处罚。"

【立法建言】

建 议:将《刑法》第 17 条之一修改为:"已满七十周岁的人故意犯罪的,可以从轻或者减轻处罚;过失犯罪的,应当从轻或者减轻处罚。"

理 由:

1. 确定老年人犯罪从宽处罚的年龄起点应与我国人口的平均寿命为基础。据此,有学者认为,根据世界卫生组织发布的《2008 年世界卫生报告》,中国男性的平均寿命是 70 周岁,中国女性的平均寿命是 74 周岁,整个中国人的平均寿命是 72 周岁。将老年人犯罪减轻刑事责任的年龄起点设定为 75 周岁,将使得老年人的受益面很小,不足以体现刑法区别对待、体恤老年人的精神。因此,应当考虑将老年人犯罪从宽处罚的年龄标准规定为已满 70 周岁。[①]

2. 确定老年人犯罪从宽处罚的年龄起点应与老年人犯罪的状况相适应。早期的实证研究表明,在犯罪分布上,70 岁至 80 岁老年人的犯罪率明显低于 20 岁至 50 岁的青壮年人。[②] 美国联邦调查局的有关报告表明,美国 65 岁以上的人口占总人口的 10% 左右,而在因犯罪而被捕的人中只占 1%。[③] 日本 1980 年 60 岁以上的人占总人口的 12.2%,而在 1983 年全部的犯罪人中,60 岁以上的犯罪人的比率也仅为 3.6%。[④] "这样,从全部犯罪来观察,老年期犯罪最显著的特点在于犯罪率低这一点了"。[⑤] 但晚近以来,随着老年人口的不断增加,以及社会的忽视等多种原因,老年人犯罪也有增长的趋势。据日本 2008 年《犯罪白皮书》显示,日本 65 岁以上的老年人犯罪率居高不下,较上年增加 4%,达 48605 人,为开始该项调查以来的最高纪录,是 1988 年的 6 倍。在我国,北京市海淀区人民法院公布的一项针对老年人犯罪案件的调研结果显示,在我国社会老龄化进程逐渐加快的背景下,目前 70 岁以上老年人犯罪的比例上升至 20% 左右。[⑥] 但是,有研究表明,老年人犯罪主要集中在暴力犯罪、性犯罪和财产犯罪三大类型,且老年人所实施的上述犯罪

---

① 参见赵秉志:"《刑法修正案(八)(草案)》热点问题研讨",载《刑法论丛》2010 年第 4 卷。

② 参见【意】切萨雷·龙勃罗梭:《犯罪人论》,黄风译,中国法制出版社 2005 年版,第 238 页图表。

③ 参见【美】戴维·L. 德克尔:《老年社会学》,沈健译,天津人民出版社 1986 年版,第 279 页。

④ 参见【日】星野周弘:"社会变化与违法犯罪的发展趋势",载《国外法学》1987 年第 1 期。

⑤ 【日】长谷川和夫、霜山德尔主编:《老年心理学》,车文博等译,黑龙江人民出版社 1985 年版,第 292 页。

⑥ 参见高铭暄、陈璐:《〈中华人民共和国刑法修正案(八)〉解读与思考》,中国人民大学出版社 2011 年版,第 23 页。

还具有不同于其他犯罪人的特点。① 从老年人的主要犯罪类型及其特点可以看出，绝大多数老年人犯罪的社会危害性与人身危险性并不是很大，对其从宽处罚并不会对社会产生巨大的潜在危险。

3. 确定老年人犯罪从宽处罚的年龄起点应与我国的传统观念和立法相一致。对老年人犯罪宽宥恤刑是我国悠久的立法传统。早在西周礼法合一时代，《周礼·秋官·司刺》就有70岁以上的老年人犯罪从宽处理的规定："一赦曰幼弱，再赦曰老耄。"《礼记·曲礼上》对此解释说："七十曰老……八十、九十曰耄，七年曰悼。悼与耄，虽有罪，不加刑焉。"②《周礼·秋官司寇·司厉》还在盗窃罪中规定："凡有爵者，与七十者，与未龀者，皆不为奴。"③ 及至汉代，汉惠帝即位时下诏："民年七十以上，若不满十岁，有罪当刑者，完之。"④《辽史·刑法志》也规定："民年七十以上、十五以下犯罪者，听以赎论。"到了鼎盛时期的唐朝，《唐律·名例律》对老年人的刑事责任问题作了更加详细的规定："诸年七十以上、十五以下及废疾，犯流罪以下，收赎。""八十以上、十岁以下及笃疾，犯反、逆、杀人应死者，上请；盗及伤人者，亦收赎。余皆勿论。""九十以上，七岁以下，虽有死罪，不加刑；即有人教令，坐其教令者。""诸谋反及大逆反者，皆斩……男夫年八十及笃疾，妇人年六十及废疾者，并免。"《宋刑统·名例律》沿袭唐律的规定，《大明律》亦作了类似的规定。可见，我国古代大多将老年人犯罪从宽处罚的年龄起点规定为70岁。

4. 确定老年人犯罪从宽处罚的年龄起点应与我国相关法律的规定相协调。全国人大常委会2005年8月28日通过的《中华人民共和国治安管理处罚法》第21条第3项规定，70周岁以上的违反治安管理行为人，依照本法应当给予行政拘留处罚的，不执行行政拘留处罚。公安部2006年8月24日发布的《公安机关办理行政案件程序规定》第140条也规定，违法行为人70周岁以上，依法应当给予行政拘留处罚的，应当作出处罚决定，但不送拘留所执行。为确保法律体系内部科学和谐统一，宜将《刑法》第17条之一规定的"已满七十五周岁"改为"已满七十周岁"。

七、精神病人的刑事责任（第18条）

【立法沿革】

精神病人的刑事责任是在1979年《刑法》第15条规定的精神病人的刑事责任的基础上修改而来的。

---

① 参见吴宗宪、曹健主编：《老年犯罪》，中国社会科学出版社2010年版，第43页以下。

② 转引自陆心国：《晋书刑法志注释》，群众出版社1986年版，第17页。

③ 著名刑法学家蔡枢衡先生认为，《周礼》中的三宥、三赦等制度，"从制度成熟的程度看，决非创始于周代，而是承自商代甚至夏代的"（参见蔡枢衡：《中国刑法史》，广西人民出版社1983年版，第185页）。

④ 《汉书·惠帝纪》。

早在 1950 年，《刑法大纲草案》第 12 条就对"精神病人的刑事责任"作了较为详细的规定："犯罪人为精神病人，或系一时的心神丧失，或因在其他病态中，于犯罪时不能认识或控制自己的行为者，不处罚；但应施以监护。犯罪人精神耗弱者，从轻处罚。酗酒犯罪者，不适用第一项之规定。"到了 1954 年，《刑法指导原则草案》第 4 条对上述规定作了较大的修改：一是删去了"系一时的心神丧失，或因在其他病态中"的规定；二是删去了"犯罪人精神耗弱者，从轻处罚"的规定；三是删去了"酗酒犯罪者，不适用第一项之规定"的规定；四是增加了"间歇性的精神病人在精神正常的时候的犯罪，应当负刑事责任"的规定。修改后的条文为："精神病人在不能辨认或者不能控制自己行为的时候，不论犯任何罪，不负刑事责任；但是应当责令他的家属或者监护人，对他严加看管和医疗。间歇性的精神病人在精神正常的时候的犯罪，应当负刑事责任。"1957 年的《刑法草案》第 22 稿第 14 条在上述规定的基础上，将其中"不论犯任何罪"的表述修改为"造成危害结果"，并恢复了"醉酒的人犯罪，应当负刑事责任"的规定。1979 年《刑法》第 15 条沿用了上述规定，未作任何修改。

1979 年《刑法》第 15 条规定："精神病人在不能辨认或者不能控制自己行为的时候造成危害结果的，不负刑事责任；但是应当责令他的家属或者监护人严加看管和医疗。间歇性的精神病人在精神正常的时候犯罪，应当负刑事责任。醉酒的人犯罪，应当负刑事责任。"

在全面研究修改刑法的过程中，1988 年的《刑法修改稿》第 15 条基本上沿用了上述规定，仅增加了"必要的时候，由政府强制医疗"的规定。[1] 到了 1996 年，《刑法修订草案》（征求意见稿）第 16 条又增加了"尚未完全丧失辨认或者控制自己行为能力的精神病人造成危害结果的，应当负刑事责任，但是可以从轻或者减轻处罚"[2] 和"对精神病的

---

[1] 应当指出的是，早在 1979 年《刑法》制定的过程中，对于要不要规定对精神病人强制医疗的问题就有过争论。"有人认为只规定'责令他的家属或者监护人严加看管和医疗'是不够的，应该增加'必要时由政府强制医疗'，这样，对个别需要强制医疗的，也可做到于法有据。经过讨论，大家认为，对于个别严重的精神病人，实在需要集中管理给予强制医疗的，只要家属同意，就可以这样做，这并不违反什么法；相反，从我们的实际出发，法律上对这点倒不宜明文规定。因为我们的医疗机构（精神病院）不足，法律规定了，容易落空，反而被动。同时，不明文规定，也可避免某些精神病人的家属借此把自己的管教责任推给政府，或者放松自己的管教责任"（参见高铭暄：《中华人民共和国刑法的孕育和诞生》，法律出版社 1981 年版，第 42 页）。然而，1979 年《刑法》的上述规定执行得并不令人满意，其家属因财力、人力所限等原因，也往往难以完全承担起此种责任，从而难以有效地控制此种精神病人使其不再危害社会。因此，有学者建议，为了有效地对此种精神病患者实施治疗，防止其再危害社会，刑法应该增设"必要时由政府强制医疗"的规定（参见赵秉志：《刑法改革问题研究》，中国法制出版社 1996 年版，第 412 页）。

[2] "我国刑法对刑事责任能力的规定采取'两分法'，要么有责任能力，要么没有责任能力，这种划分方法在司法精神病学中逐渐被淘汰。我国司法精神病鉴定中目前承认'三分法'，即在'有'、'无'之间存在限定责任能力的情况，指的是精神病人在辨认或控制自己的行为能力明显减弱。我们同意在刑法中规定限定责任能力问题"（参见最高人民检察院刑法修改小组："《修改刑法研究报告》（1989 年 10 月 12 日）"，见高铭暄、赵秉志编：《新中国刑法立法文献资料总览》（下），中国人民公安大学出版社 1998 年版，第 2521 页）。

医学鉴定，由省级人民政府指定的医院进行"的规定。修改后的条文为："精神病人在不能辨认或者不能控制自己行为的时候造成危害结果的，不负刑事责任，但是应当责令他的家属或者监护人严加看管和医疗；必要的时候，由政府强制医疗。间歇性的精神病人在精神正常的时候犯罪，应当负刑事责任。尚未完全丧失辨认或者控制自己行为能力的精神病人造成危害结果的，应当负刑事责任，但是可以从轻或者减轻处罚。对精神病的医学鉴定，由省级人民政府指定的医院进行。醉酒的人犯罪，应当负刑事责任。"考虑到上述第4款规定的"对精神病的医学鉴定，由省级人民政府指定的医院进行"属于程序性规范，且《刑事诉讼法》第120条第2款对此已有明确规定，因此，1996年的《刑法修订草案》第18条删去了上述第4款的规定。1997年的《刑法修订草案》（修改稿）第18条基本上沿用了上述规定，仅在第1款中增加了"经法定程序鉴定确认"的规定。这一修改方案，为现行刑法所采纳。

【立法规定】

《刑法》第18条规定："精神病人在不能辨认或者不能控制自己行为的时候造成危害结果，经法定程序鉴定确认的，不负刑事责任，但是应当责令他的家属或者监护人严加看管和医疗；在必要的时候，由政府强制医疗。间歇性的精神病人在精神正常的时候犯罪，应当负刑事责任。尚未完全丧失辨认或者控制自己行为能力的精神病人犯罪的，应当负刑事责任，但是可以从轻或者减轻处罚。醉酒的人犯罪，应当负刑事责任。"

【立法释义】

最高人民法院2009年9月11日发布的《关于醉酒驾车犯罪法律适用问题的意见》第2条中规定："醉酒状态下驾车，行为人的辨认和控制能力实际有所减弱，量刑时也应酌情考虑。"

【立法建言】

建议一：将《刑法》第18条修改为："精神病人在不能辨认或者不能控制自己行为的时候造成危害结果的，不负刑事责任，但是应当责令他的家属或者监护人严加看管和医疗；在必要的时候，由政府强制医疗。尚未完全丧失辨认或者控制自己行为能力的精神病人犯罪的，应当负刑事责任，但是可以从轻或者减轻处罚。"

理　由：

1. "经法定程序鉴定确认"的表述没有必要。"经法定程序鉴定确认"属于事实认定问题，对此，《刑事诉讼法》已有明确规定。作为实体法的《刑法》再对此程序性问题作出规定，不仅纯属多余，① 而且还势必造成《刑法》体系内部的不协调。

2. "间歇性的精神病"这一用语不科学。因为，"所谓'间歇性精神病'并非我国临床精神医学和司法精神病学所使用的概念，而是刑事立法根据人民群众的日常观念而在法律上使用的一个术语。但是，司法实践中对被告人是否患有所谓的'间歇性精神病'，以及是否处于'精神正常'状态，又要依靠司法精神病学鉴定。而刑事立法与司法精神病学的不一致，就给司法精神病学鉴定造成了困难，因而也难免影响到刑事司法工作的准确无误。"② 此外，根据《刑法》第18条第1款的规定，即便是精神病人，在能够辨认和控制自己行为的时候造成危害结果的，仍然应当负刑事责任。如此看来，第2款关于"间歇性的精神病人在精神正常的时候犯罪，应当负刑事责任"的规定，也显得多余。

建议二： 在《刑法》第18条后增加1条，作为第18条之一："生理性醉酒的人犯罪，应当负刑事责任。"

理　由：

我国刑法学界一般认为，醉酒包括生理性醉酒和病理学醉酒两类情况，但将病理性醉酒归属于精神病的范畴。③ 换言之，即《刑法》第18条第4款所规定的"醉酒"不包括病理性醉酒，而是特指生理性醉酒。既然如此，就应当在"醉酒"之前加上"生理性"的限定词，以免产生不必要的误解；同时，由于生理性醉酒并不是精神病，因此，将其与精神病人的刑事责任规定在一起不具有妥当性。④

八、又聋又哑的人或者盲人的刑事责任（第19条）

【立法沿革】

又聋又哑的人或者盲人的刑事责任是从1979年《刑法》第16条的规定直接移植过来的。

对又聋又哑的人犯罪从宽处罚的原则，最早见之于1957年的《刑法草案》第22稿。

---

① 有学者指出，"如果说本条中'经法定程序鉴定确认的'表述确有必要，则现行刑法分则的每一罪刑条文中，即在法定刑之前都要塞进'经查证属实的'或'经证明属实的'或'有充分证据证明的'等规定"（马荣春：《刑法完善论》，群众出版社2008年版，第55页）。

② 赵秉志：《犯罪主体论》，中国人民大学出版社1989年版，第398页。

③ 参见高铭暄、马克昌主编：《刑法学》，北京大学出版社、高等教育出版社2011年版，第93页；张明楷：《刑法学》，法律出版社2011年版，第283页；赵秉志主编：《刑法新教程》，中国人民大学出版社2009年版，第87页；等等。

④ 早在1989年，最高人民法院就提出，"建议将'醉酒的人犯罪，应当负刑事责任'另写一个独立的条文，不与第十五条对精神病人的规定混在一起。"其理由是："1. 醉酒的人不是精神病人，应当负刑事责任，这是没有问题的，但病理性醉酒是精神病的一种，病理性醉酒可以发生无责任能力的问题，刑法第十五条中将醉酒列入精神病人的条文中，容易使人误解为病理性醉酒都应负刑事责任，不妥。2. 外国的立法例，都把醉酒的刑事责任写成一个独立条文，不与精神病人的条文混在一起"（参见最高人民法院刑法修改小组："《关于刑法总则修改的若干问题（草稿）》（1989年3月）"，见高铭暄、赵秉志编：《新中国刑法立法文献资料总览》（下），中国人民公安大学出版社1998年版，第2238页）。

该稿第 15 条规定："又聋又哑的人犯罪，可以从轻或者减轻处罚。"1963 年的《刑法草案》第 33 稿第 16 条沿用了上述规定，未作任何修改。1979 年《刑法》第 16 条在上述规定的基础上，作了两方面的补充修改：一是在犯罪主体方面，增加了"盲人"；二是在从宽幅度方面，增加了"免除处罚"。

1979 年《刑法》第 16 条规定："又聋又哑的人或者盲人犯罪，可以从轻、减轻或者免除处罚。"

在全面研究修改刑法的过程中，1988 年的《刑法修改稿》第 16 条沿用了上述规定，但在该条之前，还尝试增加了"智力发育不全的人犯罪，可以从轻、减轻或者免除处罚"1 条规定。① 但是，1996 年的《刑法修订草案》（征求意见稿）第 17 条直接移植了 1979 年《刑法》的规定，并为现行刑法所采纳。

【立法规定】

《刑法》第 19 条规定："又聋又哑的人或者盲人犯罪，可以从轻、减轻或者免除处罚。"

【立法释义】

最高人民法院 2006 年 1 月 11 日发布的《关于审理未成年人刑事案件具体应用法律若干问题的解释》第 9 条第 1 款规定："已满十六周岁不满十八周岁的人实施盗窃行为未超过三次，盗窃数额虽已达到'数额较大'标准，但案发后能如实供述全部盗窃事实并积极退赃，且具有下列情形之一的，可以认定为'情节显著轻微危害不大'，不认为是犯罪：（一）系又聋又哑的人或者盲人……"第 17 条规定："未成年罪犯根据其所犯罪行，可能被判处拘役、三年以下有期徒刑，如果悔罪表现好，并具有下列情形之一的，应当依照刑法第三十七条的规定免予刑事处罚：（一）系又聋又哑的人或者盲人……"

最高人民检察院 2013 年 12 月 27 日发布的《人民检察院办理未成年人刑事案件的规定》第 26 条规定："对于犯罪情节轻微，具有下列情形之一，依照刑法规定不需要判处刑罚或者免除刑罚的未成年犯罪嫌疑人，一般应当依法作出不起诉决定：……（四）系又聋又哑的人或者盲人的……"

【立法建言】

建　议：将《刑法》第 19 条修改为："又聋又哑的人或者盲人犯罪，可以从轻或者减轻处罚。其中，犯罪较轻的，可以免除处罚。"

理　由：

又聋又哑的人和盲人的刑事责任问题较为复杂。因为这些生理功能的丧失既可能导致责任能力减弱，也可能不会影响责任能力。"知识和智力发展水平较高的聋哑人、盲人，

---

① 1988 年的《刑法修改稿》对该条未编序号。

事实上具备了完备的责任能力。对这样的聋哑人、盲人犯罪的，尤其是行为人犯罪性质和后果非常严重、主观恶性很大的，再适用从宽处罚的原则就既不合理，也不符合刑法的立法思想"。① 正因如此，刑法理论的通说认为，"对于聋哑人、盲人犯罪，原则上即大多数情况下要予以从宽处罚；只是对于极少数知识和智力水平不低于正常人、犯罪时具备完全能力的犯罪聋哑人、盲人（多为成年后的聋哑人和盲人），才可以考虑不予从宽处罚；对于不但责任能力完备，而且犯罪性质恶劣、情节和后果非常严重的聋哑人、盲人犯罪分子，应坚决不予从宽处罚。对应予从宽处罚的聋哑人、盲人犯罪案件，主要应当根据行为人犯罪时责任能力的减弱程度，并同时考察犯罪的性质和危害程度，来具体决定是从轻处罚、减轻处罚还是免除处罚，以及从轻、减轻处罚的幅度"。② 考虑到责任能力的减弱程度与犯罪的性质和危害程度，是决定聋哑人和盲人刑事责任的两个重要因素，因此，为了更准确、合理地从宽处罚聋哑人和盲人犯罪，有必要对其从宽处罚的幅度予以分解，并增加"犯罪较轻"的量刑情节。

九、正当防卫（第 20 条）

【立法沿革】

正当防卫是在 1979 年《刑法》第 17 条规定的正当防卫的基础上修改而来的。

1950 年的《刑法大纲草案》第 9 条规定了正当行为："下列行为，不成为犯罪：一、因防卫国家政权、国家财产、或自己、他人正当权利的现在不法侵害，而未超过必要限度者；二、因避免国家政权、国家财产、或自己、他人的生命、健康、自由、财产当前危难的紧急行为，而依当时情况，不能用其他方法避免，又未超过必要限度，且其所造成之损害，较危难所能发生之损害为轻者；前款③关于避免自己危难之规定，在公务上或业务上有特别义务者，不适用之；三、执行上级首长职务上之命令者，但明知其命令违法者，不在此限；四、执行法律法令，或执行业务上之正当行为者。"第 10 条规定了防卫过当与避难过当："因防卫行为过当或避难行为过当而成为犯罪者，从轻处罚。"1954 年的《刑法指导原则草案》删去了执行命令的行为、法令行为和正当业务行为的规定，仅保留了正当防卫和紧急避难两种正当行为。该草案第 5 条第 1 款规定："为了防卫公共利益或者个人的人身和权利免受正在进行中的犯罪侵害，不得已而对犯罪人实行的正当防卫行为，不认为犯罪。但是防卫行为显然超过必要限度，应当认为犯罪，根据具体情况可以减轻或者免予处罚。"到了 1957 年，《刑法草案》第 22 稿第 17 条始专条规定正当防卫，并对正当防

---

① 赵秉志：《犯罪主体论》，中国人民大学出版社 1989 年版，第 261 页。
② 高铭暄、马克昌主编：《刑法学》，北京大学出版社、高等教育出版社 2011 年版，第 93 页。
③ 1950 年《刑法大纲草案》的条文采用条、项、款的结构。

卫的条件作了重要修改：一是将"犯罪侵害"改为"不法侵害"；二是删去了"不得已"的限制。修改后的条文为："为了使公共利益、本人或者他人的人身和权利免受正在进行的不法侵害而采取的正当防卫行为，不负刑事责任。正当防卫超过必要限度，应当负刑事责任；但是可以减轻或者免除处罚。"1963年的《刑法草案》第33稿第17条基本上沿用了上述规定，仅作了两处文字修改：一是将第1款中的"人身和权利"改为"人身和其他权利"；二是在第2款中增加了"造成不应有的危害"的表述。1979年《刑法》第17条在上述规定的基础上，对防卫过当的处罚原则作了调整，将"可以减轻或者免除处罚"改为"应当酌情减轻或者免除处罚"。

　　1979年《刑法》第17条规定："为了使公共利益、本人或者他人的人身和其他权利免受正在进行的不法侵害，采取的正当防卫行为，不负刑事责任。正当防卫超过必要限度造成不应有的危害的，应当负刑事责任；但是应当酌情减轻或者免除处罚。"

　　在全面研究修改刑法的过程中，1988年的《刑法修改稿》第17条基本上沿用了上述规定，仅在文字表述上作了两处修改：一是将第1款中的"采取的正当防卫行为"改为"采取正当防卫行为对不法侵害者造成一定损害的"；二是将第2款中的"正当防卫超过必要限度造成不应有的危害"改为"防卫行为超过必要限度造成不应有的损害"。1996年的《刑法修订草案》（征求意见稿）第18条对上述规定作了五个方面的补充和修改：一是增加了"国家利益"和"财产权利"的内容，扩大了正当防卫行为的保护范围；二是将"正当防卫行为"界定为"制止不法侵害的行为"，明确了正当防卫行为的内在属性；三是将"对不法侵害者造成一定损害的，不负刑事责任"改为"正当防卫的行为对不法侵害人造成损害的，不负刑事责任"，并将其增列为第2款；四是将"防卫行为超过必要限度造成不应有的损害，应当负刑事责任，但是应当酌情减轻或者免除处罚"改为"正当防卫的行为人明知或者应当知道防卫行为明显超过必要限度造成重大损害的，应当负刑事责任，但是应当酌情减轻或者免除处罚"，放宽了正当防卫行为的限度条件；五是增加了"对以暴力方法实施杀人、抢劫、强奸、绑架以及严重危害国家、公共利益的犯罪行为，采取防卫行为，造成不法侵害人伤亡后果的，不负刑事责任"和"对以破门撬锁或者使用暴力方法非法侵入他人住宅的，采取防卫行为，适用第四款规定"这两款规定，创立了特殊防卫权制度。修改后的条文为："为了使国家、公共利益、本人或者他人的人身、财产和其他权利免受正在进行的不法侵害，而采取的制止不法侵害的行为，是正当防卫行为。正当防卫的行为对不法侵害人造成损害的，不负刑事责任。正当防卫的行为人明知或者应当知道防卫行为明显超过必要限度造成重大损害的，应当负刑事责任，但是应当酌情减轻或者免除处罚。对以暴力方法实施杀人、抢劫、强奸、绑架以及严重危害国家、公共利益的犯罪行为，采取防卫行为，造成不法侵害人伤亡后果的，不负刑事责任。对以破门撬锁或者使用暴力方法非法侵入他人住宅的，采取防卫行为，适用第四款规定。"1996年的

《刑法修订草案》第 20 条在上述规定的基础上，又作了以下四方面的修改和调整：一是将新增的第 2 款"正当防卫的行为对不法侵害人造成损害的，不负刑事责任"的规定并入第 1 款，改为"对不法侵害人造成损害的，属于正当防卫，不负刑事责任"；二是将"正当防卫的行为人明知或者应当知道防卫行为明显超过必要限度造成重大损害的，应当负刑事责任，但是应当酌情减轻或者免除处罚"改为"正当防卫明显超过必要限度造成重大损害的，应当负刑事责任，但是应当减轻或者免除处罚"；三是将"对以暴力方法实施杀人、抢劫、强奸、绑架以及严重危害国家、公共利益的犯罪行为，采取防卫行为，造成不法侵害人伤亡后果的，不负刑事责任"改为"受害人受到暴力侵害而采取制止暴力侵害的行为，造成不法侵害人伤亡后果的，属于正当防卫，不属于防卫过当"；四是删去了"对以破门撬锁或者使用暴力方法非法侵入他人住宅的，采取防卫行为，适用第四款规定"的规定。修改后的条文为："为了使国家、公共利益、本人或者他人的人身、财产和其他权利免受正在进行的不法侵害，而采取的制止不法侵害的行为，对不法侵害人造成损害的，属于正当防卫，不负刑事责任。正当防卫明显超过必要限度造成重大损害的，应当负刑事责任，但是应当减轻或者免除处罚。受害人受到暴力侵害而采取制止暴力侵害的行为，造成不法侵害人伤亡后果的，属于正当防卫，不属于防卫过当。"此外，该草案第 21 条还对人民警察实行正当防卫作了具体规定："人民警察在依法执行盘问、拘留、逮捕、追捕逃犯或者制止违法犯罪职务的时候，依法使用警械和武器，造成人员伤亡后果的，不负刑事责任。人民警察受到暴力侵害而采取制止暴力侵害的行为，造成不法侵害人伤亡后果的，不负刑事责任。"[①] 1997 年的《刑法修订草案》（修改稿）第 20 条沿用了上述第 20 条第 1 款和第 2 款的规定，但将第 3 款修改为"对正在进行行凶、杀人、抢劫、强奸、绑架以及其他严重危及人身安全的暴力犯罪，采取防卫行为，造成不法侵害人伤亡和其他后果的，不属于防卫过当，不负刑事责任"。此外，该草案还删去了上述第 21 条的规定。[②] 1997 年《刑法》

① 在征求意见的过程中，最高人民检察院、公安部等部门和地方提出，应增加"因依法履行职务、执行命令的行为造成他人损害的，不负刑事责任"的规定（参见全国人大常委会办公厅秘书局："《中央有关部门、地方及法律专家对刑法修订草案（征求意见稿）的意见》（1996 年 12 月 26 日印）"，见高铭暄、赵秉志编：《新中国刑法立法文献资料总览》（下），中国人民公安大学出版社 1998 年版，第 2156 页）。

② 在草案审议和征求意见的过程中，对人民警察实行正当防卫的规定存在较大的争议。"一些委员提出，这一条规定意思是好的，但是考虑到实际情况，对警察使用警械和武器也应有所限制。有的委员提出，按照这一规定警察抓人时造成任何人伤亡的都不负刑事责任，值得研究。有的委员和地方人大同志提出，在公共场所进行盘问，不应使用警械和武器，建议删去第二十一条中规定的'盘问'；或者修改为在盘问中受到暴力侵害的，可以使用警械和武器"（参见全国人大常委会法制工作委员会办公室、八届全国人大五次会议秘书处："《八届全国人大常委会第二十三次会议分组审议刑法修订草案的意见》（1997 年 3 月 3 日印）"，见高铭暄、赵秉志编：《新中国刑法立法文献资料总览》（下），中国人民公安大学出版社 1998 年版，第 2183 页）。"有的部门和地方提出，这一规定很有必要，但是警察使用武器和警械也要依法进行，不加限制，可能出现滥用的情况"；有的地方则提出，"建议删去第二款规定"（参见八届全国人大五次会议秘书处："《中央有关部门、地方对刑法修订草案的意见》（1997 年 3 月 3 日印）"，见高铭暄、赵秉志编：《新中国刑法立法文献资料总览》（下），中国人民公安大学出版社 1998 年版，第 2206 页）。考虑到有关方面对这一问题的认识还不一致，因此，该草案删去了上述规定。

第 20 条基本上沿用了上述规定，仅删去了第 3 款中的"其他后果"。

【立法规定】

《刑法》第 20 条规定："为了使国家、公共利益、本人或者他人的人身、财产和其他权利免受正在进行的不法侵害，而采取的制止不法侵害的行为，对不法侵害人造成损害的，属于正当防卫，不负刑事责任。正当防卫明显超过必要限度造成重大损害的，应当负刑事责任，但是应当减轻或者免除处罚。对正在进行行凶、杀人、抢劫、强奸、绑架以及其他严重危及人身安全的暴力犯罪，采取防卫行为，造成不法侵害人伤亡的，不属于防卫过当，不负刑事责任。"

【立法释义】

最高人民法院、最高人民检察院、公安部、国家安全部、司法部 1983 年 9 月 14 日发布的《关于人民警察执行职务中实行正当防卫的具体规定》第 1 条规定："遇有下列情形之一，人民警察必须采取正当防卫行为，使正在进行不法侵害行为的人丧失侵害能力或者中止侵害行为：（一）暴力劫持或控制飞机、船舰、火车、电车、汽车等交通工具，危害公共安全时；（二）驾驶交通工具蓄意危害公共安全时；（三）正在实施纵火、爆炸、凶杀、抢劫以及其他严重危害公共安全、人身安全和财产安全的行为时；（四）人民警察保卫的特定对象、目标受到暴力侵袭或者有受到暴力侵袭的紧迫危险时；（五）执行收容、拘留、逮捕、审讯、押解人犯和追捕逃犯，遇有以暴力抗拒、抢夺武器、行凶等非常情况时；（六）聚众劫狱或看守所、拘役所、拘留所、监狱和劳改、劳教场所的被监管人员暴动、行凶、抢夺武器时；（七）人民警察遭到暴力侵袭，或佩带的枪支、警械被抢夺时。"第 2 条规定："人民警察执行职务中实行正当防卫，可以按照 1980 年 7 月 5 日国务院批准的《人民警察使用武器和警械的规定》，使用警械直至开枪射击。"第 3 条规定："遇有下列情形之一时，应当停止防卫行为：（一）不法侵害行为已经结束；（二）不法侵害行为确已自动中止；（三）不法侵害人已经被制服，或者已经丧失侵害能力。"第 4 条规定："人民警察在必须实行正当防卫行为的时候，放弃职守，致使公共财产、国家和人民利益遭受严重损失的，依法追究刑事责任；后果轻微的，由主管部门酌情给予行政处分。"第 5 条规定："人民警察采取的正当防卫行为，不负刑事责任。防卫超过必要限度造成不应有的危害的，应当负刑事责任，但是应当酌情减轻或者免除处罚。"第 6 条规定："人民警察在使用武器或者其他警械实施防卫时，必须注意避免伤害其他人。"第 7 条规定："本规定也适用于国家审判机关、检察机关、公安机关、国家安全机关和司法行政机关其他依法执行职务的人员。"

最高人民法院 2010 年 2 月 8 日发布的《关于贯彻宽严相济刑事政策的若干意见》第 15 条规定："被告人的行为已经构成犯罪，但犯罪情节轻微，或者未成年人、在校学生实施的较轻犯罪，或者被告人具有犯罪预备、犯罪中止、从犯、胁从犯、防卫过当、避险过当等情节，依法不需要判处刑罚的，可以免予刑事处罚。对免予刑事处罚的，应当根据刑法第三十七条规定，做好善后、帮教工作或者交由有关部门进行处理，争取更好的社会效果。"

最高人民法院、最高人民检察院、公安部、司法部2015年3月2日发布的《关于依法办理家庭暴力犯罪案件的意见》第19条规定："准确认定对家庭暴力的正当防卫。为了使本人或者他人的人身权利免受不法侵害，对正在进行的家庭暴力采取制止行为，只要符合刑法规定的条件，就应当依法认定为正当防卫，不负刑事责任。防卫行为造成施暴人重伤、死亡，且明显超过必要限度，属于防卫过当，应当负刑事责任，但是应当减轻或者免除处罚。认定防卫行为是否'明显超过必要限度'，应当以足以制止并使防卫人免受家庭暴力不法侵害的需要为标准，根据施暴人正在实施家庭暴力的严重程度、手段的残忍程度、防卫人所处的环境、面临的危险程度、采取的制止暴力的手段、造成施暴人重大损害的程度，以及既往家庭暴力的严重程度等进行综合判断。"第20规定："充分考虑案件中的防卫因素和过错责任。对于长期遭受家庭暴力后，在激愤、恐惧状态下为了防止再次遭受家庭暴力，或者为了摆脱家庭暴力而故意杀害、伤害施暴人，被告人的行为具有防卫因素，施暴人在案件起因上具有明显过错或者直接责任的，可以酌情从宽处罚。对于因遭受严重家庭暴力，身体、精神受到重大损害而故意杀害施暴人；或者因不堪忍受长期家庭暴力而故意杀害施暴人，犯罪情节不是特别恶劣，手段不是特别残忍的，可以认定为刑法第二百三十二条规定的故意杀人'情节较轻'。在服刑期间确有悔改表现的，可以根据其家庭情况，依法放宽减刑的幅度，缩短减刑的起始时间与间隔时间；符合假释条件的，应当假释。被杀害施暴人的近亲属表示谅解的，在量刑、减刑、假释时应当予以充分考虑。"

【立法建言】

建 议：将《刑法》第20条第2款修改为："防卫行为明显超过必要限度造成重大损害的，应当负刑事责任，但是应当减轻或者免除处罚。"[1]

理 由：

"防卫过当是防卫行为的正当性和损害结果的非正当性的对立统一"[2]。既然防卫过当

---

[1] 值得一提的是，鉴于司法实践中对防卫过当的定罪和量刑存在一些混乱的情况，笔者曾建议在刑法分则中增加有关防卫过当致人死亡和重伤的规定，具体可表述为："因超过正当防卫限度致人死亡的，处三年以下有期徒刑或者拘役。因超过正当防卫限度致人重伤的，处一年以下有期徒刑或者拘役"（参见利子平："防卫过当之量刑初探"，载《江西大学学报（哲学社会科学版）》1984年第3期）。也有学者建议，"在刑法分则第四章补充防卫过当构成犯罪的具体规定，可以规定四个罪名：防卫过当故意杀人罪、防卫过当过失杀人罪、防卫过当故意伤害罪、防卫过当过失重伤罪"（陈兴良：《正当防卫论》，中国人民大学出版社1987年版，第301页）。

[2] 王作富主编：《刑法》，中国人民大学出版社2011年版，第98页。

应当负刑事责任，那么，其"正当防卫"行为就不再"正当"。[①] 正因如此，早就有学者建议将该款中的"正当防卫"修改为"防卫行为"。[②] 遗憾的是，1997 年修订的《刑法》并未采纳上述意见。笔者认为，为了使刑法的用语更加准确，避免前后矛盾，以及造成不必要的误解，[③] 宜将该款中的"正当防卫"改为"防卫行为"。

十、紧急避险（第 21 条）

【立法沿革】

紧急避险是在 1979 年《刑法》第 18 条规定的紧急避险的基础上修改而来的。

在建国初期，紧急避险被称之为"紧急避难"。1950 年的《刑法大纲草案》第 9 条最早规定了紧急避难："下列行为，不成为犯罪：……二、因避免国家政权、国家财产、或自己、他人的生命、健康、自由、财产当前危难的紧急行为，而依当时情况，不能用其他方法避免，又未超过必要限度，且其所造成之损害，较危难所能发生之损害为轻者；前款关于避免自己危难之规定，在公务上或业务上有特别义务者，不适用之……"第 10 条规定了防卫过当与避难过当："因防卫行为过当或避难行为过当而成为犯罪者，从轻处罚。"1954 年的《刑法指导原则草案》第 5 条第 2 款也规定了紧急避难："在紧急情况下，为了避免公共利益或者个人的人身和权利的损害，因为没有其他方法，不得已而采取的损害较轻的紧急避难行为，不认为犯罪。但是避难行为超过必要限度，应当认为犯罪，根据具体情况可以减轻或者免予处罚。"到了 1957 年，《刑法草案》第 22 稿始采用专条对紧急避难加以规定。该稿第 18 条规定："为了避免公共利益、本人或者他人的人身和权利遭受损害，再没有其他方法不得已而采取的紧急避难行为，如果引起的损害比所避免的损害较轻，不负刑事责任。紧急避难超过必要限度，应当负刑事责任；但是可以减轻或者免除处罚。第一款中关于避免本人紧急危难的规定，不适用在职务上、业务上负有特定责任的人。"1963 年的《刑法草案》第 33 稿第 18 条沿用了上述立法模式，但在内容上作了以下三方面的修改和调整：一是在称谓上将"紧急避难"改为"紧急避险"[④]；二是在表述上

---

① 有学者强调指出，"行为人实施防卫行为明显超过必要限度造成重大损害的，不再属于正当防卫，而是已经构成犯罪。正当防卫是正当的，是合法的；而防卫过当是不正当的，是违法并构成犯罪的。二者不可混淆"（曲新久：《刑法学》，中国政法大学出版社 2009 年版，第 119 页）。

② 参见赵秉志主编：《刑法修改研究综述》，中国人民公安大学出版社 1990 年版，第 150 页。

③ 例如，有学者据此认为，防卫过当是正当防卫的一种特殊情况，它仍属于正当防卫的范畴（参见章戈："论正当防卫"，载《江海学刊》1983 年第 5 期）。

④ "'紧急避险'在二十二稿中称为'紧急避难'，许多同志反映，'紧急避难'一词沿自旧法，不通俗、不明确，因为谈'危难'通常是指灾难，而实际上本条的危害来源不见得都是灾难，因此，'危难'不如'危险'确切；同时，'紧急避难'也易与'政治避难'混淆，不足以表明它是对正在发生的危险所采取的一种紧急措施。故三十三稿改为'紧急避险'，以后各稿均照此未变"（参见高铭暄：《中华人民共和国刑法的孕育和诞生》，法律出版社 1981 年版，第 44~45 页）。

将"为了避免公共利益、本人或者他人的人身和权利遭受损害，再没有其他方法不得已而采取的紧急避难行为，如果引起的损害比所避免的损害较轻，不负刑事责任"简化为"为了使公共利益、本人或者他人的人身和其他权利免受正在发生的危险，不得已采取的紧急避险行为，不负刑事责任"；三是在限度上增加了"造成不应有的危害"的内容。修改后的条文为："为了使公共利益、本人或者他人的人身和其他权利免受正在发生的危险，不得已采取的紧急避险行为，不负刑事责任。紧急避险超过必要限度造成不应有的危害的，应当负刑事责任；但是可以减轻或者免除处罚。第一款中关于避免本人危险的规定，不适用于职务上、业务上负有特定责任的人。"1979 年《刑法》第 18 条基本上沿用了上述规定，仅对避险过当的处罚原则作了适当调整，将"可以减轻或者免除处罚"修改为"应当酌情减轻或者免除处罚"。

1979 年《刑法》第 18 条规定："为了使公共利益、本人或者他人的人身和其他权利免受正在发生的危险，不得已采取的紧急避险行为，不负刑事责任。紧急避险超过必要限度造成不应有的危害的，应当负刑事责任；但是应当酌情减轻或者免除处罚。第一款中关于避免本人危险的规定，不适用于职务上、业务上负有特定责任的人。"

在全面研究修改刑法的过程中，1988 年的《刑法修改稿》第 18 条在上述规定的基础上，将第 2 款"紧急避险超过必要限度造成不应有的危害的，应当负刑事责任；但是应当酌情减轻或者免除处罚"的规定，修改为"避险行为超过必要限度造成不应有的损害的，应当负刑事责任，但是应当酌情减轻或者免除处罚"。到了 1996 年，《刑法修订草案》（征求意见稿）第 19 条对上述规定作了以下三方面的补充和修改：一是增加了"国家利益"和"财产权利"的内容，扩大了紧急避险行为的保护范围；二是增加了"造成损害"的内容，明确了紧急避险行为的性质；三是将第 2 款中的"避险行为"改为"紧急避险"，统一了紧急避险的表述。修改后的条文为："为了使国家、公共利益、本人或者他人的人身、财产和其他权利免受正在发生的危险，不得已采取的紧急避险行为，造成损害的，不负刑事责任。紧急避险超过必要限度造成不应有的损害的，应当负刑事责任，但是应当酌情减轻或者免除处罚。第一款中关于避免本人危险的规定，不适用于职务上、业务上负有特定责任的人。"1996 年的《刑法修订草案》第 22 条对避险过当的处罚原则作了调整，将"应当酌情减轻或者免除处罚"修改为"应当减轻或者免除处罚"。这一修改方案，为现行刑法所采纳。

【立法规定】

《刑法》第 21 条规定："为了使国家、公共利益、本人或者他人的人身、财产和其他权利免受正在发生的危险，不得已采取的紧急避险行为，造成损害的，不负刑事责任。紧急避险超过必要限度造成不应有的损害的，应当负刑事责任，但是应当减轻或者免除处罚。第一款中关于避免本人危险的规定，不适用于职务上、业务上负有特定责任的人。"

【立法释义】

最高人民法院 2010 年 2 月 8 日发布的《关于贯彻宽严相济刑事政策的若干意见》第 15 条规定："被告人的行为已经构成犯罪，但犯罪情节轻微，或者未成年人、在校学生实施的较轻犯罪，或者被告人具有犯罪预备、犯罪中止、从犯、胁从犯、防卫过当、避险过当等情节，依法不需要判处刑罚的，可以免予刑事处罚。对免予刑事处罚的，应当根据刑法第三十七条规定，做好善后、帮教工作或者交由有关部门进行处理，争取更好的社会效果。"

【立法建言】

建　议： 将《刑法》第 21 条第 1 款修改为："为了使国家、公共利益、本人或者他人的人身、财产和其他权利免受正在发生的危险，不得已采取的损害另一较小合法权益的行为，属于紧急避险，不负刑事责任。"

理　由：

《刑法》第 21 条第 1 款未揭示紧急避险的内涵，不仅在逻辑上有循环定义之嫌，而且也与《刑法》第 20 条第 1 款规定的正当防卫的表述方式不相协调。因此，宜将其中的"紧急避险行为，造成损害的"改为"损害另一较小合法权益的行为，属于紧急避险"。[①]

第二节　犯罪的预备、未遂和中止

一、犯罪预备（第 22 条）

【立法沿革】

犯罪预备是从 1979 年《刑法》第 19 条的规定直接移植过来的。

在新中国刑法立法史上，有关犯罪预备的概念、预备犯的处罚范围及其处罚原则的规定经历了较为复杂的发展演变过程。1950 年的《刑法大纲草案》第 13 条较为详细地界定了预备犯的概念，并严格限定了预备犯的处罚范围："于着手实施犯罪前，准备工具，打

[①]　我国刑法理论的通说认为，"紧急避险的本质在于，当两个合法权益相冲突，又只能保全其中之一的紧急状态下，法律允许为了保全较大的权益而损害较小的权益。虽然造成了较小的权益的损害，但从整体上说，它是有益社会的行为，不仅不应承担刑事责任，而且应当受到国家法律的保护、鼓励和支持"（参见高铭暄、马克昌主编：《刑法学》，北京大学出版社、高等教育出版社 2011 年版，第 136 页）。

听路线，调查对象，或用其他方法为自己着手实施犯罪之准备行为者，为预备犯，其处罚以本大纲分则有明文规定者为限。"1954 年的《刑法指导原则草案》不仅界定了预备犯的概念，而且还规定了预备犯的处罚范围和处罚原则。该草案第 6 条第 1 款规定："对于为了实行犯罪而准备犯罪工具、制造犯罪条件的预备犯，一般不予处罚；但是对于杀人、放火、抢劫、破坏公共财产的预备犯，应当根据犯罪的预备程度和对于社会的危害程度追究刑事责任。"第 3 款规定："对于反革命罪不论预备、未遂，都应当根据犯罪的具体情况，予以应得的处罚。"到了 1957 年，《刑法草案》第 22 稿第 19 条删去了有关预备犯处罚范围的规定，① 但具体确立了预备犯的处罚原则："为了犯罪，准备工具、制造条件的，是犯罪预备。对于预备犯，可以比照既遂犯从轻或者减轻处罚。"1963 年的《刑法草案》第 33 稿第 19 条基本上沿用了上述规定，仅在处罚原则中增加了"免除处罚"的内容。② 1979 年《刑法》第 19 条在上述规定的基础上，主要是从立法技术的角度对条文的结构作了适当的调整，将"对于预备犯，可以比照既遂犯从轻、减轻处罚或者免除处罚"的规定，另列为第 2 款。

1979 年《刑法》第 19 条规定："为了犯罪，准备工具、制造条件的，是犯罪预备。对于预备犯，可以比照既遂犯从轻、减轻处罚或者免除处罚。"

在全面研究修改刑法的过程中，虽然也曾动议对犯罪预备的概念和预备犯的处罚原则进行修改和完善，③ 但是，1997 年《刑法》最终还是直接移植了 1979 年《刑法》第 19 条的规定，未作任何修改。

---

① "对预备犯、未遂犯的处罚，我们原拟采取在分则中具体规定的办法。对于预备犯，在应当处罚预备犯的条文中，具体规定出法定刑（轻于既遂犯的法定刑）；对未遂犯，在分则条文中只规定那些罪的未遂犯应当处罚，而不具体规定法定刑，让审判机关按照总则规定的'可以比照既遂犯从轻或者减轻处罚'的原则，灵活判处。这样规定的好处是具体、明确，便于适用。但是经过研究之后，感到根据当前的主客观条件，规定得这样详细、具体执行起来是有困难的，如果不能把其中的许多问题都予以妥善的解决，反而会发生不合理的现象，并束缚审判机关的手足。因而后来又改变了这种办法，而采取了只在总则中规定处罚原则、不在分则中作具体规定的办法"（参见李琪同志在刑法教学座谈会上的报告："《有关草拟〈中华人民共和国刑法草案（初稿）〉的若干问题》（1957 年 8 月印）"，见高铭暄、赵秉志编：《新中国刑法立法文献资料总览》（下），中国人民公安大学出版社 1998 年版，第 1958 页）。

② "关于对预备犯要不要在条文中规定'免除处罚'，修改过程中曾有争论。主张不应规定的同志认为：预备犯中包括反革命罪的预备犯，如果规定了'免除处罚'，就有可能放纵反革命犯。至于普通刑事犯罪的预备犯，一般提不到法院里来，因此，不发生人民法院对他们免除处罚的问题。主张在条文中规定'免除处罚'的同志认为：普通刑事案件的预备犯比较多，如果不规定免除处罚，就意味着都处罚，而这是不符合实际情况和政策精神的。实际情况是：对于普通刑事犯罪中的预备犯，一般的不予处罚，只是对少数重大刑事犯罪（如杀人、抢劫等）的预备犯才予处罚，而这是符合区别对待政策原则的。另外，对预备犯的处罚，原则上应该轻于对未遂犯的处罚，如果不规定'免除处罚'，在条文中就不能体现出这一区别来。经过再三考虑，认为第二种意见的理由比较充分，故予采纳"（参见高铭暄：《中华人民共和国刑法的孕育和诞生》，法律出版社 1981 年版，第 45 页）。

③ 例如，1988 年 9 月的刑法修改稿第 19 条第 1 款规定："为了犯罪，准备工具、制造条件，由于犯罪分子意志以外的原因而尚未着手实行犯罪的，是犯罪预备。"1995 年 8 月 8 日的刑法总则修改稿第 19 条规定："为实施犯罪，准备工具或者创造其他便利条件的，是犯罪预备。对于预备犯，应当比照既遂犯从轻、减轻处罚或者免除处罚。"

【立法规定】

《刑法》第 22 条规定："为了犯罪，准备工具、制造条件的，是犯罪预备。对于预备犯，可以比照既遂犯从轻、减轻处罚或者免除处罚。"

【立法释义】

最高人民法院 2010 年 2 月 8 日发布的《关于贯彻宽严相济刑事政策的若干意见》第 15 条规定："被告人的行为已经构成犯罪，但犯罪情节轻微，或者未成年人、在校学生实施的较轻犯罪，或者被告人具有犯罪预备、犯罪中止、从犯、胁从犯、防卫过当、避险过当等情节，依法不需要判处刑罚的，可以免予刑事处罚。对免予刑事处罚的，应当根据刑法第三十七条规定，做好善后、帮教工作或者交由有关部门进行处理，争取更好的社会效果。"

最高人民检察院、公安部 2010 年 5 月 7 日发布的《关于公安机关管辖的刑事案件立案追诉标准的规定（二）》第 89 条规定："对于预备犯、未遂犯、中止犯，需要追究刑事责任的，应予立案追诉。"

最高人民检察院、公安部 2012 年 5 月 28 日发布的《关于公安机关管辖的刑事案件立案追诉标准的规定（三）》第 1 条第 7 款规定："为了制造毒品而采用生产、加工、提炼等方法非法制造易制毒化学品的，以制造毒品罪（预备）立案追诉。购进制造毒品的设备和原材料，开始着手制造毒品，尚未制造出毒品或者半成品的，以制造毒品罪（未遂）立案追诉。明知他人制造毒品而为其生产、加工、提炼、提供醋酸酐、乙醚、三氯甲烷等制毒物品的，以制造毒品罪的共犯立案追诉。"第 5 条第 3 款规定："为了走私制毒物品而采用生产、加工、提炼等方法非法制造易制毒化学品的，以走私制毒物品罪（预备）立案追诉。"第 6 条第 4 款规定："为了非法买卖制毒物品而采用生产、加工、提炼等方法非法制造易制毒化学品的，以非法买卖制毒物品罪（预备）立案追诉。"

最高人民法院、最高人民检察院、公安部 2012 年 6 月 18 日发布的《关于办理走私、非法买卖麻黄碱类复方制剂等刑事案件适用法律若干问题的意见》第 4 条"关于犯罪预备、未遂的认定"规定："实施本意见规定的行为，符合犯罪预备或者未遂情形的，依照法律规定处罚。"

【立法建言】

建　议： 将《刑法》第 22 第 2 款修改为："对于预备犯，一般不予处罚；需要判处刑罚的，可以比照既遂犯从轻、减轻处罚或者免除处罚。"

理　由：

由于预备犯尚未着手实行犯罪，一般尚无实害，因此，西方刑事立法均以不处罚预备犯为原则，以分则有特别规定的情况下处罚预备犯为例外。① 我国建国初期的刑法草案，对预备犯的处罚亦采取了在分则中具体规定的办法。到了 1957 年，《刑法草案》第 22 稿考虑到根据当时的主客观条件，难以在分则中规定得这样详细、妥善，因而改变了这种办法，而采取了只在总则中规定处罚原则、不在分则中作具体规定的办法。② 换言之，上述立法模式的改变，并不意味着我国转而主张积极扩大预备犯的处罚范围。因此，"我国刑法虽然原则上处罚犯罪预备，但在司法实践中，处罚犯罪预备是极为例外的现象。"③ 笔者认为，司法实践中严格控制预备犯处罚范围的做法，是值得充分肯定的，宜在刑法中进一步明确加以规定，以表明我国刑法原则上不处罚预备犯的立场。

二、犯罪未遂（第 23 条）

【立法沿革】

犯罪未遂是从 1979 年《刑法》第 20 条的规定直接移植过来的。

在新中国成立初期，我国对未遂犯的处罚范围作了严格的限定。1950 年的《刑法大纲草案》第 14 条第 1 款规定："已着手实施犯罪，而因与犯罪人无关之事由，致未完成行为，或未发生结果者，为未遂犯，未遂犯之处罚，以本大纲分则有明文规定者为限。" 1954 年的《刑法指导原则草案》虽然没有明确规定对未遂犯的处罚"以分则有明文规定者为限"，但也体现了严格限定未遂犯处罚范围的精神。该草案第 6 条第 2 款规定："对于已经着手实行犯罪因为客观原因没有发生预计结果的未遂犯，一般应当比既遂犯减轻或者从轻处罚；轻微犯罪的未遂，可以免予处罚。"第 3 款规定："对于反革命罪不论预备、未遂，都应当根据犯罪的具体情况，予以应得的处罚。"到了 1957 年，《刑法草案》第 22 稿第 20 条始专条规定犯罪未遂，并对犯罪未遂的概念和处罚原则作了适当的修改和调整。修改后的条文为："已经着手实行犯罪，由于犯罪分子意志以外的原因而未遂的，是犯罪未遂。对于未遂犯，可以比照既遂犯从轻或者减轻处罚。"1979 年《刑法》第 20 条基本上沿用了上述规定，仅将第 1 款中的"未遂"一词改为"未得逞"。

1979 年《刑法》第 20 条规定："已经着手实行犯罪，由于犯罪分子意志以外的原因而未得逞的，是犯罪未遂。对于未遂犯，可以比照既遂犯从轻或者减轻处罚。"

在全面研究修改刑法的过程中，1988 年的《刑法修改稿》以及 1996 年以后的刑法修订草案历次稿本均直接移植了上述规定，并为现行刑法所采纳。

---

① 参见高铭暄主编：《刑法学原理》（第二卷），中国人民大学出版社 1993 年版，第 299 页。

② 参见李琪同志在刑法教学座谈会上的报告："《有关草拟〈中华人民共和国刑法草案（初稿）〉的若干问题》(1957 年 8 月印)"，见高铭暄、赵秉志编：《新中国刑法立法文献资料总览》（下），中国人民公安大学出版社 1998 年版，第 1958 页。

③ 张明楷：《刑法学》，法律出版社 2011 年版，第 312 页。

【立法规定】

《刑法》第 23 条规定："已经着手实行犯罪，由于犯罪分子意志以外的原因而未得逞的，是犯罪未遂。对于未遂犯，可以比照既遂犯从轻或者减轻处罚。"

【立法释义】

最高人民检察院研究室 1998 年 11 月 27 日发布的《关于保险诈骗未遂能否按犯罪处理问题的答复》规定："行为人已经着手实施保险诈骗行为，由于其意志以外的原因未能获得保险赔偿的，是诈骗未遂，情节严重的，应依法追究刑事责任。"

最高人民法院、最高人民检察院 2001 年 4 月 9 日发布的《关于办理生产、销售伪劣商品刑事案件具体应用法律若干问题的解释》第 2 条第 2 款规定："伪劣产品尚未销售，货值金额达到刑法第一百四十条规定的销售金额三倍以上的，以生产、销售伪劣产品罪（未遂）定罪处罚。"

最高人民法院 2002 年 9 月 17 日发布的《关于审理骗取出口退税刑事案件具体应用法律若干问题的解释》第 7 条规定："实施骗取国家出口退税行为，没有实际取得出口退税款的，可以比照既遂犯从轻或者减轻处罚。"

最高人民法院 2003 年 11 月 13 日发布的《全国法院审理经济犯罪案件工作座谈会纪要》第二部分"关于贪污罪"第 1 条"贪污罪既遂与未遂的认定"规定："贪污罪是一种以非法占有为目的的财产性职务犯罪，与盗窃、诈骗、抢夺等侵犯财产罪一样，应当以行为人是否实际控制财物作为区分贪污罪既遂与未遂的标准。对于行为人利用职务上的便利，实施了虚假平账等贪污行为，但公共财物尚未实际转移，或者尚未被行为人控制就被查获的，应当认定为贪污未遂。行为人控制公共财物后，是否将财物据为己有，不影响贪污既遂的认定。"

最高人民法院 2005 年 6 月 28 日发布的《关于审理抢劫、抢夺刑事案件适用法律若干问题的意见》第 10 条"关于抢劫罪的既遂、未遂的认定"规定："抢劫罪侵犯的是复杂客体，既侵犯财产权利又侵犯人身权利，具备劫取财物或者造成他人轻伤以上后果两者之一的，均属抢劫既遂；既未劫取财物，又未造成他人人身伤害后果的，属抢劫未遂。据此，刑法第二百六十三条规定的八种处罚情节中除'抢劫致人重伤、死亡的'这一结果加重情节之外，其余七种处罚情节同样存在既遂、未遂问题，其中属抢劫未遂的，应当根据刑法关于加重情节的法定刑规定，结合未遂犯的处理原则量刑。"

最高人民法院、最高人民检察院 2007 年 1 月 15 日发布的《关于办理盗窃油气、破坏油气设备等刑事案件具体应用法律若干问题的解释》第 3 条第 2 款规定："盗窃油气，数额巨大但尚未运离现场的，以盗窃未遂定罪处罚。"

最高人民法院、最高人民检察院 2010 年 3 月 2 日发布的《关于办理非法生产、销售烟草专卖品等刑事案件具体应用法律若干问题的解释》第 2 条第 1 款规定："伪劣卷烟、雪茄烟等烟草专卖品尚未销售，货值金额达到刑法第一百四十条规定的销售金额定罪起点数额标准的三倍以上的，或者销售金额未达到五万元，但与未销售货值金额合计达到十五万元以上的，以生产、销售伪劣产品罪（未遂）定罪处罚。"

最高人民检察院、公安部 2010 年 5 月 7 日发布的《关于公安机关管辖的刑事案件立案追诉标准的规定（二）》第 89 条规定："对于预备犯、未遂犯、中止犯，需要追究刑事责任的，应予立案追诉。"

最高人民法院、最高人民检察院、公安部 2011 年 1 月 10 日发布的《关于办理侵犯知识产权刑事案件适用法律若干问题的意见》第 8 条 "关于销售假冒注册商标的商品犯罪案件中尚未销售或者部分销售情形的定罪量刑问题"规定："销售明知是假冒注册商标的商品，具有下列情形之一的，依照刑法第二百一十四条的规定，以销售假冒注册商标的商品罪（未遂）定罪处罚：（一）假冒注册商标的商品尚未销售，货值金额在十五万元以上的；（二）假冒注册商标的商品部分销售，已销售金额不满五万元，但与尚未销售的假冒注册商标的商品的货值金额合计在十五万元以上的。假冒注册商标的商品尚未销售，货值金额分别达到十五万元以上不满二十五万元、二十五万元以上的，分别依照刑法第二百一十四条规定的各法定刑幅度定罪处罚。销售金额和未销售货值金额分别达到不同的法定刑幅度或者均达到同一法定刑幅度的，在处罚较重的法定刑或者同一法定刑幅度内酌情从重处罚。"第 9 条 "关于销售他人非法制造的注册商标标识犯罪案件中尚未销售或者部分销售情形的定罪问题"规定："销售他人伪造、擅自制造的注册商标标识，具有下列情形之一的，依照刑法第二百一十五条的规定，以销售非法制造的注册商标标识罪（未遂）定罪处罚：（一）尚未销售他人伪造、擅自制造的注册商标标识数量在六万件以上的；（二）尚未销售他人伪造、擅自制造的两种以上注册商标标识数量在三万件以上的；（三）部分销售他人伪造、擅自制造的注册商标标识，已销售标识数量不满二万件，但与尚未销售标识数量合计在六万件以上的；（四）部分销售他人伪造、擅自制造的两种以上注册商标标识，已销售标识数量不满一万件，但与尚未销售标识数量合计在三万件以上的。"

最高人民法院、最高人民检察院 2011 年 3 月 1 日发布的《关于办理诈骗刑事案件具体应用法律若干问题的解释》第 5 条规定："诈骗未遂，以数额巨大的财物为诈骗目标的，或者具有其他严重情节的，应当定罪处罚。利用发送短信、拨打电话、互联网等电信技术手段对不特定多数人实施诈骗，诈骗数额难以查证，但具有下列情形之一的，应当认定为刑法第二百六十六条规定的'其他严重情节'，以诈骗罪（未遂）定罪处罚：（一）发送诈骗信息五千条以上的；（二）拨打诈骗电话五百人次以上的；（三）诈骗手段恶劣、危害严重的。实施前款规定行为，数量达到前款第（一）、（二）项规定标准十倍以上的，或者诈骗手段特别恶劣、危害特别严重的，应当认定为刑法第二百六十六条规定的'其他特别严重情节'，以诈骗罪（未遂）定罪处罚。"第 6 条规定："诈骗既有既遂，又有未遂，分别达到不同量刑幅度的，依照处罚较重的规定处罚；达到同一量刑幅度的，以诈骗罪既遂处罚。"

最高人民检察院、公安部 2012 年 5 月 28 日发布的《关于公安机关管辖的刑事案件立案追诉标准的规定（三）》第 1 条第 7 款规定："为了制造毒品而采用生产、加工、提炼等方法非法制造易制毒化学品的，以制造毒品罪（预备）立案追诉。购进制造毒品的设备和原材料，开始着手制造毒品，尚未制造出毒品或者半成品的，以制造毒品罪（未遂）立案追诉。明知他人制造毒品而为其生产、加工、提炼、提供醋酸酐、乙醚、三氯甲烷等制毒物品的，以制造毒品罪的共犯立案追诉。"

最高人民法院、最高人民检察院、公安部 2012 年 6 月 18 日发布的《关于办理走私、非法买卖麻黄碱类复方制剂等刑事案件适用法律若干问题的意见》第 4 条"关于犯罪预备、未遂的认定"规定："实施本意见规定的行为，符合犯罪预备或者未遂情形的，依照法律规定处罚。"

最高人民法院、最高人民检察院 2013 年 4 月 2 日发布的《关于办理盗窃刑事案件适用法律若干问题的解释》第 12 条规定："盗窃未遂，具有下列情形之一的，应当依法追究刑事责任：（一）以数额巨大的财物为盗窃目标的；（二）以珍贵文物为盗窃目标的；（三）其他情节严重的情形。盗窃既有既遂，又有未遂，分别达到不同量刑幅度的，依照处罚较重的规定处罚；达到同一量刑幅度的，以盗窃罪既遂处罚。"

最高人民法院 2013 年 12 月 23 日发布的《关于常见犯罪的量刑指导意见》第三部分"常见量刑情节的适用"第 2 条规定："对于未遂犯，综合考虑犯罪行为的实行程度、造成损害的大小、犯罪未得逞的原因等情况，可以比照既遂犯减少基准刑的 50% 以下。"

【立法建言】

建　议：将《刑法》第 23 条第 1 款修改为："已经着手实行犯罪，由于犯罪分子意志以外的原因而未能完成犯罪的，是犯罪未遂。"

理　由：

"未得逞"是犯罪未遂区别于犯罪既遂的重要标志。然而，在刑法理论上，对于"犯罪未得逞"的含义却存在诸多争议，主要有犯罪目的说、犯罪结果说、犯罪构成要件说等不同的主张。[①] 目前，我国刑法理论的通说认为，"犯罪未遂之'犯罪未得逞'的规定，

---

① 相关学术观点及其争议，可参见赵秉志：《犯罪未遂的理论与实践》，中国人民大学出版社 1987 年版，第 96 页以下；彭文华：《犯罪既遂原理》，中国政法大学出版社 2013 年版，第 40 页以下。

应当也只能理解为犯罪没有完成即尚未达到既遂就停止了下来"。① 但是，"尽管过去我们都把犯罪未得逞理解为犯罪未完成，但是也不能不承认，从词义上说，未得逞一般就是指未达目的；得逞就是已达目的。而刑法里的犯罪既遂则不能完全以达到犯罪目的来解释，只能用齐备犯罪构成全部要件来限定，才能完满地贯彻到各种犯罪既遂中"。② 因此，为明确立法原意并避免误解，早就有学者提出，"可考虑把现行刑法中的'未得逞'修改为'未能完成犯罪（未能具备犯罪构成的全部要件）'"。③ 遗憾的是，在修订《刑法》时，并未采纳这一建议。笔者认为，上述意见是中肯的。但是，在文字表述上，"未能具备犯罪构成的全部要件"的说法过于学术化，不如"未能完成犯罪"通俗易懂，因而建议将《刑法》第23条第1款中的"未得逞"改为"未能完成犯罪"。

三、犯罪中止（第24条）

【立法沿革】

犯罪中止是在1979年《刑法》第21条规定的犯罪中止的基础上修改而来的。

为最大限度地鼓励犯罪分子中止犯罪，1950年的《刑法大纲草案》第14条第2项规定："犯罪未完成，系因己意中止行为或防止结果之发生者，为中止犯，免除处罚。"1954年的《刑法指导原则草案》第6条第4款也规定："不论什么犯罪，在实行犯罪的过程中，自动中止犯罪行为的继续进行和有效地阻止了犯罪结果发生的，可以免予处罚。"到了1957年，《刑法草案》第22稿第21条不仅对条文的结构作了调整，将犯罪中止的概念和中止犯的处罚原则分款加以规定，而且还对中止犯的处罚原则作了重要补充和修改，将"可以"改为"应当"，并增加了"减轻处罚"的规定。这一修改方案，为1979年《刑法》所采纳。

1979年《刑法》第21条规定："在犯罪过程中，自动中止犯罪或者自动有效地防止犯罪结果发生的，是犯罪中止。对于中止犯，应当免除或者减轻处罚。"

在全面研究修改刑法的过程中，1988年的《刑法修改稿》第21条基本上沿用了上述规定，仅将第1款中的"自动中止犯罪"改为"自动放弃继续犯罪"。到了1996年，《刑法修订草案》（征求意见稿）第22条对上述规定作了较大的修改：一是将第1款中的"自动放弃继续犯罪"改为"自动放弃犯罪"；二是将第2款中的"应当免除或者减轻处罚"改为"没有造成损害的，应当免除处罚；造成损害的，应当减轻处罚"。这一修改方案，为现行刑法所采纳。

---

① 高铭暄主编：《刑法学原理》（第二卷），中国人民大学出版社1993年版，第316页。
② 徐逸仁：《故意犯罪阶段形态论》，复旦大学出版社1992年版，第281~282页。
③ 参见赵秉志：《犯罪未遂的理论与实践》，中国人民大学出版社1987年版，第326~327页。

【立法规定】

《刑法》第 24 条规定："在犯罪过程中，自动放弃犯罪或者自动有效地防止犯罪结果发生的，是犯罪中止。对于中止犯，没有造成损害的，应当免除处罚；造成损害的，应当减轻处罚。"

【立法释义】

最高人民法院 2010 年 2 月 8 日发布的《关于贯彻宽严相济刑事政策的若干意见》第 15 条规定："被告人的行为已经构成犯罪，但犯罪情节轻微，或者未成年人、在校学生实施的较轻犯罪，或者被告人具有犯罪预备、犯罪中止、从犯、胁从犯、防卫过当、避险过当等情节，依法不需要判处刑罚的，可以免予刑事处罚。对免予刑事处罚的，应当根据刑法第三十七条规定，做好善后、帮教工作或者交由有关部门进行处理，争取更好的社会效果。"

最高人民检察院、公安部 2010 年 5 月 7 日发布的《关于公安机关管辖的刑事案件立案追诉标准的规定（二）》第 89 条规定："对于预备犯、未遂犯、中止犯，需要追究刑事责任的，应予立案追诉。"

【立法建言】

建　议：将《刑法》第 24 条第 1 款修改为："在犯罪过程中，自动放弃着手实行或者继续实行犯罪或者自动有效地防止犯罪结果发生的，是犯罪中止。"

理　由：

在我国刑法中，"中止行为既可以发生在犯罪预备阶段，也可以发生在犯罪的实行阶段。这是犯罪中止不同于犯罪预备和犯罪未遂的一个特征。"[1] 但是，《刑法》第 24 条第 1 款所规定的"自动放弃犯罪"未能彰显犯罪中止的这一特征。此外，"自动放弃犯罪"的表述不仅未能反映犯罪中止的有效性条件，[2] 而且势必导致理论上和实践中不必要的争议。[3] 因

① 王作富主编：《刑法》，中国人民大学出版社 2011 年版，第 117～118 页。

② "构成犯罪中止必须同时具备时间性、自动性和有效性三个条件。其中，时间性是前提条件，它把犯罪中止行为与结果犯既遂后的自动挽回行为区别开来；自动性是实质条件，它划清了自动中止犯罪与被迫停止犯罪的预备犯和未遂犯的界限；有效性是限制性条件，它待机再犯和造成犯罪结果的情况排除在犯罪中止之外"（马克昌主编：《犯罪通论》，武汉大学出版社 2001 年版，第 474～475 页）。"不管是哪一种中止，都必须没有发生行为人原本所希望或者放任的、行为性质所决定的犯罪结果（侵害结果）。行为人虽然自动放弃犯罪，或者自动采取措施防止犯罪结果发生，但如果发生了行为人原本所希望或者放任的、行为性质所决定的犯罪结果，就不成立犯罪中止"（张明楷：《刑法学》，法律出版社 2011 年版，第 345 页）。

③ 由于立法未能准确界定"自动放弃犯罪"，导致"自动放弃可能重复的侵害行为的定性问题较为复杂又颇有争议，因而需要专门论述"（高铭暄、马克昌主编：《刑法学》，北京大学出版社、高等教育出版社 2011 年版，第 159 页），就是典型的例证。相关学术观点及其争议，可参见赵秉志：《犯罪未遂的理论与实践》，中国人民大学出版社 1987 年版，第 140 页以下；利子平主编：《刑法原理》（修订本），江西高校出版社 2000 年版，第 146～147 页；高铭暄、马克昌主编：《刑法学》，北京大学出版社、高等教育出版社 2011 年版，第 159～160 页；王作富主编：《刑法》，中国人民大学出版社 2011 年版，第 118～119 页；张明楷：《刑法学》，法律出版社 2011 年版，第 344 页；等等。

此，宜将"自动放弃犯罪"具体表述为"自动放弃着手实行或者继续实行犯罪"。

第三节 共同犯罪

一、共同犯罪的概念（第 25 条）

【立法沿革】

共同犯罪的概念是从 1979 年《刑法》第 22 条的规定直接移植过来的。

从立法源流来看，共同犯罪的概念最早见之于 1957 年的《刑法草案》第 22 稿。该稿第 22 条规定："共同犯罪是指二人以上共同故意犯罪。二人以上共同过失犯罪，不以共同犯罪论处；[1] 应当负刑事责任的，按照他们所犯的罪处罚。"1963 年的《刑法草案》第 33 稿第 22 条基本上沿用了上述规定，仅在第 2 款"按照他们所犯的罪处罚"中增加了"分别"一词。这一修改方案，为 1979 年《刑法》所采纳。

1979 年《刑法》第 22 条规定："共同犯罪是指二人以上共同故意犯罪。二人以上共同过失犯罪，不以共同犯罪论处；应当负刑事责任的，按照他们所犯的罪分别处罚。"

在刑法修订研拟的过程中，1996 年 6 月 24 日的刑法总则修改稿第 22 条和 1996 年 8 月 8 日的刑法总则修改稿第 25 条曾经删去过上述第 2 款的规定，但是，自 1996 年 10 月 10 日的《刑法修订草案》（征求意见稿）起，又恢复了上述第 2 款的规定，并为现行刑法所采纳。

【立法规定】

《刑法》第 25 条规定："共同犯罪是指二人以上共同故意犯罪。二人以上共同过失犯罪，不以共同犯罪论处；应当负刑事责任的，按照他们所犯的罪分别处罚。"

【立法释义】

最高人民法院、最高人民检察院、公安部、国家工商行政管理局 1998 年 5 月 8 日发布的《关于依法查处盗窃、抢劫机动车案件的规定》第 5 条第 3 款规定："明知是赃车而介绍买卖的，以收购、销售赃物罪的共犯论处。"

---

[1] "刑草中规定的共同犯罪只是故意的，不包括过失的（第二十二条）。北洋政府暂行新刑律明文规定过失也有共犯，国民党刑法虽无明文规定，但在理论上包括过失在内。我们在第二十二条第二款规定了共同过失犯罪，不以共犯论处"（参见李琪同志在刑法教学座谈会上的报告："《有关草拟〈中华人民共和国刑法草案（初稿）〉的若干问题》（1957 年 8 月印）"，见高铭暄、赵秉志编：《新中国刑法立法文献资料总览》（下），中国人民公安大学出版社 1998 年版，第 1960 页）。

最高人民法院 1998 年 8 月 28 日发布的《关于审理骗购外汇、非法买卖外汇刑事案件具体应用法律若干问题的解释》第 1 条第 2 款规定："非国有公司、企业或者其他单位，与国有公司、企业或者其他国有单位勾结逃汇的，以逃汇罪的共犯处罚。"

最高人民法院 1998 年 12 月 17 日发布的《关于审理非法出版物刑事案件具体应用法律若干问题的解释》第 16 条规定："出版单位与他人事前通谋，向其出售、出租或者以其他形式转让该出版单位的名称、书号、刊号、版号，他人实施本解释第二条、第四条、第八条、第九条、第十条、第十一条规定的行为，构成犯罪的，对该出版单位应当以共犯论处。"

最高人民法院 2000 年 6 月 30 日发布的《关于审理贪污、职务侵占案件如何认定共同犯罪几个问题的解释》第 1 条规定："行为人与国家工作人员勾结，利用国家工作人员的职务便利，共同侵吞、窃取、骗取或者以其他手段非法占有公共财物的，以贪污罪共犯论处。"第 2 条规定："行为人与公司、企业或者其他单位的人员勾结，利用公司、企业或者其他单位人员的职务便利，共同将该单位财物非法占为己有，数额较大的，以职务侵占罪共犯论处。"第 3 条规定："公司、企业或者其他单位中，不具有国家工作人员身份的人与国家工作人员勾结，分别利用各自的职务便利，共同将本单位财物非法占为己有的，按照主犯的犯罪性质定罪。"

最高人民法院 2000 年 11 月 15 日发布的《关于审理交通肇事刑事案件具体应用法律若干问题的解释》第 5 条规定："'因逃逸致人死亡'，是指行为人在交通肇事后为逃避法律追究而逃跑，致使被害人因得不到救助而死亡的情形。交通肇事后，单位主管人员、机动车辆所有人、承包人或者乘车人指使肇事人逃逸，致使被害人因得不到救助而死亡的，以交通肇事罪的共犯论处。"第 7 条规定："单位主管人员、机动车辆所有人或者机动车辆承包人指使、强令他人违章驾驶造成重大交通事故，具有本解释第二条规定情形之一的，以交通肇事罪定罪处罚。"①

最高人民法院 2001 年 1 月 21 日发布的《全国法院审理金融犯罪案件工作座谈会纪要》"关于单位犯罪问题"部分第 4 条"单位共同犯罪的处理"规定："两个以上单位以共同故意实施的犯罪，应根据各单位在共同犯罪中的地位、作用大小，确定犯罪单位的主、从犯。"

---

① 该解释第 2 条规定："交通肇事具有下列情形之一的，处三年以下有期徒刑或者拘役：（一）死亡一人或者重伤三人以上，负事故全部或者主要责任的；（二）死亡三人以上，负事故同等责任的；（三）造成公共财产或者他人财产直接损失，负事故全部或者主要责任，无能力赔偿数额在三十万元以上的。交通肇事致一人以上重伤，负事故全部或者主要责任，并具有下列情形之一的，以交通肇事罪定罪处罚：（一）酒后、吸食毒品后驾驶机动车辆的；（二）无驾驶资格驾驶机动车辆的；（三）明知是安全装置不全或者安全机件失灵的机动车辆而驾驶的；（四）明知是无牌证或者已报废的机动车辆而驾驶的；（五）严重超载驾驶的；（六）为逃避法律追究逃离事故现场的。"

最高人民法院、最高人民检察院 2001 年 4 月 10 日发布的《关于办理生产、销售伪劣商品刑事案件具体应用法律若干问题的解释》第 9 条规定："知道或者应当知道他人实施生产、销售伪劣商品犯罪，而为其提供贷款、资金、账号、发票、证明、许可证件，或者提供生产、经营场志或者运输、仓储、保管、邮寄等便利条件，或者提供人制假生产技术的，以生产、销售伪劣商品犯罪的共犯论处。"

最高人民法院、最高人民检察院 2001 年 7 月 3 日发布的《关于办理伪造、贩卖伪造的高等院校学历、学位证明刑事案件如何适用法律问题的解释》规定："明知是伪造高等院校印章制作的学历、学位证明而贩卖的，以伪造事业单位印章罪的共犯论处。"

最高人民法院、最高人民检察院 2002 年 5 月 20 日发布的《关于办理组织和利用邪教组织犯罪案件具体应用法律若干问题的解答》第 10 条规定："对两人以上共同故意制作、传播邪教宣传品，达到《解释二》① 第一条第一款第（一）项规定数量标准的，或接近《解释二》第一条第一款第（一）项规定的数量标准并具有其他严重情节的，应当认定为共同犯罪，根据共同制作、传播邪教宣传品的数量、情节，依法追究行为人的刑事责任。"第 24 条规定："非邪教组织人员与邪教组织人员通谋，为其印制邪教宣传品，且达到《解释二》第一条第一款第（一）项规定的数量标准的，或者为其从事邪教活动提供保管、运输、经费、场地、工具、食宿、接送、采购等便利条件，情节严重的，以利用邪教组织破坏法律实施罪的共犯论处。"

最高人民法院、最高人民检察院、海关总署 2002 年 7 月 8 日发布的《关于办理走私刑事案件适用法律若干问题的意见》第 15 条"关于刑法第一百五十六条规定的'与走私罪犯通谋'的理解问题"规定："通谋是指犯罪行为人之间事先或者事中形成的共同的走私故意。下列情形可以认定为通谋：（一）对明知他人从事走私活动而同意为其提供贷款、资金、账号、发票、证明、海关单证，提供运输、保管、邮寄或者其他方便的；（二）多次为同一走私犯罪分子的走私行为提供前项帮助的。"第 16 条"关于放纵走私罪的认定问题"第 1 款规定："依照刑法第四百一十一条的规定，负有特定监管义务的海关工作人员徇私舞弊，利用职权，放任、纵容走私犯罪行为，情节严重的，构成放纵走私罪。放纵走私行为，一般是消极的不作为。如果海关工作人员与走私分子通谋，在放纵走私过程中以积极的行为配合走私分子逃避海关监管或者在放纵走私之后分得赃款的，应以共同走私犯罪追究刑事责任。"

最高人民检察院 2003 年 4 月 16 日发布的《关于非司法工作人员是否可以构成徇私枉法罪共犯问题的答复》规定："非司法工作人员与司法工作人员勾结，共同实施徇私枉法

---

① 该解答所说的《解释二》，是指最高人民法院、最高人民检察院 2001 年 6 月 4 日发布的《关于办理组织和利用邪教组织犯罪案件具体应用法律若干问题的解释（二）》。

行为，构成犯罪的，应当以徇私枉法罪的共犯追究刑事责任。"

最高人民法院、最高人民检察院、公安部 2003 年 4 月 22 日发布的《办理非法经营国际电信业务犯罪案件联席会议纪要》第 3 条规定："获得国际电信业务经营许可的经营者（含涉港澳台电信业务经营者）明知他人非法从事国际电信业务，仍违反国家规定，采取出租、合作、授权等手段，为他人提供经营和技术条件，利用现有设备或另设国际话务转接设备并从中营利，情节严重的，应以非法经营罪的共犯追究刑事责任。"

最高人民法院 2003 年 11 月 13 日发布的《全国法院审理经济犯罪案件工作座谈会纪要》第二部分"关于贪污罪"第 3 条"国家工作人员与非国家工作人员勾结非法占有单位财物行为的认定"规定："对于国家工作人员与他人勾结，共同非法占有单位财物的行为，应当按照《最高人民法院关于审理贪污、职务侵占案件如何认定共同犯罪几个问题的解释》的规定定罪处罚。对于在公司、企业或者其他单位中，非国家工作人员与国家工作人员勾结，分别利用各自的职务便利，共同将本单位财物非法占有的，应当尽量区分主从犯，按照主犯的犯罪性质定罪。司法实践中，如果根据案件的实际情况，各共同犯罪人在共同犯罪中的地位、作用相当，难以区分主从犯的，可以贪污罪定罪处罚。"第三部分"关于受贿罪"第 5 条"关于共同受贿犯罪的认定"规定："根据刑法关于共同犯罪的规定，非国家工作人员与国家工作人员勾结，伙同受贿的，应当以受贿罪的共犯追究刑事责任。非国家工作人员是否构成受贿罪共犯，取决于双方有无共同受贿的故意和行为。国家工作人员的近亲属向国家工作人员代为转达请托事项，收受请托人财物并告知该国家工作人员，或者国家工作人员明知其近亲属收受了他人财物，仍按照近亲属的要求利用职权为他人谋取利益的，对该国家工作人员应认定为受贿罪，其近亲属以受贿罪共犯论处。近亲属以外的其他人与国家工作人员通谋，由国家工作人员利用职务上的便利为请托人谋取利益，收受请托人财物后双方共同占有的，构成受贿罪共犯。国家工作人员利用职务上的便利为他人谋取利益，并指定他人将财物送给其他人，构成犯罪的，应以受贿罪定罪处罚。"

最高人民法院、最高人民检察院 2004 年 9 月 3 日发布的《关于办理利用互联网、移动通讯终端、声讯台制作、复制、出版、贩卖、传播淫秽电子信息刑事案件具体应用法律若干问题的解释》第 7 条规定："明知他人实施制作、复制、出版、贩卖、传播淫秽电子信息犯罪，为其提供互联网接入、服务器托管、网络存储空间、通讯传输通道、费用结算等帮助的，对直接负责的主管人员和其他直接责任人员，以共同犯罪论处。"

最高人民法院、最高人民检察院 2004 年 12 月 8 日发布的《关于办理侵犯知识产权刑事案件具体应用法律若干问题的解释》第 16 条规定："明知他人实施侵犯知识产权犯罪，而为其提供贷款、资金、账号、发票、证明、许可证件，或者提供生产、经营场所或者运输、储存、代理进出口等便利条件、帮助的，以侵犯知识产权犯罪的共犯论处。"

最高人民法院、最高人民检察院 2005 年 5 月 1 日发布的《关于办理赌博刑事案件具体应用法律若干问题的解释》第 4 条规定："明知他人实施赌博犯罪活动，而为其提供资金、计算机网络、通讯、费用结算等直接帮助的，以赌博罪的共犯论处。"

最高人民法院、最高人民检察院 2007 年 1 月 15 日发布的《关于办理盗窃油气、破坏油气设备等刑事案件具体应用法律若干问题的解释》第 3 条第 3 款规定："为他人盗窃油气而偷开油气井、油气管道等油气设备阀门排放油气或者提供其他帮助的，以盗窃罪的共犯定罪处罚。"

最高人民法院、最高人民检察院 2007 年 7 月 8 日发布的《关于办理受贿刑事案件适用法律若干问题的意见》第 7 条"关于由特定关系人收受贿赂问题"第 2 款规定："特定关系人与国家工作人员通谋，共同实施前款行为的，对特定关系人以受贿罪的共犯论处。特定关系人以外的其他人与国家工作人员通谋，由国家工作人员利用职务上的便利为请托人谋取利益，收受请托人财物后双方共同占有的，以受贿罪的共犯论处。"

最高人民法院、最高人民检察院 2008 年 11 月 20 日发布的《关于办理商业贿赂刑事案件适用法律若干问题的意见》第 11 条规定："非国家工作人员与国家工作人员通谋，共同收受他人财物，构成共同犯罪的，根据双方利用职务便利的具体情形分别定罪追究刑事责任：（1）利用国家工作人员的职务便利为他人谋取利益的，以受贿罪追究刑事责任。（2）利用非国家工作人员的职务便利为他人谋取利益的，以非国家工作人员受贿罪追究刑事责任。（3）分别利用各自的职务便利为他人谋取利益的，按照主犯的犯罪性质追究刑事责任，不能分清主从犯的，可以受贿罪追究刑事责任。"

最高人民法院、最高人民检察院、公安部 2009 年 6 月 23 日发布的《关于办理制毒物品犯罪案件适用法律若干问题的意见》第一部分"关于制毒物品犯罪的认定"第 5 条规定："明知他人实施走私或者非法买卖制毒物品犯罪，而为其运输、储存、代理进出口或者以其他方式提供便利的，以走私或者非法买卖制毒物品罪的共犯论处。"

最高人民法院、最高人民检察院 2010 年 2 月 2 日发布的《关于办理利用互联网、移动通讯终端、声讯台制作、复制、出版、贩卖、传播淫秽电子信息刑事案件具体应用法律若干问题的解释（二）》第 7 条规定："明知是淫秽网站，以牟利为目的，通过投放广告等方式向其直接或者间接提供资金，或者提供费用结算服务，具有下列情形之一的，对直接负责的主管人员和其他直接责任人员，依照刑法第三百六十三条第一款的规定，以制作、复制、出版、贩卖、传播淫秽物品牟利罪的共同犯罪处罚：（一）向十个以上淫秽网站投放广告或者以其他方式提供资金的；（二）向淫秽网站投放广告二十条以上的；（三）向十个以上淫秽网站提供费用结算服务的；（四）以投放广告或者其他方式向淫秽网站提供资金数额在五万元以上的；（五）为淫秽网站提供费用结算服务，收取服务费数额在二万元以上的；（六）造成严重后果的。实施前款规定的行为，数量或者数额达到前款第（一）项至第（五）项规定标准五倍以上的，应当认定为刑法第三百六十三条第一款规定的'情节严重'；达到规定标准二十五倍以上的，应当认定为'情节特别严重'。"

最高人民法院、最高人民检察院 2010 年 3 月 2 日发布的《关于办理非法生产、销售烟草专卖品等刑事案件具体应用法律若干问题的解释》第 6 条规定："明知他人实施本解释第一条所列犯罪，① 而为其提供贷款、资金、账号、发票、证明、许可证件，或者提供生产、经营场所、设备、运输、仓储、保管、邮寄、代理进出口等便利条件，或者提供生产技术、卷烟配方的，应当按照共犯追究刑事责任。"

最高人民法院、最高人民检察院、公安部、司法部 2010 年 3 月 15 日发布的《关于依法惩治拐卖妇女儿童犯罪的意见》第 21 条规定："明知他人拐卖妇女、儿童，仍然向其提供被拐卖妇女、儿童的健康证明、出生证明或者其他帮助的，以拐卖妇女、儿童罪的共犯论处。明知他人收买被拐卖的妇女、儿童，仍然向其提供被收买妇女、儿童的户籍证明、出生证明或者其他帮助的，以收买被拐卖的妇女、儿童罪的共犯论处，但是，收买人未被追究刑事责任的除外。认定是否'明知'，应当根据证人证言、犯罪嫌疑人、被告人及其同案人供述和辩解，结合提供帮助的人次，以及是否明显违反相关规章制度、工作流程等，予以综合判断。"第 22 条规定："明知他人系拐卖儿童的'人贩子'，仍然利用从事诊疗、福利救助等工作的便利或者了解被拐卖方情况的条件，居间介绍的，以拐卖儿童罪的共犯论处。"第 23 条规定："对于拐卖妇女、儿童犯罪的共犯，应当根据各被告人在共同犯罪中的分工、地位、作用，参与拐卖的人数、次数，以及分赃数额等，准确区分主从犯。对于组织、领导、指挥拐卖妇女、儿童的某一个或者某几个犯罪环节，或者积极参与实施拐骗、绑架、收买、贩卖、接送、中转妇女、儿童等犯罪行为，起主要作用的，应当认定为主犯。对于仅提供被拐卖妇女、儿童信息或者相关证明文件，或者进行居间介绍，起辅助或者次要作用，没有获利或者获利较少的，一般可认定为从犯。对于各被告人在共同犯罪中的地位、作用区别不明显的，可以不区分主从犯。"

最高人民法院、最高人民检察院、公安部 2010 年 8 月 31 日发布的《关于办理网络赌博犯罪案件适用法律若干问题的意见》第 2 条"关于网上开设赌场共同犯罪的认定和处罚"第 1 款规定："明知是赌博网站，而为其提供下列服务或者帮助的，属于开设赌场罪的共同犯罪，依照刑法第三百零三条第二款的规定处罚：（一）为赌博网站提供互联网接入、服务器托管、网络存储空间、通讯传输通道、投放广告、发展会员、软件开发、技术

① 该解释第 1 条所列的是生产、销售伪劣产品罪、假冒注册商标罪、销售假冒注册商标的商品罪、非法制造、销售非法制造的注册商标标识罪和非法经营罪。

支持等服务，收取服务费数额在 2 万元以上的；（二）为赌博网站提供资金支付结算服务，收取服务费数额在 1 万元以上或者帮助收取赌资 20 万元以上的；（三）为 10 个以上赌博网站投放与网址、赔率等信息有关的广告或者为赌博网站投放广告累计 100 条以上的。"

最高人民法院 2010 年 12 月 13 日发布的《关于审理非法集资刑事案件具体应用法律若干问题的解释》第 8 条第 2 款规定："明知他人从事欺诈发行股票、债券，非法吸收公众存款，擅自发行股票、债券，集资诈骗或者组织、领导传销活动等集资犯罪活动，为其提供广告等宣传的，以相关犯罪的共犯论处。"

最高人民法院、最高人民检察院、公安部 2011 年 1 月 10 日发布的《关于办理侵犯知识产权刑事案件适用法律若干问题的意见》第 15 条"关于为他人实施侵犯知识产权犯罪提供原材料、机械设备等行为的定性问题"规定："明知他人实施侵犯知识产权犯罪，而为其提供生产、制造侵权产品的主要原材料、辅助材料、半成品、包装材料、机械设备、标签标识、生产技术、配方等帮助，或者提供互联网接入、服务器托管、网络存储空间、通讯传输通道、代收费、费用结算等服务的，以侵犯知识产权犯罪的共犯论处。"

最高人民法院、最高人民检察院 2011 年 3 月 1 日发布的《关于办理诈骗刑事案件具体应用法律若干问题的解释》第 7 条规定："明知他人实施诈骗犯罪，为其提供信用卡、手机卡、通讯工具、通讯传输通道、网络技术支持、费用结算等帮助的，以共同犯罪论处。"

最高人民法院、最高人民检察院 2011 年 7 月 20 日发布的《关于办理妨害武装部队制式服装、车辆号牌管理秩序等刑事案件具体应用法律若干问题的解释》第 5 条规定："明知他人实施刑法第三百七十五条规定的犯罪行为，而为其生产、提供专用材料或者提供资金、账号、技术、生产经营场所等帮助的，以共犯论处。"

最高人民法院、最高人民检察院 2011 年 8 月 1 日发布的《关于办理危害计算机信息系统安全刑事案件应用法律若干问题的解释》第 9 条规定："明知他人实施刑法第二百八十五条、第二百八十六条规定的行为，具有下列情形之一的，应当认定为共同犯罪，依照刑法第二百八十五条、第二百八十六条的规定处罚：（一）为其提供用于破坏计算机信息系统功能、数据或者应用程序的程序、工具，违法所得五千元以上或者提供十人次以上的；（二）为其提供互联网接入、服务器托管、网络存储空间、通讯传输通道、费用结算、交易服务、广告服务、技术培训、技术支持等帮助，违法所得五千元以上的；（三）通过委托推广软件、投放广告等方式向其提供资金五千元以上的。实施前款规定行为，数量或者数额达到前款规定标准五倍以上的，应当认定为刑法第二百八十五条、第二百八十六条规定的'情节特别严重'或者'后果特别严重'。"

最高人民法院 2011 年 12 月 30 日发布的《关于进一步加强危害生产安全刑事案件审

判工作的意见》第 4 条规定："区分责任，均衡量刑。危害生产安全犯罪，往往涉案人员较多，犯罪主体复杂，既包括直接从事生产、作业的人员，也包括对生产、作业负有组织、指挥或者管理职责的负责人、管理人员、实际控制人、投资人等，有的还涉及国家机关工作人员渎职犯罪。对相关责任人的处理，要根据事故原因、危害后果、主体职责、过错大小等因素，综合考虑全案，正确划分责任，做到罪责刑相适应。"第 6 条规定："审理危害生产安全刑事案件，政府或相关职能部门依法对事故原因、损失大小、责任划分作出的调查认定，经庭审质证后，结合其他证据，可作为责任认定的依据。"第 7 条规定："认定相关人员是否违反有关安全管理规定，应当根据相关法律、行政法规，参照地方性法规、规章及国家标准、行业标准，必要时可参考公认的惯例和生产经营单位制定的安全生产规章制度、操作规程。"第 8 条规定："多个原因行为导致生产安全事故发生的，在区分直接原因与间接原因的同时，应当根据原因行为在引发事故中所具作用的大小，分清主要原因与次要原因，确认主要责任和次要责任，合理确定罪责。一般情况下，对生产、作业负有组织、指挥或者管理职责的负责人、管理人员、实际控制人、投资人，违反有关安全生产管理规定，对重大生产安全事故的发生起决定性、关键性作用的，应当承担主要责任。对于直接从事生产、作业的人员违反安全管理规定，发生重大生产安全事故的，要综合考虑行为人的从业资格、从业时间、接受安全生产教育培训情况、现场条件、是否受到他人强令作业、生产经营单位执行安全生产规章制度的情况等因素认定责任，不能将直接责任简单等同于主要责任。对于负有安全生产管理、监督职责的工作人员，应根据其岗位职责、履职依据、履职时间等，综合考察工作职责、监管条件、履职能力、履职情况等，合理确定罪责。"

最高人民法院、最高人民检察院、公安部 2012 年 1 月 9 日发布的《关于依法严惩"地沟油"犯罪活动的通知》第二部分"准确理解法律规定，严格区分犯罪界限"第 5 条规定："知道或应当知道他人实施以上第（一）、（二）、（三）款犯罪行为，而为其掏捞、加工、贩运'地沟油'，或者提供贷款、资金、账号、发票、证明、许可证件，或者提供技术、生产、经营场所、运输、仓储、保管等便利条件的，依照本条第（一）、（二）、（三）款犯罪的共犯论处。"

最高人民检察院、公安部 2012 年 5 月 28 日发布的《关于公安机关管辖的刑事案件立案追诉标准的规定（三）》第 1 条第 4 款规定："有证据证明行为人以牟利为目的，为他人代购仅用于吸食、注射的毒品，对代购者以贩卖毒品罪立案追诉。不以牟利为目的，为他人代购仅用于吸食、注射的毒品，毒品数量达到本规定第二条规定的数量标准的，对托购者和代购者以非法持有毒品罪立案追诉。明知他人实施毒品犯罪而为其居间介绍、代购代卖的，无论是否牟利，都应以相关毒品犯罪的共犯立案追诉。"第 7 款规定："为了制造毒品而采用生产、加工、提炼等方法非法制造易制毒化学品的，以制造毒品罪（预备）立案追诉。购进制造毒品的设备和原材料，开始着手制造毒品，尚未制造出毒品或者半成品的，以制造毒品罪（未遂）立案追诉。明知他人制造毒品而为其生产、加工、提炼、提供醋酸酐、乙醚、三氯甲烷等制毒物品的，以制造毒品罪的共犯立案追诉。"第5条第5款规定："明知他人实施走私制毒物品犯罪，而为其运输、储存、代理进出口或者以其他方式提供便利的，以走私制毒物品罪的共犯立案追诉。"第6条第6款规定："明知他人实施非法买卖制毒物品犯罪，而为其运输、储存、代理进出口或者以其他方式提供便利的，以非法买卖制毒物品罪的共犯立案追诉。"

最高人民法院、最高人民检察院、公安部2012年6月18日发布的《关于办理走私、非法买卖麻黄碱类复方制剂等刑事案件适用法律若干问题的意见》第3条"关于共同犯罪的认定"规定："明知他人利用麻黄碱类制毒物品制造毒品，向其提供麻黄碱类复方制剂，为其利用麻黄碱类复方制剂加工、提炼制毒物品，或者为其获取、利用麻黄碱类复方制剂提供其他帮助的，以制造毒品罪的共犯论处。明知他人走私或者非法买卖麻黄碱类制毒物品，向其提供麻黄碱类复方制剂，为其利用麻黄碱类复方制剂加工、提炼制毒物品，或者为其获取、利用麻黄碱类复方制剂提供其他帮助的，分别以走私制毒物品罪、非法买卖制毒物品罪的共犯论处。"

最高人民法院、最高人民检察院2013年4月23日发布的《关于办理敲诈勒索刑事案件适用法律若干问题的解释》第7条规定："明知他人实施敲诈勒索犯罪，为其提供信用卡、手机卡、通讯工具、通讯传输通道、网络技术支持等帮助的，以共同犯罪论处。"

最高人民法院、最高人民检察院2013年5月2日发布的《关于办理危害食品安全刑事案件适用法律若干问题的解释》第14条规定："明知他人生产、销售不符合食品安全标准的食品，有毒、有害食品，具有下列情形之一的，以生产、销售不符合安全标准的食品罪或者生产、销售有毒、有害食品罪的共犯论处：（一）提供资金、贷款、账号、发票、证明、许可证件的；（二）提供生产、经营场所或者运输、贮存、保管、邮寄、网络销售渠道等便利条件的；（三）提供生产技术或者食品原料、食品添加剂、食品相关产品的；（四）提供广告等宣传的。"

最高人民法院、最高人民检察院、公安部、农业部、食品药品监管总局2013年5月21日发布的《关于进一步加强麻黄草管理严厉打击非法买卖麻黄草等违法犯罪活动的通知》第三部分"依法查处非法采挖、买卖麻黄草等犯罪行为"第3条规定："明知他人制造毒品或者走私、非法买卖制毒物品，向其提供麻黄草或者提供运输、储存麻黄草等帮助的，分别以制造毒品罪、走私制毒物品罪、非法买卖制毒物品罪的共犯论处。"

最高人民法院、最高人民检察院2013年6月17日发布的《关于办理环境污染刑事案件适用法律若干问题的解释》第 7 条规定："行为人明知他人无经营许可证或者超出经营许可范围，向其提供或者委托其收集、贮存、利用、处置危险废物，严重污染环境的，以污染环境罪的共同犯罪论处。"

最高人民法院、最高人民检察院 2013 年 9 月 6 日发布的《关于办理利用信息网络实施诽谤等刑事案件适用法律若干问题的解释》第 8 条规定："明知他人利用信息网络实施诽谤、寻衅滋事、敲诈勒索、非法经营等犯罪，为其提供资金、场所、技术支持等帮助的，以共同犯罪论处。"

最高人民检察院 2014 年 2 月 21 日发布的指导性案例检例第 14 号《孙建亮等人生产、销售有毒、有害食品案》中的"要旨"指出："明知盐酸克伦特罗（俗称'瘦肉精'）是国家禁止在饲料和动物饮用水中使用的药品，而用以养殖供人食用的动物并出售的，应当认定为生产、销售有毒、有害食品罪。明知盐酸克伦特罗是国家禁止在饲料和动物饮用水中使用的药品，而买卖和代买盐酸克伦特罗片，供他人用以养殖供人食用的动物的，应当认定为生产、销售有毒、有害食品罪的共犯。"

最高人民法院、最高人民检察院、公安部 2014 年 3 月 25 日发布的《关于办理非法集资刑事案件适用法律若干问题的意见》第 4 条"关于共同犯罪的处理问题"规定："为他人向社会公众非法吸收资金提供帮助，从中收取代理费、好处费、返点费、佣金、提成等费用，构成非法集资共同犯罪的，应当依法追究刑事责任。能够及时退缴上述费用的，可依法从轻处罚；其中情节轻微的，可以免除处罚；情节显著轻微、危害不大的，不作为犯罪处理。"

最高人民法院、最高人民检察院、公安部 2014 年 3 月 26 日发布的《关于办理利用赌博机开设赌场案件适用法律若干问题的意见》第 3 条"关于共犯的认定"规定："明知他人利用赌博机开设赌场，具有下列情形之一的，以开设赌场罪的共犯论处：（一）提供赌博机、资金、场地、技术支持、资金结算服务的；（二）受雇参与赌场经营管理并分成的；（三）为开设赌场者组织客源，收取回扣、手续费的；（四）参与赌场管理并领取高额固定工资的；（五）提供其他直接帮助的。"

最高人民法院 2015 年 5 月 18 日发布的《全国法院毒品犯罪审判工作座谈会纪要》关于"共同犯罪认定问题"部分规定："办理贩卖毒品案件，应当准确认定居间介绍买卖毒品行为，并与居中倒卖毒品行为相区别。居间介绍者在毒品交易中处于中间人地位，发挥介绍联络作用，通常与交易一方构成共同犯罪，但不以牟利为要件；居中倒卖者属于毒品交易主体，与前后环节的交易对象是上下家关系，直接参与毒品交易并从中获利。居间介绍者受贩毒者委托，为其介绍联络购毒者的，与贩毒者构成贩卖毒品罪的共同犯罪；明知购毒者以贩卖为目的购买毒品，受委托为其介绍联络贩毒者的，与购毒者构成贩卖毒品罪的共同犯罪；受以吸食为目的的购毒者委托，为其介绍联络贩毒者，毒品数量达到刑法第三百四十八条规定的最低数量标准的，一般与购毒者构成非法持有毒品罪的共同犯罪；同时与贩毒者、购毒者共谋，联络促成双方交易的，通常认定与贩毒者构成贩卖毒品罪的共同犯罪。居间介绍者实施为毒品交易主体提供交易信息、介绍交易对象等帮助行为，对促成交易起次要、辅助作用的，应当认定为从犯；对于以居间介绍者的身份介入毒品交易，但在交易中超出居间介绍者的地位，对交易的发起和达成起重要作用的被告人，可以认定为主犯。两人以上同行运输毒品的，应当从是否明知他人带有毒品，有无共同运输毒品的意思联络，有无实施配合、掩护他人运输毒品的行为等方面综合审查认定是否构成共同犯罪。受雇于同一雇主同行运输毒品，但受雇者之间没有共同犯罪故意，或者虽然明知他人受雇运输毒品，但各自的运输行为相对独立，既没有实施配合、掩护他人运输毒品的行为，又分别按照各自运输的毒品数量领取报酬的，不应认定为共同犯罪。受雇于同一雇主分段运输同一宗毒品，但受雇者之间没有犯罪共谋的，也不应认定为共同犯罪。雇用他人运输毒品的雇主，及其他对受雇者起到一定组织、指挥作用的人员，与各受雇者分别构成运输毒品罪的共同犯罪，对运输的全部毒品数量承担刑事责任。"关于"死刑适用问题"部分第2条"毒品共同犯罪、上下家犯罪的死刑适用"规定："毒品共同犯罪案件的死刑适用应当与该案的毒品数量、社会危害及被告人的犯罪情节、主观恶性、人身危险性相适应。涉案毒品数量刚超过实际掌握的死刑数量标准，依法应当适用死刑的，要尽量区分主犯间的罪责大小，一般只对其中罪责最大的一名主犯判处死刑；各共同犯罪人地位作用相当，或者罪责大小难以区分的，可以不判处被告人死刑；二名主犯的罪责均很突出，且均具有法定从重处罚情节的，也要尽可能比较其主观恶性、人身危险性方面的差异，判处二人死刑要特别慎重。涉案毒品数量达到巨大以上，二名以上主犯的罪责均很突出，或者罪责稍次的主犯具有法定、重大酌定从重处罚情节，判处二人以上死刑符合罪刑相适应原则，并有利于全案量刑平衡的，可以依法判处。对于部分共同犯罪人未到案的案件，在案被告人与未到案共同犯罪人均属罪行极其严重，即使共同犯罪人到案也不影响对在案被告人适用死刑的，可以依法判处在案被告人死刑；在案被告人的罪行不足以判处死刑，或者共同犯罪人归案后全案只宜判处其一人死刑的，不能因为共同犯罪人未到案而对在案被告人适用死刑；在案被告人与未到案共同犯罪人的罪责大小难以准确认定，进而影响准确适用死刑的，不应对在案被告人判处死刑。对于贩卖毒品案件中的上下家，要结合其贩毒数量、次数及对象范围，犯罪的主动性，对促成交易所发挥的作用，犯罪行为的危害后果等因素，综合考虑其主观恶性和人身危险性，慎重、稳妥地决定死刑适用。对于买卖同宗毒品的上下家，涉案毒品数量刚超过实际掌握的死刑数量标准的，一般不能同时判处死刑；上家主动联络销售毒品，积极促成毒品交易的，通常可以判处上家死刑；下家积极筹资，主动向上家约购毒品，对促成毒品交易起更大作用的，可以考虑判处下家死刑。涉案毒品数量达到巨大以上的，也要综合上述因素决定死刑适用，同时判处上下家死刑符合罪刑相适应原则，并有利于全案量刑平衡的，可以依法判处。一案中有多名共同犯罪人、上下家针对同宗毒品实施犯罪的，可以综合运用上述毒品共同犯罪、上下家犯罪的死刑适用原则予以处理。办理毒品犯罪案件，应当尽量将共同犯罪案件或者密切关联的上下游案件进行并案审理；因客观原因造成分案处理的，办案时应当及时了解关联案件的审理进展和处理结果，注重量刑平衡。"

最高人民法院 2015 年 5 月 29 日发布的《关于审理掩饰、隐瞒犯罪所得、犯罪所得收益刑事案件适用法律若干问题的解释》第 5 条规定："事前与盗窃、抢劫、诈骗、抢夺等犯罪分子通谋，掩饰、隐瞒犯罪所得及其产生的收益的，以盗窃、抢劫、诈骗、抢夺等犯罪的共犯论处。"

【立法建言】

建　议： 将《刑法》第 25 条第 2 款修改为："二人以上共同过失犯罪，不以共同犯罪论处；应当负刑事责任的，按照他们所犯的罪及其在共同过失犯罪中所起的作用处罚。"

理　由：

1. 刑法理论并不否认客观存在的共同过失犯罪现象。关于过失罪能否成立共同犯罪的问题，在外国刑法理论上有过失罪有共同犯罪说和过失罪无共同犯罪说两种不同的见解。[①] 但是，即便是过失罪无共同犯罪说也不否认客观上存在共同过失犯罪现象，只是认为在共同过失的场合，"用不着特别作出共犯规定"[②]。在我国，刑法理论的通说认为，"共同过失犯罪，双方缺乏意思联络，不可能形成共同犯罪所要求的有机整体性。并且在共同过失犯罪中，不存在主犯、从犯、教唆犯的区分，只存在过失责任大小的差别，因而也不需要对他们以共同犯罪论处，而只根据各人的过失犯罪情况分别负刑事责任就可以了"。[③] 但晚近以来，刑法学界有人对此提出了不同的看法。例如，有学者认为，依据现代有关过失犯罪理论的发展趋势以及社会发展实践的需要，应肯定共同过失犯罪的存在。[④]

---

① 参见李光灿、马克昌、罗平：《论共同犯罪》，中国政法大学出版社 1987 年版，第 38～39 页。

② 例如，持过失罪无共同犯罪说的日本学者西原春夫认为："过失犯的共犯有种种形态。在各自实施不注意的行动、使结果发生的场合，其过失行为虽然是共同的，因为各人可能认定为单独犯，用不着特别作出共犯规定。归根到底，由于认为在过失犯的场合，不宜援引共犯规定，适用一部分行为全部责任的法理，并且没有这种必要，所以解释为应当否认由于过失的共犯或对过失犯的共犯"（【日】西原春夫：《刑法总论》（改订准备版）（下卷），成文堂 1995 年版，第 385 页。转引自马克昌：《比较刑法原理》，武汉大学出版社 2002 年版，第 591 页）。我国台湾学者林山田也认为："两个以上的行为人由于各自的过失行为，而在同时同地，破坏同一个法益者，则构成过失的平行正犯，虽各个行为人均为过失行为的正犯，但并不成立共同正犯，而各自就其因果关系与客观归责问题判断之"（林山田：《刑法通论》（下册），北京大学出版社 2012 年版，第 126 页）。

③ 高铭暄、马克昌主编：《刑法学》，北京大学出版社、高等教育出版社 2011 年版，第 165 页。

④ 参见李希慧、廖梅："共同过失犯罪若干问题研究"，载《浙江社会科学》2002 年第 5 期。

也有学者认为，应区分过失共同犯罪与共同过失犯罪。"过失共同犯罪是有共同注意义务的行为人由于过失造成了统一的危害结果，而共同过失犯罪只是各过失行为的同时或先后的偶合"。① 还有学者认为，刑法并没有否认客观存在的共同过失犯罪现象，只不过是明确它不与共同故意犯罪实行同一处罚原则。"实际上，我国现实的刑事立法中，无论是1979年的刑法典还是1997年修订的刑法典，从来没有否定过共同过失犯罪的存在"，相关司法解释也肯定了共同过失犯罪。可见，共同故意犯罪与共同过失犯罪是并行不悖的。因此，"无论从文义解释之观点或存在实益（现实）之观点，皆有肯定过失共同正犯之理由"。② 笔者认为，就《刑法》第25条的规定而言，它不但"没有否认客观存在的共同过失犯罪现象"，而且还明确地提出了"共同过失犯罪"的概念，因此，承认客观存在的共同过失犯罪现象并不违反《刑法》第25条的规定。③

2. 司法实践迫切需要明确共同过失犯罪的处理原则。既然承认共同过失犯罪现象，又明确规定共同过失犯罪"不以共同犯罪论处"④，自然就面临如何处理共同过失犯罪的问题。对此，《刑法》第25条第2款确立了"按照他们所犯的罪分别处罚"的原则。但是，由于共同过失行为只造成了一个危害结果，在"他们所犯的罪"相同的情况下，如果仅仅"按照他们所犯的罪分别处罚"，必然导致各共同过失行为人都"分别"对同一个危害结果负全责，从而势必加重共同过失行为人的刑事责任。应当说，这样的处理原则是有违立法初衷的。⑤ 正因如此，早在全面研究修改刑法的过程中，最高人民检察院就提出，"目前在司法实践中处理共同过失案件（如玩忽职守、重大责任事故等）比处理共同故意犯罪案件更难。其中一个主要原因是，刑法关于共同过失负责方式的规定不合实际。实际中发生的共同过失案件，并不是可以明确地将每一个人的行为都划分出来，以确定他们是否要负刑事责任，或者应受何等程度的处罚。对于共同过失案件，也要考虑每个人对危害后果所起的实际作用，在处罚时也要把不同犯罪人进行比较"。⑥ 有学者也提出，"对共同

---

① 参见冯军："论过失共同犯罪"，见高铭暄等编：《西原春夫古稀祝贺论文集》，中国法律出版社、日本成文堂1997年版，第171页。

② 参见孙国祥：《刑法基本问题》，法律出版社2007年版，第379~380页。

③ 参见利子平：《刑法司法解释瑕疵研究》，法律出版社2014年版，第226页。

④ 但是，现行刑法司法解释规定了过失共同犯罪。例如，最高人民法院2000年11月15日发布的《关于审理交通肇事刑事案件具体应用法律若干问题的解释》第5条第2款规定："交通肇事后，单位主管人员、机动车所有人、承包人或者乘车人指使肇事人逃逸，致使被害人因得不到救助而死亡的，以交通肇事罪的共犯论处。"又如，最高人民法院、最高人民检察院2013年6月17日发布的《关于办理环境污染刑事案件适用法律若干问题的解释》第7条规定："行为人明知他人无经营许可证或者超出经营许可范围，向其提供或者委托其收集、贮存、利用、处置危险废物，严重污染环境的，以污染环境罪的共同犯罪论处。"

⑤ "我国刑法之所以对共同过失犯罪实行分别定罪原则，是由于共同过失犯罪之作为单独犯罪的社会危害性程度远逊于共同犯罪这一特点所决定的"（陈兴良：《共同犯罪论》，中国社会科学出版社1992年版，第440~441页）。

⑥ 参见最高人民检察院刑法修改小组："《修改刑法研究报告》（1989年10月12日）"，见高铭暄、赵秉志编：《新中国刑法立法文献资料总览》（下），中国人民公安大学出版社1998年版，第2527页。

过失犯罪各行为人量刑时，除坚持分别量刑外，还应贯彻区别对待的刑事政策和罪刑相适应原则。具体说来，应做到以下两点：第一，应区别各行为人的行为对危害结果的原因力的大小。原则上原因力大的应承担较重的刑事责任。第二，在无法区别原因力大小的情况下，应酌情考虑以下两个情节：一是过失层次。原则上决策过失、指挥过失的刑事责任应重于动作过失。二是过失种类。业务过失的刑事责任原则上应重于一般过失"。[①] 遗憾的是，在修订《刑法》时并未考虑上述意见，以至于在司法实践中时常遇到共同过失犯罪处理难的问题。针对近年来审理危害生产安全犯罪中存在的突出问题，最高人民法院 2011 年 12 月 30 日发布的《关于进一步加强危害生产安全刑事案件审判工作的意见》第 4 条对处理共同过失犯罪提出了"区分责任，均衡量刑"的原则："危害生产安全犯罪，往往涉案人员较多，犯罪主体复杂，既包括直接从事生产、作业的人员，也包括对生产、作业负有组织、指挥或者管理职责的负责人、管理人员、实际控制人、投资人等，有的还涉及国家机关工作人员渎职犯罪。对相关责任人的处理，要根据事故原因、危害后果、主体职责、过错大小等因素，综合考虑全案，正确划分责任，做到罪责刑相适应。"第 8 条第 1 款对正确确定各共同过失行为人的责任作了明确的规定："多个原因行为导致生产安全事故发生的，在区分直接原因与间接原因的同时，应当根据原因行为在引发事故中所具作用的大小，分清主要原因与次要原因，确认主要责任和次要责任，合理确定罪责。"笔者认为，上述规定在一定程度上弥补了《刑法》第 25 条第 2 款的不足，解决了危害生产安全犯罪中共同过失犯罪处理难的问题，但其适用范围有限，因此，应适时将其精神吸收到《刑法》第 25 条第 2 款中。

二、主犯（第 26 条）

【立法沿革】

主犯是在 1979 年《刑法》第 23 条规定的主犯的基础上修改而来的。

在新中国刑法立法史上，对共同犯罪人的分类问题，曾进行过长时间的争论，并提出过许多不同的方案。1950 年的《刑法大纲草案》第 15 条采用分工分类法，将共同犯罪人分为正犯、组织犯、教唆犯和帮助犯四种："二人以上共同犯罪，而有下列情形之一者，皆为正犯。[②] 各按其社会危险性之轻重处罚之：一、事前同谋，临事共同实施犯罪行为者；二、事前同谋，临事未共同实施犯罪行为，而同意共谋人实施犯罪行为者；三、事前主谋，临事未共同实施犯罪行为，而仅雇佣或派遣他人，实施犯罪行为者；四、事前无预谋，临事同情，共同或分担实施犯罪行为者。建立犯罪组织，指导犯罪组织，制定实施犯

---

① 李昌林："论共同过失犯罪"，载《现代法学》1994 年第 3 期。
② 该草案所说的正犯，是指实行犯。

罪计划或指导执行计划者，皆为组织犯。按其所组织的犯罪及犯人的社会危险性之重轻处罚之。教唆他人犯罪者为教唆犯，按其所教唆之罪处罚。提示方法供给工具，以及用其他方法便利他人遂行其犯罪者，为帮助犯，得从轻处罚，决定从轻与否，及从轻程度，应审查帮助行为对于犯罪所生之作用及犯罪人之社会危险性。"1954 年的《刑法指导原则草案》第 7 条分别以分工分类法和作用分类法为标准，设计了两种不同的写法。一种写法为："二人以上共同故意犯罪，应当根据他们在共同犯罪中所起的作用和对社会的危害性，分别担负刑事责任：（一）组织犯　组织、计划或者指挥实行犯罪的人，叫做组织犯。组织犯是共同犯罪中的首恶分子。对于组织犯，应当比其他共犯从重处罚。（二）实行犯　共同犯罪中直接实行犯罪的人叫做实行犯。实行犯中罪恶重大的，应当从重处罚；罪行轻微的，可以从轻或者减轻处罚。（三）教唆犯　教唆别人实行犯罪的人，叫做教唆犯。对于教唆犯，应当按照他所教唆的犯罪处罚。如果被教唆的人，没有实行他所教唆的犯罪，可以减轻或者免予处罚。（四）帮助犯　不直接实行犯罪，而用提供犯罪方法、供给犯罪工具、排除犯罪障碍，或者以其他方法帮助别人实行犯罪的人，叫做帮助犯。对于帮助犯，应当比实行犯从轻、减轻或者免予处罚。对于确实是被胁迫或者盲目附和而参加犯罪的人，不适用共犯的规定。"另一种写法为："二人以上共同故意犯罪，应当根据他们在共同犯罪中的具体情况分别处理：（一）组织、计划、指挥犯罪的人和实行犯罪的主要分子是主犯，对主犯应当比其他参加共同犯罪的罪犯从重处罚。（二）帮助犯罪和其他参加犯罪的人是从犯，对从犯应当比主犯从轻或者减轻处罚。（三）对确实是被欺骗或者被胁迫参加共同犯罪的人，应当按照情节给予适当处罚或免予处罚。"1957 年的《刑法草案》第 22 稿第 23 条采用分工分类法对共同犯罪人进行了分类："共同犯罪的，包括正犯、[①] 教唆犯和帮助犯。"[②]此外，该稿第 27 条还规定了胁从犯："对于被胁迫、被欺骗参加犯罪的，应当按照他的犯罪情节，减轻或者免除处罚。"到了 1963 年，《刑法草案》第 33 稿采用了以作用分类法为

---

　　① "为什么在草案中用'正犯'这一名词，而不用'实行犯'？因为'实行犯'这一名称不科学，实际上不但实行犯去实行犯罪，其他共犯也是实行犯罪的，而用了'实行犯'这一名词就意味着其他的共犯好像坐在那里什么都不干，这与实际情况是不符的。同时正犯是共犯中的主体，是共同犯罪中对犯罪起决定作用的人，因此用'正犯'正能表现他在共犯中的作用"（参见李琪同志在刑法教学座谈会上的报告："《有关草拟〈中华人民共和国刑法草案（初稿）〉的若干问题》（1957 年 8 月印）"，见高铭暄、赵秉志编：《新中国刑法立法文献资料总览》（下），中国人民公安大学出版社 1998 年版，第 1960 页）。

　　② "我们在起草过程中对共犯也曾采用过四分法，将组织犯也作为共犯的一类，但后来经过研究，觉得这样分法虽然有好处，但也有很多矛盾，尚不如采用三分法适当，因而又将组织犯删除了。现在的草案未将组织犯作为共犯的一类，事实上就是将它包括在正犯中了。在分则中，则在组织犯（多称为首要分子）应加重刑罚的条文中，对其规定了较重的法定刑（如第一百零三条、第一百零五条、第一百零八条、第一百三十三条、第一百三十八条等）。采取这种规定方法，既能使组织犯受到相应的刑罚，又能避免扩大组织犯的范围，对巩固人民民主法制是有利的"（参见李琪同志在刑法教学座谈会上的报告："《有关草拟〈中华人民共和国刑法草案（初稿）〉的若干问题》（1957 年 8 月印）"，见高铭暄、赵秉志编：《新中国刑法立法文献资料总览》（下），中国人民公安大学出版社 1998 年版，第 1959 ~ 1960 页）。

主、分工分类法为辅的全新分类方法，^①将共同犯罪人分为主犯、从犯、胁从犯和教唆犯四种。这种分类，一直沿用至今。

我国关于主犯的规定，最早见之于《刑法草案》第33稿。该稿第23条规定："组织、领导犯罪集团进行犯罪活动的或者在共同犯罪中起主要作用的，是主犯。对于主犯，除本法分则已有规定的以外，应当从重处罚。"1979年《刑法》第23条沿用了上述规定，未作任何修改。

1979年《刑法》施行后，全国人大常委会1988年1月21日通过的《关于惩治贪污罪贿赂罪的补充规定》和《关于惩治走私罪的补充规定》，对共同犯罪中的首要分子和其他主犯的处罚原则作了一定的补充。其中，《关于惩治贪污罪贿赂罪的补充规定》第2条第2款规定："二人以上共同贪污的，按照个人所得数额及其在犯罪中的作用，分别处罚。对贪污集团的首要分子，按照集团贪污的总数额处罚；对其他共同贪污犯罪中的主犯，情节严重的，按照共同贪污的总数额处罚。"《关于惩治走私罪的补充规定》第4条第2款规定："二人以上共同走私的，按照个人走私货物、物品的价额及其在犯罪中的作用，分别处罚。对走私集团的首要分子，按照集团走私货物、物品的总价额处罚；对其他共同走私犯罪中的主犯，情节严重的，按照共同走私货物、物品的总价额处罚。"

在刑法修订研拟的过程中，1996年的《刑法修订草案》（征求意见稿）第24条对1979年《刑法》第23条规定的主犯处罚原则作了重大修改。该条第2款规定："对组织、领导犯罪集团的首要分子，按照集团所犯的全部罪行处罚。"第3款规定："对于主犯，应当按照其所参与的全部犯罪处罚。"1996年的《刑法修订草案》第27条在上述规定的基础上，又作了两方面的补充和修改：一是增加了第1款"三人以上为共同实施犯罪而组成

---

① 在修订第22稿的过程中，关于共同犯罪的分类，"这是争论比较多的一个问题。争论的焦点是究竟如何对共犯进行分类？主要有以下几种意见：一种意见主张把共犯分为主犯、从犯、胁从犯，理由是这样分类符合我国历史传统和司法习惯，可以明确打击重点，正确地贯彻'首恶必办、胁从不问'的政策精神，便于量刑（主犯从重处罚，从犯从轻、减轻处罚，胁从犯可以免除处罚）。另一种意见认为，这样分类对定罪问题没有给予解决，共同犯罪之所以列入'犯罪'一章，而不列入'刑罚的具体运用'一章，首先就是要解决定罪问题（例如是杀人，还是教唆杀人？），而定罪是根据犯罪行为（在共同犯罪中就是根据所分工的行为）来定，不是根据在犯罪中所起的作用来定的；而且非主犯即从犯的划分方法过于绝对化，包括不了那种在犯罪中起有一般作用、在量刑上既不应从重也不应从轻、减轻的情况；同时上述分类，忽视了教唆在共同犯罪中的地位，会给审判工作带来不便，但如在主犯、从犯之外另设教唆犯，则又不是一个分类标准，因为教唆犯也可能是主犯。因此，主张还是把共犯分为组织犯、实行犯、教唆犯、帮助犯四类，但为了便于量刑，可以在这个分类的基础上把主从的分类吸收进去，即肯定组织犯是主犯，应当从重处罚，肯定帮助犯是从犯，应当从轻、减轻处罚，至于教唆犯、实行犯，就要根据不同情况区别对待。认为只有这样，才能既解决定罪问题，又解决量刑问题，比较全面。第三种意见主张在第一种意见的基础上，修改非主犯即从犯的说法，承认在主犯和从犯之外，还有非主非从的情况，称之为'其他积极参加犯罪的'。或称之为'要犯'，其量刑原则是既不肯定从重，也不肯定从轻、减轻，而是'根据他在犯罪中所起的作用分别处罚'；同时把教唆犯也规定上一条，以弥补缺陷。目前，这几种意见还没有统一起来"（参见"《关于〈对中华人民共和国刑法草案（初稿）〉的修改意见（1962年6月7日）〉的修改意见报告》（1962年7月16日）"，见高铭暄、赵秉志编：《新中国刑法立法文献资料总览》（下），中国人民公安大学出版社1998年版，第1977～1978页）。

的较为稳定的犯罪组织，是犯罪集团"的规定；二是将"对于主犯，应当按照其所参与的全部犯罪处罚"的规定改为"对于第二款规定以外的主犯，应当按照其所参与的或者组织、指挥的全部犯罪处罚"。修改后的条文为："三人以上为共同实施犯罪而组成的较为稳定的犯罪组织，是犯罪集团。组织、领导犯罪集团进行犯罪活动的或者在共同犯罪中起主要作用的，是主犯。对组织、领导犯罪集团的首要分子，按照集团所犯的全部罪行处罚。对于第二款规定以外的主犯，应当按照其所参与的或者组织、指挥的全部犯罪处罚。"1997 年的《刑法修订草案》（修改稿）第 26 条基本上沿用了上述规定，仅调整了第 1 款和第 2 款的先后顺序。这一修改方案，为现行刑法所采纳。

【立法规定】

《刑法》第 26 条规定："组织、领导犯罪集团进行犯罪活动的或者在共同犯罪中起主要作用的，是主犯。三人以上为共同实施犯罪而组成的较为固定的犯罪组织，是犯罪集团。对组织、领导犯罪集团的首要分子，按照集团所犯的全部罪行处罚。对于第三款规定以外的主犯，应当按照其所参与的或者组织、指挥的全部犯罪处罚。"

【立法释义】

最高人民法院、最高人民检察院、公安部 1984 年 6 月 15 日发布的《关于当前办理集团犯罪案件中具体应用法律的若干问题的解答》第 1 条"怎样办理团伙犯罪的案件？"规定："办理团伙犯罪的重大案件，应当在党的方针政策指导下，依照刑法和《全国人民代表大会常务委员会关于严惩严重危害社会治安的犯罪分子的决定》的有关规定执行。鉴于在刑法和全国人大常委会的有关决定中，只有共同犯罪和犯罪集团的规定，在法律文书中，应当统一使用法律规定的提法。即办理团伙犯罪案件，凡其中符合刑事犯罪集团基本特征的，应按犯罪集团处理；不符合犯罪集团基本特征的，就按一般共同犯罪处理，并根据其共同犯罪的事实和情节，该重判的重判，该轻判的轻判。对犯罪团伙既要坚决打击，又必须打准。不要把三人以上共同犯罪，但罪行较轻、危害较小的案件当作犯罪团伙，进而当作'犯罪集团'来严厉打击。"第 2 条"在办案实践中怎样认定刑事犯罪集团？"规定："刑事犯罪集团一般应具备下列基本特征：（1）人数较多（三人以上），重要成员固定或基本固定。（2）经常纠集一起进行一种或数种严重的刑事犯罪活动。（3）有明显的首要分子。有的首要分子是在纠集过程中形成的，有的首要分子在纠集开始时就是组织者和领导者。（4）有预谋地实施犯罪活动。（5）不论作案次数多少，对社会造成的危害或其具有的危险性都很严重。刑事犯罪集团的首要分子，是指在该集团中起组织、策划、指挥作用的犯罪分子（见刑法第二十三条、第八十六条）[1]。首要分子可以是一名，也可以

---

① 1979 年《刑法》第 23 条、第 86 条。

不止一名。首要分子应对该集团经过预谋、有共同故意的全部罪行负责。集团的其他成员，应按其地位和作用，分别对其参与实施的具体罪行负责。如果某个成员实施了该集团共同故意犯罪范围以外的其他犯罪，则应由他个人负责。对单一的犯罪集团，应按其所犯的罪定性；对一个犯罪集团犯多种罪的，应按其主罪定性；犯罪集团成员或一般共同犯罪的共犯，犯数罪的，分别按数罪并罚的原则处罚。"第4条"办理犯罪集团和一般共同犯罪中的重大案件，怎样执行党的政策，做到区别对待？"规定："办理上述两类案件，应根据犯罪分子在犯罪活动中的地位、作用及危害大小，依照党的政策和刑法、全国人大常委会有关决定的规定，实行区别对待。对犯罪集团的首要分子和其他主犯，一般共同犯罪中的重大案件的主犯，应依法从重严惩，其中罪行特别严重、不杀不足以平民愤的，应依法判处死刑。上述两类案件的从犯，应根据其不同的犯罪情节，比照主犯依法从轻、减轻或者免除刑罚。对于胁从犯，应比照从犯依法减轻处罚或免除处罚。犯罪情节轻微，不需要追究刑事责任的，可以免予起诉或由公安部门作其他处理。对于同犯罪集团成员有一般来往，而无犯罪行为的人，不要株连。"

最高人民法院2000年6月30日发布的《关于审理贪污、职务侵占案件如何认定共同犯罪几个问题的解释》第3条规定："公司、企业或者其他单位中，不具有国家工作人员身份的人与国家工作人员勾结，分别利用各自的职务便利，共同将本单位财物非法占为己有的，按照主犯的犯罪性质定罪。"

最高人民法院2000年9月30日发布的《关于审理单位犯罪案件对其直接负责的主管人员和其他直接责任人员是否区分主犯、从犯问题的批复》规定："在审理单位故意犯罪案件时，对其直接负责的主管人员和其他直接责任人员，可不区分主犯、从犯，按照其在单位犯罪中所起的作用判处刑罚。"

最高人民法院2000年12月5日发布的《关于审理黑社会性质组织犯罪的案件具体应用法律若干问题的解释》第3条规定："组织、领导、参加黑社会性质的组织又有其他犯罪行为的，根据刑法第二百九十四条第三款的规定，依照数罪并罚的规定处罚；对于黑社会性质组织的组织者、领导者，应当按照其所组织、领导的黑社会性质组织所犯的全部罪行处罚；对于黑社会性质组织的参加者，应当按照其所参与的犯罪处罚。对于参加黑社会性质的组织，没有实施其他违法犯罪活动的，或者受蒙蔽、胁迫参加黑社会性质的组织，情节轻微的，可以不作为犯罪处理。"

最高人民法院2001年1月21日发布的《全国法院审理金融犯罪案件工作座谈会纪要》'关于单位犯罪问题'部分第4条"单位共同犯罪的处理"规定："两个以上单位以共同故意实施的犯罪，应根据各单位在共同犯罪中的地位、作用大小，确定犯罪单位的主、从犯。"

最高人民法院 2003 年 11 月 13 日发布的《全国法院审理经济犯罪案件工作座谈会纪要》第二部分"关于贪污罪"第 3 条"国家工作人员与非国家工作人员勾结非法占有单位财物行为的认定"规定："对于国家工作人员与他人勾结，共同非法占有单位财物的行为，应当按照《最高人民法院关于审理贪污、职务侵占案件如何认定共同犯罪几个问题的解释》的规定定罪处罚。对于在公司、企业或者其他单位中，非国家工作人员与国家工作人员勾结，分别利用各自的职务便利，共同将本单位财物非法占有的，应当尽量区分主从犯，按照主犯的犯罪性质定罪。司法实践中，如果根据案件的实际情况，各共同犯罪人在共同犯罪中的地位、作用相当，难以区分主从犯的，可以贪污罪定罪处罚。"第 4 条"共同贪污犯罪中'个人贪污数额'的认定"规定："刑法第三百八十三条第一款规定的'个人贪污数额'，在共同贪污犯罪案件中应理解为个人所参与或者组织、指挥共同贪污的数额，不能只按个人实际分得的赃款数额来认定。对共同贪污犯罪中的从犯，应当按照其所参与的共同贪污的数额确定量刑幅度，并依照刑法第二十七条第二款的规定，从轻、减轻处罚或者免除处罚。"

最高人民法院 2008 年 12 月 1 日发布的《全国部分法院审理毒品犯罪案件工作座谈会纪要》第 9 条"毒品案件的共同犯罪问题"规定："毒品犯罪中，部分共同犯罪人未到案，如现有证据能够认定已到案被告人为共同犯罪，或者能够认定为主犯或者从犯的，应当依法认定。没有实施毒品犯罪的共同故意，仅在客观上为相互关联的毒品犯罪上下家，不构成共同犯罪，但为了诉讼便利可并案审理。审理毒品共同犯罪案件应当注意以下几个方面的问题：一是要正确区分主犯和从犯。区分主犯和从犯，应当以各共同犯罪人在毒品共同犯罪中的地位和作用为根据。要从犯意提起、具体行为分工、出资和实际分得毒赃多少以及共犯之间相互关系等方面，比较各个共同犯罪人在共同犯罪中的地位和作用。在毒品共同犯罪中，为主出资者、毒品所有者或者起意、策划、纠集、组织、雇佣、指使他人参与犯罪以及其他起主要作用的是主犯；起次要或者辅助作用的是从犯。受雇佣、受指使实施毒品犯罪的，应根据其在犯罪中实际发挥的作用具体认定为主犯或者从犯。对于确有证据证明在共同犯罪中起次要或者辅助作用的，不能因为其他共同犯罪人未到案而不认定为从犯，甚至将其认定为主犯或者按主犯处罚。只要认定为从犯，无论主犯是否到案，均应依照刑法关于从犯的规定从轻、减轻或者免除处罚。二是要正确认定共同犯罪案件中主犯和从犯的毒品犯罪数量。对于毒品犯罪集团的首要分子，应按集团毒品犯罪的总数量处罚；对一般共同犯罪的主犯，应按其所参与的或者组织、指挥的毒品犯罪数量处罚；对于从犯，应当按照其所参与的毒品犯罪的数量处罚。三是要根据行为人在共同犯罪中的作用和罪责大小确定刑罚。不同案件不能简单类比，一个案件的从犯参与犯罪的毒品数量可能比另一案件的主犯参与犯罪的毒品数量大，但对这一案件从犯的处罚不是必然重于另一案件的主犯。共同犯罪中能分清主从犯的，不能因为涉案的毒品数量特别巨大，就不分主从犯而一律将被告人认定为主犯或者实际上都按主犯处罚，一律判处重刑甚至死刑。对于共同犯罪中有多个主犯或者共同犯罪人的，处罚上也应做到区别对待。应当全面考察各主犯或者共同犯罪人在共同犯罪中实际发挥作用的差别，主观恶性和人身危险性方面的差异，对罪责或者人身危险性更大的主犯或者共同犯罪人依法判处更重的刑罚。"

最高人民法院、最高人民检察院、公安部 2009 年 12 月 15 日发布的《办理黑社会性质组织犯罪案件座谈会纪要》"关于办理黑社会性质组织犯罪案件的其他问题"部分第 2 条规定："关于黑社会性质组织成员的刑事责任。对黑社会性质组织的组织者、领导者，应根据法律规定和本纪要中关于'黑社会性质组织实施的违法犯罪活动'的规定，按照该组织所犯的全部罪行承担刑事责任。组织者、领导者对于具体犯罪所承担的刑事责任，应当根据其在该起犯罪中的具体地位、作用来确定。对黑社会性质组织中的积极参加者和其他参加者，应按照其所参与的犯罪，根据其在具体犯罪中的地位和作用，依照罪责刑相适应的原则，确定应承担的刑事责任。"

最高人民法院 2010 年 12 月 22 日发布的《关于处理自首和立功若干具体问题的意见》第 8 条第 5 款规定："在共同犯罪案件中，对具有自首、立功情节的被告人的处罚，应注意共同犯罪人以及首要分子、主犯、从犯之间的量刑平衡。犯罪集团的首要分子、共同犯罪的主犯检举揭发或者协助司法机关抓捕同案地位、作用较次的犯罪分子的，从宽处罚与否应当从严掌握，如果从轻处罚可能导致全案量刑失衡的，一般不从轻处罚；如果检举揭发或者协助司法机关抓捕的是其他案件中罪行同样严重的犯罪分子，一般应依法从宽处罚。对于犯罪集团的一般成员、共同犯罪的从犯立功的，特别是协助抓捕首要分子、主犯的，应当充分体现政策，依法从宽处罚。"

最高人民法院、最高人民检察院 2012 年 3 月 29 日发布的《关于办理内幕交易、泄露内幕信息刑事案件具体应用法律若干问题的解释》第 9 条第 2 款规定："构成共同犯罪的，按照共同犯罪行为人的成交总额、占用保证金总额、获利或者避免损失总额定罪处罚，但判处各被告人罚金的总额应掌握在获利或者避免损失总额的一倍以上五倍以下。"

最高人民法院 2015 年 5 月 18 日发布的《全国法院毒品犯罪审判工作座谈会纪要》第二部分第 2 条"共同犯罪认定问题"规定："办理贩卖毒品案件，应当准确认定居间介绍买卖毒品行为，并与居中倒卖毒品行为相区别。居间介绍者在毒品交易中处于中间人地位，发挥介绍联络作用，通常与交易一方构成共同犯罪，但不以牟利为要件；居中倒卖者属于毒品交易主体，与前后环节的交易对象是上下家关系，直接参与毒品交易并从中获利。居间介绍者受贩毒者委托，为其介绍联络购毒者的，与贩毒者构成贩卖毒品罪的共同犯罪；明知购毒者以贩卖为目的购买毒品，受委托为其介绍联络贩毒者的，与购毒者构成贩卖毒品罪的共同犯罪；受以吸食为目的的购毒者委托，为其介绍联络贩毒者，毒品数量达到刑法第三百四十八条规定的最低数量标准的，一般与购毒者构成非法持有毒品罪的共同犯罪；同时与贩毒者、购毒者共谋，联络促成双方交易的，通常认定与贩毒者构成贩卖毒品罪的共同犯罪。居间介绍者实施为毒品交易主体提供交易信息、介绍交易对象等帮助行为，对促成交易起次要、辅助作用的，应当认定为从犯；对于以居间介绍者的身份介入毒品交易，但在交易中超出居间介绍者的地位，对交易的发起和达成起重要作用的被告人，可以认定为主犯。两人以上同行运输毒品的，应当从是否明知他人带有毒品，有无共同运输毒品的意思联络，有无实施配合、掩护他人运输毒品的行为等方面综合审查认定是否构成共同犯罪。受雇于同一雇主同行运输毒品，但受雇者之间没有共同犯罪故意，或者虽然明知他人受雇运输毒品，但各自的运输行为相对独立，既没有实施配合、掩护他人运输毒品的行为，又分别按照各自运输的毒品数量领取报酬的，不应认定为共同犯罪。受雇于同一雇主分段运输同一宗毒品，但受雇者之间没有犯罪共谋的，也不应认定为共同犯罪。雇用他人运输毒品的雇主，及其他对受雇者起到一定组织、指挥作用的人员，与各受雇者分别构成运输毒品罪的共同犯罪，对运输的全部毒品数量承担刑事责任。"

【立法建言】

建　议：将《刑法》第 26 条第 3 款、第 4 款修改为："对于组织、领导犯罪集团的首要分子，按照集团所犯的全部罪行从重处罚。对于第三款规定以外的主犯，应当按照其所参与的或者组织、指挥的全部犯罪从重处罚。"

理　由：

《刑法》第 26 条规定的主犯处罚原则未能充分体现从重的刑事政策。由于各共同犯罪人在共同犯罪中所处的地位和所起的作用可能有所不同，在处理时需要区别对待。因此，1979 年《刑法》第 23 条第 2 款明确规定："对于主犯，除本法分则已有规定的以外，应当从重处罚。"[①] 然而，1997 年修订的《刑法》对主犯的处罚原则作了较大的调整。从立法的初衷来看，"对组织、领导犯罪集团的首要分子，按照集团所犯的全部罪行处罚"，"对于第三款规定以外的主犯，应当按照其所参与的或者组织、指挥的全部犯罪处罚"已

---

① "我国刑法之所以规定对主犯从重处罚，主要是因为主犯具有其他共同犯罪人不可比拟的社会危害性。从主观上说，主犯往往是犯意的发起者，具有较深的主观恶性。从客观上说，主犯在共同犯罪中起着核心的主导作用。尤其是集团犯罪或者聚众犯罪中的首要分子，在共同犯罪中起组织、策划、指挥作用，情节特别严重。所以，对于主犯应当从重处罚。并且，共同犯罪中的主犯不仅罪行重大，而且往往是累犯、惯犯，这些人恶习难改，对其他不稳定分子也具有感染性。因此，刑罚的特殊预防与一般预防的目的，也要求对这些主犯从重处罚"（高铭暄主编：《刑法学原理》（第二卷），中国人民大学出版社 1993 年版，第 466 页）。

经体现了"从重"的精神，因而删去了"应当从重处罚"的规定。① 诚然，对于犯罪集团的首要分子而言，如果其并未参与"集团所犯的全部罪行"，那么，"按照集团所犯的全部罪行处罚"，当然体现了"从重"的精神。但是，如果其参与了"集团所犯的全部罪行"，那么，"按照集团所犯的全部罪行处罚"，则无从体现从重的精神。至于"第三款规定以外的主犯"，"应当按照其所参与的或者组织、指挥的全部犯罪处罚"，乃是天经地义的事情，根本没有体现对主犯从重处罚的精神。正因如此，早在刑法修订研拟的过程中，最高人民法院就曾建议，对于上述两类主犯，都应增加"从重处罚"的规定。②

三、从犯（第 27 条）

【立法沿革】

从犯是在 1979 年《刑法》第 24 条规定的从犯的基础上修改而来的。

如前所述，由于 1950 年的《刑法大纲草案》采用分工分类法对共同犯罪人进行分类，因而只规定了帮助犯而未规定从犯。但是，从刑法理论上说，其所规定的帮助犯属于从犯的一种，因此，可以认为该草案实际上涉及了从犯的内容。该草案第 15 条第 5 项规定："提示方法供给工具，以及用其他方法便利他人遂行其犯罪者，为帮助犯，得从轻处罚，决定从轻与否，及从轻程度，应审查帮助行为对于犯罪所生之作用及犯罪人之社会危险性。"1954 年的《刑法指导原则草案》第 7 条的"另一写法"第 2 项首次尝试性地规定了从犯："帮助犯罪和其他参加实行犯罪的人是从犯，对从犯应当比主犯从轻或者减轻处罚。"然而，1957 年的《刑法草案》第 22 稿第 26 条并未沿袭上述立法例，而是依旧仅规定了帮助犯："用供给工具或者用其他方法帮助他人犯罪的，是帮助犯。事前通谋隐藏犯罪分子或者为犯罪分子毁灭、隐藏犯罪证据的，也是帮助犯。对于帮助犯，应当比正犯从轻或者减轻处罚。"到了 1963 年，《刑法草案》第 33 稿第 24 条正式对从犯作了规定："在共同犯罪中起次要或者辅助作用的，是从犯。对于从犯，应当比照主犯从轻处罚或者减轻处罚。"1979 年《刑法》第 24 条在上述规定的基础上，作了两方面的调整和修改：一是在条文结构方面，将上述规定的内容调整为两款；二是在从宽幅度方面，增加了"免除处罚"的规定。

---

① 在刑法学界，也有学者对此持不同的看法。例如，曲新久教授认为："与 1979 年刑法相比，1997 年刑法没有'主犯从重处罚'的规定，所以，主犯不再是从重处罚的法定情节。对于从犯，刑法规定应当从轻、减轻处罚或者免除处罚，所以主犯与从犯的处罚实际上可以形成差异，而不可能同罚"（曲新久：《刑法学》，中国政法大学出版社 2009 年版，第 150 页）。张明楷教授则认为：对于犯罪集团首要分子以外的主犯，"这意味着现行刑法对这种只是像单独犯那样处罚，而没有像旧刑法那样规定对主犯从重处罚"（张明楷：《刑法学》，法律出版社 2011 年版，第 408 页）。

② 参见最高人民法院刑法修改小组："《关于对〈中华人民共和国刑法（修订草案）〉（征求意见稿）的修改意见》（1996 年 11 月 8 日）"，见高铭暄、赵秉志编：《新中国刑法立法文献资料总览》（下），中国人民公安大学出版社 1998 年版，第 2429 页。

1979 年《刑法》第 24 条规定："在共同犯罪中起次要或者辅助作用的，是从犯。对于从犯，应当比照主犯从轻、减轻处罚或者免除处罚。"

在刑法修订研拟的过程中，1996 年的《刑法修订草案》（征求意见稿）第 25 条沿用了上述第 1 款的规定，仅删去了第 2 款处罚原则中"比照主犯"的表述。这一修改方案，为现行刑法所采纳。

【立法规定】

《刑法》第 27 条规定："在共同犯罪中起次要或者辅助作用的，是从犯。对于从犯，应当从轻、减轻处罚或者免除处罚。"

【立法释义】

最高人民法院 2000 年 9 月 30 日发布的《关于审理单位犯罪案件对其直接负责的主管人员和其他直接责任人员是否区分主犯、从犯问题的批复》规定："在审理单位故意犯罪案件时，对其直接负责的主管人员和其他直接责任人员，可不区分主犯、从犯，按照其在单位犯罪中所起的作用判处刑罚。"

最高人民法院 2001 年 1 月 21 日发布的《全国法院审理金融犯罪案件工作座谈会纪要》'关于单位犯罪问题'部分第 4 条"单位共同犯罪的处理"规定："两个以上单位以共同故意实施的犯罪，应根据各单位在共同犯罪中的地位、作用大小，确定犯罪单位的主、从犯。"

最高人民法院 2003 年 11 月 13 日发布的《全国法院审理经济犯罪案件工作座谈会纪要》第二部分"关于贪污罪"第 3 条"国家工作人员与非国家工作人员勾结非法占有单位财物行为的认定"规定："对于国家工作人员与他人勾结，共同非法占有单位财物的行为，应当按照《最高人民法院关于审理贪污、职务侵占案件如何认定共同犯罪几个问题的解释》的规定定罪处罚。对于在公司、企业或者其他单位中，非国家工作人员与国家工作人员勾结，分别利用各自的职务便利，共同将本单位财物非法占有的，应当尽量区分主从犯，按照主犯的犯罪性质定罪。司法实践中，如果根据案件的实际情况，各共同犯罪人在共同犯罪中的地位、作用相当，难以区分主从犯的，可以贪污罪定罪处罚。"第 4 条"共同贪污犯罪中'个人贪污数额'的认定"规定："刑法第三百八十三条第一款规定的'个人贪污数额'，在共同贪污犯罪案件中应理解为个人所参与或者组织、指挥共同贪污的数额，不能只按个人实际分得的赃款数额来认定。对共同贪污犯罪中的从犯，应当按照其所参与的共同贪污的数额确定量刑幅度，并依照刑法第二十七条第二款的规定，从轻、减轻处罚或者免除处罚。"

最高人民法院 2008 年 12 月 1 日发布的《全国部分法院审理毒品犯罪案件工作座谈会纪要》第 9 条"毒品案件的共同犯罪问题"规定："毒品犯罪中，部分共同犯罪人未到案，如现有证据能够认定已到案被告人为共同犯罪，或者能够认定为主犯或者从犯的，应当依法认定。没有实施毒品犯罪的共同故意，仅在客观上为相互关联的毒品犯罪上下家，不构成共同犯罪，但为了诉讼便利可并案审理。审理毒品共同犯罪案件应当注意以下几个方面的问题：一是要正确区分主犯和从犯。区分主犯和从犯，应当以各共同犯罪人在毒品共同犯罪中的地位和作用为根据。要从犯意提起、具体行为分工、出资和实际分得毒赃多少以及共犯之间相互关系等方面，比较各个共同犯罪人在共同犯罪中的地位和作用。在毒品共同犯罪中，为主出资者、毒品所有者或者起意、策划、纠集、组织、雇佣、指使他人参与犯罪以及其他起主要作用的是主犯；起次要或者辅助作用的是从犯。受雇佣、受指使实施毒品犯罪的，应根据其在犯罪中实际发挥的作用具体认定为主犯或者从犯。对于确有证据证明在共同犯罪中起次要或者辅助作用的，不能因为其他共同犯罪人未到案而不认定为从犯，甚至将其认定为主犯或者按主犯处罚。只要认定为从犯，无论主犯是否到案，均应依照刑法关于从犯的规定从轻、减轻或者免除处罚。二是要正确认定共同犯罪案件中主犯和从犯的毒品犯罪数量。对于毒品犯罪集团的首要分子，应按集团毒品犯罪的总数量处罚；对一般共同犯罪的主犯，应按其所参与的或者组织、指挥的毒品犯罪数量处罚；对于从犯，应当按照其所参与的毒品犯罪的数量处罚。三是要根据行为人在共同犯罪中的作用和罪责大小确定刑罚。不同案件不能简单类比，一个案件的从犯参与犯罪的毒品数量可能比另一案件的主犯参与犯罪的毒品数量大，但对这一案件从犯的处罚不是必然重于另一案件的主犯。共同犯罪中能分清主从犯的，不能因为涉案的毒品数量特别巨大，就不分主从犯而一律将被告人认定为主犯或者实际上都按主犯处罚，一律判处重刑甚至死刑。对于共同犯罪中有多个主犯或者共同犯罪人的，处罚上也应做到区别对待。应当全面考察各主犯或者共同犯罪人在共同犯罪中实际发挥作用的差别，主观恶性和人身危险性方面的差异，对罪责或者人身危险性更大的主犯或者共同犯罪人依法判处更重的刑罚。"

最高人民法院 2010 年 12 月 22 日发布的《关于处理自首和立功若干具体问题的意见》第 8 条第 5 款规定："在共同犯罪案件中，对具有自首、立功情节的被告人的处罚，应注意共同犯罪人以及首要分子、主犯、从犯之间的量刑平衡。犯罪集团的首要分子、共同犯罪的主犯检举揭发或者协助司法机关抓捕同案地位、作用较次的犯罪分子的，从宽处罚与否应当从严掌握，如果从轻处罚可能导致全案量刑失衡的，一般不从轻处罚；如果检举揭发或者协助司法机关抓捕的是其他案件中罪行同样严重的犯罪分子，一般应依法从宽处罚。对于犯罪集团的一般成员、共同犯罪的从犯立功的，特别是协助抓捕首要分子、主犯的，应当充分体现政策，依法从宽处罚。"

最高人民法院、最高人民检察院、公安部、司法部 2013 年 10 月 23 日发布的《关于依法惩治性侵害未成年人犯罪的意见》第 24 条规定："介绍、帮助他人奸淫幼女、猥亵儿童的，以强奸罪、猥亵儿童罪的共犯论处。"

最高人民法院 2015 年 5 月 18 日发布的《全国法院毒品犯罪审判工作座谈会纪要》第二部分第 2 条 "共同犯罪认定问题"规定："办理贩卖毒品案件，应当准确认定居间介绍买卖毒品行为，并与居中倒卖毒品行为相区别。居间介绍者在毒品交易中处于中间人地位，发挥介绍联络作用，通常与交易一方构成共同犯罪，但不以牟利为要件；居中倒卖者属于毒品交易主体，与前后环节的交易对象是上下家关系，直接参与毒品交易并从中获利。居间介绍者受贩毒者委托，为其介绍联络购毒者的，与贩毒者构成贩卖毒品罪的共同犯罪；明知购毒者以贩卖为目的购买毒品，受委托为其介绍联络贩毒者的，与购毒者构成贩卖毒品罪的共同犯罪；受以吸食为目的的购毒者委托，为其介绍联络贩毒者，毒品数量达到刑法第三百四十八条规定的最低数量标准的，一般与购毒者构成非法持有毒品罪的共同犯罪；同时与贩毒者、购毒者共谋，联络促成双方交易的，通常认定与贩毒者构成贩卖毒品罪的共同犯罪。居间介绍者实施为毒品交易主体提供交易信息、介绍交易对象等帮助行为，对促成交易起次要、辅助作用的，应当认定为从犯；对于以居间介绍者的身份介入毒品交易，但在交易中超出居间介绍者的地位，对交易的发起和达成起重要作用的被告人，可以认定为主犯。两人以上同行运输毒品的，应当从是否明知他人带有毒品，有无共同运输毒品的意思联络，有无实施配合、掩护他人运输毒品的行为等方面综合审查认定是否构成共同犯罪。受雇于同一雇主同行运输毒品，但受雇者之间没有共同犯罪故意，或者虽然明知他人受雇运输毒品，但各自的运输行为相对独立，既没有实施配合、掩护他人运输毒品的行为，又分别按照各自运输的毒品数量领取报酬的，不应认定为共同犯罪。受雇于同一雇主分段运输同一宗毒品，但受雇者之间没有犯罪共谋的，也不应认定为共同犯罪。雇用他人运输毒品的雇主，及其他对受雇者起到一定组织、指挥作用的人员，与各受雇者分别构成运输毒品罪的共同犯罪，对运输的全部毒品数量承担刑事责任。"

【立法建言】

建　议：将《刑法》第 27 条第 2 款修改为："对于从犯，应当按照其所参与的犯罪从轻、减轻处罚或者免除处罚。"

理　由：

《刑法》第 27 条第 2 款对从犯的处罚采取必减主义，且无须比照主犯处罚。"其原因在于：在共同犯罪中，从犯所起的作用及所犯的罪行相对于主犯来说一般情况下要轻得多，根据罪刑相适应的原则，对其在处罚上相对轻一些，这是理所当然的。"[1] 至于"在什么情况下从轻、减轻或者免除处罚，这需要考虑他所参加实施的犯罪性质、情节轻重、

---

[1]　王作富主编：《刑法》，中国人民大学出版社 2011 年版，第 133 页。

参与实施犯罪的程度以及他在犯罪中所起作用的次要程度等情况来确定。"① 换言之，对于从犯，并不是毫无根据地采取"应当从轻、减轻处罚或者免除处罚"的原则，而是应当按照其参与实施犯罪的程度及在共同犯罪中所起的作用从宽处罚。在司法实践中，通常也是按照从犯所参与犯罪的情况来确定量刑幅度，然后再依法从轻、减轻处罚或者免除处罚。② 正因如此，早在刑法修订研拟的过程中，最高人民法院就曾建议，在从犯的处罚原则中，应当增加"按照其所参与的犯罪"的规定。③

四、胁从犯（第 28 条）

【立法沿革】

胁从犯是在 1979 年《刑法》第 25 条规定的胁从犯的基础上修改而来的。

从立法源流来看，胁从犯最早见之于 1954 年的《刑法指导原则草案》。该草案第 7 条设计的两种不同写法均规定了胁从犯。其中，第一种写法的第 2 款规定："对于确实是被胁迫或者盲目附和而参加犯罪的人，不适用共犯的规定。"第二种写法的第 3 项规定："对确实是被欺骗或者被胁迫参加共同犯罪的人，应当按照情节给予适当处罚或免予处罚。"1957 年的《刑法草案》第 22 稿虽然在"共同犯罪"一节中规定了胁从犯，但其共犯的分类却未包括胁从犯。④ 该稿第 27 条规定："对于被胁迫、被欺骗参加犯罪的，应当按照他的犯罪情节，减轻或者免除处罚。"到了 1963 年，《刑法草案》第 33 稿第 25 条正式将胁从犯列为共同犯罪人的一种，并对上述规定作了两方面的修改：一是在文字表述方面，将"被欺骗"改为"被诱骗"；二是在处罚原则方面，将"减轻或者免除处罚"改为"比照从犯减轻处罚或者免除处罚"。这一修改方案，为 1979 年《刑法》所采纳。

1979 年《刑法》第 25 条规定："对于被胁迫、被诱骗参加犯罪的，应当按照他的犯罪情节，比照从犯减轻处罚或者免除处罚。"

在刑法修订研拟的过程中，1996 年的《刑法修订草案》（征求意见稿）第 26 条对上

---

① 高铭暄、马克昌主编：《刑法学》，北京大学出版社、高等教育出版社 2011 年版，第 175 页。

② 例如，最高人民法院 2003 年 11 月 13 日发布的《全国法院审理经济犯罪案件工作座谈会纪要》第二部分"关于贪污罪"第 4 条"共同贪污犯罪中'个人贪污数额'的认定"规定："刑法第三百八十三条第一款规定的'个人贪污数额'，在共同贪污犯罪案件中应理解为个人所参与或者组织、指挥共同贪污的数额，不能只按个人实际分得的赃款数额来认定。对共同贪污犯罪中的从犯，应当按照其所参与的共同贪污的数额确定量刑幅度，并依照刑法第二十七条第二款的规定，从轻、减轻处罚或者免除处罚。"

③ 参见最高人民法院刑法修改小组："《关于对〈中华人民共和国刑法（修订草案）〉（征求意见稿）的修改意见》（1996 年 11 月 8 日）"，见高铭暄、赵秉志编：《新中国刑法立法文献资料总览》（下），中国人民公安大学出版社 1998 年版，第 2429 页。

④ 该稿第 23 条明确规定："共同犯罪的，包括正犯、教唆犯和帮助犯。"

述规定作了两处删改：一是删去了"被诱骗参加犯罪"的情形；① 二是删去了处罚原则中"比照从犯"的内容。这一修改方案，为现行刑法所采纳。

【立法规定】

《刑法》第 28 条规定："对于被胁迫参加犯罪的，应当按照他的犯罪情节减轻处罚或者免除处罚。"

【立法释义】

最高人民法院、最高人民检察院 1999 年 10 月 9 日发布的《关于办理组织和利用邪教组织犯罪案件具体应用法律若干问题的解释》第 9 条第 2 款规定："对于受蒙蔽、胁迫参加邪教组织并已退出和不再参加邪教组织活动的人员，不作为犯罪处理。"

最高人民检察院 2013 年 12 月 27 日发布的《人民检察院办理未成年人刑事案件的规定》第 26 条规定："对于犯罪情节轻微，具有下列情形之一，依照刑法规定不需要判处刑罚或者免除刑罚的未成年犯罪嫌疑人，一般应当依法作出不起诉决定：（一）被胁迫参与犯罪的……"第 27 条规定："对于未成年人实施的轻伤害案件、初次犯罪、过失犯罪、犯罪未遂的案件以及被诱骗或者被教唆实施的犯罪案件等，情节轻微，犯罪嫌疑人确有悔罪表现，当事人双方自愿就民事赔偿达成协议并切实履行或者经被害人同意并提供有效担保，符合刑法第三十七条规定的，人民检察院可以依照刑事诉讼法第一百七十三条第二款的规定作出不起诉决定，并可以根据案件的不同情况，予以训诫或者责令具结悔过、赔礼道歉、赔偿损失，或者由主管部门予以行政处罚。"第 59 条第 1 款规定："对于具有下列情形之一，依法可能判处拘役、三年以下有期徒刑，有悔罪表现，宣告缓刑对居住社区没有重大不良影响，具备有效监护条件或者社会帮教措施、适用缓刑确实不致再危害社会的未成年被告人，人民检察院应当建议人民法院适用缓刑：……（二）主观恶性不大的初犯或者胁从犯、从犯……"

【立法建言】

建　议：将《刑法》第 28 条修改为："对于被胁迫参加犯罪的，应当按照其所参与的犯罪减轻处罚或者免除处罚。"

理　由：

"被胁迫参加犯罪"本身就是一种犯罪情节，再规定"按照他的犯罪情节"纯属"多此一举"，没有必要。此外，从共同犯罪规定内部协调的角度来看，也宜将"按照他的犯

---

① "在刑法修订研拟过程中，一些学者提出：刑法理论和司法实践中对'被诱骗'如何理解，常有歧见；如何认定较难掌握。而且'被诱骗'与'被胁迫'是两个不同的概念，前者不能成为胁从犯的特征。因此应删去'被诱骗'一词。立法机关采纳了上述意见，在修订的刑法中只保留了'被胁迫'的概念，从而使构成胁从犯的条件更趋科学和明确"（参见高铭暄：《中华人民共和国刑法的孕育诞生和发展完善》，北京大学出版社 2012 年版，第 208 页）。

罪情节"改为"按照其所参与的犯罪"①。

五、教唆犯（第 29 条）

【立法沿革】

教唆犯是在 1979 年《刑法》第 26 条规定的教唆犯的基础上修改而来的。

在刑法起草的过程中，有关教唆犯的规定，主要是围绕教唆犯的处罚原则这一主线不断进行完善。1950 年的《刑法大纲草案》第 15 条第 4 项确立了"按其所教唆之罪处罚"的原则："教唆他人犯罪者为教唆犯，按其所教唆之罪处罚。"1954 年的《刑法指导原则草案》第 7 条第 1 款第 3 项在上述规定的基础上，增加了"如果被教唆的人，没有实行他所教唆的犯罪，可以减轻或者免予处罚"的规定。1957 年的《刑法草案》第 22 稿第 25 条基本上沿用了上述规定，仅增加了"教唆不满十八岁的人犯罪的，从重处罚"的规定。修改后的条文为："教唆他人犯罪的，是教唆犯。对于教唆犯，根据他所教唆的罪处罚；如果被教唆的人，没有犯被教唆的罪，对于教唆犯可以减轻或者免除处罚。教唆不满十八岁的人犯罪的，从重处罚。"到了 1963 年，《刑法草案》第 33 稿第 26 条对上述处罚原则作了两方面的修改：一是将教唆犯处罚的基本原则由"根据他所教唆的罪处罚"改为"应当按照他在共同犯罪中所起的作用处罚"②；二是将教唆未遂的处罚原则由"可以减轻或者免除处罚"改为"可以从轻、减轻或者得免除处罚"。1979 年《刑法》第 26 条在上述规定的基础上，删去了第 2 款中的"免除处罚"。

1979 年《刑法》第 26 条规定："教唆他人犯罪的，应当按照他在共同犯罪中所起的作用处罚。教唆不满十八岁的人犯罪的，应当从重处罚。如果被教唆的人没有犯被教唆的罪，对于教唆犯，可以从轻或者减轻处罚。"

在刑法修订研拟的过程中，1996 年的《刑法修订草案》（征求意见稿）第 27 条沿用了上述规定，未作任何修改。1996 年的《刑法修订草案》第 30 条则对教唆犯处罚的基本原则作了较大的修改，将"应当按照他在共同犯罪中所起的作用处罚"改为"应当按照共同犯罪中的主犯处罚"。到了 1997 年，《刑法修订草案》（修改稿）第 29 条又将其改回了"应当按照他在共同犯罪中所起的作用处罚"；同时，还将其中"不满十八岁的人"改为"不满十八周岁的人"。这一修改方案，为现行刑法所采纳。

---

① "'所参与的犯罪'是对首要分子以外的共同犯罪人确定量刑幅度的基本标准；具体处罚则要根据共同犯罪人在共同犯罪中的地位、作用，在法定刑幅度内从重、从轻处罚或者低于法定最低刑减轻、免除处罚"（参见最高人民法院刑法修改小组："《关于对〈中华人民共和国刑法（修订草案）〉（征求意见稿）的修改意见》（1996 年 11 月 8 日）"，见高铭暄、赵秉志编：《新中国刑法立法文献资料总览》（下），中国人民公安大学出版社 1998 年版，第 2429 页）。

② 其修改的理由是："'按所起作用处罚'比'按所教唆的罪处罚'，更能表现共同犯罪量刑上的实质原则；同时，提'按所起作用处罚'，就可把教唆犯这一类别同主犯、从犯的分类从实质上统一起来"（参见高铭暄：《中华人民共和国刑法的孕育和诞生》，法律出版社 1981 年版，第 57 页）。

【立法规定】

《刑法》第 29 条规定："教唆他人犯罪的，应当按照他在共同犯罪中所起的作用处罚。教唆不满十八周岁的人犯罪的，应当从重处罚。如果被教唆的人没有犯被教唆的罪，对于教唆犯，可以从轻或者减轻处罚。"

【立法释义】

最高人民法院、最高人民检察院 2001 年 6 月 4 日发布的《关于办理组织和利用邪教组织犯罪案件具体应用法律若干问题的解释（二）》第 9 条规定："组织、策划、煽动、教唆、帮助邪教组织人员自杀、自残的，依照刑法第二百三十二条、第二百三十四条的规定，以故意杀人罪、故意伤害罪定罪处罚。"

最高人民法院 2004 年 12 月 30 日发布的《关于审理破坏公用电信设施刑事案件具体应用法律若干问题的解释》第 4 条规定："指使、组织、教唆他人实施本解释规定的故意犯罪行为的，按照共犯定罪处罚。"

最高人民法院 2008 年 12 月 1 日发布的《全国部分法院审理毒品犯罪案件工作座谈会纪要》第 9 条中规定："区分主犯和从犯，应当以各共同犯罪人在毒品共同犯罪中的地位和作用为根据。要从犯意提起、具体行为分工、出资和实际分得毒赃多少以及共犯之间相互关系等方面，比较各个共同犯罪人在共同犯罪中的地位和作用。在毒品共同犯罪中，为主出资者、毒品所有者或者起意、策划、纠集、组织、雇佣、指使他人参与犯罪以及其他起主要作用的是主犯；起次要或者辅助作用的是从犯。"

【立法建言】

建 议： 将《刑法》第 29 条第 2 款修改为："被教唆的人没有接受教唆犯的教唆或者没有实施被教唆的犯罪，对于教唆犯，可以从轻或者减轻处罚。"

理 由：

在刑法理论上，对"被教唆的人没有犯被教唆的罪"的规定，存在诸多争议。"有的同志认为：在被教唆的人没有犯被教唆之罪的情况下，教唆行为就共同犯罪来说，不过是处于犯罪的预备阶段，因而对教唆犯应独立地就其教唆行为按共同犯罪的预备行为负责。也有些同志认为：在被教唆的人没有犯被教唆之罪的情况下，实际上不存在共同犯罪的事实，但教唆犯罪的行为已经实行终了，因此对教唆犯应当独立地就其教唆既遂行为负责。还有些同志认为：当被教唆的人没有犯被教唆之罪的情况下，教唆犯实际上是教唆未遂，因此应当依其所教唆的犯罪独立地负教唆未遂的责任。"[1] 目前，我国刑法理论的通说采上述第三种观点。但晚近以来，刑法学界有人对此提出了不同的看法。例如，有学者认为，上述观点不符合《刑法》第 29 条第 2 款和《刑法》第 23 条的规定，也不符合我国司

---

① 李光灿、马克昌、罗平：《论共同犯罪》，中国政法大学出版社 1987 年版，第 94 ~ 95 页。

法实践的实际情况。《刑法》第 29 条第 2 款规定的"犯被教唆的罪"，是指着手实行教唆犯教唆的刑法分则所规定的犯罪并且完成该犯罪。"没有犯被教唆的罪"就是指着手实行了刑法分则规定的犯罪但是没有完成而呈现未遂、中止的形态。[①] 有学者则认为，"根据共犯从属性立场，这种情况属于未遂犯的教唆犯。例如，甲教唆乙杀人，乙着手实行杀人而未遂。在这种情况下，一方面要适用刑法第 29 条第 1 款，判断教唆犯甲的作用。另一方面，对于教唆犯甲适用第 29 条第 2 款，对于正犯乙则适用刑法第 23 条。"[②] 此外，在通说中，对"被教唆的人没有犯被教唆的罪"的具体情形也有不同的看法。例如，有学者认为，"所谓被教唆的人没有犯被教唆的罪，包括以下三种情况：（1）被教唆人拒绝了教唆人的教唆；（2）被教唆人虽然当时接受了教唆人的教唆，但事后又放弃了犯意，或者尚未来得及进行任何犯罪活动；（3）被教唆人虽然当时接受了教唆人的教唆，但实际上实施的并非被教唆的罪，而是其他犯罪，并且这种其他犯罪与教唆人的教唆之罪没有重合关系。"[③] 也有学者在上述情形的基础上，增加了"教唆犯对被教唆人进行教唆时，被教唆人已有实施该种犯罪的故意，即被教唆人实施犯罪不是教唆犯的教唆所引起"的情况。[④] 还有学者唯恐遗漏，因而增加了"等等"情况。[⑤] 笔者认为，对"被教唆的人没有犯被教唆的罪"的规定究竟应当如何理解，在理论上可以作进一步的探讨。但是，就立法而言，在理论上业已产生诸多争议的情况下，理应尽快明确、具体地加以规定，以免造成实践中的混乱。笔者建议，可以将"被教唆的人没有犯被教唆的罪"具体概括为两种情形：一是被教唆的人没有接受教唆犯的教唆；二是被教唆的人没有实施被教唆的犯罪。至于"被教唆人实施犯罪不是教唆犯的教唆所引起"的情况，则根本不属于"被教唆的人没有犯被教唆的罪"的范畴，在此可不予考虑。

第四节　单位犯罪

一、单位犯罪的成立范围（第 30 条）

【立法沿革】

单位犯罪的成立范围是 1997 年《刑法》第 30 条增设的规定。

---

① 参见曲新久：《刑法学》，中国政法大学出版社 2009 年版，第 156～157 页。
② 张明楷：《刑法学》，法律出版社 2011 年版，第 410 页。
③ 王作富主编：《刑法》，中国人民大学出版社 2011 年版，第 136 页。
④ 高铭暄、马克昌主编：《刑法学》，北京大学出版社、高等教育出版社 2011 年版，第 178 页。
⑤ 刘艳红主编：《刑法学》（上），北京大学出版社 2014 年版，第 264 页。

单位犯罪在外国刑法中称之为"法人犯罪"，它是相对于自然人犯罪而言的一个范畴。新中国成立以来，由于我国长期实行计划经济体制，因此，历次刑法草案和 1979 年《刑法》均未规定单位犯罪。

1979 年《刑法》施行后，"一些学者专家根据经济犯罪增多，法人参与犯罪活动、危害严重的新情况，提出了同法人犯罪作斗争的理论，引起了理论界的热烈争论，存在着否定说与肯定说两种截然不同的观点"。① 随着单位犯罪现象的日益增多，肯定说逐渐占据了主导地位。在此背景下，全国人大常委会 1987 年 1 月 22 日通过的《中华人民共和国海关法》第 47 条第 4 款率先规定了单位走私罪："企业事业单位、国家机关、社会团体犯走私罪的，由司法机关对其主管人员和直接责任人员依法追究刑事责任；对该单位判处罚金，判处没收走私货物、物品、走私运输工具和违法所得。"这是我国首次在立法上明确规定单位可以作为犯罪主体，它从立法上突破了单位不能成为犯罪主体的传统模式。1988 年 1 月 21 日全国人大常委会通过的《关于惩治走私罪的补充规定》和《关于惩治贪污罪贿赂罪的补充规定》，除了再次确认单位可以成为走私罪的主体以外，还进一步规定单位可以成为逃汇罪、非法倒卖外汇牟利的投机倒把罪、受贿罪和行贿罪的犯罪主体。此后，全国人大常委会又相继在《关于禁毒的决定》等 10 余部单行刑法中对单位犯罪的范围作了进一步的扩大。这些特别规定，从内容上和程序上确认了单位可以成为 50 余种犯罪的犯罪主体。

在全面研究修改刑法的过程中，1988 年 9 月的刑法修改稿首次在总则第二章"犯罪"中专节规定了"法人犯罪"。该节第 1 条规定："法人故意违反法律，严重危害国家利益、公共利益或者公民个人的合法权益，构成犯罪的，是法人犯罪。"第 4 条规定："非法人团体犯罪的，以法人犯罪论。"② 但是，1988 年 11 月 16 日的刑法修改稿并没有采用上述立法模式，而是将"法人犯罪"的规定移入总则第五章"其他规定"之中。该稿第 84 条规定："本法规定适用于法人、非法人团体的犯罪。法人、非法人团体犯罪的，对其直接负责的主管人员和其他直接责任人员，参照本法对个人犯罪的规定处罚；对法人、非法人团体，判处罚金，并适用本法第六十条、第六十一条的规定。"③ 1988 年的《刑法修改稿》

---

① 相关学术观点及其理由，可参见利子平主编：《刑法原理》，江西高校出版社 1995 年版，第 70 页，本书不予赘述。

② 该稿总则第二章第四节"法人犯罪"中共设有 4 个条文，均未编序号。为便于表述，本书依序将其编为该节的第 1 条、第 2 条、第 3 条和第 4 条，特此说明。

③ 该稿第 60 条规定："犯罪分子违法所得的一切财物，应当予以追缴或者责令退赔；违禁品和供犯罪所用的本人财物，应当予以没收；因犯罪行为而使被害者遭受经济损失的，应根据情况判处赔偿经济损失。"第 61 条规定："对于犯罪情节轻微不需要判处刑罚的，可以免予刑事处分，但仍应适用本法前条的规定，并可以根据案件的不同情况，予以训诫或者责令具结悔过、赔礼道歉，或者由主管部门予以行政处分。"

沿袭了上述立法模式，在总则第五章"其他规定"中专条规定了法人犯罪。① 该条第 1 款规定："法人为谋取非法利益，由法定代理人或者其他受委托人员以法人名义实施犯罪的，是法人犯罪。"到了 1995 年 8 月 8 日，《刑法总则修改稿》首次将"法人犯罪"的称谓改为"单位犯罪"②，并专节规定了"单位犯罪"。该稿第 27 条第 1 款规定："企业、事业单位、机关、团体，为本单位谋取利益，经单位的决策机构或者人员决定，实施犯罪的，是单位犯罪。"③ 1996 年的《刑法修订草案》（征求意见稿）第 28 条在上述规定的基础上，主要作了两处修改和补充：一是将"经单位的决策机构或者人员决定"改为"经单位集体研究决定或者由负责人员决定"；二是增加了"单位犯罪，法律有规定的才处罚"的规定。修改后的条文为："企业、事业单位、机关、团体为本单位谋取非法利益，经单位集体研究决定或者由负责人员决定实施犯罪的，是单位犯罪。""单位犯罪，法律有规定的才处罚。"1996 年的《刑法修订草案》第 31 条基本上沿用了上述规定，仅在第 1 款单位的范围中增加了"公司"。1997 年的《刑法修订草案》（修改稿）第 30 条在上述规定的基础上，将第 2 款修改为"法律规定为单位犯罪的，应当负刑事责任"。1997 年 3 月 1 日，提交给八届全国人大五次会议审议的《中华人民共和国刑法（修订草案）》第 31 条又将上述第 2 款的规定修改为"单位犯罪，法律有规定的才负刑事责任。"在分组审议该草案时，"有的代表提出，根据上述规定'为本单位谋取非法利益'是单位犯罪的构成条件之一，但分则规定的单位犯罪中，有的是过失犯罪，上述规定与分则的具体规定不吻合。"④ 有

---

① 该条设置于该章之首，第 78 条与第 79 条之间，但未编条文序号，说明该条的地位尚处于不确定的状态。

② "使用'单位犯罪'一词，而不使用'法人犯罪'一词，能更完整地概括法人犯罪和非法人犯罪的外延。因为'单位'一词并不限于民法意义上的法人组织，还包括非法人组织在内，这样规定更符合我国司法实践中除法人犯罪外还有非法人犯罪的现实情况"（王作富主编：《刑法》，中国人民大学出版社 2011 年版，第 72 页）。但是，在刑法修订研拟的过程中，最高人民法院提出，建议将"单位犯罪"的表述改为"法人犯罪"。其理由是："（1）单位不是法律上的概念，含义模糊，不好界定。法人则是法律上的概念，我国的其他法律如民法、民事诉讼法、行政诉讼法中都使用了'法人'一词；'法人犯罪'在国际上也是通用的概念。（2）使用'法人犯罪'，辅之以'非法人组织犯罪，以法人犯罪论'，可以避免仅仅使用'法人犯罪'带来的对非法人组织犯罪无法适用法律的问题。（3）法人包括某些私营企业，但私营企业与个人还是不同。特别是在财产上，私营企业的财产与私营企业主个人财产在法律地位上是不同的。对具有法人资格的私营企业的犯罪应与私营企业主的个人犯罪区别开来。在社会主义市场经济条件下，国家对不同的经济主体在法律上应给予同等的保护，因此，对私营企业犯罪也应像对其他法人犯罪一样处罚"（参见最高人民法院刑法修改小组："《关于对〈中华人民共和国刑法（修订草案）〉（征求意见稿）的修改意见》（1996 年 11 月 8 日）"，见高铭暄、赵秉志编：《新中国刑法立法文献资料总览》（下），中国人民公安大学出版社 1998 年版，第 2430 页）。修订的《刑法》施行后，也有学者对单位犯罪的提法提出了质疑："'单位'（Unit or Unity）之提法，法律属性不足，不严谨，不如干脆代之以'法人'（legal entity）。国外刑法均称'法人犯罪'。'单位现象'是'文革'或新中国成立以来体制所造成的特有现象，个人对于单位犹如原始社会中个人对于氏族，是不正常的。在今天，'单位'仅有服务处所或机构之含义"（范忠信："再论新刑法的局限与缺陷"，载《法学》1999 年第 6 期）。

③ 该条的"另一方案"规定："单位实施犯罪的，依照分则的规定处罚。"

④ 参见全国人大法律委员会办公室："《八届全国人大五次会议分组审议〈中华人民共和国刑法（修订草案）〉的意见》（1997 年 3 月 6 日印）"，见高铭暄、赵秉志编：《新中国刑法立法文献资料总览》（下），中国人民公安大学出版社 1998 年版，第 2227 页。

鉴于此，1997 年《刑法》第 30 条对上述规定作了较大修改：一是删去了单位犯罪特征的规定；二是增加了"危害社会"的内容；三是调整了条文的结构。

【立法规定】

《刑法》第 30 条规定："公司、企业、事业单位、机关、团体实施的危害社会的行为，法律规定为单位犯罪的，应当负刑事责任。"

【立法释义】

全国人大常委会 2014 年 4 月 24 日通过的《关于〈中华人民共和国刑法〉第三十条的解释》规定："公司、企业、事业单位、机关、团体等单位实施刑法规定的危害社会的行为，刑法分则和其他法律未规定追究单位的刑事责任的，对组织、策划、实施该危害社会行为的人依法追究刑事责任。"

最高人民法院 1999 年 6 月 25 日发布的《关于审理单位犯罪案件具体应用法律有关问题的解释》第 1 条规定："刑法第三十条规定的'公司、企业、事业单位'，既包括国有、集体所有的公司、企业、事业单位，也包括依法设立的合资经营、合作经营企业和具有法人资格的独资、私营等公司、企业、事业单位。"第 2 条规定："个人为进行违法犯罪活动而设立的公司、企业、事业单位实施犯罪的，或者公司、企业、事业单位设立后，以实施犯罪为主要活动的，不以单位犯罪论处。"第 3 条规定："盗用单位名义实施犯罪，违法所得由实施犯罪的个人私分的，依照刑法有关自然人犯罪的规定定罪处罚。"

最高人民法院 2001 年 1 月 21 日发布的《全国法院审理金融犯罪案件工作座谈会纪要》"关于单位犯罪问题"部分第 1 条规定："根据刑法和《最高人民法院关于审理单位犯罪案件具体应用法律有关问题的解释》规定，以单位名义实施犯罪，违法所得归单位所有的，是单位犯罪。1. 单位的分支机构或者内设机构、部门实施犯罪行为的处理。以单位的分支机构或者内设机构、部门的名义实施犯罪，违法所得亦归分支机构或者内设机构、部门所有的，应认定为单位犯罪。不能因为单位的分支机构或者内设机构、部门没有可供执行罚金的财产，就不将其认定为单位犯罪，而按照个人犯罪处理……""关于金融诈骗罪"部分第 2 条规定："贷款诈骗罪的认定和处理。贷款诈骗犯罪是目前案发较多的金融诈骗犯罪之一。审理贷款诈骗犯罪案件，应当注意以下两个问题：一是单位不能构成贷款诈骗罪。根据刑法第三十条和第一百九十三条的规定，单位不构成贷款诈骗罪。对于单位实施的贷款诈骗行为，不能以贷款诈骗罪定罪处罚，也不能以贷款诈骗罪追究直接负责的主管人员和其他直接责任人员的刑事责任。但是，在司法实践中，对于单位十分明显地以非法占有为目的，利用签订、履行借款合同诈骗银行或其他金融机构贷款，符合刑法第二百二十四条规定的合同诈骗罪构成要件的，应当以合同诈骗罪定罪处罚。二是要严格区分贷款诈骗与贷款纠纷的界限。对于合法取得贷款后，没有按规定的用途使用贷款，到期没有归还贷款的，不能以贷款诈骗罪定罪处罚；对于确有证据证明行为人不具有非法占有的目的，因不具备贷款的条件而采取了欺骗手段获取贷款，案发时有能力履行还贷义务，或者案发时不能归还贷款是因为意志以外的原因，如因经营不善、被骗、市场风险等，不应以贷款诈骗罪定罪处罚。"

最高人民法院、最高人民检察院、海关总署 2002 年 7 月 8 日发布的《关于办理走私刑事案件适用法律若干问题的意见》第 18 条"关于单位走私犯罪及其直接负责的主管人员和直接责任人员的认定问题"第 1 款规定："具备下列特征的，可以认定为单位走私犯罪：（1）以单位的名义实施走私犯罪，即由单位集体研究决定，或者由单位的负责人或者被授权的其他人员决定、同意；（2）为单位谋取不正当利益或者违法所得大部分归单位所有。"第 2 款规定："依照《最高人民法院关于审理单位犯罪案件具体应用法律有关问题的解释》第二条的规定，个人为进行违法犯罪活动而设立的公司、企业、事业单位实施犯罪的，或者个人设立公司、企业、事业单位后，以实施犯罪为主要活动的，不以单位犯罪论处。单位是否以实施犯罪为主要活动，应根据单位实施走私行为的次数、频度、持续时间、单位进行合法经营的状况等因素综合考虑认定。"第 19 条"关于单位走私犯罪后发生分立、合并或者其他资产重组情形以及单位被依法注销、宣告破产等情况下，如何追究刑事责任的问题"规定："单位走私犯罪后，单位发生分立、合并或者其他资产重组等情况的，只要承受该单位权利义务的单位存在，应当追究单位走私犯罪的刑事责任。走私单位发生分立、合并或者其他资产重组后，原单位名称发生更改的，仍以原单位（名称）作为被告单位。承受原单位权利义务的单位法定代表人或者负责人为诉讼代表人。单位走私犯罪后，发生分立、合并或者其他资产重组情形，以及被依法注销、宣告破产等情况的，无论承受该单位权利义务的单位是否存在，均应追究原单位直接负责的主管人员和其他直接责任人员的刑事责任。人民法院对原走私单位判处罚金的，应当将承受原单位权利义务的单位作为被执行人。罚金超出新单位所承受的财产的，可在执行中予以减除。"第 20 条"关于单位与个人共同走私普通货物、物品案件的处理问题"规定："单位和个人（不包括单位直接负责的主管人员和其他直接责任人员）共同走私的，单位和个人均应对共同走私所偷逃应缴税额负责。对单位和个人共同走私偷逃应缴税额为 5 万元以上不满 25 万元的，应当根据其在案件中所起的作用，区分不同情况做出处理。单位起主要作用的，对单位和个人均不追究刑事责任，由海关予以行政处理；个人起主要作用的，对个人依照刑法有关规定追究刑事责任，对单位由海关予以行政处理。无法认定单位或个人起主要作用的，对个人和单位分别按个人犯罪和单位犯罪的标准处理。单位和个人共同走私偷逃应缴税额超过 25 万元且能区分主、从犯的，应当按照刑法关于主、从犯的有关规定，对从犯从轻、减轻处罚或者免除处罚。"

最高人民检察院 2002 年 8 月 9 日发布的《关于单位有关人员组织实施盗窃行为如何适用法律问题的批复》规定："单位有关人员为谋取单位利益组织实施盗窃行为，情节严重的，应当依照刑法第二百六十四条的规定以盗窃罪追究直接责任人员的刑事责任。"

最高人民法院研究室 2003 年 10 月 15 日发布的《关于外国公司、企业、事业单位在我国领域内犯罪如何适用法律问题的答复》规定："符合我国法人资格条件的外国公司、企业、事业单位，在我国领域内实施危害社会的行为，依照我国《刑法》构成犯罪的，应当依照我国《刑法》关于单位犯罪的规定追究刑事责任。个人为在我国领域内进行违法犯罪活动而设立的外国公司、企业、事业单位实施犯罪的，或者外国公司、企业、事业单位设立后在我国领域内以实施违法犯罪为主要活动的，不以单位犯罪论处。"

最高人民法院 2003 年 11 月 13 日发布的《全国法院审理经济犯罪案件工作座谈会纪要》第四部分"关于挪用公款"第 1 条"单位决定将公款给个人适用行为的认定"规定："经单位领导集体研究决定将公款给个人使用，或者单位负责人为了单位的利益，决定将公款给个人使用的，不以挪用公款罪定罪处罚。上述行为致使单位遭受重大损失，构成其他犯罪的，依照刑法的有关规定对责任人员定罪处罚。"

最高人民法院 2007 年 6 月 26 日发布的《关于审理危害军事通信刑事案件具体应用法律若干问题的解释》第 5 条规定："建设、施工单位直接负责的主管人员、施工管理人员，明知是军事通信线路、设备而指使、强令、纵容他人予以损毁的，或者不听管护人员劝阻，指使、强令、纵容他人违章作业，造成军事通信线路、设备损毁的，以破坏军事通信罪定罪处罚。建设、施工单位直接负责的主管人员、施工管理人员，忽视军事通信线路、设备保护标志，指使、纵容他人违章作业，致使军事通信线路、设备损毁，构成犯罪的，以过失损坏军事通信罪定罪处罚。"

最高人民法院、最高人民检察院、公安部 2007 年 8 月 30 日发布的《关于依法严肃查处拒不执行判决、裁定和暴力抗拒法院执行犯罪行为有关问题的通知》第 3 条规定："负有执行人民法院判决、裁定义务的单位直接负责的主管人员和其他直接责任人员，为了本单位的利益实施本《通知》第一条、第二条所列行为之一的，对该主管人员和其他直接责任人员，依照刑法第三百一十三条和第二百七十七条的规定，分别以拒不执行判决、裁定和妨害公务罪论处。"

最高人民法院 2011 年 6 月 7 日发布的《关于审理破坏广播电视设施等刑事案件具体应用法律若干问题的解释》第 4 条规定："建设、施工单位的管理人员、施工人员，在建设、施工过程中，违反广播电视设施保护规定，故意或者过失损毁正在使用的广播电视设施，构成犯罪的，以破坏广播电视设施罪或者过失损坏广播电视设施罪定罪处罚。其定罪量刑标准适用本解释第一至三条的规定。"

最高人民法院、最高人民检察院 2011 年 8 月 1 日发布的《关于办理危害计算机信息系统安全刑事案件应用法律若干问题的解释》第 8 条规定："以单位名义或者单位形式实施危害计算机信息系统安全犯罪，达到本解释规定的定罪量刑标准的，应当依照刑法第二百八十五条、第二百八十六条的规定追究直接负责的主管人员和其他直接责任人员的刑事责任。"

最高人民法院、最高人民检察院 2012 年 12 月 7 日发布的《关于办理渎职刑事案件适用法律若干问题的解释（一）》第 5 条第 2 款规定："以'集体研究'形式实施的渎职犯罪，应当依照刑法分则第九章的规定追究国家机关负有责任的人员的刑事责任。对于具体执行人员，应当在综合认定其行为性质、是否提出反对意见、危害结果大小等情节的基础上决定是否追究刑事责任和应当判处的刑罚。"

最高人民法院、最高人民检察院 2012 年 12 月 12 日发布的《关于办理妨害国（边）境管理刑事案件应用法律若干问题的解释》第 7 条规定："以单位名义或者单位形式组织他人偷越国（边）境、为他人提供伪造、变造的出入境证件或者运送他人偷越国（边）境的，应当依照刑法第三百一十八条、第三百二十条、第三百二十一条的规定追究直接负责的主管人员和其他直接责任人员的刑事责任。"

最高人民法院、最高人民检察院 2013 年 4 月 2 日发布的《关于办理盗窃刑事案件适用法律若干问题的解释》第 13 条规定："单位组织、指使盗窃，符合刑法第二百六十四条及本解释有关规定的，以盗窃罪追究组织者、指使者、直接实施者的刑事责任。"

最高人民法院 2015 年 5 月 29 日发布的《关于审理掩饰、隐瞒犯罪所得、犯罪所得收益刑事案件适用法律若干问题的解释》第 9 条规定："盗用单位名义实施掩饰、隐瞒犯罪所得及其产生的收益行为，违法所得由行为人私分的，依照刑法和司法解释有关自然人犯罪的规定定罪处罚。"

【立法建言】

建 议：将《刑法》第 30 条修改为："公司、企业、事业单位、机关、团体实施的危害社会的行为，是单位犯罪。"

理 由：

"法律规定为单位犯罪的，应当负刑事责任"的规定，意味着"只有法律明文规定单位可以成为犯罪主体，才存在单位犯罪及单位承担刑事责任的问题，而非一切犯罪都可以由单位构成"。[1] 为落实单位犯罪法定性原则，《刑法》采用总则与分则相结合的方式规定了单位犯罪及其刑事责任。由于这种立法模式难以将所有的单位犯罪都明文加以规定，这

---

[1] 高铭暄、马克昌主编：《刑法学》，北京大学出版社、高等教育出版社 2011 年版，第 101 页。

就使得"法律没有明文规定为单位犯罪"的单位实施纯正自然人犯罪的处理成为一个难题：定单位犯罪没有相应的法律依据，不定罪又有放纵犯罪之嫌。为破解这一难题，刑法学界提出了种种解决方案，最高人民法院、最高人民检察院也先后多次发布司法解释，试图明确对此类犯罪的处理。① 然而，上述司法解释规定的单位实施纯正自然人犯罪追究自然人刑事责任的处理原则，不仅有违罪刑法定原则，而且还超越了司法解释的权限，混淆了立法权与司法权的界限。② 有鉴于此，全国人大常委会 2014 年 4 月 24 日通过了《关于〈中华人民共和国刑法〉第三十条的解释》，该解释明确规定："公司、企业、事业单位、机关、团体等单位实施刑法规定的危害社会的行为，刑法分则和其他法律未规定追究单位的刑事责任的，对组织、策划、实施该危害社会行为的人依法追究刑事责任。"该立法解释虽然解决了司法解释"越权"的问题，并为处理单位实施纯正自然人犯罪提供了相应的法律依据，但却未能从根本上解决"单位"犯罪的问题。因此，从长远来看，宜通过立法的方式将单位实施纯正自然人犯罪的行为予以单位犯罪化。③

目前，刑法学界在如何规制单位实施纯正自然人犯罪的问题上，主要存在两种不同的意见：一种意见认为，应通过个罪修正的方式完善单位犯罪的立法调控。例如，有学者建议，应采取刑法修正案的形式增设单位盗窃罪、④ 单位贷款诈骗罪。⑤ 另一种意见则认为，应重构单位犯罪的立法模式，以实现单位实施纯正自然人犯罪的单位犯罪化。例如，有学者建议，应效仿英美法系国家的排除式立法模式，在刑法总则中明确规定：除分则有特别规定的外，其他犯罪均可由单位构成。⑥ 笔者认为，从维护刑法的稳定性的角度来看，第一种意见具有一定的合理性；但从完善单位犯罪立法的长远眼光来看，则应采纳第二种意见，即通过对单位犯罪立法模式的整体重构，来实现单位实施纯正自然人犯罪的单位犯罪化。但笔者认为，效仿英美法系国家的排除式立法模式并不可取。⑦ 从我国单位犯罪的立法现状以及对单位实施纯正自然人犯罪处理的实践需求来看，对单位犯罪立法模式的重构，应当借鉴法国的做法。众所周知，法国是大陆法系国家中率先承认法人犯罪的国家之一，早在 1994 年《法国刑法典》即采取总则与分则相结合的模式规定了法人犯罪。此后，

---

① 相关学术观点和司法解释，可参见利子平、周建达："单位实施纯正自然人犯罪的司法尴尬与立法解脱"，载《当代法学》2009 年第 5 期，本书不予赘述。

② 对相关司法解释的评析，可参见利子平：《刑法司法解释瑕疵研究》，法律出版社 2014 年版，第 230 页以下，本书不予赘述。

③ 关于"单位实施纯正自然人犯罪单位犯罪化的正当化根据"问题，可参见利子平、周建达："单位实施纯正自然人犯罪的司法尴尬与立法解脱"，载《当代法学》2009 年第 5 期，本书不予赘述。

④ 参见江涛："单位盗窃的立法贫困与构建设想"，载《江南大学学报（人文社会科学版）》2005 年第 2 期。

⑤ 参见卢勤忠："刑法应设立单位贷款诈骗罪"，载《政治与法律》2009 年第 1 期。

⑥ 参见曹昊云、周薇薇："单位盗窃应如何处理——兼论我国单位犯罪立法模式之重构"，载《湖北省社会主义学院学报》2003 年第 3 期。

⑦ 参见利子平、周建达："单位实施纯正自然人犯罪的司法尴尬与立法解脱"，载《当代法学》2009 年第 5 期。

"立法一直以一种积极的姿态扩大法人负刑事责任的范围，并于《LOI PERBEN》Ⅱ①出台前将法人刑事责任纳入大部分罪名中，但立法部门仍然认为立法同司法需要之间存在不协调一致的地方，即立法不能满足实际的需要，应当进一步扩大法人犯罪的范围，而采取逐条增加的方法又显得太耗时费力，直至《LOI PERBEN》Ⅱ的出台一劳永逸地填补了这些空白"。② 法国法人犯罪的立法历程给了我们有益的启示："亡羊补牢"式的立法修正不仅难以适应惩治单位犯罪的实际需要，而且在立法成本上也显得耗时费力。因此，宜效仿法国法人犯罪的最新立法模式来重构我国单位犯罪的刑事立法，即通过刑法修正案删去《刑法》第 30 条关于"法律规定为单位犯罪的"规定，而分则中的相关条款则可暂时保留。这样，就可以从根本上解决实践中处理单位实施纯正自然人犯罪案件的难题，更好地满足司法实践的需要。③

二、单位犯罪的处罚原则（第 31 条）

【立法沿革】

单位犯罪的处罚原则是 1997 年《刑法》第 31 条增设的规定。

我国最早规定单位犯罪的《海关法》，以及《关于惩治走私罪的补充规定》和《关于惩治贪污罪贿赂罪的补充规定》等单行刑法，对单位犯罪的处罚均采取双罚制。在全面研究修改刑法的过程中，1988 年的 3 个刑法修改稿对单位犯罪的处罚也采取了双罚制。但是，1995 年 8 月 8 日的《刑法总则修改稿》却对单位犯罪的处罚原则持犹豫不决的态度，因而其第 27 条设计了两种不同的方案：一种方案规定："单位犯罪的，对单位判处罚金，并适用刑法④第三十一条、第三十二条和第六十条的规定；对直接负责的主管人员和其他直接责任人员，依照分则的处罚规定处罚。"另一方案规定："单位实施犯罪的，依照分则的规定处罚。"由于大多数人都主张对单位犯罪采取双罚制，因此，1996 年 6 月 24 日和 8 月 8 日的刑法总则修改稿均明确规定对单位犯罪采取双罚制。然而，1996 年 10 月 10 日的《刑法修订草案》（征求意见稿）第 28 条却删去了单位犯罪处罚原则的规定，仅保留了单位犯罪的概念。到了 1996 年 12 月 20 日，《刑法修订草案》第 32 条始对单位犯罪采取了以双罚制为原则，以单罚制为补充的全新处罚原则。修改后的条文为："对单位犯罪，除

---

① 《LOI PERBEN》Ⅱ（《拜赫拜法令》Ⅱ），即 2004 年 3 月 9 日通过的刑法修正案 NO.2004 - 204。该修正案取消了《法国刑法典》第 121 - 2 条第 1 款中的"以及法律和条例规定的情况下"，从而摆脱了法人犯罪的"特定"原则，即只有在法律有明文规定的情况下才负刑事责任、法律没有规定的则不负刑事责任的束缚。

② 赵秉志、郑延谱："中法两国法人犯罪比较研究"，见高铭暄、赵秉志主编：《刑法论丛》第 10 卷，法律出版社 2006 年版，第 276 页。

③ 参见利子平、周建达："单位实施纯正自然人犯罪的司法尴尬与立法解脱"，载《当代法学》2009 年第 5 期。

④ 该条所说的刑法，应当是指 1979 年《刑法》。

对单位判处罚金外，还应当对单位直接负责的主管人员和其他直接责任人员判处刑罚。本法分则和其他法律另有规定的，依照规定。"1997年的《刑法修订草案》（修改稿）第31条基本上沿用了上述规定，仅作了个别文字修改。这一修改方案，为现行刑法所采纳。

【立法规定】

《刑法》第31条规定："单位犯罪的，对单位判处罚金，并对其直接负责的主管人员和其他直接责任人员判处刑罚。本法分则和其他法律另有规定的，依照规定。"

【立法释义】

最高人民法院1998年4月21日发布的《关于在审理经济纠纷案件中涉及经济犯罪嫌疑若干问题的规定》第2条规定："单位直接负责的主管人员和其他直接责任人员，以为单位骗取财物为目的，采取欺骗手段对外签订经济合同，骗取的财物被该单位占有、使用或处分构成犯罪的，除依法追究有关人员的刑事责任，责令该单位返还骗取的财物外，如给被害人造成经济损失的，单位应当承担赔偿责任。"第3条规定："单位直接负责的主管人员和其他直接责任人员，以该单位的名义对外签订经济合同，将取得的财物部分或全部占为己有构成犯罪的，除依法追究行为人的刑事责任外，该单位对行为人因签订、履行该经济合同造成的后果，依法应当承担民事责任。"第4条规定："个人借用单位的业务介绍信、合同专用章或者盖有公章的空白合同书，以出借单位名义签订经济合同，骗取财物归个人占有、使用、处分或者进行其他犯罪活动，给对方造成经济损失构成犯罪的，除依法追究借用人的刑事责任外，出借业务介绍信、合同专用章或者盖有公章的空白合同书的单位，依法应当承担赔偿责任。但是，有证据证明被害人明知签订合同对方当事人是借用行为，仍与之签订合同的除外。"第5条规定："行为人盗窃、盗用单位的公章、业务介绍信、盖有公章的空白合同书，或者私刻单位的公章签订经济合同，骗取财物归个人占有、使用、处分或者进行其他犯罪活动构成犯罪的，单位对行为人该犯罪行为所造成的经济损失不承担民事责任。行为人私刻单位公章或者擅自使用单位公章、业务介绍信、盖有公章的空白合同书以签订经济合同的方法进行的犯罪行为，单位有明显过错，且该过错行为与被害人的经济损失之间具有因果关系的，单位对该犯罪行为所造成的经济损失，依法应当承担赔偿责任。"第6条规定："企业承包、租赁经营合同期满后，企业按规定办理了企业法定代表人的变更登记，而企业法人未采取有效措施收回其公章、业务介绍信、盖有公章的空白合同书，或者没有及时采取措施通知相对人，致原企业承包人、租赁人得以用原承包、租赁企业的名义签订经济合同，骗取财物占为己有构成犯罪的，该企业对被害人的经济损失，依法应当承担赔偿责任。但是，原承包人、承租人利用擅自保留的公章、业务介绍信、盖有公章的空白合同书以原承包、租赁企业的名义签订经济合同，骗取财物占为己有构成犯罪的，企业一般不承担民事责任。单位聘用的人员被解聘后，或者受单位委托保管公章的人员被解除委托后，单位未及时收回其公章，行为人擅自利用保留的原单位公章签订经济合同，骗取财物占为己有构成犯罪，如给被害人造成经济损失的，单位应当承担赔偿责任。"

最高人民法院研究室 1998 年 11 月 18 日发布的《关于企业犯罪后被合并应当如何追究刑事责任问题的答复》规定："人民检察院起诉时该犯罪企业已被合并到一个新企业的，仍应依法追究原犯罪企业及其直接负责的主管人员和其他直接人员的刑事责任。人民法院审判时，对被告单位应列原犯罪企业名称，但注明已被并入新的企业，对被告单位所判处的罚金数额以其并入新的企业的财产及收益为限。"

最高人民法院 2000 年 9 月 30 日发布的《关于审理单位犯罪案件对其直接负责的主管人员和其他直接责任人员是否区分主犯、从犯问题的批复》规定："在审理单位故意犯罪案件时，对其直接负责的主管人员和其他直接责任人员，可不区分主犯、从犯，按照其在单位犯罪中所起的作用判处刑罚。"

最高人民法院 2001 年 1 月 21 日发布的《全国法院审理金融犯罪案件工作座谈会纪要》"关于单位犯罪问题"部分规定："根据刑法和《最高人民法院关于审理单位犯罪案件具体应用法律有关问题的解释》规定，以单位名义实施犯罪，违法所得归单位所有的，是单位犯罪。1. 单位的分支机构或者内设机构、部门实施犯罪行为的处理。以单位的分支机构或者内设机构、部门的名义实施犯罪，违法所得亦归分支机构或者内设机构、部门所有的，应认定为单位犯罪。不能因为单位的分支机构或者内设机构、部门没有可供执行罚金的财产，就不将其认定为单位犯罪，而按照个人犯罪处理。2. 单位犯罪直接负责的主管人员和其他直接责任人员的认定。直接负责的主管人员，是在单位实施的犯罪中起决定、批准、授意、纵容、指挥等作用的人员，一般是单位的主管负责人，包括法定代表人。其他直接责任人员，是在单位犯罪中具体实施犯罪并起较大作用的人员，既可以是单位的经营管理人员，也可以是单位的职工，包括聘任、雇佣的人员。应当注意的是，在单位犯罪中，对于受单位领导指派或奉命而参与实施了一定犯罪行为的人员，一般不宜作为直接责任人员追究刑事责任。对单位犯罪中的直接负责的主管人员和其他直接责任人员，应根据其在单位犯罪中的地位、作用和犯罪情节，分别处以相应的刑罚，主管人员与直接责任人员，在个案中，不是当然的主、从犯关系，有的案件，主管人员与直接责任人员在实施犯罪行为的主从关系不明显的，可不分主、从犯。但具体案件可以分清主、从犯，且不分清主、从犯，在同一法定刑档次、幅度内量刑无法做到罪刑相适应的，应当分清主、从犯，依法处罚。3. 对未作为单位犯罪起诉的单位犯罪案件的处理。对于应当认定为单位犯罪的案件，检察机关只作为自然人犯罪案件起诉的，人民法院应及时与检察机关协商，建议检察机关对犯罪单位补充起诉。如检察机关不补充起诉的，人民法院仍应依法审理，对被起诉的自然人根据指控的犯罪事实、证据及庭审查明的事实，依法按单位犯罪中的直接负责的主管人员或者其他直接责任人员追究刑事责任，并应引用刑罚分则关于单位犯罪追究直接负责的主管人员和其他直接责任人员刑事责任的有关条款。4. 单位共同犯罪的处理。两个以上单位以共同故意实施的犯罪，应根据各单位在共同犯罪中的地位、作用大小，确定犯罪单位的主、从犯。"关于"财产刑的适用"部分第 2 款规定："单位金融犯罪中直接负责的主管人员和其他直接责任人员，是否适用罚金刑，应当根据刑法的具体规定。刑法分则条文规定有罚金刑，并规定对单位犯罪中直接负责的主管人员和其他直接责任人员依照自然人犯罪条款处罚的，应当判处罚金刑，但是对直接负责的主管人员和其他直接责任人员判处罚金的数额，应当低于对单位判处罚金的数额；刑法分则条文明确规定对单位犯罪中直接负责的主管人员和其他直接责任人员只判处自由刑的，不能附加判处罚金刑。"

最高人民法院、最高人民检察院、海关总署 2002 年 7 月 8 日发布的《关于办理走私刑事案件适用法律若干问题的意见》第 18 条"关于单位走私犯罪及其直接负责的主管人员和直接责任人员的认定问题"第 3 款规定："根据单位人员在单位走私犯罪活动中所发挥的不同作用，对其直接负责的主管人员和其他直接责任人员，可以确定为一人或者数人。对于受单位领导指派而积极参与实施走私犯罪行为的人员，如果其行为在走私犯罪的主要环节起重要作用的，可以认定为单位犯罪的直接责任人员。"第 20 条"关于单位与个人共同走私普通货物、物品案件的处理问题"规定："单位和个人（不包括单位直接负责的主管人员和其他直接责任人员）共同走私的，单位和个人均应对共同走私所偷逃应缴税额负责。对单位和个人共同走私偷逃应缴税额为 5 万元以上不满 25 万元的，应当根据其在案件中所起的作用，区分不同情况做出处理。单位起主要作用的，对单位和个人均不追究刑事责任，由海关予以行政处理；个人起主要作用的，对个人依照刑法有关规定追究刑事责任，对单位由海关予以行政处理。无法认定单位或个人起主要作用的，对个人和单位分别按个人犯罪和单位犯罪的标准处理。单位和个人共同走私偷逃应缴税额超过 25 万元且能区分主、从犯的，应当按照刑法关于主、从犯的有关规定，对从犯从轻、减轻处罚或者免除处罚。"第 21 条"关于单位走私犯罪案件自首的认定问题"规定："在办理单位走私犯罪案件中，对单位集体决定自首的，或者单位直接负责的主管人员自首的，应当认定单位自首。认定单位自首后，如实交代主要犯罪事实的单位负责的其他主管人员和其他直接责任人员，可视为自首，但对拒不交代主要犯罪事实或逃避法律追究的人员，不以自首论。"

最高人民检察院 2002 年 7 月 9 日发布的《关于涉嫌犯罪单位被撤销、注销、吊销营业执照或者宣告破产的应如何进行追诉问题的批复》规定："涉嫌犯罪的单位被撤销、注销、吊销营业执照或者宣告破产的，应当根据刑法关于单位犯罪的相关规定，对实施犯罪行为的该单位直接负责的主管人员和其他直接责任人员追究刑事责任，对该单位不再追诉。"

最高人民法院 2013 年 1 月 16 日发布的《关于审理拒不支付劳动报酬刑事案件适用法律若干问题的解释》第 9 条规定："单位拒不支付劳动报酬，构成犯罪的，依照本解释规定的相应个人犯罪的定罪量刑标准，对直接负责的主管人员和其他直接责任人员定罪处罚，并对单位判处罚金。"

最高人民法院、最高人民检察院 2014 年 8 月 12 日发布的《关于办理走私刑事案件适用法律若干问题的解释》第 24 条规定："单位犯刑法第一百五十一条、第一百五十二条规定之罪，依照本解释规定的标准定罪处罚。单位犯走私普通货物、物品罪，偷逃应缴税额在二十万元以上不满一百万元的，应当依照刑法第一百五十三条第二款的规定，对单位判处罚金，并对其直接负责的主管人员和其他直接责任人员，处三年以下有期徒刑或者拘役；偷逃应缴税额在一百万元以上不满五百万元的，应当认定为'情节严重'；偷逃应缴税额在五百万元以上的，应当认定为'情节特别严重'。"

【立法建言】

建　议： 将《刑法》第 31 条修改为："单位犯罪的，对单位判处罚金，并对其直接负责的主管人员和其他直接责任人员，依照本法分则各该条的规定处罚。本法分则和其他法律另有规定的，依照规定。"

理　由：

根据《刑法》第 31 条的规定，我国对单位犯罪一般采取双罚制，即除追究单位本身的刑事责任外，还要追究其直接负责的主管人员和其他直接责任人员的刑事责任。但是，《刑法》第 31 条对直接负责的主管人员和其他直接责任人员只笼统地规定"判处刑罚"，而没有规定明确、具体的处罚标准。这就给分则条文"各行其是"留下了空间，导致有的法定刑与个人犯罪相同，有的则比个人犯罪更轻。笔者认为，这种状况不仅造成了分则条文之间的不协调，而且也有违罪刑相适应原则和法律面前人人平等原则。因此，宜将"判处刑罚"改为"依照本法分则各该条的规定处罚"。相应地，分则条文对单位直接负责的主管人员和其他直接责任人员，也不宜配置比个人犯罪更轻的法定刑。

第三章　刑　　罚

第一节　刑罚的种类

一、刑罚的分类（第32条）

【立法沿革】

刑罚的分类是从1979年《刑法》第28条的规定直接移植过来的。

在新中国刑法立法史上，关于刑罚的分类，经历了从不完善到逐步完善的发展过程。1950年的《刑法大纲草案》规定了"刑罚的种类"和"刑罚的独立适用与附加适用"，但未界定主刑和附加刑，也未对刑罚进行主刑和附加刑的分类。该草案第18条规定："前条第一款至第三款及第九款与第十一款的刑罚，独立适用；其余的刑罚，附加适用，但必要时，亦得独立适用。"[①] 1954年的《刑法指导原则草案》虽然对刑罚进行了分类，并且规定了主刑的种类，但却没有明确地提出附加刑的概念。该草案第9条第2款规定："死刑、无期徒刑、有期徒刑、劳役、管制，是主刑。逐出国境、流放、剥夺政治权利、没收财产、罚金，可以附加适用，也可以单独适用。"到了1957年，《刑法草案》第22稿第28条首次对刑罚作了明确的分类："刑罚分为主刑和附加刑。"这一分类，一直沿用至今，期间没有发生任何变化。

【立法规定】

《刑法》第32条规定："刑罚分为主刑和附加刑。"

【立法释义】

目前，尚无与刑罚的分类相关的法律解释。

[①] 该草案第17条规定："刑罚的种类如下：一、死刑：用枪决；二、监禁：一年以上，十五年以下，加重时，得加至二十五年，但以有明文规定者为限；三、劳役：一年未满，分拘束自由与不拘束自由两种；（有人主张把［劳役］取消）四、没收；五、罚金；六、褫夺政治权；七、褫夺亲权；八、禁止从事一定业务或职务；九、公开批评教育；十、赔偿损害；十一、认错道歉。"

【立法建言】

建　议：将《刑法》第32条修改为："承担刑事责任的方式包括刑罚和非刑罚措施。""刑罚分为主刑和附加刑。"

理　由：

1. 从内容上看，刑法总则第三章"刑罚"和第一节"刑罚的种类"名不副实。因为，该章节所规定的内容不仅包括刑罚和非刑罚处罚方法，而且还包括刑事预防性措施。在逻辑上，"刑罚"和"刑罚的种类"无论如何也无法涵盖非刑罚处罚方法和刑事预防性措施的内容。因此，宜将第三章的章名改为"刑罚和非刑罚措施"；将第一节的节名改为"刑罚和非刑罚措施的种类"。

2. 从理论上看，承担刑事责任的方式并非仅限于刑罚一种。尽管我国刑法理论上对刑事责任的实现方式问题还存在争议，但绝大多数学者都认为，刑事责任的实现方式既包括刑罚，也包括非刑罚处罚方法。[1] 此外，《刑法修正案（九）》第1条所规定的"职业禁止"这一刑事预防性措施，也应属于承担刑事责任的方式之一。[2] 因此，"刑罚的种类"一节所规定的"种类"，实际上包括刑罚、非刑罚处罚方法和刑事预防性措施三大类。[3]

---

[1]　相关学术观点及其争议，可参见高铭暄、马克昌主编：《刑法学》，北京大学出版社、高等教育出版社2011年版，第212页以下，本书不予赘述。

[2]　值得一提的是，早在1979年《刑法》刚刚施行不久，就有学者建议在刑法中增加保安处分的规定［全国人大常委会法制工作委员会刑法室整理："《对刑法的修改意见》（1983年9月）"，见高铭暄、赵秉志编：《新中国刑法立法文献资料总览》（下），中国人民公安大学出版社1998年版，第2104页］。在全面研究修改刑法的过程中，关于保安处分问题再次引起了争论。"有的同志提出，世界上有些国家把对社会治安进行综合治理的措施规定到刑法中去，叫做保安处分或者强制性措施。我国刑法对此没有专门规定，而在刑法之外有劳动教养、妇女教养所、留场就业等措施。但这些又缺乏明确的法律规定。为了使这些措施制度化、法律化，建议刑法增加保安处分的规定。另一种意见认为，在刑法中没有必要规定保安处分，主张在刑法现有规定的基础之上作适当的补充，如对无刑事责任能力的精神病患者，补充'强制医疗'的规定等［参见全国人大常委会法制工作委员会刑法室整理："《各政法机关、政法院校、法学研究单位的一些同志和刑法专家对刑法的修改意见》（1988年12月9日）"，见高铭暄、赵秉志编：《新中国刑法立法文献资料总览》（下），中国人民公安大学出版社1998年版，第2118页］。

[3]　笔者将其中的"非刑罚处罚方法"（包括《刑法》第36条规定的犯罪行为的民事责任与第37条规定的非刑罚处罚措施）和"刑事预防性措施"，统称为"非刑罚措施"。张明楷教授则将犯罪的法律后果分为"刑罚与非刑罚方法"两大类。其中，"非刑罚方法包括两类：一类是非刑罚处罚方法，是指刑罚以外的实体上的处罚方法。其中，有的非刑罚处罚，适用于免除刑罚的犯罪人（如刑法第37条规定的非刑罚方法）。另一类是非刑罚的处分方法，这种方法虽然会给行为人带来痛苦，但不具有惩罚性质，只是具有保安处分性质。其中又分为两种：一是适用于判处了刑罚的犯罪人（如刑法第38条第2款、第72条第2款规定的禁止令）；二是适用于实施了符合构成要件的违法行为但不具有责任的行为人（如刑法第17条第4款规定的'政府收容教养'，第18条第1款规定的'政府强制医疗'）"（张明楷：《刑法学》，法律出版社2011年版，第559页）。应当指出的是，张明楷教授所说的"非刑罚处罚方法"，以免除刑罚为前提，故不包括《刑法》第36条规定的"判处赔偿经济损失"（参见张明楷：《刑法学》，法律出版社2011年版，第562页）。但是，张明楷教授所说的"非刑罚的处分方法"，则与笔者所称"刑事预防性措施"属于同一范畴。

二、主刑的种类（第 33 条）

【立法沿革】

主刑的种类是从 1979 年《刑法》第 28 条的规定直接移植过来的。

如前所述，1950 年的《刑法大纲草案》未区分主刑和附加刑，而是笼统地规定了"刑罚的种类"。该草案第 17 条规定："刑罚的种类如下：一、死刑：用枪决；二、监禁：一年以上，十五年以下，加重时，得加至二十五年，但以有明文规定者为限；三、劳役：一年未满，分拘束自由与不拘束自由两种；（有人主张把［劳役］取消）四、没收；五、罚金；六、褫夺政治权；七、褫夺亲权；八、禁止从事一定业务或职务；九、公开批评教育；十、赔偿损害；十一、认错道歉。"第 18 条规定："前条第一款至第三款及第九款与第十一款的刑罚，独立适用；其余的刑罚，附加适用，但必要时，亦得独立适用。"1951年的《惩治反革命条例》中规定了死刑、无期徒刑和徒刑三种主刑。1951 年的《妨害国家货币治罪暂行条例》则规定了死刑、无期徒刑、徒刑和劳役四种主刑。到了 1952 年，《惩治贪污条例》规定了死刑、无期徒刑、徒刑、劳役和管制五种主刑。[①] 在上述规定的基础上，1954 年的《刑法指导原则草案》第 9 条第 2 款首次明确地界定了主刑："死刑、无期徒刑、有期徒刑、劳役、管制，是主刑……"1957 年的《刑法草案》第 22 稿第 29 条对上述规定作了两方面的调整和修改：一是在刑罚种类的排列顺序方面，将由重到轻的顺序改为由轻到重的顺序；二是在刑罚种类的具体刑种方面，将"劳役"改为"拘役"。修改后的条文为："主刑的种类如下：（一）管制；（二）拘役；（三）有期徒刑；（四）无期徒刑；（五）死刑。"1963 年的《刑法草案》第 33 稿第 28 条基本上沿用了上述规定，仅调整了"管制"与"拘役"的先后顺序。但是，1979 年《刑法》第 28 条又恢复了第 22 稿的写法。

1979 年《刑法》第 28 条规定："主刑的种类如下：（一）管制；（二）拘役；（三）有期徒刑；（四）无期徒刑；（五）死刑。"

1979 年《刑法》施行后，全国人大常委会 1981 年 6 月 10 日通过的《惩治军人违反职责罪暂行条例》考虑到军队的特殊性，仅规定了死刑、无期徒刑、有期徒刑和拘役四种主刑。[②]

---

① "这个条例在处分的种类方面，在刑事处分中，规定了劳役和管制的处分。这两种处分对于那些可以不判徒刑，但须剥夺一定时期的一部或全部政治权利并加以改造的罪犯，是适合的。这也是过去在老解放区久已实行有效的办法，现在我们用条文把它固定了起来"（参见中央人民政府政务院政治法律委员会主任彭真 1952 年 4 月 18 日在中央人民政府委员会第十四次会议上所作的《关于中华人民共和国惩治贪污条例草案的说明》）。

② "刑法规定的主刑有五种（死刑、无期徒刑、有期徒刑、拘役和管制），本条例草案只用了四种，没有使用管制。这是因为管制是不予关押、分散在各单位执行的，而军队是执行政治任务的武装集团，组织严密，机动性、机密性大，必须保持高度纯洁。如果将判处管制的犯罪分子，留在军内执行，势必影响部队的纯洁与安全，执行起来困难很多。我们认为，以不使用为好"（参见中国人民解放军总政治部副主任史进前："《关于〈中华人民共和国惩治军人违反职责罪暂行条例（草案）〉的说明》"，见高铭暄、赵秉志编：《中国刑法立法文献资料精选》，法律出版社 2007 年版，第 368～369 页）。

在全面研究修改刑法的过程中，"有些同志认为，'管制'不起作用，执行困难，建议取消这一刑种。有些同志建议将'罚金'改为主刑，扩大适用范围。"① 据此，1988 年 9 月的刑法修改稿第 28 条取消了"管制"这一刑种，并将"罚金"升格为主刑。修改后的条文为："主刑的种类如下：（一）罚金；（二）拘役；（三）有期徒刑；（四）无期徒刑；（五）死刑。"对于上述取消"管制"的做法，一些部门和学者提出了不同的意见。他们认为，"犯罪情况很复杂，有轻有重，作为刑种，也应有轻有重，多种多样。管制刑平时用的少，起的作用不大，是执行中的问题，不是刑种本身的问题。"② 有鉴于此，1988 年 11 月 16 日的刑法修改稿第 30 条又恢复了 1979 年《刑法》的规定。在刑法修订研拟的过程中，公安部提出，"建议把'管制'改为附加刑。管制是我国刑罚制度的独创，它是依靠社会力量对犯罪分子实行监督，是改造犯罪分子的有效方法。近年来，由于执法人员对管制刑缺乏必要认识，加之刑种排列不够科学，所以使管制刑的执行效果欠佳，因而一些同志主张废除。我们认为，对于管制刑，不能简单地予以废除，应当在保留的基础上，将其由主刑变为附加刑。"③ 但是，历次的刑法修订草案均未采纳上述建议，而是仍然沿用 1979 年《刑法》的规定，并为现行刑法所采纳。

---

　　① 参见全国人大常委会法制工作委员会刑法室整理："《政法机关和政法院校、法学研究单位的一些同志对修改刑法的意见》（1988 年 6 月 22 日）"，见高铭暄、赵秉志编：《新中国刑法立法文献资料总览》（下），中国人民公安大学出版社 1998 年版，第 2104 页。

　　② 参见全国人大常委会法制工作委员会刑法室整理："《各政法机关、政法院校、法学研究单位的一些同志和刑法专家对刑法的修改意见》（1988 年 12 月 9 日）"，见高铭暄、赵秉志编：《新中国刑法立法文献资料总览》（下），中国人民公安大学出版社 1998 年版，第 2116 页。

　　③ "其理由是：（1）将管制由主刑变为附加刑，既维护了我国刑事立法的成功经验，也符合国际刑罚发展的大方向。当今世界各国刑罚发展的总趋势是：由严厉型向缓和型、由封闭式向开放式发展。而我国独创的管制仅仅限制了犯罪分子的部分自由，所以完全类似于其他国家的开放式刑罚。由于我国刑法将管制规定为主刑，所以适用范围非常有限。要突破原来的适用范围，充分发挥管制刑的功效，就应当将管制刑由主刑改为附加刑，使其既可以独立适用于罪行较轻的犯罪分子，也能附加适用于罪行严重、人身危险性大的犯罪人，从而使这些犯罪分子在主刑执行完毕返回社会后的最初一段时间内，其人身自由受到一定限制，在社会力量的直接监督下逐步适应社会生活。（2）将管制由主刑改为附加刑，可使我国刑罚体系更富有科学性。我国现行刑法把管制刑作为主刑之一，使我国刑罚体系显得不够合理，表现在：其一，管制作为五种主刑中最轻的主刑，使刑种中的拘役刑与治安处罚中的拘留在期限发生了中断。根据治安管理处罚条例规定，治安拘留的最高期限是 15 日，而刑法规定的拘役刑最低期限也是 15 日，正好与治安拘留的最高期限相衔接。然而，现行刑法在治安拘留与拘役刑之间又规定一个管制刑，这就使治安拘留与拘役刑在期限上发生了中断；其二，管制作为主刑，使我国刑罚的轻重次序显得自相矛盾。根据刑法规定，管制是我国刑法中最轻的主刑，然而，它实际上并不轻于拘役刑。因为刑法规定，'被判处管制的，判决执行前先行羁押的，羁押 1 日折抵刑期 2 日'；'被判处拘役的，判决执行前先行羁押的，羁押 1 日折抵刑期 1 日'，也就是说，管制 2 日相当于拘役 1 日，照此计算，刑法规定的管制期 3 个月以上 2 年以下，应折抵拘役刑 1 个半月以上 1 年以下，这远远超过了刑法对拘役刑规定的期限——15 日以上 6 个月以下。由此可见，管制刑在实质上重于拘役刑。因此，要消除上述两个矛盾，将管制刑由主刑变为附加刑是比较好的选择。（3）将管制由主刑改为附加刑，有利于提高管制刑的地位，提高附加刑种的完善性和灵活性"［参见公安部修改刑法领导小组办公室："《关于完善刑罚种类与刑罚制度的建议》（1996 年 7 月）"，见高铭暄、赵秉志编：《新中国刑法立法文献资料总览》（下），中国人民公安大学出版社 1998 年版，第 2693 ～ 2694 页］。

【立法规定】

《刑法》第 33 条规定："主刑的种类如下：（一）管制；（二）拘役；（三）有期徒刑；（四）无期徒刑；（五）死刑。"

【立法释义】

目前，尚无与主刑的种类相关的法律解释。

【立法建言】

建 议：在《刑法》第 33 条中增加 1 款作为第 2 款："主刑只能独立适用。"

理 由：

1. 从理论上看，在我国，"主刑，是对犯罪适用的主要刑罚方法。主刑的特点是：只能独立适用，不能附加适用。对一个罪只能适用一种主刑，不能适用两种以上的主刑。"[1] 然而，在外国，"主刑与主刑一般不能同时适用，但并不绝对，例如，有的国家将罚金刑规定为主刑，但罚金刑与其他主刑可以同时适用。"[2] 此外，我国 1988 年 9 月的刑法修改稿第 28 条在将罚金规定为主刑的同时，也明确规定："罚金也可以附加适用。"可见，主刑是否只能独立适用，在理论上和实践中并非是没有疑问的。因此，为明确主刑的适用方式，《刑法》第 33 条有必要增加"主刑只能独立适用"的规定。

2. 从体例上看，《刑法》第 34 条第 2 款明确规定了"附加刑也可以独立适用"。为与该款的规定相呼应，《刑法》第 33 条也有必要规定"主刑只能独立适用"。

三、附加刑的种类（第 34 条）

【立法沿革】

附加刑的种类是从 1979 年《刑法》第 29 条的规定直接移植过来的。

1950 年的《刑法大纲草案》第 17 条规定："刑罚的种类如下：一、死刑：用枪决；二、监禁：一年以上，十五年以下，加重时，得加至二十五年，但以有明文规定者为限；三、劳役：一年未满，分拘束自由与不拘束自由两种；（有人主张把［劳役］取消）四、没收；五、罚金；六、褫夺政治权；七、褫夺亲权；八、禁止从事一定业务或职务；九、公开批评教育；十、赔偿损害；十一、认错道歉。"第 18 条规定："前条第一款至第三款及第九款与第十一款的刑罚，独立适用；其余的刑罚，附加适用，但必要时，亦得独立适用。"1951 年的《惩治反革命条例》规定了剥夺政治权利和没收财产 2 种附加刑。该条例第 17 条规定："犯本条例之罪者，得剥夺其政治权利，并得没收其财产之全部或一部。"

---

[1] 高铭暄、马克昌主编：《刑法学》，北京大学出版社、高等教育出版社 2011 年版，第 230 页。

[2] 张明楷：《外国刑法纲要》，清华大学出版社 1999 年版，第 363 页。

1951 年的《妨害国家货币治罪暂行条例》除在相关条文中规定了没收财产和罚金外，还专条规定了剥夺政治权："凡犯本条例所规定各罪者，得视其情节轻重，附带宣告剥夺政治权。但犯第六条之罪者不在此限。"① 1952 年的《惩治贪污条例》第 11 条规定："犯本条例之罪者，依其犯罪情节，得剥夺其政治权利之一部或全部。"1954 年的《刑法指导原则草案》第 9 条第 1 款、第 2 款规定了刑罚的种类："（一）死刑；（二）无期徒刑；（三）有期徒刑；（四）劳役；（五）管制；（六）逐出国境；（七）流放；（八）剥夺政治权利；（九）没收财产；（十）罚金。""死刑、无期徒刑、有期徒刑、劳役、管制，是主刑。逐出国境、流放、剥夺政治权利、没收财产、罚金，可以附加适用，也可以单独适用。"到了 1957 年，《刑法草案》第 22 稿第 30 条始对附加刑的种类作了明确规定："附加刑的种类如下：（一）罚金；（二）剥夺政治权利；（三）没收财产。""罚金也可以独立适用。"1963 年的《刑法草案》第 33 稿第 29 条沿用了上述第 1 款的规定，但将第 2 款"罚金也可以独立适用"改为"罚金、没收部分财产也可以独立适用"。1979 年《刑法》第 29 条在上述规定的基础上，又将第 2 款的规定改回"附加刑也可以独立适用"。

1979 年《刑法》第 29 条规定："附加刑的种类如下：（一）罚金；（二）剥夺政治权利；（三）没收财产。""附加刑也可以独立适用。"

1979 年《刑法》施行后，全国人大常委会 1981 年 6 月 10 日通过的《惩治军人违反职责罪暂行条例》对刑法中的附加刑作了补充规定，增设了"剥夺勋章、奖章和荣誉称号"这一附加刑。② 该条例第 24 条规定："对于危害重大的犯罪军人，可以附加剥夺勋章、奖章和荣誉称号。"

在全面研究修改刑法的过程中，由于 1988 年 9 月的刑法修改稿将罚金升格为主刑，因而相应在附加刑的种类中删去了罚金这一刑种。③ 但是，1988 年 11 月 16 日的《刑法修改稿》第 31 条又恢复了 1979 年《刑法》第 29 条的规定。1995 年 8 月 8 日的《刑法总则修改稿》第 30 条在附加刑的种类中，增加了"剥夺从事特定职业资格"这一刑种。但是，1996 年 8 月 8 日的刑法总则修改稿又删去了这一规定。到了 1996 年 10 月 10 日，《刑法修订草案》（征求意见稿）第 32 条对附加刑的规定作了较大的修改和补充：一是取消了没收财产也可以独立适用的规定，将"附加刑也可以独立适用"改为"罚金、剥夺政治权利也可以独立适用"；二是增加了"被判处三年以上有期徒刑的犯罪分子和被判处剥夺政治

---

① 该条例第 6 条规定的是行使伪造、变造的货币罪。

② "军人的勋章、奖章和荣誉称号，是国家授予的政治荣誉，那些犯有严重罪行的犯罪军人，已不配继续享有这种荣誉。为了维护国家的尊严和人民军队的声誉，在本条例中规定这一附加刑是必要的"（参见中国人民解放军总政治部副主任史进前："《关于〈中华人民共和国惩治军人违反职责罪暂行条例（草案）〉的说明》"，见高铭暄、赵秉志编：《中国刑法立法文献资料精选》，法律出版社 2007 年版，第 369 页）。

③ 该稿第 50 条将"军衔、警衔、勋章、奖章和荣誉称号"规定为剥夺政治权利的内容之一。

权利的犯罪分子，如果有军衔、警衔或者勋章的，应当一并判处剥夺"的规定。1996 年 12 月 20 日的《刑法修订草案》第 35 条在上述规定的基础上，又将第 2 款"罚金、剥夺政治权利也可以独立适用"的规定改为"附加刑也可以独立适用"。在八届全国人大五次会议审议《中华人民共和国刑法（修订草案）》时，"有的代表提出，对于军人、警察犯罪需要剥夺军衔、警衔的，可以依照《中国人民解放军军官军衔条例》《人民警察警衔》的有关规定执行；根据宪法规定，授予国家的勋章，应当由国家权力机关决定，需要剥夺勋章的，也应当由国家权力机关决定，不宜由法院判处剥夺。"① 因此，1997 年《刑法》第 34 条删去了上述"被判处三年以上有期徒刑的犯罪分子和被判处剥夺政治权利的犯罪分子，如果有军衔、警衔或者勋章的，应当一并判处剥夺"的规定。

【立法规定】

《刑法》第 34 条规定："附加刑的种类如下：（一）罚金；（二）剥夺政治权利；（三）没收财产。""附加刑也可以独立适用。"

【立法释义】

目前，尚无与附加刑的种类相关的法律解释。

【立法建言】

建　议： 将《刑法》第 34 条第 2 款修改为："罚金、剥夺政治权利也可以独立适用。"

理　由：

1. 没收财产的适用对象决定了其不能独立适用。没收财产是我国附加刑中最重的一种刑罚，它主要适用于危害国家安全罪和破坏社会主义市场经济秩序罪、侵犯财产罪、妨害社会管理秩序罪、贪污贿赂罪中情节较重的犯罪。这就决定了没收财产只能附加适用，而不能独立适用。

2. 没收财产的适用方式决定了其不能独立适用。根据刑法分则的规定，我国没收财产的适用方式有"与罚金选择并处""并处"和"可以并处"3 种。"上述没收财产的适用方式表明，没收财产实际上只能附加适用，而不能独立适用。可见，刑法典第 34 条第 2 款所规定的'附加刑也可以独立适用'目前并不适用于没收财产。理论上那种认为没收财产既可以独立适用也可以附加适用的观点是不正确的。"②

① 参见全国人大法律委员会主任委员薛驹 1997 年 3 月 13 日在八届全国人大五次会议主席团第三次会议上所作的《关于〈中华人民共和国刑法（修订草案）〉〈中华人民共和国国防法（草案）〉和〈中华人民共和国香港特别行政区选举第九届全国人民代表大会代表的办法（草案）〉审议结果的报告》。

② 高铭暄、马克昌主编：《刑法学》，北京大学出版社、高等教育出版社 2011 年版，第 245 页。

四、驱逐出境（第 35 条）

【立法沿革】

驱逐出境是从 1979 年《刑法》第 30 条的规定直接移植过来的。

在 1979 年《刑法》之前，驱逐出境一直被称之为"逐出国境"。从立法源流来看，1954 年的《刑法指导原则草案》最早规定了逐出国境。该草案第 15 条规定："对于在中华人民共和国境内进行间谍活动的外国帝国主义分子和犯其他罪行的外国人，可以判处逐出国境。"到了 1957 年，《刑法草案》第 22 稿第 31 条对上述规定作了两方面的修改：一是将"对于在中华人民共和国境内进行间谍活动的外国帝国主义分子和犯其他罪行的外国人"改为"对于犯罪的外国人"；二是将"可以判处逐出国境"改为"可以独立适用或者附加适用逐出国境"。修改后的条文为："对于犯罪的外国人，可以独立适用或者附加适用逐出国境。"1979 年《刑法》第 30 条基本上沿用了上述规定，仅将"逐出国境"的称谓改为"驱逐出境"。

1979 年《刑法》第 30 条规定："对于犯罪的外国人，可以独立适用或者附加适用驱逐出境。"

1997 年《刑法》第 35 条直接移植了上述规定，未作任何修改。

【立法规定】

《刑法》第 35 条规定："对于犯罪的外国人，可以独立适用或者附加适用驱逐出境。"

【立法释义】

最高人民法院、最高人民检察院、公安部、司法部 2013 年 10 月 23 日发布的《关于依法惩治性侵害未成年人犯罪的意见》第 29 条规定："外国人在我国领域内实施强奸、猥亵未成年人等犯罪的，应当依法判处，在判处刑罚时，可以独立适用或者附加适用驱逐出境。对于尚不构成犯罪但构成违反治安管理行为的，或者因实施性侵害未成年人犯罪不适宜在中国境内继续停留居留的，公安机关可以依法适用限期出境或者驱逐出境。"

【立法建言】

建　议：将《刑法》第 35 条修改为："对于犯罪的外国人或者无国籍人，可以独立适用或者附加适用驱逐出境。"

理　由：

"驱逐出境作为一种特殊的刑罚方法与国家主权和外交相连。对于犯罪的外国人适用驱逐出境，既是防止他们继续在我国领域内危害我国国家和公民利益的有效措施，也是维护国家主权的具体体现。"① 基于同样的理由，对于犯罪的无国籍人，也应适用"驱逐出境"的规定。正因如此，在刑法理论上，通常将该条中的"外国人"扩张解释为"包括具有外国国籍的人与无国籍的人"②。也有学者明确指出，"驱逐出境是对犯罪的外国人或无国籍人逐出我国国（边）境的刑罚方法。"③ 但正如前述，无国籍人与外国人并非同一范畴，因此，宜在该条中增加"无国籍人"的规定。

五、犯罪行为的民事责任（第 36 条）

【立法沿革】

犯罪行为的民事责任是在 1979 年《刑法》第 31 条规定的犯罪行为的民事责任的基础上修改而来的。

犯罪行为的民事责任是 1979 年《刑法》第 31 条增设的规定："由于犯罪行为而使被害人遭受经济损失的，对犯罪分子除依法给予刑事处分外，并应根据情况判处赔偿经济损失。"

1979 年《刑法》施行后，先后有 3 部单行刑法对犯罪行为的民事责任作了补充规定。其中，全国人大常委会 1993 年 7 月 2 日通过的《关于惩治生产、销售伪劣商品犯罪的决定》第 12 条第 2 款规定："犯本决定各条罪造成受害人损失的，除依照本决定追究刑事责任外，并应当根据情况依法判处赔偿损失。"全国人大常委会 1994 年 7 月 5 日通过的《关于惩治侵犯著作权的犯罪的决定》第 5 条规定："犯本决定规定之罪，造成被侵权人损失的，除依照本决定追究刑事责任外，并应当根据情况依法判处赔偿损失。"全国人大常委会 1995 年 2 月 28 日通过的《关于惩治违反公司法的犯罪的决定》第 13 条第 2 款规定："犯本决定规定之罪，被没收违法所得，判处罚金、没收财产，承担民事赔偿责任的，其财产不足以支付时，先承担民事赔偿责任。"

在全面研究修改刑法的过程中，对犯罪行为的民事责任是否要在刑法中加以规定及其在刑法体系中的位置等问题曾经有过较大的争议。1988 年 9 月的刑法修改稿第 31 条虽然直接移植了 1979 年《刑法》第 31 条的规定，但在该条后面特别注明"第三十一条是否保留，有不同意见。"1988 年 11 月 16 日的刑法修改稿保留了上述规定，但将其移至总则第四章"刑罚的具体运用"第一节"量刑"之中，并与"追缴""责令退赔"和"没收"

① 曲新久：《刑法学》，中国政法大学出版社 2009 年版，第 210 页。
② 参见高铭暄主编：《刑法学原理》（第三卷），中国人民大学出版社 1994 年版，第 170 页；高铭暄、马克昌主编：《刑法学》，北京大学出版社、高等教育出版社 2011 年版，第 246 页；王作富主编：《刑法》，中国人民大学出版社 2011 年版，第 182 页；张明楷：《刑法学》，法律出版社 2011 年版，第 488 页；曲新久：《刑法学》，中国政法大学出版社 2009 年版，第 210 页。
③ 苏惠渔主编：《刑法学》（修订版），中国政法大学出版社 1997 年版，第 315 页。

合并加以规定。该稿第 60 条规定："犯罪分子违法所得的一切财物，应当予以追缴或者责令退赔；违禁品和供犯罪所用的本人财物，应当予以没收；因犯罪行为而使被害者遭受经济损失的，应当根据情况判处赔偿经济损失。"1988 年 12 月 25 日的《刑法修改稿》第 60 条基本上沿用了上述规定，仅将其中的"经济损失"改为"损失"。到了 1995 年 8 月 8 日，《刑法总则修改稿》第 32 条又恢复了 1979 年《刑法》第 31 条的规定。1996 年 6 月 24 日的刑法总则修改稿第 32 条基本上沿用了上述规定，仅将其中的"刑事处分"改为"刑事处罚"。1996 年 8 月 31 日的《刑法修改草稿》第 35 条在上述规定的基础上，吸收了《关于惩治违反公司法的犯罪的决定》第 13 条第 2 款规定的"民事赔偿优先"原则的内容，将其改写为该条第 2 款。修改后的条文为："由于犯罪行为而使被害人遭受经济损失的，对犯罪分子除依法给予刑事处罚外，并应根据情况判处赔偿经济损失。""被没收违法所得、判处罚金、没收财产，承担民事赔偿责任的犯罪分子其财产不足以支付时，先承担民事赔偿责任。"1996 年 10 月 10 日的《刑法修订草案》（征求意见稿）第 34 条沿用了上述第 1 款的规定，但将第 2 款修改为"承担民事赔偿责任的犯罪分子，同时被判处罚金的，其财产不足以全部支付的时候，应当先承担民事赔偿责任"。1997 年 3 月 1 日，提交给八届全国人大五次会议审议的《中华人民共和国刑法（修订草案）》第 38 条除个别文字修改外，主要对上述第 2 款规定作了两处补充和修改：一是增加了"被判处没收财产"的情形；二是将"应当先承担民事赔偿责任"改为"应当先承担对被害人的民事赔偿责任"。这一修改方案，为现行刑法所采纳。

【立法规定】

《刑法》第 36 条规定："由于犯罪行为而使被害人遭受经济损失的，对犯罪分子除依法给予刑事处罚外，并应根据情况判处赔偿经济损失。""承担民事赔偿责任的犯罪分子，同时被判处罚金，其财产不足以全部支付的，或者被判处没收财产的，应当先承担对被害人的民事赔偿责任。"

【立法释义】

最高人民法院 1999 年 10 月 27 日发布的《全国法院维护农村稳定刑事审判工作座谈会纪要》"关于刑事附带民事诉讼问题"部分规定："人民法院审理附带民事诉讼案件的受案范围，应只限于被害人因人身权利受到犯罪行为侵犯和财物被犯罪行为损毁而遭受的物质损失，不包括因犯罪分子非法占有、处置被害人财产而使其遭受的物质损失。对因犯罪分子非法占有、处置被害人财产而使其遭受的物质损失，应当根据刑法第六十四条的规定处理，即应通过追缴赃款赃物、责令退赔的途径解决。如赃款赃物尚在的，应一律追缴；已被用掉、毁坏或挥霍的，应责令退赔。无法退赃的，在决定刑罚时，应作为酌定从重处罚的情节予以考虑。""关于附带民事诉讼的赔偿范围，在没有司法解释规定之前，应注意把握以下原则：一是要充分运用现有法律规定，在法律许可的范围内最大限度地补偿被害人因被告人的犯罪行为而遭受的物质损失。物质损失应包括已造成的损失，也包括将来必然遭受的损失。二是赔偿只限于犯罪行为直接造成的物质损失，不包括精神损失和间接造成的物质损失。三是要适当考虑被告人的赔偿能力。被告人的赔偿能力包括现在的赔偿能力和将来的赔偿能力，对未成年被告人还应考虑其监护人的赔偿能力，以避免数额过大的空判引起负面效应，被告人的民事赔偿情况可作为量刑的酌定情节。四是要切实维护被害人的合法权益。附带民事原告人提出起诉的，对于没有构成犯罪的共同致害人，也要追究其民事赔偿责任。未成年致害人由其法定代理人或者监护人承担赔偿责任。但是，在逃的同案犯不应列为附带民事诉讼的被告人。关于赔偿责任的分担：共同致害人应当承担连带赔偿责任；在学校等单位内部发生犯罪造成受害人损失，在管理上有过错责任的学校等单位有赔偿责任，但不承担连带赔偿责任；交通肇事犯罪的车辆所有人（单位）在犯罪分子无赔偿能力的情况下，承担代为赔偿或者垫付的责任。"

最高人民法院 2000 年 12 月 13 日发布的《关于刑事附带民事诉讼范围问题的规定》第 1 条规定："因人身权利受到犯罪侵犯而遭受物质损失或者财物被犯罪分子毁坏而遭受物质损失的，可以提起附带民事诉讼。""对于被害人因犯罪行为遭受精神损失而提起附带民事诉讼的，人民法院不予受理。"第 2 条规定："被害人因犯罪行为遭受的物质损失，是指被害人因犯罪行为已经遭受的实际损失和必然遭受的损失。"第 3 条规定："人民法院审理附带民事诉讼案件，依法判决后，查明被告人确实没有财产可供执行的，应当裁定中止或者终结执行。"第 4 条规定："被告人已经赔偿被害人物质损失的，人民法院可以作为量刑情节予以考虑。"第 5 条规定："犯罪分子非法占有、处置被害人财产而使其遭受物质损失的，人民法院应当依法予以追缴或者责令退赔。被追缴、退赔的情况，人民法院可以作为量刑情节予以考虑。""经过追缴或者退赔仍不能弥补损失，被害人向人民法院民事审判庭另行提起民事诉讼的，人民法院可以受理。"

最高人民法院 2006 年 1 月 11 日发布的《关于审理未成年人刑事案件具体应用法律若干问题的解释》第 19 条规定："刑事附带民事案件的未成年被告人有个人财产的，应当由本人承担民事赔偿责任，不足部分由监护人予以赔偿，但单位担任监护人的除外。""被告人对被害人物质损失的赔偿情况，可以作为量刑情节予以考虑。"

最高人民法院 2014 年 10 月 30 日发布的《关于刑事裁判涉财产部分执行的若干规定》第 13 条规定："被执行人在执行中同时承担刑事责任、民事责任，其财产不足以支付的，按照下列顺序执行：（一）人身损害赔偿中的医疗费用；（二）退赔被害人的损失；（三）其他民事债务；（四）罚金；（五）没收财产。""债权人对执行标的依法享有优先受偿权，其主张优先受偿的，人民法院应当在前款第（一）项规定的医疗费用受偿后，予以支持。"

【立法建言】

建　议：将《刑法》第 36 条第 2 款修改为："承担民事赔偿责任的犯罪分子，同时被判处罚金或者没收财产，其财产不足以全部支付的，应当先承担对被害人的民事赔偿责任。"

理　由：

《刑法》第 36 条第 2 款的规定语焉不详，容易使人产生误解。例如，有学者认为，"刑事损害赔偿优先履行的条件是：（1）犯罪分子对被害人有赔偿经济损失的义务，即符合上述刑事损害赔偿的适用条件。（2）犯罪分子被判处的刑罚中有罚金刑或者没收财产刑，无论是单独判处还是附加判处。（3）犯罪分子的财产不足以全部支付所判处的罚金与损害赔偿，或者同时判处被判处没收财产与损害赔偿"。[1] 按照上述理解，只要"同时被判处没收财产与损害赔偿"，不论犯罪分子的财产是否足以全部支付，都应当先承担对被害人的民事赔偿责任。显然，这是对《刑法》第 36 条第 2 款规定的一种误解。因为，无论是同时被判处罚金还是没收财产，都应当以"其财产不足以全部支付"作为"民事赔偿责任优先"的前提条件。如果同时被判处没收财产，"其财产足以全部支付的"，就不"应当先承担对被害人的民事赔偿责任"。笔者认为，之所以产生上述误解，主要是因为该款没有对"没收财产"加以界定或者说没有规定清楚造成的。事实上，根据《刑法》第 59 条的规定，没收财产有没收财产的"一部"与"全部"之分。被判处没收财产全部的，犯罪分子固然无力再承担对被害人的民事赔偿责任；但是，被判处没收财产一部的，其实际效果与被判处罚金其实是一样的，犯罪分子完全可能有能力承担对被害人的民事赔偿责任。所以，从立法原意来说，该款所规定的"没收财产"，应指没收财产的"全部"而不是"一部"。既然同时被判处没收财产，也存在"其财产是否足以全部支付"的问题，因此，宜将"其财产不足以全部支付"的限制条件，移至"同时被判处罚金或者没收财产"之后。

六、非刑罚处罚措施（第 37 条）

【立法沿革】

非刑罚处罚措施是在 1979 年《刑法》第 32 条规定的非刑罚处罚措施的基础上修改而来的。

在新中国刑法立法史上，1952 年的《中华人民共和国惩治贪污条例》第 3 条第 1 款

---

[1]　赵秉志主编：《刑法新教程》，中国人民大学出版社 2009 年版，第 285 页。

第4项首次规定了非刑罚处罚措施："个人贪污的数额，不满人民币一千万元者，[①] 判处一年以下的徒刑、劳役或管制；或免刑予以开除、撤职、降职、降级、记过或警告的行政处分。"[②] 此后，历次的刑法草案和1979年《刑法》主要围绕非刑罚处罚措施的具体种类问题，先后作过不同的规定。1954年的《刑法指导原则草案》第9条第3款规定了训诫、责令悔过道歉和拘役3种非刑罚处罚措施："对于不必要判处刑罚的轻微的犯罪，可以适用训诫、责令悔过道歉或者一个月以下拘役的行政处罚。"1957年的《刑法草案》第22稿第32条只规定了训诫1种非刑罚处罚措施："对于情节轻微的犯罪分子，不需要判处刑罚的，可以予以训诫。"到了1963年，《刑法草案》第33稿第31条对上述规定作了两方面的补充和修改：一是在适用条件方面，增加了"根据案件的不同情况"的规定；二是在处罚措施方面，增加了"责令具结悔过、取保、赔礼道歉、赔偿损失"等种类。修改后的条文为："对于情节轻微的犯罪分子，不需要判处刑罚的，可以根据案件的不同情况，予以训诫或者责令具结悔过、取保、赔礼道歉、赔偿损失。"1979年《刑法》第32条在上述规定的基础上，主要作了以下三方面的补充和修改：一是增加了"免予刑事处分"的表述；二是删去了"取保"的措施；三是增加了"由主管部门予以行政处分"的规定。

1979年《刑法》第32条规定："对于犯罪情节轻微不需要判处刑罚的，可以免予刑事处分，但可以根据案件的不同情况，予以训诫或者责令具结悔过、赔礼道歉、赔偿损失，或者由主管部门予以行政处分。"

在全面研究修改刑法的过程中，1988年的3个刑法修改稿本曾将上述规定移至总则第四章"刑罚的具体运用"第一节"量刑"之中。但是，自1995年的《刑法总则修改稿》起，又将其移回"刑罚"一章中。1996年6月24日的刑法总则修改稿第33条基本上沿用了1979年《刑法》第32条的规定，仅将其中的"免予刑事处分"改为"免予刑事处罚"。1996年10月10日的《刑法修订草案》（征求意见稿）第35条在上述规定的基础上，又增加了"行政处罚"的措施。这一修改方案，为现行刑法所采纳。

【立法规定】

《刑法》第37条规定："对于犯罪情节轻微不需要判处刑罚的，可以免予刑事处罚，但是可以根据案件的不同情况，予以训诫或者责令具结悔过、赔礼道歉、赔偿损失，或者由主管部门予以行政处罚或者行政处分。"

---

① 该条例所规定的人民币金额是旧币金额，旧币1万元折合新币1元。

② 中央人民政府政务院政治法律委员会副主任彭真1952年4月18日在中央人民政府委员会第十四次会议上所作的《关于中华人民共和国惩治贪污条例草案的说明》中指出："我们把开除、撤职、降职、降级记过和警告等行政处分，也写在条例中。因为有些贪污分子在免予刑事处分时，需要酌情予以行政处分；对于情节轻微而又彻底坦白的行贿分子，在'五反'中也须免刑而予以警告。在'三反'和'五反'运动中这是大量普遍采用的办法，因此应该把它写在条例中。"

【立法释义】

最高人民法院、最高人民检察院 2001 年 6 月 4 日发布的《关于办理组织和利用邪教组织犯罪案件具体应用法律若干问题的解释（二）》第 11 条规定："人民检察院审查起诉邪教案件，对于犯罪情节轻微，有悔罪表现，确实不致再危害社会的犯罪嫌疑人，根据刑事诉讼法第一百四十二条第二款的规定，可以作出不起诉决定。"第 12 条规定："人民法院审理邪教案件，对于有悔罪表现，不致再危害社会的被告人，可以依法从轻处罚；依法可以判处管制、拘役或者符合适用缓刑条件的，可以判处管制、拘役或者适用缓刑；对于犯罪情节轻微不需要判处刑罚的，可以免予刑事处罚。"

最高人民法院 2006 年 1 月 11 日发布的《关于审理未成年人刑事案件具体应用法律若干问题的解释》第 17 条规定："未成年罪犯根据其所犯罪行，可能被判处拘役、三年以下有期徒刑，如果悔罪表现好，并具有下列情形之一的，应当依照刑法第三十七条的规定免予刑事处罚：（一）系又聋又哑的人或者盲人；（二）防卫过当或者避险过当；（三）犯罪预备、中止或者未遂；（四）共同犯罪中从犯、胁从犯；（五）犯罪后自首或者有立功表现；（六）其他犯罪情节轻微不需要判处刑罚的。"

最高人民法院 2010 年 2 月 8 日发布的《关于贯彻宽严相济刑事政策的若干意见》第 15 条规定："被告人的行为已经构成犯罪，但犯罪情节轻微，或者未成年人、在校学生实施的较轻犯罪，或者被告人具有犯罪预备、犯罪中止、从犯、胁从犯、防卫过当、避险过当等情节，依法不需要判处刑罚的，可以免予刑事处罚。对免予刑事处罚的，应当根据刑法第三十七条规定，做好善后、帮教工作或者交由有关部门进行处理，争取更好的社会效果。"

最高人民检察院 2011 年 1 月 29 日发布的《关于办理当事人达成和解的轻微刑事案件的若干意见》第 6 条"关于检察机关对当事人达成和解案件的处理"第 2 款规定："对于公安机关立案侦查并移送审查起诉的刑事诉讼法第一百七十条第二项规定的轻微刑事案件，符合本意见规定的适用范围和条件的，一般可以决定不起诉。"① 第 3 款规定："对于其他轻微刑事案件，符合本意见规定的适用范围和条件的，作为犯罪情节轻微，不需要判处刑罚或者免除刑罚的重要因素予以考虑，一般可以决定不起诉。对于依法必须提起公诉

---

① 该意见第 2 条"关于适用范围和条件"规定："对于可能判处三年以下有期徒刑、拘役、管制或者单处罚金的刑事公诉案件，可以适用本意见。""上述范围内的刑事案件必须同时符合下列条件：1. 属于侵害特定被害人的故意犯罪或者有直接被害人的过失犯罪；2. 案件事实清楚，证据确实、充分；3. 犯罪嫌疑人、被告人真诚认罪，并且已经切实履行和解协议。对于和解协议不能即时履行的，已经提供有效担保或者调解协议经人民法院确认；4. 当事人双方就赔偿损失、恢复原状、赔礼道歉、精神抚慰等事项达成和解；5. 被害人及其法定代理人或者近亲属明确表示对犯罪嫌疑人、被告人予以谅解，要求或者同意对犯罪嫌疑人、被告人依法从宽处理。""以下案件不适用本意见：1. 严重侵害国家、社会公共利益，严重危害公共安全或者危害社会公共秩序的犯罪案件；2. 国家工作人员职务犯罪案件；3. 侵害不特定多数人合法权益的犯罪案件。"

的，可以向人民法院提出在法定幅度范围内从宽处理的量刑建议。"第 4 款规定："对被不起诉人需要给予行政处罚、行政处分或者需要没收其违法所得的，应当提出检察意见，移送有关主管部门处理。"

最高人民法院、最高人民检察院 2011 年 3 月 1 日发布的《关于办理诈骗刑事案件具体应用法律若干问题的解释》第 3 条规定："诈骗公私财物虽已达到本解释第一条规定的'数额较大'的标准，但具有下列情形之一，且行为人认罪、悔罪的，可以根据刑法第三十七条、刑事诉讼法第一百四十二条的规定不起诉或者免予刑事处罚：（一）具有法定从宽处罚情节的；（二）一审宣判前全部退赃、退赔的；（三）没有参与分赃或者获赃较少且不是主犯的；（四）被害人谅解的；（五）其他情节轻微、危害不大的。"

最高人民法院 2013 年 1 月 16 日发布的《关于审理拒不支付劳动报酬刑事案件适用法律若干问题的解释》第 6 条第 1 款规定："拒不支付劳动者的劳动报酬，尚未造成严重后果，在刑事立案前支付劳动者的劳动报酬，并依法承担相应赔偿责任的，可以认定为情节显著轻微危害不大，不认为是犯罪；在提起公诉前支付劳动者的劳动报酬，并依法承担相应赔偿责任的，可以减轻或者免除刑事处罚；在一审宣判前支付劳动者的劳动报酬，并依法承担相应赔偿责任的，可以从轻处罚。"第 2 款规定："对于免除刑事处罚的，可以根据案件的不同情况，予以训诫、责令具结悔过或者赔礼道歉。"

最高人民法院、最高人民检察院 2013 年 4 月 2 日发布的《关于办理盗窃刑事案件适用法律若干问题的解释》第 7 条规定："盗窃公私财物数额较大，行为人认罪、悔罪、退赃、退赔，且具有下列情形之一，情节轻微的，可以不起诉或者免予刑事处罚；必要时，由有关部门予以行政处罚：（一）具有法定从宽处罚情节的；（二）没有参与分赃或者获赃较少且不是主犯的；（三）被害人谅解的；（四）其他情节轻微、危害不大的。"

最高人民法院、最高人民检察院 2013 年 4 月 23 日发布的《关于办理敲诈勒索刑事案件适用法律若干问题的解释》第 5 条规定："敲诈勒索数额较大，行为人认罪、悔罪，退赃、退赔，并具有下列情形之一的，可以认定为犯罪情节轻微，不起诉或者免予刑事处罚，由有关部门依法予以行政处罚：（一）具有法定从宽处罚情节的；（二）没有参与分赃或者获赃较少且不是主犯的；（三）被害人谅解的；（四）其他情节轻微、危害不大的。"

最高人民法院、最高人民检察院 2013 年 11 月 11 日发布的《关于办理抢夺刑事案件适用法律若干问题的解释》第 5 条规定："抢夺公私财物数额较大，但未造成他人轻伤以上伤害，行为人系初犯，认罪、悔罪，退赃、退赔，且具有下列情形之一的，可以认定为犯罪情节轻微，不起诉或者免予刑事处罚；必要时，由有关部门依法予以行政处罚：（一）具有法定从宽处罚情节的；（二）没有参与分赃或者获赃较少，且不是主犯的；

（三）被害人谅解的；（四）其他情节轻微、危害不大的。"

最高人民检察院 2013 年 12 月 27 日发布的《人民检察院办理未成年人刑事案件的规定》第 26 条规定："对于犯罪情节轻微，具有下列情形之一，依照刑法规定不需要判处刑罚或者免除刑罚的未成年犯罪嫌疑人，一般应当依法作出不起诉决定：（一）被胁迫参与犯罪的；（二）犯罪预备、中止、未遂的；（三）在共同犯罪中起次要或者辅助作用的；（四）系又聋又哑的人或者盲人的；（五）因防卫过当或者紧急避险过当构成犯罪的；（六）有自首或者立功表现的；（七）其他依照刑法规定不需要判处刑罚或者免除刑罚的情形。"第 27 条规定："对于未成年人实施的轻伤案件、初次犯罪、过失犯罪、犯罪未遂的案件以及被诱骗或者被教唆实施的犯罪案件等，情节轻微，犯罪嫌疑人确有悔罪表现，当事人双方自愿就民事赔偿达成协议并切实履行或者经被害人同意并提供有效担保，符合刑法第三十七条规定的，人民检察院可以依照刑事诉讼法第一百七十三条第二款的规定作出不起诉的决定，并可以根据案件的不同情况，予以训诫或者责令具结悔过、赔礼道歉、赔偿损失，或者由主管部门予以行政处罚。"

最高人民法院、最高人民检察院 2014 年 8 月 12 日发布的《关于办理走私刑事案件适用法律若干问题的解释》第 9 条第 4 款规定："不以牟利为目的，为留作纪念而走私珍贵动物制品进境，数额不满十万元的，可以免予刑事处罚；情节显著轻微的，不作为犯罪处理。"

最高人民法院、最高人民检察院、公安部 2014 年 9 月 9 日发布的《关于办理暴力恐怖和宗教极端刑事案件适用法律若干问题的意见》第一部分"正确把握办理案件的基本原则"第 2 条"坚持宽严相济、区别对待"中规定："对情节较轻、危害不大、未造成严重后果，且认罪悔罪的初犯、偶犯，受裹胁蒙蔽参与犯罪、在犯罪中作用较小，以及其他犯罪情节轻微不需要判处刑罚的，可以依法免予刑事处罚。"

最高人民法院、最高人民检察院、公安部、司法部 2015 年 3 月 2 日发布的《关于依法办理家庭暴力犯罪案件的意见》第 18 条规定："切实贯彻宽严相济刑事政策。对于实施家庭暴力构成犯罪的，应当根据罪刑法定、罪刑相适应原则，兼顾维护家庭稳定、尊重被害人意愿等因素综合考虑，宽严并用，区别对待。根据司法实践，对于实施家庭暴力手段残忍或者造成严重后果；出于恶意侵占财产等卑劣动机实施家庭暴力；因酗酒、吸毒、赌博等恶习而长期或者多次实施家庭暴力；曾因实施家庭暴力受到刑事处罚、行政处罚；或者具有其他恶劣情形的，可以酌情从重处罚。对于实施家庭暴力犯罪情节较轻，或者被告人真诚悔罪，获得被害人谅解，从轻处罚有利于被扶养人的，可以酌情从轻处罚；对于情节轻微不需要判处刑罚的，人民检察院可以不起诉，人民法院可以判处免予刑事处罚。""对于实施家庭暴力情节显著轻微危害不大不构成犯罪的，应当撤销案件、不起诉，或者宣告无罪。""人民法院、人民检察院、公安机关应当充分运用训诫，责令施暴人保证不再实施家庭暴力，或者向被害人赔礼道歉、赔偿损失等非刑罚处罚措施，加强对施暴人的教育与惩戒。"

最高人民法院 2015 年 5 月 29 日发布的《关于审理掩饰、隐瞒犯罪所得、犯罪所得收益刑事案件适用法律若干问题的解释》第 2 条规定："掩饰、隐瞒犯罪所得及其产生的收益行为符合本解释第一条的规定，认罪、悔罪并退赃、退赔，且具有下列情形之一的，可以认定为犯罪情节轻微，免予刑事处罚：（一）具有法定从宽处罚情节的；（二）为近亲属掩饰、隐瞒犯罪所得及其产生的收益，且系初犯、偶犯的；（三）有其他情节轻微情形的。""行为人为自用而掩饰、隐瞒犯罪所得，财物价值刚达到本解释第一条第一款第（一）项规定的标准，认罪、悔罪并退赃、退赔的，一般可不认为是犯罪；依法追究刑事责任的，应当酌情从宽。"

【立法建言】

建 议：将《刑法》第 37 条修改为："对于犯罪情节轻微不需要判处刑罚的，可以免予刑事处罚，但是应当根据案件的不同情况，予以训诫或者责令具结悔过、赔礼道歉、赔偿损失，或者予以行政处罚或者行政处分。"

理 由：

1. 扩大适用非刑罚处罚措施有助于防止矛盾激化。非刑罚处罚措施是"犯罪在刑法上的直接法律后果，是人民法院依照刑法的明文规定，解决犯罪实体问题的一种方法"。"虽然这些措施不是刑罚，但仍是因犯罪而直接产生的一种刑事实体义务，是刑事责任的一种实现方式。"[①] "非刑罚的处理方法，虽然不属于刑罚，但它对于衔接、协调各部门法，维护和加强社会主义法制，保护受害人的合法权益，教育犯罪分子，防止矛盾激化，都具有重要作用。同时，也为人民法院对某些轻微犯罪实行非刑罚化提供了重要的法律武器，而且从实践来看，非刑罚处理方法也是符合我国国情的一种行之有效的方法。"[②] 虽然非刑罚处罚措施是刑法早已明文规定的一种了结案件的方法，也是对刑罚的一种重要补充，但长期以来，由于司法机关对非刑罚处罚措施的重要性认识不足，加之刑法对非刑罚处罚措施的适用未作"刚性"规定，因而实践中很少运用这种方法来了结案件，致使被害人得不到应有的安抚和补偿，有的甚至导致矛盾激化。有鉴于此，笔者建议，为充分发挥非刑罚处罚措施的积极作用，宜将《刑法》第 37 条中的"可以根据案件的不同情况"改

---

① 参见喻伟主编：《量刑通论》，武汉大学出版社 1993 年版，第 435 页。在日本，通常是从刑罚的替代措施的角度来看待非刑罚处罚措施的。例如，大谷实教授认为："所谓非刑罚化，是指用刑罚以外的比较轻的制裁替代刑罚，或减轻、缓和刑罚以处罚犯罪"（【日】大谷实：《刑事政策学》，黎宏译，法律出版社 2000 年版，第 107 页）。

② 利子平主编：《刑法原理》，江西高校出版社 1995 年版，第 242 页。

为"应当根据案件的不同情况",以扩大非刑罚处罚措施的适用范围。

2. 直接适用非刑罚处罚措施有助于树立司法权威。《刑法》第37条规定的非刑罚处罚措施,分为直接适用与间接适用两种情况。所谓间接适用,即"由主管部门予以行政处罚或者行政处分"。"这种处理方法的特点是人民法院并不直接作出对犯罪分子予以行政处罚或者行政处分的决定,而是向犯罪分子的主管部门提出建议,再由主管部门作出行政处罚或者行政处分的决定。"① 因此,"人民法院提出行政处分,属于司法建议,不能写在判决书上,因为法院的判决不能直接作出任何行政处分,其提出的行政处分建议,仅供有关部门参考,最终直接决定和执行行政处分的机关,只能是犯罪人所在单位或其他主管部门。"② 然而,作为犯罪法律后果的行政处罚和行政处分,为什么不能由法院直接适用? 由主管部门作出的行政处罚和行政处分是否属于犯罪的法律后果? 对此,无论如何回答都难以自圆其说。正如张明楷教授所言,"不能认为,在任何场合,只要适用这些方法的,就是行政责任、民事责任的实现方法;而应当认为,当它们被用作追究犯罪人刑事责任的方法时,就是犯罪的法律后果,况且这种方法也是刑法明文规定的。如果不这样认识,要么就自相矛盾——对构成犯罪的只追究行政责任、民事责任;要么就以结果否认前提——既然给予的是行政处分、民事制裁,其行为就不是犯罪行为"。③ 笔者认为,既然作为非刑罚处罚措施的行政处罚和行政处分是实现刑事责任的一种方式,它们在性质上有别于行政责任,那么,这种非刑罚处罚措施理应由人民法院直接适用,而不仅仅是提出司法建议。唯此,才能真正树立司法权威。此外,在非刑罚处罚措施中,区分直接适用与间接适用还造成了刑法内部的不协调。如果行政处罚和行政处分非要由主管部门作出的话,那么,就应删去"由主管部门予以行政处罚或者行政处分"的规定,以保持刑法的协调性。④

七、职业禁止（第37条之一）

【立法沿革】

职业禁止（亦称从业禁止）是《刑法修正案（九）》第1条新增设的刑事预防性

---

① 高铭暄、马克昌主编:《刑法学》,北京大学出版社、高等教育出版社2011年版,第248页。

② 喻伟主编:《量刑通论》,武汉大学出版社1993年版,第449页。

③ 张明楷:《刑法学》,法律出版社2011年版,第560页。

④ 但也有学者对"由主管部门予以行政处罚或者行政处分"的做法持肯定的态度,并且认为,"'司法建议书'是新中国司法的一项优良传统和有益经验,可以起到加强司法机关与行政机关、有关部门、行业协会的联系,及时沟通信息,共同防治甚至提前预防违法犯罪行为,减少有关损失的作用"。只不过"实践中的司法建议书尤其是刑事类的司法建议书的格式、种类、决定和发送程序很不统一、规范,因此,确有必要由最高司法机关在这方面进行统一的规范和管理"(参见陈灿平:"非刑罚处罚措施新议",载赵秉志主编:《刑法论丛》(第15卷),法律出版社2008年版,第211页)。

措施。

如前所述，1995 年 8 月 8 日的《刑法总则修改稿》第 30 条在附加刑的种类中曾经规定了"剥夺从事特定职业资格"，并且在第四章"刑罚"中专节规定了"剥夺从事特定职业资格"。其中，第 55 条规定："对于利用所从事的职业进行犯罪，情节严重，并有继续利用其职业进行犯罪可能的，可以独立适用或者附加适用剥夺从事该项职业的资格。"第 56 条规定："剥夺从事特定职业资格的期限为一年以上五年以下。""剥夺从事特定职业资格的刑期，从判决发生法律效力之日起计算；附加适用的，从主刑执行完毕之日或者从假释之日起计算。"但是，1996 年 8 月 8 日的《刑法总则修改稿》删去了上述规定。对此，有专家建议，"应当增设剥夺资格刑，对有些利用职业犯罪的，应当剥夺其从事该职业的资格"。① 有关部门认为，"我国刑法除保留并适当增加剥夺名誉性资格以外，还应当增设剥夺能力性资格刑。这是因为，我国当前利用业务与职务从事犯罪的身份犯罪日益增多。在身份犯中，业务资格与职务身份是其实施犯罪的条件。对于这类犯罪，处以剥夺能力性资格刑，使其失去某种业务资格与职务身份，不失为一种有效的对应惩罚"。② "有些地方提出，刑法应当增加资格刑的规定。现实生活中，有些犯罪与犯罪人的职业有关，犯罪人是利用自己从事的职业进行相关犯罪活动的，为了达到预防这类犯罪人再利用职业活动进行犯罪的目的，应当在对这些犯罪分子判处主刑的同时，剥夺其以后再从事该项职业的权利。"③ 遗憾的是，1997 年修订的《刑法》并未采纳上述意见。

1997 年《刑法》施行后，"根据有关方面的意见"，《刑法修正案（九）》第 1 条增加规定了禁止从事相关职业的措施，"完善了预防性措施的规定"④。

【立法规定】

《刑法》第 37 条之一规定："因利用职业便利实施犯罪，或者实施违背职业要求的特定义务的犯罪被判处刑罚的，人民法院可以根据犯罪情况和预防再犯罪的需要，禁止其自刑罚执行完毕之日或者假释之日起从事相关职业，期限为三年至五年。""被禁止从事相关

① 参见全国人大常委会法制工作委员会刑法室整理："《法律专家对〈刑法总则修改稿〉和〈刑法分则修改草稿〉的意见》（1996 年 9 月 6 日）"，见高铭暄、赵秉志编：《新中国刑法立法文献资料总览》（下），中国人民公安大学出版社 1998 年版，第 2131 页。

② 参见公安部修改刑法领导小组办公室："《关于完善刑罚种类与刑罚制度的建议》（1996 年 7 月）"，见高铭暄、赵秉志编：《新中国刑法立法文献资料总览》（下），中国人民公安大学出版社 1998 年版，第 2695 页。

③ 参见全国人大常委会办公厅秘书局："《中央有关部门、地方及法律专家对刑法修订草案（征求意见稿）的意见》（1996 年 12 月 26 日印）"，见高铭暄、赵秉志编：《新中国刑法立法文献资料总览》（下），中国人民公安大学出版社 1998 年版，第 2157 页。

④ 参见全国人大常委会法制工作委员会主任李适时 2014 年 10 月 27 日在十二届全国人大常委第十一次会议上所作的《关于〈中华人民共和国刑法修正案（九）（草案）〉的说明》。

职业的人违反人民法院依照前款规定作出的决定的，由公安机关依法给予处罚；情节严重的，依照本法第三百一十三条的规定定罪处罚。""其他法律、行政法规对其从事相关职业另有禁止或者限制性规定的，从其规定。"

【立法释义】

最高人民法院 2015 年 10 月 29 日发布的《关于〈中华人民共和国刑法修正案（九）〉时间效力问题的解释》第 1 条规定："对于 2015 年 10 月 31 日以前因利用职业便利实施犯罪，或者实施违背职业要求的特定义务的犯罪的，不适用修正后刑法第三十七条之一第一款的规定。其他法律、行政法规另有规定的，从其规定。"

【立法建言】

建　议：将《刑法》第 37 条之一修改为："因利用职业便利实施犯罪，或者实施违背职业要求的特定义务的犯罪被判处刑罚的，人民法院可以根据犯罪情况和预防再犯罪的需要，禁止其从事相关职业。""禁止从事相关职业的期限为三年以上五年以下。""禁止从事相关职业的期限，从刑罚执行完毕之日或者假释之日起计算；禁止从事相关职业的效力当然施用于主刑执行期间。""违反第一款规定的从业禁止措施的，由公安机关依法给予处罚；情节严重的，依照本法第三百一十三条的规定定罪处罚。""其他法律、行政法规对其从事相关职业另有禁止或者限制性规定的，从其规定。"

理　由：

1. 从实际情况来看，宜增加"禁止从事相关职业的效力当然施用于主刑执行期间"的规定，以防止犯罪分子在刑罚执行期间继续利用职业便利再次犯罪。

2. 从体例结构来看，宜参照剥夺政治权利有关规定的体例结构对该条的规定加以调整，以保持刑法规定内部的科学和谐统一。

第二节　管　　制

一、管制的期限与执行（第 38 条）

【立法沿革】

管制的期限与执行是在 1979 年《刑法》第 33 条规定的管制的期限、判决与执行的基础上修改而来的，并经《刑法修正案（八）》第 2 条所修正。

　　管制的期限与执行问题，是长期困扰我国管制立法的重要因素之一。① 新中国成立以后，1952 年的《中华人民共和国惩治贪污条例》首次在法律上确立了"管制"这一刑种。② 根据该条例的规定，判处管制的期限为"一年以下"和"一年至二年"两种情形。1954 年的《刑法指导原则草案》第 14 条第 2 款首次在总则中规定了管制的期限，并且规定期限可以缩短或者延长："管制的期限，为六个月以上三年以下，在执行中，经执行机关提出，人民法院批准，可以缩短或者延长；但是延长期限不能超过二年。"鉴于一些地方不经法院判决滥施管制的现象较为普遍，全国人大常委会 1956 年 11 月 16 日通过的《关于对反革命分子的管制一律由人民法院判决的决定》明确规定："今后对反革命分子和其他犯罪分子的管制，一律由人民法院依法判决，交由公安机关执行。""在管制期间的被管制分子，如果被发现有新的犯罪行为，需要延长管制期限，或者因为表现良好，立有功绩，需要缩短管制期限或者提前撤销管制，也须经人民法院依法判决或者裁定。"到了1957 年，《刑法草案》第 22 稿较为系统地规定了管制的期限、执行以及管制期限的延长、缩短和提前撤销管制。该稿第 33 条规定："管制的期限，为六个月以上三年以下；但是在数罪并罚的时候，可以提高到五年。"第 34 条规定："被判处管制的犯罪分子，由人民法院委托公安机关或者乡人民委员会监督执行。"第 37 条规定："被判处管制的犯罪分子违

---

　　① 在我国刑法的制定和修改过程中，对管制存废问题的两次激烈争论，均与管制的期限与执行问题有关。早在 1978 年至 1979 年对《刑法草案》第 33 稿进行修订时，即引发了是否取消管制的第一次争论。最初，管制取消论者占据了主导地位，因而 1979 年 2 月的《刑法草案》（修订二稿）取消了管制。当时的主流观点认为，"根据新的情况，取消管制有利于分清敌我，拨乱反正。"其理由是："'管制'是在第一次'镇反'运动中，为了对反革命分子区别对待，有利于改造多数的历史上有罪或者罪行不大，不宜判处徒刑的罪犯而创制的。它多数由公安机关审批，少数由法院判处。一九五六年改为一律由法院判处。现在情况已发生很大变化，历史反革命早已处理完毕。对现行反革命一般应依法关押，适用管制的极少。而不少地方往往不经法院判决，乱戴帽子，滥施管制，严重混淆两类矛盾，而且管制没有期限，被管制的对象日趋扩大，也使他们的家属长期受连累"[参见中央政法小组："《关于〈中华人民共和国刑法草案〉（稿）修订工作的说明》（1979 年 2 月）"，见高铭暄、赵秉志编：《新中国刑法立法文献资料总览》（下），中国人民公安大学出版社 1998 年版，第 2000 页]。"但是经过讨论并征求有关部门的意见，对上述建议未加采纳。不采纳的理由是：管制是我国法制上的一项创造，是我国长期以来行之有效的办法，敌人是害怕的。对于不必关押的犯罪分子，采取管制的办法，由群众加以监督，在原单位劳动或工作，实行同工同酬，既可以少捕一些人，发挥群众监督改造的作用，又不致影响他们家庭的生活，这样做对社会是有好处的。前些年在执行管制方面发生了不少严重问题，这是事实，但不能因噎废食，据此就否定甚至废除管制这个刑种。这些问题是可以通过刑法上对管制作某些明确的规定来加以避免和解决的"（参见高铭暄：《中华人民共和国刑法的孕育和诞生》，法律出版社 1981 年版，第 64 页）。在全面研究修改刑法的过程中，对于是否取消管制的问题再次引发了争论。"有些同志主张取消管制，理由是：（1）实践中判处管制的很少，监督、管理措施难以落实，形同虚设；（2）对罪行较轻不需要关押的犯罪分子，可以适用缓刑，不必管制；（3）刑事处罚应重于行政处罚，但管制实际上比劳动教养还轻。有的同志不同意这个意见，理由是：（1）管制是我国的创造，是唯一不剥夺自由的轻刑，应当保留；（2）保留管制可以少关一些人，有利于对犯罪分子区别对待，缓刑不能代替；（3）实践中对管制适用少，管制措施不落实，是执行问题，可以改进"[参见全国人大常委会法制工作委员会刑法室整理："《刑法总则中争论较多的几个问题》（1989 年 2 月 17 日）"，见高铭暄、赵秉志编：《新中国刑法立法文献资料总览》（下），中国人民公安大学出版社 1998 年版，第 2124~2125 页]。

　　② 参见中央人民政府政务院政治法律委员会副主任彭真 1952 年 4 月 18 日在中央人民政府委员会第十四次会议上所作的《关于中华人民共和国惩治贪污条例草案的说明》。

反前条规定之一，情节严重的，人民法院可以延长管制期限，但是延长的期限不能超过原判刑期的二分之一。"① 第 38 条规定："被判处管制的犯罪分子有下列情形之一的，人民法院可以缩短管制期限或者提前撤销管制：（一）认真遵守第三十六条的规定，行动上确有良好表现的；（二）有立功赎罪表现的。" 1963 年的《刑法草案》第 33 稿对上述规定主要作了以下三方面的修改：一是在管制的执行方面，将"由人民法院委托公安机关或者乡人民委员会监督执行"改为"由公安机关监督执行"；二是在延长管制期限方面，删去了"但是延长的期限不能超过原判刑期的二分之一"的限制；三是在缩短管制期限和提前撤销管制的条件方面，将"认真遵守第三十六条的规定，行动上确有良好表现"或者"有立功赎罪表现"改为"确有悔改或者立功表现"，并将"撤销管制"的表述改为"解除管制"。该稿第 36 条规定："管制的期限，为六个月以上三年以下；但是在数罪并罚的时候，可以到五年。"第 38 条规定："被判处管制的犯罪分子，由公安机关监督执行。"第 40 条规定："被判处管制的犯罪分子违反前条规定，人民法院可以延长管制期限。"第 41 条规定："被判处管制的犯罪分子，如果确有悔改或者立功表现，人民法院可以缩短管制期限或者提前解除管制。"针对管制实践中存在的问题，1979 年《刑法》在上述规定的基础上，主要作了以下三方面的修改：一是将管制的期限由"六个月以上三年以下"改为"三个月以上二年以下"，同时将"在数罪并罚的时候，可以到五年"改为"最高不能超过三年"②；二是将管制的执行由"公安机关监督执行"改为"公安机关执行"；三是删去了可以延长、缩短管制期限和提前解除管制的规定。

1979 年《刑法》第 33 条规定："管制的期限，为三个月以上二年以下。""管制由人民法院判决，由公安机关执行。"

在刑法修订研拟的过程中，1996 年 8 月 8 日的刑法总则修改稿在直接移植上述规定的同时，还恢复了可以延长管制期限的规定。该稿第 39 条规定："被判处管制的犯罪分子，在被管制期间，违反第三十八条规定的，经人民法院决定可以延长原判管制期限的二分之一，延长后的管制期限不受第三十七条规定的最高期限的限制。又犯新罪的，对新的罪行从重作出判决，与前罪判处的管制刑合并执行。管制二日折抵徒刑一日……"③ 但是，在 1996 年 8 月 12 日至 16 日全国人大常委会法制工作委员会召开的刑法修改专家座谈会上，"对修改稿加的对被管制的犯罪分子不服管制的可以延长管制期限的规定，专家们表示不赞成，认为没有新的犯罪，延长管制期限，显然不合适，标准也不容易掌握，解决问题的

---

① 该稿第 36 条规定："被判处管制的犯罪分子，在执行期间，必须遵守下列规定：（一）遵守法律、法令，积极参加劳动生产，服从群众监督；（二）向监督执行机关每月报告一次自己的活动情况；（三）迁居或者外出在五天以上的，报经监督执行机关批准。"

② 1979 年《刑法》第 64 条第 1 款规定。

③ 该稿第 37 条规定的管制最高期限为 2 年；第 38 条规定的是管制的执行内容。

办法是应当加强管理。如指定专门机构管理，现在是公安机关管，可以在派出所中指定专人负责，是可以管好的。总是延长管制期限，将导致管制无期。"① 有鉴于此，1996 年 8 月 31 日的《刑法修改草稿》删去了上述规定，重新恢复了 1979 年《刑法》第 33 条的规定。1996 年 12 月 20 日的《刑法修订草案》第 40 条基本上沿用了上述规定，仅删去了第 2 款中"管制由人民法院判决"的规定，并相应将第 2 款修改为"被判处管制的犯罪分子，由公安机关执行。"这一修改方案，为 1997 年修订的《刑法》所采纳。

1997 年修订的《刑法》第 38 条规定："管制的期限，为三个月以上二年以下。""被判处管制的犯罪分子，由公安机关执行。"

1997 年《刑法》施行后，"有些人大代表提出，需要根据新的情况，对管制的执行方式适时调整，有针对性地对被判处管制的犯罪分子进行必要的行为管束，以适应对其改造和预防再犯罪的需要。""同时，根据一些人大代表和地方的意见，建议在刑法中规定，对管制、缓刑、假释等犯罪分子实行社区矫正。"② 据此，《刑法修正案（八）》第 2 条对1997 年修订的《刑法》第 38 条作了以下三方面的补充和修改：一是增加了"判处管制，可以根据犯罪情况，同时禁止犯罪分子在执行期间从事特定活动，进入特定区域、场所，接触特定的人"的规定；二是将"被判处管制的犯罪分子，由公安机关执行"改为"对判处管制的犯罪分子，依法实行社区矫正"③；三是增加了"违反第二款规定的禁止令的，由公安机关依照《中华人民共和国治安管理处罚法》的规定处罚"的规定。

【立法规定】

《刑法》第 38 条规定："管制的期限，为三个月以上二年以下。""判处管制，可以根据犯罪情况，同时禁止犯罪分子在执行期间从事特定活动，进入特定区域、场所，接触特定的人。""对判处管制的犯罪分子，依法实行社区矫正。""违反第二款规定的禁止令的，由公安机关依照《中华人民共和国治安管理处罚法》的规定处罚。"

【立法释义】

最高人民法院 2011 年 4 月 25 日发布的《关于〈中华人民共和国刑法修正案（八）〉

---

① 参见全国人大常委会法制工作委员会刑法室整理："《法律专家对〈刑法总则修改稿〉和〈刑法分则修改草稿〉的意见》（1996 年 9 月 6 日）"，见高铭暄、赵秉志编：《新中国刑法立法文献资料总览》（下），中国人民公安大学出版社 1998 年版，第 2130 ~ 2131 页。

② 参见全国人大常委会法制工作委员会主任李适时 2010 年 8 月 23 日在十一届全国人大常委会第十六次会议上所作的《关于〈中华人民共和国刑法修正案（八）（草案）〉的说明》。

③ 最高人民法院、最高人民检察院、公安部、司法部 2003 年 7 月 10 日发布的《关于开展社区矫正试点工作的通知》中指出："开展社区矫正试点工作具有重要意义。一是有利于探索建设中国特色的社会主义刑罚制度，积极推进社会主义民主法制建设，充分体现我国社会主义制度的优越性和人类文明进步的要求，为建设社会主义政治文明、全面建设小康社会服务。二是有利于对那些不需要、不适宜监禁或者继续监禁的罪犯有针对性地实施社会化的矫正，充分利用社会各方力量，提高教育改造质量，最大限度地化消极因素为积极因素，维护社会稳定。三是有利于合理配置行刑资源，使监禁矫正与社区矫正两种行刑方式相辅相成，增强刑罚效能，降低行刑成本。"

时间效力问题的解释》第 1 条规定："对于 2011 年 4 月 30 日以前犯罪，依法应当判处管制或者宣告缓刑的，人民法院根据犯罪情况，认为确有必要同时禁止犯罪分子在管制期间或者缓刑考验期内从事特定活动，进入特定区域、场所，接触特定人的，适用修正后刑法第三十八条第二款或者第七十二条第二款的规定。""犯罪分子在管制期间或者缓刑考验期内，违反人民法院判决中的禁止令的，适用修正后刑法第三十八条第四款或者第七十七条第二款的规定。"

最高人民法院、最高人民检察院、公安部、司法部 2011 年 4 月 28 日发布的《关于对判处管制、宣告缓刑的犯罪分子适用禁止令有关问题的规定（试行）》第 1 条规定："对判处管制、宣告缓刑的犯罪分子，人民法院根据犯罪情况，认为从促进犯罪分子教育矫正、有效维护社会秩序的需要出发，确有必要禁止其在管制执行期间、缓刑考验期限内从事特定活动，进入特定区域、场所，接触特定人的，可以根据刑法第三十八条第二款、第七十二条第二款的规定，同时宣告禁止令。"第 2 条规定："人民法院宣告禁止令，应当根据犯罪分子的犯罪原因、犯罪性质、犯罪手段、犯罪后的悔罪表现、个人一贯表现等情况，充分考虑与犯罪分子所犯罪行的关联程度，有针对性地决定禁止其在管制执行期间、缓刑考验期限内'从事特定活动，进入特定区域、场所，接触特定的人'的一项或者几项内容。"第 3 条规定："人民法院可以根据犯罪情况，禁止判处管制、宣告缓刑的犯罪分子在管制执行期间、缓刑考验期限内从事以下一项或者几项活动：（一）个人为进行违法犯罪活动而设立公司、企业、事业单位或者在设立公司、企业、事业单位后以实施犯罪为主要活动的，禁止设立公司、企业、事业单位；（二）实施证券犯罪、贷款犯罪、票据犯罪、信用卡犯罪等金融犯罪的，禁止从事证券交易、申领贷款、使用票据或者申领、使用信用卡等金融活动；（三）利用从事特定生产经营活动实施犯罪的，禁止从事相关生产经营活动；（四）附带民事赔偿义务未履行完毕，违法所得未追缴、退赔到位，或者罚金尚未足额缴纳的，禁止从事高消费活动；（五）其他确有必要禁止从事的活动。"第 4 条规定："人民法院可以根据犯罪情况，禁止判处管制、宣告缓刑的犯罪分子在管制执行期间、缓刑考验期限内进入以下一类或者几类区域、场所：（一）禁止进入夜总会、酒吧、迪厅、网吧等娱乐场所；（二）未经执行机关批准，禁止进入举办大型群众性活动的场所；（三）禁止进入中小学校区、幼儿园园区及周边地区，确因本人就学、居住等原因，经执行机关批准的除外；（四）其他确有必要禁止进入的区域、场所。"第 5 条规定："人民法院可以根据犯罪情况，禁止判处管制、宣告缓刑的犯罪分子在管制执行期间、缓刑考验期限内接触以下一类或者几类人员：（一）未经对方同意，禁止接触被害人及其法定代理人、近亲属；（二）未经对方同意，禁止接触证人及其法定代理人、近亲属；（三）未经对方同意，禁止接触控告人、批评人、举报人及其法定代理人、近亲属；（四）禁止接触同案犯；（五）禁止接触其他可能遭受其侵害、滋扰的人或者可能诱发其再次危害社会的人。"第 6 条规定："禁止令的期限，既可以与管制执行、缓刑考验的期限相同，也可以短于管制执行、缓刑考验的期限，但判处管制的，禁止令的期限不得少于三个月，宣告缓刑的，禁止令的期限不得少于二个月。""判处管制的犯罪分子在判决执行以前先行羁押以致管制执行的期限少于三个月的，禁止令的期限不受前款规定的最短期限的限制。""禁止令的执行期限，从管制、缓刑执行之日起计算。"第 11 条规定："判处管制的犯罪分子违反禁止令，或者被宣告缓刑的犯罪分子违反禁止令尚不属情节严重的，由负责执行禁止令的社区矫正机构所在地的公安机关依照《中华人民共和国治安管理处罚法》第六十条的规定处罚。"第 13 条规定："被宣告禁止令的犯罪分子被依法减刑时，禁止令的期限可以相应缩短，由人民法院在减刑裁定中确定新的禁止令期限。"

最高人民法院、最高人民检察院、公安部、司法部 2012 年 1 月 10 日发布的《社区矫正实施办法》第 2 条规定："司法行政机关负责指导管理、组织实施社区矫正工作。""人民法院对符合社区矫正适用条件的被告人、罪犯依法作出判决、裁定或者决定。""人民检察院对社区矫正各执法环节依法实行法律监督。""公安机关对违反治安管理规定和重新犯罪的社区矫正人员及时依法处理。"第 3 条规定："县级司法行政机关社区矫正机构对社区矫正人员进行监督管理和教育帮助。司法所承担社区矫正日常工作。""社会工作者和志愿者在社区矫正机构的组织指导下参与社区矫正工作。""有关部门、村（居）民委员会、社区矫正人员所在单位、就读学校、家庭成员或者监护人、保证人等协助社区矫正机构进行社区矫正。"第 12 条规定："对于人民法院禁止令确定需经批准才能进入的特定区域或者场所，社区矫正人员确需进入的，应当经县级司法行政机关批准，并告知人民检察院。"第 22 条规定："发现社区矫正人员有违反监督管理规定或者人民法院禁止令情形的，司法行政机关应当及时派员调查核实情况，收集有关证明材料，提出处理意见。"第 23 条规定："社区矫正人员有下列情形之一的，县级司法行政机关应当给予警告，并出具书面决定：（一）未按规定时间报到的；（二）违反关于报告、会客、外出、居住地变更规定的；（三）不按规定参加教育学习、社区服务等活动，经教育仍不改正的；（四）保外就医的社区矫正人员无正当理由不按时提交病情复查情况，或者未经批准进行就医以外的社会活动且经教育仍不改正的；（五）违反人民法院禁止令，情节轻微的；（六）其他违反监督管理规定的。"第 24 条规定："社区矫正人员违反监督管理规定或者人民法院禁止令，依法应予治安管理处罚的，县级司法行政机关应当及时提请同级公安机关依法给予处罚。公安机关应当将处理结果通知县级司法行政机关。"

最高人民法院 2013 年 1 月 31 日发布的指导案例 14 号《董某某、宋某某抢劫案》中的"裁判要点"指出："对判处管制或者宣告缓刑的未成年被告人，可以根据其犯罪的具体情况以及禁止事项与所犯罪行的关联程度，对其适用'禁止令'。对于未成年人因上网诱发犯罪的，可以禁止其在一定期限内进入网吧等特定场所。"

最高人民法院、最高人民检察院、公安部、司法部 2015 年 3 月 2 日发布的《关于依法办理家庭暴力犯罪案件的意见》第 21 条规定："充分运用禁止令措施。人民法院对实施家庭暴力构成犯罪被判处管制或者宣告缓刑的犯罪分子，为了确保被害人及其子女和特定亲属的人身安全，可以依照刑法第三十八条第二款、第七十二条第二款的规定，同时禁止犯罪分子再次实施家庭暴力，侵扰被害人的生活、工作、学习，进行酗酒、赌博等活动；经被害人申请且有必要的，禁止接近被害人及其未成年子女。"第 24 条规定："充分运用社区矫正措施。社区矫正机构对因实施家庭暴力构成犯罪被判处管制、宣告缓刑、假释或者暂予监外执行的犯罪分子，应当依法开展家庭暴力行为矫治，通过制定有针对性的监管、教育和帮助措施，矫正犯罪分子的施暴心理和行为恶习。"

【立法建言】

建　议：将《刑法》第 38 条第 4 款修改为："违反第二款规定的禁止令和第三十九条规定的，由公安机关依法给予处罚；情节严重的，依照本法第三百一十三条的规定定罪处罚。"

理　由：

禁止令是人民法院依法作出的一种刑事预防性措施。对于违反禁止令的行为，仅仅"由公安机关依照《中华人民共和国治安管理处罚法》的规定处罚"并不妥当；同时，也与《刑法》第 37 条之一的规定不相协调。此外，对于违反第 39 条规定的，也应设定相应的处罚。因此，宜增加相关的处罚规定。

二、管制的执行内容（第 39 条）

【立法沿革】

管制的执行内容是在 1979 年《刑法》第 34 条规定的管制的执行内容的基础上修改而来的。

在新中国成立初期，管制的执行内容是与剥夺政治权利联系在一起的。① 1954 年的《刑法指导原则草案》第 14 条第 3 款规定："对于判处管制的罪犯，必须同时剥夺本刑法

---

① 中央人民政府政务院政治法律委员会副主任彭真 1952 年 4 月 18 日在中央人民政府委员会第十四次会议上所作的《关于中华人民共和国惩治贪污条例草案的说明》中指出：管制"对于那些可以不判徒刑，但须剥夺一定时期的一部或全部政治权利并加以改造的罪犯，是适合的。这也是过去在老解放区久已实行有效的办法，现在我们用条文把它固定了起来。"

指导原则第十七条列举的政治权利的全部或者一部。"① 到了 1957 年，《刑法草案》第 22 稿不仅规定对管制犯应当剥夺政治权利，而且还规定了管制的执行内容。该稿第 35 条规定："对于被判处管制的犯罪分子，应当剥夺政治权利。"第 36 条规定："被判处管制的犯罪分子，在执行期间，必须遵守下列规定：（一）遵守法律、法规，积极劳动生产，服从群众监督；（二）向监督执行机关每月报告一次自己的活动情况；（三）迁居或者外出在五天以上的，报经监督执行机关批准。"1963 年的《刑法草案》第 33 稿在上述规定的基础上，主要作了以下三方面的修改和补充：一是增加了"在劳动中应当同工同酬"的规定；二是将其中的"每月报告一次"改为"定期报告"；三是将其中的"外出在五天以上"改为"离乡外出"。该稿第 37 条规定："对于被判处管制的犯罪分子，在执行期间，应当剥夺政治权利，但是在劳动中应当同工同酬。"第 39 条规定："被判处管制的犯罪分子，在执行期间，必须遵守下列规定：（一）遵守法律、法令，服从群众监督，积极劳动生产；（二）向监督执行机关定期报告自己的活动情况；（三）迁居或者离乡外出的，报经监督执行机关批准。"1979 年《刑法》第 34 条删去了上述管制"应当剥夺政治权利"的规定，从而使管制得以成为真正意义上的最轻的一种主刑。除此以外，该条还将上述 2 条规定合并为 1 条加以规定，并作了个别文字修改。

1979 年《刑法》第 34 条规定："被判处管制的犯罪分子，在执行期间，必须遵守下列规定：（一）遵守法律、法令，服从群众监督，积极参加集体劳动生产或者工作；（二）向执行机关定期报告自己的活动情况；（三）迁居或者外必须报经执行机关批准。""对于被判处管制的犯罪分子，在劳动中应当同工同酬。"

在刑法修订研拟的过程中，1996 年的《刑法修订草案》（征求意见稿）第 37 条对上述第 1 款的规定作了较大的补充和修改：一是将"遵守法律、法令，服从群众监督，积极参加集体劳动生产或者工作"改为"遵守法律、法规，服从监督"；二是增加了"停止行使言论、出版、集会、结社、游行、示威自由的权利"的内容；三是将"向执行机关定期报告自己的活动情况"改为"按执行机关规定报告自己的活动情况"；四是增加了"遵守执行机关关于会客的规定"的内容；五是将"迁居或者外必须报经执行机关批准"改为"离开所居住的市、县或者设区的市的市辖区或者迁居，应当报经执行机关批准"。修改后的条文为："被判处管制的犯罪分子，在执行期间，应当遵守下列规定：（一）遵守法律、法规，服从监督；（二）停止行使言论、出版、集会、结社、游行、示威自由的权利；（三）按执行机关规定报告自己的活动情况；（四）遵守执行机关关于会客的规定；（五）离开所居住的市、县或者设区的市的市辖区或者迁居，应当报经执行机关批准。"

---

① 该草案第 17 条列举了下列政治权利：（1）选举权和被选举权；（2）担任国家机关行政职务；（3）参加人民武装；（4）言论、出版、集会、结社、游行、示威的自由；（5）享受勋章和荣誉称号。

"对于被判处管制的犯罪分子，在劳动中应当同工同酬。"1997 年的《刑法修订草案》（修改稿）第 40 条在上述规定的基础上，主要对第 1 款作了以下三处修改：一是将"遵守法律、法规"改为"遵守法律、行政法规"；二是将"停止行使……权利"改为"未经执行机关批准，不得行使……权利"；三是将"离开所居住的市、县或者设区的市的市辖区"改为"离开所居住的市、县"。这一修改方案，为现行刑法所采纳。

【立法规定】

《刑法》第 39 条规定："被判处管制的犯罪分子，在执行期间，应当遵守下列规定：（一）遵守法律、行政法规，服从监督；（二）未经执行机关批准，不得行使言论、出版、集会、结社、游行、示威自由的权利；（三）按照执行机关规定报告自己的活动情况；（四）遵守执行机关关于会客的规定；（五）离开所居住的市、县或者迁居，应当报经执行机关批准。""对于被判处管制的犯罪分子，在劳动中应当同工同酬。"

【立法释义】

最高人民法院、最高人民检察院、公安部、劳动人事部 1986 年 11 月 8 日发布的《关于被判处管制、剥夺政治权利和宣告缓刑、假释的犯罪分子能否外出经商等问题的通知》第 1 条规定："对被判处管制、剥夺政治权利和宣告缓刑、假释的犯罪分子，公安机关和有关单位要依法对其实行经常性的监督改造或考察。被管制、假释的犯罪分子，不能外出经商；被剥夺政治权利和宣告缓刑的犯罪分子，按现行规定，属于允许经商范围之内的，如外出经商，需事先经公安机关允许。"第 2 条规定："犯罪分子在被管制、剥夺政治权利、缓刑、假释期间，若原所在单位确有特殊情况不能安排工作的，在不影响对其实行监督考察的情况下，经工商管理部门批准，可以在常住户口所在地自谋生计；家在农村的，亦可就地从事或承包一些农副业生产。"第 3 条规定："犯罪分子在被管制、剥夺政治权利、缓刑、假释期间，不能担任国营或集体企事业单位的领导职务。"

最高人民检察院 1991 年 9 月 25 日发布的《关于被判处管制、剥夺政治权利和宣告缓刑、假释的犯罪分子能否担任中外合资、合作经营企业领导职务问题的答复》规定："最高人民法院、最高人民检察院、公安部、劳动人事部〔86〕高检会（三）字第 2 号《关于被判处管制、剥夺政治权利和宣告缓刑、假释的犯罪分子能否外出经商等问题的通知》第三条所规定的不能担任领导职务的原则，可适用于中外合资、中外合作企业（包括我方与港、澳、台客商合资、合作企业）。"

公安部 2001 年 8 月 11 日发布的《关于被判处管制的罪犯在管制执行期间实施违法行为如何处理有关问题的批复》第 1 条规定："对被判处管制的罪犯在管制执行期间实施违反法律、行政法规和国务院公安部门有关监督管理规定的行为，尚未构成犯罪的，应当依法予以治安管理处罚，其中，依法予以治安拘留的，应当在治安拘留执行期满后继续执行管制，治安拘留时间不计入管制期限；……构成犯罪的，应当依法追究刑事责任。"

最高人民法院、最高人民检察院、公安部、司法部2012年1月10日发布的《社区矫正实施办法》第6条第1款规定："社区矫正人员应当自人民法院判决、裁定生效之日或者离开监所之日起十日内到居住地县级司法行政机关报到。县级司法行政机关应当及时为其办理登记接收手续，并告知其三日内到指定的司法所接受社区矫正。发现社区矫正人员未按规定时间报到的，县级司法行政机关应当及时组织查找，并通报决定机关。"第11条第1款规定："社区矫正人员应当定期向司法所报告遵纪守法、接受监督管理、参加教育学习、社区服务和社会活动的情况。发生居所变化、工作变动、家庭重大变故以及接触对其矫正产生不利影响人员的，社区矫正人员应当及时报告。"第13条规定："社区矫正人员未经批准不得离开所居住的市、县（旗）。""社区矫正人员因就医、家庭重大变故等原因，确需离开所居住的市、县（旗），在七日以内的，应当报经司法所批准；超过七日的，应当由司法所签署意见后报经县级司法行政机关批准。返回居住地时，应当立即向司法所报告。社区矫正人员离开所居住市、县（旗）不得超过一个月。"第14条规定："社区矫正人员未经批准不得变更居住的县（市、区、旗）。""社区矫正人员因居所变化确需变更居住地的，应当提前一个月提出书面申请，由司法所签署意见后报经县级司法行政机关审批。县级司法行政机关在征求社区矫正人员新居住地县级司法行政机关的意见后作出决定。""经批准变更居住地的，县级司法行政机关应当自作出决定之日起三个工作日内，将有关法律文书和矫正档案移交新居住地县级司法行政机关。有关法律文书应当抄送现居住地及新居住地县级人民检察院和公安机关。社区矫正人员应当自收到决定之日起七日内到新居住地县级司法行政机关报到。"第15条规定："社区矫正人员应当参加公共道德、法律常识、时事政策等教育学习活动，增强法制观念、道德素质和悔罪自新意识。社区矫正人员每月参加教育学习时间不少于八小时。"第16条规定："有劳动能力的社区矫正人员应当参加社区服务，修复社会关系，培养社会责任感、集体观念和纪律意识。社区矫正人员每月参加社区服务时间不少于八小时。"第19条规定："司法所应当根据社区矫正人员个人生活、工作及所处社区的实际情况，有针对性地采取实地检查、通讯联络、信息化核查等措施及时掌握社区矫正人员的活动情况。重点时段、重大活动期间或者遇有特殊情况，司法所应当及时了解掌握社区矫正人员的有关情况，可以根据需要要求社区矫正人员到办公场所报告、说明情况。""社区矫正人员脱离监管的，司法所应当及时报告县级司法行政机关组织追查。"第36条规定："社区矫正人员的人身安全、合法财产和辩护、申诉、控告、检举以及其他未被依法剥夺或者限制的权利不受侵犯。社区矫正人员在就学、就业和享受社会保障等方面，不受歧视。""司法工作人员应当认真听取和妥善处理社区矫正人员反映的问题，依法维护其合法权益。"

【立法建言】

建　议：将《刑法》第39条修改为："被判处管制的犯罪分子，在执行期间，应当遵守下列规定：（一）遵守法律、行政法规，接受监督管理；（二）参加教育学习、社区服务；（三）未经执行机关批准，不得行使言论、出版、集会、结社、游行、示威自由的权利；（四）按照执行机关的规定报告自己的社会活动情况；（五）发生居所变化、工作变动、家庭重大变故以及接触对其矫正产生不利影响人员的，应当及时报告；（六）离开所居住的市、县或者迁居，应当报经执行机关批准。""对于被判处管制的犯罪分子，在劳动中应当同工同酬，但是参加社区服务的除外。"

理　由：

1. 管制的执行内容缺乏惩罚性，"宽"而无度。"我国管制刑最明显的缺陷就是内容空洞，缺乏惩罚性。"[①] 可以说，判处管制基本上等于没有判刑。正如有学者所言，管制刑的适用，与其说体现了刑罚轻缓化，不如说是惩罚虚无化。[②] 因为，《刑法》第39条第1款的规定并没有体现出对犯罪的惩罚："第1项'遵守法律、行政法规'是每一个公民应尽的义务，管制服刑人员当然也不能例外；'服从监督'也只是一般意义上的宣告，并没有具体的内容。第2项所规定的各种政治权利，对一般的犯罪分子显示不出惩罚力度。况且，其他公民行使集会、结社、游行、示威自由的权利也应经公安机关批准。第3项'按照执行机关的规定报告自己的活动情况'应当是具有一定限制和惩罚性的规定，但是，由于实践中很少有执行机关具体规定报告的时间、方式和内容，管制服刑人员根本就不知道该如何报告自己的活动情况，也不知道该报告哪些情况。因此，该项规定实际上也是流于形式。第4项'遵守执行机关关于会客的规定'或许可以适用于民主革命时期或者社会主义建设初期，但在今天已没有任何实际意义。"[③] 上述问题，有的在社区矫正的实践中已经进行了弥补，因而在一定程度上缓解了管制惩罚性较弱、内容空洞的问题，但仍存在缺乏针对性、系统性和科学性以及与《刑法》的其他规定不一致、缺乏法律上的协调性等问题。因此，有必要加以完善。

2. 科学设定管制的执行内容，强化管制的惩罚性。针对管制的执行内容缺乏惩罚性，不能给管制服刑人员带来一定痛苦或利益损失的缺陷，笔者认为，可以在《社区矫正实施办法》有关规定的基础上，对《刑法》第39条第1款作以下五方面的修改和补充：一是

---

① 利子平、竹怀军："宽严相济刑事政策视野下管制刑的不足与完善"，见赵秉志主编：《刑法论丛》（第15卷），法律出版社2008年版，第373页。

② 参见王利荣：《行刑法律机能研究》，法律出版社2001年版，第336页。

③ 利子平、竹怀军："宽严相济刑事政策视野下管制刑的不足与完善"，见赵秉志主编：《刑法论丛》（第15卷），法律出版社2008年版，第373～374页。

将"服从监督"改为"接受监督管理"①；二是增加"参加教育学习、社区服务"② 的内容；③ 三是在"按照执行机关的规定报告自己的活动情况"中增加"社会"一词的限制；④ 四是删去"遵守执行机关关于会客的规定"的规定；⑤ 五是增加"发生居所变化、工作变动、家庭重大变故以及接触对其矫正产生不利影响人员的，应当及时报告"的规定。⑥ 此外，由于"社区服务"属于公益劳动性质，不可能支付劳动报酬，因此，宜将《刑法》第 39 条第 2 款修改为："对于被判处管制的犯罪分子，在劳动中应当同工同酬，但是参加社区服务的除外。"

三、管制期满的解除（第 40 条）

【立法沿革】

管制期满的解除是在 1979 年《刑法》第 35 条规定的管制期满的解除的基础上修改而来的。

为防止发生"管制无期"的现象，1979 年《刑法》第 35 条增设了管制期满解除的规定："被判处管制的犯罪分子，管制期满，执行机关应即向本人和有关的群众宣布解除管制。"

在刑法修订研拟的过程中，1995 年的《刑法总则修改稿》第 36 条基本上沿用了上述规定，仅将其中的"有关的群众"修改为"所在单位或者居住地的群众"。修改后的条文为："被判处管制的犯罪分子，管制期满，执行机关应即向本人和所在单位或者居住地的群众宣布解除管制。"1996 年的《刑法修订草案》（征求意见稿）第 38 条在上述规定的基础上，又在"所在单位"之前增加了一个"其"字。这一修改方案，为现行刑法所采纳。

---

① 如果说仅仅是"服从监督"缺乏具体内容的话，那么，加上"管理"就有了实质的内容。

② "让管制服刑人员参加社区公益劳动，为社区提供服务，一方面可以平复社区民众的心理，避免产生因认为判处管制等于'无罪释放'而产生的抵触情绪，有利于社区对管制服刑人员的同情和接纳；另一方面，管制服刑人员通过为社区提供一定量的社区公益劳动，可以进一步反省自己的错误，弥补自己因犯罪而给社会造成的损害；同时，也有利于管制服刑人员养成劳动的习惯，戒除好逸恶劳的恶习"［利子平、竹怀军："宽严相济刑事政策视野下管制刑的不足与完善"，见赵秉志主编：《刑法论丛》（第 15 卷），法律出版社 2008 年版，第 377 页］。

③ 《社区矫正实施办法》第 15 条、第 16 条对此有明确的规定和要求。

④ "活动情况"的范围失之宽泛，而"社会活动情况"则相对较为具体、明确。

⑤ 如前所述，这一规定没有任何实际意义。"因为当今社会科技迅猛发展，电话、传真、电子邮件、网上聊天，哪一种方式不比面对面'会客'交流得更便捷和迅速。因此，想通过限制'会客'来限制管制服刑人员与他人的交流，时至今日已不可能。再者，哪些人属于'客人'，也根本无法确定。笔者认为，立法的本意绝不是不让管制服刑人员与外界接触，而应当是限制管制服刑人员与那些有犯罪危险性的、不利于管制服刑人员改造的人接触。但由于'会客'这一规定本身含义不明，从而导致其意图难以实现"［利子平、竹怀军："宽严相济刑事政策视野下管制刑的不足与完善"，见赵秉志主编：《刑法论丛》（第 15 卷），法律出版社 2008 年版，第 374 页］。或许也是出于这种考虑，《社区矫正实施办法》没有对此加以规定。

⑥ 《社区矫正实施办法》第 11 条第 1 款对此作了明确规定。

【立法规定】

《刑法》第 40 条规定："被判处管制的犯罪分子，管制期满，执行机关应即向本人和其所在单位或者居住地的群众宣布解除管制。"

【立法释义】

最高人民法院、最高人民检察院、公安部、司法部 2012 年 1 月 10 日发布的《社区矫正实施办法》第 2 条第 1 款规定："司法行政机关负责指导管理、组织实施社区矫正工作。"第 3 条规定："县级司法行政机关社区矫正机构对社区矫正人员进行监督管理和教育帮助。司法所承担社区矫正日常工作。""社会工作者和志愿者在社区矫正机构的组织指导下参与社区矫正工作。""有关部门、村（居）民委员会、社区矫正人员所在单位、就读学校、家庭成员或者监护人、保证人等协助社区矫正机构进行社区矫正。"第 30 条规定："社区矫正人员矫正期满，司法所应当组织解除社区矫正宣告。宣告由司法所工作人员主持，按照规定程序公开进行。""司法所应当针对社区矫正人员不同情况，通知有关部门、村（居）民委员会、群众代表、社区矫正人员所在单位、社区矫正人员的家庭成员或者监护人、保证人参加宣告。""宣告事项应当包括：宣读对社区矫正人员的鉴定意见；宣布社区矫正期限届满，依法解除社区矫正；对判处管制的，宣布执行期满，解除管制；对宣告缓刑的，宣布缓刑考验期满，原判刑罚不再执行；对裁定假释的，宣布考验期满，原判刑罚执行完毕。""县级司法行政机关应当向社区矫正人员发放解除社区矫正证明书，并书面通知决定机关，同时抄送县级人民检察院和公安机关。""暂予监外执行的社区矫正人员刑期届满的，由监狱、看守所依法为其办理刑满释放手续。"

【立法建言】

建　议：将《刑法》第 40 条修改为："被判处管制的犯罪分子，管制期满，社区矫正机构应当组织解除管制宣告。"

理　由：

根据《社区矫正实施办法》的有关规定，县级司法行政机关是社区矫正的执行机关，负责指导管理、组织实施社区矫正工作；县级司法行政机关社区矫正机构对社区矫正人员进行监督管理和教育帮助；司法所承担社区矫正日常工作；社区矫正人员矫正期满，司法所应当组织解除社区矫正宣告；司法所应当针对社区矫正人员不同情况，通知有关部门、村（居）民委员会、群众代表、社区矫正人员所在单位、社区矫正人员的家庭成员或者监护人、保证人参加宣告。此外，《刑事诉讼法》第 258 条也明确规定，被判处管制的罪犯，由社区矫正机构负责执行。为了与《刑事诉讼法》和《社区矫正实施办法》的有关规定相衔接，宜将"执行机关应即向本人和其所在单位或者居住地的群众宣布解除管制"的规定，修改为"社区矫正机构应当组织解除管制宣告"。

四、管制刑期的计算（第 41 条）

【立法沿革】

管制刑期的计算是从 1979 年《刑法》第 36 条的规定直接移植过来的。

从立法模式来看，1954 年的《刑法指导原则草案》采取了集中规定的方式，将所有刑罚的刑期计算问题规定在 1 个条文中。该草案第 23 条第 1 款规定："判处有期徒刑、劳役和管制的罪犯的刑期计算，应当从执行之日开始；执行判决前的羁押期间，以一日折算刑期一日。"到了 1957 年，《刑法草案》第 22 稿始将各种刑罚的刑期计算问题分别加以规定。该稿第 39 条规定："管制的刑期，自判决执行之日起计算；判决执行以前的羁押期间，以一日折抵刑期三日。"1963 年的《刑法草案》第 33 稿第 42 条在上述规定的基础上，将其中的"判决执行以前的羁押期间，以一日折抵刑期三日"改为"判决执行以前先行羁押的，羁押一日折抵刑期二日"。这一修改方案，为 1979 年《刑法》所采纳。

1979 年《刑法》第 36 条规定："管制的刑期，从判决执行之日起计算；判决执行以前先行羁押的，羁押一日折抵刑期二日。"

在全面研究修改刑法的过程中，1988 年 9 月的刑法修改稿第 36 条曾对管制的刑期起算时间作了调整，将"从判决执行之日起计算"改为"从判决生效之日起计算"。但此后的历次刑法修改稿本和刑法修订草案均沿用了 1979 年《刑法》的规定，并为现行刑法所采纳。

【立法规定】

《刑法》第 41 条规定："管制的刑期，从判决执行之日起计算；判决执行以前先行羁押的，羁押一日折抵刑期二日。"

【立法释义】

最高人民法院、公安部 1964 年 5 月 3 日发布的《关于在押未决犯保外就医期间是否折抵刑期问题的联合批复》中规定："未决犯在保外就医期间，可以折抵刑期。"

最高人民法院 1981 年 9 月 17 日发布的《关于罪犯在判刑前被公安机关收容审查、行政拘留的日期仍应折抵刑期的复函》规定："关于罪犯在判刑前被公安机关收容审查和因同一犯罪行为被行政拘留的日期是否继续折抵刑期的问题，我们同意你们的意见，仍应按照我院 1978 年 7 月 11 日《关于罪犯在公安机关收容审查期间可否折抵刑期的批复》、1979 年 1 月 19 日《关于罪犯在公安机关收容审查期间折抵刑期两个具体问题的批复》和 1957 年 9 月 30 日《关于行政拘留日期应否折抵刑期等问题的批复》的规定，予以折抵刑期。""最高人民法院、最高人民检察院、公安部 1981 年 3 月 18 日《关于侦查羁押期限从何时起算问题的联合通知》，是解释刑事诉讼法第九十二条规定的对被告人在侦查中的羁押不得超过二个月的期限应从何时起算的问题。我院上述三个批复的规定，则是解决罪犯被收容审查和因同一犯罪行为被行政拘留而实际上剥夺了人身自由的时间也应计算折抵刑期的问题。这三个批复与《联合通知》并不矛盾，仍应继续执行。"

最高人民法院研究室 1983 年 8 月 31 日发布的《关于因错判在服刑期"脱逃"后确有犯罪其错判服刑期限可否与后判刑期折抵问题的电话答复》规定："对被错判徒刑的在服刑期间'脱逃'的行为，可不以脱逃论罪判刑；但在脱逃期间犯罪的，应依法定罪判刑；对被错判已服刑的日期与后来犯罪所判处的刑期不宜折抵，可在量刑时酌情考虑从轻或减轻处罚。"

最高人民法院 1995 年 9 月 13 日发布的《关于收容审查决定经行政判决撤销后，被收审人又因同一事实被判刑原收审日期应否折抵刑期的答复》规定："公安机关的收容审查决定经人民法院行政判决撤销，被收审人依法获得赔偿后，又因同一事实被人民法院判处刑罚的，其被收容审查的日期不予折抵刑期。"

最高人民法院、最高人民检察院、公安部、司法部 2011 年 4 月 28 日发布的《关于对判处管制、宣告缓刑的犯罪分子适用禁止令有关问题的规定（试行）》第 6 条规定："禁止令的期限，既可以与管制执行、缓刑考验的期限相同，也可以短于管制执行、缓刑考验的期限，但判处管制的，禁止令的期限不得少于三个月，宣告缓刑的，禁止令的期限不得少于二个月。""判处管制的犯罪分子在判决执行以前先行羁押以致管制执行的期限少于三个月的，禁止令的期限不受前款规定的最短期限的限制。""禁止令的执行期限，从管制、缓刑执行之日起计算。"

【立法建言】

建　议：将《刑法》第 41 条修改为："管制的刑期，从判决执行之日起计算；判决执行以前先行羁押的，羁押一日折抵刑期二日；判决执行以前未被羁押的期限，不折抵刑期。"

理　由：

从理论上说，判决应当在发生法律效力后执行。[①] 因此，在国外，"自由刑的执行期限，一般从判决确定之日起计算。"[②] 但是，从判决确定（判决生效）到将生效判决交付执行，通常需要一定的时间，因而"判决确定之日"或者"判决生效之日"与"判决执行之日"往往并不相同。[③] 为解决"判决确定之日"或者"判决生效之日"与"判决执

---

① 《刑事诉讼法》第 248 条第 1 款明确规定："判决和裁定在发生法律效力后执行。"
② 张明楷：《外国刑法纲要》，清华大学出版社 1999 年版，第 425 页。
③ 《刑事诉讼法》第 253 条第 1 款规定："罪犯被交付执行刑罚的时候，应当由交付执行的人民法院在判决生效后十日以内将有关的法律文书送达公安机关、监狱或者其他执行机关。"《社区矫正实施办法》第 6 条第 1 款也规定："社区矫正人员应当自人民法院判决、裁定生效之日或者离开监所之日起十日内到居住地县级司法行政机关报到。县级司法行政机关应当及时为其办理登记接收手续，并告知其三日内到指定的司法所接受社区矫正。发现社区矫正人员未按规定时间报到的，县级司法行政机关应当及时组织查找，并通报决定机关。"

行之日"的时间差，各国一般都对判决执行以前先行羁押的期限予以折抵，或者从刑期中扣除，而对未被羁押的期限则不予折抵，或者不算在刑期之内。[①] 而我国仅对判决执行以前先行羁押的刑期计算问题作了规定，遗漏了从判决确定之日到判决执行之日之间未被羁押的期限的计算问题，致使这段期限是否算在刑期之内产生疑问。例如，根据《社区矫正实施办法》第6条第1款的规定，被判处管制的犯罪分子应当自人民法院判决、裁定生效之日或者离开监所之日起十日内到居住地县级司法行政机关报到。县级司法行政机关应当及时为其办理登记接收手续，并告知其三日内到指定的司法所接受社区矫正。以上的"十日""三日"是否计算在管制的刑期之内，难免产生疑问。因此，宜增加"判决执行以前未被羁押的期限，不折抵刑期"的规定。

第三节 拘 役

一、拘役的期限（第42条）

【立法沿革】

拘役的期限是在1979年《刑法》第37条规定的拘役的期限的基础上修改而来的。

从刑法制定和修订的过程来看，有关拘役期限的规定，主要是围绕拘役的最低期限演变和发展的。1957年的《刑法草案》第22稿第40条规定："拘役的期限，为三日以上不满六个月；但是在数罪并罚的时候，可以提高到一年。"1963年的《刑法草案》第33稿第32条基本上沿用了上述规定，仅作了两处细微的修改：一是将拘役的最高期限由"不满六个月"改为"六个月以下"[②]；二是将数罪并罚时"可以提高到一年"的表述改为"可以到一年"。修改后的条文为："拘役的期限，为三日以上六个月以下；但是在数罪并罚的时候，可以到一年。"1979年《刑法》第37条对上述规定作了两方面的重要修改：一是在立法模式方面，将"但是在数罪并罚的时候，可以到一年"的规定移至总则第四章"数罪并罚"一节中；二是在最低期限方面，将"三日以上"改为"十

---

① 例如，《日本刑法典》第23条规定："刑期从判决确定之日起计算。未被拘禁的日数，虽在判决确定后，也不算入刑期之内。"

② 从文字表述来看，"不满六个月"与"六个月以下"是有区别的。因为《刑法草案》第22稿和第33稿都明确规定："本法所说的以上、以下、以内，都连本数在内。"因此，"不满"不包括本数在内；而"以下"则包括本数在内。

五日以上"①。

1979 年《刑法》第 37 条规定："拘役的期限,为十五日以上六个月以下。"

在全面研究修改刑法的过程中,1988 年 9 月的刑法修改稿第 37 条曾对拘役的最低期限设计了"十五日以上"和"一个月以上"两种方案。但在此后的刑法修改稿本中,均采纳了"十五日以上"这一方案。1996 年的《刑法修订草案》(征求意见稿)第 40 条沿用了上述规定。对此,"有的地方提出,拘役是处罚犯罪分子的一个刑种,但还不如处理违法行为的劳动教养期限长,建议适当延长拘役期限(内蒙古);有的建议将拘役期限改为三十日以上六个月以下(公安部、国家安全部),或三个月以上一年以下(山东)。"②"立法工作机关考虑到司法实践中判 15 日拘役的情况极少,而 1996 年修改后的《刑事诉讼法》规定的刑事拘留最长时间达到 37 天,15 日还不够折抵刑事拘留的羁押期限"③,因此,1997 年的《刑法修订草案》(修改稿)第 43 条对拘役的最低期限作了调整,将"十五日以上"改为"一个月以上"。这一修改方案,为现行刑法所采纳。

【立法规定】

《刑法》第 42 条规定:"拘役的期限,为一个月以上六个月以下。"

【立法释义】

目前,尚无与拘役的期限相关的法律解释。

【立法建言】

建　议:将《刑法》第 42 条修改为:"拘役的期限,为十五日以上六个月以下。"

理　由:

如前所述,无论在刑法的制定还是修订过程中,对拘役的最低期限问题都曾产生过激烈的争论。笔者认为,拘役刑期的下限与治安拘留的最高期限相衔接、上限与有期徒刑的最低期限相衔接,能够使刑罚的体系更加科学和严密。因此,为了与《治安管理处罚法》规定的治安拘留的最高期限相衔接,宜将拘役的最低期限恢复为"十五日"。

---

① 在对第 33 稿进行修订时,围绕拘役的最低期限问题曾发生过较大的争论。"有主张仍维持这个时间的,也有主张七日、十日、十五日或一个月的。主张时间稍长一些的理由是:第一,时间太短,只够来回走路办手续,实际意义不大,也容易失去法律严肃性;第二,时间太短了,起不到教育改造的作用。但另外也考虑到:第一,拘役主要适用于轻微犯罪,起刑期不能定得过高;第二,治安管理处罚的拘留最高可以到十五日,作为刑罚的拘役,如果与这个期限衔接起来,这样可以把行政处罚和刑罚更明确地区别开来。因此,最后考虑结果认为起刑期定为十五日较为合适"(参见高铭暄:《中华人民共和国刑法的孕育和诞生》,法律出版社 1981 年版,第 69 页)。

② 参见全国人大常委会办公厅秘书局:"《中央有关部门、地方及法律专家对刑法修订草案(征求意见稿)的意见》(1996 年 12 月 26 日印)",见高铭暄、赵秉志编:《新中国刑法立法文献资料总览》(下),中国人民公安大学出版社 1998 年版,第 2157 页。

③ 参见高铭暄:《中华人民共和国刑法的孕育诞生和发展完善》,北京大学出版社 2012 年版,第 223 页。

二、拘役的执行（第 43 条）

【立法沿革】

拘役的执行是从 1979 年《刑法》第 38 条的规定直接移植过来的。

在刑法的制定过程中，关于拘役的执行，曾经有过三次不同的规定。1957 年的《刑法草案》第 22 稿第 41 条最早对拘役的执行作了规定："被判处拘役的犯罪分子，就地实行劳动改造。"到了 1963 年，《刑法草案》第 33 稿第 33 条在上述规定的基础上，将"就地实行劳动改造"改为"由公安机关执行"。1979 年《刑法》第 38 条除将"由公安机关执行"改为"由公安机关就近执行"以外，还增加了"在执行期间，被判处拘役的犯罪分子每月可以回家一天至两天；参加劳动的，可以酌量发给报酬"的规定。

1979 年《刑法》第 38 条规定："被判处拘役的犯罪分子，由公安机关就近执行。""在执行期间，被判处拘役的犯罪分子每月可以回家一天至两天；参加劳动的，可以酌量发给报酬。"

在全面研究修改刑法的过程中，1988 年 11 月 16 日的刑法修改稿第 38 条基本上沿用了上述规定，仅删去了第 2 款中"每月可以回家一天至两天"的规定。到了 1988 年 12 月 25 日，《刑法修改稿》第 39 条又恢复了 1979 年《刑法》第 38 条的规定。此后的刑法修改稿本和刑法修订草案均沿用了上述规定，并为现行刑法所采纳。

【立法规定】

《刑法》第 43 条规定："被判处拘役的犯罪分子，由公安机关就近执行。""在执行期间，被判处拘役的犯罪分子每月可以回家一天至两天；参加劳动的，可以酌量发给报酬。"

【立法释义】

公安部 2005 年 12 月 27 日发布的《关于做好撤销拘役所有关工作的通知》中规定："对于被判处拘役的罪犯，由看守所执行。"

【立法建言】

建　议：将《刑法》第 43 条第 1 款修改为："被判处拘役的犯罪分子，由看守所代为执行。"

理　由：

自从 1979 年《刑法》第 38 条规定拘役"由公安机关就近执行"以来，拘役的执行场所问题就一直没有得到很好的解决。为"就近执行"拘役，各地公安机关陆续建立了拘役所；尚未建立拘役所的，则放在就近的监狱执行；远离监狱的，通常放在看守所执行。[①]
在 1994 年《监狱法》和 1996 年修订的《刑事诉讼法》明确规定被判处有期徒刑的罪犯，
在被交付执行刑罚前，剩余刑期在一年以下的，由看守所代为执行之后，对于被判处拘役
的罪犯，统一由公安机关就近在拘役所或者看守所执行。"但是，长期以来，拘役所设置
极不规范，缺乏执法和管理依据，并且基础设施条件差、安全系数低，影响了拘役刑罚执
行工作的顺利进行。同时，由于被判处拘役罪犯的数量相对较少，单独设置拘役所难以形
成关押规模，致使拘役所普遍以关押留所服刑罪犯为主，名不副实。为全面规范对被判处
拘役罪犯的刑罚执行工作，公安部决定，撤销拘役所，对于被判处拘役的罪犯，由看守所
执行。"[②] 至此，所谓"由公安机关就近执行"，实际上就是"由看守所执行"。考虑到看
守所在性质上是羁押依法被逮捕、刑事拘留的犯罪嫌疑人的专门场所，而非专门的刑罚执
行机关，并且正在起草的《中华人民共和国看守所法（草案）》也没有改变看守所由公安
机关管辖的现状，[③] 因此，笔者主张，宜将"由公安机关就近执行"改为"由看守所代为
执行"[④]。

三、拘役刑期的计算（第 44 条）

【立法沿革】

拘役刑期的计算是从 1979 年《刑法》第 39 条的规定直接移植过来的。

从立法源流来看，关于拘役刑期计算的规定，最早见之于 1957 年的《刑法草案》第
22 稿。该稿第 42 条规定："拘役的刑期，从判决执行之日起计算；判决执行以前的羁押
期间，以一日折抵刑期一日。"1963 年的《刑法草案》第 33 稿第 34 条基本上沿用了上述
规定，仅对个别文字作了修改，并为 1979 年《刑法》所采纳。

1979 年《刑法》第 39 条规定："拘役的刑期，从判决执行之日起计算；判决以前先
行羁押的，羁押一日折抵刑期一日。"

在全面研究修改刑法的过程中，1988 年 9 月的刑法修改稿第 39 条曾对上述规定作了
修改，将其中的"从判决执行之日起计算"改为"从判决生效之日起计算"。但是，1988
年 11 月 16 日的刑法修改稿第 39 条又恢复了 1979 年《刑法》第 39 条的规定。此后的刑
法修改稿本和刑法修订草案均沿用了上述规定，并为现行刑法所采纳。

[①] 参见利子平、李保民主编：《行刑学》，江西人民出版社 1993 年版，第 244 页。

[②] 参见公安部 2005 年 12 月 27 日发布的《关于做好撤销拘役所有关工作的通知》。

[③] 笔者认为，从长远来看，应实行"侦羁分离"的原则，将看守所划归司法行政机关管辖，以实现看守所地位
中立的目标。

[④] "由看守所代为执行"的表述，既符合目前拘役执行的实际，又未触动看守所改革中最本质的体制问题，因而
具有较强的可操作性；同时，该表述还具有较大的伸缩性，即便将来体制改革，也无须再行修改。

【立法规定】

《刑法》第 44 条规定："拘役的刑期，从判决执行之日起计算；判决执行以前先行羁押的，羁押一日折抵刑期一日。"

【立法释义】

最高人民法院、公安部 1964 年 5 月 3 日发布的《关于在押未决犯保外就医期间是否折抵刑期问题的联合批复》中规定："未决犯在保外就医期间，可以折抵刑期。"

最高人民法院 1981 年 9 月 17 日发布的《关于罪犯在判刑前被公安机关收容审查、行政拘留的日期仍应折抵刑期的复函》规定："关于罪犯在判刑前被公安机关收容审查和因同一犯罪行为被行政拘留的日期是否继续折抵刑期的问题，我们同意你们的意见，仍应按照我院 1978 年 7 月 11 日《关于罪犯在公安机关收容审查期间可否折抵刑期的批复》、1979 年 1 月 19 日《关于罪犯在公安机关收容审查期间折抵刑期两个具体问题的批复》和 1957 年 9 月 30 日《关于行政拘留日期应否折抵刑期等问题的批复》的规定，予以折抵刑期。""最高人民法院、最高人民检察院、公安部 1981 年 3 月 18 日《关于侦查羁押期限从何时起算问题的联合通知》，是解释刑事诉讼法第九十二条规定的对被告人在侦查中的羁押不得超过二个月的期限应从何时起算的问题。我院上述三个批复的规定，则是解决罪犯被收容审查和因同一犯罪行为被行政拘留而实际上剥夺了人身自由的时间也应计算折抵刑期的问题。这三个批复与《联合通知》并不矛盾，仍应继续执行。"

最高人民法院研究室 1983 年 8 月 31 日发布的《关于因错判在服刑期"脱逃"后确有犯罪其错判服刑期限可否与后判刑期折抵问题的电话答复》规定："对被错判徒刑的在服刑期间'脱逃'的行为，可不以脱逃论罪判刑；但在脱逃期间犯罪的，应依法定罪判刑；对被错判已服刑的日期与后来犯罪所判处的刑期不宜折抵，可在量刑时酌情考虑从轻或减轻处罚。"

最高人民法院 1995 年 9 月 13 日发布的《关于收容审查决定经行政判决撤销后，被收审人又因同一事实被判刑原收审日期应否折抵刑期的答复》规定："公安机关的收容审查决定经人民法院行政判决撤销，被收审人依法获得赔偿后，又因同一事实被人民法院判处刑罚的，其被收容审查的日期不予折抵刑期。"

【立法建言】

建　议：维持《刑法》第 44 条的规定。

理　由：

有学者认为，刑期"从判决执行之日起计算"的规定不当，应把"判决执行之日"

改为"判决确定之日"或者"判决生效之日"①。笔者认为，上述观点值得商榷。如前所述，"判决确定之日"或者"判决生效之日"与"判决执行之日"之间有一个时间差。如果刑期"从判决确定或者生效之日"起计算，此前的羁押期限固然可以折抵；但是，此后的羁押期限却不能折抵。因为刑期"从判决确定或者生效之日起计算"，即意味着此后只存在"刑期计算"问题，而不存在所谓"先行羁押"的问题。因此，在解决"判决确定之日"或者"判决生效之日"到"判决执行之日"期间"羁押"的期限时，不能采取"羁押一日折抵刑期一日"的办法，而只能采取"计入刑期"的办法。笔者认为，将"判决执行以前先行羁押"的期限，人为地"一分为二"，并分别采取不同的处理办法，显然是将简单问题复杂化，并不足取。因此，宜维持《刑法》第44条的规定。

第四节　有期徒刑、无期徒刑

一、有期徒刑的期限（第45条）

【立法沿革】

有期徒刑的期限是在1979年《刑法》第40条规定的有期徒刑的期限的基础上修改而来的。

在新中国刑法立法史上，1950年的《刑法大纲草案》第17条第2款最早规定了监禁的期限："监禁：一年以上，十五年以下，加重时，得加至二十五年，但以有明文规定者为限。"1954年的《刑法指导原则草案》将"监禁"这一刑种改为"有期徒刑"，并在立法模式上将有期徒刑期限的一般规定和特别规定分别加以规定。该草案第12条第1款规定："有期徒刑的期限，为一年以上十五年以下。"第22条第1款规定："一个人犯两种以上罪行的时候，应当分别论罪分别量刑。如果对两种以上的罪行同时判处有期徒刑，应当在各罪的合并刑期以下、各罪中的最高刑期以上，酌量判刑；但是最多不能超过二十年。"但是，1957年的《刑法草案》第22稿第43条又将有期徒刑期限的一般规定和特别规定合并加以规定："有期徒刑的期限，为六个月以上十五年以下；但是在数罪并罚的时候，可以提高到二十年。"1963年的《刑法草案》第33稿第43条基本上沿用了上述规定，仅在有期徒刑期限的特别规定中增加了"无期徒刑减为有期徒刑"的情形。1979年《刑法》沿用了上述有期徒刑期限的一般规定，但将有期徒刑期限的特别规定分散在各有关条款中加以规定。

---

①　参见马荣春：《刑法完善论》，群众出版社2008年版，第110～111页。此外，该学者还主张，应将其中的"判决"改为"裁判"。因为"裁判生效"顾及了我国"二审终审"的诉讼制度。

1979 年《刑法》第 40 条规定："有期徒刑的期限，为六个月以上十五年以下。"

在刑法修订研拟的过程中，1996 年 6 月 24 日的刑法总则修改稿第 41 条在上述规定的基础上，适当提高了有期徒刑的最高期限。修改后的条文为："有期徒刑的期限，为六个月以上二十年以下。"但是，1996 年 8 月 8 日的刑法总则修改稿第 44 条又恢复了 1979 年《刑法》第 40 条的规定。到了 1997 年 2 月 17 日，《刑法修订草案》（修改稿）对上述立法模式作了调整，增加了"除……外"的例外规定。该草案第 46 条规定："有期徒刑的期限，除本法第五十一条、第七十条规定外，为六个月以上十五年以下。"① 这一修改方案，为现行刑法所采纳。

【立法规定】

《刑法》第 45 条规定："有期徒刑的期限，除本法第五十条、第六十九条规定外，为六个月以上十五年以下。"

【立法释义】

目前，尚无与有期徒刑的期限相关的法律解释。

【立法建言】

建　议：将《刑法》第 45 条修改为："有期徒刑的期限，除本法第五十条、第六十九条规定外，为六个月以上二十年以下。"

理　由：

《刑法》第 45 条所规定的有期徒刑的最高期限过低，难以适应实践中错综复杂的严重犯罪情况，因而容易造成量刑不合理的现象，② 甚至还可能导致升格判处无期徒刑。为解决"死刑偏重、生刑偏轻"的问题，《刑法修正案（八）》调整了死刑与无期徒刑、有期徒刑之间的结构关系，但仅限于"适当延长有期徒刑数罪并罚的刑期"③。因此，有期徒刑上限过低的问题并未从根本上获得解决。其实，有期徒刑上限过低的问题早已存在，并长期困扰司法实践。为此，1996 年 5 月，最高人民法院、最高人民检察院分别建议，将有期徒刑的期限延长至 20 年，数罪并罚不超过 30 年。④ 此后，在《刑法修订草案》（征求

---

① 该草案第 51 条规定的是死缓减为有期徒刑的情形；第 70 条规定的是数罪并罚的情形。

② 例如，在司法实践中，受贿 10 万元以上的，判处 10 年以上有期徒刑；受贿几十万元，甚至几百万元的，最高也只判处 15 年有期徒刑。

③ 参见全国人大常委会法制工作委员会主任李适时 2010 年 8 月 23 日在十一届全国人大常委会第十六次会议上所作的《关于〈中华人民共和国刑法修正案（八）（草案）〉的说明》。

④ 参见最高人民法院刑法修改小组："《对修改刑法十个问题的意见》（1996 年 5 月 30 日）"，见高铭暄、赵秉志编：《新中国刑法立法文献资料总览》（下），中国人民公安大学出版社 1998 年版，第 2408 页；最高人民检察院刑法修改研究小组："《关于修改刑法十个重点问题的研究意见》（1996 年 5 月）"，见高铭暄、赵秉志编：《新中国刑法立法文献资料总览》（下），中国人民公安大学出版社 1998 年版，第 2596 页。

意见稿）征求意见的过程中，"有的部门和地方提出，有期徒刑的最高期限与无期徒刑之间差距过大，建议将有期徒刑的最高刑期延长至 20 年（最高人民检察院、上海、山西、福建、贵州、江苏、广西、安徽、北京大学）；也有的建议提高到 25 年（河南）。"[①] 遗憾的是，上述合理化建议并未被立法机关所采纳。有鉴于此，笔者再次呼吁，为了使有期徒刑的最高期限与无期徒刑之间更加协调，宜将有期徒刑的最高期限提高到 20 年，数罪并罚不超过 30 年。

二、有期徒刑、无期徒刑的执行（第 46 条）

【立法沿革】

有期徒刑、无期徒刑的执行是在 1979 年《刑法》第 41 条规定的有期徒刑、无期徒刑的执行的基础上修改而来的。

从立法源流来看，有关有期徒刑、无期徒刑执行的规定，最早见之于 1957 年的《刑法草案》第 22 稿。该稿第 44 条规定："被判处有期徒刑、无期徒刑的犯罪分子，在劳动改造机关指定的地区或者场所实行劳动改造。"到了 1963 年，《刑法草案》第 33 稿第 44 条对上述规定作了两处修改和补充：一是将"在劳动改造机关指定的地区或者场所"改为"在监狱或者其他劳动改造场所执行"；二是将"实行劳动改造"改为"凡有劳动能力的，实行劳动改造"。这一修改方案，为 1979 年《刑法》所采纳。

1979 年《刑法》第 41 条规定："被判处有期徒刑、无期徒刑的犯罪分子，在监狱或者其他劳动改造场所执行；凡有劳动能力的，实行劳动改造。"

在刑法修订研拟的过程中，1996 年 8 月 8 日的刑法总则修改稿第 45 条删去了上述规定中的"其他劳动改造场所"。1996 年 8 月 31 日的《刑法修改草稿》第 45 条在执行机关方面，增加了"其他执行机关"的规定。1996 年 10 月 10 日的《刑法修订草案》（征求意见稿）第 44 条在上述规定的基础上，将"凡有劳动能力的，实行劳动改造"的规定改为"凡有劳动能力的，都应当参加劳动，接受教育和改造"。修改后的条文为："被判处有期徒刑、无期徒刑的犯罪分子，在监狱或者其他执行机关执行；凡有劳动能力的，都应当参加劳动，接受教育和改造。"1997 年 3 月 1 日，提交给八届全国人大五次会议审议的《中华人民共和国刑法（修订草案）》第 48 条基本上沿用了上述规定，仅将其中的"其他执行机关"改为"其他执行场所"。这一修改方案，为现行刑法所采纳。

[①] 参见全国人大常委会办公厅秘书局："《中央有关部门、地方及法律专家对刑法修订草案（征求意见稿）的意见》（1996 年 12 月 26 日印）"，见高铭暄、赵秉志编：《新中国刑法立法文献资料总览》（下），中国人民公安大学出版社 1998 年版，第 2157 页。

【立法规定】

《刑法》第46条规定："被判处有期徒刑、无期徒刑的犯罪分子，在监狱或者其他执行场所执行；凡有劳动能力的，都应当参加劳动，接受教育和改造。"

【立法释义】

最高人民法院1989年1月3日发布的《关于对无期徒刑犯减刑后原审法院发现原判决确有错误予以改判，原减刑裁定应否撤销问题的批复》规定："被判处无期徒刑的罪犯由服刑地的高级人民法院依法裁定减刑后，原审人民法院发现原判决确有错误，并按照审判监督程序改判为有期徒刑的，应当将改判的判决书送达罪犯所在的劳改部门和罪犯服刑地的高级人民法院，根据改判的刑期执行，并由罪犯服刑地的高级人民法院裁定撤销原减刑裁定。如果罪犯在原判执行期间确有悔改或者立功表现，还需要依法减刑的，应当重新办理对改判后有期徒刑减刑的法律手续。"

最高人民法院2006年1月11日发布的《关于审理未成年人刑事案件具体应用法律若干问题的解释》第13条规定："未成年人犯罪只有罪行极其严重的，才可以适用无期徒刑。对已满十四周岁不满十六周岁的人犯罪一般不判处无期徒刑。"

【立法建言】

建　议：将《刑法》第46条修改为："被判处有期徒刑、无期徒刑的犯罪分子，在监狱或者其他执行场所执行。"

理　由：

如何执行有期徒刑、无期徒刑属于监狱法规范的内容，刑法不宜对此加以规定。何况，《监狱法》并不主张对未成年犯实行劳动改造。① 因此，"凡有劳动能力的，都应当参加劳动，接受教育和改造"的规定也不确切，应予删去。

三、有期徒刑刑期的计算（第47条）

【立法沿革】

有期徒刑刑期的计算是从1979年《刑法》第42条的规定直接移植过来的。

在新中国刑法立法史上，1950年的《刑法大纲草案》第20条最早规定了羁押日数的折算："未判决确定前之羁押日数以一日抵监禁或劳役一日，算入刑期之内。"到了1954年，《刑法指导原则草案》第23条第1款增加了刑期起算日期的规定："判处有期徒刑、

---

① 《监狱法》第75条规定："对未成年犯执行刑罚应当以教育改造为主。未成年犯的劳动，应当符合未成年人的特点，以学习文化和生产技能为主。""监狱应当配合国家、社会、学校等教育机构，为未成年犯接受义务教育提供必要的条件。"

劳役和管制的罪犯的刑期计算，应当从执行之日开始；执行判决前的羁押期间，以一日折算刑期一日。"1957年的《刑法草案》第22稿始将有期徒刑刑期的计算单独加以规定。该稿第45条规定："有期徒刑的刑期，从判决之日起计算；判决执行以前的羁押期间，以一日折抵刑期一日。"1963年的《刑法草案》第33稿第45条在上述规定的基础上，主要作了两方面的修改：一是在刑期起算日期方面，将"从判决之日起计算"改为"从判决执行之日起计算"；二是在文字表述方面，将"判决执行以前的羁押期间，以一日折抵刑期一日"改为"判决执行以前先行羁押的，羁押一日折抵刑期一日"。这一修改方案，为1979年《刑法》所采纳。

1979年《刑法》第42条规定："有期徒刑的刑期，从判决执行之日起计算；判决执行以前先行羁押的，羁押一日折抵刑期一日。"

在全面研究修改刑法的过程中，1988年9月的刑法修改稿第42条曾尝试从两个方面对上述规定进行修改：一是将"从判决执行之日起计算"改为"从判决生效之日起计算"；二是在"羁押一日折抵刑期一日"之后，增加了"对于事实清楚、证据确凿仍顽固抗拒抵赖的犯罪分子，可以少折抵或者不折抵"的规定。修改后的条文为："有期徒刑的刑期，从判决生效之日起计算；判决执行以前先行羁押的，羁押一日折抵刑期一日。"（有一种意见：对于事实清楚、证据确凿仍顽固抗拒抵赖的犯罪分子，可以少折抵或者不折抵。）但是，1988年11月16日的刑法修改稿第42条又恢复了1979年《刑法》的规定。此后的刑法修改稿本和刑法修订草案均沿用了上述规定，并为现行刑法所采纳。

【立法规定】

《刑法》第47条规定："有期徒刑的刑期，从判决执行之日起计算；判决执行以前先行羁押的，羁押一日折抵刑期一日。"

【立法释义】

最高人民法院、公安部1964年5月3日发布的《关于在押未决犯保外就医期间是否折抵刑期问题的联合批复》中规定："未决犯在保外就医期间，可以折抵刑期。"

最高人民法院1981年9月17日发布的《关于罪犯在判刑前被公安机关收容审查、行政拘留的日期仍应折抵刑期的复函》规定："关于罪犯在判刑前被公安机关收容审查和因同一犯罪行为被行政拘留的日期是否继续折抵刑期的问题，我们同意你们的意见，仍应按照我院1978年7月11日《关于罪犯在公安机关收容审查期间可否折抵刑期的批复》、1979年1月19日《关于罪犯在公安机关收容审查期间折抵刑期两个具体问题的批复》和1957年9月30日《关于行政拘留日期应否折抵刑期等问题的批复》的规定，予以折抵刑期。""最高人民法院、最高人民检察院、公安部1981年3月18日《关于侦查羁押期限从何时起算问题的联合通知》，是解释刑事诉讼法第九十二条规定的对被告人在侦查中的羁押不得超过二个月的期限应从何时起算的问题。我院上述三个批复的规定，则是解决罪犯被收容审查和因同一犯罪行为被行政拘留而实际上剥夺了人身自由的时间也应计算折抵刑期的问题。这三个批复与《联合通知》并不矛盾，仍应继续执行。"

最高人民法院研究室 1983 年 8 月 31 日发布的《关于因错判在服刑期"脱逃"后确有犯罪其错判服刑期限可否与后判刑期折抵问题的电话答复》规定："对被错判徒刑的在服刑期间'脱逃'的行为，可不以脱逃论罪判刑；但在脱逃期间犯罪的，应依法定罪判刑；对被错判已服刑的日期与后来犯罪所判处的刑期不宜折抵，可在量刑时酌情考虑从轻或减轻处罚。"

最高人民法院研究室 1984 年 9 月 17 日发布的《关于对拘役犯在缓刑期间发现其隐瞒余罪判处有期徒刑应如何执行问题的电话答复》规定："判决前羁押一日折抵刑罚拘役一日，我国刑法第三十九条有明文规定，但拘役是否能折抵有期徒刑，我国刑法尚无明文规定。关于不同刑种如何换算、如何实行数罪并罚的问题，目前我国刑法也还没有具体的规定。这些问题我们已报请全国人大常委会研究解决。因此，将有限制的剥夺人身自由的刑罚拘役一日，换算为完全剥夺人身自由的刑罚有期徒刑一日的做法，我们现在还不能同意，须由全国人大常委会作决定。根据刑法第六十五条、第七十条的有关规定，对拘役犯在缓刑期间发现有隐瞒的罪行，应撤销缓刑，将根据确认的前罪所判拘役与隐瞒的后罪所判刑罚，按刑法第六十四条关于数罪并罚的规定，决定应执行的刑罚。如对所隐瞒的罪判处有期徒刑，需对罪犯合并执行拘役和有期徒刑时，我们认为，以先执行有期徒刑、后执行拘役为宜，即在有期徒刑执行完毕后再执行拘役，以免在对罪犯先执行拘役时，罪犯为逃避有期徒刑而发生逃跑等意外情况。"

最高人民法院 1995 年 9 月 13 日发布的《关于收容审查决定经行政判决撤销后，被收审人又因同一事实被判刑原收审日期应否折抵刑期的答复》规定："公安机关的收容审查决定经人民法院行政判决撤销，被收审人依法获得赔偿后，又因同一事实被人民法院判处刑罚的，其被收容审查的日期不予折抵刑期。"

最高人民法院研究室 1995 年 12 月 25 日发布的《关于原判有期徒刑的罪犯被裁定减刑后又经再审改判为无期徒刑应如何确定执行刑期问题的答复》第 1 条规定："原判处有期徒刑并已被裁定减刑的罪犯经再审改判为无期徒刑，再审法院应当将改判的判决书副本送达作出减刑裁定的人民法院，由该院依法裁定撤销原减刑裁定。"第 2 条规定："如果罪犯在改判后，再审改判无期徒刑的执行期间从再审判决确定之日起算。对改判前已执行的刑期，应在对无期徒刑裁定减刑时，折抵为无期徒刑已实际执行的刑期。"

【立法建言】

建　议：在《刑法》第 47 条中增加 1 款作为第 2 款："无期徒刑的执行期间，从判决确定之日起计算；判决执行以前先行羁押的，不折抵实际执行的刑期。"

理　由：

1. 无期徒刑实际上并非没有执行期间。"由于无期徒刑是剥夺犯罪分子终身自由的刑罚，关押没有期限，具有许多固有的弊端，因而需要通过刑罚执行予以补救。否则，不仅会导致刑罚不公平，而且还必然会导致犯罪分子丧失改造的信心，自暴自弃。"① 所以，"无期徒刑虽然就其语词意义上讲，是剥夺终身自由，实行无期限的关押，但实际上并不是将所有被判处无期徒刑的犯罪分子都关押到死，而是只要犯罪分子有悔改自新的表现，就可以回归社会。""从我国执行无期徒刑的实际情况来看，大量的罪犯并没有关押到死，而是回到了社会。"② 因此，以"无期"为由否认无期徒刑存在刑期起算问题，是没有事实根据的。

2. 无期徒刑实际执行的刑期需要明确起算时间。根据《刑法》第 78 条第 2 款和第 81 条第 1 款的规定，判处无期徒刑的，减刑以后"实际执行的刑期"不能少于 13 年；被判处无期徒刑的犯罪分子，"实际执行"13 年以上的，才可以假释。既然无期徒刑存在"实际执行的刑期"，就应当对该"刑期"的起算问题加以规定。否则，在理论上和实践中难免对"实际执行的刑期"的计算产生疑义。例如，判决执行以前先行羁押的时间能否计算在"实际执行的刑期"之内？③ 又如，原判有期徒刑的罪犯被裁定减刑后又经再审改判为无期徒刑的，对改判前已执行的刑期能否计算在"实际执行的刑期"之内？④ 笔者认为，为进一步明确无期徒刑执行期间的计算问题，宜在《刑法》第 47 条中增加这方面的规定。

---

① 利子平、李保民主编：《行刑学》，江西人民出版社 1993 年版，第 248 页。

② 高铭暄、马克昌主编：《刑法学》，北京大学出版社、高等教育出版社 2011 年版，第 236 页。

③ 对此，在刑法理论上有不同的看法。有学者认为，"实际执行的刑期是指犯罪分子实际执行刑罚的时间，既包括判决宣告以后犯罪人服刑的时间，也包括判决宣告以前犯罪人先行羁押的时间"（王作富主编：《刑法》，中国人民大学出版社 2011 年版，第 213 页）。有学者则认为，"由于无期徒刑是剥夺终身自由，故判决确定前的羁押时间不可能折抵刑期；由于判决确定以前先行羁押并不是'实际执行'，故羁押时间也不能计算在作为减刑、假释前提条件的实际执行刑期之内"（张明楷：《刑法学》，法律出版社 2011 年版，第 474～475 页）。也有学者认为，"原判刑罚为无期徒刑和死刑的，实际执行的刑期应仅指在执行场所服刑的时间，不包括裁量确定前先行羁押的时间，因为无期徒刑、死刑无刑期折抵问题"（刘艳红主编：《刑法学》（上），北京大学出版社 2014 年版，第 409 页）。还有学者认为，"刑法关于被判处无期徒刑的罪犯的实际执行的刑期不能少于 13 年的规定，应当自无期徒刑判决确定之日起计算"（高铭暄、马克昌主编：《刑法学》，北京大学出版社、高等教育出版社 2011 年版，第 302 页）。为统一司法适用，最高人民法院 2012 年 1 月 17 日发布的《关于办理减刑、假释案件具体应用法律若干问题的规定》第 8 条规定："无期徒刑罪犯经过一次或几次减刑后，其实际执行的刑期不能少于十三年，起始时间应当自无期徒刑判决确定之日起计算。"

④ 对此，最高人民法院研究室 1995 年 12 月 25 日发布的《关于原判有期徒刑的罪犯被裁定减刑后又经再审改判为无期徒刑应如何确定执行刑期问题的答复》第 2 条明确规定："如果罪犯在改判后，再审改判无期徒刑的执行期间从再审判决确定之日起算。对改判前已执行的刑期，应在对无期徒刑裁定减刑时，折抵为无期徒刑已实际执行的刑期。"

第五节　死　刑

一、死刑的适用条件及核准权（第 48 条）

【立法沿革】

死刑的适用条件及核准权是在 1979 年《刑法》第 43 条规定的死刑的适用条件及核准权的基础上修改而来的。

新中国成立之初，我国没有明文规定死刑的适用条件，但却明确规定了死刑的批准手续。政务院、最高人民法院 1950 年 7 月 23 日发布的《镇压反革命活动的指示》规定："所有以上各项反革命案件，经当地人民法院或人民法庭判决死刑者，其批准手续，在新解放地区，由省人民政府主席或省人民政府授权之当地专署以上首长批准后执行，在东北、华北及西北老解放地区，由省人民政府或大行政区人民政府主席批准后执行，在中央及大行政区直辖市，分别由最高人民法院院长及大行政区人民政府（军政委员会）主席批准后执行。上述各项重要反革命分子之判决死刑者均不得上诉。"在 1951 年的镇压反革命运动中，我国首创了"判处死刑、缓期两年、强迫劳动、以观后效"的政策。① 1952 年的《中华人民共和国惩治贪污条例》首次在法律上明确规定了死刑缓刑制度。② 1954 年的《刑法指导原则草案》第 10 条第 1 款、第 2 款首次规定了死刑的适用条件："对于罪行严重的卖国贼、间谍、反革命罪犯和罪行特别严重的其他罪犯，可以判处死刑。""对于判处死刑的罪犯，如果不是必须立即执行的，可以宣告缓期二年执行，在监管中强迫劳动改造，以观后效。缓刑期间如果真诚悔改，经人民法院裁定，可以减为无期徒刑或者十年至十五年的有期徒刑；缓刑期间，如果拒绝改造，或者发现新的重大罪证，经人民法院裁定报请核准后，应当执行死刑。"到了 1957 年，《刑法草案》第 22 稿首次规定了死刑的核准

---

① "对一部分反革命罪犯判处死刑、缓期两年执行的理由是：这一部分罪犯，按其罪行是应该处死的，但是因为他们没有血债，民愤不很大，或者他们对国家利益的损害尚未达到最严重程度，所以才采取这种暂时不杀、缓期两年执行、强迫劳动改造的办法，给予最后悔改的机会。如果他们在两年中表现确有真诚转变，可以改判无期徒刑，经过长期劳动改造；如果他们表现更好，还可考虑改判；如果他们表现不好，拒绝改造，随时都可以执行死刑"（参见"为什么对某些反革命罪犯实行'判处死刑、缓刑两年、强迫劳动、以观后效'的政策?"，载《人民日报》1951 年 5 月 31 日"信箱"）。

② "对于死刑、无期徒刑和有期徒刑，均得酌情予以缓刑。缓刑主要是适用于坦白悔改或有立功表现的犯人。死刑缓刑和无期徒刑缓刑均须实行监禁，在监禁和强制劳动中加以考察，并根据其在缓刑期间的表现，决定执行原判或于缓刑期满时予以减刑改判。有期徒刑的缓刑，可以酌情在缓刑期内不予监禁，而在管制中加以考察"（参见中央人民政府政务院政治法律委员会副主任彭真 1952 年 4 月 18 日在中央人民政府委员会第十四次会议上所作的《关于中华人民共和国惩治贪污条例草案的说明》）。

权，并分别规定了死刑和死缓的适用条件。该稿第 47 条规定："死刑只适用于罪大恶极、民愤很大、必须判处死刑的犯罪分子。""死刑案件由最高人民法院判决或者报请最高人民法院核准。"第 50 条规定："对于应当判处死刑的犯罪分子，如果不是必须立即执行的，可以判处死刑同时宣告缓期二年执行，在监管中强迫劳动，以观后效。在缓刑执行期间，如果真诚悔改，由高级人民法院裁定，可以减为无期徒刑或者十五年有期徒刑；如果拒绝改造，由最高人民法院裁定，执行死刑。"1957 年 7 月 15 日，全国人大通过的《关于死刑案件由最高人民法院判决或者核准的决议》规定："今后一切死刑案件，都由最高人民法院判决或者核准。"① 1963 年的《刑法草案》第 33 稿沿用了第 22 稿关于死刑的适用条件及核准权的规定。1979 年《刑法》第 43 条将上述死刑的适用条件及核准权的规定合并为 1 条，并作了以下两方面的修改和补充：一是在死刑的适用条件方面，将"死刑只适用于罪大恶极、民愤很大、必须判处死刑的犯罪分子"改为"死刑只适用于罪大恶极的犯罪分子"；二是在死刑的核准权方面，将"死刑案件由最高人民法院判决或者报请最高人民法院核准"改为"死刑除依法由最高人民法院判决的以外，都应当报请最高人民法院核准。死刑缓期执行的，可以由高级人民法院判决或者核准"。

1979 年《刑法》第 43 条规定："死刑只适用于罪大恶极的犯罪分子。对于应当判处死刑的犯罪分子，如果不是必须立即执行的，可以判处死刑同时宣告缓期二年执行，实行劳动改造，以观后效。""死刑除依法由最高人民法院判决的以外，都应当报请最高人民法院核准。死刑缓期执行的，可以由高级人民法院判决或者核准。"

1979 年《刑法》颁布后，鉴于"1979 年秋以来，全国大中城市不断发生杀人、强奸、抢劫、爆炸、放火等严重危害社会治安的恶性案件，社会治安问题很严重，人民群众很不满意。1979 年 11 月全国人大常委会第十三次会议讨论了社会治安问题，并决定在 1980 年内，对杀人、强奸、抢劫、放火等严重危害社会治安的现行刑事犯罪分子判处死刑案件的核准权，由最高人民法院授权给省、自治区、直辖市高级人民法院。实践证明，这样做对于及时打击现行刑事犯罪分子，震慑罪犯，教育人民，维护社会治安，起了积极的作用。在当前社会治安的严重情况还没有根本好转的情况下，不少省、自治区、直辖市建议，在最近几年内，对上述几种严重危害社会治安的现行刑事案件判处死刑的，仍然由省、自治区、直辖市高级人民法院核准。我们考虑，这些严重危害社会治安的现行刑事案件，一般案情清楚，证据确凿，不容易搞错。同时在目前情况下，如果都由最高人民法

---

① 全国人大常委会 1957 年 9 月 26 日发布的《关于死刑案件由最高人民法院判决或者核准的决议如何执行问题给最高人民法院的批复》进一步明确规定："按照法院组织法由高级人民法院负责核准或者终审判决的死刑案件，仍由高级人民法院判决或者负责审核。高级人民法院认为应当判处死刑的案件，应当报请最高人民法院核准后执行。高级人民法院认为不应当判处死刑的案件，即由高级人民法院按照法律的规定发回下级人民法院再审或者提审。"

院核准，很难及时批复，不利于迅速、及时打击严重的、现行的刑事犯罪活动，人民群众很有意见。"① 因此，全国人大常委会 1981 年 6 月 10 日通过的《关于死刑案件核准问题的决定》第 1 条规定："在一九八一年至一九八三年内，对犯有杀人、抢劫、强奸、爆炸、放火、投毒、决水和破坏交通、电力等设备的罪行，由省、自治区、直辖市高级人民法院终审判决死刑的，或者中级人民法院一审判决死刑，被告人不上诉，经高级人民法院核准的，以及高级人民法院一审判决死刑，被告人不上诉的，都不必报最高人民法院核准。"第 2 条规定："对反革命犯和贪污犯等判处死刑，仍然按照'刑事诉讼法'关于'死刑复核程序'的规定，由最高人民法院核准。"②

在全面研究修改刑法的过程中，对于 1979 年《刑法》第 43 条第 2 款的存废问题存在较大的争论。1988 年 9 月的《刑法修改稿》第 43 条在沿用上述第 2 款规定的同时，还特别注明："有的主张此款属于刑事诉讼法的问题，刑法中不必规定。"1988 年 11 月 16 日的《刑法修改稿》第 43 条虽然沿用了上述规定，但是在该条之后作了以下说明："对第 43 条第二款有两种意见：一种意见认为按法院组织法改写；另一种意见认为可删去，以后在刑诉法中规定。"1988 年 12 月 25 日的《刑法修改稿》第 43 条采纳了上述第二种意见，删去了死刑核准权的规定。到了 1996 年 8 月 8 日，《刑法总则修改稿》第 47 条又恢复了 1979 年《刑法》的规定。1996 年 10 月 10 日的《刑法修订草案》（征求意见稿）第 46 条基本上沿用了上述规定，仅删去了第 1 款中"实行劳动改造，以观后效"的规定。1997 年 2 月 17 日的《刑法修订草案》（修改稿）第 49 条在上述规定的基础上，对死刑的适用条件作了修改，将"死刑只适用于罪大恶极的犯罪分子"改为"死刑只适用于罪行极其严重的犯罪分子"。这一修改方案，为现行刑法所采纳。

【立法规定】

《刑法》第 48 条规定："死刑只适用于罪行极其严重的犯罪分子。对于应当判处死刑的犯罪分子，如果不是必须立即执行的，可以判处死刑同时宣告缓期二年执行。""死刑除

---

① 参见全国人大常委会法制委员会副主任王汉斌：《关于加强法律解释工作等三个决定（草案）的说明》，载高铭暄、赵秉志编：《中国刑法立法文献资料精选》，法律出版社 2007 年版，第 371~372 页。

② 应当指出的是，全国人大常委会 1983 年 9 月 2 日通过的《关于修改〈中华人民共和国人民法院组织法〉的决定》，对全国人大 1979 年 7 月 1 日通过的《中华人民共和国人民法院组织法》第 13 条作了重大修改，将"死刑案件由最高人民法院判决或者核准。死刑案件的复核程序按照中华人民共和国刑事诉讼法第三编第四章的规定办理"修改为"死刑案件除由最高人民法院判决的以外，应当报请最高人民法院核准。杀人、强奸、抢劫、爆炸以及其他严重危害公共安全和社会治安判处死刑的案件的核准权，最高人民法院在必要的时候，得授权省、自治区、直辖市的高级人民法院行使"。据此，最高人民法院 1983 年 9 月 7 日发布的《关于授权高级人民法院核准部分死刑案件的通知》进行了授权，从而形成了最高人民法院和高级人民法院分别行使死刑核准权的局面。此后，最高人民法院又于 1991 年 6 月 6 日、1993 年 8 月 18 日、1996 年 3 月 19 日和 1997 年 6 月 23 日分别授权云南、广东、广西、四川、甘肃和贵州 6 省、自治区高级人民法院核准部分毒品犯罪死刑案件；1997 年 9 月 26 日再次授权高级人民法院和解放军军事法院核准部分死刑案件。

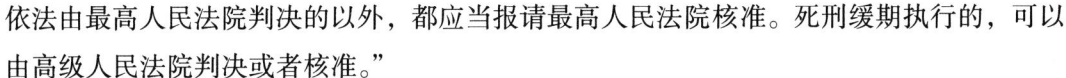

依法由最高人民法院判决的以外，都应当报请最高人民法院核准。死刑缓期执行的，可以由高级人民法院判决或者核准。"

【立法释义】

最高人民法院 1999 年 10 月 27 日发布的《全国法院维护农村稳定刑事审判工作座谈会纪要》"关于故意杀人、故意伤害案件"部分规定："要准确把握故意杀人犯罪适用死刑的标准。对故意杀人犯罪是否判处死刑，不仅要看是否造成了被害人死亡结果，还要综合考虑案件的全部情况。对于因婚姻家庭、邻里纠纷等民间矛盾激化引发的故意杀人犯罪，适用死刑一定要十分慎重，应当与发生在社会上的严重危害社会治安的其他故意杀人犯罪案件有所区别。对于被害人一方有明显过错或对矛盾激化负有直接责任，或者被告人有法定从轻处罚情节的，一般不应判处死刑立即执行。""要注意严格区分故意杀人罪与故意伤害罪的界限。在直接故意杀人与间接故意杀人案件中，犯罪人的主观恶性程度是不同的，在处刑上也应有所区别。间接故意杀人与故意伤害致人死亡，虽然都造成了死亡的后果，但行为人故意的性质和内容是截然不同的。不注意区分犯罪的性质和故意的内容，只要有死亡后果就判处死刑的做法是错误的，这在今后的工作中，应当予以纠正。对于故意伤害致人死亡，手段特别残忍，情节特别恶劣的，才可以判处死刑。""要准确把握故意伤害致人重伤造成'严重残疾'的标准。参照 1996 年国家技术监督局颁布的《职工工伤与职业病致残程度鉴定标准》（以下简称'工伤标准'），刑法第二百三十四条第二款规定的'严重残疾'是指下列情形之一：被害人身体器官大部缺损、器官明显畸形、身体器官有中等功能障碍、造成严重并发症等。残疾程度可以分为一般残疾（十至七级）、严重残疾（六至三级）、特别严重残疾（二至一级），六级以上视为'严重残疾'。在有关司法解释出台前，可统一参照'工伤标准'确定残疾等级。实践中，并不是只要达到'严重残疾'就判处死刑，还要根据伤害致人'严重残疾'的具体情况，综合考虑犯罪情节和危害后果来决定刑罚。故意伤害致人重伤造成严重残疾，只有犯罪手段特别残忍，后果特别严重的，才能考虑适用死刑（包括死刑，缓期二年执行）。"

最高人民法院 2001 年 1 月 21 日发布的《全国法院审理金融犯罪案件工作座谈会纪要》"死刑的适用"部分规定："刑法对危害特别严重的金融诈骗犯罪规定了死刑。人民法院应当运用这一法律武器，有力地打击金融诈骗犯罪。对于罪行极其严重、依法该判死刑的犯罪分子，一定要坚决判处死刑。但需要强调的是，金融诈骗犯罪的数额特别巨大不是判处死刑的唯一标准，只有诈骗'数额特别巨大并且给国家和人民利益造成特别重大损失'的犯罪分子，才能依法选择适用死刑。对于犯罪数额特别巨大，但追缴、退赔后，挽回了损失或者损失不大的，一般不应当判处死刑立即执行；对具有法定从轻、减轻处罚情节的，一般不应当判处死刑。"

最高人民法院 2006 年 12 月 28 日发布的《关于统一行使死刑案件核准权有关问题的决定》第 1 条规定："自 2007 年 1 月 1 日起，最高人民法院根据全国人民代表大会常务委员会有关决定和人民法院组织法原第十三条的规定发布的关于授权高级人民法院和解放军军事法院核准部分死刑案件的通知（见附件），一律予以废止。"① 第 2 条规定："自 2007 年 1 月 1 日起，死刑除依法由最高人民法院判决的以外，各高级人民法院和解放军军事法院依法判决和裁定的，应当报请最高人民法院核准。"② 第 3 条规定："2006 年 12 月 31 日以前，各高级人民法院和解放军军事法院已经核准的死刑立即执行的判决、裁定，依法仍由各高级人民法院、解放军军事法院院长签发执行死刑的命令。"

最高人民法院 2008 年 12 月 1 日发布的《全国部分法院审理毒品犯罪案件工作座谈会纪要》第 2 条"毒品犯罪的死刑适用问题"规定："审理毒品犯罪案件，应当切实贯彻宽严相济的刑事政策，突出毒品犯罪的打击重点。必须依法严惩毒枭、职业毒犯、再犯、累犯、惯犯、主犯等主观恶性深、人身危险性大、危害严重的毒品犯罪分子，以及具有将毒品走私入境，多次、大量或者向多人贩卖，诱使多人吸毒，武装掩护、暴力抗拒检查、拘留或者逮捕，或者参与有组织的国际贩毒活动等情节的毒品犯罪分子。对其中罪行极其严重依法应当判处死刑的，必须坚决依法判处死刑。""毒品数量是毒品犯罪案件量刑的重要情节，但不是唯一情节。对被告人量刑时，特别是在考虑是否适用死刑时，应当综合考虑毒品数量、犯罪情节、危害后果、被告人的主观恶性、人身危险性以及当地禁毒形势等各种因素，做到区别对待。近期，审理毒品犯罪案件掌握的死刑数量标准，应当结合本地毒品犯罪的实际情况和依法惩治、预防毒品犯罪的需要，并参照最高人民法院复核的毒品死刑案件的典型案例，恰当把握。量刑既不能只片面考虑毒品数量，不考虑犯罪的其他情节，也不能只片面考虑其他情节，而忽视毒品数量。""对虽然已达到实际掌握的判处死刑的毒品数量标准，但是具有法定、酌定从宽处罚情节的被告人，可以不判处死刑；反之，对毒品数量接近实际掌握的判处死刑的数量标准，但具有从重处罚情节的被告人，也可以

---

① 该决定"附件"废止了下列"通知"：(1)《最高人民法院关于对几类现行犯授权高级人民法院核准死刑的若干具体规定的通知》（1980 年 3 月 18 日）；(2)《最高人民法院关于执行全国人民代表大会常务委员会〈关于死刑案件核准问题的决定〉的几项通知》（1981 年 6 月 11 日）；(3)《最高人民法院关于授权高级人民法院核准部分死刑案件的通知》（1983 年 9 月 7 日）；(4)《最高人民法院关于授权云南省高级人民法院核准部分毒品犯罪死刑案件的通知》（1991 年 6 月 6 日）；(5)《最高人民法院关于授权广东省高级人民法院核准部分毒品犯罪死刑案件的通知》（1993 年 8 月 18 日）；(6)《最高人民法院关于授权广西壮族自治区、四川省、甘肃省高级人民法院核准部分毒品犯罪死刑案件的通知》（1996 年 3 月 19 日）；(7)《最高人民法院关于授权贵州省高级人民法院核准部分毒品犯罪死刑案件的通知》（1997 年 6 月 23 日）；(8)《最高人民法院关于授权高级人民法院和解放军军事法院核准部分死刑案件的通知》（1997 年 9 月 26 日）。

② 全国人大常委会 2006 年 10 月 30 日通过的《关于修改〈中华人民共和国人民法院组织法〉的决定》，将原《人民法院组织法》第 13 条修改为第 12 条："死刑除依法由最高人民法院判决的以外，应当报请最高人民法院核准。"修订后的《人民法院组织法》，自 2007 年 1 月 1 日起施行。

判处死刑。毒品数量达到实际掌握的死刑数量标准，既有从重处罚情节，又有从宽处罚情节的，应当综合考虑各方面因素决定刑罚，判处死刑立即执行应当慎重。""具有下列情形之一的，可以判处被告人死刑：（1）具有毒品犯罪集团首要分子、武装掩护毒品犯罪、暴力抗拒检查、拘留或者逮捕、参与有组织的国际贩毒活动等严重情节的；（2）毒品数量达到实际掌握的死刑数量标准，并具有毒品再犯、累犯，利用、教唆未成年人走私、贩卖、运输、制造毒品，或者向未成年人出售毒品等法定从重处罚情节的；（3）毒品数量达到实际掌握的死刑数量标准，并具有多次走私、贩卖、运输、制造毒品，向多人贩毒，在毒品犯罪中诱使、容留多人吸毒，在戒毒监管场所贩毒，国家工作人员利用职务便利实施毒品犯罪，或者职业犯、惯犯、主犯等情节的；（4）毒品数量达到实际掌握的死刑数量标准，并具有其他从重处罚情节的；（5）毒品数量超过实际掌握的死刑数量标准，且没有法定、酌定从轻处罚情节的。""毒品数量达到实际掌握的死刑数量标准，具有下列情形之一的，可以不判处被告人死刑立即执行：（1）具有自首、立功等法定从宽处罚情节的；（2）已查获的毒品数量未达到实际掌握的死刑数量标准，到案后坦白尚未被司法机关掌握的其他毒品犯罪，累计数量超过实际掌握的死刑数量标准的；（3）经鉴定毒品含量极低，掺假之后的数量才达到实际掌握的死刑数量标准的，或者有证据表明可能大量掺假但因故不能鉴定的；（4）因特情引诱毒品数量才达到实际掌握的死刑数量标准的；（5）以贩养吸的被告人，被查获的毒品数量刚达到实际掌握的死刑数量标准的；（6）毒品数量刚达到实际掌握的死刑数量标准，确属初次犯罪即被查获，未造成严重危害后果的；（7）共同犯罪毒品数量刚达到实际掌握的死刑数量标准，但各共同犯罪人作用相当，或者责任大小难以区分的；（8）家庭成员共同实施毒品犯罪，其中起主要作用的被告人已被判处死刑立即执行，其他被告人罪行相对较轻的；（9）其他不是必须判处死刑立即执行的。""有些毒品犯罪案件，往往由于毒品、毒资等证据已不存在，导致审查证据和认定事实困难。在处理这类案件时，只有被告人的口供与同案其他被告人供述吻合，并且完全排除诱供、逼供、串供等情形，被告人的口供与同案被告人的供述才可以作为定案的证据。仅有被告人口供与同案被告人供述作为定案证据的，对被告人判处死刑立即执行要特别慎重。"

最高人民法院 2009 年 9 月 11 日发布的《关于醉酒驾车犯罪法律适用问题的意见》第 2 条第 3 款规定："被告人黎景全和被告人孙伟铭醉酒驾车犯罪案件，依法没有适用死刑，而是分别判处无期徒刑，主要考虑到二被告人均系间接故意犯罪，与直接故意犯罪相比，主观恶性不是很深，人身危险性不是很大；犯罪时驾驶车辆的控制能力有所减弱；归案后认罪、悔罪态度较好，积极赔偿被害方的经济损失，一定程度上获得了被害方的谅解。广东省高级人民法院和四川省高级人民法院的终审裁判对二被告人的量刑是适当的。"

最高人民法院 2010 年 2 月 8 日发布的《关于贯彻宽严相济刑事政策的若干意见》第

29 条规定："要准确理解和严格执行'保留死刑，严格控制和慎重适用死刑'的政策。对于罪行极其严重的犯罪分子，论罪应当判处死刑的，要坚决依法判处死刑。要依法严格控制死刑的适用，统一死刑案件的裁判标准，确保死刑只适用于极少数罪行极其严重的犯罪分子。拟判处死刑的具体案件定罪或者量刑的证据必须确实、充分，得出唯一结论。对于罪行极其严重，但只要是依法可不立即执行的，就不应当判处死刑立即执行。"

最高人民检察院 2010 年 12 月 31 日发布的指导性案例检例第 2 号《忻某绑架案》中的"要旨"指出："对于死刑案件的抗诉，要正确把握适用死刑的条件，严格证明标准，依法履行刑事审判法律监督职责。"

最高人民检察院 2014 年 9 月 15 日发布的指导性案例检例第 18 号《郭明先参加黑社会性质组织、故意杀人、故意伤害案》中的"要旨"指出："死刑依法只适用于罪行极其严重的犯罪分子。对故意杀人、故意伤害、绑架、爆炸等涉黑、涉恐、涉暴刑事案件中罪行极其严重，严重危害国家安全和公共安全、严重危害公民生命权，或者严重危害社会秩序的被告人，依法应当判处死刑，人民法院未判处死刑的，人民检察院应当依法提出抗诉。"

最高人民法院 2015 年 5 月 18 日发布的《全国法院毒品犯罪审判工作座谈会纪要》关于"死刑适用问题"部分第 1 条"运输毒品犯罪的死刑适用"规定："对于运输毒品犯罪，应当继续按照《大连会议纪要》① 的有关精神，重点打击运输毒品犯罪集团首要分子，组织、指使、雇用他人运输毒品的主犯或者毒枭、职业毒犯、毒品再犯，以及具有武装掩护运输毒品、以运输毒品为业、多次运输毒品等严重情节的被告人，对其中依法应当判处死刑的，坚决依法判处。""对于受人指使、雇用参与运输毒品的被告人，应当综合考虑毒品数量、犯罪次数、犯罪的主动性和独立性、在共同犯罪中的地位作用、获利程度和方式及其主观恶性、人身危险性等因素，予以区别对待，慎重适用死刑。对于有证据证明确属受人指使、雇用运输毒品，又系初犯、偶犯的被告人，即使毒品数量超过实际掌握的死刑数量标准，也可以不判处死刑；尤其对于其中被动参与犯罪，从属性、辅助性较强，获利程度较低的被告人，一般不应当判处死刑。对于不能排除受人指使、雇用初次运输毒品的被告人，毒品数量超过实际掌握的死刑数量标准，但尚不属数量巨大的，一般也可以不判处死刑。""一案中有多人受雇运输毒品的，在决定死刑适用时，除各被告人运输毒品的数量外，还应结合其具体犯罪情节、参与犯罪程度、与雇用者关系的紧密性及其主观恶性、人身危险性等因素综合考虑，同时判处二人以上死刑要特别慎重。"第 2 条"毒品共同犯罪、上下家犯罪的死刑适用"规定："毒品共同犯罪案件的死刑适用应当与该案的毒

---

① 该纪要所说的《大连会议纪要》，是指最高人民法院 2008 年 12 月 1 日发布的《全国部分法院审理毒品犯罪案件工作座谈会纪要》。

品数量、社会危害及被告人的犯罪情节、主观恶性、人身危险性相适应。涉案毒品数量刚超过实际掌握的死刑数量标准，依法应当适用死刑的，要尽量区分主犯间的罪责大小，一般只对其中罪责最大的一名主犯判处死刑；各共同犯罪人地位作用相当，或者罪责大小难以区分的，可以不判处被告人死刑；二名主犯的罪责均很突出，且均具有法定从重处罚情节的，也要尽可能比较其主观恶性、人身危险性方面的差异，判处二人死刑要特别慎重。涉案毒品数量达到巨大以上，二名以上主犯的罪责均很突出，或者罪责稍次的主犯具有法定、重大酌定从重处罚情节，判处二人以上死刑符合罪刑相适应原则，并有利于全案量刑平衡的，可以依法判处。""对于部分共同犯罪人未到案的案件，在案被告人与未到案共同犯罪人均属罪行极其严重，即使共同犯罪人到案也不影响对在案被告人适用死刑的，可以依法判处在案被告人死刑；在案被告人的罪行不足以判处死刑，或者共同犯罪人归案后全案只宜判处其一人死刑的，不能因为共同犯罪人未到案而对在案被告人适用死刑；在案被告人与未到案共同犯罪人的罪责大小难以准确认定，进而影响准确适用死刑的，不应对在案被告人判处死刑。""对于贩卖毒品案件中的上下家，要结合其贩毒数量、次数及对象范围，犯罪的主动性，对促成交易所发挥的作用，犯罪行为的危害后果等因素，综合考虑其主观恶性和人身危险性，慎重、稳妥地决定死刑适用。对于买卖同宗毒品的上下家，涉案毒品数量刚超过实际掌握的死刑数量标准的，一般不能同时判处死刑；上家主动联络销售毒品，积极促成毒品交易的，通常可以判处上家死刑；下家积极筹资，主动向上家约购毒品，对促成毒品交易起更大作用的，可以考虑判处下家死刑。涉案毒品数量达到巨大以上的，也要综合上述因素决定死刑适用，同时判处上下家死刑符合罪刑相适应原则，并有利于全案量刑平衡的，可以依法判处。""一案中有多名共同犯罪人、上下家针对同宗毒品实施犯罪的，可以综合运用上述毒品共同犯罪、上下家犯罪的死刑适用原则予以处理。""办理毒品犯罪案件，应当尽量将共同犯罪案件或者密切关联的上下游案件进行并案审理；因客观原因造成分案处理的，办案时应当及时了解关联案件的审理进展和处理结果，注重量刑平衡。"第 3 条"新类型、混合型毒品犯罪的死刑适用"规定："甲基苯丙胺片剂（俗称'麻古'等）是以甲基苯丙胺为主要毒品成分的混合型毒品，其甲基苯丙胺含量相对较低，危害性亦有所不同。为体现罚当其罪，甲基苯丙胺片剂的死刑数量标准一般可以按照甲基苯丙胺（冰毒）的 2 倍左右掌握，具体可以根据当地的毒品犯罪形势和涉案毒品含量等因素确定。""涉案毒品为氯胺酮（俗称'K 粉'）的，结合毒品数量、犯罪性质、情节及危害后果等因素，对符合死刑适用条件的被告人可以依法判处死刑。综合考虑氯胺酮的致瘾癖性、滥用范围和危害性等因素，其死刑数量标准一般可以按照海洛因的 10 倍掌握。""涉案毒品为其他滥用范围和危害性相对较小的新类型、混合型毒品的，一般不宜判处被告人死刑。但对于司法解释、规范性文件明确规定了定罪量刑数量标准，且涉案毒品数量特别巨大，社会危害大，不判处死刑难以体现罚当其罪的，必要时可以判处被告人死刑。"

【立法建言】

建　议：将《刑法》第48条修改为："死刑只适用于罪行最严重的犯罪分子。对于应当判处死刑的犯罪分子，如果不是必须立即执行的，应当判处死刑同时宣告缓期二年执行。"

理　由：

1. 从适用标准来看，将"罪行极其严重"改为"罪行最严重"有利于限制死刑的适用。关于死刑的适用条件，无论是1979年《刑法》规定的"罪大恶极"，还是1997年《刑法》规定的"罪行极其严重"，都显得较为抽象，[①] 缺乏明确、具体的内涵。[②] 相比之下，"罪行最严重"的表述，则更充分地反映了罪行严重的程度，即罪行在所有的犯罪中"最"严重，而不是"极其严重"或者"特别严重"。此外，"罪行最严重"的表述，还与死刑适用的国际通行标准相衔接。[③] 因此，尽管"罪行最严重"的表述仍嫌不够明确、具体，但因其内涵和外延的界定有相关国际标准可资参考，[④] 因而在实践中还是比较容易把握的。由于"罪行最严重"的范围比"罪行极其严重"更窄，因此，可以最大限度地限制死刑的适用。

---

① 有学者认为，"'罪行极其严重'是一个抽象的概念"，"在刑法典分则中，死刑适用的限制条件有的强调危害，有的强调情节，有的强调后果，它们都共同地反映出犯罪分子的罪行极其严重这一适用死刑的原则性条件"（赵秉志主编：《刑法新教程》，中国人民大学出版社2009年版，第273页）。有学者尖锐地指出，"'罪行极其严重'这个死刑适用的一般标准，在涉及具体各罪时就缺乏统一的操作指标，直接导致司法中死刑适用标准混乱"（高铭暄、陈璐：《〈中华人民共和国刑法修正案（八）〉解读与思考》，中国人民大学出版社2011年版，第12页）。

② 正因如此，在刑法理论上，早期即对"罪大恶极"的含义产生了争议（相关学术观点，可参见胡云腾：《死刑通论》，中国政法大学出版社1995年版，第212~213页，本书不予赘述）。刑法修订后，刑法学界对"罪行极其严重"内涵的理解争议更大，概括起来，主要有以下几种不同的观点：(1) 罪行极其严重，是指对国家和人民利益危害特别严重和情节特别恶劣的犯罪（参见高西江主编：《中华人民共和国刑法的修订与适用》，中国方正出版社1997年版，第190页；赵秉志主编：《刑法新教程》，中国人民大学出版社2009年版，第272页；王作富主编：《刑法》，中国人民大学出版社2011年版，第179页）。(2) 罪行极其严重应当从罪大和恶极两个方面加以把握：罪大是指犯罪行为及其后果极其严重；恶极是指犯罪分子的主观恶性和人身危险性特别大（参见陈兴良：《刑法疏义》，中国人民公安大学出版社，1997年版，第139~140页；高铭暄主编：《刑法专论》，高等教育出版社2002年版，第548页；曲新久：《刑法学》，中国政法大学出版社2009年版，第203页）。(3) 罪行极其严重，是犯罪的性质极其严重、犯罪的情节极其严重、犯罪分子的人身危险性极其严重的统一（参见高铭暄、马克昌主编：《刑法学》，北京大学出版社、高等教育出版社2011年版，第237页）。此外，也有学者并不界定"罪行极其严重"的内涵，而只是强调"必须综合评价所有情节，判断罪行是否极其严重"（参见张明楷：《刑法学》，法律出版社2011年版，第477页）。

③ 《公民权利和政治权利国际公约》第6条第2款规定的死刑适用标准为"最严重的罪行"。

④ 例如，联合国经济与社会理事会1984年5月25通过的《关于保护死刑犯权利的保障措施》第1项规定："在未废除死刑的国家，只有最严重的罪行可判处死刑，但应理解为死刑的范围只限于对蓄意而结果为害命或其他极端严重的罪行。"联合国秘书长其后在《死刑和关于保护死刑犯权利的保障措施的执行情况》的报告中进一步指出，蓄意犯罪以及具有致命或其他极端严重后果意味着罪行应该是危及生命的，即危及生命是罪行的很可能发生的后果，由此，任何不危及生命的犯罪，无论其后果从其他角度来看多么严重，都不属于可对之适用死刑的"最严重罪行"（参见刘仁文：《死刑的全球视野与中国语境》，中国社会科学出版社2013年版，第82~83页）。

2. 从立法原意来看，将"可以"改为"应当"有利于扩大死刑缓期执行的适用范围。《刑法》第48条第1款规定的死刑，包括死刑立即执行和死刑缓期执行两种。既然应当判处死刑的犯罪分子，"不是必须立即执行的"，当然就"应当"缓期执行，而不是"可以"缓期执行。由此可见，"可以"一词有违立法原意。同时，由于"应当"是刚性规定，因此，"应当"判处死刑缓期执行，可以防止司法实践中以任何借口"可以"不判处死刑缓期执行。

3. 从规范内容来看，删去《刑法》第48条第2款规定有利于醇化刑法的实体法性质。"死刑除依法由最高人民法院判决的以外，都应当报请最高人民法院核准。死刑缓期执行的，可以由高级人民法院判决或者核准"的规定，属于程序性规范，而不是实体性规范，刑法不宜对此加以规定。况且，《人民法院组织法》和《刑事诉讼法》对此已有明文规定，刑法更没必要对此重复加以规定。

二、死刑适用对象的限制（第49条）

【立法沿革】

死刑适用对象的限制是在1979年《刑法》第44条规定的死刑适用对象的限制的基础上修改而来的，并经《刑法修正案（八）》第3条所修正。

早在1954年，《刑法指导原则草案》第10条第3款就对死刑的适用对象作了严格限制："孕妇和不满十八周岁的未成年人犯罪，不适用死刑。"1957年的《刑法草案》第22稿第48条基本上沿用了上述规定，仅将"不满十八周岁的未成年人犯罪"修改为"犯罪的时候不满十八岁的人"，将"孕妇"界定为"审判的时候怀孕的妇女"。修改后的条文为："犯罪的时候不满十八岁的人和审判的时候怀孕的妇女，不适用死刑。"1979年《刑法》第44条在上述规定的基础上，增加了"已满十六岁不满十八岁的，如果所犯罪行特别严重，可以判处死刑缓期二年执行"的规定。

1979年《刑法》第44条规定："犯罪的时候不满十八岁的人和审判的时候怀孕的妇女，不适用死刑。已满十六岁不满十八岁的，如果所犯罪行特别严重，可以判处死刑缓期二年执行。"

在全面研究修改刑法的过程中，鉴于"不适用死刑"与"可以判处死刑缓期二年执行"存在逻辑上的矛盾，因此，1988年9月的刑法修改稿第44条删去了"已满十六岁不满十八岁的，如果所犯罪行特别严重，可以判处死刑缓期二年执行"的规定。[①] 但是，1988年11月16日的刑法修改稿采纳了上述第二种意见。该稿第44条规定："犯罪的时候

---

① 对于这一修改方案，在讨论中有不同的意见。因此，在该条之后还特别注明："有的主张第44条修改为'不满十八岁的人不得判处死刑立即执行；已满十六岁不满十八岁的，如果所犯罪行特别严重，可以判处死刑缓期二年执行。审判的时候怀孕的妇女，不适用死刑。'"

不满十八岁的人不得判处死刑立即执行。已满十六岁不满十八岁的，如果所犯罪行特别严重，可以判处死刑同时宣告缓期二年执行。""审判的时候怀孕的妇女，不适用死刑。"到了 1996 年，立法工作机关放弃了上述修改的努力，重新以 1979 年《刑法》第 44 条为基础进行修订。在修订中，围绕"已满十六岁不满十八岁的，如果所犯罪行特别严重，可以判处死刑缓期二年执行"这一规定的存废问题，出现了多次反复。1996 年 6 月 24 日的刑法总则修改稿和 1996 年 8 月 31 日的《刑法修改草稿》删去了上述规定，而 1996 年 8 月 8 日的刑法总则修改稿和 1996 年 10 月 10 日的《刑法修订草案》（征求意见稿）又恢复了上述规定。1996 年 12 月 20 日的《刑法修订草案》再次删去上述规定后，对此问题未再出现反复。1997 年 2 月 17 日的《刑法修订草案》（修改稿）第 50 条在上述规定的基础上，仅将其中"不满十八岁"的表述修改为"不满十八周岁"。这一修改方案，为 1997 年修订的《刑法》所采纳。

1997 年修订的《刑法》第 49 条规定："犯罪的时候不满十八周岁的人和审判的时候怀孕的妇女，不适用死刑。"

1997 年《刑法》施行后，为了"更好地体现中国特色社会主义刑法的文明和人道主义，促进社会和谐"①，《刑法修正案（八）（草案）》第 3 条对上述规定作了补充修改，增加了"已满七十五周岁的人，不适用死刑"的规定。修改后的条文为："犯罪的时候不满十八周岁的人和审判的时候怀孕的妇女、已满七十五周岁的人，不适用死刑。"在草案审议和征求意见的过程中，"有的常委委员、部门、地方和社会公众提出，对老年人不适用死刑的规定总体上是适当的，但应增加一定的限制条件，以适应实践中各种复杂情况。"② 因此，《刑法修正案（八）》第 3 条在上述规定的基础上，增加了"但以特别残忍手段致人死亡的除外"的限制条件，并将老年人不适用死刑的规定增列为该条的第 2 款。

【立法规定】

《刑法》第 49 条规定："犯罪的时候不满十八周岁的人和审判的时候怀孕的妇女，不适用死刑。""审判的时候已满七十五周岁的人，不适用死刑，但以特别残忍手段致人死亡的除外。"

【立法释义】

最高人民法院研究室 1991 年 3 月 18 日发布的《关于如何理解"审判的时候怀孕的妇女不适用死刑"问题的电话答复》规定，在羁押期间已是孕妇的被告人，无论其怀孕是否

---

① 参见全国人大常委会法制工作委员会主任李适时 2010 年 8 月 23 日在十一届全国人大常委会第十六次会议上所作的《关于〈中华人民共和国刑法修正案（八）（草案）〉的说明》。

② 参见全国人大法律委员会副主任委员李适时 2010 年 12 月 20 日在十一届全国人大常委会第十八次会议上所作的《关于〈中华人民共和国刑法修正案（八）（草案）〉修改情况的汇报》。

属于违反国家计划生育政策，也不论其是否自然流产或者经人工流产以及流产后移送起诉或审判期间的长短，仍应执行我院（83）法研字第 18 号《关于人民法院审判严重刑事犯罪案件中具体应用法律的若干问题的答复》中对第三个问题的答复："对于这类案件，应当按照刑法第 44 条和刑事诉讼法第 154 条的规定办理，即人民法院对'审判的时候怀孕的妇女，不适用死刑'。如果人民法院在审判时发现，在羁押受审时已是孕妇的，仍应依照上述法律规定，不适用死刑。"

最高人民法院 1998 年 8 月 7 日发布的《关于对怀孕妇女在羁押期间自然流产审判时是否可以适用死刑问题的批复》规定："怀孕妇女因涉嫌犯罪在羁押期间自然流产后，又因同一事实被起诉、交付审判的，应当视为'审判的时候怀孕的妇女'，依法不适用死刑。"

【立法建言】

建　议：将《刑法》第 49 条修改为："犯罪的时候不满十八周岁的人和审判的时候怀孕的妇女、已满七十周岁的人，不适用死刑。"

理　由：

对老年人犯罪不适用死刑是否应当有所限制的问题，在《刑法修正案（八）（草案）》审议的过程中曾引起了较大的争议。第一种意见认为，对老年人犯罪免除死刑可以作为一种理念在司法实践中交给审判机关掌握，而不宜用法条的形式明确。第二种意见认为，对于已满 75 周岁的老年人犯罪不能一概免除死刑，在行为人所采犯罪手段、所发生之结果特别严重的情形下，不能排除判处死刑的可能性。但是，"以特别残忍手段致人死亡"这个例外表述范围过窄，仅仅规定这一限制条件还不够。第三种意见认为，由于审判实践中已满 75 周岁的老年人被判处死刑的情形并不常见，对老年人一概免除死刑的适用并不会引起司法适用的强烈不适，那种认为将引起老年人犯罪大幅攀升的观点没有任何依据，基于刑罚人道主义以及体恤特殊犯罪群体的考量，立法应当不加区别地规定对审判时已满 75 周岁的老年人不适用死刑，而没有任何例外。[①] 笔者认为，除应将"七十五周岁"改为"七十周岁"以外，[②] 还应删去"但以特别残忍手段致人死亡的除外"这一规定。这主要是因为：（1）"从逻辑上讲，减轻刑事责任的当然结果就是从宽处罚，即使老年人的犯罪行为极其严重，对老年人排除死刑这种最严厉的刑罚也是当然的结论。因此，对减轻老年

[①] 参见高铭暄、陈璐：《〈中华人民共和国刑法修正案（八）〉解读与思考》，中国人民大学出版社 2011 年版，第 30 页。

[②] 具体理由可参见本书第一编第二章第一节之六"老年人的刑事责任（第 17 条之一）"中"立法建言"部分的论述，在此不再赘述。

犯罪人刑事责任合理性的论证也恰恰论证了对老年人犯罪不适用死刑的合理性。"①
（2）从司法实践来看，70周岁以上的老年人"以特别残忍手段致人死亡"的案件较为少见。"从法院系统反馈回来的数据看，70岁以上犯重罪可能判处死刑的，现在全国每年也就几起，是个位数，说明免除这部分人的死刑不会对社会造成大的冲击。"②（3）"从被害者学的角度来看，家属成员是被害者的时候，具有很大的有罪性或者存在有其他难以消除的问题。在这种状况下，无法忍受的正直的老年人，作为一辈子第一次犯罪而杀了人这样的典型性例子是有的。造成这种情况，多是由于进入老年期后对人关系狭小，纠葛和紧张不断积累起来。这种环境条件，再加上加害人方面的直率、认真，以及老年期的心理特征所具有的不通融性、易刺激性等，就促使他们采取冲动的、破灭的解决办法。"③ 换言之，"70多岁的人如果仍然去犯重罪，要么是有可以谅解的外部原因，要么是他本人的判断力和控制力下降"④。（4）从立法决策的角度来看，"作为表达国家智慧的立法，它考虑的是社会通常的情况，而不能根据个案甚至是放大了的个案来作出误导全局的判断。"⑤ 否则，必将推论出未成年人也不能一概免除死刑的错误结论。（5）从人权保障的角度来看，《公民权利和政治权利国际公约》《关于保护死刑犯权利的保障措施》以及《美洲人权公约》等国际性文件，均明确规定对老年人不适用或不执行死刑。

三、死缓的法律后果（第50条）

【立法沿革】

死缓的法律后果是在1979年《刑法》第46条规定的死缓的法律后果的基础上修改而来的，并经《刑法修正案（八）》第4条和《刑法修正案（九）》第2条所修正。

从立法源流来看，有关死缓法律后果的规定，最早见之于政务院1953年1月9日发布的《关于判处死刑缓期两年执行的反革命犯在缓刑期满时的处理意见的批复》。该批复规定："凡是判处死刑，缓期二年执行的反革命罪犯，在缓刑期满时，应根据其悔改程度，采取下列不同办法加以处理：一、确有悔改的具体事实表现者，得改判十年以上有期徒

---

① 高铭暄、陈璐：《〈中华人民共和国刑法修正案（八）〉解读与思考》，中国人民大学出版社2011年版，第31页。

② 参见刘仁文：《死刑的温度》，生活·读书·新知三联书店2014年版，第357页。

③ "老年期的杀人大多是在杀人犯罪中限于特定的场合，具有以下的共同特征：1）是过着一般市民生活的老年人进行的初次犯罪。2）犯罪的性质是激情的、冲动的，大多数是在连续想不通的状态下引起的。3）属于企图作案后自杀的那种强迫别人自杀一类案件居多，此外的案件其大部分人去自首，不想逃跑或隐藏。4）犯罪背景是老年人的生活范围狭小，没有解除纠葛的机会和场所。5）家属内的杀人，被害人是子女或配偶较多。6）被害者方面常有因使用极端粗暴的语言或行动，或患有严重的身心障碍和身体疾病等"（【日】长谷川和夫、霜山德尔主编：《老年心理学》，车文博等译，黑龙江人民出版社1985年版，第295～296页）。

④ 刘仁文：《死刑的温度》，生活·读书·新知三联书店2014年版，第357页。

⑤ 同上。

刑。二、尚无悔改的具体事实表现，但亦无拒绝改造的事实表现者，可改判无期徒刑或十五年有期徒刑。三、坚持反动立场，拒绝改造，有具体事实表现者，应依照具体情节按原判处死刑，再缓期一年执行或立即执行。四、凡在缓刑期间仍进行反革命活动有据者，应不待其缓刑期满，即按原判处死刑，立即执行。"到了1954年，《刑法指导原则草案》第10条第2款首次将上述精神改为刑法的一般规定："对于判处死刑的罪犯，如果不是必须立即执行的，可以宣告缓期二年执行，在监管中强迫劳动改造，以观后效。缓刑期间如果真诚悔改，经人民法院裁定，可以减为无期徒刑或者十年至十五年的有期徒刑；缓刑期间，如果拒绝改造，或者发现新的重大罪证，经人民法院裁定报请核准后，应当执行死刑。"1957年的《刑法草案》第22稿第50条在上述规定的基础上，主要作了两方面的补充和修改：一是明确了死缓减刑"由高级人民法院裁定"，执行死刑"由最高人民法院裁定"；二是删去了"发现新的重大罪证"应当执行死刑的情形。修改后的条文为："对于应当判处死刑的犯罪分子，如果不是必须立即执行的，可以判处死刑同时宣告缓期二年执行，在监管中强迫劳动，以观后效。在缓刑执行期间，如果真诚悔改，由高级人民法院裁定，可以减为无期徒刑或者十五年有期徒刑；如果拒绝改造，由最高人民法院裁定，执行死刑。"1963年的《刑法草案》第33稿第50条对上述规定作了以下四方面的补充和修改：一是在死缓减刑的时间方面，增加了"二年期满以后"的规定；二是在死缓减刑的程序方面，删去了"由高级人民法院裁定"的规定；三是在死缓减刑的幅度方面，将"如果真诚悔改，由高级人民法院裁定，可以减为无期徒刑或者十五年有期徒刑"区分为"如果真诚悔改，二年期满以后，减为无期徒刑；如果真诚悔改并有立功表现，二年期满以后，减为十五年以上二十年以下有期徒刑"两种情形。四是在执行死刑的程序方面，将"由最高人民法院裁定"改为"由最高人民法院裁定或者核准"。1979年《刑法》第46条除将"对于应当判处死刑的犯罪分子，如果不是必须立即执行的，可以判处死刑同时宣告缓期二年执行，强迫劳动，以观后效"的规定移入第43条以外，主要是将死缓减刑条件中的"真诚悔改"改为"确有悔改"，将执行死刑的条件由"拒绝改造"改为"抗拒改造情节恶劣、查证属实的"。

1979年《刑法》第46条规定："判处死刑缓期执行的，在死刑缓期执行期间，如果确有悔改，二年期满以后，减为无期徒刑；如果确有悔改并有立功表现，二年期满以后，减为十五年以上二十年以下有期徒刑；如果抗拒改造情节恶劣、查证属实的，由最高人民法院裁定或者核准，执行死刑。"

在全面研究修改刑法的过程中，考虑到"刑法第46条规定'死缓'期间确有悔改表现的，可以减刑，抗拒改造期间恶劣的，执行死刑。对既没有抗拒改造又没有悔改表现的如何处理，没有规定，须作补充"①。因此，1988 年 9 月的刑法修改稿第 46 条放宽了死缓减为无期徒刑的条件，将"确有悔改"改为"没有抗拒改造的恶劣表现"。1988 年 11 月 16 日的刑法修改稿第 46 条又将"没有抗拒改造的恶劣表现"改为"服从监管，无抗拒改造表现"；同时，还删去了执行死刑条件中的"情节恶劣"。1988 年 12 月 25 日的《刑法修改稿》第 46 条基本上沿用了上述规定，仅在死缓减为无期徒刑的条件中增加了"确有悔改"的内容。修改后的条文为："判处死刑缓期执行的，在死刑缓期执行期间，如果确有悔改或者服从监管、无抗拒改造表现，二年期满以后，减为无期徒刑，如果确有悔改并有立功表现，二年期满以后，减为十五年以上二十年以下有期徒刑；如果抗拒改造、查证属实的，由最高人民法院裁定或者核准，执行死刑。"到了 1996 年 6 月 24 日，《刑法总则修改稿》第 46 条进一步放宽了死缓减刑的条件，将减为无期徒刑的条件改为"没有故意犯罪"，将减为有期徒刑的条件由"确有悔改并有立功表现"改为"确有悔改或者有立功表现"；同时，还严格了执行死刑的条件，将"抗拒改造"改为"故意犯罪"。1996 年 8 月 8 日的《刑法总则修改稿》第 50 条基本上沿用了上述规定，仅删去了死缓减为有期徒刑条件中的"确有悔改"表现。1997 年 3 月 1 日，提交给八届全国人大五次会议审议的《中华人民共和国刑法（修订草案）》第 52 条严格了死缓减为有期徒刑的条件，将"确有立功表现"改为"确有重大立功表现"。这一修改方案，为 1997 年修订的《刑法》所采纳。

1997 年修订的《刑法》第 50 条规定："判处死刑缓期执行的，在死刑缓期执行期间，如果没有故意犯罪，二年期满以后，减为无期徒刑；如果确有重大立功表现，二年期满以后，减为十五年以上二十年以下有期徒刑；如果故意犯罪，查证属实的，由最高人民法院核准，执行死刑。"

1997 年《刑法》施行后，为了"落实中央深化司法体制和工作机制改革的要求，完善死刑法律规定，适当减少死刑罪名，调整死刑与无期徒刑、有期徒刑之间的结构关系"②，《刑法修正案（八）（草案）》第 4 条对 1997 年《刑法》第 50 条的规定作了较大的修改和补充，严格限制了对被判处死刑缓期执行犯罪分子的减刑：一是将"十五年以上二十年以下有期徒刑"的减刑幅度限定为"二十年有期徒刑"；二是增加了第 2 款"对被判处死刑缓期执行的累犯以及因故意杀人、强奸、抢劫、绑架、放火、爆炸、投放危险物质或者有组织的暴力性犯罪被判处死刑缓期执行的犯罪分子，人民法院根据犯罪情节等情况可以同时决定在依照前款规定减为无期徒刑或者二十年有期徒刑后，不得再减刑"

---

① 参见全国人大常委会法制工作委员会刑法室："《关于修改刑法的初步设想》（1988 年 9 月）"，见高铭暄、赵秉志编：《新中国刑法立法文献资料总览》（下），中国人民公安大学出版社 1998 年版，第 2111 页。

② 参见全国人大常委会法制工作委员会主任李适时 2010 年 8 月 23 日在十一届全国人大常委会第十六次会议上所作的《关于〈中华人民共和国刑法修正案（八）（草案）〉的说明》。

的规定。① 在草案审议和征求意见的过程中，"有的常委委员、部门和地方提出，这样规定，死缓罪犯减刑后的实际执行刑期仍然过短，建议适当延长，以更好地体现罪刑相适应原则。有的部门提出，不得再减刑的规定不利于罪犯的改造和管理，建议保留刑法原来对这部分人可以减刑、不得假释的规定。"② 因此，《刑法修正案（八）》第 4 条在上述规定的基础上，又作了两处修改：一是将"二十年有期徒刑"的期限改为"二十五年有期徒刑"；二是将"在依照前款规定减为无期徒刑或者二十年有期徒刑后，不得再减刑"的规定改为"对其限制减刑"。

《刑法修正案（八）》第 4 条修正的《刑法》第 50 条规定："判处死刑缓期执行的，在死刑缓期执行期间，如果没有故意犯罪，二年期满以后，减为无期徒刑；如果确有重大立功表现，二年期满以后，减为二十五年有期徒刑；如果故意犯罪，查证属实的，由最高人民法院核准，执行死刑。对被判处死刑缓期执行的累犯以及因故意杀人、强奸、抢劫、绑架、放火、爆炸、投放危险物质或者有组织的暴力性犯罪被判处死刑缓期执行的犯罪分子，人民法院根据犯罪情节等情况可以同时决定对其限制减刑。"

《刑法修正案（八）》施行后，为了"落实党中央关于逐步减少适用死刑罪名的要求"，"总结我国一贯坚持的既保留死刑，又严格控制和慎重适用死刑的做法"③，《刑法修正案（九）》第 2 条将上述第 1 款中"如果故意犯罪，查证属实的，由最高人民法院核准，执行死刑"的规定，修改为"如果故意犯罪，情节恶劣的，报请最高人民法院核准后执行死刑；对于故意犯罪未执行死刑的，死刑缓期执行的期间重新计算，并报最高人民法院备案"，进一步提高了对死缓罪犯执行死刑的门槛。

【立法规定】

《刑法》第 50 条规定："判处死刑缓期执行的，在死刑缓期执行期间，如果没有故意犯罪，二年期满以后，减为无期徒刑；如果确有重大立功表现，二年期满以后，减为二十五年有期徒刑；如果故意犯罪，情节恶劣的，报请最高人民法院核准后执行死刑；对于故意犯罪未执行死刑的，死刑缓期执行的期间重新计算，并报最高人民法院备案。""对被判处死刑缓期执行的累犯以及因故意杀人、强奸、抢劫、绑架、放火、爆炸、投放危险物质或者有组织的暴力性犯罪被判处死刑缓期执行的犯罪分子，人民法院根据犯罪情节等情况

---

① "判处死刑缓期执行的犯罪分子，实际执行的期限较短，对一些罪行严重的犯罪分子，难以起到惩戒作用，应当严格限制减刑"（参见全国人大常委会法制工作委员会主任李适时 2010 年 8 月 23 日在十一届全国人大常委会第十六次会议上所作的《关于〈中华人民共和国刑法修正案（八）（草案）〉的说明》）。

② 参见全国人大法律委员会副主任委员李适时 2010 年 12 月 20 日在十一届全国人大常委会第十八次会议上所作的《关于〈中华人民共和国刑法修正案（八）（草案）〉修改情况的汇报》。

③ 参见全国人大常委会法制工作委员会主任李适时 2014 年 10 月 27 日在十二届全国人大常委会第十一次会议上所作的《关于〈中华人民共和国刑法修正案（九）（草案）〉的说明》。

可以同时决定对其限制减刑。"

【立法释义】

最高人民法院 2011 年 4 月 25 日发布的《关于〈中华人民共和国刑法修正案（八）〉时间效力问题的解释》第 2 条规定："2011 年 4 月 30 日以前犯罪，判处死刑缓期执行的，适用修正前刑法第五十条的规定。""被告人具有累犯情节，或者所犯之罪是故意杀人、强奸、抢劫、绑架、放火、爆炸、投放危险物质或者有组织的暴力性犯罪，罪行极其严重，根据修正前刑法判处死刑缓期执行不能体现罪刑相适应原则，而根据修正后刑法判处死刑缓期执行同时决定限制减刑可以罚当其罪的，适用修正后刑法第五十条第二款的规定。"

最高人民法院 2015 年 10 月 29 日发布的《关于〈中华人民共和国刑法修正案（九）〉时间效力问题的解释》第 2 条规定："对于被判处死刑缓期执行的犯罪分子，在死刑缓期执行期间，且在 2015 年 10 月 31 日以前故意犯罪的，适用修正后刑法第五十条第一款的规定。"

【立法建言】

建　议：将《刑法》第 50 条第 1 款修改为："判处死刑缓期执行的，在死刑缓期执行期间，如果没有故意犯罪，二年期满以后，减为无期徒刑；如果没有故意犯罪并确有重大立功表现，二年期满以后，减为二十五年有期徒刑；如果故意犯罪，情节恶劣的，报请最高人民法院核准后执行死刑；对于故意犯罪未执行死刑的，死刑缓期执行的期间重新计算，并报最高人民法院备案。"

理　由：

在死刑缓期执行减为有期徒刑的条件中，遗漏了"没有故意犯罪"的限制，容易导致即使故意犯罪，但只要"确有重大立功表现"，就应当减为有期徒刑的误解。[①] 因此，宜增加"没有故意犯罪"的限制，以免产生疑义。

四、死缓的期间及减为有期徒刑的刑期计算（第 51 条）

【立法沿革】

死缓的期间及减为有期徒刑的刑期计算是在 1979 年《刑法》第 47 条规定的死缓的期间及减为有期徒刑的刑期计算的基础上修改而来的。

死缓减为有期徒刑刑期计算的规定，源于 1954 年的《刑法指导原则草案》第 23 条第 2 款的规定："判处死刑缓期执行的罪犯和判处无期徒刑的罪犯被减为有期徒刑的时候，

---

① 例如，有学者认为，根据《刑法》第 50 条第 1 款的规定，只要确有重大立功表现，就应当减为有期徒刑。"但由于犯罪人在有重大立功表现的同时又故意犯罪，故减为有期徒刑有不当之处，似应减为无期徒刑"（参见张明楷：《刑法学》，法律出版社 2011 年版，第 480 页）。

刑期计算应当从执行有期徒刑之日开始；判处死刑缓期执行前或者判处无期徒刑前的羁押期间，死刑缓期执行或者无期徒刑已经执行的期间，都以一日折算一日。"到了1957年，《刑法草案》第22稿始将死缓的期间及减为有期徒刑的刑期计算单独加以规定。该稿第51条规定："死刑缓刑执行的期间，从判决确定之日起计算。死刑缓期执行减为有期徒刑的刑期，从裁定减刑之日起计算。"1979年《刑法》第47条沿用了上述规定，未作任何修改。

1979年《刑法》第47条规定："死刑缓期执行的期间，从判决确定之日起计算。死刑缓期执行减为有期徒刑的刑期，从裁定减刑之日起计算。"

在全面研究修改刑法的过程中，1988年9月的刑法修改稿第47条对死缓期间的计算作了修改，将"从判决确定之日起计算"改为"从判决生效之日起计算"。但是，1988年11月16日的刑法修改稿第47条又将其改回"从判决确定之日起计算"。1988年12月25日的《刑法修改稿》第47条对死缓减为有期徒刑的刑期计算作了较大的调整，将"从裁定减刑之日起计算"改为"从二年期满之日起计算"。修改后的条文为："死刑缓期执行的期间，从判决确定之日起计算。死刑缓期执行减为有期徒刑的刑期，从二年期满之日起计算。"到了1995年8月8日，《刑法总则修改稿》第47条将上述"从二年期满之日起计算"的规定改为"从死刑缓期执行期满之日起计算"。1996年8月31日的《刑法修改草稿》第51条基本上沿用了上述规定，仅将其中的"从死刑缓期执行期满之日起计算"改为"从死刑缓期执行二年期满之日起计算"。1996年10月10日的《刑法修订草案》（征求意见稿）第50条又将"从死刑缓期执行二年期满之日起计算"改回"从死刑缓期执行期满之日起计算"。这一修改方案，为现行刑法所采纳。

【立法规定】

《刑法》第51条规定："死刑缓期执行的期间，从判决确定之日起计算。死刑缓期执行减为有期徒刑的刑期，从死刑缓期执行期满之日起计算。"

【立法释义】

目前，尚无与死缓的期间及减为有期徒刑的刑期计算相关的法律解释。

【立法建言】

建议一：将《刑法》第51条修改为："死刑缓期执行的期间，从判决确定之日起计算。死刑缓期执行减为无期徒刑的，其实际执行的刑期，从裁定减刑之日起计算；死刑缓期执行减为有期徒刑的刑期，从死刑缓期执行期满之日起计算。"

理　由：

如前所述，无期徒刑实际执行的刑期也需要明确起算时间，[①]因此，宜增加死刑缓期

---

① 参见本章第四节之三"有期徒刑刑期的计算（第47条）"中"立法建言"部分的论述，在此不再赘述。

执行减为无期徒刑刑期计算的规定。

建议二：在《刑法》第51条后增加1条，作为第51条之一："被判处死刑立即执行的犯罪分子，在判决和裁定发生法律效力后，死刑执行完毕前，如果有下列情形之一的，应当报请最高人民法院依法改判：（一）揭发重大犯罪事实或者有其他重大立功表现的；（二）正在怀孕的；（三）患有精神病或者其他严重疾病，丧失刑罚承受能力的；（四）其他丧失刑罚承受能力，不应当执行死刑的。"

理 由：

1. 增设死刑赦免制度有利于进一步完善我国的死刑制度和刑事诉讼制度。在我国现行刑事诉讼制度中，死刑立即执行的改判程序存在明显的缺陷。《刑事诉讼法》第251条规定："下级人民法院接到最高人民法院执行死刑的命令后，应当在七日以内交付执行。但是发现有下列情形之一的，应当停止执行，并且立即报告最高人民法院，由最高人民法院作出裁定：（一）在执行前发现判决可能有错误的；（二）在执行前罪犯揭发重大犯罪事实或者有其他重大立功表现，可能需要改判的；（三）罪犯正在怀孕。""前款第一项、第二项停止执行的原因消失后，必须报请最高人民法院院长再签发执行死刑的命令才能执行；由于前款第三项原因停止执行的，应当报请最高人民法院依法改判。"但是，对最高人民法院依据该条规定的情形进行改判应适用何种程序，《刑事诉讼法》并未作出明确规定。为弥补这一不足，最高人民法院1999年1月29日发布的《关于对在执行死刑前发现重大情况需要改判的案件如何适用程序问题的批复》明确规定："对核准死刑的判决、裁定生效之后，执行死刑前发现有《刑事诉讼法》第211条规定的情形，需要改判的案件应当由有死刑核准权的人民法院适用审判监督程序依法改判或者指令下级人民法院再审。"[①]最高人民法院2012年12月20日发布的《关于适用〈中华人民共和国刑事诉讼法〉的解释》第422条规定："最高人民法院对停止执行死刑的案件，应当按照下列情形分别处理：（一）确认罪犯怀孕的，应当改判；（二）确认罪犯有其他犯罪，依法应当追诉的，应当裁定不予核准死刑，撤销原判，发回重新审判；（三）确认原判决、裁定有错误或者罪犯有重大立功表现，需要改判的，应当裁定不予核准死刑，撤销原判，发回重新审判；（四）确认原判决、裁定没有错误，罪犯没有重大立功表现，或者重大立功表现不影响原判决、裁定执行的，应当裁定继续执行死刑，并由院长重新签发执行死刑的命令。"笔者认为，上述规定与对生效判决提起再审的基本理论相悖，同时也不符合《刑事诉讼法》规定的提起审判监督程序的条件。因为，我国刑事案件再审提起的理由是原生效判决确有错误，[②]而《刑事诉讼法》第251条所规定的情形并非都是原生效判决确有错误。例如，

---

① 1979年《刑事诉讼法》第211条即修订后的《刑事诉讼法》第251条，其内容未作任何修改。

② 参见陈光中主编：《外国刑事诉讼程序比较研究》，法律出版社1988年版，第317页。

《刑事诉讼法》第 251 条第 1 款规定的第 2 种情形，即在执行死刑前罪犯揭发重大犯罪事实或者有其他重大立功表现，可能需要改判的。这种改判的理由就不是原判决在认定事实或者适用法律上有错误，而是因为罪犯一旦揭发了重大犯罪事实或者有其他重大立功表现，就说明罪犯具有了减轻处罚的情节。又如，《刑事诉讼法》第 251 条第 1 款规定的第 3 种情形，即罪犯正在怀孕而应当改判的。这种改判的理由也不一定是原判决在认定事实或者适用法律上有错误。因为该妇女可能不是"审判时正在怀孕的"[①]，而是在审判后才受孕，甚至是判决生效后才受孕的。[②] 对于在审判后才受孕的妇女不执行死刑，是基于人道主义和避免株连另一个无辜生命的考虑，同时也是《公民权利和政治权利国际公约》第 6 条第 5 款规定的"怀胎妇女被判死刑，不得执行其刑"的要求。因此，对"在执行前罪犯揭发重大犯罪事实或者有其他重大立功表现"的、审判后才受孕而"正在怀孕"的妇女按照审判监督程序进行改判，是与《刑事诉讼法》规定的提起审判监督程序的法定理由相矛盾的。最高人民法院规定对《刑事诉讼法》第 251 条第 1 款第 2 项、第 3 项的改判适用审判监督程序是不恰当的，必须构建一个新的程序即死刑赦免程序，才能解决这一矛盾。[③]

2. 增设死刑赦免制度有利于进一步贯彻少杀、慎杀的死刑政策。死刑是剥夺人的生命的最为严厉的刑罚。马克思曾经指出："死刑是往古的以血还血、同态复仇的表现。"[④] 毛泽东在论述死刑时也反复强调要限制死刑，坚持少杀、慎杀。他曾强调指出："杀人越少越好，凡可杀可不杀的一定不要杀，如果杀了就是犯错误。"[⑤] 为贯彻少杀、慎杀的死刑政策，我国《刑法》严格限制了死刑的适用范围，并确立了死刑缓期执行制度，为判处死刑不是必须立即执行的犯罪分子打开了新生之门。如果说死刑缓期执行制度已经为应当判处死刑、不是必须立即执行的犯罪分子留下了生的机会，那么，也应该给予那些虽已被判处死刑立即执行，但又有特殊情况、不是必须执行死刑的犯罪分子一次生的机会，赦免其死刑而改判为无期徒刑或者有期徒刑。这样，可以更好地贯彻少杀、慎杀的死刑政策。在我国，保留死刑主要是基于以下 3 个理由：其一，现实生活中还存在着极其严重的犯罪；其二，有利于我国刑罚目的的实现；其三，符合我国现阶段的社会价值观念，具有满

[①] 如果被判处死刑的罪犯是"审判时正在怀孕的"，则属于"原生效判决确有错误"的情形，应当适用审判监督程序。

[②] "有人可能会说，审判后或判决生效后犯人被关在看守所里，怎么可能怀孕呢？这种可能性是完全存在的，例如，《江南时报》2000 年 7 月 15 日以'谁令死刑无法执行'为题，报道了一名'血债累累、罪大恶极'的女囚，在看守所内被看守所长等人多次强奸致其怀孕，结果本应处以死刑的她被改判无期徒刑"（刘仁文：《死刑的全球视野与中国语境》，中国社会科学出版社 2013 年版，第 87 页）。

[③] 参见利子平、竹怀军："死刑赦免：限制死刑的一种新选择"，载《南昌大学学报（人文社会科学版）》2004 年第 5 期。

[④]《马克思恩格斯全集》（第 8 卷），人民出版社 1961 年版，第 358 页。

[⑤]《毛泽东选集》（第 4 卷），人民出版社 1991 年版，第 1294 页。

足社会大众安全心理需要的效果。① 笔者认为，判处死刑立即执行的标准是犯罪分子所犯罪行在客观上极其严重，在主观上不存在被改造而重新回归社会的可能性，确有必要执行死刑。但是，对被判处死刑立即执行的犯罪分子不加区别地一律执行死刑，仍然存在不足②：（1）对被判处死刑立即执行的犯罪分子不加区别地一律执行死刑，实质上忽视了该类犯罪分子主观恶性和人身危险性的变化，不符合事物是发展变化的这一基本哲学命题。（2）现代的其他刑种，如有期徒刑、无期徒刑等都存在刑罚变更制度，可以通过减刑、假释等制度对主观恶性和人身危险性有所减轻的犯罪分子减轻刑罚或者变更刑罚，从而体现刑罚预防犯罪（尤其是特殊预防）的目的，有效地避免了刑罚的过剩。被判处死刑立即执行的犯罪分子确有悔改或者立功表现的，说明其主观恶性和人身危险性已有所减弱，对其进行改造使其回归社会已有可能，执行死刑已无必要。如果对他们一律执行死刑，不仅违背了我国刑罚的目的，同时，也造成了刑罚的过剩，因而并不妥当。笔者认为，此时应赦免其死刑的执行，死刑的报应性应让位于刑罚的社会防卫性。（3）在死刑立即执行的判决生效后，由于各种自然状态的原因（如身患重病而生命垂危等），死刑犯可能失去了承受死刑的能力，也使死刑的执行成为不必要。同时，对这种身患绝症的人执行死刑，还可能会引起社会对其的同情和怜悯，不能达到一般预防的效果。③ （4）死刑赦免制度不会影响死刑在现阶段满足社会大众安全心理的需要程度。因为死刑赦免并不是废除死刑。同时，列宁也曾说过，刑罚的作用决不在于刑罚的残酷，而在于违法必究，重要的不是对犯罪行为判以重刑，而是把每一桩罪行都揭发出来。④ 换言之，满足社会大众安全心理必须依靠刑罚的及时性、不可避免性、公正性来完成。因此，对已生效的死刑立即执行的判决，仍应采取死刑的执行犹豫主义。

3. 增设死刑赦免制度有利于最大限度地避免错杀。⑤ 从中外死刑案件的审判实践来看，死刑案件的错判率高于其他罪案。以美国为例，通过对 1973～1995 年美国死刑上诉案件的研究表明，死刑案件的判决错误率达 68%。在保留死刑的州中，90% 以上州的死刑

---

① 参见高铭暄、马克昌主编：《刑法学》，北京大学出版社、高等教育出版社 2011 年版，第 237 页。

② 参见利子平、竹怀军："死刑赦免：限制死刑的一种新选择"，载《南昌大学学报（人文社会科学版）》2004 年第 5 期。

③ 有学者认为，除对患有精神病或绝症的罪犯外，"对于年老或刚满 18 周岁的罪犯，以及弱智罪犯，还有新生婴儿母亲等，如果被判处死刑，应当尽量考虑通过赦免途径来减轻其刑。"此外，该学者还主张，"出于外交等因素考虑的，如我国 2009 年判处英国毒贩阿克毛死刑并随后处决，不仅在英国，甚至在欧盟都引起强烈'地震'，因为包括英国在内的欧盟早已废除死刑，但依据我国法律，似乎不判其死刑又没有法律根据，类似案件如果有特别赦免程序，则可先由法院判处其死刑，然后再借助特别赦免这一渠道，将其减刑"（参见刘仁文：《死刑的全球视野与中国语境》，中国社会科学出版社 2013 年版，第 89 页）。对于上述观点，笔者不敢苟同。因为，在笔者看来，对于上述罪犯本可不判处死刑立即执行，而不应"先判后赦"。

④ 参见《列宁全集》（第 4 卷），人民出版社 1984 年版，第 364 页。

⑤ 参见利子平、竹怀军："死刑赦免：限制死刑的一种新选择"，载《南昌大学学报（人文社会科学版）》2004 年第 5 期。

判决错误率在52%以上；85%的州错误率在60%以上；3/5的州错误率在70%以上。换言之，在这期间复审的数千件死刑案件中，平均每10件中有7件被发现有严重的、可撤销判决的错误。在州法院剔除47%有严重缺陷的死刑判决之后，联邦法院在剩余的死刑案件中又发现40%的死刑判决有严重错误。这些错判中82%属于量刑错误，即轻罪重判；7%属于被告人根本未犯罪但被判处死刑。死刑判决的错误如此之多，以至于专家们对在经过三级司法审查后能否发现全部错误，仍存严重怀疑。① 另据有关统计，美国在最近27年间，共有近百名无辜者被判处死刑。② 就我国最高人民法院每年核准的死刑案件来看，各高级人民法院报请最高人民法院核准的死刑案件，大约有百分之十几到百分之二十几的改判率。③ 生命权是人的最基本的权利。现代文明法治国家更应该强调对公民生命的尊重，绝对不能滥用、错用死刑。因为人一旦被错杀，其结果根本不可能挽回，会对社会秩序造成重大的破坏。培根在《论国法》中强调指出："犹太律说，移界石者将受诅咒。把界石移动的人是有罪的，但是那不公的法官，在他对田地产错判、误判的时候，才是为首的移界石者。一次不公的判决比多次不平的举动为祸尤烈，因为这些不平的举动不过弄脏了水流，而不公的判决则把水源败坏了。"④ 如果一个无辜的人或者不应当判死罪的人被错杀，必然会激起其亲属对社会的不满和对立情绪。同时，也会引起人们对罪犯的同情，不利于对犯罪的控制和社会秩序的维护。在司法实践中，由于人的认知过程的局限性和案件的复杂性，死刑判决的错判在所难免。正是鉴于死刑判决错误难以弥补的特点，保留死刑的国家还应当为死刑的执行设置一个特别的赦免程序，以最大限度地避免错杀冤案的发生。

4. 增设死刑赦免制度有利于更好地履行我国的国际义务。第二次世界大战后，加强人权保障的呼声日益高涨，对公民权利的保障得到了国际社会和世界各国的普遍关注，其中一个重要的表现就是死刑适用的不断减少。据介绍，截至2003年1月1日，世界上已有76个国家和地区在法律上明确废除了所有罪行的死刑，15个国家废除了普通犯罪的死刑（军事犯罪或者战时犯罪除外），还有21个国家在实践中事实上废除了死刑。相应地，保留死刑的国家只剩下83个。废除死刑的国家已经超过了保留死刑的国家。在保留死刑的国家，越来越多的国家倾向于对死刑采取严格限制的态度。⑤ 如日本从1950~1993年的30多年中，共执行480名死刑犯，最近10多年平均每年只执行1~2人。⑥ 从1994~1998

---

① 参见【美】James S. Liebman, Jeffrey Fagan, Valerie West June. ABroken System：Error Rates in Capital Cases, 1973~1995，载 http：//www. afsc. org/pwork/1200 /122k11. htm，2003 -10 -16。

② 参见王菊芳："二十七年全美近百人蒙冤而死伊州死刑大赦引起强烈反响"，载 http//www. jcrb. com，2003 - 01 -14。

③ 参见胡云腾：《存与废：死刑基本理论研究》，中国检察出版社1999年版，第282页。

④ 【英】弗·培根：《培根论说文集》，水天同译，商务印书馆1983年版，第19页。

⑤ 参见刘仁文："死刑存废最新动态"，载《检察日报》2003年8月13日。

⑥ 参见【日】团藤重光：《死刑废止论》，有斐阁1993年版，第256页。

年，日本仅处决 24 人，年均 4.8 人。美国作为近 3 亿人口的大国，虽然还有 38 个州没有废除死刑，但 1994～1998 年，全国共执行死刑 274 人，平均每年 54.8 人，每州每年平均不足 2 人。同期俄罗斯仅处决 161 人，年均 32.2 人。[①] 在印度，死刑只适用于与叛国、杀人有关的犯罪，全国每年适用死刑的人数只有百人左右。值得注意的是，有不少国家和地区还赋予特定机关和个人赦免死刑的权力。只要被判处死刑的罪犯提出赦免申请，有关首长就必须考虑是否赦免，他有权决定，甚至不需要说明赦免的理由。如在美国的佛罗里达州，州长拥有无条件赦免死刑的权力。执行死刑的多少，全凭该州长对死刑的好恶，如果州长对死刑持赞同态度，执行死刑就可能多一点，如果该州长对死刑持否定态度，在其任期内就很难执行死刑。这种情况在日本、韩国同样存在，例如，在日本，由于上届法务省长官对死刑持消极态度，故在他任职期间内，基本上不批准死刑，平均每年只执行 1 人左右。[②]《俄罗斯联邦刑法典》第 59 条第 3 款也明确规定："死刑可以通过特赦程序改判为终身剥夺自由或 25 年的剥夺自由。"总之，在日益重视人权保障的今天，死刑的适用和赦免得到国际社会的普遍关注。我国已经签署的联合国《公民权利和政治权利国际公约》第 6 条第 4 款规定："任何被判处死刑的人应有权要求赦免或减刑，对一切判处死刑的案件中均得给予大赦、特赦或减刑。"可见，要求赦免或减刑，既是《公民权利和政治权利国际公约》赋予死刑犯的基本权利，也是为防止死刑的滥用和错用而在死刑犯被执行死刑前筑起的最后一道防线。作为《公民权利和政治权利国际公约》的签署国，我国刑事法律有义务规定死刑赦免制度和程序。因此，建立符合我国国情的死刑赦免制度，有利于更好地履行我国的国际义务，树立我国良好的国际形象。[③]

第六节　罚　　金

一、罚金的裁量原则（第 52 条）

【立法沿革】

罚金的裁量原则是从 1979 年《刑法》第 48 条的规定直接移植过来的。

1950 年的《刑法大纲草案》第 19 条规定："判处罚金时，应考虑犯人的经济情况，

---

① 参见邱兴隆主编：《比较刑法》（第 1 卷·死刑专号），中国检察出版社 2001 年版，第 183 页。
② 参见胡云腾："死刑限制论"，见陈兴良主编：《刑事法评论》，中国政法大学出版社 2000 年版，第 276 页。
③ 参见利子平、竹怀军："死刑赦免：限制死刑的一种新选择"，载《南昌大学学报（人文社会科学版）》2004 年第 5 期。

如犯人无力缴纳时，法院得决定以若干元罚金折算一日易科劳役。"到了 1954 年，《刑法指导原则草案》第 19 条对上述规定作了以下三方面的修改和补充：一是增加了罚金适用范围的规定；二是增加了"犯罪情节"的裁量原则；三是删去了罚金可以易科劳役的规定。修改后的条文为："对于投机、盗骗公共财产和其他扰乱社会经济秩序的犯罪，可以根据罪犯的犯罪情节和财产情况，判处罚金。"1957 年的《刑法草案》第 22 稿在上述规定的基础上，主要作了两方面的修改：一是删去了罚金适用范围的规定；二是调整了罚金的裁量原则，将其中的"可以"改为"应当"。该稿第 52 条规定："判处罚金，应当根据犯罪情节和犯罪分子的财产状况，决定罚金数额。"1979 年《刑法》第 48 条对罚金的裁量原则作了重要修改，删去了"犯罪分子的财产状况"的内容。

1979 年《刑法》第 48 条规定："判处罚金，应当根据犯罪情节决定罚金数额。"

在全面研究修改刑法的过程中，对罚金的裁量原则等问题曾产生过较大的争论。"有些同志建议将'罚金'改为主刑，扩大适用范围。"[①] 经研究，立法工作机关采纳了上述建议，认为"对'罚金'可考虑作如下修改：（1）将罚金由附加刑改为主刑，也可附加适用；（2）适当扩大罚金的适用范围，这样可以尽量少关一些人；（3）对判决时如何决定罚金数额作出原则规定（如罚金数额不得低于行政罚款数额等），以免各地悬殊太大。"[②] 据此，1988 年 9 月的刑法修改稿不仅将罚金升格为主刑，扩大了罚金的适用范围，而且还对罚金数额作了原则性的规定："判处罚金，应当根据犯罪情节和犯罪分子的经济状况决定罚金数额，但是对于以贪利为目的的，罚金数额应当在经营总额等值以下或者非法获利数额的一倍以上或者两倍以上酌情判处。"[③] 考虑到有关方面对上述规定的认识并不一致，因此，1988 年 11 月 16 日的刑法修改稿第 48 条放弃了上述修改方案，重新恢复了 1979 年《刑法》第 48 条的规定。对此，"有的同志认为，刑法对罚金数额没有规定，各地执行悬殊太大，建议对罚金数额作出原则规定，同时适当扩大罚金刑的适用范围。"[④] 有鉴于此，1988 年 12 月 25 日的《刑法修改稿》第 48 条又对罚金数额作了原则性的规定："判处罚金，应当根据犯罪情节和犯罪分子的经济状况，决定罚金数额；对于以贪利为目的的犯罪，罚金数额一般不得低于犯罪的违法所得数额或者法律规定的罚款数额。" 对

[①] 参见全国人大常委会法制工作委员会刑法室整理："《政法机关和政法院校、法学研究单位的一些同志对刑法的修改意见》（1988 年 6 月 22 日）"，见高铭暄、赵秉志编：《新中国刑法立法文献资料总览》（下），中国人民公安大学出版社 1998 年版，第 2104 页。

[②] 参见全国人大常委会法制工作委员会刑法室："关于修改刑法的初步设想"（1988 年 9 月），见高铭暄、赵秉志编：《新中国刑法立法文献资料总览》（下），中国人民公安大学出版社 1998 年版，第 2111～2112 页。

[③] 该条和另一条关于罚金缴纳的规定，设置于该稿第 31 条与第 33 条之间，但未编条文序号。

[④] 参见全国人大常委会法制工作委员会刑法室整理："《各政法机关、政法院校、法学研究单位的一些同志和刑法专家对刑法的修改意见》（1988 年 12 月 9 日）"，见高铭暄、赵秉志编：《新中国刑法立法文献资料总览》（下），中国人民公安大学出版社 1998 年版，第 2116 页。

于上述"以贪利为目的的犯罪，罚金数额一般不得低于犯罪的违法所得数额或者法律规定的罚款数额"的规定，最高人民检察院提出，"这种规定似有不合理的问题，主要是：（1）判处非法所得数额以上的罚金，或者法律规定的罚款数额以上的罚金，在实际中很难行得通，一般的人没有那么大的负担能力，因为有的犯罪的非法所得数额特别巨大，法律规定的罚款数额有的是非法所得数额的10倍，有的犯罪分子被追缴或其退赔之后，实际上经济能力很小；（2）罚金是刑罚，而不是补偿，不必要求与非法所得额和罚款数额相对比，况且罚金作为附加刑，其惩罚的严厉程度不应过高，如果罚金数额相当于一个人十几年、几十年的劳动所得，就太重了；（3）目前许多经济犯罪案件都是由行政执法部门移送司法机关的，在行政执法部门多已作罚款处理，如果再判处过多的罚金，是不合理的；（4）对贪利犯罪以外的其他犯罪如何确定罚金额，仍然没有法律根据，实践中还是问题。"[①] 据此，1995年的《刑法总则修改稿》第48条再次删去了上述规定，并重新恢复了1979年《刑法》的规定。这一修改方案，为现行刑法所采纳。

【立法规定】

《刑法》第52条规定："判处罚金，应当根据犯罪情节决定罚金数额。"

【立法释义】

最高人民法院1999年10月27日发布的《全国法院维护农村稳定刑事审判工作座谈会纪要》"关于财产刑问题"部分规定："凡法律规定并处罚金或者没收财产的，均应当依法并处，被告人的执行能力不能作为是否判处财产刑的依据。确实无法执行或不能执行的，可以依法执行终结或者减免。对法律规定主刑有死刑、无期徒刑和有期徒刑，同时并处没收财产或罚金的，如决定判处死刑，只能并处没收财产；判处无期徒刑的，可以并处没收财产，也可以并处罚金；判处有期徒刑的，只能并处罚金。""对于法律规定有罚金刑的犯罪，罚金的具体数额应根据犯罪的情节确定。刑法和司法解释有明确规定的，按规定判处；没有规定的，各地可依照法律规定的原则和具体情况，在总结审判经验的基础上统一规定参照执行的数额标准。""对自由刑与罚金刑均可选择适用的案件，如盗窃罪，在决定刑罚时，既要避免以罚金刑代替自由刑，又要克服机械执法只判处自由刑的倾向。对于可执行财产刑且罪行又不严重的初犯、偶犯、从犯等，可单处罚金刑。对于应当并处罚金刑的犯罪，如被告人能积极缴纳罚金，认罪态度较好，且判处的罚金数量较大，自由刑可适当从轻，或考虑宣告缓刑。这符合罪刑相适应原则，因为罚金刑也是刑罚。""被告人犯数罪的，应避免判处罚金刑的同时，判处没收部分财产。对于判处没收全部财产，同时判

---

① 参见最高人民检察院刑法修改小组："《修改刑法研究报告》（1989年10月12日）"，见高铭暄、赵秉志编：《新中国刑法立法文献资料总览》（下），中国人民公安大学出版社1998年版，第2531～2532页。

处罚金刑的，应决定执行没收全部财产，不再执行罚金刑。"

最高人民法院 2000 年 12 月 13 日发布的《关于适用财产刑若干问题的规定》第 1 条规定："刑法规定'并处'没收财产或者罚金的犯罪，人民法院在对犯罪分子判处主刑的同时，必须依法判处相应的财产刑；刑法规定'可以并处'没收财产或者罚金的犯罪，人民法院应当根据案件具体情况及犯罪分子的财产状况，决定是否适用财产刑。"第 2 条规定："人民法院应当根据犯罪情节，如违法所得数额、造成损失的大小等，并综合考虑犯罪分子缴纳罚金的能力，依法判处罚金。刑法没有明确规定罚金数额标准的，罚金的最低数额不能少于一千元。""对未成年人犯罪应当从轻或者减轻判处罚金，但罚金的最低数额不能少于五百元。"第 3 条规定："依法对犯罪分子所犯数罪分别判处罚金的，应当实行并罚，将所判处的罚金数额相加，执行总和数额。""一人犯数罪依法同时并处罚金和没收财产的，应当合并执行；但并处没收全部财产的，只执行没收财产刑。"第 4 条规定："犯罪情节较轻，适用单处罚金不致再危害社会并具有下列情形之一的，可以依法单处罚金：（一）偶犯或者初犯；（二）自首或者有立功表现的；（三）犯罪时不满十八周岁的；（四）犯罪预备、中止或者未遂的；（五）被胁迫参加犯罪的；（六）全部退赃并有悔罪表现的；（七）其他可以依法单处罚金的情形。"第 8 条规定："罚金刑的数额应当以人民币为计算单位。"第 9 条规定："人民法院认为依法应当判处被告人财产刑的，可以在案件审理过程中，决定扣押或者冻结被告人的财产。"

最高人民法院 2001 年 1 月 21 日发布的《全国法院审理金融犯罪案件工作座谈会纪要》"财产刑的适用"部分规定："金融犯罪是图利型犯罪，惩罚和预防此类犯罪，应当注重同时从经济上制裁犯罪分子。刑法对金融犯罪都规定了财产刑，人民法院应当严格依法判处。罚金的数额，应当根据被告人的犯罪情节，在法律规定的数额幅度内确定。对于具有从轻、减轻或者免除处罚情节的被告人，对于本应并处的罚金刑原则上也应当从轻、减轻或者免除。""单位金融犯罪中直接负责的主管人员和其他直接责任人员，是否适用罚金刑，应当根据刑法的具体规定。刑法分则条文规定有罚金刑，并规定对单位犯罪中直接负责的主管人员和其他直接责任人员依照自然人犯罪条款处罚的，应当判处罚金刑，但是对直接负责的主管人员和其他直接责任人员判处罚金的数额，应当低于对单位判处罚金的数额；刑法分则条文明确规定对单位犯罪中直接负责的主管人员和其他直接责任人员只判处自由刑的，不能附加判处罚金刑。"

最高人民法院、最高人民检察院、海关总署 2002 年 7 月 8 日发布的《关于办理走私刑事案件适用法律若干问题的意见》第 22 条规定："审理共同走私犯罪案件时，对各共同犯罪人判处罚金的总额应掌握在共同走私行为偷逃应缴税额的一倍以上五倍以下。"

最高人民法院 2006 年 1 月 11 日发布的《关于审理未成年人刑事案件具体应用法律若

干问题的解释》第 15 条规定："对未成年罪犯实施刑法规定的'并处'没收财产或者罚金的犯罪，应当依法判处相应的财产刑；对未成年罪犯实施刑法规定的'可以并处'没收财产或者罚金的犯罪，一般不判处财产刑。""对未成年罪犯判处罚金刑时，应当依法从轻或者减轻判处，并根据犯罪情节，综合考虑其缴纳罚金的能力，确定罚金数额。但罚金的最低数额不得少于五百元人民币。""对被判处罚金刑的未成年罪犯，其监护人或者其他人自愿代为垫付罚金的，人民法院应当允许。"

最高人民法院、最高人民检察院 2007 年 4 月 4 日发布的《关于办理侵犯知识产权刑事案件具体应用法律若干问题的解释（二）》第 4 条规定："对于侵犯知识产权犯罪的，人民法院应当综合考虑犯罪的违法所得、非法经营数额、给权利人造成的损失、社会危害性等情节，依法判处罚金。罚金数额一般在违法所得的一倍以上五倍以下，或者按照非法经营数额的 50% 以上一倍以下确定。"

最高人民法院、最高人民检察院 2010 年 2 月 2 日发布的《关于办理利用互联网、移动通讯终端、声讯台制作、复制、出版、贩卖、传播淫秽电子信息刑事案件具体应用法律若干问题的解释（二）》第 11 条规定："对于以牟利为目的，实施制作、复制、出版、贩卖、传播淫秽电子信息犯罪的，人民法院应当综合考虑犯罪的违法所得、社会危害性等情节，依法判处罚金或者没收财产。罚金数额一般在违法所得的一倍以上五倍以下。"

最高人民法院 2010 年 2 月 8 日发布的《关于贯彻宽严相济刑事政策的若干意见》第 12 条规定："要注重综合运用多种刑罚手段，特别是要重视依法适用财产刑，有效惩治犯罪。对于法律规定有附加财产刑的，要依法适用。对于侵财型和贪利型犯罪，更要注重通过依法适用财产刑使犯罪分子受到经济上的惩罚，剥夺其重新犯罪的能力和条件。要切实加大财产刑的执行力度，确保刑罚的严厉性和惩罚功能得以实现。被告人非法占有、处置被害人财产不能退赃的，在决定刑罚时，应作为重要情节予以考虑，体现从严处罚的精神。"

最高人民法院、最高人民检察院 2012 年 3 月 29 日发布的《关于办理内幕交易、泄露内幕信息刑事案件具体应用法律若干问题的解释》第 9 条规定："同一案件中，成交额、占用保证金额、获利或者避免损失额分别构成情节严重、情节特别严重的，按照处罚较重的数额定罪处罚。""构成共同犯罪的，按照共同犯罪行为人的成交总额、占用保证金总额、获利或者避免损失总额定罪处罚，但判处各被告人罚金的总额应掌握在获利或者避免损失总额的一倍以上五倍以下。"

最高人民法院、最高人民检察院 2013 年 4 月 2 日发布的《关于办理盗窃刑事案件适用法律若干问题的解释》第 14 条规定："因犯盗窃罪，依法判处罚金刑的，应当在一千元以上盗窃数额的二倍以下判处罚金；没有盗窃数额或者盗窃数额无法计算的，应当在一千元以上十万元以下判处罚金。"

最高人民法院、最高人民检察院 2013 年 4 月 23 日发布的《关于办理敲诈勒索刑事案件适用法律若干问题的解释》第 8 条规定："对犯敲诈勒索罪的被告人，应当在二千元以上、敲诈勒索数额的二倍以下判处罚金；被告人没有获得财物的，应当在二千元以上十万元以下判处罚金。"

【立法建言】

建　议：维持《刑法》第 52 条的规定。

理　由：

对于《刑法》第 52 条的规定，刑法理论的通说认为，仅根据犯罪情节决定罚金数额失之片面，还必须考虑"犯罪人的经济状况"[①]。"因为罚金是判处犯罪人向国家缴纳一定数额的金钱，在决定罚金数额时必须考虑到所判处的罚金能否执行的问题，而被判处的罚金是否能得到执行，则取决于犯罪人的经济状况。再者，决定罚金的数额时还要考虑罚金能否起到惩罚与教育改造犯罪人的作用。这就决定了对犯罪人决定罚金时，应在以犯罪情节为根据的基础上，酌情考虑犯罪人的经济状况。经济状况较好的，可以适当判处较多的罚金，反之，可以适当判处较少的罚金。如果决定罚金数额时一味地强调犯罪情节而不顾犯罪人的经济状况，那么，就会使判决的执行和罚金的适用效果都受到影响。"[②] 而最高人民法院对判处罚金根据问题的立场，则始终处于"摇摆不定"的状况。例如，最高人民法院 1999 年 10 月 27 日发布的《全国法院维护农村稳定刑事审判工作座谈会纪要》强调："被告人的执行能力不能作为是否判处财产刑的依据。"而 2000 年 12 月 13 日发布的《关于适用财产刑若干问题的规定》第 2 条则规定，人民法院应当根据犯罪情节，如违法所得数额、造成损失的大小等，并综合考虑犯罪分子缴纳罚金的能力，依法判处罚金。2001 年 1 月 21 日发布的《全国法院审理金融犯罪案件工作座谈会纪要》再次强调："罚金的数额，应当根据被告人的犯罪情节，在法律规定的数额幅度内确定。"而最高人民法院 2006 年 1 月 11 日发布的《关于审理未成年人刑事案件具体应用法律若干问题的解释》第 15 条第 2 款又规定，判处罚金刑时，要"综合考虑其缴纳罚金的能力"[③]。那么，决定罚金数额应否以"犯罪人的经济状况"为依据呢？对此，笔者的回答是否定的。因为，以犯罪情节为根据决定罚金数额，是由罪刑相适应原则所决定的。而"犯罪人的经济状况"，既不

---

①　参见苏惠渔主编：《刑法学》（修订版），中国政法大学出版社 1997 年版，第 312 页；高铭暄、马克昌主编：《刑法学》，北京大学出版社、高等教育出版社 2011 年版，第 242 页；王作富主编：《刑法》，中国人民大学出版社 2011 年版，第 180 页；张明楷：《刑法学》，法律出版社 2011 年版，第 483 页；等等。

②　高铭暄、马克昌主编：《刑法学》，北京大学出版社、高等教育出版社 2011 年版，第 242 页。

③　值得注意的是，在最高人民法院、最高人民检察院联合发布的司法解释中，从未出现过"综合考虑犯罪分子缴纳罚金的能力"之类的规定。

能决定犯罪的社会危害性，也不能反映犯罪人的人身危险性，因而不能作为判处罚金的依据。否则，不仅有违罪刑相适应原则，而且势必导致适用刑法不平等的现象。至于缴纳罚金的能力问题，并不是判处罚金时应当考虑的因素。"随时追缴"，为罚金执行问题提供了一个新的途径。

二、罚金的缴纳（第53条）

【立法沿革】

罚金的缴纳是在1979年《刑法》第49条规定的罚金的缴纳的基础上修改而来的，并经《刑法修正案（九）》第3条所修正。

被判处的罚金能否缴纳，取决于犯罪分子的财产状况。为了更好地执行罚金刑，1950年的《刑法大纲草案》第19条规定了罚金的易科制度："判处罚金时，应考虑犯人的经济情况，如犯人无力缴纳时，法院得决定以若干元罚金折算一日易科劳役。"1954年的《刑法指导原则草案》取消了罚金易科劳役的规定，但并未对罚金的缴纳问题作出任何规定。到了1957年，《刑法草案》第22稿第53条首次对罚金的缴纳方式作了明确规定："罚金在判决指定的期限内一次或者分期缴纳。期满不缴纳的，强制缴纳。如果由于遭遇不能抗拒的灾祸确实缴纳不起的，可以酌情减少或者免除。"1963年的《刑法草案》第33稿第53条基本上沿用了上述规定，仅将其中"确实缴纳不起"的表述改为"缴纳确实有困难"。这一修改方案，为1979年《刑法》所采纳。

1979年《刑法》第49条规定："罚金在判决指定的期限内一次或者分期缴纳。期满不缴纳的，强制缴纳。如果由于遭遇不能抗拒的灾祸缴纳确实有困难的，可以酌情减少或者免除。"

在刑法修订研拟的过程中，针对罚金"执行难"的问题，最高人民法院建议，"对于犯罪人确无能力缴纳的，可责令其提供无偿劳动，以劳动报酬折抵罚金，或以无偿公益劳动代替罚金和减免缴纳。这既可以避免罚金刑无法执行，又可以防止犯罪人借口无钱而拒不缴纳罚金，还能防止因执行罚金而累及无辜。因此，易服劳役制，应成为补救罚金刑不足的一项重要措施，应在修改刑法时予以重视。关于罚金易服劳役的期限，应作出规定，以一年以下为宜。"[①] 据此，1995年的《刑法总则修改稿》在1979年《刑法》的基础上，增加了"责令具以劳动代替"的规定。该稿第49条规定："罚金在判决指定的期限内一次或者分期缴纳。期满不缴纳的，强制缴纳，或者责令具以劳动代替。劳动的期限由人民法

---

① 参见最高人民法院刑法修改小组："《关于刑法修改若干问题的研讨与建议》（1991年草拟，1993年修改补充）"，见高铭暄、赵秉志编：《新中国刑法立法文献资料总览》（下），中国人民公安大学出版社1998年版，第2372页。

院决定，最长不得超过二年。如果由于遭遇不能抗拒的灾祸缴纳确实有困难的，可以酌情减少或者免除。"1996 年 6 月 24 日的《刑法总则修改稿》第 49 条基本上沿用了上述规定，仅将其中的"责令具以劳动代替"改为"责令其到指定的劳动场所，以劳动代替"。1996 年 8 月 8 日的《刑法总则修改稿》第 53 条在上述规定的基础上，增加了"不缴纳或者少缴纳"的适用条件，并将劳动的期限由"最长不得超过二年"改为"最长不得超过五年"。1996 年 8 月 31 日的《刑法修改草稿》第 53 条对上述条文的结构作了调整，将"以劳动代替"的规定另列为第 2 款；同时还对上述规定作了两方面的修改：一是在适用条件方面，将"不缴纳或者少缴纳的"改为"经强制缴纳后，仍不能全部缴纳罚金的"；二是在劳动期限方面，将"最长不得超过五年"改为"最长不得超过二年"。修改后的条文为："罚金在判决指定的期限内一次或者分期缴纳。期满不缴纳的，强制缴纳。如果由于遭遇不能抗拒的灾祸缴纳确实有困难的，可以酌情减少或者免除。""经强制缴纳后，仍不能全部缴纳罚金的，责令其到指定的劳动场所，以劳动代替。劳动的期限由人民法院决定，最长不得超过二年。"到了 1996 年 10 月 10 日，《刑法修订草案》（征求意见稿）第 52 条删去了上述"以劳动代替"的规定，而以"对于不能全部缴纳罚金的，人民法院在任何时候发现被执行人有可以执行的财产，应当随时追缴"的措施取代。这一修改方案，为 1997 年修订的《刑法》所采纳。

1997 年修订的《刑法》第 53 条规定："罚金在判决指定的期限内一次或者分期缴纳。期满不缴纳的，强制缴纳。对于不能全部缴纳罚金的，人民法院在任何时候发现被执行人有可以执行的财产，应当随时追缴。如果由于遭遇不能抗拒的灾祸缴纳确实有困难的，可以酌情减少或者免除。"

1997 年《刑法》施行后，《刑法修正案（九）》第 3 条在上述规定的基础上，将其中的"如果由于遭遇不能抗拒的灾祸缴纳确实有困难的，可以酌情减少或者免除"改为"由于遭遇不能抗拒的灾祸等原因缴纳确实有困难的，经人民法院裁定，可以延期缴纳、酌情减少或者免除"，并将其列为第 2 款。

【立法规定】

《刑法》第 53 条规定："罚金在判决指定的期限内一次或者分期缴纳。期满不缴纳的，强制缴纳。对于不能全部缴纳罚金的，人民法院在任何时候发现被执行人有可以执行的财产，应当随时追缴。""由于遭遇不能抗拒的灾祸等原因缴纳确实有困难的，经人民法院裁定，可以延期缴纳、酌情减少或者免除。"

【立法释义】

最高人民法院 2000 年 12 月 13 日发布的《关于适用财产刑若干问题的规定》第 5 条规定："刑法第五十三条规定的'判决指定的期限'应当在判决书中予以确定；'判决指

定的期限'应为从判决发生法律效力第二日起最长不超过三个月。"第6条规定："刑法第五十三条规定的'由于遭遇不能抗拒的灾祸缴纳确实有困难的',主要是指因遭受火灾、水灾、地震等灾祸而丧失财产；罪犯因重病、伤残等而丧失劳动能力，或者需要罪犯抚养的近亲属患有重病，需支付巨额医药费等，确实没有财产可供执行的情形。""具有刑法第五十三条规定'可以酌情减少或者免除'事由的，由罪犯本人、亲属或者犯罪单位向负责执行的人民法院提出书面申请，并提供相应的证明材料。人民法院审查以后，根据实际情况，裁定减少或者免除应当缴纳的罚金数额。"第10条规定："财产刑由第一审人民法院执行。""犯罪分子的财产在异地的，第一审人民法院可以委托财产所在地人民法院代为执行。"第11条规定："自判决指定的期限届满第二日起，人民法院对于没有法定减免事由不缴纳罚金的，应当强制其缴纳。""对于隐藏、转移、变卖、损毁已被扣押、冻结财产情节严重的，依照刑法第三百一十四条的规定追究刑事责任。"

【立法建言】

建　议：将《刑法》第53条第2款修改为："由于遭遇不能抗拒的灾祸等原因缴纳确实有困难的，经被执行人申请，可以裁定延期缴纳，或者酌情减少、免除。"

理　由：

在司法实践中，罚金的"延期缴纳、酌情减少或者免除"，需要通过一定的程序来启动并作出裁定。但是，《刑法》和《刑事诉讼法》均未明确规定相关的程序，[1] 致使实践中"无章可循"。为此，最高人民法院《关于适用财产刑若干问题的规定》第6条第2款规定："具有刑法第五十三条规定'可以酌情减少或者免除'事由的，由罪犯本人、亲属或者犯罪单位向负责执行的人民法院提出书面申请，并提供相应的证明材料。人民法院审查以后，根据实际情况，裁定减少或者免除应当缴纳的罚金数额。"最高人民法院2010年2月10日发布的《关于财产刑执行问题的若干规定》第11条更加明确地规定："因遭遇不能抗拒的灾祸缴纳罚金确有困难，被执行人向执行法院申请减少或者免除的，执行法院经审查认为符合法定减免条件的，应当在收到申请后一个月内依法作出裁定准予减免；认为不符合法定减免条件的，裁定驳回申请。"[2] 笔者认为，为使"延期缴纳、酌情减少或者免除"的受理有章可循，宜参照《关于财产刑执行问题的若干规定》第11条规定的

---

① 《刑事诉讼法》第260条并未明确规定"延期缴纳、酌情减少或者免除"的程序，只是作了"如果由于遭遇不能抗拒的灾祸缴纳确实有困难的，可以裁定减少或者免除"的原则性规定。

② 最高人民法院2015年1月12日发布的《关于废止部分司法解释和司法解释性文件（第十一批）的决定》以该规定"已被《最高人民法院关于刑事裁判涉财产部分执行的若干规定》代替"为由予以明令废止。但事实上，最高人民法院2014年10月30日发布的《关于刑事裁判涉财产部分执行的若干规定》并未对《刑法》第53条第2款如何执行问题加以规定。

"申请"程序，在《刑法》第 53 条第 2 款中增加"经被执行人申请"的规定。[1]"经被执行人申请"，意味着如果被执行人不申请"延期缴纳、酌情减少或者免除"，人民法院不主动予以裁定。此外，考虑到"延期缴纳"与"酌情减少或者免除"的性质有所不同，且"裁定"原本就是人民法院的专属职权，没有必要特别强调，因此，在文字表述上也宜作相应的调整。

第七节　剥夺政治权利

一、剥夺政治权利的内容（第 54 条）

【立法沿革】

剥夺政治权利的内容是在 1979 年《刑法》第 50 条规定的剥夺政治权利的内容的基础上修改而来的。

在新中国刑法立法史上，剥夺政治权利的内容经历了一个不断完善和发展的过程。1950 年的《刑法大纲草案》第 22 条第 1 项最早规定了"褫夺政治权"的内容："褫夺政治权者，褫夺下列权利：一、选举权与被选举权；二、担任国家公职之权；三、被选举担任公共团体职务之权；四、受国家的勋章、奖章及荣誉称号之权。"第 2 项规定："褫夺政治权，得褫夺上列权利的一部或全部。"1954 年的《刑法指导原则草案》第 17 条第 1 款沿袭了上述可以剥夺政治权利的一部或者全部的规定，但对剥夺政治权利的内容作了以下四方面的修改和补充：一是将"担任国家公职之权"改为"担任国家机关行政职务"；二是删去了"被选举担任公共团体职务之权"；三是增加了"参加人民武装"的内容；四是增加了"言论、出版、集会、结社、游行、示威的自由"。修改后的条文为："对于卖国贼、反革命罪犯和其他严重危害公共利益的罪犯，可以判处剥夺下列政治权利的一部或者全部：（一）选举权和被选举权；（二）担任国家机关行政职务；（三）参加人民武装；（四）言论、出版、集会、结社、游行、示威的自由；（五）享受勋章和荣誉称号。"到了1957 年，《刑法草案》第 22 稿对上述规定作了较大的修改和调整，不仅取消了可以剥夺

---

[1]　笔者并不主张在《刑法》中规定非实体性规范，但是，鉴于《刑事诉讼法》并未明确规定"延期缴纳、酌情减少或者免除"的程序，因而只好出此下策。应当说明的是，如果《刑事诉讼法》将来对此作了规定，则应删去这一程序性规定。

政治权利的一部或者全部的规定，① 而且还删去了"言论、出版、集会、结社、游行、示威的自由"和"享受勋章和荣誉称号"两项内容，② 将剥夺政治权利的内容限于选举权和被选举权以及担任一定职务的权利。该稿第 54 条第 1 款规定："剥夺政治权利是剥夺下列权利：（一）选举权和被选举权；（二）担任国家机关行政职务的权利；（三）担任审判员、陪审员、检察员、律师的权利；（四）担任人民团体领导职务的权利。"1963 年的《刑法草案》第 33 稿第 54 条在上述规定的基础上，扩大了剥夺担任职务的范围："剥夺政治权利是剥夺下列权利：（一）选举权和被选举权；（二）担任国家机关、企业、事业单位行政职务的权利；（三）担任审判员、陪审员、检察员、律师的权利；（四）担任人民团体领导职务的权利；（五）担任学校教师和行政职务的权利。"1979 年《刑法》第 50 条对上述规定主要作了以下三方面的修改和补充：一是增加了"宪法第四十五条规定的各种权利"③；二是将"担任国家机关、企业、事业单位行政职务的权利""担任审判员、陪审员、检察员、律师的权利"和"担任人民团体领导职务的权利"删改为"担任国家机关职务的权利"和"担任企业、事业单位和人民团体领导职务的权利"；三是删去了"担任

① "剥夺政治权利，在前几稿中，我们曾规定可以剥夺一部或者全部，在这一稿中，我们规定只能剥夺全部。为什么要这样？这和剥夺政治权利的内容有关系。以前，剥夺政治权利的内容，除现有各项外，还有参加人民武装，受领恤金、受领国家的勋章、奖章、军衔和荣誉称号等项，彼此性质不尽相同，联系也不十分密切，因此，剥夺一部是可以的（例如，剥夺了选举权和被选举权不一定要剥夺受领恤金的权利）。现在所规定的四项剥夺政治权利的内容（见第五十四条），性质非常相近，联系极为密切，无论从理论上或实际上说，只剥夺其中的一项，而可以不剥夺其他各项，都是不可能的事情；而且与现行法也是有抵触的，例如，选举法第五条规定：依法被剥夺政治权利的，没有选举权和被选举权。这就是说光剥夺其他政治权利而不剥夺选举权和被选举权是不行的"（参见李琪同志在刑法教学座谈会上的报告："《有关草拟〈中华人民共和国刑法草案（初稿）〉的若干问题》（1957 年 8 月印）"，见高铭暄、赵秉志编：《新中国刑法立法文献资料总览》（下），中国人民公安大学出版社 1998 年版，第 1962 页）。

② 删去的主要理由是，"这两项实际意义不大，不规定也不发生什么问题。"就剥夺勋章、奖章和荣誉称号来说，"当一个人犯了严重罪行被剥夺了政治权利，即使不宣布剥夺他的勋章、奖章、荣誉称号，在服刑期间当然也不会让他佩戴勋章、奖章，更不会称他什么英雄模范。如果犯罪前未曾受勋、受奖、享有荣誉称号，在服刑期间也不会授予勋章、奖章和荣誉称号。反之，如果剥夺犯罪分子这项权利，倒会发生剥夺政治权利期满以后是否还要宣布予以恢复的问题，反而被动。另一方面，依照宪法的规定，国家的勋章、奖章和荣誉称号是中华人民共和国主席根据全国人民代表大会常务委员会的决定授予的，被授予者犯了罪，法院是否可以决定予以剥夺，也值得考虑。""就言论、出版、集会、结社等项自由权利来说，考虑到出版事业完全由国家所掌握，任何个人不可能随便出版书刊；言论如果是好的，任何人都不应予以禁止，反动言论任何人也不准其自由散播；创造发明，即使是劳动改造罪犯做出的，也应当受到重视；集会、结社、游行、示威，人民群众都是有组织地进行的，不但是被剥夺政治权利的分子，遇有某种场合可以不许其参加，即使是好人，有时由于人数的限制等原因，也可能不让参加；至于迁移，都要按照规定经过有关部门批准，任何人都不能例外。因此，这项自由权利，也可不必作为剥夺政治权利的内容之一"（参见《关于〈对中华人民共和国刑法草案（初稿）的修改意见（1962 年 6 月 7 日）〉的修改意见报告》（1962 年 7 月 16 日）"，见高铭暄、赵秉志编：《新中国刑法立法文献资料总览》（下），中国人民公安大学出版社 1998 年版，第 1973 ~ 1974 页）。

③ 五届全国人大一次会议 1978 年 3 月 5 日通过的《中华人民共和国宪法》（以下简称 1978 年《宪法》）第 45 条规定："公民有言论、通信、出版、集会、结社、游行、示威、罢工的自由，有运用'大鸣、大放、大辩论、大字报'的权利。""在对三十三稿进行讨论修订过程中有的同志提出：上述这些自由权利都是政治权利，一个被人民法院判处剥夺政治权利的罪犯，如果不包括剥夺上述自由权利，是不可想象的，是说不过去的；只有同时剥夺了这些权利，才会使犯罪分子真正感到政治上的压力，剥夺政治权利这个刑罚也才名副其实"（参见高铭暄：《中华人民共和国刑法的孕育和诞生》，法律出版社 1981 年版，第 79 页）。

学校教师和行政职务的权利"。

1979 年《刑法》第 50 条规定："剥夺政治权利是剥夺下列权利：（一）选举权和被选举权；（二）宪法第四十五条规定的各种权利；（三）担任国家机关职务的权利；（四）担任企业、事业单位和人民团体领导职务的权利。"

在全面研究修改刑法的过程中，1988 年 9 月的《刑法修改稿》第 50 条对上述规定作了以下四方面的修改和补充：一是恢复了可以剥夺政治权利的一部或者全部的规定；二是将第 2 项"宪法第四十五条规定的各种权利"改为"言论、出版、集会、结社、游行、示威的权利"①；三是在第 4 项中的"企业"之前增加了"国营、集体"的限制；四是增加了第 5 项"军衔、警衔、勋章、奖章和荣誉称号"的内容。修改后的条文为："剥夺政治权利是剥夺下列权利的一部或者全部：（一）选举权和被选举权；（二）言论、出版、集会、结社、游行、示威的权利；（三）担任国家机关职务的权利；（四）担任国营、集体企业、事业单位和人民团体领导职务的权利；（五）军衔、警衔、勋章、奖章和荣誉称号。"1988 年 12 月 25 日的《刑法修改稿》第 50 条基本上沿用了上述规定，仅将第 5 项修改后调整为该条的第 2 款："对于被剥夺政治权利的犯罪分子，如果拥有军衔、警衔、勋章、奖章和荣誉称号，可以一并宣告剥夺。"1995 年 8 月 8 日的《刑法总则修改稿》第 50 条在上述规定的基础上，删去了第 1 款中"言论、出版"的内容，取消了企业性质方面"国营、集体"的限制，并将第 2 款修改为："罪行严重，应当依法剥夺前款政治权利的犯罪分子，如果拥有军衔、警衔、勋章、国家授予的奖章和荣誉称号，在剥夺政治权利时，应当一并判处剥夺。"1996 年 6 月 24 日的《刑法总则修改稿》第 50 条基本上沿用了上述规定，仅恢复了第 1 款中"言论、出版"的内容。1996 年 8 月 8 日的《刑法总则修改稿》第 54 条对上述规定作了较大的修改和调整：一是再次取消了可以剥夺政治权利的一部或者全部的规定；二是将第 1 款第 4 项"担任企业、事业单位和人民团体领导职务的权利"修改后调整为第 3 款："对于依法剥夺政治权利的犯罪分子，如果担任国有企业、事业单位和人民团体领导职务的，应当一并判处剥夺。"1996 年 8 月 31 日的《刑法修改草稿》第 54 条沿用了上述立法模式，但在内容上将第 2 款修改为："对犯罪分子判处剥夺政治权利时，如果犯罪分子拥有军衔、警衔、勋章、国家授予的奖章和荣誉称号，应当一并判处剥夺。其他判处三年以上有期徒刑的犯罪分子，虽未判处剥夺政治权利，上述资格也应予剥夺。"到了 1996 年 10 月 10 日，《刑法修订草案》（征求意见稿）第 53 条重新以 1979 年《刑法》的规定为基础进行了修改：一是将第 2 项"宪法第四十五条规定的各种权利"改

---

① 五届全国人大三次会议 1980 年 9 月 10 日对 1978 年《宪法》第 45 条作了修正，取消了公民"有运用'大鸣、大放、大辩论、大字报'的权利"的规定。1982 年《宪法》第 35 条又将上述规定修改为："中华人民共和国公民有言论、出版、集会、结社、游行、示威的自由。"

为"言论、出版、集会、结社、游行、示威自由的权利";二是在第 4 项中的"企业"之前增加了"国有"的限制。修改后的条文为："剥夺政治权利是剥夺下列权利：（一）选举权和被选举权；（二）言论、出版、集会、结社、游行、示威自由的权利；（三）担任国家机关职务的权利；（四）担任国有企业、事业单位和人民团体领导职务的权利。"①1996 年 12 月 20 日的《刑法修订草案》第 56 条基本上沿用了上述规定，仅在第 4 项"担任国有企业、事业单位和人民团体领导职务的权利"中增加了"公司"的内容。这一修改方案，为现行刑法所采纳。

【立法规定】

《刑法》第 54 条规定："剥夺政治权利是剥夺下列权利：（一）选举权和被选举权；（二）言论、出版、集会、结社、游行、示威自由的权利；（三）担任国家机关职务的权利；（四）担任国有公司、企业、事业单位和人民团体领导职务的权利。"

【立法释义】

最高人民法院、最高人民检察院、公安部、劳动人事部 1986 年 11 月 8 日发布的《关于被判处管制、剥夺政治权利和宣告缓刑、假释的犯罪分子能否外出经商等问题的通知》第 3 条规定："犯罪分子在被管制、剥夺政治权利、缓刑、假释期间，不能担任国营或集体企事业单位的领导职务。"

最高人民检察院 1991 年 9 月 25 日发布的《关于被判处管制、剥夺政治权利和宣告缓刑、假释的犯罪分子能否担任中外合资、合作经营企业领导职务问题的答复》规定："最高人民法院、最高人民检察院、公安部、劳动人事部〔86〕高检会（三）字第 2 号《关于被判处管制、剥夺政治权利和宣告缓刑、假释的犯罪分子能否外出经商等问题的通知》第三条所规定的不能担任领导职务的原则，可适用于中外合资、中外合作企业（包括我方与港、澳、台客商合资、合作企业）。"

【立法建言】

建　议： 将《刑法》第 54 条修改为："剥夺政治权利是剥夺下列权利：（一）选举权和被选举权；（二）言论、出版、集会、结社、游行、示威自由的权利；（三）担任国家机关职务的权利；（四）担任政党、人民团体领导职务的权利；（五）担任国有公司、企业、事业单位领导职务的权利。"

理　由：

政党是以执政、参政为目标的政治组织。根据《宪法》的规定，我国实行中国共产党领导下的多党合作和政治协商制度。实践证明，这是符合我国国情的一项基本政治制度，

---

① 该草案将有关剥夺军衔、警衔或者勋章的规定移至本章第一节"刑罚的种类"中，作为第 32 条。

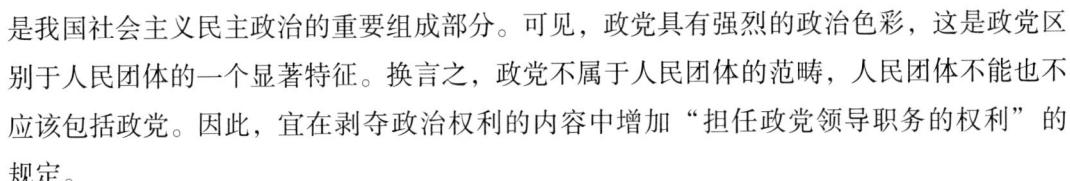

是我国社会主义民主政治的重要组成部分。可见，政党具有强烈的政治色彩，这是政党区别于人民团体的一个显著特征。换言之，政党不属于人民团体的范畴，人民团体不能也不应该包括政党。因此，宜在剥夺政治权利的内容中增加"担任政党领导职务的权利"的规定。

二、剥夺政治权利的期限（第55条）

【立法沿革】

剥夺政治权利的期限是从1979年《刑法》第51条的规定直接移植过来的。

从立法源流来看，有关剥夺政治权利的期限的规定，最早见之于1950年的《刑法大纲草案》。该草案第22条第4项规定："褫夺政治权的期间为二年以上，五年以下，但反革命罪得延长至十年，自执行完毕之日起算。但单独宣告褫夺政治权者，自判决确定之日起算。"1954年的《刑法指导原则草案》第17条第2款将上述规定修改为："剥夺政治权利的期限为一年以上五年以下。"1957年的《刑法草案》第22稿第54条第2款沿用了上述规定，但是在第57条中增加了"主刑为管制的，和管制同时执行"的规定。① 到了1963年，《刑法草案》第33稿始对剥夺政治权利的一般期限和特别期限分别加以规定。其中，第55条规定："剥夺政治权利的期限，为一年以上十年以下。"第57条规定："对于被判处死刑、无期徒刑的犯罪分子，应当剥夺政治权利终身；对于被判处十五年以上有期徒刑的反革命分子，在必要的时候，也可以剥夺政治权利终身。""在死刑缓期执行和无期徒刑减为有期徒刑的时候，可以仍旧剥夺政治权利终身，也可以把剥夺政治权利的期限改为三年以上十五年以下。"1979年《刑法》第51条在上述规定的基础上，首次在立法模式上采取了"除……外"的规定方式，并将剥夺政治权利的一般期限改为"一年以上五年以下"；同时，还增加了第2款"判处管制附加剥夺政治权利的，剥夺政治权利的期限与管制的期限相等，同时执行"的规定。

1979年《刑法》第51条规定："剥夺政治权利的期限，除本法第五十三条规定外，为一年以上五年以下。""判处管制附加剥夺政治权利的，剥夺政治权利的期限与管制的期限相等，同时执行。"

在刑法修订研拟的过程中，1996年的《刑法修订草案》（征求意见稿）第54条删去了上述第2款"判处管制附加剥夺政治权利的，剥夺政治权利的期限与管制的期限相等，同时执行"的规定。但是，1997年的《刑法修订草案》（修改稿）第56条又恢复了上述规定。这一修改方案，为现行刑法所采纳。

---

① "和管制同时执行"的规定，意味着剥夺政治权利的期限与管制的期限相等。

【立法规定】

《刑法》第 55 条规定："剥夺政治权利的期限，除本法第五十七条规定外，为一年以上五年以下。""判处管制附加剥夺政治权利的，剥夺政治权利的期限与管制的期限相等，同时执行。"

【立法释义】

最高人民法院 2009 年 5 月 25 日发布的《关于在执行附加刑剥夺政治权利期间犯新罪应如何处理的批复》第 3 条规定："对判处有期徒刑的罪犯，主刑已执行完毕，在执行附加刑剥夺政治权利期间又犯新罪，如果所犯新罪也剥夺政治权利的，依照刑法第五十五条、第五十七条、第七十一条的规定并罚。"

【立法建言】

建　议：删去《刑法》第 55 条第 2 款。

理　由：

在新中国成立初期，管制与剥夺政治权利具有必然的联系，判处管制即意味着剥夺政治权利。[①] 1979 年《刑法》虽然切断了管制与剥夺政治权利之间的必然联系，但却不恰当地留下了"判处管制附加剥夺政治权利的，剥夺政治权利的期限与管制的期限相等，同时执行"这一"尾巴"，致使管制与剥夺政治权利的规定之间出现了不协调。正因如此，在刑法修订研拟的过程中，曾经一度删去了上述规定。然而，1997 年《刑法》以"判处管制的，完全有可能被剥夺政治权利"为由，[②] 又恢复了上述规定。诚然，如果判处管制可以附加剥夺政治权利，这一理由或许可以成立。但问题在于，判处管制应否附加剥夺政治权利？对此，笔者的回答是否定的。因为，管制是我国主刑中最轻的一种刑罚方法，而附加剥夺政治权利则是作为一种严厉的刑罚方法适用于严重犯罪的。如果判处管制可以附加剥夺政治权利，显然与管制和剥夺政治权利的性质不相协调。尽管"刑法并没有规定管制不得附加剥夺政治权利"，相反，《刑法》第 56 条还明确规定"对于危害国家安全的犯罪分子应当附加剥夺政治权利"，而危害国家安全罪中又规定了管制。但是，《刑法》第 56 条的规定是否意味着判处管制可以附加剥夺政治权利呢？有学者认为，这一规定"是从犯

---

① 中央人民政府政务院政治法律委员会副主任彭真 1952 年 4 月 18 日在中央人民政府委员会第十四次会议上所作的《关于中华人民共和国惩治贪污条例草案的说明》中指出：管制"对于那些可以不判徒刑，但须剥夺一定时期的一部或全部政治权利并加以改造的罪犯，是适合的。这也是过去在老解放区久已实行有效的办法，现在我们用条文把它固定了起来"。

② 对于删去上述规定，"一些人提出，刑法并没有规定管制不得附加剥夺政治权利，而且从实践中看，判处管制的，完全有可能被剥夺政治权利。如删除管制附加剥夺政治权利时限与执行的规定，会导致在这种情况下，如何执行剥夺政治权利失去法律依据，所以应当增补 1979 年《刑法》第 51 条第 2 款的合理规定"（参见高铭暄：《中华人民共和国刑法的孕育诞生和发展完善》，北京大学出版社 2012 年版，第 237 页）。

罪性质上确定剥夺政治权利的适用对象，故不管对其判处的主刑种类。"① 然而，这只是一种实然意义上的解释。笔者认为，从应然的角度来看，要对上述问题作出合理的回答，必须结合分则的具体规定。据统计，在"危害国家安全罪"一章中，共有 7 个条款规定了管制，而这些条款都同时规定了剥夺政治权利。就上述规定而言，判处"管制或者剥夺政治权利"，意味着"管制"与"剥夺政治权利"是一种选处关系，而不是并处关系。这就决定了在适用刑罚时，要么选处管制，要么选处剥夺政治权利，而不能在选处管制的同时并处剥夺政治权利。因此，《刑法》第 56 条关于"对于危害国家安全的犯罪分子应当附加剥夺政治权利"的规定，也不能成为管制可以附加剥夺政治权利的依据。否则，势必会得出独立适用剥夺政治权利的仍然"应当附加剥夺政治权利"的荒谬结论。既然判处管制不宜附加剥夺政治权利，那么，"判处管制附加剥夺政治权利的，剥夺政治权利的期限与管制的期限相等，同时执行"的规定，自然就没有存在的余地。

三、剥夺政治权利的对象（第 56 条）

【立法沿革】

剥夺政治权利的对象是在 1979 年《刑法》第 52 条规定的剥夺政治权利的对象的基础上修改而来的。

1950 年的《刑法大纲草案》规定的褫夺政治权的对象较为宽泛。该草案第 22 条第 3 项规定："判处二年以上之监禁者，法院始得考虑犯罪之性质及犯罪人之品质，以决定褫夺政治权之一部或全部为附加刑。" 1951 年的《惩治反革命条例》第 17 条首次在刑法中明文规定对反革命罪犯得剥夺其政治权利："犯本条例之罪者，得剥夺其政治权利，并得没收其财产之全部或一部。" 1951 年的《妨害国家货币治罪暂行条例》在上述规定的基础上，首次将剥夺政治权利的对象扩大到了普通刑事犯罪。该条例第 10 条规定："凡犯本条例所规定各罪者，得视其情节轻重，附带宣告剥夺政治权。但犯第六条之罪者不在此限。"② 1952 年的《惩治贪污条例》第 11 条进一步扩大了剥夺政治权利的适用对象："犯本条例之罪者，依其犯罪情节，得剥夺其政治权利之一部或全部。" 到了 1954 年，《刑法指导原则草案》第 17 条第 1 款始将剥夺政治权利的对象限定为"卖国贼、反革命罪犯和其他严重危害公共利益的罪犯" 3 类。③ 1957 年的《刑法草案》第 22 稿将剥夺政治权利的对象分为"应当剥夺"和"可以剥夺" 2 类。该稿第 55 条规定："对于反革命分子，应

---

① 张明楷：《刑法学》，法律出版社 2011 年版，第 485 页。

② 该条例第 6 条规定："凡误收伪造、变造货币，在收受后仍察觉为伪造、变造者，应即报告所在地中国人民银行或公安机关，其明知不报而仍继续行使者，视其情节轻重，处一年以下劳役，或酌处罚金，或予以教育。"

③ 该草案第 9 条第 2 款和第 17 条第 3 款虽然规定剥夺政治权利可以单独适用，但是该草案并未对单独适用剥夺政治权利的对象加以规定。

当剥夺政治权利；对于其他被判处五年以上有期徒刑的犯罪分子，在必要的时候，也可以剥夺政治权利。"① 1963 年的《刑法草案》第 33 稿第 56 条在上述规定的基础上，对剥夺政治权利的对象作了一定的调整：一是将"应当剥夺"的范围由"反革命分子"扩大为"反革命分子和其他坚持反动立场的犯罪分子"；二是将"可以剥夺"的范围由"其他被判处五年以上有期徒刑的犯罪分子"修改为"严重破坏社会秩序的其他犯罪分子"。修改后的条文为："对于反革命分子和其他坚持反动立场的犯罪分子，应当剥夺政治权利；对于严重破坏社会秩序的其他犯罪分子，在必要的时候，也可以剥夺政治权利。" 1979 年《刑法》采用总则与分则相结合的方式对剥夺政治权利适用的对象作了规定。其中，附加适用剥夺政治权利的对象，由总则加以规定；独立适用剥夺政治权利的对象，由分则加以规定。② 在附加适用剥夺政治权利的对象中，沿用了第 33 稿第 56 条的立法模式，仅将应当剥夺政治权利的对象由"反革命分子和其他坚持反动立场的犯罪分子"改为"反革命分子"。

1979 年《刑法》第 52 条规定："对于反革命分子应当附加剥夺政治权利；对于严重破坏社会秩序的犯罪分子，在必要的时候，也可以附加剥夺政治权利。"

在全面研究修改刑法的过程中，围绕附加适用剥夺政治权利的对象问题先后作过多次修改和调整。1988 年 9 月的《刑法修改稿》第 52 条在上述规定的基础上，主要作了两方面的修改：一是在"应当剥夺"的对象方面，将"反革命分子"改为"危害国家安全的犯罪分子"；二是在"可以剥夺"的对象方面，将"严重破坏社会秩序的犯罪分子"改为"被判处五年以上（有的主张十年以上）有期徒刑严重破坏社会秩序的犯罪分子"，并删去了"在必要的时候"的限制。修改后的条文为："对于危害国家安全的犯罪分子应当附加剥夺政治权利；对于被判处五年以上（有的主张十年以上）有期徒刑严重破坏社会秩序的犯罪分子，可以附加剥夺政治权利。" 1988 年 11 月 16 日的《刑法修改稿》对上述规定作了较大的修改和调整：一是在剥夺政治权利的适用方式方面，增加了"应当附加剥夺全部政治权利"和"可以剥夺一部或者全部政治权利"的规定；二是在"应当剥夺"的适用对象方面，增加了"判处五年以上有期徒刑的犯罪分子"；三是在"可以剥夺"的适用对象方面，将"被判处五年以上（有的主张十年以上）有期徒刑严重破坏社会秩序的犯罪分子"改为"判处五年以下有期徒刑、拘役、管制并需要附加剥夺政治权利以及单处剥夺政治权利的犯罪分子"。该稿第 51 条规定："对于危害国家安全的犯罪分子和判处五年

---

① 根据该稿第 30 条的规定，剥夺政治权利只能附加适用，不能独立适用。

② 1979 年《刑法》分则共有 13 个条文规定可以单处剥夺政治权利。其中，反革命罪 3 条，即第 98 条、第 99 条和第 102 条；其他刑事犯罪 10 条，即第 137 条、第 143 条、第 145 条、第 157 条、第 158 条、第 159 条、第 166 条、第 167 条、第 186 条和第 188 条。

以上有期徒刑的犯罪分子，应当附加剥夺全部政治权利；对于判处五年以下有期徒刑、拘役、管制并需要附加剥夺政治权利以及单处剥夺政治权利的犯罪分子，可以剥夺一部或者全部政治权利。"1988 年 12 月 25 日的《刑法修改稿》在上述规定的基础上，主要作了以下三方面的修改：一是将"应当剥夺"的适用对象限定为"危害国家安全的犯罪分子"；二是将"可以剥夺"的适用对象修改为"其他犯罪分子"，并增加了"在必要的时候"的限制条件；三是将"独立适用剥夺政治权利"的规定另列为第 2 款。修改后的条文为："对于危害国家安全的犯罪分子，应当附加剥夺全部政治权利；对于其他犯罪分子，在必要的时候，可以附加剥夺全部或者一部政治权利。""法律规定可以独立适用剥夺政治权利的，应当酌情剥夺全部或者一部政治权利。"① 1995 年 8 月 8 日的《刑法总则修改稿》对上述规定作了较大的修改和调整：一是在"应当剥夺"的对象方面，增加了"犯其他罪判处十年以上有期徒刑的犯罪分子"的规定；二是在"可以剥夺"的对象方面，将"对于其他犯罪分子，在必要的时候，可以附加剥夺全部或者一部政治权利"的规定改为"对于因破坏社会秩序、利用职务或者业务上的便利实施犯罪，被判处十年以下有期徒刑、拘役、管制的犯罪分子，根据其犯罪情况，可以判处剥夺政治权利的一部"；三是在独立适用剥夺政治权利的对象方面，增加了"独立适用剥夺政治权利的适用范围，依照分则的规定"1 款规定。该稿第 52 条规定："对于犯危害国家安全罪的犯罪分子和犯其他罪被判处十年以上有期徒刑的犯罪分子，应当附加剥夺政治权利；对于因破坏社会秩序、利用职务或者业务上的便利实施犯罪，被判处十年以下有期徒刑、拘役、管制的犯罪分子，根据其犯罪情况，可以判处剥夺政治权利的一部。""独立适用剥夺政治权利，可以剥夺第五十条规定的权利的全部或者一部。""独立适用剥夺政治权利的适用范围，依照分则的规定。"1996 年 6 月 24 日的《刑法总则修改稿》第 52 条在上述规定的基础上，主要作了两方面的修改：一是将"可以剥夺"的对象修改为："对于其他因杀人、放火、强奸、爆炸、投毒、抢劫、流氓、盗窃、诈骗等严重破坏社会秩序的犯罪分子，以及利用职务实施犯罪的分子，在必要的时候，也可以附加剥夺政治权利。"二是删去了第 2 款"独立适用剥夺政治权利，可以剥夺第五十条规定的权利的全部或者一部"的规定。1996 年 8 月 8 日的《刑法总则修改稿》第 56 条主要对上述第 1 款的规定作了两方面的修改：一是在"应当剥夺"的对象方面，删去了"犯其他罪被判处十年以上有期徒刑的犯罪分子"的规定；二是在"可以剥夺"的对象方面，将"对于其他因杀人、放火、强奸、爆炸、投毒、抢劫、流氓、盗窃、诈骗等严重破坏社会秩序的犯罪分子，以及利用职务实施犯罪的分子，在必要的时候，也可以附加剥夺政治权利"的规定改为"对于故意杀人、强奸、放火、爆炸、

---

① 该条列于第 50 条与第 51 条之间，未编条文序号。

投毒、抢劫、流氓、盗窃、诈骗等严重破坏社会秩序的犯罪分子，需要剥夺政治权利的，也可以附加剥夺政治权利"。1996 年 8 月 31 日的《刑法修改草稿》第 56 条在上述规定的基础上，主要作了两方面的修改：一是删去了第 1 款中所列举的"流氓、盗窃、诈骗"，并将"需要剥夺政治权利的"改为"在必要的时候"；二是将第 2 款"独立适用剥夺政治权利的犯罪的范围，依照分则的规定"改为"独立适用剥夺政治权利的，依照刑法分则的规定"。修改后的条文为："对于危害国家安全的犯罪分子应当附加剥夺政治权利；对于故意杀人、强奸、放火、爆炸、投毒、抢劫等严重破坏社会秩序的犯罪分子，在必要的时候，也可以附加剥夺政治权利。""独立适用剥夺政治权利的，依照刑法分则的规定。"1996 年 10 月 10 日的《刑法修订草案》（征求意见稿）第 55 条基本上沿用了上述规定，仅将第 2 款中的"刑法分则"修改为"本法分则"。1997 年 3 月 1 日，提交给八届全国人大五次会议审议的《中华人民共和国刑法（修订草案）》第 58 条在上述规定的基础上，将第 1 款中"在必要的时候，也可以附加剥夺政治权利"的规定改为"可以附加剥夺政治权利"。这一修改方案，为现行刑法所采纳。

【立法规定】

《刑法》第 56 条规定："对于危害国家安全的犯罪分子应当附加剥夺政治权利；对于故意杀人、强奸、放火、爆炸、投毒、抢劫等严重破坏社会秩序的犯罪分子，可以附加剥夺政治权利。"[①]"独立适用剥夺政治权利的，依照本法分则的规定。"

【立法释义】

全国人大常委会法制工作委员会、最高人民法院、最高人民检察院、公安部、司法部、民政部 1984 年 3 月 24 日发布的《关于正在服刑的罪犯和被羁押的人的选举权问题的联合通知》第 2 条规定："对这次严厉打击严重危害社会治安的刑事犯罪活动中因反革命案或者严重破坏社会秩序案被羁押正在受侦查、起诉、审判的人，应当依照法律规定经人民检察院或者人民法院决定，在被羁押期间停止行使选举权利；其他未经人民检察院或者人民法院决定停止行使选举权利的，应准予行使选举权利。"第 5 条规定："对准予行使选举权利的被羁押的人和正在服刑的罪犯，经选举委员会和执行羁押、监禁的机关共同决定，可以在原户口所在地参加选举，也可以在劳改场所参加选举；可以在流动票箱投票，也可以委托有选举权的亲属或者其他选民代为投票。"

最高人民法院 1997 年 12 月 31 日发布的《关于对故意伤害、盗窃等严重破坏社会秩序的犯罪分子能否附加剥夺政治权利问题的批复》规定："根据刑法第五十六条规定，对

---

① 《刑法修正案（三）》第 1 条、第 2 条已将《刑法》第 114 条、第 115 条中的"投毒"修改为"投放毒害性、放射性、传染病原体等物质"，因此，该款中规定的"投毒"，应指"投放危险物质"。

于故意杀人、强奸、放火、爆炸、投毒、抢劫等严重破坏社会秩序的犯罪分子，可以附加剥夺政治权利。对故意伤害、盗窃等其他严重破坏社会秩序的犯罪，犯罪分子主观恶性较深、犯罪情节恶劣、罪行严重的，也可以依法附加剥夺政治权利。"

最高人民法院、最高人民检察院 2002 年 5 月 20 日发布的《关于办理组织和利用邪教组织犯罪案件具体应用法律若干问题的解答》第 27 条 "对犯组织、利用邪教组织破坏法律实施罪的，是否可以附加剥夺政治权利？" 规定："对上述犯罪分子，情节特别严重的，依照刑法第五十六条第一款的规定，可以附加剥夺政治权利。"

最高人民法院 2006 年 1 月 11 日发布的《关于审理未成年人刑事案件具体应用法律若干问题的解释》第 14 条规定："除刑法规定'应当'附加剥夺政治权利外，对未成年罪犯一般不判处附加剥夺政治权利。""如果对未成年罪犯判处附加剥夺政治权利的，应当依法从轻判处。""对实施被指控犯罪时未成年、审判时已成年的罪犯判处附加剥夺政治权利，适用前款的规定。"

【立法建言】

建　议：将《刑法》第 56 条第 1 款修改为："对于危害国家安全的犯罪分子应当附加剥夺政治权利；对于故意杀人、强奸、放火、爆炸、投放危险物质、抢劫等严重破坏社会秩序的犯罪分子，以及贪污、受贿、渎职等严重违背职务要求的犯罪分子，可以附加剥夺政治权利。"

理　由：

1. 从特殊预防的角度来看，对贪污、受贿、渎职等严重违背职务要求的犯罪分子附加剥夺政治权利，既是对他们政治上的否定评价，又是预防他们利用政治权利再犯罪的需要。因此，宜对利用职务实施犯罪或者严重违背职务要求的犯罪分子附加剥夺政治权利。

2. 从司法实践的角度来看，长期以来，在司法实践中对 "严重破坏社会秩序的犯罪分子" 一般都作广义的理解。[①] 因此，"不少地方对判处有期徒刑 10 年以上的，一般可以附加剥夺政治权利；判处有期徒刑 5 年以上 10 以下，情节恶劣的，也可以适用剥夺政治权利。"[②] 在司法实践中，"对于判处十年以上有期徒刑的犯罪分子，也可以附加剥夺政治权利；对于累犯、服刑中又犯罪或者劳改犯逃跑后再犯新罪应判处重刑的，即使不属于上列犯罪，也可以附加剥夺政治权利。但是，如果具有法定从轻、减轻情节的，即使判处有

---

① 有学者认为，"从与刑法第 56 条前段的关系来看，'可以剥夺政治权利'的适用对象显然是危害国家安全罪以外的犯罪，包括严重的经济犯罪、贪污贿赂犯罪与渎职犯罪；从刑法第 56 条后段所列的犯罪来看，'可以剥夺政治权利'的适用对象并不限于单纯破坏狭义的社会秩序的犯罪，而应包括严重破坏经济秩序、国家机关工作秩序的犯罪"（张明楷：《刑法学》，法律出版社 2011 年版，第 486 页）。

② 参见喻伟主编：《量刑通论》，武汉大学出版社 1993 年版，第 389～390 页。

期徒刑十年以上的，也可以不附加剥夺政治权利。"① 笔者认为，上述司法实践经验，有助于正确理解和掌握"严重破坏社会秩序的犯罪分子"的内涵和外延。但是，仅仅从刑期和情节两个方面来把握"可以附加剥夺政治权利"的适用对象还略嫌不足，宜从政治权利与犯罪的关系的角度，增加"严重违背职务要求的犯罪分子"这一类对象。

3. 从惩治腐败的角度来看，贪污、受贿、渎职等腐败犯罪往往与其所担任的职务密切相关。因此，对于利用职务实施犯罪或者实施违背职务要求的特定义务的犯罪分子，也应考虑附加剥夺政治权利。这不仅是剥夺或者限制腐败犯罪分子再次犯罪的能力，而且还能彰显我国严惩腐败犯罪的坚定决心。

四、被判处死刑、无期徒刑罪犯剥夺政治权利的适用（第 57 条）

【立法沿革】

被判处死刑、无期徒刑罪犯剥夺政治权利的适用是从 1979 年《刑法》第 53 条的规定直接移植过来的。

在新中国成立初期，对于被判处死刑、无期徒刑罪犯剥夺政治权利的适用问题，在法律上并无明文规定。但是，中央人民政府法制委员会 1951 年 6 月 9 日发布的《对江西省人民法院关于判处死刑同时宣判剥夺政治权利的必要问题的函复》对判处死刑同时宣判剥夺政治权利终身的问题作了明确的规定："（一）判处死刑而已执行者，其生命虽不存在，但他的受勋领恤的政治权利应予剥夺。（二）判处死刑在未执行前，遇到大赦特赦而不执行死刑者，其生命虽然存在，但他的选举权、被选举权、国家机关职务之权、公共团体职位之权以及受勋领恤等政治权利，应予剥夺。基于以上两种情形，所以判处死刑的罪犯有同时宣判剥夺政治权利终身的必要。"然而，直至 1957 年，《刑法草案》第 22 稿虽然对被判处死刑、无期徒刑罪犯剥夺政治权利的适用问题作了相应的规定，但却未明确规定应当剥夺政治权利终身。该稿第 56 条规定："对于被判处死刑缓期执行、无期徒刑的犯罪分子，在减为有期徒刑的时候，应当剥夺政治权利。"第 58 条规定："被判处拘役、有期徒刑、无期徒刑、死刑缓期执行的犯罪分子，在执行期间，停止行使政治权利。"② 到了 1963 年，《刑法草案》第 33 稿第 57 条始全面规定了被判处死刑、无期徒刑罪犯剥夺政治权利的适用问题："对于被判处死刑、无期徒刑的犯罪分子，应当剥夺政治权利终身；对

---

① 参见高铭暄主编：《刑法学原理》（第三卷），中国人民大学出版社 1994 年版，第 162 页。

② "从法律效果上看，停止行使政治权利和剥夺政治权利是有些区别的，例如依照法院组织法第三十五条的规定，被剥夺过政治权利的人，不得被选举为人民陪审员。而被停止过行使政治权利的人（在自由刑执行期间），就不禁止被选举为人民陪审员"（参见李琪同志在刑法教学座谈会上的报告："《有关草拟〈中华人民共和国草案（初稿）〉的若干问题》（1957 年 8 月印）"，见高铭暄、赵秉志编：《新中国刑法立法文献资料总览》（下），中国人民公安大学出版社 1998 年版，第 1963 页）。

于被判处十五年以上有期徒刑的反革命分子，在必要的时候，也可以剥夺政治权利终身。""在死刑缓期执行和无期徒刑减为有期徒刑的时候，可以仍旧剥夺政治权利终身，也可以把剥夺政治权利的期限改为三年以上十五年以下。"1979 年《刑法》第 53 条在上述规定的基础上，删去了"对于被判处十五年以上有期徒刑的反革命分子，在必要的时候，也可以剥夺政治权利终身"的规定，并将"在死刑缓期执行和无期徒刑减为有期徒刑的时候，可以仍旧剥夺政治权利终身，也可以把剥夺政治权利的期限改为三年以上十五年以下"的规定改为"在死刑缓期执行减为有期徒刑或者无期徒刑减为有期徒刑的时候，应当把附加剥夺政治权利的期限改为三年以上十年以下"。

1979 年《刑法》第 53 条规定："对于被判处死刑、无期徒刑的犯罪分子，应当剥夺政治权利终身。""在死刑缓期执行减为有期徒刑或者无期徒刑减为有期徒刑的时候，应当把附加剥夺政治权利的期限改为三年以上十年以下。"

在刑法修订研拟的过程中，1996 年的《刑法修订草案》（征求意见稿）第 56 条直接移植了上述规定，并为现行刑法所采纳。

【立法规定】

《刑法》第 57 条规定："对于被判处死刑、无期徒刑的犯罪分子，应当剥夺政治权利终身。""在死刑缓期执行减为有期徒刑或者无期徒刑减为有期徒刑的时候，应当把附加剥夺政治权利的期限改为三年以上十年以下。"

【立法释义】

最高人民法院 2009 年 5 月 25 日发布的《关于在执行附加刑剥夺政治权利期间犯新罪应如何处理的批复》第 3 条规定："对判处有期徒刑的罪犯，主刑已执行完毕，在执行附加刑剥夺政治权利期间又犯新罪，如果所犯新罪也剥夺政治权利的，依照刑法第五十五条、第五十七条、第七十一条的规定并罚。"

【立法建言】

建　议：将《刑法》第 57 条第 2 款修改为："在死刑缓期执行减为有期徒刑或者无期徒刑减为有期徒刑的时候，应当把附加剥夺政治权利的期限改为三年以上十五年以下。"

理　由：

《刑法》第 57 条第 2 款规定的"三年以上十年以下"期限，是建立在死刑缓期执行减为有期徒刑的期限为"十五年以上二十年以下"的基础上的。然而，《刑法修正案（八）》第 4 条将上述期限改为"二十五年"以后，"三年以上十年以下"的期限则显得与之不相协调，因而有必要作相应的调整。

五、附加剥夺政治权利刑期的计算与剥夺政治权利的执行（第58条）

【立法沿革】

附加剥夺政治权利刑期的计算与剥夺政治权利的执行是在1979年《刑法》第54条规定的附加剥夺政治权利刑期的计算的基础上修改而来的。

从立法源流来看，有关剥夺政治权利刑期的计算的规定，最早见之于1950年的《刑法大纲草案》。该草案第22条第4项规定："褫夺政治权的期间为二年以上，五年以下，但反革命罪得延长至十年，自执行完毕之日起算。但单独宣告褫夺政治权者，自判决确定之日起算。"1954年的《刑法指导原则草案》第17条第3款对剥夺政治权利刑期的计算作了较为全面的规定："剥夺政治权利，在单独适用的时候，自判决执行之日开始；作为有期徒刑的附加刑的时候，自有期徒刑执行完毕，或者宣告缓刑、假释之日开始；作为流放的附加刑的时候，和流放的执行同时开始。"到了1957年，《刑法草案》第22稿第57条始就附加剥夺政治权利刑期的计算作了专门规定："剥夺政治权利的刑期，从主刑执行完毕之日或者从假释之日起计算；但是主刑为管制的，和管制同时执行。"1963年的《刑法草案》第33稿第58条在上述规定的基础上，删去了"主刑为管制的，和管制同时执行"的规定，并且增加了"剥夺政治权利的效力当然施用到主刑执行期间"的规定。修改后的条文为："剥夺政治权利的刑期，从主刑执行完毕之日或者从假释之日起计算；但是剥夺政治权利的效力当然施用到主刑执行期间。"1979年《刑法》第54条在增设了独立适用剥夺政治权利的情况下，主要是将"剥夺政治权利的刑期，从主刑执行完毕之日或者从假释之日起计算"的规定改为"附加剥夺政治权利的刑期，从徒刑、拘役执行完毕之日或者从假释之日起计算"。

1979年《刑法》第54条规定："附加剥夺政治权利的刑期，从徒刑、拘役执行完毕之日或者从假释之日起计算；剥夺政治权利的效力当然施用于主刑执行期间。"

在刑法修订研拟的过程中，1996年的《刑法修订草案》（征求意见稿）第57条在上述规定的基础上，增加了第2款"独立适用剥夺政治权利或者徒刑、拘役执行完毕附加剥夺政治权利的犯罪分子，在执行剥夺政治权利期间，应当遵守下列规定：（一）遵守法律、法规，服从监督；（二）按照执行机关规定报告自己的活动情况；（三）遵守执行机关关于会客的规定；（四）离开所居住的市、县或者设区的市的市辖区或者迁居，应当报经执行机关批准"的规定。到了1997年，《刑法修订草案》（修改稿）第59条将上述第2款修改为："被剥夺政治权利的犯罪分子，在执行期间，应当遵守法律、行政法规和国务院公安部门有关监督管理的规定，服从监督；不得行使本法第五十五条规定的各项权利。"这一修改方案，为现行刑法所采纳。

【立法规定】

《刑法》第 58 条规定："附加剥夺政治权利的刑期，从徒刑、拘役执行完毕之日或者从假释之日起计算；剥夺政治权利的效力当然施用于主刑执行期间。""被剥夺政治权利的犯罪分子，在执行期间，应当遵守法律、行政法规和国务院公安部门有关监督管理的规定，服从监督；不得行使本法第五十四条规定的各项权利。"

【立法释义】

最高人民法院、最高人民检察院、公安部、劳动人事部 1986 年 11 月 8 日发布的《关于被判处管制、剥夺政治权利和宣告缓刑、假释的犯罪分子能否外出经商等问题的通知》第 1 条规定："对被判处管制、剥夺政治权利和宣告缓刑、假释的犯罪分子，公安机关和有关单位要依法对其实行经常性的监督改造或考察。被管制、假释的犯罪分子，不能外出经商；被剥夺政治权利和宣告缓刑的犯罪分子，按现行规定，属于允许经商范围之内的，如外出经商，需事先经公安机关允许。"第 2 条规定："犯罪分子在被管制、剥夺政治权利、缓刑、假释期间，若原所在单位确有特殊情况不能安排工作的，在不影响对其实行监督考察的情况下，经工商管理部门批准，可以在常住户口所在地自谋生计；家在农村的，亦可就地从事或承包一些农副业生产。"

最高人民法院 2009 年 5 月 25 日发布的《关于在执行附加刑剥夺政治权利期间犯新罪应如何处理的批复》第 1 条规定："对判处有期徒刑并处剥夺政治权利的罪犯，主刑已执行完毕，在执行附加刑剥夺政治权利期间又犯新罪，如果所犯新罪无须附加剥夺政治权利的，依照刑法第七十一条的规定数罪并罚。"第 2 条规定："前罪尚未执行完毕的附加刑剥夺政治权利的刑期从新罪的主刑有期徒刑执行之日起停止计算，并依照刑法第五十八条规定从新罪的主刑有期徒刑执行完毕之日或者假释之日起继续计算；附加刑剥夺政治权利的效力施用于新罪的主刑执行期间。"第 3 条规定："对判处有期徒刑的罪犯，主刑已执行完毕，在执行附加刑剥夺政治权利期间又犯新罪，如果所犯新罪也剥夺政治权利的，依照刑法第五十五条、第五十七条、第七十一条的规定并罚。"

最高人民法院、最高人民检察院、公安部、司法部 2012 年 1 月 10 日发布的《社区矫正实施办法》第 32 条规定："对于被判处剥夺政治权利在社会上服刑的罪犯，司法行政机关配合公安机关，监督其遵守刑法第五十四条的规定，并及时掌握有关信息。被剥夺政治权利的罪犯可以自愿参加司法行政机关组织的心理辅导、职业培训和就业指导活动。"

【立法建言】

建　议：将《刑法》第 58 条修改为："独立适用剥夺政治权利的刑期，从判决执行之日起计算。附加剥夺政治权利的刑期，从徒刑、拘役执行完毕之日或者从假释之日起计算；剥夺政治权利的效力当然施用于主刑执行期间。""被剥夺政治权利的犯罪分子，在执行期间，应当遵守法律、行政法规和国务院公安部门有关监督管理的规定，服从监督；不得行使本法第五十四条规定的各项权利。""被剥夺政治权利的犯罪分子违反前款规定的，由公安机关依法给予处罚；情节严重的，依照本法第三百一十三条的规定定罪处罚。"

理　由：

1. 独立适用剥夺政治权利的刑期从何时起算，《刑法》第 58 条未作具体规定。因此，应增加规定独立适用剥夺政治权利刑期的起算时间。根据《刑事诉讼法》第 248 条第 1 款"判决和裁定在发生法律效力后执行"的规定，独立适用剥夺政治权利的刑期应从判决生效之日起计算并执行。[①]"由于剥夺政治权利与自由刑的性质不同，剥夺政治权利并不剥夺或者限制人身自由，因此，判决执行前先行羁押的时间，不应折抵剥夺政治权利的刑期。"[②]

2. 被剥夺政治权利的犯罪分子，在执行期间，违反有关规定的应如何处理，《刑法》第 58 条未作具体规定。为了与《刑法》第 37 条之一的规定相协调，宜增加相关的处罚规定。

第八节　没收财产

一、没收财产的范围（第 59 条）

【立法沿革】

没收财产的范围是在 1979 年《刑法》第 55 条规定的没收财产的范围的基础上修改而来的。

1950 年的《刑法大纲草案》第 21 条规定的"没收的范围"，涵盖了没收和没收财产："没收的范围如下：一、构成犯罪之物；二、供犯罪所用之物，以犯罪人所有者为限。但另有规定者，从其规定；三、因犯罪所得之物或利益，以犯罪人所有者为限。但另有规定者，从其规定；四、不属于前三款的犯人所有的财产全部或一部，但以有明文规定者为限。并应酌留被告及其家属必需生活费用，及日常必需家庭用具与职业上必需之工

---

① 关于"判决生效之日""判决确定之日"和"判决执行之日"的关系，可参见本章第二节之四"管制刑期的计算（第 41 条）"中"立法建言"部分的论述，在此不再赘述。

② 利子平、李保民主编：《行刑学》，江西人民出版社 1993 年版，第 306 页。

具。"到了 1951 年，《惩治反革命条例》始将没收财产的范围限于罪犯个人所有的财产。该条例第 17 条规定："犯本条例之罪者，得剥夺其政治权利，并得没收其财产之全部或一部。"① 此后，1951 年的《妨害国家货币治罪暂行条例》、1952 年的《惩治贪污条例》均在具体的犯罪中规定"得没收其财产之全部或一部"。1954 年的《刑法指导原则草案》第 18 条对没收财产作了较为全面的规定："对于卖国贼、间谍、反革命罪犯和其他严重危害公共利益的罪犯，可以判处没收财产的一部或者全部。""人民法院对罪犯宣告没收财产的时候，必须在判决书中注明没收全部或者某种财产。""没收财产的时候，应当给罪犯的家属留下必需的生产资料和生活资料。罪犯的家属的个人所有的财产，不能没收。""没收的财产中，如果有被罪犯侵吞、霸占、抢劫、偷窃的财物，并且原物仍在，经原主请求，查明属实以后，应当发还。""对于财产查封前罪犯所负的正当债务，需要由没收的财产来偿还的时候，经债权人请求，可以适当偿还。"1957 年的《刑法草案》第 22 稿专节规定了"没收财产"。其中，第 59 条规定："没收财产是没收犯罪分子个人所有财产的一部或者全部。""在判处没收财产的时候，应当给犯罪分子的家属留下必需的生产资料和生活资料。"1979 年《刑法》第 55 条沿用了上述第 1 款的规定，删去了第 2 款"在判处没收财产的时候，应当给犯罪分子的家属留下必需的生产资料和生活资料"的内容，另行增加了第 2 款"在判处没收财产的时候，不得没收犯罪分子的家属所有或者应有的财产"的规定。

1979 年《刑法》第 55 条规定："没收财产是没收犯罪分子个人所有财产的一部或者全部。""在判处没收财产的时候，不得没收属于犯罪分子家属所有或者应有的财产。"

1997 年《刑法》第 59 条在上述规定的基础上，增加了"没收全部财产的，应当对犯罪分子个人及其扶养的家属保留必需的生活费用"的规定。

【立法规定】

《刑法》第 59 条规定："没收财产是没收犯罪分子个人所有财产的一部或者全部。没收全部财产的，应当对犯罪分子个人及其扶养的家属保留必需的生活费用。""在判处没收财产的时候，不得没收属于犯罪分子家属所有或者应有的财产。"

【立法释义】

最高人民法院 2000 年 12 月 13 日发布的《关于适用财产刑若干问题的规定》第 1 条

---

① 政务院 1951 年 6 月 22 日发布的《关于没收反革命罪犯财产的规定》第 1 条第 3 款规定："没收全部财产的范围，包括罪犯本人实际所有（指用本名、化名、堂名及假借他人名义所有）一切土地、房屋、粮食、牲畜、工具、物资、企业、债权、股份、存款、现款及其他动产与不动产的全部。没收一部财产的范围，由法庭依据具体案情确定之。"第 2 款规定："没收反革命罪犯全部财产时，对其共同生活而未积极参与反革命活动的家属，应酌留生产资料与生活资料，使能维持生活。对于不与其共同生活的家属之财产或与其共同生活的家属个人所有的财产，均不予没收。""反革命罪犯之贫穷者，其财产不予没收。""反革命罪犯用于犯罪的财物，虽不属其所有，亦得由法院宣告没收。"

规定："刑法规定'并处'没收财产或者罚金的犯罪，人民法院在对犯罪分子判处主刑的同时，必须依法判处相应的财产刑；刑法规定'可以并处'没收财产或者罚金的犯罪，人民法院应当根据案件具体情况及犯罪分子的财产状况，决定是否适用财产刑。"

最高人民法院 2006 年 1 月 11 日发布的《关于审理未成年人刑事案件具体应用法律若干问题的解释》第 15 条第 1 款规定："对未成年罪犯实施刑法规定的'并处'没收财产或者罚金的犯罪，应当依法判处相应的财产刑；对未成年罪犯实施刑法规定的'可以并处'没收财产或者罚金的犯罪，一般不判处财产刑。"

最高人民法院 2008 年 12 月 1 日发布的《全国部分法院审理毒品犯罪案件工作座谈会纪要》第 13 条"毒品案件财产刑的适用和执行问题"规定："刑法对毒品犯罪规定了并处罚金或者没收财产刑，司法实践中应当依法充分适用。不仅要依法追缴被告人的违法所得及其收益，还要严格依法判处被告人罚金刑或者没收财产刑，不能因为被告人没有财产，或者其财产难以查清、难以分割或者难以执行，就不依法判处财产刑。""要采取有力措施，加大财产刑执行力度。要加强与公安机关、检察机关的协作，对毒品犯罪分子来源不明的巨额财产，依法及时采取查封、扣押、冻结等措施，防止犯罪分子及其亲属转移、隐匿、变卖或者洗钱，逃避依法追缴。要加强不同地区法院之间的相互协作配合。毒品犯罪分子的财产在异地的，第一审人民法院可以委托财产所在地人民法院代为执行。要落实和运用有关国际禁毒公约规定，充分利用国际刑警组织等渠道，最大限度地做好境外追赃工作。"

最高人民法院 2010 年 2 月 8 日发布的《关于贯彻宽严相济刑事政策的若干意见》第 12 条规定："要注重综合运用多种刑罚手段，特别是要重视依法适用财产刑，有效惩治犯罪。对于法律规定有附加财产刑的，要依法适用。对于侵财型和贪利型犯罪，更要注重通过依法适用财产刑使犯罪分子受到经济上的惩罚，剥夺其重新犯罪的能力和条件。要切实加大财产刑的执行力度，确保刑罚的严厉性和惩罚功能得以实现。被告人非法占有、处置被害人财产不能退赃的，在决定刑罚时，应作为重要情节予以考虑，体现从严处罚的精神。"

最高人民法院 2014 年 10 月 30 日发布的《关于刑事裁判涉财产部分执行的若干规定》第 9 条规定："判处没收财产的，应当执行刑事裁判生效时被执行人合法所有的财产。""执行没收财产或罚金刑，应当参照被扶养人住所地政府公布的上年度当地居民最低生活费标准，保留被执行人及其所扶养家属的生活必需费用。"

最高人民法院 2015 年 5 月 18 日发布的《全国法院毒品犯罪审判工作座谈会纪要》第二部分第 5 条第 2 款规定："办理毒品犯罪案件，应当依法追缴犯罪分子的违法所得，充分发挥财产刑的作用，切实加大对犯罪分子的经济制裁力度。对查封、扣押、冻结的涉案财物及其孳息，经查确属违法所得或者依法应当追究的其他涉案财物的，如购毒款、供犯罪所用的本人财物、毒品犯罪所得的财物及其收益等，应当判决没收，但法律另有规定的除外。判处罚金刑时，应当结合毒品犯罪的性质、情节、危害后果及被告人的获利情况、经济状况等因素合理确定罚金数额。对于决定并处没收财产的毒品犯罪，判处被告人有期徒刑的，应当按照上述确定罚金数额的原则确定没收个人部分财产的数额；判处无期徒刑的，可以并处没收个人全部财产；判处死缓或者死刑的，应当并处没收个人全部财产。"

【立法建言】

建　议：将《刑法》第 59 条第 1 款修改为："没收财产是没收犯罪分子个人所有的全部财产；没收财产应当对犯罪分子个人及其扶养的家属保留必需的生活费用。"

理　由：

没收财产是我国附加刑中最重的一种刑罚方法。它通常适用于法定刑 10 年以上有期徒刑、无期徒刑或者死刑的犯罪，[1] 并且，在《刑法》分则规定法定刑 10 年以上有期徒刑的条款中，除 4 个条款外，其他条款所规定的没收财产都是与罚金选择并处。[2] 在司法实践中，对于决定并处没收财产的犯罪，判处被告人有期徒刑的，一般仅没收个人部分财

---

① 《刑法》分则关于没收财产的规定，有以下 17 种不同的情况：（1）犯危害国家安全罪的，可以没收财产（第 113 条第 2 款）；（2）处 3 年以上 7 年以下有期徒刑，可以并处罚金或者没收财产（第 294 条第 1 款）；（3）处 3 年以上 10 年以下有期徒刑，并处罚金或者没收财产（第 383 条第 1 款第 2 项）；（4）处 5 年以上有期徒刑，并处罚金或者没收财产（第 120 条之一第 1 款、第 120 条之二、第 120 条之三、第 225 条、第 234 条之一）；（5）处 5 年以上有期徒刑，可以并处没收财产（第 163 条第 1 款、第 271 条第 1 款）；（6）处 7 年以上有期徒刑，并处罚金或者没收财产（第 120 条之四、第 151 条第 1 款、第 209 条第 1 款、第 350 条第 1 款）；（7）处 7 年以上有期徒刑，并处没收财产（第 294 条第 1 款）；（8）处 7 年以上有期徒刑或者无期徒刑，并处罚金或者没收财产（第 143 条、第 147 条、第 300 条第 1 款、第 318 条第 1 款、第 388 条之一第 1 款）；（9）处 10 年以上有期徒刑，并处罚金或者没收财产（第 172 条、第 198 条第 1 款、第 341 条第 1 款）；（10）处 10 年以上有期徒刑或者无期徒刑，并处罚金或者没收财产（第 142 条第 1 款、第 145 条、第 152 条第 1 款、第 153 条第 1 款第 3 项、第 170 条、第 171 条第 1 款、第 2 款、第 177 条第 1 款、第 178 条第 1 款、第 192 条、第 193 条、第 194 条第 1 款、第 195 条、第 196 条第 1 款、第 197 条、第 204 条第 1 款、第 205 条第 1 款、第 206 条第 1 款、第 207 条、第 224 条、第 239 条第 1 款、第 240 条第 1 款、第 263 条第 1 款、第 264 条、第 266 条、第 267 条第 1 款、第 328 条第 1 款、第 334 条第 1 款、第 358 条第 1 款、第 383 条第 1 款第 3 项、第 390 条第 1 款、《关于惩治骗购外汇、逃汇和非法买卖外汇犯罪的决定》第 1 条）；（11）处 10 年以上有期徒刑或者无期徒刑，并处没收财产（第 151 条第 2 款）；（12）处 10 年以上有期徒刑、无期徒刑或者死刑，并处罚金或者没收财产（第 141 条第 1 款、第 263 条）；（13）处 15 年有期徒刑或者无期徒刑，并处罚金或者没收财产（第 140 条）；（14）处 15 年以上有期徒刑、无期徒刑或者死刑，并处没收财产（第 347 条第 2 款）；（15）处无期徒刑，并处没收财产（第 151 条第 1 款）；（16）处无期徒刑或者死刑，并处没收财产（第 239 条第 2 款、第 358 条第 2 款、第 383 条第 1 款第 3 项）；（17）处死刑，并处没收财产（第 240 条第 1 款）。

② 笔者认为，在刑法中，仅规定有期徒刑的犯罪，不宜规定没收财产；同时规定有期徒刑和无期徒刑的犯罪，宜规定并处罚金或者没收财产。在实践中，凡同时规定了有期徒刑和无期徒刑，并规定了并处罚金或者没收财产的犯罪，判处被告人有期徒刑的，应当并处罚金，而不宜并处没收财产。唯此，才能确保有关罚金和没收财产的规定和做法和谐统一。本书在阐述分则相关各罪的立法建言时，对据此增设罚金或者删去没收财产的理由，均不再赘述。

产，并按照确定罚金数额的原则确定没收个人部分财产的数额。① 据此看来，没收个人部分财产与罚金并无实质性的区别。在司法实践中，对判处被告人有期徒刑的，之所以判处没收个人部分财产，主要是因为刑法没有规定罚金。如果刑法规定了罚金，就根本不存在"按照确定罚金数额的原则确定没收个人部分财产的数额"的问题，判处"没收个人部分财产"也失去了存在的价值。因此，完善没收财产刑应"双管齐下"：一是扩大罚金的适用范围；二是删去没收个人部分财产的规定。只有这样，才能真正实现将没收财产作为最重的附加刑加以规定的立法初衷。②

二、正当债务的偿还（第 60 条）

【立法沿革】

正当债务的偿还是在 1979 年《刑法》第 56 条规定的正当债务的偿还的基础上修改而来的。

从立法源流来看，有关正当债务偿还的规定，最早见之于政务院 1951 年 6 月 22 日发布的《关于没收反革命罪犯财产的规定》。该规定第 4 条第 2 款规定："反革命罪犯所负的正当债务，应由没收的财产清偿者，经债权人请求并查明确实后，得在没收财产限度内适当清理偿还。"1954 年的《刑法指导原则草案》第 18 条第 5 款将上述规定改为了刑法的具体条款："对于财产查封前罪犯所负的正当债务，需要由没收的财产来偿还的时候，经债权人请求，可以适当偿还。"1957 年的《刑法草案》第 22 稿第 60 条基本上沿用了上述规定，仅将其中的"可以适当偿还"改为"可以依照法定顺序适当偿还"。1979 年《刑法》第 56 条在上述规定的基础上，又将"可以依照法定顺序适当偿还"改为"由人民法院裁定"。

1979 年《刑法》第 56 条规定："查封财产以前犯罪分子所负的正当债务，需要以没收的财产偿还的，经债权人请求，由人民法院裁定。"

在刑法修订研拟的过程中，1996 年 8 月 8 日的《刑法总则修改稿》第 60 条对上述规定作了两处修改：一是将"查封财产以前"改为"没收财产以前"；二是将"由人民法院裁定"改为"应当偿还"。这一修改方案，为现行刑法所采纳。

---

① 《全国法院毒品犯罪审判工作座谈会纪要》第二部分第 5 条第 2 款中明确规定："对于决定并处没收财产的毒品犯罪，判处被告人有期徒刑的，应当按照上述确定罚金数额的原则确定没收个人部分财产的数额；判处无期徒刑的，可以并处没收个人全部财产；判处死缓或者死刑的，应当并处没收个人全部财产。"该款之所以规定"判处被告人有期徒刑的，应当按照上述确定罚金数额的原则确定没收个人部分财产的数额"，是因为《刑法》第 347 条第 2 款只规定了"并处没收财产"，而没有罚金的规定。笔者认为，这是最高人民法院为弥补刑法的缺陷所作的努力。因为，如果刑法规定了并处罚金或者没收财产，就无须作此规定。

② 如此修改，意味着没收财产只能适用于判处无期徒刑或者死刑的犯罪分子。

【立法规定】

《刑法》第60条规定："没收财产以前犯罪分子所负的正当债务，需要以没收的财产偿还的，经债权人请求，应当偿还。"

【立法释义】

最高人民法院2000年12月13日发布的《关于适用财产刑若干问题的规定》第7条规定："刑法第六十条规定的'没收财产以前犯罪分子所负的正当债务'，是指犯罪分子在判决生效前所负他人的合法债务。"

最高人民法院2014年10月30日发布的《关于刑事裁判涉财产部分执行的若干规定》第13条规定："被执行人在执行中同时承担刑事责任、民事责任，其财产不足以支付的，按照下列顺序执行：（一）人身损害赔偿中的医疗费用；（二）退赔被害人的损失；（三）其他民事债务；（四）罚金；（五）没收财产。""债权人对执行标的依法享有优先受偿权，其主张优先受偿的，人民法院应当在前款第（一）项规定的医疗费用受偿后，予以支持。"

【立法建言】

建　议：将《刑法》第60条修改为："没收财产以前犯罪分子所负的正当债务，经债权人请求，应当先行偿还。"

理　由：

《刑法》第60条之所以规定"需要以没收的财产偿还"的情形，是建立在"没收个人部分财产"的基础上的。因为，在"没收个人部分财产"的情况下，并非都"需要以没收的财产偿还"。但是，如果取消了"没收个人部分财产"的规定，则当然"需要以没收的财产偿还"。因此，在取消"没收个人部分财产"的前提下，应相应删去"需要以没收的财产偿还"的规定。此外，该条"应当偿还"的规定，并未充分体现立法原意，[1] 且与《刑法》第36条第2款的规定不相协调。[2] 因此，宜增加"先行"偿还的规定。

---

① "本条的立法初衷是优先保护被判处没收财产犯罪分子的债权人的合法权益"（参见高铭暄：《中华人民共和国刑法的孕育诞生和发展完善》，北京大学出版社2012年版，第242页）。

② 为弥补这一缺陷，最高人民法院《关于刑事裁判涉财产部分执行的若干规定》第13条对"被执行人在执行中同时承担刑事责任、民事责任，其财产不足以支付的"情形，规定了执行的顺序。

第四章 刑罚的具体运用

第一节 量 刑

一、量刑的一般原则（第 61 条）

【立法沿革】

量刑的一般原则是从 1979 年《刑法》第 57 条的规定直接移植过来的。

在新中国刑法立法史上，有关量刑一般原则的规定，最早见之于 1950 年的《刑法大纲草案》。该草案第 23 条规定："法院于法定刑范围内，处罚各种犯罪时，除应审查犯罪及犯罪人社会危险性的程度外，并应注意第二十四条所列重的犯罪情节与轻的犯罪情节。"第 24 条规定："下列各款为重的犯罪情节：一、犯罪的实施，系以恢复反动的国民党政权，或恢复本国与外国帝国主义旧日的政治或经济的从属关系为目的者；二、恶霸地主及其他反动分子实施反动报复之行为者；三、犯罪对于国家或人民有特别重大的危害结果者；四、结伙或聚众实施犯罪者；五、犯罪的实施，系为再犯、惯犯、或组织犯者；六、犯罪的实施，具有特别残酷性，或利用被害人的从属地位或无援助状态者；七、实施犯罪的手段，不仅危害被害人的生命与健康，且危害及于他人的生命与健康者。""下列各款为轻的犯罪情节：一、犯罪的实施，系由于无知识、不明理、或偶发事态者；二、犯罪的实施，系受他人的强暴、胁迫、或由于职务上或经济上的从属关系者；三、犯罪的实施，系由于义愤或其他强烈精神刺激者；四、犯罪的实施，系由于自己或家庭贫困所迫者；五、犯罪人在犯罪发觉前，向该管理机关或被害人诚实自首；或于侦查或审判中，诚实自首，而深知悔悟者。"1954 年的《刑法指导原则草案》第 20 条沿用了上述立法模式，并对从重情节和从轻情节作了较大的修改和调整："人民法院对于罪犯在法定刑的范围内决定刑罚的时候，应当具体考虑犯罪行为的危害程度、犯罪行为在当时当地的情况下对于社会的影响、罪犯平日行为所充分证明的对于社会的危害性，依照下列从重、从轻情节的规定，适当判刑。""从重的情节：（一）屡教不改的；（二）犯罪手段残酷、犯罪后果严重或者犯罪动机特别恶劣的；（三）教唆、引诱未成年人犯罪的。""从轻的情节：（一）真诚自首、投案的；（二）真诚坦白、缴出罪证或者有立功表现的；（三）犯罪后立即自动消灭或者减轻危害后果的；（四）一贯勤劳守法或者二十岁左右的人偶尔犯罪的。"到了1957年，《刑法草案》第22稿始对上述立法模式作了调整，删去了所列举的从重、从轻情节。[①] 该稿第61条第1款规定："对于犯罪分子决定刑罚的时候，应当根据犯罪的性质、情节和对社会的危害程度，参照犯罪分子的个人情况，依照本法的有关规定判处。"1963年《刑法草案》第33稿第61条基本上沿用了上述规定，仅在表述上增加了"犯罪的事实"，并将"参照犯罪分子的个人情况"改为"参照犯罪分子的个人情况、认罪的老实程度和对犯罪的悔改态度"。修改后的条文为："对于犯罪分子决定刑罚的时候，应当根据犯罪的事实、犯罪的性质、情节和对于社会的危害程度，参照犯罪分子的个人情况、认罪的老实程度和对犯罪的悔改态度，依照本法的有关规定判处。"1979年《刑法》第57条在上述规定的基础上，删去了"参照犯罪分子的个人情况、认罪的老实程度和对犯罪的悔改态度"的规定。

1979年《刑法》第57条规定："对于犯罪分子决定刑罚的时候，应当根据犯罪的事实、犯罪的性质、情节和对于社会的危害程度，依照本法的有关规定判处。"

在全面研究修改刑法的过程中，虽然也曾动议过对上述规定进行补充和修改，[②] 但是，自1996年8月8日的《刑法总则修改稿》起，历次的刑法修改稿本和刑法修订草案均直接移植了1979年《刑法》的规定，并为现行刑法所采纳。

【立法规定】

《刑法》第61条规定："对于犯罪分子决定刑罚的时候，应当根据犯罪的事实、犯罪的性质、情节和对于社会的危害程度，依照本法的有关规定判处。"

---

① "在量刑问题上，除规定量刑的一般原则外，是否还规定从重、从轻的情节，曾有不同意见。过去我们也曾参照社会主义国家的刑法，具体列举了从重、从轻的情节……但经多次研究之后，又把它删除了。因为整个刑法的总则和分则对于各种犯罪已经按照不同情节，作了不同规定，如果这里再列举从重、从轻的情节，就会交错重复，反而不好运用。例如在总则中已规定对共犯分别处刑的原则，如果再将'结伙犯罪'作为从重情节，两者就会发生矛盾。再如分则中对未成年人犯罪（如强奸幼女）已规定了较重的刑罚，如果这里再规定为从重的情节，在适用上也会发生困难。同时，上面所列举的情节，也不尽是从重、从轻问题。例如'有立功表现'和'确实被胁迫参加犯罪'，在多数情况下，就应该减轻或者免刑。考虑了这种情况，我们在量刑一节中即不列举从重、从轻的情节，而在有关章节和条文中，根据不同情况分别作出从重，从轻，减轻或者免刑的规定，需要加重刑罚的，则在分则中规定较重的法定刑（不一般的规定加重原则）"（参见李琪同志在刑法教学座谈会上的报告："《有关草拟〈中华人民共和国刑法草案（初稿）〉的若干问题》（1957年8月印〕"，见高铭暄、赵秉志编：《新中国刑法立法文献资料总览》（下），中国人民公安大学出版社1998年版，第1963～1964页）。

② 例如，1988年9月的《刑法修改稿》第57条规定："对于犯罪分子决定刑罚的时候，应当根据犯罪的事实、犯罪的性质、情节和对于社会的危害程度，参照犯罪分子的悔罪态度及一贯表现，依照本法的有关规定判处。"1988年12月25日的《刑法修改稿》第57条规定："对于犯罪分子决定刑罚的时候，应当根据犯罪的事实、性质、情节和犯罪分子的悔罪程度，依照本法的有关规定判处。"1996年6月24日的《刑法总则修改稿》第59条在沿用1979年《刑法》第57条规定的同时，还特别注明："有的主张增加规定犯罪分子的个人情况。"

【立法释义】

最高人民法院 1987 年 8 月 26 日发布的《关于被告人亲属主动为被告人退缴赃款应如何处理的批复》第 1 条规定："被告人是成年人，其违法所得都由自己挥霍，无法追缴的，应责令被告人退赔，其家属没有代为退赔的义务。被告人在家庭共同财产中有其个人应有部分的，只能在其个人应有部分的范围内，责令被告人退赔。"第 2 条规定："如果被告人的违法所得有一部分用于家庭日常生活，对这部分违法所得，被告人和家属均有退赔义务。"第 3 条规定："如果被告人对责令其本人退赔的违法所得已无实际上的退赔能力，但其亲属应被告人的请求，或者主动提出并征得被告人的同意，自愿代被告人退赔部分或者全部违法所得的，法院也可考虑其具体情况，收下其亲属自愿代被告人退赔的款项，并视为被告人主动退赔的款项。"第 4 条规定："属于以上三种情况，已作了退赔的，均可视为被告人退赃较好，可以依法适当从宽处罚。"第 5 条规定："如果被告人的罪行应当判处死刑，并必须执行，属于以上第一、二两种情况的，法院可以接收退赔的款项；属于以上第三种情况的，其亲属自愿代为退赔的款项，法院不应接收。"

最高人民法院 2000 年 12 月 13 日发布的《关于刑事附带民事诉讼范围问题的规定》第 4 条规定："被告人已经赔偿被害人物质损失的，人民法院可以作为量刑情节予以考虑。"第 5 条规定："犯罪分子非法占有、处置被害人财产而使其遭受物质损失的，人民法院应当依法予以追缴或者责令退赔。被追缴、退赔的情况，人民法院可以作为量刑情节予以考虑。经过追缴或者退赔仍不能弥补损失，被害人向人民法院民事审判庭另行提起民事诉讼的，人民法院可以受理。"

最高人民法院 2006 年 1 月 11 日发布的《关于审理未成年人刑事案件具体应用法律若干问题的解释》第 11 条规定："对未成年罪犯适用刑罚，应当充分考虑是否有利于未成年罪犯的教育和矫正。对未成年罪犯量刑应当依照刑法第六十一条的规定，并充分考虑未成年人实施犯罪行为的动机和目的、犯罪时的年龄、是否初次犯罪、犯罪后的悔罪表现、个人成长经历和一贯表现等因素。对符合管制、缓刑、单处罚金或者免予刑事处罚适用条件的未成年罪犯，应当依法适用管制、缓刑、单处罚金或者免予刑事处罚。"

最高人民法院、最高人民检察院 2009 年 3 月 12 日发布的《关于办理职务犯罪案件认定自首、立功等量刑情节若干问题的意见》第 4 条规定："贪污案件中赃款赃物全部或者大部分追缴的，一般应当考虑从轻处罚。受贿案件中赃款赃物全部或者大部分追缴的，视具体情况可以酌定从轻处罚。犯罪分子及其亲友主动退赃或者在办案机关追缴赃款赃物过程中积极配合的，在量刑时应当与办案机关查办案件过程中依职权追缴赃款赃物的有所区别。职务犯罪案件立案后，犯罪分子及其亲友自行挽回的经济损失，司法机关或者犯罪分子所在单位及其上级主管部门挽回的经济损失，或者因客观原因减少的经济损失，不予扣减，但可以作为酌情从轻处罚的情节。"

最高人民法院 2009 年 9 月 11 日发布的《关于醉酒驾车犯罪法律适用问题的意见》第 2 条"贯彻严宽相济刑事政策，适当裁量刑罚"规定："根据刑法第一百一十五条第一款的规定，醉酒驾车，放任危害结果发生，造成重大伤亡事故，构成以危险方法危害公共安全罪的，应处以十年以上有期徒刑、无期徒刑或者死刑。具体决定对被告人的刑罚时，要综合考虑此类犯罪的性质、被告人的犯罪情节、危害后果及其主观恶性、人身危险性。一般情况下，醉酒驾车构成本罪的，行为人在主观上并不希望、也不追求危害结果的发生，属于间接故意犯罪，行为的主观恶性与以制造事端为目的而恶意驾车撞人并造成重大伤亡后果的直接故意犯罪有所不同，因此，在决定刑罚时，也应当有所区别。此外，醉酒状态下驾车，行为人的辨认和控制能力实际有所减弱，量刑时也应酌情考虑。被告人黎景全和被告人孙伟铭醉酒驾车犯罪案件，依法没有适用死刑，而是分别判处无期徒刑，主要考虑到二被告人均系间接故意犯罪，与直接故意犯罪相比，主观恶性不是很深，人身危险性不是很大；犯罪时驾驶车辆的控制能力有所减弱；归案后认罪、悔罪态度较好，积极赔偿被害方的经济损失，一定程度上获得了被害方的谅解。广东省高级人民法院和四川省高级人民法院的终审裁判对二被告人的量刑是适当的。"

最高人民法院 2010 年 2 月 8 日发布的《关于贯彻宽严相济刑事政策的若干意见》第 1 条规定："贯彻宽严相济刑事政策，要根据犯罪的具体情况，实行区别对待，做到该宽则宽，当严则严，宽严相济，罚当其罪，打击和孤立极少数，教育、感化和挽救大多数，最大限度地减少社会对立面，促进社会和谐稳定，维护国家长治久安。"第 2 条规定："要正确把握宽与严的关系，切实做到宽严并用。既要注意克服重刑主义思想影响，防止片面从严，也要避免受轻刑化思想影响，一味从宽。"第 3 条规定："贯彻宽严相济刑事政策，必须坚持严格依法办案，切实贯彻落实罪刑法定原则、罪刑相适应原则和法律面前人人平等原则，依照法律规定准确定罪量刑。从宽和从严都必须依照法律规定进行，做到宽严有据，罚当其罪。"第 4 条规定："要根据经济社会的发展和治安形势的变化，尤其要根据犯罪情况的变化，在法律规定的范围内，适时调整从宽和从严的对象、范围和力度。要全面、客观把握不同时期不同地区的经济社会状况和社会治安形势，充分考虑人民群众的安全感以及惩治犯罪的实际需要，注重从严打击严重危害国家安全、社会治安和人民群众利益的犯罪。对于犯罪性质尚不严重，情节较轻和社会危害性较小的犯罪，以及被告人认罪、悔罪，从宽处罚更有利于社会和谐稳定的，依法可以从宽处理。"第 5 条规定："贯彻宽严相济刑事政策，必须严格依法进行，维护法律的统一和权威，确保良好的法律效果。同时，必须充分考虑案件的处理是否有利于赢得广大人民群众的支持和社会稳定，是否有利于瓦解犯罪，化解矛盾，是否有利于罪犯的教育改造和回归社会，是否有利于减少社会对抗，促进社会和谐，争取更好的社会效果。要注意在裁判文书中充分说明裁判理由，尤其是从宽或从严的理由，促使被告人认罪服法，注重教育群众，实现案件裁判法律效果和社会效果的有机统一。"第 6 条规定："宽严相济刑事政策中的从'严'，主要是指对于罪行十分严重、社会危害性极大，依法应当判处重刑或死刑的，要坚决地判处重刑或死刑；对于社会危害大或者具有法定、酌定从重处罚情节，以及主观恶性深、人身危险性大的被告人，要依法从严惩处。在审判活动中通过体现依法从'严'的政策要求，有效震慑犯罪分子和社会不稳定分子，达到有效遏制犯罪、预防犯罪的目的。"第 7 条规定："贯彻宽严相济刑事政策，必须毫不动摇地坚持依法严惩严重刑事犯罪的方针。对于危害国家安全犯罪、恐怖组织犯罪、邪教组织犯罪、黑社会性质组织犯罪、恶势力犯罪、故意危害公共安全犯罪等严重危害国家政权稳固和社会治安的犯罪，故意杀人、故意伤害致人死亡、强奸、绑架、拐卖妇女儿童、抢劫、重大抢夺、重大盗窃等严重暴力犯罪和严重影响人民群众安全感的犯罪，走私、贩卖、运输、制造毒品等毒害人民健康的犯罪，要作为严惩的重点，依法从重处罚。尤其对于极端仇视国家和社会，以不特定人为侵害对象，所犯罪行特别严重的犯罪分子，该重判的要坚决依法重判，该判处死刑的要坚决依法判处死刑。"第 8 条规定："对于国家工作人员贪污贿赂、滥用职权、失职渎职的严重犯罪，黑恶势力犯罪、重大安全责任事故、制售伪劣食品药品所涉及的国家工作人员职务犯罪，发生在社会保障、征地拆迁、灾后重建、企业改制、医疗、教育、就业等领域严重损害群众利益、社会影响恶劣、群众反映强烈的国家工作人员职务犯罪，发生在经济社会建设重点领域、重点行业的严重商业贿赂犯罪等，要依法从严惩处。对于国家工作人员职务犯罪和商业贿赂犯罪中性质恶劣、情节严重、涉案范围广、影响面大的，或者案发后隐瞒犯罪事实、毁灭证据、订立攻守同盟、负案潜逃等拒不认罪悔罪的，要坚决依法从严惩处。对于被告人犯罪所得数额不大，但对国家财产和人民群众利益造成重大损失、社会影响极其恶劣的职务犯罪和商业贿赂犯罪案件，也应依法从严惩处。要严格掌握职务犯罪法定减轻处罚情节的认定标准与减轻处罚的幅度，严格控制依法减轻处罚后判处三年以下有期徒刑适用缓刑的范围，切实规范职务犯罪缓刑、免予刑事处罚的适用。"第 9 条规定："当前和今后一段时期，对于集资诈骗、贷款诈骗、制贩假币以及扰乱、操纵证券、期货市场等严重危害金融秩序的犯罪，生产、销售假药、劣药、有毒有害食品等严重危害食品药品安全的犯罪，走私等严重侵害国家经济利益的犯罪，造成严重后果的重大安全责任事故犯罪，重大环境污染、非法采矿、盗伐林木等各种严重破坏环境资源的犯罪等，要依法从严惩处，维护国家的经济秩序，保护广大人民群众的生命健康安全。"第 10 条规定："严惩严重刑事犯罪，必须充分考虑被告人的主观恶性和人身危险性。对于事先精心预谋、策划犯罪的被告人，具有惯犯、职业犯等情节的被告人，或者因故意犯罪受过刑事处罚、在缓刑、假释考验期内又犯罪的被告人，要依法严惩，以实现刑罚特殊预防的功能。"第 12 条规定："要注重综合运用多种刑罚手段，特别是要重视依法适用财产刑，有效惩治犯罪。对于法律规定有附加财产刑的，要依法适用。对于侵财型和贪利型犯罪，更要注重通过依法适用财产刑使犯罪分子受到经济上的惩罚，剥夺其重新犯罪的能力和条件。要切实加大财产刑的执行力度，确保刑罚的严厉性和惩罚功能得以实现。被告人非法占有、处置被害人财产不能退赃的，在决定刑罚时，应作为重要情节予以考虑，体现从严处罚的精神。"第 14 条规定："宽严相济刑事政策中的从'宽'，主要是指对于情节较轻、社会危害性较小的犯罪，或者罪行虽然严重，但具有法定、酌定从宽处罚情节，以及主观恶性相对较小、人身危险性不大的被告人，可以依法从轻、减轻或者免除处罚；对于具有一定社会危害性，但情节显著轻微危害不大的行为，不作为犯罪处理；对于依法可不监禁的，尽量适用缓刑或者判处管制、单处罚金等非监禁刑。"第 16 条规定："对于所犯罪行不重、主观恶性不深、人身危险性较小、有悔改表现、不致再危害社会的犯罪分子，要依法从宽处理。对于其中具备条件的，应当依法适用缓刑或者管制、单处罚金等非监禁刑。同时配合做好社区矫正，加强教育、感化、帮教、挽救工作。"第 19 条规定："对于较轻犯罪的初犯、偶犯，应当综合考虑其犯罪的动机、手段、情节、后果和犯罪时的主观状态，酌情予以从宽处罚。对于犯罪情节轻微的初犯、偶犯，可以免予刑事处罚；依法应当予以刑事处罚的，也应当尽量适用缓刑或者判处管制、单处罚金等非监禁刑。"第 22 条规定："对于因恋爱、婚姻、家庭、邻里纠纷等民间矛盾激化引发的犯罪，因劳动纠纷、管理失当等原因引发、犯罪动机不属恶劣的犯罪，因被害方过错或者基于义愤引发的或者具有防卫因素的突发性犯罪，应酌情从宽处罚。"第 23 条规定："被告人案发后对被害人积极进行赔偿，并认罪、悔罪的，依法可以作为酌定量刑情节予以考虑。因婚姻家庭等民间纠纷激化引发的犯罪，被害人及其家属对被告人表示谅解的，应当作为酌定量刑情节予以考虑。犯罪情节轻微，取得被害人谅解的，可以依法从宽处理，不需判处刑罚的，可以免予刑事处罚。"第 25 条规定："宽严相济刑事政策中的'相济'，主要是指在对各类犯罪依法处罚时，要善于综合运用宽和严两种手段，对不同的犯罪和犯罪分子区别对待，做到严中有宽、宽以济严；宽中有严、严以济宽。"第 26 条规定："在对严重刑事犯罪依法从严惩处的同时，对被告人具有自首、立功、从犯等法定或酌定从宽处罚情节的，还要注意宽以济严，根据犯罪的具体情况，依法应当或可以从宽的，都应当在量刑上予以充分考虑。"第 27 条规定："在对较轻刑事犯罪依法从轻处罚的同时，要注意严以济宽，充分考虑被告人是否具有屡教不改、严重滋扰社会、群众反映强烈等酌定从严处罚的情况，对于不从严不足以有效惩戒者，也应当在量刑上有所体现，做到济之以严，使犯罪分子受到应有处罚，切实增强改造效果。"第 28 条规定："对于被告人同时具有法定、酌定从严和法定、酌定从宽处罚情节的案件，要在全面考察犯罪的事实、性质、情节和对社会危害程度的基础上，结合被告人的主观恶性、人身危险性、社会治安状况等因素，综合作出分析判断，总体从严，或者总体从宽。"

最高人民法院、最高人民检察院 2010 年 11 月 26 日发布的《关于办理国家出资企业中职务犯罪案件具体应用法律若干问题的意见》第 8 条 "关于宽严相济刑事政策的具体贯彻" 规定："办理国家出资企业中的职务犯罪案件时，要综合考虑历史条件、企业发展、职工就业、社会稳定等因素，注意具体情况具体分析，严格把握犯罪与一般违规行为的区分界限。对于主观恶意明显、社会危害严重、群众反映强烈的严重犯罪，要坚决依法从严惩处；对于特定历史条件下、为了顺利完成企业改制而实施的违反国家政策法律规定的行为，行为人无主观恶意或者主观恶意不明显，情节较轻，危害不大的，可以不作为犯罪处理。对于国家出资企业中的职务犯罪，要加大经济上的惩罚力度，充分重视财产刑的适用和执行，最大限度地挽回国家和人民利益遭受的损失。不能退赃的，在决定刑罚时，应当作为重要情节予以考虑。"

最高人民法院、最高人民检察院 2012 年 1 月 9 日发布的《关于依法严惩 "地沟油" 犯罪活动的通知》第 3 条 "准确把握宽严相济刑事政策在食品安全领域的适用" 规定："在对 '地沟油' 犯罪定罪量刑时，要充分考虑犯罪数额、犯罪分子主观恶性及其犯罪手段、犯罪行为对人民群众生命安全和身体健康的危害、对市场经济秩序的破坏程度、恶劣影响等。对于具有累犯、前科、共同犯罪的主犯、集团犯罪的首要分子等情节，以及犯罪数额巨大、情节恶劣、危害严重，群众反映强烈，给国家和人民利益造成重大损失的犯罪分子，依法严惩，罪当判处死刑的，要坚决依法判处死刑。对在同一条生产销售链上的犯罪分子，要在法定刑幅度内体现严惩源头犯罪的精神，确保生产环节与销售环节量刑的整体平衡。对于明知是 '地沟油' 而非法销售的公司、企业，要依法从严追究有关单位和直接责任人员的责任。对于具有自首、立功、从犯等法定情节的犯罪分子，可以依法从宽处理。要严格把握适用缓刑、免予刑事处罚的条件。对依法必须适用缓刑的，一般同时宣告禁止令，禁止其在缓刑考验期内从事与食品生产、销售等有关的活动。"

最高人民法院 2013 年 12 月 23 日发布的《关于常见犯罪的量刑指导意见》第一部分 "量刑的指导原则" 规定："1. 量刑应当以事实为根据，以法律为准绳，根据犯罪的事实、性质、情节和对于社会的危害程度，决定判处的刑罚。2. 量刑既要考虑被告人所犯罪行的轻重，又要考虑被告人应负刑事责任的大小，做到罪责刑相适应，实现惩罚和预防犯罪的目的。3. 量刑应当贯彻宽严相济的刑事政策，做到该宽则宽，当严则严，宽严相济，罚当其罪，确保裁判法律效果和社会效果的统一。4. 量刑要客观、全面把握不同时期不同地区的经济社会发展和治安形势的变化，确保刑法任务的实现；对于同一地区同一时期、案情相似的案件，所判处的刑罚应当基本均衡。"第二部分"量刑的基本方法"规定："量刑时，应在定性分析的基础上，结合定量分析，依次确定量刑起点、基准刑和宣告刑。1. 量刑步骤　（1）根据基本犯罪构成事实在相应的法定刑幅度内确定量刑起点；（2）根据其他影响犯罪构成的犯罪数额、犯罪次数、犯罪后果等犯罪事实，在量刑起点的基础上增加刑罚量确定基准刑；（3）根据量刑情节调节基准刑，并综合考虑全案情况，依法确定宣告刑。2. 调节基准刑的方法　（1）具有单个量刑情节的，根据量刑情节的调节比例直接调节基准刑。（2）具有多个量刑情节的，一般根据各个量刑情节的调节比例，采用同向相加、逆向相减的方法调节基准刑；具有未成年人犯罪、老年人犯罪、限制行为能力的精神病人犯罪、又聋又哑的人或者盲人犯罪，防卫过当、避险过当、犯罪预备、犯罪未遂、犯罪中止，从犯、胁从犯和教唆犯等量刑情节的，先适用该量刑情节对基准刑进行调节，在此基础上，再适用其他量刑情节进行调节。（3）被告人犯数罪，同时具有适用于各个罪的立功、累犯等量刑情节的，先适用该量刑情节调节个罪的基准刑，确定个罪所应判处的刑罚，再依法实行数罪并罚，决定执行的刑罚。3. 确定宣告刑的方法　（1）量刑情节对基准刑的调节结果在法定刑幅度内，且罪责刑相适应的，可以直接确定为宣告刑；如果具有应当减轻处罚情节的，应依法在法定最低刑以下确定宣告刑。（2）量刑情节对基准刑的调节结果在法定最低刑以下，具有法定减轻处罚情节，且罪责刑相适应的，可以直接确定为宣告刑；只有从轻处罚情节的，可以依法确定法定最低刑为宣告刑；但是根据案件的特殊情况，经最高人民法院核准，也可以在法定刑以下判处刑罚。（3）量刑情节对基准刑的调节结果在法定最高刑以上的，可以依法确定法定最高刑为宣告刑。（4）综合考虑全案情况，独任审判员或合议庭可以在20%的幅度内对调节结果进行调整，确定宣告刑。当调节后的结果仍不符合罪责刑相适应原则的，应提交审判委员会讨论，依法确定宣告刑。（5）综合全案犯罪事实和量刑情节，依法应当判处无期徒刑以上刑罚、管制或者单处附加刑、缓刑、免刑的，应当依法适用。"第三部分"常见量刑情节的适用"规定："量刑时要充分考虑各种法定和酌定量刑情节，根据案件的全部犯罪事实以及量刑情节的不同情形，依法确定量刑情节的适用及其调节比例。对严重暴力犯罪、毒品犯罪等严重危害社会治安犯罪，在确定从宽的幅度时，应当从严掌握；对犯罪情节较轻的犯罪，应当充分体现从宽。具体确定各个量刑情节的调节比例时，应当综合平衡调节幅度与实际增减刑罚量的关系，确保罪责刑相适应……7. 对于当庭自愿认罪的，根据犯罪的性质、罪行的轻重、认罪程度以及悔罪表现等情况，可以减少基准刑的10%以下。依法认定自首、坦白的除外。8. 对于退赃、退赔的，综合考虑犯罪性质，退赃、退赔行为对损害结果所能弥补的程度，退赃、退赔的数额及主动程度等情况，可以减少基准刑的30%以下；其中抢劫等严重危害社会治安犯罪的应从严掌握。9. 对于积极赔偿被害人经济损失并取得谅解的，综合考虑犯罪性质、赔偿数额、赔偿能力以及认罪、悔罪程度等情况，可以减少基准刑的40%以下；积极赔偿但没有取得谅解的，可以减少基准刑的30%以下；尽管没有赔偿，但取得谅解的，可以减少基准刑的20%以下；其中抢劫、强奸等严重危害社会治安犯罪的应从严掌握。10. 对于当事人根据刑事诉讼法第二百七十七条达成刑事和解协议的，综合考虑犯罪性质、赔偿数额、赔礼道歉以及真诚悔罪等情况，可以减少基准刑的50%以下；犯罪较轻的，可以减少基准刑的50%以上或者依法免除处罚……12. 对于有前科的，综合考虑前科的性质、时间间隔长短、次数、处罚轻重等情况，可以增加基准刑的10%以下。前科犯罪为过失犯罪和未成年人犯罪的除外。13. 对于犯罪对象为未成年人、老年人、残疾人、孕妇等弱势人员的，综合考虑犯罪的性质、犯罪的严重程度等情况，可以增加基准刑的20%以下。14. 对于在重大自然灾害、预防、控制突发传染病疫情等灾害期间犯罪的，根据案件的具体情况，可以增加基准刑的20%以下。"

最高人民法院、最高人民检察院、公安部2014年9月9日发布的《关于办理暴力恐怖和宗教极端刑事案件适用法律若干问题的意见》第一部分第1条规定："坚持严格依法办案。坚持以事实为依据、以法律为准绳，全面审查犯罪嫌疑人、被告人的犯罪动机、主观目的、客观行为和危害后果，正确把握罪与非罪、此罪与彼罪、一罪与数罪的界限。严格依照法定程序，及时、全面收集、固定证据。对造成重大人员伤亡和财产损失，严重危害国家安全、公共安全、社会稳定和民族团结的重特大、敏感案件，坚持分工负责、互相配合、互相制约的刑事诉讼基本原则，做到既准确、及时固定证据、查明事实，又讲求办案效率。"

【立法建言】

建　议： 将《刑法》第61条修改为："对于犯罪分子决定刑罚的时候，应当根据犯罪构成的事实、犯罪的性质、情节和对于社会的危害程度，结合犯罪分子的个人情况和人身危险程度，依照本法的有关规定判处。"

理　由：

只注重犯罪行为的社会危害性，而未兼顾犯罪人的人身危险性，这是《刑法》第61条的一个明显缺陷。对此，早就有学者提出了修改和完善的建议。[1] 在刑法修订研拟过程

---

[1] 例如，有的学者认为，"现行刑法基本上仅仅是把犯罪的社会危害性作为定罪量刑的基础，这在当今社会已不能完全符合刑法科学化的要求。因为以社会危害性作为定罪量刑的唯一基础，在相当程度上包含有早在古代就已颇为流行的报应思想的因素，而没有充分考虑到预防犯罪的需要。如果我们在坚持以社会危害性为定罪量刑的主要基础时，也注重考虑到罪犯的人身危险性，即再犯可能性，就有可能对症下药，真正达到预防犯罪的目的"（赵秉志主编：《刑法修改研究综述》，中国人民公安大学出版社1990年版，第34页）。有些学者指出，"事实上，在我国司法实践中，对量刑起直接作用的指导思想除了要求罪刑相适应说外，还有一般预防和特殊预防说。据此，审判人员在裁量刑罚时，除了要考虑与犯罪性质及其严重程度相适应外，还要与社会治安状况以及受刑人主观恶性相适应"（赵秉志主编：《刑法修改研究综述》，中国人民公安大学出版社1990年版，第202页）。

中，参加全国人大常委会法制工作委员会召开的刑法修改问题专家座谈会的专家也一致认为，"修改稿第六十一条规定的量刑原则，只是客观方面的要素，而对犯罪人主观方面考虑不够，同主客观统一的原则不一致。对犯罪分子确定刑罚，应当体现刑罚个别化的精神。建议增加有关犯罪分子的一贯表现、认罪态度等个人方面的规定"。① 但立法机关以"情节"包括犯罪分子的个人因素为由，未采纳上述建议。② 然而，无论如何解释情节，也难以将一些"案外"的情节解释为"犯罪"的情节。正如有学者指出，"从刑法规定自首、立功等制度的精神来看，量刑时应考虑一些案外情节，如犯罪人的某些个人情况、犯罪前的表现与犯罪后的态度等。换言之，量刑时还必须考虑犯罪人的再犯罪可能性大小程度。因为刑罚目的之一是预防犯罪人重新犯罪，这就决定了必须考虑犯罪人的再犯罪可能性，而上述因素正是说明犯罪人再犯罪可能性大小的重要因素。这虽然不是刑法第61条的明文规定，但根据刑法有关规定的精神，它们应成为量刑根据的内容之一"。③ 何况，《刑法》第61条还明文规定了"对于社会的危害程度"这一量刑因素。如果"情节"包括"表明行为的社会危害程度和行为人的人身危险程度的主客观事实情况"，那么，"对于社会的危害程度"的规定，岂不是多此一举，画蛇添足？可见，"情节"包括犯罪分子的个人因素的说法，是难以自圆其说的。正因为"情节"不包括犯罪分子的个人情况和其他反映人身危险程度的因素，而这些因素又应当成为量刑根据的内容，因此，宜在条文中明确加以规定。此外，从逻辑上看，"犯罪的事实"与"犯罪的性质、情节"存在着包容关系，宜将其改为"犯罪构成的事实"，以免产生歧义。④

二、从重处罚、从轻处罚的适用（第62条）

【立法沿革】

从重处罚、从轻处罚的适用是从1979年《刑法》第58条的规定直接移植过来的。

---

① 参见全国人大常委会法制工作委员会刑法室整理："《法律专家对〈刑法总则修改稿〉和〈刑法分则修改草稿〉的意见》（1996年9月6日）"，见高铭暄、赵秉志编：《新中国刑法立法文献资料总览》（下），中国人民公安大学出版社1998年版，第2131页。

② "考虑到总则修改稿第61条规定的'情节'指的就是定罪情节以外的表明行为的社会危害程度和行为人的人身危险程度的主客观事实情况，自然包括了犯罪分子的个人因素，如犯罪分子的悔罪态度及一贯表现，立法工作机关没有采纳上述建议"（参见高铭暄：《中华人民共和国刑法的孕育诞生和发展完善》，北京大学出版社2012年版，第243页）。

③ 张明楷：《刑法学》，法律出版社2011年版，第494页。

④ 有学者认为，"'事实'本来就是由'情节'所构成，而'性质'本来就是'事实'的一个侧面，故有了'事实'就无须再强调'性质'和'情节'。由于犯罪的'社会的危害程度'是奠基于'事实'而当然要靠'事实'来说明，且在司法量刑活动中权衡犯罪的社会危害程度就无须强调以'事实'作基础了，故确定了犯罪的'社会的危害程度'这一尺度，便无须再重复性强调犯罪的'事实'这一当然基础"（马荣春：《刑法完善论》，群众出版社2008年版，第117~118页）。

从立法源流来看，1950 年的《刑法大纲草案》第 26 条最早明确规定了从重处罚、从轻处罚的适用："刑罚之重轻，依第十七条所列刑罚之次序定之。"① "称从重处罚者，如法定刑为一种以上，就其中次重或最重之刑处罚；如只为一种监禁或劳役者，则从刑之高度处罚之。""称从轻处罚者，如法定刑为一种以上，就其中次轻或最轻之刑处罚；如只为一种监禁或劳役者，则从刑之低度处罚之。""称高度低度者，指法定刑二分之一以上为高度，二分之一以下为低度。"到了 1957 年，《刑法草案》第 22 稿始将从重处罚、从轻处罚的内涵界定为"在法定刑的限度以内判处较重或者较轻的刑罚"。该稿第 62 条规定："犯罪分子具有本法规定的从重、从轻情节的，应当在法定刑的限度以内判处较重或者较轻的刑罚。"1963 年的《刑法草案》第 33 稿第 62 条在上述规定的基础上，将"在法定刑的限度以内判处较重或者较轻的刑罚"改为"在法定刑的限度以内判处刑罚"。这一修改方案，为 1979 年《刑法》所采纳。

1979 年《刑法》第 58 条规定："犯罪分子具有本法规定的从重处罚、从轻处罚情节的，应当在法定刑的限度以内判处刑罚。"

1997 年《刑法》第 62 条直接移植了上述规定，未作任何修改。

【立法规定】

《刑法》第 62 条规定："犯罪分子具有本法规定的从重处罚、从轻处罚情节的，应当在法定刑的限度以内判处刑罚。"

【立法释义】

最高人民法院 2013 年 12 月 23 日发布的《关于常见犯罪的量刑指导意见》第二部分"量刑的基本方法"规定："量刑时，应在定性分析的基础上，结合定量分析，依次确定量刑起点、基准刑和宣告刑。1. 量刑步骤（1）根据基本犯罪构成事实在相应的法定刑幅度内确定量刑起点；（2）根据其他影响犯罪构成的犯罪数额、犯罪次数、犯罪后果等犯罪事实，在量刑起点的基础上增加刑罚量确定基准刑；（3）根据量刑情节调节基准刑，并综合考虑全案情况，依法确定宣告刑。2. 调节基准刑的方法（1）具有单个量刑情节的，根据量刑情节的调节比例直接调节基准刑。（2）具有多个量刑情节的，一般根据各个量刑情节的调节比例，采用同向相加、逆向相减的方法调节基准刑；具有未成年人犯罪、老年人犯罪、限制行为能力的精神病人犯罪、又聋又哑的人或者盲人犯罪，防卫过当、避险过当、犯罪预备、犯罪未遂、犯罪中止，从犯、胁从犯和教唆犯等量刑情节

---

① 该草案第 17 条规定："刑罚的种类如下：一、死刑：用枪决；二、监禁：一年以上，十五年以下，加重时，得加至二十五年，但以有明文规定者为限；三、劳役：一年未满，分拘束自由与不拘束自由两种；（有人主张把［劳役］取消）四、没收；五、罚金；六、褫夺政治权；七、褫夺亲权；八、禁止从事一定业务或职务；九、公开批评教育；十、赔偿损害；十一、认错道歉。"

的，先适用该量刑情节对基准刑进行调节，在此基础上，再适用其他量刑情节进行调节。（3）被告人犯数罪，同时具有适用于各个罪的立功、累犯等量刑情节的，先适用该量刑情节调节个罪的基准刑，确定个罪所应判处的刑罚，再依法实行数罪并罚，决定执行的刑罚。3.确定宣告刑的方法（1）量刑情节对基准刑的调节结果在法定刑幅度内，且罪责刑相适应的，可以直接确定为宣告刑；如果具有应当减轻处罚情节的，应依法在法定最低刑以下确定宣告刑。（2）量刑情节对基准刑的调节结果在法定最低刑以下，具有法定减轻处罚情节，且罪责刑相适应的，可以直接确定为宣告刑；只有从轻处罚情节的，可以依法确定法定最低刑为宣告刑；但是根据案件的特殊情况，经最高人民法院核准，也可以在法定刑以下判处刑罚。（3）量刑情节对基准刑的调节结果在法定最高刑以上的，可以依法确定法定最高刑为宣告刑。（4）综合考虑全案情况，独任审判员或合议庭可以在20%的幅度内对调节结果进行调整，确定宣告刑。当调节后的结果仍不符合罪责刑相适应原则的，应提交审判委员会讨论，依法确定宣告刑。（5）综合全案犯罪事实和量刑情节，依法应当判处无期徒刑以上刑罚、管制或者单处附加刑、缓刑、免刑的，应当依法适用。"

【立法建言】

建　议： 将《刑法》第62条修改为："犯罪分子具有本法规定的从重处罚、从轻处罚情节的，应当在法定刑的量刑幅度内判处较重或者较轻的刑罚。"

理　由：

1. 从内涵上看，"在法定刑限度以内判处刑罚"的规定未能体现"从重处罚、从轻处罚"的基本含义。

2. 从表述上看，"限度以内"不如"量刑幅度内"通俗易懂，且与《刑法》第63条的规定不相协调。

三、减轻处罚的适用（第63条）

【立法沿革】

减轻处罚的适用是在1979年《刑法》第59条规定的减轻处罚的适用的基础上修改而来的，并经《刑法修正案（八）》第5条所修正。

在刑法理论上，减轻处罚有法定减轻与酌定减轻之分。但是，由于1950年的《刑法大纲草案》在总则中并未规定减轻处罚的情节，[①] 因此，该草案"刑罚"一章有关"法定

---

① 该草案在分则中规定了减轻处罚的情节。例如，在"反革命罪"一章中，第53条第2款规定："预备犯本章各条之罪者，比照各该条规定，减轻处罚。"第55条规定："犯本章各条之罪，如能真诚悔过，自动立功者，本宽大精神，减轻或不予处罚。"

刑范围外减轻处罚"的规定，仅涉及酌定减轻处罚的适用。该草案第 27 条规定："犯罪人社会危险性不大，或因其他特殊情形，法院认为依法从重或从轻处罚，嫌其过重者，得于法定刑范围外减轻处罚之，但必须于判决书中说明减轻之理由。"到了 1957 年，《刑法草案》第 22 稿全面规定了法定减轻处罚和酌定减轻处罚的适用。其中，第 63 条规定："犯罪分子具有本法规定的减轻情节的，应当依照下列规定，在法定刑以下判处刑罚：（一）最低刑为无期徒刑的，可以减到十年以上有期徒刑；（二）最低刑为十年有期徒刑的，可以减到七年有期徒刑；（三）最低刑为七年有期徒刑的，可以减到五年有期徒刑；（四）最低刑为五年有期徒刑的，可以减到三年有期徒刑；（五）最低刑为三年有期徒刑的，可以减到一年有期徒刑；（六）最低刑为一年有期徒刑的，可以减到拘役；（七）最低刑为六个月有期徒刑、拘役、管制或者罚金的，可以免除处罚。"第 64 条规定："根据案件的特殊情节，对于犯罪分子从轻判处法定刑的最低限度还是过重的时候，可以减轻或者免除处罚，但是应当在判决书中说明理由。"1963 年的《刑法草案》第 33 稿第 63 条在上述规定的基础上作了较大的修改和调整：一是在法定减轻处罚的适用方面，删去了上述 7 项减轻幅度的限制，仅原则规定"应当在法定刑以下判处刑罚"；二是在酌定减轻处罚的适用方面，不仅增加了"经过上一级人民法院核准"的程序限制，并相应删去了"应当在判决书中说明理由"的内容，而且还删去了可以"免除处罚"的规定。修改后的条文为："犯罪分子具有本法规定的减轻处罚情节的，应当在法定刑以下判处刑罚。犯罪分子虽然不具有本法规定的减轻处罚情节，如果根据案件的特殊情况，判处法定刑的最低刑还是过重的，经过上一级人民法院核准，也可以在法定刑以下判处刑罚。"[①] 1979 年《刑法》第 59 条基本上沿用了上述规定，仅对第 2 款作了两处修改：一是将其中的"特殊情况"改为"具体情况"；二是将"经过上一级人民法院核准"改为"经人民法院审判委员会决定"。

1979 年《刑法》第 59 条规定："犯罪分子具有本法规定的减轻处罚情节的，应当在法定刑以下判处刑罚。犯罪分子虽然不具有本法规定的减轻处罚情节，如果根据案件的具体情况，判处法定刑的最低刑还是过重的，经人民法院审判委员会决定，也可以在法定刑以下判处刑罚。"

在全面研究修改刑法的过程中，1988 年的 3 个《刑法修改稿》基本上沿用了上述规定，仅在文字表述上将其中的"在法定刑以下"改为"低于法定刑"。但是，1995 年 8 月 8 日的《刑法总则修改稿》第 61 条又恢复了 1979 年《刑法》第 59 条的写法。到了 1996

[①] 值得一提的是，该稿第 64 条还增加了加重处罚的规定："对于个别罪行严重、情节恶劣、怙恶不悛的犯罪分子，如果判处法定刑的最高刑还是过轻的，经过最高人民法院核准，可以在法定刑以上判处刑罚。"但是，1979 年《刑法》删去了这一规定。

年 6 月 24 日，《刑法总则修改稿》第 61 条对减轻处罚的适用设计了两种方案。一种方案是："犯罪分子具有本法规定的减轻处罚情节的，应当低于法定刑判处。""犯罪分子虽然不具有本法规定的减轻处罚情节，如果根据案件的具体情况，判处法定刑的最低刑还是过重的，经人民法院审判委员会决定，也可以低于法定刑判处。"另一方案是："删去第二款。"1996 年 8 月 8 日的刑法总则修改稿第 63 条采用了上述第二种方案。对此，"有的专家提出，酌情减轻处罚的规定，虽然在实践中存在许多问题。但不宜删去。因为现实情况十分复杂，删去以后可能会遇到一些情况不好处理。特别是一些政治性的犯罪的处理，缺乏灵活性。为了防止滥用，严肃执法，建议增加规定由高级人民法院审判委员会决定，从程序上加以限制"。① 鉴于有关方面对酌定减轻处罚的规定争议较大，因此，1996 年 10 月 10 日的《刑法修订草案》（征求意见稿）第 63 条再次设计了两种方案以供选择：一是删去酌定减轻处罚的规定；二是保留酌定减轻处罚的规定，但程序严格规定，具体修改为"犯罪分子虽然不具有本法规定的减轻处罚情节，如果根据案件的具体情况，判处法定刑的最低刑还是过重的，经高级人民法院或者最高人民法院审判委员会决定，也可以在法定刑以下判处刑罚"。对于上述两种方案，最高司法机关采取了截然不同的两种立场。最高人民检察院提出，"建议删去草案稿第六十三条第二方案。理由是：（1）从司法实践看，刑法第五十九条第二款对严格执法冲击很大，严重地损害了法律的统一正确实施，造成了对犯罪尤其是经济犯罪的打击不力；同时，也为一些审判人员执法不严甚至徇私舞弊、贪赃枉法留下可乘之机，滋生了司法腐败现象，造成严重不良影响。所以，应彻底取消刑法第五十九条第二款的规定。（2）草案稿第六十三条第二方案没有根本解决原第五十九条第二款存在的问题。并且，按此方案下级法院在量刑时要请示上级法院决定，与我国宪法规定的法院上下级之间的体制相违背。而且这样做实际上等于取消了人民检察院的抗诉权，破坏了我国两审终审的审级制度，与修正后的刑事诉讼法要消除先定后审、上定下审的基本精神，也是背道而驰的。同时，在刑法中也不宜规定程序性的内容。（3）在立法上应确立罪刑法定原则，在理论界和实践部门已形成共识，草案稿也明确规定了罪刑法定原则。然而，罪刑法定原则不单单是罪状法定，刑罚法定，即量刑的法定，也是其题中应有之义。草案稿第六十三条第二方案仍然赋予法院无限的裁量处罚权，使法官可以在法定刑以下判处刑罚，这是与已经确立的罪刑法定这一基本原则相冲击的。（4）如果说有特殊情况，主要是个别的危害国家安全罪，从政治斗争需要的实际出发，虽不具备法律规定的减轻处罚情节又确需在法定刑以下判处刑罚。我们认为，对此即使在刑法中规定，由于其属

---

① 参见全国人大常委会法制工作委员会刑法室整理："《法律专家对〈刑法总则修改稿〉和〈刑法分则修改草稿〉的意见》（1996 年 9 月 6 日）"，见高铭暄、赵秉志编：《新中国刑法立法文献资料总览》（下），中国人民公安大学出版社 1998 年版，第 2131～2132 页。

于特例，也不应规定在总则中，而应具体列出，在刑法分则的危害国家安全罪中分别予以规定。况且，刑法规定一种普遍适用的制度，不能以一些特例作为基础。（5）对于某些特殊情况和特殊需要，完全可以通过其他方法加以处理，有的完全可以不必进入法律程序，一旦进入法律程序，就要严格依法办事，以在国内外树立我国法制形象，这也是依法治国、建设社会主义法制国家的必然要求。（6）我国刑法分则法定刑设置一般幅度都较大，而且绝大多数犯罪的法定最低刑都相当低。在这种条件下，在法律规定刑罚的幅度范围内，完全可以通过自由裁量解决某些特殊问题，而不必在法律规定以外再开口子。"[1] 而最高人民法院则提出，"建议《修订草案》原则恢复刑法第五十九条第二款的规定，同时在程序上加以限制"。其理由是："1. 刑法第五十九条第二款的规定体现了原则性与灵活性、普遍性与特殊性相结合，符合罪刑相适应的原则。2. 从国家利益考虑，保留这一条款是外交、国防、统战、民族、宗教工作的需要，是经济建设的需要，也是司法实践的需要（附案例）。3. 实践中对这一条款的适用基本上是正确的，发生的问题是极个别的。4. 规定适用这一条款必须经上一级人民法院核准，可以从程序上适当加以限制，防止滥用这一条款。"[2] 在草案征求意见的过程中，有关部门和地方对 1979 年《刑法》第 59 条第 2 款的规定是否保留也有两种不同的意见。[3] 经反复研究和论证，1996 年 12 月 20 日的《刑法修订草案》第 65 条采纳了上述第二种方案，但规定了严格的程序，将第 2 款中的"经高级人民法院或者最高人民法院审判委员会决定"改为"经最高人民法院审判委员会核准"。[4] 1997 年 2 月 17 日的《刑法修订草案》（修改稿）第 64 条基本上沿用了上述规定，仅将第 2 款中的"具体情况"改为"特殊情况"。1997 年修订的《刑法》第 63 条在上述规定的基础上，又对第 2 款作了以下三处修改：一是将其中的"如果"改为"但是"；二是删去了"判处法定刑的最低刑还是过重"的表述；三是将"经最高人民法院审

① 参见最高人民检察院刑法修改研究小组："《关于对〈中华人民共和国刑法（修订草案）〉（征求意见稿）的修改意见》（1996 年 11 月 15 日）"，见高铭暄、赵秉志编：《新中国刑法立法文献资料总览》（下），中国人民公安大学出版社 1998 年版，第 2631～2633 页。

② 参见最高人民法院刑法修改小组："《关于对〈中华人民共和国刑法（修订草案）〉（征求意见稿）的修改意见》（1996 年 11 月 8 日）"，见高铭暄、赵秉志编：《新中国刑法立法文献资料总览》（下），中国人民公安大学出版社 1998 年版，第 2433～2434 页。

③ 参见全国人大常委会办公厅秘书局："《中央有关部门、地方及法律专家对刑法修订草案（征求意见稿）的意见》（1996 年 12 月 26 日印）"，见高铭暄、赵秉志编：《新中国刑法立法文献资料总览》（下），中国人民公安大学出版社 1998 年版，第 2158～2159 页。

④ "在实际执行中，由于对判处法定最低刑还是过重的情况没有具体标准，各地人民法院掌握界限不统一，随意性较大，存在不少问题，甚至出现一些流弊。因此，适用这一规定必须规定严格的程序"（参见全国人大常委会副委员长王汉斌 1996 年 12 月 24 日在八届全国人大常委会第二十三次会议上所作的《关于中华人民共和国刑法（修订草案）的说明》）。

判委员会核准"改为"经最高人民法院核准"①。

1997 年修订的《刑法》第 63 条规定："犯罪分子具有本法规定的减轻处罚情节的，应当在法定刑以下判处刑罚。犯罪分子虽然不具有本法规定的减轻处罚情节，但是根据案件的特殊情况，经最高人民法院核准，也可以在法定刑以下判处刑罚。"

1997 年《刑法》施行后，鉴于"刑法对法定减轻处罚的规定过于笼统，即仅仅规定'应当在法定刑以下判处刑罚'，并未说明减轻的幅度标准，这直接导致司法实践中对法定减轻处罚的幅度把握标准不一致，这是我国刑法立法的一个明显的缺陷"。② 因此，《刑法修正案（八）》第 5 条提出在刑法第 63 条第 1 款中增加"本法规定有数个量刑幅度的，应当在法定量刑幅度的下一个量刑幅度内判处刑罚"的规定。

【立法规定】

《刑法》第 63 条规定："犯罪分子具有本法规定的减轻处罚情节的，应当在法定刑以下判处刑罚；本法规定有数个量刑幅度的，应当在法定量刑幅度的下一个量刑幅度内判处刑罚。犯罪分子虽然不具有本法规定的减轻处罚情节，但是根据案件的特殊情况，经最高人民法院核准，也可以在法定刑以下判处刑罚。"

【立法释义】

最高人民法院 1997 年 9 月 25 日发布的《关于适用刑法时间效力规定若干问题的解释》第 2 条规定："犯罪分子 1997 年 9 月 30 日以前犯罪，不具有法定减轻处罚情节，但是根据案件的具体情况需要在法定刑以下判处刑罚的，适用修订前的刑法第五十九条第二款的规定。"

最高人民法院 2010 年 2 月 8 日发布的《关于贯彻宽严相济刑事政策的若干意见》第 8 条第 4 款规定："要严格掌握职务犯罪法定减轻处罚情节的认定标准与减轻处罚的幅度，严格控制依法减轻处罚后判处三年以下有期徒刑适用缓刑的范围，切实规范职务犯罪缓刑、免予刑事处罚的适用。"

最高人民法院研究室 2012 年 5 月 30 日发布的《关于如何理解"在法定刑以下判处刑罚"问题的答复》规定："刑罚第六十三条第一款规定的'在法定刑以下判处刑罚'，是

---

① "这样修改主要是考虑到我国法院上下级之间是业务上的指导与被指导的关系，'经最高人民法院审判委员会决定'的规定，容易产生量刑时要请示上级法院决定的错觉。将其修改为'经最高人民法院核准'后，表明地方法院在量刑时，对酌定减轻的特殊案件并不需要向上级法院请示汇报，具有独立的判决权，但是作出的判决并不自然生效，只有报送最高人民法院核准后，方可具有法律效力，最高人民法院只是通过程序来加强对下级法院判决的监督，并没有干涉下级法院独立行使审判权"（参见高铭暄：《中华人民共和国刑法的孕育诞生和发展完善》，北京大学出版社2012 年版，第 246 页）。

② 参见高铭暄、陈璐：《〈中华人民共和国刑法修正案（八）〉解读与思考》，中国人民大学出版社 2011 年版，第 61 页。

指在法定量刑幅度的最低刑以下判处刑罚。刑法分则中规定的'处十年以上有期徒刑、无期徒刑或者死刑'，是一个量刑幅度，而不是'十年以上有期徒刑'、'无期徒刑'和'死刑'三个量刑幅度。"

最高人民法院 2013 年 12 月 23 日发布的《关于常见犯罪的量刑指导意见》第二部分"量刑的基本方法"第 3 条"确定宣告刑的方法"规定："（1）量刑情节对基准刑的调节结果在法定刑幅度内，且罪责刑相适应的，可以直接确定为宣告刑；如果具有应当减轻处罚情节的，应依法在法定最低刑以下确定宣告刑。（2）量刑情节对基准刑的调节结果在法定最低刑以下，具有法定减轻处罚情节，且罪责刑相适应的，可以直接确定为宣告刑；只有从轻处罚情节的，可以依法确定法定最低刑为宣告刑；但是根据案件的特殊情况，经最高人民法院核准，也可以在法定刑以下判处刑罚……"

【立法建言】

建　议：将《刑法》第 63 条中的"在法定刑以下"修改为"低于法定刑"。

理　由：

《刑法》第 63 条规定的"在法定刑以下"，未能准确地反映立法原意。因为，《刑法》第 99 条明确规定："本法所称以上、以下、以内，包括本数。""如果认为这里的'以下'包括本数在内，则会使减轻处罚与从轻处罚产生交叉，故应认为这里的'以下'不包括本数在内，即减轻处罚是低于法定最低刑判处刑罚。"[①] 笔者认为，上述理解是符合立法原意的，但却与《刑法》第 99 条的规定相矛盾。为化解这一矛盾，准确反映立法原意，宜将《刑法》第 63 条规定的"在法定刑以下"改为"低于法定刑"。

四、追缴、退赔和没收的适用（第 64 条）

【立法沿革】

追缴、退赔和没收的适用是在 1979 年《刑法》第 60 条规定的追缴、退赔和没收的适用的基础上修改而来的。

1950 年的《刑法大纲草案》没有区分没收与没收财产，因此，该草案第 21 条规定的"没收的范围"涵盖了没收和没收财产："没收的范围如下：一、构成犯罪之物；二、供犯罪所用之物，以犯罪人所有者为限。但别有规定者，从其规定；三、因犯罪所得之物或利益，以犯罪人所有者为限。但别有规定者，从其规定；四、不属于前三款的犯人所有的财产全部或一部，但以有明文规定者为限。并应酌留被告及其家属必需生活费用，及日常必需家庭用具与职业上必需之工具。"1951 年的《妨害国家货币治罪暂行条例》除没收财

---

① 张明楷：《刑法学》，法律出版社 2011 年版，第 495 页。

产外，还首次单独规定了没收。该条例第 9 条规定："凡伪造、变造之货币，均没收之。供本条例犯罪所用之机器、原料及其他物件均应没收，但属于第三人所有而不知其供犯罪之用者，不在此限。"1952 年的《惩治贪污条例》不仅首次规定了追缴，而且还规定了无法追缴时的处置办法。该条例第 3 条第 3 款规定："贪污所得财物，应予追缴；其罪行特别严重者，并得没收其财产之一部或全部。"第 8 条规定："非国家工作人员侵吞、盗窃、骗取或套取国家财物者，应追缴其违法所得财物……"第 10 条规定："凡应追缴的贪污财物或其他违法所得，如无法追缴时，得由审判机关或议处机关商同主管行政机关酌情予以其他适当的处置。"1957 年的《刑法草案》第 22 稿第 61 条第 2 款也规定了追缴："犯罪分子如果有违法所得的财物，在判处刑罚的时候，应当予以追缴。"到了 1963 年，《刑法草案》第 33 稿不仅专条规定了追缴，而且还增加了退赔和没收措施。该稿第 65 条规定："犯罪分子违法所得的一切财物，应当予以追缴或者责令退赔；供犯罪所用的一切财物，应当予以没收。"1979 年《刑法》第 60 条基本上沿用了上述规定，仅将其中的"供犯罪所用的一切财物"改为"违禁品和供犯罪所用的本人财物"。

1979 年《刑法》第 60 条规定："犯罪分子违法所得的一切财物，应当予以追缴或者责令退赔；违禁品和供犯罪所用的本人财物，应当予以没收。"

在刑法修订研拟的过程中，1996 年的《刑法修改草稿》第 64 条在上述规定的基础上，增加了"没收的财物和罚金收入，一律上缴国库，不得提成和私自处理"的规定。1996 年的《刑法修订草案》（征求意见稿）第 64 条对上述规定作了以下三处修改和补充：一是删去了"责令退赔"的规定；二是增加了"对被害人的合法财产，应当及时返还"的内容；三是将"不得提成和私自处理"改为"不得挪用和自行处理"。修改后的条文为："犯罪分子违法所得的一切财物，应当予以追缴；对被害人的合法财产，应当及时返还；违禁品和供犯罪所用的本人财物，应当予以没收。没收的财物收入和罚金，一律上缴国库，不得挪用和自行处理。"1996 年的《刑法修订草案》第 66 条基本上沿用了上述规定，除个别文字修改外，主要是恢复了"责令退赔"的规定。这一修改方案，为现行刑法所采纳。

【立法规定】

《刑法》第 64 条规定："犯罪分子违法所得的一切财物，应当予以追缴或者责令退赔；对被害人的合法财产，应当及时返还；违禁品和供犯罪所用的本人财物，应当予以没收。没收的财物和罚金，一律上缴国库，不得挪用和自行处理。"

【立法释义】

最高人民法院 1987 年 8 月 26 日发布的《关于被告人亲属主动为被告人退缴赃款应如何处理的批复》第 1 条规定："被告人是成年人，其违法所得都由自己挥霍，无法追缴的，应责令被告人退赔，其家属没有代为退赔的义务。被告人在家庭共同财产中有其个人应有部分的，只能在其个人应有部分的范围内，责令被告人退赔。"第2条规定："如果被告人的违法所得有一部分用于家庭日常生活，对这部分违法所得，被告人和家属均有退赔义务。"第3条规定："如果被告人对责令其本人退赔的违法所得已无实际上的退赔能力，但其亲属应被告人的请求，或者主动提出并征得被告人的同意，自愿代被告人退赔部分或者全部违法所得的，法院也可考虑其具体情况，收下其亲属自愿代被告人退赔的款项，并视为被告人主动退赔的款项。"第4条规定："属于以上三种情况，已作了退赔的，均可视为被告人退赃较好，可以依法适当从宽处罚。"第5条规定："如果被告人的罪行应当判处死刑，并必须执行，属于以上第一、二两种情况的，法院可以接收退赔的款项；属于以上第三种情况的，其亲属自愿代为退赔的款项，法院不应接收。"

最高人民法院研究室1992年8月26日发布的《关于对诈骗后抵债的赃款能否判决追缴问题的电话答复》规定："经研究，我们认为，犯罪分子以诈骗手段，非法骗取的赃款，即使用以抵债归还了债权人的，也应依法予以追缴。追缴赃款赃物的方式法律规定有多种，判决追缴只是其中一种。根据最高人民法院、最高人民检察院、公安部、财政部1965年12月1日（65）法研字第40号《关于没收和处理赃款赃物若干问题的暂行规定》第三条关于'检察院、公安机关依法移送人民法院判处案件的赃款赃物，应该随案移送，由人民法院在判决时一并作出决定'的规定，人民法院对需要追缴的赃款赃物，通过判决予以追缴符合法律规定的原则。赃款赃物的追缴并不限于犯罪分子本人，对犯罪分子转移、隐匿、抵债的，均应顺着赃款赃物的流向，一追到底，即使是享有债权的人善意取得的赃款，也应追缴。刑法并不要求善意取得赃款的债权人一定要参加刑事诉讼，不参加诉讼不影响判令其退出取得的赃款。另外，华联奎副院长在年初高级法院院长会议上关于协助执行的讲话，不只是针对民事、经济纠纷案件的执行讲的，也应当包括刑事案件中的财产部分的执行在内。"

最高人民法院1993年7月24日发布的《关于滥伐自己所有权的林木其林木应如何处理的问题的批复》规定："属于个人所有的林木，也是国家森林资源的一部分。被告人滥伐属于自己所有权的林木，构成滥伐林木罪的，其行为已违反国家保护森林法规，破坏了国家的森林资源，所滥伐的林木即不再是个人的合法财产，而应当作为犯罪分子违法所得的财物，依照刑法第六十条①的规定予以追缴。"

最高人民法院、最高人民检察院、公安部、国家工商行政管理局1998年5月8日发布的《关于依法查处盗窃、抢劫机动车案件的规定》第11条规定："对犯罪分子盗窃、抢

---

① 1979年《刑法》第60条。

劫所得的机动车辆及其变卖价款，应当依照《刑法》第六十四条的规定予以追缴。"第12条规定："对明知是赃车而购买的，应将车辆无偿追缴；对违反国家规定购买车辆，经查证是赃车的，公安机关可以根据《刑事诉讼法》第一百一十条和第一百一十四条规定进行追缴和扣押。对不明知是赃车而购买的，结案后予以退还买主。"第13条规定："对购买赃车后使用非法提供的入户、过户手续或者使用伪造、变造的入户、过户手续为赃车入户、过户的，应当吊销牌证，并将车辆无偿追缴；已将入户、过户车辆变卖的，追缴变卖所得并责令赔偿经济损失。"第14条规定："对直接从犯罪分子处追缴的被盗窃、抢劫的机动车辆，经检验鉴定，查证属实后，可依法先行返还失主，移送案件时附清单、照片及其他证据。在返还失主前，按照赃物管理规定管理，任何单位和个人都不得挪用、损毁或者自行处理。"

最高人民法院2000年12月5日发布的《关于审理黑社会性质组织犯罪的案件具体应用法律若干问题的解释》第7条规定："对黑社会性质组织和组织、领导、参加黑社会性质组织的犯罪分子聚敛的财物及其收益，以及用于犯罪的工具等，应当依法追缴、没收。"

最高人民法院、最高人民检察院、海关总署2002年7月8日发布的《关于办理走私刑事案件适用法律若干问题的意见》第23条规定："在办理走私犯罪案件过程中，对发现的走私货物、物品、走私违法所得以及属于走私犯罪分子所有的犯罪工具，走私犯罪侦查机关应当及时追缴，依法予以查扣、冻结。在移送审查起诉时应当将扣押物品文件清单、冻结存款证明文件等材料随案移送，对于扣押的危险品或者鲜活、易腐、易失效、易贬值等不宜长期保存的货物、物品，已经依法先行变卖、拍卖的，应当随案移送变卖、拍卖物品清单以及原物的照片或者录像资料；人民检察院在提起公诉时应当将上述扣押物品文件清单、冻结存款证明和变卖、拍卖物品清单一并移送；人民法院在判决走私罪案件时，应当对随案清单、证明文件中载明的款、物审查确认并依法判决予以追缴、没收；海关根据人民法院的判决和海关法的有关规定予以处理，上缴中央国库。"第24条规定："在办理走私普通货物、物品犯罪案件中，对于走私货物、物品因流入国内市场或者投入使用，致使走私货物、物品无法扣押或者不便扣押的，应当按照走私货物、物品的进出口完税价格认定违法所得予以追缴；走私货物、物品实际销售价格高于进出口完税价格的，应当按照实际销售价格认定违法所得予以追缴。"

最高人民法院、最高人民检察院2005年5月11日发布的《关于办理赌博刑事案件具体应用法律若干问题的解释》第8条规定："赌博犯罪中用作赌注的款物、换取筹码的款物和通过赌博赢取的款物属于赌资。通过计算机网络实施赌博犯罪的，赌资数额可以按照在计算机网络上投注或者赢取的点数乘以每一点实际代表的金额认定。赌资应当依法予以追缴；赌博用具、赌博违法所得以及赌博犯罪分子所有的专门用于赌博的资金、交通工具、通讯工具等，应当依法予以没收。"

最高人民法院、最高人民检察院2009年3月12日发布的《关于办理职务犯罪案件认定自首、立功等量刑情节若干问题的意见》第4部分"关于赃款赃物追缴等情形的处理"规定："贪污案件中赃款赃物全部或者大部分追缴的，一般应当考虑从轻处罚。受贿案件中赃款赃物全部或者大部分追缴的，视具体情况可以酌定从轻处罚。犯罪分子及其亲友主动退赃或者在办案机关追缴赃款赃物过程中积极配合的，在量刑时应当与办案机关查办案件过程中依职权追缴赃款赃物的有所区别。职务犯罪案件立案后，犯罪分子及其亲友自行挽回的经济损失，司法机关或者犯罪分子所在单位及其上级主管部门挽回的经济损失，或者因客观原因减少的经济损失，不予扣减，但可以作为酌情从轻处罚的情节。"

最高人民法院、最高人民检察院、公安部2009年12月15日发布的《办理黑社会性质组织犯罪案件座谈会纪要》"关于办理黑社会性质组织犯罪案件的其他问题"部分第3条"关于涉黑犯罪财物及其收益的认定和处置"规定："在办案时，要依法运用查封、扣押、冻结、追缴、没收等手段，彻底摧毁黑社会性质组织的经济基础，防止其死灰复燃。对于涉黑犯罪财物及其收益以及犯罪工具，均应按照刑法第六十四条和《司法解释》①第七条的规定予以追缴、没收。黑社会性质组织及其成员通过犯罪活动聚敛的财物及其收益，是指在黑社会性质组织的形成、发展过程中，该组织及组织成员通过违法犯罪活动或其他不正当手段聚敛的全部财物、财产性权益及其孳息、收益。在办案工作中，应认真审查涉案财产的来源、性质，对被告人及其他单位、个人的合法财产应依法予以保护。"

最高人民法院、最高人民检察院2011年3月1日发布的《关于办理诈骗刑事案件具体应用法律若干问题的解释》第9条规定："案发后查封、扣押、冻结在案的诈骗财物及其孳息，权属明确的，应当发还被害人；权属不明确的，可按被骗款物占查封、扣押、冻结在案的财物及其孳息总额的比例发还被害人，但已获退赔的应予扣除。"第10条规定："行为人已将诈骗财物用于清偿债务或者转让给他人，具有下列情形之一的，应当依法追缴：（一）对方明知是诈骗财物而收取的；（二）对方无偿取得诈骗财物的；（三）对方以明显低于市场的价格取得诈骗财物的；（四）对方取得诈骗财物系源于非法债务或者违法犯罪活动的。""他人善意取得诈骗财物的，不予追缴。"

最高人民法院、最高人民检察院2012年12月16日发布的《关于办理行贿刑事案件具体应用法律若干问题的解释》第11条规定："行贿犯罪取得的不正当财产性利益应当依照刑法第六十四条的规定予以追缴、责令退赔或者返还被害人。因行贿犯罪取得财产性利益以外的经营资格、资质或者职务晋升等其他不正当利益，建议有关部门依照相关规定予

---

① 该纪要所说的《司法解释》，是指最高人民法院2000年12月25日发布的《关于审理黑社会性质组织犯罪的案件具体应用法律若干问题的解释》。

以处理。"

最高人民法院 2013 年 10 月 21 日发布的《关于适用刑法第六十四条有关问题的批复》规定："根据刑法第六十四条和《最高人民法院关于适用〈中华人民共和国刑事诉讼法〉的解释》第一百三十八条、第一百三十九条的规定，被告人非法占有、处置被害人财产的，应当依法予以追缴或者责令退赔。据此，追缴或者责令退赔的具体内容，应当在判决主文中写明；其中，判决前已经发还被害人的财产，应当注明。被害人提起附带民事诉讼，或者另行提起民事诉讼请求返还被非法占有、处置的财产的，人民法院不予受理。"

最高人民法院 2015 年 5 月 18 日发布的《全国法院毒品犯罪审判工作座谈会纪要》关于"缓刑、财产刑适用及减刑、假释问题"中规定："办理毒品犯罪案件，应当依法追缴犯罪分子的违法所得，充分发挥财产刑的作用，切实加大对犯罪分子的经济制裁力度。对查封、扣押、冻结的涉案财物及其孳息，经查确属违法所得或者依法应当追缴的其他涉案财物的，如购毒款、供犯罪所用的本人财物、毒品犯罪所得的财物及其收益等，应当判决没收，但法律另有规定的除外。"

【立法建言】

建　议：将《刑法》第 64 条修改为："犯罪分子违法所得的一切财物，应当予以追缴或者责令退赔；违禁品和供犯罪所用的本人财物，应当予以没收。"

理　由：

1. 从规范的属性来看，"对被害人的合法财产，应当及时返还"和"没收的财物和罚金，一律上缴国库，不得挪用和自行处理"的规定，属于非刑法规范，刑法不宜对此加以规定。

2. 从规范的内容来看，"对被害人的合法财产，应当及时返还"的规定，纯属多此一举，没有必要。因为，既然是"被害人的合法财产"，当然不能没收，"应当及时返还"。而"没收的财物和罚金，一律上缴国库，不得挪用和自行处理"，则是对司法机关提出的基本要求，属于司法机关内部的流程性规定，作为实体法的刑法，不应对此加以规定。

第二节　累　　犯

一、一般累犯（第 65 条）

【立法沿革】

一般累犯是在 1979 年《刑法》第 61 条规定的一般累犯的基础上修改而来的，并经《刑法修正案（八）》第 6 条所修正。

从立法源流来看，累犯制度最早见之于 1957 年的《刑法草案》第 22 稿。该稿第 65 条规定："刑罚执行完毕或者赦免以后，在下列期限以内再犯同类性质罪的，是累犯：（一）原判管制、拘役、不满五年有期徒刑，在三年内又犯罪的；（二）原判五年以上不满十年有期徒刑，在五年内又犯罪的；（三）原判十年以上有期徒刑、无期徒刑，在七年内又犯罪的。""前款规定的期限，对于被缓刑或者被假释的犯罪分子，从缓刑期满或者假释期满之日起计算。"第 66 条规定："对于累犯，从重处罚。"到了 1963 年，《刑法草案》第 33 稿不仅将累犯分为一般累犯和反革命累犯两种，而且第 66 条还对一般累犯的概念和构成作了较大的修改和补充：一是取消了"再犯同类性质罪"的限制，代之以前后罪均须"判处有期徒刑以上刑罚"的条件；二是删去了根据原判刑罚的轻重分别在"三年内""五年内""七年内"又犯罪才构成累犯的规定，而将构成累犯的期限统一规定为"五年以内"；三是增加了"过失犯罪除外"的规定；四是删去了"被缓刑"的犯罪分子，"从缓刑期满"之日起计算的规定。修改后的条文为："被判处有期徒刑以上刑罚的犯罪分子，刑罚执行完毕或者赦免以后，在五年以内再犯应当判处有期徒刑以上刑罚之罪的，是累犯，应当从重处罚，但是过失犯罪除外。前款规定的期限，对于被假释的犯罪分子，从假释期满之日起计算。"1979 年《刑法》第 61 条基本上沿用了上述规定，仅将其中的"五年以内"改为"三年以内"。

1979 年《刑法》第 61 条规定："被判处有期徒刑以上刑罚的犯罪分子，刑罚执行完毕或者赦免以后，在三年以内再犯应当判处有期徒刑以上刑罚之罪的，是累犯，应当从重处罚，但是过失犯罪除外。前款规定的期限，对于被假释的犯罪分子，从假释期满之日起计算。"

1979 年《刑法》施行后，鉴于"劳改犯和劳教人员逃跑或者期满释放后，又进行犯罪活动，是当前严重危害社会治安的一个突出问题"。[1] 因此，全国人大常委会 1981 年 6 月 10 日通过的《关于处理逃跑或者重新犯罪的劳改犯和劳教人员的决定》第 2 条第 2 款规定："劳改犯逃跑后又犯罪的，从重或者加重处罚；[2] 刑满释放后又犯罪的，从重处罚。

---

[1] 参见全国人大常委会法制委员会副主任王汉斌："《关于加强法律解释工作等三个决定（草案）的说明》"，见高铭暄、赵秉志编：《中国刑法立法文献资料精选》，法律出版社 2007 年版，第 372 页。

[2] "这里需要说明：加重判刑是'刑法'没有规定的，是对'刑法'的补充规定。这个规定只适用于决定（草案）所列举的两种特定的犯罪分子：一种是劳改犯逃跑后又犯罪的；另一种是劳改犯和劳教人员对检举人、被害人和有关的司法工作人员以及制止他们进行违法犯罪行为的干部、群众行凶报复的。对其他犯罪分子，则不能加重判刑。对上述两种罪犯也不是都要加重判刑，而是要根据不同的犯罪情节，有的加重判刑，有的从重判刑。至于如何加重判刑，不是可以无限制地加重，而是罪加一等，即在法定最高刑以上一格判处。如法定最高刑为 10 年有期徒刑的，可以判处 10 年以上至 15 年的有期徒刑；法定最高刑为 15 年有期徒刑的，可以判处无期徒刑；法定最高刑为无期徒刑的，可以判处死刑（包括死刑缓期两年执行）"（参见全国人大常委会法制委员会副主任王汉斌："《关于加强法律解释工作等三个决定（草案）的说明》"，见高铭暄、赵秉志编：《中国刑法立法文献资料精选》，法律出版社 2007 年版，第 373 页）。

刑满后一律留场就业，不得回原大中城市。"该条所确立的再犯从重处罚制度，具有与累犯制度相同的法律效果，但是却不受"在三年以内再犯应当判处有期徒刑以上刑罚之罪"的限制，因而事实上对累犯制度造成了一定的冲击。

在全面研究修改刑法的过程中，鉴于是否应将上述再犯的规定纳入累犯制度等问题存在较大的争议，1988 年 9 月的《刑法修改稿》第 61 条设计了两种修改方案以供选择：一是基本维持 1979 年《刑法》第 61 条的规定，仅将构成累犯的间隔时间由"三年以内"改为"五年以内"；二是重新设计累犯制度，将其修改为"具有下列情形之一的，是累犯：（1）被判处有期徒刑以上刑罚的犯罪分子，刑罚执行完毕或者赦免以后，在五年以内再犯应当判处有期徒刑以上刑罚之罪的；但是过失犯罪除外；前款规定的期限，对于被假释的犯罪分子，从假释期满之日起计算。（2）犯危害国家安全罪的犯罪分子，刑罚执行完毕或者赦免以后，在任何时候再犯危害国家安全罪的。（3）被判处有期徒刑以上刑罚的犯罪分子，在劳动改造期间越狱逃跑后又犯应当判处有期徒刑以上刑罚之罪的；但是过失犯罪者除外"。此外，该稿还对累犯的处罚原则作了修改，并将其作为单独的 1 条加以规定："对于累犯应当从重处罚，或者加重本刑至二分之一，但是有期徒刑最高不能超过二十年。"[1] 1988 年 11 月 16 日的刑法修改稿又对一般累犯的规定进行了大幅修改，进一步扩大了累犯的成立范围。该稿第 62 条规定："被判处拘役、有期徒刑、无期徒刑的犯罪分子，有下列情形之一的，是累犯：（一）在刑罚执行期间又故意犯罪的；（二）在缓刑、假释期间又故意犯罪的；（三）刑罚执行完毕或者赦免以后，在五年内又故意犯罪的。第一款第（三）项规定的期限，对于被缓刑、假释的犯罪分子，从缓刑、假释期满之日起计算。"第 63 条规定："对于累犯应当从重处罚，情节特别严重的，可以在法定最高刑以上处罚。" 1988 年 12 月 25 日的《刑法修改稿》第 61 条基本上沿用了上述累犯范围的规定，仅从立法技术上作了相应的修改和调整："被判处拘役、有期徒刑、无期徒刑的犯罪分子，在刑罚执行期间又故意犯罪的，或者刑罚执行完毕、赦免以后在五年以内又故意犯罪的，是累犯。"此外，该稿还对累犯的处罚原则作了修改和补充："对于累犯，应当从重处罚；具有下列情节之一的，可以在法定最高刑以上判处刑罚：（一）刑罚执行期间逃跑以后又犯罪的；（二）所犯后罪情节特别严重的。"[2] 到了 1995 年 8 月 8 日，《刑法总则修改稿》删去了拘役犯也可以构成一般累犯的规定，并再次修改了累犯的处罚原则。该稿第 63 条第 1款规定："被判处有期徒刑以上刑罚的犯罪分子，在刑罚执行完毕以前再犯罪的，或者在刑罚执行完毕、赦免以后，在五年以内再犯罪的，是累犯；但是过失犯罪除外。"第 64 条规定："对于累犯应当从重处罚；有下列情形之一的，可以加重处罚，但是不得超过法定

---

① 该条列于第 62 条特别累犯的规定之后，但未编条文序号。

② 该条列于第 61 条的规定之后，但未编条文序号。

最高刑的二分之一：（一）刑罚执行期间逃跑后又犯罪的；（二）对检举人、被害人和有关司法工作人员以及制止其违法犯罪的人行凶报复的；（三）犯罪情节特别严重的。"1996 年 6 月 24 日的刑法总则修改稿第 63 条、第 64 条基本上沿用了上述规定，仅将加重处罚中"但是不得超过法定最高刑的二分之一"的规定修改为"加重处罚的刑期，不得超过法定最高刑的二分之一；也不得超过第六十七条对管制、拘役、有期徒刑规定的最高期限"，并将其作为第 64 条的第 2 款。但是，自 1996 年 8 月 8 日的刑法总则修改稿起，立法工作机关放弃了上述修改的努力，而是重新以 1979 年《刑法》第 61 条为基础进行修改。该稿第 65 条第 1 款规定："被判处有期徒刑以上刑罚的犯罪分子，刑罚执行完毕以后，在五年以内再犯罪的，是累犯；但是过失犯罪除外。"第 2 款规定："前款规定的期限，对于被假释的犯罪分子，从假释期满之日起计算。"第 4 款规定："对于累犯，应当从重处罚。"1996 年 10 月 10 日的《刑法修订草案》（征求意见稿）第 65 条进一步恢复了 1979 年《刑法》第 61 条的规定，仅将其中的"在三年以内"修改为"在五年以内"。这一修改方案，为 1997 年修订的《刑法》所采纳。[1]

1997 年修订的《刑法》第 65 条规定："被判处有期徒刑以上刑罚的犯罪分子，刑罚执行完毕或者赦免以后，在五年以内再犯应当判处有期徒刑以上刑罚之罪的，是累犯，应当从重处罚，但是过失犯罪除外。前款规定的期限，对于被假释的犯罪分子，从假释期满之日起计算。"

1997 年《刑法》施行后，为了进一步体现对未成年人犯罪从宽处理的精神，《刑法修正案（八）》第 6 条将上述第 1 款中"过失犯罪除外"的规定修改为"过失犯罪和不满十八周岁的人犯罪的除外"，排除了未成年人因再次犯罪而被从重处罚的可能性。

【立法规定】

《刑法》第 65 条规定："被判处有期徒刑以上刑罚的犯罪分子，刑罚执行完毕或者赦免以后，在五年以内再犯应当判处有期徒刑以上刑罚之罪的，是累犯，应当从重处罚，但是过失犯罪和不满十八周岁的人犯罪的除外。前款规定的期限，对于被假释的犯罪分子，从假释期满之日起计算。"

【立法释义】

最高人民法院 1997 年 9 月 25 日发布的《关于适用刑法时间效力规定若干问题的解释》第 3 条规定："前罪判处的刑罚已经执行完毕或者赦免，在 1997 年 9 月 30 日以前又犯应当判处有期徒刑以上刑罚之罪，是否构成累犯，适用修订前的刑法第六十一条的规

---

① 在此之前，1997 年 2 月 17 日的《刑法修订草案》（修改稿）第 66 条曾在第 2 款中增加了"对于被宣告缓刑的犯罪分子，从缓刑考验期满之日起计算"的规定。

定；1997 年 10 月 1 日以后又犯应当判处有期徒刑以上刑罚之罪的，是否构成累犯，适用刑法第六十五条的规定。"

最高人民法院 2008 年 12 月 1 日发布的《全国部分法院审理毒品犯罪案件工作座谈会纪要》第 8 条"毒品再犯问题"规定："根据刑法第三百五十六条规定，只要因走私、贩卖、运输、制造、非法持有毒品罪被判过刑，不论是在刑罚执行完毕后，还是在缓刑、假释或者暂予监外执行期间，又犯刑法分则第六章第七节规定的犯罪的，都是毒品再犯，应当从重处罚。因走私、贩卖、运输、制造、非法持有毒品罪被判刑的犯罪分子，在缓刑、假释或者暂予监外执行期间又犯刑法分则第六章第七节规定的犯罪的，应当在对其所犯新的毒品犯罪适用刑法第三百五十六条从重处罚的规定确定刑罚后，再依法数罪并罚。对同时构成累犯和毒品再犯的被告人，应当同时引用刑法关于累犯和毒品再犯的条款从重处罚。"

最高人民法院 2010 年 2 月 8 日发布的《关于贯彻宽严相济刑事政策的若干意见》第 11 条规定："要依法从严惩处累犯和毒品再犯。凡是依法构成累犯和毒品再犯的，即使犯罪情节较轻，也要体现从严惩处的精神。尤其是对于前罪为暴力犯罪或被判处重刑的累犯，更要依法从严惩处。"

最高人民法院 2010 年 12 月 22 日发布的《关于处理自首和立功若干具体问题的意见》第 8 条第 4 款规定："对于被告人具有自首、立功情节，同时又有累犯、毒品再犯等法定从重处罚情节的，既要考虑自首、立功的具体情节，又要考虑被告人的主观恶性、人身危险性等因素，综合分析判断，确定从宽或者从严处罚。累犯的前罪为非暴力犯罪的，一般可以从宽处罚，前罪为暴力犯罪或者前、后罪为同类犯罪的，可以不从宽处罚。"

最高人民法院 2011 年 4 月 25 日发布的《关于〈中华人民共和国刑法修正案（八）〉时间效力问题的解释》第 3 条第 1 款规定："被判处有期徒刑以上刑罚，刑罚执行完毕或者赦免以后，在 2011 年 4 月 30 日以前再犯应当判处有期徒刑以上刑罚之罪的，是否构成累犯，适用修正前刑法第六十五条的规定；但是，前罪实施时不满十八周岁的，是否构成累犯，适用修正后刑法第六十五条的规定。"第 3 款规定："曾被判处有期徒刑以上刑罚，或者曾犯危害国家安全犯罪、恐怖活动犯罪、黑社会性质的组织犯罪，在 2011 年 5 月 1 日以后再犯罪的，是否构成累犯，适用修正后刑法第六十五条、第六十六条的规定。"

最高人民法院 2013 年 12 月 23 日发布的《关于常见犯罪的量刑指导意见》第三部分"常见量刑情节的适用"第 11 条规定："对于累犯，应当综合考虑前后罪的性质、刑罚执行完毕或赦免以后至再犯罪时间的长短以及前后罪罪行轻重等情况，增加基准刑的 10%—40%，一般不少于 3 个月。"

最高人民检察院 2014 年 9 月 15 日发布的指导性案例检例 19 号《张某、沈某某等七人抢劫案》中的"要旨"第 3 条规定："未成年人犯罪不构成累犯。"

最高人民法院 2015 年 5 月 18 日发布的《全国法院毒品犯罪审判工作座谈会纪要》关于"累犯、毒品再犯问题"规定："累犯、毒品再犯是法定从重处罚情节，即使本次毒品犯罪情节较轻，也要体现从严惩处的精神。尤其对于曾因实施严重暴力犯罪被判刑的累犯、刑满释放后短期内又实施毒品犯罪的再犯，以及在缓刑、假释、暂予监外执行期间又实施毒品犯罪的再犯，应当严格体现从重处罚。对于因同一毒品犯罪前科同时构成累犯和毒品再犯的被告人，在裁判文书中应当同时引用刑法关于累犯和毒品再犯的条款，但在量刑时不得重复予以从重处罚。对于因不同犯罪前科同时构成累犯和毒品再犯的被告人，量刑时的从重处罚幅度一般应大于前述情形。"

【立法建言】

建　议：将《刑法》第 65 条修改为："被判处有期徒刑以上刑罚的犯罪分子，刑罚执行完毕或者赦免以后，在五年以内再犯应当判处有期徒刑以上刑罚之罪的，是累犯，但是过失犯罪和不满十八周岁的人犯罪的除外。""对于累犯，应当从重处罚。"

理　由：

1. 从概念表述来看，在累犯的概念中插入"应当从重处罚"的规定，破坏了累犯概念的完整性，不符合定义的基本要求，因而应作相应的文字调整。

2. 从具体内容来看，第 2 款"前款规定的期限，对于被假释的犯罪分子，从假释期满之日起计算"的规定纯属多余。因为，"假释考验期满，就认为原判刑罚已经执行完毕"。① 因此，该款所规定的"假释期满"已为第 1 款"刑罚执行完毕"的规定所涵盖，没有必要再对此作重复性的规定。

二、特殊累犯（第 66 条）

【立法沿革】

特殊累犯是在 1979 年《刑法》第 62 条规定的反革命累犯的基础上修改而来的，并经《刑法修正案（八）》第 7 条所修正。

为贯彻严格区分敌我和人民内部两类不同性质的矛盾的原则和惩办与宽大相结合的政策，将刑法的打击锋芒，主要指向反革命犯和其他严重破坏社会秩序的罪犯，1963 年的《刑法草案》第 33 稿规定了一系列区别对待的原则。② 其中，在对反革命犯从严方面，该

---

① 《刑法》第 85 条规定。

② 参见中央政法小组："《关于修改〈中华人民共和国刑法草案（草稿）〉情况和意见的报告》（1963 年 1 月 8 日）"，见高铭暄、赵秉志编：《新中国刑法立法文献资料总览》（下），中国人民公安大学出版社 1998 年版，第 1985 页。

稿第 67 条增加规定了反革命累犯："刑罚执行完毕或者赦免以后的反革命分子，在任何时候再犯反革命罪的，都以累犯论处。"1979 年《刑法》第 62 条沿用了上述规定，未作任何修改。

在全面研究修改刑法的过程中，1988 年 9 月的《刑法修改稿》第 62 条对上述规定作了两方面的修改和补充：一是将"反革命分子"改为"犯危害国家安全罪的犯罪分子"，将"反革命罪"改为"危害国家安全罪"；二是增加了"被判处有期徒刑以上刑罚的犯罪分子，在劳动改造期间越狱逃跑后再犯应当判处有期徒刑以上之罪"的情形。修改后的条文为："犯危害国家安全罪的犯罪分子，刑罚执行完毕或者赦免以后，在任何时候再犯危害国家安全罪的，或者被判处有期徒刑以上刑罚的犯罪分子，在劳动改造期间越狱逃跑后再犯应当判处有期徒刑以上之罪的（过失犯罪除外）都以累犯论处。"但是，1988 年 11 月 16 日的《刑法修改稿》第 64 条又删去了上述增加的情形，仅保留了危害国家安全累犯的规定。1995 年 8 月 8 日的《刑法总则修改稿》在立法模式方面作了调整，将危害国家安全累犯由单独的 1 条改为累犯规定中的 1 款。该稿第 63 条第 2 款规定："犯危害国家安全罪的犯罪分子，在任何时候再犯危害国家安全罪的，都是累犯。"1996 年 8 月 8 日的刑法总则修改稿沿用了上述立法模式，但增加了毒品犯罪的内容。该稿第 65 条第 3 款规定："危害国家安全罪的犯罪分子和毒品犯罪分子在刑罚执行完毕以后，任何时候再犯危害国家安全罪和毒品罪的，都是累犯。"到了 1996 年 10 月 10 日，《刑法修订草案》（征求意见稿）删去了特殊累犯的规定，仅保留了一般累犯的条款。但是，1997 年 2 月 17 日的《刑法修订草案》（修改稿）第 67 条又恢复了危害国家安全累犯的规定，并为 1997 年修订的《刑法》所采纳。

1997 年修订的《刑法》第 66 条规定："危害国家安全的犯罪分子在刑罚执行完毕或者赦免以后，在任何时候再犯危害国家安全罪的，都以累犯论处。"

1997 年《刑法》施行后，为了加大对恐怖活动犯罪、黑社会性质组织犯罪的惩处力度，①《刑法修正案（八）》第 7 条在危害国家安全罪的基础上，增加了上述两类犯罪，扩大了特殊累犯的范围。

【立法规定】

《刑法》第 66 条规定："危害国家安全犯罪、恐怖活动犯罪、黑社会性质的组织犯罪的犯罪分子，在刑罚执行完毕或者赦免以后，在任何时候再犯上述任一类罪的，都以累犯论处。"

---

① 参见全国人大常委会法制工作委员会主任李适时 2010 年 8 月 23 日在十一届全国人大常委会第十六次会议上所作的《关于〈中华人民共和国刑法修正案（八）（草案）〉的说明》。

【立法释义】

最高人民法院 2010 年 12 月 22 日发布的《关于处理自首和立功若干具体问题的意见》第 8 条第 4 款规定："对于被告人具有自首、立功情节，同时又有累犯、毒品再犯等法定从重处罚情节的，既要考虑自首、立功的具体情节，又要考虑被告人的主观恶性、人身危险性等因素，综合分析判断，确定从宽或者从严处罚。累犯的前罪为非暴力犯罪的，一般可以从宽处罚，前罪为暴力犯罪或者前、后罪为同类犯罪的，可以不从宽处罚。"

最高人民法院 2011 年 4 月 25 日发布的《关于〈中华人民共和国刑法修正案（八）〉时间效力问题的解释》第 3 条第 2 款、第 3 款规定："曾犯危害国家安全犯罪，刑罚执行完毕或者赦免以后，在 2011 年 4 月 30 日以前再犯危害国家安全犯罪的，是否构成累犯，适用修正前刑法第六十六条的规定。曾被判处有期徒刑以上刑罚，或者曾犯危害国家安全犯罪、恐怖活动犯罪、黑社会性质的组织犯罪，在 2011 年 5 月 1 日以后再犯罪的，是否构成累犯，适用修正后刑法第六十五条、第六十六条的规定。"

【立法建言】

建　议： 将《刑法》第 66 条修改为："危害国家安全犯罪、恐怖活动犯罪、黑社会性质的组织犯罪、毒品犯罪的犯罪分子，在刑罚执行完毕或者赦免以后，在任何时候再犯上述任一类罪的，都以累犯论处。"

理　由：

《刑法》总则第四章第二节专节规定了累犯制度，但并未对再犯加以规定。换言之，如果再犯符合累犯条件的，均应以累犯论处。然而，《刑法》分则第六章第七节第 356 条却特别规定了毒品再犯："因走私、贩卖、运输、制造、非法持有毒品罪被判过刑，又犯本节规定之罪的，从重处罚。"毒品再犯制度与累犯制度并存，不仅备受刑法学界诟病，就连最高司法机关也困惑不解。例如，最高人民法院 2000 年 4 月 4 日发布的《全国法院审理毒品犯罪案件工作座谈会纪要》曾经规定："对依法同时构成再犯和累犯的被告人，今后一律适用刑法第 356 条规定的再犯条款从重处罚，不再援引刑法关于累犯的条款。"鉴于理论上和实践中对此规定颇有非议，最高人民法院 2008 年 12 月 1 日发布的《全国部分法院审理毒品犯罪案件工作座谈会纪要》转而采取了完全不同的立场。该纪要第 8 条第 3 款明确规定："对同时构成累犯和毒品再犯的被告人，应当同时引用刑法关于累犯和毒品再犯的条款从重处罚。"事实上，对于同时构成累犯和毒品再犯的被告人，无论是一律适用关于毒品再犯的条款从重处罚，还是同时引用关于累犯和毒品再犯的条款从重处罚，都不尽妥当。[①]　于是，最高人民法院 2015 年 5 月 18 日发布的《全国法院毒品犯罪审判工

---

① 参见利子平：《刑法司法解释瑕疵研究》，法律出版社 2014 年版，第 300 页。

作座谈会纪要》又规定："对于因同一毒品犯罪前科同时构成累犯和毒品再犯的被告人，在裁判文书中应当同时引用刑法关于累犯和毒品再犯的条款，但在量刑时不得重复予以从重处罚。"但是，在裁判文书中同时引用刑法关于累犯和毒品再犯的条款，即意味着已经对这种情形作了重复评价，再强调"在量刑时不得重复予以从重处罚"，已没有任何实际意义。[1]问题的症结，还是源于刑法关于毒品再犯的规定不尽合理。笔者认为，《刑法》第356条规定毒品再犯的目的，无非是出于从重处罚的考虑。但是，在刑法总则只规定了一般累犯和特殊累犯，而未规定一般再犯的前提下，在刑法分则中专门对毒品再犯作出特别规定，不仅在形式上将造成刑法总则性规定与分则性规定之间的不协调，而且在实质上也会造成毒品再犯制度与累犯制度的适用冲突。因此，无论在理论上和实践中对此如何进行解释，都难以得出令人满意的答案。最高人民法院前后三次对依法同时构成累犯和毒品再犯的被告人如何适用法律的不同解释，就是适例。因此，从可行性的角度考虑，笔者主张，在现行刑法的框架内，宜删去《刑法》第356条毒品再犯的规定；同时，将其修改后吸纳到《刑法》第66条规定的特殊累犯之中。这样，既充分体现了对毒品犯罪从重处罚的精神，又能避免毒品再犯制度与累犯制度之间的冲突，可谓一举两得。[2]

第三节　自首和立功

一、自首与坦白（第 67 条）

【立法沿革】

自首是在1979年《刑法》第63条规定的自首的基础上修改而来的；而坦白则是《刑法修正案（八）》第8条新增设的量刑制度。

在新中国刑法立法史上，关于自首的规定，主要围绕自首的成立条件和处罚原则问题经历了一个曲折的发展过程。早在1950年，《刑法大纲草案》第24条第2项第5款就在"轻的犯罪情节"中对自首的成立条件作了规定："犯罪人在犯罪发觉前，向该管理机关或被害人诚实自首；或于侦查或审判中，诚实自首，而深知悔悟者。"1951年的《惩治反革命条例》第14条首次对自首的处罚原则作了规定："自动向人民政府真诚自首悔过者"，

---

[1]　笔者认为，在裁判文书中指出被告人同时触犯了刑法关于累犯和毒品再犯的条款是可取的，但在最终适用法律时，仍然应当明确到底是依据哪一个条款对被告人从重处罚。

[2]　参见利子平："我国毒品犯罪刑事立法的反思——以类型化思维为视角"，载《南昌大学学报（人文社会科学版）》2014年第5期。

"得酌情从轻、减轻或免予处刑"。1951 年的《妨害国家货币治罪暂行条例》第 8 条对自首作了进一步的宽大处理："凡犯本条例所规定各罪自首悔过者，得减轻或免除处罚，自首悔过后并协助破案者，免除处罚。"但是，1954 年的《刑法指导原则草案》第 20 条第 3 款并未吸收上述规定，仍将"真诚自首、投案的"，作为一种"从轻的情节"加以规定。到了 1957 年，《刑法草案》第 22 稿第 67 条首次系统规定了自首制度："犯罪没有被发觉而自首的，可以从轻处罚；自首并且有立功表现的，可以减轻或者免除处罚。"1963 年的《刑法草案》第 33 稿第 68 条对上述规定作了两方面的修改和补充：一是在自首的成立条件方面，删去了"犯罪没有被发觉"的限制；二是在自首的处罚原则方面，增加了"立大功的，可以给予适当奖励"的规定。修改后的条文为："犯罪以后自首的，可以从轻处罚；自首并且有立功表现的，可以减轻或者免除处罚；立大功的，可以给予适当奖励。"1979 年《刑法》第 63 条在上述规定的基础上，以犯罪的轻重为标准，将"自首并且有立功表现的，可以减轻或者免除处罚"的规定，修改为"犯罪较轻的，可以减轻或者免除处罚；犯罪较重的，如果有立功表现，也可以减轻或者免除处罚"；同时，删去了"立大功的，可以给予适当奖励"的规定。①

1979 年《刑法》第 63 条规定："犯罪以后自首的，可以从轻处罚。其中，犯罪较轻的，可以减轻或者免除处罚；犯罪较重的，如果有立功表现，也可以减轻或者免除处罚。"

在全面研究修改刑法的过程中，1988 年 9 月的《刑法修改稿》第 63 条首次对自首的概念作了界定："犯罪分子作案以后，主动向公安、检察、审判机关或者所在单位、城乡基层组织投案，如实交代自己的罪行，接受国家的审查和裁判的，是自首。在关押期间主动交代司法机关尚未掌握的其他罪行的，也以自首论。对于自首的，可以从轻处罚。其中，犯罪较轻的，可以减免或者免除处罚；犯罪较重的，如果有立功表现，也可以减轻或者免除处罚。"1988 年 11 月 16 日的刑法修改稿第 65 条在上述规定的基础上，主要是将自首的处罚原则修改为"对自首的犯罪分子，可以从轻或者减轻处罚"。1988 年 12 月 25 日的《刑法修改稿》对上述规定作了两方面的补充和修改：一是在自首的成立条件方面，增加了"犯罪分子尚未被发觉"的限制；二是在自首的处罚原则方面，增加了"犯罪较轻的，可以免除处罚"的规定。该稿第 63 条规定："犯罪分子尚未被发觉，主动向公安、安全、检察、审判机关或者所在单位投案，如实供述罪行并接受审查和审判的，是自首；在犯罪分子被追诉或者被关押期间主动供述其他罪行的，对所供述的罪行，以自首论。对自首的犯罪分子，可以从轻或者减轻处罚；犯罪较轻的，可以免除处罚。"到了 1995 年 8 月 8 日，《刑法总则修改稿》第 65 条对上述规定作了较大的修改和调整：一是在条文的结构

---

① "修改中认为，'奖励'问题不是刑法的内容，而刑法中规定的'立功表现'，业已概括了功大功小的各种情况，因此将这句删去"（参见高铭暄：《中华人民共和国刑法的孕育和诞生》，法律出版社 1981 年版，第 101 页）。

方面，将"以自首论"的规定另列为第 2 款，而将原第 2 款关于自首处罚原则的规定移入第 1 款；二是在自首的概念方面，将"犯罪分子尚未被发觉"改为"犯罪以后未被采取强制措施以前"，并删去了"接受审查和审判"的表述；三是在自首的处罚方面，将"对自首的犯罪分子，可以从轻或者减轻处罚；犯罪较轻的，可以免除处罚"改为"对于自首的犯罪分子，可以从轻处罚。其中，犯罪较轻的，可以减轻或者免除处罚"；四是在"以自首论"的条件方面，将"在犯罪分子被追诉或者被关押期间主动供述其他罪行的，对所供述的罪行"改为"被采取强制措施以后，或者正在服刑的犯罪分子，供述还未被公安、司法机关掌握的其他罪行的"。修改后的条文为："犯罪以后未被采取强制措施以前，向公安、司法机关或者所在单位投案，如实供述自己的罪行的，是自首。对于自首的犯罪分子，可以从轻处罚。其中，犯罪较轻的，可以减轻或者免除处罚。""被采取强制措施以后，或者正在服刑的犯罪分子，供述还未被公安、司法机关掌握的其他罪行的，以自首论。"1996 年 6 月 24 日的《刑法总则修改稿》第 65 条在上述规定的基础上，作了两方面的修改：一是将自首的概念修改为"犯罪以后主动投案，如供述自己的罪行，接受审判的，是自首"；二是删去了"以自首论"中"还未被公安、司法机关掌握"的限制。1996年 8 月 8 日的《刑法总则修改稿》第 66 条基本上沿用了上述规定，仅将自首的处罚原则修改为"对于自首的犯罪分子，可以从轻处罚。情节较轻的，可以免除处罚"。1996 年 8 月 31 日的《刑法修改草稿》第 66 条对上述规定作了以下三方面的修改和补充：一是在概念表述方面，将"主动投案"改为"自动投案"；二是在处罚原则方面，将"对于自首的犯罪分子，可以从轻处罚。情节较轻的，可以免除处罚"改为"对于自首的犯罪分子，可以从轻处罚。其中，犯罪较轻的，可以减轻或者免除处罚。犯罪较重的，如果有立功表现，也可以减轻或者免除处罚"[①]；三是在"以自首论"的成立条件方面，增加了"司法机关尚未掌握"的限制。1996 年 10 月 10 日的《刑法修订草案》（征求意见稿）第 66 条进一步加大了对自首的从宽处罚幅度，将"对于自首的犯罪分子，可以从轻处罚。其中，犯罪较轻的，可以减轻或者免除处罚"改为"对于自首的犯罪分子，可以从轻或者减轻处罚。其中，犯罪较轻的，可以免除处罚"。1996 年 12 月 20 日的《刑法修订草案》第 68 条在上述规定的基础上，主要作了两方面的修改：一是在自首的处罚方面，删去了"犯罪较重的，如果有立功表现，也可以减轻或者免除处罚"的规定；二是在"以自首论"的主体方面，增加了"被告人"。1997 年 2 月 17 日的《刑法修订草案》（修改稿）第 68 条

---

① 在 1996 年 8 月 12 日至 16 日的刑法修改座谈会上，"有的专家提出，自首处罚原则中还应当包括减轻处罚，否则从轻处罚直接到免除处罚，中间缺一块。原来的规定比较严密"（参见全国人大常委会法制工作委员会刑法室整理："《法律专家对〈刑法总则修改稿〉和〈刑法分则修改草稿〉的意见》（1996 年 9 月 6 日）"，见高铭暄、赵秉志编：《新中国刑法立法文献资料总览》（下），中国人民公安大学出版社 1998 年版，第 2132 页）。因此，该稿增加了"减轻处罚"的规定。

基本上沿用了上述规定，仅删去了自首概念中"接受审判"的表述。这一修改方案，为1997年修订的《刑法》所采纳。

1997年修订的《刑法》第67条规定："犯罪以后自动投案，如实供述自己的罪行的，是自首。对于自首的犯罪分子，可以从轻或者减轻处罚。其中，犯罪较轻的，可以免除处罚。被采取强制措施的犯罪嫌疑人、被告人和正在服刑的罪犯，如实供述司法机关还未掌握的本人其他罪行的，以自首论。"

1997年《刑法》施行后，"为进一步落实坦白从宽的刑事政策"，① 《刑法修正案（八）（草案）》第8条增加了"犯罪嫌疑人虽不具有前两款规定的自首情节，但是能够如实供述自己罪行的，可以从轻处罚"的规定。② 在草案审议和征求意见的过程中，"有的常委委员、部门和地方提出，为进一步体现坦白从宽的刑事政策，还应增加可以减轻处罚的规定。"③ 据此，《刑法修正案（八）》第8条在上述规定的基础上，又增加了"因其如实供述自己罪行，避免特别严重后果发生的，可以减轻处罚"的规定。

【立法规定】

《刑法》第67条规定："犯罪以后自动投案，如实供述自己的罪行的，是自首。对于自首的犯罪分子，可以从轻或者减轻处罚。其中，犯罪较轻的，可以免除处罚。被采取强制措施的犯罪嫌疑人、被告人和正在服刑的罪犯，如实供述司法机关还未掌握的本人其他罪行的，以自首论。犯罪嫌疑人虽不具有前两款规定的自首情节，但是如实供述自己罪行的，可以从轻处罚；因其如实供述自己罪行，避免特别严重后果发生的，可以减轻处罚。"

【立法释义】

最高人民法院1997年9月25日发布的《关于适用刑法时间效力规定若干问题的解

---

① 参见全国人大常委会法制工作委员会主任李适时2010年8月23日在十一届全国人大常委会第十六次会议上所作的《关于〈中华人民共和国刑法修正案（八）（草案）〉的说明》。

② 值得一提的是，早在1988年9月的《刑法修改稿》就曾规定了坦白："犯罪行为已被有关组织或者司法机关发觉、怀疑，而对犯罪分子进行询问、传讯，或者采取强制措施以后，犯罪分子如实交代这些罪行的，是坦白。对于坦白交代自己罪行的，可以视其坦白程度，酌情从轻处罚。"1988年11月16日的《刑法修改稿》第66条在上述规定的基础上，进一步明确规定："犯罪行为已被追诉，犯罪分子如实供认自己罪行的，是坦白。""对于坦白自己罪行的犯罪分子，可以从轻处罚。"1988年12月25日的《刑法修改稿》又对上述构成坦白的条件作了修改："犯罪分子已被公安、安全、检察、审判机关或所在单位发觉，而如实供述自己罪行的，是坦白。对于坦白的犯罪分子，可以从轻处罚。"但是，在刑法修订研拟的过程中，"立法工作机关考虑到坦白不是一个法律术语，而且理论和实践中对坦白条件的认识分歧比较大，坦白的情况又比较复杂，于是在1995年8月8日的《刑法总则修改稿》中删除了坦白的规定"（参见高铭暄：《中华人民共和国刑法的孕育诞生和发展完善》，北京大学出版社2012年版，第256页）。因此，此后的历次刑法修改稿本均未再规定坦白。

③ 参见全国人大法律委员会副主任委员李适时2010年12月20日在十一届全国人大常委会第十八次会议上所作的《关于〈中华人民共和国刑法修正案（八）（草案）〉修改情况的汇报》。

释》第4条规定："1997年9月30日以前被采取强制措施的犯罪嫌疑人、被告人或者1997年9月30日以前犯罪，1997年10月1日以后仍在服刑的罪犯，如实供述司法机关还未掌握的本人其他罪行的，适用刑法第六十七条第二款的规定。"

最高人民法院1998年4月17日发布的《关于处理自首和立功具体应用法律若干问题的解释》第1条规定："根据刑法第六十七条第一款的规定，犯罪以后自动投案，如实供述自己的罪行的，是自首。（一）自动投案，是指犯罪事实或者犯罪嫌疑人未被司法机关发觉，或者虽被发觉，但犯罪嫌疑人尚未受到讯问、未被采取强制措施时，主动、直接向公安机关、人民检察院或者人民法院投案。犯罪嫌疑人向其所在单位、城乡基层组织或者其他有关负责人员投案的；犯罪嫌疑人因病、伤或者为了减轻犯罪后果，委托他人先代为投案，或者先以信电投案的；罪行尚未被司法机关发觉，仅因形迹可疑，被有关组织或者司法机关盘问、教育后，主动交代自己的罪行的；犯罪后逃跑，在被通缉、追捕过程中，主动投案的；经查实确已准备去投案，或者正在投案途中，被公安机关捕获的，应当视为自动投案。并非出于犯罪嫌疑人主动，而是经亲友规劝、陪同投案的；公安机关通知犯罪嫌疑人的亲友，或者亲友主动报案后，将犯罪嫌疑人送去投案的，也应当视为自动投案。犯罪嫌疑人自动投案后又逃跑的，不能认定为自首。（二）如实供述自己的罪行，是指犯罪嫌疑人自动投案后，如实交代自己的主要犯罪事实。犯有数罪的犯罪嫌疑人仅如实供述所犯数罪中部分犯罪的，只对如实供述部分犯罪的行为，认定为自首。共同犯罪案件中的犯罪嫌疑人，除如实供述自己的罪行，还应当供述所知的同案犯，主犯则应当供述所知其他同案犯的共同犯罪事实，才能认定为自首。犯罪嫌疑人自动投案并如实供述自己的罪行后又翻供的，不能认定为自首；但在一审判决前又能如实供述的，应当认定为自首。"第2条规定："根据刑法第六十七条第二款的规定，被采取强制措施的犯罪嫌疑人、被告人和已宣判的罪犯，如实供述司法机关尚未掌握的罪行，与司法机关已掌握的或者判决确定的罪行属不同种罪行的，以自首论。"第3条规定："根据刑法第六十七条第一款的规定，对于自首的犯罪分子，可以从轻或者减轻处罚；对于犯罪较轻的，可以免除处罚。具体确定从轻、减轻还是免除处罚，应当根据犯罪轻重，并考虑自首的具体情节。"第4条规定："被采取强制措施的犯罪嫌疑人、被告人和已宣判的罪犯，如实供述司法机关尚未掌握的罪行，与司法机关已掌握的或者判决确定的罪行属同种罪行的，可以酌情从轻处罚；如实供述的同种罪行较重的，一般应当从轻处罚。"

最高人民法院、最高人民检察院、公安部、民政部、司法部、全国妇联2000年3月20日发布的《关于打击拐卖妇女儿童犯罪有关问题的通知》第2条规定："要采取多种形式，广泛宣传刑法关于自首、立功等从宽处理的刑事政策。各地还可选择一些因主动投案自首或者有立功表现而给予从轻、减轻、免除处罚的典型案件，公开宣传报道，敦促在逃的犯罪分子尽快投案自首，坦白交代罪行，检举、揭发他人的犯罪行为，提供破案线索，争取从宽处理。要做好对犯罪分子家属、亲友的政策宣传工作，动员他们规劝、陪同有拐卖妇女、儿童犯罪行为的亲友投案自首，或者将犯罪嫌疑人送往司法机关投案。对窝藏、包庇犯罪分子、阻碍解救、妨害公务，构成犯罪的，要依法追究刑事责任。监狱、看守所等监管部门要对在押人员加大宣传攻势，鼓励坦白、检举、揭发拐卖妇女、儿童犯罪行为。对于投案自首、坦白交代罪行、有立功表现的犯罪嫌疑人、被告人，司法机关应当切实落实刑事政策，依法从轻、减轻处罚。对于自首的犯罪分子，犯罪较轻的，可以免除处罚；对有重大立功表现的犯罪分子，可以减轻或者免除处罚；对犯罪后自首又有重大立功表现的，应当减轻或者免除处罚。"

最高人民法院、最高人民检察院、海关总署 2002 年 7 月 8 日发布的《关于办理走私刑事案件适用法律若干问题的意见》第 21 条规定："在办理单位走私犯罪案件中，对单位集体决定自首的，或者单位直接负责的主管人员自首的，应当认定单位自首。认定单位自首后，如实交代主要犯罪事实的单位负责的其他主管人员和其他直接责任人员，可视为自首，但对拒不交代主要犯罪事实或逃避法律追究的人员，不以自首论。"

最高人民法院 2004 年 3 月 26 日发布的《关于被告人对行为性质的辩解是否影响自首成立问题的批复》规定："根据刑法第六十七条第一款和最高人民法院《关于处理自首和立功具体应用法律若干问题的解释》第一条的规定，犯罪以后自动投案，如实供述自己的罪行的，是自首。被告人对行为性质的辩解不影响自首的成立。"

最高人民法院、最高人民检察院 2009 年 3 月 12 日发布的《关于办理职务犯罪案件认定自首、立功等量刑情节若干问题的意见》第 1 条规定："根据刑法第六十七条第一款的规定，成立自首需同时具备自动投案和如实供述自己的罪行两个要件。犯罪事实或者犯罪分子未被办案机关掌握，或者虽被掌握，但犯罪分子尚未受到调查谈话、讯问，或者未被宣布采取调查措施或者强制措施时，向办案机关投案的，是自动投案。在此期间如实交代自己的主要犯罪事实的，应当认定为自首。犯罪分子向所在单位等办案机关以外的单位、组织或者有关负责人员投案的，应当视为自动投案。没有自动投案，在办案机关调查谈话、讯问、采取调查措施或者强制措施期间，犯罪分子如实交代办案机关掌握的线索所针对的事实的，不能认定为自首。没有自动投案，但具有以下情形之一的，以自首论：（1）犯罪分子如实交代办案机关未掌握的罪行，与办案机关已掌握的罪行属不同种罪行的；（2）办案机关所掌握线索针对的犯罪事实不成立，在此范围外犯罪分子交代同种罪行的。单位犯罪案件中，单位集体决定或者单位负责人决定而自动投案，如实交代单位犯罪事实的，或者单位直接负责的主管人员自动投案，如实交代单位犯罪事实的，应当认定为单位自首。单位自首的，直接负责的主管人员和直接责任人员未自动投案，但如实交代自己知道的犯罪事实的，可以视为自首；拒不交代自己知道的犯罪事实或者逃避法律追究的，不应当认定为自首。单位没有自首，直接责任人员自动投案并如实交代自己知道的犯罪事实的，对该直接责任人员应当认定为自首。对于具有自首情节的犯罪分子，办案机关移送案件时应当予以说明并移交相关证据材料。对于具有自首情节的犯罪分子，应当根据犯罪的事实、性质、情节和对于社会的危害程度，结合自动投案的动机、阶段、客观环境、交代犯罪事实的完整性、稳定性以及悔罪表现等具体情节，依法决定是否从轻、减轻或者免除处罚以及从轻、减轻处罚的幅度。"第 3 条规定："犯罪分子依法不成立自首，但如实交代犯罪事实，有下列情形之一的，可以酌情从轻处罚：（1）办案机关掌握部分犯罪事实，犯罪分子交代了同种其他犯罪事实的；（2）办案机关掌握的证据不充分，犯罪分子如实交代有助于收集定案证据的。犯罪分子如实交代犯罪事实，有下列情形之一的，一般应当从轻处罚：（1）办案机关仅掌握小部分犯罪事实，犯罪分子交代了大部分未被掌握的同种犯罪事实的；（2）如实交代对于定案证据的收集有重要作用的。"

最高人民法院 2010 年 2 月 8 日发布的《关于贯彻宽严相济刑事政策的若干意见》第 17 条规定："对于自首的被告人，除了罪行极其严重、主观恶性极深、人身危险性极大，或者恶意地利用自首规避法律制裁者以外，一般均应当依法从宽处罚。对于亲属以不同形式送被告人归案或协助司法机关抓获被告人而认定为自首的，原则上都应当依法从宽处罚；有的虽然不能认定为自首，但考虑到被告人亲属支持司法机关工作，促使被告人到案、认罪、悔罪，在决定对被告人具体处罚时，也应当予以充分考虑。"

最高人民法院 2010 年 12 月 22 日发布的《关于处理自首和立功若干具体问题的意见》第 1 条"关于'自动投案'的具体认定"规定："《解释》① 第一条第（一）项规定七种应当视为自动投案的情形，体现了犯罪嫌疑人投案的主动性和自愿性。根据《解释》第一条第（一）项的规定，犯罪嫌疑人具有以下情形之一的，也应当视为自动投案：1. 犯罪后主动报案，虽未表明自己是作案人，但没有逃离现场，在司法机关询问时交代自己罪行的；2. 明知他人报案而在现场等待，抓捕时无拒捕行为，供认犯罪事实的；3. 在司法机关未确定犯罪嫌疑人，尚在一般性排查询问时主动交代自己罪行的；4. 因特定违法行为被采取劳动教养、行政拘留、司法拘留、强制隔离戒毒等行政、司法强制措施期间，主动向执行机关交代尚未被掌握的犯罪行为的；5. 其他符合立法本意，应当视为自动投案的情形。""罪行未被有关部门、司法机关发觉，仅因形迹可疑被盘问、教育后，主动交代了犯罪事实的，应当视为自动投案，但有关部门、司法机关在其身上、随身携带的物品、驾乘的交通工具等处发现与犯罪有关的物品的，不能认定为自动投案。交通肇事后保护现

---

① 该意见中所说的《解释》，是指最高人民法院 1998 年 4 月 17 日发布的《关于处理自首和立功具体应用法律若干问题的解释》。

场、抢救伤者，并向公安机关报告的，应认定为自动投案，构成自首的，因上述行为同时系犯罪嫌疑人的法定义务，对其是否从宽、从宽幅度要适当从严掌握。交通肇事逃逸后自动投案，如实供述自己罪行的，应认定为自首，但应依法以较重法定刑为基准，视情决定对其是否从宽处罚以及从宽处罚的幅度。犯罪嫌疑人被亲友采用捆绑等手段送到司法机关，或者在亲友带领侦查人员前来抓捕时无拒捕行为，并如实供认犯罪事实的，虽然不能认定为自动投案，但可以参照法律对自首的有关规定酌情从轻处罚。"第2条"关于'如实供述自己的罪行'的具体认定"规定："《解释》第一条第（二）项规定如实供述自己的罪行，除供述自己的主要犯罪事实外，还应包括姓名、年龄、职业、住址、前科等情况。犯罪嫌疑人供述的身份等情况与真实情况虽有差别，但不影响定罪量刑的，应认定为如实供述自己的罪行。犯罪嫌疑人自动投案后隐瞒自己的真实身份等情况，影响对其定罪量刑的，不能认定为如实供述自己的罪行。犯罪嫌疑人多次实施同种罪行的，应当综合考虑已交代的犯罪事实与未交代的犯罪事实的危害程度，决定是否认定为如实供述主要犯罪事实。虽然投案后没有交代全部犯罪事实，但如实交代的犯罪情节重于未交代的犯罪情节，或者如实交代的犯罪数额多于未交代的犯罪数额，一般应认定为如实供述自己的主要犯罪事实。无法区分已交代的与未交代的犯罪情节的严重程度，或者已交代的犯罪数额与未交代的犯罪数额相当，一般不认定为如实供述自己的主要犯罪事实。犯罪嫌疑人自动投案时虽然没有交代自己的主要犯罪事实，但在司法机关掌握其主要犯罪事实之前主动交代的，应认定为如实供述自己的罪行。"第3条"关于'司法机关还未掌握的本人其他罪行'和'不同种罪行'的具体认定"规定："犯罪嫌疑人、被告人在被采取强制措施期间，向司法机关主动如实供述本人的其他罪行，该罪行能否认定为司法机关已掌握，应根据不同情形区别对待。如果该罪行已被通缉，一般应以该司法机关是否在通缉令发布范围内作出判断，不在通缉令发布范围内的，应认定为还未掌握，在通缉令发布范围内的，应视为已掌握；如果该罪行已录入全国公安信息网络在逃人员信息数据库，应视为已掌握。如果该罪行未被通缉、也未录入全国公安信息网络在逃人员信息数据库，应以该司法机关是否已实际掌握该罪行为标准。犯罪嫌疑人、被告人在被采取强制措施期间如实供述本人其他罪行，该罪行与司法机关已掌握的罪行属同种罪行还是不同种罪行，一般应以罪名区分。虽然如实供述的其他罪行的罪名与司法机关已掌握犯罪的罪名不同，但如实供述的其他犯罪与司法机关已掌握的犯罪属选择性罪名或者在法律、事实上密切关联，如因受贿被采取强制措施后，又交代因受贿为他人谋取利益行为，构成滥用职权罪的，应认定为同种罪行。"第8条"关于对自首、立功的被告人的处罚"规定："对具有自首、立功情节的被告人是否从宽处罚、从宽处罚的幅度，应当考虑其犯罪事实、犯罪性质、犯罪情节、危害后果、社会影响、被告人的主观恶性和人身危险性等。自首的还应考虑投案的主动性、供述的及时性和稳定性等。立功的还应考虑检举揭发罪行的轻重、被检举揭发的人可能或者已经被判处的刑罚、提供的线索对侦破案件或者协助抓捕其他犯罪嫌疑人所起作用的大小等。具有自首或者立功情节的，一般应依法从轻、减轻处罚；犯罪情节较轻的，可以免除处罚。类似情况下，对具有自首情节的被告人的从宽幅度要适当宽于具有立功情节的被告人。虽然具有自首或者立功情节，但犯罪情节特别恶劣、犯罪后果特别严重、被告人主观恶性深、人身危险性大，或者在犯罪前即为规避法律、逃避处罚而准备自首、立功的，可以不从宽处罚。对于被告人具有自首、立功情节，同时又有累犯、毒品再犯等法定从重处罚情节的，既要考虑自首、立功的具体情节，又要考虑被告人的主观恶性、人身危险性等因素，综合分析判断，确定从宽或者从严处罚。累犯的前罪为非暴力犯罪的，一般可以从宽处罚，前罪为暴力犯罪或者前、后罪为同类犯罪的，可以不从宽处罚。在共同犯罪案件中，对具有自首、立功情节的被告人的处罚，应注意共同犯罪人以及首要分子、主犯、从犯之间的量刑平衡。犯罪集团的首要分子、共同犯罪的主犯检举揭发或者协助司法机关抓捕同案地位、作用较次的犯罪分子的，从宽处罚与否应当从严掌握，如果从轻处罚可能导致全案量刑失衡的，一般不从轻处罚；如果检举揭发或者协助司法机关抓捕的是其他案件中罪行同样严重的犯罪分子，一般应依法从宽处罚。对于犯罪集团的一般成员、共同犯罪的从犯立功的，特别是协助抓捕首要分子、主犯的，应当充分体现政策，依法从宽处罚。"

最高人民法院、最高人民检察院、公安部、司法部2011年1月1日发布的《关于限令拐卖妇女儿童犯罪人员投案自首的通告》第1条规定："限令实施或者参与拐卖妇女、儿童，收买被拐卖的妇女、儿童，聚众阻碍解救被拐卖的妇女、儿童的犯罪人员，自通告发布之日起至2011年3月31日到公安机关等有关单位、组织投案自首。"第2条规定："亲友应当积极规劝犯罪人员尽快投案自首，经亲友规劝、陪同投案的，或者亲友主动报案后将犯罪人员送去投案的，均视为自动投案。"第3条规定："在限令期限内自动投案的犯罪人员，如实供述自己罪行的，依法可以从轻或者减轻处罚；犯罪情节较轻的，可以免除处罚。被采取强制措施或正在服刑期间，如实供述司法机关尚未掌握的拐卖犯罪行为的，如果该罪行与司法机关已掌握的或者判决确定的罪行属不同种罪行的，以自首论；如果该罪行系司法机关尚未掌握的同种拐卖犯罪的，一般应当从轻处罚。被追诉前主动向公安机关报案或者向有关单位反映，愿意让被收买妇女返回原居住地，或者将被收买儿童送回其家庭，或者将被收买妇女、儿童交给公安、民政、妇联等机关、组织，没有其他严重情节的，可以依法免予刑事处罚。"第4条规定："犯罪人员有检举、揭发他人拐卖妇女、儿童犯罪行为，经查证属实的，以及提供重要线索，从而得以侦破其他犯罪案件等立功表现的，或者协助司法机关抓获其他犯罪嫌疑人的，可以依法从轻或者减轻处罚；有重大立功表现的，可以依法减轻或者免除处罚。犯罪后自首又有重大立功表现的，应当依法减轻或者免除处罚。"第5条规定："逾期拒不投案自首的，或者转移、藏匿被收买的妇女、儿童，阻碍其返回原居住地或者阻碍解救的，经查实，依法从严惩处。"

最高人民法院2011年4月25日发布的《关于〈中华人民共和国刑法修正案（八）〉时间效力问题的解释》第4条规定："2011年4月30日以前犯罪，虽不具有自首情节，但是如实供述自己罪行的，适用修正后刑法第六十七条第三款的规定。"

最高人民法院、最高人民检察院、公安部、司法部2011年9月11日发布的《关于敦促在逃犯罪人员投案自首的通告》第1条规定："在逃犯罪人员自本通告发布之日起至2011年12月1日前向公安机关、人民检察院、人民法院、监狱或者所在单位、城乡基层组织等有关单位、组织投案自首，如实供述自己罪行的，可以依法从轻或者减轻处罚；犯罪较轻的，可以免除处罚。"第2条规定："犯罪人员委托他人先代为投案或者先以信函、电报、电话等方式投案，本人随后到案的，或者仅因形迹可疑被司法机关或者有关组织盘问、教育后，主动交代自己尚未被司法机关发觉的罪行的，视为自动投案。"第3条规定："在逃犯罪人员的亲友应当积极规劝其尽快投案自首。经亲友规劝、陪同投案的，或者亲友主动报案后将犯罪人员送去投案的，视为自动投案。"第5条规定："在规定期限内拒不投案自首的，司法机关将依法从严惩处。窝藏、包庇犯罪分子，帮助犯罪分子毁灭、伪造证据的，将依法追究刑事责任。"

最高人民法院、最高人民检察院2012年12月16日发布的《关于办理行贿刑事案件具体应用法律若干问题的解释》第8条规定："行贿人被追诉后如实供述自己罪行的，依照刑法第六十七条第三款的规定，可以从轻处罚；因其如实供述自己罪行，避免特别严重后果发生的，可以减轻处罚。"

最高人民法院2013年12月23日发布的《关于常见犯罪的量刑指导意见》第三部分"常见量刑情节的适用"第4条规定："对于自首情节，综合考虑自首的动机、时间、方式、罪行轻重、如实供述罪行的程度以及悔罪表现等情况，可以减少基准刑的40%以下；犯罪较轻的，可以减少基准刑的40%以上或者依法免除处罚。恶意利用自首规避法律制裁等不足以从宽处罚的除外。"第6条规定："对于坦白情节，综合考虑如实供述罪行的阶段、程度、罪行轻重以及悔罪程度等情况，确定从宽的幅度。（1）如实供述自己罪行的，可以减少基准刑的20%以下；（2）如实供述司法机关尚未掌握的同种较重罪行的，可以减少基准刑的10%—30%；（3）因如实供述自己罪行，避免特别严重后果发生的，可以减少基准刑的30%—50%。"

【立法建言】

建议一：将《刑法》第67条修改为："犯罪以后自动投案，如实供述所犯的罪行的，是自首。对于自首的罪犯，可以从轻或者减轻处罚。其中，犯罪较轻的，可以免除处罚。"
"被依法关押的犯罪嫌疑人、被告人和罪犯，如实供述司法机关还未掌握的本人其他罪行的，以自首论。"

理 由：

1. 从文字表述来看，《刑法》第 67 条第 1 款的规定难以涵盖单位犯罪的自首。关于单位犯罪的自首，在刑法理论上还有争议，但在司法实践中持肯定的态度。笔者认为，单位犯罪理应适用自首的规定。但是，《刑法》第 67 条第 1 款关于自首的规定，却难以令人信服地得出包括单位自首的结论，这也是单位犯罪的自首存在理论争议的一个重要原因。因为，无论在传统上还是词义上，"犯罪分子""自己"均是针对自然人的称谓，并不包括单位。[①] 有鉴于此，为避免不必要的争议，宜对《刑法》第 67 条第 1 款的文字表述作适当调整。

2. 从立法原意来看，《刑法》第 67 条第 2 款规定"以自首论"的初衷，是为了扩大自首的适用范围，鼓励犯罪分子自首。因为，"被采取强制措施的犯罪嫌疑人、被告人和正在服刑的罪犯"具有特殊性，"他们已经不存在自动投案的条件，刑法才对他们作出与一般自首不同的特别规定，从这一规定也可以看出在立法上对自首的鼓励"。[②] 然而，由于该款所规定的"强制措施"语焉不详，因而在理论上和实践中对这种"强制措施"是专指刑事强制措施，还是包括行政拘留、司法拘留等非刑事强制措施，以及被采取非刑事强制措施的犯罪嫌疑人如实供述司法机关尚未掌握的、与限制人身自由的违法行为不同的犯罪行为，能否"以自首论"等问题争议较大。对此，主要有 3 种观点：（1）广义说。认为无论是被采取刑事强制措施的犯罪嫌疑人、被告人，还是被采取非刑事强制措施的人，都可以成为"以自首论"的主体。[③]（2）狭义说。认为只有被采取刑事强制措施（指逮捕、刑事拘留、监视居住、取保候审和拘传）和在侦查中受到依法传唤的犯罪嫌疑人、被告人，才属于"以自首论"的主体范围。[④]（3）最狭义说。认为"以自首论"的主体仅包括被逮捕、刑事拘留和拘传的犯罪嫌疑人、被告人。[⑤] 笔者认为，以上 3 种观点都不无道理，但也都难以自圆其说。[⑥] 面对这种无论如何理解都不能完全合理、合法的尴尬局面，有学者建议立法机关对此作出立法解释，将行政拘留、收容教养期间，主动交代司法机关

---

① 但是，也有学者认为，"刑法没有将自首制度限定为自然人犯罪，因此，对单位犯罪也应适用自首制度"（张明楷：《刑法学》，法律出版社 2011 年版，第 522 页）。

② 参见王作富主编：《刑法》，中国人民大学出版社 2011 年版，第 201 页。

③ 参见陈锦新："对'以自首论'的理解和适用"，载《中国律师》2003 年第 5 期。

④ 参见黄京平、杜强："余罪自首成立要件"，载《政法论坛》2003 年第 5 期。

⑤ 参见陈兴良主编：《刑法适用总论》，法律出版社 1999 年版，第 481 页。

⑥ 对上述观点的评析，可参见利子平、杨美蓉："'以自首论'司法解释的瑕疵及改进"，载《南昌大学学报（人文社会科学版）》2006 年第 1 期，本书不予赘述。

还未掌握的本人罪行的，纳入"以自首论"的范围。① 有学者提出应对"以自首论"的主体作扩张解释，把上述人员作为"以自首论"的主体。② 也有学者认为，这种扩张解释不符合逻辑，大于字面含义范围，有悖于罪刑法定原则。③ 笔者认为，上述分歧的产生，主要是由于《刑法》本身的规定不具体、不准确而引起的。从立法原意来看，之所以规定"以自首论"，是因为其主体的人身自由被限制，缺乏自动投案的条件，而不是因为被采取了何种性质的强制措施。据此，笔者建议，将"被采取强制措施"改为"被依法关押"。这样，既可以把被采取行政拘留、司法拘留、收容教养等非刑事强制措施的行为人纳入"以自首论"的主体范围，又可以把被采取监视居住、取保候审的犯罪嫌疑人、被告人以及被宣告缓刑、假释和被执行附加刑的罪犯排除在"以自首论"的主体范围之外，从而解决了界定"强制措施""正在服刑的罪犯"的难题。④

建议二： 将《刑法》第 67 条第 3 款修改后，作为第 67 条之一："犯罪分子归案后如实供述自己罪行的，可以从轻处罚；因其如实供述自己罪行，避免特别严重后果发生的，可以减轻处罚。"

理　由：

自首与坦白虽有一定联系，但却并非同一范畴。自首与坦白的主要区别在于，是主动投案还是被动投案，是如实供述司法机关尚未掌握的罪行还是已经掌握的罪行。⑤ 正因自首与坦白不同，所以，将坦白从自首的条款中分解出来另列一条，更合乎逻辑。

二、立功（第 68 条）

【立法沿革】

立功是 1997 年《刑法》第 68 条增设的量刑制度，并经《刑法修正案（八）》第 9 条所修正。

从立法源流来看，立功制度最早源于 1950 年的《惩治反革命条例》。该条例第 14 条规定："凡犯本条例之罪而有下列情形之一者，得酌情从轻、减轻或免予处罚：……

---

① 参见费贵廉、王瑞祥："论我国自首法律制度的进一步完善"，载李希慧、刘宪权主编：《中国刑法学年会文集（2005 年度）第一卷：刑罚制度研究（上册）》，中国人民公安大学出版社 2005 年版，第 266 页。

② 参见甘正陪："浅论自首的几个问题"，载《法学评论》1999 年第 6 期。

③ 参见赵秉志、周加海："论准自首的认定"，载《南都学坛》2003 年第 6 期。

④ 参见利子平、杨美蓉："'以自首论'司法解释的瑕疵及改进"，载《南昌大学学报（人文社会科学版）》2006 年第 1 期。

⑤ 同上。

二、在揭发、检举前或以后真诚悔过立功赎罪者……"① 到了 1954 年，《刑法指导原则草案》第 20 条第 3 款将"有立功表现"，作为"从轻的情节"加以规定。此后的历次刑法草案和 1979 年《刑法》仅在自首制度中规定了"立功表现"，而未对立功制度单独加以规定。

在全面研究修改刑法的过程中，1988 年 9 月的刑法修改稿首次系统规定了立功制度："犯罪分子揭发检举其他犯罪分子的重大罪行经查证属实的，或者提供重要线索、证据，从而得以侦破其他重大案件的，或者协助司法机关将其他罪犯缉拿归案的，是立功。检举揭发其他犯罪分子较多的一般罪行或者犯罪线索，经查证属实的，也视为立功表现。对于犯罪后虽未自首，但有立功表现的，可以根据具体情节从轻或者减轻处罚。"② 然而，1988 年 11 月 16 日的刑法修改稿又将立功与自首、坦白合并加以规定。该稿第 67 条规定："自首、坦白的犯罪分子揭发其他犯罪分子的重大罪行查证属实的，或者有其他立功表现的，可以减轻处罚或者免除处罚。"1988 年 12 月 25 日的《刑法修改稿》再次专条规定了立功制度，并加大了从宽处罚的幅度："犯罪分子揭发他人的犯罪行为，查证属实的，或者有其他立功表现的，可以从轻或者减轻处罚；有重大立功表现的，可以免除处罚。"③

1990 年 12 月 28 日，全国人大常委会通过的《关于禁毒的决定》第 14 条对毒品犯罪规定了立功制度："犯本决定规定之罪，有检举、揭发其他毒品犯罪立功表现的，可以从轻、减轻或者免除处罚。"1993 年 2 月 22 日，全国人大常委会通过的《中华人民共和国国家安全法》第 24 条又规定了间谍罪的立功制度："犯间谍罪自首或者有立功表现的，可以从轻、减轻或者免除处罚；有重大立功表现的，给予奖励。"上述单行刑法和附属刑法的实践，为刑法总则单独规定立功制度奠定了坚实的基础。

在刑法修订研拟的过程中，1995 年的《刑法总则修改稿》第 66 条基本上沿用了 1988 年《刑法修改稿》的规定，仅在"有重大立功表现"的从宽幅度中，增加了"减轻"处罚的规定。④ 1996 年的《刑法修改草稿》第 67 条在上述规定的基础上，删去了"有重大立功表现的，可以减轻或者免除处罚"的规定。1996 年的《刑法修订草案》（征求意见稿）第 67 条对上述规定作了两方面的补充和修改：一是将"其他立功表现"改为"提供

---

① "这个条例是根据镇压与宽大相结合，即'首恶者必办，胁从者不问，立功者受奖'的政策而制定的"（参见中央人民政府政务院政治法律委员会副主任彭真 1951 年 2 月 20 日在中央人民政府委员会第十一次会议上所作的《关于镇压反革命活动和惩治反革命条例问题的报告》）。

② 该稿在第 63 条自首之后作了上述规定，但未编条文序号。

③ 该条列于第 63 条之后，未编条文序号。

④ "有重大立功表现的只规定免除处罚太绝对，对于罪行严重的犯罪分子不宜一律免除处罚。因此应增加'减轻处罚'一档，以便执行"（参见最高人民法院刑法修改小组："《关于刑法总则修改的若干问题（草稿）》（1989 年 3 月）"，见高铭暄、赵秉志编：《新中国刑法立法文献资料总览》（下），中国人民公安大学出版社 1998 年版，第 2256 页）。

重要线索，从而得以侦破其他案件等立功表现"；二是增加了"有重大立功表现的，可以减轻或者免除处罚"的规定。修改后的条文为："犯罪分子有揭发他人犯罪行为，查证属实的，或者提供重要线索，从而得以侦破其他案件等立功表现的，可以从轻或者减轻处罚；有重大立功表现的，可以减轻或者免除处罚。" 1996 年的《刑法修订草案》第 69 条在上述规定的基础上，增加了第 2 款"犯罪后自首又有重大立功表现的，应当减轻或者免除处罚"的规定。这一修改方案，为 1997 年修订的《刑法》所采纳。

1997 年修订的《刑法》第 68 条规定："犯罪分子有揭发他人犯罪行为，查证属实的，或者提供重要线索，从而得以侦破其他案件等立功表现的，可以从轻或者减轻处罚；有重大立功表现的，可以减轻或者免除处罚。犯罪后自首又有重大立功表现的，应当减轻或者免除处罚。"

1997 年《刑法》施行后，鉴于《刑法》第 68 条第 2 款"犯罪后自首又有重大立功表现的，应当减轻或者免除处罚"的规定并不周延，[①] 因此，《刑法修正案（八）》第 9 条删去了该款规定。

【立法规定】

《刑法》第 68 条规定："犯罪分子有揭发他人犯罪行为，查证属实的，或者提供重要线索，从而得以侦破其他案件等立功表现的，可以从轻或者减轻处罚；有重大立功表现的，可以减轻或者免除处罚。"

【立法释义】

最高人民法院 1997 年 9 月 25 日发布的《关于适用刑法时间效力规定若干问题的解释》第 5 条规定："1997 年 9 月 30 日以前犯罪的犯罪分子，有揭发他人犯罪行为，或者提供重要线索，从而得以侦破其他案件等立功表现的，适用刑法第六十八条的规定。"

最高人民法院 1998 年 4 月 17 日发布的《关于处理自首和立功具体应用法律若干问题的解释》第 5 条规定："根据刑法第六十八条第一款的规定，犯罪分子到案后有检举、揭发他人犯罪行为，包括共同犯罪案件中的犯罪分子揭发同案犯共同犯罪以外的其他犯罪，经查证属实；提供侦破其他案件的重要线索，经查证属实；阻止他人犯罪活动；协助司法机关抓捕其他犯罪嫌疑人（包括同案犯）；具有其他有利于国家和社会的突出表现的，应当认定为有立功表现。"第 6 条规定："共同犯罪案件的犯罪分子到案后，揭发同案犯共同犯罪事实的，可以酌情予以从轻处罚。"第 7 条规定："根据刑法第六十八条第一款的规

---

① "刑法第 68 条第 2 款是一个十分不周延的条文，它仅规定了既有自首又有重大立功表现应当如何从宽处置，但是立功包括一般立功和重大立功，那么犯罪后既有自首又有一般立功表现的又该如何处置呢？可见，这是一个多余的条款，既有自首又有立功表现属于多个量刑情节的综合适用，并不需要刑法单独作出规定"（参见高铭暄、陈璐：《〈中华人民共和国刑法修正案（八）〉解读与思考》，中国人民大学出版社 2011 年版，第 58 页）。

定，犯罪分子有检举、揭发他人重大犯罪行为，经查证属实；提供侦破其他重大案件的重要线索，经查证属实；阻止他人重大犯罪活动；协助司法机关抓捕其他重大犯罪嫌疑人（包括同案犯）；对国家和社会有其他重大贡献等表现的，应当认定为有重大立功表现。前款所称'重大犯罪'、'重大案件'、'重大犯罪嫌疑人'的标准，一般是指犯罪嫌疑人、被告人可能被判处无期徒刑以上刑罚或者案件在本省、自治区、直辖市或者全国范围内有较大影响等情形。"

最高人民法院、最高人民检察院、公安部、民政部、司法部、全国妇联2000年3月20日发布的《关于打击拐卖妇女儿童犯罪有关问题的通知》第2条规定："要采取多种形式，广泛宣传刑法关于自首、立功等从宽处理的刑事政策。各地还可选择一些因主动投案自首或者有立功表现而给予从轻、减轻、免除处罚的典型案件，公开宣传报道，敦促在逃的犯罪分子尽快投案自首，坦白交代罪行，检举、揭发他人的犯罪行为，提供破案线索，争取从宽处理。要做好对犯罪分子家属、亲友的政策宣传工作，动员他们规劝、陪同有拐卖妇女、儿童犯罪行为的亲友投案自首，或者将犯罪嫌疑人送往司法机关投案。对窝藏、包庇犯罪分子、阻碍解救、妨害公务，构成犯罪的，要依法追究刑事责任。监狱、看守所等监管部门要对在押人员加大宣传攻势，鼓励坦白、检举、揭发拐卖妇女、儿童犯罪行为。对于投案自首、坦白交代罪行、有立功表现的犯罪嫌疑人、被告人，司法机关应当切实落实刑事政策，依法从轻、减轻处罚。对于自首的犯罪分子，犯罪较轻的，可以免除处罚；对有重大立功表现的犯罪分子，可以减轻或者免除处罚；对犯罪后自首又有重大立功表现的，应当减轻或者免除处罚。"

最高人民法院2008年12月1日发布的《全国部分法院审理毒品犯罪案件工作座谈会纪要》第7条"毒品案件的立功问题"规定："共同犯罪中同案犯的基本情况，包括同案犯姓名、住址、体貌特征、联络方式等信息，属于被告人应当供述的范围。公安机关根据被告人供述抓获同案犯的，不应认定其有立功表现。被告人在公安机关抓获同案犯过程中确实起到协助作用的，例如，经被告人现场指认、辨认抓获了同案犯；被告人带领公安人员抓获了同案犯；被告人提供了不为有关机关掌握或者有关机关按照正常工作程序无法掌握的同案犯藏匿的线索，有关机关据此抓获了同案犯；被告人交代了与同案犯的联系方式，又按要求与对方联络，积极协助公安机关抓获了同案犯等，属于协助司法机关抓获同案犯，应认定为立功。关于立功从宽处罚的把握，应以功是否足以抵罪为标准。在毒品共同犯罪案件中，毒枭、毒品犯罪集团首要分子、共同犯罪的主犯、职业毒犯、毒品惯犯等，由于掌握同案犯、从犯、马仔的犯罪情况和个人信息，被抓获后往往能协助抓捕同案犯，获得立功或者重大立功。对其是否从宽处罚以及从宽幅度的大小，应当主要看功是否足以抵罪，即应结合被告人罪行的严重程度、立功大小综合考虑。要充分注意毒品共同犯罪人以及上、下家之间的量刑平衡。对于毒枭等严重毒品犯罪分子立功的，从轻或者减轻处罚应当从严掌握。如果其罪行极其严重，只有一般立功表现，功不足以抵罪的，可不予从轻处罚；如果其检举、揭发的是其他犯罪案件中罪行同样严重的犯罪分子，或者协助抓获的是同案中的其他首要分子、主犯，功足以抵罪的，原则上可以从轻或者减轻处罚；如果协助抓获的只是同案中的从犯或者马仔，功不足以抵罪，或者从轻处罚后全案处刑明显失衡的，不予从轻处罚。相反，对于从犯、马仔立功，特别是协助抓获毒枭、首要分子、主犯的，应当从轻处罚，直至依法减轻或者免除处罚。被告人亲属为了使被告人得到从轻处罚，检举、揭发他人犯罪或者协助司法机关抓捕其他犯罪人的，不能视为被告人立功。同监犯将本人或者他人尚未被司法机关掌握的犯罪事实告知被告人，由被告人检举揭发的，如经查证属实，虽可认定被告人立功，但是否从宽处罚、从宽幅度大小，应与通常的立功有所区别。通过非法手段或者非法途径获取他人犯罪信息，如从国家工作人员处贿买他人犯罪信息，通过律师、看守人员等非法途径获取他人犯罪信息，由被告人检举揭发的，不能认定为立功，也不能作为酌情从轻处罚情节。"

最高人民法院、最高人民检察院2009年3月12日发布的《关于办理职务犯罪案件认定自首、立功等量刑情节若干问题的意见》第2条规定："立功必须是犯罪分子本人实施的行为。为使犯罪分子得到从轻处理，犯罪分子的亲友直接向有关机关揭发他人犯罪行为，提供侦破其他案件的重要线索，或者协助司法机关抓捕其他犯罪嫌疑人的，不应当认定为犯罪分子的立功表现。据以立功的他人罪行材料应当指明具体犯罪事实；据以立功的线索或者协助行为对于侦破案件或者抓捕犯罪嫌疑人要有实际作用。犯罪分子揭发他人犯罪行为时没有指明具体犯罪事实的；揭发的犯罪事实与查实的犯罪事实不具有关联性的；提供的线索或者协助行为对于其他案件的侦破或者其他犯罪嫌疑人的抓捕不具有实际作用的，不能认定为立功表现。犯罪分子揭发他人犯罪行为，提供侦破其他案件重要线索的，必须经查证属实，才能认定为立功。审查是否构成立功，不仅要审查办案机关的说明材料，还要审查有关事实和证据以及与案件定性处罚相关的法律文书，如立案决定书、逮捕决定书、侦查终结报告、起诉意见书、起诉书或者判决书等。据以立功的线索、材料来源有下列情形之一的，不能认定为立功：（1）本人通过非法手段或者非法途径获取的；（2）本人因原担任的查禁犯罪等职务获取的；（3）他人违反监管规定向犯罪分子提供的；（4）负有查禁犯罪活动职责的国家机关工作人员或者其他国家工作人员利用职务便利提供的。犯罪分子检举、揭发的他人犯罪，提供侦破其他案件的重要线索，阻止他人的犯罪活动，或者协助司法机关抓捕的其他犯罪嫌疑人，犯罪嫌疑人、被告人依法可能被判处无期徒刑以上刑罚的，应当认定为有重大立功表现。其中，可能被判处无期徒刑以上刑罚，是指根据犯罪行为的事实、情节可能判处无期徒刑以上刑罚。案件已经判决的，以实际判处的刑罚为准。但是，根据犯罪行为的事实、情节应当判处无期徒刑以上刑罚，因被判刑人有法定情节经依法从轻、减轻处罚后判处有期徒刑的，应当认定为重大立功。对于具有立功情节的犯罪分子，应当根据犯罪的事实、性质、情节和对于社会的危害程度，结合立功表现所起作用的大小、所破获案件的罪行轻重、所抓获犯罪嫌疑人可能判处的法定刑以及立功的时机等具体情节，依法决定是否从轻、减轻或者免除处罚以及从轻、减轻处罚的幅度。"

最高人民法院、最高人民检察院、公安部 2009 年 12 月 15 日发布的《办理黑社会性质组织犯罪案件座谈会纪要》"关于黑社会性质组织成员的立功问题"部分规定："积极参加者、其他参加者配合司法机关查办案件，有提供线索、帮助收集证据或者其他协助行为，并对侦破黑社会性质组织犯罪案件起到一定作用的，即使依法不能认定立功，一般也应酌情对其从轻处罚。组织者、领导者检举揭发与该黑社会性质组织及其违法犯罪活动有关联的其他犯罪线索，即使依法构成立功或者重大立功，在量刑时也应从严掌握。"

最高人民法院 2010 年 2 月 8 日发布的《关于贯彻宽严相济刑事政策的若干意见》第 18 条规定："对于被告人检举揭发他人犯罪构成立功的，一般均应当依法从宽处罚。对于犯罪情节不是十分恶劣，犯罪后果不是十分严重的被告人立功的，从宽处罚的幅度应当更大。"

最高人民法院 2010 年 12 月 22 日发布的《关于处理自首和立功若干具体问题的意见》第 4 条"关于立功线索来源的具体认定"规定："犯罪分子通过贿买、暴力、胁迫等非法手段，或者被羁押后与律师、亲友会见过程中违反监管规定，获取他人犯罪线索并'检举揭发'的，不能认定为有立功表现。犯罪分子将本人以往查办犯罪职务活动中掌握的，或者从负有查办犯罪、监管职责的国家工作人员处获取的他人犯罪线索予以检举揭发的，不能认定为有立功表现。犯罪分子亲友为使犯罪分子'立功'，向司法机关提供他人犯罪线索、协助抓捕犯罪嫌疑人的，不能认定为犯罪分子有立功表现。"第 5 条"关于'协助抓捕其他犯罪嫌疑人'的具体认定"规定："犯罪分子具有下列行为之一，使司法机关抓获其他犯罪嫌疑人的，属于《解释》① 第五条规定的'协助司法机关抓捕其他犯罪嫌疑人'：1. 按照司法机关的安排，以打电话、发信息等方式将其他犯罪嫌疑人（包括同案犯）约至指定地点的；2. 按照司法机关的安排，当场指认、辨认其他犯罪嫌疑人（包括同案犯）的；3. 带领侦查人员抓获其他犯罪嫌疑人（包括同案犯）的；4. 提供司法机关尚未掌握的其他案件犯罪嫌疑人的联络方式、藏匿地址的，等等。""犯罪分子提供同案犯姓名、住址、体貌特征等基本情况，或者提供犯罪前、犯罪中掌握、使用的同案犯联络方式、藏匿

---

① 该条中所说的《解释》，是指最高人民法院 1998 年 4 月 17 日发布的《关于处理自首和立功具体应用法律若干问题的解释》。

地址，司法机关据此抓捕同案犯的，不能认定为协助司法机关抓捕同案犯。"第 6 条"关于立功线索的查证程序和具体认定"规定："被告人在一、二审审理期间检举揭发他人犯罪行为或者提供侦破其他案件的重要线索，人民法院经审查认为该线索内容具体、指向明确的，应及时移交有关人民检察院或者公安机关依法处理。侦查机关出具材料，表明在三个月内还不能查证并抓获被检举揭发的人，或者不能查实的，人民法院审理案件可不再等待查证结果。被告人检举揭发他人犯罪行为或者提供侦破其他案件的重要线索经查证不属实，又重复提供同一线索，且没有提出新的证据材料的，可以不再查证。根据被告人检举揭发破获的他人犯罪案件，如果已有审判结果，应当依据判决确认的事实认定是否查证属实；如果被检举揭发的他人犯罪案件尚未进入审判程序，可以依据侦查机关提供的书面查证情况认定是否查证属实。检举揭发的线索经查确有犯罪发生，或者确定了犯罪嫌疑人，可能构成重大立功，只是未能将犯罪嫌疑人抓获归案的，对可能判处死刑的被告人一般要留有余地，对其他被告人原则上应酌情从轻处罚。被告人检举揭发或者协助抓获的人的行为构成犯罪，但因法定事由不追究刑事责任、不起诉、终止审理的，不影响对被告人立功表现的认定；被告人检举揭发或者协助抓获的人的行为应判处无期徒刑以上刑罚，但因具有法定、酌定从宽情节，宣告刑为有期徒刑或者更轻刑罚的，不影响对被告人重大立功表现的认定。"第 8 条"关于对自首、立功的被告人的处罚"规定："对具有自首、立功情节的被告人是否从宽处罚、从宽处罚的幅度，应当考虑其犯罪事实、犯罪性质、犯罪情节、危害后果、社会影响、被告人的主观恶性和人身危险性等。自首的还应考虑投案的主动性、供述的及时性和稳定性等。立功的还应考虑检举揭发罪行的轻重、被检举揭发的人可能或者已经被判处的刑罚、提供的线索对侦破案件或者协助抓捕其他犯罪嫌疑人所起作用的大小等。具有自首或者立功情节的，一般应依法从轻、减轻处罚；犯罪情节较轻的，可以免除处罚。类似情况下，对具有自首情节的被告人的从宽幅度要适当宽于具有立功情节的被告人。虽然具有自首或者立功情节，但犯罪情节特别恶劣、犯罪后果特别严重、被告人主观恶性深、人身危险性大，或者在犯罪前即为规避法律、逃避处罚而准备自首、立功的，可以不从宽处罚。对于被告人具有自首、立功情节，同时又有累犯、毒品再犯等法定从重处罚情节的，既要考虑自首、立功的具体情节，又要考虑被告人的主观恶性、人身危险性等因素，综合分析判断，确定从宽或者从严处罚。累犯的前罪为非暴力犯罪的，一般可以从宽处罚，前罪为暴力犯罪或者前、后罪为同类犯罪的，可以不从宽处罚。在共同犯罪案件中，对具有自首、立功情节的被告人的处罚，应注意共同犯罪人以及首要分子、主犯、从犯之间的量刑平衡。犯罪集团的首要分子、共同犯罪的主犯检举揭发或者协助司法机关抓捕同案地位、作用较次的犯罪分子的，从宽处罚与否应当从严掌握，如果从轻处罚可能导致全案量刑失衡的，一般不从轻处罚；如果检举揭发或者协助司法机关抓捕的是其他案件中罪行同样严重的犯罪分子，一般应依法从宽处罚。对于犯罪集团的一般成员、共同犯罪的从犯立功的，特别是协助抓捕首要分子、主犯的，应当充分体现政策，依法从宽处罚。"

最高人民法院、最高人民检察院、公安部、司法部 2011 年 1 月 1 日发布的《关于限令拐卖妇女儿童犯罪人员投案自首的通告》第 4 条规定："犯罪人员有检举、揭发他人拐卖妇女、儿童犯罪行为，经查证属实的，以及提供重要线索，从而得以侦破其他犯罪案件等立功表现的，或者协助司法机关抓获其他犯罪嫌疑人的，可以依法从轻或者减轻处罚；有重大立功表现的，可以依法减轻或者免除处罚。犯罪后自首又有重大立功表现的，应当依法减轻或者免除处罚。"

最高人民法院 2011 年 4 月 25 日发布的《关于〈中华人民共和国刑法修正案（八）〉时间效力问题的解释》第 5 条规定："2011 年 4 月 30 日以前犯罪，犯罪后自首又有重大立功表现的，适用修正前刑法第六十八条第二款的规定。"

最高人民法院研究室 2011 年 6 月 14 日发布的《关于罪犯在刑罚执行期间的发明创造能否按照重大立功表现作为对其漏罪审判时的量刑情节问题的答复》规定："罪犯在服刑期间的发明创造构成立功或者重大立功的，可以作为依法减刑的条件予以考虑，但不能作为追诉漏罪的法定量刑情节考虑。"

最高人民法院、最高人民检察院、公安部、司法部 2011 年 9 月 11 日发布的《关于敦促在逃犯罪人员投案自首的通告》第 4 条规定："犯罪人员有检举、揭发他人犯罪行为，经查证属实的，以及提供重要线索，从而得以侦破其他案件，或者积极协助司法机关抓获其他犯罪人员等立功表现的，可以依法从轻或者减轻处罚；有重大立功表现的，可以依法减轻或者免除处罚。"

最高人民法院、最高人民检察院 2012 年 12 月 16 日发布的《关于办理行贿刑事案件具体应用法律若干问题的解释》第 9 条规定："行贿人揭发受贿人与其行贿无关的其他犯罪行为，查证属实的，依照刑法第六十八条关于立功的规定，可以从轻、减轻或者免除处罚。"

最高人民法院 2013 年 12 月 23 日发布的《关于常见犯罪的量刑指导意见》第三部分"常见量刑情节的适用"第 5 条规定："对于立功情节，综合考虑立功的大小、次数、内容、来源、效果以及罪行轻重等情况，确定从宽的幅度。（1）一般立功的，可以减少基准刑的 20% 以下；（2）重大立功的，可以减少基准刑的 20% ~50%；犯罪较轻的，减少基准刑的 50% 以上或者依法免除处罚。"

【立法建言】

建　议：将《刑法》第 68 条修改为："犯罪分子有揭发他人犯罪行为，查证属实的，或者提供重要线索，从而得以侦破其他案件等立功表现的，可以从轻或者减轻处罚。其中，犯罪较轻或者有重大立功表现的，可以免除处罚。"

理　由：

犯罪有轻重之分，立功有一般与重大之别。因此，宜参照《刑法》第 67 条第 1 款的规定，在第 68 条中增加"犯罪较轻"的情形，从而使立功与自首的规定相协调。此外，该条在一般立功和重大立功中都规定了"减轻"处罚，"减轻"处罚的交叉规定，混淆了一般立功与重大立功的界限，因此，宜删去重大立功中的"减轻"规定。

第四节　数罪并罚

一、判决宣告前一人犯数罪的并罚（第 69 条）

【立法沿革】

判决宣告前一人犯数罪的并罚是从 1979 年《刑法》第 64 条的规定直接移植过来的，并经《刑法修正案（八）》第 10 条和《刑法修正案（九）》第 4 条所修正。

在新中国刑法立法史上，1950 年的《刑法大纲草案》第 25 条最早规定了数罪处罚的方法："一人犯数罪，或一行为而构成犯数罪者，分别宣告其处罚。宣告多数死刑、徒刑、劳役或罚金者，择其中最重的执行之；宣告褫夺政治权、褫夺亲权或没收为附加刑者，一并执行；宣告多数褫夺政治权者，内容不同的，一并执行，内容相同的，执行其中期间之最长者。"1951 年的《惩治反革命条例》始对死刑和无期徒刑采用吸收原则，而对徒刑则采取酌情加重原则。该条例第 15 条规定："凡犯多种罪者，除判处死刑和无期徒刑外，应在总和刑以下，多种刑中的最高刑以上酌情定刑。"然而，1952 年的《惩治贪污条例》第 4 条第 2 款仅笼统规定："因贪污而兼犯他种罪者，合并处刑。"1954 年的《刑法指导原则草案》第 22 条则对"数罪合并处罚"作了较为全面的规定："一人犯两种以上罪行的时候，应当分别论罪分别量刑。如果对两种以上的罪行同时判处有期徒刑，应当在各罪的合并刑期以下、各罪中的最高刑期以上，酌量判刑；但是最多不能超过二十年。判处死刑、无期徒刑或者有期徒刑同时又判处剥夺政治权利、没收财产或者罚金的附加刑的时候，附加刑仍须执行。判处有期徒刑同时又判处劳役，以劳役折算徒刑执行。剥夺自由的劳役应当以一日折算徒刑一日，不剥夺自由的劳役以二日折算徒刑一日。"到了 1957 年，《刑法草案》第 22 稿第 68 条明确地采用了以限制加重为主，以吸收、并科为补充的折中原则："判决宣告以前一人犯数罪的，分别判刑，依照下列规定，决定执行的刑罚：（一）判处两个以上管制、拘役、有期徒刑的，在总和刑期以下多数刑中最高刑期以上，决定执行的刑期，但是管制最高不能超过五年，拘役最高不能超过一年，有期徒刑最高不能超过二十年；（二）判处拘役又判处管制的，执行拘役，以管制三日折合拘役一日，依照第（一）项的规定，决定执行的刑期；（三）判处有期徒刑又判处管制的，执行有期徒刑，以管制三日折合有期徒刑一日，依照第（一）项的规定，决定执行的刑期；（四）判处有期徒刑又判处拘役的，执行有期徒刑，以拘役一日折合有期徒刑一日，依照第（一）项的规定，决定执行的刑期；（五）判处最高刑为无期徒刑或者判处两个以上无期徒刑的，执行无期徒刑；（六）判处两个以上罚金的，在总和罚金数额以下多数罚金中最高数额以上，决定罚金的数额；（七）判处附加刑的，附加刑仍须执行。"① 1963 年的《刑法草案》第 33 稿第 69 条在上述规定的基础上，主要从立法技术的角度作了相应的修改和调整。修改后的条文为："判决宣告以前一人犯数罪的，除判处死刑和无期徒刑的以外，应当在总和刑期以下多数刑中最高刑期以上，酌情决定执行的刑期，但是拘役最高不能超过一年，管制最高不能超过五年，有期徒刑最高不能超过二十年。""如果数罪中有判处附加刑的，附加刑仍须执行。"1979 年《刑法》第 64 条基本上沿用了上述规定，除个别文字修改外，仅将"管制最高不能超过五年"改为"管制最高不能超过三年"。

1979 年《刑法》第 64 条规定："判决宣告以前一人犯数罪的，除判处死刑和无期徒刑的以外，应当在总和刑期以下、数刑中最高刑期以上，酌情决定执行的刑期；但是管制最高不能超过三年，拘役最高不能超过一年，有期徒刑最高不能超过二十年。""如果数罪中有判处附加刑的，附加刑仍须执行。"

在全面研究修改刑法的过程中，1988 年 9 月的《刑法修改稿》第 64 条在上述规定的基础上，补充规定了附加刑的并罚规则：一是增加了"有数罪被判处附加剥夺政治权利刑的，应就其中最长的刑期执行之"的规定；二是增加了"对于有数罪被单处或者并处罚金刑的，应当在总和数额以下，数刑中最高数额以上，酌情决定应执行的数额"的规定。1988 年 11 月 16 日的《刑法修改稿》第 68 条对上述规定作了两处补充和修改：一是在"除判处死刑和无期徒刑的以外"的规定中增加了"应当决定执行最重的刑罚"的内容；二是删去了上述新增设的附加刑的并罚规则。② 1988 年 12 月 25 日的《刑法修改稿》第 64

---

① 值得一提的是，该稿在"数罪并罚"一节中，还有 3 个条文分别规定了数罪中有受赦免情形的执行问题，以及想象竞合犯、牵连犯和连续犯的处罚问题。其中，第 71 条规定："数罪并罚，判决确定以后，如果数罪中有受赦免的，其余没有赦免的罪，如果是两个以上的，仍然依照本法第六十八条的规定，决定执行的刑期；如果是一个罪的，依照原判的刑期执行。"第 72 条规定："一个行为触犯两个以上罪名或者犯一个罪而犯罪的方法、结果触犯其他罪名的，应当就最重的一个罪处罚。"第 73 条规定："连续几个行为犯一个罪名的，按照一个罪论处；但是可以从重处罚。"

② 该稿第 71 条还规定了连续犯、牵连犯的处罚原则："连续数个行为触犯同一个罪名的，按照一个罪名从重处罚；以实施某一犯罪为目的，而其犯罪方法或者结果又触犯其他罪名的，按照其中一个最重的罪处罚。"

条沿用了上述第 1 款的规定，但在第 2 款中又增加规定了附加刑的并罚规则。修改后的条文为："判决宣告以前一人犯数罪的，除判处死刑和无期徒刑的应当决定执行最重的刑罚以外，应当在总和刑期以下、数刑中最高刑期以上，酌情决定执行的刑期，但是管制最高不能超过三年，拘役最高不能超过一年，有期徒刑最高不能超过二十年。如果数罪中有判处附加刑的，附加刑仍须执行。判处二个以上剥夺政治权利的，应当执行最长的刑期；判处二个以上罚金的，合并执行。"① 此后，"考虑到理论和实践中对附加刑之间的并罚规则的认识分歧比较大，附加刑之间的并罚情况又比较复杂，单纯地采纳并科原则、吸收原则或者限制加重原则都难免以偏概全，加之 1996 年上半年刑法修订已进入重点问题重点研拟阶段，因此，自 1995 年 8 月 8 日的《刑法总则修改稿》本删除了附加刑之间的并罚规则的规定以后，就没有再对这一问题进行研究。"② 1996 年 6 月 24 日的《刑法总则修改稿》第 67 条在 1979 年《刑法》第 64 条的基础上，将第 1 款中的"有期徒刑最高不能超过二十年"修改为"有期徒刑最高不能超过二十五年"。但是，1996 年 8 月 8 日的《刑法总则修改稿》第 68 条又恢复了原来的规定。这一修改方案，为 1997 年修订的《刑法》所采纳。

1997 年修订的《刑法》第 69 条规定："判决宣告以前一人犯数罪的，除判处死刑和无期徒刑的以外，应当在总和刑期以下、数刑中最高刑期以上，酌情决定执行的刑期，但是管制最高不能超过三年，拘役最高不能超过一年，有期徒刑最高不能超过二十年。如果数罪中有判处附加刑的，附加刑仍须执行。"

1997 年《刑法》施行后，"有关方面提出，上述规定总体上是适当的，但实践中有一些犯罪分子一人犯有较多罪行，被判处有期徒刑的总和刑期较高，如果只判处最高二十年有期徒刑，难以体现罪刑相适应的刑法原则，应当适当提高这种情况下数罪并罚时有期徒刑的上限。"③ 据此，《刑法修正案（八）》第 10 条适当延长了有期徒刑数罪并罚的刑期，将"有期徒刑最高不能超过二十年"改为"有期徒刑总和刑期不满三十五年的，最高不能超过二十年，总和刑期在三十五年以上的，最高不能超过二十五年"；同时，还补充规定了附加刑的并罚规则，即"附加刑种类相同的，合并执行，种类不同的，分别执行"。

鉴于数罪中分别判处有期徒刑、拘役或者管制应如何并罚的问题，刑法没有明文规

---

① 该稿还在"数罪并罚"一节中的最后 1 条规定了想象竞合犯、牵连犯的处罚原则："一个行为触犯二个以上罪名的；或者犯罪的手段、结果触犯其他罪名的，按照其中处罚最重的一个罪定罪量刑"（该条列于第 66 条之后，未编条文序号）。

② 参见高铭暄：《中华人民共和国刑法的孕育诞生和发展完善》，北京大学出版社 2012 年版，第 260 页。

③ 参见全国人大常委会法制工作委员会主任李适时 2010 年 8 月 23 日在十一届全国人大常委会第十六次会议上所作的《关于〈中华人民共和国刑法修正案（八）（草案）〉的说明》。

定，对于这种理论上和实践中争议较大的情况，①《刑法修正案（九）》第 4 条在《刑法》第 69 条中增加了第 2 款"数罪中有判处有期徒刑和拘役的，执行有期徒刑。数罪中有判处有期徒刑和管制，或者拘役和管制的，有期徒刑、拘役执行完毕后，管制仍须执行"的规定。

【立法规定】

《刑法》第 69 条规定："判决宣告以前一人犯数罪的，除判处死刑和无期徒刑的以外，应当在总和刑期以下、数刑中最高刑期以上，酌情决定执行的刑期，但是管制最高不能超过三年，拘役最高不能超过一年，有期徒刑总和刑期不满三十五年的，最高不能超过二十年，总和刑期在三十五年以上的，最高不能超过二十五年。数罪中有判处有期徒刑和拘役的，执行有期徒刑。数罪中有判处有期徒刑和管制，或者拘役和管制的，有期徒刑、拘役执行完毕后，管制仍须执行。数罪中有判处附加刑的，附加刑仍须执行，其中附加刑种类相同的，合并执行，种类不同的，分别执行。"

【立法释义】

最高人民法院 1981 年 7 月 27 日发布的《关于管制犯在管制期间又犯新罪被判处拘役或有期徒刑应如何执行的问题的批复》规定："由于管制和拘役、有期徒刑不属于同一刑种，执行的方法也不同，如何按照数罪并罚的原则决定执行的刑罚，在刑法中尚无具体规定，因此，仍可按照本院 1957 年 2 月 16 日法研字第 3540 号复函的意见办理，即：'在对新罪所判处的有期徒刑或者拘役执行完毕后，再执行前罪所没有执行完的管制。'对于管制犯在管制期间因发现判决时没有发现的罪行而被判处拘役或有期徒刑应如何执行的问题，也可按照上述意见办理。"

最高人民法院研究室 1984 年 9 月 17 日发布的《关于对拘役犯在缓刑期间发现其隐瞒余罪判处有期徒刑应如何执行问题的电话答复》规定："判决前羁押一日折抵刑罚拘役一日，我国刑法第三十九条有明文规定，但拘役是否能折抵有期徒刑，我国刑法尚无明文规定。关于不同刑种如何换算、如何实行数罪并罚的问题，目前我国刑法也还没有具体的规定。这些问题我们已报请全国人大常委会研究解决。因此，将有限制的剥夺人身自由的刑

---

① 对于上述情况应当如何并罚，"刑法学界和司法界有三种不同的主张：一是折算说（又称换算说），即将不同刑种单一化，管制和拘役都折算为有期徒刑，然后在一个罪刑单位上按照限制加重原则并罚。折算的方法，按照《刑法》第 41 条、第 44 条和第 47 条规定的精神折算，即拘役一日折算为有期徒刑一日，管制二日折算为有期徒刑一日。二是吸收说，即重刑吸收轻刑，只执行其中的重刑如有期徒刑，其余轻刑如拘役或管制则不再执行。三是分别执行说（又称逐一执行说），即应按从重到轻的顺序，分别执行：先执行有期徒刑，继之执行拘役，最后执行管制"（参见利子平主编：《刑法原理》（修订本），江西高校出版社 2000 年版，第 224～225 页）。在司法实践中，最高人民法院始终坚持分别执行说。例如，最高人民法院 1981 年 7 月 27 日发布的《关于管制犯在管制期间又犯新罪被判处拘役或有期徒刑应如何执行的问题的批复》。

罚拘役一日，换算为完全剥夺人身自由的刑罚有期徒刑一日的做法，我们现在还不能同意，须由全国人大常委会作决定。根据刑法第六十五条、第七十条的有关规定，对拘役犯在缓刑期间发现有隐瞒的罪行，应撤销缓刑，将根据确认的前罪所判拘役与隐瞒的后罪所判刑罚，按刑法第六十四条关于数罪并罚的规定，决定应执行的刑罚。如对所隐瞒的罪判处有期徒刑，需对罪犯合并执行拘役和有期徒刑时，我们认为，以先执行有期徒刑、后执行拘役为宜，即在有期徒刑执行完毕后再执行拘役，以免在对罪犯先执行拘役时，罪犯为逃避有期徒刑而发生逃跑等意外情况。"

最高人民法院研究室 1989 年 5 月 24 日发布的《关于对再审改判前因犯新罪被加刑的罪犯再审时如何确定执行的刑罚问题的电话答复》规定："原则上同意你院意见，即对于再审改判前因犯新罪被加刑的罪犯，在对其前罪再审时，应当将罪犯犯新罪时的判决中关于前罪与新罪并罚的内容撤销，并把经再审改判后的前罪没有执行完的刑罚和新罪已判处的刑罚，按照刑法第六十六条的规定依法数罪并罚。关于原前罪与新罪并罚的判决由哪个法院撤销，应视具体情况确定：如果再审法院是对新罪作出判决的法院的上级法院，或者是对新罪作出判决的同一法院，可以由再审法院撤销；否则，应由对新罪作出判决的法院撤销。对于前罪经再审改判为无罪或者免予刑事处分的，其已执行的刑期可以折抵新罪的刑期。执行本答复中遇有新的情况或问题，请及时报告我们。"

最高人民法院 2011 年 4 月 25 日发布的《关于〈中华人民共和国刑法修正案（八）〉时间效力问题的解释》第 6 条规定："2011 年 4 月 30 日以前一人犯数罪，应当数罪并罚的，适用修正前刑法第六十九条的规定；2011 年 4 月 30 日前后一人犯数罪，其中一罪发生在 2011 年 5 月 1 日以后的，适用修正后刑法第六十九条的规定。"

最高人民法院 2015 年 10 月 29 日发布的《关于〈中华人民共和国刑法修正案（九）〉时间效力问题的解释》第 3 条规定："对于 2015 年 10 月 31 日以前一人犯数罪，数罪中有判处有期徒刑和拘役，有期徒刑和管制，或者拘役和管制，予以数罪并罚的，适用修正后刑法第六十九条第二款的规定。"

【立法建言】

建　议：将《刑法》第 69 条第 1 款修改为："判决宣告以前一人犯数罪的，除判处死刑和无期徒刑的以外，应当在总和刑期以下、数刑中最高刑期以上，酌情决定执行的刑期，但是管制最高不能超过三年，拘役最高不能超过一年，有期徒刑总和刑期不满三十五年的，最高不能超过二十五年，总和刑期在三十五年以上的，最高不能超过三十年。"

理　由：

本书在第一编第三章第四节之一"有期徒刑的期限（第 45 条）"的"立法建言"中

提出，"宜将有期徒刑的最高期限提高到 20 年，数罪并罚不超过 30 年。"为确保刑法的相关规定相协调，宜对《刑法》第 69 条第 1 款的规定作相应调整。

二、判决宣告后发现漏罪的并罚（第 70 条）

【立法沿革】

判决宣告后发现漏罪的并罚是在 1979 年《刑法》第 65 条规定的判决宣告后发现漏罪的并罚的基础上修改而来的。

从立法源流来看，关于判决宣告后发现漏罪的并罚的规定，源于 1957 年的《刑法草案》第 22 稿。该稿第 69 条规定："判决宣告以后，刑罚还没有执行完毕以前，发觉被判刑的犯罪分子在判决宣告以前还有其他罪没有经过判决的，应当对新发觉的罪作出判决，把前后两个判决所判处的刑罚，依照本法第六十八条的规定，决定执行的刑罚。"1963 年的《刑法草案》第 33 稿第 70 条在上述规定的基础上，增加了"已经执行的刑期，应当计算在新判决决定的刑期以内"的规定。1979 年《刑法》第 65 条基本上沿用了上述规定，仅作了个别文字修改。

1979 年《刑法》第 65 条规定："判决宣告以后，刑罚还没有执行完毕以前，发现被判刑的犯罪分子在判决宣告以前还有其他罪没有判决的，应当对新发现的罪作出判决，把前后两个判决所判处的刑罚，依照本法第六十四条的规定，决定执行的刑罚。已经执行的刑期，应当计算在新判决决定的刑期以内。"

在全面研究修改刑法的过程中，1988 年 9 月的《刑法修改稿》第 65 条基本上沿用了上述规定，仅将其中"刑罚还没有执行完毕以前"的表述改为"刑罚执行完毕以前"。这一修改方案，为现行刑法所采纳。

【立法规定】

《刑法》第 70 条规定："判决宣告以后，刑罚执行完毕以前，发现被判刑的犯罪分子在判决宣告以前还有其他罪没有判决的，应当对新发现的罪作出判决，把前后两个判决所判处的刑罚，依照本法第六十九条的规定，决定执行的刑罚。已经执行的刑期，应当计算在新判决决定的刑期以内。"

【立法释义】

最高人民法院研究室 1984 年 9 月 17 日发布的《关于对拘役犯在缓刑期间发现其隐瞒余罪判处有期徒刑应如何执行问题的电话答复》规定："判决前羁押一日折抵刑罚拘役一日，我国刑法第三十九条有明文规定，但拘役是否能折抵有期徒刑，我国刑法尚无明文规定。关于不同刑种如何换算、如何实行数罪并罚的问题，目前我国刑法也还没有具体的规定。这些问题我们已报请全国人大常委会研究解决。因此，将有限制的剥夺人身自由的刑罚拘役一日，换算为完全剥夺人身自由的刑罚有期徒刑一日的做法，我们现在还不能同意，须由全国人大常委会作决定。根据刑法第六十五条、第七十条的有关规定，对拘役犯在缓刑期间发现有隐瞒的罪行，应撤销缓刑，将根据确认的前罪所判拘役与隐瞒的后罪所判刑罚，按刑法第六十四条关于数罪并罚的规定，决定应执行的刑罚。如对所隐瞒的罪判处有期徒刑，需对罪犯合并执行拘役和有期徒刑时，我们认为，以先执行有期徒刑、后执行拘役为宜，即在有期徒刑执行完毕后再执行拘役，以免在对罪犯先执行拘役时，罪犯为逃避有期徒刑而发生逃跑等意外情况。"

最高人民法院 1993 年 4 月 16 日发布的《关于判决宣告后又发现被判刑的犯罪分子的同种漏罪是否实行数罪并罚问题的批复》规定："人民法院的判决宣告并已发生法律效力以后，刑罚还没有执行完毕以前，发现被判刑的犯罪分子在判决宣告以前还有其他罪没有判决的，不论新发现的罪与原判决的罪是否属于同种罪，都应当依照刑法第六十五条①的规定实行数罪并罚。但如果在第一审人民法院的判决宣告以后，被告人提出上诉或者人民检察院提出抗诉，判决尚未发生法律效力的，第二审人民法院在审理期间，发现原审被告人在第一审判决宣告以前还有同种漏罪没有判决的，第二审人民法院应当依照刑事诉讼法第一百三十六条第（三）项②的规定，裁定撤销原判，发回原审人民法院重新审判，第一审人民法院重新审判时，不适用刑法关于数罪并罚的规定。"

最高人民法院 2012 年 1 月 18 日发布的《关于罪犯因漏罪、新罪数罪并罚时原减刑裁定应如何处理的意见》规定："罪犯被裁定减刑后，因被发现漏罪或者又犯新罪而依法进行数罪并罚时，经减刑裁定减去的刑期不计入已经执行的刑期。在此后对因漏罪数罪并罚的罪犯依法减刑，决定减刑的频次、幅度时，应当对其原经减刑裁定减去的刑期酌予考虑。"

【立法建言】

建　议：将《刑法》第 70 条中的"刑罚执行完毕以前"修改为"主刑执行完毕以前"。

理　由：

1. 从立法原意来看，《刑法》第 70 条和第 71 条规定的"刑罚执行完毕以前"中的"刑罚"应当是指"主刑"。因为《刑法》第 71 条规定的"先减后并"刑期计算方法，是以前罪的主刑没有执行完毕为前提的。诚然，《刑法》第 71 条规定的"判决宣告以后，刑罚执行完毕以前"并未对其中的"刑罚"种类加以限制，但是，由该条规定的"先减后

---

① 1979 年《刑法》第 65 条。
② 1979 年《刑事诉讼法》第 136 条第 3 项。

并"刑期计算方法的特点所决定，"前罪没有执行的刑罚"只能是主刑。① 唯此，才有可能适用"先并后减"或"先减后并"的方法，并依照《刑法》第 69 条的规定"酌情决定执行的刑期"。由此可见，在前罪"主刑已执行完毕"的情况下，虽有数罪但却不存在如何并罚的问题，只存在如何执行的问题。②

2. 从附加刑的性质来看，剥夺政治权利只能是补充特定的主刑适用。《刑法》第 58 条所规定的"附加剥夺政治权利的刑期，从徒刑、拘役执行完毕之日或者从假释之日起计算；剥夺政治权利的效力当然施用于主刑执行期间"，是指因犯特定的罪被判处有期徒刑、拘役，同时附加剥夺政治权利的，剥夺政治权利的效力既施用于该罪主刑执行期间，又从该罪主刑执行完毕之日或者假释之日起执行一定的期限。其主要特点是：被判处的主刑与附加剥夺政治权利都是犯特定罪的法律后果，它们之间具有密不可分的内在联系。换言之，在附加剥夺政治权利的情况下，剥夺政治权利是补充特定的主刑适用的。③ 尽管最高人民法院 2009 年 5 月 25 日发布的《关于在执行附加刑剥夺政治权利期间犯新罪应如何处理的批复》第 2 条规定"附加刑剥夺政治权利的效力施用于新罪主刑执行期间"，但是，该规定却是错误的。因为它人为地割裂了主刑与附加刑之间的内在联系，不恰当地将前罪附加剥夺政治权利的效力施用于新罪的主刑执行期间。这种"张冠李戴"的结果，必然会加重被告人的刑事责任。④ 至于罚金尚未执行完毕又犯新罪的，更没必要数罪并罚，只要继续执行即可。否则，难免陷入"繁琐哲学"的泥潭。

三、判决宣告后又犯新罪的并罚（第 71 条）

【立法沿革】

判决宣告后又犯新罪的并罚是在 1979 年《刑法》第 66 条规定的判决宣告后又犯新罪的并罚的基础上修改而来的。

有关判决宣告后又犯新罪的并罚的规定，最早见之于 1957 年的《刑法草案》第 22

---

① 该条规定的"先减后并"刑期计算方法，即"把前罪没有执行的刑罚和后罪所判处的刑罚，依照本法第六十九条的规定，决定执行的刑期"。"这种数罪并罚的特点是：（1）犯罪人在原判决宣告以后，刑罚执行完毕之前又犯新罪；（2）不管新罪是否与原判决的罪性质相同；（3）将新罪定罪量刑；（4）将前罪没有执行的刑罚与新罪所判处的刑罚，依照刑法第 69 条的原则进行并罚；（5）已经执行的刑期不得计算在新判决所决定的刑期以内"（张明楷：《刑法学》，法律出版社 2011 年版，第 539 页）。可见，这种数罪并罚方法只能适用于有刑期的刑罚。此外，根据《刑法》第 69 条第 2 款关于"数罪中有判处附加刑的，附加刑仍须执行，其中附加刑种类相同的，合并执行，种类不同的，分别执行"的规定，在附加刑中，唯一有刑期的剥夺政治权利，其并罚的原则是"合并执行"，因而不存在适用"先减后并"刑期计算方法的问题。

② 参见利子平：《刑法司法解释瑕疵研究》，法律出版社 2014 年版，第 237～238 页。

③ 同上书，第 238 页。

④ 关于该批复的瑕疵及分析，可参见利子平：《刑法司法解释瑕疵研究》，法律出版社 2014 年版，第 238～239 页，本书不予赘述。

稿。该稿第 70 条规定："判决宣告以后，刑罚还没有执行完毕以前，被判刑的犯罪分子又犯罪的，应当对新犯的罪作出判决，把前罪没有执行的刑罚和后罪所判处的刑罚，依照本法第六十八条的规定，决定执行的刑罚。"1979 年《刑法》第 66 条沿用了上述规定，未作任何修改。

1979 年《刑法》第 66 条规定："判决宣告以后，刑罚还没有执行完毕以前，被判刑的犯罪分子又犯罪的，应当对新犯的罪作出判决，把前罪没有执行的刑罚和后罪所判处的刑罚，依照本法第六十四条的规定，决定执行的刑罚。"

在刑法修订研拟的过程中，1996 年 8 月 8 日的《刑法总则修改稿》第 70 条对上述规定作了较大的补充和修改：一是将"应当对新犯的罪作出判决"改为"应当对新犯的罪从重作出判决"；二是将"依照本法第六十八条的规定，决定执行的刑罚"改为"合并执行"，并且增加了"实际执行的刑期不受本法第六十八条规定的最高刑期的限制"的规定。修改后的条文为："判决宣告以后，刑罚还没有执行完毕以前，被判刑的犯罪分子又犯罪的，应当对新犯的罪从重作出判决，把前罪没有执行的刑罚和后罪所判处的刑罚合并执行。实际执行的刑期不受本法第六十八条规定的最高刑期的限制。"对此，"有的专家提出，修改稿第 70 条规定的刑罚执行完毕以前又犯罪的，对新犯的罪从重作出判决的'从重'没有必要，因为规定这种情况应当合并执行，已经是从重了。"[1] 有鉴于此，1996 年 8 月 31 日的《刑法修改草稿》第 70 条删去了上述"从重"的规定；同时，该条还将上述"刑罚还没有执行完毕以前"的表述改为"刑罚执行完毕以前"。1996 年 10 月 10 日的《刑法修订草案》（征求意见稿）第 70 条在上述规定的基础上，又将其中"合并执行"的规定改为"依照本法第六十八条的规定，决定执行的刑罚"。这一修改方案，为现行刑法所采纳。

【立法规定】

《刑法》第 71 条规定："判决宣告以后，刑罚执行完毕以前，被判刑的犯罪分子又犯罪的，应当对新犯的罪作出判决，把前罪没有执行的刑罚和后罪所判处的刑罚，依照本法第六十九条的规定，决定执行的刑罚。"

【立法释义】

最高人民法院 1981 年 7 月 27 日发布的《关于管制犯在管制期间又犯新罪被判处拘役或有期徒刑应如何执行的问题的批复》规定："由于管制和拘役、有期徒刑不属于同一刑种，执行的方法也不同，如何按照数罪并罚的原则决定执行的刑罚，在刑法中尚无具体规定，因此，仍可按照本院 1957 年 2 月 16 日法研字第 3540 号复函的意见办理，即：'在对

---

[1] 参见全国人大常委会法制工作委员会刑法室整理："《法律专家对〈刑法总则修改稿〉和〈刑法分则修改草稿〉的意见》（1996 年 9 月 6 日）"，见高铭暄、赵秉志编：《新中国刑法立法文献资料总览》（下），中国人民公安大学出版社 1998 年版，第 2132 页。

新罪所判处的有期徒刑或者拘役执行完毕后，再执行前罪所没有执行完的管制。'对于管制犯在管制期间因发现判决时没有发现的罪行而被判处拘役或有期徒刑应如何执行的问题，也可按照上述意见办理。"

最高人民法院研究室 1993 年 1 月 28 日发布的《关于罪犯在保外就医期间又犯罪，事隔一段时间后被抓获，对前罪的余刑，应当如何计算的请示的答复》规定："罪犯在保外就医期间又犯罪，应当依照刑法第六十六条的规定，对前罪没有执行完的刑罚和后罪判处的刑罚，按刑法第六十四条规定，决定执行的刑罚，对于前罪余刑的计算应从新罪判决确定之日计算。"

最高人民法院 2009 年 5 月 25 日发布的《关于在执行附加刑剥夺政治权利期间犯新罪应如何处理的批复》第 1 条规定："对判处有期徒刑并处剥夺政治权利的罪犯，主刑已执行完毕，在执行附加刑剥夺政治权利期间又犯新罪，如果所犯新罪无须附加剥夺政治权利的，依照刑法第七十一条的规定数罪并罚。"第 2 条规定："前罪尚未执行完毕的附加刑剥夺政治权利的刑期从新罪的主刑有期徒刑执行之日起停止计算，并依照刑法第五十八条规定从新罪的主刑有期徒刑执行完毕之日或者假释之日起继续计算；附加刑剥夺政治权利的效力施用于新罪的主刑执行期间。"第 3 条规定："对判处有期徒刑的罪犯，主刑已执行完毕，在执行附加刑剥夺政治权利期间又犯新罪，如果所犯新罪也剥夺政治权利的，依照刑法第五十五条、第五十七条、第七十一条的规定并罚。"

最高人民法院 2012 年 1 月 18 日发布的《关于罪犯因漏罪、新罪数罪并罚时原减刑裁定应如何处理的意见》规定："罪犯被裁定减刑后，因被发现漏罪或者又犯新罪而依法进行数罪并罚时，经减刑裁定减去的刑期不计入已经执行的刑期。在此后对因漏罪数罪并罚的罪犯依法减刑，决定减刑的频次、幅度时，应当对其原经减刑裁定减去的刑期酌予考虑。"

【立法建言】

建　议：将《刑法》第 71 条中的"刑罚执行完毕以前"修改为"主刑执行完毕以前"。

理　由：

修改理由与《刑法》第 70 条相同，在此不再赘述。

第五节　缓　　刑

一、缓刑的适用条件（第 72 条）

【立法沿革】

缓刑的适用条件是在 1979 年《刑法》第 67 条规定的缓刑的适用条件的基础上修改而

来的，并经《刑法修正案（八）》第11条所修正。

新中国成立伊始，在法律上尚未正式确立缓刑制度的情况下，实践中就普遍适用了缓刑。为统一缓刑的适用，中央人民政府司法部1950年5月20日发布的《关于假释缓刑褫夺公权等问题的解释》第4条中首次对缓刑的适用条件作了规定："缓刑一般适用于对社会危害性较小的、处刑较短的且依据具体情况又暂不执行为宜的徒刑。"1950年的《刑法大纲草案》第28条第1项仅对缓刑的适用条件作了原则规定："判处五年以下刑罚，法院认为以暂缓执行为适当者，得宣告二年至五年的缓刑。其期间自裁判确定日起算。"到了1952年，《惩治贪污条例》使用了广义的"缓刑"概念。[①] 该条例第5条规定："犯贪污罪而有下列情形之一者，得从轻或减轻处刑，或缓刑，或免刑予以行政处分：一、未被发觉前自动坦白者；二、被发觉后彻底坦白、真诚悔过并自动地尽可能缴出所贪污财物者；三、检举他人犯本条例之罪而立功者；四、年岁较轻或一向廉洁，偶犯贪污罪又愿真诚悔改者。"[②] 1954年的《刑法指导原则草案》摒弃了广义的"缓刑"概念，并具体规定了缓刑的适用条件。该草案第12条第2款规定："判处五年以下有期徒刑的罪犯，如果对于社会的危害性不大，并且具有下列情形之一的，可以宣告缓刑：（一）在家庭中是唯一劳动力的；（二）有严重疾病的；（三）孕妇、哺乳自己婴儿的妇女；（四）因为其他具体情况不宜立即执行的。"第6款规定："宣告缓刑的时候，所判处的附加刑仍须执行。"1957年的《刑法草案》第22稿第74条也规定了缓刑的适用条件："对于被判处拘役、三年以下有期徒刑的犯罪分子，根据犯罪分子的特殊情况，认为暂不执行也不致危害社会的时候，可以宣告原判刑期以上五年以下的缓刑，但是缓刑期限不能少于六个月。宣告缓刑的时候，附加刑仍须执行。"1963年的《刑法草案》第33稿第72条在上述规定的基础上，主要作了以下四方面的补充和修改：一是将"根据犯罪分子的特殊情况"改为"根据犯罪分子的犯罪情节和悔罪表现"；二是将"认为暂不执行也不致危害社会的时候"改为"认为适用缓刑确实不致再危害社会和引起群众不满"；三是增加了"在责令犯罪分子具结悔

---

① "对于死刑、无期徒刑和有期徒刑，均得酌情予以缓刑。缓刑主要是适用于坦白悔改或有立功表现的犯人。死刑缓刑和无期徒刑缓刑均须实行监禁，在监禁和强制劳动中加以考察，并根据其在缓刑期间的表现，决定执行原判或于缓刑期满时予以减刑改判。有期徒刑的缓刑，可以酌情在缓刑期内不予监禁，而在管制中加以考察"（参见中央人民政府政务院政治法律委员会副主任彭真1952年4月18日在中央人民政府委员会第十四次会议上所作的《关于中华人民共和国惩治贪污条例草案的说明》）。

② 最高人民法院1953年7月28日发布的《最高人民法院对华东分院关于缓刑等问题请示及意见的批复》指出："通常对于比较轻微的案件所用'缓刑'与一般简称所谓'缓期执行'是有区别的。'缓刑'一般的是适用于对社会危害性不大，处刑较轻，并因其他具体情况，以暂不执行为宜的被告，即于判决处刑同时宣告缓刑若干时期。受宣告缓刑的被告，不予关押。如果在缓刑期内不再犯罪，表现还好，就可以根本不执行了。一般简称所谓'缓期执行'，原系用于反革命犯，即'判处死刑、缓期二年执行、强迫劳动、以观后效'。受这种宣告的被告，仍须监禁，并强迫劳动；在劳动中加以考察，根据其表现，决定执行原判或于缓刑期满时予以减刑改判。按照'惩治贪污条例草案的说明'，这种案件亦适用贪污案件的死刑、无期徒刑和有期徒刑，但'有期徒刑的缓刑，可以酌情在缓刑期内不予监禁，而在管制中加以考察'。所以惩治贪污条例所定'缓刑'与通常对于比较轻微案件所称缓刑有所不同。"

罪以后，经过上一级人民法院核准"的程序限制；四是删去了"宣告原判刑期以上五年以下的缓刑，但是缓刑期限不能少于六个月"的规定。修改后的条文为："对于被判处拘役、三年以下有期徒刑的犯罪分子，根据犯罪分子的犯罪情节和悔罪表现，认为适用缓刑确实不致再危害社会和引起群众不满的，可以在责令犯罪分子具结悔罪以后，经过上一级人民法院核准，宣告缓刑。被宣告缓刑的犯罪分子，如果被判处附加刑，附加刑仍须执行。"1979 年《刑法》第 67 条沿用了上述立法模式，但在内容上作了两处删改：一是删去了"引起群众不满"的适用条件；二是删去了"在责令犯罪分子具结悔罪以后，经过上一级人民法院核准"的程序限制。

1979 年《刑法》第 67 条规定："对于被判处拘役、三年以下有期徒刑的犯罪分子，根据犯罪分子的犯罪情节和悔罪表现，认为适用缓刑确实不致再危害社会的，可以宣告缓刑。被宣告缓刑的犯罪分子，如果被判处附加刑，附加刑仍须执行。"

在刑法修订研拟的过程中，1996 年 8 月 8 日的刑法总则修改稿第 71 条在上述规定的基础上，将"认为适用缓刑确实不致再危害社会"改为"适用缓刑确实不致再危害社会治安"。1996 年 8 月 31 日的《刑法修改草稿》第 71 条又将其改为"适用缓刑确实不致再危害社会"。这一修改方案，为 1997 年修订的《刑法》所采纳。

1997 年修订的《刑法》第 72 条规定："对于被判处拘役、三年以下有期徒刑的犯罪分子，根据犯罪分子的犯罪情节和悔罪表现，适用缓刑确实不致危害社会的，可以宣告缓刑。被宣告缓刑的犯罪分子，如果被判处附加刑，附加刑仍须执行。"

1997 年《刑法》施行后，为进一步明确缓刑适用的条件，有针对性地对被宣告缓刑的犯罪分子进行必要的行为约束，[1]《刑法修正案（八）》第 11 条对上述规定作了两方面的补充和修改：一是进一步明确了缓刑的适用条件，将"根据犯罪分子的犯罪情节和悔罪表现，适用缓刑确实不致危害社会的，可以宣告缓刑"修改为"同时符合下列条件的，可以宣告缓刑，对其中不满十八周岁的人、怀孕的妇女和已满七十五周岁的人，应当宣告缓刑：（一）犯罪情节较轻；（二）有悔罪表现；（三）没有再犯罪的危险；（四）宣告缓刑对所居住社区没有重大不良影响"[2]；二是对缓刑犯增设了禁止令的规定，增加了第 2 款"宣告缓刑，可以根据犯罪情况，同时禁止犯罪分子在缓刑考验期限内从事特定活动，进

---

① 参见全国人大常委会法制工作委员会主任李适时 2010 年 8 月 23 日在十一届全国人大常委会第十六次会议上所作的《关于〈中华人民共和国刑法修正案（八）（草案）〉的说明》。

② 在起草和审议过程中，"有意见认为，将'宣告缓刑对所居住社区没有重大不良影响'作为缓刑条件之一，可能使法官作出缓刑决定很大程度上受社区意见的制约，从而影响缓刑的适用。立法机关经过研究认为，这一缓刑条件是基于我国社会发展的现实情况，是为了加强对犯罪分子的监督和改造，本着有利于社区广大居民能够安居乐业的目的作出的。因此，在适用缓刑制度时，既要考虑被告人的个人情况，还要考虑适用缓刑对社区的影响，否则就不能达到适用缓刑的目的和社会效果"（参见高铭暄：《中华人民共和国刑法的孕育诞生和发展完善》，北京大学出版社 2012 年版，第 264 页）。

入特定区域、场所，接触特定的人"的规定。

【立法规定】

《刑法》第 72 条规定："对于被判处拘役、三年以下有期徒刑的犯罪分子，同时符合下列条件的，可以宣告缓刑，对其中不满十八周岁的人、怀孕的妇女和已满七十五周岁的人，应当宣告缓刑：（一）犯罪情节较轻；（二）有悔罪表现；（三）没有再犯罪的危险；（四）宣告缓刑对所居住社区没有重大不良影响。""宣告缓刑，可以根据犯罪情况，同时禁止犯罪分子在缓刑考验期限内从事特定活动，进入特定区域、场所，接触特定的人。被宣告缓刑的犯罪分子，如果被判处附加刑，附加刑仍须执行。"

【立法释义】

最高人民检察院法律政策研究室 1998 年 9 月 17 日发布的《关于对数罪并罚决定执行刑期为三年以下有期徒刑的犯罪分子能否适用缓刑问题的复函》规定："根据刑法第七十二条的规定，可以适用缓刑的对象是被判处拘役、三年以下有期徒刑的犯罪分子；条件是根据犯罪分子的犯罪情节和悔罪表现，适用缓刑确实不致再危害社会。对于判决宣告以前犯数罪的犯罪分子，只要判决执行的刑罚为拘役、三年以下有期徒刑，且符合根据犯罪分子的犯罪情节和悔罪表现，适用缓刑确实不致再危害社会的案件，依法可以适用缓刑。"

最高人民法院 1999 年 10 月 27 日发布的《全国法院维护农村稳定刑事审判工作座谈会纪要》"关于对农民被告人依法判处缓刑、管制、免予刑事处罚问题"部分规定："对农民被告人适用刑罚，既要严格遵循罪刑相适应的原则，又要充分考虑到农民犯罪主体的特殊性。要依靠当地党委做好相关部门的工作，依法适当多适用非监禁刑罚。对于已经构成犯罪，但不需要判处刑罚的，或者法律规定有管制刑的，应当依法免予刑事处罚或判处管制刑。对于罪行较轻且认罪态度好，符合宣告缓刑条件的，应当依法适用缓刑。要努力配合有关部门落实非监禁刑的监管措施。在监管措施落实问题上可以探索多种有效的方式，如在城市应加强与适用缓刑的犯罪人原籍的政府和基层组织联系落实帮教措施；在农村应通过基层组织和被告人亲属、家属、好友做好帮教工作等等。"

最高人民法院 2006 年 1 月 11 日发布的《关于审理未成年人刑事案件具体应用法律若干问题的解释》第 16 条规定："对未成年罪犯符合刑法第七十二条第一款规定的，可以宣告缓刑。如果同时具有下列情形之一，对其适用缓刑确实不致再危害社会的，应当宣告缓刑：（一）初次犯罪；（二）积极退赃或赔偿被害人经济损失；（三）具备监护、帮教条件。"

最高人民法院、最高人民检察院 2007 年 4 月 4 日发布的《关于办理侵犯知识产权刑事案件具体应用法律若干问题的解释（二）》第 3 条规定："侵犯知识产权犯罪，符合刑法规定的缓刑条件的，依法适用缓刑。有下列情形之一的，一般不适用缓刑：（一）因侵犯知识产权被刑事处罚或者行政处罚后，再次侵犯知识产权构成犯罪的；（二）不具有悔罪表现的；（三）拒不交出违法所得的；（四）其他不宜适用缓刑的情形。"

最高人民法院、最高人民检察院、公安部、司法部2010年3月15日发布的《关于依法惩治拐卖妇女儿童犯罪的意见》第30条第2款规定："收买被拐卖的妇女、儿童，对被收买妇女、儿童没有实施摧残、虐待行为或者与其已形成稳定的婚姻家庭关系，但仍应依法追究刑事责任的，一般应当从轻处罚；符合缓刑条件的，可以依法适用缓刑。"

最高人民法院、最高人民检察院、公安部、司法部2011年4月28日发布的《关于对判处管制、宣告缓刑的犯罪分子适用禁止令有关问题的规定（试行）》第1条规定："对判处管制、宣告缓刑的犯罪分子，人民法院根据犯罪情况，认为从促进犯罪分子教育矫正、有效维护社会秩序的需要出发，确有必要禁止其在管制执行期间、缓刑考验期限内从事特定活动，进入特定区域、场所，接触特定人的，可以根据刑法第三十八条第二款、第七十二条第二款的规定，同时宣告禁止令。"第2条规定："人民法院宣告禁止令，应当根据犯罪分子的犯罪原因、犯罪性质、犯罪手段、犯罪后的悔罪表现、个人一贯表现等情况，充分考虑与犯罪分子所犯罪行的关联程度，有针对性地决定禁止其在管制执行期间、缓刑考验期限内'从事特定活动，进入特定区域、场所，接触特定的人'的一项或者几项内容。"第3条规定："人民法院可以根据犯罪情况，禁止判处管制、宣告缓刑的犯罪分子在管制执行期间、缓刑考验期限内从事以下一项或者几项活动：（一）个人为进行违法犯罪活动而设立公司、企业、事业单位或者在设立公司、企业、事业单位后以实施犯罪为主要活动的，禁止设立公司、企业、事业单位；（二）实施证券犯罪、贷款犯罪、票据犯罪、信用卡犯罪等金融犯罪的，禁止从事证券交易、申领贷款、使用票据或者申领、使用信用卡等金融活动；（三）利用从事特定生产经营活动实施犯罪的，禁止从事相关生产经营活动；（四）附带民事赔偿义务未履行完毕，违法所得未追缴、退赔到位，或者罚金尚未足额缴纳的，禁止从事高消费活动；（五）其他确有必要禁止从事的活动。"第4条规定："人民法院可以根据犯罪情况，禁止判处管制、宣告缓刑的犯罪分子在管制执行期间、缓刑考验期限内进入以下一类或者几类区域、场所：（一）禁止进入夜总会、酒吧、迪厅、网吧等娱乐场所；（二）未经执行机关批准，禁止进入举办大型群众性活动的场所；（三）禁止进入中小学校区、幼儿园园区及周边地区，确因本人就学、居住等原因，经执行机关批准的除外；（四）其他确有必要禁止进入的区域、场所。"第5条规定："人民法院可以根据犯罪情况，禁止判处管制、宣告缓刑的犯罪分子在管制执行期间、缓刑考验期限内接触以下一类或者几类人员：（一）未经对方同意，禁止接触被害人及其法定代理人、近亲属；（二）未经对方同意，禁止接触证人及其法定代理人、近亲属；（三）未经对方同意，禁止接触控告人、批评人、举报人及其法定代理人、近亲属；（四）禁止接触同案犯；（五）禁止接触其他可能遭受其侵害、滋扰的人或者可能诱发其再次危害社会的人。"第 6 条规定："禁止令的期限，既可以与管制执行、缓刑考验的期限相同，也可以短于管制执行、缓刑考验的期限，但判处管制的，禁止令的期限不得少于三个月，宣告缓刑的，禁止令的期限不得少于二个月。判处管制的犯罪分子在判决执行以前先行羁押以致管制执行的期限少于三个月的，禁止令的期限不受前款规定的最短期限的限制。禁止令的执行期限，从管制、缓刑执行之日起计算。"第 13 条规定："被宣告禁止令的犯罪分子被依法减刑时，禁止令的期限可以相应缩短，由人民法院在减刑裁定中确定新的禁止令期限。"

最高人民法院 2011 年 12 月 30 日发布的《关于进一步加强危害生产安全刑事案件审判工作的意见》第 17 条规定："对于危害后果较轻，在责任事故中不负主要责任，符合法律有关缓刑适用条件的，可以依法适用缓刑，但应注意根据案件具体情况，区别对待，严格控制，避免适用不当造成的负面影响。"第 18 条规定："对于具有下列情形的被告人，原则上不适用缓刑：（一）具有本意见第 14 条、第 15 条所规定的情形的；①（二）数罪并罚的。"第 19 条规定："宣告缓刑，可以根据犯罪情况，同时禁止犯罪分子在缓刑考验期限内从事与安全生产有关的特定活动。"

最高人民法院、最高人民检察院、公安部、司法部 2012 年 1 月 10 日发布的《社区矫正实施办法》第 4 条规定："人民法院、人民检察院、公安机关、监狱对拟适用社区矫正的被告人、罪犯，需要调查其对所居住社区影响的，可以委托县级司法行政机关进行调查评估。受委托的司法行政机关应当根据委托机关的要求，对被告人或者罪犯的居所情况、家庭和社会关系、一贯表现、犯罪行为的后果和影响、居住地村（居）民委员会和被害人意见、拟禁止的事项等进行调查了解，形成评估意见，及时提交委托机关。"第 12 条规定："对于人民法院禁止令确定需经批准才能进入的特定区域合作场所，社区矫正人员确需进入的，应当经县级司法行政机关批准，并告知人民检察院。"

最高人民法院、最高人民检察院 2012 年 8 月 8 日发布的《关于办理职务犯罪案件严格适用缓刑、免予刑事处罚若干问题的意见》第 1 条规定："严格掌握职务犯罪案件缓刑、免予刑事处罚的适用。职务犯罪案件的刑罚适用直接关系反腐败工作的实际效果。人民法院、人民检察院要深刻认识职务犯罪的严重社会危害性，正确贯彻宽严相济刑事政策，充分发挥刑罚的惩治和预防功能。要在全面把握犯罪事实和量刑情节的基础上严格依照刑法规定的条件适用缓刑、免予刑事处罚，既要考虑从宽情节，又要考虑从严情节；既要做到刑罚与犯罪相当，又要做到刑罚执行方式与犯罪相当，切实避免缓刑、免予刑事处罚不当适用造成的消极影响。"第 2 条规定："具有下列情形之一的职务犯罪分子，一般不适用缓

---

① 该意见第 14 条规定的是危害生产安全"情节特别恶劣"的情形；第 15 条规定的是"从重处罚"的情形。

刑或者免予刑事处罚：（一）不如实供述罪行的；（二）不予退缴赃款赃物或者将赃款赃物用于非法活动的；（三）属于共同犯罪中情节严重的主犯的；（四）犯有数个职务犯罪依法实行并罚或者以一罪处理的；（五）曾因职务违纪违法行为受过行政处分的；（六）犯罪涉及的财物属于救灾、抢险、防汛、优抚、扶贫、移民、救济、防疫等特定款物的；（七）受贿犯罪中具有索贿情节的；（八）渎职犯罪中徇私舞弊情节或者滥用职权情节恶劣的；（九）其他不应适用缓刑、免予刑事处罚的情形。"第3条规定："不具有本意见第二条规定的情形，全部退缴赃款赃物，依法判处三年有期徒刑以下刑罚，符合刑法规定的缓刑适用条件的贪污、受贿犯罪分子，可以适用缓刑；符合刑法第三百八十三条第一款第（三）项的规定，依法不需要判处刑罚的，可以免予刑事处罚。不具有本意见第二条所列情形，挪用公款进行营利活动或者超过三个月未还构成犯罪，一审宣判前已将公款归还，依法判处三年有期徒刑以下刑罚，符合刑法规定的缓刑适用条件的，可以适用缓刑；在案发前已归还，情节轻微，不需要判处刑罚的，可以免予刑事处罚。"第4条规定："人民法院审理职务犯罪案件时应当注意听取检察机关、被告人、辩护人提出的量刑意见，分析影响性案件案发前后的社会反映，必要时可以征求案件查办等机关的意见。对于情节恶劣、社会反映强烈的职务犯罪案件，不得适用缓刑、免予刑事处罚。"第5条规定："对于具有本意见第二条规定的情形之一，但根据全案事实和量刑情节，检察机关认为确有必要适用缓刑或者免予刑事处罚并据此提出量刑建议的，应经检察委员会讨论决定；审理法院认为确有必要适用缓刑或者免予刑事处罚的，应经审判委员会讨论决定。"

最高人民法院、最高人民检察院2012年12月16日发布的《关于办理行贿刑事案件具体应用法律若干问题的解释》第10条规定："实施行贿犯罪，具有下列情形之一的，一般不适用缓刑和免予刑事处罚：（一）向三人以上行贿的；（二）因行贿受过行政处罚或者刑事处罚的；（三）为实施违法犯罪活动而行贿的；（四）造成严重危害后果的；（五）其他不适用缓刑和免予刑事处罚的情形。""具有刑法第三百九十条第二款规定的情形的，不受前款规定的限制。"

最高人民法院2013年1月31日发布的指导案例14号《董某某、宋某某抢劫案》中的"裁判要点"指出："对判处管制或者宣告缓刑的未成年被告人，可以根据其犯罪的具体情况以及禁止事项与所犯罪行的关联程度，对其适用'禁止令'。对于未成年人因上网诱发犯罪的，可以禁止其在一定期限内进入网吧等特定场所。"

最高人民法院、最高人民检察院2013年5月2日发布的《关于办理危害食品安全刑事案件适用法律若干问题的解释》第18条规定："对实施本解释规定之犯罪的犯罪分子，应当依照刑法规定的条件严格适用缓刑、免予刑事处罚。根据犯罪事实、情节和悔罪表现，对于符合刑法规定的缓刑适用条件的犯罪分子，可以适用缓刑，但是应当同时宣告禁止令，禁止其在缓刑考验期限内从事食品生产、销售及相关活动。"

最高人民法院、最高人民检察院、公安部、司法部 2013 年 10 月 23 日发布的《关于依法惩治性侵害未成年人犯罪的意见》第 28 条规定："对于强奸未成年人的成年犯罪分子判处刑罚时，一般不适用缓刑。对于性侵害未成年人的犯罪分子确定是否适用缓刑，人民法院、人民检察院可以委托犯罪分子居住地的社区矫正机构，就对其宣告缓刑对所居住社区是否有重大不良影响进行调查。受委托的社区矫正机构应当及时组织调查，在规定的期限内将调查评估意见提交委托机关。对于判处刑罚同时宣告缓刑的，可以根据犯罪情况，同时宣告禁止令，禁止犯罪分子在缓刑考验期内从事与未成年人有关的工作、活动，禁止其进入中小学校区、幼儿园园区及其他未成年人集中的场所，确因本人就学、居住等原因，经执行机关批准的除外。"

最高人民检察院 2013 年 12 月 27 日发布的《人民检察院办理未成年人刑事案件的规定》第 29 条规定："对于犯罪时已满十四周岁不满十八周岁的未成年人，同时符合下列条件的，人民检察院可以作出附条件不起诉决定：（一）涉嫌刑法分则第四章、第五章、第六章规定的犯罪；（二）根据具体犯罪事实、情节，可能被判处一年有期徒刑以下刑罚；（三）犯罪事实清楚，证据确实、充分，符合起诉条件；（四）具有悔罪表现。"第 46 条规定："被附条件不起诉的未成年犯罪嫌疑人，在考验期内有下列情形之一的，人民检察院应当撤销附条件不起诉的决定，提起公诉：（一）实施新的犯罪的；（二）发现决定附条件不起诉以前还有其他犯罪需要追诉的；（三）违反治安管理规定，造成严重后果，或者多次违反治安管理规定的；（四）违反考察机关有关附条件不起诉的监督管理规定，造成严重后果，或者多次违反考察机关有关附条件不起诉的监督管理规定的。"第 59 条规定："对于具有下列情形之一，依法可能判处拘役、三年以下有期徒刑，有悔罪表现，宣告缓刑对所居住社区没有重大不良影响，具备有效监护条件或者社会帮教措施、适用缓刑确实不致再危害社会的未成年被告人，人民检察院应当建议人民法院适用缓刑：（一）犯罪情节较轻，未造成严重后果的；（二）主观恶性不大的初犯或者胁从犯、从犯；（三）被害人同意和解或者被害人有明显过错的；（四）其他可以适用缓刑的情节。""建议宣告缓刑，可以根据犯罪情况，同时建议禁止未成年被告人在缓刑考验期限内从事特定活动，进入特定区域、场所，接触特定的人。人民检察院提出对未成年被告人适用缓刑建议的，应当将未成年被告人能够获得有效监护、帮教的书面材料于判决前移送人民法院。"

最高人民法院、最高人民检察院 2014 年 11 月 3 日发布的《关于办理危害药品安全刑事案件若干问题的解释》第 11 条第 1 款规定："对实施本解释规定之犯罪的犯罪分子，应当依照刑法规定的条件，严格缓刑、免予刑事处罚的适用。对于适用缓刑的，应当同时宣告禁止令，禁止犯罪分子在缓刑考验期内从事药品生产、销售及相关活动。"

最高人民法院、最高人民检察院、公安部、司法部 2015 年 3 月 2 日发布的《关于依法办理家庭暴力犯罪案件的意见》第 21 条规定："充分运用禁止令措施。人民法院对实施家庭暴力构成犯罪被判处管制或者宣告缓刑的犯罪分子，为了确保被害人及其子女和特定亲属的人身安全，可以依照刑法第三十八条第二款、第七十二条第二款的规定，同时禁止犯罪分子再次实施家庭暴力，侵扰被害人的生活、工作、学习，进行酗酒、赌博等活动；经被害人申请且有必要的，禁止接近被害人及其未成年子女。"

　　最高人民法院 2015 年 5 月 18 日发布的《全国法院毒品犯罪审判工作座谈会纪要》关于"缓刑、财产刑适用及减刑、假释问题"部分规定："对于毒品犯罪应当从严掌握缓刑适用条件。对于毒品再犯，一般不得适用缓刑。对于不能排除多次贩毒嫌疑的零包贩毒被告人，因认定构成贩卖毒品等犯罪的证据不足而认定为非法持有毒品罪的被告人，实施引诱、教唆、欺骗、强迫他人吸毒犯罪及制毒物品犯罪的被告人，应当严格限制缓刑适用。"

【立法建言】

　　建　议： 将《刑法》第 72 条第 1 款修改为："对于被判处拘役、三年以下有期徒刑的犯罪分子，同时符合下列条件的，可以宣告缓刑；对其中不满十八周岁的人、怀孕的妇女和已满七十周岁的人，应当宣告缓刑：（一）犯罪情节较轻；（二）有悔罪表现；（三）没有再犯罪的危险。"

　　理　由：

　　对于犯罪分子是否适用缓刑，应当以犯罪行为的社会危害性和犯罪分子的人身危险性为依据，而不应被与此无关的其他因素所左右。但是，《刑法》第 72 条却将"宣告缓刑对所居住社区没有重大不良影响"，作为适用缓刑的一个必备条件。由于该条件的设定不是基于"法律理由"，而是基于"政策理由"①，因此，在理论上和实践中，对该条件的理解分歧较大，难以达成共识。② 笔者认为，"宣告缓刑对所居住社区没有重大不良影响"，既不是反映犯罪行为的社会危害性的因素，也不是反映犯罪分子的人身危险性的因素，因而

---

　　① 参见张明楷：《刑法学》，法律出版社 2011 年版，第 542 页。
　　② 例如，有学者认为，"所谓'对所居住社区没有重大不良影响'，是指对犯罪人适用缓刑不会对其所居住社区的安全、秩序和稳定带来重大不良影响，这种影响必须是重大的、现实的影响，具体情形应由法官根据个案情况来判断"（高铭暄、马克昌主编：《刑法学》，北京大学出版社、高等教育出版社 2011 年版，第 292 页）。也有学者认为，"对所居住社区没有重大不良影响，是指适用缓刑不会对犯罪分子居住的社区的秩序和安全造成严重的隐患和现实危害。是否存在重大不良影响，应当由法官结合犯罪情况、犯罪分子家庭状况、社区环境等因素判断"（刘艳红主编：《刑法学》（上），北京大学出版社 2014 年版，第 399 页）。还有学者认为，"宣告缓刑对所居住社区是否具有重大不良影响，需要根据社区环境（包括犯罪人家庭环境），联系犯罪人所犯之罪与社区环境的关系，进行客观判断。只要适合在所居住的社区实行社区矫正的，就应认为符合第（4）个条件。不能以社区部分居民反对缓刑为由，认定宣告缓刑对所居住社区有重大不良影响"（张明楷：《刑法学》，法律出版社 2011 年版，第 542 页）。

不宜将其单独作为适用缓刑的一个条件。① 何况，该条件还"说不清道不明"，因而也难以将其作为一个独立的条件加以考量。② 更何况，由于在司法实践中缺乏"对所居住社区的影响"进行调查评估的中立评估机构和科学评估机制，因而适用缓刑在很大程度上容易受社区意见的制约。因此，宜删去"宣告缓刑对所居住社区没有重大不良影响"这一缓刑适用条件。

二、缓刑考验期限（第73条）

【立法沿革】

缓刑考验期限是在 1979 年《刑法》第 68 条规定的缓刑考验期限的基础上修改而来的。

在新中国刑法立法史上，有关缓刑考验期限的规定，经历了一个不断完善的发展过程。1950 年的《刑法大纲草案》第 28 条第 1 款最早规定了缓刑的期限："判处五年以下刑罚，法院认为以暂缓执行为适当者，得宣告二年至五年的缓刑。其期间自裁判确定日起算。"而 1954 年的《刑法指导原则草案》第 12 条第 5 款则规定："缓刑期限，一般与所判的刑期相等。"到了 1957 年，《刑法草案》第 22 稿始明确缓刑的期限为"原判刑期以上五年以下"，但是"不能少于六个月"。该稿第 74 条第 1 款规定："对于被判处拘役、三年以下有期徒刑的犯罪分子，根据犯罪分子的特殊情况，认为暂不执行也不致危害社会的时候，可以宣告原判刑期以上五年以下的缓刑，但是缓刑期限不能少于六个月。"第 76 条规定："缓刑的期限，从判决确定之日起计算。"1963 年的《刑法草案》第 33 稿第 73 条对上述规定作了两方面的补充和修改：一是明确提出了"缓刑考验期限"的概念，并对其作了专条规定；二是明确区分了"拘役的缓刑考验期限"和"有期徒刑的缓刑考验期限"，并对其最高期限和最低期限作了必要的限制。③ 这一修改方案，为 1979 年《刑法》所采纳。

1979 年《刑法》第 68 条规定："拘役的缓刑考验期限为原判刑期以上一年以下，但是不能少于一个月。有期徒刑的缓刑考验期限为原判刑期以上五年以下，但是不能少于一

---

① 《刑法》第 81 条第 3 款也未将"对所居住社区的影响"作为是否适用假释的条件，而仅将其规定为应当"考虑"的一个因素。

② 在刑法理论上，由于该条件缺乏独立的内涵，因而总是自觉不自觉地将其与"社区的安全、秩序和稳定"、"严重的隐患和现实危害"等反映"再犯罪的危险"的因素联系在一起。但是，"没有再犯罪的危险"本身就是缓刑的适用条件之一。

③ "讨论中大家认为，犯拘役罪的和犯有期徒刑罪的情况不同，缓刑考验期限也应当有区别。考虑到考验期限过长了会影响犯罪分子改造的积极性，过短了不能起到教育改造和考验的作用；同时考验期限长短与原判刑期长短要有所适应，最高期限和最低期限要有个限制"（参见高铭暄：《中华人民共和国刑法的孕育和诞生》，法律出版社 1981 年版，第 108 页）。

年。缓刑考验期限，从判决确定之日起计算。"

在全面研究修改刑法的过程中，1988年9月的刑法修改稿第68条曾将上述第3款规定的缓刑考验期限，由"从判决确定之日起计算"改为"从判决生效之日起计算"。鉴于上述两种表述并无实质的区别，实践中也无歧义，因此，1988年11月16日的刑法修改稿第73条又恢复了"从判决确定之日起计算"的表述。1997年2月17日的《刑法修订草案》（修改稿）第72条基本上沿用了上述规定，仅将拘役缓刑考验的最低期限，由"不能少于一个月"改为"不能少于二个月"。这一修改方案，为现行刑法所采纳。

【立法规定】

《刑法》第73条规定："拘役的缓刑考验期限为原判刑期以上一年以下，但是不能少于二个月。有期徒刑的缓刑考验期限为原判刑期以上五年以下，但是不能少于一年。缓刑考验期限，从判决确定之日起计算。"

【立法释义】

最高人民法院、最高人民检察院、公安部、司法部2011年4月28日发布的《关于对判处管制、宣告缓刑的犯罪分子适用禁止令有关问题的规定（试行）》第6条第1款规定："禁止令的期限，既可以与管制执行、缓刑考验的期限相同，也可以短于管制执行、缓刑考验的期限，但判处管制的，禁止令的期限不得少于三个月，宣告缓刑的，禁止令的期限不得少于二个月。"第13条规定："被宣告禁止令的犯罪分子被依法减刑时，禁止令的期限可以相应缩短，由人民法院在减刑裁定中确定新的禁止令期限。"

【立法建言】

建　议：将《刑法》第73条第3款修改为："缓刑考验期限，从判决执行之日起计算。"

理　由：

如前所述，从"判决确定之日"到"判决执行之日"存在一定的"时间差"。并且，只有将生效判决交付执行以后，才可能对犯罪分子进行"考验"。因此，宜将"从判决确定之日起计算"改为"从判决执行之日起计算"。

三、不适用缓刑的对象（第74条）

【立法沿革】

不适用缓刑的对象是在1979年《刑法》第69条规定的不适用缓刑的对象的基础上修改而来的，并经《刑法修正案（八）》第12条所修正。

关于不适用缓刑的对象的规定，最早见之于1957年《刑法草案》第22稿。该稿第75

条规定："有下列情形之一的，不适用缓刑：（一）反革命现行犯；（二）累犯；（三）宣告缓刑会引起群众不满的。"1963年的《刑法草案》第33稿第74条在上述规定的基础上，主要作了两处修改和调整：一是将"反革命现行犯"改为"反革命犯"；二是将"宣告缓刑会引起群众不满"的规定移至缓刑的适用条件中。这一修改方案，为1979年《刑法》所采纳。

1979年《刑法》第69条规定："对于反革命犯和累犯，不适用缓刑。"

在全面研究修改刑法的过程中，1988年9月的《刑法修改稿》第69条基本上沿用了上述规定，仅将其中的"反革命犯"改为"危害国家安全的罪犯"。到了1996年8月8日，《刑法总则修改稿》第73条扩大了不适应缓刑的对象范围，将上述规定修改为："对于危害国家安全的犯罪分子、严重危害社会治安的犯罪分子和累犯，不适用缓刑。"对此，"有的专家提出修改稿第七十三条增加规定的严重危害社会治安的犯罪分子不适用缓刑不合适。因为缓刑本身是对判处三年以下的轻罪适用的，严重危害社会治安的犯罪，不可能判三年以下，对于情节较轻或有从轻、减轻情节，判三年以下有期徒刑或者拘役的危害社会治安的犯罪，不再危害社会的，一律不能适用缓刑，不太妥当，建议删去"。[1] 此外，"关于危害国家安全的犯罪分子不能适用缓刑的规定，也有人提出异议，认为，一方面，1979年刑法典将危害国家安全罪排除在适用缓刑的对象范围之外，与其立法当时的社会形势、国内外的政治状况有关，但随着我国社会主义建设事业的发展，国内形势的变化，国际环境也趋于好转，1979年刑法典将危害国家安全的犯罪分子一律排除在缓刑之外的必要性已经丧失；另一方面，罪行较轻和不予关押不致再危害社会是适用缓刑的两个根本性条件，其中，决定罪行轻重的因素除了犯罪性质的严重程度外，还有其他因素。危害国家安全的犯罪分子虽然所犯罪行的性质非常严重，但也不能据此就认定其一定不符合缓刑的条件，进而对其禁止缓刑，否则，就是对缓刑适用条件的误解。"[2] 有鉴于此，1996年10月10日的《刑法修订草案》（征求意见稿）第73条缩小了不适用缓刑的对象范围，仅将不适用缓刑的对象限定于累犯。这一修改方案，为1997年修订的《刑法》所采纳。

1997年修订的《刑法》第74条规定："对于累犯，不适用缓刑。"

1997年《刑法》施行后，鉴于犯罪集团的首要分子具有极大的主观恶性和人身危险性，不符合缓刑适用的实质条件，因此，《刑法修正案（八）》第12条增加了"犯罪集团的首要分子，不适用缓刑"的规定。

---

① 参见全国人大常委会法制工作委员会刑法室整理："《法律专家对〈刑法总则修改稿〉和〈刑法分则修改草稿〉的意见》（1996年9月6日）"，见高铭暄、赵秉志编：《新中国刑法立法文献资料总览》（下），中国人民公安大学出版社1998年版，第2132页。

② 参见高铭暄：《中华人民共和国刑法的孕育诞生和发展完善》，北京大学出版社2012年版，第265～266页。

【立法规定】

《刑法》第 74 条规定："对于累犯和犯罪集团的首要分子，不适用缓刑。"

【立法释义】

目前，尚无与不适用缓刑的对象相关的法律解释。

【立法建言】

建　议：将《刑法》第 74 条修改为："对于累犯、毒品再犯和犯罪集团的首要分子，不适用缓刑。"

理　由：

毒品再犯与累犯一样，具有极大的主观恶性和人身危险性，不符合缓刑适用的实质条件。因此，宜将其列入不适用缓刑的对象范围。①

四、缓刑的监督考察内容（第 75 条）

【立法沿革】

缓刑的监督考察内容是 1997 年《刑法》第 75 条增设的规定。

1979 年《刑法》没有明确规定缓刑的监督考察内容，因而实践中对缓刑犯的监督管理往往流于形式，影响了缓刑的实际效果。有鉴于此，1996 年 8 月 8 日的《刑法总则修改稿》第 74 条第 1 款增设了缓刑监督考察内容的规定："被宣告缓刑的犯罪分子，必须遵守下列规定：（一）遵守法律、法规、服从群众监督；（二）向执行机关定期报告自己的活动情况；（三）迁居或者暂时离开居住区域，应当报经执行机关批准。" 1996 年 8 月 31 日的《刑法修改草案》第 74 条第 1 款基本上沿用了上述规定，仅将"服从群众监督"改为"服从监督"，将"执行机关"改为"考察机关"。1996 年 10 月 10 日的《刑法修订草案》（征求意见稿）第 74 条对上述规定作了以下三方面的修改和补充：一是将"向执行缓刑判决的考察机关定期报告自己的活动情况"改为"按执行缓刑判决的考察机关的规定报告自己的活动情况"；二是增加了"遵守考察机关关于会客的规定"的内容；三是将"迁居或者暂时离开居住区域，应当报经考察机关批准"改为"离开所居住的市、县或者设立的市的市辖区或者迁居，应当报经考察机关批准"。修改后的条文为："被宣告缓刑的犯罪分子，必须遵守下列规定：（一）遵守法律、法规，服从监督；（二）按执行缓刑判决的考察机关的规定报告自己的活动情况；（三）遵守考察机关关于会客的规定；（四）离开所居住的市、县或者设立的市的市辖区或者迁居，应当报经考察机关批准。" 1997 年 2 月 17

---

①　应当说明的是，笔者在本章第二节之二"特殊累犯（第 66 条）"的"立法建言"中提出，宜将同时构成累犯的毒品再犯规定为特殊累犯。因此，这里所说的毒品再犯，是指不符合累犯条件的毒品再犯。

日的《刑法修订草案》（修改稿）第 76 条基本上沿用了上述规定，仅作了三处文字修改：一是将"必须遵守下列规定"改为"应当遵守下列规定"；二是将"法规"改为"行政法规"；三是删去了"或者设立的市的市辖区"的表述。1997 年 3 月 1 日，提交给八届全国人大五次会议审议的《中华人民共和国刑法（修订草案）》第 77 条在上述规定的基础上，又将"按执行缓刑判决的考察机关的规定报告自己的活动情况"改为"按照考察机关的规定报告自己的活动情况"。这一修改方案，为现行刑法所采纳。

【立法规定】

《刑法》第 75 条规定："被宣告缓刑的犯罪分子，应当遵守下列规定：（一）遵守法律、行政法规，服从监督；（二）按照考察机关的规定报告自己的活动情况；（三）遵守考察机关关于会客的规定；（四）离开所居住的市、县或者迁居，应当报经考察机关批准。"

【立法释义】

最高人民法院、最高人民检察院、公安部、劳动人事部 1986 年 11 月 8 日发布的《关于被判处管制、剥夺政治权利和宣告缓刑、假释的犯罪分子能否外出经商等问题的通知》第 1 条规定："对被判处管制、剥夺政治权利和宣告缓刑、假释的犯罪分子，公安机关和有关单位要依法对其实行经常性的监督改造或考察。被管制、假释的犯罪分子，不能外出经商；被剥夺政治权利和宣告缓刑的犯罪分子，按现行规定，属于允许经商范围之内的，如外出经商，需事先经公安机关允许。"第 2 条规定："犯罪分子在被管制、剥夺政治权利、缓刑、假释期间，若原所在单位确有特殊情况不能安排工作的，在不影响对其实行监督考察的情况下，经工商管理部门批准，可以在常住户口所在地自谋生计；家在农村的，亦可就地从事或承包一些农副业生产。"第 3 条规定："犯罪分子在被管制、剥夺政治权利、缓刑、假释期间，不能担任国营或集体企事业单位的领导职务。"

最高人民检察院 1991 年 9 月 25 日发布的《关于被判处管制、剥夺政治权利和宣告缓刑、假释的犯罪分子能否担任中外合资、合作经营企业领导职务问题的答复》规定："最高人民法院、最高人民检察院、公安部、劳动人事部〔86〕高检会（三）字第 2 号《关于被判处管制、剥夺政治权利和宣告缓刑、假释的犯罪分子能否外出经商等问题的通知》第三条所规定的不能担任领导职务的原则，可适用于中外合资、中外合作企业（包括我方与港、澳、台客商合资、合作企业）。"

最高人民法院、最高人民检察院、公安部、司法部 2012 年 1 月 10 日发布的《社区矫正实施办法》第 11 条第 1 款规定："社区矫正人员应当定期向司法所报告遵纪守法、接受监督管理、参加教育学习、社区服务和社会活动的情况。发生居所变化、工作变动、家庭重大变故以及接触对其矫正产生不利影响人员的，社区矫正人员应当及时报告。"第 12 条规定："对于人民法院禁止令确定需经批准才能进入的特定区域或者场所，社区矫正人员确需进入的，应当经县级司法行政机关批准，并告知人民检察院。"第 13 条规定："社区矫正人员未经批准不得离开所居住的市、县（旗）。社区矫正人员因就医、家庭重大变故等原因，确需离开所居住的市、县（旗），在七日以内的，应当报经司法所批准；超过七日的，应当由司法所签署意见后报经县级司法行政机关批准。返回居住地时，应当立即向司法所报告。社区矫正人员离开所居住市、县（旗）不得超过一个月。"第 14 条规定："社区矫正人员未经批准不得变更居住的县（市、区、旗）。社区矫正人员因居所变化确需变更居住地的，应当提前一个月提出书面申请，由司法所签署意见后报经县级司法行政机关审批。县级司法行政机关在征求社区矫正人员新居住地县级司法行政机关的意见后作出决定。经批准变更居住地的，县级司法行政机关应当自作出决定之日起三个工作日内，将有关法律文书和矫正档案移交新居住地县级司法行政机关。有关法律文书应当抄送现居住地及新居住地县级人民检察院和公安机关。社区矫正人员应当自收到决定之日起七日内到新居住地县级司法行政机关报到。"第 15 条规定："社区矫正人员应当参加公共道德、法律常识、时事政策等教育学习活动，增强法制观念、道德素质和悔罪自新意识。社区矫正人员每月参加教育学习时间不少于八小时。"第 16 条规定："有劳动能力的社区矫正人员应当参加社区服务，修复社会关系，培养社会责任感、集体观念和纪律意识。社区矫正人员每月参加社区服务时间不少于八小时。"第 19 条规定："司法所应当根据社区矫正人员个人生活、工作及所处社区的实际情况，有针对性地采取实地检查、通讯联络、信息化核查等措施及时掌握社区矫正人员的活动情况。重点时段、重大活动期间或者遇有特殊情况，司法所应当及时了解掌握社区矫正人员的有关情况，可以根据需要要求社区矫正人员到办公场所报告、说明情况。社区矫正人员脱离监管的，司法所应当及时报告县级司法行政机关组织追查。"

【立法建言】

建　议：将《刑法》第 75 条修改为："被宣告缓刑的犯罪分子，应当遵守下列规定：（一）遵守法律、行政法规，接受监督管理；（二）参加教育学习、社区服务；（三）按照执行机关的规定报告自己的社会活动情况；（四）发生居所变化、工作变动、家庭重大变故以及接触对其矫正产生不利影响人员的，应当及时报告；（五）离开所居住的市、县或者迁居，应当报经执行机关批准。"

理　由：

根据《刑法》第 76 条的规定，对宣告缓刑的犯罪分子，在缓刑考验期限内，依法实行社区矫正。为与实行社区矫正的管制执行内容相协调，宜对缓刑的监督考察内容作相应的修改。①

五、缓刑的考察及其法律后果（第 76 条）

【立法沿革】

缓刑的考察及其法律后果是在 1979 年《刑法》第 70 条规定的缓刑的考察及其法律后果的基础上修改而来的，并经《刑法修正案（八）》第 13 条所修正。

在新中国刑法立法史上，有关缓刑考验期满原判刑罚不再执行的条件，经历了一个从比较宽松到不断严格的发展过程。1950 年的《刑法大纲草案》第 28 条第 2 项对此规定了最为宽松的条件："在期间内，未再犯与原判犯罪相等或更重罪者，原判刑罚，不予执行。"1954 年的《刑法指导原则草案》第 12 条第 5 款将"未再犯与原判犯罪相等或更重罪"改为"没有再犯应当判处有期徒刑以上的新罪"。到了 1957 年，《刑法草案》第 22 稿第 77 条对上述规定作了两方面的修改和补充：一是增加了"被宣告缓刑的犯罪分子，在缓刑期限内，由居住地的公安机关、乡人民委员会或者原工作单位予以监管"的规定；二是将"没有再犯应当判处有期徒刑以上的新罪"改为"没有再犯新罪"。修改后的条文为："被宣告缓刑的犯罪分子，在缓刑期限内，由居住地的公安机关、乡人民委员会或者原工作单位予以监管，如果没有再犯新罪，缓刑期满，原判的刑罚就不再执行……"1963 年的《刑法草案》第 33 稿第 75 条基本上沿用了上述规定，仅将缓刑的监管机关改为"由公安机关交所在单位或者基层组织予以监督"②。1979 年《刑法》第 70 条在上述规定的基础上，进一步将"监督"一词改为"考察"。

1979 年《刑法》第 70 条规定："被宣告缓刑的犯罪分子，在缓刑考验期限内，由公安机关交所在单位或者基层组织予以考察，如果没有再犯新罪，缓刑考验期满，原判的刑罚就不再执行……"

在全面研究修改刑法的过程中，1988 年 9 月的《刑法修改稿》第 70 条将缓刑考验期满原判刑罚不再执行的条件，由"没有再犯新罪"改为"没有再犯新罪或者进行其他违法活动"。1988 年 11 月 16 日的《刑法修改稿》第 75 条在上述规定的基础上，又将其中的"进行其他违法活动"改为"没有其他严重的违法活动"。1988 年 12 月 25 日的《刑法修改稿》第 70 条基本上沿用了上述规定，仅将缓刑考验期满的法律后果，由"原判的刑罚就不再执行"改为"就认为原判刑罚已经执行完毕"。到了 1995 年，《刑法总则修改稿》对上述立法模式进行了调整，将缓刑考验期满原判刑罚不再执行的具体条件单独加以

---

① 具体修改理由与《刑法》第 39 条规定的管制执行内容大致相同，在此不再赘述。
② "'监管'一语原是监督管理的意思，但易与对劳改犯的监管混同，故改为监督"（参见高铭暄：《中华人民共和国刑法的孕育和诞生》，法律出版社 1981 年版，第 109 页）。

规定。该稿第 73 条规定："被宣告缓刑的犯罪分子，在缓刑考验期间内，由公安机关或者基层组织予以考察，如果没有第七十四条规定的情形，缓刑考验期满，原判的刑罚就不再执行。"[①] 1996 年的《刑法修改草稿》第 74 条第 2 款沿用了上述立法模式，仅将其中的"由公安机关或者基层组织予以考察"改为"由公安机关交所在单位或者基层组织予以考察"。1996 年的《刑法修订草案》（征求意见稿）第 75 条在上述规定的基础上，又将缓刑的考察机关修改为："由公安机关考察，所在单位或者基层组织予以配合"。1997 年 3 月 1 日，提交给第八届全国人大第五次会议审议的《中华人民共和国刑法（修订草案）》第 78 条基本上沿用了上述规定，仅在"原判的刑罚就不再执行"之后，增加了"并公开予以宣告"的规定。这一修改方案，为 1997 年修订的《刑法》所采纳。

1997 年修订的《刑法》第 76 条规定："被宣告缓刑的犯罪分子，在缓刑考验期限内，由公安机关考察，所在单位或者基层组织予以配合，如果没有本法第七十七条规定的情形，缓刑考验期满，原判的刑罚就不再执行，并公开予以宣告。"

1997 年《刑法》施行后，根据一些人大代表和地方的意见，《刑法修正案（八）》第 13 条增加了社区矫正的规定，[②] 将"被宣告缓刑的犯罪分子，在缓刑考验期限内，由公安机关考察，所在单位或者基层组织予以配合"改为"对宣告缓刑的犯罪分子，在缓刑考验期限内，依法实行社区矫正"。

【立法规定】

《刑法》第 76 条规定："对宣告缓刑的犯罪分子，在缓刑考验期限内，依法实行社区矫正，如果没有本法第七十七条规定的情形，缓刑考验期满，原判的刑罚就不再执行，并公开予以宣告。"

【立法释义】

最高人民法院、最高人民检察院、公安部、司法部 2012 年 1 月 10 日发布的《社区矫正实施办法》第 2 条规定："司法行政机关负责指导管理、组织实施社区矫正工作。人民法院对符合社区矫正适用条件的被告人、罪犯依法作出判决、裁定或者决定。人民检察院对社区矫正各执法环节依法实行法律监督。公安机关对违反治安管理规定和重新犯罪的社区矫正人员及时依法处理。"第 3 条规定："县级司法行政机关社区矫正机构对社区矫正人员进行监督管理和教育帮助。司法所承担社区矫正日常工作。社会工作者和志愿者在社区

---

① 该稿第 74 条规定："被宣告缓刑的犯罪分子，在缓刑考验期间，有下列情形之一的，撤销缓刑：（一）再犯新罪的；（二）发现判决宣告以前还有其他罪没有判决的；（三）有违反法律、行政法规或者公安机关有关缓刑监督管理规定行为，情节较重的；（四）不执行人民法院关于赔偿的判决或者裁定的。"

② 参见全国人大常委会法制工作委员会主任李适时 2010 年 8 月 23 日在十一届全国人大常委会第十六次会议上所作的《关于〈中华人民共和国刑法修正案（八）（草案）〉的说明》。

矫正机构的组织指导下参与社区矫正工作。有关部门、村（居）民委员会、社区矫正人员所在单位、就读学校、家庭成员或者监护人、保证人等协助社区矫正机构进行社区矫正。"第 22 条规定："发现社区矫正人员有违反监督管理规定或者人民法院禁止令情形的，司法行政机关应当及时派员调查核实情况，收集有关证明材料，提出处理意见。"第 23 条规定："社区矫正人员有下列情形之一的，县级司法行政机关应当给予警告，并出具书面决定：（一）未按规定时间报到的；（二）违反关于报告、会客、外出、居住地变更规定的；（三）不按规定参加教育学习、社区服务等活动，经教育仍不改正的；（四）保外就医的社区矫正人员无正当理由不按时提交病情复查情况，或者未经批准进行就医以外的社会活动且经教育仍不改正的；（五）违反人民法院禁止令，情节轻微的；（六）其他违反监督管理规定的。"第 30 条第 1 款规定："社区矫正人员矫正期满，司法所应当组织解除社区矫正宣告。宣告由司法所工作人员主持，按照规定程序公开进行。"第 2 款规定："司法所应当针对社区矫正人员不同情况，通知有关部门、村（居）民委员会、群众代表、社区矫正人员所在单位、社区矫正人员的家庭成员或者监护人、保证人参加宣告。"第 3 款规定："宣告事项应当包括：宣读对社区矫正人员的鉴定意见；宣布社区矫正期限届满，依法解除社区矫正；对判处管制的，宣布执行期满，解除管制；对宣告缓刑的，宣布缓刑考验期满，原判刑罚不再执行；对裁定假释的，宣布考验期满，原判刑罚执行完毕。"

【立法建言】

建　议：将《刑法》第 76 条修改为："对宣告缓刑的犯罪分子，在缓刑考验期限内，依法实行社区矫正，如果没有本法第七十七条规定的情形，缓刑考验期满，原判的刑罚就不再执行，社区矫正机构应当组织解除社区矫正宣告。"

理　由：

"公开予以宣告"的规定较为笼统，宜根据《社区矫正实施办法》第 30 条第 1 款的规定，将其修改为"社区矫正机构应当组织解除社区矫正宣告"。[①]

六、缓刑的撤销及其法律后果（第 77 条）

【立法沿革】

缓刑的撤销及其法律后果是在 1979 年《刑法》第 70 条规定的缓刑的撤销及其法律后果的基础上修改而来的，并经《刑法修正案（八）》第 14 条所修正。

与缓刑考验期满原判刑罚不再执行的情形相反，缓刑撤销的条件经历了一个从比较严格到不断宽松的发展过程。1950 年的《刑法大纲草案》第 28 条第 3 项规定了最严格的缓

---

① 具体修改理由与《刑法》第 40 条规定管制期满的解除大致相同，在此不再赘述。

刑撤销条件："在期间内，如再犯与原判决犯罪相等或更重之罪者，原判之刑罚与后判之刑罚，合并执行之；但所判之刑罚，如为监禁或劳役者合并执行时不得超过法定监禁或劳役的最高度。"1954 年的《刑法指导原则草案》第 12 条第 5 款将上述规定修改为："如果再犯应当判处有期徒刑以上的新罪，法院应当撤销缓刑，将前罪和新罪合并处罚。"1957 年的《刑法草案》第 22 稿第 77 条进一步将上述缓刑撤销的条件，由"再犯应当判处有期徒刑以上的新罪"改为"再犯新罪"。这一修改方案，为 1979 年《刑法》所采纳。

1979 年《刑法》第 70 条规定："被宣告缓刑的犯罪分子……如果再犯新罪，撤销缓刑，把前罪和后罪所判处的刑罚，依照本法第六十四条的规定，决定执行的刑罚。"

在全面研究修改刑法的过程中，1988 年 9 月的《刑法修改稿》第 70 条对上述规定作了较大的调整："被宣告缓刑的犯罪分子……如果再犯新罪或者进行其他违法活动，情节严重的，撤销缓刑；其再犯新罪者，应把前罪和后罪所判处的刑罚，依照本法第六十四条的规定，决定执行的刑罚。如果在考验期限内确有悔改或者立功表现，可以酌情缩短其考验期限。"1988 年 11 月 16 日的《刑法修改稿》第 75 条在上述规定的基础上，主要作了两处修改：一是删去了"如果在考验期限内确有悔改或者立功表现，可以酌情缩短其考验期限"的规定；二是增加了"对有严重违法活动的，执行原判刑罚"的内容。1995 年 8 月 8 日的《刑法总则修改稿》第 74 条采取列举的方式规定了撤销缓刑的情形："被宣告缓刑的犯罪分子，在缓刑考验期间，有下列情形之一的，撤销缓刑：（一）再犯新罪的；（二）发现判决宣告以前还有其他罪没有判决的；（三）有违反法律、行政法规或者公安机关有关缓刑监督管理规定行为，情节较重的；（四）不执行人民法院关于赔偿的判决或者裁定的。"1996 年 6 月 24 日的《刑法总则修改稿》第 74 条在上述规定的基础上，增加了第 2 款"有前款第（一）项或者第（二）项情形的，撤销缓刑后，把未判决的罪和已经判决的罪，实行数罪并罚，决定执行的刑罚；有前款第（三）项或者第（四）项情形的，撤销缓刑后执行原判刑罚"的规定。1996 年 8 月 8 日的《刑法总则修改稿》第 75 条又将上述第 2 款规定修改为："有前款第（一）项规定情形的，对新的罪行从重作出判决，同前罪所判处的刑罚合并执行；有前款第（二）项情形的，把未判决的罪和已判决的罪实行数罪并罚，决定执行的刑罚；有前款第（三）项或者第（四）项情形的，撤销缓刑后执行原判刑罚。"1996 年 8 月 31 日的《刑法修改草稿》第 75 条基本上沿用了上述规定，除文字修改外，主要是删去了第 1 款第 4 项"不执行人民法院关于赔偿的判决或者裁定"的情形。到了 1996 年 10 月 10 日，《刑法修订草案》（征求意见稿）第 76 条对上述立法模式进行了调整，首次以是否构成犯罪为标准，将上述内容分两款加以规定："被宣告缓刑的犯罪分子，在缓刑考验期限内，再犯新罪或者发现判决宣告前还有其他罪没有判决的，应当撤销缓刑，对新的犯罪或者新发现的犯罪作出判决，把前罪和后罪判处的刑罚，依照本法第六十八条的规定，决定执行的刑罚。被宣告缓刑的犯罪分子，在缓刑考验期限内，违反法律、行政法规和国务院公安部门有关缓刑的监督管理规定，情节严重的，应当撤销缓刑，收监执行原判刑罚。"此后的历次刑法修订草案均沿用了上述规定，仅作了个别文字修改。这一修改方案，为 1997 年修订的《刑法》所采纳。

1997 年修订的《刑法》第 77 条规定："被宣告缓刑的犯罪分子，在缓刑考验期限内犯新罪或者发现判决宣告以前还有其他罪没有判决的，应当撤销缓刑，对新犯的罪或者新发现的罪作出判决，把前罪和后罪所判处的刑罚，依照本法第六十九条的规定，决定执行的刑罚。被宣告缓刑的犯罪分子，在缓刑考验期限内，违反法律、行政法规或者国务院公安部门关于缓刑的监督管理规定，情节严重的，应当撤销缓刑，执行原判刑罚。"

1997 年《刑法》施行后，由于增设了社区矫正和禁止令制度，因此，《刑法修正案（八）》第 14 条对上述第 2 款作了相应的修改和补充：一是将"公安部门"改为"有关部门"；二是增加了"违反人民法院判决中的禁止令"的情形。

【立法规定】

《刑法》第 77 条规定："被宣告缓刑的犯罪分子，在缓刑考验期限内犯新罪或者发现判决宣告以前还有其他罪没有判决的，应当撤销缓刑，对新犯的罪或者新发现的罪作出判决，把前罪和后罪所判处的刑罚，依照本法第六十九条的规定，决定执行的刑罚。被宣告缓刑的犯罪分子，在缓刑考验期限内，违反法律、行政法规或者国务院有关部门关于缓刑的监督管理规定，或者违反人民法院判决中的禁止令，情节严重的，应当撤销缓刑，执行原判刑罚。"

【立法释义】

最高人民法院研究室 1984 年 9 月 17 日发布的《关于对拘役犯在缓刑期间发现其隐瞒余罪判处有期徒刑应如何执行问题的电话答复》规定："判决前羁押一日折抵刑罚拘役一日，我国刑法第三十九条有明文规定，但拘役是否能折抵有期徒刑，我国刑法尚无明文规定。关于不同刑种如何换算、如何实行数罪并罚的问题，目前我国刑法也还没有具体的规定。这些问题我们已报请全国人大常委会研究解决。因此，将有限制的剥夺人身自由的刑罚拘役一日，换算为完全剥夺人身自由的刑罚有期徒刑一日的做法，我们现在还不能同意，须由全国人大常委会作决定。根据刑法第六十五条、第七十条的有关规定，对拘役犯在缓刑期间发现有隐瞒的罪行，应撤销缓刑，将根据确认的前罪所判拘役与隐瞒的后罪所判刑罚，按刑法第六十四条关于数罪并罚的规定，决定应执行的刑罚。如对所隐瞒的罪判处有期徒刑，需对罪犯合并执行拘役和有期徒刑时，我们认为，以先执行有期徒刑、后执行拘役为宜，即在有期徒刑执行完毕后再执行拘役，以免在对罪犯先执行拘役时，罪犯为逃避有期徒刑而发生逃跑等意外情况。"

最高人民法院研究室 1988 年 3 月 24 日发布的《关于被判处拘役缓刑的罪犯在考验期内又犯新罪应如何执行问题的电话答复》规定："被判处拘役宣告缓刑的犯罪分子，在缓刑考验期限内，如果再犯新罪被判处有期徒刑的，应根据刑法第七十条的规定，撤销缓刑，对新罪判处有期徒刑。因拘役和有期徒刑在执行方法上不完全相同，故可参照我院 (81) 法研字第 18 号批复的精神办理，即在对新罪所判处的有期徒刑执行完毕后，再执行前罪所判处的拘役。"

最高人民法院 1997 年 9 月 25 日发布的《关于适用刑法时间效力规定若干问题的解释》第 6 条规定："1997 年 9 月 30 日以前犯罪被宣告缓刑的犯罪分子，在 1997 年 10 月 1 日以后的缓刑考验期间又犯新罪、被发现漏罪或者违反法律、行政法规或者国务院公安部门有关缓刑的监督管理规定，情节严重的，适用刑法第七十七条的规定，撤销缓刑。"

最高人民法院 2002 年 4 月 10 日发布的《关于撤销缓刑时罪犯在宣告缓刑前羁押的时间能否折抵刑期问题的批复》规定："根据刑法第七十七条的规定，对被宣告缓刑的犯罪分子撤销缓刑执行原判刑罚的，对其在宣告缓刑前羁押的时间应当折抵刑期。"

最高人民法院、最高人民检察院、公安部、司法部 2011 年 4 月 28 日发布的《关于对判处管制、宣告缓刑的犯罪分子适用禁止令有关问题的规定（试行）》第 11 条规定："判处管制的犯罪分子违反禁止令，或者被宣告缓刑的犯罪分子违反禁止令尚不属情节严重的，由负责执行禁止令的社区矫正机构所在地的公安机关依照《中华人民共和国治安管理处罚法》第六十条的规定处罚。"第 12 条规定："被宣告缓刑的犯罪分子违反禁止令，情节严重的，应当撤销缓刑，执行原判刑罚。原作出缓刑裁判的人民法院应当自收到当地社区矫正机构提出的撤销缓刑建议书之日起一个月内依法作出裁定。人民法院撤销缓刑的裁定一经作出，立即生效。违反禁止令，具有下列情形之一的，应当认定为'情节严重'：（一）三次以上违反禁止令的；（二）因违反禁止令被治安管理处罚后，再次违反禁止令的；（三）违反禁止令，发生较为严重危害后果的；（四）其他情节严重的情形。"

最高人民法院、最高人民检察院、公安部、司法部 2012 年 1 月 10 日发布的《社区矫正实施办法》第 24 条规定："社区矫正人员违反监督管理规定或者人民法院禁止令，依法应予治安管理处罚的，县级司法行政机关应当及时提请同级公安机关依法给予处罚。公安机关应当将处理结果通知县级司法行政机关。"第 25 条第 1 款规定："缓刑、假释的社区矫正人员有下列情形之一的，由居住地同级司法行政机关向原裁判人民法院提出撤销缓刑、假释建议书并附相关证明材料，人民法院应当自收到之日起一个月内依法作出裁定：（一）违反人民法院禁止令，情节严重的；（二）未按规定时间报到或者接受社区矫正期间脱离监管，超过一个月的；（三）因违反监督管理规定受到治安管理处罚，仍不改正的；

（四）受到司法行政机关三次警告仍不改正的；（五）其他违反有关法律、行政法规和监督管理规定，情节严重的。"

【立法建言】

建　议：将《刑法》第77条第2款修改为："被宣告缓刑的犯罪分子，在缓刑考验期限内，违反本法第75条或者社区矫正监督管理规定，或者违反人民法院判决中的禁止令的，由公安机关依法给予处罚；情节严重的，应当撤销缓刑，执行原判刑罚。"

理　由：

《刑法》第77条第2款仅规定了"违反法律、行政法规"的法律后果，而不当地遗漏了《刑法》第75条规定的其他监督考察内容；同时，还遗漏了"情节一般"的处罚问题。因此，宜增加相关的规定。

第六节　减　　刑

一、减刑的适用条件及限度（第78条）

【立法沿革】

减刑的适用条件及限度是在1979年《刑法》第71条规定的减刑的适用条件及限度的基础上修改而来的，并经《刑法修正案（八）》第15条所修正。

新中国成立后，由于减刑制度尚未在法律上正式建立，实践中经常混淆减刑和改判这两种不同性质的法律制度。① 有鉴于此，中央政法委员会党组干事会1954年5月发布的《关于被判处徒刑的人犯减刑或改判后的刑期计算问题的指示》第1条明确规定："无期徒刑犯和刑期较长的有期徒刑犯，如在执行期间确有悔改表现或有其他立功表现，或由于国家从社会利益方面考虑需要行使减刑权时，可以将无期徒刑改为有期徒刑，或将刑期较长的有期徒刑改为刑期较短的有期徒刑。但这种刑期的改变，都是减刑，而非改判。只有因原判决错误而重新判决，才能叫作改判。"② 1954年的《刑法指导原则草案》第25条首次对减刑的适用条件及限度作了规定："对于判处无期徒刑和有期徒刑的罪犯，在执行刑期

---

① 例如，公安部1953年发布的《关于判处无期徒刑罪犯劳动改造中表现好的改判有期徒刑的指示》第1条规定："凡判处无期徒刑的罪犯，在劳动改造二年后，确有显著的悔改具体事实表现，或在劳动生产中有特殊需要者，和虽无悔改的显著事实表现，但努力生产，遵守劳动各种纪律，无反动言论者，可改判十年或十五年以上的有期徒刑。"

② 参见中国人民大学法律系刑法教研室资料室：《中华人民共和国刑法资料摘编》，群众出版社1982年版，第226页。

中，如果有立功表现，经执行机关提出，人民法院批准，可以减刑。但是经过一次或者几次减刑以后的执行刑期，判处无期徒刑的，不能少于十年；判处有期徒刑的，不能少于原判刑期的二分之一。"到了 1957 年，《刑法草案》第 22 稿第 78 条对上述规定作了两方面的修改：一是在减刑的对象条件方面，增加了"拘役"这一刑种；二是在减刑的实质条件方面，将"有立功表现"改为"有悔改和立功表现"；三是在减刑的程序条件方面，删去了"经执行机关提出，人民法院批准"的规定。修改后的条文为："被判处拘役、有期徒刑、无期徒刑的犯罪分子，在执行期间，如果有悔改和立功表现，可以减刑。但是经过一次或者几次减刑以后实际执行的刑期，判处拘役、有期徒刑的，不能少于原刑期的二分之一；判处无期徒刑的，不能少于十年。"1963 年《刑法草案》第 33 稿第 76 条基本上沿用了上述规定，仅在减刑的实质条件方面，将"有悔改和立功表现"改为"确有悔改或者立功表现"。1979 年《刑法》第 71 条在上述规定的基础上，又在减刑的对象条件方面增加了"管制"这一刑种。

1979 年《刑法》第 71 条规定："被判处管制、拘役、有期徒刑、无期徒刑的犯罪分子，在执行期间，如果确有悔改或者立功表现，可以减刑。但是经过一次或者几次减刑以后实际执行的刑期，判处管制、拘役、有期徒刑的，不能少于原判刑期的二分之一；判处无期徒刑的，不能少于十年。"

为更好地贯彻行刑个别化原则，鼓励罪犯服刑改造，全国人大常委会 1994 年 12 月 29 日通过的《中华人民共和国监狱法》（以下简称《监狱法》）第 29 条对减刑的条件作了重要补充，增加了有"重大立功表现"的，"应当减刑"的规定。《监狱法》第 29 条规定："被判处无期徒刑、有期徒刑的罪犯，在服刑期间确有悔改或者立功表现的，根据监狱考核的结果，可以减刑。有下列重大立功表现之一的，应当减刑：（一）阻止他人重大犯罪活动的；（二）检举监狱内外重大犯罪活动，经查证属实的；（三）有发明创造或者重大技术革新的；（四）在日常生产、生活中舍己救人的；（五）在抗御自然灾害或者排除重大事故中，有突出表现的；（六）对国家和社会有其他重大贡献的。"

在刑法修订研拟的过程中，1996 年 8 月 8 日《刑法总则修改稿》第 76 条在 1979 年《刑法》规定的基础上，主要作了以下三方面的补充和修改：一是增加了"有重大立功表现的，应当予以减刑"的规定；二是将无期徒刑减刑的限度由"不能少于十年"改为"不能少于十五年"；三是增加了"对同一犯罪分子只能减刑一次并应当依照法定程序进行减刑"的限制。修改后的条文为："被判处管制、拘役、有期徒刑、无期徒刑的犯罪分子，在执行期间，如果确有悔改或者立功表现，可以减刑。有重大立功表现的，应当予以减刑。但是经过减刑以后实际执行的刑期，判处管制、拘役、有期徒刑的，不能少于原判刑期的二分之一；判处无期徒刑的，不能少于十五年。""对同一犯罪分子只能减刑一次并

应当依照法定程序进行减刑。"1996 年 10 月 10 日的《刑法修订草案》（征求意见稿）第
77 条对减刑的适用条件及限度作了较大的修改和调整：一是将减刑的对象条件限定为
"被判处有期徒刑、无期徒刑的犯罪分子"；二是将减刑的实质条件删改为"有立功表
现"；三是将《监狱法》规定的 6 种"应当减刑"的情形补充到条文中；四是将减刑的限
度条件修改为"减刑以后实际执行的刑期，判处有期徒刑的，不能少于原判刑期的三分之
二；判处无期徒刑的，不能少于十五年"；五是增加了"对于罪行严重的危害国家安全的
犯罪分子、犯罪集团的首要分子、累犯，不得减刑"的规定。修改后的条文为："被判处
有期徒刑、无期徒刑的犯罪分子，在执行期间，如果有立功表现，可以减刑；有下列重大
立功表现之一的，应当减刑：（一）阻止他人重大犯罪活动的；（二）检举监狱内外重大
犯罪活动，经查证属实的；（三）有发明创造或者重大技术革新的；（四）在日常生产、
生活中舍己救人的；（五）在抗御自然灾害或者排除重大事故中，有突出表现的；（六）对
国家和社会有其他重大贡献的。减刑以后实际执行的刑期，判处有期徒刑的，不能少于原
判刑期的三分之二；判处无期徒刑的，不能少于十五年。对于罪行严重的危害国家安全的
犯罪分子、犯罪集团的首要分子、累犯，不得减刑。对同一犯罪分子只能减刑一次。减刑
应当依照法律程序进行。"对此，最高人民法院提出，"《修订草案》第七十七条第四款关
于'对同一犯罪分子只能减刑一次'的规定，不利于罪犯的教育改造。实践证明，'小减
多次，细水长流'，才能不断地调动罪犯改造的积极性。""刑法规定减刑制度的目的在于
鼓励犯罪人真诚悔改。因此，减刑的条件重点应放在有悔改表现上。犯罪分子，即使是罪
行严重的罪犯、首要分子、累犯等，只要有悔改或者立功表现，也可以减刑，否则，就等
于断了这些犯罪分子的自新之路，不符合我国惩罚与教育改造相结合的刑事政策，但在减
刑条件上可比一般犯罪分子更严格一些。"① 经研究和论证，立法工作机关采纳了上述意
见。1996 年 12 月 20 日的《刑法修订草案》第 79 条对上述规定主要作了以下五方面的修
改：一是将减刑的对象条件恢复为"被判处管制、拘役、有期徒刑、无期徒刑的犯罪分
子"；二是将减刑的实质条件修改为"如果认真遵守监规，接受教育改造，确有悔改表现
的，或者有立功表现的"；三是将减刑的限度条件恢复为"判处管制、拘役、有期徒刑的，
不能少于原判刑期的二分之一；判处无期徒刑的，不能少于十年"；四是删去了"对于罪
行严重的危害国家安全的犯罪分子、犯罪集团的首要分子、累犯，不得减刑"的限制；五
是删去了"对同一犯罪分子只能减刑一次。减刑应当依照法律程序进行"的规定。这一修
改方案，为 1997 年修订的《刑法》所采纳。

---

① 参见最高人民法院刑法修改小组："《关于对〈中华人民共和国刑法（修订草案）〉（征求意见稿）的修改意
见》（1996 年 11 月 8 日）"，见高铭暄、赵秉志编：《新中国刑法立法文献资料总览》（下），中国人民公安大学出版社
1998 年版，第 2435 页。

1997 年修订的《刑法》第 78 条规定："被判处管制、拘役、有期徒刑、无期徒刑的犯罪分子，在执行期间，如果认真遵守监规，接受教育改造，确有悔改表现的，或者有立功表现的，可以减刑；有下列重大立功表现之一的，应当减刑：（一）阻止他人重大犯罪活动的；（二）检举监狱内外重大犯罪活动，经查证属实的；（三）有发明创造或者重大技术革新的；（四）在日常生产、生活中舍己救人的；（五）在抗御自然灾害或者排除重大事故中，有突出表现的；（六）对国家和社会有其他重大贡献的。""减刑以后实际执行的刑期，判处管制、拘役、有期徒刑的，不能少于原判刑期的二分之一；判处无期徒刑的，不能少于十年。"

1997 年《刑法》施行后，《刑法修正案（八）（草案）》"第四条、第十五条对刑法第五十条关于死刑缓期执行罪犯减刑的规定、刑法第八十一条关于假释的规定作了修改，规定对被判处死缓的累犯以及因故意杀人等八种犯罪被判处死缓的犯罪分子，人民法院根据情况可以决定不得减刑，但在实际服刑十八年到二十年后可以假释。有的常委委员、部门和地方提出，这样规定，死缓罪犯减刑后的实际执行仍然过短，建议适当延长，以更好地体现罪刑相适应原则。有的部门提出，不得再减刑的规定不利于罪犯的改造和管理，建议保留刑法原来对这部分人可以减刑、不得假释的规定。"① 有鉴于此，《刑法修正案（八）》第 15 条将《刑法》第 78 条第 2 款修改为："减刑以后实际执行的刑期不能少于下列期限：（一）判处管制、拘役、有期徒刑的，不能少于原判刑期的二分之一；（二）判处无期徒刑的，不能少于十三年；（三）人民法院依照本法第五十条第二款规定限制减刑的死刑缓期执行的犯罪分子，缓期执行期满后减为无期徒刑，不能少于二十五年，缓期执行期满后依法减为二十五年有期徒刑的，不能少于二十年。"

【立法规定】

《刑法》第 78 条规定："被判处管制、拘役、有期徒刑、无期徒刑的犯罪分子，在执行期间，如果认真遵守监规，接受教育改造，确有悔改表现的，或者有立功表现的，可以减刑；有下列重大立功表现之一的，应当减刑：（一）阻止他人重大犯罪活动的；（二）检举监狱内外重大犯罪活动，经查证属实的；（三）有发明创造或者重大技术革新的；（四）在日常生产、生活中舍己救人的；（五）在抗御自然灾害或者排除重大事故中，有突出表现的；（六）对国家和社会有其他重大贡献的。""减刑以后实际执行的刑期不能少于下列期限：（一）判处管制、拘役、有期徒刑的，不能少于原判刑期的二分之一；（二）判处无期徒刑的，不能少于十三年；（三）人民法院依照本法第五十条第二款规定限制减刑的死刑缓期执行的犯罪分子，缓期执行期满后减为无期徒刑，不能少于二十五

---

① 参见全国人大法律委员会副主任委员李适时 2010 年 12 月 20 日在十一届全国人大常委会第十八次会议上所作的《关于〈中华人民共和国刑法修正案（八）（草案）〉修改情况的汇报》。

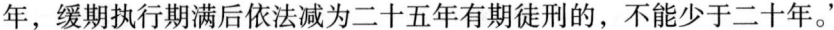

年，缓期执行期满后依法减为二十五年有期徒刑的，不能少于二十年。"

【立法释义】

最高人民法院 2006 年 1 月 11 日发布的《关于审理未成年人刑事案件具体应用法律若干问题的解释》第 18 条规定："对未成年罪犯的减刑、假释，在掌握标准上可以比照成年罪犯依法适度放宽。未成年罪犯能认罪服法，遵守监规，积极参加学习、劳动的，即可视为'确有悔改表现'予以减刑，其减刑的幅度可以适当放宽，间隔的时间可以相应缩短。符合刑法第八十一条第一款规定的，可以假释。未成年罪犯在服刑期间已经成年的，对其减刑、假释可以适用上述规定。"

最高人民法院 2010 年 2 月 8 日发布的《关于贯彻宽严相济刑事政策的若干意见》第 34 条规定："对于危害国家安全犯罪、故意危害公共安全犯罪、严重暴力犯罪、涉众型经济犯罪等严重犯罪；恐怖组织犯罪、邪教组织犯罪、黑恶势力犯罪等有组织犯罪的领导者、组织者和骨干分子；毒品犯罪再犯的严重犯罪者；确有执行能力而拒不依法积极主动缴付财产执行财产刑或确有履行能力而不积极主动履行附带民事赔偿责任的，在依法减刑、假释时，应当从严掌握。对累犯减刑时，应当从严掌握。拒不交代真实身份或对减刑、假释材料弄虚作假，不符合减刑、假释条件的，不得减刑、假释。对于因犯故意杀人、爆炸、抢劫、强奸、绑架等暴力犯罪，致人死亡或严重残疾而被判处死刑缓期二年执行或无期徒刑的罪犯，要严格控制减刑的频度和每次减刑的幅度，要保证其相对较长的实际服刑期限，维护公平正义，确保改造效果。对于未成年犯、老年犯、残疾罪犯、过失犯、中止犯、胁从犯、积极主动缴付财产执行财产刑或履行民事赔偿责任的罪犯、因防卫过当或避险过当而判处徒刑的罪犯以及其他主观恶性不深、人身危险性不大的罪犯，在依法减刑、假释时，应当根据悔改表现予以从宽掌握。对认罪服法，遵守监规，积极参加学习、劳动，确有悔改表现的，依法予以减刑，减刑的幅度可以适当放宽，间隔的时间可以相应缩短。符合刑法第八十一条第一款规定的假释条件的，应当依法多适用假释。"

最高人民法院 2011 年 4 月 25 日发布的《关于〈中华人民共和国刑法修正案（八）〉时间效力问题的解释》第 7 条规定："2011 年 4 月 30 日以前犯罪，被判处无期徒刑的罪犯，减刑以后或者假释前实际执行的刑期，适用修正前刑法第七十八条第二款、第八十一条第一款的规定。"

最高人民法院研究室 2011 年 6 月 14 日发布的《关于罪犯在刑罚执行期间的发明创造能否按照重大立功表现作为对其漏罪审判时的量刑情节问题的答复》规定："罪犯在服刑期间的发明创造构成立功或者重大立功的，可以作为依法减刑的条件予以考虑，但不能作为追诉漏罪的法定量刑情节考虑。"

最高人民法院 2011 年 12 月 30 日发布的《关于进一步加强危害生产安全刑事案件审

判工作的意见》第 20 条规定："办理与危害生产安全犯罪相关的减刑、假释案件，要严格执行刑法、刑事诉讼法和有关司法解释规定。是否决定减刑、假释，既要看罪犯服刑期间的悔改表现，还要充分考虑原判认定的犯罪事实、性质、情节、社会危害程度等情况。"

最高人民法院 2012 年 1 月 17 日发布的《关于办理减刑、假释案件具体应用法律若干问题的规定》第 1 条规定："根据刑法第七十八条第一款的规定，被判处管制、拘役、有期徒刑、无期徒刑的犯罪分子，在执行期间，认真遵守监规，接受教育改造，确有悔改表现的，或者有立功表现的，可以减刑；有重大立功表现的，应当减刑。"第 2 条规定："'确有悔改表现'是指同时具备以下四个方面情形：认罪悔罪；认真遵守法律法规及监规，接受教育改造；积极参加思想、文化、职业技术教育；积极参加劳动，努力完成劳动任务。对罪犯在刑罚执行期间提出申诉的，要依法保护其申诉权利，对罪犯申诉不应不加分析地认为是不认罪悔罪。罪犯积极执行财产刑和履行附带民事赔偿义务的，可视为有认罪悔罪表现，在减刑、假释时可以从宽掌握；确有执行、履行能力而不执行、不履行的，在减刑、假释时应当从严掌握。"第 3 条规定："具有下列情形之一的，应当认定为有'立功表现'：（一）阻止他人实施犯罪活动的；（二）检举、揭发监狱内外犯罪活动，或者提供重要的破案线索，经查证属实的；（三）协助司法机关抓捕其他犯罪嫌疑人（包括同案犯）的；（四）在生产、科研中进行技术革新，成绩突出的；（五）在抢险救灾或者排除重大事故中表现突出的；（六）对国家和社会有其他贡献的。"第 4 条规定："具有下列情形之一的，应当认定为有'重大立功表现'：（一）阻止他人实施重大犯罪活动的；（二）检举监狱内外重大犯罪活动，经查证属实的；（三）协助司法机关抓捕其他重大犯罪嫌疑人（包括同案犯）的；（四）有发明创造或者重大技术革新的；（五）在日常生产、生活中舍己救人的；（六）在抗御自然灾害或者排除重大事故中，有特别突出表现的；（七）对国家和社会有其他重大贡献的。"第 5 条规定："有期徒刑罪犯在刑罚执行期间，符合减刑条件的，减刑幅度为：确有悔改表现，或者有立功表现的，一次减刑一般不超过一年有期徒刑；确有悔改表现并有立功表现，或者有重大立功表现的，一次减刑一般不超过二年有期徒刑。"第 6 条规定："有期徒刑罪犯的减刑起始时间和间隔时间为：被判处五年以上有期徒刑的罪犯，一般在执行一年六个月以上方可减刑，两次减刑之间一般应当间隔一年以上。被判处不满五年有期徒刑的罪犯，可以比照上述规定，适当缩短起始和间隔时间。确有重大立功表现的，可以不受上述减刑起始和间隔时间的限制。有期徒刑的减刑起始时间自判决执行之日起计算。"第 7 条规定："无期徒刑罪犯在刑罚执行期间，确有悔改表现，或者有立功表现的，服刑二年以后，可以减刑。减刑幅度为：确有悔改表现，或者有立功表现的，一般可以减为二十年以上二十二年以下有期徒刑；有重大立功表现的，可以减为十五年以上二十年以下有期徒刑。"第 8 条规定："无期徒刑罪犯经过一次或几次减刑后，其实际执行的刑期不能少于十三年，起始时间应当自无期徒刑判决确定之日起计算。"第9条规定："死刑缓期执行罪犯减为无期徒刑后，确有悔改表现，或者有立功表现的，服刑二年以后可以减为二十五年有期徒刑；有重大立功表现的，服刑二年以后可以减为二十三年有期徒刑。死刑缓期执行罪犯经过一次或几次减刑后，其实际执行的刑期不能少于十五年，死刑缓期执行期间不包括在内。死刑缓期执行罪犯在缓期执行期间抗拒改造，尚未构成犯罪的，此后减刑时可以适当从严。"第10条规定："被限制减刑的死刑缓期执行罪犯，缓期执行期满后依法被减为无期徒刑的，或者因有重大立功表现被减为二十五年有期徒刑的，应当比照未被限制减刑的死刑缓期执行罪犯在减刑的起始时间、间隔时间和减刑幅度上从严掌握。"第11条规定："判处管制、拘役的罪犯，以及判决生效后剩余刑期不满一年有期徒刑的罪犯，符合减刑条件的，可以酌情减刑，其实际执行的刑期不能少于原判刑期的二分之一。"第12条规定："有期徒刑罪犯减刑时，对附加剥夺政治权利的期限可以酌减。酌减后剥夺政治权利的期限，不能少于一年。"第13条规定："判处拘役或者三年以下有期徒刑并宣告缓刑的罪犯，一般不适用减刑。前款规定的罪犯在缓刑考验期限内有重大立功表现的，可以参照刑法第七十八条的规定，予以减刑，同时应依法缩减其缓刑考验期限。拘役的缓刑考验期限不能少于二个月，有期徒刑的缓刑考验期限不能少于一年。"第14条规定："被判处十年以上有期徒刑、无期徒刑的罪犯在刑罚执行期间又犯罪，被判处有期徒刑以下刑罚的，自新罪判决确定之日起二年内一般不予减刑；新罪被判处无期徒刑的，自新罪判决确定之日起三年内一般不予减刑。"第19条规定："未成年罪犯的减刑、假释，可以比照成年罪犯依法适当从宽。未成年罪犯能认罪悔罪，遵守法律法规及监规，积极参加学习、劳动的，应视为确有悔改表现，减刑的幅度可以适当放宽，起始时间、间隔时间可以相应缩短。符合刑法第八十一条第一款规定的，可以假释。前两款所称未成年罪犯，是指减刑时不满十八周岁的罪犯。"第20条规定："老年、身体残疾（不含自伤致残）、患严重疾病罪犯的减刑、假释，应当主要注重悔罪的实际表现。基本丧失劳动能力、生活难以自理的老年、身体残疾、患严重疾病的罪犯，能够认真遵守法律法规及监规，接受教育改造，应视为确有悔改表现，减刑的幅度可以适当放宽，起始时间、间隔时间可以相应缩短。假释后生活确有着落的，除法律和本解释规定不得假释的情形外，可以依法假释。对身体残疾罪犯和患严重疾病罪犯进行减刑、假释，其残疾、疾病程度应由法定鉴定机构依法作出认定。"

最高人民法院 2012 年 1 月 18 日发布的《关于罪犯因漏罪、新罪数罪并罚时原减刑裁定应如何处理的意见》规定："罪犯被裁定减刑后，因被发现漏罪或者又犯新罪而依法进行数罪并罚时，经减刑裁定减去的刑期不计入已经执行的刑期。在此后对因漏罪数罪并罚的罪犯依法减刑，决定减刑的频次、幅度时，应当对其原经减刑裁定减去的刑期酌予考虑。"

最高人民法院 2013 年 9 月 11 日发布的《关于执行〈关于办理减刑、假释案件具体应用法律若干问题的规定〉有关问题的通知》第 1 条规定："原生效裁判在《中华人民共和国刑法修正案（八）》生效后作出的，适用《规定》。"[1] 第 2 条规定："原生效裁判在《中华人民共和国刑法修正案（八）》生效前作出的，适用 1997 年《最高人民法院关于办理减刑、假释案件具体应用法律若干问题的规定》（以下简称《1997 年规定》）。但适用《规定》对罪犯有利的，适用《规定》。"第 3 条规定："原生效裁判在《中华人民共和国刑法修正案（八）》生效后作出，但犯罪行为发生在《中华人民共和国刑法修正案（八）》生效前，且适用《中华人民共和国刑法修正案（八）》生效前刑法定罪量刑是，适用《1997 年规定》。但适用《规定》对罪犯有利的，适用《规定》。"

最高人民法院 2015 年 5 月 18 日发布的《全国法院毒品犯罪审判工作座谈会纪要》关于"缓刑、财产刑适用及减刑、假释问题"中规定："对于具有毒枭、职业毒犯、累犯、毒品再犯等情节的毒品罪犯，应当从严掌握减刑条件，适当延长减刑起始时间、间隔时间，严格控制减刑幅度，延长实际执行刑期。对于刑法未禁止假释的前述毒品罪犯，应当严格掌握假释条件。"

【立法建言】

建 议：将《刑法》第 78 条第 1 款中的"认真遵守监规，接受教育改造，确有悔改表现"修改为"确有悔改表现"。

理 由：

1. 从刑法理论的角度来看，将"认真遵守监规，接受教育改造"与"确有悔改表现"并列作为适用减刑的条件并不妥当。因为，"认真遵守监规，接受教育改造"是"确有悔改表现"的前提条件。"犯罪分子能够认真遵守监规，接受教育改造，就表明其确有悔改表现；犯罪分子有悔改表现，往往也能够认真遵守监规，接受教育改造，因而'认真遵守监规，接受教育改造'是'确有悔改表现'的客观表现，但两者并不能够等同，'确有悔改表现'除了客观上为认真遵守监规，接受教育改造外，还具有其他重要的内容如主观上能够认罪悔罪等，所以，不能将两者并列作为适用减刑的择一条件"。[2] 此外，对于被判处管制的犯罪分子而言，也不存在认真遵守"监规"的问题。

2. 从司法实践的角度来看，通常是将"认真遵守监规，接受教育改造"作为"确有悔改表现"的表现形式之一。例如，最高人民法院 2012 年 1 月 17 日发布的《关于办理减

---

① 该通知所说的《规定》，是指最高人民法院 2012 年 1 月 17 日发布的《关于办理减刑、假释案件具体应用法律若干问题的规定》。

② 参见高铭暄、马克昌主编：《刑法学》，北京大学出版社、高等教育出版社 2011 年版，第 299 页。

刑、假释案件具体应用法律若干问题的规定》第 2 条第 1 款规定："'确有悔改表现'是指同时具备以下四个方面情形：认罪悔罪；认真遵守法律法规及监规，接受教育改造；积极参加思想、文化、职业技术教育；积极参加劳动，努力完成劳动任务。"第 19 条第 2 款规定："未成年罪犯能认罪悔罪，遵守法律法规及监规，积极参加学习、劳动的，应视为确有悔改表现……"

3. 从法律协调的角度来看，《监狱法》第 29 条和《刑事诉讼法》第 262 条均将"确有悔改"表现作为适用减刑的条件；同时，《刑法》第 79 条也将"确有悔改"事实作为裁定减刑的依据。因此，无论从外部协调还是内部协调的角度来看，都应将"认真遵守监规，接受教育改造，确有悔改表现"修改为"确有悔改表现"。

二、减刑的程序（第 79 条）

【立法沿革】

减刑的程序是在 1994 年《监狱法》第 30 条规定的减刑的程序的基础上修改而来的。

1979 年《刑法》和《刑事诉讼法》均未规定减刑的程序。在实践中，由于无章可循，减刑工作的随意性较大，存在的问题较多。为维护人民法院判决执行的严肃性，规范减刑的操作规程，1994 年《监狱法》第 30 条规定了减刑的程序："减刑建议由监狱向人民法院提出，人民法院应当自收到减刑建议书之日起一个月内予以审核裁定；案情复杂或者情况特殊的，可以延长一个月。减刑裁定的副本应当抄送人民检察院。"

在刑法修订研拟的过程中，针对实践中存在的问题，[1] 1996 年的《刑法修订草案》第 80 条在上述规定的基础上，进一步明确规定了减刑的程序："对于可以减刑的犯罪分子，由执行机关向中级以上人民法院提出减刑建议书。由人民法院组成合议庭进行审理，对确有悔改或者立功事实的，裁定予以减刑。非经法定程序不得减刑。"1997 年《刑法》第 79 条基本上沿用了上述规定，仅在文字表述方面作了两处修改：一是将"对于可以减刑的犯罪分子"改为"对于犯罪分子的减刑"；二是将"由人民法院组成合议庭进行审理"改为"人民法院应当组成合议庭进行审理"。

【立法规定】

《刑法》第 79 条规定："对于犯罪分子的减刑，由执行机关向中级以上人民法院提出减刑建议书。人民法院应当组成合议庭进行审理，对确有悔改或者立功事实的，裁定予以

---

[1] "在实际执行中，由于对确有悔改没有明确的界限，较难掌握，随意性比较大，并且没有严格的程序，容易出现流弊，存在问题较多。同时应当维护人民法院判决执行的严肃性，不能随便减刑、假释"（参见全国人大常委会副委员长王汉斌 1996 年 12 月 24 日在八届全国人大常委会第二十三次会议上所作的《关于中华人民共和国刑法（修订草案）的说明》）。

减刑。非经法定程序不得减刑。"

【立法释义】

最高人民法院 1989 年 1 月 3 日发布的《关于对无期徒刑犯减刑后原审法院发现原判决确有错误予以改判，原减刑裁定应否撤销问题的批复》规定："被判处无期徒刑的罪犯由服刑地的高级人民法院依法裁定减刑后，原审人民法院发现原判决确有错误，并按照审判监督程序改判为有期徒刑的，应当将改判的判决书送达罪犯所在的劳改部门和罪犯服刑地的高级人民法院，根据改判的刑期执行，并由罪犯服刑地的高级人民法院裁定撤销原减刑裁定。如果罪犯在原判执行期间确有悔改或者立功表现，还需要依法减刑的，应当依照法律程序另行做出裁定。"

最高人民法院研究室 1990 年 4 月 5 日发布的《关于有期徒刑犯减刑后又改判的原减刑裁定撤销后应如何办理减刑手续问题的电话答复》规定："被判处有期徒刑的罪犯在服刑期间依法减刑后，原审人民法院发现原判决确有错误，应当按照审判监督程序给予改判，对已执行的刑期在改判后的刑期中予以折抵，并将改判的判决书送达罪犯所在的劳改执行机关和作出原减刑裁定的人民法院，由作出原减刑裁定的人民法院撤销原减刑裁定。然后，由有关的劳改机关和人民法院依照刑法第七十一条的规定，并参照最高人民法院、最高人民检察院、司法部、公安部 1980 年 12 月 26 日《关于罪犯减刑、假释和又犯罪等案件的管辖和处理程序问题的通知》，重新考虑是否减刑及办理有关手续。"

最高人民法院研究室 1992 年 1 月 20 日发布的《关于原判无期徒刑的罪犯经减刑后又改判应如何处理减刑问题的电话答复》规定："你庭 1 月 4 日电话请示中所提到，对原判无期徒刑的罪犯，经两次减刑后，现法院拟将原判改判，对减刑应如何处理的问题，经研究，我们认为，对上述问题，请你们按照我院 1989 年法〔研〕复〔1989〕2 号《关于对无期徒刑犯减刑后又改判，原减刑裁定应否撤销问题的批复》的规定办理，我院 1964 年（64）法研字第 16 号《关于劳改犯减刑后又改判应如何确定执行刑期问题的批复》不再适用。"

最高人民法院研究室 1992 年 4 月 1 日发布的《关于死缓犯和无期徒刑犯经几次减刑后又改判原减刑裁定是否均应撤销问题的电话答复》规定："对原判死缓或者无期徒刑的犯罪分子，经几次减刑后，现按照审判监督程序将原判改为有期徒刑的，应当将原所有的减刑裁定一并撤销。如果根据罪犯已实际服刑的刑期或者他在原判执行期间的表现，应予以释放，或者还需要依法减刑、假释的，应当按照改判有期徒刑后的刑期再办理释放、重新减刑或者假释的法律手续。"

最高人民法院研究室 1994 年 6 月 14 日发布的《关于有期徒刑罪犯减刑后又改判应如何确定执行刑期问题的答复》规定："对原判有期徒刑的罪犯，已经法院裁定宣布减刑后，原审法院发现原判决确有错误，需要改判的，可将本来打算改判的刑期减去已裁定减刑的刑期，确定为应改判的刑期，并在改判的法律文书中说明改判的刑期已经扣除了改判前裁定减刑的刑期。"

最高人民法院、最高人民检察院、公安部、劳动人事部研究室 1994 年 11 月 7 日发布的《关于对无期徒刑犯减刑后原审法院发现原判决确有错误予以改判，原减刑裁定应如何适用法律条款予以撤销问题的答复》规定："被判处无期徒刑的罪犯由服刑地的高级人民法院依法裁定减刑后，原审人民法院发一原判决确有错误并依照审判监督程序改判为有期徒刑的，应当依照我院法（研）复〔1989〕2 号批复撤销原减刑裁定。鉴于原减刑裁定是在无期徒刑基础上的减刑，既然原判无期徒刑已被认定为错判，那么原减刑裁定在认定事实和适用法律上亦应视为确有错误。由此，由罪犯服刑地的高级人民法院根据刑事诉讼法第一百四十九条第一款的规定，按照审判监督程序撤销原减刑裁定是适宜的。"

最高人民法院、最高人民检察院、公安部、司法部 2012 年 1 月 10 日发布的《社区矫正实施办法》第 28 条规定："社区矫正人员符合法定减刑条件的，由居住地县级司法行政机关提出减刑建议书并附相关证明材料，经地（市）级司法行政机关审核同意后提请社区矫正人员居住地的中级人民法院裁定。人民法院应当自收到之日起一个月内依法裁定；暂予监外执行罪犯的减刑，案情复杂或者情况特殊的，可以延长一个月。司法行政机关减刑建议书和人民法院减刑裁定书副本，应当同时抄送社区矫正人员居住地同级人民检察院和公安机关。"

最高人民法院 2012 年 1 月 17 日发布的《关于办理减刑、假释案件具体应用法律若干问题的规定》第 23 条规定："人民法院按照审判监督程序重新审理的案件，维持原判决、裁定的，原减刑、假释裁定效力不变；改变原判决、裁定的，应由刑罚执行机关依照再审裁判情况和原减刑、假释情况，提请有管辖权的人民法院重新作出减刑、假释裁定。"第 24 条第 1 款规定："人民法院受理减刑、假释案件，应当审查执行机关是否移送下列材料：（一）减刑或者假释建议书；（二）终审法院的裁判文书、执行通知书、历次减刑裁定书的复制件；（三）罪犯确有悔改或者立功、重大立功表现的具体事实的书面证明材料；（四）罪犯评审鉴定表、奖惩审批表等；（五）其他根据案件的审理需要移送的材料。"第 3 款规定："人民检察院对提请减刑、假释案件提出的检察意见，应当一并移送受理减刑、假释案件的人民法院。"第 4 款规定："经审查，如果前三款规定的材料齐备的，应当立案；材料不齐备的，应当通知提请减刑、假释的执行机关补送。"第 25 条规定："人民法院审理减刑、假释案件，应当一律予以公示。公示地点为罪犯服刑场所的公共区域。有条件的地方，应面向社会公示，接受社会监督。公示应当包括下列内容：（一）罪犯的姓名；（二）原判认定的罪名和刑期；（三）罪犯历次减刑情况；（四）执行机关的减刑、假释建议和依据；（五）公示期限；（六）意见反馈方式等。"第 26 条规定："人民法院审理减刑、假释案件，可以采用书面审理的方式。但下列案件，应当开庭审理：（一）因罪犯有重大立功表现提请减刑的；（二）提请减刑的起始时间、间隔时间或者减刑幅度不符合一般规定的；（三）在社会上有重大影响或社会关注度高的；（四）公示期间收到投诉意见的；（五）人民检察院有异议的；（六）人民法院认为有开庭审理必要的。"第 27 条规定："在人民法院作出减刑、假释裁定前，执行机关书面提请撤回减刑、假释建议的，是否准许，由人民法院决定。"第 28 条规定："减刑、假释的裁定，应当在裁定作出之日起七日内送达有关执行机关、人民检察院以及罪犯本人。"第 29 条规定："人民法院发现本院或者下级人民法院已经生效的减刑、假释裁定确有错误，应当依法重新组成合议庭进行审理并作出裁定。"

【立法建言】

建　议： 删去《刑法》第 79 条。

理　由：

《刑法》第 79 条所规定的是程序性规范，作为实体法不宜对此加以规定。况且，《监狱法》第 30 条和《刑事诉讼法》第 262 条第 2 款已对此作了规定。

三、无期徒刑减为有期徒刑的刑期计算（第 80 条）

【立法沿革】

无期徒刑减为有期徒刑的刑期计算是从 1979 年《刑法》第 72 条的规定直接移植过来的。

中央政法委员会党组干事会 1954 年 5 月发布的《关于被判处徒刑的人犯减刑或改判后的刑期计算问题的指示》第 2 条中规定："减刑是在原判决的基础上提出的，是以较轻的刑来代替原来较重的，是根据原判决确定后在执行过程中的新情况而决定对原判决确定刑期的减轻和缩短，它不是推翻原判决所认定的事实和量刑情况而重行判决，故减刑后其刑期的计算应自原判决确定后宣告执行之日起算，即原判无期徒刑或刑期较长的有期徒刑已执行的时间应分别计算在减为有期徒刑或刑期较短的有期徒刑的刑期之内。例如：张某原判为无期徒刑，并于一九五〇年二月一日宣告执行，至一九五四年三月一日由于他在劳动改造中表现很好或有其他立功表现而减为有期徒刑十五年，则其减刑后的刑期仍应自一九五〇年二月一日算起，即原判他无期徒刑已执行的四年零一个月应计算在减为十五年有期徒刑的刑期之内。在此情况下，原来无期徒刑判决确定前的羁押日数，应在减刑后的刑期之内予以折抵，折抵办法是一日抵徒刑一日。"① 1957 年的《刑法草案》第 22 稿第 79 条根据上述精神规定："无期徒刑减为有期徒刑的刑期，从裁定减刑之日起计算，无期徒刑已经执行的刑期，计算在减为有期徒刑的刑期以内。"到了 1959 年 9 月，中央发布的关于特赦罪犯的指示中规定："原判死刑缓期和无期徒刑的罪犯，凡减为有期徒刑的，新的刑期，一律从减刑之日起算，减刑以前已经关押的时间不予折抵。"② 此后，在实践中，对无期徒刑减为有期徒刑的刑期计算，减刑以前的关押日期均不予折抵。③ 因此，1963 年的《刑法草案》第 33 稿第 77 条删去了第 22 稿中"无期徒刑已经执行的刑期，计算在减为有期徒刑的刑期以内"的规定。这一修改方案，为 1979 年《刑法》所采纳。

1979 年《刑法》第 72 条规定："无期徒刑减为有期徒刑的刑期，从裁定减刑之日起计算。"

1997 年《刑法》第 80 条直接移植了上述规定，未作任何修改。

【立法规定】

《刑法》第 80 条规定："无期徒刑减为有期徒刑的刑期，从裁定减刑之日起计算。"

【立法释义】

最高人民法院研究室 1996 年 12 月 25 日发布的《关于原判有期徒刑的罪犯被裁定减刑后又经再审改判为无期徒刑应如何确定执行刑期问题的答复》第 2 条规定："如果罪犯在改判后，再审改判无期徒刑的执行从再审判决确定之日起算。对改判前已执行的刑期，应在对无期徒刑裁定减刑时，折抵为无期徒刑已实际执行的刑期。"

最高人民法院 2007 年 8 月 11 日发布的《关于刘文占减刑一案的答复》规定："罪犯刘文占犯盗窃罪被判处无期徒刑，减为有期徒刑十八年之后，发现其在判决宣告之前犯有强奸罪、抢劫罪。沧州市中级人民法院作出新的判决，对刘文占以强奸罪、抢劫罪分别定罪量刑，数罪并罚，决定对罪犯刘文占执行无期徒刑是正确的。现监狱报请为罪犯刘文占减刑。你院在计算刑期时，应将罪犯刘文占第一次减为有期徒刑十八年之后至漏罪判决之前已经执行的刑期予以扣除。"

---

① 参见中国人民大学法律系刑法教研室资料室：《中华人民共和国刑法资料摘编》，群众出版社 1982 年版，第 226 页。

② 参见高铭暄：《中华人民共和国刑法的孕育和诞生》，法律出版社 1981 年版，第 112 页。

③ 最高人民法院 1959 年 10 月 13 日发布的《对浙江省、湖北省、北京市高级人民法院关于无期徒刑减为有期徒刑，其刑期应从何日起算问题的批复》明确规定："你们请示关于无期徒刑减为有期徒刑，其刑期从何日起算问题，我们同意浙江、湖北省院的意见，即减刑后的新刑期应从减刑确定之日起算，减刑以前的关押日期不予折抵。关于死缓减为无期徒刑，再由无期徒刑减为有期徒刑，其新刑期同样从减为有期徒刑减刑确定之日起算。过去减过刑的案件已经按旧规定计算刑期的，一般不再变动。"最高人民法院 1960 年 2 月 18 日发布的《对四川省高级人民法院关于无期徒刑减为有期徒刑和死刑缓期执行直接减为有期徒刑的刑期计算问题的复函》又重申了上述规定。

【立法建言】

建　议：将《刑法》第 80 条修改为："无期徒刑减为有期徒刑的刑期，从裁定减刑之日起计算。裁定减刑以前已执行的刑期，应当计算在无期徒刑实际执行的刑期以内。"

理　由：

根据《刑法》第 78 条第 2 款的规定，判处无期徒刑的，减刑以后实际执行的刑期不能少于 13 年。为进一步明确无期徒刑实际执行的刑期的计算问题，宜增加"裁定减刑以前已执行的刑期，应当计算在无期徒刑实际执行的刑期以内"的规定，以免产生疑义。

第七节　假　　释

一、假释的适用条件（第 81 条）

【立法沿革】

假释的适用条件是在 1979 年《刑法》第 73 条规定的假释的适用条件的基础上修改而来的，并经《刑法修正案（八）》第 16 条所修正。

在新中国刑法立法史上，有关假释适用条件的规定，最早见之于 1950 年的《刑法大纲草案》。该草案第 30 条第 1 项规定："受监禁或劳役执行之期间，表现其改造确有成绩者，原判决法院依执行机关的呈请与证明，得宣告假释。"到了 1954 年，《刑法指导原则草案》第 24 条第 1 款对假释的适用条件作了较为全面的规定："判处五年以上有期徒刑的罪犯执行刑期二分之一，判处无期徒刑的罪犯执行刑期十年，如果执行机关认为他确已获得改造，不致再危害社会，经人民法院批准，可以假释。"1957 年的《刑法草案》第 22 稿第 80 条基本上沿用了上述规定，仅在假释的对象条件中，删去了"五年以上"有期徒刑的限制。修改后的条文为："被判处有期徒刑的犯罪分子，执行刑期二分之一以上，被判处无期徒刑的犯罪分子，执行刑期十年以上，如果确有悔改表现，不致再危害社会，可以假释。"1963 年的《刑法草案》第 33 稿第 78 条在上述规定的基础上，增加了"如果有特殊情节，可以不受上述执行刑期的限制"的规定。这一修改方案，为 1979 年《刑法》所采纳。

1979 年《刑法》第 73 条规定："被判处有期徒刑的犯罪分子，执行原判刑期二分之一以上，被判处无期徒刑的犯罪分子，实际执行十年以上，如果确有悔改表现，不致再危害社会，可以假释。如果有特殊情节，可以不受上述执行刑期的限制。"

在刑法修订研拟的过程中，1996 年 6 月 24 日的《刑法总则修改稿》第 77 条删去了上述"如果有特殊情节，可以不受上述执行刑期的限制"的规定。1996年8月8日的《刑法总则修改稿》第78条在上述规定的基础上，主要作了以下三方面的修改和补充：一是将假释的前提条件修改为"被判处有期徒刑的犯罪分子，或者由无期徒刑减为有期徒刑的犯罪分子执行原判刑期二分之一以上"；二是将假释实质条件中的"不致再危害社会"改为"不致再危害社会治安秩序"；三是增加了"严重危害社会治安的犯罪分子，不适用假释"的规定。修改后的条文为："被判处有期徒刑的犯罪分子，或者由无期徒刑减为有期徒刑的犯罪分子执行原判刑期二分之一以上，如果确有悔改表现，不致再危害社会治安秩序，可以假释。但是严重危害社会治安的犯罪分子，不适用假释。"对于上述修改，"有的专家提出，无期徒刑犯不能适用假释，与新修改的刑诉法、监狱法不一致，因此，建议对被判无期徒刑的还应当可以假释，只是条件可以规定严格些，如从原来的实际执行十年以上，改为十五年。另外，第七十一条、七十八条中的'不致再危害社会的'，不宜改为'危害社会治安秩序'，因为犯罪的社会危害性不仅限于社会治安，缓刑、假释的不致再危害社会，指的范围都比社会治安要宽得多，因此，应当维持原来规定。"[①] 1996年8月31日的《刑法修改草稿》第78条部分采纳了上述意见，恢复了"不致再危害社会"的表述；但同时却删去了"由无期徒刑减为有期徒刑的犯罪分子"的情形，从而将无期徒刑犯彻底排除在假释的适用范围之外。1996年10月10日的《刑法修订草案》（征求意见稿）第79条在上述规定的基础上，又作了两处修改：一是将"确有悔改表现"改为"遵守监规，接受教育改造"；二是将"严重危害社会治安的犯罪分子，不适用假释"改为"对累犯不得假释"。在征求意见的过程中，最高人民法院提出，"假释的实质条件是罪犯确有悔改表现，不致再危害社会。因此，不论是被判处有期徒刑还是无期徒刑的罪犯，只要具备这一条件，在经过一定时间的刑罚执行后，都可予以假释。为体现罪刑相适应的原则，刑法可适当延长无期徒刑假释必须实际执行的刑期"[②]。立法工作机关基本上采纳了上述建议，同时，考虑到"在实际执行中，由于对确有悔改没有明确的界限，较难掌握，随意性比较大，并且没有严格的程序，容易出现流弊，存在问题较多。同时应当维护人民法院判决执行的严肃性，不能随便减刑、假释，特别是对以暴力严重危害社会的犯罪分子及累犯，不宜适用假释"[③]。因此，1996年12月20日的《刑法修订草案》第82条规定："被

---

① 参见全国人大常委会法制工作委员会刑法室整理："《法律专家对〈刑法总则修改稿〉和〈刑法分则修改草稿〉的意见》（1996年9月6日）"，见高铭暄、赵秉志编：《新中国刑法立法文献资料总览》（下），中国人民公安大学出版社1998年版，第2133页。

② 参见最高人民法院刑法修改小组："《关于对〈中华人民共和国刑法（修订草案）〉（征求意见稿）的修改意见》（1996年11月8日）"，见高铭暄、赵秉志编：《新中国刑法立法文献资料总览》（下），中国人民公安大学出版社1998年版，第2435页。

③ 参见全国人大常委会副委员长王汉斌1996年12月24日在八届全国人大常委会第二十三次会议上所作的《关于中华人民共和国刑法（修订草案）的说明》。

判处有期徒刑的犯罪分子，执行原判刑期二分之一以上，被判处无期徒刑的犯罪分子，实际执行十年以上，如果认真遵守监规、接受教育改造，确有悔改表现，假释后不致再危害社会的，可以假释，但是对累犯以及杀人、爆炸、抢劫、强奸、绑架等暴力性犯罪被判处无期徒刑的犯罪分子，不得假释。"1997 年 2 月 17 日的《刑法修订草案》（修改稿）第 82 条在上述规定的基础上，主要作了两方面的补充和修改：一是增加了"如果有特殊情况，经最高人民法院核准，可以不受上述执行刑期的限制"的规定；① 二是在"对累犯以及杀人、爆炸、抢劫、强奸、绑架等暴力性犯罪被判处无期徒刑的犯罪分子，不得假释"中增加了"十年以上有期徒刑"的规定，并将其另列为第 2 款。1997 年修订的《刑法》第 81 条基本上沿用了上述规定，仅作了个别文字修改。

1997 年《刑法》第 81 条规定："被判处有期徒刑的犯罪分子，执行原判刑期二分之一以上，被判处无期徒刑的犯罪分子，实际执行十年以上，如果认真遵守监规，接受教育改造，确有悔改表现，假释后不致再危害社会的，可以假释。如果有特殊情况，经最高人民法院核准，可以不受上述执行刑期的限制。对累犯以及因杀人、爆炸、抢劫、强奸、绑架等暴力性犯罪被判处十年以上有期徒刑、无期徒刑的犯罪分子，不得假释。"

1997 年《刑法》施行后，为加强对被假释犯罪分子的监督管理，《刑法修正案（八）》第 16 条对假释的适用条件作了较大的修改和补充：一是严格了无期徒刑犯假释的前提条件，将"实际执行十年以上"改为"实际执行十三年以上"；二是完善了假释的实质条件，将"假释后不致再危害社会"改为"没有再犯罪的危险"；三是扩大了"不得假释"的适用范围，将"对累犯以及因杀人、爆炸、抢劫、强奸、绑架等暴力性犯罪被判处十年以上有期徒刑、无期徒刑的犯罪分子，不得假释"改为"对累犯以及因故意杀人、强奸、抢劫、绑架、放火、爆炸、投放危险物质或者有组织的暴力性犯罪被判处十年以上有期徒刑、无期徒刑的犯罪分子，不得假释"；四是增加了"对犯罪分子决定假释时，应当考虑其假释后对所居住社区的影响"的规定。

【立法规定】

《刑法》第 81 条规定："被判处有期徒刑的犯罪分子，执行原判刑期二分之一以上，被判处无期徒刑的犯罪分子，实际执行十三年以上，如果认真遵守监规，接受教育改造，确有悔改表现，没有再犯罪的危险的，可以假释。如果有特殊情况，经最高人民法院核准，可以不受上述执行刑期的限制。对累犯以及因故意杀人、强奸、抢劫、绑架、放

---

① "现行刑法关于'有特殊情节的'假释可以不受执行刑期限制的规定，体现了原则性与灵活性相结合的精神，可以适应国防、外交、统战及经济建设的需要，应当继续予以保留（附案例）。为控制这一规定的适用范围，在程序上可作必要的限制"（参见最高人民法院刑法修改小组："《关于对〈中华人民共和国刑法（修订草案）〉（征求意见稿）的修改意见》（1996 年 11 月 8 日）"，见高铭暄、赵秉志主编：《新中国刑法立法文献资料总览》（下），中国人民公安大学出版社 1998 年版，第 2436 页）。

火、爆炸、投放危险物质或者有组织的暴力性犯罪被判处十年以上有期徒刑、无期徒刑的犯罪分子，不得假释。对犯罪分子决定假释时，应当考虑其假释后对所居住社区的影响。"

【立法释义】

最高人民法院 1997 年 9 月 25 日发布的《关于适用刑法时间效力规定若干问题的解释》第 7 条规定："1997 年 9 月 30 日以前犯罪，1997 年 10 月 1 日以后仍在服刑的犯罪分子，因特殊情况，需要不受执行刑期限制假释的，适用刑法第八十一条第一款的规定，报经最高人民法院核准。"第 8 条规定："1997 年 9 月 30 日以前犯罪，1997 年 10 月 1 日以后仍在服刑的累犯以及因杀人、爆炸、抢劫、强奸、绑架等暴力性犯罪被判处十年以上有期徒刑、无期徒刑的犯罪分子，适用修订前的刑法第七十三条的规定，可以假释。"

最高人民法院 2006 年 1 月 11 日发布的《关于审理未成年人刑事案件具体应用法律若干问题的解释》第 18 条规定："对未成年罪犯的减刑、假释，在掌握标准上可以比照成年罪犯依法适度放宽。未成年罪犯能认罪服法，遵守监规，积极参加学习、劳动的，即可视为'确有悔改表现'予以减刑，其减刑的幅度可以适当放宽，间隔的时间可以相应缩短。符合刑法第八十一条第一款规定的，可以假释。未成年罪犯在服刑期间已经成年的，对其减刑、假释可以适用上述规定。"

最高人民法院 2010 年 2 月 8 日发布的《关于贯彻宽严相济刑事政策的若干意见》第 34 条第 1 款规定："对于危害国家安全犯罪、故意危害公共安全犯罪、严重暴力犯罪、涉众型经济犯罪等严重犯罪；恐怖组织犯罪、邪教组织犯罪、黑恶势力犯罪等有组织犯罪的领导者、组织者和骨干分子；毒品犯罪再犯的严重犯罪者；确有执行能力而拒不依法积极主动缴付财产执行财产刑或确有履行能力而不积极主动履行附带民事赔偿责任的，在依法减刑、假释时，应当从严掌握。对累犯减刑时，应当从严掌握。拒不交代真实身份或对减刑、假释材料弄虚作假，不符合减刑、假释条件的，不得减刑、假释。"第 3 款规定："对于未成年犯、老年犯、残疾罪犯、过失犯、中止犯、胁从犯、积极主动缴付财产执行财产刑或履行民事赔偿责任的罪犯、因防卫过当或避险过当而判处徒刑的罪犯以及其他主观恶性不深、人身危险性不大的罪犯，在依法减刑、假释时，应当根据悔改表现予以从宽掌握。对认罪服法，遵守监规，积极参加学习、劳动，确有悔改表现的，依法予以减刑，减刑的幅度可以适当放宽，间隔的时间可以相应缩短。符合刑法第八十一条第一款规定的假释条件的，应当依法多适用假释。"

最高人民法院 2011 年 4 月 25 日发布的《关于〈中华人民共和国刑法修正案（八）〉时间效力问题的解释》第 7 条规定："2011 年 4 月 30 日以前犯罪，被判处无期徒刑的罪犯，减刑以后或者假释前实际执行的刑期，适用修正前刑法第七十八条第二款、第八十一条第一款的规定。"第 8 条规定："2011 年 4 月 30 日以前犯罪，因具有累犯情节或者系故意杀人、强奸、抢劫、绑架、放火、爆炸、投放危险物质或者有组织的暴力性犯罪并被判处十年以上有期徒刑、无期徒刑的犯罪分子，2011 年 5 月 1 日以后仍在服刑的，能否假释，适用修正前刑法第八十一条第二款的规定；2011 年 4 月 30 日以前犯罪，因其他暴力性犯罪被判处十年以上有期徒刑、无期徒刑的犯罪分子，2011 年 5 月 1 日以后仍在服刑的，能否假释，适用修正后刑法第八十一条第二款、第三款的规定。"

最高人民法院研究室 2011 年 7 月 15 日发布的《关于假释时间效力法律适用问题的答复》第 1 条规定："根据刑法第十二条的规定应当以行为实施时，而不是审判时，作为新旧法选择适用的判断基础。故《最高人民法院关于适用刑法时间效力规定若干问题的解释》第八条规定的'1997 年 9 月 30 日以前犯罪，1997 年 10 月 1 日以后仍在服刑的累犯以及因杀人、爆炸、抢劫、强奸、绑架等暴力性犯罪被判处十年以上有期徒刑、无期徒刑的犯罪分子'，包括 1997 年 9 月 30 日以前犯罪，已被羁押尚未判决的犯罪分子。"第 2 条规定："经《中华人民共和国刑法修正案（八）》修正前刑法第八十一条第二款规定的'暴力性犯罪'，不仅包括杀人、爆炸、抢劫、强奸、绑架五种，也包括故意伤害等其他暴力性犯罪。"

最高人民法院 2011 年 12 月 30 日发布的《关于进一步加强危害生产安全刑事案件审判工作的意见》第 20 条规定："办理与危害生产安全犯罪相关的减刑、假释案件，要严格执行刑法、刑事诉讼法和有关司法解释规定。是否决定减刑、假释，既要看罪犯服刑期间的悔改表现，还要充分考虑原判认定的犯罪事实、性质、情节、社会危害程度等情况。"

最高人民法院、最高人民检察院、公安部、司法部 2012 年 1 月 10 日发布的《社区矫正实施办法》第 4 条规定："人民法院、人民检察院、公安机关、监狱对拟适用社区矫正的被告人、罪犯，需要调查其对所居住社区影响的，可以委托县级司法行政机关进行调查评估。受委托的司法行政机关应当根据委托机关的要求，对被告人或者罪犯的居所情况、家庭和社会关系、一贯表现、犯罪行为的后果和影响、居住地村（居）民委员会和被害人意见、拟禁止的事项等进行调查了解，形成评估意见，及时提交委托机关。"

最高人民法院 2012 年 1 月 17 日发布的《关于办理减刑、假释案件具体应用法律若干问题的规定》第 15 条规定："办理假释案件，判断'没有再犯罪的危险'，除符合刑法第八十一条规定的情形外，还应根据犯罪的具体情节、原判刑罚情况，在刑罚执行中的一贯表现，罪犯的年龄、身体状况、性格特征，假释后生活来源以及监管条件等因素综合考虑。"第 16 条规定："有期徒刑罪犯假释，执行原判刑期二分之一以上的起始时间，应当从判决执行之日起计算，判决执行以前先行羁押的，羁押一日折抵刑期一日。"第 17 条规定："刑法第八十一条第一款规定的'特殊情况'，是指与国家、社会利益有重要关系的情况。"第 18 条规定："对累犯以及因故意杀人、强奸、抢劫、绑架、放火、爆炸、投放危险物质或者有组织的暴力性犯罪被判处十年以上有期徒刑、无期徒刑的罪犯，不得假释。因前款情形和犯罪被判处死刑缓期执行的罪犯，被减为无期徒刑、有期徒刑后，也不得假释。"第 19 条规定："未成年罪犯的减刑、假释，可以比照成年罪犯依法适当从宽。未成年罪犯能认罪悔罪，遵守法律法规及监规，积极参加学习、劳动的，应视为确有悔改表现，减刑的幅度可以适当放宽，起始时间、间隔时间可以相应缩短。符合刑法第八十一条第一款规定的，可以假释。前两款所称未成年罪犯，是指减刑时不满十八周岁的罪犯。"第 20 条规定："老年、身体残疾（不含自伤致残）、患严重疾病罪犯的减刑、假释，应当主要注重悔罪的实际表现。基本丧失劳动能力、生活难以自理的老年、身体残疾、患严重疾病的罪犯，能够认真遵守法律法规及监规，接受教育改造，应视为确有悔改表现，减刑的幅度可以适当放宽，起始时间、间隔时间可以相应缩短。假释后生活确有着落的，除法律和本解释规定不得假释的情形外，可以依法假释。对身体残疾罪犯和患严重疾病罪犯进行减刑、假释，其残疾、疾病程度应由法定鉴定机构依法作出认定。"第 21 条规定："对死刑缓期执行罪犯减为无期徒刑或者有期徒刑后，符合刑法第八十一条第一款和本规定第九条第二款、第十八条规定的，可以假释。"第 22 条规定："罪犯减刑后又假释的间隔时间，一般为一年；对一次减去二年有期徒刑后，决定假释的，间隔时间不能少于二年。罪犯减刑后余刑不足二年，决定假释的，可以适当缩短间隔时间。"

最高人民法院 2015 年 5 月 18 日发布的《全国法院毒品犯罪审判工作座谈会纪要》关于"缓刑、财产刑适用及减刑、假释问题"中规定："对于具有毒枭、职业毒犯、累犯、毒品再犯等情节的毒品罪犯，应当从严掌握减刑条件，适当延长减刑起始时间、间隔时间，严格控制减刑幅度，延长实际执行刑期。对于刑法未禁止假释的前述毒品罪犯，应当严格掌握假释条件。"

【立法建言】

建　议：将《刑法》第 81 条第 1 款中的"认真遵守监规，接受教育改造，确有悔改表现"修改为"确有悔改表现"。

理　由：

修改理由与本节之一"减刑的适用条件及限度（第 78 条）"中"立法建言"部分所述理由相同，在此不再赘述。

二、假释的程序（第 82 条）

【立法沿革】

假释的程序是在 1994 年《监狱法》第 32 条规定的假释的程序的基础上修改而来的。

1979 年《刑法》和《刑事诉讼法》均未规定假释的程序。在实践中，由于无章可循，假释工作的随意性较大，存在的问题较多。为维护人民法院判决执行的严肃性，规范假释的操作规程，1994 年《监狱法》第 32 条规定了假释的程序："被判处无期徒刑、有期徒刑的罪犯，符合法律规定的假释条件的，由监狱根据考核结果向人民法院提出假释建议，人民法院应当自收到假释建议书之日起一个月内予以审核裁定；案情复杂或者情况特殊的，可以延长一个月。假释裁定的副本应当抄送人民检察院。"

基于与增设减刑的程序相同的原因，1996 年的《刑法修订草案》第 83 条规定了假释的程序："对于可以假释的犯罪分子，依照本法第八十条规定的减刑程序进行。非经法定程序不得假释。"1997 年《刑法》第 82 条基本上沿用了上述规定，仅作了个别文字修改。

【立法规定】

《刑法》第 82 条规定："对于犯罪分子的假释，依照本法第七十九条规定的程序进行。非经法定程序不得假释。"

【立法释义】

最高人民法院 2012 年 1 月 17 日发布的《关于办理减刑、假释案件具体应用法律若干问题的规定》第 23 条规定："人民法院按照审判监督程序重新审理的案件，维持原判决、裁定的，原减刑、假释裁定效力不变；改变原判决、裁定的，应由刑罚执行机关依照再审裁判情况和原减刑、假释情况，提请有管辖权的人民法院重新作出减刑、假释裁定。"第 24 条规定："人民法院受理减刑、假释案件，应当审查执行机关是否移送下列材料：（一）减刑或者假释建议书；（二）终审法院的裁判文书、执行通知书、历次减刑裁定书的复制件；（三）罪犯确有悔改或者立功、重大立功表现的具体事实的书面证明材料；（四）罪犯评审鉴定表、奖惩审批表等；（五）其他根据案件的审理需要移送的材料。提请假释的，应当附有社区矫正机构关于罪犯假释后对所居住社区影响的调查评估报告。人民检察院对提请减刑、假释案件提出的检察意见，应当一并移送受理减刑、假释案件的人民法院。经审查，如果前三款规定的材料齐备的，应当立案；材料不齐备的，应当通知提请减刑、假释的执行机关补送。"第 25 条规定："人民法院审理减刑、假释案件，应当一律予以公示。公示地点为罪犯服刑场所的公共区域。有条件的地方，应面向社会公示，接受社会监督。公示应当包括下列内容：（一）罪犯的姓名；（二）原判认定的罪名和刑期；（三）罪犯历次减刑情况；（四）执行机关的减刑、假释建议和依据；（五）公示期限；（六）意见反馈方式等。"第 26 条规定："人民法院审理减刑、假释案件，可以采用书面审理的方式。但下列案件，应当开庭审理：（一）因罪犯有重大立功表现提请减刑的；（二）提请减刑的起始时间、间隔时间或者减刑幅度不符合一般规定的；（三）在社会上有重大影响或社会关注度高的；（四）公示期间收到投诉意见的；（五）人民检察院有异议的；（六）人民法院认为有开庭审理必要的。"第 27 条规定："在人民法院作出减刑、假释裁定前，执行机关书面提请撤回减刑、假释建议的，是否准许，由人民法院决定。"第 28 条规定："减刑、假释的裁定，应当在裁定作出之日起七日内送达有关执行机关、人民检察院以及罪犯本人。"第 29 条规定："人民法院发现本院或者下级人民法院已经生效的减刑、假释裁定确有错误，应当依法重新组成合议庭进行审理并作出裁定。"

【立法建言】

建　议：删去《刑法》第 82 条。

理　由：

《刑法》第 82 条所规定的是程序性规范，作为实体法不宜对此加以规定。何况，《监狱法》第 32 条和《刑事诉讼法》第 262 条第 2 款已对此作了规定。

三、假释考验期限（第 83 条）

【立法沿革】

假释考验期限是从 1979 年《刑法》第 74 条的规定直接移植过来的。

从立法源流来看，1954 年的《刑法指导原则草案》第 24 条第 2 款最早明确规定了假释考验期限："从假释之日起，没有执行完毕的刑期为假释期间，无期徒刑的假释期间为十年。"[①] 1957 年的《刑法草案》第 22 稿第 81 条在上述规定的基础上，增加了两款规定：一是"被判处有期徒刑、无期徒刑的犯罪分子，如果是经过减刑以后假释的，假释的期限按照减刑以后的刑期计算"。二是"假释的期限，从假释之日起计算"。到了 1963 年，《刑法草案》第 33 稿第 79 条又对上述规定作了两处修改：一是提高了无期徒刑的假释考验期限，将"十年"改为"十五年"；二是删去了"被判处有期徒刑、无期徒刑的犯罪分子，如果是经过减刑以后假释的，假释的期限按照减刑以后的刑期计算"的规定。修改后的条文为："有期徒刑的假释考验期限，为没有执行完毕的刑期；无期徒刑的假释考验期限，为十五年。""假释考验期限，从假释之日起计算。"1979 年《刑法》第 74 条基本上沿用了上述规定，仅将无期徒刑的假释考验期限改为"十年"。

1979 年《刑法》第 74 条规定："有期徒刑的假释考验期限，为没有执行完毕的刑期；无期徒刑的假释考验期限，为十年。假释考验期限，从假释之日起计算。"

在刑法修订研拟的过程中，1996 年 8 月 31 日的《刑法修改草稿》第 79 条删去了

---

① 1950 年的《刑法大纲草案》第 30 条第 2 项规定："在假释期内，未再犯与前判犯罪相等或更重之罪者，所余刑期，不再执行。"该规定中的"所余刑期"，可以理解为假释的考验期限。

"无期徒刑的假释考验期限，为十年"的规定。① 到了 1996 年 12 月 20 日，《刑法修订草案》第 84 条又恢复了"无期徒刑的假释考验期限为十年"的规定。这一修改方案，为现行刑法所采纳。

【立法规定】

《刑法》第 83 条规定："有期徒刑的假释考验期限，为没有执行完毕的刑期；无期徒刑的假释考验期限为十年。假释考验期限，从假释之日起计算。"

【立法释义】

目前，尚无与假释考验期限相关的法律解释。

【立法建言】

建　议： 将《刑法》第 83 条第 1 款修改为："有期徒刑的假释考验期限，为没有执行完毕的刑期；无期徒刑的假释考验期限为十三年。"

理　由：

《刑法修正案（八）》第 15 条已将判处无期徒刑减刑以后实际执行的刑期由"不能少于十年"改为"不能少于十三年"。相应地，无期徒刑的假释考验期限也宜改为"十三年"。

四、假释的监督考察内容（第 84 条）

【立法沿革】

假释的监督考察内容是 1997 年《刑法》第 84 条增设的规定。

为加强对被宣告假释的犯罪分子的监督管理，1996 年 8 月 8 日的《刑法总则修改稿》第 80 条第 1 款规定了假释的监督考察内容："被宣告假释的犯罪分子，必须遵守下列规定：（一）遵守法律、法规，服从群众监督；（二）向监狱和公安机关定期报告自己的活动情况；（三）迁居或者暂时离开居住区域，应报经公安机关批准。"1996 年 8 月 31 日的《刑法修改草稿》第 80 条第 1 款基本上沿用了上述规定，仅删去了其中向"监狱"报告的规定。1996 年 10 月 10 日的《刑法修订草案》（征求意见稿）第 81 条对上述规定作了较大的修改和补充：一是将"服从群众监督"改为"服从监督"；二是将"向公安机关定期报告自己的活动情况"改为"按照公安机关的要求，报告自己的活动情况"；三是增加了"遵守公安机关关于会客的规定"的内容；四是将"迁居或者暂时离开居住区域，应报经公安机关批准"改为"离开所居住的市、县或者设立的市的市辖区或者迁居，应当报

---

① 该草稿第 78 条取消了被判处无期徒刑的犯罪分子可以假释的规定。

经公安机关批准"。修改后的条文为："被宣告假释的犯罪分子，必须遵守下列规定：（一）遵守法律、行政法规，服从监督；（二）按照公安机关的要求，报告自己的活动情况；（三）遵守公安机关关于会客的规定；（四）离开所居住的市、县或者设区的市的市辖区或者迁居，应当报经公安机关批准。"1997 年 2 月 17 日的《刑法修订草案》（修改稿）第 85 条在上述规定的基础上，将其中的"法规"修改为"行政法规"，同时还删去了"设区的市的市辖区"的限制。1997 年 3 月 1 日，提交给八届全国人民代表大会五次会议审议的《中华人民共和国刑法（修订草案）》第 86 条基本上沿用了上述规定，仅将其中"公安机关"的表述改为"监督机关"。这一修改方案，为现行刑法所采纳。

【立法规定】

《刑法》第 84 条规定："被宣告假释的犯罪分子，应当遵守下列规定：（一）遵守法律、行政法规，服从监督；（二）按照监督机关的规定报告自己的活动情况；（三）遵守监督机关关于会客的规定；（四）离开所居住的市、县或者迁居，应当报经监督机关批准。"

【立法释义】

最高人民法院、最高人民检察院、公安部、劳动人事部 1986 年 11 月 8 日发布的《关于被判处管制、剥夺政治权利和宣告缓刑、假释的犯罪分子能否外出经商等问题的通知》第 1 条规定："对被判处管制、剥夺政治权利和宣告缓刑、假释的犯罪分子，公安机关和有关单位要依法对其实行经常性的监督改造或考察。被管制、假释的犯罪分子，不能外出经商；被剥夺政治权利和宣告缓刑的犯罪分子，按现行规定，属于允许经商范围之内的，如外出经商，需事先经公安机关允许。"第 2 条规定："犯罪分子在被管制、剥夺政治权利、缓刑、假释期间，若原所在单位确有特殊情况不能安排工作的，在不影响对其实行监督考察的情况下，经工商管理部门批准，可以在常住户口所在地自谋生计；家在农村的，亦可就地从事或承包一些农副业生产。"第 3 条规定："犯罪分子在被管制、剥夺政治权利、缓刑、假释期间，不能担任国营或集体企事业单位的领导职务。"

最高人民检察院 1991 年 9 月 25 日发布的《关于被判处管制、剥夺政治权利和宣告缓刑、假释的犯罪分子能否担任中外合资、合作经营企业领导职务问题的答复》规定："最高人民法院、最高人民检察院、公安部、劳动人事部（86）高检会（三）字第 2 号《关于被判处管制、剥夺政治权利和宣告缓刑、假释的犯罪分子能否外出经商等问题的通知》第三条所规定的不能担任领导职务的原则，可适用于中外合资、中外合作企业（包括我方与港、澳、台客商合资、合作企业）。"

最高人民法院、最高人民检察院、公安部、司法部 2012 年 1 月 10 日发布的《社区矫正实施办法》第 11 条第 1 款规定："社区矫正人员应当定期向司法所报告遵纪守法、接受监督管理、参加教育学习、社区服务和社会活动的情况。发生居所变化、工作变动、家庭重大变故以及接触对其矫正产生不利影响人员的，社区矫正人员应当及时报告。"第13条规定："社区矫正人员未经批准不得离开所居住的市、县（旗）。社区矫正人员因就医、家庭重大变故等原因，确需离开所居住的市、县（旗），在七日以内的，应当报经司法所批准；超过七日的，应当由司法所签署意见后报经县级司法行政机关批准。返回居住地时，应当立即向司法所报告。社区矫正人员离开所居住市、县（旗）不得超过一个月。"第14条规定："社区矫正人员未经批准不得变更居住的县（市、区、旗）。社区矫正人员因居所变化确需变更居住地的，应当提前一个月提出书面申请，由司法所签署意见后报经县级司法行政机关审批。县级司法行政机关在征求社区矫正人员新居住地县级司法行政机关的意见后作出决定。经批准变更居住地的，县级司法行政机关应当自作出决定之日起三个工作日内，将有关法律文书和矫正档案移交新居住地县级司法行政机关。有关法律文书应当抄送现居住地及新居住地县级人民检察院和公安机关。社区矫正人员应当自收到决定之日起七日内到新居住地县级司法行政机关报到。"第15条规定："社区矫正人员应当参加公共道德、法律常识、时事政策等教育学习活动，增强法制观念、道德素质和悔罪自新意识。社区矫正人员每月参加教育学习时间不少于八小时。"第16条规定："有劳动能力的社区矫正人员应当参加社区服务，修复社会关系，培养社会责任感、集体观念和纪律意识。社区矫正人员每月参加社区服务时间不少于八小时。"

【立法建言】

建　议：将《刑法》第84条修改为："被宣告假释的犯罪分子，应当遵守下列规定：（一）遵守法律、行政法规，接受监督管理；（二）参加教育学习、社区服务；（三）按照执行机关的规定报告自己的社会活动情况；（四）发生居所变化、工作变动、家庭重大变故以及接触对其矫正产生不利影响人员的，应当及时报告；（五）离开所居住的市、县或者迁居，应当报经执行机关批准。"

理　由：

根据《刑法》第85条的规定，对假释的犯罪分子，在假释考验期限内，依法实行社区矫正。为与实行社区矫正的管制执行内容和缓刑的监督考察内容相协调，宜对假释的监督考察内容作相应修改。①

五、假释的监督及其法律后果（第85条）

【立法沿革】

假释的监督及其法律后果是在1979年《刑法》第75条规定的假释的监督及其法律后

---

① 具体修改理由与《刑法》第39条规定的管制执行内容大致相同，在此不再赘述。

果的基础上修改而来的，并经《刑法修正案（八）》第 17 条所修正。

在新中国刑法立法史上，有关假释考验期满，就认为原判刑罚已经执行完毕的条件，经历了一个从比较宽松到不断严格的发展过程。1950 年的《刑法大纲草案》第 30 条第 2 项对此规定了最为宽松的条件："在假释期内，未再犯与前判犯罪相等或更重之罪者，所余刑期，不再执行。"到了 1954 年，《刑法指导原则草案》第 24 条第 3 款将上述"未再犯与前判犯罪相等或更重之罪"改为"没有再犯应当判处有期徒刑以上的新罪"，适当扩大了撤销假释的范围。1957 年的《刑法草案》第 22 稿第 82 条在上述规定的基础上，主要作了两方面的补充和修改：一是增加了"在假释期限内，由居住地的公安机关或者乡人民委员会予以监管"的规定；二是增加了"因过失犯罪的，可以不撤销假释"的规定。1963 年的《刑法草案》第 33 稿第 80 条对上述规定又作了两处修改：一是将"由居住地的公安机关或者乡人民委员会予以监管"的规定改为"由公安机关或者人民公社管理委员会（乡人民委员会）予以监督"；二是删去了"因过失犯罪的，可以不撤销假释"的规定。① 修改后的条文为："被假释的犯罪分子，在假释考验期限内，由公安机关或者人民公社管理委员会（乡人民委员会）予以监督，如果没有再犯应当判处有期徒刑以上的罪，就认为原判刑罚已经执行完毕……"1979 年《刑法》第 75 条对上述规定作了较大的修改和调整：一是将"由公安机关或者人民公社管理委员会（乡人民委员会）予以监督"改为"由公安机关予以监督"，缩小了监督机关的范围；② 二是将"再犯应当判处有期徒刑以上的罪"改为"再犯新罪"，扩大了撤销假释的范围。③

1979 年《刑法》第 75 条规定："被假释的犯罪分子，在假释考验期限内，由公安机关予以监督，如果没有再犯新罪，就认为原判刑罚已经执行完毕……"

在全面研究修改刑法的过程中，1988 年 9 月的《刑法修改稿》第 75 条在"再犯新罪"的基础上，增加了"进行其他违法活动"的规定。1988 年 11 月 16 日的《刑法修改

---

① "这个规定与缓刑中的规定不一致（缓刑考验期限内再犯新罪，不论是故意罪或过失罪，均撤销缓刑），而且同样产生上述矛盾，故不宜采用"（参见高铭暄：《中华人民共和国刑法的孕育和诞生》，法律出版社 1981 年版，第 118 页）。

② 但在实践中，通常是在犯罪分子居住地的公安机关的统一监督下，由公安机关交给犯罪分子居住地的基层组织（城镇的街道办事处或者居民委员会，农村的村民委员会等）以及犯罪分子工作或劳动地的基层组织（单位的治保部门等）进行监督考察（参见高铭暄主编：《刑法学原理》（第三卷），中国人民大学出版社 1994 年版，第 609 页）。

③ "修改中认为，把撤销假释的条件与撤销缓刑的条件搞成两个标准，说服力不强。被宣告缓刑的一般是犯轻罪的人，其撤销缓刑的条件尚且是'再犯新罪'，那么被假释的人犯罪较重，而且受过劳改机关相当时间的教育改造，其撤销假释的条件更应是再犯新罪；如果再犯新罪不撤销假释，非要犯'应当判处有期徒刑以上的罪'才撤销假释，这就显得对假释犯要求宽，对缓刑犯要求严，很不平衡。再者，如果在假释考验期限内犯应判拘役（例如三个月）的罪不撤销假释，那么拘役执行期间算不算在假释考验期限内？如果算，假释期套着服刑期，怎样解释？如果不算，假释考验期是否顺延？这些问题规定起来很烦琐，不规定又是漏洞，矛盾重重，不好解决。因此，考虑结果还是以'再犯新罪'作为撤销假释的条件较为合适"（参见高铭暄：《中华人民共和国刑法的孕育和诞生》，法律出版社 1981 年版，第 117～118 页）。

稿》第 80 条又将"进行其他违法活动"改为"其他严重的违法活动"。到了 1995 年 8 月 8 日，《刑法总则修改稿》始单独规定了假释的监督及其法律后果，并将撤销假释的情形另行加以规定。该稿第 79 条规定："被假释的犯罪分子，在假释考验期间，由公安机关予以监督，如果没有第八十条规定的情形，假释考验期满，就认为原判刑罚已经执行完毕。" 1996 年 8 月 8 日的《刑法总则修改稿》第 80 条第 2 款在上述规定的基础上，增加了"予以宣告释放"的内容。1996 年 8 月 31 日的《刑法修改草稿》第 80 条第 2 款又将"予以宣告释放"改为"并公开予以宣告"。1996 年 10 月 10 日的《刑法修订草案》（征求意见稿）第 82 条沿用了上述规定的内容，但在立法模式上将其改为专条规定。这一修改方案，为 1997 年修订的《刑法》所采纳。

1997 年修订的《刑法》第 85 条规定："被假释的犯罪分子，在假释考验期限内，由公安机关予以监督，如果没有本法第八十六条规定的情形，假释考验期满，就认为原判刑罚已经执行完毕，并公开予以宣告。"

1997 年《刑法》施行后，根据一些人大代表和地方的意见，《刑法修正案（八）》第 17 条将上述"由公安机关予以监督"的规定修改为"依法实行社区矫正"。

【立法规定】

《刑法》第 85 条规定："对假释的犯罪分子，在假释考验期限内，依法实行社区矫正，如果没有本法第八十六条规定的情形，假释考验期满，就认为原判刑罚已经执行完毕，并公开予以宣告。"

【立法释义】

最高人民法院、最高人民检察院、公安部、司法部 2012 年 1 月 10 日发布的《社区矫正实施办法》第 2 条规定："司法行政机关负责指导管理、组织实施社区矫正工作。人民法院对符合社区矫正适用条件的被告人、罪犯依法作出判决、裁定或者决定。人民检察院对社区矫正各执法环节依法实行法律监督。公安机关对违反治安管理规定和重新犯罪的社区矫正人员及时依法处理。"第 3 条规定："县级司法行政机关社区矫正机构对社区矫正人员进行监督管理和教育帮助。司法所承担社区矫正日常工作。社会工作者和志愿者在社区矫正机构的组织指导下参与社区矫正工作。有关部门、村（居）民委员会、社区矫正人员所在单位、就读学校、家庭成员或者监护人、保证人等协助社区矫正机构进行社区矫正。"第 19 条规定："司法所应当根据社区矫正人员个人生活、工作及所处社区的实际情况，有针对性地采取实地检查、通讯联络、信息化核查等措施及时掌握社区矫正人员的活动情况。重点时段、重大活动期间或者遇有特殊情况，司法所应当及时了解掌握社区矫正人员的有关情况，可以根据需要要求社区矫正人员到办公场所报告、说明情况。社区矫正人员脱离监管的，司法所应当及时报告县级司法行政机关组织追查。"第 30 条第 1～3 款规定：

"社区矫正人员矫正期满，司法所应当组织解除社区矫正宣告。宣告由司法所工作人员主持，按照规定程序公开进行。司法所应当针对社区矫正人员不同情况，通知有关部门、村（居）民委员会、群众代表、社区矫正人员所在单位、社区矫正人员的家庭成员或者监护人、保证人参加宣告。宣告事项应当包括：宣读对社区矫正人员的鉴定意见；宣布社区矫正期限届满，依法解除社区矫正；对判处管制的，宣布执行期满，解除管制；对宣告缓刑的，宣布缓刑考验期满，原判刑罚不再执行；对裁定假释的，宣布考验期满，原判刑罚执行完毕。"

最高人民法院、最高人民检察院、公安部、司法部 2015 年 3 月 2 日发布的《关于依法办理家庭暴力犯罪案件的意见》第 24 条规定："充分运用社区矫正措施。社区矫正机构对因实施家庭暴力构成犯罪被判处管制、宣告缓刑、假释或者暂予监外执行的犯罪分子，应当依法开展家庭暴力行为矫治，通过制定有针对性的监管、教育和帮助措施，矫正犯罪分子的施暴心理和行为恶习。"

【立法建言】

建　议：将《刑法》第 85 条修改为："对假释的犯罪分子，在假释考验期限内，依法实行社区矫正，如果没有本法第八十六条规定的情形，假释考验期满，就认为原判刑罚已经执行完毕，社区矫正机构应当组织解除社区矫正宣告。"

理　由：

"公开予以宣告"的规定较为笼统，宜根据《社区矫正实施办法》第 30 条第 1 款的规定，将其修改为"社区矫正机构应当组织解除社区矫正宣告"。①

六、假释的撤销及其法律后果（第 86 条）

【立法沿革】

假释的撤销及其法律后果是在 1979 年《刑法》第 75 条规定的假释的撤销及其法律后果的基础上修改而来的，并经《刑法修正案（八）》第 18 条所修正。

在新中国刑法立法史上，有关假释撤销的条件，经历了一个从比较严格到不断宽松的发展过程。1950 年的《刑法大纲草案》第 30 条第 3 项规定了最严格的假释撤销条件："在假释期内，如再犯与前判犯罪相等或更重之罪者，准用第二十八条第三项关于合并执行之规定。"② 1954 年的《刑法指导原则草案》第 24 条第 3 款将上述"再犯与前判犯罪相等或更重之罪"改为"再犯应当判处有期徒刑以上的新罪"。1957 年的《刑法草案》第

---

① 具体修改理由与《刑法》第 40 条管制期满的解除大致相同，在此不再赘述。
② 第 28 条第 3 项规定："在期间内，如再犯与原判决犯罪相等或更重之罪者，原判之刑罚与后判之刑罚，合并执行之；但所判之刑罚，如为监禁或劳役者合并执行时不得超过法定监禁或劳役的最高度。"

22 稿第 82 条沿用了上述假释撤销的条件，同时增加了"因过失犯罪的，可以不撤销假释"的规定。到了 1963 年，《刑法草案》第 33 稿第 80 条又删去了"因过失犯罪的，可以不撤销假释"的规定。1979 年《刑法》第 75 条基本上沿用了上述规定，仅将其中的"再犯应当判处有期徒刑以上的新罪"改为"再犯新罪"。

1979 年《刑法》第 75 条规定："被假释的犯罪分子，在假释考验期限内……如果再犯新罪，撤销假释，把前罪没有执行的刑罚和后罪所判处的刑罚，依照本法第六十四条的规定，决定执行的刑罚。"

在全面研究刑法修改的过程中，1988 年 9 月的《刑法修改稿》第 75 条在假释撤销的条件中，增加了"进行其他违法活动，情节严重"的情形，因而将上述规定修改为："如果再犯新罪或者进行其他违法活动，情节严重，撤销假释；如果又犯新罪，应当把前罪没有执行的刑罚和后罪所判处的刑罚，依照本法第六十四条的规定，决定执行的刑罚。"1988 年 11 月 16 日的《刑法修改稿》第 80 条基本上沿用了上述规定，仅增加了"对有严重违法活动的，继续执行没有执行完毕的刑罚"的规定。到了 1995 年 8 月 8 日，《刑法总则修改稿》第 80 条不仅对假释撤销的条件作了专条规定，而且还进一步放宽了假释撤销的条件："被假释的犯罪分子，在假释考验期间，有下列情形之一的，撤销假释：（一）再犯新罪的；（二）发现在判决宣告以前还有其他罪没有判决的；（三）有违反法律、行政法规或者公安机关有关假释的监督管理规定行为，情节较重的；（四）不执行人民法院关于赔偿的判决或者裁定的。"1996 年 6 月 24 日的《刑法总则修改稿》第 80 条在上述规定的基础上，增加了第 2 款规定"有前款第（一）项或者第（二）项情形的，撤销假释后，把未判决的罪和已判决的罪实行数罪并罚，决定执行的刑罚；有前款第（三）项或者第（四）项情形的，撤销假释后收监执行原判刑罚"。1996 年 8 月 8 日的《刑法总则修改稿》第 81 条删去了第 1 款中"不执行人民法院关于赔偿的判决或者裁定"的情形，并相应修改了第 2 款的规定。到了 1996 年 10 月 10 日，《刑法修订草案》（征求意见稿）第 83 条对上述立法模式作了较大的调整，主要是根据撤销假释的不同情形，分款加以规定："被假释的犯罪分子，在假释考验期限内，再犯新罪，应当撤销假释，依照本法第七十条的规定实行数罪并罚。被假释的犯罪分子，在假释考验期限内，发现在判决宣告以前还有其他罪没有判决的，应当撤销假释，依照本法第六十九条的规定实行数罪并罚。被假释的犯罪分子，在假释考验期限内，违反法律、行政法规或者国务院公安部门关于假释的监督管理规定，情节严重的，应当撤销假释，收监执行未执行完毕的刑罚。"1997 年修订的《刑法》第 86 条基本上沿用了上述规定，仅作了个别文字修改。

1997 年修订的《刑法》第 86 条规定："被假释的犯罪分子，在假释考验期限内犯新罪，应当撤销假释，依照本法第七十一条的规定实行数罪并罚。在假释考验期限内，发现被假释的犯罪分子在判决宣告以前还有其他罪没有判决的，应当撤销假释，依照本法第七十条的规定实行数罪并罚。被假释的犯罪分子，在假释考验期限内，有违反法律、行政法规或者国务院公安部门有关假释的监督管理规定的行为，尚未构成新的犯罪的，应当依照法定程序撤销假释，收监执行未执行完毕的刑罚。"

1997 年《刑法》施行后，为适应对假释犯实行社区矫正的新形势，《刑法修正案（八）》第 18 条对上述第 3 款规定作了相应的修改，主要是将"公安部门"改为"有关部门"。

【立法规定】

《刑法》第 86 条规定："被假释的犯罪分子，在假释考验期限内犯新罪，应当撤销假释，依照本法第七十一条的规定实行数罪并罚。在假释考验期限内，发现被假释的犯罪分子在判决宣告以前还有其他罪没有判决的，应当撤销假释，依照本法第七十条的规定实行数罪并罚。被假释的犯罪分子，在假释考验期限内，有违反法律、行政法规或者国务院有关部门关于假释的监督管理规定的行为，尚未构成新的犯罪的，应当依照法定程序撤销假释，收监执行未执行完毕的刑罚。"

【立法释义】

最高人民法院 1997 年 9 月 25 日发布的《关于适用刑法时间效力规定若干问题的解释》第 9 条规定："1997 年 9 月 30 日以前被假释的犯罪分子，在 1997 年 10 月 1 日以后的假释考验期内，又犯新罪、被发现漏罪或者违反法律、行政法规或者国务院公安部门有关假释的监督管理规定的，适用刑法第八十六条的规定，撤销假释。"

最高人民法院、最高人民检察院、公安部、司法部 2012 年 1 月 10 日发布的《社区矫正实施办法》第 23 条规定："社区矫正人员有下列情形之一的，县级司法行政机关应当给予警告，并出具书面决定：（一）未按规定时间报到的；（二）违反关于报告、会客、外出、居住地变更规定的；（三）不按规定参加教育学习、社区服务等活动，经教育仍不改正的；（四）保外就医的社区矫正人员无正当理由不按时提交病情复查情况，或者未经批准进行就医以外的社会活动且经教育仍不改正的；（五）违反人民法院禁止令，情节轻微的；（六）其他违反监督管理规定的。"第 24 条规定："社区矫正人员违反监督管理规定或者人民法院禁止令，依法应予治安管理处罚的，县级司法行政机关应当及时提请同级公安机关依法给予处罚。公安机关应当将处理结果通知县级司法行政机关。"第 25 条规定："缓刑、假释的社区矫正人员有下列情形之一的，由居住地同级司法行政机关向原裁判人民法院提出撤销缓刑、假释建议书并附相关证明材料，人民法院应当自收到之日起一个月内依法作出裁定：（一）违反人民法院禁止令，情节严重的；（二）未按规定时间报到或者接受社区矫正期间脱离监管，超过一个月的；（三）因违反监督管理规定受到治安管理处罚，仍不改正的；（四）受到司法行政机关三次警告仍不改正的；（五）其他违反有关法律、行政法规和监督管理规定，情节严重的。司法行政机关撤销缓刑、假释的建议书和人民法院的裁定书同时抄送社区矫正人员居住地同级人民检察院和公安机关。"第27 条规定："人民法院裁定撤销缓刑、假释或者对暂予监外执行罪犯决定收监执行的，居住地县级司法行政机关应当及时将罪犯送交监狱或者看守所，公安机关予以协助。监狱管理机关对暂予监外执行罪犯决定收监执行的，监狱应当立即赴羁押地将罪犯收监执行。公安机关对暂予监外执行罪犯决定收监执行的，由罪犯居住地看守所将罪犯收监执行。"

【立法建言】

建　议：将《刑法》第 86 条第 3 款修改为："被假释的犯罪分子，在假释考验期限内，有违反本法第 84 条或者社区矫正监督管理规定的行为，尚未构成新的犯罪的，应当依照法定程序撤销假释，收监执行未执行完毕的刑罚。"

理　由：

《刑法》第 86 条第 3 款仅规定了"违反法律、行政法规"的法律后果，而不当地遗漏了《刑法》第 84 条规定的其他监督考察内容；同时，"国务院有关部门关于假释的监督管理规定"也不符合当前社区矫正的实际。因此，宜将"违反法律、行政法规或者国务院有关部门关于假释的监督管理规定"改为"违反本法第 84 条或者社区矫正监督管理规定"。

第八节　时　　效

一、追诉期限（第 87 条）

【立法沿革】

追诉期限是从 1979 年《刑法》第 76 条的规定直接移植过来的。

从立法源流来看，有关追诉期限的规定，最早见之于 1950 年的《刑法大纲草案》。该草案第 31 条第 1 项规定："犯罪自犯罪成立之日起；其犯罪行为有连续情形或犯罪结果在继续状态者，自犯罪终了之日起；经下列期间未侦查审判者，追诉权之消灭时效完成，不得追诉：一、犯反革命之罪、十五年；二、犯死刑之罪、十年；三、犯监禁之罪、五年；

四、犯其他之罪、三年。"①1954 年的《刑法指导原则草案》第 26 条对上述追诉期限作了较大的调整："中华人民共和国成立以前的犯罪，一般不予追诉。但是对于杀人罪，自犯罪的时候起到检举的时候止在十年以内的，可以追诉。""中华人民共和国成立以后的犯罪，自犯罪的时候起，经过下列期限不再追诉：（一）可能判处死刑、无期徒刑的，经过二十年；（二）可能判处十年以上有期徒刑的，经过十五年；（三）可能判处十年以下五年以上有期徒刑的，经过八年；（四）可能判处五年以下有期徒刑的，经过三年；（五）可能判处劳役或者罚金的，经过一年。""反革命罪，不受追诉期限的限制。"到了 1957 年，《刑法草案》第 22 稿对追诉期限作了较为系统的规定。其中，第 83 条规定："中华人民共和国成立以前的犯罪，除下列罪犯外，都不再追诉：（一）犯有严重罪行民愤很大的反革命分子；（二）杀人犯，从犯罪的时候起到提起刑事案件的时候止，不满十五年的。"第 84 条规定："中华人民共和国成立以前进行反革命活动，中华人民共和国成立以后，经过宽大成立没有判处刑罚，又犯反革命罪或者隐藏反革命分子的，不论过去罪行轻重，都应当追诉。"第 85 条规定："中华人民共和国成立以后的犯罪，经过下列期限不再追诉：（一）罚金、拘役的，二年；（二）不满五年有期徒刑的，五年；（三）五年以上不满十年有期徒刑的，十年；（四）十年以上有期徒刑、无期徒刑的，十五年；（五）死刑的，二十年。""追诉期限依照法定刑的最高刑计算。"②1963 年的《刑法草案》第 33 稿沿用了上述立法模式，但在立法技术上对追诉期限的表述作了较大的调整；同时，还对追诉期限的规定作了两处修改和补充：一是将其中的"罚金、拘役的，二年"改为"法定刑的最高刑为拘役的，经过一年"；二是增加了"犯反革命罪的，不受前款追诉期限的限制"的规定。该稿第 83 条规定："中华人民共和国成立以后的犯罪，经过下列期限不再追诉：（一）法定刑的最高刑为拘役的，经过一年；（二）法定刑的最高刑为不满五年有期徒刑的，经过五年；（三）法定刑的最高刑为五年以上不满十年有期徒刑的，经过十年；（四）法定刑的最高刑为十年以上有期徒刑、无期徒刑的，经过十五年；（五）法定刑的最高刑为死刑的，经过二十年。犯反革命罪的，不受前款追诉期限的限制。"③在对第 33 稿进行修订时，考虑到新中国已经成立 30 年，历史反革命已基本处理完毕的新情况，因而删去了"中华人民共和国成立以前"的有关规定，并相应删去了"中华人民共和国成

---

① 该草案第 32 条还规定了行刑权的时效："行刑权之时效及其期间，适用前条之规定，但其期间自处刑判决确定之日起算。"

② 该稿第 88 条还规定了行刑时效："对于犯罪分子所判处的刑罚，从判决确定之日起，经过下列期限没有执行的，不再执行：（一）罚金、管制、拘役、不满五年有期徒刑的，五年；（二）五年以上不满十年有期徒刑的，十年；（三）十年以上有期徒刑、无期徒刑、死刑的，二十年。"

③ 该稿还删去了第 22 稿第 88 条关于行刑时效的规定。其主要理由是："在我国司法实践中还没有遇到过这种情况。修订中大家认为规定这一条没有实际意义，相反地还可能对被判刑后的犯罪分子的逃跑，起鼓励作用，害多利少"（参见高铭暄：《中华人民共和国刑法的孕育和诞生》，法律出版社 1981 年版，第 124 页）。

立以后"的表述。1979 年《刑法》第 76 条对上述规定主要作了以下四方面的修改和补充：一是删去了"法定刑的最高刑为拘役的，经过一年"的规定；二是提高了无期徒刑的追诉期限，将其与死刑并列加以规定；三是增加了"如果二十年以后认为必须追诉的，须报请最高人民检察院核准"的规定；四是删去了"犯反革命罪的，不受前款追诉期限的限制"的规定。

1979 年《刑法》第 76 条规定："犯罪经过下列期限不再追诉：（一）法定最高刑为不满五年有期徒刑的，经过五年；（二）法定最高刑为五年以上不满十年有期徒刑的，经过十年；（三）法定最高刑为十年以上有期徒刑的，经过十五年；（四）法定最高刑为无期徒刑、死刑的，经过二十年。如果二十年以后认为必须追诉的，须报请最高人民检察院核准。"

在刑法修订研拟的过程中，1996 年 6 月 24 日的《刑法总则修改稿》第 81 条对上述规定作了以下三处修改：一是将法定最高刑为十年以上有期徒刑的，"经过十五年"改为"经过二十年"；二是将法定最高刑为无期徒刑、死刑的，"经过二十年"改为"经过二十五年"；三是将"如果二十年以后认为必须追诉的，须报请最高人民检察院核准"改为"如果二十五年以后认为必须追诉的，须报请最高人民检察院核准"。但是，1996 年 8 月 8 日的《刑法总则修改稿》第 82 条又恢复了原来的规定。1996 年 10 月 10 日的《刑法修订草案》（征求意见稿）第 84 条对上述规定作了较大的调整和修改："犯罪经过下列期限不再追诉：（一）依法应当判处不满五年有期徒刑的，经过五年；（二）依法应当判处五年以上不满十年有期徒刑的，经过十年。依法应当判处十年以上有期徒刑、无期徒刑、死刑的，不受追诉时效的限制。"对此，最高人民法院提出，"建议维持现行刑法第六十七条关于时效的规定，即追诉时效以法定最高刑而不应以宣告刑为标准确定；取消《修订草案》第八十四条第二款关于'依法应当判处十年以上有期徒刑、无期徒刑、死刑的，不受追诉时效的限制'的规定"。[①] 经研究和论证，立法工作机关采纳了上述建议。因此，1996 年 12 月 20 日的《刑法修订草案》第 88 条直接移植了 1979 年《刑法》第 76 条的规定，并为现行刑法所采纳。

【立法规定】

《刑法》第 87 条规定："犯罪经过下列期限不再追诉：（一）法定最高刑为不满五年

---

① 其理由是："（1）现行刑法第七十六条关于时效规定的适用在司法实践中没有发现问题。（2）以宣告刑作为决定是否追诉的标准，等于在立案前公安、检察机关就要先行量刑，不仅颠倒了程序，而且不易做到。（3）'依法应当判处十年以上有期徒刑、无期徒刑、死刑的，不受追诉时效的限制'的规定，使得追诉范围过宽，不利于维持稳定了的社会关系，不符合适用刑罚的目的，在实践中也不易实行。（4）现行刑法第七十六条的规定也是外国刑事立法的通例"（参见最高人民法院刑法修改小组："《关于对〈中华人民共和国刑法（修订草案）〉（征求意见稿）的修改意见》（1996 年 11 月 8 日）"，见高铭暄、赵秉志编：《新中国刑法立法文献资料总览》（下），中国人民公安大学出版社 1998 年版，第 2436 页）。

有期徒刑的，经过五年；（二）法定最高刑为五年以上不满十年有期徒刑的，经过十年；（三）法定最高刑为十年以上有期徒刑的，经过十五年；（四）法定最高刑为无期徒刑、死刑的，经过二十年。如果二十年以后认为必须追诉的，须报请最高人民检察院核准。"

【立法释义】

最高人民法院、最高人民检察院1988年3月14日发布的《关于不再追诉去台人员在中华人民共和国成立前的犯罪行为的公告》规定："台湾同胞来祖国大陆探亲、旅游的日益增多。这对于促进海峡两岸的'三通'和实现祖国和平统一大业将起到积极的作用。为此，对去台人员在中华人民共和国成立前在大陆犯有罪行的，根据《中华人民共和国刑法》第七十六条关于对犯罪追诉时效的规定的精神，决定对其当时所犯罪行不再追诉。""来祖国大陆的台湾同胞应遵守国家的法律，其探亲、旅游、贸易、投资等正当活动，均受法律保护。"

最高人民法院、最高人民检察院1989年9月7日发布的《关于不再追诉去台人员在中华人民共和国成立后当地人民政权建立前的犯罪行为的公告》第1条规定："对去台人员在中华人民共和国成立后、犯罪地地方人民政权建立前所犯历史罪行，不再追诉。"第2条规定："去台人员在中华人民共和国成立后、犯罪地地方人民政权建立前犯有罪行，并连续或继续到当地人民政权建立后的，追诉期限从犯罪行为终了之日起计算。凡符合《中华人民共和国刑法》第七十六条规定的，不再追诉。其中法定最高刑为无期徒刑、死刑的，经过二十年，不再追诉。如果认为必须追诉的，由最高人民检察院核准。"第3条规定："对于去海外其他地方的人员在中华人民共和国成立前，或者在中华人民共和国成立后、犯罪地地方人民政权建立前所犯的罪行，分别按照最高人民法院、最高人民检察院《关于不再追诉去台人员在中华人民共和国成立前的犯罪行为的公告》精神和本公告第一条、第二条的规定办理。"

最高人民检察院2015年7月3日发布的指导性案例检例第20号《马世龙（抢劫）核准追诉》中的"要旨"指出："故意杀人、抢劫、强奸、绑架、爆炸等严重危害社会治安的犯罪，经过二十年追诉期限，仍然严重影响人民群众安全感，被害方、案发地群众、基层组织等强烈要求追究犯罪嫌疑人刑事责任，不追诉可能影响社会稳定或者产生其他严重后果的，对犯罪嫌疑人应当追诉。"

最高人民检察院2015年7月3日发布的指导性案例检例第21号《丁国山（故意伤害）核准追诉》中的"要旨"指出："涉嫌犯罪情节恶劣、后果严重，并且犯罪后积极逃避侦查，经过二十年追诉期限，犯罪嫌疑人没有明显悔罪表现，也未通过赔礼道歉、赔偿损失等获得被害方谅解，犯罪造成的社会影响没有消失，不追诉可能影响社会稳定或者产生其他严重后果的，对犯罪嫌疑人应当追诉。"

最高人民检察院 2015 年 7 月 3 日发布的指导性案例检例第 22 号《杨菊云（故意杀人）不核准追诉》中的"要旨"指出："1. 因婚姻家庭等民间矛盾激化引发的犯罪，经过二十年追诉期限，犯罪嫌疑人没有再犯罪危险性，被害人及其家属对犯罪嫌疑人表示谅解，不追诉有利于化解社会矛盾、恢复正常社会秩序，同时不会影响社会稳定或者产生其他严重后果的，对犯罪嫌疑人可以不再追诉。2. 须报请最高人民检察院核准追诉的案件，侦查机关在核准之前可以依法对犯罪嫌疑人采取强制措施。侦查机关报请核准追诉并提请逮捕犯罪嫌疑人，人民检察院经审查认为必须追诉而且符合法定逮捕条件的，可以依法批准逮捕。"

最高人民检察院 2015 年 7 月 3 日发布的指导性案例检例第 23 号《蔡金星、陈国辉（抢劫）不核准追诉》中的"要旨"指出："1. 涉嫌犯罪已过二十年追诉期限，犯罪嫌疑人没有再犯罪危险性，并且通过赔礼道歉、赔偿损失等方式积极消除犯罪影响，被害方对犯罪嫌疑人表示谅解，犯罪破坏的社会秩序明显恢复，不追诉不会影响社会稳定或者产生其他严重后果的，对犯罪嫌疑人可以不再追诉。2. 1997 年 9 月 30 日以前实施的共同犯罪，已被司法机关采取强制措施的犯罪嫌疑人逃避侦查或者审判的，不受追诉期限限制。司法机关在追诉期限内未发现或者未采取强制措施的犯罪嫌疑人，应当受追诉期限限制；涉嫌犯罪应当适用的法定量刑幅度的最高刑为无期徒刑、死刑，犯罪行为发生二十年以后认为必须追诉的，须报请最高人民检察院核准。"

【立法建言】

建　议：将《刑法》第 87 条修改为："犯罪经过下列期限不再追诉：（一）法定最高刑为不满五年有期徒刑的，经过五年；（二）法定最高刑为五年以上不满十年有期徒刑的，经过十年；（三）法定最高刑为十年以上有期徒刑的，经过二十年；（四）法定最高刑为无期徒刑、死刑的，经过二十五年。如果二十五年以后认为必须追诉的，须报请最高人民检察院核准。"

理　由：

本书在有期徒刑的期限部分提出，宜将有期徒刑的最高期限提高到 20 年。为与上述建议相协调，宜对《刑法》第 87 条规定的期限作相应调整。

二、追诉期限的延长（第 88 条）

【立法沿革】

追诉期限的延长是在 1979 年《刑法》第 77 条规定的追诉期限的延长的基础上修改而来的。

在新中国刑法立法史上，追诉期限的延长最早见之于 1957 年的《刑法草案》第 22 稿

第 87 条的规定："在人民检察院、人民法院采取强制处分以后，逃避侦查或者审判的，追诉期限延长一倍，但是不能超过二十五年。"到了 1963 年，《刑法草案》第 33 稿第 85 条将其修改为："在人民检察院、人民法院、公安机关采取强制处分以后，逃避侦查或者审判的，不受追诉期的限制。"1979 年《刑法》第 77 条基本上沿用了上述规定，仅将"人民检察院、人民法院、公安机关采取强制处分"的表述修改为"人民法院、人民检察院、公安机关采取强制措施"。

1979 年《刑法》第 77 条规定："在人民法院、人民检察院、公安机关采取强制措施以后，逃避侦查或者审判的，不受追诉期限的限制。"

在刑法修订研拟的过程中，1996 年的《刑法修改草稿》第 83 条在上述规定的基础上，增加了"国家安全机关"的规定。1996 年的《刑法修订草案》（征求意见稿）第 85 条在沿用上述规定的同时，增加了"被害人在追诉期限内提出控告，人民法院、人民检察院、公安机关应当立案而不予立案的，不受追诉期限的限制"的规定。修改后的条文为："在人民法院、人民检察院、公安机关、国家安全机关采取强制措施以后，逃避侦查或者审判的，不受追诉期限的限制。""被害人在追诉期限内提出控告，人民法院、人民检察院、公安机关应当立案而不予立案的，不受追诉期限的限制。"1997 年的《刑法修订草案》（修改稿）第 89 条基本上沿用了上述规定，仅在"强制措施"之后，增加了"通缉"措施。1997 年《刑法》第 88 条在上述规定的基础上，对第 1 款"在人民法院、人民检察院、公安机关、国家安全机关采取强制措施或者通缉以后"的表述作了较大的调整，将其修改为"在人民检察院、公安机关、国家安全机关立案侦查或者在人民法院受理案件以后"。

【立法规定】

《刑法》第 88 条规定："在人民检察院、公安机关、国家安全机关立案侦查或者在人民法院受理案件以后，逃避侦查或者审判的，不受追诉期限的限制。被害人在追诉期限内提出控告，人民法院、人民检察院、公安机关应当立案而不予立案的，不受追诉期限的限制。"

【立法释义】

最高人民法院 1997 年 9 月 25 日发布的《关于适用刑法时间效力规定若干问题的解释》第 1 条规定："对于行为人 1997 年 9 月 30 日以前实施的犯罪行为，在人民检察院、公安机关、国家安全机关立案侦查或者在人民法院受理案件以后，行为人逃避侦查或者审判，超过追诉期限或者被害人在追诉期限内提出控告，人民法院、人民检察院、公安机关应当立案而不予立案，超过追诉期限的，是否追究行为人的刑事责任，适用修订前的刑法第七十七条的规定。"

【立法建言】

建　议：将《刑法》第 88 条第 1 款修改为："犯罪嫌疑人或者被告人在知悉人民检察院、公安机关、国家安全机关立案侦查或者人民法院受理案件以后，逃避侦查或者审判的，不受追诉期限的限制。"

理　由：

"立案侦查"是人民检察院、公安机关、国家安全机关的职能活动。在实践中，有时基于办案的需要，立案侦查工作一开始并不公开进行。如果犯罪嫌疑人或者被告人并不知悉自己已被人民检察院、公安机关、国家安全机关"立案侦查"或者人民法院已经"受理案件"，就谈不上"逃避"侦查或者审判的问题。[①] 因此，宜增加犯罪嫌疑人或者被告人知悉自己已被"立案侦查"的条件限制，以免过于扩大"不受追诉期限的限制"的适用范围。

三、追诉期限的计算与中断（第 89 条）

【立法沿革】

追诉期限的计算与中断是从 1979 年《刑法》第 78 条的规定直接移植过来的。

从立法源流来看，有关追诉期限的计算与中断的规定，最早见之于 1950 年的《刑法大纲草案》。该草案第 31 条规定："犯罪自犯罪成立之日起；其犯罪行为有连续情形或犯罪结果在继续状态者，自犯罪终了之日起……""前项时效期间，于有不能开始或继续侦查可审判之原因时，停止其进行。自原因消灭时起继续进行，连同前所经过之期间，合并计算时效期间。"[②] 到了 1957 年，《刑法草案》第 22 稿第 86 条对上述规定作了较大的修改，并为 1979 年《刑法》所采纳。

1979 年《刑法》第 78 条规定："追诉期限从犯罪之日起计算；犯罪行为有连续或者继续状态的，从犯罪行为终了之日起计算。在追诉期限以内又犯罪的，前罪追诉的期限从犯后罪之日起计算。"

1997 年《刑法》第 89 条直接移植了上述规定，未作任何修改。

【立法规定】

《刑法》第 89 条规定："追诉期限从犯罪之日起计算；犯罪行为有连续或者继续状态

---

① 正因如此，有学者对"逃避侦查或者审判"作了限制解释。例如，张明楷教授认为："这里的'逃避侦查与审判'，应限于积极的、明显的、致使侦查、审判工作无法进行的逃避行为，主要是指在司法机关已经告知其不得逃跑、藏匿甚至采取强制措施后而逃跑或者隐匿；对于行为人实施毁灭证据、串供等行为的，不宜认定为'逃避侦查与审判'。如果对'逃避侦查与审判'作过于宽泛的理解，追诉时效制度会丧失应有的意义"（张明楷：《刑法学》，法律出版社 2011 年版，第 568～569 页）。

② 该项所规定的情形，此后均作为追诉期限延长的情形加以规定。

的，从犯罪行为终了之日起计算。在追诉期限以内又犯罪的，前罪追诉的期限从犯后罪之日起计算。"

【立法释义】

最高人民检察院 1997 年 10 月 6 日发布的《关于检察工作中具体适用修订刑法第十二条若干问题的通知》第 3 条规定："如果当时的法律不认为是犯罪，修订刑法认为是犯罪的，适用当时的法律；但行为连续或者继续到 1997 年 10 月 1 日以后的，对 10 月 1 日以后构成犯罪的行为适用修订刑法追究刑事责任。"

最高人民检察院 1998 年 12 月 2 日发布的《关于对跨越修订刑法施行日期的继续犯罪、连续犯罪以及其他同种数罪应如何具体适用刑法问题的批复》规定："对于开始于 1997 年 9 月 30 日以前，继续或者连续到 1997 年 10 月 1 日以后的行为，以及在 1997 年 10 月 1 日前后分别实施的同种类数罪，如果原刑法和修订刑法都认为是犯罪并且应当追诉，按照下列原则决定如何适用法律：一、对于开始于 1997 年 9 月 30 日以前，继续到 1997 年 10 月 1 日以后终了的继续犯罪，应当适用修订刑法一并进行追诉。二、对于开始于 1997 年 9 月 30 日以前，连续到 1997 年 10 月 1 日以后的连续犯罪，或者在 1997 年 10 月 1 日前后分别实施的同种类数罪，其中罪名、构成要件、情节以及法定刑均没有变化的，应当适用修订刑法，一并进行追诉；罪名、构成要件、情节以及法定刑已经变化的，也应当适用修订刑法，一并进行追诉，但是修订刑法比原刑法所规定的构成要件和情节较为严格，或者法定刑较重的，在提起公诉时应当提出酌情从轻处理意见。"

最高人民法院 2003 年 9 月 22 日发布的《关于挪用公款犯罪如何计算追诉期限问题的批复》规定："根据刑法第八十九条、第三百八十四条的规定，挪用公款归个人使用，进行非法活动的，或者挪用公款数额较大、进行营利活动的，犯罪的追诉期限从挪用行为实施完毕之日起计算；挪用公款数额较大、超过三个月未还的，犯罪的追诉期限从挪用公款罪成立之日起计算。挪用公款行为有连续状态的，犯罪的追诉期限应当从最后一次挪用行为实施完毕之日或者犯罪成立之日起计算。"

最高人民法院 2003 年 11 月 13 日发布的《全国法院审理经济犯罪案件工作座谈会纪要》第六部分"关于渎职罪"第 2 条"玩忽职守罪的追诉时效"规定："玩忽职守行为造成的重大损失当时没有发生，而是玩忽职守行为之后一定时间发生的，应从危害结果发生之日起计算玩忽职守罪的追诉期限。"

最高人民法院、最高人民检察院、公安部 2011 年 1 月 10 日发布的《关于办理侵犯知识产权刑事案件适用法律若干问题的意见》第 14 条"关于多次实施侵犯知识产权行为累计计算数额问题"第 2 款规定："二年内多次实施侵犯知识产权违法行为，未经行政处理，累计数额构成犯罪的，应当依法定罪处罚。实施侵犯知识产权犯罪行为的追诉期限，适用刑法的有关规定，不受前述二年的限制。"

最高人民法院、最高人民检察院 2012 年 12 月 7 日发布的《关于办理渎职刑事案件适用法律若干问题的解释（一）》第 6 条规定："以危害结果为条件的渎职犯罪的追诉期限，从危害结果发生之日起计算；有数个危害结果的，从最后一个危害结果发生之日起计算。"

【立法建言】

建　议：将《刑法》第 89 条第 1 款修改为："追诉期限从犯罪成立之日起计算；犯罪行为有连续或者继续状态的，从犯罪行为终了之日起计算；犯罪行为造成数个危害结果的，从最后一个危害结果发生之日起计算。"

理　由：

《刑法》第 89 条第 1 款仅强调"犯罪行为"，而忽视了"危害结果"，因而存在明显的缺陷。[①] 诚然，关于"犯罪之日"的含义，理论上有不同的说法。[②] 为解决结果犯追诉期限的起算问题，可以将"犯罪之日"解释为"犯罪成立之日"，并将"危害结果发生之日"解释为"犯罪成立之日"。但是，同样也可以将"犯罪行为终了之日"解释为"犯罪成立之日"。如果说通过解释就能圆满解决"危害结果"的问题而不必加以规定的话，那么，"犯罪行为有连续或者继续状态的，从犯罪行为终了之日起计算"的规定自然就是"画蛇添足"之举。事实上，由于刑法对各种犯罪规定的构成要件不同，因而认定犯罪成立的标准也就不同。[③] 因此，需要对其中的一些复杂情形加以明确规定，才能消除实践中的疑义。最高人民法院、最高人民检察院《关于办理渎职刑事案件适用法律若干问题的解释（一）》第 6 条对"危害结果发生之日"的解释，就是一个有力的例证。

[①]　有学者认为，"此规定也有疏漏。设若有犯罪行为终了或结束而犯罪之结果必待（或偶尔拖到）追诉时效期限届满以后发生，此种犯罪岂不是就不当追究"（范忠信："刑法典应力求垂范久远——论修订后的《刑法》的局限与缺陷"，载《法学》1997 年第 10 期）。

[②]　参见高铭暄、马克昌主编：《刑法学》，北京大学出版社、高等教育出版社 2011 年版，第 312 页。

[③]　参见高铭暄、马克昌主编：《刑法学》，北京大学出版社、高等教育出版社 2011 年版，第 312 页；张明楷：《刑法学》，法律出版社 2011 年版，第 567 页；刘艳红主编：《刑法学》（上），北京大学出版社 2014 年版，第 424 页。

第五章　其他规定

一、民族自治地方制定变通或补充规定的规则（第 90 条）

【立法沿革】

民族自治地方制定变通或补充规定的规则是在 1979 年《刑法》第 80 条规定的民族自治地方制定变通或补充规定的规则的基础上修改而来的。

在刑法起草的过程中，考虑到"我国是一个多民族的国家，各民族地区的政治、经济、文化情况不尽相同"①，因此，1957 年的《刑法草案》第 22 稿在总则第五章"附则"② 中，对民族自治地方制定变通或补充规定的原则和程序作了具体规定。该稿第 91 条规定："民族自治地方，不能全部适用本法规定的，可以由自治机关，根据当地民族的政治、经济、文化的特点和本法规定的基本原则，制定变通或者补充的规定，报请全国人民代表大会常务委员会批准施行。"到了 1963 年，《刑法草案》第 33 稿第 87 条在上述规定的基础上，将"制定变通或者补充的规定"的主体，由"自治机关"改为"自治区或者省的国家权力机关"。这一修改方案，为 1979 年《刑法》所采纳。

1979 年《刑法》第 80 条规定："民族自治地方不能全部适用本法规定的，可以由自治区或者省的国家权力机关根据当地民族的政治、经济、文化的特点和本法规定的基本原则，制定变通或者补充的规定，报请全国人民代表大会常务委员会批准施行。"

在全面研究修改刑法的过程中，1988 年 9 月的《刑法修改稿》第 80 条考虑到上述"国家权力机关"的表述与《宪法》第 116 条的规定不一致，因而将其相应修改为"人民

---

① 参见全国人大常委会法律室："《关于〈中华人民共和国刑法草案（初稿）〉草拟经过和若干问题的说明》（1957 年 6 月 29 日）"，见高铭暄、赵秉志编：《新中国刑法立法文献资料总览》（下），中国人民公安大学出版社 1998 年版，第 1941 页。

② "本章章名在历次稿中都叫'附则'，是在快要定稿时改名为'其他规定'的。'附则'引起一个争论：位置摆在那里？有的同志主张'附则'一章应当放在分则后面，理由是：附则是总则、分则的附则，而不单是总则的附则。但是更多的同志认为，放在分则后面，就要成立第三编，按附则的内容来看，撑不起来；同时，总则是管分则的，附则中的内容，不少也涉及分则，因此把附则列入总则一编中作为一章，在逻辑上也还说得过去。从内容分量说，作为一章要比作为一编相得多。基于以上考虑，摆的位置仍维持原状不变。但因'附则'这个名称，容易从逻辑上联想为总则、分则、附则，因此改为'其他规定'"（参见高铭暄：《中华人民共和国刑法的孕育和诞生》，法律出版社 1981 年版，第 125 页）。

代表大会"。这一修改方案，为现行刑法所采纳。

【立法规定】

《刑法》第 90 条规定："民族自治地方不能全部适用本法规定的，可以由自治区或者省的人民代表大会根据当地民族的政治、经济、文化的特点和本法规定的基本原则，制定变通或者补充的规定，报请全国人民代表大会常务委员会批准施行。"

【立法释义】

目前，尚无与民族自治地方制定变通或补充规定的规则相关的法律解释。

【立法建言】

建　议： 将《刑法》第 90 条修改为："民族自治地方不能全部适用本法规定的，可以由自治区或者省的人民代表大会根据当地民族的特点和本法规定的基本原则作出变通规定，报请全国人民代表大会常务委员会批准施行。"

理　由：

"当地民族的政治、经济、文化的特点"的表述，既不太准确，也不太全面。因为，"当地民族的特点"内涵丰富，并不限于"政治、经济、文化"三个方面，并且，对《刑法》的规定作出变通规定，也不宜根据"当地民族的政治、经济"特点，而主要应根据当地民族的风俗习惯。因此，宜将"当地民族的政治、经济、文化的特点"改为"当地民族的特点"。此外，根据罪刑法定原则，地方也不宜对《刑法》的规定作出"补充规定"[①]。同时，从法律体系内部科学和谐统一的角度来看，对《刑法》第 90 条作上述两方面的修改，还能与《立法法》第 75 条第 2 款的规定协调一致。[②]

二、公共财产的含义（第 91 条）

【立法沿革】

公共财产的含义是在 1979 年《刑法》第 81 条规定的公共财产的含义的基础上修改而来的。

在新中国刑法立法史上，1950 年的《刑法大纲草案》第 74 条最早规定了国有公有财产之概念："凡国家机关、国营公营企业之财产，及依法设立之合作社之财产，为国有及公有财产。""在国家机关或国营公营企业保管或运输中之财产，亦认为国有及公有财产。"1954 年的《刑法指导原则草案》第 37 条采用列举的方式对"公共财产的范围"作

---

① "补充规定"属于填补"空白"性质的补充性立法，有悖于罪刑法定原则。

② 全国人大 2000 年 3 月 15 日通过、2015 年 3 月 15 日修正的《立法法》第 75 条第 2 款规定："自治条例和单行条例可以依照当地民族的特点，对法律和行政法规的规定作出变通规定，但不得违背法律或者行政法规的基本原则，不得对宪法和民族区域自治法的规定以及其他有关法律、行政法规专门就民族自治地方所作的规定作出变通规定。"

了规定："破坏下列公共财产的，都应当按照本节的规定①处罚：（一）国家所有的财产；（二）合作社所有的财产，包括劳动群众集体所有或者部分集体所有的财产；（三）公私合营企业的财产；（四）人民团体所有的财产；（五）在国家管理、使用或者运输中的财产。"到了 1957 年，《刑法草案》第 22 稿第 92 条首次明确提出了"以公共财产论"的概念，并将"公共财产"和"以公共财产论"两种情形分款加以规定："本法所说的公共财产是指下列财产：（一）国家所有的财产；（二）合作社所有的财产；（三）社会团体的财产。""在国家、合作社、公私合营企业管理、使用或者运输中的私人财产，以公共财产论。"1963 年的《刑法草案》第 33 稿第 88 条沿用了上述立法模式，但在内容上作了以下两方面的修改和调整：一是将第 1 款中的"合作社所有的财产""社会团体的财产"改为"集体所有的财产"；二是在第 2 款中增加了"人民公社"和"人民团体"的内容。修改后的条文为："本法所说的公共财产是指下列财产：（一）国家所有的财产；（二）集体所有的财产。""在国家、人民公社、合作社、公私合营企业和人民团体管理、使用或者运输中的私人财产，以公共财产论。"1979 年《刑法》第 81 条基本上沿用了上述规定，仅在文字表述上作了两处修改：一是将"国家所有的财产"改为"全民所有的财产"；二是将"集体所有的财产"改为"劳动群众集体所有的财产"。

1979 年《刑法》第 81 条规定："本法所说的公共财产是指下列财产：（一）全民所有的财产；（二）劳动群众集体所有的财产。在国家、人民公社、合作社、合营企业和人民团体管理、使用或者运输中的私人财产，以公共财产论。"

在全面研究刑法修改的过程中，1988 年 9 月的《刑法修改稿》第 81 条为使刑法用语更加准确，并适应国情的变化，将上述第 2 款中的"国家、人民公社、合作社"改为"国家机关、全民所有制、集体所有制企业事业单位"。但是，1988 年 11 月 16 日和 12 月 25 日的《刑法修改稿》取消了公共财产含义的规定。对此，最高人民检察院提出，"草案将公共财产的解释取消，我们认为有些不妥。目前司法机关在处理贪污案件时，特别是遇有中外合资、合作企业、承包企业的案件时，在掌握公共财产的范围上尤感困难。立法中不能回避这一问题。"② 有鉴于此，1995 年的《刑法总则修改稿》第 85 条恢复了公共财产含义的规定，并在 1988 年 9 月的《刑法修改稿》第 81 条的基础上，删去了第 2 款中的"事业单位、合营企业"。修改后的第 2 款规定："在国家机关、全民所有制、集体所有制企业和人民团体管理、使用或者运输中的私人财产，以公共财产论。"到了 1996 年，《刑法修改草案》第 86 条对上述规定作了两处修改：一是将第 1 款中的"全民所有的财产"改为"国有财产"；二是将第 2 款中的"全民所有制、集体所有制企业"改为"国有企业、集体

---

① 该节规定的是"破坏公共财产的犯罪"。
② 参见最高人民检察院刑法修改小组："《修改刑法研究报告》（1989 年 10 月 12 日）"，见高铭暄、赵秉志编：《新中国刑法立法文献资料总览》（下），中国人民公安大学出版社 1998 年版，第 2541 页。

企业"。修改后的条文为："本法所说的公共财产是指下列财产：（一）国有财产；（二）劳动群众集体所有的财产；"在国家机关、国有企业、集体企业和人民团体管理、使用或者运输中的私人财产，以公共财产论。"1996年的《刑法修订草案》第92条基本上沿用了上述规定，仅将第2款中的"国有企业"改为"国有公司、企业"。1997年的《刑法修订草案》（修改稿）第93条在上述规定的基础上，又作了两方面的修改和补充：一是在文字表述方面，将"本法所说的公共财产是指下列财产"改为"本法所称公共财产，是指下列财产"；二是在具体内容方面，增加了"用于扶贫和其他公益事业的社会捐助或者专项基金的财产"的规定。这一修改方案，为现行刑法所采纳。

【立法规定】

《刑法》第91条规定："本法所称公共财产，是指下列财产：（一）国有财产；（二）劳动群众集体所有的财产；（三）用于扶贫和其他公益事业的社会捐助或者专项基金的财产。在国家机关、国有公司、企业、集体企业和人民团体管理、使用或者运输中的私人财产，以公共财产论。"

【立法释义】

最高人民检察院1999年9月9日发布的《关于人民检察院直接受理立案侦查案件立案标准的规定（试行）》"附则"部分第6条规定："本规定中有关私分国有资产罪案中的'国有资产'，是指国家依法取得和认定的，或者国家以各种形式对企业投资和投资收益、国家向行政事业单位拨款等形成的资产。"

【立法建言】

建　议：将《刑法》第91条修改为："本法所称公共财产，是指下列财产：（一）国有财产；（二）劳动群众集体所有的财产。用于社会救济和其他公益事业的社会捐助或者专项基金的财产，或者在国家机关、国有公司、企业、集体企业和人民团体管理、使用或者运输中的私人财产，以公共财产论。"

理　由：

从财产的属性和来源来看，"用于扶贫和其他公益事业的社会捐助或者专项基金的财产"未必属于"公共财产"，因此，将其纳入"以公共财产论"的范畴更加科学和准确。此外，"扶贫"一词涵盖面太窄，且与当前我国社会保障的现状不相适应，宜将其改为"社会救济"①。

---

① 早在审议刑法修订草案时，就有代表提出，将"扶贫"一词改为"社会救济"（参见全国人大法律委员会办公室："《八届全国人大五次会议分组审议〈中华人民共和国刑法（修订草案）〉的意见》（1997年3月6日印）"，见高铭暄、赵秉志编：《新中国刑法立法文献资料总览》（下），中国人民公安大学出版社1998年版，第2228页）。

三、公民私人所有的财产的含义（第 92 条）

【立法沿革】

公民私人所有的财产的含义是在 1979 年《刑法》第 82 条规定的公民私人所有的合法财产的含义的基础上修改而来的。

与公共财产的含义的立法状况不同，新中国成立以后，我国长期未在刑法上对公民私人所有的财产的含义加以规定。直至 1963 年，《刑法草案》第 33 稿第 89 条才首次规定了公民所有的合法财产的含义："本法所说的公民所有的合法财产是指下列财产：（一）公民个人或者家庭所有的生活资料；（二）依法归个人或者家庭所有的生产资料。"① 1979 年《刑法》第 82 条对上述规定作了以下三方面的修改和补充：一是在概念的表述方面，将"公民所有的合法财产"改为"公民私人所有的合法财产"；二是在生活资料方面，将"公民个人或者家庭所有的生活资料"改为"公民的合法收入、储蓄、房屋和其他生活资料"；三是在生产资料方面，将"依法归个人或者家庭所有的生产资料"改为"依法归个人、家庭所有或者使用的自留地、自留畜、自留树等生产资料"②。

1979 年《刑法》第 82 条规定："本法所说的公民私人所有的合法财产是指下列财产：（一）公民的合法收入、储蓄、房屋和其他生活资料；（二）依法归个人、家庭所有或者使用的自留地、自留畜、自留树等生产资料。"

在全面研究修改刑法的过程中，1988 年 9 月的《刑法修改稿》第 82 条在上述规定的基础上，将第 2 项修改为"依法归个人、家庭、私营经济单位所有的牲畜、林木以及厂房、机器、设备等生产资料"。1988 年 11 月 16 日和 12 月 25 日的《刑法修改稿》在取消公共财产含义的规定的同时，也取消了上述规定。但是，1995 年的《刑法总则修改稿》第 86 条又恢复了上述规定，仅将第 2 项中的"个人、家庭、私营经济单位"改为"个人、私人经济单位"。到了 1996 年，《刑法修订草案》（征求意见稿）第 89 条对上述规定作了较大的修改和补充：一是将第 2 项"依法归个人、私人经济单位所有的牲畜、林木以及厂房、机器、设备等生产资料"改为"依法归个人、家庭所有的生产资料"；二是增加了第 3 项"个体户和私营企业的财产"的规定；三是增加了第 4 项"个人所有的股份和股票、

---

① "现在，经济上的社会主义改造已经基本完成，因此，除保护国家所有的和集体所有的公共财产外，我们还明确地规定，要保护公民所有的合法财产，即公民个人或者家庭所有的生活资料和依法归个人或者家庭所有的生产资料。我们认为，在目前情况下，明确规定保护公民所有的合法财产，是必要的"（参见中央政法小组："《关于补充修改〈中华人民共和国刑法（初稿）〉的报告》（1963 年 3 月 23 日）"，见高铭暄、赵秉志编：《新中国刑法立法文献资料总览》（下），中国人民公安大学出版社 1998 年版，第 1993 页）。

② "因自留地的土地不属于个人或家庭，个人或家庭只有使用权，故条文中增加'使用'字样"（参见高铭暄：《中华人民共和国刑法的孕育和诞生》，法律出版社 1981 年版，第 129 页）。

债券"的规定。修改后的条文为："本法所说的公民私人所有的财产是指下列财产：（一）公民的合法收入、储蓄、房屋和其他生活资料；（二）依法归个人、家庭所有的生产资料；（三）个体户和私营企业的财产；（四）个人所有的股份和股票、债券。"1997 年的《刑法修订草案》（修改稿）第 94 条基本上沿用了上述规定，仅将"本法所说的公民私人所有的财产是指下列财产"的表述改为"本法所称公民私人所有的财产，是指下列财产"。1997 年《刑法》第 92 条在上述规定的基础上，将第 4 项"个人所有的股份和股票、债券"改为"依法归个人所有的股份、股票、债券和其他财产"。

【立法规定】

《刑法》第 92 条规定："本法所称公民私人所有的财产，是指下列财产：（一）公民的合法收入、储蓄、房屋和其他生活资料；（二）依法归个人、家庭所有的生产资料；（三）个体户和私营企业的合法财产；（四）依法归个人所有的股份、股票、债券和其他财产。"

【立法释义】

最高人民法院 1993 年 7 月 24 日发布的《关于滥伐自己所有权的林木其林木如何处理的问题的批复》规定："属于个人所有的林木，也是国家森林资源的一部分。被告人滥伐属于自己所有权的林木，构成滥伐林木罪的，其行为已违反国家保护森林法规，破坏了国家的森林资源，所滥伐的林木即不再是个人的合法财产，而应当作为犯罪分子违法所得的财物，依照刑法第六十条的规定①予以追缴。"

最高人民法院 2003 年 11 月 13 日发布的《全国法院审理经济犯罪案件工作座谈会纪要》第五部分"关于巨额财产来源不明罪"第 2 条"'非法所得'的数额计算"中规定："行为人所有的财产包括房产、家具、生活用品、学习用品及股票、债券、存款等动产和不动产；行为人的合法收入包括工资、奖金、稿酬、继承等法律和政策允许的各种收入。为了便于计算犯罪数额，对于行为人的财产和合法收入，一般可以从行为人有比较确定的收入和财产时开始计算。"

【立法建言】

建　议：将《刑法》第 92 条修改为："本法所称私有财产，是指下列财产：（一）公民的合法收入、储蓄、房屋和其他生活资料；（二）依法归个人、家庭所有的生产资料；（三）个体企业、私营企业等非公有制企业的合法财产；（四）依法归个人所有的股份、股票、债券和其他财产。"

---

① 1979 年《刑法》第 60 条规定："犯罪分子违法所得的一切财物，应当予以追缴或者责令退赔；违禁品和供犯罪所用的本人财物，应当予以没收。"

理　由：

以财产的属性为标准，可以将财产分为公共财产和私有财产两大类。从逻辑上看，"私有财产"的内涵和外延要广于"公民私人所有的财产"。因此，《刑法》第92条仅规定"公民私人所有的财产"并不周延，它不当地遗漏了外资企业等非公有制企业的财产，因而宜将其扩大为"私有财产"。

四、国家工作人员的含义（第93条）

【立法沿革】

国家工作人员的含义是在1979年《刑法》第83条规定的国家工作人员的含义的基础上修改而来的。

从立法源流来看，国家工作人员的概念，最早见之于1950年的《刑法大纲草案》第七章"职务上的犯罪"。该草案第83条规定："凡在村级以上国家机关、企业、学校内经常的或临时的工作人员，为国家工作人员。""凡依法登记之社会团体工作人员犯职务上之罪者，以国家工作人员犯罪论。"到了1957年，《刑法草案》第22稿第93条对上述规定作了两方面的修改：一是增加了"依照法律从事公务"的限制；二是删去了"以国家工作人员犯罪论"的规定。修改后的条文为："本法所说的国家工作人员是指一切国家机关、国家的企业、事业单位、学校和它们的附属机构依照法律从事公务的人员。"1963年的《刑法草案》第33稿第90条基本上沿用了上述规定，仅将其中的"学校"改为"人民团体"。1979年《刑法》第83条在上述规定的基础上，删去了"人民团体和它们的附属机构"的表述，而以"其他"一词加以概括。

1979年《刑法》第83条规定："本法所说的国家工作人员是指一切国家机关、企业、事业单位和其他依照法律从事公务的人员。"

1979年《刑法》施行后，全国人大常委会1982年3月8日通过的《关于严惩严重破坏经济的罪犯的决定》第1条第1项第2款对国家工作人员的含义作了修正："本决定所称国家工作人员，包括在国家各级权力机关、各级行政机关、各级司法机关、军队、国营企业、国家事业单位中工作的人员，以及其他各种依照法律从事公务的人员。"

在全面研究修改刑法的过程中，1988年9月的《刑法修改稿》第83条在上述规定的基础上，主要作了以下四处修改和补充：一是增加了"人民团体"这一主体；二是将"在……中工作的人员"改为"在……中从事公务的人员"；三是删去了"其他各种依照法律从事公务的人员"这一兜底规定；四是增加了第2款"受前款所列单位委托从事公务的人，以国家工作人员论"的规定。修改后的条文为："本法所说的国家工作人员，是指在各级权力机关、各级行政机关、各级司法机关、军队、国营企业、国家事业机构、人民团体中从事公务的人员。受前款所列单位委托从事公务的人，以国家工作人员论。"1988年11月16日的《刑法修改稿》对上述规定主要作了以下三处修改：一是增加了"政党"这一主体；二是将"国营企业、国家事业机构"改为"全民所有制企业事业单位"；三是删去了第2款"以国家工作人员论"的规定。该稿第87条规定："本法所说的国家工作人员是指在国家权力机关、行政机关、司法机关、军队、政党、全民所有制企业事业单位、人民团体中从事公务的人员。"

随着市场经济体制改革的不断深入和《公司法》的正式颁布施行，① 我国的全民所有制企业朝着"政企分开""经营权与所有权分离"的方向逐步改制。为适应企业改制的新情况，全国人大常委会1995年2月28日通过的《关于惩治违反公司法的犯罪的决定》第9条、第10条、第11条增设了公司、企业人员受贿罪、侵占罪和挪用资金罪。为区分上述犯罪与受贿罪、贪污罪和挪用公款罪的界限，该决定第12条还特别规定："国家工作人员犯本决定第九条、第十条、第十一条规定之罪的，依照《关于惩治贪污罪贿赂罪的补充规定》的规定处罚。"然而，最高人民法院、最高人民检察院对该条所规定的"国家工作人员"的解释却产生了严重的分歧。② 为避免司法实践中认定国家工作人员的纷争，1995年8月8日的《刑法总则修改稿》第87条对国家工作人员的范围作了严格的限制："本法所说的国家工作人员是指在国家权力机关、行政机关、司法机关、军队、政党中从事公务的人员。"1996年6月24日的《刑法总则修改稿》第87条基本上沿用了上述规定，仅将其中的"政党"改为"人民团体"。到了1996年8月8日，《刑法总则修改稿》开始扩大国家工作人员的范围。该稿第88条规定："本法所说的国家工作人员是指国家行政机关的公务员和在国家权力机关、司法机关、军队、人民团体中依照法律从事公务的人员。受国家机关委托，在企业、事业单位从事公务的人员，或者参照公务员系列的，以国家工作人员论。"1996年8月31日的《刑法修改草稿》第88条再次扩大了国家工作人员的范围："本法所说的国家工作人员是指国家行政机关的公务员和在国家权力机关、司法机关、军队、人民团体中从事公务的人员；在国有企业事业单位中从事公务的人员和国家机关、国有企业事业单位委派到其他企业事业单位、社会团体中从事公务的人员。"1996年10月

---

① 《公司法》于1993年12月29日通过，1994年7月1日起施行。

② 最高人民法院1995年11月7日发布的《关于办理违反公司法受贿、侵占、挪用等刑事案件适用法律若干问题的解释》第4条第2款规定："《决定》第十二条所说的国家工作人员，是指在国有公司、企业或者其他公司、企业中行使管理职权，并具有国家工作人员身份的人员，包括受国有公司、国有企业委派或者聘请，作为国有公司、国有企业代表，在中外合资、合作、股份制公司、企业中，行使管理职权，并具有国家工作人员身份的人员。"而最高人民检察院1995年11月7日发布的《关于办理公司、企业人员受贿、侵占和挪用公司、企业资金犯罪案件适用法律的几个问题的通知》第1条第2款则规定："……'所谓国家工作人员'，是指（1）国家机关工作人员，即在国家各级权力机关、各级行政机关、各级司法机关和军队工作的人员；（2）在国家各类事业机构中工作的人员；（3）国有企业中的管理工作人员；（4）公司、企业中由政府主管部门任命或者委派的管理人员；（5）国有企业委派到参股、合营公司、企业中行使管理职能的人员；（6）其他依法从事公务的人员。"

10 日的《刑法修订草案》（征求意见稿）第 90 条又进一步扩大了国家工作人员的范围：
"本法所说的国家工作人员是指国家机关、国有企业、事业单位、人民团体中从事公务的
人员和国家机关、国有企业、事业单位委派到非国有企业、事业单位、社会团体从事公务
的人员。""受国家机关、国有企业、事业单位委托从事公务的人员，以国家工作人员
论。"在草案征求意见的过程中，"对这一规定，主要有两种意见：一种意见认为征求意见
稿规定的国家工作人员范围太宽，把国有企事业单位包括进去，不符合政企分开的改革方
向和国家干部人事制度的改革方向，建议主要限制在国家机关的范围（最高法院、公安
部、民航总局、中国银行、山东、广西、江苏、安徽、深圳、厦门）；另一种意见认为征
求意见稿对国家工作人员的规定是合适的，我国是公有制国家，实践中许多贪污受贿案件
发生在国有企业，将国有企事业单位工作人员列为国家工作人员，有利于保护国有资产
（最高检察院、北京）。"① 在这种情况下，1996 年 12 月 25 日的《刑法修订草案》第 94 条
维持了上述规定。对此，最高人民法院再次提出，"建议缩小刑法中'国家工作人员'的
范围，将其限定为'国家机关中依法从事公务的人员'。"其理由是："1. 刑法是在计划经
济体制下制定的。该法第八十三条将'一切企业、事业单位'的人员包括在国家工作人员
的范围之内，是可以理解的。而目前我国正在建立和完善社会主义市场经济体制。在这种
情况下，如果继续把国有公司、企业、事业单位的工作人员作为国家工作人员，既不符合
政企分开的经济体制改革的方向，也不符合干部分类管理的人事制度改革的方向。2. 公
司、企业、事业单位从事经营管理职权的人员在性质上不同于在国家行政机关、权力机
关、司法机关和军队中依法从事公务的人员，前者是代表单位管理企业、事业，后者则是
代表国家管理社会。3. 对国家工作人员的范围从严掌握，有利于突出刑法打击重点，维
护国家机关及其工作人员的廉洁性。4. 将国家工作人员的范围从严掌握，不影响对国有
资产的保护。保护国有资产主要靠加强管理；而且对国有企业、事业单位中的人员的经济
犯罪的惩处，修订后的刑法中已规定有侵占罪、商业受贿罪、挪用资金罪，因而并不影响
对国家工作人员以外的企业、事业单位人员的经济犯罪的打击。5. 司法实践中对于公司
企业、事业单位中哪些是国家工作人员，哪些是非国家工作人员，很难有一个具体、明
确的标准，不好认定。6. 将企业、事业单位中的工作人员划出，不作为国家工作人员，
在《关于惩治违反公司法的犯罪的决定》中已有规定，执行了一段时间，效果较好，
客观上也可以少判一些死刑，符合党的一贯政策。修订刑法，应将已确定的好的规定延

---

① 参见全国人大常委会办公厅秘书局："《中央有关部门、地方及法律专家对刑法修订草案（征求意见稿）的意
见》（1996 年 12 月 26 日）"，见高铭暄、赵秉志编：《新中国刑法立法文献资料总览》（下），中国人民公安大学出版
社 1998 年版，第 2159～2160 页。

续下去。"① 而最高人民检察院则主张,"我们赞成草案第九十四条对国家工作人员范围所作的规定。这一定义比较科学、可行,符合我国的政治、经济制度和现实国情,保持了我国法律关于国家工作人员范围规定的连续性,有利于加强对国有资产的保护,惩治营私舞弊侵吞国家资财的犯罪行为"。② 立法工作机关"经过研究和论证,考虑到,国家工作人员应该主要是指在国家机关中代表国家对公共事务进行组织、领导、执行、监督等管理职能的人员,但在我国公有制为主导的体制下,国家不可能完全取消对国有公司、企业的干预,而且在国家体制改革与社会转型的现阶段,也需要对计划经济体制下的遗留问题进行充分地吸收和过渡。因此,为了加强对国有资产的管理,立法也需要将国家机关直接任命到国有公司、企业、事业单位从事公务的人员,以及国有单位委派到非国有单位从事公务的人员,列入国家工作人员的范围"。③ 因此,1997 年 2 月 17 日的《刑法修订草案》(修改稿)第 95 条规定:"本法所称国家工作人员,是指国家机关中从事公务的人员。国有公司、企业、事业单位、人民团体中从事公务的人员和国家机关、国有公司、企业、事业单位委派到非国有公司、企业、事业单位、社会团体从事公务的人员,以国家工作人员论。"1997 年 3 月 1 日,提交给八届全国人大五次会议审议的《中华人民共和国刑法(修订草案)》第 95 条在上述规定的基础上,又在第 2 款中增加了"其他依照法律从事公务的人员"。这一修改方案,为现行刑法所采纳。

【立法规定】

《刑法》第 93 条规定:"本法所称国家工作人员,是指国家机关中从事公务的人员。国有公司、企业、事业单位、人民团体中从事公务的人员和国家机关、国有公司、企业、事业单位委派到非国有公司、企业、事业单位、社会团体从事公务的人员,以及其他依照法律从事公务的人员,以国家工作人员论。"

【立法释义】

全国人大常委会 2000 年 4 月 29 日通过的《关于〈中华人民共和国刑法〉第九十三条第二款的解释》规定:"村民委员会等村基层组织人员协助人民政府从事下列行政管理工作,属于刑法第九十三条第二款规定的'其他依照法律从事公务的人员':(一)救灾、抢险、防汛、优抚、扶贫、移民、救济款物的管理;(二)社会捐助公益事业款物的管理;

---

① 参见最高人民法院:"《关于对〈中华人民共和国刑法(修订草案)〉的修改意见的函》(1997 年 1 月 2 日)",见高铭暄、赵秉志编:《新中国刑法立法文献资料总览》(下),中国人民公安大学出版社 1998 年版,第 2444 ~ 2445 页。

② 参见最高人民检察院刑法修改研究小组:"《对〈中华人民共和国刑法(修订草案)〉的修改意见》(1997 年 1 月 27 日)",见高铭暄、赵秉志编:《新中国刑法立法文献资料总览》(下),中国人民公安大学出版社 1998 年版,第 2644 页。

③ 参见高铭暄:《中华人民共和国刑法的孕育诞生和发展完善》,北京大学出版社 2012 年版,第 290 页。

（三）国有土地的经营和管理；（四）土地征用补偿费用的管理；（五）代征、代缴税款；（六）有关计划生育、户籍、征兵工作；（七）协助人民政府从事的其他行政管理工作。村民委员会等村基层组织人员从事前款规定的公务，利用职务上的便利，非法占有公共财物、挪用公款、索取他人财物或者非法收受他人财物，构成犯罪的，适用刑法第三百八十二条和第三百八十三条贪污罪、第三百八十四条挪用公款罪、第三百八十五条和第三百八十六条受贿罪的规定。"

全国人大常委会 2002 年 12 月 28 日通过的《关于〈中华人民共和国刑法〉第九章渎职罪主体适用问题的解释》规定："在依照法律、法规规定行使国家行政管理职权的组织中从事公务的人员，或者在受国家机关委托代表国家机关行使职权的组织中从事公务的人员，或者虽未列入国家机关人员编制但在国家机关中从事公务的人员，在代表国家机关行使职权时，有渎职行为，构成犯罪的，依照刑法关于渎职罪的规定追究刑事责任。"

最高人民检察院 2000 年 4 月 30 日发布的《对〈关于中国证监会主体认定的请示〉的答复函》规定："中国证券监督管理委员会为国务院直属事业单位，是全国证券期货市场的主管部门。其主要职责是统一管理证券期货市场，按规定对证券期货监管机构实行垂直领导，所以，它是具有行政职责的事业单位。据此，北京证券监督管理委员会干部应视同为国家机关工作人员。"

最高人民检察院 2000 年 5 月 4 日发布的《关于镇财政所所长是否适用国家机关工作人员的批复》规定："对于属行政执法事业单位的镇财政所中按国家机关在编干部管理的工作人员，在履行政府行政公务活动中，滥用职权或玩忽职守构成犯罪的，应以国家机关工作人员论。"

最高人民法院 2000 年 5 月 8 日发布的《关于农村合作基金会从业人员犯罪如何定性问题的批复》规定："农村合作基金会从业人员，除具有金融机构现职工作人员身份的以外，不属于金融机构工作人员。对其实施的犯罪行为，应当依照刑法的有关规定定罪处罚。"

最高人民检察院 2000 年 6 月 5 日发布的《关于贯彻执行〈全国人民代表大会常务委员会关于《中华人民共和国刑法》第九十三条第二款的解释〉的通知》第 2 条规定："根据《解释》，检察机关对村民委员会等村基层组织人员协助人民政府从事《解释》所规定的行政管理工作中发生的利用职务上的便利，非法占有公共财物，挪用公款，索取他人财物或者非法收受他人财物，构成犯罪的案件，应直接受理，分别适用刑法第三百八十二条、第三百八十三条，第三百八十四条和第三百八十五条、第三百八十六条的规定，以涉嫌贪污罪、挪用公款罪、受贿罪立案侦查。"第 3 条规定："各级检察机关在依法查处村民委员会等村基层组织人员贪污、受贿、挪用公款犯罪案件过程中，要根据《解释》和其他有关法律的规定，严格把握界限，准确认定村民委员会等村基层组织人员的职务活动是否属于协助人民政府从事《解释》所规定的行政管理工作，并正确把握刑法第三百八十二条、第三百八十三条贪污罪、第三百八十四条挪用公款罪和第三百八十五条、第三百八十六条受贿罪的构成要件。对村民委员会等村基层组织人员从事属于村民自治范围的经营、管理活动不能适用《解释》的规定。"

最高人民检察院 2000 年 6 月 29 日发布的《关于〈全国人民代表大会常务委员会关于《中华人民共和国刑法》第九十三条第二款的解释〉的时间效力的批复》规定："《全国人民代表大会常务委员会关于〈中华人民共和国刑法〉第九十三条第二款的解释》是对刑法第九十三条第二款关于'其他依照法律从事公务的人员'规定的进一步明确，并不是对刑法的修改。因此，该《解释》的效力适用于修订刑法的施行日期，其溯及力适用修订刑法第 12 条的规定。"

最高人民法院研究室 2000 年 6 月 29 日发布的《关于国家工作人员在农村合作基金会兼职从事管理工作如何认定身份问题的答复》规定："国家工作人员自行到农村合作基金会兼职从事管理工作的，因其兼职工作与国家工作人员身份无关，应认定为农村合作基金会一般从业人员；国家机关、国有公司、企业、事业单位委派到农村合作基金会兼职从事管理工作的人员，以国家工作人员论。"

最高人民检察院 2000 年 10 月 8 日发布的《对〈关于中国保险监督管理委员会主体认定的请示〉的答复》规定："对于中国保险监督管理委员会可参照对国家机关的办法进行管理。据此，中国保险监督管理委员会干部应视同国家机关工作人员。"

最高人民检察院 2000 年 10 月 9 日发布的《关于合同制民警能否成为玩忽职守罪主体问题的批复》中规定："根据刑法第九十三条第二款的规定，合同制民警在依法执行公务期间，属于其他依照法律从事公务的人员，应以国家机关工作人员论。"

最高人民检察院 2000 年 10 月 31 日发布的《关于属工人编制的乡（镇）工商所所长能否依照刑法第 397 条的规定追究刑事责任问题的批复》中规定："根据刑法第 93 条第 2 款的规定，经人事部门任命，但为工人编制的乡（镇）工商所所长，依法履行工商行政管理职责时，属其他依照法律从事公务的人员，应以国家机关工作人员论。"

最高人民法院 2001 年 5 月 23 日发布的《关于在国有资本控股、参股的股份有限公司中从事管理工作的人员利用职务便利非法占有本公司财物如何定罪问题的批复》中规定："在国有资本控股、参股的股份有限公司中从事管理工作的人员，除受国家机关、国有公司、企业、事业单位委派从事公务的以外，不属于国家工作人员。"

最高人民检察院 2002 年 9 月 23 日发布的《中国农业发展银行及其分支机构的工作人员法律适用问题的答复》规定："中国农业发展银行及其分支机构的工作人员严重不负责

任或者滥用职权，构成犯罪的，应当依照刑法第一百六十八条的规定追究刑事责任。"

最高人民检察院 2003 年 1 月 13 日发布的《关于佛教协会工作人员能否构成受贿罪或者公司、企业人员受贿罪主体问题的答复》中规定："佛教协会属于社会团体，其工作人员除符合刑法第九十三条第二款的规定属于受委托从事公务的人员外，既不属于国家工作人员，也不属于公司、企业人员。"

最高人民检察院法律政策研究室 2003 年 1 月 13 日发布的《关于对海事局工作人员如何适用法律问题的答复》规定："根据国办发（1999）90 号、中编办函（2000）184 号等文件的规定，海事局负责行使国家水上安全监督和防止船舶污染及海上设施检验、航海保障的管理职权，是国家执法监督机构。海事局及其分支机构工作人员在从事上述公务活动中，滥用职权或者玩忽职守，致使公共财产、国家和人民利益遭受重大损失的，应当依照刑法第三百九十三条的规定，以滥用职权罪或者玩忽职守罪追究刑事责任。"

最高人民检察院法律政策研究室 2003 年 4 月 2 日发布的《关于集体性质的乡镇卫生院院长利用职务之便收受他人财物的行为如何适用法律问题的答复》中规定："经过乡镇政府或者主管行政机关任命的乡镇卫生院院长，在依法从事本区域卫生工作的管理与业务技术指导，承担医疗预防保健服务工作等公务活动时，属于刑法第九十三条第二款规定的其他依照法律从事公务的人员。"

最高人民法院 2003 年 11 月 13 日发布的《全国法院审理经济犯罪案件工作座谈会纪要》第一部分"关于贪污贿赂犯罪和渎职犯罪的主体"中第 1 条"国家机关工作人员的认定"规定："刑法中所称的国家机关工作人员，是指在国家机关中从事公务的人员，包括在各级国家权力机关、行政机关、司法机关和军事机关中从事公务的人员。根据有关立法解释的规定，在依照法律、法规规定行使国家行政管理职权的组织中从事公务的人员，或者在受国家机关委托代表国家行使职权的组织中从事公务的人员，或者虽未列入国家机关人员编制但在国家机关中从事公务的人员，视为国家机关工作人员。在乡（镇）以上中国共产党机关、人民政协机关中从事公务的人员，司法实践中也应当视为国家机关工作人员。"第 2 条"国家机关、国有公司、企业、事业单位委派到非国有公司、企业、事业单位、社会团体从事公务的人员的认定"规定："所谓委派，即委任、派遣，其形式多种多样，如任命、指派、提名、批准等。不论被委派的人身份如何，只要是接受国家机关、国有公司、企业、事业单位委派，代表国家机关、国有公司、企业、事业单位在非国有公司、企业、事业单位、社会团体中从事组织、领导、监督、管理等工作，都可以认定为国家机关、国有公司、企业、事业单位委派到非国有公司、企业、事业单位、社会团体从事公务的人员。如国家机关、国有公司、企业、事业单位委派在国有控股或者参股的股份有限公司从事组织、领导、监督、管理等工作的人员，应当以国家工作人员论。国有公司、企业改制为股份有限公司后，原国有公司、企业的工作人员和股份有限公司新任命的人员中，除代表国有投资主体行使监督、管理职权的人外，不以国家工作人员论。"第 3 条"'其他依照法律从事公务的人员'的认定"规定："刑法第九十三条第二款规定的'其他依照法律从事公务的人员'应当具有两个特征：一是在特定条件下行使国家管理职能；二是依照法律规定从事公务。具体包括：（1）依法履行职责的各级人民代表大会代表；（2）依法履行审判职责的人民陪审员；（3）协助乡镇人民政府、街道办事处从事行政管理工作的村民委员会、居民委员会等农村和城市基层组织人员；（4）其他由法律授权从事公务的人员。"第 4 条"关于'从事公务'的理解"规定："从事公务，是指代表国家机关、国有公司、企业、事业单位、人民团体等履行组织、领导、监督、管理等职责。公务主要表现为与职权相联系的公共事务以及监督、管理国有财产的职务活动。如国家机关工作人员依法履行职责，国有公司的董事、经理、监事、会计、出纳人员等管理、监督国有财产等活动，属于从事公务。那些不具备职权内容的劳务活动、技术服务工作，如售货员、售票员等所从事的工作，一般不认为是公务。"

最高人民法院研究室 2004 年 3 月 20 日发布的《关于对行为人通过伪造国家机关公文、证件担任国家工作人员职务并利用职务上的便利侵占本单位财物、收受贿赂、挪用本单位资金等行为如何适用法律问题的答复》规定："行为人通过伪造国家机关公文、证件担任国家工作人员职务以后，又利用职务上的便利实施侵占本单位财物、收受贿赂、挪用本单位资金等行为，构成犯罪的，应当分别以伪造国家机关公文、证件罪和相应的贪污罪、受贿罪、挪用公款罪等追究刑事责任，实行数罪并罚。"

最高人民检察院法律政策研究室 2004 年 11 月 3 日发布的《关于国家机关、国有公司、企业委派到非国有公司、企业从事公务但尚未依照规定程序获取该单位职务的人员是否适用刑法第九十三条第二款问题的答复》规定："对于国家机关、国有公司、企业委派到非国有公司、企业从事公务但尚未依照规定程序获取该单位职务的人员，涉嫌职务犯罪的，可以依照刑法第九十三条第二款关于'国家机关、国有公司、企业委派到非国有公司、企业、事业单位、社会团体从事公务的人员'，'以国家工作人员论'的规定追究刑事责任。"

最高人民法院 2005 年 8 月 1 日发布的《关于如何认定国有控股、参股股份有限公司中的国有公司、企业人员的解释》规定："国有公司、企业委派到国有控股、参股公司从事公务的人员，以国有公司、企业人员论。"

最高人民检察院 2006 年 7 月 26 日发布的《关于渎职侵权犯罪案件立案标准的规定》"附则"部分第 3 条规定："本规定中的'国家机关工作人员'，是指在国家机关中从事公务的人员，包括在各级国家权力机关、行政机关司法机关和军事机关中从事公务的人员。

在依照法律、法规规定行使国家行政管理职权的组织中从事公务的人员，或者在受国家机关委托代表国家行使职权的组织中从事公务的人员，或者虽未列入国家机关编制但在国家机关中从事公务的人员，在代表国家机关行使职权时，视为国家机关工作人员。在乡（镇）以上中国共产党机关、人民政协机关中从事公务的人员，视为国家机关工作人员。"

最高人民法院、最高人民检察院 2010 年 11 月 26 日发布的《关于办理国家出资企业中职务犯罪案件具体应用法律若干问题的意见》第 6 条"关于国家出资企业中国家工作人员的认定"规定："经国家机关、国有公司、企业、事业单位提名、推荐、任命、批准等，在国有控股、参股公司及其分支机构中从事公务的人员，应当认定为国家工作人员。具体的任命机构和程序，不影响国家工作人员的认定。经国家出资企业中负有管理、监督国有资产职责的组织批准或者研究决定，代表其在国有控股、参股公司及其分支机构中从事组织、领导、监督、经营、管理工作的人员，应当认定为国家工作人员。国家出资企业中的国家工作人员，在国家出资持有个人股份或者同时接受非国有股东委托的，不影响其国家工作人员身份的认定。"

最高人民法院、最高人民检察院 2012 年 12 月 7 日发布的《关于办理渎职刑事案件适用法律若干问题的解释（一）》第 7 条规定："依法或者受委托行使国家行政管理职权的公司、企业、事业单位的工作人员，在行使行政管理职权时滥用职权或者玩忽职守，构成犯罪的，应当依照《全国人民代表大会常务委员会关于〈中华人民共和国刑法〉第九章渎职罪主体适用问题的解释》的规定，适用渎职罪的规定追究刑事责任。"

【立法建言】

建　议：将《刑法》第 93 条第 1 款修改为："本法所称国家工作人员，是指国家机关或者依照法律、法规规定行使国家行政管理职权的组织中从事公务的人员。"

理　由：

全国人大常委会 2002 年 12 月 28 日通过的《关于〈中华人民共和国刑法〉第九章渎职罪主体适用问题的解释》已将"依照法律、法规规定行使国家行政管理职权的组织中从事公务的人员"扩张解释为"国家机关工作人员"。然而，该解释虽然合理，也符合我国当前的实际情况，但却未免有点牵强。因此，宜将其吸收到《刑法》第 93 条第 1 款中。

五、司法工作人员的含义（第 94 条）

【立法沿革】

司法工作人员的含义是在 1979 年《刑法》第 84 条规定的司法工作人员的含义的基础上修改而来的。

在新中国刑法立法史上，有关司法工作人员含义的规定出现较晚。直至 1963 年，《刑法草案》第 33 稿第 91 条才首次对司法工作人员作了界定："本法所说的司法工作人员是指有侦讯、追诉、审判、监管人犯职务的人员。"1979 年《刑法》第 84 条基本上沿用了上述规定，仅将其中的"追诉"改为"检察"。

1979 年《刑法》第 84 条规定："本法所说的司法工作人员是指有侦讯、检察、审判、监管人犯职务的人员。"

在全面研究修改刑法的过程中，1988 年 9 月的《刑法修改稿》第 84 条在上述规定的基础上，增加了"劳动教养工作人员"。1988 年 11 月 16 日的《刑法修改稿》第 88 条基本上沿用了上述规定，仅将其中的"劳动教养工作人员"改为"劳动教养单位的人员"。1988 年 12 月 25 日的《刑法修改稿》第 84 条又将"劳动教养单位的人员"的表述，修改为"劳动教养单位的管教人员"。到了 1995 年，《刑法总则修改稿》第 88 条将上述"监管人犯职务"中的"职务"改为"职责"，并删去了"劳动教养单位的管教人员"的规定。修改后的条文为："本法所说的司法工作人员是指有侦讯、检察、审判、监管人犯职责的人员。"1996 年的《刑法修订草案》（征求意见稿）第 91 条基本上沿用了上述规定，仅将其中的"侦讯"改为"侦查"。1997 年的《刑法修订草案》（修改稿）第 95 条又对上述规定作了两处修改：一是将"本法所说的司法工作人员"改为"本法所称司法工作人员"；二是删去了"监管人犯"中的"人犯"一词。这一修改方案，为现行刑法所采纳。

【立法规定】

《刑法》第 94 条规定："本法所称司法工作人员，是指有侦查、检察、审判、监管职责的工作人员。"

【立法释义】

最高人民法院 2000 年 9 月 19 日发布的《关于未被公安机关正式录用的人员、狱医能否构成失职致使在押人员脱逃罪主体问题的批复》规定："对于未被公安机关正式录用，受委托履行监管职责的人员，由于严重不负责任，致使在押人员脱逃，造成严重后果的，应当依照刑法第四百条第二款的规定定罪处罚。不负监管职责的狱医，不构成失职致使在押人员脱逃罪的主体。但是受委派承担了监管职责的狱医，由于严重不负责任，致使在押人员脱逃，造成严重后果的，应当依照刑法第四百条第二款的规定定罪处罚。"

最高人民检察院 2001 年 3 月 2 日发布的《关于工人等非监管机关在编监管人员私放在押人员行为和失职致使在押人员脱逃行为适用法律问题的解释》规定："工人等非监管机关在编监管人员在被监管机关聘用受委托履行监管职责的过程中私放在押人员的，应当依照刑法第四百条第一款的规定，以私放在押人员罪追究刑事责任；由于严重不负责任，致使在押人员脱逃，造成严重后果的，应当依照刑法第四百条第二款的规定，以失职致使在押人员脱逃罪追究刑事责任。"

最高人民检察院 2002 年 4 月 29 日发布的《关于企业事业单位的公安机构在机构改革过程中其工作人员能否构成渎职侵权犯罪主体问题的批复》规定："企业事业单位的公安机构在机构改革过程中虽未列入公安机关建制，其工作人员在行使侦查职责时，实施渎职侵权行为的，可以成为渎职侵权犯罪的主体。"

【立法建言】

建　议：将《刑法》第 94 条修改为："本法所称司法工作人员，是指有侦查、检察、审判、执行职责的工作人员。"

理　由：

生效判决的执行是国家司法活动中不可或缺的一个重要环节，对整个司法活动目的的实现有着直接和决定性的作用。在我国，生效判决的执行，既包括刑事案件的执行，也包括民事、行政案件的执行。但是，刑事案件中的死刑立即执行和罚金、没收财产的执行，以及民事、行政案件的执行，均不涉及"监管"的问题，因而"监管"一词不能涵盖全部执行活动。同样地，有监管职责的工作人员也不能包括负责执行上述案件的工作人员。① 有鉴于此，宜将《刑法》第 94 条中的"监管"一词改为"执行"，以免产生疏漏。

六、重伤的含义（第 95 条）

【立法沿革】

重伤的含义是在 1979 年《刑法》第 85 条规定的重伤的含义的基础上修改而来的。

1950 年的《刑法大纲草案》在第 128 条故意伤害罪中规定，"有下列情形之一者，为重伤"："一、使人肢体残废或使劳动力遭受不能恢复之重大损害者；二、使人丧失听觉、视觉或其他器官之机能者；三、毁人容颜者。"到了 1957 年，《刑法草案》第 22 稿始将重伤的含义移入总则第五章"附则"之中，并增加了"其他对于人身健康有重大伤害"的兜底规定。该稿第 94 条规定："本法所说的重伤是指有下列情形之一的伤害：（一）使人肢体残废或者毁人容貌的；（二）使人丧失听觉、视觉或者其他器官机能的；（三）其他对于人身健康有重大伤害的。"这一规定，为 1979 年《刑法》所沿用。

1979 年《刑法》第 85 条规定："本法所说的重伤是指有下列情形之一的伤害：（一）使人肢体残废或者毁人容貌的；（二）使人丧失听觉、视觉或者其他器官机能的；（三）其他对于人身健康有重大伤害的。"

在刑法修订研拟的过程中，1997 年的《刑法修订草案》（修改稿）第 97 条基本上沿用了上述规定，仅在文字表述上将"本法所说的重伤是指有下列情形之一的伤害"改为

---

① 人民法院负责执行的工作人员，并非审判人员，但显然属于"司法工作人员"。

"本法所称重伤，是指有下列情形之一的伤害"。这一修改方案，为现行刑法所采纳。

【立法规定】

《刑法》第 95 条规定："本法所称重伤，是指有下列情形之一的伤害：（一）使人肢体残废或者毁人容貌的；（二）使人丧失听觉、视觉或者其他器官机能的；（三）其他对于人身健康有重大伤害的。"

【立法释义】

最高人民法院、最高人民检察院、公安部、国家安全部、司法部 2013 年 8 月 30 日发布的《人体损伤程度鉴定标准》中，第 3.1 条将"重伤"定义为："使人肢体残废、毁人容貌、丧失听觉、丧失视觉、丧失其他器官机能或者其他对于人身健康有重大伤害的损伤，包括重伤一级和重伤二级。"同时，该标准附录 A.1 将"重伤一级"定义为："各种致伤因素所致的原发性损伤或者由原发性损伤引起的并发症，严重危及生命；遗留肢体严重残疾或者重度容貌毁损；严重丧失听觉、视觉或者其他重要器官机能。"附录 A.2 将"重伤二级"定义为："各种致伤因素所致的原发性损伤或者由原发性损伤引起的并发症，危及生命；遗留肢体残疾或者轻度容貌毁损；丧失听觉、视觉或者其他重要器官机能。"

【立法建言】

建　议：将《刑法》第 95 条修改为："本法所称重伤，是指有下列情形之一的损伤：（一）使人肢体残废或者毁人容貌的；（二）使人丧失听觉、视觉或者其他器官机能的；（三）其他对于人身健康有重大伤害的损伤。"

理　由：

在医学和司法鉴定学中，通常将对于人身健康的伤害结果定义为"损伤"。有鉴于此，为使刑法的用语更加准确、规范，宜对《刑法》第 95 条的表述作相应修改。

七、违反国家规定的含义（第 96 条）

【立法沿革】

违反国家规定的含义是 1997 年《刑法》第 96 条增设的规定。

违反国家规定的含义，最早见之于 1996 年的《刑法修订草案》（征求意见稿）。该草案第 93 条规定："本法所说的违反国家规定是指违反全国人民代表大会及其常务委员会制定的法律和决定，国务院制定的行政法规和行政措施、发布的决定和命令。"1997 年的《刑法修订草案》（修改稿）第 98 条基本上沿用了上述规定，仅将其中"本法所说的违反国家规定是指……"的表述修改为"本法所称违反国家规定，是指……"1997 年 3 月 1 日，提交给八届全国人大五次会议审议的《中华人民共和国刑法（修订草案）》第 98 条在上述规定的基础上，又将"国务院制定的行政法规和行政措施"改为"国务院制定的行政法规、规定的行政措施"。这一修改方案，为现行刑法所采纳。

【立法规定】

《刑法》第96条规定："本法所称违反国家规定，是指违反全国人民代表大会及其常务委员会制定的法律和决定，国务院制定的行政法规、规定的行政措施、发布的决定和命令。"

【立法释义】

最高人民法院2006年11月14日发布的《关于审理走私刑事案件具体应用法律若干问题的解释（二）》第9条第2款规定："国家限制进口的可用作原料的废物的具体种类，按照国家有关部门规定执行。"

最高人民法院2011年4月8日发布的《关于准确理解和适用刑法中"国家规定"的有关问题的通知》第1条规定："根据刑法第九十六条的规定，刑法中的'国家规定'是指，全国人民代表大会及其常务委员会制定的法律和决定，国务院制定的行政法规、规定的行政措施，发布的决定和命令。其中，'国务院规定的行政措施'应当由国务院决定，通常以行政法规或者国务院制发文件的形式加以规定。以国务院办公厅名义制发的文件，符合以下条件的，亦应视为刑法中的'国家规定'：（1）有明确的法律依据或者同相关行政法规不相抵触；（2）经国务院常务会议讨论通过或者经国务院批准；（3）在国务院公报上公开发布。"第2条规定："各级人民法院在刑事审判工作中，对有关案件所涉及的'违反国家规定'的认定，要依照相关法律、行政法规及司法解释的规定准确把握。对于规定不明确的，要按照本通知的要求审慎认定。对于违反地方性法规、部门规章的行为，不得认定为'违反国家规定'。对被告人的行为是否'违反国家规定'存在争议的，应当作为法律适用问题，逐级向最高人民法院请示。"第3条规定："各级人民法院审理非法经营犯罪案件，要依法严格把握刑法第二百二十五条第（四）项的适用范围。对被告人的行为是否属于刑法第二百二十五条第（四）项规定的'其他严重扰乱市场秩序的非法经营行为'，有关司法解释未作明确规定的，应当作为法律适用问题，逐级向最高人民法院请示。"

【立法建言】

建 议： 将《刑法》第96条修改为："本法所称违反国家规定，是指违反全国人民代表大会及其常务委员会制定的法律和决定，国务院制定的行政法规。"

理 由：

从立法技术上看，宜删去《刑法》第96条中"规定的行政措施、发布的决定和命令"的规定。之所以删去上述规定，主要是为了与《立法法》的有关规定相协调。《立法法》第 65 条第 2 款第 2 项规定，"行政法规"可以就"宪法第八十九条规定的行政管理职权的事项"作出规定。而《宪法》第 89 条规定的国务院行使的职权之一，就是"根据宪法和法律，规定行政措施，制定行政法规，发布决定和命令"。换言之，根据《立法法》第 65 条第 2 款第 2 项的规定，"行政法规"包含了"规定的行政措施、发布的决定和命令"的内容。因此，没有必要对此重复加以规定，以免产生歧义。

八、首要分子的含义（第 97 条）

【立法沿革】

首要分子的含义是在 1979 年《刑法》第 86 条规定的首要分子的含义的基础上修改而来的。

从立法源流来看，有关首要分子含义的规定，最早见之于 1963 年的《刑法草案》第 33 稿。该稿第 93 条规定："本法所说的首要分子是指在犯罪集团中起组织、策划、指挥作用的犯罪分子。"1979 年《刑法》第 86 条在上述规定的基础上，增加了"聚众犯罪"的内容。[①]

1979 年《刑法》第 86 条规定："本法所说的首要分子是指在犯罪集团或者聚众犯罪中起组织、策划、指挥作用的犯罪分子。"

在全面研究修改刑法的过程中，1988 年 9 月的《刑法修改稿》取消了首要分子含义的规定。但是，1988 年 11 月 16 日的《刑法修改稿》又恢复了上述规定。1997 年的《刑法修订草案》（修改稿）第 99 条基本上沿用了上述规定，仅将其中"本法所说的首要分子是指……"的表述修改为"本法所称首要分子，是指……"这一修改方案，为现行刑法所采纳。

【立法规定】

《刑法》第 97 条规定："本法所称首要分子，是指在犯罪集团或者聚众犯罪中起组织、策划、指挥作用的犯罪分子。"

【立法释义】

目前，尚无与首要分子的含义相关的法律解释。

【立法建言】

建　议：将《刑法》第 97 条修改为："本法所称首要分子，是指在犯罪集团中起组

[①]　"修订中考虑到，像扰乱社会秩序罪和聚众扰乱公共场所秩序或交通秩序罪中的那种首要分子，不一定是在犯罪集团里面。故在条文中紧接'犯罪集团'之后，增加了'或者聚众犯罪'几个字"（参见高铭暄：《中华人民共和国刑法的孕育和诞生》，法律出版社 1981 年版，第 131 页）。

织、策划、指挥作用的犯罪分子，或者在聚众犯罪中起纠集、策动、指挥作用的犯罪分子。"

理　由：

聚众犯罪的首要分子和犯罪集团的首要分子，在犯罪中所起的作用是不尽相同的。正如有学者所言，"虽然刑法规定聚众犯罪中的首要分子也是犯罪的组织者、策划者或指挥者，但其所实施的组织、策划、指挥作用，无论其作用的内容和目的，还是作用的场合和效果，聚众犯罪中首要分子的'组织、策划、指挥'作用，都无法与犯罪集团等有组织犯罪中组织犯的'组织、策划、指挥'作用，等日而语"。[1] 鉴于理论上和实践中时常因为《刑法》第 97 条的表述而混淆聚众犯罪和有组织犯罪的界限，[2] 因此，为使聚众犯罪与犯罪集团能够清晰地区别开来，有必要对聚众犯罪首要分子的表述作相应的修改。

九、告诉才处理的含义（第 98 条）

【立法沿革】

告诉才处理的含义是在 1979 年《刑法》第 87 条规定的告诉才处理的含义的基础上修改而来的。

由于 1979 年《刑法》第 145 条、第 179 条和第 182 条规定了"告诉才处理"的犯罪，因此，该法第 87 条对"告诉才处理"的含义作了明确的规定："本法所说的告诉才处理，是指被害人告诉才处理。如果被害人因受强制、威吓无法告诉的，人民检察院和被害人的近亲属也可以告诉。"

在全面研究刑法修改的过程中，1988 年 9 月的《刑法修改稿》第 87 条在上述规定的基础上，增加了因"其他原因愿意告诉而无法告诉"的情形。修改后的条文为："本法所说的告诉才处理，是指被害人告诉才处理。如果被害人因受强制、威吓或者其他原因愿意告诉而无法告诉的，人民检察院和被害人的近亲属也可以告诉。"1988 年 11 月 16 日的《刑法修改稿》第 91 条基本上沿用了上述规定，仅在文字上删去了"愿意告诉而"的表述。到了 1996 年 8 月 8 日，《刑法总则修改稿》第 92 条又恢复了 1979 年《刑法》的规定。1997 年 2 月 17 日的《刑法修订草案》（修改稿）第 100 条在上述规定的基础上，将"本法所说的"改为"本法所称"。这一修改方案，为现行刑法所采纳。

---

① 刘德法：《聚众犯罪理论与实务研究》，中国法制出版社 2011 年版，第 244 页。
② 例如，有学者将《刑法》第 103 条、第 104 条、第 105 条等条文中有"组织、策划"字样的犯罪，统统归纳为聚众犯罪（参见李宇先：《聚众犯罪研究》，湖南人民出版社 2004 年版，第 149 页）。

【立法规定】

《刑法》第 98 条规定："本法所称告诉才处理，是指被害人告诉才处理。如果被害人因受强制、威吓无法告诉的，人民检察院和被害人的近亲属也可以告诉。"

【立法释义】

最高人民法院、最高人民检察院、公安部、司法部 2013 年 10 月 23 日发布的《关于依法惩治性侵害未成年人犯罪的意见》第 32 条规定："未成年人在幼儿园、学校或者其他教育机构学习、生活期间被性侵害而造成人身损害，被害人及其法定代理人、近亲属据此向人民法院起诉要求上述单位承担赔偿责任的，人民法院依法予以支持。"

最高人民法院、最高人民检察院、公安部、司法部 2015 年 3 月 2 日发布的《关于依法办理家庭暴力犯罪案件的意见》第 4 条规定："对未成年人、老年人、残疾人、孕妇、哺乳期妇女、重病患者特殊保护。办理家庭暴力犯罪案件，应当根据法律规定和案件情况，通过代为告诉、法律援助等措施，加大对未成年人、老年人、残疾人、孕妇、哺乳期妇女、重病患者的司法保护力度，切实保障他们的合法权益。"第 7 条规定："公安机关在处理人身伤害、虐待、遗弃等行政案件过程中，人民法院在审理婚姻家庭、继承、侵权责任纠纷等民事案件过程中，应当注意发现可能涉及的家庭暴力犯罪。一旦发现家庭暴力犯罪线索，公安机关应当将案件转为刑事案件办理，人民法院应当将案件移送公安机关；属于自诉案件的，公安机关、人民法院应当告知被害人提起自诉。"第 8 条规定："对于被害人有证据证明的轻微家庭暴力犯罪案件，在立案审查时，应当尊重被害人选择公诉或者自诉的权利。被害人要求公安机关处理的，公安机关应当依法立案、侦查。在侦查过程中，被害人不再要求公安机关处理或者要求转为自诉案件的，应当告知被害人向公安机关提交书面申请。经审查确系被害人自愿提出的，公安机关应当依法撤销案件。被害人就这类案件向人民法院提起自诉的，人民法院应当依法受理。"第 9 条规定："对于家庭暴力犯罪自诉案件，被害人无法告诉或者不能亲自告诉的，其法定代理人、近亲属可以告诉或者代为告诉；被害人是无行为能力人、限制行为能力人，其法定代理人、近亲属没有告诉或者代为告诉的，人民检察院可以告诉；侮辱、暴力干涉婚姻自由等告诉才处理的案件，被害人因受强制、威吓无法告诉的，人民检察院也可以告诉。人民法院对告诉或者代为告诉的，应当依法受理。"第 14 条规定："家庭暴力犯罪案件具有案发周期较长、证据难以保存，被害人处于相对弱势、举证能力有限，相关事实难以认定等特点。有些特点在自诉案件中表现得更为突出。因此，人民法院在审理家庭暴力自诉案件时，对于因当事人举证能力不足等原因，难以达到法律规定的证据要求的，应当及时对当事人进行举证指导，告知需要收集的证据及收集证据的方法。对于因客观原因不能取得的证据，当事人申请人民法院调取的，人民法院应当认真审查，认为确有必要的，应当调取。"

【立法建言】

建　议： 将《刑法》第 98 条修改为："本法所称告诉才处理，是指被害人告诉才处理。如果被害人没有能力告诉，或者因受强制、威吓无法告诉的，人民检察院和被害人的近亲属也可以告诉。"

理　由：

《刑法》第 98 条仅规定了"被害人因受强制、威吓无法告诉"一种情形，范围失之过窄，且不符合实际情况。因为，在司法实践中，被害人"无法告诉"还可能是出于没有责任能力、没有告诉能力等欠缺告诉能力的原因。[①] 正因如此，最高人民法院、最高人民检察院、公安部、司法部《关于依法办理家庭暴力犯罪案件的意见》第 9 条规定："对于家庭暴力犯罪自诉案件，被害人无法告诉或者不能亲自告诉的，其法定代理人、近亲属可以告诉或者代为告诉；被害人是无行为能力人、限制行为能力人，其法定代理人、近亲属没有告诉或者代为告诉的，人民检察院可以告诉；侮辱、暴力干涉婚姻自由等告诉才处理的案件，被害人因受强制、威吓无法告诉的，人民检察院也可以告诉。人民法院对告诉或者代为告诉的，应当依法受理。"然而，上述规定却有越权解释之嫌。因此，《刑法修正案（九）》第 18 条在《刑法》第 260 条第 3 款告诉才处理的规定中，增加了"但被害人没有能力告诉，或者因受到强制、威吓无法告诉的除外"的例外规定。笔者认为，该规定顺应了司法实践的需要，是非常必要的。但遗憾的是，该规定仅仅是针对虐待罪所作的修改，而未能顾及其他告诉才处理的犯罪。为弥补这一缺憾，有必要在《刑法》第 98 条中增加规定被害人"没有能力告诉"的情形。

十、以上、以下、以内的含义（第 99 条）

【立法沿革】

以上、以下、以内的含义是在 1979 年《刑法》第 88 条规定的以上、以下、以内的含义的基础上修改而来的。

1957 年的《刑法草案》第 22 稿第 95 条最早对以上、以下、以内的含义作了界定："本法所说的以上、以下、以内，都连本数在内。"1979 年《刑法》沿用了上述规定，未作任何修改。

1979 年《刑法》第 88 条规定："本法所说的以上、以下、以内，都连本数在内。"

在刑法修订研拟的过程中，1996 年的《刑法修订草案》（征求意见稿）第 97 条将上

[①] 有学者早就指出，"在实践中，被虐待的多是年幼的儿童或者卧床无法行动的老人。这些人往往无力对虐待者'告诉'，原条文不利于保护这部分人的合法权益"（赵秉志主编：《刑法修改研究综述》，中国人民公安大学出版社 1990 年版，第 547 页）。

述"都连本数在内"的表述修改为"包括本数"。1997 年的《刑法修订草案》（修改稿）第 101 条基本上沿用了上述规定，仅将其中的"本法所说的"改为"本法所称"。这一修改方案，为现行刑法所采纳。

【立法规定】

《刑法》第 99 条规定："本法所称以上、以下、以内，包括本数。"

【立法释义】

目前，尚无与以上、以下、以内的含义相关的法律解释。

【立法建言】

建　议：将《刑法》第 99 条修改为："本法所称以上、以内，包括本数。"

理　由：

《刑法》第 99 条规定"以上、以下"都包括本数，势必导致"以上、以下"出现重叠，从而模糊罪与非罪或者法定量刑幅度之间的界限。此外，备受刑法学界诟病的《刑法》第 63 条中的"以下"，还混淆了从轻处罚和减轻处罚的界限。正因如此，近年来，许多涉及立案标准的司法解释都只规定"以上"或者"以上""以内"包括本数。[①] 笔者认为，为避免产生不必要的歧义，应当取消"以下"包括本数的规定。

十一、前科报告与报告义务的免除（第 100 条）

【立法沿革】

前科报告是 1997 年《刑法》第 100 条增设的一项制度；而报告义务的免除则是《刑法修正案（八）》第 19 条新增设的规定。

在刑法修订研拟的过程中，全国人大常委会副委员长王汉斌提出："规定对某些犯罪剥夺某种资格，实践中比较难办。能否考虑倒过来规定，即规定担任某种资格前，必须登记刑事犯罪记录。不如实申报，就不能任职。国外有这样的做法。我们能否也研究一下，

---

① 例如，最高人民检察院 2006 年 7 月 26 日发布的《关于渎职侵权犯罪案件立案标准的规定》附则第 2 条，最高人民检察院、公安部 2008 年 6 月 25 日发布的《关于公安机关管辖的刑事案件立案追诉标准的规定（一）》第 101 条，最高人民检察院、公安部 2010 年 5 月 7 日发布的《关于公安机关管辖的刑事案件立案追诉标准的规定（二）》第 91 条，最高人民检察院、公安部 2012 年 5 月 28 日发布的《关于公安机关管辖的刑事案件立案追诉标准的规定（三）》第 16 条，最高人民检察院、解放军总政治部 2013 年 2 月 26 日发布的《军人违反职责罪案件立案标准的规定》第 35 条均明确规定："本规定中的'以上'，包括本数"。最高人民法院、最高人民检察院、公安部 2013 年 11 月 14 日发布的《关于办理组织领导传销活动刑事案件适用法律若干问题的意见》第 7 条第 1 款规定："本意见所称'以上''以内'，包括本数。"

这样的办法对于预防犯罪是否会有积极的作用。"[1] "在之后的研拟过程中，也有人提出，在现实中一些受过刑事处罚的人，在回归社会后，主观恶性仍然很深，在入伍或就业后仍有可能继续犯罪，而我国现行法律中并未规定这些人在入伍或就业时应当如实报告受刑记录，有些接收单位对该人员的一贯表现及是否受过刑事处罚无从了解，不利于有关单位对这些人及时采取教育、监督措施，也不利于军队队伍的纯洁。因此，建议在刑法中规定前科报告制度。"[2] 据此，1996年的《刑法修订草案》第102条增设了前科报告制度："依法受过刑事处罚的人，在入伍、就业的时候，应当如实向有关单位报告自己曾受过刑事处罚，不得隐瞒。"这一修改方案，为1997年修订的《刑法》所采纳。

1997年修订的《刑法》第100条规定："依法受过刑事处罚的人，在入伍、就业的时候，应当如实向有关单位报告自己曾受过刑事处罚，不得隐瞒。"

1997年《刑法》施行后，为进一步完善对未成年人从宽处理的法律规定，根据有关方面的意见，[3]《刑法修正案（八）》第19条增加了"犯罪的时候不满十八周岁被判处五年有期徒刑以下刑罚的人，免除前款规定的报告义务"的规定。

【立法规定】

《刑法》第100条规定："依法受过刑事处罚的人，在入伍、就业的时候，应当如实向有关单位报告自己曾受过刑事处罚，不得隐瞒。犯罪的时候不满十八周岁被判处五年有期徒刑以下刑罚的人，免除前款规定的报告义务。"

【立法释义】

目前，尚无与前科报告与报告义务的免除相关的法律解释。

【立法建言】

建　议： 将《刑法》第100条第1款修改为："依法受过刑事处罚的人，在入伍、录用国家工作人员的时候，应当如实向有关单位报告自己曾受过刑事处罚，不得隐瞒。"

理　由：

《刑法》第100条规定的"就业"，其范围太宽泛，且不近人情，难以操作。因为，在当今就业形势严峻的情况下，要求依法受过刑事处罚的人，在"就业"的时候，"应当如实向有关单位报告自己曾受过刑事处罚，不得隐瞒"的规定，过于严厉和苛刻，无异于断送了曾受过刑事处罚的人的新生之路。何况，"就业"的渠道多种多样，并非所有的

---

① 参见王汉斌："《在修改刑法座谈会开幕式上的讲话》（1996年11月11日）"，见高铭暄、赵秉志编：《新中国刑法立法文献资料总览》（下），中国人民公安大学出版社1998年版，第2151页。

② 参见高铭暄：《中华人民共和国刑法的孕育诞生和发展完善》，北京大学出版社2012年版，第293页。

③ 参见全国人大常委会法制工作委员会主任李适时2010年8月23日在十一届全国人大常委会第十六次会议上所作的《关于〈中华人民共和国刑法修正案（八）（草案）〉的说明》。

"就业"都能够找到"有关单位报告"。因此，宜将"就业"的范围缩小，仅限于"录用国家工作人员"。

十二、总则的效力（第 101 条）

【立法沿革】

总则的效力是在 1979 年《刑法》第 89 条规定的总则的效力的基础上修改而来的。

在新中国刑法立法史上，1957 年的《刑法草案》第 22 稿第 96 条最早规定了总则的效力："本法总则适用于其他有刑罚规定的法律、法令，但是其他法律、法令有特别规定的除外。"1979 年《刑法》第 89 条基本上沿用了上述规定，仅删去了"但书"中的"法令"一词。

1979 年《刑法》第 89 条规定："本法总则适用于其他有刑罚规定的法律、法令，但是其他法律有特别规定的除外。"

在刑法修订研拟的过程中，1996 年的《刑法修订草案》（征求意见稿）第 98 条在上述规定的基础上，又删去了其中的"法令"一词。① 这一修改方案，为现行刑法所采纳。

【立法规定】

《刑法》第 101 条规定："本法总则适用于其他有刑罚规定的法律，但是其他法律有特别规定的除外。"

【立法释义】

目前，尚无与总则的效力相关的法律解释。

【立法建言】

建　议：将《刑法》第 101 条修改为："本法总则适用于其他有追究刑事责任规定的法律，但是其他法律有特别规定的除外。"

理　由：

随着 1997 年"要制定一部统一的、比较完备的刑法典"② 的立法追求，"自 1999 年以来，我国对罪名的增设、罪状和法定刑的修改，全仰赖于刑法修正案的模式。这种'大一统'加'依附性'的立法模式，使得所有犯罪的基本罪状和法定刑均规定在刑法典和修正案中，同时在相关的行政法律、法规中不设立独立的罪状和法定刑，只在其处

---

① "现行宪法在界定全国人大常委会的职权时，取消'法令'而代之以'法律'的称谓，这意味着，'法令'一词已不是法定用语，再予保留，易生歧义，故刑法修订时，立法机关将其删去"（参见高铭暄：《中华人民共和国刑法的孕育诞生和发展完善》，北京大学出版社 2012 年版，第 294 页）。

② 参见全国人大常委会副委员长王汉斌 1997 年 3 月 6 日在八届全国人大五次会议上所作的《关于〈中华人民共和国刑法（修订草案）〉的说明》。

罚罚则中对刑事责任作宣告式的原则表述，从而使刑法典成为我国刑法立法的绝对主导甚至唯一渊源。"① 在这种情况下，不可能存在"其他有刑罚规定的法律"。因此，宜将"本法总则适用于其他有刑罚规定的法律"修改为"本法总则适用于其他有追究刑事责任规定的法律"。即便将来采取多元的刑法立法模式，并在附属刑法中规定罪状和法定刑，也可不再修改。

---

① 利子平："我国附属刑法与刑法典衔接模式的反思与重构"，载《法治研究》2014 年第 1 期。

第二篇

分　则

第一章　危害国家安全罪

一、背叛国家罪（第 102 条）

【立法沿革】

背叛国家罪是在 1979 年《刑法》第 91 条规定的背叛祖国罪的基础上修改而来的。

背叛祖国罪的相关立法，可以追溯到新中国正式成立的前夕。1949 年 9 月 29 日，中国人民政治协商会议第一届全体会议通过的《中国人民政治协商会议共同纲领》明确规定："中华人民共和国必须镇压一切反革命活动，严厉惩罚一切勾结帝国主义、背叛祖国、反对人民民主事业的国民党反革命战争罪犯和其他怙恶不悛的反革命首要分子。"据此，1950 年的《刑法大纲草案》具体规定了"反革命战争罪犯""军人叛国"和"背叛祖国"3 种背叛祖国的犯罪。其中，第 35 条规定："勾结帝国主义，发动反人民战争，破坏国家领土主权之完整者，处死刑，并没收其全部财产。"第 36 条规定："军事首长以协助敌人为目的，将防地防线、武装部队、军事设备或作战物资交付敌人者，处死刑，并没收其全部财产。"第 37 条规定："企图破坏国家领土主权之完整者，背叛祖国，而协助敌人，或投奔敌方者，处死刑，并没收其财产之全部。情节较轻者，处终身监禁，或十年以上十五年以下监禁，并可没收其财产之全部或一部。"此外，该草案第 55 条还规定："犯本章各条之罪，如能真诚悔过，自动立功者，本宽大精神，减轻或不予处罚。"[①] 第 57 条规定："犯本章各条之罪者，根据犯罪的轻重，并可剥夺其政治权三年至十年。"[②] 到了 1951 年，《惩治反革命条例》始将各种背叛祖国的犯罪合并加以规定，仅以 1 个条文来概括背叛祖国罪。该条例第 3 条规定："勾结帝国主义背叛祖国者，处死刑或无期徒刑。"此外，该条例第 17 条还规定："犯本条例之罪者，得剥夺其政治权利，并得没收其财产之全部或一

---

① 《刑法大纲草案》对反革命罪从宽处罚的规定集中在第 55 条之中。本章在阐述以下各罪立法规定时，凡涉及《刑法大纲草案》的，均不再具体列举从宽处罚的规定。

② 《刑法大纲草案》对反革命罪剥夺政治权的规定集中在第 57 条之中。本章在阐述以下各罪立法规定时，凡涉及《刑法大纲草案》的，均不再具体列举剥夺政治权的规定。

部。"① 1957 年的《刑法草案》第 22 稿第 98 条将《惩治反革命条例》第 3 条中的"勾结帝国主义"改为"勾结外国"，并将"背叛祖国"具体表述为"意图危害祖国的主权、领土完整和安全"。该条的具体规定为："勾结外国，意图危害祖国的主权、领土完整和安全的，处死刑或者无期徒刑。"此外，该稿第 110 条还规定："犯本章之罪的，可以没收一部或者全部财产。"第 111 条规定："犯本章之罪，情节轻微的，可以判处管制。"② 1963 年的《刑法草案》第 33 稿第 97 条在上述第 98 条规定的基础上，作了两处修改和补充：一是在罪状中将"意图"改为"阴谋"；二是在法定刑中增加了"十年以上有期徒刑"的规定。③ 修改后的条文为："勾结外国，阴谋危害祖国的主权、领土完整和安全的，处死刑、无期徒刑或者十年以上有期徒刑。"此外，该稿第 110 条还规定："犯本章之罪的，可以并处没收财产。"④ 1979 年《刑法》基本上沿用了上述规定，只是将反革命罪的死刑另作了专条规定。

1979 年《刑法》第 91 条规定："勾结外国，阴谋危害祖国的主权、领土完整和安全的，处无期徒刑或者十年以上有期徒刑。"第 103 条规定："本章上述反革命罪行中，除第九十八条、第九十九条、第一百零二条外，对国家和人民危害特别严重、情节特别恶劣的，可以判处死刑。"⑤ 第 104 条规定："犯本章之罪的，可以并处没收财产。"⑥

在全面研究修改刑法的过程中，1988 年 9 月的刑法修改稿对 1979 年《刑法》分则第一章作了重大修改，将原章名"反革命罪"改为"危害国家安全罪"⑦。1988 年 11 月 16

---

① 《惩治反革命条例》有关剥夺政治权利和没收财产的规定集中在第 17 条之中。本章在阐述以下各罪立法规定时，凡涉及《惩治反革命条例》的，均不再具体列举剥夺政治权利和没收财产的规定。

② 《刑法草案》第 22 稿对反革命罪没收财产和管制的规定集中在第 110 条和 111 条之中。本章在阐述以下各罪立法规定时，凡涉及《刑法草案》第 22 稿的，均不再具体列举没收财产和管制的规定。

③ "修订中考虑到，即使是背叛祖国罪，情节也有不同，量刑幅度不宜太窄，故把起刑点降低到十年有期徒刑"（参见高铭暄：《中华人民共和国刑法的孕育和诞生》，法律出版社 1981 年版，第 138 页）。

④ 《刑法草案》第 33 稿对反革命罪没收财产的规定集中在第 110 条之中。本章在阐述以下各罪立法规定时，凡涉及《刑法草案》第 33 稿的，均不再具体列举没收财产的规定。

⑤ 1979 年《刑法》对反革命罪死刑的规定集中在第 103 条之中。本章在阐述以下各罪立法规定时，凡涉及 1979 年《刑法》的，均不再具体列举死刑的规定。

⑥ 1979 年《刑法》对反革命罪没收财产的规定集中在第 104 条之中。本章在阐述以下各罪立法规定时，凡涉及 1979《刑法》的，均不再具体列举没收财产的规定。

⑦ "将章名'反革命罪'改为'危害国家安全罪'。理由是：（1）反革命是个政治概念，不是严格的法律概念。（2）十一届三中全会以后，我国实行对外开放，对内实行'一国两制'，过去能认定反革命的行为，现在难以认定了。如对一些外国或者港澳台的人搜集情报的，不能说是'敌国''敌人'，不便适用'资敌'的规定。（3）反革命罪要求具有反革命目的，而目的是主观性的，难以认定，实践中往往争论不休。如果改为危害国家安全罪，凡有这种行为的，即以本章论罪，更便于适用"（参见全国人大常委会法制工作委员会刑法室："《关于修改刑法的初步设想》（1988 年 9 月）"，见高铭暄、赵秉志编：《新中国刑法立法文献资料总览》（下），中国人民公安大学出版社 1998 年版，第 2107 页）。

日的刑法修改稿进一步"删去了反革命罪的定义（第 90 条①）和各条中关于'以反革命为目的'的规定"；"删去了第 103 条、104 条，将死刑、没收财产的规定都写在各条中。"② 具体到背叛祖国罪，1988 年 12 月 25 日的《刑法修改稿》第 94 条对 1979 年《刑法》第 91 条主要作了以下三处修改：一是将本罪的法定最低刑降低到 7 年有期徒刑，并按照由轻到重的顺序排列；③ 二是在本条中直接规定了没收财产，并将没收财产分为"可以并处没收财产"和"并处没收财产"两种情形；三是在本条中直接规定了死刑，并对适用死刑的条件进行了概括。修改后的条文为："勾结外国，阴谋危害祖国的主权、领土完整和安全的，处七年以上有期徒刑或者无期徒刑，可以并处没收财产；情节特别严重的，处死刑，并处没收财产。"④ 在刑法修订研拟的过程中，"有人提出应当删除'危害祖国的主权、领土完整和安全'前的'阴谋'两字，把刑法追究的对象限定在客观危害行为上，以贯彻刑法不追究单纯的思想的立法要求；同时，由于刑法在属地管辖的情况下，也处罚外国人，如果用'祖国'的概念，指代不明，需要将'祖国'改为'中华人民共和国'，以使行文更加明确。"⑤ 因此，1996 年的《刑法修订草案》第 104 条将上述规定修改为："勾结外国，危害中华人民共和国的主权、领土完整和安全的，处无期徒刑或者十年以上有期徒刑。"此外，该草案还恢复了 1979 年《刑法》将本章中的死刑和没收财产另作专条规定的立法例，但将死刑和没收财产的规定集中为 1 条，分设 2 款加以规定。该草案第 113 条规定："本章上述危害国家安全罪行中，除第一百零五条第二款、第一百零七条外，对国家和人民危害特别严重、情节特别恶劣的，可以判处死刑。""犯本章之罪的，可以并处没收财产。"⑥ 1997 年的《刑法修订草案》（修改稿）在上述规定的基础上，将新增的第 109 条资助危害国家安全犯罪活动罪纳入不适用死刑的范围。1997 年 3 月 1 日，提交给八届全国人大五次会议审议的《中华人民共和国刑法（修订草案)》第 104 条增加

---

① 1979 年《刑法》第 90 条规定："以推翻无产阶级专政的政权和社会主义制度为目的的、危害中华人民共和国的行为，都是反革命罪。"

② 参见 1988 年 11 月 16 日的刑法修改稿分则第一章"危害国家安全罪"中的"修改说明"。

③ 将本罪的起刑点降低到 7 年有期徒刑，反映了轻刑化的理念在当时占据了主导地位；而按照由轻到重的顺序排列，则主要是考虑到该条后段设置了加重情节的死刑档次，因而将前段的法定刑按照由轻到重的顺序排列更加符合通常的刑罚设置方式。

④ 在此之前，对本罪的修改曾有过两个不同的方案：一是 1988 年 9 月的刑法修改稿第 91 条规定："勾结外国，阴危害祖国的主权、领土完整和安全的，处无期徒刑或者十年以上有期徒刑；情节特别严重的，处死刑，并处没收财产。"二是 1988 年 11 月 16 日的刑法修改稿第 94 条规定："阴谋颠覆人民民主专政的政权、分裂国家的，或者与外国、境外地区的敌对势力相勾结，阴谋危害国家的主权、安全的，处七年以上有期徒刑或者无期徒刑，可以并处没收财产；情节特别严重的，处死刑，并处没收财产。"该稿主要是基于背叛国家与分裂国家、颠覆政府往往是结合在一起的考虑，而将其合并加以规定。

⑤ 参见高铭暄：《中华人民共和国刑法的孕育诞生和发展完善》，北京大学出版社 2012 年版，第 297 页。

⑥ 1996 年《刑法修订草案》对危害国家安全罪死刑和没收财产的规定集中在第 113 条之中。本章在阐述以下各罪立法规定时，凡涉及 1996 年《刑法修订草案》的，均不再具体列举死刑和没收财产的规定。

了"与境外机构、组织、个人相勾结，犯前款罪的，依照前款的规定处罚"的规定。① 经审议，1997年《刑法》第113条又将叛逃罪排除在"可以判处死刑"的范围之外。

【立法规定】

《刑法》第102条规定："勾结外国，危害中华人民共和国的主权、领土完整和安全的，处无期徒刑或者十年以上有期徒刑。""与境外机构、组织、个人相勾结，犯前款罪的，依照前款的规定处罚。"第113条规定："本章上述危害国家安全罪行中，除第一百零三条第二款、第一百零五条、第一百零七条、第一百零九条外，对国家和人民危害特别严重、情节特别恶劣的，可以判处死刑。""犯本章之罪的，可以并处没收财产。"②

【立法释义】

目前，尚无与背叛国家罪相关的法律解释。但是，国务院1994年6月4日发布的《中华人民共和国国家安全法实施细则》（以下简称《国家安全法实施细则》③）对"境外机构、组织"及"勾结"所作的解释，对于正确理解和适用本罪具有重要的参考作用。

《国家安全法实施细则》第3条规定："'境外机构、组织'包括境外机构、组织在中华人民共和国境内设立的分支（代表）机构和分支组织；'境外个人'包括居住在中华人民共和国境内不具有中华人民共和国国籍的人。"第7条规定："'勾结'实施危害国家安全的行为，是指境内组织、个人的下列行为：（一）与境外机构、组织、个人共同策划或者进行危害国家安全活动的；（二）接受境外机构、组织、个人的资助或者指使，进行危害国家安全活动的；（三）与境外机构、组织、个人建立联系，取得支持、帮助，进行危害国家安全活动。"

【立法建言】

建　议：将《刑法》第102条第1款规定的法定刑改为"七年以上有期徒刑或者无期徒刑"；或者将《刑法》第102条第2款规定的"依照前款的规定处罚"改为与之相适应的具体法定刑，使之成为一个独立的罪名。

---

① "这是针对现在对国家安全构成很大危险的国内外相勾结进行'西化''分化'等颠覆破坏活动的特点所作的极为重要的规定，以利于依法同这类严重犯罪作斗争"（参见全国人大常委会副委员长王汉斌1997年3月6日在八届全国人大五次会议上所作的《关于〈中华人民共和国刑法（修订草案）〉的说明》）。

② 笔者认为，《刑法》第113条第2款笼统规定"犯本章之罪的，可以并处没收财产"并不妥当。首先，"本章之罪"是否都需要配置和适用财产刑并非没有疑问；其次，"本章之罪"确实需要配置和适用财产刑的，也应针对各罪的具体情况分别规定罚金、没收财产或者罚金和没收财产。有关如何配置和适用罚金和没收财产的具体观点及理由，可参见本书第一编第三章第八节之一"没收财产的范围（第59条）"中"立法建言"部分的论述，在此不再赘述。

③ 全国人大常委会2014年11月1日通过的《中华人民共和国反间谍法》第40条规定："本法自公布之日起施行。1993年2月22日第七届全国人民代表大会常务委员会第二十三次会议通过的《中华人民共和国国家安全法》同时废止。"但是，国务院至今尚未发布新的实施细则。考虑到《国家安全法实施细则》对相关概念所作的解释，对正确理解《刑法》的相关规定具有重要的参考价值，因此，本书仍加以引用。

理　由：

1. 从犯罪形态来看，背叛国家罪通常都是处于犯罪预备的阶段，未必会发生"危害中华人民共和国的主权、领土完整和安全"的实害结果。尽管《刑法》第 102 条删去了 1979 年《刑法》中的"阴谋"一词，但是，背叛国家罪的"阴谋犯"性质却并不会因此而改变。

2. 从现实情况来看，背叛国家罪通常都是境内组织、个人"与境外机构、组织、个人相勾结"实施的，而"与境外机构、组织、个人相勾结"所实施的背叛国家罪的社会危害性，显然不能与"勾结外国"相提并论。因此，《刑法》第 102 条第 2 款"与境外机构、组织、个人相勾结，犯前款罪的，依照前款的规定处罚"的规定，不具有充分合理性。可供选择的修改方案有二：一是将《刑法》第 102 条第 1 款规定的"处无期徒刑或者十年以上有期徒刑"改为"处七年以上有期徒刑或者无期徒刑"，以便有一定的空间能够适应"与境外机构、组织、个人相勾结，犯前款罪"，情节较轻的情形；二是将《刑法》第 102 条第 2 款规定的"依照前款的规定处罚"改为与之相适应的具体法定刑，使之成为一个独立的罪名。

3. 从轻刑化趋势来看，早在 1988 年的《刑法修改稿》就曾经将背叛国家罪的法定最低刑降低到 7 年有期徒刑，而在我国当前逐步废除死刑、刑罚体系整体趋于轻缓的大背景下，完全有条件、也有可能将背叛国家罪的法定最低刑降低到 1988 年《刑法修改稿》的水平。[①]

二、分裂国家罪、煽动分裂国家罪（第 103 条）

【立法沿革】

分裂国家罪、煽动分裂国家罪的立法源流较为复杂，从其直接的立法渊源来看，分裂国家罪是在 1979 年《刑法》第 92 条规定的阴谋颠覆政府、分裂国家罪的基础上修改而来的；而煽动分裂国家罪则是从 1979 年《刑法》第 102 条规定的反革命宣传煽动罪中分解而来的。

阴谋颠覆政府、分裂国家罪，最早见之于 1957 年的《刑法草案》第 22 稿。在此之前，无论是 1950 年的《刑法大纲草案》、1951 年的《惩治反革命条例》、1954 年的《刑法指导原则草案》，还是《刑法草案》的历次修改稿本，都没有阴谋颠覆政府、分裂国家罪的规定。"但是从国际国内阶级斗争的特点来看，规定上这一条比较主动。"[②] 因此，

[①]　本书主张，危害国家安全罪中法定最低刑为"十年以上有期徒刑"的，都相应改为"七年以上有期徒刑"。本章在阐述以下相关各罪的立法建言时，对此不再赘述。

[②]　参见高铭暄：《中华人民共和国刑法的孕育和诞生》，法律出版社 1981 年版，第 138 页。

《刑法草案》第 22 稿第 99 条增设了阴谋颠覆政府、分裂国家罪："阴谋颠覆政府分裂国家的，处死刑或者无期徒刑。"到了 1963 年，《刑法草案》第 33 稿考虑到背叛祖国罪的法定最低刑已经降低到 10 年有期徒刑，本罪也应有所改动；同时考虑到本罪与持械聚众叛乱罪实质上都是叛乱罪，虽然从危害的范围来说本罪比持械聚众叛乱罪的罪大，但从犯罪行为所处的阶段来看，持械聚众叛乱罪已到动武的地步，比本罪的"阴谋"走得远，综合衡量一下，本罪同持械聚众叛乱罪的"首要分子或者其他罪恶重大的"处刑应大体相同。①因此，该稿第 98 条将本罪的法定最低刑也降到 10 年有期徒刑。修改后的条文为："阴谋颠覆政府、分裂国家的，处死刑、无期徒刑或者十年以上有期徒刑。"此外，该稿还取消了第 22 稿中犯本罪"情节轻微的，可以判处管制"的规定。1979 年《刑法》第 92 条基本上沿用了上述规定，仅在立法技术上将死刑另作专条规定，并严格了死刑适用的条件。

1979 年《刑法》第 92 条规定："阴谋颠覆政府、分裂国家的，处无期徒刑或者十年以上有期徒刑。"

在全面研究修改刑法的过程中，1988 年的《刑法修改稿》第 95 条对本罪作了以下三处修改：一是将原规定中的"政府"一词改为"国家政权"；二是把本罪的法定最低刑降低到 7 年有期徒刑，并按照由轻到重的顺序排列；三是在本条中直接规定了死刑和没收财产。修改后的条文为："阴谋颠覆国家政权、分裂国家的，处七年以上有期徒刑或者无期徒刑，可以并处没收财产；情节特别严重的，处死刑，并处没收财产。"②然而，"上述规定，从犯罪形态上看，属于阴谋犯，对阴谋犯规定死刑并不合适。有人提出，应当将其修改为行为犯，并分级处罚。同时，'分裂国家'的行为往往是有组织地进行的，单个人或者松散的几个人一般并不能对国家主权、领土完整和安全构成威胁。因此，需要把惩治的对象限定在一定范围内：一种是组织、策划、实施分裂国家、破坏国家统一的首要分子或者罪行重大者；另一种是积极参加者；再一种是其他参加者，并分别配置不同的刑罚。为了突出打击的重点，需要改变 1979 年《刑法》第 92 条一律'处无期徒刑或者十年以上有期徒刑'的规定，把'积极参加的'和'其他参加的'刑期作趋轻的规定，甚至可以单处剥夺政治权利。"③据此，1996 年的《刑法修订草案》第 105 条第 1 款将上述规定修改为："组织、策划、实施分裂国家、破坏国家统一活动的，对首要分子或者罪恶重大的，

① 参见高铭暄：《中华人民共和国刑法的孕育和诞生》，法律出版社 1981 年版，第 139 页。

② 在此之前，对本罪的修改曾有过两个不同的方案：一是 1988 年 9 月的刑法修改稿第 92 条规定："阴谋颠覆政府、分裂国家的，处无期徒刑或者十年以上有期徒刑；情节特别严重的，处死刑。"二是 1988 年 11 月 16 日的刑法修改稿第 94 条规定："阴谋颠覆人民民主专政的政权、分裂国家的，或者与外国、境外地区的敌对势力相勾结，阴谋危害国家的主权、安全的，处七年以上有期徒刑或者无期徒刑，可以并处没收财产；情节特别严重的，处死刑，并处没收财产。"

③ 参见高铭暄：《中华人民共和国刑法的孕育诞生和发展完善》，北京大学出版社 2012 年版，第 298 ~ 299 页。

处无期徒刑或者十年以上有期徒刑；对积极参加的，处三年以上十年以下有期徒刑；对其他参加的，处三年以下有期徒刑、拘役、管制或者剥夺政治权利。"此外，该草案第108条还增设了"与境外机构、组织、个人相勾结，实施本章第一百零四条、第一百零五条、第一百零六条、第一百零七条规定的犯罪的，依照各该条的规定从重处罚"的规定。到了1997年，《刑法修订草案》（修改稿）第105条考虑到"罪行重大"的表述比"罪恶重大"更容易理解和把握，因而将"罪恶重大"修改为"罪行重大"。1997年3月1日，提交给八届全国人大五次会议审议的《中华人民共和国刑法（修订草案）》第104条在上述规定的基础上，增设了第2款"与境外机构、组织、个人相勾结，犯前款罪的，依照前款的规定处罚"的规定。相应地，该稿在第108条关于"与境外机构、组织、个人相勾结，实施本章第一百零五条、第一百零六条、第一百零七条规定之罪的，依照各该条的规定从重处罚"的规定中，删去了原第104条背叛国家罪的规定。① 这一修改方案，为现行刑法所采纳。

煽动分裂国家罪源自1979年《刑法》第102条规定的反革命宣传煽动罪。② 而反革命宣传煽动罪的立法渊源则较为久远，早在1950年的《刑法大纲草案》就分3条规定了反革命宣传煽动型犯罪。其中，第43条规定："以反革命为目的，煽动军队叛变，煽惑群众暴动，或煽惑群众反抗政令者，处死刑，终身监禁，或五年以上十五年以下监禁，并可没收其财产之全部或一部。"第47条规定："以反革命为目的，用挑拨、离间、煽惑或其他方法，破坏各民主党派间、各民主阶级间、各民族间之团结者，处死刑，终身监禁，或三年以上十五年以下监禁，并可没收其财产之全部或一部。"第51条规定："以反革命为目的，用口头、文字、图画或其他方法，而进行造谣、污蔑，或故意歪曲事实，曲解政策法令等反动宣传者，处三年以上七年以下监禁。情节轻微者，处二年以下监禁。"1951年，《惩治反革命条例》第10条将上述规定合并为1条，删去了其中"煽动军队叛变，煽惑群众暴动"的内容，增加了"进行反革命宣传鼓动、制造和散布谣言者"这一兜底条款，从而使条文更加严谨、合理，涵盖面更广。该条的具体规定为："以反革命为目的，有下列挑拨、煽惑行为之一者，处三年以上徒刑；其情节重大者处死刑或无期徒刑：一、煽动群众抗拒、破坏人民政府征粮、征税、公役、兵役或其他政令之实施者；二、挑拨离间各

① 《刑法》第106条关于"与境外机构、组织、个人相勾结，实施本章第一百零三条、第一百零四条、第一百零五条规定之罪的，依照各该条的规定从重处罚"规定的立法沿革，在此作统一说明。本章在阐述以下相关各罪的立法规定时，对此不再赘述。

② 全国人大常委会副委员长王汉斌1997年3月6日在八届全国人大五次会议上所作的《关于〈中华人民共和国刑法（修订草案）〉的说明》中明确指出："将刑法第一百零二条'以反革命标语、传单或者其他方法宣传煽动推翻无产阶级专政的政权和社会主义制度的'修改为煽动分裂国家的和以造谣、诽谤或者其他方式煽动颠覆国家政权和推翻社会主义制度的，不再使用反革命宣传煽动罪的罪名。"

民族、各民主阶级、各民主党派、各人民团体或人民与政府间的团结者；三、进行反革命宣传鼓动、制造和散布谣言者。"此后，基于当时国家对外交流与合作的需要，1954 年的《刑法指导原则草案》第 33 条在上述规定的基础上，增加了"挑拨我国同苏维埃社会主义共和国联盟、同各人民民主国家的友好合作"的内容。但是，随着实际情况的发展变化，1957 年的《刑法草案》第 22 稿又删去了《惩治反革命条例》第 10 条第 2 项和《刑法指导原则草案》第 33 条新增加的内容；同时，为了使法定刑的配置更趋合理，将其余 2 项内容分解为 2 条加以规定。其中，第 108 条规定："以反革命为目的，煽动群众抗拒、破坏政府征粮、征税、统购、统销、公役、兵役或者其他政令实行的，处五年以上有期徒刑；首要分子处十年以上有期徒刑、无期徒刑或者死刑。"第 109 条规定："以反革命为目的，进行宣传鼓动或者制造和散布谣言的，处三年以上十年以下有期徒刑。"然而，1963 年的《刑法草案》第 33 稿第 107 条又基本上恢复了《惩治反革命条例》第 10 条的写法，仅在文字表述和立法技术上作了一些处理；同时，该条还将本罪基本犯的法定刑调整为"三年以上十年以下有期徒刑"；将"首要分子或者其他罪恶重大的"法定刑降低为"十年以上有期徒刑"，并按照由轻到重的顺序排列。修改后的条文为："以反革命为目的，进行下列挑拨、煽惑行为之一的，处三年以上十年以下有期徒刑；首要分子或者其他罪恶重大的，处十年以上有期徒刑、无期徒刑或者死刑：（一）煽动群众抗拒、破坏政府政令实施的；（二）挑拨离间各民族、各民主阶级、各民主党派、各人民团体或者人民和政府之间的团结的；（三）书写、张贴、散发反革命标语、传单，制造、散布谣言，或者以其他方法进行反革命宣传、恐吓的。修订三十三稿时，对这一条作了反复的推敲。因为'文化大革命'期间发生的冤假错案，不少是所谓'恶毒攻击'和涉及反革命宣传煽动这方面的问题。'恶毒攻击'这个罪名是'公安六条'这个错误文件上的东西，已被中央明令予以撤销，但对其影响仍要继续保持警惕。为了既不放纵一个真正的反革命分子，又要防止新的冤假错案的发生，对于反革命宣传煽动罪的构成条件就必须作严格的限制。"① 据此，1979 年《刑法》第 102 条将第 33 稿中"进行反革命宣传、恐吓的"这一笼统的规定改为"宣传煽动推翻无产阶级专政和社会主义制度的"，进一步强调了反革命宣传煽动的具体内容，从而使客观上的反革命宣传煽动行为与主观上的反革命目的更加紧密地结合在一起。此外，该条还对《刑法草案》第 33 稿作了以下四处修改：一是大幅降低了法定最高刑和法定最低刑，特别是取消了无期徒刑和死刑的规定；二是增加了单处剥夺政治权利的规定；三是将"政府政令"改为"国家法律、法令"；四是再次删去了其中第 2 项"挑拨离间各民族、各民主阶级、各民主党派、各人民团体或者人民和政府之间的团结的"的

---

① 参见高铭暄：《中华人民共和国刑法的孕育和诞生》，法律出版社 1981 年版，第 147～148 页。

规定。

1979年《刑法》第102条规定："以反革命为目的，进行下列行为之一的，处五年以下有期徒刑、拘役、管制或者剥夺政治权利；首要分子或者其他罪恶重大的，处五年以上有期徒刑：（一）煽动群众抗拒、破坏国家法律、法令实施的；（二）以反革命标语、传单或者其他方法宣传煽动推翻无产阶级专政的政权和社会主义制度的。"

在全面研究修改刑法的过程中，随着将"反革命罪"一章改为"危害国家安全罪"，相应取消了反革命宣传煽动罪这一罪名，而将其分解为若干具体的犯罪。但是，1988年9月的刑法修改稿第102条只规定了煽动推翻国家政权罪，而未规定煽动分裂国家罪。直至1988年11月16日，刑法修改稿第103条才首次增设了煽动分裂国家罪，并将其与煽动推翻政权罪并列加以规定："以标语、传单或者其他方法煽动推翻人民民主专政政权或者分裂国家的，处五年以下有期徒刑、拘役或者管制；情节严重的，处五年以上有期徒刑。"1988年12月25日的《刑法修改稿》第104条基本上沿用了上述规定，仅在"分裂国家"之前增加了"煽动"一词。到了1996年，《刑法修订草案》始将煽动分裂国家罪与分裂国家罪归入同一个条文，并分设两款对其加以规定。该草案第105条第2款规定："煽动分裂国家、破坏国家统一的，处五年以下有期徒刑、拘役、管制或者剥夺政治权利；首要分子或者罪恶重大的，处五年以上有期徒刑。"基于与分裂国家罪同样的原因，1997年的《刑法修订草案》（修改稿）第105条第2款也将上述"罪恶重大"的表述改为"罪行重大"。这一修改方案，为现行刑法所采纳。

【立法规定】

《刑法》第103条规定："组织、策划、实施分裂国家、破坏国家统一的，对首要分子或者罪行重大的，处无期徒刑或者十年以上有期徒刑；对积极参加的，处三年以上十年以下有期徒刑；对其他参加的，处三年以下有期徒刑、拘役、管制或者剥夺政治权利。""煽动分裂国家、破坏国家统一的，处五年以下有期徒刑、拘役、管制或者剥夺政治权利；首要分子或者罪行重大的，处五年以上有期徒刑。"第106条规定："与境外机构、组织、个人相勾结，实施本章第一百零三条、第一百零四条、第一百零五条规定之罪的，依照各该条的规定从重处罚。"第113条规定："本章上述危害国家安全罪行中，除第一百零三条第二款、第一百零五条、第一百零七条、第一百零九条外，对国家和人民危害特别严重、情节特别恶劣的，可以判处死刑。犯本章之罪的，可以并处没收财产。"

全国人大常委会2000年12月28日通过的《关于维护互联网安全的决定》第2条规定："为了维护国家安全和社会稳定，对有下列行为之一，构成犯罪的，依照刑法有关规定追究刑事责任：（一）利用互联网造谣、诽谤或者发表、传播其他有害信息，煽动颠覆国家政权、推翻社会主义制度，或者煽动分裂国家、破坏国家统一……"

【立法释义】

最高人民法院 1998 年 12 月 17 日发布的《关于审理非法出版物刑事案件具体应用法律若干问题的解释》第 1 条规定："明知出版物中载有煽动分裂国家、破坏国家统一或者煽动颠覆国家政权、推翻社会主义制度的内容，而予以出版、印刷、复制、发行、传播的，依照刑法第一百零三条第二款或者第一百零五条第二款的规定，以煽动分裂国家罪或者煽动颠覆国家政权罪定罪处罚。"

最高人民法院、最高人民检察院 1999 年 10 月 20 日发布的《关于办理组织和利用邪教组织犯罪案件具体应用法律若干问题的解释》第 7 条规定："组织和利用邪教组织，组织、策划、实施、煽动分裂国家、破坏国家统一或者颠覆国家政权、推翻社会主义制度的，分别依照刑法第一百零三条、第一百零五条、第一百一十三条的规定定罪处罚。"

最高人民法院、最高人民检察院 2001 年 6 月 4 日发布的《关于办理组织和利用邪教组织犯罪案件具体应用法律若干问题的解释（二）》第 2 条规定："制作、传播邪教宣传品，煽动分裂国家、破坏国家统一，或者颠覆国家政权、推翻社会主义制度的，依照刑法第一百零三条第二款、第一百零五条第二款的规定，以煽动分裂国家罪或者煽动颠覆国家政权罪定罪处罚。"第 4 条规定："制作、传播的邪教宣传品具有煽动分裂国家、破坏国家统一，煽动颠覆国家政权、推翻社会主义制度，侮辱、诽谤他人，严重危害社会秩序和国家利益，或者破坏国家法律、行政法规实施等内容，其行为同时触犯刑法第一百零三条第二款、第一百零五条第二款、第二百四十六条、第三百条第一款等规定的，依照处罚较重的规定定罪处罚。"

最高人民法院、最高人民检察院 2003 年 5 月 14 日发布的《关于办理妨害预防、控制突发传染病等灾害的刑事案件具体应用法律若干问题的解释》第 10 条第 2 款规定："利用突发传染病疫情等灾害，制造、传播谣言，煽动分裂国家、破坏国家统一，或者煽动颠覆国家政权、推翻社会主义制度的，依照刑法第一百零三条第二款、第一百零五条第二款的规定，以煽动分裂国家罪或者煽动颠覆国家政权罪定罪处罚。"

最高人民法院、最高人民检察院、公安部 2014 年 9 月 9 日发布的《关于办理暴力恐怖和宗教极端刑事案件适用法律若干问题的意见》第二部分第 3 条规定："实施下列行为之一，煽动分裂国家、破坏国家统一的，以煽动分裂国家罪定罪处罚：1. 组织、纠集他人，宣扬、散布、传播宗教极端、暴力恐怖思想的；2. 出版、印刷、复制、发行载有宣扬宗教极端、暴力恐怖思想内容的图书、期刊、音像制品、电子出版物或者制作、印刷、复制载有宣扬宗教极端、暴力恐怖思想内容的传单、图片、标语、报纸的；3. 通过建立、开办、经营、管理网站、网页、论坛、电子邮件、博客、微博、即时通讯工具、群组、聊天室、网络硬盘、网络电话、手机应用软件及其他网络应用服务，或者利用手机、移动存储介质、电子阅读器等登载、张贴、复制、发送、播放、演示载有宗教极端、暴力恐怖思想内容的图书、文稿、图片、音频、视频、音像制品及相关网址，宣扬、散布、传播宗教极端、暴力恐怖思想的；4. 制作、编译、编撰、编辑、汇编或者从境外组织、机构、个人、网站直接获取载有宣扬宗教极端、暴力恐怖思想内容的图书、文稿、图片、音像制品等，供他人阅读、观看、收听、出版、印刷、复制、发行、传播的；5. 设计、制造、散发、邮寄、销售、展示含有宗教极端、暴力恐怖思想内容的标识、标志物、旗帜、徽章、服饰、器物、纪念品的；6. 以其他方式宣扬宗教极端、暴力恐怖思想的。""实施上述行为，煽动民族仇恨、民族歧视，情节严重的，以煽动民族仇恨、民族歧视罪定罪处罚。同时构成煽动分裂国家罪的，依照处罚较重的规定定罪处罚。"第 6 条规定："明知图书、文稿、图片、音像制品、移动存储介质、电子阅读器中载有利用宗教极端、暴力恐怖思想煽动分裂国家、破坏国家统一或者煽动民族仇恨、民族歧视的内容，而提供仓储、邮寄、投递、运输、传输及其他服务的，以煽动分裂国家罪或者煽动民族仇恨、民族歧视罪的共同犯罪定罪处罚。""虽不明知图书、文稿、图片、音像制品、移动存储介质、电子阅读器中载有利用宗教极端、暴力恐怖思想煽动分裂国家、破坏国家统一或者煽动民族仇恨、民族歧视的内容，但出于营利或其他目的，违反国家规定，予以出版、印刷、复制、发行、传播或者提供仓储、邮寄、投递、运输、传输等服务的，按照其行为所触犯的具体罪名定罪处罚。"第 7 条规定："网站、网页、论坛、电子邮件、博客、微博、即时通讯工具、群组、聊天室、网络硬盘、网络电话、手机应用软件及其他网络应用服务的建立、开办、经营、管理者，明知他人散布、宣扬利用宗教极端、暴力恐怖思想煽动分裂国家、破坏国家统一或者煽动民族仇恨、民族歧视的内容，允许或者放任他人在其网站、网页、论坛、电子邮件、博客、微博、即时通讯工具、群组、聊天室、网络硬盘、网络电话、手机应用软件及其他网络应用服务上发布的，以煽动分裂国家罪或者煽动民族仇恨、民族歧视罪的共同犯罪定罪处罚。"

【立法建言】

建　议： 在《刑法》第 106 条中增加"勾结外国"的规定。

理　由：

《刑法》第 102 条规定的背叛国家罪在客观方面既包括"勾结外国"，也包括"与境外机构、组织、个人相勾结"；而《刑法》第 106 条规定的从重处罚情节中，则仅有"与境外机构、组织、个人相勾结"一种情形。因此，在理论上，对于"勾结外国"，从事分裂国家、破坏国家统一活动的行为应当如何处理难免产生疑惑。正因如此，有学者指出，"值得研究的问题是：勾结外国犯本罪的，应如何处理？或许只有两个结论：要么认为刑法第 106 条所规定的'与境外机构、组织、个人相勾结'，包括勾结外国，因而勾结外国犯分裂国家罪的，以分裂国家罪从重处罚；要么认为刑法第106条所规定的'与境外机构、组织、个人相勾结'，不包括勾结外国，因而勾结外国犯分裂国家等罪的，均以刑法第102条的背叛国家罪论处。后一种结论会导致定罪量刑不协调，本书采取前一种结论。"① 也有学者认为，"与境外机构、组织、个人相勾结或与外国相勾结，也只构成本罪，而不是构成背叛国家罪。"② 笔者认为，尽管在理论上可以将"与境外机构、组织、个人相勾结"解释为包括"勾结外国"，但是，如果将《刑法》第106条与第102条的规定联系起来，特别是考虑到《刑法》第102条第2款"与境外机构、组织、个人相勾结，犯前款罪的，依照前款的规定处罚"的规定，是在1997年3月1日提交给八届全国人大五次会议审议的《中华人民共和国刑法（修订草案）》中有针对性地新增设的情况，可以认为"勾结外国"和"与境外机构、组织、个人相勾结"并不是一回事。如果在《刑法》第106条中增加"勾结外国"的规定，就可以避免理论上不必要的争论和逻辑上难以自圆其说的尴尬。

三、武装叛乱、暴乱罪（第104条）

【立法沿革】

武装叛乱、暴乱罪是在1979年《刑法》第93条规定的策动叛变、叛乱罪和第95条规定的持械聚众叛乱罪的基础上修改而来的。

早在1950年，《刑法大纲草案》第38条就规定了武装叛乱罪："以夺取政权，占据土地，恢复反动制度为目的，而阴谋或实行武装叛乱者，首要分子处死刑，并没收其全部财产。积极参加者，处终身监禁或五年以上十五年以下监禁，并可没收其财产之全部或一部。"到了1951年，《惩治反革命条例》分别规定了有关叛变与叛乱的犯罪。其中，第4条规定："策动、勾引、收买公职人员、武装部队或民兵进行叛变，其首要分子或率队叛变者，处死刑或无期徒刑。其他参与策动、勾引、收买或叛变者，处十年以下徒刑；其情节重大者，加重处刑。"第5条规定："持械聚众叛乱的主谋者、指挥者及其他罪恶重大者处死刑；其他积极参加者处五年以上徒刑。"1954年的《刑法指导原则草案》第30条在上述规定的基础上，主要作了两方面的修改：一是删去了第4条有关叛变的犯罪，而将"策动武装部队叛变的"，纳入间谍、特务罪的范畴；二是在第5条前段增加了无期徒刑的规定，降低了"主谋者、指挥者或者其他罪恶重大的罪犯"的起刑点。修改后的条文为："持械聚众叛乱的主谋者、指挥者或者其他罪恶重大的罪犯，判处死刑或者无期徒刑；其他积极参加的，判处五年以上有期徒刑。"但是，1957年的《刑法草案》第22稿又恢复

---

① 张明楷：《刑法学》，法律出版社2011年版，第594~595页。
② 刘艳红主编：《刑法学》（下），北京大学出版社2014年版，第450页。

了策动叛变罪的规定，并在持械聚众叛乱罪中增加了"以反革命为目的"这一主观要件。该稿第 101 条规定："策动、勾引、收买国家工作人员、武装部队进行叛变的，处十年以上有期徒刑、无期徒刑或者死刑。"第 103 条规定："以反革命为目的，持械聚众叛乱的，处五年以上有期徒刑；首要分子处死刑或者无期徒刑。"1963 年的《刑法草案》第 33 稿对上述规定作了进一步修改，扩大了犯罪成立的范围，加大了刑罚处罚的力度，删去了"以反革命为目的"这一主观要件。该稿第 99 条规定："策动、勾引、收买国家工作人员、武装部队、民兵进行叛变的，处死刑、无期徒刑或者十年以上有期徒刑。"第 101 条规定："持械聚众叛乱的，首要分子或者其他罪恶重大的，处死刑、无期徒刑或者十年以上有期徒刑；其他积极参加的，处三年以上十年以下有期徒刑。"1979 年《刑法》第 93 条在上述规定的基础上，将策动叛变罪扩充为策动叛变、叛乱罪，并在犯罪对象中增加了"人民警察"，在"叛变"之前增加了"投敌"一词；同时，该法还将上述两罪的死刑另作专条规定。

1979 年《刑法》第 93 条规定："策动、勾引、收买国家工作人员、武装部队、人民警察、民兵投敌叛变或者叛乱的，处无期徒刑或者十年以上有期徒刑。"第 95 条规定："持械聚众叛乱的首要分子或者其他罪恶重大的，处无期徒刑或者十年以上有期徒刑；其他积极参加的，处三年以上十年以下有期徒刑。"

在全面研究修改刑法的过程中，1988 年的《刑法修改稿》不仅删去了 1979 年《刑法》第 96 条规定的聚众劫狱罪，① 将其并入聚众叛乱罪，② 而且还删去了策动叛乱罪，并将策动叛变罪并入到投敌叛变罪中。该稿第 96 条规定："聚众叛乱的首要分子或者其他罪恶重大的，处七年以上有期徒刑或者无期徒刑，可以并处没收财产；情节特别严重的，处死刑，并处没收财产；其他积极参加的，处一年以上七年以下有期徒刑。"第 97 条第 2 款规定："策动、勾引、收买国家工作人员、武装部队、人民警察、民兵实施前款行为的，依照前款的规定处罚。"③ 为更有力地打击危害国家安全的犯罪活动，1996 年的《刑法修订草案》对当时危害国家危险性最大的分裂国家、武装叛乱等犯罪，作了更加明确、具体、强化的规定。④ 根据这个原则，该草案第 106 条对聚众叛乱罪的罪状和法定刑作了较

---

① 1979 年《刑法》第 96 条规定："聚众劫狱或者组织越狱的首要分子或者其他罪恶重大的，处无期徒刑或者十年以上有期徒刑；其他积极参加的，处三年以上十年以下有期徒刑。"

② 1988 年的《刑法修改稿》分则第一章"危害国家安全罪"中的"修改说明"指出："删去了聚众劫狱、组织越狱罪（原第 96 条），如发生这类案件，可按聚众叛乱罪和妨害公务罪中的暴力逃脱罪处罚。"

③ 1988 年的《刑法修改稿》第 97 条第 1 款规定："投靠外国或者境外地区的机构、组织，危害国家安全和利益的，处三年以上十年以下有期徒刑；对首要分子或者其他罪恶重大的，处十年以上有期徒刑或者无期徒刑，可以并处没收财产；情节特别严重的，处死刑，并处没收财产。"

④ 参见全国人大常委会副委员长王汉斌 1996 年 12 月 24 日在八届全国人大常委会第二十三次会议上所作的《关于中华人民共和国刑法（修订草案）的说明》。

大的调整，并增加了"武装暴乱"的内容："组织、策划、实施武装叛乱或者武装暴乱的，对首要分子或者罪恶重大的，处无期徒刑或者十年以上有期徒刑；对积极参加的，处三年以上十年以下有期徒刑；对其他参加的，处三年以下有期徒刑、拘役、管制或者剥夺政治权利。""策动、勾引、收买国家工作人员、武装部队人员、人民警察、民兵进行武装叛乱的，依照前款规定从重处罚。"1997 年的《刑法修订草案》（修改稿）第 106 条在上述规定的基础上，又作了以下修改和补充：一是将第 1 款中"罪恶重大"改为"罪行重大"；二是在第 2 款中增加了"胁迫"行为，并将其中的"国家工作人员"改为"国家机关工作人员"。修改后的条文为："组织、策划、实施武装叛乱或者武装暴乱的，对首要分子或者罪行重大的，处无期徒刑或者十年以上有期徒刑；对积极参加的，处三年以上十年以下有期徒刑；对其他参加的，处三年以下有期徒刑、拘役、管制或者剥夺政治权利。""策动、胁迫、勾引、收买国家机关工作人员、武装部队人员、人民警察、民兵进行武装叛乱的，依照前款的规定从重处罚。"1997 年《刑法》第 104 条基本上沿用了上述规定，仅在第 2 款中增加了"武装暴乱"的内容，从而使之与第 1 款规定的"武装叛乱或者武装暴乱"这两种行为得以协调一致。

【立法规定】

《刑法》第 104 条规定："组织、策划、实施武装叛乱或者武装暴乱的，对首要分子或者罪行重大的，处无期徒刑或者十年以上有期徒刑；对积极参加的，处三年以上十年以下有期徒刑；对其他参加的，处三年以下有期徒刑、拘役、管制或者剥夺政治权利。""策动、胁迫、勾引、收买国家机关工作人员、武装部队人员、人民警察、民兵进行武装叛乱或者武装暴乱的，依照前款的规定从重处罚。"第 106 条规定："与境外机构、组织、个人相勾结，实施本章第一百零三条、第一百零四条、第一百零五条规定之罪的，依照各该条的规定从重处罚。"第 113 条规定："本章上述危害国家安全罪行中，除第一百零三条第二款、第一百零五条、第一百零七条、第一百零九条外，对国家和人民危害特别严重、情节特别恶劣的，可以判处死刑。犯本章之罪的，可以并处没收财产。"

【立法释义】

目前，尚无与武装叛乱、暴乱罪相关的法律解释。

【立法建言】

建议一： 在《刑法》第 104 条中增加 1 款作为第 2 款："策动、胁迫、勾引、收买他人进行武装叛乱或者武装暴乱的，处七年以上有期徒刑或者无期徒刑；情节较轻的，处三年以上七年以下有期徒刑。"原第 2 款作为第 3 款。

理　由：

1. 从法理上看，在犯罪集团或者聚众犯罪中起"组织""策划"作用的首要分子是组织犯；"实施"具体犯罪构成要件的犯罪分子是在共同犯罪中起"主要"或者"次要"作用的实行犯；而"策动、胁迫、勾引、收买"共同犯罪人的犯罪分子只不过是在共同犯罪中起"辅助"作用的帮助犯。① 显然，上述犯罪分子在共同犯罪活动中的地位和作用是不尽相同的。因此，将帮助犯与组织犯、实行犯相提并论本身就有失妥当。

2. 从罪责上看，在犯罪集团或者聚众犯罪中，"组织""策划"者的罪责最为严重，"实施"者次之，而"辅助"者则相对较轻。因此，根据罪刑相适应的原则，我国刑法在对共同犯罪人进行分类的基础上，对各共同犯罪人分别规定了不同的处罚原则。《刑法》第26条第1款规定："组织、领导犯罪集团进行犯罪活动的或者在共同犯罪中起主要作用的，是主犯。"第3款规定："对组织、领导犯罪集团的首要分子，按照集团所犯的全部犯罪处罚。"② 第4款规定："对于第三款规定以外的主犯，应当按照其所参与的或者组织、指挥的全部犯罪处罚。"第27条第1款规定："在共同犯罪中起次要或者辅助作用的，是从犯。"第2款规定："对于从犯，应当从轻、减轻或者免除处罚。"然而，《刑法》第104条第2款的规定却与上述处罚原则背道而驰，不仅将属于犯罪预备性质的"策动、胁迫、勾引、收买"行为与"组织、策划、实施"行为混为一谈，而且还规定对"策动、胁迫、勾引、收买"行为应当依照"组织、策划、实施"行为的规定"从重处罚"。这一规定的合理性，着实令人怀疑。诚然，《刑法》第104条第2款所规定的犯罪对象"国家机关工作人员、武装部队人员、人民警察、民兵"较为特殊，但其是否特殊到了应当"依照前款的规定从重处罚"的程度呢？对此，笔者的回答是否定的。因为，构成"依照前款的规定从重处罚"的前提，必须是该款所规定的犯罪行为与前款规定的罪责具有该当性。如果说"策动、胁迫、勾引、收买"行为与"组织、策划、实施"行为是一回事或者其罪责大体相当，③ 那么，犯罪对象的特殊性就足以成为"依照前款的规定从重处罚"的理由。但是，正如前述，"策动、胁迫、勾引、收买"行为与"组织、策划、实施"行为不仅不是一回事，而且两者的罪责相差甚大。因此，对于"策动、胁迫、勾引、收买国家机关工作

---

① 在刑法理论上，"勾引、集结共同犯罪人"的行为，属于"为实施犯罪创造便利条件"的犯罪预备行为（参见高铭暄、马克昌主编：《刑法学》，北京大学出版社、高等教育出版社2011年版，第151页）。

② 《刑法》第97条规定："本法所称首要分子，是指在犯罪集团或者聚众犯罪中起组织、策划、指挥作用的犯罪分子。"

③ 对"组织、策划"与"策动、胁迫、勾引、收买"之间的关系，刑法学界有不同的解读。有学者认为，"'组织、策划'，不仅包括负责组织武装叛乱、武装暴乱成员，领导、指挥他人进行武装叛乱、武装暴乱的行为，而且包括策动、胁迫、勾引、收买他人进行武装叛乱、武装暴乱的行为"（张明楷：《刑法学》，法律出版社2011年版，第595页）。也有学者认为，"本罪除了一般情况下表现为组织、策划、实施三种行为方式外，在针对特定对象时还可以是使用策动、胁迫、勾引、收买等方式"（高铭暄、马克昌主编：《刑法学》，北京大学出版社、高等教育出版社2011年版，第330页）。

人员、武装部队人员、人民警察、民兵进行武装叛乱或者武装暴乱的"行为，不宜"依照前款的规定从重处罚"。

3. 从成例上看，无论是1951年的《惩治反革命条例》还是1979年《刑法》，都是将策动叛变、叛乱的行为与持械聚众叛乱的行为作为两种独立的犯罪来加以规定的。上述两部法律均采用这一立法例绝不是偶然的，而是由策动叛变、叛乱行为与持械聚众叛乱行为在根本上具有不同的性质和特点所决定的。遗憾的是，在修订《刑法》时并未沿袭上述成例，而是不适当地将"策动、胁迫、勾引、收买国家机关工作人员、武装部队人员、人民警察、民兵进行武装叛乱或者武装暴乱的"行为，由独立的犯罪修改为"依照前款的规定从重处罚"。笔者认为，《惩治反革命条例》和1979年《刑法》所采的立法例是科学的、合理的，应当予以遵循。只有将策动叛乱、暴乱罪作为一种独立的犯罪来加以规定，才能从根本上解决《刑法》第104条第2款存在的上述问题。

建议二： 删去《刑法》第104条第2款中的"人民警察"一词。

理　由：

人民警察是国家机关工作人员的重要组成部分之一。《中华人民共和国人民警察法》第2条第2款规定："人民警察包括公安机关、国家安全机关、监狱、劳动教养管理机关的人民警察和人民法院、人民检察院的司法警察。"因此，将"人民警察"与"国家机关工作人员"并列加以规定，不仅完全没有必要，而且还混淆了逻辑上的种属关系。

四、颠覆国家政权罪、煽动颠覆国家政权罪（第105条）

【立法沿革】

颠覆国家政权罪是在1979年《刑法》第92条规定的阴谋颠覆政府、分裂国家罪的基础上修改而来的；而煽动颠覆国家政权罪则是从1979年《刑法》第102条规定的反革命宣传煽动罪中分解而来的。[①]

基于与分裂国家罪同样的考虑，1996年的《刑法修订草案》第107条第1款对颠覆国家政权罪作了以下规定："组织、策划、实施颠覆国家政权、推翻社会主义制度的，对首要分子或者罪恶重大的，处无期徒刑或者十年以上有期徒刑；对其他积极参加的，处三年以上十年以下有期徒刑。"1997年的《刑法修订草案》（修改稿）第107条第1款在上述规定的基础上，主要作了两处修改和补充：一是将上述"罪恶重大"的表述改为"罪行重大"，从而更便于理解和把握；二是扩大了本罪的成立范围，增加了"对其他参加的，处三年以下有期徒刑、拘役、管制或者剥夺政治权利"的规定，从而使本罪的法定刑档次

---

① 关于1979年《刑法》第92条规定的阴谋颠覆政府、分裂国家罪和第102条规定的反革命宣传煽动罪的立法沿革及具体规定，请参见本章之二"分裂国家罪、煽动分裂国家罪（第103条）"的相关介绍和说明，在此不再赘述。

与第 105 条第 1 款分裂国家罪的规定保持一致。这一修改方案，为现行刑法所采纳。

与煽动分裂国家罪相比，煽动颠覆国家政权罪相对更早地写入了刑法修改稿中。早在 1988 年 9 月，刑法修改稿第 102 条就将 1979 年《刑法》第 102 条第 2 项规定的"以反革命标语、传单或者其他方法宣传煽动推翻无产阶级专政的政权和社会主义制度的"内容分解出来，另行规定为煽动推翻国家政权罪："以标语、传单或者其他方法煽动推翻国家政权的，处五年以下有期徒刑、拘役、管制或者剥夺政治权利；情节严重的，处五年以上有期徒刑。"1988 年 11 月 16 日的刑法修改稿第 103 条除增加了"分裂国家"的行为以外，还将其中的"国家政权"改为"人民民主专政政权"，并删去了单处"剥夺政治权利"的规定。1988 年 12 月 25 日的《刑法修改稿》第 104 条基本上沿用了上述规定，仅将其中的"人民民主专政政权"改回"国家政权"。修改后的条文为："以标语、传单或者其他方法煽动颠覆国家政权或者煽动分裂国家的，处五年以下有期徒刑、拘役或者管制；情节严重的，处五年以上有期徒刑。"到了 1996 年，《刑法修订草案》始将煽动颠覆国家政权罪、颠覆国家政权罪归入同一个条文，并分设两款加以规定。该草案第 107 条第 2 款规定："以造谣、诽谤或者其他方式煽动颠覆国家政权、推翻社会主义制度的，处五年以下有期徒刑、拘役、管制或者剥夺政治权利；首要分子或者罪恶重大的，处五年以上有期徒刑。"1997 年的《刑法修订草案》（修改稿）第 107 条第 2 款基本上沿用了上述规定，仅将上述"罪恶重大"的表述改为"罪行重大"。这一修改方案，为现行刑法所采纳。

【立法规定】

《刑法》第 105 条规定："组织、策划、实施颠覆国家政权、推翻社会主义制度的，对首要分子或者罪行重大的，处无期徒刑或者十年以上有期徒刑；对积极参加的，处三年以上十年以下有期徒刑；对其他参加的，处三年以下有期徒刑、拘役、管制或者剥夺政治权利。""以造谣、诽谤或者其他方式煽动颠覆国家政权、推翻社会主义制度的，处五年以下有期徒刑、拘役、管制或者剥夺政治权利；首要分子或者罪行重大的，处五年以上有期徒刑。"第 106 条规定："与境外机构、组织、个人相勾结，实施本章第一百零三条、第一百零四条、第一百零五条规定之罪的，依照各该条的规定从重处罚。"第 113 条第 2 款规定："犯本章之罪的，可以并处没收财产。"

全国人大常委会 2000 年 12 月 28 日通过的《关于维护互联网安全的决定》第 2 条规定："为了维护国家安全和社会稳定，对有下列行为之一，构成犯罪的，依照刑法有关规定追究刑事责任：（一）利用互联网造谣、诽谤或者发表、传播其他有害信息，煽动颠覆国家政权、推翻社会主义制度，或者煽动分裂国家、破坏国家统一……"

【立法释义】

最高人民法院 1998 年 12 月 17 日发布的《关于审理非法出版物刑事案件具体应用法

律若干问题的解释》第 1 条规定："明知出版物中载有煽动分裂国家、破坏国家统一或者煽动颠覆国家政权、推翻社会主义制度的内容，而予以出版、印刷、复制、发行、传播的，依照刑法第一百零三条第二款或者第一百零五条第二款的规定，以煽动分裂国家罪或者煽动颠覆国家政权罪定罪处罚。"

最高人民法院、最高人民检察院 1999 年 10 月 20 日发布的《关于办理组织和利用邪教组织犯罪案件具体应用法律若干问题的解释》第 7 条规定："组织和利用邪教组织，组织、策划、实施、煽动分裂国家、破坏国家统一或者颠覆国家政权、推翻社会主义制度的，分别依照刑法第一百零三条、第一百零五条、第一百一十三条的规定定罪处罚。"

最高人民法院、最高人民检察院 2001 年 6 月 4 日发布的《关于办理组织和利用邪教组织犯罪案件具体应用法律若干问题的解释（二）》第 2 条规定："制作、传播邪教宣传品，煽动分裂国家、破坏国家统一，或者颠覆国家政权、推翻社会主义制度的，依照刑法第一百零三条第二款、第一百零五条第二款的规定，以煽动分裂国家罪或者煽动颠覆国家政权罪定罪处罚。"第 4 条规定："制作、传播的邪教宣传品具有煽动分裂国家、破坏国家统一，煽动颠覆国家政权、推翻社会主义制度，侮辱、诽谤他人，严重危害社会秩序和国家利益，或者破坏国家法律、行政法规实施等内容，其行为同时触犯刑法第一百零三条第二款、第一百零五条第二款、第二百四十六条、第三百条第一款等规定的，依照处罚较重的规定定罪处罚。"

最高人民法院、最高人民检察院 2003 年 5 月 14 日发布的《关于办理妨害预防、控制突发传染病等灾害的刑事案件具体应用法律若干问题的解释》第 10 条第 2 款规定："利用突发传染病疫情等灾害，制造、传播谣言，煽动分裂国家、破坏国家统一，或者煽动颠覆国家政权、推翻社会主义制度的，依照刑法第一百零三条第二款、第一百零五条第二款的规定，以煽动分裂国家罪或者煽动颠覆国家政权罪定罪处罚。"

【立法建言】

建　议：将《刑法》第 113 条第 1 款规定中的"第一百零五条"修改为"第一百零五条第二款"。

理　由：

颠覆国家政权罪和分裂国家罪一样，都是性质最严重的危害国家安全犯罪。因此，《刑法》第 105 条第 1 款配置了与第 103 条第 1 款完全相同的法定刑档次。然而，《刑法》第 113 条第 1 款仅对分裂国家罪配置了死刑，却将颠覆国家政权罪排除在死刑适用的范围之外。诚然，如果行为人采取诸如军事政变等极端手段来颠覆国家政权、推翻社会主义制度，可以依照武装叛乱、暴乱罪对其适用死刑，但是，颠覆国家政权罪中的"颠覆""推翻"手段却并不限于暴力。何况，由于"颠覆国家政权，既可以是颠覆我国人民民主专政政权的整体，也可以是颠覆中央或者地方的某一个政权机关。社会主义制度，包括政治、经济、军事、文化、教育等各方面的制度。推翻社会主义制度，既可以是推翻我国社会主义制度的整体，也可以是推翻我国社会主义制度的某一方面。"① 这就决定了行为人所采取的"颠覆""推翻"手段可以是多种多样的。如果行为人采取非暴力的手段来颠覆国家政权、推翻社会主义制度，虽然"对国家和人民危害特别严重、情节特别恶劣"，也将无法对其适用死刑。因此，如果不对颠覆国家政权罪增加死刑规定的话，那么，颠覆国家政权罪与分裂国家罪刑罚配置严重失衡的状况将不可能从根本上得到解决。②

五、资助危害国家安全犯罪活动罪（第 107 条）

【立法沿革】

资助危害国家安全犯罪活动罪是 1997 年《刑法》第 107 条增设的罪名，并经《刑法修正案（八）》第 20 条所修正。

从刑法修订研拟的过程来看，增设本罪的动议相对较晚，且经历了一个不断修改和完善的过程。自 1988 年开始全面研究修改刑法，一直到 1996 年 12 月 20 日提交给八届全国人大常委会第二十三次会议审议的《刑法修订草案》，均未出现过与资助危害国家安全犯罪活动有关的规定。此后，在征求对《刑法修订草案》的意见时，"有些部门和地方提出，对于资助境内组织进行严重危害国家安全活动的行为，也应规定追究刑事责任。"③ 经研究和论证，1997 年 1 月 10 日的刑法修订草案第 109 条第 2 款首次增加了"指使或者资助境内组织或者个人实施本章第一百零五条、第一百零六条、第一百零七条、第一百零八条规定的犯罪的，依照各该条的规定处罚"的规定。然而，从法理上来看，该款只不过是一项提示性的规定，即指使或者资助境内组织或者个人实施上述危害国家安全犯罪活动的，应当把它们作为共同犯罪，并"依照各该条的规定处罚"，而并未增设新的罪名。因此，1997 年 2 月 17 日的《刑法修订草案》（修改稿）第 109 条对上述规定作了较大的修改和调整：一是将资助危害国家安全犯罪活动罪作为一种独立的犯罪加以规定；二是将本罪的主体规定为"境内外机构、组织或者个人"；三是删去了原本可以作为共同犯罪来处理的"指使"行为。修改后的条文为："境内外机构、组织或者个人资助境内组织或者个

---

① 高铭暄、马克昌主编：《刑法学》，北京大学出版社、高等教育出版社 2011 年版，第 331 页。
② 正因如此，在刑法修订研拟的过程中，最高人民检察院即提出，"建议保留现行刑法对组织、策划、实施颠覆国家政权、推翻社会主义制度的犯罪最高法定刑可判死刑的规定"（参见最高人民检察院刑法修改研究小组："《对〈中华人民共和国刑法（修订草案）〉的修改意见》（1997 年 1 月 27 日）"，见高铭暄、赵秉志：《新中国刑法立法文献资料总览》（下），中国人民公安大学出版社 1998 年版，第 2644 页。当然，另一个可供选择的解决方案是，取消分裂国家罪乃至整个危害国家安全罪中的死刑。
③ 参见全国人大常委会副委员长王汉斌 1997 年 2 月 19 日在八届全国人大常委会第二十四次会议上所作的《关于〈中华人民共和国刑法（修订草案）〉修改意见的汇报》。

人实施本章第一百零四条、第一百零五条、第一百零六条、第一百零七条规定之罪的，处五年以下有期徒刑、拘役或者剥夺政治权利；情节严重的，处五年以上有期徒刑。"1997 年修订的《刑法》第107 条在上述规定的基础上，主要作了两处修改和补充：一是在法定刑方面增加了"管制"这一刑种；二是在处罚对象方面严格限定为"直接责任人员"。

1997 年修订的《刑法》第107 条规定："境内外机构、组织或者个人资助境内组织或者个人实施本章第一百零二条、第一百零三条、第一百零四条、第一百零五条规定之罪的，对直接责任人员，处五年以下有期徒刑、拘役、管制或者剥夺政治权利；情节严重的，处五年以上有期徒刑。"

1997 年《刑法》施行后，为适应司法实践惩治资助危害国家安全犯罪活动行为的需要，《刑法修正案（八）》第20 条又对上述规定作了修正，删去了本罪资助对象"境内组织或者个人"的规定，进一步拓宽了本罪的成立范围。

【立法规定】

《刑法》第107 条规定："境内外机构、组织或者个人资助实施本章第一百零二条、第一百零三条、第一百零四条、第一百零五条规定之罪的，对直接责任人员，处五年以下有期徒刑、拘役、管制或者剥夺政治权利；情节严重的，处五年以上有期徒刑。"第113 条第2 款规定："犯本章之罪的，可以并处没收财产。"

【立法释义】

目前，尚无与资助危害国家安全犯罪活动罪相关的法律解释。但是，《国家安全法实施细则》对"资助"实施危害国家安全的行为所作的解释，对于正确理解和适用本罪具有重要的参考作用。

《国家安全法实施细则》第6 条规定："'资助'实施危害国家安全的行为，是指境外机构、组织、个人的下列行为：（一）向有危害国家安全行为的境内组织、个人提供经费、场所和物资的；（二）向境内组织、个人提供用于进行危害国家安全活动的经费、场所和物资的。"

【立法建言】

建 议：将《刑法》第107 条修改为："资助实施本章第一百零二条、第一百零三条、第一百零四条、第一百零五条规定之罪的，处五年以下有期徒刑、拘役、管制或者剥夺政治权利；情节严重的，处五年以上有期徒刑。""单位犯前款罪的，对单位判处罚金，并对其直接负责的主管人员和其他直接责任人员，依照前款的规定处罚。"

理 由：

1. 从犯罪主体的角度来看，"境内外机构、组织或者个人"实际上涵盖了刑法上包括自然人和单位在内的所有犯罪主体，即本罪属于一般主体而非特殊主体的范畴。因此，删去"境内外机构、组织或者个人"的规定，对本罪的成立范围并无实质性的影响。

2. 从逻辑思维的角度来看，"对直接责任人员，处……"的规定，不仅不够严谨，而且还容易产生疑义。因为，"直接责任人员"属于单位犯罪中的特定概念，自然人犯罪根本谈不上追究"直接责任人员"的问题。但是，《刑法》第107条却一方面规定本罪的主体包括"个人"，另一方面又规定仅追究"直接责任人员"的刑事责任，其逻辑思维显然不够缜密。此外，这一规定还导致了本罪是否单位犯罪以及为什么不追究单位刑事责任的不同理解和解读。例如，有学者只是实然性地指出，"当资助行为是境内外机构、组织实施时，实际上负刑事责任的是机构、组织的直接责任人员，而机构、组织本身并不受刑罚处罚。"但是，对于本罪是否单位犯罪的问题却不置可否；同时，也未进一步解释和说明"机构、组织本身并不受刑罚处罚"的理由。[①] 有学者则明确地指出，"当境内外机构、组织资助他人实施上述6种危害国家安全的犯罪时，认定本罪属于单位犯罪，这样有利于从刑事政策上抑制境内外机构、组织实施上述行为。仅是考虑到相当部分的机构、组织位于境外，对其难以实际执行罚金，为维护刑事判决的严肃性，故《刑法》规定本罪只处罚'直接责任人员'。"[②] 笔者对上述"认定本罪属于单位犯罪"的观点表示赞同，但对所其阐述的只处罚"直接责任人员"的理由却不敢苟同。诚然，确有"相当部分的机构、组织位于境外，对其难以实际执行罚金"，然而，这并不能成为只处罚"直接责任人员"的充足理由。何况，还有相当部分的机构、组织位于境内，对其并不难以实际执行罚金。因此，删去"直接责任人员"的规定，并明确地将本罪规定为单位犯罪，不仅可以使《刑法》第107条的行文更加严谨和科学，而且还"有利于从刑事政策上抑制境内外机构、组织实施上述行为"，可谓一举两得。

3. 从立法技术的角度来看，删去"境内外机构、组织或者个人"和"直接责任人员"的规定，并增加单位犯罪的刑事责任一款，还可以使整部刑法的有关规定在立法体例上保持协调一致。特别是在《刑法修正案（三）》第4条已对资助恐怖活动罪增加规定了单位犯罪的情况下，唯有对本罪增加单位犯罪的规定，才能确保《刑法》内部的规定之间保持科学和谐统一，避免因内在的矛盾和冲突影响《刑法》整体上的合理性。

六、投敌叛变罪（第108条）

【立法沿革】

投敌叛变罪是在1979年《刑法》第94条规定的投敌叛变罪的基础上修改而来的。

---

① 参见高铭暄、马克昌主编：《刑法学》，北京大学出版社、高等教育出版社2011年版，第332~333页。
② 刘艳红主编：《刑法学》（下），北京大学出版社2014年版，第451~452页。

从立法渊源来看，1950年《刑法大纲草案》第37条中关于"投奔敌方者，处死刑，并没收其财产之全部。情节较轻者，处终身监禁，或十年以上十五年以下监禁，并可没收其财产之全部或一部"的规定，是新中国最早的有关投敌叛变犯罪的规定。到了1951年，《惩治反革命条例》始将投敌叛变行为细分为"率队叛变"和"叛变"两种情形。该条例第4条规定："策动、勾引、收买公职人员、武装部队或民兵进行叛变，其首要分子或率队叛变者，处死刑或无期徒刑。""其他参与策动、勾引、收买或叛变者，处十年以下徒刑；其情节重大者，加重处刑。"1954年的《刑法指导原则草案》改变了上述立法模式，即未将单纯的叛变行为规定为犯罪，而是将"策动武装部队叛变的"行为作为间谍、特务罪的表现形式之一。1957年的《刑法草案》第22稿恢复了《惩治反革命条例》将叛变行为分为"率队叛变"和"叛变"两种情形的立法例，并在此基础上进一步将它们作为两种独立的犯罪加以规定；与此同时，该稿还将其中的"率队叛变"具体表述为"率领武装部队叛变"，将"叛变"的主体严格限定为国家工作人员。该稿第100条规定："率领武装部队叛变或者将防地、防线、军事机密交付敌人的，处死刑、无期徒刑或者十年以上有期徒刑。"第102条规定："国家工作人员叛变的，处七年以上有期徒刑或者无期徒刑。"考虑到"率队叛变"的行为完全可以为"叛变"行为所涵盖，因此，1963年的《刑法草案》第33稿第100条遂将"率队叛变"和"叛变"合并为1条加以规定，并将"率队叛变"作为"叛变"的从重处罚情节；同时，还增加规定了"非国家工作人员叛变"的情形。修改后的条文为："国家工作人员叛变的，处七年以上有期徒刑、无期徒刑或者死刑；率队叛变的，从重处罚。""非国家工作人员叛变的，处五年以上有期徒刑或者无期徒刑。"1979年《刑法》第94条对上述规定作了较大的修改和调整：一是取消了对"国家工作人员叛变"和"非国家工作人员叛变"分别处刑的规定；二是增加了"情节严重"和"率众投敌叛变"两种情形；三是将"率队叛变"具体表述为"率领武装部队、人民警察、民兵投敌叛变"；四是对"投敌叛变的""情节严重的或者率众投敌叛变的"和"率领武装部队、人民警察、民兵投敌叛变的"，分别配置了不同的法定刑。

1979年《刑法》第94条规定："投敌叛变的，处三年以上十年以下有期徒刑；情节严重的或者率众投敌叛变的，处十年以上有期徒刑或者无期徒刑。""率领武装部队、人民警察、民兵投敌叛变或者叛乱的，处无期徒刑或者十年以上有期徒刑。"

在全面研究修改刑法的过程中，1988年的《刑法修改稿》第97条对上述规定主要作了以下三方面的修改和补充：一是将"投敌叛变"具体表述为"投靠外国或者境外地区的机构、组织"，并增加了"危害国家安全和利益的"这一构成要件；二是将"情节严重的或者率众投敌叛变的"改为"对首要分子或者其他罪恶重大的"；三是将"策动、勾引、收买国家工作人员、武装部队、人民警察、民兵"叛变的具体法定刑改为"依照前款的规定处罚"，并增加了"国家工作人员"这一犯罪对象。修改后的条文为："投靠外国或者境外地区的机构、组织，危害国家安全和利益的，处三年以上十年以下有期徒刑；对首要分子或者其他罪恶重大的，处十年以上有期徒刑或者无期徒刑，可以并处没收财产，情节特别严重的，处死刑，并处没收财产。策动、勾引、收买国家工作人员、武装部队、人民警察、民兵实施前款行为的，依照前款的规定处罚。"① 到了 1996 年，《刑法修订草案》将 1988 年《刑法修改稿》第 97 条和 1979 年《刑法》第 94 条作为两种独立的犯罪加以规定：一是将 1988 年《刑法修改稿》第 97 条修改为："背叛国家、投靠境外机构、组织，实施危害中华人民共和国国家安全行为的，处三年以上十年以下有期徒刑；情节严重的，处十年以上有期徒刑或者无期徒刑。""掌握国家秘密的国家工作人员，背叛国家、投靠境外机构、组织，危害中华人民共和国国家安全的，依照前款规定从重处罚。"② 二是重新恢复了 1979 年《刑法》第 94 条规定的投敌叛变罪，并对其作了必要的修改和完善。③ 修改后的第 109 条规定："投敌叛变的，处三年以上十年以下有期徒刑；情节严重或者率领武装部队、人民警察、民兵投敌叛变的，处十年以上有期徒刑或者无期徒刑。" 1997 年的《刑法修订草案》（修改稿）第 110 条基本上沿用了上述第 109 条的规定，仅作了两处文字上的修改：一是将"率领"一词改为"带领"；二是在"武装部队"之后增加了"人员"两字。这一修改方案，为现行刑法所采纳。

【立法规定】

《刑法》第 108 条规定："投敌叛变的，处三年以上十年以下有期徒刑；情节严重或者带领武装部队人员、人民警察、民兵投敌叛变的，处十年以上有期徒刑或者无期徒刑。"第 113 条规定："本章上述危害国家安全罪行中，除第一百零三条第二款、第一百零五条、第一百零七条、第一百零九条外，对国家和人民危害特别严重、情节特别恶劣的，可以判处死刑。""犯本章之罪的，可以并处没收财产。"

---

① 在此之前，对本罪的修改曾有过两个不同的方案：一是 1988 年 9 月的刑法修改稿第 94 条规定："投靠外国、境外地区，从事危害国家的叛变活动的，处三年以上十年以下有期徒刑；情节严重的，处十年以上有期徒刑或者无期徒刑。"二是 1988 年 11 月 16 日的刑法修改稿第 97 条规定："投靠外国或者境外地区的机构、组织，进行危害国家安全和利益的活动的，处三年以上十年以下有期徒刑；对首要分子或者其他罪恶重大的，处十年以上有期徒刑或者无期徒刑，可以并处没收财产；情节特别严重的，处死刑，并处没收财产。""策动、勾引、收买国家工作人员、武装部队、人民警察、民兵实施前款行为的，依照前款的规定处罚。"

② 该条规定后经修改，演变为《刑法》第 109 条叛逃罪。

③ "在该稿中，立法机关以 1979 年刑法典的写法为基础，对此罪加重情节的法定刑重新作了梳理：1979 年《刑法》第 94 条第 1 款中'情节严重的或者率众投敌叛变的'是作为加重条件规定的，但其刑期与第 2 款的规定有交叉和重合，没有必要，应当删除；第 2 款法定刑的设置过分夸大了这种行为的现实危险性，在现时以和平和发展为主题且战争发生概率较小的国内国际背景下，这种设置既不实际，也没有必要，应当与其他加重情节进行归并"（参见高铭暄：《中华人民共和国刑法的孕育诞生和发展完善》，北京大学出版社 2012 年版，第 303 页）。

【立法释义】

目前，尚无与投敌叛变罪相关的法律解释。但是，《国家安全法实施细则》对"敌对组织"所作的解释，对于正确理解和适用本罪中"敌"的含义具有重要的参考作用。

《国家安全法实施细则》第 5 条规定："'敌对组织'，是指敌视中华人民共和国人民民主专政的政权和社会主义制度，危害国家安全的组织。敌对组织由国家安全部或公安部确认。"

【立法建言】

建　议：将《刑法》第 108 条修改为："投敌叛变的，处五年以下有期徒刑、拘役、管制或者剥夺政治权利；情节严重的，处五年以上十年以下有期徒刑；带领武装部队人员、人民警察、民兵投敌叛变的，处十年以上有期徒刑或者无期徒刑。"

理　由：

投敌叛变罪与叛逃罪一样，都具有反叛祖国的性质。并且，仅就单个人实施的投敌叛变行为而言，其社会危害性未必比叛逃行为更大。因为，叛逃罪不仅其"国家机关工作人员"和"掌握国家秘密的国家工作人员"的主体身份特殊，而且其叛逃境外或者在境外叛逃的行为是"在履行公务期间"发生的；[①] 而投敌叛变罪的主体并非特殊主体，且其投敌叛变的行为也不要求发生"在履行公务期间"。刑法理论的通说认为，"如果国家机关工作人员或者其他国家工作人员不是在履行公务期间叛逃境外的，应按投敌叛变罪定罪判刑，而不能按本罪处理。"[②] 假如这一观点得以成立的话，则势必会得出以下悖论：国家机关工作人员在履行公务期间，擅离岗位，叛逃境外或者在境外叛逃的，构成叛逃罪，只能"处五年以下有期徒刑、拘役、管制或者剥夺政治权利"；而国家机关工作人员不是在履行公务期间叛逃境外或者在境外叛逃的，则构成投敌叛变罪，应当"处三年以上十年以下有期徒刑"。依据通说所得出的如此罪刑失衡的结论，势必难以令人接受。[③] 因此，有必要调整和降低《刑法》第 108 条投敌叛变罪基本犯的法定刑，以化解上述矛盾和冲突。

七、叛逃罪（第 109 条）

【立法沿革】

叛逃罪是 1997 年《刑法》第 109 条增设的罪名，并经《刑法修正案（八）》第 21 条所修正。

---

① 掌握国家秘密的国家工作人员，无须具备"在履行公务期间"的要件，即可构成叛逃罪。
② 高铭暄、马克昌主编：《刑法学》，北京大学出版社、高等教育出版社 2011 年版，第 334 页。
③ 如果国家机关工作人员不是在履行公务期间叛逃境外或者在境外叛逃的，不以投敌叛变罪论处，势必会得出不构成犯罪的结论。而这一结论，恐怕更加难以令人接受。

如前所述，叛逃罪最初源自于 1988 年的《刑法修改稿》第 97 条对 1979 年《刑法》第 94 条投敌叛变罪所作的修改。到了 1996 年，《刑法修订草案》在重新恢复 1979 年《刑法》第 94 条投敌叛变罪的同时，第 110 条还将《刑法修改稿》第 97 条的规定修改为："背叛国家、投靠境外机构、组织，实施危害中华人民共和国国家安全行为的，处三年以上十年以下有期徒刑；情节严重的，处十年以上有期徒刑或者无期徒刑。""掌握国家秘密的国家工作人员，背叛国家、投靠境外机构、组织，危害中华人民共和国国家安全的，依照前款规定从重处罚。"1997 年的《刑法修订草案》（修改稿）第 111 条在上述规定的基础上，主要作了以下三方面的修改和补充：一是将本罪的犯罪主体限定为"国家机关工作人员"；二是将本罪的时空条件限定为"在履行公务期间，擅离岗位"；三是将本罪的行为方式限定为"叛逃境外或者在境外叛逃"。修改后的条文为："国家机关工作人员在履行公务期间，擅离岗位，叛逃境外或者在境外叛逃，危害中华人民共和国国家安全的，处三年以上十年以下有期徒刑；情节严重的，处十年以上有期徒刑或者无期徒刑。掌握国家秘密的国家工作人员犯前款罪的，依照前款的规定从重处罚。"1997 年修订的《刑法》第 109 条沿用了上述罪状的规定，仅对法定刑的配置作了适当调整：一是将第 1 档法定刑"三年以上十年以下有期徒刑"降低为"五年以下有期徒刑、拘役、管制或者剥夺政治权利"；二是将第 2 档法定刑"十年以上有期徒刑或者无期徒刑"降低为"五年以上十年以下有期徒刑"。

1997 年修订的《刑法》第 109 条规定："国家机关工作人员在履行公务期间，擅离岗位，叛逃境外或者在境外叛逃，危害中华人民共和国国家安全的，处五年以下有期徒刑、拘役、管制或者剥夺政治权利；情节严重的，处五年以上十年以下有期徒刑。掌握国家秘密的国家工作人员犯前款罪的，依照前款的规定从重处罚。"

1997 年《刑法》施行后，为便于司法实践中更好地认定叛逃罪，《刑法修正案（八）》第 21 条对上述规定又作了两处修改：一是删去了第 1 款中"危害中华人民共和国国家安全"的规定；[①] 二是将第 2 款中"犯前款罪"的表述修改为"叛逃境外或者在境外叛逃"。

【立法规定】

《刑法》第 109 条规定："国家机关工作人员在履行公务期间，擅离岗位，叛逃境外或

---

① 对于删去这一规定的意义，在刑法理论上有不同的看法。有学者认为，"本条原本将'危害中华人民共和国国家安全'规定为构成要件要素，但《刑法修正案（八）》删除了这一要素。或许可以认为，删除这一要素只是意味着将本罪由具体的危险犯修改为抽象的危险犯"（张明楷：《刑法学》，法律出版社 2011 年版，第 598 页）。也有学者认为，"这表明，本罪由危险犯修改成为行为犯"（高铭暄：《中华人民共和国刑法的孕育诞生和发展完善》，北京大学出版社 2012 年版，第 304 页）。还有学者认为，"'危害中华人民共和国国家安全'属于本罪的保护法益，本身就不属于构成要件的内容，因此，《刑法修正案（八）》对本罪并未进行实质性的修改"［刘艳红主编：《刑法学》（下），北京大学出版社 2014 年版，第 452 页］。

者在境外叛逃的，处五年以下有期徒刑、拘役、管制或者剥夺政治权利；情节严重的，处五年以上十年以下有期徒刑。掌握国家秘密的国家工作人员叛逃境外或者在境外叛逃的，依照前款的规定从重处罚。"第 113 条第 2 款规定："犯本章之罪的，可以并处没收财产。"

【立法释义】

目前，尚无与叛逃罪相关的法律解释。

【立法建言】

建　议：删去《刑法》第 109 条第 1 款中"擅离岗位"的规定。

理　由：

行为人如果没有"擅离岗位"，就根本不可能实施"叛逃"行为；而"叛逃"行为本身，就意味着行为人已经"擅离岗位"。因此，"擅离岗位"这一规定纯属"多此一举"，没有必要。况且，"擅离岗位"的规定，还会引起理论上对"擅离岗位"是否属于本罪构成要件的不必要争议。①

八、间谍罪（第 110 条）

【立法沿革】

间谍罪是从 1979 年《刑法》第 97 条规定的间谍、资敌罪中分解而来的。

在新中国刑法立法史上，将间谍罪作为一个独立的罪名加以规定的立法例，始见于 1950 年的《刑法大纲草案》。该草案第 42 条规定："以反革命为目的，充当间谍，窃取、收集、刺探、收买或者传递有关国家军事、外交、财政、经济等方面之重大机密消息者，处死刑，终身监禁，或十年以上十五年以下监禁，并没收其财产之全部或一部。犯前项之罪，不致引起重大的危害者，处二年以上十年以下监禁。"而 1951 年的《惩治反革命条例》则将间谍、资敌罪合并加以规定，并另行增设了参加反革命特务、间谍组织罪。该条例第 6 条规定："进行下列间谍或资敌行为之一者，处死刑或无期徒刑；其情节较轻者处五年以上徒刑：一、为国内外敌人窃取、刺探国家机密或供给情报者；二、为敌机、敌舰

---

① 在刑法理论上，对"擅离岗位"是否属于叛逃罪构成要件的问题有不同的看法。有学者认为，"擅离岗位"属于本罪的构成要件。例如，张明楷教授认为：国家机关工作人员构成本罪的，要求具备以下三个条件："（1）必须在履行公务期间叛逃。（2）必须是擅离岗位叛逃；没有离开自己工作岗位的，不可能成为叛逃行为。（3）必须有叛逃行为，包括两个方式：一是在境内履行公务期间叛逃至境外；二是在境外履行公务期间叛逃"（参见张明楷：《刑法学》，法律出版社 2011 年版，第 598 页）。李立众博士也认为：首先，构成本罪，有特定的时间限定，即行为人只有在履行公务期间叛逃的，才构成本罪。其次，行为人必须是擅离岗位，即未经批准，私自离开工作岗位。再次，要有叛逃行为，即行为人叛逃出境，既可以是从境内叛逃境外，也可以是在境外叛逃〔参见刘艳红主编：《刑法学》（下），北京大学出版社 2014 年版，第 452 页〕。也有学者认为，"擅离岗位"不属于本罪的构成要件。例如，李希慧教授认为："本罪的客观方面的行为表现为履行公务期间，叛逃境外或者在境外叛逃"，而没有强调必须是"擅离岗位"叛逃（参见高铭暄、马克昌主编：《刑法学》，北京大学出版社、高等教育出版社 2011 年版，第 334 页）。

指示轰击目标者；三、为国内外敌人供给武器军火或其他军用物资者。"第7条规定："参加反革命特务或间谍组织，有下列情节之一者，处死刑或无期徒刑；其情节较轻者处五年以上徒刑：一、受国内外敌人派遣潜伏活动者；二、解放后组织或参加反革命特务或间谍组织者；三、解放前组织或领导反革命特务或间谍组织，及其他罪恶重大，解放后无立功赎罪表现者；四、解放前参加反革命特务或间谍组织、解放后继续参加反革命活动者；五、向人民政府登记、自首后继续参加反革命活动者；六、经人民政府教育释放仍继续与反革命特务、间谍联系或进行反革命活动者。"到了1954年，《刑法指导原则草案》第29条将"建立或者参加间谍、特务组织"作为"间谍、特务"的表现形式之一加以规定："犯下列罪行之一的，判处死刑、无期徒刑或者五年以上有期徒刑：（一）受国内外敌人派遣潜伏活动的；（二）建立或者参加间谍、特务组织的；（三）策动武装部队叛变的；（四）为国内外敌人窃取、刺探国家机密规制供给情报的；（五）为敌机、敌舰指示轰击目标的；（六）为国内外敌人供给武器军火、通讯器材或者其他军用物资的。"1957年的《刑法草案》第22稿沿袭了《惩治反革命条例》的立法例，仅对间谍、资敌行为的文字表述和法定刑作了一定的调整；同时，还将参加反革命特务、间谍组织进行的各种活动概括为"进行潜伏活动"。该稿第104条规定："进行下列间谍或者资敌行为之一的，处死刑、无期徒刑或者十年以上有期徒刑；情节较轻的，处五年以上十年以下有期徒刑：（一）为敌人窃取、刺探国家机密或者供给情报的；（二）为敌机、敌舰指示轰击目标的；（三）为敌人供给武器军火或者其他军用物资的。"第105条规定："参加反革命特务、间谍组织进行潜伏活动的，处五年以上有期徒刑。组织或者领导反革命特务、间谍组织进行潜伏活动的，处十年以上有期徒刑、无期徒刑或者死刑。"1963年的《刑法草案》第33稿在上述规定的基础上，除文字和法定刑调整外，还在间谍、资敌行为中增加了"里通外国，为外国人送情报"和"与敌人联系，要求布置任务"两项内容，删去了"为敌机、敌舰指示轰击目标"这一项内容；① 在"特务、间谍组织"之后增加了"其他反革命组织"的内容。该稿第103条规定："进行下列间谍或者资敌行为之一的，处十年以上有期徒刑或者无期徒刑；情节较轻的，处三年以上十年以下有期徒刑：（一）里通外国，为外国人送情报的；（二）为敌人窃取、刺探、提供情报的；（三）为敌人供给武器军火或者其他军用物资的；（四）与敌人联系，要求布置任务的。"第104条规定："组织领导特务、间谍组织或者其他反革命组织的，或者特务、间谍组织的重要分子，处十年以上有期徒刑、无期徒刑或者死刑；参加特务、间谍组织或者其他反革命组织的，处三年以上十年

---

① 在对《刑法草案》第22稿修订的过程中，"考虑到'为敌人指示轰击目标'一项，实质上属于反革命破坏行为，因此从本条中删去，改列入反革命破坏罪的条文作为一项内容"（参见高铭暄：《中华人民共和国刑法的孕育和诞生》，法律出版社1981年版，第142页）。

以下有期徒刑。"1979 年《刑法》第 97 条对上述规定作了较大的修改：一是删去了"里通外国，为外国人送情报"和"与敌人联系，要求布置任务"两项内容；① 二是增加了"接受敌人派遣任务"的内容；三是将"参加特务、间谍组织"的内容合并规定到本条之中。②

1979 年《刑法》第 97 条规定："进行下列间谍或者资敌行为之一的，处十年以上有期徒刑或者无期徒刑；情节较轻的，处三年以上十年以下有期徒刑：（一）为敌人窃取、刺探、提供情报的；（二）供给敌人武器军火或者其他军用物资的；（三）参加特务、间谍组织或者接受敌人派遣任务的。"

在全面研究修改刑法的过程中，1988 年的《刑法修改稿》第 102 条对上述规定作了较大的修改和调整：一是将间谍行为与资敌行为分别加以规定；二是将"参加特务、间谍组织"改为"参加间谍、特务、恐怖组织"；三是调整了法定刑和处罚原则；四是增加了"策动、勾引、收买"的行为方式。修改后的条文为："参加间谍、特务、恐怖组织的，处一年以上七年以下有期徒刑。参加间谍、特务、恐怖组织，并犯有本章其他罪行的，依照各该条的规定从重处罚。策动、勾引、收买他人参加间谍、特务、恐怖组织或者从事间谍、特务、恐怖活动的，依照前款的规定处罚。"③ 到了 1996 年，《刑法修订草案》又在 1979 年《刑法》的基础上对间谍罪重新作了规定：一是将间谍、特务行为统一规定为间谍罪，而将资敌行为专条规定为独立的资敌罪；二是将原反革命破坏罪中的"为敌人指示轰击目标"重新列为间谍行为之一；三是将原间谍、资敌罪中的"接受敌人派遣任务"具体表述为"接受间谍组织及其代理人的间谍活动任务"；四是将原间谍、资敌罪中的"为敌人窃取、刺探、提供情报"改为"为境外的机构、组织、人员窃取、刺探、收买、非法提供国家秘密或者情报"；五是增加了"危害国家安全"这一构成要件。该草案第

---

① "在对三十三稿修订过程中，由于总结了'文化大革命'中对敌斗争扩大化的惨痛教训，特别是所谓'里通外国'，纯系林彪、'四人帮'、康生、谢富治一伙强加给某些领导干部、科学家、外语工作者和归国华侨的诬陷不实之词，还有所谓'反革命挂钩'案件，其中不少并不是基于反革命目的，而是由于年轻幼稚，上当受骗，或是受好奇心驱使，做了错事。因此大家认为，对三十三稿的这一条，应当适当修订"（参见高铭暄：《中华人民共和国刑法的孕育和诞生》，法律出版社 1981 年版，第 142 页）。

② 1979 年《刑法》第 98 条将第 33 稿第 104 条修改为："组织、领导反革命集团的，处五年以上有期徒刑；其他积极参加反革命集团的，处五年以下有期徒刑、拘役、管制或者剥夺政治权利。"鉴于反革命集团并不包括特务、间谍组织，因而将"参加特务、间谍组织"并入到间谍、资敌罪的条文中。

③ 在此之前，对本罪的修改曾有过两个不同的方案：一是 1988 年 9 月的刑法修改稿第 97 条规定："具有下列间谍、特务行为之一的，处十年以上有期徒刑或者无期徒刑；情节特别严重的，处死刑；情节较轻的，处三年以上十年以下有期徒刑：（一）参加间谍、特务组织的；（二）胁迫、策动、勾引、收买他人从事间谍、特务活动的；（三）为间谍、特务组织窃取、刺探、收买、提供情报的；（四）从事暗杀、爆炸或者其他间谍、特务活动的。"二是 1988 年 11 月 16 日的刑法修改稿第 101 条规定："参加外国或者境外地区的间谍、特务、恐怖组织的，处一年以上七年以下有期徒刑或者无期徒刑。参加间谍、特务恐怖组织，并犯有本章其他罪行的，分别依照各该条规定从重处罚。策动、勾引、收买他人参加间谍、特务、恐怖组织或者从事间谍、特务、恐怖活动的，依照前款规定处罚。"

111 条规定:"进行下列间谍行为之一,危害国家安全的,处十年以上有期徒刑或者无期徒刑;情节较轻的,处三年以上十年以下有期徒刑:(一)参加间谍组织或者接受间谍组织及其代理人的间谍活动任务的;(二)为境外的机构、组织、人员窃取、刺探、收买、非法提供国家秘密或者情报的;(三)为敌人指示轰击目标的。"1997 年的《刑法修订草案》(修改稿)第 112 条基本上沿用了上述规定,仅删去了"间谍活动任务"中的"间谍活动"一词。1997 年 3 月 1 日,提交给八届全国人大五次会议审议的《中华人民共和国刑法(修订草案)》第 113 条在上述规定的基础上,将"为境外的机构、组织、人员窃取、刺探、收买、非法提供国家秘密或者情报的"行为分解出来,另行规定为一种独立的犯罪。这一修改方案,为现行刑法所采纳。

【立法规定】

《刑法》第 110 条规定:"有下列间谍行为之一,危害国家安全的,处十年以上有期徒刑或者无期徒刑;情节较轻的,处三年以上十年以下有期徒刑:(一)参加间谍组织或者接受间谍组织及其代理人的任务的;(二)为敌人指示轰击目标的。"第 113 条规定:"本章上述危害国家安全罪行中,除第一百零三条第二款、第一百零五条、第一百零七条、第一百零九条外,对国家和人民危害特别严重、情节特别恶劣的,可以判处死刑。""犯本章之罪的,可以并处没收财产。"

【立法释义】

目前,尚无与间谍罪相关的法律解释。但是,《国家安全法实施细则》对"间谍组织代理人"所作的解释,对于正确理解和适用本罪具有重要的参考作用。

《国家安全法实施细则》第 6 条规定:"'间谍组织代理人',是指受间谍组织或者其成员的指使、委托、资助,进行或者授意、指使他人进行危害中华人民共和国国家安全活动的人。间谍组织和间谍组织代理人由中华人民共和国国家安全部(以下简称国家安全部)确认。"

【立法建言】

建 议:将《刑法》第 110 条修改为:"有下列间谍行为之一,危害国家安全的,处五年以上十年以下有期徒刑;情节严重的,处十年以上有期徒刑或者无期徒刑;情节较轻的,处五年以下有期徒刑、拘役、管制或者剥夺政治权利:(一)参加间谍组织或者接受间谍组织及其代理人的任务的;(二)策动、引诱、收买国家工作人员叛变的;(三)为敌人指示轰击目标的;(四)进行其他间谍活动的。""间谍组织及其代理人实施或者指使、资助他人实施,或者境内外机构、组织、个人与间谍组织及其代理人相勾结实施危害国家安全活动的,依照前款的规定从重处罚。"

理　由：

全国人大常委会 2014 年 11 月 1 日通过的《中华人民共和国反间谍法》（以下简称《反间谍法》）第 38 条对间谍行为作了全面、系统的界定："本法所称间谍行为，是指下列行为：（一）间谍组织及其代理人实施或者指使、资助他人实施，或者境内外机构、组织、个人与其相勾结实施的危害中华人民共和国国家安全的活动；（二）参加间谍组织或者接受间谍组织及其代理人的任务的；（三）间谍组织及其代理人以外的其他境外机构、组织、个人实施或者指使、资助他人实施，或者境内机构、组织、个人与其相勾结实施的窃取、刺探、收买或者非法提供国家秘密或者情报，或者策动、引诱、收买国家工作人员叛变的活动；（四）为敌人指示攻击目标的；（五）进行其他间谍活动的。"由于上述间谍行为的范围比《刑法》第 110 条和第 111 条的规定要广得多，因而造成了《刑法》与《反间谍法》的有关规定之间相互不太协调。仅就间谍罪而言，《反间谍法》第 38 条关于"间谍组织及其代理人实施或者指使、资助他人实施，或者境内外机构、组织、个人与其相勾结实施的危害中华人民共和国国家安全的活动"、"策动、引诱、收买国家工作人员叛变的活动"和"进行其他间谍活动"的规定，就无法为《刑法》第 110 条所涵盖，从而导致间谍罪的刑事立法出现了"漏洞"。因此，有必要对《刑法》第 110 条的规定进行修改补充，使之能够与《反间谍法》第 38 条的规定相协调；与此同时，考虑到"间谍组织及其代理人实施或者指使、资助他人实施，或者境内外机构、组织、个人与其相勾结实施的危害中华人民共和国国家安全的活动"具有更大的危险性，而《刑法》第 106 条所规定的"从重处罚"范围又不包括间谍罪，因而建议增加 1 款对其加以规定。

此外，鉴于反间谍工作的需要，《反间谍法》第 28 条明确规定："在境外受胁迫或者受诱骗参加敌对组织、间谍组织，从事危害中华人民共和国国家安全的活动，及时向中华人民共和国驻外机构如实说明情况，或者入境后直接或者通过所在单位及时向国家安全机关、公安机关如实说明情况，并有悔改表现的，可以不予追究。"这是一项特殊的宽大政策，势必要求《刑法》有关间谍罪法定刑的规定能够与之相衔接。然而，《刑法》第 110 条规定的最低 1 档法定刑为"三年以上十年以下有期徒刑"，与《反间谍法》"可以不予追究"的规定之间距离过大。因此，建议降低间谍罪的法定最低刑，并重新调整间谍罪的法定刑档次。

九、为境外窃取、刺探、收买、非法提供国家秘密、情报罪（第 111 条）

【立法沿革】

为境外窃取、刺探、收买、非法提供国家秘密、情报罪是在全国人大常委会 1988 年《关于惩治泄露国家秘密犯罪的补充规定》规定的为境外窃取、刺探、收买、非法提供国家秘密罪的基础上修改而来的。

在立法传统上，有关窃取、刺探、收买、非法提供国家秘密或者情报的行为，历来都被认为是间谍行为的主要表现形式，因而都是在有关间谍的犯罪中加以规定的。[①] 然而，"由于间谍资敌罪属反革命犯罪，行为人须具有'反革命目的'且'为敌人服务'才能构成此罪。在实践中时有遇到的情况是：对我非法进行情报活动的人员一般都具有合法身份，其政治背景往往无法查清，其所在组织或国家（或地区）不能视为'敌人'；中国公民故意向他们泄露国家秘密，往往是以获取私利为目的，并非以反革命为目的。因此，即使这类犯罪给国家安全和利益造成了特别重大的危害，也难以按《刑法》第九十七条（只能按第一百八十六条）追究行为人的责任，这就束缚了我司法机关对这种具有特别严重社会危害性的泄密犯罪的严惩。"[②] 因此，1988 年 1 月提交给六届全国人大常委会第二十四次会议审议的《中华人民共和国保守国家秘密法（草案）》第 34 条第 2 款规定："故意向境外人员泄露国家秘密的，从重处罚，情节特别严重的，依照《中华人民共和国刑法》第九十七条处罚。"[③] 在向有关部门征求对该草案的意见时，"最高人民法院、最高人民检察院、国家安全部等部门提出，向境外人员泄露国家秘密，与刑法第九十七条规定的'为敌人窃取、刺探、非法提供情报'不同，以另行规定刑罚为好。"[④] 经立法工作机关研究和论证，采纳了上述建议。

全国人大常委会 1988 年 9 月 5 日通过的《关于惩治泄露国家秘密犯罪的补充规定》规定："为境外的机构、组织、人员窃取、刺探、收买、非法提供国家秘密的，处五年以上十年以下有期徒刑；情节较轻的，处五年以下有期徒刑、拘役或者剥夺政治权利；情节特别严重的，处十年以上有期徒刑、无期徒刑或者死刑，并处剥夺政治权利。"

在全面研究修改刑法的过程中，1988 年 9 月的刑法修改稿随即将上述规定纳入"危害国家安全罪"一章，并作了以下五处修改和补充：一是删去了"非法提供"中的"非法"一词；二是增加了"危害国家安全"的条件限制；三是增加了"管制"这一刑种；四是取消了"死刑"的规定；五是删去了"并处剥夺政治权利"的规定。[⑤] 修改后的条文为："为境外的机构、组织、人员窃取、刺探、收买、提供国家秘密危害国家安全的，处

----

① 关于 1979 年《刑法》第 97 条规定的间谍、资敌罪的立法沿革及具体规定，请参见本章之八"间谍罪（第 110 条）"的相关介绍和说明，在此不再赘述。

② 参见国务院副秘书长张文寿 1988 年 1 月 11 日在六届全国人大常委会第二十四次会议上所作的《关于〈中华人民共和国保守国家秘密法（草案）〉的说明》。

③ 根据这一规定，对不能按《刑法》第 97 条间谍罪定罪的、故意向境外人员泄露国家秘密且情节特别严重的犯罪行为，仍按第 186 条泄露国家重要机密罪定罪，但可依照第 97 条量刑。

④ 参见全国人大法律委员会副主任委员宋汝棼 1988 年 8 月 29 日在七届全国人大常委会第三次会议上所作的《对〈中华人民共和国保守国家秘密法（草案）〉审议结果的报告》。

⑤ 该稿第 52 条规定："对于危害国家安全的犯罪分子应当附加剥夺政治权利……"因此，该条相应删去了"并处剥夺政治权利"的规定。

五年以上十年以下有期徒刑；情节较轻的，处五年以下有期徒刑、拘役、管制或者剥夺政治权利；情节特别严重的，处十年以上有期徒刑或者无期徒刑。"[①] 1988 年 11 月 16 日的刑法修改稿第 100 条在上述规定的基础上，又作了以下四方面的修改和调整：一是将"境外"改为"外国或者境外地区"；二是调整了情节轻重的排列顺序；三是取消了单处"剥夺政治权利"的规定；四是将"情节特别严重的，处十年以上有期徒刑或者无期徒刑"改为"情节特别严重的，处无期徒刑或者死刑，并处没收财产"。该条的具体规定为："为外国或者境外地区的机构、组织、人员窃取、刺探、收买、非法提供国家秘密的，处五年以下有期徒刑、拘役或者管制；情节严重的，处五年以上有期徒刑；情节特别严重的，处无期徒刑或者死刑，并处没收财产。"在此后的刑法修订研拟过程中，曾一度取消了为境外窃取、刺探、收买、非法提供国家秘密罪，而将其重新规定为间谍罪的表现形式之一。[②] 对此，最高人民检察院提出，"鉴于境外的机构、组织十分繁杂，建议将草案第一百一十一条第二项的内容单独作为一条加以规定。"[③] 因此，1997 年 3 月 1 日提交给八届全国人大五次会议审议的《中华人民共和国刑法（修订草案）》第 113 条又恢复了上述犯罪，并在《关于惩治泄露国家秘密犯罪的补充规定》的基础上，作了以下四方面的修改：一是增加了"情报"这一犯罪对象；二是调整了法定刑档次的顺序；三是删去了"并处剥夺政治权利"的规定；四是增加了"管制"这一刑种。这一修改方案，为现行刑法所采纳。

【立法规定】

《刑法》第 111 条规定："为境外的机构、组织、人员窃取、刺探、收买、非法提供国家秘密或者情报的，处五年以上十年以下有期徒刑；情节特别严重的，处十年以上有期徒刑或者无期徒刑；情节较轻的，处五年以下有期徒刑、拘役、管制或者剥夺政治权利。"第 113 条规定："本章上述危害国家安全罪行中，除第一百零三条第二款、第一百零五条、第一百零七条、第一百零九条外，对国家和人民危害特别严重、情节特别恶劣的，可以判处死刑。犯本章之罪的，可以并处没收财产。"

全国人大常委会 2000 年 12 月 28 日通过的《关于维护互联网安全的决定》第 2 条规定："为了维护国家安全和社会稳定，对有下列行为之一，构成犯罪的，依照刑法有关规定追究刑事责任：……（二）通过互联网窃取、泄露国家秘密、情报或者军事秘密……"

---

① 该"新增条款"列于第 104 条之前，未编条文序号。

② 例如，1996 年的《刑法修订草案》第 111 条即将"为境外的机构、组织、人员窃取、刺探、收买、非法提供国家秘密或者情报的"，作为间谍罪中的一项加以规定。

③ 参见最高人民检察院刑法修改研究小组："《对〈中华人民共和国刑法（修订草案）〉的修改意见》（1997 年 1 月 27 日）"，见高铭暄、赵秉志编：《新中国刑法立法文献资料总览》（下），中国人民公安大学出版社 1998 年版，第 2645 页。

【立法释义】

最高人民法院 2001 年 1 月 17 日发布的《关于审理为境外窃取、刺探、收买、非法提供国家秘密、情报案件具体应用法律若干问题的解释》第 1 条规定："刑法第一百一十一条规定的'国家秘密'，是指《中华人民共和国保守国家秘密法》第二条、第八条以及《中华人民共和国保守国家秘密法实施办法》第四条确定的事项。""刑法第一百一十一条规定的'情报'，是指关系国家安全和利益、尚未公开或者依照有关规定不应公开的事项。对为境外机构、组织、人员窃取、刺探、收买、非法提供国家秘密之外的情报的行为，以为境外窃取、刺探、收买、非法提供情报罪定罪处罚。"第 2 条规定："为境外窃取、刺探、收买、非法提供国家秘密或者情报，具有下列情形之一的，属于'情节特别严重'，处十年以上有期徒刑、无期徒刑，可以并处没收财产：（一）为境外窃取、刺探、收买、非法提供绝密级国家秘密的；（二）为境外窃取、刺探、收买、非法提供三项以上机密级国家秘密的；（三）为境外窃取、刺探、收买、非法提供国家秘密或者情报，对国家安全和利益造成其他特别严重损害的。""实施前款行为，对国家和人民危害特别严重、情节特别恶劣的，可以判处死刑，并处没收财产。"第 3 条规定："为境外窃取、刺探、收买、非法提供国家秘密或者情报，具有下列情形之一的，处五年以上十年以下有期徒刑，可以并处没收财产：（一）为境外窃取、刺探、收买、非法提供机密级国家秘密的；（二）为境外窃取、刺探、收买、非法提供三项以上秘密级国家秘密的；（三）为境外窃取、刺探、收买、非法提供国家秘密或者情报，对国家安全和利益造成其他严重损害的。"第 4 条规定："为境外窃取、刺探、收买、非法提供秘密级国家秘密或者情报，属于'情节较轻'，处五年以下有期徒刑、拘役、管制或者剥夺政治权利，可以并处没收财产。"第 5 条规定："行为人知道或者应当知道没有标明密级的事项关系国家安全和利益，而为境外窃取、刺探、收买、非法提供的，依照刑法第一百一十一条的规定以为境外窃取、刺探、收买、非法提供国家秘密罪定罪处罚。"第 6 条规定："通过互联网将国家秘密或者情报非法发送给境外的机构、组织、个人的，依照刑法第一百一十一条的规定定罪处罚；将国家秘密通过互联网予以发布，情节严重的，依照刑法第三百九十八条的规定定罪处罚。"第 7 条规定："审理为境外窃取、刺探、收买、非法提供国家秘密案件，需要对有关事项是否属于国家秘密以及属于何种密级进行鉴定的，由国家保密工作部门或者省、自治区、直辖市保密工作部门鉴定。"

最高人民法院、最高人民检察院 2001 年 6 月 4 日发布的《关于办理组织和利用邪教组织犯罪案件具体应用法律若干问题的解释（二）》第 8 条规定："邪教组织人员为境外窃取、刺探、收买、非法提供国家秘密、情报的，以窃取、刺探、收买方法非法获取国家秘密的，非法持有国家绝密、机密文件、资料、物品拒不说明来源与用途的，或者泄露国家秘密情节严重的，分别依照刑法第一百一十一条为境外窃取、刺探、收买、非法提供国家秘密、情报罪，第二百八十二条第一款非法获取国家秘密罪，第二百八十二条第二款非法持有国家绝密、机密文件、资料、物品罪，第三百九十八条故意泄露国家秘密罪、过失泄露国家秘密罪的规定定罪处罚。"

【立法建言】

建　议：在《刑法》第111条中增加1款作为第2款："境外机构、组织、个人实施或者指使、资助他人实施，或者境内机构、组织、个人与境外机构、组织、个人相勾结实施窃取、刺探、收买、非法提供国家秘密或者情报的，依照前款的规定从重处罚。"

理　由：

《反间谍法》第38条第3项将"间谍组织及其代理人以外的其他境外机构、组织、个人实施或者指使、资助他人实施，或者境内机构、组织、个人与其相勾结实施的窃取、刺探、收买或者非法提供国家秘密或者情报，或者策动、引诱、收买国家工作人员叛变的活动"规定为间谍行为，而该规定的内容无法为《刑法》第111条所涵盖，从而导致为境外窃取、刺探、收买、非法提供国家秘密、情报罪的刑事立法出现了"漏洞"。因此，有必要对《刑法》第111条的规定进行修改和补充，使之能够与《反间谍法》第38条第3项的规定相协调。此外，考虑到"间谍组织及其代理人以外的其他境外机构、组织、个人实施或者指使、资助他人实施，或者境内机构、组织、个人与其相勾结实施的窃取、刺探、收买或者非法提供国家秘密或者情报，或者策动、引诱、收买国家工作人员叛变的活动"具有更大的危险性，而《刑法》第106条所规定的"从重处罚"范围又不包括为境外窃取、刺探、收买、非法提供国家秘密、情报罪，因而建议增加1款对其加以规定。

十、资敌罪（第112条）

【立法沿革】

资敌罪是从1979年《刑法》第97条规定的间谍、资敌罪中分解而来的。

在新中国刑法立法史上，将资敌罪作为一个独立的罪名加以规定的立法例，最早见之于1950年的《刑法大纲草案》。该草案第50条规定："以军用物资或专门技术供给敌人（帝国主义或反动分子）或为其他利敌资敌行为，足以发生重大危害者，处死刑，终身监禁，或五年以上十五年以下监禁，并可没收其财产之全部或一部。"到了1951年，《惩治反革命条例》始将间谍、资敌罪合并加以规定。此后，该立法例一直沿用到了1979年《刑法》。①

---

① 关于1979年《刑法》第97条规定的间谍、资敌罪的立法沿革及具体规定，请参见本章之八"间谍罪（第110条）"的相关介绍和说明，在此不再赘述。

在全面研究修改刑法的过程中，1988 年 9 月的刑法修改稿取消了资敌罪的规定。①1988 年 11 月 16 日的刑法修改稿不仅恢复了资敌罪，而且还将资敌罪作为一个独立的罪名加以规定。该稿第 99 条规定："为境内外敌对势力提供武器军火或者其他帮助的，处五年以下有期徒刑、拘役或者管制；情节严重的，处五年以上有期徒刑，可以并处没收财产；情节特别严重的，并处没收财产。"1988 年 12 月 25 日的《刑法修改稿》第 100 条基本上沿用了上述规定，仅删去了其中"境内外"的表述。到了 1996 年，《刑法修订草案》第 112 条重新以 1979 年《刑法》第 97 条为基础，对资敌罪作了以下三方面的修改和调整：一是将资敌罪作为一个独立的罪名加以规定；二是增加了"战时"的时间限制；② 三是将"供给敌人武器军火或者其他军用物资的"改为"供给敌人武器、军火、军事装备或者其他军用物资资敌的"。修改后的条文为："战时供给敌人武器、军火、军事装备或者其他军用物资资敌的，处十年以上有期徒刑或者无期徒刑；情节较轻的，处三年以上十年以下有期徒刑。"1997 年的《刑法修订草案》（修改稿）第 113 条基本上沿用了上述规定，仅将资敌罪的对象"武器、军火、军事装备或者其他军用物资"简化为"武器装备、军用物资"。这一修改方案，为现行刑法所采纳。

【立法规定】

《刑法》第 112 条规定："战时供给敌人武器装备、军用物资资敌的，处十年以上有期徒刑或者无期徒刑；情节较轻的。处三年以上十年以下有期徒刑。"第 113 条规定："本章上述危害国家安全罪行中，除第一百零三条第二款、第一百零五条、第一百零七条、第一百零九条外，对国家和人民危害特别严重、情节特别恶劣的，可以判处死刑。犯本章之罪的，可以并处没收财产。"

【立法释义】

目前，尚无与资敌罪相关的法律解释。

【立法建言】

建　议：删去《刑法》第 112 条中的"资敌"一词。

---

① "对于在战争时期发生的问题，是否须作全面规定，值得研究。如规定，条文增多，死刑也增多，而平时用不着；如不规定，一旦发生战争，条文不够用。这主要有两种情况：一是只在战时才可能发生的问题（如为敌人指示攻击目标的、为敌人提供武器或者其他军用物资的），二是战时需要加重处刑的（如反动宣传煽动罪，平时不需规定死刑，战时则应有死刑）。对这个问题，有两种意见：（1）在本章作全面规定，备用；（2）本章不作规定，战时作补充规定"（参见全国人大常委会法制工作委员会刑法室："《关于修改刑法的初步设想》（1988 年 9 月）"，见高铭暄、赵秉志编：《新中国刑法立法文献资料总览》（下），中国人民公安大学出版社 1998 年版，第 2108 页）。

② "由于在和平时期较难识别'敌人'，而且资敌的行为主要发生在战时，为更符合这种犯罪发生的实际，在1996 年 12 月中旬的修订草案中，立法工作机关为此罪构成要件增加了'战时'的规定"（参见高铭暄：《中华人民共和国刑法的孕育诞生和发展完善》，北京大学出版社 2012 年版，第 306 页）。

理　由：

在"明知"的前提下，"战时供给敌人武器装备、军用物资"的行为，本身就意味着是"资敌"行为。因此，在"战时供给敌人武器装备、军用物资"之后，再加上"资敌"一词，纯属"画蛇添足"之举。此外，有学者认为，"第112条'战时供给敌人武器装备、军用物资资敌的'具有谓语错误。'战时供给敌人武器装备……'的本意就是资敌，后边又出现'资敌'一词，等于是说'战时资敌资敌的'，同一个谓语重复出现，犯了语法错误。正确地表述应当将'资敌'二字删去。"①

---

① 侯国云、梁志敏、张起淮："论新刑法的进步与失误——评修订后的《中华人民共和国刑法》"，载《政法论坛》1999年第1期。

第二章　危害公共安全罪

一、放火罪、决水罪、爆炸罪、投放危险物质罪、以危险方法危害公共安全罪、失火罪、过失决水罪、过失爆炸罪、过失投放危险物质罪、过失以危险方法危害公共安全罪（第114条、第115条）

【立法沿革】

放火罪、决水罪、爆炸罪、投放危险物质罪、以危险方法危害公共安全罪和失火罪、过失决水罪、过失爆炸罪、过失投放危险物质罪、过失以危险方法危害公共安全罪是在1979年《刑法》第105条、第106条规定的放火罪、决水罪、爆炸罪、投毒罪、以危险方法危害公共安全罪以及失火罪、过失决水罪、过失爆炸罪、过失投毒罪、过失以危险方法危害公共安全罪的基础上修改而来的，并经《刑法修正案（三）》第1条、第2条所修正。

在新中国刑法立法史上，有关以危险方法危害公共安全的犯罪的立法体例，经历了一个错综复杂的发展演变过程。1950年的《刑法大纲草案》将"放火决水破坏防险设备"和"失火"作为两类不同性质的犯罪，分别规定在"妨害国家统治秩序罪"和"妨害公共秩序与公共卫生罪"两章之中。该草案第61条规定："放火、决水或破坏其他公共防险设备者，比照前条规定处罚。"① 第111条规定："因失火引起公共危险者，处一年以下五年以上监禁，或酌处罚金，或批评教育。"1954年的《刑法指导原则草案》则根据破坏的对象是"公共财产"还是"他人财产"，而将其分别归属于"破坏公共财产的犯罪"和"侵犯公民财产的犯罪"。该草案第38条规定："放火、决水、爆炸或者用其他危险方法破坏公共财产的，判处五年以上有期徒刑、无期徒刑或者死刑；情节较轻的，判处五年以下

---

① 该草案第60条规定："破坏或毁损（包括窃盗）火车、轮船、飞机、铁道、电讯、军事器材或其他交通军事设备者，处三年以上十年以下监禁，情节轻微者处二年以下监禁。""犯前项之罪致发生重大灾害者，处死刑或终身监禁。""过失犯前二项之罪者，比照前二项之规定，减轻处罚。"此外，该草案还在"反革命罪"一章中专门规定了"投放毒物病菌"的行为。该草案第48条规定："以反革命为目的，投放毒物，散播病菌，或以其他方法，引起或足以引起人口、牲畜或农作物之重大灾害者，处死刑，终身监禁，或十年以上十五年以下监禁，并没收其财产之全部或一部。""犯前项之罪，情节较轻者，处三年以上十五年以下监禁。"1951年的《惩治反革命条例》第9条也将"投放毒物、散播病菌或以其他方法，引起人、畜或农作物之重大灾害者"作为反革命罪加以规定。

有期徒刑。"第 39 条规定:"过失引起失火、决水、爆炸或者发生其他危险使公共财产遭受严重破坏的,判处五年以下有期徒刑、劳役或者予以行政处罚。""在容易引起失火、决水、爆炸或者容易发生其他危险的场所,故意违反安全纪律,虽然没有引起公共财产的破坏,也应当予以行政处罚或者判处劳役。"第 63 条规定:"放火、决水、爆炸或者用其他危险方法破坏他人财产的,判处五年以下有期徒刑;因而造成人身伤亡或者引起公共灾害的,判处五年以上有期徒刑、无期徒刑或者死刑。""因为过失行为引起失火、决水、爆炸或者发生其他危险,使他人财产遭受严重破坏的,判处三年以下有期徒刑、劳役或者予以行政处罚。"到了 1957 年,《刑法草案》第 22 稿始将"放火""失火"和"决水"一并归入"危害公共安全罪"一章。由于该稿不仅将"放火""失火"和"决水"分别加以规定,而且还着重考虑了犯罪对象对定罪量刑的影响,因而共用了 7 个条文来规定此类犯罪。其中,第 122 条规定:"放火烧毁工厂、矿坑、仓库、住宅、森林、牧场、公共建筑物或者其他公共建设的,处三年以上十年以下有期徒刑。""犯前款罪,致人重伤、死亡或者使公私财产遭受重大损失的,处十年以上有期徒刑、无期徒刑或者死刑。"第 123 条规定:"放火烧毁前条以外的公私财产足以危害公共安全的,处五年以下有期徒刑。"第 124 条规定:"失火烧毁工厂、矿坑、仓库、住宅、森林、牧场、公共建筑物或者其他公共建设的,处五年以下有期徒刑。"第 125 条规定:"失火烧毁前条以外的公私财产足以危害公共安全的,处一年以下有期徒刑或者拘役。"第 126 条规定:"决水浸害工厂、矿坑、仓库、住宅、公共建筑物或者其他公共建设的,处三年以上十年以下有期徒刑。犯前款罪,致人重伤、死亡或者使公私财产遭受重大损失的,处十年以上有期徒刑、无期徒刑或者死刑。过失犯第一款罪的,处五年以下有期徒刑。"第 127 条规定:"决水浸害前条以外的公私财产足以危害公共安全的,处五年以下有期徒刑。"第 128 条规定:"决溃堤防、损坏水闸足以危害公共安全的,处五年以下有期徒刑。犯前款罪,致人重伤、死亡或者使公私财产遭受重大损失的,处十年以上有期徒刑、无期徒刑或者死刑。""过失犯第一款罪的,处一年以下有期徒刑或者拘役。""修改中认为这样规定过于繁复,而且挂死刑的条文不免增多"①。因此,1963 年的《刑法草案》第 33 稿对上述规定进行了删并,将其调整为 3 个条文。其中,第 111 条规定:"放火烧毁工厂、矿坑、仓库、住宅、森林、农场、谷场、牧场、公共建筑物或者其他公共建设的,处三年以上十年以下有期徒刑。""放火烧毁其他公私财产足以危害公共安全的,处七年以下有期徒刑。"第 112 条规定:"决水浸害工厂、矿坑、仓库、住宅、农作物、公共建筑物或者其他公共建设的,处三年以上十年以下有期徒刑。""决水浸害其他公私财产足以危害公共安全的,处七年以下有期徒刑。"第 113 条规

---

① 参见高铭暄:《中华人民共和国刑法的孕育和诞生》,法律出版社 1981 年版,第 151 页。

定："放火、决水致人重伤、死亡或者使公私财产遭受重大损失的，处十年以上有期徒刑、无期徒刑或者死刑。""失火、过失决水引起前款后果的，处七年以下有期徒刑或者拘役。"1979 年《刑法》除进一步将此类犯罪的规定精简为 2 个条文外，还对上述罪状作了以下三方面的补充修改：一是在犯罪方法方面，增加了"爆炸""投毒"和"其他危险方法"；二是在犯罪对象方面，增加了"油田""港口""河流""水源""重要管道"，删去了"其他公共建设"；三是在犯罪结果方面，增加了"尚未造成严重后果"的表述。

1979 年《刑法》第 105 条规定："放火、决水、爆炸或者以其他危险方法破坏工厂、矿场、油田、港口、河流、水源、仓库、住宅、森林、农场、谷场、牧场、重要管道、公共建筑物或者其他公私财产、危害公共安全，尚未造成严重后果的，处三年以上十年以下有期徒刑。"第 106 条规定："放火、决水、爆炸、投毒或者以其他危险方法致人重伤、死亡或者使公私财产遭受重大损失的，处十年以上有期徒刑、无期徒刑或者死刑。过失犯前款罪的，处七年以下有期徒刑或者拘役。"

在全面研究修改刑法的过程中，1988 年 9 月的刑法修改稿对上述规定作了较大的修改和调整，共用了 5 个条文来分别规定"放火罪""决水罪""爆炸罪""投毒罪"和"利用技术手段危害公共安全罪"的基本犯，另用 1 个条文来专门规定上述犯罪的结果加重犯和过失犯。[①] 而 1988 年 11 月 16 日的刑法修改稿第 104 条则仅用了 1 个条文来规定此类犯罪："放火、决水、爆炸、投毒或者以其他危险方法危害公共安全的，处三年以上十年以下有期徒刑；致人重伤、死亡或者使公私财产遭受重大损失的，处十年以上有期徒刑、无期徒刑或者死刑，并处没收财产。过失犯前款罪，致人重伤、死亡或者使公私财产遭受重大损失的，处七年以下有期徒刑或者拘役。"1988 年 12 月 25 日的《刑法修改稿》第 105 条沿用了上述第 1 款的规定，仅将第 2 款修改为："过失犯前款罪，致人重伤、死亡或者使公私财产遭受重大损失的，处五年以下有期徒刑或者拘役；情节特别严重的，处五年以上十年以下有期徒刑。"然而，1996 年的《刑法修订草案》（征求意见稿）第 109 条、第 110 条又恢复了 1979 年《刑法》的规定。"后来考虑到这些过失犯罪在实践中，其社会危害程度差别很大，单一的法定刑幅度恐不能满足实践的需要"[②]，因此，1997 年 3 月 1 日提交给八届全国人大五次会议审议的《中华人民共和国刑法（修订草案）》第 117 条第 2 款将其修改为："过失犯前款罪的，处三年以上七年以下有期徒刑；情节较轻的，处三年

---

① 上述 6 个条文列于"危害公共安全罪"一章之首，但未编条文序号。

② 参见高铭暄：《中华人民共和国刑法的孕育诞生和发展完善》，北京大学出版社 2012 年版，第 310 页。

以下有期徒刑或者拘役。"经审议，1997年修订的《刑法》根据一些地方的建议，① 又在第114条中增加了"投毒"的规定。

1997年修订的《刑法》第114条规定："放火、决水、爆炸、投毒或者以其他危险方法破坏工厂、矿场、油田、港口、河流、水源、仓库、住宅、森林、农场、谷场、牧场、重要管道、公共建筑物或者其他公私财产、危害公共安全，尚未造成严重后果的，处三年以上十年以下有期徒刑。"第115条规定："放火、决水、爆炸、投毒或者以其他危险方法致人重伤、死亡或者使公私财产遭受重大损失的，处十年以上有期徒刑、无期徒刑或者死刑。过失犯前款罪的，处三年以上七年以下有期徒刑；情节较轻的，处三年以下有期徒刑或者拘役。"

1997年《刑法》施行后，针对恐怖活动出现的一些新情况，为了使《刑法》的规定更加明确，以利于严厉打击包括邮寄炭疽病芽孢菌等在内的恐怖犯罪活动，保障人民的生命财产安全，《刑法修正案（三）》第1条和第2条对以危险方法危害公共安全的犯罪作了两方面的修改和补充：一是删去了条文中所列举的此类犯罪的具体犯罪对象，代之以"以其他危险方法危害公共安全"的概括性表述；二是修改了条文中的"投毒"这一概括性规定，代之以"投放毒害性、放射性、传染病病原体等物质"的表述。

【立法规定】

《刑法》第114条规定："放火、决水、爆炸以及投放毒害性、放射性、传染病病原体等物质或者以其他危险方法危害公共安全，尚未造成严重后果的，处三年以上十年以下有期徒刑。"第115条规定："放火、决水、爆炸以及投放毒害性、放射性、传染病病原体等物质或者以其他危险方法致人重伤、死亡或者使公私财产遭受重大损失的，处十年以上有期徒刑、无期徒刑或者死刑。""过失犯前款罪的，处三年以上七年以下有期徒刑；情节较轻的，处三年以下有期徒刑或者拘役。"

【立法释义】

最高人民法院2000年11月27日发布的《关于审理破坏野生动物资源刑事案件具体应用法律若干问题的解释》第7条规定："使用爆炸、投毒、设置电网等危险方法破坏野生动物资源，构成非法猎捕、杀害珍贵、濒危野生动物罪或者非法狩猎罪，同时构成刑法第一百一十四条或者第一百一十五条规定之罪的，依照处罚较重的规定定罪处罚。"

国家林业局、公安部2001年5月9日发布的《关于森林和陆生野生动物刑事案件管辖及立案标准》第二部分第6条规定："凡故意放火造成森林或者其他林木火灾的都应当

---

① 有些地方建议，"在破坏手段中增加'投毒'，以便与第一百一十五条相协调"（参见八届全国人大五次会议秘书处：《中央有关部门、地方对刑法修订草案的意见》（1997年3月3日印），载高铭暄、赵秉志编：《新中国刑法立法文献资料总览》（下），中国人民公安大学出版社1998年版，第2210页）。

立案；过火有林地面积 2 公顷以上为重大案件；过火有林地面积 10 公顷以上，或者致人重伤、死亡的，为特别重大案件。"第 7 条规定："失火造成森林火灾，过火有林地面积 2 公顷以上，或者致人重伤、死亡的应当立案；过火有林地面积为 10 公顷以上，或者致人死亡、重伤 5 人以上的为重大案件；过火有林地面积为 50 公顷以上，或者死亡 2 人以上的，为特别重大案件。"

最高人民法院、最高人民检察院 2001 年 6 月 4 日发布的《关于办理组织和利用邪教组织犯罪案件具体应用法律若干问题的解释（二）》第 10 条规定："邪教组织人员以自焚、自爆或者其他危险方法危害公共安全的，分别依照刑法第一百一十四条、第一百一十五条第一款以危险方法危害公共安全罪等规定定罪处罚。"

最高人民法院、最高人民检察院 2003 年 5 月 14 日发布的《关于办理妨害预防、控制突发传染病等灾害的刑事案件具体应用法律若干问题的解释》第 1 条规定："故意传播突发传染病病原体，危害公共安全的，依照刑法第一百一十四条、第一百一十五条第一款的规定，按照以危险方法危害公共安全罪定罪处罚。"

最高人民检察院、公安部 2008 年 6 月 25 日发布的《关于公安机关管辖的刑事案件立案追诉标准的规定（一）》第 1 条规定："过失引起火灾，涉嫌下列情形之一的，应予立案追诉：（一）造成死亡一人以上，或者重伤三人以上的；（二）造成公共财产或者他人财产直接经济损失五十万元以上的；（三）造成十户以上家庭的房屋以及其他基本生活资料烧毁的；（四）造成森林火灾的，过火有林地面积二公顷以上，或者过火疏林地、灌木林地、未成林地、苗圃地面积四公顷以上的；（五）其他造成严重后果的情形。""本条和本规定第十五条规定的'有林地'、'疏林地'、'灌木林地'、'未成林地'、'苗圃地'，按照国家林业主管部门的有关规定确定。"

最高人民法院 2009 年 9 月 11 日发布的《关于醉酒驾车犯罪法律适用问题的意见》第 1 条 "准确适用法律，依法严惩醉酒驾车犯罪" 中规定："行为人明知酒后驾车违法、醉酒驾车会危害公共安全，却无视法律醉酒驾车，特别是在肇事后继续驾车冲撞，造成重大伤亡，说明行为人主观上对持续发生的危害结果持放任态度，具有危害公共安全的故意。对此类醉酒驾车造成重大伤亡的，应依法以以危险方法危害公共安全罪定罪。"第 2 条 "贯彻宽严相济刑事政策，适当裁量刑罚" 中规定："根据刑法第一百一十五条第一款的规定，醉酒驾车，放任危害结果发生，造成重大伤亡事故，构成以危险方法危害公共安全罪的，应处以十年以上有期徒刑、无期徒刑或者死刑。具体决定对被告人的刑罚时，要综合考虑此类犯罪的性质、被告人的犯罪情节、危害后果及其主观恶性、人身危险性。一般情况下，醉酒驾车构成本罪的，行为人在主观上并不希望、也不追求危害结果的发生，属于间接故意犯罪，行为的主观恶性与以制造事端为目的而恶意驾车撞人并造成重大伤亡后果的直接故意犯罪有所不同，因此，在决定刑罚时，也应当有所区别。此外，醉酒状态下驾车，行为人的辨认和控制能力实际有所减弱，量刑时也应酌情考虑。"第3条"统一法律适用，充分发挥司法审判职能作用"中规定："为依法严肃处理醉酒驾车犯罪案件，遏制酒后和醉酒驾车对公共安全造成的严重危害，警示、教育潜在违规驾驶人员，今后，对醉酒驾车，放任危害结果的发生，造成重大伤亡的，一律按照本意见规定，并参照附发的典型案例，依法以以危险方法危害公共安全罪定罪量刑。"

最高人民法院、最高人民检察院、公安部2014年9月9日发布的《关于办理暴力恐怖和宗教极端刑事案件适用法律若干问题的意见》第二部分第1条第2款规定："组织、领导、参加恐怖活动组织，同时实施杀人、放火、爆炸、非法制造爆炸物、绑架、抢劫等犯罪的，以组织、领导、参加恐怖组织罪和故意杀人罪、放火罪、爆炸罪、非法制造爆炸物罪、绑架罪、抢劫罪等数罪并罚。"

最高人民法院、最高人民检察院2014年11月3日发布的《关于办理危害药品安全刑事案件适用法律若干问题的解释》第7条第4款规定："实施本条第二款行为，同时又构成生产、销售伪劣产品罪、以危险方法危害公共安全罪等犯罪的，依照处罚较重的规定定罪处罚。"①

【立法建言】

建议一： 删去《刑法》第114条、第115条中"以其他危险方法"的规定。

理　由：

1. 从性质上看，"以其他危险方法"危害公共安全的规定属于兜底性条款。《刑法》第114条、第115条之所以规定这一兜底性条款，是"由于实践中实施危害公共安全的犯罪形式、手段很多，刑法不可能也无必要将所有的犯罪形式、手段都列举出来，因而以'其他危险方法'作概括性规定。"② 从理论上说，上述规定既然是对"危害公共安全的犯罪形式、手段"的"兜底"，那么，其罪名就应该统一定为以危险方法危害公共安全罪，而不应当分别定为放火罪、决水罪、爆炸罪、投放危险物质罪和以危险方法危害公共安全罪等罪名。换言之，兜底性规定之前所列的各种具体危险方法，仅仅具有列举示范的意义，而没有独立存在的价值；"其他危险方法"这一规定本身，就意味着彻底否定了所列举的危险方法独立成罪的可能性。因此，将"其他危险方法"与所列举的各种具体危险方法分别确定为不同的罪名，这在逻辑上是自相矛盾的，难以自圆其说。

2. 从概念上看，以危险方法危害公共安全罪实际上是"以其他危险方法危害公共安

---

① 该条第2款规定："以提供给他人生产、销售药品为目的，违反国家规定，生产、销售不符合药用要求的非药品原料、辅料，情节严重的，依照刑法第二百二十五条的规定以非法经营罪定罪处罚。"

② 高铭暄、马克昌主编：《刑法学》，北京大学出版社、高等教育出版社2011年版，第343～344页。

全罪"的简称，是泛指以常见的放火、决水、爆炸、投放危险物质这四种危险方法以外的各种危险方法，危害公共安全的犯罪。[①]　因此，客观地说，其范围是不可能事先确定的。由于以危险方法危害公共安全罪是"死罪"，因而其内涵和外延的不确定性将最大限度地妨害罪刑法定主义保障公民自由的宗旨的实现。鉴于"刑法条文没有明文规定本罪的具体行为结构与方式，导致'其他危险方法'没有限定，这与罪刑法定原则的明确性要求还存在距离"[②]，而"其他危险方法"本身又是《刑法》对不常见的、难以列举的危险方法所作的一种概括性规定，其范围是不确定的，[③]　所以，试图在立法上"明文规定本罪的具体行为结构与方式"是不现实的。既然立法无法准确地界定"其他危险方法"，而"其他危险方法"的规定又具有很大的"危险"，因此，最好的解决办法是删去《刑法》第114条、第115条中"以其他危险方法"的规定。

3. 从适用上看，近年来，在司法实践中对以危险方法危害公共安全罪的适用出现了扩大化的趋势。[④]　主要表现在：一是"司法实践中常常将危害公共安全但不构成其他具体犯罪的行为，均认定为（过失）以危险方法危害公共安全罪，导致本罪囊括了刑法分则没有明文规定的、具有危害公共安全性质的全部行为（使'以其他危险方法'的表述成为危害公共安全罪的'兜底'条款）。"[⑤]　二是司法实践中常常将虽然符合某种具体危害公共安全犯罪的特征，但却因该罪的法定刑较轻，而将其认定为（过失）以危险方法危害公共安全罪。[⑥]　对"以其他危险方法危害公共安全"的行为不断进行扩张，使得（过失）以危险方法危害公共安全罪几乎成为整个危害公共安全罪的兜底条款，从而使（过失）以危险方法危害公共安全罪成为继"投机倒把罪"和"流氓罪"之后又一个新的"口袋罪"。对此，有学者尖锐地指出，"以危险方法危害公共安全罪，仅是同一条款的放火罪等的兜底

---

①　正因如此，对于"以其他危险方法危害公共安全"行为具体罪名的确定问题，无论在刑法理论上还是司法实践中都有不同的意见和做法（相关学术观点及其争议，可参见叶高峰主编：《危害公共安全罪的定罪与量刑》，人民法院出版社2000年版，第135～136页，本书不予赘述）。

②　张明楷：《刑法学》，法律出版社2011年版，第609页。

③　参见利子平主编：《刑法原理》（修订本），江西高校出版社2000年版，第298页。

④　参见刘艳红主编：《刑法学》（下），北京大学出版社2014年版，第187页。

⑤　张明楷：《刑法学》，法律出版社2011年版，第609～610页。

⑥　例如，最高人民法院、最高人民检察院2003年5月14日发布的《关于办理妨害预防、控制突发传染病疫情等灾害的刑事案件具体应用法律若干问题的解释》第1条第2款关于"患有突发传染病或者疑似突发传染病而拒绝接受检疫、强制隔离或者治疗，过失造成传染病传播，情节严重，危害公共安全的，依照刑法第一百一十五条第二款的规定，按照过失以危险方法危害公共安全罪定罪处罚"的规定就是适例。因为对于"拒绝接受检疫、强制隔离或者治疗，过失造成传染病传播"的行为，《刑法》第330条规定的妨害传染病防治罪和第332条规定的妨害国境卫生检疫罪中早已有明文规定。但是，该解释却不顾《刑法》的明文规定，也不问其传播的是否是甲类传染病或者按甲类管理的传染病、检疫传染病，对此一概依照过失以危险方法危害公共安全罪定罪处罚，明显违反了《刑法》第3条关于"法律明文规定为犯罪行为的，依照法律定罪处刑；法律没有明文规定为犯罪行为的，不得定罪处刑"的规定。其结果必然是将不构成犯罪的行为作为犯罪处理，或者是对轻罪按重罪定罪处罚（参见利子平：《刑法司法解释瑕疵研究》，法律出版社2014年版，第253页以下）。

性规定，而不是危害公共安全罪整章的兜底性规定，否则第二章中的其他罪名都没有存在的必要了。"① 诚然，对于"以其他危险方法"之类的兜底条款，如果解释者随时保持"谦抑"的心态，尽力克制其内心"蠢蠢欲动"的越权解释的欲望，是可以在一定程度上避免上述问题的。② 但是，如果要从根本上杜绝上述现象，还是必须有赖于立法的完善。

4. 从功能上看，删去"以其他危险方法"的规定，并不会影响依法惩治以各种危险方法危害公共安全的犯罪。因为，司法实践中以（过失）以危险方法危害公共安全罪论处的行为，《刑法》大多已有明文规定，完全可以依照《刑法》的有关规定定罪处罚。③ 至于司法实践中有些以（过失）以危险方法危害公共安全罪论处确有一定合理性的行为，如"醉驾"造成重大伤亡事故的，可以通过完善《刑法》的有关规定来加以解决。④

建议二：将《刑法》第115条第2款修改为："过失犯前款罪的，处三年以上七年以下有期徒刑；情节较轻的，处三年以下有期徒刑、拘役或者管制。"

理　由：

1. 扩大管制的适用范围，有利于贯彻宽严相济的刑事政策。管制是我国独创的一种刑罚方法，也是我国唯一不剥夺犯罪分子人身自由的开放性主刑。"这种不剥夺自由刑与执行的开放性，可以避免短期自由刑的固有弊害；将罪犯仍然留在原来的工作单位或居住地工作或劳动，得以保持正常的工作与生活，继续履行社会义务。"⑤ 管制作为我国刑法中唯一的非监禁性质的主刑，充分体现了我国宽严相济刑事政策"宽"的一面，是我国刑罚体系中"宽"的典型代表，符合轻刑化的时代潮流，符合非监禁化的发展趋势，符合行刑社会化的基本要求。⑥ 因此，笔者主张，应当扩大管制的适用范围。"对未成年犯、老年犯、过失犯等犯罪情节轻微、主观恶性不大且有悔改表现，依法应当判处3年以下有期徒刑的犯罪分子，如果适宜社区矫正的，应明确规定可以判处管制。"也就是说，应当尽可能多地在分则条文中设置选择性管制刑。⑦

2. 扩大管制的适用范围，有利于完善刑罚体系的内部结构。从刑法理论上说，"管制

---

① 刘艳红主编：《刑法学》（下），北京大学出版社2014年版，第187页。

② 最高人民法院2012年2月28日发布的《关于在审判执行工作中切实规范自由裁量权行使保障法律统一适用的指导意见》第5条强调："要正确把握法律、法规和司法解释中除明确列举之外的概括性条款规定，确保适用结果符合立法原意。"

③ 张明楷教授也认为："如果某种行为符合其他犯罪的犯罪构成，以其他犯罪论处符合罪刑相适应原则，应尽量认定为其他犯罪，不宜认定为本罪"（张明楷：《刑法学》，法律出版社2011年版，第610页）。

④ 有关"醉驾"造成重大伤亡事故的应如何通过完善立法来加以解决的问题，请参见本章之二十三"危险驾驶罪（第133条之一）"中"立法建言"部分的相关论述。

⑤ 张明楷：《刑法学》，法律出版社2011年版，第469页。

⑥ 参见利子平、竹怀军："宽严相济刑事政策视野下管制刑的不足与完善"，载赵秉志主编：《刑法论丛》（第15卷），法律出版社2008年版，第365页以下。

⑦ 参见利子平、竹怀军："宽严相济刑事政策视野下管制刑的不足与完善"，载赵秉志主编：《刑法论丛》（第15卷），法律出版社2008年版，第375～376页。

刑的存在，使我国刑罚体系更加完善，因为它作为一种限制自由的刑罚方法，起到了连接剥夺自由刑和非自由刑的纽带作用，使各种刑罚的结构更加紧凑自然。"① 然而，现行刑法对管制的配置状况却不尽如人意。据统计，现行刑法共有 106 个条款配置了管制。以配置管制条款中法定刑幅度的最高刑为标准，可以将配置管制的条款分为以下四种情形：（1）处 1 年以下有期徒刑、拘役或者管制的，共 1 个条款；（2）处 2 年以下有期徒刑、拘役或者管制的，共 7 个条款；（3）处 3 年以下有期徒刑、拘役或者管制的，共 75 个条款；（4）处 5 年以下有期徒刑、拘役或者管制的，共 23 个条款。② 应当说，从完善刑罚体系的整体结构来看，作为一个中间环节，上述管制的规定较好地起到了连接剥夺自由刑与非自由刑的作用。但是，在现行刑法中，仍然有相当多法定最高刑或者法定刑幅度的最高刑为 3 年以下有期徒刑的条款未配置管制。这不仅没有充分发挥管制的作用，而且还造成了刑罚配置上的不协调。③ 有鉴于此，笔者主张，对法定最高刑或者法定刑幅度的最高刑为 3 年以下有期徒刑的条款，原则上均应当配置管制。④

---

① 高铭暄、马克昌主编：《刑法学》，北京大学出版社、高等教育出版社 2011 年版，第 230 页。

② 现行刑法配置管制的具体条款为：（1）处 1 年以下有期徒刑、拘役或者管制的条款（第 322 条）；（2）处 2 年以下有期徒刑、拘役或者管制的条款（第 205 条之一第 1 款、第 209 条第 2 款、第 210 条之一第 1 款、第 227 条第 1 款、第 260 条第 1 款、第 284 条、第 364 条第 1 款）；（3）处 3 年以下有期徒刑、拘役或者管制的条款（第 103 条、第 104 条、第 105 条第 1 款、第 120 条第 1 款、第 120 条之四、第 120 条之五、第 120 条之六、第 128 条第 1 款、第 130 条、第 152 条第 1 款、第 206 条、第 207 条、第 209 条第 1 款、第 215 条、第 227 条第 2 款、第 234 条第 1 款、第 238 条第 1 款、第 241 条第 1 款、第 243 条第 1 款、第 246 条第 1 款、第 249 条、第 250 条、第 264 条、第 266 条、第 267 条第 1 款、第 268 条、第 274 条、第 276 条、第 277 条第 1 款、第 278 条、第 279 条第 1 款、第 280 条、第 281 条第 1 款、第 282 条、第 283 条、第 286 条之一、第 288 条、第 290 条第 1 款、第 3 款、第 4 款、第 291 条之一第 2 款、第 292 条第 1 款、第 294 条第 1 款、第 299 条、第 300 条、第 302 条、第 303 条、第 307 条之一第 1 款、第 308 条之一第 1 款、第 309 条、第 310 条第 1 款、第 311 条、第 312 条、第 328 条第 1 款、第 336 条、第 340 条、第 341 条第 2 款、第 343 条第 1 款、第 344 条、第 345 条、第 347 条第 4 款、第 348 条、第 349 条第 1 款、第 350 条第 1 款、第 352 条、第 353 条第 1 款、第 354 条、第 363 条第 1 款第 2 款、第 364 条第 2 款、第 365 条、第 368 条第 1 款、第 369 条第 1 款、第 371 条第 2 款、第 372 条、第 373 条、第 375 条、第 378 条）；（4）处 5 年以下有期徒刑、拘役或者管制的条款（第 105 条第 2 款、第 107 条、第 109 条、第 111 条、第 120 条之一、第 120 条之二、第 120 条之三、第 261 条、第 290 条第 2 款、第 291 条、第 291 条之一第 1 款、第 293 条第 1 款、第 295 条、第 296 条、第 297 条、第 298 条、第 301 条、第 321 条第 1 款、第 351 条第 1 款、第 359 条第 1 款、第 360 条第 1 款、第 371 条第 1 款、第 2 款）。

③ 有学者认为，缓刑也是适用于社会危害性和人身危险性较轻的犯罪，并且缓刑期间对犯罪分子设定的义务和管制相差无几（差别只是能否自由行使言论、出版、集会、结社、游行、示威等政治权利），缓刑与管制在立法理念、适用对象、内容、执行机关上几乎完全一致。刑法对违反管制规定的行为没有制裁，但是对违反缓刑管理规定的行为却规定了比较严谨的善后条款。故而，缓刑包容着管制又优于管制，将两者并立于刑罚体系中，既是一种法条浪费，也明显有损刑法体例的严谨性和科学性。因此，应当废除管制（参见曾魁："论管制的废除"，载《华南理工大学学报（社会科学版）》2005 年第 6 期）。对此，笔者不敢苟同。诚然，在我国目前的立法和司法中确实存在管制与缓刑不协调的问题。但是，管制与缓刑在本质、适用对象、监督考察的内容、法律后果等方面有着明显的差异，不能相互代替。至于管制与缓刑不协调的问题，完全可以通过对管制刑的改造来完成（参见利子平、竹怀军："宽严相济刑事政策视野下管制刑的不足与完善"，载赵秉志主编：《刑法论丛》（第 15 卷），法律出版社 2008 年版，第 376 页）。

④ 本书在阐述以下相关各罪的立法建言时，对增设管制的理由，均不再赘述。

二、破坏交通工具罪、破坏交通设施罪、破坏电力设备罪、破坏易燃易爆设备罪、过失损坏交通工具罪、过失损坏交通设施罪、过失损坏电力设备罪、过失损坏易燃易爆设备罪（第 116 条、第 117 条、第 118 条、第 119 条）

【立法沿革】

破坏交通工具罪、破坏交通设施罪、破坏电力设备罪、破坏易燃易爆设备罪和过失损坏交通工具罪、过失损坏交通设施罪、过失损坏电力设备罪、过失损坏易燃易爆设备罪是在 1979 年《刑法》第 107 条至第 110 条规定的破坏交通工具罪、破坏交通设备罪、破坏电力设备罪、破坏易燃易爆设备罪和过失破坏交通工具罪、过失破坏交通设备罪、过失破坏电力设备罪、过失破坏易燃易爆设备罪的基础上修改而来的。

从立法渊源来看，上述犯罪最早源于 1950 年的《刑法大纲草案》第 60 条规定的破坏或毁损交通军事设备罪："破坏或毁损（包括窃盗）火车、轮船、飞机、铁道、电讯、军事器材或其他交通军事设备者，处三年以上十年以下监禁，情节轻微者处二年以下监禁。""犯前项之罪致发生重大灾害者，处死刑或终身监禁。""过失犯前二项之罪者，比照前二项之规定，减轻处罚。"但是，1954 年的《刑法指导原则草案》第 42 条只规定了破坏交通罪："故意采用放火、决水、爆炸或者其他危险方法，破坏铁路、航空、邮电、车辆、船舰或者其他交通建设的，判处二年以上十年以下有期徒刑；情节特别严重的，判处十年以上有期徒刑、无期徒刑或者死刑。""因为过失行为使交通建设遭受破坏的，判处三年以下有期徒刑、劳役或者予以行政处罚。"到了 1957 年，《刑法草案》第 22 稿始分门别类地规定了故意或者过失破坏交通工具、交通设备和损毁电力、煤气设备的犯罪。其中，第 117 条规定："倾覆、破坏有人乘坐的火车、汽车、船只、航空机的，处十年以上有期徒刑、无期徒刑或者死刑。""过失犯前款罪的，处五年以下有期徒刑或者拘役。"第 118 条规定："破坏轨道、桥梁、灯塔、标识或者以其他方法足以使火车、汽车、船只、航空机往来发生危险的，处一年以上七年以下有期徒刑。""犯前款罪，引起火车、汽车、船只、航空机倾覆或者破坏的，处七年以上有期徒刑或者无期徒刑。""过失犯第一款罪的，处二年以下有期徒刑或者拘役。"第 120 条规定："损毁供公共用的电力、煤气设备足以危害公共安全的，处一年以上七年以下有期徒刑。""犯前款罪，致人重伤、死亡或者使公私财产遭受重大损失的，处七年以上有期徒刑或者无期徒刑。""过失犯第一款罪的，处二年以下有期徒刑或者拘役。"1963 年的《刑法草案》第 33 稿在立法体例上对上述规定作了较大的调整，主要是将分散在各条中的结果加重犯和过失犯都集中在 1 个条文中加以规定。此外，还删去了此类犯罪的死刑并调整了量刑幅度，增加和修改了个别犯罪对象，增删和统一了相关的文字和用语。该稿第 114 条规定："破坏火车、汽车、电车、船只、飞机足以使火车、汽车、电车、船只、飞机发生倾覆或者毁坏危险的，处三年以上十年以下有期徒刑。"第 115 条规定："破坏轨道、桥梁、灯塔、标识或者进行其他破坏活动足以使火车、汽车、船只、飞机发生倾覆或者毁坏危险的，处一年以上七年以下有期徒刑。"第 116 条规定："破坏电力、煤气设备足以危害公共安全的，处一年以上七年以下有期徒刑。"第 118 条规定："破坏交通工具、交通设备、电力煤气设备、广播电台或者其他通讯设备的首要分子或者引起严重后果的，处七年以上有期徒刑或者无期徒刑。""过失毁坏交通工具、交通设备、电力煤气设备、广播电台或者其他通讯设备引起前款后果的，处七年以下有期徒刑或者拘役。"1979 年《刑法》在上述规定的基础上，对上述犯罪的危险犯作了以下三方面的补充和修改：一是在犯罪结果方面，增加了"尚未造成严重后果"的表述；二是在刑罚配置方面，调整为"三年以上十年以下有期徒刑"；三是在犯罪对象方面，增加了"隧道、公路、机场、航道"和"其他易燃易爆设备"等内容。

1979 年《刑法》第 107 条规定："破坏火车、汽车、电车、船只、飞机，足以使火车、汽车、电车、船只、飞机发生倾覆、毁坏危险，尚未造成严重后果的，处三年以上十年以下有期徒刑。"第 108 条规定："破坏轨道、桥梁、隧道、公路、机场、航道、灯塔、标志或者进行其他破坏活动，足以使火车、汽车、电车、船只、飞机发生倾覆、毁坏危险，尚未造成严重后果的，处三年以上十年以下有期徒刑。"第 109 条规定："破坏电力、煤气或者其他易燃易爆设备，危害公共安全，尚未造成严重后果的，处三年以上十年以下有期徒刑。"第 110 条规定："破坏交通工具、交通设备、电力煤气设备、易燃易爆设备造成严重后果的，处十年以上有期徒刑、无期徒刑或者死刑。""过失犯前款罪的，处七年以下有期徒刑或者拘役。"

在全面研究修改刑法的过程中，1988 年 9 月的刑法修改稿在上述规定的基础上，除文字修改外，主要作了两方面的修改和调整：一是在立法体例方面，将破坏电力设备罪、破坏易燃易爆设备罪的基本犯分别加以规定；[①] 二是在刑罚配置方面，将基本犯的法定刑调整为"二年以上七年以下有期徒刑"，并相应地将结果加重犯的法定最低刑调整为"七年以上有期徒刑"。1988 年 11 月 16 日的刑法修改稿考虑到"原第 107 条至 111 条规定的破坏交通工具、交通设备、电力煤气设备、通讯设备等罪，因发案很少，故合并改写为一条。"[②] 该稿第 105 条规定："破坏交通工具，交通设备，电力煤气设备，易燃易爆设备，通讯设备，危害公共安全的，处三年以上十年以下有期徒刑；造成严重后果的，处十年以

---

① 该稿分别规定的 2 个条文列于第 108 条与第 110 条之间，但未编条文序号。
② 参见该稿分则第二章"危害公共安全罪"中的"修改说明"。

上有期徒刑、无期徒刑或者死刑，并处没收财产。""过失犯前款罪，造成严重后果的，处七年以下有期徒刑或者拘役；情节特别严重的，处五年以上十年以下有期徒刑。"但是，1996 年的《刑法修订草案》（征求意见稿）又恢复了 1979 年《刑法》的规定，仅将其中的"飞机"改为"航空器"。1996 年的《刑法修订草案》基本上沿用了上述规定，仅将其中的"煤气"改为"燃气"。1997 年 3 月 1 日，提交给八届全国人大五次会议审议的《中华人民共和国刑法（修订草案）》第 121 条第 2 款将"过失犯前款罪的"的法定刑，细化为"过失犯前款罪的，处三年以上七年以下有期徒刑；情节较轻的，处三年以下有期徒刑或者拘役"。经审议，1997 年《刑法》又对第 119 条的文字表述作了调整：一是将"交通设备"改为"交通设施"；二是将"电力燃气设备"分开表述为"电力设备""燃气设备"，并在"燃气设备"之后增加了一个逗号。

【立法规定】

《刑法》第 116 条规定："破坏火车、汽车、电车、船只、航空器，足以使火车、汽车、电车、船只、航空器发生倾覆、毁坏危险，尚未造成严重后果的，处三年以上十年以下有期徒刑。"第 117 条规定："破坏轨道、桥梁、隧道、公路、机场、航道、灯塔、标志或者进行其他破坏活动，足以使火车、汽车、电车、船只、航空器发生倾覆、毁坏危险，尚未造成严重后果的，处三年以上十年以下有期徒刑。"第 118 条规定："破坏电力、燃气或者其他易燃易爆设备，危害公共安全，尚未造成严重后果的，处三年以上十年以下有期徒刑。"第 119 条规定："破坏交通工具、交通设施、电力设备、燃气设备、易燃易爆设备，造成严重后果的，处十年以上有期徒刑、无期徒刑或者死刑。""过失犯前款罪的，处三年以上七年以下有期徒刑；情节较轻的，处三年以下有期徒刑或者拘役。"

【立法释义】

最高人民法院、最高人民检察院、公安部 1993 年 12 月 1 日发布的《关于严厉打击盗窃、破坏铁路、油田、电力、通讯等器材设备的犯罪活动的通知》第 2 条规定："凡盗窃、破坏正在使用中的电力设备的，应以破坏电力设备罪追究刑事责任；盗窃、破坏铁路线路上的器材或者行车设施的零件、部件，危及行车安全的，应以破坏交通设施罪追究刑事责任；盗窃、破坏正在使用中的油田机器设备的，应以破坏易燃易爆设备罪追究刑事责任……"

最高人民法院、最高人民检察院 2007 年 1 月 15 日发布的《关于办理盗窃油气、破坏油气设备等刑事案件具体应用法律若干问题的解释》第 1 条规定："在实施盗窃油气等行为过程中，采用切割、打孔、撬砸、拆卸、开关等手段破坏正在使用的油气设备的，属于刑法第一百一十八条规定的'破坏燃气或者其他易燃易爆设备'的行为；危害公共安全，尚未造成严重后果的，依照刑法第一百一十八条的规定定罪处罚。"第 2 条规定："实施本解释第一条规定的行为，具有下列情形之一的，属于刑法第一百一十九条第一款规定的'造成严重后果'，依照刑法第一百一十九条第一款的规定定罪处罚：（一）造成一人以上死亡、三人以上重伤或者十人以上轻伤的；（二）造成井喷或者重大环境污染事故的；（三）造成直接经济损失数额在五十万元以上的；（四）造成其他严重后果的。"第 4 条规定："盗窃油气同时构成盗窃罪和破坏易燃易爆设备罪的，依照刑法处罚较重的规定定罪处罚。"

最高人民法院 2007 年 8 月 15 日发布的《关于审理破坏电力设备刑事案件具体应用法律若干问题的解释》第 1 条规定："破坏电力设备，具有下列情形之一的，属于刑法第一百一十九条第一款规定的'造成严重后果'，以破坏电力设备罪判处十年以上有期徒刑、无期徒刑或者死刑：（一）造成一人以上死亡、三人以上重伤或者十人以上轻伤的；（二）造成一万以上用户电力供应中断六小时以上，致使生产、生活受到严重影响的；（三）造成直接经济损失一百万元以上的；（四）造成其他危害公共安全严重后果的。"第 2 条规定："过失损坏电力设备，造成本解释第一条规定的严重后果的，依照刑法第一百一十九条第二款的规定，以过失损坏电力设备罪判处三年以上七年以下有期徒刑；情节较轻的，处三年以下有期徒刑或者拘役。"第 3 条规定："盗窃电力设备，危害公共安全，但不构成盗窃罪的，以破坏电力设备罪定罪处罚；同时构成盗窃罪和破坏电力设备罪的，依照刑法处罚较重的规定定罪处罚。""盗窃电力设备，没有危及公共安全，但应当追究刑事责任的，可以根据案件的不同情况，按照盗窃罪等犯罪处理。"第 4 条规定："本解释所称电力设备，是指处于运行、应急等使用中的电力设备；已经通电使用，只是由于枯水季节或电力不足等原因暂停使用的电力设备；已经交付使用但尚未通电的电力设备。不包括尚未安装完毕，或者已经安装完毕但尚未交付使用的电力设备。""本解释中直接经济损失的计算范围，包括电量损失金额，被毁损设备材料的购置、更换、修复费用，以及因停电给用户造成的直接经济损失等。"

最高人民法院、最高人民检察院 2013 年 4 月 2 日发布的《关于办理盗窃刑事案件适用法律若干问题的解释》第 11 条规定："盗窃公私财物并造成财物损毁的，按照下列规定处理：（一）采用破坏性手段盗窃公私财物，造成其他财物损毁的，以盗窃罪从重处罚；同时构成盗窃罪和其他犯罪的，择一重罪从重处罚；（二）实施盗窃犯罪后，为掩盖罪行或者报复等，故意毁坏其他财物构成犯罪的，以盗窃罪和构成的其他犯罪数罪并罚；（三）盗窃行为未构成犯罪，但损毁财物构成其他犯罪的，以其他犯罪定罪处罚。"

【立法建言】

建　议：将《刑法》第 116 条、第 117 条、第 118 条和第 119 条合并为 1 条，修改为："破坏交通工具、交通设施、易燃易爆设备，危害公共安全，尚未造成严重后果的，处三年以上十年以下有期徒刑；造成严重后果的，处十年以上有期徒刑、无期徒刑或者死刑。""过失犯前款罪的，处三年以上七年以下有期徒刑；情节较轻的，处三年以下有期徒刑、拘役或者管制。"

理　由：

现行刑法将上述犯罪的危险犯与实害犯分别加以规定的做法，不具有妥当性。因为，将危险犯与实害犯人为地割裂开来，势必会破坏犯罪的完整性。诚然，立法者的初衷是为了减少死刑的条文。但是，如果将上述 4 个条文合并为 1 条，不但不会增加死刑的条文，相反，还能够精简条文，强化危险犯与实害犯之间的内在联系，可谓一举两得。事实上，1988 年 11 月 16 日的刑法修改稿第 105 条就曾采取过这种立法例。[①] 最高人民法院也认为，1979 年《刑法》第 107 条、第 108 条、第 109 条和第 110 条 "规定中所列对象均有公共安全的意义，危害后果相当，刑罚相等，为减少条款，可合并"[②]。但遗憾的是，由于受"对刑法的原有规定，包括文字表述和量刑规定，原则上没什么问题的，尽量不作修改"[③] 这一刑法修订指导思想的影响，1997 年《刑法》并未采纳上述立法例和意见。笔者认为，上述立法例和意见是科学的、合理的，应当予以充分重视。此外，从协调的角度来看，对上述犯罪的过失犯，还宜增加"管制"的规定。

三、组织、领导、参加恐怖组织罪（第 120 条）

【立法沿革】

组织、领导、参加恐怖组织罪是 1997 年《刑法》第 120 条增设的罪名，并经《刑法修正案（三）》第 3 条和《刑法修正案（九）》第 5 条所修正。

从立法源流来看，我国有关恐怖组织犯罪的立法，最早见之于 1988 年 11 月 16 日的刑法修改稿。该稿第 101 条规定："参加外国或者境外地区的间谍、特务、恐怖组织的，处一年以上七年以上有期徒刑。参加间谍、特务、恐怖组织，并犯有本章其他罪行的，分别依照各该条规定从重处罚。""策动、勾引、收买他人参加间谍、特务、恐怖组织或者从

---

① "原第 107 条至 111 条规定的破坏交通工具、交通设备、电力煤气设备、通讯设备等罪，因发案很少，故合并改写为一条"（参见该稿分则第二章"危害公共安全罪"中的"修改说明"）。

② 参见最高人民法院刑法修改小组：《关于刑法分则修改的若干问题（草稿）》（1989 年 3 月），载高铭暄、赵秉志编：《新中国刑法立法文献资料总览》（下），中国人民公安大学出版社 1998 年版，第 2271 页。

③ 参见全国人大常委会副委员长王汉斌 1997 年 3 月 6 日在八届全国人大五次会议上所作的《关于〈中华人民共和国刑法（修订草案）〉的说明》。

事间谍、特务、恐怖活动的，依照前款规定处罚。"1988 年 12 月 25 日的《刑法修改稿》第 102 条基本上沿用了上述规定，仅删去了其中"外国或者境外地区的"地域限制。对此，最高人民法院提出，"'恐怖组织'指什么样的组织，不明确"①。最高人民检察院也建议，"恐怖组织概念不清，可不列入。"② 因此，此后的刑法修改稿未再规定有关恐怖组织的犯罪。在对 1996 年《刑法修订草案》征求意见的过程中，"有的部门提出，现在已经出现有组织进行恐怖活动的犯罪，危害很大。为了有力地打击这种犯罪，应在刑法中作出相应规定"③。有鉴于此，1997 年的《刑法修订草案》（修改稿）增加规定了组织、领导、积极参加恐怖组织罪，并将其归属到"危害公共安全罪"一章。该草案第 121 条规定："组织、领导恐怖活动组织的，对首要分子，处三年以上十年以下有期徒刑；其他积极参加的，处三年以下有期徒刑、拘役或者管制。""犯前款罪并实施杀人、爆炸、绑架等犯罪的，依照数罪并罚的规定处罚。"1997 年 3 月 1 日，提交给八届全国人大五次会议审议的《中华人民共和国刑法（修订草案）》第 122 条进一步扩大了恐怖组织犯罪的成立范围，将"其他参加的"也纳入了本罪的犯罪圈，从而使罪名相应地演变为"组织、领导、参加恐怖组织罪"；同时还加大了打击力度，将"积极参加恐怖活动组织的"与"组织、领导恐怖活动组织的"并列规定在一起，适用同一档法定刑。这一修改方案，为 1997 年修订的《刑法》所采纳。

1997 年修订的《刑法》第 120 条规定："组织、领导和积极参加恐怖活动组织的，处三年以上十年以下有期徒刑；其他参加的，处三年以下有期徒刑、拘役或者管制。""犯前款罪并实施杀人、爆炸、绑架等犯罪的，依照数罪并罚的规定处罚。"

1997 年《刑法》施行后，鉴于恐怖主义对和平与安全的威胁日趋严重，为加重对组织、领导恐怖组织罪的处罚，《刑法修正案（三）》第 3 条对《刑法》第 120 条第 1 款作了以下三方面的修改和调整：一是将"组织、领导恐怖活动组织"与"积极参加"分开加以规定；二是将"组织、领导恐怖活动组织"的法定刑，由"三年以上十年以下有期徒刑"提高到"十年以上有期徒刑或者无期徒刑"④；三是将"其他参加"的法定刑，由"处三年以下有期徒刑、拘役或者管制"修改为"处三年以下有期徒刑、拘役、管制或者

① 参见最高人民法院刑法修改小组：《关于刑法分则修改的若干问题（草稿）》（1989 年 3 月），载高铭暄、赵秉志编：《新中国刑法立法文献资料总览》（下），中国人民公安大学出版社 1998 年版，第 2265 页。

② 参见最高人民检察院刑法修改小组：《修改刑法研究报告》（1989 年 10 月 12 日），载高铭暄、赵秉志编：《新中国刑法立法文献资料总览》（下），中国人民公安大学出版社 1998 年版，第 2545 页。

③ 参见全国人大常委会副委员长王汉斌 1997 年 2 月 19 日在八届全国人大常委会第二十四次会议上所作的《关于〈中华人民共和国刑法（修订草案）〉修改意见的汇报》。

④ "按照刑总则第二十六条的规定：'对组织、领导犯罪集团的首要分子，按照集团所犯的全部罪行处罚。'恐怖组织实施杀人、爆炸、绑架等犯罪的，依照数罪并罚的规定处罚，对其组织、领导恐怖活动组织的犯罪分子，最高法定刑为死刑"（参见全国人大常委会法制工作委员会副主任胡康生 2001 年 12 月 24 日在九届全国人大常委会第二十五次会议上所作的《关于〈中华人民共和国刑法修正案（三）（草案）〉的说明》）。

剥夺政治权利"。修改后的条文为："组织、领导恐怖活动组织的，处十年以上有期徒刑或者无期徒刑；积极参加的，处三年以上十年以下有期徒刑；其他参加的，处三年以下有期徒刑、拘役、管制或者剥夺政治权利。""犯前款罪并实施杀人、爆炸、绑架等犯罪的，依照数罪并罚的规定处罚。"

随着暴力恐怖犯罪的日益增多，"针对近年来暴力恐怖犯罪出现的新情况、新特点，总结同这类犯罪作斗争的经验"①，《刑法修正案（九）》第5条对组织、领导、参加恐怖组织罪增加规定了财产刑。

【立法规定】

《刑法》第120条规定："组织、领导恐怖活动组织的，处十年以上有期徒刑或者无期徒刑，并处没收财产；积极参加的，处三年以上十年以下有期徒刑，并处罚金；其他参加的，处三年以下有期徒刑、拘役、管制或者剥夺政治权利，可以并处罚金。""犯前款罪并实施杀人、爆炸、绑架等犯罪的，依照数罪并罚的规定处罚。"

全国人大常委会2011年10月29日通过的《关于加强反恐怖工作有关问题的决定》第2条规定："恐怖活动是指以制造社会恐慌、危害公共安全或者胁迫国家机关、国际组织为目的，采取暴力、破坏、恐吓等手段，造成或者意图造成人员伤亡、重大财产损失、公共设施损坏、社会秩序混乱等严重社会危害的行为，以及煽动、资助或者以其他方式协助实施上述活动的行为。恐怖活动组织是指为实施恐怖活动而组成的犯罪集团。恐怖活动人员是指组织、策划、实施恐怖活动的人和恐怖活动组织的成员。"第4条规定："恐怖活动组织及恐怖活动人员名单，由国家反恐怖工作领导机构根据本决定第二条的规定认定、调整。恐怖活动组织及恐怖活动人员名单，由国务院公安部门公布。"第5条规定："国务院公安部门公布恐怖活动组织及恐怖活动人员名单时，应当同时决定对涉及有关恐怖活动组织及恐怖活动人员的资金或者其他资产予以冻结。""金融机构和特定非金融机构对于涉及国务院公安部门公布的恐怖活动组织及恐怖活动人员的资金或者其他资产，应当立即予以冻结，并按照规定及时向国务院公安部门、国家安全部门和国务院反洗钱行政主管部门报告。"

【立法释义】

最高人民法院、最高人民检察院、公安部2014年9月9日发布的《关于办理暴力恐怖和宗教极端刑事案件适用法律若干问题的意见》第二部分第1条规定："为制造社会恐慌、危害公共安全或者胁迫国家机关、国际组织，组织、纠集他人，策划、实施下列行为

---

① 参见全国人大常委会法制工作委员会主任李适时2014年10月27日在十二届全国人大常委会第十一次会议上所作的《关于〈中华人民共和国刑法修正案（九）（草案）〉的说明》。

之一，造成或者意图造成人员伤亡、重大财产损失、公共设施损坏、社会秩序混乱的，以组织、领导、参加恐怖组织罪定罪处罚：1. 发起、建立恐怖活动组织或者以从事恐怖活动为目的的训练营地，进行恐怖活动体能、技能训练的；2. 为组建恐怖活动组织、发展组织成员或者组织、策划、实施恐怖活动，宣扬、散布、传播宗教极端、暴力恐怖思想的；3. 在恐怖活动组织成立以后，利用宗教极端、暴力恐怖思想控制组织成员，指挥组织成员进行恐怖活动的；4. 对特定或者不特定的目标进行爆炸、放火、杀人、伤害、绑架、劫持、恐吓、投放危险物质及其他暴力活动的；5. 制造、买卖、运输、储存枪支、弹药、爆炸物的；6. 设计、制造、散发、邮寄、销售、展示含有暴力恐怖思想内容的标识、标志物、旗帜、徽章、服饰、器物、纪念品的；7. 参与制定行动计划、准备作案工具等活动的。"组织、领导、参加恐怖活动组织，同时实施杀人、放火、爆炸、非法制造爆炸物、绑架、抢劫等犯罪的，以组织、领导、参加恐怖组织罪和故意杀人罪、放火罪、爆炸罪、非法制造爆炸物罪、绑架罪、抢劫罪等数罪并罚。"第 2 条规定："参加或者纠集他人参加恐怖活动组织的，或者为参加恐怖活动组织、接受其训练，出境或者组织、策划、煽动、拉拢他人出境，或者在境内跨区域活动，进行犯罪准备行为的，以参加恐怖组织罪定罪处罚。"

最高人民法院 2015 年 9 月 16 日发布的《关于充分发挥审判职能作用切实维护公共安全的若干意见》第二部分"依法严惩严重刑事犯罪，有效维护社会稳定"第 3 条"依法严惩暴力恐怖犯罪活动"规定："暴力恐怖犯罪严重危害广大人民群众的生命财产安全，严重危害社会和谐稳定。对暴力恐怖犯罪活动，要坚持严打方针不动摇，对首要分子、骨干成员、罪行重大者，该判处重刑乃至死刑的应当依法判处；要立足打早打小打苗头，对已经构成犯罪的一律依法追究刑事责任，对因被及时发现、采取预防措施而没有造成实际损害的暴恐分子，只要符合犯罪构成条件的，该依法重判的也要依法重判；要注意区别对待，对自动投案、检举揭发，特别是主动交代、协助抓捕幕后指使的，要体现政策依法从宽处理。要通过依法裁判，树立法治威严，坚决打掉暴恐分子的嚣张气焰，有效维护人民权益和社会安宁。"

【立法建言】

建　议： 将《刑法》第 120 条第 1 款修改为："组织、领导恐怖活动组织的，处十年以上有期徒刑或者无期徒刑，并处罚金或者没收财产；积极参加的，处三年以上十年以下有期徒刑，并处罚金；其他参加的，处三年以下有期徒刑、拘役、管制或者剥夺政治权利，可以并处或者单处罚金。"

理　由：

从立法技术上看，宜在本罪的第 1 档法定刑中增加"罚金"、在第 3 档法定刑中增加

"单处"罚金的规定，以与《刑法》的其他罚金规定相一致。①

四、帮助恐怖活动罪（第120条之一）

【立法沿革】

帮助恐怖活动罪是在《刑法修正案（三）》第4条增设的资助恐怖活动罪的基础上，经《刑法修正案（九）》第6条修正而来的。

1997年修订的《刑法》虽然增设了组织、领导、参加恐怖组织罪，但是，对资助恐怖活动的行为却未作任何规定。"考虑到联合国安理会于今年9月29日通过了第1373号决议，规定各国应将为恐怖活动提供或筹集资金的行为规定为犯罪。我国刑法对资助分裂国家、武装叛乱、暴乱、颠覆国家政权等危害国家安全犯罪的行为已有规定。"② 因此，为惩治以提供资金、财物等方式资助恐怖活动组织的犯罪行为，《刑法修正案（三）》第4条增设了资助恐怖活动罪："资助恐怖活动组织或者实施恐怖活动的个人的，处五年以下有期徒刑、拘役、管制或者剥夺政治权利，并处罚金；情节严重的，处五年以上有期徒刑，并处罚金或者没收财产。""单位犯前款罪的，对单位判处罚金，并对其直接负责的主管人员和其他直接责任人员，依照前款的规定处罚。"

上述规定施行后，"一些常委委员和中央政法委、新疆等部门、地方提出，当前恐怖

---

① 《刑法》分则关于"并处或者单处罚金"的规定，有以下7种不同的情况：（1）处2年以下有期徒刑、拘役或者管制，并处或者单处罚金（第209条第2款、第227条第1款）；（2）处2年以下有期徒刑或者拘役，并处或者单处罚金（第140条，第221条、第222条）；（3）处3年以下有期徒刑、拘役、管制或者剥夺政治权利，并处或者单处罚金（第300条第1款）；（4）处3年以下有期徒刑、拘役或者管制，并处或者单处罚金（第120条之六、第215条、第227条第2款、第264条、第266条、第267条第1款、第274条、第281条第1款、第283条第1款、第286条之一第1款、第288条第1款、第307条之一第1款、第308条之一第1款、第312条第1款、第336条第1款、第2款、第343条第1款、第345条第1款、第2款、第3款、第352条、第363条第2款、第375条第2款、第3款）；（5）处3年以下有期徒刑或者拘役，并处或者单处罚金（第147条、第148条、第158条第1款、第161条、第165条、第166条、第169条之一第1款、第171条第2款、第172条、第174条第1款、第175条之一第1款、第176条、第177条之一第1款、第178条第1款、第2款、第203条、第213条、第214条、第216条、第217条、第218条、第219条第1款、第223条、第224条、第226条、第228条、第229条第3款、第230条、第253条之一第1款、第276条之一第1款、第284条之一第1款、第285条第2款、第287条之一第1款、第287条之二第1款、第324条第1款、第332条第1款、第337条第1款、第338条、第396条第1款）；（6）处5年以下有期徒刑或者拘役，并处或者单处罚金（第151条第3款、第159条第1款、第160条第1款、第162条、第162条之一、第162条之二、第177条第1款、第179条第1款、第180条第1款、第181条第1款、第2款、第182条第1款、第191条第1款、第208条第1款、第225条、第324条第2款、第342条）；（7）处5年以下有期徒刑，并处或者单处罚金（第152条第2款）。上述规定表明，"单处"罚金主要适用于法定刑或者法定刑幅度的最高刑为3年以下有期徒刑的犯罪。据此，笔者主张，为确保《刑法》关于"并处或者单处罚金"的规定科学和谐统一，凡是法定刑或者法定刑幅度的最高刑为3年以下有期徒刑，并适宜配置罚金刑的，宜统一规定为"可以并处或者单处罚金"。本书在阐述以下相关各罪的立法建言时，对据此增设"单处"罚金的理由，均不再赘述。

② 参见全国人大常委会法制工作委员会副主任胡康生2001年12月24日在九届全国人大常委会第二十五次会议上所作的《关于〈中华人民共和国刑法修正案（三）（草案）〉的说明》。

活动犯罪出现了一些新情况，刑法应有针对性地作出规定。"因此，《刑法修正案（九）》第6条将"资助恐怖活动培训的行为增加规定为犯罪，并明确对为恐怖活动组织、实施恐怖活动或者恐怖活动培训招募、运送人员的，追究刑事责任"①。

【立法规定】

《刑法》第120条之一规定："资助恐怖活动组织、实施恐怖活动的个人的，或者资助恐怖活动培训的，处五年以下有期徒刑、拘役、管制或者剥夺政治权利，并处罚金；情节严重的，处五年以上有期徒刑，并处罚金或者没收财产。为恐怖活动组织、实施恐怖活动或者恐怖活动培训招募、运送人员的，依照前款的规定处罚。单位犯前两款罪的，对单位判处罚金，并对其直接负责的主管人员和其他直接责任人员，依照第一款的规定处罚。"

全国人大常委会2011年10月29日通过的《关于加强反恐怖工作有关问题的决定》第2条规定："恐怖活动是指以制造社会恐慌、危害公共安全或者胁迫国家机关、国际组织为目的，采取暴力、破坏、恐吓等手段，造成或者意图造成人员伤亡、重大财产损失、公共设施损坏、社会秩序混乱等严重社会危害的行为，以及煽动、资助或者以其他方式协助实施上述活动的行为。恐怖活动组织是指为实施恐怖活动而组成的犯罪集团。""恐怖活动人员是指组织、策划、实施恐怖活动的人和恐怖活动组织的成员。"第4条规定："恐怖活动组织及恐怖活动人员名单，由国家反恐怖工作领导机构根据本决定第二条的规定认定、调整。恐怖活动组织及恐怖活动人员名单，由国务院公安部门公布。"第5条规定："国务院公安部门公布恐怖活动组织及恐怖活动人员名单时，应当同时决定对涉及有关恐怖活动组织及恐怖活动人员的资金或者其他资产予以冻结。金融机构和特定非金融机构对于涉及国务院公安部门公布的恐怖活动组织及恐怖活动人员的资金或者其他资产，应当立即予以冻结，并按照规定及时向国务院公安部门、国家安全部门和国务院反洗钱行政主管部门报告。"

【立法释义】

最高人民法院2009年11月4日发布的《关于审理洗钱等刑事案件具体应用法律若干问题的解释》第5条规定："刑法第一百二十条之一规定的'资助'，是指为恐怖活动组织或者实施恐怖活动的个人筹集、提供经费、物资或者提供场所以及其他物质便利的行为。""刑法第一百二十条之一规定的'实施恐怖活动的个人'，包括预谋实施、准备实施和实际实施恐怖活动的个人。"

最高人民检察院、公安部2010年5月7日发布的《关于公安机关管辖的刑事案件立

---

① 参见全国人大法律委员会主任委员乔晓阳2015年6月24日在十二全国人大常委会第十五次会议上所作的《关于〈中华人民共和国刑法修正案（九）（草案）〉修改情况的汇报》。

案追诉标准的规定（二）》第1条规定："资助恐怖活动组织或者实施恐怖活动的个人的，应予立案追诉。本条规定的'资助'，是指为恐怖活动组织或者实施恐怖活动的个人筹集、提供经费、物资或者提供场所以及其他物质便利的行为。'实施恐怖活动的个人'，包括预谋实施、准备实施和实际实施恐怖活动的个人。"

最高人民法院、最高人民检察院、公安部2014年9月9日发布的《关于办理暴力恐怖和宗教极端刑事案件适用法律若干问题的意见》第二部分第4条规定："明知是恐怖活动组织或者实施恐怖活动人员而为其提供经费，或者提供器材、设备、交通工具、武器装备等物质条件，或者提供场所以及其他物质便利的，以资助恐怖活动罪定罪处罚。""通过收取宗教课税募捐，为暴力恐怖、宗教极端犯罪活动筹集经费的，以相应犯罪的共同犯罪定罪处罚；构成资助恐怖活动罪的，以资助恐怖活动罪定罪处罚。"

【立法建言】

建　议：将《刑法》第120条之一第1款修改为："资助恐怖活动组织、实施恐怖活动的个人的，或者资助恐怖活动培训的，处五年以下有期徒刑、拘役、管制或者剥夺政治权利，可以并处或者单处罚金；情节严重的，处五年以上有期徒刑，并处罚金。"

理　由：

从立法技术上看，宜在本罪的第1档法定刑中增加"单处"罚金的规定，并删去第2档法定刑中的"没收财产"，以与《刑法》的其他罚金和没收财产规定相一致。此外，应当指出的是，《刑法修正案（九）》虽然注重了财产刑的运用，但对财产刑的协调问题却未引起应有的重视。因此，在对恐怖活动犯罪新规定的罚金中，也出现了不协调的情况，主要表现在：（1）在并处罚金的规定中，第120条规定"可以并处罚金"，而其他条款均规定"并处罚金"；（2）在最高刑同为3年以下有期徒刑的规定中，第120条规定"可以并处罚金"，第120条之四、第120条之五规定"并处罚金"，而第120条之六则规定"并处或者单处罚金"。笔者认为，对犯罪性质或者情节较轻的恐怖活动犯罪，宜规定"可以并处或者单处罚金"。因为，"可以"具有一定的灵活性，而"单处"则提供了更多的适用可能性，有利于实践中根据案件的不同情况实行"区别对待"，以最大限度地分化瓦解恐怖活动人员。并且，统一规定"可以并处或者单处罚金"，还能保持《刑法》罚金规定的科学和谐统一。

五、准备实施恐怖活动罪（第121条之二）

【立法沿革】

准备实施恐怖活动罪是《刑法修正案（九）》第7条新增设的罪名。

1997年《刑法》施行后，"一些常委委员和中央政法委、新疆等部门、地方提出，当前恐怖活动犯罪出现了一些新情况，刑法应有针对性地作出规定。"因此，《刑法修正案（九）》第7条"将为实施恐怖活动而准备凶器或者危险物品，组织或者积极参加恐怖活动培训，与境外恐怖活动组织、人员联系，以及为实施恐怖活动进行策划或者其他准备等行为明确规定为犯罪"[①]。

【立法规定】

《刑法》第120条之二规定："有下列情形之一的，处五年以下有期徒刑、拘役、管制或者剥夺政治权利，并处罚金；情节严重的，处五年以上有期徒刑，并处罚金或者没收财产：（一）为实施恐怖活动准备凶器、危险物品或者其他工具的；（二）组织恐怖活动培训或者积极参加恐怖活动培训的；（三）为实施恐怖活动与境外恐怖活动组织或者人员联络的；（四）为实施恐怖活动进行策划或者其他准备的。有前款行为，同时构成其他犯罪的，依照处罚较重的规定定罪处罚。"

全国人大常委会2011年10月29日通过的《关于加强反恐怖工作有关问题的决定》第2条规定："恐怖活动是指以制造社会恐慌、危害公共安全或者胁迫国家机关、国际组织为目的，采取暴力、破坏、恐吓等手段，造成或者意图造成人员伤亡、重大财产损失、公共设施损坏、社会秩序混乱等严重社会危害的行为，以及煽动、资助或者以其他方式协助实施上述活动的行为。""恐怖活动组织是指为实施恐怖活动而组成的犯罪集团。恐怖活动人员是指组织、策划、实施恐怖活动的人和恐怖活动组织的成员。"第4条规定："恐怖活动组织及恐怖活动人员名单，由国家反恐怖工作领导机构根据本决定第二条的规定认定、调整。""恐怖活动组织及恐怖活动人员名单，由国务院公安部门公布。"第5条规定："国务院公安部门公布恐怖活动组织及恐怖活动人员名单时，应当同时决定对涉及有关恐怖活动组织及恐怖活动人员的资金或者其他资产予以冻结。金融机构和特定非金融机构对于涉及国务院公安部门公布的恐怖活动组织及恐怖活动人员的资金或者其他资产，应当立即予以冻结，并按照规定及时向国务院公安部门、国家安全部门和国务院反洗钱行政主管部门报告。"

【立法释义】

目前，尚无与准备实施恐怖活动罪相关的法律解释。

【立法建言】

建　议：将《刑法》第120条之二第1款修改为："有下列情形之一的，处五年以下有期徒刑、拘役、管制或者剥夺政治权利，可以并处或者单处罚金；情节严重的，处五年

---

① 参见全国人大法律委员会主任委员乔晓阳2015年6月24日在十二全国人大常委会第十五次会议上所作的《关于〈中华人民共和国刑法修正案（九）（草案）〉修改情况的汇报》。

以上有期徒刑，并处罚金……"

理　由：

从立法技术上看，宜将本罪第 1 档法定刑中的"并处罚金"改为"可以并处或者单处罚金"，并删去第 2 档法定刑中的"没收财产"，以与《刑法》的其他罚金和没收财产规定相一致。

六、宣扬恐怖主义、极端主义、煽动实施恐怖活动罪（第 120 条之三）

【立法沿革】

宣扬恐怖主义、极端主义、煽动实施恐怖活动罪是《刑法修正案（九）》第 7 条新增设的罪名。

1997 年《刑法》施行后，"针对近年来暴力恐怖犯罪出现的新情况、新特点，总结同这类犯罪作斗争的经验"，《刑法修正案（九）》第 7 条"增加规定以制作、散发资料、发布信息、当面讲授等方式或者通过视频、信息网络等宣扬恐怖主义、极端主义，或者煽动实施暴力恐怖活动的犯罪"[①]。

【立法规定】

《刑法》第 120 条之三规定："以制作、散发宣扬恐怖主义、极端主义的图书、音频视频资料或者其他物品，或者通过讲授、发布信息等方式宣扬恐怖主义、极端主义的，或者煽动实施恐怖活动的，处五年以下有期徒刑、拘役、管制或者剥夺政治权利，并处罚金；情节严重的，处五年以上有期徒刑，并处罚金或者没收财产。"

全国人大常委会 2011 年 10 月 29 日通过的《关于加强反恐怖工作有关问题的决定》第 2 条规定："恐怖活动是指以制造社会恐慌、危害公共安全或者胁迫国家机关、国际组织为目的，采取暴力、破坏、恐吓等手段，造成或者意图造成人员伤亡、重大财产损失、公共设施损坏、社会秩序混乱等严重社会危害的行为，以及煽动、资助或者以其他方式协助实施上述活动的行为。""恐怖活动组织是指为实施恐怖活动而组成的犯罪集团。恐怖活动人员是指组织、策划、实施恐怖活动的人和恐怖活动组织的成员。"第 4 条规定："恐怖活动组织及恐怖活动人员名单，由国家反恐怖工作领导机构根据本决定第二条的规定认定、调整。""恐怖活动组织及恐怖活动人员名单，由国务院公安部门公布。"第 5 条规定："国务院公安部门公布恐怖活动组织及恐怖活动人员名单时，应当同时决定对涉及有关恐怖活动组织及恐怖活动人员的资金或者其他资产予以冻结。金融机构和特定非金融机构对

[①] 参见全国人大常委会法制工作委员会主任李适时 2014 年 10 月 27 日在十二届全国人大常委会第十一次会议上所作的《关于〈中华人民共和国刑法修正案（九）（草案）〉的说明》。

于涉及国务院公安部门公布的恐怖活动组织及恐怖活动人员的资金或者其他资产，应当立即予以冻结，并按照规定及时向国务院公安部门、国家安全部门和国务院反洗钱行政主管部门报告。”

【立法释义】

目前，尚无与宣扬恐怖主义、极端主义、煽动实施恐怖活动罪相关的法律解释。

【立法建言】

建　议： 将《刑法》第 120 条之三修改为："以制作、散发宣扬恐怖主义、极端主义的图书、音频视频资料或者其他物品，或者通过讲授、发布信息等方式宣扬恐怖主义、极端主义的，或者煽动实施恐怖活动的，处五年以下有期徒刑、拘役、管制或者剥夺政治权利，可以并处或者单处罚金；情节严重的，处五年以上有期徒刑，并处罚金。"

理　由：

从立法技术上看，宜将本罪第 1 档法定刑中的"并处罚金"改为"可以并处或者单处罚金"，并删去第 2 档法定刑中的"没收财产"，以与《刑法》的其他罚金和没收财产规定相一致。

七、利用极端主义破坏法律实施罪（第 120 条之四）

【立法沿革】

利用极端主义破坏法律实施罪是《刑法修正案（九）》第 7 条新增设的罪名。

1997 年《刑法》施行后，"针对近年来暴力恐怖犯罪出现的新情况、新特点，总结同这类犯罪作斗争的经验"，《刑法修正案（九）》第 7 条"增加规定利用极端主义煽动、胁迫群众破坏国家法律确立的婚姻、司法、教育、社会管理等制度实施的犯罪"①。

【立法规定】

《刑法》第 120 条之四规定："利用极端主义煽动、胁迫群众破坏国家法律确立的婚姻、司法、教育、社会管理等制度实施的，处三年以下有期徒刑、拘役或者管制，并处罚金；情节严重的，处三年以上七年以下有期徒刑，并处罚金；情节特别严重的，处七年以上有期徒刑，并处罚金或者没收财产。"

【立法释义】

目前，尚无与利用极端主义破坏法律实施罪相关的法律解释。

---

①　参见全国人大常委会法制工作委员会主任李适时 2014 年 10 月 27 日在十二届全国人大常委会第十一次会议上所作的《关于〈中华人民共和国刑法修正案（九）（草案）〉的说明》。

【立法建言】

建　议：将《刑法》第120条之四修改为："利用极端主义煽动、胁迫群众破坏国家法律确立的婚姻、司法、教育、社会管理等制度实施的，处三年以下有期徒刑、拘役、管制或者剥夺政治权利，可以并处或者单处罚金；情节严重的，处三年以上七年以下有期徒刑，并处罚金；情节特别严重的，处七年以上有期徒刑，并处罚金。"

理　由：

利用极端主义破坏法律实施罪同样属于恐怖主义、极端主义犯罪，且其罪行并不比宣扬恐怖主义、极端主义罪更重，但却未规定"剥夺政治权利"。因此，宜增加"剥夺政治权利"的规定，以与《刑法》第120条之三的处刑规定相一致。此外，基于立法协调的考虑，还宜将本罪第1档法定刑中的"并处罚金"改为"可以并处或者单处罚金"，并删去第3档法定刑中的"没收财产"。

八、强制穿戴宣扬恐怖主义、极端主义服饰、标志罪（第120条之五）

【立法沿革】

强制穿戴宣扬恐怖主义、极端主义服饰、标志罪是《刑法修正案（九）》第7条新增设的罪名。

1997年《刑法》施行后，"针对近年来暴力恐怖犯罪出现的新情况、新特点，总结同这类犯罪作斗争的经验"，《刑法修正案（九）》第7条"增加规定以暴力、胁迫等方式强制他人在公共场所穿着、佩戴宣扬恐怖主义、极端主义服饰、标志的犯罪"①。

【立法规定】

《刑法》第120条之五规定："以暴力、胁迫等方式强制他人在公共场所穿着、佩戴宣扬恐怖主义、极端主义服饰、标志的，处三年以下有期徒刑、拘役或者管制，并处罚金。"

【立法释义】

目前，尚无与强制穿戴宣扬恐怖主义、极端主义服饰、标志罪相关的法律解释。

【立法建言】

建　议：将《刑法》第120条之五修改为："以暴力、胁迫等方式强制他人在公共场所穿着、佩戴宣扬恐怖主义、极端主义服饰、标志的，处三年以下有期徒刑、拘役、管制或者剥夺政治权利，可以并处或者单处罚金。"

---

① 参见全国人大常委会法制工作委员会主任李适时2014年10月27日在十二届全国人大常委会第十一次会议上所作的《关于〈中华人民共和国刑法修正案（九）（草案）〉的说明》。

理　由：

基于与利用极端主义破坏法律实施罪同样的原因，宜在本罪的法定刑中增加"剥夺政治权利"的规定，并将"并处罚金"改为"可以并处或者单处罚金"。

九、非法持有宣扬恐怖主义、极端主义物品罪（第 120 条之六）

【立法沿革】

非法持有宣扬恐怖主义、极端主义物品罪是《刑法修正案（九）》第 7 条新增设的罪名。

1997 年《刑法》施行后，"针对近年来暴力恐怖犯罪出现的新情况、新特点，总结同这类犯罪作斗争的经验"①，《刑法修正案（九）》第 7 条增设了非法持有宣扬恐怖主义、极端主义物品罪。

【立法规定】

《刑法》第 120 条之六规定："明知是宣扬恐怖主义、极端主义的图书、音频视频资料或者其他物品而非法持有，情节严重的，处三年以下有期徒刑、拘役或者管制，并处或者单处罚金。"

【立法释义】

目前，尚无与非法持有宣扬恐怖主义、极端主义物品罪相关的法律解释。

【立法建言】

建　议：将《刑法》第 120 条之六修改为："明知是宣扬恐怖主义、极端主义的图书、音频视频资料或者其他物品而非法持有，情节严重的，处三年以下有期徒刑、拘役、管制或者剥夺政治权利，可以并处或者单处罚金。"

理　由：

基于与利用极端主义破坏法律实施罪同样的原因，宜在本罪的法定刑中增加"剥夺政治权利"的规定，并将"并处或者单处罚金"改为"可以并处或者单处罚金"。

十、劫持航空器罪（第 121 条）

【立法沿革】

劫持航空器罪是在全国人大常委会 1992 年《关于惩治劫持航空器犯罪分子的决定》规定的持航空器罪的基础上修改而来的。

---

① 参见全国人大常委会法制工作委员会主任李适时 2014 年 10 月 27 日在十二届全国人大常委会第十一次会议上所作的《关于〈中华人民共和国刑法修正案（九）（草案）〉的说明》。

在新中国刑法立法史上，有关劫持航空器的犯罪出现相对较晚。一直到了 1963 年，《刑法草案》第 33 稿第 106 条第 3 项才将"劫持船舰、飞机、车辆"的情形，作为反革命破坏罪的表现形式之一加以规定。1979 年《刑法》第 100 条第 3 项沿袭上述立法例，也将"劫持船舰、飞机、火车、电车、汽车的"，规定为反革命破坏罪。然而，实践中出现的一些劫持飞机的行为却未必都具有反革命目的，因而对其以反革命破坏罪定性难免存在问题。尤其是对外国人劫持外国航空器到我国的，或者外国人劫持我国航空器的，在定罪量刑时，更是难以直接适用反革命破坏罪。此外，除劫持航空器外，也可能会出现劫持船舶、火车、电车、汽车的情形。因此，1988 年 9 月的刑法修改稿增设了劫持航空器、船舰、车辆罪："劫持航空器、船舰的，处七年以上有期徒刑；情节特别严重的，处无期徒刑或者死刑。""劫持火车、汽车、电车……"① 1988 年 11 月 16 的刑法修改稿第 106 条在上述规定的基础上，对本罪的罪状和法定刑作了较大的修改和调整："劫持航空器、船舰、车辆的，处五年以上有期徒刑；情节特别严重的，处无期徒刑或者死刑，并处没收财产；情节较轻的，处五年以下有期徒刑、拘役或者管制。"1988 年 12 月 25 日的《刑法修改稿》第 107 条基本上沿用了上述规定，仅将其中的"车辆"修改为"火车、电车、汽车"。到了 1992 年 12 月，提交给七届全国人大常委会第二十九次会议审议的《关于惩治劫持航空器、船舰犯罪的补充规定（草案）》，"鉴于劫持航空器是一种严重危害公共安全的犯罪行为，应当依法严厉惩治，无论劫持者出于何种目的，实际上都将危及航空器和旅客安全，只要实施了这种劫持行为，就应当构成犯罪，而不以其目的如何作为犯罪构成要件。因此，在补充规定中规定'以暴力、胁迫或者其他方法劫持航空器的'即构成犯罪，起刑点为十年，并规定对'致人重伤、死亡或者使航空器遭受严重破坏以及造成其他严重后果的，处以死刑'。另外，考虑到劫持船舰也具有同样的危害性，因此，在第二款中规定：'以暴力、胁迫或者其他方法劫持船舰的，依照前款规定处罚。'"② 经审议，对上述补充规定作了以下三方面的修改和调整：一是将《关于惩治劫持航空器、船舰犯罪的补充规定》的名称改为《关于惩治劫持航空器犯罪分子的决定》；二是删去了第 2 款"以暴力、胁迫或者其他方法劫持船舰的，依照前款规定处罚"的规定；三是将其中"造成其他严重后果"的表述改为"情节特别严重"。

全国人大常委会 1992 年 12 月 28 日通过的《关于惩治劫持航空器犯罪分子的决定》规定："以暴力、胁迫或者其他方法劫持航空器的，处十年以上有期徒刑或者无期徒刑；致人重伤、死亡或者使航空器遭受严重破坏或者情节特别严重的，处死刑；情节较轻的，处五年以上十年以下有期徒刑。"

---

① 该条列于第 107 条破坏交通工具罪之前，但未编条文序号。

② 公安部部长陶驷驹 1992 年 12 月 22 日在七届全国人大常委会第二十九次会议上所作的《关于〈关于惩治劫持航空器、船舰犯罪的补充规定（草案）〉的说明》。

在刑法修订研拟的过程中，1996 年的《刑法修订草案》（征求意见稿）第 115 条基本上沿用了上述规定，仅删去了其中"或者情节特别严重"的内容。在征求意见的过程中，"有人提出，劫持航空器罪是一种危害极端严重、必须予以严厉惩处的犯罪，不应当在法定刑中设置情节较轻的法定刑档次"①。因此，1997 年《刑法》第 121 条又删去了其中"情节较轻的，处五年以上十年以下有期徒刑"的规定。

【立法规定】

《刑法》第 121 条规定："以暴力、胁迫或者其他方法劫持航空器的，处十年以上有期徒刑或者无期徒刑；致人重伤、死亡或者使航空器遭受严重破坏的，处死刑。"

【立法释义】

目前，尚无与劫持航空器罪相关的法律解释。

【立法建言】

建　议：将《刑法》第 121 条修改为"以暴力、胁迫或者其他方法劫持航空器的，处十年以上有期徒刑；致人重伤、死亡或者使航空器遭受严重破坏的，处无期徒刑或者死刑；情节较轻的，处五年以上十年以下有期徒刑。"

理　由：

1. 绝对确定的法定刑最初见于 1791 年《法兰西刑法典》②。"这是资产阶级革命胜利后，反思封建专制时代实行罪刑擅断给人民带来的深重苦难，开始实行严格的罪刑法定主义的极端反映。但是，这种法定刑过于机械，不能使司法机关根据具体案件的具体情况，选择与罪责相适应的刑罚。因此，各国刑法一般不再采用这种形式的法定刑。"③ 在我国，刑法学界对绝对确定的法定刑也持否定的态度。④ 然而，《刑法》第 121 条、第 240 条却规定了针对某种特定情形的绝对确定的单一的死刑。尽管刑法学界对上述规定的性质仍有争议，但并不否认它们属于绝对确定的法定刑的范畴。⑤ 笔者认为，鉴于绝对确定的法定刑

①　参见高铭暄：《中华人民共和国刑法的孕育诞生和发展完善》，北京大学出版社 2012 年版，第 318 页。

②　参见何秉松主编：《刑法教科书》（下卷），中国法制出版社 2000 年版，第 648 页。

③　王作富主编：《刑法》，中国人民大学出版社 2011 年版，第 231 页。

④　例如，有学者认为，"绝对确定的法定刑，虽然单一，便于操作，但这使法官不能根据具体情况对犯罪人判处轻重适当的刑罚，不利于收到良好的刑罚效果"（高铭暄、马克昌主编：《刑法学》，北京大学出版社、高等教育出版社 2011 年版，第 325 页）。也有学者认为，"由于这种法定刑缺乏灵活性，法院没有自由裁量的余地，难以针对案件的具体情况判处轻重适当的刑罚，不利于贯彻宽严相济、区别对待的政策"（张明楷：《刑法学》，法律出版社 2011 年版，第 583 页）。

⑤　例如，有学者认为，"我国现行刑法典分则中没有绝对确定的法定刑，但存在着少量的相对绝对确定的法定刑"（高铭暄、马克昌主编：《刑法学》，北京大学出版社、高等教育出版社 2011 年版，第 326 页）。也有学者认为，"上述规定，确实具有绝对确定法定刑的特征，也可以说，这是中国刑法在绝对确定法定刑的设置方式上的一种特殊规定"（王作富主编：《刑法》，中国人民大学出版社 2011 年版，第 232 页）。还有学者认为，上述规定的是绝对确定的法定刑，但是，"它有别于一般意义上的绝对确定的法定刑"（参见张明楷：《刑法学》，法律出版社 2011 年版，第 583～584 页）。

具有难以克服的弊端，刑法不宜采用这种形式的法定刑。因此，宜将《刑法》第 121 条"处死刑"的规定改为"处无期徒刑或者死刑"。其实，在刑法修订草案征求意见的过程中，就"有的部门和地方提出，第 115 条规定劫持航空器致人重伤、死亡或者使航空器遭受严重破坏的，处死刑，这样将死刑作为绝对法定刑加以规定，不给审判机关可以根据案件的具体情况进行裁量的余地，效果不好。建议改为无期徒刑或者死刑"①。但遗憾的是，1997 年《刑法》并未采纳上述合理建议。令人欣喜的是，《刑法修正案（九）》第 14 条、第 44 条已注意到了绝对确定的法定刑的弊端，因此，将《刑法》第 239 条中"处死刑"和第 383 条中"处死刑""处无期徒刑"的规定改为"处无期徒刑或者死刑"。可以预期，《刑法》第 121 条、第 240 条中绝对确定的死刑也必将"寿终正寝"。

2. 劫持航空器罪的具体情况错综复杂，宜参照《刑法修正案（七）》第 6 条调整绑架罪法定刑设置的做法，增加"情节较轻的，处五年以上十年以下有期徒刑"1 档法定刑，以利于按照罪刑相适应的原则惩治犯罪。

十一、劫持船只、汽车罪（第 122 条）

【立法沿革】

劫持船只、汽车罪是从 1979 年《刑法》第 100 条规定的反革命破坏罪中分解而来的。②

在全面研究修改刑法的过程中，随着将"反革命罪"改为"危害国家安全罪"，1988 年 9 月的刑法修改稿也相应地将劫持飞机、船舰、车辆的犯罪移入"危害公共安全罪"一章。该稿规定："劫持航空器、船舰的，处七年以上有期徒刑；情节特别严重的，处无期徒刑或者死刑。劫持火车、汽车、电车，危害公共安全，尚未造成严重后果的，处二年以上七年以下有期徒刑；造成严重后果的，处七年以上有期徒刑、无期徒刑或者死刑。"③ 1988 年 11 月 16 的刑法修改稿第 106 条在上述规定的基础上，对本罪的罪状和法定刑作了较大的修改和调整："劫持航空器、船舰、车辆的，处五年以上有期徒刑；情节特别严重的，处无期徒刑或者死刑，并处没收财产；情节较轻的，处五年以下有期徒刑、拘役或者管制。"1988 年 12 月 25 日的《刑法修改稿》第 107 条基本上沿用了上述规定，仅将其中的"车辆"修改为"火车、电车、汽车"。到了 1992 年 12 月，提交给七届全国人大常委

---

① 参见全国人大常委会办公厅秘书局："《中央有关部门、地方及法律专家对刑法修订草案（征求意见稿）的意见》（1996 年 12 月 26 日印）"，见高铭暄、赵秉志编：《新中国刑法立法文献资料总览》（下），中国人民公安大学出版社 1998 年版，第 2160 页。

② 关于 1979 年《刑法》第 100 条第 3 项规定的"劫持船舰、飞机、火车、电车、汽车"的立法沿革及具体规定，请参见本章之十"劫持航空器罪（第 121 条）"的相关介绍和说明，在此不再赘述。

③ 该条列于第 107 条破坏交通工具罪之前，但未编条文序号。

会第二十九次会议审议的《关于惩治劫持航空器、船舰犯罪的补充规定（草案）》，删去了劫持"火车、电车、汽车"的规定。经审议，《关于惩治劫持航空器犯罪分子的决定》又删去了"劫持船舰"的规定。此后，直至 1997 年 3 月 1 日提交给八届全国人大五次会议审议的《中华人民共和国刑法（修订草案）》，也没有再规定过劫持船只、汽车方面的犯罪。显然，这是一种不应有的疏漏，有违立法者的初衷。因为，"这次修改反革命罪，对反革命罪原来的规定，可以适用普通刑事犯罪的，都尽量规定按普通刑事犯罪追究。如'聚众劫狱或者组织越狱的'，'制造、抢夺、盗窃枪支、弹药的'等。反革命罪原有 15 条，修改为危害国家安全罪共有 10 条，反革命罪规定的条文没有列入危害国家安全罪的，均分别编入危害公共安全罪和妨害社会管理秩序罪。"① 所以，"有的代表提出，应当增加关于劫持船只、汽车的犯罪的规定"②。据此，1997 年《刑法》第 122 条增设了劫持船只、汽车罪。

【立法规定】

《刑法》第 122 条规定："以暴力、胁迫或者其他方法劫持船只、汽车的，处五年以上十年以下有期徒刑；造成严重后果的，处十年以上有期徒刑或者无期徒刑。"

【立法释义】

目前，尚无与劫持船只、汽车罪相关的法律解释。

【立法建言】

建　议： 将《刑法》第 122 条修改为："以暴力、胁迫或者其他方法劫持船只、火车、汽车的，处五年以上十年以下有期徒刑；造成严重后果的，处十年以上有期徒刑或者无期徒刑；情节较轻的，处五年以下有期徒刑或者拘役。"

理　由：

1. 火车是最为常见的公共交通工具之一。因此，早在刑法修订草案征求意见的过程中，就有一些地方提出，应当在劫持航空器的犯罪规定之后，增加规定"劫持船舶、火车、汽车或者其他机动公共交通工具的犯罪"③。遗憾的是，1997 年《刑法》第 122 条只增设了劫持船只、汽车罪，而未将"火车"包括在内。因此，笔者再次建议，宜在本罪中

---

①　参见全国人大常委会副委员长王汉斌 1996 年 12 月 24 日在八届全国人大常委会第二十三次会议上所作的《关于中华人民共和国刑法（修订草案）的说明》。

②　参见全国人大法律委员会主任委员薛驹 1997 年 3 月 13 日在八届全国人大五次会议主席团第三次会议上所作的《关于〈中华人民共和国刑法（修订草案）〉、〈中华人民共和国国防法（草案）〉和〈中华人民共和国香港特别行政区选举第九届全国人民代表大会代表的办法（草案）〉审议结果的报告》。

③　参见全国人大常委会办公厅秘书局："《中央有关部门、地方及法律专家对刑法修订草案（征求意见稿）的意见》（1996 年 12 月 26 日印）"，见高铭暄、赵秉志编：《新中国刑法立法文献资料总览》（下），中国人民公安大学出版社 1998 年版，第 2160 页。

增加"火车"这一犯罪对象。

2. 劫持船只、汽车的具体情况比较复杂，特别是在汽车已成为大众交通工具的时代背景下，劫持汽车的情况更加复杂。因此，宜增加"情节较轻的，处五年以下有期徒刑或者拘役"1档法定刑，以利于按照罪刑相适应的原则惩治犯罪。

十二、暴力危及飞行安全罪（第123条）

【立法沿革】

暴力危及飞行安全罪是在1995年《中华人民共和国民用航空法》（以下简称《民用航空法》）第192条规定的基础上修改而来的。

在《民用航空法（草案）》审议和征求意见的过程中，"有些委员、地方、部门和全国人大财经委员会、外事委员会提出，按照我国参加的三个关于惩治危害民用航空安全的犯罪行为的国际公约的规定，各缔约国应当对危害民用航空安全的行为追究刑事责任。在我国民用航空法中，应当对危及飞行安全等犯罪行为作出依法追究刑事责任的规定"①。因此，全国人大常委会1995年10月30日通过的《民用航空法》第192条规定："对飞行中的民用航空器上的人员使用暴力，危及飞行安全，尚未造成严重后果的，依照刑法第一百零五条的规定追究刑事责任；造成严重后果的，依照刑法第一百零六条的规定追究刑事责任。"但是，在此后研拟的一些刑法修订草案中，均未对暴力危及飞行安全的行为明确加以规定。直至1997年，《刑法修订草案》（修改稿）始将《民用航空法》第192条的规定改为刑法的具体条款。该稿第123条对《民用航空法》第192条主要作了两处修改和补充：一是删去了"航空器"之前的"民用"的限制，扩大了本罪的适用范围；二是对本罪规定了独立的法定刑，降低了本罪的法定最高刑和最低刑。这一修改方案，为现行刑法所采纳。

【立法规定】

《刑法》第123条规定："对飞行中的航空器上的人员使用暴力，危及飞行安全，尚未造成严重后果的，处五年以下有期徒刑或者拘役；造成严重后果的，处五年以上有期徒刑。"

【立法释义】

目前，尚无与暴力危及飞行安全罪相关的法律解释。

---

① 参见全国人大法律委员会副主任委员项淳一1995年10月23日在八届全国人大常委会第十六次会议上所作的《关于〈中华人民共和国民用航空法（草案）〉审议结果的报告》。

【立法建言】

建　议：将《刑法》第 123 条修改为："对飞行中的航空器上的人员使用暴力，危及飞行安全的，处三年以上七年以下有期徒刑；造成严重后果的，处七年以上有期徒刑；情节较轻的，处三年以下有期徒刑、拘役或者管制。"

理　由：

近年来，在飞机上对他人使用暴力，迫使飞机返航的事件时有发生。但是，此类事件的具体情况比较复杂，因此，宜在刑罚设置上适当增加档次，并相应调整现有档次的法定刑，以利于按照罪刑相适应的原则惩治犯罪。此外，从立法技术的角度来看，还宜在本罪中增加"管制"的规定，以与《刑法》的其他管制规定相一致。

十三、破坏广播电视设施、公用电信设施罪、过失损坏广播电视设施、公用电信设施罪（第 124 条）

【立法沿革】

破坏广播电视设施、公用电信设施罪和过失损坏广播电视设施、公用电信设施罪是在 1979 年《刑法》第 111 条规定的破坏通讯设备罪和过失破坏通讯设备罪的基础上修改而来的。

从立法体例来看，我国最初的刑法草案是将破坏或毁损电讯的犯罪与破坏交通工具、交通设备等犯罪规定在一起的。1950 年的《刑法大纲草案》第 60 条规定："破坏或毁损（包括窃盗）火车、轮船、飞机、铁道、电讯、军事器材或其他交通军事设备者，处三年以上十年以下监禁，情节轻微者处二年以下监禁。""犯前项之罪致发生重大灾害者，处死刑或终身监禁。""过失犯前二项之罪者，比照前二项之规定，减轻处罚。"1954 年的《刑法指导原则草案》第 42 条也规定："故意采用放火、决水、爆炸或者其他危险方法，破坏铁路、航空、邮电、车辆、船舰或者其他交通建设的，判处二年以上十年以下有期徒刑；情节特别严重的，判处十年以上有期徒刑、无期徒刑或者死刑。""因为过失行为使交通建设遭受破坏的，判处三年以下有期徒刑、劳役或者予以行政处罚。"到了 1957 年，《刑法草案》第 22 稿始将毁损通讯设备的犯罪与破坏交通工具、交通设备等犯罪分开加以规定。该稿第 121 条规定："故意损毁电报、电话或者其他通讯设备足以危害公共安全的，处五年以下有期徒刑或者拘役。"1963 年的《刑法草案》第 33 稿对上述规定作了以下四方面的补充和修改：一是扩大了犯罪对象的范围；二是调整和提高了法定刑；三是增加了破坏通讯设备罪的加重情节；四是增加了过失毁坏通讯设备罪。该稿第 117 条规定："破坏广播电台、电报、电话或者其他通讯设备足以危害公共安全的，处七年以下有期徒刑或者拘役。"第 118 条规定："破坏交通工具、交通设备、电力煤气设备、广播电台或者其他通讯设备的首要分子或者引起严重后果的，处七年以上有期徒刑或者无期徒刑。""过失毁坏交通工具、交通设备、电力煤气设备、广播电台或者其他通讯设备引起前款后果的，处七年以下有期徒刑或者拘役。"1979 年《刑法》基本上沿用了上述规定，但在立法体例和文字表述上作了相应的调整，主要是将破坏通讯设备犯罪的各种情形集中在 1 个条文中加以规定。

1979 年《刑法》第 111 条规定："破坏广播电台、电报、电话或者其他通讯设备，危害公共安全的，处七年以下有期徒刑或者拘役；造成严重后果的，处七年以上有期徒刑。""过失犯前款罪的，处七年以下有期徒刑或者拘役。"

在全面研究修改刑法的过程中，1988 年 11 月 16 日的刑法修改稿考虑到"原第 107 条至 111 条规定的破坏交通工具、交通设备、电力煤气设备、通讯设备等罪，因发案很少，故合并改写为一条。"① 该稿第 105 条规定："破坏交通工具，交通设备，电力煤气设备，易燃易爆设备，通讯设备，危害公共安全的，处三年以上十年以下有期徒刑；造成严重后果的，处十年以上有期徒刑、无期徒刑或者死刑，并处没收财产。""过失犯前款罪，造成严重后果的，处七年以下有期徒刑或者拘役。"但是，1996 年的《刑法修订草案》（征求意见稿）第 116 条又恢复了 1979 年《刑法》的规定，仅在犯罪对象方面增加了"电视台"，并将"电报、电话或者其他通讯设备"改为"公用通讯设施"。对此，"有的部门建议将征求意见稿第 116 条中的'破坏广播电台、电视台'改为'破坏广播电视设备、公用通信设备'，这样可以将广播电视发射台、转播台、微波站、监测台及有线广播电视传输覆盖等设施也包括进去。将'公用通讯设备'改为'通信设备'，根据国际电信联盟组织法对'电信'的定义，现代电信是指以电的方式传递语言、文字、数据、图像等各种性质的信息。且通信还可以包括邮政。"② 据此，1997 年的《刑法修订草案》（修改稿）第 124 条在上述规定的基础上，又将"广播电台、电视台"改为"广播电视设施"，将"公用通讯设施"改为"公用电信设施"，进一步扩大了本罪的成立范围。1997 年 3 月 1 日，提交给八届全国人大五次会议审议的《中华人民共和国刑法（修订草案）》第 125 条沿用了上述罪状的规定，但对法定刑作了较大的修改和调整：一是将第 1 款的法定刑调整为"处三年以上七年以下有期徒刑；造成严重后果的，处七年以上有期徒刑"；二是将第 2 款的法定刑调整为"处三年以上七年以下有期徒刑；情节较轻的，处三年以下有期徒刑或者拘役"。这一修改方案，为现行刑法所采纳。

---

① 参见该稿分则第二章"危害公共安全罪"中的"修改说明"。

② 参见全国人大常委会办公厅秘书局："《中央有关部门、地方及法律专家对刑法修订草案（征求意见稿）的意见》（1996 年 12 月 26 日印）"，见高铭暄、赵秉志编：《新中国刑法立法文献资料总览》（下），中国人民公安大学出版社 1998 年版，第 2160～2161 页。

【立法规定】

《刑法》第 124 条规定："破坏广播电视设施、公共电信设施，危害公共安全的，处三年以上七年以下有期徒刑；造成严重后果的，处七年以上有期徒刑。过失犯前款罪的，处三年以上七年以下有期徒刑；情节较轻的，处三年以下有期徒刑或者拘役。"

【立法释义】

最高人民法院、最高人民检察院、公安部 1993 年 12 月 1 日发布的《关于严厉打击盗窃、破坏铁路、油田、电力、通讯等器材设备的犯罪活动的通知》第 2 条规定："盗窃通讯设备价值数额不大，但危害公共安全已构成破坏通讯设备罪的，或者盗窃通讯设备造成严重后果的，应以破坏通讯设备罪追究刑事责任。"

最高人民法院 2004 年 12 月 30 日发布的《关于审理破坏公用电信设施刑事案件具体应用法律若干问题的解释》第 1 条规定："采用截断通信线路、损毁通信设备或者删除、修改、增加电信网计算机信息系统中存储、处理或者传输的数据和应用程序等手段，故意破坏正在使用的公用电信设施，具有下列情形之一的，属于刑法第一百二十四条规定的'危害公共安全'，依照刑法第一百二十四条第一款规定，以破坏公用电信设施罪处三年以上七年以下有期徒刑：（一）造成火警、匪警、医疗急救、交通事故报警、救灾、抢险、防汛等通信中断或者严重障碍，并因此贻误救助、救治、救灾、抢险等，致使人员死亡一人、重伤三人以上或者造成财产损失三十万元以上的；（二）造成二千以上不满一万用户通信中断一小时以上，或者一万以上用户通信中断不满一小时的；（三）在一个本地网范围内，网间通信全阻、关口局至某一局向全部中断或网间某一业务全部中断不满二小时或者直接影响范围不满五万（用户×小时）的；（四）造成网间通信严重障碍，一日内累计二小时以上不满十二小时的；（五）其他危害公共安全的情形。"第 2 条规定："实施本解释第一条规定的行为，具有下列情形之一的，属于刑法第一百二十四条第一款规定的'严重后果'，以破坏公用电信设施罪处七年以上有期徒刑：（一）造成火警、匪警、医疗急救、交通事故报警、救灾、抢险、防汛等通信中断或者严重障碍，并因此贻误救助、救治、救灾、抢险等，致使人员死亡二人以上、重伤六人以上或者造成财产损失六十万元以上的；（二）造成一万以上用户通信中断一小时以上的；（三）在一个本地网范围内，网间通信全阻、关口局至某一局向全部中断或者网间某一业务全部中断二小时以上或者直接影响范围五万（用户×小时）以上的；（四）造成网间通信严重障碍，一日内累计十二小时以上的；（五）造成其他严重后果的。"第 3 条规定："故意破坏正在使用的公用电信设施尚未危害公共安全，或者故意毁坏尚未投入使用的公用电信设施，造成财物损失，构成犯罪的，依照刑法第二百七十五条规定，以故意毁坏财物罪定罪处罚。盗窃公用电信设施价值数额不大，但是构成危害公共安全犯罪的，依照刑法第一百二十四条的规定定罪处罚；

盗窃公用电信设施同时构成盗窃罪和破坏公用电信设施罪的，依照处罚较重的规定定罪处罚。"第 4 条规定："指使、组织、教唆他人实施本解释规定的故意犯罪行为的，按照共犯定罪处罚。"第 5 条规定："本解释中规定的公用电信设施的范围、用户数、通信中断和严重障碍的标准和时间长度，依据国家电信行业主管部门的有关规定确定。"

最高人民法院 2011 年 6 月 7 日发布的《关于审理破坏广播电视设施等刑事案件具体应用法律若干问题的解释》第 1 条规定："采取拆卸、毁坏设备，剪割缆线，删除、修改、增加广播电视设备系统中存储、处理、传输的数据和应用程序，非法占用频率等手段，破坏正在使用的广播电视设施，具有下列情形之一的，依照刑法第一百二十四条第一款的规定，以破坏广播电视设施罪处三年以上七年以下有期徒刑：（一）造成救灾、抢险、防汛和灾害预警等重大公共信息无法发布的；（二）造成县级、地市（设区的市）级广播电视台中直接关系节目播出的设施无法使用，信号无法播出的；（三）造成省级以上广播电视传输网内的设施无法使用，地市（设区的市）级广播电视传输网内的设施无法使用三小时以上，县级广播电视传输网内的设施无法使用十二小时以上，信号无法传输的；（四）其他危害公共安全的情形。"第 2 条规定："实施本解释第一条规定的行为，具有下列情形之一的，应当认定为刑法第一百二十四条第一款规定的'造成严重后果'，以破坏广播电视设施罪处七年以上有期徒刑：（一）造成救灾、抢险、防汛和灾害预警等重大公共信息无法发布，因此贻误排除险情或者疏导群众，致使一人以上死亡、三人以上重伤或者财产损失五十万元以上，或者引起严重社会恐慌、社会秩序混乱的；（二）造成省级以上广播电视台中直接关系节目播出的设施无法使用，信号无法播出的；（三）造成省级以上广播电视传输网内的设施无法使用三小时以上，地市（设区的市）级广播电视传输网内的设施无法使用十二小时以上，县级广播电视传输网内的设施无法使用四十八小时以上，信号无法传输的；（四）造成其他严重后果的。"第 3 条规定："过失损坏正在使用的广播电视设施，造成本解释第二条规定的严重后果的，依照刑法第一百二十四条第二款的规定，以过失损坏广播电视设施罪处三年以上七年以下有期徒刑；情节较轻的，处三年以下有期徒刑或者拘役。过失损坏广播电视设施构成犯罪，但能主动向有关部门报告，积极赔偿损失或者修复被损坏设施的，可以酌情从宽处罚。"第 4 条规定："建设、施工单位的管理人员、施工人员，在建设、施工过程中，违反广播电视设施保护规定，故意或者过失损毁正在使用的广播电视设施，构成犯罪的，以破坏广播电视设施罪或者过失损坏广播电视设施罪定罪处罚。其定罪量刑标准适用本解释第一至三条的规定。"第 5 条规定："盗窃正在使用的广播电视设施，尚未构成盗窃罪，但具有本解释第一条、第二条规定情形的，以破坏广播电视设施罪定罪处罚；同时构成盗窃罪和破坏广播电视设施罪的，依照处罚较重的规定定罪处罚。"第 6 条规定："破坏正在使用的广播电视设施未危及公共安全，或者故意毁坏尚未投入使用的广播电视设施，造成财物损失数额较大或者有其他严重情节的，以故意毁坏财物罪定罪处罚。"第 7 条规定："实施破坏广播电视设施犯罪，并利用广播电视设施实施煽动分裂国家、煽动颠覆国家政权、煽动民族仇恨、民族歧视或者宣扬邪教等行为，同时构成其他犯罪的，依照处罚较重的规定定罪处罚。"第 8 条规定："本解释所称广播电视台中直接关系节目播出的设施、广播电视传输网内的设施，参照国家广播电视行政主管部门和其他相关部门的有关规定确定。"

最高人民法院、最高人民检察院 2013 年 4 月 2 日发布的《关于办理盗窃刑事案件适用法律若干问题的解释》第 11 条规定："盗窃公私财物并造成财物损毁的，按照下列规定处理：（一）采用破坏性手段盗窃公私财物，造成其他财物损毁的，以盗窃罪从重处罚；同时构成盗窃罪和其他犯罪的，择一重罪从重处罚；（二）实施盗窃犯罪后，为掩盖罪行或者报复等，故意毁坏其他财物构成犯罪的，以盗窃罪和构成的其他犯罪数罪并罚；（三）盗窃行为未构成犯罪，但损毁财物构成其他犯罪的，以其他犯罪定罪处罚。"

最高人民法院、最高人民检察院、公安部、国家安全部 2014 年 3 月 14 日发布的《关于依法办理非法生产、销售、使用"伪基站"设备案件的意见》第一部分"准确认定行为性质"第 2 条规定："非法使用'伪基站'设备干扰公用电信网络信号，危害公共安全的，依照《刑法》第一百二十四条第一款的规定，以破坏公用电信设施罪追究刑事责任；同时构成虚假广告罪、非法获取公民个人信息罪、破坏计算机信息系统罪、扰乱无线电通讯管理秩序罪的，依照处罚较重的规定追究刑事责任。除法律、司法解释另有规定外，利用'伪基站'设备实施诈骗等其他犯罪行为，同时构成破坏公用电信设施罪的，依照处罚较重的规定追究刑事责任。"第 3 条规定："明知他人实施非法生产、销售'伪基站'设备，或者非法使用'伪基站'设备干扰公用电信网络信号等犯罪，为其提供资金、场所、技术、设备等帮助的，以共同犯罪论处。"

【立法建言】

建议一：将《刑法》第 124 条修改为："破坏广播电视设施、公共电信设施，危害公共安全的，处三年以上七年以下有期徒刑，可以并处罚金；造成严重后果的，处七年以上有期徒刑，可以并处罚金；情节较轻的，处三年以下有期徒刑、拘役或者管制，可以并处或者单处罚金。过失犯前款罪的，处三年以上七年以下有期徒刑；情节较轻的，处三年以下有期徒刑、拘役或者管制。"

理　由：

1. 从刑罚设置的角度来看，破坏广播电视设施、公共电信设施罪的具体情况比较复杂。因此，宜增加"情节较轻"的 1 档法定刑，以利于按照罪刑相适应的原则惩治犯罪。

2. 从司法实践的角度来看，破坏广播电视设施、公共电信设施罪的行为类型多种多样，且侵财贪利型的盗割电线、盗割电缆等犯罪行为较为常见。因此，宜增加"可以并处罚金"的规定，使犯罪分子在受到人身处罚的同时，在经济上也得不到好处。①

3. 从立法技术的角度来看，在《刑法》第124条"情节较轻"的1档法定刑中增加"管制"的规定，有利于扩大管制的适用范围，并与《刑法》的其他管制规定相协调。

建议二： 在《刑法》第124条中增加1款作为第3款："单位犯前款罪的，对单位判处罚金，并对其直接负责的主管人员和其他直接责任人员，依照各该款的规定处罚。"

理　由：

早在刑法修订草案征求意见的过程中，就有部门提出，"目前在实践中对广播电视设施破坏最严重的大多是单位而不是个人，因此建议征求意见稿第116条第二款后增加一款：'单位犯前款罪的，对单位判处罚金，对其直接负责的主管人员和其他直接责任人员，依照前二款的规定处罚'。"② 但遗憾的是，1997年《刑法》并未采纳上述合理建议，致使实践中面对单位实施《刑法》第124条规定的犯罪"束手无策"。有鉴于此，为惩治单位实施的上述犯罪，最高人民法院2011年6月7日发布的《关于审理破坏广播电视设施等刑事案件具体应用法律若干问题的解释》第4条规定："建设、施工单位的管理人员、施工人员，在建设、施工过程中，违反广播电视设施保护规定，故意或者过失损毁正在使用的广播电视设施，构成犯罪的，以破坏广播电视设施罪或者过失损坏广播电视设施罪定罪处罚。"然而，该规定仅仅是"权宜之策"，并未从根本上解决单位实施上述犯罪的问题。③ 因此，为解决实践中的困境，宜在立法上增加单位犯罪的规定。

十四、非法制造、买卖、运输、邮寄、储存枪支、弹药、爆炸物罪、非法制造、买卖、运输、储存危险物质罪（第125条）

【立法沿革】

非法制造、买卖、运输、邮寄、储存枪支、弹药、爆炸物罪是在1979年《刑法》第112条规定的非法制造、买卖、运输枪支、弹药罪的基础上修改而来的；而非法制造、买卖、运输、储存危险物质罪则是在1997年《刑法》第125条增设的非法买卖、运输核材料罪的基础上，经《刑法修正案（三）》第5条修正而来的。

---

① 考虑到破坏广播电视设施、公共电信设施罪中除侵财贪利型犯罪以外，其他犯罪类型未必需要判处罚金，因而采用"可以并处罚金"的方式，以增强适用的灵活性。

② 参见全国人大常委会办公厅秘书局："《中央有关部门、地方及法律专家对刑法修订草案（征求意见稿）的意见》（1996年12月26日印）"，见高铭暄、赵秉志编：《新中国刑法立法文献资料总览》（下），中国人民公安大学出版社1998年版，第2161页。

③ 事实上，根据罪刑法定原则，最高人民法院也不可能从根本上解决单位实施上述犯罪的问题。此外，还应当指出的是，在全国人大常委会2014年4月24日通过《关于〈中华人民共和国刑法〉第三十条的解释》之前，最高人民法院的上述规定似有越权解释之嫌。

在新中国刑法立法史上，1950 年《刑法大纲草案》第 66 条最早规定了制贩军火罪：
"非法制造、贩卖、运输或藏匿军火者，处六月以上五年以下监禁。情节特别严重者，处
五年以上十五年以下监禁，并可没收其财产之全部或一部。"但不知何故，1954 年的《刑
法指导原则草案》并未涉及军火方面的犯罪。而 1957 年的《刑法草案》第 22 稿则用了 3
个条文分别规定了"非法制造、买卖、运输枪支、弹药罪""偷窃枪支、弹药罪"和"抢
夺枪支、弹药罪"。其中，第 129 条规定："非法制造、买卖、运输枪支、弹药的，处三年
以上十年以下有期徒刑。"1963 年，《刑法草案》第 33 稿始将上述 3 个条文合并规定为 1
条，并将本罪的法定刑提高到"十年以上有期徒刑或者无期徒刑"。该稿第 119 条规定：
"非法制造、买卖、运输枪支、弹药的，或者偷窃、抢夺国家机关、军警人员、民兵的枪
支、弹药的，处三年以上十年以下有期徒刑；情节严重的，处十年以上有期徒刑或者无期
徒刑。"1979 年《刑法》第 112 条基本上沿用了上述规定，仅修改了个别文字，降低了各
档次法定刑的起刑点。

1979 年《刑法》第 112 条规定："非法制造、买卖、运输枪支、弹药的，或者盗窃、
抢夺国家机关、军警人员、民兵的枪支、弹药的，处七年以下有期徒刑；情节严重的，处
七年以上有期徒刑或者无期徒刑。"

1979 年《刑法》施行后不久，鉴于"这几年出现了一些严重犯罪的情况，性质恶劣，
危害严重，民愤极大，应当判处死刑，但是按照'刑法'的有关规定不能判处死刑，需要
修改、补充。"① 因此，全国人大常委会 1983 年 9 月 2 日通过的《关于严惩严重危害社会
治安的犯罪分子的决定》第 1 条对上述规定作了补充和修改："对下列严重危害社会治安
的犯罪分子，可以在刑法规定的最高刑以上处刑，直至判处死刑：……4. 非法制造、
买卖、运输或者盗窃、抢夺枪支、弹药、爆炸物，情节特别严重的，或者造成严重后果
的……"

在全面研究修改刑法的过程中，1988 年 9 月的刑法修改稿单独规定了非法制造、买
卖、运输枪支、弹药罪："非法制造、买卖、运输枪支、弹药的，处五年以下有期徒刑；
情节严重的，处五年以上有期徒刑或者无期徒刑。"② 但是，1988 年 11 月 16 日的刑法修
改稿第 107 条又将非法制造、买卖、运输枪支、弹药罪和抢劫、盗窃、抢夺枪支、弹药罪
合并加以规定："非法制造、买卖、运输枪支、弹药的，或者抢劫、盗窃、抢夺枪支、弹
药的，处七年以下有期徒刑；情节严重的，处七年以上有期徒刑或者无期徒刑；情节特别

---

① 参见全国人大常委会秘书长、法制委员会副主任王汉斌 1983 年 9 月 2 日在六届全国人大常委会第二次会议上
所作的《全国人大常委会关于修改"人民法院组织法"、"人民检察院组织法"的决定和"关于严惩严重危害社会治安
的犯罪分子的决定"等几个法律案的说明》。

② 该条与其他有关枪支、弹药的犯罪规定在一起，但未编条文序号。

严重的，处死刑，并处没收财产。"1988年12月25日的《刑法修改稿》第109条基本上沿用了上述规定，仅将"情节严重"中的无期徒刑移至"情节特别严重"之中。到了1996年，《刑法修订草案》（征求意见稿）再次将非法制造、买卖、运输枪支、弹药、爆炸物罪与抢劫、盗窃、抢夺枪支、弹药、爆炸物罪分开加以规定，并对本罪作了以下三方面的修改和补充：一是提高了各档次法定刑的起刑点；二是增设了非法买卖、运输核材料罪；三是增加了单位犯罪的规定。该草案第117条第1款规定："非法制造、买卖、运输枪支、弹药、爆炸物的，处三年以上十年以下有期徒刑；情节严重的，处十年以上有期徒刑、无期徒刑或者死刑。"第2款规定："非法买卖、运输核材料的，依照前款规定处罚。"第3款规定："单位有前两款行为的，对单位判处罚金，并对其直接负责的主管人员和其他直接责任人员，依照第一款规定处罚。"① 在征求意见的过程中，"有的部门提出，因目前违法犯罪分子利用邮政渠道邮寄枪支、弹药、爆炸物案件增多，已发生多起邮件爆炸、邮车失火、邮政职工和用户被炸死的案件，建议在征求意见稿第117条非法制造、买卖、运输枪支、弹药、爆炸物罪增加规定'非法邮寄枪支、弹药、爆炸物'等行为。"② 因此，1997年的《刑法修订草案》第125条在上述规定的基础上，增加规定了"邮寄、储存"两种行为方式。这一修改方案，为1997年修订的《刑法》所采纳。

1997年修订的《刑法》第125条规定："非法制造、买卖、运输、邮寄、储存枪支、弹药、爆炸物的，处三年以上十年以下有期徒刑；情节严重的，处十年以上有期徒刑、无期徒刑或者死刑。非法买卖、运输核材料的，依照前款的规定处罚。""单位犯前两款罪的，对单位判处罚金，并对其直接负责的主管人员和其他直接责任人员，依照第一款的规定处罚。"

1997年《刑法》施行后，针对新近出现的恐怖活动的新情况，为惩治非法制造、买卖、运输、储存毒害性、放射性、传染病病原体等物质的恐怖性犯罪，《刑法修正案（三）》第5条在上述规定的基础上，对第2款的规定作了以下三方面的补充和修改：一是在行为方式方面，增加了"非法制造"和"非法储存"两种形式；二是在犯罪对象方面，将"核材料"改为"毒害性、放射性、传染病病原体等物质"；三是在罪状表述方面，增加了"危害公共安全"的规定。

【立法规定】

《刑法》第125条规定："非法制造、买卖、运输、邮寄、储存枪支、弹药、爆炸物

---

① 该条第4款关于违规制造、销售枪支罪的规定，从1996年的《刑法修订草案》开始另作专条规定。

② 参见全国人大常委会办公厅秘书局："《中央有关部门、地方及法律专家对刑法修订草案（征求意见稿）的意见》（1996年12月26日印）"，见高铭暄、赵秉志编：《新中国刑法立法文献资料总览》（下），中国人民公安大学出版社1998年版，第2161页。

的，处三年以上十年以下有期徒刑；情节严重的，处十年以上有期徒刑、无期徒刑或者死刑。非法制造、买卖、运输、储存毒害性、放射性、传染病病原体等物质，危害公共安全的，依照前款的规定处罚。""单位犯前两款罪的，对单位判处罚金，并对其直接负责的主管人员和其他直接责任人员，依照第一款的规定处罚。"

【立法释义】

最高人民法院 2003 年 7 月 29 日发布的《关于九七刑法实施后发生的非法买卖枪支案件，审理时新的司法解释尚未作出，是否可以参照 1995 年 9 月 20 日的最高人民法院〈关于办理非法制造、买卖、运输非军用枪支、弹药刑事案件适用法律问题的解释〉的规定审理案件请示的复函》规定："原审被告人侯磊非法买卖枪支的行为发生在修订后的《刑法》实施以后，而该案审理时《最高人民法院关于审理非法制造、买卖、运输枪支、弹药、爆炸物等刑事案件具体应用法律若干问题的解释》尚未颁布，因此，依照我院法发〔1997〕3 号《关于认真学习宣传贯彻修订的〈中华人民共和国刑法〉的通知》的精神，该案应参照 1995 年 9 月 20 日最高人民法院发〔1995〕20 号《关于办理非法制造、买卖、运输非军用枪支、弹药刑事案件适用问题的解释》的规定办理。"

最高人民法院、最高人民检察院 2003 年 9 月 4 日发布的《关于办理非法制造、买卖、运输、储存毒鼠强等禁用剧毒化学品刑事案件具体应用法律若干问题的解释》第 1 条规定："非法制造、买卖、运输、储存毒鼠强等禁用剧毒化学品，危害公共安全，具有下列情形之一的，依照刑法第一百二十五条的规定，以非法制造、买卖、运输、储存危险物质罪，处三年以上十年以下有期徒刑：（一）非法制造、买卖、运输、储存原粉、原液、制剂 50 克以上，或者饵料 2 千克以上的；（二）在非法制造、买卖、运输、储存过程中致人重伤、死亡或者造成公私财产损失 10 万元以上的。"第 2 条规定："非法制造、买卖、运输、储存毒鼠强等禁用剧毒化学品，具有下列情形之一的，属于刑法第一百二十五条规定的'情节严重'，处十年以上有期徒刑、无期徒刑或者死刑：（一）非法制造、买卖、运输、储存原粉、原液、制剂 500 克以上，或者饵料 20 千克以上的；（二）在非法制造、买卖、运输、储存过程中致 3 人以上重伤、死亡，或者造成公私财产损失 20 万元以上的；（三）非法制造、买卖、运输、储存原粉、原药、制剂 50 克以上不满 500 克，或者饵料 2 千克以上不满 20 千克，并具有其他严重情节的。"第 3 条规定："单位非法制造、买卖、运输、储存毒鼠强等禁用剧毒化学品的，依照本解释第一条、第二条规定的定罪量刑标准执行。"第 5 条规定："本解释施行以前，确因生产、生活需要而非法制造、买卖、运输、储存毒鼠强等禁用剧毒化学品饵料自用，没有造成严重社会危害的，可以依照刑法第十三条的规定，不作为犯罪处理。""本解释施行以后，确因生产、生活需要而非法制造、买卖、运输、储存毒鼠强等禁用剧毒化学品饵料自用，构成犯罪，但没有造成严重社会危害，经教育确有悔改表现的，可以依法从轻、减轻或者免除处罚。"第6条规定："本解释所称'毒鼠强等禁用剧毒化学品'，是指国家明令禁止的毒鼠强、氟乙酰胺、氟乙酸钠、毒鼠硅、甘氟。"

最高人民检察院法律政策研究室2004年11月3日发布的《关于非法制造、买卖、运输、储存以火药为动力发射弹药的大口径武器的行为如何适用法律问题的答复》规定："对于非法制造、买卖、运输、储存以火药为动力发射弹药的大口径武器的行为，应当依照刑法第一百二十五条第一款的规定，以非法制造、买卖、运输、储存枪支罪追究刑事责任。"

最高人民检察院、公安部2008年6月25日发布的《关于公安机关管辖的刑事案件立案追诉标准的规定（一）》第2条规定："非法制造、买卖、运输、储存毒害性、放射性、传染病病原体等物质，危害公共安全，涉嫌下列情形之一的，应予立案追诉：（一）造成人员重伤或者死亡的；（二）造成直接经济损失十万元以上的；（三）非法制造、买卖、运输、储存毒鼠强、氟乙酰胺、氟乙酸钠、毒鼠硅、甘氟原粉、原液、制剂五十克以上，或者饵料二千克以上的；（四）造成急性中毒、放射性疾病或者造成传染病流行、暴发的；（五）造成严重环境污染的；（六）造成毒害性、放射性、传染病病原体等危险物质丢失、被盗、被抢或者被他人利用进行违法犯罪活动的；（七）其他危害公共安全的情形。"

最高人民法院2009年11月16日发布的《关于审理非法制造、买卖、运输枪支、弹药、爆炸物等刑事案件具体应用法律若干问题的解释》第1条规定："个人或者单位非法制造、买卖、运输、邮寄、储存枪支、弹药、爆炸物，具有下列情形之一的，依照刑法第一百二十五条第一款的规定，以非法制造、买卖、运输、邮寄、储存枪支、弹药、爆炸物罪定罪处罚：（一）非法制造、买卖、运输、邮寄、储存军用枪支一支以上的；（二）非法制造、买卖、运输、邮寄、储存以火药为动力发射枪弹的非军用枪支一支以上或者以压缩气体等为动力的其他非军用枪支二支以上的；（三）非法制造、买卖、运输、邮寄、储存军用子弹十发以上、气枪铅弹五百发以上或者其他非军用子弹一百发以上的；（四）非法制造、买卖、运输、邮寄、储存手榴弹一枚以上的；（五）非法制造、买卖、运输、邮寄、储存爆炸装置的；（六）非法制造、买卖、运输、邮寄、储存炸药、发射药、黑火药一千克以上或者烟火药三千克以上、雷管三十枚以上或者导火索、导爆索三十米以上的；（七）具有生产爆炸物品资格的单位不按照规定的品种制造，或者具有销售、使用爆炸物品资格的单位超过限额买卖炸药、发射药、黑火药十千克以上或者烟火药三十千克以上、雷管三百枚以上或者导火索、导爆索三百米以上的；（八）多次非法制造、买卖、运输、邮寄、储存弹药、爆炸物的；（九）虽未达到上述最低数量标准，但具有造成严重后果等其他恶劣情节的。介绍买卖枪支、弹药、爆炸物的，以买卖枪支、弹药、爆炸物罪的共犯论处。"第 2 条规定："非法制造、买卖、运输、邮寄、储存枪支、弹药、爆炸物，具有下列情形之一的，属于刑法第一百二十五条第一款规定的'情节严重'：（一）非法制造、买卖、运输、邮寄、储存枪支、弹药、爆炸物的数量达到本解释第一条第（一）、（二）、（三）、（六）、（七）项规定的最低数量标准五倍以上的；（二）非法制造、买卖、运输、邮寄、储存手榴弹三枚以上的；（三）非法制造、买卖、运输、邮寄、储存爆炸装置，危害严重的；（四）达到本解释第一条规定的最低数量标准，并具有造成严重后果等其他恶劣情节的。"第 7 条规定："非法制造、买卖、运输、邮寄、储存、盗窃、抢夺、持有、私藏、携带成套枪支散件的，以相应数量的枪支计；非成套枪支散件以每三十件为一成套枪支散件计。"第 8 条第 1 款规定："刑法第一百二十五条第一款规定的'非法储存'，是指明知是他人非法制造、买卖、运输、邮寄的枪支、弹药而为其存放的行为，或者非法存放爆炸物的行为。"第 9 条规定："因筑路、建房、打井、整修宅基地和土地等正常生产、生活需要，以及因从事合法的生产经营活动而非法制造、买卖、运输、邮寄、储存爆炸物，数量达到本解释第一条规定标准，没有造成严重社会危害，并确有悔改表现的，可依法从轻处罚；情节轻微的，可以免除处罚。具有前款情形，数量虽达到本解释第二条规定标准的，也可以不认定为刑法第一百二十五条第一款规定的'情节严重'。在公共场所、居民区等人员集中区域非法制造、买卖、运输、邮寄、储存爆炸物，或者因非法制造、买卖、运输、邮寄、储存爆炸物三年内受到两次以上行政处罚又实施上述行为，数量达到本解释规定标准的，不适用前两款量刑的规定。"第 10 条规定："实施非法制造、买卖、运输、邮寄、储存、盗窃、抢夺、持有、私藏其他弹药、爆炸物品等行为，参照本解释有关条文规定的定罪量刑标准处罚。"

最高人民法院、最高人民检察院、公安部、国家安全监管总局 2012 年 9 月 6 日发布的《关于依法加强对涉嫌犯罪的非法生产经营烟花爆竹行为刑事责任追究的通知》第 1 条规定："非法生产、经营烟花爆竹及相关行为涉及非法制造、买卖、运输、邮寄、储存黑火药、烟火药，构成非法制造、买卖、运输、邮寄、储存爆炸物罪的，应当依照刑法第一百二十五条的规定定罪处罚……"

最高人民法院 2013 年 1 月 31 日发布的指导案例 13 号《王召成等非法买卖、储存危险物质案》中的"裁判要点"指出："1. 国家严格监督管理的氰化钠等剧毒化学品，易致人中毒或者死亡，对人体、环境具有极大的毒害性和危险性，属于刑法第一百二十五条第二款规定的'毒害性'物质。2.'非法买卖'毒害性物质，是指违反法律和国家主管部门规定，未经有关主管部门批准许可，擅自购买或者出售毒害性物质的行为，并不需要兼有买进和卖出的行为。"

最高人民法院、最高人民检察院、公安部 2014 年 9 月 9 日发布的《关于办理暴力恐怖和宗教极端刑事案件适用法律若干问题的意见》第二部分第 1 条第 2 款规定："组织、领导、参加恐怖活动组织，同时实施杀人、放火、爆炸、非法制造爆炸物、绑架、抢劫等犯罪的，以组织、领导、参加恐怖组织罪和故意杀人罪、放火罪、爆炸罪、非法制造爆炸物罪、绑架罪、抢劫罪等数罪并罚。"

【立法建言】

建议一：将《刑法》第 125 条第 1 款修改为："非法制造、买卖、运输、邮寄、储存枪支、弹药、爆炸物的，处三年以上十年以下有期徒刑，并处罚金；情节严重的，处十年以上有期徒刑、无期徒刑或者死刑，并处罚金或者没收财产。"

理　由：

非法制造、买卖、运输、邮寄、储存枪支、弹药、爆炸物罪属于贪利型犯罪，宜相应增加财产刑的规定。

建议二：在《刑法》第 125 条第 2 款中增加"邮寄"这一行为方式。

理　由：

1. 从功能上看，邮寄具有与运输相似的功能。因此，明知是危险物质而仍予邮寄的行为，应依法追究刑事责任。

2. 从罪责上看，邮寄危险物质与投放危险物质并不相同。诚然，行为人通过邮递邮寄危险物质的，可以构成投放危险物质罪。但是，明知是危险物质而仍予邮寄的行为，则不能以投放危险物质罪论处。否则，运输、储存危险物质罪就没有存在的余地。

3. 从表述上看，《刑法》第 125 条第 2 款仅规定了"运输"，而第 1 款则同时规定了"运输"和"邮寄"。为避免因文字表述不一致产生不必要的疑义，宜在第 2 款的行为方式中增加"邮寄"，以便与第 1 款的规定相协调。①

十五、违规制造、销售枪支罪（第 126 条）

【立法沿革】

违规制造、销售枪支罪是在 1996 年《中华人民共和国枪支管理法》（以下简称《枪支管理法》）第 40 条规定的基础上修改而来的。

枪支管理直接关系到社会治安秩序和公共安全。为加大对违反枪支管理行为的打击力度，全国人大常委会 1996 年 7 月 5 日通过的《枪支管理法》第 40 条规定："依法被指定、确定的枪支制造企业、销售企业，违反本法规定，有下列行为之一的，对单位判处罚金，

---

① 张明楷教授认为："危害公共安全的邮寄行为与走私行为，属于本罪中的'运输'"（张明楷：《刑法学》，法律出版社 2011 年版，第 622～623 页）。笔者认为，从刑法解释学来看，固然可以将"邮寄"解释为"运输"，但是，却无法解释第 1 款为什么同时规定"运输"和"邮寄"两种行为。

并对其直接负责的主管人员和其他直接责任人员依照刑法第一百一十二条的规定追究刑事责任；公安机关可以责令其停业整顿或者吊销其枪支制造许可证件、枪支配售许可证件：（一）超过限额或者不按照规定的品种制造、配售枪支的；（二）制造无号、重号、假号的枪支的；（三）私自销售枪支或者在境内销售为出口制造的枪支的。"由于《枪支管理法》明确规定对上述行为以非法制造、买卖枪支罪论处，因此，1996 年的《刑法修订草案》（征求意见稿）第 117 条将上述行为与非法制造、买卖、运输枪支、弹药、爆炸物的行为一并加以规定。该条第 4 款规定："依法被指定、确定的枪支制造企业、销售企业，违反枪支管理规定，有下列行为之一的，对单位判处罚金，并对其直接负责的主管人员和其他直接责任人员，处七年以下有期徒刑；造成严重后果的，处七年以上有期徒刑或者无期徒刑：（一）以非法销售为目的超过限额或者不按照规定的品种制造、配售枪支的；（二）以非法销售为目的，制造无号、重号、假号的枪支的；（三）非法销售枪支或者在境内销售为出口制造的枪支的。"到了 1996 年的《刑法修订草案》第 123 条始将本罪另作专条规定。1997 年 3 月 1 日，提交给八届全国人大五次会议审议的《中华人民共和国刑法（修订草案）》第 127 条除将本罪的结果加重犯改为情节加重犯外，主要是将本罪的法定刑细分为基本犯、"情节严重"和"情节特别严重" 3 个量刑档次，并重新配置了各档次的量刑幅度。这一修改方案，为现行刑法所采纳。

【立法规定】

《刑法》第 126 条规定："依法被指定、确定的枪支制造企业、销售企业，违反枪支管理规定，有下列行为之一的，对单位判处罚金，并对其直接负责的主管人员和其他直接责任人员，处五年以下有期徒刑；情节严重的，处五年以上十年以下有期徒刑；情节特别严重的，处十年以上有期徒刑或者无期徒刑：（一）以非法销售为目的，超过限额或者不按照规定的品种制造、配售枪支的；（二）以非法销售为目的，制造无号、重号、假号的枪支的；（三）非法销售枪支或者在境内销售为出口制造的枪支的。"

【立法释义】

最高人民检察院、公安部 2008 年 6 月 25 日发布的《关于公安机关管辖的刑事案件立案追诉标准的规定（一）》第 3 条规定："依法被指定、确定的枪支制造企业、销售企业，违反枪支管理规定，以非法销售为目的，超过限额或者不按照规定的品种制造、配售枪支，或者以非法销售为目的，制造无号、重号、假号的枪支，或者非法销售枪支或者在境内销售为出口制造的枪支，涉嫌下列情形之一的，应予立案追诉：（一）违规制造枪支五支以上的；（二）违规销售枪支二支以上的；（三）虽未达到上述数量标准，但具有造成严重后果等其他恶劣情节的。""本条和本规定第四条、第七条规定的'枪支'，包括枪支散件。成套枪支散件，以相应数量的枪支计；非成套枪支散件，以每三十件为一成套枪支散件计。"

最高人民法院 2009 年 11 月 16 日发布的《关于审理非法制造、买卖、运输枪支、弹药、爆炸物等刑事案件具体应用法律若干问题的解释》第 3 条规定："依法被指定或者确定的枪支制造、销售企业，实施刑法第一百二十六条规定的行为，具有下列情形之一的，以违规制造、销售枪支罪定罪处罚：（一）违规制造枪支五支以上的；（二）违规销售枪支二支以上的；（三）虽未达到上述最低数量标准，但具有造成严重后果等其他恶劣情节的。具有下列情形之一的，属于刑法第一百二十六条规定的'情节严重'：（一）违规制造枪支二十支以上的；（二）违规销售枪支十支以上的；（三）达到本条第一款规定的最低数量标准，并具有造成严重后果等其他恶劣情节的。具有下列情形之一的，属于刑法第一百二十六条规定的'情节特别严重'：（一）违规制造枪支五十支以上的；（二）违规销售枪支三十支以上的；（三）达到本条第二款规定的最低数量标准，并具有造成严重后果等其他恶劣情节的。"

【立法建言】

建　议：将《刑法》第 126 条修改为："依法被指定、确定的枪支制造企业、销售企业，违反枪支管理规定，有下列行为之一的，对单位判处罚金，并对其直接负责的主管人员和其他直接责任人员，处五年以下有期徒刑，并处罚金；情节严重的，处五年以上十年以下有期徒刑，并处罚金；情节特别严重的，处十年以上有期徒刑或者无期徒刑，并处罚金或者没收财产……"

理　由：

违规制造、销售枪支罪属于贪利型犯罪，宜对其直接负责的主管人员和其他直接责任人员增加财产刑的规定。

十六、盗窃、抢夺枪支、弹药、爆炸物、危险物质罪、抢劫枪支、弹药、爆炸物、危险物质罪（第 127 条）

【立法沿革】

盗窃、抢夺枪支、弹药、爆炸物、危险物质罪是在 1979 年《刑法》第 112 条规定的盗窃、抢夺枪支、弹药罪的基础上修改而来的，并经《刑法修正案（三）》第 6 条所修正；而抢劫枪支、弹药、爆炸物、危险物质罪则是在 1997 年《刑法》第 127 条第 2 款增设的抢劫枪支、弹药、爆炸物罪的基础上，经《刑法修正案（三）》第 6 条修正而来的。

我国有关盗窃、抢夺枪支、弹药犯罪的规定，最早见之于 1957 年的《刑法草案》第 22 稿。该稿用了 2 个条文分别规定了偷窃枪支、弹药罪和抢夺枪支、弹药罪。其中，第 131 条规定："偷窃国家机关或者军警人员的枪支、弹药的，处五年以下有期徒刑。"第

132 条规定："抢夺国家机关或者军警人员的枪支、弹药的，处三年以上十年以下有期徒刑。"到了 1963 年，《刑法草案》第 33 稿第 119 条始将偷窃、抢夺枪支、弹药罪与非法制造、买卖、运输枪支、弹药罪合并加以规定，并将此类犯罪的法定刑提高到"十年以上有期徒刑或者无期徒刑"。修改后的条文为："非法制造、买卖、运输枪支、弹药的，或者偷窃、抢夺国家机关、军警人员、民兵的枪支、弹药的，处三年以上十年以下有期徒刑；情节严重的，处十年以上有期徒刑或者无期徒刑。"1979 年《刑法》第 112 条基本上沿用了上述规定，仅作了个别文字修改和法定刑调整。

1979 年《刑法》第 112 条规定："非法制造、买卖、运输枪支、弹药的，或者盗窃、抢夺国家机关、军警人员、民兵的枪支、弹药的，处七年以下有期徒刑；情节严重的，处七年以上有期徒刑或者无期徒刑。"

基于与非法制造、买卖、运输枪支、弹药罪同样的原因，全国人大常委会 1983 年 9 月 2 日通过的《关于严惩严重危害社会治安的犯罪分子的决定》第 1 条对上述规定作了以下三处修改和补充：一是增加了"爆炸物"这一犯罪对象；二是删去了"国家机关、军警人员、民兵的"表述；三是对"盗窃、抢夺枪支、弹药、爆炸物，情节特别严重的，或者造成严重后果的"，增加了"可以在刑法规定的最高刑以上处刑，直至判处死刑"的规定。

在全面研究修改刑法的过程中，1988 年 9 月的刑法修改稿首次单独规定了盗窃、抢夺、抢劫枪支、弹药罪："盗窃、抢夺、抢劫枪支、弹药的，处七年以下有期徒刑；情节严重的，处七年以上有期徒刑或者无期徒刑；情节特别严重的，处死刑。"① 但是，1988 年 11 月 16 日的刑法修改稿第 107 条又将非法制造、买卖、运输枪支、弹药罪和抢劫、盗窃、抢夺枪支、弹药罪合并加以规定。1988 年 12 月 25 日的《刑法修改稿》第 109 条基本上沿用了上述规定，仅将"情节严重"中的无期徒刑移至"情节特别严重"之中。修改后的条文为："非法制造、买卖、运输枪支、弹药的，或者抢劫、盗窃、抢夺枪支、弹药的，处七年以下有期徒刑；情节严重的，处七年以上有期徒刑；情节特别严重的，处无期徒刑或者死刑，并处没收财产。"到了 1996 年，《刑法修订草案》（征求意见稿）再次将盗窃、抢夺、抢劫枪支、弹药、爆炸物的行为单独加以规定。该草案第 118 条除调整了盗窃、抢夺枪支、弹药、爆炸物罪的法定刑外，还增设了抢劫枪支、弹药、爆炸物罪，并将"盗窃、抢夺国家机关、军警人员、民兵的枪支、弹药、爆炸物的"与"抢劫枪支、弹药、爆炸物"规定在同一个条款中，共用一个法定刑档次。这一修改方案，为 1997 年修订的《刑法》所采纳。

---

① 该条列于非法制造、买卖、运输枪支、弹药罪之后，但未编条文序号。

1997 年修订的《刑法》第 127 条规定："盗窃、抢夺枪支、弹药、爆炸物的，处三年以上十年以下有期徒刑；情节严重的，处十年以上有期徒刑、无期徒刑或者死刑。""抢劫枪支、弹药、爆炸物的或者盗窃、抢夺国家机关、军警人员、民兵的枪支、弹药、爆炸物的，处十年以上有期徒刑、无期徒刑或者死刑。"

1997 年《刑法》施行后，为了惩治盗窃、抢夺、抢劫毒害性、放射性、传染病病原体等物质的恐怖性犯罪，《刑法修正案（三）》第 6 条在《刑法》第 127 条第 1 款和第 2 款中分别增加了"盗窃、抢夺毒害性、放射性、传染病病原体等物质，危害公共安全"的行为和"抢劫毒害性、放射性、传染病病原体等物质，危害公共安全"的行为。

【立法规定】

《刑法》第 127 条规定："盗窃、抢夺枪支、弹药、爆炸物的，或者盗窃、抢夺毒害性、放射性、传染病病原体等物质，危害公共安全的，处三年以上十年以下有期徒刑；情节严重的，处十年以上有期徒刑、无期徒刑或者死刑。""抢劫枪支、弹药、爆炸物的，或者抢劫毒害性、放射性、传染病病原体等物质，危害公共安全的，或者盗窃、抢夺国家机关、军警人员、民兵的枪支、弹药、爆炸物的，处十年以上有期徒刑、无期徒刑或者死刑。"

【立法释义】

最高人民法院 2009 年 11 月 16 日发布的《关于审理非法制造、买卖、运输枪支、弹药、爆炸物等刑事案件具体应用法律若干问题的解释》第 4 条规定："盗窃、抢夺枪支、弹药、爆炸物，具有下列情形之一的，依照刑法第一百二十七条第一款的规定，以盗窃、抢夺枪支、弹药、爆炸物罪定罪处罚：（一）盗窃、抢夺以火药为动力的发射枪弹非军用枪支一支以上或者以压缩气体等为动力的其他非军用枪支二支以上的；（二）盗窃、抢夺军用子弹十发以上、气枪铅弹五百发以上或者其他非军用子弹一百发以上的；（三）盗窃、抢夺爆炸装置的；（四）盗窃、抢夺炸药、发射药、黑火药一千克以上或者烟火药三千克以上、雷管三十枚以上或者导火索、导爆索三十米以上的；（五）虽未达到上述最低数量标准，但具有造成严重后果等其他恶劣情节的。""具有下列情形之一的，属于刑法第一百二十七条第一款规定的'情节严重'：（一）盗窃、抢夺枪支、弹药、爆炸物的数量达到本条第一款规定的最低数量标准五倍以上的；（二）盗窃、抢夺军用枪支的；（三）盗窃、抢夺手榴弹的；（四）盗窃、抢夺爆炸装置，危害严重的；（五）达到本条第一款规定的最低数量标准，并具有造成严重后果等其他恶劣情节的。"第 7 条规定："非法制造、买卖、运输、邮寄、储存、盗窃、抢夺、持有、私藏、携带成套枪支散件的，以相应数量的枪支计；非成套枪支散件以每三十件为一成套枪支散件计。"第 10 条规定："实施非法制造、买卖、运输、邮寄、储存、盗窃、抢夺、持有、私藏其他弹药、爆炸物品等行为，参

照本解释有关条文规定的定罪量刑标准处罚。"

【立法建言】

建议一：将《刑法》第 127 条第 1 款修改为："盗窃、抢夺枪支、弹药、爆炸物的，或者盗窃、抢夺毒害性、放射性、传染病病原体等物质，危害公共安全的，处三年以上十年以下有期徒刑，并处罚金；情节严重的，处十年以上有期徒刑、无期徒刑或者死刑，并处罚金或者没收财产。"

理　由：

盗窃、抢夺枪支、弹药、爆炸物、危险物质的行为，通常是为实施其他严重犯罪服务的。因此，为剥夺犯罪分子继续犯罪的能力，有必要增加财产刑的规定。

建议二：将《刑法》第 127 条第 2 款修改为："抢劫枪支、弹药、爆炸物的，或者抢劫毒害性、放射性、传染病病原体等物质，危害公共安全的，处十年以上有期徒刑、无期徒刑或者死刑，并处罚金或者没收财产。"

理　由：

《刑法》第 127 条第 1 款规定的盗窃、抢夺枪支、弹药、爆炸物，"情节严重"的情形，完全可以涵盖"盗窃、抢夺国家机关、军警人员、民兵的枪支、弹药、爆炸物"的情形。并且，这两种情形的法定刑完全相同，均为"处十年以上有期徒刑、无期徒刑或者死刑"。因此，删去"盗窃、抢夺国家机关、军警人员、民兵的枪支、弹药、爆炸物"的规定，对盗窃、抢夺枪支、弹药、爆炸物罪的定罪量刑并无实质性的影响；同时，删去上述规定还可以使条文的结构更加紧凑、合理，避免因将其与抢劫枪支、弹药、爆炸物罪混在一起规定所带来的逻辑混乱。

十七、非法持有、私藏枪支、弹药罪、非法出租、出借枪支罪（第 128 条）

【立法沿革】

非法持有、私藏枪支、弹药罪是在 1979 年《刑法》第 163 条规定的私藏枪支、弹药罪的基础上修改而来的；而非法出租、出借枪支罪则是在 1996 年《枪支管理法》第 43 条规定的基础上修改而来的。

从立法源流来看，1950 年的《刑法大纲草案》第 66 条所规定的"藏匿军火"，是新中国关于私藏枪支、弹药罪最早的立法例。该条规定："非法制造、贩卖、运输或藏匿军火者，处六月以上五年以下监禁。情节特别严重者，处五年以上十五年以下监禁，并可没收其财产之全部或一部。"到了 1957 年，《刑法草案》第 22 稿第 130 条始将私藏枪支、弹药罪作为一个独立的罪名加以规定："私藏枪支、弹药的，处两年以下有期徒刑或者拘役。"但是，1963 年的《刑法草案》第 33 稿考虑到"我国经过长期战争，枪支、弹药散失在群众中的不少；有的干部、转业军人过去在革命战争时期佩戴枪支的，后来在工作调动时出于种种原因也有未交的。这些问题主要靠教育和行政管理解决，不必规定在刑法中当犯罪处理"①。因此，对私藏枪支、弹药的行为作了非犯罪化的处理。鉴于上述考虑并不全面，加之"文化大革命"期间造成枪支、弹药散失的情况比较严重的客观现实，1979年《刑法》第163条又重新规定了私藏枪支、弹药罪，并对第22稿的文字表述进行了充实和调整，增加了"拒不交出"的构成要件。与此同时，还将私藏枪支、弹药罪由"危害公共安全罪"移至"妨害社会管理秩序罪"一章。

1979年《刑法》第163条规定："违反枪支管理规定，私藏枪支、弹药，拒不交出的，处二年以下有期徒刑或者拘役。"

在全面研究修改刑法的过程中，1988年9月的刑法修改稿将私藏枪支、弹药罪移回"危害公共安全罪"一章，而1988年11月16日的刑法修改稿又将其移至"妨害社会管理秩序罪"一章。到了1996年7月5日，《枪支管理法》根据严格管理枪支、严厉惩处违反枪支管理的违法犯罪行为的指导思想，具体列举了违反枪支管理的违法犯罪行为。其中，第41条第1款规定："违反本法规定，非法持有、私藏枪支的，依照刑法第一百六十三的规定追究刑事责任。"第43条规定："违反枪支管理规定，出租、出借公务用枪的，比照刑法第一百八十七条的规定处罚。""单位有前款行为的，对其直接负责的主管人员和其他直接责任人员依照前款规定处罚。""配置民用枪支的单位，违反枪支管理规定，出租、出借枪支，造成严重后果或者有其他严重情节的，对其直接负责的主管人员和其他直接责任人员比照刑法第一百八十七条的规定处罚。""配置民用枪支的个人，违反枪支管理规定，出租、出借枪支，造成严重后果的，比照刑法第一百六十三条的规定处罚。"据此，1996年的《刑法修订草案》（征求意见稿）对1979年《刑法》第163条规定的私藏枪支、弹药罪作了重大补充和修改：一是增设了非法持有枪支、弹药罪；二是调整和提高了非法持有、私藏枪支、弹药的法定刑；三是增设了非法出租、出借枪支罪。同时，还将上述犯罪移至"危害公共安全罪"一章。该草案第119条规定："违反枪支管理规定，非法持有、私藏枪支、弹药的，处三年以下有期徒刑或者拘役；情节严重的，处三年以上七年以下有期徒刑。""依法配备公务用枪的人员，非法出租、出借枪支的，依照前款的规定处罚。""依法配置枪支的人员，非法出租、出借枪支，造成严重后果的，依照第一款的规定处罚。""单位有第二、三款行为的，对其直接负责的主管人员和其他直接责任人员，依照第一款的规定处罚。"1996年的《刑法修订草案》第125条基本上沿用了上述规定，仅在非法持有、私藏枪支、弹药罪的基本犯中增加了"管制"的规定。1997年的《刑法修订草

---

① 参见高铭暄：《中华人民共和国刑法的孕育和诞生》，法律出版社1981年版，第223页。

案》（修改稿）第 128 条在上述规定的基础上，除个别文字修改外，主要是在单位犯非法出租、出借枪支罪中增加了"对单位判处罚金"的规定。这一修改方案，为现行刑法所采纳。

【立法规定】

《刑法》第 128 条规定："违反枪支管理规定，非法持有、私藏枪支、弹药的，处三年以下有期徒刑、拘役或者管制；情节严重的，处三年以上七年以下有期徒刑。""依法配备公务用枪的人员，非法出租、出借枪支的，依照前款的规定处罚。""依法配置枪支的人员，非法出租、出借枪支，造成严重后果的，依照第一款的规定处罚。""单位犯第二款、第三款罪的，对单位判处罚金，并对其直接负责的主管人员和其他直接责任人员，依照第一款的规定处罚。"

【立法释义】

最高人民检察院 1998 年 11 月 3 日发布的《关于将公务用枪用作借债质押的行为如何适用法律问题的批复》规定："依法配备公务用枪的人员，违反法律规定，将公务用枪用作借债质押物，使枪支处于非依法持枪人的控制、使用之下，严重危害公共安全，是刑法第一百二十八条第二款所规定的非法出借枪支行为的一种形式，应以非法出借枪支罪追究刑事责任；对接受枪支质押的人员，构成犯罪的，根据刑法第一百二十八条第一款的规定，应以非法持有枪支罪追究其刑事责任。"

最高人民检察院、公安部 2008 年 6 月 25 日发布的《关于公安机关管辖的刑事案件立案追诉标准的规定（一）》第 4 条规定："违反枪支管理规定，非法持有、私藏枪支、弹药，涉嫌下列情形之一的，应予立案追诉：（一）非法持有、私藏军用枪支一支以上的；（二）非法持有、私藏以火药为动力发射枪弹的非军用枪支一支以上，或者以压缩气体等为动力的其他非军用枪支二支以上的；（三）非法持有、私藏军用子弹二十发以上、气枪铅弹一千发以上或者其他非军用子弹二百发以上的；（四）非法持有、私藏手榴弹、炸弹、地雷、手雷等具有杀伤性弹药一枚以上的；（五）非法持有、私藏的弹药造成人员伤亡、财产损失的。""本条规定的'非法持有'，是指不符合配备、配置枪支、弹药条件的人员，擅自持有枪支、弹药的行为；'私藏'，是指依法配备、配置枪支、弹药的人员，在配备、配置枪支、弹药的条件消除后，私自藏匿所配备、配置的枪支、弹药且拒不交出的行为。"第 5 条规定："依法配备公务用枪的人员或者单位，非法将枪支出租、出借给未取得公务用枪配备资格的人员或者单位，或者将公务用枪用作借债质押物的，应予立案追诉。""依法配备公务用枪的人员或者单位，非法将枪支出租、出借给具有公务用枪配备资格的人员或者单位，以及依法配置民用枪支的人员或者单位，非法出租、出借民用枪支，涉嫌下列情形之一的，应予立案追诉：（一）造成人员轻伤以上伤亡事故的；（二）造成枪支丢失、被盗、被抢的；（三）枪支被他人利用进行违法犯罪活动的；（四）其他造成严重后果的情形。"

最高人民法院 2009 年 11 月 16 日发布的《关于审理非法制造、买卖、运输枪支、弹药、爆炸物等刑事案件具体应用法律若干问题的解释》第 5 条规定："具有下列情形之一的，依照刑法第一百二十八条第一款的规定，以非法持有、私藏枪支、弹药罪定罪处罚：（一）非法持有、私藏军用枪支一支的；（二）非法持有、私藏以火药为动力发射枪弹的非军用枪支一支或者以压缩气体等为动力的其他非军用枪支二支以上的；（三）非法持有、私藏军用子弹二十发以上，气枪铅弹一千发以上或者其他非军用子弹二百发以上的；（四）非法持有、私藏手榴弹一枚以上的；（五）非法持有、私藏的弹药造成人员伤亡、财产损失的。""具有下列情形之一的，属于刑法第一百二十八条第一款规定的'情节严重'：（一）非法持有、私藏军用枪支二支以上的；（二）非法持有、私藏以火药为动力发射枪弹的非军用枪支二支以上或者以压缩气体等为动力的其他非军用枪支五支以上的；（三）非法持有、私藏军用子弹一百发以上，气枪铅弹五千发以上或者其他非军用子弹一千发以上的；（四）非法持有、私藏手榴弹三枚以上的；（五）达到本条第一款规定的最低数量标准，并具有造成严重后果等其他恶劣情节的。"第 7 条规定："非法制造、买卖、运输、邮寄、储存、盗窃、抢夺、持有、私藏、携带成套枪支散件的，以相应数量的枪支计；非成套枪支散件以每三十件为一成套枪支散件计。"第 8 条第 2 款规定："刑法第一百二十八条第一款规定的'非法持有'，是指不符合配备、配置枪支、弹药条件的人员，违反枪支管理法律、法规的规定，擅自持有枪支、弹药的行为。"第 8 条第 3 款规定："刑法第一百二十八条第一款规定的'私藏'，是指依法配备、配置枪支、弹药的人员，在配备、配置枪支、弹药的条件消除后，违反枪支管理法律、法规的规定，私自藏匿所配备、配置的枪支、弹药且拒不交出的行为。"第 10 条规定："实施非法制造、买卖、运输、邮寄、储存、盗窃、抢夺、持有、私藏其他弹药、爆炸物品等行为，参照本解释有关条文规定的定罪量刑标准处罚。"

【立法建言】

建议一：将《刑法》第 128 条第 1 款修改为："违反枪支管理规定，非法持有、私藏枪支、弹药的，处三年以下有期徒刑、拘役或者管制，可以并处或者单处罚金；情节严重的，处三年以上七年以下有期徒刑，可以并处罚金。"

理　由：

非法出租、出借枪支罪属于贪利型犯罪，宜增加规定罚金刑。由于非法出租、出借枪支罪"依照前款的规定处罚"，而前款规定的非法持有、私藏枪支、弹药罪并不一定具有贪利的性质，因此，在罚金刑的规定之前增加了"可以"一词，以便根据案件的具体情况灵活适用。

　　建议二：将《刑法》第 128 条第 2 款修改为："依法配备公务用枪的人员，非法将枪支出租、出借给未取得公务用枪配备资格的人员或者单位，或者将公务用枪用作借债质押物的，依照前款的规定处罚。"

　　理　由：

　　依法配备公务用枪的人员，非法出租、出借枪支的行为，依其出租、出借的对象不同，可以分为两种情形：一是非法将枪支出租、出借给未取得公务用枪配备资格的人员或者单位；二是非法将枪支出租、出借给具有公务用枪配备资格的人员或者单位。一般来说，前一种情形的社会危害性和危险性要比后一种情形更大。因此，对上述两种情形的处理应当区别对待。此外，对于将公务用枪用作借债质押物的行为，因其主观恶性较大，也宜直接规定为犯罪。①

十八、丢失枪支不报罪（第 129 条）

【立法沿革】

　　丢失枪支不报罪是在 1996 年《枪支管理法》第 44 条第 1 款第 4 项规定的基础上修改而来的。

　　1996 年的《枪支管理法》第 44 条第 1 款规定："违反本法规定，有下列行为之一的，由公安机关对个人或者单位负有直接责任的主管人员和其他直接责任人员处警告或者十五日以下拘留；构成犯罪的，依法追究刑事责任：……（四）枪支被盗、被抢或者丢失，不及时报告的……"鉴于我国刑法从未规定过丢失枪支方面的犯罪，根本就无从"依法"追究"枪支被盗、被抢或者丢失，不及时报告"行为的刑事责任，因此，1996 年的《刑法修订草案》（征求意见稿）遂将上述规定改为刑法的具体条款。该草案第 120 条规定："依法配备公务用枪的人员，丢失枪支未及时报告，造成严重后果的，处三年以下有期徒刑或者拘役。"1996 年的《刑法修订草案》第 126 条基本上沿用了上述规定，仅增加了"管制"这一刑种。1997 年的《刑法修订草案》（修改稿）第 129 条在上述规定的基础上，将"未及时报告"的表述改为"不及时报告"②。1997 年 3 月 1 日，提交给八届全国人大五次会议审议的《中华人民共和国刑法（修订草案）》第 130 条又删去了"管制"的规定。这一修改方案，为现行刑法所采纳。

---

　　① 最高人民检察院《关于将公务用枪用作借债质押的行为如何适用法律问题的批复》将这种行为"解释"为非法出借枪支的行为，并不妥当，因而宜直接将其规定为犯罪。

　　② 将"未及时报告"改为"不及时报告"，主要是为了与《枪支管理法》的表述保持一致。

【立法规定】

《刑法》第129条规定："依法配备公务用枪的人员，丢失枪支不及时报告，造成严重后果的，处三年以下有期徒刑或者拘役。"

【立法释义】

最高人民检察院、公安部2008年6月25日发布的《关于公安机关管辖的刑事案件立案追诉标准的规定（一）》第6条规定："依法配备公务用枪的人员，丢失枪支不及时报告，涉嫌下列情形之一的，应予立案追诉：（一）丢失的枪支被他人使用造成人员轻伤以上伤亡事故的；（二）丢失的枪支被他人利用进行违法犯罪活动的；（三）其他造成严重后果的情形。"

【立法建言】

建议一：将《刑法》第129条修改为："依法配备公务用枪的人员，丢失枪支不及时报告，造成严重后果的，处三年以下有期徒刑、拘役或者管制。"

理　由：

从立法技术上看，宜在本罪的法定刑中增加"管制"的规定，以与《刑法》的其他管制规定相一致。

建议二：在《刑法》第129条中增加1款作为第2款："依法配备公务用枪的单位，丢失枪支不及时报告，造成严重后果的，对其直接负责的主管人员和其他直接责任人员，依照前款的规定处罚。"

理　由：

依法配备公务用枪的单位，也存在丢失枪支不及时报告的问题。对此，1996年《枪支管理法》第44条第1款作了明确的规定："违反本法规定，有下列行为之一的，由公安机关对个人或者单位负有直接责任的主管人员和其他直接责任人员处警告或者十五日以下拘留；构成犯罪的，依法追究刑事责任：……（四）枪支被盗、被抢或者丢失，不及时报告的……"① 为了与上述规定相衔接，宜增加规定依法配备公务用枪的单位丢失枪支不及时报告行为的刑事责任。因为，"刑法机制的科学构建与刑法运行的良好保障，在根本上要求刑法体系的协调发展，即妥善处理好刑法典、单行刑法和附属刑法之间的关系。"②

---

① 公安部部长陶驷驹1996年5月11日在八届全国人大常委会第十九次会议上所作的《关于〈中华人民共和国枪支管理法（草案）〉的说明》中明确指出："配备公务用枪的单位、个人以及配置民用枪支的单位丢失枪支的，对负有直接责任的主管人员和其他直接责任人员可处5年以下有期徒刑（第四十三条）。"尽管基于法律体系整体协调统一的考虑，《枪支管理法》最终删去了所有法律责任条款中的具体法定刑，但是，《枪支管理法》意图规定本罪单位犯罪的立法初衷并没有改变。

② 利子平："风险社会中传统刑法立法的困境与出路"，载《法学论坛》2011年第4期。

如果《刑法》不增设单位丢失枪支不及时报告的刑事责任，那么，《枪支管理法》关于"构成犯罪的，依法追究刑事责任"的规定必将"形同虚设"。

十九、非法携带枪支、弹药、管制刀具、危险物品危及公共安全罪（第130条）

【立法沿革】

非法携带枪支、弹药、管制刀具、危险物品危及公共安全罪是在1990年《中华人民共和国铁路法》（以下简称《铁路法》）第60条的基础上修改而来的。[①]

在新中国刑法立法史上，最早涉及本罪规定的是1988年的《刑法修改稿》。该稿第112条第2款规定："非法携带爆炸性、易燃性、放射性、毒害性、腐蚀性物品进入公共场所或者乘坐公共交通工具，情节严重的，处一年以下有期徒刑、拘役或者罚金，造成前款规定后果的，依照前款的规定处罚。"[②]

在正式施行的法律中，全国人大常委会1990年9月7日通过的《铁路法》第60条首先对本罪作了明确规定："违反本法规定，携带危险品进站上车或者以非危险品品名托运危险品，导致发生重大事故的，依照刑法第一百一十五条的规定追究刑事责任。企业事业单位、国家机关、社会团体犯本款罪的，处以罚金，对其主管人员和直接责任人员依法追究刑事责任。""携带炸药、雷管或者非法携带枪支子弹、管制刀具进站上车的，比照刑法第一百六十三条的规定追究刑事责任。"[③] 此后，1995年的《民用航空法》在沿用上述立法例的基础上，还将"造成严重后果的"，由"依照刑法第一百一十五条的规定追究刑事责任"改为"依照刑法第一百一十条的规定追究刑事责任"。该法第193条规定："违反本法规定，隐匿携带炸药、雷管或者其他危险品乘坐民用航空器，或者以非危险品品名托运危险品，尚未造成严重后果的，比照刑法第一百六十三条的规定追究刑事责任；造成严重后果的，依照刑法第一百一十条的规定追究刑事责任。""企业事业单位犯前款罪的，判

---

① 1996年8月8日的《刑法分则修改草稿》第二章"危害公共安全罪"第12条的"备注"中明确指出，本条系"根据铁路法第六十条修改"。

② 该条第1款规定："违反爆炸性、易燃性、放射性、毒害性、腐蚀性物品的管理规定，在生产、储存、携带、运输、使用中发生重大事故，造成严重后果的，处三年以下有期徒刑或者拘役；后果特别严重的，处三年以上十年以下有期徒刑。"

③ 《铁路法》第60条第2款增设了非法携带炸药、雷管、枪支子弹、管制刀具进站上车罪。最高人民法院1993年10月11日发布的《关于执行〈中华人民共和国铁路法〉中刑事罚则若干问题的解释》第2条明确规定："携带炸药、雷管或者非法携带枪支子弹、管制刀具进站上车构成犯罪的，应当定非法携带炸药、雷管、枪支子弹、管制刀具进站上车罪，依照刑法第一百六十三条规定适用刑罚。本罪为选择性罪名，分别实施携带炸药、雷管、枪支子弹或者管制刀具进站上车行为的，不实行数罪并罚。行为人携带炸药、雷管进站上车，导致发生重大事故的，适用《铁路法》第六十条第一款规定，依照刑法第一百一十五条的规定追究刑事责任。"根据这一规定，犯非法携带炸药、雷管、枪支子弹、管制刀具进站上车罪的，处二年以下有期徒刑或者拘役；造成严重后果的，处三年以下有期徒刑或者拘役；后果特别严重的，处三年以上七年以下有期徒刑。

处罚金，并对直接负责的主管人员和其他直接责任人员依照前款规定追究刑事责任。""隐匿携带枪支子弹、管制刀具乘坐民用航空器的，比照刑法第一百六十三条的规定追究刑事责任。"1996 年的《枪支管理法》第 44 条第 1 款第 2 项也对本罪作了规定："在禁止携带枪支的区域、场所携带枪支的"行为，构成犯罪的，依法追究刑事责任。

在刑法修订研拟的过程中，1996 年的《刑法分则修改草稿》第二章"危害公共安全罪"第 12 条首次规定了非法携带枪支、弹药、爆炸物、管制刀具危及公共安全罪："违反枪支、爆炸物品、管制刀具管理规定，非法携带枪支、弹药、爆炸物、管制刀具进入公共场所或者乘坐公共交通工具的，处三年以下有期徒刑、拘役或者罚金。"但是，在全国人大常委会法制工作委员会召集的专家座谈会上，有关专家对本罪的归属问题看法不一，分歧较大。① 有鉴于此，立法工作机关曾一度删去了这一规定。直到 1997 年 1 月 10 日，刑法修订草案第 129 条才恢复了本罪的规定："非法携带枪支、弹药、易燃易爆物品、放射性物品、剧毒物品、腐蚀性物品，进入公共场所或者公共交通工具，危及公共安全，情节严重的，处三年以下有期徒刑、拘役或者管制。"1997 年的《刑法修订草案》（修改稿）第 130 条基本上沿用了上述规定，仅将"易燃易爆物品、放射性物品、剧毒物品、腐蚀性物品"的表述，修改为"爆炸性、易燃性、放射性、毒害性、腐蚀性物品"。修改后的条文为："非法携带枪支、弹药或者爆炸性、易燃性、放射性、毒害性、腐蚀性物品，进入公共场所或者公共交通工具，危及公共安全，情节严重的，处三年以下有期徒刑、拘役或者管制。"1997 年 3 月 1 日，提交给八届全国人大五次会议审议的《中华人民共和国刑法（修订草案）》第 131 条在上述规定的基础上，又增加了"管制刀具"的规定。这一修改方案，为现行刑法所采纳。

【立法规定】

《刑法》第 130 条规定："非法携带枪支、弹药、管制刀具或者爆炸性、易燃性、放射性、毒害性、腐蚀性物品，进入公共场所或者公共交通工具，危及公共安全，情节严重的，处三年以下有期徒刑、拘役或者管制。"

【立法释义】

最高人民检察院、公安部 2008 年 6 月 25 日发布的《关于公安机关管辖的刑事案件立

---

① 有专家认为，"非法携带枪支、弹药、爆炸物、管制刀具进入公共场所或者乘坐公共交通工具的行为，属于妨害社会管理秩序的行为，这种行为对公共安全没有现实的危害或危险，建议移到第六章'妨害社会管理秩序罪'中，并将第十二条的规定与草案第六章第一节第五条规定的携带武器、管制刀具或者爆炸物参加集会、游行、示威罪加以合并。"也有专家认为，"枪支、弹药、爆炸物本身具有很大的危险性，对群众的心理威胁很大，枪支、弹药、爆炸物的管理是治安管理的重要内容，规定在本章中比较合理"（参见全国人大常委会法工委刑法室整理：《法律专家对〈刑法总则修改稿〉和〈刑法分则修改草稿〉的意见》（1996 年 9 月 6 日），载高铭暄、赵秉志编：《新中国刑法立法文献资料总览》（下），中国人民公安大学出版社 1998 年版，第 2135～2136 页）。

案追诉标准的规定（一）》第 7 条规定："非法携带枪支、弹药、管制刀具或者爆炸性、易燃性、放射性、毒害性、腐蚀性物品，进入公共场所或者公共交通工具，危及公共安全，涉嫌下列情形之一的，应予立案追诉：（一）携带枪支一支以上或者手榴弹、炸弹、地雷、手雷等具有杀伤性弹药一枚以上的；（二）携带爆炸装置一套以上的；（三）携带炸药、发射药、黑火药五百克以上或者烟火药一千克以上、雷管二十枚以上或者导火索、导爆索二十米以上，或者虽未达到上述数量标准，但拒不交出的；（四）携带的弹药、爆炸物在公共场所或者公共交通工具上发生爆炸或者燃烧，尚未造成严重后果的；（五）携带管制刀具二十把以上，或者虽未达到上述数量标准，但拒不交出，或者用来进行违法活动尚未构成其他犯罪的；（六）携带的爆炸性、易燃性、放射性、毒害性、腐蚀性物品在公共场所或者公共交通工具上发生泄漏、遗洒，尚未造成严重后果的；（七）其他情节严重的情形。"

最高人民法院 2009 年 11 月 16 日发布的《关于审理非法制造、买卖、运输枪支、弹药、爆炸物等刑事案件具体应用法律若干问题的解释》第 6 条规定："非法携带枪支、弹药、爆炸物进入公共场所或者公共交通工具，危及公共安全，具有下列情形之一的，属于刑法第一百三十条规定的'情节严重'：（一）携带枪支或者手榴弹的；（二）携带爆炸装置的；（三）携带炸药、发射药、黑火药五百克以上或者烟火药一千克以上、雷管二十枚以上或者导火索、导爆索二十米以上的；（四）携带的弹药、爆炸物在公共场所或者公共交通工具上发生爆炸或者燃烧，尚未造成严重后果的；（五）具有其他严重情节的。""行为人非法携带本条第一款第（三）项规定的爆炸物进入公共场所或者公共交通工具，虽未达到上述数量标准，但拒不交出的，依照刑法第一百三十条的规定定罪处罚；携带的数量达到最低数量标准，能够主动、全部交出的，可不以犯罪论处。"第 7 条规定："非法制造、买卖、运输、邮寄、储存、盗窃、抢夺、持有、私藏、携带成套枪支散件的，以相应数量的枪支计；非成套枪支散件以每三十件为一成套枪支散件计。"

最高人民法院、最高人民检察院、公安部、司法部、国家卫生和计划生育委员会 2014 年 4 月 22 日发布的《关于依法惩处涉医违法犯罪维护正常医疗秩序的意见》第 2 条第 5 项规定："非法携带枪支、弹药、管制器具或者爆炸性、放射性、毒害性、腐蚀性物品进入医疗机构的，依照治安管理处罚法第三十条、第三十二条的规定处罚；危及公共安全情节严重，构成非法携带枪支、弹药、管制刀具、危险物品危及公共安全罪的，依照刑法的有关规定定罪处罚。"

【立法建言】

建议一：将《刑法》第 130 条修改为："违反法律规定，携带武器、管制刀具或者爆炸性、易燃性、放射性、毒害性、腐蚀性物品，进入公共场所或者公共交通工具，危及公共安全的，处三年以下有期徒刑、拘役或者管制，可以并处或者单处罚金；情节严重的，处三年以上七年以下有期徒刑，可以并处罚金。"

理　由：

1. 从现实危害的角度来看，非法携带枪支、弹药、管制刀具、危险物品进入公共场所或者公共交通工具的行为，对公共安全未必会产生现实的危害或危险。但是，如果已经危及公共安全的，其现实危害则要比《刑法》第 297 条规定的非法携带武器、管制刀具、爆炸物参加集会、游行、示威罪更大。然而，本罪却规定了与第 297 条相同的最高法定刑，这显然有悖于罪刑相适应原则。

2. 从构成要件的角度来看，本罪不仅要求危及公共安全，而且还要求情节严重，其构成要件要比《刑法》第 297 条规定的非法携带武器、管制刀具、爆炸物参加集会、游行、示威罪更加严格，但却不恰当地规定了相同的最高法定刑。

3. 从立法技术的角度来看，本罪与《刑法》第 297 条均为"携带型"犯罪，因此，除法定刑外，其文字表述也应相互协调。此外，考虑到有的犯罪分子可能具有贪利动机（如为了省钱），因而宜增加"可以"罚金的规定，以与《刑法》的其他罚金规定相一致。

建议二： 在《刑法》第 130 条中增加 1 款作为第 2 款："单位犯前款罪的，对单位判处罚金，并对其直接负责的主管人员和其他直接责任人员，依照前款的规定处罚。"

理　由：

《铁路法》和《民用航空法》对本罪均规定了单位犯罪，为与上述法律规定相衔接，宜在本罪中增加单位犯罪的规定。

二十、重大飞行事故罪（第 131 条）

【立法沿革】

重大飞行事故罪是在 1995 年《民用航空法》第 199 条的基础上修改而来的。

在《民用航空法》制定过程中，有些委员、地方和部门提出，应对重大飞行责任事故的犯罪作出相应的规定。经全国人大法律委员会审议后，建议对"空中交通管制员、民用航空器机长或者其他航空人员玩忽职守，或者违反规章制度，导致发生重大飞行事故，造成严重后果的"，应当分别依照、比照刑法有关条款的规定追究刑事责任。[①] 经全国人大常委会审议，最终通过的《民用航空法》第 199 条明确规定："航空人员玩忽职守，或者

---

① 参见全国人大法律委员会副主任委员项淳一 1995 年 10 月 23 日在八届全国人民代表大会常务委员会第十六次会议上所作的《关于〈中华人民共和国民用航空法（草案）〉审议结果的报告》。

违反规章制度，导致发生重大飞行事故，造成严重后果的，分别依照、比照刑法第一百八十七条或者第一百一十四条的规定追究刑事责任。"①

在刑法修订研拟的过程中，基于"要制定一部统一的、比较完备的刑法典"的考虑，② 1997 年的《刑法修订草案》（修改稿）第 131 条将上述"依照、比照刑法第一百八十七条或者第一百一十四条的规定追究刑事责任"的规定，改为了刑法的具体条款："航空人员违反规章制度，致使发生重大飞行事故，造成严重后果的，处五年以下有期徒刑或者拘役；造成飞机坠毁或者人员死亡的，处五年以上十年以下有期徒刑。"经审议，考虑到本罪与本章规定的其他责任事故犯罪的法定刑应当保持协调一致，因此，1997 年《刑法》第 131 条对本罪的法定刑作了相应的调整，将本罪基本犯的法定刑由"五年以下有期徒刑或者拘役"改为"三年以下有期徒刑或者拘役"，将结果加重犯的法定刑由"五年以上十年以下有期徒刑"改为"三年以上七年以下有期徒刑"。

【立法规定】

《刑法》第 131 条规定："航空人员违反规章制度，致使发生重大飞行事故，造成严重后果的，处三年以下有期徒刑或者拘役；造成飞机坠毁或者人员死亡的，处三年以上七年以下有期徒刑。"

【立法释义】

目前，尚无与重大飞行事故罪相关的法律解释。

【立法建言】

建　议：将《刑法》第 131 条修改为："航空人员违反规章制度，致使发生重大飞行事故，造成严重后果的，处三年以下有期徒刑、拘役或者管制；造成飞机坠毁或者人员死亡的，处三年以上七年以下有期徒刑。"

理　由：

从立法技术上看，宜在本罪的第 1 档法定刑中增加"管制"的规定，以与《刑法》的其他管制规定相一致。

---

① 1979 年《刑法》第 187 条规定的是玩忽职守罪；第 114 条规定的是重大责任事故罪。由于航空人员违反规章制度，导致发生重大飞行事故，造成严重后果的行为，并不完全符合重大责任事故罪的构成要件，因而规定"比照"《刑法》第 114 条的规定追究刑事责任。

② 参见全国人大常委会副委员长王汉斌 1997 年 3 月 6 日在八届全国人大五次会议上所作的《关于〈中华人民共和国刑法（修订草案）〉的说明》。

二十一、铁路运营安全事故罪（第 132 条）

【立法沿革】

铁路运营安全事故罪是在 1990 年《铁路法》第 71 条的基础上修改而来的。

长期以来，我国的"国家铁路实行政企合一、高度集中、统一指挥的运输管理体制"。这既体现了国家铁路政企合一的管理特点，也与 1988 年 12 月国家机构编制委员会第十一次会议审议并原则批准的《铁道部"三定"方案》规定的铁道部兼负政企双重职能的内容相一致。考虑到国家铁路的上述运输管理体制在相当长一段时间内不会改变，从今后发展来看，国家铁路作为国民经济的大动脉，具有半军事化和大联动的特点也不会变。国家铁路仍然需要实行高度集中、统一指挥的管理制度，还要履行国家赋予的部分行政管理职能。[①] 因此，《铁路法》第 3 条明确规定："国务院铁路主管部门主管全国铁路工作，对国家铁路实行高度集中、统一指挥的运输管理体制，对地方铁路、专用铁路和铁路专用线进行指导、协调、监督和帮助。""国家铁路运输企业行使法律、行政法规授予的行政管理职能。"国家铁路政企合一的管理特点，决定了在铁路运营中发生的责任事故具有与其他厂矿重大责任事故不同的特点。正因如此，《铁路法》所规定的铁路运营事故犯罪的客观要件也与其他厂矿重大责任事故犯罪有所不同。该法第 71 条规定："铁路职工玩忽职守、违反规章制度造成铁路运营事故的，滥用职权、利用办理运输业务之便谋取私利的，给予行政处分；情节严重、构成犯罪的，依照刑法有关规定追究刑事责任。"[②] 但是，在刑法修订研拟过程中，很长一段时间内均未将铁路运营事故犯罪作为一种独立的犯罪加以规定。直到 1997 年，《刑法修订草案》（修改稿）第 32 条才首次规定了铁路运营事故罪："铁路职工违反规章制度，造成铁路运营事故，情节严重的，处五年以下有期徒刑或者拘役；造成特别严重后果的，处五年以上十年以下有期徒刑。"1997 年 3 月 1 日，提交给八届全国人大五次会议审议的《中华人民共和国刑法（修订草案）》第 133 条基本上沿用了上述规定，仅在罪状表述上，将"造成铁路运营事故，情节严重的"改为"致使发生铁路运营安全事故，造成严重后果的"。经审议，1997 年《刑法》第 132 条又对本罪的法定刑作了两方面的修改和调整：一是将本罪基本犯的法定刑，由"五年以下有期徒刑或者拘役"改为"三年以下有期徒刑或者拘役"；二是将本罪结果加重犯的法定刑，由"五年以上十年以下有期徒刑"改为"三年以上七年以下有期徒刑"。

---

① 参见铁道部部长李森茂 1990 年 2 月 19 日在七届全国人大常委会第十二次会议上所作的《关于〈中华人民共和国铁路法（草案）〉的说明》。

② 1979 年《刑法》第 114 条规定的重大责任事故罪在客观方面具有以下两个特征：一是"由于不服管理、违反规章制度，或者强令工人违章冒险作业"；二是"发生重大伤亡事故，造成严重后果"。

【立法规定】

《刑法》第 132 条规定："铁路职工违反规章制度，致使发生铁路运营安全事故，造成严重后果的，处三年以下有期徒刑或者拘役；造成特别严重后果的，处三年以上七年以下有期徒刑。"

【立法释义】

目前，尚无与铁路运营安全事故罪相关的法律解释。

【立法建言】

建　议： 将《刑法》第 132 条修改为："铁路职工违反规章制度，致使发生铁路运营安全事故，造成严重后果的，处三年以下有期徒刑、拘役或者管制；造成特别严重后果的，处三年以上七年以下有期徒刑。"

理　由：

从立法技术上看，宜在本罪的第 1 档法定刑中增加"管制"的规定，以与《刑法》的其他管制规定相一致。

二十二、交通肇事罪（第 133 条）

【立法沿革】

交通肇事罪是在 1979 年《刑法》第 113 条规定的交通肇事罪的基础上修改而来的。

在新中国刑法立法史上，最初是将包括交通肇事在内的各种业务过失致人伤亡的犯罪概括规定为业务过失杀人罪和业务过失伤害罪，并配置了比普通过失杀人罪和普通过失伤害罪更重的法定刑。1950 年的《刑法大纲草案》第 123 条规定："过失杀人者，处三年以下监禁。""业务上过失杀人或因不遵守政府所颁布之预防法规而过失杀人者，处六年以下监禁。""情节特别严重者，处十年以上十五年以下监禁。"第 129 条规定："过失伤害他人之身体或健康者，处一年以下监禁，或批评教育。因业务上之过失或因不遵守政府所颁布之预防法规而致他人之身体或健康受伤害者，处三年以下监禁，或责令公开道歉。"到了 1957 年，《刑法草案》第 22 稿始将交通肇事罪作为一个独立的犯罪加以规定。该稿第 119 条规定："从事交通运输的人员，由于业务上的过失，致人重伤、死亡或者使公私财产遭受重大损失的，处五年以下有期徒刑。"1963 年的《刑法草案》第 33 稿第 120 条在上述规定的基础上，对本罪的法定刑作了两方面的修改和调整：一是降低了法定最低刑，将"处五年以下有期徒刑"改为"处五年以下有期徒刑或者拘役"；二是提高了法定最高刑，增加了"情节特别恶劣的，处五年以上有期徒刑"1 档法定刑。① 1979 年《刑法》第113 条又对上述规定作了以下三方面的补充和修改：一是在罪状表述方面，将"由于业务上的过失，致人重伤、死亡或者使公私财产遭受重大损失的"改为"违反规章制度，因而发生重大事故，致人重伤、死亡或者使公私财产遭受重大损失的"；二是在刑罚配置方面，将其中的"处五年以下有期徒刑或者拘役"改为"处三年以下有期徒刑或者拘役"，将"情节特别恶劣的，处五年以上有期徒刑"改为"情节特别恶劣的，处三年以上七年以下有期徒刑"；三是在犯罪主体方面，增加了"非交通运输人员犯前款罪的，依照前款规定处罚"的规定。

1979 年《刑法》第 113 条规定："从事交通运输的人员违反规章制度，因而发生重大事故，致人重伤、死亡或者使公私财产遭受重大损失的，处三年以下有期徒刑或者拘役；情节特别恶劣的，处三年以上七年以下有期徒刑。""非交通运输人员犯前款罪的，依照前款规定处罚。"

在全面研究修改刑法的过程中，1988 年 9 月的刑法修改稿第 113 条在上述规定的基础上，主要作了两处修改和补充：一是将第 1 款中的"处三年以上七年以下有期徒刑"改为"处三年以上有期徒刑"；二是将第 2 款中的"依照前款规定处罚"改为"依照前款规定从重处罚"。1988 年 11 月 16 日的刑法修改稿第 108 条基本上沿用了上述规定，仅将其中的"处三年以上有期徒刑"改为"处三年以上十年以下有期徒刑"。1988 年 12 月 25 日的《刑法修改稿》第 110 条又对上述规定作了两处修改：一是将第 1 款中的"情节特别恶劣"改为"情节特别严重"；二是将第 2 款中的"依照前款规定从重处罚"改为"依照前款规定处罚"。1996 年 8 月 8 日的《刑法分则修改草稿》将交通肇事罪移至第六章"妨害社会管理秩序罪"第九节"重大责任事故罪"中，并在 1979 年《刑法》的基础上，增设了第 3 款"犯前两款罪造成他人重伤不予救助而逃逸，致使被害人因迟于救助而死亡的，处七年以上有期徒刑"的规定。1996 年 8 月 31 日的《刑法修改草稿》沿用了上述规定，② 但将本罪移回"危害公共安全罪"一章。1996 年 10 月 10 日的《刑法修订草案》（征求意见稿）第 121 条对上述规定作了较大的修改和补充：一是删去了犯罪主体的规定；二是将"违反规章制度"改为"违反交通管理法规"；三是将"犯前两款罪造成他人重伤不予救助而逃逸，致使被害人因迟于救助而死亡"的表述，简化为"因逃逸致人死亡"。修改后的条文为："违反交通管理法规，因而发生重大事故，致人重伤、死亡或者使公私财产遭

---

① "修改中考虑到这种罪有的情节相对较轻，或者犯罪分子有可以恕宥的地方，也可能只需判个拘役。另外考虑到这种罪有极少数情节特别恶劣，例如由于严重不负责任，造成多人伤亡；屡次发生事故造成伤亡；破坏现场，毁灭罪证，嫁祸于人等等，司法实践中也有判处重刑的"（参见高铭暄：《中华人民共和国刑法的孕育和诞生》，法律出版社 1981 年版，第 156 页）。

② 该条还设计了另一方案："第三款增加无期徒刑"。

受重大损失的，处三年以下有期徒刑或者拘役；情节特别恶劣的，处三年以上七年以下有期徒刑；因逃逸致人死亡的，处七年以上有期徒刑。"1996 年 12 月 20 日的《刑法修订草案》第 127 条在上述规定的基础上，增加了"管制"这一刑种，降低了本罪的法定最低刑。1997 年 2 月 17 日的《刑法修订草案》（修改稿）第 133 条基本上沿用了上述规定，仅将其中"情节特别恶劣"的表述，修改细化为"交通肇事后逃逸或者有其他特别恶劣情节"。1997 年 3 月 1 日，提交给八届全国人大五次会议审议的《中华人民共和国刑法（修订草案）》第 134 条删去了此前增加的"管制"规定。经审议，1997 年《刑法》第 133 条又将"违反交通管理法规"的表述，修改为"违反交通运输管理法规"。

【立法规定】

《刑法》第 133 条规定："违反交通运输管理法规，因而发生重大事故，致人重伤、死亡或者使公私财产遭受重大损失的，处三年以下有期徒刑或者拘役；交通运输肇事后逃逸或者有其他特别恶劣情节的，处三年以上七年以下有期徒刑；因逃逸致人死亡的，处七年以上有期徒刑。"

【立法释义】

最高人民法院 2000 年 11 月 15 日发布的《关于审理交通肇事刑事案件具体应用法律若干问题的解释》第 1 条规定："从事交通运输人员或者非交通运输人员，违反交通运输管理法规发生重大交通事故，在分清事故责任的基础上，对于构成犯罪的，依照刑法第一百三十三条的规定定罪处罚。"第 2 条规定："交通肇事具有下列情形之一的，处三年以下有期徒刑或者拘役：（一）死亡一人或者重伤三人以上，负事故全部或者主要责任的；（二）死亡三人以上，负事故同等责任的；（三）造成公共财产或者他人财产直接损失，负事故全部或者主要责任，无能力赔偿数额在三十万元以上的。""交通肇事致一人以上重伤，负事故全部或者主要责任，并具有下列情形之一的，以交通肇事罪定罪处罚：（一）酒后、吸食毒品后驾驶机动车辆的；（二）无驾驶资格驾驶机动车辆的；（三）明知是安全装置不全或者安全机件失灵的机动车辆而驾驶的；（四）明知是无牌证或者已报废的机动车辆而驾驶的；（五）严重超载驾驶的；（六）为逃避法律追究逃离事故现场的。"第 3 条规定："'交通运输肇事后逃逸'，是指行为人具有本解释第二条第一款规定和第二款第（一）至（五）项规定的情形之一，在发生交通事故后，为逃避法律追究而逃跑的行为。"第 4 条规定："交通肇事具有下列情形之一的，属于'有其他特别恶劣情节'，处三年以上七年以下有期徒刑：（一）死亡二人以上或者重伤五人以上，负事故全部或者主要责任的；（二）死亡六人以上，负事故同等责任的；（三）造成公共财产或者他人财产直接损失，负事故全部或者主要责任，无能力赔偿数额在六十万元以上的。"第 5 条规定：

"'因逃逸致人死亡',是指行为人在交通肇事后为逃避法律追究而逃跑,致使被害人因得不到救助而死亡的情形。""交通肇事后,单位主管人员、机动车辆所有人、承包人或者乘车人指使肇事人逃逸,致使被害人因得不到救助而死亡的,以交通肇事罪的共犯论处。"第6条规定:"行为人在交通肇事后为逃避法律追究,将被害人带离事故现场后隐藏或者遗弃,致使被害人无法得到救助而死亡或者严重残疾的,应当分别依照刑法第二百三十二条、第二百三十四条第二款的规定,以故意杀人罪或者故意伤害罪定罪处罚。"第7条规定:"单位主管人员、机动车辆所有人或者机动车辆承包人指使、强令他人违章驾驶造成重大交通事故,具有本解释第二条规定情形之一的,以交通肇事罪定罪处罚。"第8条规定:"在实行公共交通管理的范围内发生重大交通事故的,依照刑法第一百三十三条和本解释的有关规定办理。""在公共交通管理的范围外,驾驶机动车辆或者使用其他交通工具致人伤亡或者致使公共财产或者他人财产遭受重大损失,构成犯罪的,分别依照刑法第一百三十四条、第一百三十五条、第二百三十三条等规定定罪处罚。"第9条规定:"各省、自治区、直辖市高级人民法院可以根据本地实际情况,在三十万元至六十万元、六十万元至一百万元的幅度内,确定本地区执行本解释第二条第一款第(三)项、第四条第(三)项的起点数额标准,并报最高人民法院备案。"

最高人民法院2013年12月23日发布的《关于常见犯罪的量刑指导意见》第4条(一)"交通肇事罪"规定:"1.构成交通肇事罪的,可以根据下列不同情形在相应的幅度内确定量刑起点:(1)致人重伤、死亡或者使公私财产遭受重大损失的,可以在二年以下有期徒刑、拘役幅度内确定量刑起点。(2)交通运输肇事后逃逸或者有其他特别恶劣情节的,可以在三年至五年有期徒刑幅度内确定量刑起点。(3)因逃逸致一人死亡的,可以在七年至十年有期徒刑幅度内确定量刑起点。2.在量刑起点的基础上,可以根据事故责任、致人重伤、死亡的人数或者财产损失的数额以及逃逸等其他影响犯罪构成的犯罪事实增加刑罚量,确定基准刑。"

【立法建言】

建 议:将《刑法》第133条修改为:"违反交通运输管理法规,因而发生重大事故,致人重伤、死亡或者使公私财产遭受重大损失的,处三年以下有期徒刑、拘役或者管制;交通运输肇事后逃逸或者有其他特别恶劣情节的,处三年以上七年以下有期徒刑;因逃逸致人死亡的,处七年以上有期徒刑或者无期徒刑。"

理 由:

1. 从立法技术的角度来看,宜在本罪的第1档法定刑中增加"管制"的规定,以与《刑法》的其他管制规定相一致。

2. 从刑罚配置的角度来看，宜在本罪的第 3 档法定刑中增加"无期徒刑"的规定。因为，《刑法》对"因逃逸致人死亡"配置的法定刑偏低，不能有效地解决交通肇事后逃逸致人死亡行为的问题，导致理论上和实践中对"因逃逸致人死亡"应如何处理的问题众说纷纭，莫衷一是。① 此外，还有人鉴于"因逃逸致人死亡"的规定不合理，提出应增设交通肇事逃逸罪。② 笔者认为，如果提高交通肇事后"因逃逸致人死亡"的法定刑，不仅可以平息上述争议，而且还可以有效地防止实践中因其法定刑偏低而寻求以危险方法危害公共安全罪处理的冲动。

二十三、危险驾驶罪（第 133 条之一）

【立法沿革】

危险驾驶罪是《刑法修正案（八）》第 22 条新增设的罪名，并经《刑法修正案（九）》第 8 条所修正。

2008 年成都发生的"孙伟铭醉驾案"和 2009 年杭州发生的"胡斌飙车案"，引起了全社会的普遍关注和重视。"人们认为，醉驾和飙车是导致道路交通安全事故的最重要原因之一，犹如'马路杀手'，必须从源头上予以制止。由于行为人越来越表现出漠视公共道路安全的倾向，所以过去的行政处罚方法在力度上就显得过于轻缓，不能形成有效的心理震慑，不足以遏制此类行为的发生。为此，需要突破原来的法律框框，把醉驾和飙车行为本身从行政违法提升为刑事违法，也即予以犯罪化，追究其刑事责任，才能有效地预防和减少道路交通安全事故的发生。"③ 有鉴于此，立法工作机关建议全国人大常委会对社会危害严重，人民群众反响强烈，原来由行政管理手段调整的醉酒驾车、飙车等危险驾驶的违法行为，规定为犯罪。④ 2010 年 8 月提交给全国人大常委会审议的《刑法修正案（八）（草案）》第 22 条规定："在道路上醉酒驾驶机动车的，或者在道路上驾驶机动车追逐竞驶，情节恶劣的，处拘役，并处罚金。"在审议和征求意见的过程中，"有的常委员、代表和社会公众建议进一步明确醉酒后驾驶机动车的犯罪界限，并处理好危险驾驶犯

---

① 相关学术观点和做法，可参见王作富主编：《刑法分则实务研究》（上），中国方正出版社 2010 年版，第 184 页以下，本书不予赘述。

② 参见吴云："交通肇事罪认定若干问题研究"，载《政治与法律》2009 年第 8 期。

③ 参见高铭暄、陈璐：《〈中华人民共和国刑法修正案（八）〉解读与思考》，中国人民大学出版社 2011 年版，第 88 页。

④ 参见全国人大常委会法制工作委员会主任李适时 2010 年 8 月 23 日在十一届全国人大常委会第十六次会议上所作的《关于〈中华人民共和国刑法修正案（八）（草案）〉的说明》。

罪与交通肇事罪等犯罪的关系"①。据此，2010 年 12 月提交给全国人大常委会审议的《刑法修正案（八）（草案）》（二次审议稿）第 22 条对上述规定作了两处修改和补充：一是取消了在道路上醉酒驾驶机动车"情节恶劣的"限制条件；二是增加了"有前款行为，同时构成其他犯罪的，依照处罚较重的规定定罪处罚"的规定。这一修改方案，为《刑法修正案（八）》所采纳。②

《刑法修正案（八）》第 22 条规定："在刑法第一百三十三条后增加一条，作为第一百三十三条之一：'在道路上驾驶机动车追逐竞驶，情节恶劣的，或者在道路上醉酒驾驶机动车的，处拘役，并处罚金。''有前款行为，同时构成其他犯罪的，依照处罚较重的规定定罪处罚。'"

为了加强社会治理，维护社会秩序，进一步完善惩治扰乱社会秩序犯罪的规定，③《刑法修正案（九）（草案）》第 8 条在上述规定的基础上，增加规定了两种危险驾驶的情形：一是"在公路上从事客运业务，严重超过额定乘员载客，或者严重超过规定时速行驶的"；二是"违反危险化学品安全管理规定运输危险化学品的"。在审议和征求意见的过程中，"有的常委委员、部门和地方提出，实践中有的接送学生的校车管理不规范，严重超员、超速从而发生恶性事故，严重危及学生的人身安全，社会影响恶劣，应当增加规定为犯罪；公路客运、旅游客运等从事旅客运输业务的机动车超员、超速的，极易造成重大人员伤亡，应明确规定为犯罪；对客运车辆、危险化学品运输车辆危险驾驶犯罪负有直接责任的机动车所有人、管理人也应增加规定追究刑事责任"④。据此，《刑法修正案（九）》第 8 条对上述规定作了两方面的修改和补充：一是将第 1 款第 2 项、第 4 项修改为"（三）从事校车业务或者旅客运输，严重超过额定乘员载客，或者严重超过规定时速行驶的；（四）违反危险化学品安全管理规定运输危险化学品，危及公共安全的"；二是增

---

① 参见全国人大法律委员会副主任李适时 2010 年 12 月 20 日在十一届全国人大常委会第十八次会议上所作的《关于〈中华人民共和国刑法修正案（八）（草案）〉修改情况的汇报》。

② 在对《刑法修正案（八）（草案）》（二次审议稿）审议的过程中，"有的常委委员建议进一步明确'醉酒'的概念，还有的提出，对醉酒后驾驶机动车一律追究刑事责任的规定，实践中可能涉及面过宽，建议增加'情节严重'等限制条件。对此，公安部、国务院法制办等部门研究后认为：醉酒驾车标准是明确的，与一般酒后驾车的区分界限清晰，并已执行多年，实践中没有发生大的问题。将在道路上醉酒驾驶机动车这种具有较大社会危险性的行为规定为犯罪是必要的，如果再增加规定'情节严重'等限制性条件，具体执行中难以把握、也不利于预防和惩处这类犯罪行为，建议维持草案的规定。法律委员会经研究，建议对这一规定不再作修改"（参见全国人大法律委员会副主任李适时 2011 年 2 月 23 日在十一届全国人大常委会第十九次会议上所作的《关于〈中华人民共和国刑法修正案（八）（草案）〉审议结果的报告》）。

③ 参见全国人大常委会法制工作委员会主任李适时 2014 年 10 月 27 日在十二届全国人大常委会第十一次会议上所作的《关于〈中华人民共和国刑法修正案（九）（草案）〉的说明》。

④ 参见全国人大法律委员会主任委员乔晓阳 2015 年 6 月 24 日在十二全国人大常委会第十五次会议上所作的《关于〈中华人民共和国刑法修正案（九）（草案）〉修改情况的汇报》。

加了第 2 款"机动车所有人、管理人对前款第三项、第四项行为负有直接责任的，依照前款的规定处罚"的规定。①

【立法规定】

《刑法》第 133 条之一规定："在道路上驾驶机动车，有下列情形之一的，处拘役，并处罚金：（一）追逐竞驶，情节恶劣的；（二）醉酒驾驶机动车的；（三）从事校车业务或者旅客运输，严重超过额定乘员载客，或者严重超过规定时速行驶的；（四）违反危险化学品安全管理规定运输危险化学品，危及公共安全的。""机动车所有人、管理人对前款第三项、第四项行为负有直接责任的，依照前款的规定处罚。""有前两款行为，同时构成其他犯罪的，依照处罚较重的规定定罪处罚。"

【立法释义】

最高人民法院、最高人民检察院、公安部 2013 年 12 月 18 日发布的《关于办理醉酒驾驶机动车刑事案件适用法律若干问题的意见》第 1 条规定："在道路上驾驶机动车，血液酒精含量达到 80 毫克/100 毫升以上的，属于醉酒驾驶机动车，依照刑法第一百三十三条之一第一款的规定，以危险驾驶罪定罪处罚。""前款规定的'道路''机动车'，适用道路交通安全法的有关规定。"第 2 条规定："醉酒驾驶机动车，具有下列情形之一的，依照刑法第一百三十三条之一第一款的规定，从重处罚：（一）造成交通事故且负事故全部或者主要责任，或者造成交通事故后逃逸，尚未构成其他犯罪的；（二）血液酒精含量达到 200 毫克/100 毫升以上的；（三）在高速公路、城市快速路上驾驶的；（四）驾驶载有乘客的营运机动车的；（五）有严重超员、超载或者超速驾驶，无驾驶资格驾驶机动车，使用伪造或者变造的机动车牌证等严重违反道路交通安全法的行为的；（六）逃避公安机关依法检查，或者拒绝、阻碍公安机关依法检查尚未构成其他犯罪的；（七）曾因酒后驾驶机动车受过行政处罚或者刑事追究的；（八）其他可以从重处罚的情形。"第 3 条规定："醉酒驾驶机动车，以暴力、威胁方法阻碍公安机关依法检查，又构成妨

---

① 值得一提的是，在草案审议和征求意见的过程中，"一些常委会组成人员和社会有关方面建议'毒驾'入刑。对此问题，法律委员会、法制工作委员会多次与有关方面研究论证，各方面一致认为，从严格禁毒、维护公共安全角度考虑，将吸食、注射毒品后驾驶机动车，危害公共安全的行为在刑法中作出规定是必要的。有的部门、专家提出，目前列入国家管制的精神药品和麻醉药品有 200 余种，吸食、注射哪些毒品应该入刑，尚需研究；同时目前只能对几种常见毒品做到快速检测，还有一些执法环节的技术问题需要解决，需要进一步完善执法手段、提高可执行性，以保证严格执法、公正执法。法律委员会经研究认为，考虑到目前有关方面对'毒驾'入刑的认识尚不一致，对于'毒驾'入刑罪与非罪的界限、可执行性等问题还需深入研究，目前可依法采取注销机动车驾驶证、强制隔离戒毒等措施，对'毒驾'造成严重后果的还可以根据案件的具体情况追究其交通肇事、以危险方法危害公共安全的刑事责任。因此，未将'毒驾'列入刑法修正案（九）草案"（参见全国人大法律委员会主任委员乔晓阳 2015年 8 月 24 日在十二届全国人大常委会第十六次会议上所作的《关于〈中华人民共和国刑法修正案（九）（草案）〉审议结果的报告》）。

害公务罪等其他犯罪的，依照数罪并罚的规定处罚。"第4条规定："对醉酒驾驶机动车的被告人判处罚金，应当根据被告人的醉酒程度、是否造成实际损害、认罪悔罪态度等情况，确定与主刑相适应的罚金数额。"第6条规定："血液酒精含量检验鉴定意见是认定犯罪嫌疑人是否醉酒的依据。犯罪嫌疑人经呼气酒精含量检验达到本意见第一条规定的醉酒标准，在抽取血样之前脱逃的，可以以呼气酒精含量检验结果作为认定其醉酒的依据。""犯罪嫌疑人在公安机关依法检查时，为逃避法律追究，在呼气酒精含量检验或者抽取血样前又饮酒，经检验其血液酒精含量达到本意见第一条规定的醉酒标准的，应当认定为醉酒。"

最高人民法院2014年12月18日发布的指导案件32号《张某某、金某危险驾驶案》中的"裁判要点"指出："1. 机动车驾驶人员出于竞技、追求刺激、斗气或者其他动机，在道路上曲折穿行、快速追赶行驶的，属于《中华人民共和国刑法》第一百三十三条之一规定的'追逐竞驶'。""2. 追逐竞驶虽未造成人员伤亡或财产损失，但综合考虑超过限速、闯红灯、强行超车、抗拒交通执法等严重违反道路交通安全的，属于危险驾驶罪中'情节恶劣'的情形。"

【立法建言】

建　议：将《刑法》第133条之一第3款修改为："实施前两款行为，因而发生重大交通事故，致人重伤、死亡或者使公私财产遭受重大损失的，依照本法第一百三十三条的规定定罪处罚。"

理　由：

因危险驾驶而发生重大交通事故，致人重伤、死亡或者使公私财产遭受重大损失的，属于危险驾驶罪的结果加重犯。对此，应以交通肇事罪论处。[①] 考虑到实践中因交通肇事罪的法定刑偏低而对此"升格"适用以危险方法危害公共安全罪的做法较为普遍，为最大

---

① 对于危险驾驶过失造成严重后果的行为应当如何定罪，在刑法理论上有不同的看法。有学者认为，"实施危险驾驶行为，过失造成他人伤亡或者重大财产损失结果，构成交通肇事罪的，应以交通肇事罪论处（此时的交通肇事罪属于结果加重犯）"（张明楷：《刑法学》，法律出版社2011年版，第638页）。也有学者认为，在公路交通领域内追逐竞驶或者醉酒驾驶，因而发生重大交通事故的，"如果确实对危害公共安全的严重后果主观上是过失心态的，应按照刑法典第115条第2款过失以危险方法危害公共安全罪论处"（参见高铭暄、马克昌主编：《刑法学》，北京大学出版社、高等教育出版社2011年版，第365页）。笔者认为，对危险驾驶过失造成严重后果的行为，不宜以过失以危险方法危害公共安全罪论处。因为，从犯罪形态来看，危险驾驶罪属于危险犯，它不以实害结果的发生为要件；而交通肇事罪属于结果犯，就危险驾驶行为所构成的交通肇事罪而言，它则属于危险驾驶罪这一危险犯的结果加重犯。如此理解危险驾驶罪与交通肇事罪的关系，不仅理论上能够自洽，而且也符合实际情况。如果将危险驾驶过失造成严重后果的行为认定为过失以危险方法危害公共安全罪，则势必会导致逻辑上的混乱。何况，过失以危险方法危害公共安全罪的法定最高刑低于交通肇事罪，且未规定"因逃逸致人死亡"的加重处罚情节，如果以过失以危险方法危害公共安全罪论处，还可能会导致轻纵罪犯的结果。

限度地杜绝这种错误做法，^①宜将"有前两款行为，同时构成其他犯罪的，依照处罚较重的规定定罪处罚"的规定修改为"实施前两款行为，因而发生重大交通事故，致人重伤、死亡或者使公私财产遭受重大损失的，依照本法第一百三十三条的规定定罪处罚"；同时，相应提高交通肇事罪的法定最高刑。

二十四、重大责任事故罪、强令违章冒险作业罪（第134条）

【立法沿革】

重大责任事故罪是在1979年《刑法》第114条规定的重大责任事故罪的基础上修改而来的，并经《刑法修正案（六）》第1条所修正；强令违章冒险作业罪则是《刑法修正案（六）》第1条新增设的罪名。

早在新中国成立初期，有关法令、指示中就有对造成严重责任事故者要给予刑事处分的规定。例如，政务院1954年7月14日颁布的《国营企业内部劳动规则纲要》第16条规定："违反劳动纪律的情节严重，使企业遭受重大损失者，应给予开除的处分或送法院依法处理。"第23条规定："企业的领导人员犯错误或违反劳动纪律时，得按隶属系统由原任命机关分别情节轻重给予纪律处分，或送法院依法处理。"但是，直至1963年的《刑法草案》第33稿第121条才首次规定了重大责任事故罪："工厂、矿山、林场、建筑企业或者其他企业的职工，由于严重不负责任，违反规章制度因而发生重大事故、造成严重后果的，处五年以下有期徒刑或者拘役；情节特别恶劣的，处五年以上有期徒刑。"1979年《刑法》第114条在上述规定的基础上，主要作了以下五个方面的修改和补充：一是在犯罪主体方面，增加了"事业单位"；二是在罪状表述方面，将"由于严重不负责任"改为"由于不服管理"；三是在行为方式方面，增加了"强令工人违章冒险作业"；四是在事故性质方面，将"重大事故"改为"重大伤亡事故"；五是在刑罚配置方面，将"五年以下有期徒刑或者拘役"改为"三年以下有期徒刑或者拘役"，将"五年以上有期徒刑"改为"三年以上七年以下有期徒刑"。

1979年《刑法》第114条规定："工厂、矿山、林场、建筑企业或者其他企业、事业单位的职工，由于不服管理、违反规章制度，或者强令工人违章冒险作业，因而发生重大

---

① 之所以称其为"错误做法"，是因为这种做法明显违反了最高人民法院《关于审理交通肇事刑事案件具体应用法律若干问题的解释》第2条第2款关于"酒后、吸食毒品后驾驶机动车辆的"，"以交通肇事罪定罪处罚"的规定。此外，2011年4月22日修正的《中华人民共和国道路交通安全法》第91条第5款也明确将醉酒驾驶机动车造成严重后果的行为界定为"重大交通事故"。既然是"重大交通事故"，构成犯罪的，理应"名正言顺"地以交通肇事罪论处。至于危险驾驶"故意"造成严重后果的行为，显然已超越了危险驾驶罪质的规定性，并不属于危险驾驶罪的范畴，因而不可能"同时"构成危险驾驶罪。因此，"有前两款行为，同时构成其他犯罪的，依照处罚较重的规定定罪处罚"的规定并不妥当。

伤亡事故，造成严重后果的，处三年以下有期徒刑或者拘役；情节特别恶劣的，处三年以上七年以下有期徒刑。"

在全面研究修改刑法的过程中，1988年9月的刑法修改稿第114条在上述规定的基础上，将其中"因而发生重大伤亡事故，造成严重后果"的表述修改为"因而发生重大伤亡事故或者造成其他严重后果"。但是，1988年11月16日的刑法修改稿第109条又恢复了1979年《刑法》的规定。1988年12月25日的《刑法修改稿》第111条对上述规定作了以下三方面的修改：一是将"因而发生重大伤亡事故，造成严重后果"改为"因而发生重大事故，致人伤亡或者使公私财产遭受重大损失"；二是将"情节特别恶劣"改为"情节特别严重"；三是将"三年以上七年以下有期徒刑"改为"三年以上十年以下有期徒刑"。到了1996年，《刑法修订草案》（征求意见稿）第122条再次恢复了1979年《刑法》的规定。1996年的《刑法修订草案》第128条在上述规定的基础上，增加了"管制"这一刑种。1997年3月1日，提交给八届全国人大五次会议审议的《中华人民共和国刑法（修订草案）》第135条对上述规定作了两处修改：一是删去了此前增加的"管制"刑种；二是将"因而发生重大伤亡事故，造成严重后果"改为"因而发生重大伤亡事故或者造成其他严重后果"。这一修改方案，为1997年修订的《刑法》所采纳。

1997年修订的《刑法》第134条规定："工厂、矿山、林场、建筑企业或者其他企业、事业单位的职工，由于不服管理、违反规章制度，或者强令工人违章冒险作业，因而发生重大伤亡事故或者造成其他严重后果的，处三年以下有期徒刑或者拘役；情节特别恶劣的，处三年以上七年以下有期徒刑。"

1997年《刑法》施行后，有些全国人大代表和国家安全生产监督管理总局及一些地方提出，随着情况的变化，上述规定已不能完全适应惩治重大安全事故犯罪的需要。因为《刑法》第134条仅对"企业事业单位"的人员违反安全生产管理规定构成犯罪的行为作了规定，但从实际发生的案件看，这类责任人员的情况比较复杂，并不都是企业事业单位人员，建议对这条规定的犯罪主体进行研究修改；同时，对一些造成重大安全事故情节特别恶劣的行为，应当加重处罚。① 有鉴于此，《刑法修正案（六）》第1条对上述规定作了以下三方面的修改和补充：一是删去了犯罪主体的表述，扩大了犯罪成立的范围；二是修改了犯罪的客观要件，将"由于不服管理、违反规章制度"改为"在生产、作业中违反有关安全管理规定"；三是增设了强令违章冒险作业罪，将"强令工人违章冒险作业"从

---

① 参见全国人大法律委员会副主任委员周坤仁2006年4月25日在十届全国人大常委会第二十一次会议上所作的《关于〈中华人民共和国刑法修正案（六）（草案）〉修改情况的汇报》。

重大责任事故罪中分解出来另列 1 款，并规定了独立的、更重的法定刑。[①]

【立法规定】

《刑法》第 134 条规定："在生产、作业中违反有关安全管理规定，因而发生重大伤亡事故或者造成其他严重后果的，处三年以下有期徒刑或者拘役；情节特别恶劣的，处三年以上七年以下有期徒刑。""强令他人违章冒险作业，因而发生重大伤亡事故或者造成其他严重后果的，处五年以下有期徒刑或者拘役；情节特别恶劣的，处五年以上有期徒刑。"

【立法释义】

最高人民法院研究室 1987 年 10 月 20 日发布的《关于对重大责任事故和玩忽职守案件造成经济损失需追究刑事责任的数额标准应否做出规定问题的电话答复》第 1 条规定："重大责任事故和玩忽职守这两类案件的案情往往比较复杂，二者造成经济损失的数额标准只是定罪量刑的重要依据之一，不宜以此作为定罪的唯一依据。在实践中，因重大责任事故和玩忽职守所造成的严重损失，既有经济损失、人身伤亡，也有的还造成政治上的不良影响。其中，有些是不能仅仅用经济数额来衡量的。在审理这两类案件时，应当根据每个案件的情况作具体分析，认定是否构成犯罪。"第 2 条规定："虽然玩忽职守和重大责任事故案件你省检察机关的立案数额标准不同于法院判刑的标准，但法院不宜以此为理由拒绝收案。法院是否收案以及如何判处，要根据具体案情，认真研究，慎重决定。"

最高人民法院 2000 年 11 月 15 日发布的《关于审理交通肇事刑事案件具体应用法律若干问题的解释》第 8 条规定："在实行公共交通管理的范围内发生重大交通事故的，依照刑法第一百三十三条和本解释的有关规定办理。""在公共交通管理的范围外，驾驶机动车辆或者使用其他交通工具致人伤亡或者致使公共财产或者他人财产遭受重大损失，构成犯罪的，分别依照刑法第一百三十四条、第一百三十五条、第二百三十三条等规定定罪处罚。"

最高人民法院、最高人民检察院 2007 年 2 月 28 日发布的《关于办理危害矿山生产安全刑事案件具体应用法律若干问题的解释》第 1 条规定："刑法第一百三十四条第一款规定的犯罪主体，包括对矿山生产、作业负有组织、指挥或者管理职责的负责人、管理人

[①] 在《刑法修正案（六）》制定的过程中，关于强令违章冒险作业罪的刑罚配置问题经历了一个逐步完善的过程。"草案三次审议稿第一条第二款将刑法关于强令工人冒险作业，情节特别恶劣的，'处三年以上七年以下有期徒刑'的规定修改为'处三年以上十年以下有期徒刑'。有些常委会委员提出，从实际发生的一些矿难的严重后果看，对情节特别恶劣的犯罪，刑罚还应加重。法律委员会经同最高人民法院、最高人民检察院研究，建议将这一款修改为：'强令他人违章冒险作业，因而发生重大伤亡事故或者造成其他严重后果的，处五年以下有期徒刑或者拘役；情节特别恶劣的，处五年以上有期徒刑。'这样修改，最高刑可以判处十五年有期徒刑"（参见全国人大法律委员会主任委员杨景宇 2006 年 6 月 29 日在十届全国人大常委会第二十二次会议上所作的《关于〈中华人民共和国刑法修正案（六）（草案）〉修改意见的报告》）。

员、实际控制人、投资人等人员，以及直接从事矿山生产、作业的人员。"第 2 条规定："刑法第一百三十四条第二款规定的犯罪主体，包括对矿山生产、作业负有组织、指挥或者管理职责的负责人、管理人员、实际控制人、投资人等人员。"第 4 条规定："发生矿山生产安全事故，具有下列情形之一的，应当认定为刑法第一百三十四条、第一百三十五条规定的'重大伤亡事故或者其他严重后果'：（一）造成死亡一人以上，或者重伤三人以上的；（二）造成直接经济损失一百万元以上的；（三）造成其他严重后果的情形。""具有下列情形之一的，应当认定为刑法第一百三十四条、第一百三十五条规定的'情节特别恶劣'：（一）造成死亡三人以上，或者重伤十人以上的；（二）造成直接经济损失三百万元以上的；（三）其他特别恶劣的情节。"第 8 条规定："在采矿许可证被依法暂扣期间擅自开采的，视为刑法第三百四十三条第一款规定的'未取得采矿许可证擅自采矿'。""违反矿产资源法的规定，非法采矿或者采取破坏性的开采方法开采矿产资源，造成重大伤亡事故或者其他严重后果，同时构成刑法第三百四十三条规定的犯罪和刑法第一百三十四条或者第一百三十五条规定的犯罪的，依照数罪并罚的规定处罚。"第 11 条规定："国家工作人员违反规定投资入股矿山生产经营，构成本解释涉及的有关犯罪的，作为从重情节依法处罚。"第 12 条规定："危害矿山生产安全构成犯罪的人，在矿山生产安全事故发生后，积极组织、参与事故抢救的，可以酌情从轻处罚。"

最高人民检察院、公安部 2008 年 6 月 25 日发布的《关于公安机关管辖的刑事案件立案追诉标准的规定（一）》第 8 条规定："在生产、作业中违反有关安全管理的规定，涉嫌下列情形之一的，应予立案追诉：（一）造成死亡一人以上，或者重伤三人以上；（二）造成直接经济损失五十万元以上的；（三）发生矿山生产安全事故，造成直接经济损失一百万元以上的；（四）其他造成严重后果的情形。"第 9 条规定："强令他人违章冒险作业，涉嫌下列情形之一的，应予立案追诉：（一）造成死亡一人以上，或者重伤三人以上；（二）造成直接经济损失五十万元以上的；（三）发生矿山生产安全事故，造成直接经济损失一百万元以上的；（四）其他造成严重后果的情形。"

最高人民法院 2011 年 12 月 30 日发布的《关于进一步加强危害生产安全刑事案件审判工作的意见》第 4 条规定："区分责任，均衡量刑。危害生产安全犯罪，往往涉案人员较多，犯罪主体复杂，既包括直接从事生产、作业的人员，也包括对生产、作业负有组织、指挥或者管理职责的负责人、管理人员、实际控制人、投资人等，有的还涉及国家机关工作人员渎职犯罪。对相关责任人的处理，要根据事故原因、危害后果、主体职责、过错大小等因素，综合考虑全案，正确划分责任，做到罪责刑相适应。"第 7 条规定："认定相关人员是否违反有关安全管理规定，应当根据相关法律、行政法规，参照地方性法规、规章及国家标准、行业标准，必要时可参考公认的惯例和生产经营单位制定的安全生产规章制度、操作规程。"第 8 条规定："多个原因行为导致生产安全事故发生的，在区分直接原因与间接原因的同时，应当根据原因行为在引发事故中所具作用的大小，分清主要原因与次要原因，确认主要责任和次要责任，合理确定罪责。""一般情况下，对生产、作业负有组织、指挥或者管理职责的负责人、管理人员、实际控制人、投资人，违反有关安全生产管理规定，对重大生产安全事故的发生起决定性、关键性作用的，应当承担主要责任。""对于直接从事生产、作业的人员违反安全管理规定，发生重大生产安全事故的，要综合考虑行为人的从业资格、从业时间、接受安全生产教育培训情况、现场条件、是否受到他人强令作业、生产经营单位执行安全生产规章制度的情况等因素认定责任，不能将直接责任简单等同于主要责任。""对于负有安全生产管理、监督职责的工作人员，应根据其岗位职责、履职依据、履职时间等，综合考察工作职责、监管条件、履职能力、履职情况等，合理确定罪责。"第 9 条规定："严格把握危害生产安全犯罪与以其他危险方法危害公共安全罪的界限，不应将生产经营中违章违规的故意不加区别地视为对危害后果发生的故意。"第 10 条第 1 款规定："以行贿方式逃避安全生产监督管理，或者非法、违法生产、作业，导致发生重大生产安全事故，构成数罪的，依照数罪并罚的规定处罚。"第 13 条规定："审理危害生产安全刑事案件，应综合考虑生产安全事故所造成的伤亡人数、经济损失、环境污染、社会影响、事故原因与被告人职责的关联程度、被告人主观过错大小、事故发生后被告人的施救表现、履行赔偿责任情况等，正确适用刑罚，确保裁判法律效果和社会效果相统一。"第 14 条规定："造成《关于办理危害矿山生产安全刑事案件具体应用法律若干问题的解释》第四条规定的'重大伤亡事故或者其他严重后果'，同时具有下列情形之一的，也可以认定为刑法第一百三十四条、第一百三十五条规定的'情节特别恶劣'：（一）非法、违法生产的；（二）无基本劳动安全设施或未向生产、作业人员提供必要的劳动防护用品，生产、作业人员劳动安全无保障的；（三）曾因安全生产设施或者安全生产条件不符合国家规定，被监督管理部门处罚或责令改正，一年内再次违规生产致使发生重大生产安全事故的；（四）关闭、故意破坏必要安全警示设备的；（五）已发现事故隐患，未采取有效措施，导致发生重大事故的；（六）事故发生后不积极抢救人员，或者毁灭、伪造、隐藏影响事故调查的证据，或者转移财产逃避责任的；（七）其他特别恶劣的情节。"第 15 条规定："相关犯罪中，具有以下情形之一的，依法从重处罚：（一）国家工作人员违反规定投资入股生产经营企业，构成危害生产安全犯罪的；（二）贪污贿赂行为与事故发生存在关联性的；（三）国家工作人员的职务犯罪与事故存在直接因果关系的；（四）以行贿方式逃避安全生产监督管理，或者非法、违法生产、作业的；（五）生产安全事故发生后，负有报告职责的国家工作人员不报或者谎报事故情况，贻误事故抢救，尚未构成不报、谎报安全事故罪的；（六）事故发生后，采取转移、藏匿、毁灭遇难人员尸体，或者毁灭、伪造、隐藏影响事故调查的证据，或者转移财产，逃避责任的；（七）曾因安全生产设施或者安全生产条件不符合国家规定，被监督管理部门处罚或责令改正，一年内再次违规生产致使发生重大生产安全事故的。"第 16 条规定："对于事故发生后，积极施救，努力挽回事故损失，有效避免损失扩大；积极配合调查，赔偿受害人损失的，可依法从宽处罚。"第 17 条规定："对于危害后果较轻，在责任事故中不负主要责任，符合法律有关缓刑适用条件的，可以依法适用缓刑，但应注意根据案件具体情况，区别对待，严格控制，避免适用不当造成的负面影响。"第 18 条规定："对于具有下列情形的被告人，原则上不适用缓刑：（一）具有本意见第 14 条、第 15 条所规定的情形的；（二）数罪并罚的。"第 19 条规定："宣告缓刑，可以根据犯罪情况，同时禁止犯罪分子在缓刑考验期限内从事与安全生产有关的特定活动。"

最高人民法院 2015 年 9 月 16 日发布的《关于充分发挥审判职能作用切实维护公共安全的若干意见》第 6 条规定："坚持发展是第一要务，安全是第一保障。针对近年来非法、违法生产，忽视生产安全的现象十分突出，造成群死群伤的重特大生产安全责任事故屡有发生的严峻形势，充分发挥刑罚的惩罚和预防功能，加大对各类危害安全生产犯罪的惩治力度，用严肃、严格、严厉的责任追究和法律惩罚，推动安全生产责任制的有效落实，促进安全生产形势根本好转，确保人民生命财产安全。"第 7 条规定："结合当前形势并针对犯罪原因，既要重点惩治发生在危险化学品、民爆器材、烟花爆竹、电梯、煤矿、非煤矿山、油气运送管道、建筑施工、消防、粉尘涉爆等重点行业领域企业，以及港口、码头、人员密集场所等重点部位的危害安全生产犯罪，更要从严惩治发生在这些犯罪背后的国家机关工作人员贪污贿赂和渎职犯罪。既要依法追究直接造成损害的从事生产、作业的责任人员，更要依法从严惩治对生产、作业负有组织、指挥或者管理职责的负责人、管理人、实际控制人、投资人。既要加大对各类安全生产犯罪的惩治力度，更要从严惩治因安全生产条件不符合国家规定被处罚而又违规生产，关闭或者故意破坏安全警示设备，事故发生后不积极抢救人员或者毁灭、伪造、隐藏影响事故调查证据，通过行贿非法获取相关生产经营资质等情节的危害安全生产的犯罪。"

【立法建言】

建　议：将《刑法》第 134 条修改为："在生产、作业中违反有关安全管理规定，因而发生重大伤亡事故或者造成其他严重后果的，处三年以下有期徒刑、拘役或者管制，可以并处或者单处罚金；情节特别恶劣的，处三年以上七年以下有期徒刑，可以并处罚金。""强令他人违章冒险作业，因而发生重大伤亡事故或者造成其他严重后果的，处五年以下有期徒刑、拘役或者管制，可以并处或者单处罚金；情节特别恶劣的，处五年以上有期徒刑，可以并处罚金。"

理　由：

从立法技术上看，宜在《刑法》第 134 条中增加"管制"和"罚金"的规定，以与《刑法》的其他管制和罚金规定相一致。此外，外国刑法重视运用罚金惩治责任事故犯罪的成功经验，也值得我们借鉴。[①]

二十五、重大劳动安全事故罪（第 135 条）

【立法沿革】

重大劳动安全事故罪是在 1994 年《中华人民共和国劳动法》（以下简称《劳动法》）第 92 条的基础上修改而来的，并经《刑法修正案（六）》第 2 条所修正。

全国人大常委会 1994 年 7 月 5 日通过的《劳动法》第 92 条规定："用人单位的劳动安全设施和劳动卫生条件不符合国家规定或者未向劳动者提供必要的劳动防护用品和劳动保护设施的，由劳动行政部门或者有关部门责令改正，可以处以罚款；情节严重的，提请县级以上人民政府决定责令停产整顿；对事故隐患不采取措施，致使发生重大事故，造成劳动者生命和财产损失的，对责任人员比照刑法第一百八十七条的规定追究刑事责任。"[②]

在刑法修订研拟的过程中，为了与《劳动法》的规定相衔接，1997 年的《刑法修订草案》（修改稿）第 135 条增设了重大劳动安全事故罪："工厂、矿山、林场、建筑企业或者其他企业、事业单位的劳动安全设施和劳动卫生条件不符合国家规定，对事故隐患不采取措施，因而发生重大伤亡事故或者造成国家财产重大损失的，对直接责任人员，处三年以下有期徒刑、拘役或者管制；后果特别严重的，处三年以上七年以下有期徒刑。"1997 年 3 月 1 日，提交给八届全国人大五次会议审议的《中华人民共和国刑法（修订草案）》第 136 条对上述规定作了较大的修改和调整：一是删去了"劳动卫生条件"的规定；二是增加了"经有关部门或者单位职工提出后"的限制；三是删去了第 1 档法定刑中的"管制"；四是将"造成国家财产重大损失"改为"造成其他严重后果"；五是将"后

---

① "例如在法国，自由刑和罚金刑是责任事故轻罪的基本刑种。对于所有的作为轻罪的重大责任事故罪的犯罪，法国刑法规定应同时适用自由刑并科罚金刑；对于作为违警罪的重大责任事故犯罪则单处罚金刑。在日本现行刑法的业务过失犯罪的法定刑中，都单独或者在自由刑后规定了罚金刑。这是因为，近现代以来，自由刑尤其是短期自由刑的广泛使用所带来的弊端越来越为人们所认识，这在过失犯罪中表现得尤为明显，而罚金刑不仅具有节约刑罚成本、增加国库收入的功能，而且在许多方面远比其他刑罚更占优势。如罚金刑可以避免自由刑带来的罪犯间'交叉感染'、'重新社会化难'等弊害；可以增加犯罪成本、从经济上削弱再犯罪能力等等。因此罚金刑成为现代各国设置重大责任事故罪的主要刑种之一"（参见刘守芬、申柳华："重大责任事故罪法定刑配置研究"，载《河南大学学报（社会科学版）》2006 年第 4 期）。

② 1979 年《刑法》第 187 条规定："国家工作人员由于玩忽职守，致使公共财产、国家和人民利益遭受重大损失的，处五年以下有期徒刑或者拘役。"

果特别严重"改为"情节特别恶劣"。这一修改方案，为 1997 年修订的《刑法》所采纳。

1997 年修订的《刑法》第 135 条规定："工厂、矿山、林场、建筑企业或者其他企业、事业单位的劳动安全设施不符合国家规定，经有关部门或者单位职工提出后，对事故隐患仍不采取措施，因而发生重大伤亡事故或者造成其他严重后果的，对直接责任人员，处三年以下有期徒刑或者拘役；情节特别恶劣的，处三年以上七年以下有期徒刑。"

1997 年《刑法》施行后，基于与重大责任事故罪大体相同的考虑，《刑法修正案（六）》第 2 条对上述规定作了以下四方面的修改和补充：一是删去"工厂、矿山、林场、建筑企业或者其他企业、事业单位"的主体限制；二是将"劳动安全设施"改为"安全生产设施或者安全生产条件"；三是删去了"经有关部门或者单位职工提出后，对事故隐患仍不采取措施"的前置条件；四是将"直接责任人员"改为"直接负责的主管人员和其他直接责任人员"。

【立法规定】

《刑法》第 135 条规定："安全生产设施或者安全生产条件不符合国家规定，因而发生重大伤亡事故或者造成其他严重后果的，对直接负责的主管人员和其他直接责任人员，处三年以下有期徒刑或者拘役；情节特别恶劣的，处三年以上七年以下有期徒刑。"

【立法释义】

最高人民法院 2000 年 11 月 15 日发布的《关于审理交通肇事刑事案件具体应用法律若干问题的解释》第 8 条规定："在实行公共交通管理的范围内发生重大交通事故的，依照刑法第一百三十三条和本解释的有关规定办理。""在公共交通管理的范围外，驾驶机动车辆或者使用其他交通工具致人伤亡或者致使公共财产或者他人财产遭受重大损失，构成犯罪的，分别依照刑法第一百三十四条、第一百三十五条、第二百三十三条等规定定罪处罚。"

最高人民法院、最高人民检察院 2007 年 2 月 28 日发布的《关于办理危害矿山生产安全刑事案件具体应用法律若干问题的解释》第 3 条规定："刑法第一百三十五条规定的'直接负责的主管人员和其他直接责任人员'，是指对矿山安全生产设施或者安全生产条件不符合国家规定负有直接责任的矿山生产经营单位负责人、管理人员、实际控制人、投资人，以及对安全生产设施或者安全生产条件负有管理、维护职责的电工、瓦斯检查工等人员。"第 4 条规定："发生矿山生产安全事故，具有下列情形之一的，应当认定为刑法第一百三十四条、第一百三十五条规定的'重大伤亡事故或者其他严重后果'：（一）造成死亡一人以上，或者重伤三人以上的；（二）造成直接经济损失一百万元以上的；（三）造成其他严重后果的情形。""具有下列情形之一的，应当认定为刑法第一百三十四条、第一百三十五条规定的'情节特别恶劣'：（一）造成死亡三人以上，或者重伤十人以上的；

（二）造成直接经济损失三百万元以上的；（三）其他特别恶劣的情节。"第8条规定："在采矿许可证被依法暂扣期间擅自开采的，视为刑法第三百四十三条第一款规定的'未取得采矿许可证擅自采矿'。""违反矿产资源法的规定，非法采矿或者采取破坏性的开采方法开采矿产资源，造成重大伤亡事故或者其他严重后果，同时构成刑法第三百四十三条规定的犯罪和刑法第一百三十四条或者第一百三十五条规定的犯罪的，依照数罪并罚的规定处罚。"第11条规定："国家工作人员违反规定投资入股矿山生产经营，构成本解释涉及的有关犯罪的，作为从重情节依法处罚。"第12条规定："危害矿山生产安全构成犯罪的人，在矿山生产安全事故发生后，积极组织、参与事故抢救的，可以酌情从轻处罚。"

最高人民检察院、公安部2008年6月25日发布的《关于公安机关管辖的刑事案件立案追诉标准的规定（一）》第10条规定："安全生产设施或者安全生产条件不符合国家规定，涉嫌下列情形之一的，应予立案追诉：（一）造成死亡一人以上，或者重伤三人以上；（二）造成直接经济损失五十万元以上的；（三）发生矿山生产安全事故，造成直接经济损失一百万元以上的；（四）其他造成严重后果的情形。"

最高人民法院研究室2009年12月25日发布的《关于被告人阮某重大劳动安全事故案有关法律适用问题的答复》规定："用人单位违反职业病防治法的规定，职业病危害预防设施不符合国家规定，因而发生重大伤亡事故或者造成其他严重后果的，对直接负责的主管人员和其他直接责任人员，可以依照刑法第一百三十五条的规定，以重大劳动安全事故罪定罪处罚。"

最高人民法院2011年12月30日发布的《进一步加强危害生产安全刑事案件审判工作的意见》第13条规定："审理危害生产安全刑事案件，应综合考虑生产安全事故所造成的伤亡人数、经济损失、环境污染、社会影响、事故原因与被告人职责的关联程度、被告人主观过错大小、事故发生后被告人的施救表现、履行赔偿责任情况等，正确适用刑罚，确保裁判法律效果和社会效果相统一。"第14条规定："造成《关于办理危害矿山生产安全刑事案件具体应用法律若干问题的解释》第四条规定的'重大伤亡事故或者其他严重后果'，同时具有下列情形之一的，也可以认定为刑法第一百三十四条、第一百三十五条规定的'情节特别恶劣'：（一）非法、违法生产的；（二）无基本劳动安全设施或未向生产、作业人员提供必要的劳动防护用品，生产、作业人员劳动安全无保障的；（三）曾因安全生产设施或者安全生产条件不符合国家规定，被监督管理部门处罚或责令改正，一年内再次违规生产致使发生重大生产安全事故的；（四）关闭、故意破坏必要安全警示设备的；（五）已发现事故隐患，未采取有效措施，导致发生重大事故的；（六）事故发生后不积极抢救人员，或者毁灭、伪造、隐藏影响事故调查的证据，或者转移财产逃避责任的；（七）其他特别恶劣的情节。"第 15 条规定："相关犯罪中，具有以下情形之一的，依法从重处罚：（一）国家工作人员违反规定投资入股生产经营企业，构成危害生产安全犯罪的；（二）贪污贿赂行为与事故发生存在关联性的；（三）国家工作人员的职务犯罪与事故存在直接因果关系的；（四）以行贿方式逃避安全生产监督管理，或者非法、违法生产、作业的；（五）生产安全事故发生后，负有报告职责的国家工作人员不报或者谎报事故情况，贻误事故抢救，尚未构成不报、谎报安全事故罪的；（六）事故发生后，采取转移、藏匿、毁灭遇难人员尸体，或者毁灭、伪造、隐藏影响事故调查的证据，或者转移财产，逃避责任的；（七）曾因安全生产设施或者安全生产条件不符合国家规定，被监督管理部门处罚或责令改正，一年内再次违规生产致使发生重大生产安全事故的。"第 16 条规定："对于事故发生后，积极施救，努力挽回事故损失，有效避免损失扩大；积极配合调查，赔偿受害人损失的，可依法从宽处罚。"第 17 条规定："对于危害后果较轻，在责任事故中不负主要责任，符合法律有关缓刑适用条件的，可以依法适用缓刑，但应注意根据案件具体情况，区别对待，严格控制，避免适用不当造成的负面影响。"第 18 条规定："对于具有下列情形的被告人，原则上不适用缓刑：（一）具有本意见第 14 条、第 15 条所规定的情形的；（二）数罪并罚的。"第 19 条规定："宣告缓刑，可以根据犯罪情况，同时禁止犯罪分子在缓刑考验期限内从事与安全生产有关的特定活动。"

最高人民法院 2015 年 9 月 16 日发布的《关于充分发挥审判职能作用切实维护公共安全的若干意见》第 6 条规定："坚持发展是第一要务，安全是第一保障。针对近年来非法、违法生产，忽视生产安全的现象十分突出，造成群死群伤的重特大生产安全责任事故屡有发生的严峻形势，充分发挥刑罚的惩罚和预防功能，加大对各类危害安全生产犯罪的惩治力度，用严肃、严格、严厉的责任追究和法律惩罚，推动安全生产责任制的有效落实，促进安全生产形势根本好转，确保人民生命财产安全。"第 7 条规定："结合当前形势并针对犯罪原因，既要重点惩治发生在危险化学品、民爆器材、烟花爆竹、电梯、煤矿、非煤矿山、油气运送管道、建筑施工、消防、粉尘涉爆等重点行业领域企业，以及港口、码头、人员密集场所等重点部位的危害安全生产犯罪，更要从严惩治发生在这些犯罪背后的国家机关工作人员贪污贿赂和渎职犯罪。既要依法追究直接造成损害的从事生产、作业的责任人员，更要依法从严惩治对生产、作业负有组织、指挥或者管理职责的负责人、管理人、实际控制人、投资人。既要加大对各类安全生产犯罪的惩治力度，更要从严惩治因安全生产条件不符合国家规定被处罚而又违规生产，关闭或者故意破坏安全警示设备，事故发生后不积极抢救人员或者毁灭、伪造、隐藏影响事故调查证据，通过行贿非法获取相关生产经营资质等情节的危害安全生产的犯罪。"

【立法建言】

建　议：将《刑法》第135条修改为："安全生产设施或者安全生产条件不符合国家规定，因而发生重大伤亡事故或者造成其他严重后果的，对单位判处罚金，并对其直接负责的主管人员和其他直接责任人员，处三年以下有期徒刑、拘役或者管制，可以并处或者单处罚金；情节特别恶劣的，处三年以上七年以下有期徒刑，可以并处罚金。"

理　由：

《刑法》第135条并未明确将本罪规定为单位犯罪，也没有规定单位的刑事责任，但却规定了直接责任人员的刑事责任。所以，单位是否属于本罪的主体尚有疑问。正因如此，在刑法理论上，对本罪的主体争议较大，主要有一般主体说、特殊主体说、直接责任人员说、单位主体说和单位及直接责任人员说5种观点。一般主体说认为，本罪的主体为一般主体。[①] 特殊主体说认为，本罪的主体是特殊主体，即单位中直接负责劳动安全的直接主管人员和其他直接责任人员。[②] 直接责任人员说认为，本罪的主体是直接负责的主管人员和其他直接责任人员。[③] 单位主体说认为，本罪是单位犯罪，犯罪主体是用人单位，而不是其中的直接责任人员。[④] 单位及直接责任人员说认为，本罪属于单位犯罪，即本罪的主体只能是单位及其中对重大劳动安全负有直接责任的人员。[⑤] 笔者认为，从本罪的立法沿革来看，应当将本罪解读为采取单罚制的单位犯罪。但是，对本罪仅采取单罚制却并不合理。因为，根据《劳动法》的规定，有义务提供符合国家规定的安全生产设施和安全生产条件的主体是单位。因此，因安全生产设施或者安全生产条件不符合国家规定而发生严重后果的，也应由单位来承担相应的刑事责任，而不是仅由直接责任人员承担刑事责任。据此，宜在本罪中增加单位刑事责任的规定。此外，从立法技术上看，还宜在本罪的法定刑中增加"管制"和"罚金"的规定，以与《刑法》的其他管制和罚金规定相一致。

---

① 参见高铭暄、马克昌主编：《刑法学》，北京大学出版社、高等教育出版社2011年版，第368页。

② 参见苏惠渔主编：《刑法学》（修订版），中国政法大学出版社1997年版，第459页；赵秉志主编：《刑法新教程》，中国人民大学出版社2009年版，第409页；王作富主编：《刑法》，中国人民大学出版社2011年版，第272页；刘艳红主编：《刑法学》（下），北京大学出版社2014年版，第214页。

③ 参见赵长青主编：《新编刑法学》，西南师范大学出版社1997年版，第441页；曲新久：《刑法学》，中国政法大学出版社2009年版，第279页；张明楷：《刑法学》，法律出版社2011年版，第640页。

④ 参见冯彦君："重大劳动安全事故罪若干问题探析"，载《国家检察官学院学报》2001年第2期；薛满果："试论重大劳动安全事故罪"，载《山西政法管理干部学院学报》2001年第4期；黄丽勤、周铭川："重大劳动安全事故罪若干问题探讨"，载《兰州学刊》2005年第5期。

⑤ 参见左坚卫、刘志伟："重大劳动安全事故罪若干疑难问题探讨"，载《法学论坛》2002年第1期。

二十六、大型群众性活动重大安全事故罪（第135条之一）

【立法沿革】

大型群众性活动重大安全事故罪是《刑法修正案（六）》第3条新增设的罪名。

1997年《刑法》施行后，鉴于实践中出现了多起举办大型群众性活动因疏于管理导致大量人员伤亡的恶性事件，有些全国人大代表和国家安全生产监督管理总局及一些地方提出，对举办大型群众性活动，严重违反安全管理规定，造成重大安全事故的，也应追究刑事责任。[①] 据此，《刑法修正案（六）》第3条增设了大型群众性活动重大安全事故罪。

【立法规定】

《刑法》第135条之一规定："举办大型群众性活动违反安全管理规定，因而发生重大伤亡事故或者造成其他严重后果的，对直接负责的主管人员和其他直接责任人员，处三年以下有期徒刑或者拘役；情节特别恶劣的，处三年以上七年以下有期徒刑。"

【立法释义】

最高人民检察院、公安部2008年6月25日发布的《关于公安机关管辖的刑事案件立案追诉标准的规定（一）》第11条规定："举办大型群众性活动违反安全管理规定，涉嫌下列情形之一的，应予立案追诉：（一）造成死亡一人以上，或者重伤三人以上；（二）造成直接经济损失五十万元以上的；（三）其他造成严重后果的情形。"

【立法建言】

建　议：将《刑法》第135条之一修改为："举办大型群众性活动违反安全管理规定，因而发生重大伤亡事故或者造成其他严重后果的，对单位判处罚金，并对其直接负责的主管人员和其他直接责任人员，处三年以下有期徒刑、拘役或者管制，可以并处或者单处罚金；情节特别恶劣的，处三年以上七年以下有期徒刑，可以并处罚金。"

理　由：

根据国务院2007年8月29日颁布的《大型群众性活动安全管理条例》第2条的规定，所谓大型群众性活动，是指法人或者其他组织面向社会公众举办的每场次预计参加人数达到1000人以上的活动。此外，根据该条例的规定，对举办大型群众性活动负有安全职责的主体，既包括活动的发起者、组织者、承办者、场所管理者，也包括公安机关以及县级以上人民政府其他有关主管部门。因此，"在一般情况下，大型群众性活动的举办者是法人或者其他组织。既然单位（法人或者其他组织）能成为大型群众性活动的举办者，

---

① 参见全国人大法律委员会副主任委员周坤仁2006年4月25日在十届全国人大常委会第二十一次会议上所作的《关于〈中华人民共和国刑法修正案（六）（草案）〉修改情况的汇报》。

那么在其举办大型群众性活动的过程中，如果违反安全管理规定，因而发生重大伤亡事故或者造成其他严重后果的，单位毋庸置疑应当成为本罪的犯罪主体，其承担相应的刑事责任，也是理所当然的。"① 笔者赞同单位应当成为本罪犯罪主体的观点，并主张对本罪实行双罚制。此外，从立法技术上看，还宜在本罪的法定刑中增加"管制"和"罚金"的规定，以与《刑法》的其他管制和罚金规定相一致。

二十七、危险物品肇事罪（第 136 条）

【立法沿革】

危险物品肇事罪是从 1979 年《刑法》第 115 条的规定直接移植过来的。

在新中国刑法立法史上，有关违反危险物品管理的犯罪，最早见之于 1957 年的《刑法草案》第 22 稿"妨害其他管理秩序罪"一章。该稿第 204 条规定："违反邮政法规、交通运输法规，蒙混寄运或者秘密携带有爆炸性、易燃性、侵蚀性的物品的，处一年以下有期徒刑、拘役或者三百元以下罚金；造成严重后果的，处一年以上七年以下有期徒刑。"到了 1963 年，《刑法草案》第 33 稿考虑到违反危险物品管理的犯罪属于有关安全事故犯罪的范畴，因而将其移入"危害公共安全罪"一章中。此外，该稿第 122 条还对上述规定作了较大的修改和调整：一是在犯罪对象方面，增加了"毒害性"物品，并将"侵蚀性"物品改为"腐蚀性"物品；二是在入罪门槛方面，增加了"造成严重后果"的条件限制；三是在刑罚配置方面，将"处一年以下有期徒刑、拘役或者三百元以下罚金"和"处一年以上七年以下有期徒刑" 2 档法定刑调整为"处七年以下有期徒刑或者拘役" 1 档法定刑；四是在条文结构方面，增加了第 2 款"以反革命为目的者，按照反革命罪处罚"的规定。修改后的条文为："违反邮政法规、交通运输法规，蒙混寄运或者秘密携带有爆炸性、毒害性、腐蚀性的物品，造成严重后果的，处七年以下有期徒刑或者拘役。""以反革命为目的者，按照反革命罪处罚。" 鉴于上述规定尚不周全，② 因此，1979 年《刑法》第 115条又对其作了以下四方面的修改：一是将"违反邮政法规、交通运输法规"改为"违反爆炸性、易燃性、放射性、毒害性、腐蚀性物品的管理规定"；二是将"蒙混寄运或者秘密携带有爆炸性、毒害性、腐蚀性的物品，造成严重后果的"改为"在生产、储存、运输、使用中发生重大事故，造成严重后果的"；三是将"造成严重后果的，处七年以下有

---

① 彭新林："大小群众性活动重大安全事故罪主体疑难问题探讨"，载《中国公共安全（学术版）》2009 年第 1 期。

② "讨论三十三稿的时候，认为这条规定得不全，好多情况没有概括进去。这方面的问题，不仅可以在邮政寄运、交通运输中遇到，也可以在生产、储存、使用中遇到；违章行为的方式不仅有'蒙混寄运''秘密携带'，而且还有其他种种，如乱堆乱放、封存不严、擅离岗位以及在现场吸烟等等；危险物品按性质分类，除列举的那几类以外，还应增加'放射性'一类；罪刑单位只有一个，量刑幅度太小，应再增加一个"（参见高铭暄：《中华人民共和国刑法的孕育和诞生》，法律出版社 1981 年版，第 159～160 页）。

期徒刑或者拘役"改为"造成严重后果的，处三年以下有期徒刑或者拘役；后果特别严重的，处三年以上七年以下有期徒刑"；四是删去了"以反革命为目的者，按照反革命罪处罚"的规定。

1979年《刑法》第115条规定："违反爆炸性、易燃性、放射性、毒害性、腐蚀性物品的管理规定，在生产、储存、运输、使用中发生重大事故，造成严重后果的，处三年以下有期徒刑或者拘役；后果特别严重的，处三年以上七年以下有期徒刑。"

在全面研究修改刑法的过程中，1988年的《刑法修改稿》第112条对上述规定作了以下三处修改和补充：一是增加了"携带"这一行为方式；二是将法定最高刑提高到了"十年有期徒刑"；三是增加了"非法携带爆炸性、易燃性、放射性、毒害性、腐蚀性物品进入公共场所或者乘坐公共交通工具，情节严重的，处一年以下有期徒刑、拘役或者罚金，造成前款规定后果的，依照前款的规定处罚"1款。① 此后，虽然一些刑法修订稿本试图对本罪的法定刑进行调整，但是，1997年《刑法》最终还是直接移植了1979年《刑法》的规定，未作任何修改。

【立法规定】

《刑法》第136条规定："违反爆炸性、易燃性、放射性、毒害性、腐蚀性物品的管理规定，在生产、储存、运输、使用中发生重大事故，造成严重后果的，处三年以下有期徒刑或者拘役；后果特别严重的，处三年以上七年以下有期徒刑。"

【立法释义】

最高人民检察院、公安部2008年6月25日发布的《关于公安机关管辖的刑事案件立案追诉标准的规定（一）》第12条规定："违反爆炸性、易燃性、放射性、毒害性、腐蚀性物品的管理规定，在生产、储存、运输、使用中发生重大事故，涉嫌下列情形之一的，应予立案追诉：（一）造成死亡一人以上，或者重伤三人以上；（二）造成直接经济损失五十万元以上的；（三）其他造成严重后果的情形。"

最高人民法院2015年9月16日发布的《关于充分发挥审判职能作用切实维护公共安全的若干意见》第6条规定："坚持发展是第一要务，安全是第一保障。针对近年来非法、违法生产，忽视生产安全的现象十分突出，造成群死群伤的重特大生产安全责任事故屡有发生的严峻形势，充分发挥刑罚的惩罚和预防功能，加大对各类危害安全生产犯罪的惩治力度，用严肃、严格、严厉的责任追究和法律惩罚，推动安全生产责任制的有效落实，促进安全生产形势根本好转，确保人民生命财产安全。"第7条规定："结合当前形势并针对犯罪原因，既要重点惩治发生在危险化学品、民爆器材、烟花爆竹、电梯、煤矿、非煤矿

---

① 该款规定后演变为《刑法》第130条非法携带枪支、弹药、管制刀具、危险物品危及公共安全罪。

山、油气运送管道、建筑施工、消防、粉尘涉爆等重点行业领域企业，以及港口、码头、人员密集场所等重点部位的危害安全生产犯罪，更要从严惩治发生在这些犯罪背后的国家机关工作人员贪污贿赂和渎职犯罪。既要依法追究直接造成损害的从事生产、作业的责任人员，更要依法从严惩治对生产、作业负有组织、指挥或者管理职责的负责人、管理人、实际控制人、投资人。既要加大对各类安全生产犯罪的惩治力度，更要从严惩治因安全生产条件不符合国家规定被处罚而又违规生产，关闭或者故意破坏安全警示设备，事故发生后不积极抢救人员或者毁灭、伪造、隐藏影响事故调查证据，通过行贿非法获取相关生产经营资质等情节的危害安全生产的犯罪。"

【立法建言】

建议一：将《刑法》第136条修改为："违反爆炸性、易燃性、放射性、毒害性、腐蚀性物品的管理规定，在生产、储存、运输、使用中发生重大事故，造成严重后果的，处三年以下有期徒刑、拘役或者管制，可以并处或者单处罚金；后果特别严重的，处三年以上七年以下有期徒刑，可以并处罚金。"

理　由：

从立法技术上看，宜在本罪的法定刑中增加"管制"和"罚金"的规定，以与《刑法》的其他管制和罚金规定相一致。

建议二：在《刑法》第136条中增加1款作为第2款："单位犯前款罪的，对单位判处罚金，并对其直接负责的主管人员和其他直接责任人员，依照前款的规定处罚。"

理　由：

全国人大常委会2014年8月31日修正的《中华人民共和国安全生产法》（以下简称《安全生产法》）第97条规定："未经依法批准，擅自生产、经营、运输、储存、使用危险物品或者处置废弃危险物品的，依照有关危险物品安全管理的法律、行政法规的规定予以处罚；构成犯罪的，依照刑法有关规定追究刑事责任。"第98条规定："生产经营单位有下列行为之一的，责令限期改正，可以处十万元以下的罚款；逾期未改正的，责令停产停业整顿，并处十万元以上二十万元以下的罚款，对其直接负责的主管人员和其他直接责任人员处二万元以上五万元以下的罚款；构成犯罪的，依照刑法有关规定追究刑事责任：（一）生产、经营、运输、储存、使用危险物品或者处置废弃危险物品，未建立专门安全管理制度、未采取可靠的安全措施的；（二）对重大危险源未登记建档，或者未进行评估、监控，或者未制定应急预案的；（三）进行爆破、吊装以及国务院安全生产监督管理部门会同国务院有关部门规定的其他危险作业，未安排专门人员进行现场安全管理的；（四）未建立事故隐患排查治理制度的。"上述"构成犯罪的，依照刑法有关规定追究刑事责任"中的"刑法有关规定"，显然包括《刑法》第136条关于危险物品肇事罪的规定。然而，《刑法》第136条规定的危险物品肇事罪却是纯正自然人犯罪，这就导致了单位是否可以构成本罪的疑问。[1] 笔者认为，根据单位犯罪法定性原则，单位不能成为危险物品肇事罪的主体。但是，由于《安全生产法》明确规定单位亦可以构成本罪，它实际上修改了危险物品肇事罪的犯罪构成，扩大了危险物品肇事罪犯罪主体的范围，因此，在否认附属刑法具有创制、修改和补充功能的前提下，[2] 势必会徒增理论上和实践中的困惑，造成司法适用"进退两难"的尴尬局面。有鉴于此，为了与《安全生产法》的有关规定相衔接，宜在本罪中增加单位犯罪的规定。

二十八、工程重大安全事故罪（第137条）

【立法沿革】

工程重大安全事故罪是1997年《刑法》第137条增设的罪名。

工程重大安全事故罪的增设，与《中华人民共和国建筑法》（以下简称《建筑法》）有着十分密切的联系。从法律制定的时间来看，1997年3月14日修订的《刑法》早于1997年11月1日通过的《建筑法》；但是，从法律研拟的时间来看，《建筑法》的起草工作则早于《刑法》的全面修订。[3] 可以说，1997年《刑法》增设的工程重大安全事故罪实际上是源于《建筑法（草案）》的有关规定。由于"建设工程质量和安全，是本法的核心内容。目前，建设工程质量和安全存在着不少问题，社会反应强烈，必须采取有效措施，从根本上加以解决。建设工程质量和安全贯穿建筑活动的全过程，必须进行全过程的

---

① 在刑法理论上，对于单位能否成为本罪主体的问题，绝大多数学者都持否定态度，认为本罪的主体主要是从事生产、保管、运输和使用危险物品的职工，其他人也可以构成本罪（参见鲍遂献、雷东生：《危害公共安全罪》，中国人民公安大学出版社1999年版，第385页；叶高峰主编：《危害公共安全的定罪与量刑》，人民法院出版社2000年版，第435页；高铭暄、马克昌主编：《刑法学》，北京大学出版社、高等教育出版社2011年版，第369页）。但也有少数学者认为，单位也可以成为本罪的主体（参见彭新林："危险物品肇事罪若干争议问题研究"，载《南都学坛（人文社会科学学报）》2008年第3期；吕彬："危险物品肇事罪若干重要问题之我见"，载《广州市公安管理干部学院学报》2008年第4期）。

② "随着1997年'要制定一部统一的、比较完备的刑法典'的立法追求，并且相应地将一些民事、经济、行政法律中'依照''比照'刑法有关条文追究刑事责任的规定，改为刑法的具体条款，附属刑法在我国刑法体系中的作用日渐式微。特别是全国人大常委会2009年8月27日通过的《关于修改部分法律的决定》，将《中华人民共和国计量法》等法律中'依照刑法第×条的规定''比照刑法第×条的规定'统一修改为'依照刑法有关规定'，现行的附属刑法实际上已经成为一纸空文。从表面上看，该决定似乎将附属刑法和刑法典衔接得'天衣无缝'，但实质上却使附属刑法原有的创制、修改、补充功能蜕变为单纯的宣示功能，从而使现行的附属刑法规范实际上形同虚设"（利子平："我国附属刑法与刑法典衔接模式的反思与重构"，载《法治研究》2014年第1期）。

③ 早在1984年，原城乡建设环境保护部就成立了建筑法起草小组并于次年1月完成了初稿。1994年初建设部成立了建筑法起草领导小组，并于1994年12月31日向国务院报送了《中华人民共和国建筑法（送审稿）》。1996年8月13日，经国务院常务会议讨论通过了《中华人民共和国建筑法（草案）》，并报请全国人大常委会审议（参见建设部部长侯捷1996年8月23日在八届全国人大常委会第二十一次会议上所作的《关于〈中华人民共和国建筑法（草案）〉的说明》）。

监督管理，质量和安全才有保证。"① 因此，《建筑法》对违反建设工程质量和安全管理规定的违法犯罪行为作了一系列的规定。其中，第 72 条规定："建设单位违反本法规定，要求建筑设计单位或者建筑施工企业违反建筑工程质量、安全标准，降低工程质量的，责令改正，可以处以罚款；构成犯罪的，依法追究刑事责任。"第 73 条规定："建筑设计单位不按照建筑工程质量、安全标准进行设计的，责令改正，处以罚款；造成工程质量事故的，责令停业整顿，降低资质等级或者吊销资质证书，没收违法所得，并处罚款；造成损失的，承担赔偿责任；构成犯罪的，依法追究刑事责任。"第 74 条规定："建筑施工企业在施工中偷工减料的，使用不合格的建筑材料、建筑构配件和设备的，或者有其他不按照工程设计图纸或者施工技术标准施工的行为的，责令改正，处以罚款；情节严重的，责令停业整顿，降低资质等级或者吊销资质证书；造成建筑工程质量不符合规定的质量标准的，负责返工、修理，并赔偿因此造成的损失；构成犯罪的，依法追究刑事责任。"相应地，1996 年的《刑法修订草案》在"破坏社会主义市场经济秩序罪"一章中也用了 3 个条文来规定此类犯罪。其中，第 141 条规定："建设单位违反规定，要求建筑设计单位或者施工企业降低工程质量，或者提供不合格的建筑材料、建筑购配件和设备强迫施工企业使用，造成重大损失的，对单位判处罚金，对其直接负责的主管人员和其他直接责任人员，处三年以下有期徒刑、拘役或者管制；造成特别重大损失的，处三年以上七年以下有期徒刑。"第 142 条规定："建筑设计单位不按建筑工程质量标准进行设计，造成工程质量事故，损失严重的，对单位判处罚金，对其直接负责的主管人员和其他直接责任人员，处三年以下有期徒刑、拘役或者管制；损失特别严重的，处三年以上七年以下有期徒刑。"第 143 条规定："施工单位在施工中偷工减料，使用不合格的建筑材料、建筑购配件和设备，或者不按照设计图纸或者施工技术标准施工，造成重大质量事故，损失严重的，对单位判处罚金，对其直接负责的主管人员和其他直接责任人员，处三年以下有期徒刑、拘役或者管制；损失特别严重的，处三年以上七年以下有期徒刑。"到了 1997 年，《刑法修订草案》（修改稿）考虑到本罪更符合危害公共安全罪的特征，因而将其移入"危害公共安全罪"一章；同时，还将上述 3 个条文合并规定为 1 条，相应简化了本罪的表述，并删去了"对单位判处罚金"的规定。该草案第 137 条规定："建设单位、建筑设计单位、施工单位违反国家规定，降低工程质量标准，造成重大安全事故的，对直接责任人员，处三年以下有期徒刑、拘役或者管制；后果特别严重的，处三年以上七年以下有期徒刑。"在分组审议时，"有的代表提出，这类问题一出就是大事，最高刑七年太轻"；"有的代表建议

---

① 参见建设部部长侯捷 1996 年 8 月 23 日在八届全国人大常委会第二十一次会议上所作的《关于〈中华人民共和国建筑法（草案）〉的说明》。

在该条主体中增加'监理单位'。"① 因此，1997 年《刑法》第 137 条对上述规定又作了两方面的修改和补充：一是在犯罪主体方面，增加了"工程监理单位"；二是在刑罚配置方面，将原"处三年以下有期徒刑、拘役或者管制"改为"处五年以下有期徒刑或者拘役，并处罚金"，将原"处三年以上七年以下有期徒刑"改为"处五年以上十年以下有期徒刑，并处罚金"。

【立法规定】

《刑法》第 137 条规定："建设单位、设计单位、施工单位、工程监理单位违反国家规定，降低工程质量标准，造成重大安全事故的，对直接责任人员，处五年以下有期徒刑或者拘役，并处罚金；后果特别严重的，处五年以上十年以下有期徒刑，并处罚金。"

【立法释义】

最高人民检察院、公安部 2008 年 6 月 25 日发布的《关于公安机关管辖的刑事案件立案追诉标准的规定（一）》第 13 条规定："建设单位、设计单位、施工单位、工程监理单位违反国家规定，降低工程质量标准，涉嫌下列情形之一的，应予立案追诉：（一）造成死亡一人以上，或者重伤三人以上；（二）造成直接经济损失五十万元以上的；（三）其他造成严重后果的情形。"

最高人民法院 2015 年 9 月 16 日发布的《关于充分发挥审判职能作用切实维护公共安全的若干意见》第 6 条规定："坚持发展是第一要务，安全是第一保障。针对近年来非法、违法生产，忽视生产安全的现象十分突出，造成群死群伤的重特大生产安全责任事故屡有发生的严峻形势，充分发挥刑罚的惩罚和预防功能，加大对各类危害安全生产犯罪的惩治力度，用严肃、严格、严厉的责任追究和法律惩罚，推动安全生产责任制的有效落实，促进安全生产形势根本好转，确保人民生命财产安全。"第 7 条规定："结合当前形势并针对犯罪原因，既要重点惩治发生在危险化学品、民爆器材、烟花爆竹、电梯、煤矿、非煤矿山、油气运送管道、建筑施工、消防、粉尘涉爆等重点行业领域企业，以及港口、码头、人员密集场所等重点部位的危害安全生产犯罪，更要从严惩治发生在这些犯罪背后的国家机关工作人员贪污贿赂和渎职犯罪。既要依法追究直接造成损害的从事生产、作业的责任人员，更要依法从严惩治对生产、作业负有组织、指挥或者管理职责的负责人、管理人、实际控制人、投资人。既要加大对各类安全生产犯罪的惩治力度，更要从严惩治因安全生产条件不符合国家规定被处罚而又违规生产，关闭或者故意破坏安全警示设备，事故发生后不积极抢救人员或者毁灭、伪造、隐藏影响事故调查证据，通过行贿非法获取相关生产

---

① 参见全国人大法律委员会办公室：《八届全国人大五次会议分组审议〈中华人民共和国刑法（修订草案）〉的意见》（1997 年 3 月 6 日印），载高铭暄、赵秉志编：《新中国刑法立法文献资料总览》（下），中国人民公安大学出版社 1998 年版，第 2229 页。

经营资质等情节的危害安全生产的犯罪。"

【立法建言】

建　议：将《刑法》第137条修改为："建设单位、设计单位、施工单位、工程监理单位违反国家规定，降低工程质量标准，造成重大安全事故的，对单位判处罚金，并对其直接负责的主管人员和其他直接责任人员，处五年以下有期徒刑、拘役或者管制，可以并处或者单处罚金；后果特别严重的，处五年以上十年以下有期徒刑，并处罚金。"

理　由：

1. 从法条表述上看，本罪属于单位犯罪。犯罪的主体是建设单位、设计单位、施工单位与工程监理单位，但是刑法只处罚直接责任人员。[①] 笔者认为，对本罪实行单罚制，仅追究直接责任人员的刑事责任，显然不足以有效预防和遏制这类犯罪的发生。因此，宜对本罪实行双罚制。

2. 从立法技术上看，宜在本罪的第1档法定刑中增加"管制"的规定，并将其中的"并处罚金"改为"可以并处或者单处罚金"。因为，在现实生活中，建设单位、设计单位、施工单位、工程监理单位违反国家规定，降低工程质量标准的行为，往往是为了牟取非法经济利益。因此，对本罪规定罚金，可以有效防止犯罪分子在经济上得到好处。但是，本罪中"直接责任人员"的情况错综复杂，他们并不一定能从中直接获取经济利益，因而规定"可以"能够增强适用的灵活性。此外，本罪属于过失犯罪，增加"管制"和"单处"罚金的规定，还能与《刑法》其他责任事故犯罪的处刑规定相协调。

二十九、教育设施重大安全事故罪（第138条）

【立法沿革】

教育设施重大安全事故罪是在1995年《中华人民共和国教育法》（以下简称《教育法》）第73条规定的基础上修改而来的。

全国人大1995年3月18日通过的《教育法》第73条规定："明知校舍或者教育教学设施有危险，而不采取措施，造成人员伤亡或者重大财产损失的，对直接负责的主管人员和其他直接责任人员，依法追究刑事责任。"由于1979年《刑法》对这种行为并无明文规定，根本无从"依法"追究刑事责任；[②] 因此，在刑法修订研拟的过程中，将其改为刑法

---

① 参见张明楷：《刑法学》，法律出版社2011年版，第641页；刘艳红主编：《刑法学》（下），北京大学出版社2014年版，第216页。但是，也有学者认为，本罪的主体是建设单位、设计单位、施工单位、工程监理单位中对工程质量安全负有直接责任的人员（参见赵秉志主编：《刑法新教程》，中国人民大学出版社2009年版，第410～411页；高铭暄、马克昌主编：《刑法学》，北京大学出版社、高等教育出版社2011年版，第369～370页）。

② "1979年刑法典没有专门规定这种犯罪，对于这种行为，在当时的司法实践中，基本上是按照玩忽职守罪追究刑事责任的"（高铭暄：《中华人民共和国刑法的孕育诞生和发展完善》，北京大学出版社2012年版，第338页）。

的具体条款。从立法的进程来看，将教育设施重大安全事故罪纳入刑法的视野相对较晚，一直到1997年的《刑法修订草案》（修改稿）第138条才首次规定了本罪："明知校舍或者教育教学设施有危险，而不采取措施或者不及时报告，致使发生重大伤亡事故的，对直接责任人员，处三年以下有期徒刑、拘役或者管制；后果特别严重的，处三年以上七年以下有期徒刑。"1997年3月1日，提交给八届全国人大五次会议审议的《中华人民共和国刑法（修订草案）》第138条基本上沿用了上述规定，仅删去了第1档法定刑中的"管制"。这一修改方案，为现行刑法所采纳。

【立法规定】

《刑法》第138条规定："明知校舍或者教育教学设施有危险，而不采取措施或者不及时报告，致使发生重大伤亡事故的，对直接责任人员，处三年以下有期徒刑或者拘役；后果特别严重的，处三年以上七年以下有期徒刑。"

【立法释义】

最高人民检察院、公安部2008年6月25日发布的《关于公安机关管辖的刑事案件立案追诉标准的规定（一）》第14条规定："明知校舍或者教育教学设施有危险，而不采取措施或者不及时报告，涉嫌下列情形之一的，应予立案追诉：（一）造成死亡一人以上、重伤三人以上或者轻伤十人以上的；（二）其他致使发生重大伤亡事故的情形。"

【立法建言】

建　议：将《刑法》第138条修改为："明知校舍或者教育教学设施有危险，而不采取措施或者不及时报告，致使发生重大伤亡事故的，对直接责任人员，处三年以下有期徒刑、拘役或者管制，可以并处或者单处罚金；后果特别严重的，处三年以上七年以下有期徒刑，可以并处罚金。"

理　由：

从立法技术上看，宜在本罪的法定刑中增加"管制"和"罚金"的规定，以与《刑法》的其他管制和罚金规定相一致。

三十、消防责任事故罪（第139条）

【立法沿革】

消防责任事故罪是在1984年《中华人民共和国消防条例》（以下简称《消防条例》）第30条规定的基础上修改而来的。

全国人大常委会1984年5月11日批准的《消防条例》第30条规定："违反本条例规定，经消防监督机构通知采取改正措施而拒绝执行，情节严重的，对有关责任人员由公安机关依照治安管理处罚条例给予处罚，或者由其主管机关给予行政处分。""违反本条例规定，造成火灾的，对有关责任人员依法追究刑事责任；情节较轻的，由公安机关依照治安管理处罚条例给予处罚，或者由其主管机关给予行政处分。"

在刑法修订研拟的过程中，为了与《消防条例》的规定相衔接，1996 年的《刑法修订草案》第 130 条增设了消防责任事故罪："违反消防管理法规，经消防监督机构通知采取改正措施而拒绝执行，造成严重后果的，处三年以下有期徒刑、拘役或者管制。"到了1997 年，《刑法修订草案》（修改稿）第 139 条对上述规定作了两方面的修改和补充：一是明确了犯罪主体，将处罚的范围限定为"直接责任人员"；二是增加了量刑档次，规定"后果特别严重的，处三年以上七年以下有期徒刑"。修改后的条文为："违反消防管理法规，经消防监督机构通知采取改正措施而拒绝执行，造成严重后果的，对直接责任人员，处三年以下有期徒刑、拘役或者管制；后果特别严重的，处三年以上七年以下有期徒刑。"1997 年 3 月 1 日，提交给八届全国人大五次会议审议的《中华人民共和国刑法（修订草案)》第 140 条基本上沿用了上述规定，仅删去了第 1 档法定刑中的"管制"。这一修改方案，为现行刑法所采纳。

【立法规定】

《刑法》第 139 条规定："违反消防管理法规，经消防监督机构通知采取改正措施而拒绝执行，造成严重后果的，对直接责任人员，处三年以下有期徒刑或者拘役；后果特别严重的，处三年以上七年以下有期徒刑。"

【立法释义】

最高人民检察院、公安部 2008 年 6 月 25 日发布的《关于公安机关管辖的刑事案件立案追诉标准的规定（一)》第 15 条规定："违反消防管理法规，经消防监督机构通知采取改正措施而拒绝执行，涉嫌下列情形之一的，应予立案追诉：（一）造成死亡一人以上，或者重伤三人以上；（二）造成直接经济损失五十万元以上的；（三）造成森林火灾，过火有林地面积二公顷以上，或者过火疏林地、灌木林地、未成林地、苗圃地面积四公顷以上的；（四）其他造成严重后果的情形。"

【立法建言】

建　议：将《刑法》第 139 条修改为："违反消防管理法规，经消防监督机构通知采取改正措施而拒绝执行，造成严重后果的，对直接责任人员，处三年以下有期徒刑、拘役或者管制，可以并处或者单处罚金；后果特别严重的，处三年以上七年以下有期徒刑，可以并处罚金。"

理　由：

从立法技术上看，宜在本罪的法定刑中增加"管制"和"罚金"的规定，以与《刑法》的其他管制和罚金规定相一致。①

三十一、不报、谎报安全事故罪（第 139 条之一）

【立法沿革】

不报、谎报安全事故罪是《刑法修正案（六）》第 4 条新增设的罪名。

1997 年《刑法》施行后，鉴于近年来"矿难"等灾害性事故频发，而一些生产单位无视国家法律，在发生安全事故后，出于利益考虑，不报、谎报事故情况，以致贻误抢救，造成事故灾害扩大的严峻现实，有些全国人大代表和国家安全生产监督管理总局及一些地方提出，对发生重大安全事故后不按规定报告或者谎报，贻误抢救或者造成事故灾害扩大，情节严重的，也应追究刑事责任。② 据此，《刑法修正案（六）》第 4 条增设了不报、谎报安全事故罪。

【立法规定】

《刑法》第 139 条之一规定："在安全事故发生后，负有报告职责的人员不报或者谎报事故情况，贻误事故抢救，情节严重的，处三年以下有期徒刑或者拘役；情节特别严重的，处三年以上七年以下有期徒刑。"

【立法释义】

最高人民法院、最高人民检察院 2007 年 2 月 28 日发布的《关于办理危害矿山生产安全刑事案件具体应用法律若干问题的解释》第 5 条规定："刑法第一百三十九条之一规定的'负有报告职责的人员'，是指矿山生产经营单位的负责人、实际控制人、负责生产经营管理的投资人以及其他负有报告职责的人员。"第 6 条规定："在矿山生产安全事故发生后，负有报告职责的人员不报或者谎报事故情况，贻误事故抢救，具有下列情形之一的，应当认定为刑法第一百三十九条之一规定的'情节严重'：（一）导致事故后果扩大，增加

---

① 值得一提的是，近年来，有些人提出，"经消防监督机构通知采取改正措施而拒绝执行"的规定不合理，应予删除（参见燕路："论消防责任事故罪客观要件设立存在的缺陷"，载《邵阳学院学报（社会科学版）》2009 年第 2 期；叶青锐："消防责任事故罪立法缺陷探讨"，载《河南社会科学》2009 年第 5 期；曲捷："消防责任事故罪存在的问题及其完善"，载《人民论坛》2013 年第 2 期）。对此观点，笔者不敢苟同。事实上，早在刑法修订研拟的过程中，就有地方提出了上述建议（参见高铭暄：《中华人民共和国刑法的孕育诞生和发展完善》，北京大学出版社 2012 年版，第 339 页）。但是，经立法机关研究后并未采纳。因为，"本条将构成犯罪的要件之一，限定为'经消防监督机构通知采取改正措施而拒绝执行'。一方面是限定犯罪的范围，防止打击面过宽，主要惩处情节恶劣者；同时，也是对消防监督机构的巨大支持，强化了消防监督的重要性，使消防监督机构的改正措施更具有法律意义，但同时也对消防监督机构提出了严格的要求"（胡康生、李福成主编：《中华人民共和国刑法释义》，法律出版社 1997 年版，第 160 页）。由此可见，上述建议并未领会我国刑法的立法精神，因而并不足取。

② 参见全国人大法律委员会副主任委员周坤仁 2006 年 4 月 25 日在十届全国人大常委会第二十一次会议上所作的《关于〈中华人民共和国刑法修正案（六）（草案）〉修改情况的汇报》。

死亡一人以上，或者增加重伤三人以上，或者增加直接经济损失一百万元以上的；（二）实施下列行为之一，致使不能及时有效开展事故抢救的：1. 决定不报、谎报事故情况或者指使、串通有关人员不报、谎报事故情况的；2. 在事故抢救期间擅离职守或者逃匿的；3. 伪造、破坏事故现场，或者转移、藏匿、毁灭遇难人员尸体，或者转移、藏匿受伤人员的；4. 毁灭、伪造、隐匿与事故有关的图纸、记录、计算机数据等资料以及其他证据的；（三）其他严重的情节。""具有下列情形之一的，应当认定为刑法第一百三十九条之一规定的'情节特别严重'：（一）导致事故后果扩大，增加死亡三人以上，或者增加重伤十人以上，或者增加直接经济损失三百万元以上的；（二）采用暴力、胁迫、命令等方式阻止他人报告事故情况导致事故后果扩大的；（三）其他特别严重的情节。"第7条规定："在矿山生产安全事故发生后，实施本解释第六条规定的相关行为，帮助负有报告职责的人员不报或者谎报事故情况，贻误事故抢救的，对组织者或者积极参加者，依照刑法第一百三十九条之一的规定，以共犯论处。"

最高人民法院2011年12月30日发布的《关于进一步加强危害生产安全刑事案件审判工作的意见》第11条规定："安全事故发生后，负有报告职责的国家工作人员不报或者谎报事故情况，贻误事故抢救，情节严重，构成不报、谎报安全事故罪，同时构成职务犯罪或其他危害生产安全犯罪的，依照数罪并罚的规定处罚。"第12条规定："非矿山生产安全事故中，认定'直接负责的主管人员和其他直接责任人员'、'负有报告职责的人员'的主体资格，认定构成'重大伤亡事故或者其他严重后果'、'情节特别恶劣'，不报、谎报事故情况，贻误事故抢救，'情节严重'、'情节特别严重'等，可参照最高人民法院、最高人民检察院《关于办理危害矿山生产安全刑事案件具体应用法律若干问题的解释》的相关规定。"第13条规定："审理危害生产安全刑事案件，应综合考虑生产安全事故所造成的伤亡人数、经济损失、环境污染、社会影响、事故原因与被告人职责的关联程度、被告人主观过错大小、事故发生后被告人的施救表现、履行赔偿责任情况等，正确适用刑罚，确保裁判法律效果和社会效果相统一。"

最高人民法院2015年9月16日发布的《关于充分发挥审判职能作用切实维护公共安全的若干意见》第7条规定："结合当前形势并针对犯罪原因，既要重点惩治发生在危险化学品、民爆器材、烟花爆竹、电梯、煤矿、非煤矿山、油气运送管道、建筑施工、消防、粉尘涉爆等重点行业领域企业，以及港口、码头、人员密集场所等重点部位的危害安全生产犯罪，更要从严惩治发生在这些犯罪背后的国家机关工作人员贪污贿赂和渎职犯罪。既要依法追究直接造成损害的从事生产、作业的责任人员，更要依法从严惩治对生产、作业负有组织、指挥或者管理职责的负责人、管理人、实际控制人、投资人。既要加大对各类安全生产犯罪的惩治力度，更要从严惩治因安全生产条件不符合国家规定被处罚而又违规生产，关闭或者故意破坏安全警示设备，事故发生后不积极抢救人员或者毁灭、伪造、隐藏影响事故调查证据，通过行贿非法获取相关生产经营资质等情节的危害安全生产的犯罪。"

【立法建言】

建　议：将《刑法》第139条之一修改为："在安全事故发生后，负有报告职责的人员不报或者谎报事故情况，贻误事故抢救，情节严重的，处三年以下有期徒刑、拘役或者管制，可以并处或者单处罚金；情节特别严重的，处三年以上七年以下有期徒刑，可以并处罚金。"

理　由：

从立法技术上看，宜在本罪的法定刑中增加"管制"和"罚金"的规定，以与《刑法》的其他管制和罚金规定相一致。

第三章　破坏社会主义市场经济秩序罪

第一节　生产、销售伪劣商品罪

一、生产、销售伪劣产品罪（第140条）

【立法沿革】

生产、销售伪劣产品罪是在全国人大常委会1993年《关于惩治生产、销售伪劣商品犯罪的决定》第1条规定的生产、销售伪劣产品罪的基础上修改而来的。

早在1950年，《刑法大纲草案》第六章"侵害国有或公有财产罪"和第八章"经济上的犯罪"所规定的"不忠实履行合同罪"和"违反委托购销规定罪"，就涉及生产、销售伪劣产品方面的犯罪。其中，第79条规定："与国家机关、国营或公营企业订立合同，有下列情形之一，致国有或公有财产受重大损害者，处三年以下监禁，并可酌处罚金……二、掺杂或偷工减料之方法损害财物品质……""犯前项之罪情节特别严重者，处二年以上七年以下监禁，并可没收其财产之全部或一部。"第100条规定："受国家机关、国营公营企业委托，收购或代销物品，不依规定之品质或价格，致使国家或人民利益遭受损害者，处二年以下监禁，并可酌处罚金，或责令公开承认错误。"1954年的《刑法指导原则草案》则仅将"发行违反规定标准"的物品的行为规定为犯罪。由于有关方面对该罪的对象认识不太一致，因而该草案第59条设计了两种不同的写法。一种写法是："故意发行违反政府规定标准的食品、医药用品，严重危害或者可能严重危害人民生命健康的，判处三年以上十年以下有期徒刑；情节特别严重的，判处十年以上有期徒刑直至无期徒刑或者死刑。"另一种写法是："故意发行违反国家规定标准的重要物品器材，严重危害国家建设或者人民生命健康的，判处十年以下有期徒刑；情节特别严重的，判处十年以上有期徒刑直至无期徒刑或者死刑。"到了1957年，《刑法草案》第22稿第144条始将销售伪劣产品欺骗顾客的行为作为一种独立的犯罪加以规定："商业经销、代销人员，以假品冒充真品、以次品冒充好品或者掺杂、掺假欺骗顾客的，处五百元以下罚金。"1963年的《刑法草案》第33稿第135条在上述规定的基础上，一方面提高了该罪的入罪门槛，规定只有

"情节严重"的才构成犯罪，并将其法定刑设置为"五年以下有期徒刑或者拘役，可以并处或者单处罚金"；另一方面还增加了情节加重犯的规定，将"情节特别严重"的法定刑设置为"五年以上有期徒刑，可以并处罚金"。修改后的条文为："商业人员故意造假，欺骗顾客，情节严重的，处五年以下有期徒刑或者拘役，可以并处或者单处罚金；情节特别严重的，处五年以上有期徒刑，可以并处罚金。"然而，1979年《刑法》遵循"宜粗不宜细"的立法指导思想，将包括上述规定在内的各种投机倒把行为，[①] 合并规定为1个投机倒把罪。

1979年《刑法》第117条规定："违反金融、外汇、金银、工商管理法规，投机倒把，情节严重的，处三年以下有期徒刑或者拘役，可以并处、单处罚金或者没收财产。"第118条规定："以走私、投机倒把为常业的，走私、投机倒把数额巨大的或者走私、投机倒把集团的首要分子，处三年以上十年有期徒刑，可以并处没收财产。"第119条规定："国家工作人员利用职务上的便利，犯走私、投机倒把罪的，从重处罚。"

在全面研究修改刑法的过程中，1988年9月的刑法修改稿对投机倒把罪进行了分解，[②] 增设了制造、销售伪劣商品罪："违反工商管理法规，制造、销售伪劣商品，损害消费者利益，情节严重的，处五年以下有期徒刑，并处、单处罚金或者没收财产；数额巨大的，处五年以上十年以下有期徒刑，并处没收财产；情节特别严重的，处十年以上有期徒刑、无期徒刑或者死刑，并处没收财产。"[③] 1988年11月16日的刑法修改稿在上述规定的基础上，将制造、销售伪劣商品罪分解为生产劣质产品罪和销售伪劣产品罪两个罪名。[④] 其中，第138条规定："违反标准化管理法规，生产、进口不符合国家规定的强制性标准的产品，造成严重后果的，处五年以下有期徒刑或者拘役，可以单处或者并处罚金；情节特别严重的，处五年以上十年以下有期徒刑，并处罚金。"第139条规定："违反工商管理法规，在销售商品中以假充真、以次充好，致使消费者利益遭受重大损害的，处五年以下有期徒刑或者拘役，可以单处或者并处罚金；情节严重的，处五年以上十年以下有期徒刑，并处罚金。"

针对社会上日益猖獗的假冒伪劣商品问题，为了惩治生产、销售伪劣商品的犯罪，保障人体健康和人身、财产安全，保护用户、消费者的合法权益，维护社会经济秩序，1993

---

① 除上述规定外，《刑法草案》第33稿第124条、第125条和第126条还分别规定了违反金融、外汇、金银管理法规的投机倒把罪、违反市场管理法规的投机倒把罪和违反工商管理法规的投机倒把罪。

② 这次对投机倒把罪的修改，主要是参照国务院关于处理投机倒把行为的规定，列出投机倒把的具体行为（参见全国人大常委会法制工作委员会刑法室：《关于修改刑法的初步设想（初稿）》（1988年9月），载高铭暄、赵秉志编：《新中国刑法立法文献资料总览》（下），中国人民公安大学出版社1998年版，第2108页）。

③ 该条列于从投机倒把罪分解出来的条文之中，未编条文序号。

④ 参见该稿分则第四章"破坏社会主义经济秩序罪"中的"修改说明"。

年 7 月 2 日，全国人大常委会通过了《关于惩治生产、销售伪劣商品犯罪的决定》。该决定第 1 条增设了生产、销售伪劣产品罪："生产者、销售者在产品中掺杂、掺假，以假充真，以次充好或者以不合格产品冒充合格产品，违法所得数额 2 万元以上不满 10 万元的，处二年以下有期徒刑或者拘役，可以并处罚金，情节较轻的，可以给予行政处罚；违法所得数额 10 万元以上不满 30 万元的，处二年以上七年以下有期徒刑，并处罚金；违法所得数额 30 万元以上不满 100 百万元的，处七年以上有期徒刑，并处罚金或者没收财产；违法所得数额 100 百万元以上的，处十五年有期徒刑或者无期徒刑，并处没收财产。"此外，该决定第 8 条还规定："生产、销售本决定第二条至第七条所列产品，不构成各该条规定的犯罪，但是违法所得数额在 2 万元以上的，依照本决定第一条的规定处罚。""生产、销售本决定第二条至第七条所列产品，构成各该条规定的犯罪，同时又构成本决定第一条规定的犯罪的，依照处罚较重的规定处罚。"第 9 条规定："企业事业单位犯本决定第二条至第七条罪的，对单位判处罚金，并对直接负责的主管人员和其他直接责任人员依照各该条的规定追究刑事责任。""企业事业单位犯本决定第一条罪的，对单位判处罚金，情节恶劣的，并对直接负责的主管人员和其他直接责任人员依照本决定第一条的规定追究刑事责任。"第 11 条规定："犯本决定各条罪、属于累犯的，从重处罚。"第 12 条规定："依照本决定判处罚金的，罚金的数额为违法所得的一倍以上五倍以下。""犯本决定各条罪造成受害人损失的，除依照本决定追究刑事责任外，并应当根据情况依法判处赔偿损失。""犯本决定各条罪的，其违法所得的一切财物予以没收。犯本决定第二条至第七条罪的，对各该条所列违法生产、销售的产品予以没收。"①

在刑法修订研拟的过程中，1996 年 8 月 8 日的《刑法分则修改草稿》首次将"生产、销售伪劣商品罪"作为第三章"破坏社会主义经济秩序罪"的一节加以规定。该节第 1 条基本上沿用了上述决定第 1 条的规定，仅在立法技术上将决定第 12 条第 1 款规定的罚金数额标准充实到了该条之中。1996 年 8 月 31 日的《刑法修改草稿》在上述规定的基础上，删去了"情节较轻的，可以给予行政处罚"这一非刑法规范。1996 年 12 月 20 日的《刑法修订草案》第 131 条在上述第 1 档法定刑中增加了"管制"这一刑种。1997 年 2 月 17 日的《刑法修订草案》（修改稿）第 140 条在上述规定的基础上，又在第 1 档法定刑中增加了"单处"罚金的规定。1997 年 3 月 1 日，提交给八届全国人大五次会议审议的《中华人民共和国刑法（修订草案）》第 141 条对上述规定作了较大的修改和调整：一是将"违法所得数额二万元以上不满十万元"的入罪标准改为"销售金额五万元以上不满

---

① 《关于惩治生产、销售伪劣商品犯罪的决定》关于法条竞合的适用、单位犯罪、累犯以及罚金、赔偿损失和没收的规定集中在第 8 条、第 9 条、第 11 条和第 12 条之中。本节在阐述以下各罪立法规定时，凡涉及《关于惩治生产、销售伪劣商品犯罪的决定》的，均不再具体列举上述规定。

二十万元"，同时相应调整了各档次的处刑标准，将"违法所得数额十万元以上不满三十万元"改为"销售金额二十万元以上不满五十万元"，将"违法所得数额三十万元以上不满一百万元"改为"销售金额五十万元以上不满二百万元"，将"违法所得数额一百万元以上"改为"销售金额二百万元以上"；二是删去了第1档法定刑中的"管制"规定；三是将"违法所得一倍以上五倍以下"的罚金标准改为"销售金额百分之五十以上二倍以下"。这一修改方案，为现行刑法所采纳。

【立法规定】

《刑法》第140条规定："生产者、销售者在产品中掺杂、掺假，以假充真，以次充好或者以不合格产品冒充合格产品，销售金额五万元以上不满二十万元的，处二年以下有期徒刑或者拘役，并处或者单处销售金额百分之五十以上二倍以下罚金；销售金额二十万元以上不满五十万元的，处二年以上七年以下有期徒刑，并处销售金额百分之五十以上二倍以下罚金；销售金额五十万元以上不满二百万元的，处七年以上有期徒刑，并处销售金额百分之五十以上二倍以下罚金；销售金额二百万元以上的，处十五年有期徒刑或者无期徒刑，并处销售金额百分之五十以上二倍以下罚金或者没收财产。"第149条规定："生产、销售本节第一百四十一条至第一百四十八条所列产品，不构成各该条规定的犯罪，但是销售金额在五万元以上的，依照本节第一百四十条的规定定罪处罚。""生产、销售本节第一百四十一条至第一百四十八条所列产品，构成各该条规定的犯罪，同时又构成本节第一百四十条规定之罪的，依照处罚较重的规定定罪处罚。"第150条规定："单位犯本节第一百四十条至第一百四十八条规定之罪的，对单位判处罚金，并对其直接负责的主管人员和其他直接责任人员，依照各该条的规定处罚。"

【立法释义】

最高人民法院、最高人民检察院2001年4月9日发布的《关于办理生产、销售伪劣商品刑事案件具体应用法律若干问题的解释》第1条规定："刑法第一百四十条规定的在产品中'掺杂、掺假'，是指在产品中掺入杂质或者异物，致使产品质量不符合国家法律、法规或者产品明示质量标准规定的质量要求，降低、失去应有使用性能的行为。""刑法第一百四十条规定的'以假充真'，是指以不具有某种使用性能的产品冒充具有该种使用性能的产品的行为。""刑法第一百四十条规定的'以次充好'，是指以低等级、低档次产品冒充高等级、高档次产品，或者以残次、废旧零配件组合、拼装后冒充正品或者新产品的行为。""刑法第一百四十条规定的'不合格产品'，是指不符合《中华人民共和国产品质量法》第二十六条第二款规定的质量要求的产品。""对本条规定的上述行为难以确定的，应当委托法律、行政法规规定的产品质量检验机构进行鉴定。"第2条规定："刑法第一百四十条、第一百四十九条规定的'销售金额'，是指生产者、销售者出售伪劣产品后所得和应得的全部违法收入。""伪劣产品尚未销售，货值金额达到刑法第一百四十条规定的销售金额三倍以上的，以生产、销售伪劣产品罪（未遂）定罪处罚。""货值金额以违法生产、销售的伪劣产品的标价计算；没有标价的，按照同类合格产品的市场中间价格计算。货值金额难以确定的，按照国家计划委员会、最高人民法院、最高人民检察院、公安部1997年4月22日联合发布的《扣押、追缴、没收物品估价管理办法》的规定，委托指定的估价机构确定。""多次实施生产、销售伪劣产品行为，未经处理的，伪劣产品的销售金额或者货值金额累计计算。"第9条规定："知道或者应当知道他人实施生产、销售伪劣商品犯罪，而为其提供贷款、资金、账号、发票、证明、许可证件，或者提供生产、经营场所或者运输、仓储、保管、邮寄等便利条件，或者提供制假生产技术的，以生产、销售伪劣商品犯罪的共犯论处。"第10条规定："实施生产、销售伪劣商品犯罪，同时构成侵犯知识产权、非法经营等其他犯罪的，依照处罚较重的规定定罪处罚。"第11条规定："实施刑法第一百四十条至第一百四十八条规定的犯罪，又以暴力、威胁方法抗拒查处，构成其他犯罪的，依照数罪并罚的规定处罚。"第12条规定："国家机关工作人员参与生产、销售伪劣商品犯罪的，从重处罚。"

最高人民法院2001年5月21日发布的《关于审理生产、销售伪劣商品刑事案件有关鉴定问题的通知》第1条规定："对于提起公诉的生产、销售伪劣产品、假冒商标、非法经营等严重破坏社会主义市场经济秩序的犯罪案件，所涉生产、销售的产品是否属于'以假充真'、'以次充好'、'以不合格产品冒充合格产品'难以确定的，应当根据《解释》第一条第五款的规定，由公诉机关委托法律、行政法规规定的产品质量检验机构进行鉴定。"第3条规定："经鉴定确系伪劣商品，被告人的行为既构成生产、销售伪劣产品罪，又构成生产、销售假药罪或者生产、销售不符合卫生标准的食品罪，或者同时构成侵犯知识产权、非法经营等其他犯罪的，根据刑法第一百四十九条第二款和《解释》第十条的规定，应当依照处罚较重的规定定罪处罚。"

最高人民检察院2002年9月4日发布的《关于办理非法经营食盐刑事案件具体应用法律若干问题的解释》第4条规定："以非碘盐充当碘盐或者以工业用盐等非食盐充当食盐进行非法经营，同时构成非法经营罪和生产、销售伪劣产品罪、生产、销售不符合卫生标准的食品罪、生产、销售有毒、有害食品罪等其他犯罪的，依照处罚较重的规定追究刑事责任。"

最高人民法院、最高人民检察院2003年5月14日发布的《关于办理妨害预防、控制突发传染病疫情等灾害的刑事案件具体应用法律若干问题的解释》第2条规定："在预防、控制突发传染病疫情等灾害期间，生产、销售伪劣的防治、防护产品、物资，或者生产、销售用于防治传染病的假药、劣药，构成犯罪的，分别依照刑法第一百四十条、第一百四十一条、第一百四十二条的规定，以生产、销售伪劣产品罪，生产、销售假药罪或者生产、销售劣药罪定罪，依法从重处罚。"

最高人民检察院、公安部 2008 年 6 月 25 日发布的《关于公安机关管辖的刑事案件立案追诉标准的规定（一）》第 16 条规定："生产者、销售者在产品中掺杂、掺假，以假充真，以次充好或者以不合格产品冒充合格产品，涉嫌下列情形之一的，应予立案追诉：（一）伪劣产品销售金额五万元以上的；（二）伪劣产品尚未销售，货值金额十五万元以上的；（三）伪劣产品销售金额不满五万元，但将已销售金额乘以三倍后，与尚未销售的伪劣产品货值金额合计十五万元以上的。""本条规定的'掺杂、掺假'，是指在产品中掺入杂质或者异物，致使产品质量不符合国家法律、法规或者产品明示质量标准规定的质量要求，降低、失去应有使用性能的行为；'以假充真'，是指以不具有某种使用性能的产品冒充具有该种使用性能的产品的行为；'以次充好'，是指以低等级、低档次产品冒充高等级、高档次产品，或者以残次、废旧零配件组合、拼装后冒充正品或者新产品的行为；'不合格产品'，是指不符合《中华人民共和国产品质量法》第二十六条第二款规定的质量要求的产品。""对本条规定的上述行为难以确定的，应当委托法律、行政法规规定的产品质量检验机构进行鉴定。本条规定的'销售金额'，是指生产者、销售者出售伪劣产品后所得和应得的全部违法收入；'货值金额'，以违法生产、销售的伪劣产品的标价计算；没有标价的，按照同类合格产品的市场中间价格计算。货值金额难以确定的，按照《扣押、追缴、没收物品估价管理办法》的规定，委托估价机构进行确定。"

最高人民法院、最高人民检察院 2010 年 3 月 2 日发布的《关于办理非法生产、销售烟草专卖品等刑事案件具体应用法律若干问题的解释》第 1 条第 1 款规定："生产、销售伪劣卷烟、雪茄烟等烟草专卖品，销售金额在五万元以上的，依照刑法第一百四十条的规定，以生产、销售伪劣产品罪定罪处罚。"第 2 条规定："伪劣卷烟、雪茄烟等烟草专卖品尚未销售，货值金额达到刑法第一百四十条规定的销售金额定罪起点数额标准的三倍以上的，或者销售金额未达到五万元，但与未销售货值金额合计达到十五万元以上的，以生产、销售伪劣产品罪（未遂）定罪处罚。""销售金额和未销售货值金额分别达到不同的法定刑幅度或者均达到同一法定刑幅度的，在处罚较重的法定刑幅度内酌情从重处罚。""查获的未销售的伪劣卷烟、雪茄烟，能够查清销售价格的，按照实际销售价格计算。无法查清实际销售价格，有品牌的，按照该品牌卷烟、雪茄烟的查获地省级烟草专卖行政主管部门出具的零售价格计算；无品牌的，按照查获地省级烟草专卖行政主管部门出具的上年度卷烟平均零售价格计算。"第 5 条规定："行为人实施非法生产、销售烟草专卖品犯罪，同时构成生产、销售伪劣产品罪、侵犯知识产权犯罪、非法经营罪的，依照处罚较重的规定定罪处罚。"第 6 条规定："明知他人实施本解释第一条所列犯罪，而为其提供贷款、资金、账号、发票、证明、许可证件，或者提供生产、经营场所、设备、运输、仓储、保管、邮寄、代理进出口等便利条件，或者提供生产技术、卷烟配方的，应当按照共犯追究刑事责任。"第7条规定："办理非法生产、销售烟草专卖品等刑事案件，需要对伪劣烟草专卖品鉴定的，应当委托国务院产品质量监督管理部门和省、自治区、直辖市人民政府产品质量监督管理部门指定的烟草质量检测机构进行。"第9条规定："本解释所称'烟草专卖品'，是指卷烟、雪茄烟、烟丝、复烤烟叶、烟叶、卷烟纸、滤嘴棒、烟用丝束、烟草专用机械。""本解释所称'卷烟辅料'，是指卷烟纸、滤嘴棒、烟用丝束。""本解释所称'烟草专用机械'，是指由国务院烟草专卖行政主管部门烟草专用机械名录所公布的，在卷烟、雪茄烟、烟丝、复烤烟叶、烟叶、卷烟纸、滤嘴棒、烟用丝束的生产加工过程中，能够完成一项或者多项特定加工工序，可以独立操作的机械设备。""本解释所称'同类烟草专用机械'，是指在卷烟、雪茄烟、烟丝、复烤烟叶、烟叶、卷烟纸、滤嘴棒、烟用丝束的生产加工过程中，能够完成相同加工工序的机械设备。"

最高人民法院、最高人民检察院、公安部2012年1月9日发布的《关于依法严惩"地沟油"犯罪活动的通知》第2条第4款规定："虽无法查明'食用油'是否系利用'地沟油'生产、加工，但犯罪嫌疑人、被告人明知该'食用油'来源可疑而予以销售的，应分别情形处理：经鉴定，检出有毒、有害成分的，依照刑法第144条销售有毒、有害食品罪的规定追究刑事责任；属于不符合安全标准的食品的，依照刑法第143条销售不符合安全标准的食品罪追究刑事责任；属于以假充真、以次充好、以不合格产品冒充合格产品或者假冒注册商标，构成犯罪的，依照刑法第140条销售伪劣产品罪或者第213条假冒注册商标罪、第214条销售假冒注册商标的商品罪追究刑事责任。"

最高人民法院、最高人民检察院、公安部、国家安全监管总局2012年9月6日发布的《关于依法加强对涉嫌犯罪的非法生产经营烟花爆竹行为刑事责任追究的通知》第1条中指出："非法生产、经营烟花爆竹及相关行为涉及生产、销售伪劣产品或不符合安全标准产品，构成生产、销售伪劣产品罪或生产、销售不符合安全标准产品罪的，应当依照刑法第一百四十条、第一百四十六条的规定定罪处罚"。第3条中指出："人民法院对于起诉到法院的上述涉嫌犯罪的案件，要按照宽严相济的政策，依法从快审判，对同时构成多项犯罪或者屡次违法犯罪的，要从重处罚"。

最高人民法院、最高人民检察院2013年5月2日发布的《关于办理危害食品安全刑事案件适用法律若干问题的解释》第10条规定："生产、销售不符合食品安全标准的食品添加剂，用于食品的包装材料、容器、洗涤剂、消毒剂，或者用于食品生产经营的工具、设备等，构成犯罪的，依照刑法第一百四十条的规定以生产、销售伪劣产品罪定罪处罚。"第11条第3款规定："实施前两款行为，同时构成生产、销售伪劣产品罪，生产、销售伪劣农药、兽药罪等其他犯罪的，依照处罚较重的规定定罪处罚。"① 第 13 条第 2 款规定："生产、销售不符合食品安全标准的食品，无证据证明足以造成严重食物中毒事故或者其他严重食源性疾病，不构成生产、销售不符合安全标准的食品罪，但是构成生产、销售伪劣产品罪等其他犯罪的，依照该其他犯罪定罪处罚。"

最高人民检察院 2014 年 2 月 21 日发布的指导性案例检例第 12 号《柳立国等人生产、销售有毒、有害食品，生产、销售伪劣产品案》中的"要旨"指出："明知对方是食用油经销者，仍将用餐厨废弃油（俗称'地沟油'）加工而成的劣质油脂销售给对方，导致劣质油脂流入食用油市场供人食用的，构成生产、销售有毒、有害食品罪；明知油脂经销者向饲料生产企业和药品生产企业等单位销售豆油等食用油，仍将用餐厨废弃油加工而成的劣质油脂销售给对方，导致劣质油脂流向饲料生产企业和药品生产企业等单位的，构成生产、销售伪劣产品罪。"

最高人民法院、最高人民检察院 2014 年 11 月 3 日发布的《关于办理危害药品安全刑事案件适用法律若干问题的解释》第 7 条第 4 款规定："实施本条第二款行为，同时又构成生产、销售伪劣产品罪、以危险方法危害公共安全罪等犯罪的，依照处罚较重的规定定罪处罚。"② 第 10 条规定："实施生产、销售假药、劣药犯罪，同时构成生产、销售伪劣产品、侵犯知识产权、非法经营、非法行医、非法采供血等犯罪的，依照处罚较重的规定定罪处罚。"

【立法建言】

建 议：将《刑法》第 140 条修改为："生产者、销售者在产品中掺杂、掺假，以假充真，以次充好或者以不合格产品冒充合格产品，销售金额较大的，处二年以下有期徒刑、拘役或者管制，可以并处或者单处罚金；销售金额大的，处二年以上七年以下有期徒刑，并处罚金；销售金额巨大的，处七年以上有期徒刑，并处罚金；销售金额特别巨大的，处十五年有期徒刑或者无期徒刑，并处罚金或者没收财产。"

理 由：

1. 从内部协调的角度来看，本罪未配置"管制"但却规定了"单处"罚金，导致本罪内部的刑罚配置不合理、不协调。因为管制是我国主刑中最轻的刑种，而罚金仅仅是一种附加刑。在"单处"罚金与"拘役"之间，缺失"管制"这一过渡刑种，这不能不说

---

① 该条第 1 款规定："以提供给他人生产、销售食品为目的，违反国家规定，生产、销售国家禁止用于食品生产、销售的非食品原料，情节严重的，依照刑法第二百二十五条的规定以非法经营罪定罪处罚。"第 2 款规定："违反国家规定，生产、销售国家禁止生产、销售、使用的农药、兽药、饲料、饲料添加剂，或者饲料原料、饲料添加剂原料，情节严重的，依照前款的规定定罪处罚。"

② 该条第 2 款规定："以提供给他人生产、销售药品为目的，违反国家规定，生产、销售不符合药用要求的非药品原料、辅料，情节严重的，依照刑法第二百二十五条的规定以非法经营罪定罪处罚。"

是一种不应有的立法疏漏。因此，宜在本罪的第 1 档法定刑中增加"管制"的规定。①

2. 从外部协调的角度来看，本罪规定了罚金的数额标准，但是《刑法修正案（八）》删去了生产、销售假药罪、生产、销售不符合安全标准的食品罪和生产、销售有毒、有害食品罪的罚金数额标准，从而导致了本罪与上述犯罪的罚金规定不一致。为统一生产、销售伪劣商品罪的罚金规定，宜删去本罪罚金数额的规定。此外，本罪对定罪量刑的标准规定了具体数额，难以适应社会情势的变化。因此，宜参照《刑法修正案（九）》第 44 条的做法，删去对本罪规定的具体数额，原则规定数额较大、数额大、数额巨大和数额特别巨大 4 种情况。至于具体定罪量刑标准，可由司法机关根据案件的具体情况掌握，或者由最高人民法院、最高人民检察院通过制定司法解释予以确定。②

二、生产、销售假药罪（第 141 条）

【立法沿革】

生产、销售假药罪是在全国人大常委会 1993 年《关于惩治生产、销售伪劣商品犯罪的决定》第 2 条第 1 款规定的生产、销售假药罪的基础上修改而来的，并经《刑法修正案（八）》第 23 条所修正。

生产、销售假药罪是我国传统的刑事犯罪，历次的刑法草案和《刑法》几乎都将生产、销售假药的行为作为一种独立的犯罪加以规定。③ 从立法源流来看，1950 年的《刑法大纲草案》第 118 条规定的"制贩假药罪"，是新中国最早的生产、销售假药罪的立法例。该条规定："制造或贩卖不合标准之药品，或以假药冒充真药，足以危害他人健康者，处二年以下监禁，或酌处罚金。"到了 1954 年，根据当时的实际情况，《刑法指导原则草案》一方面取消了制造假药的犯罪，仅将"发行违反规定标准"的行为规定为犯罪；另一方面还扩大了犯罪对象的范围，将"药品"改为"食品、医药用品"。该草案第 59 条规定："故意发行违反政府规定标准的食品、医药用品，严重危害或者可能严重危害人民生命健

---

① 值得一提的是，或许正是基于完善上述处刑规定的考虑，《刑法修正案（八）》删去了《刑法》第 141 条、第 143 条和第 144 条中"单处"罚金的规定。应当说，仅就"管制"与"单处"罚金的关系而言，删去上述条文中"单处"罚金的规定，确实消弭了上述条文中刑罚配置不协调的现象。但是，一方面，《刑法修正案（八）》并未对《刑法》第 140 条、第 147 条和第 148 条作相应的调整，从而导致生产、销售伪劣商品罪各罪之间出现了新的不协调；另一方面，《刑法修正案（八）》删去上述条文中"单处"罚金的规定并不合理，因为，对于犯罪情节较轻的贪利型犯罪而言，"单处"罚金乃是"对症下药"，且符合刑法的发展方向。因此，正确的做法不是删去"单处"罚金的规定，而是应当增加"管制"这一刑种。此外，在生产、销售伪劣商品罪中增加"管制"的规定，还能与《刑法》的其他管制和罚金规定相协调。

② 参见全国人大常委会法制工作委员会主任李适时 2014 年 10 月 27 日在十二届全国人大常委会第十一次会议上所作的《关于〈中华人民共和国刑法修正案（九）（草案）〉的说明》。

③ 即便是在 1979 年《刑法》将各种扰乱市场秩序的行为都笼统地放入投机倒把罪这一"口袋"的情况下，仍然单独规定了制造、贩卖假药罪。

康的，判处三年以上十年以下有期徒刑；情节特别严重的，判处十年以上有期徒刑直至无期徒刑或者死刑。"[1] 但是，1957 年的《刑法草案》第 22 稿又恢复了将制造、贩卖假药罪单独加以规定的立法例。该稿第 191 条规定："意图营利，制造、贩卖假药，造成严重后果的，处三年以下有期徒刑或者拘役，可以并处或者单处一千元以下罚金。"1963 年的《刑法草案》第 33 稿第 180 条在上述规定的基础上，主要作了以下三方面的修改和补充：一是删去了"造成严重后果"的构成要件；二是删去了"一千元以下"罚金的具体数额标准；三是增加了"造成严重后果的，处三年以上十年以下有期徒刑，可以并处罚金"的规定。修改后的条文为："意图营利，制造、贩卖假药的，处三年以下有期徒刑或者拘役，可以并处或者单处罚金；造成严重后果的，处三年以上十年以下有期徒刑，可以并处罚金。"1979 年《刑法》第 164 条除在文字上将"意图营利"改为"以营利为目的"外，在内容上主要对上述规定作了两方面的修改：一是增补了罪状，增加了"危害人民健康"的表述；二是降低了法定刑，将第 1 档法定刑中的"三年以下有期徒刑或者拘役"改为"二年以下有期徒刑、拘役或者管制"，将第 2 档法定刑中的"三年以上十年以下有期徒刑"改为"二年以上七年以下有期徒刑"。

1979 年《刑法》第 164 条规定："以营利为目的，制造、贩卖假药危害人民健康的，处二年以下有期徒刑、拘役或者管制，可以并处或者单处罚金；造成严重后果的，处二年以上七年以下有期徒刑，可以并处罚金。"

在全面研究修改刑法的过程中，基于制造、贩卖假药的行为不仅严重扰乱社会秩序，而且还危害公众健康的考虑，1988 年 9 月的刑法修改稿将制造、贩卖假药罪从"妨害社会管理秩序罪"移至"危害公共安全罪"一章。其具体条文为："故意制造、贩卖假药危害公众健康的，处五年以下有期徒刑、拘役或者单处罚金；造成严重后果的，处五年以上有期徒刑，并处罚金，可以没收财产。"[2] 1988 年 11 月 16 日的刑法修改稿第 111 条在上述规定的基础上，主要作了以下四方面的修改和补充：一是增加了"违反药品管理法规"的表述；二是删去了"故意制造"中的"故意"一词；三是在第 1 档法定刑中增加了"管制"和"并处"罚金的规定；四是删去了第 2 档法定刑中"可以没收财产"的规定。修改后的条文为："违反药品管理法规，制造、贩卖假药危害公众健康的，处五年以下有期徒刑、拘役或者管制，可以单处或者并处罚金；造成严重后果的，处五年以上有期徒刑，并处罚金。"

---

① 该草案第 59 条还设计了另一写法："故意发行违反国家规定标准的重要物品器材，严重危害国家建设或者人民生命健康的，判处十年以下有期徒刑；情节特别严重的，判处十年以上有期徒刑直至无期徒刑或者死刑。"这是历次刑法草案中唯一没有明确规定生产、销售假药犯罪的立法例。

② 该条规定未编条文序号。

1993 年《关于惩治生产、销售伪劣商品犯罪的决定》第 2 条第 1 款对 1979 年《刑法》作了以下三方面的修改和补充：一是在犯罪主观方面，删去了"以营利为目的"的表述；二是在犯罪形态方面，将实害犯改为危险犯；三是在刑罚配置方面，调整和提高了法定刑。该决定第 2 条第 1 款规定："生产、销售假药，足以危害人体健康的，处三年以下有期徒刑或者拘役，并处罚金；对人体健康造成严重危害的，处三年以上十年以下有期徒刑，并处罚金；致人死亡或者对人体健康造成其他特别严重危害的，处十年以上有期徒刑、无期徒刑或者死刑，并处罚金或者没收财产。"

在此后的刑法修订研拟中，一个最为显著的特点，是将本罪移入分则第三章"破坏社会主义市场经济秩序罪"中。[①] 1996 年 8 月 8 日的《刑法分则修改草稿》第三章第三节第 2 条基本上沿用了上述决定第 2 条第 1 款的规定，仅将决定第 12 条第 1 款规定的罚金数额标准充实到了第 1 档和第 3 档法定刑中。鉴于上述第 2 档法定刑不当地遗漏了罚金的数额标准，导致了立法体例上的不一致，因此，1996 年 8 月 31 日的《刑法修改草案》对此作了补充。到了 1996 年 10 月 10 日，《刑法修订草案》（征求意见稿）第 125 条又将决定关于"本条所称假药，是指依照《中华人民共和国药品管理法》的规定属于假药和按假药处理的药品、非药品"的规定，增加为本条的第 2 款。1996 年 12 月 20 日的《刑法修订草案》第 132 条基本上沿用了上述规定，仅在第 1 档法定刑中增加了"管制"这一刑种。1997 年 2 月 17 日的《刑法修订草案》（修改稿）第 141 条在上述规定的基础上，又在第 1 档法定刑中增加了"单处"罚金的规定。1997 年 3 月 1 日，提交给八届全国人大五次会议审议的《中华人民共和国刑法（修订草案）》第 142 条对上述规定作了两处修改：一是删去了第 1 档法定刑中的"管制"刑种；二是调整了罚金的数额标准，将"违法所得一倍以上五倍以下罚金"改为"销售金额百分之五十以上二倍以下罚金"。这一修改方案，为 1997 年修订的《刑法》所采纳。

1997 年修订的《刑法》第 141 条规定："生产、销售假药，足以严重危害人体健康的，处三年以下有期徒刑或者拘役，并处或者单处销售金额百分之五十以上二倍以下罚金；对人体健康造成严重危害的，处三年以上十年以下有期徒刑，并处销售金额百分之五十以上二倍以下罚金；致人死亡或者对人体健康造成特别严重危害的，处十年以上有期徒

刑、无期徒刑或者死刑，并处销售金额以上百分之五十二倍以下罚金或者没收财产。""本条所称假药，是指依照《中华人民共和国药品管理法》的规定属于假药和按假药处理的药品、非药品。"

1997年《刑法》施行后，为加强刑法对广大人民群众生命健康的保护，《刑法修正案（八）》第23条对上述第1款的规定作了较大的修改和调整：一是降低了入罪的门槛，删去了"足以严重危害人体健康"的构成要件，从而使本罪由危险犯变为行为犯；二是加大了处罚的力度，删去了第1档法定刑中"单处"罚金的规定，从而使本罪的处罚变得更为严厉；三是取消了罚金的标准，删去了"销售金额百分之五十以上二倍以下"罚金的数额幅度，从而使本罪的处罚更加灵活；四是增强了可操作性，增加了"有其他严重情节的"规定，同时还将"对人体健康造成特别严重危害的"改为"有其他特别严重情节的"，从而使本罪的结果加重犯变为情节加重犯。

【立法规定】

《刑法》第141条规定："生产、销售假药的，处三年以下有期徒刑或者拘役，并处罚金；对人体健康造成严重危害或者有其他严重情节的，处三年以上十年以下有期徒刑，并处罚金；致人死亡或者有其他特别严重情节的，处十年以上有期徒刑、无期徒刑或者死刑，并处罚金或者没收财产。""本条所称假药，是指依照《中华人民共和国药品管理法》的规定属于假药和按假药处理的药品、非药品。"第149条规定："生产、销售本节第一百四十一条至第一百四十八条所列产品，不构成各该条规定的犯罪，但是销售金额在五万元以上的，依照本节第一百四十条的规定定罪处罚。""生产、销售本节第一百四十一条至第一百四十八条所列产品，构成各该条规定的犯罪，同时又构成本节第一百四十条规定之罪的，依照处罚较重的规定定罪处罚。"第150条规定："单位犯本节第一百四十条至第一百四十八条规定之罪的，对单位判处罚金，并对其直接负责的主管人员和其他直接责任人员，依照各该条的规定处罚。"

【立法释义】

最高人民法院、最高人民检察院2001年4月9日发布的《关于办理生产、销售伪劣商品刑事案件具体应用法律若干问题的解释》第9条规定："知道或者应当知道他人实施生产、销售伪劣商品犯罪，而为其提供贷款、资金、账号、发票、证明、许可证件，或者提供生产、经营场所或者运输、仓储、保管、邮寄等便利条件，或者提供制假生产技术的，以生产、销售伪劣商品犯罪的共犯论处。"第10条规定："实施生产、销售伪劣商品犯罪，同时构成侵犯知识产权、非法经营等其他犯罪的，依照处罚较重的规定定罪处罚。"第11条规定："实施刑法第一百四十条至第一百四十八条规定的犯罪，又以暴力、威胁方法抗拒查处，构成其他犯罪的，依照数罪并罚的规定处罚。"第12条规定："国家机关工作人员参与生产、销售伪劣商品犯罪的，从重处罚。"

最高人民法院 2001 年 5 月 21 日发布的《关于审理生产、销售伪劣商品刑事案件有关鉴定问题的通知》第 3 条规定："经鉴定确系伪劣商品，被告人的行为既构成生产、销售伪劣产品罪，又构成生产、销售假药罪或者生产、销售不符合卫生标准的食品罪，或者同时构成侵犯知识产权、非法经营等其他犯罪的，根据刑法第一百四十九条第二款和《解释》第十条的规定，应当依照处罚较重的规定定罪处罚。"

最高人民法院、最高人民检察院 2003 年 5 月 14 日发布的《关于办理妨害预防、控制突发传染病疫情等灾害的刑事案件具体应用法律若干问题的解释》第 2 条规定："在预防、控制突发传染病疫情等灾害期间，生产、销售伪劣的防治、防护产品、物资，或者生产、销售用于防治传染病的假药、劣药，构成犯罪的，分别依照刑法第一百四十条、第一百四十一条、第一百四十二条的规定，以生产、销售伪劣产品罪，生产、销售假药罪或者生产、销售劣药罪定罪，依法从重处罚。"

最高人民法院 2004 年 6 月 21 日发布的《关于依法惩处生产、销售伪劣食品、药品等严重破坏市场经济秩序犯罪的通知》第 2 条规定："各级法院要坚定不移地贯彻依法从严惩处的方针，对严重破坏市场经济秩序犯罪分子严格依照刑法的规定定罪判刑……要把犯罪数额巨大、情节恶劣、危害严重、群众反映强烈，给国家和人民利益造成重大损失的案件，特别是有国家工作人员参与或者包庇纵容的案件，作为大案要案，抓紧及时审理，依法从严判处。依法应当重判的，要坚决重判。在依法适用主刑的同时，必须充分适用财产刑。法律规定应当并处罚金或者没收财产的，要坚决判处罚金或者没收财产；法律规定可以并处罚金或者没收财产的，一般也要判处罚金或者没收财产。对犯罪分子违法所得的财物要依法追缴或者责令退赔；对其用于犯罪的本人财物要依法予以没收。"第 3 条中规定："被告人和被告单位积极、主动赔偿受害人和受害单位损失的，可以酌情、适当从轻处罚。"

最高人民检察院、公安部 2008 年 6 月 25 日发布的《关于公安机关管辖的刑事案件立案追诉标准的规定（一）》第 17 条规定："生产（包括配制）、销售假药，涉嫌下列情形之一的，应予立案追诉：（一）含有超标准的有毒有害物质的；（二）不含所标明的有效成分，可能贻误诊治的；（三）所标明的适应症或者功能主治超出规定范围，可能造成贻误诊治的；（四）缺乏所标明的急救必需的有效成分的；（五）其他足以严重危害人体健康或者对人体健康造成严重危害的情形。""本条规定的'假药'，是指依照《中华人民共和国药品管理法》的规定属于假药和按假药处理的药品、非药品。"

最高人民法院、最高人民检察院 2014 年 11 月 3 日发布的《关于办理危害药品安全刑事案件适用法律若干问题的解释》第 1 条规定："生产、销售假药，具有下列情形之一的，应当酌情从重处罚：（一）生产、销售的假药以孕产妇、婴幼儿、儿童或者危重病人为主要使用对象的；（二）生产、销售的假药属于麻醉药品、精神药品、医疗用毒性药品、放射性药品、避孕药品、血液制品、疫苗的；（三）生产、销售的假药属于注射剂药品、急救药品的；（四）医疗机构、医疗机构工作人员生产、销售假药的；（五）在自然灾害、事故灾难、公共卫生事件、社会安全事件等突发事件期间，生产、销售用于应对突发事件的假药的；（六）两年内曾因危害药品安全违法犯罪活动受过行政处罚或者刑事处罚的；（七）其他应当酌情从重处罚的情形。"第 2 条规定："生产、销售假药，具有下列情形之一的，应当认定为刑法第一百四十一条规定的'对人体健康造成严重危害'：（一）造成轻伤或者重伤的；（二）造成轻度残疾或者中度残疾的；（三）造成器官组织损伤导致一般功能障碍或者严重功能障碍的；（四）其他对人体健康造成严重危害的情形。"第 3 条规定："生产、销售假药，具有下列情形之一的，应当认定为刑法第一百四十一条规定的'其他严重情节'：（一）造成较大突发公共卫生事件的；（二）生产、销售金额二十万元以上不满五十万元的；（三）生产、销售金额十万元以上不满二十万元，并具有本解释第一条规定情形之一的；（四）根据生产、销售的时间、数量、假药种类等，应当认定为情节严重的。"第 4 条规定："生产、销售假药，具有下列情形之一的，应当认定为刑法第一百四十一条规定的'其他特别严重情节'：（一）致人重度残疾的；（二）造成三人以上重伤、中度残疾或者器官组织损伤导致严重功能障碍的；（三）造成五人以上轻度残疾或者器官组织损伤导致一般功能障碍的；（四）造成十人以上轻伤的；（五）造成重大、特别重大突发公共卫生事件的；（六）生产、销售金额五十万元以上的；（七）生产、销售金额二十万元以上不满五十万元，并具有本解释第一条规定情形之一的；（八）根据生产、销售的时间、数量、假药种类等，应当认定为情节特别严重的。"第 6 条规定："以生产、销售假药、劣药为目的，实施下列行为之一的，应当认定为刑法第一百四十一条、第一百四十二条规定的'生产'：（一）合成、精制、提取、储存、加工炮制药品原料的行为；（二）将药品原料、辅料、包装材料制成成品过程中，进行配料、混合、制剂、储存、包装的行为；（三）印制包装材料、标签、说明书的行为。""医疗机构、医疗机构工作人员明知是假药、劣药而有偿提供给他人使用，或者为出售而购买、储存的行为，应当认定为刑法第一百四十一条、第一百四十二条规定的'销售'。"第 8 条规定："明知他人生产、销售假药、劣药，而有下列情形之一的，以共同犯罪论处：（一）提供资金、贷款、账号、发票、证明、许可证件的；（二）提供生产、经营场所、设备或者运输、储存、保管、邮寄、网络销售渠道等便利条件的；（三）提供生产技术或者原料、辅料、包装材料、标签、说明书的；（四）提供广告宣传等帮助行为的。"第 10 条规定："实施生产、销售假药、劣药犯罪，同时构成生产、销售伪劣产品、侵犯知识产权、非法经营、非法行医、非法采供血等犯罪的，依照处罚较重的规定定罪处罚。"第 11 条规定："对实施本解释规定之犯罪的犯罪分子，应当依照刑法规定的条件，严格缓刑、免予刑事处罚的适用。对于适用缓刑的，应当同时宣告禁止令，禁止犯罪分子在缓刑考验期内从事药品生产、销售及相关活动。""销售少量根据民间传统配方私自加工的药品，或者销售少量未经批准进口的国外、境外药品，没有造成他人伤害后果或者延误诊治，情节显著轻微危害不大的，不认为是犯罪。"第 12 条规定："犯生产、销售假药罪的，一般应当依法判处生产、销售金额二倍以上的罚金。共同犯罪的，对各共同犯罪人合计判处的罚金应当在生产、销售金额的二倍以上。"第 13 条规定："单位犯本解释规定之罪的，对单位判处罚金，并对直接负责的主管人员和其他直接责任人员，依照本解释规定的自然人犯罪的定罪量刑标准处罚。"第 14 条规定："是否属于刑法第一百四十一条、第一百四十二条规定的'假药''劣药'难以确定的，司法机关可以根据地市级以上药品监督管理部门出具的认定意见等相关材料进行认定。必要时，可以委托省级以上药品监督管理部门设置或者确定的药品检验机构进行检验。"第 15 条规定："本解释所称'生产、销售金额'，是指生产、销售假药、劣药所得和可得的全部违法收入。"第 16 条规定："本解释规定的'轻伤''重伤'按照《人体损伤程度鉴定标准》进行鉴定。""本解释规定的'轻度残疾''中度残疾''重度残疾'按照相关伤残等级评定标准进行评定。"

最高人民法院 2015 年 9 月 16 日发布的《关于充分发挥审判职能作用切实维护公共安全的若干意见》第 10 条规定："食品药品安全形势不容乐观，重大、恶性食品药品安全犯罪案件时有发生，党中央高度关注，人民群众反映强烈。要以'零容忍'的态度，坚持最严厉的处罚、最严肃的问责，依法严惩生产、销售有毒、有害食品、不符合卫生标准的食品，以及生产、销售假药、劣药等犯罪。要充分认识此类犯罪的严重社会危害，严格缓刑、免刑等非监禁刑的适用。要采取有效措施依法追缴违法犯罪所得，充分适用财产刑，坚决让犯罪分子在经济上无利可图、得不偿失。要依法适用禁止令，有效防范犯罪分子再次危害社会。"

【立法建言】

建　议： 将《刑法》第 141 条第 1 款修改为："生产、销售假药的，处三年以下有期徒刑、拘役或者管制，可以并处或者单处罚金；对人体健康造成严重危害或者有其他严重情节的，处三年以上十年以下有期徒刑，并处罚金；致人死亡或者有其他特别严重情节的，处十年以上有期徒刑、无期徒刑或者死刑，并处罚金或者没收财产。"

理　由：

从立法技术上看，宜在本罪的第 1 档法定刑中增加"管制"的规定，并将"并处罚金"改为"可以并处或者单处罚金"，以与《刑法》的其他管制和罚金规定相一致。

三、生产、销售劣药罪（第142条）

【立法沿革】

生产、销售劣药罪是在全国人大常委会1993年《关于惩治生产、销售伪劣商品犯罪的决定》第2条第2款规定的生产、销售劣药罪的基础上修改而来的。

早在新中国成立初期，有关刑法草案就规定了生产、销售劣药的犯罪。1950年的《刑法大纲草案》第118条规定："制造或贩卖不合标准之药品，或以假药冒充真药，足以危害他人健康者，处两年以下监禁，或酌处罚金。"1954年的《刑法指导原则草案》第59条也规定："故意发行违反政府规定标准的食品、医药用品，严重危害或者可能严重危害人民生命健康的，判处三年以上十年以下有期徒刑；情节特别严重的，判处十年以上有期徒刑直至无期徒刑或者死刑。"[①] 然而，在此后的历次刑法草案乃至1979年《刑法》中，均未单独规定生产、销售劣药罪。[②] 即便是在假冒伪劣药品已充斥市场的20世纪80年代末，1988年的《刑法修改稿》仍未将生产、销售伪劣药品的犯罪单独加以规定。直至1993年，全国人大常委会《关于惩治生产、销售伪劣商品犯罪的决定》才首次将生产、销售劣药罪作为1个独立的犯罪加以规定。

《关于惩治生产、销售伪劣商品犯罪的决定》第2条第2款规定："生产、销售劣药，对人体健康造成严重危害的，处三年以上十年以下有期徒刑，并处罚金；后果特别严重的，处十年以上有期徒刑或者无期徒刑，并处罚金或者没收财产。"

在刑法修订研拟的过程中，1996年8月8日的《刑法分则修改草稿》基本上沿用了上述规定，仅补充了有关罚金数额的规定。到了1996年10月10日，《刑法修订草案》（征求意见稿）第126条增加了"本条所称劣药，是指依照《中华人民共和国药品管理法》的规定属于劣药的药品"的规定。1997年3月1日，提交给八届全国人大五次会议审议的《中华人民共和国刑法（修订草案)》第143条在上述规定的基础上，将其中"违法所得一倍以上五倍以下罚金"的数额标准，改为"销售金额百分之五十以上二倍以下罚金"。这一修改方案，为现行刑法所采纳。

【立法规定】

《刑法》第142条规定："生产、销售劣药，对人体健康造成严重危害的，处三年以上十年以下有期徒刑，并处销售金额百分之五十以上二倍以下罚金；后果特别严重的，处十年以上有期徒刑或者无期徒刑，并处销售金额百分之五十以上二倍以下罚金或者没收财

---

① 该草案第59条还设计了另一写法："故意发行违反国家规定标准的重要物品器材，严重危害国家建设或者人民生命健康的，判处十年以下有期徒刑；情节特别严重的，判处十年以上有期徒刑直至无期徒刑或者死刑。"

② 在司法实践中，对生产、销售劣药，情节严重的，一般以投机倒把罪论处。

产。""本条所称劣药，是指依照《中华人民共和国药品管理法》的规定属于劣药的药品。"第149条规定："生产、销售本节第一百四十一条至第一百四十八条所列产品，不构成各该条规定的犯罪，但是销售金额在五万元以上的，依照本节第一百四十条的规定定罪处罚。""生产、销售本节第一百四十一条至第一百四十八条所列产品，构成各该条规定的犯罪，同时又构成本节第一百四十条规定之罪的，依照处罚较重的规定定罪处罚。"第150条规定："单位犯本节第一百四十条至第一百四十八条规定之罪的，对单位判处罚金，并对其直接负责的主管人员和其他直接责任人员，依照各该条的规定处罚。"

【立法释义】

最高人民法院、最高人民检察院2001年4月9日发布的《关于办理生产、销售伪劣商品刑事案件具体应用法律若干问题的解释》第9条规定："知道或者应当知道他人实施生产、销售伪劣商品犯罪，而为其提供贷款、资金、账号、发票、证明、许可证件，或者提供生产、经营场所或者运输、仓储、保管、邮寄等便利条件，或者提供制假生产技术的，以生产、销售伪劣商品犯罪的共犯论处。"第10条规定："实施生产、销售伪劣商品犯罪，同时构成侵犯知识产权、非法经营等其他犯罪的，依照处罚较重的规定定罪处罚。"第11条规定："实施刑法第一百四十条至第一百四十八条规定的犯罪，又以暴力、威胁方法抗拒查处，构成其他犯罪的，依照数罪并罚的规定处罚。"第12条规定："国家机关工作人员参与生产、销售伪劣商品犯罪的，从重处罚。"

最高人民法院、最高人民检察院2003年5月14日发布的《关于办理妨害预防、控制突发传染病疫情等灾害的刑事案件具体应用法律若干问题的解释》第2条规定："在预防、控制突发传染病疫情等灾害期间，生产、销售伪劣的防治、防护产品、物资，或者生产、销售用于防治传染病的假药、劣药，构成犯罪的，分别依照刑法第一百四十条、第一百四十一条、第一百四十二条的规定，以生产、销售伪劣产品罪，生产、销售假药罪或者生产、销售劣药罪定罪，依法从重处罚。"

最高人民法院2004年6月21日发布的《关于依法惩处生产、销售伪劣食品、药品等严重破坏市场经济秩序犯罪的通知》第2条规定："各级法院要坚定不移地贯彻依法从严惩处的方针，对严重破坏市场经济秩序犯罪分子严格依照刑法的规定定罪判刑……要把犯罪数额巨大、情节恶劣、危害严重、群众反映强烈，给国家和人民利益造成重大损失的案件，特别是有国家工作人员参与或者包庇纵容的案件，作为大案要案，抓紧及时审理，依法从严判处。依法应当重判的，要坚决重判。在依法适用主刑的同时，必须充分适用财产刑。法律规定应当并处罚金或者没收财产的，要坚决判处罚金或者没收财产；法律规定可以并处罚金或者没收财产的，一般也要判处罚金或者没收财产。对犯罪分子违法所得的财物要依法追缴或者责令退赔；对其用于犯罪的本人财物要依法予以没收。"第3条中规定：

"被告人和被告单位积极、主动赔偿受害人和受害单位损失的，可以酌情、适当从轻处罚。"

最高人民检察院、公安部2008年6月25日发布的《关于公安机关管辖的刑事案件立案追诉标准的规定（一）》第18条规定："生产（包括配制）、销售劣药，涉嫌下列情形之一的，应予立案追诉：（一）造成人员轻伤、重伤或者死亡的；（二）其他对人体健康造成严重危害的情形。""本条规定的'劣药'，是指依照《中华人民共和国药品管理法》的规定，药品成分的含量不符合国家药品标准的药品和按劣药论处的药品。"

最高人民法院、最高人民检察院2014年11月3日发布的《关于办理危害药品安全刑事案件适用法律若干问题的解释》第5条规定："生产、销售劣药，具有本解释第二条规定情形之一的，应当认定为刑法第一百四十二条规定的'对人体健康造成严重危害'。"① "生产、销售劣药，致人死亡，或者具有本解释第四条第一项至第五项规定情形之一的，应当认定为刑法第一百四十二条规定的'后果特别严重'。"② "生产、销售劣药，具有本解释第一条规定情形之一的，应当酌情从重处罚。"③ 第6条规定："以生产、销售假药、劣药为目的，实施下列行为之一的，应当认定为刑法第一百四十一条、第一百四十二条规定的'生产'：（一）合成、精制、提取、储存、加工炮制药品原料的行为；（二）将药品原料、辅料、包装材料制成成品过程中，进行配料、混合、制剂、储存、包装的行为；（三）印制包装材料、标签、说明书的行为。""医疗机构、医疗机构工作人员明知是假药、劣药而有偿提供给他人使用，或者为出售而购买、储存的行为，应当认定为刑法第一百四十一条、第一百四十二条规定的'销售'。"第8条规定："明知他人生产、销售假药、劣药，而有下列情形之一的，以共同犯罪论处：（一）提供资金、贷款、账号、发票、证明、许可证件的；（二）提供生产、经营场所、设备或者运输、储存、保管、邮寄、网

---

① 该解释第2条规定："生产、销售假药，具有下列情形之一的，应当认定为刑法第一百四十一条规定的'对人体健康造成严重危害'：（一）造成轻伤或者重伤的；（二）造成轻度残疾或者中度残疾的；（三）造成器官组织损伤导致一般功能障碍或者严重功能障碍的；（四）其他对人体健康造成严重危害的情形。"

② 该解释第4条规定："生产、销售假药，具有下列情形之一的，应当认定为刑法第一百四十一条规定的'其他特别严重情节'：（一）致人重度残疾的；（二）造成三人以上重伤、中度残疾或者器官组织损伤导致严重功能障碍的；（三）造成五人以上轻度残疾或者器官组织损伤导致一般功能障碍的；（四）造成十人以上轻伤的；（五）造成重大、特别重大突发公共卫生事件的；（六）生产、销售金额五十万元以上的；（七）生产、销售金额二十万元以上不满五十万元，并具有本解释第一条规定情形之一的；（八）根据生产、销售的时间、数量、假药种类等，应当认定为情节特别严重的。"

③ 该解释第1条规定："生产、销售假药，具有下列情形之一的，应当酌情从重处罚：（一）生产、销售的假药以孕产妇、婴幼儿、儿童或者危重病人为主要使用对象的；（二）生产、销售的假药属于麻醉药品、精神药品、医疗用毒性药品、放射性药品、避孕药品、血液制品、疫苗的；（三）生产、销售的假药属于注射剂药品、急救药品的；（四）医疗机构、医疗机构工作人员生产、销售假药的；（五）在自然灾害、事故灾难、公共卫生事件、社会安全事件等突发事件期间，生产、销售用于应对突发事件的假药的；（六）两年内曾因危害药品安全违法犯罪活动受过行政处罚或者刑事处罚的；（七）其他应当酌情从重处罚的情形。"

络销售渠道等便利条件的；（三）提供生产技术或者原料、辅料、包装材料、标签、说明书的；（四）提供广告宣传等帮助行为的。”第 10 条规定：“实施生产、销售假药、劣药犯罪，同时构成生产、销售伪劣产品、侵犯知识产权、非法经营、非法行医、非法采供血等犯罪的，依照处罚较重的规定定罪处罚。”第 11 条规定：“对实施本解释规定之犯罪的犯罪分子，应当依照刑法规定的条件，严格缓刑、免予刑事处罚的适用。对于适用缓刑的，应当同时宣告禁止令，禁止犯罪分子在缓刑考验期内从事药品生产、销售及相关活动。”“销售少量根据民间传统配方私自加工的药品，或者销售少量未经批准进口的国外、境外药品，没有造成他人伤害后果或者延误诊治，情节显著轻微危害不大的，不认为是犯罪。”第 13 条规定：“单位犯本解释规定之罪的，对单位判处罚金，并对直接负责的主管人员和其他直接责任人员，依照本解释规定的自然人犯罪的定罪量刑标准处罚。”第 14 条规定：“是否属于刑法第一百四十一条、第一百四十二条规定的‘假药’‘劣药’难以确定的，司法机关可以根据地市级以上药品监督管理部门出具的认定意见等相关材料进行认定。必要时，可以委托省级以上药品监督管理部门设置或者确定的药品检验机构进行检验。”第 15 条规定：“本解释所称‘生产、销售金额’，是指生产、销售假药、劣药所得和可得的全部违法收入。”第 16 条规定：“本解释规定的‘轻伤’‘重伤’按照《人体损伤程度鉴定标准》进行鉴定。”“本解释规定的‘轻度残疾’‘中度残疾’‘重度残疾’按照相关伤残等级评定标准进行评定。”

最高人民法院 2015 年 9 月 16 日发布的《关于充分发挥审判职能作用切实维护公共安全的若干意见》第 10 条规定：“食品药品安全形势不容乐观，重大、恶性食品药品安全犯罪案件时有发生，党中央高度关注，人民群众反映强烈。要以‘零容忍’的态度，坚持最严厉的处罚、最严肃的问责，依法严惩生产、销售有毒、有害食品、不符合卫生标准的食品，以及生产、销售假药、劣药等犯罪。要充分认识此类犯罪的严重社会危害，严格缓刑、免刑等非监禁刑的适用。要采取有效措施依法追缴违法犯罪所得，充分适用财产刑，坚决让犯罪分子在经济上无利可图、得不偿失。要依法适用禁止令，有效防范犯罪分子再次危害社会。”

【立法建言】

建　议：将《刑法》第 142 条第 1 款修改为：“生产、销售劣药，足以严重危害人体健康的，处三年以下有期徒刑、拘役或者管制，可以并处或者单处罚金；对人体健康造成严重危害的，处三年以上十年以下有期徒刑，并处罚金；后果特别严重的，处十年以上有期徒刑或者无期徒刑，并处罚金或者没收财产。”

理　由：

生产、销售劣药罪的社会危害性比生产、销售假药罪更小，但法定最低刑却更高，显然不符合罪刑相适应原则。因此，宜在本罪中增加具体危险犯 1 档法定刑，以降低本罪的起刑点。此外，还宜删去本罪中的罚金数额标准，以与生产、销售假药罪的罚金规定相协调。

四、生产、销售不符合安全标准的食品罪（第 143 条）

【立法沿革】

生产、销售不符合安全标准的食品罪是在全国人大常委会 1993 年《关于惩治生产、销售伪劣商品犯罪的决定》第 3 条第 1 款规定的生产、销售不符合卫生标准的食品罪的基础上修改而来的，并经《刑法修正案（八）》第 24 条所修正。

在新中国刑法立法史上，有关违反食品标准的犯罪，最早见之于 1954 年的《刑法指导原则草案》。该草案第 59 条规定："故意发行违反政府规定标准的食品、医药用品，严重危害或者可能严重危害人民生命健康的，判处三年以上十年以下有期徒刑；情节特别严重的，判处十年以上有期徒刑直至无期徒刑或者死刑。"但是，此后的刑法草案和 1979 年《刑法》均未规定食品方面的犯罪。

为依法惩治严重危害人民生命健康的食品犯罪，全国人大常委会 1982 年 11 月 19 日通过的《中华人民共和国食品卫生法（试行）》（以下简称《食品卫生法（试行）》）第 41 条规定："违反本法，造成严重食物中毒事故或者其他严重食源性疾患，致人死亡或者致人残疾因而丧失劳动能力的，根据不同情节，对直接责任人员分别依照中华人民共和国刑法第一百八十七条、第一百一十四条或者第一百六十四条的规定，追究刑事责任。情节轻微、依照中华人民共和国刑法规定可以免予刑事处分的，由主管部门酌情给予行政处分。"① 然而，随着假冒伪劣食品在市场上的日益泛滥，人民的生命健康也日益受到严重威胁，《食品卫生法（试行）》的上述规定显然已经不能满足惩治和防范生产、销售伪劣食品犯罪的现实需要。因此，1993 年《关于惩治生产、销售伪劣商品犯罪的决定》增设了生产、销售不符合卫生标准的食品罪。

《关于惩治生产、销售伪劣商品犯罪的决定》第 3 条第 1 款规定："生产、销售不符合卫生标准的食品，造成严重食物中毒事故或者其他严重食源性疾患，对人体健康造成严重危害的，处七年以下有期徒刑，并处罚金；后果特别严重的，处七年以上有期徒刑或者无期徒刑，并处罚金或者没收财产。"

在刑法修订研拟的过程中，1996 年 8 月 8 日的《刑法分则修改草稿》沿用了上述规定，并将决定第 12 条第 1 款关于罚金数额的规定充实到该条中。到了 1996 年 12 月 20 日，《刑法修订草案》第 134 条对上述规定作了较大的调整，主要是将本罪的基本犯由实害犯

---

① 1979 年《刑法》第 187 条规定的是玩忽职守罪；第 114 条规定的是重大责任事故罪；第 164 条规定的是制造、贩卖假药罪。

改为危险犯，并相应增加了 1 档法定刑。修改后的条文为："生产、销售不符合卫生标准的食品，足以造成严重食物中毒事故或者其他严重食源性疾患，处三年以下有期徒刑、拘役或者管制，并处违法所得一倍以上五倍以下罚金；对人体健康造成严重危害的，处三年以上七年以下有期徒刑，并处违法所得一倍以上五倍以下罚金；后果特别严重的，处七年以上有期徒刑或者无期徒刑，并处违法所得一倍以上五倍以下罚金或者没收财产。" 1997 年 2 月 17 日的《刑法修订草案》（修改稿）第 143 条基本上沿用了上述规定，仅在第 1 档法定刑中增加了"单处"罚金的规定。1997 年 3 月 1 日，提交给八届全国人大五次会议审议的《中华人民共和国刑法（修订草案）》第 144 条在上述规定的基础上，主要作了以下两处修改：一是删去了第 1 档法定刑中的"管制"；二是将"违法所得一倍以上五倍以下罚金"的数额标准，改为"销售金额百分之五十以上二倍以下罚金"。这一修改方案，为 1997 年修订的《刑法》所采纳。

1997 年修订的《刑法》第 143 规定："生产、销售不符合卫生标准的食品，足以造成严重食物中毒事故或者其他严重食源性疾患的，处三年以下有期徒刑或者拘役，并处或者单处销售金额百分之五十以上二倍以下罚金；对人体健康造成严重危害的，处三年以上七年以下有期徒刑，并处销售金额百分之五十以上二倍以下罚金；后果特别严重的，处七年以上有期徒刑或者无期徒刑，并处销售金额百分之五十以上二倍以下罚金或者没收财产。"

1997 年《刑法》施行后，全国人大常委会 2009 年 2 月 28 日通过了《中华人民共和国食品安全法》（以下简称《食品安全法》）。鉴于《刑法》第 143 条、第 144 条与《食品安全法》的相关规定之间不太衔接，且其规制的范围和力度已经不能满足惩治食品安全犯罪的需要，因此，"有的常委会组成人员、代表、部门和社会公众提出，近年来食品安全方面的违法犯罪出现了一些新情况，刑法有关规定应及时作出相应调整，还应与全国人大常委会 2009 年通过的食品安全法相衔接，并进一步明确负有食品安全监督管理职责人员渎职行为的刑事责任"[1]。因此，《刑法修正案（八）（草案）》（二次审议稿）增加了相关的规定。[2] 经审议，《刑法修正案（八）》第 24 条除对《刑法》第 143 条作了个别文字修改外，还在内容上作了以下三方面的修改和补充：一是修改了犯罪对象，将"不符合卫生标准的食品"改为"不符合食品安全标准的食品"[3]；二是调整了罚金规定，删去了第 1

---

① 参见全国人大法律委员会副主任委员李适时 2010 年 12 月 20 日在十一届全国人大常委会第十八次会议上所作的《关于〈中华人民共和国刑法修正案（八）（草案）〉修改情况的汇报》。

② 在 2010 年 8 月 23 日提交给十一届全国人大常委会第十六次会议审议的《刑法修正案（八）（草案）》（一次审议稿）中，并未涉及食品犯罪的修改问题。

③ "从'食品卫生标准'到'食品安全标准'，虽然只有两字之差，却折射出中国对食品安全法律保护更深层次的思考，因为'安全'显然比'卫生'具有更深的含义和更高的要求"（高铭暄、陈璐：《〈中华人民共和国刑法修正案（八）〉解读与思考》，中国人民大学出版社 2011 年版，第 115 页）。

档法定刑中"单处"罚金的规定以及"销售金额百分之五十以上二倍以下"罚金的数额限制；三是补充了情节要求，在第 2 档法定刑中增加了"有其他严重情节"的规定。

【立法规定】

《刑法》第 143 条规定："生产、销售不符合食品安全标准的食品，足以造成严重食物中毒事故或者其他严重食源性疾病的，处三年以下有期徒刑或者拘役，并处罚金；对人体健康造成严重危害或者有其他严重情节的，处三年以上七年以下有期徒刑，并处罚金；后果特别严重的，处七年以上有期徒刑或者无期徒刑，并处罚金或者没收财产。"第 149 条规定："生产、销售本节第一百四十一条至第一百四十八条所列产品，不构成各该条规定的犯罪，但是销售金额在五万元以上的，依照本节第一百四十条的规定定罪处罚。""生产、销售本节第一百四十一条至第一百四十八条所列产品，构成各该条规定的犯罪，同时又构成本节第一百四十条规定之罪的，依照处罚较重的规定定罪处罚。"第 150 条规定："单位犯本节第一百四十条至第一百四十八条规定之罪的，对单位判处罚金，并对其直接负责的主管人员和其他直接责任人员，依照各该条的规定处罚。"

【立法释义】

最高人民法院、最高人民检察院 2001 年 4 月 9 日发布的《关于办理生产、销售伪劣商品刑事案件具体应用法律若干问题的解释》第 4 条规定："经省级以上卫生行政部门确定的机构鉴定，食品中含有可能导致严重食物中毒事故或者其他严重食源性疾患的超标准的有害细菌或者其他污染物的，应认定为刑法第一百四十三条规定的'足以造成严重食物中毒事故或者其他严重食源性疾患'。""生产、销售不符合卫生标准的食品被食用后，造成轻伤、重伤或者其他严重后果的，应认定为'对人体健康造成严重危害'。""生产、销售不符合卫生标准的食品被食用后，致人死亡、严重残疾、三人以上重伤、十人以上轻伤或者造成其他特别严重后果的，应认定为'后果特别严重'。"第 9 条规定："知道或者应当知道他人实施生产、销售伪劣商品犯罪，而为其提供贷款、资金、账号、发票、证明、许可证件，或者提供生产、经营场所或者运输、仓储、保管、邮寄等便利条件，或者提供制假生产技术的，以生产、销售伪劣商品犯罪的共犯论处。"第 10 条规定："实施生产、销售伪劣商品犯罪，同时构成侵犯知识产权、非法经营等其他犯罪的，依照处罚较重的规定定罪处罚。"第 11 条规定："实施刑法第一百四十条至第一百四十八条规定的犯罪，又以暴力、威胁方法抗拒查处，构成其他犯罪的，依照数罪并罚的规定处罚。"第 12 条规定："国家机关工作人员参与生产、销售伪劣商品犯罪的，从重处罚。"

最高人民法院 2001 年 5 月 21 日发布的《关于审理生产、销售伪劣商品刑事案件有关鉴定问题的通知》第 3 条规定："经鉴定确系伪劣商品，被告人的行为既构成生产、销售伪劣产品罪，又构成生产、销售假药罪或者生产、销售不符合卫生标准的食品罪，或者同时构成侵犯知识产权、非法经营等其他犯罪的，根据刑法第一百四十九条第二款和《解释》第十条的规定，应当依照处罚较重的规定定罪处罚。"

最高人民检察院 2002 年 9 月 4 日发布的《关于办理非法经营食盐刑事案件具体应用法律若干问题的解释》第 4 条规定："以非碘盐充当碘盐或者以工业用盐等非食盐充当食盐进行非法经营，同时构成非法经营罪和生产、销售伪劣产品罪、生产、销售不符合卫生标准的食品罪、生产、销售有毒、有害食品罪等其他犯罪的，依照处罚较重的规定追究刑事责任。"

最高人民法院 2004 年 6 月 21 日发布的《关于依法惩处生产、销售伪劣食品、药品等严重破坏市场经济秩序犯罪的通知》第 2 条规定："各级法院要坚定不移地贯彻依法从严惩处的方针，对严重破坏市场经济秩序犯罪分子严格依照刑法的规定定罪判刑……要把犯罪数额巨大、情节恶劣、危害严重、群众反映强烈，给国家和人民利益造成重大损失的案件，特别是有国家工作人员参与或者包庇纵容的案件，作为大案要案，抓紧及时审理，依法从严判处。依法应当重判的，要坚决重判。在依法适用主刑的同时，必须充分适用财产刑。法律规定应当并处罚金或者没收财产的，要坚决判处罚金或者没收财产；法律规定可以并处罚金或者没收财产的，一般也要判处罚金或者没收财产。对犯罪分子违法所得的财物要依法追缴或者责令退赔；对其用于犯罪的本人财物要依法予以没收。"第 3 条中规定："被告人和被告单位积极、主动赔偿受害人和受害单位损失的，可以酌情、适当从轻处罚。"

最高人民检察院、公安部 2008 年 6 月 25 日发布的《关于公安机关管辖的刑事案件立案追诉标准的规定（一）》第 19 条规定："生产、销售不符合卫生标准的食品，涉嫌下列情形之一的，应予立案追诉：（一）含有可能导致严重食物中毒事故或者其他严重食源性疾患的超标准的有害细菌的；（二）含有可能导致严重食物中毒事故或者其他严重食源性疾患的超标准的其他污染物的。""本条规定的'不符合卫生标准的食品'，由省级以上卫生行政部门确定的机构进行鉴定。"

最高人民法院、最高人民检察院、公安部 2012 年 1 月 9 日发布的《关于依法严惩"地沟油"犯罪活动的通知》第 2 条第 4 款规定："虽无法查明'食用油'是否系利用'地沟油'生产、加工，但犯罪嫌疑人、被告人明知该'食用油'来源可疑而予以销售的，应分别情形处理：经鉴定，检出有毒、有害成分的，依照刑法第 144 条销售有毒、有害食品罪的规定追究刑事责任；属于不符合安全标准的食品的，依照刑法第 143 条销售不符合安全标准的食品罪追究刑事责任；属于以假充真、以次充好、以不合格产品冒充合格产品或者假冒注册商标，构成犯罪的，依照刑法第 140 条销售伪劣产品罪或者第 213 条假冒注册商标罪、第 214 条销售假冒注册商标的商品罪追究刑事责任。"

最高人民法院、最高人民检察院 2013 年 5 月 2 日发布的《关于办理危害食品安全刑事案件适用法律若干问题的解释》第1条规定："生产、销售不符合食品安全标准的食品，具有下列情形之一的，应当认定为刑法第一百四十三条规定的'足以造成严重食物中毒事故或者其他严重食源性疾病'：（一）含有严重超出标准限量的致病性微生物、农药残留、兽药残留、重金属、污染物质以及其他危害人体健康的物质的；（二）属于病死、死因不明或者检验检疫不合格的畜、禽、兽、水产动物及其肉类、肉类制品的；（三）属于国家为防控疾病等特殊需要明令禁止生产、销售的；（四）婴幼儿食品中生长发育所需营养成分严重不符合食品安全标准的；（五）其他足以造成严重食物中毒事故或者严重食源性疾病的情形。"第2条规定："生产、销售不符合食品安全标准的食品，具有下列情形之一的，应当认定为刑法第一百四十三条规定的'对人体健康造成严重危害'：（一）造成轻伤以上伤害的；（二）造成轻度残疾或者中度残疾的；（三）造成器官组织损伤导致一般功能障碍或者严重功能障碍的；（四）造成十人以上严重食物中毒或者其他严重食源性疾病的；（五）其他对人体健康造成严重危害的情形。"第3条规定："生产、销售不符合食品安全标准的食品，具有下列情形之一的，应当认定为刑法第一百四十三条规定的'其他严重情节'：（一）生产、销售金额二十万元以上的；（二）生产、销售金额十万元以上不满二十万元，不符合食品安全标准的食品数量较大或者生产、销售持续时间较长的；（三）生产、销售金额十万元以上不满二十万元，属于婴幼儿食品的；（四）生产、销售金额十万元以上不满二十万元，一年内曾因危害食品安全违法犯罪活动受过行政处罚或者刑事处罚的；（五）其他情节严重的情形。"第4条规定："生产、销售不符合食品安全标准的食品，具有下列情形之一的，应当认定为刑法第一百四十三条规定的'后果特别严重'：（一）致人死亡或者重度残疾的；（二）造成三人以上重伤、中度残疾或者器官组织损伤导致严重功能障碍的；（三）造成十人以上轻伤、五人以上轻度残疾或者器官组织损伤导致一般功能障碍的；（四）造成三十人以上严重食物中毒或者其他严重食源性疾病的；（五）其他特别严重的后果。"第8条规定："在食品加工、销售、运输、贮存等过程中，违反食品安全标准，超限量或者超范围滥用食品添加剂，足以造成严重食物中毒事故或者其他严重食源性疾病的，依照刑法第一百四十三条的规定以生产、销售不符合安全标准的食品罪定罪处罚。""在食用农产品种植、养殖、销售、运输、贮存等过程中，违反食品安全标准，超限量或者超范围滥用添加剂、农药、兽药等，足以造成严重食物中毒事故或者其他严重食源性疾病的，适用前款的规定定罪处罚。"第12条第2款规定："实施前款行为，同时构成生产、销售不符合安全标准的食品罪，生产、销售有毒、有害食品罪等其他犯罪的，依照处罚较重的规定定罪处罚。"① 第13条第1款规定："生产、销售不符合食品

---

① 该条第1款规定："违反国家规定，私设生猪屠宰厂（场），从事生猪屠宰、销售等经营活动，情节严重的，依照刑法第二百二十五条的规定以非法经营罪定罪处罚。"

安全标准的食品，有毒、有害食品，符合刑法第一百四十三条、第一百四十四条规定的，以生产、销售不符合安全标准的食品罪或者生产、销售有毒、有害食品罪定罪处罚。同时构成其他犯罪的，依照处罚较重的规定定罪处罚。"第 14 条规定："明知他人生产、销售不符合食品安全标准的食品，有毒、有害食品具有下列情形之一的，以生产、销售不符合安全标准的食品罪或者生产、销售有毒、有害食品罪的共犯论处：（一）提供资金、贷款、账号、发票、证明、许可证件的；（二）提供生产、经营场所或者运输、贮存、保管、邮寄、网络销售渠道等便利条件的；（三）提供生产技术或者食品原料、食品添加剂、食品相关产品的；（四）提供广告等宣传的。"第 17 条规定："犯生产、销售不符合安全标准的食品罪，生产、销售有毒、有害食品罪，一般应当依法判处生产、销售金额二倍以上的罚金。"第 18 条规定："对实施本解释规定之犯罪的犯罪分子，应当依照刑法规定的条件严格适用缓刑、免予刑事处罚。根据犯罪事实、情节和悔罪表现，对于符合刑法规定的缓刑适用条件的犯罪分子，可以适用缓刑，但是应当同时宣告禁止令，禁止其在缓刑考验期限内从事食品生产、销售及相关活动。"第 19 条规定："单位实施本解释规定的犯罪的，依照本解释规定的定罪量刑标准处罚。"第 21 条规定："'足以造成严重食物中毒事故或者其他严重食源性疾病''有毒、有害非食品原料'难以确定的，司法机关可以根据检验报告并结合专家意见等相关材料进行认定。必要时，人民法院可以依法通知有关专家出庭作出说明。"

最高人民法院 2015 年 9 月 16 日发布的《关于充分发挥审判职能作用切实维护公共安全的若干意见》第 10 条规定："食品药品安全形势不容乐观，重大、恶性食品药品安全犯罪案件时有发生，党中央高度关注，人民群众反映强烈。要以'零容忍'的态度，坚持最严厉的处罚、最严肃的问责，依法严惩生产、销售有毒、有害食品、不符合卫生标准的食品，以及生产、销售假药、劣药等犯罪。要充分认识此类犯罪的严重社会危害，严格缓刑、免刑等非监禁刑的适用。要采取有效措施依法追缴违法犯罪所得，充分适用财产刑，坚决让犯罪分子在经济上无利可图、得不偿失。要依法适用禁止令，有效防范犯罪分子再次危害社会。"

【立法建言】

建　议：将《刑法》第 143 条修改为："生产、销售不符合食品安全标准的食品，足以造成严重食物中毒事故或者其他严重食源性疾病的，处三年以下有期徒刑、拘役或者管制，可以并处或者单处罚金；对人体健康造成严重危害或者有其他严重情节的，处三年以上七年以下有期徒刑，并处罚金；对人体健康造成特别严重后果或者有其他特别严重情节的，处七年以上有期徒刑或者无期徒刑，并处罚金或者没收财产。"

理　由：

从立法技术上看，宜在本罪第 1 档法定刑中增加"管制"的规定，并将"并处罚金"改为"可以并处或者单处罚金"，以与《刑法》的其他管制和罚金规定相一致。此外，本罪的第 2 档法定刑中规定了结果加重犯和情节加重犯两种情形，但第 3 档法定刑中仅规定了"后果特别严重"一种情形，显然不相协调。因此，宜在本罪第 3 档法定刑中增加情节特别加重犯的规定。①

五、生产、销售有毒、有害食品罪（第 144 条）

【立法沿革】

生产、销售有毒、有害食品罪是在全国人大常委会 1993 年《关于惩治生产、销售伪劣商品犯罪的决定》第 3 条第 2 款规定的生产、销售有毒、有害食品罪的基础上修改而来的，并经《刑法修正案（八）》第 25 条所修正。

如前所述，早在 1982 年，《食品卫生法（试行）》第 41 条就对"造成严重食物中毒事故或者其他严重食源性疾患，致人死亡或者致人残疾因而丧失劳动能力的"行为进行了刑法规制。鉴于制作贩卖有毒、有害食品的犯罪已成为严重危害人民生命健康的一个突出问题，因此，1988 年 9 月的刑法修改稿在"危害公共安全罪"一章中规定了生产、贩卖有毒食品罪："违反食品卫生管理法规，生产、贩卖含毒、腐败或者其他有害食品，危害健康，尚未造成严重后果的，处五年以下有期徒刑或者拘役，并处罚金；致人重伤、死亡引起严重疾病传播的，处五年以上有期徒刑或者无期徒刑，并处罚金，可以没收财产。"②1988 年 11 月 16 日的刑法修改稿第 112 条将上述规定修改为："违反食品卫生管理法规，制作、贩卖含毒、腐败或者其他有害食品，造成严重食物中毒事故或者其他严重食源性疾患的，处五年以下有期徒刑、拘役或者管制，可以单处或者并处罚金；情节特别严重的，判处五年以上有期徒刑，并处罚金。"③到了 1993 年，《关于惩治生产、销售伪劣商品犯罪的决定》正式确立了生产、销售有毒、有害食品罪。

《关于惩治生产、销售伪劣商品犯罪的决定》第 3 条第 2 款规定："在生产、销售的食品中掺入有毒、有害的非食品原料的，处五年以下有期徒刑或者拘役，可以并处或者单处罚金；造成严重食物中毒事故或者其他严重食源性疾患，对人体健康造成严重危害的，处五年以上十年以下有期徒刑，并处罚金；致人死亡或者对人体健康造成其他特别严重危害的，处十年以上有期徒刑、无期徒刑或者死刑，并处罚金或者没收财产。"

---

① 应当指出的是，《刑法》第 144 条相应规定了情节特别加重犯。
② 该条列于制造、贩卖假药罪之后，但未编条文序号。
③ 该稿分则第二章"危害公共安全罪"的"修改说明"将本罪称为"制作贩卖有毒食品罪"。

在刑法修订研拟的过程中，1996 年 8 月 8 日的《刑法分则修改草稿》对上述规定作了两处修改和补充：一是将"在生产、销售的食品中"改为"在食品中"；二是将决定第 12 条第 1 款关于"罚金的数额为违法所得的一倍以上五倍以下"的规定充实到了该条之中。1996 年 8 月 31 日的《刑法修改草稿》在上述规定的基础上，又恢复了"在生产、销售的食品中"的表述。到了 1996 年 12 月 20 日，《刑法修订草案》第 135 条对上述规定作了两方面的补充和修改：一是扩大了犯罪范围，增加了"销售明知掺有有毒、有害的非食品原料的食品"这一行为方式；二是调整了表述方式，将"致人死亡或者对人体健康造成其他特别严重危害的"，由"处十年以上有期徒刑、无期徒刑或者死刑，并处违法所得一倍以上五倍以下罚金或者没收财产"，改为"依照本法第一百三十二条的规定处罚，并处违法所得一倍以上五倍以下罚金或者没收财产"①。修改后的条文为："在生产、销售的食品中掺入有毒、有害的非食品原料的，或者销售明知掺有有毒、有害的非食品原料的食品的，处五年以下有期徒刑或者拘役，并处或者单处违法所得一倍以上五倍以下罚金；造成严重食物中毒事故或者其他严重食源性疾患，对人体健康造成严重危害的，处五年以上十年以下有期徒刑，并处违法所得一倍以上五倍以下罚金；致人死亡或者对人体健康造成特别严重危害的，致人死亡或者对人体健康造成其他特别严重危害的，依照本法第一百三十二条的规定处罚，并处违法所得一倍以上五倍以下罚金或者没收财产。"1997 年 2 月 17 日的《刑法修订草案》（修改稿）第 144 条基本上沿用了上述规定，仅删去了"致人死亡或者对人体健康造成其他特别严重危害"中"并处违法所得一倍以上五倍以下罚金或者没收财产"的表述。② 1997 年 3 月 1 日，提交给八届全国人大五次会议审议的《中华人民共和国刑法（修订草案）》第 145 条对本罪罚金的数额标准作了调整，将"违法所得一倍以上五倍以下罚金"改为"销售金额百分之五十以上二倍以下罚金"。这一修改方案，为 1997 年修订的《刑法》所采纳。

1997 年修订的《刑法》第 144 规定："在生产、销售的食品中掺入有毒、有害的非食品原料的，或者销售明知掺有有毒、有害的非食品原料的食品的，处五年以下有期徒刑或者拘役，并处或者单处销售金额百分之五十以上二倍以下罚金；造成严重食物中毒事故或者其他严重食源性疾患，对人体健康造成严重危害的，处五年以上十年以下有期徒刑，并处销售金额百分之五十以上二倍以下罚金；致人死亡或者对人体健康造成特别严重危害的，依照本法第一百四十一条的规定处罚。"

1997 年《刑法》施行后，基于与修改生产、销售不符合安全标准的食品罪同样的原因，《刑法修正案（八）》第 25 条对生产、销售有毒、有害食品罪也作了相应的修改和补

---

①　该草案第 132 条规定的是生产、销售假药罪。之所以作如此修改，主要是为了减少挂死刑的条文。

②　之所以删去上述表述，主要是为了避免不必要的重复。

充：一是提高了法定最低刑，删去了第 1 档法定刑中"拘役"和"单处"罚金的规定；二是修改了罚金数额标准，删去了"销售金额百分之五十以上二倍以下"罚金数额的限制；三是调整了犯罪情节要求，删去了"造成严重食物中毒事故或者其他严重食源性疾患"的表述，同时在"对人体健康造成严重危害"之后增加了"或者有其他严重情节的"规定。

【立法规定】

《刑法》第 144 规定："在生产、销售的食品中掺入有毒、有害的非食品原料的，或者销售明知掺有有毒、有害的非食品原料的食品的，处五年以下有期徒刑，并处罚金；对人体健康造成严重危害或者有其他严重情节的，处五年以上十年以下有期徒刑，并处罚金；致人死亡或者有其他特别严重情节的，依照本法第一百四十一条的规定处罚。"第 149 条规定："生产、销售本节第一百四十一条至第一百四十八条所列产品，不构成各该条规定的犯罪，但是销售金额在五万元以上的，依照本节第一百四十条的规定定罪处罚。""生产、销售本节第一百四十一条至第一百四十八条所列产品，构成各该条规定的犯罪，同时又构成本节第一百四十条规定之罪的，依照处罚较重的规定定罪处罚。"第 150 条规定："单位犯本节第一百四十条至第一百四十八条规定之罪的，对单位判处罚金，并对其直接负责的主管人员和其他直接责任人员，依照各该条的规定处罚。"

【立法释义】

最高人民法院、最高人民检察院 2001 年 4 月 9 日发布的《关于办理生产、销售伪劣商品刑事案件具体应用法律若干问题的解释》第 5 条规定："生产、销售的有毒、有害食品被食用后，造成轻伤、重伤或者其他严重后果的，应认定为刑法第一百四十四条规定的'对人体健康造成严重危害'。""生产、销售的有毒、有害食品被食用后，致人严重残疾、三人以上重伤、十人以上轻伤或者造成其他特别严重后果的，应认定为'对人体健康造成特别严重危害'。"第 9 条规定："知道或者应当知道他人实施生产、销售伪劣商品犯罪，而为其提供贷款、资金、账号、发票、证明、许可证件，或者提供生产、经营场所或者运输、仓储、保管、邮寄等便利条件，或者提供制假生产技术的，以生产、销售伪劣商品犯罪的共犯论处。"第 10 条规定："实施生产、销售伪劣商品犯罪，同时构成侵犯知识产权、非法经营等其他犯罪的，依照处罚较重的规定定罪处罚。"第 11 条规定："实施刑法第一百四十条至第一百四十八条规定的犯罪，又以暴力、威胁方法抗拒查处，构成其他犯罪的，依照数罪并罚的规定处罚。"第 12 条规定："国家机关工作人员参与生产、销售伪劣商品犯罪的，从重处罚。"

最高人民法院、最高人民检察院 2002 年 8 月 16 日发布的《关于办理非法生产、销售、使用禁止在饲料和动物饮用水中使用的药品等刑事案件具体应用法律若干问题的解释》第 3 条规定："使用盐酸克仑特罗等禁止在饲料和动物饮用水中使用的药品或者含有该类药品的饲料养殖供人食用的动物，或者销售明知是使用该类药品或者含有该类药品的饲料养殖的供人食用的动物的，依照刑法第一百四十四条的规定，以生产、销售有毒、有害食品罪追究刑事责任。"第 4 条规定："明知是使用盐酸克仑特罗等禁止在饲料和动物饮用水中使用的药品或者含有该类药品的饲料养殖的供人食用的动物，而提供屠宰等加工服务，或者销售其制品的，依照刑法第一百四十四条的规定，以生产、销售有毒、有害食品罪追究刑事责任。"第 5 条规定："实施本解释规定的行为，同时触犯刑法规定的两种以上犯罪的，依照处罚较重的规定追究刑事责任。"第 6 条规定："禁止在饲料和动物饮用水中使用的药品，依照国家有关部门公告的禁止在饲料和动物饮用水中使用的药物品种目录确定。"

最高人民检察院在 2002 年 9 月 4 日发布的《关于办理非法经营食盐刑事案件具体应用法律若干问题的解释》第 4 条规定："以非碘盐充当碘盐或者以工业用盐等非食盐充当食盐进行非法经营，同时构成非法经营罪和生产、销售伪劣产品罪、生产、销售不符合卫生标准的食品罪、生产、销售有毒、有害食品罪等其他犯罪的，依照处罚较重的规定追究刑事责任。"

最高人民法院 2004 年 6 月 21 日发布的《关于依法惩处生产、销售伪劣食品、药品等严重破坏市场经济秩序犯罪的通知》第 2 条规定："各级法院要坚定不移地贯彻依法从严惩处的方针，对严重破坏市场经济秩序犯罪分子严格依照刑法的规定定罪判刑……要把犯罪数额巨大、情节恶劣、危害严重、群众反映强烈，给国家和人民利益造成重大损失的案件，特别是有国家工作人员参与或者包庇纵容的案件，作为大案要案，抓紧及时审理，依法从严判处。依法应当重判的，要坚决重判。在依法适用主刑的同时，必须充分适用财产刑。法律规定应当并处罚金或者没收财产的，要坚决判处罚金或者没收财产；法律规定可以并处罚金或者没收财产的，一般也要判处罚金或者没收财产。对犯罪分子违法所得的财物要依法追缴或者责令退赔；对其用于犯罪的本人财物要依法予以没收。"第 3 条中规定："被告人和被告单位积极、主动赔偿受害人和受害单位损失的，可以酌情、适当从轻处罚。"

最高人民检察院、公安部 2008 年 6 月 25 日发布的《关于公安机关管辖的刑事案件立案追诉标准的规定（一）》第 20 条规定："在生产、销售的食品中掺入有毒、有害的非食品原料的，或者销售明知掺有有毒、有害的非食品原料的食品的，应予立案追诉。""使用盐酸克仑特罗（俗称'瘦肉精'）等禁止在饲料和动物饮用水中使用的药品或者含有该类药品的饲料养殖供人食用的动物，或者销售明知是使用该类药品或者含有该类药品的饲料养殖的供人食用的动物的，应予立案追诉。""明知是使用盐酸克仑特罗等禁止在饲料和动物饮用水中使用的药品或者含有该类药品的饲料养殖的供人食用的动物，而提供屠宰等加工服务，或者销售其制品的，应予立案追诉。"

最高人民法院、最高人民检察院、公安部2012年1月9日发布的《关于依法严惩"地沟油"犯罪活动的通知》第2条规定："（一）对于利用'地沟油'生产'食用油'的，依照刑法第144条生产有毒、有害食品罪的规定追究刑事责任。（二）明知是利用'地沟油'生产的'食用油'而予以销售的，依照刑法第144条销售有毒、有害食品罪的规定追究刑事责任。认定是否"明知"，应当结合犯罪嫌疑人、被告人的认知能力，犯罪嫌疑人、被告人及其同案人的供述和辩解，证人证言，产品质量，进货渠道及进货价格、销售渠道及销售价格等主、客观因素予以综合判断。（三）对于利用'地沟油'生产的'食用油'，已经销售出去没有实物，但是有证据证明系被查实生产、销售有毒、有害食品犯罪事实的上线提供的，依照刑法第144条销售有毒、有害食品罪的规定追究刑事责任。（四）虽无法查明'食用油'是否系利用'地沟油'生产、加工，但犯罪嫌疑人、被告人明知该"'食用油'来源可疑而予以销售的，应分别情形处理：经鉴定，检出有毒、有害成分的，依照刑法第144条销售有毒、有害食品罪的规定追究刑事责任；属于不符合安全标准的食品的，依照刑法第143条销售不符合安全标准的食品罪追究刑事责任；属于以假充真、以次充好、以不合格产品冒充合格产品或者假冒注册商标，构成犯罪的，依照刑法第140条销售伪劣产品罪或者第213条假冒注册商标罪、第214条销售假冒注册商标的商品罪追究刑事责任。（五）知道或应当知道他人实施以上第（一）、（二）、（三）款犯罪行为，而为其掏捞、加工、贩运'地沟油'，或者提供贷款、资金、账号、发票、证明、许可证件，或者提供技术、生产、经营场所、运输、仓储、保管等便利条件的，依照本条第（一）、（二）、（三）款犯罪的共犯论处……"

最高人民法院、最高人民检察院2013年5月2日公布的《关于办理危害食品安全刑事案件适用法律若干问题的解释》第5条规定："生产、销售有毒、有害食品，具有本解释第二条规定情形之一的，应当认定为刑法第一百四十四条规定的'对人体健康造成严重危害'。"[①] 第6条规定："生产、销售有毒、有害食品，具有下列情形之一的，应当认定为刑法第一百四十四条规定的'其他严重情节'：（一）生产、销售金额二十万元以上不满五十万元的；（二）生产、销售金额十万元以上不满二十万元，有毒、有害食品的数量较大或者生产、销售持续时间较长的；（三）生产、销售金额十万元以上不满二十万元，

---

① 该解释第2条规定："生产、销售不符合食品安全标准的食品，具有下列情形之一的，应当认定为刑法第一百四十三条规定的'对人体健康造成严重危害'：（一）造成轻伤以上伤害的；（二）造成轻度残疾或者中度残疾的；（三）造成器官组织损伤导致一般功能障碍或者严重功能障碍的；（四）造成十人以上严重食物中毒或者其他严重食源性疾病的；（五）其他对人体健康造成严重危害的情形。"

属于婴幼儿食品的；（四）生产、销售金额十万元以上不满二十万元，一年内曾因危害食品安全违法罪活动受过行政处罚或者刑事处罚的；（五）有毒、有害的非食品原料毒害性强或者含量高的；（六）其他情节严重的情形。"第7条规定："生产、销售有毒、有害食品，生产、销售金额五十万元以上，或者具有本解释第四条规定的情形之一的，应当认定为刑法第一百四十四条规定的'致人死亡或者有其他特别严重情节'。"第9条规定："在食品加工、销售、运输、贮存等过程中，掺入有毒、有害的非食品原料，或者使用有毒、有害的非食品原料加工食品的，依照刑法第一百四十四条的规定以生产、销售有毒、有害食品罪定罪处罚。""在食用农产品种植、养殖、销售、运输、贮存等过程中，使用禁用农药、兽药等禁用物质或者其他有毒、有害物质的，适用前款的规定定罪处罚。""在保健食品或者其他食品中非法添加国家禁用药物等有毒、有害物质的，适用第一款的规定定罪处罚。"第12条第2款规定："实施前款行为，同时构成生产、销售不符合安全标准的食品罪，生产、销售有毒、有害食品罪等其他犯罪的，依照处罚较重的规定定罪处罚。"① 第13条第1款规定："生产、销售不符合食品安全标准的食品，有毒、有害食品，符合刑法第一百四十三条、第一百四十四条规定的，以生产、销售不符合安全标准的食品罪或者生产、销售有毒、有害食品罪定罪处罚。同时构成其他犯罪的，依照处罚较重的规定定罪处罚。"第14条规定："明知他人生产、销售不符合食品安全标准的食品，有毒、有害食品具有下列情形之一的，以生产、销售不符合安全标准的食品罪或者生产、销售有毒、有害食品罪的共犯论处：（一）提供资金、贷款、账号、发票、证明、许可证件的；（二）提供生产、经营场所或者运输、贮存、保管、邮寄、网络销售渠道等便利条件的；（三）提供生产技术或者食品原料、食品添加剂、食品相关产品的；（四）提供广告等宣传的。"第17条规定："犯生产、销售不符合安全标准的食品罪，生产、销售有毒、有害食品罪，一般应当依法判处生产、销售金额二倍以上的罚金。"第18条规定："对实施本解释规定之犯罪的犯罪分子，应当依照刑法规定的条件严格适用缓刑、免予刑事处罚。根据犯罪事实、情节和悔罪表现，对于符合刑法规定的缓刑适用条件的犯罪分子，可以适用缓刑，但是应当同时宣告禁止令，禁止其在缓刑考验期限内从事食品生产、销售及相关活动。"第19条规定："单位实施本解释规定的犯罪的，依照本解释规定的定罪量刑标准处罚。"第20条规定："下列物质应当认定为'有毒、有害的非食品原料'：（一）法律、法规禁止在食品生产经营活动中添加、使用的物质；（二）国务院有关部门公布的《食品中可能违法添加的非食用物质名单》《保健食品中可能非法添加的物质名单》上的物质；（三）国务院有关部门公告禁止使用的农药、兽药以及其他有毒、有害的物质。"第21条规定："'足

---

① 该条第1款规定："违反国家规定，私设生猪屠宰厂（场），从事生猪屠宰、销售等经营活动，情节严重的，依照刑法第二百二十五条的规定以非法经营罪定罪处罚。"

以造成严重食物中毒事故或者其他严重食源性疾病''有毒、有害非食品原料'难以确定的，司法机关可以根据检验报告并结合专家意见等相关材料进行认定。必要时，人民法院可以依法通知有关专家出庭作出说明。"

最高人民检察院 2014 年 2 月 21 日发布的指导性案例检例第 12 号《柳立国等人生产、销售有毒、有害食品，生产、销售伪劣产品案》中的"要旨"指出："明知对方是食用油经销者，仍将用餐厨废弃油（俗称'地沟油'）加工而成的劣质油脂销售给对方，导致劣质油脂流入食用油市场供人食用的，构成生产、销售有毒、有害食品罪；明知油脂经销者向饲料生产企业和药品生产企业等单位销售豆油等食用油，仍将用餐厨废弃油加工而成的劣质油脂销售给对方，导致劣质油脂流向饲料生产企业和药品生产企业等单位的，构成生产、销售伪劣产品罪。"

最高人民检察院 2014 年 2 月 21 日发布的指导性案例检例第 13 号《徐孝伦等人生产、销售有害食品案》中的"要旨"指出："在食品加工过程中，使用有毒、有害的非食品原料加工食品并出售的，应当认定为生产、销售有毒、有害食品罪；明知是他人使用有毒、有害的非食品原料加工出的食品仍然购买并出售的，应当认定为销售有毒、有害食品罪。"

最高人民检察院 2014 年 2 月 21 日发布的指导性案例检例第 14 号《孙建亮等人生产、销售有毒、有害食品案》中的"要旨"指出："明知盐酸克伦特罗（俗称'瘦肉精'）是国家禁止在饲料和动物饮用水中使用的药品，而用以养殖供人食用的动物并出售的，应当认定为生产、销售有毒、有害食品罪。明知盐酸克伦特罗是国家禁止在饲料和动物饮用水中使用的药品，而买卖和代买盐酸克伦特罗片，供他人用以养殖供人食用的动物的，应当认定为生产、销售有毒、有害食品罪的共犯。"

最高人民检察院 2014 年 2 月 21 日发布的指导性案例检例第 15 号《胡林贵等人生产、销售有毒、有害食品，行贿；骆梅等人销售伪劣产品；朱伟全等人生产、销售伪劣产品；黎达文等人受贿，食品监管渎职案》中的"要旨"指出："实施生产、销售有毒、有害食品犯罪，为逃避查处向负有食品安全监管职责的国家工作人员行贿的，应当以生产、销售有毒、有害食品罪和行贿罪实行数罪并罚。"

最高人民法院 2015 年 9 月 16 日发布的《关于充分发挥审判职能作用切实维护公共安全的若干意见》第 10 条规定："食品药品安全形势不容乐观，重大、恶性食品药品安全犯罪案件时有发生，党中央高度关注，人民群众反映强烈。要以'零容忍'的态度，坚持最严厉的处罚、最严肃的问责，依法严惩生产、销售有毒、有害食品、不符合卫生标准的食品，以及生产、销售假药、劣药等犯罪。要充分认识此类犯罪的严重社会危害，严格缓刑、免刑等非监禁刑的适用。要采取有效措施依法追缴违法犯罪所得，充分适用财产刑，坚决让犯罪分子在经济上无利可图、得不偿失。要依法适用禁止令，有效防范犯罪分子再次危害社会。"

【立法建言】

建议一：将《刑法》第 144 条修改为："在生产、销售的食品中掺入有毒、有害的非食品原料的，或者销售明知掺有有毒、有害的非食品原料的食品的，处三年以下有期徒刑、拘役或者管制，可以并处或者单处罚金；对人体健康造成严重危害或者有其他严重情节的，处三年以上十年以下有期徒刑，并处罚金；致人死亡或者有其他特别严重情节的，处十年以上有期徒刑、无期徒刑或者死刑，并处罚金或者没收财产。"

理　由：

生产、销售有毒、有害食品罪的社会危害性与生产、销售假药罪大体相当，正因如此，《刑法》第 144 条后段才规定"致人死亡或者有其他特别严重情节的，依照本法第一百四十一条的规定处罚"①。但是，该条前段和中段规定的法定刑却与第 141 条的规定相差甚远，显得不太协调。因此，宜作相应的调整和修改。

建议二：增设拒不召回不安全食品罪。

理　由：

《食品安全法》的亮点之一是建立了不安全食品的召回制度，并且规定了"拒不召回"的法律责任。食品生产者、经营者对不符合国家食品安全标准的食品召回义务的设定，意味着食品生产者、经营者不履行召回义务即可能构成刑法上的不作为。虽然早在 2007 年 8 月 27 日国家质量监督检验总局就发布了《食品召回管理规定》，但在《食品安全法（草案）》的起草过程中，对是否应将不安全食品召回制度纳入《食品安全法》仍产生过争议。最终，为了从根源上防范食品安全事故的发生，"草案借鉴国际通行做法，从生产、经营两个方面确立了不安全食品召回制度"②。的确，不安全食品一旦进入流通领域，就有可能引发食品安全事故，危害不特定多数人的身体健康。建立不安全食品召回制度，无疑是为了最大限度地降低已经流入市场的不安全食品的危害，体现了《食品安全法》预防为主的立法精神。但是，《刑法》并未对拒不召回不安全食品作出积极的回应。为此，需要探讨是否必须动用刑法来规制拒不召回不安全食品的行为以及动用刑法对其规制是否违背谦抑性原则的问题。对此，笔者认为，应当从拒不召回不安全食品行为本身及其危害两个角度来加以把握。如前所述，拒不召回不安全食品的行为本身具有行政违法性。从其危害的角度来看，其与明知是不符合安全标准的食品或有毒、有害的食品而销售

---

① 之所以规定援引性法定刑，主要是为了减少挂死刑的条文。但事实上，死刑的罪名并不会因此而减少。因此，笔者主张，宜将本罪的援引性法定刑改为具体的法定刑，这不仅可以保持立法体例的完整，而且还可以减少援引法条所带来的不必要的麻烦。

② 参见国务院法制办公室主任曹康泰 2007 年 12 月 26 日在十届全国人大常委会第三十一次会议上所作的《关于〈中华人民共和国食品安全法（草案）〉的说明》。

的行为并无本质的差别。因为行为人拒不召回不安全食品的行为无疑会进一步扩大不安全食品在市场中的流通，从而增加受害群体，对公共安全造成更为严重的危害。因此，用刑法规制拒不召回不安全食品的行为并不违背刑法的谦抑性原则。质言之，刑法的谦抑性是为了避免规制诸如食品安全犯罪等法定犯的肆意性，因而必须恪守刑法的不得已性。但是，在《食品安全法》对拒不召回不安全食品行为已经作出否定性评价，并且设置了相应附属刑法规范的情况下，在《刑法》中增设拒不召回不安全食品罪根本就不存在违背刑法谦抑性的问题。①

六、生产、销售不符合标准的医用器材罪（第 145 条）

【立法沿革】

生产、销售不符合标准的医用器材罪是在全国人大常委会 1993 年《关于惩治生产、销售伪劣商品犯罪的决定》第 4 条规定的生产、销售不符合标准的医用器材罪的基础上修改而来的，并经《刑法修正案（四）》第 1 条所修正。

早在 1954 年，《刑法指导原则草案》第 59 条就规定了发行违反规定标准的食品、医药用品罪："故意发行违反政府规定标准的食品、医药用品，严重危害或者可能严重危害人民生命健康的，判处三年以上十年以下有期徒刑；情节特别严重的，判处十年以上有期徒刑直至无期徒刑或者死刑。"② 但是，此后的历次刑法草案乃至 1979 年《刑法》都没有明文规定医用器材方面的犯罪。

1993 年《关于惩治生产、销售伪劣商品犯罪的决定》首次将生产、销售不符合标准的医用器材的行为作为 1 个独立的犯罪加以规定。该决定第 4 条规定："生产不符合保障人体健康的国家标准、行业标准的医疗器械、医用卫生材料，或者销售明知是不符合保障人体健康的国家标准、行业标准的医疗器械、医用卫生材料，对人体健康造成严重危害的，处五年以下有期徒刑，并处罚金；后果特别严重的，处五年以上十年以下有期徒刑，并处罚金，其中情节特别恶劣的，处十年以上有期徒刑或者无期徒刑，并处罚金或者没收财产。"

在刑法修订研拟的过程中，1996 年 8 月 8 日的《刑法分则修改草稿》在上述规定的基础上，将决定第 12 条第 1 款关于"罚金的数额为违法所得的一倍以上五倍以下"的规定，充实到了本罪第 1 档和第 2 档法定刑中。1996 年 8 月 31 日的《刑法修改草稿》又将

---

① 参见利子平、石聚航："我国食品安全犯罪刑法规制之瑕疵及其完善路径"，载《南昌大学学报（人文社会科学版）》2012 年第 4 期。

② 该草案第 59 条还设计了另一写法："故意发行违反国家规定标准的重要物品器材，严重危害国家建设或者人民生命健康的，判处十年以下有期徒刑；情节特别严重的，判处十年以上有期徒刑直至无期徒刑或者死刑。"

上述罚金数额的规定，充实到了第 3 档法定刑之中。1997 年 3 月 1 日，提交给八届全国人大五次会议审议的《中华人民共和国刑法（修订草案）》第 146 条对上述罚金的数额标准作了适当调整，将"并处违法所得一倍以上五倍以下罚金"改为"并处销售金额百分之五十以上二倍以下罚金"。这一修改方案，为 1997 年修订的《刑法》所采纳。

1997 年修订的《刑法》第 145 条规定："生产不符合保障人体健康的国家标准、行业标准的医疗器械、医用卫生材料，或者销售明知是不符合保障人体健康的国家标准、行业标准的医疗器械、医药卫生材料，对人体健康造成严重危害的，处五年以下有期徒刑，并处销售金额百分之五十以上二倍以下罚金；后果特别严重的，处五年以上十年以下有期徒刑，并处销售金额百分之五十以上二倍以下罚金，其中情节特别恶劣的，处十年以上有期徒刑或者无期徒刑，并处销售金额百分之五十以上二倍以下罚金或者没收财产的。"

1997 年《刑法》施行后，"有些部门提出，近一段时间以来，有的地方生产、销售不符合国家标准、行业标准的医疗器械的情况较为严重，一些个人或单位甚至大量回收废旧的一次性注射器、输液管等医用材料重新包装后出售。这些伪劣医疗器械、医用卫生材料一旦使用，必然会严重危害人民群众的生命、健康。如果等到使用后，危害结果发生了才追究刑事责任，为时已晚，要求将刑法规定的构成这类犯罪的标准修改为，只要足以严重危害人体健康的，就构成犯罪"①。因此，《刑法修正案（四）》第 1 条对上述规定作了较大的修改和调整：一是降低了入罪门槛，将"对人体健康造成严重危害"的实害犯改为"足以严重危害人体健康"的危险犯，从而扩大了犯罪的成立范围；二是修改了量刑幅度，将第 1 档的主刑由"五年以下有期徒刑"改为"三年以下有期徒刑或者拘役"，将第 2 档的主刑由"五年以上十年以下有期徒刑"改为"三年以上十年以下有期徒刑"，同时删去第 3 档法定刑中"情节特别恶劣"的限制，从而加大了整体的处罚力度。

【立法规定】

《刑法》第 145 条规定："生产不符合保障人体健康的国家标准、行业标准的医疗器械、医用卫生材料，或者销售明知是不符合保障人体健康的国家标准、行业标准的医疗器械、医用卫生材料，足以严重危害人体健康的，处三年以下有期徒刑或者拘役，并处销售金额百分之五十以上两倍以下罚金；对人体健康造成严重危害的，处三年以上十年以下有期徒刑，并处销售金额百分之五十以上两倍以下罚金；后果特别严重的，处十年以上有期徒刑或者无期徒刑，并处销售金额百分之五十以上两倍以下罚金或者没收财产。"第 149 条规定："生产、销售本节第一百四十一条至第一百四十八条所列产品，不构成各该条规定的犯罪，但是销售金额在五万元以上的，依照本节第一百四十条的规定定罪处罚。""生

---

① 参见全国人大常委会法制工作委员会副主任胡康生 2002 年 12 月 23 日在九届全国人大常委会第三十一次会议上所作的《关于〈中华人民共和国刑法修正案（四）（草案）〉的说明》。

产、销售本节第一百四十一条至第一百四十八条所列产品，构成各该条规定的犯罪，同时又构成本节第一百四十条规定之罪的，依照处罚较重的规定定罪处罚。"第 150 条规定："单位犯本节第一百四十条至第一百四十八条规定之罪的，对单位判处罚金，并对其直接负责的主管人员和其他直接责任人员，依照各该条的规定处罚。"

【立法释义】

最高人民法院、最高人民检察院 2001 年 4 月 9 日发布的《关于办理生产、销售伪劣商品刑事案件具体应用法律若干问题的解释》第 6 条规定："生产、销售不符合标准的医疗器械、医用卫生材料，致人轻伤或者其他严重后果的，应认定为刑法第一百四十五条规定的'对人体健康造成严重危害'。""生产、销售不符合标准的医疗器械、医用卫生材料，造成感染病毒性肝炎等难以治愈的疾病、一人以上重伤、三人以上轻伤或者其他严重后果的，应认定为'后果特别严重'。""生产、销售不符合标准的医疗器械、医用卫生材料，致人死亡、严重残疾、感染艾滋病、三人以上重伤、十人以上轻伤或者造成其他特别严重后果的，应认定为'情节特别恶劣'。""医疗机构或者个人，知道或者应当知道是不符合保障人体健康的国家标准、行业标准的医疗器械、医用卫生材料而购买、使用，对人体健康造成严重危害的，以销售不符合标准的医用器材罪定罪处罚。""没有国家标准、行业标准的医疗器械，注册产品标准可视为'保障人体健康的行业标准'。"第 9 条规定："知道或者应当知道他人实施生产、销售伪劣商品犯罪，而为其提供贷款、资金、账号、发票、证明、许可证件，或者提供生产、经营场所或者运输、仓储、保管、邮寄等便利条件，或者提供制假生产技术的，以生产、销售伪劣商品犯罪的共犯论处。"第 10 条规定："实施生产、销售伪劣商品犯罪，同时构成侵犯知识产权、非法经营等其他犯罪的，依照处罚较重的规定定罪处罚。"第 11 条规定："实施刑法第一百四十条至第一百四十八条规定的犯罪，又以暴力、威胁方法抗拒查处，构成其他犯罪的，依照数罪并罚的规定处罚。"第 12 条规定："国家机关工作人员参与生产、销售伪劣商品犯罪的，从重处罚。"

最高人民法院、最高人民检察院 2003 年 5 月 14 日发布的《关于办理妨害预防、控制突发传染病疫情等灾害的刑事案件具体应用法律若干问题的解释》第 3 条规定："在预防、控制突发传染病疫情等灾害期间，生产用于防治传染病的不符合保障人体健康的国家标准、行业标准的医疗器械、医用卫生材料，或者销售明知是用于防治传染病的不符合保障人体健康的国家标准、行业标准的医疗器械、医用卫生材料，不具有防护、救治功能，足以严重危害人体健康的，依照刑法第一百四十五条的规定，以生产、销售不符合标准的医用器材罪定罪，依法从重处罚。"

最高人民检察院、公安部 2008 年 6 月 25 日发布的《关于公安机关管辖的刑事案件立案追诉标准的规定（一）》第 21 规定："生产不符合保障人体健康的国家标准、行业标准的医疗器械、医用卫生材料，或者销售明知是不符合保障人体健康的国家标准、行业标准的医疗器械、医用卫生材料，涉嫌下列情形之一的，应予立案追诉：（一）进入人体的医疗器械的材料中含有超过标准的有毒有害物质的；（二）进入人体的医疗器械的有效性指标不符合标准要求，导致治疗、替代、调节、补偿功能部分或者全部丧失，可能造成贻误诊治或者人体严重损伤的；（三）用于诊断、监护、治疗的有源医疗器械的安全指标不符合强制性标准要求，可能对人体构成伤害或者潜在危害的；（四）用于诊断、监护、治疗的有源医疗器械的主要性能指标不合格，可能造成贻误诊治或者人体严重损伤的；（五）未经批准，擅自增加功能或者适用范围，可能造成贻误诊治或者人体严重损伤的；（六）其他足以严重危害人体健康或者对人体健康造成严重危害的情形。"医疗机构或者个人知道或者应当知道是不符合保障人体健康的国家标准、行业标准的医疗器械、医用卫生材料而购买并有偿使用的，视为本条规定的'销售'。"

【立法建言】

建　议：将《刑法》第 145 条修改为："生产不符合保障人体健康的国家标准、行业标准的医疗器械、医用卫生材料，或者销售明知是不符合保障人体健康的国家标准、行业标准的医疗器械、医用卫生材料，足以严重危害人体健康的，处三年以下有期徒刑、拘役或者管制，可以并处或者单处罚金；对人体健康造成严重危害的，处三年以上十年以下有期徒刑，并处罚金；后果特别严重的，处十年以上有期徒刑或者无期徒刑，并处罚金或者没收财产。"

理　由：

从立法技术上看，宜在本罪的第 1 档法定刑中增加"管制"的规定，并将"并处"罚金改为"可以并处或者单处罚金"，以与《刑法》的其他管制和罚金规定相一致。此外，还宜删去本罪中的罚金数额标准，以保持生产、销售伪劣商品罪罚金规定的协调统一。

七、生产、销售不符合安全标准的产品罪（第 146 条）

【立法沿革】

生产、销售不符合安全标准的产品罪是在全国人大常委会 1993 年《关于惩治生产、销售伪劣商品犯罪的决定》第 5 条规定的生产、销售不符合安全标准的产品罪的基础上修改而来的。

从立法源流来看，1954 年《刑法指导原则草案》规定的"发行违反标准的重要物品器材罪"，是新中国关于销售不符合安全标准的产品罪最早的立法例。该草案第 59 条规定："故意发行违反国家规定标准的重要物品器材，严重危害国家建设或者人民生命健康的，判处十年以下有期徒刑；情节特别严重的，判处十年以上有期徒刑直至无期徒刑或者死刑。"然而，此后历次的刑法草案乃至 1979 年《刑法》均未明文规定此类犯罪。到了 1988 年 11 月 16 日，刑法修改稿第 138 条才增加了"生产劣质产品罪"① 的规定："违反标准化管理法规，生产、进口不符合国家规定的强制性标准的产品，造成严重后果的，处五年以下有期徒刑或者拘役，可以单处或者并处罚金；情节特别严重的，处五年以上十年以下有期徒刑，并处罚金。"

1993 年《关于惩治生产、销售伪劣商品犯罪的决定》第 5 条首次明确规定了生产、销售不符合安全标准的产品罪："生产不符合保障人身、财产安全的国家标准、行业标准的电器、压力容器、易燃易爆产品或者其他不符合保障人身、财产安全的国家标准、行业标准的产品，或者销售明知是以上不符合保障人身、财产安全的国家标准、行业标准的产品，造成严重后果的，处五年以下有期徒刑或者拘役，并处罚金；后果特别严重的，处五年以上有期徒刑，并处罚金。"

在刑法修订研拟的过程中，1996 年 8 月 8 日的《刑法分则修改草稿》在将上述规定编入刑法的同时，还将决定第 12 条第 1 款关于罚金数额标准的规定充实到了该条之中。1997 年 3 月 1 日，提交给八届全国人大五次会议审议的《中华人民共和国刑法（修订草案)》第 147 条对上述规定作了两处修改：一是删去了第 1 档法定刑中的"拘役"这一刑种；二是将"并处违法所得一倍以上五倍以下罚金"改为"并处销售金额百分之五十以上二倍以下罚金"。这一修改方案，为现行刑法所采纳。

【立法规定】

《刑法》第 146 条规定："生产不符合保障人身、财产安全的国家标准、行业标准的电器、压力容器、易燃易爆产品或者其他不符合保障人身、财产安全的国家标准、行业标准的产品，或者销售明知是以上不符合保障人身、财产安全的国家标准、行业标准的产品，造成严重后果的，处五年以下有期徒刑，并处销售金额百分之五十以上二倍以下罚金；后果特别严重的，处五年以上有期徒刑，并处销售金额百分之五十以上二倍以下罚金。"第 149 条规定："生产、销售本节第一百四十一条至第一百四十八条所列产品，不构成各该条规定的犯罪，但是销售金额在五万元以上的，依照本节第一百四十条的规定定罪处罚。""生产、销售本节第一百四十一条至第一百四十八条所列产品，构成各该条规定的犯罪，同时又构成本节第一百四十条规定之罪的，依照处罚较重的规定定罪处罚。"第 150 条规定："单位犯本节第一百四十条至第一百四十八条规定之罪的，对单位判处罚金，并对其直接负责的主管人员和其他直接责任人员，依照各该条的规定处罚。"

---

① 参见该稿第四章"破坏社会主义经济秩序罪"中的"修改说明"。

【立法释义】

最高人民法院、最高人民检察院 2001 年 4 月 9 日发布的《关于办理生产、销售伪劣商品刑事案件具体应用法律若干问题的解释》第 9 条规定："知道或者应当知道他人实施生产、销售伪劣商品犯罪，而为其提供贷款、资金、账号、发票、证明、许可证件，或者提供生产、经营场所或者运输、仓储、保管、邮寄等便利条件，或者提供制假生产技术的，以生产、销售伪劣商品犯罪的共犯论处。"第 10 条规定："实施生产、销售伪劣商品犯罪，同时构成侵犯知识产权、非法经营等其他犯罪的，依照处罚较重的规定定罪处罚。"第 11 条规定："实施刑法第一百四十条至第一百四十八条规定的犯罪，又以暴力、威胁方法抗拒查处，构成其他犯罪的，依照数罪并罚的规定处罚。"第 12 条规定："国家机关工作人员参与生产、销售伪劣商品犯罪的，从重处罚。"

最高人民检察院、公安部 2008 年 6 月 25 日发布的《关于公安机关管辖的刑事案件立案追诉标准的规定（一）》第 22 条规定："生产不符合保障人身、财产安全的国家标准、行业标准的电器、压力容器、易燃易爆或者其他不符合保障人身、财产安全的国家标准、行业标准的产品，或者销售明知是以上不符合保障人身、财产安全的国家标准、行业标准的产品，涉嫌下列情形之一的，应予立案追诉：（一）造成人员重伤或者死亡的；（二）造成直接经济损失十万元以上的；（三）其他造成严重后果的情形。"

最高人民法院、最高人民检察院、公安部、国家安全监管总局 2012 年 9 月 6 日发布的《关于依法加强对涉嫌犯罪的非法生产经营烟花爆竹行为刑事责任追究的通知》第 1 条规定："非法生产、经营烟花爆竹及相关行为涉及非法制造、买卖、运输、邮寄、储存黑火药、烟火药，构成非法制造、买卖、运输、邮寄、储存爆炸物罪的，应当依照刑法第一百二十五条的规定定罪处罚；非法生产、经营烟花爆竹及相关行为涉及生产、销售伪劣产品或不符合安全标准产品，构成生产、销售伪劣产品罪或生产、销售不符合安全标准产品罪的，应当依照刑法第一百四十条、第一百四十六条的规定定罪处罚；非法生产、经营烟花爆竹及相关行为构成非法经营罪的，应当依照刑法第二百二十五条的规定定罪处罚……"

【立法建言】

建　议：将《刑法》第 146 条修改为："生产不符合保障人身、财产安全的国家标准、行业标准的电器、压力容器、易燃易爆产品或者其他不符合保障人身、财产安全的国家标准、行业标准的产品，或者销售明知是以上不符合保障人身、财产安全的国家标准、行业标准的产品，造成严重后果的，处五年以下有期徒刑、拘役或者管制，可以并处或者单处罚金；后果特别严重的，处五年以上有期徒刑，并处罚金。"

理　由：

从立法技术上看，宜在本罪的第 1 档法定刑中增加"拘役"和"管制"的规定，并将"并处"罚金改为"可以并处或者单处罚金",以与《刑法》的其他拘役、管制和罚金规定相一致。此外,还宜删去本罪中的罚金数额标准,以保持生产、销售伪劣商品罪罚金规定的协调统一。

八、生产、销售伪劣农药、兽药、化肥、种子罪（第147条）

【立法沿革】

生产、销售伪劣农药、兽药、化肥、种子罪是在全国人大常委会1993年《关于惩治生产、销售伪劣商品犯罪的决定》第6条规定的生产、销售伪劣农药、兽药、化肥、种子罪的基础上修改而来的。

生产、销售伪劣农药、兽药、化肥、种子罪是《关于惩治生产、销售伪劣商品犯罪的决定》增设的罪名。该决定第6条规定:"生产假农药、假兽药、假化肥,销售明知是假的或者失去使用效能的农药、兽药、化肥、种子,或者生产者、销售者以不合格的农药、兽药、化肥、种子冒充合格的农药、兽药、化肥、种子,使生产遭受较大损失的,处三年以下有期徒刑或者拘役,可以并处或者单处罚金;使生产遭受重大损失的,处三年以上七年以下有期徒刑,并处罚金;使生产遭受特别重大损失的,处七年以上有期徒刑或者无期徒刑,并处罚金或者没收财产。"

在刑法修订研拟的过程中,1996年8月8日的《刑法分则修改草稿》基本上沿用了上述规定,仅在写法上将决定第12条第1款罚金数额标准的规定充实到了该条之中。1996年12月20日的《刑法修订草案》第138条在上述规定的基础上,在第1档法定刑中增加了"管制"这一刑种。1997年3月1日,提交给八届全国人大五次会议审议的《中华人民共和国刑法（修订草案)》第148条对上述规定作了两处修改:一是删去了第1档法定刑中的"管制"刑种;二是将"并处违法所得一倍以上五倍以下罚金"改为"并处销售金额百分之五十以上二倍以下罚金"。这一修改方案,为现行刑法所采纳。

【立法规定】

《刑法》第147条规定:"生产假农药、假兽药、假化肥,销售明知是假的或者失去使用效能的农药、兽药、化肥、种子,或者生产者、销售者以不合格的农药、兽药、化肥、种子冒充合格的农药、兽药、化肥、种子,使生产遭受较大损失的,处三年以下有期徒刑或者拘役,并处或者单处销售金额百分之五十以上二倍以下罚金;使生产遭受重大损失的,处三年以上七年以下有期徒刑,并处销售金额百分之五十以上二倍以下罚金;使生产遭受特别重大损失的,处七年以上有期徒刑或者无期徒刑,并处销售金额百分之五十以上二倍以下罚金或者没收财产。"第149条规定:"生产、销售本节第一百四十一条至第一百四十八条所列产品,不构成各该条规定的犯罪,但是销售金额在五万元以上的,依照本节

第一百四十条的规定定罪处罚。""生产、销售本节第一百四十一条至第一百四十八条所列产品，构成各该条规定的犯罪，同时又构成本节第一百四十条规定之罪的，依照处罚较重的规定定罪处罚。"第 150 条规定："单位犯本节第一百四十条至第一百四十八条规定之罪的，对单位判处罚金，并对其直接负责的主管人员和其他直接责任人员，依照各该条的规定处罚。"

【立法释义】

最高人民法院、最高人民检察院 2001 年 4 月 9 日发布的《关于办理生产、销售伪劣商品刑事案件具体应用法律若干问题的解释》第 7 条规定："刑法第一百四十七条规定的生产、销售伪劣农药、兽药、化肥、种子罪中'使生产遭受较大损失'，一般以二万元为起点；'重大损失'，一般以十万元为起点；'特别重大损失'，一般以五十万元为起点。"第 9 条规定："知道或者应当知道他人实施生产、销售伪劣商品犯罪，而为其提供贷款、资金、账号、发票、证明、许可证件，或者提供生产、经营场所或者运输、仓储、保管、邮寄等便利条件，或者提供制假生产技术的，以生产、销售伪劣商品犯罪的共犯论处。"第 10 条规定："实施生产、销售伪劣商品犯罪，同时构成侵犯知识产权、非法经营等其他犯罪的，依照处罚较重的规定定罪处罚。"第 11 条规定："实施刑法第一百四十条至第一百四十八条规定的犯罪，又以暴力、威胁方法抗拒查处，构成其他犯罪的，依照数罪并罚的规定处罚。"第 12 条规定："国家机关工作人员参与生产、销售伪劣商品犯罪的，从重处罚。"

最高人民检察院、公安部 2008 年 6 月 25 日发布的《关于公安机关管辖的刑事案件立案追诉标准的规定（一）》第 23 条规定："生产假农药、假兽药、假化肥，销售明知是假的或者失去使用效能的农药、兽药、化肥、种子，或者生产者、销售者以不合格的农药、兽药、化肥、种子冒充合格的农药、兽药、化肥、种子，涉嫌下列情形之一的，应予立案追诉：（一）使生产遭受损失二万元以上的；（二）其他使生产遭受较大损失的情形。"

最高人民法院、最高人民检察院 2013 年 5 月 2 日发布的《关于办理危害食品安全刑事案件适用法律若干问题的解释》第 11 条第 3 款规定："实施前两款行为，同时构成生产、销售伪劣产品罪，生产、销售伪劣农药、兽药罪等其他犯罪的，依照处罚较重的规定定罪处罚。"①

---

①　该条第 1 款规定："以提供给他人生产、销售食品为目的，违反国家规定，生产、销售国家禁止用于食品生产、销售的非食品原料，情节严重的，依照刑法第二百二十五条的规定以非法经营罪定罪处罚。"第 2 款规定："违反国家规定，生产、销售国家禁止生产、销售、使用的农药、兽药、饲料、饲料添加剂，或者饲料原料、饲料添加剂原料，情节严重的，依照前款的规定定罪处罚。"

【立法建言】

建　议：将《刑法》第147条修改为："生产假农药、假兽药、假化肥，销售明知是假的或者失去使用效能的农药、兽药、化肥、种子，或者生产者、销售者以不合格的农药、兽药、化肥、种子冒充合格的农药、兽药、化肥、种子，使生产遭受较大损失的，处三年以下有期徒刑、拘役或者管制，可以并处或者单处罚金；使生产遭受重大损失的，处三年以上七年以下有期徒刑，并处罚金；使生产遭受特别重大损失的，处七年以上有期徒刑或者无期徒刑，并处罚金或者没收财产。"

理　由：

从立法技术上看，宜在本罪的第1档法定刑中增加"管制"的规定，以与《刑法》的其他管制规定相一致。此外，还宜删去本罪中的罚金数额标准，以保持生产、销售伪劣商品罪罚金规定的协调统一。

九、生产、销售不符合卫生标准的化妆品罪（第148条）

【立法沿革】

生产、销售不符合卫生标准的化妆品罪是在全国人大常委会1993年《关于惩治生产、销售伪劣商品犯罪的决定》第7条规定的生产、销售不符合卫生标准的化妆品罪的基础上修改而来的。

生产、销售不符合卫生标准的化妆品罪是《关于惩治生产、销售伪劣商品犯罪的决定》增设的罪名。该决定第7条规定："生产不符合卫生标准的化妆品，或者销售明知是不符合卫生标准的化妆品，造成严重后果的，处三年以下有期徒刑或者拘役，可以并处或者单处罚金。"

在刑法修订研拟的过程中，1996年8月8日的《刑法分则修改草稿》基本上沿用了上述规定，仅将决定第12条第1款罚金数额标准的规定充实到了该条之中。1996年12月20日的《刑法修订草案》第139条在上述规定的基础上，增加了"管制"这一刑种。到了1997年2月17日，《刑法修订草案》（修改稿）第138条删去了上述"可以"并处或者单处罚金的规定。1997年3月1日，提交给八届全国人大五次会议审议的《中华人民共和国刑法（修订草案）》第149条对上述规定作了两处修改：一是删去了其中的"管制"刑种；二是将"并处违法所得一倍以上五倍以下罚金"改为"并处销售金额百分之五十以上二倍以下罚金"。这一修改方案，为现行刑法所采纳。

【立法规定】

《刑法》第148条规定："生产不符合卫生标准的化妆品，或者销售明知是不符合卫生标准的化妆品，造成严重后果的，处三年以下有期徒刑或者拘役，并处或者单处销售金额百分之五十以上二倍以下罚金。"第149条规定："生产、销售本节第一百四十一条至第一百四十八条所列产品，不构成各该条规定的犯罪，但是销售金额在五万元以上的，依照本节第一百四十条的规定定罪处罚。""生产、销售本节第一百四十一条至第一百四十八条所列产品，构成各该条规定的犯罪，同时又构成本节第一百四十条规定之罪的，依照处罚较重的规定定罪处罚。"第150条规定："单位犯本节第一百四十条至第一百四十八条规定之罪的，对单位判处罚金，并对其直接负责的主管人员和其他直接责任人员，依照各该条的规定处罚。"

【立法释义】

最高人民法院、最高人民检察院2001年4月9日发布的《关于办理生产、销售伪劣商品刑事案件具体应用法律若干问题的解释》第9条规定："知道或者应当知道他人实施生产、销售伪劣商品犯罪，而为其提供贷款、资金、账号、发票、证明、许可证件，或者提供生产、经营场所或者运输、仓储、保管、邮寄等便利条件，或者提供制假生产技术的，以生产、销售伪劣商品犯罪的共犯论处。"第10条规定："实施生产、销售伪劣商品犯罪，同时构成侵犯知识产权、非法经营等其他犯罪的，依照处罚较重的规定定罪处罚。"第11条规定："实施刑法第一百四十条至第一百四十八条规定的犯罪，又以暴力、威胁方法抗拒查处，构成其他犯罪的，依照数罪并罚的规定处罚。"第12条规定："国家机关工作人员参与生产、销售伪劣商品犯罪的，从重处罚。"

最高人民检察院、公安部2008年6月25日发布的《关于公安机关管辖的刑事案件立案追诉标准的规定（一）》第24条规定："生产不符合卫生标准的化妆品，或者销售明知是不符合卫生标准的化妆品，涉嫌下列情形之一的，应予立案追诉：（一）造成他人容貌毁损或者皮肤严重损伤的；（二）造成他人器官组织损伤导致严重功能障碍的；（三）致使他人精神失常或者自杀、自残造成重伤、死亡的；（四）其他造成严重后果的情形。"

【立法建言】

建　议： 将《刑法》第148条修改为："生产不符合卫生标准的化妆品，或者销售明知是不符合卫生标准的化妆品，造成严重后果的，处三年以下有期徒刑、拘役或者管制，可以并处或者单处罚金。"

理　由：

从立法技术上看，宜在本罪的法定刑中增加"管制"的规定，以与《刑法》的其他管制规定相一致。此外，还宜删去本罪中的罚金数额标准，以保持生产、销售伪劣商品罪罚金规定的协调统一。

第二节　走私罪

一、走私武器、弹药罪、走私核材料罪、走私假币罪、走私文物罪、走私贵重金属罪、走私珍贵动物、珍贵动物制品罪、走私国家禁止进出口的货物、物品罪（第 151 条）

【立法沿革】

走私武器、弹药罪、走私假币罪、走私文物罪、走私贵重金属罪、走私珍贵动物、珍贵动物制品罪是在全国人大常委会 1988 年《关于惩治走私罪的补充规定》第 1 条规定的走私武器、弹药罪、走私假币罪和第 2 条规定的走私文物罪、走私贵重金属罪、走私珍贵动物、珍贵动物制品罪的基础上修改而来的；走私核材料罪是 1997 年《刑法》第 151 条第 1 款增设的罪名。以上规定，并经《刑法修正案（八）》第 26 条所修正。其中，第 1 款的规定，还经《刑法修正案（九）》第 9 条所修正。而走私国家禁止进出口的货物、物品罪则是在 1997 年《刑法》第 151 条第 3 款规定的走私珍稀植物、珍稀植物制品罪的基础上，经《刑法修正案（七）》第 1 条修正而来的。

走私罪是传统的普通刑事犯罪，历来的刑法草案和刑事立法都毫无例外地将走私规定为犯罪。但是，长期以来，我国并未构建走私罪的罪名体系，而只是笼统地将各种走私行为概括规定为 1 个走私罪。从立法源流来看，1950 年的《刑法大纲草案》规定的"走私漏税罪"，是新中国有关走私罪的最早立法例。该草案第 64 条规定："非法运输货物进口出口，或偷漏关税者，处三年以下监禁或酌处罚金。""以走私为常业或武装走私者，处五年以上十年以下监禁。情节特别严重者，处死刑或终身监禁。"1951 年的《中华人民共和国暂行海关法》颁布后，1954 年的《刑法指导原则草案》第 60 条对走私罪作了较为详细的规定："违反海关法令，经常进行进出口走私，伪造国家机关证件掩护走私、勾结国家机关工作人员走私或者有其他严重情节的，判处五年以上有期徒刑、劳役，或者并处罚金。""进行走私活动有下列情节之一的，判处三年以上有期徒刑；情节特别严重的，判处无期徒刑或者死刑，并且都可以没收财产的一部或者全部。（一）走私集团的组织人；（二）武装走私的；（三）以暴力抗拒检查或者抗拒扣留走私物品的；（四）私运军火武器、毒品或者其他违禁品的。"到了 1957 年，《刑法草案》第 22 稿第 133 条对走私罪的表述进行了简化。修改后的条文为："违反海关法规，进行走私，情节严重的，除按照海关法规没收走私物品并且可以处罚金外，处一年以上七年以下有期徒刑。""走私集团的首要分子处七年以上有期徒刑，可以没收一部或者全部财产。"① 1963 年的《刑法草案》第 33 稿在上述规定的基础上，用 3 个条文对走私罪作了进一步的修改和完善。该稿第 123 条规定："违反海关法规，进行走私，情节严重的，除按照海关法规没收走私物品并且可以处罚金外，处一年以上七年以下有期徒刑，可以并处没收财产。"第 127 条规定："以走私、投机倒把为常业的，走私、投机倒把数额巨大的或者走私、投机倒把集团的首要分子，处七年以上有期徒刑或者无期徒刑，可以并处没收财产。"第 129 条规定："国家工作人员利用职务上的便利，犯本章上述各条罪的，从重处罚。"② 1979 年《刑法》除对上述规定作了个别文字修改外，主要是调整了法定刑幅度，降低了法定最低刑和最高刑。

1979 年《刑法》第 116 条规定："违反海关法规，进行走私，情节严重的，除按照海关法规没收走私物品并且可以罚款外，处三年以下有期徒刑或者拘役，可以并处没收财产。"第 118 条规定："以走私、投机倒把为常业的，走私、投机倒把数额巨大的或者走私、投机倒把集团的首要分子，处三年以上十年以下有期徒刑，可以并处没收财产。"第 119 条规定："国家工作人员利用职务上的便利，犯走私、投机倒把罪的，从重处罚。"③

1982 年 3 月 8 日，全国人大常委会通过的《关于严惩严重破坏经济的罪犯的决定》第 1 条第 1 款对 1979 年《刑法》第 118 条走私罪和第 173 条盗运珍贵文物出口罪的处刑分别补充、修改为："情节特别严重的，处十年以上有期徒刑、无期徒刑或者死刑，可以并处没收财产。"同时第 2 款还规定："国家工作人员利用职务犯前款所列罪行，情节特别严重的，按前款规定从重处罚。"

1988 年 1 月 21 日，全国人大常委会通过的《关于惩治走私罪的补充规定》对走私罪进行了细化，将其分解为走私毒品罪、走私武器、弹药罪，走私假币罪，走私文物罪，走私珍贵动物、珍贵动物制品罪，走私贵重金属罪，走私淫秽物品罪，走私普通货物、物品罪 8 个具体罪名，初步构建了走私罪的罪名体系。此外，该规定还对单位走私、间接走私、走私罪的共犯以及武装掩护走私、抗拒缉私、国家工作人员犯走私罪的处罚原则等问题作了规定。其中，该规定第 1 条规定："走私鸦片等毒品、武器、弹药或者伪造货币的，

① 该稿第 202 条还在"妨害其他管理秩序罪"一章中规定了盗运珍贵文物出口罪："盗运珍贵历史文物出口的，处七年以下有期徒刑，可以并处一万元以下罚金。"

② 此外，该稿第 191 条还对盗运珍贵文物出口罪的构成要件和法定刑作了较大的修改和补充："盗运珍贵历史文物出口的，处三年以上十年以下有期徒刑，可以并处罚金；情节严重的，处十年以上有期徒刑或者无期徒刑，可以并处没收财产。"

③ 1979 年《刑法》第 173 条对盗运珍贵文物出口罪的文字表述也作了修改和补充："违反保护文物法规，盗运珍贵文物出口的，处三年以上十年以下有期徒刑，可以并处罚金；情节严重的，处十年以上有期徒刑或者无期徒刑，可以并处没收财产。"

处七年以上有期徒刑，并处罚金或者没收财产；情节特别严重的，处无期徒刑或者死刑，并处没收财产；情节较轻的，处七年以下有期徒刑，并处罚金。"第 2 条规定："走私国家禁止出口的文物、珍贵动物及其制品、黄金、白银或者其他贵重金属的，处五年以上有期徒刑，并处罚金或者没收财产；情节特别严重的，处无期徒刑或者死刑，并处没收财产；情节较轻的，处五年以下有期徒刑，并处罚金。"第 5 条规定："企业事业单位、机关、团体走私本规定第一条至第三条规定的货物、物品的，判处罚金，并对其直接负责的主管人员和其他直接责任人员，依照本规定对个人犯走私罪的规定处罚。""企业事业单位、机关、团体走私本规定第一条至第三条规定以外的货物、物品，价额在 30 万元以上的，判处罚金，并对其直接负责的主管人员和其他直接责任人员，处五年以下有期徒刑或者拘役；情节特别严重，使国家利益遭受重大损失的，处五年以上十年以下有期徒刑；价额不满 30 万元的，由海关没收走私货物、物品和违法所得，可以并处罚款，对其直接负责的主管人员和其他直接责任人员，由其所在单位或者上级主管机关酌情给予行政处分。""企业事业单位、机关、团体走私，违法所得归个人所有的，或者以企业事业单位、机关、团体的名义进行走私，共同分取违法所得的，依照本规定对个人犯走私罪的规定处罚。"① 第 7 条规定："下列行为，以走私罪论处，依照本规定的有关规定处罚：（1）直接向走私人非法收购国家禁止进口物品的，或者直接向走私人非法收购走私进口的其他货物、物品，数额较大的。（2）在内海、领海运输、收购、贩卖国家禁止进出口物品的，或者运输、收购、贩卖国家限制进出口货物、物品，数额较大，没有合法证明的。""前款所列走私行为，走私数额较小，不构成犯罪的，由海关没收走私货物、物品和违法所得，可以并处罚款。"② 第 8 条规定："与走私罪犯通谋，为其提供贷款、资金、账号、发票、证明，或者为其提供运输、保管、邮寄或者其他方便的，以走私罪的共犯论处。"③ 第 10 条规定："武装掩护走私的，依照本规定第一条的规定从重处罚。""以暴力、威胁方法抗拒缉私的，以走私罪和刑法第一百五十七条规定的阻碍国家工作人员依法执行职务罪，依照数罪并罚的规定处罚。"④ 第 11 条规定："国家工作人员利用职务上的便利犯走私罪的，从重

---

① 《关于惩治走私罪的补充规定》对单位走私的规定集中在第 5 条之中。本节在阐述以下各罪立法规定时，凡涉及《关于惩治走私罪的补充规定》的，均不再具体列举单位走私的规定。

② 《关于惩治走私罪的补充规定》对间接走私的规定集中在第 7 条之中。本节在阐述以下各罪立法规定时，凡涉及《关于惩治走私罪的补充规定》的，均不再具体列举间接走私的规定。

③ 《关于惩治走私罪的补充规定》对走私罪共犯的规定集中在第 8 条之中。本节在阐述以下各罪立法规定时，凡涉及《关于惩治走私罪的补充规定》的，均不再具体列举走私罪共犯的规定。

④ 《关于惩治走私罪的补充规定》关于武装掩护走私与抗拒缉私处罚原则的规定集中在第 10 条之中。本节在阐述以下各罪立法规定时，凡涉及《关于惩治走私罪的补充规定》的，均不再具体列举武装掩护走私与抗拒缉私处罚原则的规定。

处罚。"①

在全面研究修改刑法的过程中，1988 年 9 月的刑法修改稿第 116 条将各种走私罪合并为 1 条加以规定："违反海关法规，走私物品，数额较大的，处三年以下有期徒刑或者拘役；数额巨大的，处三年以上十年以下有期徒刑；数额特别巨大的，处十年以上有期徒刑、无期徒刑或者死刑。""走私淫秽的影片、录像带、书刊或其他淫秽物品的，处三年以下有期徒刑或者拘役；情节严重的，处三年以上十年以下有期徒刑；情节特别严重的，处十年以上有期徒刑或者无期徒刑。""走私毒品、武器、弹药、伪造的货币，走私国家禁止出口的文物、珍贵动物及其制品，走私黄金、白银或者其他贵重金属的，处五年以下有期徒刑；情节严重的，处五年以上有期徒刑；情节特别严重的，处无期徒刑或者死刑。""直接向走私人非法收购国家禁止进口物品的，或者直接向走私人非法收购走私进口的其他物品数额较大的，以及在内海、领海运输、收购、贩卖国家禁止进出口物品的，或者运输、收购、贩卖国家限制进出口物品数额较大，以走私罪论，依照第一、二、三款的规定处罚。""上列走私行为，可以并处没收财产或罚金。"1988 年 11 月 16 日的刑法修改稿进一步将走私特定物品的行为作为走私罪的加重情节加以规定，不再将其作为独立的罪名。该稿第 130 条规定："违反海关法规，逃避海关监管，运输、携带、邮寄禁止、限制进出口的货物、物品或者依法应缴纳关税的货物、物品进出境，情节严重的，是走私罪，处五年以下有期徒刑或者拘役，可以单处或者并处罚金；数额巨大的，处五年以上有期徒刑或者无期徒刑，并处罚金或者没收财产；有下列情形之一的，处死刑，并处没收财产：（一）走私毒品、武器、弹药、伪造的货币，走私国家禁止出口的文物、珍贵动物及其制品，走私黄金、白银或者其他贵重金属，情节特别严重的；（二）走私第一项以外的其他货物、物品，数额特别巨大的；（三）武装掩护走私，情节特别严重的；（四）走私集团的首要分子或者惯犯，情节特别严重的。"1988 年 12 月 25 日的《刑法修改稿》第 147 条基本上沿用了上述规定，仅将第 2 档法定刑中的"无期徒刑"移到了第 3 档法定刑之中。在此后的刑法修订研拟过程中，基于"注意保持法律的连续性和稳定性"的考虑，② 立法工作机关放弃了上述归并和简化走私罪法条的尝试，重新以《关于惩治走私罪的补充规定》为基础对走私罪进行修改和完善。1996 年 8 月 8 日的《刑法分则修改草稿》在"破坏社会主义经济秩序罪"一章中，增设了"妨害进出口管理罪"一节。该节第 1 条、第 2

_____

① 《关于惩治走私罪的补充规定》关于国家工作人员犯走私罪处罚原则的规定集中在第 11 条之中。本节在阐述以下各罪立法规定时，凡涉及《关于惩治走私罪的补充规定》的，均不再具体列举国家工作人员犯走私罪处罚原则的规定。

② 参见全国人大常委会副委员长王汉斌 1997 年 3 月 6 日在八届全国人大五次会议上所作的《关于〈中华人民共和国刑法（修订草案）〉的说明》。基于上述考虑，该说明明确指出："对刑法的原有规定，包括文字表述和量刑规定，原则上没什么问题的，尽量不作修改。"

条在《关于惩治走私罪的补充规定》第 1 条、第 2 条规定的基础上，增加了"珍稀植物及其制品"这一犯罪对象。1996 年 8 月 31 日的《刑法修改草稿》在"妨害进出口管理秩序罪"一节中，对上述规定主要作了以下三方面的修改和补充：一是将走私毒品罪移到了分则第六章"妨害社会管理秩序罪"第七节"走私、贩卖、运输、制造毒品罪"中；二是增设了走私核材料罪；三是增加了"走私不能用作原料的固体废弃物的，依照前款规定处罚"的规定。该节第 1 条规定："走私武器、弹药、核材料或者伪造的货币的，处七年以上有期徒刑，并处罚金或者没收财产；情节特别严重的，处无期徒刑或者死刑，并处没收财产；情节较轻的，处七年以下有期徒刑，并处罚金。""走私不能用作原料的固体废弃物的，依照前款规定处罚。"第 2 条规定："走私国家禁止出口的文物、珍贵动物及其制品、珍稀植物及其制品、黄金、白银或者其他贵重金属的，处五年以上有期徒刑，并处罚金或者没收财产；情节特别严重的，处无期徒刑或者死刑，并处没收财产；情节较轻的，处五年以下有期徒刑，并处罚金。"1996 年 10 月 10 日的《刑法修订草案》（征求意见稿）在上述规定的基础上，删去了"走私不能用作原料的固体废弃物的，依照前款规定处罚"的规定，增加了"走私国家禁止出口的珍稀植物及其制品的，处五年以下有期徒刑，并处或者单处罚金，情节严重的，处五年以上有期徒刑，并处罚金"的规定。[①] 1996 年 12 月 20 日的《刑法修订草案》将上述规定合并为 1 条，并将其中"情节特别严重"的情形单独作为 1 款加以规定。[②] 该草案第 145 条规定："走私武器、弹药、核材料或者伪造的货币的，处七年以上有期徒刑，并处罚金或者没收财产；情节较轻的，处七年以下有期徒刑，并处罚金。""走私国家禁止出口的文物、珍贵动物及其制品、黄金、白银或者其他贵重金属的，处五年以上有期徒刑，并处罚金或者没收财产；情节较轻的，处五年以下有期徒刑，并处罚金。""走私国家禁止出口的珍稀植物及其制品的，处五年以下有期徒刑，并处或者单处罚金；情节严重的，处五年以上有期徒刑，并处罚金。""犯第一款、第二款罪，情节特别严重的，处无期徒刑或者死刑，并处没收财产。"1997 年 3 月 1 日，提交给八届全国人大五次会议审议的《中华人民共和国刑法（修订草案）》第 152 条基本上沿用了上述规定，仅将第 1 款中"情节较轻的，处七年以下有期徒刑，并处罚金"的规定改为"情节较轻的，处三年以上七年以下有期徒刑，并处罚金"。经审议，1997 年修订的《刑法》第 151 条将第 2 款、第 3 款中的"珍贵动物及其制品""珍稀植物及其制品"由"国家禁止出口"改为"国家禁止进出口"，同时删去了第 2 款第 1 档法定刑中"并处没收财产"

---

① 该草案将此前增加的走私珍稀植物及其制品行为，作为一种独立的犯罪加以规定。

② "单设条款的好处在于：第一，可以减少死刑条文的数量；第二，可以简化条文，因为《补充规定》的第一条和第二条均有'情节特别严重的，处无期徒刑或者死刑，并处没收财产'的规定，单设一款规定，就可以简化条文表述"（高铭暄：《中华人民共和国刑法的孕育诞生和发展完善》，北京大学出版社 2012 年版，第 357 页）。

的规定，并将有关单位犯罪的规定作为第 5 款充实到该条之中。①

1997 年修订的《刑法》第 151 条规定："走私武器、弹药、核材料或者伪造的货币的，处七年以上有期徒刑，并处罚金或者没收财产；情节较轻的，处三年以上七年以下有期徒刑，并处罚金。""走私国家禁止出口的文物、黄金、白银和其他贵重金属或者国家禁止进出口的珍贵动物及其制品的，处五年以上有期徒刑，并处罚金；情节较轻的，处五年以下有期徒刑，并处罚金。""走私国家禁止进出口的珍稀植物及其制品的，处五年以下有期徒刑，并处或者单处罚金；情节严重的，处五年以上有期徒刑，并处罚金。""犯第一款、第二款罪，情节特别严重的，处无期徒刑或者死刑，并处没收财产。""单位犯本条之罪的，对单位判处罚金，并对其直接负责的主管人员和其他直接责任人员，依照本条各款的规定处罚。"

1997 年《刑法》施行后，《刑法修正案（七）》第 1 条对上述第 151 条第 3 款作了两处修改和补充：一是扩大了犯罪的范围，将走私珍稀植物、珍稀植物制品罪改为走私国家禁止进出口的货物、物品罪；二是降低了主刑的最低刑，在第 1 档法定刑中增加了"拘役"的规定。修改后的条款为："走私珍稀植物及其制品等国家禁止进出口的其他货物、物品的，处五年以下有期徒刑或者拘役，并处或者单处罚金；情节严重的，处五年以上有期徒刑，并处罚金。"

此后，《刑法修正案（八）》第 26 条又对《刑法》第 151 条作了重大修改，主要是取消了"近年来较少适用或基本未适用过的"走私文物罪，走私贵重金属罪，走私珍贵动物、珍贵动物制品罪等"经济性非暴力犯罪"的死刑，② 据此删去了第 4 款"犯第一款、第二款罪，情节特别严重的，处无期徒刑或者死刑，并处没收财产"的规定，并相应将第 1 款修改为"走私武器、弹药、核材料或者伪造的货币的，处七年以上有期徒刑，并处罚金或者没收财产；情节特别严重的，处无期徒刑或者死刑，并处没收财产；情节较轻的，处三年以上七年以下有期徒刑，并处罚金"，将第 2 款修改为"走私国家禁止出口的文物、

---

① 在刑法修订研拟的过程中，对单位犯本条之罪的处罚规定曾经历了一些变化。1996 年 8 月 8 日的《刑法分则修改草稿》沿用了《关于惩治走私罪的补充规定》第 5 条第 1 款的规定。1996 年 8 月 31 日的《刑法修改草稿》在上述规定的基础上，删去了"机关"这一主体。到了 1996 年 10 月 10 日，《刑法修订草案》（征求意见稿）第 139 条第 1 款对上述规定的表述作了较大的修改：一是将"企业事业单位、团体"改为"单位"；二是将"判处罚金"改为"对单位判处罚金"。修改后的条文为："单位走私本法第一百三十五条至第一百三十七条规定的货物、物品的，对单位判处罚金，并对其直接负责的主管人员和其他直接责任人员，依照本节对个人犯走私罪的规定处罚。"1997 年 2 月 17 日的《刑法修订草案》（修改稿）第 155 条将单位犯罪的规定合并为 1 个条款："单位犯本法第一百五十二条、第一百五十三条、第一百五十四条规定之罪的，对单位判处罚金，并对其直接负责的主管人员和其他直接责任人员，依照各该条的规定处罚。"1997 年《刑法》第 151 条又将其修改为本条的第 5 款："单位犯本条之罪的，对单位判处罚金，并对其直接负责的主管人员和其他直接责任人员，依照本条各款的规定处罚。"

② 参见全国人大常委会法制工作委员会主任李适时 2010 年 8 月 23 日在十一届全国人大常委会第十六次会议上所作的《关于〈中华人民共和国刑法修正案（八）（草案）〉的说明》。

黄金、白银和其他贵重金属或者国家禁止进出口的珍贵动物及其制品的，处五年以上十年以下有期徒刑，并处罚金；情节特别严重的，处十年以上有期徒刑或者无期徒刑，并处没收财产；情节较轻的，处五年以下有期徒刑，并处罚金"。

为进一步减少适用死刑的罪名，《刑法修正案（九）》第 9 条又对走私武器、弹药罪、走私核材料罪、走私假币罪的刑罚规定作出调整，取消了死刑。①

【立法规定】

《刑法》第 151 条规定："走私武器、弹药、核材料或者伪造的货币的，处七年以上有期徒刑，并处罚金或者没收财产；情节特别严重的，处无期徒刑，并处没收财产；情节较轻的，处三年以上七年以下有期徒刑，并处罚金。""走私国家禁止出口的文物、黄金、白银和其他贵重金属或者国家禁止进出口的珍贵动物及其制品的，处五年以上十年以下有期徒刑，并处罚金；情节特别严重的，处十年以上有期徒刑或者无期徒刑，并处没收财产；情节较轻的，处五年以下有期徒刑，并处罚金。""走私珍稀植物及其制品等国家禁止进出口的其他货物、物品的，处五年以下有期徒刑或者拘役，并处或者单处罚金；情节严重的，处五年以上有期徒刑，并处罚金。""单位犯本条规定之罪的，对单位判处罚金，并对其直接负责的主管人员和其他直接责任人员，依照本条各款的规定处罚。"第 155 条规定："下列行为，以走私罪论处，依照本节的有关规定处罚：（一）直接向走私人非法收购国家禁止进口物品的，或者直接向走私人非法收购走私进口的其他货物、物品，数额较大的；（二）在内海、领海、界河、界湖运输、收购、贩卖国家禁止进出口物品的，或者运输、收购、贩卖国家限制进出口货物、物品，数额较大，没有合法证明的。"② 第 156 条规定："与走私罪犯通谋，为其提供贷款、资金、账号、发票、证明，或者为其提供运输、保管、邮寄或者其他方便的，以走私罪的共犯论处。"第 157 条规定："武装掩护走私的，依照本法第一百五十一条第一款的规定从重处罚。""以暴力、威胁方法抗拒缉私的，以走私罪和本法第二百七十七条规定的阻碍国家机关工作人员依法执行职务罪，依照数罪并罚的规定处罚。"③

---

① 参见全国人大常委会法制工作委员会主任李适时 2014 年 10 月 27 日在十二届全国人大常委会第十一次会议上所作的《关于〈中华人民共和国刑法修正案（九）（草案）〉的说明》。

② 该条系根据《刑法修正案（四）》第 3 条的规定修改。原条文为："下列行为，以走私罪论处，依照本节的有关规定处罚：（一）直接向走私人非法收购国家禁止进口物品的，或者直接向走私人非法收购走私进口的其他货物、物品，数额较大的；（二）在内海、领海运输、收购、贩卖国家禁止进出口物品的，或者运输、收购、贩卖国家限制进出口货物、物品，数额较大，没有合法证明的；（三）逃避海关监管将境外固体废物运输进境的。"本节在阐述以下各罪立法规定时，对此不再加以说明。

③ 该条第 1 款系根据《刑法修正案（八）》第 28 条的规定修改。原条文为："武装掩护走私的，依照本法第一百五十一条第一款、第四款的规定从重处罚。"本节在阐述以下各罪立法规定时，对此不再加以说明。

【立法释义】

全国人大常委会 2005 年 12 月 29 日通过的《关于〈中华人民共和国刑法〉有关文物的规定适用于具有科学价值的古脊椎动物化石、古人类化石的解释》规定："刑法有关文物的规定，适用于具有科学价值的古脊椎动物化石、古人类化石。"

国家林业局、公安部 2001 年 5 月 9 日发布的《关于森林和陆生野生动物刑事案件管辖及立案标准》第 2 条第 5 款规定："走私国家禁止进出口的珍稀植物、珍稀植物制品的应当立案；走私珍稀植物 2 株以上、珍稀植物制品价值在 2 万元以上的，为重大案件；走私珍稀植物 10 株以上、珍稀植物制品价值在 10 万元以上的，为特别重大案件。"第 11 条规定："走私国家重点保护和《濒危野生动植物种国际贸易公约》附录一、附录二的陆生野生动物及其制品的应当立案；走私国家重点保护的陆生野生动物重大案件和特别重大案件按附表的标准执行。"① "走私国家重点保护和《濒危野生动植物种国际贸易公约》附录一、附录二的陆生野生动物制品价值 10 万元以上的，应当立为重大案件；走私国家重点保护和《濒危野生动植物种国际贸易公约》附录一、附录二的陆生野生动物制品价值 20 万元以上的，应当立为特别重大案件。"

最高人民法院、最高人民检察院、海关总署 2002 年 7 月 8 日发布的《关于办理走私刑事案件适用法律若干问题的意见》第 5 条"关于走私犯罪嫌疑人、被告人主观故意认定问题"规定："行为人明知自己的行为违反国家法律法规，逃避海关监管，偷逃进出境货物、物品的应缴税额，或者逃避国家有关进出境的禁止性管理，并且希望或者放任危害结果发生的，应该定为具有走私的主观故意。""走私主观故意中的'明知'是指行为人知道或者应当知道所从事的行为是走私行为。具有下列情形之一的，可以认定为'明知'，但有证据证明确属被蒙骗的除外：（一）逃避海关监管，运输、携带、邮寄国家禁止进出境的货物、物品的；（二）用特制的设备或者运输工具走私货物、物品的；（三）未经海关同意，在非设关的码头、海（河）岸、陆路边境等地点，运输（泊载）、收购或者贩卖非法进出境货物、物品的；（四）提供虚假的合同、发票、证明等商业单位委托他人办理通关手续的；（五）以明显低于货物正常进（出）口的应缴税额委托他人代理进（出）口业务的；（六）曾因同一种走私行为受过刑事处罚或者行政处罚的；（七）其他有证据证明的情形。"第 6 条"关于行为人对其走私的具体对象不明确的案件的处理问题"规定："走私犯罪嫌疑人主观上具有走私犯罪故意，但对其走私的具体对象不明确的，不影响走私犯罪构成，应当根据实际的走私对象定罪处罚。但是，确有证据证明行为人因受蒙骗而对走私对象发生认识错误的，可以从轻处罚。"第 7 条"关于走私珍贵动物制品行为的处

① 该规定所说的"附表的标准"，是指附录于该解释之后的《走私、非法猎捕、杀害、收购、运输、出售珍贵、濒危陆生野生动物重大案件、特别重大案件立案标准》。因该立案标准内容较多，故在此予以省略。

罚问题"规定："走私珍贵动物制品的，应当根据刑法第一百五十一条第二、四、五款和《最高人民法院关于审理走私刑事案件具体应用法律若干问题的解释》（以下简称《解释》）第四条的有关规定予以处罚，但同时具有下列情形，情节较轻的，一般不以犯罪论处：（一）珍贵动物制品购买地允许交易；（二）入境人员为留作纪念或者作为礼品而携带珍贵动物制品进境，不具有牟利目的的。""同时具有上述两种情形，达到《解释》第四条第三款规定的量刑标准的，一般处五年以下有期徒刑，并处罚金；达到《解释》第四条第四款规定的量刑标准的，一般处五年以上有期徒刑，并处罚金。"第14条"关于海上走私犯罪案件如何追究运输人的刑事责任问题"规定："对刑法第一百五十五条第（二）项规定的实施海上走私犯罪行为的运输人、收购人或者贩卖人应当追究刑事责任。对运输人，一般追究运输工具的负责人或者主要责任人的刑事责任，但对于事先通谋的、集资走私的或者使用特殊的走私运输工具从事走私犯罪活动的，可以追究其他参与人员的刑事责任。"第15条"关于刑法第一百五十六条规定的'与走私罪犯通谋'的理解问题"规定："通谋是指犯罪行为人之间事先或者事中形成的共同的走私故意。下列情形可以认定为通谋：（一）对明知他人从事走私活动而同意为其提供贷款、资金、账号、发票、证明、海关单证，提供运输、保管、邮寄或者其他方便的；（二）多次为同一走私犯罪分子的走私行为提供前项帮助的。"第18条"关于单位走私犯罪及其直接负责的主管人员和直接责任人员的认定问题"规定："具备下列特征的，可以认定为单位走私犯罪：（1）以单位的名义实施走私犯罪，即由单位集体研究决定，或者由单位的负责人或者被授权的其他人员决定、同意；（2）为单位谋取不正当利益或者违法所得大部分归单位所有。""依照《最高人民法院关于审理单位犯罪案件具体应用法律有关问题的解释》第二条的规定，个人为进行违法犯罪活动而设立的公司、企业、事业单位实施犯罪的，或者个人设立公司、企业、事业单位后，以实施犯罪为主要活动的，不以单位犯罪论处。单位是否以实施犯罪为主要活动，应根据单位实施走私行为的次数、频度、持续时间、单位进行合法经营的状况等因素综合考虑认定。""根据单位人员在单位走私犯罪活动中所发挥的不同作用，对其直接负责的主管人员和其他直接责任人员，可以确定为一个或者数人。对于受单位领导指派而积极参与实施走私犯罪行为的人员，如果其行为在走私犯罪的主要环节起重要作用的，可以认定为单位犯罪的直接责任人员。"第19条"关于单位走私犯罪后发生分立、合并或者其他资产重组情形以及单位被依法注销、宣告破产等情况下，如何追究刑事责任的问题"规定："单位走私犯罪后，单位发生分立、合并或者其他资产重组等情况的，只要承受该单位权利义务的单位存在，应当追究单位走私犯罪的刑事责任。走私单位发生分立、合并或者其他资产重组后，原单位名称发生更改的，仍以原单位（名称）作为被告单位。承受原单位权利义务的单位法定代表人或负责人为诉讼代表人。""单位走私犯罪后，发生分立、合并或者其他资产重组情形，以及被依法注销、宣告破产等情况的，无论承受该单位权利义务的单位是否存在，均应追究原单位直接负责的主管人员和其他直接责任人员的刑事责任。""人民法院对原走私单位判处罚金的，应当将承受原单位权利义务的单位作为被执行人。罚金超出新单位所承受的财产的，可在执行中予以减除。"第21条"关于单位走私犯罪案件自首的认定问题"规定："在办理单位走私犯罪案件中，对单位集体决定自首的，或者单位直接负责的主管人员自首的，应当认定单位自首。认定单位自首后，如实交代主要犯罪事实的单位负责的其他主管人员和其他直接责任人员，可视为自首，但对拒不交代主要犯罪事实或逃避法律追究的人员，不以自首论。"

最高人民检察院、公安部2010年5月7日发布的《关于公安机关管辖的刑事案件立案追诉标准的规定（二）》第2条规定："走私伪造的货币，总面额在二千元以上或者币量在二百张（枚）以上的，应予立案追诉。"

最高人民法院、最高人民检察院2014年8月12日发布的《关于办理走私刑事案件适用法律若干问题的解释》第1条规定："走私武器、弹药，具有下列情形之一的，可以认定为刑法第一百五十一条第一款规定的'情节较轻'：（一）走私以压缩气体等非火药为动力发射枪弹的枪支二支以上不满五支的；（二）走私气枪铅弹五百发以上不满二千五百发，或者其他子弹十发以上不满五十发的；（三）未达到上述数量标准，但属于犯罪集团的首要分子，使用特种车辆从事走私活动，或者走私的武器、弹药被用于实施犯罪等情形的；（四）走私各种口径在六十毫米以下常规炮弹、手榴弹或者枪榴弹等分别或者合计不满五枚的。""具有下列情形之一的，依照刑法第一百五十一条第一款的规定处七年以上有期徒刑，并处罚金或者没收财产：（一）走私以火药为动力发射枪弹的枪支一支，或者以压缩气体等非火药为动力发射枪弹的枪支五支以上不满十支的；（二）走私第一款第二项规定的弹药，数量在该项规定的最高数量以上不满最高数量五倍的；（三）走私各种口径在六十毫米以下常规炮弹、手榴弹或者枪榴弹等分别或者合计达到五枚以上不满十枚，或者各种口径超过六十毫米以上常规炮弹合计不满五枚的；（四）达到第一款第一、二、四项规定的数量标准，且属于犯罪集团的首要分子，使用特种车辆从事走私活动，或者走私的武器、弹药被用于实施犯罪等情形的。""具有下列情形之一的，应当认定为刑法第一百五十一条第一款规定的'情节特别严重'：（一）走私第二款第一项规定的枪支，数量超过该项规定的数量标准的；（二）走私第一款第二项规定的弹药，数量在该项规定的最高数量标准五倍以上的；（三）走私第二款第三项规定的弹药，数量超过该项规定的数量标准，或者走私具有巨大杀伤力的非常规炮弹一枚以上的；（四）达到第二款第一项至第三项规定的数量标准，且属于犯罪集团的首要分子，使用特种车辆从事走私活动，或者走私的武器、弹药被用于实施犯罪等情形的。""走私其他武器、弹药，构成犯罪的，参照本条各款规定的标准处罚。"第 2 条规定："刑法第一百五十一条第一款规定的'武器、弹药'的种类，参照《中华人民共和国进口税则》及《中华人民共和国禁止进出境物品表》的有关规定确定。"第 3 条规定："走私枪支散件，构成犯罪的，依照刑法第一百五十一条第一款的规定，以走私武器罪定罪处罚。成套枪支散件以相应数量的枪支计，非成套枪支散件以每三十件为一套枪支散件计。"第 4 条规定："走私各种弹药的弹头、弹壳，构成犯罪的，依照刑法第一百五十一条第一款的规定，以走私弹药罪定罪处罚。具体的定罪量刑标准，按照本解释第一条规定的数量标准的五倍执行。""走私报废或者无法组装并使用的各种弹药的弹头、弹壳，构成犯罪的，依照刑法第一百五十三条的规定，以走私普通货物、物品罪定罪处罚；属于废物的，依照刑法第一百五十二条第二款的规定，以走私废物罪定罪处罚。""弹头、弹壳是否属于前款规定的'报废或者无法组装并使用'或者'废物'，由国家有关技术部门进行鉴定。"第 5 条规定："走私国家禁止或者限制进出口的仿真枪、管制刀具，构成犯罪的，依照刑法第一百五十一条第三款的规定，以走私国家禁止进出口的货物、物品罪定罪处罚。具体的定罪量刑标准，适用本解释第十一条第一款第六、七项和第二款的规定。""走私的仿真枪经鉴定为枪支，构成犯罪的，依照刑法第一百五十一条第一款的规定，以走私武器罪定罪处罚。不以牟利或者从事违法犯罪活动为目的，且无其他严重情节的，可以依法从轻处罚；情节轻微不需要判处刑罚的，可以免予刑事处罚。"第 6 条规定："走私伪造的货币，数额在二千元以上不满二万元，或者数量在二百张（枚）以上不满二千张（枚）的，可以认定为刑法第一百五十一条第一款规定的'情节较轻'。""具有下列情形之一的，依照刑法第一百五十一条第一款的规定处七年以上有期徒刑，并处罚金或者没收财产：（一）走私数额在二万元以上不满二十万元，或者数量在二千张（枚）以上不满二万张（枚）的；（二）走私数额或者数量达到第一款规定的标准，且具有走私的伪造货币流入市场等情节的。""具有下列情形之一的，应当认定为刑法第一百五十一条第一款规定的'情节特别严重'：（一）走私数额在二十万元以上，或者数量在二万张（枚）以上的；（二）走私数额或者数量达到第二款第一项规定的标准，且属于犯罪集团的首要分子，使用特种车辆从事走私活动，或者走私的伪造货币流入市场等情形的。"第 7 条规定："刑法第一百五十一条第一款规定的'货币'，包括正在流通的人民币和境外货币。伪造的境外货币数额，折合成人民币计算。"第 8 条规定："走私国家禁止出口的三级文物二件以下的，可以认定为刑法第一百五十一条第二款规定的'情节较轻'。""具有下列情形之一的，依照刑法第一百五十一条第二款的规定处五年以上十年以下有期徒刑，并处罚金：（一）走私国家禁止出口的二级文物不满三件，或者三级文物三件以上不满九件的；（二）走私国家禁止出口的三级文物不满三件，且具有造成文物严重毁损或者无法追回等情节的。""具有下列情形之一的，应当认定为刑法第一百五十一条第二款规定的

'情节特别严重'：（一）走私国家禁止出口的一级文物一件以上，或者二级文物三件以上，或者三级文物九件以上的；（二）走私国家禁止出口的文物达到第二款第一项规定的数量标准，且属于犯罪集团的首要分子，使用特种车辆从事走私活动，或者造成文物严重毁损、无法追回等情形的。"第9条规定："走私国家一、二级保护动物未达到本解释附表中（一）规定的数量标准，或者走私珍贵动物制品数额不满二十万元的，可以认定为刑法第一百五十一条第二款规定的'情节较轻'。""具有下列情形之一的，依照刑法第一百五十一条第二款的规定处五年以上十年以下有期徒刑，并处罚金：（一）走私国家一、二级保护动物达到本解释附表中（一）规定的数量标准的；（二）走私珍贵动物制品数额在二十万元以上不满一百万元的；（三）走私国家一、二级保护动物未达到本解释附表中（一）规定的数量标准，但具有造成该珍贵动物死亡或者无法追回等情节的。""具有下列情形之一的，应当认定为刑法第一百五十一条第二款规定的'情节特别严重'：（一）走私国家一、二级保护动物达到本解释附表中（二）规定的数量标准的；（二）走私珍贵动物制品数额在一百万元以上的；（三）走私国家一、二级保护动物达到本解释附表中（一）规定的数量标准，且属于犯罪集团的首要分子，使用特种车辆从事走私活动，或者造成该珍贵动物死亡、无法追回等情形的。""不以牟利为目的，为留作纪念而走私珍贵动物制品进境，数额不满十万元的，可以免予刑事处罚；情节显著轻微的，不作为犯罪处理。"第10条规定："刑法第一百五十一条第二款规定的'珍贵动物'，包括列入《国家重点保护野生动物名录》中的国家一、二级保护野生动物，《濒危野生动植物种国际贸易公约》附录Ⅰ、附录Ⅱ中的野生动物，以及驯养繁殖的上述动物。""走私本解释附表中未规定的珍贵动物的，参照附表中规定的同属或者同科动物的数量标准执行。""走私本解释附表中未规定珍贵动物的制品的，按照《最高人民法院、最高人民检察院、国家林业局、公安部、海关总署关于破坏野生动物资源刑事案件中涉及的 CITES 附录Ⅰ和附录Ⅱ所列陆生野生动物制品价值核定问题的通知》（林濒发〔2012〕239号）的有关规定核定价值。"第11条规定："走私国家禁止进出口的货物、物品，具有下列情形之一的，依照刑法第一百五十一条第三款的规定处五年以下有期徒刑或者拘役，并处或者单处罚金：（一）走私国家一级保护野生植物五株以上不满二十五株，国家二级保护野生植物十株以上不满五十株，或者珍稀植物、珍稀植物制品数额在二十万元以上不满一百万元的；（二）走私重点保护古生物化石或者未命名的古生物化石不满十件，或者一般保护古生物化石十件以上不满五十件的；（三）走私禁止进出口的有毒物质一吨以上不满五吨，或者数额在二万元以上不满十万元的；（四）走私来自境外疫区的动植物及其产品五吨以上不满二十五吨，或者数额在五万元以上不满二十五万元的；（五）走私木炭、硅砂等妨害环境、资源保护的货物、物品十吨以上不满五十吨，或者数额在十万元以上不满五十万元的；（六）走私旧机动车、切割车、旧机电产品或者其他禁止进出口的货物、物品二十吨以上不满一百吨，或者数额在二十万元以上不满一百万元的；（七）数量或者数额未达到本款第一项至第六项规定的标准，但属于犯罪集团的首要分子，使用特种车辆从事走私活动，造成环境严重污染，或者引起甲类传染病传播、重大动植物疫情等情形的。""具有下列情形之一的，应当认定为刑法第一百五十一条第三款规定的'情节严重'：（一）走私数量或者数额超过前款第一项至第六项规定的标准的；（二）达到前款第一项至第六项规定的标准，且属于犯罪集团的首要分子，使用特种车辆从事走私活动，造成环境严重污染，或者引起甲类传染病传播、重大动植物疫情等情形的。"第 12 条规定："刑法第一百五十一条第三款规定的'珍稀植物'，包括列入《国家重点保护野生植物名录》《国家重点保护野生药材物种名录》《国家珍贵树种名录》中的国家一、二级保护野生植物、国家重点保护的野生药材、珍贵树木，《濒危野生动植物种国际贸易公约》附录Ⅰ、附录Ⅱ中的野生植物，以及人工培育的上述植物。""本解释规定的'古生物化石'，按照《古生物化石保护条例》的规定予以认定。走私具有科学价值的古脊椎动物化石、古人类化石，构成犯罪的，依照刑法第一百五十一条第二款的规定，以走私文物罪定罪处罚。"第 20 条规定："直接向走私人非法收购走私进口的货物、物品，在内海、领海、界河、界湖运输、收购、贩卖国家禁止进出口的物品，或者没有合法证明，在内海、领海、界河、界湖运输、收购、贩卖国家限制进出口的货物、物品，构成犯罪的，应当按照走私货物、物品的种类，分别依照刑法第一百五十一条、第一百五十二条、第一百五十三条、第三百四十七条、第三百五十条的规定定罪处罚。""刑法第一百五十五条第二项规定的'内海'，包括内河的入海口水域。"第 21 条规定："未经许可进出口国家限制进出口的货物、物品，构成犯罪的，应当依照刑法第一百五十一条、第一百五十二条的规定，以走私国家禁止进出口的货物、物品罪等罪名定罪处罚；偷逃应缴税额，同时又构成走私普通货物、物品罪的，依照处罚较重的规定定罪处罚。""取得许可，但超过许可数量进出口国家限制进出口的货物、物品，构成犯罪的，依照刑法第一百五十三条的规定，以走私普通货物、物品罪定罪处罚。""租用、借用或者使用购买的他人许可证，进出口国家限制进出口的货物、物品的，适用本条第一款的规定定罪处罚。"第 22 条规定："在走私的货物、物品中藏匿刑法第一百五十一条、第一百五十二条、第三百四十七条、第三百五十条规定的货物、物品，构成犯罪的，以实际走私的货物、物品定罪处罚；构成数罪的，实行数罪并罚。"第 24 条第 1 款规定："单位犯刑法第一百五十一条、第一百五十二条规定之罪，依照本解释规定的标准定罪处罚。"

【立法建言】

建　议：将《刑法》第 151 条第 1 款、第 2 款、第 3 款修改为："走私武器、弹药、核材料或者伪造的货币的，处七年以上有期徒刑，并处罚金；情节特别严重的，处无期徒刑，并处没收财产；情节较轻的，处三年以上七年以下有期徒刑，并处罚金。""走私国家禁止出口的文物、黄金、白银和其他贵重金属或者国家禁止进出口的珍贵动物及其制品的，处五年以上十年以下有期徒刑，并处罚金；情节特别严重的，处十年以上有期徒刑或者无期徒刑，并处罚金或者没收财产；情节较轻的，处五年以下有期徒刑、拘役或者管制，可以并处或者单处罚金。""走私珍稀植物及其制品等国家禁止进出口的其他货物、物品的，处五年以下有期徒刑、拘役或者管制，可以并处或者单处罚金；情节严重的，处五年以上有期徒刑，并处罚金。"

理　由：

1. 从内部协调的角度来看，《刑法》第151条本身规定的法定刑不太一致，主要表现在：（1）第1款前段对"七年以上有期徒刑"配置了"并处罚金或者没收财产"，而第3款后段对"五年以上有期徒刑"则仅配置了"并处罚金"；（2）第2款后段仅配置了"五年以下有期徒刑，并处罚金"，而第3款前段则配置了"五年以下有期徒刑或者拘役，并处或者单处罚金"。在上述法定刑配置中，"无期徒刑""拘役"和"单处"罚金的配置出现了明显不协调的情况。因此，宜对此作相应的调整和修改。

2. 从外部协调的角度来看，《刑法》第151条规定的法定刑，除上述规定外，第2款中段对"十年以上有期徒刑或者无期徒刑"仅配置了"并处没收财产"，第3款后段配置了"单处"罚金却未规定"管制"，导致与《刑法》的其他相关规定不一致。因此，宜对此作相应的调整和修改。

二、走私淫秽物品罪、走私废物罪（第152条）

【立法沿革】

走私淫秽物品罪是在全国人大常委会1988年《关于惩治走私罪的补充规定》第3条规定的走私淫秽物品罪的基础上修改而来的；而走私废物罪则是《刑法修正案（四）》第2条新增设的罪名。

鉴于"走私淫秽物品对社会危害很大，各方面强烈要求予以严厉打击"[1]，1988年《关于惩治走私罪的补充规定》增设了走私淫秽物品罪。该规定第3条规定："以牟利或者传播为目的，走私淫秽的影片、录像带、录音带、图片、书刊或者其他淫秽物品的，处三年以上十年以下有期徒刑，并处罚金；情节严重的，处十年以上有期徒刑或者无期徒刑，并处罚金或者没收财产；情节较轻的，处三年以下有期徒刑、拘役或者管制，并处罚金。"

---

[1]　参见全国人大常委会秘书长、法制工作委员会主任王汉斌1987年11月17日在六届全国人大常委会第二十三次会议上所作的《关于惩治走私罪和惩治贪污罪贿赂罪两个补充规定（草案）的说明》。

第 5 条第 1 款规定："企业事业单位、机关、团体走私本规定第一条至第三条规定的货物、物品的，判处罚金，并对其直接负责的主管人员和其他直接责任人员，依照本规定对个人犯走私罪的规定处罚。"① 1990 年 12 月 28 日，全国人大常委会通过的《关于惩治走私、制作、贩卖、传播淫秽物品的犯罪分子的决定》第 1 条和第 5 条重申了上述规定。

在刑法修订研拟的过程中，1996 年的《刑法修订草案》（征求意见稿）第 137 条直接移植了上述规定。1996 年的《刑法修订草案》第 146 条基本上沿用了上述规定，仅在第 3 档法定刑中增加了"管制"这一刑种。出于立法技术上的考虑，1997 年修订的《刑法》第 152 条又将有关单位犯罪的规定充实到了该条之中，作为该条的第 2 款。

至于走私废物的犯罪，1997 年修订的《刑法》第 155 条第 3 项已有所规定。不过，该项是将"逃避海关监管将境外固体废物运输进境的"行为规定为"以走私罪论处，依照本节的有关规定处罚"。1997 年《刑法》施行后，"有的部门提出，除刑法第一百五十一条、第一百五十二条明确规定走私几类违禁品的处罚外，刑法对走私罪是按照行为人偷逃应缴税额的多少规定刑罚的。由于对走私固体废物无法计算应缴税额，司法机关对本罪在量刑上存在一定困难，建议对这种行为单独规定刑罚。同时考虑到走私液态废物和置于容器中的气态废物，也应适用走私固体废物的规定"②。据此，《刑法修正案（四）》第 2 条在《刑法》第 152 条中增加 1 款规定了走私废物罪，相应删去了《刑法》第 155 条第 3 项；同时，将原第 2 款作为第 3 款，并作了相应的文字修改。

【立法规定】

《刑法》第 152 条规定："以牟利或者传播为目的，走私淫秽的影片、录像带、录音带、图片、书刊或者其他淫秽物品的，处三年以上十年以下有期徒刑，并处罚金；情节严重的，处十年以上有期徒刑或者无期徒刑，并处罚金或者没收财产；情节较轻的，处三年以下有期徒刑、拘役或者管制，并处罚金。""逃避海关监管将境外固体废物、液态废物和气态废物运输进境，情节严重的，处五年以下有期徒刑，并处或者单处罚金；情节特别严重的，处五年以上有期徒刑，并处罚金。""单位犯前两款罪的，对单位判处罚金，并对其直接负责的主管人员和其他直接责任人员，依照前两款的规定处罚。"第 155 条规定："下列行为，以走私罪论处，依照本节的有关规定处罚：（一）直接向走私人非法收购国家禁止进口物品的，或者直接向走私人非法收购走私进口的其他货物、物品，数额较大的；（二）在内海、领海、界河、界湖运输、收购、贩卖国家禁止进出口物品的，或者运输、

---

① 该条第 2 款对单位走私其他货物、物品的定罪标准以及直接负责的主管人员和其他直接责任人员的刑事责任，则作了与个人犯走私罪不同的规定。

② 参见全国人大常委会法制工作委员会副主任胡康生 2002 年 12 月 23 日在九届全国人大常委会第三十一次会议上所作的《关于〈中华人民共和国刑法修正案（四）（草案）〉的说明》。

收购、贩卖国家限制进出口货物、物品，数额较大，没有合法证明的。"第 156 条规定："与走私罪犯通谋，为其提供贷款、资金、账号、发票、证明，或者为其提供运输、保管、邮寄或者其他方便的，以走私罪的共犯论处。"第 157 条规定："武装掩护走私的，依照本法第一百五十一条第一款的规定从重处罚。""以暴力、威胁方法抗拒缉私的，以走私罪和本法第二百七十七条规定的阻碍国家机关工作人员依法执行职务罪，依照数罪并罚的规定处罚。"

【立法释义】

最高人民法院、最高人民检察院、海关总署 2002 年 7 月 8 日发布的《关于办理走私刑事案件适用法律若干问题的意见》第 5 条"关于走私犯罪嫌疑人、被告人主观故意认定问题"规定："行为人明知自己的行为违反国家法律法规，逃避海关监管，偷逃进出境货物、物品的应缴税额，或者逃避国家有关进出境的禁止性管理，并且希望或者放任危害结果发生的，应该定为具有走私的主观故意。""走私主观故意中的'明知'是指行为人知道或者应当知道所从事的行为是走私行为。具有下列情形之一的，可以认定为'明知'，但有证据证明确属被蒙骗的除外：（一）逃避海关监管，运输、携带、邮寄国家禁止进出境的货物、物品的；（二）用特制的设备或者运输工具走私货物、物品的；（三）未经海关同意，在非设关的码头、海（河）岸、陆路边境等地点，运输（泊载）、收购或者贩卖非法进出境货物、物品的；（四）提供虚假的合同、发票、证明等商业单位委托他人办理通关手续的；（五）以明显低于货物正常进（出）口的应缴税额委托他人代理进（出）口业务的；（六）曾因同一种走私行为受过刑事处罚或者行政处罚的；（七）其他有证据证明的情形。"第 6 条"关于行为人对其走私的具体对象不明确的案件的处理问题"规定："走私犯罪嫌疑人主观上具有走私犯罪故意，但对其走私的具体对象不明确的，不影响走私犯罪构成，应当根据实际的走私对象定罪处罚。但是，确有证据证明行为人因受蒙骗而对走私对象发生认识错误的，可以从轻处罚。"第 14 条"关于海上走私犯罪案件如何追究运输人的刑事责任问题"规定："对刑法第一百五十五条第（二）项规定的实施海上走私犯罪行为的运输人、收购人或者贩卖人应当追究刑事责任。对运输人，一般追究运输工具的负责人或者主要责任人的刑事责任，但对于事先通谋的、集资走私的或者使用特殊的走私运输工具从事走私犯罪活动的，可以追究其他参与人员的刑事责任。"第 15 条"关于刑法第一百五十六条规定的'与走私罪犯通谋'的理解问题"规定："通谋是指犯罪行为人之间事先或者事中形成的共同的走私故意。下列情形可以认定为通谋：（一）对明知他人从事走私活动而同意为其提供贷款、资金、账号、发票、证明、海关单证，提供运输、保管、邮寄或者其他方便的；（二）多次为同一走私犯罪分子的走私行为提供前项帮助的。"第 18 条"关于单位走私犯罪及其直接负责的主管人员和直接责任人员的认定问题"规定："具备下列特征的，可以认定为单位走私犯罪：（1）以单位的名义实施走私犯罪，即由单位集体研究决定，或者由单位的负责人或者被授权的其他人员决定、同意；（2）为单位谋取不正当利益或者违法所得大部分归单位所有。""依照《最高人民法院关于审理单位犯罪案件具体应用法律有关问题的解释》第二条的规定，个人为进行违法犯罪活动而设立的公司、企业、事业单位实施犯罪的，或者个人设立公司、企业、事业单位后，以实施犯罪为主要活动的，不以单位犯罪论处。单位是否以实施犯罪为主要活动，应根据单位实施走私行为的次数、频度、持续时间、单位进行合法经营的状况等因素综合考虑认定。""根据单位人员在单位走私犯罪活动中所发挥的不同作用，对其直接负责的主管人员和其他直接责任人员，可以确定为一个或者数人。对于受单位领导指派而积极参与实施走私犯罪行为的人员，如果其行为在走私犯罪的主要环节起重要作用的，可以认定为单位犯罪的直接责任人员。"第 19 条"关于单位走私犯罪后发生分立、合并或者其他资产重组情形以及单位被依法注销、宣告破产等情况下，如何追究刑事责任的问题"规定："单位走私犯罪后，单位发生分立、合并或者其他资产重组等情况的，只要承受该单位权利义务的单位存在，应当追究单位走私犯罪的刑事责任。走私单位发生分立、合并或者其他资产重组后，原单位名称发生更改的，仍以原单位（名称）作为被告单位。承受原单位权利义务的单位法定代表人或负责人为诉讼代表人。""单位走私犯罪后，发生分立、合并或者其他资产重组情形，以及被依法注销、宣告破产等情况的，无论承受该单位权利义务的单位是否存在，均应追究原单位直接负责的主管人员和其他直接责任人员的刑事责任。""人民法院对原走私单位判处罚金的，应当将承受原单位权利义务的单位作为被执行人。罚金超出新单位所承受的财产的，可在执行中予以减除。"第 21 条"关于单位走私犯罪案件自首的认定问题"规定："在办理单位走私犯罪案件中，对单位集体决定自首的，或者单位直接负责的主管人员自首的，应当认定单位自首。认定单位自首后，如实交代主要犯罪事实的单位负责的其他主管人员和其他直接责任人员，可视为自首，但对拒不交代主要犯罪事实或逃避法律追究的人员，不以自首论。"

最高人民检察院、公安部 2008 年 6 月 25 日发布的《关于公安机关管辖的刑事案件立案追诉标准的规定（一）》第 25 条规定："以牟利或者传播为目的，走私淫秽的影片、录像带、录音带、图片、书刊或者其他通过文字、声音、形象等形式表现淫秽内容的影碟、音碟、电子出版物等物品，涉嫌下列情形之一的，应予立案追诉：（一）走私淫秽录像带、影碟五十盘（张）以上的；（二）走私淫秽录音带、音碟一百盘（张）以上的；（三）走私淫秽扑克、书刊、画册一百副（册）以上的；（四）走私淫秽照片、画片五百张以上的；（五）走私其他淫秽物品相当于上述数量的；（六）走私淫秽物品数量虽未达到本条第（一）项至第（四）项规定标准，但分别达到其中两项以上标准的百分之五十以上的。"

最高人民法院、最高人民检察院 2014 年 8 月 12 日发布的《关于办理走私刑事案件适用法律若干问题的解释》第 4 条规定："走私各种弹药的弹头、弹壳，构成犯罪的，依照刑法第一百五十一条第一款的规定，以走私弹药罪定罪处罚。具体的定罪量刑标准，按照本解释第一条规定的数量标准的五倍执行。""走私报废或者无法组装并使用的各种弹药的弹头、弹壳，构成犯罪的，依照刑法第一百五十三条的规定，以走私普通货物、物品罪定罪处罚；属于废物的，依照刑法第一百五十二条第二款的规定，以走私废物罪定罪处罚。""弹头、弹壳是否属于前款规定的'报废或者无法组装并使用'或者'废物'，由国家有关技术部门进行鉴定。"第 13 条规定："以牟利或者传播为目的，走私淫秽物品，达到下列数量之一的，可以认定为刑法第一百五十二条第一款规定的'情节较轻'：（一）走私淫秽录像带、影碟五十盘（张）以上不满一百盘（张）的；（二）走私淫秽录音带、音碟一百盘（张）以上不满二百盘（张）的；（三）走私淫秽扑克、书刊、画册一百副（册）以上不满二百副（册）的；（四）走私淫秽照片、画片五百张以上不满一千张的；（五）走私其他淫秽物品相当于上述数量的。""走私淫秽物品在前款规定的最高数量以上不满最高数量五倍的，依照刑法第一百五十二条第一款的规定处三年以上十年以下有期徒刑，并处罚金。""走私淫秽物品在第一款规定的最高数量五倍以上，或者在第一款规定的最高数量以上不满五倍，但属于犯罪集团的首要分子，使用特种车辆从事走私活动等情形的，应当认定为刑法第一百五十二条第一款规定的'情节严重'。"第 14 条规定："走私国家禁止进口的废物或者国家限制进口的可用作原料的废物，具有下列情形之一的，应当认定为刑法第一百五十二条第二款规定的'情节严重'：（一）走私国家禁止进口的危险性固体废物、液态废物分别或者合计达到一吨以上不满五吨的；（二）走私国家禁止进口的非危险性固体废物、液态废物分别或者合计达到五吨以上不满二十五吨的；（三）走私国家限制进口的可用作原料的固体废物、液态废物分别或者合计达到二十吨以上不满一百吨的；（四）未达到上述数量标准，但属于犯罪集团的首要分子，使用特种车辆从事走私活动，或者造成环境严重污染等情形的。""具有下列情形之一的，应当认定为刑法第一百五十二条第二款规定的'情节特别严重'：（一）走私数量超过前款规定的标准的；（二）达到前款规定的标准，且属于犯罪集团的首要分子，使用特种车辆从事走私活动，或者造成环境严重污染等情形的；（三）未达到前款规定的标准，但造成环境严重污染且后果特别严重的。""走私置于容器中的气态废物，构成犯罪的，参照前两款规定的标准处罚。"第 15 条规定："国家限制进口的可用作原料的废物的具体种类，参照国家有关部门的规定确定。"第 20 条规定："直接向走私人非法收购走私进口的货物、物品，在内海、领海、界河、界湖运输、收购、贩卖国家禁止进出口的物品，或者没有合法证明，在内海、领海、界河、界湖运输、收购、贩卖国家限制进出口的货物、物品，构成犯罪的，应当按照走私货物、物品的种类，分别依照刑法第一百五十一条、第一百五十二条、第一百五十三条、第三百四十七条、第三百五十条的规定定罪处罚。""刑法第一百五十五条第二项规定的'内海'，包括内河的入海口水域。"第 21 条规定："未经许可进出口国家限制进出口的货物、物品，构成犯罪的，应当依照刑法第一百五十一条、第一百五十二条的规定，以走私国家禁止进出口的货物、物品罪等罪名定罪处罚；偷逃应缴税额，同时又构成走私普通货物、物品罪的，依照处罚较重的规定定罪处罚。""取得许可，但超过许可数量进出口国家限制进出口的货物、物品，构成犯罪的，依照刑法第一百五十三条的规定，以走私普通货物、物品罪定罪处罚。""租用、借用或者使用购买的他人许可证，进出口国家限制进出口的货物、物品的，适用本条第一款的规定定罪处罚。"第 22 条规定："在走私的货物、物品中藏匿刑法第一百五十一条、第一百五十二条、第三百四十七条、第三百五十条规定的货物、物品，构成犯罪的，以实际走私的货物、物品定罪处罚；构成数罪的，实行数罪并罚。"第 24 条第 1 款规定："单位犯刑法第一百五十一条、第一百五十二条规定之罪，依照本解释规定的标准定罪处罚。"

【立法建言】

建　议：将《刑法》第 152 条第 1 款、第 2 款修改为："以牟利或者传播为目的，走私淫秽的影片、录像带、录音带、图片、书刊或者其他淫秽物品的，处三年以上十年以下有期徒刑，并处罚金；情节严重的，处十年以上有期徒刑或者无期徒刑，并处罚金或者没收财产；情节较轻的，处三年以下有期徒刑、拘役或者管制，可以并处或者单处罚金。""逃避海关监管将境外固体废物、液态废物和气态废物运输进境，情节严重的，处五年以下有期徒刑、拘役或者管制，可以并处或者单处罚金；情节特别严重的，处五年以上有期徒刑，并处罚金。"

理　由：

从立法技术上看，宜将《刑法》第 152 条第 1 款第 3 档法定刑中的"并处罚金"改为"可以并处或者单处罚金"，将第 2 款第 1 档法定刑由"处五年以下有期徒刑，并处或者单处罚金"改为"处五年以下有期徒刑、拘役或者管制，可以并处或者单处罚金"，以与《刑法》的其他管制和罚金规定相一致。

三、走私普通货物、物品罪（第 153 条、第 154 条）

【立法沿革】

走私普通货物、物品罪是在全国人大常委会 1988 年《关于惩治走私罪的补充规定》第 4 条规定的走私普通货物、物品罪的基础上修改而来的，并经《刑法修正案（八）》第 27 条所修正。

1979 年《刑法》只概括地规定了 1 个走私罪，而没有根据走私对象的不同对其分别定罪量刑。1988年《关于惩治走私罪的补充规定》则对走私罪进行了细化和分解，具体规定了走私普通货物、物品罪。该规定第4条规定："走私本规定第一条至第三条以外的货物、物品的，根据情节轻重，分别依照下列规定处罚：（1）走私货物、物品价额在50万元以上的，处十年以上有期徒刑或者无期徒刑，并处罚金或者没收财产；情节特别严重的，处死刑，并处没收财产。（2）走私货物、物品价额在15万元以上不满50万元的，处七年以上有期徒刑，并处罚金或者没收财产；情节特别严重的，处无期徒刑，并处没收财产。（3）走私货物、物品价额在5万元以上不满15万元的，处三年以上十年以下有期徒刑，并处罚金。（4）走私货物、物品价额在2万元以上不满5万元的，处三年以下有期徒刑或者拘役，并处罚金；情节较轻的或者价额不满2万元的，由海关没收走私货物、物品和违法所得，可以并处罚款。""二人以上共同走私的，按照个人走私货物、物品的价额及其在犯罪中的作用，分别处罚。对走私集团的首要分子，按照集团走私货物、物品的总价额处罚；对其他共同走私犯罪中的主犯，情节严重的，按照共同走私货物、物品的总价额处罚。""对多次走私未经处理的，按照累计走私货物、物品的价额处罚。"第6条规定："下列走私行为，根据本规定构成犯罪的，依照第四条、第五条的规定处罚：（1）未经海关许可并且未补缴关税，擅自将批准进口的来料加工、来件装配、补偿贸易的原材料、零件、制成品、设备等保税货物，在境内销售牟利的。（2）假借捐赠名义进口货物、物品的，或者未经海关许可并且补缴关税，擅自将捐赠进口的货物、物品或者其他特定减税、免税进口的货物、物品，在境内销售牟利的。""前款所列走私行为，走私数额较小，不构成犯罪的，由海关没收走私货物、物品和违法所得，可以并处罚款。"此外，该规定还对单位走私、间接走私、走私罪的共犯以及武装掩护走私、抗拒缉私、国家工作人员犯走私罪的处罚原则等问题作了规定。

在全面研究修改刑法的过程中，1988年9月的刑法修改稿第116条第1款对走私普通物品罪作了概括的规定："违反海关法规，走私物品，数额较大的，处三年以下有期徒刑或者拘役；数额巨大的，处三年以上十年以下有期徒刑；数额特别巨大的，处十年以上有期徒刑、无期徒刑或者死刑。"第5款规定："上列走私行为，可以并处没收财产或罚金。"1988年11月16日的刑法修改稿取消了走私普通货物、物品罪等走私罪的具体罪名，仅用1个条文规定了"大一统"的走私罪。到了1996年8月8日，《刑法分则修改草稿》恢复了《关于惩治走私罪的补充规定》第4条走私普通货物、物品罪的规定，仅将其中的无限额罚金改为"走私货物、物品价额的一至五倍的罚金"。1996年8月31日的《刑法修改草稿》对上述规定作了较大的修改和调整，主要是将"走私货物、物品价额"改为"走私货物、物品偷逃应缴税额"，将"走私货物、物品价额的一至五倍的罚金"改为"偷逃关税税额一倍以上五倍以下罚金"，并适当调整了起刑点和法定刑，删去了其中的非刑法规范。修改后的条文为："走私本节第一条至第三条规定以外的货物、物品的，根据情节轻重，分别依照下列规定处罚：（1）走私货物、物品偷逃关税税额在五十万元以上的，处十年以上有期徒刑或者无期徒刑，并处偷逃关税税额一倍以上五倍以下罚金或者没收财产；情节特别严重的，处死刑，并处没收财产。（2）走私货物、物品偷逃关税税额在十五万元以上不满五十万元的，处五年以上十年以下有期徒刑，并处偷逃关税税额一倍以上五倍以下罚金或者没收财产；（3）走私货物、物品偷逃关税税额在五万元以上不满十五万元的，处五年以上十年以下有期徒刑，并处偷逃关税税额一倍以上五倍以下罚金。""二人以上共同走私的，按照个人走私货物、物品的偷逃关税税额及其在犯罪中的作用，分别处罚。对走私集团的首要分子，按照集团走私货物、物品的偷逃关税总税额处罚；对其他共同走私犯罪中的主犯，情节严重的，按照共同走私货物、物品的偷逃关税总税额处罚。""对多次走私未经处理的，按照累计走私货物、物品的偷逃关税税额处罚。"1996 年 10 月 10 日的《刑法修订草案》（征求意见稿）第 138 条在上述规定的基础上，主要作了以下四方面的修改和调整：一是将"走私货物、物品偷逃关税税额"改为"走私货物、物品偷逃应缴税额"；二是删去了第 1 档法定刑中"情节特别严重的，处死刑，并处没收财产"的规定；三是将"偷逃关税税额一倍以上五倍以下罚金"改为"偷逃应缴税额一倍以上五倍以下罚金"；四是将第 3 档法定刑中的"五年以上十年以下有期徒刑"改为"五年以下有期徒刑或者拘役"；五是删去了第 2 款"二人以上共同走私的，按照个人走私货物、物品的偷逃关税税额及其在犯罪中的作用，分别处罚。对走私集团的首要分子，按照集团走私货物、物品的偷逃关税总税额处罚；对其他共同走私犯罪中的主犯，情节严重的，按照共同走私货物、物品的偷逃关税总税额处罚"的规定。该条规定："走私本法第一百三十五条至第一百三十七条规定以外的货物、物品的，根据情节轻重，分别依照下列规定处罚：（一）走私货物、物品偷逃应缴税额在五十万元以上的，处十年以上有期徒刑或者无期徒刑，并处偷逃应缴税额一倍以上五倍以下罚金或者没收财产；（二）走私货物、物品偷逃应缴税额在十五万元以上不满五十万元的，处五年以上十年以下有期徒刑，并处偷逃应缴税额一倍以上五倍以下罚金或者没收财产；（三）走私货物、物品偷逃应缴税额在五万元以上不满十五万元的，处五年以下有期徒刑或者拘役，并处偷逃应缴税额一倍以上五倍以下罚金。""对多次走私未经处理的，按照累计走私货物、物品的偷逃应缴税额处罚。"1996 年 12 月 20 日的《刑法修订草案》第 147 条第 1 款在上述规定的基础上，加大了对走私普通货物、物品罪的打击力度：一是在第 1 项中增加了"情节特别严重的，依照本法第一百四十五条第四款的规定处罚"的规定；[①] 二是在第 2 项中将"处五年以上十年

---

① 该草案第 145 条第 4 款规定："犯第一款、第二款罪，情节特别严重的，处无期徒刑或者死刑，并处没收财产。"

以下有期徒刑"改为"处七年以上有期徒刑"，并且增加了"情节特别严重的，处无期徒刑，并处没收财产"的规定；三是在第 3 项中将"处五年以下有期徒刑或者拘役"改为"处七年以下有期徒刑或者拘役"。1997 年 2 月 17 日的《刑法修订草案》（修改稿）沿用了上述规定，但对单位走私犯罪作了较大的修改：一是扩大了单位犯走私普通货物、物品罪的成立范围，删去了单位走私"偷逃应缴税额在三十万元以上的"才构成犯罪的条件限制；二是调整了对单位直接负责的主管人员和其他直接责任人员的处罚原则，删去了"对其直接负责的主管人员和其他直接责任人员，处五年以下有期徒刑或者拘役；情节特别严重，使国家利益遭受重大损失的，处五年以上十年以下有期徒刑"的规定。该草案第 155 条规定："单位犯本法第一百五十二条、第一百五十三条、第一百五十四条规定之罪的，对单位判处罚金，并对其直接负责的主管人员和其他直接责任人员，依照各该条的规定处罚。"1997 年 3 月 1 日，提交给八届全国人大五次会议审议的《中华人民共和国刑法（修订草案)》基本上沿用了上述规定，仅将第 154 条第 1 款第 2 项第 1 档法定刑中的"处七年以上有期徒刑"改为"处七年以上十年以下有期徒刑"，将第 2 档法定刑中的"处无期徒刑"改为"处十年以上有期徒刑或者无期徒刑"。经审议，1997 年 3 月 14 日修订的《刑法》第 153 条又对上述规定作了两方面的修改：一是将第 1 款第 2 项第 1 档法定刑中的"处七年以上十年以下有期徒刑"改为"处三年以上十年以下有期徒刑"，并删去了"或者没收财产"的规定；将第 1 款第 3 项法定刑中的"处七年以下有期徒刑或者拘役"改为"处三年以下有期徒刑或者拘役"；二是将单位犯罪的规定移到该条作为该条的第 2 款，并且重新规定了对单位直接负责的主管人员和其他直接责任人员的处罚标准。

1997 年修订的《刑法》第 153 条规定："走私本法第一百五十一条、第一百五十二条、第三百四十七条①规定以外的货物、物品的，根据情节轻重，分别依照下列规定处罚：（一）走私货物、物品偷逃应缴税额在五十万元以上的，处十年以上有期徒刑或者无期徒刑，并处偷逃应缴税额一倍以上五倍以下罚金或者没收财产；情节特别严重的，依照本法第一百五十一条第四款的规定处罚。（二）走私货物、物品偷逃应缴税额在十五万元以上不满五十万元的，处三年以上十年以下有期徒刑，并处偷逃应缴税额一倍以上五倍以下罚金；情节特别严重的，处十年以上有期徒刑或者无期徒刑，并处偷逃应缴税额一倍以上五倍以下罚金或者没收财产。（三）走私货物、物品偷逃应缴税额在五万元以上不满十五万元的，处三年以下有期徒刑或者拘役，并处偷逃应缴税额一倍以上五倍以下罚金。""单位犯前款罪的，对单位判处罚金，并对其直接负责的主管人员和其他直接责任人员，处三年以下有期徒刑或者拘役；情节严重的，处三年以上十年以下有期徒刑；情节特别严重的，处十年以上有

---

① 1997 年《刑法》第 347 条规定的是走私、贩卖、运输、制造毒品罪。

期徒刑。""对多次走私未经处理的，按照累计走私货物、物品的偷逃应缴税额处罚。"

1997 年《刑法》施行后，随着经济社会的发展，走私普通货物、物品的犯罪出现了一些新的情况和问题。因此，一些全国人大代表建议修改《刑法》第 153 条关于走私普通货物、物品罪的犯罪构成条件，将一年内曾因走私被给予二次行政处罚后又走私的"蚂蚁搬家"式的走私行为规定为犯罪。① 据此，《刑法修正案（八）》第 27 条对《刑法》第 153 条第 1 款作了较大的调整和修改：一是调整了各项规定的顺序，将原来由重到轻的顺序改为由轻到重的顺序进行排列；二是调整了犯罪数额的表述，将原来"五万元以上不满十五万元""十五万元以上不满五十万元"和"五十万元以上"的具体数额分别改为"数额较大""数额巨大"和"数额特别巨大"的概括表述；三是增加了犯罪情节的规定，依次规定了"一年内曾因走私被给予二次行政处罚后又走私"的定罪情节和"有其他严重情节""有其他特别严重情节"的量刑情节；四是删去了第 2 项中"情节特别严重的，处十年以上有期徒刑或者无期徒刑，并处偷逃应缴税额一倍以上五倍以下罚金或者没收财产"的规定；五是删去了原第 1 项中"情节特别严重的，依照本法第一百五十一条第四款的规定处罚"的规定，废除了本罪的死刑。

【立法规定】

《刑法》第 153 条规定："走私本法第一百五十一条、第一百五十二条、第三百四十七条规定以外的货物、物品的，根据情节轻重，分别依照下列规定处罚：（一）走私货物、物品偷逃应缴税额较大或者一年内曾因走私被给予二次行政处罚后又走私的，处三年以下有期徒刑或者拘役，并处偷逃应缴税额一倍以上五倍以下罚金。（二）走私货物、物品偷逃应缴税额巨大或者有其他严重情节的，处三年以上十年以下有期徒刑，并处偷逃应缴税额一倍以上五倍以下罚金。（三）走私货物、物品偷逃应缴税额特别巨大或者有其他特别严重情节的，处十年以上有期徒刑或者无期徒刑，并处偷逃应缴税额一倍以上五倍以下罚金或者没收财产。""单位犯前款罪的，对单位判处罚金，并对其直接负责的主管人员和其他直接责任人员，处三年以下有期徒刑或者拘役；情节严重的，处三年以上十年以下有期徒刑；情节特别严重的，处十年以上有期徒刑。""对多次走私未经处理的，按照累计走私货物、物品的偷逃应缴税额处罚。" 第 154 条规定："下列走私行为，根据本节规定构成犯罪的，依照本法第一百五十三条的规定定罪处罚：（一）未经海关许可并且未补缴应缴税额，擅自将批准进口的来料加工、来件装配、补偿贸易的原材料、零件、制成品、设备等保税货物，在境内销售牟利的；（二）未经海关许可并且未补缴应缴税额，擅自将特定减税、免税进口的货物、物品，在境内销售牟利的。" 第 155 条规定："下列行为，以走私罪

---

① 参见全国人大常委会法制工作委员会主任李适时 2010 年 8 月 23 日在十一届全国人大常委会第十六次会议上所作的《关于〈中华人民共和国刑法修正案（八）（草案）〉的说明》。

论处，依照本节的有关规定处罚：（一）直接向走私人非法收购国家禁止进口物品的，或者直接向走私人非法收购走私进口的其他货物、物品，数额较大的；（二）在内海、领海、界河、界湖运输、收购、贩卖国家禁止进出口物品的，或者运输、收购、贩卖国家限制进出口货物、物品，数额较大，没有合法证明的。"第 156 条规定："与走私罪犯通谋，为其提供贷款、资金、账号、发票、证明，或者为其提供运输、保管、邮寄或者其他方便的，以走私罪的共犯论处。"第 157 条规定："武装掩护走私的，依照本法第一百五十一条第一款的规定从重处罚。""以暴力、威胁方法抗拒缉私的，以走私罪和本法第二百七十七条规定的阻碍图家机关工作人员依法执行职务罪，依照数罪并罚的规定处罚。"

【立法释义】

最高人民检察院 2000 年 10 月 16 日发布的《关于擅自销售进料加工保税货物的行为适用法律问题的解释》规定："保税货物是指经海关批准未办理纳税手续进境，在境内储存、加工、装配后复运出境的货物。经海关批准进口的进料加工的货物属于保税货物。未经海关许可并且未补缴应缴税额，擅自将批准进口的进料加工的原材料、零件、制成品、设备等保税货物，在境内销售牟利，偷逃应缴税额在五万元以上的，依照刑法第一百五十四条、第一百五十三条的规定，以走私普通货物、物品罪追究刑事责任。"

最高人民法院、最高人民检察院、海关总署 2002 年 7 月 8 日发布的《关于办理走私刑事案件适用法律若干问题的意见》第 5 条"关于走私犯罪嫌疑人、被告人主观故意认定问题"规定："行为人明知自己的行为违反国家法律法规，逃避海关监管，偷逃进出境货物、物品的应缴税额，或者逃避国家有关进出境的禁止性管理，并且希望或者放任危害结果发生的，应认定为具有走私的主观故意。""走私主观故意中的'明知'是指行为人知道或者应当知道所从事的行为是走私行为。具有下列情形之一的，可以认定为'明知'，但有证据证明确属被蒙骗的除外：（一）逃避海关监管，运输、携带、邮寄国家禁止进出境的货物、物品的；（二）用特制的设备或者运输工具走私货物、物品的；（三）未经海关同意，在非设关的码头、海（河）岸、陆路边境等地点，运输（泊载）、收购或者贩卖非法进出境货物、物品的；（四）提供虚假的合同、发票、证明等商业单位委托他人办理通关手续的；（五）以明显低于货物正常进（出）口的应缴税额委托他人代理进（出）口业务的；（六）曾因同一种走私行为受过刑事处罚或者行政处罚的；（七）其他有证据证明的情形。"第 6 条"关于行为人对其走私的具体对象不明确的案件的处理问题"规定："走私犯罪嫌疑人主观上具有走私犯罪故意，但对其走私的具体对象不明确的，不影响走私犯罪构成，应当根据实际的走私对象定罪处罚。但是，确有证据证明行为人因受蒙骗而对走私对象发生认识错误的，可以从轻处罚。"第 8 条"关于走私旧汽车、切割车等货物、物品的行为的定罪问题"规定："走私刑法第一百五十一条、第一百五十二条、第三百四十七条、第三百五十条规定的货物、物品以外的，已被国家明令禁止进出口的货物、物品，例如旧汽车、切割车、侵犯知识产权的货物、来自疫区的动植物及其产品等，应当依照刑法第一百五十三条的规定，以走私普通货物、物品罪追究刑事责任。"第 9 条"关于利用购买的加工贸易登记手册、特定减免税批文等涉税单证进口货物行为的定性处理问题"规定："加工贸易登记手册、特定减免税批文等涉税单证是海关根据国家法律法规以及有关政策性规定，给予特定企业用于保税货物经营管理和减免税优惠待遇的凭证。利用购买的加工贸易登记手册、特定减免税批文等涉税单证进口货物，实质是将一般贸易货物伪报为加工贸易保税货物或者特定减免税货物进口，以达到偷逃应缴税款的目的，应当适用刑法第一百五十三条以走私普通货物、物品罪定罪处罚。如果行为人与走私分子通谋出售上述涉税单证，或者在出卖批文后又以提供印章、向海关伪报保税货物、特定减免税货物等方式帮助买方办理进口通关手续的，对卖方依照刑法第一百五十六条以走私罪共犯定罪处罚。买卖上述涉税单证情节严重尚未进口货物的，依照刑法第二百八十条的规定定罪处罚。"第 10 条"关于在加工贸易活动中骗取海关核销行为的认定问题"规定："在加工贸易经营活动中，以假出口、假结转或者利用虚假单证等方式骗取海关核销，致使保税货物、物品脱离海关监管，造成国家税款流失，情节严重的，依照刑法第一百五十三条的规定，以走私普通货物、物品罪追究刑事责任。但有证据证明因不可抗力原因导致保税货物脱离海关监管，经营人无法办理正常手续而骗取海关核销的，不认定为走私犯罪。"第 11 条"关于伪报价格走私犯罪案件中实际成交价格的认定问题"规定："走私犯罪案件中的伪报价格行为，是指犯罪嫌疑人、被告人在进出口货物、物品时，向海关申报进口或者出口的货物、物品的价格低于或者高于进出口货物的实际成交价格。""对实际成交价格的认定，在无法提取真、伪两套合同、发票等单证的情况下，可以根据犯罪嫌疑人、被告人的付汇渠道、资金流向、会计账册、境内外收发货人的真实交易方式，以及其他能够证明进出口货物实际成交价格的证据材料综合认定。"第 12 条"关于出售走私货物已缴纳的增值税应否从走私偷逃应缴税额中扣除的问题"规定："走私犯罪嫌疑人为出售走私货物而开具增值税专用发票并缴纳增值税，是其走私行为既遂后在流通领域获取违法所得的一种手段，属于非法开具增值税专用发票。对走私犯罪嫌疑人因出售走私货物而实际缴纳走私货物增值税的，不应当将其已缴纳的增值税额从其走私偷逃应缴税额中扣除。"第 13 条"关于刑法第一百五十四条规定的'销售牟利'的理解问题"规定："刑法第一百五十四条第（一）、（二）项规定的'销售牟利'，是指行为人主观上为了牟取非法利益而擅自销售海关监管的保税货物、特定减免税货物。该种行为是否构成犯罪，应当根据偷逃的应缴税额是否达到刑法第一百五十三条及相关司法解释规定的数额标准予以认定。实际获利与否或者获利多少并不影响其定罪。"第 14 条"关于海上走私犯罪案件如何追究运输人的刑事责任问题"规定："对刑法第一百五十五条第（二）项规定的实施海上走私犯罪行为的运输人、收购人或者贩卖人应当追究刑事责任。对运输人，一般追究运输工具的负责人或者主要责任人的刑事责任，但对于事先通谋的、集资走私的或者使用特殊的走私运输工具从事走私犯罪活动的，可以追究其他参与人员的刑事责任。"第 15 条"关于刑法第一百五十六条规定的'与走私罪犯通谋'的理解问题"规定："通谋是指犯罪行为人之间事先或者事中形成的共同的走私故意。下列情形可以认定为通谋：（一）对明知他人从事走私活动而同意为其提供贷款、资金、账号、发票、证明、海关单证，提供运输、保管、邮寄或者其他方便的；（二）多次为同一走私犯罪分子的走私行为提供前项帮助的。"第 18 条"关于单位走私犯罪及其直接负责的主管人员和直接责任人员的认定问题"规定："具备下列特征的，可以认定为单位走私犯罪：（1）以单位的名义实施走私犯罪，即由单位集体研究决定，或者由单位的负责人或者被授权的其他人员决定、同意；（2）为单位谋取不正当利益或者违法所得大部分归单位所有。""依照《最高人民法院关于审理单位犯罪案件具体应用法律有关问题的解释》第二条的规定，个人为进行违法犯罪活动而设立的公司、企业、事业单位实施犯罪的，或者个人设立公司、企业、事业单位后，以实施犯罪为主要活动的，不以单位犯罪论处。单位是否以实施犯罪为主要活动，应根据单位实施走私行为的次数、频度、持续时间、单位进行合法经营的状况等因素综合考虑认定。""根据单位人员在单位走私犯罪活动中所发挥的不同作用，对其直接负责的主管人员和其他直接责任人员，可以确定为一个或者数人。对于受单位领导指派而积极参与实施走私犯罪行为的人员，如果其行为在走私犯罪的主要环节起重要作用的，可以认定为单位犯罪的直接责任人员。"第 19 条"关于单位走私犯罪后发生分立、合并或者其他资产重组情形以及单位被依法注销、宣告破产等情况下，如何追究刑事责任的问题"规定："单位走私犯罪后，单位发生分立、合并或者其他资产重组等情况的，只要承受该单位权利义务的单位存在，应当追究单位走私犯罪的刑事责任。走私单位发生分立、合并或者其他资产重组后，原单位名称发生更改的，仍以原单位（名称）作为被告单位。承受原单位权利义务的单位法定代表人或负责人为诉讼代表人。""单位走私犯罪后，发生分立、合并或者其他资产重组情形，以及被依法注销、宣告破产等情况的，无论承受该单位权利义务的单位是否存在，均应追究原单位直接负责的主管人员和其他直接责任人员的刑事责任。""人民法院对原走私单位判处罚金的，应当将承受原单位权利义务的单位作为被执行人。罚金超出新单位所承受的财产的，可在执行中予以减除。"第 20 条"关于单位与个人共同走私普通货物、物品案件的处理问题"规定："单位和个人（不包括单位直接负责的主管人员和其他直接责任人员）共同走私的，单位和个人均应对共同走私所偷逃应缴税额负责。""对单位和个人共同走私偷逃应缴税额为 5 万元以上不满 25 万元的，应当根据其在案件中所起的作用，区分不同情况做出处理。单位起主要作用的，对单位和个人均不追究刑事责任，由海关予以行政处理；个人起主要作用的，对个人依照刑法有关规定追究刑事责任，对单位由海关予以行政处理。无法认定单位或个人起主要作用的，对个人和单位分别按个人犯罪和单位犯罪的标准处理。""单位和个人共同走私偷逃应缴税额超过 25 万元且能区分主、从犯的，应当按照刑法关于主、从犯的有关规定，对从犯从轻、减轻处罚或者免除处罚。"第 21 条"关于单位走私犯罪案件自首的认定问题"规定："在办理单位走私犯罪案件中，对单位集体决定自首的，或者单位直接负责的主管人员自首的，应当认定单位自首。认定单位自首后，如实交代主要犯罪事实的单位负责的其他主管人员和其他直接责任人员，可视为自首，但对拒不交代主要犯罪事实或逃避法律追究的人员，不以自首论。"第 22 条"关于共同走私犯罪案件如何判处罚金问题"规定："审理共同犯罪案件时，对各共同犯罪人判处罚金的总额应掌握在各条走私行为偷逃应缴税额的一倍以上五倍以下。"

最高人民法院、最高人民检察院 2014 年 8 月 12 日发布的《关于办理走私刑事案件适用法律若干问题的解释》第 4 条规定："走私各种弹药的弹头、弹壳，构成犯罪的，依照刑法第一百五十一条第一款的规定，以走私弹药罪定罪处罚。具体的定罪量刑标准，按照本解释第一条规定的数量标准的五倍执行。""走私报废或者无法组装并使用的各种弹药的弹头、弹壳，构成犯罪的，依照刑法第一百五十三条的规定，以走私普通货物、物品罪定罪处罚；属于废物的，依照刑法第一百五十二条第二款的规定，以走私废物罪定罪处罚。""弹头、弹壳是否属于前款规定的'报废或者无法组装并使用'或者'废物'，由国家有关技术部门进行鉴定。"第 16 条规定："走私普通货物、物品，偷逃应缴税额在十万元以上不满五十万元的，应当认定为刑法第一百五十三条第一款规定的'偷逃应缴税额较大'；偷逃应缴税额在五十万元以上不满二百五十万元的，应当认定为'偷逃应缴税额巨大'；偷逃应缴税额在二百五十万元以上的，应当认定为'偷逃应缴税额特别巨大'。""走私普通货物、物品，具有下列情形之一，偷逃应缴税额在三十万元以上不满五十万元的，应当认定为刑法第一百五十三条第一款规定的'其他严重情节'；偷逃应缴税额在一百五十万元以上不满二百五十万元的，应当认定为'其他特别严重情节'：（一）犯罪集团的首要分子；（二）使用特种车辆从事走私活动的；（三）为实施走私犯罪，向国家机关工作人员行贿的；（四）教唆、利用未成年人、孕妇等特殊人群走私的；（五）聚众阻挠缉私的。"第 17 条规定："刑法第一百五十三条第一款规定的'一年内曾因走私被给予二次行政处罚后又走私'中的'一年内'，以因走私第一次受到行政处罚的生效之日与'又走私'行为实施之日的时间间隔计算确定；'被给予二次行政处罚'的走私行为，包括走私普通货物、物品以及其他货物、物品；'又走私'行为仅指走私普通货物、物品。"第 18 条规定："刑法第一百五十三条规定的'应缴税额'，包括进出口货物、物品应当缴纳的进出口关税和进口环节海关代征税的税额。应缴税额以走私行为实施时的税则、税率、汇率和完税价格计算；多次走私的，以每次走私行为实施时的税则、税率、汇率和完税价格逐票计算；走私行为实施时间不能确定的，以案发时的税则、税率、汇率和完税价格计算。"刑法第一百五十三条第三款规定的'多次走私未经处理'，包括未经行政处理和刑事处理。"第 19 条规定："刑法第一百五十四条规定的'保税货物'，是指经海关批准，未办理纳税手续进境，在境内储存、加工、装配后应予复运出境的货物，包括通过加工贸易、补偿贸易等方式进口的货物，以及在保税仓库、保税工厂、保税区或者免税商店内等储存、加工、寄售的货物。"第 20 条规定："直接向走私人非法收购走私进口的货物、物品，在内海、领海、界河、界湖运输、收购、贩卖国家禁止进出口的物品，或者没有合法证明，在内海、领海、界河、界湖运输、收购、贩卖国家限制进出口的货物、物品，构成犯罪的，应当按照走私货物、物品的种类，分别依照刑法第一百五十一条、第一百五十二条、第一百五十三条、第三百四十七条、第三百五十条的规定定罪处罚。""刑法第一百五十五条第二项规定的'内海'，包括内河的入海口水域。"第 21 条第 2 款规定："取得许可，但超过许可数量进出口国家限制进出口的货物、物品，构成犯罪的，依照刑法第一百五十三条的规定，以走私普通货物、物品罪定罪处罚。"第 24 条第 2 款规定："单位犯走私普通货物、物品罪，偷逃应缴税额在二十万元以上不满一百万元的，应当依照刑法第一百五十三条第二款的规定，对单位判处罚金，并对其直接负责的主管人员和其他直接责任人员，处三年以下有期徒刑或者拘役；偷逃应缴税额在一百万元以上不满五百万元的，应当认定为'情节严重'；偷逃应缴税额在五百万元以上的，应当认定为'情节特别严重'。"

【立法建言】

建　议：将《刑法》第 153 条修改为："走私本法第一百五十一条、第一百五十二条、第三百四十七条规定以外的货物、物品的，根据情节轻重，分别依照下列规定处罚：（一）走私货物、物品偷逃应缴税额较大或者一年内曾因走私被给予二次行政处罚后又走私的，处三年以下有期徒刑、拘役或者管制，可以并处或者单处罚金。（二）走私货物、物品偷逃应缴税额巨大或者有其他严重情节的，处三年以上十年以下有期徒刑，并处罚金。（三）走私货物、物品偷逃应缴税额特别巨大或者有其他特别严重情节的，处十年以上有期徒刑或者无期徒刑，并处罚金或者没收财产。""单位犯前款罪的，对单位判处罚金，并对其直接负责的主管人员和其他直接责任人员，依照前款的规定处罚。""对多次走私未经处理的，按照累计走私货物、物品的偷逃应缴税额处罚。"

理　由：

1. 从立法技术上看，宜在本罪第 1 款第 1 档法定刑中增加"管制"的规定，并将"并处"罚金改为"可以并处或者单处罚金"，同时删去本罪中的罚金数额标准，以与

《刑法》的其他管制和罚金规定相一致。

2. 从平等适用上看，宜对单位犯罪中的直接责任人员依照个人犯本罪的处罚规定处罚，以体现刑罚的公平与公正。在我国现行刑法中，对单位犯罪中的直接负责的主管人员和其他直接责任人员的处罚原则规定不尽一致，主要表现在两个方面：（1）处刑标准不一致。有的规定依照个人犯罪的处罚规定处罚（如《刑法》第120条之一第2款、第150条、第346条）；有的则规定了单独适用的法定刑（如《刑法》第158条第2款、第175条第2款、第200条）。（2）罚金配置不一致。在对直接责任人员规定了单独适用的法定刑的条款中，除第200条外，其他条款均未配置罚金。① 笔者认为，之所以出现这种现象，主要是因为我国在各个不同的时期对单位犯罪的认识有所不同造成的。例如，在最初规定单位犯罪时，立法机关认为单位犯罪与个人犯罪有所不同，因而对单位犯罪的定罪处刑原则上作了有别于个人犯罪的规定。② 最高人民法院也认为，"实践中，由于单位犯罪的非

---

① 笔者曾对我国刑法所有单位犯罪的罚金配置状况作过统计，我国1997年修订的《刑法》，以及随后全国人大常委会通过的《关于惩治骗购外汇、逃汇和非法买卖外汇犯罪的决定》和6个刑法修正案，涉及单位犯罪的法条共107条。根据其适用对象与数额立法方式的不同，我国单位犯罪罚金刑数额立法可分为以下7种情形：（1）对单位及其相关责任人员均配置无限额罚金刑。对应法条共43条。其中，危害公共安全罪1条、破坏社会主义市场经济秩序罪20条、妨害社会管理秩序罪21条、危害国防利益罪1条。（2）对单位配置无限额罚金刑，而对相关责任人员则未规定罚金刑。对应法条共29条。其中，危害公共安全罪3条、破坏社会主义市场经济秩序罪18条、妨害社会管理秩序罪3条、危害国防利益罪2条、贪污贿赂罪3条。（3）对单位犯罪配置无限额罚金刑，而对相关责任人员则规定倍比罚金刑。对应法条共16条，均在破坏社会主义市场经济秩序罪一章中。（4）对单位配置无限额罚金刑，而对相关责任人员则规定限额罚金刑。对应法条共11条，均在破坏社会主义市场经济秩序罪一章中。（5）对单位未配置罚金刑，而仅对相关责任人员规定限额罚金刑。对应法条3条，即第161条、第162条第162条之一，均在破坏社会主义市场经济秩序罪一章中。（6）对单位未配置罚金刑，而仅对相关责任人员规定无限额罚金刑。对应法条共3条，即第137条（危害公共安全罪）、第244条（侵犯公民人身权利、民主权利罪）、第396条（贪污贿赂罪）。（7）仅对单位配置倍比罚金刑，而对相关责任人员则未规定罚金。对应法条仅2条，即第190条、第190条之一，均在破坏社会主义市场经济秩序罪一章中。以上7种情形中，前4种情形均对犯罪单位配置了无限额罚金刑，而对相关责任人员则有无限额罚金刑、倍比罚金刑、限额罚金刑以及未规定罚金刑之别；第5、6种情形对犯罪单位均未配置罚金刑，而对相关责任人员则分别规定了限额罚金刑和无限额罚金刑；第7种情形仅对犯罪单位配置了倍比罚金刑，而对相关责任人员则未规定罚金刑。具体说来，对犯罪单位配置了罚金刑的共101条，占单位犯罪法条总数的94.39%（其中，无限额罚金刑99条、倍比罚金刑2条）；未规定罚金刑的仅6条，占单位犯罪法条总数的5.61%。而对相关责任人员配置了罚金刑的则有76条，占单位犯罪法条总数的71.03%（其中，无限额罚金刑46条、倍比罚金刑16条、限额罚金刑14条）；未规定罚金刑的共31条，占单位犯罪法条总数的28.97%（参见利子平、李春华："论我国单位犯罪罚金刑数额立法之缺陷及完善"，载《南昌大学学报（人文社会科学版）》2008年第5期）。

② "近几年有的企业事业单位和机关、团体走私数额很大，危害严重，需要追究刑事责任。但这些案件往往是领导'点头'的或者单位领导集体决定的，又打着'为公不为私'的招牌，往往难以追究刑事责任，各地普遍要求明确规定刑罚，同时考虑到单位走私与个人走私也有所不同。因此，草案规定，企业事业单位、机关、团体，走私本规定第一条至第三条规定以外的货物、物品价额在三十万元以上的，除没收其走私货物、物品和违法所得外，应判处罚金，并对直接负责的主管人员和其他直接责任人员，处五年以下有期徒刑或者拘役；价额不满三十万元的，由海关没收货物、物品和违法所得，可以并处罚款；对直接负责的主管人员和其他直接责任人员，可由主管机关酌情予以行政处分。""由于走私毒品、武器等物品的危害较大，草案规定，单位走私这些物品的，对直接负责的主管人员和其他直接责任人员，依照对个人犯走私罪的处罚规定处罚"（参见全国人大常委会副秘书长、法制工作委员会主任王汉斌1987年11月17日在六届全国人大常委会第二十三次会议上所作的《关于惩治走私罪和惩治贪污罪贿赂罪两个补充规定（草案）的说明》）。

法所得归单位所有，或者单位造成的危害由单位承担，对该单位直接负责的主管人员和其他直接责任人员的处罚，应比对个人犯罪的处罚要轻。"① 最高人民检察院更加鲜明地提出，"对单位有关人员如何规定处罚？我们认为，有关人员为单位的犯罪而受到处罚毕竟同个人犯罪而受处罚有本质的区别，所以，规定'参照对个人犯罪的规定处罚'或者'参照对个人犯罪的规定从轻或者减轻处罚'都是不合理的。实践中有的单位犯罪数额特别巨大，对个人的处罚是无法参照这个犯罪程度的，即便是从轻减轻处罚，也是不合理的。所以，我们建议在本条中直接规定一个量刑幅度，适合于所有单位犯罪的情况"②。到了 1997 年 2 月 17 日，《刑法修订草案》（修改稿）曾力排众议，③ 对单位走私转而采取"依照个人犯罪的规定处罚"的立法例。但是，1997 年修订的《刑法》通过前 1 天，立法机关却采取了折中的方案：一方面，取消了单位走私高于个人的定罪处罚数额标准；另一方面，又对直接责任人员规定了单独适用的法定刑。尽管如此，1997 年《刑法》在单位犯罪定罪的问题上，毕竟还是向前迈出了坚实的一步。令人欣喜的是，近年来，立法机关已充分认识到对单位犯罪实行"区别对待"的不合理性。因此，凡是刑法修正案涉及单位犯罪规定的，均采取了"依照个人犯罪的规定处罚"的立法例。然而，在现行刑法中，还有不少单位犯罪仍未采取上述立法例，因而有必要进一步加以完善。④

第三节　妨害对公司、企业的管理秩序罪

一、虚报注册资本罪（第 158 条）

【立法沿革】

虚报注册资本罪是在全国人大常委会 1995 年《关于惩治违反公司法的犯罪的决定》第 1 条规定的虚报注册资本罪的基础上修改而来的。

---

① 参见最高人民法院刑法修改小组：《关于刑法总则修改的若干问题（草稿）》（1989 年 3 月），载高铭暄、赵秉志编：《新中国刑法立法文献资料总览》（下），中国人民公安大学出版社 1998 年版，第 2260 页。

② 参见最高人民检察院刑法修改小组：《修改刑法研究报告》（1989 年 10 月 12 日），载高铭暄、赵秉志编：《新中国刑法立法文献资料总览》（下），中国人民公安大学出版社 1998 年版，第 2522～2523 页。

③ 例如，最高人民检察再次提出，"对单位犯罪中直接负责的主管人员和其他直接责任人员的处罚原则，目前法律中规定不尽一致，我们建议作出统一规定，并且从合理性及政策角度出发，对这些人的定罪处罚要轻于一般的自然人同类犯罪，最好规定单独适用的刑罚"（参见最高人民检察院刑法修改研究小组：《关于对〈中华人民共和国刑法（修订草案）（征求意见稿）〉的修改意见》（1996 年 11 月 15 日），载高铭暄、赵秉志编：《新中国刑法立法文献资料总览》（下），中国人民公安大学出版社 1998 年版，第 2637 页）。

④ 本书在阐述以下相关各罪的立法建言时，对据此修改单位直接责任人员处刑规定的理由，均不再赘述。

为适应建立现代企业制度的需要，规范公司的组织和行为，保护公司、股东和债权人的合法权益，维护社会经济秩序，促进社会主义市场经济的发展，全国人大常委会1993年12月29日通过了《中华人民共和国公司法》（以下简称《公司法》）。由于《公司法》对办理公司登记实行注册资本实缴登记制，① 因而相应规定了虚报注册资本骗取公司登记行为的法律责任。《公司法》第206条规定："违反本法规定，办理公司登记时虚报注册资本、提交虚假证明文件或者采取其他欺诈手段隐瞒重要事实取得公司登记的，责令改正，对虚报注册资本的公司，处以虚报注册资本金额百分之五以上百分之十以下的罚款；对提交虚假证明文件或者采取其他欺诈手段隐瞒重要事实的公司，处以一万元以上十万元以下的罚款；情节严重的，撤销公司登记。构成犯罪的，依法追究刑事责任。"为使上述规定落到实处，全国人大常委会1995年2月28日通过的《关于惩治违反公司法的犯罪的决定》增设了虚报注册资本罪。该决定第1条规定："申请公司登记的人使用虚假证明文件或者采取其他欺诈手段虚报注册资本，欺骗公司登记主管部门，取得公司登记，虚报注册资本数额巨大、后果严重或者有其他严重情节的，处三年以下有期徒刑或者拘役，可以并处虚报注册资本金额百分之十以下罚金。""申请公司登记的单位犯前款罪的，对单位判处虚报注册资本金额百分之十以下罚金，并对直接负责的主管人员和其他直接责任人员，依照前款规定，处三年以下有期徒刑或者拘役。"

在刑法修订研拟的过程中，基于"要制定一部统一的、比较完备的刑法典"的考虑，② 1996年8月8日的《刑法分则修改草稿》在第三章"破坏社会主义经济秩序罪"中增设了"妨害公司、企业管理秩序罪"一节。该节第1条基本上沿用了上述规定，仅删去了第2款中"依照前款规定"的表述。1996年8月31日的《刑法修改草稿》在上述规定的基础上，主要是将"公司"改为"公司、企业"，并恢复了第2款中"依照前款规定"的表述。到了1996年10月10日，《刑法修订草案》（征求意见稿）第144条重新以《关于惩治违反公司法的犯罪的决定》为基础进行修改：一是将"申请公司登记的人"改为"申请公司登记"；二是删去了第2款中"依照前款规定"的表述。1996年12月20日的《刑法修订草案》第153条基本上沿用了上述规定，仅增加了"管制"这一刑种。1997年3月1日，提交给八届全国人大五次会议审议的《中华人民共和国刑法（修订草案）》第160条在上述规定的基础上，对本罪的法定刑作了较大的调整：一是删去了"管制"这一

---

① 1993年《公司法》第23条第1款规定："有限责任公司的注册资本为在公司登记机关登记的全体股东实缴的出资额。"第78条第1款规定："股份有限公司的注册资本为在公司登记机关登记的实收股本总额。"

② 参见全国人大常委会副委员长王汉斌1997年3月6日在八届全国人大五次会议上所作的《关于〈中华人民共和国刑法（修订草案）〉的说明》。

刑种；二是删去了第 1 款中"可以"并处罚金的规定,[①] 同时增加了"单处"罚金的规定；三是将"虚报注册资本金额百分之十以下"罚金的标准,改为"虚报注册资本金额百分之二以上百分之十以下"；四是删去了第 2 款中"虚报注册资本金额百分之十以下"的罚金标准。修改后的条文为："申请公司登记使用虚假证明文件或者采取其他欺诈手段虚报注册资本,欺骗公司登记主管部门,取得公司登记,虚报注册资本数额巨大、后果严重或者有其他严重情节的,处三年以下有期徒刑或者拘役,并处或者单处虚报注册资本金额百分之二以上百分之十以下罚金。""单位犯前款罪的,对单位判处罚金,并对其直接负责的主管人员和其他直接责任人员,处三年以下有期徒刑或者拘役。"经审议,1997 年《刑法》第 158 条又将第 1 款中"虚报注册资本金额百分之二以上百分之十以下"的罚金标准,降低为"虚报注册资本金额百分之一以上百分之五以下"。

【立法规定】

《刑法》第 158 条规定："申请公司登记使用虚假证明文件或者采取其他欺诈手段虚报注册资本,欺骗公司登记主管部门,取得公司登记,虚报注册资本数额巨大、后果严重或者有其他严重情节的,处三年以下有期徒刑或者拘役,并处或者单处虚报注册资本金额百分之一以上百分之五以下罚金。""单位犯前款罪的,对单位判处罚金,并对其直接负责的主管人员和其他直接责任人员,处三年以下有期徒刑或者拘役。"

【立法释义】

全国人大常委会 2014 年 4 月 24 日通过的《关于〈中华人民共和国刑法〉第一百五十八条、第一百五十九条的解释》规定："刑法第一百五十八条、第一百五十九条的规定,只适用于依法实行注册资本实缴登记制的公司。"

最高人民检察院、公安部 2010 年 5 月 7 日发布的《关于公安机关管辖的刑事案件立案追诉标准的规定（二）》第 3 条规定："申请公司登记使用虚假证明文件或者采取其他欺诈手段虚报注册资本,欺骗公司登记主管部门,取得公司登记,涉嫌下列情形之一的,应予立案追诉：（一）超过法定出资期限,实缴注册资本不足法定注册资本最低限额,有限责任公司虚报数额在三十万元以上并占其应缴出资数额百分之六十以上的,股份有限公司虚报数额在三百万元以上并占其应缴出资数额百分之三十以上的；（二）超过法定出资期限,实缴注册资本达到法定注册资本最低限额,但仍虚报注册资本,有限责任公司虚报数额在一百万元以上并占其应缴出资数额百分之六十以上的,股份有限公司虚报数额在一千万元以上并占其应缴出资数额百分之三十以上的；（三）造成投资者或者其他债权人直

---

① 之所以删去"可以"并处罚金的规定,主要是"鉴于原规定中'可以并处'的规定有些模棱两可"（参见高铭暄：《中华人民共和国刑法的孕育诞生和发展完善》,北京大学出版社 2012 年版,第 367 页）。

接经济损失累计数额在十万元以上的；（四）虽未达到上述数额标准，但具有下列情形之一的：1. 两年内因虚报注册资本受过行政处罚二次以上，又虚报注册资本的；2. 向公司登记主管人员行贿的；3. 为进行违法活动而注册的。（五）其他后果严重或者有其他严重情节的情形。"

最高人民检察院、公安部 2014 年 5 月 20 日发布的《关于严格依法办理虚报注册资本和虚假出资抽逃出资刑事案件的通知》第 2 条 "严格把握罪与非罪的界限" 规定："根据新修改的公司法和全国人大常委会立法解释，自 2014 年 3 月 1 日起，除依法实行注册资本实缴登记制的公司（参见《国务院关于印发注册资本登记制度改革方案的通知》（国发〔2014〕7 号））以外，对申请公司登记的单位和个人不得以虚报注册资本罪追究刑事责任；对公司股东、发起人不得以虚假出资、抽逃出资罪追究刑事责任。对依法实行注册资本实缴登记制的公司涉嫌虚报注册资本和虚假出资、抽逃出资犯罪的，各级公安机关、检察机关依照刑法和《立案追诉标准（二）》的相关规定追究刑事责任时，应当认真研究行为性质和危害后果，确保执法办案的法律效果和社会效果。"

【立法建言】

建　议：将《刑法》第 158 条修改为："申请公司登记使用虚假证明文件或者采取其他欺诈手段虚报实缴注册资本，欺骗公司登记主管部门，取得公司登记，虚报实缴注册资本数额巨大、后果严重或者有其他严重情节的，处三年以下有期徒刑、拘役或者管制，可以并处或者单处罚金。""单位犯前款罪的，对单位判处罚金，并对其直接负责的主管人员和其他直接责任人员，依照前款的规定处罚。"

理　由：

1. 从法律衔接的角度来看，宜将本罪中的 "虚报注册资本" 改为 "虚报实缴注册资本"，以与《公司法》的相关规定相协调。根据 2013 年 12 月 28 日修正的《公司法》第 26 条的规定，公司登记分别实行注册资本认缴登记制和实缴登记制。[①] 为明确《公司法》修改后虚报注册资本罪的适用范围问题，全国人大常委会 2014 年 4 月 24 日通过的《关于〈中华人民共和国刑法〉第一百五十八条、第一百五十九条的解释》规定："刑法第一百五十八条、第一百五十九条的规定，只适用于依法实行注册资本实缴登记制的公司。" 因此，本罪中的 "虚报注册资本"，实际上是指 "虚报实缴注册资本"。

2. 从刑罚协调的角度来看，宜在本罪的法定刑中增加 "管制" 的规定，并删去 "虚报注册资本金额百分之一以上百分之五以下" 的罚金数额标准，以与《刑法》的其他管制和罚金规定相一致。此外，应当指出的是，1997 年 3 月 1 日，提交给八届全国人大五次

---

① 《公司法》第 26 条规定："有限责任公司的注册资本为在公司登记机关登记的全体股东认缴的出资额。""法律、行政法规以及国务院决定对有限责任公司注册资本实缴、注册资本最低限额另有规定的，从其规定。"

会议审议的《中华人民共和国刑法（修订草案）》删去本罪中"可以并处"罚金的规定，并不具有合理性。因为，"可以并处"的规定并非"模棱两可"[1]，并且，"可以并处或者单处"罚金的规定，比"并处或者单处"罚金的适用余地更大，[2]便于实践中根据案件的具体情况自由裁量。

3. 从发展趋势的角度来看，宜将本罪单位犯罪中的"处三年以下有期徒刑或者拘役"改为"依照前款的规定处罚"，以适应我国单位犯罪立法的新趋势。

二、虚假出资、抽逃出资罪（第 159 条）

【立法沿革】

虚假出资、抽逃出资罪是在全国人大常委会 1995 年《关于惩治违反公司法的犯罪的决定》第 2 条规定的虚假出资、抽逃出资罪的基础上修改而来的。

1993 年《公司法》第 208 条规定："公司的发起人、股东未交付货币、实物或者未转移财产权，虚假出资，欺骗债权人和社会公众的，责令改正，处以虚假出资金额百分之五以上百分之十以下的罚款。构成犯罪的，依法追究刑事责任。"第 209 条规定："公司的发起人、股东在公司成立后，抽逃其出资的，责令改正，处以所抽逃出资金额百分之五以上百分之十以下的罚款。构成犯罪的，依法追究刑事责任。"为惩治上述违反《公司法》的犯罪行为，《关于惩治违反公司法的犯罪的决定》第 2 条增设了虚假出资、抽逃出资罪："公司发起人、股东违反公司法的规定未交付货币、实物或者未转移财产权，虚假出资，或者在公司成立后又抽逃其出资，数额巨大、后果严重或者有其他严重情节的，处五年以下有期徒刑或者拘役，可以并处虚假出资金额或者抽逃出资金额百分之十以下罚金。""单位犯前款罪的，对单位判处虚假出资金额或者抽逃出资金额百分之十以下罚金，并对直接负责的主管人员和其他直接责任人员，依照前款规定，处五年以下有期徒刑或者拘役。"

在刑法修订研拟的过程中，1996 年 8 月 8 日的《刑法分则修改草稿》基本上沿用了上述规定，仅删去了第 2 款中"依照前款规定"的表述。然而，1996 年 8 月 31 日的《刑法修改草稿》又恢复了原来的规定。到了 1996 年 10 月 10 日，《刑法修订草案》（征求意见稿）第 145 条再次删去了第 2 款中"依照前款规定"的表述。1997 年 3 月 1 日，提交给八届全国人大五次会议审议的《中华人民共和国刑法（修订草案）》第 161 条在上述规定的基础上，对本罪的法定刑作了较大的调整：一是删去了第 1 款中"可以"并处罚金的规定，同时增加了"单处"罚金的规定；二是将第 1 款的罚金标准由"虚假出资金额或者抽

---

① 参见高铭暄：《中华人民共和国刑法的孕育诞生和发展完善》，北京大学出版社 2012 年版，第 367 页。

② "可以并处或者单处罚金"的适用，有 3 种可供选择的方案：（1）并处罚金；（2）单处罚金；（3）不选处罚金；而"并处或者单处罚金"仅有 2 种可能的选择。

逃出资金额百分之十以下"改为"虚假出资金额或者抽逃出资金额百分之二以上百分之十以下";三是删去了第2款中"虚假出资金额或者抽逃出资金额百分之十以下"的罚金标准。

【立法规定】

《刑法》第159条规定:"公司发起人、股东违反公司法的规定未交付货币、实物或者未转移财产权,虚假出资,或者在公司成立后又抽逃其出资,数额巨大、后果严重或者有其他严重情节的,处五年以下有期徒刑或者拘役,并处或者单处虚假出资金额或者抽逃出资金额百分之二以上百分之十以下罚金。""单位犯前款罪的,对单位判处罚金,并对其直接负责的主管人员和其他直接责任人员,处五年以下有期徒刑或者拘役。"

【立法释义】

全国人大常委会2014年4月24日通过的《关于〈中华人民共和国刑法〉第一百五十八条、第一百五十九条的解释》规定:"刑法第一百五十八条、第一百五十九条的规定,只适用于依法实行注册资本实缴登记制的公司。"

最高人民检察院、公安部2010年5月7日发布的《关于公安机关管辖的刑事案件立案追诉标准的规定(二)》第4条规定:"公司发起人、股东违反公司法的规定未交付货币、实物或者未转移财产权,虚假出资,或者在公司成立后又抽逃其出资,涉嫌下列情形之一的,应予立案追诉:(一)超过法定出资期限,有限责任公司股东虚假出资数额在三十万元以上并占其应缴出资数额百分之六十以上的,股份有限公司发起人、股东虚假出资数额在三百万元以上并占其应缴出资数额百分之三十以上的;(二)有限责任公司股东抽逃出资数额在三十万元以上并占其实缴出资数额百分之六十以上的,股份有限公司发起人、股东抽逃出资数额在三百万元以上并占其实缴出资数额百分之三十以上的;(三)造成公司、股东、债权人的直接经济损失累计数额在十万元以上的;(四)虽未达到上述数额标准,但具有下列情形之一的:1. 致使公司资不抵债或者无法正常经营的;2. 公司发起人、股东合谋虚假出资、抽逃出资的;3. 两年内因虚假出资、抽逃出资受过行政处罚二次以上,又虚假出资、抽逃出资的;4. 利用虚假出资、抽逃出资所得资金进行违法活动的。(五)其他后果严重或者有其他严重情节的情形。"

最高人民检察院、公安部2014年5月20日发布的《关于严格依法办理虚报注册资本和虚假出资抽逃出资刑事案件的通知》第2条规"严格把握罪与非罪的界限"规定:"根据新修改的公司法和全国人大常委会立法解释,自2014年3月1日起,除依法实行注册资本实缴登记制的公司(参见《国务院关于印发注册资本登记制度改革方案的通知》(国发〔2014〕7号))以外,对申请公司登记的单位和个人不得以虚报注册资本罪追究刑事责任;对公司股东、发起人不得以虚假出资、抽逃出资罪追究刑事责任。对依法实行注册资本实缴登记制的公司涉嫌虚报注册资本和虚假出资、抽逃出资犯罪的，各级公安机关、检察机关依照刑法和《立案追诉标准（二）》的相关规定追究刑事责任时，应当认真研究行为性质和危害后果，确保执法办案的法律效果和社会效果。"

【立法建言】

建　议：将《刑法》第 159 条修改为："公司发起人、股东违反公司法的规定未交付货币、实物或者未转移财产权，虚假出资，或者在公司成立后又抽逃其出资，数额巨大、后果严重或者有其他严重情节的，处五年以下有期徒刑、拘役或者管制，可以并处或者单处罚金。""单位犯前款罪的，对单位判处罚金，并对其直接负责的主管人员和其他直接责任人员，依照前款的规定处罚。"

理　由：

从立法技术上看，宜在《刑法》第 159 条第 1 款的法定刑中增加"管制"的规定，并将"并处或者单处虚假出资金额或者抽逃出资金额百分之二以上百分之十以下罚金"改为"可以并处或者单处罚金"；同时，将第 2 款中的"处五年以下有期徒刑或者拘役"改为"依照前款的规定处罚"，以与《刑法》的其他管制、罚金和单位犯罪处刑规定相一致。

三、欺诈发行股票、债券罪（第 160 条）

【立法沿革】

欺诈发行股票、债券罪是在全国人大常委会 1995 年《关于惩治违反公司法的犯罪的决定》第 3 条规定的欺诈发行股票、公司债券罪的基础上修改而来的。

1993 年《公司法》第 207 条规定："制作虚假的招股说明书、认股书、公司债券募集办法发行股票或者公司债券的，责令停止发行，退还所募资金及其利息，处以非法募集资金金额百分之一以上百分之五以下的罚款。构成犯罪的，依法追究刑事责任。"为惩治上述欺诈发行股票、公司债券的犯罪行为，《关于惩治违反公司法的犯罪的决定》第 3 条规定："制作虚假的招股说明书、认股书、公司债券募集办法发行股票或者公司债券，数额巨大、后果严重或者有其他严重情节的，处五年以下有期徒刑或者拘役，可以并处非法募集资金金额百分之五以下罚金。""单位犯前款罪的，对单位判处非法募集资金金额百分之五以下罚金，并对直接负责的主管人员和其他直接责任人员，依照前款的规定，处五年以下有期徒刑或者拘役。"

在刑法修订研拟的过程中，1996 年 8 月 8 日的《刑法分则修改草稿》基本上沿用了上述规定，仅删去了第 2 款中"依照前款规定"的表述。然而，1996 年 8 月 31 日的《刑法修改草稿》又恢复了原来的规定。到了 1996 年 10 月 10 日，《刑法修订草案》（征求意见稿）第 146 条再次删去了第 2 款中"依照前款规定"的表述。1997 年 3 月 1 日，提交给八届全国人大五次会议审议的《中华人民共和国刑法（修订草案）》第162条对上述规定作了以下五方面的修改和补充：一是在罪状表述方面，将"制作虚假的招股说明书、认股书、公司债券募集办法"改为"在招股说明书、认股书、公司、企业债券募集办法中隐瞒重要事实或者编造重大虚假内容"；二是在犯罪对象方面，增加了"企业"债券；三是在罚金方式方面，将"可以并处"罚金改为"并处或者单处"罚金；四是在罚金数额方面，将"非法募集资金金额百分之五以下罚金"改为"非法募集资金金额百分之一以上百分之五以下罚金"；五是在单位犯罪方面，删去了"非法募集资金金额百分之五以下"的罚金标准。这一修改方案，为现行刑法所采纳。

【立法规定】

《刑法》第160条规定："在招股说明书、认股书、公司、企业债券募集办法中隐瞒重要事实或者编造重大虚假内容，发行股票或者公司、企业债券，数额巨大、后果严重或者有其他严重情节的，处五年以下有期徒刑或者拘役，并处或者单处非法募集资金金额百分之一以上百分之五以下罚金。""单位犯前款罪的，对单位判处罚金，并对其直接负责的主管人员和其他直接责任人员，处五年以下有期徒刑或者拘役。"

【立法释义】

最高人民检察院、公安部2010年5月7日发布的《关于公安机关管辖的刑事案件立案追诉标准的规定（二）》第5条规定："在招股说明书、认股书、公司、企业债券募集办法中隐瞒重要事实或者编造重大虚假内容，发行股票或者公司、企业债券，涉嫌下列情形之一的，应予立案追诉：（一）发行数额在五百万元以上的；（二）伪造、变造国家机关公文、有效证明文件或者相关凭证、单据的；（三）利用募集的资金进行违法活动的；（四）转移或者隐瞒所募集资金的；（五）其他后果严重或者有其他严重情节的情形。"

【立法建言】

建　议： 将《刑法》第160条修改为："在招股说明书、认股书、公司、企业债券募集办法中隐瞒重要事实或者编造重大虚假内容，发行股票或者公司、企业债券，数额巨大、后果严重或者有其他严重情节的，处五年以下有期徒刑、拘役或者管制，可以并处或者单处罚金。""单位犯前款罪的，对单位判处罚金，并对其直接负责的主管人员和其他直接责任人员，依照前款的规定处罚。"

理　由：

从立法技术上看，宜在《刑法》第160条第1款的法定刑中增加"管制"的规定，并将"并处或者单处非法募集资金金额百分之一以上百分之五以下罚金"改为"可以并处或者单处罚金"；同时，将第2款中的"处五年以下有期徒刑或者拘役"改为"依照前款的规定处罚"，以与《刑法》的其他管制、罚金和单位犯罪处罚规定相一致。

四、违规披露、不披露重要信息罪（第161条）

【立法沿革】

违规披露、不披露重要信息罪是在全国人大常委会1995年《关于惩治违反公司法的犯罪的决定》第4条规定的提供虚假财务报告罪的基础上修改而来的，并经《刑法修正案（六）》第5条所修正。

1993年《公司法》第212条规定："公司向股东和社会公众提供虚假的或者隐瞒重要事实的财务会计报告的，对直接负责的主管人员和其他直接责任人员处以一万元以上十万元以下的罚款。构成犯罪的，依法追究刑事责任。"据此，《关于惩治违反公司法的犯罪的决定》第4条增设了提供虚假财务报告罪："公司向股东和社会公众提供虚假的或者隐瞒重要事实的财务会计报告，严重损害股东或者其他人利益的，对直接负责的主管人员和其他直接责任人员，处三年以下有期徒刑或者拘役，可以并处二十万元以下罚金。"

在刑法修订研拟的过程中，1996年8月8日的《刑法分则修改草稿》基本上沿用了上述规定，仅在"财务会计报告"之后，增加了一个"等"字。但是，1996年8月31日的《刑法修改草稿》又恢复了原来的规定。1996年12月20日的《刑法修订草案》第156条在上述规定的基础上，增加了"管制"这一刑种。1997年3月1日，提交给八届全国人大五次会议审议的《中华人民共和国刑法（修订草案）》第163条对上述规定作了两处修改：一是删去了"管制"这一刑种；二是将"可以并处二十万元以下罚金"改为"并处或者单处二万元以上二十万元以下罚金"。这一修改方案，为1997年修订的《刑法》所采纳。

1997年修订的《刑法》第161条规定："公司向股东和社会公众提供虚假的或者隐瞒重要事实的财务会计报告，严重损害股东或者其他人利益的，对其直接负责的主管人员和其他直接责任人员，处三年以下有期徒刑或者拘役，并处或者单处二万元以上二十万元以下罚金。"

1997年《刑法》施行后，"有关部门提出，近年来，一些上市公司违反国家规定，对应当披露的公司重要信息不按照规定披露，严重损害了广大公众投资者的利益，扰乱了证券市场秩序，对此应当追究刑事责任。法制工作委员会经同有关部门研究，拟在刑法中增加规定：上市公司对国家规定应当披露的信息不按照规定披露，严重损害股东或者其他人利益的，追究刑事责任。"[1] 此外，"有些常委会委员和地方、部门、专家提出，根据公司法、证券法、证券投资基金法等法律的规定，负有法定信息披露义务的主体不限于上市公

---

[1] 参见全国人大常委会法制工作委员会副主任安建2005年12月24日在十届全国人大常委会第十九次会议上所作的《关于〈中华人民共和国刑法修正案（六）（草案）〉的说明》。

司。发行债券的公司、企业和发售证券投资基金份额的基金管理公司等依法负有信息披露义务的公司、企业，不依法披露重要信息，严重损害公众投资者等的利益的，也应作为犯罪追究刑事责任。"① 有鉴于此，《刑法修正案（六）》第 5 条对上述规定作了以下三方面的补充和修改：一是将"公司"界定为"依法负有信息披露义务的公司、企业"；二是增加了"对依法应当披露的其他重要信息不按照规定披露"的情形；三是增加了"有其他严重情节"的定罪标准。

【立法规定】

《刑法》第 161 条规定："依法负有信息披露义务的公司、企业向股东和社会公众提供虚假的或者隐瞒重要事实的财务会计报告，或者对依法应当披露的其他重要信息不按照规定披露，严重损害股东或者其他人利益，或者有其他严重情节的，对其直接负责的主管人员和其他直接责任人员，处三年以下有期徒刑或者拘役，并处或者单处二万元以上二十万元以下罚金。"

【立法释义】

最高人民检察院、公安部 2010 年 5 月 7 日发布的《关于公安机关管辖的刑事案件立案追诉标准的规定（二）》第 6 条规定："依法负有信息披露义务的公司、企业向股东和社会公众提供虚假的或者隐瞒重要事实的财务会计报告，或者对依法应当披露的其他重要信息不按照规定披露，涉嫌下列情形之一的，应予立案追诉：（一）造成股东、债权人或者其他人直接经济损失数额累计在五十万元以上的；（二）虚增或者虚减资产达到当期披露的资产总额百分之三十以上的；（三）虚增或者虚减利润达到当期披露的利润总额百分之三十以上的；（四）未按照规定披露的重大诉讼、仲裁、担保、关联交易或者其他重大事项所涉及的数额或者连续十二个月的累计数额占净资产百分之五十以上的；（五）致使公司发行的股票、公司债券或者国务院依法认定的其他证券被终止上市交易或者多次被暂停上市交易的；（六）致使不符合发行条件的公司、企业骗取发行核准并且上市交易的；（七）在公司财务会计报告中将亏损披露为盈利，或者将盈利披露为亏损的；（八）多次提供虚假的或者隐瞒重要事实的财务会计报告，或者多次对依法应当披露的其他重要信息不按照规定披露的；（九）其他严重损害股东、债权人或者其他人利益，或者有其他严重情节的情形。"

【立法建言】

建　议：将《刑法》第 161 条修改为："依法负有信息披露义务的公司、企业向股东

---

① 参见全国人大法律委员会副主任委员周坤仁 2006 年 4 月 25 日在十届全国人大常委会第二十一次会议上所作的《关于〈中华人民共和国刑法修正案（六）（草案）〉修改情况的汇报》。

和社会公众提供虚假的或者隐瞒重要事实的财务会计报告，或者对依法应当披露的其他重要信息不按照规定披露，严重损害股东或者其他人利益，或者有其他严重情节的，对单位判处罚金，并对其直接负责的主管人员和其他直接责任人员，处三年以下有期徒刑、拘役或者管制，可以并处或者单处罚金。"

理　由：

1. 从处罚原则上看，宜在本罪中增加"对单位判处罚金"的规定，以与《刑法》的其他单位犯罪处罚规定相一致。因为，本罪属于单位犯罪的范畴，[①] 但却实行单罚制，仅处罚其直接负责的主管人员和其他直接责任人员，显然不太合理。因此，宜对本罪实行双罚制。

2. 从立法技术上看，宜在本罪的法定刑中增加"管制"的规定，并将"并处或者单处二万元以上二十万元以下罚金"改为"可以并处或者单处罚金"，以与《刑法》的其他管制和罚金规定相一致。

五、妨害清算罪（第 162 条）

【立法沿革】

妨害清算罪是在全国人大常委会 1995 年《关于惩治违反公司法的犯罪的决定》第 5 条规定的清算舞弊罪的基础上修改而来的。

1993 年《公司法》第 217 条第 2 款规定："公司在进行清算时，隐匿财产，对资产负债表或者财产清单作虚伪记载或者未清偿债务前分配公司财产的，责令改正，对公司处以隐匿财产或者未清偿债务前分配公司财产金额百分之一以上百分之五以下的罚款。对直接负责的主管人员和其他直接责任人员处以一万元以上十万元以下的罚款。构成犯罪的，依法追究刑事责任。"据此，《关于惩治违反公司法的犯罪的决定》第 5 条增设了清算舞弊罪："公司进行清算时，隐匿财产，对资产负债表或者财产清单作虚伪记载或者在未清偿债务前分配公司财产，严重损害债权人或者其他人利益的，对直接负责的主管人员和其他直接责任人员，处五年以下有期徒刑或者拘役，可以并处二十万元以下罚金。"

在刑法修订研拟的过程中，1996 年 8 月 31 日的《刑法修改草稿》基本上沿用了上述规定，仅将其中的"公司"改为"公司、企业"。然而，1996 年 10 月 10 日的《刑法修订草案》（征求意见稿）第 148 条又恢复了原来的规定。到了 1997 年 2 月 17 日，《刑法修订

---

① 我国刑法理论的通说认为，本罪的主体是依法负有信息披露义务的公司、企业（参见高铭暄、马克昌主编：《刑法学》，北京大学出版社、高等教育出版社 2011 年版，第 391 页；刘艳红主编：《刑法学》（下），北京大学出版社 2014 年版，第 245 页）。但也有学者认为，本罪的主体是依法负有信息披露义务的公司、企业直接负责的主管人员和其他直接责任人员（参见赵秉志主编：《刑法新教程》，中国人民大学出版社 2009 年版，第 438 页；王作富主编：《刑法》，中国人民大学出版社 2011 年版，第 299 页）。

草案》（修改稿）第164条再次将其中的"公司"改为"公司、企业"。1997年3月1日，提交给八届全国人大五次会议审议的《中华人民共和国刑法（修订草案）》第164条在上述规定的基础上，将"可以并处二十万元以下罚金"的规定，改为"并处或者单处二万元以上二十万元以下罚金"。这一修改方案，为现行刑法所采纳。

【立法规定】

《刑法》第162条规定："公司、企业进行清算时，隐匿财产，对资产负债表或者财产清单作虚伪记载或者在未清偿债务前分配公司、企业财产，严重损害债权人或者其他人利益的，对其直接负责的主管人员和其他直接责任人员，处五年以下有期徒刑或者拘役，并处或者单处二万元以上二十万元以下罚金。"

【立法释义】

最高人民检察院、公安部2010年5月7日发布的《关于公安机关管辖的刑事案件立案追诉标准的规定（二）》第7条规定："公司、企业进行清算时，隐匿财产，对资产负债表或者财产清单作虚伪记载或者在未清偿债务前分配公司、企业财产，涉嫌下列情形之一的，应予立案追诉：（一）隐匿财产价值在五十万元以上的；（二）对资产负债表或者财产清单作虚伪记载涉及金额在五十万元以上的；（三）在未清偿债务前分配公司、企业财产价值在五十万元以上的；（四）造成债权人或者其他人直接经济损失数额累计在十万元以上的；（五）虽未达到上述数额标准，但应清偿的职工的工资、社会保险费用和法定补偿金得不到及时清偿，造成恶劣社会影响的；（六）其他严重损害债权人或者其他人利益的情形。"

【立法建言】

建　议： 将《刑法》第162条修改为："公司、企业进行清算时，隐匿财产，对资产负债表或者财产清单作虚伪记载或者在未清偿债务前分配公司、企业财产，严重损害债权人或者其他人利益的，对单位判处罚金，并对其直接负责的主管人员和其他直接责任人员，处五年以下有期徒刑、拘役或者管制，可以并处或者单处罚金。"

理　由：

1. 从处罚原则上看，宜在本罪中增加"对单位判处罚金"的规定，以与《刑法》的其他单位犯罪处罚规定相一致。因为，本罪属于单位犯罪的范畴，[①] 但却实行单罚制，仅

---

① 我国刑法理论的通说认为，本罪的主体是公司、企业（参见高铭暄、马克昌主编：《刑法学》，北京大学出版社、高等教育出版社2011年版，第392页；刘艳红主编：《刑法学》（下），北京大学出版社2014年版，第246页）。但也有学者认为，本罪的主体是进行清算的公司、企业及其直接负责的主管人员和其他直接责任人员（参见赵秉志主编：《刑法新教程》，中国人民大学出版社2009年版，第438页）。还有学者认为，本罪的主体是公司、企业中直接负责的主管人员和其他直接责任人员（参见王作富主编：《刑法》，中国人民大学出版社2011年版，第300页）。

处罚其直接负责的主管人员和其他直接责任人员，显然不太合理。因此，宜对本罪实行双罚制。

2. 从立法技术上看，宜在本罪的法定刑中增加"管制"的规定，并将"并处或者单处二万元以上二十万元以下罚金"改为"可以并处或者单处罚金"，以与《刑法》的其他管制和罚金规定相一致。

六、隐匿、故意销毁会计凭证、会计账簿、财务会计报告罪（第 162 条之一）

【立法沿革】

隐匿、故意销毁会计凭证、会计账簿、财务会计报告罪是《刑法修正案》第 1 条新增设的罪名。

1997 年《刑法》对虚报注册资本罪等直接做假账，严重破坏会计秩序的行为作为单独的犯罪作了规定，但对隐匿、故意销毁会计凭证、会计账簿、财务会计报告的行为则没有作为一种独立的犯罪加以规定。当时是主要考虑到隐匿、故意销毁会计凭证、会计账簿、财务会计报告行为本身并不是犯罪的目的，一般情况下是行为人实施了刑法所规定的相关犯罪后，掩盖犯罪事实、毁灭犯罪证据的行为，或者是以此作为进行某种犯罪的手段。[①] 为加强会计工作的严肃性，维护经济秩序、国家和社会利益，维护法律尊严，1999 年 6 月，国务院提请九届全国人大常委会第十次会议审议的《关于惩治违反会计法的犯罪的决定（草案）》建议对以下三种行为规定为犯罪并分别规定具体的刑罚：（一）公司、企业伪造、变造会计凭证、会计账簿或者编制虚假财务会计报告，严重破坏会计秩序的；（二）隐匿或者故意销毁依法应当保存的会计凭证、会计账簿、财务会计报告，情节严重的；（三）国家工作人员指使、强令他人实施前两条行为的。"鉴于现行刑法中对于大多数做假账构成犯罪的行为已有不少规定，如虚报注册资本罪，虚假出资、抽逃出资罪，提供虚假财务报告罪，妨害清算罪，吸收客户资金不入账非法拆借、发放贷款罪，偷税罪，骗税罪，中介机构人员提供虚假证明文件罪以及走私罪，贪污罪，挪用公款罪，私分国有资产、私分罚没财物罪等。如再作一个关于惩治违反会计法的犯罪的决定，困难很多。""一些委员、部门和专家提出，考虑到刑法的统一和执行的方便，不宜再单独搞两个决定，[②] 认为采取修改刑法的方式比较合适。"[③] 基于上述考虑，全国人大常委会最终没有采用单行刑法的形式，而是采用修正案方式修改刑法。至于国务院建议增设的犯罪，立法工

---

① 参见吴孟栓、罗庆东：《刑法立法修正适用通解》，中国检察出版社 2002 年版，第 83 页。

② 国务院同时提请了《关于惩治违反会计法的犯罪的决定（草案）》和《关于惩治期货犯罪的决定（草案）》两部法律（草案）给九届全国人大常委会第十次会议审议。

③ 参见全国人大法律委员会副主任委员顾昂然 1999 年 10 月 25 日在九届全国人大常委会第十二次会议上所作的《关于〈中华人民共和国刑法修正案（草案）〉的说明》。

作机关认为，现行刑法中没有"隐匿或者故意销毁依法应当保存的会计凭证、会计账簿、财务会计报告，情节严重的"犯罪行为这方面的规定，因此，应当将其补充到刑法中。而"除刑法已规定为犯罪应当追究刑事责任的以外，其他做假账的违法行为，哪些应当依照会计法的规定给予行政处罚、行政处分，哪些需要规定为犯罪追究刑事责任，我们与国务院法制办研究，一时还难以确定下来"①。于是，立法工作机关没有将国务院建议增设的其他犯罪行为规定为犯罪。

为维护国家利益、公众利益和社会经济秩序，严厉打击隐匿、销毁会计资料的犯罪行为，《刑法修正案》第 1 条增设了隐匿、故意销毁会计凭证、会计账簿、财务会计报告罪，将其作为《刑法》第 162 条之一。

【立法规定】

《刑法》第 162 条之一规定："隐匿或者故意销毁依法应当保存的会计凭证、会计账簿、财务会计报告，情节严重的，处五年以下有期徒刑或者拘役，并处或者单处二万元以上二十万元以下罚金。""单位犯前款罪的，对单位判处罚金，并对其直接负责的主管人员和其他直接责任人员，依照前款的规定处罚。"

【立法释义】

全国人大常委会法制工作委员会 2002 年 1 月 14 日发布的《关于对"隐匿、销毁会计凭证、会计账簿、财务会计报告构成犯罪的主体范围"问题的答复意见》规定："根据全国人大常委会 1999 年 12 月 25 日刑法修正案第一条的规定，任何单位和个人在办理会计事务时对依法应当保存的会计凭证、会计账簿、财务会计报告，进行隐匿、销毁，情节严重的，构成犯罪，应当依法追究其刑事责任。""根据刑事诉讼法第十八条关于刑事案件侦查管辖的规定，除法律规定的特定案件由人民检察院立案侦查以外，其他刑事案件的侦查应由公安机关进行。隐匿、销毁会计凭证、会计账簿、财务会计报告，构成犯罪的，应当由公安机关立案侦查。"

最高人民检察院、公安部 2010 年 5 月 7 日发布的《关于公安机关管辖的刑事案件立案追诉标准的规定（二）》第 8 条规定："隐匿或者故意销毁依法应当保存的会计凭证、会计账簿、财务会计报告，涉嫌下列情形之一的，应予立案追诉：（一）隐匿、故意销毁的会计凭证、会计账簿、财务会计报告涉及金额在五十万元以上的；（二）依法应当向司法机关、行政机关、有关主管部门等提供而隐匿、故意销毁或者拒不交出会计凭证、会计账簿、财务会计报告的；（三）其他情节严重的情形。"

---

① 参见全国人大法律委员会副主任委员顾昂然 1999 年 10 月 25 日在九届全国人大常委会第十二次会议上所作的《关于〈中华人民共和国刑法修正案（草案）〉的说明》。

【立法建言】

建　议：将《刑法》第162条之一第1款修改为："隐匿或者故意销毁依法应当保存的会计凭证、会计账簿、财务会计报告，情节严重的，处五年以下有期徒刑、拘役或者管制，可以并处或者单处罚金。"

理　由：

从立法技术上看，宜在本罪的法定刑中增加"管制"的规定，并将"并处或者单处二万元以上二十万元以下罚金"改为"可以并处或者单处罚金"，以与《刑法》的其他管制和罚金规定相一致。

七、虚假破产罪（第162条之二）

【立法沿革】

虚假破产罪是《刑法修正案（六）》第6条新增设的罪名。

全国人大常委会1986年12月2日通过的《中华人民共和国企业破产法（试行）》第41条规定："破产企业有本法第三十五条所列行为之一的，对破产企业的法定代表人和直接责任人员给予行政处分；破产企业的法定代表人和直接责任人员的行为构成犯罪的，依法追究刑事责任。"[①] 为了与上述规定相衔接，1988年9月的刑法修改稿在"破坏社会主义经济秩序罪"一章中规定了破产欺诈罪："以隐匿、私分、无偿转让财产、非正常压价出售财产，或者以其他方法进行破产欺诈，严重损害债权人利益的，处三年以下有期徒刑、拘役，可以并处罚金；情节特别严重的，处三年以上七年以下有期徒刑，并处罚金。"[②] 1988年11月16日的刑法修改稿第145条对上述规定作了较大的调整："违反破产法规，在依法宣告破产前的法定期间内或者在宣告破产以后，隐匿、私分、无偿转让财产，严重损害债权人利益的，处二年以下有期徒刑或者拘役，可以单处或者并处罚金；情节特别严重的，处二年以上五年以下有期徒刑，并处罚金。"1988年12月25日的《刑法修改稿》第162条在上述规定的基础上，主要作了以下三处修改和补充：一是删去了"私分"财产的情形；二是增加了"以其他方法损害债权人利益"的情形；三是将"严重"损害债权人利益改为"情节严重"。修改后的条文为："违反破产法规，在依法宣告破产前的法定期间内或者在宣告破产以后，隐匿、无偿转让财产或者以其他方法损害债权人利益，情节严重的，处二年以下有期徒刑或者拘役，可以单处或者并处罚金；情节特别严重

---

① 该法第35条第1款规定："人民法院受理破产案件前六个月至破产宣告之日的期间内，破产企业的下列行为无效：（一）隐匿、私分或者无偿转让财产；（二）非正常压价出售财产；（三）对原来没有财产担保的债务提供财产担保；（四）对未到期的债务提前清偿；（五）放弃自己的债权。"

② 该条系新增条文，未编条文序号。

的，处二年以上五年以下有期徒刑，并处罚金。"但是，在此后的刑法修订研拟过程中，并未涉及有关破产欺诈方面的犯罪。1997 年《刑法》也仅规定了妨害清算罪，而没有将虚假破产的行为作为一个独立的犯罪加以规定。

1997 年《刑法》施行后，"近年来，一些公司、企业以隐匿财产、承担虚构的债务、非法转移和分配财产等方式，造成不能清偿到期债务或者资不抵债的假象，申请进入破产程序，以达到假破产真逃债的目的。这些行为，违背社会诚信，不仅严重侵害债权人和其他人的利益，妨害公司、企业管理，而且破坏经济秩序，影响社会稳定，社会危害性严重，应当予以惩治。常委会正在审议的企业破产法草案对破产欺诈行为规定构成犯罪的，应当追究刑事责任。因此，拟在刑法第一百六十二条之一后增加一条，作为第一百六十二条之二：'公司、企业隐匿财产、承担虚构的债务，或者以其他方法非法转移、分配财产，意图通过破产逃避债务，严重损害债权人或者其他人利益的，对其直接负责的主管人员和其他直接责任人员，处五年以下有期徒刑或者拘役，并处或者单处二万元以上二十万元以下罚金。'"① 经审议，考虑到"草案中关于破产欺诈犯罪和利用残疾人或者儿童乞讨牟利犯罪的两条规定，需要与企业破产法、治安管理处罚法的规定相衔接。鉴于常委会对这两部法律草案还在审议，法律委员会建议上述两条规定作为另一刑法修正案的内容与这两部法律出台时间相衔接"②。到了 2005 年 12 月，"针对在经济活动中出现的采用隐匿、转移财产等欺骗手段，搞假破产、真逃债，严重损害债权人利益，破坏市场经济秩序的行为"③，《刑法修正案（六）（草案）》未等企业破产法出台，又增加了破产欺诈犯罪的规定。"草案二次审议稿第六条对公司、企业'为通过破产逃避债务而隐匿财产、承担虚构的债务或者以其他方法转移、处分财产，严重损害债权人或者其他人利益'的犯罪及刑事责任作了规定。有些常委会委员和部门提出，这一条是为惩治'假破产真逃债'，严重损害债权人利益，扰乱市场经济秩序的行为所作的规定，应明确以'实施虚假破产'作为犯罪构成要件。"④ 据此，《刑法修正案（六）》第 6 条增设了虚假破产罪。

【立法规定】

《刑法》第 162 条之二规定："公司、企业通过隐匿财产、承担虚构的债务或者以其他方法转移、处分财产，实施虚假破产，严重损害债权人或者其他人利益的，对其直接负责

---

① 参见全国人大常委会法制工作委员会主任胡康生 2004 年 10 月 22 日在十届全国人大常委会第十二次会议上所作的《关于〈中华人民共和国刑法修正案（五）（草案）〉的说明》。

② 参见全国人大法律委员会副主任委员乔晓阳 2005 年 2 月 25 日在十届全国人大常委会第十四次会议上所作的《关于〈中华人民共和国刑法修正案（五）（草案）〉审议结果的报告》。

③ 参见全国人大常委会法制工作委员会副主任安建 2005 年 12 月 24 日在十届全国人大常委会第十九次会议上所作的《关于〈中华人民共和国刑法修正案（六）（草案）〉的说明》。

④ 参见全国人大法律委员会副主任委员周坤仁 2006 年 6 月 24 日在十届全国人大常委会第二十二次会议上所作的《关于〈中华人民共和国刑法修正案（六）（草案）〉审议结果的报告》。

的主管人员和其他直接责任人员，处五年以下有期徒刑或者拘役，并处或者单处二万元以上二十万元以下罚金。"

【立法释义】

最高人民检察院、公安部 2010 年 5 月 7 日发布的《关于公安机关管辖的刑事案件立案追诉标准的规定（二）》第 9 条规定："公司、企业通过隐匿财产、承担虚构的债务或者以其他方法转移、处分财产，实施虚假破产，涉嫌下列情形之一的，应予立案追诉：（一）隐匿财产价值在五十万元以上的；（二）承担虚构的债务涉及金额在五十万元以上的；（三）以其他方法转移、处分财产价值在五十万元以上的；（四）造成债权人或者其他人直接经济损失数额累计在十万元以上的；（五）虽未达到上述数额标准，但应清偿的职工的工资、社会保险费用和法定补偿金得不到及时清偿，造成恶劣社会影响的；（六）其他严重损害债权人或者其他人利益的情形。"

【立法建言】

建　议：将《刑法》第 162 条之二修改为："公司、企业通过隐匿财产、承担虚构的债务或者以其他方法转移、处分财产，实施虚假破产，严重损害债权人或者其他人利益的，对单位判处罚金，并对其直接负责的主管人员和其他直接责任人员，处五年以下有期徒刑、拘役或者管制，可以并处或者单处罚金。"

理　由：

1. 从处罚原则上看，宜在本罪中增加"对单位判处罚金"的规定，以与《刑法》的其他单位犯罪处罚规定相一致。因为，本罪属于单位犯罪的范畴，[①] 但却实行单罚制，仅处罚其直接负责的主管人员和其他直接责任人员，显然不太合理。何况，以"假破产真逃债"为目的实施虚假破产的公司、企业，并非"无金可罚"，对其判处罚金，正是"罚当其罪"。因此，宜对本罪实行双罚制。

2. 从立法技术上看，宜在本罪的法定刑中增加"管制"的规定，并将"并处或者单处二万元以上二十万元以下罚金"改为"可以并处或者单处罚金"，以与《刑法》的其他管制和罚金规定相一致。

八、非国家人员受贿罪（第 163 条）

【立法沿革】

非国家人员受贿罪是在全国人大常委会 1995 年《关于惩治违反公司法的犯罪的决定》

---

① 参见赵秉志主编：《刑法新教程》，中国人民大学出版社 2009 年版，第 439 页；王作富主编：《刑法》，中国人民大学出版社 2011 年版，第 301 页；高铭暄、马克昌主编：《刑法学》，北京大学出版社、高等教育出版社 2011 年版，第 392 页；刘艳红主编：《刑法学》（下），北京大学出版社 2014 年版，第 248 页。

第 9 条规定的商业受贿罪的基础上修改而来的，并经《刑法修正案（六）》第 7 条所修正。

1979 年《刑法》规定的受贿罪的主体仅限于国家工作人员，因此，不具有国家工作人员身份的人员不可能构成受贿罪。为惩治非国家工作人员的受贿行为，全国人大常委会 1988 年 1 月 21 日通过的《关于惩治贪污贿赂罪的补充规定》扩大了受贿罪的主体范围。该规定第 4 条规定："国家工作人员、集体经济组织工作人员或者其他从事公务的人员，利用职务上的便利，索取他人财物的，或者非法收受他人财物为他人谋取利益的，是受贿罪。""与国家工作人员、集体经济组织工作人员或者其他从事公务的人员勾结，伙同受贿的，以共犯论处。""国家工作人员、集体经济组织工作人员或者其他从事公务的人员，在经济往来中，违反国家规定收受各种名义的回扣、手续费，归个人所有的，以受贿论处。"鉴于上述受贿罪的范围过于宽泛，且不同犯罪主体受贿的社会危害性也不尽相同，因此，1995 年《关于惩治违反公司法的犯罪的决定》遂将商业受贿罪从受贿罪中分解出来，作为一种独立的犯罪加以规定。该决定第 9 条规定："公司董事、监事或者职工利用职务上的便利，索取或者收受贿赂，数额较大的，处五年以下有期徒刑或者拘役；数额巨大的，处五年以上有期徒刑，可以并处没收财产。"1995 年 6 月 30 日，全国人大常委会通过的《关于惩治破坏金融秩序犯罪的决定》第 18 条重申："银行或者其他金融机构的工作人员在金融业务活动中索取、收受贿赂，或者违反国家规定收受各种名义的回扣、手续费的，分别依照全国人民代表大会常务委员会《关于惩治贪污贿赂罪的补充规定》和《关于惩治违反公司法的犯罪的决定》的有关规定处罚。"

在刑法修订研拟的过程中，1996 年 8 月 8 日的《刑法分则修改草稿》将《关于惩治违反公司法的犯罪的决定》第 9 条移至"危害公平竞争罪"一节。① 1996 年 8 月 31 日的《刑法修改草稿》分则第三章第二节"妨害公司、企业管理秩序罪"第 8 条在上述规定的基础上，将本罪的主体由"公司董事、监事或者职工"改为"公司、企业的工作人员"。1996 年 10 月 10 日的《刑法修订草案》（征求意见稿）第 149 条对上述规定作了较大的修改和调整，主要是将《关于惩治违反公司法的犯罪的决定》第 12 条关于国家工作人员犯受贿罪的提示性规定、第 14 条关于有限责任公司、股份有限公司以外的企业职工适用本决定的规定以及《关于惩治破坏金融秩序犯罪的决定》第 18 条关于回扣、手续费的规定修改后一并在本条中加以规定。修改后的条文为："公司的工作人员利用职务上的便利，索取或者收受贿赂，数额较大的，处五年以下有期徒刑或者拘役；数额巨大的，处五年以上有期徒刑，可以并处没收财产。""公司的工作人员在经济往来中，违反国家规定收受各

① 参见该稿第三章第四节"妨害公司、企业管理秩序罪"后面的"备注"，但在"危害公平竞争罪"一节中并未具体列出该条的条文。

种名义的回扣、手续费，归个人所有的，依照前款规定处罚。""有限责任公司、股份有限公司以外的企业的职工有第一款、第二款规定的犯罪行为的，依照第一款、第二款的规定处罚。""国家工作人员有前三款规定的犯罪行为的，依照本法第三百三十四条规定的受贿罪处罚。"1996年12月20日的《刑法修订草案》第158条在上述规定的基础上，主要作了以下三方面的修改和补充：一是在犯罪主体方面，将"公司的工作人员"改为"公司、企业的工作人员"，相应删去了"有限责任公司、股份有限公司以外的企业的职工有第一款、第二款规定的犯罪行为的，依照第一款、第二款的规定处罚"的规定；二是在犯罪客观方面，将"索取或者收受贿赂"改为"索取他人财物或者非法收受他人财物为他人谋取利益"；三是在刑罚配置方面，将"数额巨大的，处五年以上有期徒刑，可以并处没收财产"改为"数额巨大的，处五年以上十年以下有期徒刑，数额特别巨大的，处十年以上有期徒刑或者无期徒刑，可以并处没收财产"。到了1997年2月17日，《刑法修订草案》（修改稿）第165条又恢复了原来的法定刑规定。1997年3月1日，提交给八届全国人大五次会议审议的《中华人民共和国刑法（修订草案）》第165条沿用了上述第1款、第2款的规定，但将第3款修改为："国有公司、企业中从事公务的人员和国有公司、企业委派到非国有公司、企业从事公务的人员有前两款行为的，依照本法第三百八十二条、第三百八十三条的规定定罪处罚。"① 这一修改方案，为1997年修订的《刑法》所采纳。

1997年修订的《刑法》第163条规定："公司、企业的工作人员利用职务上的便利，索取他人财物或者非法收受他人财物，为他人谋取利益，数额较大的，处五年以下有期徒刑或者拘役；数额巨大的，处五年以上有期徒刑，可以并处没收财产。""公司、企业的工作人员在经济往来中，违反国家规定，收受各种名义的回扣、手续费，归个人所有的，依照前款的规定处罚。""国有公司、企业中从事公务的人员和国有公司、企业委派到非国有公司、企业从事公务的人员有前两款行为的，依照本法第三百八十五条、第三百八十六条的规定定罪处罚。"

1997年《刑法》施行后，"有关部门和司法机关提出，对公司、企业以外的单位的工作人员利用职务便利进行'权钱交易'、危害社会利益的行为，例如发生在医疗机构的药品、器械采购中的商业贿赂行为，数额较大的，也应追究刑事责任。"② 因此，《刑法修正案（六）》第7条将1997年修订的《刑法》第163条规定的公司、企业人员受贿罪修改为非国家人员受贿罪。

---

① 该条第4款还对国有公司、企业受贿作了提示性规定："国有公司、企业有第一款、第二款行为的，依照本法第三百八十四条的规定定罪处罚。"（该草案第384条规定的是单位受贿罪——笔者注）。考虑到我国刑法并没有将非国有单位受贿的行为规定为犯罪，这一规定纯属多余，因此，1997年修订的《刑法》第163条删去了这一规定。

② 参见全国人大常委会法制工作委员会副主任安建2005年12月24日在十届全国人大常委会第十九次会议上所作的《关于〈中华人民共和国刑法修正案（六）（草案）〉的说明》。

【立法规定】

《刑法》第163条规定："公司、企业或者其他单位的工作人员利用职务上的便利，索取他人财物或者非法收受他人财物，为他人谋取利益，数额较大的，处五年以下有期徒刑或者拘役；数额巨大的，处五年以上有期徒刑，可以并处没收财产。""公司、企业或者其他单位的工作人员在经济往来中，利用职务上的便利，违反国家规定，收受各种名义的回扣、手续费，归个人所有的，依照前款的规定处罚。""国有公司、企业或者其他国有单位中从事公务的人员和国有公司、企业或者其他国有单位委派到非国有公司、企业以及其他单位从事公务的人员有前两款行为的，依照刑法第三百八十五条、第三百八十六条的规定定罪处罚。"第184条第1款规定："银行或者其他金融机构的工作人员在金融业务活动中索取他人财物或者非法收受他人财物，为他人谋取利益的，或者违反国家规定，收受各种名义的回扣、手续费，归个人所有的，依照本法第一百六十三条的规定定罪处罚。"

【立法释义】

最高人民法院2005年8月1日发布的《关于如何认定国有控股、参股股份有限公司中的国有公司、企业人员的解释》规定："国有公司、企业委派到国有控股、参股公司从事公务的人员，以国有公司、企业人员论。"

最高人民法院、最高人民检察院2008年11月20日发布的《关于办理商业贿赂刑事案件适用法律若干问题的意见》第2条规定："刑法第一百六十三条、第一百六十四条规定的'其他单位'，既包括事业单位、社会团体、村民委员会、居民委员会、村民小组等常设性的组织，也包括为组织体育赛事、文艺演出或者其他正当活动而成立的组委会、筹委会、工程承包队等非常设性的组织。"第3条规定："刑法第一百六十三条、第一百六十四条规定的'公司、企业或者其他单位的工作人员'，包括国有公司、企业以及其他国有单位中的非国家工作人员。"第4条规定："医疗机构中的国家工作人员，在药品、医疗器械、医用卫生材料等医药产品采购活动中，利用职务上的便利，索取销售方财物，或者非法收受销售方财物，为销售方谋取利益，构成犯罪的，依照刑法第三百八十五条的规定，以受贿罪定罪处罚。""医疗机构中的非国家工作人员，有前款行为，数额较大的，依照刑法第一百六十三条的规定，以非国家工作人员受贿罪定罪处罚。""医疗机构中的医务人员，利用开处方的职务便利，以各种名义非法收受药品、医疗器械、医用卫生材料等医药产品销售方财物，为医药产品销售方谋取利益，数额较大的，依照刑法第一百六十三条的规定，以非国家工作人员受贿罪定罪处罚。"第5条规定："学校及其他教育机构中的国家工作人员，在教材、教具、校服或者其他物品的采购等活动中，利用职务上的便利，索取销售方财物，或者非法收受销售方财物，为销售方谋取利益，构成犯罪的，依照刑法第三百八十五条的规定，以受贿罪定罪处罚。""学校及其他教育机构中的非国家工作人员，有前款行为，数额较大的，依照刑法第一百六十三条的规定，以非国家工作人员受贿罪定罪处罚。""学校及其他教育机构中的教师，利用教学活动的职务便利，以各种名义非法收受教材、教具、校服或者其他物品销售方财物，为教材、教具、校服或者其他物品销售方谋取利益，数额较大的，依照刑法第一百六十三条的规定，以非国家工作人员受贿罪定罪处罚。"第 6 条规定："依法组建的评标委员会、竞争性谈判采购中谈判小组、询价采购中询价小组的组成人员，在招标、政府采购等事项的评标或者采购活动中，索取他人财物或者非法收受他人财物，为他人谋取利益，数额较大的，依照刑法第一百六十三条的规定，以非国家工作人员受贿罪定罪处罚。""依法组建的评标委员会、竞争性谈判采购中谈判小组、询价采购中询价小组中国家机关或者其他国有单位的代表有前款行为的，依照刑法第三百八十五条的规定，以受贿罪定罪处罚。"第 7 条规定："商业贿赂中的财物，既包括金钱和实物，也包括可以用金钱计算数额的财产性利益，如提供房屋装修、含有金额的会员卡、代币卡（券）、旅游费用等。具体数额以实际支付的资费为准。"第 8 条规定："收受银行卡的，不论受贿人是否实际取出或者消费，卡内的存款数额一般应全额认定为受贿数额。使用银行卡透支的，如果由给予银行卡的一方承担还款责任，透支数额也应当认定为受贿数额。"第 10 条规定："办理商业贿赂犯罪案件，要注意区分贿赂与馈赠的界限。主要应当结合以下因素全面分析、综合判断：（1）发生财物往来的背景，如双方是否存在亲友关系及历史上交往的情形和程度；（2）往来财物的价值；（3）财物往来的缘由、时机和方式，提供财物方对于接受方有无职务上的请托；（4）接受方是否利用职务上的便利为提供方谋取利益。"第 11 条规定："非国家工作人员与国家工作人员通谋，共同收受他人财物，构成共同犯罪的，根据双方利用职务便利的具体情形分别定罪追究刑事责任：（1）利用国家工作人员的职务便利为他人谋取利益的，以受贿罪追究刑事责任。（2）利用非国家工作人员的职务便利为他人谋取利益的，以非国家工作人员受贿罪追究刑事责任。（3）分别利用各自的职务便利为他人谋取利益的，按照主犯的犯罪性质追究刑事责任，不能分清主从犯的，可以受贿罪追究刑事责任。"

最高人民检察院、公安部 2010 年 5 月 7 日发布的《关于公安机关管辖的刑事案件立案追诉标准的规定（二）》第 10 条规定："公司、企业或者其他单位的工作人员利用职务上的便利，索取他人财物或者非法收受他人财物，为他人谋取利益，或者在经济往来中，利用职务上的便利，违反国家规定，收受各种名义的回扣、手续费，归个人所有，数额在五千元以上的，应予立案追诉。"

【立法建言】

建　议：将《刑法》第 163 条第 1 款修改为："公司、企业或者其他单位的工作人员利用职务上的便利，索取他人财物或者非法收受他人财物，为他人谋取利益，数额较大的，处五年以下有期徒刑或者拘役，并处罚金；数额巨大的，处五年以上有期徒刑，并处罚金。"

理　由：

从立法技术上看，宜在本罪第 1 档法定刑中增加"并处罚金"的规定。因为，一方面，本罪的第 2 档法定刑规定了财产刑，而第 1 档法定刑却未规定财产刑，造成了两档法定刑之间的不协调；另一方面，行贿与受贿是对向性犯罪，《刑法修正案（九）》第 10 条已在对非国家工作人员行贿罪中增加规定了财产刑，作为与之对向的非国家工作人员受贿罪也理应增加财产刑的规定。[①] 此外，在本罪的第 2 档法定刑中，对"处五年以上有期徒刑"配置"可以并处没收财产"并不具有合理性，宜将其改为"并处罚金"，以与《刑法》的其他罚金和没收财产规定相一致。

九、对非国家工作人员行贿罪、对外国公职人员、国际公共组织官员行贿罪（第 164 条）

【立法沿革】

对非国家工作人员行贿罪是在 1997 年修订的《刑法》第 164 条规定的对公司、企业人员行贿罪的基础上，经《刑法修正案（六）》第 8 条修正而来的，并经《刑法修正案（九）》第 10 条所修正；而对外国公职人员、国际公共组织官员行贿罪则是《刑法修正案（八）》第 29 条新增设的罪名。

1979 年《刑法》规定的行贿罪的对象仅限于国家工作人员，因此，向国家工作人员以外的人员行贿并不构成犯罪。为了惩治向非国家工作人员的行贿行为，全国人大常委会 1988 年 1 月 21 日通过的《关于惩治贪污贿赂罪的补充规定》扩大了行贿罪犯罪对象的范围。该规定第 7 条第 1 款规定："为谋取不正当利益，给予国家工作人员、集体经济组织工作人员或者其他从事公务的人员以财物的，是行贿罪。"第 2 款规定："在经济往来中，违反国家规定，给予国家工作人员、集体经济组织工作人员或者其他从事公务的人员以财物，数额较大的，或者违反国家规定，给予国家工作人员、集体经济组织工作人员或者其他从事公务的人员以回扣、手续费的，以行贿论处。"但是，全国人大常委会 1995 年 2 月 28 日通过的《关于惩治违反公司法的犯罪的决定》在将商业受贿罪从受贿罪中分解出来的同时，却不当地遗漏了其对向性的行贿行为。有鉴于此，1996 年 12 月 20 日的《刑法修订草案》第 158 条第 4 款增设了对公司、企业人员行贿："为谋取不正当利益，给予公司、企业的工作人员以财物，数额较大的，处三年以下有期徒刑、拘役或者管制，因行贿

---

① 《刑法修正案（九）》在对行贿罪增加规定财产刑的同时，对受贿罪也增加了财产刑的规定。

谋取不正当利益，情节严重的，或者使公司、企业利益遭受重大损失的，处三年以上十年以下有期徒刑，并处罚金。"到了 1997 年 2 月 17 日，《刑法修订草案》（修改稿）第 166 条不仅对本罪作了专条规定，而且还对上述规定作了较大的修改和补充：一是删去了"因行贿谋取不正当利益，情节严重"的情形，代之以"数额巨大"的规定；二是增加了"单位犯前款罪的，对单位判处罚金，并对其直接负责的主管人员和其他责任人员，依照前款的规定处罚"的规定；三是增加了"行贿人在被追诉前主动交代行贿行为的，可以减轻处罚或者免除处罚"的规定。1997 年 3 月 1 日，提交给八届全国人大五次会议审议的《中华人民共和国刑法（修订草案）》第 166 条基本上沿用了上述规定，仅删去了"管制"这一刑种。经审议，1997 年修订的《刑法》第 164 条在上述规定的基础上，又删去了其中"使公司、企业利益遭受重大损失"的规定。

1997 年修订的《刑法》第 164 条规定："为谋取不正当利益，给予公司、企业的工作人员以财物，数额较大的，处三年以下有期徒刑或者拘役；数额巨大的，处三年以上十年以下有期徒刑，并处罚金。""单位犯前款罪的，对单位判处罚金，并对其直接负责的主管人员和其他责任人员，依照前款的规定处罚。""行贿人在被追诉前主动交代行贿行为的，可以减轻处罚或者免除处罚。"

1997 年《刑法》施行后，《刑法修正案（六）》在将公司、企业人员受贿罪修改为非国家人员受贿罪的同时，其第 8 条第 1 款也相应地将对公司、企业人员行贿罪修改为对非国家工作人员行贿罪："为谋取不正当利益，给予公司、企业或者其他单位的工作人员以财物，数额较大的，处三年以下有期徒刑或者拘役；数额巨大的，处三年以上十年以下有期徒刑，并处罚金。"此后，为加大对非国家工作人员行贿罪的处罚力度，"完善行贿犯罪财产刑规定，使犯罪分子在受到人身处罚的同时，在经济上也得不到好处"[1]，《刑法修正案（九）》第 10 条在上述第 1 档法定刑中，增加了"并处罚金"的规定。

2005 年 10 月 27 日，十届全国人大常委会第十八次会议批准了《联合国反腐败公约》。该公约第 3 章对各缔约国提出了强制性义务，敦促各缔约国应当采取必要的立法措施，将贿赂外国公职人员、国际公共组织官员的行为规定为犯罪并追究刑事责任。[2] 鉴于我国刑法中并无这方面的规定，因此，为切实履行缔约国的义务，进一步严密我国贿赂犯罪的刑事法网，促进反腐败刑事立法的国际化，《刑法修正案（八）》第 29 条增设了对外国公职人员、国际公共组织官员行贿罪。

---

[1]　参见全国人大常委会法制工作委员会主任李适时 2014 年 10 月 27 日在十二届全国人大常委会第十一次会议上所作的《关于〈中华人民共和国刑法修正案（九）（草案）〉的说明》。

[2]　该公约并没有强制各缔约国将外国公职人员、国际公共组织官员受贿的行为规定为犯罪。

【立法规定】

《刑法》第164条规定："为谋取不正当利益，给予公司、企业或者其他单位的工作人员以财物，数额较大的，处三年以下有期徒刑或者拘役，并处罚金；数额巨大的，处三年以上十年以下有期徒刑，并处罚金。""为谋取不正当商业利益，给予外国公职人员或者国际公共组织官员以财物的，依照前款的规定处罚。""单位犯前两款罪的，对单位判处罚金，并对其直接负责的主管人员和其他直接责任人员，依照第一款的规定处罚。""行贿人在被追诉前主动交待行贿行为的，可以减轻处罚或者免除处罚。"

【立法释义】

最高人民法院、最高人民检察院2008年11月20日发布的《关于办理商业贿赂刑事案件适用法律若干问题的意见》第2条规定："刑法第一百六十三条、第一百六十四条规定的'其他单位'，既包括事业单位、社会团体、村民委员会、居民委员会、村民小组等常设性的组织，也包括为组织体育赛事、文艺演出或者其他正当活动而成立的组委会、筹委会、工程承包队等非常设性的组织。"第3条规定："刑法第一百六十三条、第一百六十四条规定的'公司、企业或者其他单位的工作人员'，包括国有公司、企业以及其他国有单位中的非国家工作人员。"第7条规定："商业贿赂中的财物，既包括金钱和实物，也包括可以用金钱计算数额的财产性利益，如提供房屋装修、含有金额的会员卡、代币卡（券）、旅游费用等。具体数额以实际支付的资费为准。"第8条规定："收受银行卡的，不论受贿人是否实际取出或者消费，卡内的存款数额一般应全额认定为受贿数额。使用银行卡透支的，如果由给予银行卡的一方承担还款责任，透支数额也应当认定为受贿数额。"第9条规定："在行贿犯罪中，'谋取不正当利益'，是指行贿人谋取违反法律、法规、规章或者政策规定的利益，或者要求对方违反法律、法规、规章、政策、行业规范的规定提供帮助或者方便条件。""在招标投标、政府采购等商业活动中，违背公平原则，给予相关人员财物以谋取竞争优势的，属于'谋取不正当利益'。"第10条规定："办理商业贿赂犯罪案件，要注意区分贿赂与馈赠的界限。主要应当结合以下因素全面分析、综合判断：（1）发生财物往来的背景，如双方是否存在亲友关系及历史上交往的情形和程度；（2）往来财物的价值；（3）财物往来的缘由、时机和方式，提供财物方对于接受方有无职务上的请托；（4）接受方是否利用职务上的便利为提供方谋取利益。"

最高人民检察院、公安部2010年5月7日发布的《关于公安机关管辖的刑事案件立案追诉标准的规定（二）》第11条规定："为谋取不正当利益，给予公司、企业或者其他单位的工作人员以财物，个人行贿数额在一万元以上的，单位行贿数额在二十万元以上的，应予立案追诉。"

最高人民检察院、公安部2011年11月21日发布的《〈关于公安机关管辖的刑事案件立案追诉标准的规定（二）〉的补充规定》第 1 条规定："为谋取不正当商业利益，给予外国公职人员或者国际公共组织官员以财物，个人行贿数额在一万元以上的，单位行贿数额在二十万元以上的，应予立案追诉。"

【立法建言】

建　议：将《刑法》第 164 条第 1 款、第 2 款修改为："为谋取不正当利益，给予公司、企业或者其他单位的工作人员以财物，数额较大的，处三年以下有期徒刑、拘役或者管制，可以并处或者单处罚金；数额巨大的，处三年以上十年以下有期徒刑，并处罚金。""为谋取不正当利益，给予外国公职人员或者国际公共组织组织官员以财物的，依照前款的规定处罚。"

理　由：

1. 从立法技术上看，宜在《刑法》第 1 款第 1 档法定刑中增加"管制"的规定，并将"并处罚金"改为"可以并处或者单处罚金"，以与《刑法》的其他管制和罚金规定相一致。此外，应当指出的是，《刑法修正案（九）》第 10 条对本罪增加规定罚金的目的，是"使犯罪分子在受到人身处罚的同时，在经济上也得不到好处"[①]。但是，对非国家工作人员行贿罪的动机是多种多样的，"谋取不正当利益"也不限于谋取不正当经济利益。因此，宜在罚金规定之前增加"可以"一词，以便司法实践根据案件的具体情况自由裁量。

2. 从犯罪目的上看，宜将《刑法》第 164 条第 2 款中的"谋取不正当商业利益"改为"谋取不正当利益"。因为"商业利益"的范围太窄，不能涵盖为谋取其他不正当利益而行贿的行为。况且，《联合国反腐败公约》第 16 条也未对本罪的主观目的加以任何限制。

十、非法经营同类营业罪（第 165 条）

【立法沿革】

非法经营同类营业罪是 1997 年《刑法》第 165 条增设的罪名。

公司、企业的董事、经理应当忠实履行职责，维护公司、企业的合法权益。因此，1993 年《公司法》禁止公司的董事、经理自营或者为他人经营与其所任职公司同类的营业。该法第 215 条规定："董事、经理违反本法规定自营或者为他人经营与其所任职公司同类的营业的，除将其所得收入归公司所有外，并可由公司给予处分。"由于上述规定仅

---

①　参见全国人大常委会法制工作委员会主任李适时 2014 年 10 月 27 日在十二届全国人大常委会第十一次会议上所作的《关于〈中华人民共和国刑法修正案（九）（草案）〉的说明》。

将"自营或者为他人经营与其所任职公司同类的营业"的行为作为一般违法行为加以规制，不足以有效地遏制和防范这类行为的发生，因而有必要进一步将其中的严重行为规定为犯罪并追究刑事责任。有鉴于此，1997年2月17日的《刑法修订草案》第167条增设了非法经营同类营业罪："国有公司、企业董事、经理利用职务便利，自己经营或者为他人经营与其所任职公司、企业同类的营业，获取非法利益，数额巨大的，处三年以下有期徒刑、拘役或者管制，并处或者单处罚金；数额特别巨大的，处三年以上七年以下有期徒刑，并处罚金。"1997年3月1日，提交给八届全国人大五次会议审议的《中华人民共和国刑法（修订草案）》第167条基本上沿用了上述规定，仅删去了第1档法定刑中的"管制"。这一修改方案，为现行刑法所采纳。

【立法规定】

《刑法》第165条规定："国有公司、企业的董事、经理利用职务便利，自己经营或者为他人经营与其所任职公司、企业同类的营业，获取非法利益，数额巨大的，处三年以下有期徒刑或者拘役，并处或者单处罚金；数额特别巨大的，处三年以上七年以下有期徒刑，并处罚金。"

【立法释义】

最高人民检察院、公安部2010年5月7日发布的《关于公安机关管辖的刑事案件立案追诉标准的规定（二）》第12条规定："国有公司、企业的董事、经理利用职务便利，自己经营或者为他人经营与其所任职公司、企业同类的营业，获取非法利益，数额在十万元以上的，应予立案追诉。"

【立法建言】

建　议：将《刑法》第165条修改为："国有公司、企业的董事、经理利用职务便利，自己经营或者为他人经营与其所任职公司、企业同类的营业，获取非法利益，数额巨大的，处三年以下有期徒刑、拘役或者管制，可以并处或者单处罚金；数额特别巨大的，处三年以上七年以下有期徒刑，并处罚金。"

理　由：

从立法技术上看，宜在本罪的法定刑中增加"管制"的规定，并将"并处或者单处罚金"改为"可以并处或者单处罚金"，以与《刑法》的其他管制和罚金规定相一致。

十一、为亲友非法牟利罪（第166条）

【立法沿革】

为亲友非法牟利罪是1997年《刑法》第166条增设的罪名。

从立法源流来看，为亲友非法牟利罪最早见之于 1997 年 2 月 17 日的《刑法修订草案》（修改稿）。该草案第 168 条规定："国有公司、企业、事业单位的工作人员，利用职务便利，损公肥私，将本单位的盈利业务交由自己的亲友进行经营，或者为其经营活动提供其他便利，获取非法利益，数额巨大的，处三年以下有期徒刑、拘役或者管制，并处或者单处罚金；数额特别巨大的，处三年以上七年以下有期徒刑，并处罚金。"1997 年 3 月 1 日，提交给八届全国人大五次会议审议的《中华人民共和国刑法（修订草案）》第 168 条对上述规定作了较大的调整：一是在罪状表述方面，具体规定了为亲友非法牟利的三种情形，并将本罪由数额犯改为结果犯；二是在刑罚配置方面，删去了"管制"这一刑种。这一修改方案，为现行刑法所采纳。

【立法规定】

《刑法》第 166 条规定："国有公司、企业、事业单位的工作人员，利用职务便利，有下列情形之一，使国家利益遭受重大损失的，处三年以下有期徒刑或者拘役，并处或者单处罚金；致使国家利益遭受特别重大损失的，处三年以上七年以下有期徒刑，并处罚金：（一）将本单位的盈利业务交由自己的亲友进行经营的；（二）以明显高于市场的价格向自己的亲友经营管理的单位采购商品或者以明显低于市场的价格向自己的亲友经营管理的单位销售商品的；（三）向自己的亲友经营管理的单位采购不合格商品的。"

【立法释义】

最高人民检察院、公安部 2010 年 5 月 7 日发布的《关于公安机关管辖的刑事案件立案追诉标准的规定（二）》第 13 条规定："国有公司、企业、事业单位的工作人员，利用职务便利，为亲友非法牟利，涉嫌下列情形之一的，应予立案追诉：（一）造成国家直接经济损失数额在十万元以上的；　（二）使其亲友非法获利数额在二十万元以上的；（三）造成有关单位破产、停业、停产六个月以上，或者被吊销许可证和营业执照、责令关闭、撤销、解散的；（四）其他致使国家利益遭受重大损失的情形。"

【立法建言】

建　议：将《刑法》第 166 条第 1 档法定刑修改为："处三年以下有期徒刑、拘役或者管制，可以并处或者单处罚金"。

理　由：

从立法技术上看，宜在本罪的法定刑中增加"管制"的规定，并将"并处或者单处罚金"改为"可以并处或者单处罚金"，以与《刑法》的其他管制和罚金规定相一致。

十二、签订、履行合同失职被骗罪（第 167 条）

【立法沿革】

签订、履行合同失职被骗罪是从 1979 年《刑法》第 187 条规定的玩忽职守罪中分解而来的。

由于 1997 年修订《刑法》时将玩忽职守罪的主体限定为"国家机关工作人员"，因此，1997 年 2 月 17 日的《刑法修订草案》（修改稿）第 169 条相应增设了签订、履行合同失职被骗罪："国有公司、企业、事业单位在签订、履行经济贸易合同过程中，因严重不负责任被诈骗，致使国家利益遭受重大损失的，对其直接负责的主管人员和其他直接责任人员，处三年以下有期徒刑、拘役或者管制；致使国家利益遭受特别重大损失的，处三年以上七年以下有期徒刑。"1997 年 3 月 1 日，提交给八届全国人大五次会议审议的《中华人民共和国刑法（修订草案）》第 169 条删去了本罪第 1 档法定刑中的"管制"，并删去了本罪的第 2 档法定刑。经审议，1997 年《刑法》第 167 条对上述规定作了较大的修改和补充：一是明确了犯罪主体的性质，将本罪的主体严格限定为"国有公司、企业、事业单位直接负责的主管人员"，缩小了本罪主体的范围；二是取消了合同性质的限制，将"经济贸易合同"改为"合同"，扩大了本罪成立的范围；三是增加了结果加重犯的情形，补充了"致使国家利益遭受特别重大损失的，处三年以上七年以下有期徒刑"的规定，加大了本罪处罚的力度。

1998 年 12 月 29 日，全国人大常委会通过的《关于惩治骗购外汇、逃汇和非法买卖外汇犯罪的决定》第 7 条对于"金融机构、从事对外贸易经营活动的公司、企业的工作人员严重不负责任，造成大量外汇被骗购或者逃汇，致使国家利益遭受重大损失的"行为，明确规定应当"依照刑法第一百六十七条的规定定罪处罚"。

【立法规定】

《刑法》第 167 条规定："国有公司、企业、事业单位直接负责的主管人员，在签订、履行合同过程中，因严重不负责任被诈骗，致使国家利益遭受重大损失的，处三年以下有期徒刑或者拘役；致使国家利益遭受特别重大损失的，处三年以上七年以下有期徒刑。"

全国人大常委会《关于惩治骗购外汇、逃汇和非法买卖外汇犯罪的决定》第 7 条规定："金融机构、从事对外贸易经营活动的公司、企业的工作人员严重不负责任，造成大量外汇被骗购或者逃汇，致使国家利益遭受重大损失的，依照刑法第一百六十七条的规定定罪处罚。"

【立法释义】

最高人民检察院、公安部 2010 年 5 月 7 日发布的《关于公安机关管辖的刑事案件立案追诉标准的规定（二）》第 14 条规定："国有公司、企业、事业单位直接负责的主管人员，在签订、履行合同过程中，因严重不负责任被诈骗，涉嫌下列情形之一的，应予立案追诉：（一）造成国家直接经济损失数额在五十万元以上的；（二）造成有关单位破产、停业、停产六个月以上，或者被吊销许可证和营业执照、责令关闭、撤销、解散的；（三）其他致使国家利益遭受重大损失的情形。""金融机构、从事对外贸易经营活动的公司、企业的工作人员严重不负责任，造成一百万美元以上外汇被骗购或者逃汇一千万美元以上的，应予立案追诉。""本条规定的'诈骗'，是指对方当事人的行为已经涉嫌诈骗犯罪，不以对方当事人已经被人民法院判决构成诈骗犯罪作为立案追诉的前提。"

【立法建言】

建　议：将《刑法》第 167 条修改为："国有公司、企业、事业单位直接负责的主管人员，在签订、履行合同过程中，因严重不负责任被诈骗，致使国家利益遭受重大损失的，处三年以下有期徒刑、拘役或者管制，可以并处或者单处罚金；致使国家利益遭受特别重大损失的，处三年以上七年以下有期徒刑，可以并处罚金。"

理　由：

从立法技术上看，宜在本罪中增加"管制"和"罚金"的规定，以与《刑法》的其他管制和罚金规定相一致。

十三、国有公司、企业、事业单位人员失职罪、国有公司、企业、事业单位人员滥用职权罪（第 168 条）

【立法沿革】

国有公司、企业、事业单位人员失职罪、国有公司、企业、事业单位人员滥用职权罪是在 1997 年《刑法》第 168 条规定的徇私舞弊造成破产、亏损罪的基础上，经《刑法修正案》第 2 条修正而来的。

基于与签订、履行合同失职被骗罪同样的原因，1997 年 2 月 17 日的《刑法修订草案》（修改稿）第 170 条增设了玩忽职守造成破产罪："国有公司、企业或者其上述主管部门直接负责的主管人员，因玩忽职守造成国有公司、企业破产，致使国家利益遭受重大损失的，处三年以下有期徒刑、拘役或者管制。"1997 年 3 月 1 日，提交给八届全国人大五次会议审议的《中华人民共和国刑法（修订草案）》第 170 条在上述规定的基础上，主要作了三处修改：一是将"玩忽职守"改为"严重不负责任"；二是增加了"严重亏损"的情形；三是删去了"管制"这一刑种。经审议，1997 年修订的《刑法》第 168 条又对上述规定作了两方面的修改：一是在犯罪主体方面，删去了"或者其上述主管部门直接负责的主管人员"的规定；二是在行为方式方面，将"严重不负责任"改为"徇私舞弊"。

1997 年修订的《刑法》第 168 条规定："国有公司、企业直接负责的主管人员，徇私舞弊，造成国有公司、企业破产或者严重亏损，致使国家利益遭受重大损失的，处三年以下有期徒刑或者拘役。"

1997 年《刑法》施行后，"有些人大代表、最高人民检察院和一些部门、地方反映，在刑法执行过程中，对国有公司、企业、事业单位的工作人员由于严重不负责任或者滥用职权，致使国家利益遭受重大损失的有些行为，如擅自为他人提供担保，给本单位造成重大损失的；违反国家规定，在国际外汇、期货市场上进行外汇、期货投机，给国家造成重大损失的；在仓储或者企业管理方面严重失职，造成重大损失等，根据刑法现有规定难以追究刑事责任。"① 有鉴于此，《刑法修正案》第 2 条对上述规定作了大幅修改和补充：一是将"国有公司、企业直接负责的主管人员"扩大为"国有公司、企业的工作人员"；二是将"徇私舞弊"修改为"由于严重不负责任或者滥用职权"；三是增加了"致使国家利益遭受特别重大损失的，处三年以上七年以下有期徒刑"的规定；四是增加了"国有事业单位的工作人员有前款行为，致使国家利益遭受重大损失的，依照前款的规定处罚"的规定；五是增加了"国有公司、企业、事业单位的工作人员，徇私舞弊，犯前两款罪的，依照第一款的规定从重处罚"的规定。

【立法规定】

《刑法》第 168 条规定："国有公司、企业的工作人员，由于严重不负责任或者滥用职权，造成国有公司、企业破产或者严重损失，致使国家利益遭受重大损失的，处三年以下有期徒刑或者拘役；致使国家利益遭受特别重大损失的，处三年以上七年以下有期徒刑。""国有事业单位的工作人员有前款行为，致使国家利益遭受重大损失的，依照前款的规定处罚。""国有公司、企业、事业单位的工作人员，徇私舞弊，犯前两款罪的，依照第一款的规定从重处罚。"

【立法释义】

最高人民法院 2000 年 5 月 12 日发布的《关于审理扰乱电信市场管理秩序案件具体应用法律若干问题的解释》第 6 条规定："国有电信企业的工作人员，由于严重不负责任或者滥用职权，造成国有电信企业破产或者严重损失，致使国家利益遭受重大损失的，依照刑法第一百六十八条的规定定罪处罚。"

最高人民检察院 2002 年 9 月 23 日发布的《关于中国农业发展银行及其分支机构的工作人员法律适用问题的答复》规定："中国农业发展银行及其分支机构的工作人员严

---

① 参见全国人大法律委员会副主任委员顾昂然 1999 年 10 月 25 日在九届全国人大常委会第十二次会议上所作的《关于〈中华人民共和国刑法修正案（草案）〉的说明》。

重不负责任或者滥用职权，构成犯罪的，应当依照刑法第一百六十八条的规定追究刑事责任。"

最高人民法院、最高人民检察院 2003 年 5 月 15 日发布的《关于办理妨害预防、控制突发传染病疫情等灾害的刑事案件具体应用法律若干问题的解释》第 4 条规定："国有公司、企业、事业单位的工作人员，在预防、控制突发传染病疫情等灾害的工作中，由于严重不负责任或者滥用职权，造成国有公司、企业破产或者严重损失，致使国家利益遭受重大损失的，依照刑法第一百六十八条的规定，以国有公司、企业、事业单位人员失职罪或者国有公司、企业、事业单位人员滥用职权罪定罪处罚。"

最高人民法院 2005 年 8 月 1 日发布的《关于如何认定国有控股、参股股份有限公司中的国有公司、企业人员的解释》规定："国有公司、企业委派到国有控股、参股公司从事公务的人员，以国有公司、企业人员论。"

最高人民检察院、公安部 2010 年 5 月 7 日发布的《关于公安机关管辖的刑事案件立案追诉标准的规定（二）》第 15 条规定："国有公司、企业、事业单位的工作人员，严重不负责任，涉嫌下列情形之一的，应予立案追诉：（一）造成国家直接经济损失数额在五十万元以上的；（二）造成有关单位破产，停业、停产一年以上，或者被吊销许可证和营业执照、责令关闭、撤销、解散的；（三）其他致使国家利益遭受重大损失的情形。"第 16 条规定："国有公司、企业、事业单位的工作人员，滥用职权，涉嫌下列情形之一的，应予立案追诉：（一）造成国家直接经济损失数额在三十万元以上的；（二）造成有关单位破产，停业、停产六个月以上，或者被吊销许可证和营业执照、责令关闭、撤销、解散的；（三）其他致使国家利益遭受重大损失的情形。"

最高人民法院、最高人民检察院 2010 年 11 月 26 日发布的《关于办理国家出资企业中职务犯罪案件具体应用法律若干问题的意见》第 1 条"关于国家出资企业工作人员在改制过程中隐匿公司、企业财产归个人持股的改制后公司、企业所有的行为的处理"第 4 款规定："在企业改制过程中未采取低估资产、隐瞒债权、虚设债务、虚构产权交易等方式故意隐匿公司、企业财产的，一般不应当认定为贪污；造成国有资产重大损失，依法构成刑法第一百六十八条或者第一百六十九条规定的犯罪的，依照该规定定罪处罚。"第 4 条"关于国家工作人员在企业改制过程中的渎职行为的处理"第 1 款规定："国家出资企业中的国家工作人员在公司、企业改制或者国有资产处置过程中严重不负责任或者滥用职权，致使国家利益遭受重大损失的，依照刑法第一百六十八条的规定，以国有公司、企业人员失职罪或者国有公司、企业人员滥用职权罪定罪处罚。"第 4 款规定："国家出资企业中的国家工作人员因实施第一款、第二款行为收受贿赂，同时又构成刑法第三百八十五条规定之罪的，依照处罚较重的规定定罪处罚。"第 6 条"关于国家出资企业中国家工作人员的认定"规定:"经国家机关、国有公司、企业、事业单位提名、推荐、任命、批准等,在国有控股、参股公司及其分支机构中从事公务的人员,应当认定为国家工作人员。具体的任命机构和程序,不影响国家工作人员的认定。""经国家出资企业中负有管理、监督国有资产职责的组织批准或者研究决定,代表其在国有控股、参股公司及其分支机构中从事组织、领导、监督、经营、管理工作的人员,应当认定为国家工作人员。""国家出资企业中的国家工作人员,在国家出资企业中持有个人股份或者同时接受非国有股东委托的,不影响其国家工作人员身份的认定。"第7条"关于国家出资企业的界定"规定:"本意见所称'国家出资企业',包括国家出资的国有独资公司、国有独资企业,以及国有资本控股公司、国有资本参股公司。""是否属于国家出资企业不清楚的,应遵循'谁投资、谁拥有产权'的原则进行界定。企业注册登记中的资金来源与实际出资不符的,应根据实际出资情况确定企业的性质。企业实际出资情况不清楚的,可以综合工商注册、分配形式、经营管理等因素确定企业的性质。"

【立法建言】

建　议:将《刑法》第168条修改为:"国有公司、企业、事业单位直接负责的主管人员,由于玩忽职守或者滥用职权,致使国家利益遭受重大损失的,处三年以下有期徒刑、拘役或者管制,可以并处或者单处罚金;致使国家利益遭受特别重大损失的,处三年以上七年以下有期徒刑,可以并处罚金。""国有事业单位直接负责的主管人员有前款行为,致使国家利益遭受重大损失的,依照前款的规定处罚。""国有公司、企业、事业单位直接负责的主管人员,徇私舞弊,犯前两款罪的,依照第一款的规定从重处罚。"

理　由:

1. 从犯罪主体上看,宜将《刑法》第168条中的"工作人员"改为"直接负责的主管人员"。因为,《刑法修正案》第2条将1997年修订的《刑法》规定的"直接负责的主管人员"改为"工作人员",不恰当地扩大了犯罪主体的范围,且不符合实际。①

2. 从文字表述上看,宜将《刑法》第168条第1款中的"严重不负责任"改为"玩忽职守",并删去"造成国有公司、企业破产或者严重损失"的表述。因为,将"严重不

---

① 有学者认为,"由于修正案将刑法第168条的犯罪主体规定为'国有公司、企业、事业单位的工作人员',这就意味着犯罪主体已经扩大到了普通工人。扩大到普通工人,不但没有必要,反而带来了新的问题。首先工人们不存在滥用职权问题,也不存在玩忽职守问题。虽然工人在工作中从也存在严重不负责任的情形,但这种情形又可以按重大责任事故罪处论。也就是说,这样规定同时又与重大责任事故罪相竞合,从而形成交叉重复,给司法实践在确定犯罪性质上带来困难。实际上,在国有企、事业单位中,只有主管人员才能因滥用职权或者玩忽职守给国家造成重大损失。对于普通工人来说,不存在这些问题。虽然普通工人中有因严重不负责任给国家造成重大损失的,但这完全可以按重大责任事故罪论处。因此,刑法第168条的犯罪主体仍应限定在'主管人员',而不应扩大为'工作人员'"(侯国云:《刑法理论究探》,中国政法大学出版社2005年版,第293页)。

负责任"与"滥用职权"并列加以规定并不恰当;[①] "造成国有公司、企业破产或者严重损失"与"致使国家利益遭受重大损失"存在重复交叉,既不合逻辑,也与《刑法》第397条的表述不协调。

3. 从立法技术上看,宜在《刑法》第168条第1款中增加"管制"和"罚金"的规定,以与《刑法》的其他管制和罚金规定相一致。

十四、徇私舞弊低价折股、出售国有资产罪（第169条）

【立法沿革】

徇私舞弊低价折股、出售国有资产罪是1997年《刑法》第169条增设的罪名。

早在1993年,《公司法》第213条就明确规定:"违反本法规定,将国有资产低价折股、低价出售或者无偿分给个人的,对直接负责的主管人员和其他直接责任人员依法给予行政处分。构成犯罪的,依法追究刑事责任。"但遗憾的是,全国人大常委会1995年2月28日通过的《关于惩治违反公司法的犯罪的决定》并没有将"低价折股、低价出售或者无偿分给个人"的行为作为一种独立的犯罪加以规定,从而造成了刑法的"立法真空"[②]。有鉴于此,1997年2月17日的《刑法修订草案》（修改稿）第171条增设了徇私舞弊低价折股、出售国有资产罪:"国有公司、企业或者其上级主管部门直接负责的主管人员,违反国家规定,徇私舞弊,将国有资产低价折股或者低价出售,致使国家利益遭受重大损失的,处三年以下有期徒刑、拘役或者管制;致使国家利益遭受特别重大损失的,处三年以上七年以下有期徒刑。"1997年3月1日,提交给八届全国人大五次会议审议的《中华人民共和国刑法（修订草案）》第171条基本上沿用了上述规定,仅删去了第1档法定刑中的"管制"。经审议,1997年《刑法》第169条又删去了罪状中的"违反国家规定"。

【立法规定】

《刑法》第169条规定:"国有公司、企业或者其上级主管部门直接负责的主管人员,徇私舞弊,将国有资产低价折股或者低价出售,致使国家利益遭受重大损失的,处三年以下有期徒刑或者拘役;致使国家利益遭受特别重大损失的,处三年以上七年以下有期徒刑。"

---

① "因为滥用职权和玩忽职守都是在行政管理中的行为表现,将二者加以并列,用于表述领导干部或者有关主管人员在行政管理中的犯罪行为,是比较恰当的。但将严重不负责任与滥用职权加以并列,就不那么规范。虽然严重不负责任,也可以解释为玩忽职守,但二者显然不完全相同。况且,'严重不负责任'也可适用于普通工人。但本条之罪却是针对主管人员规定的。既然如此,将本条的犯罪行为规定为'严重不负责任或者滥用职权'就不如规定为'玩忽职守或者滥用职权'更为妥当"（侯国云:《刑法理论究探》,中国政法大学出版社2005年版,第294页）。

② 从严格意义上来说,1979年《刑法》第187条规定的玩忽职守罪并不能涵盖此类犯罪行为。

【立法释义】

最高人民检察院、公安部 2010 年 5 月 7 日发布的《关于公安机关管辖的刑事案件立案追诉标准的规定（二）》第 17 条规定："国有公司、企业或者其上级主管部门直接负责的主管人员，徇私舞弊，将国有资产低价折股或者低价出售，涉嫌下列情形之一的，应予立案追诉：（一）造成国家直接经济损失数额在三十万元以上的；（二）造成有关单位破产，停业、停产六个月以上，或者被吊销许可证和营业执照、责令关闭、撤销、解散的；（三）其他致使国家利益遭受重大损失的情形。"

最高人民法院、最高人民检察院 2010 年 11 月 26 日发布的《关于办理国家出资企业中职务犯罪案件具体应用法律若干问题的意见》第 1 条"关于国家出资企业工作人员在改制过程中隐匿公司、企业财产归个人持股的改制后公司、企业所有的行为的处理"第 4 款规定："在企业改制过程中未采取低估资产、隐瞒债权、虚设债务、虚构产权交易等方式故意隐匿公司、企业财产的，一般不应当认定为贪污；造成国有资产重大损失，依法构成刑法第一百六十八条或者第一百六十九条规定的犯罪的，依照该规定定罪处罚。"第 4 条"关于国家工作人员在企业改制过程中的渎职行为的处理"第 2 款规定："国家出资企业中的国家工作人员在公司、企业改制或者国有资产处置过程中徇私舞弊，将国有资产低价折股或者低价出售给其本人未持有股份的公司、企业或者其他个人，致使国家利益遭受重大损失的，依照刑法第一百六十九条的规定，以徇私舞弊低价折股、出售国有资产罪定罪处罚。"第 4 款规定："国家出资企业中的国家工作人员因实施第一款、第二款行为收受贿赂，同时又构成刑法第三百八十五条规定之罪的，依照处罚较重的规定定罪处罚。"第 6 条"关于国家出资企业中国家工作人员的认定"规定："经国家机关、国有公司、企业、事业单位提名、推荐、任命、批准等，在国有控股、参股公司及其分支机构中从事公务的人员，应当认定为国家工作人员。具体的任命机构和程序，不影响国家工作人员的认定。""经国家出资企业中负有管理、监督国有资产职责的组织批准或者研究决定，代表其在国有控股、参股公司及其分支机构中从事组织、领导、监督、经营、管理工作的人员，应当认定为国家工作人员。""国家出资企业中的国家工作人员，在国家出资企业中持有个人股份或者同时接受非国有股东委托的，不影响其国家工作人员身份的认定。"第 7 条"关于国家出资企业的界定"规定："本意见所称'国家出资企业'，包括国家出资的国有独资公司、国有独资企业，以及国有资本控股公司、国有资本参股公司。""是否属于国家出资企业不清楚的，应遵循'谁投资、谁拥有产权'的原则进行界定。企业注册登记中的资金来源与实际出资不符的，应根据实际出资情况确定企业的性质。企业实际出资情况不清楚的，可以综合工商注册、分配形式、经营管理等因素确定企业的性质。"第 8 条"关于宽严相济刑事政策的具体贯彻"规定："办理国家出资企业中的职务犯罪案件时，要综合考虑历史条件、企业发展、职工就业、社会稳定等因素，注意具体情况具体分析，严格把握犯罪与一般违规行为的区分界限。对于主观恶意明显、社会危害严重、群众反映强烈的严重犯罪，要坚决依法从严惩处；对于特定历史条件下、为了顺利完成企业改制而实施的违反国家政策法律规定的行为，行为人无主观恶意或者主观恶意不明显，情节较轻，危害不大的，可以不作为犯罪处理。""对于国家出资企业中的职务犯罪，要加大经济上的惩罚力度，充分重视财产刑的适用和执行，最大限度地挽回国家和人民利益遭受的损失。不能退赃的，在决定刑罚时，应当作为重要情节予以考虑。"

【立法建言】

建　议：将《刑法》第169条修改为："国有公司、企业或者其上级主管部门直接负责的主管人员，徇私舞弊，将国有资产低价折股或者低价出售，致使国家利益遭受重大损失的，处三年以下有期徒刑、拘役或者管制，可以并处或者单处罚金；致使国家利益遭受特别重大损失的，处三年以上七年以下有期徒刑，可以并处罚金。"

理　由：

从立法技术上看，宜在本罪的法定刑中增加"管制"和"罚金"的规定，以与《刑法》的其他管制和罚金规定相一致。

十五、背信损害上市公司利益罪（第169条之一）

【立法沿革】

背信损害上市公司利益罪是《刑法修正案（六）》第9条新增设的罪名。

1997年《刑法》施行后，"有关部门提出，近年来，一些上市公司的管理人员、控股股东、实际控制人，以无偿占用或者明显不公允的关联交易等非法手段，侵占上市公司资产，严重损害上市公司和公众投资者的合法权益。对因此给上市公司造成重大损失的，应当追究刑事责任。"[①] 据此，《刑法修正案（六）》第9条增设了背信损害上市公司利益罪，作为《刑法》第169条之一。

【立法规定】

《刑法》第169条之一规定："上市公司的董事、监事、高级管理人员违背对公司的忠实义务，利用职务便利，操纵上市公司从事下列行为之一，致使上市公司利益遭受重大损失的，处三年以下有期徒刑或者拘役，并处或者单处罚金；致使上市公司利益遭受特别重大损失的，处三年以上七年以下有期徒刑，并处罚金：（一）无偿向其他单位或者个人提

---

① 参见全国人大常委会法制工作委员会副主任安建2005年12月24日在十届全国人大常委会第十九次会议上所作的《关于〈中华人民共和国刑法修正案（六）（草案）〉的说明》。

供资金、商品、服务或者其他资产的；（二）以明显不公平的条件，提供或者接受资金、商品、服务或者其他资产的；（三）向明显不具有清偿能力的单位或者个人提供资金、商品、服务或者其他资产的；（四）为明显不具有清偿能力的单位或者个人提供担保，或者无正当理由为其他单位或者个人提供担保的；（五）无正当理由放弃债权、承担债务的；（六）采用其他方式损害上市公司利益的。上市公司的控股股东或者实际控制人，指使上市公司董事、监事、高级管理人员实施前款规定行为的，依照前款的规定处罚。犯前款罪的上市公司的控股股东或者实际控制人是单位的，对单位判处罚金，并对其直接负责的主管人员和其他直接责任人员，依照第一款的规定处罚。"

【立法释义】

最高人民检察院、公安部 2010 年 5 月 7 日发布的《关于公安机关管辖的刑事案件立案追诉标准的规定（二）》第 18 条规定："上市公司的董事、监事、高级管理人员违背对公司的忠实义务，利用职务便利，操纵上市公司从事损害上市公司利益的行为，以及上市公司的控股股东或者实际控制人，指使上市公司董事、监事、高级管理人员实施损害上市公司利益的行为，涉嫌下列情形之一的，应予立案追诉：（一）无偿向其他单位或者个人提供资金、商品、服务或者其他资产，致使上市公司直接经济损失数额在一百五十万元以上的；（二）以明显不公平的条件，提供或者接受资金、商品、服务或者其他资产，致使上市公司直接经济损失数额在一百五十万元以上的；（三）向明显不具有清偿能力的单位或者个人提供资金、商品、服务或者其他资产，致使上市公司直接经济损失数额在一百五十万元以上的；（四）为明显不具有清偿能力的单位或者个人提供担保，或者无正当理由为其他单位或者个人提供担保，致使上市公司直接经济损失数额在一百五十万元以上的；（五）无正当理由放弃债权、承担债务，致使上市公司直接经济损失数额在一百五十万元以上的；（六）致使公司发行的股票、公司债券或者国务院依法认定的其他证券被终止上市交易或者多次被暂停上市交易的；（七）其他致使上市公司利益遭受重大损失的情形。"

【立法建言】

建　议：将《刑法》第 169 条之一第 1 款第 1 档法定刑修改为"处三年以下有期徒刑、拘役或者管制，可以并处或者单处罚金"。

理　由：

从立法技术上看，宜在本罪的第 1 档法定刑中增加"管制"的规定，并将"并处或者单处罚金"改为"可以并处或者单处罚金"，以与《刑法》的其他管制和罚金规定相一致。

第四节 破坏金融管理秩序

一、伪造货币罪（第 170 条）

【立法沿革】

伪造货币罪是在全国人大常委会 1995 年《关于惩治破坏金融秩序犯罪的决定》第 1 条规定的伪造货币罪的基础上修改而来的，并经《刑法修正案（九）》第 11 条所修正。

伪造货币罪是传统的刑事犯罪，我国历次的刑法草案和刑事法律都将伪造货币的行为作为一种独立的犯罪加以规定。但是，历次规定所采用的立法体例及具体内容却不尽相同。1950 年的《刑法大纲草案》第 63 条第 1 款将"伪造货币"与"贩运伪造之货币"并列加以规定："伪造货币或者贩运伪造之货币者，处五年以上十五年以下监禁，并可没收其财产之全部或一部。情节特别严重者，处死刑或终身监禁，并没收其财产之全部。" 1951 年 4 月 19 日政务院颁布的《妨害国家货币治罪暂行条例》不仅单独规定了伪造国家货币罪，① 而且还明确规定了该罪的主观要件。该条例第 4 条第 1 款规定："意图营利而伪造国家货币者，其首要分子或情节严重者，处死刑或无期徒刑，其情节较轻者处十五年以下三年以上徒刑，均得没收其财产之全部或一部。" 1954 年的《刑法指导原则草案》沿用了上述立法例，但在罪状中删去了"意图营利"的表述。该草案第 62 条第 1 款规定："伪造国家货币的首要罪犯或者情节严重的罪犯，判处死刑或者无期徒刑；情节较轻的，判处三年以上有期徒刑；并且都可以没收财产的一部或者全部。" 到了 1957 年，《刑法草案》第 22 稿又将"伪造国家货币"与"贩运伪造的国家货币"并列加以规定。该稿第 138 条规定："伪造国家货币或者贩运伪造的国家货币的，处三年以上十年以下有期徒刑，可以并处一万元以下罚金；首要分子处十年以上有期徒刑、无期徒刑或者死刑，可以没收一部或者全部财产。" 1979 年《刑法》第 122 条在上述规定的基础上，作了以下三方面的修改和调整：一是将上述前段和后段的内容分两款加以规定；二是将第 1 款的法定刑改为"处三年以上七年以下有期徒刑，可以并处罚金或者没收财产" 三是将第 2 款规定改为"犯前款罪的首要分子或者情节特别严重的，处七年以上有期徒刑或者无期徒刑，可以并处没收财产"。

1979 年《刑法》第 122 条规定："伪造国家货币或者贩运伪造的国家货币的，处三年

---

① 该条例第 2 条明确规定："本条例所称国家货币，指中国人民银行发行之货币。"

以上七年以下有期徒刑，可以并处罚金或者没收财产。""犯前款罪的首要分子或者情节特别严重的，处七年以上有期徒刑或者无期徒刑，可以并处没收财产。"

在全面研究修改刑法的过程中，1988 年的《刑法修改稿》第 149 条在上述规定的基础上，主要作了两方面的修改和补充：一是适当调整了法定刑，"对伪造国家货币罪增加了死刑"[①]；二是适时扩大了犯罪对象，增加了"伪造我国特别行政区货币、外国货币"的规定。修改后的条文为："伪造国家货币或者贩运伪造的国家货币的，处三年以上十年以下有期徒刑，并处罚金；伪造国家货币、贩运伪造的国家货币，数额特别巨大的，处十年以上有期徒刑、无期徒刑或者死刑，并处罚金或者没收财产。""伪造我国特别行政区货币、外国货币或者贩运伪造的我国特别行政区货币、外国货币的，依照前款的规定处罚。"[②]

为了惩治伪造货币和金融票据诈骗、信用证诈骗、非法集资诈骗等破坏金融秩序的犯罪，全国人大常委会 1995 年 6 月 30 日通过了《关于惩治破坏金融秩序犯罪的决定》。针对伪造货币犯罪的新特点，[③]为适应同伪造货币犯罪作斗争的需要，该决定对 1979 年《刑法》主要作了两方面的修改和补充：一是扩大了犯罪对象，将"国家货币"（人民币）改为"货币"（包括人民币和外币）；二是加大了打击力度，将本罪的最高法定刑由"无期徒刑"提高到"死刑"。该决定第 1 条规定："伪造货币的，处三年以上十年以下有期徒刑，并处五万元以上五十万元以下罚金。有下列情形之一的，处十年以上有期徒刑、无期徒刑或者死刑，并处没收财产：（一）伪造货币集团的首要分子；（二）伪造货币数额特别巨大的；（三）有其他特别严重情节的。"第 2 条第 3 款规定："伪造货币并出售或者运输伪造的货币的，依照第一条的规定从重处罚。"

1997 年修订的《刑法》第 170 条基本上沿用了上述规定，仅在第 2 档法定刑中增加了"并处五万元以上五十万元以下罚金"的规定。

---

① 参见该稿分则第五章"破坏社会主义经济秩序罪"中的"修改说明"。

② 在此之前，1988 年 11 月 16 日的刑法修改稿第 132 条曾将本罪修改为："伪造国家货币、贩运或者大量使用伪造的国家货币的，处三年以上十年以下有期徒刑，并处罚金；伪造国家货币、贩运、使用伪造的国家货币，数额特别巨大的，处十年以上有期徒刑、无期徒刑或者死刑，并处罚金或者没收财产。""伪造外国货币或者贩运、使用伪造的外国货币的，依照前款规定处罚。"

③ "随着我国经济的发展和人民群众生活水平的提高，商品和货币的流通大量增加，在这种情况下，境内外一些不法分子伪造人民币破坏我国经济秩序，牟取暴利的犯罪突出起来。近年来，伪造货币的犯罪也呈现出一些新的特点：一是伪造外币的案件不断发生。二是出现了有组织的犯罪。一些伪造货币的犯罪分子纠合成集团，形成伪造、运输、出售等'一条龙'的犯罪方式，他们犯罪规模大，影响范围广，组织严密，分工明确，侦破较为困难。三是往往与境外犯罪分子和黑社会势力相勾结，大肆进行伪造货币的犯罪活动。从已侦破的案件看，大宗的伪造效果逼真、难以辨认的伪造货币，多为境外犯罪集团所为。四是出现了一些前所未有的、伪造货币数额特别巨大的案件"（郎胜主编：《〈关于惩治破坏金融秩序犯罪的决定〉释义》，中国计划出版社 1995 年版，第 12 页）。

1997 年《刑法》施行后，为"落实党中央关于逐步减少适用死刑罪名的要求"①，《刑法修正案（九）》第 11 条取消了伪造货币罪的死刑，同时还删去了上述规定中"五万元以上五十万元以下"的罚金标准。

【刑法规定】

《刑法》第 170 条规定："伪造货币的，处三年以上十年以下有期徒刑，并处罚金；有下列情形之一的，处十年以上有期徒刑或者无期徒刑，并处罚金或者没收财产：（一）伪造货币集团的首要分子；（二）伪造货币数额特别巨大的；（三）有其他特别严重情节的。"第 171 条第 3 款规定："伪造货币并出售或者运输伪造的货币的，依照本法第一百七十条的规定定罪从重处罚。"

【立法释义】

最高人民法院 2001 年 1 月 21 日发布的《全国法院审理金融犯罪案件工作座谈会纪要》"关于假币犯罪"部分规定："伪造货币的，只要实施了伪造行为，不论是否完成全部印制工序，即构成伪造货币罪；对于尚未制造出成品，无法计算伪造、销售假币面额的，或者制造、销售用于伪造货币的版样的，不认定犯罪数额，依据犯罪情节决定刑罚。""假币犯罪案件中犯罪分子实施数个相关行为的，在确定罪名时应把握以下原则：（1）对同一宗假币实施了法律规定为选择性罪名的行为，应根据行为人所实施的数个行为，按相关罪名刑法规定的排列顺序并列确定罪名，数额不累计计算，不实行数罪并罚。（2）对不同宗假币实施法律规定为选择性罪名的行为，并列确定罪名，数额按全部假币面额累计计算，不实行数罪并罚。（3）对同一宗假币实施了刑法没有规定为选择性罪名的数个犯罪行为，择一重罪从重处罚。如伪造货币或者购买假币后使用的，以伪造货币罪或购买假币罪定罪，从重处罚。（4）对不同宗假币实施了刑法没有规定为选择性罪名的数个犯罪行为，分别定罪，数罪并罚。""对于伪造台币的，应当以伪造货币罪定罪处罚。"

最高人民法院 2000 年 4 月 20 日发布的《关于审理伪造货币等案件具体应用法律若干问题的解释》第 1 条规定："伪造货币的总面额在二千元以上不满三万元或者币量在二百张（枚）以上不足三千张（枚）的，依照刑法第一百七十条的规定，处三年以上十年以下有期徒刑，并处五万元以上五十万元以下罚金。""伪造货币的总面额在三万元以上的，属于'伪造货币数额特别巨大'。"第 7 条规定："本解释所称'货币'是指可在国内市场流通或者兑换的人民币和境外货币。""货币面额应当以人民币计算，其他币种以案发时国家外汇管理机关公布的外汇牌价折算成人民币。"

①　参见全国人大常委会法制工作委员会主任李适时 2014 年 10 月 27 日在十二届全国人大常委会第十一次会议上所作的《关于〈中华人民共和国刑法修正案（九）（草案）〉的说明》。

最高人民检察院、公安部 2010 年 5 月 7 日发布的《关于公安机关管辖的刑事案件立案追诉标准的规定（二）》第 19 条规定："伪造货币，涉嫌下列情形之一的，应予立案追诉：（一）伪造货币，总面额在二千元以上或者币量在二百张（枚）以上的；（二）制造货币版样或者为他人伪造货币提供版样的；（三）其他伪造货币应予追究刑事责任的情形。""本规定中的'货币'是指流通的以下货币：（一）人民币（含普通纪念币、贵金属纪念币）、港元、澳门元、新台币；（二）其他国家及地区的法定货币。""贵金属纪念币的面额以中国人民银行授权中国金币总公司的初始发售价格为准。"

最高人民法院 2010 年 10 月 20 日发布的《关于审理伪造货币等案件具体应用法律若干问题的解释（二）》第 1 条第 1 款规定："仿照真货币的图案、形状、色彩等特征非法制造假币，冒充真币的行为，应当认定为刑法第一百七十条规定的'伪造货币'。"第 2 条规定："同时采用伪造和变造手段，制造真伪拼凑货币的行为，依照刑法第一百七十条的规定，以伪造货币罪定罪处罚。"第 3 条规定："以正在流通的境外货币为对象的假币犯罪，依照刑法第一百七十条至第一百七十三条的规定定罪处罚。""假境外货币犯罪的数额，按照案发当日中国外汇交易中心或者中国人民银行授权机构公布的人民币对该货币的中间价折合成人民币计算。中国外汇交易中心或者中国人民银行授权机构未公布汇率中间价的境外货币，按照案发当日境内银行人民币对该货币的中间价折算成人民币，或者该货币在境内银行、国际外汇市场对美元汇率，与人民币对美元汇率中间价进行套算。"第 4 条规定："以中国人民银行发行的普通纪念币和贵金属纪念币为对象的假币犯罪，依照刑法第一百七十条至第一百七十三条的规定定罪处罚。""假普通纪念币犯罪的数额，以面额计算；假贵金属纪念币犯罪的数额，以贵金属纪念币的初始发售价格计算。"第 5 条规定："以使用为目的，伪造停止流通的货币，或者使用伪造的停止流通的货币的，依照刑法第二百六十六条的规定，以诈骗罪定罪处罚。"

【立法建言】

建　议：在《刑法》第 170 条中增加 1 款作为第 2 款："单位犯前款罪的，对单位判处罚金，并对其直接负责的主管人员和其他直接责任人员，依照前款的规定处罚。"

理　由：

1. 从现实情况来看，"随着伪造货币犯罪不断增加，数额越来越大，伪造货币的手段已从原始的手工刻画、蜡板刻印等方法发展到彩色复印、电子制版、机器制造等方法，现在又出现了电子扫描制版印刷、凸版印刷的假币，其逼真程度到了令人瞠目结舌的程度。这种高科技制出的假币，绝非一般制假者所能完成。在实践中，有规模、有组织的伪造货币，不排除取得合法资格的单位所为。因此，为了不放纵犯罪分子，将单位纳入伪造货币罪的主体是完全必要的。"① 此外，"在历史上敌对国家间伪造对方的货币，以危害敌对国家安全，破坏对方经济的事例并不鲜见。"② 在今天，境外依然存在法人实施伪造货币犯罪的现象。③

2. 从刑法理论来看，鉴于现阶段伪造货币行为的组织化、集团化的趋势明显，为有效打击伪造货币的犯罪，应将单位纳入伪造货币罪的主体范围。④

3. 从相关规定来看，《刑法》对与伪造货币罪相关的犯罪均规定了单位犯罪。例如，第 151 条走私假币罪，第 177 条伪造、变造金融票证罪，第 178 条伪造、变造国家有价证券罪，第 206 条伪造、出售伪造的增值税专用发票罪，第 209 条非法制造、出售非法制造的用于骗取出口退税、抵扣税款发票罪、非法制造、出售非法制造的发票罪等。将单位纳入本罪的主体范围，可以与上述规定相协调。

4. 从国外立法来看，"一些国家规定本罪也可以由单位构成。例如 1994 年生效的《法国刑法典》442－14 条，就规定法人应对伪造货币罪承担刑事责任"⑤。

二、出售、购买、运输假币罪、金融工作人员购买假币、以假币换取货币罪（第 171 条）

【立法沿革】

出售、购买、运输假币罪、金融工作人员购买假币、以假币换取货币罪是在全国人大常委会 1995 年《关于惩治破坏金融秩序犯罪的决定》第 2 条规定的出售、购买、运输假币罪、金融工作人员购买假币、以假币换取货币罪的基础上修改而来的。

在《关于惩治破坏金融秩序犯罪的决定》出台以前，我国历次的刑法草案和刑事法律都只规定了"贩运伪造之货币罪"或者"贩运伪造的国家货币罪"，而没有将购买假币的行为规定为犯罪。其中，贩运伪造之货币罪仅见于 1950 年《刑法大纲草案》第 63 条第 1 款的规定："伪造货币或者贩运伪造之货币者，处五年以上十五年以下监禁，并可没收其财产之全部或一部。情节特别严重者，处死刑或终身监禁，并没收财产之全部。"而贩运伪造的国家货币罪，则始见于 1951 年《妨害国家货币治罪暂行条例》第 4 条第 2 款的规定："意图营利而变造国家货币，或贩运、行使伪造、变造国家货币者，其首要分子或情节严重者，处无期徒刑或十五年以下七年以上徒刑，并得没收其财产之全部或一部，其情

---

① 利子平、胡祥福主编：《金融犯罪新论》，群众出版社 2005 年版，第 55 页。
② 郎胜主编：《〈关于惩治破坏金融秩序犯罪的决定〉释义》，中国计划出版社 1995 年版，第 11 页。
③ "从已侦破的案件看，大宗的伪造效果逼真、难以辨认的伪造货币，多为境外犯罪集团所为"（郎胜主编：《〈关于惩治破坏金融秩序犯罪的决定〉释义》，中国计划出版社 1995 年版，第 12 页）。
④ 参见郭立新、杨迎泽主编：《刑法分则适用疑难问题解》，中国检察出版社 2000 年版，第 81 页。
⑤ 孙国祥、魏昌东：《经济刑法研究》，法律出版社 2005 年版，第 302 页。

节较轻者，处十年以下一年以上徒刑并酌处罚金，情节轻微者处一年以下劳役或酌处罚金。"此后直至1979年《刑法》，一直都沿用了贩运伪造的国家货币罪的罪名。例如，1954年的《刑法指导原则草案》第62条第2款规定："变造国家货币或者贩运伪造、变造的国家货币的首要罪犯和情节严重的罪犯，判处无期徒刑或者七年以上有期徒刑，并且可以没收财产的一部或者全部；情节较轻的，判处十年以下有期徒刑、劳役，或者并处罚金，或者单处罚金。"1957年的《刑法草案》第22稿第138条规定："伪造国家货币或者贩运伪造的国家货币的，处三年以上十年以下有期徒刑，可以并处一万元以下罚金；首要分子处十年以上有期徒刑、无期徒刑或者死刑，可以没收一部或者全部财产。"1963年的《刑法草案》第33稿第131条规定："伪造国家货币或者贩运、行使伪造的国家货币的，处三年以上十年以下有期徒刑，可以并处罚金或者没收财产。""犯前款罪的首要分子或者情节特别严重的，处十年以上有期徒刑、无期徒刑或者死刑，可以并处没收财产。"1979年《刑法》第122条基本上沿用了上述规定，仅适当调整了法定刑，并取消了死刑的规定。

1979年《刑法》第122条规定："伪造国家货币或者贩运伪造的国家货币的，处三年以上七年以下有期徒刑，可以并处罚金或者没收财产。""犯前款罪的首要分子或者情节特别严重的，处七年以上有期徒刑或者无期徒刑，可以并处没收财产。"

在全面研究修改刑法的过程中，1988年的《刑法修改稿》第149条恢复了死刑的规定，并增加了"贩运伪造的我国特别行政区货币、外国货币的，依照前款的规定处罚"的规定。修改后的条文为："伪造国家货币或者贩运伪造的国家货币的，处三年以上十年以下有期徒刑，并处罚金；伪造国家货币、贩运伪造的国家货币，数额特别巨大的，处十年以上有期徒刑、无期徒刑或者死刑，并处罚金或者没收财产。""伪造我国特别行政区货币、外国货币或者贩运伪造的我国特别行政区货币、外国货币的，依照前款的规定处罚。"

1995年《关于惩治破坏金融秩序犯罪的决定》不仅将"贩运伪造的国家货币罪"改为"出售、运输假币罪"，而且还增设了"购买假币罪"和"金融工作人员购买假币、以假币换取货币罪"。该决定第2条规定："出售、购买伪造的货币或者明知是伪造的货币而运输，数额较大的，处三年以下有期徒刑或者拘役，并处二万元以上二十万元以下罚金；数额巨大的，处三年以上十年以下有期徒刑，并处五万元以上五十万元以下罚金；数额特别巨大的，处十年以上有期徒刑或者无期徒刑，并处没收财产。""银行或者其他金融机构的工作人员购买伪造的货币或者利用职务上的便利，以伪造的货币换取货币的，处三年以上十年以下有期徒刑，并处二万元以上二十万元以下罚金；数额巨大或者有其他严重情节的，处十年以上有期徒刑或者无期徒刑，并处没收财产；情节较轻的，处三年以下有期徒刑或者拘役，并处或者单处一万元以上十万元以下罚金。""伪造货币并出售或者运输伪造的货币的，依照第一条的规定从重处罚。"

1997 年《刑法》第 171 条基本上沿用了上述规定，仅在第 1 款第 3 档法定刑中增加了"并处五万元以上五十万元以下罚金"的规定，在第 2 款第 2 档法定刑中增加了"并处二万元以上二十万元以下罚金"的规定。

【立法规定】

《刑法》第 171 条规定："出售、购买伪造的货币或者明知是伪造的货币而运输，数额较大的，处三年以下有期徒刑或者拘役，并处二万元以上二十万元以下罚金；数额巨大的，处三年以上十年以下有期徒刑，并处五万元以上五十万元以下罚金；数额特别巨大的，处十年以上有期徒刑或者无期徒刑，并处五万元以上五十万元以下罚金或者没收财产。""银行或者其他金融机构的工作人员购买伪造的货币或者利用职务上的便利，以伪造的货币换取货币的，处三年以上十年以下有期徒刑，并处二万元以上二十万元以下罚金；数额巨大或者有其他严重情节的，处十年以上有期徒刑或者无期徒刑，并处二万元以上二十万元以下罚金或者没收财产；情节较轻的，处三年以下有期徒刑或者拘役，并处或者单处一万元以上十万元以下罚金。""伪造货币并出售或者运输伪造的货币的，依照本法第一百七十条的规定定罪从重处罚。"

【立法释义】

最高人民法院 2000 年 4 月 20 日发布的《关于审理伪造货币等案件具体应用法律若干问题的解释》第 2 条规定："行为人购买假币后使用，构成犯罪的，依照刑法第一百七十一条的规定，以购买假币罪定罪，从重处罚。""行为人出售、运输假币构成犯罪，同时有使用假币行为的，依照刑法第一百七十一条、第一百七十二条的规定，实行数罪并罚。"第 3 条规定："出售、购买假币或者明知是假币而运输，总面额在四千元以上不满五万元的，属于'数额较大'；总面额在五万元以上不满二十万元的，属于'数额巨大'；总面额在二十万元以上的，属于'数额特别巨大'，依照刑法第一百七十一条第一款的规定定罪处罚。"第 4 条规定："银行或者其他金融机构的工作人员购买假币或者利用职务上的便利，以假币换取货币，总面额在四千元以上不满五万元或者币量在四百张（枚）以上不足五千张（枚）的，处三年以上十年以下有期徒刑，并处二万元以上二十万元以下罚金；总面额在五万元以上或者币量在五千张（枚）以上或者有其他严重情节的，处十年以上有期徒刑或者无期徒刑，并处二万元以上二十万元以下罚金或者没收财产；总面额不满人民币四千元或者币量不足四百张（枚）或者具有其他情节较轻情形的，处三年以下有期徒刑或者拘役，并处或者单处一万元以上十万元以下罚金。"第 7 条规定："本解释所称'货币'是指可在国内市场流通或者兑换的人民币和境外货币。""货币面额应当以人民币计算，其他币种以案发时国家外汇管理机关公布的外汇牌价折算成人民币。"

最高人民法院 2000 年 5 月 8 日发布的《关于农村合作基金会从业人员犯罪如何定性问题的批复》规定："农村合作基金会从业人员，除具有金融机构现职工作人员身份的以外，不属于金融机构工作人员。对其实施的犯罪行为，应当依照刑法的有关规定定罪处罚。"

最高人民法院 2001 年 1 月 21 日发布的《全国法院审理金融犯罪案件工作座谈会纪要》"关于假币犯罪"部分规定："假币犯罪是一种严重破坏金融管理秩序的犯罪。只要有证据证明行为人实施了出售、购买、运输、使用假币行为，且数额较大，就构成犯罪。伪造货币的，只要实施了伪造行为，不论是否完成全部印制工序，即构成伪造货币罪；对于尚未制造出成品，无法计算伪造、销售假币面额的，或者制造、销售用于伪造货币的版样的，不认定犯罪数额，依据犯罪情节决定刑罚。明知是伪造的货币而持有，数额较大，根据现有证据不能认定行为人是为了进行其他假币犯罪的，以持有假币罪定罪处罚；如果有证据证明其持有的假币已构成其他假币犯罪的，应当以其他假币犯罪定罪处罚。""假币犯罪案件中犯罪分子实施数个相关行为的，在确定罪名时应把握以下原则：（1）对同一宗假币实施了法律规定为选择性罪名的行为，应根据行为人所实施的数个行为，按相关罪名刑法规定的排列顺序并列确定罪名，数额不累计计算，不实行数罪并罚。（2）对不同宗假币实施法律规定为选择性罪名的行为，并列确定罪名，数额按全部假币面额累计计算，不实行数罪并罚。（3）对同一宗假币实施了刑法没有规定为选择性罪名的数个犯罪行为，择一重罪从重处罚。如伪造货币或者购买假币后使用的，以伪造货币罪或购买假币罪定罪，从重处罚。（4）对不同宗假币实施了刑法没有规定为选择性罪名的数个犯罪行为，分别定罪，数罪并罚。""在出售假币时被抓获的，除现场查获的假币应认定为出售假币的犯罪数额外，现场之外在行为人住所或者其他藏匿地查获的假币，亦应认定为出售假币的犯罪数额。但有证据证实后者是行为人有实施其他假币犯罪的除外。""出售伪造的台币的，应当以出售假币罪定罪处罚。"

最高人民检察院、公安部 2010 年 5 月 7 日发布的《关于公安机关管辖的刑事案件立案追诉标准的规定（二）》第 20 条规定："出售、购买伪造的货币或者明知是伪造的货币而运输，总面额在四千元以上或者币量在四百张（枚）以上的，应予立案追诉。""在出售假币时被抓获的，除现场查获的假币应认定为出售假币的数额外，现场之外在行为人住所或者其他藏匿地查获的假币，也应认定为出售假币的数额。"第 21 条规定："银行或者其他金融机构的工作人员购买伪造的货币或者利用职务上的便利，以伪造的货币换取货币，总面额在二千元以上或者币量在二百张（枚）以上的，应予立案追诉。"

最高人民法院 2010 年 10 月 20 日发布的《关于审理伪造货币等案件具体应用法律若干问题的解释（二）》第 3 条规定："以正在流通的境外货币为对象的假币犯罪，依照刑法第一百七十条至第一百七十三条的规定定罪处罚。""假境外货币犯罪的数额，按照案发当日中国外汇交易中心或者中国人民银行授权机构公布的人民币对该货币的中间价折合成人民币计算。中国外汇交易中心或者中国人民银行授权机构未公布汇率中间价的境外货币，按照案发当日境内银行人民币对该货币的中间价折算成人民币，或者该货币在境内银行、国际外汇市场对美元汇率，与人民币对美元汇率中间价进行套算。"第 4 条规定："以中国人民银行发行的普通纪念币和贵金属纪念币为对象的假币犯罪，依照刑法第一百七十条至第一百七十三条的规定定罪处罚。""假普通纪念币犯罪的数额，以面额计算；假贵金属纪念币犯罪的数额，以贵金属纪念币的初始发售价格计算。"

【立法建言】

建议一：将《刑法》第 171 条修改为："出售、购买伪造的货币或者明知是伪造的货币而运输，数额较大的，处三年以下有期徒刑、拘役或者管制，可以并处或者单处罚金；数额巨大的，处三年以上十年以下有期徒刑，并处罚金；数额特别巨大的，处十年以上有期徒刑或者无期徒刑，并处罚金或者没收财产。""银行或者其他金融机构的工作人员购买伪造的货币或者利用职务上的便利，以伪造的货币换取货币，数额较大的，处三年以上十年以下有期徒刑，并处罚金；数额巨大或者有其他严重情节的，处十年以上有期徒刑或者无期徒刑，并处罚金或者没收财产；情节较轻的，处三年以下有期徒刑、拘役或者管制，可以并处或者单处罚金。""伪造货币并出售或者运输伪造的货币的，依照本法第一百七十条的规定定罪从重处罚。"

理　由：

1. 从立法技术的角度来看，宜在《刑法》第 171 条第 1 款第 1 档法定刑中增加"管制"和"单处"罚金的规定，在第 2 款第 3 档法定刑中增加"管制"的规定，并删去第 171 条各档法定刑中的罚金数额标准，以与《刑法》的其他管制和罚金规定相一致。

2. 从司法实践的角度来看，宜在《刑法》第 171 条第 2 款前段中增加"数额较大"的规定。因为，该款前段没有"数额较大"的要求，但该款中段却规定了"数额巨大"的数额加重犯，二者之间的差距显然过大，不尽合理。正因如此，最高人民法院《关于审理伪造货币等案件具体应用法律若干问题的解释》第 4 条以及最高人民检察院、公安部《关于公安机关管辖的刑事案件立案追诉标准的规定（二）》第 21 条，均对该款的适用设定了一定数额的条件限制。[1]

建议二：在《刑法》第 171 条中增加 1 款作为第 2 款："单位犯前款罪的，对单位判处罚金，并对其直接负责的主管人员和其他直接责任人员，依照前款的规定处罚。"原第 2 款作为第 3 款。

---

① 上述司法解释对该款设定的数额标准并不一致。

理　由：

为有效遏制假币犯罪，宜在出售、购买、运输假币罪中增加单位犯罪的规定。因为，根据《刑法》第151条的规定，自然人和单位均可构成走私假币罪。根据《刑法》第155条的规定，行为人直接向走私人非法收购走私进口的伪造的货币的，或者在内海、领海运输、收购、贩卖伪造的货币的，也应以走私假币罪论处。即这种行为自然人和单位均可构成。如果行为人间接向走私人非法收购走私进口的伪造的货币，或者在内海、领海以外的地区运输、收购、贩卖伪造的货币，则应以出售、购买、运输假币罪论处。但是，根据《刑法》第171条的规定，出售、购买、运输假币罪只能由自然人构成，单位不能成为本罪的主体。"走私假币罪与出售、购买、运输假币罪在行为方式上有许多相似之处，同是出售、购买、运输假币的行为，可由单位与自然人实施，或者仅能由自然人实施，仅根据其是否逃避海关监管，是直接收购还是间接收购，以及是否在内海、领海出售、购买来界定，我们认为，这样的立法是不妥的。单位既然可以构成走私假币罪的主体，同样也应该可以构成出售、购买、运输假币罪的主体。"[1]

三、持有、使用假币罪（第172条）

【立法沿革】

持有、使用假币罪是在全国人大常委会1995年《关于惩治破坏金融秩序犯罪的决定》第4条规定的持有、使用假币罪的基础上修改而来的。

在新中国刑法立法史上，使用假币罪经历了一个较为复杂的发展演变过程。早在1950年，《刑法大纲草案》第63条第2款就规定了行使伪造之货币罪："行使伪造之货币者，处五年以下监禁或酌处罚金。"1951年的《妨害国家货币治罪暂行条例》将其改为"行使伪造、变造国家货币罪"，并以是否具有"意图营利"的目的分别配置了轻重不同的法定刑。该条例第4条第2款规定："意图营利而变造国家货币，或贩运、行使伪造、变造国家货币者，其首要分子或情节严重者，处无期徒刑或十五年以下七年以上徒刑，并得没收其财产之全部或一部，其情节较轻者，处十年以下一年以上徒刑并酌处罚金，情节轻微者处一年以下劳役或酌处罚金。"第6条规定："凡误收伪造、变造货币，在收受后察觉为伪造、变造者，应即报告所在地中国人民银行或公安机关，其明知不报而仍继续行使者，视其情节轻重，处一年以下劳役，或酌处罚金，或予以教育。"到了1954年，《刑法指导原则草案》对"行使伪造、变造国家货币"的行为作了非犯罪化的处理。1957年的《刑法草案》第22稿沿袭《妨害国家货币治罪暂行条例》的做法，分两条规定了"行使伪造的

---

[1]　利子平、胡祥福主编：《金融犯罪新论》，群众出版社2005年版，第56页。

国家货币罪"。其中，第 139 条规定："意图营利，行使伪造的国家货币的，处五年以下有期徒刑，可以并处五千元以下罚金。"第 140 条规定："误收伪造的国家货币以后，发现为伪造而仍然行使的，处三百元以下罚金。"到了 1963 年，《刑法草案》第 33 稿将"行使伪造的国家货币"与"伪造国家货币""贩运伪造的国家货币"并列加以规定。该稿第 131 条规定："伪造国家货币或者贩运、行使伪造的国家货币的，处三年以上十年以下有期徒刑，可以并处罚金或者没收财产。""犯前款罪的首要分子或者情节特别严重的，处十年以上有期徒刑、无期徒刑或者死刑，可以并处没收财产。"1979 年《刑法》没有规定"行使伪造的国家货币罪"，即对"行使伪造的国家货币"的行为再次作了非犯罪化的处理。[①]

随着伪造货币的犯罪活动日益猖獗，伪造货币的金额越来越大，使用伪造货币的案件也屡见不鲜。为了堵住伪造货币的泛滥渠道，遏制伪造货币的犯罪活动，1988 年的《刑法修改稿》第 149 条第 3 款又规定了使用伪造货币罪："明知是伪造的货币而使用，情节严重的，处二年以下有期徒刑、拘役或者罚金；大量使用的，处二年以上七年以下有期徒刑，并处罚金。"

在打击假币犯罪的司法实践中，"有的是行为人故意持有数量较大的伪造的货币，这些伪造的货币可能是因伪造、变造、运输、出售、购买而持有的，是走私、出售、运输、购买伪造的货币等犯罪活动的一个部分、一个环节，但经过侦查又难以查证，缺乏足够的证据证明其伪造、走私、出售、购买或者运输伪造的货币的行为，难以适用法律关于这些犯罪的规定，以至于难以处理，放纵了一部分犯罪。考虑到故意持有伪造的货币的行为不仅可能构成伪造货币、运输、出售、走私、购买伪造货币等犯罪，而且这种行为本身对国家正常的金融秩序造成了一定的危害，具有社会危害性"[②]。因此，1995 年《关于惩治破坏金融秩序犯罪的决定》增设了持有假币罪，并将其与使用假币罪合并加以规定。该决定第 4 条规定："明知是伪造的货币而持有、使用，数额较大的，处三年以下有期徒刑或者拘役，并处一万元以上十万元以下罚金；数额巨大的，处三年以上十年以下有期徒刑，并处二万元以上二十万元以下罚金；数额特别巨大的，处十年以上有期徒刑，并处五万元以上五十万元以下罚金或者没收财产。"

[①]　我国 1979 年《刑法》没有将持有伪造的货币的行为规定为犯罪，这是因为：立法者当时只考虑到持有伪造的货币是伪造货币行为的自然延伸或者是运输伪造的货币的前提，对此可以按伪造国家货币罪或者贩运伪造的国家货币罪定罪处罚，而没有考虑到有些情况下并不能证明行为人持有的伪造的国家货币是其伪造的或者是其用于运输的，也没有考虑到持有可能是误收后而持有的，因此，未将持有伪造货币的行为规定为犯罪；同时，立法者认为使用伪造的国家货币行为的社会危害性不大，因此，也未将其规定为犯罪（参见马克昌主编：《经济犯罪新论》，武汉大学出版社 1998 年版，第 246 页）。

[②]　郎胜主编：《〈关于惩治破坏金融秩序犯罪的决定〉释义》，中国计划出版社 1995 年版，第 26～27 页。

1997 年《刑法》第 172 条基本上沿用了上述规定，仅在第 1 档法定刑中增加了"单处"罚金的规定。

【立法规定】

《刑法》第 172 条规定："明知是伪造的货币而持有、使用，数额较大的，处三年以下有期徒刑或者拘役，并处或者单处一万元以上十万元以下罚金；数额巨大的，处三年以上十年以下有期徒刑，并处二万元以上二十万元以下罚金；数额特别巨大的，处十年以上有期徒刑，并处五万元以上五十万元以下罚金或者没收财产。"

【立法释义】

最高人民法院 2000 年 4 月 20 日发布的《关于审理伪造货币等案件具体应用法律若干问题的解释》第 5 条规定："明知是假币而持有、使用，总面额在四千元以上不满五万元的，属于'数额较大'；总面额在五万元以上不满二十万元的，属于'数额巨大'；总面额在二十万元以上的，属于'数额特别巨大'，依照刑法第一百七十二条的规定定罪处罚。"第 7 条规定："本解释所称'货币'是指可在国内市场流通或者兑换的人民币和境外货币。""货币面额应当以人民币计算，其他币种以案发时国家外汇管理机关公布的外汇牌价折算成人民币。"

最高人民法院 2001 年 1 月 21 日发布的《全国法院审理金融犯罪案件工作座谈会纪要》"关于假币犯罪"部分规定："明知是伪造的货币而持有，数额较大，根据现有证据不能认定行为人是为了进行其他假币犯罪的，以持有假币罪定罪处罚；如果有证据证明其持有的假币已构成其他假币犯罪的，应当以其他假币犯罪定罪处罚。""假币犯罪案件中犯罪分子实施数个相关行为的，在确定罪名时应把握以下原则：（1）对同一宗假币实施了法律规定为选择性罪名的行为，应根据行为人所实施的数个行为，按相关罪名刑法规定的排列顺序并列确定罪名，数额不累计计算，不实行数罪并罚。（2）对不同宗假币实施法律规定为选择性罪名的行为，并列确定罪名，数额按全部假币面额累计计算，不实行数罪并罚。（3）对同一宗假币实施了刑法没有规定为选择性罪名的数个犯罪行为，择一重罪从重处罚。如伪造货币或者购买假币后使用的，以伪造货币罪或购买假币罪定罪，从重处罚。（4）对不同宗假币实施了刑法没有规定为选择性罪名的数个犯罪行为，分别定罪，数罪并罚。"

最高人民检察院、公安部 2010 年 5 月 7 日发布的《关于公安机关管辖的刑事案件立案追诉标准的规定（二）》第 22 条规定："明知是伪造的货币而持有、使用，总面额在四千元以上或者币量在四百张（枚）以上的，应予立案追诉。"

最高人民法院 2010 年 10 月 20 日发布的《关于审理伪造货币等案件具体应用法律若干问题的解释（二）》第 3 条规定："以正在流通的境外货币为对象的假币犯罪，依照刑法第一百七十条至第一百七十三条的规定定罪处罚。""假境外货币犯罪的数额，按照案发当日中国外汇交易中心或者中国人民银行授权机构公布的人民币对该货币的中间价折合成人民币计算。中国外汇交易中心或者中国人民银行授权机构未公布汇率中间价的境外货币，按照案发当日境内银行人民币对该货币的中间价折算成人民币，或者该货币在境内银行、国际外汇市场对美元汇率，与人民币对美元汇率中间价进行套算。"第 4 条规定："以中国人民银行发行的普通纪念币和贵金属纪念币为对象的假币犯罪，依照刑法第一百七十条至第一百七十三条的规定定罪处罚。"" 假普通纪念币犯罪的数额，以面额计算；假贵金属纪念币犯罪的数额，以贵金属纪念币的初始发售价格计算。"第 5 条规定："以使用为目的，伪造停止流通的货币，或者使用伪造的停止流通的货币的，依照刑法第二百六十六条的规定，以诈骗罪定罪处罚。"

【立法建言】

建　议：将《刑法》第 172 条修改为："明知是伪造的货币而持有、使用，数额较大的，处三年以下有期徒刑、拘役或者管制，可以并处或者单处罚金；数额巨大的，处三年以上十年以下有期徒刑，并处罚金；数额特别巨大的，处十年以上有期徒刑，并处罚金。"

理　由：

从立法技术上看，宜在本罪的第 1 档法定刑中增加"管制"的规定，并删去本罪中的罚金数额标准和"没收财产"的规定，以与《刑法》的其他管制、罚金和没收财产规定相一致。

四、变造货币罪（第 173 条）

【立法沿革】

变造货币罪是在全国人大常委会 1995 年《关于惩治破坏金融秩序犯罪的决定》第 5 条规定的变造货币罪的基础上修改而来的。

早在 1951 年，《妨害国家货币治罪暂行条例》第 4 条第 2 款就规定了变造国家货币罪："意图营利而变造国家货币，或贩运、行使伪造、变造国家货币者，其首要分子或情节严重者，处无期徒刑或十五年以下七年以上徒刑，并得没收其财产之全部或一部，其情节较轻者，处十年以下一年以上徒刑并酌处罚金，情节轻微者处一年以下劳役或酌处罚金。"1954 年的《刑法指导原则草案》基本沿用了上述规定，仅对法定刑作了适当调整。该草案第 62 条第 2 款规定："变造国家货币或者贩运伪造、变造的国家货币的首要罪犯和情节严重的罪犯，判处无期徒刑或者七年以上有期徒刑，并且可以没收财产的一部或者全部；情节较轻的，判处十年以下有期徒刑、劳役，或者并处罚金，或者单处罚金。"到了

1957 年，《刑法草案》第 22 稿首次取消了变造国家货币罪。① 但是，1963 年的《刑法草案》第 33 稿又恢复了变造国家货币罪。该稿第 132 条规定："变造国家货币的，处三年以下有期徒刑、拘役或者罚金。"鉴于变造货币的案件很少发生，且变造的方法也只限于挖补、剪贴等简单方式，变造的对象仅限于五元、十元面值的人民币，变造的数量很小，因此，1979 年《刑法》再次取消了变造国家货币罪。②

随着新版人民币的发行和外币流通、兑换数量的大量增加，变造货币的犯罪出现了前所未有的新情况和新问题。③ 为严厉打击变造货币的犯罪行为，1995 年《关于惩治破坏金融秩序犯罪的决定》第 5 条再次规定了变造货币罪："变造货币，数额较大的，处三年以下有期徒刑或者拘役，并处一万元以上十万元以下罚金；数额巨大的，处三年以上十年以下有期徒刑，并处二万元以上二十万元以下罚金。"

1997 年《刑法》第 173 条基本上沿用了上述规定，仅在第 1 档法定刑中增加了"单处"罚金的规定。

【立法规定】

《刑法》第 173 条规定："变造货币，数额较大的，处三年以下有期徒刑或者拘役，并处或者单处一万元以上十万元以下罚金；数额巨大的，处三年以上十年以下有期徒刑，并处二万元以上二十万元以下罚金。"

【立法释义】

最高人民法院 2000 年 4 月 20 日发布的《关于审理伪造货币等案件具体应用法律若干问题的解释》第 6 条规定："变造货币的总面额在二千元以上不满三万元的，属于'数额较大'；总面额在三万元以上的，属于'数额巨大'，依照刑法第一百七十三条的规定定罪处罚。"第 7 条规定："本解释所称'货币'是指可在国内市场流通或者兑换的人民币和境外货币。""货币面额应当以人民币计算，其他币种以案发时国家外汇管理机关公布的

---

① 该稿第 142 条规定："伪造或者变造船票、火车票或者其他交通客票的，处一年以下有期徒刑、拘役或者五百元以下罚金。"由于该稿同时使用了"伪造"和"变造"两个概念，因此，不能认为该稿第 138 条规定的"伪造国家货币"包括"变造国家货币"。

② "由于考虑到'变造'一般数量很小，危害不大，故刑法没有规定变造国家货币这个罪名。今后遇有这种行为，应作为一般违法行为由有关部门予以处理。如果个别变造数量很大、情节很恶劣，可以适用第七十九条比照伪造国家货币罪定罪判刑"（高铭暄：《中华人民共和国刑法的孕育和诞生》，法律出版社 1981 年版，第 168 页）。

③ "近年来，变造货币的犯罪又呈现出许多新的特点：第一，是变造货币犯罪的发案数量激增，变造货币的数量越来越大。以前变造货币的犯罪只发生在我国的个别省份，现在全国许多地区都发生了这类案件。变造货币的对象也多为五十元、一百元的人民币，因而有的变造货币的犯罪数额比较巨大。第二，变造货币的犯罪方法多样化、精细化。由以前的剪贴、描绘等简单的方法发展到用揭层、抽取金属防伪线等方法大量变造货币。采用这些方法往往一次能变造成千上万元的货币，而且也更加逼真，不易识别。第三，变造对象由以前只限于人民币发展到出现了本罪外币的案件。变造货币已经成为一种社会危害严重的、突出的犯罪"（郎胜主编：《〈关于惩治破坏金融秩序犯罪的决定〉释义》，中国计划出版社 1995 年版，第 31~32 页）。

外汇牌价折算成人民币。"

最高人民检察院、公安部 2010 年 5 月 7 日发布的《关于公安机关管辖的刑事案件立案追诉标准的规定（二）》第 23 条规定："变造货币，总面额在二千元以上或者币量在二百张（枚）以上的，应予立案追诉。"

最高人民法院 2010 年 10 月 20 日发布的《关于审理伪造货币等案件具体应用法律若干问题的解释（二）》第 3 条规定："以正在流通的境外货币为对象的假币犯罪，依照刑法第一百七十条至第一百七十三条的规定定罪处罚。""假境外货币犯罪的数额，按照案发当日中国外汇交易中心或者中国人民银行授权机构公布的人民币对该货币的中间价折合成人民币计算。中国外汇交易中心或者中国人民银行授权机构未公布汇率中间价的境外货币，按照案发当日境内银行人民币对该货币的中间价折算成人民币，或者该货币在境内银行、国际外汇市场对美元汇率，与人民币对美元汇率中间价进行套算。"第 4 条规定："以中国人民银行发行的普通纪念币和贵金属纪念币为对象的假币犯罪，依照刑法第一百七十条至第一百七十三条的规定定罪处罚。""假普通纪念币犯罪的数额，以面额计算；假贵金属纪念币犯罪的数额，以贵金属纪念币的初始发售价格计算。"

【立法建言】

建 议：将《刑法》第 173 条修改为："变造货币，数额较大的，处三年以下有期徒刑、拘役或者管制，可以并处或者单处罚金；数额巨大的，处三年以上十年以下有期徒刑，并处罚金。"

理 由：

从立法技术上看，宜在本罪第 1 档法定刑中增加"管制"的规定，并删去本罪中的罚金数额标准，以与《刑法》的其他管制和罚金规定相一致。

五、擅自设立金融机构罪、伪造、变造、转让金融机构经营许可证、批准文件罪（第 174 条）

【立法沿革】

擅自设立金融机构罪、伪造、变造、转让金融机构经营许可证、批准文件罪是在全国人大常委会 1995 年《关于惩治破坏金融秩序犯罪的决定》第 6 条规定的擅自设立金融机构罪、伪造、变造、转让金融机构经营许可证罪的基础上修改而来的，并经《刑法修正案》第 3 条所修正。

全国人大常委会 1995 年 5 月 10 日通过的《中华人民共和国商业银行法》（以下简称《商业银行法》）第 79 条规定："未经中国人民银行批准，擅自设立商业银行，或者非法吸收公众存款、变相吸收公众存款的，依法追究刑事责任；并由中国人民银行予以取缔。"

"伪造、变造、转让商业银行经营许可证的，依法追究刑事责任。"为保障《商业银行法》的贯彻实施，规范与发展商业银行以及其他金融机构，维护金融秩序，1995年《关于惩治破坏金融秩序犯罪的决定》第6条增设了擅自设立金融机构罪和伪造、变造、转让金融机构经营许可证罪："未经中国人民银行批准，擅自设立商业银行或者其他金融机构的，处三年以下有期徒刑或者拘役，并处或者单处二万元以上二十万元以下罚金；情节严重的，处三年以上十年以下有期徒刑，并处五万元以上五十万元以下罚金。""伪造、变造、转让商业银行或者其他金融机构的经营许可证的，依照前款的规定处罚。""单位犯前两款罪的，对单位判处罚金，并对直接负责的主管人员和其他直接责任人员，依照第一款的规定处罚。"

1997年修订的《刑法》第174条基本上沿用了上述规定，仅作了个别文字修改。

1997年《刑法》施行后，随着金融体制改革的不断深入，金融管理体制和金融行业也发生了很大的变化。为了与相关金融法规相衔接，《刑法修正案》第3条对上述规定作了相应的调整和修改：一是修改了主管部门，将"未经中国人民银行批准"改为"未经国家有关主管部门批准"；二是列举了常见的金融机构，将"擅自设立商业银行或者其他金融机构"改为"擅自设立商业银行、证券交易所、期货交易所、证券公司、期货经纪公司、保险公司或者其他金融机构"；三是扩大了第2款犯罪对象的范围，将"伪造、变造、转让商业银行或者其他金融机构的经营许可证"改为"伪造、变造、转让商业银行、证券交易所、期货交易所、证券公司、期货经纪公司、保险公司或者其他金融机构的经营许可证或者批准文件"。

【立法规定】

《刑法》第174条规定："未经国家有关主管部门批准，擅自设立商业银行、证券交易所、期货交易所、证券公司、期货经纪公司、保险公司或者其他金融机构的，处三年以下有期徒刑或者拘役，并处或者单处二万元以上二十万元以下罚金；情节严重的，处三年以上十年以下有期徒刑，并处五万元以上五十万元以下罚金。""伪造、变造、转让商业银行、证券交易所、期货交易所、证券公司、期货经纪公司、保险公司或者其他金融机构的经营许可证或者批准文件的，依照前款的规定处罚。""单位犯前两款罪的，对单位判处罚金，并对其直接负责的主管人员和其他直接责任人员，依照第一款的规定处罚。"

【立法释义】

最高人民检察院、公安部2010年5月7日发布的《关于公安机关管辖的刑事案件立案追诉标准的规定（二）》第24条规定："未经国家有关主管部门批准，擅自设立金融机构，涉嫌下列情形之一的，应予立案追诉：（一）擅自设立商业银行、证券交易所、期货交易所、证券公司、期货公司、保险公司或者其他金融机构的；（二）擅自设立商业银行、证券交易所、期货交易所、证券公司、期货公司、保险公司或者其他金融机构筹备组织的。"第25条规定："伪造、变造、转让商业银行、证券交易所、期货交易所、证券公司、期货公司、保险公司或者其他金融机构的经营许可证或者批准文件的，应予立案追诉。"

【立法建言】

建　议：将《刑法》第174条第1款修改为："未经国家有关主管部门批准，擅自设立商业银行、证券交易所、期货交易所、证券公司、期货经纪公司、保险公司或者其他金融机构的，处三年以下有期徒刑、拘役或者管制，可以并处或者单处罚金；情节严重的，处三年以上十年以下有期徒刑，并处罚金。"

理　由：

从立法技术上看，宜在本罪第1档法定刑中增加"管制"的规定，并删去本罪中的罚金数额标准，以与《刑法》的其他管制和罚金规定相一致。

六、高利转贷罪（第175条）

【立法沿革】

高利转贷罪是1997年《刑法》第175条增设的罪名。

在审议《中华人民共和国刑法（修订草案）》的过程中，"有的代表提出，目前，一些个人和单位从金融机构套取贷款转贷他人，谋取非法利益的情况比较严重，这种行为严重扰乱金融管理秩序，建议在刑法中增加相应的规定"[1]。因此，1997年《刑法》第175条增设了高利转贷罪。[2]

【立法规定】

《刑法》第175条规定："以转贷牟利为目的，套取金融机构信贷资金高利转贷他人，违法所得数额较大的，处三年以下有期徒刑或者拘役，并处违法所得一倍以上五倍以下罚金；数额巨大的，处三年以上七年以下有期徒刑，并处违法所得一倍以上五倍以下罚金。""单位犯前款罪的，对单位判处罚金，并对其直接负责的主管人员和其他直接责任人员，处三年以下有期徒刑或者拘役。"

---

① 参见全国人大法律委员会主任委员薛驹1997年3月13日在八届全国人大五次会议主席团第三次会议上所作的《关于〈中华人民共和国刑法（修订草案）〉、〈中华人民共和国国防法（草案）〉和〈中华人民共和国香港特别行政区选举第九届全国人民代表大会代表的办法（草案）〉审议结果的报告》。

② 在国外的一些立法例中对这种转手倒放的行为也予以法律禁止，例如，意大利、西班牙、罗马尼亚等国的刑法对套取金融机构信贷资金高利转贷的行为都明确规定要依法追究刑事责任（参见苏慧明主编：《中国金融刑法学》，中国人民公安大学出版社1997年版，第249页）。

【立法释义】

最高人民检察院、公安部 2010 年 5 月 7 日发布的《关于公安机关管辖的刑事案件立案追诉标准的规定（二）》第 26 条规定："以转贷牟利为目的，套取金融机构信贷资金高利转贷他人，涉嫌下列情形之一的，应予立案追诉：（一）高利转贷，违法所得数额在十万元以上的；（二）虽未达到上述数额标准，但两年内因高利转贷受过行政处罚二次以上，又高利转贷的。"

【立法建言】

建　议：将《刑法》第 175 条修改为："以转贷牟利为目的，套取金融机构信贷资金高利转贷他人，违法所得数额较大或者有其他严重情节的，处三年以下有期徒刑、拘役或者管制，可以并处或者单处罚金；数额巨大或者有其他特别严重情节的，处三年以上七年以下有期徒刑，并处罚金。""单位犯前款罪的，对单位判处罚金，并对其直接负责的主管人员和其他直接责任人员，依照前款的规定处罚。"

理　由：

1. 从司法实践的角度来看，宜在本罪中增加情节犯和情节加重犯的规定。因为，本罪的社会危害性并非单纯表现为犯罪数额的大小，其他情节对本罪的定罪量刑也有一定的影响。正因如此，最高人民检察院、公安部《关于公安机关管辖的刑事案件立案追诉标准的规定（二）》第 26 条规定，"虽未达到上述数额标准，但两年内因高利转贷受过行政处罚二次以上，又高利转贷的"，应予立案追诉。此外，因高利转贷给金融机构造成重大损失或者特别重大损失的，也属于"其他严重情节"或者"其他特别严重情节"的范畴。

2. 从立法技术的角度来看，宜在本罪第 1 款第 1 档法定刑中增加"管制"和"单处"罚金的规定，并删去本罪中"违法所得一倍以上五倍以下"罚金的数额标准；同时，将第 2 款中的"处三年以下有期徒刑或者拘役"改为"依照前款的规定处罚"，以与《刑法》的其他管制、罚金和单位犯罪处刑规定相一致。

七、骗取贷款、票据承兑、金融票证罪（第 175 条之一）

【立法沿革】

骗取贷款、票据承兑、金融票证罪是《刑法修正案（六）》第 10 条新增设的罪名。

"刑法第一百九十三条规定了贷款诈骗罪，对以非法占有为目的，诈骗银行或者其他金融机构贷款的行为规定了刑事责任。人民银行等部门提出，近来一些单位和个人以虚构事实、隐瞒真相等欺骗手段，骗用银行或者其他金融机构的贷款，危害金融安全，但要认定骗贷人是否具有'非法占有'贷款的目的很困难。建议规定，只要以欺骗手段取得贷款，情节严重的，就应追究刑事责任。"① 经立法工作机关研究和论证，在保留"以非法占有为目的"的贷款诈骗罪的基础上，《刑法修正案（六）（草案）》第6条增设了骗用贷款罪。在审议的过程中，"有的常委委员和部门提出，除骗用贷款外，对采用欺骗手段骗取金融机构的票据承兑、信用证、保函等，给金融机构造成重大损失的行为，也应作为犯罪追究刑事责任"②。据此，《刑法修正案（六）》第10条增设了骗取贷款、票据承兑、金融票证罪。

【立法规定】

《刑法》第175条之一规定："以欺骗手段取得银行或者其他金融机构贷款、票据承兑、信用证、保函等，给银行或者其他金融机构造成重大损失或者有其他严重情节的，处三年以下有期徒刑或者拘役，并处或者单处罚金；给银行或者其他金融机构造成特别重大损失或者有其他特别严重情节的，处三年以上七年以下有期徒刑，并处罚金。""单位犯前款罪的，对单位判处罚金，并对其直接负责的主管人员和其他直接责任人员，依照前款的规定处罚。"

【立法释义】

最高人民检察院、公安部2010年5月7日发布的《关于公安机关管辖的刑事案件立案追诉标准的规定（二）》第27条规定："以欺骗手段取得银行或者其他金融机构贷款、票据承兑、信用证、保函等，涉嫌下列情形之一的，应予立案追诉：（一）以欺骗手段取得贷款、票据承兑、信用证、保函等，数额在一百万元以上的；（二）以欺骗手段取得贷款、票据承兑、信用证、保函等，给银行或者其他金融机构造成直接经济损失数额在二十万元以上的；（三）虽未达到上述数额标准，但多次以欺骗手段取得贷款、票据承兑、信用证、保函等的；（四）其他给银行或者其他金融机构造成重大损失或者有其他严重情节的情形。"

【立法建言】

建　议：将《刑法》第175条之一第1款修改为："以欺骗手段取得银行或者其他金融机构贷款、票据承兑、信用证、保函等，给银行或者其他金融机构造成重大损失或者有其他严重情节的，处三年以下有期徒刑、拘役或者管制，可以并处或者单处罚金；给银行或者其他金融机构造成特别重大损失或者有其他特别严重情节的，处三年以上七年以下有期徒刑，并处罚金。"

---

① 参见全国人大常委会法制工作委员会副主任安建2005年12月24日在十届全国人大常委会第十九次会议上所作的《关于〈中华人民共和国刑法修正案（六）（草案）〉的说明》。

② 参见全国人大法律委员会副主任委员周坤仁2006年4月25日在十届全国人大常委会第二十一次会议上所作的《关于〈中华人民共和国刑法修正案（六）（草案）〉修改情况的汇报》。

理　由：

从立法技术上看，宜在本罪第 1 款第 1 档法定刑中增加"管制"和"可以"并处或者单处罚金的规定，以与《刑法》的其他管制和罚金规定相一致。

八、非法吸收公众存款罪（第 176 条）

【立法沿革】

非法吸收公众存款罪是在全国人大常委会 1995 年《关于惩治破坏金融秩序犯罪的决定》第 7 条规定的非法吸收公众存款罪的基础上修改而来的。

1995 年《商业银行法》第 79 条第 1 款规定："未经中国人民银行批准，擅自设立商业银行，或者非法吸收公众存款、变相吸收公众存款的，依法追究刑事责任；并由中国人民银行予以取缔。"为惩治非法吸收公众存款、变相吸收公众存款的行为，1995 年《关于惩治破坏金融秩序犯罪的决定》第 7 条增设了非法吸收公众存款罪："非法吸收公众存款或者变相吸收公众存款，扰乱金融秩序的，处三年以下有期徒刑或者拘役，并处或者单处二万元以上二十万元以下罚金；数额巨大或者有其他严重情节的，处三年以上十年以下有期徒刑，并处五万元以上五十万元以下罚金。""单位犯前款罪的，对单位判处罚金，并对其直接负责的主管人员和其他直接责任人员，依照前款的规定处罚。"

1997 年《刑法》第 176 条基本上沿用了上述规定，仅作了个别文字修改。

【立法规定】

《刑法》第 176 条规定："非法吸收公众存款或者变相吸收公众存款，扰乱金融秩序的，处三年以下有期徒刑或者拘役，并处或者单处二万元以上二十万元以下罚金；数额巨大或者有其他严重情节的，处三年以上十年以下有期徒刑，并处五万元以上五十万元以下罚金。""单位犯前款罪的，对单位判处罚金，并对其直接负责的主管人员和其他直接责任人员，依照前款的规定处罚。"

【立法释义】

最高人民法院 2001 年 1 月 21 日发布的《全国法院审理金融犯罪案件工作座谈会纪要》"关于非法吸收公众存款罪"部分规定："非法吸收或者变相吸收公众存款的，要从非法吸收公众存款的数额、范围以及给存款人造成的损失等方面来判定扰乱金融秩序造成危害的程度。根据司法实践，具有下列情形之一的，可以按非法吸收公众存款罪定罪处罚：（1）个人非法吸收或者变相吸收公众存款二十万元以上的，单位非法吸收或者变相吸收公众存款一百万元以上的；（2）个人非法吸收或者变相吸收公众存款三十户以上的，单位非法吸收或者变相吸收公众存款一百五十户以上的；（3）个人非法吸收或者变相吸收公众存款给存款人造成损失十万元以上的，单位非法吸收或者变相吸收公众存款给存款人造成损失五十万元以上的，或者造成其他严重后果的。个人非法吸收或者变相吸收公众存款一百万元以上，单位非法吸收或者变相吸收公众存款五百万元以上的，可以认定为'数额巨大'。"

最高人民法院、最高人民检察院、公安部、中国证券监督管理委员会2008年1月2日发布的《关于整治非法证券活动有关问题的通知》中"关于擅自发行证券的责任追究"部分规定："未经依法核准，以发行证券为幌子，实施非法证券活动，涉嫌犯罪的，依照《刑法》第一百七十六条、第一百九十二条等规定，以非法吸收公众存款罪、集资诈骗罪等罪名追究刑事责任。未构成犯罪的，依照《证券法》和有关法律的规定给予行政处罚。"

最高人民检察院、公安部2010年5月7日发布的《关于公安机关管辖的刑事案件立案追诉标准的规定（二）》第28条规定："非法吸收公众存款或者变相吸收公众存款，扰乱金融秩序，涉嫌下列情形之一的，应予立案追诉：（一）个人非法吸收或者变相吸收公众存款数额在二十万元以上的，单位非法吸收或者变相吸收公众存款数额在一百万元以上的；（二）个人非法吸收或者变相吸收公众存款三十户以上的，单位非法吸收或者变相吸收公众存款一百五十户以上的；（三）个人非法吸收或者变相吸收公众存款给存款人造成直接经济损失数额在十万元以上的，单位非法吸收或者变相吸收公众存款给存款人造成直接经济损失数额在五十万元以上的；（四）造成恶劣社会影响的；（五）其他扰乱金融秩序情节严重的情形。"

最高人民法院2010年12月13日发布的《关于审理非法集资刑事案件具体应用法律若干问题的解释》第1条规定："违反国家金融管理法律规定，向社会公众（包括单位和个人）吸收资金的行为，同时具备下列四个条件的，除刑法另有规定的以外，应当认定为刑法第一百七十六条规定的'非法吸收公众存款或者变相吸收公众存款'：（一）未经有关部门依法批准或者借用合法经营的形式吸收资金；（二）通过媒体、推介会、传单、手机短信等途径向社会公开宣传；（三）承诺在一定期限内以货币、实物、股权等方式还本付息或者给付回报；（四）向社会公众即社会不特定对象吸收资金。""未向社会公开宣传，在亲友或者单位内部针对特定对象吸收资金的，不属于非法吸收或者变相吸收公众存款。"第2条规定："实施下列行为之一，符合本解释第一条第一款规定的条件的，应当依照刑法第一百七十六条的规定，以非法吸收公众存款罪定罪处罚：（一）不具有房产销售的真实内容或者不以房产销售为主要目的，以返本销售、售后包租、约定回购、销售房产份额等方式非法吸收资金的；（二）以转让林权并代为管护等方式非法吸收资金的；（三）以代种植（养殖）、租种植（养殖）、联合种植（养殖）等方式非法吸收资金的；（四）不具有销售商品、提供服务的真实内容或者不以销售商品、提供服务为主要目的，以商品回购、寄存代售等方式非法吸收资金的；（五）不具有发行股票、债券的真实内容，以虚假转让股权、发售虚构债券等方式非法吸收资金的；（六）不具有募集基金的真实内容，以假借境外基金、发售虚构基金等方式非法吸收资金的；（七）不具有销售保险的真实内容，以假冒保险公司、伪造保险单据等方式非法吸收资金的；（八）以投资入股的方式非法吸收资金的；（九）以委托理财的方式非法吸收资金的；（十）利用民间'会'、'社'等组织非法吸收资金的；（十一）其他非法吸收资金的行为。"第3条规定："非法吸收或者变相吸收公众存款，具有下列情形之一的，应当依法追究刑事责任：（一）个人非法吸收或者变相吸收公众存款，数额在20万元以上的，单位非法吸收或者变相吸收公众存款，数额在100万元以上的；（二）个人非法吸收或者变相吸收公众存款对象30人以上的，单位非法吸收或者变相吸收公众存款对象150人以上的；（三）个人非法吸收或者变相吸收公众存款，给存款人造成直接经济损失数额在10万元以上的，单位非法吸收或者变相吸收公众存款，给存款人造成直接经济损失数额在50万元以上的；（四）造成恶劣社会影响或者其他严重后果的。""具有下列情形之一的，属于刑法第一百七十六条规定的'数额巨大或者有其他严重情节'：（一）个人非法吸收或者变相吸收公众存款，数额在100万元以上的，单位非法吸收或者变相吸收公众存款，数额在500万元以上的；（二）个人非法吸收或者变相吸收公众存款对象100人以上的，单位非法吸收或者变相吸收公众存款对象500人以上的；（三）个人非法吸收或者变相吸收公众存款，给存款人造成直接经济损失数额在50万元以上的，单位非法吸收或者变相吸收公众存款，给存款人造成直接经济损失数额在250万元以上的；（四）造成特别恶劣社会影响或者其他特别严重后果的。""非法吸收或者变相吸收公众存款的数额，以行为人所吸收的资金全额计算。案发前后已归还的数额，可以作为量刑情节酌情考虑。""非法吸收或者变相吸收公众存款，主要用于正常的生产经营活动，能够及时清退所吸收资金，可以免予刑事处罚；情节显著轻微的，不作为犯罪处理。"

最高人民法院2011年8月18日发布的《关于非法集资刑事案件性质认定问题的通知》第1条规定："行政部门对于非法集资的性质认定，不是非法集资案件进入刑事程序的必经程序。行政部门未对非法集资作出性质认定的，不影响非法集资刑事案件的审判。"第2条规定："人民法院应当依照刑法和《最高人民法院关于审理非法集资刑事案件具体应用法律若干问题的解释》等有关规定认定案件事实的性质，并认定相关行为是否构成犯罪。"第3条规定："对于案情复杂、性质认定疑难的案件，人民法院可以在有关部门关于是否符合行业技术标准的行政认定意见的基础上，根据案件事实和法律规定作出性质认定。"第4条规定："非法集资刑事案件的审判工作涉及领域广、专业性强，人民法院在审理此类案件当中要注意加强与有关行政主（监）管部门以及公安机关、人民检察院的配合。审判工作中遇到重大问题难以解决的，请及时报告最高人民法院。"

最高人民法院、最高人民检察院、公安部 2014 年 3 月 25 日发布的《关于办理非法集资刑事案件适用法律若干问题的意见》第 1 条"关于行政认定的问题"规定："行政部门对于非法集资的性质认定，不是非法集资刑事案件进入刑事诉讼程序的必经程序。行政部门未对非法集资作出性质认定的，不影响非法集资刑事案件的侦查、起诉和审判。""公安机关、人民检察院、人民法院应当依法认定案件事实的性质，对于案情复杂、性质认定疑难的案件，可参考有关部门的认定意见，根据案件事实和法律规定作出性质认定。"第 2 条"关于'向社会公开宣传'的认定问题"规定："《最高人民法院关于审理非法集资刑事案件具体应用法律若干问题的解释》第一条第一款第二项中的'向社会公开宣传'，包括以各种途径向社会公众传播吸收资金的信息，以及明知吸收资金的信息向社会公众扩散而予以放任等情形。"第 3 条"关于'社会公众'的认定问题"规定："下列情形不属于《最高人民法院关于审理非法集资刑事案件具体应用法律若干问题的解释》第一条第二款规定的'针对特定对象吸收资金'的行为，应当认定为向社会公众吸收资金：（一）在向亲友或者单位内部人员吸收资金的过程中，明知亲友或者单位内部人员向不特定对象吸收资金而予以放任的；（二）以吸收资金为目的，将社会人员吸收为单位内部人员，并向其吸收资金的。"第 4 条"关于共同犯罪的处理问题"规定："为他人向社会公众非法吸收资金提供帮助，从中收取代理费、好处费、返点费、佣金、提成等费用，构成非法集资共同犯罪的，应当依法追究刑事责任。能够及时退缴上述费用的，可依法从轻处罚；其中情节轻微的，可以免除处罚；情节显著轻微、危害不大的，不作为犯罪处理。"

最高人民法院 2015 年 9 月 16 日发布的《关于充分发挥审判职能作用切实维护公共安全的若干意见》第 5 条规定："针对社会公众实施的非法吸收公众存款、集资诈骗、电信诈骗、操纵证券、期货市场及组织、领导传销等涉众型犯罪，影响面广、危害性大、关注度高，要精心组织好相关案件的审判工作。要加大对此类犯罪的惩治力度，对犯罪数额特别巨大、犯罪情节特别恶劣、危害后果特别严重的，依法判处重刑。要高度重视犯罪分子的违法所得追缴和涉案财物的依法处置工作，最大限度维护人民群众的合法权益，稳定社会秩序。要强化司法公开力度，及时披露有关信息，回应社会关切。"

【立法建言】

建　议： 将《刑法》第 176 条第 1 款修改为："非法吸收公众存款或者变相吸收公众存款，数额较大或者有其他严重情节的，处三年以下有期徒刑、拘役或者管制，可以并处或者单处罚金；数额巨大或者有其他特别严重情节的，处三年以上十年以下有期徒刑，并处罚金。"

理　由：

1. 从司法实践的角度来看，宜将本罪第 1 款前段中的"扰乱金融秩序"改为"数额较大或者有其他严重情节"，相应地，将后段中的"其他严重情节"改为"其他特别严重情节"。因为，非法吸收公众存款或者变相吸收公众存款的行为，本身就是"扰乱金融秩序"的表现形式之一。将"扰乱金融秩序"作为本罪的构成要件，不仅有"画蛇添足"之嫌，而且势必导致不必要的理论争议。① 事实上，在司法实践中，对于本罪罪与非罪的界限，主要是从非法吸收公众存款的数额、范围、给存款人造成的直接经济损失，以及造成恶劣社会影响或者其他严重后果等方面加以把握。对此，最高人民检察院、公安部《关于公安机关管辖的刑事案件立案追诉标准的规定（二）》第 28 条、最高人民法院《关于审理非法集资刑事案件具体应用法律若干问题的解释》第 3 条均有明确规定。上述司法实践经验，《刑法》理应适时予以吸取。

2. 从立法技术的角度来看，宜在本罪第 1 款前段中增加"管制"的规定，并删去本罪中的罚金数额标准，以与《刑法》的其他管制和罚金规定相一致。

九、伪造、变造金融票证罪（第 177 条）

【立法沿革】

伪造、变造金融票证罪是在全国人大常委会 1995 年《关于惩治破坏金融秩序犯罪的决定》第 11 条规定的伪造、变造金融票证罪的基础上修改而来的。

长期以来，由于我国实行计划经济体制，金融票证在社会生活中的使用并不频繁，因此，历次刑法草案和 1979 年《刑法》均未规定伪造、变造金融票证罪，而只是对伪造支票等有价证券的犯罪作了规定。从立法源流来看，最早明确规定"伪造支票"犯罪的，是 1963 年的《刑法草案》第 33 稿。该稿第 133 条规定："伪造公债券、支票、股票或者其他有价证券的，处三年以上十年以下有期徒刑，可以并处罚金或者没收财产。" 1979 年《刑法》第 123 条沿袭上述立法例，也只规定了伪造有价证券罪。

1979 年《刑法》第 123 条规定："伪造支票、股票或者其他有价证券的，处七年以下有期徒刑，可以并处罚金。"

在全面研究修改刑法的过程中，1988 年的《刑法修改稿》虽然在犯罪对象方面增加了"信用支付凭证"，但仍然是将其作为"有价证券"来加以规定的。该稿第 150 条规

---

① 例如，有学者认为，"我国《刑法》第 176 条规定，非法吸收公众存款或者变相吸收公众存款，扰乱金融秩序的，即构成犯罪。对于本罪的犯罪形式虽有结果犯与行为犯的理论之争，但多数学者认为本罪是行为犯。如果将本罪作为行为犯看待，是否就表明，只要行为人实施了非法吸收公众存款或者变相吸收公众存款行为，无论数量多少，都可以构成犯罪？在有关司法解释出台前，学界中确有这样的观点。如有学者认为，行为人吸收款项的手段尽管多种多样，但无论其采取什么方法，只要其行为具有吸收公众存款的特征，即符合本罪客观方面的特征。至于采取什么手段，吸收存款的人数多少，存款的数量多少，均不影响本罪的构成"（刘宪权：《金融犯罪刑法学专论》，北京大学出版社 2010 年版，第 241~242 页）。

定："伪造支票、股票、信用支付凭证或者其他有价证券的，处二年以下有期徒刑或者拘役，可以单处或者并处罚金；情节严重的，处二年以上七年以下有期徒刑，并处罚金。"

随着市场经济的不断发展，金融票证在经济生活中的作用越来越大。与此同时，伪造、变造金融票证的犯罪行为也明显增加。为适应同这类犯罪行为作斗争的需要，1995 年《关于惩治破坏金融秩序犯罪的决定》第 11 条增设了伪造、变造金融票证罪："有下列情形之一，伪造、变造金融票证罪的，处五年以下有期徒刑或者拘役，并处或者单处二万元以上二十万元以下罚金；情节严重的，处五年以上十年以下有期徒刑，并处五万元以上五十万元以下罚金；情节特别严重的，处十年以上有期徒刑或者无期徒刑，并处没收财产：（一）伪造、变造汇票、本票、支票的；（二）伪造、变造委托收款凭证、汇款凭证、银行存单等其他银行结算凭证的；（三）伪造、变造信用证或者附随的单据、文件的；（四）伪造信用卡的。""单位犯前款罪的，对单位判处罚金，并对直接负责的主管人员和其他直接责任人员，依照前款的规定处罚。"

1997 年《刑法》第 177 条基本上沿用了上述规定，仅在第 1 款第 3 档法定刑中增加了"并处五万元以上五十万元以下罚金"的规定，并作了个别文字修改。

【立法规定】

《刑法》第 177 条规定："有下列情形之一，伪造、变造金融票证的，处五年以下有期徒刑或者拘役，并处或者单处二万元以上二十万元以下罚金；情节严重的，处五年以上十年以下有期徒刑，并处五万元以上五十万元以下罚金；情节特别严重的，处十年以上有期徒刑或者无期徒刑，并处五万元以上五十万元以下罚金或者没收财产：（一）伪造、变造汇票、本票、支票的；（二）伪造、变造委托收款凭证、汇款凭证、银行存单等其他银行结算凭证的；（三）伪造、变造信用证或者附随的单据、文件的；（四）伪造信用卡的。""单位犯本罪的，对单位判处罚金，并对直接负责的主管人员和其他直接责任人员，依照前款的规定处罚。"

【立法释义】

最高人民法院、最高人民检察院 2009 年 12 月 3 日发布的《关于办理妨害信用卡管理刑事案件具体应用法律若干问题的解释》第 1 条规定："复制他人信用卡、将他人信用卡信息资料写入磁条介质、芯片或者以其他方法伪造信用卡 1 张以上的，应当认定为刑法第一百七十七条第一款第（四）项规定的'伪造信用卡'，以伪造金融票证罪定罪处罚。""伪造空白信用卡 10 张以上的，应当认定为刑法第一百七十七条第一款第（四）项规定的'伪造信用卡'，以伪造金融票证罪定罪处罚。""伪造信用卡，有下列情形之一的，应当认定为刑法第一百七十七条规定的'情节严重'：（一）伪造信用卡 5 张以上不满 25 张的；（二）伪造的信用卡内存款余额、透支额度单独或者合计数额在 20 万元以上不满 100

万元的；（三）伪造空白信用卡 50 张以上不满 250 张的；（四）其他情节严重的情形。"
"伪造信用卡，有下列情形之一的，应当认定为刑法第一百七十七条规定的'情节特别严重'：（一）伪造信用卡 25 张以上的；（二）伪造的信用卡内存款余额、透支额度单独或者合计数额在 100 万元以上的；（三）伪造空白信用卡 250 张以上的；（四）其他情节特别严重的情形。""本条所称'信用卡内存款余额、透支额度'，以信用卡被伪造后发卡行记录的最高存款余额、可透支额度计算。"第 8 条规定："单位犯本解释第一条、第七条规定的犯罪的，定罪量刑标准依照各该条的规定执行。"

最高人民检察院、公安部 2010 年 5 月 7 日发布的《关于公安机关管辖的刑事案件立案追诉标准的规定（二）》第 29 条规定："伪造、变造金融票证，涉嫌下列情形之一的，应予立案追诉：（一）伪造、变造汇票、本票、支票，或者伪造、变造委托收款凭证、汇款凭证、银行存单等其他银行结算凭证，或者伪造、变造信用证或者附随的单据、文件，总面额在一万元以上或者数量在十张以上的；（二）伪造信用卡一张以上，或者伪造空白信用卡十张以上的。"

【立法建言】

建　议：将《刑法》第 177 条第 1 款修改为："有下列情形之一，伪造、变造金融票证的，处五年以下有期徒刑、拘役或者管制，可以并处或者单处罚金；情节严重的，处五年以上十年以下有期徒刑，并处罚金；情节特别严重的，处十年以上有期徒刑或者无期徒刑，并处罚金或者没收财产：（一）伪造、变造汇票、本票、支票的；（二）伪造、变造委托收款凭证、汇款凭证、银行存单等其他银行结算凭证的；（三）伪造、变造信用证或者附随的单据、文件的；（四）伪造信用卡的。"

理　由：

从立法技术上看，宜在本罪第 1 款第 1 档法定刑中增加"管制"的规定，并删去本罪中的罚金数额标准，以与《刑法》的其他管制和罚金规定相一致。

十、妨害信用卡管理罪、窃取、收买、非法提供信用卡信息罪（第 177 条之一）

【立法沿革】

妨害信用卡管理罪、窃取、收买、非法提供信用卡信息罪是《刑法修正案（五）》第 1 条新增设的罪名。

信用卡是当今世界各国使用范围最为广泛的一种大众化支付工具，其通过延期付款的方式为持卡人（消费者）提供信用，把信用行为从生产领域延伸到消费领域，对社会再生产的发展起到了相当积极的作用。然而，由于信用卡与生俱来的特点，它也为犯罪分子牟取非法利益提供了可乘之机。围绕着信用卡的有关犯罪一旦发生，便会对金融机构和公众的利益造成相当大的损害，同时，也会对金融机构的信誉和国家的金融秩序造成不良影响。例如，2005 年 6 月中旬，美国为万事达、维萨和美国运通卡等主要信用卡服务的一个数据处理中心的网络被黑客程序恶意侵入，约 4000 万信用卡账户的资料被窃取，万事达公司有至少 6.8 万用户的账户被盗用消费。该事件还波及欧洲、日本和我国，不仅造成了信用卡用户的损失，还使得信用卡公司不得不采取补救措施，对金融秩序造成了严重影响。① 虽然我国 1997 年修订的《刑法》已有 2 项罪名涉及信用卡犯罪，即第 177 条规定的伪造、变造金融票证罪和第 196 条规定的信用卡诈骗罪，但是，"近年来，随着信用卡应用的普及，伪造信用卡的犯罪活动也出现了一些新的情况。这类犯罪出现了境内外互相勾结、集团化、专业化的特点，从窃取、非法提供他人信用卡信息资料、制作假卡，到运输、销售、使用伪造的信用卡等各个环节，分工细密，犯罪活动猖獗。虽然这些具体的犯罪行为都属于伪造信用卡和使用伪造的信用卡进行诈骗的犯罪，但是由于在各个犯罪环节上表现的形式不同，在具体适用刑法时存在一定困难。司法机关和金融主管部门建议对这一犯罪作出进一步的具体规定"②。为保护银行等金融机构和公众的合法权益，维护金融机构的信誉和金融秩序，《刑法修正案（五）》第 1 条增设了妨害信用卡管理罪和窃取、收买、非法提供信用卡信息罪。

【立法规定】

《刑法》第 177 条之一规定："有下列情形之一，妨害信用卡管理的，处三年以下有期徒刑或者拘役，并处或者单处一万元以上十万元以下罚金；数量巨大或者有其他严重情节的，处三年以上十年以下有期徒刑，并处二万元以上二十万元以下罚金：（一）明知是伪造的信用卡而持有、运输的，或者明知是伪造的空白信用卡而持有、运输，数量较大的；（二）非法持有他人信用卡，数量较大的；（三）使用虚假的身份证明骗领信用卡的；（四）出售、购买、为他人提供伪造的信用卡或者以虚假的身份证明骗领的信用卡的。""窃取、收买或者非法提供他人信用卡信息资料的，依照前款规定处罚。""银行或者其他金融机构的工作人员利用职务上的便利，犯第二款罪的，从重处罚。"

【立法释义】

全国人大常委会 2004 年 12 月 29 日通过的《关于〈中华人民共和国刑法〉有关信用卡规定的解释》规定："刑法规定的'信用卡'，是指由商业银行或者其他金融机构发行的具有消费支付、信用贷款、转账结算、存取现金等全部功能或者部分功能的电子支付卡。"

---

① 参见利子平、樊宏涛："窃取、收买、非法提供信用卡信息资料罪刍议"，载《河北法学》2005 年第 11 期。

② 参见全国人大常委会法制工作委员会主任胡康生 2004 年 10 月 22 日在十届全国人大常委会第十二次会议上所作的《关于〈中华人民共和国刑法修正案（五）（草案）〉的说明》。

最高人民法院、最高人民检察院2009年12月3日发布的《关于办理妨害信用卡管理刑事案件具体应用法律若干问题的解释》第2条规定："明知是伪造的空白信用卡而持有、运输10张以上不满100张的，应当认定为刑法第一百七十七条之一第一款第（一）项规定的'数量较大'；非法持有他人信用卡5张以上不满50张的，应当认定为刑法第一百七十七条之一第一款第（二）项规定的'数量较大'。""有下列情形之一的，应当认定为刑法第一百七十七条之一第一款规定的'数量巨大'：（一）明知是伪造的信用卡而持有、运输10张以上的；（二）明知是伪造的空白信用卡而持有、运输100张以上的；（三）非法持有他人信用卡50张以上的；（四）使用虚假的身份证明骗领信用卡10张以上的；（五）出售、购买、为他人提供伪造的信用卡或者以虚假的身份证明骗领的信用卡10张以上的。""违背他人意愿，使用其居民身份证、军官证、士兵证、港澳居民往来内地通行证、台湾居民来往大陆通行证、护照等身份证明申领信用卡的，或者使用伪造、变造的身份证明申领信用卡的，应当认定为刑法第一百七十七条之一第一款第（三）项规定的'使用虚假的身份证明骗领信用卡'。"第3条规定："窃取、收买、非法提供他人信用卡信息资料，足以伪造可进行交易的信用卡，或者足以使他人以信用卡持卡人名义进行交易，涉及信用卡1张以上不满5张的，依照刑法第一百七十七条之一第二款的规定，以窃取、收买、非法提供信用卡信息罪定罪处罚；涉及信用卡5张以上的，应当认定为刑法第一百七十七条之一第一款规定的'数量巨大'。"

最高人民检察院、公安部2010年5月7日发布的《关于公安机关管辖的刑事案件立案追诉标准的规定（二）》第30条规定："妨害信用卡管理，涉嫌下列情形之一的，应予立案追诉：（一）明知是伪造的信用卡而持有、运输的；（二）明知是伪造的空白信用卡而持有、运输，数量累计在十张以上的；（三）非法持有他人信用卡，数量累计在五张以上的；（四）使用虚假的身份证明骗领信用卡的；（五）出售、购买、为他人提供伪造的信用卡或者以虚假的身份证明骗领的信用卡的。""违背他人意愿，使用其居民身份证、军官证、士兵证、港澳居民往来内地通行证、台湾居民来往大陆通行证、护照等身份证明申领信用卡的，或者使用伪造、变造的身份证明申领信用卡的，应当认定为'使用虚假的身份证明骗领信用卡'。"第31条规定："窃取、收买或者非法提供他人信用卡信息资料，足以伪造可进行交易的信用卡，或者足以使他人以信用卡持卡人名义进行交易，涉及信用卡一张以上的，应予立案追诉。"

【立法建言】

建议一：将《刑法》第177条之一第1款修改为："有下列情形之一，妨害信用卡管理的，处三年以下有期徒刑、拘役或者管制，可以并处或者单处罚金；数量巨大或者有其他严重情节的，处三年以上十年以下有期徒刑，并处罚金：（一）明知是伪造的信用卡而持有、运输的，或者明知是伪造的空白信用卡而持有、运输，数量较大的；（二）非法持有他人信用卡，数量较大的；（三）使用虚假的身份证明骗领信用卡的；（四）出售、购买、为他人提供伪造的信用卡或者以虚假的身份证明骗领的信用卡的。"

理　由：

从立法技术上看，宜在《刑法》第177条之一第1款第1档法定刑中增加"管制"的规定，并删去本罪中的罚金数额标准，以与《刑法》的其他管制和罚金规定相一致。

建议二：在《刑法》第177条之一中增加1款作为第4款："单位犯前款罪的，对单位判处罚金，并对其直接负责的主管人员和其他直接责任人员，依照前款的规定处罚。"

理　由：

从实际情况来看，妨害信用卡管理罪所涉及的运输、出售行为完全可以由单位构成，而且，《刑法》中也有类似的规定。例如，《刑法》第125条第1款规定的非法运输枪支、弹药、爆炸物罪便既可以由自然人构成，也可以由单位构成；第206条规定的出售伪造的增值税专用发票罪也可以由单位构成。[1] 至于窃取、收买、非法提供信用卡信息罪，则更可以由单位构成。《刑法修正案（七）》第7条新增设的出售、非法提供公民个人信息罪和非法获取公民个人信息罪均规定了单位犯罪，便是一个典型的例证。[2]

十一、伪造、变造国家有价证券罪、伪造、变造股票、公司、企业债券罪（第178条）

【立法沿革】

伪造、变造国家有价证券罪、伪造、变造股票、公司、企业债券罪是从1979年《刑法》第123条规定的伪造有价证券罪中分解而来的。

在新中国刑法立法史上，有关伪造、变造国家有价证券、股票或者公司、企业债券等有价证券的犯罪，最早见之于1950年的《刑法大纲草案》。该草案第103条规定："伪造或变造公债券、粮票、公私企业股票或其他有价证券，处三年以下监禁或酌处罚金。情节特别严重者，处五年以上十年以下监禁，并可没收其财产之全部或一部。前项之未遂犯，应予处罚。"1957年的《刑法草案》第22稿第141条也规定了此类犯罪："伪造公债券、支票、股票或者其他有价证券的，处一年以上七年以下有期徒刑，可以并处五千元以下罚金。"到了1963年，《刑法草案》第33稿第133条进一步加大了对此类犯罪的处罚力度："伪造公债券、支票、股票或者其他有价证券的，处三年以上十年以下有期徒刑，可以并处罚金或者没收财产。"1979年《刑法》在上述规定的基础上，降低了伪造有价证券罪的

---

① 参见利子平、樊宏涛："论妨害信用卡管理罪"，载《南昌大学学报（人文社会科学版）》2005年第6期。
② 《刑法修正案（九）》第17条沿用了上述单位犯罪的规定。

法定最高刑和最低刑，同时删去了没收财产刑。

1979 年《刑法》第 123 条规定："伪造支票、股票或者其他有价证券的，处七年以下有期徒刑，可以并处罚金。"

在全面研究修改刑法的过程中，1988 年的《刑法修改稿》对伪造有价证券罪的法定刑作了较大的调整，主要是将法定刑细分成为两档。该稿第 150 条规定："伪造支票、股票、信用支付凭证或者其他有价证券的，处二年以下有期徒刑或者拘役，可以单处或者并处罚金；情节严重的，处二年以上七年以下有期徒刑，并处罚金。"1997 年《刑法》对伪造有价证券罪作了较大的修改和补充，主要是根据犯罪对象的不同而将其分解为伪造、变造国家有价证券罪和伪造、变造股票、公司、企业债券罪两个罪名，并配置了轻重不同的法定刑；同时，还增加了单位犯罪的规定。

【立法规定】

《刑法》第 178 条规定："伪造、变造国库券或者国家发行的其他有价证券，数额较大的，处三年以下有期徒刑或者拘役，并处或者单处二万元以上二十万元以下罚金；数额巨大的，处三年以上十年以下有期徒刑，并处五万元以上五十万元以下罚金；数额特别巨大的，处十年以上有期徒刑或者无期徒刑，并处五万元以上五十万元以下罚金或者没收财产。""伪造、变造股票或者公司、企业债券，数额较大的，处三年以下有期徒刑或者拘役，并处或者单处一万元以上十万元以下罚金；数额巨大的，处三年以上十年以下有期徒刑，并处二万元以上二十万元以下罚金。""单位犯前两款罪的，对单位判处罚金，并对其直接负责的主管人员和其他直接责任人员，依照前两款的规定处罚。"

【立法释义】

最高人民检察院、公安部 2010 年 5 月 7 日发布的《关于公安机关管辖的刑事案件立案追诉标准的规定（二）》第 32 条规定："伪造、变造国库券或者国家发行的其他有价证券，总面额在二千元以上的，应予立案追诉。"第 33 条规定："伪造、变造股票或者公司、企业债券，总面额在五千元以上的，应予立案追诉。"

【立法建言】

建　议：将《刑法》第 178 条第 1 款、第 2 款修改为："伪造、变造国库券或者国家发行的其他有价证券，数额较大的，处三年以下有期徒刑、拘役或者管制，可以并处或者单处罚金；数额巨大的，处三年以上十年以下有期徒刑，并处罚金；数额特别巨大的，处十年以上有期徒刑或者无期徒刑，并处罚金或者没收财产。""伪造、变造股票或者公司、企业债券，数额较大的，处三年以下有期徒刑、拘役或者管制，可以并处或者单处罚金；数额巨大的，处三年以上十年以下有期徒刑，并处罚金。"

理　由：

从立法技术上看，宜在《刑法》第 178 条第 1 款和第 2 款的第 1 档法定刑中增加"管制"的规定，并删去该条中的罚金数额标准，以与《刑法》的其他管制和罚金规定相一致。

十二、擅自发行股票、公司、企业债券罪（第 179 条）

【立法沿革】

擅自发行股票、公司、企业债券罪是在全国人大常委会 1995 年《关于惩治违反公司法的犯罪的决定》第 7 条规定的擅自发行股票、公司债券罪的基础上修改而来的。

1993 年《公司法》第 210 条规定："未经本法规定的有关主管部门的批准，擅自发行股票或者公司债券的，责令停止发行，退还所募资金及其利息，处以非法所募资金金额百分之一以上百分之五以下的罚款。构成犯罪的，依法追究刑事责任。"据此，1995 年《关于惩治违反公司法的犯罪的决定》第 7 条规定了擅自发行股票、公司债券罪："未经公司法规定的有关主管部门批准，擅自发行股票、公司债券，数额巨大、后果严重或者有其他严重情节的，处五年以下有期徒刑或者拘役，可以并处非法集资金额百分之五以下罚金。""单位犯前款罪的，对单位判处非法集资金额百分之五以下罚金，并对直接负责的主管人员，依照前款的规定，处五年以下有期徒刑或者拘役。"

在刑法修订研拟的过程中，1997 年《刑法》第 179 条在上述规定的基础上，主要作了以下四方面的修改和补充：一是在前置条件方面，将"未经公司法规定的有关主管部门批准"改为"未经国家有关主管部门批准"；二是在犯罪对象方面，增加了"企业债券"；三是在罚金方式和标准方面，将"可以并处非法集资金额百分之五以下罚金"改为"并处或者单处非法集资金额百分之一以上百分之五以下罚金"；四是在单位犯罪方面，删去了"判处非法集资金额百分之五以下"的罚金标准和"依照前款的规定"的文字表述，并将处罚的对象由"直接负责的主管人员"扩大为"直接负责的主管人员和其他直接责任人员"。

【立法规定】

《刑法》第 179 条规定："未经国家有关主管部门批准，擅自发行股票或者公司、企业债券，数额巨大、后果严重或者有其他严重情节的，处五年以下有期徒刑或者拘役，并处或者单处非法集资金额百分之一以上百分之五以下罚金。""单位犯前款罪的，对单位判处罚金，并对其直接负责的主管人员和其他直接责任人员，处五年以下有期徒刑或者拘役。"

【立法释义】

最高人民法院、最高人民检察院、公安部、中国证券监督管理委员会 2008 年 1 月 2

日发布的《关于整治非法证券活动有关问题的通知》第二部分"明确法律政策界限，依法打击非法证券活动"第1条"关于公司及其股东向社会公众擅自转让股票行为的性质认定"规定："《证券法》第十条第三款规定：'非公开发行证券，不得采用广告、公开劝诱和变相公开方式。'国办发99号文规定：'严禁任何公司股东自行或委托他人以公开方式向社会公众转让股票。向特定对象转让股票，未依法报经证监会核准的，转让后，公司股东累计不得超过200人。'公司、公司股东违反上述规定，擅自向社会公众转让股票，应当追究其擅自发行股票的责任。公司与其股东合谋，实施上述行为的，公司与其股东共同承担责任。"第2条"关于擅自发行证券的责任追究"规定："未经依法核准，擅自发行证券，涉嫌犯罪的，依照《刑法》第一百七十九条之规定，以擅自发行股票、公司、企业债券罪追究刑事责任。未经依法核准，以发行证券为幌子，实施非法证券活动，涉嫌犯罪的，依照《刑法》第一百七十六条、第一百九十二条等规定，以非法吸收公众存款罪、集资诈骗罪等罪名追究刑事责任。未构成犯罪的，依照《证券法》和有关法律的规定给予行政处罚。"第3条"关于非法经营证券业务的责任追究"规定："任何单位和个人经营证券业务，必须经证监会批准。未经批准的，属于非法经营证券业务，应予以取缔；涉嫌犯罪的，依照《刑法》第二百二十五条之规定，以非法经营罪追究刑事责任。对于中介机构非法代理买卖非上市公司股票，涉嫌犯罪的，应当依照《刑法》第二百二十五条之规定，以非法经营罪追究刑事责任；所代理的非上市公司涉嫌擅自发行股票，构成犯罪的，应当依照《刑法》第一百七十九条之规定，以擅自发行股票罪追究刑事责任。非上市公司和中介机构共谋擅自发行股票，构成犯罪的，以擅自发行股票罪的共犯论处。未构成犯罪的，依照《证券法》和有关法律的规定给予行政处罚。"第4条"关于非法证券活动性质的认定"规定："非法证券活动是否涉嫌犯罪，由公安机关、司法机关认定。公安机关、司法机关认为需要有关行政主管机关进行性质认定的，行政主管机关应当出具认定意见。对因案情复杂、意见分歧，需要进行协调的，协调小组应当根据办案部门的要求，组织有关单位进行研究解决。"第5条"关于修订后的《证券法》与修订前的《证券法》中针对擅自发行股票和非法经营证券业务规定的衔接"规定："修订后的《证券法》与修订前的《证券法》针对擅自发行股票和非法经营证券业务的规定是一致的，是相互衔接的，因此在修订后的《证券法》实施之前发生的擅自发行股票和非法经营证券业务行为，也应予以追究……"

最高人民检察院、公安部2010年5月7日发布的《关于公安机关管辖的刑事案件立案追诉标准的规定（二）》第34条规定："未经国家有关主管部门批准，擅自发行股票或者公司、企业债券，涉嫌下列情形之一的，应予立案追诉：（一）发行数额在五十万元以上的；（二）虽未达到上述数额标准，但擅自发行致使三十人以上的投资者购买了股票或者公司、企业债券的；（三）不能及时清偿或者清退的；（四）其他后果严重或者有其他严重情节的情形。"

最高人民法院 2010 年 12 月 13 日发布的《关于审理非法集资刑事案件具体应用法律若干问题的解释》第 6 条规定："未经国家有关主管部门批准，向社会不特定对象发行、以转让股权等方式变相发行股票或者公司、企业债券，或者向特定对象发行、变相发行股票或者公司、企业债券累计超过 200 人的，应当认定为刑法第一百七十九条规定的'擅自发行股票、公司、企业债券'。构成犯罪的，以擅自发行股票、公司、企业债券罪定罪处罚。"

【立法建言】

建　议： 将《刑法》第 179 条修改为："未经国家有关主管部门批准，擅自发行股票或者公司、企业债券，数额巨大、后果严重或者有其他严重情节的，处五年以下有期徒刑、拘役或者管制，可以并处或者单处罚金。""单位犯前款罪的，对单位判处罚金，并对其直接负责的主管人员和其他直接责任人员，依照前款的规定处罚。"

理　由：

从立法技术上看，宜在本罪第 1 款的法定刑中增加"管制"的规定，并删去"非法集资金额百分之一以上百分之五以下"的罚金数额标准；同时，将第 2 款中的"处五年以下有期徒刑或者拘役"改为"依照前款的规定处罚"，以与《刑法》的其他管制、罚金和单位犯罪处刑规定相一致。

十三、内幕交易、泄露内幕信息罪、利用未公开信息交易罪（第 180 条）

【立法沿革】

内幕交易、泄露内幕信息罪是 1997 年《刑法》第 180 条增设的罪名，并经《刑法修正案》第 4 条和《刑法修正案（七）》第 2 条所修正；而利用未公开信息交易罪则是《刑法修正案（七）》第 2 条新增设的罪名。

为维护证券交易秩序，保护公众投资者的合法权益，在起草《证券法》的同时，1997 年修订的《刑法》第 180 条先行规定了内幕交易、泄露内幕信息罪："证券交易内幕信息的知情人员或者非法获取证券交易内幕信息的人员，在涉及证券的发行、交易或者其他对证券的价格有重大影响的信息尚未公开前，买入或者卖出该证券，或者泄露该信息，情节严重的，处五年以下有期徒刑或者拘役，并处或者单处违法所得一倍以上五倍以下罚金；情节特别严重的，处五年以上十年以下有期徒刑，并处违法所得一倍以上五倍以下罚金。""单位犯前款罪的，对单位判处罚金，并对其直接负责的主管人员和其他直接责任人员，处五年以下有期徒刑或者拘役。""内幕信息的范围，依照法律、行政法规的规定确定。"

"知情人员的范围，依照法律、行政法规的规定确定。"

1997 年《刑法》施行后，国务院于 1999 年 5 月 25 日通过了《期货交易管理暂行条例》，并同时提请全国人大常委会审议《关于惩治期货犯罪的决定（草案）》。"《关于惩治期货犯罪的决定（草案）》对擅自设立期货交易所、期货经纪公司的行为，期货交易中的内幕交易行为，编造并传播期货交易虚假信息以及诱骗投资者买卖期货的行为，操纵期货交易价格的行为和非法从事期货交易等行为，规定为犯罪。考虑到上述规定与刑法中对证券犯罪的规定相类似，根据一些常委委员、部门和专家的意见，法律委员会建议将这类犯罪与证券犯罪合并规定，对刑法第一百七十四条、第一百八十条、第一百八十一条、第一百八十二条作出修改、补充。"[1] 因此，《刑法修正案》第 4 条将期货交易中的内幕交易行为补充到了《刑法》第 180 条之中。修改后的条文为："证券、期货交易内幕信息的知情人员或者非法获取证券、期货交易内幕信息的人员，在涉及证券的发行，证券、期货交易或者其他对证券、期货交易价格有重大影响的信息尚未公开前，买入或者卖出该证券，或者从事与该内幕信息有关的期货交易，或者泄露该信息，情节严重的，处五年以下有期徒刑或者拘役，并处或者单处违法所得一倍以上五倍以下罚金；情节特别严重的，处五年以上十年以下有期徒刑，并处违法所得一倍以上五倍以下罚金。""单位犯前款罪的，对单位判处罚金，并对其直接负责的主管人员和其他直接责任人员，处五年以下有期徒刑或者拘役。""内幕信息、知情人员的范围，依照法律、行政法规的规定确定。"

随着证券、期货交易市场的不断发展，有些证券、期货违法行为也变得越来越严重。"有些全国人大代表和中国证监会提出，一些证券投资基金管理公司、证券公司等金融机构的从业人员，利用其因职务便利知悉的法定内幕信息以外的其他未公开的经营信息，如本单位受托管理资金的交易信息等，违反规定从事相关交易活动，牟取非法利益或者转嫁风险。这种被称为'老鼠仓'的行为，严重破坏金融管理秩序，损害公众投资者利益，应当作为犯罪追究刑事责任。"[2] 据此，《刑法修正案（七）》第 2 条在《刑法》第 180 条中增加了第 4 款，规定了利用未公开信息交易罪。与此同时，还在第 1 款中增加了"或者明示、暗示他人从事上述交易活动"的规定。

【立法规定】

《刑法》第 180 条规定："证券、期货交易内幕信息的知情人员或者非法获取证券、期货交易内幕信息的人员，在涉及证券的发行，证券、期货交易或者其他对证券、期货交易

① 参见全国人大法律委员会副主任委员顾昂然 1999 年 10 月 25 日在九届全国人大常委会第十二次会议上所作的《关于〈中华人民共和国刑法修正案（草案）〉的说明》。

② 参见全国人大常委会法制工作委员会主任李适时 2008 年 8 月 25 日在十一届全国人大常委会第四次会议上所作的《关于〈中华人民共和国刑法修正案（七）（草案）〉的说明》。

价格有重大影响的信息尚未公开前，买入或者卖出该证券，或者从事与该内幕信息有关的期货交易，或者泄露该信息，或者明示、暗示他人从事上述交易活动，情节严重的，处五年以下有期徒刑或者拘役，并处或者单处违法所得一倍以上五倍以下罚金；情节特别严重的，处五年以上十年以下有期徒刑，并处违法所得一倍以上五倍以下罚金。""单位犯前款罪的，对单位判处罚金，并对其直接负责的主管人员和其他直接责任人员，处五年以下有期徒刑或者拘役。""内幕信息的范围，依照法律、行政法规的规定确定。""证券交易所、期货交易所、证券公司、期货经纪公司、基金管理公司、商业银行、保险公司等金融机构的从业人员以及有关监管部门或者行业协会的工作人员，利用因职务便利获取的内幕信息以外的其他未公开的信息，违反规定，从事与该信息相关的证券、期货交易活动，或者明示、暗示他人从事相关交易活动，情节严重的，依照第一款的规定处罚。"

【立法释义】

最高人民检察院、公安部 2010 年 5 月 7 日发布的《关于公安机关管辖的刑事案件立案追诉标准的规定（二）》第 35 条规定："证券、期货交易内幕信息的知情人员、单位或者非法获取证券、期货交易内幕信息的人员、单位，在涉及证券的发行，证券、期货交易或者其他对证券、期货交易价格有重大影响的信息尚未公开前，买入或者卖出该证券，或者从事与该内幕信息有关的期货交易，或者泄露该信息，或者明示、暗示他人从事上述交易活动，涉嫌下列情形之一的，应予立案追诉：（一）证券交易成交额累计在五十万元以上的；（二）期货交易占用保证金数额累计在三十万元以上的；（三）获利或者避免损失数额累计在十五万元以上的；（四）多次进行内幕交易、泄露内幕信息的；（五）其他情节严重的情形。"第 36 条规定："证券交易所、期货交易所、证券公司、期货公司、基金管理公司、商业银行、保险公司等金融机构的从业人员以及有关监管部门或者行业协会的工作人员，利用因职务便利获取的内幕信息以外的其他未公开的信息，违反规定，从事与该信息相关的证券、期货交易活动，或者明示、暗示他人从事相关交易活动，涉嫌下列情形之一的，应予立案追诉：（一）证券交易成交额累计在五十万元以上的；（二）期货交易占用保证金数额累计在三十万元以上的；（三）获利或者避免损失数额累计在十五万元以上的；（四）多次利用内幕信息以外的其他未公开信息进行交易活动的；（五）其他情节严重的情形。"

最高人民法院、最高人民检察院 2012 年 3 月 29 日发布的《关于办理内幕交易、泄露内幕信息刑事案件具体应用法律若干问题的解释》第 1 条规定："下列人员应当认定为刑法第一百八十条第一款规定的'证券、期货交易内幕信息的知情人员'：（一）证券法第七十四条规定的人员；（二）期货交易管理条例第八十五条第十二项规定的人员。"第 2 条规定："具有下列行为的人员应当认定为刑法第一百八十条第一款规定的'非法获取证券、期货交易内幕信息的人员'：（一）利用窃取、骗取、套取、窃听、利诱、刺探或者私下交易等手段获取内幕信息的；（二）内幕信息知情人员的近亲属或者其他与内幕信息知情人员关系密切的人员，在内幕信息敏感期内，从事或者明示、暗示他人从事，或者泄露内幕信息导致他人从事与该内幕信息有关的证券、期货交易，相关交易行为明显异常，且无正当理由或者正当信息来源的；（三）在内幕信息敏感期内，与内幕信息知情人员联络、接触，从事或者明示、暗示他人从事，或者泄露内幕信息导致他人从事与该内幕信息有关的证券、期货交易，相关交易行为明显异常，且无正当理由或者正当信息来源的。"第3条规定："本解释第二条第二项、第三项规定的'相关交易行为明显异常'，要综合以下情形，从时间吻合程度、交易背离程度和利益关联程度等方面予以认定：（一）开户、销户、激活资金账户或者指定交易（托管）、撤销指定交易（转托管）的时间与该内幕信息形成、变化、公开时间基本一致的；（二）资金变化与该内幕信息形成、变化、公开时间基本一致的；（三）买入或者卖出与内幕信息有关的证券、期货合约时间与内幕信息的形成、变化和公开时间基本一致的；（四）买入或者卖出与内幕信息有关的证券、期货合约时间与获悉内幕信息的时间基本一致的；（五）买入或者卖出证券、期货合约行为明显与平时交易习惯不同的；（六）买入或者卖出证券、期货合约行为，或者集中持有证券、期货合约行为与该证券、期货公开信息反映的基本面明显背离的；（七）账户交易资金进出与该内幕信息知情人员或者非法获取人员有关联或者利害关系的；（八）其他交易行为明显异常情形。"第4条规定："具有下列情形之一的，不属于刑法第一百八十条第一款规定的从事与内幕信息有关的证券、期货交易：（一）持有或者通过协议、其他安排与他人共同持有上市公司百分之五以上股份的自然人、法人或者其他组织收购该上市公司股份的；（二）按照事先订立的书面合同、指令、计划从事相关证券、期货交易的；（三）依据已被他人披露的信息而交易的；（四）交易具有其他正当理由或者正当信息来源的。"第5条规定："本解释所称'内幕信息敏感期'是指内幕信息自形成至公开的期间。证券法第六十七条第二款所列'重大事件'的发生时间，第七十五条规定的'计划''方案'以及期货交易管理条例第八十五条第十一项规定的'政策''决定'等的形成时间，应当认定为内幕信息的形成之时。影响内幕信息形成的动议、筹划、决策或者执行人员，其动议、筹划、决策或者执行初始时间，应当认定为内幕信息的形成之时。内幕信息的公开，是指内幕信息在国务院证券、期货监督管理机构指定的报刊、网站等媒体披露。"第6条规定："在内幕信息敏感期内从事或者明示、暗示他人从事或者泄露内幕信息导致他人从事与该内幕信息有关的证券、期货交易，具有下列情形之一的，应当认定为刑法第一百八十条第一款规定的'情节严重'：（一）证券交易成交额在五十万元以上的；（二）期货交易占用保证金数额在三十万元以上的；（三）获利或者避免损失数额在十五万元以上的；（四）三次以上的；（五）具有其他严重情节的。”第 7 条规定：“在内幕信息敏感期内从事或者明示、暗示他人从事或者泄露内幕信息导致他人从事与该内幕信息有关的证券、期货交易，具有下列情形之一的，应当认定为刑法第一百八十条第一款规定的‘情节特别严重’：（一）证券交易成交额在二百五十万元以上的；（二）期货交易占用保证金数额在一百五十万元以上的；（三）获利或者避免损失数额在七十五万元以上的；（四）具有其他特别严重情节的。”第 8 条规定：“二次以上实施内幕交易或者泄露内幕信息行为，未经行政处理或者刑事处理的，应当对相关交易数额依法累计计算。”第 9 条规定：“同一案件中，成交额、占用保证金额、获利或者避免损失额分别构成情节严重、情节特别严重的，按照处罚较重的数额定罪处罚。”“构成共同犯罪的，按照共同犯罪行为人的成交总额、占用保证金总额、获利或者避免损失总额定罪处罚，但判处各被告人罚金的总额应掌握在获利或者避免损失总额的一倍以上五倍以下。”第 10 条规定：“刑法第一百八十条第一款规定的‘违法所得’，是指通过内幕交易行为所获利益或者避免的损失。”“内幕信息的泄露人员或者内幕交易的明示、暗示人员未实际从事内幕交易的，其罚金数额按照因泄露而获悉内幕信息人员或者被明示、暗示人员从事内幕交易的违法所得计算。”第 11 条规定：“单位实施刑法第一百八十条第一款规定的行为，具有本解释第六条规定情形之一的，按照刑法第一百八十条第二款的规定定罪处罚。”

【立法建言】

建　议：将《刑法》第 180 条第 1 款、第 2 款修改为：“证券、期货交易内幕信息的知情人员或者非法获取证券、期货交易内幕信息的人员，在涉及证券的发行，证券、期货交易或者其他对证券、期货交易价格有重大影响的信息尚未公开前，买入或者卖出该证券，或者从事与该内幕信息有关的期货交易，或者泄露该信息，或者明示、暗示他人从事上述交易活动，情节严重的，处五年以下有期徒刑、拘役或者管制，可以并处或者单处罚金；情节特别严重的，处五年以上十年以下有期徒刑，并处罚金。”“单位犯前款罪的，对单位判处罚金，并对其直接负责的主管人员和其他直接责任人员，依照前款的规定处罚。”

理　由：

从立法技术上看，宜在本罪第 1 款第 1 档法定刑中增加“管制”的规定，并删去本罪中“违法所得一倍以上五倍以下”罚金的数额标准；同时，将第 2 款中的“处五年以下有期徒刑或者拘役”改为“依照前款的规定处罚”，以与《刑法》的其他管制、罚金和单位犯罪处刑规定相一致。

十四、编造并传播证券、期货交易虚假信息罪、诱骗投资者买卖证券、期货合约罪（第 181 条）

【立法沿革】

编造并传播证券、期货交易虚假信息罪、诱骗投资者买卖证券、期货合约罪是在 1997 年《刑法》第 181 条规定的编造并传播证券交易虚假信息罪、诱骗投资者买卖证券罪的基础上，经《刑法修正案》第 5 条修正而来的。

编造并传播证券交易虚假信息罪、诱骗投资者买卖证券罪是 1997 年修订的《刑法》增设的罪名。该法第 181 条规定："编造并且传播影响证券交易的虚假信息，扰乱证券交易市场，造成严重后果的，处五年以下有期徒刑或者拘役，并处或者单处一万元以上十万元以下罚金。""证券交易所、证券公司的从业人员，证券业协会或者证券管理部门的工作人员，故意提供虚假信息或者伪造、变造、销毁交易记录，诱骗投资者买卖证券，造成严重后果的，处五年以下有期徒刑或者拘役，并处或者单处一万元以上十万元以下罚金；情节特别恶劣的，处五年以上十年以下有期徒刑，并处二万元以上二十万元以下罚金。""单位犯前两款罪的，对单位判处罚金，并对其直接负责的主管人员和其他直接责任人员，处五年以下有期徒刑或者拘役。"

基于与内幕交易、泄露内幕信息罪同样的原因，《刑法修正案》第 5 条在《刑法》第 181 条中补充了有关期货犯罪的内容，从而使编造并传播证券交易虚假信息罪、诱骗投资者买卖证券罪演变为编造并传播证券、期货交易虚假信息罪、诱骗投资者买卖证券、期货合约罪。

【立法规定】

《刑法》第 181 条规定："编造并且传播影响证券、期货交易的虚假信息，扰乱证券、期货交易市场，造成严重后果的，处五年以下有期徒刑或者拘役，并处或者单处一万元以上十万元以下罚金。""证券交易所、期货交易所、证券公司、期货经纪公司的从业人员，证券业协会、期货业协会或者证券期货监督管理部门的工作人员，故意提供虚假信息或者伪造、变造、销毁交易记录，诱骗投资者买卖证券、期货合约，造成严重后果的，处五年以下有期徒刑或者拘役，并处或者单处一万元以上十万元以下罚金；情节特别恶劣的，处五年以上十年以下有期徒刑，并处二万元以上二十万元以下罚金。""单位犯前两款罪的，对单位判处罚金，并对其直接负责的主管人员和其他直接责任人员，处五年以下有期徒刑或者拘役。"

全国人大常委会 2000 年 12 月 28 日通过的《关于维护互联网安全的决定》第 3 条第 4 款规定："利用互联网编造并传播影响证券、期货交易或者其他扰乱金融秩序的虚假信息"，构成犯罪的，依照刑法有关规定追究刑事责任。

【立法释义】

最高人民检察院、公安部 2010 年 5 月 7 日发布的《关于公安机关管辖的刑事案件立案追诉标准的规定（二）》第 37 条规定："编造并且传播影响证券、期货交易的虚假信息，扰乱证券、期货交易市场，涉嫌下列情形之一的，应予立案追诉：（一）获利或者避免损失数额累计在五万元以上的；（二）造成投资者直接经济损失数额在五万元以上的；（三）致使交易价格和交易量异常波动的；（四）虽未达到上述数额标准，但多次编造并且传播影响证券、期货交易的虚假信息的；（五）其他造成严重后果的情形。"第 38 条规定："证券交易所、期货交易所、证券公司、期货公司的从业人员，证券业协会、期货业协会或者证券期货监督管理部门的工作人员，故意提供虚假信息或者伪造、变造、销毁交易记录，诱骗投资者买卖证券、期货合约，涉嫌下列情形之一的，应予立案追诉：（一）获利或者避免损失数额累计在五万元以上的；（二）造成投资者直接经济损失数额在五万元以上的；（三）致使交易价格和交易量异常波动的；（四）其他造成严重后果的情形。"

【立法建言】

建　议：将《刑法》第 181 条修改为："编造并且传播影响证券、期货交易的虚假信息，扰乱证券、期货交易市场，造成严重后果的，处五年以下有期徒刑、拘役或者管制，可以并处或者单处罚金。""证券交易所、期货交易所、证券公司、期货经纪公司的从业人员，证券业协会、期货业协会或者证券期货监督管理部门的工作人员，故意提供虚假信息或者伪造、变造、销毁交易记录，诱骗投资者买卖证券、期货合约，造成严重后果的，处五年以下有期徒刑、拘役或者管制，可以并处或者单处罚金；情节特别恶劣的，处五年以上十年以下有期徒刑，并处罚金。""单位犯前两款罪的，对单位判处罚金，并对其直接负责的主管人员和其他直接责任人员，依照前两款的规定处罚。"

理　由：

从立法技术上看，宜在《刑法》第 181 条第 1 款和第 2 款的第 1 档法定刑中增加"管制"的规定，并删去该条中的罚金数额标准；同时，将第 3 款中的"处五年以下有期徒刑或者拘役"改为"依照前款的规定处罚"，以与《刑法》的其他管制、罚金和单位犯罪处刑规定相一致。

十五、操纵证券、期货市场罪（第 182 条）

【立法沿革】

操纵证券、期货市场罪是在 1997 年《刑法》第 182 条规定的操纵证券交易价格罪的基础上，经《刑法修正案》第 6 条和《刑法修正案（六）》第 11 条修正而来的。

操纵证券交易价格罪是 1997 年修订的《刑法》第 182 条增设的罪名。该条规定："有下列情形之一，操纵证券交易价格，获取不正当利益或者转嫁风险，情节严重的，处五年以下有期徒刑或者拘役，并处或者单处违法所得一倍以上五倍以下罚金：（一）单独或者合谋，集中资金优势、持股或者持仓优势或者利用信息优势联合或者连续买卖，操纵证券交易价格的；（二）与他人串通，以事先约定的时间、价格和方式相互进行证券交易，或者相互买卖并不持有的证券，影响证券交易价格或者证券交易量的；（三）以自己为交易对象，进行不转移证券所有权的自买自卖，影响证券交易价格或者证券交易量的；（四）以其他方法操纵证券交易价格的。""单位犯前款罪的，对单位判处罚金，并对其直接负责的主管人员和其他直接责任人员，处五年以下有期徒刑或者拘役。"

基于与内幕交易、泄露内幕信息罪同样的原因，《刑法修正案》第 6 条也将有关期货犯罪的内容补充到了第 182 条之中，从而使罪名由操纵证券交易价格罪演变为操纵证券、期货交易价格罪。修改后的条文为："有下列情形之一，操纵证券、期货交易价格，获取不正当利益或者转嫁风险，情节严重的，处五年以下有期徒刑或者拘役，并处或者单处违法所得一倍以上五倍以下罚金：（一）单独或者合谋，集中资金优势、持股或者持仓优势或者利用信息优势联合或者连续买卖，操纵证券、期货交易价格的；（二）与他人串通，以事先约定的时间、价格和方式相互进行证券、期货交易，或者相互买卖并不持有的证券，影响证券、期货交易价格或者证券、期货交易量的；（三）以自己为交易对象，进行不转移证券所有权的自买自卖，或者以自己为交易对象，自买自卖期货合约，影响证券、期货交易价格或者证券、期货交易量的；（四）以其他方法操纵证券、期货交易价格的。""单位犯前款罪的，对单位判处罚金，并对其直接负责的主管人员和其他直接责任人员，处五年以下有期徒刑或者拘役。"

随着证券、期货市场的发展，《刑法》第 182 条规定的操纵证券、期货交易价格罪越来越不能满足同操纵证券、期货市场的犯罪行为作斗争的实际需要。"十届全国人大常委会第十八次会议通过的修订后的证券法，对操纵证券市场的违法行为的界定作了修改，刑法这一条规定需要与修订后的证券法相衔接。此外，司法机关和有关部门提出，刑法这一条中规定对操纵证券、期货交易价格的犯罪按违法所得的倍数处罚金，但违法所得数额很难计算，建议将罚金刑的数额具体化。"[①] 因此，《刑法修正案（六）》第 11 条在将"操纵证券、期货交易价格罪"改为"操纵证券、期货市场罪"的同时，还对《刑法》第 182 条作了以下四方面的修改和补充：一是对操纵证券、期货市场的行为作出了与证券法相衔接的表述，将"以自己为交易对象，进行不转移证券所有权的自买自卖"改为"在自己

---

① 参见全国人大常委会法制工作委员会副主任安建 2005 年 12 月 24 日在十届全国人大常委会第十九次会议上所作的《关于〈中华人民共和国刑法修正案（六）（草案）〉的说明》。

实际控制的账户之间进行证券交易"；二是删去了"违法所得一倍以上五倍以下"罚金数额的规定；三是加大了处罚力度，增加了"情节特别严重的，处五年以上十年以下有期徒刑，并处罚金"的规定；四是删去了单位犯罪中的具体法定刑，将"处五年以下有期徒刑或者拘役"改为"依照前款的规定处罚"。

【立法规定】

《刑法》第182条规定："有下列情形之一，操纵证券、期货市场，情节严重的，处五年以下有期徒刑或者拘役，并处或者单处罚金；情节特别严重的，处五年以上十年以下有期徒刑，并处罚金：（一）单独或者合谋，集中资金优势、持股或者持仓优势或者利用信息优势联合或者连续买卖，操纵证券、期货交易价格或者证券、期货交易量的；（二）与他人串通，以事先约定的时间、价格和方式相互进行证券、期货交易，影响证券、期货交易价格或者证券、期货交易量的；（三）在自己实际控制的账户之间进行证券交易，或者以自己为交易对象，自买自卖期货合约，影响证券、期货交易价格或者证券、期货交易量的；（四）以其他方法操纵证券、期货市场的。""单位犯前款罪的，对单位判处罚金，并对其直接负责的主管人员和其他直接责任人员，依照前款的规定处罚。"

【立法释义】

最高人民检察院、公安部2010年5月7日发布的《关于公安机关管辖的刑事案件立案追诉标准的规定（二）》第39条规定："操纵证券、期货市场，涉嫌下列情形之一的，应予立案追诉：（一）单独或者合谋，持有或者实际控制证券的流通股份数达到该证券的实际流通股份总量百分之三十以上，且在该证券连续二十个交易日内联合或者连续买卖股份数累计达到该证券同期总成交量百分之三十以上的；（二）单独或者合谋，持有或者实际控制期货合约的数量超过期货交易所业务规则限定的持仓量百分之五十以上，且在该期货合约连续二十个交易日内联合或者连续买卖期货合约数累计达到该期货合约同期总成交量百分之三十以上的；（三）与他人串通，以事先约定的时间、价格和方式相互进行证券或者期货合约交易，且在该证券或者期货合约连续二十个交易日内成交量累计达到该证券或者期货合约同期总成交量百分之二十以上的；（四）在自己实际控制的账户之间进行证券交易，或者以自己为交易对象，自买自卖期货合约，且在该证券或者期货合约连续二十个交易日内成交量累计达到该证券或者期货合约同期总成交量百分之二十以上的；（五）单独或者合谋，当日连续申报买入或者卖出同一证券、期货合约并在成交前撤回申报，撤回申报量占当日该种证券总申报量或者该种期货合约总申报量百分之五十以上的；（六）上市公司及其董事、监事、高级管理人员、实际控制人、控股股东或者其他关联人单独或者合谋，利用信息优势，操纵该公司证券交易价格或者证券交易量的；（七）证券公司、证券投资咨询机构、专业中介机构或者从业人员，违背有关从业禁止的规定，买卖或者持有相关证券，通过对证券或者其发行人、上市公司公开作出评价、预测或者投资建议，在该证券的交易中谋取利益，情节严重的；（八）其他情节严重的情形。"

最高人民法院 2015 年 9 月 16 日发布的《关于充分发挥审判职能作用切实维护公共安全的若干意见》第 5 条规定："针对社会公众实施的非法吸收公众存款、集资诈骗、电信诈骗、操纵证券、期货市场及组织、领导传销等涉众型犯罪，影响面广、危害性大、关注度高，要精心组织好相关案件的审判工作。要加大对此类犯罪的惩治力度，对犯罪数额特别巨大、犯罪情节特别恶劣、危害后果特别严重的，依法判处重刑。要高度重视犯罪分子的违法所得追缴和涉案财物的依法处置工作，最大限度维护人民群众的合法权益，稳定社会秩序。要强化司法公开力度，及时披露有关信息，回应社会关切。"

【立法建言】

建　议：将本罪第 1 档法定刑修改为"处五年以下有期徒刑、拘役或者管制，可以并处或者单处罚金"。

理　由：

从立法技术上看，宜在本罪的第 1 档法定刑中增加"管制"的规定，并将"并处或者单处罚金"改为"可以并处或者单处罚金"，以与《刑法》的其他管制和罚金规定相一致。

十六、背信运用受托财产罪、违法运用资金罪（第 185 条之一）

【立法沿革】

背信运用受托财产罪、违法运用资金罪是《刑法修正案（六）》第 12 条新增设的罪名。

1997 年《刑法》施行后，"有关部门提出，有些金融机构挪用客户资金的行为并不是其工作人员个人的行为，而是由单位决定实施的；对情节严重的，也应追究刑事责任。有些部门提出，负责经营、管理保险资金、社会保障基金、住房公积金等公众资金的单位，违反国家规定运用资金的，将会严重影响公众资金的安全，影响社会稳定，对情节严重的，应当追究刑事责任"①。据此，《刑法修正案（六）》第 12 条增设了背信运用受托财产罪和违法运用资金罪。

【立法规定】

《刑法》第 185 条之一规定："商业银行、证券交易所、期货交易所、证券公司、期货经纪公司、保险公司或者其他金融机构，违背受托义务，擅自运用客户资金或者其他委

---

① 参见全国人大常委会法制工作委员会副主任安建 2005 年 12 月 24 日在十届全国人大常委会第十九次会议上所作的《关于〈中华人民共和国刑法修正案（六）（草案）〉的说明》。

托、信托的财产，情节严重的，对单位判处罚金，并对其直接负责的主管人员和其他直接责任人员，处三年以下有期徒刑或者拘役，并处三万元以上三十万元以下罚金；情节特别严重的，处三年以上十年以下有期徒刑，并处五万元以上五十万元以下罚金。""社会保障基金管理机构、住房公积金管理机构等公众资金管理机构，以及保险公司、保险资产管理公司、证券投资基金管理公司，违反国家规定运用资金的，对其直接负责的主管人员和其他直接责任人员，依照前款的规定处罚。"

【立法释义】

最高人民检察院、公安部 2010 年 5 月 7 日发布的《关于公安机关管辖的刑事案件立案追诉标准的规定（二）》第 40 条规定："商业银行、证券交易所、期货交易所、证券公司、期货公司、保险公司或者其他金融机构，违背受托义务，擅自运用客户资金或者其他委托、信托的财产，涉嫌下列情形之一的，应予立案追诉：（一）擅自运用客户资金或者其他委托、信托的财产数额在三十万元以上的；（二）虽未达到上述数额标准，但多次擅自运用客户资金或者其他委托、信托的财产，或者擅自运用多个客户资金或者其他委托、信托的财产的；（三）其他情节严重的情形。"第 41 条规定："社会保障基金管理机构、住房公积金管理机构等公众资金管理机构，以及保险公司、保险资产管理公司、证券投资基金管理公司，违反国家规定运用资金，涉嫌下列情形之一的，应予立案追诉：（一）违反国家规定运用资金数额在三十万元以上的；（二）虽未达到上述数额标准，但多次违反国家规定运用资金的；（三）其他情节严重的情形。"

【立法建言】

建　议：将《刑法》第 185 条之一第 1 款修改为："商业银行、证券交易所、期货交易所、证券公司、期货经纪公司、保险公司或者其他金融机构，违背受托义务，擅自运用客户资金或者其他委托、信托的财产，情节严重的，对单位判处罚金，并对其直接负责的主管人员和其他直接责任人员，处三年以下有期徒刑、拘役或者管制，可以并处或者单处罚金；情节特别严重的，处三年以上十年以下有期徒刑，并处罚金。"

理　由：

从立法技术上看，宜在《刑法》第 185 条之一第 1 款的第 1 档法定刑中增加"管制"和"单处"罚金的规定，并删去该条中的罚金数额标准，以与《刑法》的其他管制和罚金规定相一致。

十七、违法发放贷款罪（第 186 条）

【立法沿革】

违法发放贷款罪是在全国人大常委会 1995 年《关于惩治破坏金融秩序犯罪的决定》

第 9 条规定的违法向关系人发放贷款罪和违法发放贷款罪的基础上修改而来的，并经《刑法修正案（六）》第 13 条所修正。

1995 年《商业银行法》第 40 条第 1 款规定："商业银行不得向关系人发放信用贷款；向关系人发放担保贷款的条件不得优于其他借款人同类贷款的条件。"第 74 条规定：商业银行有"向关系人发放信用贷款或者发放担保贷款的条件优于其他借款人同类贷款的条件的"情形，"构成犯罪的，依法追究刑事责任"。为适应惩治违法发放人情贷款、关系贷款等犯罪行为的需要，1995 年《关于惩治破坏金融秩序犯罪的决定》第 9 条增设了违法向关系人发放贷款罪和违法发放贷款罪："银行或者其他金融机构的工作人员违反法律、行政法规规定，向关系人发放信用贷款或者发放担保贷款的条件优于其他借款人同类贷款的条件，造成较大损失的，处五年以下有期徒刑或者拘役，并处一万元以上十万元以下罚金；造成重大损失的，处五年以上有期徒刑，并处二万元以上二十万元以下罚金。""银行或者其他金融机构的工作人员违反法律、行政法规规定，玩忽职守或者滥用职权，向关系人以外的其他人发放贷款，造成重大损失的，处五年以下有期徒刑或者拘役，并处一万元以上十万元以下罚金；造成特别重大损失的，处五年以上有期徒刑，并处二万元以上二十万元以下罚金。""单位犯前两款罪的，对单位判处罚金，并对其直接负责的主管人员和其他直接责任人员，依照前两款的规定处罚。"1997 年修订的《刑法》第 186 条基本上沿用了上述规定，仅在文字表述上作了两处修改：一是删去了第 2 款中"玩忽职守或者滥用职权"的表述；二是增加了第 4 款"关系人的范围，依照《中华人民共和国商业银行法》和有关金融法规确定"的规定。

1997 年修订的《刑法》第 186 条规定："银行或者其他金融机构的工作人员违反法律、行政法规规定，向关系人发放信用贷款或者发放担保贷款的条件优于其他借款人同类贷款的条件，造成较大损失的，处五年以下有期徒刑或者拘役，并处一万元以上十万元以下罚金；造成重大损失的，处五年以上有期徒刑，并处二万元以上二十万元以下罚金。""银行或者其他金融机构的工作人员违反法律、行政法规规定，向关系人以外的其他人发放贷款，造成重大损失的，处五年以下有期徒刑或者拘役，并处一万元以上十万元以下罚金；造成特别重大损失的，处五年以上有期徒刑，并处二万元以上二十万元以下罚金。""单位犯前两款罪的，对单位判处罚金，并对其直接负责的主管人员和其他直接责任人员，依照前两款的规定处罚。""关系人的范围，依照《中华人民共和国商业银行法》和有关金融法规确定。"

1997 年《刑法》施行后，"司法机关和有关部门提出，在司法实践中，对如何认定违法发放贷款或非法出具金融票证的行为所造成的损失，较为困难；对这类违法行为，只要涉及的资金数额巨大或者有其他严重情节的，就应当追究刑事责任。"① 有鉴于此，《刑法修正案（六）》第 13 条对《刑法》第 186 条第 1 款、第 2 款作了较大的修改和调整：一是在立法技术方面，调整了条款的先后顺序和文字表述；二是在犯罪形态方面，将原来的结果犯和结果加重犯改为情节犯和情节加重犯；三是在行为方式方面，删去了第 1 款中"向关系人发放信用贷款或者发放担保贷款的条件优于其他借款人同类贷款的条件"的情形；四是在罪名设置方面，取消了违法向关系人发放贷款罪，而将"向关系人发放贷款"改为"从重处罚"的情节。

【立法规定】

《刑法》第 186 条规定："银行或者其他金融机构的工作人员违反国家规定发放贷款，数额巨大或者造成重大损失的，处五年以下有期徒刑或者拘役，并处一万元以上十万元以下罚金；数额特别巨大或者造成特别重大损失的，处五年以上有期徒刑，并处二万元以上二十万元以下罚金。""银行或者其他金融机构的工作人员违反国家规定，向关系人发放贷款的，依照前款的规定从重处罚。""单位犯前两款罪的，对单位判处罚金，并对其直接负责的主管人员和其他直接责任人员，依照前两款的规定处罚。" "关系人的范围，依照《中华人民共和国商业银行法》和有关金融法规确定。"

【立法释义】

最高人民法院 2001 年 1 月 21 日发布的《全国法院审理金融犯罪案件工作座谈会纪要》关于"破坏金融管理秩序相关犯罪数额和情节的认定"部分规定："为正确执行刑法，在其他有关的司法解释出台之前，对假币犯罪以外的破坏金融管理秩序犯罪的数额和情节，可参照以下标准掌握：……关于违法向关系人发放贷款罪。银行或者其他金融机构工作人员违反法律、行政法规规定，向关系人发放信用贷款或者发放担保贷款的条件优于其他借款人同类贷款条件，造成十至三十万元以上损失的，可以认定为'造成较大损失'；造成五十至一百万元以上损失的，可以认定为'造成重大损失'。""关于违法发放贷款罪。银行或者其他金融机构工作人员违反法律、行政法规规定，向关系人以外的其他人发放贷款，造成五十至一百万元万元以上损失的，可以认定为'造成重大损失'；造成三百至五百万元以上损失的，可以认定为'造成特别重大损失'。""对于单位实施违法发放贷款和用账外客户资金非法拆借、发放贷款造成损失构成犯罪的数额标准，可按个人实施上述犯罪的数额标准二至四倍掌握。"

最高人民检察院、公安部 2010 年 5 月 7 日发布的《关于公安机关管辖的刑事案件立

---

① 参见全国人大常委会法制工作委员会副主任安建 2005 年 12 月 24 日在十届全国人大常委会第十九次会议上所作的《关于〈中华人民共和国刑法修正案（六）（草案）〉的说明》。

案追诉标准的规定（二）》第 42 条规定："银行或者其他金融机构及其工作人员违反国家规定发放贷款，涉嫌下列情形之一的，应予立案追诉：（一）违法发放贷款，数额在一百万元以上的；（二）违法发放贷款，造成直接经济损失数额在二十万元以上的。"

【立法建言】

建　议：将《刑法》第 186 条第 1 款修改为："银行或者其他金融机构的工作人员违反国家规定发放贷款，数额巨大或者造成重大损失的，处五年以下有期徒刑、拘役或者管制，可以并处或者单处罚金；数额特别巨大或者造成特别重大损失的，处五年以上有期徒刑，并处罚金。"

理　由：

从立法技术上看，宜在本罪第 1 款的第 1 档法定刑中增加"管制"和"单处"罚金的规定，并删去该条中的罚金数额标准，以与《刑法》的其他管制和罚金规定相一致。

十八、吸收客户资金不入账罪（第 187 条）

【立法沿革】

吸收客户资金不入账罪是在 1997 年《刑法》第 187 条规定的用账外客户资金非法拆借、发放贷款罪的基础上，经《刑法修正案（六）》第 14 条修正而来的。

用账外客户资金非法拆借、发放贷款罪是 1997 年修订的《刑法》增设的罪名。该法第 187 条规定："银行或者其他金融机构的工作人员以牟利为目的，采取吸收客户资金不入账的方式，将资金用于非法拆借、发放贷款，造成重大损失的，处五年以下有期徒刑或者拘役，并处二万元以上二十万元以下罚金；造成特别重大损失的，处五年以上有期徒刑，并处五万元以上五十万元以下罚金。""单位犯前款罪的，对单位判处罚金，并对其直接负责的主管人员和其他直接责任人员，依照前款的规定处罚。"

1997 年《刑法》施行后，"有关部门提出，金融机构吸收客户资金不入账，破坏了金融管理秩序，危害金融安全，而监管机构却又难以监管，因此，对其中数额巨大的，应当追究刑事责任"①。有鉴于此，《刑法修正案（六）》第 14 条对《刑法》第 187 条作了相应的修改和补充：一是将"造成重大损失""造成特别重大损失"改为"数额巨大或者造成重大损失""数额特别巨大或者造成特别重大损失"；二是删去了"以牟利为目的""采取……的方式"和"将资金用于非法拆借、发放贷款"的规定。

【立法规定】

《刑法》第 187 条规定："银行或者其他金融机构的工作人员吸收客户资金不入账，数

---

① 参见全国人大常委会法制工作委员会副主任安建 2005 年 12 月 24 日在十届全国人大常委会第十九次会议上所作的《关于〈中华人民共和国刑法修正案（六）（草案）〉的说明》。

额巨大或者造成重大损失的，处五年以下有期徒刑或者拘役，并处二万元以上二十万元以下罚金；数额特别巨大或者造成特别重大损失的，处五年以上有期徒刑，并处五万元以上五十万元以下罚金。""单位犯前款罪的，对单位判处罚金，并对其直接负责的主管人员和其他直接责任人员，依照前款的规定处罚。"

【立法释义】

最高人民法院 2001 年 1 月 21 日发布的《全国法院审理金融犯罪案件工作座谈会纪要》关于"关于破坏金融管理秩序相关犯罪数额和情节的认定"部分规定："为正确执行刑法，在其他有关的司法解释出台之前，对假币犯罪以外的破坏金融管理秩序犯罪的数额和情节，可参照以下标准掌握：……关于用账外客户资金非法拆借、发放贷款罪。对于银行或者其他金融机构工作人员以牟利为目的，采取吸收客户资金不入账的方式，将资金用于非法拆借、发放贷款，造成五十至一百万元万元以上损失的，可以认定为'造成重大损失'；造成三百至五百万元以上损失的，可以认定为'造成特别重大损失'。""对于单位实施违法发放贷款和用账外客户资金非法拆借、发放贷款造成损失构成犯罪的数额标准，可按个人实施上述犯罪的数额标准二至四倍掌握。"

最高人民检察院、公安部 2010 年 5 月 7 日发布的《关于公安机关管辖的刑事案件立案追诉标准的规定（二）》第 43 条规定："银行或者其他金融机构及其工作人员吸收客户资金不入账，涉嫌下列情形之一的，应予立案追诉：（一）吸收客户资金不入账，数额在一百万元以上的；（二）吸收客户资金不入账，造成直接经济损失数额在二十万元以上的。"

【立法建言】

建　议：将《刑法》第 187 条第 1 款修改为："银行或者其他金融机构的工作人员吸收客户资金不入账，数额巨大或者造成重大损失的，处五年以下有期徒刑、拘役或者管制，可以并处或者单处罚金；数额特别巨大或者造成特别重大损失的，处五年以上有期徒刑，并处罚金。"

理　由：

从立法技术上看，宜在本罪第 1 款的第 1 档法定刑中增加"管制"和"单处"罚金的规定，并删去该条中的罚金数额标准，以与《刑法》的其他管制和罚金规定相一致。

十九、违规出具金融票证罪（第 188 条）

【立法沿革】

违规出具金融票证罪是在全国人大常委会 1995 年《关于惩治破坏金融秩序犯罪的决定》第 15 条规定的违规出具金融票证罪的基础上修改而来的，并经《刑法修正案（六）》

第 15 条所修正。

1995 年 5 月，提请全国人大常委会审议的《关于惩治破坏金融秩序的犯罪分子的决定（草案）》第 14 条仅规定了违反国家规定为他人出具信用证的犯罪。在草案审议和征求意见的过程中，"有些委员、部门提出，对银行等金融机构工作人员违反国家规定为他人出具担保文件、票据、资信证明等造成严重损失的，也应有所规定"①。因此，1995 年 6 月 30 日通过的《关于惩治破坏金融秩序犯罪的决定》第 15 条规定："银行或者其他金融机构的工作人员违反规定为他人出具信用证或者其他保函、票据、资信证明，造成较大损失的，处五年以下有期徒刑或者拘役；造成重大损失的，处五年以上有期徒刑。""单位犯前款罪的，对单位判处罚金，并对直接负责的主管人员和其他直接责任人员，依照前款的规定处罚。"在刑法修订研拟的过程中，1996 年 12 月 20 日的《刑法修订草案》第 176 条基本上沿用了上述规定，仅在第 1 款列举的犯罪对象中增加了"存单"。这一修改方案，为 1997 年修订的《刑法》所采纳。

1997 年修订的《刑法》第 188 条规定："银行或者其他金融机构的工作人员违反规定，为他人出具信用证或者其他保函、票据、存单、资信证明，造成较大损失的，处五年以下有期徒刑或者拘役；造成重大损失的，处五年以上有期徒刑。""单位犯前款罪的，对单位判处罚金，并对其直接负责的主管人员和其他直接责任人员，依照前款的规定处罚。"

基于与违法发放贷款罪同样的原因，《刑法修正案（六）》第 15 条将上述规定中的"造成较大损失"和"造成重大损失"，分别改为"情节严重"和"情节特别严重"。

【立法规定】

《刑法》第 188 条规定："银行或者其他金融机构的工作人员违反规定，为他人出具信用证或者其他保函、票据、存单、资信证明，情节严重的，处五年以下有期徒刑或者拘役；情节特别严重的，处五年以上有期徒刑。""单位犯前款罪的，对单位判处罚金，并对其直接负责的主管人员和其他直接责任人员，依照前款的规定处罚。"

【立法释义】

最高人民检察院、公安部 2010 年 5 月 7 日发布的《关于公安机关管辖的刑事案件立案追诉标准的规定（二）》第 44 条规定："银行或者其他金融机构及其工作人员违反规定，为他人出具信用证或者其他保函、票据、存单、资信证明，涉嫌下列情形之一的，应予立案追诉：（一）违反规定为他人出具信用证或者其他保函、票据、存单、资信证明，数额在一百万元以上的；（二）违反规定为他人出具信用证或者其他保函、票据、存单、

---

① 参见全国人大法律委员会副主任委员王叔文 1995 年 6 月 23 日在八届全国人大常委会第十四次会议上所作的《关于〈全国人民代表大会常务委员会关于惩治破坏金融秩序的犯罪分子的决定（草案）〉审议结果的报告》。

资信证明，造成直接经济损失数额在二十万元以上的；（三）多次违规出具信用证或者其他保函、票据、存单、资信证明的；（四）接受贿赂违规出具信用证或者其他保函、票据、存单、资信证明的；（五）其他情节严重的情形。"

【立法建言】

建　议： 将《刑法》第 188 条第 1 款修改为："银行或者其他金融机构的工作人员违反规定，为他人出具信用证或者其他保函、票据、存单、资信证明，情节严重的，处五年以下有期徒刑、拘役或者管制，可以并处或者单处罚金；情节特别严重的，处五年以上有期徒刑，并处罚金。"

理　由：

从立法技术上看，宜在本罪第 1 款第 1 档法定刑中增加"管制"的规定，并对本罪增加规定罚金刑，以与《刑法》的其他管制和罚金规定相一致。

二十、对违法票据承兑、付款、保证罪（第 189 条）

【立法沿革】

对违法票据承兑、付款、保证罪是 1997 年《刑法》第 189 条增设的罪名。

全国人大常委会 1995 年 5 月 10 日通过的《中华人民共和国票据法》第 105 条第 1 款规定："金融机构工作人员在票据业务中玩忽职守，对违反本法规定的票据予以承兑、付款或者保证的，给予处分；造成重大损失，构成犯罪的，依法追究刑事责任。"[①] 1997 年《刑法》第 189 条在将上述规定改为刑法的具体条款时，主要作了以下三方面的修改和补充：一是删去了"玩忽职守"的规定；二是配置了独立的法定刑；三是增加了单位犯罪的规定。

【立法规定】

《刑法》第 189 条规定："银行或者其他金融机构的工作人员在票据业务中，对违反票据法规定的票据予以承兑、付款或者保证，造成重大损失的，处五年以下有期徒刑或者拘役；造成特别重大损失的，处五年以上有期徒刑。""单位犯前款罪的，对单位判处罚金，并对其直接负责的主管人员和其他直接责任人员，依照前款的规定处罚。"

【立法释义】

最高人民检察院、公安部 2010 年 5 月 7 日发布的《关于公安机关管辖的刑事案件立案追诉标准的规定（二）》第 45 条规定："银行或者其他金融机构及其工作人员在票据业

---

① 在实践中，"对违法予以承兑、付款或者保证"的行为，构成犯罪的，一般以玩忽职守罪论处。

务中，对违反票据法规定的票据予以承兑、付款或者保证，造成直接经济损失数额在二十万元以上的，应予立案追诉。"

【立法建言】

建　议：将《刑法》第 189 条第 1 款修改为："银行或者其他金融机构的工作人员在票据业务中，对违反票据法规定的票据予以承兑、付款或者保证，情节严重的，处五年以下有期徒刑、拘役或者管制，可以并处或者单处罚金；情节特别严重的，处五年以上有期徒刑，并处罚金。"

理　由：

1. 从犯罪形态上看，宜将本罪由结果犯改为情节犯，以与《刑法》第 188 条的规定相协调。

2. 从立法技术上看，宜在本罪第 1 款第 1 档法定刑中增加"管制"的规定，并对本罪增加规定罚金刑，以与《刑法》的其他管制和罚金规定相一致

二十一、逃汇罪（第 190 条）

【立法沿革】

逃汇罪是在全国人大常委会 1988 年《关于惩治走私罪的补充规定》第 9 条规定的逃汇套汇罪的基础上修改而来的，并经全国人大常委会 1998 年《关于惩治购骗外汇、逃汇和非法买卖外汇犯罪的决定》第 3 条所修订。

1979 年《刑法》施行后，鉴于"单位和个人违反外汇管理法规进行犯罪活动的情况比较严重，这种犯罪活动有时又和走私罪有关，各地要求规定刑罚，以便审判时有所遵循。"[①] 因此，全国人大常委会 1988 年 1 月 21 日通过的《关于惩治走私罪的补充规定》第 9 条第 1 款增设了逃汇套汇罪："全民所有制、集体所有制企业事业单位、机关、团体违反外汇管理法规，在境外取得的外汇，应该调回境内而不调回，或者不存入国家指定的银行，或者把境内的外汇非法转移到境外，或者把国家拨给的外汇非法出售牟利的，由外汇管理机关依照外汇管理法规强制收兑外汇、没收违法所得，可以并处罚款，并对其直接负责的主管人员和其他直接责任人员，由其所在单位或者上级主管机关酌情给予行政处分；情节严重的，除依照外汇管理法规强制收兑外汇、没收非法所得外，判处罚金，并对其直接负责的主管人员和其他直接责任人员，处五年以下有期徒刑或者拘役。"

在全面研究修改刑法的过程中，1988 年的《刑法修改稿》第 154 条对上述规定作了

---

① 参见全国人大常委会秘书长、法制工作委员会主任王汉斌 1987 年 11 月 17 日在六届全国人大常委会第二十三次会议上所作的《关于惩治走私罪和惩治贪污罪贿赂罪两个补充规定（草案）的说明》。

较大的修改和调整，不仅增加了个人犯罪的规定，[①] 而且还加大了处罚的力度。修改后的条文为："违反外汇管理法规，逃汇、套汇，数额较大的或者情节严重的，处三年以下有期徒刑或者拘役，可以单处或者并处罚金；数额巨大或者情节特别严重的，处三年以上十年以下有期徒刑，并处罚金。"然而，在刑法修订研拟的过程中，并未沿袭上述规定的思路和写法，而是重新以《关于惩治走私罪的补充规定》为基础进行修改。1997年修订的《刑法》取消了"套汇罪"，仅保留了逃汇罪，并严格地将犯罪主体限定为"国有公司、企业或者其他单位"。

1997年修订的《刑法》第190条规定："国有公司、企业或者其他国有单位，违反国家规定，擅自将外汇存放境外，或者将境内的外汇非法转移到境外，情节严重的，对单位判处罚金，并对其直接负责的主管人员和其他直接责任人员，处五年以下有期徒刑或者拘役。"

1997年《刑法》施行后，"随着亚洲金融危机的发展，一些不法分子千方百计骗购外汇，非法截留、转移和买卖外汇，活动十分猖獗，发案数量激增，涉案金额巨大。这种状况如不及时制止，将严重损害国家金融、经济的稳定和安全"[②]。有鉴于此，为有力打击逃汇的犯罪行为，保持人民币汇率的稳定，有效防范金融风险，全国人大常委会1998年12月29日通过的《关于惩治购骗外汇、逃汇和非法买卖外汇罪犯的决定》第3条对《刑法》第190条作了重大修改和补充：一是扩大了犯罪的主体范围，将"国有公司、企业或者其他国有单位"改为"公司、企业或者其他单位"；二是明确了罚金的数额标准，规定罚金的幅度为"逃汇数额百分之五以上百分之三十以下"；三是修改了犯罪的成立条件，将"情节严重"改为"数额较大"；四是增加了加重的量刑幅度，规定"数额巨大或者有其他严重情节的，对单位判处逃汇数额百分之五以上百分之三十以下罚金，并对其直接负责的主管人员和其他直接责任人员处五年以上有期徒刑"。

【立法规定】

《刑法》第190条规定："公司、企业或者其他单位，违反国家规定，擅自将外汇存放境外，或者将境内的外汇非法转移到境外，数额较大的，对单位判处逃汇数额百分之五以上百分之三十以下罚金，并对其直接负责的主管人员和其他直接责任人员处五年以下有期徒刑或者拘役；数额巨大或者有其他严重情节的，对单位判处逃汇数额百分之五以上百分之三十以下罚金，并对其直接负责的主管人员和其他直接责任人员处五年以上有期徒刑。"

---

① 该稿有关法人犯罪的规定集中在总则第五章"其他规定"中，分则未对法人犯罪另作特别规定。

② 参见中国人民银行行长戴相龙1998年10月27日在九届全国人大常委会第五次会议上所作的《对〈关于惩治骗购外汇、逃汇和非法买卖外汇犯罪的决定（草案）〉的说明》。

【立法释义】

最高人民法院 1998 年 8 月 28 日发布的《关于审理骗购外汇、非法买卖外汇刑事案件具体应用法律若干问题的解释》第 1 条规定："以进行走私、逃汇、洗钱、骗税等犯罪活动为目的，使用虚假、无效的凭证、商业单据或者采取其他手段向外汇指定银行骗购外汇的，应当分别按照刑法分则第三章第二节、第一百九十条、第一百九十一条和第二百零四条等规定定罪处罚。""非国有公司、企业或者其他单位，与国有公司、企业或者其他国有单位勾结逃汇的，以逃汇罪的共犯处罚。"

最高人民检察院、公安部 2010 年 5 月 7 日发布的《关于公安机关管辖的刑事案件立案追诉标准的规定（二）》第 46 条规定："公司、企业或者其他单位，违反国家规定，擅自将外汇存放境外，或者将境内的外汇非法转移到境外，单笔在二百万美元以上或者累计数额在五百万美元以上的，应予立案追诉。"

【立法建言】

建　议： 将《刑法》第 190 条修改为："公司、企业或者其他单位，违反国家规定，擅自将外汇存放境外，或者将境内的外汇非法转移到境外，数额较大的，对单位判处罚金，并对其直接负责的主管人员和其他直接责任人员处五年以下有期徒刑、拘役或者管制，可以并处或者单处罚金；数额巨大或者有其他严重情节的，对单位判处罚金，并对其直接负责的主管人员和其他直接责任人员处五年以上有期徒刑，并处罚金。"

理　由：

在现行刑法中，本罪是对单位配置了罚金数额标准，而对其直接负责的主管人员和其他直接责任人员却未规定罚金的两个犯罪之一。[①] 因此，这一规定显得格外的"特别"。鉴于这一"特别"的规定并无"特别"的理由，而且还造成了《刑法》有关单位犯罪规定的不协调，因此，宜删去这一"特别"规定。此外，还宜在本罪的第 1 档法定刑中增加"管制"的规定，并对本罪的相关责任人员增加规定罚金刑，以与《刑法》的其他管制和罚金规定相一致。

二十二、骗购外汇罪（《关于惩治骗购外汇、逃汇和非法买卖外汇犯罪的决定》第 1 条）

【立法沿革】

骗购外汇罪是全国人大常委会 1998 年《关于惩治骗购外汇、逃汇和非法买卖外汇犯罪的决定》第 1 条新增设的罪名。

---

① 另一个犯罪是骗购外汇罪。

1997 年修订的《刑法》，"在当时逐步放宽外汇管制的形势下，对违反外汇管理的违法行为直接规定追究刑事责任的只有逃汇罪"。"刑法对骗购外汇和非法买卖外汇，没有直接规定追究刑事责任。"① 为了有力打击骗购外汇的犯罪行为，保持人民币汇率的稳定，有效防范金融风险，《关于惩治购骗外汇、逃汇和非法买卖外汇罪犯的决定》第 1 条增设了骗购外汇罪。

【立法规定】

《关于惩治骗购外汇、逃汇和非法买卖外汇犯罪的决定》第 1 条规定："有下列情形之一，骗购外汇，数额较大的，处五年以下有期徒刑或者拘役，并处骗购外汇数额百分之五以上百分之三十以下罚金；数额巨大或者有其他严重情节的，处五年以上十年以下有期徒刑，并处骗购外汇数额百分之五以上百分之三十以下罚金；数额特别巨大或者有其他特别严重情节的，处十年以上有期徒刑或者无期徒刑，并处骗购外汇数额百分之五以上百分之三十以下罚金或者没收财产：（一）使用伪造、变造的海关签发的报关单、进口证明、外汇管理部门核准件等凭证和单据；（二）重复使用海关签发的报关单、进口证明、外汇管理部门核准件等凭证和单据的；（三）以其他方式骗购外汇的。""伪造、变造的海关签发的报关单、进口证明、外汇管理部门核准件等凭证和单据，并用于骗购外汇的，依照前款的规定从重处罚。""明知用于骗购外汇而提供人民币资金的，以共犯论处。""单位犯前三款罪的，对单位依照第一款的规定判处罚金，并对其直接负责的主管人员和其他直接责任人员，处五年以下有期徒刑或者拘役；数额巨大或者有其他严重情节的，处五年以上十年以下有期徒刑；数额特别巨大或者有其他特别严重情节的，处十年以上有期徒刑或者无期徒刑。"

【立法释义】

最高人民法院 1998 年 8 月 28 日发布的《关于审理骗购外汇、非法买卖外汇刑事案件具体应用法律若干问题的解释》第 5 条规定："海关、银行、外汇管理机关工作人员与骗购外汇的行为人通谋，为其提供购买外汇的有关凭证，或者明知是伪造、变造的凭证和商业单据而出售外汇，构成犯罪的，按照刑法的有关规定从重处罚。"第 6 条规定："实施本解释规定的行为，同时触犯二个以上罪名的，择一重罪从重处罚。"第 7 条规定："根据刑法第六十四条规定，骗购外汇、非法买卖外汇的，其违法所得予以追缴，用于骗购外汇、非法买卖外汇的资金予以没收，上缴国库。"第 8 条规定："骗购、非法买卖不同币种的外汇的，以案发时国家外汇管理机关制定的统一折算率折合后依照本解释处罚。"

---

① 参见中国人民银行行长戴相龙 1998 年 10 月 27 日在九届全国人大常委会第五次会议上所作的《对〈关于惩治骗购外汇、逃汇和非法买卖外汇犯罪的决定（草案）〉的说明》。

最高人民法院、最高人民检察院、公安部 1999 年 3 月 16 日发布的《办理骗汇、逃汇犯罪案件联席会议纪要》第 4 条规定："公安机关侦查骗汇、逃汇犯罪案件，要及时全面收集和固定犯罪证据，抓紧缉捕犯罪分子。人民检察院和人民法院对正在办理的骗汇、逃汇犯罪案件，只要基本犯罪事实清楚，基本证据确实充分，应当及时依法起诉、审判。主犯在逃或者骗购外汇所需人民币资金的来源无法彻底查清，但证明在案的其他犯罪嫌疑人实施犯罪的基本证据确实充分的，为在法定时限内结案，可以对在案的其他犯罪嫌疑人先行处理。对于已收集到外汇指定银行汇出凭证和境外收汇银行收款凭证等证据，能够证明所骗购外汇确已汇至港澳台地区或国外的，应视为骗购外汇既遂。"

最高人民检察院、公安部 2010 年 5 月 7 日发布的《关于公安机关管辖的刑事案件立案追诉标准的规定（二）》第 47 条规定："骗购外汇，数额在五十万美元以上的，应予立案追诉。"

【立法建言】

建　议： 将《关于惩治骗购外汇、逃汇和非法买卖外汇犯罪的决定》第 1 条编入《刑法》，作为第 190 条之一，并将其修改为："有下列情形之一，骗购外汇，数额较大的，处五年以下有期徒刑、拘役或者管制，可以并处或者单处罚金；数额巨大或者有其他严重情节的，处五年以上十年以下有期徒刑，并处罚金；数额特别巨大或者有其他特别严重情节的，处十年以上有期徒刑或者无期徒刑，并处罚金或者没收财产：（一）使用伪造、变造的海关签发的报关单、进口证明、外汇管理部门核准件等凭证和单据；（二）重复使用海关签发的报关单、进口证明、外汇管理部门核准件等凭证和单据的；（三）以其他方式骗购外汇的。""伪造、变造的海关签发的报关单、进口证明、外汇管理部门核准件等凭证和单据，并用于骗购外汇的，依照前款的规定从重处罚。""明指用于骗购外汇而提供人民币资金的，以共犯论处。""单位犯前三款罪的，对单位判处罚金，并对其直接负责的主管人员和其他直接责任人员，依照各该款的规定处罚。"

理　由：

《关于惩治骗购外汇、逃汇和非法买卖外汇犯罪的决定》第 1 条规定的骗购外汇罪是迄今唯一未编入《刑法》条文序列的罪名，与修订《刑法》时"要制定一部统一的、比较完备的刑法典"的立法追求相悖。因此，宜适时将其编入《刑法》。此外，还宜在本罪第 1 款第 1 档法定刑中增加"管制"和"单处"罚金的规定，并删去本罪中的罚金数额标准；同时，将第 3 款修改为"单位犯前三款罪的，对单位判处罚金，并对其直接负责的主管人员和其他直接责任人员，依照各该款的规定处罚"，以与《刑法》的其他管制、罚金和单位犯罪处刑规定相一致。

二十三、洗钱罪（第 191 条）

【立法沿革】

洗钱罪是在全国人大常委会 1990 年《关于禁毒的决定》第 4 条第 1 款规定的掩饰、隐瞒出售毒品所获财物的非法性质和来源罪的基础上修改而来的，并经《刑法修正案（三）》第 7 条和《刑法修正案（六）》第 16 条所修正。

为严厉打击为毒品犯罪分子"洗钱"的犯罪活动，全国人大常委会 1990 年 12 月 28 日通过的《关于禁毒的决定》第 4 条第 1 款中规定了掩饰、隐瞒出售毒品所获财物的非法性质和来源罪："包庇走私、贩卖、运输、制造毒品的犯罪分子的，为犯罪分子窝藏、转移、隐瞒毒品或者犯罪所得的财物的，掩饰、隐瞒出售毒品获得财物的非法性质和来源的，处七年以下有期徒刑、拘役或者管制，可以并处罚金。"

1997 年修订《刑法》时，考虑到"很多国家的刑法对洗钱的犯罪行为作了规定，我国关于禁毒的决定中也对洗钱作了规定。目前，洗钱犯罪时有发生，并已不限于毒品犯罪。"① 因此，1997 年修订的《刑法》第 191 条规定了洗钱罪："明知是毒品犯罪、黑社会性质的组织犯罪、走私犯罪的违法所得及其产生的收益，为掩饰、隐瞒其来源和性质，有下列行为之一的，没收实施以上犯罪的所得及其产生的收益，处五年以下有期徒刑或者拘役，并处或者单处洗钱数额百分之五以上百分之二十以下罚金；情节严重的，处五年以上十年以下有期徒刑，并处洗钱数额百分之五以上百分之二十以下罚金：（一）提供资金账户的；（二）协助将财产转换为现金或者金融票据的；（三）通过转账或者其他结算方式协助资金转移的；（四）协助将资金汇往境外的；（五）以其他方法掩饰、隐瞒犯罪的违法所得及其收益的来源和性质的。""单位犯前款罪的，对单位判处罚金，并对其直接负责的主管人员和其他直接责任人员，处五年以下有期徒刑或者拘役。"

1997 年《刑法》施行后，为更好地惩治恐怖活动犯罪，《刑法修正案（三）》第 7 条在洗钱罪的上游犯罪中增加了"恐怖活动犯罪"。与此同时，考虑到"单位洗钱犯罪在一定程度上比个人洗钱危害更大，建议对单位洗钱犯罪的责任人员的处罚增加一档刑"②。因此，该条还在第 2 款中增加了"情节严重的，处五年以上十年以下有期徒刑"的规定。

到了 2005 年，"有关部门提出，不少贪污贿赂犯罪、金融犯罪的违法所得巨大，为其洗钱将严重破坏金融管理秩序，危害金融安全，应当将为这两类犯罪洗钱的行为，按洗钱

---

① 参见全国人大常委会副委员长王汉斌 1997 年 3 月 6 日在八届全国人大第五次会议上所作的《关于〈中华人民共和国刑法（修订草案）〉的说明》。

② 参见全国人大法律委员会主任委员王维澄 2001 年 12 月 27 日在九届全国人大常委会第二十五次会议上所作的《关于〈中华人民共和国刑法修正案（三）（草案）〉审议结果的报告》。

犯罪追究刑事责任"①。据此，《刑法修正案（六）》第 16 条又在洗钱罪的上游犯罪中增加了"贪污贿赂犯罪、破坏金融管理秩序犯罪、金融诈骗犯罪"②。此外，该条第 1 款还将第 2 项"协助将财产转换为现金或者金融票据的"改为"协助将财产转换为现金、金融票据、有价证券的"。

【立法规定】

《刑法》第 191 条规定："明知是毒品犯罪、黑社会性质的组织犯罪、恐怖活动犯罪、走私犯罪、贪污贿赂犯罪、破坏金融管理秩序犯罪、金融诈骗犯罪的所得及其产生的收益，为掩饰、隐瞒其来源和性质，有下列行为之一的，没收实施以上犯罪的所得及其产生的收益，处五年以下有期徒刑或者拘役，并处或者单处洗钱数额百分之五以上百分之二十以下罚金；情节严重的，处五年以上十年以下有期徒刑，并处洗钱数额百分之五以上百分之二十以下罚金：（一）提供资金账户的；（二）协助将财产转换为现金、金融票据、有价证券的；（三）通过转账或者其他结算方式协助资金转移的；（四）协助将资金汇往境外的；（五）以其他方法掩饰、隐瞒犯罪所得及其收益的来源和性质的。""单位犯前款罪的，对单位判处罚金，并对其直接负责的主管人员和其他直接责任人员，处五年以下有期徒刑或者拘役；情节严重的，处五年以上十年以下有期徒刑。"

【立法释义】

最高人民法院 1998 年 8 月 28 日发布的《关于审理骗购外汇、非法买卖外汇刑事案件具体应用法律若干问题的解释》第 1 条第 1 款规定："以进行走私、逃汇、洗钱、骗税等犯罪活动为目的，使用虚假、无效的凭证、商业单据或者采取其他手段向外汇指定银行骗购外汇的，应当分别按照刑法分则第三章第二节、第一百九十条、第一百九十一条和第二百零四条等规定定罪处罚。"

最高人民法院 2009 年 11 月 4 日发布的《关于审理洗钱等刑事案件具体应用法律若干问题的解释》第 1 条规定："刑法第一百九十一条、第三百一十二条规定的'明知'，应当结合被告人的认知能力，接触他人犯罪所得及其收益的情况，犯罪所得及其收益的种

---

① 参见全国人大常委会法制工作委员会副主任安建 2005 年 12 月 24 日在十届全国人大常委会第十九次会议上所作的《关于〈中华人民共和国刑法修正案（六）（草案）〉的说明》。

② "这里需要说明的是，有的部门提出还应扩大洗钱罪的上游犯罪范围。理由是，有关国际公约要求，对明知是严重犯罪的所得，协助进行转移、转换或者以其他方式掩饰、隐瞒其性质和来源的行为，都应规定为犯罪。我们考虑，刑法第一百九十一条规定的洗钱犯罪，主要是为了维护金融管理秩序，保障金融安全，针对一些通常可能有巨大犯罪所得的严重犯罪而为其洗钱的行为所作的特别规定；除此之外，按照我国刑法第三百一十二条的规定，对明知是任何犯罪的所得而予以窝藏、转移、收购或者代为销售的，都可按犯罪追究刑事责任，只是具体罪名不称为洗钱罪。我国刑法的这些规定，实质上是符合有关国际公约要求的。在洗钱罪中是否再增列其他严重的上游犯罪，我们将会同有关方面进一步研究"（参见全国人大常委会法制工作委员会副主任安建 2005 年 12 月 24 日在十届全国人大常委会第十九次会议上所作的《关于〈中华人民共和国刑法修正案（六）（草案）〉的说明》）。

类、数额，犯罪所得及其收益的转换、转移方式以及被告人的供述等主、客观因素进行认定。""具有下列情形之一的，可以认定被告人明知系犯罪所得及其收益，但有证据证明确实不知道的除外：（一）知道他人从事犯罪活动，协助转换或者转移财物的；（二）没有正当理由，通过非法途径协助转换或者转移财物的；（三）没有正当理由，以明显低于市场的价格收购财物的；（四）没有正当理由，协助转换或者转移财物，收取明显高于市场的'手续费'的；（五）没有正当理由，协助他人将巨额现金散存于多个银行账户或者在不同银行账户之间频繁划转的；（六）协助近亲属或者其他关系密切的人转换或者转移与其职业或者财产状况明显不符的财物的；（七）其他可以认定行为人明知的情形。""被告人将刑法第一百九十一条规定的某一上游犯罪的犯罪所得及其收益误认为刑法第一百九十一条规定的上游犯罪范围内的其他犯罪所得及其收益的，不影响刑法第一百九十一条规定的'明知'的认定。"第 2 条规定："具有下列情形之一的，可以认定为刑法第一百九十一条第一款第（五）项规定的'以其他方法掩饰、隐瞒犯罪所得及其收益的来源和性质'：（一）通过典当、租赁、买卖、投资等方式，协助转移、转换犯罪所得及其收益的；（二）通过与商场、饭店、娱乐场所等现金密集型场所的经营收入相混合的方式，协助转移、转换犯罪所得及其收益的；（三）通过虚构交易、虚设债权债务、虚假担保、虚报收入等方式，协助将犯罪所得及其收益转换为'合法'财物的；（四）通过买卖彩票、奖券等方式，协助转换犯罪所得及其收益的；（五）通过赌博方式，协助将犯罪所得及其收益转换为赌博收益的；（六）协助将犯罪所得及其收益携带、运输或者邮寄出入境的；（七）通过前述规定以外的方式协助转移、转换犯罪所得及其收益的。"第 3 条规定："明知是犯罪所得及其产生的收益而予以掩饰、隐瞒，构成刑法第三百一十二条规定的犯罪，同时又构成刑法第一百九十一条或者第三百四十九条规定的犯罪的，依照处罚较重的规定定罪处罚。"第 4 条规定："刑法第一百九十一条、第三百一十二条、第三百四十九条规定的犯罪，应当以上游犯罪事实成立为认定前提。上游犯罪尚未依法裁判，但查证属实的，不影响刑法第一百九十一条、第三百一十二条、第三百四十九条规定的犯罪的审判。""上游犯罪事实可以确认，因行为人死亡等原因依法不予追究刑事责任的，不影响刑法第一百九十一条、第三百一十二条、第三百四十九条规定的犯罪的认定。""上游犯罪事实可以确认，依法以其他罪名定罪处罚的，不影响刑法第一百九十一条、第三百一十二条、第三百四十九条规定的犯罪的认定。""本条所称'上游犯罪'，是指产生刑法第一百九十一条、第三百一十二条、第三百四十九条规定的犯罪所得及其收益的各种犯罪行为。"

最高人民检察院、公安部 2010 年 5 月 7 日发布的《关于公安机关管辖的刑事案件立案追诉标准的规定（二）》第 48 条规定："明知是毒品犯罪、黑社会性质的组织犯罪、恐怖活动犯罪、走私犯罪、贪污贿赂犯罪、破坏金融管理秩序犯罪、金融诈骗犯罪的所得及其产生的收益，为掩饰、隐瞒其来源和性质，涉嫌下列情形之一的，应予立案追诉：（一）提供资金账户的；（二）协助将财产转换为现金、金融票据、有价证券的；（三）通过转账或者其他结算方式协助资金转移的；（四）协助将资金汇往境外的；（五）以其他方法掩饰、隐瞒犯罪所得及其收益的来源和性质的。"

【立法建言】

建　议：将《刑法》第 191 条修改为："明知是毒品犯罪、黑社会性质的组织犯罪、恐怖活动犯罪、走私犯罪、贪污贿赂犯罪、破坏金融管理秩序犯罪、金融诈骗犯罪的所得及其产生的收益，为掩饰、隐瞒其来源和性质，有下列行为之一的，处五年以下有期徒刑、拘役或者管制，可以并处或者单处罚金；情节严重的，处五年以上十年以下有期徒刑，并处罚金：（一）提供资金账户的；（二）协助将财产转换为现金或者金融票据的；（三）通过转账或者其他结算方式协助资金转移的；（四）协助将资金汇往境外的；（五）以其他方法掩饰、隐瞒犯罪的违法所得及其收益的性质和来源的。""单位犯前款罪的，对单位判处罚金，并对其直接负责的主管人员和其他直接责任人员，依照前款的规定处罚。"

理　由：

1. 从立法体例上看，宜删去本罪中"没收实施以上犯罪的所得及其产生的收益"的规定。因为，《刑法》第 64 条对此已有明文规定，在此再作规定，不仅易生歧义，[①] 而且还破坏了条文的严谨结构，造成了立法体例上的不协调。

2. 从立法技术上看，宜在本罪第 1 款第 1 档法定刑中增加"管制"的规定，并删去本罪中的罚金数额标准；同时，将第 2 款修改为"单位犯前款罪的，对单位判处罚金，并对其直接负责的主管人员和其他直接责任人员，依照前款的规定处罚"，以与《刑法》的其他管制、罚金和单位犯罪规定相一致。

---

① 在刑法理论上，对于"没收实施以上犯罪的所得及其产生的收益"的含义争议较大。例如，有学者认为，它是指"没收实施毒品犯罪、黑社会性质的组织犯罪、恐怖活动犯罪、走私犯罪、贪污贿赂犯罪、破坏金融管理秩序犯罪、金融诈骗犯罪的所得及其产生的收益"（高铭暄、马克昌主编：《刑法学》，北京大学出版社、高等教育出版社 2011 年版，第 420 页）。也有学者认为，它是指"没收实施本条规定犯罪的所得及其产生的收益"（王作富主编：《刑法》，中国人民大学出版社 2011 年版，第 326 页）。还有学者认为，它是指"没收上游犯罪的违法所得及其产生的收益。但是，这里的没收既不同于附加刑的没收财产，也不同于刑法第 64 条所规定的没收违禁品和供犯罪所用的本人财物。上游犯罪没有被害人的（如贩卖毒品、受贿），应当追缴上游犯罪所得及其产生的收益，上缴国库。上游犯罪有被害人的（如贪污、金融诈骗），应当将上游犯罪所得退赔被害人，犯罪所得产生的收益上缴国库"（张明楷：《刑法学》，法律出版社 2011 年版，第 703 页）。

第五节 金融诈骗罪

一、集资诈骗罪（第 192 条）

【立法沿革】

集资诈骗罪是在全国人大常委会 1995 年《关于惩治破坏金融秩序犯罪的决定》第 8 条规定的集资诈骗罪的基础上修改而来的，并经《刑法修正案（九）》第 12 条所修正。

在 1995 年审议《关于惩治破坏金融秩序的犯罪分子的决定（草案）》的过程中，"有的委员、地方和单位提出，当前一些犯罪分子以集资为名，在社会上进行诈骗，并将骗得的巨款卷逃、挥霍的犯罪情况比较突出，这类犯罪活动严重破坏金融秩序和人民群众的正常生活秩序，影响社会稳定，应当区别于草案第六条第二款规定的情形，[①] 作出明确、严厉的规定"[②]。因此，全国人大常委会 1995 年 6 月 30 日通过的《关于惩治破坏金融秩序犯罪的决定》第 8 条增加规定了集资诈骗罪："以非法占有为目的，使用诈骗方法非法集资的，处三年以下有期徒刑或者拘役，并处二万元以上二十万元以下罚金；数额巨大或者有其他严重情节的，处三年以上十年以下有期徒刑，并处五万元以上五十万元以下罚金；数额特别巨大或者有其他特别严重情节的，处十年以上有期徒刑、无期徒刑或者死刑，并处没收财产。""单位犯前款罪的，对单位判处罚金，并对直接负责的主管人员和其他直接负责人员，依照前款的规定处罚。"

1997 年修订的《刑法》第 192 条在上述规定的基础上，除将死刑和单位犯罪另作专条规定外，主要作了以下两方面的修改和补充：一是在犯罪构成方面，对本罪的基本犯增加了"数额较大"的要求；二是在刑罚配置方面，将第 1 档法定刑中的主刑由"三年以下有期徒刑或者拘役"改为"五年以下有期徒刑或者拘役"，将第 2 档法定刑中的主刑由"三年以上十年以下有期徒刑"改为"五年以上十年以下有期徒刑"，并在第 3 档法定刑中增加了"并处五万元以上五十万元以下罚金"的规定。

1997 年《刑法》施行后，为"落实党中央关于逐步减少适用死刑罪名的要求"[③]，《刑法修正案（九）》第 12 条又删去了《刑法》第 199 条的规定，取消了本罪的死刑。

---

① 该草案第 6 条第 2 款规定的是"非法吸收公众存款或者变相吸收公众存款"的情形。

② 参见全国人大法律委员会副主任委员王叔文 1995 年 6 月 23 日在八届全国人大常委会第十四次会议上所作的《关于〈全国人民代表大会常务委员会关于惩治破坏金融秩序的犯罪分子的决定（草案）〉审议结果的报告》。

③ 参见全国人大常委会法制工作委员会主任李适时 2014 年 10 月 27 日在十二届全国人大常委会第十一次会议上所作的《关于〈中华人民共和国刑法修正案（九）（草案）〉的说明》。

【立法规定】

《刑法》第 192 条规定："以非法占有为目的，使用诈骗方法非法集资，数额较大的，处五年以下有期徒刑或者拘役，并处二万元以上二十万元以下罚金；数额巨大或者有其他严重情节的，处五年以上十年以下有期徒刑，并处五万元以上五十万元以下罚金；数额特别巨大或者有其他特别严重情节的，处十年以上有期徒刑或者无期徒刑，并处五万元以上五十万元以下罚金或者没收财产。"第 200 条规定："单位犯本节第一百九十二条、第一百九十四条、第一百九十五条规定之罪的，对单位判处罚金，并对其直接负责的主管人员和其他直接责任人员，处五年以下有期徒刑或者拘役，可以并处罚金；数额巨大或者有其他严重情节的，处五年以上十年以下有期徒刑，并处罚金；数额特别巨大或者有其他特别严重情节的，处十年以上有期徒刑或者无期徒刑，并处罚金。"

【立法释义】

最高人民法院 2001 年 1 月 21 日发布的《全国法院审理金融犯罪案件工作座谈会纪要》关于"金融诈骗罪中非法占有目的的认定"部分规定："金融诈骗犯罪都是以非法占有为目的的犯罪。在司法实践中，认定是否具有非法占有为目的，应当坚持主客观相一致的原则，既要避免单纯根据损失结果客观归罪，也不能仅凭被告人自己的供述，而应当根据案件具体情况具体分析。根据司法实践，对于行为人通过诈骗的方法非法获取资金，造成数额较大资金不能归还，并具有下列情形之一的，可以认定为具有非法占有的目的：(1) 明知没有归还能力而大量骗取资金的；(2) 非法获取资金后逃跑的；(3) 肆意挥霍骗取资金的；(4) 使用骗取的资金进行违法犯罪活动的；(5) 抽逃、转移资金、隐匿财产，以逃避返还资金的；(6) 隐匿、销毁账目，或者搞假破产、假倒闭，以逃避返还资金的；(7) 其他非法占有资金、拒不返还的行为。但是，在处理具体案件的时候，对于有证据证明行为人不具有非法占有目的的，不能单纯以财产不能归还就按金融诈骗罪处罚。"关于"集资诈骗罪的认定和处理"部分规定："集资诈骗罪和欺诈发行股票、证券罪、非法吸收公众存款罪在客观上均表现为向社会公众非法募集资金。区别的关键在于行为人是否具有非法占有的目的。对于以非法占有为目的而非法集资，或者在非法集资过程中产生了非法占有他人资金的故意，均构成集资诈骗罪。但是，在处理具体案件时要注意以下两点：一是不能仅凭较大数额的非法集资款不能返还的结果，推定行为人具有非法占有的目的；二是行为人将大部分资金用于投资或生产经营活动，而将少量资金用于个人消费或挥霍的，不应仅以此便认定具有非法占有的目的。"关于"金融诈骗犯罪定罪量刑的数额标准和犯罪数额的计算"部分规定："金融诈骗的数额不仅是定罪的重要标准，也是量刑的主要依据。在没有新的司法解释之前，可参照 1996 年《最高人民法院关于审理诈骗案件具体应用法律的若干问题的解释》的规定执行。在具体认定金融诈骗犯罪的数额时，应当以行为人实际骗取的数额计算。对于行为人实施金融诈骗活动而支付的中介费、手续费、回扣等，或者用于行贿、赠与等费用，均应计入金融诈骗的犯罪数额。但应当将案发前已归还的数额扣除。"关于"财产刑的适用"部分规定："金融犯罪是图利型犯罪，惩罚和预防此类犯罪，应当注重同时从经济上制裁犯罪分子。刑法对金融犯罪都规定了财产刑，人民法院应当严格依法判处。罚金的数额，应当根据被告人的犯罪情节，在法律规定的数额幅度内确定。对于具有从轻、减轻或者免除处罚情节的被告人，对于本应并处的罚金刑原则上也应当从轻、减轻或者免除。""单位金融犯罪中直接负责的主管人员和其他直接责任人员，是否适用罚金刑，应当根据刑法的具体规定。刑法分则条文规定有罚金刑，并规定对单位犯罪中直接负责的主管人员和其他直接责任人员依照自然人犯罪条款处罚的，应当判处罚金刑，但是对直接负责的主管人员和其他直接责任人员判处罚金的数额，应当低于对单位判处罚金的数额；刑法分则条文明确规定对单位犯罪中直接负责的主管人员和其他直接责任人员只判处自由刑的，不能附加判处罚金刑。"

最高人民法院、最高人民检察院、公安部、中国证券监督管理委员会 2008 年 1 月 2 日发布的《关于整治非法证券活动有关问题的通知》第 2 条第 2 款"关于擅自发行证券的责任追究"规定："未经依法核准，擅自发行证券，涉嫌犯罪的，依照《刑法》第一百七十九条之规定，以擅自发行股票、公司、企业债券罪追究刑事责任。未经依法核准，以发行证券为幌子，实施非法证券活动，涉嫌犯罪的，依照《刑法》第一百七十六条、第一百九十二条等规定，以非法吸收公众存款罪、集资诈骗罪等罪名追究刑事责任。未构成犯罪的，依照《证券法》和有关法律的规定给予行政处罚。"

最高人民检察院、公安部 2010 年 5 月 7 日发布的《关于公安机关管辖的刑事案件立案追诉标准的规定（二）》第 49 条规定："以非法占有为目的，使用诈骗方法非法集资，涉嫌下列情形之一的，应予立案追诉：（一）个人集资诈骗，数额在十万元以上的；（二）单位集资诈骗，数额在五十万元以上的。"

最高人民法院 2010 年 12 月 13 日发布的《关于审理非法集资刑事案件具体应用法律若干问题的解释》第 4 条规定："以非法占有为目的，使用诈骗方法实施本解释第二条规定所列行为的，应当依照刑法第一百九十二条的规定，以集资诈骗罪定罪处罚。"① "使用

---

① 该解释第 2 条所列的行为是：（1）不具有房产销售的真实内容或者不以房产销售为主要目的，以返本销售、售后包租、约定回购、销售房产份额等方式非法吸收资金的；（2）以转让林权并代为管护等方式非法吸收资金的；（3）以代种植（养殖）、租种植（养殖）、联合种植（养殖）等方式非法吸收资金的；（4）不具有销售商品、提供服务的真实内容或者不以销售商品、提供服务为主要目的，以商品回购、寄存代售等方式非法吸收资金的；（5）不具有发行股票、债券的真实内容，以虚假转让股权、发售虚构债券等方式非法吸收资金的；（6）不具有募集基金的真实内容，以假借境外基金、发售虚构基金等方式非法吸收资金的；（7）不具有销售保险的真实内容，以假冒保险公司、伪造保险单据等方式非法吸收资金的；（8）以投资入股的方式非法吸收资金的；（9）以委托理财的方式非法吸收资金的；（10）利用民间"会"、"社"等组织非法吸收资金的；（11）其他非法吸收资金的行为。

诈骗方法非法集资，具有下列情形之一的，可以认定为'以非法占有为目的'：（一）集资后不用于生产经营活动或者用于生产经营活动与筹集资金规模明显不成比例，致使集资款不能返还的；（二）肆意挥霍集资款，致使集资款不能返还的；（三）携带集资款逃匿的；（四）将集资款用于违法犯罪活动的；（五）抽逃、转移资金、隐匿财产，逃避返还资金的；（六）隐匿、销毁账目，或者搞假破产、假倒闭，逃避返还资金的；（七）拒不交代资金去向，逃避返还资金的；（八）其他可以认定非法占有目的的情形。""集资诈骗罪中的非法占有目的，应当区分情形进行具体认定。行为人部分非法集资行为具有非法占有目的的，对该部分非法集资行为所涉集资款以集资诈骗罪定罪处罚；非法集资共同犯罪中部分行为人具有非法占有目的，其他行为人没有非法占有集资款的共同故意和行为的，对具有非法占有目的的行为人以集资诈骗罪定罪处罚。"第 5 条规定："个人进行集资诈骗，数额在 10 万元以上的，应当认定为'数额较大'；数额在 30 万元以上的，应当认定为'数额巨大'；数额在 100 万元以上的，应当认定为'数额特别巨大'。""单位进行集资诈骗，数额在 50 万元以上的，应当认定为'数额较大'；数额在 150 万元以上的，应当认定为'数额巨大'；数额在 500 万元以上的，应当认定为'数额特别巨大'。""集资诈骗的数额以行为人实际骗取的数额计算，案发前已归还的数额应予扣除。行为人为实施集资诈骗活动而支付的广告费、中介费、手续费、回扣，或者用于行贿、赠与等费用，不予扣除。行为人为实施集资诈骗活动而支付的利息，除本金未归还可予折抵本金以外，应当计入诈骗数额。"

最高人民法院 2011 年 8 月 18 日发布的《关于非法集资刑事案件性质认定问题的通知》第 1 条规定："行政部门对于非法集资的性质认定，不是非法集资案件进入刑事程序的必经程序。行政部门未对非法集资作出性质认定的，不影响非法集资刑事案件的审判。"第 2 条规定："人民法院应当依照刑法和《最高人民法院关于审理非法集资刑事案件具体应用法律若干问题的解释》等有关规定认定案件事实的性质，并认定相关行为是否构成犯罪。"第 3 条规定："对于案情复杂、性质认定疑难的案件，人民法院可以在有关部门关于是否符合行业技术标准的行政认定意见的基础上，根据案件事实和法律规定作出性质认定。"第 4 条规定："非法集资刑事案件的审判工作涉及领域广、专业性强，人民法院在审理此类案件当中要注意加强与有关行政主（监）管部门以及公安机关、人民检察院的配合。审判工作中遇到重大问题难以解决的，请及时报告最高人民法院。"

最高人民法院、最高人民检察院、公安部 2014 年 3 月 25 日发布的《关于办理非法集资刑事案件适用法律若干问题的意见》第 1 条 "关于行政认定的问题" 规定："行政部门对于非法集资的性质认定，不是非法集资刑事案件进入刑事诉讼程序的必经程序。行政部门未对非法集资作出性质认定的，不影响非法集资刑事案件的侦查、起诉和审判。""公安机关、人民检察院、人民法院应当依法认定案件事实的性质，对于案情复杂、性质认定疑难的案件，可参考有关部门的认定意见，根据案件事实和法律规定作出性质认定。"第 3条"关于'社会公众'的认定问题"规定："下列情形不属于《最高人民法院关于审理非法集资刑事案件具体应用法律若干问题的解释》第一条第二款规定的'针对特定对象吸收资金'的行为，应当认定为向社会公众吸收资金：（一）在向亲友或者单位内部人员吸收资金的过程中，明知亲友或者单位内部人员向不特定对象吸收资金而予以放任的；（二）以吸收资金为目的，将社会人员吸收为单位内部人员，并向其吸收资金的。"第 4 条"关于共同犯罪的处理问题"规定："为他人向社会公众非法吸收资金提供帮助，从中收取代理费、好处费、返点费、佣金、提成等费用，构成非法集资共同犯罪的，应当依法追究刑事责任。能够及时退缴上述费用的，可依法从轻处罚；其中情节轻微的，可以免除处罚；情节显著轻微、危害不大的，不作为犯罪处理。"

最高人民法院 2015 年 9 月 16 日发布的《关于充分发挥审判职能作用切实维护公共安全的若干意见》第 5 条规定："针对社会公众实施的非法吸收公众存款、集资诈骗、电信诈骗、操纵证券、期货市场及组织、领导传销等涉众型犯罪，影响面广、危害性大、关注度高，要精心组织好相关案件的审判工作。要加大对此类犯罪的惩治力度，对犯罪数额特别巨大、犯罪情节特别恶劣、危害后果特别严重的，依法判处重刑。要高度重视犯罪分子的违法所得追缴和涉案财物的依法处置工作，最大限度维护人民群众的合法权益，稳定社会秩序。要强化司法公开力度，及时披露有关信息，回应社会关切。"

【立法建言】

建　议：将《刑法》第192 条修改为："以非法占有为目的，使用诈骗方法非法集资，数额较大的，处五年以下有期徒刑、拘役或者管制，可以并处或者单处罚金；数额巨大或者有其他严重情节的，处五年以上十年以下有期徒刑，并处罚金；数额特别巨大或者有其他特别严重情节的，处十年以上有期徒刑或者无期徒刑，并处罚金或者没收财产。""单位犯前款罪的，对单位判处罚金，并对其直接负责的主管人员和其他直接责任人员，依照前款的规定处罚。"同时，相应删去《刑法》第 200 条。

理　由：

从立法技术上看，宜在本罪的第 1 档法定刑中增加"管制"和"单处"罚金的规定，并删去本罪中的罚金数额标准；同时，将《刑法》第 200 条分解后作为本罪的第 2 款，并将其中直接责任人员的处刑规定改为"依照前款的规定处罚"，以与《刑法》的其他管制、罚金和单位犯罪处刑规定相一致。

二、贷款诈骗罪（第193条）

【立法沿革】

贷款诈骗罪是在全国人大常委会1995年《关于惩治破坏金融秩序犯罪的决定》第10条规定的贷款诈骗罪的基础上修改而来的。

1995年《商业银行法》第80条规定："借款人采取欺诈手段骗取贷款，构成犯罪的，依法追究刑事责任。"据此，《关于惩治破坏金融秩序犯罪的决定》第10条增设了贷款诈骗罪："有下列情形之一，以非法占有为目的，诈骗银行或者其他金融机构的贷款，数额较大的，处五年以下有期徒刑或者拘役，并处二万元以上二十万元以下罚金；数额巨大或者有其他严重情节的，处五年以上十年以下有期徒刑，并处五万元以上五十万元以下罚金；数额特别巨大或者有其他特别严重情节的，处十年以上有期徒刑或者无期徒刑，并处没收财产：（一）编造引进资金、项目等虚假理由的；（二）使用虚假的经济合同的；（三）使用虚假的证明文件的；（四）使用虚假的产权证明作担保的；（五）以其他方法诈骗贷款的。"1997年《刑法》第193条基本上沿用了上述规定，仅作了两处补充修改：一是在第3档法定刑中增加了"并处五万元以上五十万元以下罚金"的规定；二是在第4项中增加了"超出抵押物价值重复担保"的情形。

【立法规定】

《刑法》第193条规定："有下列情形之一，以非法占有为目的，诈骗银行或者其他金融机构的贷款，数额较大的，处五年以下有期徒刑或者拘役，并处二万元以上二十万元以下罚金；数额巨大或者有其他严重情节的，处五年以上十年以下有期徒刑，并处五万元以上五十万元以下罚金；数额特别巨大或者有其他特别严重情节的，处十年以上有期徒刑或者无期徒刑，并处五万元以上五十万元以下罚金或者没收财产：（一）编造引进资金、项目等虚假理由的；（二）使用虚假的经济合同的；（三）使用虚假的证明文件的；（四）使用虚假的产权证明作担保或者超出抵押物价值重复担保的；（五）以其他方法诈骗贷款的。"

【立法释义】

最高人民法院2001年1月21日发布的《全国法院审理金融犯罪案件工作座谈会纪要》关于"金融诈骗罪中非法占有目的的认定"部分规定："金融诈骗犯罪都是以非法占有为目的的犯罪。在司法实践中，认定是否具有非法占有为目的，应当坚持主客观相一致的原则，既要避免单纯根据损失结果客观归罪，也不能仅凭被告人自己的供述，而应当根据案件具体情况具体分析。根据司法实践，对于行为人通过诈骗的方法非法获取资金，造成数额较大资金不能归还，并具有下列情形之一的，可以认定为具有非法占有的目的：（1）明知没有归还能力而大量骗取资金的；（2）非法获取资金后逃跑的；（3）肆意挥霍骗取资金的；（4）使用骗取的资金进行违法犯罪活动的；（5）抽逃、转移资金、隐匿财产，以逃避返还资金的；（6）隐匿、销毁账目，或者搞假破产、假倒闭，以逃避返还资金的；（7）其他非法占有资金、拒不返还的行为。但是，在处理具体案件的时候，对于有证据证明行为人不具有非法占有目的的，不能单纯以财产不能归还就按金融诈骗罪处罚。"关于"贷款诈骗罪的认定和处理"部分规定："贷款诈骗犯罪是目前案发较多的金融诈骗犯罪之一。审理贷款诈骗犯罪案件，应当注意以下两个问题：一是单位不能构成贷款诈骗罪。根据刑法第三十条和第一百九十三条的规定，单位不构成贷款诈骗罪。对于单位实施的贷款诈骗行为，不能以贷款诈骗罪定罪处罚，也不能以贷款诈骗罪追究直接负责的主管人员和其他直接责任人员的刑事责任。但是，在司法实践中，对于单位十分明显地以非法占有为目的，利用签订、履行借款合同诈骗银行或其他金融机构贷款，符合刑法第二百二十四条规定的合同诈骗罪构成要件的，应当以合同诈骗罪定罪处罚。二是要严格区分贷款诈骗与贷款纠纷的界限。对于合法取得贷款后，没有按规定的用途使用贷款，到期没有归还贷款的，不能以贷款诈骗罪定罪处罚；对于确有证据证明行为人不具有非法占有的目的，因不具备贷款的条件而采取了欺骗手段获取贷款，案发时有能力履行还贷义务，或者案发时不能归还贷款是因为意志以外的原因，如因经营不善、被骗、市场风险等，不应以贷款诈骗罪定罪处罚。"关于"金融诈骗犯罪定罪量刑的数额标准和犯罪数额的计算"部分规定："金融诈骗的数额不仅是定罪的重要标准，也是量刑的主要依据。在没有新的司法解释之前，可参照1996年《最高人民法院关于审理诈骗案件具体应用法律的若干问题的解释》的规定执行。在具体认定金融诈骗犯罪的数额时，应当以行为人实际骗取的数额计算。对于行为人实施金融诈骗活动而支付的中介费、手续费、回扣等，或者用于行贿、赠与等费用，均应计入金融诈骗的犯罪数额。但应当将案发前已归还的数额扣除。"关于"财产刑的适用"部分规定："金融犯罪是图利型犯罪，惩罚和预防此类犯罪，应当注重同时从经济上制裁犯罪分子。刑法对金融犯罪都规定了财产刑，人民法院应当严格依法判处。罚金的数额，应当根据被告人的犯罪情节，在法律规定的数额幅度内确定。对于具有从轻、减轻或者免除处罚情节的被告人，对于本应并处的罚金刑原则上也应当从轻、减轻或者免除。"

最高人民检察院、公安部2010年5月7日发布的《关于公安机关管辖的刑事案件立案追诉标准的规定（二）》第50条规定："以非法占有为目的，诈骗银行或者其他金融机构的贷款，数额在二万元以上的，应予立案追诉。"

【立法建言】

建议一： 将《刑法》第 193 条修改为："有下列情形之一，以非法占有为目的，诈骗银行或者其他金融机构的贷款，数额较大的，处五年以下有期徒刑、拘役或者管制，可以并处或者单处罚金；数额巨大或者有其他严重情节的，处五年以上十年以下有期徒刑，并处罚金；数额特别巨大或者有其他特别严重情节的，处十年以上有期徒刑或者无期徒刑，并处罚金或者没收财产：（一）编造引进资金、项目等虚假理由的；（二）使用虚假的经济合同的；（三）使用虚假的证明文件的；（四）使用虚假的产权证明作担保或者超出抵押物价值重复担保的；（五）以其他方法诈骗贷款的。"

理　由：

从立法技术上看，宜在本罪的第 1 档法定刑中增加"管制"和"单处"罚金的规定，并删去本罪中的罚金数额标准，以与《刑法》的其他管制和罚金规定相一致。

建议二： 在《刑法》第 193 条中增加 1 款作为第 2 款："单位犯前款罪的，对单位判处罚金，并对其直接负责的主管人员和其他直接责任人员，依照前款的规定处罚。"

理　由：

1. 从现实情况来看，存在大量单位实施贷款诈骗的现象。近年来，贷款诈骗罪的犯罪主体表现出多样性特征。由于银行和其他金融机构贷款的对象在相当长的时间内主要是单位，自然人并不多，因此实施贷款诈骗行为的主体主要为单位。事实上，单位实施贷款诈骗的情况不仅可能，而且在司法实践中并不罕见。例如，有的单位出于非法占有的目的，利用假报表等手段骗取贷款；有的在向银行或者其他金融机构贷款后，以破产等为由废债逃债；有的通过所谓企业改制而减免、废除银行债务。[①]

2. 从司法实践来看，需要明确单位贷款诈骗的处罚依据。由于《刑法》并未将单位作为贷款诈骗罪的主体，因而在理论上和实践中对如何处理这类案件的问题一直争议不断。例如，有学者认为，对于单位贷款诈骗案件，虽然不能直接处罚单位，但对其中就贷款诈骗负有责任的自然人应以贷款诈骗罪论处。[②] 有学者则认为，根据《刑法》第 30 条"公司、企业、事业单位、机关、团体实施的危害社会行为，法律规定为单位犯罪的，应当负刑事责任"的规定，刑法中没有规定单位贷款诈骗罪，这表明单位骗贷行为虽具有社会危害性，但因欠缺"刑事违法性"这一犯罪所应具有的基本特征，特别是在刑法确立了"罪刑法定原则"的前提下，不能对法无明文规定的行为定罪处罚，对此种行为可通过经济制裁、行政处罚等手段进行处理，必要时还可以由立法机关修改法律或者作出立法解

---

① 参见刘宪权：《金融犯罪刑法学专论》，北京大学出版社 2010 年版，第 476 ~ 477 页。
② 参见张明楷：《法益初论》，中国政法大学出版社 2000 年版，第 366 页以下。

释，以明确追究单位贷款诈骗行为的刑事责任问题。[1] 上述观点各执一端，难以形成共识。[2] 面对这一难题，实践中只好采取折中调和的态度。最高人民法院《全国法院审理金融犯罪案件工作座谈会纪要》明确规定：“单位不能构成贷款诈骗罪。根据刑法第三十条和第一百九十三条的规定，单位不构成贷款诈骗罪。对于单位实施的贷款诈骗行为，不能以贷款诈骗罪定罪处罚，也不能以贷款诈骗罪追究直接负责的主管人员和其他直接责任人员的刑事责任。但是，在司法实践中，对于单位十分明显地以非法占有为目的，利用签订、履行借款合同诈骗银行或其他金融机构贷款，符合刑法第二百二十四条规定的合同诈骗罪构成要件的，应当以合同诈骗罪定罪处罚。”然而，上述司法解释的出台，不但未能很好地解决问题，反而给理论上和实践中带来了更多的困惑。一方面，有学者对上述规定的合理性和合法性提出质疑。例如，有学者认为，罪刑法定原则的基本含义是法无明文规定不为罪，法无明文规定不处罚。从严格意义上讲，一般贷款都必须签订合同，贷款合同属于合同的一种，因此，就外延讲，合同诈骗罪可以包容贷款诈骗罪。但是，《刑法》已经分别规定了贷款诈骗罪和合同诈骗罪，两者的界限非常明确。在这种情况下，贷款诈骗行为便不能再以合同诈骗罪论处。《刑法》规定贷款诈骗罪的主体只能是由自然人构成，这就意味着单位不能构成本罪。基于以上认识，对单位贷款诈骗行为以合同诈骗罪论处是否符合罪刑法定原则也就不言自明了。[3] 也有学者认为，立法者在制定第 193 条时，当然预想到了单位可能实施贷款诈骗行为，因为单位贷款比个人贷款更为容易，因而单位的贷款诈骗行为会多于个人贷款诈骗行为。刑法之所以不处罚单位，有其合理根据。如果将这种行为以合同诈骗罪论处，对单位判处罚金，则有违反立法精神之嫌。[4] 另一方面，有学者则对上述规定的合理性和合法性进行辩护。例如，有学者认为，对单位贷款诈骗行为以合同诈骗罪论处，理论上没有障碍，因为贷款诈骗罪与合同诈骗罪在刑法理论上属于法条竞合关系，即合同诈骗对于贷款诈骗是普通法条，而贷款诈骗是特别法条，两者具有包容关系。对于法条竞合，理论上一般认为应遵循特别法条优于普通法条原则，即如果行为人的行为既符合特别法条的规定，又符合普通法条的规定，应优先适用特别法条，除非按普通法条的规定处罚为重的。如果行为人的行为不符合特别法条的规定，但却符合普通法条

---

① 参见孙军工：《金融诈骗罪》，中国人民公安大学出版社 2003 年版，第 59 页。

② 我国刑法学界对于单位实施纯正自然人犯罪能否追究直接责任人员的刑事责任问题，主要存在肯定和否定两种不同的观点：（1）肯定说。认为单位犯罪的法定性原则决定了对实施纯正自然人犯罪的单位不能以单位犯罪论处，但这并不妨碍追究单位直接责任人员的刑事责任。肯定说依其主要依据及理由的不同，又可分为自然人犯罪说、单位替代责任说、修正犯罪构成说、特殊法条竞合说和单位与单位成员责任分离说 5 种具体观点。（2）否定说。认为在单位实施纯正自然人犯罪的场合，既不能追究单位的刑事责任，也不能追究其直接责任人员的刑事责任。否定说依其主要依据及理由的不同，又可分为罪责依附说、行为属性说、犯罪形态说和越权解释说 4 种具体观点（参见利子平、周建达：“单位实施纯正自然人犯罪的司法尴尬与立法解脱”，载《当代法学》2009 年第 5 期）。

③ 参见王晨：“贷款诈骗罪定性问题研究”，载《法律科学》2004 年第 2 期。

④ 参见张明楷：《刑法分则的解释原理》（上），中国人民大学出版社 2011 年版，第 218 页以下。

的规定，则应按普通法条追究行为人的刑事责任。因此，对单位贷款诈骗，由于《刑法》未规定单位可以成为贷款诈骗罪的主体，不能按照贷款诈骗罪追究单位的刑事责任，但《刑法》对于合同诈骗罪则明文规定单位可以成为该罪的犯罪主体，同时，由于单位贷款诈骗行为往往是单位利用借款合同实施的，单位在签订、履行借款合同过程中，骗取金融机构钱款，数额较大的，完全符合合同诈骗罪的构成要件，所以，以合同诈骗罪追究单位及其直接负责的主管人员和直接责任人员的刑事责任也是完全合理的。这既符合罪刑法定原则，也与我国刑法理论上处理法条竞合的原则不相矛盾。① 事实上，对单位实施的贷款诈骗行为以合同诈骗罪论处并不妥当。除上述理由外，这种"头痛医头脚痛医脚"的做法，还必将导致因犯罪主体不同而"同罪异罚"的不合理结果，从而有违法律面前人人平等原则。值得注意的是，对法律未规定追究单位的刑事责任的应如何适用刑法有关规定的问题，全国人大常委会2014年4月24日通过的《关于〈中华人民共和国刑法〉第三十条的解释》作出了明确的解释："公司、企业、事业单位、机关、团体等单位实施刑法规定的危害社会的行为，刑法分则和其他法律未规定追究单位的刑事责任的，对组织、策划、实施该危害社会行为的人依法追究刑事责任。"可以认为，该解释否定了最高人民法院关于单位实施贷款诈骗行为以合同诈骗罪论处的规定。② 但是，囿于解释的权限，该解释仅解决了单位实施贷款诈骗行为中直接责任人员的处罚问题，而未能解决"单位"本身的刑事责任问题。因此，从长远来看，要彻底解决单位贷款诈骗犯罪的问题，还有赖于立法的完善。

3. 从刑法理论来看，普遍认可单位贷款诈骗入刑的必要性。在我国刑法学界，许多学者认为，刑法将本罪限定为自然人，而忽视了以刑法手段对司法实践中大量存在的单位贷款诈骗行为的调控，是刑事立法的疏忽，因而应予以完善。③ 也有学者从保护金融机构利益的角度，对此观点进行了论证："在市场经济条件下，《刑法》不将单位规定为贷款诈骗罪的主体显然是不妥当的，也明显不符合司法实践的需要。因为时下的银行和其他金融机构均进行了改制，许多银行从一般的国有银行改制为商业银行，贷款的安全直接影响到银行和其他金融机构的经营状况。无论什么单位（包括国有企业）占有贷款，均会直接损害银行和其他金融机构的利益。特别是在市场经济条件下，国有企业完全应该与其他企业处于同等的地位，而不应该有所谓的特权，更不应该为了保护国有企业的这种特权，而置单位贷款诈骗犯罪于不顾。另外，如果司法实践中不对单位贷款诈骗行为进行打击，还可能引发许多单位为了占有银行和其他金融机构的贷款而实施贷款诈骗行为。因此，《刑

① 参见刘宪权：《金融犯罪刑法学专论》，北京大学出版社2010年版，第479页。
② 如果坚持认为贷款诈骗罪与合同诈骗罪属于法条竞合关系，则未必会得出这一结论。
③ 参见周振想主编：《金融犯罪的理论与实务》，中国人民公安大学出版社1998年版，第408页。

692

法》应尽快对有关贷款诈骗罪的规定进行修订，将单位列为贷款诈骗罪的主体，以适应司法实践的需要。"① 笔者也从单位犯罪的生成机制、单位犯罪的刑事责任根据、单位犯罪的发展趋势和贯彻宽严相济刑事政策的角度，论证了单位实施纯正自然人犯罪单位犯罪化的正当性根据。②

4. 从国外立法来看，大多数国家规定法人可以成为贷款诈骗罪的主体。③

三、票据诈骗罪、金融凭证诈骗罪（第 194 条）

【立法沿革】

票据诈骗罪、金融凭证诈骗罪是在全国人大常委会 1995 年《关于惩治破坏金融秩序犯罪的决定》第 12 条规定的票据诈骗罪、金融凭证诈骗罪的基础上修改而来的，并经《刑法修正案（八）》第 30 条所修正。

全国人大常委会 1995 年 5 月 10 通过的《中华人民共和国票据法》（以下简称《票据法》）第 103 条规定："有下列票据欺诈行为之一的，依法追究刑事责任：（一）伪造、变造票据的；（二）故意使用伪造、变造的票据的；（三）签发空头支票或者故意签发与其预留的本名签名式样或者印鉴不符的支票，骗取财物的；（四）签发无可靠资金来源的汇票、本票，骗取资金的；（五）汇票、本票的出票人在出票时虚假记载，骗取财物的；（六）冒用他人的票据，或者故意使用过期或者作废的票据，骗取财物的；（七）付款人同出票人、持票人恶意串通，实施前六项所列行为之一的。"为了与《票据法》的规定相衔接，并考虑到"伪造、变造金融票证的犯罪与使用这些票证进行金融诈骗的犯罪特征有所不同，应将伪造变造金融票证的行为单独规定一条"④，因此，1995 年《关于惩治破坏金融秩序犯罪的决定》增设了票据诈骗罪、金融凭证诈骗罪。该决定第 12 条规定："有下列情形之一，进行金融票据诈骗活动，数额较大的，处五年以下有期徒刑或者拘役，并处二万元以上二十万元以下罚金；数额巨大或者有其他严重情节的，处五年以上十年以下有期徒刑，并处五万元以上五十万元以下罚金；数额特别巨大或者有其他特别严重情节的，处十年以上有期徒刑、无期徒刑或者死刑，并处没收财产：（一）明知是伪造、变造的汇票、本票、支票而使用的；（二）明知是作废的汇票、本票、支票而使用的；（三）冒用他人的汇票、本票、支票的；（四）签发空头支票或者与其预留印鉴不符的支票，骗取财

———————————

①　刘宪权：《金融犯罪刑法学专论》，北京大学出版社 2010 年版，第 477 页。

②　参见利子平、周建达："单位实施纯正自然人犯罪的司法尴尬与立法解脱"，载《当代法学》2009 年第 5 期，本书不予赘述。

③　参见白建军主编：《金融犯罪研究》，法律出版社 2000 年版，第 462 页。

④　参见全国人大法律委员会副主任委员王叔文 1995 年 6 月 23 日在八届全国人大常委会第十四次会议上所作的《关于〈全国人民代表大会常务委员会关于惩治破坏金融秩序的犯罪分子的决定（草案）〉审议结果的报告》。

物的；（五）汇票、本票的出票人签发无资金保证的汇票、本票或者在出票时作虚假记载，骗取财物的。""使用伪造、变造的委托收款凭证、汇款凭证、银行存单等其他银行结算凭证的，依照前款的规定处罚。""单位犯前两款罪的，对单位判处罚金，并对直接负责的主管人员和其他直接负责人员，依照第一款的规定处罚。"

1997年修订的《刑法》第194条除了在立法技术上将死刑和单位犯罪另作专条规定外，仅在第1款第3档法定刑中增加了"并处五万元以上五十万元以下罚金"的规定。

1997年《刑法》施行后，为切实解决《刑法》在实际执行中存在的"死刑偏重、生刑偏轻"的问题，有必要适当减少死刑罪名。考虑到"根据我国现阶段经济社会发展实际，适当取消一些经济性非暴力犯罪的死刑，不会给我国社会稳定大局和治安形势带来负面影响"①。因此，《刑法修正案（八）》第30条取消了票据诈骗罪、金融凭证诈骗罪的死刑。

【立法规定】

《刑法》第194条规定："有下列情形之一，进行金融票据诈骗活动，数额较大的，处五年以下有期徒刑或者拘役，并处二万元以上二十万元以下罚金；数额巨大或者有其他严重情节的，处五年以上十年以下有期徒刑，并处五万元以上五十万元以下罚金；数额特别巨大或者有其他特别严重情节的，处十年以上有期徒刑或者无期徒刑，并处五万元以上五十万元以下罚金或者没收财产：（一）明知是伪造、变造的汇票、本票、支票而使用的；（二）明知是作废的汇票、本票、支票而使用的；（三）冒用他人的汇票、本票、支票的；（四）签发空头支票或者与其预留印鉴不符的支票，骗取财物的；（五）汇票、本票的出票人签发无资金保证的汇票、本票或者在出票时作虚假记载，骗取财物的。""使用伪造、变造的委托收款凭证、汇款凭证、银行存单等其他银行结算凭证的，依照前款的规定处罚。"第200条规定："单位犯本节第一百九十二条、第一百九十四条、第一百九十五条规定之罪的，对单位判处罚金，并对其直接负责的主管人员和其他直接责任人员，处五年以下有期徒刑或者拘役，可以并处罚金；数额巨大或者有其他严重情节的，处五年以上十年以下有期徒刑，并处罚金；数额特别巨大或者有其他特别严重情节的，处十年以上有期徒刑或者无期徒刑，并处罚金。"

【立法释义】

最高人民法院2001年1月21日发布的《全国法院审理金融犯罪案件工作座谈会纪要》关于"金融诈骗罪中非法占有目的的认定"部分规定："金融诈骗犯罪都是以非法占

---

① 参见全国人大常委会法制工作委员会主任李适时2010年8月23日在十一届全国人大常委会第十六次会议上所作的《关于〈中华人民共和国刑法修正案（八）（草案）〉的说明》。

有为目的的犯罪。在司法实践中，认定是否具有非法占有为目的，应当坚持主客观相一致的原则，既要避免单纯根据损失结果客观归罪，也不能仅凭被告人自己的供述，而应当根据案件具体情况具体分析。根据司法实践，对于行为人通过诈骗的方法非法获取资金，造成数额较大资金不能归还，并具有下列情形之一的，可以认定为具有非法占有的目的：（1）明知没有归还能力而大量骗取资金的；（2）非法获取资金后逃跑的；（3）肆意挥霍骗取资金的；（4）使用骗取的资金进行违法犯罪活动的；（5）抽逃、转移资金、隐匿财产，以逃避返还资金的；（6）隐匿、销毁账目，或者搞假破产、假倒闭，以逃避返还资金的；（7）其他非法占有资金、拒不返还的行为。但是，在处理具体案件的时候，对于有证据证明行为人不具有非法占有目的的，不能单纯以财产不能归还就按金融诈骗罪处罚。"关于"金融诈骗犯罪定罪量刑的数额标准和犯罪数额的计算"部分规定："金融诈骗的数额不仅是定罪的重要标准，也是量刑的主要依据。在没有新的司法解释之前，可参照1996年《最高人民法院关于审理诈骗案件具体应用法律的若干问题的解释》的规定执行。在具体认定金融诈骗犯罪的数额时，应当以行为人实际骗取的数额计算。对于行为人实施金融诈骗活动而支付的中介费、手续费、回扣等，或者用于行贿、赠与等费用，均应计入金融诈骗的犯罪数额。但应当将案发前已归还的数额扣除。"关于"财产刑的适用"部分规定："金融犯罪是图利型犯罪，惩罚和预防此类犯罪，应当注重同时从经济上制裁犯罪分子。刑法对金融犯罪都规定了财产刑，人民法院应当严格依法判处。罚金的数额，应当根据被告人的犯罪情节，在法律规定的数额幅度内确定。对于具有从轻、减轻或者免除处罚情节的被告人，对于本应并处的罚金刑原则上也应当从轻、减轻或者免除。""单位金融犯罪中直接负责的主管人员和其他直接责任人员，是否适用罚金刑，应当根据刑法的具体规定。刑法分则条文规定有罚金刑，并规定对单位犯罪中直接负责的主管人员和其他直接责任人员依照自然人犯罪条款处罚的，应当判处罚金刑，但是对直接负责的主管人员和其他直接责任人员判处罚金的数额，应当低于对单位判处罚金的数额；刑法分则条文明确规定对单位犯罪中直接负责的主管人员和其他直接责任人员只判处自由刑的，不能附加判处罚金刑。"

最高人民检察院、公安部 2010 年 5 月 7 日发布的《关于公安机关管辖的刑事案件立案追诉标准的规定（二）》第 51 条规定："进行金融票据诈骗活动，涉嫌下列情形之一的，应予立案追诉：（一）个人进行金融票据诈骗，数额在一万元以上的；（二）单位进行金融票据诈骗，数额在十万元以上的。"第 52 条规定："使用伪造、变造的委托收款凭证、汇款凭证、银行存单等其他银行结算凭证进行诈骗活动，涉嫌下列情形之一的，应予立案追诉：（一）个人进行金融凭证诈骗，数额在一万元以上的；（二）单位进行金融凭证诈骗，数额在十万元以上的。"

【立法建言】

建　议：将《刑法》第194条修改为："有下列情形之一，进行金融票据诈骗活动，数额较大的，处五年以下有期徒刑、拘役或者管制，可以并处或者单处罚金；数额巨大或者有其他严重情节的，处五年以上十年以下有期徒刑，并处罚金；数额特别巨大或者有其他特别严重情节的，处十年以上有期徒刑或者无期徒刑，并处罚金或者没收财产：（一）明知是伪造、变造的汇票、本票、支票而使用的；（二）明知是作废的汇票、本票、支票而使用的；（三）冒用他人的汇票、本票、支票的；（四）签发空头支票或者与其预留印鉴不符的支票，骗取财物的；（五）汇票、本票的出票人签发无资金保证的汇票、本票或者在出票时作虚假记载，骗取财物的。""使用伪造、变造的委托收款凭证、汇款凭证、银行存单等其他银行结算凭证的，依照前款的规定处罚。""单位犯前两款罪的，对单位判处罚金，并对其直接负责的主管人员和其他直接责任人员，依照第一款的规定处罚。"同时，相应删去《刑法》第200条。

理　由：

从立法技术上看，宜在《刑法》第194条第1款第1档法定刑中增加"管制"和"单处"罚金的规定，并删去该条中的罚金数额标准；同时，将《刑法》第200条的规定分解后作为该条的第3款，并将其中直接责任人员的处刑规定改为"依照第一款的规定处罚"，以与《刑法》的其他管制、罚金和单位犯罪处刑规定相一致。

四、信用证诈骗罪（第195条）

【立法沿革】

信用证诈骗罪是在全国人大常委会1995年《关于惩治破坏金融秩序犯罪的决定》第13条规定的信用证诈骗罪的基础上修改而来的，并经《刑法修正案（八）》第30条所修正。

为打击利用信用证进行诈骗的犯罪活动，1995年《关于惩治破坏金融秩序犯罪的决定》第13条增设了信用证诈骗罪："有下列情形之一，进行信用证诈骗活动的，处五年以下有期徒刑或者拘役，并处二万元以上二十万元以下罚金；数额巨大或者有其他严重情节的，处五年以上十年以下有期徒刑，并处五万元以上五十万元以下罚金；数额特别巨大或者有其他特别严重情节的，处十年以上有期徒刑、无期徒刑或者死刑，并处没收财产：（一）使用伪造、变造的信用证或者附随的单据、文件的；（二）使用作废的信用证的；（三）骗取信用证的；（四）以其他方法进行信用证诈骗活动的。""单位犯前款罪的，对单位判处罚金，并对直接负责的主管人员和其他直接负责人员，依照前款的规定处罚。"

1997 年修订的《刑法》第 195 条除了在立法技术上将死刑和单位犯罪另作专条规定外，仅在第 1 款第 3 档法定刑中增加了"并处五万元以上五十万元以下罚金"的规定。

1997 年《刑法》施行后，基于与票据诈骗罪、金融凭证诈骗罪同样的原因，《刑法修正案（八）》第 30 条取消了信用证诈骗罪的死刑。

【立法规定】

《刑法》第 195 条规定："有下列情形之一，进行信用证诈骗活动的，处五年以下有期徒刑或者拘役，并处二万元以上二十万元以下罚金；数额巨大或者有其他严重情节的，处五年以上十年以下有期徒刑，并处五万元以上五十万元以下罚金；数额特别巨大或者有其他特别严重情节的，处十年以上有期徒刑或者无期徒刑，并处五万元以上五十万元以下罚金或者没收财产：（一）使用伪造、变造的信用证或者附随的单据、文件的；（二）使用作废的信用证的；（三）骗取信用证的；（四）以其他方法进行信用证诈骗活动的。"第 200 条规定："单位犯本节第一百九十二条、第一百九十四条、第一百九十五条规定之罪的，对单位判处罚金，并对其直接负责的主管人员和其他直接责任人员，处五年以下有期徒刑或者拘役，可以并处罚金；数额巨大或者有其他严重情节的，处五年以上十年以下有期徒刑，并处罚金；数额特别巨大或者有其他特别严重情节的，处十年以上有期徒刑或者无期徒刑，并处罚金。"

【立法释义】

最高人民法院 2001 年 1 月 21 日发布的《全国法院审理金融犯罪案件工作座谈会纪要》关于"金融诈骗罪中非法占有目的的认定"部分规定："金融诈骗犯罪都是以非法占有为目的的犯罪。在司法实践中，认定是否具有非法占有为目的，应当坚持主客观相一致的原则，既要避免单纯根据损失结果客观归罪，也不能仅凭被告人自己的供述，而应当根据案件具体情况具体分析。根据司法实践，对于行为人通过诈骗的方法非法获取资金，造成数额较大资金不能归还，并具有下列情形之一的，可以认定为具有非法占有的目的：（1）明知没有归还能力而大量骗取资金的；（2）非法获取资金后逃跑的；（3）肆意挥霍骗取资金的；（4）使用骗取的资金进行违法犯罪活动的；（5）抽逃、转移资金、隐匿财产，以逃避返还资金的；（6）隐匿、销毁账目，或者搞假破产、假倒闭，以逃避返还资金的；（7）其他非法占有资金、拒不返还的行为。但是，在处理具体案件的时候，对于有证据证明行为人不具有非法占有目的的，不能单纯以财产不能归还就按金融诈骗罪处罚。"关于"金融诈骗犯罪定罪量刑的数额标准和犯罪数额的计算"部分规定："金融诈骗的数额不仅是定罪的重要标准，也是量刑的主要依据。在没有新的司法解释之前，可参照 1996 年《最高人民法院关于审理诈骗案件具体应用法律的若干问题的解释》的规定执行。在具体认定金融诈骗犯罪的数额时，应当以行为人实际骗取的数额计算。对于行为人实施金融诈骗活动而支付的中介费、手续费、回扣等，或者用于行贿、赠与等费用，均应计入金融诈骗的犯罪数额。但应当将案发前已归还的数额扣除。"关于"财产刑的适用"部分规定："金融犯罪是图利型犯罪，惩罚和预防此类犯罪，应当注重同时从经济上制裁犯罪分子。刑法对金融犯罪都规定了财产刑，人民法院应当严格依法判处。罚金的数额，应当根据被告人的犯罪情节，在法律规定的数额幅度内确定。对于具有从轻、减轻或者免除处罚情节的被告人，对于本应并处的罚金刑原则上也应当从轻、减轻或者免除。""单位金融犯罪中直接负责的主管人员和其他直接责任人员，是否适用罚金刑，应当根据刑法的具体规定。刑法分则条文规定有罚金刑，并规定对单位犯罪中直接负责的主管人员和其他直接责任人员依照自然人犯罪条款处罚的，应当判处罚金刑，但是对直接负责的主管人员和其他直接责任人员判处罚金的数额，应当低于对单位判处罚金的数额；刑法分则条文明确规定对单位犯罪中直接负责的主管人员和其他直接责任人员只判处自由刑的，不能附加判处罚金刑。"

最高人民检察院、公安部 2010 年 5 月 7 日《关于公安机关管辖的刑事案件立案追诉标准的规定（二）》第 53 条规定："进行信用证诈骗活动，涉嫌下列情形之一的，应予立案追诉：（一）使用伪造、变造的信用证或者附随的单据、文件的；（二）使用作废的信用证的；（三）骗取信用证的；（四）以其他方法进行信用证诈骗活动的。"

【立法建言】

建　议：将《刑法》第 195 条修改为："有下列情形之一，进行信用证诈骗活动的，处五年以下有期徒刑、拘役或者管制，可以并处或者单处罚金；数额巨大或者有其他严重情节的，处五年以上十年以下有期徒刑，并处罚金；数额特别巨大或者有其他特别严重情节的，处十年以上有期徒刑或者无期徒刑，并处罚金或者没收财产：（一）使用伪造、变造的信用证或者附随的单据、文件的；（二）使用作废的信用证的；（三）骗取信用证的；（四）以其他方法进行信用证诈骗活动的。""单位犯前款罪的，对单位判处罚金，并对其直接负责的主管人员和其他直接责任人员，依照前款的规定处罚。"同时，相应删去《刑法》第 200 条。

理　由：

从立法技术上看，宜在本罪的第 1 档法定刑中增加"管制"和"单处"罚金的规定，并删去本罪中的罚金数额标准；同时，将《刑法》第 200 条的规定分解后作为本罪的第 2 款，并将其中直接责任人员的处刑规定改为"依照前款的规定处罚"，以与《刑法》的其他管制、罚金和单位犯罪处刑规定相一致。

五、信用卡诈骗罪（第 196 条）

【立法沿革】

信用卡诈骗罪是在全国人大常委会 1995 年《关于惩治破坏金融秩序犯罪的决定》第 14 条规定的信用卡诈骗罪的基础上修改而来的，并经《刑法修正案（五）》第 2 条所修正。

1995 年《关于惩治破坏金融秩序犯罪的决定》第 14 条规定："有下列情形之一，进行信用卡诈骗活动，数额较大的，处五年以下有期徒刑或者拘役，并处二万元以上二十万元以下罚金；数额巨大或者有其他严重情节的，处五年以上十年以下有期徒刑，并处五万元以上五十万元以下罚金；数额特别巨大或者有其他特别严重情节的，处十年以上有期徒刑或者无期徒刑，并处没收财产：（一）使用伪造的信用卡的；（二）使用作废的信用卡的；（三）冒用他人信用卡的；（四）恶意透支的。""盗窃信用卡并使用的，依照刑法关于盗窃罪的规定处罚。"

1997 年修订的《刑法》第 196 条基本上沿用了上述规定，仅作了两处补充：一是在第 1 款第 3 档法定刑中增加了"并处五万元以上五十万元以下罚金"的规定；二是在增加了"前款所称恶意透支，是指持卡人以非法占有为目的，超过规定限额或者规定期限透支，并且经发卡银行催收后仍不归还的行为"的规定。

1997 年《刑法》施行后，《刑法修正案（五）》在增设妨害信用卡管理罪的同时，其第 2 条对《刑法》第 196 条的规定也作了相应的修改，增加了"使用以虚假的身份证明骗领的信用卡"进行诈骗的情形。

【立法规定】

《刑法》第 196 条规定："有下列情形之一，进行信用卡诈骗活动，数额较大的，处五年以下有期徒刑或者拘役，并处二万元以上二十万元以下罚金；数额巨大或者有其他严重情节的，处五年以上十年以下有期徒刑，并处五万元以上五十万元以下罚金；数额特别巨大或者有其他特别严重情节的，处十年以上有期徒刑或者无期徒刑，并处五万元以上五十万元以下罚金或者没收财产：（一）使用伪造的信用卡，或者使用以虚假的身份证明骗领的信用卡的；（二）使用作废的信用卡的；（三）冒用他人信用卡的；（四）恶意透支的。""前款所称恶意透支，是指持卡人以非法占有为目的，超过规定限额或者规定期限透支，并且经发卡银行催收后仍不归还的行为。""盗窃信用卡并使用的，依照本法第二百六十四条的规定定罪处罚。"

【立法释义】

全国人大常委会 2004 年 12 月 29 日通过的《关于〈中华人民共和国刑法〉有关信用

卡规定的解释》规定："刑法规定的'信用卡'，是指由商业银行或者其他金融机构发行的具有消费支付、信用贷款、转账结算、存取现金等全部功能或者部分功能的电子支付卡。"

最高人民法院 2001 年 1 月 21 日发布的《全国法院审理金融犯罪案件工作座谈会纪要》关于"金融诈骗罪中非法占有目的的认定"部分规定："金融诈骗犯罪都是以非法占有为目的的犯罪。在司法实践中，认定是否具有非法占有为目的，应当坚持主客观相一致的原则，既要避免单纯根据损失结果客观归罪，也不能仅凭被告人自己的供述，而应当根据案件具体情况具体分析。根据司法实践，对于行为人通过诈骗的方法非法获取资金，造成数额较大资金不能归还，并具有下列情形之一的，可以认定为具有非法占有的目的：（1）明知没有归还能力而大量骗取资金的；（2）非法获取资金后逃跑的；（3）肆意挥霍骗取资金的；（4）使用骗取的资金进行违法犯罪活动的；（5）抽逃、转移资金、隐匿财产，以逃避返还资金的；（6）隐匿、销毁账目，或者搞假破产、假倒闭，以逃避返还资金的；（7）其他非法占有资金、拒不返还的行为。但是，在处理具体案件的时候，对于有证据证明行为人不具有非法占有目的的，不能单纯以财产不能归还就按金融诈骗罪处罚。"关于"金融诈骗犯罪定罪量刑的数额标准和犯罪数额的计算"部分规定："金融诈骗的数额不仅是定罪的重要标准，也是量刑的主要依据。在没有新的司法解释之前，可参照 1996 年《最高人民法院关于审理诈骗案件具体应用法律的若干问题的解释》的规定执行。在具体认定金融诈骗犯罪的数额时，应当以行为人实际骗取的数额计算。对于行为人实施金融诈骗活动而支付的中介费、手续费、回扣等，或者用于行贿、赠与等费用，均应计入金融诈骗的犯罪数额。但应当将案发前已归还的数额扣除。"关于"财产刑的适用"部分规定："金融犯罪是图利型犯罪，惩罚和预防此类犯罪，应当注重同时从经济上制裁犯罪分子。刑法对金融犯罪都规定了财产刑，人民法院应当严格依法判处。罚金的数额，应当根据被告人的犯罪情节，在法律规定的数额幅度内确定。对于具有从轻、减轻或者免除处罚情节的被告人，对于本应并处的罚金刑原则上也应当从轻、减轻或者免除。"

最高人民检察院 2008 年 4 月 18 日发布的《关于拾得他人信用卡并在自动柜员机（ATM 机）上使用的行为如何定性问题的批复》规定："拾得他人信用卡并在自动柜员机（ATM 机）上使用的行为，属于刑法第一百九十六条第一款第（三）项规定的'冒用他人信用卡'的情形，构成犯罪的，以信用卡诈骗罪追究刑事责任。"

最高人民法院、最高人民检察院 2009 年 12 月 3 日发布的《关于办理妨害信用卡管理刑事案件具体应用法律若干问题的解释》第 5 条规定："使用伪造的信用卡、以虚假的身份证明骗领的信用卡、作废的信用卡或者冒用他人信用卡，进行信用卡诈骗活动，数额在 5000 元以上不满 5 万元的，应当认定为刑法第一百九十六条规定的'数额较大'；数额在

5万元以上不满50万元的，应当认定为刑法第一百九十六条规定的'数额巨大'；数额在50万元以上的，应当认定为刑法第一百九十六条规定的'数额特别巨大'。""刑法第一百九十六条第一款第（三）项所称'冒用他人信用卡'，包括以下情形：（一）拾得他人信用卡并使用的；（二）骗取他人信用卡并使用的；（三）窃取、收买、骗取或者以其他非法方式获取他人信用卡信息资料，并通过互联网、通讯终端等使用的；（四）其他冒用他人信用卡的情形。"第6条规定："持卡人以非法占有为目的，超过规定限额或者规定期限透支，并且经发卡银行两次催收后超过3个月仍不归还的，应当认定为刑法第一百九十六条规定的'恶意透支'。有以下情形之一的，应当认定为刑法第一百九十六条第二款规定的'以非法占有为目的'：（一）明知没有还款能力而大量透支，无法归还的；（二）肆意挥霍透支的资金，无法归还的；（三）透支后逃匿、改变联系方式，逃避银行催收的；（四）抽逃、转移资金，隐匿财产，逃避还款的；（五）使用透支的资金进行违法犯罪活动的；（六）其他非法占有资金，拒不归还的行为。恶意透支，数额在1万元以上不满10万元的，应当认定为刑法第一百九十六条规定的'数额较大'；数额在10万元以上不满100万元的，应当认定为刑法第一百九十六条规定的'数额巨大'；数额在100万元以上的，应当认定为刑法第一百九十六条规定的'数额特别巨大'。恶意透支的数额，是指在第一款规定的条件下持卡人拒不归还的数额或者尚未归还的数额。不包括复利、滞纳金、手续费等发卡银行收取的费用。恶意透支应当追究刑事责任，但在公安机关立案后人民法院判决宣告前已偿还全部透支款息的，可以从轻处罚，情节轻微的，可以免除处罚。恶意透支数额较大，在公安机关立案前已偿还全部透支款息，情节显著轻微的，可以依法不追究刑事责任。"第7条第3款规定："持卡人以非法占有为目的，采用上述方式恶意透支，应当追究刑事责任的，依照刑法第一百九十六条的规定，以信用卡诈骗罪定罪处罚。"[①]

最高人民检察院、公安部2010年5月7日发布的《关于公安机关管辖的刑事案件立案追诉标准的规定（二）》第54条规定："进行信用卡诈骗活动，涉嫌下列情形之一的，应予立案追诉：（一）使用伪造的信用卡，或者使用以虚假的身份证明骗领的信用卡，或者使用作废的信用卡，或者冒用他人信用卡，进行诈骗活动，数额在五千元以上的；（二）恶意透支，数额在一万元以上的。本条规定的'恶意透支'，是指持卡人以非法占有为目的，超过规定限额或者规定期限透支，并且经发卡银行两次催收后超过三个月仍不归还的。恶意透支，数额在一万元以上不满十万元的，在公安机关立案前已偿还全部透支款息，情节显著轻微的，可以依法不追究刑事责任。"

---

　①　该款所说的"上述方式"，是指该条第1款规定的"违反国家规定，使用销售点终端机具（POS机）等方法，以虚构交易、虚开价格、现金退货等方式"。

最高人民法院研究室 2010 年 7 月 5 日发布的《关于信用卡犯罪法律适用若干问题的复函》第 1 条规定："对于一人持有多张信用卡进行恶意透支，每张信用卡透支数额均未达到 1 万元的立案追诉标准的，原则上可以累计数额进行追诉。但考虑到一人办多张信用卡的情况复杂，如累计透支数额不大的，应分别不同情况慎重处理。"第 2 条规定："发卡银行的"催收"应有电话录音、持卡人或其家属签字等证据证明。'两次催收'一般应分别采用电话、信函、上门等两种以上催收形式。"第 3 条规定："若持卡人在透支大额款项后，仅向发卡行偿还远低于最低还款额的欠款，具有非法占有目的的，可以认定为'恶意透支'；行为人确实不具有非法占有目的的，不能认定为'恶意透支'。"

【立法建言】

建　议：将《刑法》第 196 条第 1 款修改为："有下列情形之一，进行信用卡诈骗活动，数额较大的，处五年以下有期徒刑、拘役或者管制，可以并处或者单处罚金；数额巨大或者有其他严重情节的，处五年以上十年以下有期徒刑，并处罚金；数额特别巨大或者有其他特别严重情节的，处十年以上有期徒刑或者无期徒刑，并处罚金或者没收财产：（一）使用伪造的信用卡，或者使用以虚假的身份证明骗领的信用卡的；（二）使用作废的信用卡的；（三）冒用他人信用卡的；（四）恶意透支的。"

理　由：

从立法技术上看，宜在本罪第 1 款第 1 档法定刑中增加"管制"和"单处"罚金的规定，并删去本罪中的罚金数额标准，以与《刑法》的其他管制和罚金规定相一致。

六、有价证券诈骗罪（第 197 条）

【立法沿革】

有价证券诈骗罪是 1997 年《刑法》第 197 条增设的罪名。

"随着国家有价证券的发行，在现实生活中，使用伪造、变造的国库券或者国家发行的其他有价证券进行诈骗活动的犯罪时有发生，这种犯罪不仅破坏了国家对有价证券的管理制度，扰乱了金融秩序，而且侵害了公私财产所有权。由于对这种犯罪 1979 年《刑法》没有规定，不利于打击这种犯罪。为了弥补这一缺陷，修订后的《刑法》增设了有价证券诈骗罪。"[①]

【立法规定】

《刑法》第 197 条规定："使用伪造、变造的国库券或者国家发行的其他有价证券，进行诈骗活动，数额较大的，处五年以下有期徒刑或者拘役，并处二万元以上二十万元以下

---

① 利子平、胡祥福主编：《金融犯罪新论》，群众出版社 2005 年版，第 315～316 页。

罚金；数额巨大或者有其他严重情节的，处五年以上十年以下有期徒刑，并处五万元以上五十万元以下罚金；数额特别巨大或者有其他特别严重情节的，处十年以上有期徒刑或者无期徒刑，并处五万元以上五十万元以下罚金或者没收财产。"

【立法释义】

最高人民法院 2001 年 1 月 21 日发布的《全国法院审理金融犯罪案件工作座谈会纪要》关于"金融诈骗罪中非法占有目的的认定"部分规定："金融诈骗犯罪都是以非法占有为目的的犯罪。在司法实践中，认定是否具有非法占有为目的，应当坚持主客观相一致的原则，既要避免单纯根据损失结果客观归罪，也不能仅凭被告人自己的供述，而应当根据案件具体情况具体分析。根据司法实践，对于行为人通过诈骗的方法非法获取资金，造成数额较大资金不能归还，并具有下列情形之一的，可以认定为具有非法占有的目的：（1）明知没有归还能力而大量骗取资金的；（2）非法获取资金后逃跑的；（3）肆意挥霍骗取资金的；（4）使用骗取的资金进行违法犯罪活动的；（5）抽逃、转移资金、隐匿财产，以逃避返还资金的；（6）隐匿、销毁账目，或者搞假破产、假倒闭，以逃避返还资金的；（7）其他非法占有资金、拒不返还的行为。但是，在处理具体案件的时候，对于有证据证明行为人不具有非法占有目的的，不能单纯以财产不能归还就按金融诈骗罪处罚。"关于"金融诈骗犯罪定罪量刑的数额标准和犯罪数额的计算"部分规定："金融诈骗的数额不仅是定罪的重要标准，也是量刑的主要依据。在没有新的司法解释之前，可参照 1996 年《最高人民法院关于审理诈骗案件具体应用法律的若干问题的解释》的规定执行。在具体认定金融诈骗犯罪的数额时，应当以行为人实际骗取的数额计算。对于行为人实施金融诈骗活动而支付的中介费、手续费、回扣等，或者用于行贿、赠与等费用，均应计入金融诈骗的犯罪数额。但应当将案发前已归还的数额扣除。"关于"财产刑的适用"部分规定："金融犯罪是图利型犯罪，惩罚和预防此类犯罪，应当注重同时从经济上制裁犯罪分子。刑法对金融犯罪都规定了财产刑，人民法院应当严格依法判处。罚金的数额，应当根据被告人的犯罪情节，在法律规定的数额幅度内确定。对于具有从轻、减轻或者免除处罚情节的被告人，对于本应并处的罚金刑原则上也应当从轻、减轻或者免除。"

最高人民检察院、公安部 2010 年 5 月 7 日发布的《关于公安机关管辖的刑事案件立案追诉标准的规定（二）》第 55 条规定："使用伪造、变造的国库券或者国家发行的其他有价证券进行诈骗活动，数额在一万元以上的，应予立案追诉。"

【立法建言】

建 议： 将《刑法》第 197 条修改为："使用伪造、变造的国库券或者国家发行的其他有价证券，进行诈骗活动，数额较大的，处五年以下有期徒刑、拘役或者管制，可以并处或者单处罚金；数额巨大或者有其他严重情节的，处五年以上十年以下有期徒刑，并处罚金；数额特别巨大或者有其他特别严重情节的，处十年以上有期徒刑或者无期徒刑，并处罚金或者没收财产。"

理　由：

从立法技术上看，宜在本罪的第 1 档法定刑中增加"管制"和"单处"罚金的规定，并删去本罪中的罚金数额标准，以与《刑法》的其他管制和罚金规定相一致。

七、保险诈骗罪（第 198 条）

【立法沿革】

保险诈骗罪是在全国人大常委会 1995 年《关于惩治破坏金融秩序犯罪的决定》第 16 条规定的保险诈骗罪的基础上修改而来的。

在全面研究修改刑法的过程中，1988 年 9 月的刑法修改稿曾规定了保险欺诈罪："违反保险法规，以欺诈方法获取保险赔偿的，处三年以下有期徒刑，可以并处罚金；情节严重的，处三年以上七年以下有期徒刑，并处罚金。"① 但是，在随后的刑法修改稿本中又删去了上述规定。

到了 1995 年，结合正在审议的《中华人民共和国保险法（草案）》有关保险欺诈违法犯罪的规定，《关于惩治破坏金融秩序犯罪的决定》第 16 条增设了保险诈骗罪："有下列情形之一，进行保险诈骗活动，数额较大的，处五年以下有期徒刑或者拘役，并处一万元以上十万元以下罚金；数额巨大或者有其他严重情节的，处五年以上十年以下有期徒刑，并处二万元以上二十万元以下罚金；数额特别巨大或者有其他特别严重情节的，处十年以上有期徒刑，并处没收财产：（一）投保人故意虚构保险标的，骗取保险金的；（二）投保人、被保险人或者受益人对发生的保险事故编造虚假的原因或者夸大损失的程度，骗取保险金的；（三）投保人、被保险人或者受益人编造未曾发生的保险事故，骗取保险金的；（四）投保人、被保险人故意造成财产损失的保险事故，骗取保险金的；（五）投保人、受益人故意造成被保险人死亡、伤残或者疾病，骗取保险金的。有前款第（四）项、第（五）项所列行为，同时构成其他犯罪的，依照数罪并罚的规定处罚。保险事故的鉴定人、证明人、财产评估人故意提供虚假的证明文件，为他人诈骗提供条件的，以保险诈骗的共犯论处。""单位犯第一款罪的，对单位判处罚金，并对直接负责的主管人员和其他直接负责人员，依照第一款的规定处罚。"

1997 年《刑法》第 198 条在上述规定的基础上，除对条款顺序和个别文字作了调整

---

① 该条列于分则第三章"破坏社会主义经济秩序罪"中，但未编条文序号。

外，主要作了两方面的补充和修改：一是在第 1 款第 3 档法定刑中增加了"并处二万元以上十万元以下罚金"的规定；二是在单位犯罪中删去了对直接负责的主管人员和其他直接责任人员"依照第一款的规定处罚"的规定，而将其改为具体的法定刑。

【立法规定】

《刑法》第 198 条规定："有下列情形之一，进行保险诈骗活动，数额较大的，处五年以下有期徒刑或者拘役，并处一万元以上十万元以下罚金；数额巨大或者有其他严重情节的，处五年以上十年以下有期徒刑，并处二万元以上二十万元以下罚金；数额特别巨大或者有其他特别严重情节的，处十年以上有期徒刑，并处二万元以上十万元以下罚金或者没收财产：（一）投保人故意虚构保险标的，骗取保险金的；（二）投保人、被保险人或者受益人对发生的保险事故编造虚假的原因或者夸大损失的程度，骗取保险金的；（三）投保人、被保险人或者受益人编造未曾发生的保险事故，骗取保险金的；（四）投保人、被保险人故意造成财产损失的保险事故，骗取保险金的；（五）投保人、受益人故意造成被保险人死亡、伤残或者疾病，骗取保险金的。有前款第四项、第五项所列行为，同时构成其他犯罪的，依照数罪并罚的规定处罚。单位犯第一款罪的，对单位判处罚金，并对其直接负责的主管人员和其他直接责任人员，处五年以下有期徒刑或者拘役；数额巨大或者有其他严重情节的，处五年以上十年以下有期徒刑；数额特别巨大或者有其他特别严重情节的，处十年以上有期徒刑。保险事故的鉴定人、证明人、财产评估人故意提供虚假的证明文件，为他人诈骗提供条件的，以保险诈骗的共犯论处。"

【立法释义】

最高人民检察院法律政策研究室 1998 年 11 月 27 日发布的《关于保险诈骗未遂能否按犯罪处理问题的答复》规定："行为人已经着手实施保险诈骗行为，但由于意志以外的原因未能获得保险赔偿的，是诈骗未遂，情节严重的，应依法追究刑事责任。"

最高人民法院 2001 年 1 月 21 日发布的《全国法院审理金融犯罪案件工作座谈会纪要》关于"金融诈骗罪中非法占有目的的认定"部分规定："金融诈骗犯罪都是以非法占有为目的的犯罪。在司法实践中，认定是否具有非法占有为目的，应当坚持主客观相一致的原则，既要避免单纯根据损失结果客观归罪，也不能仅凭被告人自己的供述，而应当根据案件具体情况具体分析。根据司法实践，对于行为人通过诈骗的方法非法获取资金，造成数额较大资金不能归还，并具有下列情形之一的，可以认定为具有非法占有的目的：（1）明知没有归还能力而大量骗取资金的；（2）非法获取资金后逃跑的；（3）肆意挥霍骗取资金的；（4）使用骗取的资金进行违法犯罪活动的；（5）抽逃、转移资金、隐匿财产，以逃避返还资金的；（6）隐匿、销毁账目，或者搞假破产、假倒闭，以逃避返还资金的；（7）其他非法占有资金、拒不返还的行为。但是，在处理具体案件的时候，对于有证据证明行为人不具有非法占有目的的，不能单纯以财产不能归还就按金融诈骗罪处罚。"关于"金融诈骗犯罪定罪量刑的数额标准和犯罪数额的计算"部分规定："金融诈骗的数额不仅是定罪的重要标准，也是量刑的主要依据。在没有新的司法解释之前，可参照1996年《最高人民法院关于审理诈骗案件具体应用法律的若干问题的解释》的规定执行。在具体认定金融诈骗犯罪的数额时，应当以行为人实际骗取的数额计算。对于行为人实施金融诈骗活动而支付的中介费、手续费、回扣等，或者用于行贿、赠与等费用，均应计入金融诈骗的犯罪数额。但应当将案发前已归还的数额扣除。"关于"财产刑的适用"部分规定："金融犯罪是图利型犯罪，惩罚和预防此类犯罪，应当注重同时从经济上制裁犯罪分子。刑法对金融犯罪都规定了财产刑，人民法院应当严格依法判处。罚金的数额，应当根据被告人的犯罪情节，在法律规定的数额幅度内确定。对于具有从轻、减轻或者免除处罚情节的被告人，对于本应并处的罚金刑原则上也应当从轻、减轻或者免除。"

最高人民检察院、公安部2010年5月7日发布的《关于公安机关管辖的刑事案件立案追诉标准的规定（二）》第56条规定："进行保险诈骗活动，涉嫌下列情形之一的，应予立案追诉：（一）个人进行保险诈骗，数额在一万元以上的；（二）单位进行保险诈骗，数额在五万元以上的。"

【立法建言】

建　议：将《刑法》第198条修改为："有下列情形之一，进行保险诈骗活动，数额较大的，处五年以下有期徒刑、拘役或者管制，可以并处或者单处罚金；数额巨大或者有其他严重情节的，处五年以上十年以下有期徒刑，并处罚金；数额特别巨大或者有其他特别严重情节的，处十年以上有期徒刑，并处罚金：（一）投保人故意虚构保险标的，骗取保险金的；（二）投保人、被保险人或者受益人对发生的保险事故编造虚假的原因或者夸大损失的程度，骗取保险金的；（三）投保人、被保险人或者受益人编造未曾发生的保险事故，骗取保险金的；（四）投保人、被保险人故意造成财产损失的保险事故，骗取保险金的；（五）投保人、受益人故意造成被保险人死亡、伤残或者疾病，骗取保险金的。有前款第四项、第五项所列行为，同时构成其他犯罪的，依照数罪并罚的规定处罚。单位犯第一款罪的，对单位判处罚金，并对其直接负责的主管人员和其他直接责任人员，依照第一款的规定处罚。保险事故的鉴定人、证明人、财产评估人故意提供虚假的证明文件，为他人诈骗提供条件的，以保险诈骗的共犯论处。"

理　由：

从立法技术上看，宜在本罪第1档法定刑中增加"管制"和"单处"罚金的规定，并删去第3档法定刑中的"没收财产"和本罪中的罚金数额标准；同时，将第3款单位犯罪中直接责任人员的处刑规定改为"依照第一款的规定处罚"，以与《刑法》的其他管制、罚金、没收财产和单位犯罪处刑规定相一致。

第六节　危害税收征管罪

一、逃税罪（第 201 条）

【立法沿革】

逃税罪是在全国人大常委会 1992 年《关于惩治偷税、抗税犯罪的补充规定》第 1 条规定的偷税罪的基础上修改而来的，并经《刑法修正案（七）》第 3 条所修正。

逃税罪是传统的经济犯罪之一。早在 1954 年，《刑法指导原则草案》第 61 条就规定了逃税罪："一贯逃税屡犯不改的，或者显然有缴纳税款能力屡经催促而拒不纳税的，判处二年以下有期徒刑、劳役，或者并处罚金，或者单处罚金；情节严重的，判处五年以下有期徒刑、劳役，或者并处罚金，或者单处罚金。"到了 1957 年，《刑法草案》第 22 稿始将"逃税"改为"偷税、漏税"。该稿第 137 条规定："违反税收法规，偷税、漏税，情节严重的，处三年以下有期徒刑或者拘役，可以并处或者单处五千元以下罚金。"1963 年的《刑法草案》第 33 稿沿袭了"偷税、漏税"的表述，并加大了处罚的力度。该稿第 130 条规定："违反税收法规，偷税、漏税、抗税，情节严重的，除按照税收法规补税并且可以处罚金外，处七年以下有期徒刑或者拘役，可以并处或者单处没收财产。犯前款罪的首要分子或者情节特别严重的，处七年以上有期徒刑，可以并处没收财产。"1979 年《刑法》第 121 条在上述规定的基础上，保留了"偷税"的规定，但删去了其中"漏税"的内容，[①] 并大幅降低了法定刑。

1979 年《刑法》第 121 条规定："违反税收法规，偷税、抗税，情节严重的，除按照税收法规补税并且可以罚款外，对直接责任人员，处三年以下有期徒刑或者拘役。"

在全面研究修改刑法的过程中，1988 年的《刑法修改稿》沿用了将"偷税、抗税"并列加以规定的做法，并加大了打击力度。该稿第 153 条规定："违反税收法规，偷税、抗税，情节严重的，处三年以下有期徒刑或者拘役，可以单处或者并处罚金；情节特别严重的，处三年以上七年以下有期徒刑，并处罚金。"

---

① 其理由是："偷税是指用欺骗、隐瞒的手段，逃避纳税"，"情节严重的，应构成犯罪"；"而漏税则只是遗漏了应缴的税款，但不是出于有意欺骗或隐瞒的行为，因此不宜当犯罪处理"（参见高铭暄：《中华人民共和国刑法的孕育和诞生》，法律出版社 1981 年版，第 166～167 页）。

1992 年 9 月 4 日，全国人大常委会通过的《关于惩治偷税、抗税犯罪的补充规定》始将"偷税罪"与"抗税罪"分别加以规定，并对偷税罪和抗税罪的罪状作了较为详尽的描述，同时还增加了单位犯罪的规定。该规定第 1 条规定："纳税人采取伪造、变造、隐匿、擅自销毁账簿、记账凭证，在账簿上多列支出或者不列、少列收入，或者进行虚假的纳税申报的手段，不缴或者少缴应纳税款的，是偷税。偷税数额占应纳税额的百分之十以上并且偷税数额在一万元以上的，或者因偷税被税务机关给予二次行政处罚又偷税的，处三年以下有期徒刑或者拘役，并处偷税数额五倍以下的罚金；偷税数额占应纳税额的百分之三十以上并且偷税数额在十万元以上的，处三年以上七年以下有期徒刑，并处偷税数额五倍以下的罚金。扣缴义务人采取前款所列手段，不缴或者少缴已扣、已收税款，数额占应缴税额的百分之十以上并且数额在一万元以上的，依照前款规定处罚。对多次犯有前两款规定的违法行为未经处罚的，按照累计数额计算。"第 3 条规定："企业事业单位犯第一条、第二条罪的，依照第一条、第二条的规定，判处罚金，并对负有直接责任的主管人员和其他直接责任人员，处三年以下有期徒刑或者拘役。"①

在刑法修订研拟的过程中，1996 年的《刑法修订草案》（征求意见稿）第 175 条在上述第 1 条规定的基础上，主要作了以下三方面的修改：一是在立法模式方面，删去了"是偷税"的表述；二是在定罪标准方面，将"偷税数额占应纳税额的百分之十以上并且偷税数额在一万元以上"改为"偷税数额占应纳税额的百分之十以上不满百分之三十并且偷税数额在一万元以上不满十万"；三是在罚金数额方面，将"偷税数额五倍以下的罚金"改为"偷税数额一倍以上五倍以下的罚金"。此外，该草案第 184 条还对单位犯偷税罪的处罚作了修改："单位犯本节规定之罪的，对单位判处罚金，并对其直接负责的主管人员和其他直接责任人员，依照各该条的规定处罚。"② 1996 年的《刑法修订草案》第 185 条对上述第 175 条的规定作了两处补充修改：一是增加了"应申报而不申报"的情形；二是增加了"管制"这一刑种。1997 年的《刑法修订草案》（修改稿）第 201 条基本上沿用了上述规定，仅将"应申报而不申报"改为"经税务机关通知申报而拒不申报"。此外，该草案第 212 条还增加规定了优先追缴税款的原则："犯本节第二百零一条、第二百零二条、第二百零三条、第二百零四条、第二百零五条规定之罪，被判处罚金、没收财产的，在执

---

① "对单位犯罪的，除处以罚金外，对其负有直接责任的主管人员和其他直接责任人员的刑罚可以规定得轻一些"（参见全国人大法律委员会副主任委员宋汝棼 1992 年 8 月 28 日在七届全国人大常委会第二十七次会议上所作的《对〈中华人民共和国税收征收管理法（草案）〉审议结果的报告》）。

② 该条"对单位判处罚金，并对其直接负责的主管人员和其他直接责任人员，依照各该条的规定处罚"的规定，为此后历次的刑法修订草案"危害税收征管罪"一节所沿用。本节在阐述以下各罪时，对此不再作具体说明。

行前，应当先由税务机关追缴税款和所骗取的出口退税款。"① 1997 年 3 月 1 日，提交给八届全国人大五次会议审议的《中华人民共和国刑法（修订草案）》第 201 条删去了此前增加的"管制"刑种。这一修改方案，为 1997 年修订的《刑法》所采纳。

1997 年修订的《刑法》第 201 条规定："纳税人采取伪造、变造、隐匿、擅自销毁账簿、记账凭证，在账簿上多列支出或者不列、少列收入，经税务机关通知申报而拒不申报或者进行虚假的纳税申报的手段，不缴或者少缴应纳税款，偷税数额占应纳税额的百分之十以上不满百分之三十并且偷税数额在一万元以上不满十万元的，或者因偷税被税务机关给予二次行政处罚又偷税的，处三年以下有期徒刑或者拘役，并处偷税数额一倍以上五倍以下的罚金；偷税数额占应纳税额的百分之三十以上并且偷税数额在十万元以上的，处三年以上七年以下有期徒刑，并处偷税数额一倍以上五倍以下的罚金。扣缴义务人采取前款所列手段，不缴或者少缴已扣、已收税款，数额占应缴税额的百分之十以上并且数额在一万元以上的，依照前款规定处罚。对多次犯有前两款行为，未经处理的，按照累计数额计算。"

1997 年《刑法》施行后，"有关部门提出，在经济生活中，偷逃税的情况十分复杂，同样的偷税数额在不同时期对社会的危害程度不同，建议在刑法中对偷税罪的具体数额标准不作规定，由司法机关根据实际情况作出司法解释并适时调整。同时提出，考虑到打击偷税犯罪的主要目的是为了维护税收征管秩序，保证国家税收收入，对属于初犯，经税务机关指出后积极补缴税款和滞纳金，履行了纳税义务，接受行政处罚的，可不再作为犯罪追究刑事责任，这样处理可以较好地体现宽严相济的刑事政策。"② 有鉴于此，《刑法修正案（七）》第 3 条对上述规定作了较大的修改和调整：一是将逃税的行为方式概括为"采取欺骗、隐瞒手段进行虚假纳税申报或者不申报"；二是将定罪量刑的标准修改为"逃避缴纳税款数额较大并且占应纳税额百分之十以上的，处三年以下有期徒刑或者拘役，并处罚金；数额巨大并且占应纳税额百分之三十以上的，处三年以上七年以下有期徒刑，并处罚金"；三是增加了"有第一款行为，经税务机关依法下达追缴通知后，补缴应纳税款，

---

① "关于偷税犯罪案件的税款追缴问题，有的部门提出，税款是国家应征的财政收入，不同于犯罪的一般赃款。税款应按分税制原则和财政预算级次分别缴入中央金库和地方金库，而罚金、没收财产等罚没收入按规定上缴地方财政。目前在办理偷税犯罪案件时，如果犯罪人财产不足以同时抵缴税款和罚没款项，司法机关往往先收罚没收入，这样就把应缴上级、中央财政的税款，按罚没收入缴入地方财政，不仅直接或者变相截留了上级、中央财政收入，还会造成地区间、部门间因经济利益不合作办案，甚至互相抵制，致使案件久查不清，久拖不办。因此，建议在法律中明确偷税犯罪案件所交税款，应当优先追缴的原则，对犯罪人判处罚金和没收财产，其财产不足以全部支付税款、罚没款项或者其他债务时，应当先行缴纳税款"（参见全国人大常委会办公厅秘书局："《中央有关部门、地方及法律专家对刑法修订草案（征求意见稿）的意见》（1996 年 12 月 26 日印）"，见高铭暄、赵秉志编：《新中国刑法立法文献资料总览》（下），中国人民公安大学出版社 1998 年版，第 2164 页）。

② 参见全国人大常委会法制工作委员会主任李适时 2008 年 8 月 25 日在十一届全国人大常委会第四次会议上所作的《关于〈中华人民共和国刑法修正案（七）（草案）〉的说明》。

缴纳滞纳金，已受行政处罚的，不予追究刑事责任；但是，五年内因逃避缴纳税款受过刑事处罚或者被税务机关给予二次以上行政处罚的除外"的规定。

【立法规定】

《刑法》第201条规定："纳税人采取欺骗、隐瞒手段进行虚假纳税申报或者不申报，逃避缴纳税款数额较大并且占应纳税额百分之十以上的，处三年以下有期徒刑或者拘役，并处罚金；数额巨大并且占应纳税额百分之三十以上的，处三年以上七年以下有期徒刑，并处罚金。扣缴义务人采取前款所列手段，不缴或者少缴已扣、已收税款，数额较大的，依照前款的规定处罚。对多次实施前两款行为，未经处理的，按照累计数额计算。有第一款行为，经税务机关依法下达追缴通知后，补缴应纳税款，缴纳滞纳金，已受行政处罚的，不予追究刑事责任；但是，五年内因逃避缴纳税款受过刑事处罚或者被税务机关给予二次以上行政处罚的除外。"第211条规定："单位犯本节第二百零一条、第二百零三条、第二百零四条、第二百零七条、第二百零八条、第二百零九条规定之罪的，对单位判处罚金，并对其直接负责的主管人员和其他直接责任人员，依照各该条的规定处罚。"第212条规定："犯本节第二百零一条至二百零五条规定之罪，被判处罚金、没收财产的，在执行前，应当先由税务机关追缴税款和所骗取的出口退税款。"

【立法释义】

最高人民法院2002年11月7日发布的《关于审理偷税、抗税刑事案件具体应用法律若干问题的解释》第1条规定："纳税人实施下列行为之一，不缴或者少缴应纳税款，偷税数额占应纳税额的百分之十以上且偷税数额在一万元以上的，依照刑法第二百零一条第一款的规定定罪处罚：（一）伪造、变造、隐匿、擅自销毁账簿、记账凭证；（二）在账簿上多列支出或者不列、少列收入；（三）经税务机关通知申报而拒不申报纳税；（四）进行虚假纳税申报；（五）缴纳税款后，以假报出口或者其他欺骗手段，骗取所缴纳的税款。扣缴义务人实施前款行为之一，不缴或者少缴已扣、已收税款，数额在一万元以上且占应缴税额百分之十以上的，依照刑法第二百零一条第一款的规定定罪处罚。扣缴义务人书面承诺代纳税人支付税款的，应当认定扣缴义务人'已扣、已收税款'。实施本条第一款、第二款规定的行为，偷税数额在五万元以下，纳税人或者扣缴义务人在公安机关立案侦查以前已经足额补缴应纳税款和滞纳金，犯罪情节轻微，不需要判处刑罚的，可以免予刑事处罚。"第2条规定："纳税人伪造、变造、隐匿、擅自销毁用于记账的发票等原始凭证的行为，应当认定为刑法第二百零一条第一款规定的伪造、变造、隐匿、擅自销毁记账凭证的行为。具有下列情形之一的，应当认定为刑法第二百零一条第一款规定的'经税务机关通知申报'：（一）纳税人、扣缴义务人已经依法办理税务登记或者扣缴税款登记的；（二）依法不需要办理税务登记的纳税人，经税务机关依法书面通知其申报的；

（三）尚未依法办理税务登记、扣缴税款登记的纳税人、扣缴义务人，经税务机关依法书面通知其申报的。刑法第二百零一条第一款规定的'虚假的纳税申报'，是指纳税人或者扣缴义务人向税务机关报送虚假的纳税申报表、财务报表、代扣代缴、代收代缴税款报告表或者其他纳税申报资料，如提供虚假申请，编造减税、免税、抵税、先征收后退还税款等虚假资料等。刑法第二百零一条第三款规定的'未经处理'，是指纳税人或者扣缴义务人在五年内多次实施偷税行为，但每次偷税数额均未达到刑法第二百零一条规定的构成犯罪的数额标准，且未受行政处罚的情形。纳税人、扣缴义务人因同一偷税犯罪行为受到行政处罚，又被移送起诉的，人民法院应当依法受理。依法定罪并判处罚金的，行政罚款折抵罚金。"第3条规定："偷税数额，是指在确定的纳税期间，不缴或者少缴各税种税款的总额。偷税数额占应纳税额的百分比，是指一个纳税年度中的各税种偷税总额与该纳税年度应纳税总额的比例。不按纳税年度确定纳税期的其他纳税人，偷税数额占应纳税额的百分比，按照行为人最后一次偷税行为发生之日前一年中各税种偷税总额与该年纳税总额的比例确定。纳税义务存续期间不足一个纳税年度的，偷税数额占应纳税额的百分比，按照各税种偷税总额与实际发生纳税义务期间应当缴纳税款总额的比例确定。偷税行为跨越若干个纳税年度，只要其中一个纳税年度的偷税数额及百分比达到刑法第二百零一条第一款规定的标准，即构成偷税罪。各纳税年度的偷税数额应当累计计算，偷税百分比应当按照最高的百分比确定。"第4条规定："两年内因偷税受过二次行政处罚，又偷税且数额在一万元以上的，应当以偷税罪定罪处罚。"

最高人民检察院、公安部2010年5月7日发布的《关于公安机关管辖的刑事案件立案追诉标准的规定（二）》第57条规定："逃避缴纳税款，涉嫌下列情形之一的，应予立案追诉：（一）纳税人采取欺骗、隐瞒手段进行虚假纳税申报或者不申报，逃避缴纳税款，数额在五万元以上并且占各税种应纳税总额百分之十以上，经税务机关依法下达追缴通知后，不补缴应纳税款、不缴纳滞纳金或者不接受行政处罚的；（二）纳税人五年内因逃避缴纳税款受过刑事处罚或者被税务机关给予二次以上行政处罚，又逃避缴纳税款，数额在五万元以上并且占各税种应纳税总额百分之十以上的；（三）扣缴义务人采取欺骗、隐瞒手段，不缴或者少缴已扣、已收税款，数额在五万元以上的。纳税人在公安机关立案后再补缴应纳税款、缴纳滞纳金或者接受行政处罚的，不影响刑事责任的追究。"

【立法建言】

建　议： 将《刑法》第201条第1款修改为："纳税人采取欺骗、隐瞒手段进行虚假纳税申报或者不申报，逃避缴纳税款数额较大并且占应纳税额百分之十以上的，处三年以下有期徒刑、拘役或者管制，可以并处或者单处罚金；数额巨大并且占应纳税额百分之三十以上的，处三年以上七年以下有期徒刑，并处罚金。"

理　由：

从立法技术上看，宜在本罪第 1 款第 1 档法定刑中增加"管制"和"单处"罚金的规定，以与《刑法》的其他管制和罚金规定相一致。

二、抗税罪（第 202 条）

【立法沿革】

抗税罪是在全国人大常委会 1992 年《关于惩治偷税、抗税犯罪的补充规定》第 6 条规定的抗税罪的基础上修改而来的。

在新中国刑法立法史上，对"抗税"问题的看法，曾经历了一个反复的认识过程。[①] 1963 年以后，历次的刑法草案和刑事法律都明确规定了抗税罪。《刑法草案》第 33 稿第 130 条规定："违反税收法规，偷税、漏税、抗税，情节严重的，除按照税收法规补税并且可以处罚金外，处七年以下有期徒刑或者拘役，可以并处或者单处没收财产。犯前款罪的首要分子或者情节特别严重的，处七年以上有期徒刑，可以并处没收财产。"1979 年《刑法》在规定抗税罪时，一方面将其主体严格限定为"直接责任人员"，另一方面还对其配置了较轻的刑罚。

1979 年《刑法》第 121 条规定："违反税收法规，偷税、抗税，情节严重的，除按照税收法规补税并且可以罚款外，对直接责任人员，处三年以下有期徒刑或者拘役。"

在全面研究修改刑法的过程中，1988 年的《刑法修改稿》第 153 条在罪状表述方面沿用了上述规定，但在刑罚配置方面则作了较大的修改和补充：一是加大了处罚力度，增加了"情节特别严重的，处三年以上七年以下有期徒刑"的规定；二是配置了罚金刑，增加了"可以单处或者并处罚金"和"并处罚金"的规定。修改后的条文为："违反税收法规，偷税、抗税，情节严重的，处三年以下有期徒刑或者拘役，可以单处或者并处罚金；情节特别严重的，处三年以上七年以下有期徒刑，并处罚金。"

到了 1992 年，《关于惩治偷税、抗税犯罪的补充规定》不仅对抗税罪作了专条规定，而且还叙明了抗税罪的罪状，加重了抗税罪的刑罚。该规定第 6 条规定："以暴力、威胁方法拒不缴纳税款的，是抗税，处三年以下有期徒刑或者拘役，并处拒缴税款五倍以下的罚金；情节严重的，处三年以上七年以下有期徒刑，并处拒缴税款五倍以下的罚金。以暴

[①] "在一九五六年以前的刑法草案历次草稿中，除'偷税'、'漏税'之外，曾有过'抗税'的内容。以后在讨论中一度认为，'抗税'问题似乎只是在新中国成立之初和对资本主义工商业进行社会主义改造的过程中才有；在所有制问题基本解决以后，收税和纳税，是全民与全民、全民与集体的关系问题，恐怕不至于再产生'抗税'的问题，因而二十二稿删掉了这个内容。但后来修改中根据财政税务部门反映的材料了解到，公然拒绝纳税、殴打税务干部的'抗税'行为不仅还有，而且在有些地区还有一定数量，特别是在集市贸易开放以后，这些现象更多一些"（参见高铭暄：《中华人民共和国刑法的孕育和诞生》，法律出版社 1981 年版，第 166 页）。

力方法抗税，致人重伤或者死亡的，按照伤害罪、杀人罪从重处罚，并依照前款规定处以罚金。"

在刑法修订研拟的过程中，1996 年的《刑法修订草案》（征求意见稿）第 176 条对上述规定作了两方面的修改：一是删去了"是抗税"的文字表述；二是增加了"一倍以上"罚金的下限限制。1996 年的《刑法修订草案》第 186 条在上述规定的基础上，作了两处修改：一是增加了"管制"这一刑种；二是将"以暴力方法抗税，致人重伤或者死亡的，按照伤害罪、杀人罪从重处罚，并依照前款规定处以罚金"改为"以暴力方法抗税，致人重伤或者死亡，依照本法第二百一十五条、第二百一十三条的规定定罪处罚，并依照前款规定处以罚金"[1]。1997 年的《刑法修订草案》（修改稿）第 202 条基本上沿用了上述规定，仅删去了"以暴力方法抗税，致人重伤或者死亡，依照本法第二百一十五条、第二百一十三条的规定定罪处罚，并依照前款规定处以罚金"的提示性规定。1997 年 3 月 1 日，提交给八届全国人大五次会议审议的《中华人民共和国刑法（修订草案）》第 202 条删去了此前增加的"管制"刑种。这一修改方案，为现行刑法所采纳。

【立法规定】

《刑法》第 202 条规定："以暴力、威胁方法拒不缴纳税款的，处三年以下有期徒刑或者拘役，并处拒缴税款一倍以上五倍以下罚金；情节严重的，处三年以上七年以下有期徒刑，并处拒缴税款一倍以上五倍以下罚金。"第 212 条规定："犯本节第二百零一条至二百零五条规定之罪，被判处罚金、没收财产的，在执行前，应当先由税务机关追缴税款和所骗取的出口退税款。"

【立法释义】

最高人民法院 2002 年 11 月 7 日发布的《关于审理偷税、抗税刑事案件具体应用法律若干问题的解释》第 5 条规定："实施抗税行为具有下列情形之一的，属于刑法第二百零二条规定的'情节严重'：（一）聚众抗税的首要分子；（二）抗税数额在十万元以上的；（三）多次抗税的；（四）故意伤害致人轻伤的；（五）具有其他严重情节。"第 6 条规定："实施抗税行为致人重伤、死亡，构成故意伤害罪、故意杀人罪的，分别依照刑法第二百三十四条第二款、第二百三十二条的规定定罪处罚。与纳税人或者扣缴义务人共同实施抗税行为的，以抗税罪的共犯依法处罚。"

最高人民检察院、公安部 2010 年 5 月 7 日发布的《关于公安机关管辖的刑事案件立案追诉标准的规定（二）》第 58 条规定："以暴力、威胁方法拒不缴纳税款，涉嫌下列情形之一的，应予立案追诉：（一）造成税务工作人员轻微伤以上的；（二）以给税务工作

---

[1] 该草案第 215 条规定的是故意伤害罪；第 213 条规定的是故意杀人罪。

人员及其亲友的生命、健康、财产等造成损害为威胁，抗拒缴纳税款的；（三）聚众抗拒缴纳税款的；（四）以其他暴力、威胁方法拒不缴纳税款的。"

【立法建言】

建议一： 将《刑法》第 202 条修改为："以暴力、威胁方法拒不缴纳税款的，处三年以下有期徒刑、拘役或者管制，可以并处或者单处罚金；情节严重的，处三年以上七年以下有期徒刑，并处罚金。"

理　由：

从立法技术上看，宜在本罪的第 1 档法定刑中增加"管制"和"单处"罚金的规定，并删去本罪中的罚金数额标准，以与《刑法》的其他管制和罚金规定相一致。

建议二： 在《刑法》第 202 条中增加 1 款作为第 2 款："单位犯前款罪的，对单位判处罚金，并对其直接负责的主管人员和其他直接责任人员，依照前款的规定处罚。"

理　由：

在司法实践中，单位组织实施的抗税案件时有发生。对这类案件应如何认定和处理，在刑法理论上分歧较大。有学者认为，尽管单位不能成立抗税罪，但对抗税的发动者、组织者、主要参加者在符合抗税罪构成要件的情况下，应以抗税罪论处。[①] 有学者则认为，对于单位拒绝纳税的，主管人员或直接责任人员实施了暴力、威胁方法阻碍税务工作人员依法征收税款的，可根据税收征管法的有关规定责令有关单位限期改正、限期缴纳税款并予以罚款。而对于实施暴力、威胁行为，情节严重的主管人员和直接责任人员，则应以妨害公务罪论处。[②] 理论上的分歧，必将导致实践中的混乱。因此，早就有学者提出，单位集体决定派人对税务工作人员实施暴力、威胁抗拒纳税的，因法人（单位）代表或主管人员的身份、职务代表着单位，因而应视为单位行为。所以，暴力手段与单位主体并非水火不相容，而是能够结合起来的。从实践角度考虑应确立单位为抗税罪主体。[③] 笔者认为，从实然的角度来看，单位虽然不能构成抗税罪，但并不妨碍追究其直接责任人员的刑事责任。[④] 但是，从应然的角度来看，仅追究单位直接责任人员的刑事责任并不合理。因此，宜参照《刑法修正案（九）》第 39 条对拒不执行判决、裁定罪增设单位犯罪的做法，增加单位抗税犯罪的规定。

---

① 参见林亚刚："危害税收征管犯罪若干问题探讨"，载《法律科学》1998 年第 2 期。
② 参见郑飞、王晓红："抗税罪的认定"，载《长白学刊》1999 年第 5 期。
③ 参见陈兴良主编：《刑法新罪评解全书》，中国民主法制出版社 1995 年版，第 266～267 页。
④ 全国人大常委会 2014 年 4 月 24 日通过的《关于〈中华人民共和国刑法〉第三十条的解释》对此作了明确规定。

三、逃避追缴欠税罪（第 203 条）

【立法沿革】

逃避追缴欠税罪是在全国人大常委会 1992 年《关于惩治偷税、抗税犯罪的补充规定》第 2 条规定的逃避追缴欠税罪的基础上修改而来的。

逃避追缴欠税罪是《关于惩治偷税、抗税犯罪的补充规定》增设的罪名。该规定第 2 条规定："纳税人欠缴应纳税款，采取转移或者隐匿财产的手段，致使税务机关无法追缴欠缴的税款，数额在一万元以上不满十万元的，处三年以下有期徒刑或者拘役，并处欠缴税款五倍以下的罚金；数额在十万元以上的，处三年以上七年以下有期徒刑，并处欠缴税款五倍以下的罚金。"

在刑法修订研拟的过程中，1996 年的《刑法修订草案》（征求意见稿）第 177 条基本上沿用了上述规定，仅将"五倍以下"的罚金标准改为"一倍以上五倍以下"。1996 年的《刑法修订草案》第 187 条在上述规定的基础上，增加了"管制"这一刑种。1997 年 3 月 1 日，《中华人民共和国刑法（修订草案)》第 203 条对上述规定作了两处修改：一是删去了此前增加的"管制"刑种；二是增加了"单处"罚金的规定。这一修改方案，为现行刑法所采纳。

【立法规定】

《刑法》第 203 条规定："纳税人欠缴应纳税款，采取转移或者隐匿财产的手段，致使税务机关无法追缴欠缴的税款，数额在一万元以上不满十万元的，处三年以下有期徒刑或者拘役，并处或者单处欠缴税款一倍以上五倍以下罚金；数额在十万元以上的，处三年以上七年以下有期徒刑，并处欠缴税款一倍以上五倍以下罚金。"第 211 条规定："单位犯本节第二百零一条、第二百零三条、第二百零四条、第二百零七条、第二百零八条、第二百零九条规定之罪的，对单位判处罚金，并对其直接负责的主管人员和其他直接责任人员，依照各该条的规定处罚。"第 212 条规定："犯本节第二百零一条至二百零五条规定之罪，被判处罚金、没收财产的，在执行前，应当先由税务机关追缴税款和所骗取的出口退税款。"

【立法释义】

最高人民检察院、公安部 2010 年 5 月 7 日发布的《关于公安机关管辖的刑事案件立案追诉标准的规定（二)》第 59 条规定："纳税人欠缴应纳税款，采取转移或者隐匿财产的手段，致使税务机关无法追缴欠缴的税款，数额在一万元以上的，应予立案追诉。"

【立法建言】

建　议： 将《刑法》第 203 条第 1 款修改为："纳税人欠缴应纳税款，采取转移或者隐匿财产的手段，致使税务机关无法追缴欠缴的税款，数额较大的，处三年以下有期徒刑、拘役或者管制，可以并处或者单处罚金；数额巨大的，处三年以上七年以下有期徒刑，并处罚金。"

理　由：

从立法技术上看，宜将本罪中定罪量刑的具体数额标准改为"数额较大"和"数额巨大"，并在第 1 档法定刑中增加"管制"的规定，删去本罪中的罚金数额标准，以与《刑法》的其他定罪量刑标准、管制和罚金规定相一致。

四、骗取出口退税罪（第 204 条）

【立法沿革】

骗取国家出口退税罪是在全国人大常委会 1992 年《关于惩治偷税、抗税犯罪的补充规定》第 5 条规定的骗取国家出口退税罪的基础上修改而来的。

骗取国家出口退税罪是《关于惩治偷税、抗税犯罪的补充规定》第 5 条增设的罪名。该条规定："企业事业单位采取对所生产或者经营的商品假报出口等欺骗手段，骗取国家出口退税款，数额在一万元以上的，处骗取税款五倍以下的罚金，并对负有直接责任的主管人员和其他直接责任人员，处三年以下有期徒刑或者拘役。前款规定以外的单位或者个人骗取国家出口退税款的，按照诈骗罪追究刑事责任，并处骗取税款五倍以下的罚金；单位犯本款罪的，除处以罚金外，对负有直接责任的主管人员和其他直接责任人员，按照诈骗罪追究刑事责任。"

在刑法修订研拟的过程中，1996 年的《刑法修订草案》（征求意见稿）第 178 条对上述规定作了较大的修改和调整，主要是将决定定罪处罚的标准由犯罪主体的性质改为是否"交纳税款"，并将本罪的主体改为一般主体。修改后的条文为："纳税人交纳税款后，采取对所生产或者经营的商品假报出口等欺骗手段，骗取国家出口退税款，数额在一万元以上的，处骗取税款一倍以上五倍以下的罚金，并对其直接负责的主管人员和其他直接责任人员，处三年以下有期徒刑或者拘役。未交纳税款，骗取国家出口退税款的，依照本法第二百三十九条的规定处罚，并处骗取税款一倍以上五倍以下的罚金。"[①] 1996 年的《刑法修订草案》第 188 条基本上沿用了上述规定，仅在第 1 款中增加了"管制"这一刑种，在

---

① 该草案第 239 条规定的是诈骗罪。

第 2 款的"处罚"之前增加了"定罪"一词。1997 年的《刑法修订草案》（修改稿）第 204 条根据有关部门的建议，①重新调整了立法思路，对上述规定作了较大的修改："以假报出口或者其他欺骗手段，骗取国家出口退税款的，依照本法第二百六十四条②的规定定罪处罚，并处骗取税款一倍以上五倍以下罚金。纳税人缴纳税款后，采取前款规定的欺骗方法，骗取所缴纳的税款的，依照本法第二百零一条③的规定定罪处罚；骗取税款超过所缴纳的税款部分，依照前款的规定处罚。"1997 年 3 月 1 日，提交给八届全国人大五次会议审议的《中华人民共和国刑法（修订草案）》第 204 条对上述第 1 款的规定作了以下两方面的修改和补充：一是在罪状中增加了"数额较大"的限制；二是增加了独立的法定刑。经审议，1997 年《刑法》第 204 条在上述规定的基础上，又在第 3 档法定刑中增加了"没收财产"的规定。

【立法规定】

《刑法》第 204 条规定："以假报出口或者其他欺骗手段，骗取国家出口退税款，数额较大的，处五年以下有期徒刑或者拘役，并处骗取税款一倍以上五倍以下罚金；数额巨大或者有其他严重情节的，处五年以上十年以下有期徒刑，并处骗取税款一倍以上五倍以下罚金；数额特别巨大或者有其他特别严重情节的，处十年以上有期徒刑或者无期徒刑，并处骗取税款一倍以上五倍以下罚金或者没收财产。纳税人缴纳税款后，采取前款规定的欺骗方法，骗取所缴纳的税款的，依照本法第二百零一条的规定定罪处罚；骗取税款超过所缴纳的税款部分，依照前款的规定处罚。"第 211 条规定："单位犯本节第二百零一条、第二百零三条、第二百零四条、第二百零七条、第二百零八条、第二百零九条规定之罪的，对单位判处罚金，并对其直接负责的主管人员和其他直接责任人员，依照各该条的规定处罚。"第 212 条规定："犯本节第二百零一条至二百零五条规定之罪，被判处罚金、没收财产的，在执行前，应当先由税务机关追缴税款和所骗取的出口退税款。"

【立法释义】

最高人民法院 1998 年 8 月 28 日发布的《关于审理骗购外汇、非法买卖外汇刑事案件具体应用法律若干问题的解释》第 1 条第 1 款规定："以进行走私、逃汇、洗钱、骗税等

---

　　①　"有的部门指出，征求意见稿第 178 条规定的骗取出口退税罪是以是否曾缴过税款来确定定罪处刑的标准。对缴纳的定骗取出口退税罪，对未交纳的定诈骗罪，而且这两种再刑罚相差悬殊，骗取出口退税罪最高刑是三年有期徒刑，诈骗罪可以判到无期徒刑。这样规定既不合理，也难操作。骗税的危害性应当以骗税的数额大小、手段等情节来衡量。有些犯罪分子缴了一点税就是为了获取有关退税的凭证、然后篡改作假，骗取税款。如果一个犯罪分子只缴 10 万税骗取了 1000 万元税，根据本条规定只能判 3 年，不符合罪刑相适应原则"（参见全国人大常委会办公厅秘书局："《中央有关部门、地方及法律专家对刑法修订草案（征求意见稿）的意见》（1996 年 12 月 26 日印）"，见高铭暄、赵秉志编：《新中国刑法立法文献资料总览》（下），中国人民公安大学出版社 1998 年版，第 2164 页）。

　　②　该条规定的是诈骗罪。

　　③　该条规定的是偷税罪。

犯罪活动为目的，使用虚假、无效的凭证、商业单据或者采取其他手段向外汇指定银行骗购外汇的，应当分别按照刑法分则第三章第二节、第一百九十条、第一百九十一条和第二百零四条等规定定罪处罚。"

最高人民法院 2002 年 9 月 17 日发布的《关于审理骗取出口退税刑事案件具体应用法律若干问题的解释》第 1 条规定："刑法第二百零四条规定的'假报出口'，是指以虚构已税货物出口事实为目的，具有下列情形之一的行为：（一）伪造或者签订虚假的买卖合同；（二）以伪造、变造或者其他非法手段取得出口货物报关单、出口收汇核销单、出口货物专用缴款书等有关出口退税单据、凭证；（三）虚开、伪造、非法购买增值税专用发票或者其他可以用于出口退税的发票；（四）其他虚构已税货物出口事实的行为。"第 2 条规定："具有下列情形之一的，应当认定为刑法第二百零四条规定的'其他欺骗手段'：（一）骗取出口货物退税资格的；（二）将未纳税或者免税货物作为已税货物出口的；（三）虽有货物出口，但虚构该出口货物的品名、数量、单价等要素，骗取未实际纳税部分出口退税款的；（四）以其他手段骗取出口退税款的。"第 3 条规定："骗取国家出口退税款 5 万元以上的，为刑法第二百零四条规定的'数额较大'；骗取国家出口退税款 50 万元以上的，为刑法第二百零四条规定的'数额巨大'；骗取国家出口退税款 250 万元以上的，为刑法第二百零四条规定的'数额特别巨大'。"第 4 条规定："具有下列情形之一的，属于刑法第二百零四条规定的'其他严重情节'：（一）造成国家税款损失 30 万元以上并且在第一审判决宣告前无法追回的；（二）因骗取国家出口退税行为受过行政处罚，两年内又骗取国家出口退税款数额在 30 万元以上的；（三）情节严重的其他情形。"第 5 条规定："具有下列情形之一的，属于刑法第二百零四条规定的'其他特别严重情节'：（一）造成国家税款损失 150 万元以上并且在第一审判决宣告前无法追回的；（二）因骗取国家出口退税行为受过行政处罚，两年内又骗取国家出口退税款数额在 150 万元以上的；（三）情节特别严重的其他情形。"第 6 条规定："有进出口经营权的公司、企业，明知他人意欲骗取国家出口退税款，仍违反国家有关进出口经营的规定，允许他人自带客户、自带货源、自带汇票并自行报关，骗取国家出口退税款的，依照刑法第二百零四条第一款、第二百一十一条的规定定罪处罚。"第 7 条规定："实施骗取国家出口退税行为，没有实际取得出口退税款的，可以比照既遂犯从轻或者减轻处罚。"第 8 条规定："国家工作人员参与实施骗取出口退税犯罪活动的，依照刑法第二百零四条第一款的规定从重处罚。"第 9 条规定："实施骗取出口退税犯罪，同时构成虚开增值税专用发票罪等其他犯罪的，依照刑法处罚较重的规定定罪处罚。"

最高人民检察院、公安部 2010 年 5 月 7 日发布的《关于公安机关管辖的刑事案件立案追诉标准的规定（二）》第 60 条规定："以假报出口或者其他欺骗手段，骗取国家出口退税款，数额在五万元以上的，应予立案追诉。"

【立法建言】

建　议：将《刑法》第204条第1款修改为："以假报出口或者其他欺骗手段，骗取国家出口退税款，数额较大的，处五年以下有期徒刑、拘役或者管制，可以并处或者单处罚金；数额巨大或者有其他严重情节的，处五年以上十年以下有期徒刑，并处罚金；数额特别巨大或者有其他特别严重情节的，处十年以上有期徒刑或者无期徒刑，并处罚金或者没收财产。"

理　由：

从立法技术上看，宜在本罪第1款第1档法定刑中增加"管制"和"单处"罚金的规定，并删去本罪中的罚金数额标准，以与《刑法》的其他管制和罚金规定相一致。

五、虚开增值税专用发票、用于骗取出口退税、抵扣税款发票罪（第205条）

【立法沿革】

虚开增值税专用发票、用于骗取出口退税、抵扣税款发票罪是在全国人大常委会1995年《关于惩治虚开、伪造和非法出售增值税专用发票犯罪的决定》第1条规定的虚开增值税专用发票罪和第5条规定的虚开专用发票罪的基础上修改而来的，并经《刑法修正案（八）》第32条所修正。

"1994年，我国改革税制，实行增值税，一些不法分子采用伪造、虚开代开增值税专用发票等手段，进行偷税或者诈骗国家财产等犯罪活动，严重破坏国家税收，危害税制改革，给国家造成了巨大损失。"[①] 为维护国家税收秩序、保障税制改革的顺利进行，全国人大常委会1995年10月30日通过的《关于惩治虚开、伪造和非法出售增值税专用发票犯罪的决定》第1条和第5条增设了虚开增值税专用发票、用于骗取出口退税、抵扣税款发票罪。其中，第1条规定："虚开增值税专用发票的，处三年以下有期徒刑或者拘役，并处二万元以上二十万元以下罚金；虚开的税款数额较大或者有其他严重情节的，处三年以上十年以下有期徒刑，并处五万元以上五十万元以下罚金；虚开的税款数额巨大或者有其他特别严重情节的，处十年以上有期徒刑或者无期徒刑，并处没收财产。有前款行为骗取国家税款，数额特别巨大、情节特别严重、给国家利益造成特别重大损失的，处无期徒刑或者死刑，并处没收财产。虚开增值税专用发票的犯罪集团的首要分子，分别依照前两款的规定从重处罚。虚开增值税专用发票是指有为他人虚开、为自己虚开、让他人为自己

---

　　① 全国人大常委会法制工作委员会主任顾昂然1995年8月23日在八届全国人大常委会第十五次会议上所作的《关于惩治伪造、虚开代开增值税专用发票犯罪的决定（草案）的说明》。

虚开、介绍他人虚开增值税专用发票行为之一的。"第 5 条规定："虚开用于骗取出口退税、抵扣税款的其他发票的，依照本决定第一条的规定处罚。虚开用于骗取出口退税、抵扣税款的其他发票是指有为他人虚开、为自己虚开、让他人为自己虚开、介绍他人虚开用于骗取出口退税、抵扣税款的其他发票行为之一的。"① 第 10 条规定："单位犯本决定第一条、第二条、第三条、第四条、第五条、第六条、第七条第二款规定之罪的，对单位判处罚金，并对直接负责的主管人员和其他直接责任人员依照各该条的规定追究刑事责任。"②

在刑法修订研拟的过程中，1996 年的《刑法修订草案》（征求意见稿）第 179 条将上述第 1 条和第 5 条的内容合并加以规定，并删去了"虚开增值税专用发票的犯罪集团的首要分子，分别依照前两款的规定从重处罚"的规定。修改后的条文为："虚开增值税专用发票或者虚开用于骗取出口退税、抵扣税款的其他发票的，处三年以下有期徒刑或者拘役，并处二万元以上二十万元以下罚金；虚开的税款数额较大或者有其他严重情节的，处三年以上十年以下有期徒刑，并处五万元以上五十万元以下罚金；虚开的税款数额巨大或者有其他特别严重情节的，处十年以上有期徒刑或者无期徒刑，并处没收财产。有前款行为骗取国家税款，数额特别巨大、情节特别严重、给国家利益造成特别重大损失的，处无期徒刑或者死刑，并处没收财产。虚开增值税专用发票或者虚开用于骗取出口退税、抵扣税款的其他发票是指有为他人虚开、为自己虚开、让他人为自己虚开、介绍他人虚开行为之一的。"1997 年修订的《刑法》第 205 条在上述规定的基础上，主要作了两处修改和补充：一是在第 1 款第 3 档法定刑中增加了"五万元以上五十万元以下罚金"的规定；二是在将单位犯罪的规定移到该条时，对直接责任人员配置了独立的法定刑。

为适当减少死刑的罪名，《刑法修正案（八）》第 32 条删去了第 2 款"有前款行为骗取国家税款，数额特别巨大，情节特别严重，给国家利益造成特别重大损失的，处无期徒刑或者死刑，并处没收财产"的规定。

【立法规定】

《刑法》第 205 条规定："虚开增值税专用发票或者虚开用于骗取出口退税、抵扣税款的其他发票的，处三年以下有期徒刑或者拘役，并处二万元以上二十万元以下罚金；虚开

---

① 该决定（草案）第 5 条原对这类犯罪行为规定了独立的法定刑，但在审议过程中，"有些委员和部门提出，虚开用于骗取出口退税、抵扣税款的其他发票，其危害后果与利用增值税专用发票进行这类犯罪活动是一样的，处刑应当与虚开增值税专用发票的犯罪行为一致"。因此，该决定最终将其改为"虚开用于骗取出口退税、抵扣税款的其他发票的，依照本决定第一条的规定处罚"（参见全国人大法律委员会主任委员薛驹 1995 年 10 月 23 日在八届全国人大常委会第十六次会议上所作的《关于〈全国人民代表大会常务委员会关于惩治伪造、虚开代开增值税专用发票犯罪的决定（草案）〉审议结果的报告》）。在最高人民法院的相关司法解释中，将该犯罪的罪名规定为"虚开专用发票罪"。

② 该决定有关单位犯罪的规定集中在第 10 条之中，本节在阐述以下相关各罪立法规定时，凡涉及《关于惩治虚开、伪造和非法出售增值税专用发票犯罪的决定》的，均不再具体列举单位犯罪的规定。

的税款数额较大或者有其他严重情节的，处三年以上十年以下有期徒刑，并处五万元以上五十万元以下罚金；虚开的税款数额巨大或者有其他特别严重情节的，处十年以上有期徒刑或者无期徒刑，并处五万元以上五十万元以下罚金或者没收财产。单位犯本条规定之罪的，对单位判处罚金，并对其直接负责的主管人员和其他直接责任人员，处三年以下有期徒刑或者拘役；虚开的税款数额较大或者有其他严重情节的，处三年以上十年以下有期徒刑；虚开的税款数额巨大或者有其他特别严重情节的，处十年以上有期徒刑或者无期徒刑。虚开增值税专用发票或者虚开用于骗取出口退税、抵扣税款的其他发票，是指有为他人虚开、为自己虚开、让他人为自己虚开、介绍他人虚开行为之一的。"

【立法释义】

全国人大常委会2005年12月29日通过的《关于〈中华人民共和国刑法〉有关出口退税、抵扣税款的其他发票规定的解释》规定："刑法规定的'出口退税、抵扣税款的其他发票'，是指除增值税专用发票以外的，具有出口退税、抵扣税款功能的收付款凭证或者完税凭证。"

最高人民法院1996年10月17日发布的《关于适用〈全国人民代表大会常务委员会关于惩治虚开、伪造和非法出售增值税专用发票犯罪的决定〉的若干问题的解释》第1条规定："根据《决定》第一条规定，虚开增值税专用发票的，构成虚开增值税专用发票罪。具有下列行为之一的，属于'虚开增值税专用发票'：（1）没有货物购销或者没有提供或接受应税劳务而为他人、为自己、让他人为自己、介绍他人开具增值税专用发票；（2）有货物购销或者提供或接受了应税劳务但为他人、为自己、让他人为自己、介绍他人开具数量或者金额不实的增值税专用发票；（3）进行了实际经营活动，但让他人为自己代开增值税专用发票。虚开税款数额1万元以上的或者虚开增值税专用发票致使国家税款被骗取5000元以上的，应当依法定罪处罚。虚开税款数额10万元以上的，属于'虚开的税款数额较大'。具有下列情形之一的，属于'有其他严重情节'：（1）因虚开增值税专用发票致使国家税款被骗取5万元以上的；（2）具有其他严重情节的。虚开税款数额50万元以上的，属于'虚开的税款数额巨大'；具有下列情形之一的，属于'有其他特别严重情节'：（1）因虚开增值税专用发票致使国家税款被骗取30万元以上的；（2）虚开的税款数额接近巨大并有其他严重情节的；（3）具有其他特别严重情节的。利用虚开的增值税专用发票实际抵扣税款或者骗取出口退税100万元以上的，属于'骗取国家税款数额特别巨大'；造成国家税款损失50万元以上并且在侦查终结前仍无法追回的，属于'给国家利益造成特别重大损失'。利用虚开的增值税专用发票骗取国家税款数额特别巨大、给国家利益造成特别重大损失，为'情节特别严重'的基本内容。虚开增值税专用发票犯罪分子与骗取税款犯罪分子均应当对虚开的税款数额和实际骗取的国家税款数额承担刑事责任。

利用虚开的增值税专用发票抵扣税款或者骗取出口退税的，应当依照《决定》第一条的规定定罪处罚；以其他手段骗取国家税款的，仍应依照《全国人民代表大会常务委员会关于惩治偷税、抗税犯罪的补充规定》的有关规定定罪处罚。"第5条规定："根据《决定》第五条规定，虚开用于骗取出口退税、抵扣税款的其他发票的，构成虚开专用发票罪，依照《决定》第一条的规定处罚。'用于骗取出口退税、抵扣税款的其他发票'是指可以用于申请出口退税、抵扣税款的非增值税专用发票，如运输发票、废旧物品收购发票、农业产品收购发票等。"

最高人民法院2001年10月17日发布的《关于对〈审计署关于咨询虚开增值税专用发票罪问题的函〉的复函》规定："地方税务机关实施'高开低征'或者'开大征小'等违规开具增值税专用发票的行为，不属于刑法第二百零五条规定的虚开增值税专用发票的犯罪行为，造成国家税款重大损失的，对有关主管部门的国家机关工作人员，应当根据刑法有关渎职罪的规定追究刑事责任。"

最高人民检察院、公安部2010年5月7日发布的《关于公安机关管辖的刑事案件立案追诉标准的规定（二）》第61条规定："虚开增值税专用发票或者虚开用于骗取出口退税、抵扣税款的其他发票，虚开的税款数额在一万元以上或者致使国家税款被骗数额在五千元以上的，应予立案追诉。"

【立法建言】

建　议： 将《刑法》第205条第1款、第2款修改为："虚开增值税专用发票或者虚开用于骗取出口退税、抵扣税款的其他发票的，处三年以下有期徒刑、拘役或者管制，可以并处或者单处罚金；虚开的税款数额较大或者有其他严重情节的，处三年以上十年以下有期徒刑，并处罚金；虚开的税款数额巨大或者有其他特别严重情节的，处十年以上有期徒刑或者无期徒刑，并处罚金或者没收财产。单位犯前款罪的，对单位判处罚金，并对其直接负责的主管人员和其他直接责任人员，依照前款的规定处罚。"

理　由：

从立法技术上看，宜在本罪第1款第1档法定刑中增加"管制"和"单处"罚金的规定，并删去本罪中的罚金数额标准；同时，将第2款单位犯罪中直接责任人员的处刑规定改为"依照前款的规定处罚"，以与《刑法》的其他管制、罚金和单位犯罪处刑规定相一致。

六、虚开发票罪（第205条之一）

【立法沿革】

虚开发票罪是《刑法修正案（八）》第33条新增设的罪名。

近年来，增值税专用发票的管理日益完善，有关违法活动难以施展，而普通发票的管理却存在很大漏洞，原来用于增值税专用发票的违法活动资源大部分转移到了普通发票方面，利用虚开普通发票侵吞国家巨额税款的犯罪已经达到十分猖獗的程度。这些行为给国家的税收造成了严重损失，极大地破坏了社会主义市场经济的健康运行。[①] 因此，《刑法修正案（八）》第33条增设了虚开发票罪。

【立法规定】

《刑法》第205条之一规定："虚开本法第二百零五条规定以外的其他发票，情节严重的，处二年以下有期徒刑、拘役或者管制，并处罚金；情节特别严重的，处二年以上七年以下有期徒刑，并处罚金。单位犯前款罪的，对单位判处罚金，并对其直接负责的主管人员和其他直接责任人员，依照前款的规定处罚。"

【立法释义】

最高人民检察院、公安部2011年11月21日发布的《关于公安机关管辖的刑事案件立案追诉标准的规定（二）的补充规定》第2条规定："虚开刑法第二百零五条规定以外的其他发票，涉嫌下列情形之一的，应予立案追诉：（一）虚开发票一百份以上或者虚开金额累计在四十万元以上的；（二）虽未达到上述数额标准，但五年内因虚开发票行为受过行政处罚二次以上，又虚开发票的；（三）其他情节严重的情形。"

【立法建言】

建　议：将《刑法》第205条之一第1款修改为："虚开本法第二百零五条规定以外的其他发票，情节严重的，处二年以下有期徒刑、拘役或者管制，可以并处或者单处罚金；情节特别严重的，处二年以上七年以下有期徒刑，并处罚金。"

理　由：

从立法技术上看，宜在本罪第1款第1档法定刑中增加"单处"罚金的规定，以与《刑法》的其他罚金规定相一致。

七、伪造、出售伪造的增值税专用发票罪（第206条）

【立法沿革】

伪造、出售伪造的增值税专用发票罪是在全国人大常委会1995年《关于惩治虚开、伪造和非法出售增值税专用发票犯罪的决定》第2条规定的伪造、出售伪造的增值税专用发票罪的基础上修改而来的，并经《刑法修正案（八）》第34条所修正。

[①]　参见高铭暄、陈璐：《〈中华人民共和国刑法修正案（八）〉解读与思考》，中国人民大学出版社2011年版，第98～99页。

伪造、出售伪造的增值税专用发票罪是《关于惩治虚开、伪造和非法出售增值税专用发票犯罪的决定》第 2 条增设的罪名。该条规定："伪造或者出售伪造的增值税专用发票的，处三年以下有期徒刑或者拘役，并处二万元以上二十万元以下罚金；数量较大或者有其他严重情节的，处三年以上十年以下有期徒刑，并处五万元以上五十万元以下罚金；数量巨大或者有其他特别严重情节的，处十年以上有期徒刑或者无期徒刑，并处没收财产。伪造并出售伪造的增值税专用发票，数量特别巨大、情节特别严重、严重破坏经济秩序的，处无期徒刑或者死刑，并处没收财产。伪造、出售伪造的增值税专用发票的犯罪集团的首要分子，分别依照前两款的规定从重处罚。"

在刑法修订研拟的过程中，1996 年的《刑法修订草案》第 190 条基本上沿用了上述规定，仅增加了"管制"这一刑种。1997 年的《刑法修订草案》（修改稿）第 206 条在上述规定的基础上，删去了"伪造、出售伪造的增值税专用发票的犯罪集团的首要分子，分别依照前两款的规定从重处罚"的规定。1997 年《刑法》第 206 条对上述规定又作了两处修改和补充：一是在第 1 款第 3 档法定刑中增加了"五万元以上五十万元以下罚金"的规定；二是在将单位犯罪的规定移到该条时，对直接责任人员配置了独立的法定刑。

为适当减少死刑罪名，《刑法修正案（八）》第 34 条删去了该条第 2 款"伪造并出售伪造的增值税专用发票，数量特别巨大，情节特别严重，严重破坏经济秩序的，处无期徒刑或者死刑，并处没收财产"的规定。

【立法规定】

《刑法》第 206 条规定："伪造或者出售伪造的增值税专用发票的，处三年以下有期徒刑、拘役或者管制，并处二万元以上二十万元以下罚金；数量较大或者有其他严重情节的，处三年以上十年以下有期徒刑，并处五万元以上五十万元以下罚金；数量巨大或者有其他特别严重情节的，处十年以上有期徒刑或者无期徒刑，并处五万元以上五十万元以下罚金或者没收财产。单位犯本条规定之罪的，对单位判处罚金，并对其直接负责主管人员和其他直接责任人员，处三年以下有期徒刑、拘役或者管制；数量较大或者有其他严重情节的，处三年以上十年以下有期徒刑；数量巨大或者有其他特别严重情节的，处十年以上有期徒刑或者无期徒刑。"

【立法释义】

最高人民法院 1996 年 10 月 17 日发布的《关于适用〈全国人民代表大会常务委员会关于惩治虚开、伪造和非法出售增值税专用发票犯罪的决定〉的若干问题的解释》第 2 条规定："根据《决定》第二条规定，伪造或者出售伪造的增值税专用发票的，构成伪造、出售伪造的增值税专用发票罪。伪造或者出售伪造的增值税专用发票 25 份以上或者票面额（百元版以每份 100 元，千元版为每份 1000 元，万元版为每份 1 万元计算，以此类推，下同）累计 10 万元以上的应当依法定罪处罚。伪造或者出售伪造的增值税专用发票 100 份以上或者票面额累计 50 万元以上的，属于'数量较大'；具有下列情形之一的，属于'有其他严重情节'：（1）违法所得数额在 1 万元以上的；（2）伪造并出售伪造的增值税专用发票 60 份以上或者票面额累计 30 万元以上的；（3）造成严重后果或者具有其他严重情节的。伪造或者出售伪造的增值税专用发票 500 份以上或者票面额累计 250 万元以上的，属于'数量巨大'；具有下列情形之一的，属于'有其他特别严重情节'：（1）违法所得数额在 5 万元以上的；（2）伪造并出售伪造的增值税专用发票 300 份以上或者票面额累计 200 万元以上的；（3）伪造或者出售伪造的增值税专用发票接近'数量巨大'并有其他严重情节的；（4）造成特别严重后果或者具有其他特别严重情节的。伪造并出售伪造的增值税专用发票 1000 份以上或者票面额累计 1000 万元以上的，属于'伪造并出售伪造的增值税专用发票数量特别巨大'；具有下列情形之一的，属于'情节特别严重'：（1）违法所得数额在 5 万元以上的；（2）因伪造、出售伪造的增值税专用发票致使国家税款被骗取 100 万元以上的；（3）给国家税款造成实际损失 50 万元以上的；（4）具有其他特别严重情节的。对于伪造并出售伪造的增值税专用发票数量达到特别巨大，又具有特别严重情节，严重破坏经济秩序的，应当依照《决定》第二条第二款的规定处罚。伪造并出售同一宗增值税专用发票的，数量或者票面额不重复计算。变造增值税专用发票的，按照伪造增值税专用发票行为处理。"

最高人民检察院、公安部 2010 年 5 月 7 日发布的《关于公安机关管辖的刑事案件立案追诉标准的规定（二）》第 62 条规定："伪造或者出售伪造的增值税专用发票二十五份以上或者票面额累计在十万元以上的，应予立案追诉。"

【立法建言】

建　议： 将《刑法》第 206 条修改为："伪造或者出售伪造的增值税专用发票的，处三年以下有期徒刑、拘役或者管制，可以并处或者单处罚金；数量较大或者有其他严重情节的，处三年以上十年以下有期徒刑，并处罚金；数量巨大或者有其他特别严重情节的，处十年以上有期徒刑或者无期徒刑，并处罚金或者没收财产。单位犯前款罪的，对单位判处罚金，并对其直接负责主管人员和其他直接责任人员，依照前款的规定处罚。"

理　由：

从立法技术上看，宜在本罪第 1 款第 1 档法定刑中增加"单处"罚金的规定，并删去本罪中的罚金数额标准；同时，将第 2 款单位犯罪中直接责任人员的处刑规定改为"依照前款的规定处罚"，以与《刑法》的其他罚金和单位犯罪处刑规定相一致。

八、非法出售增值税专用发票罪（第 207 条）

【立法沿革】

非法出售增值税专用发票罪是在全国人大常委会 1995 年《关于惩治虚开、伪造和非法出售增值税专用发票犯罪的决定》第 3 条规定的非法出售增值税专用发票罪的基础上修改而来的。

非法出售增值税专用发票罪是《关于惩治虚开、伪造和非法出售增值税专用发票犯罪的决定》第 3 条增设的罪名。该条规定："非法出售增值税专用发票的，处三年以下有期徒刑或者拘役，并处二万元以上二十万元以下罚金；数量较大的，处三年以上十年以下有期徒刑，并处五万元以上五十万元以下罚金；数量巨大的，处十年以上有期徒刑或者无期徒刑，并处没收财产。"

在刑法修订研拟的过程中，1996 年的《刑法修订草案》第 191 条基本上沿用了上述规定，仅在第 1 档法定刑中增加了"管制"的规定。1997 年《刑法》第 207 条在上述规定的基础上，又在第 3 档法定刑中增加了"五万元以上五十万元以下罚金"的规定。

【立法规定】

《刑法》第 207 条规定："非法出售增值税专用发票的，处三年以下有期徒刑、拘役或者管制，并处二万元以上二十万元以下罚金；数量较大的，处三年以上十年以下有期徒刑，并处五万元以上五十万元以下罚金；数量巨大的，处十年以上有期徒刑或者无期徒刑，并处五万元以上五十万元以下罚金或者没收财产。"第 211 条规定："单位犯本节第二百零一条、第二百零三条、第二百零四条、第二百零七条、第二百零八条、第二百零九条规定之罪的，对单位判处罚金，并对其直接负责的主管人员和其他直接责任人员，依照各该条的规定处罚。"

【立法释义】

最高人民法院 1996 年 10 月 17 日发布的《关于适用〈全国人民代表大会常务委员会关于惩治虚开、伪造和非法出售增值税专用发票犯罪的决定〉的若干问题的解释》第 3 条规定："根据《决定》第三条规定，非法出售增值税专用发票的，构成非法出售增值税专用发票罪。非法出售增值税专用发票案件的定罪量刑数量标准按照本解释第二条第二、三、四款的规定执行。"①

---

① 根据该解释第 2 条第 2、3、4 款规定的数量标准，非法出售增值税专用发票 25 份以上或者票面额累计 10 万元以上的，应当依法定罪处罚；非法出售增值税专用发票 100 份以上或者票面额累计 50 万元以上的，属于"数量较大"；非法出售增值税专用发票 500 份以上或者票面额累计 250 万元以上的，属于"数量巨大"。

最高人民检察院、公安部 2010 年 5 月 7 日发布的《关于公安机关管辖的刑事案件立案追诉标准的规定（二）》第 63 条规定："非法出售增值税专用发票二十五份以上或者票面额累计在十万元以上的，应予立案追诉。"

【立法建言】

建　议：将《刑法》第 207 条修改为："非法出售增值税专用发票的，处三年以下有期徒刑、拘役或者管制，可以并处或者单处罚金；数量较大的，处三年以上十年以下有期徒刑，并处罚金；数量巨大的，处十年以上有期徒刑或者无期徒刑，并处罚金或者没收财产。"

理　由：

从立法技术上看，宜在本罪的第 1 档法定刑中增加"单处"罚金的规定，并删去本罪中的罚金数额标准，以与《刑法》的其他罚金规定相一致。

九、非法购买增值税专用发票、购买伪造的增值税专用发票罪（第 208 条）

【立法沿革】

非法购买增值税专用发票、购买伪造的增值税专用发票罪是在全国人大常委会 1995 年《关于惩治虚开、伪造和非法出售增值税专用发票犯罪的决定》第 4 条规定的非法购买增值税专用发票、伪造的增值税专用发票罪的基础上修改而来的。

非法购买增值税专用发票、伪造的增值税专用发票罪是《关于惩治虚开、伪造和非法出售增值税专用发票犯罪的决定》第 4 条增设的罪名。该条规定："非法购买增值税专用发票或者购买伪造的增值税专用发票的，处五年以下有期徒刑、拘役，并处或者单处二万元以上二十万元以下罚金。""非法购买增值税专用发票或者购买伪造的增值税专用发票又虚开或者出售的，分别依照第一条、第二条、第三条的规定处罚。"

在刑法修订研拟的过程中，1996 年的《刑法修订草案》第 192 条基本上沿用了上述规定，仅将第 2 款中的"依照……处罚"改为"依照……定罪处罚"。这一修改方案，为现行刑法所采纳。

【立法规定】

《刑法》第 208 条规定："非法购买增值税专用发票或者购买伪造的增值税专用发票的，处五年以下有期徒刑或者拘役，并处或者单处二万元以上二十万元以下罚金。非法购买增值税专用发票或者购买伪造的增值税专用发票又虚开或者出售的，分别依照本法第二百零五条、第二百零六条、第二百零七条的规定定罪处罚。"第 211 条规定："单位犯本节第二百零一条、第二百零三条、第二百零四条、第二百零七条、第二百零八条、第二百零九条规定之罪的，对单位判处罚金，并对其直接负责的主管人员和其他直接责任人员，依照各该条的规定处罚。"

【立法释义】

最高人民法院1996年10月17日发布的《关于适用〈全国人民代表大会常务委员会关于惩治虚开、伪造和非法出售增值税专用发票犯罪的决定〉的若干问题的解释》第4条规定:"根据《决定》第四条规定,非法购买增值税专用发票或者购买伪造的增值税专用发票的,构成非法购买增值税专用发票、伪造的增值税专用发票罪。"① "非法购买增值税专用发票或者购买伪造的增值税专用发票25份以上或者票面额累计10万元以上的,应当依法定罪处罚。非法购买真、伪两种增值税专用发票的,数量累计计算,不实行数罪并罚。"

最高人民检察院、公安部2010年5月7日发布的《关于公安机关管辖的刑事案件立案追诉标准的规定(二)》第64条规定:"非法购买增值税专用发票或者购买伪造的增值税专用发票二十五份以上或者票面额累计在十万元以上的,应予立案追诉。"

【立法建言】

建　议:将《刑法》第208条第1款修改为:"非法购买增值税专用发票或者购买伪造的增值税专用发票的,处五年以下有期徒刑、拘役或者管制,可以并处或者单处罚金。"

理　由:

从立法技术上看,宜在本罪的法定刑中增加"管制"的规定,并将"并处或者单处二万元以上二十万元以下罚金"改为"可以并处或者单处罚金",以与《刑法》的其他管制和罚金规定相一致。

十、非法制造、出售非法制造的用于骗取出口退税、抵扣税款发票罪、非法制造、出售非法制造的发票罪、非法出售用于骗取出口退税、抵扣税款发票罪、非法出售发票罪(第209条)

【立法沿革】

非法制造、出售非法制造的用于骗取出口退税、抵扣税款发票罪、非法制造、出售非法制造的发票罪、非法出售用于骗取出口退税、抵扣税款发票罪、非法出售发票罪是在全国人大常委会1995年《关于惩治虚开、伪造和非法出售增值税专用发票犯罪的决定》第6条规定的非法制造专用发票罪、出售非法制造的专用发票罪、非法出售专用发票罪、非法出售发票罪的基础上修改而来的。

---

① 最高人民法院1997年12月16日发布的《关于执行〈中华人民共和国刑法〉确定罪名的规定》,将该罪的罪名改为非法购买增值税专用发票、购买伪造的增值税专用发票罪。

非法制造、出售非法制造的用于骗取出口退税、抵扣税款发票罪、非法制造、出售非法制造的发票罪、非法出售用于骗取出口退税、抵扣税款发票罪、非法出售发票罪是《关于惩治虚开、伪造和非法出售增值税专用发票犯罪的决定》第 6 条增设的罪名。该条规定："伪造、擅自制造或者出售伪造、擅自制造的可以用于骗取出口退税、抵扣税款的其他发票的，处三年以下有期徒刑或者拘役，并处二万元以上二十万元以下罚金；数量巨大的，处三年以上七年以下有期徒刑，并处五万元以上五十万元以下罚金；数量特别巨大的，处七年以上有期徒刑，并处没收财产。伪造、擅自制造或者出售伪造、擅自制造的前款规定以外的其他发票的，比照刑法第一百二十四条的规定处罚。① 非法出售可以用于骗取出口退税、抵扣税款的其他发票的，依照第一款的规定处罚。非法出售前款规定以外的其他发票的，比照刑法第一百二十四条的规定处罚。"

在刑法修订研拟的过程中，1996 年的《刑法修订草案》（征求意见稿）第 193 条对上述规定作了以下三处修改和补充：一是在第 1 款第 1 档法定刑中增加了"管制"的规定；二是将第 2 款"比照刑法第一百二十四条的规定处罚"的规定改为"处二年以下有期徒刑、拘役或者管制，并处或者单处一万元以上五万元以下罚金；情节严重的，处二年以上七年以下有期徒刑，并处五万元以上五十万元以下罚金"；三是将第 4 款"非法出售前款规定以外的其他发票的，比照刑法第一百二十四条的规定处罚"的规定改为"非法出售前款规定以外的其他发票的，依照第二款的规定处罚"。1997 年的《刑法修订草案》（修改稿）第 209 条基本上沿用了上述规定，仅将第 4 款中的"前款"改为"第三款"。1997 年《刑法》第 209 条在上述规定的基础上，又在第 1 款第 3 档法定刑中增加了"并处五万元以上五十万元以下罚金"的规定。

【立法规定】

《刑法》第 209 条规定："伪造、擅自制造或者出售伪造、擅自制造的可以用于骗取出口退税、抵扣税款的其他发票的，处三年以下有期徒刑、拘役或者管制，并处二万元以上二十万元以下罚金；数量巨大的，处三年以上七年以下有期徒刑，并处五万元以上五十万元以下罚金；数量特别巨大的，处七年以上有期徒刑，并处五万元以上五十万元以下罚金或者没收财产。伪造、擅自制造或者出售伪造、擅自制造的前款规定以外的其他发票的，处二年以下有期徒刑、拘役或者管制，并处或者单处一万元以上五万元以下罚金；情节严重的，处二年以上七年以下有期徒刑，并处五万元以上五十万元以下罚金。非法出售可以用于骗取出口退税、抵扣税款的其他发票的，依照第一款的规定处罚。非法出售第三款规定以外的其他发票的，依照第二款的规定处罚。"第 211 条规定："单位犯本节第二百零一

---

① 1979 年《刑法》第 124 条规定的是伪造车票、船票、邮票、税票、货票的犯罪。

条、第二百零三条、第二百零四条、第二百零七条、第二百零八条、第二百零九条规定之罪的，对单位判处罚金，并对其直接负责的主管人员和其他直接责任人员，依照各该条的规定处罚。"

【立法释义】

全国人大常委会2005年12月29日通过的《关于〈中华人民共和国刑法〉有关出口退税、抵扣税款的其他发票规定的解释》规定："刑法规定的'出口退税、抵扣税款的其他发票'，是指除增值税专用发票以外的，具有出口退税、抵扣税款功能的收付款凭证或者完税凭证。"

最高人民法院1996年10月17日发布的《关于适用〈全国人民代表大会常务委员会关于惩治虚开、伪造和非法出售增值税专用发票犯罪的决定〉的若干问题的解释》第6条规定："根据《决定》第六条规定，伪造、擅自制造或者出售伪造、擅自制造的可以用于骗取出口退税、抵扣税款的其他发票的，构成非法制造专用发票罪或出售非法制造的专用发票罪。伪造、擅自制造或者出售伪造、擅自制造的可以用于骗取出口退税、抵扣税款的其他发票50份以上的，应当依法定罪处罚；伪造、擅自制造或者出售伪造、擅自制造的可以用于骗取出口退税、抵扣税款的其他发票200份以上的，属于'数量巨大'；伪造、擅自制造或者出售伪造、擅自制造的可以用于骗取出口退税、抵扣税款的其他发票1000份以上的，属于'数量特别巨大'。"

最高人民法院、最高人民检察院、公安部、国家工商行政管理局1998年5月8日发布的《关于依法查处盗窃、抢劫机动车案件的规定》第6条规定："非法出售机动车有关发票的，或者伪造、擅自制造或者出售伪造、擅自制造的机动车有关发票的，依照《刑法》第二百零九条的规定处罚。"

最高人民检察院、公安部2010年5月7日发布的《关于公安机关管辖的刑事案件立案追诉标准的规定（二）》第65条规定："伪造、擅自制造或者出售伪造、擅自制造的可以用于骗取出口退税、抵扣税款的非增值税专用发票五十份以上或者票面额累计在二十万元以上的，应予立案追诉。"第66条规定："伪造、擅自制造或者出售伪造、擅自制造的不具有骗取出口退税、抵扣税款功能的普通发票一百份以上或者票面额累计在四十万元以上的，应予立案追诉。"第67条规定："非法出售可以用于骗取出口退税、抵扣税款的非增值税专用发票五十份以上或者票面额累计在二十万元以上的，应予立案追诉。"第68条规定："非法出售普通发票一百份以上或者票面额累计在四十万元以上的，应予立案追诉。"

【立法建言】

建　议：将《刑法》第209条第1款、第2款修改为："伪造、擅自制造或者出售伪造、擅自制造的可以用于骗取出口退税、抵扣税款的其他发票的，处三年以下有期徒刑、拘役或者管制，可以并处或者单处罚金；数量巨大的，处三年以上七年以下有期徒刑，并处罚金；数量特别巨大的，处七年以上有期徒刑，并处罚金。伪造、擅自制造或者出售伪造、擅自制造的前款规定以外的其他发票的，处二年以下有期徒刑、拘役或者管制，可以并处或者单处罚金；情节严重的，处二年以上七年以下有期徒刑，并处罚金。"

理　由：

从立法技术上看，宜在《刑法》第 209 条第 1 款第 1 档法定刑中增加"单处"罚金的规定，并删去第 1 款、第 2 款中的罚金数额标准，以与《刑法》的其他罚金规定相一致。

十一、持有伪造的发票罪（第 210 条之一）

【立法沿革】

持有伪造的发票罪是《刑法修正案（八）》第 35 条新增设的罪名。

2010 年 1 月至 10 月，公安部在全国部署开展打击发票犯罪深入行动，各地公安机关对非法制售发票犯罪开展了严厉打击，共破案 7361 起，缴获假发票 6.6 亿份。[1] 但是，"由于发票犯罪的复杂性和隐蔽性，在查获行为人持有大量伪造的发票而无法认定行为人具有非法制造、出售行为的情况下，便无法定罪量刑，只能用行政手段进行处罚，这就增加了查处发票类犯罪的困难，放纵了一部分行为人，使得这类行为人不能受到刑法的规制，这是刑法上的一个疏漏"[2]。有鉴于此，《刑法修正案（八）》第 35 条增设了持有伪造的发票罪。

【立法规定】

《刑法》第 210 条之一规定："明知是伪造的发票而持有，数量较大的，处二年以下有期徒刑、拘役或者管制，并处罚金；数量巨大的，处二年以上七年以下有期徒刑，并处罚金。单位犯前款罪的，对单位判处罚金，并对其直接负责的主管人员和其他直接责任人员，依照前款的规定处罚。"

【立法释义】

最高人民检察院、公安部 2011 年 11 月 21 日发布的《关于公安机关管辖的刑事案件立案追诉标准的规定（二）的补充规定》第 3 条规定："明知是伪造的发票而持有，具有下列情形之一的，应予立案追诉：（一）持有伪造的增值税专用发票五十份以上或者票面

① 参见陈丽平、李吉斌："持有大量假发票拟定为犯罪　专家建议增加持有型犯罪需谨慎"，载《法制日报》2010 年 1 月 10 日。

② 高铭暄、陈璐：《〈中华人民共和国刑法修正案（八）〉解读与思考》，中国人民大学出版社 2011 年版，第 101 页。

额累计在二十万元以上的，应予立案追诉；（二）持有伪造的可以用于骗取出口退税、抵扣税款的其他发票一百份以上或者票面额累计在四十万元以上的，应予立案追诉；（三）持有伪造的第（一）项、第（二）项规定以外的其他发票二百份以上或者票面额累计在八十万元以上的，应予立案追诉。"

【立法建言】

建　议：将《刑法》第210条之一第1款修改为："明知是伪造的发票而持有，数量较大的，处二年以下有期徒刑、拘役或者管制，可以并处或者单处罚金；数量巨大的，处二年以上七年以下有期徒刑，并处罚金。"

理　由：

从立法技术上看，宜将本罪第1款第1档法定刑中的"并处罚金"改为"可以并处或者单处罚金"，以与《刑法》的其他罚金规定相一致。

第七节　侵犯知识产权罪

一、假冒注册商标罪（第213条）

【立法沿革】

假冒注册商标罪是在全国人大常委会1993年《关于惩治假冒注册商标犯罪的补充规定》第1条第1款规定的假冒注册商标罪的基础上修改而来的。

在新中国刑法立法史上，假冒注册商标罪的立法演变是与工商企业的发展状况紧密相连的。早在新中国成立初期，我国就规定了伪造商标牌号罪，并配置了较轻的刑罚。1950年的《刑法大纲草案》第104条规定："伪造或冒用已登记之公私营企业商标牌号者，处六月以下监禁，并可酌处罚金，或责令公开道歉。"随着对资本主义工商业进行社会主义改造的基本完成，相应地将假冒注册商标罪的主体限定为工商企业的"主管人员"。1957年的《刑法草案》第22稿第145条规定："工商企业假冒其他企业已注册的商标的，对主管人员处拘役或者五百元以下罚金。""此后修改时曾一度考虑，我国的工商企业基本上都是社会主义的经济，假冒商标的情况估计问题不大，这一条可否删去。但经与工商行政部门联系后，了解到这些问题在实际中还存在，特别在对外贸易上，商标仍然是一个很重要的问题；同时，国家要求大力提高产品质量，恢复名牌产品，这就更不能忽视商标的作用。"① 有鉴于此，1963 年的《刑法草案》第 33 稿又恢复了这一条，并加大了处罚的力度。该稿第 136 条规定："工商企业假冒其他企业已注册的商标的，对主管人员处三年以下有期徒刑、拘役或者罚金。"1979 年《刑法》第 127 条基本上沿用了上述规定，仅在文字表述上增加了"违反商标管理法规"，并将"主管人员"改为"直接责任人员"。

1979 年《刑法》第 127 条规定："违反商标管理法规，工商企业假冒其他企业已经注册的商标的，对直接责任人员，处三年以下有期徒刑、拘役或者罚金。"

随着改革开放的不断深入，我国工商企业的状况发生了很大的变化。因此，1988 年 9 月的刑法修改稿对上述规定作了较大的修改和补充：一是删去了"工商企业"和"直接责任人员"的规定，将本罪的主体改为一般主体；② 二是增加了非法制造、销售注册商标标识罪；三是增加了"情节严重"的构成要件。该稿第 127 条的规定："违反商标管理法规，假冒他人注册商标，非法制造或者销售他人注册商标标识，情节严重的，处三年以下有期徒刑、拘役或者罚金。制造、销售冒牌产品造成严重后果的，依照本法第　条③制造、销售伪劣商品罪处罚。"1988 年 11 月 16 日的刑法修改稿第 141 条在上述规定的基础上，加大了处罚力度，增加了"情节特别严重的，处三年以上七年以下有期徒刑，并处罚金"的规定。修改后的条文为："违反商标管理法规，假冒他人注册商标，非法制造或者销售他人注册商标标识，情节严重的，处三年以下有期徒刑或者拘役，可以单处或者并处罚金；情节特别严重的，处三年以下七年以上有期徒刑，并处罚金。"

1993 年 2 月 22 日，全国人大常委会通过了《关于修改〈中华人民共和国商标法〉的决定》。为了与该决定的相关规定相衔接，全国人大常委会同一天通过的《关于惩治假冒注册商标犯罪的补充规定》对 1979 年《刑法》作了重要补充和修改，由此构建了我国假冒注册商标犯罪的罪名体系。该规定第 1 条第 1 款规定："未经注册商标所有人许可，在同一种商品上使用与其注册商标相同的商标，违法所得数额较大或者有其他严重情节的，处三年以下有期徒刑或者拘役，可以并处或者单处罚金；违法所得数额巨大的，处三年以上七年以下有期徒刑，并处罚金。"第 3 条规定："企业事业单位犯前两条罪的，对单位判处罚金，并对直接负责的主管人员和其他直接责任人员依照前两条的规定追究刑事责任。"④

在刑法修订研拟的过程中，1996 年的《刑法修订草案》第 195 条基本上沿用了上述第 1 条第 1 款的规定，仅增加了"管制"这一刑种。1997 年的《刑法修订草案》（修改

---

① 参见高铭暄：《中华人民共和国刑法的孕育和诞生》，法律出版社 1981 年版，第 172 页。
② 根据该稿总则第二章"犯罪"第四节"法人犯罪"的规定，法人也可以构成假冒注册商标罪。
③ 该稿第 127 条原本空缺了该条文的序号。
④ 该规定有关单位犯罪的规定集中在第 3 条之中，本节在阐述以下各罪立法规定时，凡涉及《关于惩治假冒注册商标犯罪的补充规定》的，均不再具体列举单位犯罪的规定。

稿）第 213 条在上述规定的基础上，主要是将"违法所得数额较大或者有其他严重情节"改为"情节严重"，将"违法所得数额巨大"改为"情节特别严重"。1997 年 3 月 1 日，提交给八届全国人大五次会议审议的《中华人民共和国刑法（修订草案）》第 213 条又将第 1 档法定刑中的"可以并处或者单处罚金"改为"并处或者单处罚金"。这一修改方案，为现行刑法所采纳。

【立法规定】

《刑法》第 213 条规定："未经注册商标所有人许可，在同一种商品上使用与其注册商标相同的商标，情节严重的，处三年以下有期徒刑或者拘役，并处或者单处罚金；情节特别严重的，处三年以上七年以下有期徒刑，并处罚金。"第 220 条规定："单位犯本节第二百一十三条至第二百一十九条规定之罪的，对单位判处罚金，并对其直接负责的主管人员和其他直接责任人员，依照本节各该条的规定处罚。"

【立法释义】

最高人民法院、最高人民检察院 2001 年 4 月 9 日发布的《关于办理生产、销售伪劣商品刑事案件具体应用法律若干问题的解释》第 10 条规定："实施生产、销售伪劣商品犯罪，同时构成侵犯知识产权、非法经营等其他犯罪的，依照处罚较重的规定定罪处罚。"

最高人民法院、最高人民检察院 2004 年 12 月 8 日发布的《关于办理侵犯知识产权刑事案件具体应用法律若干问题的解释》第 1 条规定："未经注册商标所有人许可，在同一种商品上使用与其注册商标相同的商标，具有下列情形之一的，属于刑法第二百一十三条规定的'情节严重'，应当以假冒注册商标罪判处三年以下有期徒刑或者拘役，并处或者单处罚金：（一）非法经营数额在五万元以上或者违法所得数额在三万元以上的；（二）假冒两种以上注册商标，非法经营数额在三万元以上或者违法所得数额在二万元以上的；（三）其他情节严重的情形。具有下列情形之一的，属于刑法第二百一十三条规定的'情节特别严重'，应当以假冒注册商标罪判处三年以上七年以下有期徒刑，并处罚金：（一）非法经营数额在二十五万元以上或者违法所得数额在十五万元以上的；（二）假冒两种以上注册商标，非法经营数额在十五万元以上或者违法所得数额在十万元以上的；（三）其他情节特别严重的情形。"第 8 条规定："刑法第二百一十三条规定的'相同的商标'，是指与被假冒的注册商标完全相同，或者与被假冒的注册商标在视觉上基本无差别、足以对公众产生误导的商标。刑法第二百一十三条规定的'使用'，是指将注册商标或者假冒的注册商标用于商品、商品包装或者容器以及产品说明书、商品交易文书，或者将注册商标或者假冒的注册商标用于广告宣传、展览以及其他商业活动等行为。"第 12 条规定："本解释所称'非法经营数额'，是指行为人在实施侵犯知识产权行为过程中，制造、储存、运输、销售侵权产品的价值。已销售的侵权产品的价值，按照实际销售的价格计算。制造、储存、运输和未销售的侵权产品的价值，按照标价或者已经查清的侵权产品的实际销售平均价格计算。侵权产品没有标价或者无法查清其实际销售价格的，按照被侵权产品的市场中间价格计算。多次实施侵犯知识产权行为，未经行政处理或者刑事处罚的，非法经营数额、违法所得数额或者销售金额累计计算。本解释第三条所规定的'件'，是指标有完整商标图样的一份标识。"第13条规定："实施刑法第二百一十三条规定的假冒注册商标犯罪，又销售该假冒注册商标的商品，构成犯罪的，应当依照刑法第二百一十三条的规定，以假冒注册商标罪定罪处罚。实施刑法第二百一十三条规定的假冒注册商标犯罪，又销售明知是他人的假冒注册商标的商品，构成犯罪的，应当实行数罪并罚。"第15条规定："单位实施刑法第二百一十三条至第二百一十九条规定的行为，按照本解释规定的相应个人犯罪的定罪量刑标准的三倍定罪量刑。"第16条规定："明知他人实施侵犯知识产权犯罪，而为其提供贷款、资金、账号、发票、证明、许可证件，或者提供生产、经营场所或者运输、储存、代理进出口等便利条件、帮助的，以侵犯知识产权犯罪的共犯论处。"

最高人民法院、最高人民检察院2007年4月4日发布的《关于办理侵犯知识产权刑事案件具体应用法律若干问题的解释（二）》第3条规定："侵犯知识产权犯罪，符合刑法规定的缓刑条件的，依法适用缓刑。有下列情形之一的，一般不适用缓刑：（一）因侵犯知识产权被刑事处罚或者行政处罚后，再次侵犯知识产权构成犯罪的；（二）不具有悔罪表现的；（三）拒不交出违法所得的；（四）其他不宜适用缓刑的情形。"第4条规定："对于侵犯知识产权犯罪的，人民法院应当综合考虑犯罪的违法所得、非法经营数额、给权利人造成的损失、社会危害性等情节，依法判处罚金。罚金数额一般在违法所得的一倍以上五倍以下，或者按照非法经营数额的50%以上一倍以下确定。"第6条规定："单位实施刑法第二百一十三条至第二百一十九条规定的行为，按照《最高人民法院、最高人民检察院关于办理侵犯知识产权刑事案件具体应用法律若干问题的解释》和本解释规定的相应个人犯罪的定罪量刑标准定罪处罚。"

最高人民法院、最高人民检察院2010年3月2日发布的《关于办理非法生产、销售烟草专卖品等刑事案件具体应用法律若干问题的解释》第1条第2款规定："未经卷烟、雪茄烟等烟草专卖品注册商标所有人许可，在卷烟、雪茄烟等烟草专卖品上使用与其注册商标相同的商标，情节严重的，依照刑法第二百一十三条的规定，以假冒注册商标罪定罪处罚。"第4条规定："非法经营烟草专卖品，能够查清销售或者购买价格的，按照其销售或者购买的价格计算非法经营数额。无法查清销售或者购买价格的，按照下列方法计算非法经营数额：（一）查获的卷烟、雪茄烟的价格，有品牌的，按照该品牌卷烟、雪茄烟的查获地省级烟草专卖行政主管部门出具的零售价格计算；无品牌的，按照查获地省级烟草专卖行政主管部门出具的上年度卷烟平均零售价格计算；（二）查获的复烤烟叶、烟叶的价格按照查获地省级烟草专卖行政主管部门出具的上年度烤烟调拨平均基准价格计算；（三）烟丝的价格按照第（二）项规定价格计算标准的一点五倍计算；（四）卷烟辅料的价格，有品牌的，按照该品牌辅料的查获地省级烟草专卖行政主管部门出具的价格计算；无品牌的，按照查获地省级烟草专卖行政主管部门出具的上年度烟草行业生产卷烟所需该类卷烟辅料的平均价格计算；（五）非法生产、销售、购买烟草专用机械的价格按照国务院烟草专卖行政主管部门下发的全国烟草专用机械产品指导价格目录进行计算；目录中没有该烟草专用机械的，按照省级以上烟草专卖行政主管部门出具的目录中同类烟草专用机械的平均价格计算。"第 5 条规定："行为人实施非法生产、销售烟草专卖品犯罪，同时构成生产、销售伪劣产品罪、侵犯知识产权犯罪、非法经营罪的，依照处罚较重的规定定罪处罚。"第 6 条规定："明知他人实施本解释第一条所列犯罪，而为其提供贷款、资金、账号、发票、证明、许可证件，或者提供生产、经营场所、设备、运输、仓储、保管、邮寄、代理进出口等便利条件，或者提供生产技术、卷烟配方的，应当按照共犯追究刑事责任。"

最高人民检察院、公安部 2010 年 5 月 7 日发布的《关于公安机关管辖的刑事案件立案追诉标准的规定（二）》第 69 条规定："未经注册商标所有人许可，在同一种商品上使用与其注册商标相同的商标，涉嫌下列情形之一的，应予立案追诉：（一）非法经营数额在五万元以上或者违法所得数额在三万元以上的；（二）假冒两种以上注册商标，非法经营数额在三万元以上或者违法所得数额在二万元以上的；（三）其他情节严重的情形。"

最高人民法院、最高人民检察院、公安部 2011 年 1 月 10 日发布的《关于办理侵犯知识产权刑事案件适用法律若干问题的意见》第 5 条"关于刑法第二百一十三条规定的'同一种商品'的认定问题"规定："名称相同的商品以及名称不同但指同一事物的商品，可以认定为'同一种商品'。'名称'是指国家工商行政管理总局商标局在商标注册工作中对商品使用的名称，通常即《商标注册用商品和服务国际分类》中规定的商品名称。'名称不同但指同一事物的商品'是指在功能、用途、主要原料、消费对象、销售渠道等方面相同或者基本相同，相关公众一般认为是同一种事物的商品。认定'同一种商品'，应当在权利人注册商标核定使用的商品和行为人实际生产销售的商品之间进行比较。"第 6 条"关于刑法第二百一十三条规定的'与其注册商标相同的商标'的认定问题"规定："具有下列情形之一，可以认定为'与其注册商标相同的商标'：（一）改变注册商标的字体、字母大小写或者文字横竖排列，与注册商标之间仅有细微差别的；（二）改变注册商标的文字、字母、数字等之间的间距，不影响体现注册商标显著特征的；（三）改变注册商标颜色的；（四）其他与注册商标在视觉上基本无差别、足以对公众产生误导的商标。"第 7

条"关于尚未附着或者尚未全部附着假冒注册商标标识的侵权产品价值是否计入非法经营数额的问题"规定："在计算制造、储存、运输和未销售的假冒注册商标侵权产品价值时，对于已经制作完成但尚未附着（含加贴）或者尚未全部附着（含加贴）假冒注册商标标识的产品，如果有确实、充分证据证明该产品将假冒他人注册商标，其价值计入非法经营数额。"第 14 条"关于多次实施侵犯知识产权行为累计计算数额问题"规定："依照《最高人民法院、最高人民检察院关于办理侵犯知识产权刑事案件具体应用法律若干问题的解释》第十二条第二款的规定，多次实施侵犯知识产权行为，未经行政处理或者刑事处罚的，非法经营数额、违法所得数额或者销售金额累计计算。二年内多次实施侵犯知识产权违法行为，未经行政处理，累计数额构成犯罪的，应当依法定罪处罚。实施侵犯知识产权犯罪行为的追诉期限，适用刑法的有关规定，不受前述二年的限制。"第 15 条"关于为他人实施侵犯知识产权犯罪提供原材料、机械设备等行为的定性问题"规定："明知他人实施侵犯知识产权犯罪，而为其提供生产、制造侵权产品的主要原材料、辅助材料、半成品、包装材料、机械设备、标签标识、生产技术、配方等帮助，或者提供互联网接入、服务器托管、网络存储空间、通讯传输通道、代收费、费用结算等服务的，以侵犯知识产权犯罪的共犯论处。"第 16 条"关于侵犯知识产权犯罪竞合的处理问题"规定："行为人实施侵犯知识产权犯罪，同时构成生产、销售伪劣商品犯罪的，依照侵犯知识产权犯罪与生产、销售伪劣商品犯罪中处罚较重的规定定罪处罚。"

最高人民法院、最高人民检察院、公安部 2012 年 1 月 9 日发布的《关于依法严惩"地沟油"犯罪活动的通知》第 2 条第 4 款规定："虽无法查明'食用油'是否系利用'地沟油'生产、加工，但犯罪嫌疑人、被告人明知该'食用油'来源可疑而予以销售的，应分别情形处理：经鉴定，检出有毒、有害成分的，依照刑法第 144 条销售有毒、有害食品罪的规定追究刑事责任；属于不符合安全标准的食品的，依照刑法第 143 条销售不符合安全标准的食品罪追究刑事责任；属于以假充真、以次充好、以不合格产品冒充合格产品或者假冒注册商标，构成犯罪的，依照刑法第 140 条销售伪劣产品罪或者第 213 条假冒注册商标罪、第 214 条销售假冒注册商标的商品罪追究刑事责任。"

最高人民法院、最高人民检察院 2014 年 11 月 3 日发布的《关于办理危害药品安全刑事案件适用法律若干问题的解释》第 10 条规定："实施生产、销售假药、劣药犯罪，同时构成生产、销售伪劣产品、侵犯知识产权、非法经营、非法行医、非法采供血等犯罪的，依照处罚较重的规定定罪处罚。"第 11 条第 1 款规定："对实施本解释规定之犯罪的犯罪分子，应当依照刑法规定的条件，严格缓刑、免予刑事处罚的适用。对于适用缓刑的，应当同时宣告禁止令，禁止犯罪分子在缓刑考验期内从事药品生产、销售及相关活动。"

【立法建言】

建　议：将《刑法》第 213 条修改为："未经注册商标所有人许可，在同一种商品上使用与其注册商标相同的商标，情节严重的，处三年以下有期徒刑、拘役或者管制，可以并处或者单处罚金；情节特别严重的，处三年以上七年以下有期徒刑，并处罚金。"

理　由：

从立法技术上看，宜在本罪的第 1 档法定刑中增加"管制"的规定，并将"并处或者单处罚金"改为"可以并处或者单处罚金"，以与《刑法》的其他管制和罚金规定相一致。

二、销售假冒注册商标的商品罪（第 214 条）

【立法沿革】

销售假冒注册商标的商品罪是在全国人大常委会 1993 年《关于惩治假冒注册商标犯罪的补充规定》第 1 条第 2 款规定的销售假冒注册商标的商品罪的基础上修改而来的。

销售假冒注册商标的商品罪是《关于惩治假冒注册商标犯罪的补充规定》第 1 条第 2 款增设的罪名。该款规定："销售明知是假冒注册商标的商品，违法所得数额较大的，处三年以下有期徒刑或者拘役，可以并处或者单处罚金；违法所得数额巨大的，处三年以上七年以下有期徒刑，并处罚金。"

在刑法修订研拟的过程中，1996 年的《刑法修订草案》第 196 条基本上沿用了上述规定，仅在第 1 档法定刑中增加了"管制"这一刑种。到了 1997 年，《刑法修订草案》（修改稿）第 214 条在定罪量刑标准方面，将"违法所得数额较大"改为"销售金额数额较大"，将"违法所得数额巨大"改为"销售金额数额巨大"。1997 年 3 月 1 日，提交给八届全国人大五次会议审议的《中华人民共和国刑法（修订草案）》第 214 条删去了"管制"这一刑种，并将第 1 档法定刑中的"可以并处或者单处罚金"改为"并处或者单处罚金"。这一修改方案，为现行刑法所采纳。

【立法规定】

《刑法》第 214 条规定："销售明知是假冒注册商标的商品，销售金额数额较大的，处三年以下有期徒刑或者拘役，并处或者单处罚金；销售金额数额巨大的，处三年以上七年以下有期徒刑，并处罚金。"第 220 条规定："单位犯本节第二百一十三条至第二百一十九条规定之罪的，对单位判处罚金，并对其直接负责的主管人员和其他直接责任人员，依照本节各该条的规定处罚。"

【立法释义】

最高人民法院、最高人民检察院 2001 年 4 月 9 日发布的《关于办理生产、销售伪劣商品刑事案件具体应用法律若干问题的解释》第 10 条规定："实施生产、销售伪劣商品犯罪，同时构成侵犯知识产权、非法经营等其他犯罪的，依照处罚较重的规定定罪处罚。"

最高人民法院、最高人民检察院、公安部、国家烟草专卖局 2003 年 12 月 30 日发布的《关于办理假冒伪劣烟草制品等刑事案件适用法律问题座谈会纪要》第 2 条规定："根据刑法第二百一十四条的规定，销售明知是假冒烟用注册商标的烟草制品，销售金额较大的，构成销售假冒注册商标的商品罪。'明知'，是指知道或应当知道。有下列情形之一的，可以认定为'明知'：1. 以明显低于市场价格进货的；2. 以明显低于市场价格销售的；3. 销售假冒烟用注册商标的烟草制品被发现后转移、销毁物证或者提供虚假证明、虚假情况的；4. 其他可以认定为明知的情形。"第 4 条规定："知道或者应当知道他人实施本《纪要》要第一条至第三条规定的犯罪行为，仍实施下列行为之一的，应认定为共犯，依法追究刑事责任：1. 直接参与生产、销售假冒伪劣烟草制品或者销售假冒烟用注册商标的烟草制品或者直接参与非法经营烟草制品并在其中起主要作用的；2. 提供房屋、场地、设备、车辆、贷款、资金、账号、发票、证明、技术等设施和条件，用于帮助生产、销售、储存、运输假冒伪劣烟草制品、非法经营烟草制品的；3. 运输假冒伪劣烟草制品的。上述人员中有检举他人犯罪经查证属实，或者提供重要线索，有立功表现的，可以从轻或减轻处罚；有重大立功表现的，可以减轻或者免除处罚。"第 5 条规定："根据《最高人民法院、最高人民检察院关于办理生产、销售伪劣商品刑事案件具体应用法律若干问题的解释》的规定，国家机关工作人员参与实施本《纪要》第一条至第三条规定的犯罪行为的，从重处罚。"第 6 条规定："行为人的犯罪行为同时构成生产、销售伪劣产品罪、销售假冒注册商标的商品罪、非法经营罪等罪的，依照处罚较重的规定定罪处罚。"

最高人民法院、最高人民检察院 2004 年 12 月 8 日发布的《关于办理侵犯知识产权刑事案件具体应用法律若干问题的解释》第 2 条规定："销售明知是假冒注册商标的商品，销售金额在五万元以上的，属于刑法第二百一十四条规定的'数额较大'，应当以销售假冒注册商标的商品罪判处三年以下有期徒刑或者拘役，并处或者单处罚金。销售金额在二十五万元以上的，属于刑法第二百一十四条规定的'数额巨大'，应当以销售假冒注册商标的商品罪判处三年以上七年以下有期徒刑，并处罚金。"第 9 条规定："刑法第二百一十四条规定的'销售金额'，是指销售假冒注册商标的商品后所得和应得的全部违法收入。具有下列情形之一的，应当认定为属于刑法第二百一十四条规定的'明知'：（一）知道自己销售的商品上的注册商标被涂改、调换或者覆盖的；（二）因销售假冒注册商标的商品受到过行政处罚或者承担过民事责任、又销售同一种假冒注册商标的商品的；（三）伪造、涂改商标注册人授权文件或者知道该文件被伪造、涂改的；（四）其他知道或者应当知道是假冒注册商标的商品的情形。"第 12 条第 2 款规定："多次实施侵犯知识产权行为，未经行政处理或者刑事处罚的，非法经营数额、违法所得数额或者销售金额累计计算。"第 13 条规定："实施刑法第二百一十三条规定的假冒注册商标犯罪，又销售该假冒注册商标的商品，构成犯罪的，应当依照刑法第二百一十三条的规定，以假冒注册商标罪定罪处罚。实施刑法第二百一十三条规定的假冒注册商标犯罪，又销售明知是他人的假冒注册商标的商品，构成犯罪的，应当实行数罪并罚。"第 15 条规定："单位实施刑法第二百一十三条至第二百一十九条规定的行为，按照本解释规定的相应个人犯罪的定罪量刑标准的三倍定罪量刑。"第 16 条规定："明知他人实施侵犯知识产权犯罪，而为其提供贷款、资金、账号、发票、证明、许可证件，或者提供生产、经营场所或者运输、储存、代理进出口等便利条件、帮助的，以侵犯知识产权犯罪的共犯论处。"

最高人民法院、最高人民检察院 2007 年 4 月 4 日发布的《关于办理侵犯知识产权刑事案件具体应用法律若干问题的解释（二）》第 3 条规定："侵犯知识产权犯罪，符合刑法规定的缓刑条件的，依法适用缓刑。有下列情形之一的，一般不适用缓刑：（一）因侵犯知识产权被刑事处罚或者行政处罚后，再次侵犯知识产权构成犯罪的；（二）不具有悔罪表现的；（三）拒不交出违法所得的；（四）其他不宜适用缓刑的情形。"第 4 条规定："对于侵犯知识产权犯罪的，人民法院应当综合考虑犯罪的违法所得、非法经营数额、给权利人造成的损失、社会危害性等情节，依法判处罚金。罚金数额一般在违法所得的一倍以上五倍以下，或者按照非法经营数额的 50% 以上一倍以下确定。"第 6 条规定："单位实施刑法第二百一十三条至第二百一十九条规定的行为，按照《最高人民法院、最高人民检察院关于办理侵犯知识产权刑事案件具体应用法律若干问题的解释》和本解释规定的相应个人犯罪的定罪量刑标准定罪处罚。"

最高人民法院、最高人民检察院 2010 年 3 月 2 日发布的《关于办理非法生产、销售烟草专卖品等刑事案件具体应用法律若干问题的解释》第 1 条第 3 款规定："销售明知是假冒他人注册商标的卷烟、雪茄烟等烟草专卖品，销售金额较大的，依照刑法第二百一十四条的规定，以销售假冒注册商标的商品罪定罪处罚。"第 4 条规定："非法经营烟草专卖品，能够查清销售或者购买价格的，按照其销售或者购买的价格计算非法经营数额。无法查清销售或者购买价格的，按照下列方法计算非法经营数额：（一）查获的卷烟、雪茄烟的价格，有品牌的，按照该品牌卷烟、雪茄烟的查获地省级烟草专卖行政主管部门出具的零售价格计算；无品牌的，按照查获地省级烟草专卖行政主管部门出具的上年度卷烟平均零售价格计算；（二）查获的复烤烟叶、烟叶的价格按照查获地省级烟草专卖行政主管部门出具的上年度烤烟调拨平均基准价格计算；（三）烟丝的价格按照第（二）项规定价格计算标准的一点五倍计算；（四）卷烟辅料的价格，有品牌的，按照该品牌辅料的查获地省级烟草专卖行政主管部门出具的价格计算；无品牌的，按照查获地省级烟草专卖行政主管部门出具的上年度烟草行业生产卷烟所需该类卷烟辅料的平均价格计算；（五）非法生产、销售、购买烟草专用机械的价格按照国务院烟草专卖行政主管部门下发的全国烟草专用机械产品指导价格目录进行计算；目录中没有该烟草专用机械的，按照省级以上烟草专卖行政主管部门出具的目录中同类烟草专用机械的平均价格计算。"第 5 条规定："为人实施非法生产、销售烟草专卖品犯罪，同时构成生产、销售伪劣产品罪、侵犯知识产权犯罪、非法经营罪的，依照处罚较重的规定定罪处罚。"第 6 条规定："明知他人实施本解释第一条所列犯罪，而为其提供贷款、资金、账号、发票、证明、许可证件，或者提供生产、经营场所、设备、运输、仓储、保管、邮寄、代理进出口等便利条件，或者提供生产技术、卷烟配方的，应当按照共犯追究刑事责任。"

最高人民检察院、公安部 2010 年 5 月 7 日发布的《关于公安机关管辖的刑事案件立案追诉标准的规定（二）》第 70 条规定："销售明知是假冒注册商标的商品，涉嫌下列情形之一的，应予立案追诉：（一）销售金额在五万元以上的；（二）尚未销售，货值金额在十五万元以上的；（三）销售金额不满五万元，但已销售金额与尚未销售的货值金额合计在十五万元以上的。"

最高人民法院、最高人民检察院、公安部 2011 年 1 月 10 日发布的《关于办理侵犯知识产权刑事案件适用法律若干问题的意见》第 8 条规定："销售明知是假冒注册商标的商品，具有下列情形之一的，依照刑法第二百一十四条的规定，以销售假冒注册商标的商品罪（未遂）定罪处罚：（一）假冒注册商标的商品尚未销售，货值金额在十五万元以上的；（二）假冒注册商标的商品部分销售，已销售金额不满五万元，但与尚未销售的假冒注册商标的商品的货值金额合计在十五万元以上的。假冒注册商标的商品尚未销售，货值金额分别达到十五万元以上不满二十五万元、二十五万元以上的，分别依照刑法第二百一十四条规定的各法定刑幅度定罪处罚。销售金额和未销售货值金额分别达到不同的法定刑幅度或者均达到同一法定刑幅度的，在处罚较重的法定刑或者同一法定刑幅度内酌情从重处罚。"第 14 条规定："依照《最高人民法院、最高人民检察院关于办理侵犯知识产权刑事案件具体应用法律若干问题的解释》第十二条第二款的规定，多次实施侵犯知识产权行为，未经行政处理或者刑事处罚的，非法经营数额、违法所得数额或者销售金额累计计算。二年内多次实施侵犯知识产权违法行为，未经行政处理，累计数额构成犯罪的，应当依法定罪处罚。实施侵犯知识产权犯罪行为的追诉期限，适用刑法的有关规定，不受前述二年的限制。"第 15 条规定："明知他人实施侵犯知识产权犯罪，而为其提供生产、制造侵权产品的主要原材料、辅助材料、半成品、包装材料、机械设备、标签标识、生产技术、配方等帮助，或者提供互联网接入、服务器托管、网络存储空间、通讯传输通道、代收费、费用结算等服务的，以侵犯知识产权犯罪的共犯论处。"第 16 条规定："行为人实施侵犯知识产权犯罪，同时构成生产、销售伪劣商品犯罪的，依照侵犯知识产权犯罪与生产、销售伪劣商品犯罪中处罚较重的规定定罪处罚。"

最高人民法院、最高人民检察院、公安部 2012 年 1 月 9 日发布的《关于依法严惩"地沟油"犯罪活动的通知》第 2 条第 4 款规定："虽无法查明'食用油'是否系利用'地沟油'生产、加工，但犯罪嫌疑人、被告人明知该'食用油'来源可疑而予以销售的，应分别情形处理：经鉴定，检出有毒、有害成分的，依照刑法第 144 条销售有毒、有害食品罪的规定追究刑事责任；属于不符合安全标准的食品的，依照刑法第 143 条销售不符合安全标准的食品罪追究刑事责任；属于以假充真、以次充好、以不合格产品冒充合格产品或者假冒注册商标，构成犯罪的，依照刑法第 140 条销售伪劣产品罪或者第 213 条假冒注册商标罪、第 214 条销售假冒注册商标的商品罪追究刑事责任。"

最高人民法院、最高人民检察院 2014 年 11 月 3 日发布的《关于办理危害药品安全刑事案件适用法律若干问题的解释》第 10 条规定："实施生产、销售假药、劣药犯罪，同时构成生产、销售伪劣产品、侵犯知识产权、非法经营、非法行医、非法采供血等犯罪的，依照处罚较重的规定定罪处罚。"第 11 条第 1 款规定："对实施本解释规定之犯罪的犯罪分子，应当依照刑法规定的条件，严格缓刑、免予刑事处罚的适用。对于适用缓刑的，应当同时宣告禁止令，禁止犯罪分子在缓刑考验期内从事药品生产、销售及相关活动。"

【立法建言】

建　议： 将《刑法》第 214 条修改为："销售明知是假冒注册商标的商品，销售金额数额较大的，处三年以下有期徒刑、拘役或者管制，可以并处或者单处罚金；销售金额数额巨大的，处三年以上七年以下有期徒刑，并处罚金。"

理　由：

从立法技术上看，宜在本罪第 1 档法定刑中增加"管制"的规定，并将"并处或者单处罚金"改为"可以并处或者单处罚金"，以与《刑法》的其他管制和罚金规定相一致。

三、非法制造、销售非法制造的注册商标标识罪（第 215 条）

【立法沿革】

非法制造、销售非法制造的注册商标标识罪是在全国人大常委会 1993 年《关于惩治假冒注册商标犯罪的补充规定》第 2 条规定的伪造、擅自制造注册商标标识罪、销售伪造、擅自制造的注册商标标识罪的基础上修改而来的。[①]

从立法源流来看，非法制造、销售注册商标标识罪最早见之于 1988 年 9 月的刑法修改稿第 127 条的规定："违反商标管理法规，假冒他人注册商标，非法制造或者销售他人

---

① 最高人民法院 1997 年 12 月 16 日发布的《关于执行〈中华人民共和国刑法〉确定罪名的规定》，将该罪的罪名改为非法制造、销售非法制造的注册商标标识罪。

注册商标标识，情节严重的，处三年以下有期徒刑、拘役或者罚金。制造、销售冒牌产品造成严重后果的，依照本法第　条①制造、销售伪劣商品罪处罚。"1988 年 11 月 16 日的刑法修改稿第 141 条将上述规定修改为："违反商标管理法规，假冒他人注册商标，非法制造或者销售他人注册商标标识，情节严重的，处三年以下有期徒刑或者拘役，可以单处或者并处罚金；情节特别严重的，处三年以下七年以上有期徒刑，并处罚金。"

到了 1993 年，《关于惩治假冒注册商标犯罪的补充规定》第 2 条单独规定了伪造、擅自制造注册商标标识罪和销售伪造、擅自制造的注册商标标识罪："伪造、擅自制造他人注册商标标识或者销售伪造、擅自制造的注册商标标识，违法所得数额较大或者有其他严重情节的，依照第一条第一款的规定处罚。"

在刑法修订研拟的过程中，1996 年的《刑法修订草案》（征求意见稿）第 187 条将上述援引法定刑改为独立的法定刑。修改后的条文为："伪造、擅自制造他人注册商标标识或者销售伪造、擅自制造的注册商标标识，违法所得数额较大或者有其他严重情节的，处三年以下有期徒刑或者拘役，可以并处或者单处罚金；违法所得数额巨大的，处三年以上七年以下有期徒刑，并处罚金。"1996 年的《刑法修订草案》第 197 条基本上沿用了上述规定，仅在第 1 档法定刑中增加了"管制"这一刑种。1997 年的《刑法修订草案》（修改稿）第 215 条对上述定罪处罚的标准作了较大的调整，将"违法所得数额"改为"销售金额"。1997 年 3 月 1 日，提交给八届全国人大五次会议审议的《中华人民共和国刑法（修订草案）》第 215 条又将"销售金额数额较大或者有其他严重情节"改为"情节严重"，将"销售金额数额巨大"改为"情节特别严重"。1997 年《刑法》第 215 条在上述规定的基础上，删去了第 1 档法定刑中"可以"并处或者单处罚金的规定。

【立法规定】

《刑法》第 215 条规定："伪造、擅自制造他人注册商标标识或者销售伪造、擅自制造的注册商标标识，情节严重的，处三年以下有期徒刑、拘役或者管制，并处或者单处罚金；情节特别严重的，处三年以上七年以下有期徒刑，并处罚金。"第 220 条规定："单位犯本节第二百一十三条至第二百一十九条规定之罪的，对单位判处罚金，并对其直接负责的主管人员和其他直接责任人员，依照本节各该条的规定处罚。"

【立法释义】

最高人民法院、最高人民检察院 2004 年 12 月 8 日发布的《关于办理侵犯知识产权刑事案件具体应用法律若干问题的解释》第 3 条规定："伪造、擅自制造他人注册商标标识或者销售伪造、擅自制造的注册商标标识，具有下列情形之一的，属于刑法第二百一十五

---

① 该稿第 127 条原本空缺了该条文的序号。

条规定的'情节严重'，应当以非法制造、销售非法制造的注册商标标识罪判处三年以下有期徒刑、拘役或者管制，并处或者单处罚金：（一）伪造、擅自制造或者销售伪造、擅自制造的注册商标标识数量在二万件以上，或者非法经营数额在五万元以上，或者违法所得数额在三万元以上的；（二）伪造、擅自制造或者销售伪造、擅自制造两种以上注册商标标识数量在一万件以上，或者非法经营数额在三万元以上，或者违法所得数额在二万元以上的；（三）其他情节严重的情形。具有下列情形之一的，属于刑法第二百一十五条规定的'情节特别严重'，应当以非法制造、销售非法制造的注册商标标识罪判处三年以上七年以下有期徒刑，并处罚金：（一）伪造、擅自制造或者销售伪造、擅自制造的注册商标标识数量在十万件以上，或者非法经营数额在二十五万元以上，或者违法所得数额在十五万元以上的；（二）伪造、擅自制造或者销售伪造、擅自制造两种以上注册商标标识数量在五万件以上，或者非法经营数额在十五万元以上，或者违法所得数额在十万元以上的；（三）其他情节特别严重的情形。"第12条规定："本解释所称'非法经营数额'，是指行为人在实施侵犯知识产权行为过程中，制造、储存、运输、销售侵权产品的价值。已销售的侵权产品的价值，按照实际销售的价格计算。制造、储存、运输和未销售的侵权产品的价值，按照标价或者已经查清的侵权产品的实际销售平均价格计算。侵权产品没有标价或者无法查清其实际销售价格的，按照被侵权产品的市场中间价格计算。多次实施侵犯知识产权行为，未经行政处理或者刑事处罚的，非法经营数额、违法所得数额或者销售金额累计计算。本解释第三条所规定的'件'，是指标有完整商标图样的一份标识。"第15条规定："单位实施刑法第二百一十三条至第二百一十九条规定的行为，按照本解释规定的相应个人犯罪的定罪量刑标准的三倍定罪量刑。"第16条规定："明知他人实施侵犯知识产权犯罪，而为其提供贷款、资金、账号、发票、证明、许可证件，或者提供生产、经营场所或者运输、储存、代理进出口等便利条件、帮助的，以侵犯知识产权犯罪的共犯论处。"

最高人民法院、最高人民检察院2007年4月4日发布的《关于办理侵犯知识产权刑事案件具体应用法律若干问题的解释（二）》第3条规定："侵犯知识产权犯罪，符合刑法规定的缓刑条件的，依法适用缓刑。有下列情形之一的，一般不适用缓刑：（一）因侵犯知识产权被刑事处罚或者行政处罚后，再次侵犯知识产权构成犯罪的；（二）不具有悔罪表现的；（三）拒不交出违法所得的；（四）其他不宜适用缓刑的情形。"第4条规定："对于侵犯知识产权犯罪的，人民法院应当综合考虑犯罪的违法所得、非法经营数额、给权利人造成的损失、社会危害性等情节，依法判处罚金。罚金数额一般在违法所得的一倍以上五倍以下，或者按照非法经营数额的50%以上一倍以下确定。"第6条规定："单位实施刑法第二百一十三条至第二百一十九条规定的行为，按照《最高人民法院、最高人民检察院关于办理侵犯知识产权刑事案件具体应用法律若干问题的解释》和本解释规定的相应个人犯罪的定罪量刑标准定罪处罚。"

最高人民法院、最高人民检察院 2010 年 3 月 2 日发布的《关于办理非法生产、销售烟草专卖品等刑事案件具体应用法律若干问题的解释》第 1 条第 4 款规定："伪造、擅自制造他人卷烟、雪茄烟注册商标标识或者销售伪造、擅自制造的卷烟、雪茄烟注册商标标识，情节严重的，依照刑法第二百一十五条的规定，以非法制造、销售非法制造的注册商标标识罪定罪处罚。"第 4 条规定："非法经营烟草专卖品，能够查清销售或者购买价格的，按照其销售或者购买的价格计算非法经营数额。无法查清销售或者购买价格的，按照下列方法计算非法经营数额：（一）查获的卷烟、雪茄烟的价格，有品牌的，按照该品牌卷烟、雪茄烟的查获地省级烟草专卖行政主管部门出具的零售价格计算；无品牌的，按照查获地省级烟草专卖行政主管部门出具的上年度卷烟平均零售价格计算；（二）查获的复烤烟叶、烟叶的价格按照查获地省级烟草专卖行政主管部门出具的上年度烤烟调拨平均基准价格计算；（三）烟丝的价格按照第（二）项规定价格计算标准的一点五倍计算；（四）卷烟辅料的价格，有品牌的，按照该品牌辅料的查获地省级烟草专卖行政主管部门出具的价格计算；无品牌的，按照查获地省级烟草专卖行政主管部门出具的上年度烟草行业生产卷烟所需该类卷烟辅料的平均价格计算；（五）非法生产、销售、购买烟草专用机械的价格按照国务院烟草专卖行政主管部门下发的全国烟草专用机械产品指导价格目录进行计算；目录中没有该烟草专用机械的，按照省级以上烟草专卖行政主管部门出具的目录中同类烟草专用机械的平均价格计算。"第 5 条规定："为人实施非法生产、销售烟草专卖品犯罪，同时构成生产、销售伪劣产品罪、侵犯知识产权犯罪、非法经营罪的，依照处罚较重的规定定罪处罚。"第 6 条规定："明知他人实施本解释第一条所列犯罪，而为其提供贷款、资金、账号、发票、证明、许可证件，或者提供生产、经营场所、设备、运输、仓储、保管、邮寄、代理进出口等便利条件，或者提供生产技术、卷烟配方的，应当按照共犯追究刑事责任。"

最高人民检察院、公安部 2010 年 5 月 7 日发布的《关于公安机关管辖的刑事案件立案追诉标准的规定（二）》第 71 条规定："伪造、擅自制造他人注册商标标识或者销售伪造、擅自制造的注册商标标识，涉嫌下列情形之一的，应予立案追诉：（一）伪造、擅自制造或者销售伪造、擅自制造的注册商标标识数量在二万件以上，或者非法经营数额在五万元以上，或者违法所得数额在三万元以上的；（二）伪造、擅自制造或者销售伪造、擅自制造两种以上注册商标标识数量在一万件以上，或者非法经营数额在三万元以上，或者违法所得数额在二万元以上的；（三）其他情节严重的情形。"

最高人民法院、最高人民检察院、公安部 2011 年 1 月 10 日发布的《关于办理侵犯知识产权刑事案件适用法律若干问题的意见》第9条规定："销售他人伪造、擅自制造的注册商标标识，具有下列情形之一的，依照刑法第二百一十五条的规定，以销售非法制造的注册商标标识罪（未遂）定罪处罚：（一）尚未销售他人伪造、擅自制造的注册商标标识数量在六万件以上的；（二）尚未销售他人伪造、擅自制造的两种以上注册商标标识数量在三万件以上的；（三）部分销售他人伪造、擅自制造的注册商标标识，已销售标识数量不满二万件，但与尚未销售标识数量合计在六万件以上的；（四）部分销售他人伪造、擅自制造的两种以上注册商标标识，已销售标识数量不满一万件，但与尚未销售标识数量合计在三万件以上的。"第14条规定："依照《最高人民法院、最高人民检察院关于办理侵犯知识产权刑事案件具体应用法律若干问题的解释》第十二条第二款的规定，多次实施侵犯知识产权行为，未经行政处理或者刑事处罚的，非法经营数额、违法所得数额或者销售金额累计计算。二年内多次实施侵犯知识产权违法行为，未经行政处理，累计数额构成犯罪的，应当依法定罪处罚。实施侵犯知识产权犯罪行为的追诉期限，适用刑法的有关规定，不受前述二年的限制。"第15条规定："明知他人实施侵犯知识产权犯罪，而为其提供生产、制造侵权产品的主要原材料、辅助材料、半成品、包装材料、机械设备、标签标识、生产技术、配方等帮助，或者提供互联网接入、服务器托管、网络存储空间、通讯传输通道、代收费、费用结算等服务的，以侵犯知识产权犯罪的共犯论处。"第16条规定："行为人实施侵犯知识产权犯罪，同时构成生产、销售伪劣商品犯罪的，依照侵犯知识产权犯罪与生产、销售伪劣商品犯罪中处罚较重的规定定罪处罚。"

最高人民法院、最高人民检察院2014年11月3日发布的《关于办理危害药品安全刑事案件适用法律若干问题的解释》第10条规定："实施生产、销售假药、劣药犯罪，同时构成生产、销售伪劣产品、侵犯知识产权、非法经营、非法行医、非法采供血等犯罪的，依照处罚较重的规定定罪处罚。"第11条第1款规定："对实施本解释规定之犯罪的犯罪分子，应当依照刑法规定的条件，严格缓刑、免予刑事处罚的适用。对于适用缓刑的，应当同时宣告禁止令，禁止犯罪分子在缓刑考验期内从事药品生产、销售及相关活动。"

【立法建言】

建　议：将《刑法》第215条修改为："伪造、擅自制造他人注册商标标识或者销售伪造、擅自制造的注册商标标识，情节严重的，处三年以下有期徒刑、拘役或者管制，可以并处或者单处罚金；情节特别严重的，处三年以上七年以下有期徒刑，并处罚金。"

理　由：

从立法技术上看，宜将本罪第1档法定刑中的"并处或者单处罚金"改为"可以并处或者单处罚金"，以与《刑法》的其他罚金规定相一致。

四、假冒专利罪（第 216 条）

【立法沿革】

假冒专利罪是在 1984 年《中华人民共和国专利法》（以下简称《专利法》）第 63 条规定的假冒他人专利罪的基础上修改而来的。

1984 年《专利法》第 63 条规定："假冒他人专利的，依照本法第六十条的规定处理；情节严重的，对直接责任人员比照刑法第一百二十七条的规定追究刑事责任。"[①] 据此，最高人民法院 1985 年 2 月 16 日发布的《关于开展专利审判工作的几个问题的通知》规定："假冒他人专利，情节严重的，对直接责任人员比照刑法第一百二十七条的规定，以假冒他人专利罪处罚。"

在全面研究修改刑法的过程中，1988 年 9 月的刑法修改稿将上述"比照"刑法规定追究刑事责任的规定改为了刑法的具体条款："违反专利管理法规，假冒他人专利，情节严重的，处三年以下有期徒刑、拘役或者罚金。"[②] 1988 年 11 月 16 日的刑法修改稿第 142 条在上述规定的基础上，对法定刑作了较大的调整，主要是增加了"情节特别严重的，处三年以上七年以下有期徒刑，并处罚金"的规定。修改后的条文为："违反专利管理法规，假冒他人专利，情节严重的，处三年以下有期徒刑或者拘役，可以单处或者并处罚金；情节特别严重的，处三年以上七年以下有期徒刑，并处罚金。"1996 年的《刑法修订草案》（征求意见稿）第 188 条对上述规定主要作了两方面的修改：一是在罪状表述方面，将"违反专利管理法规，假冒他人专利，情节严重的"改为"未经专利权人许可，使用其专利，违法所得数额较大或者有其他严重情节的"；二是在量刑情节方面，将"情节特别严重"改为"违法所得数额巨大"。该条的具体规定为："未经专利权人许可，使用其专利，违法所得数额较大或者有其他严重情节的，处三年以下有期徒刑或者拘役，可以并处或者单处罚金；违法所得数额巨大的，处三年以上七年以下有期徒刑，并处罚金。"1996 年的《刑法修订草案》第 198 条基本上沿用了上述规定，仅在第 1 档法定刑中增加了"管制"这一刑种。到了 1997 年，《刑法修订草案》（修改稿）第 216 条对上述规定作了较大的调整：一是将"违法所得数额较大或者有其他严重情节"改为"情节严重"；二是删去了"违法所得数额巨大的，处三年以上七年以下有期徒刑，并处罚金"的规定。1997 年 3 月 1 日，提交给八届全国人大五次会议审议的《中华人民共和国刑法（修订草案）》第 216 条在上述规定的基础上，将"未经专利权人许可，使用其专利"改为"假冒他人专利"，并删去了此前增加的"管制"刑种。这一修改方案，为现行刑法所采纳。

[①]　1979 年《刑法》第 127 条规定的是假冒注册商标罪。

[②]　该条规定未编条文序号。

【立法规定】

《刑法》第 216 条规定："假冒他人专利，情节严重的，处三年以下有期徒刑或者拘役，并处或者单处罚金。"第 220 条规定："单位犯本节第二百一十三条至第二百一十九条规定之罪的，对单位判处罚金，并对其直接负责的主管人员和其他直接责任人员，依照本节各该条的规定处罚。"

【立法释义】

最高人民法院、最高人民检察院 2004 年 12 月 8 日发布的《关于办理侵犯知识产权刑事案件具体应用法律若干问题的解释》第 4 条规定："假冒他人专利，具有下列情形之一的，属于刑法第二百一十六条规定的'情节严重'，应当以假冒专利罪判处三年以下有期徒刑或者拘役，并处或者单处罚金：（一）非法经营数额在二十万元以上或者违法所得数额在十万元以上的；（二）给专利权人造成直接经济损失五十万元以上的；（三）假冒两项以上他人专利，非法经营数额在十万元以上或者违法所得数额在五万元以上的；（四）其他情节严重的情形。"第 10 条规定："实施下列行为之一的，属于刑法第二百一十六条规定的'假冒他人专利'的行为：（一）未经许可，在其制造或者销售的产品、产品的包装上标注他人专利号的；（二）未经许可，在广告或者其他宣传材料中使用他人的专利号，使人将所涉及的技术误认为是他人专利技术的；（三）未经许可，在合同中使用他人的专利号，使人将合同涉及的技术误认为是他人专利技术的；（四）伪造或者变造他人的专利证书、专利文件或者专利申请文件的。"第 12 条规定："本解释所称'非法经营数额'，是指行为人在实施侵犯知识产权行为过程中，制造、储存、运输、销售侵权产品的价值。已销售的侵权产品的价值，按照实际销售的价格计算。制造、储存、运输和未销售的侵权产品的价值，按照标价或者已经查清的侵权产品的实际销售平均价格计算。侵权产品没有标价或者无法查清其实际销售价格的，按照被侵权产品的市场中间价格计算。多次实施侵犯知识产权行为，未经行政处理或者刑事处罚的，非法经营数额、违法所得数额或者销售金额累计计算。本解释第三条所规定的'件'，是指标有完整商标图样的一份标识。"第 15 条规定："单位实施刑法第二百一十三条至第二百一十九条规定的行为，按照本解释规定的相应个人犯罪的定罪量刑标准的三倍定罪量刑。"第 16 条规定："明知他人实施侵犯知识产权犯罪，而为其提供贷款、资金、账号、发票、证明、许可证件，或者提供生产、经营场所或者运输、储存、代理进出口等便利条件、帮助的，以侵犯知识产权犯罪的共犯论处。"

最高人民法院、最高人民检察院 2007 年 4 月 4 日发布的《关于办理侵犯知识产权刑事案件具体应用法律若干问题的解释（二）》第 3 条规定："侵犯知识产权犯罪，符合刑法规定的缓刑条件的，依法适用缓刑。有下列情形之一的，一般不适用缓刑：（一）因侵犯知识产权被刑事处罚或者行政处罚后，再次侵犯知识产权构成犯罪的；（二）不具有悔罪表现的；（三）拒不交出违法所得的；（四）其他不宜适用缓刑的情形。"第 4 条规定："对于侵犯知识产权犯罪的，人民法院应当综合考虑犯罪的违法所得、非法经营数额、给权利人造成的损失、社会危害性等情节，依法判处罚金。罚金数额一般在违法所得的一倍以上五倍以下，或者按照非法经营数额的 50% 以上一倍以下确定。"第 6 条规定："单位实施刑法第二百一十三条至第二百一十九条规定的行为，按照《最高人民法院、最高人民检察院关于办理侵犯知识产权刑事案件具体应用法律若干问题的解释》和本解释规定的相应个人犯罪的定罪量刑标准定罪处罚。"

最高人民检察院、公安部 2010 年 5 月 7 日发布的《关于公安机关管辖的刑事案件立案追诉标准的规定（二）》第 72 条规定："假冒他人专利，涉嫌下列情形之一的，应予立案追诉：（一）非法经营数额在二十万元以上或者违法所得数额在十万元以上的；（二）给专利权人造成直接经济损失在五十万元以上的；（三）假冒两项以上他人专利，非法经营数额在十万元以上或者违法所得数额在五万元以上的；（四）其他情节严重的情形。"

【立法建言】

建　议：将《刑法》第 216 条修改为："假冒他人专利，情节严重的，处三年以下有期徒刑、拘役或者管制，可以并处或者单处罚金。"

理　由：

从立法技术上看，宜在本罪的法定刑中增加"管制"的规定，并将"并处或者单处罚金"改为"可以并处或者单处罚金"，以与《刑法》的其他管制和罚金规定相一致。

五、侵犯著作权罪（第 217 条）

【立法沿革】

侵犯著作权罪是在全国人大常委会 1994 年《关于惩治侵犯著作权的犯罪的决定》第 1 条规定的侵犯著作权罪的基础上修改而来的。

"1990 年制定著作权法以来，对于保护作者的著作权以及与著作权有关的权益，促进社会主义文化和科学事业的发展，促进社会主义精神文明和物质文明建设，发挥了重要的作用，但是，一些不法分子为了牟取暴利，对图书、录音录像、计算机软件等作品、制品的盗版活动十分猖獗，不仅严重损害了作者和有关权利人的民事权益，也扰乱了社会主义文化市场和对外文化科学的交流与合作，必须对这些严重侵犯著作权的行为给予刑事处罚。关贸总协定也要求对侵犯知识产权的犯罪行为在国内法中规定刑事制裁。"[①] 因此，

---

① 参见全国人大常委会法制工作委员会主任顾昂然 1994 年 5 月 5 日在八届全国人大常委会第七次会议上所作的《关于〈惩治侵犯著作权的犯罪的决定（草案）〉的说明》。

全国人大常委会 1994 年 7 月 5 日通过的《关于惩治侵犯著作权的犯罪的决定》对刑法作了补充规定，增设了侵犯著作权罪和销售侵权复制品罪两个罪名。该决定第 1 条规定："以营利为目的，有下列侵犯著作权情形之一，违法所得数额较大或者有其他严重情节的，处三年以下有期徒刑、拘役，单处或者并处罚金；违法所得数额巨大或者有其他特别严重情节的，处三年以上七年以下有期徒刑，并处罚金：（一）未经著作权人许可，复制发行其文字作品、音乐、电影、电视、录像作品、计算机软件及其他作品的；（二）出版他人享有专有出版权的图书的；（三）未经录音录像制作者许可，复制发行其制作的录音录像的；（四）制作、出售假冒他人署名的美术作品的。"第 3 条规定："单位有本决定规定的犯罪行为的，对单位判处罚金，并对其直接负责的主管人员和其他直接责任人员，依照本决定的规定处罚。"

在刑法修订研拟的过程中，1996 年的《刑法修订草案》（征求意见稿）第 189 条基本上沿用了上述第 1 条的规定，仅将该条第 1 档法定刑由"三年以下有期徒刑、拘役，单处或者并处罚金"改为"三年以下有期徒刑或者拘役，可以并处或者单处罚金"。1997 年 3 月 1 日，提交给八届全国人大五次会议审议的《中华人民共和国刑法（修订草案）》第 217 条在上述规定的基础上，又删去了"可以"并处或者单处罚金的规定。这一修改方案，为现行刑法所采纳。

【立法规定】

《刑法》第 217 条规定："以营利为目的，有下列侵犯著作权情形之一，违法所得数额较大或者有其他严重情节的，处三年以下有期徒刑或者拘役，并处或者单处罚金；违法所得数额巨大或者有其他特别严重情节的，处三年以上七年以下有期徒刑，并处罚金：（一）未经著作权人许可，复制发行其文字作品、音乐、电影、电视、录像作品、计算机软件及其他作品的；（二）出版他人享有专有出版权的图书的；（三）未经录音录像制作者许可，复制发行其制作的录音录像的；（四）制作、出售假冒他人署名的美术作品的。"第 220 条规定："单位犯本节第二百一十三条至第二百一十九条规定之罪的，对单位判处罚金，并对其直接负责的主管人员和其他直接责任人员，依照本节各该条的规定处罚。"

【立法释义】

最高人民法院 1998 年 12 月 17 日发布的《关于审理非法出版物刑事案件具体应用法律若干问题的解释》第 2 条规定："以营利为目的，实施刑法第二百一十七条所列侵犯著作权行为之一，个人违法所得数额在五万元以上，单位违法所得数额在二十万元以上的，属于'违法所得数额较大'；具有下列情形之一的，属于'有其他严重情节'：（一）因侵犯著作权曾经两次以上被追究行政责任或者民事责任，两年内又实施刑法第二百一十七条所列侵犯著作权行为之一的；（二）个人非法经营数额在二十万元以上，单位非法经营数额在一百万元以上的；（三）造成其他严重后果的。以营利为目的，实施刑法第二百一十七条所列侵犯著作权行为之一，个人违法所得数额在二十万元以上，单位违法所得数额在一百万元以上的，属于'违法所得数额巨大'；具有下列情形之一的，属于'有其他特别严重情节'：（一）个人非法经营数额在一百万元以上，单位非法经营数额在五百万元以上的；（二）造成其他特别严重后果的。"第3条规定："刑法第二百一十七条第（一）项中规定的'复制发行'，是指行为人以营利为目的，未经著作权人许可而实施的复制、发行或者既复制又发行其文字作品、音乐、电影、电视、录像作品、计算机软件及其他作品的行为。"第5条规定："实施刑法第二百一十七条规定的侵犯著作权行为，又销售该侵权复制品，违法所得数额巨大的，只定侵犯著作权罪，不实行数罪并罚。实施刑法第二百一十七条规定的侵犯著作权的犯罪行为，又明知是他人的侵权复制品而予以销售，构成犯罪的，应当实行数罪并罚。"第16条规定："出版单位与他人事前通谋，向其出售、出租或者以其他形式转让该出版单位的名称、书号、刊号、版号，他人实施本解释第二条、第四条、第八条、第九条、第十条、第十一条规定的行为，构成犯罪的，对该出版单位应当以共犯论处。"第17条规定："本解释所称'经营数额'，是指以非法出版物的定价数额乘以行为人经营的非法出版物数量所得的数额。本解释所称'违法所得数额'，是指获利数额。非法出版物没有定价或者以境外货币定价的，其单价数额应当按照行为人实际出售的价格认定。"

最高人民法院、最高人民检察院2004年12月8日发布的《关于办理侵犯知识产权刑事案件具体应用法律若干问题的解释》第5条规定："以营利为目的，实施刑法第二百一十七条所列侵犯著作权行为之一，违法所得数额在三万元以上的，属于'违法所得数额较大'；具有下列情形之一的，属于'有其他严重情节'，应当以侵犯著作权罪判处三年以下有期徒刑或者拘役，并处或者单处罚金：（一）非法经营数额在五万元以上的；（二）未经著作权人许可，复制发行其文字作品、音乐、电影、电视、录像作品、计算机软件及其他作品，复制品数量合计在一千张（份）以上的；（三）其他严重情节的情形。以营利为目的，实施刑法第二百一十七条所列侵犯著作权行为之一，违法所得数额在十五万元以上的，属于'违法所得数额巨大'；具有下列情形之一的，属于'有其他特别严重情节'，应当以侵犯著作权罪判处三年以上七年以下有期徒刑，并处罚金：（一）非法经营数额在二十五万元以上的；（二）未经著作权人许可，复制发行其文字作品、音乐、电影、电视、录像作品、计算机软件及其他作品，复制品数量合计在五千张（份）以上的；（三）其他特别严重情节的情形。"第11条规定："以刊登收费广告等方式直接或者间接收取费用的情形，属于刑法第二百一十七条规定的'以营利为目的'。刑法第二百一十七条规定的'未经著作权人许可'，是指没有得到著作权人授权或者伪造、涂改著作权人授权许可文件或者超出授权许可范围的情形。通过信息网络向公众传播他人文字作品、音乐、电影、电视、录像作品、计算机软件及其他作品的行为，应当视为刑法第二百一十七条规定的'复制发行'。"第12条规定："本解释所称'非法经营数额'，是指行为人在实施侵犯知识产权行为过程中，制造、储存、运输、销售侵权产品的价值。已销售的侵权产品的价值，按照实际销售的价格计算。制造、储存、运输和未销售的侵权产品的价值，按照标价或者已经查清的侵权产品的实际销售平均价格计算。侵权产品没有标价或者无法查清其实际销售价格的，按照被侵权产品的市场中间价格计算。多次实施侵犯知识产权行为，未经行政处理或者刑事处罚的，非法经营数额、违法所得数额或者销售金额累计计算。本解释第三条所规定的'件'，是指标有完整商标图样的一份标识。"第14条规定："实施刑法第二百一十七条规定的侵犯著作权犯罪，又销售该侵权复制品，构成犯罪的，应当依照刑法第二百一十七条的规定，以侵犯著作权罪定罪处罚。实施刑法第二百一十七条规定的侵犯著作权犯罪，又销售明知是他人的侵权复制品，构成犯罪的，应当实行数罪并罚。"第15条规定："单位实施刑法第二百一十三条至第二百一十九条规定的行为，按照本解释规定的相应个人犯罪的定罪量刑标准的三倍定罪量刑。"第16条规定："明知他人实施侵犯知识产权犯罪，而为其提供贷款、资金、账号、发票、证明、许可证件，或者提供生产、经营场所或者运输、储存、代理进出口等便利条件、帮助的，以侵犯知识产权犯罪的共犯论处。"

最高人民法院、最高人民检察院2005年10月13日发布的《关于办理侵犯著作权刑事案件中涉及录音录像制品有关问题的批复》规定："以营利为目的，未经录音录像制作者许可，复制发行其制作的录音录像制品的行为，复制品的数量标准分别适用《最高人民法院、最高人民检察院关于办理侵犯知识产权刑事案件具体应用法律若干问题的解释》第五条第一款第（二）项、第二款第（二）项的规定。未经录音录像制作者许可，通过信息网络传播其制作的录音录像制品的行为，应当视为刑法第二百一十七条第（三）项规定的'复制发行'。"

最高人民法院、最高人民检察院2007年4月4日发布的《关于办理侵犯知识产权刑事案件具体应用法律若干问题的解释（二）》第1条规定："以营利为目的，未经著作权人许可，复制发行其文字作品、音乐、电影、电视、录像作品、计算机软件及其他作品，复制品数量合计在五百张（份）以上的，属于刑法第二百一十七条规定的'有其他严重情节'；复制品数量在二千五百张（份）以上的，属于刑法第二百一十七条规定的'有其他特别严重情节'。"第2条规定："刑法第二百一十七条侵犯著作权罪中的'复制发行'，包括复制、发行或者既复制又发行的行为。侵权产品的持有人通过广告、征订等方式推销侵权产品的，属于刑法第二百一十七条规定的'发行'。非法出版、复制、发行他人作品，侵犯著作权构成犯罪的，按照侵犯著作权罪定罪处罚。"第3条规定："侵犯知识产权犯罪，符合刑法规定的缓刑条件的，依法适用缓刑。有下列情形之一的，一般不适用缓刑：（一）因侵犯知识产权被刑事处罚或者行政处罚后，再次侵犯知识产权构成犯罪的；（二）不具有悔罪表现的；（三）拒不交出违法所得的；（四）其他不宜适用缓刑的情形。"第4条规定："对于侵犯知识产权犯罪的，人民法院应当综合考虑犯罪的违法所得、非法经营数额、给权利人造成的损失、社会危害性等情节，依法判处罚金。罚金数额一般在违法所得的一倍以上五倍以下，或者按照非法经营数额的50%以上一倍以下确定。"第6条规定："单位实施刑法第二百一十三条至第二百一十九条规定的行为，按照《最高人民法院、最高人民检察院关于办理侵犯知识产权刑事案件具体应用法律若干问题的解释》和本解释规定的相应个人犯罪的定罪量刑标准定罪处罚。"

最高人民检察院、公安部2008年6月25日发布的《关于公安机关管辖的刑事案件立案追诉标准的规定（一）》第26条规定："以营利为目的，未经著作权人许可，复制发行其文字作品、音乐、电影、电视、录像作品、计算机软件及其他作品，或者出版他人享有专有出版权的图书，或者未经录音、录像制作者许可，复制发行其制作的录音、录像，或者制作、出售假冒他人署名的美术作品，涉嫌下列情形之一的，应予立案追诉：（一）违法所得数额三万元以上的；（二）非法经营数额五万元以上的；（三）未经著作权人许可，复制品数量合计五百张（份）以上的；（四）未经录音录像制作者许可，复制发行其制作的录音录像制品，复制品数量合计五百张（份）以上的；（五）其他情节严重的情形。以刊登收费广告等方式直接或者间接收取费用的情形，属于本条规定的'以营利为目的'。本条规定的'未经著作权人许可'，是指没有得到著作权人授权或者伪造、涂改著作权人授权许可文件或者超出授权许可范围的情形。本条规定的'复制发行'，包括复制、发行或者既复制又发行的行为。通过信息网络向公众传播他人文字作品、音乐、电影、电视、录像作品、计算机软件及其他作品，或者通过信息网络传播他人制作的录音录像制品的行为，应当视为本条规定的'复制发行'。侵权产品的持有人通过广告、征订等方式推销侵权产品的，属于本条规定的'发行'。本条规定的'非法经营数额'，是指行为人在实施侵犯知识产权行为过程中，制造、储存、运输、销售侵权产品的价值。已销售的侵权产品的价值，按照实际销售的价格计算。制造、储存、运输和未销售的侵权产品的价值，按照标价或者已经查清的侵权产品的实际销售平均价格计算。侵权产品没有标价或者无法查清其实际销售价格的，按照被侵权产品的市场中间价格计算。"

最高人民法院、最高人民检察院、公安部2011年1月10日发布的《关于办理侵犯知识产权刑事案件适用法律若干问题的意见》第10条"关于侵犯著作权犯罪案件'以营利为目的'的认定问题"规定："除销售外，具有下列情形之一的，可以认定为'以营利为目的'：（一）以在他人作品中刊登收费广告、捆绑第三方作品等方式直接或者间接收取费用的；（二）通过信息网络传播他人作品，或者利用他人上传的侵权作品，在网站或者网页上提供刊登收费广告服务，直接或者间接收取费用的；（三）以会员制方式通过信息网络传播他人作品，收取会员注册费或者其他费用的；（四）其他利用他人作品牟利的情形。"第11条"关于侵犯著作权犯罪案件'未经著作权人许可'的认定问题"规定："'未经著作权人许可'一般应当依据著作权人或者其授权的代理人、著作权集体管理组织、国家著作权行政管理部门指定的著作权认证机构出具的涉案作品版权认证文书，或者证明出版者、复制发行者伪造、涂改授权许可文件或者超出授权许可范围的证据，结合其他证据综合予以认定。在涉案作品种类众多且权利人分散的案件中，上述证据确实难以一一取得，但有证据证明涉案复制品系非法出版、复制发行的，且出版者、复制发行者不能提供获得著作权人许可的相关证明材料的，可以认定为'未经著作权人许可'。但是，有证据证明权利人放弃权利、涉案作品的著作权不受我国著作权法保护，或者著作权保护期限已经届满的除外。"第12条"关于刑法第二百一十七条规定的'发行'的认定及相关问题"规定："'发行'，包括总发行、批发、零售、通过信息网络传播以及出租、展销等活动。非法出版、复制、发行他人作品，侵犯著作权构成犯罪的，按照侵犯著作权罪定罪处罚，不认定为非法经营罪等其他犯罪。"第13条"关于通过信息网络传播侵权作品行为的定罪处罚标准问题"规定："以营利为目的，未经著作权人许可，通过信息网络向公众传播他人文字作品、音乐、电影、电视、美术、摄影、录像作品、录音录像制品、计算机软件及其他作品，具有下列情形之一的，属于刑法第二百一十七条规定的'其他严重情节'：（一）非法经营数额在五万元以上的；（二）传播他人作品的数量合计在五百件（部）以上的；（三）传播他人作品的实际被点击数达到五万次以上的；（四）以会员制方式传播他人作品，注册会员达到一千人以上的；（五）数额或者数量虽未达到第（一）项至第（四）项规定标准，但分别达到其中两项以上标准一半以上的；（六）其他严重情节的情形。实施前款规定的行为，数额或者数量达到前款第（一）项至第（五）项规定标准五倍以上的，属于刑法第二百一十七条规定的'其他特别严重情节'。"第14条"关于多次实施侵犯知识产权行为累计计算数额问题"规定："依照《最高人民法院、最高人民检察院关于办理侵犯知识产权刑事案件具体应用法律若干问题的解释》第十二条第二款的规定，多次实施侵犯知识产权行为，未经行政处理或者刑事处罚的，非法经营数额、违法所得数额或者销售金额累计计算。二年内多次实施侵犯知识产权违法行为，未经行政处理，累计数额构成犯罪的，应当依法定罪处罚。实施侵犯知识产权犯罪行为的追诉期限，适用刑法的有关规定，不受前述二年的限制。"第15条"关于为他人实施侵犯知识产权犯罪提供原材料、机械设备等行为的定性问题"规定："明知他人实施侵犯知识产权犯罪，而为其提供生产、制造侵权产品的主要原材料、辅助材料、半成品、包装材料、机械设备、标签标识、生产技术、配方等帮助，或者提供互联网接入、服务器托管、网络存储空间、通讯传输通道、代收费、费用结算等服务的，以侵犯知识产权犯罪的共犯论处。"第16条"关于侵犯知识产权犯罪竞合的处理问题"规定："行为人实施侵犯知识产权犯罪，同时构成生产、销售伪劣商品犯罪的，依照侵犯知识产权犯罪与生产、销售伪劣商品犯罪中处罚较重的规定定罪处罚。"

【立法建言】

建　议：将《刑法》第217条第1档法定刑修改为："处三年以下有期徒刑、拘役或者管制，可以并处或者单处罚金"。

理　由：

从立法技术上看，宜在本罪的第1档法定刑中增加"管制"的规定，并将"并处或者单处罚金"改为"可以并处或者单处罚金"，以与《刑法》的其他管制和罚金规定相一致。

六、销售侵权复制品罪（第218条）

【立法沿革】

销售侵权复制品罪是在1994年《关于惩治侵犯著作权的犯罪的决定》第2条规定的销售侵权复制品罪的基础上修改而来的。

销售侵权复制品罪是《关于惩治侵犯著作权的犯罪的决定》第2条增设的罪名。该条规定："以营利为目的，销售明知是第一条规定的侵权复制品，违法所得数额较大的，处二年以下有期徒刑、拘役，单处或者并处罚金；违法所得数额巨大的，处二年以上五年以下有期徒刑，并处罚金。"第3条规定："单位有本决定规定的犯罪行为的，对单位判处罚金，并对其直接负责的主管人员和其他直接责任人员，依照本决定的规定处罚。"

在刑法修订研拟的过程中，1996年的《刑法修订草案》（征求意见稿）第190条基本上沿用了上述第2条的规定，仅将第1档法定刑"处二年以下有期徒刑、拘役，单处或者并处罚金"改为"处二年有期徒刑或者拘役，可以并处或者单处罚金"。1996年的《刑法修订草案》第200条在上述规定的基础上，在第1档法定刑中增加了"管制"这一刑种。1997年3月1日，提交给八届全国人大五次会议审议的《中华人民共和国刑法（修订草案)》第218条对上述规定作了较大的修改和调整：一是提高了入罪门槛，将定罪标准由"违法所得数额较大"改为"违法所得数额巨大"；二是降低了处罚力度，将原规定的2档法定刑修改为"三年以下有期徒刑或者拘役，并处或者单处罚金"1档法定刑。这一修改方案，为现行刑法所采纳。

【立法规定】

《刑法》第 218 条规定："以营利为目的，销售明知是本法第二百一十七条规定的侵权复制品，违法所得数额巨大的，处三年以下有期徒刑或者拘役，并处或者单处罚金。"第 220 条规定："单位犯本节第二百一十三条至第二百一十九条规定之罪的，对单位判处罚金，并对其直接负责的主管人员和其他直接责任人员，依照本节各该条的规定处罚。"

【立法释义】

最高人民法院 1998 年 12 月 17 日发布的《关于审理非法出版物刑事案件具体应用法律若干问题的解释》第 4 条规定："以营利为目的，实施刑法第二百一十八条规定的行为，个人违法所得数额在十万元以上，单位违法所得数额在五十万元以上的，依照刑法第二百一十八条的规定，以销售侵权复制品罪定罪处罚。"第 5 条规定："实施刑法第二百一十七条规定的侵犯著作权行为，又销售该侵权复制品，违法所得数额巨大的，只定侵犯著作权罪，不实行数罪并罚。实施刑法第二百一十七条规定的侵犯著作权的犯罪行为，又明知是他人的侵权复制品而予以销售，构成犯罪的，应当实行数罪并罚。"第 16 条规定："出版单位与他人事前通谋，向其出售、出租或者以其他形式转让该出版单位的名称、书号、刊号、版号，他人实施本解释第二条、第四条、第八条、第九条、第十条、第十一条规定的行为，构成犯罪的，对该出版单位应当以共犯论处。"第 17 条第 2 款规定："本解释所称'违法所得数额'，是指获利数额。"

最高人民法院、最高人民检察院 2004 年 12 月 8 日发布的《关于办理侵犯知识产权刑事案件具体应用法律若干问题的解释》第 6 条规定："以营利为目的，实施刑法第二百一十八条规定的行为，违法所得数额在十万元以上的，属于'违法所得数额巨大'，应当以销售侵权复制品罪判处三年以下有期徒刑或者拘役，并处或者单处罚金。"第 12 条第 2 款规定："多次实施侵犯知识产权行为，未经行政处理或者刑事处罚的，非法经营数额、违法所得数额或者销售金额累计计算。"第 14 条规定："实施刑法第二百一十七条规定的侵犯著作权犯罪，又销售该侵权复制品，构成犯罪的，应当依照刑法第二百一十七条的规定，以侵犯著作权罪定罪处罚。实施刑法第二百一十七条规定的侵犯著作权犯罪，又销售明知是他人的侵权复制品，构成犯罪的，应当实行数罪并罚。"第 15 条规定："单位实施刑法第二百一十三条至第二百一十九条规定的行为，按照本解释规定的相应个人犯罪的定罪量刑标准的三倍定罪量刑。"第 16 条规定："明知他人实施侵犯知识产权犯罪，而为其提供贷款、资金、账号、发票、证明、许可证件，或者提供生产、经营场所或者运输、储存、代理进出口等便利条件、帮助的，以侵犯知识产权犯罪的共犯论处。"

最高人民法院、最高人民检察院 2007 年 4 月 4 日发布的《关于办理侵犯知识产权刑事案件具体应用法律若干问题的解释（二）》第 3 条规定："侵犯知识产权犯罪，符合刑法规定的缓刑条件的，依法适用缓刑。有下列情形之一的，一般不适用缓刑：（一）因侵犯知识产权被刑事处罚或者行政处罚后，再次侵犯知识产权构成犯罪的；（二）不具有悔罪表现的；（三）拒不交出违法所得的；（四）其他不宜适用缓刑的情形。"第 4 条规定："对于侵犯知识产权犯罪的，人民法院应当综合考虑犯罪的违法所得、非法经营数额、给权利人造成的损失、社会危害性等情节，依法判处罚金。罚金数额一般在违法所得的一倍以上五倍以下，或者按照非法经营数额的 50% 以上一倍以下确定。"第 6 条规定："单位实施刑法第二百一十三条至第二百一十九条规定的行为，按照《最高人民法院、最高人民检察院关于办理侵犯知识产权刑事案件具体应用法律若干问题的解释》和本解释规定的相应个人犯罪的定罪量刑标准定罪处罚。"

最高人民检察院、公安部 2008 年 6 月 25 日发布的《关于公安机关管辖的刑事案件立案追诉标准的规定（一）》第 27 条规定："以营利为目的，销售明知是刑法第二百一十七条规定的侵权复制品，涉嫌下列情形之一的，应予立案追诉：（一）违法所得数额十万元以上的；（二）违法所得数额虽未达到上述数额标准，但尚未销售的侵权复制品货值金额达到三十万元以上的。"

【立法建言】

建　议：将《刑法》第 218 条修改为："以营利为目的，销售明知是本法第二百一十七条规定的侵权复制品，违法所得数额巨大的，处三年以下有期徒刑、拘役或者管制，可以并处或者单处罚金。"

理　由：

从立法技术上看，宜在本罪的法定刑中增加"管制"的规定，并将"并处或者单处罚金"改为"可以并处或者单处罚金"，以与《刑法》的其他管制和罚金规定相一致。

七、侵犯商业秘密罪（第 219 条）

【立法沿革】

侵犯商业秘密罪是在 1993 年《中华人民共和国反不正当竞争法》（以下简称《反不正当竞争法》）第 10 条规定的基础上修改而来的。

在全面研究修改刑法的过程中，1988 年 9 月的刑法修改稿增设了泄露企业事业单位秘密罪和窃取、刺探、收买、非法获取企业事业单位秘密罪两个罪名："故意泄露企业、事业单位的秘密，致使企业、事业单位遭受重大损失的，处三年以下有期徒刑、拘役，可以单处或者并处罚金。刺探、收买或者以其他手段非法获取企业、事业单位秘密，情节严重的，处五年以下有期徒刑、拘役，可以单处或者并处罚金。"① 1988 年 11 月 16 日的刑法修改稿第 149 条取消了窃取、刺探、收买、非法获取企业事业单位秘密罪，并对泄露企业事业单位秘密罪作了较大的修改和调整："故意泄露企业事业单位的名、特产品技术诀窍、招标标底、保密专利、重要的商业秘密或者其他重要秘密，使企业事业单位利益遭受重大损失的，处二年以下有期徒刑或者拘役，可以单处或者并处罚金；情节特别严重的，处二年以上七年以下有期徒刑，并处罚金。"

随着侵犯商业秘密的问题日趋严重，为遏制和防范侵犯商业秘密的行为，全国人大常委会 1993 年 9 月 2 日通过的《反不正当竞争法》第 10 条对侵犯商业秘密的行为作了较为全面的规定："经营者不得采用下列手段侵犯商业秘密：（一）以盗窃、利诱、胁迫或者其他不正当手段获取权利人的商业秘密；（二）披露、使用或者允许他人使用以前项手段获取的权利人的商业秘密；（三）违反约定或者违反权利人有关保守商业秘密的要求，披露、使用或者允许他人使用其所掌握的商业秘密。第三人明知或者应知前款所列违法行为，获取、使用或者披露他人的商业秘密，视为侵犯商业秘密。本条所称的商业秘密，是指不为公众所知悉、能为权利人带来经济利益、具有实用性并经权利人采取保密措施的技术信息和经营信息。"但不知何故，该法仅将侵犯商业秘密的行为作为一般违法行为处理，而未对其设置附属刑法规范。② 有鉴于此，为加大对侵犯商业秘密行为的惩治力度，1996年 8 月 31 日的《刑法修改草稿》分则第三章第八节"妨害公平竞争罪"第 1 条在《反不正当竞争法》第 10 条规定的基础上，增设了侵犯商业秘密罪："经营者有下列行为之一，造成严重后果的，处二年以下有期徒刑或者拘役，可以并处或者单处罚金；造成特别严重后果的，处二年以上五年以下有期徒刑，可以并处或者单处罚金：（一）以盗窃、利诱、胁迫或者其他不正当手段获取权利人的商业秘密；（二）披露、使用或者允许他人使用以前项手段获取的权利人的商业秘密；（三）违反约定或者违反权利人有关保守商业秘密的要求，披露、使用或者允许他人使用其所掌握的商业秘密。第三人明知或者应知前款所列行为，获取、使用或者披露他人的商业秘密的，以侵犯商业秘密论。"③ 1996 年 10 月 10的《刑法修订草案》（征求意见稿）将本罪移至"扰乱市场秩序罪"一节，并作了以下三方面的修改：一是在入罪门槛方面，将"造成严重后果"改为"给商业秘密的权利人造

---

① 该条未编条文序号。

② 《反不正当竞争法》第 25 条规定："违反本法第十条规定侵犯商业秘密的，监督检查部门应当责令停止违法行为，可以根据情节处以一万元以上二十万元以下的罚款。"

③ 在此之前，1996 年 8 月 8 日的《刑法分则修改草稿》第三章第二节"危害公平竞争罪"第 1 条曾经规定："因工作关系知悉他人商业秘密的人员或者非法获取他人商业秘密的人员，擅自使用、泄露、出卖使知悉的商业秘密，情节严重的，处二年以下有期徒刑或者拘役，可以并处或者单处罚金；情节特别严重的，处二年以上五年以下有期徒刑，可以并处或者单处罚金。"

成重大损失"；二是在刑罚配置方面，将"二年以下有期徒刑或者拘役"改为"三年以下有期徒刑或者拘役"，将"二年以上五年以下有期徒刑"改为"三年以上七年以下有期徒刑"；三是在概念界定方面，增加了"本条所称商业秘密，是指不为公众所知悉，能为权利人带来经济利益、具有实用性并经权利人采取保密措施的技术信息和经营信息"和"本条所称权利人，是指商业秘密的所有人和经商业秘密所有人许可的商业秘密使用人"两款规定。在征求意见的过程中，"有的部门和专家提出，这种犯罪的犯罪主体不仅限于经营者，从我国目前的实际情况来看，大量是企业职工，建议将这种犯罪的主体规定为一般主体"。① 因此，1996 年的《刑法修订草案》第 202 条删去了"经营者"的表述，将本罪改为一般主体。此外，该条还对上述规定作了四处修改和补充：一是将第 1 款中的"有下列行为之一"改为"有下列侵犯商业秘密行为之一"；二是在第 1 款第 1 档法定刑中增加了"管制"的规定；三是删去了第 1 款第 2 档法定刑中可以"单处"罚金的规定；四是删去了第 2 款中"第三人"的表述。1997 年 3 月 1 日，提交给八届全国人大五次会议审议的《中华人民共和国刑法（修订草案）》第 220 条在上述规定的基础上，删去了第 1 款第 1 档法定刑中的"管制"和"可以"并处或者单处罚金的规定。1997 年《刑法》第 219 条沿用了上述规定的内容，但将本罪移入了"侵犯知识产权罪"一节中。②

【立法规定】

《刑法》第 219 条规定："有下列侵犯商业秘密行为之一，给商业秘密的权利人造成重大损失的，处三年以下有期徒刑或者拘役，并处或者单处罚金；造成特别严重后果的，处三年以上七年以下有期徒刑，并处罚金：（一）以盗窃、利诱、胁迫或者其他不正当手段获取权利人的商业秘密的；（二）披露、使用或者允许他人使用以前项手段获取的权利人的商业秘密的；（三）违反约定或者违反权利人有关保守商业秘密的要求，披露、使用或者允许他人使用其所掌握的商业秘密的。明知或者应知前款所列行为，获取、使用或者披露他人的商业秘密的，以侵犯商业秘密论。本条所称商业秘密，是指不为公众所知悉，能为权利人带来经济利益，具有实用性并经权利人采取保密措施的技术信息和经营信息。本

---

① 参见全国人大常委会办公厅秘书局："《中央有关部门、地方及法律专家对刑法修订草案（征求意见稿）的意见》（1996 年 12 月 26 日印）"，见高铭暄、赵秉志编：《新中国刑法立法文献资料总览》（下），中国人民公安大学出版社 1998 年版，第 2165 页。

② "有的部门建议将征求意见稿第 192 条侵犯商业秘密罪放入侵犯知识产权罪一节中，因为商业秘密是民事主体自我保护其技术信息和经营信息的重要形式，是知识产权保护体系中的重要组成部分，《关贸总协定知识产权分协议》、《中美知识产权谈判备忘录》、《中国知识产权白皮书》等均已将商业秘密视为一种重要的知识产权。侵犯商业秘密罪的客体，首先是知识产权，而且不是市场秩序，将侵犯商业秘密罪归入扰乱市场秩序罪中不合适"（参见全国人大常委会办公厅秘书局："《中央有关部门、地方及法律专家对刑法修订草案（征求意见稿）的意见》（1996 年 12 月 26 日印）"，见高铭暄、赵秉志编：《新中国刑法立法文献资料总览》（下），中国人民公安大学出版社 1998 年版，第 2165 页）。

条所称权利人，是指商业秘密的所有人和经商业秘密所有人许可的商业秘密使用人。"第220条规定："单位犯本节第二百一十三条至第二百一十九条规定之罪的，对单位判处罚金，并对其直接负责的主管人员和其他直接责任人员，依照本节各该条的规定处罚。"

【立法释义】

最高人民法院、最高人民检察院2004年12月8日发布的《关于办理侵犯知识产权刑事案件具体应用法律若干问题的解释》第7条规定："实施刑法第二百一十九条规定的行为之一，给商业秘密的权利人造成损失数额在五十万元以上的，属于'给商业秘密的权利人造成重大损失'，应当以侵犯商业秘密罪判处三年以下有期徒刑或者拘役，并处或者单处罚金。给商业秘密的权利人造成损失数额在二百五十万元以上的，属于刑法第二百一十九条规定的'造成特别严重后果'，应当以侵犯商业秘密罪判处三年以上七年以下有期徒刑，并处罚金。"第15条规定："单位实施刑法第二百一十三条至第二百一十九条规定的行为，按照本解释规定的相应个人犯罪的定罪量刑标准的三倍定罪量刑。"第16条规定："明知他人实施侵犯知识产权犯罪，而为其提供贷款、资金、账号、发票、证明、许可证件，或者提供生产、经营场所或者运输、储存、代理进出口等便利条件、帮助的，以侵犯知识产权犯罪的共犯论处。"

最高人民法院、最高人民检察院2007年4月4日发布的《关于办理侵犯知识产权刑事案件具体应用法律若干问题的解释（二）》第3条规定："侵犯知识产权犯罪，符合刑法规定的缓刑条件的，依法适用缓刑。有下列情形之一的，一般不适用缓刑：（一）因侵犯知识产权被刑事处罚或者行政处罚后，再次侵犯知识产权构成犯罪的；（二）不具有悔罪表现的；（三）拒不交出违法所得的；（四）其他不宜适用缓刑的情形。"第4条规定："对于侵犯知识产权犯罪的，人民法院应当综合考虑犯罪的违法所得、非法经营数额、给权利人造成的损失、社会危害性等情节，依法判处罚金。罚金数额一般在违法所得的一倍以上五倍以下，或者按照非法经营数额的50%以上一倍以下确定。"第6条规定："单位实施刑法第二百一十三条至第二百一十九条规定的行为，按照《最高人民法院、最高人民检察院关于办理侵犯知识产权刑事案件具体应用法律若干问题的解释》和本解释规定的相应个人犯罪的定罪量刑标准定罪处罚。"

最高人民检察院、公安部2010年5月7日发布的《关于公安机关管辖的刑事案件立案追诉标准的规定（二）》第73条规定："侵犯商业秘密，涉嫌下列情形之一的，应予立案追诉：（一）给商业秘密权利人造成损失数额在五十万元以上的；（二）因侵犯商业秘密违法所得数额在五十万元以上的；（三）致使商业秘密权利人破产的；（四）其他给商业秘密权利人造成重大损失的情形。"

【立法建言】

建 议：将《刑法》第219条第1款第1档法定刑修改为："处三年以下有期徒刑、拘役或者管制，可以并处或者单处罚金"。

理 由：

从立法技术上看，宜在本罪第1款第1档法定刑中增加"管制"的规定，并将"并处或者单处罚金"改为"可以并处或者单处罚金"，以与《刑法》的其他管制和罚金规定相一致。

第八节 扰乱市场秩序罪

一、损害商业信誉、商品声誉罪（第221条）

【立法沿革】

损害商业信誉、商品声誉罪是在1993年《反不正当竞争法》第14条规定的基础上修改而来的。

1993年《反不正当竞争法》第14条规定："经营者不得捏造、散布虚伪事实，损害竞争对手的商业信誉、商品声誉。"由于《反不正当竞争法》对此没有规定刑事责任，因此，1996年8月8日的《刑法分则修改草稿》第三章第二节"危害公平竞争罪"第2条增设了损害商业信誉罪："捏造、散布虚伪事实，损害竞争对手的商业信誉，情节严重的，处二年以下有期徒刑或者拘役，可以并处或者单处罚金。"1996年8月31日的《刑法修改草稿》在上述规定的基础上，主要作了以下三方面的修改和补充：一是在犯罪主体方面，将一般主体改为"经营者"；二是在行为方式方面，将"捏造、散布虚伪事实"改为"捏造并散布虚伪事实"；三是在犯罪对象方面，增加了"商品声誉"。修改后的条文为"经营者捏造并散布虚伪事实，损害竞争对手的商业信誉、商品声誉情节严重的，处二年以下有期徒刑或者拘役，可以并处或者单处罚金。"到了1996年10月10日，《刑法修订草案》（征求意见稿）将本罪移入"扰乱市场秩序罪"一节。与此同时，还增加了"指使他人捏造并散布虚伪事实"的情形，并将"情节严重"的构成要件改为"给对方造成重大损失"。该草案第193条规定："经营者捏造并散布虚伪事实或者指使他人捏造并散布虚伪事实，损害竞争对手的商业信誉、商品声誉，给对方造成重大损失的，处二年以下有期徒刑或者拘役，可以并处或者单处罚金。"1996年的《刑法修订草案》第203条对上述规定作了较大的修改和调整：一是删去了"经营者"的主体限制；二是删去了"指使他人捏造并散布虚伪事实"的情形；三是将"损害竞争对手"的表述改为"损害他人"；四是将"对方"改为"他人"；五是增加了"管制"这一刑种。修改后的条文为"捏造并散布虚伪事实，损害他人的商业信誉、商品声誉，给他人造成重大损失的，处二年以下有期徒刑、拘役或者管制，可以并处或者单处罚金。"1997 年 2 月 17 日的《刑法修订草案》（修改稿）第 221 条在上述规定的基础上，增加了"情节严重"的定罪情节。1997 年 3 月 1 日，提交给八届全国人大五次会议审议的《中华人民共和国刑法（修订草案）》第 221 条删去了"管制"和"可以"并处或者单处罚金的规定。经审议，1997 年《刑法》第 221 条又将"情节严重或者给他人造成重大损失"的表述改为"给他人造成重大损失或者有其他严重情节"。

【立法规定】

《刑法》第 221 条规定："捏造并散布虚伪事实，损害他人的商业信誉、商品声誉，给他人造成重大损失或者有其他严重情节的，处二年以下有期徒刑或者拘役，并处或者单处罚金。"第 231 条规定："单位犯本节第二百二十一条至第二百三十条规定之罪的，对单位判处罚金，并对其直接负责的主管人员和其他直接责任人员，依照本节各该条的规定处罚。"

全国人大常委会 2000 年 12 月 28 日通过的《关于维护互联网安全的决定》第 3 条第 2 项规定："利用互联网损坏他人商业信誉和商品声誉"，"构成犯罪的，依照刑法有关规定追究刑事责任。"

【立法释义】

最高人民检察院、公安部 2010 年 5 月 7 日发布的《关于公安机关管辖的刑事案件立案追诉标准的规定（二）》第 74 条规定："捏造并散布虚伪事实，损害他人的商业信誉、商品声誉，涉嫌下列情形之一的，应予立案追诉：（一）给他人造成直接经济损失数额在五十万元以上的；（二）虽未达到上述数额标准，但具有下列情形之一的：1. 利用互联网或者其他媒体公开损害他人商业信誉、商品声誉的；2. 造成公司、企业等单位停业、停产六个月以上，或者破产的；（三）其他给他人造成重大损失或者有其他严重情节的情形。"

最高人民法院、最高人民检察院 2013 年 9 月 6 日发布的《关于办理利用信息网络实施诽谤等刑事案件适用法律若干问题的解释》第 9 条规定："利用信息网络实施诽谤、寻衅滋事、敲诈勒索、非法经营犯罪，同时又构成刑法第二百二十一条规定的损害商业信誉、商品声誉罪，第二百七十八条规定的煽动暴力抗拒法律实施罪，第二百九十一条之一规定的编造、故意传播虚假恐怖信息罪等犯罪的，依照处罚较重的规定定罪处罚。"

【立法建言】

建　议：将《刑法》第221条修改为："捏造并散布虚伪事实，损害他人的商业信誉、商品声誉，给他人造成重大损失或者有其他严重情节的，处二年以下有期徒刑、拘役或者管制，可以并处或者单处罚金。"

理　由：

从立法技术上看，宜在本罪的法定刑中增加"管制"的规定，并将"并处或者单处罚金"改为"可以并处或者单处罚金"，以与《刑法》的其他管制和罚金规定相一致。

二、虚假广告罪（第222条）

【立法沿革】

虚假广告罪是在1994年《中华人民共和国广告法》（以下简称《广告法》）第37条规定的基础上修改而来的。

在全面研究修改刑法的过程中，1988年9月的刑法修改稿增设了虚假广告罪："违反广告管理法规，通过报刊、广播、电视、电影、印刷品等媒介或者形式，刊播不实广告，情节严重的，处三年以下有期徒刑、拘役或者罚金。"[①] 1988年11月16日的《刑法修改稿》第143条改变了上述列举广告媒介或者形式的方式，突出了"在广告中弄虚作假"这一实质内容："违反广告管理法规，在广告中弄虚作假，情节严重的，处三年以下有期徒刑或者拘役，可以单处或者并处罚金。"

1994年10月27日，全国人大常委会通过的《广告法》第37条规定："违反本法规定，利用广告对商品或者服务作虚假宣传的，由广告监督管理机关责令广告主停止发布、并以等额广告费用在相应范围内公开更正消除影响，并处广告费用一倍以上五倍以下的罚款；对负有责任的广告经营者、广告发布者没收广告费用，并处广告费用一倍以上五倍以下的罚款；情节严重的，依法停止其广告业务。构成犯罪的，依法追究刑事责任。"

为了与《广告法》的规定相衔接，1996年8月8日的《刑法分则修改草稿》将上述规定改为了刑法的具体条款："广告主、广告经营者、广告发布者利用广告对商品或者服务作虚假宣传，或者故意制作、发布虚假广告，欺骗和误导消费者，严重损害消费者利益的，处三年以下有期徒刑或者拘役，可以并处或者单处罚金。"1996年8月31日的《刑法修改草稿》采用空白罪状的方式对本罪加以规定，并降低了本罪的法定最高刑。修改后的条文为："违反法律规定，利用广告对商品或者服务作虚假宣传，妨害公平竞争，情节严重的，处二年以下有期徒刑或者拘役，可以并处或者单处罚金。"1996年10月10日的

---

① 该条未编条文序号。

《刑法修订草案》（征求意见稿）第 194 条基本上沿用了上述规定，仅删去了其中"妨害公平竞争"的表述。到了 1996 年 12 月 20 日，《刑法修订草案》第 204 条在上述规定的基础上，增加了"广告主、广告经营者、广告发布者"的主体限制，并增加了"管制"这一刑种。1997 年 2 月 17 日的《刑法修订草案》（修改稿）第 222 条将上述"违反法律规定"改为"违反国家规定"。1997 年 3 月 1 日，提交给八届全国人大五次会议审议的《中华人民共和国刑法（修订草案)》第 222 条又删去了"管制"和"可以"并处或者单处罚金的规定。这一修改方案，为现行刑法所采纳。

【立法规定】

《刑法》第 222 条规定："广告主、广告经营者、广告发布者违反国家规定，利用广告对商品或者服务作虚假宣传，情节严重的，处二年以下有期徒刑或者拘役，并处或者单处罚金。"第 231 条规定："单位犯本节第二百二十一条至第二百三十条规定之罪的，对单位判处罚金，并对其直接负责的主管人员和其他直接责任人员，依照本节各该条的规定处罚。"

【立法释义】

最高人民法院、最高人民检察院 2003 年 5 月 14 日发布的《关于办理妨害预防、控制突发传染病疫情等灾害的刑事案件具体应用法律若干问题的解释》第 5 条规定："广告主、广告经营者、广告发布者违反国家规定，假借预防、控制突发传染病疫情等灾害的名义，利用广告对所推销的商品或者服务作虚假宣传，致使多人上当受骗，违法所得数额较大或者有其他严重情节的，依照刑法第二百二十二条的规定，以虚假广告罪定罪处罚。"第 17 条规定："人民法院、人民检察院办理有关妨害预防、控制突发传染病疫情等灾害的刑事案件，对于有自首、立功等悔罪表现的，依法从轻、减轻、免除处罚或者依法作出不起诉决定。"

最高人民检察院、公安部 2010 年 5 月 7 日发布的《关于公安机关管辖的刑事案件立案追诉标准的规定（二)》第 75 条规定："广告主、广告经营者、广告发布者违反国家规定，利用广告对商品或者服务作虚假宣传，涉嫌下列情形之一的，应予立案追诉：（一）违法所得数额在十万元以上的；（二）给单个消费者造成直接经济损失数额在五万元以上的，或者给多个消费者造成直接经济损失数额累计在二十万元以上的；（三）假借预防、控制突发事件的名义，利用广告作虚假宣传，致使多人上当受骗，违法所得数额在三万元以上的；（四）虽未达到上述数额标准，但两年内因利用广告作虚假宣传，受过行政处罚二次以上，又利用广告作虚假宣传的；（五）造成人身伤残的；（六）其他情节严重的情形。"

最高人民法院 2010 年 12 月 13 日发布的《关于审理非法集资刑事案件具体应用法律

若干问题的解释》第 8 条规定："广告经营者、广告发布者违反国家规定，利用广告为非法集资活动相关的商品或者服务作虚假宣传，具有下列情形之一的，依照刑法第二百二十二条的规定，以虚假广告罪定罪处罚：（一）违法所得数额在 10 万元以上的；（二）造成严重危害后果或者恶劣社会影响的；（三）二年内利用广告作虚假宣传，受过行政处罚二次以上的；（四）其他情节严重的情形。""明知他人从事欺诈发行股票、债券，非法吸收公众存款，擅自发行股票、债券，集资诈骗或者组织、领导传销活动等集资犯罪活动，为其提供广告等宣传的，以相关犯罪的共犯论处。"

最高人民法院、最高人民检察院 2013 年 5 月 2 日发布的《关于办理危害食品安全刑事案件适用法律若干问题的解释》第 15 条规定："广告主、广告经营者、广告发布者违反国家规定，利用广告对保健食品或者其他食品作虚假宣传，情节严重的，依照刑法第二百二十二条的规定以虚假广告罪定罪处罚。"

最高人民法院、最高人民检察院、公安部、国家安全部 2014 年 3 月 14 日发布的《关于依法办理非法生产销售使用"伪基站"设备案件的意见》第一部分"准备认定行为性质"第 2 条第 1 款规定："非法使用'伪基站'设备干扰公用电信网络信号，危害公共安全的，依照《刑法》第一百二十四条第一款的规定，以破坏公用电信设施罪追究刑事责任；同时构成虚假广告罪、非法获取公民个人信息罪、破坏计算机信息系统罪、扰乱无线电通讯管理秩序罪的，依照处罚较重的规定追究刑事责任。"

最高人民法院、最高人民检察院 2014 年 11 月 3 日发布的《关于办理危害药品安全刑事案件适用法律若干问题的解释》第 9 条规定："广告主、广告经营者、广告发布者违反国家规定，利用广告对药品作虚假宣传，情节严重的，依照刑法第二百二十二条的规定以虚假广告罪定罪处罚。"

【立法建言】

建　议：将《刑法》第 222 条修改为："广告主、广告经营者、广告发布者违反国家规定，利用广告对商品或者服务作虚假宣传，情节严重的，处二年以下有期徒刑、拘役或者管制，可以并处或者单处罚金。"

理　由：

从立法技术上看，宜在本罪的法定刑中增加"管制"的规定，并将"并处或者单处罚金"改为"可以并处或者单处罚金"，以与《刑法》的其他管制和罚金规定相一致。

三、串通投标罪（第 223 条）

【立法沿革】

串通投标罪是在 1993 年《反不正当竞争法》第 15 条规定的基础上修改而来的。

1993 年《反不正当竞争法》第 15 条规定："投标者不得串通投标，抬高标价或者压低标价。""投标者和招标者不得相互勾结，以排挤竞争对手的公平竞争。"但是，该法对违反上述禁止性规定的行为仅设置了行政处罚。① 显然，这不足以遏制和防范串通投标的不正当竞争行为。有鉴于此，1996 年 8 月 8 日的《刑法分则修改草稿》第三章第二节"危害公平竞争罪"第 4 条增设了串通投标罪："投标人相互串通投标报价，损害招标方利益，情节严重的，处五年以下有期徒刑或者拘役，可以并处或者单处罚金。""投标人与招标人串通投标，损害国家、集体或者公民利益的，依照前款规定从重处罚。"1996 年 8 月 31 日的《刑法修改草稿》将上述两款简化后合并加以规定，并降低了本罪的法定刑。修改后的条文为："投标人相互串通投标报价或者投标人与招标人串通投标，妨害公平竞争，情节严重的，处三年以下有期徒刑或者拘役，可以并处或者单处罚金。"到了 1996 年 10 月 10 日，《刑法修订草案》（征求意见稿）第 195 条将本罪移入"扰乱市场秩序罪"一节，并恢复了原来两款的立法体例："投标人相互串通投标报价，损害招标人或者其他投标人利益，情节严重的，处三年以下有期徒刑或者拘役，可以并处或者单处罚金。""投标人与招标人串通投标，损害国家、集体、公民的合法利益的，依照前款的规定处罚。"1996 年 12 月 20 日的《刑法修订草案》第 205 条基本上沿用了上述规定，仅增加了"管制"这一刑种。1997 年 3 月 1 日，提交给八届全国人大五次会议审议的《中华人民共和国刑法（修订草案)》第 223 条在上述规定的基础上，删去了"管制"和"可以"并处或者单处罚金的规定。这一修改方案，为现行刑法所采纳。

【立法规定】

《刑法》第 223 条规定："投标人相互串通投标报价，损害招标人或者其他投标人利益，情节严重的，处三年以下有期徒刑或者拘役，并处或者单处罚金。""投标人与招标人串通投标，损害国家、集体、公民的合法利益的，依照前款的规定处罚。"第 231 条规定："单位犯本节第二百二十一条至第二百三十条规定之罪的，对单位判处罚金，并对其直接负责的主管人员和其他直接责任人员，依照本节各该条的规定处罚。"

【立法释义】

最高人民检察院、公安部 2010 年 5 月 7 日发布的《关于公安机关管辖的刑事案件立案追诉标准的规定（二)》第 76 条规定："投标人相互串通投标报价，或者投标人与招标人串通投标，涉嫌下列情形之一的，应予立案追诉：（一）损害招标人、投标人或者国家、集体、公民的合法利益，造成直接经济损失数额在五十万元以上的；（二）违法所得数额

---

① 《反不正当竞争法》第 27 条规定："投标者串通投标，抬高标价或者压低标价；投标者和招标者相互勾结，以排挤竞争对手的公平竞争的，其中标无效。监督检查部门可以根据情节处以一万元以上二十万元以下的罚款。"

在十万元以上的；（三）中标项目金额在二百万元以上的；（四）采取威胁、欺骗或者贿赂等非法手段的；（五）虽未达到上述数额标准，但两年内因串通投标，受过行政处罚二次以上，又串通投标的；（六）其他情节严重的情形。"

【立法建言】

建　议：将《刑法》第 223 条第 1 款修改为："投标人相互串通投标报价，损害招标人或者其他投标人利益，情节严重的，处三年以下有期徒刑、拘役或者管制，可以并处或者单处罚金。"

理　由：

从立法技术上看，宜在本罪的法定刑中增加"管制"的规定，并将"并处或者单处罚金"改为"可以并处或者单处罚金"，以与《刑法》的其他管制和罚金规定相一致。

四、合同诈骗罪（第 224 条）

【立法沿革】

合同诈骗罪是从 1979 年《刑法》第 151 条规定的诈骗罪中分解而来的。

改革开放以来，一些不法分子无视国家法律，利用各种经济合同大肆进行诈骗活动，表现出极大的欺骗性、贪婪性和危害性。由于利用经济合同的诈骗犯罪具有不同于普通诈骗犯罪的特点，因而实践中对以签订经济合同的方法骗取财物的，应认定诈骗罪还是按经济合同纠纷处理的问题时常产生疑惑。[1] 有鉴于此，1988 年 9 月的《刑法修改稿》增设了合同欺诈罪："利用经济合同欺诈财物，给合同对方造成重大经济损失的，处三年以下有期徒刑，可以并处罚金；情节严重的，处三年以上十年以下有期徒刑，可以并处罚金；情节特别严重的，处十年以上有期徒刑、无期徒刑，并处没收财产。"[2] 由于上述规定中的"欺诈"并不是严格意义上的诈骗，[3] 因此，1988 年的其他刑法修改稿本均未再对此加以规定。到了 1996 年，《刑法修订草案》（征求意见稿）第 196 条对合同诈骗罪作了较为详尽的规定："有下列情形之一，以非法占有为目的，在签订、履行合同过程中，骗取对方当事人财物，数额较大的，处三年以下有期徒刑或者拘役，可以并处或者单处罚金；数额巨大或者情节严重的，处三年以上十年以下有期徒刑，并处罚金；数额特别巨大或者情节特别严重的，处十年以上有期徒刑或者无期徒刑，并处没收财产：（一）以虚构的单位或

---

① 为正确处理以签订经济合同的方法骗取财物的，应认定诈骗罪还是按经济合同纠纷处理的问题，最高人民法院、最高人民检察院 1985 年 7 月 18 日发布的《关于当前办理经济犯罪案件中具体应用法律的若干问题的解答（试行）》对经济合同诈骗与经济合同纠纷的界限问题作出了规定。但是，司法实践中"认定难"的问题，并未因此而得到有效解决。

② 该条未编条文序号。

③ 参见高铭暄：《中华人民共和国刑法的孕育诞生和发展完善》，北京大学出版社 2012 年版，第 438 页。

者冒用他人名义签订合同的；（二）以伪造、变造、作废的票据或者其他虚假的产权证明作担保的；（三）没有实际履行能力，以先履行小额合同或者部分履行合同的方法，诱骗对方当事人继续签订和履行合同的；（四）收受对方当事人给付的货物、货款、预付款或者担保财产后逃匿的；（五）以其他方法骗取对方当事人财物的。"1996 年的《刑法修订草案》第 206 条基本上沿用了上述规定，仅在第 1 档法定刑中增加了"管制"这一刑种。1997 年 3 月 1 日，提交给八届全国人大五次会议审议的《中华人民共和国刑法（修订草案）》第 224 条对上述规定作了两处修改：一是删去了此前增加的"管制"刑种；二是删去了第 1 档法定刑中"可以"并处或者单处罚金的规定。经审议，1997 年《刑法》第 224 条在上述规定的基础上，又作了以下三处修改和补充：一是将"数额巨大或者情节严重"改为"数额巨大或者有其他严重情节"；二是将"数额特别巨大或者情节特别严重"改为"数额特别巨大或者有其他特别严重情节"；三是在第 3 档法定刑中增加了"罚金"的规定。

【立法规定】

《刑法》第 224 条规定："有下列情形之一，以非法占有为目的，在签订、履行合同过程中，骗取对方当事人财物，数额较大的，处三年以下有期徒刑或者拘役，并处或者单处罚金；数额巨大或者有其他严重情节的，处三年以上十年以下有期徒刑，并处罚金；数额特别巨大或者有其他特别严重情节的，处十年以上有期徒刑或者无期徒刑，并处罚金或者没收财产：（一）以虚构的单位或者冒用他人名义签订合同的；（二）以伪造、变造、作废的票据或者其他虚假的产权证明作担保的；（三）没有实际履行能力，以先履行小额合同或者部分履行合同的方法，诱骗对方当事人继续签订和履行合同的；（四）收受对方当事人给付的货物、货款、预付款或者担保财产后逃匿的；（五）以其他方法骗取对方当事人财物的。"第 231 条规定："单位犯本节第二百二十一条至第二百三十条规定之罪的，对单位判处罚金，并对其直接负责的主管人员和其他直接责任人员，依照本节各该条的规定处罚。"

【立法释义】

最高人民法院 2001 年 1 月 21 日发布的《全国法院审理金融犯罪案件工作座谈会纪要》关于"贷款诈骗罪的认定和处理"部分规定："根据刑法第三十条和第一百九十三条的规定，单位不构成贷款诈骗罪。对于单位实施的贷款诈骗行为，不能以贷款诈骗罪定罪处罚，也不能以贷款诈骗罪追究直接负责的主管人员和其他直接责任人员的刑事责任。但是，在司法实践中，对于单位十分明显地以非法占有为目的，利用签订、履行借款合同诈骗银行或其他金融机构贷款，符合刑法第二百二十四条规定的合同诈骗罪构成要件的，应当以合同诈骗罪定罪处罚。"

最高人民检察院、公安部 2010 年 5 月 7 日发布的《关于公安机关管辖的刑事案件立案追诉标准的规定（二）》第 77 条规定："以非法占有为目的，在签订、履行合同过程中，骗取对方当事人财物，数额在二万元以上的，应予立案追诉。"

【立法建言】

建　议： 将《刑法》第 224 条第 1 档法定刑修改为："处三年以下有期徒刑、拘役或者管制，可以并处或者单处罚金"。

理　由：

从立法技术上看，宜在本罪的第 1 档法定刑中增加"管制"的规定，并将"并处或者单处罚金"改为"可以并处或者单处罚金"，以与《刑法》的其他管制和罚金规定相一致。

五、组织、领导传销活动罪（第 224 条之一）

【立法沿革】

组织、领导传销活动罪是《刑法修正案（七）》第 4 条新增设的罪名。

传销作为直销的经营方式之一，在我国出现后不久即"异化"为一种非法经营方式。[①] 在非法传销活动屡禁不止、社会危害日趋严重的形势下，国务院于 1998 年 4 月 18 日发布了《关于禁止传销经营活动的通知》，开始全面禁止各种形式的传销经营活动。然而，"虽然国家明令全面禁止传销，但是传销活动仍然十分猖獗。近年来，全国公安机关每年查获的传销案件涉案人数都在百万人左右。一个传销个案，参与人员达几十万人，涉案金额可达几十亿。"[②] 为更有利地打击组织传销的犯罪，"国务院法制办、公安部、国家工商总局提出，当前以'拉人头'、收取'入门费'等方式组织传销的违法犯罪活动，严重扰乱社会秩序，影响社会稳定，危害严重。目前在司法实践中，对这类案件主要是根据实施传销行为的不同情况，分别按照非法经营罪、诈骗罪、集资诈骗罪等犯罪追究刑事责任的。为更有利于打击组织传销的犯罪，应当在刑法中对组织、领导传销组织的犯罪作出专门规定。"[③] 因此，《刑法修正案（七）》第 4 条增设了组织、领导传销活动罪。

【立法规定】

《刑法》第 224 条之一规定："组织、领导以推销商品、提供服务等经营活动为名，要求参加者以缴纳费用或者购买商品、服务等方式获得加入资格，并按照一定顺序组成层

---

① 参见利子平：《刑法司法解释瑕疵研究》，法律出版社 2014 年版，第 367 页。

② 参见黄太云："《刑法修正案（七）》解读"，载《人民检察》2009 年第 6 期。

③ 参见全国人大常委会法制工作委员会主任李适时 2008 年 8 月 25 日在十一届全国人大常委会第四次会议上所作的《关于〈中华人民共和国刑法修正案（七）（草案）〉的说明》。

级，直接或者间接以发展人员的数量作为计酬或者返利依据，引诱、胁迫参加者继续发展他人参加，骗取财物，扰乱经济社会秩序的传销活动的，处五年以下有期徒刑或者拘役，并处罚金；情节严重的，处五年以上有期徒刑，并处罚金。"第231条规定："单位犯本节第二百二十一条至第二百三十条规定之罪的，对单位判处罚金，并对其直接负责的主管人员和其他直接责任人员，依照本节各该条的规定处罚。"[1]

【立法释义】

最高人民检察院、公安部2010年5月7日发布的《关于公安机关管辖的刑事案件立案追诉标准的规定（二）》第78条规定："组织、领导以推销商品、提供服务等经营活动为名，要求参加者以缴纳费用或者购买商品、服务等方式获得加入资格，并按照一定顺序组成层级，直接或者间接以发展人员的数量作为计酬或者返利依据，引诱、胁迫参加者继续发展他人参加，骗取财物，扰乱经济社会秩序的传销活动，涉嫌组织、领导的传销活动人员在三十人以上且层级在三级以上的，对组织者、领导者，应予立案追诉。""本条所指的传销活动的组织者、领导者，是指在传销活动中起组织、领导作用的发起人、决策人、操纵人，以及在传销活动中担负策划、指挥、布置、协调等重要职责，或者在传销活动实施中起到关键作用的人员。"

最高人民法院、最高人民检察院、公安部2013年11月14日发布的《关于办理组织领导传销活动刑事案件适用法律若干问题的意见》第1条规定："以推销商品、提供服务等经营活动为名，要求参加者以缴纳费用或者购买商品、服务等方式获得加入资格，并按照一定顺序组成层级，直接或者间接以发展人员的数量作为计酬或者返利依据，引诱、胁迫参加者继续发展他人参加，骗取财物，扰乱经济社会秩序的传销组织，其组织内部参与传销活动人员在三十人以上且层级在三级以上的，应当对组织者、领导者追究刑事责任。""组织、领导多个传销组织，单个或者多个组织中的层级已达三级以上的，可将在各个组织中发展的人数合并计算。""组织者、领导者形式上脱离原传销组织后，继续从原传销组织获取报酬或者返利的，原传销组织在其脱离后发展人员的层级数和人数，应当计算为其发展的层级数和人数。""办理组织、领导传销活动刑事案件中，确因客观条件的限制无法逐一收集参与传销活动人员的言词证据的，可以结合依法收集并查证属实的缴纳、支付费

---

① 由于《刑法》第224条之一是《刑法修正案（七）》第4条新增加的条文，因此，刑法学界对该条是否属于《刑法》第231条规定的范围问题，即组织、领导传销活动罪是否属于单位犯罪的问题，产生了明显的分歧。有学者认为，本罪属于单位犯罪，因此，应当适用《刑法》第231条的规定（参见张明楷：《刑法学》，法律出版社2011年版，第749页；刘艳红主编：《刑法学》（下），北京大学出版社2014年版，第320页）。也有学者认为，本罪不属于单位犯罪的范畴，因此，不存在处罚单位的问题（参见高铭暄、马克昌主编：《刑法学》，北京大学出版社、高等教育出版社2011年版，第452页；王作富主编：《刑法》，中国人民大学出版社2011年版，第353页）。笔者认为，这个问题值得进一步研究。

用及计酬、返利记录，视听资料，传销人员关系图，银行账户交易记录，互联网电子数据，鉴定意见等证据，综合认定参与传销的人数、层级数等犯罪事实。"第2条规定："下列人员可以认定为传销活动的组织者、领导者：（一）在传销活动中起发起、策划、操纵作用的人员；（二）在传销活动中承担管理、协调等职责的人员；（三）在传销活动中承担宣传、培训等职责的人员；（四）曾因组织、领导传销活动受过刑事处罚，或者一年以内因组织、领导传销活动受过行政处罚，又直接或者间接发展参与传销活动人员在十五人以上且层级在三级以上的人员；（五）其他对传销活动的实施、传销组织的建立、扩大等起关键作用的人员。""以单位名义实施组织、领导传销活动犯罪的，对于受单位指派，仅从事劳务性工作的人员，一般不予追究刑事责任。"第3条规定："传销活动的组织者、领导者采取编造、歪曲国家政策，虚构、夸大经营、投资、服务项目及盈利前景，掩饰计酬、返利真实来源或者其他欺诈手段，实施刑法第二百二十四条之一规定的行为，从参与传销活动人员缴纳的费用或者购买商品、服务的费用中非法获利的，应当认定为骗取财物。参与传销活动人员是否认为被骗，不影响骗取财物的认定。"第4条规定："对符合本意见第一条第一款规定的传销组织的组织者、领导者，具有下列情形之一的，应当认定为刑法第二百二十四条之一规定的'情节严重'：（一）组织、领导的参与传销活动人员累计达一百二十人以上的；（二）直接或者间接收取参与传销活动人员缴纳的传销资金数额累计达二百五十万元以上的；（三）曾因组织、领导传销活动受过刑事处罚，或者一年以内因组织、领导传销活动受过行政处罚，又直接或者间接发展参与传销活动人员累计达六十人以上的；（四）造成参与传销活动人员精神失常、自杀等严重后果的；（五）造成其他严重后果或者恶劣社会影响的。"第5条规定："传销活动的组织者或者领导者通过发展人员，要求传销活动的被发展人员发展其他人员加入，形成上下线关系，并以下线的销售业绩为依据计算和给付上线报酬，牟取非法利益的，是'团队计酬'式传销活动。""以销售商品为目的、以销售业绩为计酬依据的单纯的'团队计酬'式传销活动，不作为犯罪处理。形式上采取'团队计酬'方式，但实质上属于'以发展人员的数量作为计酬或者返利依据'的传销活动，应当依照刑法第二百二十四条之一的规定，以组织、领导传销活动罪定罪处罚。"第6条规定："以非法占有为目的，组织、领导传销活动，同时构成组织、领导传销活动罪和集资诈骗罪的，依照处罚较重的规定定罪处罚。""犯组织、领导传销活动罪，并实施故意伤害、非法拘禁、敲诈勒索、妨害公务、聚众扰乱社会秩序、聚众冲击国家机关、聚众扰乱公共场所秩序、交通秩序等行为，构成犯罪的，依照数罪并罚的规定处罚。"第7条规定："本意见所称'以上'、'以内'，包括本数。""本意见所称'层级'和'级'，系指组织者、领导者与参与传销活动人员之间的上下线关系层次，而非组织者、领导者在传销组织中的身份等级。""对传销组织内部人数和层级数的计算，以及对组织者、领导者直接或者间接发展参与传销活动人员人数和层级数的计算，包括组织者、领导者本人及其本层级在内。"

最高人民法院 2015 年 9 月 16 日发布的《关于充分发挥审判职能作用切实维护公共安全的若干意见》第 5 条规定："针对社会公众实施的非法吸收公众存款、集资诈骗、电信诈骗、操纵证券、期货市场及组织、领导传销等涉众型犯罪，影响面广、危害性大、关注度高，要精心组织好相关案件的审判工作。要加大对此类犯罪的惩治力度，对犯罪数额特别巨大、犯罪情节特别恶劣、危害后果特别严重的，依法判处重刑。要高度重视犯罪分子的违法所得追缴和涉案财物的依法处置工作，最大限度维护人民群众的合法权益，稳定社会秩序。要强化司法公开力度，及时披露有关信息，回应社会关切。"

【立法建言】

建　议：将《刑法》第 224 条之一第 1 档法定刑修改为："处五年以下有期徒刑、拘役或者管制，可以并处或者单处罚金"。

理　由：

从立法技术上看，宜在本罪的第 1 档法定刑中增加"管制"的规定，并将"并处罚金"改为"可以并处或者单处罚金"，以与《刑法》的其他管制和罚金规定相一致。

六、非法经营罪（第 225 条）

【立法沿革】

非法经营罪是从 1979 年《刑法》第 117 条规定的投机倒把罪中分解而来的，并经《关于惩治骗购外汇、逃汇和非法买卖外汇犯罪的决定》第 4 条补充修改，再经《刑法修正案（一）》第 8 条和《刑法修正案（七）》第 5 条所修正。

如前所述，1979 年《刑法》第 117 条将各种违反金融、外汇、金银、工商管理法规，非法从事工商业活动，扰乱市场秩序，情节严重的行为，简化合并规定为一个投机倒把罪。鉴于"刑法关于投机倒把罪的规定比较笼统，界限不太清楚，造成执行的随意性。这次修改，根据社会主义市场经济发展的要求，对需要规定的犯罪行为，尽量分解作出具体规定"，"不再笼统规定投机倒把罪，这样有利于避免执法的随意性。"[①] 因此，1997 年修订的《刑法》第 225 条增设了非法经营罪："违反国家规定，有下列非法经营行为之一，扰乱市场秩序，情节严重的，处五年以下有期徒刑或者拘役，并处或者单处违法所得一倍以上五倍以下罚金；情节特别严重的，处五年以上有期徒刑，并处违法所得一倍以上五倍

[①]　参见全国人大常委会副委员长王汉斌 1997 年 3 月 6 日在八届全国人大五次会议上所作的《关于〈中华人民共和国刑法（修订草案）〉的说明》。

以下罚金或者没收财产：（一）未经许可经营法律、行政法规规定的专营、专卖物品或者其他限制买卖的物品的；（二）买卖进出口许可证、进出口原产地证明以及其他法律、行政法规规定的经营许可证或者批准文件的；（三）其他严重扰乱市场秩序的非法经营行为。"

1997 年《刑法》刚刚开始施行，"去年第四季度以来，随着亚洲金融危机的发展，一些不法分子千方百计骗购外汇，非法截留、转移和买卖外汇，活动十分猖獗，发案数量激增，涉案金额巨大。这种状况如不及时制止，将严重损害国家金融、经济的稳定和安全。"① 有鉴于此，全国人大常委会 1998 年 12 月 29 日通过的《关于惩治骗购外汇、逃汇和非法买卖外汇犯罪的决定》第 4 条对《刑法》第 225 条作了第一次补充修改。该条规定："在国家规定的交易场所以外非法买卖外汇，扰乱市场秩序，情节严重的，依照刑法第二百二十五条的规定定罪处罚。""单位犯前款罪的，依照刑法第二百三十一条的规定处罚。"此后，《刑法修正案》第 8 条在《刑法》第 225 条中增加了 1 项，作为第 3 项："未经国家有关主管部门批准，非法经营证券、期货、保险业务的"。《刑法修正案（七）》第 5 条又在《刑法修正案》第 8 条规定的基础上，在第 3 项中增加了"非法从事资金支付结算业务的"行为。

【立法规定】

《刑法》第 225 条规定："违反国家规定，有下列非法经营行为之一，扰乱市场秩序，情节严重的，处五年以下有期徒刑或者拘役，并处或者单处违法所得一倍以上五倍以下罚金；情节特别严重的，处五年以上有期徒刑，并处违法所得一倍以上五倍以下罚金或者没收财产：（一）未经许可经营法律、行政法规规定的专营、专卖物品或者其他限制买卖的物品的；（二）买卖进出口许可证、进出口原产地证明以及其他法律、行政法规规定的经营许可证或者批准文件的；（三）未经国家有关主管部门批准非法经营证券、期货、保险业务的，或者非法从事资金支付结算业务的；（四）其他严重扰乱市场秩序的非法经营行为。"第 231 条规定："单位犯本节第二百二十一条至第二百三十条规定之罪的，对单位判处罚金，并对其直接负责的主管人员和其他直接责任人员，依照本节各该条的规定处罚。"

《关于惩治骗购外汇、逃汇和非法买卖外汇犯罪的决定》第 4 条规定："在国家规定的交易场所以外非法买卖外汇，扰乱市场秩序，情节严重的，依照刑法第二百二十五条的规定定罪处罚。"

【立法释义】

最高人民法院、最高人民检察院 1987 年 11 月 27 日发布的《关于办理盗窃、盗掘、

---

① 参见中国人民银行行长戴相龙 1998 年 10 月 27 日在九届全国人大常委会第五次会议上所作的《对〈关于惩治骗购外汇、逃汇和非法买卖外汇犯罪的决定（草案）〉的说明》。

非法经营和走私文物的案件具体应用法律的若干问题的解释》第 4 条规定："（一）非法经营（含收购、贩运、转手倒卖）文物，情节严重，构成犯罪的，以投机倒把罪论处，适用刑法第一百一十七条、第一百一十八条和全国人大常委会《决定》第一条第（一）项的规定。非法经营三级文物的，处三年以下有期徒刑或者拘役，可以并处、单处罚金或者没收财产；非法经营二级文物的，处三年以上十年以下有期徒刑，可以并处没收财产；非法经营一级文物的，处十年以上有期徒刑，可以并处没收财产，其中非法经营多件或者非法经营稀世国宝的，属于'情节特别严重'，可处无期徒刑或者死刑，可以并处没收财产。对一案中非法经营三级以上各级文物或者非法经营同级文物多件的，量刑时可参照本《解释》第一条第（三）项的有关规定。（二）非法经营三级以上文物，其中可以由文物主管部门估价的，所评定的价格以及犯罪分子的非法获利数额，可供量刑时参考。（三）单位非法经营三级以上文物的，可以参照上述规定，追究主管人员和直接责任人员的刑事责任。（四）个人非法经营不属于三级以上文物的一般文物，其非法经营数额在 5 千元以上，或者非法获利数额在 1 千元以上的，应以投机倒把罪追究刑事责任。""单位非法经营一般文物，其非法经营数额在 10 万元以上，或者非法获利数额在 5 万元以上的，应以投机倒把罪追究主管人员和直接责任人员的刑事责任；其非法经营数额不足 10 万元，或者非法获利数额不足 5 万元，情节严重的，也应以投机倒把罪追究主管人员和直接责任人员的刑事责任。"

最高人民法院 1998 年 8 月 28 日发布的《关于审理骗购外汇、逃汇和非法买卖外汇刑事案件具体应用法律若干问题的解释》第 3 条规定："在外汇指定银行和中国外汇交易中心及其分中心以外买卖外汇，扰乱金融市场秩序，具有下列情形之一的，按照刑法第二百二十五条第（三）项的规定定罪处罚：（一）非法买卖外汇二十万美元以上的；（二）违法所得五万元人民币以上的。"第 4 条规定："公司、企业或者其他单位，违反有关外贸代理业务的规定，采用非法手段，或者明知是伪造、变造的凭证、商业单据，为他人向外汇指定银行骗购外汇，数额在五百万美元以上或者违法所得五十万元人民币以上的，按照刑法第二百二十五条第（三）项的规定定罪处罚。""居间介绍骗购外汇一百万美元以上或者违法所得十万元人民币以上的，按照刑法第二百二十五条第（三）项的规定定罪处罚。"

最高人民法院 1998 年 12 月 17 日发布的《关于审理非法出版物刑事案件具体应用法律若干问题的解释》第 11 条规定："违反国家规定，出版、印刷、复制、发行本解释第一条至第十条规定以外的其他严重危害社会秩序和扰乱市场秩序的非法出版物，情节严重的，依照刑法第二百二十五条第（三）项的规定，以非法经营罪定罪处罚。"第 12 条规定："个人实施本解释第十一条规定的行为，具有下列情形之一的，属于非法经营行为

'情节严重'：（一）经营数额在五万元至十万元以上的；（二）违法所得数额在二万元至三万元以上的；（三）经营报纸五千份或者期刊五千本或者图书二千册或者音像制品、电子出版物五百张（盒）以上的。""具有下列情形之一的，属于非法经营行为'情节特别严重'：（一）经营数额在十五万元至三十万元以上的；（二）违法所得数额在五万元至十万元以上的；（三）经营报纸一万五千份或者期刊一万五千本或者图书五千册或者音像制品、电子出版物一千五百张（盒）以上的。"第 13 条规定："单位实施本解释第十一条规定的行为，具有下列情形之一的，属于非法经营行为'情节严重'：（一）经营数额在十五万元至三十万元以上的；（二）违法所得数额在五万元至十万元以上的；（三）经营报纸一万五千份或者期刊一万五千本或者图书五千册或者音像制品、电子出版物一千五百张（盒）以上的。""具有下列情形之一的，属于非法经营行为'情节特别严重'：（一）经营数额在五十万元至一百万元以上的；（二）违法所得数额在十五万元至三十万元以上的；（三）经营报纸五万份或者期刊五万本或者图书一万五千册或者音像制品、电子出版物五千张（盒）以上的。"第 14 条规定："实施本解释第十一条规定的行为，经营数额、违法所得数额或者经营数量接近非法经营行为'情节严重'、'情节特别严重'的数额、数量起点标准，并具有下列情形之一的，可以认定为非法经营行为'情节严重'、'情节特别严重'：（一）两年内因出版、印刷、复制、发行非法出版物受过行政处罚两次以上的；（二）因出版、印刷、复制、发行非法出版物造成恶劣社会影响或者其他严重后果的。"第 15 条规定："非法从事出版物的出版、印刷、复制、发行业务，严重扰乱市场秩序，情节特别严重，构成犯罪的，可以依照刑法第二百二十五条第（三）项的规定，以非法经营罪定罪处罚。"第 16 条规定："出版单位与他人事前通谋，向其出售、出租或者以其他形式转让该出版单位的名称、书号、刊号、版号，他人实施本解释第二条、第四条、第八条、第九条、第十条、第十一条规定的行为，构成犯罪的，对该出版单位应当以共犯论处。"第 17 条规定："本解释所称'经营数额'，是指以非法出版物的定价数额乘以行为人经营的非法出版物数量所得的数额。""本解释所称'违法所得数额'，是指获利数额。""非法出版物没有定价或者以境外货币定价的，其单价数额应当按照行为人实际出售的价格认定。"

最高人民法院 2000 年 5 月 12 日发布的《关于审理扰乱电信市场管理秩序案件具体应用法律若干问题的解释》第 1 条规定："违反国家规定，采取租用国际专线、私设转接设备或者其他方法，擅自经营国际电信业务或者涉港澳台电信业务进行营利活动，扰乱电信市场管理秩序，情节严重的，依照刑法第二百二十五条第（四）项的规定，以非法经营罪定罪处罚。"第 2 条规定："实施本解释第一条规定的行为，具有下列情形之一的，属于非法经营行为'情节严重'：（一）经营去话业务数额在一百万元以上的；（二）经营来话业务造成电信资费损失数额在一百万元以上的。具有下列情形之一的，属于非法经营行为'情节特别严重'：（一）经营去话业务数额在五百万元以上的；（二）经营来话业务造成电信资费损失数额在五百万元以上的。"第 3 条规定："实施本解释第一条规定的行为，经营数额或者造成电信资费损失数额接近非法经营行为'情节严重'、'情节特别严重'的数额起点标准，并具有下列情形之一的，可以分别认定为非法经营行为'情节严重'、'情节特别严重'：（一）两年内因非法经营国际电信业务或者涉港澳台电信业务行为受过行政处罚两次以上的；（二）因非法经营国际电信业务或者涉港澳台电信业务行为造成其他严重后果的。"第 4 条规定："单位实施本解释第一条规定的行为构成犯罪的，对单位判处罚金，并对其直接负责的主管人员和其他直接责任人员，依照本解释第二条、第三条的规定处罚。"第 5 条规定："违反国家规定，擅自设置、使用无线电台（站），或者擅自占用频率，非法经营国际电信业务或者涉港澳台电信业务进行营利活动，同时构成非法经营罪和刑法第二百八十八条规定的扰乱无线电通讯管理秩序罪的，依照处罚较重的规定定罪处罚。"第 10 条规定："本解释所称'经营去话业务数额'，是指以行为人非法经营国际电信业务或者涉港澳台电信业务的总时长（分钟数）乘以行为人每分钟收取的用户使用费所得的数额。""本解释所称'电信资费损失数额'，是指以行为人非法经营国际电信业务或者涉港澳台电信业务的总时长（分钟数）乘以在合法电信业务中我国应当得到的每分钟国际结算价格所得的数额。"

最高人民检察院 2002 年 2 月 6 日发布的《关于非法经营国际或港澳台地区电信业务行为法律适用问题的批复》规定："违反《中华人民共和国电信条例》规定，采取留用电信国际专线、私设转接设备或者其他方法，擅自经营国际或者香港特别行政区、澳门特别行政区和台湾地区电信业务进行营利活动，扰乱电信市场管理秩序，情节严重的，应当依照《刑法》第二百二十五条第（四）项的规定，以非法经营罪追究刑事责任。"

最高人民法院、最高人民检察院 2002 年 8 月 16 日发布的《关于办理非法生产、销售、使用禁止在饲料和动物饮用水中使用的药品等刑事案件具体应用法律若干问题的解释》第 1 条规定："未取得药品生产、经营许可证件和批准文号，非法生产、销售盐酸克仑特罗等禁止在饲料和动物饮用水中使用的药品，扰乱药品市场秩序，情节严重的，依照刑法第二百二十五条第（一）项的规定，以非法经营罪追究刑事责任。"第 2 条规定："在生产、销售的饲料中添加盐酸克仑特罗等禁止在饲料和动物饮用水中使用的药品，或者销售明知是添加有该类药品的饲料，情节严重的，依照刑法第二百二十五条第（四）项的规定，以非法经营罪追究刑事责任。"

最高人民检察院 2002 年 9 月 4 日发布的《关于办理非法经营食盐刑事案件具体应用法律若干问题的解释》第 1 条规定："违反国家有关盐业管理规定，非法生产、储运、销售食盐，扰乱市场秩序，情节严重的，应当依照刑法第二百二十五条的规定，以非法经营罪追究刑事责任。"第 2 条规定："非法经营食盐，具有下列情形之一的，应当依法追究刑事责任：（一）非法经营食盐数量在二十吨以上的；（二）曾因非法经营食盐行为受过二次以上行政处罚又非法经营食盐，数量在十吨以上的。"第 3 条规定："非法经营食盐行为未经处理的，其非法经营的数量累计计算；行为人非法经营行为是否盈利，不影响犯罪的构成。"第 4 条规定："以非碘盐充当碘盐或者以工业用盐等非食盐充当食盐进行非法经营，同时构成非法经营罪和生产、销售伪劣产品罪、生产、销售不符合卫生标准的食品罪、生产、销售有毒、有害食品罪等其他犯罪的，依照处罚较重的规定追究刑事责任。"第 5 条规定："以暴力、威胁非法阻碍行政执法人员依法行使盐业管理职务的，依照刑法第二百七十七条的规定，以妨害公务罪追究刑事责任；其非法经营行为已构成犯罪的，依照数罪并罚的规定追究刑事责任。"

最高人民检察院法律政策研究室 2003 年 3 月 21 日发布的《关于 1998 年 4 月 18 日以前的传销或者变相传销行为如何处理的答复》规定："对 1998 年 4 月 18 日国务院发布《关于禁止传销经营活动的通知》以前的传销或者变相传销行为，不宜以非法经营罪追究刑事责任。行为人在传销或者变相传销活动中实施销售假冒伪劣产品、诈骗、非法集资、虚报注册资本、偷税等行为，构成犯罪的，应当依照刑法的相关规定追究刑事责任。"

最高人民法院、最高人民检察院、公安部 2003 年 4 月 22 日发布的《关于办理非法经营国际电信业务犯罪案件联席会议纪要》第 2 条规定："《解释》第一条规定：'违反国家规定，采取租用国际专线、私设转接设备或者其他方法，擅自经营国际电信业务或者涉港澳台电信业务进行营利活动，扰乱电信市场管理秩序，情节严重的，依照刑法第二百二十五条第（四）项的规定，以非法经营罪定罪处罚。'对于未取得国际电信业务（含涉港澳台电信业务，下同）经营许可证而经营，或被终止国际电信业务经营资格后继续经营，应认定为'擅自经营国际电信业务或者涉港澳台电信业务'；情节严重的，应按上述规定以非法经营罪追究刑事责任。""《解释》第一条所称'其他方法'，是指在边境地区私自架设跨境通信线路；利用互联网跨境传送 IP 话音并设立转接设备，将国际话务转接至我境内公用电话网或转接至其他国家或地区；在境内以租用、托管、代维等方式设立转接平台；私自设置国际通信出入口等方法。"第 3 条规定："获得国际电信业务经营许可的经营者（含涉港澳台电信业务经营者）明知他人非法从事国际电信业务，仍违反国家规定，采取出租、合作、授权等手段，为他人提供经营和技术条件，利用现有设备或另设国际话务转接设备并从中营利，情节严重的，应以非法经营罪的共犯追究刑事责任。"

最高人民法院、最高人民检察院 2003 年 5 月 14 日发布的《关于办理妨害预防、控制突发传染病疫情等灾害的刑事案件具体应用法律若干问题的解释》第 6 条规定："违反国家在预防、控制突发传染病疫情等灾害期间有关市场经营、价格管理等规定，哄抬物价、牟取暴利，严重扰乱市场秩序，违法所得数额较大或者有其他严重情节的，依照刑法第二百二十五条第（四）项的规定，以非法经营罪定罪，依法从重处罚。"

最高人民法院、最高人民检察院、公安部 2004 年 7 月 19 日发布的《关于依法开展打击淫秽色情网站专项行动有关工作的通知》第 2 条中规定："对于违反国家规定，擅自设立互联网上网服务营业场所，或者擅自从事互联网上网服务经营活动，情节严重，构成犯罪的，以非法经营罪追究刑事责任。"

最高人民法院、最高人民检察院 2005 年 5 月 1 日发布的《关于办理赌博刑事案件具体应用法律若干问题的解释》第 6 条规定："未经国家批准擅自发行、销售彩票，构成犯罪的，依照刑法第二百二十五条第（四）项的规定，以非法经营罪定罪处罚。"

最高人民法院、最高人民检察院、公安部、中国证券监督管理委员会 2008 年 1 月 2 日发布的《关于整治非法证券活动有关问题的通知》第 2 条第 3 项规定："任何单位和个人经营证券业务，必须经证监会批准。未经批准的，属于非法经营证券业务，应予以取缔；涉嫌犯罪的，依照《刑法》第二百二十五条之规定，以非法经营罪追究刑事责任。对于中介机构非法代理买卖非上市公司股票，涉嫌犯罪的，应当依照《刑法》第二百二十五条之规定，以非法经营罪追究刑事责任；所代理的非上市公司涉嫌擅自发行股票，构成犯罪的，应当依照《刑法》第一百七十九条之规定，以擅自发行股票罪追究刑事责任。非上市公司和中介机构共谋擅自发行股票，构成犯罪的，以擅自发行股票罪的共犯论处。未构成犯罪的，依照《证券法》和有关法律的规定给予行政处罚。"

最高人民法院、最高人民检察院 2009 年 12 月 3 日发布的《关于妨害信用卡管理刑事案件具体应用法律若干问题的解释》第 7 条规定："违反国家规定，使用销售点终端机具（POS 机）等方法，以虚构交易、虚开价格、现金退货等方式向信用卡持卡人直接支付现金，情节严重的，应当依据刑法第二百二十五条的规定，以非法经营罪定罪处罚。""实施前款行为，数额在 100 万元以上的，或者造成金融机构资金 20 万元以上逾期未还的，或者造成金融机构经济损失 10 万元以上的，应当认定为刑法第二百二十五条规定的'情节严重'；数额在 500 万元以上的，或者造成金融机构资金 100 万元以上逾期未还的，或者造成金融机构经济损失 50 万元以上的，应当认定为刑法第二百二十五条规定的'情节特别严重'。""持卡人以非法占有为目的，采用上述方式恶意透支，应当追究刑事责任的，依照刑法第一百九十六条的规定，以信用卡诈骗罪定罪处罚。"

最高人民检察院、公安部 2010 年 5 月 7 日发布的《关于公安机关管辖的刑事案件立案追诉标准的规定（二）》第 79 条规定："违反国家规定，进行非法经营活动，扰乱市场秩序，涉嫌下列情形之一的，应予立案追诉：（一）违反国家有关盐业管理规定，非法生产、储运、销售食盐，扰乱市场秩序，具有下列情形之一的：1. 非法经营食盐数量在二十吨以上的；2. 曾因非法经营食盐行为受过二次以上行政处罚又非法经营食盐，数量在十吨以上的。（二）违反国家烟草专卖管理法律法规，未经烟草专卖行政主管部门许可，无烟草专卖生产企业许可证、烟草专卖批发企业许可证、特种烟草专卖经营企业许可证、烟草专卖零售许可证等许可证明，非法经营烟草专卖品，具有下列情形之一的：1. 非法经营数额在五万元以上，或者违法所得数额在二万元以上的；2. 非法经营卷烟二十万支以上的；3. 曾因非法经营烟草专卖品三年内受过二次以上行政处罚，又非法经营烟草专卖品且数额在三万元以上的。（三）未经国家有关主管部门批准，非法经营证券、期货、保险业务，或者非法从事资金支付结算业务，具有下列情形之一的：1. 非法经营证券、期货、保险业务，数额在三十万元以上的；2. 非法从事资金支付结算业务，数额在二百万元以上的；3. 违反国家规定，使用销售点终端机具（POS 机）等方法，以虚构交易、虚开价格、现金退货等方式向信用卡持卡人直接支付现金，数额在一百万元以上的，或者造成金融机构资金二十万元以上逾期未还的，或者造成金融机构经济损失十万元以上的；4. 违法所得数额在五万元以上的。（四）非法经营外汇，具有下列情形之一的：1. 在外汇指定银行和中国外汇交易中心及其分中心以外买卖外汇，数额在二十万美元以上的，或者违法所得数额在五万元以上的；2. 公司、企业或者其他单位违反有关外贸代理业务的规定，采用非法手段，或者明知是伪造、变造的凭证、商业单据，为他人向外汇指定银行骗购外汇，数额在五百万美元以上或者违法所得数额在五十万元以上的；3. 居间介绍骗购外汇，数额在一百万美元以上或者违法所得数额在十万元以上的。（五）出版、印刷、复制、发行严重危害社会秩序和扰乱市场秩序的非法出版物，具有下列情形之一的：1. 个人非法经营数额在五万元以上的，单位非法经营数额在十五万元以上的；2. 个人违法所得数额在二万元以上的，单位违法所得数额在五万元以上的；3. 个人非法经营报纸五千份或者期刊五千本或者图书二千册或者音像制品、电子出版物五百张（盒）以上的，单位非法经营报纸一万五千份或者期刊一万五千本或者图书五千册或者音像制品、电子出版物一千五百张（盒）以上的；4. 虽未达到上述数额标准，但具有下列情形之一的：（1）两年内因出版、印刷、复制、发行非法出版物受过行政处罚二次以上的，又出版、印刷、复制、发行非法出版物的；（2）因出版、印刷、复制、发行非法出版物造成恶劣社会影响或者其他严重后果的。（六）非法从事出版物的出版、印刷、复制、发行业务，严重扰乱市场秩序，具有下列情形之一的：1. 个人非法经营数额在十五万元以上的，单位非法经营数额在五十万元以上的；2. 个人违法所得数额在五万元以上的，单位违法所得数额在十五万元以上的；3. 个人非法经营报纸一万五千份或者期刊一万五千本或者图书五千册或者音像制品、电子出版物一千五百张（盒）以上的，单位非法经营报纸五万份或者期刊五万本或者图书一万五千册或者音像制品、电子出版物五千张（盒）以上的；4. 虽未达到上述数额标准，两年内因非法从事出版物的出版、印刷、复制、发行业务受过行政处罚二次以上的，又非法从事出版物的出版、印刷、复制、发行业务的。（七）采取租用国际专线、私设转接设备或者其他方法，擅自经营国际电信业务或者涉港澳台电信业务进行营利活动，扰乱电信市场管理秩序，具有下列情形之一的：1. 经营去话业务数额在一百万元以上的；2. 经营来话业务造成电信资费损失数额在一百万元以上的；3. 虽未达到上述数额标准，但具有下列情形之一的：（1）两年内因非法经营国际电信业务或者涉港澳台电信业务行为受过行政处罚二次以上，又非法经营国际电信业务或者涉港澳台电信业务的；（2）因非法经营国际电信业务或者涉港澳台电信业务行为造成其他严重后果的。（八）从事其他非法经营活动，具有下列情形之一的：1. 个人非法经营数额在五万元以上，或者违法所得数额在一万元以上的；2. 单位非法经营数额在五十万元以上，或者违法所得数额在十万元以上的；3. 虽未达到上述数额标准，但两年内因同种非法经营行为受过二次以上行政处罚，又进行同种非法经营行为的；4. 其他情节严重的情形。"

最高人民法院、最高人民检察院 2010 年 3 月 2 日发布的《关于办理非法生产、销售烟草专卖品等刑事案件具体应用法律若干问题的解释》第 1 条第 5 款规定："违反国家烟草专卖管理法律法规，未经烟草专卖行政主管部门许可，无烟草专卖生产企业许可证、烟草专卖批发企业许可证、特种烟草专卖经营企业许可证、烟草专卖零售许可证等许可证明，非法经营烟草专卖品，情节严重的，依照刑法第二百二十五条的规定，以非法经营罪定罪处罚。"第 3 条规定："非法经营烟草专卖品，具有下列情形之一的，应当认定为刑法第二百二十五条规定的'情节严重'：（一）非法经营数额在五万元以上的，或者违法所得数额在二万元以上的；（二）非法经营卷烟二十万支以上的；（三）曾因非法经营烟草专卖品三年内受过二次以上行政处罚，又非法经营烟草专卖品且数额在三万元以上的。""具有下列情形之一的，应当认定为刑法第二百二十五条规定的'情节特别严重'：（一）非法经营数额在二十五万元以上，或者违法所得数额在十万元以上的；（二）非法经营卷烟一百万支以上的。"第 4 条规定："非法经营烟草专卖品，能够查清销售或者购买价格的，按照其销售或者购买的价格计算非法经营数额。无法查清销售或者购买价格的，按照下列方法计算非法经营数额：（一）查获的卷烟、雪茄烟的价格，有品牌的，按照该品牌卷烟、雪茄烟的查获地省级烟草专卖行政主管部门出具的零售价格计算；无品牌的，按照查获地省级烟草专卖行政主管部门出具的上年度卷烟平均零售价格计算；（二）查获的复烤烟叶、烟叶的价格按照查获地省级烟草专卖行政主管部门出具的上年度烤烟调拨平均基准价格计算；（三）烟丝的价格按照第（二）项规定价格计算标准的一点五倍计算；（四）卷烟辅料的价格，有品牌的，按照该品牌辅料的查获地省级烟草专卖行政主管部门出具的价格计算；无品牌的，按照查获地省级烟草专卖行政主管部门出具的上年度烟草行业生产卷烟所需该类卷烟辅料的平均价格计算；（五）非法生产、销售、购买烟草专用机械的价格按照国务院烟草专卖行政主管部门下发的全国烟草专用机械产品指导价格目录进行计算；目录中没有该烟草专用机械的，按照省级以上烟草专卖行政主管部门出具的目录中同类烟草专用机械的平均价格计算。"第5条规定："为人实施非法生产、销售烟草专卖品犯罪，同时构成生产、销售伪劣产品罪、侵犯知识产权犯罪、非法经营罪的，依照处罚较重的规定定罪处罚。"第6条规定："明知他人实施本解释第一条所列犯罪，而为其提供贷款、资金、账号、发票、证明、许可证件，或者提供生产、经营场所、设备、运输、仓储、保管、邮寄、代理进出口等便利条件，或者提供生产技术、卷烟配方的，应当按照共犯追究刑事责任。"

最高人民法院2010年12月13日发布的《关于审理非法集资刑事案件具体应用法律若干问题的解释》第7条规定："违反国家规定，未经依法核准擅自发行基金份额募集基金，情节严重的，依照刑法第二百二十五条的规定，以非法经营罪定罪处罚。"

最高人民法院2011年4月8日发布的《关于准确理解和适用刑法中"国家规定"的有关问题的通知》第3条规定："各级人民法院审理非法经营犯罪案件，要依法严格把握刑法第二百二十五条第（四）项的适用范围。对被告人的行为是否属于刑法第二百二十五条第（四）项规定的'其他严重扰乱市场秩序的非法经营行为'，有关司法解释未作明确规定的，应当作为法律适用问题，逐级向最高人民法院请示。"

最高人民法院、最高人民检察院2013年5月2日发布的《关于办理危害食品安全刑事案件适用法律若干问题的解释》第11条规定："以提供给他人生产、销售食品为目的，违反国家规定，生产、销售国家禁止用于食品生产、销售的非食品原料，情节严重的，依照刑法第二百二十五条的规定以非法经营罪定罪处罚。""违反国家规定，生产、销售国家禁止生产、销售、使用的农药、兽药，饲料、饲料添加剂，或者饲料原料、饲料添加剂原料，情节严重的，依照前款的规定定罪处罚。""实施前两款行为，同时又构成生产、销售伪劣产品罪，生产、销售伪劣农药、兽药罪等其他犯罪的，依照处罚较重的规定定罪处罚。"第12条规定："违反国家规定，私设生猪屠宰厂（场），从事生猪屠宰、销售等经营活动，情节严重的，依照刑法第二百二十五条的规定以非法经营罪定罪处罚。""实施前款行为，同时又构成生产、销售不符合安全标准的食品罪，生产、销售有毒、有害食品罪等其他犯罪的，依照处罚较重的规定定罪处罚。"

最高人民法院、最高人民检察院、公安部、农业部、食品药品监管总局2013年5月21日发布的《关于进一步加强麻黄草管理严厉打击非法买卖麻黄草等违法犯罪活动的通知》第3条第4款规定："违反国家规定采挖、销售、收购麻黄草，没有证据证明以制造毒品或者走私、非法买卖制毒物品为目的，依照刑法第二百二十五条的规定构成犯罪的，以非法经营罪定罪处罚。"

最高人民法院、最高人民检察院2013年9月6日发布的《关于办理利用信息网络实施诽谤等刑事案件适用法律若干问题的解释》第7条规定："违反国家规定，以营利为目的，通过信息网络有偿提供删除信息服务，或者明知是虚假信息，通过信息网络有偿提供发布信息等服务，扰乱市场秩序，具有下列情形之一的，属于非法经营行为'情节严重'，依照刑法第二百二十五条第（四）项的规定，以非法经营罪定罪处罚：（一）个人非法经营数额在五万元以上，或者违法所得数额在二万元以上的；（二）单位非法经营数额在十五万元以上，或者违法所得数额在五万元以上的。""实施前款规定的行为，数额达到前款规定的数额五倍以上的，应当认定为刑法第二百二十五条规定的'情节特别严重'。"第8条规定："明知他人利用信息网络实施诽谤、寻衅滋事、敲诈勒索、非法经营等犯罪，为其提供资金、场所、技术支持等帮助的，以共同犯罪论处。"

最高人民法院、最高人民检察院、公安部、国家安全部2014年3月14日发布的《关于依法办理非法生产销售使用"伪基站"设备案件的意见》第一部分"准备认定行为性质"第1条规定："非法生产、销售'伪基站'设备，① 具有以下情形之一的，依照《刑法》第二百二十五条的规定，以非法经营罪追究刑事责任：1. 个人非法生产、销售'伪基站'设备三套以上，或者非法经营数额五万元以上，或者违法所得数额二万元以上的；2. 单位非法生产、销售'伪基站'设备十套以上，或者非法经营数额十五万元以上，或者违法所得数额五万元以上的；3. 虽未达到上述数额标准，但两年内曾因非法生产、销售'伪基站'设备受过两次以上行政处罚，又非法生产、销售'伪基站'设备的。""实施前款规定的行为，数量、数额达到前款规定的数量、数额五倍以上的，应当认定为《刑法》第二百二十五条规定的'情节特别严重'。""非法生产、销售'伪基站'设备，经鉴定为专用间谍器材的，依照《刑法》第二百八十三条的规定，以非法生产、销售间谍专用器材罪追究刑事责任；同时构成非法经营罪的，以非法经营罪追究刑事责任。"第3条规定："明知他人实施非法生产、销售'伪基站'设备，或者非法使用'伪基站'设备干扰公用电信网络信号等犯罪，为其提供资金、场所、技术、设备等帮助的，以共同犯罪论处。"

---

① "'伪基站'设备是未取得电信设备进网许可和无线电发射设备型号核准的非法无线电通信设备，具有搜取手机用户信息，强行向不特定用户手机发送短信息等功能，使用过程中会非法占用公众移动通信频率，局部阻断公众移动通信网络信号。非法生产、销售、使用'伪基站'设备，不仅破坏正常电信秩序，影响电信运营商正常经营活动，危害公共安全，扰乱市场秩序，而且严重影响用户手机使用，损害公民财产权益，侵犯公民隐私，社会危害性严重"（参见最高人民法院、最高人民检察院、公安部、国家安全部《关于依法办理非法生产销售使用"伪基站"设备案件的意见》）。

最高人民法院、最高人民检察院、公安部 2014 年 3 月 26 日发布的《关于办理利用赌博机开设赌场案件适用法律若干问题的意见》第 4 条规定："以提供给他人开设赌场为目的，违反国家规定，非法生产、销售具有退币、退分、退钢珠等赌博功能的电子游戏设施设备或者其专用软件，情节严重的，依照刑法第二百二十五条的规定，以非法经营罪定罪处罚。""实施前款规定的行为，具有下列情形之一的，属于非法经营行为'情节严重'：（一）个人非法经营数额在五万元以上，或者违法所得数额在一万元以上的；（二）单位非法经营数额在五十万元以上，或者违法所得数额在十万元以上的；（三）虽未达到上述数额标准，但两年内因非法生产、销售赌博机行为受过二次以上行政处罚，又进行同种非法经营行为的；（四）其他情节严重的情形。""具有下列情形之一的，属于非法经营行为'情节特别严重'：（一）个人非法经营数额在二十五万元以上，或者违法所得数额在五万元以上的；（二）单位非法经营数额在二百五十万元以上，或者违法所得数额在五十万元以上的。"

最高人民法院、最高人民检察院 2014 年 11 月 3 日发布的《关于办理危害药品安全刑事案件适用法律若干问题的解释》第 7 条规定："违反国家药品管理法律法规，未取得或者使用伪造、变造的药品经营许可证，非法经营药品，情节严重的，依照刑法第二百二十五条的规定以非法经营罪定罪处罚。""以提供给他人生产、销售药品为目的，违反国家规定，生产、销售不符合药用要求的非药品原料、辅料，情节严重的，依照刑法第二百二十五条的规定以非法经营罪定罪处罚。""实施前两款行为，非法经营数额在十万元以上，或者违法所得数额在五万元以上的，应当认定为刑法第二百二十五条规定的'情节严重'；非法经营数额在五十万元以上，或者违法所得数额在二十五万元以上的，应当认定为刑法第二百二十五条规定的'情节特别严重'。""实施本条第二款行为，同时又构成生产、销售伪劣产品罪、以危险方法危害公共安全罪等犯罪的，依照处罚较重的规定定罪处罚。"第 10 条规定："实施生产、销售假药、劣药犯罪，同时构成生产、销售伪劣产品、侵犯知识产权、非法经营、非法行医、非法采供血等犯罪的，依照处罚较重的规定定罪处罚。"第 11 条规定："对实施本解释规定之犯罪的犯罪分子，应当依照刑法规定的条件，严格缓刑、免予刑事处罚的适用。对于适用缓刑的，应当同时宣告禁止令，禁止犯罪分子在缓刑考验期内从事药品生产、销售及相关活动。""销售少量根据民间传统配方私自加工的药品，或者销售少量未经批准进口的国外、境外药品，没有造成他人伤害后果或者延误诊治，情节显著轻微危害不大的，不认为是犯罪。"第 13 条规定："单位犯本解释规定之罪的，对单位判处罚金，并对直接负责的主管人员和其他直接责任人员，依照本解释规定的自然人犯罪的定罪量刑标准处罚。"

最高人民法院 2015 年 5 月 27 日发布的《全国法院毒品犯罪审判工作座谈会纪要》

"关于毒品犯罪法律适用的若干具体问题"第 7 条"非法贩卖麻醉药品、精神药品行为的定性问题"规定："行为人向走私、贩卖毒品的犯罪分子或者吸食、注射毒品的人员贩卖国家规定管制的能够使人形成瘾癖的麻醉药品或者精神药品的，以贩卖毒品罪定罪处罚。""行为人出于医疗目的，违反有关药品管理的国家规定，非法贩卖上述麻醉药品或者精神药品，扰乱市场秩序，情节严重的，以非法经营罪定罪处罚。"

【立法建言】

建　议： 将《刑法》第 225 条的法定刑修改为："处五年以下有期徒刑、拘役或者管制，可以并处或者单处罚金；情节特别严重的，处五年以上有期徒刑，并处罚金"。

理　由：

从立法技术上看，宜在本罪的第 1 档法定刑中增加"管制"的规定，并删去本罪中的罚金数额标准，以与《刑法》的其他管制和罚金规定相一致。

七、强迫交易罪（第 226 条）

【立法沿革】

强迫交易罪是从 1979 年《刑法》第 117 条规定的投机倒把罪中分解而来的，并经《刑法修正案（八）》第 36 条所修正。

基于与非法经营罪相同的原因，1997 年修订的《刑法》也将强迫交易犯罪从投机倒把罪中分离出来，作为一种独立的犯罪加以规定。该法第 226 条规定："以暴力、威胁手段强买强卖商品、强迫他人提供服务或者强迫他人接受服务，情节严重的，处三年以下有期徒刑或者拘役，并处或者单处罚金。"第 231 条规定："单位犯本节第二百二十一条至第二百三十条规定之罪的，对单位判处罚金，并对其直接负责的主管人员和其他直接责任人员，依照本节各该条的规定处罚。"

1997 年《刑法》施行后，"随着经济社会的发展，黑社会性质组织犯罪出现了一些新的情况，为维护社会治安秩序，保障人民利益，有必要进一步加大对黑社会性质组织犯罪的惩处力度。"而"以暴力或者暴力威胁等手段非法攫取经济利益，是当前黑社会性质组织犯罪的一种重要犯罪形式，严重侵害公民合法权益，破坏经济社会秩序。"[①] 因此，迫切需要完善强迫交易罪的规定，加大惩处力度。为此，《刑法修正案（八）》第 36 条除相应的文字修改外，主要对《刑法》第 226 条作了以下两方面的修改和补充：一是在量刑幅度方面，增加了"情节特别严重的，处三年以上七年以下有期徒刑，并处罚金"的规定，

---

① 参见全国人大常委会法制工作委员会主任李适时 2010 年 8 月 23 日在十一届全国人大常委会第十六次会议上所作的《关于〈中华人民共和国刑法修正案（八）（草案）〉的说明》。

加大了刑罚的惩处力度；二是在行为方式方面，增加了"强迫他人参与或者退出投标、拍卖的"、"强迫他人转让或者收购公司、企业的股份、债券或者其他资产的"和"强迫他人参与或者退出特定的经营活动的"三种情形，扩大了犯罪的成立范围。

【立法规定】

《刑法》第 226 条规定："以暴力、威胁手段，实施下列行为之一，情节严重的，处三年以下有期徒刑或者拘役，并处或者单处罚金；情节特别严重的，处三年以上七年以下有期徒刑，并处罚金：（一）强买强卖商品的；（二）强迫他人提供或者接受服务的；（三）强迫他人参与或者退出投标、拍卖的；（四）强迫他人转让或者收购公司、企业的股份、债券或者其他资产的；（五）强迫他人参与或者退出特定的经营活动的。"第 231 条规定："单位犯本节第二百二十一条至第二百三十条规定之罪的，对单位判处罚金，并对其直接负责的主管人员和其他直接责任人员，依照本节各该条的规定处罚。"

【立法释义】

最高人民法院 2005 年 6 月 8 日发布的《关于审理抢劫、抢夺刑事案件适用法律若干问题的意见》第 9 条关于"以暴力、胁迫手段索取超出正常交易价钱、费用的钱财的行为定性"部分规定："从事正常商品买卖、交易或者劳动服务的人，以暴力、胁迫手段迫使他人交出与合理价钱、费用相差不大钱物，情节严重的，以强迫交易罪定罪处罚；以非法占有为目的，以买卖、交易、服务为幌子采用暴力、胁迫手段迫使他人交出与合理价钱、费用相差悬殊的钱物的，以抢劫罪定罪处刑。在具体认定时，既要考虑超出合理价钱、费用的绝对数额，还要考虑超出合理价钱、费用的比例，加以综合判断。"

最高人民检察院、公安部 2008 年 6 月 25 日发布的《关于公安机关管辖的刑事案件立案追诉标准的规定（一）》第 28 条规定："以暴力、威胁手段强买强卖商品、强迫他人提供服务或者强迫他人接受服务，涉嫌下列情形之一的，应予立案追诉：（一）造成被害人轻微伤或者其他严重后果的；（二）造成直接经济损失二千元以上的；（三）强迫交易三次以上或者强迫三人以上交易的；（四）强迫交易数额一万元以上，或者违法所得数额二千元以上的；（五）强迫他人购买伪劣商品数额五千元以上，或者违法所得数额一千元以上的；（六）其他情节严重的情形。"

最高人民检察院 2014 年 4 月 17 日发布的《关于强迫借贷行为适用法律问题的批复》规定："以暴力、胁迫手段强迫他人借贷，属于刑法第二百二十六条第二项规定的'强迫他人提供或者接受服务'，情节严重的，以强迫交易罪追究刑事责任；同时构成故意伤害罪等其他犯罪的，依照处罚较重的规定定罪处罚。以非法占有为目的，以借贷为名采用暴力、胁迫手段获取他人财物，符合刑法第二百六十三条或者第二百七十四条规定的，以抢劫罪或者敲诈勒索罪追究刑事责任。"

【立法建言】

建　议： 将《刑法》第 226 条第 1 档法定刑修改为："处三年以下有期徒刑、拘役或者管制，可以并处或者单处罚金"。

理　由：

从立法技术上看，宜在本罪的第 1 档法定刑中增加"管制"的规定，并将"并处或者单处罚金"改为"可以并处或者单处罚金"，以与《刑法》的其他管制和罚金规定相一致。

八、伪造、倒卖伪造的有价票证罪、倒卖车票、船票罪（第 227 条）

【立法沿革】

伪造、倒卖伪造的有价票证罪是在 1979 年《刑法》第 124 条规定的伪造有价票证罪的基础上修改而来的；而倒卖车票、船票罪则是 1997 年《刑法》第 227 条第 2 款增设的罪名。

在新中国刑法立法史上，最初的刑法草案就规定了伪造、变造邮票、税票罪和伪造、变造交通客票罪两个罪名。1950 年的《刑法大纲草案》第 101 条规定："伪造或变造邮票、税票者，处三年以下监禁，或酌处罚金，或批评教育。"第 102 条规定："伪造或变造车票、船票等交通券者，处二年以下监禁，或酌处罚金，或批评教育。"1957 年的《刑法草案》第 22 稿沿用了上述立法例，该稿第 142 条规定："伪造或者变造船票、火车票或者其他交通客票的，处一年以下有期徒刑、拘役或者五百元以下罚金。"第 143 条规定："意图营利，伪造邮票或者印花税票的，处一年以下有期徒刑、拘役或者五百元以下罚金。"到了 1963 年，《刑法草案》第 33 稿始将上述两个罪名合并加以规定。该稿第 134 条规定："意图营利，伪造或者变造车票、船票、邮票、税票的，处三年以下有期徒刑、拘役或者罚金；情节严重的，处三年以上十年以下有期徒刑，可以并处罚金。"1979 年《刑法》第 124 条沿用了上述立法例，但降低了本罪的法定刑，增加了"货票"这一犯罪对象。①

1979 年《刑法》第 124 条规定："以营利为目的，伪造车票、船票、邮票、税票、货票的，处二年以下有期徒刑、拘役或者罚金；情节严重的，处二年以上七年以下有期徒刑，可以并处罚金。"

在全面研究修改刑法的过程中，1988 年 9 月的《刑法修改稿》第 124 条在上述规定的基础上，主要作了以下三方面的修改和补充：一是在主观目的方面，删去了"以营利为

---

① 1979 年《刑法》只规定了"伪造"犯罪，而没有规定"变造"犯罪。

目的"的表述；① 二是在行为方式方面，增加了"变造"行为；三是在犯罪对象方面，增加了"飞机票"。修改后的条文为："伪造、变造飞机票、车票、船票、邮票、税票、货票的，处二年以下有期徒刑、拘役或者罚金；情节严重的，处二年以上七年以下有期徒刑，可以并处罚金。"1988 年 11 月 16 日的《刑法修改稿》第 134 条对上述规定作了适当的调整："伪造飞机票、车票、船票、邮票、税票、货票的，处二年以下有期徒刑或者拘役，可以单处或者并处罚金；情节严重的，处二年以上七年以下有期徒刑，并处罚金。"到了 1996 年 8 月 8 日，《刑法分则修改草稿》第三章第一节第 4 条增设了倒卖有价票证罪："非法倒卖车票、船票、飞机票等有价票证，数额较大的，处二年以下有期徒刑或者拘役，可以单处或者并处违法所得一倍以上五倍以下罚金。"第 5 条将伪造有价票证罪改为伪造、变造或者倒卖伪造、变造的有价票证罪："伪造、变造或者倒卖伪造、变造的车票、船票、飞机票等有价票证，数额较大的，处三年以下有期徒刑，可以单处或者并处违法所得一倍以上五倍以下罚金；数额巨大的，处三年以上七年以下有期徒刑，并处违法所得一倍以上五倍以下罚金。"1996 年 8 月 31 日的《刑法修改草稿》基本上沿用了上述规定，主要是将"违法所得一倍以上五倍以下罚金"的标准修改为"票证价额一倍以上五倍以下罚金"。1996 年 10 月 10 日的《刑法修订草案》（征求意见稿）第 200 条对上述规定作了较大的修改，仅规定了伪造、倒卖伪造的车票、船票罪："伪造或者倒卖伪造的车票、船票，数额较大的，处二年以下有期徒刑或者拘役，可以并处或者单处票证价额一倍以上五倍以下罚金；数额巨大的，处二年以上七年以下有期徒刑，可以并处票证价额一倍以上五倍以下罚金。"1996 年 12 月 20 日的《刑法修订草案》第 209 条对上述规定作了两处补充修改：一是增加了"其他有价票证"的兜底规定；二是增加了"管制"这一刑种。1997 年 2 月 17 日的《刑法修订草案》（修改稿）第 227 条基本上沿用了上述规定，仅增加了"邮票"这一犯罪对象。1997 年 3 月 1 日，提交给八届全国人大五次会议审议的《中华人民共和国刑法（修订草案）》第 227 条对上述规定作了两方面的修改和补充：一是删去了其中"可以"罚金的规定；二是增加了"倒卖车票、船票情节严重的，处三年以下有期徒刑、拘役或者管制，并处或者单处票证价额一倍以上五倍以下罚金"的规定。这一修改方案，为现行刑法所采纳。

【立法规定】

《刑法》第 227 条规定："伪造或者倒卖伪造的车票、船票、邮票或者其他有价票证，

---

① "伪造上述票证一般都以营利为目的，达到牟取非法利益的目的，表述上删去刑法规定的这一先决条件，同其他条款规定相一致，不采取以营利目的表述，更有利于审判工作"（参见最高人民法院刑法修改小组：《关于刑法分则修改的若干问题（草稿）》(1989 年 3 月)，载高铭暄、赵秉志编：《新中国刑法立法文献资料总览》（下），中国人民公安大学出版社 1998 年版，第 2294 页）。

数额较大的，处二年以下有期徒刑、拘役或者管制，并处或者单处票证价额一倍以上五倍以下罚金；数额巨大的，处二年以上七年以下有期徒刑，并处票证价额一倍以上五倍以下罚金。""倒卖车票、船票，情节严重的，处三年以下有期徒刑、拘役或者管制，并处或者单处票证价额一倍以上五倍以下罚金。"第 231 条规定："单位犯本节第二百二十一条至第二百三十条规定之罪的，对单位判处罚金，并对其直接负责的主管人员和其他直接责任人员，依照本节各该条的规定处罚。"

【立法释义】

最高人民法院 1999 年 9 月 6 日发布的《关于审理倒卖车票刑事案件有关问题的解释》第 1 条规定："高价、变相加价倒卖车票或者倒卖座席、卧铺签字号及订购车票凭证，票面数额在五千元以上，或者非法获利数额在二千元以上的，构成刑法第二百二十七条第二款规定的'倒卖车票情节严重'。"第 2 条规定："对于铁路职工倒卖车票或者与其他人员勾结倒卖车票；组织倒卖车票的首要分子；曾因倒卖车票受过治安处罚两次以上或者被劳动教养一次以上，两年内又倒卖车票，构成倒卖车票罪的，依法从重处罚。"

最高人民法院 2000 年 12 月 5 日发布的《关于对变造、倒卖变造邮票行为如何适用法律问题的解释》规定："对变造或者倒卖变造的邮票数额较大的，应当依照刑法第二百二十七条第一款的规定定罪处罚。"

最高人民检察院法律政策研究室 2003 年 4 月 2 日发布的《关于非法制作、出售、使用 IC 电话卡行为如何适用法律问题的答复》规定："非法制作或者出售非法制作的 IC 电话卡，数额较大的，应当依照刑法第二百二十七条第一款的规定，以伪造、倒卖伪造的有价票证罪追究刑事责任，犯罪数额可以根据销售数额认定；明知是非法制作的 IC 电话卡而使用或者购买并使用，造成电信资费损失数额较大的，应当依照刑法第二百六十四条的规定，以盗窃罪追究刑事责任。"

最高人民检察院、公安部 2008 年 6 月 25 日发布的《关于公安机关管辖的刑事案件立案追诉标准的规定（一）》第 29 条规定："伪造或者倒卖伪造的车票、船票、邮票或者其他有价票证，涉嫌下列情形之一的，应予立案追诉：（一）车票、船票票面数额累计二千元以上，或者数量累计五十张以上的；（二）邮票票面数额累计五千元以上，或者数量累计一千枚以上的；（三）其他有价票证价额累计五千元以上，或者数量累计一百张以上的；（四）非法获利累计一千元以上的；（五）其他数额较大的情形。"第 30 条规定："倒卖车票、船票或者倒卖车票座席、卧铺签字号以及订购车票、船票凭证，涉嫌下列情形之一的，应予立案追诉：（一）票面数额累计五千元以上的；（二）非法获利累计二千元以上的；（三）其他情节严重的情形。"

【立法建言】

建　议：将《刑法》第 227 条修改为："伪造或者倒卖伪造的车票、船票、邮票或者其他有价票证，数额较大的，处二年以下有期徒刑、拘役或者管制，可以并处或者单处罚金；数额巨大的，处二年以上七年以下有期徒刑，并处罚金。""倒卖车票、船票，情节严重的，处三年以下有期徒刑、拘役或者管制，可以并处或者单处罚金。"

理　由：

从立法技术上看，宜将《刑法》第 227 条中的"并处或者单处票证价额一倍以上五倍以下罚金"改为"可以并处或者单处罚金"，以与《刑法》的其他罚金规定相一致。

九、非法转让、倒卖土地使用权罪（第 228 条）

【立法沿革】

非法转让、倒卖土地使用权罪是 1997 年《刑法》第 228 条增设的罪名。

长期以来，我国对有关土地的犯罪并未予以应有的关注。期间，虽然 1988 年的《刑法修改稿》第 168 条曾经规定了非法转让、买卖、侵占耕地罪，[1] 但是，在此后相当长的一段时间里，立法工作机关再也没有关注过土地犯罪问题。[2] 直至审议《刑法修订草案》时，"有些委员和部门提出，土地和草原是国家的重要自然资源，对于破坏土地和草原资源的行为应当追究刑事责任。"[3] 据此，1997 年 2 月 17 日的《刑法修订草案》（修改稿）第 228 条才增设了非法转让、倒卖土地使用权罪："以牟利为目的，违反法律、行政法规，非法转让、倒卖土地使用权，情节严重的，处三年以下有期徒刑、拘役或者管制，可以并处或者单处非法转让、倒卖土地使用权价额一倍以下罚金；情节特别严重的，处三年以上七年以下有期徒刑，并处非法转让、倒卖土地使用权价额一倍以下罚金。"1997 年 3 月 1 日，提交给八届全国人大五次会议审议的《中华人民共和国刑法（修订草案）》第 228 条对上述规定作了以下三方面的修改和调整：一是将"违反法律、行政法规"改为"违反土地管理法规"；二是删去了第 1 档法定刑中"管制"和"可以"并处或者单处罚金的规定；三是将"一倍以下罚金"改为"百分之二十以上一倍以下罚金"。经审议，1997 年《刑法》第 228 条又将上述"百分之二十以上一倍以下罚金"改为"百分之五以上百分之二十以下罚金"。

---

①　该条规定："违反土地管理法规，非法转让、买卖或者侵占耕地，情节严重的，处三年以下有期徒刑或者拘役，可以单处或者并处罚金；情节特别严重的，处三年以上七年以下有期徒刑，并处罚金。"

②　1996 年的《刑法修订草案》（征求意见稿）和 1996 年的《刑法修订草案》均未涉及非法转让、倒卖土地使用权罪的问题。

③　参见全国人大常委会副委员长王汉斌 1997 年 2 月 19 日在八届全国人大常委会第二十四次会议上所作的《关于〈中华人民共和国刑法（修订草案）〉修改意见的汇报》。

【立法规定】

《刑法》第228条规定："以牟利为目的，违反土地管理法规，非法转让、倒卖土地使用权，情节严重的，处三年以下有期徒刑或者拘役，并处或者单处非法转让、倒卖土地使用权价额百分之五以上百分之二十以下罚金；情节特别严重的，处三年以上七年以下有期徒刑，并处非法转让、倒卖土地使用权价额百分之五以上百分之二十以下罚金。"第231条规定："单位犯本节第二百二十一条至第二百三十条规定之罪的，对单位判处罚金，并对其直接负责的主管人员和其他直接责任人员，依照本节各该条的规定处罚。"

【立法释义】

全国人大常委会2001年8月31日通过的《关于〈中华人民共和国刑法〉第二百二十八条、第三百四十二条、第四百一十条的解释》规定："刑法第二百二十八条、第三百四十二条、第四百一十条规定的'违反土地管理法规'，是指违反土地管理法、森林法、草原法等法律以及有关行政法规中关于土地管理的规定。"

最高人民法院2000年6月19日发布的《关于审理破坏土地资源刑事案件具体应用法律若干问题的解释》第1条规定："以牟利为目的，违反土地管理法规，非法转让、倒卖土地使用权，具有下列情形之一的，属于非法转让、倒卖土地使用权'情节严重'，依照刑法第二百二十八条的规定，以非法转让、倒卖土地使用权罪定罪处罚：（一）非法转让、倒卖基本农田五亩以上的；（二）非法转让、倒卖基本农田以外的耕地十亩以上的；（三）非法转让、倒卖其他土地二十亩以上的；（四）非法获利五十万元以上的；（五）非法转让、倒卖土地接近上述数量标准并具有其他恶劣情节的，如曾因非法转让、倒卖土地使用权受过行政处罚或者造成严重后果等。"第2条规定："实施第一条规定的行为，具有下列情形之一的，属于非法转让、倒卖土地使用权'情节特别严重'：（一）非法转让、倒卖基本农田十亩以上的；（二）非法转让、倒卖基本农田以外的耕地二十亩以上的；（三）非法转让、倒卖其他土地四十亩以上的；（四）非法获利一百万元以上的；（五）非法转让、倒卖土地接近上述数量标准并具有其他恶劣情节，如造成严重后果等。"第8条规定："单位犯非法转让、倒卖土地使用权罪、非法占用耕地罪的定罪量刑标准，依照本解释第一条、第二条、第三条的规定执行。"第9条规定："多次实施本解释规定的行为依法应当追诉的，或者一年内多次实施本解释规定的行为未经处理的，按照累计的数量、数额处罚。"

最高人民检察院、公安部2010年5月7日发布的《关于公安机关管辖的刑事案件立案追诉标准的规定（二）》第80条规定："以牟利为目的，违反土地管理法规，非法转让、倒卖土地使用权，涉嫌下列情形之一的，应予立案追诉：（一）非法转让、倒卖基本农田五亩以上的；（二）非法转让、倒卖基本农田以外的耕地十亩以上的；（三）非法转让、倒卖其他土地二十亩以上的；（四）违法所得数额在五十万元以上的；（五）虽未达到上述数额标准，但因非法转让、倒卖土地使用权受过行政处罚，又非法转让、倒卖土地的；（六）其他情节严重的情形。"

【立法建言】

建　议： 将《刑法》第228条修改为："以牟利为目的，违反土地管理法规，非法转让、倒卖土地使用权，情节严重的，处三年以下有期徒刑、拘役或者管制，可以并处或者单处罚金；情节特别严重的，处三年以上七年以下有期徒刑，并处罚金。"

理　由：

从立法技术上看，宜在本罪的第1档法定刑中增加"管制"的规定，并删去本罪中的罚金数额标准，以与《刑法》的其他管制和罚金规定相一致。

十、提供虚假证明文件罪、出具证明文件重大失实罪（第229条）

【立法沿革】

提供虚假证明文件罪是在全国人大常委会1995年《关于惩治违反公司法的犯罪的决定》第6条规定的提供虚假证明文件罪的基础上修改而来的；而出具证明文件重大失实罪则是1997年《刑法》第229条增设的罪名。

从立法源流来看，提供虚假证明文件罪和出具证明文件重大失实罪最初均源于1993年《公司法》第219条的规定："承担资产评估、验资或者验证的机构提供虚假证明文件的，没收违法所得，处以违法所得一倍以上五倍以下的罚款，并可以由有关主管部门依法责令该机构停业，吊销直接责任人员的资格证书。构成犯罪的，依法追究刑事责任。""承担资产评估、验资或者验证的机构因过失提供有重大遗漏的报告的，责令改正，情节较重的，处以所得收入一倍以上三倍以下的罚款，并可由有关主管部门依法责令该机构停业，吊销直接责任人员的资格证书。"根据该条第1款的规定，1995年《关于惩治违反公司法的犯罪的决定》第6条增设了提供虚假证明文件罪："承担资产评估、验资、验证、审计职责的人员故意提供虚假证明文件，情节严重的，处五年以下有期徒刑或者拘役，可以并处二十万元以下罚金。""单位犯前款罪的，对单位判处违法所得五倍以下罚金，并对直接负责的主管人员和其他直接责任人员，依照前款的规定，处五年以下有期徒刑或者拘役。"但是，该决定并未将《公司法》第219条第2款规定的行为犯罪化。

在刑法修订研拟的过程中，1996年《刑法修订草案》（征求意见稿）第201条在上述规定的基础上，对第2款作了两处修改：一是将"五倍以下罚金"改为"一倍以上五倍以下罚金"；二是删去了"依照前款的规定"的表述。1996年的《刑法修订草案》第210条沿用了上述第1款的规定，但删去了第2款中罚金的数额标准和直接责任人员独立的法定刑的规定，并将其与本节的单位犯罪合并加以规定。① 1997 年的《刑法修订草案》（修改稿）第 229 条对上述规定作了较大的修改和补充：一是将"承担资产评估、验资、验证、审计职责的人员"改为"承担资产评估、验资、验证、会计、审计、法律服务等职责的中介组织的人员"；二是将"可以并处二十万元以下罚金"改为"并处罚金"；三是增加了"前款规定的人员，严重不负责任，出具的证明文件有重大失实，造成严重后果的，处三年以下有期徒刑、拘役或者管制，并处或者单处罚金"的规定。1997 年 3 月 1 日，提交给八届全国人大五次会议审议的《中华人民共和国刑法（修订草案)》第 229 条删去了第 2 款中"管制"的规定。经审议，1997 年《刑法》第 229 条在上述规定的基础上，增加了第 2 款"前款规定的人员，索取他人财物或者非法收受他人财物，犯前款罪的，处五年以上十年以下有期徒刑，并处罚金"的规定，相应地将原第 2 款改为第 3 款，并作了个别文字修改。

【立法规定】

《刑法》第 229 条规定："承担资产评估、验资、验证、会计、审计、法律服务等职责的中介组织的人员故意提供虚假证明文件，情节严重的，处五年以下有期徒刑或者拘役，并处罚金。""前款规定的人员，索取他人财物或者非法收受他人财物，犯前款罪的，处五年以上十年以下有期徒刑，并处罚金。""第一款规定的人员，严重不负责任，出具的证明文件有重大失实，造成严重后果的，处三年以下有期徒刑或者拘役，并处或者单处罚金。"第 231 条规定："单位犯本节第二百二十一条至第二百三十条规定之罪的，对单位判处罚金，并对其直接负责的主管人员和其他直接责任人员，依照本节各该条的规定处罚。"

【立法释义】

最高人民检察院 2009 年 1 月 7 日发布的《关于公证员出具公证书有重大失实行为如何适用法律问题的批复》规定："《中华人民共和国公证法》施行以后，公证员在履行公证职责过程中，严重不负责任，出具的公证书有重大失实，造成严重后果的，依照刑法第二百二十九条第三款的规定，以出具证明文件重大失实罪追究刑事责任。"

最高人民法院、最高人民检察院 2009 年 12 月 3 日发布的《关于妨害信用卡管理刑事案件具体应用法律若干问题的解释》第 4 条规定："为信用卡申请人制作、提供虚假的财产状况、收入、职务等资信证明材料，涉及伪造、变造、买卖国家机关公文、证件、印章，或者涉及伪造公司、企业、事业单位、人民团体印章，应当追究刑事责任的，依照刑法第二百八十条的规定，分别以伪造、变造、买卖国家机关公文、证件、印章罪和伪造公

---

① 该草案第 212 条规定："单位犯本节规定之罪的，对单位判处罚金，并对其直接负责的主管人员和其他直接责任人员，依照本节各该条的规定处罚。"

司、企业、事业单位、人民团体印章罪定罪处罚。"　"承担资产评估、验资、验证、会计、审计、法律服务等职责的中介组织或其人员，为信用卡申请人提供虚假的财产状况、收入、职务等资信证明材料，应当追究刑事责任的，依照刑法第二百二十九条的规定，分别以提供虚假证明文件罪和出具证明文件重大失实罪定罪处罚。"

最高人民检察院、公安部 2010 年 5 月 7 日发布的《关于公安机关管辖的刑事案件立案追诉标准的规定（二）》第 81 条规定："承担资产评估、验资、验证、会计、审计、法律服务等职责的中介组织的人员故意提供虚假证明文件，涉嫌下列情形之一的，应予立案追诉：（一）给国家、公众或者其他投资者造成直接经济损失数额在五十万元以上的；（二）违法所得数额在十万元以上的；（三）虚假证明文件虚构数额在一百万元且占实际数额百分之三十以上的；（四）虽未达到上述数额标准，但具有下列情形之一的：1. 在提供虚假证明文件过程中索取或者非法接受他人财物的；2. 两年内因提供虚假证明文件，受过行政处罚二次以上，又提供虚假证明文件的。（五）其他情节严重的情形。"第 82 条规定："承担资产评估、验资、验证、会计、审计、法律服务等职责的中介组织的人员严重不负责任，出具的证明文件有重大失实，涉嫌下列情形之一的，应予立案追诉：（一）给国家、公众或者其他投资者造成直接经济损失数额在一百万元以上的；（二）其他造成严重后果的情形。"

最高人民检察院 2015 年 10 月 27 日发布的《关于地质工程勘测院和其他履行勘测职责的单位及其工作人员能否成为刑法第二百二十九条规定的有关犯罪主体的批复》规定："地质工程勘测院和其他履行勘测职责的单位及其工作人员在履行勘察、勘查、测绘职责过程中，故意提供虚假工程地质勘察报告等证明文件，情节严重的，依照刑法第二百二十九条第一款和第二百三十一条的规定，以提供虚假证明文件罪追究刑事责任；地质工程勘测院和其他履行勘测职责的单位及其工作人员在履行勘察、勘查、测绘职责过程中，严重不负责任，出具的工程地质勘察报告等证明文件有重大失实，造成严重后果的，依照刑法第二百二十九条第三款和第二百三十一条的规定，以出具证明文件重大失实罪追究刑事责任。"

【立法建言】

建　议：将《刑法》第 229 条修改为："承担资产评估、验资、验证、会计、审计、法律服务等职责的中介组织的人员故意提供虚假证明文件，情节严重的，处五年以下有期徒刑、拘役或者管制，可以并处或者单处罚金。""前款规定的人员，索取他人财物或者非法收受他人财物，犯前款罪的，处五年以上十年以下有期徒刑，并处罚金。""第一款规定的人员，严重不负责任，出具的证明文件有重大失实，造成严重后果的，处三年以下有期徒刑、拘役或者管制，可以并处或者单处罚金。"

理　由：

从立法技术上看，宜在《刑法》第 229 条第 1 款的法定刑中增加"管制"的规定，并将"并处罚金"改为"可以并处或者单处罚金"；同时在第 3 款的法定刑中增加"管制"的规定，并将"并处或者单处罚金"改为"可以并处或者单处罚金"，以与《刑法》的其他管制和罚金规定相一致。

十一、逃避商检罪（第 230 条）

【立法沿革】

逃避商检罪是在 1989 年《中华人民共和国进出口商品检验法》（以下简称《进出口商品检验法》）第 26 条第 1 款规定的基础上修改而来的。

全国人大常委会 1989 年 2 月 21 日通过的《进出口商品检验法》第 26 条第 1 款规定："违反本法规定，对列入《种类表》的和其他法律、行政法规规定必须经商检机构检验的进口商品未报经检验而擅自销售或者使用的，对列入《种类表》的和其他法律、行政法规规定必须经商检机构检验的出口商品未报经检验合格而擅自出口的，由商检机构处以罚款；情节严重，造成重大经济损失的，对直接责任人员比照刑法第一百八十七条的规定追究刑事责任。"

在刑法修订研拟的过程中，1996 年 8 月 8 日的《刑法分则修改草稿》将上述"比照刑法第一百八十七条的规定追究刑事责任"的规定，改为第三章第八节"妨害进出口管理罪"第 9 条："违反进出口商品检验法的规定，逃避商品检验，将必须依法进行商检的进口商品，未经检验，擅自销售、使用，或者将必须依法进行商检的出口商品，未经检验或者经检验不合格，擅自出口，致使国家、集体遭受重大损失的，处三年以下有期徒刑或者拘役，可以并处或者单处罚金。"1996 年 8 月 31 日的《刑法修改草稿》对上述规定作了文字上的修改："违反进出口商品检验法的规定，逃避商品检验，将必须经商检机构检验的进口商品未报经检验而擅自销售、使用或者将必须经商检机构检验的出口商品未报经检验合格而擅自出口，致使国家、集体遭受重大损失的，处三年以下有期徒刑或者拘役，可以并处或者单处罚金。"1996 年 10 月 10 日的《刑法修订草案》（征求意见稿）第 203 条沿用了上述规定，并将本罪移入"扰乱市场秩序罪"一节中。1996 年 12 月 20 日的《刑法修订草案》第 211 条基本上沿用了上述规定，仅增加了"管制"这一刑种。1997 年 2 月 17 日的《刑法修订草案》（修改稿）第 230 条在上述规定的基础上，将"致使国家、集体遭受重大损失"改为"情节严重"。1997 年 3 月 1 日，提交给八届全国人大五次会议审议的《中华人民共和国刑法（修订草案)》第 230 条删去了此前增加的"管制"刑种。这一修改方案，为现行刑法所采纳。

【立法规定】

《刑法》第 230 条规定："违反进出口商品检验法的规定，逃避商品检验，将必须经商检机构检验的进口商品未报经检验而擅自销售、使用，或者将必须经商检机构检验的出口商品未报经检验合格而擅自出口，情节严重的，处三年以下有期徒刑或者拘役，并处或者单处罚金。"第 231 条规定："单位犯本节第二百二十一条至第二百三十条规定之罪的，对单位判处罚金，并对其直接负责的主管人员和其他直接责任人员，依照本节各该条的规定处罚。"

【立法释义】

最高人民检察院、公安部 2010 年 5 月 7 日发布的《关于公安机关管辖的刑事案件立案追诉标准的规定（二)》第 83 条规定："违反进出口商品检验法的规定，逃避商品检验，将必须经商检机构检验的进口商品未报经检验而擅自销售、使用，或者将必须经商检机构检验的出口商品未报经检验合格而擅自出口，涉嫌下列情形之一的，应予立案追诉：（一）给国家、单位或者个人造成直接经济损失数额在五十万元以上的；（二）逃避商检的进出口货物货值金额在三百万元以上的；（三）导致病疫流行、灾害事故的；（四）多次逃避商检的；（五）引起国际经济贸易纠纷，严重影响国家对外贸易关系，或者严重损害国家声誉的；（六）其他情节严重的情形。"

【立法建言】

建　议：将《刑法》第 230 条修改为："违反进出口商品检验法的规定，逃避商品检验，将必须经商检机构检验的进口商品未报经检验而擅自销售、使用，或者将必须经商检机构检验的出口商品未报经检验合格而擅自出口，情节严重的，处三年以下有期徒刑、拘役或者管制，可以并处或者单处罚金。"

理　由：

从立法技术上看，宜在本罪的法定刑中增加"管制"的规定，并将"并处或者单处罚金"改为"可以并处或者单处罚金"，以与《刑法》的其他管制和罚金规定相一致。

第四章　侵犯公民人身权利、民主权利罪

一、故意杀人罪（第 232 条）

【立法沿革】

故意杀人罪是从 1979 年《刑法》第 132 条的规定直接移植过来的。

故意杀人罪是重大刑事犯罪，历来都是刑法打击的重点。所以，我国历次的刑法草案和刑法立法均将其排在本章犯罪之首。但是，从立法模式来看，我国的故意杀人罪立法却经历了一些曲折和变化。1950 年的《刑法大纲草案》除规定了普通的故意杀人罪外，还另行规定了义愤杀人罪和溺婴罪两种特殊的故意杀人罪，并对普通故意杀人罪的从重情节作了较为详细的规定。该草案第 121 条规定："故意杀人者，处死刑，终身监禁，或五年以上十五年以下监禁。""犯前项之罪有下列情形之一者，从重处罚：一、出于反动报复者；二、挑唆或组织领导他人杀人者；三、犯罪动机特别卑污者；四、使用特别残酷或对多数人之生命具有危险性的方法杀人者；五、犯罪结果戕害多数人之生命者。"第 122 条规定："当场激于义愤而杀人者，处五年以下监禁。"第 124 条规定："母于生产后杀其子女者（包括私生子女），处二年以下监禁。"到了 1954 年，《刑法指导原则草案》第 51 条第 1 款将故意杀人罪合并规定为 1 款，并提高了故意杀人罪的法定最低刑，详尽列举了故意杀人罪的从重处罚情节："故意杀人，判处十年以上有期徒刑、无期徒刑或者死刑；有下列情形之一的，从重处罚：（一）因为敌视他人的揭发、检举或者其他正义行为而杀人的；（二）使用放火、放毒或者其他能够杀死多数人的危险方法而杀人的；（三）杀害二人以上的；（四）对被害人一贯虐待又加以杀害的；（五）为了消灭犯罪证据而杀人的；（六）为了嫁祸于人而杀人或者杀人后嫁祸于人的；（七）杀人动机特别恶劣或者手段特别残酷的。"1957 年的《刑法草案》第 22 稿沿袭了概括规定故意杀人罪的立法模式，但对其内容则作了较大的调整和修改：一是将法定刑按照由重到轻的顺序排列；二是删去了从重处罚的情节；三是增加了"本法另有规定的，依照规定"的内容；四是增加了从宽情节的规定。该稿第 148 条规定："故意杀人的，处死刑、无期徒刑或者十年以上有期徒刑。本法另有规定的，依照规定。""为了国家和人民的利益，当场激于义愤杀人的，可以减轻或者免除处罚。"1963 年的《刑法草案》第 33 稿第 142 条进一步简化了故意杀人罪的条

文，删去了"本法另有规定的，依照规定"和"为了国家和人民的利益，当场激于义愤杀人的，可以减轻或者免除处罚"的规定。修改后的条文为："故意杀人的，处死刑、无期徒刑或者十年以上有期徒刑。"在对上述规定进行修订的过程中，"考虑到故意杀人罪的情节也很复杂，有的虽是故意杀人，但情节较轻，例如，因受严重压迫或侮辱，激于义愤杀人；正当防卫超过必要限度杀人；应不治之症患者的要求，为免除其痛苦，用药促其死亡等。对这些情节较轻的故意杀人，起刑点一概定为十年，显然是过重的；即使可援用总则有关条文（第五十九条）予以减轻，但有个'十年'在管着，也不好距离过大。"① 因此，1979 年《刑法》第 132 条在上述规定的基础上，增加了"情节较轻的，处三年以上十年以下有期徒刑"的规定。

1979 年《刑法》第 132 条规定："故意杀人的，处死刑、无期徒刑或者十年以上有期徒刑；情节较轻的，处三年以上十年以下有期徒刑。"

在全面研究修改刑法的过程中，1988 年的《刑法修改稿》分则第三章"对杀人罪的处刑作了较为具体的规定"②。该稿第 116 条规定："故意杀人的，处死刑、无期徒刑或者十年以上有期徒刑，有下列情形之一的，从重处罚：（一）杀害二人以上的；（二）为毁灭罪证杀人灭口的；（三）因罪行被揭发而报复杀人的；（四）杀人手段特别残酷的；（五）有其他严重情节的。""故意杀人，情节较轻的，处三年以上十年以下有期徒刑。"在刑法修订研拟过程中，虽曾多次尝试对 1979 年《刑法》第 132 条的规定进行修改，先后对故意杀人罪"情节较轻"的规定作过修改、增加并修改过溺婴罪、删去过"情节较轻的，处三年以上十年以下有期徒刑"的规定等，但却因各方面的意见不一致，最终还是放弃了这种修改的努力，重新恢复了 1979 年《刑法》第 132 条的规定。③

【立法规定】

《刑法》第 232 条规定："故意杀人的，处死刑、无期徒刑或者十年以上有期徒刑；情节较轻的，处三年以上十年以下有期徒刑。"

【立法释义】

最高人民法院、最高人民检察院 1999 年 10 月 20 日发布的《关于办理组织和利用邪教组织犯罪案件具体应用法律若干问题的解释》第 4 条规定："组织和利用邪教组织制造、散布迷信邪说，指使、胁迫其成员或者其他人实施自杀、自伤行为的，分别依照刑法第二百三十二条、第二百三十四条的规定，以故意杀人罪或者故意伤害罪定罪处罚。"

---

① 参见高铭暄：《中华人民共和国刑法的孕育和诞生》，法律出版社 1981 年版，第 179~180 页。

② 参见 1988 年《刑法修改稿》分则第三章"侵犯公民人身权利、民主权利罪"中的"修改说明"。

③ 有关修改方案和争议，可参见高铭暄：《中华人民共和国刑法的孕育诞生和发展完善》，北京大学出版社 2012 年版，第 448~449 页，本书对此不予展开。

最高人民法院 1999 年 10 月 27 日发布的《全国法院维护农村稳定刑事审判工作座谈会纪要》"关于故意杀人、故意伤害案件"部分规定："要准确把握故意杀人犯罪适用死刑的标准。对故意杀人犯罪是否判处死刑，不仅要看是否造成了被害人死亡结果，还要综合考虑案件的全部情况。对于因婚姻家庭、邻里纠纷等民间矛盾激化引发的故意杀人犯罪，适用死刑一定要十分慎重，应当与发生在社会上的严重危害社会治安的其他故意杀人犯罪案件有所区别。对于被害人一方有明显过错或对矛盾激化负有直接责任，或者被告人有法定从轻处罚情节的，一般不应判处死刑立即执行。""要注意严格区分故意杀人罪与故意伤害罪的界限。在直接故意杀人与间接故意杀人案件中，犯罪人的主观恶性程度是不同的，在处刑上也应有所区别。间接故意杀人与故意伤害致人死亡，虽然都造成了死亡的后果，但行为人故意的性质和内容是截然不同的。不注意区分犯罪的性质和故意的内容，只要有死亡后果就判处死刑的做法是错误的，这在今后的工作中，应当予以纠正。对于故意伤害致人死亡，手段特别残忍，情节特别恶劣的，才可以判处死刑。"

最高人民法院 2000 年 11 月 15 日发布的《关于审理交通肇事刑事案件具体应用法律若干问题的解释》第 6 条规定："行为人在交通肇事后为逃避法律追究，将被害人带离事故现场后隐藏或者遗弃，致使被害人无法得到救助而死亡或者严重残疾的，应当分别依照刑法第二百三十二条、第二百三十四条第二款的规定，以故意杀人罪或者故意伤害罪定罪处罚。"

最高人民法院 2001 年 5 月 23 日发布的《关于抢劫过程中故意杀人案件如何定罪问题的批复》规定："行为人为劫取财物而预谋故意杀人，或者在劫取财物过程中，为制服被害人反抗而故意杀人的，以抢劫罪定罪处罚。""行为人实施抢劫后，为灭口而故意杀人的，以抢劫罪和故意杀人罪定罪，实行数罪并罚。"

最高人民法院、最高人民检察院 2001 年 6 月 4 日发布的《关于办理组织和利用邪教组织犯罪案件具体应用法律若干问题的解释（二）》第 9 条规定："组织、策划、煽动、教唆、帮助邪教组织人员自杀、自残的，依照刑法第二百三十二条、第二百三十四条的规定，以故意杀人罪、故意伤害罪定罪处罚。"

最高人民法院、最高人民检察院 2003 年 5 月 14 日发布的《关于办理妨害预防、控制突发传染病疫情等灾害的刑事案件具体应用法律若干问题的解释》第 9 条规定："在预防、控制突发传染病疫情等灾害期间，聚众'打砸抢'，致人伤残、死亡的，依照刑法第二百八十九条、第二百三十四条、第二百三十二条的规定，以故意伤害罪或者故意杀人罪定罪，依法从重处罚。对毁坏或者抢走公私财物的首要分子，依照刑法第二百八十九条、第二百六十三条的规定，以抢劫罪定罪，依法从重处罚。"

最高人民法院 2011 年 12 月 20 日发布的指导案例 4 号《王志才故意杀人案》中的"裁判要点"指出："因恋爱、婚姻矛盾激化引发的故意杀人案件，被告人犯罪手段残忍，论罪应当判处死刑，但被告人具有坦白悔罪、积极赔偿等从轻处罚情节，同时被害人亲属要求严惩的，人民法院根据案件性质、犯罪情节、危害后果和被告人的主观恶性及人身危险性，可以依法判处被告人死刑，缓期二年执行，同时决定限制减刑，以有效化解社会矛盾，促进社会和谐。"

最高人民法院 2012 年 9 月 18 日发布的指导案例 12 号《李飞故意杀人案》中的"裁判要点"指出："对于因民间矛盾引发的故意杀人案件，被告人犯罪手段残忍，且系累犯，论罪应当判处死刑，但被告人亲属积极协助公安机关将其抓获归案，并积极赔偿的，人民法院根据案件具体情节，从尽量化解社会矛盾角度考虑，可以依法判处被告人死刑，缓期二年执行，同时决定限制减刑。"

最高人民法院、最高人民检察院、公安部、司法部 2013 年 10 月 23 日发布的《关于依法惩治性侵害未成年人犯罪的意见》第 22 条规定："实施猥亵儿童犯罪，造成儿童轻伤以上后果，同时符合刑法第二百三十四条或者第二百三十二条的规定，构成故意伤害罪、故意杀人罪的，依照处罚较重的规定定罪处罚。""对已满十四周岁的未成年男性实施猥亵，造成被害人轻伤以上后果，符合刑法第二百三十四条或者第二百三十二条规定的，以故意伤害罪或者故意杀人罪定罪处罚。"

最高人民法院、最高人民检察院、公安部、司法部、国家卫生和计划生育委员会 2014 年 4 月 22 日发布的《关于依法惩处涉医违法犯罪维护正常医疗秩序的意见》第 2 条第 1 项规定："在医疗机构内殴打医务人员或者故意伤害医务人员身体、故意损毁公私财物，尚未造成严重后果的，分别依照治安管理处罚法第四十三条、第四十九条的规定处罚；故意杀害医务人员，或者故意伤害医务人员造成轻伤以上严重后果，或者随意殴打医务人员情节恶劣、任意损毁公私财物情节严重，构成故意杀人罪、故意伤害罪、故意毁坏财物罪、寻衅滋事罪的，依照刑法的有关规定定罪处罚。"

最高人民检察院 2015 年 2 月 15 日发布的《关于强制隔离戒毒所工作人员能否成为虐待被监管人罪主体问题的批复》规定："对于强制隔离戒毒所监管人员殴打或者体罚虐待戒毒人员，或者指使戒毒人员殴打、体罚虐待其他戒毒人员，情节严重的，应当适用刑法第二百四十八条的规定，以虐待被监管人罪追究刑事责任；造成戒毒人员伤残、死亡后果的，应当依照刑法第二百三十四条、第二百三十二条的规定，以故意伤害罪、故意杀人罪从重处罚。"

最高人民法院、最高人民检察院、公安部、司法部 2015 年 3 月 2 日发布的《关于依法办理家庭暴力犯罪案件的意见》第 16 条规定："依法准确定罪处罚。对故意杀人、故意伤害、强奸、猥亵儿童、非法拘禁、侮辱、暴力干涉婚姻自由、虐待、遗弃等侵害公民人身权利的家庭暴力犯罪，应当根据犯罪的事实、犯罪的性质、情节和对社会的危害程度，严格依照刑法的有关规定判处。对于同一行为同时触犯多个罪名的，依照处罚较重的规定定罪处罚。"第 17 条第 2 款规定："准确区分虐待犯罪致人重伤、死亡与故意伤害、故意杀人犯罪致人重伤、死亡的界限，要根据被告人的主观故意、所实施的暴力手段与方式、是否立即或者直接造成被害人伤亡后果等进行综合判断。对于被告人主观上不具有侵害被害人健康或者剥夺被害人生命的故意，而是出于追求被害人肉体和精神上的痛苦，长期或者多次实施虐待行为，逐渐造成被害人身体损害，过失导致被害人重伤或者死亡的；或者因虐待致使被害人不堪忍受而自残、自杀，导致重伤或者死亡的，属于刑法第二百六十条第二款规定的虐待'致使被害人重伤、死亡'，应当以虐待罪定罪处罚。对于被告人虽然实施家庭暴力呈现出经常性、持续性、反复性的特点，但其主观上具有希望或者放任被害人重伤或者死亡的故意，持凶器实施暴力，暴力手段残忍，暴力程度较强，直接或者立即造成被害人重伤或者死亡的，应当以故意伤害罪或者故意杀人罪定罪处罚。"第 4 款规定："准确区分遗弃罪与故意杀人罪的界限，要根据被告人的主观故意、所实施行为的时间与地点、是否立即造成被害人死亡，以及被害人对被告人的依赖程度等进行综合判断。对于只是为了逃避扶养义务，并不希望或者放任被害人死亡，将生活不能自理的被害人弃置在福利院、医院、派出所等单位或者广场、车站等行人较多的场所，希望被害人得到他人救助的，一般以遗弃罪定罪处罚。对于希望或者放任被害人死亡，不履行必要的扶养义务，致使被害人因缺乏生活照料而死亡，或者将生活不能自理的被害人带至荒山野岭等人迹罕至的场所扔弃，使被害人难以得到他人救助的，应当以故意杀人罪定罪处罚。"第 18 条第 1 款规定："切实贯彻宽严相济刑事政策。对于实施家庭暴力构成犯罪的，应当根据罪刑法定、罪刑相适应原则，兼顾维护家庭稳定、尊重被害人意愿等因素综合考虑，宽严并用，区别对待。根据司法实践，对于实施家庭暴力手段残忍或者造成严重后果；出于恶意侵占财产等卑劣动机实施家庭暴力；因酗酒、吸毒、赌博等恶习而长期或者多次实施家庭暴力；曾因实施家庭暴力受到刑事处罚、行政处罚；或者具有其他恶劣情形的，可以酌情从重处罚。对于实施家庭暴力犯罪情节较轻，或者被告人真诚悔罪，获得被害人谅解，从轻处罚有利于被扶养人的，可以酌情从轻处罚；对于情节轻微不需要判处刑罚的，人民检察院可以不起诉，人民法院可以判处免予刑事处罚。"第 19 条规定："准确认定对家庭暴力的正当防卫。为了使本人或者他人的人身权利免受不法侵害，对正在进行的家庭暴力采取制止行为，只要符合刑法规定的条件，就应当依法认定为正当防卫，不负刑事责任。防卫行为造成施暴人重伤、死亡，且明显超过必要限度，属于防卫过当，应当负刑事责任，但是应当减轻或者免除处罚。""认定防卫行为是否'明显超过必要限度'，应当以足以制止并使防卫人免受家庭暴力不法侵害的需要为标准，根据施暴人正在实施家庭暴力的严重程度、手段的残忍程度，防卫人所处的环境、面临的危险程度、采取的制止暴力的手段、造成施暴人重大损害的程度，以及既往家庭暴力的严重程度等进行综合判断。"第20条规定："充分考虑案件中的防卫因素和过错责任。对于长期遭受家庭暴力后，在激愤、恐惧状态下为了防止再次遭受家庭暴力，或者为了摆脱家庭暴力而故意杀害、伤害施暴人，被告人的行为具有防卫因素，施暴人在案件起因上具有明显过错或者直接责任的，可以酌情从宽处罚。对于因遭受严重家庭暴力，身体、精神受到重大损害而故意杀害施暴人；或者因不堪忍受长期家庭暴力而故意杀害施暴人，犯罪情节不是特别恶劣，手段不是特别残忍的，可以认定为刑法第二百三十二条规定的故意杀人'情节较轻'。在服刑期间确有悔改表现的，可以根据其家庭情况，依法放宽减刑的幅度，缩短减刑的起始时间与间隔时间；符合假释条件的，应当假释。被杀害施暴人的近亲属表示谅解的，在量刑、减刑、假释时应当予以充分考虑。"

【立法建言】

建　议：将《刑法》第232条修改为："故意杀人的，处十年以上有期徒刑、无期徒刑或者死刑；情节较轻的，处三年以上十年以下有期徒刑。"

理　由：

从立法技术上看，宜将本罪的第1档法定刑由"处死刑、无期徒刑或者十年以上有期徒刑"改为"处十年以上有期徒刑、无期徒刑或者死刑"，以利于司法实践中更好地控制死刑的适用。因为，"法定刑首先反映出国家对犯罪行为的否定评价和对犯罪人的谴责态度。犯罪是刑法所禁止的行为，刑法通过法定的刑种与刑度来禁止犯罪行为。法定刑还反映出国家对罪行（有责的违法性）程度的评价。"[1] 同样地，在法定最高刑和最低刑相同的情况下，法定刑的排列顺序也能够反映国家对犯罪行为否定评价和对犯罪人谴责态度的不同。法定刑按照由重到轻或者由轻到重的顺序排列，不仅表明了国家对具体罪行程度的不同评价，而且还反映了国家对具体罪行处刑的倾向性选择态度。具体到本罪，"死刑、无期徒刑或者十年以上有期徒刑"的排列顺序，意味着只要没有值得宽宥的因素就应优先判处死刑。[2] 显然，这种由重到轻的排列顺序，不利于司法实践中严格控制死刑的

---

① 张明楷：《刑法分则的解释原理》（上），中国人民大学出版社2011年版，第196页。

② 有学者认为，"在刑法分则所有罪名中，只有故意杀人罪的法定刑是按照从重到轻的顺序排列的。这种法定刑的顺序排列并不意味着对所有杀人犯都要优先考虑判处死刑；对杀人犯是否判处死刑，不仅要看是否造成了被害人死亡的结果，还要综合考虑案件的全部情况，全面评价行为的社会危害性和行为人的人身危险性，给杀人犯判处罪刑相适应的处罚。故意杀人、伤害案件从性质上通常可分为两类：一类是严重危害社会治安、严重影响人民群众安全感的案件，如极端仇视国家和社会，以不特定人为行凶对象的；一类是因婚姻家庭、邻里纠纷等民间矛盾激化引发的案件。对于前者应当作为严惩的重点，依法判处被告人重刑直至判处死刑。对于后者的处理，在判处重刑尤其是适用死刑时应特别慎重，除犯罪情节特别恶劣、犯罪后果特别严重、人身危险性极大的被告人以外，一般不应当判处死刑"（刘艳红主编：《刑法学》（下），北京大学出版社2014年版，第25～26页）。笔者认为，从应然的角度来看，上述理解有利于控制死刑的适用；但从实然的角度来看，上述理解却未必符合立法原意，也未从正面回答为什么"在刑法分则所有罪名中，只有故意杀人罪的法定刑是按照从重到轻的顺序排列的"问题。

适用。① 因此，宜将其改为由轻到重的顺序排列。

二、过失致人死亡罪（第 233 条）

【立法沿革】

过失致人死亡罪是在 1979 年《刑法》第 133 条规定的过失杀人罪的基础上修改而来的。

在新中国刑法立法史上，关于过失致人死亡罪的罪名，曾经经历过一个反复的过程。早在建国初期，有关刑法草案即确立了过失杀人罪的罪名。1950 年的《刑法大纲草案》第 123 条规定："过失杀人者，处三年以下监禁。""业务上过失杀人或因不遵守政府所颁布之预防法规而过失杀人者，处六年以下监禁。""情节特别严重者，处十年以上十五年以下监禁。"1954 年的《刑法指导原则草案》第 51 条第 2 款也规定："过失杀人，判处五年以下有期徒刑或者劳役；如果造成二人以上死亡，判处八年以下有期徒刑。"到了 1957 年，《刑法草案》第 22 稿第 149 条将"过失杀人"改为"过失致人死亡"，并相应增加了法条竞合的规定。修改后的条文为："过失致人死亡的，处五年以下有期徒刑。本法另有规定的，依照规定。"1963 年的《刑法草案》第 33 稿第 143 条在上述规定的基础上，仅增加了"情节恶劣的，处五年以上有期徒刑"的规定。但是，1979 年《刑法》第 133 条又重新恢复了"过失杀人"的提法，并将上述规定的"情节恶劣"改为"情节特别恶劣"。

1979 年《刑法》第 133 条规定："过失杀人的，处五年以下有期徒刑；情节特别恶劣的，处五年以上有期徒刑。本法另有规定的，依照规定。"

在全面研究修改刑法的过程中，1988 年的《刑法修改稿》第 117 条再次将"过失杀人"的表述改为"过失致人死亡"，并降低了本罪的法定最高刑。修改后的条文为："过失致人死亡的，处五年以下有期徒刑；情节特别恶劣的，处五年以上十年以下有期徒刑，本法另有规定的依照规定。"对于上述规定，有专家提出，"过失致人死亡罪情节特别恶劣的，处五年以上有期徒刑，最高刑是十五年，重大责任事故犯罪的最高刑只有七年，而重大责任事故犯罪往往造成许多人死亡，危害后果比过失致人死亡罪大得多，两罪的法定刑不平衡。"② 经研究和论证，1996 年的《刑法修订草案》（征求意见稿）第 208 条将本罪

① 马荣春博士也认为："立于严格限制死刑的刑事政策，本条对非情节较轻的故意杀人所确定的刑罚顺序应是'处 10 年以上有期徒刑、无期徒刑或者死刑'，因为现行规定所确定的刑罚顺序是死刑首当其冲，而在强烈的报应观念的左右下，司法者降而适用无期徒刑或者 10 年以上有期徒刑是较难乃至很难'情愿'的。本条为故意杀人罪是按照由重到轻的顺序设置罪刑阶梯的，其'杀人偿命'的报应色彩过于浓厚，而较高的死刑适用率又是过度报应的观念体现"（马荣春：《刑法完善论》，群众出版社 2008 年版，第 254～255 页）。

② 参见全国人大常委会法工委刑法室整理："《法律专家对〈刑法总则修改稿〉和〈刑法分则修改草稿〉的意见》（1996 年 9 月 6 日）"，见高铭暄、赵秉志编：《新中国刑法立法文献资料总览》（下），中国人民公安大学出版社 1998 年版，第 2139 页。

的法定刑改为"七年以下有期徒刑"1 个量刑档次。修改后的条文为："过失致人死亡的，处七年以下有期徒刑。本法另有规定的，依照规定。"1997 年 3 月 1 日，提交给八届全国人大五次会议审议的《中华人民共和国刑法（修订草案）》第 233 条又对本罪的法定刑作了较大的调整，将"七年以下有期徒刑"改为"三年以上七年以下有期徒刑"，同时增加了"情节较轻的，处三年以下有期徒刑"的规定。这一修改方案，为现行刑法所采纳。

【立法规定】

《刑法》第 233 条规定："过失致人死亡的，处三年以上七年以下有期徒刑；情节较轻的，处三年以下有期徒刑。本法另有规定的，依照规定。"

【立法释义】

最高人民法院 2000 年 11 月 15 日发布的《关于审理交通肇事刑事案件具体应用法律若干问题的解释》第 8 条规定："在实行公共交通管理的范围内发生重大交通事故的，依照刑法第一百三十三条和本解释的有关规定办理。""在公共交通管理的范围外，驾驶机动车辆或者使用其他交通工具致人伤亡或者致使公共财产或者他人财产遭受重大损失，构成犯罪的，分别依照刑法第一百三十四条、第一百三十五条、第二百三十三条等规定定罪处罚。"

【立法建言】

建　议：将《刑法》第 233 条修改为："过失致人死亡的，处三年以上七年以下有期徒刑；情节较轻的，处三年以下有期徒刑、拘役或者管制。本法另有规定的，依照规定。"

理　由：

从立法技术上看，宜在本罪第 2 档法定刑中增加"拘役或者管制"的规定，以与《刑法》第 234 条第 1 款的处刑规定相协调。

三、故意伤害罪（第 234 条）

【立法沿革】

故意伤害罪是在 1979 年《刑法》第 134 条规定的故意伤害罪的基础上修改而来的。

故意伤害罪是常见、多发的刑事犯罪，其罪名相对比较稳定。但是，历次刑法草案和刑法立法规定的故意伤害罪的详略程度不尽相同。1950 年的《刑法大纲草案》第 128 条分 3 项规定了一般伤害、重伤、伤害致死的刑事责任，并列举了重伤的具体情形："故意伤害他人之身体或健康者，处二年以下监禁，或批评教育。""犯前项之罪有下列情形之一者，为重伤者，处三年以上十年以下监禁。一、使人肢体残疾或使劳动力遭受不能恢复之重大损害者；二、使人丧失听觉、视觉或其他器官之机能者；三、毁人容颜者。""伤害他人致死者，处终身监禁或五年以上十五年以下监禁。"① 1954 年的《刑法指导原则草案》第 52 条则用 2 款规定了故意伤害罪："故意伤害他人身体造成重伤，使人丧失或者严重影响劳动能力，判处三年以上十年以下有期徒刑；如果因为伤害造成死亡，或者伤害犯罪动机特别恶劣、犯罪手段特别残酷，判处五年以上有期徒刑或者无期徒刑。""故意伤害他人身体造成轻伤，判二年以下有期徒刑、劳役或者予以行政处罚；情节特别恶劣的，判处五年以下有期徒刑。"到了 1957 年，《刑法草案》第 22 稿分别规定了故意重伤罪和故意轻伤罪，并在故意重伤罪中增加了法条竞合的规定。该稿第 150 条规定："故意伤害他人身体造成重伤的，处三年以上十年以下有期徒刑。本法另有规定的，依照规定。"第 151 条规定："故意伤害他人身体造成轻伤的，处三年以下有期徒刑或者拘役。"1963 年的《刑法草案》第 33 稿不再区分故意重伤罪和故意轻伤罪，而是概括地将其规定为故意伤害罪，并增加了"致人死亡"及其刑事责任的规定。② 该稿第 144 条规定："故意伤害他人身体的，处三年以下有期徒刑或者拘役。""犯前款罪，致人重伤的，处三年以上十年以下有期徒刑；致人死亡的，处五年以上有期徒刑或者无期徒刑。本法另有规定的，依照规定。"1979 年《刑法》第 134 条基本上沿用了上述规定，仅对第 2 款中的法定刑作了适当调整。

1979 年《刑法》第 134 条规定："故意伤害他人身体的，处三年以下有期徒刑或者拘役。""犯前款罪，致人重伤的，处三年以上七年以下有期徒刑；致人死亡的，处七年以上有期徒刑或者无期徒刑。本法另有规定的，依照规定。"

随着社会治安情况日趋严重，"这几年出现了一些严重犯罪的情况，性质恶劣，危害严重，民愤极大，应当判处死刑，但是按照'刑法'的有关规定不能判处死刑，需要修改、补充。主要是：……第二，采取残忍的手段，故意伤害致人重伤或者死亡的；或者对检举、揭发、拘捕犯罪分子和制止犯罪行为的国家工作人员和公民行凶伤害的……"③ 因此，全国人大常委会 1983 年 9 月 2 日通过的《关于严惩严重危害社会治安的犯罪分子的决定》第 1 条规定："对下列严重危害社会治安的犯罪分子，可以在刑法规定的最高刑以

---

① 除故意伤害罪外，该草案第 130 条还规定了殴打罪："殴打他人未成伤者，处三月以下监禁，或责令公开道歉，或批评教育。"

② "修订时大家认为不能只根据后果来区别两个罪。同时，分成这两个罪，当主观上和客观上发生矛盾的时候，很不好办。例如，一犯罪分子想重伤某人，结果却轻伤了他，到底按故意重伤未遂定罪，还是按故意轻伤定罪？又如，一犯罪分子想轻伤某人，结果却重伤了他，到底按过失重伤定罪，还是按故意重伤定罪？可见这样分法容易引起麻烦。因此三十三稿概括地定为一条'故意伤害罪'，造成重伤、伤亡结果的，在法定刑上分别予以加重，这样就好掌握了。故意伤害他人身体致人死亡即实践中所说的伤害致死的情况，在二十二稿中没有规定。讨论中考虑到这是侵犯人身权利罪中一种比较常见的情况，既不同于故意杀人，又不同于过失杀人，而是居于二者之间的一种情况，因此在条文中予以补充"（参见高铭暄：《中华人民共和国刑法的孕育和诞生》，法律出版社 1981 年版，第 181 页）。

③ 参见全国人大常委会秘书长、法制委员会副主任王汉斌 1983 年 9 月 2 日在六届全国人大常委会第二次会议上所作的《关于修改"人民法院组织法"、"人民检察院组织法"的决定和"关于严惩严重危害社会治安的犯罪分子的决定"等几个法律案的说明》。

上处刑，直至判处死刑：……2. 故意伤害他人身体，致人重伤或者死亡，情节恶劣的，或者对检举、揭发、拘捕犯罪分子和制止犯罪行为的国家工作人员和公民行凶伤害的……"

在全面研究修改刑法的过程中，1988 年的《刑法修改稿》第 118 条对 1979 年《刑法》第 134 条主要作了两处修改和补充：一是将"致人死亡"改为"情节特别恶劣"；二是增加了死刑的规定。该条规定："故意伤害他人身体的，处三年以下有期徒刑或者拘役；致人重伤的，处三年以上七年以下有期徒刑；情节特别恶劣的，处七年以上有期徒刑、无期徒刑或者死刑。本法另有规定的，依照规定。"1996 年的《刑法修订草案》（征求意见稿）第 209 条在上述规定的基础上，主要作了以下三处修改和补充：一是将"致人重伤"等情形调整为第 2 款；二是将"致人重伤"的法定刑改为"三年以上十年以下有期徒刑"；三是将"情节特别恶劣的，处七年以上有期徒刑、无期徒刑或者死刑"改为"致人死亡或者情节特别恶劣的，处十年以上有期徒刑或者无期徒刑"。1996 年的《刑法修订草案》第 215 条在上述规定的基础上，增加了"管制"和"死刑"的规定。1997 年的《刑法修订草案》（修改稿）第 234 条基本上沿用了上述规定，仅将其中的"情节特别恶劣"改为"以特别残忍手段致人重伤造成严重残疾"。这一修改方案，为现行刑法所采纳。

【立法规定】

《刑法》第 234 条规定："故意伤害他人身体的，处三年以下有期徒刑、拘役或者管制。""犯前款罪，致人重伤的，处三年以上十年以下有期徒刑；致人死亡或者以特别残忍手段致人重伤造成严重残疾的，处十年以上有期徒刑、无期徒刑或者死刑。本法另有规定的，依照规定。"

【立法释义】

最高人民法院、最高人民检察院 1999 年 10 月 20 日发布的《关于办理组织和利用邪教组织犯罪案件具体应用法律若干问题的解释》第 4 条规定："组织和利用邪教组织制造、散布迷信邪说，指使、胁迫其成员或者其他人实施自杀、自伤行为的，分别依照刑法第二百三十二条、第二百三十四条的规定，以故意杀人罪或者故意伤害罪定罪处罚。"

最高人民法院 1999 年 10 月 27 日发布的《全国法院维护农村稳定刑事审判工作座谈会纪要》"关于故意杀人、故意伤害案件"部分规定："对于故意伤害致人死亡，手段特别残忍，情节特别恶劣的，才可以判处死刑。""要准确把握故意伤害致人重伤造成'严重残疾'的标准。参照 1996 年国家技术监督局颁布的《职工工伤与职业病致残程度鉴定标准》（以下简称'工伤标准'），刑法第二百三十四条第二款规定的'严重残疾'是指下列情形之一：被害人身体器官大部缺损、器官明显畸形、身体器官有中等功能障碍、造成严重并发症等。残疾程度可以分为一般残疾（十至七级）、严重残疾（六至三级）、特别严重残疾（二至一级），六级以上视为'严重残疾'。在有关司法解释出台前，可统一参照'工伤标准'确定残疾等级。实践中，并不是只要达到'严重残疾'就判处死刑，还要根据伤害致人'严重残疾'的具体情况，综合考虑犯罪情节和危害后果来决定刑罚。故意伤害致人重伤造成严重残疾，只有犯罪手段特别残忍，后果特别严重的，才能考虑适用死刑（包括死刑缓期二年执行）。"

最高人民法院 2000 年 11 月 15 日发布的《关于审理交通肇事刑事案件具体应用法律若干问题的解释》第 6 条规定："行为人在交通肇事后为逃避法律追究，将被害人带离事故现场后隐藏或者遗弃，致使被害人无法得到救助而死亡或者严重残疾的，应当分别依照刑法第二百三十二条、第二百三十四条第二款的规定，以故意杀人罪或者故意伤害罪定罪处罚。"

最高人民法院、最高人民检察院 2001 年 6 月 4 日发布的《关于办理组织和利用邪教组织犯罪案件具体应用法律若干问题的解释（二）》第 9 条规定："组织、策划、煽动、教唆、帮助邪教组织人员自杀、自残的，依照刑法第二百三十二条、第二百三十四条的规定，以故意杀人罪、故意伤害罪定罪处罚。"

最高人民法院、最高人民检察院 2003 年 5 月 14 日发布的《关于办理妨害预防、控制突发传染病疫情等灾害的刑事案件具体应用法律若干问题的解释》第 9 条规定："在预防、控制突发传染病疫情等灾害期间，聚众'打砸抢'，致人伤残、死亡的，依照刑法第二百八十九条、第二百三十四条、第二百三十二条的规定，以故意伤害罪或者故意杀人罪定罪，依法从重处罚。对毁坏或者抢走公私财物的首要分子，依照刑法第二百八十九条、第二百六十三条的规定，以抢劫罪定罪，依法从重处罚。"

最高人民法院 2005 年 6 月 8 日发布的《关于审理抢劫、抢夺刑事案件适用法律若干问题的意见》第 9 条第 5 款"抢劫罪与故意伤害罪的界限"规定："行为人为索取债务，使用暴力、暴力威胁等手段的，一般不以抢劫罪定罪处罚。构成故意伤害等其他犯罪的，依照刑法第二百三十四条等规定处罚。"

最高人民法院、最高人民检察院、公安部、司法部 2013 年 10 月 23 日发布的《关于依法惩治性侵害未成年人犯罪的意见》第 22 条规定："实施猥亵儿童犯罪，造成儿童轻伤以上后果，同时符合刑法第二百三十四条或者第二百三十二条的规定，构成故意伤害罪、故意杀人罪的，依照处罚较重的规定定罪处罚。""对已满十四周岁的未成年男性实施猥亵，造成被害人轻伤以上后果，符合刑法第二百三十四条或者第二百三十二条规定的，以故意伤害罪或者故意杀人罪定罪处罚。"

最高人民法院、最高人民检察院、公安部、国家安全部、司法部 2013 年 8 月 30 日发布的《人体损伤程度鉴定标准》第 3 条将"重伤""轻伤""轻微伤"定义如下：重伤是指"使人肢体残废、毁人容貌、丧失听觉、丧失视觉、丧失其他器官功能或者其他对于人身健康有重大伤害的损伤，包括重伤一级和重伤二级。"轻伤是指"使人肢体或者容貌损害，听觉、视觉或者其他器官功能部分障碍或者其他对于人体健康有中度伤害的损伤，包括轻伤一级和轻伤二级。"轻微伤是指"各种致伤因素所致的原发性损伤，造成组织器官结构轻微损害或者轻微功能障碍。"

最高人民法院2013年12月23日发布的《关于常见犯罪的量刑指导意见》"故意伤害罪"部分规定："1.构成故意伤害罪的，可以根据下列不同情形在相应的幅度内确定量刑起点：（1）故意伤害致一人轻伤的，可以在二年以下有期徒刑、拘役幅度内确定量刑起点。（2）故意伤害致一人重伤的，可以在三年至五年有期徒刑幅度内确定量刑起点。（3）以特别残忍手段故意伤害致一人重伤，造成六级严重残疾的，可以在十年至十三年有期徒刑幅度内确定量刑起点。依法应当判处无期徒刑以上刑罚的除外。2.在量刑起点的基础上，可以根据伤害后果、伤残等级、手段残忍程度等其他影响犯罪构成的犯罪事实增加刑罚量，确定基准刑。故意伤害致人轻伤的，伤残程度可在确定量刑起点时考虑，或者作为调节基准刑的量刑情节。"

最高人民法院、最高人民检察院、公安部、司法部、国家卫生和计划生育委员会2014年4月22日发布的《关于依法惩处涉医违法犯罪维护正常医疗秩序的意见》第2条第1款规定："在医疗机构内殴打医务人员或者故意伤害医务人员身体、故意损毁公私财物，尚未造成严重后果的，分别依照治安管理处罚法第四十三条、第四十九条的规定处罚；故意杀害医务人员，或者故意伤害医务人员造成轻伤以上严重后果，或者随意殴打医务人员情节恶劣、任意损毁公私财物情节严重，构成故意杀人罪、故意伤害罪、故意毁坏财物罪、寻衅滋事罪的，依照刑法的有关规定定罪处罚。"

最高人民法院、最高人民检察院、公安部2014年9月9日发布的《关于办理暴力恐怖和宗教极端刑事案件适用法律若干问题的意见》第2条之（八）规定："以'异教徒'、'宗教叛徒'等为由，随意殴打、追逐、拦截、辱骂他人，扰乱社会秩序，情节恶劣的，以寻衅滋事罪定罪处罚。""实施前款行为，同时又构成故意伤害罪、妨害公务罪等其他犯罪的，依照处罚较重的规定定罪处罚。"

最高人民检察院2015年2月15日发布的《关于强制隔离戒毒所工作人员能否成为虐待被监管人罪主体问题的批复》规定："对于强制隔离戒毒所监管人员殴打或者体罚虐待戒毒人员，或者指使戒毒人员殴打、体罚虐待其他戒毒人员，情节严重的，应当适用刑法第二百四十八条的规定，以虐待被监管人罪追究刑事责任；造成戒毒人员伤残、死亡后果的，应当依照刑法第二百三十四条、第二百三十二条的规定，以故意伤害罪、故意杀人罪从重处罚。"

最高人民法院、最高人民检察院、公安部、司法部 2015 年 3 月 2 日发布的《关于依法办理家庭暴力犯罪案件的意见》第 16 条规定:"依法准确定罪处罚。对故意杀人、故意伤害、强奸、猥亵儿童、非法拘禁、侮辱、暴力干涉婚姻自由、虐待、遗弃等侵害公民人身权利的家庭暴力犯罪,应当根据犯罪的事实、犯罪的性质、情节和对社会的危害程度,严格依照刑法的有关规定判处。对于同一行为同时触犯多个罪名的,依照处罚较重的规定定罪处罚。"第 17 条第 2 款规定:"准确区分虐待犯罪致人重伤、死亡与故意伤害、故意杀人犯罪致人重伤、死亡的界限,要根据被告人的主观故意、所实施的暴力手段与方式、是否立即或者直接造成被害人伤亡后果等进行综合判断。对于被告人主观上不具有侵害被害人健康或者剥夺被害人生命的故意,而是出于追求被害人肉体和精神上的痛苦,长期或者多次实施虐待行为,逐渐造成被害人身体损害,过失导致被害人重伤或者死亡的;或者因虐待致使被害人不堪忍受而自残、自杀,导致重伤或者死亡的,属于刑法第二百六十条第二款规定的虐待'致使被害人重伤、死亡',应当以虐待罪定罪处罚。对于被告人虽然实施家庭暴力呈现出经常性、持续性、反复性的特点,但其主观上具有希望或者放任被害人重伤或者死亡的故意,持凶器实施暴力,暴力手段残忍,暴力程度较强,直接或者立即造成被害人重伤或者死亡的,应当以故意伤害罪或者故意杀人罪定罪处罚。"第 18 条规定:"切实贯彻宽严相济刑事政策。对于实施家庭暴力构成犯罪的,应当根据罪刑法定、罪刑相适应原则,兼顾维护家庭稳定、尊重被害人意愿等因素综合考虑,宽严并用,区别对待。根据司法实践,对于实施家庭暴力手段残忍或者造成严重后果;出于恶意侵占财产等卑劣动机实施家庭暴力;因酗酒、吸毒、赌博等恶习而长期或者多次实施家庭暴力;曾因实施家庭暴力受到刑事处罚、行政处罚;或者具有其他恶劣情形的,可以酌情从重处罚。对于实施家庭暴力犯罪情节较轻,或者被告人真诚悔罪,获得被害人谅解,从轻处罚有利于被扶养人的,可以酌情从轻处罚;对于情节轻微不需要判处刑罚的,人民检察院可以不起诉,人民法院可以判处免予刑事处罚。""对于实施家庭暴力情节显著轻微危害不大不构成犯罪的,应当撤销案件、不起诉,或者宣告无罪。""人民法院、人民检察院、公安机关应当充分运用训诫,责令施暴人保证不再实施家庭暴力,或者向被害人赔礼道歉、赔偿损失等非刑罚处罚措施,加强对施暴人的教育与惩戒。"第 19 条规定:"准确认定对家庭暴力的正当防卫。为了使本人或者他人的人身权利免受不法侵害,对正在进行的家庭暴力采取制止行为,只要符合刑法规定的条件,就应当依法认定为正当防卫,不负刑事责任。防卫行为造成施暴人重伤、死亡,且明显超过必要限度,属于防卫过当,应当负刑事责任,但是应当减轻或者免除处罚。""认定防卫行为是否'明显超过必要限度',应当以足以制止并使防卫人免受家庭暴力不法侵害的需要为标准,根据施暴人正在实施家庭暴力的严重程度、手段的残忍程度、防卫人所处的环境、面临的危险程度、采取的制止暴力的手段、造成施暴人重大损害的程度，以及既往家庭暴力的严重程度等进行综合判断。"第20条规定："充分考虑案件中的防卫因素和过错责任。对于长期遭受家庭暴力后，在激愤、恐惧状态下为了防止再次遭受家庭暴力，或者为了摆脱家庭暴力而故意杀害、伤害施暴人，被告人的行为具有防卫因素，施暴人在案件起因上具有明显过错或者直接责任的，可以酌情从宽处罚。对于因遭受严重家庭暴力，身体、精神受到重大损害而故意杀害施暴人；或者因不堪忍受长期家庭暴力而故意杀害施暴人，犯罪情节不是特别恶劣，手段不是特别残忍的，可以认定为刑法第二百三十二条规定的故意杀人'情节较轻'。在服刑期间确有悔改表现的，可以根据其家庭情况，依法放宽减刑的幅度，缩短减刑的起始时间与间隔时间；符合假释条件的，应当假释。被杀害施暴人的近亲属表示谅解的，在量刑、减刑、假释时应当予以充分考虑。"第21条规定："充分运用禁止令措施。人民法院对实施家庭暴力构成犯罪被判处管制或者宣告缓刑的犯罪分子，为了确保被害人及其子女和特定亲属的人身安全，可以依照刑法第三十八条第二款、第七十二条第二款的规定，同时禁止犯罪分子再次实施家庭暴力，侵扰被害人的生活、工作、学习，进行酗酒、赌博等活动；经被害人申请且有必要的，禁止接近被害人及其未成年子女。"第23条规定："充分运用人身安全保护措施。人民法院为了保护被害人的人身安全，避免其再次受到家庭暴力的侵害，可以根据申请，依照民事诉讼法等法律的相关规定，作出禁止施暴人再次实施家庭暴力、禁止接近被害人、迁出被害人的住所等内容的裁定。对于施暴人违反裁定的行为，如对被害人进行威胁、恐吓、殴打、伤害、杀害，或者未经被害人同意拒不迁出住所的，人民法院可以根据情节轻重予以罚款、拘留；构成犯罪的，应当依法追究刑事责任。"

【立法建言】

建　议：将《刑法》第234条修改为："故意伤害他人身体的，处三年以下有期徒刑、拘役或者管制；致人重伤的，处三年以上十年以下有期徒刑；致人死亡或者以特别残忍手段致人重伤造成严重残疾的，处十年以上有期徒刑或者无期徒刑。本法另有规定的，依照规定。"

理　由：

为进一步贯彻落实"逐步减少适用死刑罪名"的要求，宜取消故意伤害罪的死刑规定。因为，故意伤害罪与故意杀人罪有本质上的区别。[①] 正因如此，1979年《刑法》并未对故意伤害罪配置死刑。现行故意伤害罪中的死刑规定，是1983年"严打"这一特殊历

---

① 有学者认为，"只要承认故意伤害罪与故意杀人罪因犯罪客体的不同而在社会危害性上有所差别，则在接受故意杀人罪的最高刑只达死刑的前提下，就不能再接受或主张故意伤害罪的法定最高刑也达死刑"（马荣春：《刑法完善论》，群众出版社2008年版，第256页）。

史时期的产物。因而在刑法修订研拟过程中，曾一度取消了故意伤害罪中的死刑。[①] 如果说修订《刑法》时尚不具备取消故意伤害罪死刑的条件，那么，在"逐步减少适用死刑罪名"的步伐日益加快的今天，取消故意伤害罪的死刑规定乃是顺理成章之举。

四、组织出卖人体器官罪（第234条之一）

【立法沿革】

组织出卖人体器官罪是《刑法修正案（八）》第37条新增设的罪名。

国务院2007年3月31日颁布的《人体器官移植条例》第3条规定："任何组织或者个人不得以任何形式买卖人体器官，不得从事与买卖人体器官有关的活动。"第25条规定："违反本条例规定，有下列情形之一，构成犯罪的，依法追究刑事责任：（一）未经公民本人同意摘取其活体器官的；（二）公民生前表示不同意捐献其人体器官而摘取其尸体器官的；（三）摘取未满18周岁公民的活体器官的。"然而，由于"我国刑法中并没有专门针对买卖人体器官行为刑事责任的规定，实务中检察机关也多以'非法经营罪'对此类行为提起公诉，难以体现该类行为的反伦理性以及对人体生命、健康的危害。因此，近年来社会各界都在呼吁国家应当尽快修订法律，制定专门的罪名以加大对此类犯罪的打击力度，维护社会稳定。"[②] 有鉴于此，为加强对民生的保护，《刑法修正案（八）》对非法买卖人体器官等"一些社会危害严重，人民群众反响强烈，原来由行政管理手段或者民事手段调整的违法行为"，增加规定为犯罪。[③] 针对司法实践中存在的各种非法买卖人体器官的现象，《刑法修正案（八）》第37条新增设了组织出卖人体器官罪，并明确了本罪与故意伤害罪、故意杀人罪和盗窃、侮辱尸体罪的界限。

【立法规定】

《刑法》第234条之一规定："组织他人出卖人体器官的，处五年以下有期徒刑，并处罚金；情节严重的，处五年以上有期徒刑，并处罚金或者没收财产。""未经本人同意摘取其器官，或者摘取不满十八周岁的人的器官，或者强迫、欺骗他人捐献器官的，依照本法第二百三十四条、第二百三十二条的规定定罪处罚。""违背本人生前意愿摘取其尸体器官，或者本人生前未表示同意，违反国家规定，违背其近亲属意愿摘取其尸体器官的，依照本法第三百零二条的规定定罪处罚。"

---

① 1996年10月10日的《刑法修订草案》（征求意见稿）第209条取消了故意伤害罪的死刑。

② 参见高铭暄、陈璐：《〈中华人民共和国刑法修正案（八）〉解读与思考》，中国人民大学出版社2011年版，第104页。

③ 参见全国人大常委会法制工作委员会主任李适时2010年8月23日在十一届全国人大常委会第十六次会议是所作的《关于〈中华人民共和国刑法修正案（八）（草案）〉的说明》。

【立法释义】

目前，尚无与组织出卖人体器官罪相关的法律解释。

【立法建言】

建　议：将《刑法》第 234 条之一第 1 款修改为："组织他人出卖人体器官的，处五年以下有期徒刑、拘役或者管制，可以并处或者单处罚金；情节严重的，处五年以上有期徒刑，并处罚金。"

理　由：

从立法技术上看，宜在本罪第 1 款第 1 档法定刑中增加"拘役或者管制"的规定，以与《刑法》第 234 条的处刑规定相协调。此外，还宜将本罪第 1 款第 1 档法定刑中的"并处罚金"改为"可以并处或者单处罚金"，并删去第 1 款第 2 档法定刑中的"没收财产"，以与《刑法》的其他罚金和没收财产规定相一致。

五、过失致人重伤罪（第 235 条）

【立法沿革】

过失致人重伤罪是在 1979 年《刑法》第 135 条规定的过失重伤罪的基础上修改而来的。

在新中国刑法立法史上，过失伤害罪的立法总体上呈现出入罪门槛由低到高、处罚力度由重到轻的趋势。1950 年的《刑法大纲草案》第 129 条规定过失伤害他人身体或健康即构成犯罪："过失伤害他人之身体或健康者，处一年以下监禁，或批评教育。因业务上之过失或因不遵守政府所颁布之预防法规而致他人之身体或健康受伤者，处三年以下监禁，或责令公开道歉。"到了 1954 年，《刑法指导原则草案》严格将过失伤害"造成他人身体重伤"作为构成犯罪的条件，并一直沿袭至今。该草案第 52 条第 3 款规定："过失造成他人身体重伤，判处二年以下有期徒刑、劳役或者予以行政处罚；如果造成二人以上重伤，判处五年以下有期徒刑或者予以行政处罚。"1957 年的《刑法草案》第 22 稿删去了本罪第 2 档法定刑，从而大幅降低了本罪的法定最高刑；同时还增加了法条竞合的规定。该稿第 152 条规定："过失致人重伤的，处二年以下有期徒刑或者拘役。本法另有规定的，依照规定。"[①] 然而，1963 年的《刑法草案》第 33 稿第 145 条不仅恢复了本罪第 2 档法定刑，而且还将其最高刑提高到了前所未有的"十年有期徒刑"。修改后的条文为："过失致人重伤的，处三年以下有期徒刑或者拘役；情节恶劣的，处三年以上十年以下有期徒刑。本法另有规定的，依照规定。"1979 年《刑法》在上述规定的基础上，主要作了以下

---

①　这是迄今为止对过失致人重伤罪所配置的最轻的法定刑。

两方面的修改：一是调整了法定刑，将两档法定刑中的最高刑分别由"三年有期徒刑"和"十年有期徒刑"改为"二年有期徒刑"和"七年有期徒刑"；二是严格了加重处罚的条件，将"情节恶劣"改为"情节特别恶劣"。

1979年《刑法》第135条规定："过失伤害他人致人重伤的，处二年以下有期徒刑或者拘役；情节特别恶劣的，处二年以上七年以下有期徒刑。本法另有规定的，依照规定。"

在刑法修订研拟的过程中，1996年的《刑法修订草案》（征求意见稿）第210条对上述规定作了较大的修改和调整：一是删去了"情节特别恶劣的，处二年以上七年以下有期徒刑"的规定；二是将本罪的法定刑调整为"三年以下有期徒刑或者拘役"。1996年的《刑法修订草案》第216条在上述规定的基础上，增加了"管制"这一刑种。1997年3月1日，提交给八届全国人大五次会议审议的《中华人民共和国刑法（修订草案）》第235条又删去了此前增加的"管制"刑种。这一修改方案，为现行刑法所采纳。

【立法规定】

《刑法》第235条规定："过失伤害他人致人重伤的，处三年以下有期徒刑或者拘役。本法另有规定的，依照规定。"

【立法释义】

目前，尚无与过失致人重伤罪相关的法律解释。

【立法建言】

建　议： 将《刑法》第235条修改为："过失伤害他人致人重伤的，处三年以下有期徒刑、拘役或者管制。本法另有规定的，依照规定。"

理　由：

从立法技术上看，宜在本罪的法定刑中增加"管制"的规定，以与《刑法》第234条的处刑规定相协调。

六、强奸罪（第236条）

【立法沿革】

强奸罪是在1979年《刑法》第139条规定的强奸罪的基础上修改而来的。

我国的强奸罪立法，经历了一个较为复杂的发展演变过程。1950年的《刑法大纲草案》规定了广义上的强奸罪（奸淫罪），包括奸淫幼女幼童罪、强奸轮奸罪和欺骗奸淫罪3个罪名。该草案第131条规定："奸淫十四岁以下之幼女或鸡奸十四岁以下之幼童者，处三年以上十五年以下监禁。情节特别严重者，处死刑或终身监禁。"第132条规定："以暴力、胁迫或其他方法，使人不能抗拒而奸淫之者（包括鸡奸），为强奸，处三年以上七年以下有期徒刑。""强奸致被害人自杀或轮奸者，处五年以上十五年以下监禁。""强奸、轮奸致人于死或重伤者，处死刑、终身监禁或五年以上十五年以下监禁。"第 133 条规定；"用欺骗方法奸淫妇女，或利用权力地位，以恐吓要挟之方法，奸淫立于自己从属地位之人者（包括鸡奸），处三年以下监禁。"到了 1954 年，《刑法指导原则草案》不仅将强奸罪限定为狭义上的强奸罪（不包括鸡奸），而且还将强奸罪的对象严格限定为"妇女""女子"和"幼女"。该草案第 53 条规定："用暴力、威胁、麻醉方法或者利用妇女处于其他不能抵抗的状态而强奸的，判处二年以上七年以下有期徒刑。""轮奸妇女、一贯强奸妇女或者因为强奸造成被害人自杀、死亡、生殖机能破坏、传染恶性疾病、患精神病或者其他严重后果的，判处五年以上有期徒刑；情节特别恶劣的，判处无期徒刑或者死刑。""强奸十四岁以上十八岁以下的女子，应当从重处罚。""无论用何种方法奸淫不满十四岁的幼女的，判处二年以上十年以下有期徒刑；如果情节特别恶劣或者一贯奸淫幼女的，处七年以上有期徒刑、无期徒刑或者死刑。"1957 年的《刑法草案》第 22 稿虽然仍将强奸罪的对象限定为女性，但却分别规定了强奸罪、轮奸罪和奸淫幼女罪 3 个罪名。该稿第 155 条规定："强奸妇女的，处五年以上有期徒刑。""犯前款罪，致人重伤、死亡的，处十年以上有期徒刑、无期徒刑或者死刑。"第 156 条规定："二人以上犯强奸罪而共同轮奸的，处七年以上有期徒刑或者无期徒刑。""犯前款罪，致人重伤、死亡的，处十年以上有期徒刑、无期徒刑或者死刑。"第 157 条规定："奸淫不满十四岁幼女的，处七年以上有期徒刑或者无期徒刑。""犯前款罪，致人重伤、死亡的，处无期徒刑或者死刑。"鉴于上述规定较为分散，而且每条都规定了死刑，因此，1963 年的《刑法草案》第 33 稿遂将其合并规定为 1 条，并对加重情节和法定刑作了相应的调整和修改。该稿第 146 条规定："强奸妇女的，处三年以上十年以下有期徒刑。奸淫不满十四岁幼女的，以强奸罪论处，可以从重处罚。""犯前款罪，情节特别严重的或者致人重伤、死亡的，处十年以上有期徒刑、无期徒刑或者死刑。""二人以上犯强奸罪而共同轮奸的，从重处罚。"1979 年《刑法》在上述规定的基础上，主要作了两处修改：一是增加规定了强奸罪的手段行为；二是删去了奸淫幼女罪"可以"从重处罚的规定。

1979 年《刑法》第 139 条规定："以暴力、胁迫或者其他手段强奸妇女的，处三年以上十年以下有期徒刑。""奸淫不满十四岁幼女的，以强奸论，从重处罚。""犯前两款罪，情节特别严重的或者致人重伤、死亡的，处十年以上有期徒刑、无期徒刑或者死刑。""二人以上犯强奸罪而共同轮奸的，从重处罚。"

在全面研究修改刑法的过程中，1988 年的《刑法修改稿》第 121 条基本上沿用了上述规定，仅将幼女的年龄由"不满十四岁"改为"不满十三岁"。1996 年的《刑法修订草案》（征求意见稿）第 211 条在 1979 年《刑法》的基础上，主要作了两方面的修改和补充：一是调整了强奸罪基本犯的法定刑，将"三年以上十年以下有期徒刑"改为"五年以上十年以下有期徒刑"；二是具体列举了强奸罪的加重情节，将第 3 款修改为"强奸妇女、奸淫幼女，有下列情形之一的，处十年以上有期徒刑、无期徒刑或者死刑：（一）强奸妇女、奸淫幼女情节恶劣的；（二）强奸妇女、奸淫幼女多人的；（三）在公共场所当众强奸妇女的；（四）二人以上轮奸的；（五）致使被害人死亡、重伤或者引起被害人自杀或者其他严重后果的。"1996 年的《刑法修订草案》第 217 条沿用了上述立法体例，但在内容上作了两处修改：一是将第 1 款的法定刑改为"三年以上十年以下有期徒刑"；二是将第 3 款第 5 项改为"致使被害人重伤、死亡或者造成其他严重后果的"。1997 年的《刑法修订草案》（修改稿）第 236 条基本上沿用了上述规定，仅将幼女的年龄由"十四岁"改为"十四周岁"。这一修改方案，为现行刑法所采纳。

【立法规定】

《刑法》第 236 条规定："以暴力、胁迫或者其他手段强奸妇女的，处三年以上十年以下有期徒刑。""奸淫不满十四周岁的幼女的，以强奸论，从重处罚。""强奸妇女、奸淫幼女，有下列情形之一的，处十年以上有期徒刑、无期徒刑或者死刑：（一）强奸妇女、奸淫幼女情节恶劣的；（二）强奸妇女、奸淫幼女多人的；（三）在公共场所当众强奸妇女的；（四）二人以上轮奸的；（五）致使被害人重伤、死亡或者造成其他严重后果的。"①

【立法释义】

最高人民法院、最高人民检察院 1999 年 10 月 20 日发布的《关于办理组织和利用邪教组织犯罪案件具体应用法律若干问题的解释》第 5 条规定："组织和利用邪教组织，以迷信邪说引诱、胁迫、欺骗或者其他手段，奸淫妇女、幼女的，依照刑法第二百三十六条的规定，以强奸罪或者奸淫幼女罪定罪处罚。"②

最高人民法院 2006 年 1 月 11 日发布的《关于审理未成年人刑事案件具体应用法律若干问题的解释》第 6 条规定："已满十四周岁不满十六周岁的人偶尔与幼女发生性行为，情节轻微、未造成严重后果的，不认为是犯罪。"

最高人民法院、最高人民检察院、公安部、司法部 2013 年 10 月 23 日发布的《关于

---

① 《刑法修正案（九）》第 43 条取消了《刑法》第 360 条第 2 款规定的嫖宿幼女罪。今后，"对这类行为可以适用刑法第二百三十六条第二款关于奸淫幼女的以强奸论、从重处罚的规定"（参见全国人大法律委员会主任委员乔晓阳 2015 年 8 月 24 日在十二届全国人大常委会第十六次会议上所作的《关于〈中华人民共和国刑法修正案（九）（草案）〉审议结果的报告》）。

② 在 1997 年修订《刑法》之前，相关司法解释通常都将 1979 年《刑法》第 139 条的规定解释为强奸罪和奸淫幼女罪 2 个罪名。修订的《刑法》施行后，最高人民法院 1997 年 12 月 16 日发布的《关于执行〈中华人民共和国刑法〉确定罪名的规定》等司法解释也将《刑法》第 236 条的规定解释为强奸罪和奸淫幼女罪 2 个罪名。但是，最高人民法院、最高人民检察院 2002 年 3 月 15 日发布的《关于执行〈中华人民共和国刑法〉确定罪名的补充规定》明确地取消了奸淫幼女罪的罪名，而将《刑法》第 236 条的规定解释为强奸罪 1 个罪名。

依法惩治性侵害未成年人犯罪的意见》第 19 条规定："知道或者应当知道对方是不满十四周岁的幼女，而实施奸淫等性侵害行为的，应当认定行为人'明知'对方是幼女。""对于不满十二周岁的被害人实施奸淫等性侵害行为的，应当认定行为人'明知'对方是幼女。""对于已满十二周岁不满十四周岁的被害人，从其身体发育状况、言谈举止、衣着特征、生活作息规律等观察可能是幼女，而实施奸淫等性侵害行为的，应当认定行为人'明知'对方是幼女。"第 20 条规定："以金钱财物等方式引诱幼女与自己发生性关系的；知道或者应当知道幼女被他人强迫卖淫而仍与其发生性关系的，均以强奸罪论处。"第 21 条规定："对幼女负有特殊职责的人员与幼女发生性关系的，以强奸罪论处。""对已满十四周岁的未成年女性负有特殊职责的人员，利用其优势地位或者被害人孤立无援的境地，迫使未成年被害人就范，而与其发生性关系的，以强奸罪定罪处罚。"第 23 条规定："在校园、游泳馆、儿童游乐场等公共场所对未成年人实施强奸、猥亵犯罪，只要有其他多人在场，不论在场人员是否实际看到，均可以依照刑法第二百三十六条第三款、第二百三十七条的规定，认定为在公共场所'当众'强奸妇女，强制猥亵、侮辱妇女，猥亵儿童。"第 24 条规定："介绍、帮助他人奸淫幼女、猥亵儿童的，以强奸罪、猥亵儿童罪的共犯论处。"第 25 条规定："针对未成年人实施强奸、猥亵犯罪的，应当从重处罚，具有下列情形之一的，更要依法从严惩处：（1）对未成年人负有特殊职责的人员、与未成年人有共同家庭生活关系的人员、国家工作人员或者冒充国家工作人员，实施强奸、猥亵犯罪的；（2）进入未成年人住所、学生集体宿舍实施强奸、猥亵犯罪的；（3）采取暴力、胁迫、麻醉等强制手段实施奸淫幼女、猥亵儿童犯罪的；（4）对不满十二周岁的儿童、农村留守儿童、严重残疾或者精神智力发育迟滞的未成年人，实施强奸、猥亵犯罪的；（5）猥亵多名未成年人，或者多次实施强奸、猥亵犯罪的；（6）造成未成年被害人轻伤、怀孕、感染性病等后果的；（7）有强奸、猥亵犯罪前科劣迹的。"第 27 条规定："已满十四周岁不满十六周岁的人偶尔与幼女发生性关系，情节轻微、未造成严重后果的，不认为是犯罪。"第 28 条规定："对于强奸未成年人的成年犯罪分子判处刑罚时，一般不适用缓刑。""对于性侵害未成年人的犯罪分子确定是否适用缓刑，人民法院、人民检察院可以委托犯罪分子居住地的社区矫正机构，就对其宣告缓刑对所居住社区是否有重大不良影响进行调查。受委托的社区矫正机构应当及时组织调查，在规定的期限内将调查评估意见提交委托机关。""对于判处刑罚同时宣告缓刑的，可以根据犯罪情况，同时宣告禁止令，禁止犯罪分子在缓刑考验期内从事与未成年人有关的工作、活动，禁止其进入中小学校园、幼儿园园区及其他未成年人集中的场所，确因本人就学、居住等原因，经执行机关批准的除外。"第 29 条规定："外国人在我国领域内实施强奸、猥亵未成年人等犯罪的，应当依法判处，在判处刑罚时，可以独立适用或者附加适用驱逐出境。对于尚不构成犯罪但构成违反治安管理行为的，或者因实施性侵害未成年人犯罪不适宜在中国境内继续停留居留的，公安机关可以依法适用限期出境或者驱逐出境。"

最高人民法院 2013 年 12 月 23 日发布的《关于常见犯罪的量刑指导意见》"强奸罪"部分规定："1. 构成强奸罪的，可以根据下列不同情形在相应的幅度内确定量刑起点：（1）强奸妇女一人的，可以在三年至五年有期徒刑幅度内确定量刑起点。奸淫幼女一人的，可以在四年至七年有期徒刑幅度内确定量刑起点。（2）有下列情形之一的，可以在十年至十三年有期徒刑幅度内确定量刑起点：强奸妇女、奸淫幼女情节恶劣的；强奸妇女、奸淫幼女三人的；在公共场所当众强奸妇女的；二人以上轮奸妇女的；强奸致被害人重伤或者造成其他严重后果的。依法应当判处无期徒刑以上刑罚的除外。2. 在量刑起点的基础上，可以根据强奸妇女、奸淫幼女情节恶劣程度、强奸人数、致人伤害后果等其他影响犯罪构成的犯罪事实增加刑罚量，确定基准刑。强奸多人多次的，以强奸人数作为增加刑罚量的事实，强奸次数作为调节基准刑的量刑情节。"

最高人民法院、最高人民检察院、公安部、司法部 2015 年 3 月 2 日发布的《关于依法办理家庭暴力犯罪案件的意见》第 16 条规定："依法准确定罪处罚。对故意杀人、故意伤害、强奸、猥亵儿童、非法拘禁、侮辱、暴力干涉婚姻自由、虐待、遗弃等侵害公民人身权利的家庭暴力犯罪，应当根据犯罪的事实、犯罪的性质、情节和对社会的危害程度，严格依照刑法的有关规定判处。对于同一行为同时触犯多个罪名的，依照处罚较重的规定定罪处罚。"第 18 条第 1 款规定："切实贯彻宽严相济刑事政策。对于实施家庭暴力构成犯罪的，应当根据罪刑法定、罪刑相适应原则，兼顾维护家庭稳定、尊重被害人意愿等因素综合考虑，宽严并用，区别对待。根据司法实践，对于实施家庭暴力手段残忍或者造成严重后果；出于恶意侵占财产等卑劣动机实施家庭暴力；因酗酒、吸毒、赌博等恶习而长期或者多次实施家庭暴力；曾因实施家庭暴力受到刑事处罚、行政处罚；或者具有其他恶劣情形的，可以酌情从重处罚。对于实施家庭暴力犯罪情节较轻，或者被告人真诚悔罪，获得被害人谅解，从轻处罚有利于被扶养人的，可以酌情从轻处罚；对于情节轻微不需要判处刑罚的，人民检察院可以不起诉，人民法院可以判处免予刑事处罚。"

【立法建言】

建　议：将《刑法》第 236 条修改为："以暴力、胁迫或者其他手段强奸他人的，处三年以上十年以下有期徒刑。""奸淫不满十四周岁的儿童的，以强奸论，从重处罚。""强奸他人、奸淫儿童，有下列情形之一的，处十年以上有期徒刑、无期徒刑或者死刑：（一）强奸他人、奸淫儿童情节恶劣的；（二）强奸他人、奸淫儿童多人的；（三）在公共场所当众强奸他人的；（四）二人以上轮奸的；（五）致使被害人重伤、死亡或者造成其他严重后果的。"

理　由：

从犯罪对象的角度来看，宜将本罪中的"妇女"和"幼女"分别改为"他人"和"儿童"，以实现刑法对男女的平等保护。长期以来，我国刑法对妇女和幼女都实行特殊保护，这是必要的，也是符合我国国情的。但是，1980年代以来，性犯罪的情势开始发生了变化，突出表现在出现了男子卖淫的情况。为此，全国人大常委会1991年《关于严禁卖淫嫖娼的决定》对刑法关于强迫、引诱、容留、介绍妇女卖淫等犯罪的规定作了补充修改，扩大了适用范围。该决定最大的特色是将卖淫犯罪的对象由"妇女"改为"他人"，从而将男子也纳入了刑法的保护范围。《刑法修正案（九）》第13条又将强制猥亵罪中的"妇女"改为"他人"，进一步扩大了刑法对男子的保护范围。但遗憾的是，《刑法修正案（九）》并未对强奸罪作出相应的修改，[①] 以至于对理论上和实践中颇有争议的"强奸"男子如何处理的问题仍"悬而未决"[②]。因此，为适应司法实践的需要，宜适时将男子纳入强奸罪的对象范围之内。

七、强制猥亵、侮辱罪、猥亵儿童罪（第237条）

【立法沿革】

强制猥亵罪、侮辱罪是从1979年《刑法》第160条规定的流氓罪中分解而来的，[③] 并经《刑法修正案（九）》第13条所修正；而猥亵儿童罪则是1997年《刑法》第237条第3款增设的罪名。

在新中国刑法立法史上，"猥亵"与"侮辱"被认为是两种不同性质的犯罪，因而对其严格加以区分。1957年的《刑法草案》第22稿在分则第四章"侵犯人身权利罪"中规定了强制猥亵罪和猥亵儿童罪，而在第七章"妨害其他管理秩序罪"中规定了"侮辱妇女"的流氓罪。该稿第158条规定："对于男、女以暴力、威胁方法实行猥亵的，处三年

---

① 在《刑法修正案（九）（草案）》征求意见和审议期间，连续发生了多起性侵男子的案件。

② 在刑法理论上，对于"强奸"男子应如何处理的问题有不同的看法。例如，有学者认为，"由于域外一些立法例已经将男子也归入强奸罪的对象范围之内，我国也有人提出强奸罪的对象应当包括男女在内。我们认为，根据目前我国刑法的规定，强奸罪的对象只能是妇女和幼女，不可能解释为包括男子。至于今后是否将此类行为予以犯罪化，是可以根据社会形势的发展进行研究的"（王作富主编：《刑法》，中国人民大学出版社2011年版，第374页）。也有学者认为，"妇女使用暴力、胁迫等手段与男子性交的，以及男子强行与其他男子实施非自然性交的（如口交、肛交），不成立强奸罪。行为造成伤害的，可认定为故意伤害罪；符合非法拘禁罪、侮辱罪的犯罪构成的，认定为非法拘禁罪、侮辱罪"（张明楷：《刑法学》，法律出版社2011年版，第778页）。笔者认为，根据《刑法修正案（九）》第13条的规定，目前，对于"强奸"男子的行为，应以强制猥亵罪处之。

③ 1979年《刑法》第160条流氓罪"这一规定比较笼统，实际执行中定为流氓罪的随意性较大。这次修订，将流氓罪分解为四条具体规定：一是侮辱、猥亵妇女的犯罪，二是聚众进行淫乱活动的犯罪，三是聚众斗殴的犯罪，四是寻衅滋事的犯罪"（参见全国人大常委会副委员长王汉斌1997年3月6日在八届全国人大五次会议上所作的《关于〈中华人民共和国刑法（修订草案）〉的说明》）。

以下有期徒刑或者拘役。""对于不满十四岁的男、女实行猥亵的，处五年以下有期徒刑或者拘役。"第 197 条规定："聚众斗殴，寻衅滋事，侮辱妇女，破坏公共秩序屡教不改的，处五年以下有期徒刑、拘役或者管制。"1963 年的《刑法草案》第 33 稿取消了强制猥亵罪，但仍规定了猥亵儿童罪和"侮辱妇女"的流氓罪。该稿第 147 条规定："对于不满十四岁的男、女实施猥亵的，处五年以下有期徒刑或者拘役。"第 186 条规定："聚众斗殴，寻衅滋事，侮辱妇女或者进行其他流氓行为，破坏公共秩序，情节恶劣的，处七年以下有期徒刑或者拘役。""流氓集团的首要分子，处七年以上有期徒刑或者无期徒刑。"然而，在"宜粗不宜细"的立法指导思想下，1979 年《刑法》仅规定了一个流氓罪。至此，强制猥亵、猥亵儿童等行为统统装进了"其他流氓活动"这个"口袋"，失去了刑法对其独立评价的价值。

1979 年《刑法》第 160 条规定："聚众斗殴，寻衅滋事，侮辱妇女或者进行其他流氓活动，破坏公共秩序，情节恶劣的，处七年以下有期徒刑或者拘役。""流氓集团的首要分子，处七年以上有期徒刑或者无期徒刑。"

在刑法修订研拟的过程中，鉴于流氓罪的规定比较笼统，执行时随意性较大，因此，1996 年的《刑法修订草案》（征求意见稿）第 212 条从中分解出了强制猥亵罪和猥亵儿童罪："以暴力、胁迫或者其他方法强制猥亵妇女的，处五年以下有期徒刑或者拘役。""聚众或者在公共场所当众犯前款罪，社会影响恶劣或者造成严重后果的，处五年以上十年以下有期徒刑。""猥亵儿童的，依照前两款的规定从重处罚。"1996 年的《刑法修订草案》第 218 条在上述规定的基础上，增加了"侮辱妇女"的情形，并将第 2 款中的"处五年以上十年以下有期徒刑"改为"处五年以上有期徒刑"。1997 年的《刑法修订草案》（修改稿）第 237 条基本上沿用了上述规定，仅删去了第 2 款中"社会影响恶劣或者造成严重后果"的规定。这一修改方案，为 1997 年修订的《刑法》所采纳。

1997 年修订的《刑法》第 237 条规定："以暴力、胁迫或者其他方法强制猥亵妇女或者侮辱妇女的，处五年以下有期徒刑或者拘役。""聚众或者在公共场所当众犯前款罪的，处五年以上有期徒刑。""猥亵儿童的，依照前两款的规定从重处罚。"

1997 年《刑法》施行后，《刑法修正案（九）》第 13 条针对司法实践中出现的新情况，修改了强制猥亵、侮辱妇女罪和猥亵儿童罪，扩大了适用范围，同时加大了对情节恶劣情形的惩处力度。[①]

【立法规定】

《刑法》第 237 条规定："以暴力、胁迫或者其他方法强制猥亵他人或者侮辱妇女的，

---

① 参见全国人大常委会法制工作委员会主任李适时 2014 年 10 月 27 日在十二届全国人大常委会第十一次会议上所作的《关于〈中华人民共和国刑法修正案（九）（草案）〉的说明》。

处五年以下有期徒刑或者拘役。""聚众或者在公共场所当众犯前款罪的，或者有其他恶劣情节的，处五年以上有期徒刑。""猥亵儿童的，依照前两款的规定从重处罚。"

【立法释义】

最高人民法院、最高人民检察院、公安部、司法部2013年10月23日发布的《关于依法惩治性侵害未成年人犯罪的意见》第19条规定："知道或者应当知道对方是不满十四周岁的幼女，而实施奸淫等性侵害行为的，应当认定行为人'明知'对方是幼女。""对于不满十二周岁的被害人实施奸淫等性侵害行为的，应当认定行为人'明知'对方是幼女。""对于已满十二周岁不满十四周岁的被害人，从其身体发育状况、言谈举止、衣着特征、生活作息规律等观察可能是幼女，而实施奸淫等性侵害行为的，应当认定行为人'明知'对方是幼女。"第22条规定："实施猥亵儿童犯罪，造成儿童轻伤以上后果，同时符合刑法第二百三十四条或者第二百三十二条的规定，构成故意伤害罪、故意杀人罪的，依照处罚较重的规定定罪处罚。""对已满十四周岁的未成年男性实施猥亵，造成被害人轻伤以上后果，符合刑法第二百三十四条或者第二百三十二条规定的，以故意伤害罪或者故意杀人罪定罪处罚。"第23条规定："在校园、游泳馆、儿童游乐场等公共场所对未成年人实施强奸、猥亵犯罪，只要有其他多人在场，不论在场人员是否实际看到，均可以依照刑法第二百三十六条第三款、第二百三十七条的规定，认定为在公共场所'当众'强奸妇女，强制猥亵、侮辱妇女，猥亵儿童。"第24条规定："介绍、帮助他人奸淫幼女、猥亵儿童的，以强奸罪、猥亵儿童罪的共犯论处。"第25条规定："针对未成年人实施强奸、猥亵犯罪的，应当从重处罚，具有下列情形之一的，更要依法从严惩处：（1）对未成年人负有特殊职责的人员、与未成年人有共同家庭生活关系的人员、国家工作人员或者冒充国家工作人员，实施强奸、猥亵犯罪的；（2）进入未成年人住所、学生集体宿舍实施强奸、猥亵犯罪的；（3）采取暴力、胁迫、麻醉等强制手段实施奸淫幼女、猥亵儿童犯罪的；（4）对不满十二周岁的儿童、农村留守儿童、严重残疾或者精神智力发育迟滞的未成年人，实施强奸、猥亵犯罪的；（5）猥亵多名未成年人，或者多次实施强奸、猥亵犯罪的；（6）造成未成年被害人轻伤、怀孕、感染性病等后果的；（7）有强奸、猥亵犯罪前科劣迹的。"第28条规定："对于强奸未成年人的成年犯罪分子判处刑罚时，一般不适用缓刑。""对于性侵害未成年人的犯罪分子确定是否适用缓刑，人民法院、人民检察院可以委托犯罪分子居住地的社区矫正机构，就对其宣告缓刑对所居住社区是否有重大不良影响进行调查。受委托的社区矫正机构应当及时组织调查，在规定的期限内将调查评估意见提交委托机关。""对于判处刑罚同时宣告缓刑的，可以根据犯罪情况，同时宣告禁止令，禁止犯罪分子在缓刑考验期内从事与未成年人有关的工作、活动，禁止其进入中小学校区、幼儿园园区及其他未成年人集中的场所，确因本人就学、居住等原因，经执行机关批准的除外。"第 29 条规定："外国人在我国领域内实施强奸、猥亵未成年人等犯罪的，应当依法判处，在判处刑罚时，可以独立适用或者附加适用驱逐出境。对于尚不构成犯罪但构成违反治安管理行为的，或者因实施性侵害未成年人犯罪不适宜在中国境内继续停留居留的，公安机关可以依法适用限期出境或者驱逐出境。"

最高人民法院、最高人民检察院、公安部、司法部 2015 年 3 月 2 日发布的《关于依法办理家庭暴力犯罪案件的意见》第 16 条规定："依法准确定罪处罚。对故意杀人、故意伤害、强奸、猥亵儿童、非法拘禁、侮辱、暴力干涉婚姻自由、虐待、遗弃等侵害公民人身权利的家庭暴力犯罪，应当根据犯罪的事实、犯罪的性质、情节和对社会的危害程度，严格依照刑法的有关规定判处。对于同一行为同时触犯多个罪名的，依照处罚较重的规定定罪处罚。"第 18 条规定："切实贯彻宽严相济刑事政策。对于实施家庭暴力构成犯罪的，应当根据罪刑法定、罪刑相适应原则，兼顾维护家庭稳定、尊重被害人意愿等因素综合考虑，宽严并用，区别对待。根据司法实践，对于实施家庭暴力手段残忍或者造成严重后果；出于恶意侵占财产等卑劣动机实施家庭暴力；因酗酒、吸毒、赌博等恶习而长期或者多次实施家庭暴力；曾因实施家庭暴力受到刑事处罚、行政处罚；或者具有其他恶劣情形的，可以酌情从重处罚。对于实施家庭暴力犯罪情节较轻，或者被告人真诚悔罪，获得被害人谅解，从轻处罚有利于被扶养人的，可以酌情从轻处罚；对于情节轻微不需要判处刑罚的，人民检察院可以不起诉，人民法院可以判处免予刑事处罚。""对于实施家庭暴力情节显著轻微危害不大不构成犯罪的，应当撤销案件、不起诉，或者宣告无罪。""人民法院、人民检察院、公安机关应当充分运用训诫，责令施暴人保证不再实施家庭暴力，或者向被害人赔礼道歉、赔偿损失等非刑罚处罚措施，加强对施暴人的教育与惩戒。"第 21 条规定："充分运用禁止令措施。人民法院对实施家庭暴力构成犯罪被判处管制或者宣告缓刑的犯罪分子，为了确保被害人及其子女和特定亲属的人身安全，可以依照刑法第三十八条第二款、第七十二条第二款的规定，同时禁止犯罪分子再次实施家庭暴力，侵扰被害人的生活、工作、学习，进行酗酒、赌博等活动；经被害人申请且有必要的，禁止接近被害人及其未成年子女。"第 23 条规定："充分运用人身安全保护措施。人民法院为了保护被害人的人身安全，避免其再次受到家庭暴力的侵害，可以根据申请，依照民事诉讼法等法律的相关规定，作出禁止施暴人再次实施家庭暴力、禁止接近被害人、迁出被害人的住所等内容的裁定。对于施暴人违反裁定的行为，如对被害人进行威胁、恐吓、殴打、伤害、杀害，或者未经被害人同意拒不迁出住所的，人民法院可以根据情节轻重予以罚款、拘留；构成犯罪的，应当依法追究刑事责任。"

【立法建言】

建　议：将《刑法》第 237 条修改为："以暴力、胁迫或者其他方法强制猥亵他人或者侮辱妇女的，处五年以下有期徒刑、拘役或者管制。""聚众或者在公共场所当众犯前款罪的，或者有其他恶劣情节的，处五年以上十年以下有期徒刑。""猥亵儿童的，依照前两款的规定从重处罚。"

理　由：

从立法技术上看，宜在《刑法》第237条第1款的法定刑中增加"管制"的规定，以与《刑法》第234条的处刑规定相协调。此外，《刑法》第237条第3款规定的"五年以上有期徒刑"的处刑幅度过大，且与强奸罪的处刑规定不协调，因此，宜对其法定最高刑加以限制。

八、非法拘禁罪（第238条）

【立法沿革】

非法拘禁罪是在1979年《刑法》第143条规定的非法拘禁罪的基础上修改而来的。

早在1950年，《刑法大纲草案》第135条就规定了妨害自由罪，并配置了较重的法定刑："以暴力或者其他方法非法剥夺他人自由者，处三年以下监禁。""犯前款之罪致人于死或重伤者，处四年以上十五年以下监禁。"到了1957年，《刑法草案》第22稿将本罪的罪状改为"私行拘禁，或者用其他方法私行剥夺他人行动自由"，并调整了本罪的法定刑，增加了无期徒刑的规定。该稿第161条规定："私行拘禁，或者用其他方法私行剥夺他人行动自由的，处二年以下有期徒刑或者拘役。""犯前款罪，致人重伤的，处一年以上七年以下有期徒刑；致人死亡的，处七年以上有期徒刑或者无期徒刑。"1963年的《刑法草案》第33稿第151条基本上沿用了上述规定，仅适当调整了量刑幅度，取消了无期徒刑的规定。修改后的条文为："私行拘禁他人，或者以其他方法私行剥夺他人行动自由的，处三年以下有期徒刑或者拘役。""犯前款罪，致人重伤的，处三年以上十年以下有期徒刑；致人死亡的，处七年以上有期徒刑。"1979年《刑法》第143条沿用了上述规定的法定刑，但对罪状表述作了较大的修改，[①] 并增加了"具有殴打、侮辱情节的，从重处罚"的规定。

1979年《刑法》第143规定："严禁非法拘禁他人，或者以其他方法非法剥夺他人行动自由。违者处三年以下有期徒刑、拘役或者剥夺政治权利。具有殴打、侮辱情节的，从重处罚。""犯前款罪，致人重伤的，处三年以上十年以下有期徒刑；致人死亡的，处七年

---

① "修订中总结了十年动乱期间发生的严重情况，并考虑到这种罪既可能是非国家工作人员犯的，也可能是国家工作人员滥用职权犯的，因此改成这样的写法：'严禁非法拘禁他人，或者以其他方法非法剥夺他人行动自由。违者处……'，以示强调和严肃斗争之意"（参见高铭暄：《中华人民共和国刑法的孕育和诞生》，法律出版社1981年版，第190页）。

以上有期徒刑。"

在全面研究修改刑法的过程中，1988 年的《刑法修改稿》"删去未规定罪状和刑罚的条文 2 条（原第 131 条、第 137 条①）"②。相应地，该稿第 126 条也删去了本罪中"严禁"这一宣示性性用语和"违者"两字；同时还删去了"具有殴打、侮辱情节的，从重处罚"的规定。修改后的条文为："非法拘禁他人，或者以其他方法非法剥夺他人人身自由的，处三年以下有期徒刑、拘役或者剥夺政治权利。""犯前款罪，致人重伤的，处三年以上十年以下有期徒刑；致人死亡的，处七年以上有期徒刑。"1996 年的《刑法修订草案》（征求意见稿）在上述规定的基础上，主要作了以下三方面的补充和修改：一是恢复了"具有殴打、侮辱情节的，从重处罚"的规定；二是增加了"国家机关工作人员利用职权犯前两款罪的，依照前两款的规定从重处罚"的规定；三是增加了"非法拘禁他人索取债务的，依照第一款、第二款的规定处罚。司法工作人员利用职权实施上述行为的，从重处罚"的规定。该草案第 213 条规定："非法拘禁他人或者以其他方法非法剥夺他人人身自由的，处三年以下有期徒刑、拘役或者剥夺政治权利。具有殴打、侮辱情节的，从重处罚。""犯前款罪，致人重伤的，处三年以上十年以下有期徒刑；致人死亡的，处七年以上有期徒刑。""国家机关工作人员利用职权犯前两款罪的，依照前两款的规定从重处罚。""非法拘禁他人索取债务的，依照第一款、第二款的规定处罚。司法工作人员利用职权实施上述行为的，从重处罚。"1996 年的《刑法修订草案》第 219 条基本上沿用了上述规定，仅调整了两处法定刑：一是在第 1 款中增加了"管制"这一刑种；二是将第 2 款中"致人死亡"的法定刑由"七年以上有期徒刑"改为"十年以上有期徒刑"。此外，该条还在第 2 款中增加了"使用暴力致人伤残、死亡的，依照本法第二百一十五条、第二百一十三条的规定定罪处罚"的提示性规定。③ 1997 年的《刑法修订草案》（修改稿）第 238 条删去了"司法工作人员利用职权实施上述行为的，从重处罚"的规定，同时还将"非法拘禁他人索取债务的，依照第一款、第二款的规定处罚"修改后移入第 239 条。④ 1997 年《刑法》第 238 条在上述规定的基础上，又恢复了"为索取债务非法扣押、拘禁他人的，依照前两款的规定处罚"的规定。

---

① 1979 年《刑法》第 131 条规定："保护公民的人身权利、民主权利和其他权利，不受任何人、任何机关非法侵犯。违法侵犯情节严重的，对直接责任人员予以刑事处分。"第 137 条规定："严禁聚众'打砸抢'。因'打砸抢'致人伤残、死亡的，以伤害罪、杀人罪论处。毁坏或者抢走公私财物的，除判令退赔外，首要分子以抢劫罪论处。""犯前款罪，可以单独判处剥夺政治权利。"

② 参见 1988 年《刑法修改稿》分则第三章"侵犯公民人身权利、民主权利罪"中的"修改说明"。

③ 该草案第 215 条规定的是故意伤害罪；第 213 条规定的是故意杀人罪。

④ 该草案第 239 条规定的是绑架罪。该条第 3 款规定："为索取债务，实施第一款行为的，依照第二百三十八条的规定处罚。"

【立法规定】

《刑法》第 238 条规定："非法拘禁他人或者以其他方法非法剥夺他人人身自由的，处三年以下有期徒刑、拘役、管制或者剥夺政治权利。具有殴打、侮辱情节的，从重处罚。""犯前款罪，致人重伤的，处三年以上十年以下有期徒刑；致人死亡的，处十年以上有期徒刑。使用暴力致人伤残、死亡的，依照本法第二百三十四条、第二百三十二条的规定定罪处罚。""为索取债务非法扣押、拘禁他人的，依照前两款的规定处罚。""国家机关工作人员利用职权犯前三款罪的，依照前三款的规定从重处罚。"

【立法释义】

最高人民法院 2000 年 7 月 13 日发布的《关于对为索取法律不予保护的债务非法拘禁他人行为如何定罪问题的解释》规定："行为人为索取高利贷、赌债等法律不予保护的债务，非法扣押、拘禁他人的，依照刑法第二百三十八条的规定定罪处罚。"

最高人民检察院 2001 年 8 月 24 日发布的《人民检察院直接受理立案侦查的渎职侵权重特大案件标准（试行）》第 34 条规定的"国家机关工作人员利用职权实施的非法拘禁案"中重大案件的标准为："1. 致人重伤或者精神失常的；2. 明知是人大代表而非法拘禁的，或者明知是无辜的人而非法拘禁的；3. 非法拘禁持续时间超过一个月，或者一次非法拘禁十人以上的。"特大案件的标准为："非法拘禁致人死亡的。"

最高人民检察院 2006 年 7 月 26 日发布的《关于渎职侵权犯罪案件立案标准的规定》第二部分"国家机关工作人员利用职权实施的侵犯公民人身权利、民主权利犯罪案件"第 1 条规定："非法拘禁罪是指以拘禁或者其他方法非法剥夺他人人身自由的行为。""国家机关工作人员利用职权非法拘禁，涉嫌下列情形之一的，应予立案：1. 非法剥夺他人人身自由 24 小时以上的；2. 非法剥夺他人人身自由，并使用械具或者捆绑等恶劣手段，或者实施殴打、侮辱、虐待行为的；3. 非法拘禁，造成被拘禁人轻伤、重伤、死亡的；4. 非法拘禁，情节严重，导致被拘禁人自杀、自残造成重伤、死亡，或者精神失常的；5. 非法拘禁 3 人次以上的；6. 司法工作人员对明知是没有违法犯罪事实的人而非法拘禁的；7. 其他非法拘禁应予追究刑事责任的情形。"

最高人民法院 2013 年 12 月 23 日发布的《关于常见犯罪的量刑指导意见》"非法拘禁罪"部分规定："1. 构成非法拘禁罪的，可以根据下列不同情形在相应的幅度内确定量刑起点：（1）犯罪情节一般的，可以在一年以下有期徒刑、拘役幅度内确定量刑起点。（2）致一人重伤的，可以在三年至五年有期徒刑幅度内确定量刑起点。（3）致一人死亡的，可以在十年至十三年有期徒刑幅度内确定量刑起点。2. 在量刑起点的基础上，可以根据非法拘禁人数、拘禁时间、致人伤亡后果等其他影响犯罪构成的犯罪事实增加刑罚量，确定基准刑。非法拘禁多人多次的，以非法拘禁人数作为增加刑罚量的事实，非法拘禁次数作为调节基准刑的量刑情节。3. 有下列情节之一的，可以增加基准刑的 10%~20%：（1）具有殴打、侮辱情节的（致人重伤、死亡的除外）；（2）国家机关工作人员利用职权非法扣押、拘禁他人的。"

最高人民法院、最高人民检察院、公安部、司法部、国家卫生和计划生育委员会 2014 年 4 月 22 日发布的《关于依法惩处涉医违法犯罪维护正常医疗秩序的意见》第 2 条第 3 款规定："以不准离开工作场所等方式非法限制医务人员人身自由的，依照治安管理处罚法第四十条的规定处罚；构成非法拘禁罪的，依照刑法的有关规定定罪处罚。"

最高人民法院、最高人民检察院、公安部、司法部 2015 年 3 月 2 日发布的《关于依法办理家庭暴力犯罪案件的意见》第 16 条规定："依法准确定罪处罚。对故意杀人、故意伤害、强奸、猥亵儿童、非法拘禁、侮辱、暴力干涉婚姻自由、虐待、遗弃等侵害公民人身权利的家庭暴力犯罪，应当根据犯罪的事实、犯罪的性质、情节和对社会的危害程度，严格依照刑法的有关规定判处。对于同一行为同时触犯多个罪名的，依照处罚较重的规定定罪处罚。"第 18 条规定："切实贯彻宽严相济刑事政策。对于实施家庭暴力构成犯罪的，应当根据罪刑法定、罪刑相适应原则，兼顾维护家庭稳定、尊重被害人意愿等因素综合考虑，宽严并用，区别对待。根据司法实践，对于实施家庭暴力手段残忍或者造成严重后果；出于恶意侵占财产等卑劣动机实施家庭暴力；因酗酒、吸毒、赌博等恶习而长期或者多次实施家庭暴力；曾因实施家庭暴力受到刑事处罚、行政处罚；或者具有其他恶劣情形的，可以酌情从重处罚。对于实施家庭暴力犯罪情节较轻，或者被告人真诚悔罪，获得被害人谅解，从轻处罚有利于被扶养人的，可以酌情从轻处罚；对于情节轻微不需要判处刑罚的，人民检察院可以不起诉，人民法院可以判处免予刑事处罚。""对于实施家庭暴力情节显著轻微危害不大不构成犯罪的，应当撤销案件、不起诉，或者宣告无罪。""人民法院、人民检察院、公安机关应当充分运用训诫，责令施暴人保证不再实施家庭暴力，或者向被害人赔礼道歉、赔偿损失等非刑罚处罚措施，加强对施暴人的教育与惩戒。"第 21 条规定："充分运用禁止令措施。人民法院对实施家庭暴力构成犯罪被判处管制或者宣告缓刑的犯罪分子，为了确保被害人及其子女和特定亲属的人身安全，可以依照刑法第三十八条第二款、第七十二条第二款的规定，同时禁止犯罪分子再次实施家庭暴力，侵扰被害人的生活、工作、学习，进行酗酒、赌博等活动；经被害人申请且有必要的，禁止接近被害人及其未成年子女。"第 23 条规定："充分运用人身安全保护措施。人民法院为了保护被害人的人身安全，避免其再次受到家庭暴力的侵害，可以根据申请，依照民事诉讼法等法律的相关规定，作出禁止施暴人再次实施家庭暴力、禁止接近被害人、迁出被害人的住所等内容的裁定。对于施暴人违反裁定的行为，如对被害人进行威胁、恐吓、殴打、伤害、杀害，或者未经被害人同意拒不迁出住所的，人民法院可以根据情节轻重予以罚款、拘留；构成犯罪的，应当依法追究刑事责任。"

【立法建言】

建　议： 删去《刑法》第 238 条第 3 款。

理　由：

1. 从性质上看，"为索取债务非法扣押、拘禁他人"的行为，在本质上属于绑架行为，即为索取债务绑架他人为人质的行为。[①] 对于"绑架他人为人质"的行为，理应以绑架罪论处。特别是在承认索取的债务不以是否合法为条件的前提下，[②] 对这种行为更应以绑架罪论处。

2. 从理论上看，由于通说将"为索取债务绑架他人为人质的情况"排除在绑架行为之外，[③] 导致理论上无法准确地说明绑架罪与非法拘禁罪的界限。[④] 此外，对于为索取法律不予保护的债务绑架他人的行为如何定罪的问题，在理论上存在严重的分歧。例如，有学者认为，根据最高人民法院《关于对为索取法律不予保护的债务非法拘禁他人行为如何定罪问题的解释》的规定，索取的债务不以是否受法律保护为条件，对此应以非法拘禁罪论处。[⑤] 也有学者认为，"如果行为人为了索取法律保护的债务，而非法扣押、拘禁他人的，理应认定为非法拘禁罪。对于为了索取法律不予保护的债务，而非法扣押、拘禁他人，但不以杀害、伤害等相威胁，声称只要还债便放人的行为，也宜认定为非法拘禁罪。但是，对于为了索取法律不予保护的债务或者单方面主张的债务，以实力支配、控制被害

---

① "从犯罪客体和客观行为要件上看，绑架罪与非法拘禁罪，都是非法地剥夺了他人的行动自由，在本质和外部特征上是趋于同一的"（王作富主编：《刑法》，中国人民大学出版社 2011 年版，第 378 页）。

② 最高人民法院《关于对为索取法律不予保护的债务非法拘禁他人行为如何定罪问题的解释》规定："行为人为索取高利贷、赌债等法律不予保护的债务，非法扣押、拘禁他人的，依照刑法第二百三十八条的规定定罪处罚。"

③ 参见高铭暄、马克昌主编：《刑法学》，北京大学出版社、高等教育出版社 2011 年版，第 475 页。

④ 例如，有学者认为，"在绑架行为实施过程中，对他人人身自由的非法剥夺，是绑架的当然结果；而非法拘禁罪也可以绑架的手段实施，两者易混淆。构成要件的主要区别在于：第一，主观方面不同。本罪是以勒索财物为目的，或者是除勒索财物或者出卖为目的以外，以获取其他利益为目的；后者是以非法剥夺人身自由为目的。第二，客观方面不同。本罪一般既有绑架的行为，又有勒索财物或者要求其他利益的行为，剥夺人身自由是绑架的当然后果；而后者一般只具有非法剥夺人身自由的行为，除了因索取债务的情况外，既无勒索财物的行为，也无要求其他利益的行为。第三，客体不完全相同。本罪既存在复杂客体的情况，也存在单一客体的情况；而后者只是单一客体"（高铭暄、马克昌主编：《刑法学》，北京大学出版社、高等教育出版社 2011 年版，第 476 页）。上述"主要区别"，是在"一般"和"除外"的情况下所作的界分，并未合理的说明在"因索取债务的情况"下两者的界限。也有学者认为，"两者区别的关键，是看行为人主观上是否具有剥夺他人行动自由并将其作为人质进行勒索或要挟的目的。如果不具备这种目的而非法剥夺他人行动自由的，应以非法拘禁罪论处；具备这一目的的，则构成绑架罪。但根据《刑法》第 238 条的规定，为索取债务非法扣押、拘禁他人的，不以绑架罪论处"（王作富主编：《刑法》，中国人民大学出版社 2011 年版，第 378 页）。按照上述区分标准，不难得出"为索取债务非法扣押、拘禁他人的"，应以绑架罪论处的结论。但是，上述观点却以《刑法》有明文规定为由作了自我否定。

⑤ 参见高铭暄、马克昌主编：《刑法学》，北京大学出版社、高等教育出版社 2011 年版，第 474 页；王作富主编：《刑法》，中国人民大学出版社 2011 年版，第 375 页；刘艳红主编：《刑法学》（下），北京大学出版社 2014 年版，第 52 页。

人后，以杀害、伤害被害人相威胁的，宜认定为绑架罪。为了索取债务，而将与债务人没有共同财产关系、扶养、抚养关系的第三者作为人质的，应认定为绑架罪。故意制造骗局使他人欠债，然后以索债为由扣押被害人作为人质，要求被害人近亲属偿还债务的，成立绑架罪。"① 还有学者认为，"赌债本身就不属于合法的债务，任何人均无权向他人索要赌债，所以，以非法拘禁的方式强索赌债的，同时侵害了公民的财产权，符合抢劫罪的构成要件，应当以抢劫罪论处。高利贷，也不受法律保护，但是其性质与赌债又有所不同，高利贷的本金以及法律允许范围内的利息，借贷人有义务返还，超过法律允许范围的利息（高利）不受法律保护，但是司法解释没有考虑到高利贷、赌债等法律不予保护的债务的差异性，均以非法拘禁罪论处，并不妥当。"② 笔者认为，最高人民法院的上述司法解释混淆了非法拘禁罪与绑架罪的界限。"因为《刑法》第 238 条第 3 款规定的'为索取债务非法扣押、拘禁他人'的人质型非法拘禁罪，就其客观行为方式而言，与《刑法》第 239 条第 1 款规定的'绑架他人债务人质'的绑架罪并无实质的区别。两者区分的关键是：人质型非法拘禁罪的犯罪动机是'为索取债务'；而绑架罪则无此动机。这里的'债务'，从立法精神来看，应当是真实的、合法的。否则，《刑法》将绑架他人作为人质强迫还债的行为从罪质较重的绑架罪中独立出来，并以罪质较轻的非法拘禁罪论处，就失去了意义。换言之，1997 年《刑法》新增人质型非法拘禁罪的规定，主要是考虑到其犯罪动机是'为索取债务'，有事出有因、情有可原的一面。因此，如果不是'为索取债务'，而是为索取法律不予保护的所谓'债务'，而非法扣押、拘禁他人的，应以绑架罪论处。"③ 上述分歧的产生，归根结底，还是源自于《刑法》第 238 条第 3 款规定和该司法解释的不合理性。因此，为厘清非法拘禁罪与绑架罪的界限，避免理论上和实践中不必要的纷争，有必要删去《刑法》第 238 条第 3 款的规定。

九、绑架罪（第 239 条）

【立法沿革】

绑架罪是在全国人大常委会 1991 年《关于严惩拐卖、绑架妇女、儿童的犯罪分子的决定》第 2 条第 3 款规定的绑架勒索罪的基础上修改而来的，并经《刑法修正案（七）》

---

① 张明楷：《刑法学》，法律出版社 2011 年版，第 795 页。
② 曲新久：《刑法学》，中国政法大学出版社 2009 年版，第 391 页。
③ 利子平：《刑法司法解释瑕疵研究》，法律出版社 2014 年版，第 290~291 页。此外，有学者提出，"绑架罪是一种严重侵犯公民人身权利的犯罪，不得被用做实现合法权益的手段。即合法权益的实现，只能通过合法的途径解决，不能以侵犯他人人身权利的方法获取。因此，尽管行为人的要求是合法的，也不能阻却其绑架行为的犯罪性质"（王作富主编：《刑法》，中国人民大学出版社 2011 年版，第 377 页）。笔者认为，从应然的角度来看，这一观点是可取的，有利于从根本上厘清非法拘禁罪与绑架罪的界限。据此，即便是为索取合法的债务绑架他人为人质的，也应以绑架罪论处。

第 6 条和《刑法修正案（九）》第 14 条所修正。

为有效制止绑架他人勒索财物的犯罪活动，全国人大常委会 1991 年 9 月 4 日通过的《关于严惩拐卖、绑架妇女、儿童的犯罪分子的决定》第 2 条第 3 款增设了绑架勒索罪。① 该款规定："以勒索财物为目的绑架他人的，依照本条第一款的规定处罚。"②

在刑法修订研拟的过程中，由于各方面对本罪的认识和看法分歧较大，因而对本罪的写法也出现过较大的反复和变化。1996 年的《刑法修订草案》（征求意见稿）第 214 条以上述规定为基础，规定了绑架勒索罪："以勒索财物为目的绑架他人的，处十年以上有期徒刑或者无期徒刑，并处罚金或者没收财产；致使被绑架人死亡或者杀害被绑架人的，处死刑，并处没收财产。""以勒索财物为目的偷盗婴幼儿的，依照前款的规定处罚。"而 1997 年的《刑法修订草案》（修改稿）第 239 条则取消了"以勒索财物为目的"的限制，从而使罪名扩充为绑架罪。修改后的条文为："绑架他人的，处十年以上有期徒刑或者无期徒刑，并处罚金或者没收财产；致使被绑架人死亡或者杀害被绑架人的，处死刑，并处没收财产。""以勒索财物为目的偷盗婴幼儿的，依照前款的规定处罚。""为索取债务，实施第一款行为的，依照第二百三十八条的规定处罚。"③ 1997 年 3 月 1 日，提交给八届全国人大五次会议审议的《中华人民共和国刑法（修订草案）》第 239 条在上述规定的基础上，修改了本罪的罪状，并将"为索取债务，实施第一款行为的，依照第二百三十八条的规定处罚"的规定修改后移入第 238 条。这一修改方案，为 1997 年修订的《刑法》所采纳。

1997 年修订的《刑法》第 239 条规定："以勒索财物为目的绑架他人的，或者绑架他人作为人质的，处十年以上有期徒刑或者无期徒刑，并处罚金或者没收财产；致使被绑架人死亡或者杀害被绑架人的，处死刑，并处没收财产。""以勒索财物为目的偷盗婴幼儿的，依照前款的规定处罚。"

1997 年《刑法》施行后，"最高人民法院和公安部提出，从实践中看，刑法对该罪设定的刑罚层次偏少，不能完全适应处理这类情况复杂的案件的需要，建议对绑架罪法定刑的设置作适当调整。有些全国人大代表建议规定，对绑架他人后主动放人的，从轻处罚。""经同最高人民法院、最高人民检察院、公安部研究认为，绑架罪严重危及公民人身安全，应予严惩；同时，考虑到实际发生的这类案件的具体情况比较复杂，在刑罚设置上适当增加档次，有利于按照罪刑刑相适应的原则惩治犯罪。"④ 因此，《刑法修正案（七）》第 6 条

① 1988 年的《刑法修改稿》曾在抢劫罪中单列 1 款规定："绑架勒索的，依照前款的规定从重处罚。"

② 该条第 1 款的规定为："以出卖为目的，使用暴力、胁迫或者麻醉方法绑架妇女、儿童的，处十年以上有期徒刑或者无期徒刑，并处一万元以下罚金或者没收财产；情节特别严重的，处死刑，并处没收财产。"

③ 该草案第 238 条规定的是非法拘禁罪。

④ 参见全国人大常委会法制工作委员会主任李适时 2008 年 8 月 25 日在十一届全国人大常委会第四次会议上所作的《关于〈中华人民共和国刑法修正案（七）（草案）〉的说明》。

增加了"情节较轻的，处五年以上十年以下有期徒刑，并处罚金"的规定，并对条文的结构作了适当的调整。修改后的条文为："以勒索财物为目的绑架他人的，或者绑架他人作为人质的，处十年以上有期徒刑或者无期徒刑，并处罚金或者没收财产；情节较轻的，处五年以上十年以下有期徒刑，并处罚金。""犯前款罪，致使被绑架人死亡或者杀害被绑架人的，处死刑，并处没收财产。""以勒索财物为目的偷盗婴幼儿的，依照前两款的规定处罚。"

针对上述第 2 款"犯前款罪，致使被绑架人死亡或者杀害被绑架人的，处死刑，并处没收财产"的规定，"有的部门、地方和专家提出，刑法上述规定对这种情形规定绝对死刑的刑罚，司法机关在量刑时没有余地，不能适应各类案件的复杂情况，有的案件难以体现罪责刑相适应的原则。同时，除致人死亡或者杀害被绑架人的以外，对于故意伤害被绑架人、致人重伤的，也应当根据其犯罪情节，规定相应的刑罚。"[1] 据此，《刑法修正案（九）（草案）》（二次审议稿）第 14 条将上述第 2 款修改为："犯前款罪，故意伤害、杀害被绑架人，致人重伤、死亡的，处无期徒刑或者死刑，并处没收财产。"对此，"有的常委会组成人员、有关部门提出，对于犯绑架罪，故意杀害被绑架人的，无论是否得逞，是否造成重伤、死亡的后果，都应当严厉惩处，以切实保护公民生命安全。"[2] 因此，《刑法修正案（九）》第 14 条又将上述第 2 款修改为："犯前款罪，杀害被绑架人的，或者故意伤害被绑架人，致人重伤、死亡的，处无期徒刑或者死刑，并处没收财产。"

【立法规定】

《刑法》第 239 条规定："以勒索财物为目的绑架他人的，或者绑架他人作为人质的，处十年以上有期徒刑或者无期徒刑，并处罚金或者没收财产；情节较轻的，处五年以上十年以下有期徒刑，并处罚金。""犯前款罪，杀害被绑架人的，或者故意伤害被绑架人，致人重伤、死亡的，处无期徒刑或者死刑，并处没收财产。""以勒索财物为目的偷盗婴幼儿的，依照前两款的规定处罚。"

【立法释义】

全国人大常委会法制工作委员会 2002 年 7 月 24 日发布的《关于已满十四周岁不满十六周岁的人承担刑事责任范围问题的答复意见》规定："刑法第十七条第二款规定的八种犯罪，是指具体犯罪行为而不是具体罪名。对于刑法第十七条中规定的'犯故意杀人、故意伤害致人重伤或者死亡'，是指只要故意实施了杀人、伤害行为并且造成了致人重伤、

----

① 参见全国人大法律委员会主任委员乔晓阳 2015 年 6 月 24 日在十二全国人大常委会第十五次会议上所作的《关于〈中华人民共和国刑法修正案（九）（草案）〉修改情况的汇报》。
② 参见全国人大法律委员会主任委员乔晓阳 2015 年 8 月 24 日在十二全国人大常委会第十六次会议上所作的《关于〈中华人民共和国刑法修正案（九）（草案）〉审议结果的报告》。

死亡后果的，都应负刑事责任。而不是指只有犯故意杀人罪、故意伤害罪的，才负刑事责任，绑架撕票的，不负刑事责任。对司法实践中出现的已满十四周岁不满十六周岁的人绑架人质后杀害被绑架人、拐卖妇女、儿童而故意造成被拐卖妇女、儿童重伤或死亡的行为，依据刑法是应当追究其刑事责任的。"

最高人民法院研究室 1995 年 5 月 30 日发布的《关于对在绑架勒索犯罪过程中对同一受害人又有抢劫行为应如何定罪问题的答复》规定："行为人在绑架勒索犯罪过程中，又抢劫同一人被害人财物的，应以绑架勒索罪定罪，从重处罚；同时又抢劫他人财物的，应分别以绑架勒索罪、抢劫罪定罪，实行数罪并罚。"

最高人民法院 2001 年 11 月 8 日发布的《关于对在绑架过程中以暴力、胁迫等手段当场劫取被害人财物的行为如何适用法律问题的答复》规定："行为人在绑架过程中，又以暴力、胁迫等手段当场劫取被害人财物，构成犯罪的，择一重罪处罚。"

最高人民检察院法律政策研究室 2003 年 4 月 18 日发布的《关于相对刑事责任年龄的人承担刑事责任范围有关问题的答复》第 1 条规定："相对刑事责任年龄的人实施了刑法第十七条第二款规定的行为，应当追究刑事责任的，其罪名应当根据所触犯的刑法分则具体条文认定。对于绑架后杀害被绑架人的，其罪名应认定为绑架罪。"①

最高人民法院 2005 年 6 月 8 日发布的《关于审理抢劫、抢夺刑事案件适用法律若干问题的意见》关于"抢劫罪与绑架罪的界限"部分规定，绑架罪是侵害他人人身自由权利的犯罪，其与抢劫罪的区别在于：第一，主观方面不尽相同。抢劫罪中，行为人一般出于非法占有他人财物的故意实施抢劫行为，绑架罪中，行为人既可能为勒索他人财物而实施绑架行为，也可能出于其他非经济目的实施绑架行为。第二，行为手段不尽相同。抢劫罪表现为行为人劫取财物一般应在同一时间、同一地点，具有"当场性"；绑架罪表现为行为人以杀害、伤害等方式向被绑架人的亲属或其他人或单位发出威胁，索取赎金或提出其他非法要求，劫取财物一般不具有"当场性"。绑架过程中又当场劫取被害人随身携带财物的，同时触犯绑架罪和抢劫罪两罪名，应择一重罪定罪处罚。

【立法建言】

建　议：删去《刑法》第 239 条第 2 款。

理　由：

1. 删去《刑法》第 239 条第 2 款，有助于平息理论纷争。在刑法理论上，对"杀害被绑架人"的，除构成绑架罪外，还独立构成故意杀人罪并无异议。但是，对"杀害被绑

---

①　最高人民法院 2006 年 1 月 11 日发布的《关于审理未成年人刑事案件具体应用法律若干问题的解释》第 5 条规定："已满十四周岁不满十六周岁的人实施刑法第十七条第二款规定以外的行为，如果同时触犯了刑法第十七条第二款规定的，应当依照刑法十七条第二款的规定确定罪名，定罪处罚。"

架人"以绑架罪论处的理由却众说纷纭，莫衷一是。例如，有学者认为，"犯绑架罪而故意杀死被绑架人的，行为人除符合绑架罪的构成要件外，还具备故意杀人罪的全部构成要件，刑法规定作为一罪处理，属于一个犯罪包容其他犯罪的情形。"① 也有学者认为，"行为人在绑架犯罪过程中或既遂之后，故意将被害人杀死（撕票），理论上独立地构成故意杀人罪。但是根据《刑法》第239条的规定，此种情况属于绑架罪的一个处罚情节，已为绑架罪所吸收，应以绑架罪定罪处罚，不再单独论以故意杀人罪。"② 还有学者认为，"'杀害被绑架人'显然是指绑架后故意杀人。绑架杀人既不是结果加重犯，也不是情节加重犯与所谓包容犯，而应理解为结合犯。"③ 上述理论纷争，都是基于现行刑法规定的不同解读。至于当时没有明文规定的"故意伤害被绑架人，致人重伤、死亡"的情形应如何处理，在刑法理论上则有不同的看法。例如，有学者认为，"绑架是一种暴力性犯罪，在犯罪过程中往往会导致被害人伤亡的后果，与其他犯罪之间形成想象竞合犯或法定吸收关系。"④ 也有学者认为，"行为人绑架他人后，故意实施伤害、强奸等行为的，则应实行数罪并罚。绑架他人后故意伤害致死的，不属于绑架致人死亡的结果加重犯，也不属于杀害被绑架人，因而只能实行并罚。"⑤ 还有学者认为，"在绑架他人的过程中，或绑架他人以后，伤害被绑架人甚至杀害被绑架人的，伤害行为、杀人行为属于绑架罪的量刑情节，对此以绑架罪一罪处罚，无需数罪并罚。"⑥ 笔者认为，既然"杀害被绑架人"或者"故意伤害被绑架人，致人重伤、死亡"同时构成了绑架罪和故意杀人罪或者故意伤害罪，理应对其实行数罪并罚。这不仅可以保持刑法理论体系内部的科学、和谐、统一，而且还可以平息刑法理论上不必要的纷争。

2. 删去《刑法》第239条第2款，有助于避免司法分歧。在司法实践中，对已满14周岁不满16周岁的人故意杀害被绑架人的情形，应以什么罪名追究刑事责任的问题，仍然存在不同意见。最高人民检察院法律政策研究室《关于相对刑事责任年龄的人承担刑事责任范围有关问题的答复》第1条规定："相对刑事责任年龄的人实施了刑法第十七条第二款规定的行为，应当追究刑事责任的，其罪名应当根据所触犯的刑法分则具体条文认定。对于绑架后杀害被绑架人的，其罪名应认定为绑架罪。"而最高人民法院《关于审理未成年人刑事案件具体应用法律若干问题的解释》第5条则规定："已满十四周岁不满十

---

① 曲新久：《刑法学》，中国政法大学出版社2009年版，第393页。该学者还认为，杀害被绑架人的，是绑架罪的结果加重犯。

② 王作富主编：《刑法》，中国人民大学出版社2011年版，第378页。

③ 张明楷：《刑法学》，法律出版社2011年版，第796页。

④ 王作富主编：《刑法》，中国人民大学出版社2011年版，第378页。

⑤ 张明楷：《刑法学》，法律出版社2011年版，第797页。

⑥ 刘艳红主编：《刑法学》（下），北京大学出版社2014年版，第58页。

六周岁的人实施刑法第十七条第二款规定以外的行为，如果同时触犯了刑法第十七条第二款规定的，应当依照刑法十七条第二款的规定确定罪名，定罪处罚。"① 上述分歧的产生，显然是基于对法条的不同解读。如果删去《刑法》第239条第2款的规定，则上述分歧将迎刃而解。

3. 删去《刑法》第239条第2款，有助于减少死刑罪名。如前所述，"杀害被绑架人"和"故意伤害被绑架人，致人重伤、死亡"独立构成了故意杀人罪和故意伤害罪。如果删去《刑法》第239条第2款的规定，意味着对上述情形应以绑架罪和故意杀人罪或者故意伤害罪实行数罪并罚。这不仅不会降低对"犯前款罪，杀害被绑架人的，或者故意伤害被绑架人，致人重伤、死亡的"整体惩处力度，而且还可以减少1个适用死刑罪名。

十、拐卖妇女、儿童罪（第240条）

【立法沿革】

拐卖妇女、儿童罪是在全国人大常委会1991年《关于严惩拐卖、绑架妇女、儿童的犯罪分子的决定》第1条规定的拐卖妇女、儿童罪的基础上修改而来的。

从立法源流来看，拐卖妇女、儿童罪是从拐卖人口罪中演变而来的。早在1950年，《刑法大纲草案》就规定了买卖妇女罪，并将其归属于"妨害婚姻与家庭罪"一章。该草案第152条规定："买卖妇女或强迫、介绍、容留妇女卖淫，从中获利者，处三年以下监禁。"② 但是，从1957年开始到1991年为止，历次的刑法草案和刑法立法所规定的均为拐卖人口罪，并将拐卖人口罪归属于侵犯人身权利的犯罪之中。1957年的《刑法草案》第22稿第160条规定："拐卖人口的，处七年以上有期徒刑。" 由于该规定的起刑点太高，因此，1963年的《刑法草案》第33稿第149条降低了本罪的法定最低刑："拐卖人口的，处五年以上有期徒刑。""对三十三稿修订时，根据前些年发生的实际情况，认为量刑上还有进一步区别对待的必要"③。因此，1979年《刑法》第141条对本罪的法定刑作了调整，增加了"处五年以下有期徒刑"的量刑档次。

1979年《刑法》第141条规定："拐卖人口的，处五年以下有期徒刑；情节严重的，处五年以上有期徒刑。"

1979年《刑法》施行后，"几年来，社会治安情况一直很严重。各级政府和公安、司法机关做了很多工作，采取了许多措施，虽然有所好转，但总的说没有解决问题。""同时，这几年出现了一些严重犯罪的情况，性质恶劣，危害严重，民愤极大，应当判处死

---

① 根据该解释的规定，对于绑架后杀害被绑架人的，其罪名应认定为故意杀人罪。
② 这是1979年《刑法》颁布之前唯一的买卖妇女罪的立法例。
③ 参见高铭暄：《中华人民共和国刑法的孕育和诞生》，法律出版社1981年版，第188页。

刑，但是按照'刑法'的有关规定不能判处死刑，需要修改、补充。主要是：……第三，拐卖人口的犯罪分子往往兼犯有强奸罪行，按照数罪并罚的规定，是可以依法判处死刑的。对于虽然没有兼犯强奸罪的拐卖人口集团的首要分子或者拐卖人口情节特别严重的，因为危害很大，也可以判处死刑……"① 因此，全国人大常委会 1983 年 9 与 2 日通过的《关于严惩严重危害社会治安的犯罪分子的决定》第 1 条规定："对下列严重危害社会治安的犯罪分子，可以在刑法规定的最高刑以上处刑，直至判处死刑：……3. 拐卖人口集团的首要分子，或者拐卖人口情节特别严重的……"

在全面研究修改刑法的过程中，1988 年的《刑法修改稿》取消了拐卖人口罪的死刑。② 该稿第 123 条规定："拐卖人口的，处五年以上有期徒刑；情节严重的，处五年以上十年以下有期徒刑，并处罚金；情节特别严重的，处十年以上有期徒刑或者无期徒刑，并处没收财产。"

鉴于"近几年来，有些地方拐卖妇女、儿童的犯罪活动猖獗，严重危害妇女、儿童的人身安全，摧残妇女、儿童身心健康，破坏被害人家庭和社会治安秩序，已经成为严重危害社会治安的一个大问题。"③ 因此，全国人大常委会 1991 年 9 月 4 日通过的《关于严惩拐卖、绑架妇女、儿童的犯罪分子的决定》第 1 条增设了拐卖妇女、儿童罪："拐卖妇女、儿童的，处五年以上十年以下有期徒刑，并处一万元以下罚金；有下列情形之一的，处十年以上有期徒刑或者无期徒刑，并处一万元以下罚金或者没收财产；情节特别严重的，处死刑，并处没收财产：（一）拐卖妇女、儿童集团的首要分子；（二）拐卖妇女、儿童三人以上的；（三）奸淫被拐卖的妇女的；（四）诱骗、强迫被拐卖的妇女卖淫或者将被拐卖的妇女卖给他人迫使其卖淫的；（五）造成被拐卖的妇女、儿童或者其亲属重伤、死亡或者其他严重后果的；（六）将妇女、儿童卖往境外的。""拐卖妇女、儿童是指以出卖为目的，有拐骗、收买、贩卖、接送、中转妇女、儿童的行为之一的。"④

在刑法修订研拟的过程中，1996 年的《刑法修订草案》（征求意见稿）取消了 1979 年《刑法》第 141 条规定的拐卖人口罪，并将《关于严惩拐卖、绑架妇女、儿童的犯罪分子的决定》第 1 条规定的拐卖妇女、儿童罪直接移植到了该草案第 216 条；同时，该草案

---

① 参见全国人大常委会秘书长、法制委员会副主任王汉斌 1983 年 9 月 2 日在六届全国人大常委会第二次会议是所作的《全国人大常委会关于修改"人民法院组织法"、"人民检察院组织法"的决定和"关于严惩严重危害社会治安的犯罪分子的决定"等几个法律案的说明》。

② 参见 1988 年《刑法修改稿》分则第三章"侵犯公民人身权利、民主权利罪"中的"修改说明"。

③ 参见全国人大常委会法制工作委员会副主任顾昂然 1991 年 6 月 21 日在七届全国人大常委会第二十次会议上所作的《关于严惩拐卖、绑架妇女、儿童的犯罪分子的决定（草案）的说明》。

④ 该决定第 2 条还增设了绑架妇女、儿童罪和绑架勒索罪："以出卖为目的，使用暴力、胁迫或者麻醉方法绑架妇女、儿童的，处十年以上有期徒刑或者无期徒刑，并处一万元以下罚金或者没收财产；情节特别严重的，处死刑，并处没收财产。""以出卖或者勒索财物为目的，偷盗婴幼儿的，依照本条第一款的规定处罚。""以勒索财物为目的绑架他人的，依照本条第一款的规定处罚。"

第 215 条还沿袭了决定第 2 条关于绑架妇女、儿童罪的规定。[1] "考虑到以出卖为目的绑架妇女、儿童或者偷盗婴幼儿的行为就其本质而言仍然属于一种拐卖行为，可以把这两种情形作为拐卖妇女、儿童罪的严重情节加以规定。"[2] 因此，1996 年的《刑法修订草案》第221 条取消了绑架妇女、儿童罪，而将其作为拐卖妇女、儿童罪"处十年以上有期徒刑或者无期徒刑，并处一万元以下罚金或者没收财产；情节特别严重的，处死刑，并处没收财产"的情节加以规定。此外，基于"一万元以下罚金"的规定可能会随着社会经济状况的变化而变得脱离实际的考虑，该条还删去了罚金数额的规定。修改后的条文为："拐卖妇女、儿童的，处五年以上十年以下有期徒刑，并处罚金；有下列情形之一的，处十年以上有期徒刑或者无期徒刑，并处罚金或者没收财产；情节特别严重的，处死刑，并处没收财产：（一）拐卖妇女、儿童集团的首要分子；（二）拐卖妇女、儿童三人以上的；（三）奸淫被拐卖的妇女的；（四）诱骗、强迫被拐卖的妇女卖淫或者将被拐卖的妇女卖给他人迫使其卖淫的；（五）以出卖为目的，使用暴力、胁迫或者麻醉方法绑架妇女、儿童的；（六）以出卖为目的，偷盗婴幼儿的；（七）造成被拐卖的妇女、儿童或者其亲属重伤、死亡或者其他严重后果的；（八）将妇女、儿童卖往境外的。""拐卖妇女、儿童是指以出卖为目的，有拐骗、收买、贩卖、接送、中转妇女、儿童的行为之一的。"1997 年的《刑法修订草案》（修改稿）第 240 条基本上沿用了上述规定，仅在第 2 款中增加了"绑架"一词。这一修改方案，为现行刑法所采纳。

【立法规定】

《刑法》第 240 条规定："拐卖妇女、儿童的，处五年以上十年以下有期徒刑，并处罚金；有下列情形之一的，处十年以上有期徒刑或者无期徒刑，并处罚金或者没收财产；情节特别严重的，处死刑，并处没收财产：（一）拐卖妇女、儿童集团的首要分子；（二）拐卖妇女、儿童三人以上的；（三）奸淫被拐卖的妇女的；（四）诱骗、强迫被拐卖的妇女卖淫或者将被拐卖的妇女卖给他人迫使其卖淫的；（五）以出卖为目的，使用暴力、胁迫或者麻醉方法绑架妇女、儿童的；（六）以出卖为目的，偷盗婴幼儿的；（七）造成被拐卖的妇女、儿童或者其亲属重伤、死亡或者其他严重后果的；（八）将妇女、儿童卖往境外的。""拐卖妇女、儿童是指以出卖为目的，有拐骗、绑架、收买、贩卖、接送、中转妇女、儿童的行为之一的。"

【立法释义】

全国人大常委会法制工作委员会 2002 年 7 月 24 日发布的《关于已满十四周岁不满十

---

① 该草案第 214 条将《关于严惩拐卖、绑架妇女、儿童的犯罪分子的决定》第 2 条第 3 款修改为绑架罪。
② 参见高铭暄：《中华人民共和国刑法的孕育诞生和发展完善》，北京大学出版社 2012 年版，第 461 页。

六周岁的人承担刑事责任范围问题的答复意见》规定："刑法第十七条第二款规定的八种犯罪，是指具体犯罪行为而不是具体罪名。对于刑法第十七条中规定的'犯故意杀人、故意伤害致人重伤或者死亡'，是指只要故意实施了杀人、伤害行为并且造成了致人重伤、死亡后果的，都应负刑事责任。而不是指只有犯故意杀人罪、故意伤害罪的，才负刑事责任，绑架撕票的，不负刑事责任。对司法实践中出现的已满十四周岁不满十六周岁的人绑架人质后杀害被绑架人、拐卖妇女、儿童而故意造成被拐卖妇女、儿童重伤或死亡的行为，依据刑法是应当追究其刑事责任的。"

最高人民检察院法律政策研究室 1998 年 12 月 24 日发布的《关于以出卖为目的的倒卖外国妇女的行为是否构成拐卖妇女罪的答复》规定："刑法第二百四十条明确规定：'拐卖妇女、儿童是以出卖为目的，有拐骗、绑架、收买、贩卖、接送、中转妇女、儿童的行为之一的。'其中作为'收买'对象的妇女、儿童并不要求必须是'被拐骗、绑架的妇女、儿童'。因此，以出卖为目的，收买、贩卖外国妇女，从中牟取非法利益的，应以拐卖妇女罪追究刑事责任。但确属为他人介绍婚姻收取介绍费，而非以出卖为目的的，不能追究刑事责任。"

最高人民法院 1999 年 10 月 27 日发布的《全国法院维护农村稳定刑事审判工作座谈会纪要》"关于拐卖妇女、儿童犯罪案件"规定："要从严惩处拐卖妇女、儿童犯罪团伙的首要分子和以拐卖妇女、儿童为常业的'人贩子'。要严格把握此类案件罪与非罪的界限。对于买卖至亲的案件，要区别对待：以贩卖牟利为目的'收养'子女的，应以拐卖儿童罪处理；对那些迫于生活困难、受重男轻女思想影响而出卖亲生子女或收养子女的，可不作为犯罪处理；对于出卖子女确属情节恶劣的，可按遗弃罪处罚；对于那些确属介绍婚姻，且被介绍的男女双方相互了解对方的基本情况，或者确属介绍收养，并经被收养人父母同意的，尽管介绍的人数较多，从中收取财物较多，也不应作犯罪处理。"

最高人民法院 2000 年 1 月 3 日发布的《关于审理拐卖妇女案件适用法律有关问题的解释》第 1 条规定："刑法第二百四十条规定的拐卖妇女罪中的'妇女'，既包括具有中国国籍的妇女，也包括具有外国国籍和无国籍的妇女。被拐卖的外国妇女没有身份证明的，不影响对犯罪分子的定罪处罚。"第 2 条规定："外国人或者无国籍人拐卖外国妇女到我国境内被查获的，应当根据刑法第六条的规定，适用我国刑法定罪处罚。"第 3 条规定："对于外国籍被告人身份无法查明或者其国籍国拒绝提供有关身份证明，人民检察院根据刑事诉讼法第一百二十八条第二款的规定起诉的案件，人民法院应当依法受理。"

最高人民法院、最高人民检察院、公安部、民政部、司法部、全国妇联 2000 年 3 月 20 日发布的《关于打击拐卖妇女儿童犯罪有关问题的通知》第 4 条规定："这次'打拐'专项斗争的重点是打击拐卖妇女、儿童的人贩子。凡是拐卖妇女、儿童的，不论是哪个环节，只要是以出卖为目的，有拐骗、绑架、收买、贩卖、接送、中转、窝藏妇女、儿童的行为之一的，不论拐卖人数多少，是否获利，均应以拐卖妇女、儿童罪追究刑事责任。对收买被拐卖的妇女、儿童的，以及阻碍解救被拐卖妇女、儿童构成犯罪的，也要依法惩处。出卖亲生子女的，由公安机关依法没收非法所得，并处以罚款；以营利为目的，出卖不满十四周岁子女，情节恶劣的，借收养名义拐卖儿童的，以及出卖捡拾的儿童的，均应以拐卖儿童罪追究刑事责任。出卖十四周岁以上女性亲属或者其他不满十四周岁亲属的，以拐卖妇女、儿童罪追究刑事责任。""办案中，要正确区分罪与非罪、罪与罪的界限，特别是拐卖妇女罪与介绍婚姻收取钱物行为、拐卖儿童罪与收养中介行为、拐卖儿童罪与拐骗儿童罪，以及绑架儿童罪与拐卖儿童罪的界限，防止扩大打击面或者放纵犯罪。"

最高人民法院、最高人民检察院、公安部、司法部2010年3月15日发布的《关于依法惩治拐卖妇女儿童犯罪的意见》第14条规定："犯罪嫌疑人、被告人参与拐卖妇女、儿童犯罪活动的多个环节，只有部分环节的犯罪事实查证清楚、证据确实、充分的，可以对该环节的犯罪事实依法予以认定。"第15条规定："以出卖为目的强抢儿童，或者捡拾儿童后予以出卖，符合刑法第二百四十条第二款规定的，应当以拐卖儿童罪论处。""以抚养为目的偷盗婴幼儿或者拐骗儿童，之后予以出卖的，以拐卖儿童罪论处。"第16条规定："以非法获利为目的，出卖亲生子女的，应当以拐卖妇女、儿童罪论处。"第17条规定："要严格区分借送养之名出卖亲生子女与民间送养行为的界限。区分的关键在于行为人是否具有非法获利的目的。应当通过审查将子女'送'人的背景和原因、有无收取钱财及收取钱财的多少、对方是否具有抚养目的及有无抚养能力等事实，综合判断行为人是否具有非法获利的目的。""具有下列情形之一的，可以认定属于出卖亲生子女，应当以拐卖妇女、儿童罪论处：（1）将生育作为非法获利手段，生育后即出卖子女的；（2）明知对方不具有抚养目的，或者根本不考虑对方是否具有抚养目的，为收取钱财将子女'送'给他人的；（3）为收取明显不属于'营养费'、'感谢费'的巨额钱财将子女'送'给他人的；（4）其他足以反映行为人具有非法获利目的的'送养'行为的。""不是出于非法获利目的，而是迫于生活困难，或者受重男轻女思想影响，私自将没有独立生活能力的子女送给他人抚养，包括收取少量'营养费'、'感谢费'的，属于民间送养行为，不能以拐卖妇女、儿童罪论处。对私自送养导致子女身心健康受到严重损害，或者具有其他恶劣情节，符合遗弃罪特征的，可以遗弃罪论处；情节显著轻微危害不大的，可由公安机关依法予以行政处罚。"第18条规定："将妇女拐卖给有关场所，致使被拐卖的妇女被迫卖淫或者从事其他色情服务的，以拐卖妇女罪论处。""有关场所的经营管理人员事前与拐卖妇女的犯罪人通谋的，对该经营管理人员以拐卖妇女罪的共犯论处；同时构成拐卖妇女罪和组织卖淫罪的，择一重罪论处。"第19条规定："医疗机构、社会福利机构等单位的工作人员以非法获利为目的，将所诊疗、护理、抚养的儿童贩卖给他人的，以拐卖儿童罪论处。"第21条第1款规定："明知他人拐卖妇女、儿童，仍然向其提供被拐卖妇女、儿童的健康证明、出生证明或者其他帮助的，以拐卖妇女、儿童罪的共犯论处。"第3款规定："认定是否'明知'，应当根据证人证言、犯罪嫌疑人、被告人及其同案人供述和辩解，结合提供帮助的人次，以及是否明显违反相关规章制度、工作流程等，予以综合判断。"第22条规定："明知他人系拐卖儿童的'人贩子'，仍然利用从事诊疗、福利救助等工作的便利或者了解被拐卖方情况的条件，居间介绍的，以拐卖儿童罪的共犯论处。"第23条规定："对于拐卖妇女、儿童犯罪的共犯，应当根据各被告人在共同犯罪中的分工、地位、作用、参与拐卖的人数、次数，以及分赃数额等，准确区分主从犯。""对于组织、领导、指挥拐卖妇女、儿童的某一个或者某几个犯罪环节，或者积极参与实施拐骗、绑架、收买、贩卖、接送、中转妇女、儿童等犯罪行为，起主要作用的，应当认定为主犯。""对于仅提供被拐卖妇女、儿童信息或者相关证明文件，或者进行居间介绍，起辅助或者次要作用，没有获利或者获利较少的，一般可认定为从犯。""对于各被告人在共同犯罪中的地位、作用区别不明显的，可以不区分主从犯。"第24条规定："拐卖妇女、儿童，又奸淫被拐卖的妇女、儿童，或者诱骗、强迫被拐卖的妇女、儿童卖淫的，以拐卖妇女、儿童罪处罚。"第25条规定："拐卖妇女、儿童，又对被拐卖的妇女、儿童实施故意杀害、伤害、猥亵、侮辱等行为，构成其他犯罪的，依照数罪并罚的规定处罚。"第26条规定："拐卖妇女、儿童或者收买被拐卖的妇女、儿童，又组织、教唆被拐卖、收买的妇女、儿童进行犯罪的，以拐卖妇女、儿童罪或者收买被拐卖的妇女、儿童罪与其所组织、教唆的罪数罪并罚。"第27条规定："拐卖妇女、儿童或者收买被拐卖的妇女、儿童，又组织、教唆被拐卖、收买的未成年妇女、儿童进行盗窃、诈骗、抢夺、敲诈勒索等违反治安管理活动的，以拐卖妇女、儿童罪或者收买被拐卖的妇女、儿童罪与组织未成年人进行违反治安管理活动罪数罪并罚。"第28条规定："对于拐卖妇女、儿童犯罪集团的首要分子，情节严重的主犯，累犯，偷盗婴幼儿、强抢儿童情节严重，将妇女、儿童卖往境外情节严重，拐卖妇女、儿童多人多次、造成伤亡后果，或者具有其他严重情节的，依法从重处罚；情节特别严重的，依法判处死刑。""拐卖妇女、儿童，并对被拐卖的妇女、儿童实施故意杀害、伤害、猥亵、侮辱等行为，数罪并罚决定执行的刑罚应当依法体现从严。"第29条规定："对于拐卖妇女、儿童的犯罪分子，应当注重依法适用财产刑，并切实加大执行力度，以强化刑罚的特殊预防与一般预防效果。"第31条规定："多名家庭成员或者亲友共同参与出卖亲生子女，或者'买人为妻'、'买人为子'构成收买被拐卖的妇女、儿童罪的，一般应当在综合考察犯意提起、各行为人在犯罪中所起作用等情节的基础上，依法追究其中罪责较重者的刑事责任。对于其他情节显著轻微危害不大，不认为是犯罪的，依法不追究刑事责任；必要时可以由公安机关予以行政处罚。"第 32 条规定："具有从犯、自首、立功等法定从宽处罚情节的，依法从轻、减轻或者免除处罚。""对被拐卖的妇女、儿童没有实施摧残、虐待等违法犯罪行为，或者能够协助解救被拐卖的妇女、儿童，或者具有其他酌定从宽处罚情节的，可以依法酌情从轻处罚。"第 33 条规定："同时具有从严和从宽处罚情节的，要在综合考察拐卖妇女、儿童的手段、拐卖妇女、儿童或者收买被拐卖的妇女、儿童的人次、危害后果以及被告人主观恶性、人身危险性等因素的基础上，结合当地此类犯罪发案情况和社会治安状况，决定对被告人总体从严或者从宽处罚。"

最高人民法院、最高人民检察院、公安部、司法部 2011 年 1 月 1 日发布的《关于限令拐卖妇女儿童犯罪人员投案自首的通告》第 1 条规定："限令实施或者参与拐卖妇女、儿童，收买被拐卖的妇女、儿童，聚众阻碍解救被拐卖的妇女、儿童的犯罪人员，自通告发布之日起至 2011 年 3 月 31 日到公安机关等有关单位、组织投案自首。"第 2 条规定："亲友应当积极规劝犯罪人员尽快投案自首，经亲友规劝、陪同投案的，或者亲友主动报案后将犯罪人员送去投案的，均视为自动投案。"第 3 条第 1 款规定："在限令期限内自动投案的犯罪人员，如实供述自己罪行的，依法可以从轻或者减轻处罚；犯罪情节较轻的，可以免除处罚。被采取强制措施或正在服刑期间，如实供述司法机关尚未掌握的拐卖犯罪行为的，如果该罪行与司法机关已掌握的或者判决确定的罪行属不同种罪行的，以自首论；如果该罪行系司法机关尚未掌握的同种拐卖犯罪的，一般应当从轻处罚。"第 4 条规定："犯罪人员有检举、揭发他人拐卖妇女、儿童犯罪行为，经查证属实的，以及提供重要线索，从而得以侦破其他犯罪案件等立功表现的，或者协助司法机关抓获其他犯罪嫌疑人的，可以依法从轻或者减轻处罚；有重大立功表现的，可以依法减轻或者免除处罚。""犯罪后自首又有重大立功表现的，应当依法减轻或者免除处罚。"

【立法建言】

建　议：将《刑法》第 240 条第 1 款第 3 档法定刑修改为"处无期徒刑或者死刑，并处没收财产"。

理　由：

鉴于绝对确定的法定刑具有难以克服的弊端，刑法不宜采用这种形式的法定刑。[①] 因此，宜将《刑法》第 240 条第 1 款中"处死刑，并处没收财产"的规定改为"处无期徒刑或者死刑，并处没收财产"。

---

① 关于绝对确定的法定刑的弊端，请参见本书分则第二章之十"劫持航空器罪（第 121 条）"中"立法建言"部分的论述，在此不再赘述。

十一、收买被拐卖的妇女、儿童罪（第 241 条）

【立法沿革】

收买被拐卖的妇女、儿童罪是在全国人大常委会 1991 年《关于严惩拐卖、绑架妇女、儿童的犯罪分子的决定》第 3 条规定的收买被拐卖、绑架的妇女、儿童罪的基础上修改而来的，并经《刑法修正案（九）》第 15 条所修正。

20 世纪 80 年代以来，有些地方拐卖妇女、儿童的犯罪活动猖獗，已经成为严重危害社会安定的一个大问题。刑法和有关法律虽然对拐卖妇女、儿童的犯罪规定了刑罚，直至判处死刑，但是，对收买被拐卖的妇女、儿童的，没有明确规定追究刑事责任，这是拐卖妇女、儿童的犯罪活动之所以不能制止的一个重要原因。为了有效地制止拐卖、绑架妇女、儿童的犯罪活动，有必要将收买被拐卖、绑架的妇女、儿童的行为，规定为犯罪。"婚姻法规定，禁止买卖婚姻。收买被拐卖、绑架的妇女、儿童，是更为严重的违法行为，不仅侵犯妇女、儿童的人身权利，而且直接助长拐卖、绑架妇女、儿童的犯罪活动。对收买被拐卖、绑架妇女、儿童的不追究刑事责任，不能有效地制止拐卖、绑架的犯罪，也不利于对被拐卖、绑架妇女、儿童的解救，司法机关和广大群众强烈要求对收买者予以惩治。"[1] 据此，全国人大常委会 1991 年《关于严惩拐卖、绑架妇女、儿童的犯罪分子的决定》第 3 条增设了收买被拐卖、绑架的妇女、儿童罪："严禁收买被拐卖、绑架的妇女、儿童。收买被拐卖、绑架的妇女、儿童的，处三年以下有期徒刑、拘役或者管制。""收买被拐卖、绑架的妇女，强行与其发生性关系的，依照刑法关于强奸罪的规定处罚。""收买被拐卖、绑架的妇女、儿童，非法剥夺、限制其人身自由或者有伤害、侮辱、虐待等犯罪行为的，依照刑法的有关规定处罚。""收买被拐卖、绑架的妇女、儿童，并有本条第二款、第三款规定的犯罪行为的，依照刑法关于数罪并罚的规定处罚。""收买被拐卖、绑架的妇女、儿童又出卖的，依照本决定第一条的规定处罚。""收买被拐卖、绑架的妇女、儿童，按照被买妇女的意愿，不阻碍其返回原居住地的，对被买儿童没有虐待行为，不阻碍对其进行解救的，可以不追究刑事责任。"

在刑法修订研拟的过程中，1996 年的《刑法修订草案》（征求意见稿）第 217 条基本上沿用了上述规定，仅删去了其中"严禁收买被拐卖、绑架的妇女、儿童"这一宣示性规定，修改了个别文字。鉴于 1996 年的《刑法修订草案》第 221 条取消了绑架妇女、儿童罪，为了使立法用语能够协调统一，1997 年的《刑法修订草案》（修改稿）第 241 条删去了本条中的"绑架"一词。这一修改方案，为 1997 年修订的《刑法》所采纳。

---

[1] 参见全国人大常委会法制工作委员会副主任顾昂然 1991 年 6 月 21 日在七届全国人大常委会第二十次会议上所作的《关于严惩拐卖、绑架妇女、儿童的犯罪分子的决定（草案）的说明》。

1997 年修订的《刑法》第 241 条规定："收买被拐卖的妇女、儿童的，处三年以下有期徒刑、拘役或者管制。""收买被拐卖的妇女，强行与其发生性关系的，依照本法第二百三十六条的规定定罪处罚。""收买被拐卖的妇女、儿童，非法剥夺、限制其人身自由或者有伤害、侮辱等犯罪行为的，依照本法的有关规定定罪处罚。""收买被拐卖的妇女、儿童，并有第二款、第三款规定的犯罪行为的，依照数罪并罚的规定处罚。""收买被拐卖的妇女、儿童又出卖的，依照本法第二百四十条的规定定罪处罚。""收买被拐卖的妇女、儿童，按照被买妇女的意愿，不阻碍其返回原居住地的，对被买儿童没有虐待行为，不阻碍对其进行解救的，可以不追究刑事责任。"

1997 年《刑法》施行后，《刑法修正案（九）（草案）》第 13 条修改了收买被拐卖的妇女、儿童罪，对于收买妇女、儿童的行为一律作出犯罪评价。对收买被拐卖的妇女、儿童，按照被买妇女的意愿，不阻碍其返回原居住地的，对被买儿童没有虐待行为，不阻碍对其进行解救的，将"可以不追究刑事责任"的规定，修改为"可以从轻、减轻或者免除处罚"[1]。在审议和征求意见的过程中，"有的常委会组成人员、部门和地方提出，收买被拐卖的妇女和收买被拐卖的儿童情况有所不同，在刑事政策的掌握和处罚上应当有所区别，对后一种情况减轻或者免除处罚应当慎重。"[2] 据此，《刑法修正案（九）》第 15 条又对上述规定作了两方面的修改：一是将对被买儿童没有虐待行为，不阻碍对其进行解救的，"可以从轻、减轻或者免除处罚"修改为"可以从轻处罚"；二是将按照被买妇女的意愿，不阻碍其返回原居住地的，"可以从轻、减轻或者免除处罚"修改为"可以从轻或者减轻处罚"。

【立法规定】

《刑法》第 241 条规定："收买被拐卖的妇女、儿童的，处三年以下有期徒刑、拘役或者管制。""收买被拐卖的妇女，强行与其发生性关系的，依照本法第二百三十六条的规定定罪处罚。""收买被拐卖的妇女、儿童，非法剥夺、限制其人身自由或者有伤害、侮辱等犯罪行为的，依照本法的有关规定定罪处罚。""收买被拐卖的妇女、儿童，并有第二款、第三款规定的犯罪行为的，依照数罪并罚的规定处罚。""收买被拐卖的妇女、儿童又出卖的，依照本法第二百四十条的规定定罪处罚。""收买被拐卖的妇女、儿童，对被买儿童没有虐待行为，不阻碍对其进行解救的，可以从轻处罚；按照被买妇女的意愿，不阻碍其返回原居住地的，可以从轻或者减轻处罚。"

---

[1] 参见全国人大常委会法制工作委员会主任李适时 2014 年 10 月 27 日在十二届全国人大常委会第十一次会议上所作的《关于〈中华人民共和国刑法修正案（九）（草案）〉的说明》。

[2] 参见全国人大法律委员会主任委员乔晓阳 2015 年 6 月 24 日在十二全国人大常委会第十五次会议上所作的《关于〈中华人民共和国刑法修正案（九）（草案）〉修改情况的汇报》。

【立法释义】

最高人民法院、最高人民检察院、公安部、司法部2010年3月15日发布的《关于依法惩治拐卖妇女儿童犯罪的意见》第20条规定："明知是被拐卖的妇女、儿童而收买，具有下列情形之一的，以收买被拐卖的妇女、儿童罪论处；同时构成其他犯罪的，依照数罪并罚的规定处罚：（1）收买被拐卖的妇女后，违背被收买妇女的意愿，阻碍其返回原居住地的；（2）阻碍对被收买妇女、儿童进行解救的；（3）非法剥夺、限制被收买妇女、儿童的人身自由，情节严重，或者对被收买妇女、儿童有强奸、伤害、侮辱、虐待等行为的；（4）所收买的妇女、儿童被解救后又再次收买，或者收买多名被拐卖的妇女、儿童的；（5）组织、诱骗、强迫被收买的妇女、儿童从事乞讨、苦役，或者盗窃、传销、卖淫等违法犯罪活动的；（6）造成被收买妇女、儿童或者其亲属重伤、死亡以及其他严重后果的；（7）具有其他严重情节的。""被追诉前主动向公安机关报案或者向有关单位反映，愿意让被收买妇女返回原居住地，或者将被收买儿童送回其家庭，或者将被收买妇女、儿童交给公安、民政、妇联等机关、组织，没有其他严重情节的，可以不追究刑事责任。"第21条第2款、第3款规定"明知他人收买被拐卖的妇女、儿童，仍然向其提供被收买妇女、儿童的户籍证明、出生证明或者其他帮助的，以收买被拐卖的妇女、儿童罪的共犯论处，但是，收买人未被追究刑事责任的除外。""认定是否'明知'，应当根据证人证言、犯罪嫌疑人、被告人及其同案人供述和辩解，结合提供帮助的人次，以及是否明显违反相关规章制度、工作流程等，予以综合判断。"第26条规定："拐卖妇女、儿童或者收买被拐卖的妇女、儿童，又组织、教唆被拐卖、收买的妇女、儿童进行犯罪的，以拐卖妇女、儿童罪或者收买被拐卖的妇女、儿童罪与其所组织、教唆的罪数罪并罚。"第27条规定："拐卖妇女、儿童或者收买被拐卖的妇女、儿童，又组织、教唆被拐卖、收买的未成年妇女、儿童进行盗窃、诈骗、抢夺、敲诈勒索等违反治安管理活动的，以拐卖妇女、儿童罪或者收买被拐卖的妇女、儿童罪与组织未成年人进行违反治安管理活动罪数罪并罚。"第30条规定："犯收买被拐卖的妇女、儿童罪，对被收买妇女、儿童实施违法犯罪活动或者将其作为牟利工具的，处罚时应当依法体现从严。收买被拐卖的妇女、儿童，对被收买妇女、儿童没有实施摧残、虐待行为或者与其已形成稳定的婚姻家庭关系，但仍应依法追究刑事责任的，一般应当从轻处罚；符合缓刑条件的，可以依法适用缓刑。""收买被拐卖的妇女、儿童，犯罪情节轻微的，可以依法免予刑事处罚。"第31条规定："多名家庭成员或者亲友共同参与出卖亲生子女，或者'买人为妻'、'买人为子'构成收买被拐卖的妇女、儿童罪的，一般应当在综合考察犯意提起、各行为人在犯罪中所起作用等情节的基础上，依法追究其中罪责较重者的刑事责任。对于其他情节显著轻微危害不大，不认为是犯罪的，依法不追究刑事责任；必要时可以由公安机关予以行政处罚。"第32条规定：

"具有从犯、自首、立功等法定从宽处罚情节的，依法从轻、减轻或者免除处罚。对被拐卖的妇女、儿童没有实施摧残、虐待等违法犯罪行为，或者能够协助解救被拐卖的妇女、儿童，或者具有其他酌定从宽处罚情节的，可以依法酌情从轻处罚。"第33条规定："同时具有从严和从宽处罚情节的，要在综合考察拐卖妇女、儿童的手段、拐卖妇女、儿童或者收买被拐卖妇女、儿童的人次、危害后果以及被告人主观恶性、人身危险性等因素的基础上，结合当地此类犯罪发案情况和社会治安状况，决定对被告人总体从严或者从宽处罚。"

最高人民法院、最高人民检察院、公安部、司法部2011年1月1日发布的《关于限令拐卖妇女儿童犯罪人员投案自首的通告》第1条规定："限令实施或者参与拐卖妇女、儿童，收买被拐卖的妇女、儿童，聚众阻碍解救被拐卖的妇女、儿童的犯罪人员，自通告发布之日起至2011年3月31日到公安机关等有关单位、组织投案自首。"第2条规定："亲友应当积极规劝犯罪人员尽快投案自首，经亲友规劝、陪同投案的，或者亲友主动报案后将犯罪人员送去投案的，均视为自动投案。"第3条规定："在限令期限内自动投案的犯罪人员，如实供述自己罪行的，依法可以从轻或者减轻处罚；犯罪情节较轻的，可以免除处罚。被采取强制措施或正在服刑期间，如实供述司法机关尚未掌握的拐卖犯罪行为的，如果该罪行与司法机关已掌握的或者判决确定的罪行属不同种罪行的，以自首论；如果该罪行系司法机关尚未掌握的同种拐卖犯罪的，一般应当从轻处罚。被追诉前主动向公安机关报案或者向有关单位反映，愿意让被收买妇女返回原居住地，或者将被收买儿童送回其家庭，或者将被收买妇女、儿童交给公安、民政、妇联等机关、组织，没有其他严重情节的，可以依法免予刑事处罚。"第4条规定："犯罪人员有检举、揭发他人拐卖妇女、儿童犯罪行为，经查证属实的，以及提供重要线索，从而得以侦破其他犯罪案件等立功表现的，或者协助司法机关抓获其他犯罪嫌疑人的，可以依法从轻或者减轻处罚；有重大立功表现的，可以依法减轻或者免除处罚。犯罪后自首又有重大立功表现的，应当依法减轻或者免除处罚。"第5条规定："逾期拒不投案自首，或者转移、藏匿被收买的妇女、儿童，阻碍其返回原居住地或者阻碍解救的，经查实，依法从严惩处。"

【立法建言】

建　议：删去《刑法》第241条第2款、第3款、第4款。

理　由：

《刑法》第241条第2款、第3款是注意规定，仅具有提示司法工作人员的功能，并无任何实际内容。因此，"即使没有《刑法》第241条第2款、第3款的规定，司法部门也应当按照《刑法》第241条第4款的精神对行为人进行数罪并罚。"[①] 此外，这两款注

意规定还有损《刑法》内部的和谐统一。①

十二、聚众阻碍解救被收买的妇女、儿童罪（第 242 条）

【立法沿革】

聚众阻碍解救被收买的妇女、儿童罪是在全国人大常委会 1991 年《关于严惩拐卖、绑架妇女、儿童的犯罪分子的决定》第 4 条第 3 款规定的聚众阻碍解救被收买的妇女、儿童罪的基础上修改而来的。

"在解救被拐卖、绑架的妇女、儿童的工作中，往往有来自各方面的阻力，有些收买者或者亲友、乡邻甚至基层干部，采取各种方式阻碍解救工作。"② 有鉴于此，为保护解救工作的顺利进行，全国人大常委会 1991 年《关于严惩拐卖、绑架妇女、儿童的犯罪分子的决定》第 4 条规定："任何个人或者组织不得阻碍对被拐卖、绑架的妇女、儿童的解救，并不得向被拐卖、绑架的妇女、儿童及其家属或者解救人索要收买妇女、儿童的费用和生活费用；对已经索取的收买妇女、儿童的费用和生活费用，予以追回。""以暴力、威胁方法阻碍国家工作人员解救被收买的妇女、儿童的，依照刑法第一百五十七条③的规定处罚；协助转移、隐藏或者以其他方法阻碍国家工作人员解救被收买的妇女、儿童，未使用暴力、威胁方法的，依照治安管理处罚条例的规定处罚。""聚众阻碍国家工作人员解救被收买的妇女、儿童的首要分子，处五年以下有期徒刑或者拘役；其他参与者，依照本条第二款的规定处罚。"

在刑法修订研拟的过程中，1996 年的《刑法修订草案》（征求意见稿）第 218 条对上述规定作了较大的调整，主要是删去了第 1 款"任何个人或者组织不得阻碍对被拐卖、绑架的妇女、儿童的解救，并不得向被拐卖、绑架的妇女、儿童及其家属或者解救人索要收买妇女、儿童的费用和生活费用；对已经索取的收买妇女、儿童的费用和生活费用，予以追回"这一宣示性规定，以及第 2 款中"协助转移、隐藏或者以其他方法阻碍国家工作人员解救被收买的妇女、儿童，未使用暴力、威胁方法的，依照治安管理处罚条例的规定处罚"这一非刑法规范。修改后的条文为："以暴力、威胁方法阻碍国家工作人员解救被收

---

① 有学者指出，"这种规定，实在不符合刑法分则条文的一般特征，而像给法官开列的司法适用性解释或操作细则，是办案指南。事实上，凭着一个法官对法律的最基本理解和适用常识，不会不知道强奸重罪不应被收买人口之 3 年以下有期徒刑轻罪吸收，不会不知道杀人重罪不会被组织越境之 7 年以下有期徒刑轻罪吸收，不会不知道在这里不存在'牵连犯'之情形。把办案中应考虑为数罪并罚的各种情形列入刑法典分则正文，实在没有必要"（范忠信："再论新刑法的局限与缺陷"，载《法学》1999 年第 6 期）。

② 参见全国人大常委会法制工作委员会副主任顾昂然 1991 年 6 月 21 日在七届全国人大常委会第二十次会议上所作的《关于严惩拐卖、绑架妇女、儿童的犯罪分子的决定（草案）的说明》。

③ 1979 年《刑法》第 157 条规定的是妨害公务罪。

买的妇女、儿童的，依照本法第二百五十条的规定处罚。"① "聚众阻碍国家工作人员解救被收买的妇女、儿童的首要分子，处五年以下有期徒刑或者拘役；其他参与者，依照前款的规定处罚。"1996 年的《刑法修订草案》第 223 条进一步明确了"以暴力、威胁方法阻碍国家工作人员解救被收买的妇女、儿童的"，应当依照妨害公务罪"定罪"处罚。1997 年的《刑法修订草案》（修改稿）第 242 条根据渎职罪主体的新规定，将"国家工作人员"改为"国家机关工作人员"。1997 年《刑法》第 242 条在上述规定的基础上，对"其他参与者"的归责范围，作了"使用暴力、威胁方法"的限制。

【立法规定】

《刑法》第 242 条规定："以暴力、威胁方法阻碍国家机关工作人员解救被收买的妇女、儿童的，依照本法第二百七十七条的规定定罪处罚。聚众阻碍国家机关工作人员解救被收买的妇女、儿童的首要分子，处五年以下有期徒刑或者拘役；其他参与者使用暴力、威胁方法的，依照前款的规定处罚。"

【立法释义】

最高人民法院、最高人民检察院、公安部、民政部、司法部、全国妇联 1986 年 11 月 27 日发布的《关于坚决打击拐卖妇女儿童犯罪活动的通知》第 3 条第 3 款规定："必须强调，对阻挠解救被害妇女、儿童工作，围攻、殴打前来解救的工作人员或亲属的，经教育无效，要依照治安管理处罚条例有关规定给予处罚；情节严重，构成妨害公务罪或者故意伤害罪的，依法追究刑事责任。"

最高人民法院、最高人民检察院、公安部、司法部 2011 年 1 月 1 日发布的《关于限令拐卖妇女儿童犯罪人员投案自首的通告》第 1 条规定："限令实施或者参与拐卖妇女、儿童，收买被拐卖的妇女、儿童，聚众阻碍解救被拐卖的妇女、儿童的犯罪人员，自通告发布之日起至 2011 年 3 月 31 日到公安机关等有关单位、组织投案自首。"第 2 条规定："亲友应当积极规劝犯罪人员尽快投案自首，经亲友规劝、陪同投案的，或者亲友主动报案后将犯罪人员送去投案的，均视为自动投案。"第 3 条第 1 款规定："在限令期限内自动投案的犯罪人员，如实供述自己罪行的，依法可以从轻或者减轻处罚；犯罪情节较轻的，可以免除处罚。被采取强制措施或正在服刑期间，如实供述司法机关尚未掌握的拐卖犯罪行为的，如果该罪行与司法机关已掌握的或者判决确定的罪行属不同种罪行的，以自首论；如果该罪行系司法机关尚未掌握的同种拐卖犯罪的，一般应当从轻处罚。"第 4 条规定："犯罪人员有检举、揭发他人拐卖妇女、儿童犯罪行为，经查证属实的，以及提供重要线索，从而得以侦破其他犯罪案件等立功表现的，或者协助司法机关抓获其他犯罪嫌

---

① 该草案第 250 条规定的是妨害公务罪。

人的，可以依法从轻或者减轻处罚；有重大立功表现的，可以依法减轻或者免除处罚。"
"犯罪后自首又有重大立功表现的，应当依法减轻或者免除处罚。"

【立法建言】

建　议：将《刑法》第242条第2款修改为："聚众阻碍国家机关工作人员解救被收买的妇女、儿童的首要分子，处五年以下有期徒刑、拘役或者管制；其他参与者使用暴力、威胁方法的，处三年以下有期徒刑、拘役、管制或者罚金。"

理　由：

从立法技术上看，宜在本罪第2款前段中增加"管制"的规定，以与《刑法》第277条第1款的处刑规定相协调。此外，还宜将第2款后段中的"依照前款的规定处罚"改为"处三年以下有期徒刑、拘役、管制或者罚金"，以免在同一个犯罪中出现首要分子与其他参与者分别适用罪名的情况。[①]

十三、诬告陷害罪（第243条）

【立法沿革】

诬告陷害罪是在1979年《刑法》第138条规定的诬告陷害罪的基础上修改而来的。

"诬告反坐"是中国的传统观念，因此，历次刑法草案均规定了诬告陷害罪。但是，不同时期对诬告陷害罪的认识和规定却不尽相同。1950年的《刑法大纲草案》将诬告罪归属于"妨害国家统治秩序罪"一章，[②]并对其配置了独立的法定刑。该草案第71条规定："企图陷害或捏造事实而诬告他人者，处二年以下监禁。""诬告他人犯重罪或致他人受重大之损失者，处三年以上七年以下监禁。"1954年的《刑法指导原则草案》沿用了上述立法例，在"破坏公共秩序的犯罪"一节中规定了诬告罪。[③]该草案第47条第1款规定："完全造假事实故意诬告陷害他人的，判处三年以下有期徒刑、劳役或者予以行政处罚。"到了1957年，《刑法草案》第22稿对诬告陷害罪的处刑作了重大调整，主要是对加重犯采取了"诬告反坐"的原则。该稿第187条规定："意图使他人受刑事处分而诬告他人的，处五年以下有期徒刑；造成严重后果的，按照他所诬告的罪处罚。但是误告的，不适用本条的规定。""意图使他人受刑事处分而伪造、变造证据或者使用伪造、变造证据的，按照诬告罪论处。"[④]1963年的《刑法草案》第33稿第177条对上述规定又作了重大

---

① 我国《刑法》对聚众犯罪的首要分子、积极参加者和其他参加者一般都适用同一个罪名。
② 该草案还设置了"妨害公共秩序与公共卫生罪"一章。
③ 该草案只分节规定了"几类犯罪"。
④ 该草案将诬告陷害罪归属于"妨害其他管理秩序罪"一章。

修改：一是取消了第1款中"造成严重后果的，按照他所诬告的罪处罚"的规定；① 二是调整了基本犯的法定刑，将"五年以下有期徒刑"改为"三年以下有期徒刑"，并增加了"情节严重的，处三年以上十年以下有期徒刑"的规定；三是取消了第2款"意图使他人受刑事处分而伪造、变造证据或者使用伪造、变造证据的，按照诬告罪论处"的规定。修改后的条文为："意图使他人受刑事处分而诬告他人的，处三年以下有期徒刑；情节严重的，处三年以上十年以下有期徒刑。但是误告的，不适用本条的规定。"但是，"经过十年'文革'，人们对林彪、'四人帮'及其帮派体系那种罗织罪名，大肆施展构陷之术切齿痛恨，一致要求制定法律，严惩诬告。在这种伸张正义的强烈呼声下，感到三十三稿的这条条文有些平淡，又作了重大的修改。修改的精神是加强条文的政治性和处罚的严峻性，并对国家工作人员犯诬陷罪的从严掌握。"② 在上述背景下，1979年《刑法》不仅将诬告陷害罪从"妨害社会管理秩序罪"一章移到"侵犯公民人身权利、民主权利罪"一章，而且还对其作了重大修改和补充：一是增加了"严禁用任何方法、手段诬陷迫害干部、群众"的宣示性规定；③ 二是规定了"参照所诬陷的罪行的性质、情节、后果和量刑标准给予刑事处分"的原则；④ 三是增加了"国家工作人员犯诬陷罪的，从重处罚"的规定。

1979年《刑法》第138条规定："严禁用任何方法、手段诬陷迫害干部、群众。凡捏造事实诬告陷害他人（包括犯人）的，参照所诬陷的罪行的性质、情节、后果和量刑标准给予刑事处分。国家工作人员犯诬陷罪的，从重处罚。""不是有意诬陷，而是错告，或者检举失实的，不适用前款规定。"

在全面研究修改刑法的过程中，1988年的《刑法修改稿》将诬告陷害罪移至"妨害公务罪"一章中；⑤ 同时，该稿第204条还对1979年《刑法》的规定作了重大修改：一是删去了"严禁用任何方法、手段诬陷迫害干部、群众"的宣示性规定；二是调整了罪状的表述，将"凡捏造事实诬告陷害他人（包括犯人）"改为"捏造犯罪事实诬告陷害他

---

① "当时讨论认为，'诬告反坐'这个原则不宜采用。因为诬告造成严重后果（冤狱）的，除诬告者负主要的责任外，司法机关也有失察的责任。如果司法机关坚持深入细致的调查研究，坚持证据、口供必须经过查对的原则，不偏听偏信，不先入为主、主观臆断，诬告的问题势必揭穿，怎么还能造成严重后果呢！'反坐'的原则不仅有时失之过重，同时易使人产生为司法机关的官僚主义推卸责任的印象。因此三十三稿取消了'反坐'的规定"（参见高铭暄：《中华人民共和国刑法的孕育和诞生》，法律出版社1981年版，第185页）。

② 参见高铭暄：《中华人民共和国刑法的孕育和诞生》，法律出版社1981年版，第185～186页。

③ "在文化大革命中，由于林彪、'四人帮'大搞刑讯逼供、打砸抢，非法拘禁和诬陷、迫害，造成了大批冤案、假案、错案，后果极为严重。因此，在刑法中规定'严禁'这些罪行是符合群众愿望的，也是完全必要的"（参见全国人大常委会副委员长彭真1979年6月26日在五届全国人大二次会议上所作的《关于七个法律草案的说明》）。

④ "对是否采用'诬告反坐'的原则，修订中仍然是有争论的，争论的结果是采用'参照所诬陷的罪行的性质、情节、后果和量刑标准给予刑事处分'这种比较灵活的写法"（参见高铭暄：《中华人民共和国刑法的孕育和诞生》，法律出版社1981年版，第186页）。

⑤ 参见1988年《刑法修改稿》分则第三章"侵犯公民人身权利、民主权利罪"和第九章"妨害公务罪"中的"修改说明"。

人"；三是配置了"三年以下有期徒刑、拘役或者罚金"和"三年以上七年以下有期徒刑，可以并处罚金"两档法定刑。修改后的条文为："捏造犯罪事实诬告陷害他人的，处三年以下有期徒刑、拘役或者罚金；情节恶劣的，处三年以上七年以下有期徒刑，可以并处罚金。国家工作人员犯诬陷罪的，从重处罚。""不是有意诬陷，而是错告，或者检举失实的，不适用前两款的规定。"1996年的《刑法修订草案》（征求意见稿）再次将诬告陷害罪移回"侵犯公民人身权利、民主权利罪"一章，并对罪状和法定刑作了适当调整。该草案第219条规定："捏造事实诬告陷害他人，情节严重的，处三年以下有期徒刑或者拘役；造成严重后果的，处三年以上十年以下有期徒刑。""国家工作人员犯诬陷罪的，从重处罚。""不是有意诬陷，而是错告，或者检举失实的，不适用前两款的规定。"1996年的《刑法修订草案》第224条基本上沿用了上述规定，仅增加了"管制"这一刑种。1997年的《刑法修订草案》（修改稿）第243条在上述规定的基础上，增加了"意图使他人受刑事追究"的限制性规定，并将"国家工作人员"改为"国家机关工作人员"。这一修改方案，为现行刑法所采纳。

【立法规定】

《刑法》第243条规定："捏造事实诬告陷害他人，意图使他人受刑事追究，情节严重的，处三年以下有期徒刑、拘役或者管制；造成严重后果的，处三年以上十年以下有期徒刑。""国家机关工作人员犯前款罪的，从重处罚。""不是有意诬陷，而是错告，或者检举失实的，不适用前两款的规定。"

【立法释义】

目前，尚无与诬告陷害罪相关的法律解释。

【立法建言】

建　议：删去《刑法》第243条第3款。

理　由：

《刑法》第243条第3款是注意规定，仅具有提示的功能，而没有任何实际内容。正如有学者指出，"'不是有意诬陷，而是错告，或者检举失实的，不适用前两款的规定'是当然的。此款规定属于'不放心条款'。此'不放心条款'是用来解答罪与非罪问题的"。[1]"如果每一个罪的条文中都把罪与非罪的界限，此罪与彼罪的界限都表述出来，那么，刑法岂不成了教科书！"[2]

---

[1] 马荣春：《刑法完善论》，群众出版社2008年版，第274页。
[2] 王炎林："新《刑法》瑕疵探微"，载《现代法学》1998年第3期。

十四、强迫劳动罪（第 244 条）

【立法沿革】

强迫劳动罪是在 1994 年《劳动法》第 96 条规定的基础上修改而来的，并经《刑法修正案（八）》第 38 条所修正。

全国人大常委会 1994 年 7 月 5 日通过的《劳动法》第 96 条规定："用人单位有下列行为之一，由公安机关对责任人员处以十五日以下拘留、罚款或者警告；构成犯罪的，对责任人员依法追究刑事责任：（一）以暴力、威胁或者非法限制人身自由的手段强迫劳动的；（二）侮辱、体罚、殴打、非法搜查和拘禁劳动者的。"

在刑法修订研拟的过程中，基于"要制定一部统一的、比较完备的刑法典"的考虑，[①] 将上述依法追究刑事责任的规定，改为了刑法的具体条款。1996 年的《刑法修订草案》（征求意见稿）第 221 条规定："违反劳动管理法规，以限制人身自由方法强迫他人劳动的，处三年以下有期徒刑或者拘役，可以并处罚金。"1996 年的《刑法修订草案》第 226 条在上述规定的基础上，对法定刑作了适当调整，主要是增加了"管制"和"单处"罚金的规定。1997 年的《刑法修订草案》（修改稿）第 244 条对本罪的罪状作了较大的调整和修改：一是在犯罪主体方面，增加了"用人单位"的表述；二是在犯罪对象方面，将"他人"改为"职工"；三是在入罪门槛方面，增加了"情节严重"的限制。修改后的条文为："用人单位违反劳动管理法规，以限制人身自由方法强迫职工劳动，情节严重的，处三年以上有期徒刑、拘役或者管制，可以并处或者单处罚金。"1997 年 3 月 1 日，提交给八届全国人大五次会议审议的《中华人民共和国刑法（修订草案）》第 244 条在上述规定的基础上，主要作了以下三处修改：一是将处罚的范围限定为"直接责任人员"；二是删去了"管制"这一刑种；三是删去了"可以"并处或者单处罚金的规定。这一修改方案，为 1997 年修订的《刑法》所采纳。

1997 年修订的《刑法》第 244 条规定："用人单位违反劳动管理法规，以限制人身自由方法强迫职工劳动，情节严重的，对直接责任人员，处三年以下有期徒刑或者拘役，并处或者单处罚金。"

1997 年《刑法》施行后，针对实践中出现的黑砖窑奴工恶性事件等强迫他人劳动的犯罪行为，却因犯罪主体不适格而无法适用强迫职工劳动罪等新情况，并为了与我国已加

---

① 参见全国人大常委会副委员长王汉斌 1996 年 12 月 24 日在八届全国人大常委会第二十三次会议上所作的《关于中华人民共和国刑法（修订草案）的说明》。

入的国际公约的要求相衔接，①《刑法修正案（八）》第 38 条对强迫职工劳动罪作了重大修改和补充：一是在犯罪主体方面，删去了"用人单位"的限制，并相应删去了仅处罚"直接责任人员"的规定，增加规定了单位犯罪，从而扩大了犯罪主体的范围；二是在犯罪客观方面，增加了"暴力、威胁"方法，删去了"情节严重"的构成要件，从而降低了入罪门槛；三是在犯罪对象方面，将"职工"改为"他人"，从而扩大了犯罪对象的范围；四是在刑罚配置方面，删去了可以"单处"罚金的规定，并将法定最高刑由"三年有期徒刑"提高到"十年有期徒刑"，从而加大了打击力度；五是在条文结构方面，新增了第 2 款"明知他人实施前款行为，为其招募、运送人员或者有其他协助强迫他人劳动行为的，依照前款的规定处罚"的规定，从而扩大了犯罪成立的范围。②

【立法规定】

《刑法》第 244 条规定："以暴力、威胁或者限制人身自由的方法强迫他人劳动的，处三年以下有期徒刑或者拘役，并处罚金；情节严重的，处三年以上十年以下有期徒刑，并处罚金。""明知他人实施前款行为，为其招募、运送人员或者有其他协助强迫他人劳动行为的，依照前款的规定处罚。""单位犯前两款罪的，对单位判处罚金，并对其直接负责的主管人员和其他直接责任人员，依照第一款的规定处罚。"

【立法释义】

最高人民检察院、公安部 2008 年 6 月 25 日发布的《关于公安机关管辖的刑事案件立案追诉标准的规定（一）》第 31 条规定："用人单位违反劳动管理法规，以限制人身自由方法强迫职工劳动，涉嫌下列情形之一的，应予立案追诉：（一）强迫他人劳动，造成人员伤亡或者患职业病的；（二）采用殴打、胁迫、扣发工资、扣留身份证件等手段限制人身自由，强迫他人劳动的；（三）强迫妇女从事井下劳动、国家规定的第四级体力劳动强度的劳动或者其他禁忌从事的劳动，或者强迫处于经期、孕期和哺乳期妇女从事国家规定的第三级体力劳动强度以上的劳动或者其他禁忌从事的劳动的；（四）强迫已满十六周岁未满十八周岁的未成年人从事国家规定的第四级体力劳动强度的劳动，或者从事高空、井下劳动，或者在爆炸性、易燃性、放射性、毒害性等危险环境下从事劳动的；（五）其他情节严重的情形。"

【立法建言】

建　议：将《刑法》第 244 条第 1 款修改为："以暴力、威胁或者限制人身自由的方

---

① 2009 年 12 月 26 日，十一届全国人大常委会第十二次会议决定，我国加入《联合国打击跨国有组织犯罪公约关于预防、禁止和惩治贩运人口特别是妇女和儿童行为的补充议定书》。该议定书要求缔约国采取必要的立法和其他措施，将以强迫劳动、奴役、劳役为目的而通过暴力、威胁或者其他形式的胁迫，招募、运送、转移、窝藏或接收人员的行为规定为刑事犯罪。

② 该款实际上是将协助强迫他人劳动的行为直接作为强迫劳动罪加以规定。

法强迫他人劳动的，处三年以下有期徒刑、拘役或者管制，可以并处或者单处罚金；情节严重的，处三年以上十年以下有期徒刑，并处罚金。"

理　由：

从立法技术上看，宜在本罪第 1 款第 1 档法定刑中增加"管制"的规定，并将其中的"并处罚金"改为"可以并处或者单处罚金"，以与《刑法》的其他管制和罚金规定相一致。

十五、雇用童工从事危重劳动罪（第 244 条之一）

【立法沿革】

雇用童工从事危重劳动罪是《刑法修正案（四）》第 4 条新增设的罪名。

1997 年《刑法》施行后，"近几年有些企业为谋取非法利益，雇佣未成年人从事劳动的违法行为比较突出，有的企业甚至雇佣童工从事超强度体力的劳动，或者从事高空、井下作业，或者在爆炸性、易燃性、放射性、毒害性等危险环境下从事劳动，严重危害未成年人的身心健康，有的甚至造成未成年人的死亡，社会危害严重。"[①] 为保护未成年人的身心健康，有效遏制危害严重的雇佣童工的犯罪行为，《刑法修正案（四）》第 4 条增设了雇用童工从事危重劳动罪。

【立法规定】

《刑法》第 244 条之一规定："违反劳动管理法规，雇用未满十六周岁的未成年人从事超强度体力劳动的，或者从事高空、井下作业的，或者在爆炸性、易燃性、放射性、毒害性等危险环境下从事劳动，情节严重的，对直接责任人员，处三年以下有期徒刑或者拘役，并处罚金；情节特别严重的，处三年以上七年以下有期徒刑，并处罚金。""有前款行为，造成事故，又构成其他犯罪的，依照数罪并罚的规定处罚。"

【立法释义】

最高人民检察院、公安部 2008 年 6 月 25 日发布的《关于公安机关管辖的刑事案件立案追诉标准的规定（一）》第 32 条规定："违反劳动管理法规，雇用未满十六周岁的未成年人从事国家规定的第四级体力劳动强度的劳动，或者从事高空、井下劳动，或者在爆炸性、易燃性、放射性、毒害性等危险环境下从事劳动，涉嫌下列情形之一的，应予立案追诉：（一）造成未满十六周岁的未成年人伤亡或者对其身体健康造成严重危害的；（二）雇用未满十六周岁的未成年人三人以上的；（三）以强迫、欺骗等手段雇用未满十六周岁的

[①] 参见全国人大常委会法制工作委员会副主任胡康生 2002 年 12 月 23 日在九届全国人大常委会第三十一次会议上所作的《关于〈中华人民共和国刑法修正案（四）（草案）〉的说明》。

未成年人从事危重劳动的；（四）其他情节严重的情形。"

【立法建言】

建议一：将《刑法》第 244 条之一第 1 款修改为："违反劳动管理法规，雇用不满十六周岁的人从事超强度体力劳动的，或者从事高空、井下作业的，或者在爆炸性、易燃性、放射性、毒害性等危险环境下从事劳动，情节严重的，处三年以下有期徒刑、拘役或者管制，可以并处或者单处罚金；情节特别严重的，处三年以上七年以下有期徒刑，并处罚金。"

理　由：

1. 从文字表述上看，宜将本罪第 1 款中的"未满十六周岁的未成年人"改为"不满十六周岁的人"，以与《刑法》第 17 条的规定相协调。

2. 从立法技术上看，宜在本罪第 1 款第 1 档法定刑中增加"管制"的规定，并将其中的"并处罚金"改为"可以并处或者单处罚金"，以与《刑法》的其他管制和罚金规定相一致。

建议二：在《刑法》第 244 条之一中增加 1 款作为第 3 款："单位犯前款罪的，对单位判处罚金，并对其直接负责的主管人员和其他直接责任人员，依照前款的规定处罚。"

理　由：

从现实情况来看，雇用未满 16 周岁未成年人的主体大多是单位。正因如此，《劳动法》第 15 条第 1 款规定："禁止用人单位招用未满十六周岁的未成年人。"国务院 2002 年 10 月 1 日颁布的《禁止使用童工规定》第 2 条更加明确地规定："国家机关、社会团体、企业事业单位、民办非企业单位或者个体工商户（以下统称用人单位）均不得招用不满 16 周岁的未成年人（招用不满 16 周岁的未成年人，以下统称使用童工）。禁止任何单位或者个人为不满 16 周岁的未成年人介绍就业。禁止不满 16 周岁的未成年人开业从事个体经营活动。"据此，有学者认为，"本罪的主体是特殊主体，即用人单位"[1]。有学者甚至认为，"本罪亦属于纯正的单位犯罪，但是实行单罚制的情形，即只处罚直接责任人员。"[2] 然而，由于上述规定中的"用人单位"与《刑法》规定的"单位"范围并不相同，因此，不宜将本罪的主体理解为刑法意义上的"用人单位"，更不宜将本罪理解为"纯正的单位犯罪"。此外，"虽然法条中出现了'直接责任人员'的字样，但不能据此认为本罪属于单位犯罪，否则，对于个体工商户雇用童工从事危重劳动的案件，将无法以本罪追究刑事责任。"[3] 尽管本罪不属于纯正单位犯罪，但单位可以实施雇用童工从事危重

① 赵秉志主编：《刑法新教程》，中国人民大学出版社 2009 年版，第 533 页。
② 王作富主编：《刑法》，中国人民大学出版社 2011 年版，第 385 页。
③ 刘艳红主编：《刑法学》（下），北京大学出版社 2014 年版，第 35 页。

劳动罪却并无疑问。笔者认为，对于单位实施雇用童工从事危重劳动罪的，仅追究"直接责任人员"的刑事责任并不妥当。因此，宜删去本罪第 1 款中的"直接责任人员"，并增设单位犯罪的规定，以扩大本罪的适用范围。

十六、非法搜查罪、非法侵入住宅罪（第 245 条）

【立法沿革】

非法搜查罪、非法侵入住宅罪是在 1979 年《刑法》第 144 条规定的非法搜查罪、非法侵入住宅罪的基础上修改而来的。

1957 年的《刑法草案》第 22 稿规定了广义上的非法搜索罪，并配置了较轻的刑罚。该稿第 162 条规定："非法搜索他人身体、住宅、船只、车辆的，处拘役。"到了 1963 年，《刑法草案》第 33 稿第 152 条始将本罪的对象限定为"他人身体、住宅"，并加大了处罚力度。修改后的条文为："非法搜索他人身体、住宅的，处拘役；情节严重的，处三年以下有期徒刑。"1979 年《刑法》在将非法搜索罪改为非法搜查罪的基础上，不仅增加规定了非法侵入住宅罪，而且还删去了"情节严重"的加重处罚条件，将法定刑按由重到轻的顺序排列。

1979 年《刑法》第 144 条规定："非法管制他人，或者非法搜查他人身体、住宅，或者非法侵入他人住宅的，处三年以下有期徒刑或者拘役。"

在全面研究修改刑法的过程中，1988 年的《刑法修改稿》第 127 条删去了"非法管制"的内容，增加了"情节严重"的入罪门槛。修改后的条文为："非法搜查他人身体、住宅或者非法侵入他人住宅，情节严重的，处三年以下有期徒刑或者拘役。"但是，1996 年的《刑法修订草案》（征求意见稿）第 222 条又删去了"情节严重"的构成要件。考虑到司法实践中经常发生司法工作人员滥用职权非法搜查他人的情况，这类人员实施非法搜查比一般人要容易得多，而且危害也大。[①] 因此，1996 年的《刑法修订草案》第 227 条增加了"司法工作人员滥用职权，犯前款罪的，从重处罚"的规定。这一修改方案，为现行刑法所采纳。

【立法规定】

《刑法》第 245 条规定："非法搜查他人身体、住宅，或者非法侵入他人住宅的，处三年以下有期徒刑或者拘役。""司法工作人员滥用职权，犯前款罪的，从重处罚。"

【立法释义】

最高人民检察院 2001 年 8 月 24 日发布的《人民检察院直接受理立案侦查的渎职侵权

---

① 参见最高人民检察院刑法修改小组："《修改刑法研究报告（1989 年 10 月 12 日）》"，见高铭暄、赵秉志编：《新中国刑法立法文献资料总览》（下），中国人民公安大学出版社 1998 年版，第 2487～2488 页。

重特大案件标准（试行）》第35条规定的"国家机关工作人员利用职权实施的非法搜查案"中重大案件的标准为："1. 五次以上或者一次对五人（户）以上非法搜查的；2. 引起被搜查人精神失常的。"特大案件的标准为："1. 七次以上或者一次对七人（户）以上非法搜查的；2. 引起被搜查人自杀的。"

最高人民检察院2006年7月26日发布的《关于渎职侵权犯罪案件立案标准的规定》第二部分"国家机关工作人员利用职权实施的侵犯公民人身权利、民主权利犯罪案件"第2条规定："非法搜查罪是指非法搜查他人身体、住宅的行为。""国家机关工作人员利用职权非法搜查，涉嫌下列情形之一的，应予立案：1. 非法搜查他人身体、住宅，并实施殴打、侮辱等行为的；2. 非法搜查，情节严重，导致被搜查人或者其近亲属自杀、自残造成重伤、死亡，或者精神失常的；3. 非法搜查，造成财物严重损坏的；4. 非法搜查3人（户）次以上的；5. 司法工作人员对明知是与涉嫌犯罪无关的人身、住宅非法搜查的；6. 其他非法搜查应予追究刑事责任的情形。"

【立法建言】

建　议：将《刑法》第245条第1款修改为："非法搜查他人身体、住宅，或者非法侵入他人住宅的，处三年以下有期徒刑、拘役或者管制。"

理　由：

从立法技术上看，宜在《刑法》第245条第1款的法定刑中增加"管制"的规定，以与《刑法》的其他管制规定相一致。

十七、侮辱罪、诽谤罪（第246条）

【立法沿革】

侮辱罪、诽谤罪是在1979年《刑法》第145条规定的侮辱罪、诽谤罪的基础上修改而来的，并经《刑法修正案（九）》第16条所修正。

早在1950年，《刑法大纲草案》第137条就明确规定了侮辱罪："以言语、文字或其他方法侮辱他人者，处六月以下监禁，或责令公开道歉，或批评教育。"然而，此后的历次刑法草案都没有再次规定侮辱罪。鉴于"文化大革命"期间，用"大字报""小字报"等方法，侮辱人格、造谣诽谤的现象层出不穷，广大干部和群众对此深恶痛绝，因此，1979年《刑法》不仅恢复规定了侮辱罪，而且还增设了诽谤罪。①

---

① "我们必须继续坚持不抓辫子、不扣帽子、不打棍子的'三不主义'，保护工作中的批评和反批评，讨论问题时不同意见的相互反驳，以及对领导、对工作提出的批评建议的权利，这些必须同诽谤、侮辱严格加以区别。国家既不允许以刑法（草案）的这个规定为借口压制批评、压制民主，也不允许以民主为借口对他人进行侮辱诽谤"（参见全国人大常委会副委员长彭真1979年6月26日在五届全国人大二次会议上所作的《关于七个法律草案的说明》）。

1979 年《刑法》第 145 条规定："以暴力或者其他方法，包括用'大字报'、'小字报'，公然侮辱他人或者捏造事实诽谤他人，情节严重的，处三年以下有期徒刑、拘役或者剥夺政治权利。""前款罪，告诉的才处理。但是严重危害社会秩序和国家利益的除外。"

在全面研究修改刑法的过程中，主要围绕是否保留"大字报""小字报"的问题进行修改。1988 年的《刑法修改稿》删去了"大字报""小字报"的内容。该稿第 128 条规定："以暴力或者其他方法，公然侮辱他人或者捏造事实诽谤他人，情节严重的，处三年以下有期徒刑、拘役或者剥夺政治权利。前款罪，告诉的才处理，但是严重危害社会秩序和国家利益的除外。"但是，1996 年 10 月 10 日的《刑法修订草案》（征求意见稿）第 223 条又恢复了 1979 年《刑法》的写法。到了 1996 年 12 月 20 日，《刑法修订草案》第 228 条再次删去了"大字报""小字报"的内容。这一修改方案，为 1997 年修订的《刑法》所采纳。

1997 年修订的《刑法》第 246 条规定："以暴力或者其他方法公然侮辱他人或者捏造事实诽谤他人，情节严重的，处三年以下有期徒刑、拘役、管制或者剥夺政治权利。前款罪，告诉的才处理，但是严重危害社会秩序和国家利益的除外。"

1997 年《刑法》施行后，为了解决通过信息网络实施侮辱、诽谤的举证难问题，《刑法修正案（九）》第 16 条在上述规定的基础上，增加了"通过信息网络实施第一款规定的行为，被害人向人民法院告诉，但提供证据确有困难的，人民法院可以要求公安机关提供协助"的规定。

【立法规定】

《刑法》第 246 条规定："以暴力或者其他方法公然侮辱他人或者捏造事实诽谤他人，情节严重的，处三年以下有期徒刑、拘役、管制或者剥夺政治权利。前款罪，告诉的才处理，但是严重危害社会秩序和国家利益的除外。通过信息网络实施第一款规定的行为，被害人向人民法院告诉，但提供证据确有困难的，人民法院可以要求公安机关提供协助。"

全国人大常委会 2000 年 12 月 28 日通过的《关于维护互联网安全的决定》第 4 条规定："为了保护个人、法人和其他组织的人身、财产等合法权利，对有下列行为之一，构成犯罪的，依照刑法有关规定追究刑事责任：（一）利用互联网侮辱他人或者捏造事实诽谤他人……"

【立法释义】

最高人民法院 1998 年 12 月 27 日发布的《关于审理非法出版物刑事案件具体应用法律若干问题的解释》第 6 条规定："在出版物中公然侮辱他人或者捏造事实诽谤他人，情节严重的，依照刑法第二百四十六条的规定，分别以侮辱罪或者诽谤罪定罪处罚。"

最高人民法院、最高人民检察院 2001 年 6 月 4 日发布的《关于办理组织和利用邪教组织犯罪案件具体应用法律若干问题的解释（二）》第 3 条规定："制作、传播邪教宣传品，公然侮辱他人或者捏造事实诽谤他人的，依照刑法第二百四十六条的规定，以侮辱罪或者诽谤罪定罪处罚。"第 4 条规定："制作、传播的邪教宣传品具有煽动分裂国家、破坏国家统一，煽动颠覆国家政权、推翻社会主义制度，侮辱、诽谤他人，严重危害社会秩序和国家利益，或者破坏国家法律、行政法规实施等内容，其行为同时触犯刑法第一百零三条第二款、第一百零五条第二款、第二百四十六条、第三百条第一款等规定的，依照处罚较重的规定定罪处罚。"

最高人民法院、最高人民检察院 2013 年 9 月 6 日发布的《关于办理利用信息网络实施诽谤等刑事案件适用法律若干问题的解释》第 1 条规定："具有下列情形之一的，应当认定为刑法第二百四十六条第一款规定的'捏造事实诽谤他人'：（一）捏造损害他人名誉的事实，在信息网络上散布，或者组织、指使人员在信息网络上散布的；（二）将信息网络上涉及他人的原始信息内容篡改为损害他人名誉的事实，在信息网络上散布，或者组织、指使人员在信息网络上散布的；""明知是捏造的损害他人名誉的事实，在信息网络上散布，情节恶劣的，以'捏造事实诽谤他人'论。"第 2 条规定："利用信息网络诽谤他人，具有下列情形之一的，应当认定为刑法第二百四十六条第一款规定的'情节严重'：（一）同一诽谤信息实际被点击、浏览次数达到五千次以上，或者被转发次数达到五百次以上的；（二）造成被害人或者其近亲属精神失常、自残、自杀等严重后果的；（三）二年内曾因诽谤受过行政处罚，又诽谤他人的；（四）其他情节严重的情形。"第 3 条规定："利用信息网络诽谤他人，具有下列情形之一的，应当认定为刑法第二百四十六条第二款规定的'严重危害社会秩序和国家利益'：（一）引发群体性事件的；（二）引发公共秩序混乱的；（三）引发民族、宗教冲突的；（四）诽谤多人，造成恶劣社会影响的；（五）损害国家形象，严重危害国家利益的；（六）造成恶劣国际影响的；（七）其他严重危害社会秩序和国家利益的情形。"第 4 条规定："一年内多次实施利用信息网络诽谤他人行为未经处理，诽谤信息实际被点击、浏览、转发次数累计计算构成犯罪的，应当依法定罪处罚。"第 8 条规定："明知他人利用信息网络实施诽谤、寻衅滋事、敲诈勒索、非法经营等犯罪，为其提供资金、场所、技术支持等帮助的，以共同犯罪论处。"第 9 条规定："利用信息网络实施诽谤、寻衅滋事、敲诈勒索、非法经营犯罪，同时又构成刑法第二百二十一条规定的损害商业信誉、商品声誉罪，第二百七十八条规定的煽动暴力抗拒法律实施罪，第二百九十一条之一规定的编造、故意传播虚假恐怖信息罪等犯罪的，依照处罚较重的规定定罪处罚。"

最高人民法院、最高人民检察院、公安部、司法部、国家卫生和计划生育委员会 2014

年 4 月 22 日发布的《关于依法惩处涉医违法犯罪维护正常医疗秩序的意见》第 2 条第 4 项规定："公然侮辱、恐吓医务人员的，依照治安管理处罚法第四十二条的规定处罚；采取暴力或者其他方法公然侮辱、恐吓医务人员情节严重（恶劣），构成侮辱罪、寻衅滋事罪的，依照刑法的有关规定定罪处罚。"

最高人民法院、最高人民检察院、公安部、司法部 2015 年 3 月 2 日发布的《关于依法办理家庭暴力犯罪案件的意见》第 9 条规定："通过代为告诉充分保障被害人自诉权。对于家庭暴力犯罪自诉案件，被害人无法告诉或者不能亲自告诉的，其法定代理人、近亲属可以告诉或者代为告诉；被害人是无行为能力人、限制行为能力人，其法定代理人、近亲属没有告诉或者代为告诉的，人民检察院可以告诉；侮辱、暴力干涉婚姻自由等告诉才处理的案件，被害人因受强制、威吓无法告诉的，人民检察院也可以告诉。人民法院对告诉或者代为告诉的，应当依法受理。"第 16 条规定："依法准确定罪处罚。对故意杀人、故意伤害、强奸、猥亵儿童、非法拘禁、侮辱、暴力干涉婚姻自由、虐待、遗弃等侵害公民人身权利的家庭暴力犯罪，应当根据犯罪的事实、犯罪的性质、情节和对社会的危害程度，严格依照刑法的有关规定判处。对于同一行为同时触犯多个罪名的，依照处罚较重的规定定罪处罚。"第 18 条规定："切实贯彻宽严相济刑事政策。对于实施家庭暴力构成犯罪的，应当根据罪刑法定、罪刑相适应原则，兼顾维护家庭稳定、尊重被害人意愿等因素综合考虑，宽严并用，区别对待。根据司法实践，对于实施家庭暴力手段残忍或者造成严重后果；出于恶意侵占财产等卑劣动机实施家庭暴力；因酗酒、吸毒、赌博等恶习而长期或者多次实施家庭暴力；曾因实施家庭暴力受到刑事处罚、行政处罚；或者具有其他恶劣情形的，可以酌情从重处罚。对于实施家庭暴力犯罪情节较轻，或者被告人真诚悔罪，获得被害人谅解，从轻处罚有利于被扶养人的，可以酌情从轻处罚；对于情节轻微不需要判处刑罚的，人民检察院可以不起诉，人民法院可以判处免予刑事处罚。""对于实施家庭暴力情节显著轻微危害不大不构成犯罪的，应当撤销案件、不起诉，或者宣告无罪。""人民法院、人民检察院、公安机关应当充分运用训诫，责令施暴人保证不再实施家庭暴力，或者向被害人赔礼道歉、赔偿损失等非刑罚处罚措施，加强对施暴人的教育与惩戒。"第 21 条规定："充分运用禁止令措施。人民法院对实施家庭暴力构成犯罪被判处管制或者宣告缓刑的犯罪分子，为了确保被害人及其子女和特定亲属的人身安全，可以依照刑法第三十八条第二款、第七十二条第二款的规定，同时禁止犯罪分子再次实施家庭暴力，侵扰被害人的生活、工作、学习，进行酗酒、赌博等活动；经被害人申请且有必要的，禁止接近被害人及其未成年子女。"第 23 条规定："充分运用人身安全保护措施。人民法院为了保护被害人的人身安全，避免其再次受到家庭暴力的侵害，可以根据申请，依照民事诉讼法等法律的相关规定，作出禁止施暴人再次实施家庭暴力、禁止接近被害人、迁出被害人的住所等内容的裁定。对于施暴人违反裁定的行为，如对被害人进行威胁、恐吓、殴打、伤害、杀害，或者未经被害人同意拒不迁出住所的，人民法院可以根据情节轻重予以罚款、拘留；构成犯罪的，应当依法追究刑事责任。"

最高人民法院 2015 年 10 月 29 日发布的《关于〈中华人民共和国刑法修正案（九）〉时间效力问题的解释》第 4 条规定："对于 2015 年 10 月 31 日以前通过信息网络实施的刑法第二百四十六条第一款规定的侮辱、诽谤行为，被害人向人民法院告诉，但提供证据确有困难的，适用修正后刑法第二百四十六条第三款的规定。"

【立法建言】

建　议：删去《刑法》第 246 条第 3 款。

理　由：

如前所述，《刑法》第 246 条第 3 款是《刑法修正案（九）》为解决通过信息网络实施侮辱、诽谤举证难的问题新增设的规定。然而，"举证难"的问题却并不属于实体法调整的范畴，因此，《刑法》理应不该对此程序性问题加以规定。

十八、刑讯逼供罪、暴力取证罪（第 247 条）

【立法沿革】

刑讯逼供罪是在 1979 年《刑法》第 136 条规定的刑讯逼供罪的基础上修改而来的；而暴力取证罪则是 1997 年《刑法》第 247 条增设的罪名。

刑讯逼供是国家工作人员实施的渎职侵权犯罪之一，因此，历次的刑法草案均将其规定在"渎职罪"一章中。1957 年的《刑法草案》第 22 稿将刑讯逼供罪的主体严格限定为"有侦讯、审判职务的人员"，并将其客观方面界定为"在侦讯、审判中使用肉刑的"。该稿第 210 条规定："有侦讯、审判职务的人员在侦讯、审判中使用肉刑的，处五年以下有期徒刑或者拘役。"到了 1963 年，《刑法草案》第 33 稿第 203 条将本罪的主体改为"司法工作人员"，并将"在侦讯、审判中使用肉刑"的规定改为"对人犯刑讯逼供"。修改后的条文为："司法工作人员对人犯刑讯逼供的，处五年以下有期徒刑或者拘役。"1979 年《刑法》考虑到刑讯逼供罪侵犯的主要是公民的人身权利，而不是国家机关的正常活动，因此，将本罪移入"侵犯公民人身权利、民主权利罪"一章。此外，该法第 136 条还根据十年动乱期间所发生的情况，对本罪作了以下三方面的补充和修改：一是增加了"严禁刑讯逼供"这一宣示性的规定；① 二是将本罪的主体从"司法工作人员"扩大为"国家工作

---

① "在文化大革命中，由于林彪、'四人帮'大搞刑讯逼供、打砸抢，非法拘禁和诬陷、迫害，造成了大批冤案、假案、错案，后果极为严重。因此，在刑法中规定'严禁'这些罪行是符合群众愿望的，也是完全必要的"（参见全国人大常委会副委员长彭真 1979 年 6 月 26 日在五届全国人大二次会议上所作的《关于七个法律草案的说明》）。

人员"；三是增加了"以肉刑致人伤残的，以伤害罪从重论处"的规定，并相应调整了本罪的法定刑。

1979 年《刑法》第 136 条规定："严禁刑讯逼供。国家工作人员对人犯实行刑讯逼供的，处三年以下有期徒刑或者拘役。以肉刑致人伤残的，以伤害罪从重论处。"

在全面研究修改刑法的过程中，1988 年的《刑法修改稿》又将刑讯逼供罪移至"渎职罪"一章；① 同时，该稿第 138 条还对上述规定作了以下三处修改：一是删去了"严禁刑讯逼供"这一宣示性规定；二是将"以肉刑致人伤残的，以伤害罪从重论处"的规定改为"情节严重的，处二年以上七年以下有期徒刑"；三是将第 1 档法定刑改为"二年以下有期徒刑或者拘役"。修改后的条文为："国家工作人员对人犯实行刑讯逼供的，处二年以下有期徒刑或者拘役；情节严重的，处二年以上七年以下有期徒刑。"到了 1996 年，《刑法修订草案》（征求意见稿）再次将刑讯逼供罪移入"侵犯公民人身权利、民主权利罪"一章。相应地，该草案第 225 条除"严禁刑讯逼供"的表述外，也基本上恢复了1979 年《刑法》的规定，并增设了暴力取证罪："国家工作人员对犯罪嫌疑人实行刑讯逼供或者使用暴力逼取证人证言的，处三年以下有期徒刑或者拘役。以肉刑致人伤残的，依照伤害罪的规定从重处罚。"1996 年的《刑法修订草案》第 230 条对上述规定作了较大的修改：一是在犯罪主体方面，将"国家工作人员"改为"司法工作人员"；二是在犯罪对象方面，增加了"被告人"；三是在刑罚种类方面，增加了"管制"这一刑种；四是在犯罪结果方面，增加了"致人死亡"的情形，并规定对其依照故意杀人罪的规定定罪从重处罚。1997 年 3 月 1 日，提交给八届全国人大五次会议审议的《中华人民共和国刑法（修订草案）》第 247 条基本上沿用了上述规定，仅删去了此前增加的"管制"刑种。这一修改方案，为现行刑法所采纳。

【立法规定】

《刑法》第 247 条规定："司法工作人员对犯罪嫌疑人、被告人实行刑讯逼供或者使用暴力逼取证人证言的，处三年以下有期徒刑或者拘役。致人伤残、死亡的，依照本法第二百三十四条、第二百三十二条的规定定罪从重处罚。"

【立法释义】

最高人民检察院 2001 年 8 月 24 日发布的《人民检察院直接受理立案侦查的渎职侵权重特大案件标准（试行）》第 36 条规定的"刑讯逼供案"重大案件的标准为："1. 致人重伤或者精神失常的；2. 五次以上或者对五人以上刑讯逼供的；3. 造成冤、假、错案的。"

---

① 参见 1988 年《刑法修改稿》分则第三章"侵犯公民人身权利、民主权利罪"和第四章"渎职罪"中的"修改说明"。

特大案件的标准为："1. 致人死亡的；2. 七次以上或者对七人以上刑讯逼供的；3. 致使无辜的人被判处十年以上有期徒刑、无期徒刑、死刑的。"第 37 条规定的"暴力取证案"重大案件的标准为："1. 致人重伤或者精神失常的；2. 五次以上或者对五人以上暴力取证的。"特大案件的标准为："1. 致人死亡的；2. 七次以上或者对七人以上暴力取证的。"

最高人民检察院 2006 年 7 月 26 日发布的《关于渎职侵权犯罪案件立案标准的规定》第二部分"国家机关工作人员利用职权实施的侵犯公民人身权利、民主权利犯罪案件"第 3 条规定："刑讯逼供罪是指司法工作人员对犯罪嫌疑人、被告人使用肉刑或者变相肉刑逼取口供的行为。""涉嫌下列情形之一的，应予立案：1. 以殴打、捆绑、违法使用械具等恶劣手段逼取口供的；2. 以较长时间冻、饿、晒、烤等手段逼取口供，严重损害犯罪嫌疑人、被告人身体健康的；3. 刑讯逼供造成犯罪嫌疑人、被告人轻伤、重伤、死亡的；4. 刑讯逼供，情节严重，导致犯罪嫌疑人、被告人自杀、自残造成重伤、死亡，或者精神失常的；5. 刑讯逼供，造成错案的；6. 刑讯逼供 3 人次以上的；7. 纵容、授意、指使、强迫他人刑讯逼供，具有上述情形之一的；8. 其他刑讯逼供应予追究刑事责任的情形。"第 4 条规定："暴力取证罪是指司法工作人员以暴力逼取证人证言的行为。""涉嫌下列情形之一的，应予立案：1. 以殴打、捆绑、违法使用械具等恶劣手段逼取证人证言的；2. 暴力取证造成证人轻伤、重伤、死亡的；3. 暴力取证，情节严重，导致证人自杀、自残造成重伤、死亡，或者精神失常的；4. 暴力取证，造成错案的；5. 暴力取证 3 人次以上的；6. 纵容、授意、指使、强迫他人暴力取证，具有上述情形之一的；7. 其他暴力取证应予追究刑事责任的情形。"

【立法建言】

建　议：将《刑法》第 247 条修改为："司法工作人员对犯罪嫌疑人、被告人实行刑讯逼供或者使用暴力逼取证人证言的，处三年以下有期徒刑、拘役、管制或者剥夺政治权利。致人伤残、死亡的，依照本法第二百三十四条、第二百三十二条的规定定罪从重处罚。"

理　由：

从立法技术上看，宜在《刑法》第 247 条的法定刑中增加"管制"和"剥夺政治权利"的规定，以与《刑法》的其他管制和剥夺政治权利规定相一致。

十九、虐待被监管人罪（第 248 条）

【立法沿革】

虐待被监管人罪是在 1979 年《刑法》第 189 条规定的体罚虐待被监管人罪的基础上修改而来的。

早在 1950 年，《刑法大纲草案》所规定的"利用职位侵犯人权罪"中就包含了体罚虐待被监管人的内容。该草案第 86 条规定："国家工作人员，利用职权地位，非法逮捕、拘禁、处罚或拷打、虐待、侮辱他人者，处四年以下监禁。犯前项之罪因而致人于死或重伤者，处五年以上十五年以下监禁。因而致人自杀者，处一年以上五年以下监禁。"到了1957 年，《刑法草案》第 22 稿第 212 条明确规定了虐待人犯罪："有逮捕、解送、监管人犯职务的人员，对人犯施行虐待的，处五年以下有期徒刑或者拘役。"但是，1963 年的《刑法草案》第 33 稿取消了这一规定。"对三十三稿修订时，考虑到给被监管人以人道主义待遇，禁止对他们体罚虐待，以利改造工作的进行，乃是我们党和国家的一贯政策，这样的条文不可缺少。"① 因此，1979 年《刑法》第 189 条又规定了体罚虐待被监管人罪。

1979 年《刑法》第 189 条规定："司法工作人员违反监管法规，对被监管人实行体罚虐待，情节严重的，处三年以下有期徒刑或者拘役；情节特别严重的，处三年以上十年以下有期徒刑。"

在全面研究修改刑法的过程中，1988 年的《刑法修改稿》第 142 条沿袭了上述规定。对此，最高人民检察院提出，实践中虐待被监管人的不仅仅是司法工作人员所为，还有监管场所的一般职工，行政执法人员，有看守或押解责任的武警、民兵、单位保卫人员、治安联防队员等等。这些人的体罚虐待行为如果单以伤害看待，与司法工作人员相比，就有失公平，未达伤害程度的，就处理不了。所以，建议将本条主体规定为"司法工作人员或者其他有监管、看守、押解被监管人责任的人员"②。在此后的刑法修订研拟过程中，立法工作机关部分采纳了上述意见。1996 年的《刑法修订草案》（征求意见稿）考虑到本罪侵犯的主要是被监管人的人身权利，因而将本罪移入"侵犯公民人身权利、民主权利罪"一章；同时，该草案第 226 条还对 1979 年《刑法》的规定作了以下三处修改和补充：一是将本罪的主体改为"监狱、拘留所、看守所等监管机构的监管人员"；二是增加了"殴打"这一行为方式；三是增加了"监管人员指使、纵容被监管人殴打或者体罚虐待其他被监管人的，依照前款的规定处罚"的规定。修改后的条文为："监狱、拘留所、看守所等监管机构的监管人员对被监管人进行殴打或者体罚虐待，情节严重的，处三年以下有期徒刑或者拘役；情节特别严重的，处三年以上十年以下有期徒刑。""监管人员指使、纵容被监管人殴打或者体罚虐待其他被监管人的，依照前款的规定处罚。"1996 年的《刑法修订草案》第 231 条在上述规定的基础上，增加了"管制"和"致人伤残、死亡的，依照本

---

① 参见高铭暄：《中华人民共和国刑法的孕育和诞生》，法律出版社 1981 年版，第 255～256 页。
② 参见最高人民检察院刑法修改小组："《修改刑法研究报告（1989 年 10 月 12 日）》"，见高铭暄、赵秉志编：《新中国刑法立法文献资料总览》（下），中国人民公安大学出版社 1998 年版，第 2495～2496 页。

法第二百一十五条、第二百一十三条的规定定罪从重处罚"的规定。① 1997 年 3 月 1 日，提交给八届全国人大五次会议审议的《中华人民共和国刑法（修订草案）》第 248 条基本上沿用了上述规定，仅删去了"管制"这一刑种。经审议，1997 年《刑法》第 248 条又删去了第 2 款中的"纵容"一词。

【立法规定】

《刑法》第 248 条规定："监狱、拘留所、看守所等监管机构的监管人员对被监管人进行殴打或者体罚虐待，情节严重的，处三年以下有期徒刑或者拘役；情节特别严重的，处三年以上十年以下有期徒刑。致人伤残、死亡的，依照本法第二百三十四条、第二百三十二条的规定定罪从重处罚。""监管人员指使被监管人殴打或者体罚虐待其他被监管人的，依照前款的规定处罚。"

【立法释义】

最高人民检察院 2001 年 8 月 24 日发布的《人民检察院直接受理立案侦查的渎职侵权重特大案件标准（试行）》第 38 条规定的"虐待被监管人案"重大案件的标准为："1. 致使被监管人重伤或者精神失常的；2. 对被监管人五人以上或五次以上实施虐待的。"特大案件的标准为："1. 致使被监管人死亡的；2. 对被监管人七人以上或七次以上实施虐待的。"

最高人民检察院 2006 年 7 月 26 日发布的《关于渎职侵权犯罪案件立案标准的规定》第二部分"国家机关工作人员利用职权实施的侵犯公民人身权利、民主权利犯罪案件"第 5 条规定："虐待被监管人罪是指监狱、拘留所、看守所、拘役所、劳教所等监管机构的监管人员对被监管人进行殴打或者体罚虐待，情节严重的行为。""涉嫌下列情形之一的，应予立案：1. 以殴打、捆绑、违法使用械具等恶劣手段虐待被监管人的；2. 以较长时间冻、饿、晒、烤等手段虐待被监管人，严重损害其身体健康的；3. 虐待造成被监管人轻伤、重伤、死亡的；4. 虐待被监管人，情节严重，导致被监管人自杀、自残造成重伤、死亡，或者精神失常的；5. 殴打或者体罚虐待 3 人次以上的；6. 指使被监管人殴打、体罚虐待其他被监管人，具有上述情形之一的；7. 其他情节严重的情形。"

最高人民检察院 2015 年 2 月 15 日发布的《关于强制隔离戒毒所工作人员能否成为虐待被监管人罪主体问题的批复》规定："根据有关法律规定，强制隔离戒毒所是对符合特定条件的吸毒成瘾人员限制人身自由，进行强制隔离戒毒的监管机构，其履行监管职责的工作人员属于刑法第二百四十八条规定的监管人员。""对于强制隔离戒毒所监管人员殴打或者体罚虐待戒毒人员，或者指使戒毒人员殴打、体罚虐待其他戒毒人员，情节严重的，

---

① 该草案第 215 条规定的是故意伤害罪；第 213 条规定的是故意杀人罪。

应当适用刑法第二百四十八条的规定，以虐待被监管人罪追究刑事责任；造成戒毒人员伤残、死亡后果的，应当依照刑法第二百三十四条、第二百三十二条的规定，以故意伤害罪、故意杀人罪从重处罚。"

【立法建言】

建　议：将《刑法》第 248 条第 1 款第 1 档法定刑修改为："处三年以下有期徒刑、拘役、管制或者剥夺政治权利"。

理　由：

从立法技术上看，宜在本罪第 1 款第 1 档法定刑中增加"管制"和"剥夺政治权利"的规定，以与《刑法》的其他管制和剥夺政治权利规定相一致

二十、煽动民族仇恨、民族歧视罪（第 249 条）

【立法沿革】

煽动民族仇恨、民族歧视罪是 1997 年《刑法》第 249 条增设的罪名。

我国是一个多民族的国家，民族团结是国家富强、安宁的重要保障。因此，国家历来重视民族团结问题。《宪法》第 4 条规定："禁止对任何民族的歧视和压迫，禁止破坏民族团结和制造民族分裂的行为。"然而，"现在有些地方有人煽动民族仇恨，破坏民族团结。"① 因此，1996 年的《刑法修订草案》（征求意见稿）第 267 条增设了煽动民族仇恨、民族歧视罪："煽动民族、宗教歧视、仇恨，情节严重的，处三年以下有期徒刑、拘役或者管制，可以并处或者单处剥夺政治权利。"② 到了 1997 年，《刑法修订草案》（修改稿）第 296 条对上述规定作了以下三方面的修改和补充：一是删去了其中"宗教"的内容；二是删去了"可以并处"剥夺政治权利的规定；三是增加了"情节特别严重的，处三年以上十年以下有期徒刑"的规定。修改后的条文为："煽动民族仇恨和民族歧视，情节严重的，处三年以下有期徒刑、拘役、管制或者剥夺政治权利；情节特别严重的，处三年以上十年以下有期徒刑。"1997 年 3 月 1 日，提交给八届全国人大五次会议审议的《中华人民共和国刑法（修订草案）》将本罪移入"侵犯公民人身权利、民主权利罪"一章。这一修改方案，为现行刑法所采纳。

【立法规定】

《刑法》第 249 条规定："煽动民族仇恨、民族歧视，情节严重的，处三年以下有期徒

---

① 参见全国人大常委会副委员长王汉斌 1997 年 3 月 6 日在八届全国人大五次会议上所作的《关于〈中华人民共和国刑法（修订草案）〉的说明》。

② 该条归属于"妨害社会管理秩序罪"一章。

刑、拘役、管制或者剥夺政治权利；情节特别严重的，处三年以上十年以下有期徒刑。"

全国人大常委会 2000 年 12 月 28 日通过的《关于维护互联网安全的决定》第 2 条规定："为了维护国家安全和社会稳定，对有下列行为之一，构成犯罪的，依照刑法有关规定追究刑事责任：……（二）利用互联网煽动民族仇恨、民族歧视，破坏民族团结……"

【立法释义】

最高人民法院、最高人民检察院、公安部 2014 年 9 月 9 日发布的《关于办理暴力恐怖和宗教极端刑事案件适用法律若干问题的意见》第二部分第 3 条第 2 款规定："实施上述行为，煽动民族仇恨、民族歧视，情节严重的，以煽动民族仇恨、民族歧视罪定罪处罚。同时构成煽动分裂国家罪的，依照处罚较重的规定定罪处罚。"① 第 6 条规定："明知图书、文稿、图片、音像制品、移动存储介质、电子阅读器中载有利用宗教极端、暴力恐怖思想煽动分裂国家、破坏国家统一或者煽动民族仇恨、民族歧视的内容，而提供仓储、邮寄、投递、运输、传输及其他服务的，以煽动分裂国家罪或者煽动民族仇恨、民族歧视罪的共同犯罪定罪处罚。""虽不明知图书、文稿、图片、音像制品、移动存储介质、电子阅读器中载有利用宗教极端、暴力恐怖思想煽动分裂国家、破坏国家统一或者煽动民族仇恨、民族歧视的内容，但出于营利或其他目的，违反国家规定，予以出版、印刷、复制、发行、传播或者提供仓储、邮寄、投递、运输、传输等服务的，按照其行为所触犯的具体罪名定罪处罚。"第 7 条规定："网站、网页、论坛、电子邮件、博客、微博、即时通讯工具、群组、聊天室、网络硬盘、网络电话、手机应用软件及其他网络应用服务的建立、开办、经营、管理者，明知他人散布、宣扬利用宗教极端、暴力恐怖思想煽动分裂国家、破坏国家统一或者煽动民族仇恨、民族歧视的内容，允许或者放任他人在其网站、网页、论坛、电子邮件、博客、微博、即时通讯工具、群组、聊天室、网络硬盘、网络电话、手机应用软件及其他网络应用服务上发布的，以煽动分裂国家罪或者煽动民族仇恨、民族歧视罪的共同犯罪定罪处罚。"

---

① 该条第 1 款规定："实施下列行为之一，煽动分裂国家、破坏国家统一的，以煽动分裂国家罪定罪处罚：1. 组织、纠集他人，宣扬、散布、传播宗教极端、暴力恐怖思想的；2. 出版、印刷、复制、发行载有宣扬宗教极端、暴力恐怖思想内容的图书、期刊、音像制品、电子出版物或者制作、印刷、复制载有宣扬宗教极端、暴力恐怖思想内容的传单、图片、标语、报纸的；3. 通过建立、开办、经营、管理网站、网页、论坛、电子邮件、博客、微博、即时通讯工具、群组、聊天室、网络硬盘、网络电话、手机应用软件及其他网络应用服务，或者利用手机、移动存储介质、电子阅读器等登载、张贴、复制、发送、播放、演示载有宗教极端、暴力恐怖思想内容的图书、文稿、图片、音频、视频、音像制品及相关网址，宣扬、散布、传播宗教极端、暴力恐怖思想的；4. 制作、编译、编撰、编辑、汇编或者从境外组织、机构、个人、网站直接获取载有宣扬宗教极端、暴力恐怖思想内容的图书、文稿、图片、音像制品等，供他人阅读、观看、收听、出版、印刷、复制、发行、传播的；5. 设计、制造、散发、邮寄、销售、展示含有宗教极端、暴力恐怖思想内容的标识、标志物、旗帜、徽章、服饰、器物、纪念品的；6. 以其他方式宣扬宗教极端、暴力恐怖思想的。"

【立法建言】

建　议：将《刑法》第 249 条修改为："煽动民族仇恨、民族歧视，情节严重的，处三年以下有期徒刑、拘役、管制或者剥夺政治权利，可以并处或者单处罚金；情节特别严重的，处三年以上十年以下有期徒刑，并处罚金。"

理　由：

从立法技术上看，宜在本罪的法定刑中增加"罚金"的规定，以与《刑法》其他极端主义犯罪的处刑规定相协调。

二十一、出版歧视、侮辱少数民族作品罪（第 250 条）

【立法沿革】

出版歧视、侮辱少数民族作品罪是 1997 年《刑法》第 250 条增设的罪名。

从立法源流来看，出版歧视、侮辱少数民族作品罪的规定，最早见之于 1997 年 3 月 13 日的刑法修订草案。在八届全国人大五次会议审议的过程中，"有的代表提出，对在出版物中刊载侮辱少数民族风俗习惯内容，造成严重后果的行为，应当规定为犯罪。"① 据此，1997 年《刑法》第 250 条增设了出版歧视、侮辱少数民族作品罪。

【立法规定】

《刑法》第 250 条规定："在出版物中刊载歧视、侮辱少数民族的内容，情节恶劣，造成严重后果的，对直接责任人员，处三年以下有期徒刑、拘役或者管制。"

【立法释义】

最高人民法院 1998 年 12 月 27 日发布的《关于审理非法出版物刑事案件具体应用法律若干问题的解释》第 7 条规定："出版刊载歧视、侮辱少数民族内容的作品，情节恶劣，造成严重后果的，依照刑法第二百五十条的规定，以出版歧视、侮辱少数民族作品罪定罪处罚。"

【立法建言】

建议一：将《刑法》第 250 条修改为："在出版物中刊载歧视、侮辱少数民族的内容，情节恶劣，造成严重后果的，处三年以下有期徒刑、拘役或者管制，可以并处或者单处罚金。"

理　由：

从立法技术上看，宜在本罪的法定刑中增加"可以并处或者单处罚金"的规定，以与

---

① 　参见全国人大法律委员会主任委员薛驹 1997 年 3 月 13 日在八届全国人大五次会议主席团第三次会议上所作的《关于〈中华人民共和国刑法（修订草案）〉、〈中华人民共和国国防法（草案）〉和〈中华人民共和国香港特别行政区选举第九届全国人民代表大会代表的办法（草案）〉审议结果的报告》。

《刑法》的其他管制和罚金规定相一致。

建议二： 在《刑法》第 250 条中增加 1 款作为第 2 款："单位犯前款罪的，对单位判处罚金，并对其直接负责的主管人员和其他直接责任人员，依照前款的规定处罚。"

理　由：

从法条表述来看，"在出版物中刊载歧视、侮辱少数民族的内容"的行为，既可能是个人实施的，也可能是单位所为。但是，本罪仅追究"直接责任人员"的刑事责任并不妥当。因此，宜在本罪中增加单位犯罪的规定，并相应删去本罪中的"直接责任人员"，以扩大本罪的适用范围。

二十二、非法剥夺公民宗教信仰自由罪、侵犯少数民族风俗习惯罪（第 251 条）

【立法沿革】

非法剥夺公民宗教信仰自由罪、侵犯少数民族风俗习惯罪是在 1979 年《刑法》第 147 条规定的非法剥夺公民宗教信仰自由罪、侵犯少数民族风俗习惯罪的基础上修改而来的。

在刑法起草的过程中，历次的刑法草案均未规定非法剥夺公民宗教信仰自由罪和侵犯少数民族风俗习惯罪。直至最后一次刑法修改稿本，才增加规定了这方面的犯罪。1979 年《刑法》之所以增加这方面的规定，"主要考虑到我国是一个统一的多民族的国家，同时在国内还存在着不同的宗教信仰。我国宪法明文规定：'公民有信仰宗教的自由'，各民族'都有保持或者改革自己的风俗习惯的自由'。为了贯彻落实宪法的这些规定，刑法上应当设有相应的条文。另外，有的宗教界和少数民族代表，也强烈呼吁刑法上要有这方面的规定。"[①]

1979 年《刑法》第 147 条规定："国家工作人员非法剥夺公民的正当的宗教信仰自由和侵犯少数民族风俗习惯，情节严重的，处二年以下有期徒刑或者拘役。"

在全面研究修改刑法的过程中，1988 年的《刑法修改稿》第 130 条沿袭了上述规定。此后，"有人曾建议删除本条规定。考虑到 1979 年刑法原有此条，删去容易使信教公民和少数民族产生一些不必要的误解，立法机关没有采纳这一建议。"[②] 1996 年的《刑法修订草案》（征求意见稿）第 228 条基本上沿用了上述规定，仅删去了罪状表述中多余的"正当"一词。修改后的条文为："国家工作人员非法剥夺公民的宗教信仰自由和侵犯少数民族风俗习惯，情节严重的，处二年以下有期徒刑或者拘役。"1997 年的《刑法修订草案》（修改稿）第 251 条在上述规定的基础上，又将本罪的主体由"国家工作人员"改为"国

---

① 参见高铭暄：《中华人民共和国刑法的孕育和诞生》，法律出版社 1981 年版，第 196～197 页。
② 参见高铭暄：《中华人民共和国刑法的孕育诞生和发展完善》，北京大学出版社 2012 年版，第 475 页。

家机关工作人员"。这一修改方案，为现行刑法所采纳。

【立法规定】

《刑法》第251条规定："国家机关工作人员非法剥夺公民的宗教信仰自由和侵犯少数民族风俗习惯，情节严重的，处二年以下有期徒刑或者拘役。"

【立法释义】

目前，尚无与非法剥夺公民宗教信仰自由罪、侵犯少数民族风俗习惯罪相关的法律解释。

【立法建言】

建　议：将《刑法》第251条修改为："国家机关工作人员非法剥夺公民的宗教信仰自由和侵犯少数民族风俗习惯，情节严重的，处二年以下有期徒刑、拘役、管制或者剥夺政治权利。"

理　由：

从立法技术上看，宜在《刑法》第251条的法定刑中增加"管制"和"剥夺政治权利"的规定，以与《刑法》的其他管制和剥夺政治权利规定相一致。

二十三、侵犯通信自由罪（第252条）

【立法沿革】

侵犯通信自由罪是从1979年《刑法》第149条的规定直接移植过来的。

在新中国刑法立法史上，对隐匿、毁弃或者非法开拆他人信件的行为所侵犯的客体有一个逐步深入的认识过程。1950年的《刑法大纲草案》将这种行为定性为"妨害秘密"。该草案第136条规定："无故开拆或隐匿他人之信件或其他封缄之文书者，处三年以下监禁，或酌处罚金，或批评教育。""泄露业务上应守之秘密者，处六月以下监禁，或酌处罚金，或批评教育。"到了1957年，《刑法草案》第22稿第163条未界定这类行为的具体性质，并大幅降低了本罪的法定刑："隐藏、毁弃或者非法开拆他人信件的，处拘役。但是侦查机关、审判机关对于反革命分子和反革命嫌疑分子信件的检查除外。"1963年的《刑法草案》第33稿第153条删去了上述规定中的"但书"，并将"隐藏"改为"隐匿"。修改后的条文为："隐匿、毁弃或者非法开拆他人信件的，处拘役。"1979年《刑法》第149条对上述规定作了较大的修改和补充：一是在犯罪客体方面，将本罪的性质界定为"侵犯公民通信自由权利"；二是在入罪门槛方面，增加了"情节严重"的限制；三是在刑罚配置方面，将本罪的法定最高刑提高到"一年有期徒刑"。

1979年《刑法》第149条规定："隐匿、毁弃或者非法开拆他人信件，侵犯公民通信自由权利，情节严重的，处一年以下有期徒刑或者拘役。"

在全面研究修改刑法的过程中，虽然也曾对本罪作过一些细微的修改，但最终还是维持了 1979 年《刑法》第 149 条的规定，未作任何修改。

【立法规定】

《刑法》第 252 条规定："隐匿、毁弃或者非法开拆他人信件，侵犯公民通信自由权利，情节严重的，处一年以下有期徒刑或者拘役。"

全国人大常委会 2000 年 12 月 28 日通过的《关于维护互联网安全的决定》第 4 条规定："为了保护个人、法人和其他组织的人身、财产等合法权利，对有下列行为之一，构成犯罪的，依照刑法有关规定追究刑事责任：……（二）非法截获、篡改、删除他人电子邮件或者其他数据资料，侵犯公民通信自由和通信秘密……"

【立法释义】

最高人民法院、最高人民检察院、公安部、邮电部 1983 年 11 月 17 日发布的《关于加强查处破坏邮政通信案件工作的通知》第 2 条第 1 款规定："私拆、隐匿、毁弃邮件、电报等破坏邮政通信的案件，是违法犯罪行为。因此，对这种案件的定性、处理或量刑，必须重视对邮政通信的破坏所造成的社会危害后果，不能仅以数量多少来处理。"

【立法建言】

建　议：将《刑法》第 252 条修改为："隐匿、毁弃或者非法开拆他人信件，侵犯公民通信自由权利，情节严重的，处一年以下有期徒刑、拘役、管制或者剥夺政治权利。"

理　由：

从立法技术上看，宜在本罪的法定刑中增加"管制"和"剥夺政治权利"的规定，以与《刑法》的其他管制和剥夺政治权利规定相一致。

二十四、私自开拆、隐匿、毁弃邮件、电报罪（第 253 条）

【立法沿革】

私自开拆、隐匿、毁弃邮件、电报罪是在 1979 年《刑法》第 191 条规定的妨害邮电通讯罪的基础上修改而来的。

私自开拆、隐匿、毁弃邮件、电报罪是邮政工作人员的犯罪，因此，最初的刑法草案和刑法立法均将其归属于"渎职罪"一章中。1957 年的《刑法草案》第 22 稿第 214 条规定："邮政工作人员开拆或者隐匿寄递的信函、电报的，处拘役或者三百元以下罚金。" 1963 年的《刑法草案》第 33 稿第 205 条对上述规定作了较大的修改和补充：一是在犯罪行为方面，增加了"私自"的限制，并增加了"毁弃"的行为；二是在犯罪对象方面，将"信函"修改为"邮件";三是在刑罚配置方面,将法定最高刑提高到"一年有期徒刑",并删去了"罚金"这一刑种;四是在条款设置方面,增加了第 2 款"犯前款罪而窃取财物的,依照本法第一百六十四条贪污罪处罚"的规定。修改后的条文为:"邮政工作人员私自开拆或者隐匿、毁弃邮件、电报的,处一年以下有期徒刑或者拘役。""犯前款罪而窃取财物的,依照本法第一百六十四条贪污罪处罚。"1979 年《刑法》基本上沿用了上述规定,仅适当调整了法定刑:一是将法定最高刑由"一年有期徒刑"改为"二年有期徒刑";二是将依照贪污罪"处罚"改为"从重处罚"。

1979 年《刑法》第 191 条规定:"邮政工作人员私自开拆或者隐匿、毁弃邮件、电报的,处二年以下有期徒刑或者拘役。""犯前款罪而窃取财物的,依照本法第一百五十五条贪污罪从重处罚。"

在刑法修订研拟的过程中,1996 年的《刑法修订草案》(征求意见稿)第 230 条对上述规定作了以下三方面的修改:一是将本条移入"侵犯公民人身权利、民主权利罪"一章;二是将"邮政工作人员"改为"邮电工作人员";三是将第 2 款依照"贪污罪"从重处罚的规定改为依照"盗窃罪"从重处罚。修改后的条文为:"邮电工作人员私自开拆或者隐匿、毁弃邮件、电报的,处二年以下有期徒刑或者拘役。""犯前款罪而窃取财物的,依照盗窃罪的规定定罪从重处罚。"1996 年的《刑法修订草案》第 235 条基本上沿用了上述规定,仅增加了"管制"这一刑种。1997 年 3 月 1 日,提交给八届全国人大五次会议审议的《中华人民共和国刑法(修订草案)》第 252 条又删去了"管制"这一刑种。1997 年《刑法》第 253 条为了与《中华人民共和国邮政法》的称谓相协调,将本罪的主体由"邮电工作人员"改为"邮政工作人员"。

【立法规定】

《刑法》第 253 条规定:"邮政工作人员私自开拆或者隐匿、毁弃邮件、电报的,处二年以下有期徒刑或者拘役。""犯前款罪而窃取财物的,依照本法第二百六十四条的规定定罪从重处罚。"

【立法释义】

最高人民法院、最高人民检察院、公安部、邮电部 1983 年 11 月 17 日发布的《关于加强查处破坏邮政通信案件工作的通知》第 2 条第 1 款规定:"私拆、隐匿、毁弃邮件、电报等破坏邮政通信的案件,是违法犯罪行为。因此,对这种案件的定性、处理或量刑,必须重视对邮政通信的破坏所造成的社会危害后果,不能仅以数量多少来处理。"

【立法建言】

建　议:将《刑法》第 253 条第 1 款规定:"邮政工作人员私自开拆或者隐匿、毁弃邮件、电报的,处二年以下有期徒刑、拘役、管制或者剥夺政治权利。"

理　由：

从立法技术上看，宜在本罪的法定刑中增加"管制"和"剥夺政治权利"的规定，以与《刑法》的其他管制和剥夺政治权利规定相一致。

二十五、侵犯公民个人信息罪（第253条之一）

【立法沿革】

侵犯公民个人信息罪是在《刑法修正案（七）》第7条增设的出售、非法提供公民个人信息罪和非法获取公民个人信息罪的基础上，经《刑法修正案（九）》第17条修正而来的。

1997年《刑法》施行后，"一些全国人大代表和有些部门提出，近年来，一些国家机关和电信、金融等单位在履行公务或提供服务活动中获得的公民个人信息被非法泄露的情况时有发生，对公民的人身、财产安全和个人隐私构成严重威胁。对这类侵害公民权益情节严重的行为，应当追究刑事责任。"[1] 因此，《刑法修正案（七）》第7条增设了出售、非法提供公民个人信息罪和非法获取公民个人信息罪："国家机关或者金融、电信、交通、教育、医疗等单位的工作人员，违反国家规定，将本单位在履行职责或者提供服务过程中获得的公民个人信息，出售或者非法提供给他人，情节严重的，处三年以下有期徒刑或者拘役，并处或者单处罚金。""窃取或者以其他方法非法获取上述信息，情节严重的，依照前款的规定处罚。""单位犯前两款罪的，对单位判处罚金，并对其直接负责的主管人员和其他直接责任人员，依照各该款的规定处罚。"

为进一步加强对公民个人信息的保护，[2]《刑法修正案（九）》第17条对上述规定作了较大的修改和补充：一是扩大了犯罪主体的范围，将本罪改为一般主体；二是加大了处罚的力度，增加了"情节特别严重的，处三年以上七年以下有期徒刑，并处罚金"的规定；三是补充了从重处罚的情节，增加了"违反规定，将在履行职责或者提供服务过程中获得的公民个人信息，出售或者提供给他人，情节严重的，依照前款的规定从重处罚"的规定。[3]

【立法规定】

《刑法》第253条之一规定："违反规定，向他人出售或者提供公民个人信息，情节严

---

① 参见全国人大常委会法制工作委员会主任李适时2008年8月25日在十一届全国人大常委会第四次会议上所作的《关于〈中华人民共和国刑法修正案（七）（草案）〉的说明》。

② 参见全国人大常委会法制工作委员会主任李适时2014年10月27日在十二届全国人大常委会第十一次会议上所作的《关于〈中华人民共和国刑法修正案（九）（草案）〉的说明》。

③ 最高人民法院、最高人民检察院2015年10月30日发布的《关于执行〈中华人民共和国刑法〉确定罪名的补充规定（六）》将出售、非法提供公民个人信息罪和非法获取公民个人信息罪改为侵犯公民个人信息罪。

重的，处三年以下有期徒刑或者拘役，并处或者单处罚金；情节特别严重的，处三年以上七年以下有期徒刑，并处罚金。""违反规定，将在履行职责或者提供服务过程中获得的公民个人信息，出售或者提供给他人，情节严重的，依照前款的规定从重处罚。""窃取或者以其他方法非法获取公民个人信息，情节严重的，依照第一款的规定处罚。""单位犯前三款罪的，对单位判处罚金，并对其直接负责的主管人员和其他直接责任人员，依照各该款的规定处罚。"

【立法释义】

最高人民法院、最高人民检察院、公安部 2013 年 4 月 23 日发布的《关于依法惩处侵害公民个人信息犯罪活动的通知》第 1 条规定："切实提高认识，坚决打击侵害公民个人信息犯罪活动。当前一些犯罪分子为追逐不法利益，利用互联网大肆倒卖公民个人信息，已逐渐形成庞大'地下产业'和黑色利益链。买卖的公民个人信息包括户籍、银行、电信开户资料等，涉及公民个人生活的方方面面。部分国家机关和金融、电信、交通、教育、医疗以及物业公司、房产中介、保险、快递等企事业单位的一些工作人员，将在履行职责或者提供服务过程中获取的公民个人信息出售、非法提供给他人。获取信息的中间商在互联网上建立数据平台，大肆出售信息牟取暴利。非法调查公司根据这些信息从事非法讨债、诈骗和敲诈勒索等违法犯罪活动。此类犯罪不仅严重危害公民的信息安全，而且极易引发多种犯罪，成为电信诈骗、网络诈骗以及滋扰型'软暴力'等新型犯罪的根源，甚至与绑架、敲诈勒索、暴力追债等犯罪活动相结合，影响人民群众的安全感，威胁社会和谐稳定。各级公安机关、人民检察院、人民法院务必清醒认识此类犯罪的严重危害，以对党和人民高度负责的精神，统一思想，提高认识，精心组织，周密部署，依法惩处侵害公民个人信息犯罪活动。"第 2 条规定："正确适用法律，实现法律效果与社会效果的有机统一。侵害公民个人信息犯罪是新型犯罪，各级公安机关、人民检察院、人民法院要从切实保护公民个人信息安全和维护社会和谐稳定的高度，借鉴以往的成功判例，综合考虑出售、非法提供或非法获取个人信息的次数、数量、手段和牟利数额、造成的损害后果等因素，依法加大打击力度，确保取得良好的法律效果和社会效果。出售、非法提供公民个人信息罪的犯罪主体，除国家机关或金融、电信、交通、教育、医疗单位的工作人员之外，还包括在履行职责或者提供服务过程中获得公民个人信息的商业、房地产业等服务业中其他企事业单位的工作人员。公民个人信息包括公民的姓名、年龄、有效证件号码、婚姻状况、工作单位、学历、履历、家庭住址、电话号码等能够识别公民个人身份或者涉及公民个人隐私的信息、数据资料。对于在履行职责或者提供服务过程中，将获得的公民个人信息出售或者非法提供给他人，被他人用以实施犯罪，造成受害人人身伤害或者死亡，或者造成重大经济损失、恶劣社会影响的，或者出售、非法提供公民个人信息数量较大，或者违法所得数额较大的，均应当依法以出售、非法提供公民个人信息罪追究刑事责任。对于窃取或者以购买等方法非法获取公民个人信息数量较大，或者违法所得数额较大，或者造成其他严重后果的，应当依法予以并罚。单位实施侵害公民个人信息犯罪的，应当追究直接负责的主管人员和其他直接责任人员的刑事责任。要依法加大对财产的适用力度，剥夺犯罪分子非法获利和再次犯罪的资本。"

最高人民法院、最高人民检察院、公安部、国家安全部2014年3月14日发布的《关于依法办理非法生产销售使用"伪基站"设备案件的意见》第一部分"准备认定行为性质"第2条第1款规定："非法使用'伪基站'设备干扰公用电信网络信号，危害公共安全的，依照《刑法》第一百二十四条第一款的规定，以破坏公用电信设施罪追究刑事责任；同时构成虚假广告罪、非法获取公民个人信息罪、破坏计算机信息系统罪、扰乱无线电通讯管理秩序罪的，依照处罚较重的规定追究刑事责任。"

【立法建言】

建　议：将《刑法》第253条之一第1款第1档法定刑修改为："处三年以下有期徒刑、拘役或者管制，可以并处或者单处罚金"

理　由：

从立法技术上看，宜在《刑法》第253条之一第1款第1档法定刑中增加"管制"的规定，并将其中的"并处或者单处罚金"改为"可以并处或者单处罚金"，以与《刑法》的其他管制和罚金规定相一致。

二十六、报复陷害罪（第254条）

【立法沿革】

报复陷害罪是在1979年《刑法》第146条规定的报复陷害罪的基础上修改而来的。

在新中国刑法立法史上，单行刑法和附属刑法最先规定了打击报复的犯罪。中央人民政府1952年4月21日颁布的《中华人民共和国惩治贪污条例》第14条规定："对犯本条例之罪者，任何人均有向该主管行政部门、人民监察机关、人民公安机关、人民检察机关、人民法院及检举人认为适当的其他机关或首长实行检举之权。""凡对检举人施行打击、报复者，应依其情节轻重，予以刑事处分或行政处分。"中央人民政府1953年3月1日颁布的《中华人民共和国全国人民代表大会及地方各级人民代表大会选举法》第64条规定："对于选举中的违法行为，任何人均有向选举委员会或人民政府司法机关检举、控告之权；任何机关或个人均不得有压制、报复行为，违者应由人民法院或人民法庭给以三年以下之刑事处分。"据此，1954年的《刑法指导原则草案》第72条规定了压制民主报复陷害罪："国家机关工作人员自己违法失职，反而故意压制民主并且对控告人、批评人实行报复陷害的，判处劳役或者予以行政处罚；因而造成严重后果的，判处五年以下有期徒刑。"然而，不知何故，1957 年的《刑法草案》第 22 稿并未规定此类犯罪。到了 1963 年，《刑法草案》第 33 稿不仅增设了报复陷害罪，而且还加大了惩治的力度。该稿第 199 条规定："国家工作人员利用职权、假公济私，对控告人、批评人实行陷害报复的，处七年以下有期徒刑；情节严重的，处七年以上有期徒刑。"① 1979 年《刑法》考虑到报复陷害罪侵犯的主要是公民的人身权利和民主权利，因而将其由"渎职罪"一章移入"侵犯公民人身权利、民主权利罪"一章；同时，该法第 146 条还对第 33 稿的规定作了适当的修改和补充：一是在犯罪行为方面，将"利用职权"改为"滥用职权"；二是在犯罪对象方面，增加了"申诉人"；三是在刑罚配置方面，适当降低了法定刑。

1979 年《刑法》第 146 条规定："国家工作人员滥用职权、假公济私，对控告人、申诉人、批评人实行报复陷害的，处二年以下有期徒刑或者拘役；情节严重的，处二年以上七年以下有期徒刑。"

在全面研究修改刑法的过程中，1988 年的《刑法修改稿》考虑到报复陷害罪是国家工作人员的职务犯罪，因而将其移至"渎职罪"一章。② 但在内容上，该稿第 137 条基本上沿用了 1979 年《刑法》的规定，仅在犯罪对象方面增加了"检举人"和"证人"。1996 年的《刑法修订草案》（征求意见稿）又将报复陷害罪移回"侵犯公民人身权利、民主权利罪"一章，并在 1979 年《刑法》规定的基础上增加了"举报人"这一犯罪对象。1997 年的《刑法修订草案》（修改稿）第 254 条在上述规定的基础上，将本罪的主体由"国家工作人员"改为"国家机关工作人员"。这一修改方案，为现行刑法所采纳。

【立法规定】

《刑法》第 254 条规定："国家机关工作人员滥用职权、假公济私，对控告人、申诉人、批评人、举报人实行报复陷害的，处二年以下有期徒刑或者拘役；情节严重的，处二年以上七年以下有期徒刑。"

【立法释义】

最高人民检察院 2001 年 8 月 24 日发布的《人民检察院直接受理立案侦查的渎职侵权重特大案件标准（试行）》第 39 条规定的"报复陷害案"重大案件的标准为："1. 致人精

---

① 之所以增加这条罪，主要基于两方面的考虑：一是新中国成立以来的法律法令中关于同报复陷害行为作斗争的问题屡有规定，这些规定反映了我国人民民主的本质；二是从实际情况来看，由于剥削阶级思想影响，在一些地区、一些部门，对控告人、批评人实行报复陷害的违法乱纪事件时有发生，不仅对被陷害人造成身体上、精神上和物质上的严重损失，而且给党和国家造成极坏的政治影响。法律对这种胡作非为不能置之不理（参见高铭暄：《中华人民共和国刑法的孕育和诞生》，法律出版社 1981 年版，第 194～195 页）。

② 参见 1988 年《刑法修改稿》分则第三章"侵犯公民人身权利、民主权利罪"和第四章"渎职罪"中的"修改说明"。

神失常的；2. 致人其他合法权益受到损害，后果严重的。"特大案件的标准为："1. 致人自杀死亡的；2. 后果特别严重，影响特别恶劣的。"

最高人民检察院 2006 年 7 月 26 日发布的《关于渎职侵权犯罪案件立案标准的规定》第二部分"国家机关工作人员利用职权实施的侵犯公民人身权利、民主权利犯罪案件"第 6 条规定："报复陷害罪是指国家机关工作人员滥用职权、假公济私，对控告人、申诉人、批评人、举报人实行打击报复、陷害的行为。涉嫌下列情形之一的，应予立案：1. 报复陷害，情节严重，导致控告人、申诉人、批评人、举报人或者其近亲属自杀、自残造成重伤、死亡，或者精神失常的；2. 致使控告人、申诉人、批评人、举报人或者其近亲属的其他合法权利受到严重损害的；3. 其他报复陷害应予追究刑事责任的情形。"

【立法建言】

建　议：将《刑法》第 254 条规定："国家机关工作人员滥用职权、假公济私，对控告人、申诉人、批评人、举报人实行报复陷害的，处二年以下有期徒刑、拘役、管制或者剥夺政治权利；情节严重的，处二年以上七年以下有期徒刑。"

理　由：

从立法技术上看，宜在本罪的第 1 档法定刑中增加"管制"和"剥夺政治权利"的规定，以与《刑法》的其他管制和剥夺政治权利规定相一致。

二十七、打击报复会计、统计人员罪（第 255 条）

【立法沿革】

打击报复会计、统计人员罪是 1997 年《刑法》第 255 条增设的罪名。

在八届全国人大五次会议审议的过程中，"有的代表提出，会计法、统计法要求会计、统计人员必须严格依照法律的规定履行职责，单位领导人对依法履行职责、抵制违法干预的会计和统计人员实行打击报复的，应当规定为犯罪。"[①] 据此，1997 年《刑法》第 255 条增设了打击报复会计、统计人员罪。

【立法规定】

《刑法》第 255 条规定："公司、企业、事业单位、机关、团体的领导人，对依法履行职责、抵制违反会计法、统计法行为的会计、统计人员实行打击报复，情节恶劣的，处三年以下有期徒刑或者拘役。"

---

① 参见全国人大法律委员会主任委员薛驹 1997 年 3 月 13 日在八届全国人大五次会议主席团第三次会议上所作的《关于〈中华人民共和国刑法（修订草案）〉、〈中华人民共和国国防法（草案）〉和〈中华人民共和国香港特别行政区选举第九届全国人民代表大会代表的办法（草案）〉审议结果的报告》。

【立法释义】

目前，尚无与打击报复会计、统计人员罪相关的法律解释。

【立法建言】

建　议：将《刑法》第 255 条修改为："公司、企业、事业单位、机关、团体的领导人，对依法履行职责、抵制违反会计法、统计法行为的会计、统计人员实行打击报复，情节恶劣的，处三年以下有期徒刑、拘役、管制或者剥夺政治权利。"

理　由：

从立法技术上看，宜在本罪的法定刑中增加"管制"和"剥夺政治权利"的规定，以与《刑法》的其他管制和剥夺政治权利规定相一致。

二十八、破坏选举罪（第 256 条）

【立法沿革】

破坏选举罪是在 1979 年《刑法》第 142 条规定的破坏选举罪的基础上修改而来的。

破坏选举是一种侵犯公民民主权利的犯罪。由于我国早期的刑法草案未专门规定侵犯公民民主权利一类的犯罪，因而均将其归属于"妨害公共秩序"或者"妨害管理秩序"的犯罪中。[①] 总体来看，1950 年的《刑法大纲草案》第 107 条规定的妨害选举罪较为简单："妨害或扰乱依法令举行之选举者，处二年以下监禁或批评教育。"到了 1954 年，《刑法指导原则草案》第 43 条根据 1953 年《选举法》第 62 条、第 63 条的规定，对破坏选举罪作了较为详细的规定："用暴力、威胁、欺诈、贿赂等非法手段，破坏选举或者阻碍选民自由行使选举权和被选举权的，判处二年以下有期徒刑或者劳役。""伪造选举文件、虚报选举票数或者在选举中故意隐瞒蒙混的，判处三年以下有期徒刑或者劳役。"1957 年的《刑法草案》第 22 稿在上述规定的基础上，参照《选举法》的规定用两个条文分别规定了破坏选举罪和选举舞弊罪。其中，第 183 条规定："以暴力、威胁、欺骗、贿赂或者其他方法，破坏选举或者妨害选民自由行使选举权和被选举权的，处二年以下有期徒刑或者拘役。"第 184 条规定："虚报选举票数或者使用其他方法使投票发生不正确结果的，处三年以下有期徒刑或者拘役。"1963 年的《刑法草案》第 33 稿沿袭上述立法例，仅对其中的破坏选举罪作了两处修改：一是增加了"违反选举法的规定"这一违法要件；二是将本罪的法定最高刑由"二年有期徒刑"提高到"三年有期徒刑"。1979 年《刑法》考虑到

---

① 在 1979 年《刑法》之前，这类犯罪的称谓不太统一。1950 年的《刑法大纲草案》称之为"妨害公共秩序与公共卫生罪"；1954 年的《刑法指导原则草案》称之为"破坏公共秩序的犯罪"；1957 年的《刑法草案》第 22 稿称之为"妨害其他管理秩序罪"；1963 年的《刑法草案》第 33 稿称之为"妨害管理秩序罪"；1979 年《刑法》之后，则统一称之为"妨害社会管理秩序罪"。

选举舞弊行为实际上也是破坏选举的表现形式之一，因而删去了选举舞弊罪的规定；同时，由于 1979 年《刑法》将"侵犯人身权利罪"一章增订为"侵犯公民人身权利、民主权利罪"，因而相应地将破坏选举罪移入本章之中。

1979 年《刑法》第 142 条规定："违反选举法的规定，以暴力、威胁、欺骗、贿赂等非法手段破坏选举或者妨害选民自由行使选举权和被选举权的，处三年以下有期徒刑或者拘役。"

在全面研究修改刑法的过程中，1988 年的《刑法修改稿》第 125 条对上述规定作了以下三处修改和补充：一是删去了"违反选举法的规定"的表述；二是明确了选举的性质，将"破坏选举"改为"破坏国家权力机关的选举"；三是增加了"剥夺政治权利"这一刑种。修改后的条文为："以暴力、威胁、欺骗、贿赂等非法手段破坏国家权力机关的选举或者妨害选民自由行使选举权和被选举权的，处三年以下有期徒刑、拘役或者剥夺政治权利。"1996 年的《刑法修订草案》（征求意见稿）参照《选举法》的规定，采用分项列举的方式对本罪作了较为详尽的规定。该草案第 227 条规定："违反选举法的规定，破坏选举，有下列情形之一，情节严重的，处三年以下有期徒刑、拘役或者剥夺政治权利：（一）以暴力、威胁、欺骗、贿赂等手段破坏选举或者妨害选民和代表自由行使选举权和被选举权的；（二）伪造选举文件、虚报选举票数或者有其他违法行为的；（三）对于控告、检举选举中违法行为的人，或者对于提出要求罢免代表的人进行压制、报复的。"到了 1997 年，《刑法修订草案》（修改稿）第 250 条放弃了上述立法模式，对本罪的罪状作了较大的调整："在选举各级人民代表大会代表和国家机关领导人员时，以暴力、威胁、欺骗、贿赂、伪造选举文件、虚报选举票数等手段破坏选举或者妨害选民和代表自由行使选举权和被选举权，情节严重的，处三年以下有期徒刑、拘役、管制或者剥夺政治权利。"1997 年 3 月 1 日，提交给八届全国人大五次会议审议的《中华人民共和国刑法（修订草案)》第 255 条基本上沿用了上述规定，仅删去了其中的"管制"。这一修改方案，为现行刑法所采纳。

【立法规定】

《刑法》第 256 条规定："在选举各级人民代表大会代表和国家机关领导人员时，以暴力、威胁、欺骗、贿赂、伪造选举文件、虚报选举票数等手段破坏选举或者妨害选民和代表自由行使选举权和被选举权，情节严重的，处三年以下有期徒刑、拘役或者剥夺政治权利。"

【立法释义】

最高人民检察院 2001 年 8 月 24 日发布的《人民检察院直接受理立案侦查的渎职侵权重特大案件标准（试行)》第 40 条规定的"国家机关工作人员利用职权实施的破坏选举

案"重大案件的标准为："1. 导致乡镇级选举无法进行或者选举无效的；2. 实施破坏选举行为，取得县级领导职务或者人大代表资格的。"特大案件的标准为："1. 导致县级以上选举无法进行或者选举无效的；2. 实施破坏选举行为，取得市级以上领导职务或者人大代表资格的。"

最高人民检察院 2006 年 7 月 26 日发布的《关于渎职侵权犯罪案件立案标准的规定》第二部分"国家机关工作人员利用职权实施的侵犯公民人身权利、民主权利犯罪案件"第 7 条规定："破坏选举罪是指在选举各级人民代表大会代表和国家机关领导人员时，以暴力、威胁、欺骗、贿赂、伪造选举文件、虚报选举票数或者编造选举结果等手段破坏选举或者妨害选民和代表自由行使选举权和被选举权，情节严重的行为。""国家机关工作人员利用职权破坏选举，涉嫌下列情形之一的，应予立案：1. 以暴力、威胁、欺骗、贿赂等手段，妨害选民、各级人民代表大会代表自由行使选举权和被选举权，致使选举无法正常进行，或者选举无效，或者选举结果不真实的；2. 以暴力破坏选举场所或者选举设备，致使选举无法正常进行的；3. 伪造选民证、选票等选举文件，虚报选举票数，产生不真实的选举结果或者强行宣布合法选举无效、非法选举有效的；4. 聚众冲击选举场所或者故意扰乱选举场所秩序，使选举工作无法进行的；5. 其他情节严重的情形。"

【立法建言】

建　议：将《刑法》第 256 条修改为："在选举各级人民代表大会代表和国家机关领导人员时，以暴力、威胁、欺骗、贿赂、伪造选举文件、虚报选举票数等手段破坏选举或者妨害选民和代表自由行使选举权和被选举权，情节严重的，处三年以下有期徒刑、拘役、管制或者剥夺政治权利。"

理　由：

从立法技术上看，宜在本罪的法定刑中增加"管制"的规定，以与《刑法》的其他管制规定相一致。

二十九、暴力干涉婚姻自由罪（第 257 条）

【立法沿革】

暴力干涉婚姻自由罪是在 1979 年《刑法》第 179 条规定的暴力干涉婚姻自由罪的基础上修改而来的。

新中国成立以后，废除了包办强迫、男尊女卑、漠视子女利益的封建主义婚姻制度。为保障新婚姻制度的贯彻实施，中央人民政府 1950 年 5 月 1 日颁布的《中华人民共和国婚姻法》第 3 条规定："结婚须男女双方本人完全自愿，不许任何一方对他人加以强迫或任何第三者加以干涉。"第 26 条规定："违反本法者，依法制裁。""凡因干涉婚姻自由而引起被干涉者的死亡或伤害者，干涉者一律应并负刑事责任。"据此，1950 年的《刑法大纲草案》第 149 条规定了干涉婚姻自由罪："非法干涉妇女结婚、离婚自由者，处二年以下监禁，或责令公开承认错误，或批评教育。企图获利而犯前项之罪者，处二年以上五年以下监禁。犯前二项之罪而杀人、伤害、虐待、妨害自由者，比照各该条规定，从重处罚。"① 1954 年的《刑法指导原则草案》第 55 条也规定了干涉婚姻自由罪："用暴力威胁干涉他人的婚姻自由的，判处劳役或者予以行政处罚。因为干涉婚姻自由引起被干涉人自杀，判处五年以下有期徒刑；情节特别恶劣的，判处五年以上有期徒刑或者无期徒刑。近亲属犯本条之罪，如果平日对被干涉人感情很好，并且没有恶劣动机的，可以从轻、减轻或者免予处罚。"到了 1957 年，《刑法草案》第 22 稿始将本罪改为暴力干涉婚姻自由罪。该稿第 177 条规定："以暴力干涉他人婚姻自由的，处一年以下有期徒刑或者拘役。""犯前款罪，引起被害人自杀的，处一年以上七年以下有期徒刑。"② 1963 年的《刑法草案》第 33 稿第 166 条基本上沿用了上述规定，仅适当提高了本罪的法定刑："以暴力干涉他人婚姻自由的，处三年以下有期徒刑或者拘役。""犯前款罪，引起被害人自杀的，处三年以上十年以下有期徒刑。"1979 年《刑法》在上述规定的基础上，主要作了以下三方面的修改和补充：一是适当降低了本罪的法定刑；二是将"引起被害人自杀"改为"引起被害人死亡"；三是增加了"第一款罪，告诉的才处理"的规定。③

　　1979 年《刑法》第 179 条规定："以暴力干涉他人婚姻自由的，处二年以下有期徒刑或者拘役。""犯前款罪，引起被害人死亡的，处二年以上七年以下有期徒刑。""第一款罪，告诉的才处理。"

　　在刑法修订研拟的过程中，1996 年的《刑法修订草案》（征求意见稿）删去了"妨害婚姻、家庭罪"一章，而将其条文并入了"侵犯公民人身权利、民主权利罪"一章中。相应地，也将暴力干涉他人婚姻自由罪移入本章，但内容未作任何修改。1996 年的《刑法修订草案》恢复了"妨害婚姻、家庭罪"一章，因而又将本罪移回该章，同时还在第

　　① 该草案第 147 条、第 148 条还分别规定了包办婚姻罪和强迫结婚罪。

　　② "由于我国是经历了两千余年封建统治的国家，封建主义婚姻家庭制度的影响根深蒂固。新中国成立以后，经过婚姻法的宣传贯彻，这种影响虽然大大削弱了，但并没有彻底清除。特别是在经济文化落后的穷乡僻壤，这个问题仍然相当严重。在这种情况下，如果对一切干涉婚姻自由的行为不加分析地都当作犯罪来规定，不仅打击面过大，丧失社会同情，而且事实上也不可能办到。因此，在刑法起草过程中，在规定干涉婚姻自由这条罪的时候，总是在前面加上'以暴力'三个字作为限定词"（参见高铭暄：《中华人民共和国刑法的孕育和诞生》，法律出版社 1981 年版，第 240 页）。

　　③ "暴力干涉婚姻自由一般属于人民内部问题。在干涉者与被干涉者之间往往存在密切的亲属关系特别是父母和子女的关系。由于有这种特殊关系，被害人为了不使关系破裂，通常只要求行为人改正错误，不再干涉自己的婚姻自由就满意了，不到万不得已，决不希望司法机关主动干预，更不希望对行为人处以刑罚。正是基于这种特殊情况的考虑，所以条文第三款规定：暴力干涉他人婚姻自由，没有引起被害人死亡的，'告诉的才处理'"（参见高铭暄：《中华人民共和国刑法的孕育和诞生》，法律出版社 1981 年版，第 241 页）。

236 条第 1 款中增加了"管制"这一刑种。1997 年的《刑法修订草案》（修改稿）再次删去了"妨害婚姻、家庭罪"一章，在将本罪并入"侵犯公民人身权利、民主权利罪"一章的同时，还将第 2 款中"引起被害人死亡"改为"致使被害人死亡"。1997 年 3 月 1 日，提交给八届全国人大五次会议审议的《中华人民共和国刑法（修订草案)》第 256 条基本上沿用了上述规定，仅删去了其中"管制"的规定。这一修改方案，为现行刑法所采纳。

【立法规定】

《刑法》第 257 条规定："以暴力干涉他人婚姻自由的，处二年以下有期徒刑或者拘役。""犯前款罪，致使被害人死亡的，处二年以上七年以下有期徒刑。""第一款罪，告诉的才处理。"

【立法释义】

最高人民法院、最高人民检察院、公安部、司法部 2015 年 3 月 2 日发布的《关于依法办理家庭暴力犯罪案件的意见》第 9 条规定："通过代为告诉充分保障被害人自诉权。对于家庭暴力犯罪自诉案件，被害人无法告诉或者不能亲自告诉的，其法定代理人、近亲属可以告诉或者代为告诉；被害人是无行为能力人、限制行为能力人，其法定代理人、近亲属没有告诉或者代为告诉的，人民检察院可以告诉；侮辱、暴力干涉婚姻自由等告诉才处理的案件，被害人因受强制、威吓无法告诉的，人民检察院也可以告诉。人民法院对告诉或者代为告诉的，应当依法受理。"第 16 条规定："对故意杀人、故意伤害、强奸、猥亵儿童、非法拘禁、侮辱、暴力干涉婚姻自由、虐待、遗弃等侵害公民人身权利的家庭暴力犯罪，应当根据犯罪的事实、犯罪的性质、情节和对社会的危害程度，严格依照刑法的有关规定判处。对于同一行为同时触犯多个罪名的，依照处罚较重的规定定罪处罚。"第 18 条规定："切实贯彻宽严相济刑事政策。对于实施家庭暴力构成犯罪的，应当根据罪刑法定、罪刑相适应原则，兼顾维护家庭稳定、尊重被害人意愿等因素综合考虑，宽严并用，区别对待。根据司法实践，对于实施家庭暴力手段残忍或者造成严重后果；出于恶意侵占财产等卑劣动机实施家庭暴力；因酗酒、吸毒、赌博等恶习而长期或者多次实施家庭暴力；曾因实施家庭暴力受到刑事处罚、行政处罚；或者具有其他恶劣情形的，可以酌情从重处罚。对于实施家庭暴力犯罪情节较轻，或者被告人真诚悔罪，获得被害人谅解，从轻处罚有利于被扶养人的，可以酌情从轻处罚；对于情节轻微不需要判处刑罚的，人民检察院可以不起诉，人民法院可以判处免予刑事处罚。""对于实施家庭暴力情节显著轻微危害不大不构成犯罪的，应当撤销案件、不起诉，或者宣告无罪。""人民法院、人民检察院、公安机关应当充分运用训诫，责令施暴人保证不再实施家庭暴力，或者向被害人赔礼道歉、赔偿损失等非刑罚处罚措施，加强对施暴人的教育与惩戒。"第 21 条规定："充分运用禁止令措施。人民法院对实施家庭暴力构成犯罪被判处管制或者宣告缓刑的犯罪分子，为了确保被害人及其子女和特定亲属的人身安全，可以依照刑法第三十八条第二款、第七十二条第二款的规定，同时禁止犯罪分子再次实施家庭暴力，侵扰被害人的生活、工作、学习，进行酗酒、赌博等活动；经被害人申请且有必要的，禁止接近被害人及其未成年子女。"第23条规定："充分运用人身安全保护措施。人民法院为了保护被害人的人身安全，避免其再次受到家庭暴力的侵害，可以根据申请，依照民事诉讼法等法律的相关规定，作出禁止施暴人再次实施家庭暴力、禁止接近被害人、迁出被害人的住所等内容的裁定。对于施暴人违反裁定的行为，如对被害人进行威胁、恐吓、殴打、伤害、杀害，或者未经被害人同意拒不迁出住所的，人民法院可以根据情节轻重予以罚款、拘留；构成犯罪的，应当依法追究刑事责任。"

【立法建言】

建　议：将《刑法》第257条第1款修改为："以暴力干涉他人婚姻自由的，处二年以下有期徒刑、拘役或者管制。"

理　由：

从立法技术上看，宜在本罪第1款的法定刑中增加"管制"的规定，以与《刑法》的其他管制规定相一致。

三十、重婚罪（第258条）

【立法沿革】

重婚罪是从1979年《刑法》第180条的规定直接移植过来的。

新中国成立以后，实行一夫一妻的婚姻制度，禁止重婚。据此，1950年的《刑法大纲草案》第151条规定了重婚罪："重婚者，处三年以下监禁，或批评教育。"到了1957年，《刑法草案》第22稿第179条明确规定了重婚的两种情形："有配偶而重婚的，或者明知他人有配偶而与之结婚的，处二年以下有期徒刑或者拘役。""前款罪，本人告诉的才处理。"1963年的《刑法草案》第33稿第168条在上述规定的基础上，主要作了两方面的修改和调整：一是将本罪的法定最高刑提高到"三年有期徒刑"；二是删去了第2款"前款罪，本人告诉的才处理"的规定。1979年《刑法》第180条基本上沿用了上述规定，仅将本罪的法定最高刑降为"二年有期徒刑"。

1979年《刑法》第180条规定："有配偶而重婚的，或者明知他人有配偶而与之结婚的，处二年以下有期徒刑或者拘役。"

在刑法修订研拟的过程中，总体上未涉及本罪的修改问题。虽然1996年的《刑法修订草案》曾在本罪的法定刑中增加过"管制"这一刑种，但最终并未被现行刑法所采纳。

【立法规定】

《刑法》第258条规定："有配偶而重婚的，或者明知他人有配偶而与之结婚的，处二年以下有期徒刑或者拘役。"

【立法释义】

最高人民法院研究室1980年11月27日发布的《关于军事法院判处的重婚案件其非法婚姻部分由谁判决问题的电话答复》规定："非法婚姻是构成重婚罪的前提，法院在判决重婚案件的同时，判决书中应一并写明解除非法婚姻，这不属于刑事诉讼附带民事诉讼的问题。""兰州军区空军军事法院判处林文远重婚时，未宣告解除林与鲁菊荣的非法婚姻关系，我们认为，林以不法手段骗取与鲁的结婚证是无效的，从判决生效之日起，林与鲁的非法婚姻从法律上说已当然解除。兰州军区空军军事法院应将林文远重婚罪的判决书副本送达关系人鲁菊荣，可补充向鲁宣告，她与林的非法婚姻关系已解除，宣告事项在送达证上记明归档备查。"

【立法建言】

建　议：将《刑法》第258条修改为："有配偶而重婚的，或者明知他人有配偶而与之结婚的，处二年以下有期徒刑、拘役或者管制。"

理　由：

从立法技术上看，宜在本罪的法定刑中增加"管制"的规定，以与《刑法》的其他管制规定相一致。

三十一、破坏军婚罪（第259条）

【立法沿革】

破坏军婚罪是在1979年《刑法》第181条规定的破坏军人婚姻罪的基础上修改而来的。

从立法源流来看，破坏军婚罪是从通奸罪中发展演变而来的。1950年的《刑法大纲草案》第156条规定了通奸罪："明知他人有配偶而与之通奸者，处六月以下监禁，或批评教育。有配偶而与人通奸者，依前项之规定处罚。""与革命军人家属通奸者，加重处罚。""犯本条之罪者，非配偶不得告诉。"到了1963年，《刑法草案》第33稿将通奸罪修改为破坏他人婚姻家庭罪和破坏军人婚姻家庭罪。该稿第169条规定："破坏他人婚姻家庭，情节严重的，处五年以下有期徒刑或者拘役。""破坏军人婚姻家庭的，处三年以上十年以下有期徒刑。""前一款罪，本人告诉的才处理。"1979年《刑法》在取消破坏他人婚姻家庭罪的同时，将破坏军人婚姻家庭罪改为破坏军婚罪，明确规定了破坏军人婚姻的两种情形，并降低了处罚的力度。

1979年《刑法》第181条规定："明知是现役军人的配偶而与之同居或者结婚的，处三年以下有期徒刑。"

在刑法修订研拟的过程中，1996年的《刑法修订草案》第238条在本罪的法定刑中增加了"拘役"和"管制"的规定。1997年的《刑法修订草案》（修改稿）第257条在上述规定的基础上，增加了第2款"利用职权、从属关系，以威胁、利诱手段，多次奸淫现役军人的妻子，现役军人告诉的，以破坏军人婚姻论，依照前款的规定处罚"的规定。1997年3月1日，提交给八届全国人大五次会议审议的《中华人民共和国刑法（修订草案)》第258条对上述规定作了两处修改：一是删去了此前增加的"管制"规定；二是调整了第2款的文字表述，并将其中的"依照前款的规定处罚"改为"依照本法第二百三十六条的规定定罪处罚"①。这一修改方案，为现行刑法所采纳。

【立法规定】

《刑法》第259条规定："明知是现役军人的配偶而与之同居或者结婚的，处三年以下有期徒刑或者拘役。利用职权、从属关系，以胁迫手段奸淫现役军人的妻子的，依照本法第二百三十六条的规定定罪处罚。"

【立法释义】

目前，尚无与破坏军婚罪相关的法律解释。

【立法建言】

建　议：将《刑法》第259条修改为："明知是现役军人的配偶而与之同居或者结婚的，处三年以下有期徒刑、拘役或者管制。"

理　由：

从立法技术上看，宜在本罪第1款的法定刑中增加"管制"的规定，以与《刑法》的其他管制规定相一致。此外，第2款"利用职权、从属关系，以胁迫手段奸淫现役军人的妻子的，依照本法第二百三十六条的规定定罪处罚"的注意规定纯属"多此一举"，没有必要。②

---

① 该草案第236条规定的是强奸罪。

② 有学者指出，"这第2款完全是一种重复规定。因为这一规定早已包含在第236条第1款之中了，即使第259条不作第2款的规定，但该款规定的行为自然也是要按第236条依强奸罪论处的。因此，第259条第2款的规定应当删除"（侯国云："也谈刑法典应力求久远——论修订后的《刑法》的矛盾和问题"，载《法学》1998年第5期）。

三十二、虐待罪（第 260 条）

【立法沿革】

虐待罪是在 1979 年《刑法》第 182 条规定的虐待罪的基础上修改而来的，并经《刑法修正案（九）》第 18 条所修正。

在新中国刑法立法史上，虐待罪的范围和处刑经历了较为复杂的发展变化过程。1950年的《刑法大纲草案》在"侵害生命健康与自由人格罪"一章①中规定了广义的虐待罪，并配置了较为严厉的刑罚。该草案第 127 条规定："虐待立于自己从属地位之人者，处三年以下监禁。""虐待致人自杀者，处五年以下监禁。""虐待致人于死或重伤者，处四年以上十五年以下监禁。情节特别严重者，处死刑或终身监禁。"到了 1954 年，《刑法指导原则草案》第 54 条始将本罪的对象限定为"家庭成员"，并对罪状作了较为具体的描述："用打骂、冻饿、禁闭或者用其他手段虐待家庭成员的行为，如果屡犯不改，可以判处劳役或者予以行政处罚。""因为虐待引起被害人自杀，判处五年以下有期徒刑；情节特别恶劣的，判处五年以上有期徒刑或者无期徒刑。"② 1957 年的《刑法草案》第 22 稿将本罪移至"妨害婚姻、家庭罪"一章，并降低了本罪的法定刑；同时，还增加了第 3 款"第一款罪，告诉的才处理"的规定。该稿第 180 条规定："虐待家庭成员，情节恶劣的，处二年以下有期徒刑或者拘役。""犯前款罪，致被害人重伤的，处五年以下有期徒刑；致被害人死亡的，处五年以上有期徒刑。""第一款罪，告诉的才处理。"1963 年的《刑法草案》第 33 稿第 170 条基本上沿用了上述规定，仅适当调整了第 2 款第 2 档法定刑。1979 年《刑法》第 182 条在上述规定的基础上，将致人重伤、死亡的情形合并加以规定，并相应调整了本罪的法定刑。

1979 年《刑法》第 182 条规定："虐待家庭成员，情节恶劣的，处二年以下有期徒刑、拘役或者管制。""犯前款罪，引起被害人重伤、死亡的，处二年以上七年以下有期徒刑。""第一款罪，告诉的才处理。"

在刑法修订研拟的过程中，1996 年的《刑法修订草案》（征求意见稿）取消了"妨害婚姻、家庭罪"一章，因而将本罪移入"侵犯公民人身权利、民主权利罪"一章。1997年的《刑法修订草案》（修改稿）第 258 条基本上沿用了 1979 年《刑法》第 182 条的规定，仅将第 2 款中的"引起被害人重伤、死亡"改为"致使被害人重伤、死亡"。这一修改方案，为 1997 年修订的《刑法》所采纳。

1997 年修订的《刑法》第 260 条规定："虐待家庭成员，情节恶劣的，处二年以下有

---

① 该草案同时规定了"妨害婚姻与家庭罪"一章。

② 该草案将本罪归属于"侵犯人身权利的犯罪"一节，但该节所规定的内容包括妨害婚姻、家庭的犯罪。

期徒刑、拘役或者管制。""犯前款罪，致使被害人重伤、死亡的，处二年以上七年以下有期徒刑。""第一款罪，告诉的才处理。"

1997年《刑法》施行后，针对虐待儿童、老人的案件时有发生，社会影响恶劣的情况，①《刑法修正案（九）》第18条对上述第3款进行了完善，增加了"但被害人没有能力告诉，或者因受到强制、威吓无法告诉的除外"的规定。

【立法规定】

《刑法》第260条规定："虐待家庭成员，情节恶劣的，处二年以下有期徒刑、拘役或者管制。""犯前款罪，致使被害人重伤、死亡的，处二年以上七年以下有期徒刑。""第一款罪，告诉的才处理，但被害人没有能力告诉，或者因受到强制、威吓无法告诉的除外。"

【立法释义】

最高人民法院、最高人民检察院、公安部、司法部2015年3月2日发布的《关于依法办理家庭暴力犯罪案件的意见》第9条规定："通过代为告诉充分保障被害人自诉权。对于家庭暴力犯罪自诉案件，被害人无法告诉或者不能亲自告诉的，其法定代理人、近亲属可以告诉或者代为告诉；被害人是无行为能力人、限制行为能力人，其法定代理人、近亲属没有告诉或者代为告诉的，人民检察院可以告诉；侮辱、暴力干涉婚姻自由等告诉才处理的案件，被害人因受强制、威吓无法告诉的，人民检察院也可以告诉。人民法院对告诉或者代为告诉的，应当依法受理。"第16条规定："依法准确定罪处罚。对故意杀人、故意伤害、强奸、猥亵儿童、非法拘禁、侮辱、暴力干涉婚姻自由、虐待、遗弃等侵害公民人身权利的家庭暴力犯罪，应当根据犯罪的事实、犯罪的性质、情节和对社会的危害程度，严格依照刑法的有关规定判处。对于同一行为同时触犯多个罪名的，依照处罚较重的规定定罪处罚。"第17条第1款、第2款规定："依法惩处虐待犯罪。采取殴打、冻饿、强迫过度劳动、限制人身自由、恐吓、侮辱、谩骂等手段，对家庭成员的身体和精神进行摧残、折磨，是实践中较为多发的虐待性质的家庭暴力。根据司法实践，具有虐待持续时间较长、次数较多；虐待手段残忍；虐待造成被害人轻微伤或者患较严重疾病；对未成年人、老年人、残疾人、孕妇、哺乳期妇女、重病患者实施较为严重的虐待行为等情形，属于刑法第二百六十条第一款规定的虐待'情节恶劣'，应当依法以虐待罪定罪处罚。""准确区分虐待致人重伤、死亡与故意伤害、故意杀人犯罪致人重伤、死亡的界限，要根据被告人的主观故意、所实施的暴力手段与方式、是否立即或者直接造成被害人伤亡后果等进

---

① 参见全国人大常委会法制工作委员会主任李适时2014年10月27日在十二届全国人大常委会第十一次会议上所作的《关于〈中华人民共和国刑法修正案（九）（草案）〉的说明》。

行综合判断。对于被告人主观上不具有侵害被害人健康或者剥夺被害人生命的故意，而是出于追求被害人肉体和精神上的痛苦，长期或者多次实施虐待行为，逐渐造成被害人身体损害，过失导致被害人重伤或者死亡的；或者因虐待致使被害人不堪忍受而自残、自杀，导致重伤或者死亡的，属于刑法第二百六十条第二款规定的虐待'致使被害人重伤、死亡'，应当以虐待罪定罪处罚。对于被告人虽然实施家庭暴力呈现出经常性、持续性、反复性的特点，但其主观上具有希望或者放任被害人重伤或者死亡的故意，持凶器实施暴力，暴力手段残忍，暴力程度较强，直接或者立即造成被害人重伤或者死亡的，应当以故意伤害罪或者故意杀人罪定罪处罚。"第18条规定："切实贯彻宽严相济刑事政策。对于实施家庭暴力构成犯罪的，应当根据罪刑法定、罪刑相适应原则，兼顾维护家庭稳定、尊重被害人意愿等因素综合考虑，宽严并用，区别对待。根据司法实践，对于实施家庭暴力手段残忍或者造成严重后果；出于恶意侵占财产等卑劣动机实施家庭暴力；因酗酒、吸毒、赌博等恶习而长期或者多次实施家庭暴力；曾因实施家庭暴力受到刑事处罚、行政处罚；或者具有其他恶劣情形的，可以酌情从重处罚。对于实施家庭暴力犯罪情节较轻，或者被告人真诚悔罪，获得被害人谅解，从轻处罚有利于被扶养人的，可以酌情从轻处罚；对于情节轻微不需要判处刑罚的，人民检察院可以不起诉，人民法院可以判处免予刑事处罚。""对于实施家庭暴力情节显著轻微危害不大不构成犯罪的，应当撤销案件、不起诉，或者宣告无罪。""人民法院、人民检察院、公安机关应当充分运用训诫，责令施暴人保证不再实施家庭暴力，或者向被害人赔礼道歉、赔偿损失等非刑罚处罚措施，加强对施暴人的教育与惩戒。"第21条规定："充分运用禁止令措施。人民法院对实施家庭暴力构成犯罪被判处管制或者宣告缓刑的犯罪分子，为了确保被害人及其子女和特定亲属的人身安全，可以依照刑法第三十八条第二款、第七十二条第二款的规定，同时禁止犯罪分子再次实施家庭暴力，侵扰被害人的生活、工作、学习，进行酗酒、赌博等活动；经被害人申请且有必要的，禁止接近被害人及其未成年子女。"第23条规定："充分运用人身安全保护措施。人民法院为了保护被害人的人身安全，避免其再次受到家庭暴力的侵害，可以根据申请，依照民事诉讼法等法律的相关规定，作出禁止施暴人再次实施家庭暴力、禁止接近被害人、迁出被害人的住所等内容的裁定。对于施暴人违反裁定的行为，如对被害人进行威胁、恐吓、殴打、伤害、杀害，或者未经被害人同意拒不迁出住所的，人民法院可以根据情节轻重予以罚款、拘留；构成犯罪的，应当依法追究刑事责任。"

最高人民法院2015年10月29日发布的《关于〈中华人民共和国刑法修正案（九）〉时间效力问题的解释》第5条规定："对于2015年10月31日以前实施的刑法第二百六十条第一款规定的虐待行为，被害人没有能力告诉，或者因受到强制、威吓无法告诉的，适用修正后刑法第二百六十条第三款的规定。"

【立法建言】

建　议：将第 260 条第 1 款、第 2 款修改为："虐待家庭成员，情节恶劣的，处三年以下有期徒刑、拘役或者管制；致使被害人重伤、死亡的，处三年以上十年以下有期徒刑。"

理　由：

从罪刑均衡的角度来看，宜适当提高虐待罪的法定刑。因为，按照等级均衡的基本理念，罪量与刑量之间应当在相对位次上对等一致。而虐待罪罪量与刑量之间的级差却高达负 6，其等级均衡性程度显然不高，综合评价结论为偏轻，即刑量偏低。① 因此，宜对虐待罪配置比过失重伤罪、过失致人死亡罪相对更重的法定刑，② 以体现罪刑相适应的原则。

三十三、虐待被监护、看护人罪（第 260 条之一）

【立法沿革】

虐待被监护、看护人罪是《刑法修正案（九）》第 19 条新增设的罪名。

1997 年《刑法》施行后，针对虐待儿童、老人的案件时有发生，社会影响恶劣的情况，③《刑法修正案（九）》第 19 条增设了虐待被监护、看护人罪。

【立法规定】

《刑法》第 260 条之一规定："对未成年人、老年人、患病的人、残疾人等负有监护、看护职责的人虐待被监护、看护的人，情节恶劣的，处三年以下有期徒刑或者拘役。""单位犯前款罪的，对单位判处罚金，并对其直接负责的主管人员和其他直接责任人员，依照前款的规定处罚。有第一款行为，同时构成其他犯罪的，依照处罚较重的规定定罪处罚。"

【立法释义】

目前，尚无与虐待被监护、看护人罪相关的法律解释。

【立法建言】

建　议：将《刑法》第 260 条之一第 1 款修改为："对未成年人、老年人、患病的人、残疾人等负有监护、看护职责的人虐待被监护、看护的人，情节恶劣的，处三年以下有期

---

① 参见白建军：《罪刑均衡实证研究》，法律出版社 2004 年版，第 277 页以下。

② 虐待罪不仅在客观上以"情节恶劣"为构成要件，而且在主观上对被害人重伤、死亡的结果也并非纯粹的过失。因此，虐待致使被害人重伤、死亡的，其社会危害性和人身危险性要比过失重伤罪、过失致人死亡罪更大，对其理应配置相当更重的法定刑。

③ 参见全国人大常委会法制工作委员会主任李适时 2014 年 10 月 27 日在十二届全国人大常委会第十一次会议上所作的《关于〈中华人民共和国刑法修正案（九）（草案）〉的说明》。

徒刑、拘役或者管制。"

理　由：

从立法技术上看，宜在本罪的法定刑中增加"管制"的规定，以与《刑法》的其他管制规定相一致。

三十四、遗弃罪（第 261 条）

【立法沿革】

遗弃罪是从 1979 年《刑法》第 183 条的规定直接移植过来的。

在新中国刑法立法史上，遗弃罪的归属曾经历了几次发展变化的过程。1950 年的《刑法大纲草案》将遗弃罪归属于"侵害生命健康与自由人格罪"一章。[①] 该草案第 134 条规定："对于有养育或特别照顾义务而无自救力之人，有履行义务之可能而遗弃之者，处三年以下监禁。""犯前项之罪致人于死者，处四年以上十五年以下监禁。"到了 1957 年，《刑法草案》第 22 稿始将其归属于"妨害婚姻、家庭罪"一章。[②] 该稿第 181 条规定："对于年老、年幼、疾病或者其他没有独立生活能力的人，负有扶养义务而拒付赡养费、抚养费的，处三年以下有期徒刑或者拘役。""犯前款罪，致被害人死亡的，处三年以上十年以下有期徒刑。"1963 年的《刑法草案》第 33 稿第 171 条在上述规定的基础上，作了两方面的修改：一是在行为方式方面，将"拒付赡养费、抚养费"两种具体情形改为"拒绝扶养"的概括性表述；二是在刑罚配置方面，大幅提高了本罪的法定刑。修改后的条文为："对于年老、年幼、疾病或者其他没有独立生活能力的人，负有扶养义务而拒绝扶养的，处七年以下有期徒刑或者拘役。""犯前款罪，致被害人死亡的，处五年以上有期徒刑。"1979 年《刑法》对上述规定作了较大的修改和调整：一是在入罪门槛方面，增加了"情节恶劣"的限制；二是在处罚力度方面，降低了法定最高刑和最低刑；三是在条款设置方面，删去了第 2 款的规定。

1979 年《刑法》第 183 条规定："对于年老、年幼、患病或者其他没有独立生活能力的人，负有扶养义务而拒绝扶养，情节恶劣的，处五年以下有期徒刑、拘役或者管制。"

在刑法修订研拟的过程中，1996 年的《刑法修订草案》（征求意见稿）将本罪移入"侵犯公民人身权利、民主权利罪"一章，[③] 但内容未作任何修改。1996 年的《刑法修订草案》第 240 条又将本罪移至"妨害婚姻、家庭罪"一章，并删去了"管制"这一刑种。1997 年的《刑法修订草案》（修改稿）第 259 条再次将本罪移入"侵犯公民人身权利、民

---

① 该草案同时设有"妨害婚姻与家庭罪"一章。
② 该稿同时设有"侵害人身权利罪"一章。
③ 该草案取消了"妨害婚姻、家庭罪"一章。

主权利罪"一章,① 并增加了"管制"的规定。这一修改方案,为现行刑法所采纳。

【立法规定】

《刑法》第 261 条规定:"对于年老、年幼、患病或者其他没有独立生活能力的人,负有扶养义务而拒绝扶养,情节恶劣的,处五年以下有期徒刑、拘役或者管制。"

【立法释义】

最高人民法院 1999 年 10 月 27 日发布的《全国法院维护农村稳定刑事审判工作座谈会纪要》"关于拐卖妇女、儿童犯罪案件"部分规定:"要从严惩处拐卖妇女、儿童犯罪团伙的首要分子和以拐卖妇女、儿童为常业的'人贩子'。要严格把握此类案件罪与非罪的界限。对于买卖至亲的案件,要区别对待:以贩卖牟利为目的'收养'子女的,应以拐卖儿童罪处理;对那些迫于生活困难、受重男轻女思想影响而出卖亲生子女或收养子女的,可不作为犯罪处理;对于出卖子女确属情节恶劣的,可按遗弃罪处罚;对于那些确属介绍婚姻,且被介绍的男女双方相互了解对方的基本情况,或者确属介绍收养,并经被收养人父母同意的,尽管介绍的人数较多,从中收取财物较多,也不应作犯罪处理。"

最高人民法院、最高人民检察院、公安部、民政部、司法部、全国妇联 2000 年 3 月 20 日发布的《关于打击拐卖妇女儿童犯罪有关问题的通知》第 6 条第 3 款规定:"公安、民政、妇联等有关部门和组织应当密切配合,做好被解救妇女、儿童的善后安置工作。任何单位和个人不得歧视被拐卖的妇女、儿童。对被解救回的未成年人,其父母及其他监护人应当接收并认真履行抚养义务。拒绝接收,拒不履行抚养义务,构成犯罪的,以遗弃罪追究刑事责任。"

最高人民法院、最高人民检察院、公安部、司法部 2015 年 3 月 2 日发布的《关于依法办理家庭暴力犯罪案件的意见》第 16 条规定:"依法准确定罪处罚。对故意杀人、故意伤害、强奸、猥亵儿童、非法拘禁、侮辱、暴力干涉婚姻自由、虐待、遗弃等侵害公民人身权利的家庭暴力犯罪,应当根据犯罪的事实、犯罪的性质、情节和对社会的危害程度,严格依照刑法的有关规定判处。对于同一行为同时触犯多个罪名的,依照处罚较重的规定定罪处罚。"第 17 条第 3 款、第 4 款规定:"依法惩处遗弃犯罪。负有扶养义务且有扶养能力的人,拒绝扶养年幼、年老、患病或者其他没有独立生活能力的家庭成员,是危害严重的遗弃性质的家庭暴力。根据司法实践,具有对被害人长期不予照顾、不提供生活来源;驱赶、逼迫被害人离家,致使被害人流离失所或者生存困难;遗弃患严重疾病或者生活不能自理的被害人;遗弃致使被害人身体严重损害或者造成其他严重后果等情形,属于刑法第二百六十一条规定的遗弃'情节恶劣',应当依法以遗弃罪定罪处罚。""准确区分

---

① 该草案再次取消了"妨害婚姻、家庭罪"一章。

遗弃罪与故意杀人罪的界限，要根据被告人的主观故意、所实施行为的时间与地点、是否立即造成被害人死亡，以及被害人对被告人的依赖程度等进行综合判断。对于只是为了逃避扶养义务，并不希望或者放任被害人死亡，将生活不能自理的被害人弃置在福利院、医院、派出所等单位或者广场、车站等行人较多的场所，希望被害人得到他人救助的，一般以遗弃罪定罪处罚。对于希望或者放任被害人死亡，不履行必要的扶养义务，致使被害人因缺乏生活照料而死亡，或者将生活不能自理的被害人带至荒山野岭等人迹罕至的场所扔弃，使被害人难以得到他人救助的，应当以故意杀人罪定罪处罚。"第 18 条规定："切实贯彻宽严相济刑事政策。对于实施家庭暴力构成犯罪的，应当根据罪刑法定、罪刑相适应原则，兼顾维护家庭稳定、尊重被害人意愿等因素综合考虑，宽严并用，区别对待。根据司法实践，对于实施家庭暴力手段残忍或者造成严重后果；出于恶意侵占财产等卑劣动机实施家庭暴力；因酗酒、吸毒、赌博等恶习而长期或者多次实施家庭暴力；曾因实施家庭暴力受到刑事处罚、行政处罚；或者具有其他恶劣情形的，可以酌情从重处罚。对于实施家庭暴力犯罪情节较轻，或者被告人真诚悔罪，获得被害人谅解，从轻处罚有利于被扶养人的，可以酌情从轻处罚；对于情节轻微不需要判处刑罚的，人民检察院可以不起诉，人民法院可以判处免予刑事处罚。""对于实施家庭暴力情节显著轻微危害不大不构成犯罪的，应当撤销案件、不起诉，或者宣告无罪。""人民法院、人民检察院、公安机关应当充分运用训诫，责令施暴人保证不再实施家庭暴力，或者向被害人赔礼道歉、赔偿损失等非刑罚处罚措施，加强对施暴人的教育与惩戒。"第 21 条规定："充分运用禁止令措施。人民法院对实施家庭暴力构成犯罪被判处管制或者宣告缓刑的犯罪分子，为了确保被害人及其子女和特定亲属的人身安全，可以依照刑法第三十八条第二款、第七十二条第二款的规定，同时禁止犯罪分子再次实施家庭暴力，侵扰被害人的生活、工作、学习，进行酗酒、赌博等活动；经被害人申请且有必要的，禁止接近被害人及其未成年子女。"第 23 条规定："充分运用人身安全保护措施。人民法院为了保护被害人的人身安全，避免其再次受到家庭暴力的侵害，可以根据申请，依照民事诉讼法等法律的相关规定，作出禁止施暴人再次实施家庭暴力、禁止接近被害人、迁出被害人的住所等内容的裁定。对于施暴人违反裁定的行为，如对被害人进行威胁、恐吓、殴打、伤害、杀害，或者未经被害人同意拒不迁出住所的，人民法院可以根据情节轻重予以罚款、拘留；构成犯罪的，应当依法追究刑事责任。"

【立法建言】

　　建　议：将《刑法》第 261 条修改为："对于年老、年幼、患病或者其他没有独立生活能力的人，负有扶养义务而拒绝扶养，情节恶劣的，处三年以下有期徒刑、拘役或者管制。"

理　由：

从立法技术上看，宜将本罪的法定最高刑由"五年"改为"三年"，以与《刑法》第260 条和第 260 条之一的处刑规定相协调。

三十五、拐骗儿童罪（第 262 条）

【立法沿革】

拐骗儿童罪是在 1979 年《刑法》第 184 条规定的拐骗儿童罪的基础上修改而来的。

在新中国刑法立法史上，拐骗罪犯罪对象的年龄总体上呈现出逐步降低的趋势。1950 年的《刑法大纲草案》规定的诱拐男女脱离家庭罪，既包括未成年人，也包括成年人。该草案第 155 条规定："企图奸淫或获利，诱拐十八岁以下之男女脱离家庭者，处五年以下监禁。""企图奸淫或获利，诱拐有配偶之人脱离家庭者，处二年以下监禁。"到了 1957 年，《刑法草案》第 22 稿第 182 条将拐骗的对象限定为"不满十八岁"的未成年人："拐骗不满十八岁的男、女，脱离家庭或者监护人的，处五年以上有期徒刑。"1963 年的《刑法草案》第 33 稿又将拐骗对象的年龄由"不满十八岁"改为"不满十六岁"。该稿第 172 条规定："拐骗不满十六岁的男、女，脱离家庭或者监护人的，处五年以上有期徒刑。"1979 年《刑法》第 184 条进一步将拐骗对象的年龄降低到"不满十四岁"。

1979 年《刑法》第 184 条规定："拐骗不满十四岁的男、女，脱离家庭或者监护人的，处五年以下有期徒刑或者拘役。"

在全面研究修改刑法的过程中，1988 年的《刑法修改稿》"对拐骗儿童罪，增加了'以收养为目的'的限制条件，并增加了偷取他人婴儿的内容。"[①] 此外，该稿还将儿童的年龄降低到"不满十三岁"。该稿第 216 条规定："以收养为目的，拐骗不满十三岁的儿童，脱离家庭或者监护人的，或者偷取他人婴儿的，处五年以上有期徒刑或者拘役。"但是，1996 年的《刑法修订草案》（征求意见稿）第 236 条又恢复了 1979 年《刑法》的规定。1996 年的《刑法修订草案》第 241 条基本上沿用了上述规定，仅在文字表述上将"不满十四岁的男、女"改为"不满十四周岁的未成年人"。这一修改方案，为现行刑法所采纳。

【立法规定】

《刑法》第 262 条规定："拐骗不满十四周岁的未成年人，脱离家庭或者监护人的，处五年以下有期徒刑或者拘役。"

---

① 参见 1988 年《刑法修改稿》分则第十章"妨害婚姻、家庭罪"中的"修改说明"。

【立法释义】

最高人民法院 1999 年 10 月 27 日发布的《全国法院维护农村稳定刑事审判工作座谈会纪要》"关于拐卖妇女、儿童犯罪案件"部分规定："要从严惩处拐卖妇女、儿童犯罪团伙的首要分子和以拐卖妇女、儿童为常业的'人贩子'。要严格把握此类案件罪与非罪的界限。对于买卖至亲的案件，要区别对待：以贩卖牟利为目的'收养'子女的，应以拐卖儿童罪处理；对那些迫于生活困难、受重男轻女思想影响而出卖亲生子女或收养子女的，可不作为犯罪处理；对于出卖子女确属情节恶劣的，可按遗弃罪处罚；对于那些确属介绍婚姻，且被介绍的男女双方相互了解对方的基本情况，或者确属介绍收养，并经被收养人父母同意的，尽管介绍的人数较多，从中收取财物较多，也不应作犯罪处理。"

【立法建言】

建　议：将《刑法》第 262 条修改为："拐骗不满十四周岁的人，脱离家庭或者监护人的，处五年以下有期徒刑、拘役或者管制。"

理　由：

1. 从文字表述上看，宜将本罪中的"不满十四周岁的未成年人"改为"不满十四周岁的人"，以与《刑法》第 17 条的规定相协调。

2. 从立法技术上看，宜在本罪的法定刑中增加"管制"的规定，以与《刑法》的其他管制规定相一致。

三十六、组织残疾人、儿童乞讨罪（第 262 条之一）

【立法沿革】

组织残疾人、儿童乞讨罪是《刑法修正案（六）》第 17 条新增设的罪名。

1997 年《刑法》施行后，"近年来，一些不法分子为了非法牟利，以欺骗、威胁、利诱等手段专门组织残疾人、未成年人进行乞讨，严重侵犯残疾人、未成年人的人身权利，危害了他们的身心健康，同时也破坏了社会的正常管理秩序，社会危害性严重，应当予以惩治。"[1] 因此，《刑法修正案（五）（草案）》增设了组织残疾人、儿童乞讨罪："以欺骗、威胁、利诱等手段组织残疾人或者不满十四周岁的未成年人乞讨，从中牟取利益的，处三年以下有期徒刑、拘役，并处罚金。"在审议时，考虑到"草案中关于破产欺诈犯罪和利用残疾人或者儿童乞讨牟利犯罪的两条规定，需要与企业破产法、治安管理处罚法的规定相衔接。鉴于常委会对这两部法律草案还在审议，法律委员会建议上述两条规定作为

---

① 参见全国人大常委会法制工作委员会主任胡康生 2004 年 10 月 22 日在十届全国人大常委会第十二次会议上所作的《关于〈中华人民共和国刑法修正案（五）（草案）〉的说明》。

另一刑法修正案的内容与这两部法律出台时间相衔接。"① 2005 年 8 月 28 日《中华人民共和国治安管理处罚法》通过之后，"为了与已通过的治安管理处罚法的有关规定相衔接"②，《刑法修正案（六）（草案）》第 13 条增加了以欺骗、威胁、利诱等手段组织残疾人或者未成年人乞讨的犯罪。在审议的过程中，"有些常委会委员和地方、专家提出，对胁迫、诱骗、利用他人进行乞讨的行为，治安管理处罚法已经作了处罚规定；需要动用刑法手段严厉打击的，应是以暴力、胁迫手段组织残疾人或者未成年人乞讨的行为。"③ 据此，《刑法修正案（六）》第 17 条对草案第 13 条的规定作了相应的修改，形成了《刑法》第 262 条之一的规定。

【立法规定】

《刑法》第 262 条之一规定："以暴力、胁迫手段组织残疾人或者未满十四周岁的未成年人从事乞讨的，处三年以下有期徒刑或者拘役，并处罚金；情节严重的，处三年以上七年以下有期徒刑，并处罚金。"

【立法释义】

目前，尚无与组织残疾人、儿童乞讨罪相关的法律解释。

【立法建言】

建　议：将《刑法》第 262 条之一修改为："以暴力、胁迫手段组织残疾人或者未满十四周岁的人从事乞讨的，处三年以下有期徒刑、拘役或者管制，可以并处或者单处罚金；情节严重的，处三年以上七年以下有期徒刑，并处罚金。"

理　由：

1. 从文字表述上看，宜将本罪中的"未满十四周岁的未成年人"改为"不满十四周岁的人"，以与《刑法》第 17 条的规定相协调。

2. 从立法技术上看，宜在本罪第 1 档法定刑中增加"管制"的规定，并将其中的"并处罚金"改为"可以并处或者单处罚金"，以与《刑法》的其他管制和罚金规定相一致。

三十七、组织未成年人进行违反治安管理活动罪（第 262 条之二）

【立法沿革】

组织未成年人进行违反治安管理活动罪是《刑法修正案（七）》第 8 条新增设的罪名。

---

① 参见全国人大法律委员会副主任委员乔晓阳 2005 年 2 月 25 日在十届全国人大常委会第十四次会议上所作的《关于〈中华人民共和国刑法修正案（五）（草案）〉审议结果的报告》。

② 参见全国人大常委会法制工作委员会副主任安建 2005 年 1 月 24 日在十届全国人大常委会第十九次会议上所作的《关于〈中华人民共和国刑法修正案（六）（草案）〉的说明》。

③ 参见全国人大法律委员会副主任委员周坤仁 2006 年 4 月 25 日在十届全国人大常委会第二十一次会议上所作的《关于〈中华人民共和国刑法修正案（六）（草案）〉修改情况的汇报》。

1997 年《刑法》施行后，"公安部提出，一些不法分子组织未成年人从事扒窃、抢夺等违反治安管理活动的情况，在一些地方比较突出，严重危害社会治安秩序，损害未成年人的身心健康。对此应在刑法中作出专门规定予以惩治。"① 据此，《刑法修正案（七）》第 8 条增设了组织未成年人进行违反治安管理活动罪。

【立法规定】

《刑法》第 262 条之二规定："组织未成年人进行盗窃、诈骗、抢夺、敲诈勒索等违反治安管理活动的，处三年以下有期徒刑或者拘役，并处罚金；情节严重的，处三年以上七年以下有期徒刑，并处罚金。"

【立法释义】

目前，尚无与组织未成年人进行违反治安管理活动罪相关的法律解释。

【立法建言】

建　议：将《刑法》第 262 条之二修改为："组织未成年人进行盗窃、诈骗、抢夺、敲诈勒索等违反治安管理活动的，处三年以下有期徒刑、拘役或者管制，可以并处或者单处罚金；情节严重的，处三年以上七年以下有期徒刑，并处罚金。"

理　由：

从立法技术上看，宜在本罪的第 1 档法定刑中增加"管制"的规定，并将其中的"并处罚金"改为"可以并处或者单处罚金"，以与《刑法》的其他管制和罚金规定相一致。

---

① 参见全国人大常委会法制工作委员会主任李适时 2008 年 8 月 25 日在十一届全国人大常委会第四次会议上所作的《关于〈中华人民共和国刑法修正案（七）（草案）〉的说明》。

第五章　侵犯财产罪

一、抢劫罪（第 263 条）

【立法沿革】

抢劫罪是在 1979 年《刑法》第 150 条规定的抢劫罪的基础上修改而来的。

新中国成立初期，受苏联的影响，我国对公共财产和私有财产分别予以保护。[①] 相应地，1950 年的《刑法大纲草案》也分别规定了抢劫国有公有财产罪和强盗罪两个罪名。其中，第 75 条规定："抢劫公粮、仓库或其他国有公有财产者，处一年以上七年以下监禁，首要分子处三年以上十五年以下监禁，情节特别严重者，处死刑或终身监禁。"第 141 条规定："以强暴、胁迫方法，强取他人财物者，为强盗，处五年以下监禁。""以强盗为常业者，或共同强盗中之主要分子，处二年以上十五年以下监禁。情节特别严重者，处死刑或终身监禁。""预备犯前二项之罪者，比照各该项规定减轻处罚。"1954 年的《刑法指导原则草案》虽然没有分设两个罪名来规制抢劫犯罪，但是仍然延续了对公共财产实行特殊保护的做法。该草案第 40 条规定："抢劫、偷窃、诈骗公共财产的，分别按照本刑法指导原则第六十四条、第六十六条、第六十七条的规定从重处罚。"[②] 第 64 条规定："抢劫他人财物的，判处三年以下有期徒刑。持械、屡犯或者其他情节严重的，判处三年以上有期徒刑；情节特别严重的，判处无期徒刑或者死刑。"到了 1957 年，《刑法草案》第 22 稿始对公私财产实行平等保护。[③] 该稿第 167 条规定："以暴力、胁迫或者以其他方法，使他人不能抗拒而抢劫公私财物的，处三年以上十年以下有期徒刑。""犯前款罪，致人重伤的，处七年以上有期徒刑；致人死亡的，处死刑或者无期徒刑。"1963 年的《刑法草案》第 33 稿第 156 条在沿用上述立法例的基础上，主要作了以下三方面的修改和补充：

[①] 1950 年的《刑法大纲草案》分则第六章规定了"侵害国有或公有财产罪"，第十一章规定了"侵害私有财产罪"；1954 年的《刑法指导原则草案》第三章第二节和第六节分别规定了"破坏公共财产的犯罪"和"侵犯公民财产的犯罪"。

[②] 该草案第 64 条、第 66 条和第 67 条分别规定了抢劫罪、偷窃罪和诈骗罪。本章在阐述《刑法指导原则草案》规定的偷窃罪和诈骗罪时，不再具体列举上述从重处罚的规定。

[③] 《刑法草案》第 22 稿将侵犯公私财产的犯罪一并规定在分则第五章"侵犯财产罪"之中。此后，历次的刑法草案和刑事法律均沿袭了这一立法模式。

一是在罪状表述方面，删去了"使他人不能抗拒"的条件限制;[①] 二是在量刑情节方面，增加了"情节严重"的情形，并将"致人重伤、死亡"合并加以规定；三是刑罚配置方面，调整了法定主刑，并增加了"可以并处没收财产"的规定。修改后的条文为："以暴力、胁迫或者以其他方法抢劫公私财物的，处三年以上十年以下有期徒刑。""犯前款罪，情节严重的或者致人重伤、死亡的，处十年以上有期徒刑、无期徒刑或者死刑，可以并处没收财产。"1979 年《刑法》沿用了上述规定，未作任何修改。

1979 年《刑法》第 150 条规定："以暴力、胁迫或者以其他方法抢劫公私财物的，处三年以上十年以下有期徒刑。""犯前款罪，情节严重的或者致人重伤、死亡的，处十年以上有期徒刑、无期徒刑或者死刑，可以并处没收财产。"

在全面研究修改刑法的过程中，1988 年的《刑法修改稿》第 172 条对抢劫罪的立法模式作了较大的调整：一是将原第 2 款合并到第 1 款，并将其中"情节严重"的概括性规定改为具体的列举性规定；二是另外增加了第 2 款"绑架勒索的，依照前款的规定从重处罚"的规定。修改后的条文为："以暴力、胁迫或者其他方法抢劫公私财物的，处三年以上十年以下有期徒刑，并处罚金或者没收财产，有下列情形之一的，处十年以上有期徒刑、无期徒刑或者死刑，并处没收财产：（一）抢劫银行、珍贵文物的；（二）致人重伤或者死亡的；（三）抢劫集团的首要分子；（四）多次抢劫或者抢劫公私财物数额特别巨大的；（五）有其他特别严重情节的。""绑架勒索的，依照前款的规定从重处罚。"1996 年的《刑法修订草案》（征求意见稿）第 237 条在上述第 1 款规定的基础上，将加重情节调整为："（一）入户抢劫的；（二）在公共交通工具上抢劫的；（三）多次抢劫或者抢劫数额巨大的；（四）抢劫致人重伤、死亡的；（五）对在海上航行的船只实施抢劫、破坏等海盗行为的；（六）冒充军警人员抢劫的；（七）抢劫银行或者其他金融机构的；（八）抢劫军用物资或者抢险、救灾、救济物资的。"同时，删去了上述第 2 款"绑架勒索的，依照前款的规定从重处罚"的规定。[②] 1996 年的《刑法修订草案》第 242 条再次调整了抢劫罪的加重情节，删去了"对在海上航行的船只实施抢劫、破坏等海盗行为的"和"抢劫银行或者其他金融机构的"两种情形，增加了"持枪抢劫的"情形。1997 年的《刑法修订草案》（修改稿）第 261 条基本上沿用了上述规定，仅在加重情节中恢复了"抢劫

---

① "讨论中大家认为，他人能不能抗拒，并非抢劫罪构成的必要条件，只要犯罪分子使用了暴力或者以暴力相威胁，就是抢劫罪。因此三十三稿删去了'使他人不能抗拒'字样"（参见高铭暄：《中华人民共和国刑法的孕育和诞生》，法律出版社 1981 年版，第 205 页）。

② 1996 年的《刑法修订草案》（征求意见稿）第 214 条将"绑架勒索的"，依照抢劫罪从重处罚的规定，修改为独立的绑架勒索罪："以勒索财物为目的绑架他人的，处十年以上有期徒刑或者无期徒刑，并处罚金或者没收财产；致使被绑架人死亡或者杀害被绑架人的，处死刑，并处没收财产。""以勒索财物为目的偷盗婴幼儿的，依照前款规定处罚。"

银行或者其他金融机构的"情形。这一修改方案，为现行刑法所采纳。

【立法规定】

《刑法》第263条规定："以暴力、胁迫或者其他方法抢劫公私财物的，处三年以上十年以下有期徒刑，并处罚金；有下列情形之一的，处十年以上有期徒刑、无期徒刑或者死刑，并处罚金或者没收财产：（一）入户抢劫的；（二）在公共交通工具上抢劫的；（三）抢劫银行或者其他金融机构的；（四）多次抢劫或者抢劫数额巨大的；（五）抢劫致人重伤、死亡的；（六）冒充军警人员抢劫的；（七）持枪抢劫的；（八）抢劫军用物资或者抢险、救灾、救济物资的。"

【立法释义】

最高人民法院1991年7月12日发布的《关于如何处理"反攻倒算"案件的答复》第4条规定："你省的'请示'中，对抢占土改、镇反中被没收的房产，提出按'抢劫'定罪。这个问题因涉及对不动产能否按抢劫定罪的问题，刑法没有明确规定，请你们再作进一步研究，根据不同情况，具体案件具体处理。"

最高人民法院研究室1995年5月30日发布的《关于对在绑架勒索犯罪过程中对同一受害人又有抢劫行为应如何定罪问题的答复》规定："为人在绑架勒索犯罪过程中，又抢劫同一人被害人财物的，应以绑架勒索罪定罪，从重处罚；同时又抢劫他人财物的，应分别以绑架勒索罪、抢劫罪定罪，实行数罪并罚。"

最高人民法院研究室1995年10月23日发布的《关于对非法占有强迫他人卖血所得款物案件如何定性问题的意见函》规定："被告人以非法占有为目的，强迫被害人卖血后占有卖血所得款物的行为，构成抢劫罪；其间实施的非法剥夺被害人人身自由的行为，应作为抢劫罪从重处罚的情节予以考虑。"

最高人民法院、最高人民检察院、公安部、国家工商行政管理局1998年5月8日发布的《关于依法查处盗窃、抢劫机动车案件的规定》第4条规定："本规定第二条和第三条中的行为人事先与盗窃、抢劫机动车辆的犯罪分子通谋的，分别以盗窃、抢劫罪的共犯论处。"①

最高人民法院2000年11月22日发布的《关于审理抢劫案件具体应用法律若干问题的解释》第1条规定："刑法第二百六十三条第（一）项规定的'入户抢劫'，是指为实

---

① 该规定第2条规定："明知是盗窃、抢劫所得机动车而予以窝藏、转移、收购或者代为销售的，依照《刑法》第三百一十二条的规定处罚。""对明知是盗窃、抢劫所得机动车而予以拆解、改装、拼装、典当、倒卖的，视为窝藏、转移、收购或者代为销售，依照《刑法》第三百一十二条的规定处罚。"第3条规定："国家指定的车辆交易市场、机动车经营企业（含典当、拍卖行）以及从事机动车修理、零部件销售企业的主管人员或者其他直接责任人员，明知是盗窃、抢劫的机动车而予以窝藏、转移、拆解、改装、拼装、收购或者代为销售的，依照《刑法》第三百一十二条的规定处罚。单位组织实施上述行为的，由工商行政管理机关予以处罚。"

施抢劫行为而进入他人生活的与外界相对隔离的住所，包括封闭的院落、牧民的帐篷、渔民作为家庭生活场所的渔船、为生活租用的房屋等进行抢劫的行为。""对于入户盗窃，因被发现而当场使用暴力或者以暴力相威胁的行为，应当认定为入户抢劫。"第 2 条规定："刑法第二百六十三条第（二）项规定的'在公共交通工具上抢劫'，既包括在从事旅客运输的各种公共汽车，大、中型出租车，火车，船只，飞机等正在运营中的机动公共交通工具上对旅客、司售、乘务人员实施的抢劫，也包括对运行途中的机动公共交通工具加以拦截后，对公共交通工具上的人员实施的抢劫。"第 3 条规定："刑法第二百六十三条第（三）项规定的'抢劫银行或者其他金融机构'，是指抢劫银行或者其他金融机构的经营资金、有价证券和客户的资金等。""抢劫正在使用中的银行或者其他金融机构的运钞车的，视为'抢劫银行或者其他金融机构'。"第 4 条规定："刑法第二百六十三条第（四）项规定的'抢劫数额巨大'的认定标准，参照各地确定的盗窃罪数额巨大的认定标准执行。"第 5 条规定："刑法第二百六十三条第（七）项规定的'持枪抢劫'，是指行为人使用枪支或者向被害人显示持有、佩带的枪支进行抢劫的行为。'枪支'的概念和范围，适用《中华人民共和国枪支管理法》的规定。"第 6 条规定："刑法第二百六十七条第二款规定的'携带凶器抢夺'，是指行为人随身携带枪支、爆炸物、管制刀具等国家禁止个人携带的器械进行抢夺或者为了实施犯罪而携带其他器械进行抢夺的行为。"

最高人民法院 2001 年 5 月 23 日发布的《关于抢劫过程中故意杀人案件如何定罪问题的批复》规定："行为人为劫取财物而预谋故意杀人，或者在劫取财物过程中，为制服被害人反抗而故意杀人的，以抢劫罪定罪处罚。行为人实施抢劫后，为灭口而故意杀人的，以抢劫罪和故意杀人罪定罪，实行数罪并罚。"

最高人民法院、最高人民检察院 2003 年 5 月 14 日发布的《关于办理妨害预防、控制突发传染病疫情等灾害的刑事案件具体应用法律若干问题的解释》第 9 条规定："在预防、控制突发传染病疫情等灾害期间，聚众'打砸抢'，致人伤残、死亡的，依照刑法第二百八十九条、第二百三十四条、第二百三十二条的规定，以故意伤害罪或者故意杀人罪定罪，依法从重处罚。对毁坏或者抢走公私财物的首要分子，依照刑法第二百八十九条、第二百六十三条的规定，以抢劫罪定罪，依法从重处罚。"

最高人民法院 2005 年 6 月 8 日发布的《关于审理抢劫、抢夺刑事案件适用法律若干问题的意见》第 1 条"关于'入户抢劫'的认定"规定："根据《抢劫解释》① 第一条规定，认定'入户抢劫'时，应当注意以下三个问题：一是'户'的范围。'户'在这里是指住所，其特征表现为供他人家庭生活和与外界相对隔离两个方面，前者为功能特征，后

---

①　这里所说的《抢劫解释》，是指最高人民法院 2000 年 11 月 22 日发布的《关于审理抢劫案件具体应用法律若干问题的解释》。

者为场所特征。一般情况下，集体宿舍、旅店宾馆、临时搭建工棚等不应认定为'户'，但在特定情况下，如果确实具有上述两个特征的，也可以认定为'户'。二是'入户'目的的非法性。进入他人住所须以实施抢劫等犯罪为目的。抢劫行为虽然发生在户内，但行为人不以实施抢劫等犯罪为目的进入他人住所，而是在户内临时起意实施抢劫的，不属于'入户抢劫'。三是暴力或者暴力胁迫行为必须发生在户内。入户实施盗窃被发现，行为人为窝藏赃物、抗拒抓捕或者毁灭罪证而当场使用暴力或者以暴力相威胁的，如果暴力或者暴力胁迫行为发生在户内，可以认定为'入户抢劫'；如果发生在户外，不能认定为'入户抢劫'。"第2条"关于'在公共交通工具上抢劫'的认定"规定："公共交通工具承载的旅客具有不特定多数人的特点。根据《抢劫解释》第二条规定，'在公共交通工具上抢劫'主要是指在从事旅客运输的各种公共汽车、大、中型出租车、火车、船只、飞机等正在运营中的机动公共交通工具上对旅客、司售、乘务人员实施的抢劫。在未运营中的大、中型公共交通工具上针对司售、乘务人员抢劫的，或者在小型出租车上抢劫的，不属于'在公共交通工具上抢劫'。"第3条"关于'多次抢劫'的认定"规定："刑法第二百六十三条第（四）项中的'多次抢劫'是指抢劫三次以上。""对于'多次'的认定，应以行为人实施的每一次抢劫行为均已构成犯罪为前提，综合考虑犯罪故意的产生、犯罪行为实施的时间、地点等因素，客观分析、认定。对于行为人基于一个犯意实施犯罪的，如在同一地点同时对在场的多人实施抢劫的；或基于同一犯意在同一地点实施连续抢劫犯罪的，如在同一地点连续地对途经此地的多人进行抢劫的；或在一次犯罪中对一栋居民楼房中的几户居民连续实施入户抢劫的，一般应认定为一次犯罪。"第4条"关于'携带凶器抢夺'的认定"规定："《抢劫解释》第六条规定，'携带凶器抢夺'，是指行为人随身携带枪支、爆炸物、管制刀具等国家禁止个人携带的器械进行抢夺或者为了实施犯罪而携带其他器械进行抢夺的行为。行为人随身携带国家禁止个人携带的器械以外的其他器械抢夺，但有证据证明该器械确实不是为了实施犯罪准备的，不以抢劫罪定罪；行为人将随身携带凶器有意加以显示、能为被害人察觉到的，直接适用刑法第二百六十三条的规定定罪处罚；行为人携带凶器抢夺后，在逃跑过程中为窝藏赃物、抗拒抓捕或者毁灭罪证而当场使用暴力或者以暴力相威胁的，适用刑法第二百六十七条第二款的规定定罪处罚。"第6条"关于抢劫犯罪数额的计算"规定："抢劫信用卡后使用、消费的，其实际使用、消费的数额为抢劫数额；抢劫信用卡后未实际使用、消费的，不计数额，根据情节轻重量刑。所抢信用卡数额巨大，但未实际使用、消费或者实际使用、消费的数额未达到巨大标准的，不适用'抢劫数额巨大'的法定刑。""为抢劫其他财物，劫取机动车辆当作犯罪工具或者逃跑工具使用的，被劫取机动车辆的价值计入抢劫数额；为实施抢劫以外的其他犯罪劫取机动车辆的，以抢劫罪和实施的其他犯罪实行数罪并罚。""抢劫存折、机动车辆的数额计算，参照执行《关于审理盗窃案件具体应用法律若干问题的解释》的相关规定。"第7条"关于抢劫特定财物行为的定性"规定："以毒品、假币、淫秽物品等违禁品为对象，实施抢劫的，以抢劫罪定罪；抢劫的违禁品数量作为量刑情节予以考虑。抢劫违禁品后又以违禁品实施其他犯罪的，应以抢劫罪与具体实施的其他犯罪实行数罪并罚。""抢劫赌资、犯罪所得的赃款赃物的，以抢劫罪定罪，但行为人仅以其所输赌资或所赢赌债为抢劫对象，一般不以抢劫罪定罪处罚。构成其他犯罪的，依照刑法的相关规定处罚。""为个人使用，以暴力、胁迫等手段取得家庭成员或近亲属财产的，一般不以抢劫罪定罪处罚，构成其他犯罪的，依照刑法的相关规定处理；教唆或者伙同他人采取暴力、胁迫等手段劫取家庭成员或近亲属财产的，可以抢劫罪定罪处罚。"第8条"关于抢劫罪数的认定"规定："行为人实施伤害、强奸等犯罪行为，在被害人未失去知觉，利用被害人不能反抗、不敢反抗的处境，临时起意劫取他人财物的，应以此前所实施的具体犯罪与抢劫罪实行数罪并罚；在被害人失去知觉或者没有发觉的情形下，以及实施故意杀人犯罪行为之后，临时起意拿走他人财物的，应以此前所实施的具体犯罪与盗窃罪实行数罪并罚。"第9条"关于抢劫罪与相似犯罪的界限"第1款"冒充正在执行公务的人民警察、联防人员，以抓卖淫嫖娼、赌博等违法行为为名非法占有财物的行为定性"规定："行为人冒充正在执行公务的人民警察'抓赌'、'抓嫖'，没收赌资或者罚款的行为，构成犯罪的，以招摇撞骗罪从重处罚；在实施上述行为中使用暴力或者暴力威胁的，以抢劫罪定罪处罚。行为人冒充治安联防队员'抓赌'、'抓嫖'、没收赌资或者罚款的行为，构成犯罪的，以敲诈勒索罪定罪处罚；在实施上述行为中使用暴力或者暴力威胁的，以抢劫罪定罪处罚。"第2款"以暴力、胁迫手段索取超出正常交易价钱、费用的钱财的行为定性"规定："从事正常商品买卖、交易或者劳动服务的人，以暴力、胁迫手段迫使他人交出与合理价钱、费用相差不大钱物，情节严重的，以强迫交易罪定罪处罚；以非法占有为目的，以买卖、交易、服务为幌子采用暴力、胁迫手段迫使他人交出与合理价钱、费用相差悬殊的钱物的，以抢劫罪定罪处刑。在具体认定时，既要考虑超出合理价钱、费用的绝对数额，还要考虑超出合理价钱、费用的比例，加以综合判断。"第3款"抢劫罪与绑架罪的界限"规定："绑架罪是侵害他人人身自由权利的犯罪，其与抢劫罪的区别在于：第一，主观方面不尽相同。抢劫罪中，行为人一般出于非法占有他人财物的故意实施抢劫行为，绑架罪中，行为人既可能为勒索他人财物而实施绑架行为，也可能出于其他非经济目的实施绑架行为；第二，行为手段不尽相同。抢劫罪表现为行为人劫取财物一般应在同一时间、同一地点，具有'当场性'；绑架罪表现为行为人以杀害、伤害等方式向被绑架人的亲属或其他人或单位发出威胁，索取赎金或提出其他非法要求，劫取财物一般不具有'当场性'。"绑架过程中又当场劫取被害人随身携带财物的，同时触犯绑架罪和抢劫罪两罪名，应择一重罪定罪处罚。第 4 款"抢劫罪与寻衅滋事罪的界限"规定："寻衅滋事罪是严重扰乱社会秩序的犯罪，行为人实施寻衅滋事的行为时，客观上也可能表现为强拿硬要公私财物的特征。这种强拿硬要的行为与抢劫罪的区别在于：前者行为人主观上还具有逞强好胜和通过强拿硬要来填补其精神空虚等目的，后者行为人一般只具有非法占有他人财物的目的；前者行为人客观上一般不以严重侵犯他人人身权利的方法强拿硬要财物，而后者行为人则以暴力、胁迫等方式作为劫取他人财物的手段。司法实践中，对于未成年人使用或威胁使用轻微暴力强抢少量财物的行为，一般不宜以抢劫罪定罪处罚。其行为符合寻衅滋事罪特征的，可以寻衅滋事罪定罪处罚。"第 5 款"抢劫罪与故意伤害罪的界限"规定："行为人为索取债务，使用暴力、暴力威胁等手段的，一般不以抢劫罪定罪处罚。构成故意伤害等其他犯罪的，依照刑法第二百三十四条等规定处罚。"第 10 条"抢劫罪的既遂、未遂的认定"规定："抢劫罪侵犯的是复杂客体，既侵犯财产权利又侵犯人身权利，具备劫取财物或者造成他人轻伤以上后果两者之一的，均属抢劫既遂；既未劫取财物，又未造成他人人身伤害后果的，属抢劫未遂。据此，刑法第二百六十三条规定的八种处罚情节中除'抢劫致人重伤、死亡的'这一结果加重情节之外，其余七种处罚情节同样存在既遂、未遂问题，其中属抢劫未遂的，应当根据刑法关于加重情节的法定刑规定，结合未遂犯的处理原则量刑。"第 11 条"驾驶机动车、非机动车夺取他人财物行为的定性"规定："对于驾驶机动车、非机动车（以下简称驾驶车辆）夺取他人财物的，一般以抢夺罪从重处罚。但具有下列情形之一，应当以抢劫罪定罪处罚：（1）驾驶车辆，逼挤、撞击或强行逼倒他人以排除他人反抗，乘机夺取财物的；（2）驾驶车辆强抢财物时，因被害人不放手而采取强拉硬拽方法劫取财物的；（3）行为人明知其驾驶车辆强行夺取他人财物的手段会造成他人伤亡的后果，仍然强行夺取并放任造成财物持有人轻伤以上后果的。"

最高人民法院 2006 年 1 月 11 日发布的《关于审理未成年人刑事案件具体应用法律若干问题的解释》第 7 条规定："已满十四周岁不满十六周岁的人使用轻微暴力或者威胁，强行索要其他未成年人随身携带的生活、学习用品或者钱财数量不大，且未造成被害人轻微伤以上或者不敢正常到校学习、生活等危害后果的，不认为是犯罪。""已满十六周岁不满十八周岁的人具有前款规定情形的，一般也不认为是犯罪。"

最高人民法院 2008 年 12 月 1 日发布的《全国部分法院审理毒品犯罪案件工作座谈会纪要》第 1 条第 6 款规定："盗窃、抢夺、抢劫毒品的，应当分别以盗窃罪、抢夺罪或者抢劫罪定罪，但不计犯罪数额，根据情节轻重予以定罪量刑。盗窃、抢夺、抢劫毒品后又实施其他毒品犯罪的，对盗窃罪、抢夺罪、抢劫罪和所犯的具体毒品犯罪分别定罪，依法数罪并罚。走私毒品，又走私其他物品构成犯罪的，以走私毒品罪和其所犯的其他走私罪分别定罪，依法数罪并罚。"

最高人民法院 2013 年 12 月 23 日发布的《关于常见犯罪的量刑指导意见》"抢劫罪"部分规定："1. 构成抢劫罪的，可以根据下列不同情形在相应的幅度内确定量刑起点：（1）抢劫一次的，可以在三年至六年有期徒刑幅度内确定量刑起点。（2）有下列情形之一的，可以在十年至十三年有期徒刑幅度内确定量刑起点：入户抢劫的；在公共交通工具上抢劫的；抢劫银行或者其他金融机构的；抢劫三次或者抢劫数额达到数额巨大起点的；抢劫致一人重伤的；冒充军警人员抢劫的；持枪抢劫的；抢劫军用物资或者抢险、救灾、救济物资的。依法应当判处无期徒刑以上刑罚的除外。2. 在量刑起点的基础上，可以根据抢劫情节严重程度、抢劫次数、数额、致人伤害后果等其他影响犯罪构成的犯罪事实增加刑罚量，确定基准刑。"

最高人民检察院 2014 年 9 月 15 日发布的指导性案例检例第 17 号《陈邓昌抢劫、盗窃，付志强盗窃案》中的"要旨"第 1 条指出："对于入户盗窃，因被发现而当场使用暴力或者以暴力相威胁的行为，应当认定为'入户抢劫'。"

最高人民法院 2015 年 5 月 29 日发布的《关于审理掩饰、隐瞒犯罪所得、犯罪所得收益刑事案件适用法律若干问题的解释》第 6 条规定："对犯罪所得及其产生的收益实施盗窃、抢劫、诈骗、抢夺等行为，构成犯罪的，分别以盗窃罪、抢劫罪、诈骗罪、抢夺罪等定罪处罚。"

【立法建言】

建议一：将《刑法》第 263 条前段修改为："以暴力、胁迫或者其他方法抢劫公私财物，数额较大的，处三年以上十年以下有期徒刑，并处罚金"。

理　由：

1. 从立法技术上看，《刑法》第 263 条对抢劫罪的基本犯没有数额上的要求，但却将"抢劫数额巨大"作为抢劫罪的加重情节加以规定，两者之间的距离过大，缺乏最起码的过渡。因此，宜在抢劫罪的基本犯中增加"数额较大"的规定，以缩小两者的距离。

2. 从刑法理论上看，抢劫罪属于侵犯财产罪，其基本犯理应以取得一定数额的财物作为入罪标准。尽管《刑法》第 263 条对抢劫罪的基本犯没有数额的要求，但刑法理论的通说依然强调基本数额在抢劫罪认定中的作用。例如，有学者认为，"在侵犯财产罪中，侵犯的财物数额对案件危害性乃是一个不可忽视的重要因素。财物数额对抢劫罪危害程度的影响虽然不如对其他一些侵犯财产罪那样重要，但也具有相当的作用，定罪时不能完全不考虑。"[1] 有学者进一步强调，"数额多少或情节程度，在司法实务操作中，依然具有区别抢劫罪与非罪的功能。"[2] 还有学者指出，"从文理解释的角度讲，只要是以非法占有为

---

[1] 金凯主编：《侵犯财产罪新论》，知识出版社 1988 年版，第 56 页。

[2] 高铭暄、马克昌主编：《刑法学》，北京大学出版社、高等教育出版社 2011 年版，第 500 页。

目的，实施了以暴力、胁迫或其他方法，迫使被害人当场交出财物或当场夺走了其财物的行为，就可构成抢劫罪。但是，这并不表明完全不需考虑抢劫数额的大小与情节的轻重。由于具有严重的社会危害性是犯罪的本质特征，因此，必须综合全案，如果行为属于情节轻微危害不大的，如未成年人以轻微暴力抢劫少量财物，应当按照《刑法》第13条的规定，不作为犯罪处理。"[①] 可见，数额对于抢劫罪基本犯的成立具有不可忽视的重要作用。[②]

3. 从司法实践上看，认定是否构成抢劫罪一般也会考虑抢劫的数额和情节。例如，最高人民法院《关于审理未成年人刑事案件具体应用法律若干问题的解释》第7条规定："已满十四周岁不满十六周岁的人使用轻微暴力或者威胁，强行索要其他未成年人随身携带的生活、学习用品或者钱财数量不大，且未造成被害人轻微伤以上或者不敢正常到校学习、生活等危害后果的，不认为是犯罪。""已满十六周岁不满十八周岁的人具有前款规定情形的，一般也不认为是犯罪。"

建议二：在《刑法》第263条中增加1款作为第2款："抢劫毒品、假币、淫秽物品等违禁品的，处三年以上十年以下有期徒刑，并处罚金；情节严重的，处十年以上有期徒刑或者无期徒刑，并处罚金或者没收财产；情节特别严重的，处无期徒刑或者死刑，并处没收财产。"

理　由：

在刑法理论上，对于抢劫违禁品的行为应以抢劫罪论处并无疑义。[③] 但是，由于违禁品是法律禁止公民个人持有的物品，无法计算犯罪数额，因此，在司法实践中，对抢劫违禁品行为的定罪量刑问题作了变通处理。例如，最高人民法院《关于审理抢劫、抢夺刑事案件适用法律若干问题的意见》第7条第1款规定："以毒品、假币、淫秽物品等违禁品为对象，实施抢劫的，以抢劫罪定罪；抢劫的违禁品数量作为量刑情节予以考虑。"《全国部分法院审理毒品犯罪案件工作座谈会纪要》第1条第6款也规定："盗窃、抢夺、抢劫毒品的，应当分别以盗窃罪、抢夺罪或者抢劫罪定罪，但不计犯罪数额，根据情节轻重予以定罪量刑。"问题在于，《刑法》第263条并无"情节严重""情节特别严重"的规定，而是具体列举了8种加重处罚的情形。如果抢劫违禁品的行为不具有8种加重处罚的情形，则势必无法适用"处十年以上有期徒刑、无期徒刑或者死刑，并处罚金或者没收财产"的规定，从而放纵犯罪分子；如果变通适用，又势必违反罪刑法定原则。因此，有必

---

① 刘艳红主编：《刑法学》（下），北京大学出版社2014年版，第120页。

② 当然，抢劫罪"数额较大"的标准应低于盗窃罪、诈骗罪和抢夺罪。

③ 参见高铭暄、马克昌主编：《刑法学》，北京大学出版社、高等教育出版社2011年版，第407页；王作富主编：《刑法》，中国人民大学出版社2011年版，第404页；张明楷：《刑法学》，法律出版社2011年版，第844页；刘艳红主编：《刑法学》（下），北京大学出版社2014年版，第119页。

要对抢劫违禁品的行为作出专门规定，以化解上述问题。

二、盗窃罪（第 264 条）

【立法沿革】

盗窃罪是在 1979 年《刑法》第 151 条、第 152 条规定的盗窃罪的基础上修改而来的，并经《刑法修正案（八）》第 39 条所修正。

基于与抢劫罪同样的原因，1950 年的《刑法大纲草案》也分别规定了窃盗国有公有财产罪和窃盗罪。该草案第 78 条规定："窃盗国有或公有财产者，处六月以上三年以下监禁。""侵入工厂、仓库、矿山、火车、轮船而窃盗者，处六月以上五年以下监禁。""犯本条之罪而有第一百三十九条各项情形者，比照该条规定，加重处罚。"第 139 条规定："窃盗，处二年以下监禁，或批评教育。""侵入私营工厂、矿山、仓库、作坊而窃盗者，或窃盗生产工具、耕畜或乘他人重大灾害之际而窃盗者，处六月以上三年以下监禁。""以窃盗为常业或共同窃盗中之主要分子，处二年以上五年以下监禁。""组织领导多人实施窃盗，或传授他人窃盗技术者，处五年以上十五年以下监禁。"1954 年的《刑法指导原则草案》只规定了一个偷窃罪，同时将偷窃公共财产作为从重处罚的情形。该草案第 66 条规定："偷窃他人财物的，判处二年以下有期徒刑、劳役或者予以行政处罚。惯窃和偷窃集团的组织犯，按照本刑法指导原则第四十九条的规定处罚。"[①] 1957 年的《刑法草案》第 22 稿不仅规定了偷窃罪，而且还增设了惯窃罪。该稿第 168 条规定："偷窃公私财物的，处五年以下有期徒刑、拘役或者管制。"第 172 条规定："以偷窃、诈骗为常业的惯窃、惯骗，处七年以上有期徒刑。"1963 年的《刑法草案》第 33 稿在上述规定的基础上，增加了"数额巨大"和"情节特别严重"两种加重处罚的情形，并将"情节特别严重"的最高刑提高到了死刑。该稿第 157 规定："偷窃公私财物的，处五年以下有期徒刑或者拘役。"第 160 条规定："惯窃、惯骗或者偷窃、诈骗、抢夺数额巨大的，处五年以上十年以下有期徒刑；情节特别严重的，处十年以上有期徒刑、无期徒刑或者死刑，可以并处没收财产。"1979 年《刑法》对上述规定主要作了以下三方面的调整和修改：一是将"偷窃"改为"盗窃"，并将盗窃、诈骗、抢夺合并加以规定；[②] 二是在基本犯中增加了"管制"这一刑种；三是取消了"死刑"的规定。

---

① 该草案第 49 条规定："对于一贯不务正业聚赌抽头、买卖人口、污辱妇女、腐蚀青年和其他扰乱公共秩序的流氓分子，判处五年以下有期徒刑或者流放；情节特别严重的，判处五年以上有期徒刑直至无期徒刑或者死刑。"

② "修订中考虑到，它们的轻重程度大体相当，三十三稿对它们规定的法定刑也属相同；而且从实践来看，犯罪分子既盗窃又诈骗又抢夺或者兼有其中两种行为的为数不少。为了处理上的方便，无需另搞成数罪并罚，因此就将它们合成一个条文（第一百五十一条）来写"（参见高铭暄：《中华人民共和国刑法的孕育和诞生》，法律出版社 1981 年版，第 207 页）。

1979 年《刑法》第 151 条规定："盗窃、诈骗、抢夺公私财物数额较大的，处五年以下有期徒刑、拘役或者管制。"第 152 条规定："惯窃、惯骗或者盗窃、诈骗、抢夺公私财物数额巨大的，处五年以上十年以下有期徒刑；情节特别严重的，处十年以上有期徒刑或者无期徒刑，可以并处没收财产。"

1979 年《刑法》施行后，鉴于盗窃公共财物的犯罪活动猖獗，对国家社会主义建设事业和人民利益危害严重，为了坚决打击这些犯罪活动，严厉惩处这些犯罪分子，全国人大常委会 1982 年 3 月 8 日通过的《关于严惩严重破坏经济的罪犯的决定》第 1 条中规定："对刑法第一百一十八条走私、套汇、投机倒把牟取暴利罪，第一百五十二条盗窃罪，第一百七十一条贩毒罪，第一百七十三条盗运珍贵文物出口罪，其处刑分别补充或者修改为：情节特别严重的，处十年以上有期徒刑、无期徒刑或者死刑，可以并处没收财产。"

在全面研究修改刑法的过程中，1988 年的《刑法修改稿》对盗窃罪"区别不同情节，作了具体规定"[①]。该稿第 173 条规定："盗窃公私财物数额较大或者具有多次盗窃、结伙盗窃、入室盗窃、携带凶器盗窃情节的，处三年以下有期徒刑或者拘役，可以单处或者并处罚金；数额巨大或者情节严重的，处三年以上十年以下有期徒刑，并处罚金；有下列情形之一，情节特别严重的，处十年以上有期徒刑、无期徒刑或者死刑，并处罚金或者没收财产：（一）盗窃银行、珍贵文物的；（二）盗窃数额特别巨大的；（三）惯窃；（四）盗窃集团的首要分子；（五）有其他特别严重情节的。"此外，该稿第 174 条还增设了盗窃电力、煤气、智力成果罪："盗窃电力、煤气、智力成果，情节严重的，处三年以下有期徒刑或者拘役，可以单处或者并处罚金。"1996 年的《刑法修订草案》（征求意见稿）第 238 条在沿袭上述"数额 + 情节"立法模式的基础上，主要作了以下四方面的修改：一是删去了"结伙盗窃"的情节；二是将"携带凶器盗窃"的情节改为"以抢劫罪论处"；三是将具体列举的加重情节改为"数额特别巨大或者情节特别严重"的概括规定；四是再次取消了盗窃罪的死刑。[②] 修改后的条文为："盗窃公私财物，数额较大或者多次盗窃、入户盗窃的，处三年以下有期徒刑或者拘役，可以并处或者单处罚金；数额巨大或者情节严重的，处三年以上十年以下有期徒刑，并处罚金；数额特别巨大或者情节特别严重的，处

---

① 参见 1988 年《刑法修改稿》分则第七章"侵犯财产罪"中的"修改说明"。

② 在 1996 年 8 月 12 日至 16 日全国人大常委会法制工作委员会邀请的专家座谈会上，"专家们一致认为，对盗窃罪不应判处死刑。有的专家提出，第一，从古今中外的法律规定来看，对盗窃罪一般都没有规定死刑。第二，盗窃罪判处死刑与其他犯罪的处刑不平衡。如与抢劫罪相比，抢夺罪性质比盗窃严重，却没有死刑；与贪污罪相比，国家工作人员利用职务或者工作上的便利进行盗窃，不算盗窃算贪污，起刑点比盗窃罪高出好多倍，而最高刑却一样。定罪量刑很不平衡。可考虑，删去盗窃罪的死刑。保留贪污罪的死刑，以体现对国家工作人员利用职务盗窃从重处罚的原则。第三，盗窃罪是秘密窃取他人财物，并不危及人的生命、健康。从这类犯罪的社会危害性看也没有必要判死刑"（参见全国人大常委会法工委刑法室整理："《法律专家对〈刑法总则修改稿〉和〈刑法分则修改草稿〉的意见》（1996 年 9 月 6 日）"，见高铭暄、赵秉志编：《新中国刑法立法文献资料总览》（下），中国人民公安大学出版社 1998 年版，第 2141～2142 页）。

十年以上有期徒刑、无期徒刑，并处没收财产。""携带凶器盗窃的，以抢劫罪论处。"此外，该草案还删去了盗窃电力、煤气、智力成果罪的规定。1996年的《刑法修订草案》第242条对上述规定主要作了两方面的修改和补充：一是增加了"管制"这一刑种；二是将"入户盗窃"的定罪情节和"携带凶器盗窃的，以抢劫罪论处"的规定改为"破门撬锁入户盗窃或者携带凶器盗窃的，盗窃被发现时使用暴力或者以暴力相威胁的，依照本法第二百四十二条的规定定罪处罚。"1997年的《刑法修订草案》（修改稿）第262条在上述规定的基础上，增加了"有下列情形之一的，判处无期徒刑或者死刑：（一）多次入户盗窃，数额特别巨大的；（二）盗窃金融机构，数额特别巨大的；（三）盗窃珍贵文物，情节严重的"的规定；同时，删去了"破门撬锁入户盗窃或者携带凶器盗窃的，盗窃被发现时使用暴力或者以暴力相威胁的，依照本法第二百四十二条的规定定罪处罚"的规定。此外，根据有关部门提出的在盗窃罪中对盗用他人电信设施、电信码号等犯罪行为作出明确规定的建议，[①] 该草案第263条还增加了"以牟利为目的，盗接他人通信线路、复制他人电信码号码或者明知是盗接、盗窃复制的电信设备、设施而使用的，依照本法第二百六十二条的规定定罪处罚"的规定。1997年3月1日，提交给八届全国人大五次会议审议的《中华人民共和国刑法（修订草案）》第262条基本上沿用了上述盗窃罪的规定，除个别文字修改外，主要作了两处修改：一是将"可以"并处或者单处罚金改为"并处或者单处罚金"；二是在"处无期徒刑或者死刑"之后增加了"并处没收财产"的规定。经审议，1997年修订的《刑法》第264条又删去了其中"多次入户盗窃，数额特别巨大"的规定。

1997年修订的《刑法》第264条规定："盗窃公私财物，数额较大或者多次盗窃的，处三年以下有期徒刑、拘役或者管制，并处或者单处罚金；数额巨大或者有其他严重情节的，处三年以上十年以下有期徒刑，并处罚金；数额特别巨大或者有其他特别严重情节的，处十年以上有期徒刑或者无期徒刑，并处罚金或者没收财产；有下列情形之一的，处无期徒刑或者死刑，并处没收财产：（一）盗窃金融机构，数额特别巨大的；（二）盗窃珍贵文物，情节严重的。"第265条规定："以牟利为目的，盗接他人通信线路、复制他人电信码号或者明知是盗接、复制的电信设备、设施而使用的，依照本法第二百六十四条的规定定罪处罚。"

1997年《刑法》施行后，"有关部门、一些全国人大代表、有些部门和专家多次提出，盗窃罪属于非暴力的财产性犯罪，一般情况下不会造成人身或者其他方面的严重损害。同时也不属于社会危害性最严重的犯罪，从1997年刑法典颁行后的实践看，本罪的

---

①　参见八届全国人大五次会议秘书处："《中央有关部门、地方对刑法修订草案的意见》（1997年3月3日印）"，见高铭暄、赵秉志编：《新中国刑法立法文献资料总览》（下），中国人民公安大学出版社1998年版，第2217页。

死刑规定极少适用，建议取消盗窃罪可以判处死刑的规定。""同时有关部门提出，实际中一些盗窃行为，如入户盗窃、扒窃、携带凶器盗窃等行为，虽然严重危害到广大人民群众的财产安全，并对群众人身安全形成威胁，具有严重的社会危害性，但往往由于案犯一次作案案值达不到定罪标准无法对其定罪处理，只能做治安处罚，打击力度不够，难以形成有效震慑，因此，建议基于司法实践的需要对其犯罪构成也作补充修改。"① 因此，《刑法修正案（八）》第39条对上述规定作了重大修改和补充：一是取消了盗窃罪的死刑，删去了"有下列情形之一的，处无期徒刑或者死刑，并处没收财产：（一）盗窃金融机构，数额特别巨大的；（二）盗窃珍贵文物，情节严重的"规定；二是修改了盗窃罪的构成要件，增加了"入户盗窃、携带凶器盗窃、扒窃"的规定。

【立法规定】

《刑法》第264条规定："盗窃公私财物，数额较大的，或者多次盗窃、入户盗窃、携带凶器盗窃、扒窃的，处三年以下有期徒刑、拘役或者管制，并处或者单处罚金；数额巨大或者有其他严重情节的，处三年以上十年以下有期徒刑，并处罚金；数额特别巨大或者有其他特别严重情节的，处十年以上有期徒刑或者无期徒刑，并处罚金或者没收财产。"第265条规定："以牟利为目的，盗接他人通信线路、复制他人电信码号或者明知是盗接、复制的电信设备、设施而使用的，依照本法第二百六十四条的规定定罪处罚。"

全国人大常委会2000年12月28日通过的《关于维护互联网安全的决定》第4条规定："为了保护个人、法人和其他组织的人身、财产等合法权利，对有下列行为之一，构成犯罪的，依照刑法有关规定追究刑事责任：……（三）利用互联网进行盗窃、诈骗、敲诈勒索。"

【立法释义】

全国人大常委会2005年12月29日通过的《关于〈中华人民共和国刑法〉有关文物的规定适用于具有科学价值的古脊椎动物化石、古人类化石的解释》规定："刑法有关文物的规定，适用于具有科学价值的古脊椎动物化石、古人类化石。"

最高人民法院研究室1991年9月14日发布的《关于盗用他人长话账号如何定性问题的复函》规定："这类案件一般来说符合盗窃罪的特征。但是，由于这类案件情况比较复杂，是否都追究刑事责任，还要具体案件具体分析。"

最高人民法院1996年10月17日发布的《关于适用〈全国人民代表大会常务委员会关于惩治虚开、伪造和非法出售增值税专用发票犯罪的决定〉的若干问题的解释》第7条第1款规定："盗窃增值税专用发票或者可以用于骗取出口退税、抵扣税款的其他发票25

---

① 参见高铭暄：《中华人民共和国刑法的孕育诞生和发展完善》，北京大学出版社2012年版，第488页。

份以上，或者其他发票 50 份以上的；诈骗增值税专用发票或者可以用于骗取出口退税、抵扣税款的其他发票 50 份以上，或者其他发票 100 份以上的，依照刑法第一百五十一条的规定处罚。盗窃增值税专用发票或者可以用于骗取出口退税、抵扣税款的其他发票 250 份以上，或者其他发票 500 份以上的；诈骗增值税专用发票或者可以用于骗取出口退税、抵扣税款的其他发票 500 份以上，或者其他发票 1000 份以上的，依照刑法第一百五十二条的规定处罚。"① 第 3 款规定："盗窃、诈骗增值税专用发票或者其他发票后，又实施《决定》规定的虚开、出售等犯罪的，按照其中的重罪定罪处罚，不实行数罪并罚。"

最高人民法院、最高人民检察院、公安部、国家工商行政管理局 1998 年 5 月 8 日发布的《关于依法查处盗窃、抢劫机动车案件的规定》第 4 条规定："本规定第二条和第三条中的行为人事先与盗窃、抢劫机动车辆的犯罪分子通谋的，分别以盗窃、抢劫罪的共犯论处。"②

最高人民法院 1999 年 10 月 27 日发布的《全国法院维护农村稳定刑事审判工作座谈会纪要》"关于盗窃案件"部分规定："要重点打击的是：盗窃农业生产资料和承包经营的山林、果林、鱼塘产品等严重影响和破坏农村经济发展的犯罪；盗窃农民生活资料，严重影响农民生活和社会稳定的犯罪；结伙盗窃、盗窃集团和盗、运、销一条龙的犯罪；盗窃铁路、油田、重点工程物资的犯罪等。""对盗窃集团的首要分子、盗窃惯犯、累犯，盗窃活动造成特别严重后果的，要依法从严惩处。对于盗窃牛、马、骡、拖拉机等生产经营工具或者生产资料的，应当依法从重处罚。对盗窃犯罪的初犯、未成年犯，或者确因生活困难而实施盗窃犯罪，或积极退赃、赔偿损失的，应当注意体现政策，酌情从轻处罚。其中，具备判处管制、单处罚金或者宣告缓刑条件的，应区分不同情况尽可能适用管制、罚金或者缓刑。""最高人民法院《关于审理盗窃案件具体应用法律若干问题的解释》第四条中'入户盗窃'的'户'，是指家庭及其成员与外界相对隔离的生活场所，包括封闭的院落、为家庭生活租用的房屋、牧民的帐篷以及渔民作为家庭生活场所的渔船等。集生活、经营于一体的处所，在经营时间内一般不视为'户'。"

最高人民法院 2000 年 11 月 22 日发布的《关于审理破坏森林资源刑事案件具体应用

---

① 1979 年《刑法》第 151 条规定："盗窃、诈骗、抢夺公私财物数额较大的，处五年以下有期徒刑、拘役或者管制。"第 152 条规定："惯窃、惯骗或者盗窃、诈骗、抢夺公私财物数额巨大的，处五年以上十年以下有期徒刑；情节特别严重的，处十年以上有期徒刑或者无期徒刑，可以并处没收财产。"

② 该规定第 2 条规定："明知是盗窃、抢劫所得机动车而予以窝藏、转移、收购或者代为销售的，依照《刑法》第三百一十二条的规定处罚。""对明知是盗窃、抢劫所得机动车而予以拆解、改装、拼装、典当、倒卖的，视为窝藏、转移、收购或者代为销售，依照《刑法》第三百一十二条的规定处罚。"第 3 条规定："国家指定的车辆交易市场、机动车经营企业（含典当、拍卖行）以及从事机动车修理、零部件销售企业的主管人员或者其他直接责任人员，明知是盗窃、抢劫的机动车而予以窝藏、转移、拆解、改装、拼装、收购或者代为销售的，依照《刑法》第三百一十二条的规定处罚。单位组织实施上述行为的，由工商行政管理机关予以处罚。"

905

法律若干问题的解释》第9条规定："将国家、集体、他人所有并已经伐倒的树木窃为己有，以及偷砍他人房前屋后、自留地种植的零星树木，数额较大的，依照刑法第二百六十四条的规定，以盗窃罪定罪处罚。"第15条规定："非法实施采种、采脂、挖笋、掘根、剥树皮等行为，牟取经济利益数额较大的，依照刑法第二百六十四条的规定，以盗窃罪定罪处罚。同时构成其他犯罪的，依照处罚较重的规定定罪处罚。"

最高人民法院2000年5月12日发布的《关于审理扰乱电信市场管理秩序案件具体应用法律若干问题的解释》第7条规定："将电信卡非法充值后使用，造成电信资费损失数额较大的，依照刑法第二百六十四条的规定，以盗窃罪定罪处罚。"第8条规定："盗用他人公共信息网络上网账号、密码上网，造成他人电信资费损失数额较大的，依照刑法第二百六十四条的规定，以盗窃罪定罪处罚。"

最高人民检察院2002年8月9日发布的《关于单位有关人员组织实施盗窃行为如何适用法律问题的批复》规定："单位有关人员为谋取单位利益组织实施盗窃行为，情节严重的，应当依照刑法第二百六十四条的规定以盗窃罪追究直接责任人员的刑事责任。"

最高人民检察院法律政策研究室2003年4月2日发布的《关于非法制作、出售、使用IC电话卡行为如何适用法律问题的答复》规定："非法制作或者出售非法制作的IC电话卡，数额较大的，应当依照刑法第二百二十七条第一款的规定，以伪造、倒卖伪造的有价票证罪追究刑事责任，犯罪数额可以根据销售数额认定；明知是非法制作的IC电话卡而使用或者购买并使用，造成电信资费损失数额较大的，应当依照刑法第二百六十四条的规定，以盗窃罪追究刑事责任。"

最高人民法院2004年12月30日发布的《关于审理破坏公用电信设施刑事案件具体应用法律若干问题的解释》第3条第2款规定："盗窃公用电信设施价值数额不大，但是构成危害公共安全犯罪的，依照刑法第一百二十四条的规定定罪处罚；盗窃公用电信设施同时构成盗窃罪和破坏公用电信设施罪的，依照处罚较重的规定定罪处罚。"

最高人民法院2006年1月11日发布的《关于审理未成年人刑事案件具体应用法律若干问题的解释》第9条规定："已满十六周岁不满十八周岁的人实施盗窃行为未超过三次，盗窃数额虽已达到'数额较大'标准，但案发后能如实供述全部盗窃事实并积极退赃，且具有下列情形之一的，可以认定为'情节显著轻微危害不大'，不认为是犯罪：（一）系又聋又哑的人或者盲人；（二）在共同盗窃中起次要或者辅助作用，或者被胁迫；（三）具有其他轻微情节的。""已满十六周岁不满十八周岁的人盗窃未遂或者中止的，可不认为是犯罪。""已满十六周岁不满十八周岁的人盗窃自己家庭或者近亲属财物，或者盗窃其他亲属财物但其他亲属要求不予追究的，可不按犯罪处理。"

最高人民法院、最高人民检察院2007年1月15日发布的《关于办理盗窃油气、破坏油气设备等刑事案件具体应用法律若干问题的解释》第3条规定："盗窃油气或者正在使用的油气设备，构成犯罪，但未危害公共安全的，依照刑法第二百六十四条的规定，以盗窃罪定罪处罚。""盗窃油气，数额巨大但尚未运离现场的，以盗窃未遂定罪处罚。""为他人盗窃油气而偷开油气井、油气管道等油气设备阀门排放油气或者提供其他帮助的，以盗窃罪的共犯定罪处罚。"第4条规定："盗窃油气同时构成盗窃罪和破坏易燃易爆设备罪的，依照刑法处罚较重的规定定罪处罚。"

最高人民法院2007年8月15日发布的《关于审理破坏电力设备刑事案件具体应用法律若干问题的解释》第3条规定："盗窃电力设备，危害公共安全，但不构成盗窃罪的，以破坏电力设备罪定罪处罚；同时构成盗窃罪和破坏电力设备罪的，依照刑法处罚较重的规定定罪处罚。""盗窃电力设备，没有危及公共安全，但应当追究刑事责任的，可以根据案件的不同情况，按照盗窃罪等犯罪处理。"

最高人民法院2008年12月1日发布的《全国部分法院审理毒品犯罪案件工作座谈会纪要》第1条第6款规定："盗窃、抢夺、抢劫毒品的，应当分别以盗窃罪、抢夺罪或者抢劫罪定罪，但不计犯罪数额，根据情节轻重予以定罪量刑。盗窃、抢夺、抢劫毒品后又实施其他毒品犯罪的，对盗窃罪、抢夺罪、抢劫罪和所犯的具体毒品犯罪分别定罪，依法数罪并罚。走私毒品，又走私其他物品构成犯罪的，以走私毒品罪和其所犯的其他走私罪分别定罪，依法数罪并罚。"

最高人民法院、最高人民检察院2013年4月2日发布的《关于办理盗窃刑事案件适用法律若干问题的解释》第1条规定："盗窃公私财物价值一千元至三千元以上、三万元至十万元以上、三十万元至五十万元以上的，应当分别认定为刑法第二百六十四条规定的'数额较大'、'数额巨大'、'数额特别巨大'。""各省、自治区、直辖市高级人民法院、人民检察院可以根据本地区经济发展状况，并考虑社会治安状况，在前款规定的数额幅度内，确定本地区执行的具体数额标准，报最高人民法院、最高人民检察院批准。""在跨地区运行的公共交通工具上盗窃，盗窃地点无法查证的，盗窃数额是否达到'数额较大'、'数额巨大'、'数额特别巨大'，应当根据受理案件所在地省、自治区、直辖市高级人民法院、人民检察院确定的有关数额标准认定。""盗窃毒品等违禁品，应当按照盗窃罪处理的，根据情节轻重量刑。"第2条规定："盗窃公私财物，具有下列情形之一的，'数额较大'的标准可以按照前条规定标准的百分之五十确定：（一）曾因盗窃受过刑事处罚的；（二）一年内曾因盗窃受过行政处罚的；（三）组织、控制未成年人盗窃的；（四）自然灾害、事故灾害、社会安全事件等突发事件期间，在事件发生地盗窃的；（五）盗窃残疾人、孤寡老人、丧失劳动能力人的财物的； （六）在医院盗窃病人或者其亲友财物的；（七）盗窃救灾、抢险、防汛、优抚、扶贫、移民、救济款物的；（八）因盗窃造成严重后果的。"第 3 条规定："二年内盗窃三次以上的，应当认定为'多次盗窃'。""非法进入供他人家庭生活，与外界相对隔离的住所盗窃的，应当认定为'入户盗窃'。""携带枪支、爆炸物、管制刀具等国家禁止个人携带的器械盗窃，或者为了实施违法犯罪携带其他足以危害他人人身安全的器械盗窃的，应当认定为'携带凶器盗窃'。""在公共场所或者公共交通工具上盗窃他人随身携带的财物的，应当认定为'扒窃'。"第 4 条规定："盗窃的数额，按照下列方法认定：（一）被盗财物有有效价格证明的，根据有效价格证明认定；无有效价格证明，或者根据价格证明认定盗窃数额明显不合理的，应当按照有关规定委托估价机构估价；（二）盗窃外币的，按照盗窃时中国外汇交易中心或者中国人民银行授权机构公布的人民币对该货币的中间价折合成人民币计算；中国外汇交易中心或者中国人民银行授权机构未公布汇率中间价的外币，按照盗窃时境内银行人民币对该货币的中间价折算成人民币，或者该货币在境内银行、国际外汇市场对美元汇率，与人民币对美元汇率中间价进行套算；（三）盗窃电力、燃气、自来水等财物，盗窃数量能够查实的，按照查实的数量计算盗窃数额；盗窃数量无法查实的，以盗窃前六个月月均正常用量减去盗窃后计量仪表显示的月均用量推算盗窃数额；盗窃前正常使用不足六个月的，按照正常使用期间的月均用量减去盗窃后计量仪表显示的月均用量推算盗窃数额；（四）明知是盗接他人通信线路、复制他人电信码号的电信设备、设施而使用的，按照合法用户为其支付的费用认定盗窃数额；无法直接确认的，以合法用户的电信设备、设施被盗接、复制后的月缴费额减去被盗接、复制前六个月的月均电话费推算盗窃数额；合法用户使用电信设备、设施不足六个月的，按照实际使用的月均电话费推算盗窃数额；（五）盗接他人通信线路、复制他人电信码号出售的，按照销赃数额认定盗窃数额。""盗窃行为给失主造成的损失大于盗窃数额的，损失数额可以作为量刑情节考虑。"第 5 条规定："盗窃有价支付凭证、有价证券、有价票证的，按照下列方法认定盗窃数额：（一）盗窃不记名、不挂失的有价支付凭证、有价证券、有价票证的，应当按票面数额和盗窃时应得的孳息、奖金或者奖品等可得收益一并计算盗窃数额；（二）盗窃记名的有价支付凭证、有价证券、有价票证，已经兑现的，按照兑现部分的财物价值计算盗窃数额；没有兑现，但失主无法通过挂失、补领、补办手续等方式避免损失的，按照给失主造成的实际损失计算盗窃数额。"第 6 条规定："盗窃公私财物，具有本解释第二条第三项至第八项规定情形之一，或者入户盗窃、携带凶器盗窃，数额达到本解释第一条规定的'数额巨大'、'数额特别巨大'百分之五十的，可以分别认定为刑法第二百六十四条规定的'其他严重情节'或者'其他特别严重情节'。"第 7 条规定："盗窃公私财物数额较大，行为人认罪、悔罪、退赃、退赔，且具有下列情形之一，情节轻微的，可以不起诉或者免予刑事处罚；必要时，由有关部门予以行政处罚：（一）具有法定从宽处罚情节的；（二）没有参与分赃或者获赃较少且不是主犯的；（三）被害人谅解的；（四）其他情节轻微、危害不大的。"第 8 条规定："偷拿家庭成员或者近亲属的财物，获得谅解的，一般可以不认为是犯罪；追究刑事责任的，应当酌情从宽。"第 9 条规定："盗窃国有馆藏一般文物、三级文物、二级以上文物的，应当分别认定为刑法第二百六十四条规定的'数额较大'、'数额巨大'、'数额特别巨大'。""盗窃多件不同等级国有馆藏文物的，三件同级文物可以视为一件高一级文物。""盗窃民间收藏的文物的，根据本解释第四条第一款第一项的规定认定盗窃数额。"第 10 条："偷开他人机动车的，按照下列规定处理：（一）偷开机动车，导致车辆丢失的，以盗窃罪定罪处罚；（二）为盗窃其他财物，偷开机动车作为犯罪工具使用后非法占有车辆，或者将车辆遗弃导致丢失的，被盗车辆的价值计入盗窃数额；（三）为实施其他犯罪，偷开机动车作为犯罪工具使用后非法占有车辆，或者将车辆遗弃导致丢失的，以盗窃罪和其他犯罪数罪并罚；将车辆送回未造成丢失的，按照其所实施的其他犯罪从重处罚。"第 11 条规定："盗窃公私财物并造成财物损毁的，按照下列规定处理：（一）采用破坏性手段盗窃公私财物，造成其他财物损毁的，以盗窃罪从重处罚；同时构成盗窃罪和其他犯罪的，择一重罪从重处罚；（二）实施盗窃犯罪后，为掩盖罪行或者报复等，故意毁坏其他财物构成犯罪的，以盗窃罪和构成的其他犯罪数罪并罚；（三）盗窃行为未构成犯罪，但损毁财物构成其他犯罪的，以其他犯罪定罪处罚。"第 12 条规定："盗窃未遂，具有下列情形之一的，应当依法追究刑事责任：（一）以数额巨大的财物为盗窃目标的；（二）以珍贵文物为盗窃目标的；（三）其他情节严重的情形。""盗窃既有既遂，又有未遂，分别达到不同量刑幅度的，依照处罚较重的规定处罚；达到同一量刑幅度的，以盗窃罪既遂处罚。"第 13 条规定："单位组织、指使盗窃，符合刑法第二百六十四条及本解释有关规定的，以盗窃罪追究组织者、指使者、直接实施者的刑事责任。"第 14 条规定："因犯盗窃罪，依法判处罚金刑的，应当在一千元以上盗窃数额的二倍以下判处罚金；没有盗窃数额或者盗窃数额无法计算的，应当在一千元以上十万元以下判处罚金。"

最高人民法院 2013 年 12 月 23 日发布的《关于常见犯罪的量刑指导意见》"盗窃罪"部分规定："1. 构成盗窃罪的，可以根据下列不同情形在相应的幅度内确定量刑起点：（1）达到数额较大起点的，两年内三次盗窃的，入户盗窃的，携带凶器盗窃的，或者扒窃的，可以在一年以下有期徒刑、拘役幅度内确定量刑起点。（2）达到数额巨大起点或者有其他严重情节的，可以在三年至四年有期徒刑幅度内确定量刑起点。（3）达到数额特别巨大起点或者有其他特别严重情节的，可以在十年至十二年有期徒刑幅度内确定量刑起点。依法应当判处无期徒刑的除外。""2. 在量刑起点的基础上，可以根据盗窃数额、次数、手段等其他影响犯罪构成的犯罪事实增加刑罚量，确定基准刑。""多次盗窃，数额达到较大以上的，以盗窃数额确定量刑起点，盗窃次数可作为调节基准刑的量刑情节；数额未达到较大的，以盗窃次数确定量刑起点，超过三次的次数作为增加刑罚量的事实。"

最高人民法院 2015 年 5 月 29 日发布的《关于审理掩饰、隐瞒犯罪所得、犯罪所得收益刑事案件适用法律若干问题的解释》第 6 条规定："对犯罪所得及其产生的收益实施盗窃、抢劫、诈骗、抢夺等行为，构成犯罪的，分别以盗窃罪、抢劫罪、诈骗罪、抢夺罪等定罪处罚。"

【立法建言】

建议一：将《刑法》第 264 条第 1 档法定刑修改为："处三年以下有期徒刑、拘役或者管制，可以并处或者单处罚金"。

理　由：

从立法技术上看，宜将本罪第 1 档法定刑中的"并处或者单处罚金"改为"可以并处或者单处罚金"，以与《刑法》的其他罚金规定相一致。

建议二：在《刑法》第 264 条中增加 1 款作为第 2 款："单位犯前款罪的，对单位判处罚金，并对其直接负责的主管人员和其他直接责任人员，依照前款的规定处罚。"

理　由：

单位组织实施盗窃是盗窃罪中的一种特殊现象。在我国，早在"文革"之前，一些地方就出现了诸如生产队组织盗取国营单位财物等犯罪现象。由于当时人们的头脑中还没有单位犯罪的观念与意识，因此，在实践中很自然地对此均以相应的自然人犯罪定罪，只不过在量刑时对这种为集体谋利的犯罪的处罚要轻于一般的自然人犯罪。[1] 1980 年代中期，一些新兴的乡镇企业因生产资料短缺而组织盗取国营企业原材料的现象一度非常严重，为此，《中国法制报》等报刊曾开辟专栏对如何处理此类犯罪进行了较为深入的研究和探讨。[2] 遗憾的是，上述现象并未引起有关部门的重视。直到 1996 年 1 月 23 日，最高人民检察院针对内蒙古自治区、江苏省人民检察院的请示发布了《关于单位盗窃行为如何处理问题的批复》以后，实践中对单位盗窃案件的处理才有了相应的法律依据。[3] 应当说，该批复是基于当时特定的立法背景，即在我国尚未全面规定单位犯罪的情况下，对单位盗窃问题所作的一种权宜性解释。因此，在 1997 年《刑法》施行后，鉴于该批复与刑法的有关规定明显抵触，最高人民检察院在清理与刑法相抵触的司法解释时适时废止了该批复。[4]但是，实践中对单位盗窃案件处理问题的纷争并未因此而平息。一些省人民检察院随即就

---

① 参见高铭暄："我国刑法中单位犯罪的几个问题"，载 http//www.criminallawbnu.cn，2008 - 12 - 13。
② 参见利子平、周建达："单位实施纯正自然人犯罪的司法尴尬与立法解脱"，载《当代法学》2009 年第 5 期。
③ 该批复规定："单位组织实施盗窃，获取财物归单位所有，数额巨大、情节恶劣的，应对其直接负责的主管人员和其他主要的直接责任人员按盗窃罪依法批捕、起诉。"
④ 该批复被最高人民检察院 2002 年 2 月 25 日发布的《关于废除部分司法解释和规范性文件的决定》明令废止。其废止的理由是："该批复是依据原刑法有关规定作出的，不再适用。"

单位有关人员为谋取单位利益组织实施盗窃行为如何适用法律的问题纷纷向最高人民检察院请示。为此，最高人民检察院又于 2002 年 8 月 9 日发布了《关于单位有关人员组织实施盗窃行为如何适用法律问题的批复》，再次规定："单位有关人员为谋取单位利益组织实施盗窃行为，情节严重的，应当依照刑法第二百六十四条的规定以盗窃罪追究直接责任人员的刑事责任。"最高人民法院、最高人民检察院 2013 年 4 月 2 日发布的《关于办理盗窃刑事案件适用法律若干问题的解释》第 13 条也规定："单位组织、指使盗窃，符合刑法第二百六十四条及本解释有关规定的，以盗窃罪追究组织者、指使者、直接实施者的刑事责任。"由此可见，单位盗窃现象是客观存在的，司法实践迫切需要刑事立法将"单位"作为盗窃罪的主体加以明确规定。

建议三：将《刑法》第 265 条修改为："盗接他人通信线路、复制他人电信码号或者盗用他人公共信息网络上网账号、密码上网，造成他人电信资费损失数额较大的，依照本法第二百六十四条的规定定罪处罚。""明知是盗接、复制的电信设备、设施而使用，造成他人电信资费损失数额较大的，依照前款的规定处罚。"

理 由：

从司法实践的情况来看，宜在《刑法》第 265 条中删去"以牟利为目的"的限制，并增加"盗用他人公共信息网络上网账号、密码上网"和"造成他人电信资费损失数额较大"的规定，以适应处理此类犯罪案件的需要。因为，"以牟利为目的"并不符合此类犯罪的实际，实践中往往是将"造成他人电信资费损失数额较大"作为认定犯罪的标准。此外，在网络使用日益频繁的今天，"盗用他人公共信息网络上网账号、密码上网"的现象也日趋严重。为正确处理此类案件，最高人民法院 2000 年 5 月 12 日发布的《关于审理扰乱电信市场管理秩序案件具体应用法律若干问题的解释》第 7 条规定："将电信卡非法充值后使用，造成电信资费损失数额较大的，依照刑法第二百六十四条的规定，以盗窃罪定罪处罚。"第 8 条规定："盗用他人公共信息网络上网账号、密码上网，造成他人电信资费损失数额较大的，依照刑法第二百六十四条的规定，以盗窃罪定罪处罚。"最高人民法院、最高人民检察院 2013 年 4 月 2 日发布的《关于办理盗窃刑事案件适用法律若干问题的解释》第 4 条第 4 项规定："明知是盗接他人通信线路、复制他人电信码号的电信设备、设施而使用的，按照合法用户为其支付的费用认定盗窃数额；无法直接确认的，以合法用户的电信设备、设施被盗接、复制后的月缴费额减去被盗接、复制前六个月的月均电话费推算盗窃数额；合法用户使用电信设备、设施不足六个月的，按照实际使用的月均电话费推算盗窃数额"。上述司法实践经验，宜适时在《刑法》中加以体现。

三、诈骗罪（第 266 条）

【立法沿革】

诈骗罪是在 1979 年《刑法》第 151 条、第 152 条规定的诈骗罪的基础上修改而来的。

基于与抢劫罪同样的原因，1950 年的《刑法大纲草案》分别规定了骗取窃占国有公有财产罪和诈欺罪。该草案第 80 条规定："骗取、侵占或窃占国有公有财产者，处六月以上五年以下监禁，并可酌处罚金。情节特别严重者，并可没收其财产之全部或一部。"第 142 条规定："以诈欺方法骗取他人财物者，为诈欺，处三年以下监禁，或批评教育。""以诈欺为常业者，或共同诈欺中之主要分子，处二年以上五年以下监禁。"1954 年的《刑法指导原则草案》将诈欺罪改为诈骗罪，同时将诈骗公共财产规定为诈骗罪的从重处罚情节。该草案第 67 条规定："诈骗他人财物的，判处二年以下有期徒刑、劳役或者予以行政处罚。屡犯和组织犯，按照本刑法指导原则第四十九条的规定处罚。"[1] 到了 1957 年，《刑法草案》第 22 稿始对公私财物平等予以保护，并增设了惯骗罪。该稿第 171 条规定："诈骗公私财物的，处五年以下有期徒刑、拘役或者管制。"第 172 条规定："以偷窃、诈骗为常业的惯窃、惯骗，处七年以上有期徒刑。"1963 年的《刑法草案》第 33 稿在上述规定的基础上，主要是在"惯窃、惯骗"之后增加了"数额巨大"的加重情节，并相应调整了量刑幅度；同时还增加了"情节特别严重的，处十年以上有期徒刑、无期徒刑或者死刑，可以并处没收财产"的规定。该稿第 159 规定："诈骗公私财物的，处五年以下有期徒刑或者拘役。"第 160 条规定："惯窃、惯骗或者偷窃、诈骗、抢夺数额巨大的，处五年以上十年以下有期徒刑；情节特别严重的，处十年以上有期徒刑、无期徒刑或者死刑，可以并处没收财产。"1979 年《刑法》将"盗窃、诈骗、抢夺"合并加以规定，并在基本犯中增加了"管制"这一刑种，取消了情节加重犯中的"死刑"规定。

1979 年《刑法》第 151 条规定："盗窃、诈骗、抢夺公私财物数额较大的，处五年以下有期徒刑、拘役或者管制。"第 152 条规定："惯窃、惯骗或者盗窃、诈骗、抢夺公私财物数额巨大的，处五年以上十年以下有期徒刑；情节特别严重的，处十年以上有期徒刑或者无期徒刑，可以并处没收财产。"

在全面研究修改刑法的过程中，1988 年的《刑法修改稿》对诈骗罪"区别不同情节，作了具体规定"[2]。该稿第 175 条规定："诈骗公私财物，数额较大的，处三年以下有期徒刑或者拘役，可以单处或者并处罚金；数额巨大的，处三年以上十年以下有期徒刑，并处

---

[1] 该草案第 49 条规定："对于一贯不务正业聚赌抽头、买卖人口、污辱妇女、腐蚀青年和其他扰乱公共秩序的流氓分子，判处五年以下有期徒刑或者流放；情节特别严重的，判处五年以上有期徒刑直至无期徒刑或者死刑。"

[2] 参见 1988 年《刑法修改稿》分则第七章"侵犯财产罪"中的"修改说明"。

罚金；有下列情形之一，情节特别严重的，处十年以上有期徒刑或者无期徒刑，并处没收财产：（一）诈骗数额特别巨大的；（二）惯骗；（三）诈骗集团的首要分子；（四）有其他特别严重情节的。"1996 年的《刑法修订草案》（征求意见稿）第 239 条在上述规定的基础上，主要作了以下三处修改和补充：一是在"数额巨大"之后增加了"情节严重"的情形；二是将"有下列情形之一，情节特别严重"中所列举的具体情形改为"数额特别巨大或者情节特别严重"的概括表述；三是增加了"本法另有规定的，依照规定"的法条竞合处理原则。① 修改后的条文为："诈骗公私财物，数额较大的，处三年以下有期徒刑或者拘役，可以并处或者单处罚金；数额巨大或者情节严重的，处三年以上十年以下有期徒刑，并处罚金；数额特别巨大或者情节特别严重的，处十年以上有期徒刑或者无期徒刑，并处没收财产。本法另有规定的，依照规定。"1996 年的《刑法修订草案》第 244 条基本上沿用了上述规定，仅增加了"管制"这一刑种。1997 年 3 月 1 日，提交给八届全国人大五次会议审议的《中华人民共和国刑法（修订草案）》第 265 条在上述规定的基础上，删去了"可以"并处或者单处罚金的规定。经审议，1997 年《刑法》第 266 条又在第 3 档法定刑中增加了并处"罚金"的规定。

【立法规定】

《刑法》第 266 条规定："诈骗公私财物，数额较大的，处三年以下有期徒刑、拘役或者管制，并处或者单处罚金；数额巨大或者有其他严重情节的，处三年以上十年以下有期徒刑，并处罚金；数额特别巨大或者有其他特别严重情节的，处十年以上有期徒刑或者无期徒刑，并处罚金或者没收财产。本法另有规定的，依照规定。"

全国人大常委会 2000 年 12 月 28 日通过的《关于维护互联网安全的决定》第 4 条规定："为了保护个人、法人和其他组织的人身、财产等合法权利，对有下列行为之一，构成犯罪的，依照刑法有关规定追究刑事责任：……（三）利用互联网进行盗窃、诈骗、敲诈勒索。"

【立法释义】

全国人大常委会 2014 年 4 月 24 日通过的《关于〈中华人民共和国刑法〉第二百六十六条的解释》规定："以欺诈、伪造证明材料或者其他手段骗取养老、医疗、工伤、失业、生育等社会保险金或者其他社会保障待遇的，属于刑法第二百六十六条规定的诈骗公私财物的行为。"

最高人民法院研究室 1991 年 4 月 23 日发布的《关于申付强诈骗案如何认定诈骗数额问题的电话答复》规定："同意你院的倾向性意见。即在具体认定诈骗犯罪数额时，应把

---

① 该草案首次在分则第三章"破坏社会主义市场经济秩序罪"中专节规定了"金融诈骗罪"。

案发前已被追回的被骗款额扣除，按最后实际诈骗所得数额计算。但在处罚时，对于这种情况应当作为从重情节予以考虑。"

最高人民法院、最高人民检察院 1999 年 10 月 20 日发布的《关于办理组织和利用邪教组织犯罪案件具体应用法律若干问题的解释》第 6 条规定："组织和利用邪教组织以各种欺骗手段，收取他人财物的，依照刑法第二百六十六条的规定，以诈骗罪定罪处罚。"

最高人民法院 2000 年 5 月 12 日发布的《关于审理扰乱电信市场管理秩序案件具体应用法律若干问题的解释》第 9 条规定："以虚假、冒用的身份证件办理入网手续并使用移动电话，造成电信资费损失数额较大的，依照刑法第二百六十六条的规定，以诈骗罪定罪处罚。"

最高人民检察院 2002 年 10 月 24 日关于《关于通过伪造证据骗取法院民事裁判占有他人财物的行为如何适用法律问题的答复》规定："以非法占有为目的，通过伪造证据骗取法院民事裁判占有他人财物的行为所侵害的主要是人民法院正常的审判活动，可以由人民法院依照民事诉讼法的有关规定作出处理，不宜以诈骗罪追究行为人的刑事责任。如果行为人伪造证据时，实施了伪造公司、企业、事业单位、人民团体印章的行为，构成犯罪的，应当依照刑法第二百八十条第二款的规定，以伪造公司、企业、事业单位、人民团体印章罪追究刑事责任；如果行为人有指使他人作伪证行为，构成犯罪的应当依照刑法第三百零七条第一款的规定，以妨害作证罪追究刑事责任。"

最高人民法院、最高人民检察院 2003 年 5 月 14 日发布的《关于办理妨害预防、控制突发传染病疫情等灾害的刑事案件具体应用法律若干问题的解释》第 7 条规定："在预防、控制突发传染病疫情等灾害期间，假借研制、生产或者销售用于预防、控制突发传染病疫情等灾害用品的名义，诈骗公私财物数额较大的，依照刑法有关诈骗罪的规定定罪，依法从重处罚。"

最高人民法院 2010 年 10 月 20 日发布的《关于审理伪造货币等案件具体应用法律若干问题的解释（二）》第 5 条规定："以使用为目的，伪造停止流通的货币，或者使用伪造的停止流通的货币的，依照刑法第二百六十六条的规定，以诈骗罪定罪处罚。"

最高人民法院、最高人民检察院 2011 年 3 月 1 日发布的《关于办理诈骗刑事案件具体应用法律若干问题的解释》第 1 条规定："诈骗公私财物价值三千元至一万元以上、三万元至十万元以上、五十万元以上的，应当分别认定为刑法第二百六十六条规定的'数额较大'、'数额巨大'、'数额特别巨大'。""各省、自治区、直辖市高级人民法院、人民检察院可以结合本地区经济社会发展状况，在前款规定的数额幅度内，共同研究确定本地区执行的具体数额标准，报最高人民法院、最高人民检察院备案。"第 2 条规定："诈骗公私财物达到本解释第一条规定的数额标准，具有下列情形之一的，可以依照刑法第二百六十六条的规定酌情从严惩处：（一）通过发送短信、拨打电话或者利用互联网、广播电视、报刊杂志等发布虚假信息，对不特定多数人实施诈骗的；（二）诈骗救灾、抢险、防汛、优抚、扶贫、移民、救济、医疗款物的；（三）以赈灾募捐名义实施诈骗的；（四）诈骗残疾人、老年人或者丧失劳动能力人的财物的；（五）造成被害人自杀、精神失常或者其他严重后果的。""诈骗数额接近本解释第一条规定的'数额巨大'、'数额特别巨大'的标准，并具有前款规定的情形之一或者属于诈骗集团首要分子的，应当分别认定为刑法第二百六十六条规定的'其他严重情节'、'其他特别严重情节'。"第 3 条规定："诈骗公私财物虽已达到本解释第一条规定的'数额较大'的标准，但具有下列情形之一，且行为人认罪、悔罪的，可以根据刑法第三十七条、刑事诉讼法第一百四十二条的规定不起诉或者免予刑事处罚：（一）具有法定从宽处罚情节的；（二）一审宣判前全部退赃、退赔的；（三）没有参与分赃或者获赃较少且不是主犯的；（四）被害人谅解的；（五）其他情节轻微、危害不大的。"第 4 条规定："诈骗近亲属的财物，近亲属谅解的，一般可不按犯罪处理。""诈骗近亲属的财物，确有追究刑事责任必要的，具体处理也应酌情从宽。"第 5 条规定："诈骗未遂，以数额巨大的财物为诈骗目标的，或者具有其他严重情节的，应当定罪处罚。""利用发送短信、拨打电话、互联网等电信技术手段对不特定多数人实施诈骗，诈骗数额难以查证，但具有下列情形之一的，应当认定为刑法第二百六十六条规定的'其他严重情节'，以诈骗罪（未遂）定罪处罚：（一）发送诈骗信息五千条以上的；（二）拨打诈骗电话五百人次以上的；（三）诈骗手段恶劣、危害严重的。""实施前款规定行为，数量达到前款第（一）、（二）项规定标准十倍以上的，或者诈骗手段特别恶劣、危害特别严重的，应当认定为刑法第二百六十六条规定的'其他特别严重情节'，以诈骗罪（未遂）定罪处罚。"第 6 条规定："诈骗既有既遂，又有未遂，分别达到不同量刑幅度的，依照处罚较重的规定处罚；达到同一量刑幅度的，以诈骗罪既遂处罚。"第 7 条规定："明知他人实施诈骗犯罪，为其提供信用卡、手机卡、通讯工具、通讯传输通道、网络技术支持、费用结算等帮助的，以共同犯罪论处。"第 8 条规定："冒充国家机关工作人员进行诈骗，同时构成诈骗罪和招摇撞骗罪的，依照处罚较重的规定定罪处罚。"第 9 条规定："案发后查封、扣押、冻结在案的诈骗财物及其孳息，权属明确的，应当发还被害人；权属不明确的，可按被骗款物占查封、扣押、冻结在案的财物及其孳息总额的比例发还被害人，但已获退赔的应予扣除。"第 10 条规定："行为人已将诈骗财物用于清偿债务或者转让给他人，具有下列情形之一的，应当依法追缴：（一）对方明知是诈骗财物而收取的；（二）对方无偿取得诈骗财物的；（三）对方以明显低于市场的价格取得诈骗财物的；（四）对方取得诈骗财物系源于非法债务或者违法犯罪活动的。""他人善意取得诈骗财物的，不予追缴。"

最高人民法院 2013 年 12 月 23 日发布的《关于常见犯罪的量刑指导意见》"诈骗罪"部分规定："1. 构成诈骗罪的，可以根据下列不同情形在相应的幅度内确定量刑起点：(1) 达到数额较大起点的，可以在一年以下有期徒刑、拘役幅度内确定量刑起点。(2) 达到数额巨大起点或者有其他严重情节的，可以在三年至四年有期徒刑幅度内确定量刑起点。(3) 达到数额特别巨大起点或者有其他特别严重情节的，可以在十年至十二年有期徒刑幅度内确定量刑起点。依法应当判处无期徒刑的除外。""2. 在量刑起点的基础上，可以根据诈骗数额等其他影响犯罪构成的犯罪事实增加刑罚量，确定基准刑。"

最高人民法院、最高人民检察院、公安部、国家安全部 2014 年 3 月 14 日发布的《关于依法办理非法生产、销售、使用"伪基站"设备案件的意见》第一部分"准确认定行为性质"第 2 条第 2 款规定："除法律、司法解释另有规定外，利用'伪基站'设备实施诈骗等其他犯罪行为，同时构成破坏公用电信设施罪的，依照处罚较重的规定追究刑事责任。"

最高人民法院 2015 年 5 月 29 日发布的《关于审理掩饰、隐瞒犯罪所得、犯罪所得收益刑事案件适用法律若干问题的解释》第 6 条规定："对犯罪所得及其产生的收益实施盗窃、抢劫、诈骗、抢夺等行为，构成犯罪的，分别以盗窃罪、抢劫罪、诈骗罪、抢夺罪等定罪处罚。"

【立法建言】

建议一： 将《刑法》第 266 条第 1 档法定刑修改为："处三年以下有期徒刑、拘役或者管制，可以并处或者单处罚金"。

理　由：

从立法技术上看，宜将本罪第 1 档法定刑中的"并处或者单处罚金"改为"可以并处或者单处罚金"，以与《刑法》的其他罚金规定相一致。

建议二：

在《刑法》第 266 条中增加 1 款作为第 2 款："单位犯前款罪的，对单位判处罚金，并对其直接负责的主管人员和其他直接责任人员，依照前款的规定处罚。"

理　由：

《刑法》除规定了诈骗罪以外，还根据诈骗行为侵犯的客体、对象和手段的不同特征规定了一些特殊诈骗罪，如第 192 条至 200 条规定的各种金融诈骗罪，以及第 204 条规定的骗取出口退税罪、第 224 条规定的合同诈骗罪等。"这些特殊诈骗罪主要在诈骗对象、手段上与普通诈骗罪的要求不同，规定这些特殊诈骗罪的法条与刑法第 266 条是特别法条与普通法条的关系，根据特别法条优于普通法条的原则，对符合特殊诈骗罪构成要件的行为，应认定为特殊诈骗罪。因此，刑法第 266 条在规定了诈骗罪的罪状与法定刑之后规定：'本法另有规定的，依照规定。' 但是，如果行为人实施特殊诈骗行为，但又不符合特殊诈骗罪的构成要件，而符合普通诈骗罪的构成要件的，则以普通诈骗罪论处。"① 但问题在于，这些特殊诈骗罪中有不少都规定了单位犯罪，而作为普通法条的诈骗罪却未规定单位犯罪。在单位触犯这些特殊诈骗罪法条的情况下，根本不可能与普通诈骗罪的法条形成法条竞合关系。因此，为了使普通法条与特别法条之间保持协调一致，宜在《刑法》第266 条中增加单位犯罪的规定。此外，根据最高人民法院、最高人民检察院《关于办理诈骗刑事案件具体应用法律若干问题的解释》第7 条关于"明知他人实施诈骗犯罪，为其提供信用卡、手机卡、通讯工具、通讯传输通道、网络技术支持、费用结算等帮助的，以共同犯罪论处"的规定，如果是单位实施上述行为，也不可能"以共同犯罪论处"。因此，从处理诈骗罪共犯的角度来看，也宜在诈骗罪中增加单位犯罪的规定。

四、抢夺罪（第 267 条）

【立法沿革】

抢夺罪是在 1979 年《刑法》第 151 条、第 152 条规定的抢夺罪的基础上修改而来的，并经《刑法修正案（九）》第 20 条所修正。

1950 年的《刑法大纲草案》第 140 条对抢夺罪的罪状作了较为具体的描述："趁人不备，公然夺取他人财物者，为抢夺，处二年以下监禁，或批评教育。"② "犯前项之罪合于前第二项至第四项之情形者，比照各该项规定处罚。"③ "犯前二项之罪致人于死或重伤者，处终身监禁或三年以上十五年以下监禁。" 到了 1957 年，《刑法草案》第 22 稿第 168 条始采简单罪状对抢夺罪加以规定："抢夺公私财物的，处七年以下有期徒刑或者管制。" 1963 年的《刑法草案》第 33 稿在上述规定的基础上，增加了加重情节的规定。该稿第 158 规定："抢夺公私财物的，处五年以下有期徒刑或者拘役。" 第 160 条规定："惯窃、惯骗或者偷窃、诈骗、抢夺数额巨大的，处五年以上十年以下有期徒刑；情节特别严重的，处十年以上有期徒刑、无期徒刑或者死刑，可以并处没收财产。" 1979 年《刑法》对上述规定主要作了三处修改：一是将"盗窃、诈骗、抢夺"合并加以规定；二是在基本犯中增加了"管制"的规定；三是在情节加重犯中取消了"死刑"的规定。

1979 年《刑法》第 151 条规定："盗窃、诈骗、抢夺公私财物数额较大的，处五年以下有期徒刑、拘役或者管制。" 第 152 条规定："惯窃、惯骗或者盗窃、诈骗、抢夺公私财

---

① 张明楷：《刑法学》，法律出版社 2011 年版，第 896～897 页。

② 这是迄今为止唯一采用叙明罪状对抢夺罪加以规定的立法例。

③ 这里所说的"前第二项至第四项之情形"，是指该草案第 139 条第 2 项至第 4 项所规定的"侵入私营工厂、矿山、仓库、作坊而窃盗者，或窃盗生产工具、耕畜或乘他人重大灾害之际而窃盗者""以窃盗为常业或共同窃盗中之主要分子"和"组织领导多人实施窃盗，或传授他人窃盗技术"的情形。

物数额巨大的，处五年以上十年以下有期徒刑；情节特别严重的，处十年以上有期徒刑或者无期徒刑，可以并处没收财产。"

在全面研究修改刑法的过程中，1988年的《刑法修改稿》第176条对抢夺罪作了较大的修改和调整："抢夺公私财物，数额较大的，处三年以下有期徒刑或者拘役，可以单处或者并处罚金；数额巨大的，处三年以上十年以下有期徒刑，并处罚金；数额特别巨大或者情节特别严重的，处十年以上有期徒刑或者无期徒刑，并处没收财产。"1996年的《刑法修订草案》（征求意见稿）第240条在上述规定的基础上，主要作了两方面的补充修改：一是在第2档法定刑的适用条件中增加了"情节严重"的情形；二是增加了第2款"携带凶器抢夺的，以抢劫罪论处"的规定。1996年的《刑法修订草案》第245条又对上述规定作了两处修改：一是在第1档法定刑中增加了"管制"这一刑种；二是将"携带凶器抢夺的，以抢劫罪论处"改为"携带凶器抢夺的，依照本法第二百四十二条的规定定罪处罚"①。1997年3月1日，提交给八届全国人大五次会议审议的《中华人民共和国刑法（修订草案）》第266条基本上沿用了上述规定，仅将"可以单处或者并处罚金"改为"并处或者单处罚金"。1997年修订的《刑法》第267条在上述规定的基础上，又作了两方面的修改：一是在文字表述方面，将"情节严重"改为"有其他严重情节"，将"情节特别严重"改为"有其他特别严重情节"；二是在第3档法定刑中增加了并处"罚金"的规定。

1997年修订的《刑法》第267条规定："抢夺公私财物，数额较大的，处三年以下有期徒刑、拘役或者管制，并处或者单处罚金；数额巨大或者有其他严重情节的，处三年以上十年以下有期徒刑，并处罚金；数额特别巨大或者有其他特别严重情节的，处十年以上有期徒刑或者无期徒刑，并处罚金或者没收财产。""携带凶器抢夺的，依照本法第二百六十三条的规定定罪处罚。"

1997年《刑法》施行后，"针对当前社会治安方面出现的一些新情况"②，《刑法修正案（九）》第20条对抢夺罪作了修正，将"多次抢夺"规定为犯罪。

【立法规定】

《刑法》第267条规定："抢夺公私财物，数额较大的，或者多次抢夺的，处三年以下有期徒刑、拘役或者管制，并处或者单处罚金；数额巨大或者有其他严重情节的，处三年以上十年以下有期徒刑，并处罚金；数额特别巨大或者有其他特别严重情节的，处十年以上有期徒刑或者无期徒刑，并处罚金或者没收财产。""携带凶器抢夺的，依照本法第二百

---

① 该草案第242条规定的是抢劫罪。

② 参见全国人大常委会法制工作委员会主任李适时2014年10月27日在十二届全国人大常委会第十一次会议上所作的《关于〈中华人民共和国刑法修正案（九）（草案）〉的说明》。

六十三条的规定定罪处罚。"

【立法释义】

最高人民法院 2000 年 11 月 22 日发布的《关于审理抢劫案件具体应用法律若干问题的解释》第 6 条规定："刑法第二百六十七条第二款规定的'携带凶器抢夺'，是指行为人随身携带枪支、爆炸物、管制刀具等国家禁止个人携带的器械进行抢夺或者为了实施犯罪而携带其他器械进行抢夺的行为。"

最高人民法院 2005 年 6 月 8 日发布的《关于审理抢劫、抢夺刑事案件适用法律若干问题的意见》第 4 条"关于'携带凶器抢夺'的认定"规定："《抢劫解释》①第六条规定，'携带凶器抢夺'，是指行为人随身携带枪支、爆炸物、管制刀具等国家禁止个人携带的器械进行抢夺或者为了实施犯罪而携带其他器械进行抢夺的行为。行为人随身携带国家禁止个人携带的器械以外的其他器械抢夺，但有证据证明该器械确实不是为了实施犯罪准备的，不以抢劫罪定罪；行为人将随身携带凶器有意加以显示、能为被害人察觉到的，直接适用刑法第二百六十三条的规定定罪处罚；行为人携带凶器抢夺后，在逃跑过程中为窝藏赃物、抗拒抓捕或者毁灭罪证而当场使用暴力或者以暴力相威胁的，适用刑法第二百六十七条第二款的规定定罪处罚。"第 11 条"驾驶机动车、非机动车夺取他人财物行为的定性"规定："对于驾驶机动车、非机动车（以下简称驾驶车辆）夺取他人财物的，一般以抢夺罪从重处罚。但具有下列情形之一，应当以抢劫罪定罪处罚：（1）驾驶车辆，逼挤、撞击或强行逼倒他人以排除他人反抗，乘机夺取财物的；（2）驾驶车辆强抢财物时，因被害人不放手而采取强拉硬拽方法劫取财物的；（3）行为人明知其驾驶车辆强行夺取他人财物的手段会造成他人伤亡的后果，仍然强行夺取并放任造成财物持有人轻伤以上后果的。"

最高人民法院 2008 年 12 月 1 日发布的《全国部分法院审理毒品犯罪案件工作座谈会纪要》第 1 条第 6 款规定："盗窃、抢夺、抢劫毒品的，应当分别以盗窃罪、抢夺罪或者抢劫罪定罪，但不计犯罪数额，根据情节轻重予以定罪量刑。盗窃、抢夺、抢劫毒品后又实施其他毒品犯罪的，对盗窃罪、抢夺罪、抢劫罪和所犯的具体毒品犯罪分别定罪，依法数罪并罚。走私毒品，又走私其他物品构成犯罪的，以走私毒品罪和其所犯的其他走私罪分别定罪，依法数罪并罚。"

最高人民法院、最高人民检察院 2013 年 11 月 11 日发布的《关于办理抢夺刑事案件适用法律若干问题的解释》第 1 条规定："抢夺公私财物价值一千元至三千元以上、三万元至八万元以上、二十万元至四十万元以上的，应当分别认定为刑法第二百六十七条规定的'数额较大'、'数额巨大'、'数额特别巨大'。""各省、自治区、直辖市高级人民法

---

① 这里所说的《抢劫解释》，是指最高人民法院 2000 年 11 月 22 日发布的《关于审理抢劫案件具体应用法律若干问题的解释》。

院、人民检察院可以根据本地区经济发展状况，并考虑社会治安状况，在前款规定的数额幅度内，确定本地区执行的具体数额标准，报最高人民法院、最高人民检察院批准。"第2条规定："抢夺公私财物，具有下列情形之一的，'数额较大'的标准按照前条规定标准的百分之五十确定：（一）曾因抢劫、抢夺或者聚众哄抢受过刑事处罚的；（二）一年内曾因抢夺或者哄抢受过行政处罚的；（三）一年内抢夺三次以上的；（四）驾驶机动车、非机动车抢夺的；（五）组织、控制未成年人抢夺的；（六）抢夺老年人、未成年人、孕妇、携带婴幼儿的人、残疾人、丧失劳动能力人的财物的；（七）在医院抢夺病人或者其亲友财物的；（八）抢夺救灾、抢险、防汛、优抚、扶贫、移民、救济款物的；（九）自然灾害、事故灾害、社会安全事件等突发事件期间，在事件发生地抢夺的；（十）导致他人轻伤或者精神失常等严重后果的。"第3条规定："抢夺公私财物，具有下列情形之一的，应当认定为刑法第二百六十七条规定的'其他严重情节'：（一）导致他人重伤的；（二）导致他人自杀的；（三）具有本解释第二条第三项至第十项规定的情形之一，数额达到本解释第一条规定的'数额巨大'百分之五十的。"第4条规定："抢夺公私财物，具有下列情形之一的，应当认定为刑法第二百六十七条规定的'其他特别严重情节'：（一）导致他人死亡的；（二）具有本解释第二条第三项至第十项规定的情形之一，数额达到本解释第一条规定的'数额特别巨大'百分之五十的。"第5条规定："抢夺公私财物数额较大，但未造成他人轻伤以上伤害，行为人系初犯，认罪、悔罪，退赃、退赔，且具有下列情形之一的，可以认定为犯罪情节轻微，不起诉或者免予刑事处罚；必要时，由有关部门依法予以行政处罚：（一）具有法定从宽处罚情节的；（二）没有参与分赃或者获赃较少，且不是主犯的；（三）被害人谅解的；（四）其他情节轻微、危害不大的。"第6条规定："驾驶机动车、非机动车夺取他人财物，具有下列情形之一的，应当以抢劫罪定罪处罚：（一）夺取他人财物时因被害人不放手而强行夺取的；（二）驾驶车辆逼挤、撞击或者强行逼倒他人夺取财物的；（三）明知会致人伤亡仍然强行夺取并放任造成财物持有人轻伤以上后果的。"

最高人民法院2013年12月23日发布的《关于常见犯罪的量刑指导意见》"抢夺罪"部分规定："1. 构成抢夺罪的，可以根据下列不同情形在相应的幅度内确定量刑起点：（1）达到数额较大起点的，可以在一年以下有期徒刑、拘役幅度内确定量刑起点。（2）达到数额巨大起点或者有其他严重情节的，可以在三年至四年有期徒刑幅度内确定量刑起点。（3）达到数额特别巨大起点或者有其他特别严重情节的，可以在十年至十二年有期徒刑幅度内确定量刑起点。依法应当判处无期徒刑的除外。""2. 在量刑起点的基础上，可以根据抢夺数额等其他影响犯罪构成的犯罪事实增加刑罚量，确定基准刑。"

最高人民法院2015年5月29日发布的《关于审理掩饰、隐瞒犯罪所得、犯罪所得收益刑事案件适用法律若干问题的解释》第 6 条规定："对犯罪所得及其产生的收益实施盗窃、抢劫、诈骗、抢夺等行为，构成犯罪的，分别以盗窃罪、抢劫罪、诈骗罪、抢夺罪等定罪处罚。"

【立法建言】

建议一： 将《刑法》第 267 条第 1 款第 1 档法定刑修改为："处三年以下有期徒刑、拘役或者管制，可以并处或者单处罚金"。

理　由：

从立法技术上看，宜将本罪第 1 款第 1 档法定刑中的"并处或者单处罚金"改为"可以并处或者单处罚金"，以与《刑法》的其他罚金规定相一致。

建议二： 删去《刑法》第 267 条第 2 款。

理　由：

关于《刑法》第 267 条第 2 款规定的合理性，在刑法理论上颇有争议。例如，有学者认为，"为了严厉打击抢劫犯罪，如果把为准备抢劫而携带凶器但到犯罪现场后未使用凶器而进行抢夺的，按抢劫罪论处，也未尝不可。但若把随身携带有凶器，但起初并未打算犯罪而临时起意实施了抢夺行为的，一律按抢劫罪论处，则很难说公平合理。另外，既然携带凶器抢夺的，要按抢劫罪论处，那么，携带凶器盗窃的，尤其是携带凶器准备抢劫但到犯罪现场后改为盗窃的，为什么不以抢劫罪论处呢？可见，把携带凶器抢夺的按抢劫罪论处，不论从哪个角度讲，都不尽合理。"[1] 有学者则认为，"携带凶器抢夺原本并不符合刑法第 263 条规定的抢劫罪的犯罪构成。如果没有刑法第 263 条第 2 款的规定，对携带凶器抢夺的行为，只能认定为抢夺罪。在这种情况下，刑法仍然规定对携带凶器抢夺的行为以抢劫罪论处，就说明本款属于法律拟制，而非注意规定。之所以设立该规定，是因为在抢夺案件中，被害人能够当场发现被抢夺的事实，而且在通常情况下会要求行为人返还自己的财物；而行为人携带凶器抢夺的行为，客观上为自己抗拒抓捕、窝藏赃物创造了便利条件，再加上主观上具有使用凶器的意识，使用凶器的可能性非常大，从而导致其行为的法益侵害程度与抢劫罪没有实质区别。"[2] 上述两种观点均认为携带凶器抢夺不符合抢劫罪的特征，两者的区别在于，前者否定该规定的合理性，而后者则肯定其合理性。那么，该规定究竟是否合理呢？笔者对此的回答是否定的。因为，"在抢夺案件中，被害人能够当场发现被抢夺的事实，而且在通常情况下会要求行为人返还自己的财物；而行为人携带凶器抢夺的行为，客观上为自己抗拒抓捕、窝藏赃物创造了便利条件，再加上主观上具有使用凶器的意识，使用凶器的可能性非常大"原本就是建立在"假设"和"可能"的基础

---

① 侯国云："也谈刑法典应力求垂范久远"，载《法学》1998 年第 5 期。
② 张明楷：《刑法学》，法律出版社 2011 年版，第 866 页。

之上，因而其得出的结论自然难以令人信服。何况，在盗窃案件中，同样也存在上述"假设"和"可能"，为什么携带凶器盗窃的行为不以抢劫罪论处呢？[①] 更何况，"主观上具有使用凶器的意识，使用凶器的可能性非常大"的说法，已被司法实践所否定。最高人民法院 2000 年 11 月 22 日发布的《关于审理抢劫案件具体应用法律若干问题的解释》第 6 条规定："刑法第二百六十七条第二款规定的'携带凶器抢夺'，是指行为人随身携带枪支、爆炸物、管制刀具等国家禁止个人携带的器械进行抢夺或者为了实施犯罪而携带其他器械进行抢夺的行为。"该解释并不要求"行为人随身携带枪支、爆炸物、管制刀具等国家禁止个人携带的器械进行抢夺"的行为，"主观上具有使用凶器的意识，使用凶器的可能性非常大"[②]。可见，上述肯定该规定合理性的观点，其理由并不充分，难以成立。因此，宜删去这一不合理的规定。

五、聚众哄抢罪（第 268 条）

【立法沿革】

聚众哄抢罪是 1997 年《刑法》第 268 条增设的罪名。

从立法源流来看，哄抢罪最早见之于 1988 年 9 月的《刑法修改稿》。该稿规定："公然哄抢公私财物的，对首要分子处五年以下有期徒刑或者拘役；情节严重的，处五年以上有期徒刑，可以并处罚金或者没收财产。"[③] 1988 年 11 月 16 日的《刑法修改稿》第 164 条在上述规定的基础上，主要作了以下三方面的修改：一是在犯罪客观方面，删去了"公然"的表述，并增加了"情节严重"的限制；二是在犯罪主体方面，删去了"首要分子"的限制；三是在刑罚配置方面，在第 1 档法定刑中增加了"可以单处或者并处罚金"的规定，在第 2 档法定刑中增加了"情节特别严重"的适用条件，并删去了"可以"并处"没收财产"的规定。修改后的条文为："哄抢公私财物，情节严重的，处五年以下有期

[①] 事实上，在刑法修订研拟的过程中，1996 年的《刑法修订草案》（征求意见稿）第 238 条第 2 款也规定："携带凶器盗窃的，以抢劫罪论处。"但是，在征求意见的过程中，包括最高人民法院、最高人民检察院、公安部等在内的一些部门、地方和法律专家提出，"征求意见稿第 238 条第二款'携带凶器盗窃的，以抢劫罪论处'的规定不妥当。将在盗窃时携带凶器，在实施犯罪过程中没有使用的也按抢劫罪论处，混淆了盗窃罪与抢劫罪的界限，法理上说不通，而且在司法实践中易造成混乱，同时，'凶器'的概念也难以界定，建议删去这一规定"（参见全国人大常委会办公厅秘书局："《中央有关部门、地方及法律专家对刑法修订草案（征求意见稿）的意见》（1996 年 12 月 26 日印）"，见高铭暄、赵秉志编：《新中国刑法立法文献资料总览》（下），中国人民公安大学出版社 1998 年版，第 2169 页）。经研究，立法机关最终采纳了上述意见。

[②] 为了限制"携带凶器抢夺的，以抢劫罪论处"的成立范围，该解释要求"携带其他器械进行抢夺的行为"必须是"为了实施犯罪"。最高人民法院 2005 年 6 月 8 日发布的《关于审理抢劫、抢夺刑事案件适用法律若干问题的意见》第 4 条进一步明确规定："行为人随身携带国家禁止个人携带的器械以外的其他器械抢夺，但有证据证明该器械确实不是为了实施犯罪准备的，不以抢劫罪定罪"。

[③] 该条未编条文序号。

徒刑或者拘役，可以单处或者并处罚金；情节特别严重的，处五年以上有期徒刑，并处罚金。"1988 年的《刑法修改稿》第 178 条基本上沿用了上述规定，仅将第 1 档法定主刑改为"三年以下有期徒刑或者拘役"，将第 1 档法定主刑改为"三年以上十年以下有期徒刑"。到了 1996 年，《刑法修订草案》（征求意见稿）第 241 条将哄抢罪改为聚众哄抢罪，并对本罪的构成要件、量刑情节和法定刑作了较大的修改和调整。修改后的条文为："聚众哄抢公私财物，数额较大或者情节严重的，对首要分子和积极参加的，处三年以下有期徒刑或者拘役，可以并处罚金；数额巨大或者情节特别严重的，处三年以上有期徒刑，并处罚金或者没收财产。"1996 年的《刑法修订草案》第 246 条基本上沿用了上述规定，仅在第 1 档法定刑中增加了"管制"这一刑种。1997 年的《刑法修订草案》（修改稿）第 266 条在上述规定的基础上，将第 2 档法定刑"处三年以上有期徒刑，并处罚金或者没收财产"改为"处三年以上十年以下有期徒刑，并处罚金"。1997 年 3 月 1 日，提交给八届全国人大五次会议审议的《中华人民共和国刑法（修订草案)》第 267 条删去了第 1 档法定刑中"可以"并处罚金的规定。经审议，1997 年《刑法》第 268 条对个别文字作了修改，将"情节严重"改为"有其他严重情节"，将"情节特别严重"改为"有其他特别严重情节"。

【立法规定】

《刑法》第 268 条规定："聚众哄抢公私财物，数额较大或者有其他严重情节的，对首要分子和积极参加的，处三年以下有期徒刑、拘役或者管制，并处罚金；数额巨大或者有其他特别严重情节的，处三年以上十年以下有期徒刑，并处罚金。"

【立法释义】

最高人民法院 2000 年 11 月 22 日发布的《关于审理破坏森林资源刑事案件具体应用法律若干问题的解释》第 14 条规定："聚众哄抢林木五立方米以上的，属于聚众哄抢'数额较大'；聚众哄抢林木二十立方米以上的，属于聚众哄抢'数额巨大'，对首要分子和积极参加的，依照刑法第二百六十八条的规定，以聚众哄抢罪定罪处罚。"

【立法建言】

建　议：将《刑法》第 268 条修改为："聚众哄抢公私财物，数额较大或者有其他严重情节的，对首要分子和积极参加的，处三年以下有期徒刑、拘役或者管制，可以并处或者单处罚金；数额巨大或者有其他特别严重情节的，处三年以上十年以下有期徒刑，并处罚金。"

理　由：

从立法技术上看，宜将本罪第 1 档法定刑中的"并处罚金"改为"可以并处或者单处罚金"，以与《刑法》的其他单处罚金规定相一致。

六、转化型抢劫（第269条）

【立法沿革】

转化型抢劫是在1979年《刑法》第153条规定的转化型抢劫的基础上修改而来的。

转化型抢劫最早见之于1957年的《刑法草案》第22稿。该稿第170条规定："犯偷窃、抢夺罪，为防护赃物、抗拒逮捕或者毁灭罪证而当场使用暴力或者以暴力相威胁的，依照本法第一百六十七条罪处罚。"到了1963年，《刑法草案》第33稿第161条扩大了转化抢劫的成立范围，将"犯偷窃、抢夺罪"改为"犯偷窃、抢夺、诈骗罪"。① 修改后的条文为："犯偷窃、抢夺、诈骗罪，为防护赃物、抗拒逮捕或者毁灭罪证而当场使用暴力或者以暴力相威胁的，依照本法第一百五十六条抢劫罪处罚。"1979年《刑法》第153条基本上沿用了上述规定，仅在文字表述上将"偷窃"改为"盗窃"，将"防护赃物"改为"窝藏赃物"。

1979年《刑法》第153条规定："犯盗窃、诈骗、抢夺罪，为窝藏赃物、抗拒逮捕或者毁灭罪证而当场使用暴力或者以暴力相威胁的，依照本法第一百五十条抢劫罪处罚。"

在全面研究修改刑法的过程中，鉴于理论上和实践中对"犯盗窃、诈骗、抢夺罪"是否必须"构成犯罪"或者"达到犯罪程度"的理解存在较大争议，② 为进一步明确转化抢劫的前提条件，1988年的《刑法修改稿》第177条将"犯盗窃、诈骗、抢夺罪"改为"实施盗窃、诈骗、抢夺行为"；同时，还将"窝藏赃物"改回"防护赃物"，将"抗拒逮捕"改为"抗拒抓捕"。修改后的条文为："实施盗窃、诈骗、抢夺行为，为防护赃物、抗拒抓捕或者毁灭罪证而当场使用暴力或者以暴力相威胁的，依照抢劫罪的规定论处。"1996年的《刑法修订草案》（征求意见稿）第242条重新以1979年《刑法》为基础，对本条作了两处修改：一是删去了前提条件中的"诈骗"；二是删去了抢劫罪的援引条款。1996年的《刑法修订草案》第247条基本上沿用了上述规定，仅在文字上将"抗拒逮捕"改为"抗拒抓捕"，将"依照抢劫罪的规定处罚"改为"依照本法第二百四十二条的规定

---

① "二十二稿没有提到诈骗罪的转化问题，当时考虑，诈骗罪是骗取他人的信任而获得财物，转化为抢劫罪的可能性不大。但讨论中大家认为也不能完全排除这种情况的发生，因此三十三稿还是把它增添进去，以后保持未变"（参见高铭暄：《中华人民共和国刑法的孕育和诞生》，法律出版社1981年版，第206~207页）。

② 为正确适用1979年《刑法》第153条的规定，最高人民法院、最高人民检察院1988年3月16日发布的《关于如何适用刑法第一百五十三条的批复》规定："根据刑法第一百五十三条的规定，被告人犯盗窃、诈骗、抢夺罪，为窝藏赃物、抗拒逮捕或者毁灭罪证而当场使用暴力或者以暴力相威胁的，依照刑法第一百五十条抢劫罪处罚。在司法实践中，有的被告人实施盗窃、诈骗、抢夺行为，虽未达到'数额较大'，但为窝藏赃物、抗拒逮捕或者毁灭罪证而当场使用暴力或者以暴力相威胁，情节严重的，可按刑法第一百五十三条的规定，依照刑法第一百五十条抢劫罪处罚；如果使用暴力或以暴力相威胁情节不严重、危害不大的，不认为是犯罪。"

定罪处罚"①。1997年3月1日，提交给八届全国人大五次会议审议的《中华人民共和国刑法（修订草案）》第268条又在前提条件中恢复了"诈骗"的规定。这一修改方案，为现行刑法所采纳。

【立法规定】

《刑法》第269条规定："犯盗窃、诈骗、抢夺罪，为窝藏赃物、抗拒抓捕或者毁灭罪证而当场使用暴力或者以暴力相威胁的，依照本法第二百六十三条的规定定罪处罚。"

【立法释义】

最高人民检察院法律政策研究室2003年4月18日《关于相对刑事责任年龄的人承担刑事责任范围有关问题的答复》第2条规定："相对刑事责任年龄的人实施了刑法第二百六十九条规定的行为的，应当依照刑法第二百六十三条的规定，以抢劫罪追究刑事责任。但对情节显著轻微，危害不大的，可根据刑法第十三条的规定，不予追究刑事责任。"

最高人民法院2005年6月8日发布的《关于审理抢劫、抢夺刑事案件适用法律若干问题的意见》第5条"关于转化抢劫的认定"规定："行为人实施盗窃、诈骗、抢夺行为，未达到'数额较大'，为窝藏赃物、抗拒抓捕或者毁灭罪证当场使用暴力或者以暴力相威胁，情节较轻、危害不大的，一般不以犯罪论处；但具有下列情节之一的，可依照刑法第二百六十九条的规定，以抢劫罪定罪处罚：（1）盗窃、诈骗、抢夺接近'数额较大'标准的；（2）入户或在公共交通工具上盗窃、诈骗、抢夺后在户外或交通工具外实施上述行为的；（3）使用暴力致人轻微伤以上后果的；（4）使用凶器或以凶器相威胁的；（5）具有其他严重情节的。"

最高人民法院2006年1月11日发布的《关于审理未成年人刑事案件具体应用法律若干问题的解释》第10条规定："已满十四周岁不满十六周岁的人盗窃、诈骗、抢夺他人财物，为窝藏赃物、抗拒抓捕或者毁灭罪证，当场使用暴力，故意伤害致人重伤或者死亡，或者故意杀人的，应当分别以故意伤害罪或者故意杀人罪定罪处罚。""已满十六周岁不满十八周岁的人犯盗窃、诈骗、抢夺罪，为窝藏赃物、抗拒抓捕或者毁灭罪证而当场使用暴力或者以暴力相威胁的，应当依照刑法第二百六十九条的规定定罪处罚；情节轻微的，可不以抢劫罪定罪处罚。"

【立法建言】

建 议：将《刑法》第269条修改为："盗窃、诈骗、抢夺公私财物，为窝藏赃物、抗拒抓捕或者毁灭罪证而当场使用暴力或者以暴力相威胁，情节严重的，处三年以上十年以下有期徒刑，并处罚金；情节特别严重的，处十年以上有期徒刑或者无期徒刑，并处罚

---

① 该草案第242条规定的是抢劫罪。

金或者没收财产。"

理　由：

1. 从刑法理论上看，"由于盗窃、诈骗、抢夺罪要求'数额较大'，因而对是否包括实施了盗窃、诈骗、抢夺行为但并不构成犯罪的情况存有争议。一种观点认为，行为人所实施的行为必须已经构成了犯罪；另一种观点认为，不要求行为人实施的盗窃、诈骗、抢夺行为构成犯罪，但也不是数额很小的小偷小摸行为；还有一种观点认为，不要求盗窃、诈骗、抢夺的数额较大，也不宜排除数额过小的情况，我们认为，尽管刑法的表述是'犯盗窃、诈骗、抢夺罪'，但不意味着行为一定构成了相关犯罪，而是意味着行为人有犯盗窃罪、诈骗罪、抢夺罪的故意与行为，这样，才谈得上盗窃、诈骗、抢夺罪向抢劫罪的转化，否则不能认为是一种转化。"①

2. 从司法实践上看，对实施盗窃、诈骗、抢夺行为，未达到"数额较大"，但为窝藏赃物、抗拒抓捕或者毁灭罪证而当场使用暴力或者以暴力相威胁的，均以"情节严重"作为以抢劫罪论处的条件。如果使用暴力或以暴力相威胁情节不严重、危害不大的，则一般不以犯罪论处。②

3. 从犯罪形态上看，转化型抢劫属于事后抢劫。而"事后抢劫是一种独立的犯罪，由两个特定行为组成；两个行为之间，不仅具有时间与场合的密切性，而且具有心理的联系性。""虽然我国的司法解释与刑法理论没有将事后抢劫表述为独立的罪名，但不影响将事后抢劫作为独立的犯罪予以理解。"③ 正因如此，最高人民法院 2006 年 1 月 11 日发布的《关于审理未成年人刑事案件具体应用法律若干问题的解释》第 10 条规定："已满十四周岁不满十六周岁的人盗窃、诈骗、抢夺他人财物，为窝藏赃物、抗拒抓捕或者毁灭罪证，当场使用暴力，故意伤害致人重伤或者死亡，或者故意杀人的，应当分别以故意伤害罪或者故意杀人罪定罪处罚。""已满十六周岁不满十八周岁的人犯盗窃、诈骗、抢夺罪，为窝藏赃物、抗拒抓捕或者毁灭罪证而当场使用暴力或者以暴力相威胁的，应当依照刑法第二百六十九条的规定定罪处罚；情节轻微的，可不以抢劫罪定罪处罚。"既然转化型抢劫是一种独立的犯罪，理应为其配置独立的法定刑。

七、侵占罪（第 270 条）

【立法沿革】

侵占罪是 1997 年《刑法》第 270 条增设的罪名。

---

① 利子平主编：《刑法原理》（修订本），江西高校出版社 2000 年版，第 449 ~ 450 页。

② 参见最高人民法院、最高人民检察院 1988 年 3 月 16 日发布的《关于如何适用刑法第一百五十三条的批复》和最高人民法院 2005 年 6 月 8 日发布的《关于审理抢劫、抢夺刑事案件适用法律若干问题的意见》第 5 条的规定。

③ 张明楷：《刑法学》，法律出版社 2011 年版，第 856 页。

侵占罪是传统的侵犯财产犯罪。早在 1950 年，《刑法大纲草案》第 143 条就规定了广义的侵占罪："侵占自己持有他人之财物，为侵占，处三年以下监禁，或批评教育。""侵占业务上持有他人之财物，处六月以上五年以下监禁。""就自己持有他人之物，以品质较差之物换掉者，以侵占论罪。"到了 1954 年，《刑法指导原则草案》概括地规定了侵吞霸占罪。该草案第 65 条规定："侵吞霸占他人财产的，判处三年以下有期徒刑、劳役或者予以行政处罚。"1957 年的《刑法草案》第 22 稿第 174 条明确地将"侵占公私财物"规定为犯罪："侵占公私财物的，处五年以下有期徒刑或者拘役。"1963 年的《刑法草案》第 33 稿第 132 条基本上沿用了上述规定，仅降低了最高法定刑："侵占公私财物的，处三年以下有期徒刑或者拘役。"但是，1979 年《刑法》没有将侵占公私财物的行为作为一种独立的犯罪加以规定。①

在全面研究修改刑法的过程中，1988 年的《刑法修改稿》第 180 条重新规定了侵占罪："侵占公私财物，数额较大或者情节严重的，处三年以下有期徒刑或者拘役，可以单处或者并处罚金；数额巨大的，处三年以上十年以下有期徒刑，并处罚金；数额特别巨大或者情节特别严重的，处十年以上有期徒刑，并处罚金或者没收财产。"然而，1995 年《关于惩治违反公司法的犯罪的决定》仅增设了业务侵占罪，而并未规定普通侵占罪。有鉴于此，1996 年的《刑法修订草案》（征求意见稿）第 243 条重新规定了侵占罪："将自己代为收管的他人财物非法占为己有，数额较大，拒不退还的，处二年以下有期徒刑、拘役或者罚金；数额巨大或者情节严重的，处二年以上五年以下有期徒刑，并处罚金。""将他人的遗忘物或者埋藏物非法占为己有，数额较大，拒不交出的，依照前款的规定处罚。""本条罪，告诉的才处理。"1996 年的《刑法修订草案》第 248 条基本上沿用了上述规定，仅增加了"管制"这一刑种。1997 年的《刑法修订草案》（修改稿）第 268 条在上述规定的基础上，将"自己代为收管"的表述改为"代为保管"。1997 年 3 月 1 日，提交给八届全国人大五次会议审议的《中华人民共和国刑法（修订草案）》第 269 条删去了此前增加的"管制"。这一修改方案，为现行刑法所采纳。

【立法规定】

《刑法》第 270 条规定："将代为保管的他人财物非法占为己有，数额较大，拒不退还的，处二年以下有期徒刑、拘役或者罚金；数额巨大或者有其他严重情节的，处二年以上五年以下有期徒刑，并处罚金。""将他人的遗忘物或者埋藏物非法占为己有，数额较大，

---

① "修订中考虑到，国家工作人员或受国家机关、企业、事业单位、人民团体委托从事公务的人员利用职务上的便利侵占公共财物的，要按贪污罪论处，剩下的其他侵占公私财物，数量一般比较有限，可以不作为犯罪处理（参看《治安管理处罚条例》第十一条），故将此条删除"（参见高铭暄：《中华人民共和国刑法的孕育和诞生》，法律出版社 1981 年版，第 213～214 页）。

拒不交出的，依照前款的规定处罚。""本条罪，告诉的才处理。"

【立法释义】

目前，尚无与侵占罪相关的法律解释。

【立法建言】

建　议：将《刑法》第 270 条第 1 款修改为："将代为保管的他人财物非法占为己有，数额较大，拒不退还的，处二年以下有期徒刑、拘役或者管制，可以并处或者单处罚金；数额巨大或者有其他严重情节的，处二年以上五年以下有期徒刑，并处罚金。"

理　由：

从立法技术上看，宜在本罪第 1 款第 1 档法定刑中增加"管制"的规定，并将其中的"罚金"改为"可以并处或者单处罚金"，以与《刑法》的其他管制和罚金规定相一致。

八、职务侵占罪（第 271 条）

【立法沿革】

职务侵占罪是在全国人大常委会 1995 年《关于惩治违反公司法的犯罪的决定》第 10 条规定的业务侵占罪的基础上修改而来的。

如前所述，1950 年的《刑法大纲草案》第 143 条第 2 项规定的广义侵占罪涵盖了业务侵占罪的内容："侵占业务上持有他人之财物，处六月以上五年以下监禁。"在此后的刑法草案中，虽然未专门规定业务侵占罪，但它们所规定的侵占罪实际上均包含了相关的内容。1995 年 2 月 28 日，全国人大常委会通过的《关于惩治违反公司法的犯罪的决定》第 10 条增设了业务侵占罪："公司董事、监事或者职工利用职务或者工作上的便利，侵占本公司财物，数额较大的，处五年以下有期徒刑或者拘役；数额巨大的，处五年以上有期徒刑，可以并处没收财产。"同时，该决定第 12 条还规定："国家工作人员犯本决定第九条、第十条、第十一条规定之罪的，依照《关于惩治贪污贿赂罪的补充规定》的规定处罚。"同年，在审议《关于惩治破坏金融秩序的犯罪分子的决定（草案）》的过程中，"有些金融机构提出，草案关于保险诈骗的规定，只对投保人、被保险人和受益人的诈骗行为作了规定，对保险公司的工作人员弄虚作假，编造未曾发生的保险事故搞虚假理赔，侵吞保险金的也应有所规定。"① 因此，全国人大常委会 1995 年 6 月 30 日通过的《关于惩治破坏金融秩序犯罪的决定》第 17 条作了以下提示性规定："保险公司的工作人员利用职务上的便利，故意编造未曾发生的保险事故进行虚假理赔，骗取保险金，分别依照全国人民代表大

---

① 参见全国人大法律委员会副主任委员王叔文 1995 年 6 月 23 日在八届全国人大常委会第十四次会议上所作的《关于〈全国人民代表大会常务委员会关于惩治破坏金融秩序的犯罪分子的决定（草案）〉审议结果的报告》。

会常务委员会《关于惩治贪污贿赂罪的补充规定》和《关于惩治违反公司法的犯罪的决定》的有关规定处罚。"

在刑法修订研拟的过程中，1996 年的《刑法修订草案》（征求意见稿）第 244 条在《关于惩治违反公司法的犯罪的决定》第 10 条规定的基础上，主要作了以下三方面的修改和补充：一是拓展了本罪主体的范围，将"公司董事、监事或者职工"改为"公司、企业或者其他单位的人员"；二是明确了本罪行为的目的，将"侵占本公司财物"改为"将本单位财物非法占为己有"；三是加大了本罪处罚的力度，将本罪的最高法定刑提高到无期徒刑。此外，该条第 2 款还增加了"非法将用于扶贫和其他公益事业的社会捐助或者专项基金的财物占为己有的，以贪污罪论处"的规定。修改后的条文为："公司、企业或者其他单位的人员，利用职务或者工作上的便利，将本单位财物非法占为己有，数额较大的，处五年以下有期徒刑或者拘役；数额巨大的，处五年以上的有期徒刑或者无期徒刑，可以并处没收财产。""非法将用于扶贫和其他公益事业的社会捐助或者专项基金的财物占为己有的，以贪污罪论处。""国家工作人员有前两款行为的，依照本法第三百三十一条的规定处罚。"[①] 此外，该草案还将《关于惩治破坏金融秩序犯罪的决定》第 17 条的规定修改编入了该草案第 163 条。1996 年的《刑法修订草案》第 249 条基本上沿用了上述规定，仅在第 2 款中增加了"公司、企业或者其他单位的人员，利用职务或者工作上的便利"的表述，并将"以贪污罪论处"的表述改为"依照本法第三百三十六条、第三百三十七条的规定定罪处罚"[②]。相应地，也将第 3 款改为"国家工作人员有前两款行为的，依照本法第三百三十六条、第三百三十七条的规定定罪处罚"。1997 年的《刑法修订草案》（修改稿）第 269 条在上述规定的基础上，删去了第 1 款第 2 档法定刑中的"无期徒刑"，同时删去了第 2 款的规定。1997 年 3 月 1 日，提交给八届全国人大五次会议审议的《中华人民共和国刑法（修订草案）》第 270 条将第 2 款"国家工作人员有前两款行为的，依照本法第三百三十六条、第三百三十七条的规定定罪处罚"改为"国有公司、企业或者其他国有单位中从事公务的人员和国有公司、企业或者其他国有单位委派到非国有公司、企业以及其他单位从事公务的人员有前款行为的，依照本法第三百七十九条、第三百八十条的规定定罪处罚"。经审议，1997 年《刑法》第 271 条又删去了第 1 款中利用"工作"上的便利的规定。

【立法规定】

《刑法》第 271 条规定："公司、企业或者其他单位的人员，利用职务上的便利，将本单位财物非法占为己有，数额较大的，处五年以下有期徒刑或者拘役；数额巨大的，处五

---

① 该草案第 331 条规定的是贪污罪。
② 该草案第 336 条、第 337 条规定的是贪污罪。

年以上的有期徒刑，可以并处没收财产。""国有公司、企业或者其他国有单位中从事公务的人员和国有公司、企业或者其他国有单位委派到非国有公司、企业以及其他单位从事公务的人员有前款行为的，依照本法第三百八十二条、第三百八十三条的规定定罪处罚。"第 183 条规定："保险公司的工作人员利用职务上的便利，故意编造未曾发生的保险事故进行虚假理赔，骗取保险金归自己所有的，依照本法第二百七十一条的规定定罪处罚。""国有保险公司工作人员和国有保险公司委派到非国有保险公司从事公务的人员有前款行为的，依照本法第三百八十二条、第三百八十三条的规定定罪处罚。"

【立法释义】

最高人民法院 1999 年 6 月 25 日发布的《关于村民小组组长利用职务便利非法占有公共财物行为如何定性问题的批复》规定："对村民小组组长利用职务上的便利，将村民小组集体财产非法占为己有，数额较大的行为，应当依照刑法第二百七十一条第一款的规定，以职务侵占罪定罪处罚。"

最高人民法院 1999 年 10 月 27 日发布的《全国法院维护农村稳定刑事审判工作座谈会纪要》"关于村委会和村党支部成员利用职务便利侵吞集体财产犯罪的定性问题"部分规定："为了保证案件的及时审理，在没有司法解释规定之前，对于已起诉到法院的这类案件，原则上以职务侵占罪定罪处罚。"

最高人民法院 2000 年 6 月 30 日发布的《关于审理贪污、职务侵占案件如何认定共同犯罪几个问题的解释》第 1 条规定："行为人与国家工作人员勾结，利用国家工作人员的职务便利，共同侵吞、窃取、骗取或者以其他手段非法占有公共财物的，以贪污罪共犯论处。"第 2 条规定："行为人与公司、企业或者其他单位的人员勾结，利用公司、企业或者其他单位人员的职务便利，共同将该单位财物非法占为己有，数额较大的，以职务侵占罪共犯论处。"第 3 条规定："公司、企业或者其他单位中，不具有国家工作人员身份的人与国家工作人员勾结，分别利用各自的职务便利，共同将本单位财物非法占为己有的，按照主犯的犯罪性质定罪。"

最高人民法院 2001 年 5 月 23 日发布的《关于在国有资本控股、参股的股份有限公司中从事管理工作的人员利用职务便利非法占有本公司财物如何定罪问题的批复》规定："在国有资本控股、参股的股份有限公司中从事管理工作的人员，除受国家机关、国有公司、企业、事业单位委派从事公务的以外，不属于国家工作人员。对其利用职务上的便利，将本单位财物非法占为己有，数额较大的，应当依照刑法第二百七十一条第一款的规定，以职务侵占罪定罪处罚。"

最高人民法院、最高人民检察院 2003 年 5 月 14 日发布的《关于办理妨害预防、控制突发传染病疫情等灾害的刑事案件具体应用法律若干问题的解释》第 14 条第 1 款规定：

"贪污、侵占用于预防、控制突发传染病疫情等灾害的款物或者挪用归个人使用，构成犯罪的，分别依照刑法第三百八十二条、第三百八十三条、第二百七十一条、第三百八十四条、第二百七十二条的规定，以贪污罪、侵占罪、挪用公款罪、挪用资金罪定罪，依法从重处罚。"

最高人民检察院、公安部2010年5月7日发布的《关于公安机关管辖的刑事案件立案追诉标准的规定（二）》第84条规定："公司、企业或者其他单位的人员，利用职务上的便利，将本单位财物非法占为己有，数额在五千元至一万元以上的，应予立案追诉。"

最高人民法院、最高人民检察院2010年11月26日发布的《关于办理国家出资企业中职务犯罪案件具体应用法律若干问题的意见》第1条规定："国家工作人员或者受国家机关、国有公司、企业、事业单位、人民团体委托管理、经营国有财产的人员利用职务上的便利，在国家出资企业改制过程中故意通过低估资产、隐瞒债权、虚设债务、虚构产权交易等方式隐匿公司、企业财产，转为本人持有股份的改制后公司、企业所有，应当依法追究刑事责任的，依照刑法第三百八十二条、第三百八十三条的规定，以贪污罪定罪处罚。贪污数额一般应当以所隐匿财产全额计算；改制后公司、企业仍有国有股份的，按股份比例扣除归于国有的部分。""所隐匿财产在改制过程中已为行为人实际控制，或者国家出资企业改制已经完成的，以犯罪既遂处理。""第一款规定以外的人员实施该款行为的，依照刑法第二百七十一条的规定，以职务侵占罪定罪处罚；第一款规定以外的人员与第一款规定的人员共同实施该款行为的，以贪污罪的共犯论处。""在企业改制过程中未采取低估资产、隐瞒债权、虚设债务、虚构产权交易等方式故意隐匿公司、企业财产的，一般不应当认定为贪污；造成国家资产重大损失，依法构成刑法第一百六十八条或者第一百六十九条规定的犯罪的，依照该规定定罪处罚。"第5条第1款、第2款规定："国家工作人员在国家出资企业改制前利用职务上的便利实施犯罪，在其不再具有国家工作人员身份后又实施同种行为，依法构成不同犯罪的，应当分别定罪，实行数罪并罚。""国家工作人员利用职务上的便利，在国家出资企业改制过程中隐匿公司、企业财产，在其不再具有国家工作人员身份后将所隐匿财产据为己有的，依照刑法第三百八十二条、第三百八十三条的规定，以贪污罪定罪处罚。"第6条规定："经国家机关、国有公司、企业、事业单位提名、推荐、任命、批准等，在国有控股、参股公司及其分支机构中从事公务的人员，应当认定为国家工作人员。具体的任命机构和程序，不影响国家工作人员的认定。""经国家出资企业中负有管理、监督国有资产职责的组织批准或者研究决定，代表其在国有控股、参股公司及其分支机构中从事组织、领导、监督、经营、管理工作的人员，应当认定为国家工作人员。""国家出资企业中的国家工作人员，在国家出资企业中持有个人股份或者同时接受非国有股东委托的，不影响其国家工作人员身份的认定。"第8条规定："办理国家出资企业中的职务犯罪案件时，要综合考虑历史条件、企业发展、职工就业、社会稳定等因素，注意具体情况具体分析，严格把握犯罪与一般违规行为的区分界限。对于主观恶意明显、社会危害严重、群众反映强烈的严重犯罪，要坚决依法从严惩处；对于特定历史条件下、为了顺利完成企业改制而实施的违反国家政策法律规定的行为，行为人无主观恶意或者主观恶意不明显，情节较轻，危害不大的，可以不作为犯罪处理。""对于国家出资企业中的职务犯罪，要加大经济上的惩罚力度，充分重视财产刑的适用和执行，最大限度地挽回国家和人民利益遭受的损失。不能退赃的，在决定刑罚时，应当作为重要情节予以考虑。"

最高人民法院 2013 年 12 月 23 日发布的《关于常见犯罪的量刑指导意见》"职务侵占罪"部分规定："1. 构成职务侵占罪的，可以根据下列不同情形在相应的幅度内确定量刑起点：（1）达到数额较大起点的，可以在二年以下有期徒刑、拘役幅度内确定量刑起点。（2）达到数额巨大起点的，可以在五年至六年有期徒刑幅度内确定量刑起点。""2. 在量刑起点的基础上，可以根据职务侵占数额等其他影响犯罪构成的犯罪事实增加刑罚量，确定基准刑。"

【立法建言】

建　议：将《刑法》第 271 条第 1 款修改为："公司、企业或者其他单位的人员，利用职务上的便利，将本单位财物非法占为己有，数额较大的，处五年以下有期徒刑、拘役或者管制，可以并处或者单处罚金；数额巨大的，处五年以上的有期徒刑，并处罚金。"

理　由：

从立法技术上看，宜在本罪第 1 款第 1 档法定刑中增加"管制"和"可以并处或者单处罚金"的规定，并将第 2 档法定刑中的"可以并处没收财产"改为"并处罚金"，以与《刑法》的其他管制、罚金和没收财产规定相一致。

九、挪用资金罪（第 272 条）

【立法沿革】

挪用资金罪是在全国人大常委会 1995 年《关于惩治违反公司法的犯罪的决定》第 11 条规定的挪用资金罪的基础上修改而来的。

1993 年《公司法》第 214 条第 2 款规定："董事、经理挪用公司资金或者将公司资金借贷给他人的，责令退还公司的资金，由公司给予处分，将其所得收入归公司所有。构成犯罪的，依法追究刑事责任。"但是，由于《关于惩治贪污贿赂罪的补充规定》只规定了挪用公款罪，对一般的公司工作人员无从"依法"追究刑事责任，因此，为了惩治违反《公司法》的上述犯罪行为，保护公司的合法权益，1995 年《关于惩治违反公司法的犯罪的决定》第 11 条增设了挪用资金罪："公司董事、监事或者职工利用职务上的便利，挪用本单位资金归个人使用或者借贷给他人，数额较大、超过三个月未还的，或者虽未超过三个月，但数额较大、进行营利活动的，或者进行非法活动的，处三年以下有期徒刑或者拘役。挪用本单位资金数额较大不退还的，依照本决定第十条规定的侵占罪论处。"同年，《关于惩治破坏金融秩序犯罪的决定》第 19 条重申了上述规定："银行或者其他金融机构的工作人员利用职务上的便利，挪用本单位或者客户资金的，分别依照全国人民代表大会常务委员会《关于惩治贪污贿赂罪的补充规定》和《关于惩治违反公司法的犯罪的决定》的有关规定处罚。"

在刑法修订研拟的过程中，1996 年的《刑法修订草案》（征求意见稿）第 245 条基本上沿用了《关于惩治违反公司法的犯罪的决定》第 11 条的规定，仅将犯罪主体由"公司董事、监事或者职工"改为"公司、企业或者其他单位的人员"。此外，该条还增加了第 2 款"国家工作人员有前款行为的，依照本法第三百三十二条的规定处罚"的规定。[①] 1996 年的《刑法修订草案》第 250 条在上述规定的基础上，主要作了以下三处修改：一是在第 1 档法定刑中增加了"管制"的规定；二是将"挪用本单位资金数额较大不退还的，依照侵占罪的规定处罚"改为"挪用本单位资金数额较大不退还的，依照本法第二百四十九条的规定定罪处罚"[②]；三是将第 2 款中的"依照……处罚"改为"依照……定罪处罚"。1997 年的《刑法修订草案》（修改稿）第 270 条又将"挪用本单位资金数额较大不退还的"，由"依照……定罪处罚"改为独立的法定刑。修改后的条文为："公司、企业或者其他单位的工作人员，利用职务上的便利，挪用本单位资金归个人使用或者借贷给他人，数额较大、超过三个月未还的，或者虽未超过三个月，但数额较大、进行营利活动的，或者进行非法活动的，处三年以下有期徒刑、拘役或者管制；挪用本单位资金数额较大不退还的，处三年以上十年以下有期徒刑。""国家工作人员有前款行为的，依照本法第三百七十八条的规定定罪处罚。"[③] 1997 年 3 月 1 日，提交给八届全国人大五次会议审议的《中华人民共和国刑法（修订草案）》第 271 条在上述规定的基础上，主要作了以下三处修改和补充：一是删去了此前增加的"管制"刑种；二是将第 2 款中的"国家工作人员"改为"国有公司、企业或者其他国有单位中从事公务的人员和国有公司、企业或者其他国有单位委派到非国有公司、企业以及其他单位从事公务的人员"。经审议，1997 年《刑法》第 272 条又在本罪的加重犯中增加了"挪用本单位资金数额巨大"的情形。

此外，1997 年修订的《刑法》第 185 条还将《关于惩治破坏金融秩序犯罪的决定》第 19 条的规定修改后编入了该条。修改后的条文为："银行或者其他金融机构的工作人员

---

① 该草案第 332 条规定的是挪用公款罪。

② 该草案第 249 条规定的是职务侵占罪。

③ 该草案第 378 条规定的是挪用公款罪。

利用职务上的便利，挪用本单位或者客户资金的，依照本法第二百七十二条的规定定罪处罚。""国有金融机构工作人员和国有金融机构委派到非国有金融机构从事公务的人员有前款行为的，依照本法第三百八十四条的规定定罪处罚。"

1997 年《刑法》施行后，《刑法修正案》第 7 条"根据有的常委委员、部门和专家的意见，在刑法第一百八十五条中增加规定期货交易所、期货经纪公司工作人员挪用本单位或者客户资金的犯罪。"① 相应地，将《刑法》第 185 条中的"银行或者其他金融机构"改为"商业银行、证券交易所、期货交易所、证券公司、期货经纪公司、保险公司或者其他金融机构"。

【立法规定】

《刑法》第 272 条规定："公司、企业或者其他单位的工作人员，利用职务上的便利，挪用本单位资金归个人使用或者借贷给他人，数额较大、超过三个月未还的，或者虽未超过三个月，但数额较大、进行营利活动的，或者进行非法活动的，处三年以下有期徒刑或者拘役；挪用本单位资金数额巨大的，或者数额较大不退还的，处三年以上十年以下有期徒刑。""国有公司、企业或者其他国有单位中从事公务的人员和国有公司、企业或者其他国有单位委派到非国有公司、企业以及其他单位从事公务的人员有前款行为的，依照本法第三百八十四条的规定定罪处罚。"第 185 条规定："商业银行、证券交易所、期货交易所、证券公司、期货经纪公司、保险公司或者其他金融机构的工作人员利用职务上的便利，挪用本单位或者客户资金的，依照本法第二百七十二条的规定定罪处罚。""国有商业银行、证券交易所、期货交易所、证券公司、期货经纪公司、保险公司或者其他国有金融机构的工作人员和国有商业银行、证券交易所、期货交易所、证券公司、期货经纪公司、保险公司或者其他国有金融机构的工作委派到前款规定中的非国有机构从事公务的人员有前款行为的，依照本法第三百八十四条的规定定罪处罚。"

【立法释义】

最高人民法院 2000 年 2 月 16 日发布的《关于对受委托管理、经营国有财产人员挪用国有资金行为如何定罪问题的批复》规定："对于受国家机关、国有公司、企业、事业单位、人民团体委托，管理、经营国有财产的非国家工作人员，利用职务上的便利，挪用国有资金归个人使用构成犯罪的，应当依照刑法第二百七十二条第一款的规定定罪处罚。"

最高人民法院 2000 年 7 月 20 日发布的《关于如何理解刑法第二百七十二条规定的"挪用本单位资金归个人使用或者借贷给他人"问题的批复》规定："公司、企业或者其

---

① 参见全国人大法律委员会副主任委员顾昂然 1999 年 10 月 25 日在九届全国人大常委会第十二次会议上所作的《关于〈中华人民共和国刑法修正案（草案）〉的说明》。

他单位的非国家工作人员，利用职务上的便利，挪用本单位资金归本人或者其他自然人使用，或者挪用人以个人名义将所挪用的资金借给其他自然人和单位，构成犯罪的，应当依照刑法第二百七十二条第一款的规定定罪处罚。"

最高人民检察院 2000 年 10 月 9 日发布的《关于挪用尚未注册成立公司资金的行为适用法律问题的批复》规定："筹建公司的工作人员在公司登记注册前，利用职务上的便利，挪用准备设立的公司在银行开设的临时账户上的资金，归个人使用或者借贷给他人，数额较大、超过三个月未还的，或者虽未超过三个月，但数额较大、进行营利活动的，或者进行非法活动的，应当根据刑法第二百七十二条的规定，追究刑事责任。"

最高人民法院、最高人民检察院 2003 年 5 月 14 日发布的《关于办理妨害预防、控制突发传染病疫情等灾害的刑事案件具体应用法律若干问题的解释》第 14 条规定："贪污、侵占用于预防、控制突发传染病疫情等灾害的款物或者挪用归个人使用，构成犯罪的，分别依照刑法第三百八十二条、第三百八十三条、第二百七十一条、第三百八十四条、第二百七十二条的规定，以贪污罪、侵占罪、挪用公款罪、挪用资金罪定罪，依法从重处罚。""挪用用于预防、控制突发传染病疫情等灾害的救灾、优抚、救济等款物，构成犯罪的，对直接责任人员，依照刑法第二百七十三条的规定，以挪用特定款物罪定罪处罚。"

最高人民检察院、公安部 2010 年 5 月 7 日发布的《关于公安机关管辖的刑事案件立案追诉标准的规定（二）》第 85 条规定："公司、企业或者其他单位的工作人员，利用职务上的便利，挪用本单位资金归个人使用或者借贷给他人，涉嫌下列情形之一的，应予立案追诉：（一）挪用本单位资金数额在一万元至三万元以上，超过三个月未还的；（二）挪用本单位资金数额在一万元至三万元以上，进行营利活动的；（三）挪用本单位资金数额在五千元至二万元以上，进行非法活动的。""具有下列情形之一的，属于本条规定的'归个人使用'：（一）将本单位资金供本人、亲友或者其他自然人使用的；（二）以个人名义将本单位资金供其他单位使用的；（三）个人决定以单位名义将本单位资金供其他单位使用，谋取个人利益的。"

最高人民法院、最高人民检察院 2010 年 11 月 26 日发布的《关于办理国家出资企业中职务犯罪案件具体应用法律若干问题的意见》第 3 条规定："国家出资企业的工作人员在公司、企业改制过程中为购买公司、企业股份，利用职务上的便利，将公司、企业的资金或者金融凭证、有价证券等用于个人贷款担保的，依照刑法第二百七十二条或者第三百八十四条的规定，以挪用资金罪或者挪用公款罪定罪处罚。""行为人在改制前的国家出资企业持有股份的，不影响挪用数额的认定，但量刑时应当酌情考虑。""经有关主管部门批准或者按照有关政策规定，国家出资企业的工作人员为购买改制公司、企业股份实施前款行为的，可以视具体情况不作为犯罪处理。"第 5 条第 1 款规定："国家工作人员在国家出资企业改制前利用职务上的便利实施犯罪，在其不再具有国家工作人员身份后又实施同种行为，依法构成不同犯罪的，应当分别定罪，实行数罪并罚。"第6条规定："经国家机关、国有公司、企业、事业单位提名、推荐、任命、批准等，在国有控股、参股公司及其分支机构中从事公务的人员，应当认定为国家工作人员。具体的任命机构和程序，不影响国家工作人员的认定。""经国家出资企业中负有管理、监督国有资产职责的组织批准或者研究决定，代表其在国有控股、参股公司及其分支机构中从事组织、领导、监督、经营、管理工作的人员，应当认定为国家工作人员。""国家出资企业中的国家工作人员，在国家出资企业中持有个人股份或者同时接受非国有股东委托的，不影响其国家工作人员身份的认定。"

【立法建言】

建　议：将《刑法》第272条修改为："公司、企业或者其他单位的工作人员，利用职务上的便利，挪用本单位资金归个人使用或者借贷给他人，数额较大、超过三个月未还的，或者虽未超过三个月，但数额较大、进行营利活动的，或者进行非法活动的，处三年以下有期徒刑、拘役或者管制，可以并处或者单处罚金；挪用本单位资金数额巨大的，或者数额较大不退还的，处三年以上十年以下有期徒刑，并处罚金。"

理　由：

从立法技术上看，宜在本罪的第1档法定刑中增加"管制"的规定；同时，考虑到本罪可能具有贪利的动机，还宜对本罪增加规定罚金刑，以与《刑法》的其他管制和罚金规定相一致。

十、挪用特定款物罪（第273条）

【立法沿革】

挪用特定款物罪是在1979年《刑法》第126条规定的挪用特定款物罪的基础上修改而来的。

"本条罪在三十三稿以前的历次稿中均未规定，是根据近几年来在某些地区（如河南）出现的情况新制订的。"[①]正因为本罪是一种新出现的犯罪类型，所以，立法者对本罪性质的认识有一个逐步深化的过程。从刑法制定、修改的过程来看，本罪最初被认为是一种破坏专款专用财经管理制度的犯罪，因而规定在"破坏社会主义经济秩序罪"一章。[②]

---

① 参见高铭暄：《中华人民共和国刑法的孕育和诞生》，法律出版社1981年版，第171页。

② "从犯罪主体看，本罪一般也可以说是一种渎职罪，但由于它主要侵害的是国家财政经济管理制度，因而列入'破坏社会主义经济秩序罪'一章"（参见高铭暄：《中华人民共和国刑法的孕育和诞生》，法律出版社1981年版，第172页）。

1979 年的《刑法草案》第 37 稿第 124 条规定："挪用国家救灾、抢险、防汛、优抚、救济款物，非法修建楼、堂、馆、所等，情节严重，致使国家和人民群众利益遭受重大损害的，对直接责任人员，处三年以下有期徒刑或者拘役；情节特别严重的，处三年以上七年以下有期徒刑。"1979 年《刑法》第 126 条基本上沿用了上述规定，仅在文字表述上删去了"非法修建楼、堂、馆、所等，情节严重"的字样。

1979 年《刑法》第 126 条规定："挪用国家救灾、抢险、防汛、优抚、救济款物，致使国家和人民群众利益遭受重大损害的，对直接责任人员，处三年以下有期徒刑或者拘役；情节特别严重的，处三年以上七年以下有期徒刑。"

在全面研究修改刑法的过程中，1988 年的《刑法修改稿》将本罪从"破坏社会主义经济秩序罪"一章移到"渎职罪"一章中。① 该稿第 135 条规定："国家工作人员挪用救灾、抢险、防汛、优抚、救济款物，情节严重，致使国家和人民群众利益遭受重大损害的，对直接责任人员，处三年以下有期徒刑或者拘役，情节特别严重的，处三年以上七年以下有期徒刑。""国家工作人员挪用前款规定的款物归个人使用的，依照第一百三十四条的规定从重处罚。"② 1996 年的《刑法修订草案》（征求意见稿）又将本罪从"渎职罪"一章移入"侵犯财产罪"一章，并以 1979 年《刑法》第 126 条的规定为基础，作了个别文字修改：一是删去了"国家"一词；二是将"致使国家和人民群众利益遭受重大损害的"改为"情节严重，致使人民群众利益遭受重大损害的"。该草案第 246 条规定："挪用救灾、抢险、防汛、优抚、救济款物，情节严重，致使人民群众利益遭受重大损害的，对直接责任人员，处三年以下有期徒刑或者拘役；情节特别严重的，处三年以上七年以下有期徒刑。"1996 年的《刑法修订草案》第 251 条基本上沿用了上述规定，仅在第 1 档法定刑中增加了"管制"这一刑种。1997 年 3 月 1 日，提交给八届全国人大五次会议审议的《中华人民共和国刑法（修订草案）》第 272 条又删去了"管制"这一刑种。经审议，1997 年《刑法》第 273 条在上述规定的基础上，主要是扩大了犯罪对象的范围，增加了"扶贫、移民"款物。

【立法规定】

《刑法》第 273 条规定："挪用用于救灾、抢险、防汛、优抚、扶贫、移民、救济款物，情节严重，致使国家和人民群众利益遭受重大损害的，对直接责任人员，处三年以下有期徒刑或者拘役；情节特别严重的，处三年以上七年以下有期徒刑。"

【立法释义】

最高人民检察院 2003 年 1 月 28 日发布的《关于挪用失业保险基金和下岗职工基本生

---

① 参见该稿分则第四章"渎职罪"和第五章"破坏社会主义经济秩序罪"中的"修改说明"。
② 该稿第 134 条规定的是挪用公共款物罪。

活保障资金的行为适用法律问题的批复》规定："挪用失业保险基金和下岗职工基本生活保障资金属于挪用救济款物。挪用失业保险基金和下岗职工基本生活保障资金，情节严重，致使国家和人民群众利益遭受重大损害的，对直接责任人员，应当依照刑法第二百七十三条的规定，以挪用特定款物罪追究刑事责任；国家工作人员利用职务上的便利，挪用失业保险基金和下岗职工基本生活保障资金归个人使用，构成犯罪的，应当依照刑法第三百八十四条的规定，以挪用公款罪追究刑事责任。"

最高人民法院研究室 2003 年 2 月 24 日发布的《关于挪用民族贸易和民族用品生产贷款利息补贴行为如何定性问题的复函》规定："中国人民银行给予中国农业银行发放民族贸易和民族用品生产贷款的利息补贴，不属于刑法第二百七十三条规定的特定款物。"

最高人民法院、最高人民检察院 2003 年 5 月 14 日发布的《关于办理妨害预防、控制突发传染病疫情等灾害的刑事案件具体应用法律若干问题的解释》第 14 条第 2 款规定："挪用用于预防、控制突发传染病疫情等灾害的救灾、优抚、救济等款物，构成犯罪的，对直接责任人员，依照刑法第二百七十三条的规定，以挪用特定款物罪定罪处罚。"

最高人民检察院、公安部 2010 年 5 月 7 日发布的《关于公安机关管辖的刑事案件立案追诉标准的规定（二）》第 86 条规定："挪用用于救灾、抢险、防汛、优抚、扶贫、移民、救济款物，涉嫌下列情形之一的，应予立案追诉：（一）挪用特定款物数额在五千元以上的；（二）造成国家和人民群众直接经济损失数额在五万元以上的；（三）虽未达到上述数额标准，但多次挪用特定款物的，或者造成人民群众的生产、生活严重困难的；（四）严重损害国家声誉，或者造成恶劣社会影响的；（五）其他致使国家和人民群众利益遭受重大损害的情形。"

【立法建言】

建　议：将《刑法》第 273 条修改为："挪用用于救灾、抢险、防汛、优抚、扶贫、移民、救济款物，情节严重，致使国家和人民群众利益遭受重大损害的，对直接责任人员，处三年以下有期徒刑、拘役或者管制，可以并处或者单处罚金；情节特别严重的，处三年以上十年以下有期徒刑，并处罚金。"

理　由：

从立法技术上看，宜在本罪的第 1 档法定刑中增加"管制"的规定；同时，考虑到本罪可能具有贪利的动机，还宜对本罪增加规定罚金刑，以与《刑法》的其他管制和罚金规定相一致。

十一、敲诈勒索罪（第 274 条）

【立法沿革】

敲诈勒索罪是在 1979 年《刑法》第 154 条规定的敲诈勒索罪的基础上修改而来的，并经《刑法修正案（八）》第 40 条所修正。

在新中国刑法立法史上，敲诈勒索罪最早称之为恐吓罪。1950 年的《刑法大纲草案》第 144 条规定："以威胁方法使人恐惧而取得他人财物者，为恐吓，处四年以下监禁。"到了 1954 年，《刑法指导原则草案》第 68 条始将恐吓罪改为敲诈勒索罪："敲诈勒索他人财物的，判处三年以下有期徒刑、劳役或者予以行政处罚；情节严重的，判处流放或者五年以下有期徒刑。"1957 年的《刑法草案》第 22 稿第 173 条将上述规定简化为："敲诈勒索他人财物的，处五年以下有期徒刑、拘役或者管制。"1963 年的《刑法草案》第 33 稿第 162 条在上述规定的基础上，删去了"管制"的规定，并增加规定"情节严重的，处五年以上有期徒刑"。修改后的条文为："敲诈勒索公私财物的，处五年以下有期徒刑或者拘役；情节严重的，处五年以上有期徒刑。"1979 年《刑法》基本上沿用了上述规定，仅适当调整了法定刑。

1979 年《刑法》第 154 条规定："敲诈勒索公私财物的，处三年以下有期徒刑或者拘役；情节严重的，处三年以上七年以下有期徒刑。"

在全面研究修改刑法的过程中，1988 年的《刑法修改稿》第 179 条在上述规定的基础上，分别在第 1 档和第 2 档法定刑中增加了"可以单处或者并处罚金"和"并处罚金"的规定。1996 年的《刑法修订草案》（征求意见稿）第 247 条对本罪的罪状作了描述，并适当调整了主刑，删去了罚金的规定："以威胁方法敲诈勒索公私财物的，处五年以下有期徒刑或者拘役；情节严重的，处五年以上有期徒刑。"然而，1996 年的《刑法修订草案》第 252 条又恢复了 1979 年《刑法》的规定，仅增加了"管制"这一刑种。1997 年的《刑法修订草案》（修改稿）第 272 条在上述规定的基础上，将法定最高刑提高到"十年有期徒刑"。1997 年 3 月 1 日，提交给八届全国人大五次会议审议的《中华人民共和国刑法（修订草案）》第 273 条沿用了上述法定刑的规定，但对定罪量刑的标准作了补充和修改：一是在定罪标准方面，增加了"数额较大"的规定；二是在量刑标准方面，将"情节严重"改为"数额巨大或者有其他严重情节"。这一修改方案，为 1997 年修订的《刑法》所采纳。

1997 年修订的《刑法》第 274 条规定："敲诈勒索公私财物，数额较大的，处三年以下有期徒刑、拘役或者管制；数额巨大或者有其他严重情节的，处三年以上十年以下有期徒刑。"

1997 年《刑法》施行后，"随着经济社会的发展，黑社会性质组织犯罪出现了一些新的情况，为维护社会治安秩序，保障人民利益，有必要进一步加大对黑社会性质组织犯罪的惩处力度。"鉴于"敲诈勒索是黑社会性质组织犯罪经常采取的犯罪形式"，因此，有必要"调整敲诈勒索罪的入罪门槛，完善法定刑"。① 为此，《刑法修正案（八）》第 40 条对《刑法》第 274 条作了以下三方面的修改和补充：一是将敲诈勒索罪的构成条件由"数额较大"改为"数额较大或者多次敲诈勒索"；二是将敲诈勒索罪的法定最高刑由"十年有期徒刑"提高到"十五年有期徒刑"；三是增加了"并处或者单处罚金"和"并处罚金"的规定。

【立法规定】

《刑法》第 274 条规定："敲诈勒索公私财物，数额较大或者多次敲诈勒索的，处三年以下有期徒刑、拘役或者管制，并处或者单处罚金；数额巨大或者有其他严重情节的，处三年以上十年以下有期徒刑，并处罚金；数额特别巨大或者有其他特别严重情节的，处十年以上有期徒刑，并处罚金。"

全国人大常委会 2000 年 12 月 28 日通过的《关于维护互联网安全的决定》第 4 条规定："为了保护个人、法人和其他组织的人身、财产等合法权利，对有下列行为之一，构成犯罪的，依照刑法有关规定追究刑事责任：……（三）利用互联网进行盗窃、诈骗、敲诈勒索。"

【立法释义】

最高人民法院 2005 年 6 月 8 日发布的《关于审理抢劫、抢夺刑事案件适用法律若干问题的意见》第 9 条第 1 款规定："行为人冒充正在执行公务的人民警察'抓赌'、'抓嫖'，没收赌资或者罚款的行为，构成犯罪的，以招摇撞骗罪从重处罚；在实施上述行为中使用暴力或者暴力威胁的，以抢劫罪定罪处罚。行为人冒充治安联防队员'抓赌'、'抓嫖'、没收赌资或者罚款的行为，构成犯罪的，以敲诈勒索罪定罪处罚；在实施上述行为中使用暴力或者暴力威胁的，以抢劫罪定罪处罚。"

最高人民法院、最高人民检察院 2013 年 4 月 23 日发布的《关于办理敲诈勒索刑事案件适用法律若干问题的解释》第 1 条规定："敲诈勒索公私财物价值二千元至五千元以上、三万元至十万元以上、三十万元至五十万元以上的，应当分别认定为刑法第二百七十四条规定的'数额较大'、'数额巨大'、'数额特别巨大'。""各省、自治区、直辖市高级人民法院、人民检察院可以根据本地区经济发展状况和社会治安状况，在前款规定的数额幅

---

① 参见全国人大常委会法制工作委员会主任李适时 2010 年 8 月 23 日在十一届全国人大常委会第十六次会议上所作的《关于〈中华人民共和国刑法修正案（八）（草案）〉的说明》。

度内，共同研究确定本地区执行的具体数额标准，报最高人民法院、最高人民检察院批准。"第 2 条规定："敲诈勒索公私财物，具有下列情形之一的，'数额较大'的标准可以按照本解释第一条规定标准的百分之五十确定：（一）曾因敲诈勒索受过刑事处罚的；（二）一年内曾因敲诈勒索受过行政处罚的；（三）对未成年人、残疾人、老年人或者丧失劳动能力人敲诈勒索的；（四）以将要实施放火、爆炸等危害公共安全犯罪或者故意杀人、绑架等严重侵犯公民人身权利犯罪相威胁敲诈勒索的；（五）以黑恶势力名义敲诈勒索的；（六）利用或者冒充国家机关工作人员、军人、新闻工作者等特殊身份敲诈勒索的；（七）造成其他严重后果的。"第 3 条规定："二年内敲诈勒索三次以上的，应当认定为刑法第二百七十四条规定的'多次敲诈勒索'。"第 4 条规定："敲诈勒索公私财物，具有本解释第二条第三项至第七项规定的情形之一，数额达到本解释第一条规定的'数额巨大'、'数额特别巨大'百分之八十的，可以分别认定为刑法第二百七十四条规定的'其他严重情节'、'其他特别严重情节'。"第 5 条规定："敲诈勒索数额较大，行为人认罪、悔罪、退赃、退赔，并具有下列情形之一的，可以认定为犯罪情节轻微，不起诉或者免予刑事处罚，由有关部门依法予以行政处罚：（一）具有法定从宽处罚情节的；（二）没有参与分赃或者获赃较少且不是主犯的；（三）被害人谅解的；（四）其他情节轻微、危害不大的。"第 6 条规定："敲诈勒索近亲属的财物，获得谅解的，一般不认为是犯罪；认定为犯罪的，应当酌情从宽处理。""被害人对敲诈勒索的发生存在过错的，根据被害人过错程度和案件其他情况，可以对行为人酌情从宽处理；情节显著轻微危害不大的，不认为是犯罪。"第 7 条规定："明知他人实施敲诈勒索犯罪，为其提供信用卡、手机卡、通讯工具、通讯传输通道、网络技术支持等帮助的，以共同犯罪论处。"第 8 条规定："对犯敲诈勒索罪的被告人，应当在二千元以上、敲诈勒索数额的二倍以下判处罚金；被告人没有获得财物的，应当在二千元以上十万元以下判处罚金。"

最高人民法院、最高人民检察院 2013 年 9 月 6 日发布的《关于办理利用信息网络实施诽谤等刑事案件适用法律若干问题的解释》第 6 条规定："以在信息网络上发布、删除等方式处理网络信息为由，威胁、要挟他人，索取公私财物，数额较大，或者多次实施上述行为的，依照刑法第二百七十四条的规定，以敲诈勒索罪定罪处罚。"

最高人民法院 2013 年 12 月 23 日发布的《关于常见犯罪的量刑指导意见》"敲诈勒索罪"部分规定"1. 构成敲诈勒索罪的，可以根据下列不同情形在相应的幅度内确定量刑起点：（1）达到数额较大起点的，或者两年内三次敲诈勒索的，可以在一年以下有期徒刑、拘役幅度内确定量刑起点。（2）达到数额巨大起点或者有其他严重情节的，可以在三年至五年有期徒刑幅度内确定量刑起点。（3）达到数额特别巨大起点或者有其他特别严重情节的，可以在十年至十二年有期徒刑幅度内确定量刑起点。""2. 在量刑起点的基础上，可以根据敲诈勒索数额、次数、犯罪情节严重程度等其他影响犯罪构成的犯罪事实增加刑罚量，确定基准刑。""多次敲诈勒索，数额达到较大以上的，以敲诈勒索数额确定量刑起点，敲诈勒索次数可作为调节基准刑的量刑情节；数额未达到较大的，以敲诈勒索次数确定量刑起点，超过三次的次数作为增加刑罚量的事实。"

【立法建言】

建　议：将《刑法》第 274 条第 1 档法定刑修改为："处三年以下有期徒刑、拘役或者管制，可以并处或者单处罚金"。

理　由：

从立法技术上看，宜将本罪第 1 档法定刑中的"并处或者单处罚金"改为"可以并处或者单处罚金"，以与《刑法》的其他罚金规定相一致。

十二、故意毁坏财物罪（第 275 条）

【立法沿革】

故意毁坏财物罪是在 1979 年《刑法》第 156 条规定的故意毁坏财物罪的基础上修改而来的。

1950 年的《刑法大纲草案》分别规定了破坏或毁损国有公有财产罪和毁损罪。该草案第 76 条规定："破坏或毁损国有或公有财产者，处三年以下监禁。""破坏或毁损工厂、矿山、农场、渔场、盐厂或其他场所之生产设备者，处六月以上五年以下监禁。""犯前二项之罪情节特别严重者，处死刑，终身监禁或十年以上十五年以下监禁。""过失犯本条之罪者，减轻处罚。"第 145 条规定："毁坏或毁损他人财物者为毁损，处二年以下监禁，或批评教育。""破坏或毁损他人生产工具、生产设备、原料成品、牲畜、种籽或农作物者，处三年以下监禁。""犯前二项之罪致人于死或重伤，或生其他重大灾害者，处十年以下监禁。情节特别严重者，处终身监禁，或七年以上十五年以下监禁。"1954 年的《刑法指导原则草案》也规定了故意破坏罪和破坏他人财产罪，并严格地将破坏的手段限定为"危险方法"。该草案第 38 条规定："放火、决水、爆炸或者用其他危险方法破坏公共财产的，判处五年以上有期徒刑、无期徒刑或者死刑；情节较轻的，判处五年以下有期徒刑。"①第 63 条第 1 款规定："放火、决水、爆炸或者用其他危险方法破坏他人财产的，判处五年以上有期徒刑；因而造成人身伤亡或者引起公共灾害的，判处五年以上有期徒刑、无期徒

---

① 该草案第 39 条还规定了过失破坏、违反安全纪律罪："过失引起失火、决口、爆炸或者发生其他危险使公共财产遭受严重破坏的，判处五年以下有期徒刑、劳役或者行政处罚。""在容易引起失火、决口、爆炸或者容易发生其他危险的场所，故意违反安全纪律，虽然没有引起公共财产的破坏，也应当予以行政处罚或者判处劳役。"

刑或者死刑。"① 到了1954年，《刑法草案》第22稿不仅在"危害公共安全罪"一章规定了放火、决水等犯罪，而且还在"侵犯财产罪"一章中规定了故意毁弃、损坏公私财物罪。该稿第176规定："故意毁弃、损坏公私财物的，处五年以下有期徒刑或者拘役。"1963年的《刑法草案》第33稿第165条取消了故意毁弃公私财物罪，并降低了故意毁坏公私财物罪的法定刑。修改后的条文为："故意毁坏公私财物的，处三年以下有期徒刑或者拘役。"1979年《刑法》第156条在上述规定的基础上，提高了本罪的入罪门槛，并降低了本罪的法定最低刑。

1979年《刑法》第156条规定："故意毁坏公私财物，情节严重的，处三年以下有期徒刑、拘役或者罚金。"

在全面研究修改刑法的过程中，1988年的《刑法修改稿》第181条在上述规定的基础上，提高了本罪的法定最高刑，并完善了罚金刑的规定："故意毁坏公私财物，情节严重的，处三年以下有期徒刑或者拘役，可以单处或者并处罚金；情节特别严重的，处三年以上十年以下有期徒刑，并处罚金。"然而，1996年的《刑法修订草案》（征求意见稿）第248条又恢复了1979年《刑法》的规定。1996年的《刑法修订草案》第253条在上述规定的基础上，作了两方面的修改和补充：一是在构成要件方面，将"情节严重"改为"数额较大或者情节严重"；二是在刑罚配置方面，增加了"管制"这一刑种，并增加了"数额巨大或者情节特别严重的，处三年以上七年以下有期徒刑"的规定。修改后的条文为："故意毁坏公私财物，数额较大或者情节严重的，处三年以下有期徒刑、拘役、管制或者罚金；数额巨大或者情节特别严重的，处三年以上七年以下有期徒刑。"1997年3月1日，提交给八届全国人大五次会议审议的《中华人民共和国刑法（修订草案）》第274条删去了此前增加的"管制"规定。经审议，1997年《刑法》第275条又在文字表述上将"情节严重"改为"有其他严重情节"，将"情节特别严重"改为"有其他特别严重情节"。

【立法规定】

《刑法》第275条规定："故意毁坏公私财物，数额较大或者有其他严重情节的，处三年以下有期徒刑、拘役或者罚金；数额巨大或者有其他特别严重情节的，处三年以上七年以下有期徒刑。"

【立法释义】

最高人民法院2004年12月30日发布的《关于审理破坏公用电信设施刑事案件具体

---

① 该条第2款还规定了过失破坏他人财产罪："因为过失行为引起失火、决口、爆炸或者发生其他危险，使他人财产遭受严重破坏的，判处三年以下有期徒刑、劳役或者予以行政处罚。"

应用法律若干问题的解释》第3条第1款规定："故意破坏正在使用的公用电信设施尚未危害公共安全，或者故意毁坏尚未投入使用的公用电信设施，造成财物损失，构成犯罪的，依照刑法第二百七十五条规定，以故意毁坏财物罪定罪处罚。"

最高人民检察院、公安部2008年6月25日《关于公安机关管辖的刑事案件立案追诉标准的规定（一）》第33条规定："故意毁坏公私财物，涉嫌下列情形之一的，应予立案追诉：（一）造成公私财物损失五千元以上的；（二）毁坏公私财物三次以上的；（三）纠集三人以上公然毁坏公私财物的；（四）其他情节严重的情形。"

最高人民法院2011年6月7日发布的《关于审理破坏广播电视设施等刑事案件具体应用法律若干问题的解释》第6条规定："破坏正在使用的广播电视设施未危及公共安全，或者故意毁坏尚未投入使用的广播电视设施，造成财物损失数额较大或者有其他严重情节的，以故意毁坏财物罪定罪处罚。"

最高人民法院、最高人民检察院、公安部、司法部、国家卫生和计划生育委员会2014年4月22日发布的《关于依法惩处涉医违法犯罪维护正常医疗秩序的意见》第2条第1项规定："在医疗机构内殴打医务人员或者故意伤害医务人员身体、故意损毁公私财物，尚未造成严重后果的，分别依照治安管理处罚法第四十三条、第四十九条的规定处罚；故意杀害医务人员，或者故意伤害医务人员造成轻伤以上严重后果，或者随意殴打医务人员情节恶劣、任意损毁公私财物情节严重，构成故意杀人罪、故意伤害罪、故意毁坏财物罪、寻衅滋事罪的，依照刑法的有关规定定罪处罚。"

【立法建言】

建　议：将《刑法》第275条修改为："故意毁坏公私财物，数额较大或者有其他严重情节的，处三年以下有期徒刑、拘役或者管制，可以并处或者单处罚金；数额巨大或者有其他特别严重情节的，处三年以上七年以下有期徒刑，并处罚金。"

理　由：

从立法技术上看，宜在本罪第1档法定刑中增加"管制"的规定，并将其中的"罚金"改为"可以并处或者单处罚金"；同时，在第2档法定刑中增加"并处罚金"的规定，以与《刑法》的其他管制和罚金规定相一致。

十三、破坏生产经营罪（第276条）

【立法沿革】

破坏生产经营罪是在1979年《刑法》第125条规定的破坏集体生产罪的基础上修改而来的。

1950年的《刑法大纲草案》没有单独规定破坏生产的犯罪，但其所规定的破坏或毁损国有公有财产罪和毁损罪中均包含有这方面的内容。该草案第 76 条第 2 项规定："破坏或毁损工厂、矿山、农场、渔场、盐厂或其他场所之生产设备者，处六月以上五年以下监禁。"第 145 条第 2 项规定："破坏或毁损他人生产工具、生产设备、原料成品、牲畜、种籽或农作物，处三年以下监禁。"到了 1954 年，《刑法指导原则草案》第 58 条专门规定了破坏生产罪："抗拒国家行政机关的管理和国家经济计划的实施，故意破坏重要生产资料和生产成品，因而危害公共利益的，判处十年以下有期徒刑，或者并处罚金，或者并处没收财产的一部或者全部。"① 但是，1957 年的《刑法草案》第 22 稿没有规定此类犯罪。"在修改二十二稿时，有的同志提出：有些人基于个人目的，残害耕畜，使其丧失耕作能力；或者在工业企业中毁坏机器设备，虽然从设备本身来说，损失的财产价值不大（如在机器的关键部位破坏了一个很小的零件），但却严重地破坏了生产。这种行为既不是反革命破坏（因为不具有反革命目的），又不是责任事故（因为主观上是故意的）或者侵犯财产方面的问题（因为从财产被毁坏的价值说，损失不大），而是一种破坏生产的行为。这种行为在司法实践中也是处理的，建议可否规定上这样一条？经过讨论，认为增加这样一条对保护工农业生产有好处，而且也符合办案的实际情况。"② 因此，1963 年的《刑法草案》第 33 稿第 137 规定："由于泄愤报复、自私自利或者其他个人目的，毁坏机器设备、残害耕畜或者以其他方法破坏生产的，处七年以下有期徒刑或者拘役；情节严重的，处七年以上有期徒刑。"1979 年《刑法》第 125 条对上述规定作了较大的修改和调整：一是修改了文字表述，删去了主观目的中的"自私自利"；二是缩小了犯罪圈，增加了"集体"生产的限制；三是调整了法定刑，将第 1 档法定刑由"七年以下有期徒刑或者拘役"改为"二年以下有期徒刑或者拘役"，将第 2 档法定刑由"七年以上有期徒刑"改为"二年以上七年以下有期徒刑"。

1979 年《刑法》第 125 条规定："由于泄愤报复或者其他个人目的，毁坏机器设备、残害耕畜或者以其他方法破坏集体生产的，处二年以下有期徒刑或者拘役；情节严重的，处二年以上七年以下有期徒刑。"

在全面研究修改刑法的过程中，1988 年的《刑法修改稿》第 164 条对上述规定作了较大的调整和修改：一是删去了"由于泄愤报复或者其他个人目的"的限制；二是将"毁坏机器设备、残害耕畜或者以其他方法破坏集体生产"改为"破坏生产、科研设备、设施或者以其他方法破坏生产"；三是提高了法定最高刑，并增加了罚金刑。修改后的条文为："破坏生产、科研设备、设施或者以其他方法破坏生产的，处三年以下有期徒刑或者拘役，可以单处或者并处罚金；情节严重的，处三年以上十年以下有期徒刑，并处罚

---

① 该草案规定的破坏生产罪归属于"经济上的犯罪"。

② 参见高铭暄：《中华人民共和国刑法的孕育和诞生》，法律出版社 1981 年版，第 170 页。

金；情节特别严重的，处十年以上有期徒刑，并处罚金。"但是，1996 年的《刑法修订草案》（征求意见稿）第 249 条放弃了上述修改思路，重新沿用了 1979 年《刑法》第 125 条的规定，仅将其中的"集体生产"改为"生产经营"①。1996 年的《刑法修订草案》第 254 条在上述规定的基础上，增加了"管制"这一刑种。1997 年的《刑法修订草案》（修改稿）第 274 条再次调整了本罪的法定刑，将第 1 档法定刑由"二年以下有期徒刑、拘役或者管制"改为"三年以下有期徒刑、拘役或者管制"，将第 2 档法定刑由"二年以上七年以下有期徒刑"改为"三年以上七年以下有期徒刑"。这一修改方案，为现行刑法所采纳。

【立法规定】

《刑法》第 276 条规定："由于泄愤报复或者其他个人目的，毁坏机器设备、残害耕畜或者以其他方法破坏生产经营的，处三年以下有期徒刑、拘役或者管制；情节严重的，处三年以上七年以下有期徒刑。"

【立法释义】

最高人民检察院、公安部 2008 年 6 月 25 日《关于公安机关管辖的刑事案件立案追诉标准的规定（一）》第 34 条规定："由于泄愤报复或者其他个人目的，毁坏机器设备、残害耕畜或者以其他方法破坏生产经营，涉嫌下列情形之一的，应予立案追诉：（一）造成公私财物损失五千元以上的；（二）破坏生产经营三次以上的；（三）纠集三人以上公然破坏生产经营的；（四）其他破坏生产经营应予追究刑事责任的情形。"

【立法建言】

建　议： 将《刑法》第 276 条修改为："由于泄愤报复或者其他个人目的，毁坏机器设备、残害耕畜或者以其他方法破坏生产经营的，处三年以下有期徒刑、拘役或者管制，可以并处或者单处罚金；情节严重的，处三年以上七年以下有期徒刑，并处罚金。"

理　由：

从立法技术上看，宜在本罪中增加罚金的规定，以与本罪的犯罪性质相适应。

十四、拒不支付劳动报酬罪（第 276 条之一）

【立法沿革】

拒不支付劳动报酬罪是《刑法修正案（八）》第 41 条新增设的罪名。

近年来，恶意欠薪问题引起了全社会的广泛关注。为进一步加强对民生的保护，《刑

---

① 但是，该草案将破坏生产经营罪由"破坏社会主义经济秩序罪"一章移到了"侵犯财产罪"一章。

法修正案（八）（草案）》"对一些社会危害严重，人民群众反响强烈，原来由行政管理手段或者民事手段调整的违法行为，建议规定为犯罪。"其中，就包括了不支付劳动报酬的犯罪。[①] 该草案第 39 条规定："有能力支付而不支付或者以转移财产、逃匿等方法逃避支付劳动者的劳动报酬，情节恶劣的，处三年以下有期徒刑或者拘役，并处或者单处罚金；造成严重后果的，处三年以上七年以下有期徒刑，并处罚金。""单位犯前款罪的，对单位判处罚金，并对其直接负责的主管人员和其他直接责任人员，依照前款的规定处罚。""有前两款行为，尚未造成严重后果，在提起公诉前支付劳动者的劳动报酬，并依法承担相应赔偿责任的，可以不追究刑事责任。"在审议时，"有的常委委员提出，劳动法第九十一条、劳动合同法第八十五条及劳动保障监察条例第二十六条均对不支付劳动者报酬的行为，规定了由政府有关部门责令其支付的措施。为了更好地维护广大劳动者的合法权益，宜将刑事处罚与行政监管措施相衔接。建议在草案上述规定中增加经政府有关部门责令支付仍不支付的情形，以更有效地预防和惩处这类侵害劳动者合法权益的违法犯罪行为。"[②] 据此，《刑法修正案（八）》第 41 条将"经政府有关部门责令支付仍不支付"增列为本罪的构成要件。此外，该条还将第 1 款中"情节恶劣"的构成要件改为"数额较大"，将第 3 款中"可以不追究刑事责任"的规定改为"可以减轻或者免除处罚"。

【立法规定】

《刑法》第 276 条之一规定："以转移财产、逃匿等方法逃避支付劳动者的劳动报酬或者有能力支付而不支付劳动者的劳动报酬，数额较大，经政府有关部门责令支付仍不支付的，处三年以下有期徒刑或者拘役，并处或者单处罚金；造成严重后果的，处三年以上七年以下有期徒刑，并处罚金。""单位犯前款罪的，对单位判处罚金，并对其直接负责的主管人员和其他直接责任人员，依照前款的规定处罚。""有前两款行为，尚未造成严重后果，在提起公诉前支付劳动者的劳动报酬，并依法承担相应赔偿责任的，可以减轻或者免除处罚。"

【立法释义】

最高人民法院、最高人民检察院、人力资源和社会保障部、公安部 2012 年 1 月 14 日发布的《关于加强对拒不支付劳动报酬案件查处工作的通知》第 2 条中规定："人力资源社会保障部门要依法对用人单位遵守劳动保障法律、法规和规章的情况进行监督检查，通过各种检查方式监督用人单位劳动报酬支付情况，依法受理拖欠劳动报酬的举报、投诉。

---

① 参见全国人大常委会法制工作委员会主任李适时 2010 年 8 月 23 日在十一届全国人大常委会第十六次会议上所作的《关于〈中华人民共和国刑法修正案（八）（草案）〉的说明》。

② 参见全国人大法律委员会副主任委员李适时 2011 年 2 月 23 日在十一届全国人大常委会第十九次会议上所作的《关于〈中华人民共和国刑法修正案（八）（草案）〉审议结果的报告》。

经调查，对违法事实清楚、证据确凿的，应当依法及时责令用人单位向劳动者支付劳动报酬。行为人逃匿的，人力资源社会保障部门可以在行为人住所地、办公地点、生产经营场所或者建筑施工项目所在地张贴责令支付的文书，或者采取将责令支付的文书送交其单位管理人员及近亲属等适当方式。对涉嫌犯罪的案件，应按照《行政执法机关移送涉嫌犯罪案件的规定》的要求，核实案情向本部门负责人报告并经同意后制作《涉嫌犯罪案件移送书》，在规定期限内将案件向同级公安机关移送，并抄送同级人民检察院备案。"

最高人民法院 2013 年 1 月 16 日发布的《关于审理拒不支付劳动报酬刑事案件适用法律若干问题的解释》第 1 条规定："劳动者依照《中华人民共和国劳动法》和《中华人民共和国劳动合同法》等法律的规定应得的劳动报酬，包括工资、奖金、津贴、补贴、延长工作时间的工资报酬及特殊情况下支付的工资等，应当认定为刑法第二百七十六条之一第一款规定的'劳动者的劳动报酬'。"第 2 条规定："以逃避支付劳动者的劳动报酬为目的，具有下列情形之一的，应当认定为刑法第二百七十六条之一第一款规定的'以转移财产、逃匿等方法逃避支付劳动者的劳动报酬'：（一）隐匿财产、恶意清偿、虚构债务、虚假破产、虚假倒闭或者以其他方法转移、处分财产的；（二）逃跑、藏匿的；（三）隐匿、销毁或者篡改账目、职工名册、工资支付记录、考勤记录等与劳动报酬相关的材料的；（四）以其他方法逃避支付劳动报酬的。"第 3 条规定："具有下列情形之一的，应当认定为刑法第二百七十六条之一第一款规定的'数额较大'：（一）拒不支付一名劳动者三个月以上的劳动报酬且数额在五千元至二万元以上的；（二）拒不支付十名以上劳动者的劳动报酬且数额累计在三万元至十万元以上的。""各省、自治区、直辖市高级人民法院可以根据本地区经济社会发展状况，在前款规定的数额幅度内，研究确定本地区执行的具体数额标准，报最高人民法院备案。"第 4 条规定："经人力资源社会保障部门或者政府其他有关部门依法以限期整改指令书、行政处理决定书等文书责令支付劳动者的劳动报酬后，在指定的期限内仍不支付的，应当认定为刑法第二百七十六条之一第一款规定的'经政府有关部门责令支付仍不支付'，但有证据证明行为人有正当理由未知悉责令支付或者未及时支付劳动报酬的除外。""行为人逃匿，无法将责令支付文书送交其本人、同住成年家属或者所在单位负责收件的人的，如果有关部门已通过在行为人的住所地、生产经营场所等地张贴责令支付文书等方式责令支付，并采用拍照、录像等方式记录的，应当视为'经政府有关部门责令支付'。"第 5 条规定："拒不支付劳动者的劳动报酬，符合本解释第三条的规定，并具有下列情形之一的，应当认定为刑法第二百七十六条之一第一款规定的'造成严重后果'：（一）造成劳动者或者其被赡养人、被扶养人、被抚养人的基本生活受到严重影响、重大疾病无法及时医治或者失学的；（二）对要求支付劳动报酬的劳动者使用暴力或者进行暴力威胁的；（三）造成其他严重后果的。"第 6 条规定："拒不支付劳动者的劳动报酬，尚未造成严重后果，在刑事立案前支付劳动者的劳动报酬，并依法承担相应赔偿责任的，可以认定为情节显著轻微危害不大，不认为是犯罪；在提起公诉前支付劳动者的劳动报酬，并依法承担相应赔偿责任的，可以减轻或者免除刑事处罚；在一审宣判前支付劳动者的劳动报酬，并依法承担相应赔偿责任的，可以从轻处罚。""对于免除刑事处罚的，可以根据案件的不同情况，予以训诫、责令具结悔过或者赔礼道歉。""拒不支付劳动者的劳动报酬，造成严重后果，但在宣判前支付劳动者的劳动报酬，并依法承担相应赔偿责任的，可以酌情从宽处罚。"第 7 条规定："不具备用工主体资格的单位或者个人，违法用工且拒不支付劳动者的劳动报酬，数额较大，经政府有关部门责令支付仍不支付的，应当依照刑法第二百七十六条之一的规定，以拒不支付劳动报酬罪追究刑事责任。"第 8 条规定："用人单位的实际控制人实施拒不支付劳动报酬行为，构成犯罪的，应当依照刑法第二百七十六条之一的规定追究刑事责任。"第 9 条规定："单位拒不支付劳动报酬，构成犯罪的，依照本解释规定的相应个人犯罪的定罪量刑标准，对直接负责的主管人员和其他直接责任人员定罪处罚，并对单位判处罚金。"

【立法建言】

建　议：将《刑法》第 276 条之一第 1 款修改为："以转移财产、逃匿等方法逃避支付劳动者的劳动报酬或者有能力支付而不支付劳动者的劳动报酬，数额较大，经政府有关部门责令支付仍不支付的，处三年以下有期徒刑、拘役或者管制，可以并处或者单处罚金；造成严重后果的，处三年以上七年以下有期徒刑，并处罚金。"

理　由：

从立法技术上看，宜在本罪的第 1 档法定刑中增加"管制"的规定，并将其中的"并处或者单处罚金"改为"可以并处或者单处罚金"，以与《刑法》的其他管制和罚金规定相一致。

第六章　妨害社会管理秩序罪

第一节　扰乱公共秩序罪

一、妨害公务罪（第 277 条）

【立法沿革】

妨害公务罪是在 1979 年《刑法》第 157 条规定的妨害公务罪的基础上修改而来的，并经《刑法修正案（九）》第 21 条所修正。

在新中国刑法立法史上，妨害公务罪的对象范围经历了由窄到宽、由宽到窄，再由窄到宽的发展变化过程。1950 年的《刑法大纲草案》第 68 条规定的妨害执行公务罪将本罪侵犯的对象限定为国家机关及其工作人员："妨害国家机关执行职务或当场侮辱执行职务之工作人员者，处一年以下监禁，或批评教育，有聚众滋扰情事者，其首要分子处六月以上三年以下监禁。"[①] 1954 年的《刑法指导原则草案》规定的阻碍公务罪将犯罪的对象扩大为国家机关和人大代表，并对犯罪的方法作了限制。该草案第 44 条规定："用暴力、威胁等非法手段，严重阻碍国家机关或者人民代表大会代表行使职权的，判处二年以下有期徒刑或者劳役。"到了 1957 年，《刑法草案》第 22 稿始将妨害公务罪的对象限定为国家工作人员，并"以暴力"方法为限。该稿第 185 条规定："以暴力阻碍国家工作人员依法执行职务的，处二年以下有期徒刑或者拘役。"1963 年的《刑法草案》第 33 稿第 175 条在上述规定的基础上，主要作了两处修改：一是将"以暴力阻碍"改为"以暴力、威胁方法阻碍"；二是将"处二年以下有期徒刑或者拘役"改为"处七年以下有期徒刑"。修改后的条文为："以暴力、威胁方法阻碍国家工作人员依法执行职务的，处七年以下有期徒刑。"1979 年《刑法》第 157 条沿袭了上述罪状的写法，但对法定刑作了较大的调整，将

---

① 该草案第 69 条还规定了妨害正确处理公务罪："以妨害公务之正确处理为目的，而窃取、隐匿、涂改或毁损公私文书，或为其他不正行为者，处三年以下监禁或批评教育。"

"七年以下有期徒刑"改为"三年以下有期徒刑、拘役、罚金或者剥夺政治权利"①。

1979年《刑法》第157条规定："以暴力、威胁方法阻碍国家工作人员依法执行职务的，或者拒不执行人民法院已经发生法律效力的判决、裁定的，处三年以下有期徒刑、拘役、罚金或者剥夺政治权利。"

1982年3月8日，全国人大常委会通过的《关于严惩严重破坏经济的罪犯的决定》对本罪的对象作了补充，增加了"执法人员和揭发检举作证人员"两类人员。该决定第1条第3项第3款规定："对执法人员和揭发检举作证人员进行阻扰、威胁、打击报复的，按刑法第一百五十七条妨害社会管理秩序罪或者第一百四十六条报复陷害罪的规定处罚。"

在全面研究修改刑法的过程中，1988年的《刑法修改稿》增加了"妨害公务罪"一章，相应地将本罪的罪名修改为阻碍国家工作人员依法执行职务罪；② 同时，该稿第201条还对1979年《刑法》第157条作了以下三处修改和调整：一是将"国家工作人员"改为"国家机关工作人员"；二是将拒不执行判决裁定罪另作专条规定；三是将法定最高刑由"三年有期徒刑"改为"五年有期徒刑"。修改后的条文为："以暴力、威胁方法阻碍国家机关工作人员依法执行职务的，处五年以下有期徒刑、拘役、罚金或者剥夺政治权利。"1996年的《刑法修订草案》（征求意见稿）第250条恢复了1979年《刑法》第157条的规定，同时将全国人大常委会1993年2月22日通过的《中华人民共和国国家安全法》（以下简称《国家安全法》）第27条第2款③修改后列为本条第2款。该条规定："以暴力、威胁方法阻碍国家工作人员依法执行职务的，处三年以下有期徒刑、拘役、管制或者罚金。""故意阻碍国家安全机关依法执行国家安全工作任务，未使用暴力、威胁方法，造成严重后果的，依照前款的规定处罚。"1996年的《刑法修订草案》第255条在上述规定的基础上，在第2款的犯罪对象中增加了"公安机关"；同时还增加了第3款、第4款规定："以暴力、威胁方法阻碍全国人民代表大会和地方各级人民代表大会代表依法执行代表职务的，依照第一款的规定处罚。""以暴力、威胁方法阻碍红十字会工作人员依法履行职责的，依照第一款的规定处罚。"④ 1997年的《刑法修订草案》（修改稿）第275条调整了上述条款的顺序，并将"国家工作人员"改为"国家机关工作人员"。1997年3月1日，提交给八届全国人大五次会议审议的《中华人民共和国刑法（修订草案）》第276

---

① 该条还同时增加了拒不执行判决、裁定罪的规定。

② 参见1988年《刑法修改稿》分则第九章"妨害公务罪"中的"修改说明"。

③ 1993年《国家安全法》第27条规定："以暴力、威胁非法阻碍国家安全机关依法执行国家安全工作任务的，依照刑法第一百五十七条的规定处罚。""故意阻碍国家安全机关依法执行国家安全工作任务，未使用暴力、威胁方法，造成严重后果的，比照刑法第一百五十七条的规定处罚；情节较轻的，由国家安全机关处十五日以下拘留。"

④ 该款是根据全国人大常委会1993年10月31日通过的《中华人民共和国红十字会法》第15条第2款关于"在自然灾害和突发事件中，以暴力、威胁方法阻碍红十字会工作人员依法履行职责的，比照刑法第一百五十七条的规定追究刑事责任"的规定修改而来的。

条为了更好地与《红十字会法》的规定相衔接，又在第 3 款中增加了"在自然灾害和突发事件中"的条件限制。这一修改方案，为 1997 年修订的《刑法》所采纳。

1997 年《刑法》施行后，"一些全国人大代表、中央政法委、公安部等有关部门多次提出在刑法中增加规定袭警罪。法律委员会经同有关方面研究认为，在实践，我国对袭警行为一直是按照刑法第二百七十七条妨害公务罪的规定处理的。针对当前社会矛盾多发，暴力袭警案件时有发生的实际情况，在妨害公务罪中将袭警行为明确列举出来，可以更好地起到震慑和预防犯罪的作用。"① 因此，《刑法修正案（九）》第 21 条在《刑法》第 277 条中增加 1 款规定："暴力袭击正在依法执行职务的人民警察的，依照第一款的规定从重处罚。"

【立法规定】

《刑法》第 277 条规定："以暴力、威胁方法阻碍国家机关工作人员依法执行职务的，处三年以下有期徒刑、拘役、管制或者罚金。""以暴力、威胁方法阻碍全国人民代表大会和地方各级人民代表大会代表依法执行代表职务的，依照前款的规定处罚。""在自然灾害和突发事件中，以暴力、威胁方法阻碍红十字会工作人员依法履行职责的，依照第一款的规定处罚。""故意阻碍国家安全机关、公安机关依法执行国家安全工作任务，未使用暴力、威胁方法，造成严重后果的，依照第一款的规定处罚。""暴力袭击正在依法执行职务的人民警察的，依照第一款的规定从重处罚。"

【立法释义】

全国人大常委会 2002 年 12 月 28 日通过的《关于〈中华人民共和国刑法〉第九章渎职罪主体适用问题的解释》规定："在依照法律、法规规定行使国家行政管理职权的组织中从事公务的人员，或者在受国家机关委托代表国家机关行使职权的组织中从事公务的人员，或者虽未列入国家机关人员编制但在国家机关中从事公务的人员，在代表国家机关行使职权时，有渎职行为，构成犯罪的，依照刑法有关渎职罪的规定追究刑事责任。"②

最高人民法院研究室 1993 年 9 月 27 日发布的《关于对有义务协助执行单位拒不协助予以罚款后又拒不执行应如何处理问题的答复》规定："根据《中华人民共和国民事诉讼法》第一百零三条第一款第（二）项和第二款的规定，人民法院依据生效判决、裁定，通知有关银行协助执行划拨被告在银行的存款，而银行拒不划拨的，人民法院可对该银行或者其主要负责人或者直接责任人员予以罚款，并可向同级政府的监察机关或者有关机关

---

① 参见全国人大法律委员会主任委员乔晓阳 2015 年 8 月 24 日在十二届全国人大常委会第十六次会议上所作的《关于〈中华人民共和国刑法修正案（九）（草案）〉审议结果的报告》。

② 该解释虽然是对渎职罪主体的规定，但由于《刑法》所规定的渎职罪的主体均为"国家机关工作人员"，因此，可以认为该解释实际上是对"国家机关工作人员"的一种解释。

提出给予纪律处分的司法建议。被处罚人拒不履行罚款决定的，人民法院可以根据民事诉讼法第二百三十一条的规定，予以强制执行。执行中，被处罚人如以暴力、威胁或者其他方法阻碍司法工作人员执行职务的，依照民事诉讼法第一百零二条第一款第（五）项、第二款规定，人民法院可对被处罚人或对有上述行为的被处罚单位的主要负责人或者直接责任人员予以罚款、拘留，构成犯罪的，依照刑法第一百五十七条的规定追究刑事责任。"

"人民法院在具体执行过程中，应首先注意向有关单位和人员宣传民事诉讼法的有关规定，多做说服教育工作，坚持文明执法、严肃执法。"

最高人民法院、最高人民检察院、公安部、国家工商行政管理局 1998 年 5 月 8 日发布的《关于依法查处盗窃、抢劫机动车案件的规定》第 1 条规定："司法机关依法查处盗窃、抢劫机动车案件，任何单位和个人都应当予以协助。以暴力、威胁方法阻碍司法工作人员依法办案的，依照《刑法》第二百七十七条第一款的规定处罚。"

最高人民检察院 2000 年 4 月 24 日发布的《关于以暴力、威胁方法阻碍事业编制人员依法执行行政执法职务是否可对侵害人以妨害公务罪论处的批复》规定："对于以暴力、威胁方法阻碍国有事业单位人员依照法律、行政法规的规定执行行政执法职务的，或者以暴力、威胁方法阻碍国家机关中受委托从事行政执法活动的事业编制人员执行行政执法职务的，可以对侵害人以妨害公务罪追究刑事责任。"

最高人民法院、最高人民检察院 2001 年 6 月 4 日发布的《关于办理组织和利用邪教组织犯罪案件具体应用法律若干问题的解释（二）》第 7 条规定："邪教组织人员以暴力、威胁方法阻碍国家机关工作人员依法执行职务的，依照刑法第二百七十七条第一款的规定，以妨害公务罪定罪处罚。其行为同时触犯刑法其他规定的，依照处罚较重的规定定罪处罚。"

最高人民检察院 2002 年 9 月 4 日发布的《关于办理非法经营食盐刑事案件具体应用法律若干问题的解释》第 5 条规定："以暴力、威胁方法阻碍行政执法人员依法行使盐业管理职务的，依照刑法第二百七十七条的规定，以妨害公务罪追究刑事责任；其非法经营行为已构成犯罪的，依照数罪并罚的规定追究刑事责任。"

最高人民法院、最高人民检察院 2003 年 5 月 14 日发布的《关于办理妨害预防、控制突发传染病疫情等灾害的刑事案件具体应用法律若干问题的解释》第 8 条规定："以暴力、威胁方法阻碍国家机关工作人员、红十字会工作人员依法履行为防治突发传染病疫情等灾害而采取的防疫、检疫、强制隔离、隔离治疗等预防、控制措施的，依照刑法第二百七十七条第一款、第三款的规定，以妨害公务罪定罪处罚。"

最高人民法院、最高人民检察院 2007 年 2 月 28 日发布的《关于办理危害矿山生产安全刑事案件具体应用法律若干问题的解释》第 10 条规定："以暴力、威胁方法阻碍矿山安全生产监督管理的，依照刑法第二百七十七条的规定，以妨害公务罪定罪处罚。"

最高人民法院、最高人民检察院、公安部2007年8月30日发布的《关于依法严肃查处拒不执行判决、裁定和暴力抗拒法院执行犯罪行为有关问题的通知》第2条规定："对下列暴力抗拒执行的行为，依照刑法第二百七十七条的规定，以妨害公务罪论处。（一）聚众哄闹、冲击执行现场，围困、扣押、殴打执行人员，致使执行工作无法进行的；（二）毁损、抢夺执行案件材料、执行公务车辆和其他执行器械、执行人员服装以及执行公务证件，造成严重后果的；（三）其他以暴力、威胁方法妨害或者抗拒执行，致使执行工作无法进行的。"第3条规定："负有执行人民法院判决、裁定义务的单位直接负责的主管人员和其他直接责任人员，为了本单位的利益实施本《通知》第一条、第二条所列行为之一的，对该主管人员和其他直接责任人员，依照刑法第三百一十三条和第二百七十七条的规定，分别以拒不执行判决、裁定罪和妨害公务罪论处。"

最高人民法院2012年11月2日发布的《关于审理破坏草原资源刑事案件应用法律若干问题的解释》第4条第1款规定："以暴力、威胁方法阻碍草原监督检查人员依法执行职务，构成犯罪的，依照刑法第二百七十七条的规定，以妨害公务罪追究刑事责任。"

最高人民法院2013年12月23日发布的《关于常见犯罪的量刑指导意见》"妨害公务罪"部分规定："1. 构成妨害公务罪的，可以在二年以下有期徒刑、拘役幅度内确定量刑起点。2. 在量刑起点的基础上，可以根据妨害公务造成的后果、犯罪情节严重程度等其他影响犯罪构成的犯罪事实增加刑罚量，确定基准刑。"

最高人民法院、最高人民检察院、公安部2014年9月9日发布的《关于办理暴力恐怖和宗教极端刑事案件适用法律若干问题的意见》第二部分第8条规定："以'异教徒'、'宗教叛徒'等为由，随意殴打、追逐、拦截、辱骂他人，扰乱社会秩序，情节恶劣的，以寻衅滋事罪定罪处罚。""实施前款行为，同时又构成故意伤害罪、妨害公务罪等其他犯罪的，依照处罚较重的规定定罪处罚。"

【立法建言】

建　议：将《刑法》第277条第1款修改为："以暴力、威胁方法阻碍国家机关工作人员依法执行职务的，处三年以下有期徒刑、拘役或者管制，可以并处或者单处罚金。"

理　由：

从司法实践的情况来看，妨害公务罪的动机往往是为了个人私利或者庇护他人。[①]因此，宜将本罪第1款法定刑中的"罚金"改为"可以并处或者单处罚金"，以与这类犯罪的性质相适应。

---

① 参见赵秉志主编：《刑法新教程》，中国人民大学出版社2009年版，第581页。

二、煽动暴力抗拒法律实施罪（第 278 条）

【立法沿革】

煽动暴力抗拒法律实施罪是从 1979 年《刑法》第 102 条规定的反革命宣传煽动罪中分解而来的。①

1979 年《刑法》第 102 条第 1 项将"煽动群众抗拒、破坏国家法律、法令实施的"，规定为反革命宣传煽动罪的行为表现之一。在刑法修订研拟的过程中，"对反革命罪原来的规定，可以适用普通刑事犯罪的，都尽量规定按普通刑事犯罪追究。""反革命罪规定的条文没有列入危害国家安全罪的，均分别编入危害公共安全罪和妨害社会管理秩序罪。"②据此，1996 年的《刑法修订草案》（征求意见稿）将"煽动群众抗拒、破坏国家法律、法令实施的"修改后编入"妨害社会管理秩序罪"一章中。该草案第 251 条规定："煽动群众暴力抗拒国家法律实施，扰乱社会秩序的，处三年以下有期徒刑、拘役或者管制，可以并处或者单处剥夺政治权利；造成严重后果的，处三年以上七年以下有期徒刑，可以并处剥夺政治权利。"1997 年的《刑法修订草案》（修改稿）第 276 条对上述规定作了两处修改：一是删去了"扰乱社会秩序"的表述；二是调整了剥夺政治权利的规定。修改后的条文为："煽动群众暴力抗拒国家法律实施的，处三年以下有期徒刑、拘役、管制或者剥夺政治权利；造成严重后果的，处三年以上七年以下有期徒刑。"1997 年 3 月 1 日，提交给八届全国人大五次会议审议的《中华人民共和国刑法（修订草案)》第 277 条基本上沿用了上述规定，仅在犯罪对象中增加了"行政法规"的内容。这一修改方案，为现行刑法所采纳。

【立法规定】

《刑法》第 278 条规定："煽动群众暴力抗拒国家法律、行政法规实施的，处三年以下有期徒刑、拘役、管制或者剥夺政治权利；造成严重后果的，处三年以上七年以下有期徒刑。"

【立法释义】

最高人民法院 2012 年 11 月 2 日发布的《关于审理破坏草原资源刑事案件应用法律若干问题的解释》第 4 条第 2 款规定："煽动群众暴力抗拒草原法律、行政法规实施，构成犯罪的，依照刑法第二百七十八条的规定，以煽动暴力抗拒法律实施罪追究刑事责任。"

---

①　关于 1979 年《刑法》第 102 条规定的反革命宣传煽动罪的立法沿革及具体规定，请参见本书第二编分则第一章"危害国家安全罪"之二"分裂国家罪、煽动分裂国家罪（第 103 条）"的相关介绍和说明，在此不再赘述。

②　参见全国人大常委会副委员长王汉斌 1996 年 12 月 24 日在八届全国人大常委会第二十三次会议上所作的《关于中华人民共和国刑法（修订草案）的说明》。

最高人民法院、最高人民检察院 2013 年 9 月 6 日发布的《关于办理利用信息网络实施诽谤等刑事案件适用法律若干问题的解释》第 9 条规定："利用信息网络实施诽谤、寻衅滋事、敲诈勒索、非法经营犯罪，同时又构成刑法第二百二十一条规定的损害商业信誉、商品声誉罪，第二百七十八条规定的煽动暴力抗拒法律实施罪，第二百九十一条之一规定的编造、故意传播虚假恐怖信息罪等犯罪的，依照处罚较重的规定定罪处罚。"

【立法建言】

建　议： 将《刑法》第 278 条修改为："煽动群众暴力抗拒国家法律、行政法规实施的，处三年以下有期徒刑、拘役、管制或者剥夺政治权利，可以并处或者单处罚金；造成严重后果的，处三年以上七年以下有期徒刑，并处罚金。"

理　由：

从立法技术上看，宜对本罪增加罚金刑的规定，以与《刑法》第 120 条之四的处刑规定相协调。

三、招摇撞骗罪（第 279 条）

【立法沿革】

招摇撞骗罪是在 1979 年《刑法》第 166 条规定的冒充国家工作人员招摇撞骗罪的基础上修改而来的。

早在 1950 年，《刑法大纲草案》第 109 条就规定了冒充工作人员罪："冒充军人或者政府工作人员，足以损害公众或他人者，处六月以下监禁，或批评教育。"到了 1954 年，《刑法指导原则草案》第 46 条第 1 款规定的冒充罪首次增加了"招摇撞骗"的内容："冒充国家机关工作人员进行招摇撞骗的，判处三年以下有期徒刑、劳役或者予以行政处罚。"1957 年的《刑法草案》第 22 稿在上述规定的基础上，调整了基本犯的法定刑，并增加了加重犯的规定。该稿第 192 条规定："冒充国家工作人员招摇撞骗的，处五年以下有期徒刑、拘役或者管制；情节严重的，处五年以上有期徒刑。"1963 年的《刑法草案》第 33 稿第 182 条基本上沿用了上述规定，仅对法定刑作了一定的调整。1979 年《刑法》第 166 条对本罪的法定刑作了进一步的调整。

1979 年《刑法》第 166 条规定："冒充国家工作人员招摇撞骗的，处三年以下有期徒刑、拘役、管制或者剥夺政治权利；情节严重的，处三以上十年以下有期徒刑。"

在刑法修订研拟的过程中，1997 年的《刑法修订草案》（修改稿）第 277 条增加了第 2 款"冒充人民警察招摇撞骗的，依照前款的规定从重处罚"的规定。这一修改方案，为现行刑法所采纳。

【立法规定】

《刑法》第 279 条规定："冒充国家机关工作人员招摇撞骗的，处三年以下有期徒刑、拘役、管制或者剥夺政治权利；情节严重的，处三年以上十年以下有期徒刑。""冒充人民警察招摇撞骗的，依照前款的规定从重处罚。"

【立法释义】

最高人民法院 2005 年 6 月 8 日发布的《关于审理抢劫、抢夺刑事案件适用法律若干问题的意见》第 9 条"关于抢劫罪与相似犯罪的界限"第 1 款"冒充正在执行公务的人民警察、联防人员，以抓卖淫嫖娼、赌博等违法行为为名非法占有财物的行为定性"规定："行为人冒充正在执行公务的人民警察'抓赌'、'抓嫖'，没收赌资或者罚款的行为，构成犯罪的，以招摇撞骗罪从重处罚；在实施上述行为中使用暴力或者暴力威胁的，以抢劫罪定罪处罚。行为人冒充治安联防队员'抓赌'、'抓嫖'、没收赌资或者罚款的行为，构成犯罪的，以敲诈勒索罪定罪处罚；在实施上述行为中使用暴力或者暴力威胁的，以抢劫罪定罪处罚。"

最高人民法院、最高人民检察院 2011 年 3 月 1 日发布的《关于办理诈骗刑事案件具体应用法律若干问题的解释》第 8 条规定："冒充国家机关工作人员进行诈骗，同时构成诈骗罪和招摇撞骗罪的，依照处罚较重的规定定罪处罚。"

【立法建言】

建　议：将《刑法》第 279 条第 1 款修改为："冒充国家机关工作人员招摇撞骗的，处三年以下有期徒刑、拘役、管制或者剥夺政治权利，可以并处或者单处罚金；情节严重的，处三年以上十年以下有期徒刑，并处罚金。"

理　由：

从司法实践的情况来看，招摇撞骗的行为人一般都具有骗取某种非法利益的目的，如骗取钱财、地位、荣誉、待遇等。[①] 因此，宜在本罪的法定刑中增加罚金刑的规定，以与这类犯罪的性质相适应。

四、伪造、变造、买卖国家机关公文、证件、印章罪、盗窃、抢夺、毁灭国家机关公文、证件、印章罪、伪造公司、企业、事业单位、人民团体印章罪、伪造、变造、买卖身份证件罪（第 280 条）

【立法沿革】

伪造、变造、买卖国家机关公文、证件、印章罪、盗窃、抢夺、毁灭国家机关公文、

---

① 参见高铭暄、马克昌主编：《刑法学》，北京大学出版社、高等教育出版社 2011 年版，第 530 页；王作富主编：《刑法》，中国人民大学出版社 2011 年版，第 432~433 页。

证件、印章罪和伪造公司、企业、事业单位、人民团体印章罪是在 1979 年《刑法》第 167 条规定的妨害公文、证件、印章罪的基础上修改而来的，并经《刑法修正案（九）》第 22 条所修正；而伪造、变造、买卖身份证件罪则是在 1997 年修订的《刑法》第 280 条第 3 款规定的伪造、变造居民身份证罪的基础上，经《刑法修正案（九）》第 22 条修正而来的。

在新中国刑法立法史上，1950 年的《刑法大纲草案》第 108 条最早规定了伪造文书印文罪："伪造国家机关、民主党派、公共团体之公文、印信、徽章、符号或其他证件，足以损害公众或他人者，处三年以下监禁，或批评教育。"到了 1954 年，《刑法指导原则草案》第 46 条第 2 款将本罪的对象限定为"国家机关的公文、印信、证件"。修改后的条文为："伪造或者盗用国家机关的公文、印信、证件的，判处三年以下有期徒刑、劳役或者予以行政处罚。"1957 年的《刑法草案》第 22 稿在上述规定的基础上，不仅增加了"人民团体"这一对象，而且还增设了妨害私人图章、文书罪。该稿第 193 条规定："伪造、变造、盗用国家机关、人民团体的印章、公文、证件的，处三年以下有期徒刑或者拘役。"第 194 条规定："伪造、变造、盗用私人图章、文书，足以损害公共利益或者他人利益的，处一年以下有期徒刑或者拘役。"1963 年的《刑法草案》第 33 稿沿用了上述立法模式，但对罪状和法定刑作了适当的修改和调整。该稿第 183 条规定："伪造、变造或者盗窃、毁灭国家机关、企业、人民团体的公文、证件、印章的，处五年以下有期徒刑或者拘役；情节严重的，处五年以上有期徒刑。"第 194 条规定："伪造、变造或者盗窃、毁灭私人图章、文书，足以损害公共利益或者他人利益的，处五年以下有期徒刑或者拘役。"1979 年《刑法》对上述规定作了两方面的修改：一是在妨害公文、证件、印章罪中增加了"抢夺"和"事业单位"的内容，并适当调整了法定刑；二是取消了妨害私人图章、文书罪。①

1979 年《刑法》第 167 条规定："伪造、变造或者盗窃、抢夺、毁灭国家机关、企业、事业单位、人民团体的公文、证件、印章的，处三年以下有期徒刑、拘役、管制或者剥夺政治权利；情节严重的，处三年以上十年以下有期徒刑。"

在刑法修订研拟的过程中，1996 年的《刑法修订草案》（征求意见稿）第 253 条根据犯罪对象的不同情况，将上述妨害公文、证件、印章的行为分解为伪造、变造国家机关公文、证件、印章罪，盗窃、抢夺、毁灭国家机关公文、证件、印章罪和伪造企业、事业单位、人民团体印章罪 3 个罪名；同时，还根据 1985 年 9 月 6 日颁布的《中华人民共和国

---

① "修订中大家认为，这种行为与第一百六十七条的妨害公文、证件、印章罪不同，其危害性不太大，而且往往只是作为别的罪（如诈骗、贪污等）的一种预备手段，可以不单独规定，因此便删去了"（参见高铭暄：《中华人民共和国刑法的孕育和诞生》，法律出版社 1981 年版，第 239 页）。

居民身份证条例》第 16 条的规定，① 增设了伪造、变造居民身份证罪。修改后的条文为："伪造、变造或者盗窃、抢夺、毁灭国家机关的公文、证件、印章的，处三年以下有期徒刑、拘役、管制或者剥夺政治权利；情节严重的，处三年以上十年以下有期徒刑。""伪造企业、事业单位、人民团体的印章的，处三年以下有期徒刑。""伪造、变造居民身份证，处二年以下有期徒刑或者拘役；情节严重的，处二年以上七年以下有期徒刑。"1996 年的《刑法修订草案》第 258 条沿用了上述第 1 款规定，但在第 2 款中增加了"公司"的印章这一对象，并对第 2 款和第 3 款的法定刑作了适当的调整。1997 年的《刑法修订草案》（修改稿）第 278 条在上述规定的基础上，又作了两处修改：一是在第 1 款中增加了"买卖"的行为方式；二是在第 3 款中将第 1 档的法定最高刑和第 2 档的法定最低刑改为"三年有期徒刑"。这一修改方案，为 1997 年修订的《刑法》所采纳。

1997 年修订的《刑法》第 280 条规定："伪造、变造、买卖或者盗窃、抢夺、毁灭国家机关的公文、证件、印章的，处三年以下有期徒刑、拘役、管制或者剥夺政治权利；情节严重的，处三年以上十年以下有期徒刑。""伪造公司、企业、事业单位、人民团体的印章的，处三年以下有期徒刑、拘役、管制或者剥夺政治权利。""伪造、变造居民身份证的，处三年以下有期徒刑、拘役、管制或者剥夺政治权利；情节严重的，处三年以上七年以下有期徒刑。"

1997 年《刑法》施行后，"针对当前社会诚信缺失，欺诈等背信行为多发，社会危害严重的实际情况，为发挥刑法对公民行为价值取向的引领作用"，② 《刑法修正案（九）（草稿）》第 20 条修改了伪造、变造居民身份证的犯罪规定，将证件的范围扩大到护照、社会保障卡、驾驶证等证件，同时将买卖居民身份证、护照等证件的行为规定为犯罪。修改后的条文为："伪造、变造、买卖居民身份证、护照、社会保障卡、驾驶证的，处三年以下有期徒刑、拘役、管制或者剥夺政治权利；情节严重的，处三年以上七年以下有期徒刑。"③ 在审议和征求意见的过程中，"有的常委会组成人员、部门和地方提出，这两条中身份证件的范围在表述上应当一致，并包括所有可以用于证明身份的证件。"④ 据此，《刑法修正案（九）》第 22 条、第 23 条将上述两条中的证件统一规定为"居民身份证、护照、社会保障卡、驾驶证等依法可以用于证明身份的证件"。此外，《刑法修正案（九）》

---

① 该条规定："伪造、变造居民身份证的或者窃取居民身份证情节严重的，依照《中华人民共和国刑法》第 167 条的规定处罚。"

② 参见全国人大常委会法制工作委员会主任李适时 2014 年 10 月 27 日在十二届全国人大常委会第十一次会议上所作的《关于〈中华人民共和国刑法修正案（九）（草案）〉的说明》。

③ 该草案第 21 条还同时增设了使用伪造、变造的身份证件罪："在依照国家规定应当提供真实身份的活动中，使用伪造、变造的居民身份证、护照、驾驶证等证件的，处拘役或者管制，并处或者单处罚金。"

④ 参见全国人大法律委员会主任委员乔晓阳 2015 年 6 月 24 日在十二全国人大常委会第十五次会议上所作的《关于〈中华人民共和国刑法修正案（九）（草案）〉修改情况的汇报》。

第 22 条还对本条规定的犯罪增加了"并处罚金"的规定。

【立法规定】

《刑法》第 280 条规定:"伪造、变造、买卖或者盗窃、抢夺、毁灭国家机关的公文、证件、印章的,处三年以下有期徒刑、拘役、管制或者剥夺政治权利,并处罚金;情节严重的,处三年以上十年以下有期徒刑,并处罚金。""伪造公司、企业、事业单位、人民团体的印章的,处三年以下有期徒刑、拘役、管制或者剥夺政治权利,并处罚金。""伪造、变造、买卖居民身份证、护照、社会保障卡、驾驶证等依法可以用于证明身份的证件的,处三年以下有期徒刑、拘役、管制或者剥夺政治权利,并处罚金;情节严重的,处三年以上七年以下有期徒刑,并处罚金。"

全国人大常委会 1998 年 12 月 29 日通过的《关于惩治骗购外汇、逃汇和非法买卖外汇犯罪的决定》第 2 条规定:"买卖伪造、变造的海关签发的报关单、进口证明、外汇管理部门核准件等凭证和单据或者国家机关的其他公文、证件、印章的,依照刑法第二百八十条的规定定罪处罚。"

【立法释义】

最高人民法院、最高人民检察院、公安部、国家工商行政管理局 1998 年 5 月 8 日发布的《关于依法查处盗窃、抢劫机动车案件的规定》第 7 条规定:"伪造、变造、买卖机动车牌证及机动车入户、过户、验证的有关证明文件的,依照《刑法》第二百八十条第一款的规定处罚。"

最高人民法院 1998 年 8 月 28 日发布的《关于审理骗购外汇、非法买卖外汇刑事案件具体应用法律若干问题的解释》第 2 条规定:"伪造、变造、买卖海关签发的报关单、进口证明、外汇管理机关的核准件等凭证或者购买伪造、变造的上述凭证的,按照刑法第二百八十条第一款的规定定罪处罚。"

最高人民检察院法律政策研究室 1999 年 6 月 21 日发布的《关于买卖伪造的国家机关证件行为是否构成犯罪问题的答复》规定:"对于买卖伪造的国家机关证件的行为,依法应当追究责任的,可适用刑法第二百八十条第一款的规定,以买卖国家机关证件罪追究刑事责任。"

最高人民法院 2000 年 11 月 22 日发布的《关于审理破坏森林资源刑事案件具体应用法律若干问题的解释》第 13 条规定:"对于伪造、变造、买卖林木采伐许可证、木材运输证件,森林、林木、林地权属证书,占用或者征用林地审核同意书、育林基金等缴费收据以及其他国家机关批准的林业证件构成犯罪的,依照刑法第二百八十条第一款的规定,以伪造、变造、买卖国家机关公文、证件罪定罪处罚。""对于买卖允许进出口证明书等经营许可证明,同时触犯刑法第二百二十五条、第二百八十条规定之罪的,依照处罚较重的规定定罪处罚。"

最高人民法院 2000 年 11 月 27 日发布的《关于审理破坏野生动物资源刑事案件具体应用法律若干问题的解释》第 9 条规定："伪造、变造、买卖国家机关颁发的野生动物允许进出口证明书、特许捕猎证、狩猎证、驯养繁殖许可证等公文、证件构成犯罪的，依照刑法第二百八十条第一款的规定以伪造、变造、买卖国家机关公文、证件罪定罪处罚。""实施上述行为构成犯罪，同时构成刑法第二百二十五条第二项规定的非法经营罪的，依照处罚较重的规定定罪处罚。"

最高人民法院、最高人民检察院 2001 年 7 月 3 日发布的《关于办理伪造、贩卖伪造的高等院校学历、学位证明刑事案件如何适用法律问题的解释》规定："对于伪造高等院校印章制作学历、学位证明的行为，应当依照刑法第二百八十条第二款的规定，以伪造事业单位印章罪定罪处罚。""明知是伪造高等院校印章制作的学历、学位证明而贩卖的，以伪造事业单位印章罪的共犯论处。"

最高人民检察院 2002 年 10 月 24 日发布的《关于通过伪造证据骗取法院民事裁判占有他人财物的行为如何适用法律问题的答复》规定："以非法占有为目的，通过伪造证据骗取法院民事裁判占有他人财物的行为所侵害的主要是人民法院正常的审判活动，可以由人民法院依照民事诉讼法的有关规定作出处理，不宜以诈骗罪追究行为人的刑事责任。如果行为人伪造证据时，实施了伪造公司、企业、事业单位、人民团体印章的行为，构成犯罪的，应当依照刑法第二百八十条第二款的规定，以伪造公司、企业、事业单位、人民团体印章罪追究刑事责任；如果行为人有指使他人作伪证行为，构成犯罪的应当依照刑法第三百零七条第一款的规定，以妨害作证罪追究刑事责任。"

最高人民检察院法律政策研究室 2003 年 6 月 3 日发布的《关于伪造、变造、买卖政府设立的临时性机构的公文、证件、印章行为如何适用法律问题的答复》规定："伪造、变造、买卖各级人民政府设立的行使行政管理权的临时性机构的公文、证件、印章行为，构成犯罪的，应当依照刑法第二百八十条第一款的规定，以伪造、变造、买卖国家机关公文、证件、印章罪追究刑事责任。"

最高人民法院研究室 2004 年 3 月 30 日发布的《关于对行为人通过伪造国家机关公文、证件担任国家工作人员职务并利用职务上的便利侵占本单位财物、收受贿赂、挪用本单位资金等行为如何适用法律问题的答复》规定："行为人通过伪造国家机关公文、证件担任国家工作人员职务以后，又利用职务上的便利实施侵占本单位财物、收受贿赂、挪用本单位资金等行为，构成犯罪的，应当分别以伪造国家机关公文、证件罪和相应的贪污罪、受贿罪、挪用公款罪等追究刑事责任，实行数罪并罚。"

最高人民法院、最高人民检察院 2007 年 5 月 9 日发布的《关于办理与盗窃、抢劫、诈骗、抢夺机动车相关刑事案件具体应用法律若干问题的解释》第 2 条规定："伪造、变造、买卖机动车行驶证、登记证书，累计三本以上的，依照刑法第二百八十条第一款的规定，以伪造、变造、买卖国家机关证件罪定罪，处三年以下有期徒刑、拘役、管制或者剥夺政治权利。""伪造、变造、买卖机动车行驶证、登记证书，累计达到第一款规定数量标准五倍以上的，属于刑法第二百八十条第一款规定中的'情节严重'，处三年以上十年以下有期徒刑。"

最高人民法院研究室 2009 年 1 月 1 日发布的《〈关于伪造、变造、买卖民用机动车号牌行为能否以伪造、变造、买卖国家机关证件罪定罪处罚问题的请示〉的答复》规定："同意你院审委会讨论中的多数人意见，伪造、变造、买卖民用机动车号牌行为不能以伪造、变造、买卖国家机关证件罪定罪处罚。你院所请示问题的关键在于能否将机动车号牌认定为国家机关证件，从当前我国刑法的规定看，不能将机动车号牌认定为国家机关证件。理由在于：一、刑法第 280 条第 1 款规定了伪造、变造、买卖国家机关公文、证件、印章罪，第 281 条规定了非法生产、买卖警用装备罪，将警用车辆号牌归属于警察专用标志，属于警用装备的范围。从这一点分析，证件与车辆号牌不具有同一性。如果具有同一性，刑法第 280 条中的证件就包括了警用车辆号牌，也就没有必要在第 281 条中单独明确列举警用车辆号牌了。同样的道理适用于刑法第 375 条的规定（刑法第 375 条第 1 款规定了伪造、变造、买卖武装部队公文、证件、印章罪、盗窃、抢夺武装部队公文、证件、印章罪，第 2 款规定了非法生产、买卖军用标志罪，而军用标志包括武装部队车辆号牌）。刑法规定非法生产、买卖警用装备罪和非法生产、买卖军用标志罪，明确对警用车辆号牌和军用车辆号牌进行保护，目的在于维护警用、军用标志性物品的专用权，而不是将警用和军用车辆号牌作为国家机关证件来保护。如果将机动车号牌认定为证件，那么非法买卖警用机动车号牌的行为，是认定为非法买卖国家机关证件罪还是非法买卖警用装备罪？这会导致刑法适用的混乱。二、从刑罚处罚上看，如果将机动车号牌认定为国家机关证件，那么非法买卖的机动车号牌如果分别属于人民警察车辆号牌、武装部队车辆号牌、普通机动车号牌，同样一个行为就会得到不同的处理结果：对于前两者，根据刑法第 281 条、第 375 条第 2 款的规定，情节严重的，分别构成非法买卖警用装备罪、非法买卖军用标志罪，法定刑为三年以下有期徒刑、拘役或者管制，并处或者单处罚金。对于非法买卖民用机动车号牌，根据刑法第 280 条第 1 款的规定，不论情节是否严重，均构成买卖国家机关证件罪，情节一般的，处三年以下有期徒刑、拘役、管制或者剥夺政治权利；情节严重的，处三年以上十年以下有期徒刑。可见，将机动车号牌认定为证件，将使对非法买卖普通机动车号牌的刑罚处罚重于对非法买卖人民警察、武装部队车辆号牌的刑罚处罚，这显失公平，也有悖立法本意。"

最高人民法院、最高人民检察院 2009 年 12 月 3 日发布的《关于办理妨害信用卡管理刑事案件具体应用法律若干问题的解释》第 4 条第 1 款规定："为信用卡申请人制作、提供虚假的财产状况、收入、职务等资信证明材料，涉及伪造、变造、买卖国家机关公文、证件、印章，或者涉及伪造公司、企业、事业单位、人民团体印章，应当追究刑事责任的，依照刑法第二百八十条的规定，分别以伪造、变造、买卖国家机关公文、证件、印章罪和伪造公司、企业、事业单位、人民团体印章罪定罪处罚。"

【立法建言】

建　议：将《刑法》第 280 条修改为："伪造、变造、买卖或者盗窃、抢夺、毁灭国家机关的公文、证件、印章的，处三年以下有期徒刑、拘役、管制或者剥夺政治权利，可以并处或者单处罚金；情节严重的，处三年以上十年以下有期徒刑，并处罚金。""伪造公司、企业、事业单位、人民团体的印章的，处三年以下有期徒刑、拘役、管制或者剥夺政治权利，可以并处或者单处罚金。""伪造、变造、买卖居民身份证、护照、社会保障卡、驾驶证等依法可以用于证明身份的证件的，处三年以下有期徒刑、拘役、管制或者剥夺政治权利，可以并处或者单处罚金；情节严重的，处三年以上七年以下有期徒刑，并处罚金。"

理　由：

从立法技术上看，宜将《刑法》第 280 条第 1 款第 1 档法定刑、第 2 款法定刑和第 3 款第 1 档法定刑中的"并处罚金"改为"可以并处或者单处罚金"，以与《刑法》的其他罚金规定相一致。

五、使用虚假身份证件、盗用身份证件罪（第 280 条之一）

【立法沿革】

使用虚假身份证件、盗用身份证件罪是《刑法修正案（九）》第 23 条新增设的罪名。

1997 年《刑法》施行后，"针对当前社会诚信缺失，欺诈等背信行为多发，社会危害严重的实际情况，为发挥刑法对公民行为价值取向的引领作用"[1]，《刑法修正案（九）》第 23 条增设了使用虚假身份证件、盗用身份证件罪。

【立法规定】

《刑法》第 280 条之一规定："在依照国家规定应当提供身份证明的活动中，使用伪造、变造的或者盗用他人的居民身份证、护照、社会保障卡、驾驶证等依法可以用于证明

---

[1]　参见全国人大常委会法制工作委员会主任李适时 2014 年 10 月 27 日在十二届全国人大常委会第十一次会议上所作的《关于〈中华人民共和国刑法修正案（九）（草案）〉的说明》。

身份的证件，情节严重的，处拘役或者管制，并处或者单处罚金。""有前款行为，同时构成其他犯罪的，依照处罚较重的规定定罪处罚。"

【立法释义】

目前，尚无与使用虚假身份证件、盗用身份证件罪相关的法律解释。

【立法建言】

建　议：将《刑法》第 280 条之一第 1 款修改为："在依照国家规定应当提供身份证明的活动中，使用伪造、变造的或者盗用他人的居民身份证、护照、社会保障卡、驾驶证等依法可以用于证明身份的证件，情节严重的，处拘役、管制或者剥夺政治权利，可以并处或者单处罚金。"

理　由：

从立法技术上看，宜在本罪第 1 款的法定刑中增加"剥夺政治权利"的规定，并将其中的"并处或者单处罚金"改为"可以并处或者单处罚金"，以与《刑法》第 280 条第 3 款的处刑规定相协调。

六、非法生产、买卖警用装备罪（第 281 条）

【立法沿革】

非法生产、买卖警用装备罪是 1997 年《刑法》第 281 条增设的罪名。

全国人大常委会 1995 年 2 月 28 日通过的《中华人民共和国人民警察法》（以下简称《人民警察法》）第 36 条规定："人民警察的警用标志、制式服装和警械，由国务院公安部门统一监制，会同其他有关国家机关管理，其他个人和组织不得非法制造、贩卖。""人民警察的警用标志、制式服装、警械、证件为人民警察专用，其他个人和组织不得持有和使用。""违反前两款规定的，没收非法制造、贩卖、持有、使用的人民警察警用标志、制式服装、警械、证件，由公安机关处十五日以下拘留或者警告，可以并处违法所得五倍以下的罚款；构成犯罪的，依法追究刑事责任。"为了与《人民警察法》的规定相衔接，1997 年《刑法修订草案》（修改稿）第 279 条增设了非法制造、买卖警用装备罪："非法制造、买卖人民警察制式服装、专用标志、警械，情节严重的，处三年以下有期徒刑、拘役或者管制，并处或者单处罚金。""单位犯前款罪的，对单位判处罚金，并对其直接负责的主管人员和其他直接责任人员，依照前款的规定处罚。"1997 年 3 月 1 日，提交给八届全国人大五次会议审议的《中华人民共和国刑法（修订草案）》第 280 条基本上沿用了上述规定，仅将其中的"制造"改为"生产"。1997 年《刑法》第 281 条在上述规定的基础上，又将其中的"制式服装、专用标志、警械"改为"制式服装、车辆号牌等专用标志、警械"。

【立法规定】

《刑法》第 281 条规定："非法生产、买卖人民警察制式服装、车辆号牌等专用标志、警械，情节严重的，处三年以下有期徒刑、拘役或者管制，并处或者单处罚金。""单位犯前款罪的，对单位判处罚金，并对其直接负责的主管人员和其他直接责任人员，依照前款的规定处罚。"

【立法释义】

最高人民检察院、公安部 2008 年 6 月 25 日发布的《关于公安机关管辖的刑事案件立案追诉标准的规定（一）》第 35 条规定："非法生产、买卖人民警察制式服装、车辆号牌等专用标志、警械，涉嫌下列情形之一的，应予立案追诉：（一）成套制式服装三十套以上，或者非成套制式服装一百件以上的；（二）手铐、脚镣、警用抓捕网、警用催泪喷射器、警灯、警报器单种或者合计十件以上的；（三）警棍五十根以上的；（四）警衔、警号、胸章、臂章、帽徽等警用标志单种或者合计一百件以上的；（五）警用号牌、省级以上公安机关专段民用车辆号牌一副以上，或者其他公安机关专段民用车辆号牌三副以上的；（六）非法经营数额五千元以上，或者非法获利一千元以上的；（七）被他人利用进行违法犯罪活动的；（八）其他情节严重的情形。"

【立法建言】

建　议： 将《刑法》第 281 条第 1 款修改为："非法生产、买卖人民警察制式服装、车辆号牌等专用标志、警械，情节严重的，处三年以下有期徒刑、拘役或者管制，可以并处或者单处罚金。"

理　由：

从立法技术上看，宜将本罪第 1 款法定刑中的"并处或者单处罚金"改为"可以并处或者单处罚金"，以与《刑法》的其他罚金规定相一致。

七、非法获取国家秘密罪、非法持有国家绝密、机密文件、资料、物品罪（第 282 条）

【立法沿革】

非法获取国家秘密罪、非法持有国家绝密、机密文件、资料、物品罪是 1997 年《刑法》第 282 条增设的罪名。

在刑法修订研拟的过程中，"有的部门提出，草案修改稿规定了对于为境外的机构、组织、人员窃取、刺探、收买、非法提供国家秘密或者情报的刑罚，同时也规定了故意或者过失泄露国家秘密的刑罚，但是，对于为境内人员窃取国家秘密和非法持有国家秘密，拒不说明来源与用途的行为没有规定。近年来这种情况时有发生，建议对此作出规定。"①因此，1997 年的《刑法修订草案》（修改稿）第 280 条增加规定："以窃取、刺探、收买方法，非法获取国家秘密的，处七年以下有期徒刑或者拘役。""非法持有属于国家绝密、机密的文件、资料或者其他物品，拒不说明来源与用途的，处三年以下有期徒刑、拘役或者管制。"1997 年 3 月 1 日，提交给八届全国人大五次会议审议的《中华人民共和国刑法（修订草案）》第 281 条在上述规定的基础上，对非法获取国家秘密罪的法定刑作了细化和调整，将"处七年以下有期徒刑或者拘役"修改为"处三年以下有期徒刑、拘役或者管制；情节严重的，处三年以上七年以下有期徒刑"。鉴于非法获取国家秘密罪属于侵犯国家秘密的犯罪，因此，1997 年《刑法》第 282 条第 1 款在第 1 档法定刑中增加了"剥夺政治权利"的规定。

【立法规定】

《刑法》第 282 条规定："以窃取、刺探、收买方法，非法获取国家秘密的，处三年以下有期徒刑、拘役、管制或者剥夺政治权利；情节严重的，处三年以上七年以下有期徒刑。""非法持有属于国家绝密、机密的文件、资料或者其他物品，拒不说明来源与用途的，处三年以下有期徒刑、拘役或者管制。"

【立法释义】

最高人民法院、最高人民检察院 2001 年 6 月 4 日发布的《关于办理组织和利用邪教组织犯罪案件具体应用法律若干问题的解释（二）》第 8 条规定："邪教组织人员为境外窃取、刺探、收买、非法提供国家秘密、情报的，以窃取、刺探、收买方法非法获取国家秘密的，非法持有国家绝密、机密文件、资料、物品拒不说明来源与用途的，或者泄露国家秘密情节严重的，分别依照刑法第一百一十一条为境外窃取、刺探、收买、非法提供国家秘密、情报罪，第二百八十二条第一款非法获取国家秘密罪，第二百八十二条第二款非法持有国家绝密、机密文件、资料、物品罪，第三百九十八条故意泄露国家秘密罪、过失泄露国家秘密罪的规定定罪处罚。"

【立法建言】

建　议： 将《刑法》第 282 条修改为："以窃取、刺探、收买方法，非法获取国家秘密的，处三年以下有期徒刑、拘役、管制或者剥夺政治权利，可以并处或者单处罚金；情节严重的，处三年以上七年以下有期徒刑，可以并处罚金。""非法持有属于国家绝密、机密的文件、资料或者其他物品，拒不说明来源与用途的，处三年以下有期徒刑、拘役、管

---

① 参见全国人大常委会副委员长王汉斌 1997 年 2 月 19 日在八届全国人大常委会第二十四次会议上所作的《关于〈中华人民共和国刑法（修订草案）〉修改意见的汇报》。

制或者剥夺政治权利，可以并处或者单处罚金。"

理　由：

从司法实践的情况来看，行为人实施非法获取国家秘密和非法持有国家绝密、机密文件、资料、物品行为的动机是多种多样的，其中不乏贪利的动机。因此，宜在《刑法》第282条的法定刑中增加"可以"罚金的规定，以与这类犯罪的性质相适应。此外，还宜在第2款的法定刑中增加"剥夺政治权利"的规定，以与第1款的处刑规定相协调。

八、非法生产、销售专用间谍器材、窃听、窃照专用器材罪（第283条）

【立法沿革】

非法生产、销售专用间谍器材、窃听、窃照专用器材罪是在1997年《刑法》第283条增设的非法生产、销售间谍专用器材罪的基础上，经《刑法修正案（九）》第24条修正而来的。

1993年《国家安全法》第21条规定："任何个人和组织都不得非法持有、使用窃听、窃照等专用间谍器材。"在刑法修订研拟的过程中，考虑到非法生产、销售窃听、窃照等专用间谍器材的行为不仅妨害了对专用间谍器材的管理，而且也为他人非法获取国家秘密提供了便利，因此，1997年的《刑法修订草案》（修改稿）第281条增加规定了非法生产、销售间谍专用器材罪，并为1997年修订的《刑法》所采纳。

1997年修订的《刑法》第283条规定："非法生产、销售窃听、窃照等专用间谍器材的，处三年以下有期徒刑、拘役或者管制。"

1997年《刑法》施行后，"针对当前社会治安方面出现的一些新情况"[①]，《刑法修正案（九）》第24条对上述规定作了以下四方面的补充和修改：一是增加规定了非法生产、销售窃听、窃照专用器材的犯罪；二是增加了"罚金"的规定；三是增加了"情节严重"的量刑幅度；四是增加了单位犯罪的规定。

【立法规定】

《刑法》第283条规定："非法生产、销售专用间谍器材或者窃听、窃照专用器材的，处三年以下有期徒刑、拘役或者管制，并处或者单处罚金；情节严重的，处三年以上七年以下有期徒刑，并处罚金。""单位犯前款罪的，对单位判处罚金，并对其直接负责的主管人员和其他直接责任人员，依照前款的规定处罚。"

【立法释义】

最高人民法院、最高人民检察院、公安部、国家安全部2014年3月14日发布的《关

---

① 参见全国人大常委会法制工作委员会主任李适时2014年10月27日在十二届全国人大常委会第十一次会议上所作的《关于〈中华人民共和国刑法修正案（九）（草案）〉的说明》。

于依法办理非法生产、销售、使用"伪基站"设备案件的意见》第一部分"准确认定行为性质"第1条第3款规定："非法生产、销售'伪基站'设备，经鉴定为专用间谍器材的，依照《刑法》第二百八十三条的规定，以非法生产、销售间谍专用器材罪追究刑事责任；同时构成非法经营罪的，以非法经营罪追究刑事责任。"

【立法建言】

建　议：将《刑法》第283条第1款修改为："非法生产、销售专用间谍器材或者窃听、窃照专用器材的，处三年以下有期徒刑、拘役或者管制，可以并处或者单处罚金；情节严重的，处三年以上七年以下有期徒刑，并处罚金。"

理　由：

从立法技术上看，宜将《刑法》第283条第1款第1档法定刑中的"并处或者单处罚金"改为"可以并处或者单处罚金"，以与《刑法》的其他罚金规定相一致。

九、非法使用窃听、窃照专用器材罪（第284条）

【立法沿革】

非法使用窃听、窃照专用器材罪是1997年《刑法》第284条增设的罪名。

1993年《国家安全法》第21条规定："任何个人和组织都不得非法持有、使用窃听、窃照等专用间谍器材。"但是，1997年《刑法修订草案》（修改稿）在增设非法生产、销售间谍专用器材罪时，并未将非法使用窃听、窃照专用器材的行为纳入刑法规制的视野。一直到《中华人民共和国刑法（修订草案）》付诸表决前，为了与《国家安全法》的规定和非法生产、销售间谍专用器材罪相衔接，才增设了非法使用窃听、窃照专用器材罪。

【立法规定】

《刑法》第284条规定："非法使用窃听、窃照专用器材，造成严重后果的，处二年以下有期徒刑、拘役或者管制。"

【立法释义】

目前，尚无与非法使用窃听、窃照专用器材罪相关的法律解释。

【立法建言】

建　议：将《刑法》第284条修改为："非法使用窃听、窃照专用器材，造成严重后果的，处二年以下有期徒刑、拘役或者管制，可以并处或者单处罚金。"

理　由：

从立法技术上看，宜在本罪的法定刑中增加罚金刑的规定，以与《刑法》第283条的处刑规定相协调。

十、组织考试作弊罪、非法出售、提供试题、答案罪、代替考试罪（第284条之一）

【立法沿革】

组织考试作弊罪、非法出售、提供试题、答案罪、代替考试罪是《刑法修正案（九）》第25条新增设的罪名。

1997年《刑法》施行后，"针对当前社会诚信缺失，欺诈等背信行为多发，社会危害严重的实际情况，为发挥刑法对公民行为价值取向的引领作用"①，《刑法修正案（九）》第25条增设了有关考试作弊的犯罪。

【立法规定】

《刑法》第284条之一规定："在法律规定的国家考试中，组织作弊的，处三年以下有期徒刑或者拘役，并处或者单处罚金；情节严重的，处三年以上七年以下有期徒刑，并处罚金。""为他人实施前款犯罪提供作弊器材或者其他帮助的，依照前款的规定处罚。""为实施考试作弊行为，向他人非法出售或者提供第一款规定的考试的试题、答案的，依照第一款的规定处罚。""代替他人或者让他人代替自己参加第一款规定的考试的，处拘役或者管制，并处或者单处罚金。"

【立法释义】

最高人民法院2015年10月29日发布的《关于〈中华人民共和国刑法修正案（九）〉时间效力问题的解释》第6条规定："对于2015年10月31日以前组织考试作弊，为他人组织考试作弊提供作弊器材或者其他帮助，以及非法向他人出售或者提供考试试题、答案，根据修正前刑法应当以非法获取国家秘密罪、非法生产、销售间谍专用器材罪或者故意泄露国家秘密罪等追究刑事责任的，适用修正前刑法的有关规定。但是，根据修正后刑法第二百八十四条之一的规定处刑较轻的，适用修正后刑法的有关规定。"

【立法建言】

建　议：将《刑法》第284条之一修改为："在法律规定的国家考试中，组织作弊的，处三年以下有期徒刑、拘役或者管制，可以并处或者单处罚金；情节严重的，处三年以上七年以下有期徒刑，并处罚金。""为他人实施前款犯罪提供作弊器材或者其他帮助的，依照前款的规定处罚。""为实施考试作弊行为，向他人非法出售或者提供第一款规定的考试的试题、答案的，依照第一款的规定处罚。""代替他人或者让他人代替自己参加第一款规

①　参见全国人大常委会法制工作委员会主任李适时2014年10月27日在十二届全国人大常委会第十一次会议上所作的《关于〈中华人民共和国刑法修正案（九）（草案）〉的说明》。

定的考试的，处拘役或者管制，可以并处或者单处罚金。"

理　由：

从立法技术上看，宜在《刑法》第284条之一第1款第1档法定刑中增加"管制"的规定，并将第1款第1档法定刑和第4款法定刑中的"并处或者单处罚金"改为"可以并处或者单处罚金"，以与《刑法》的其他管制和罚金规定相一致。

十一、非法侵入计算机信息系统罪、非法获取计算机信息系统数据、非法控制计算机信息系统罪、提供侵入、非法控制计算机信息系统程序、工具罪（第285条）

【立法沿革】

非法侵入计算机信息系统罪是1997年《刑法》第285条增设的罪名；而非法获取计算机信息系统数据、非法控制计算机信息系统罪、提供侵入、非法控制计算机信息系统程序、工具罪则是《刑法修正案（七）》第9条新增设的罪名。以上犯罪，均经《刑法修正案（九）》第26条所修正。

国务院1994年2月18日颁布的《中华人民共和国计算机信息系统安全保护条例》第4条规定："计算机信息系统的安全保护工作，重点维护国家事务、经济建设、国防建设、尖端科学技术等重要领域的计算机信息系统的安全。"第24条规定："违反本条例的规定，构成违反治安管理行为的，依照《中华人民共和国治安管理处罚条例》的有关规定处罚；构成犯罪的，依法追究刑事责任。"

在刑法修订研拟的过程中，"针对计算机犯罪日趋严重的情况，增加了对违反国家规定，侵入国家事务、国防建设、尖端科学技术领域的计算机信息系统，故意制作、传播计算机病毒等破坏性程序等犯罪的规定。"[1] 1996年的《刑法修订草案》（征求意见稿）第254条规定："违反规定，侵入国家事务、国防建设、尖端科学技术领域的计算机信息系统的，处三年以下有期徒刑或者拘役，可以单处或者并处罚金。"1996年的《刑法修订草案》第259条考虑到"违反规定"的含义过于宽泛，因而将其改为"违反国家规定"；同时，还增加了"管制"这一刑种。1997年3月1日，提交给八届全国人大五次会议审议的《中华人民共和国刑法（修订草案)》第283条沿用了上述罪状的规定，但对法定刑作了调整，删去了"管制"和"可以并处或者单处罚金"的规定。这一修改方案，为1997年修订的《刑法》所采纳。[2]

1997年修订的《刑法》第285条规定："违反国家规定，侵入国家事务、国防建设、

---

① 参见全国人大常委会副委员长王汉斌1996年12月24日在八届全国人大常委会第二十三次会议上所作的《关于中华人民共和国刑法（修订草案）的说明》。

② 此外，1997年的《刑法修订草案》（修改稿）第284条还增加了"利用计算机实施金融诈骗、盗窃、贪污、挪用公款、窃取国家秘密或者其他犯罪的，依照本法有关规定定罪处罚"的规定。

尖端科学技术领域的计算机信息系统的，处三年以下有期徒刑或者拘役。"

　　1997 年《刑法》施行后，"公安部提出，当前，一些不法分子利用技术手段非法侵入上述规定以外的计算机信息系统，窃取他人账号、密码等信息，或者对大范围的他人计算机实施非法控制，严重危及网络安全。对这类严重违法行为应当追究刑事责任。"① 据此，《刑法修正案（七）》第 9 条在《刑法》第 285 条中增加了第 2 款、第 3 款规定，增设了非法获取计算机信息系统数据、非法控制计算机信息系统罪、提供侵入、非法控制计算机信息系统程序、工具罪。《刑法修正案（九）》第 26 条在上述规定的基础上，又对单位实施侵入计算机信息系统犯罪规定了刑事责任。②

【立法规定】

　　《刑法》第 285 条规定："违反国家规定，侵入国家事务、国防建设、尖端科学技术领域的计算机信息系统的，处三年以下有期徒刑或者拘役。""违反国家规定，侵入前款规定以外的计算机信息系统或者采用其他技术手段，获取该计算机信息系统中存储、处理或者传输的数据，或者对该计算机信息系统实施非法控制，情节严重的，处三年以下有期徒刑或者拘役，并处或者单处罚金；情节特别严重的，处三年以上七年以下有期徒刑，并处罚金。""提供专门用于侵入、非法控制计算机信息系统的程序、工具，或者明知他人实施侵入、非法控制计算机信息系统的违法犯罪行为而为其提供程序、工具，情节严重的，依照前款的规定处罚。""单位犯前三款罪的，对单位判处罚金，并对其直接负责的主管人员和其他直接责任人员，依照各该款的规定处罚。" 第 287 条规定："利用计算机实施金融诈骗、盗窃、贪污、挪用公款、窃取国家秘密或者其他犯罪的，依照本法有关规定定罪处罚。"

　　全国人大常委会 2000 年 12 月 28 日通过的《关于维护互联网安全的决定》第 1 条规定："为了保障互联网的运行安全，对有下列行为之一，构成犯罪的，依照刑法有关规定追究刑事责任：（一）侵入国家事务、国防建设、尖端科学技术领域的计算机信息系统……。"

【立法释义】

　　最高人民法院、最高人民检察院 2011 年 8 月 1 日发布的《关于办理危害计算机信息系统安全刑事案件应用法律若干问题的解释》第 1 条规定："非法获取计算机信息系统数据或者非法控制计算机信息系统，具有下列情形之一的，应当认定为刑法第二百八十五条

---

　　① 参见全国人大法律委员会副主任委员李适时 2008 年 12 月 22 日在十一届全国人大常委会第六次会议上所作的《关于〈中华人民共和国刑法修正案（七）（草案）〉修改情况的汇报》。
　　② 参见全国人大常委会法制工作委员会主任李适时 2014 年 10 月 27 日在十二届全国人大常委会第十一次会议上所作的《关于〈中华人民共和国刑法修正案（九）（草案）〉的说明》。

第二款规定的'情节严重'：（一）获取支付结算、证券交易、期货交易等网络金融服务的身份认证信息十组以上的；（二）获取第（一）项以外的身份认证信息五百组以上的；（三）非法控制计算机信息系统二十台以上的；（四）违法所得五千元以上或者造成经济损失一万元以上的；（五）其他情节严重的情形。""实施前款规定行为，具有下列情形之一的，应当认定为刑法第二百八十五条第二款规定的'情节特别严重'：（一）数量或者数额达到前款第（一）项至第（四）项规定标准五倍以上的；（二）其他情节特别严重的情形。""明知是他人非法控制的计算机信息系统，而对该计算机信息系统的控制权加以利用的，依照前两款的规定定罪处罚。"第2条规定："具有下列情形之一的程序、工具，应当认定为刑法第二百八十五条第三款规定的'专门用于侵入、非法控制计算机信息系统的程序、工具'：（一）具有避开或者突破计算机信息系统安全保护措施，未经授权或者超越授权获取计算机信息系统数据的功能的；（二）具有避开或者突破计算机信息系统安全保护措施，未经授权或者超越授权对计算机信息系统实施控制的功能的；（三）其他专门设计用于侵入、非法控制计算机信息系统、非法获取计算机信息系统数据的程序、工具。"第3条规定："提供侵入、非法控制计算机信息系统的程序、工具，具有下列情形之一的，应当认定为刑法第二百八十五条第三款规定的'情节严重'：（一）提供能够用于非法获取支付结算、证券交易、期货交易等网络金融服务身份认证信息的专门性程序、工具五人次以上的；（二）提供第（一）项以外的专门用于侵入、非法控制计算机信息系统的程序、工具二十人次以上的；（三）明知他人实施非法获取支付结算、证券交易、期货交易等网络金融服务身份认证信息的违法犯罪行为而为其提供程序、工具五人次以上的；（四）明知他人实施第（三）项以外的侵入、非法控制计算机信息系统的违法犯罪行为而为其提供程序、工具二十人次以上的；（五）违法所得五千元以上或者造成经济损失一万元以上的；（六）其他情节严重的情形。""实施前款规定行为，具有下列情形之一的，应当认定为提供侵入、非法控制计算机信息系统的程序、工具'情节特别严重'：（一）数量或者数额达到前款第（一）项至第（五）项规定标准五倍以上的；（二）其他情节特别严重的情形。"第8条规定："以单位名义或者单位形式实施危害计算机信息系统安全犯罪，达到本解释规定的定罪量刑标准的，应当依照刑法第二百八十五条、第二百八十六条的规定追究直接负责的主管人员和其他直接责任人员的刑事责任。"第9条规定："明知他人实施刑法第二百八十五条、第二百八十六条规定的行为，具有下列情形之一的，应当认定为共同犯罪，依照刑法第二百八十五条、第二百八十六条的规定处罚：（一）为其提供用于破坏计算机信息系统功能、数据或者应用程序的程序、工具，违法所得五千元以上或者提供十人次以上的；（二）为其提供互联网接入、服务器托管、网络存储空间、通讯传输通道、费用结算、交易服务、广告服务、技术培训、技术支持等帮助，违法所得五千元以上的；（三）通过委托推广软件、投放广告等方式向其提供资金五千元以上的。""实施前款规定行为，数量或者数额达到前款规定标准五倍以上的，应当认定为刑法第二百八十五条、第二百八十六条规定的'情节特别严重'或者'后果特别严重'。"第 10 条规定："对于是否属于刑法第二百八十五条、第二百八十六条规定的'国家事务、国防建设、尖端科学技术领域的计算机信息系统'、'专门用于侵入、非法控制计算机信息系统的程序、工具'、'计算机病毒等破坏性程序'难以确定的，应当委托省级以上负责计算机信息系统安全保护管理工作的部门检验。司法机关根据检验结论，并结合案件具体情况认定。"第 11 条规定："本解释所称'计算机信息系统'和'计算机系统'，是指具备自动处理数据功能的系统，包括计算机、网络设备、通信设备、自动化控制设备等。""本解释所称'身份认证信息'，是指用于确认用户在计算机信息系统上操作权限的数据，包括账号、口令、密码、数字证书等。""本解释所称'经济损失'，包括危害计算机信息系统犯罪行为给用户直接造成的经济损失，以及用户为恢复数据、功能而支出的必要费用。"

【立法建言】

建　议：将《刑法》第 285 条第 1 款、第 2 款修改为："违反国家规定，侵入国家事务、国防建设、尖端科学技术领域的计算机信息系统的，处三年以下有期徒刑、拘役或者管制，可以并处或者单处罚金，情节严重的，处三年以上七年以下有期徒刑，并处罚金。""违反国家规定，侵入前款规定以外的计算机信息系统或者采用其他技术手段，获取该计算机信息系统中存储、处理或者传输的数据，或者对该计算机信息系统实施非法控制，情节严重的，处三年以下有期徒刑、拘役或者管制，可以并处或者单处罚金；情节特别严重的，处三年以上七年以下有期徒刑，并处罚金。"

理　由：

1. 从外部协调的角度来看，宜在《刑法》第 285 条第 1 款和第 2 款第 1 档法定刑中增加"管制"的规定，以与《刑法》的其他管制规定相一致。

2. 从内部协调的角度来看，宜在第 1 款中增加"情节严重"的规定，并在第 1 款的法定刑中增加规定罚金刑，以与第 2 款的相关规定相协调。

十二、破坏计算机信息系统罪（第 286 条）

【立法沿革】

破坏计算机信息系统罪是 1997 年《刑法》第 286 条增设的罪名，并经《刑法修正案（九）》第 27 条所修正。

在刑法修订研拟的过程中，基于与非法侵入计算机信息系统罪同样的原因，1996 年的《刑法修订草案》（征求意见稿）第 255 条增设了破坏计算机信息系统罪："违反规定，对计算机信息系统功能进行删除、修改、增加、干扰，造成计算机信息系统不能正常运行，后果严重的，处五年以下有期徒刑或者拘役，可以并处或者单处罚金。""违反规定，对计算机信息系统中存储、处理或者传输的数据和应用程序进行删除、修改、增加的操作，后果严重的，依照前款的规定处罚。""故意制作、传播破坏性程序，影响计算机系统正常运行，后果严重的，依照第一款规定处罚。"1996 年的《刑法修订草案》第 260 条考虑到"违反规定"的含义过于宽泛，因而将第 1 款、第 2 款中"违反规定"的表述统一改为"违反国家规定"；同时，还将第 3 款中的"制作、传播破坏性程序"改为"制作、传播计算机病毒等破坏性程序"。1997 年 3 月 1 日，提交给八届全国人大五次会议审议的《中华人民共和国刑法（修订草案)》第 283 条基本上沿用了上述规定，仅删去了"可以并处或者单处罚金"的规定。经审议，1997 年修订的《刑法》第 286 条在第 1 款中增加了"后果特别严重的，处五年以上有期徒刑"的规定。

1997 年《刑法》施行后，《刑法修正案（九)》第 27 条在上述规定的基础上，对单位破坏计算机信息系统犯罪规定了刑事责任。[1]

【立法规定】

《刑法》第 286 条规定："违反国家规定，对计算机信息系统功能进行删除、修改、增加、干扰，造成计算机信息系统不能正常运行，后果严重的，处五年以下有期徒刑或者拘役；后果特别严重的，处五年以上有期徒刑。""违反国家规定，对计算机信息系统中存储、处理或者传输的数据和应用程序进行删除、修改、增加的操作，后果严重的，依照前款的规定处罚。""故意制作、传播计算机病毒等破坏性程序，影响计算机系统正常运行，后果严重的，依照第一款的规定处罚。""单位犯前三款罪的，对单位判处罚金，并对其直接负责的主管人员和其他直接责任人员，依照第一款的规定处罚。"第 287 条规定："利用计算机实施金融诈骗、盗窃、贪污、挪用公款、窃取国家秘密或者其他犯罪的，依照本法有关规定定罪处罚。"

全国人大常委会 2000 年 12 月 28 日通过的《关于维护互联网安全的决定》第 1 条规定："为了保障互联网的运行安全，对有下列行为之一，构成犯罪的，依照刑法有关规定追究刑事责任：……（二）故意制作、传播计算机病毒等破坏性程序，攻击计算机系统及通信网络，致使计算机系统及通信网络遭受损害；（三）违反国家规定，擅自中断计算机网络或者通信服务，造成计算机网络或者通信系统不能正常运行。"

【立法释义】

最高人民法院、最高人民检察院 2011 年 8 月 1 日发布的《关于办理危害计算机信息

---

① 参见全国人大常委会法制工作委员会主任李适时 2014 年 10 月 27 日在十二届全国人大常委会第十一次会议上所作的《关于〈中华人民共和国刑法修正案（九）（草案）〉的说明》。

系统安全刑事案件应用法律若干问题的解释》第 4 条规定："破坏计算机信息系统功能、数据或者应用程序，具有下列情形之一的，应当认定为刑法第二百八十六条第一款和第二款规定的'后果严重'：（一）造成十台以上计算机信息系统的主要软件或者硬件不能正常运行的；（二）对二十台以上计算机信息系统中存储、处理或者传输的数据进行删除、修改、增加操作的；　（三）违法所得五千元以上或者造成经济损失一万元以上的；（四）造成为一百台以上计算机信息系统提供域名解析、身份认证、计费等基础服务或者为一万以上用户提供服务的计算机信息系统不能正常运行累计一小时以上的；（五）造成其他严重后果的。""实施前款规定行为，具有下列情形之一的，应当认定为破坏计算机信息系统'后果特别严重'：（一）数量或者数额达到前款第（一）项至第（三）项规定标准五倍以上的；（二）造成为五百台以上计算机信息系统提供域名解析、身份认证、计费等基础服务或为五万以上用户提供服务的计算机信息系统不能正常运行累计一小时以上的；（三）破坏国家机关或者金融、电信、交通、教育、医疗、能源等领域提供公共服务的计算机信息系统的功能、数据或者应用程序，致使生产、生活受到严重影响或者造成恶劣社会影响的；（四）造成其他特别严重后果的。"第 5 条规定："具有下列情形之一的程序，应当认定为刑法第二百八十六条第三款规定的'计算机病毒等破坏性程序'：（一）能够通过网络、存储介质、文件等媒介，将自身的部分、全部或者变种进行复制、传播，并破坏计算机系统功能、数据或者应用程序的；（二）能够在预先设定条件下自动触发，并破坏计算机系统功能、数据或者应用程序的；（三）其他专门设计用于破坏计算机系统功能、数据或者应用程序的程序。"第 6 条规定："故意制作、传播计算机病毒等破坏性程序，影响计算机系统正常运行，具有下列情形之一的，应当认定为刑法第二百八十六条第三款规定的'后果严重'：（一）制作、提供、传输第五条第（一）项规定的程序，导致该程序通过网络、存储介质、文件等媒介传播的；（二）造成二十台以上计算机系统被植入第五条第（二）、（三）项规定的程序的；（三）提供计算机病毒等破坏性程序十人次以上的；（四）违法所得五千元以上或者造成经济损失一万元以上的；（五）造成其他严重后果的。""实施前款规定行为，具有下列情形之一的，应当认定为破坏计算机信息系统'后果特别严重'：（一）制作、提供、传输第五条第（一）项规定的程序，导致该程序通过网络、存储介质、文件等媒介传播，致使生产、生活受到严重影响或者造成恶劣社会影响的；（二）数量或者数额达到前款第（二）项至第（四）项规定标准五倍以上的；（三）造成其他特别严重后果的。"第 8 条规定："以单位名义或者单位形式实施危害计算机信息系统安全犯罪，达到本解释规定的定罪量刑标准的，应当依照刑法第二百八十五条、第二百八十六条的规定追究直接负责的主管人员和其他直接责任人员的刑事责任。"第 9 条规定："明知他人实施刑法第二百八十五条、第二百八十六条规定的行为，具有下列情形之一的，应当认定为共同犯罪，依照刑法第二百八十五条、第二百八十六条的规定处罚：（一）为其提供用于破坏计算机信息系统功能、数据或者应用程序的程序、工具，违法所得五千元以上或者提供十人次以上的；（二）为其提供互联网接入、服务器托管、网络存储空间、通讯传输通道、费用结算、交易服务、广告服务、技术培训、技术支持等帮助，违法所得五千元以上的；（三）通过委托推广软件、投放广告等方式向其提供资金五千元以上的。""实施前款规定行为，数量或者数额达到前款规定标准五倍以上的，应当认定为刑法第二百八十五条、第二百八十六条规定的'情节特别严重'或者'后果特别严重'。"第10条规定："对于是否属于刑法第二百八十五条、第二百八十六条规定的'国家事务、国防建设、尖端科学技术领域的计算机信息系统'、'专门用于侵入、非法控制计算机信息系统的程序、工具'、'计算机病毒等破坏性程序'难以确定的，应当委托省级以上负责计算机信息系统安全保护管理工作的部门检验。司法机关根据检验结论，并结合案件具体情况认定。"第11条规定："本解释所称'计算机信息系统'和'计算机系统'，是指具备自动处理数据功能的系统，包括计算机、网络设备、通信设备、自动化控制设备等。""本解释所称'身份认证信息'，是指用于确认用户在计算机信息系统上操作权限的数据，包括账号、口令、密码、数字证书等。""本解释所称'经济损失'，包括危害计算机信息系统犯罪行为给用户直接造成的经济损失，以及用户为恢复数据、功能而支出的必要费用。"

最高人民法院、最高人民检察院、公安部、国家安全部2014年3月14日发布的《关于依法办理非法生产、销售、使用"伪基站"设备案件的意见》第一部分"准确认定行为性质"第2条第1款规定："非法使用'伪基站'设备干扰公用电信网络信号，危害公共安全的，依照《刑法》第一百二十四条第一款的规定，以破坏公用电信设施罪追究刑事责任；同时构成虚假广告罪、非法获取公民个人信息罪、破坏计算机信息系统罪、扰乱无线电通讯管理秩序罪的，依照处罚较重的规定追究刑事责任。"第3条规定："明知他人实施非法生产、销售'伪基站'设备，或者非法使用'伪基站'设备干扰公用电信网络信号等犯罪，为其提供资金、场所、技术、设备等帮助的，以共同犯罪论处。"

【立法建言】

建　议： 将《刑法》第286条第1款修改为："违反国家规定，对计算机信息系统功能进行删除、修改、增加、干扰，造成计算机信息系统不能正常运行，后果严重的，处五年以下有期徒刑、拘役或者管制，可以并处或者单处罚金；后果特别严重的，处五年以上有期徒刑，并处罚金。"

理　由：

从立法技术上看，宜在本罪第1款第1档法定刑中增加"管制"的规定，并对本罪增加规定罚金刑，以与《刑法》的其他管制和罚金规定相一致。

十三、拒不履行信息网络安全管理义务罪（第 286 条之一）

【立法沿革】

拒不履行信息网络安全管理义务罪是《刑法修正案（九）》第 28 条新增设的罪名。

1997 年《刑法》施行后，"针对一些网络服务提供者不履行信息网络安全管理义务，造成严重后果的情况"①，《刑法修正案（九）》第 28 条增设了拒不履行信息网络安全管理义务罪。

【立法规定】

《刑法》第 286 条之一规定："网络服务提供者不履行法律、行政法规规定的信息网络安全管理义务，经监管部门责令采取改正措施而拒不改正，有下列情形之一的，处三年以下有期徒刑、拘役或者管制，并处或者单处罚金：（一）致使违法信息大量传播的；（二）致使用户信息泄露，造成严重后果的；（三）致使刑事案件证据灭失，情节严重的；（四）有其他严重情节的。""单位犯前款罪的，对单位判处罚金，并对其直接负责的主管人员和其他直接责任人员，依照前款的规定处罚。""有前两款行为，同时构成其他犯罪的，依照处罚较重的规定定罪处罚。"

【立法释义】

目前，尚无与拒不履行信息网络安全管理义务罪相关的法律解释。

【立法建言】

建　议：将《刑法》第 286 条之一的法定刑修改为："处三年以下有期徒刑、拘役或者管制，可以并处或者单处罚金"。

理　由：

从立法技术上看，宜将本罪法定刑中的"并处或者单处罚金"改为"可以并处或者单处罚金"，以与《刑法》的其他罚金规定相一致。

十四、非法利用信息网络罪（第 287 条之一）

【立法沿革】

非法利用信息网络罪是《刑法修正案（九）》第 29 条新增设的罪名。

---

① 参见全国人大常委会法制工作委员会主任李适时 2014 年 10 月 27 日在十二届全国人大常委会第十一次会议上所作的《关于〈中华人民共和国刑法修正案（九）（草案）〉的说明》。

为了"维护信息网络安全，完善惩处网络犯罪的法律规定"，"针对网络违法犯罪行为的新情况"，《刑法修正案（九）》第 29 条"对为实施诈骗、销售违禁品、管制物品等违法犯罪活动而设立网站、通讯群组、发布信息的行为，进一步明确规定如何追究刑事责任"[①]。

【立法规定】

《刑法》第 287 条之一规定："利用信息网络实施下列行为之一，情节严重的，处三年以下有期徒刑或者拘役，并处或者单处罚金：（一）设立用于实施诈骗、传授犯罪方法、制作或者销售违禁物品、管制物品等违法犯罪活动的网站、通讯群组的；（二）发布有关制作或者销售毒品、枪支、淫秽物品等违禁物品、管制物品或者其他违法犯罪信息的；（三）为实施诈骗等违法犯罪活动发布信息的。""单位犯前款罪的，对单位判处罚金，并对其直接负责的主管人员和其他直接责任人员，依照第一款的规定处罚。""有前两款行为，同时构成其他犯罪的，依照处罚较重的规定定罪处罚。"

【立法释义】

最高人民法院 2015 年 9 月 16 日发布的《关于充分发挥审判职能作用切实维护公共安全的若干意见》第五部分"依法惩治信息网络犯罪，维护社会秩序"第 13 条"依法惩治利用网络实施的各类犯罪"规定："网络空间是现实社会的延伸，网络秩序是公共秩序的有机组成部分。要针对近年来利用信息网络实施的各类违法犯罪活动日益突出，危害十分严重的实际，坚决依法打击网上造谣、传谣行为，惩治利用网络实施的盗窃、诈骗、敲诈勒索、寻衅滋事、贩卖毒品、传播淫秽信息等犯罪，切实维护网络秩序，净化网络空间，决不允许网络成为法外之地。第 14 条"依法惩治网络攻击破坏犯罪"规定："信息时代，网络已深度融入经济社会的各个方面，网络安全已成为公共安全的重要组成部分，与广大人民群众的信息安全、财产安全乃至人身安全密切相关。要依法打击非法侵入、破坏计算机信息系统以及制作、销售、使用'伪基站'设备等犯罪活动，从严惩治针对基础信息网络、重要行业和领域的重要信息系统、军事网络、重要政务网络、用户数量众多的商业网络的攻击破坏活动，从严惩治利用攻击破坏非法获取国家秘密、商业秘密、公民个人信息等犯罪活动。"

【立法建言】

建　议：将《刑法》第 287 条之一第 1 款的法定刑修改为："处三年以下有期徒刑、拘役或者管制，可以并处或者单处罚金"。

---

① 参见全国人大常委会法制工作委员会主任李适时 2014 年 10 月 27 日在十二届全国人大常委会第十一次会议上所作的《关于〈中华人民共和国刑法修正案（九）（草案）〉的说明》。

理　由：

从立法技术上看，宜在本罪的法定刑中增加"管制"的规定，以与《刑法》第286条之一的处刑规定相协调。

十五、帮助信息网络犯罪活动罪（第287条之二）

【立法沿革】

帮助信息网络犯罪活动罪是《刑法修正案（九）》第29条新增设的罪名。

1997年《刑法》施行后，"针对在网络空间传授犯罪方法、帮助他人犯罪的行为多发的情况"，[①]《刑法修正案（九）》第29条增设了帮助信息网络犯罪活动罪。

【立法规定】

《刑法》第287条之二规定："明知他人利用信息网络实施犯罪，为其犯罪提供互联网接入、服务器托管、网络存储、通讯传输等技术支持，或者提供广告推广、支付结算等帮助，情节严重的，处三年以下有期徒刑或者拘役，并处或者单处罚金。""单位犯前款罪的，对单位判处罚金，并对其直接负责的主管人员和其他直接责任人员，依照第一款的规定处罚。""有前两款行为，同时构成其他犯罪的，依照处罚较重的规定定罪处罚。"

【立法释义】

目前，尚无与帮助信息网络犯罪活动罪相关的法律解释。

【立法建言】

建　议：将《刑法》第287条之二第1款的法定刑修改为："处三年以下有期徒刑、拘役或者管制，可以并处或者单处罚金"。

理　由：

从立法技术上看，宜在本罪第1款的法定刑中增加"管制"的规定，以与《刑法》第286条之一的处刑规定相协调。

十六、扰乱无线电通讯管理秩序罪（第288条）

【立法沿革】

扰乱无线电通讯管理秩序罪是1997年《刑法》第288条增设的罪名，并经《刑法修正案（九）》第30条所修正。

---

① 参见全国人大常委会法制工作委员会主任李适时2014年10月27日在十二届全国人大常委会第十一次会议上所作的《关于〈中华人民共和国刑法修正案（九）（草案）〉的说明》。

国务院、中央军事委员会 1993 年 9 月 11 日颁布的《中华人民共和国无线电管理条例》第 43 条规定："对有下列行为之一的单位和个人，国家无线电管理机构或者地方无线电管理机构可以根据具体情况给予警告、查封或者没收设备、没收非法所得的处罚；情节严重的，可以并处一千元以上、五千元以下的罚款或者吊销其电台执照：（一）擅自设置、使用无线电台（站）的；（二）违反本条例规定研制、生产、进口无线电发射设备的；（三）干扰无线电业务的；（四）随意变更核定项目，发送和接收与工作无关的信号的；（五）不遵守频率管理的有关规定，擅自出租、转让频率的。"

在刑法修订研拟的过程中，1997 年的《刑法修订草案》（修改稿）第 285 条增加规定了扰乱无线电通讯管理秩序罪，并为 1997 年修订的《刑法》所采纳。

1997 年修订的《刑法》第 288 条规定："违反国家规定，擅自设置、使用无线电台（站），或者擅自占用频率，经责令停止使用后拒不停止使用，干扰无线电通讯正常进行，造成严重后果的，处三年以下有期徒刑、拘役或者管制，并处或者单处罚金。""单位犯前款罪的，对单位判处罚金，并对其直接负责的主管人员和其他直接责任人员，依照前款的规定处罚。"

1997 年《刑法》施行后，"针对开设'伪基站'等严重扰乱无线电秩序，侵犯公民权益的情况"，[①]《刑法修正案（九）》第 30 条对上述第 1 款的规定作了以下三方面的修改和补充：一是修改了客观方面的行为，将"擅自占用频率，经责令停止使用后拒不停止使用，干扰无线电通讯正常进行"改为"擅自使用无线电频率，干扰无线电通讯秩序"；二是降低了构成犯罪的门槛，将"造成严重后果"改为"情节严重"；三是加大了刑罚处罚的力度，增加了"情节特别严重的，处三年以上七年以下有期徒刑，并处罚金"的规定。

【立法规定】

《刑法》第 288 条规定："违反国家规定，擅自设置、使用无线电台（站），或者擅自使用无线电频率，干扰无线电通讯秩序，情节严重的，处三年以下有期徒刑、拘役或者管制，并处或者单处罚金；情节特别严重的，处三年以上七年以下有期徒刑，并处罚金。""单位犯前款罪的，对单位判处罚金，并对其直接负责的主管人员和其他直接责任人员，依照前款的规定处罚。"

【立法释义】

最高人民法院、最高人民检察院、公安部、国家安全部 2014 年 3 月 14 日发布的《关于依法办理非法生产、销售、使用"伪基站"设备案件的意见》第一部分"准确认定行

---

① 参见全国人大常委会法制工作委员会主任李适时 2014 年 10 月 27 日在十二届全国人大常委会第十一次会议上所作的《关于〈中华人民共和国刑法修正案（九）（草案）〉的说明》。

为性质"第2条第1款规定："非法使用'伪基站'设备干扰公用电信网络信号，危害公共安全的，依照《刑法》第一百二十四条第一款的规定，以破坏公用电信设施罪追究刑事责任；同时构成虚假广告罪、非法获取公民个人信息罪、破坏计算机信息系统罪、扰乱无线电通讯管理秩序罪的，依照处罚较重的规定追究刑事责任。"第3条规定："明知他人实施非法生产、销售'伪基站'设备，或者非法使用'伪基站'设备干扰公用电信网络信号等犯罪，为其提供资金、场所、技术、设备等帮助的，以共同犯罪论处。"

【立法建言】

建　议： 将《刑法》第288条第1款修改为："违反国家规定，擅自设置、使用无线电台（站），或者擅自使用无线电频率，干扰无线电通讯秩序，情节严重的，处三年以下有期徒刑、拘役或者管制，可以并处或者单处罚金；情节特别严重的，处三年以上七年以下有期徒刑，并处罚金。"

理　由：

从立法技术上看，宜将本罪第1款第1档法定刑中的"并处或者单处罚金"改为"可以并处或者单处罚金"，以与《刑法》的其他罚金规定相一致。

十七、聚众"打砸抢"犯罪（第289条）

【立法沿革】

聚众"打砸抢"犯罪是在1979年《刑法》第137条规定的聚众"打砸抢"罪的基础上修改而来的。

聚众"打砸抢"是一种特殊形式的综合犯罪，往往一次聚众"打砸抢"犯罪，同时实施多种犯罪行为，造成多种危害结果，它与单一的犯罪相比较，具有更大的社会危害性。[①] 因此，鉴于"文化大革命"的惨痛历史教训，1979年《刑法》在"侵犯公民人身权利、民主权利罪"一章中明确规定严禁聚众"打砸抢"，并对聚众"打砸抢"作了特别规定。[②]

1979年《刑法》第137条规定："严禁聚众'打砸抢'。因'打砸抢'致人伤残、死亡的，以伤害罪、杀人罪论处。毁坏或者抢走公私财物的，除判令退赔外，首要分子以抢劫罪论处。""犯前款罪，可以单独判处剥夺政治权利。"

在全面研究修改刑法的过程中，1988年的《刑法修改稿》删去了"未规定罪状和刑

---

① 参见利子平主编：《刑法原理》，江西高校出版社1995年版，第396页。
② "在'文化大革命'中，由于林彪、'四人帮'大搞刑讯逼供、打砸抢，非法拘禁和诬陷、迫害，造成了大批冤案、假案、错案，后果极为严重。因此，在刑法中规定'严禁'这些罪行是符合群众愿望的，也是完全必要的"（参见全国人大常委会副委员长彭真1979年6月26日在五届全国人大二次会议上所作的《关于七个法律草案的说明》）。

罚"的聚众"打砸抢"罪。① 然而，1996年的《刑法修订草案》（征求意见稿）又在"妨害社会管理秩序罪"一章中重新规定了聚众"打砸抢"罪。该草案第258条规定："聚众'打砸抢'的，对首要分子和其他积极参加的，处三年以下有期徒刑、拘役或者管制。因'打砸抢'致人伤残、死亡的，以伤害罪、杀人罪论处。毁坏或者抢走公私财物的，除判令退赔外，首要分子以抢劫罪论处。""犯前款罪，可以单独判处剥夺政治权利。"在征求意见的过程中，最高人民法院建议取消"打砸抢"罪。其理由是：（1）现行刑法中规定的"打砸抢"犯罪是当时总结"文革"十年的教训作出的规定，是特定历史条件下的产物，现在已时过境迁，没有保留的必要。（2）"打砸抢"不是法律用语，而是"文革"时期创造的社会政治术语，没有明确的内涵和外延。（3）实施该条所规定的行为，按照刑法的其他条文，都能得到处理。（4）关于"打砸抢"犯罪的规定在实践中早已废而不用了。（5）这样的条文和罪名在外国刑法和我国刑法史上都未采用过。② 立法工作机关曾经一度采纳了上述建议，在1996年的《刑法修订草案》和1997年的《刑法修订草案》（修改稿）中取消了聚众"打砸抢"罪。但是，后来考虑到聚众"打砸抢"行为仍会在一定范围内存在，有必要对此作出提示性的规定。因此，1997年3月1日提交给八届全国人大五次会议审议的《中华人民共和国刑法（修订草案）》第287条又恢复了聚众"打砸抢"的规定："聚众'打砸抢'，致人伤残、死亡的，依照本法第二百三十四条、第二百三十二条的规定定罪处罚。毁坏或者抢走公私财物的，除判令退赔外，对首要分子，依照本法第二百六十二条的规定定罪处罚。"③ "犯前款罪，可以单独判处剥夺政治权利。"1997年《刑法》第289条基本上沿用了上述规定，仅删去了第2款"犯前款罪，可以单独判处剥夺政治权利"的规定。

【立法规定】

《刑法》第289条规定："聚众'打砸抢'，致人伤残、死亡的，依照本法第二百三十四条、第二百三十二条的规定定罪处罚。毁坏或者抢走公私财物的，除判令退赔外，对首要分子，依照本法第二百六十三条的规定定罪处罚。"

【立法释义】

最高人民法院、最高人民检察院2003年5月14日发布的《关于办理妨害预防、控制突发传染病疫情等灾害的刑事案件具体应用法律若干问题的解释》第9条规定："在预防、

---

① 参见1988年《刑法修改稿》分则第三章"侵犯公民人身权利、民主权利罪"中的"修改说明"。

② 参见最高人民法院刑法修改小组："《关于对〈中华人民共和国刑法（修订草案）〉（征求意见稿）的修改意见》（1996年11月8日）"，见高铭暄、赵秉志编：《新中国刑法立法文献资料总览》（下），中国人民公安大学出版社1998年版，第2438页。

③ 该草案第234条规定的是故意伤害罪；第232条规定的是故意杀人罪；第262条规定的是抢劫罪。

控制突发传染病疫情等灾害期间，聚众'打砸抢'，致人伤残、死亡的，依照刑法第二百八十九条、第二百三十四条、第二百三十二条的规定，以故意伤害罪或者故意杀人罪定罪，依法从重处罚。对毁坏或者抢走公私财物的首要分子，依照刑法第二百八十九条、第二百六十三条的规定，以抢劫罪定罪，依法从重处罚。"

【立法建言】

建　议：删去《刑法》第289条。

理　由：

如前所述，早在刑法修订研拟的过程中，最高人民法院就认为聚众"打砸抢"的规定没有必要，因而建议取消这一规定。在1996年8月12日至16日全国人大常委会法制工作委员会召开的专家座谈会上，与会专家也一致认为，"'打砸抢'不是法律用语，而且这些具体行为，实际上包括在伤害、杀人、抢劫、故意毁坏公私财物等犯罪中，犯什么罪就可以定什么罪，笼统规定一个聚众'打砸抢'犯罪不妥，建议删去这一规定。"① 目前，尽管有少数学者仍在实然的意义上竭力为该规定寻找理论依据，② 有个别学者甚至从应然的意义上提出应将其改造成为独立的罪名，③ 但是，绝大多数学者对此均持否定态度。一

---

① 参见全国人大常委会法制工作委员会刑法室整理："《法律专家对〈刑法总则修改稿〉和〈刑法分则修改草稿〉的意见》（1996年9月6日）"，见高铭暄、赵秉志编：《新中国刑法立法文献资料总览》（下），中国人民公安大学出版社1998年版，第2143页。

② 例如，有学者认为，"首先，对于聚众'打砸抢'，致人伤残、死亡的行为，应理解为法律拟制，即聚众'打砸抢'致人伤残或者死亡的，即使没有伤害或者杀人的故意，也应认定为故意伤害罪或者故意杀人罪。或许有人认为，聚众'打砸抢'的行为人都至少具有伤害的故意，因而对以故意伤害罪论处的情形而言，属于注意规定。但笔者认为难以得出这种结论。事实上，聚众'打砸抢'的行为人完全可能在砸毁物的过程中过失致人伤残，但对此也应认定为故意伤害罪，因而仍然属于法律拟制。至于行为人具有伤害与杀人的故意，进而实施伤害与杀人行为，致人伤残、死亡的，可以直接认定为故意伤害罪与故意杀人罪，不需要引用第289条。其次，在聚众'打砸抢'过程中毁坏行为与抢劫行为在客观行为与主观故意方面都存在重大差别，换言之，毁坏行为原本并不符合抢劫罪的构成要件，但刑法第289条却赋予其抢劫罪的法律后果，这是典型的法律拟制。再次，对于在聚众'打砸抢'过程中抢夺他人财物的首要分子，应以抢劫罪论处，这也属于法律拟制。因为在'打砸抢'过程中仍然可能发生抢夺行为，虽然抢夺行为并不符合抢劫罪的构成要件，但刑法第289条依然规定对其以抢劫罪论处。最后需要说明的是，一方面，对于在聚众'打砸抢'过程中抢劫公私财物的首要分子，理所当然以抢劫罪定罪处罚，不需要引用刑法第289条；另一方面，即使是在聚众'打砸抢'过程中抢劫公私财物的积极参与者或者一部参与者，也应当以抢劫罪论处，而且只需直接引用刑法第263条即可，不必引用第289条。概言之，在聚众'打砸抢'过程中抢劫他人财物的行为成立抢劫罪，不属于法律拟制"（张明楷：《刑法分则的解释原理》（下），中国人民大学出版社2011年版，第639页）。

③ 例如，有学者认为，"首要分子已经实施聚众行为并准备或者开始了'打砸抢'，本身就反映出其主观上具有犯罪的意图，客观上其实行行为已给社会正常秩序形成了极大的威胁，即使没有造成实际的危害结果，也应当以聚众犯罪的行为犯予以处罚。日本《刑法》第107条规定的'多众不解散罪'：'在多众为了实施暴行或者胁迫而聚集的情形下，三次以上受有权公务员发出的解散命令，仍不解散的，对首谋者处三年以下惩役或者监禁，对其他人处十万元以下罚金。'该罪是指以暴力、胁迫为目的集合了多众，但多众尚未实行暴行、胁迫，在受到有权限的公务员作出的三次以上解散命令，仍不解散。本罪把骚乱罪的预备阶段规定为独立罪，在集合的多众开始了暴行、胁迫时，构成骚乱罪，本罪被其吸收。我们可以参考此立法例，对我国《刑法》第289条进行改造，为其规定相应的法定刑，'打砸抢'行为造成后果的，仍按照现行刑法规定的转化犯定罪处罚（刘德法：《聚众犯罪理论与实务研究》，中国法制出版社2011年版，第250页）。"

个典型的例证是，绝大多数教科书在"妨害社会管理秩序罪"一章中根本就不对该规定加以论述。① 即便是肯定该规定的学者，在其教科书中也未对此加以论述。② 既然该规定既不合理，也没有必要，那么，取消该规定自然是顺理成章的事情。

十八、聚众扰乱社会秩序罪、聚众冲击国家机关罪、扰乱国家机关工作秩序罪、组织、资助非法聚集罪（第290条）

【立法沿革】

聚众扰乱社会秩序罪是在1979年《刑法》第158条规定的扰乱社会秩序罪的基础上修改而来的，并经《刑法修正案（九）》第31条所修正；聚众冲击国家机关罪是1997年《刑法》第290条第2款增设的罪名；而扰乱国家机关工作秩序罪和组织、资助非法聚集罪则是《刑法修正案（九）》第31条新增设的罪名。

在1979年以前，历次的刑法草案均未规定扰乱社会秩序罪。考虑到"刑法既要充分保护人民行使民主权利，又要切实维护社会秩序、生产秩序、工作秩序、教学科研秩序和人民群众生活秩序。"③ 1979年《刑法》第158条增设了扰乱社会秩序罪。

1979年《刑法》第158条规定："禁止任何人利用任何手段扰乱社会秩序。扰乱社会秩序情节严重，致使工作、生产、营业和教学、科研无法进行，国家和社会遭受严重损失的，对首要分子处五年以下有期徒刑、拘役、管制或者剥夺政治权利。"

在全面研究修改刑法的过程中，1988年的《刑法修改稿》将上述规定分解为两条，增加了聚众骚乱罪。④ 其中，第182条规定："聚众骚乱，破坏社会秩序的，对首要分子或者积极参加的，处五年以下有期徒刑、拘役、管制或者剥夺政治权利；情节严重的，处五年以上有期徒刑。"第183条规定："扰乱机关、企业事业单位秩序，致使工作、生产、营业和教学、科研无法进行的，处五年以下有期徒刑、拘役、管制或者剥夺政治权利。"1996年的《刑法修订草案》（征求意见稿）放弃了上述修改方案，重新以1979年《刑法》第158条为基础进行修订。该草案第256条对扰乱社会秩序罪主要作了两方面的修改和补充：一是在文字表述方面，删去了"禁止任何人利用任何手段扰乱社会秩序"这一宣示性规定，并将"国家和社会遭受严重损失"改为"造成严重损失"；二是在刑罚配置方面，增加了"其他积极参加"的情形，并相应调整了法定刑。此外，该条第2款还增设了冲击

---

① 例如，赵秉志主编：《刑法新教程》，中国人民大学出版社2009年版；高铭暄、马克昌主编：《刑法学》，北京大学出版社、高等教育出版社2011年版；王作富主编：《刑法》，中国人民大学出版社2011年版；刘艳红主编：《刑法学》（下），北京大学出版社2014年版。

② 例如，张明楷：《刑法学》，法律出版社2011年版。

③ 参见全国人大常委会副委员长彭真1979年6月26日在五届全国人大二次会议上所作的《关于七个法律草案的说明》。

④ 参见1988年《刑法修改稿》分则第八章"妨害社会管理秩序罪"中的"修改说明"。

国家机关罪。修改后的条文为："扰乱社会秩序，情节严重，致使工作、生产、营业和教学、科研无法进行，造成严重损失的，对首要分子处三年以上七年以下有期徒刑；其他积极参加的，处三年以下有期徒刑、拘役、管制或者剥夺政治权利。""冲击国家机关，致使国家机关工作无法进行，造成严重损失的，对首要分子，处七年以上有期徒刑；其他积极参加的，处七年以下有期徒刑、拘役、管制或者剥夺政治权利。"1997年的《刑法修订草案》（修改稿）第286条在上述规定的基础上，将"冲击国家机关"改为"聚众冲击国家机关"。1997年3月1日，提交给八届全国人大五次会议审议的《中华人民共和国刑法（修订草案）》第288条对第2款的法定刑作了适当调整，将"首要分子"的法定刑由"七年以上有期徒刑"改为"五年以上十年以下有期徒刑"，相应将"其他积极参加"的法定最高刑由"七年有期徒刑"改为"五年有期徒刑"。1997年修订的《刑法》第290条基本上沿用了上述规定，仅在第1款中增加了"聚众"一词。

1997年修订的《刑法》第290条规定："聚众扰乱社会秩序，情节严重，致使工作、生产、营业和教学、科研无法进行，造成严重损失的，对首要分子，处三年以上七年以下有期徒刑；对其他积极参加的，处三年以下有期徒刑、拘役、管制或者剥夺政治权利。""聚众冲击国家机关，致使国家机关工作无法进行，造成严重损失的，对首要分子，处五年以上十年以下有期徒刑；对其他积极参加的，处五年以下有期徒刑、拘役、管制或者剥夺政治权利。"

1997年《刑法》施行后，"针对当前社会治安方面出现的一些新情况"，《刑法修正案（九）（草案）》第28条"将多次扰乱国家机关工作秩序，经处罚后仍不改正，造成严重后果的行为和多次组织、资助他人非法聚集，扰乱社会秩序，情节严重的行为规定为犯罪。"① 在审议的过程中，"有的常委会组成人员和人大代表提出，实践中个别人以医患矛盾为由，故意扰乱医疗单位秩序，严重侵害医护人员的身心健康，损害社会公共利益，社会危害严重，应当明确规定追究刑事责任。"② 据此，《刑法修正案（九）》第31条在上述规定的基础上，又对《刑法》第290条第1款作了修改，增加了"医疗"的内容。

【立法规定】

《刑法》第290条规定："聚众扰乱社会秩序，情节严重，致使工作、生产、营业和教学、科研、医疗无法进行，造成严重损失的，对首要分子，处三年以上七年以下有期徒刑；对其他积极参加的，处三年以下有期徒刑、拘役、管制或者剥夺政治权利。""聚众冲

---

① 参见全国人大常委会法制工作委员会主任李适时2014年10月27日在十二届全国人大常委会第十一次会议上所作的《关于〈中华人民共和国刑法修正案（九）（草案）〉的说明》。

② 参见全国人大法律委员会主任委员乔晓阳2015年6月24日在十二全国人大常委会第十五次会议上所作的《关于〈中华人民共和国刑法修正案（九）（草案）〉修改情况的汇报》。

击国家机关，致使国家机关工作无法进行，造成严重损失的，对首要分子，处五年以上十年以下有期徒刑；对其他积极参加的，处五年以下有期徒刑、拘役、管制或者剥夺政治权利。""多次扰乱国家机关工作秩序，经行政处罚后仍不改正，造成严重后果的，处三年以下有期徒刑、拘役或者管制。""多次组织、资助他人非法聚集，扰乱社会秩序，情节严重的，依照前款的规定处罚。"

【立法释义】

最高人民法院、最高人民检察院、公安部、司法部、国家卫生和计划生育委员会2014年4月22日发布的《关于依法惩处涉医违法犯罪维护正常医疗秩序的意见》第二部分第2条规定："在医疗机构私设灵堂、摆放花圈、焚烧纸钱、悬挂横幅、堵塞大门或者以其他方式扰乱医疗秩序，尚未造成严重损失，经劝说、警告无效的，要依法驱散，对拒不服从的人员要依法带离现场，依照治安管理处罚法第二十三条的规定处罚；聚众实施的，对首要分子和其他积极参加者依法予以治安处罚；造成严重损失或者扰乱其他公共秩序情节严重，构成寻衅滋事罪、聚众扰乱社会秩序罪、聚众扰乱公共场所秩序、交通秩序罪的，依照刑法的有关规定定罪处罚。""在医疗机构的病房、抢救室、重症监护室等场所及医疗机构的公共开放区域违规停放尸体，影响医疗秩序，经劝说、警告无效的，依照治安管理处罚法第六十五条的规定处罚；严重扰乱医疗秩序或者其他公共秩序，构成犯罪的，依照前款的规定定罪处罚。"

【立法建言】

建　议： 将《刑法》第290条修改为："聚众扰乱社会秩序，情节严重，致使工作、生产、营业和教学、科研、医疗无法进行，造成严重损失的，对首要分子，处三年以上七年以下有期徒刑，可以并处罚金；对其他积极参加的，处三年以下有期徒刑、拘役、管制或者剥夺政治权利，可以并处或者单处罚金。""聚众冲击国家机关，致使国家机关工作无法进行，造成严重损失的，对首要分子，处五年以上十年以下有期徒刑，可以并处罚金；对其他积极参加的，处五年以下有期徒刑、拘役、管制或者剥夺政治权利，可以并处或者单处罚金。""多次扰乱国家机关工作秩序，经行政处罚后仍不改正，造成严重后果的，处三年以下有期徒刑、拘役、管制或者剥夺政治权利，可以并处或者单处罚金。""多次组织、资助他人非法聚集，扰乱社会秩序，情节严重的，依照前款的规定处罚。"

理　由：

从立法技术上看，宜在《刑法》第290条第3款的法定刑中增加"剥夺政治权利"的规定，以与前两款的规定相协调。此外，还宜对该条所规定的犯罪增加规定罚金刑，以利于剥夺犯罪分子再犯罪的能力。

十九、聚众扰乱公共场所秩序、交通秩序罪（第 291 条）

【立法沿革】

聚众扰乱公共场所秩序、交通秩序罪是在 1979 年《刑法》第 159 条规定的聚众扰乱公共场所秩序、交通秩序罪的基础上修改而来的。

基于与扰乱社会秩序罪同样的原因，1979 年《刑法》第 159 条增设了聚众扰乱公共场所秩序、交通秩序罪。

1979 年《刑法》第 159 条规定："聚众扰乱车站、码头、民用航空站、商场、公园、影剧院、展览会、运动场或者其他公共场所秩序，聚众堵塞交通或者破坏交通秩序，抗拒、阻碍国家治安管理工作人员依法执行职务，情节严重的，对首要分子处五年以下有期徒刑、拘役、管制或者剥夺政治权利。"

在全面研究修改刑法的过程中，1988 年的《刑法修改稿》第 184 条曾对上述规定作过较大的修改：一是删去了"聚众"的条件限制；二是删去了"聚众堵塞交通"的行为方式；三是删去了"首要分子"的主体限制。修改后的条文为："扰乱车站、码头、民用航空站、商场、公园、影剧院、展览会、运动场或者其他公共场所秩序或者破坏交通秩序，情节严重的，处五年以下有期徒刑、拘役、管制或者剥夺政治权利。"但是，1996 年以后的刑法修订草案又恢复了 1979 年《刑法》的规定。直至《中华人民共和国刑法（修订草案）》付诸表决之前，才最终删去了本罪法定刑中的"剥夺政治权利"，形成了现行刑法的规定。

【立法规定】

《刑法》第 291 条规定："聚众扰乱车站、码头、民用航空站、商场、公园、影剧院、展览会、运动场或者其他公共场所秩序，聚众堵塞交通或者破坏交通秩序，抗拒、阻碍国家治安管理工作人员依法执行职务，情节严重的，对首要分子，处五年以下有期徒刑、拘役或者管制。"

【立法释义】

最高人民法院、最高人民检察院、公安部、司法部、国家卫生和计划生育委员会 2014 年 4 月 22 日发布的《关于依法惩处涉医违法犯罪维护正常医疗秩序的意见》第二部分第 2 条规定："在医疗机构私设灵堂、摆放花圈、焚烧纸钱、悬挂横幅、堵塞大门或者以其他方式扰乱医疗秩序，尚未造成严重损失，经劝说、警告无效的，要依法驱散，对拒不服从的人员要依法带离现场，依照治安管理处罚法第二十三条的规定处罚；聚众实施的，对首要分子和其他积极参加者依法予以治安处罚；造成严重损失或者扰乱其他公共秩序情节严重，构成寻衅滋事罪、聚众扰乱社会秩序罪、聚众扰乱公共场所秩序、交通秩序罪的，依照刑法的有关规定定罪处罚。""在医疗机构的病房、抢救室、重症监护室等场所及医疗机构的公共开放区域违规停放尸体，影响医疗秩序，经劝说、警告无效的，依照治安管理处罚法第六十五条的规定处罚；严重扰乱医疗秩序或者其他公共秩序，构成犯罪的，依照前款的规定定罪处罚。"

【立法建言】

建　议：将《刑法》第 291 条修改为："聚众扰乱车站、码头、民用航空站、商场、公园、影剧院、展览会、运动场或者其他公共场所秩序，聚众堵塞交通或者破坏交通秩序，抗拒、阻碍国家治安管理工作人员依法执行职务，情节严重的，对首要分子，处五年以下有期徒刑、拘役、管制或者剥夺政治权利，可以并处或者单处罚金。"

理　由：

从立法技术上看，宜在本罪的法定刑中增加"剥夺政治权利"的规定，以与《刑法》第 290 条的处刑规定相协调。此外，还宜对本罪增加"可以并处或者单处罚金"的规定，以利于剥夺犯罪分子再犯罪的能力。

二十、投放虚假危险物质罪、编造、故意传播虚假恐怖信息罪、编造、故意传播虚假信息罪（第 291 条之一）

【立法沿革】

投放虚假危险物质罪和编造、故意传播虚假恐怖信息罪是《刑法修正案（三）》第 8 条新增设的罪名；而编造、故意传播虚假信息罪则是《刑法修正案（九）》第 32 条新增设的罪名。

2001 年 9 月 11 日，美国遭受了令世人震惊的恐怖袭击。自 9 月 20 日起，在美国又出现了投放"炭疽菌"的恐怖活动，继而发生了以邮寄虚假的"炭疽菌"和编造其他虚假的恐怖信息、人为制造社会恐慌的事件。在我国，自"9·11"事件发生以来，也先后发生了几起冒充"炭疽菌"实施其他犯罪行为的事件。[1] 有鉴于此，"为了惩治向机关、团体、企业、事业单位或者个人以及向公共场所或公共交通工具投放虚假的毒害性、放射性、传染病病原体等物质，或者以爆炸威胁、生化威胁、放射威胁、制造恐怖气氛，或者故意传播恐怖性谣言，扰乱社会秩序的行为"，[2]《刑法修正案（三）》第 8 条增设了投放虚假危险物质罪和编造、故意传播虚假恐怖信息罪。

随着信息网络的发展，网络犯罪也呈现新的特点。因此，《刑法修正案（九）》第 32

---

① 参见王俊平主编：《刑法新增犯罪研究》，人民法院出版社 2004 年版，第 193～194 页。

② 参见全国人大常委会法制工作委员会副主任胡康生 2001 年 12 月 24 日在九届全国人大常委会第二十五次会议上所作的《关于〈中华人民共和国刑法修正案（三）（草案）〉的说明》。

条"针对在信息网络或者其他媒体上恶意编造、传播虚假信息，严重扰乱社会秩序的情况，增加规定编造、传播虚假信息的犯罪。"①

【立法规定】

《刑法》第 291 条之一规定："投放虚假的爆炸性、毒害性、放射性、传染病病原体等物质，或者编造爆炸威胁、生化威胁、放射威胁等恐怖信息，或者明知是编造的恐怖信息而故意传播，严重扰乱社会秩序的，处五年以下有期徒刑、拘役或者管制；造成严重后果的，处五年以上有期徒刑。""编造虚假的险情、疫情、灾情、警情，在信息网络或者其他媒体上传播，或者明知是上述虚假信息，故意在信息网络或者其他媒体上传播，严重扰乱社会秩序的，处三年以下有期徒刑、拘役或者管制；造成严重后果的，处三年以上七年以下有期徒刑。"

【立法释义】

最高人民法院、最高人民检察院 2003 年 5 月 14 日发布的《关于办理妨害预防、控制突发传染病疫情等灾害的刑事案件具体应用法律若干问题的解释》第 10 条第 1 款规定："编造与突发传染病疫情等灾害有关的恐怖信息，或者明知是编造的此类恐怖信息而故意传播，严重扰乱社会秩序的，依照刑法第二百九十一条之一的规定，以编造、故意传播虚假恐怖信息罪定罪处罚。"

最高人民检察院 2013 年 5 月 27 日发布的指导性案例检例第 9 号《李泽强编造、故意传播虚假恐怖信息案》中的"要旨"指出："编造、故意传播虚假恐怖信息罪是选择性罪名。编造恐怖信息以后向特定对象散布，严重扰乱社会秩序的，构成编造虚假恐怖信息罪。编造恐怖信息以后向不特定对象散布，严重扰乱社会秩序的，构成编造、故意传播虚假恐怖信息罪。""对于实施数个编造、故意传播虚假恐怖信息行为的，不实行数罪并罚，但应当将其作为量刑情节予以考虑。"

最高人民检察院 2013 年 5 月 27 日发布的指导性案例检例第 10 号《卫学臣编造虚假恐怖信息案》中的"要旨"指出："关于编造虚假恐怖信息造成'严重扰乱社会秩序'的认定，应当结合行为对正常的工作、生产、经营、教学、科研等秩序的影响程度、对公众造成的恐慌程度以及处置情况等因素进行综合分析判断。对于编造、故意传播虚假恐怖信息威胁民航安全，引起公众恐慌，或者致使航班无法正常起降的，应当认定为'严重扰乱社会秩序'。"

最高人民检察院 2013 年 5 月 27 日发布的指导性案例检例第 11 号《袁才彦编造虚假

---

① 参见全国人大常委会法制工作委员会主任李适时 2014 年 10 月 27 日在十二届全国人大常委会第十一次会议上所作的《关于〈中华人民共和国刑法修正案（九）（草案）〉的说明》。

恐怖信息案》中的"要旨"指出："对于编造虚假恐怖信息造成有关部门实施人员疏散，引起公众极度恐慌的，或者致使相关单位无法正常营业，造成重大经济损失的，应当认定为'造成严重后果'。""以编造虚假恐怖信息的方式，实施敲诈勒索等其他犯罪的，应当根据案件事实和证据情况，择一重罪处断。"

最高人民检察院 2013 年 5 月 31 日发布的《关于依法严厉打击编造、故意传播虚假恐怖信息威胁民航飞行安全犯罪活动的通知》第 2 条规定："准确把握犯罪构成要件，确保从重打击。根据刑法第 291 条之一的有关规定，编造虚假恐怖信息并向特定对象散布，严重扰乱社会秩序的，即构成编造虚假恐怖信息罪；变造虚假恐怖信息以后向不特定对象散布，严重扰乱社会秩序的，构成编造、故意传播虚假恐怖信息罪。对于编造、故意传播虚假恐怖信息，引起公众恐慌，或者致使航班无法正常起降，破坏民航正常运输秩序的，应当认定为'严重扰乱社会秩序'。工作中，要准确把握犯罪构成条件，依法引导取证，加法律监督，防治打击不力。"

最高人民法院、最高人民检察院 2013 年 9 月 6 日发布的《关于办理利用信息网络实施诽谤等刑事案件适用法律若干问题的解释》第 9 条规定："利用信息网络实施诽谤、寻衅滋事、敲诈勒索、非法经营犯罪，同时又构成刑法第二百二十一条规定的损害商业信誉、商品声誉罪，第二百七十八条规定的煽动暴力抗拒法律实施罪，第二百九十一条之一规定的编造、故意传播虚假恐怖信息罪等犯罪的，依照处罚较重的规定定罪处罚。"

最高人民法院 2013 年 9 月 18 日发布的《关于审理编造、故意传播虚假恐怖信息刑事案件适用法律若干问题的解释》第 1 条规定："编造恐怖信息，传播或者放任传播，严重扰乱社会秩序的，依照刑法第二百九十一条之一的规定，应认定为编造虚假恐怖信息罪。""明知是他人编造的恐怖信息而故意传播，严重扰乱社会秩序的，依照刑法第二百九十一条之一的规定，应认定为故意传播虚假恐怖信息罪。"第 2 条规定："编造、故意传播虚假恐怖信息，具有下列情形之一的，应当认定为刑法第二百九十一条之一的'严重扰乱社会秩序'：（一）致使机场、车站、码头、商场、影剧院、运动场馆等人员密集场所秩序混乱，或者采取紧急疏散措施的；（二）影响航空器、列车、船舶等大型客运交通工具正常运行的；（三）致使国家机关、学校、医院、厂矿企业等单位的工作、生产、经营、教学、科研等活动中断的；（四）造成行政村或者社区居民生活秩序严重混乱的；（五）致使公安、武警、消防、卫生检疫等职能部门采取紧急应对措施的；（六）其他严重扰乱社会秩序的。"第 3 条规定："编造、故意传播虚假恐怖信息，严重扰乱社会秩序，具有下列情形之一的，应当依照刑法第二百九一条之一的规定，在五年以下有期徒刑幅度内酌情从重处罚：（一）致使航班备降或返航；或者致使列车、船舶等大型客运交通工具中断运行的；（二）多次编造、故意传播虚假恐怖信息的；（三）造成直接经济损失 20 万元以上的；

（四）造成乡镇、街道区域范围居民生活秩序严重混乱的；（五）具有其他酌情从重处罚情节的。"第4条规定："编造、故意传播虚假恐怖信息，严重扰乱社会秩序，具有下列情形之一的，应当认定为刑法第二百九十一条之一的'造成严重后果'，处五年以上有期徒刑：（一）造成3人以上轻伤或者1人以上重伤的；（二）造成直接经济损失50万元以上的；（三）造成县级以上区域范围居民生活秩序严重混乱的；（四）妨碍国家重大活动进行的；（五）造成其他严重后果的。"第5条规定："编造、故意传播虚假恐怖信息，严重扰乱社会秩序，同时又构成其他犯罪的，择一重罪处罚。"第6条规定："本解释所称的'虚假恐怖信息'是指编造、故意传播以发生爆炸威胁、生化威胁、放射威胁、劫持航空器威胁、重大灾情、重大疫情等严重威胁公共安全的事件为内容，可能引起社会恐慌或者公共安全危机的不真实信息。"

最高人民法院、最高人民检察院、公安部2014年9月9日发布的《关于办理暴力恐怖和宗教极端刑事案件适用法律若干问题的意见》第二部分第5条规定："编造以发生爆炸威胁、生化威胁、放射威胁、劫持航空器威胁、重大灾情、重大疫情等严重威胁公共安全的事件为内容的虚假恐怖信息，或者明知是虚假恐怖信息而故意传播、散布，严重扰乱社会秩序的，以编造、故意传播虚假恐怖信息罪定罪处罚。""编造虚假信息，或者明知是编造的虚假信息，在信息网络上散布，或者组织、指使他人在信息网络上散布，造成公共秩序严重混乱，同时构成寻衅滋事罪和编造、故意传播虚假恐怖信息罪的，依照处罚较重的规定定罪处罚。"

【立法建言】

建　议：将《刑法》第291条之一修改为："投放虚假的爆炸性、毒害性、放射性、传染病病原体等物质，或者编造爆炸威胁、生化威胁、放射威胁等恐怖信息，或者明知是编造的恐怖信息而故意传播，严重扰乱社会秩序的，处五年以下有期徒刑、拘役、管制或者剥夺政治权利，可以并处或者单处罚金；造成严重后果的，处五年以上有期徒刑，可以并处罚金。""编造虚假的险情、疫情、灾情、警情，在信息网络或者其他媒体上传播，或者明知是上述虚假信息，故意在信息网络或者其他媒体上传播，严重扰乱社会秩序的，处三年以下有期徒刑、拘役、管制或者剥夺政治权利，可以并处或者单处罚金；造成严重后果的，处三年以上七年以下有期徒刑，可以并处罚金。"

理　由：

从立法技术上看，宜在《刑法》第291条之一第1款的法定刑和第2款第1档法定刑中增加"剥夺政治权利"的规定，并对该条所规定的犯罪增加规定罚金刑，以利于剥夺犯罪分子再犯罪的能力。

二十一、聚众斗殴罪（第 292 条）

【立法沿革】

聚众斗殴罪是从 1979 年《刑法》第 160 条规定的流氓罪中分解而来的。[1]

在刑法修订研拟的过程中，1996 年的《刑法修订草案》（征求意见稿）第 259 条规定了聚众斗殴罪："聚众斗殴的，对首要分子和其他积极参加的，处三年以下有期徒刑；有下列情形之一的，对首要分子和其他积极参加的，处三年以上十年以下有期徒刑：（一）多次聚众斗殴的；（二）聚众斗殴人数多，规模大，社会影响恶劣的；（三）在公共场所或者交通要道聚众斗殴，造成社会秩序严重混乱的；（四）持械聚众斗殴的。""聚众斗殴，致人重伤、死亡的，依照伤害罪、杀人罪的规定处罚。"1996 年的《刑法修订草案》第 263 条基本上沿用了上述规定，仅作了两方面的补充和修改：一是在刑罚配置方面，对第 1 款第 1 档法定刑补充了"拘役或者管制"两种刑罚；二是在立法技术方面，将第 2 款规定的"依照伤害罪、杀人罪的规定处罚"改为"依照本法第二百一十五条、第二百一十三条的规定定罪处罚"[2]。这一修改方案，为现行刑法所采纳。

【立法规定】

《刑法》第 292 条规定："聚众斗殴的，对首要分子和其他积极参加的，处三年以下有期徒刑、拘役或者管制；有下列情形之一的，对首要分子和其他积极参加的，处三年以上十年以下有期徒刑：（一）多次聚众斗殴的；（二）聚众斗殴人数多，规模大，社会影响恶劣的；（三）在公共场所或者交通要道聚众斗殴，造成社会秩序严重混乱的；（四）持械聚众斗殴的。""聚众斗殴，致人重伤、死亡的，依照本法第二百三十四条、第二百三十二条的规定定罪处罚。"

【立法释义】

最高人民检察院、公安部 2008 年 6 月 25 日发布的《关于公安机关管辖的刑事案件立案追诉标准的规定（一）》第 36 条规定："组织、策划、指挥或者积极参加聚众斗殴的，应予立案追诉。"

最高人民检察院 2010 年 12 月 31 号发布的指导性案例检例第 1 号《施某等 17 人聚众斗殴案》中的"要旨"指出："检察机关办理群体性事件引发的犯罪案件，要从促进社会矛盾化解的角度，深入了解案件背后的各种复杂因素，依法慎重处理，积极参与调处矛盾

---

[1] 关于 1979 年《刑法》第 160 条规定的流氓罪的立法沿革及具体规定，请参见本书第二编分则第四章"侵犯公民人身权利、民主权利罪"之七"强制猥亵罪、侮辱妇女罪、猥亵儿童罪（第 237 条）"的相关介绍和说明，在此不再赘述。

[2] 该草案第 215 条规定的是故意伤害罪；第 213 条规定的是故意杀人罪。

纠纷，以促进社会和谐，实现法律效果与社会效果的有机统一。"

最高人民法院 2013 年 12 月 23 日发布的《关于常见犯罪的量刑指导意见》"聚众斗殴罪"部分规定："1. 构成聚众斗殴罪的，可以根据下列不同情形在相应的幅度内确定量刑起点：（1）犯罪情节一般的，可以在二年以下有期徒刑、拘役幅度内确定量刑起点。（2）有下列情形之一的，可以在三年至五年有期徒刑幅度内确定量刑起点：聚众斗殴三次的；聚众斗殴人数多，规模大，社会影响恶劣的；在公共场所或者交通要道聚众斗殴，造成社会秩序严重混乱的；持械聚众斗殴的。2. 在量刑起点的基础上，可以根据聚众斗殴人数、次数、手段严重程度等其他影响犯罪构成的犯罪事实增加刑罚量，确定基准刑。"

【立法建言】

建　议：将《刑法》第 292 条第 1 款修改为："聚众斗殴的，对首要分子和其他积极参加的，处三年以下有期徒刑、拘役或者管制，可以并处或者单处罚金；有下列情形之一的，对首要分子其他积极参加的，处三年以上十年以下有期徒刑，可以并处罚金：（一）多次聚众斗殴的；（二）聚众斗殴人数多，规模大，社会影响恶劣的；（三）在公共场所或者交通要道聚众斗殴，造成社会秩序严重混乱的；（四）持械聚众斗殴的。"

理　由：

从立法技术上看，宜在本罪的法定刑中增加规定罚金刑，以与《刑法》第 293 条第 2 款的处刑规定相协调。

二十二、寻衅滋事罪（第 293 条）

【立法沿革】

寻衅滋事罪是从 1979 年《刑法》第 160 条规定的流氓罪中分解而来的，并经《刑法修正案（八）》第 42 条所修正。

在刑法修订研拟的过程中，公安部 1996 年 7 月在《关于分解流氓罪的建议》中提出，建议将寻衅滋事罪规定为："有下列寻衅滋事行为之一，破坏社会秩序的，处七年以下有期徒刑、拘役或者管制，可以并处罚金：（一）以打人取乐，随意殴打他人，情节恶劣的；（二）多次向人身、车辆、住宅抛投石块、污物的；（三）强拿硬要或者任意损毁公私财物，情节严重的；（四）耍赖打横，占领公共场所，或者污损公共设施，情节严重的；（五）追逐、拦截他人或者车辆，情节恶劣的；（六）在公共场所起哄闹事，造成公共场所秩序严重混乱的。"[①] 1996 年的《刑法修订草案》（征求意见稿）第 260 条基本上采纳

---

① 参见高铭暄、赵秉志编：《新中国刑法立法文献资料总览》（下），中国人民公安大学出版社 1998 年版，第 2682 页。

了上述建议，仅将寻衅滋事的行为归并为以下四项："（一）随意殴打他人，情节恶劣的；（二）追逐、拦截、辱骂他人，情节恶劣的；（三）强拿硬要或者任意损毁公私财物，情节严重的；（四）在公共场所起哄闹事，造成公共场所秩序严重混乱的。"1997年3月1日，提交给八届全国人大五次会议审议的《中华人民共和国刑法（修订草案）》第291条在上述规定的基础上，将本罪的法定最高刑由"七年有期徒刑"降低为"五年有期徒刑"。经审议，1997年修订的《刑法》第293条除个别文字修改外，主要是删去了"可以并处罚金"的规定。

1997年修订的《刑法》第293条规定："有下列寻衅滋事行为之一，破坏社会秩序的，处五年以下有期徒刑、拘役或者管制：（一）随意殴打他人，情节恶劣的；（二）追逐、拦截、辱骂他人，情节恶劣的；（三）强拿硬要或者任意损毁、占用公私财物，情节严重的；（四）在公共场所起哄闹事，造成公共场所秩序严重混乱的。"

1997年《刑法》施行后，"一些地方提出，一些犯罪分子时常纠集他人，横行乡里，严重扰乱社会治安秩序，扰乱人民群众的正常生活。由于这类滋扰群众行为的个案难以构成重罪，即使被追究刑事责任，也关不了多长时间，抓了放，放了抓，社会不得安宁，群众没有安全感。"[1] 有鉴于此，《刑法修正案（八）》第42条在《刑法》第293条中增加了第2款"纠集他人多次实施前款行为，严重破坏社会秩序的，处五年以上十年以下有期徒刑，可以并处罚金"的规定，加大了惩处的力度。

【立法规定】

《刑法》第293条规定："有下列寻衅滋事行为之一，破坏社会秩序的，处五年以下有期徒刑、拘役或者管制：（一）随意殴打他人，情节恶劣的；（二）追逐、拦截、辱骂、恐吓他人，情节恶劣的；（三）强拿硬要或者任意损毁、占用公私财物，情节严重的；（四）在公共场所起哄闹事，造成公共场所秩序严重混乱的。""纠集他人多次实施前款行为，严重破坏社会秩序的，处五年以上十年以下有期徒刑，可以并处罚金。"

【立法释义】

最高人民法院、最高人民检察院2003年5月14日发布的《关于办理妨害预防、控制突发传染病疫情等灾害的刑事案件具体应用法律若干问题的解释》第11条规定："在预防、控制突发传染病疫情等灾害期间，强拿硬要或者任意损毁、占用公私财物情节严重，或者在公共场所起哄闹事，造成公共场所秩序严重混乱的，依照刑法第二百九十三条的规定，以寻衅滋事罪定罪，依法从重处罚。"

---

① 参见全国人大常委会法制工作委员会主任李适时2010年8月23日在十一届全国人大常委会第十六次会议是所作的《关于〈中华人民共和国刑法修正案（八）（草案）〉的说明》。

最高人民法院 2005 年 6 月 8 日发布的《关于审理抢劫、抢夺刑事案件适用法律若干问题的意见》第 9 条"关于抢劫罪与相似犯罪的界限"第 4 款"抢劫罪与寻衅滋事罪的界限"规定："寻衅滋事罪是严重扰乱社会秩序的犯罪，行为人实施寻衅滋事的行为时，客观上也可能表现为强拿硬要公私财物的特征。这种强拿硬要的行为与抢劫罪的区别在于：前者行为人主观上还具有逞强好胜和通过强拿硬要来填补其精神空虚等目的，后者行为人一般只具有非法占有他人财物的目的；前者行为人客观上一般不以严重侵犯他人人身权利的方法强拿硬要财物，而后者行为人则以暴力、胁迫等方式作为劫取他人财物的手段。司法实践中，对于未成年人使用或威胁使用轻微暴力强抢少量财物的行为，一般不宜以抢劫罪定罪处罚。其行为符合寻衅滋事罪特征的，可以寻衅滋事罪定罪处罚。"

最高人民法院 2006 年 1 月 11 日发布的《关于审理未成年人刑事案件具体应用法律若干问题的解释》第 8 条规定："已满十六周岁不满十八周岁的人出于以大欺小、以强凌弱或者寻求精神刺激，随意殴打其他未成年人、多次对其他未成年人强拿硬要或者任意损毁公私财物，扰乱学校及其他公共场所秩序，情节严重的，以寻衅滋事罪定罪处罚。"

最高人民检察院、公安部 2008 年 6 月 25 日发布的《关于公安机关管辖的刑事案件立案追诉标准的规定（一）》第 37 条规定："寻衅滋事，破坏社会秩序，涉嫌下列情形之一的，应予立案追诉：（一）随意殴打他人造成他人身体伤害、持械随意殴打他人或者具有其他恶劣情节的；（二）追逐、拦截、辱骂他人，严重影响他人正常工作、生产、生活，或者造成他人精神失常、自杀或者具有其他恶劣情节的；（三）强拿硬要或者任意损毁、占用公私财物价值二千元以上，强拿硬要或者任意损毁、占用公私财物三次以上或者具有其他严重情节的；（四）在公共场所起哄闹事，造成公共场所秩序严重混乱的。"

最高人民法院、最高人民检察院 2013 年 7 月 15 日发布的《关于办理寻衅滋事刑事案件适用法律若干问题的解释》第 1 条规定："行为人为寻求刺激、发泄情绪、逞强耍横等，无事生非，实施刑法第二百九十三条规定的行为的，应当认定为'寻衅滋事'。""行为人因日常生活中的偶发矛盾纠纷，借故生非，实施刑法第二百九十三条规定的行为的，应当认定为'寻衅滋事'，但矛盾系由被害人故意引发或者被害人对矛盾激化负有主要责任的除外。""行为人因婚恋、家庭、邻里、债务等纠纷，实施殴打、辱骂、恐吓他人或者损毁、占用他人财物等行为的，一般不认定为'寻衅滋事'，但经有关部门批评制止或者处理处罚后，继续实施前列行为，破坏社会秩序的除外。"第 2 条规定："随意殴打他人，破坏社会秩序，具有下列情形之一的，应当认定为刑法第二百九十三条第一款第一项规定的'情节恶劣'：（一）致一人以上轻伤或者二人以上轻微伤的；（二）引起他人精神失常、自杀等严重后果的；（三）多次随意殴打他人的；（四）持凶器随意殴打他人的；（五）随意殴打精神病人、残疾人、流浪乞讨人员、老年人、孕妇、未成年人，造成恶劣社会影响的；（六）在公共场所随意殴打他人，造成公共场所秩序严重混乱的；（七）其他情节恶劣的情形。"第 3 条规定："追逐、拦截、辱骂、恐吓他人，破坏社会秩序，具有下列情形之一的，应当认定为刑法第二百九十三条第一款第二项规定的'情节恶劣'：（一）多次追逐、拦截、辱骂、恐吓他人，造成恶劣社会影响的；（二）持凶器追逐、拦截、辱骂、恐吓他人的；（三）追逐、拦截、辱骂、恐吓精神病人、残疾人、流浪乞讨人员、老年人、孕妇、未成年人，造成恶劣社会影响的；（四）引起他人精神失常、自杀等严重后果的；（五）严重影响他人的工作、生活、生产、经营的；（六）其他情节恶劣的情形。"第 4 条规定："强拿硬要或者任意损毁、占用公私财物，破坏社会秩序，具有下列情形之一的，应当认定为刑法第二百九十三条第一款第三项规定的'情节严重'：（一）强拿硬要公私财物价值一千元以上，或者任意损毁、占用公私财物价值二千元以上的；（二）多次强拿硬要或者任意损毁、占用公私财物，造成恶劣社会影响的；（三）强拿硬要或者任意损毁、占用精神病人、残疾人、流浪乞讨人员、老年人、孕妇、未成年人的财物，造成恶劣社会影响的；（四）引起他人精神失常、自杀等严重后果的；（五）严重影响他人的工作、生活、生产、经营的；（六）其他情节严重的情形。"第 5 条规定："在车站、码头、机场、医院、商场、公园、影剧院、展览会、运动场或者其他公共场所起哄闹事，应当根据公共场所的性质、公共活动的重要程度、公共场所的人数、起哄闹事的时间、公共场所受影响的范围与程度等因素，综合判断是否'造成公共场所秩序严重混乱'。"第 6 条规定："纠集他人三次以上实施寻衅滋事犯罪，未经处理的，应当依照刑法第二百九十三条第二款的规定处罚。"第 7 条规定："实施寻衅滋事行为，同时符合寻衅滋事罪和故意杀人罪、故意伤害罪、故意毁坏财物罪、敲诈勒索罪、抢夺罪、抢劫罪等罪的构成要件的，依照处罚较重的犯罪定罪处罚。"第 8 条规定："行为人认罪、悔罪，积极赔偿被害人损失或者取得被害人谅解的，可以从轻处罚；犯罪情节轻微的，可以不起诉或者免予刑事处罚。"

最高人民法院、最高人民检察院 2013 年 9 月 6 日发布的《关于办理利用信息网络实施诽谤等刑事案件适用法律若干问题的解释》第 5 条规定："利用信息网络辱骂、恐吓他人，情节恶劣，破坏社会秩序的，依照刑法第二百九十三条第一款第（二）项的规定，以寻衅滋事罪定罪处罚。""编造虚假信息，或者明知是编造的虚假信息，在信息网络上散布，或者组织、指使人员在信息网络上散布，起哄闹事，造成公共秩序严重混乱的，依照刑法第二百九十三条第一款第（四）项的规定，以寻衅滋事罪定罪处罚。"

最高人民法院 2013 年 12 月 23 日发布的《关于常见犯罪的量刑指导意见》"寻衅滋事罪"部分规定："1. 构成寻衅滋事罪的，可以根据下列不同情形在相应的幅度内确定量刑起点：（一）寻衅滋事一次的，可以在三年以下有期徒刑、拘役幅度内确定量刑起点。（二）纠集他人三次寻衅滋事（每次都构成犯罪），严重破坏社会秩序的，可以在五年至七年有期徒刑幅度内确定量刑起点。2. 在量刑起点的基础上，可以根据寻衅滋事次数、伤害后果、强拿硬要他人财物或任意损毁、占用公私财物数额等其他影响犯罪构成的犯罪事实增加刑罚量，确定基准刑。"

最高人民法院、最高人民检察院、公安部、司法部、国家卫生和计划生育委员会2014年4月22日发布的《关于依法惩处涉医违法犯罪维护正常医疗秩序的意见》第二部分第1条规定："在医疗机构内殴打医务人员或者故意伤害医务人员身体、故意损毁公私财物，尚未造成严重后果的，分别依照治安管理处罚法第四十三条、第四十九条的规定处罚；故意杀害医务人员，或者故意伤害医务人员造成轻伤以上严重后果，或者随意殴打医务人员情节恶劣、任意损毁公私财物情节严重，构成故意杀人罪、故意伤害罪、故意毁坏财物罪、寻衅滋事罪的，依照刑法的有关规定定罪处罚。"第2条规定："在医疗机构私设灵堂、摆放花圈、焚烧纸钱、悬挂横幅、堵塞大门或者以其他方式扰乱医疗秩序，尚未造成严重损失，经劝说、警告无效的，要依法驱散，对拒不服从的人员要依法带离现场，依照治安管理处罚法第二十三条的规定处罚；聚众实施的，对首要分子和其他积极参加者依法予以治安处罚；造成严重损失或者扰乱其他公共秩序情节严重，构成寻衅滋事罪、聚众扰乱社会秩序罪、聚众扰乱公共场所秩序、交通秩序罪的，依照刑法的有关规定定罪处罚。""在医疗机构的病房、抢救室、重症监护室等场所及医疗机构的公共开放区域违规停放尸体，影响医疗秩序，经劝说、警告无效的，依照治安管理处罚法第六十五条的规定处罚；严重扰乱医疗秩序或者其他公共秩序，构成犯罪的，依照前款的规定定罪处罚。"第4条规定："公然侮辱、恐吓医务人员的，依照治安管理处罚法第四十二条的规定处罚；采取暴力或者其他方法公然侮辱、恐吓医务人员情节严重（恶劣），构成侮辱罪、寻衅滋事罪的，依照刑法的有关规定定罪处罚。"第6条规定："对于故意扩大事态，教唆他人实施针对医疗机构或者医务人员的违法犯罪行为，或者以受他人委托处理医疗纠纷为名实施敲诈勒索、寻衅滋事等行为的，依照治安管理处罚法和刑法的有关规定从严惩处。"

最高人民法院、最高人民检察院、公安部2014年9月9日发布的《关于办理暴力恐怖和宗教极端刑事案件适用法律若干问题的意见》第二部分第8条规定："以'异教徒'、'宗教叛徒'等为由，随意殴打、追逐、拦截、辱骂他人，扰乱社会秩序，情节恶劣的，以寻衅滋事罪定罪处罚。""实施前款行为，同时又构成故意伤害罪、妨害公务罪等其他犯罪的，依照处罚较重的规定定罪处罚。"

【立法建言】

建　议：在《刑法》第293条第1款的法定刑中增加"可以并处或者单处罚金"的规定。

理　由：

从立法技术上看，宜在本罪第1款的法定刑中增加"可以并处或者单处罚金"的规定，以与第 2 款的"可以并处罚金"规定相协调。

二十三、组织、领导、参加黑社会性质组织罪、入境发展黑社会组织罪、包庇、纵容黑社会性质组织罪（第 294 条）

【立法沿革】

组织、领导、参加黑社会性质组织罪、入境发展黑社会组织罪、包庇、纵容黑社会性质组织罪是 1997 年《刑法》第 294 条增设的罪名，并经《刑法修正案（八）》第 43 条所修正。

在刑法修订研拟的过程中，公安部提出，"近年来，我国有组织犯罪向黑社会犯罪演化的趋势明显，带黑社会性质的犯罪越来越多，这是有组织犯罪数量增多以及犯罪分子经验积累的必然结果。当前，尽管我国还没有像意大利黑手党、香港三合会那样大规模的黑社会组织，但是一些犯罪组织已完全具备意大利黑手党、香港三合会所具有的典型的黑社会犯罪的手法特点，如组织结构越来越严密，犯罪手段日趋狡猾，逃避打击的能力提高，向国家政治、经济领域渗透，犯罪行为国际化等。有的称霸一方，拥有成员数十名，甚至数百名，资产上千万，将相当数量和级别的国家干部拉下水，历经多年不能打掉，对社会治安及党和政府的威信危害严重。而且，自改革开放以来，境外黑社会组织对我国内地的渗透犯罪不断增多，随着港澳回归日期的临近，港澳黑社会组织渗透的步伐可能更为加紧，这将对内地的黑社会犯罪起到推波助澜的作用。对此，近年来我国的刑事政策把带黑社会性质的犯罪作为打击的重点，党和国家领导人多次指示要认真研究，重点打击黑社会势力，并通过宣传机器大肆宣传此方面的刑事政策。所以，在这种情况下，黑社会犯罪已成为一种危害突出、党和政府以及人民群众非常关心的犯罪现象，因而在刑法中予以明确规定很有针对性、非常必要。"[①] 有鉴于此，1996 年的《刑法修订草案》（征求意见稿）第 261 条规定了有组织犯罪："有组织地进行违法犯罪活动，以暴力、威胁或者其他方法为非作恶，称霸一方，欺压群众，对首要分子或者其他罪恶重大的，处五年以上有期徒刑。"考虑到"在我国，明显的、典型的黑社会犯罪还没有出现，但带有黑社会性质的犯罪集团已经出现，横行乡里、称霸一方，为非作歹，欺压、残害居民的有组织犯罪时有出现。另外也发现有境外黑社会组织成员入境进行违法活动的，可能会对社会造成严重危害。对于黑社会性质的犯罪，必须坚决打击，一定要消灭在萌芽状态，防止蔓延。只要组织、参加黑社会性质的犯罪组织有违法活动的，不管是否有其他具体犯罪行为都要判刑。"[②]

---

① 参见公安部修改刑法领导小组办公室："《关于增设有组织犯罪和黑社会犯罪的设想》（1996 年 7 月）"，见高铭暄、赵秉志已编：《新中国刑法立法文献资料总览》（下），中国人民公安大学出版社 1998 年版，第 2661～2662 页。

② 参见全国人大常委会副委员长王汉斌 1996 年 12 月 24 日在八届全国人大常委会第二十三次会议上所作的《关于中华人民共和国刑法（修订草案）的说明》。

因此，1996 年的《刑法修订草案》第 265 条对上述规定作了重大补充和修改：一是增设了组织、领导、参加黑社会性质组织罪；二是规定了本罪数罪并罚的情形；三是增设了入境发展黑社会组织、进行违法活动罪。修改后的条文为："组织、领导以暴力、威胁或者其他手段，有组织地进行违法犯罪活动，称霸一方，为非作恶，欺压、残害群众，严重破坏经济、社会生活秩序的黑社会性质的组织的，处三年以上十年以下有期徒刑；其他参加进行违法活动的，处三年以下有期徒刑、拘役或者管制。""犯前款罪又有其他犯罪行为的，依照数罪并罚的规定处罚。""境外的黑社会组织到中华人民共和国境内发展组织成员或者进行违法活动的，依照第一款的规定处罚。"1997 年的《刑法修订草案》（修改稿）第 290 条在上述规定的基础上，增加了第 4 款"国家机关工作人员包庇黑社会性质的组织，纵容黑社会性质的组织进行违法犯罪活动的，处三年以下有期徒刑、拘役、管制或者剥夺政治权利；情节严重的，处三年以上十年以下有期徒刑"的规定；同时删去了第 3 款中"进行违法活动"的内容。1997 年 3 月 1 日，提交给八届全国人大五次会议审议的《中华人民共和国刑法（修订草案)》第 292 条对上述第 1 款的规定作了较大的修改和调整：一是调整了本罪的罪状，在"组织、领导"之后增加了"积极参加"的行为；二是将"其他参加进行违法活动"的表述改为"其他参加"；三是在第 2 档法定刑中增加了"剥夺政治权利"的规定。经审议，1997 年修订的《刑法》第 294 条在上述规定的基础上又作了两处修改和调整：一是调整了第 2 款和第 3 款的顺序，相应将原第 2 款规定的"犯前款罪"改为"犯前两款罪"；二是修改了入境发展黑社会组织罪的法定刑，将原"依照第一款的规定处罚"的规定改为"处三年以上十年以下有期徒刑"。

1997 年修订的《刑法》第 294 条规定："组织、领导和积极参加以暴力、威胁或者其他手段，有组织地进行违法犯罪活动，称霸一方，为非作恶，欺压、残害群众，严重破坏经济、社会生活秩序的黑社会性质的组织的，处三年以上十年以下有期徒刑；其他参加的，处三年以下有期徒刑、拘役、管制或者剥夺政治权利。""境外的黑社会组织的人员到中华人民共和国境内发展组织成员的，处三年以上十年以下有期徒刑。""犯前两款罪又有其他犯罪行为的，依照数罪并罚的规定处罚。""国家机关工作人员包庇黑社会性质的组织，或者纵容黑社会性质的组织进行违法犯罪活动的，处三年以下有期徒刑、拘役或者剥夺政治权利；情节严重的，处三年以上十年以下有期徒刑。"

1997 年《刑法》施行后，"近年来，随着经济社会的发展，黑社会性质组织犯罪出现了一些新的情况，为维护社会治安秩序，保障人民利益，有必要进一步加大对黑社会性质组织犯罪的惩处力度。"[①] 因此，《刑法修正案（八）》第 43 条对上述规定作了较大的修改

---

① 参见全国人大常委会法制工作委员会主任李适时 2010 年 8 月 23 日在十一届全国人大常委会第十六次会议上所作的《关于〈中华人民共和国刑法修正案（八）(草案)〉的说明》。

和补充：一是简化了第 1 款的罪状表述，并将黑社会性质组织成员由"组织、领导和积极参加""其他参加"两个层次调整为"组织、领导""积极参加"和"其他参加"三个层次；二是调整了第 1 款的法定刑，将组织者、领导者的主刑由"三年以上十年以下有期徒刑"提高到"七年以上有期徒刑"，将积极参加者的主刑设置为"三年以上七年以下有期徒刑"，[①] 并统一增加规定了财产刑。三是调整了第 3 款和第 4 款的顺序，相应地将原第 3 款中"犯前两款罪"的表述改为"犯前三款罪"，并大幅提高了原第 4 款的法定刑；四是增加了第 5 款"黑社会性质的组织应当同时具备以下特征"的规定。

【立法规定】

《刑法》第 294 条规定："组织、领导黑社会性质的组织的，处七年以上有期徒刑，并处没收财产；积极参加的，处三年以上七年以下有期徒刑，可以并处罚金或者没收财产；其他参加的，处三年以下有期徒刑、拘役、管制或者剥夺政治权利，可以并处罚金。""境外的黑社会组织的人员到中华人民共和国境内发展组织成员的，处三年以上十年以下有期徒刑。""国家机关工作人员包庇黑社会性质的组织，或者纵容黑社会性质的组织进行违法犯罪活动的，处五年以下有期徒刑；情节严重的，处五年以上有期徒刑。""犯前三款罪又有其他犯罪行为的，依照数罪并罚的规定处罚。""黑社会性质的组织应当同时具备以下特征：（一）形成较稳定的犯罪组织，人数较多，有明确的组织者、领导者，骨干成员基本固定；（二）有组织地通过违法犯罪活动或者其他手段获取经济利益，具有一定的经济实力，以支持该组织的活动；（三）以暴力、威胁或者其他手段，有组织地多次进行违法犯罪活动，为非作恶，欺压、残害群众；（四）通过实施违法犯罪活动，或者利用国家工作人员的包庇或纵容，称霸一方，在一定区域或者行业内，形成非法控制或者重大影响，严重破坏经济、社会生活秩序。"

【立法释义】

全国人大常委会 2002 年 4 月 28 日通过的《关于〈中华人民共和国刑法〉第二百九十四条第一款的解释》规定："刑法第二百九十四条第一款规定的'黑社会性质的组织'应当同时具备以下特征：（一）形成较稳定的犯罪组织，人数较多，有明确的组织者、领导者，骨干成员基本固定；（二）有组织地通过违法犯罪活动或者其他手段获取经济利益，具有一定的经济实力，以支持该组织的活动；（三）以暴力、威胁或者其他手段，有组织

---

① 《刑法修正案（八）（草案）》（一次审议稿）第 41 条沿用了 1997 年《刑法》第 294 条的规定。但是，在审议和征求意见的过程中，"有的部门和地方提出，在黑社会性质的组织中，组织、领导者与积极参加者及其他参加者在犯罪组织中的地位、作用是有差别的，建议分别规定刑罚，并适当提高组织、领导者的刑罚"（参见全国人大法律委员会副主任委员李适时 2010 年 12 月 20 日在十一届全国人大常委会第十八次会议上所作的《关于〈中华人民共和国刑法修正案（八）（草案）〉修改情况的汇报》）。

地多次进行违法犯罪活动，为非作恶，欺压、残害群众；（四）通过实施违法犯罪活动，或者利用国家工作人员的包庇或者纵容，称霸一方，在一定区域或者行业内，形成非法控制或者重大影响，严重破坏经济、社会生活秩序。"

最高人民法院 2000 年 12 月 5 日发布的《关于审理黑社会性质组织犯罪的案件具体应用法律若干问题的解释》第 1 条规定："刑法第二百九十四条规定的'黑社会性质的组织'，一般应具备以下特征：（一）组织结构比较紧密，人数较多，有比较明确的组织者、领导者，骨干成员基本固定，有较为严格的组织纪律；（二）通过违法犯罪活动或者其他手段获取经济利益，具有一定的经济实力；（三）通过贿赂、威胁等手段，引诱、逼迫国家工作人员参加黑社会性质组织活动，或者为其提供非法保护；（四）在一定区域或者行业范围内，以暴力、威胁、滋扰等手段，大肆进行敲诈勒索、欺行霸市、聚众斗殴、寻衅滋事、故意伤害等违法犯罪活动，严重破坏经济、社会生活秩序。"第 2 条规定："刑法第二百九十四条第二款规定的'发展组织成员'，是指将境内、外人员吸收为该黑社会组织成员的行为。对黑社会组织成员进行内部调整等行为，可视为'发展组织成员'。""港、澳、台黑社会组织到内地发展组织成员的，适用刑法第二百九十四条第二款的规定定罪处罚。"第 3 条规定："组织、领导、参加黑社会性质的组织又有其他犯罪行为的，根据刑法第二百九十四条第三款的规定，依照数罪并罚的规定处罚；对于黑社会性质组织的组织者、领导者，应当按照其所组织、领导的黑社会性质组织所犯的全部罪行处罚；对于黑社会性质组织的参加者，应当按照其所参与的犯罪处罚。""对于参加黑社会性质的组织，没有实施其他违法犯罪活动的，或者受蒙蔽、胁迫参加黑社会性质的组织，情节轻微的，可以不作为犯罪处理。"第 4 条规定："国家机关工作人员组织、领导、参加黑社会性质组织的，从重处罚。"第 5 条规定："刑法第二百九十四条第四款规定的'包庇'，是指国家机关工作人员为使黑社会性质组织及其成员逃避查禁，而通风报信，隐匿、毁灭、伪造证据，阻止他人作证、检举揭发，指使他人作伪证，帮助逃匿，或者阻挠其他国家机关工作人员依法查禁等行为。""刑法第二百九十四条第四款规定的'纵容'，是指国家机关工作人员不依法履行职责，放纵黑社会性质组织进行违法犯罪活动的行为。"第 6 条规定："国家机关工作人员包庇、纵容黑社会性质的组织，有下列情形之一的，属于刑法第二百九十四条第四款规定的'情节严重'：（一）包庇、纵容黑社会性质组织跨境实施违法犯罪活动的；（二）包庇、纵容境外黑社会组织在境内实施违法犯罪活动的；（三）多次实施包庇、纵容行为的；（四）致使某一区域或者行业的经济、社会生活秩序遭受黑社会性质组织特别严重破坏的；（五）致使黑社会性质组织的组织者、领导者逃匿，或者致使对黑社会性质组织的查禁工作严重受阻的；（六）具有其他严重情节的。"第 7 条规定："对黑社会性质组织和组织、领导、参加黑社会性质组织的犯罪分子聚敛的财物及其收益，以及用于犯罪的工具等，应当依法追缴、没收。"

最高人民检察院 2002 年 5 月 13 日发布的《关于认真贯彻执行全国人大常委会〈关于刑法第二百九十四条第一款的解释〉和〈关于刑法第三百八十四条第一款的解释〉的通知》第 2 条规定："要正确适用法律，积极发挥检察职能作用。各级人民检察院在办理相关案件的过程中，要充分运用刑法和立法解释的有关规定，依法开展立案侦查和批捕、起诉工作，严格按照《解释》加强对黑社会性质组织和挪用公款犯罪的打击力度，积极发挥检察机关的职能作用。根据《解释》的规定，黑社会性质组织是否有国家工作人员充当'保护伞'，即是否要有国家工作人员参与犯罪或者为犯罪活动提供非法保护，不影响黑社会性质组织的认定，对于同时具备《解释》规定的黑社会性质组织四个特征的案件，应依法予以严惩，以体现'打早打小'的立法精神。同时，对于确有'保护伞'的案件，也要坚决一查到底，绝不姑息……"

最高人民法院、最高人民检察院、公安部 2009 年 12 月 15 日发布的《关于办理黑社会性质组织犯罪案件座谈会纪要》第二部分第 1 条"关于黑社会性质组织的认定"规定："黑社会性质组织必须同时具备《立法解释》①中规定的'组织特征'、'经济特征'、'行为特征'和'危害性特征'。由于实践中许多黑社会性质组织并非这'四个特征'都很明显，因此，在具体认定时，应根据立法本意，认真审查、分析黑社会性质组织'四个特征'相互间的内在联系，准确评价涉案犯罪组织所造成的社会危害，确保不枉不纵。""1. 关于组织特征。黑社会性质组织不仅有明确的组织者、领导者，骨干成员基本固定，而且组织结构较为稳定，并有比较明确的层级和职责分工。""当前，一些黑社会性质组织为了增强隐蔽性，往往采取各种手段制造'人员频繁更替、组织结构松散'的假象。因此，在办案时，要特别注意审查组织者、领导者，以及对组织运行、活动起着突出作用的积极参加者等骨干成员是否基本固定、联系是否紧密，不要被其组织形式的表象所左右。""关于组织者、领导者、积极参加者和其他参加者的认定。组织者、领导者，是指黑社会性质组织的发起者、创建者，或者在组织中实际处于领导地位，对整个组织及其运行、活动起着决策、指挥、协调、管理作用的犯罪分子，既包括通过一定形式产生的有明确职务、称谓的组织者、领导者，也包括在黑社会性质组织中被公认的事实上的组织者、领导者；积极参加者，是指接受黑社会性质组织的领导和管理，多次积极参与黑社会性质组织的违法犯罪活动，或者积极参与较严重的黑社会性质组织的犯罪活动且作用突出，以及其他在组织中起重要作用的犯罪分子，如具体主管黑社会性质组织的财务、人员管理等事项的犯罪分子；其他参加者，是指除上述组织成员之外，其他接受黑社会性质组织的领导和

---

① 该纪要所说的《立法解释》，是指全国人大常委会 2002 年 4 月 28 日通过的《关于〈中华人民共和国刑法〉第二百九十四条第一款的解释》。

管理的犯罪分子。根据《司法解释》① 第三条第二款的规定，对于参加黑社会性质的组织，没有实施其他违法犯罪活动的，或者受蒙蔽、胁迫参加黑社会性质的组织，情节轻微的，可以不作为犯罪处理。""关于黑社会性质组织成员的主观明知问题。在认定黑社会性质组织的成员时，并不要求其主观上认为自己参加的是黑社会性质组织，只要其知道或者应当知道该组织具有一定规模，且是以实施违法犯罪为主要活动的，即可认定。""对于黑社会性质组织存在时间、成员人数及组织纪律等问题的把握。黑社会性质组织一般在短时间内难以形成，而且成员人数较多，但鉴于普通犯罪集团、'恶势力'团伙向黑社会性质组织发展是一个渐进的过程，没有明显的性质转变的节点，故对黑社会性质组织存在时间、成员人数问题不宜作出'一刀切'的规定。对于那些已存在一定时间，且成员人数较多的犯罪组织，在定性时要根据其是否已具备一定的经济实力，是否已在一定区域或行业内形成非法控制或重大影响等情况综合分析判断。此外，在通常情况下，黑社会性质组织为了维护自身的安全和稳定，一般会有一些约定俗成的纪律、规约，有些甚至还有明确的规定。因此，具有一定的组织纪律、活动规约，也是认定黑社会性质组织特征时的重要参考依据。""2. 关于经济特征。一定的经济实力是黑社会性质组织坐大成势，称霸一方的基础。由于不同地区的经济发展水平、不同行业的利润空间均存在很大差异，加之黑社会性质组织存在、发展的时间也各有不同，因此，在办案时不能一般性地要求黑社会性质组织所具有的经济实力必须达到特定规模或特定数额。此外，黑社会性质组织的敛财方式也具有多样性。实践中，黑社会性质组织不仅会通过实施赌博、敲诈、贩毒等违法犯罪活动攫取经济利益，而且还往往会通过开办公司、企业等方式'以商养黑'、'以黑护商'。因此，无论其财产是通过非法手段聚敛，还是通过合法的方式获取，只要将其中部分或全部用于违法犯罪活动或者维系犯罪组织的生存、发展即可。""'用于违法犯罪活动或者维系犯罪组织的生存、发展'，一般是指购买作案工具、提供作案经费，为受伤、死亡的组织成员提供医疗费、丧葬费，为组织成员及其家属提供工资、奖励、福利、生活费用，为组织寻求非法保护以及其他与实施有组织的违法犯罪活动有关的费用支出等。""3. 关于行为特征。暴力性、胁迫性和有组织性是黑社会性质组织行为方式的主要特征，但有时也会采取一些'其他手段'。""根据司法实践经验，《立法解释》中规定的'其他手段'主要包括：以暴力、威胁为基础，在利用组织势力和影响已对他人形成心理强制或威慑的情况下，进行所谓的'谈判'、'协商'、'调解'；滋扰、哄闹、聚众等其他干扰、破坏正常经济、社会生活秩序的非暴力手段。""'黑社会性质组织实施的违法犯罪活动'主要包括以下情形：由组织者、领导者直接组织、策划、指挥、参与实施的违法犯罪活动；由组织成

---

① 该纪要所说的《司法解释》，是指最高人民法院 2000 年 12 月 5 日发布的《关于审理黑社会性质组织犯罪的案件具体应用法律若干问题的解释》。

员以组织名义实施，并得到组织者、领导者认可或者默许的违法犯罪活动；多名组织成员为逞强争霸、插手纠纷、报复他人、替人行凶、非法敛财而共同实施，并得到组织者、领导者认可或者默许的违法犯罪活动；组织成员为组织争夺势力范围、排除竞争对手、确立强势地位、谋取经济利益、维护非法权威或者按照组织的纪律、惯例、共同遵守的约定而实施的违法犯罪活动；由黑社会性质组织实施的其他违法犯罪活动。""会议认为，在办案时还应准确理解《立法解释》中关于'多次进行违法犯罪活动'的规定。黑社会性质组织实施犯罪活动过程中，往往伴随着大量的违法活动，对此均应作为黑社会性质组织的违法犯罪事实予以认定。但如果仅实施了违法活动，而没有实施犯罪活动的，则不能认定为黑社会性质组织。此外，'多次进行违法犯罪活动'只是认定黑社会性质组织的必要条件之一，最终能否认定为黑社会性质组织，还要结合危害性特征来加以判断。即使有些案件中的违法犯罪活动已符合'多次'的标准，但根据其性质和严重程度，尚不足以形成非法控制或者重大影响的，也不能认定为黑社会性质组织。""4. 关于危害性特征。称霸一方，在一定区域或者行业内，形成非法控制或者重大影响，从而严重破坏经济、社会生活秩序，是黑社会性质组织的本质特征，也是黑社会性质组织区别于一般犯罪集团的关键所在。""对于'一定区域'的理解和把握。区域的大小具有相对性，且黑社会性质组织非法控制和影响的对象并不是区域本身，而是在一定区域中生活的人，以及该区域内的经济、社会生活秩序。因此，不能简单地要求'一定区域'必须达到某一特定的空间范围，而应当根据具体案情，并结合黑社会性质组织对经济、社会生活秩序的危害程度加以综合分析判断。""对于'一定行业'的理解和把握。黑社会性质组织所控制和影响的行业，既包括合法行业，也包括黄、赌、毒等非法行业。这些行业一般涉及生产、流通、交换、消费等一个或多个市场环节。""通过实施违法犯罪活动，或者利用国家工作人员的包庇、纵容，称霸一方，并具有以下情形之一的，可认定为'在一定区域或者行业内，形成非法控制或者重大影响，严重破坏经济、社会生活秩序'：对在一定区域内生活或者在一定行业内从事生产、经营的群众形成心理强制、威慑，致使合法利益受损的群众不敢举报、控告的；对一定行业的生产、经营形成垄断，或者对涉及一定行业的准入、经营、竞争等经济活动形成重要影响的；插手民间纠纷、经济纠纷，在相关区域或者行业内造成严重影响的；干扰、破坏他人正常生产、经营、生活，并在相关区域或者行业内造成严重影响的；干扰、破坏公司、企业、事业单位及社会团体的正常生产、经营、工作秩序，在相关区域、行业内造成严重影响，或者致使其不能正常生产、经营、工作的；多次干扰、破坏国家机关、行业管理部门以及村委会、居委会等基层群众自治组织的工作秩序，或者致使上述单位、组织的职能不能正常行使的；利用组织的势力、影响，使组织成员获取政治地位，或者在党政机关、基层群众自治组织中担任一定职务的；其他形成非法控制或者重大影响，严重破坏经济、社会生活秩序的情形。"第2条"关于办理黑社会性质组织犯罪案件的其他问题"规定："1. 关于包庇、纵容黑社会性质组织罪主观要件的认定。本罪主观方面要求必须是出于故意，过失不能构成本罪。会议认为，只要行为人知道或者应当知道是从事违法犯罪活动的组织，仍对该组织及其成员予以包庇，或者纵容其实施违法犯罪活动，即可认定本罪。至于行为人是否明知该组织系黑社会性质组织，不影响本罪的成立。""2. 关于黑社会性质组织成员的刑事责任。对黑社会性质组织的组织者、领导者，应根据法律规定和本纪要中关于'黑社会性质组织实施的违法犯罪活动'的规定，按照该组织所犯的全部罪行承担刑事责任。组织者、领导者对于具体犯罪所承担的刑事责任，应当根据其在该起犯罪中的具体地位、作用来确定。对黑社会性质组织中的积极参加者和其他参加者，应按照其所参与的犯罪，根据其在具体犯罪中的地位和作用，依照罪责刑相适应的原则，确定应承担的刑事责任。""3. 关于涉黑犯罪财物及其收益的认定和处置。在办案时，要依法运用查封、扣押、冻结、追缴、没收等手段，彻底摧毁黑社会性质组织的经济基础，防止其死灰复燃。对于涉黑犯罪财物及其收益以及犯罪工具，均应按照刑法第六十四条和《司法解释》第七条的规定予以追缴、没收。黑社会性质组织及其成员通过犯罪活动聚敛的财物及其收益，是指在黑社会性质组织的形成、发展过程中，该组织及组织成员通过违法犯罪活动或其他不正当手段聚敛的全部财物、财产性权益及其孳息、收益。在办案工作中，应认真审查涉案财产的来源、性质，对被告人及其他单位、个人的合法财产应依法予以保护。""5. 关于黑社会性质组织成员的立功问题。积极参加者、其他参加者配合司法机关查办案件，有提供线索、帮助收集证据或者其他协助行为，并对侦破黑社会性质组织犯罪案件起到一定作用的，即使依法不能认定立功，一般也应酌情对其从轻处罚。组织者、领导者检举揭发与该黑社会性质组织及其违法犯罪活动有关联的其他犯罪线索，即使依法构成立功或者重大立功，在量刑时也应从严掌握。""6. 关于对'恶势力'团伙的认定和处理。'恶势力'是黑社会性质组织的雏形，有的最终发展成为了黑社会性质组织。因此，及时严惩'恶势力'团伙犯罪，是遏制黑社会性质组织滋生，防止违法犯罪活动造成更大社会危害的有效途径。""会议认为，'恶势力'是指经常纠集在一起，以暴力、威胁或其他手段，在一定区域或者行业内多次实施违法犯罪活动，为非作恶，扰乱经济、社会生活秩序，造成较为恶劣的社会影响，但尚未形成黑社会性质组织的犯罪团伙。'恶势力'一般为三人以上，纠集者、骨干成员相对固定，违法犯罪活动一般表现为敲诈勒索、强迫交易、欺行霸市、聚众斗殴、寻衅滋事、非法拘禁、故意伤害、抢劫、抢夺或者黄、赌、毒等。各级人民法院、人民检察院和公安机关在办案时应根据本纪要的精神，结合组织化程度的高低、经济实力的强弱、有无追求和实现对社会的非法控制等特征，对黑社会性质组织与'恶势力'团伙加以正确区分。同时，还要本着实事求是的态度，正确理解和把握'打早打小'方针。在准确查明'恶势力'团伙具体违法犯罪事实的基础上，构成什么罪，就按什么罪处理，并充分运用刑法总则关于共同犯罪的规定，依法惩处。对符合犯罪集团特征的，要按照犯罪集团处理，以切实加大对'恶势力'团伙依法惩处的力度。"

【立法建言】

建　议：将《刑法》第294条第1款、第2款、第3款修改为："组织、领导黑社会性质的组织的，处七年以上有期徒刑，并处罚金；积极参加的，处三年以上七年以下有期徒刑，可以并处罚金；其他参加的，处三年以下有期徒刑、拘役、管制或者剥夺政治权利，可以并处或者单处罚金。""境外的黑社会组织的人员到中华人民共和国境内发展组织成员的，处三年以上十年以下有期徒刑，可以并处罚金。""国家机关工作人员包庇黑社会性质的组织，或者纵容黑社会性质的组织进行违法犯罪活动的，处五年以下有期徒刑，可以并处罚金；情节严重的，处五年以上有期徒刑，并处罚金。"

理　由：

从立法技术上看，宜将《刑法》第294条第1款第1档法定刑中的"没收财产"改为"罚金"，同时删去第2档法定刑中的"没收财产"，并将第3档法定刑中的"可以并处罚金"改为"可以并处或者单处罚金"，以与《刑法》的其他没收财产和罚金规定相一致。此外，还宜在第2款和第3款的法定刑中增加"罚金"的规定，以与第1款的财产刑规定相协调。

二十四、传授犯罪方法罪（第295条）

【立法沿革】

传授犯罪方法罪是在全国人大常委会1983年《关于严惩严重危害社会治安的犯罪分子的决定》第2条规定的传授犯罪方法罪的基础上修改而来的，并经《刑法修正案（八）》第44条所修正。

早在1950年，《刑法大纲草案》规定的窃盗罪中就包含了"传授他人窃盗技术"的内容。该草案第139条第4款规定："组织领导他人实施窃盗，或传授他人窃盗技术者，处五年以上十五年以下监禁。"但是，此后的刑法草案和1979年《刑法》均没有涉及传授犯罪方法的规定。1979年《刑法》施行后，"有一些老流氓、惯犯、教唆犯猖狂地传授犯罪方法，教唆青少年犯罪，对社会危害极大。更为恶劣的是，他们在劳动教养或者在服刑劳改期间也进行这类犯罪活动，以致一些劳教、劳改场所成了'犯罪技术传习所'。"[①] 有

---

① 参见全国人大常委会秘书长、法制委员会副主任王汉斌1983年9月2日在六届全国人大常委会第二次会议上所作的《关于修改"人民法院组织法"、"人民检察院组织法"的决定和"关于严惩严重危害社会治安的犯罪分子的决定"等几个法律案的说明》。

鉴于此，1983 年《关于严惩严重危害社会治安的犯罪分子的决定》第 2 条增设了传授犯罪方法罪："传授犯罪方法，情节较轻的，处五年以下有期徒刑；情节严重的，处五年以上有期徒刑；情节特别严重的，处无期徒刑或者死刑。"

在全面研究修改刑法的过程中，1988 年的《刑法修改稿》第 194 条在上述规定的基础上，大幅降低了本罪的法定刑："传授犯罪方法的，处二年以下有期徒刑或者拘役；情节严重的，处二年以上七年以下有期徒刑。"但是，1996 年的《刑法修订草案》（征求意见稿）第 262 条又大幅提高了本罪的法定刑："传授犯罪方法的，处五年以下有期徒刑或者拘役；情节严重的，处五年以上十年以下有期徒刑；情节特别严重的，处十年以上有期徒刑或者无期徒刑。"1996 年的《刑法修订草案》第 266 条再次对本罪的法定刑作了调整，并且恢复了死刑的规定。修改后的条文为："传授犯罪方法的，处五年以下有期徒刑或者拘役；情节严重的，处五年以上有期徒刑；情节特别严重的，处无期徒刑或者死刑。"1997 年 3 月 1 日，提交给八届全国人大五次会议审议的《中华人民共和国刑法（修订草案)》第 293 条基本上沿用了上述规定，仅在第 1 档法定刑中增加了"管制"这一刑种。这一修改方案，为 1997 年修订的《刑法》所采纳。

1997 年修订的《刑法》第 295 条规定："传授犯罪方法的，处五年以下有期徒刑、拘役或者管制；情节严重的，处五年以上有期徒刑；情节特别严重的，处无期徒刑或者死刑。"

1997 年《刑法》施行后，考虑到本罪的死刑基本未适用过，为"适当减少死刑罪名"，[①]《刑法修正案（八）》第 44 条取消了本罪的死刑，并相应调整了本罪的法定刑。

【立法规定】

《刑法》第 295 条规定："传授犯罪方法的，处五年以下有期徒刑、拘役或者管制；情节严重的，处五年以上十年以下有期徒刑；情节特别严重的，处十年以上有期徒刑或者无期徒刑。"

【立法释义】

最高人民法院、最高人民检察院、公安部 2014 年 9 月 9 日发布的《关于办理暴力恐怖和宗教极端刑事案件适用法律若干问题的意见》第二部分第 9 条规定："传授暴力恐怖或者其他犯罪技能、经验，依法不能认定为组织、领导、参加恐怖组织罪的，以传授犯罪方法罪定罪处罚。""为实现所教唆的犯罪，教唆者又传授犯罪方法的，择一重罪定罪处罚。"

---

① 参见全国人大常委会法制工作委员会主任李适时 2010 年 8 月 23 日在十一届全国人大常委会第十六次会议上所作的《关于〈中华人民共和国刑法修正案（八）（草案)〉的说明》。

最高人民法院 2015 年 5 月 18 日发布的《全国法院毒品犯罪审判工作座谈会纪要》第二部分第 1 条"罪名认定问题"第 5 款规定："行为人利用信息网络贩卖毒品、在境内非法买卖用于制造毒品的原料或者配剂、传授制造毒品等犯罪的方法，构成贩卖毒品罪、非法买卖制毒物品罪、传授犯罪方法罪等犯罪的，依法定罪处罚。行为人开设网站、利用网络聊天室等组织他人共同吸毒，构成引诱、教唆、欺骗他人吸毒罪等犯罪的，依法定罪处罚。"

【立法建言】

建　议：删去《刑法》第 295 条。

理　由：

早在《刑法修订草案》征求意见的过程中，最高人民法院就曾建议取消传授犯罪方法罪。其理由是："传授犯罪方法罪在以往的司法实践当中适用的很少；这类传授犯罪方法行为与教唆犯罪很难区别；实践当中完全可以教唆犯罪进行处理。"[①] 有的地方和专家也建议，应删掉传授犯罪方法罪的规定。[②] 总体来看，"在刑法修订研拟中，应否将此罪纳入新刑法典，比较一致的意见是持否定态度"。[③] 但遗憾的是，立法机关并未采纳上述意见。1997 年《刑法》施行后，实践中传授犯罪方法罪与教唆犯罪难以区分和处理的问题依然存在。对于实践中存在的教唆犯罪与传授犯罪方法相结合或相竞合的情况应如何处理，在理论上分歧较大。有学者认为，"对同一犯罪内容同时实施教唆行为与传授犯罪方法的行为，或者用传授犯罪方法的手段使他人产生犯罪决意。在这种情况下，原则上从一重罪论处"。[④] 也有学者认为，"对于此种情况，应按照吸收原则，从一重罪论处"。[⑤] 还有学者认为，"如果行为人出于共同犯罪的故意传授犯罪方法给他人，并且客观上参与了犯罪活动，既构成传授犯罪方法罪，又构成参与的具体犯罪的共犯，应当数罪并罚"。[⑥] 笔者认为，上述分歧的产生，归根结底还是源于传授犯罪方法罪设置的不合理性。因此，为

---

① 参见最高人民法院刑法修改小组："《关于对〈中华人民共和国刑法（修订草案）〉（征求意见稿）的修改意见》（1996 年 11 月 8 日）"，见高铭暄、赵秉志编：《新中国刑法立法文献资料总览》（下），中国人民公安大学出版社 1998 年版，第 2438 页。

② 参见全国人大常委会办公厅秘书局："《中央有关部门、地方及法律专家对刑法修订草案（征求意见稿）的意见》（1996 年 12 月 26 日印）"，见高铭暄、赵秉志编：《新中国刑法立法文献资料总览》（下），中国人民公安大学出版社 1998 年版，第 2171 页；八届全国人大五次会议秘书处："《中央有关部门、地方对刑法修订草案的意见》（1997 年 3 月 3 日印）"，见高铭暄、赵秉志编：《新中国刑法立法文献资料总览》（下），中国人民公安大学出版社 1998 年版，第 2218 页。

③ 参见高铭暄：《中华人民共和国刑法的孕育诞生和发展完善》，北京大学出版社 2012 年版，第 524 页。

④ 张明楷：《刑法学》，法律出版社 2011 年版，第 944 页。

⑤ 刘艳红主编：《刑法学》（下），北京大学出版社 2014 年版，第 348 页。

⑥ 王作富主编：《刑法》，中国人民大学出版社 2011 年版，第 443 页。

避免理论上的纷争和实践中的混乱，宜取消传授犯罪方法罪的规定。[①]

二十五、非法集会、游行、示威罪（第 296 条）

【立法沿革】

非法集会、游行、示威罪是在 1989 年《中华人民共和国集会游行示威法》（以下简称《集会游行示威法》）第 29 条第 3 款规定的基础上修改而来的。

全国人大常委会 1989 年 10 月 31 日通过的《集会游行示威法》第 29 条第 3 款规定："未依照本法规定申请或者申请未获许可，或者未按照主管机关许可的起止时间、地点、路线进行，又拒不服从解散命令，严重破坏社会秩序的，对集会、游行、示威的负责人和直接责任人员依照刑法第一百五十八条的规定追究刑事责任。"[②]

在刑法修订研拟的过程中，基于"将一些民事、经济、行政法律中'依照''比照'刑法有关条文追究刑事责任的规定，改为刑法的具体条款"的考虑，[③] 1996 年的《刑法修订草案》（征求意见稿）第 263 条将上述规定改为了刑法的具体条款。这一修改方案，为现行刑法所采纳。

【立法规定】

《刑法》第 296 条规定："举行集会、游行、示威，未依照法律规定申请或者申请未获许可，或者未按照主管机关许可的起止时间、地点、路线进行，又拒不服从解散命令，严重破坏社会秩序的，对集会、游行、示威的负责人和直接责任人员，处五年以下有期徒刑、拘役、管制或者剥夺政治权利。"

【立法释义】

最高人民检察院、公安部 2008 年 6 月 25 日发布的《关于公安机关管辖的刑事案件立案追诉标准的规定（一）》第 38 条规定："举行集会、游行、示威，未依照法律规定申请或者申请未获许可，或者未按照主管机关许可的起止时间、地点、路线进行，又拒不服从解散命令，严重破坏社会秩序的，应予立案追诉。"

【立法建言】

建　议：将《刑法》第 296 条修改为："举行集会、游行、示威，未依照法律规定申

[①]　最高人民法院、最高人民检察院、公安部 2014 年 9 月 9 日发布的《关于办理暴力恐怖和宗教极端刑事案件适用法律若干问题的意见》第二部分第 9 条规定的传授犯罪方法的定罪处罚原则，在《刑法修正案（九）》第 6 条修改了资助恐怖活动罪的情况下，实际上否定了传授犯罪方法罪存在的必要性。

[②]　1979 年《刑法》第 158 条规定的是扰乱社会秩序罪。

[③]　参见全国人大常委会副委员长王汉斌 1997 年 3 月 6 日在八届全国人大五次会议上所作的《关于〈中华人民共和国刑法（修订草案）〉的说明》。

请或者申请未获许可，或者未按照主管机关许可的起止时间、地点、路线进行，又拒不服从解散命令，严重破坏社会秩序的，对集会、游行、示威的负责人，处五年以下有期徒刑、拘役、管制或者剥夺政治权利，可以并处或者单处罚金。"

理　由：

非法举行集会、游行、示威的"负责人"和"直接责任人员"，在非法集会、游行、示威中的地位和作用是不尽相同的。为缩小打击面，更好地贯彻宽严相济的刑事政策，宜将刑法打击的锋芒集中在集会、游行、示威的"负责人"方面，以最大限度地分化瓦解非法集会、游行、示威的违法犯罪分子。① 此外，还宜对本罪增加规定罚金刑，以剥夺犯罪分子再犯罪的能力。

二十六、非法携带武器、管制刀具、爆炸物参加集会、游行、示威罪（第297条）

【立法沿革】

非法携带武器、管制刀具、爆炸物参加集会、游行、示威罪是在1989年《集会游行示威法》第29条第2款规定的基础上修改而来的。

《集会游行示威法》第29条第1款规定："举行集会、游行、示威，有犯罪行为的，依照刑法有关规定追究刑事责任。"第2款规定："携带武器、管制刀具或者爆炸物的，比照刑法第一百六十三条的规定追究刑事责任。"②

在刑法修订研拟的过程中，1996年的《刑法修订草案》（征求意见稿）第264条将上述规定修改为："违反法律规定，携带武器、管制刀具或者爆炸物参加集会、游行、示威的，处三年以下有期徒刑、拘役。"1996年的《刑法修订草案》第268条基本上沿用了上述规定，仅在刑罚配置方面增加了"管制"这一刑种。1997年3月1日，提交给八届全国人大五次会议审议的《中华人民共和国刑法（修订草案）》第295条在上述规定的基础上，又增加了"剥夺政治权利"的规定。这一修改方案，为现行刑法所采纳。

【立法规定】

《刑法》第297条规定："违反法律规定，携带武器、管制刀具或者爆炸物参加集会、

---

① 关于刑事责任的归责范围问题，德国著名刑法学家耶赛克认为，自20世纪中叶以来，关于怎样处理犯罪以及应该采取什么方法和手段来战胜犯罪的问题，已经得出了三个结论：其一，立法者为了避免不必要地将某些行为列为犯罪，同时为了在一般人思想上维护刑罚的严肃性，必须将刑法所必须归罪的行为范围限制在维护公共安全秩序所必需的最低范围之内。其二，因为大部分人都是正常发展的，那么，对于有较轻微的、中等程度的犯罪行为的人，就应该扩大采取在自由状态中进行考验的办法。其三，应当使警察和司法机关的工作集中于较严重的犯罪方面，至于轻微的犯罪则委托给行政机关通过简易程序予以处理（参见【德】汉斯·海因里希·耶赛克："世界性刑法改革运动概要"，何天贵译，载《法学译丛》1981年第1期）。

② 1979年《刑法》第163条规定："违反枪支管理规定，私藏枪支、弹药，拒不交出的，处二年以下有期徒刑或者拘役。"

游行、示威的，处三年以下有期徒刑、拘役、管制或者剥夺政治权利。"

【立法释义】

最高人民检察院、公安部 2008 年 6 月 25 日发布的《关于公安机关管辖的刑事案件立案追诉标准的规定（一）》第 39 条规定："违反法律规定，携带武器、管制刀具或者爆炸物参加集会、游行、示威的，应予立案追诉。"

【立法建言】

建　议：将《刑法》第 297 条修改为："违反法律规定，携带武器、弹药、管制刀具或者爆炸性、易燃性、放射性、毒害性、腐蚀性物品参加集会、游行、示威的，处三年以下有期徒刑、拘役、管制或者剥夺政治权利，可以并处或者单处罚金。"

理　由：

从立法技术上看，宜在本罪的犯罪对象中增加"易燃性、放射性、毒害性、腐蚀性物品"的规定，以与《刑法》第 130 条非法携带枪支、弹药、管制刀具、危险物品危及公共安全罪的犯罪对象相协调。此外，还宜在本罪的法定刑中增加"可以并处或者单处罚金"的规定，以与《刑法》的其他罚金规定相一致。

二十七、破坏集会、游行、示威罪（第 298 条）

【立法沿革】

破坏集会、游行、示威罪是在 1989 年《集会游行示威法》第 30 条规定的基础上修改而来的。

《集会游行示威法》第 30 条规定："扰乱、冲击或者以其他方法破坏依法举行的集会、游行、示威的，公安机关可以处以警告或者十五日以下拘留；情节严重，构成犯罪的，依照刑法有关规定追究刑事责任。"

在刑法修订研拟的过程中，1996 年的《刑法修订草案》（征求意见稿）第 265 条将上述规定改为刑法的具体条款，并为现行刑法所采纳。

【立法规定】

《刑法》第 298 条规定："扰乱、冲击或者以其他方法破坏依法举行的集会、游行、示威，造成公共秩序混乱的，处五年以下有期徒刑、拘役、管制或者剥夺政治权利。"

【立法释义】

最高人民检察院、公安部 2008 年 6 月 25 日发布的《关于公安机关管辖的刑事案件立案追诉标准的规定（一）》第 40 条规定："扰乱、冲击或者以其他方法破坏依法举行的集会、游行、示威，造成公共秩序严重混乱的，应予立案追诉。"

【立法建言】

建　议： 将《刑法》第 298 条修改为："扰乱、冲击或者以其他方法破坏依法举行的集会、游行、示威，造成公共秩序混乱的，处五年以下有期徒刑、拘役、管制或者剥夺政治权利，可以并处或者单处罚金。"

理　由：

从立法技术上看，宜在本罪的法定刑中增加"可以并处或者单处罚金"的规定，以与《刑法》的其他罚金规定相一致。

二十八、侮辱国旗、国徽罪（第 299 条）

【立法沿革】

侮辱国旗、国徽罪是从全国人大常委会 1990 年《关于惩治侮辱中华人民共和国国旗国徽罪的决定》的规定直接移植过来的。

在审议《中华人民共和国国旗法（草案）》的过程中，"有些法律专家、部门和地方提出，刑法没有规定侮辱国旗罪，如果规定这个罪名，最好采取对刑法作补充规定的方式。有的法律专家还建议对侮辱国徽罪一并作出规定"。[1] 据此，全国人大常委会 1990 年 6 月 30 日通过的《关于惩治侮辱中华人民共和国国旗国徽罪的决定》规定："在公众场合故意以焚烧、毁损、涂划、玷污、践踏等方式侮辱中华人民共和国国旗、国徽的，处三年以下有期徒刑、拘役、管制或者剥夺政治权利。"

在刑法修订研拟的过程中，1996 年的《刑法修订草案》（征求意见稿）第 266 条直接移植了上述规定，并为现行刑法所采纳。

【立法规定】

《刑法》第 299 条规定："在公众场合故意以焚烧、毁损、涂划、玷污、践踏等方式侮辱中华人民共和国国旗、国徽的，处三年以下有期徒刑、拘役、管制或者剥夺政治权利。"

【立法释义】

目前，尚无与侮辱国旗、国徽罪相关的法律解释。

【立法建言】

建　议： 将《刑法》第 299 条修改为："在公众场合故意以焚烧、毁损、涂划、玷污、践踏等方式侮辱中华人民共和国国旗、国徽的，处三年以下有期徒刑、拘役、管制或者剥

---

① 参见全国人大法律委员会副主任委员项淳一 1990 年 6 月 20 日在七届全国人大常委会第十四次会议上所作的《对〈中华人民共和国国旗法（草案）〉审议结果的报告》。

夺政治权利，可以并处或者单处罚金。"

理　由：

从立法技术上看，宜在本罪的法定刑中增加"可以并处或者单处罚金"的规定，以与《刑法》的其他罚金规定相一致。

二十九、组织、利用会道门、邪教组织、利用迷信破坏法律实施罪、组织、利用会道门、邪教组织、利用迷信致人重伤、死亡罪（第300条）

【立法沿革】

组织、利用会道门、邪教组织、利用迷信破坏法律实施罪是在1979年《刑法》第99条规定的组织、利用封建迷信、会道门进行反革命活动罪的基础上修改而来的，并经《刑法修正案（九）》第33条所修正；而组织、利用会道门、邪教组织、利用迷信致人重伤、死亡罪则是在1997年《刑法》第300条规定的组织、利用会道门、邪教组织、利用迷信致人死亡罪的基础上，经《刑法修正案（九）》第33条修正而来的。

早在新中国成立前夕，人民政权一建立，就立即宣布一贯道等反动封建会门组织为非法组织，并明令加以取缔。为惩治组织领导或利用封建会门、迷信团体的犯罪活动，1950年的《刑法大纲草案》分别在第四章"反革命罪"和第五章"妨害国家统治秩序罪"中，规定了反革命匪帮罪和封建会门扰乱治安罪。该草案第39条第2项、第3项规定："利用、操纵、收买武装土匪、封建会门、或迷信团体而使之犯前项之罪者，处死刑，或终身监禁，并没收其全部财产。""前项土匪、会门、团体的首要分子或积极参加者，明知为反革命行为而听从之者，比照第一项规定处罚。"[1] 第59条规定："组织领导封建会门，造谣惑众，扰乱治安者处一年以上五年以下监禁。""组织领导或利用封建会门聚众暴动者，其首要分子处七年以上十五年以下监禁，情节严重者处死刑或终身监禁，并没收其全部财产。"在镇压反革命活动中，"为了给予干部和群众以镇压反革命活动的法律武器，为了给予审判反革命罪犯的人员以量刑的标准，为了在坚决镇压反革命活动中克服或防止右的偏向和左的偏向"[2]，1951年的《惩治反革命条例》第8条规定："利用封建会门，进行反革命活动者，处死刑或者无期徒刑；情节较轻者处三年以上徒刑。"到了1954年，《刑法指导原则草案》第32条专门规定了组织封建会道门罪："组织封建会道门进行反革命活动的罪犯，判处死刑、无期徒刑或者十年以上有期徒刑；积极参加活动的骨干分子，判处三年

---

① 该条第1项规定："以反革命为目的，组织或参加武装匪帮而烧杀抢掠，袭击机关村镇，或为其他严重扰乱治安行为者，其首要分子或作恶多端者，处死刑，并没收其全部财产。积极参加者，处终身监禁或五年以上十五年以下监禁，并可没收其财产之全部或一部。"

② 参见中央人民政府政务院政治法律委员会副主任彭真1951年2月20日在中央人民政府委员会第十一次会议上所作的《关于镇压反革命活动和惩治反革命条例问题的报告》。

以上有期徒刑；其他积极参加活动或者屡犯不改的，判处三年以下有期徒刑、劳役、管制或者予以行政处罚。"1957 年的《刑法草案》第 22 稿沿用《惩治反革命条例》的立法例，仅规定了利用封建会道门进行反革命活动罪。该稿第 106 条规定："利用封建会道门进行反革命活动的，处三年以上十年以下有期徒刑；首要分子处十年以上有期徒刑、无期徒刑或者死刑。"1963 年的《刑法草案》第 33 稿第 105 条在上述规定的基础上，增加了"组织"封建会道门的情形，① 并调整了法定刑的排列顺序。修改后的条文为："组织、利用封建会道门进行反革命活动的，处十年以上有期徒刑、无期徒刑或者死刑；情节较轻的，处三年以上十年以下有期徒刑。"1979 年《刑法》第 99 条对上述规定作了较大的修改和调整：一是在罪状中增加了利用"封建迷信"的情形；二是在法定刑中取消了无期徒刑和死刑的规定，并相应调整了法定刑。

1979 年《刑法》第 99 条规定："组织、利用封建迷信、会道门进行反革命活动的，处五年以上有期徒刑；情节较轻的，处五年以下有期徒刑、拘役、管制或者剥夺政治权利。"

1979 年《刑法》施行后，鉴于组织反动会道门，利用封建迷信，进行反革命活动，危害严重、民愤极大，而依照法律又不能对其判处死刑的情况，1983 年《关于严惩严重危害社会治安的犯罪分子的决定》第 1 条补充规定：对"组织反动会道门，利用封建迷信，进行反革命活动，严重危害社会治安的"，"可以在刑法规定的最高刑以上处刑，直至判处死刑"。

在全面研究修改刑法的过程中，1988 年的《刑法修改稿》在将"反革命罪"改为"危害国家安全罪"的同时，保留了其中有关会道门的犯罪，而将以迷信方法的犯罪移至"妨害社会管理秩序罪"一章。该稿第 103 条规定："组织、领导以危害国家政权为目的的集团或者会道门的，处三年以上七年以下有期徒刑，其他积极参加的，处五年以下有期徒刑、拘役或者管制。犯有本章其他罪行的，依照各该条的规定从重处罚。"第 187 条规定："以迷信方法扰乱社会秩序或者诈骗财物的，处二年以下有期徒刑、拘役或者管制；情节严重的，处二年以上七年以下有期徒刑。"到了 1996 年，《刑法修订草案》（征求意见稿）改变了上述立法模式，而将组织会道门、利用迷信的犯罪一并规定在"妨害社会管理秩序罪"一章中；同时还增加了组织"邪教团体"的情形，并重新设计了罪状和法定刑。该草案第 268 条规定："组织会道门、邪教团体或者利用迷信奸淫妇女、鼓动他人自杀或者破坏国家法律实施的，处三年以上七年以下有期徒刑；情节特别严重的，处七年以上有期

---

① "修订中考虑到，所谓'利用'，原是指封建会道门本身已经存在的情况下，通过它来进行反革命活动；然而新中国成立初期，封建会道门即被人民政府明令取缔了，其后，'利用'的情况就比较少，往往是死灰复燃，改头换面地重新组织封建会道门进行反革命复辟活动。因此条文在'利用'前面加上'组织'二字。意思是组织也好，利用也好，只要进行反革命活动，就依本条治罪"（参见高铭暄：《中华人民共和国刑法的孕育和诞生》，法律出版社 1981 年版，第 144 页）。

徒刑。""以迷信活动诈骗财物的，依照本法第二百三十九条规定的诈骗罪处罚。"1997 年的《刑法修订草案》（修改稿）第 297 条基本上沿用了上述规定，但将"奸淫妇女"的情形移入了第 2 款；同时，还将"邪教团体"的表述改为"邪教组织"。修改后的条文为："组织会道门、邪教组织或者利用迷信破坏国家法律实施或者鼓动他人自杀的，处三年以上七年以下有期徒刑；情节特别严重的，处七年以上有期徒刑。""组织会道门、邪教组织或者利用迷信奸淫妇女、诈骗财物的，分别依照本法第二百三十六条、第二百六十四条的规定定罪处罚。"① 1997 年 3 月 1 日，提交给八届全国人大五次会议审议的《中华人民共和国刑法（修订草案）》第 298 条又对上述规定作了以下三方面的修改和补充：一是增加了"利用"会道门、邪教组织的情形；二是在第 1 款中增加了"行政法规"的内容；三是将第 1 款中"鼓动他人自杀"的情形改为独立的犯罪，并将其作为第 2 款。这一修改方案，为 1997 年修订的《刑法》所采纳。

1997 年修订的《刑法》第 300 条的规定："组织和利用会道门、邪教组织或者利用迷信破坏国家法律、行政法规实施的，处三年以上七年以下有期徒刑；情节特别严重的，处七年以上有期徒刑。组织和利用会道门、邪教组织或者利用迷信蒙骗他人，致人死亡的，依照前款的规定处罚。组织和利用会道门、邪教组织或者利用迷信奸淫妇女、诈骗财物的，分别依照本法第二百三十六条、第二百六十六条的规定定罪处罚。"

1997 年《刑法》施行后，《刑法修正案（九）（草案）》第 30 条提出"修改完善组织、利用会道门、邪教组织破坏法律实施罪，加大对情节特别严重行为的惩治力度，同时对情节较轻的规定相应的刑罚。"② 修改后的第 300 条第 1 款为："组织和利用会道门、邪教组织或者利用迷信破坏国家法律、行政法规实施的，处三年以上七年以下有期徒刑，并处罚金；情节特别严重的，处七年以上有期徒刑，并处罚金；情节较轻的，处三年以下有期徒刑、拘役或者管制，并处或者单处罚金。"在征求意见的过程中，"有的部门提出，邪教犯罪社会危害性大，建议提高该罪的刑罚，并建议明确利用邪教蒙骗他人致人重伤的刑事责任。"③ 据此，《刑法修正案（九）》第 33 条对上述规定作了进一步的修改和完善：一是将第 1 款的法定最高刑由"十五年有期徒刑"提高到"无期徒刑"，并相应增加了"没收财产"的规定；二是在第 1 款第 3 档法定刑中增加了"剥夺政治权利"这一刑种；三是在第 2 款中增加了致人"重伤"的情形；四是将第 3 款修改为"犯第一款罪又有奸淫妇女、诈骗财物等犯罪行为的，依照数罪并罚的规定处罚"。

① 该草案第 236 条规定的是强奸罪；第 264 条规定的是诈骗罪。

② 参见全国人大常委会法制工作委员会主任李适时 2014 年 10 月 27 日在十二届全国人大常委会第十一次会议上所作的《关于〈中华人民共和国刑法修正案（九）（草案）〉的说明》。

③ 参见全国人大法律委员会主任委员乔晓阳 2015 年 6 月 24 日在十二全国人大常委会第十五次会议上所作的《关于〈中华人民共和国刑法修正案（九）（草案）〉修改情况的汇报》。

【立法规定】

《刑法》第 300 条规定："组织、利用会道门、邪教组织或者利用迷信破坏国家法律、行政法规实施的，处三年以上七年以下有期徒刑，并处罚金；情节特别严重的，处七年以上有期徒刑或者无期徒刑，并处罚金或者没收财产；情节较轻的，处三年以下有期徒刑、拘役、管制或者剥夺政治权利，并处或者单处罚金。组织、利用会道门、邪教组织或者利用迷信蒙骗他人，致人重伤、死亡的，依照前款的规定处罚。犯第一款罪又有奸淫妇女、诈骗财物等犯罪行为的，依照数罪并罚的规定处罚。"

全国人大常委会 1999 年 10 月 30 日通过的《关于取缔邪教组织、防范和惩治邪教活动的决定》第 1 条规定："坚决依法取缔邪教组织，严厉惩治邪教组织的各种犯罪活动。邪教组织冒用宗教、气功或者其他名义，采用各种手段扰乱社会秩序，危害人民群众生命财产安全和经济发展，必须依法取缔，坚决惩治。人民法院、人民检察院和公安、国家安全、司法行政机关要各司其职，共同做好这项工作。对组织和利用邪教组织破坏国家法律、行政法规实施，聚众闹事，扰乱社会秩序，以迷信邪说蒙骗他人，致人死亡，或者奸淫妇女、诈骗财物等犯罪活动，依法予以严惩。"第 2 条规定："坚持教育与惩罚相结合，团结、教育绝大多数被蒙骗的群众，依法严惩极少数犯罪分子。在依法处理邪教组织的工作中，要把不明真相参与邪教活动的人同组织和利用邪教组织进行非法活动、蓄意破坏社会稳定的犯罪分子区别开来。对受蒙骗的群众不予追究。对构成犯罪的组织者、策划者、指挥者和骨干分子，坚决依法追究刑事责任；对于自首或者有立功表现的，可以依法从轻、减轻或者免除处罚。"第 3 条规定："在全体公民中深入持久地开展宪法和法律的宣传教育，普及科学文化知识。依法取缔邪教组织，惩治邪教活动，有利于保护正常的宗教活动和公民的宗教信仰自由。要使广大人民群众充分认识邪教组织严重危害人类、危害社会的实质，自觉反对和抵制邪教组织的影响，进一步增强法制观念，遵守国家法律。"第 4 条规定："防范和惩治邪教活动，要动员和组织全社会的力量，进行综合治理。各级人民政府和司法机关应当认真落实责任制，把严防邪教组织的滋生和蔓延，防范和惩治邪教活动作为一项重要任务长期坚持下去，维护社会稳定。"

全国人大常委会 2000 年 12 月 28 日通过的《关于维护互联网安全的决定》第 2 条规定："为了维护国家安全和社会稳定，对有下列行为之一，构成犯罪的，依照刑法有关规定追究刑事责任：……（四）利用互联网组织邪教组织、联络邪教组织成员，破坏国家法律、行政法规实施。"

【立法释义】

最高人民法院、最高人民检察院 1999 年 10 月 20 日发布的《关于办理组织和利用邪教组织犯罪案件具体应用法律若干问题的解释》第 1 条规定："刑法第三百条中的'邪教组织'，是指冒用宗教、气功或者其他名义建立，神化首要分子，利用制造、散布迷信邪说等手段蛊惑、蒙骗他人，发展、控制成员，危害社会的非法组织。"第2条规定："组织和利用邪教组织并具有下列情形之一的，依照刑法第三百条第一款的规定定罪处罚：（一）聚众围攻、冲击国家机关、企业事业单位，扰乱国家机关、企业事业单位的工作、生产、经营、教学和科研秩序的；（二）非法举行集会、游行、示威，煽动、欺骗、组织其成员或者其他人聚众围攻、冲击、强占、哄闹公共场所及宗教活动场所，扰乱社会秩序的；（三）抗拒有关部门取缔或者已经被有关部门取缔，又恢复或者另行建立邪教组织，或者继续进行邪教活动的；（四）煽动、欺骗、组织其成员或者其他人不履行法定义务，情节严重的；（五）出版、印刷、复制、发行宣扬邪教内容出版物，以及印制邪教组织标识的；（六）其他破坏国家法律、行政法规实施行为的。实施前款所列行为，并具有下列情形之一的，属于'情节特别严重'：（一）跨省、自治区、直辖市建立组织机构或者发展成员的；（二）勾结境外机构、组织、人员进行邪教活动的；（三）出版、印刷、复制、发行宣扬邪教内容出版物以及印制邪教组织标识，数量或者数额巨大的；（四）煽动、欺骗、组织其成员或者其他人破坏国家法律、行政法规实施，造成严重后果的。"第3条规定："刑法第三百条第二款规定的组织和利用邪教组织蒙骗他人，致人死亡，是指组织和利用邪教组织制造、散布迷信邪说，蒙骗其成员或者其他人实施绝食、自残、自虐等行为，或者阻止病人进行正常治疗，致人死亡的情形。具有下列情形之一的，属于'情节特别严重'：（一）造成3人以上死亡的；（二）造成死亡人数不满3人，但造成多人重伤的；（三）曾因邪教活动受过刑事或者行政处罚，又组织和利用邪教组织蒙骗他人，致人死亡的；（四）造成其他特别严重后果的。"第4条规定："组织和利用邪教组织制造、散布迷信邪说，指使、胁迫其成员或者其他人实施自杀、自伤行为的，分别依照刑法第二百三十二条、第二百三十四条的规定，以故意杀人罪或者故意伤害罪定罪处罚。"第5条规定："组织和利用邪教组织，以迷信邪说引诱、胁迫、欺骗或者其他手段，奸淫妇女、幼女的，依照刑法第二百三十六条的规定，以强奸罪或者奸淫幼女罪定罪处罚。"第6条规定："组织和利用邪教组织以各种欺骗手段，收取他人财物的，依照刑法第二百六十六条的规定，以诈骗罪定罪处罚。"第8条规定："对于邪教组织和组织、利用邪教组织破坏法律实施的犯罪分子，以各种手段非法聚敛的财物，用于犯罪的工具、宣传品等，应当依法追缴、没收。"第9条规定："对组织和利用邪教组织进行犯罪活动的组织、策划、指挥者和屡教不改的积极参加者，依照刑法和本解释的规定追究刑事责任；对有自首、立功表现的，可以依法从轻、减轻或者免除处罚。对于受蒙蔽、胁迫参加邪教组织并已退出和不再参加邪教组织活动的人员，不作为犯罪处理。"

最高人民法院1999年11月5日发布的《关于贯彻全国人大常委会〈关于取缔邪教组

织、防范和惩治邪教活动的决定〉和"两院"司法解释的通知》第 2 条规定："依法审理组织和利用邪教组织犯罪案件，明确打击重点。各级人民法院要认真贯彻执行《决定》，按照《解释》的规定要求，严格依法办案，正确适用法律，坚决依法打击'法轮功'等邪教组织的犯罪活动。对于组织和利用邪教组织聚众围攻、冲击国家机关、企事业单位，扰乱国家机关、企事业单位的工作、生产、经营、教学和科研等秩序；非法举行集会、游行、示威，煽动、欺骗、组织其成员或者其他人聚众围攻、冲击、强占、哄闹公共场所及宗教活动场所，扰乱社会秩序；出版、印刷、复制、发行宣扬邪教内容的出版物、印制邪教组织标识的，坚决依照刑法第三百条第一款的规定，以组织、利用邪教组织破坏法律实施罪定罪处罚。对于组织和利用邪教组织制造、散布迷信邪说，蒙骗其成员或者其他人实施绝食、自残、自虐等行为，或者阻止病人进行正常治疗，致人死亡的，坚决依照刑法第三百条第二款的规定，以组织、利用邪教组织致人死亡罪定罪处罚，对造成特别严重后果的，依法从重处罚。对于邪教组织以各种欺骗手段敛取钱财的，依照刑法第三百条第三款和第二百六十六条的规定，以诈骗罪定罪处罚。对于邪教组织和组织、利用邪教组织破坏法律实施的犯罪分子，以各种手段非法聚敛的财物，用于犯罪的工具、宣传品的，应当依法追缴、没收。"第 3 条规定："正确运用法律和政策，严格区分不同性质的矛盾。各级人民法院在审判工作中必须坚持教育与惩罚相结合，团结教育大多数被蒙骗的群众，坚决依法严惩极少数犯罪分子。在依法惩治构成犯罪的组织者、策划者、指挥者和积极参加者的同时，要注意团结大多数，教育大多数，解脱大多数。要把不明真相参与邪教活动的人同组织和利用邪教组织进行非法活动、蓄意破坏社会稳定的犯罪分子区别开来；要把一般'法轮功'练习者同极少数违法犯罪活动的策划者、组织者区别开来；要把正常的宗教信仰、合法的宗教活动同'法轮功'等邪教组织的活动区别开来。重点打击组织和利用邪教组织进行犯罪活动的组织、策划、指挥者和屡教不改的骨干分子。对有自首、立功表现的，可以依法从轻、减轻或者免除处罚；对于受蒙蔽、胁迫参加邪教组织并已退出和不再参加邪教组织活动的人员，不作为犯罪处理。"

最高人民法院、最高人民检察院 2001 年 6 月 4 日发布的《关于办理组织和利用邪教组织犯罪案件具体应用法律若干问题的解释（二）》第 1 条规定："制作、传播邪教宣传品，宣扬邪教，破坏法律、行政法规实施，具有下列情形之一的，依照刑法第三百条第一款的规定，以组织、利用邪教组织破坏法律实施罪定罪处罚：（一）制作、传播邪教传单、图片、标语、报纸 300 份以上，书刊 100 册以上，光盘 100 张以上，录音、录像带 100 盒以上的；（二）制作、传播宣扬邪教的 DVD、VCD、CD 母盘的；（三）利用互联网制作、传播邪教组织信息的；（四）在公共场所悬挂横幅、条幅，或者以书写、喷涂标语等方式宣扬邪教，造成严重社会影响的；（五）因制作、传播邪教宣传品受过刑事处罚或者行政处罚又制作、传播的；（六）其他制作、传播邪教宣传品，情节严重的。制作、传播邪教宣传品数量达到前款第（一）项规定的标准五倍以上，或者虽未达到五倍，但造成特别严重社会危害的，属于刑法第三百条第一款规定的'情节特别严重'。"第 4 条规定："制作、传播的邪教宣传品具有煽动分裂国家、破坏国家统一，煽动颠覆国家政权、推翻社会主义制度，侮辱、诽谤他人，严重危害社会秩序和国家利益，或者破坏国家法律、行政法规实施等内容，其行为同时触犯刑法第一百零三条第二款、第一百零五条第二款、第二百四十六条、第三百条第一款等规定的，依照处罚较重的规定定罪处罚。"第 5 条规定："邪教组织被取缔后，仍聚集滋事、公开进行邪教活动，或者聚众冲击国家机关、新闻机构等单位，人数达到 20 人以上的，或者虽未达到 20 人，但具有其他严重情节的，对于组织者、策划者、指挥者和屡教不改的积极参加者，依照刑法第三百条第一款的规定，以组织、利用邪教组织破坏法律实施罪定罪处罚。"第 6 条规定："为组织、策划邪教组织人员聚集滋事、公开进行邪教活动而进行聚会、串联等活动，对于组织者、策划者、指挥者和屡教不改的积极参加者，依照刑法第三百条第一款的规定定罪处罚。"第 9 条规定："组织、策划、煽动、教唆、帮助邪教组织人员自杀、自残的，依照刑法第二百三十二条、第二百三十四条的规定，以故意杀人罪、故意伤害罪定罪处罚。"第 11 条规定："人民检察院审查起诉邪教案件，对于犯罪情节轻微，有悔罪表现，确实不致再危害社会的犯罪嫌疑人，根据刑事诉讼法第一百四十二条第二款的规定，可以作出不起诉决定。"第 12 条规定："人民法院审理邪教案件，对于有悔罪表现，不致再危害社会的被告人，可以依法从轻处罚；依法可以判处管制、拘役或者符合适用缓刑条件的，可以判处管制、拘役或者适用缓刑；对于犯罪情节轻微不需要判处刑罚的，可以免予刑事处罚。"

最高人民法院、最高人民检察院 2002 年 5 月 20 日发布的《关于办理组织和利用邪教组织犯罪案件具体应用法律若干问题的解答》第 1 条"怎样认定《解释二》① 第一条第一款第（六）项规定的'其他制作、传播邪教宣传品，情节严重的'？"规定："《解释二》第一条第一款第（六）项规定的'其他制作、传播邪教宣传品，情节严重的'，是指实施该条第一款第（一）项至第（五）项的规定中没有列举的其他制作、传播邪教宣传品情节严重的行为，或者制作、传播该条第一款第（一）项列举的邪教宣传品，虽未达到规定的数量标准，但根据制作、传播邪教宣传品的种类、内容、行为方式、次数、传播范围、社会影响以及行为人的主观恶性等情节综合考虑，必须定罪处罚的情形。如：制作、传播一种邪教宣传品的数量接近《解释二》规定的标准，并具有其他严重情节的；利用互联网以外的计算机网络、广播、电视或者利用手机群发短信息、群发 IP 录音电话、BP 机群呼

---

① 该解答所说的《解释二》，是指最高人民法院、最高人民检察院 2001 年 6 月 4 日发布的《关于办理组织和利用邪教组织犯罪案件具体应用法律若干问题的解释（二）》。

等形式宣扬邪教、传播邪教信息的；将编辑具有邪教内容的录音带、录像带、计算机硬盘、软盘并用于复制、传播的；制作宣扬邪教的横幅、条幅 30 条以上或不足 30 条但具有其他严重情节或者大型横幅、条幅 3 条以上的；制作、传播两种以上邪教宣传品，每一种邪教宣传品虽未达到《解释二》规定的数量标准，但已造成严重社会危害后果的；制作邪教宣传品的模具、版样、文稿的；为制作、传播邪教宣传品而将其内容进行编辑、拷贝在计算机软盘或者传播包含邪教内容的计算机软盘的；因邪教违法犯罪受过行政处罚（含劳动教养，下同）或刑事处罚之后，又制作、传播邪教宣传品的；国家机关工作人员制作、传播邪教宣传品的，等等。"第 2 条"《解释二》第一条第二款仅对该条第一款第（一）项规定了'情节特别严重'的标准，未规定其他几项'情节特别严重'的标准。《解释二》第五条、第六条也没有规定何种情形属于'情节特别严重'。对此应如何把握？"规定："认定《解释二》第一条第一款第（二）项至第（六）项、第五条、第六条规定的情形是否达到'情节特别严重'，以及如何适用《解释二》第一条第二款关于'或者虽未达到五倍，但造成特别严重社会危害的'，应综合考虑案件的具体情况，如犯罪手段、危害程度、社会影响、行为人的主观恶性等因素加以认定。对于虽已达到《解释二》第一条第二款规定的数量标准，但其他情节较轻，尚未造成特别严重的社会危害后果的，也可不认定为'情节特别严重'。"第 3 条"如何确定《解释二》第一条第一款第（一）项规定的邪教宣传品的'份数'？"规定："传单、图片、标语、报纸等形式的邪教宣传品，以独立的载体为计算份数的标准。对邮件中装有多份邪教宣传品的，应当根据邮件中所包含的实际份数计算总数。"第 4 条"制作、传播两种以上的邪教宣传品，对不同种类的邪教宣传品能否换算或累计计算？"规定："《解释二》第一条第一款第（一）项中规定的邪教宣传品，传单、图片、标语、报纸属同一种类，书籍、刊物属同一种类，光盘（DVD 盘、VCD 盘、CD 盘等）、录音带、录像带等音像制品属同一种类。制作、传播两种以上邪教宣传品，同一种类的应当累计计算，不同种类的不能换算，也不能累计计算。"第 5 条"对于持有、携带邪教宣传品的行为如何定性？"规定："为了传播而持有、携带邪教宣传品，且持有、携带的数量达到《解释二》第一条第一款第（一）项规定的数量标准的，根据具体案情，按犯罪预备或未遂论处。"第 6 条"对于在传播邪教宣传品之前或者传播过程中被当场抓获的，如何处理？"规定："对于在传播邪教宣传品之前或者传播过程中被当场抓获的，应当根据不同情况，分别作出处理：查获的邪教宣传品是行为人制作，且已达到《解释二》第一条第一款第（一）项规定的数量标准的，依照刑法第三百条第一款的规定定罪处罚；查获的邪教宣传品不是其制作，而是准备传播，且数量已达到《解释二》第一条第一款第（一）项规定标准的，属于刑法第三百条第一款组织、利用邪教组织破坏法律实施罪的犯罪预备；查获的邪教宣传品不是其制作，而是准备传播且已传播出去一部分，即被抓获的，尚未传播出去的数量或者已经传播出去与尚未传播出去的数量累计达到《解释二》第一条第一款第（一）项规定的数量标准的，按照犯罪既遂处理，对没有传播的部分，可以酌定从轻处罚。"第 7 条"对邮寄的邪教宣传品被截获的，怎么处理？"规定："被截获的邮寄邪教宣传品数量达到《解释二》第一条第一款第（一）项规定数量标准的，按犯罪未遂处理。"第 8 条"在公共场所书写、喷涂邪教内容标语、图画等过程中，当场被制止的，怎么处理？"规定："对上述情形，情节严重的，依照《解释二》第一条第一款第（四）项的规定定罪处罚。"第 9 条"对散发、提供所谓邪教组织人员'被迫害'的材料、信息的行为，如何处理？"规定："对于上述行为造成恶劣影响的，依照刑法第三百条第一款的规定定罪处罚。"第 10 条"对两人以上共同故意制作、传播邪教宣传品的，怎么处理？"规定："对两人以上共同故意制作、传播邪教宣传品，达到《解释二》第一条第一款第（一）项规定数量标准的，或接近《解释二》第一条第一款第（一）项规定的数量标准并具有其他严重情节的，应当认定为共同犯罪，根据共同制作、传播邪教宣传品的数量、情节，依法追究行为人的刑事责任。"第 11 条"多次制作、传播邪教宣传品未被处理的，能否累计计算其制作、传播的邪教宣传品的数量？"规定："多次制作、传播邪教宣传品未被处理，依法应当追诉的，累计计算其制作、传播的邪教宣传品的数量，达到《解释二》第一条第一款第（一）项规定数量标准的，追究其刑事责任。"第 12 条"如何确定《解释二》第一条第一款第（二）项规定的 DVD、VCD、CD 母盘？如何确定制作、传播邪教母盘的行为？"规定："《解释二》第一条第一款第（二）项规定的 DVD、VCD、CD 母盘，是指经编辑并用于复制、传播邪教组织信息的 DVD、VCD、CD的原始盘。对于将邪教宣传品内容进行编排、拼接并刻录为光盘用于复制的，属于制作邪教 DVD、VCD、CD 母盘的行为；以制作为目的，将邪教 DVD、VCD、CD 母盘交给他人的，属于传播邪教 DVD、VCD、CD 母盘的行为。"第 13 条"对于以播放录音、呼喊口号等方式宣扬邪教的行为如何处理？"规定："对于在居民区、公园、学校及其他公共场所，以播放录音、录像、光盘或呼喊口号、讲课、演讲、放气球、抛洒乒乓球等方式宣扬邪教，造成严重社会影响的，按照《解释二》第一条第一款第（四）项的规定定罪处罚。"第 14 条"从互联网下载邪教组织信息用于制作、传播邪教宣传品的，应如何处理？"规定："从互联网下载邪教组织信息，用于制作、传播邪教宣传品的，适用《解释二》第一条第一款第（三）项的规定定罪处罚。"第 15 条"对利用广播电视设施、公用电信设施制作、传播邪教组织信息的，如何处理？"规定："对利用广播电视设施、公用电信设施制作、传播邪教组织信息的，应分别情形处理：为传播邪教组织信息破坏广播电视设施、公用电信设施，危害公共安全的，依照刑法第一百二十四条的规定，以破坏广播电视设施、公用电信设施罪定罪处罚；利用广播电视设施、公用电信设施制作、传播邪教组织的信息，同时造成广播电视设施、公用电信设施破坏，危害公共安全的，依照刑法第一百二十四条、第三百条第一款的规定，以破坏广播电视设施、公用电信设施罪，利用邪教组织破坏法律实施罪数罪并罚；对利用广播电视设施、公用电信设施制作、传播邪教组织信息，未对广播电视设施、公用电信设施造成破坏的，依照刑法第三百条第一款的规定，以利用邪教组织破坏法律实施罪定罪处罚。"第16条"对利用信件、电话、互联网等手段恐吓、威胁他人的行为如何处理？"规定："对于实施上述行为情节严重的，依照刑法第三百条第一款的规定定罪处罚。同时触犯其他罪名的，依照处刑较重的罪定罪处罚。"第17条"《解释二》第五条规定的'聚集滋事、公开进行邪教活动'是否也要求'人数达到20人以上'的，才追究刑事责任？怎样掌握该条中的'其他严重情节'？"规定："《解释二》第五条规定的'人数达到20人以上'，既是认定'聚众冲击国家机关、新闻机构等单位'的行为构成犯罪的标准，也是认定'聚集滋事、公开进行邪教活动'的行为构成犯罪的标准。判断是否具有《解释二》第五条所规定的'其他严重情节'，应当综合考虑聚集滋事的时间、地点、行为方式、造成的后果等因素。对于在重要公共场所、监管场所及国家重大节日、重大活动期间聚集滋事，公开进行邪教活动的，即使人数未达到20人，也可以根据案件的具体情况，对于组织者、策划者、指挥者和屡教不改的积极参加者，依照刑法第三百条第一款和《解释二》第五条的规定，以利用邪教组织破坏法律实施罪定罪处罚。"第18条"如何理解刑法第三百条第一款规定的'组织、利用邪教组织破坏法律实施罪'中的'组织'行为和《解释二》第五条、第六条中规定的'组织'行为？"规定："刑法第三百条第一款规定的'组织、利用邪教组织破坏法律实施罪'的'组织'行为，是指发起、组建邪教组织的行为。《解释二》第五条、第六条规定的'组织'行为，是指邪教组织成立或被依法取缔后，组织他人进行邪教活动的行为。"第19条"对于非法聚集，以公开'练功'等方式进行'护法''弘法'等邪教活动的，如何处理？"规定："对于实施上述邪教活动的，依照《解释二》第五条或者第六条的规定，追究组织者、策划者、指挥者和屡教不改的积极参加者的刑事责任。"第20条"如何理解《解释二》第五条、第六条中关于'屡教不改'的规定，这一规定是否要求前后两种行为均是同种行为？"规定："《解释二》第五条、第六条中规定的'屡教不改'，是指曾因组织和利用邪教组织从事某种违法犯罪行为受过行政处罚或者刑事处罚，又以相同或者不同的方式进行邪教犯罪活动的情形。"第21条"因制作、传播邪教宣传品受过刑事处罚或者行政处罚又制作、传播的，是否不论数量多少，都要根据《解释二》第一条第一款第（五）项的规定定罪处罚？"规定："对于上述行为，一般应定罪处刑。但情节轻微，行为人确有悔改表现的，可以不作为犯罪论处。"第22条"对于多次非法聚集、滋事，进行邪教活动的，如何处理？"规定："对于上述行为，应追究组织者、策划者、指挥者和屡教不改的积极参加者的刑事责任。"第 23 条"对邪教组织人员到天安门广场等有重要影响的场所打横幅、喊口号、非法聚集、滋事的行为，是否均应依照《解释二》第一条第一款第（四）项的规定定罪处罚？"规定："对实施上述行为的，应当区别不同情形，依照《解释二》第一条第一款第（四）项、第五条和第六条的规定，追究组织者、策划者、指挥者和屡教不改的积极参加者以及其他情节严重的实施者的刑事责任。"第 24 条"对非邪教组织人员为他人印制邪教宣传品的以及对于为邪教活动提供保管、运输、经费、场地、工具、食宿、接送、采购及其他便利条件的，怎么处理？"规定："非邪教组织人员与邪教组织人员通谋，为其印制邪教宣传品，且达到《解释二》第一条第一款第（一）项规定的数量标准的，或者为其从事邪教活动提供保管、运输、经费、场地、工具、食宿、接送、采购等便利条件，情节严重的，以利用邪教组织破坏法律实施罪的共犯论处。"第 25 条"组织和利用邪教组织犯罪的嫌疑人、被告人向司法机关提供线索，对抓获其他组织和利用邪教组织犯罪的嫌疑人（包括同案犯）起了重要作用的，是否属于立功？"规定："对上述情形，可以认定为有立功表现。"第 26 条"对于实施《解释二》规定的行为，是否一律要定罪处罚？"规定："对于实施《解释二》规定的行为，但情节轻微，行为人确有悔改表现，不致再危害社会的，可以不以犯罪论处。"第 27 条"对犯组织、利用邪教组织破坏法律实施罪的，是否可以附加剥夺政治权利？"规定："对上述犯罪分子，情节特别严重的，依照刑法第五十六条第一款的规定，可以附加剥夺政治权利。"第 28 条"邪教组织违法犯罪人员在监管场所抗拒改造，仍继续进行邪教活动的，如何处理？"规定："邪教组织违法犯罪人员在监管场所抗拒改造，继续从事邪教活动，构成犯罪的，应当依法追究刑事责任。"

【立法建言】

建　议： 将《刑法》第 300 条第 1 款修改为："组织、利用会道门、邪教组织或者利用迷信破坏国家法律、行政法规实施的，处三年以上七年以下有期徒刑，并处罚金；情节特别严重的，处七年以上有期徒刑或者无期徒刑，并处罚金或者没收财产；情节较轻的，处三年以下有期徒刑、拘役、管制或者剥夺政治权利，可以并处或者单处罚金。"

理　由：

从立法技术上看，宜将《刑法》第 300 条第 1 款第 3 档法定刑中的"并处或者单处罚金"改为"可以并处或者单处罚金"，以与《刑法》的其他罚金规定相一致。

三十、聚众淫乱罪、引诱未成年人聚众淫乱罪（第 301 条）

【立法沿革】

聚众淫乱罪、引诱未成年人聚众淫乱罪是从 1979 年《刑法》第 160 条规定的流氓罪中分解而来的。[①]

聚众进行淫乱活动，是1979年《刑法》第160条规定的"其他流氓活动"的重要表现形式之一。在司法实践中，对于"利用淫秽物品教唆、引诱青少年进行流氓犯罪活动的"犯罪分子和"聚众进行淫乱活动（包括聚众奸宿）危害严重的主犯、教唆犯和其他流氓成性、屡教不改者"，也一直是依照流氓罪的规定追究刑事责任。[②] 因此，1996年的《刑法修订草案》（征求意见稿）在对流氓罪进行分解时，增设了聚众淫乱罪和引诱未成年人聚众淫乱罪。该草案第269条规定："聚众进行淫乱活动的，对首要分子或者多次参加的，处五年以下有期徒刑或者拘役。""引诱未成年人参加聚众淫乱活动的，依照前款规定从重处罚。"1997年3月1日，提交给八届全国人大五次会议审议的《中华人民共和国刑法（修订草案）》第299条在上述规定的基础上，增加了"管制"的规定。这一修改方案，为现行刑法所采纳。

【立法规定】

《刑法》第301条规定："聚众进行淫乱活动的，对首要分子或者多次参加的，处五年以下有期徒刑、拘役或者管制。引诱未成年人参加聚众淫乱活动的，依照前款的规定从重处罚。"

【立法释义】

最高人民检察院、公安部2008年6月25日发布的《关于公安机关管辖的刑事案件立案追诉标准的规定（一）》第41条规定："组织、策划、指挥三人以上进行淫乱活动或者参加聚众淫乱活动三次以上的，应予立案追诉。"第42条规定："引诱未成年人参加聚众淫乱活动的，应予立案追诉。"

【立法建言】

建　议： 将《刑法》第301条第1款修改为："聚众进行淫乱活动的，对首要分子或者多次参加的，处五年以下有期徒刑、拘役或者管制，可以并处或者单处罚金。"

理　由：

从立法技术上看，宜在《刑法》第301条第1款中增加"可以并处或者单处罚金"的规定，以与《刑法》的其他罚金规定相一致。

[①] 参见全国人大常委会副委员长王汉斌1997年3月6日在八届全国人大五次会议上所作的《关于〈中华人民共和国刑法（修订草案）〉的说明》。

[②] 参见最高人民法院、最高人民检察院1984年11月2日发布的《关于当前办理流氓案件中具体应用法律的若干问题的解答》第2条的相关规定。

三十一、盗窃、侮辱、故意毁坏尸体、尸骨、骨灰罪（第 302 条）

【立法沿革】

盗窃、侮辱、故意毁坏尸体、尸骨、骨灰罪是在 1997 年《刑法》第 302 条规定的盗窃、侮辱尸体罪的基础上，经《刑法修正案（九）》第 34 条修正而来的。

早在 1950 年，《刑法大纲草案》第 112 条就规定了挖掘坟墓罪："挖掘他人坟墓或毁损尸体者，处二年以下监禁。"但是，此后的刑法草案和 1979 年《刑法》均未规定这方面的犯罪。在全面研究修改刑法的过程中，1988 年的《刑法修改稿》再次增加了挖坟盗墓罪。[①] 该稿第 188 条规定："挖坟盗墓，情节恶劣的，处三年以下有期徒刑、拘役、管制或者罚金；情节特别恶劣的，处三年以上七年以下有期徒刑，可以并处罚金。"对此，最高人民检察院提出，"挖坟盗墓只能让人理解为是破坏坟墓，包括盗窃坟墓中的物品。而对于侮辱、破坏尸体的行为就无法追究和处理。目前，伴随着挖坟盗墓或者在其他场合，侮辱、破坏尸体的现象在有些地区时有发生，有的影响极坏，造成该地区社会秩序的混乱。对于这种行为，我们认为应追究行为人的刑事责任，以维护社会的安定，维护社会公德"。[②] 有鉴于此，1996 年的《刑法修订草案》（征求意见稿）第 270 条增设了盗窃、侮辱尸体罪："盗窃、侮辱尸体的，处三年以下有期徒刑或者拘役。"1996 年的《刑法修订草案》第 274 条在上述规定的基础上，增加了"管制"的规定。这一修改方案，为 1997 年修订的《刑法》所采纳。

1997 年修订的《刑法》第 302 条规定："盗窃、侮辱尸体的，处三年以下有期徒刑、拘役或者管制。"

1997 年《刑法》施行后，盗窃、侮辱、毁坏尸骨、骨灰的现象时有发生，但是，由于刑法对此没有明文规定，因而无法追究刑事责任。[③] 有鉴于此，《刑法修正案（九）》第 34 条对上述规定作了两方面的补充修改：一是在行为方式方面，增加了"故意毁坏"的行为；二是在犯罪对象方面，增加了"尸骨、骨灰"。

【立法规定】

《刑法》第 302 条规定："盗窃、侮辱、故意毁坏尸体、尸骨、骨灰的，处三年以下有期徒刑、拘役或者管制。"第 234 条之一第 3 款规定："违背本人生前意愿摘取其尸体器

---

① 参见 1988 年《刑法修改稿》分则第八章"妨害社会管理秩序罪"中的"修改说明"。

② 参见最高人民检察院刑法修改小组："《修改刑法研究报告》（1989 年 10 月 12 日）"，见高铭暄、赵秉志编：《新中国刑法立法文献资料总览》（下），中国人民公安大学出版社 1998 年版，第 2509～2510 页。

③ 最高人民检察院法律政策研究室 2002 年 9 月 18 日发布的《关于盗窃骨灰行为如何处理问题的答复》明确规定："'骨灰'不属于刑法第三百零二条规定的'尸体'。对于盗窃骨灰的行为不能以刑法第三百零二条的规定追究刑事责任。"

官，或者本人生前未表示同意，违反国家规定，违背其近亲属意愿摘取其尸体器官的，依照本法第三百零二条的规定定罪处罚。"

【立法释义】

最高人民检察院法律政策研究室 2002 年 9 月 18 日发布的《关于盗窃骨灰行为如何处理问题的答复》规定："'骨灰'不属于刑法第三百零二条规定的'尸体'。对于盗窃骨灰的行为不能以刑法第三百零二条的规定追究刑事责任。"[①]

【立法建言】

建　议： 将《刑法》第 302 条修改为："盗窃、侮辱、故意毁坏尸体、尸骨、骨灰的，处三年以下有期徒刑、拘役或者管制，可以并处或者单处罚金。"

理　由：

从司法实践来看，盗窃尸体可能出于贪利的动机。因此，宜对本罪增加规定罚金刑，以防犯罪分子在经济上得到好处。

三十二、赌博罪、开设赌场罪（第 303 条）

【立法沿革】

赌博罪、开设赌场罪是在 1979 年《刑法》第 168 条规定的赌博罪的基础上修改而来的，并经《刑法修正案（六）》第 18 条所修正。

在新中国成立初期严厉取缔赌博的背景下，1950 年的《刑法大纲草案》第 113 条规定的赌博罪不仅包括开设赌场、聚众抽头、经常赌博的行为，而且也包括一般赌博行为。该条规定："赌博财物者，处一年以下监禁，并可酌处罚金，或批评教育。开设赌场，聚众抽头，或经常赌博财物者，处三年以下监禁，并可酌处罚金。"1954 年的《刑法指导原则草案》第 49 条则将"一贯不务正业聚赌抽头"的行为作为流氓罪加以规定："对于一贯不务正业聚赌抽头、买卖人口、污辱妇女、腐蚀青年和其他扰乱公共秩序的流氓分子，判处五年以下有期徒刑或者流放；情节特别严重的，判处五年以上有期徒刑直至无期徒刑或者死刑。"到了 1957 年，《刑法草案》第 22 稿将"开赌、窝赌"和"以赌博为常业"作为两种独立的犯罪加以规定。其中，第 195 条规定："意图营利，开赌、窝赌的，处五年以下有期徒刑、拘役或者管制，可以并处或者单处五百元以下罚金。"第 196 条规定："以赌博为常业的，处三年以下有期徒刑、拘役或者管制。"1963 年的《刑法草案》第 33 稿第 185 条删去了"以赌博为常业的"规定，并将"开赌、窝赌"的情形概括为"聚众赌博"。修改后的条文为："意图营利，聚众赌博的，处三年以下有期徒刑或者拘役，可以

[①]　根据《刑法修正案（九）》第 34 条的规定，该解释应予废止。

并处罚金。"1979 年《刑法》第 168 条在上述规定的基础上，作了以下三方面的修改和补充：一是在文字表述方面，将"意图营利"改为"以营利为目的"；二是在行为方式方面，增加了"以赌博为业"的情形；三是在刑罚配置方面，增加了"管制"这一刑种。

1979 年《刑法》第 168 条规定："以营利为目的，聚众赌博或者以赌博为业的，处三年以下有期徒刑、拘役或者管制，可以并处罚金。"

在全面研究修改刑法的过程中，1988 年的《刑法修改稿》提高了赌博罪的刑罚，[1] 删去了"以营利为目的"的表述，并将"以赌博为业"改为"多次赌博屡教不改"。该稿第 188 条规定："聚众赌博或者多次赌博屡教不改的，处五年以下有期徒刑、拘役或者管制，可以并处罚金。"但是，1996 年的《刑法修订草案》（征求意见稿）第 271 条又恢复了 1979 年《刑法》的规定。1996 年的《刑法修订草案》第 275 条在上述规定的基础上，增加了"开设赌场"的规定。1997 年 3 月 1 日，提交给八届全国人大五次会议审议的《中华人民共和国刑法（修订草案）》第 301 条基本上沿用了上述规定，仅删去了并处罚金之前的"可以"两字。这一修改方案，为 1997 年修订的《刑法》所采纳。

1997 年修订的《刑法》第 303 条规定："以营利为目的，聚众赌博、开设赌场或者以赌博为业的，处三年以下有期徒刑、拘役或者管制，并处罚金。"

1997 年《刑法》施行后，"根据公安部门的意见，为加重对开设赌场犯罪的处罚"，《刑法修正案（六）》第 18 条增设了开设赌场罪，并"将开设赌场犯罪的最高刑期由三年提高到十年"[2]。

【立法规定】

《刑法》第 303 条规定："以营利为目的，聚众赌博或者以赌博为业的，处三年以下有期徒刑、拘役或者管制，并处罚金。开设赌场的，处三年以下有期徒刑、拘役或者管制，并处罚金；情节严重的，处三年以上十年以下有期徒刑，并处罚金。"

【立法释义】

最高人民法院 1995 年 11 月 6 日发布的《关于对设置圈套诱骗他人参赌又向索还钱财的受骗者施以暴力或暴力威胁的行为应如何定罪问题的批复》规定："行为人设置圈套诱骗他人参赌获取钱财，属赌博行为，构成犯罪的，应当以赌博罪定罪处罚。参赌者识破骗局要求退还所输钱财，设赌者又使用暴力或者以暴力相威胁，拒绝退还的，应以赌博罪从重处罚；致参赌者伤害或者死亡的，应以赌博罪和故意伤害罪或者故意杀人罪，依法实行数罪并罚。"

---

① 参见 1988 年《刑法修改稿》分则第八章"妨害社会管理秩序罪"中的"修改说明"。

② 参见全国人大常委会法制工作委员会副主任安建 2005 年 12 月 24 日在十届全国人大常委会第十九次会议上所作的《关于〈中华人民共和国刑法修正案（六）（草案）〉的说明》。

最高人民法院、最高人民检察院 2005 年 5 月 1 日发布的《关于办理赌博刑事案件具体应用法律若干问题的解释》第 1 条规定："以营利为目的，有下列情形之一的，属于刑法第三百零三条规定的'聚众赌博'：（一）组织 3 人以上赌博，抽头渔利数额累计达到 5000 元以上的；（二）组织 3 人以上赌博，赌资数额累计达到 5 万元以上的；（三）组织 3 人以上赌博，参赌人数累计达到 20 人以上的；（四）组织中华人民共和国公民 10 人以上赴境外赌博，从中收取回扣、介绍费的。"第 2 条规定："以营利为目的，在计算机网络上建立赌博网站，或者为赌博网站担任代理，接受投注的，属于刑法第三百零三条规定的'开设赌场'。"第 3 条规定："中华人民共和国公民在我国领域外周边地区聚众赌博、开设赌场，以吸引中华人民共和国公民为主要客源，构成赌博罪的，可以依照刑法规定追究刑事责任。"第 4 条规定："明知他人实施赌博犯罪活动，而为其提供资金、计算机网络、通讯、费用结算等直接帮助的，以赌博罪的共犯论处。"第 5 条规定："实施赌博犯罪，有下列情形之一的，依照刑法第三百零三条的规定从重处罚：（一）具有国家工作人员身份的；（二）组织国家工作人员赴境外赌博的；（三）组织未成年人参与赌博，或者开设赌场吸引未成年人参与赌博的。"第 7 条规定："通过赌博或者为国家工作人员赌博提供资金的形式实施行贿、受贿行为，构成犯罪的，依照刑法关于贿赂犯罪的规定定罪处罚。"第 8 条规定："赌博犯罪中用作赌注的款物、换取筹码的款物和通过赌博赢取的款物属于赌资。通过计算机网络实施赌博犯罪的，赌资数额可以按照在计算机网络上投注或者赢取的点数乘以每一点实际代表的金额认定。赌资应当依法予以追缴；赌博用具、赌博违法所得以及赌博犯罪分子所有的专门用于赌博的资金、交通工具、通讯工具等，应当依法予以没收。"第 9 条规定："不以营利为目的，进行带有少量财物输赢的娱乐活动，以及提供棋牌室等娱乐场所只收取正常的场所和服务费用的经营行为等，不以赌博论处。"

最高人民检察院、公安部 2008 年 6 月 25 日发布的《关于公安机关管辖的刑事案件立案追诉标准的规定（一）》第 43 条规定："以营利为目的，聚众赌博，涉嫌下列情形之一的，应予立案追诉：（一）组织三人以上赌博，抽头渔利数额累计五千元以上的；（二）组织三人以上赌博，赌资数额累计五万元以上；（三）组织三人以上赌博，参赌人数累计二十人以上的；（四）组织中华人民共和国公民十人以上赴境外赌博，从中收取回扣、介绍费的；（五）其他聚众赌博应予追究刑事责任的情形。""以营利为目的，以赌博为业的，应予立案追诉。赌博犯罪中用作赌注的款物、换取筹码的款物和通过赌博赢取的款物属于赌资。通过计算机网络实施赌博犯罪的，赌资数额可以按照在计算机网络上投注或者赢取的点数乘以每一点实际代表的金额认定。"第 44 条规定："开设赌场的，应予立案追诉。在计算机网络上建立赌博网站，或者为赌博网站担任代理，接受投注的，属于本条规定的'开设赌场'。"

最高人民法院、最高人民检察院、公安部 2010 年 8 月 31 日发布的《关于办理网络赌博犯罪案件适用法律若干问题的意见》第 1 条规定："利用互联网、移动通讯终端等传输赌博视频、数据，组织赌博活动，具有下列情形之一的，属于刑法第三百零三条第二款规定的'开设赌场'行为：（一）建立赌博网站并接受投注的；（二）建立赌博网站并提供给他人组织赌博的；（三）为赌博网站担任代理并接受投注的；（四）参与赌博网站利润分成的。实施前款规定的行为，具有下列情形之一的，应当认定为刑法第三百零三条第二款规定的'情节严重'：（一）抽头渔利数额累计达到 3 万元以上的；（二）赌资数额累计达到 30 万元以上的；（三）参赌人数累计达到 120 人以上的；（四）建立赌博网站后通过提供给他人组织赌博，违法所得数额在 3 万元以上的；（五）参与赌博网站利润分成，违法所得数额在 3 万元以上的；（六）为赌博网站招募下级代理，由下级代理接受投注的；（七）招揽未成年人参与网络赌博的；（八）其他情节严重的情形。"第 2 条规定："明知是赌博网站，而为其提供下列服务或者帮助的，属于开设赌场罪的共同犯罪，依照刑法第三百零三条第二款的规定处罚：（一）为赌博网站提供互联网接入、服务器托管、网络存储空间、通讯传输通道、投放广告、发展会员、软件开发、技术支持等服务，收取服务费数额在 2 万元以上的；（二）为赌博网站提供资金支付结算服务，收取服务费数额在 1 万元以上或者帮助收取赌资 20 万元以上的；（三）为 10 个以上赌博网站投放与网址、赔率等信息有关的广告或者为赌博网站投放广告累计 100 条以上的。实施前款规定的行为，数量或者数额达到前款规定标准 5 倍以上的，应当认定为刑法第三百零三条第二款规定的'情节严重'。""实施本条第一款规定的行为，具有下列情形之一的，应当认定行为人'明知'，但是有证据证明确实不知道的除外：（一）收到行政主管机关书面等方式的告知后，仍然实施上述行为的；（二）为赌博网站提供互联网接入、服务器托管、网络存储空间、通讯传输通道、投放广告、软件开发、技术支持、资金支付结算等服务，收取服务费明显异常的；（三）在执法人员调查时，通过销毁、修改数据、账本等方式故意规避调查或者向犯罪嫌疑人通风报信的；（四）其他有证据证明行为人明知的。如果有开设赌场的犯罪嫌疑人尚未到案，但是不影响对已到案共同犯罪嫌疑人、被告人的犯罪事实认定的，可以依法对已到案者定罪处罚。"第 3 条规定："赌博网站的会员账号数可以认定为参赌人数，如果查实一个账号多人使用或者多个账号一人使用的，应当按照实际使用的人数计算参赌人数。赌资数额可以按照在网络上投注或者赢取的点数乘以每一点实际代表的金额认定。对于将资金直接或间接兑换为虚拟货币、游戏道具等虚拟物品，并用其作为筹码投注的，赌资数额按照购买该虚拟物品所需资金数额或者实际支付资金数额认定。对于开设赌场犯罪中用于接收、流转赌资的银行账户内的资金，犯罪嫌疑人、被告人不能说明合法来源的，可以认定为赌资。向该银行账户转入、转出资金的银行账户数量可以认定为参赌人数。如果查实一个账户多人使用或多个账户一人使用的，应当按照实际使用的人数计算参赌人数。有证据证明犯罪嫌疑人在赌博网站上的账号设置有下级账号的，应当认定其为赌博网站的代理。"

最高人民法院、最高人民检察院、公安部 2014 年 3 月 26 日发布的《关于办理利用赌博机开设赌场案件适用法律若干问题的意见》第 1 条规定："设置具有退币、退分、退钢珠等赌博功能的电子游戏设施设备，并以现金、有价证券等贵重款物作为奖品，或者以回购奖品方式给予他人现金、有价证券等贵重款物（以下简称设置赌博机）组织赌博活动的，应当认定为刑法第三百零三条第二款规定的'开设赌场'行为。"第 2 条规定："设置赌博机组织赌博活动，具有下列情形之一的，应当按照刑法第三百零三条第二款规定的开设赌场罪定罪处罚：（一）设置赌博机 10 台以上的；（二）设置赌博机 2 台以上，容留未成年人赌博的；（三）在中小学校附近设置赌博机 2 台以上的；（四）违法所得累计达到 5000 元以上的；（五）赌资数额累计达到 5 万元以上的；（六）参赌人数累计达到 20 人以上的；（七）因设置赌博机被行政处罚后，两年内再设置赌博机 5 台以上的；（八）因赌博、开设赌场犯罪被刑事处罚后，五年内再设置赌博机 5 台以上的；（九）其他应当追究刑事责任的情形。设置赌博机组织赌博活动，具有下列情形之一的，应当认定为刑法第三百零三条第二款规定的'情节严重'：（一）数量或者数额达到第二条第一款第一项至第六项规定标准六倍以上的；（二）因设置赌博机被行政处罚后，两年内再设置赌博机 30 台以上的；（三）因赌博、开设赌场犯罪被刑事处罚后，五年内再设置赌博机 30 台以上的；（四）其他情节严重的情形。可同时供多人使用的赌博机，台数按照能够独立供一人进行赌博活动的操作基本单元的数量认定。在两个以上地点设置赌博机，赌博机的数量、违法所得、赌资数额、参赌人数等均合并计算。"第 3 条规定："明知他人利用赌博机开设赌场，具有下列情形之一的，以开设赌场罪的共犯论处：（一）提供赌博机、资金、场地、技术支持、资金结算服务的；（二）受雇参与赌场经营管理并分成的；（三）为开设赌场者组织客源，收取回扣、手续费的；（四）参与赌场管理并领取高额固定工资的；（五）提供其他直接帮助的。"第 5 条规定："本意见所称赌资包括：（一）当场查获的用于赌博的款物；（二）代币、有价证券、赌博积分等实际代表的金额；（三）在赌博机上投注或赢取的点数实际代表的金额。"第 6 条规定："对于涉案的赌博机，公安机关应当采取拍照、摄像等方式及时固定证据，并予以认定。对于是否属于赌博机难以确定的，司法机关可以委托地市级以上公安机关出具检验报告。司法机关根据检验报告，并结合案件具体情况作出认定。必要时，人民法院可以依法通知检验人员出庭作出说明。"第 7 条规定："办理利用赌博机开设赌场的案件，应当贯彻宽严相济刑事政策，重点打击赌场的出资者、经营者。对受雇佣为赌场从事接送参赌人员、望风看场、发牌坐庄、兑换筹码等活动的人员，除参与赌场利润分成或者领取高额固定工资的以外，一般不追究刑事责任，可由公安机关依法给予治安管理处罚。对设置游戏机，单次换取少量奖品的娱乐活动，不以违法犯罪论处。"第8条规定："负有查禁赌博活动职责的国家机关工作人员，徇私枉法，包庇、放纵开设赌场违法犯罪活动，或者为违法犯罪分子通风报信、提供便利、帮助犯罪分子逃避处罚，构成犯罪的，依法追究刑事责任。""国家机关工作人员参与利用赌博机开设赌场犯罪的，从重处罚。"

【立法建言】

建议一：将《刑法》第303条修改为："以营利为目的，聚众赌博或者开设赌场的，处三年以下有期徒刑、拘役或者管制，可以并处或者单处罚金；情节严重的，处三年以上十年以下有期徒刑，并处罚金。"

理　由：

从晚近以来我国赌博罪立法的修改情况来看，不仅赌博罪的处罚范围越来越大，而且对赌博罪的处罚力度也越来越大，呈现出较为明显的犯罪化倾向。对于赌博罪的上述立法变化，刑法学界存在两种截然不同的意见，主张赌博应当非犯罪化与主张赌博应当犯罪化两种观点针锋相对。[①] 笔者认为，对于赌博这种在我国历史上有着浓厚文化因素的复杂社会现象，不能简单地一概非犯罪化或者犯罪化。换言之，"我们既不能完全禁赌，也不能任其发展，而是要根据宽严相济的刑事政策，对赌博行为有宽有严，而且在宽严之间还应当具有一定的平衡，互相衔接，形成良性互动，以避免宽严皆误结果的发生。也就是说，对赌博应当采取有限犯罪化的立场。所谓赌博有限犯罪化，就是要尽量缩小赌博罪的犯罪圈，对于那些参加赌博的，包括以赌博为业、多次参与赌博、赌博数额较大的，都作非犯罪化处理；而对于那些严重的赌博行为，如组织他人赌博、开设赌场的，则要严厉打击"。[②] 首先，宜将"以赌博为业"的行为予以非犯罪化。因为，"以赌博为业，在本质上也是参与赌博，只不过其参与赌博的次数较多而已。因此，以赌博为业的社会危害性比组织他人赌博、开设赌场相对较小。并且，以赌博为业是一种自愿行为，即使输了钱也是一种自损行为，并没有损害他人的法益。立法者规定任何一种犯罪，其实就是一个博弈的过程，需要在社会安全和个人自由之间选择一个适当的平衡点，合理界定罪与非罪的界限，使得社会收益因法律的实施达到最大化。以赌博为业在本质上仍属于参与赌博，如果将其

---

① 相关学术观点及其理由，可参见利子平、辛波："赌博罪立法：应提倡有限犯罪化"，载《人民检察》2008年第9期，本书不予赘述。

② 利子平、辛波："赌博罪立法：应提倡有限犯罪化"，载《人民检察》2008年第9期。

规定为犯罪势必会破坏社会安全和个人自由之间的平衡点，不符合刑法谦抑性原则"。① 当然，对于以赌博为业者也并非完全放任不管，对其可以像对待吸毒者、卖淫者一样予以治安处罚。其次，宜加大对"聚众赌博"的惩处力度。《刑法修正案（六）》将开设赌场，情节严重的法定刑提高到了"三年以上十年以下有期徒刑"，但对于聚众赌博的法定刑仍规定为"三年以下有期徒刑、拘役或者管制，并处罚金"。"这一规定未能根据聚众赌博的具体情节确定与之相适应的量刑幅度，不论组织赌博的次数多少、组织参赌的人员多寡、组织参赌的赌资数额多大、造成的危害后果多严重，一律处以'三年以下有期徒刑、拘役或者管制，并处罚金'，有悖于罪刑相适应原则。② 因此，有必要根据实际情况，将聚众赌博（组织多人赌博），情节严重的作为加重构成的处罚条件。"③

建议二：在《刑法》第 303 条中增加 1 款作为第 2 款："单位犯前款罪的，对单位判处罚金，并对其直接负责的主管人员和其他直接责任人员，依照前款的规定处罚。"

理　由：

《刑法》第 303 条并没有规定单位可以构成赌博罪，但在实际生活中，单位开设赌场或者组织他人赌博的情况屡有发生。尤其是近年来，网络赌博发展迅速，按照最高人民法院、最高人民检察院《关于办理赌博刑事案件具体应用法律若干问题的解释》第 2 条的规定，在计算机网络上建立赌博网站，或者为赌博网站担任代理，接受投注的，属于开设赌场。"而在计算机网络上建立赌博网站，或者为赌博网站担任代理，接受投注的，既可以是自然人，也可以是单位。而且单位通常具有较雄厚的财力、物力和人力资源，利用网络资源或申请域名等也比自然人具有更大的优势。因此，单位开设赌场的行为具有更加严重的社会危害性。如果对单位开设赌场等行为不予以刑法规制，则势必会放纵犯罪。所以，应当将单位增设为赌博罪的主体。"④

三十三、故意延误投递邮件罪（第 304 条）

【立法沿革】

故意延误投递邮件罪是在 1986 年《中华人民共和国邮政法》（以下简称《邮政法》）

---

① 利子平、辛波："赌博罪立法：应提倡有限犯罪化"，载《人民检察》2008 年第 9 期。
② 早在全面研究修改刑法的过程中，刑法学界就提出了提高赌博罪的法定最高刑，并增加 1 档量刑幅度的建议："第一种意见认为，应规定两种量刑幅度，情节严重的，处 3 年以下有期徒刑；情节特别严重的，从 3 年以上 7 年以下有期徒刑。第二种意见认为，也应该设两种量刑幅度，即数额较大的，处 2 年以下有期徒刑；数额巨大的，处 2 至 5 年有期徒刑。提高法定刑的理由有二点：一是刑法第一百六十八条的法定刑不符合罪刑相适应的原则；二是其幅度不足以遏制赌博犯罪"（赵秉志主编：《刑法修改研究综述》，中国人民公安大学出版社 1990 年版，第 356 页）。
③ 利子平、辛波："赌博罪立法：应提倡有限犯罪化"，载《人民检察》2008 年第 9 期。
④ 利子平、辛波："赌博罪立法：应提倡有限犯罪化"，载《人民检察》2008 年第 9 期。

第 39 条规定的基础上修改而来的。

全国人大常委会 1986 年 12 月 2 日通过的《邮政法》第 39 条规定："邮政工作人员拒不办理依法应当办理的邮政业务的，故意延误投递邮件的，给予行政处分。邮政工作人员玩忽职守，致使公共财产、国家和人民利益遭受重大损失的，依照《中华人民共和国刑法》的规定追究刑事责任。"

在刑法修订研拟的过程中，1997 年的《刑法修订草案》（修改稿）第 301 条将其修改为："邮政工作人员严重不负责任，故意延误投递邮件，致使公共财产、国家和人民利益遭受重大损失的，处三年以下有期徒刑、拘役或者管制。"1997 年 3 月 1 日，提交给八届全国人大五次会议审议的《中华人民共和国刑法（修订草案）》第 302 条基本上沿用了上述规定，删去了"管制"这一刑种。经审议，1997 年《刑法》第 304 条又将本罪的法定最高刑降低为"二年有期徒刑"。

【立法规定】

《刑法》第 304 条规定："邮政工作人员严重不负责任，故意延误投递邮件，致使公共财产、国家和人民利益遭受重大损失的，处二年以下有期徒刑或者拘役。"

【立法释义】

最高人民检察院、公安部 2008 年 6 月 25 日发布的《关于公安机关管辖的刑事案件立案追诉标准的规定（一）》第 45 条规定："邮政工作人员严重不负责任，故意延误投递邮件，涉嫌下列情形之一的，应予立案追诉：（一）造成直接经济损失二万元以上的；（二）延误高校录取通知书或者其他重要邮件投递，致使他人失去高校录取资格或者造成其他无法挽回的重大损失的；（三）严重损害国家声誉或者造成其他恶劣社会影响的；（四）其他致使公共财产、国家和人民利益遭受重大损失的情形。"

【立法建言】

建 议：将《刑法》第 304 条修改为："邮政工作人员严重不负责任，故意延误投递邮件，致使公共财产、国家和人民利益遭受重大损失的，处二年以下有期徒刑、拘役或者管制，可以并处或者单处罚金。"

理 由：

从立法技术上看，宜在本罪的法定刑中增加"管制"和"罚金"的规定，以与《刑法》的其他管制和罚金规定相一致。

第二节 妨害司法罪

一、伪证罪（第 305 条）

【立法沿革】

伪证罪是在 1979 年《刑法》第 148 条规定的伪证罪的基础上修改而来的。

在新中国刑法立法史上，关于伪证罪的归属问题较为复杂，先后发生过几次变化。1950 年的《刑法大纲草案》将"虚假证明、鉴定或翻译"的犯罪归属于"妨害国家统治秩序罪"一章。① 该草案第 72 条规定："以国家机关，故意为虚假之证明、鉴定或翻译者，比照前条之规定处罚。"② 1954 年的《刑法指导原则草案》在"破坏公共秩序的犯罪"一节中，将"诬告、伪证"行为合并加以规定。该草案第 47 条规定："完全假造事实故意诬告陷害他人的，判处三年以下有期徒刑、劳役或者予以行政处罚。""证人、鉴定人在侦查、审判中，完全颠倒黑白作虚假证明，故意包庇、陷害的，判处二年以下有期徒刑、劳役或者予以行政处罚。"到了 1957 年，《刑法草案》第 22 稿第 188 条对伪证罪作了单独的规定："在侦查、审判中，证人、鉴定人、翻译人对案件有重要关系的情节，故意作虚伪证明、鉴定、翻译的，处三年以下有期徒刑或者拘役；情节严重的，处三年以上十年以下有期徒刑。"1963 年的《刑法草案》第 33 稿第 178 条在上述规定的基础上，增加了"意图陷害他人或者包庇犯罪分子"的主观要件，并对本罪的法定刑作了调整。修改后的条文为："在侦查、审判中，证人、鉴定人、翻译人意图陷害他人或者包庇犯罪分子，对案件有重要关系的情节，故意作虚伪证明、鉴定、翻译的，处一年以上七年以下有期徒刑。"1979 年《刑法》着眼于伪证罪侵犯公民人身权利的一面，因而将其归属于"侵犯公民人身权利、民主权利罪"一章；同时结合第 22 稿的规定，对第 33 稿第 178 条作了以下四方面的修改和调整：一是在犯罪主体方面，增加了"记录人"；二是在条文结构方面，理顺了相应的逻辑关系；三是在犯罪主观方面，将意图"包庇犯罪分子"改为意图"隐匿罪证"；四是在刑罚配置方面，将法定刑分成了基本犯和加重犯两个量刑幅度。

1979 年《刑法》第 148 条规定："在侦查、审判中，证人、鉴定人、记录人、翻译人对与案件有重要关系的情节，故意作虚假证明、鉴定、记录、翻译的，意图陷害他人或者

---

① 该草案同时规定了"妨害公共秩序与公共卫生罪"一章。
② 该草案第 71 条规定："企图陷害或捏造事实而诬告他人者，处二年以下监禁。""诬告他人犯重罪或致他人受重大损害者，处三年以上七年以下监禁。"

隐匿罪证的，处二年以下有期徒刑或者拘役；情节严重的，处二年以上七年以下有期徒刑。"

1982 年《关于严惩严重破坏经济的罪犯的决定》第 1 条第 3 项第 3 款补充规定："为上述犯罪分子销毁罪证或者制造伪证的，按刑法第一百四十八条伪证罪的规定处罚"①。

在全面研究修改刑法的过程中，1988 年的《刑法修改稿》又将伪证罪移至"妨害公务罪"一章，② 但对伪证罪的内容未作修改。1996 年的《刑法修订草案》（征求意见稿）第 272 条将伪证罪归属于"妨害社会管理秩序罪"一章新增的"妨害司法罪"一节中，并对伪证罪的罪状和法定刑作了较大的修改和调整：一是将"在侦查、审判中"改为"在刑事诉讼中"；二是将"隐匿罪证"改为本罪的客观要件，并相应删去了"意图陷害他人或者隐匿罪证"的主观要件；三是将本罪基本犯的法定刑由"二年以下有期徒刑或者拘役"改为"三年以下有期徒刑或者拘役"，将加重犯的法定刑由"二年以上七年以下有期徒刑"改为"三年以上十年以下有期徒刑"。修改后的条文为："在刑事诉讼中，证人、鉴定人、记录人、翻译人对与案件有重要关系的情节，故意作虚假证明、鉴定、记录、翻译或者隐匿罪证的，处三年以下有期徒刑或者拘役；情节严重的，处三年以上十年以下有期徒刑。"1996 年的《刑法修订草案》第 277 条基本上沿用了上述规定，仅在第 1 档法定刑中增加了"管制"这一刑种。到了 1997 年，《刑法修订草案》（修改稿）第 302 条又重新规定了"意图陷害他人或者隐匿罪证"的主观要件。1997 年 3 月 1 日，提交给八届全国人大五次会议审议的《中华人民共和国刑法（修订草案）》第 303 条在上述规定的基础上，删去了此前增加的"管制"刑种。经审议，1997 年《刑法》第 305 条又对本罪的法定刑作了适当调整，将最高刑由"十年有期徒刑"改为"七年有期徒刑"。

【立法规定】

《刑法》第 305 条规定："在刑事诉讼中，证人、鉴定人、记录人、翻译人对与案件有重要关系的情节，故意作虚假证明、鉴定、记录、翻译，意图陷害他人或者隐匿罪证的，处三年以下有期徒刑或者拘役；情节严重的，处三年以上七年以下有期徒刑。"

【立法释义】

目前，尚无与伪证罪相关的法律解释。

【立法建言】

　建　议： 将《刑法》第 305 条的法定刑修改为："处三年以下有期徒刑、拘役或者管

---

　① 该款所说的"上述犯罪"，是指该条第 1 项规定的走私、投机倒把牟取暴利罪、盗窃罪、贩毒罪、盗运珍贵文物出口罪；第 2 项规定的受贿罪。

　② 1988 年《刑法修改稿》分则第八章"妨害社会管理秩序罪"中的"修改说明"第 4 条指出："本章条文较多，内容繁杂，不便适用，因此将一部分条文分出，另立一章'妨害公务罪'。"

制，可以并处或者单处罚金；情节严重的，处三年以上七年以下有期徒刑，可以并处罚金。"

理　由：

从立法技术上看，宜在本罪的第 1 档法定刑中增加"管制"的规定，并对本罪增加"可以"罚金的规定，以与《刑法》的其他管制和罚金规定相一致。

二、辩护人、诉讼代理人毁灭证据、伪造证据、妨害作证罪（第 306 条）

【立法沿革】

辩护人、诉讼代理人毁灭证据、伪造证据、妨害作证罪是 1997 年《刑法》第 306 条增设的罪名。

在刑法修订研拟的过程中，1996 年的《刑法修订草案》（征求意见稿）第 273 条规定了律师提供虚假证据罪："在刑事诉讼中，律师故意提供虚假证据或者隐匿、毁灭证据，帮助当事人隐匿、毁灭、伪造证据或者串供，威胁、引诱证人改变证言或者作伪证的，处三年以下有期徒刑或者拘役；情节严重的，处三年以上十年以下有期徒刑。"在该草案征求意见的过程中，"对是否单独规定律师提供虚假证据罪有两种不同意见：一种意见认为征求意见稿第 273 条没有必要单独规定律师提供虚假证据罪，主要理由是：征求意见稿第 272 条伪证罪、第 274 条阻止证人作证罪规定的都是一般主体，已可以约束律师提供虚假证据等行为，没有必要对律师再专门重复规定一条。同时刑诉法刚刚对律师在刑事诉讼中的作用进行了重大改革，这样规定不利于律师作用的发挥，影响律师参与刑事诉讼活动的信心和积极性。此外，公、检、法等机关的工作人员在办案过程中也存在提供虚假证据的问题，征求意见稿并未作单独规定，对律师也不应单独规定，建议删去该条（司法部、上海、天津、山东、青海、辽宁、社科院法学所、中华律师协会、法学教授梁华仁、江礼华）。另一种意见主张保留此条，主要理由是：律师在诉讼中具有特殊身份，地位重要，修改后的刑诉法增加了律师的诉讼权利，对律师的行为作出特别规定，有积极意义（云南、河南），或者将'律师'改为'辩护人或者诉讼代理人'（上海、山东、湖南、广西、青海）。"[①] 1996 年的《刑法修订草案》第 277 条采纳了后一种意见，但删去了其中争议最大的"故意提供虚假证据"的内容；同时，该条还补充规定了以下三方面的内容：一是在犯罪主体方面，增加了"其他辩护人"；二是在行为方式方面，增加了"伪造证据"；三是在刑罚配置方面，增加了"管制"。修改后的条文为："在刑事诉讼中，律师或者其他

[①]　参见全国人大常委会办公厅秘书局："《中央有关部门、地方及法律专家对刑法修订草案（征求意见稿）的意见》（1996 年 12 月 26 日印）"，见高铭暄、赵秉志编：《新中国刑法立法文献资料总览》（下），中国人民公安大学出版社 1998 年版，第 2171～2172 页。

辩护人隐匿、毁灭、伪造证据，帮助当事人隐匿、毁灭、伪造证据或者串供，威胁、引诱证人改变证言或者作伪证的，处三年以下有期徒刑、拘役或者管制；情节严重的，处三年以上十年以下有期徒刑。"1997年的《刑法修订草案》（修改稿）第303条在上述规定的基础上，主要作了以下三方面的修改：一是将"律师或者其他辩护人"改为"辩护人、诉讼代理人"；二是删去了有关"隐匿"证据的内容；三是将"威胁、引诱证人改变证言"改为"威胁、引诱证人违背事实改变证言"。1997年3月1日，提交给八届全国人大五次会议审议的《中华人民共和国刑法（修订草案)》第304条基本上沿用了上述规定，仅删去了此前增加的"管制"刑种。经审议，1997年《刑法》第306条又对上述规定作了两处修改和补充：一是将本罪的法定最高刑由"十年有期徒刑"降低为"七年有期徒刑"；二是增加了第2款"辩护人、诉讼代理人提供、出示、引用的证人证言或者其他证据失实，不是有意伪造的，不属于伪造证据"的提示性规定。

【立法规定】

《刑法》第306条规定："在刑事诉讼中，辩护人、诉讼代理人毁灭、伪造证据，帮助当事人毁灭、伪造证据，威胁、引诱证人违背事实改变证言或者作伪证的，处三年以下有期徒刑或者拘役；情节严重的，处三年以上七年以下有期徒刑。辩护人、诉讼代理人提供、出示、引用的证人证言或者其他证据失实，不是有意伪造的，不属于伪造证据。"

【立法释义】

目前，尚无与辩护人、诉讼代理人毁灭证据、伪造证据、妨害作证罪相关的法律解释。

【立法建言】

建　议：删去《刑法》第306条。

理　由：

《刑法》第306条规定的辩护人、诉讼代理人毁灭证据、伪造证据、妨害作证罪不具有合理性。[1]"因为该罪的增设不仅给我国的律师职业带来了无法回避的职业风险，对律师权利的实现构成了巨大的威胁，而且运用其他社会的或者法律的手段（包括现行刑法的规定），也足以预防和抗制这一危害行为。"[2] 因此，宜删去这一明显不合理的规定。

---

[1]　该罪是1997年修订的《刑法》增设的新罪名。在刑法修订研拟的过程中，司法部、中华全国律师协会等单位曾经提出没有必要单独规定律师提供虚假证据罪，并详细列举了种种理由，但这种意见并未被立法机关所采纳。1997年《刑法》施行后不久，鉴于该罪规定给律师职业所带来的无法回避的职业风险，中华全国律师协会2000年再次向全国人大常委会提出了修订建议；张燕等30多名全国人大代表在九届全国人大三次会议上联署提出议案，强烈要求取消该罪。但是，上述建议、议案均不了了之。

[2]　利子平：《刑法司法解释瑕疵研究》，法律出版社2014年版，第178页。

三、妨害作证罪、帮助毁灭、伪造证据罪（第 307 条）

【立法沿革】

妨害作证罪、帮助毁灭、伪造证据罪是 1997 年《刑法》第 307 条增设的罪名。

在刑法修订研拟的过程中，1996 年的《刑法修订草案》（征求意见稿）第 274 条规定了妨害作证罪、教唆、帮助隐匿、毁灭、伪造证据罪："以暴力、威胁、贿买等方法阻止证人作证或者指使、贿买、胁迫他人作伪证的，处三年以下有期徒刑或者拘役；情节严重的，处三年以上十年以下有期徒刑。""教唆、帮助当事人隐匿、毁灭、伪造证据，情节严重的，处三年以下有期徒刑或者拘役。"1996 年的《刑法修订草案》第 278 条沿用了上述罪状的规定，但对法定刑作了两方面的补充和修改：一是在两款的第 1 档法定刑中均增加了"管制"的规定；二是将第 1 款的法定最高刑由"十年有期徒刑"降低为"七年有期徒刑"。此外，该条还增加了第 3 款"司法人员犯前两款罪的，从重处罚"的规定。1997 年的《刑法修订草案》（修改稿）第 304 条沿用了上述法定刑的规定，但对罪状作了较大的修改：一是将第 1 款中的"指使、贿买、胁迫他人作伪证"改为"指使他人作伪证"；二是将第 2 款中的"教唆、帮助当事人隐匿、毁灭、伪造证据"改为"帮助当事人毁灭、伪造证据"；三是将第 3 款中的"司法人员"改为"司法工作人员"。修改后的条文为："以暴力、威胁、贿买等方法阻止证人作证或者指使他人作伪证的，处三年以下有期徒刑、拘役或者管制；情节严重的，处三年以上七年以下有期徒刑。""帮助当事人毁灭、伪造证据，情节严重的，处三年以下有期徒刑、拘役或者管制。""司法工作人员犯前两款罪的，从重处罚。"1997 年 3 月 1 日，提交给八届全国人大五次会议审议的《中华人民共和国刑法（修订草案)》第 305 条删去了上述规定中的"管制"。这一修改方案，为现行刑法所采纳。

【立法规定】

《刑法》第 307 条规定："以暴力、威胁、贿买等方法阻止证人作证或者指使他人作伪证的，处三年以下有期徒刑或者拘役；情节严重的，处三年以上七年以下有期徒刑。帮助当事人毁灭、伪造证据，情节严重的，处三年以下有期徒刑或者拘役。司法工作人员犯前两款罪的，从重处罚。"

【立法释义】

最高人民检察院 2002 年 10 月 24 日发布的《关于通过伪造证据骗取法院民事裁判占有他人财物的行为如何适用法律问题的答复》规定："以非法占有为目的，通过伪造证据骗取法院民事裁判占有他人财物的行为所侵害的主要是人民法院正常的审判活动可以由人民法院依照民事诉讼法的有关规定作出处理，不宜以诈骗罪追究行为人的刑事责任。如果行为人伪造证据时，实施了伪造公司、企业、事业单位、人民团体印章的行为，构成犯罪的，应当依照刑法第二百八十条第二款的规定，以伪造公司、企业、事业单位、人民团体印章罪追究刑事责任；如果行为人有指使他人作伪证行为，构成犯罪的应当依照刑法第三百零七条第一款的规定，以妨害作证罪追究刑事责任。"

【立法建言】

建　议： 将《刑法》第307条修改为："以暴力、威胁、贿买等方法阻止证人作证或者指使他人作伪证的，处三年以下有期徒刑、拘役或者管制，可以并处或者单处罚金；情节严重的，处三年以上七年以下有期徒刑，可以并处罚金。""帮助当事人毁灭、伪造证据，情节严重的，处三年以下有期徒刑、拘役或者管制，可以并处或者单处罚金。""司法工作人员犯前两款罪的，从重处罚。"

理　由：

从立法技术上看，宜在《刑法》第307条第1款第1档法定刑和第2款的法定刑中增加"管制"的规定，以与《刑法》的其他管制规定相一致。此外，还宜在该条中增加"可以"罚金的规定，以适应司法实践中的各种复杂情况。

四、虚假诉讼罪（第307条之一）

【立法沿革】

虚假诉讼罪是《刑法修正案（九）》第35条新增设的罪名。

1997年《刑法》施行后，"针对当前社会诚信缺失，欺诈等背信行为多发，社会危害严重的实际情况，为发挥刑法对公民行为价值取向的引领作用"[①]，《刑法修正案（九）》第35条增设了虚假诉讼罪。

【立法规定】

《刑法》第307条之一规定："以捏造的事实提起民事诉讼，妨害司法秩序或者严重侵害他人合法权益的，处三年以下有期徒刑、拘役或者管制，并处或者单处罚金；情节严重的，处三年以上七年以下有期徒刑，并处罚金。单位犯前款罪的，对单位判处罚金，并对其直接负责的主管人员和其他直接责任人员，依照前款的规定处罚。有第一款行为，非法占有他人财产或者逃避合法债务，又构成其他犯罪的，依照处罚较重的规定定罪从重处罚。司法工作人员利用职权，与他人共同实施前三款行为的，从重处罚；同时构成其他犯罪的，依照处罚较重的规定定罪从重处罚。"

---

① 参见全国人大常委会法制工作委员会主任李适时2014年10月27日在十二届全国人大常委会第十一次会议上所作的《关于〈中华人民共和国刑法修正案（九）（草案）〉的说明》。

【立法释义】

最高人民检察院 2002 年 10 月 24 日发布的《关于通过伪造证据骗取法院民事裁判占有他人财物的行为如何适用法律问题的答复》规定："以非法占有为目的，通过伪造证据骗取法院民事裁判占有他人财物的行为所侵害的主要是人民法院正常的审判活动，可以由人民法院依照民事诉讼法的有关规定作出处理，不宜以诈骗罪追究行为人的刑事责任。如果行为人伪造证据时，实施了伪造公司、企业、事业单位、人民团体印章的行为，构成犯罪的，应当依照刑法第二百八十条第二款的规定，以伪造公司、企业、事业单位、人民团体印章罪追究刑事责任；如果行为人有指使他人作伪证行为，构成犯罪的应当依照刑法第三百零七条第一款的规定，以妨害作证罪追究刑事责任。"

最高人民法院 2015 年 10 月 29 日发布的《关于〈中华人民共和国刑法修正案（九）〉时间效力问题的解释》第 7 条规定："对于 2015 年 10 月 31 日以前以捏造的事实提起民事诉讼，妨害司法秩序或者严重侵害他人合法权益，根据修正前刑法应当以伪造公司、企业、事业单位、人民团体印章罪或者妨害作证罪等追究刑事责任的，适用修正前刑法的有关规定。但是，根据修正后刑法第三百零七条之一的规定处刑较轻的，适用修正后刑法的有关规定。实施第一款行为，非法占有他人财产或者逃避合法债务，根据修正前刑法应当以诈骗罪、职务侵占罪或者贪污罪等追究刑事责任的，适用修正前刑法的有关规定。"

【立法建言】

建　议：将《刑法》第 307 条之一第 1 款修改为："以捏造的事实提起民事诉讼，妨害司法秩序或者严重侵害他人合法权益的，处三年以下有期徒刑、拘役或者管制，可以并处或者单处罚金；情节严重的，处三年以上七年以下有期徒刑，并处罚金。"

理　由：

从立法技术上看，宜将本罪第 1 款第 1 档法定刑中的"并处或者单处罚金"改为"可以并处或者单处罚金"，以与《刑法》的其他罚金规定相一致。

五、打击报复证人罪（第 308 条）

【立法沿革】

打击报复证人罪是 1997 年《刑法》第 308 条增设的罪名。

在司法实践中，打击报复证人、举报人等犯罪现象时有发生，有时甚至还相当严重。[①]

[①] 1981 年 6 月，全国人大常委会法制委员会副主任王汉斌指出："目前有些违法犯罪分子，猖狂地对举报人、被害人以及办案的公、检、法人员和制止他们进行违法犯罪活动的干部、群众行凶报复，使一些人民群众不敢同犯罪活动进行斗争，甚至有'好人怕坏人'的极不正常的现象"（参见王汉斌："《关于加强法律解释工作等三个决定（草案）的说明》"，见高铭暄、赵秉志编：《中国刑法立法文献资料精选》，法律出版社 2007 年版，第 373 页）。

但是，1979 年《刑法》对此并未作出专门规定。有鉴于此，全国人大常委会 1981 年 6 月 10 日通过的《关于处理逃跑或者重新犯罪的劳改犯和劳教人员的决定》第 3 条补充规定："劳教人员、劳改罪犯对检举人、被害人和有关的司法工作人员以及制止违法犯罪行为的干部、群众行凶报复的，按照其所犯罪行的法律规定，从重或者加重处罚。"[①] 全国人大常委会 1982 年 3 月 8 日通过的《关于严惩严重破坏经济的罪犯的决定》第 1 条第 3 项第 4 款也规定："对执法人员和揭发检举作证人员进行阻扰、威胁、打击报复的，按刑法第一百五十七条妨害社会管理秩序罪或者第一百四十六条报复陷害罪的规定处罚。"

在刑法修订研拟的过程中，1996 年的《刑法修订草案》第 279 条增设了打击报复证人罪："对证人进行打击报复的，处三年以下有期徒刑、拘役或者管制；情节严重的，处三年以上七年以下有期徒刑。"1997 年 3 月 1 日，提交给八届全国人大五次会议审议的《中华人民共和国刑法（修订草案）》第 306 条基本上沿用了上述规定，仅删去其中的"管制"。这一修改方案，为现行刑法所采纳。

【立法规定】

《刑法》第 308 条规定："对证人进行打击报复的，处三年以下有期徒刑或者拘役；情节严重的，处三年以上七年以下有期徒刑。"

【立法释义】

目前，尚无与打击报复证人罪相关的法律解释。

【立法建言】

建 议：将《刑法》第 308 条修改为："对证人进行打击报复的，处三年以下有期徒刑、拘役或者管制，可以并处或者单处罚金；情节严重的，处三年以上七年以下有期徒刑，可以并处罚金。"

理 由：

从立法技术上看，宜在本罪第 1 档法定刑中增加"管制"的规定，并对本罪增加"可以"罚金的规定，以与《刑法》的其他管制和罚金规定相一致。

---

① "加重判刑是'刑法'没有规定的，是对'刑法'的补充规定。这个规定只适用于决定（草案）所列举的两种特定的犯罪分子：一种是劳改犯逃跑后又犯罪的；另一种是劳改犯和劳教人员对检举人、被害人和有关的司法工作人员以及制止他们进行违法犯罪行为的干部、群众行凶报复的。对其他犯罪分子，则不能加重刑罚"（参见全国人大常委会法制委员会副主任王汉斌："《关于加强法律解释工作等三个决定（草案）的说明》"，见高铭暄、赵秉志编：《中国刑法立法文献资料精选》，法律出版社 2007 年版，第 373 页）。

六、泄露不应公开的案件信息罪、披露、报道不应公开的案件信息罪（第 308 条之一）

【立法沿革】

泄露不应公开的案件信息罪、披露、报道不应公开的案件信息罪是《刑法修正案（九）》第 36 条新增设的罪名。

1997 年《刑法》施行后，针对司法实践中出现的新情况，"为保障人民法院依法独立公正行使审判权，完善刑法有关规定"①，《刑法修正案（九）》第 36 条增设了泄露不应公开的案件信息罪和披露、报道不应公开的案件信息罪。

【立法规定】

《刑法》第 308 条之一规定："司法工作人员、辩护人、诉讼代理人或者其他诉讼参与人，泄露依法不公开审理的案件中不应当公开的信息，造成信息公开传播或者其他严重后果的，处三年以下有期徒刑、拘役或者管制，并处或者单处罚金。有前款行为，泄露国家秘密的，依照本法第三百九十八条的规定定罪处罚。公开披露、报道第一款规定的案件信息，情节严重的，依照第一款的规定处罚。单位犯前款罪的，对单位判处罚金，并对其直接负责的主管人员和其他直接责任人员，依照第一款的规定处罚。"

【立法释义】

目前，尚无与泄露不应公开的案件信息罪和披露、报道不应公开的案件信息罪相关的法律解释。

【立法建言】

建 议： 将《刑法》第 308 条之一第 1 款的法定刑修改为："处三年以下有期徒刑、拘役、管制或者剥夺政治权利，可以并处或者单处罚金。"

理 由：

从立法技术上看，宜在本罪第 1 款的法定刑中增加"剥夺政治权利"的规定，并将"并处或者单处罚金"改为"可以并处或者单处罚金"，以与《刑法》的其他剥夺政治权利和罚金规定相一致。

---

① 参见全国人大常委会法制工作委员会主任李适时 2014 年 10 月 27 日在十二届全国人大常委会第十一次会议上所作的《关于〈中华人民共和国刑法修正案（九）（草案）〉的说明》。

七、扰乱法庭秩序罪（第 309 条）

【立法沿革】

扰乱法庭秩序罪是 1997 年《刑法》第 309 条增设的罪名，并经《刑法修正案（九）》第 37 条所修正。

在刑法修订研拟的过程中，1996 年的《刑法修订草案》（征求意见稿）第 275 条规定了扰乱法庭秩序罪："聚众哄闹、冲击法庭，或者殴打司法工作人员，严重扰乱法庭秩序，致使审判活动无法进行的，处三年以下有期徒刑、拘役或者罚金。"1996 年的《刑法修订草案》第 280 条在上述规定的基础上，增加了"管制"这一刑种。考虑到"严重扰乱法庭秩序"与"致使审判活动无法进行"之间存在逻辑上的种属关系，因此，1997 年的《刑法修订草案》（修改稿）第 306 条删去了"致使审判活动无法进行"的表述。这一修改方案，为 1997 年修订的《刑法》所采纳。

1997 年修订的《刑法》第 309 条规定："聚众哄闹、冲击法庭，或者殴打司法工作人员，严重扰乱法庭秩序的，处三年以下有期徒刑、拘役、管制或者罚金。"

1997 年《刑法》施行后，《刑法修正案（九）（草案）》第 35 条提出"修改扰乱法庭秩序罪，在原规定的聚众哄闹、冲击法庭，殴打司法工作人员等行为的基础上，将殴打诉讼参与人以及侮辱、诽谤、威胁司法工作人员或者诉讼参与人，不听法庭制止等严重扰乱法庭秩序的行为增加规定为犯罪。"[①] 对此，"一些常委委员、有的部门、地方以及律师协会提出，本条第三项关于'侮辱、诽谤、威胁司法工作人员或者诉讼参与人'的规定、第四项关于'有其他严重扰乱法庭秩序行为'的规定，在实践中可能被滥用，建议取消。法律委员会经研究，草案第三项规定与刑事诉讼法第一百九十四条、民事诉讼法第一百一十条的规定（刑事诉讼法第一百九十四条第二款规定：'对聚众哄闹、冲击法庭或者侮辱、诽谤、威胁、殴打司法工作人员或者诉讼参与人，严重扰乱法庭秩序，构成犯罪的，依法追究刑事责任。'民事诉讼法第一百一十条第三款规定：'人民法院对哄闹、冲击法庭，侮辱、诽谤、威胁、殴打审判工作人员，严重扰乱法庭秩序的人，依法追究刑事责任；情节较轻的予以罚款、拘留。'）是一致的，属于衔接性规定不宜取消；第四项规定的'其他严重扰乱法庭秩序的行为'，也是维护法庭秩序和司法权威的必要规范，同时，为进一步明确罪与非罪的界限，防止使用扩大化，建议将该项修改为：'有毁坏法庭设施，抢夺、

[①] 参见全国人大常委会法制工作委员会主任李适时 2014 年 10 月 27 日在十二届全国人大常委会第十一次会议上所作的《关于〈中华人民共和国刑法修正案（九）（草案）〉的说明》。

损毁诉讼文书、证据等扰乱法庭秩序行为，情节严重的。'"① 经审议，《刑法修正案（九）》第37条采纳了上述意见。

【立法规定】

《刑法》第309条规定："有下列扰乱法庭秩序情形之一的，处三年以下有期徒刑、拘役、管制或者罚金：（一）聚众哄闹、冲击法庭的；（二）殴打司法工作人员或者诉讼参与人的；（三）侮辱、诽谤、威胁司法工作人员或者诉讼参与人，不听法庭制止，严重扰乱法庭秩序的；（四）有毁坏法庭设施，抢夺、损毁诉讼文书、证据等扰乱法庭秩序行为，情节严重的。"

【立法释义】

目前，尚无与扰乱法庭秩序罪相关的法律解释。

【立法建言】

建　议：将《刑法》第309条修改为："有下列扰乱法庭秩序情形之一的，处三年以下有期徒刑、拘役或者管制，可以并处或者单处罚金：（一）组织多人哄闹、冲击法庭的；（二）殴打司法工作人员或者诉讼参与人的；（三）侮辱、诽谤、威胁司法工作人员或者诉讼参与人，不听法庭制止，严重扰乱法庭秩序的；（四）有毁坏法庭设施，抢夺、损毁诉讼文书、证据等扰乱法庭秩序行为，情节严重的。"

理　由：

1. 从犯罪主体上看，宜将本罪第1项关于"聚众哄闹、冲击法庭"的规定改为"组织多人哄闹、冲击法庭"。因为，《刑法》第309条并未明确规定"聚众哄闹、冲击法庭"的犯罪主体。那么，应如何追究聚众犯罪者的刑事责任呢？对此，我国《刑法》有不同的规定：一是只追究首要分子的刑事责任，如第291条规定的聚众扰乱公共场所秩序、交通秩序罪；二是追究首要分子和其他积极参加者的刑事责任，如第290条规定的聚众扰乱社会秩序罪、聚众冲击国家机关罪；三是追究首要分子和多次参加者的刑事责任，如第301条规定的聚众淫乱罪；四是追究首要分子、积极参加者和其他参加者的刑事责任，如第317条规定的组织越狱罪、暴动越狱罪和聚众持械劫狱罪；五是未明确规定犯罪主体的范围，如第309条规定的扰乱法庭秩序罪。以上前四种立法例都明确规定了犯罪主体的范围，唯独第五种立法例未予明确。那么，在司法实践中应当如何确定"聚众哄闹、冲击法庭"的犯罪主体呢？是追究首要分子、首要分子和其他积极参加者、首要分子和多次参加者，还是首要分子、积极参加者和其他参加者的刑事责任呢？《刑法》第309条的规定并

---

① 参见全国人大法律委员会主任委员乔晓阳2015年8月24日在十二届全国人大常委会第十六次会议上所作的《关于〈中华人民共和国刑法修正案（九）（草案）〉审议结果的报告》。

不明确，致使在理论上和实践中易产生歧义。① "考虑到本罪中的'聚众'实为'组织多人'之意，因此，建议将'聚众哄闹、冲击法庭'改为'组织多人哄闹、冲击法庭'。这样，不仅使法条的表述更加清晰、明确，符合立法原意，同时也解决了其犯罪主体不太明确的缺陷。"②

2. 从立法技术上看，宜将本罪法定刑中的"罚金"改为"可以并处或者单处罚金"，以与《刑法》的其他罚金规定相一致。

八、窝藏、包庇罪（第 310 条）

【立法沿革】

窝藏、包庇罪是在 1979 年《刑法》第 162 条规定的窝藏、包庇罪的基础上修改而来的。

在新中国刑法立法史上，对于窝藏、包庇行为性质的认识以及窝藏、包庇罪立法模式的选择、罪状和法定刑的具体规定等经历了一个较为复杂的演变过程。1950 年的《刑法大纲草案》对于窝藏、包庇反革命罪犯的行为定性为"帮助行为"，没有对其进行独立的刑法评价。该草案第 52 条规定："对于犯本章各罪之人，纵容包庇，窝藏掩护者，以帮助犯论罪。对于正在预备或着手实施犯罪而知情不举者，得比照帮助犯从轻处罚。"③ 到了1951 年，《惩治反革命条例》始将窝藏、包庇行为作为独立的犯罪加以规定。该条例第 13条规定："窝藏、包庇反革命罪犯者，判处十年以下徒刑；其情节重大者，处十年以上徒刑、无期徒刑或死刑。"1954 年的《刑法指导原则草案》第 36 条沿袭上述立法例，也仅在反革命罪中规定了窝藏、包庇罪："窝藏、包庇反革命罪犯的，判处十年以下有期徒刑。"将普通刑事罪犯增列为窝藏、包庇罪规制对象的立法例，始见于 1957 年的《刑法草案》第 22 稿。该稿不仅分别规定了窝藏、包庇犯罪分子和反革命分子两种情形，而且还增加规定了从重处罚和从宽处罚的情节。该稿第 190 条规定："事前没有通谋，事后隐藏犯罪分子或者为犯罪分子毁灭、隐藏罪证的，处三年以下有期徒刑或者拘役；事后隐藏反革命分子或者为反革命分子毁灭、隐藏罪证的，处三年以上十年以下有期徒刑。""国家工作人员犯前款罪的，从重处罚。""直系亲属、配偶或者在一个家庭过共同生活的亲属，犯

---

① 例如，有学者认为，"现行刑法第 309 条未规定对聚众哄闹冲击法庭只处罚首要分子，在司法实践中，应主要对首要分子和在犯罪中起主要作用的处以刑罚……"（参见胡康生、李福成主编：《中华人民共和国刑法释义》，法律出版社 1997 年版，第 439 页）。笔者认为，"虽然《刑法》第 309 条并未明确规定本罪的主体，但是考虑到本罪是轻罪，其法定最高刑仅为三年，社会危害性又相对较小，因此，本着刑法谦抑性原则，只处罚首要分子即可，对于其他参加者可视为情节显著轻微危害不大，不以犯罪论处"（利子平："扰乱法庭秩序罪的立法缺陷及其完善"，载《法学杂志》2008 年第 6 期）。

② 利子平："扰乱法庭秩序罪的立法缺陷及其完善"，载《法学杂志》2008 年第 6 期。

③ 该章规定的是"反革命罪"。

第一款罪的，可以减轻或者免除处罚。""但是，这样规定毕竟有缺点：一是把'隐藏犯罪分子'和'隐藏反革命分子'一先一后加以平列，容易使人搞不清两个概念的关系，难道'犯罪分子'不包括'反革命分子'？二是'毁灭、隐藏罪证'包括不了所有的包庇行为。三是没有区分一般的和情节严重的两个层次，不能更好地体现区别对待政策。"[1] 此外，"讨论中认为，后面两款，可以由审判人员在量刑时自行掌握，在法律上不必硬作规定；而且最后这款规定，还有点容忍封建社会提倡的'亲属相隐'、'父为子隐，子为父隐'那种伦理道德的味道，与鼓励'大义灭亲'这种新型道德是有矛盾的。"[2] 因此，1963 年的《刑法草案》第 33 稿第 179 条将上述规定修改为："窝藏、包庇反革命分子的，处一年以上七年以下有期徒刑；情节严重的，比照其窝藏、包庇的反革命分子的罪刑，酌情处罚。""窝藏、包庇其他犯罪分子的，处五年以下有期徒刑或者拘役；情节严重的，比照其窝藏、包庇的犯罪分子的罪刑，酌情处罚。""犯前两款罪，事前通谋的，以共同犯罪论处。"1979 年《刑法》第 162 条沿用了上述立法模式，但对罪状和法定刑作了较大的修改和调整：一是在包庇之前增加了"作假证明"的限制；二是对"情节严重的"规定了独立的法定刑，并对第 1 档法定刑作了相应的调整。

1979 年《刑法》第 162 条规定："窝藏或者作假证明包庇反革命分子的，处三年以下有期徒刑、拘役或者管制；情节严重的，处三年以上十年以下有期徒刑。窝藏或者作假证明包庇其他犯罪分子的，处二年以下有期徒刑、拘役或者管制；情节严重的，处二年以上七年以下有期徒刑。犯前两款罪，事前通谋的，以共同犯罪论处。"

1979 年《刑法》施行后，一些经济犯罪活动猖獗，对社会危害严重，为了严厉惩处包庇或者纵容这些犯罪活动的国家工作人员，1982 年《关于严惩严重破坏经济的罪犯的决定》第 1 条第 3 项第 1 款、第 2 款补充规定："国家工作人员，无论是否是司法人员，利用职务包庇、窝藏本条（一）、（二）规定的犯罪分子，隐瞒、掩饰他们的犯罪事实的，都按刑法第一百八十八条徇私舞弊罪的规定处罚"[3]；"国家工作人员的亲属或者已离职的国家工作人员，犯上述罪行的，按刑法第一百六十二条第二款包庇罪的规定处罚"。

在全面研究修改刑法的过程中，1988 年的《刑法修改稿》第 206 条对 1979 年《刑法》第 162 条作了较大的修改：一是在立法模式方面，改变了根据犯罪对象的不同而分别加以规定的做法；二是在罪状表述方面，将"窝藏或者作假证明包庇"改为"资助或窝藏犯罪分子的，故意隐匿、毁灭罪证或者作假证明包庇"。修改后的条文为："资助或窝藏

---

① 参见高铭暄：《中华人民共和国刑法的孕育和诞生》，法律出版社 1981 年版，第 221 页。

② 参见高铭暄：《中华人民共和国刑法的孕育和诞生》，法律出版社 1981 年版，第 222 页。

③ 该条第 1 项规定的是走私、投机倒把牟取暴利罪、盗窃罪、贩毒罪、盗运珍贵文物出口罪；第 2 项规定的是受贿罪。

犯罪分子的，故意隐匿、毁灭罪证或者作假证明包庇犯罪分子的，处三年以下有期徒刑、拘役或者管制；情节严重的，处三年以上十年以下有期徒刑。""犯前款罪，事前通谋的，以共同犯罪论处。"1996年的《刑法修订草案》（征求意见稿）第276条沿用了上述立法模式，并重新设计了本罪的罪状，将"资助或窝藏犯罪分子的，故意隐匿、毁灭罪证或者作假证明包庇犯罪分子的"改为"明知是犯罪的人而为其提供隐藏处所、财物，帮助其逃匿或者作假证明包庇的"。这一修改方案，为现行刑法所采纳。

【立法规定】

《刑法》第310条规定："明知是犯罪的人而为其提供隐藏处所、财物，帮助其逃匿或者作假证明包庇的，处三年以下有期徒刑、拘役或者管制；情节严重的，处三年以上十年以下有期徒刑。犯前款罪，事前通谋的，以共同犯罪论处。"

【立法释义】

目前，尚无与窝藏、包庇罪相关的法律解释。

【立法建言】

建　议：将《刑法》第310条第1款修改为："明知是犯罪的人而为其提供隐藏处所、财物，帮助其逃匿或者作假证明包庇的，处三年以下有期徒刑、拘役或者管制，可以并处或者单处罚金；情节严重的，处三年以上十年以下有期徒刑，可以并处罚金。"

理　由：

从立法技术上看，宜在本罪的法定刑中增加规定罚金刑，以与这类犯罪的性质和《刑法》的其他罚金规定相一致。

九、拒绝提供间谍犯罪、恐怖主义犯罪、极端主义犯罪证据罪（第311条）

【立法沿革】

拒绝提供间谍犯罪、恐怖主义犯罪、极端主义犯罪证据罪是在1997年《刑法》第311条规定的拒绝提供间谍犯罪证据罪的基础上，经《刑法修正案（九）》第38条修正而来的。

1993年《国家安全法》第26条规定："明知他人有间谍犯罪行为，在国家安全机关向其调查有关情况、收集有关证据时，拒绝提供的，由其所在单位或者上级主管部门予以行政处分，或者由国家安全机关处十五日以下拘留；情节严重的，比照刑法第一百六十二条的规定处罚。"[1] 为了与《国家安全法》的规定相衔接，1996年的《刑法修订草案》

---

① 1979年《刑法》第162条规定的是窝藏、包庇罪。

（征求意见稿）第277条将上述"比照"刑法规定处罚的规定，改为了刑法的具体条款，从而增设了拒绝提供间谍犯罪证据罪。这一修改方案，为1997年修订的《刑法》所采纳。

1997年修订的《刑法》第311条规定："明知他人有间谍犯罪行为，在国家安全机关向其调查有关情况、收集有关证据时，拒绝提供，情节严重的，处三年以下有期徒刑、拘役或者管制。"

1997年《刑法》施行后，"针对近年来暴力恐怖犯罪出现的新情况、新特点，总结同这类犯罪作斗争的经验"[1]，《刑法修正案（九）》第38条增加规定了拒绝提供恐怖主义、极端主义犯罪证据的犯罪。

【立法规定】

《刑法》第311条规定："明知他人有间谍犯罪或者恐怖主义、极端主义犯罪行为，在司法机关向其调查有关情况、收集有关证据时，拒绝提供，情节严重的，处三年以下有期徒刑、拘役或者管制。"

【立法释义】

目前，尚无与拒绝提供间谍犯罪、恐怖主义犯罪、极端主义犯罪证据罪相关的法律解释。

【立法建言】

建　议：将《刑法》第311条的法定刑修改为："处三年以下有期徒刑、拘役或者管制，可以并处或者单处罚金"。

理　由：

从立法技术上看，宜在《刑法》第311条的法定刑中增加规定罚金刑，以与这类犯罪的性质和《刑法》的其他罚金规定相一致。

十、掩饰、隐瞒犯罪所得、犯罪所得收益罪（第312条）

【立法沿革】

掩饰、隐瞒犯罪所得、犯罪所得收益罪是在1979年《刑法》第172条规定的窝赃、销赃罪的基础上修改而来的，并经《刑法修正案（六）》第19条和《刑法修正案（七）》第10条所修正。

从立法源流来看，掩饰、隐瞒犯罪所得、犯罪所得收益罪最早源于1950年《刑法大纲草案》规定的赃物罪。该草案第114条规定："明知为赃物而故意买卖或收藏者，处六

---

[1]　参见全国人大常委会法制工作委员会主任李适时2014年10月27日在十二届全国人大常委会第十一次会议上所作的《关于〈中华人民共和国刑法修正案（九）（草案）〉的说明》。

月以下监禁，并可酌处罚金，或批评教育。""以犯前项之罪为常业者，处三年以下监禁，并可酌处罚金。"到了1954年，《刑法指导原则草案》第50条将赃物罪改为收买、窝藏赃物罪："明知为赃物而收买、窝藏的，判处二年以下有期徒刑、劳役或者予以行政处罚。明知赃物为公共财物而收买、窝藏和其他情节严重的，判处五年以下有期徒刑。"1957年的《刑法草案》第22稿仅规定了收买赃物罪，并删去了第2档法定刑。该稿第201条规定："明知是犯罪所得的赃物而收买的，处三年以下有期徒刑或者拘役，可以并处或者单处一千元以下罚金。"1963年的《刑法草案》第33稿第190条不仅增设了销赃罪，而且还加大了打击力度。修改后的条文为："意图营利，明知是犯罪所得的赃物而收买的，或者代为销售的，处七年以下有期徒刑或者拘役，可以并处或者单处罚金或者没收财产。"1979年《刑法》第172条对上述规定作了较大的修改和调整：一是将"收买"改为"予以窝藏"[①]，并相应删去了"意图营利"的主观要件；二是将主刑由"七年以下有期徒刑或者拘役"改为"三年以下有期徒刑、拘役或者管制"；三是删去了"没收财产"的规定。

1979年《刑法》第172条规定："明知是犯罪所得的赃物而予以窝藏或者代为销售的，处三年以下有期徒刑、拘役或者管制，可以并处或者单处罚金。"

在全面研究修改刑法的过程中，1988年的《刑法修改稿》第210条对上述规定作了两处修改：一是增加了"收买"赃物的行为；二是增加了"情节严重"的限制。1996年的《刑法修订草案》（征求意见稿）第278条在上述规定的基础上，主要作了两处修改：一是将"收买"赃物的行为改为"收购"；二是删去了"情节严重"的限制。修改后的条文为："明知是犯罪所得的赃物而予以窝藏、收购或者代为销售的，处三年以下有期徒刑、拘役或者管制，并处或者单处罚金。"1997年的《刑法修订草案》（修改稿）第309条基本上沿用了上述规定，仅增加了"转移"赃物的行为。这一修改方案，为1997年修订的《刑法》所采纳。

1997年修订的《刑法》第312条规定："明知是犯罪所得的赃物而予以窝藏、转移、收购或者代为销售的，处三年以下有期徒刑、拘役或者管制，并处或者单处罚金。"

在审议《刑法修正案（六）（草案)》有关洗钱罪的规定时，"有的常委会委员和部门建议进一步扩大这一条规定的上游犯罪的范围，认为按照有关国际公约的要求，对明知是严重犯罪的所得，协助进行转移、转换或者以其他方式隐瞒、掩饰其性质和来源的，都应规定为犯罪。法律委员会研究认为，除这一条规定的对几种严重犯罪的所得进行洗钱的犯罪外，按照我国刑法第三百一十二条的规定，对明知是任何犯罪所得而予以窝藏、转移、

---

① "对三十三稿修订时，感到把收买赃物列为犯罪，打击面过大，也未必行得通，故将'收买'改订为'予以窝藏'"（参见高铭暄：《中华人民共和国的孕育和诞生》，法律出版社1981年版，第232页）。

收购或者代为销售的，都是犯罪，应当追究刑事责任，只是没有使用洗钱罪的具体罪名。为进一步明确法律界限，以利于打击对其他犯罪的违法所得予以掩饰、隐瞒的严重违法行为"，①《刑法修正案（六）》第19条对《刑法》第312条作了必要的补充修改。修改后的条文为："明知是犯罪所得及其产生的收益而予以窝藏、转移、收购、代为销售或者以其他方法掩饰、隐瞒的，处三年以下有期徒刑、拘役或者管制，并处或者单处罚金；情节严重的，处三年以上七年以下有期徒刑，并处罚金。"

《刑法修正案（六）》施行后，"中国人民银行提出，这类犯罪有些是单位实施的，建议增加单位犯本罪的规定，以进一步完善刑法的反洗钱措施"。②据此，《刑法修正案（七）》第10条增加了"单位犯前款罪的，对单位判处罚金，并对其直接负责的主管人员和其他直接责任人员，依照前款的规定处罚"的规定。

【立法规定】

《刑法》第312条规定："明知是犯罪所得及其产生的收益而予以窝藏、转移、收购、代为销售或者以其他方法掩饰、隐瞒的，处三年以下有期徒刑、拘役或者管制，并处或者单处罚金；情节严重的，处三年以上七年以下有期徒刑，并处罚金。单位犯前款罪的，对单位判处罚金，并对其直接负责的主管人员和其他直接责任人员，依照前款的规定处罚。"

【立法释义】

全国人大常委会2014年4月24日通过的《关于〈中华人民共和国刑法〉第三百四十一条、第三百一十二条的解释》规定："知道或者应当知道是国家重点保护的珍贵、濒危野生动物及其制品，为食用或者其他目的而非法购买的，属于刑法第三百四十一条第一款规定的非法收购国家重点保护的珍贵、濒危野生动物及其制品的行为。""知道或者应当知道是刑法第三百四十一条第二款规定的非法狩猎的野生动物而购买的，属于刑法第三百一十二条第一款规定的明知是犯罪所得而收购的行为。"

最高人民法院、最高人民检察院、公安部、国家工商行政管理局1998年5月8日发布的《关于依法查处盗窃、抢劫机动车案件的规定》第2条规定："明知是盗窃、抢劫所得机动车而予以窝藏、转移、收购或者代为销售的，依照《刑法》第三百一十二条的规定处罚。对明知是盗窃、抢劫所得机动车而予以拆解、改装、拼装、典当、倒卖的，视为窝藏、转移、收购或者代为销售，依照《刑法》第三百一十二条的规定处罚。"第3条规定：

---

① 参见全国人大法律委员会副主任委员周坤仁2006年4月25日在十届全国人大常委会第二十一次会议上所作的《关于〈中华人民共和国刑法修正案（六）（草案）〉修改情况的汇报》。

② 参见全国人大常委会法制工作委员会主任李适时2008年8月25日在十一届全国人大常委会第四次会议上所作的《关于〈中华人民共和国刑法修正案（七）（草案）〉的说明》。

"国家指定的车辆交易市场、机动车经营企业（含典当、拍卖行）以及从事机动车修理、零部件销售企业的主管人员或者其他直接责任人员，明知是盗窃、抢劫的机动车而予以窝藏、转移、拆解、改装、拼装、收购或者代为销售的，依照《刑法》第三百一十二条的规定处罚。单位组织实施上述行为的，由工商行政管理机关予以处罚。"第4条规定："本规定第二条和第三条中的行为人事先与盗窃、抢劫机动车辆的犯罪分子通谋的，分别以盗窃、抢劫罪的共犯论处。"第5条规定："机动车交易必须在国家指定的交易市场或合法经营企业进行，其交易凭证经工商行政管理机关验证盖章后办理登记或过户手续，私下交易机动车辆属于违法行为，由工商行政管理机关依法处理。明知是赃车而购买，以收购赃物罪定罪处罚。单位的主管人员或者其他直接责任人员明知是赃车购买的，以收购赃物罪定罪处罚。明知是赃车而介绍买卖的，以收购、销售赃物罪的共犯论处。"

最高人民法院、最高人民检察院2007年1月15日发布的《关于办理盗窃油气、破坏油气设备等刑事案件具体应用法律若干问题的解释》第5条规定："明知是盗窃犯罪所得的油气或者油气设备，而予以窝藏、转移、收购、加工、代为销售或者以其他方法掩饰、隐瞒的，依照刑法第三百一十二条的规定定罪处罚。实施前款规定的犯罪行为，事前通谋的，以盗窃犯罪的共犯定罪处罚。"

最高人民法院、最高人民检察院2007年5月9日发布的《关于办理与盗窃、抢劫、诈骗、抢夺机动车相关刑事案件具体应用法律若干问题的解释》第1条规定："明知是盗窃、抢劫、诈骗、抢夺的机动车，实施下列行为之一的，依照刑法第三百一十二条的规定，以掩饰、隐瞒犯罪所得、犯罪所得收益罪定罪，处三年以下有期徒刑、拘役或者管制，并处或者单处罚金：（一）买卖、介绍买卖、典当、拍卖、抵押或者用其抵债的；（二）拆解、拼装或者组装的；（三）修改发动机号、车辆识别代号的；（四）更改车身颜色或者车辆外形的；（五）提供或者出售机动车来历凭证、整车合格证、号牌以及有关机动车的其他证明和凭证的；（六）提供或者出售伪造、变造的机动车来历凭证、整车合格证、号牌以及有关机动车的其他证明和凭证的。实施第一款规定的行为涉及盗窃、抢劫、诈骗、抢夺的机动车五辆以上或者价值总额达到五十万元以上的，属于刑法第三百一十二条规定的'情节严重'，处三年以上七年以下有期徒刑，并处罚金。"第6条规定："行为人实施本解释第一条、第三条第三款规定的行为，涉及的机动车有下列情形之一的，应当认定行为人主观上属于上述条款所称'明知'：（一）没有合法有效的来历凭证；（二）发动机号、车辆识别代号有明显更改痕迹，没有合法证明的。"

最高人民法院2009年11月4日发布的《关于审理洗钱等刑事案件具体应用法律若干问题的解释》第1条第1款、第2款规定："刑法第一百九十一条、第三百一十二条规定的'明知'，应当结合被告人的认知能力，接触他人犯罪所得及其收益的情况，犯罪所得及其收益的种类、数额，犯罪所得及其收益的转换、转移方式以及被告人的供述等主、客观因素进行认定。具有下列情形之一的，可以认定被告人明知系犯罪所得及其收益，但有证据证明确实不知道的除外：（一）知道他人从事犯罪活动，协助转换或者转移财物的；（二）没有正当理由，通过非法途径协助转换或者转移财物的；（三）没有正当理由，以明显低于市场的价格收购财物的；（四）没有正当理由，协助转换或者转移财物，收取明显高于市场的'手续费'的；（五）没有正当理由，协助他人将巨额现金散存于多个银行账户或者在不同银行账户之间频繁划转的；（六）协助近亲属或者其他关系密切的人转换或者转移与其职业或者财产状况明显不符的财物的；（七）其他可以认定行为人明知的情形。"第3条规定："明知是犯罪所得及其产生的收益而予以掩饰、隐瞒，构成刑法第三百一十二条规定的犯罪，同时又构成刑法第一百九十一条或者第三百四十九条规定的犯罪的，依照处罚较重的规定定罪处罚。"第4条规定："刑法第一百九十一条、第三百一十二条、第三百四十九条规定的犯罪，应当以上游犯罪事实成立为认定前提。上游犯罪尚未依法裁判，但查证属实的，不影响刑法第一百九十一条、第三百一十二条、第三百四十九条规定的犯罪的审判。上游犯罪事实可以确认，因行为人死亡等原因依法不予追究刑事责任的，不影响刑法第一百九十一条、第三百一十二条、第三百四十九条规定的犯罪的认定。上游犯罪事实可以确认，依法以其他罪名定罪处罚的，不影响刑法第一百九十一条、第三百一十二条、第三百四十九条规定的犯罪的认定。本条所称'上游犯罪'，是指产生刑法第一百九十一条、第三百一十二条、第三百四十九条规定的犯罪所得及其收益的各种犯罪行为。"

最高人民法院、最高人民检察院 2011 年 8 月 1 日发布的《关于办理危害计算机信息系统安全刑事案件应用法律若干问题的解释》第 7 条规定："明知是非法获取计算机信息系统数据犯罪所获取的数据、非法控制计算机信息系统犯罪所获取的计算机信息系统控制权，而予以转移、收购、代为销售或者以其他方法掩饰、隐瞒，违法所得五千元以上的，应当依照刑法第三百一十二条第一款的规定，以掩饰、隐瞒犯罪所得罪定罪处罚。实施前款规定行为，违法所得五万元以上的，应当认定为刑法第三百一十二条第一款规定的'情节严重'。单位实施第一款规定行为的，定罪量刑标准依照第一款、第二款的规定执行。"

最高人民法院 2013 年 12 月 23 日发布的《关于常见犯罪的量刑指导意见》"掩饰、隐瞒犯罪所得、犯罪所得收益罪"部分规定："1. 构成掩饰、隐瞒犯罪所得、犯罪所得收益罪的，可以根据下列不同情形在相应的幅度内确定量刑起点：（1）犯罪情节一般的，可以在一年以下有期徒刑、拘役幅度内确定量刑起点。（2）情节严重的，可以在三年至四年有期徒刑幅度内确定量刑起点。2. 在量刑起点的基础上，可以根据犯罪数额等其他影响犯罪构成的犯罪事实增加刑罚量，确定基准刑。"

最高人民法院 2015 年 5 月 29 日发布的《关于审理掩饰、隐瞒犯罪所得、犯罪所得收益刑事案件适用法律若干问题的解释》第 1 条规定："明知是犯罪所得及其产生的收益而予以窝藏、转移、收购、代为销售或者以其他方法掩饰、隐瞒，具有下列情形之一的，应当依照刑法第三百一十二条第一款的规定，以掩饰、隐瞒犯罪所得、犯罪所得收益罪定罪处罚：（一）掩饰、隐瞒犯罪所得及其产生的收益价值三千元至一万元以上的；（二）一年内曾因掩饰、隐瞒犯罪所得及其产生的收益行为受过行政处罚，又实施掩饰、隐瞒犯罪所得及其产生的收益行为的；（三）掩饰、隐瞒的犯罪所得系电力设备、交通设施、广播电视设施、公用电信设施、军事设施或者救灾、抢险、防汛、优抚、扶贫、移民、救济款物的；（四）掩饰、隐瞒行为致使上游犯罪无法及时查处，并造成公私财物损失无法挽回的；（五）实施其他掩饰、隐瞒犯罪所得及其产生的收益行为，妨害司法机关对上游犯罪进行追究的。各省、自治区、直辖市高级人民法院可以根据本地区经济社会发展状况，并考虑社会治安状况，在本条第一款第（一）项规定的数额幅度内，确定本地执行的具体数额标准，报最高人民法院备案。司法解释对掩饰、隐瞒涉及计算机信息系统数据、计算机信息系统控制权的犯罪所得及其产生的收益行为构成犯罪已有规定的，审理此类案件依照该规定。""依照全国人民代表大会常务委员会《关于〈中华人民共和国刑法〉第三百四十一条、第三百一十二条的解释》，明知是非法狩猎的野生动物而收购，数量达到五十只以上的，以掩饰、隐瞒犯罪所得罪定罪处罚。"第 2 条规定："掩饰、隐瞒犯罪所得及其产生的收益行为符合本解释第一条的规定，认罪、悔罪并退赃、退赔，且具有下列情形之一的，可以认定为犯罪情节轻微，免予刑事处罚：（一）具有法定从宽处罚情节的；（二）为近亲属掩饰、隐瞒犯罪所得及其产生的收益，且系初犯、偶犯的；（三）有其他情节轻微情形的。行为人为自用而掩饰、隐瞒犯罪所得，财物价值刚达到本解释第一条第一款第（一）项规定的标准，认罪、悔罪并退赃、退赔的，一般可不认为是犯罪；依法追究刑事责任的，应当酌情从宽。"第 3 条规定："掩饰、隐瞒犯罪所得及其产生的收益，具有下列情形之一的，应当认定为刑法第三百一十二条第一款规定的'情节严重'：（一）掩饰、隐瞒犯罪所得及其产生的收益价值总额达到十万元以上的；（二）掩饰、隐瞒犯罪所得及其产生的收益十次以上，或者三次以上且价值总额达到五万元以上的；（三）掩饰、隐瞒的犯罪所得系电力设备、交通设施、广播电视设施、公用电信设施、军事设施或者救灾、抢险、防汛、优抚、扶贫、移民、救济款物，价值总额达到五万元以上的；（四）掩饰、隐瞒行为致使上游犯罪无法及时查处，并造成公私财物重大损失无法挽回或其他严重后果的；（五）实施其他掩饰、隐瞒犯罪所得及其产生的收益行为，严重妨害司法机关对上游犯罪予以追究的。""司法解释对掩饰、隐瞒涉及机动车、计算机信息系统数据、计算机信息系统控制权的犯罪所得及其产生的收益行为认定'情节严重'已有规定的，审理此类案件依照该规定。"第 4 条规定："掩饰、隐瞒犯罪所得及其产生的收益的数额，应当以实施掩饰、隐瞒行为时为准。收购或者代为销售财物的价格高于其实际价值的，以收购或者代为销售的价格计算。多次实施掩饰、隐瞒犯罪所得及其产生的收益行为，未经行政处罚，依法应当追诉的，犯罪所得、犯罪所得收益的数额应当累计计算。"第 5 条规定："事前与盗窃、抢劫、诈骗、抢夺等犯罪分子通谋，掩饰、隐瞒犯罪所得及其产生的收益的，以盗窃、抢劫、诈骗、抢夺等犯罪的共犯论处。"第 6 条规定："对犯罪所得及其产生的收益实施盗窃、抢劫、诈骗、抢夺等行为，构成犯罪的，分别以盗窃罪、抢劫罪、诈骗罪、抢夺罪等定罪处罚。"第 7 条规定："明知是犯罪所得及其产生的收益而予以掩饰、隐瞒，构成刑法第三百一十二条规定的犯罪，同时构成其他犯罪的，依照处罚较重的规定定罪处罚。"第 8 条规定："认定掩饰、隐瞒犯罪所得、犯罪所得收益罪，以上游犯罪事实成立为前提。上游犯罪尚未依法裁判，但查证属实的，不影响掩饰、隐瞒犯罪所得、犯罪所得收益罪的认定。上游犯罪事实经查证属实，但因行为人未达到刑事责任年龄等原因依法不予追究刑事责任的，不影响掩饰、隐瞒犯罪所得、犯罪所得收益罪的认定。"第 9 条规定："盗用单位名义实施掩饰、隐瞒犯罪所得及其产生的收益行为，违法所得由行为人私分的，依照刑法和司法解释有关自然人犯罪的规定定罪处罚。"第 10 条规定："通过犯罪直接得到的赃款、赃物，应当认定为刑法第三百一十二条规定的'犯罪所得'。上游犯罪的行为人对犯罪所得进行处理后得到的孳息、租金等，应当认定为刑法第三百一十二条规定的'犯罪所得产生的收益'。明知是犯罪所得及其产生的收益而采取窝藏、转移、收购、代为销售以外的方法，如居间介绍买卖，收受，持有，使用，加工，提供资金账户，协助将财物转换为现金、金融票据、有价证券，协助将资金转移、汇往境外等，应当认定为刑法第三百一十二条规定的'其他方法'。"第 11 条规定："掩饰、隐瞒犯罪所得、犯罪所得收益罪是选择性罪名，审理此类案件，应当根据具体犯罪行为及其指向的对象，确定适用的罪名。"

【立法建言】

建　议： 将《刑法》第 312 条第 1 款修改为："明知是犯罪所得及其产生的收益而予以窝藏、转移、收购、代为销售或者以其他方法掩饰、隐瞒，数额较大或者有其他严重情节的，处三年以下有期徒刑、拘役或者管制，可以并处或者单处罚金；数额巨大或者有其他特别严重情节的，处三年以上七年以下有期徒刑，并处罚金。"

理　由：

从现实情况来看，宜在本罪中增加"数额"和"情节"的定罪量刑标准，以满足司法实践的需要。因为，"这类案件在司法实践中存在一些问题。如对定罪标准和情节严重的标准存在很大争议：一方面，由于法律条文中没有规定数额，有些法院认为只要存在掩饰、隐瞒犯罪所得、犯罪所得收益的行为即构成犯罪，对数额很小，情节显著轻微的，不敢宣告无罪。另一方面，因情节严重的标准模糊，也不敢适用三到七年的法定刑幅度，造成轻重失衡"。"如果不对此类犯罪从情节、数额等方面设定一定的入罪标准，那么可能导致某些应该作为犯罪处理的进入不了司法程序，而一些可以不以犯罪处理的治安案件，一旦起诉到法院，法院又不敢宣判无罪。因此，为体现既要突出打击构成犯罪的行为，又要确保惩治的准确性，避免以罚代刑的现象，有必要厘清行政处罚法和刑法适用的边界。"[1]为此，最高人民法院《关于审理掩饰、隐瞒犯罪所得、犯罪所得收益刑事案件适用法律若干问题的解释》对本罪设立了一个"以数额为主兼顾其他情形"的定罪量刑标准。然而，由于《刑法》第312条第1款对本罪并没有数额或者情节的要求，因而该解释的合法性尚存疑问。笔者认为，立法的疏漏理应通过立法的途径来解决。因此，有必要进一步修改和完善《刑法》第312条第1款的规定。

十一、拒不执行判决、裁定罪（第313条）

【立法沿革】

拒不执行判决、裁定罪是在1979年《刑法》第157条规定的拒不执行判决、裁定罪的基础上修改而来的，并经《刑法修正案（九）》第39条所修正。

1979年《刑法》第157条根据当时发生的拒不执行判决、裁定的现象增设了拒不执行判决、裁定罪："以暴力、威胁方法阻碍国家工作人员依法执行职务的，或者拒不执行人民法院已经发生法律效力的判决、裁定的，处三年以下有期徒刑、拘役、罚金或者剥夺政治权利。"[2]

在全面研究修改刑法的过程中，1988年的《刑法修改稿》第207条将本罪独立出来作了专门规定："以暴力、威胁方法拒不执行人民法院已经发生效力的判决、裁定的，处五年以下有期徒刑、拘役、罚金或者剥夺政治权利。"最高人民法院建议将上述规定修改

---

① 陆建红、杨华、曹东方："《关于审理掩饰、隐瞒犯罪所得、犯罪所得收益刑事案件适用法律若干问题的解释》的理解与适用"，载《人民司法》2015年第17期。

② "拒不执行判决、裁定现象的发生，同十年浩劫期间林彪、'四人帮'推行极'左'路线、'砸烂公检法'、煽动无政府主义思潮有着直接的关系。在极左思潮的毒害下，有的人毫无法纪观念。他们把人民法院作出的于己不利的判决、裁定，视同草芥，不予理会；有的当众撕毁判决书；有的假借组织名义公开宣布'坚决抵制'，并把判决文书退回法院；有的自恃职位高、资格老，谩骂'法院算老几'；甚至有的借口'判决不公'，聚众殴打、捆绑审判人员。这种公然藐视法院、拒不执行判决、裁定的现象，如不坚决予以纠正，不仅使人民法院无法顺利地行使审判权，而且严重损害法律的权威，从根本上破坏了国家和人民的利益。因此，刑法宣布这种行为（当然指情节严重的那部分行为）为犯罪，规定予以追究刑事责任，是完全必要的。这也是贯彻法治的一项有力的措施"（参见高铭暄：《中华人民共和国刑法的孕育和诞生》，法律出版社1981年版，第216页）。

为："拒不执行人民法院已经发生法律效力的判决、裁定，情节严重的，处三年以下有期徒刑或者拘役、管制。"其理由是："1. 实践中以暴力、威胁方法拒不执行判决、裁定的很少见，大多数是以'拖''泡''躲避'以及隐匿财物等方法拒不执行。故删去原条文中的'以暴力、威胁方法'（多数法院意见删去此句）而加上'情节严重的'作为构成本罪的限制条件。2. 该罪的处刑不宜过重，以原规定最高刑三年为宜，故未改动。"① 据此，1996 年的《刑法修订草案》（征求意见稿）第 279 条规定："对人民法院的判决、裁定有能力执行而拒不执行，情节严重的，处三年以下有期徒刑、拘役、管制或者罚金。"1997年 3 月 1 日，提交给八届全国人大五次会议审议的《中华人民共和国刑法（修订草案）》第 311 条在上述规定的基础上，删去了其中的"管制"。这一修改方案，为 1997 年修订的《刑法》所采纳。

1997 年修订的《刑法》第 313 条规定："对人民法院的判决、裁定有能力执行而拒不执行，情节严重的，处三年以下有期徒刑、拘役或者罚金。"

1997 年《刑法》施行后，针对司法实践中出现的新情况，《刑法修正案（九）》第 39条对上述规定作了修改和补充，"进一步完善拒不执行判决、裁定罪的规定，增加一档刑罚，并增加单位犯罪的规定"。②

【立法规定】

《刑法》第 313 条规定："对人民法院的判决、裁定有能力执行而拒不执行，情节严重的，处三年以下有期徒刑、拘役或者罚金；情节特别严重的，处三年以上七年以下有期徒刑，并处罚金。单位犯前款罪的，对单位判处罚金，并对其直接负责的主管人员和其他直接责任人员，依照前款的规定处罚。"

【立法释义】

全国人大常委会 2002 年 8 月 29 日通过的《关于〈中华人民共和国刑法〉第三百一十三条的解释》规定："刑法第三百一十三条规定的'人民法院的判决、裁定'，是指人民法院依法作出的具有执行内容并已发生法律效力的判决、裁定。人民法院为依法执行支付令、生效的调解书、仲裁裁决、公证债权文书等所作的裁定属于该条规定的裁定。下列情形属于刑法第三百一十三条规定的'有能力执行而拒不执行，情节严重'的情形：（一）被执行人隐藏、转移、故意毁损财产或者无偿转让财产、以明显不合理的低价转让财产，致使判决、裁定无法执行的；（二）担保人或者被执行人隐藏、转移、故意毁损或

---

① 参见最高人民法院刑法修改小组："《关于刑法分则修改的若干问题（草稿）》（1989 年 3 月）"，见高铭暄、赵秉志编：《新中国刑法立法文献资料总览》（下），中国人民公安大学出版社 1998 年版，第 2338 页。
② 参见全国人大常委会法制工作委员会主任李适时 2014 年 10 月 27 日在十二届全国人大常委会第十一次会议上所作的《关于〈中华人民共和国刑法修正案（九）（草案）〉的说明》。

者转让已向人民法院提供担保的财产，致使判决、裁定无法执行的；（三）协助执行义务人接到人民法院协助执行通知书后，拒不协助执行，致使判决、裁定无法执行的；（四）被执行人、担保人、协助执行义务人与国家机关工作人员通谋，利用国家机关工作人员的职权妨害执行，致使判决、裁定无法执行的；（五）其他有能力执行而拒不执行，情节严重的情形。国家机关工作人员有上述第四项行为的，以拒不执行判决、裁定罪的共犯追究刑事责任。国家机关工作人员收受贿赂或者滥用职权，有上述第四项行为的，同时又构成刑法第三百八十五条、第三百九十七条规定之罪的，依照处罚较重的规定定罪处罚。"

最高人民法院研究室 1993 年 9 月 27 日发布的《关于对有义务协助执行单位拒不协助予以罚款后又拒不执行应如何处理问题的答复》规定："根据《中华人民共和国民事诉讼法》第一百零三条第一款第（二）项和第二款的规定，人民法院依据生效判决、裁定，通知有关银行协助执行划拨被告在银行的存款，面银行拒不划拨的，人民法院可对该银行或者其主要负责人或者直接责任人员予以罚款，并可向同级政府的监察机关或者有关机关提出给予纪律处分的司法建议。被处罚人拒不履行罚款决定的，人民法院可以根据民事诉讼法第二百三十一条的规定，予以强制执行。执行中，被处罚人如以暴力、威胁或者其他方法阻碍司法工作人员执行职务的，依照民事诉讼法第一百零二条第一款第（五）项、第二款规定，人民法院可对被处罚人或对有上述行为的被处罚单位的主要负责人或者直接责任人员予以罚款、拘留，构成犯罪的，依照刑法第一百五十七条①的规定追究刑事责任。"

最高人民法院研究室 2000 年 12 月 14 日发布的《关于拒不执行人民法院调解书的行为是否构成拒不执行判决、裁定罪的答复》规定："刑法第三百一十三条规定的'判决、裁定'，不包括人民法院的调解书。对于行为人拒不执行人民法院调解书的行为，不能依照刑法第三百一十三条的规定定罪处罚。"

最高人民法院、最高人民检察院、公安部 2007 年 8 月 30 日发布的《关于依法严肃查处拒不执行判决、裁定和暴力抗拒法院执行犯罪行为有关问题的通知》第 1 条规定："对下列拒不执行判决、裁定的行为，依照刑法第三百一十三条的规定，以拒不执行判决、裁定罪论处。（一）被执行人隐藏、转移、故意毁损财产或者无偿转让财产、以明显不合理的低价转让财产，致使判决、裁定无法执行的；（二）担保人或者被执行人隐藏、转移、故意毁损或者转让已向人民法院提供担保的财产，致使判决、裁定无法执行的；（三）协助执行义务人接到人民法院协助执行通知书后，拒不协助执行，致使判决、裁定无法执行的；（四）被执行人、担保人、协助执行义务人与国家机关工作人员通谋，利用国家机关

---

① 1979 年《刑法》第 157 条规定："以暴力、威胁方法阻碍国家工作人员依法执行职务的，或者拒不执行人民法院已经发生法律效力的判决、裁定的，处三年以下有期徒刑、拘役、罚金或者剥夺政治权利。"

工作人员的职权妨害执行，致使判决、裁定无法执行的；（五）其他有能力执行而拒不执行，情节严重的情形。"第 3 条规定："负有执行人民法院判决、裁定义务的单位直接负责的主管人员和其他直接责任人员，为了本单位的利益实施本《通知》第一条、第二条所列行为之一的，对该主管人员和其他直接责任人员，依照刑法第三百一十三条和第二百七十七条的规定，分别以拒不执行判决、裁定罪和妨害公务罪论处。"第 4 条规定："国家机关工作人员有本《通知》第一条第四项行为的，以拒不执行判决、裁定罪的共犯追究刑事责任。国家机关工作人员收受贿赂或者滥用职权，有本《通知》第一条第四项行为的，同时又构成刑法第三百八十五条、第三百九十七条规定罪的，依照处罚较重的规定定罪处罚。"

最高人民法院 2015 年 7 月 20 日发布的《关于审理拒不执行判决、裁定刑事案件适用法律若干问题的解释》第 1 条规定："被执行人、协助执行义务人、担保人等负有执行义务的人对人民法院的判决、裁定有能力执行而拒不执行，情节严重的，应当依照刑法第三百一十三条的规定，以拒不执行判决、裁定罪处罚。"第 2 条规定："负有执行义务的人有能力执行而实施下列行为之一的，应当认定为全国人民代表大会常务委员会关于刑法第三百一十三条的解释中规定的'其他有能力执行而拒不执行，情节严重的情形'：（一）具有拒绝报告或者虚假报告财产情况、违反人民法院限制高消费及有关消费令等拒不执行行为，经采取罚款或者拘留等强制措施后仍拒不执行的；（二）伪造、毁灭有关被执行人履行能力的重要证据，以暴力、威胁、贿买方法阻止他人作证或者指使、贿买、胁迫他人作伪证，妨碍人民法院查明被执行人财产情况，致使判决、裁定无法执行的；（三）拒不交付法律文书指定交付的财物、票证或者拒不迁出房屋、退出土地，致使判决、裁定无法执行的；（四）与他人串通，通过虚假诉讼、虚假仲裁、虚假和解等方式妨害执行，致使判决、裁定无法执行的；（五）以暴力、威胁方法阻碍执行人员进入执行现场或者聚众哄闹、冲击执行现场，致使执行工作无法进行的；（六）对执行人员进行侮辱、围攻、扣押、殴打，致使执行工作无法进行的；（七）毁损、抢夺执行案件材料、执行公务车辆和其他执行器械、执行人员服装以及执行公务证件，致使执行工作无法进行的；（八）拒不执行法院判决、裁定，致使债权人遭受重大损失的。"第 3 条规定："申请执行人有证据证明同时具有下列情形，人民法院认为符合刑事诉讼法第二百零四条第三项规定的，以自诉案件立案审理：（一）负有执行义务的人拒不执行判决、裁定，侵犯了申请执行人的人身、财产权利，应当依法追究刑事责任的；（二）申请执行人曾经提出控告，而公安机关或者人民检察院对负有执行义务的人不予追究刑事责任的。"第 4 条规定："本解释第三条规定的自诉案件，依照刑事诉讼法第二百零六条的规定，自诉人在宣告判决前，可以同被告人自行和解或者撤回自诉。"第 5 条规定："拒不执行判决、裁定刑事案件，一般由执行法院所在地人民法院管辖。"第 6 条规定："拒不执行判决、裁定的被告人在一审宣告判决前，履行全部或部分执行义务的，可以酌情从宽处罚。"第 7 条规定："拒不执行支付赡养费、扶养费、抚育费、抚恤金、医疗费用、劳动报酬等判决、裁定的，可以酌情从重处罚。"

【立法建言】

建　议：将《刑法》第 313 条第 1 款修改为："对人民法院的判决、裁定有能力执行而拒不执行，情节严重的，处三年以下有期徒刑、拘役或者管制，可以并处或者单处罚金；情节特别严重的，处三年以上七年以下有期徒刑，并处罚金。"

理　由：

从立法技术上看，宜在本罪第 1 款第 1 档法定刑中增加"管制"的规定，并将其中的"罚金"改为"可以并处或者单处罚金"，以与《刑法》的其他管制和罚金规定相一致。

十二、非法处置查封、扣押、冻结的财产罪（第 314 条）

【立法沿革】

非法处置查封、扣押、冻结的财产罪是 1997 年《刑法》第 314 条增设的罪名。

在刑法修订研拟的过程中，1996 年 8 月 8 日的《刑法分则修改草稿》第六章"妨害司法罪"一节第 10 条增设了非法处置查封、扣押、冻结的财产罪："隐藏、转移、变卖、毁损已被司法机关查封、扣押、冻结的财产，情节严重的，处三年以下有期徒刑、拘役或者罚金。"1996 年 8 月 31 日的《刑法修改草稿》基本上沿用了上述规定，仅将其中的"毁损"改为"故意毁损"。1996 年 12 月 20 日的《刑法修订草案》第 285 条在上述规定的基础上，增加了"管制"这一刑种。1997 年 3 月 1 日，提交给八届全国人大五次会议审议的《中华人民共和国刑法（修订草案）》第 312 条又删去了此前增加的"管制"规定。这一修改方案，为现行刑法所采纳。

【立法规定】

《刑法》第 314 条规定："隐藏、转移、变卖、故意毁损已被司法机关查封、扣押、冻结的财产，情节严重的，处三年以下有期徒刑、拘役或者罚金。"

【立法释义】

目前，尚无与非法处置查封、扣押、冻结的财产罪相关的法律解释。

【立法建言】

建　议：将《刑法》第 314 条修改为："隐藏、转移、变卖、故意毁损已被司法机关查封、扣押、冻结的财产，情节严重的，处三年以下有期徒刑、拘役或者管制，可以并处或者单处罚金。"

理　由：

从立法技术上看，宜在本罪的法定刑中增加"管制"的规定，并将"罚金"改为"可以并处或者单处罚金"，以与《刑法》的其他管制和罚金规定相一致。

十三、破坏监管秩序罪（第315条）

【立法沿革】

破坏监管秩序罪是1997年《刑法》第315条增设的罪名。

从立法源流来看，破坏监管秩序罪最早源于1988年9月的《刑法修改稿》。该稿分则第六章"妨害公务罪"第9条规定："违反监管法规、破坏监管秩序，情节严重的，处五年以下有期徒刑或者剥夺政治权利。"1988年11月16日的《刑法修改稿》第195条对本罪的罪状作了较大的修改，并删去了"剥夺政治权利"的规定："被关押的犯罪分子，违反监管法规，欺压同监犯人或者以其他方法抗拒改造，情节恶劣的，处五年以下有期徒刑。"1988年的《刑法修改稿》第208条在上述规定的基础上，将"欺压同监犯人或者以其他方法抗拒改造"改为"违反监管法规，扰乱监管秩序"。修改后的条文为："被关押的犯罪分子，违反监管法规，扰乱监管秩序，情节恶劣的，处五年以下有期徒刑。"此后，全国人大常委会1994年12月29日通过的《中华人民共和国监狱法》（以下简称《监狱法》）第58条对破坏监管秩序的行为作了较为详细的规定："罪犯有下列破坏监管秩序情形之一的，监狱可以给予警告、记过或者禁闭：（一）聚众哄闹监狱，扰乱正常秩序的；（二）辱骂或者殴打人民警察的；（三）欺压其他罪犯的；（四）偷窃、赌博、打架斗殴、寻衅滋事的；（五）有劳动能力拒不参加劳动或者消极怠工，经教育不改的；（六）以自伤、自残手段逃避劳动的；（七）在生产劳动中故意违反操作规程，或者有意损坏生产工具的；（八）有违反监规纪律的其他行为的。依照前款规定对罪犯实行禁闭的期限为七天至十五天。罪犯在服刑期间有第一款所列行为，构成犯罪的，依法追究刑事责任。"为了与《监狱法》的规定相衔接，1996年的《刑法修订草案》（征求意见稿）也采取了列举的方式对破坏监管秩序罪加以规定。该草案第281条规定："依法被关押的罪犯，有下列破坏监管秩序行为之一，情节严重的，处三年以下有期徒刑：（一）殴打监管人员的；（二）组织其他被监管人破坏监管秩序的；（三）聚众闹事，扰乱正常监管秩序的；（四）殴打、体罚或者指使他人殴打、体罚其他被监管人的。"这一修改方案，为现行刑法所采纳。

【立法规定】

《刑法》第315条规定："依法被关押的罪犯，有下列破坏监管秩序行为之一，情节严重的，处三年以下有期徒刑：（一）殴打监管人员的；（二）组织其他被监管人破坏监管秩序的；（三）聚众闹事，扰乱正常监管秩序的；（四）殴打、体罚或者指使他人殴打、体罚其他被监管人的。"

【立法释义】

目前，尚无与破坏监管秩序罪相关的法律解释。

【立法建言】

建　议：将《刑法》第 315 条的法定刑修改为："处三年以下有期徒刑或者拘役"。

理　由：

从《监狱法》和监狱行刑的角度来看，对本罪仅设置有期徒刑具有合理性。它不仅有利于实际操作，而且还可以避免因刑种的不同所带来折算或者刑期折抵等问题。但是，"依法被关押的罪犯"，不仅包括被判处有期徒刑的罪犯，也包括被判处拘役的罪犯。因此，宜在本罪的法定刑中增加"拘役"的规定，以适应被判处拘役的罪犯破坏监管秩序的情况。此外，《刑法》第 316 条、第 317 条对"依法被关押的罪犯"均规定了"拘役"这一刑种，对本罪增加"拘役"的规定，也有利于它们之间的相互协调。

十四、脱逃罪、劫夺被押解人员罪（第 316 条）

【立法沿革】

脱逃罪是在 1979 年《刑法》第 161 条规定的脱逃罪的基础上修改而来的；而劫夺被押解人员罪则是 1997 年《刑法》第 316 条增设的罪名。

在新中国刑法立法史上，脱逃罪的演变主要涉及犯罪主体的表述和刑罚配置的轻重两个问题。1950 年的《刑法大纲草案》第 70 条规定的脱逃罪的主体是"受合法逮捕拘禁之人"，并配置了相对较轻的法定刑："受合法逮捕拘禁之人，拒捕或脱逃者，处二年以下监禁。""武装拒捕或聚众脱逃者，处二年以上五年以下监禁。"1957 年的《刑法草案》第 22 稿则将脱逃罪主体的表述改为"依法被逮捕、关押的人"，并适当提高了脱逃罪的法定刑。该稿第 186 条规定："依法被逮捕、关押的人脱逃的，处三年以下有期徒刑或者拘役。""以暴力、威胁方法犯前款罪的，处七年以下有期徒刑。"到了 1963 年，《刑法草案》第 33 稿第 176 条对上述规定作了较大的修改：一是明确了犯罪主体必须是"依法被逮捕、关押的犯罪分子"；二是删去了第 1 款中的"拘役"；三是提高了第 2 款的法定最低刑和最高刑。修改后的条文为："依法被逮捕、关押的犯罪分子脱逃的，处三年以下有期徒刑。""以暴力、威胁方法犯前款罪的，处三年以上十年以下有期徒刑。"1979 年《刑法》第 161 条主要对脱逃罪的法定刑作了修改和补充：一是增加了"除按其原犯罪行判处或者按其原判刑期执行外，加处……"的规定；二是将第 1 款的法定最高刑由"三年有期徒刑"改为"五年有期徒刑"，并恢复了"拘役"这一刑种；三是将第 2 款的法定刑由

"三年以上十年以下有期徒刑"改为"二年以上七年以下有期徒刑"。

1979年《刑法》第161条规定："依法被逮捕、关押的犯罪分子脱逃的，除按其原犯罪行判处或者按其原判刑期执行外，加处五年以下有期徒刑或者拘役。以暴力、威胁方法犯前款罪的，处二年以上七年以下有期徒刑。"

1979年《刑法》施行后，全国人大常委会1981年6月10日通过的《关于处理逃跑或者重新犯罪的劳改犯和劳教人员的决定》第2条第1款对脱逃罪的法定刑作了修改："劳动犯逃跑的，除按原判刑期执行外，加处五年以下有期徒刑；以暴力、威胁方法逃跑的，加处二年以上七年以下有期徒刑。"

在全面研究修改刑法的过程中，1988年的《刑法修改稿》第209条在1979年《刑法》第161条的基础上，主要对脱逃罪作了以下三方面的修改和补充：一是删去了"除按其原犯罪行判处或者按其原判刑期执行外，加处"的表述；二是增加了"聚众脱逃的首要分子"的加重情节；三是提高了加重犯的法定最低刑和最高刑。修改后的条文为："依法被逮捕、关押的犯罪分子脱逃的，处五年以下有期徒刑或者拘役；聚众脱逃的首要分子或者实施暴力、威胁方法脱逃的，处三年以上十年以下有期徒刑。"1996年的《刑法修订草案》（征求意见稿）将脱逃罪的主体改为"依法被关押的罪犯、犯罪嫌疑人"，并删去了第2款加重犯的规定；同时，还增设了劫夺被押解人员罪。该草案第282条规定："依法被关押的罪犯、犯罪嫌疑人脱逃的，处五年以下有期徒刑或者拘役。""劫夺押解途中的罪犯、犯罪嫌疑人的，处三年以上七年以下有期徒刑；情节严重的，处七年以上有期徒刑。"1996年的《刑法修订草案》第286条基本上沿用了上述规定，仅作了两处修改：一是将脱逃罪主体的表述改为"依法被关押的犯罪分子"；二是在劫夺被押解人员罪中增加了"被告人"的内容。1997年的《刑法修订草案》（修改稿）第313条在上述规定的基础上，又将脱逃罪的主体改为"依法被关押的罪犯、被告人、犯罪嫌疑人"。这一修改方案，为现行刑法所采纳。

【立法规定】

《刑法》第316条规定："依法被关押的罪犯、被告人、犯罪嫌疑人脱逃的，处五年以下有期徒刑或者拘役。劫夺押解途中的罪犯、被告人、犯罪嫌疑人的，处三年以上七年以下有期徒刑；情节严重的，处七年以上有期徒刑。"

【立法释义】

中国人民解放军军事法院1988年10月19日发布的《关于审理军人违反职责罪案件中几个具体问题的处理意见》第5条规定："脱逃罪是指被依法逮捕、关押的犯罪分子，从羁押、改造场所或者在押解途中逃走的行为。军队的临时看管仅是一项行政防范措施。因此，军人在此期间逃跑的，不构成脱逃罪。但在查明他确有犯罪行为后，他的逃跑行为可以作为情节在处刑时予以考虑。"

【立法建言】

建　议： 将《刑法》第 316 条第 1 款修改为："依法被关押的罪犯、被告人、犯罪嫌疑人脱逃的，处三年以下有期徒刑或者拘役；以暴力、威胁方法脱逃的，处三年以上七年以下有期徒刑。"

理　由：

从社会危害性的角度来看，实施脱逃行为的方法不同，其社会危害性的程度也有所不同。因此，宜重新规定"以暴力、威胁方法脱逃的"1 档法定刑。

十五、组织越狱罪、暴动越狱罪、聚众持械劫狱罪（第 317 条）

【立法沿革】

组织越狱罪、聚众持械劫狱罪是在 1979 年《刑法》第 96 条规定的组织越狱罪、聚众劫狱罪的基础上修改而来的；而暴动越狱罪则是 1997 年《刑法》第 317 条增设的罪名。

新中国成立以来，通常都将聚众劫狱、暴动越狱和组织越狱的行为定性为反革命罪。1951 年的《惩治反革命条例》第 12 条规定："聚众劫狱或暴动越狱，其组织者、主谋者处死刑或无期徒刑；其他积极参加者处三年以上徒刑。"1954 年的《刑法指导原则草案》第 35 条沿袭上述立法例，在"反革命罪"一节中规定了聚众劫狱罪和暴动越狱罪："聚众劫狱、暴动越狱的，判处死刑或者无期徒刑；其他积极参加的，判处三年以上有期徒刑。"到了 1957 年，《刑法草案》第 22 稿考虑到"这个罪不一定具有反革命目的，如果具有反革命目的，可以按照持械聚众叛乱罪或按反革命破坏、杀害罪处理"①，因此，将聚众劫狱罪、暴动越狱罪移至"危害公共安全罪"一章。② 该稿第 116 条规定："聚众劫狱或者暴动越狱的，处十年以上有期徒刑、无期徒刑或者死刑。"但是，1963 年的《刑法草案》第 33 稿又将聚众劫狱罪、暴动越狱罪移回到"反革命罪"一章，③ 并且恢复了对其他积极参加者的处罚。该稿第 102 条规定："聚众劫狱或者暴动越狱的，首要分子或者其他罪恶重大的，处死刑、无期徒刑或者十年以上有期徒刑；其他积极参加的，处三年以上十年以下有期徒刑。"1979 年《刑法》第 96 条基本上沿用了上述规定，仅将其中的"暴动越狱"改为"组织越狱"。

---

① 参见高铭暄：《中华人民共和国刑法的孕育和诞生》，法律出版社 1981 年版，第 141 页。

② 《刑法草案》第 22 稿同时规定了"妨害其他社会管理秩序罪"一章，并在该章中规定了脱逃罪。

③ "修订中考虑到，监狱或者其他劳动改造场所是国家对敌人实行专政的工具之一，是关押反革命犯和其他刑事犯的地方，有人竟公然聚众劫狱或者暴动越狱，明目张胆地用这种直接对抗的行为来搞垮、破坏专政机关，使大批罪犯逃脱法网，其反革命目的和性质已经十分明显，因此应当把这个罪列入'反革命罪'一章，方为妥当"（参见高铭暄：《中华人民共和国刑法的孕育和诞生》，法律出版社 1981 年版，第 141 页）。

1979 年《刑法》第 96 条规定："聚众劫狱或者组织越狱的首要分子或者其他罪恶重大的，处无期徒刑或者十年以上有期徒刑；其他积极参加的，处三年以上十年以下有期徒刑。"

在全面研究刑法修改的过程中，1988 年的《刑法修改稿》"删去了聚众劫狱、组织越狱罪（原第 96 条），如发生这类案件，可按聚众叛乱罪和妨害公务罪中的暴力脱逃罪处罚"。① 1996 年的《刑法修订草案》（征求意见稿）不仅恢复了组织越狱罪，将聚众劫狱罪改为聚众持械劫狱罪，而且还增设了暴动越狱罪。该草案第 283 条规定："组织越狱的首要分子或者其他罪恶重大的，处五年以上有期徒刑；其他积极参加的，处五年以下有期徒刑或者拘役。""暴动越狱或者聚众持械劫狱的首要分子或者其他罪恶重大的，处十年以上有期徒刑或者无期徒刑；情节特别严重的，处死刑；其他积极参加的，处三年以上十年以下有期徒刑。"1997 年的《刑法修订草案》（修改稿）第 314 条基本上沿用了上述规定，仅将其中的"罪恶重大"改为"罪行重大"。1997 年《刑法》第 317 条在上述规定的基础上，又将"罪行重大"改为"积极参加"，将"其他积极参加的"改为"其他参加的"。

【立法规定】

《刑法》第 317 条规定："组织越狱的首要分子和积极参加的，处五年以上有期徒刑；其他参加的，处五年以下有期徒刑或者拘役。暴动越狱或者聚众持械劫狱的首要分子和积极参加的，处十年以上有期徒刑或者无期徒刑；情节特别严重的，处死刑；其他参加的，处三年以上十年以下有期徒刑。"

【立法释义】

目前，尚无与组织越狱罪、暴动越狱罪、聚众持械劫狱罪相关的法律解释。

【立法建言】

建　议：将《刑法》第 317 条修改为："组织越狱的，对首要分子，处七年以上有期徒刑；对积极参加的，处五年以上十年以下有期徒刑；对其他参加的，处五年以下有期徒刑或者拘役。暴动越狱或者聚众持械劫狱的，对首要分子，处十年以上有期徒刑；情节特别严重的，处无期徒刑或者死刑；对积极参加的，处十年以上有期徒刑；对其他参加的，处三年以上十年以下有期徒刑。"

理　由：

为贯彻宽严相济的刑事政策，宜将"积极参加的"与"首要分子"同处 1 档法定刑改为独立适用 1 档法定刑，并适当调整"首要分子"和"积极参加的"法定刑幅度，以更好地体现区别对待的精神；同时，还有利于缩小暴动越狱罪和聚众持械劫狱罪的死刑适用范围。

---

① 参见 1988 年《刑法修改稿》分则第一章"危害国家安全罪"中的"修改说明"。

第三节　妨害国（边）境管理罪

一、组织他人偷越国（边）境罪（第318条）

【立法沿革】

组织他人偷越国（边）境罪是在全国人大常委会1994年《关于严惩组织、运送他人偷越国（边）境犯罪的补充规定》第1条规定的组织他人偷越国（边）境罪的基础上修改而来的。

组织他人偷越国（边）境的犯罪，最早见之于1963年《刑法草案》第33稿规定的组织、运送偷越国境罪。该稿第196条规定："意图营利，组织、运送偷越国境的，处七年以下有期徒刑；情节严重的，处七年以上有期徒刑。"1979年《刑法》第177条在上述规定的基础上，主要对法定刑作了较大的修改：一是大幅降低了法定最高刑和最低刑；二是将原2档法定刑调整为1档法定刑。

1979年《刑法》第177条规定："以营利为目的，组织、运送他人偷越国（边）境的，处五年以下有期徒刑、拘役或者管制，可以并处罚金。"

1980年以来，福建、浙江、广东等沿海沿边地区偷越（偷渡）国（边）境的违法犯罪活动比较严重，严重破坏了进出境管理秩序。"根据调查，偷越国（边）境的违法犯罪活动之所以屡禁不止，主要是因为境内外有些犯罪分子猖狂地违法组织他人偷越国（边）境。因此，对组织他人偷越国（边）境的犯罪分子应作为打击的重点，从严惩处。"[①] 为此，全国人大常委会1994年3月5日通过的《关于严惩组织、运送他人偷越国（边）境犯罪的补充规定》第1条规定："组织他人偷越国（边）境的，处二年以上七年以下有期徒刑，并处罚金；有下列情形之一的，处七年以上有期徒刑或者无期徒刑，并处罚金或者没收财产：（一）组织他人偷越国（边）境集团的首要分子；（二）多次组织他人偷越国（边）境或者组织他人偷越国（边）境人数众多的；（三）造成被组织人重伤、死亡的；（四）剥夺或者限制被组织人人身自由的；（五）以暴力、威胁方法抗拒检查的；（六）违法所得数额巨大的；（七）有其他特别严重情节的。对被组织人有杀害、伤害、强奸、拐卖等犯罪行为，或者对检查人员有杀害、伤害等犯罪行为的，可以依照法律规定判处死刑。"

[①] 参见全国人大常委会法制工作委员会主任顾昂然1993年12月20日在八届全国人大常委会第五次会议上所作的《关于〈严惩组织、运送他人偷越国（边）境罪的补充规定（草案）〉的说明》。

在刑法修订研拟的过程中，1996 年的《刑法修订草案》（征求意见稿）第 284 条基本上沿用了上述规定，仅将第 2 款中的"可以依照法律规定判处死刑"改为"依照本法有关规定处罚"。1997 年的《刑法修订草案》（修改稿）第 315 条进一步将"依照本法有关规定处罚"改为"依照本法有关规定定罪处罚"。经审议，1997 年《刑法》第 318 条又将"依照本法有关规定定罪处罚"改为"依照数罪并罚的规定处罚"，并在第 2 款开头增加了"犯前款罪"的表述。

【立法规定】

《刑法》第 318 条规定："组织他人偷越国（边）境的，处二年以上七年以下有期徒刑，并处罚金；有下列情形之一的，处七年以上有期徒刑或者无期徒刑，并处罚金或者没收财产：（一）组织他人偷越国（边）境集团的首要分子；（二）多次组织他人偷越国（边）境或者组织他人偷越国（边）境人数众多的；（三）造成被组织人重伤、死亡的；（四）剥夺或者限制被组织人人身自由的；（五）以暴力、威胁方法抗拒检查的；（六）违法所得数额巨大的；（七）有其他特别严重情节的。犯前款罪，对被组织人有杀害、伤害、强奸、拐卖等犯罪行为，或者对检查人员有杀害、伤害等犯罪行为的，依照数罪并罚的规定处罚。"

【立法释义】

最高人民法院、最高人民检察院、公安部 1982 年 6 月 30 日发布的《关于对非法越境去台人员的处理意见》第 3 条第 2 项规定："非法越境逃台，情节严重的，或者以营利为目的，组织、运送他人越境逃台的，应当根据刑法第一百七十六条、第一百七十七条的规定惩处。如果尚有走私、贩毒等其他犯罪行为的，应根据刑法的规定数罪并罚。"

最高人民法院、最高人民检察院 2012 年 12 月 12 日发布的《关于办理妨害国（边）境管理刑事案件应用法律若干问题的解释》第 1 条规定："领导、策划、指挥他人偷越国（边）境或者在首要分子指挥下，实施拉拢、引诱、介绍他人偷越国（边）境等行为的，应当认定为刑法第三百一十八条规定的'组织他人偷越国（边）境'。组织他人偷越国（边）境人数在十人以上的，应当认定为刑法第三百一十八条第一款第（二）项规定的'人数众多'；违法所得数额在二十万元以上的，应当认定为刑法第三百一十八条第一款第（六）项规定的'违法所得数额巨大'。以组织他人偷越国（边）境为目的，招募、拉拢、引诱、介绍、培训偷越国（边）境人员，策划、安排偷越国（边）境行为，在他人偷越国（边）境之前或者偷越国（边）境过程中被查获的，应当以组织他人偷越国（边）境罪（未遂）论处；具有刑法第三百一十八条第一款规定的情形之一的，应当在相应的法定刑幅度基础上，结合未遂犯的处罚原则量刑。"第 6 条规定："具有下列情形之一的，应当认定为刑法第六章第三节规定的'偷越国（边）境'行为：（一）没有出入境证件出入国

（边）境或者逃避接受边防检查的；（二）使用伪造、变造、无效的出入境证件出入国（边）境的；（三）使用他人出入境证件出入国（边）境的；（四）使用以虚假的出入境事由、隐瞒真实身份、冒用他人身份证件等方式骗取的出入境证件出入国（边）境的；（五）采用其他方式非法出入国（边）境的。"第7条规定："以单位名义或者单位形式组织他人偷越国（边）境、为他人提供伪造、变造的出入境证件或者运送他人偷越国（边）境的，应当依照刑法第三百一十八条、第三百二十条、第三百二十一条的规定追究直接负责的主管人员和其他直接责任人员的刑事责任。"

【立法建言】

建　议：在《刑法》第318条中增加1款作为第3款："单位犯第一款罪的，对单位判处罚金，并对其直接负责的主管人员和其他直接责任人员，依照第一款的规定处罚。"

理　由：

从司法实践的情况来看，单位组织他人偷越国（边）境的现象时有发生。为正确处理这类案件，最高人民法院、最高人民检察院《关于办理妨害国（边）境管理刑事案件应用法律若干问题的解释》第7条规定："以单位名义或者单位形式组织他人偷越国（边）境、为他人提供伪造、变造的出入境证件或者运送他人偷越国（边）境的，应当依照刑法第三百一十八条、第三百二十条、第三百二十一条的规定追究直接负责的主管人员和其他直接责任人员的刑事责任。"然而，上述司法解释仅仅是权宜之策，不能从根本上解决单位组织他人偷越国（边）境的刑事责任问题。因此，宜对本罪增加单位犯罪的规定。

二、骗取出境证件罪（第319条）

【立法沿革】

骗取出境证件罪是在全国人大常委会1994年《关于严惩组织、运送他人偷越国（边）境犯罪的补充规定》第2条规定的骗取出境证件罪的基础上修改而来的。

1979年《刑法》施行后，"近年来，出现以劳务输出、经贸往来、旅游或者其他名义，骗取主管部门批准，取得护照、签证等出境证件，组织他人从边境口岸非法出境的严重情况。这是当前组织他人偷越国（边）境犯罪出现的一种新情况，为了惩处这种犯罪行为"，[①] 1994年《关于严惩组织、运送他人偷越国（边）境犯罪的补充规定》第2条增设了骗取出境证件罪："以劳务输出、经贸往来或者其他名义，弄虚作假，骗取护照、签证

---

① 参见全国人大常委会法制工作委员会主任顾昂然1993年12月20日在八届全国人大常委会第五次会议上所作的《关于〈严惩组织、运送他人偷越国（边）境犯罪的补充规定（草案）〉的说明》。

等出境证件，为组织他人偷越国（边）境使用的，依照本规定第一条的规定处罚。单位有前款规定的犯罪行为的，对单位判处罚金，并对直接负责的主管人员和其他直接责任人员，依照本规定第一条的规定处罚。"

在刑法修订研拟的过程中，1996 年的《刑法修订草案》（征求意见稿）第 285 条直接移植了上述规定。1997 年《刑法》第 319 条在上述规定的基础上，将第 1 款的援引法定刑修改为独立的法定刑。

【立法规定】

《刑法》第 319 条规定："以劳务输出、经贸往来或者其他名义，弄虚作假，骗取护照、签证等出境证件，为组织他人偷越国（边）境使用的，处三年以下有期徒刑，并处罚金；情节严重的，处三年以上十年以下有期徒刑，并处罚金。单位犯前款罪的，对单位判处罚金，并对其直接负责的主管人员和其他直接责任人员，依照前款的规定处罚。"

【立法释义】

最高人民法院、最高人民检察院 2012 年 12 月 12 日发布的《关于办理妨害国（边）境管理刑事案件应用法律若干问题的解释》第 2 条规定："为组织他人偷越国（边）境，编造出境事由、身份信息或者相关的境外关系证明的，应当认定为刑法第三百一十九条第一款规定的'弄虚作假'。刑法第三百一十九条第一款规定的'出境证件'，包括护照或者代替护照使用的国际旅行证件，中华人民共和国海员证，中华人民共和国出入境通行证，中华人民共和国旅行证，中国公民往来香港、澳门、台湾地区证件，边境地区出入境通行证，签证、签注，出国（境）证明、名单，以及其他出境时需要查验的资料。具有下列情形之一的，应当认定为刑法第三百一十九条第一款规定的'情节严重'：（一）骗取出境证件五份以上的；（二）非法收取费用三十万元以上的；（三）明知是国家规定的不准出境的人员而为其骗取出境证件的；（四）其他情节严重的情形。"第 6 条规定："具有下列情形之一的，应当认定为刑法第六章第三节规定的'偷越国（边）境'行为：（一）没有出入境证件出入国（边）境或者逃避接受边防检查的；（二）使用伪造、变造、无效的出入境证件出入国（边）境的；（三）使用他人出入境证件出入国（边）境的；（四）使用以虚假的出入境事由、隐瞒真实身份、冒用他人身份证件等方式骗取的出入境证件出入国（边）境的；（五）采用其他方式非法出入国（边）境的。"

【立法建言】

建　议：将《刑法》第 319 条第 1 款修改为："以劳务输出、经贸往来或者其他名义，弄虚作假，骗取护照、签证等出境证件，为组织他人偷越国（边）境使用的，处三年以下有期徒刑、拘役或者管制，可以并处或者单处罚金；情节严重的，处三年以上十年以下有期徒刑，并处罚金。"

理　由：

从立法技术上看，宜在本罪第 1 款第 1 档法定刑中增加"拘役或者管制"的规定，并将其中的"并处罚金"改为"可以并处或者单处罚金"，以与《刑法》的其他拘役、管制和罚金规定相一致。①

三、提供伪造、变造的出入境证件罪、出售出入境证件罪（第 320 条）

【立法沿革】

提供伪造、变造的出入境证件罪、出售出入境证件罪是在全国人大常委会 1994 年《关于严惩组织、运送他人偷越国（边）境犯罪的补充规定》第 3 条规定的提供伪造、变造的出入境证件罪、倒卖出入境证件罪的基础上修改而来的。

鉴于"有些犯罪分子为牟取非法利益，专门伪造、变造、倒卖出境证件，供他人非法出境使用。这种犯罪活动社会危害性大，适用刑法第一百六十七条关于伪造证件罪的规定处刑过轻，需要加重刑罚"。② 因此，1994 年《关于严惩组织、运送他人偷越国（边）境犯罪的补充规定》第 3 条增加规定："为他人提供伪造、变造的护照、签证等出入境证件，或者倒卖护照、签证等出入境证件的，处五年以下有期徒刑，并处罚金；情节严重的，处五年以上有期徒刑，并处罚金。"

在刑法修订研拟过程中，1996 年的《刑法修订草案》（征求意见稿）第 286 条基本上沿用了上述规定，仅将其中的"倒卖"改为"出售"。这一修改方案，为现行刑法所采纳。

【立法规定】

《刑法》第 320 条规定："为他人提供伪造、变造的护照、签证等出入境证件，或者出售护照、签证等出入境证件的，处五年以下有期徒刑，并处罚金；情节严重的，处五年以上有期徒刑，并处罚金。"

【立法释义】

最高人民法院、最高人民检察院 2012 年 12 月 12 日发布的《关于办理妨害国（边）境管理刑事案件应用法律若干问题的解释》第 3 条规定："刑法第三百二十条规定的'出入境证件'，包括本解释第二条第二款所列的证件以及其他入境时需要查验的资料。具有下列情形之一的，应当认定为刑法第三百二十条规定的'情节严重'：（一）为他人提供

---

① 《刑法》第 321 条运送他人偷越国（边）境罪第 1 款第 1 档法定刑也规定："处五年以下有期徒刑、拘役或者管制，并处罚金"。

② 参见全国人大常委会法制工作委员会主任顾昂然 1993 年 12 月 20 日在八届全国人大常委会第五次会议上所作的《关于〈严惩组织、运送他人偷越国（边）境犯罪的补充规定（草案）〉的说明》。

伪造、变造的出入境证件或者出售出入境证件五份以上的；（二）非法收取费用三十万元以上的；（三）明知是国家规定的不准出入境的人员而为其提供伪造、变造的出入境证件或者向其出售出入境证件的；（四）其他情节严重的情形。"第6条规定："具有下列情形之一的，应当认定为刑法第六章第三节规定的'偷越国（边）境'行为：（一）没有出入境证件出入国（边）境或者逃避接受边防检查的；（二）使用伪造、变造、无效的出入境证件出入国（边）境的；（三）使用他人出入境证件出入国（边）境的；（四）使用以虚假的出入境事由、隐瞒真实身份、冒用他人身份证件等方式骗取的出入境证件出入国（边）境的；（五）采用其他方式非法出入国（边）境的。"第7条规定："以单位名义或者单位形式组织他人偷越国（边）境、为他人提供伪造、变造的出入境证件或者运送他人偷越国（边）境的，应当依照刑法第三百一十八条、第三百二十条、第三百二十一条的规定追究直接负责的主管人员和其他直接责任人员的刑事责任。"

【立法建言】

建议一：将《刑法》第320条修改为："为他人提供伪造、变造的护照、签证等出入境证件，或者出售护照、签证等出入境证件的，处五年以下有期徒刑、拘役或者管制，可以并处或者单处罚金；情节严重的，处五年以上有期徒刑，并处罚金。"

理　由：

从立法技术上看，宜在本罪第1款第1档法定刑中增加"拘役或者管制"的规定，并将其中的"并处罚金"改为"可以并处或者单处罚金"，以与《刑法》的其他拘役、管制和罚金规定相一致。①

建议二：在《刑法》第320条中增加1款作为第2款："单位犯前款罪的，对单位判处罚金，并对其直接负责的主管人员和其他直接责任人员，依照前款的规定处罚。"

理　由：

修改理由与组织他人偷越国（边）境罪大体相同，在此不再赘述。

四、运送他人偷越国（边）境罪（第321条）

【立法沿革】

运送他人偷越国（边）境罪是在全国人大常委会1994年《关于严惩组织、运送他人偷越国（边）境犯罪的补充规定》第4条规定的运送他人偷越国（边）境罪的基础上修改而来的。

---

① 《刑法》第321条运送他人偷越国（边）境罪第1款第1档法定刑也规定："处五年以下有期徒刑、拘役或者管制，并处罚金。"

运送他人偷越国（边）境的犯罪，最早见之于1963年《刑法草案》第33稿规定的组织、运送偷越国境罪。该稿第196条规定："意图营利，组织、运送偷越国境的，处七年以下有期徒刑；情节严重的，处七年以上有期徒刑。"1979年《刑法》第177条除文字修改外，主要是将上述2档法定刑调整为1档法定刑。

1979年《刑法》第177条规定："以营利为目的，组织、运送他人偷越国（边）境的，处五年以下有期徒刑、拘役或者管制，可以并处罚金。"

1994年《关于严惩组织、运送他人偷越国（边）境犯罪的补充规定》第4条对上述规定作了重大修改和补充，主要是"对运送他人偷越国（边）境犯罪处罚单独作了规定，将这种犯罪的最高刑从五年有期徒刑提高为十五年，根据运送者的不同犯罪情节分别规定"。[1] 修改后的条文为："运送他人偷越国（边）境的，处五年以下有期徒刑、拘役或者管制，并处罚金；有下列情形之一的，处五年以上十年以下有期徒刑，并处罚金：（一）多次实施运送行为或者运送人数众多的；（二）所使用的船只、车辆等交通工具不具备必要的安全条件，足以造成严重后果的；（三）违法所得数额巨大的；（四）有其他特别严重情节的。在运送他人偷越国（边）境中造成被运送人重伤、死亡，或者以暴力、威胁方法抗拒检查的，处七年以上有期徒刑，并处罚金。对被运送人有杀害、伤害、强奸、拐卖等犯罪行为，或者对检查人员有杀害、伤害等犯罪行为的，可以依照法律规定判处死刑。运送他人偷越国（边）境，情节轻微不需要判处刑罚的，由公安机关处15日以下拘留，并处5000元以上50000元以下罚款。"

在刑法修订研拟的过程中，1996年的《刑法修订草案》（征求意见稿）第287条直接移植了上述第1款、第2款规定，删去了第4款非刑法规范的规定，并将第3款中"可以依照法律规定判处死刑"的规定改为"依照本法有关规定处罚"。1997年的《刑法修订草案》（修改稿）第318条在上述规定的基础上，进一步将"依照本法有关规定处罚"改为"依照本法有关规定定罪处罚"。经审议，1997年《刑法》第321条又将上述"依照本法有关规定定罪处罚"的规定改为"依照数罪并罚的规定处罚"，并在第3款开头增加了"犯前两款罪"的表述。

【立法规定】

《刑法》第321条规定："运送他人偷越国（边）境的，处五年以下有期徒刑、拘役或者管制，并处罚金；有下列情形之一的，处五年以上十年以下有期徒刑，并处罚金：（一）多次实施运送行为或者运送人数众多的；（二）所使用的船只、车辆等交通工具不具备必要的安全条件，足以造成严重后果的；（三）违法所得数额巨大的；（四）有其他

---

[1]　参见全国人大常委会法制工作委员会主任顾昂然1993年12月20日在八届全国人大常委第五次会议上所作的《关于〈严惩组织、运送他人偷越国（边）境犯罪的补充规定（草案）〉的说明》。

特别严重情节的。在运送他人偷越国（边）境中造成被运送人重伤、死亡，或者以暴力、威胁方法抗拒检查的，处七年以上有期徒刑，并处罚金。犯前两款罪，对被运送人有杀害、伤害、强奸、拐卖等犯罪行为，或者对检查人员有杀害、伤害等犯罪行为的，依照数罪并罚的规定处罚。"

【立法释义】

最高人民法院、最高人民检察院 2012 年 12 月 12 日发布的《关于办理妨害国（边）境管理刑事案件应用法律若干问题的解释》第 4 条规定："运送他人偷越国（边）境人数在十人以上的，应当认定为刑法第三百二十一条第一款第（一）项规定的'人数众多'；违法所得数额在二十万元以上的，应当认定为刑法第三百二十一条第一款第（三）项规定的'违法所得数额巨大'。"第 6 条规定："具有下列情形之一的，应当认定为刑法第六章第三节规定的'偷越国（边）境'行为：（一）没有出入境证件出入国（边）境或者逃避接受边防检查的；（二）使用伪造、变造、无效的出入境证件出入国（边）境的；（三）使用他人出入境证件出入国（边）境的；（四）使用以虚假的出入境事由、隐瞒真实身份、冒用他人身份证件等方式骗取的出入境证件出入国（边）境的；（五）采用其他方式非法出入国（边）境的。"第 7 条规定："以单位名义或者单位形式组织他人偷越国（边）境、为他人提供伪造、变造的出入境证件或者运送他人偷越国（边）境的，应当依照刑法第三百一十八条、第三百二十条、第三百二十一条的规定追究直接负责的主管人员和其他直接责任人员的刑事责任。"

【立法建言】

建议一： 将《刑法》第 321 条第 1 款第 1 档法定刑修改为："处五年以下有期徒刑、拘役或者管制，可以并处或者单处罚金"。

理　由：

从立法技术上看，宜将《刑法》第 321 条第 1 款第 1 档法定刑中的"并处罚金"改为"可以并处或者单处罚金"，以与《刑法》的其他罚金规定相一致。

建议二： 在《刑法》第 321 条中增加 1 款作为第 4 款："单位犯第一款、第二款罪的，对单位判处罚金，并对其直接负责的主管人员和其他直接责任人员，依照第一款、第二款的规定处罚。"

理　由：

修改理由与组织他人偷越国（边）境罪大体相同，在此不再赘述。

五、偷越国（边）境罪（第 322 条）

【立法沿革】

偷越国（边）境罪是在全国人大常委会 1994 年《关于严惩组织、运送他人偷越国（边）境犯罪的补充规定》第 5 条规定的偷越国（边）境罪的基础上修改而来的，并经《刑法修正案（九）》第 40 条所修正。

从立法源流来看，1951 年的《惩治反革命条例》第 11 条规定的偷越国境罪，是新中国有关偷越国（边）境罪的最早立法例。该条规定："以反革命为目的偷越国境者，处五年以上徒刑或者死刑。"1954 年的《刑法指导原则草案》第 34 条沿袭了上述规定："以反革命为目的偷越国境的，判处五年以上有期徒刑、无期徒刑或者死刑。"但是，1957 年的《刑法草案》第 22 稿删去了偷越国境罪的规定。到了 1963 年，"根据一九六二年十一月全国政法工作会议上一些代表提出的关于严格国境管理、加强边防工作的意见"，[①]《刑法草案》第 33 稿在分则第一章"反革命罪"和第七章"妨害管理秩序罪"中，分别对偷越国境的行为作出了规定。该稿第 109 条规定："以反革命为目的，偷越国境的，处三年以上十年以下有期徒刑；情节严重的，处十年以上有期徒刑或者无期徒刑。"第 195 条规定："违反出入国境管理规定，偷越国境的，处二年以下有期徒刑或者拘役。"1979 年《刑法》对上述规定作了较大的修改和调整：一是删去了"以反革命为目的，偷越国境"这一规定；[②] 二是扩大了本罪犯罪对象的范围，将"偷越国境"改为"偷越国（边）境"；三是增加了"情节严重"的构成要件；四是降低了本罪的法定最高刑和最低刑，将"二年以下有期徒刑或者拘役"改为"一年以下有期徒刑、拘役或者管制"。

1979 年《刑法》第 176 条规定："违反出入国境管理法规，偷越国（边）境，情节严重的，处一年以下有期徒刑、拘役或者管制。"

1979 年《刑法》施行后，"考虑到偷越国（边）境的情况比较复杂，不少人是想到国外发财，受偷渡组织者的欺骗、引诱，上当受骗。许多人既是违法者又是受害者。对他们

---

①　参见高铭暄：《中华人民共和国刑法的孕育和诞生》，法律出版社 1981 年版，第 237 页。

②　"以反革命为目的的偷越国境，这个犯罪事实本身是存在的，问题是要否专条加以规定。主张专条规定的同志认为，规定了这个罪可以更好地保护国境；如果当偷越国境本身是现实的行为而别的罪行还没有着手的时候，有了这条规定，处理上就可以保持主动。但是讨论结果认为还是删去为好，理由是：如果真的出于反革命而偷越国境，那么这种行为不过是进行反革命活动过程中的一个环节，它总是与实施一定的反革命行为（如投敌叛变、间谍行为）联系在一起的，这时就应以后面的这个行为予以定罪，而不应孤立地处以'反革命偷越国境罪'。如果后面这个行为证实不了，那就说明'反革命目的'也证实不了，这时就只以普通的偷越国境（参看第一百七十六条）论罪，而决不应以'反革命偷越国境'论罪。由此可见，单独规定'反革命偷越国境罪'是不必要的"（参见高铭暄：《中华人民共和国刑法的孕育和诞生》，法律出版社 1981 年版，第 149 页）。

的违法行为应当予以处罚，但一般可不追究刑事责任。"① 同时，"鉴于有些委员和一些部门、地方提出，目前偷渡问题比较严重，应当适当提高对偷越国（边）境的刑事处罚"。② 因此，1994 年《关于严惩组织、运送他人偷越国（边）境犯罪的补充规定》第 5 条规定："偷越国（边）境的，公安机关可以处十五日以下拘留，单处或者并处一千元以上五千元以下罚款；情节严重的，处二年以下有期徒刑或者拘役，并处罚金。"

在刑法修订研拟的过程中，1996 年的《刑法修订草案》（征求意见稿）除删去了上述规定中的非刑法规范外，还对本罪的罪状和法定刑作了较大的调整和修改。该草案第 288 条规定："使用伪造、变造的出入境证件偷越国（边）境的，处一年以下有期徒刑或者拘役，并处罚金。"但是，1996 年的《刑法修订草案》第 293 条放弃了上述修改的努力，而是重新以 1979 年《刑法》第 176 条的规定为基础，对本罪作了以下两方面的修改：一是在文字表述方面，将"违反出入国境管理法规"改为"违反国（边）境管理法规"；二是在刑罚配置方面，增加了"并处罚金"的规定。这一修改方案，为 1997 年修订的《刑法》所采纳。

1997 年修订的《刑法》第 322 条规定："违反国（边）境管理法规，偷越国（边）境，情节严重的，处一年以下有期徒刑、拘役或者管制，并处罚金。"

1997 年《刑法》施行后，"一些常委会委员和中央政法委、新疆等部门、地方提出，当前恐怖活动犯罪出现了一些新情况，刑法应有针对性地作出规定"。因此，《刑法修正案（九）》第 40 条对《刑法》第 322 条作了修改和补充，"完善偷越国（边）境的有关规定，对为参加恐怖活动组织、接受恐怖活动培训或者实施恐怖活动，偷越国（边）境的，提高了法定刑"。③

【立法规定】

《刑法》第 322 条规定："违反国（边）境管理法规，偷越国（边）境，情节严重的，处一年以下有期徒刑、拘役或者管制，并处罚金；为参加恐怖活动组织、接受恐怖活动培训或者实施恐怖活动，偷越国（边）境的，处一年以上三年以下有期徒刑，并处罚金。"

【立法释义】

最高人民法院、最高人民检察院 2012 年 12 月 12 日发布的《关于办理妨害国（边）

---

① 参见全国人大常委会法制工作委员会主任顾昂然 1993 年 12 月 20 日在八届全国人大常委会第五次会议上所作的《关于〈严惩组织、运送他人偷越国（边）境犯罪的补充规定（草案）〉的说明》。

② 参见全国人大法律委员会主任委员薛驹："《关于对严惩组织、运送他人偷越国（边）境犯罪的补充规定（草案修改稿）和台湾同胞投资保护法（草案修改稿）修改意见的汇报》"，见高铭暄、赵秉志编：《中国刑法立法文献资料精选》，法律出版社 2007 年版，第 461 页。

③ 参见全国人大法律委员会主任委员乔晓阳 2015 年 6 月 24 日在十二全国人大常委会第十五次会议上所作的《关于〈中华人民共和国刑法修正案（九）（草案）〉修改情况的汇报》。

境管理刑事案件应用法律若干问题的解释》第 5 条规定："偷越国（边）境，具有下列情形之一的，应当认定为刑法第三百二十二条规定的'情节严重'：（一）在境外实施损害国家利益行为的；（二）偷越国（边）境三次以上或者三人以上结伙偷越国（边）境的；（三）拉拢、引诱他人一起偷越国（边）境的；（四）勾结境外组织、人员偷越国（边）境的；（五）因偷越国（边）境被行政处罚后一年内又偷越国（边）境的；（六）其他情节严重的情形。"第 6 条规定："具有下列情形之一的，应当认定为刑法第六章第三节规定的'偷越国（边）境'行为：（一）没有出入境证件出入国（边）境或者逃避接受边防检查的；（二）使用伪造、变造、无效的出入境证件出入国（边）境的；（三）使用他人出入境证件出入国（边）境的；（四）使用以虚假的出入境事由、隐瞒真实身份、冒用他人身份证件等方式骗取的出入境证件出入国（边）境的；（五）采用其他方式非法出入国（边）境的。"

【立法建言】

建　议：将《刑法》第 322 条修改为："违反国（边）境管理法规，偷越国（边）境，情节严重的，处一年以下有期徒刑、拘役或者管制，可以并处或者单处罚金；为参加恐怖活动组织、接受恐怖活动培训或者实施恐怖活动，偷越国（边）境的，处一年以上三年以下有期徒刑，并处罚金。"

理　由：

从立法技术上看，宜将本罪第 1 档法定刑中的"并处罚金"改为"可以并处或者单处罚金"，以与《刑法》的其他罚金规定相一致。

六、破坏界碑、界桩罪、破坏永久性测量标志罪（第 323 条）

【立法沿革】

破坏界碑、界桩罪、破坏永久性测量标志罪是在 1979 年《刑法》第 175 条规定的破坏界碑、界桩罪、破坏永久性测量标志罪的基础上修改而来的。

国务院 1955 年 12 月 29 日发布的《关于长期保护测量标志的命令》第 6 条规定："盗窃或者有意破坏国家的永久性测量标志的，应该按照情节的轻重依法惩办。"据此，1957 年的《刑法草案》第 22 稿第 203 条规定："偷窃或者破坏国家的永久性测量标志的，处三年以下有期徒刑或者拘役。"1963 年的《刑法草案》第 33 稿第 193 条在上述规定的基础上，作了以下三方面的修改：一是将"偷窃"改为"盗窃"；二是将"破坏"改为"故意破坏"；三是将法定最高刑由"三年有期徒刑"改为"五年有期徒刑"。修改后的条文为："盗窃或者故意破坏国家的永久性测量标志的，处五年以下有期徒刑或者拘役。"1979 年

《刑法》第175条对上述规定作了较大的修改和补充：一是增设了破坏界碑、界桩罪；①二是删去了破坏永久性测量标志罪中的"盗窃"行为；三是将法定最高刑由"五年有期徒刑"改为"三年有期徒刑"；四是增加了第2款"以叛国为目的的，按照反革命罪处罚"的规定。

1979年《刑法》第175条规定："故意破坏国家边境的界碑、界桩或者永久性测量标志的，处三年以下有期徒刑或者拘役。以叛国为目的的，按照反革命罪处罚。"

在全面研究刑法修改的过程中，1988年的《刑法修改稿》第196条在上述规定的基础上作了两处修改：一是将"国家边境"的表述改为"国（边）境"；二是将"按照反革命罪处罚"的规定改为"按照第九十九条破坏国防或者其他重要公共设施、设备罪的规定处罚"。修改后的条文为："故意破坏国（边）境的界碑、界桩或者永久性测量标志的，处三年以下有期徒刑或者拘役。以叛国为目的的，按照第九十九条破坏国防或者其他重要公共设施、设备罪的规定处罚。"1996年的《刑法修订草案》（征求意见稿）第289条放弃了上述修改方案，重新沿用了1979年《刑法》第175条第1款的规定；同时，删去了原第2款的规定。这一修改方案，为现行刑法所采纳。

【立法规定】

《刑法》第323条规定："故意破坏国家边境的界碑、界桩或者永久性测量标志的，处三年以下有期徒刑或者拘役。"

【立法释义】

目前，尚无与破坏界碑、界桩罪和破坏永久性测量标志罪相关的法律解释。

【立法建言】

建　议：将《刑法》第323条修改为："故意破坏国家边境的界碑、界桩或者永久性测量标志的，处三年以下有期徒刑、拘役或者管制，可以并处或者单处罚金。"

理　由：

从立法技术上看，宜在《刑法》第323条的法定刑中增加"可以并处或者单处罚金"的规定，以与《刑法》的其他罚金规定相一致。②

---

① "破坏边境界碑、界桩罪，在过去历次稿中均未规定，是根据近几年来出现的实际情况，为了加强国家边境管理而新增加的"（参见高铭暄：《中华人民共和国刑法的孕育和诞生》，法律出版社1981年版，第235页）。

② 破坏界碑、界桩罪和破坏永久性测量标志罪的行为方式中包括盗窃等行为，不能排除行为人具有贪利的动机。因此，对其适用罚金刑正是"罚当其罪"，可以防止犯罪分子在经济上得到好处。

第四节　妨害文物管理罪

一、故意毁损文物罪、故意毁损名胜古迹罪、过失毁损文物罪（第 324 条）

【立法沿革】

故意毁损文物罪、故意毁损名胜古迹罪是从 1979 年《刑法》第 174 条规定的破坏珍贵文物、名胜古迹罪中分解而来的；而过失毁损文物罪则是 1997 年《刑法》第 324 条第 3 款增设的罪名。

早在 1950 年，《刑法大纲草案》第 110 条就规定了破坏古物罪："破坏、盗卖有关历史、文化之古迹、古物、或未经政府允许擅自发掘古墓或其他埋藏古物之处所者，处三年以下监禁。""组织领导多人犯前款之罪者，处一年以上五年以下监禁。""前项之未遂犯，应予处罚。"但是，在此之后的一些刑法草案并未将破坏历史文物的行为作为独立的犯罪加以规定。到了 1963 年，考虑到"保护珍贵文物，不能仅限于禁止盗运文物出口，而且也要禁止对文物进行破坏，只有这样才能使珍贵文物得到全面的保护。"[1] 因此，《刑法草案》第 33 稿第 192 条增加规定了破坏珍贵文物罪："故意破坏国家保护的珍贵历史文物的，处三年以上十年以下有期徒刑。"[2] "以反革命为目的者，按照反革命罪处罚。"1979 年《刑法》第 174 条在上述规定的基础上，作了以下四处修改和补充：一是将"珍贵历史文物"改为"珍贵文物"；二是增加了"名胜古迹"这一犯罪对象；三是将法定刑由"三年以上十年以下有期徒刑"改为"七年以下有期徒刑或者拘役"；四是删去了"以反革命为目的者，按照反革命罪处罚"这一提示性规定。

1979 年《刑法》第 174 条规定："故意破坏国家保护的珍贵文物、名胜古迹的，处七年以下有期徒刑或者拘役。"

在全面研究修改刑法的过程中，1988 年的《刑法修改稿》第 195 条沿用了上述罪状的规定，但对法定刑作了两处修改和补充：一是增加了"可以并处罚金"的规定；二是增加了"情节严重的，处七年以上有期徒刑，并处罚金"的规定。1996 年的《刑法修订草案》（征求意见稿）第 290 条对上述规定作了较大的修改和调整：一是在文字表述方面，将"故意破坏"改为"故意损毁"；二是在立法模式方面，将故意损毁珍贵文物与故意损毁名胜古迹分款加以规定；三是在犯罪主体方面，增加了单位犯罪的规定；四是在罪名设

---

① 参见高铭暄：《中华人民共和国刑法的孕育和诞生》，法律出版社 1981 年版，第 234 页。
② 该草案第 191 条规定了盗运珍贵文物出口罪。

置方面，增加了过失损毁珍贵文物罪。修改后的条文为："故意损毁国家保护的珍贵文物的，处三年以下有期徒刑或者拘役，单处或者并处罚金；情节严重的，处三年以上十年以下有期徒刑，并处罚金。故意损毁国家保护的名胜古迹，情节严重的，处五年以下有期徒刑或者拘役，单处或者并处罚金。单位犯前两款罪的，对单位判处罚金，并对其直接负责的主管人员和其他直接责任人员，依照前两款的规定处罚。过失损毁国家保护的珍贵文物，造成严重后果的，处三年以下有期徒刑、拘役或者罚金。"1996 年的《刑法修订草案》第 295 条基本上沿用了上述规定，仅对法定刑作了适当的修改和补充：一是在第 1 款第 1 档法定刑中增加了"管制"，并将"单处或者并处罚金"的规定改为"可以并处或者单处罚金"；二是将第 2 款中的"单处或者并处罚金"改为"并处或者单处罚金"；三是在第 4 款中增加了"管制"这一刑种。1997 年的《刑法修订草案》（修改稿）第 321 条在上述规定的基础上，主要作了两方面的修改：一是在损毁珍贵文物的犯罪对象中增加了"被确定为全国重点文物保护单位、省级文物保护单位的文物"的内容；二是删去了单位犯罪的规定。该条的具体规定为："故意损毁国家保护的珍贵文物或者被确定为全国重点文物保护单位、省级文物保护单位的文物的，处三年以下有期徒刑、拘役或者管制，可以并处或者单处罚金；情节严重的，处三年以上十年以下有期徒刑，并处罚金。故意损毁国家保护的名胜古迹，情节严重的，处五年以下有期徒刑或者拘役，并处或者单处罚金。过失损毁国家保护的珍贵文物或者被确定为全国重点文物保护单位、省级文物保护单位的文物，造成严重后果的，处三年以下有期徒刑、拘役或者管制。"1997 年 3 月 1 日，提交给八届全国人大五次会议审议的《中华人民共和国刑法（修订草案)》第 322 条又对上述第 1 款、第 3 款的法定刑作了修改：一是删去了第 1 款第 1 档法定刑中的"管制"和"可以并处或者单处罚金"中的"可以"两字；二是删去了第 3 款法定刑中的"管制"规定。这一修改方案，为现行刑法所采纳。

【立法规定】

《刑法》第 324 条规定："故意损毁国家保护的珍贵文物或者被确定为全国重点文物保护单位、省级文物保护单位的文物的，处三年以下有期徒刑或者拘役，并处或者单处罚金；情节严重的，处三年以上十年以下有期徒刑，并处罚金。故意损毁国家保护的名胜古迹，情节严重的，处五年以下有期徒刑或者拘役，并处或者单处罚金。过失损毁国家保护的珍贵文物或者被确定为全国重点文物保护单位、省级文物保护单位的文物，造成严重后果的，处三年以下有期徒刑或者拘役。"

【立法释义】

最高人民检察院、公安部 2008 年 6 月 25 日发布的《关于公安机关管辖的刑事案件立案追诉标准的规定（一）》第 46 条规定："故意损毁国家保护的珍贵文物或者被确定为全国重点文物保护单位、省级文物保护单位的文物的，应予立案追诉。"第47条规定："故意损毁国家保护的名胜古迹，涉嫌下列情形之一的，应予立案追诉：（一）造成国家保护的名胜古迹严重损毁的；（二）损毁国家保护的名胜古迹三次以上或者三处以上，尚未造成严重损毁后果的；（三）损毁手段特别恶劣的；（四）其他情节严重的情形。"第48条规定："过失损毁国家保护的珍贵文物或者被确定为全国重点文物保护单位、省级文物保护单位的文物，涉嫌下列情形之一的，应予立案追诉：（一）造成珍贵文物严重损毁的；（二）造成全国重点文物保护单位、省级文物保护单位的文物严重损毁的；（三）造成珍贵文物损毁三件以上的；（四）其他造成严重后果的情形。"

【立法建言】

建议一： 将《刑法》第324条修改为："故意损毁国家保护的珍贵文物或者被确定为全国重点文物保护单位、省级文物保护单位的文物，情节严重的，处三年以下有期徒刑、拘役或者管制，可以并处或者单处罚金；情节特别严重的，处三年以上十年以下有期徒刑，并处罚金。故意损毁国家保护的名胜古迹，情节严重的，处五年以下有期徒刑、拘役或者管制，可以并处或者单处罚金；情节特别严重的，处五年以上有期徒刑，并处罚金。过失损毁国家保护的珍贵文物或者被确定为全国重点文物保护单位、省级文物保护单位的文物，造成严重后果的，处三年以下有期徒刑、拘役或者管制，可以并处或者单处罚金。"

理　由：

1. 从外部协调的角度来看，宜在《刑法》第324条第1款第1档法定刑和第2款、第3款的法定刑中增加"管制"的规定，并在第3款的法定刑中增加"可以并处或者单处罚金"的规定，[1] 以与《刑法》的其他管制和罚金规定相一致。

2. 从内部协调的角度来看，宜在《刑法》第324条第1款中增加"情节严重"的构成要件，并将"情节严重"的加重处罚条件相应改为"情节特别严重"；同时，还宜在第2款中增加"情节特别严重的，处五年以上有期徒刑，并处罚金"1档法定刑，从而使第1款和第2款的规定之间能够相互协调。[2]

建议二： 在《刑法》第324条中增加1款作为第4款："单位犯前三款罪的，对单位判处罚金，并对其直接负责的主管人员和其他直接责任人员，依照各该款的规定处罚。"

---

① 该条第1款规定的故意毁损文物罪的法定最低刑为"罚金"，而第3款规定的过失毁损文物罪的法定最低刑则为"拘役"，两罪的法定刑显然有失均衡。

② 有学者指出，"'名胜古迹'本身实际上也可视为文物，且'故意毁损国家保护的名胜古迹'也可根据实际罪行分出'情节严重'和'情节特别严重'。那么，第二款所设置的单一刑度或刑档便无法向罪刑相适应作交代。因此，第二款应设置罪刑阶梯"（马荣春：《刑法完善论》，群众出版社2008年版，第357页）。

理　由：

从现实情况来看，单位实施本条规定之罪的现象时有发生。为正确处理这类案件，早在 1987 年 11 月 27 日，最高人民法院、最高人民检察院《关于办理盗窃、盗掘、非法经营和走私文物的案件具体应用法律的若干问题的解释》第 3 条第 4 款就曾规定："任何单位在进行基本建设或者生产中发现珍贵文物，不听文物主管部门或者其他部门的劝阻，以致破坏珍贵文物，情节严重的，应依照刑法第一百七十四条追究主管人员和直接责任人员的刑事责任。"① 在刑法修订研拟的过程中，1996 年的《刑法修订草案》（征求意见稿）第 290 条也曾规定了单位犯罪。但遗憾的是，1997 年《刑法》对单位实施本条规定之罪的现象并未引起足够的重视，因而不适当地删去了单位犯罪的规定。为满足司法实践的现实需要，有必要在《刑法》第 324 条中增加单位犯罪的规定。

二、非法向外国人出售、赠送珍贵文物罪（第 325 条）

【立法沿革】

非法向外国人出售、赠送珍贵文物罪是在 1991 年《中华人民共和国文物保护法》（以下简称《文物保护法》）第 31 条第 4 款规定的基础上修改而来的。

全国人大常委会 1991 年 6 月 29 日修正的《文物保护法》第 31 条第 4 款规定："任何组织或者个人将收藏的国家禁止出口的珍贵文物私自出售或者私自赠送给外国人的，以走私论处。"为了与《文物保护法》的规定相衔接，1996 年的《刑法修订草案》（征求意见稿）第 291 条增设了非法向外国人出售、赠送珍贵文物罪："违反文物保护法规，将私人收藏的珍贵文物私自出售、赠送给外国人的，处五年以下有期徒刑或者拘役。"1996 年的《刑法修订草案》第 296 条对上述规定作了以下三方面的修改和补充：一是在犯罪对象方面，增加了"国家禁止出口"的限制；二是在犯罪行为方面，增加了"私自"赠送的限制；三是在犯罪主体方面，增加了单位犯罪的规定，并相应删去了第 1 款中的"私人"一词。修改后的条文为："违反文物保护法规，将收藏的国家禁止出口的珍贵文物私自出售或者私自赠送给外国人的，处五年以下有期徒刑或者拘役。单位犯前款罪的，对单位判处罚金，并对其直接负责的主管人员和其他直接责任人员，依照前款的规定处罚。"经审议，1997 年《刑法》第 325 条上述规定的基础上，增加了"可以并处罚金"的规定。

【立法规定】

《刑法》第 325 条规定："违反文物保护法规，将收藏的国家禁止出口的珍贵文物私自出售或者私自赠送给外国人的，处五年以下有期徒刑或者拘役，可以并处罚金。单位犯前

---

① 1979 年《刑法》第 174 条规定的是破坏珍贵文物、名胜古迹罪。

款罪的，对单位判处罚金，并对其直接负责的主管人员和其他直接责任人员，依照前款的规定处罚。"

【立法释义】

目前，尚无与非法向外国人出售、赠送珍贵文物罪相关的法律解释。

【立法建言】

建　议：将《刑法》第 325 条第 1 款修改为："违反文物保护法规，将收藏的国家禁止出口的珍贵文物私自出售或者私自赠送给外国人的，处五年以下有期徒刑、拘役或者管制，可以并处或者单处罚金。"

理　由：

从立法技术上看，宜在本罪第 1 款的法定刑中增加"管制"的规定，并将"可以并处罚金"改为"可以并处或者单处罚金"，以与《刑法》的其他管制和罚金规定相一致。

三、倒卖文物罪（第 326 条）

【立法沿革】

倒卖文物罪是 1997 年《刑法》第 326 条增设的罪名。

在刑法修订研拟的过程中，1996 年的《刑法修订草案》（征求意见稿）第 292 条规定："以牟利为目的，倒卖国家禁止自由买卖的文物，情节严重的，处五年以下有期徒刑或者拘役，并处罚金；情节特别严重的，处五年以上十年以下有期徒刑，并处罚金。" 1997 年的《刑法修订草案》（修改稿）第 323 条在上述规定的基础上，将"国家禁止自由买卖"改为"国家限制买卖"，并增加了单位犯罪的规定。修改后的条文为："以牟利为目的，倒卖国家限制买卖的文物，情节严重的，处五年以下有期徒刑或者拘役，并处罚金；情节特别严重的，处五年以上十年以下有期徒刑，并处罚金。单位犯前款罪的，对单位判处罚金，并对其直接负责的主管人员和其他直接责任人员，依照前款的规定处罚。" 1997 年《刑法》第 326 条基本上沿用了上述规定，仅将第 1 款中的"国家限制买卖的文物"改为"国家禁止经营的文物"。

【立法规定】

《刑法》第 326 条规定："以牟利为目的，倒卖国家禁止经营的文物，情节严重的，处五年以下有期徒刑或者拘役，并处罚金；情节特别严重的，处五年以上十年以下有期徒刑，并处罚金。单位犯前款罪的，对单位判处罚金，并对其直接负责的主管人员和其他直接责任人员，依照前款的规定处罚。"

【立法释义】

目前，尚无与倒卖文物罪相关的法律解释。

【立法建言】

建　议：将《刑法》第 326 条修改为："以牟利为目的，倒卖国家禁止经营的文物，情节严重的，处五年以下有期徒刑、拘役或者管制，可以并处或者单处罚金；情节特别严重的，处五年以上十年以下有期徒刑，并处罚金。"

理　由：

从立法技术上看，宜在本罪第 1 款第 1 档法定刑中增加"管制"的规定，并将其中的"并处罚金"改为"可以并处或者单处罚金"①，以与《刑法》的其他管制和罚金规定相一致。

四、非法出售、私赠文物藏品罪（第 327 条）

【立法沿革】

非法出售、私赠文物藏品罪是在 1991 年《文物保护法》第 31 条第 2 款规定的基础上修改而来的。

1991 年修正的《文物保护法》第 31 条第 2 款规定："全民所有制博物馆、图书馆等单位将文物藏品出售或者私自赠送给非全民所有制单位或者个人的，对主管人员和直接责任人员比照刑法第一百八十七条的规定追究刑事责任。"② 为了与《文物保护法》的规定相衔接，1996 年的《刑法修订草案》（征求意见稿）第 293 条增设了非法出售、私赠文物藏品罪："违反文物保护法规，国有博物馆、图书馆等单位将国家保护的文物藏品出售或者私自送给非国有单位或者个人的，对单位判处罚金，并对其直接负责的主管人员和其他直接责任人员，处三年以下有期徒刑或者拘役，可以并处或者单处罚金。"1996 年的《刑法修订草案》第 298 条基本上沿用了上述规定，仅在法定刑中增加了"管制"这一刑种。1997 年 3 月 1 日，提交给八届全国人大五次会议审议的《中华人民共和国刑法（修订草案）》第 325 条删去了此前增加的"管制"，并将"可以并处或者单处罚金"改为"并处或者单处罚金"。1997 年《刑法》第 327 条在上述规定的基础上，又删去了"并处或者单处罚金"的规定。

【立法规定】

《刑法》第 327 条规定："违反文物保护法规，国有博物馆、图书馆等单位将国家保护的文物藏品出售或者私自送给非国有单位或者个人的，对单位判处罚金，并对其直接负责

---

① 《刑法》第 225 条规定的非法经营罪的第 1 档法定刑为："处五年以下有期徒刑或者拘役，并处或者单处违法所得一倍以上五倍以下罚金"。

② 1979 年《刑法》第 187 条规定的是玩忽职守罪。

的主管人员和其他直接责任人员，处三年以下有期徒刑或者拘役。"

【立法释义】

目前，尚无与非法出售、私赠文物藏品罪相关的法律解释。

【立法建言】

建　议：将《刑法》第 327 条修改为："违反文物保护法规，国有博物馆、图书馆等单位将国家保护的文物藏品出售或者私自送给非国有单位或者个人的，对单位判处罚金，并对其直接负责的主管人员和其他直接责任人员，处三年以下有期徒刑、拘役或者管制，可以并处或者单处罚金。"

理　由：

从立法技术上看，宜在本罪的法定刑中增加"管制"和"可以并处或者单处罚金"①的规定，以与《刑法》的其他管制和罚金规定相一致。

五、盗掘古文化遗址、古墓葬罪、盗掘古人类化石、古脊椎动物化石罪（第328 条）

【立法沿革】

盗掘古文化遗址、古墓葬罪是在全国人大常委会 1991 年《关于惩治盗掘古文化遗址古墓葬犯罪的补充规定》规定的盗掘古文化遗址、古墓葬罪的基础上修改而来的，并经《刑法修正案（八）》第 45 条所修正；而盗掘古人类化石、古脊椎动物化石罪则是 1997 年《刑法》第 328 条第 2 款增设的罪名。

早在 1950 年，《刑法大纲草案》规定的破坏古物罪中就包括"擅自发掘古墓或其他埋藏古物之处所"的行为。该草案第 110 条规定："破坏、盗卖有关历史、文化之古迹、古物或未经政府允许擅自发掘古墓或其他埋藏古物之处所者，处三年以下监禁。组织领导多人犯前款之罪者，处一年以上五年以下监禁。前项之未遂犯，应予处罚。"但是，此后的刑法草案及 1979 年《刑法》均未对盗掘古墓葬的行为作出专门的规定。

在全面研究修改刑法的过程中，1988 年的《刑法修改稿》第 188 条第 2 款对挖掘古墓的行为作了相应的规定："挖掘破坏古墓的，依照第一百九十五条破坏珍贵文物罪的规定处罚；挖掘古墓，盗窃珍贵文物的，依照第一百七十三条盗窃罪的规定处罚。"② 到了1991 年，在审议《中华人民共和国文物保护法修正案（草案）》的过程中，"许多委员、

---

① 《刑法》第 325 条非法向外国人出售、赠送珍贵文物罪对单位的直接责任人员规定了罚金。
② 该条第 1 款规定的是挖坟盗墓罪。

地方和部门提出，当前盗掘古文化遗址、古墓葬的犯罪活动十分严重，必须予以严惩。"①
为此，全国人大常委会1991年6月29日通过的《关于惩治盗掘古文化遗址古墓葬犯罪的
补充规定》规定："盗掘具有历史、艺术、科学价值的古文化遗址、古墓葬的，处三年以
上十年以下有期徒刑，可以并处罚金；情节较轻的，处三年以下有期徒刑或者拘役，可以
并处罚金；有下列情形之一的，处十年以上有期徒刑、无期徒刑或者死刑，并处罚金或者
没收财产：（一）盗掘确定为全国重点文物保护单位和省级文物保护单位的古文化遗址、
古墓葬的；（二）盗掘古文化遗址、古墓葬集团的首要分子；（三）多次盗掘古文化遗址、
古墓葬的；（四）盗掘古文化遗址、古墓葬，并盗窃珍贵文物或者造成珍贵文物严重破坏
的。""盗掘古文化遗址、古墓葬所盗窃的文物，一律予以追缴。"

在刑法修订研拟的过程中，1996年的《刑法修订草案》（征求意见稿）第294条直接
将上述第1款的规定移作第1款，并删去了上述第2款非刑法规范的规定；同时，另行增
加了第2款"盗掘国家保护的具有科学价值的古人类化石和古脊椎动物化石的，依照前款
的规定处罚"的规定。1996年的《刑法修订草案》第299条基本上沿用了上述规定，仅
在第1款第2档法定刑中增加了"管制"这一刑种。1997年3月1日，提交给八届全国人
大五次会议审议的《中华人民共和国刑法（修订草案）》第326条在上述规定的基础上，
将第1款中"可以并处罚金"的规定改为"并处罚金"。这一修改方案，为1997年修订的
《刑法》所采纳。

1997年修订的《刑法》第328条规定："盗掘具有历史、艺术、科学价值的古文化遗
址、古墓葬的，处三年以上十年以下有期徒刑，并处罚金；情节较轻的，处三年以下有期
徒刑、拘役或者管制，并处罚金；有下列情形之一的，处十年以上有期徒刑、无期徒刑或
者死刑，并处罚金或者没收财产：（一）盗掘确定为全国重点文物保护单位和省级文物保
护单位的古文化遗址、古墓葬的；（二）盗掘古文化遗址、古墓葬集团的首要分子；
（三）多次盗掘古文化遗址、古墓葬的；（四）盗掘古文化遗址、古墓葬，并盗窃珍贵文
物或者造成珍贵文物严重破坏的。盗掘国家保护的具有科学价值的古人类化石和古脊椎动
物化石的，依照前款的规定处罚。"

1997年《刑法》施行后，基于"适当减少死刑罪名"的考虑，②《刑法修正案（八）》
第45条取消了盗掘古文化遗址、古墓葬罪和盗掘古人类化石、古脊椎动物化石罪的死刑。

【立法规定】

《刑法》第328条规定："盗掘具有历史、艺术、科学价值的古文化遗址、古墓葬的，

---

① 参见全国人大法律委员会副主任委员项淳一1991年6月21日在七届全国人大常委会第二十次会议上所作的
《对〈中华人民共和国文物保护法修正案（草案）〉审议结果的报告》。

② 参见全国人大常委会法制工作委员会主任李适时2010年8月23日在十一届全国人大常委会第十六次会议上所
作的《关于〈中华人民共和国刑法修正案（八）（草案）〉的说明》。

处三年以上十年以下有期徒刑，并处罚金；情节较轻的，处三年以下有期徒刑、拘役或者管制，并处罚金；有下列情形之一的，处十年以上有期徒刑或者无期徒刑，并处罚金或者没收财产：（一）盗掘确定为全国重点文物保护单位和省级文物保护单位的古文化遗址、古墓葬的；（二）盗掘古文化遗址、古墓葬集团的首要分子；（三）多次盗掘古文化遗址、古墓葬的；（四）盗掘古文化遗址、古墓葬，并盗窃珍贵文物或者造成珍贵文物严重破坏的。盗掘国家保护的具有科学价值的古人类化石和古脊椎动物化石的，依照前款的规定处罚。"

【立法释义】

全国人大常委会 2005 年 12 月 29 日通过的《关于〈中华人民共和国刑法〉有关文物的规定适用于具有科学价值的古脊椎动物化石、古人类化石的解释》规定："刑法有关文物的规定，适用于具有科学价值的古脊椎动物化石、古人类化石。"

最高人民法院、最高人民检察院 1987 年 11 月 27 日发布的《关于办理盗窃、盗掘、非法经营和走私文物的案件具体应用法律的若干问题的解释》第 2 条第 1 款规定："按照国家文物主管部门的规定，清代和清代以前的古墓葬、古遗址，受国家保护；辛亥革命以后，与著名历史事件有关的名人墓葬、遗址和纪念地，也视同古墓葬、古遗址，受国家保护。"

【立法建言】

建　议：将《刑法》第 328 条第 1 款第 2 档法定刑修改为："处三年以下有期徒刑、拘役或者管制，可以并处或者单处罚金"。

理　由：

从立法技术上看，宜将《刑法》第 328 条第 1 款第 2 档法定刑中的"并处罚金"改为"可以并处或者单处罚金"，以与《刑法》的其他罚金规定相一致。

六、抢夺、窃取国有档案罪、擅自出卖、转让国有档案罪（第 329 条）

【立法沿革】

抢夺、窃取国有档案罪、擅自出卖、转让国有档案罪是 1997 年《刑法》第 329 条增设的罪名。

全国人大常委会 1996 年 7 月 5 日修正的《中华人民共和国档案法》（以下简称《档案法》）第 17 条第 1 款规定："禁止出卖属于国家所有的档案。"第 24 条第 1 款第 4 项规定："擅自出卖或者转让档案"，"构成犯罪的，依法追究刑事责任"。为了与《档案法》的规定相衔接，更好地保护国有档案，1997 年《刑法》第 329 条增设了抢夺、窃取国有档案罪和擅自出卖、转让国有档案罪。

【立法规定】

《刑法》第329条规定："抢夺、窃取国家所有的档案的，处五年以下有期徒刑或者拘役。违反档案法的规定，擅自出卖、转让国家所有的档案，情节严重的，处三年以下有期徒刑或者拘役。有前两款行为，同时又构成本法规定的其他犯罪的，依照处罚较重的规定定罪处罚。"

【立法释义】

目前，尚无与抢夺、窃取国有档案罪和擅自出卖、转让国有档案罪相关的法律解释。

【立法建言】

建　议： 将《刑法》第329条修改为："抢夺、窃取国家所有的档案的，处五年以下有期徒刑、拘役或者管制，可以并处或者单处罚金。违反档案法的规定，擅自出卖、转让国家所有的档案，情节严重的，处三年以下有期徒刑、拘役或者管制，可以并处或者单处罚金。有前两款行为，同时又构成本法规定的其他犯罪的，依照处罚较重的规定定罪处罚。"

理　由：

从立法技术上看，宜在《刑法》第329条第1款、第2款中增加"管制"和"可以并处或者单处罚金"的规定，以与《刑法》的其他管制和罚金规定相一致，并与这类犯罪可能具有的贪利性质相适应。①

第五节　危害公共卫生罪

一、妨害传染病防治罪（第330条）

【立法沿革】

妨害传染病防治罪是在1989年《中华人民共和国传染病防治法》（以下简称《传染病防治法》）第35条、第37条规定的基础上修改而来的。

早在1950年，《刑法大纲草案》第117条就规定了违反扑灭传染病之法令罪："违反以扑灭传染病为目的之法令或紧急措施者，处一年以下监禁。"但是，此后的刑法草案及1979年《刑法》均未再规定这方面的犯罪。1989年2月21日，全国人大常委会通过的

---

① 《刑法》第264条盗窃罪、第267条抢夺罪均规定了"管制"和"并处或者单处罚金"。

《传染病防治法》第 35 条规定："违反本法规定，有下列行为之一的，由县级以上政府卫生行政部门责令限期改正，可以处以罚款；有造成传染病流行危险的，由卫生行政部门报请同级政府采取强制措施：（一）供水单位供应的饮用水不符合国家规定的卫生标准的；（二）拒绝按照卫生防疫机构提出的卫生要求，对传染病病原体污染的污水、污物、粪便进行消毒处理的；（三）准许或者纵容传染病病人、病原携带者和疑似传染病病人从事国务院卫生行政部门规定禁止从事的易使该传染病扩散的工作的；（四）拒绝执行卫生防疫机构依照本法提出的其他预防、控制措施的。"第 37 条规定："有本法第三十五条所列行为之一，引起甲类传染病传播或者有传播严重危险的，比照刑法第一百七十八条的规定追究刑事责任。"①

　　在刑法修订研拟的过程中，为了与《传染病防治法》的规定相衔接，1996 年的《刑法修订草案》（征求意见稿）第 295 条增设了妨害传染病防治罪："违反传染病防治法的规定，有下列情形之一，引起甲类传染病传播或者有传播严重危险的，处三年以下有期徒刑或者拘役；后果特别严重的，处三年以上七年以下有期徒刑：（一）供水单位供应的饮用水不符合国家规定的卫生标准的；（二）拒绝按照卫生防疫机构提出的卫生要求，对传染病病原体污染的污水、污物、粪便进行消毒处理的；（三）准许或者纵容传染病病人、病原携带者和疑似传染病病人从事国务院卫生行政部门规定禁止从事的易使该传染病扩散的工作的；（四）拒绝执行卫生防疫机构依照本法提出的其他预防、控制措施的。""单位犯前款罪的，对单位判处罚金，并对其直接负责的主管人员和其他直接责任人员，依照前款的规定处罚。"1996 年的《刑法修订草案》第 300 条基本上沿用了上述规定，仅在第 1 款第 1 档法定刑中增加了"管制"这一刑种。到了 1997 年，《刑法修订草案》（修改稿）第 326 条删去了第 2 款单位犯罪的规定。1997 年 3 月 1 日，提交给八届全国人大五次会议审议的《中华人民共和国刑法（修订草案）》第 327 条对上述规定作了较大的修改和补充：一是删去了此前增加的"管制"规定；二是恢复了此前删去的单位犯罪的规定；三是增加了第 3 款"甲类传染病的范围，依照《中华人民共和国传染病防治法》和国务院有关规定确定"的规定。这一修改方案，为现行刑法所采纳。

【立法规定】

　　《刑法》第 330 条规定："违反传染病防治法的规定，有下列情形之一，引起甲类传染病传播或者有传播严重危险的，处三年以下有期徒刑或者拘役；后果特别严重的，处三年以上七年以下有期徒刑：（一）供水单位供应的饮用水不符合国家规定的卫生标准的；（二）拒绝按照卫生防疫机构提出的卫生要求，对传染病病原体污染的污水、污物、粪便

---

①　1979 年《刑法》第 178 条规定的是妨害国境卫生检疫罪。

进行消毒处理的；（三）准许或者纵容传染病病人、病原携带者和疑似传染病病人从事国务院卫生行政部门规定禁止从事的易使该传染病扩散的工作的；（四）拒绝执行卫生防疫机构依照传染病防治法提出的预防、控制措施的。单位犯前款罪的，对单位判处罚金，并对其直接负责的主管人员和其他直接责任人员，依照前款的规定处罚。甲类传染病的范围，依照《中华人民共和国传染病防治法》和国务院有关规定确定。"

【立法释义】

最高人民检察院、公安部 2008 年 6 月 25 日发布的《关于公安机关管辖的刑事案件立案追诉标准的规定（一）》第 49 条规定："违反传染病防治法的规定，引起甲类或者按照甲类管理的传染病传播或者有传播严重危险，涉嫌下列情形之一的，应予立案追诉：（一）供水单位供应的饮用水不符合国家规定的卫生标准的；（二）拒绝按照疾病预防控制机构提出的卫生要求，对传染病病原体污染的污水、污物、粪便进行消毒处理的；（三）准许或者纵容传染病病人、病原携带者和疑似传染病病人从事国务院卫生行政部门规定禁止从事的易使该传染病扩散的工作的；（四）拒绝执行疾病预防控制机构依照传染病防治法提出的预防、控制措施的。本条和本规定第五十条规定的'甲类传染病'，是指鼠疫、霍乱；'按甲类管理的传染病'，是指乙类传染病中传染性非典型肺炎、炭疽中的肺炭疽、人感染高致病性禽流感以及国务院卫生行政部门根据需要报经国务院批准公布实施的其他需要按甲类管理的乙类传染病和突发原因不明的传染病。"

【立法建言】

建 议： 将《刑法》第 330 条第 1 款修改为："违反传染病防治法的规定，有下列情形之一，引起甲类或者按甲类管理的传染病传播或者有传播严重危险的，处三年以下有期徒刑、拘役或者管制，可以并处或者单处罚金；后果特别严重的，处三年以上七年以下有期徒刑，并处罚金……"

理 由：

1. 从法律衔接的角度来看，宜将本罪第 1 款中的"甲类传染病"改为"甲类或者按甲类管理的传染病"[①]，以与《传染病防治法》的规定相协调。在实践中，最高人民检察院、公安部《关于公安机关管辖的刑事案件立案追诉标准的规定（一）》第 49 条也将"按甲类管理的传染病"纳入了本罪的调整范围。

2. 从立法技术的角度来看，宜在本罪第 1 款第 1 档法定刑中增加"管制"的规定，

---

① 根据《传染病防治法》的规定，"按甲类管理的传染病"，是指乙类传染病中传染性非典型肺炎、炭疽中的肺炭疽、人感染高致病性禽流感以及国务院卫生行政部门根据需要报经批准公布实施的其他需要按甲类管理的乙类传染病和突发原因不明的传染病。

并对本罪增加规定罚金刑，① 以与《刑法》的其他管制和罚金规定相一致。

二、传染病菌种、毒种扩散罪（第 331 条）

【立法沿革】

传染病菌种、毒种扩散罪是在 1989 年《传染病防治法》第 38 条规定的基础上修改而来的。

1989 年《传染病防治法》第 38 条规定："从事实验、保藏、携带、运输传染病菌种、毒种的人员，违反国务院卫生行政部门的有关规定，造成传染病菌种、毒种扩散，后果严重的，依照刑法第一百一十五条的规定追究刑事责任；情节轻微的，给予行政处分。"② 为了与《传染病防治法》的规定相衔接，1996 年的《刑法修订草案》（征求意见稿）第 296 条增设了传染病菌种、毒种扩散罪："从事实验、保藏、携带、运输传染病菌种、毒种的人员，违反国务院卫生行政部门的有关规定，造成传染病菌种、毒种扩散，后果严重的，处三年以下有期徒刑或者拘役；后果特别严重的，处三年以上七年以下有期徒刑。"这一立法方案，为现行刑法所采纳。

【立法规定】

《刑法》第 331 条规定："从事实验、保藏、携带、运输传染病菌种、毒种的人员，违反国务院卫生行政部门的有关规定，造成传染病菌种、毒种扩散，后果严重的，处三年以下有期徒刑或者拘役；后果特别严重的，处三年以上七年以下有期徒刑。"

【立法释义】

最高人民检察院、公安部 2008 年 6 月 25 日发布的《关于公安机关管辖的刑事案件立案追诉标准的规定（一）》第 50 条规定："从事实验、保藏、携带、运输传染病菌种、毒种的人员，违反国务院卫生行政部门的有关规定，造成传染病菌种、毒种扩散，涉嫌下列情形之一的，应予立案追诉：（一）导致甲类和按甲类管理的传染病传播的；（二）导致乙类、丙类传染病流行、暴发的；（三）造成人员重伤或者死亡的；（四）严重影响正常的生产、生活秩序的；（五）其他造成严重后果的情形。"

【立法建言】

建　议：将《刑法》第 331 条修改为："从事实验、保藏、携带、运输传染病菌种、毒种的人员，违反国务院卫生行政部门的有关规定，造成传染病菌种、毒种扩散，后果严重的，处三年以下有期徒刑、拘役或者管制，可以并处或者单处罚金；后果特别严重的，

---

① 《刑法》第 332 条妨害国境卫生检疫罪规定了"并处或者单处罚金"。
② 1979 年《刑法》第 115 条规定的是违反危险物品管理规定肇事罪。

处三年以上七年以下有期徒刑，并处罚金。"

理　由：

从立法技术上看，宜在本罪的第 1 档法定刑中增加"管制"的规定，并对本罪增加规定罚金刑，[①] 以与《刑法》的其他管制和罚金规定相一致。

三、妨害国境卫生检疫罪（第 332 条）

【立法沿革】

妨害国境卫生检疫罪是在 1979 年《刑法》第 178 条规定的妨害国境卫生检疫罪的基础上修改而来。

1957 年 12 月 23 日颁布的《中华人民共和国国境卫生检疫条例》第 7 条规定："对违反本条例和本条例实施规则的人，国境卫生检疫机关可以根据情节轻重，给予警告或者处以一千元以下的罚金；如果因违反本条例和本条例实施规则而引起检疫传染病的传播，或者有引起检疫传染病传播的严重危险，人民法院可以根据情节轻重依法判处二年以下有期徒刑或者拘役，并处或者单处一千元以上五千元以下罚金。"为了与上述规定相衔接，1963 年的《刑法草案》第 33 稿第 197 条增设了妨害国境卫生检疫罪："违反国境卫生检疫规定，引起检疫传染病的传播，或者有引起检疫传染病传播严重危险的，处三年以下有期徒刑或者拘役，可以并处或者单处罚金。"1979 年《刑法》沿用了上述规定，未作任何修改。

1979 年《刑法》第 178 条规定："违反国境卫生检疫规定，引起检疫传染病的传播，或者有引起检疫传染病传播严重危险的，处三年以下有期徒刑或者拘役，可以并处或者单处罚金。"

在刑法修订研拟的过程中，1996 年的《刑法修订草案》（征求意见稿）第 297 条在上述规定的基础上，增加了"单位犯前款罪的，对单位判处罚金，并对其直接负责的主管人员和其他直接责任人员，依照前款的规定处罚"的规定。1996 年的《刑法修订草案》第 302 条基本上沿用了上述规定，仅在法定刑中增加了"管制"这一刑种。1997 年的《刑法修订草案》（修改稿）第 328 条对罪状的表述进行了简化，将"有引起检疫传染病传播严重危险"改为"有传播严重危险"。1997 年 3 月 1 日，提交给八届全国人大五次会议审议的《中华人民共和国刑法（修订草案）》第 329 条对上述规定作了两处修改：一是删去了此前增加的"管制"规定；二是删去了"可以并处或者单处罚金"中的"可以"一词。这一修改方案，为现行刑法所采纳。

---

① 《刑法》第 332 条妨害国境卫生检疫罪规定了"并处或者单处罚金"。

【立法规定】

《刑法》第332条规定："违反国境卫生检疫规定，引起检疫传染病传播或者有传播严重危险的，处三年以下有期徒刑或者拘役，并处或者单处罚金。单位犯前款罪的，对单位判处罚金，并对其直接负责的主管人员和其他直接责任人员，依照前款的规定处罚。"

【立法释义】

最高人民检察院、公安部2008年6月25日发布的《关于公安机关管辖的刑事案件立案追诉标准的规定（一）》第51条规定："违反国境卫生检疫规定，引起检疫传染病传播或者有传播严重危险的，应予立案追诉。本条规定的'检疫传染病'，是指鼠疫、霍乱、黄热病以及国务院确定和公布的其他传染病。"

【立法建言】

建　议：将《刑法》第332条第1款修改为："违反国境卫生检疫规定，引起检疫传染病传播或者有传播严重危险的，处三年以下有期徒刑、拘役或者管制，可以并处或者单处罚金。"

理　由：

从立法技术上看，宜在本罪的法定刑中增加"管制"的规定，并将"并处或者单处罚金"改为"可以并处或者单处罚金"，以与《刑法》的其他管制和罚金规定相一致。

四、非法组织卖血罪、强迫卖血罪（第333条）

【立法沿革】

非法组织卖血罪、强迫卖血罪是1997年《刑法》第333条增设的罪名。

非法组织卖血罪和强迫卖血罪，最早见之于1996年的《刑法修订草案》（征求意见稿）。该草案第298条规定："非法组织他人出卖血液的，处五年以下有期徒刑，可以并处罚金；以暴力、威胁方法强迫他人出卖血液的，处五年以上十年以下有期徒刑，并处罚金或者没收财产。""有前款行为，对他人造成伤害的，依照伤害罪的规定处罚。"1996年的《刑法修订草案》第303条基本上沿用了上述规定，仅在文字表述上将第2款中的"依照伤害罪的规定处罚"改为"依照本法第二百一十五条的规定定罪处罚"[1]。1997年的《刑法修订草案》（修改稿）第329条在上述规定的基础上，将第1款第1档法定刑中的"可以并处罚金"改为"并处罚金"。经审议，1997年《刑法》第333条又删去了第1款第2档法定刑中的"没收财产"。

---

① 该草案第215条规定的是故意伤害罪。

【立法规定】

《刑法》第 333 条规定："非法组织他人出卖血液的，处五年以下有期徒刑，并处罚金；以暴力、威胁方法强迫他人出卖血液的，处五年以上十年以下有期徒刑，并处罚金。有前款行为，对他人造成伤害的，依照本法第二百三十四条的规定定罪处罚。"

【立法释义】

最高人民检察院、公安部 2008 年 6 月 25 日发布的《关于公安机关管辖的刑事案件立案追诉标准的规定（一）》第 52 条规定："非法组织他人出卖血液，涉嫌下列情形之一的，应予立案追诉：（一）组织卖血三人次以上的；（二）组织卖血非法获利二千元以上的；（三）组织未成年人卖血的；（四）被组织卖血的人的血液含有艾滋病病毒、乙型肝炎病毒、丙型肝炎病毒、梅毒螺旋体等病原微生物的；（五）其他非法组织卖血应予追究刑事责任的情形。"第 53 条规定："以暴力、威胁方法强迫他人出卖血液的，应予立案追诉。"

【立法建言】

建　议：将《刑法》第 333 条第 1 款修改为："非法组织他人出卖血液的，处五年以下有期徒刑、拘役或者管制，可以并处或者单处罚金；以暴力、威胁方法强迫他人出卖血液的，处五年以上十年以下有期徒刑，并处罚金。"

理　由：

从立法技术上看，宜在《刑法》第 333 条第 1 款前段的法定刑中增加"拘役或者管制"的规定，并将其中的"并处罚金"改为"可以并处或者单处罚金"，以与《刑法》的其他拘役、管制和罚金规定相一致。

五、非法采集、供应血液、制作、供应血液制品罪、采集、供应血液、制作、供应血液制品事故罪（第 334 条）

【立法沿革】

非法采集、供应血液、制作、供应血液制品罪、采集、供应血液、制作、供应血液制品事故罪是 1997 年《刑法》第 334 条增设的罪名。

为了加强血液制品的管理，1996 年的《刑法修订草案》（征求意见稿）第 299 条规定："非法采集、供应血液或者制作、供应血液制品，足以危害人体健康的，处五年以下有期徒刑或者拘役。""非法采集、供应血液或者制作、供应血液制品，对人体健康造成严重危害的，处五年以上十年以下有期徒刑；造成特别严重后果的，处十年以上有期徒刑或者无期徒刑。""经国家主管部门批准采集、供应血液或者制作、供应血液制品的部门，不依照规定进行检测或者违背其他操作规定，造成危害人民群众身体健康后果的，对单位判处罚金，并对其直接负责的主管人员和其他直接责任人员，处七年以下有期徒刑或者拘役。"1996 年的《刑法修订草案》第 304 条基本上沿用了上述规定，仅将第 3 款中"造成危害人民群众身体健康后果"的表述改为"造成危害他人身体健康后果"。1997 年的《刑法修订草案》（修改稿）第 330 条调整了非法采集、供应血液、制作、供应血液制品罪的立法模式，将上述第 1 款、第 2 款的规定合并为 1 款，并作了相应的文字修改。修改后的条文为："非法采集、供应血液或者制作、供应血液制品，足以危害人体健康的，处五年以下有期徒刑或者拘役；对人体健康造成严重危害的，处五年以上十年以下有期徒刑；造成特别严重后果的，处十年以上有期徒刑或者无期徒刑。""经国家主管部门批准采集、供应血液或者制作、供应血液制品的部门，不依照规定进行检测或者违背其他操作规定，造成危害他人身体健康后果的，对单位判处罚金，并对其直接负责的主管人员和其他直接责任人员，处七年以下有期徒刑或者拘役。"1997 年 3 月 1 日，提交给八届全国人大五次会议审议的《中华人民共和国刑法（修订草案）》第 331 条对上述规定作了两处补充和修改：一是在第 1 款中增加了"不符合国家规定的标准"的条件限制；二是将第 2 款中直接责任人员的法定刑改为"五年以下有期徒刑或者拘役"。经审议，1997 年《刑法》第 334 条在第 1 款中增加了财产刑的规定。

【立法规定】

《刑法》第 334 条规定："非法采集、供应血液或者制作、供应血液制品，不符合国家规定的标准，足以危害人体健康的，处五年以下有期徒刑或者拘役，并处罚金；对人体健康造成严重危害的，处五年以上十年以下有期徒刑，并处罚金；造成特别严重后果的，处十年以上有期徒刑或者无期徒刑，并处罚金或者没收财产。经国家主管部门批准采集、供应血液或者制作、供应血液制品的部门，不依照规定进行检测或者违背其他操作规定，造成危害他人身体健康后果的，对单位判处罚金，并对其直接负责的主管人员和其他直接责任人员，处五年以下有期徒刑或者拘役。"

【立法释义】

最高人民检察院、公安部 2008 年 6 月 25 日发布的《关于公安机关管辖的刑事案件立案追诉标准的规定（一）》第 54 条规定："非法采集、供应血液或者制作、供应血液制品，涉嫌下列情形之一的，应予立案追诉：（一）采集、供应的血液含有艾滋病病毒、乙型肝炎病毒、丙型肝炎病毒、梅毒螺旋体等病原微生物的；（二）制作、供应的血液制品含有艾滋病病毒、乙型肝炎病毒、丙型肝炎病毒、梅毒螺旋体等病原微生物，或者将含有上述病原微生物的血液用于制作血液制品的；（三）使用不符合国家规定的药品、诊断试剂、卫生器材，或者重复使用一次性采血器材采集血液，造成传染病传播危险的；（四）违反规定对献血者、供血浆者超量、频繁采集血液、血浆，足以危害人体健康的；

（五）其他不符合国家有关采集、供应血液或者制作、供应血液制品的规定，足以危害人体健康或者对人体健康造成严重危害的情形。未经国家主管部门批准或者超过批准的业务范围，采集、供应血液或者制作、供应血液制品的，属于本条规定的'非法采集、供应血液、制作、供应血液制品'。本条和本规定第五十二条、第五十三条、第五十五条规定的'血液'，是指全血、成分血和特殊血液成分。本条和本规定第五十五条规定的'血液制品'，是指各种人血浆蛋白制品。"第55条规定："经国家主管部门批准采集、供应血液或者制作、供应血液制品的部门，不依照规定进行检测或者违背其他操作规定，涉嫌下列情形之一的，应予立案追诉：（一）造成献血者、供血浆者、受血者感染艾滋病病毒、乙型肝炎病毒、丙型肝炎病毒、梅毒螺旋体或者其他经血液传播的病原微生物的；（二）造成献血者、供血浆者、受血者重度贫血、造血功能障碍或者其他器官组织损伤导致功能障碍等身体严重危害的；（三）其他造成危害他人身体健康后果的情形。经国家主管部门批准的采供血机构和血液制品生产经营单位，属于本条规定的'经国家主管部门批准采集、供应血液或者制作、供应血液制品的部门'。采供血机构包括血液中心、中心血站、脐带血造血干细胞库和国家卫生行政主管部门根据医学发展需要批准、设置的其他类型血库、单采血浆站。具有下列情形之一的，属于本条规定的'不依照规定进行检测或者违背其他操作规定'：（一）血站未用两个企业生产的试剂对艾滋病病毒抗体、乙型肝炎病毒表面抗原、丙型肝炎病毒抗体、梅毒抗体进行两次检测的；（二）单采血浆站不依照规定对艾滋病病毒抗体、乙型肝炎病毒表面抗原、丙型肝炎病毒抗体、梅毒抗体进行检测的；（三）血液制品生产企业在投料生产前未用主管部门批准和检定合格的试剂进行复检的；（四）血站、单采血浆站和血液制品生产企业使用的诊断试剂没有生产单位名称、生产批准文号或者经检定不合格的；（五）采供血机构在采集检验样本、采集血液和成分血分离时，使用没有生产单位名称、生产批准文号或者超过有效期的一次性注射器等采血器材的；（六）不依照国家规定的标准和要求包装、储存、运输血液、原料血浆的；（七）对国家规定检测项目结果呈阳性的血液未及时按照规定予以清除的；（八）不具备相应资格的医务人员进行采血、检验操作的；（九）对献血者、供血浆者超量、频繁采集血液、血浆的；（十）采供血机构采集血液、血浆前，未对献血者或者供血浆者进行身份识别，采集冒名顶替者、健康检查不合格者血液、血浆的；（十一）血站擅自采集原料血浆，单采血浆站擅自采集临床用血或者向医疗机构供应原料血浆的；（十二）重复使用一次性采血器材的；（十三）其他不依照规定进行检测或者违背操作规定的。"

最高人民法院、最高人民检察院2008年9月22日发布的《关于办理非法采供血液等刑事案件具体应用法律若干问题的解释》第1条规定："对未经国家主管部门批准或者超过批准的业务范围，采集、供应血液或者制作、供应血液制品的，应认定为刑法第三百三十四条第一款规定的'非法采集、供应血液或者制作、供应血液制品'。"第 2 条规定：
"对非法采集、供应血液或者制作、供应血液制品，具有下列情形之一的，应认定为刑法
第三百三十四条第一款规定的'不符合国家规定的标准，足以危害人体健康'，处五年以
下有期徒刑或者拘役，并处罚金：（一）采集、供应的血液含有艾滋病病毒、乙型肝炎病
毒、丙型肝炎病毒、梅毒螺旋体等病原微生物的；（二）制作、供应的血液制品含有艾滋
病病毒、乙型肝炎病毒、丙型肝炎病毒、梅毒螺旋体等病原微生物，或者将含有上述病原
微生物的血液用于制作血液制品的；（三）使用不符合国家规定的药品、诊断试剂、卫生
器材，或者重复使用一次性采血器材采集血液，造成传染病传播危险的；（四）违反规定
对献血者、供血浆者超量、频繁采集血液、血浆，足以危害人体健康的；（五）其他不符
合国家有关采集、供应血液或者制作、供应血液制品的规定标准，足以危害人体健康的。"
第 3 条规定："对非法采集、供应血液或者制作、供应血液制品，具有下列情形之一的，
应认定为刑法第三百三十四条第一款规定的'对人体健康造成严重危害'，处五年以上十
年以下有期徒刑，并处罚金：（一）造成献血者、供血浆者、受血者感染乙型肝炎病毒、
丙型肝炎病毒、梅毒螺旋体或者其他经血液传播的病原微生物的；（二）造成献血者、供
血浆者、受血者重度贫血、造血功能障碍或者其他器官组织损伤导致功能障碍等身体严重
危害的；（三）对人体健康造成其他严重危害的。"第 4 条规定："对非法采集、供应血液
或者制作、供应血液制品，具有下列情形之一的，应认定为刑法第三百三十四条第一款规
定的'造成特别严重后果'，处十年以上有期徒刑或者无期徒刑，并处罚金或者没收财产：
（一）因血液传播疾病导致人员死亡或者感染艾滋病病毒的；（二）造成五人以上感染乙
型肝炎病毒、丙型肝炎病毒、梅毒螺旋体或者其他经血液传播的病原微生物的；（三）造
成五人以上重度贫血、造血功能障碍或者其他器官组织损伤导致功能障碍等身体严重危害
的；（四）造成其他特别严重后果的。"第 5 条规定："对经国家主管部门批准采集、供应
血液或者制作、供应血液制品的部门，具有下列情形之一的，应认定为刑法第三百三十四
条第二款规定的'不依照规定进行检测或者违背其他操作规定'：（一）血站未用两个企
业生产的试剂对艾滋病病毒抗体、乙型肝炎病毒表面抗原、丙型肝炎病毒抗体、梅毒抗体
进行两次检测的；（二）单采血浆站不依照规定对艾滋病病毒抗体、乙型肝炎病毒表面抗
原、丙型肝炎病毒抗体、梅毒抗体进行检测的；（三）血液制品生产企业在投料生产前未
用主管部门批准和检定合格的试剂进行复检的；（四）血站、单采血浆站和血液制品生产
企业使用的诊断试剂没有生产单位名称、生产批准文号或者经检定不合格的；（五）采供
血机构在采集检验标本、采集血液和成分血分离时，使用没有生产单位名称、生产批准文
号或者超过有效期的一次性注射器等采血器材的；（六）不依照国家规定的标准和要求包
装、储存、运输血液、原料血浆的；（七）对国家规定检测项目结果呈阳性的血液未及时

按照规定予以清除的；（八）不具备相应资格的医务人员进行采血、检验操作的；（九）对献血者、供血浆者超量、频繁采集血液、血浆的；（十）采供血机构采集血液、血浆前，未对献血者或供血浆者进行身份识别，采集冒名顶替者、健康检查不合格者血液、血浆的；（十一）血站擅自采集原料血浆，单采血浆站擅自采集临床用血或者向医疗机构供应原料血浆的；（十二）重复使用一次性采血器材的；（十三）其他不依照规定进行检测或者违背操作规定的。"第6条规定："对经国家主管部门批准采集、供应血液或者制作、供应血液制品的部门，不依照规定进行检测或者违背其他操作规定，具有下列情形之一的，应认定为刑法第三百三十四条第二款规定的'造成危害他人身体健康后果'，对单位判处罚金，并对其直接负责的主管人员和其他直接责任人员，处五年以下有期徒刑或者拘役：（一）造成献血者、供血浆者、受血者感染艾滋病病毒、乙型肝炎病毒、丙型肝炎病毒、梅毒螺旋体或者其他经血液传播的病原微生物的；（二）造成献血者、供血浆者、受血者重度贫血、造血功能障碍或者其他器官组织损伤导致功能障碍等身体严重危害的；（三）造成其他危害他人身体健康后果的。"第7条规定："经国家主管部门批准的采供血机构和血液制品生产经营单位，应认定为刑法第三百三十四条第二款规定的'经国家主管部门批准采集、供应血液或者制作、供应血液制品的部门'。"第8条规定："本解释所称'血液'，是指全血、成分血和特殊血液成分。本解释所称'血液制品'，是指各种人血浆蛋白制品。本解释所称'采供血机构'，包括血液中心、中心血站、中心血库、脐带血造血干细胞库和国家卫生行政主管部门根据医学发展需要批准、设置的其他类型血库、单采血浆站。"

最高人民法院、最高人民检察院2014年11月3日发布的《关于办理危害药品安全刑事案件适用法律若干问题的解释》第10条规定："实施生产、销售假药、劣药犯罪，同时构成生产、销售伪劣产品、侵犯知识产权、非法经营、非法行医、非法采供血等犯罪的，依照处罚较重的规定定罪处罚。"

【立法建言】

建　议：将《刑法》第334条修改为："非法采集、供应血液或者制作、供应血液制品，不符合国家规定的标准，足以危害人体健康的，处五年以下有期徒刑、拘役或者管制，可以并处或者单处罚金；对人体健康造成严重危害的，处五年以上十年以下有期徒刑，并处罚金；造成特别严重后果的，处十年以上有期徒刑或者无期徒刑，并处罚金或者没收财产。经国家主管部门批准采集、供应血液或者制作、供应血液制品的部门，不依照规定进行检测或者违背其他操作规定，造成危害他人身体健康后果的，对单位判处罚金，并对其直接负责的主管人员和其他直接责任人员，处五年以下有期徒刑、拘役或者管制，可以并处或者单处罚金。"

理　由：

从立法技术上看，宜在《刑法》第 334 条第 1 款第 1 档法定刑中增加"管制"的规定，并将其中的"并处罚金"改为"可以并处或者单处罚金"；同时，还宜在第 2 款直接责任人员的法定刑中增加"管制"和"可以并处或者单处罚金"的规定，以与《刑法》的其他管制、罚金和单位犯罪处刑规定相一致。

六、医疗事故罪（第 335 条）

【立法沿革】

医疗事故罪是 1997 年《刑法》第 335 条增设的罪名。

在新中国刑法立法史上，有关医疗事故犯罪的规定，最早见之于 1963 年的《刑法草案》第 33 稿。该稿第 155 条规定："医务人员由于严重不负责任，违反规章制度因而发生重大事故，致人重伤、死亡的或者明知对于病人不给治疗就会发生危险结果，没有正当理由而拒绝治疗，致人死亡的，处五年以下有期徒刑或者拘役。"[1] 在对第 33 稿进行修订时，考虑到"这类问题比较复杂，现在很难用刑法解决，有关部门可以先制定单行法规，待问题成熟后可以补入刑法。"[2] 因此，1979 年《刑法》删去了这一规定。[3] 到了 1987 年 6 月 29 日，国务院颁布了《医疗事故处理办法》。该办法第 24 条规定："医务人员由于极端不负责任，致使病员死亡、情节恶劣已构成犯罪的，对直接责任人员由司法机关依法追究刑事责任。"[4] 至此，在刑法中规定医疗事故罪的时机已经成熟。因此，1988 年的《刑法修改稿》在"侵犯公民人身权利、民主权利罪"一章中，增设了重大医疗事故罪。[5] 该稿第 120 条规定："医务人员由于严重不负责任，致使病员重伤、死亡，情节恶劣的，处二年以下有期徒刑或者拘役；情节特别恶劣的，处二年以上七年以下有期徒刑。"到了 1996 年，《刑法修订草案》（征求意见稿）将医疗事故罪归属于"妨害社会管理秩序罪"一章。该草案第 300 条规定："医务人员由于严重不负责任，造成病人死亡或者严重损害病人身体健康的，处三年以下有期徒刑或者拘役。"1996 年的《刑法修订草案》第 305 条在上述

---

① 1957 年的《刑法草案》第 22 稿第 165 条规定了医务人员拒绝医疗的犯罪："医务人员明知对于病人不给治疗就会发生危险的结果，没有正当理由而拒绝医疗的，处一年以下有期徒刑、拘役或者三百元以下罚金。"

② 参见全国人大常委会副委员长彭真 1979 年 6 月 7 日在五届全国人大常委会第八次会议上所作的《关于刑法（草案）刑事诉讼法（草案）的说明》。

③ "当然，删去这一条不等于说今后一切医疗责任事故都不能处理了。如果个别医务人员确实由于极端不负责任而发生重大事故，情节特别恶劣、后果特别严重，仍可按刑法第一百八十七条玩忽职守罪予以处理"（参见高铭暄：《中华人民共和国刑法的孕育和诞生》，法律出版社 1981 年版，第 202 页）。

④ 为了正确处理医疗事故犯罪，最高人民检察院 1987 年 8 月 30 日发布的《关于正确认定和处理玩忽职守罪的若干意见（试行）》第 3 条明确地将"医务人员在诊疗护理工作中，由于极端不负责任，致使病员死亡或其他严重后果，情节恶劣的"规定为"玩忽职守罪的犯罪行为"。

⑤ 参见 1988 年《刑法修改稿》分则第三章"侵犯公民人身权利、民主权利罪"中的"修改说明"。

规定的基础上，增加了"管制"这一刑种。1997 年的《刑法修订草案》（修改稿）第 331 条基本上沿用了上述规定，仅将其中"病人"的称谓统一改为"就诊人"。1997 年 3 月 1 日，提交给第八届全国人大第五次会议审议的《中华人民共和国刑法（修订草案）》第 332 条又删去了此前增加的"管制"。这一修改方案，为现行刑法所采纳。

【立法规定】

《刑法》第 335 条规定："医务人员由于严重不负责任，造成就诊人死亡或者严重损害就诊人身体健康的，处三年以下有期徒刑或者拘役。"

【立法释义】

最高人民检察院、公安部 2008 年 6 月 25 日发布的《关于公安机关管辖的刑事案件立案追诉标准的规定（一）》第 56 条规定："医务人员由于严重不负责任，造成就诊人死亡或者严重损害就诊人身体健康的，应予立案追诉。具有下列情形之一的，属于本条规定的'严重不负责任'：（一）擅离职守的；（二）无正当理由拒绝对危急就诊人实行必要的医疗救治的；（三）未经批准擅自开展试验性治疗的；（四）严重违反查对、复核制度的；（五）使用未经批准使用的药品、消毒药剂、医疗器械的；（六）严重违反国家法律法规及有明确规定的诊疗技术规范、常规的；（七）其他严重不负责任的情形。本条规定的'严重损害就诊人身体健康'，是指造成就诊人严重残疾、重伤、感染艾滋病、病毒性肝炎等难以治愈的疾病或者其他严重损害就诊人身体健康的后果。"

【立法建言】

建　议：将《刑法》第 335 条修改为："医务人员由于严重不负责任，造成就诊人死亡或者严重损害就诊人身体健康的，处三年以下有期徒刑、拘役或者管制，可以并处或者单处罚金。"

理　由：

从立法技术上看，宜在本罪的法定刑中增加"管制"和"可以并处或者单处罚金"的规定，以与《刑法》的其他管制和罚金规定相一致。

七、非法行医罪、非法进行节育手术罪（第 336 条）

【立法沿革】

非法行医罪、非法进行节育手术罪是 1997 年《刑法》第 336 条增设的罪名。

从立法源流来看，有关非法行医罪的规定，最早见之于 1996 年的《刑法修订草案》（征求意见稿）。该草案第 301 条规定："未取得医生资格的人非法行医，情节严重的，处三年以下有期徒刑或者拘役，可以单处或者并处罚金；造成病人死亡或者严重损害病人身体健康的，依照伤害罪的规定处罚。"1996 年的《刑法修订草案》第 306 条对上述规定作了以下四处修改和调整：一是将"医生资格"改为"医生执业资格"；二是增加了"管制"这一刑种；三是将"可以单处或者并处罚金"改为"可以并处或者单处罚金"；四是将"依照伤害罪的规定处罚"改为"依照本法第二百一十五条的规定定罪处罚"①。修改后的条文为："未取得医生执业资格的人非法行医，情节严重的，处三年以下有期徒刑、拘役或者管制，可以并处或者单处罚金；造成病人死亡或者严重损害病人身体健康的，依照本法第二百一十五条的规定定罪处罚。"1997 年的《刑法修订草案》（修改稿）第 332 条基本上沿用了上述规定，仅作了个别文字修改：一是删去了"可以并处或者单处罚金"中的"可以"一词；二是将"病人"的称谓统一改为"就诊人"。1997 年 3 月 1 日，提交给第八届全国人大第五次会议审议的《中华人民共和国刑法（修订草案)》第 333 条在上述规定的基础上，增加了第 2 款"未取得医生执业资格的人擅自为他人进行节育复通手术、假节育手术或者摘取宫内节育器，造成就诊人死亡或者严重损害就诊人身体健康的，依照本法第二百三十四条的规定定罪处罚"的规定。② 经审议，考虑到上述援引故意伤害罪定罪处罚的规定，会给司法实践带来适用上的困惑，因此，1997 年《刑法》第 336 条将其改为独立的法定刑。此外，该条还对第 2 款作了两方面的补充：一是在罪状中增加了"终止妊娠手术"的行为；二是在法定刑中增加了"情节严重的，处三年以下有期徒刑、拘役或者管制，并处或者单处罚金"的规定。

【立法规定】

《刑法》第 336 条规定："未取得医生执业资格的人非法行医，情节严重的，处三年以下有期徒刑、拘役或者管制，并处或者单处罚金；严重损害就诊人身体健康的，处三年以上十年以下有期徒刑，并处罚金；造成就诊人死亡的，处十年以上有期徒刑，并处罚金。未取得医生执业资格的人擅自为他人进行节育复通手术、假节育手术、终止妊娠手术或者摘取宫内节育器，情节严重的，处三年以下有期徒刑、拘役或者管制，并处或者单处罚金；严重损害就诊人身体健康的，处三年以上十年以下有期徒刑，并处罚金；造成就诊人死亡的，处十年以上有期徒刑，并处罚金。"

【立法释义】

最高人民法院 2001 年 4 月 29 日发布的《关于非法行医罪犯罪主体条件征询意见

---

① 该草案第 215 条规定的是故意伤害罪。

② 应当指出的是，早在 1988 年，《刑法修改稿》第 200 条就规定了破坏计划生育罪："以营利为目的，非法为妇女摘取节育环、出具假出生证明或者以其他方法破坏计划生育，情节严重的，处三年以下有期徒刑、拘役、管制或者罚金。"但是，由于有关方面对应否规定此罪分歧较大，因而在此后的诸多刑法修改稿本中均未对此加以规定。从这个意义上说，该款的规定是新增的。

函》规定："非法行医罪是一种严重危害社会医疗卫生秩序，危害群众身体健康和生命安全的犯罪行为，应当依法严惩。但是，由于在审判实践中对刑法规定该罪主体条件的医务专业术语如何理解有争议，影响对该类案件依法进行处理。""《中华人民共和国刑法》第三百三十六条第一款规定：'未取得医生执业资格的人非法行医，情节严重的，处三年以下有期徒刑拘役或者管制，并处或者单处罚金；严重损害就诊人身体健康的，处三年以上十年以下有期徒刑，并处罚金；造成就诊人死亡的，处十年以上有期徒刑，并处罚金。'前述法律规定中，是否取得'医生执业资格'是非法行医罪的主体条件。审判实践中的疑问是：（1）医生资格和医生执业资格是不是同一概念？如果不是同一概念，二者的内涵是什么？（2）1997年10月1日《中华人民共和国刑法》施行以后至1999年5月1日《中华人民共和国执业医师法》施行以前，对'未取得医生执业资格的人'应当如何理解？是否包括具有医生资格，并被医院或者其他卫生单位聘为医生，但在未被批准行医的场所行医的人？为了正确适用法律，以及依法惩处非法行医犯罪行为，特征求你部对上述问题的意见，请将你们的意见以及相关的依据函告我院。"卫生部2001年8月8日《关于对非法行医罪犯罪条件征询意见函的复函》第1条"关于非法行医罪犯罪主体的概念"指出："1998年6月26日第九届全国人民代表大会常务委员会第三次会议通过《执业医师法》，根据该法规定，医师是取得执业医师资格，经注册在医疗、预防、保健机构中执业的医学专业人员。医师分为执业医师和执业助理医师，《刑法》中的'医生执业资格的人'应当是按照《执业医师法》的规定，取得执业医师资格并经卫生行政部门注册的医学专业人员。"第2条"关于《执业医师法》颁布以前医师资格认定问题"指出："《执业医师法》第四十三条规定：'本法颁布之日前按照国家有关规定取得医学专业技术职称和医学专业技术职务的人员，由所在机构报请县级以上人民政府卫生行政部门认定，取得相应的医师资格。'卫生部、人事部下发了《具有医学专业技术职务任职资格人员认定医师资格及执业注册办法》。目前各级卫生行政部门正在对《执业医师法》颁布之前，按照国家有关规定已取得医学专业技术职务任职资格的人员认定医师资格，并为仍在医疗、预防、保健机构执业的医师办理执业注册。"第3条"关于在'未被批准行医的场所'行医问题"指出："具有医生执业资格的人在'未被批准行医的场所'行医属非法行医。其中，未被批准行医的场所'是指没有卫生行政部门核发的《医疗机构执业许可证》的场所。但是，下列情况不属于非法行医：（一）随急救车出诊或随采血车出车采血的；（二）对病人实施现场急救的；（三）经医疗、预防、保健机构批准的家庭病床、卫生支农、出诊、承担政府交办的任务和卫生行政部门批准的义诊等。"第4条"关于乡村医生及家庭接生员的问题"指出："《执业医师法》规定，不具备《执业医师法》规定的执业医师资格或者执业助理医师资格的乡村医生，由国务院另行制定管理办法。经过卫生行政部门审核的乡村医生应当在注册的村卫生室执业。除第三条所列情况外，其他凡超出其申请执业地点的，应视为非法行医。根据《母婴保健法》的规定'不能住院分娩的孕妇应当经过培训合格的接生人员实行消毒接生'，'从事家庭接生的人员，必须经过县级以上地方人民政府卫生行政部门的考核，并取得相应的合格证书'。取得合法资格的家庭接生人员为不能住院分娩的孕妇接生，不属于非法行医。"

最高人民法院、最高人民检察院2003年5月14日发布的《关于办理妨害预防、控制突发传染病疫情等灾害的刑事案件具体应用法律若干问题的解释》第12条规定："未取得医师执业资格非法行医，具有造成突发传染病病人、病原携带者、疑似突发传染病病人贻误诊治或者造成交叉感染等严重情节的，依照刑法第三百三十六条第一款的规定，以非法行医罪定罪，依法从重处罚。"

最高人民检察院、公安部2008年6月25日发布的《关于公安机关管辖的刑事案件立案追诉标准的规定（一）》第57条规定："未取得医生执业资格的人非法行医，涉嫌下列情形之一的，应予立案追诉：（一）造成就诊人轻度残疾、器官组织损伤导致一般功能障碍，或者中度以上残疾、器官组织损伤导致严重功能障碍，或者死亡的；（二）造成甲类传染病传播、流行或者有传播、流行危险的；（三）使用假药、劣药或不符合国家规定标准的卫生材料、医疗器械，足以严重危害人体健康的；（四）非法行医被卫生行政部门行政处罚两次以后，再次非法行医的；（五）其他情节严重的情形。具有下列情形之一的，属于本条规定的'未取得医生执业资格的人非法行医'：（一）未取得或者以非法手段取得医师资格从事医疗活动的；（二）个人未取得《医疗机构执业许可证》开办医疗机构的；（三）被依法吊销医师执业证书期间从事医疗活动的；（四）未取得乡村医生执业证书，从事乡村医疗活动的；（五）家庭接生员实施家庭接生以外的医疗活动的。本条规定的'轻度残疾、器官组织损伤导致一般功能障碍'、'中度以上残疾、器官组织损伤导致严重功能障碍'，参照卫生部《医疗事故分级标准（试行）》认定。"第58条规定："未取得医生执业资格的人擅自为他人进行节育复通手术、假节育手术、终止妊娠手术或者摘取宫内节育器，涉嫌下列情形之一的，应予立案追诉：（一）造成就诊人轻伤、重伤、死亡或者感染艾滋病、病毒性肝炎等难以治愈的疾病的；（二）非法进行节育复通手术、假节育手术、终止妊娠手术或者摘取宫内节育器五人次以上的；（三）致使他人超计划生育的；（四）非法进行选择性别的终止妊娠手术的；（五）非法获利累计五千元以上的；（六）其他情节严重的情形。"

最高人民法院2008年4月29日发布的《关于审理非法行医刑事案件具体应用法律若干问题的解释》第1条规定："具有下列情形之一的，应认定为刑法第三百三十六条第一款规定的'未取得医生执业资格的人非法行医'：（一）未取得或者以非法手段取得医师资格从事医疗活动的；（二）个人未取得《医疗机构执业许可证》开办医疗机构的；（三）被依法吊销医师执业证书期间从事医疗活动的；（四）未取得乡村医生执业证书，从事乡村医疗活动的；（五）家庭接生员实施家庭接生以外的医疗行为的。第2条规定："具有下列情形之一的，应认定为刑法第三百三十六条第一款规定的'情节严重'：（一）造成就诊人轻度残疾、器官组织损伤导致一般功能障碍的；（二）造成甲类传染病传播、流行或者有传播、流行危险的；（三）使用假药、劣药或不符合国家规定标准的卫生材料、医疗器械，足以严重危害人体健康的；（四）非法行医被卫生行政部门行政处罚两次以后，再次非法行医的；（五）其他情节严重的情形。"第3条规定："具有下列情形之一的，应认定为刑法第三百三十六条第一款规定的'严重损害就诊人身体健康'：（一）造成就诊人中度以上残疾、器官组织损伤导致严重功能障碍的；（二）造成三名以上就诊人轻度残疾、器官组织损伤导致一般功能障碍的。"第4条规定："实施非法行医犯罪，同时构成生产、销售假药罪，生产、销售劣药罪，诈骗罪等其他犯罪的，依照刑法处罚较重的规定定罪处罚。"第5条规定："本解释所称'轻度残疾、器官组织损伤导致一般功能障碍'、'中度以上残疾、器官组织损伤导致严重功能障碍'，参照卫生部《医疗事故分级标准（试行）》认定。"

最高人民法院、最高人民检察院2014年11月3日发布的《关于办理危害药品安全刑事案件适用法律若干问题的解释》第10条规定："实施生产、销售假药、劣药犯罪，同时构成生产、销售伪劣产品、侵犯知识产权、非法经营、非法行医、非法采供血等犯罪的，依照处罚较重的规定定罪处罚。"

【立法建言】

建　议：将《刑法》第336条修改为："未经医师注册的人非法行医，情节严重的，处三年以下有期徒刑、拘役或者管制，可以并处或者单处罚金；严重损害就诊人身体健康的，处三年以上十年以下有期徒刑，并处罚金；造成就诊人死亡的，处十年以上有期徒刑，并处罚金。非法为他人进行节育复通手术、假节育手术、终止妊娠手术或者摘取宫内节育器，情节严重的，处三年以下有期徒刑、拘役或者管制，可以并处或者单处罚金；严重损害就诊人身体健康的，处三年以上十年以下有期徒刑，并处罚金；造成就诊人死亡的，处十年以上有期徒刑，并处罚金。"

理　由：

1. 从法律衔接的角度来看，宜将《刑法》第336条第1款中的"未取得医生执业资格的人"改为"未经医师注册的人"。因为，"未取得医生执业资格的人"含义不清，易生歧义,① 且与全国人大常委会 1998 年 6 月 26 日通过的《中华人民共和国执业医师法》（以下简称《执业医师法》）的规定不一致。《执业医师法》第 12 条规定："医师资格考试合格,取得执业医师资格或者执业助理医师资格。"第 13 条第 1 款规定："国家实行医师执业注册制度。"第 14 条第 2 款规定："未经医师注册取得执业证书,不得从事医师执业活动。"根据上述规定,仅"取得执业医师资格"的人,并不能从事医师执业活动;② 只有"经医师注册取得执业证书"的人,才能从事医师执业活动。可见,《刑法》第 336 条第 1 款"未取得医生执业资格的人"的规定,已经不能适应医疗体制改革后的实际情况。因此,宜将其改为"未经医师注册的人",以与《执业医师法》的规定相衔接。

2. 从法益保护的角度来看,宜删去《刑法》第 336 条第 2 款中"未取得医生执业资格的人"的限制。因为,非法进行节育手术罪侵犯的是复杂客体,且主要是国家对计划生育的管理秩序。③ 因此,无论是否取得医生执业资格的人,只要非法进行节育手术,都必然会破坏国家对计划生育的管理秩序。然而,"按照该款的规定,可以构成破坏计划生育罪的,只能是'未取得医生执业资格的人'。这等于明确规定有执业资格的医生,擅自为他人进行节育复通手术、假节育手术、终止妊娠手术或者摘取宫内节育器的,不以犯罪论处。这不但与平等原则明显相悖,而且极不利于国家计划生育政策的贯彻与执行。"④ 笔者认为,尽管上述推理未必正确,但就该款的规定而言,确实不利于国家计划生育政策的贯彻与执行。因此,宜取消"未取得医生执业资格的人"这一不合理的规定。

八、妨害动植物防疫、检疫罪（第 337 条）

【立法沿革】

妨害动植物防疫、检疫罪是在 1991 年《中华人民共和国进出境动植物检疫法》（以下简称《进出境动植物检疫法》）第 42 条规定的基础上修改而来的,并经《刑法修正案（七）》第 11 条所修正。

---

① "刑法第 336 条中的'未取得医生执业资格'是仅指未取得执业医师资格,还是既包括未取得执业医师资格、也包括取得了执业医生资格但没有取得执业证书? 如果是前者,只有未取得执业医师资格的人才能成为非法行医罪的主体;如果是后者,未取得执业医师资格的人以及虽然取得该资格但没有取得执业证书的人,都能成为非法行医罪的主体"（张明楷:《刑法学》,法律出版社 2011 年版,第 991 页）。

② 换言之,仅"取得执业医师资格"的人从事医师执业活动的,属于非法行医的范畴。

③ 刑法理论的通说认为,本罪侵犯的是复杂客体。但对本罪客体的具体表述,则略有不同。例如,有学者认为,"本罪客体为国家对计划生育的管理秩序和就诊人的生命、健康权利"（赵秉志主编:《刑法新教程》,中国人民大学出版社 2009 年版,第 638 页）。也有学者认为,"本罪的客体是国家计划生育制度和就诊人的身体健康、生命安全"（高铭暄、马克昌主编:《刑法学》,北京大学出版社、高等教育出版社 2011 年版,第 578 页;王作富主编:《刑法》,中国人民大学出版社 2011 年版,第 465 页）。

④ 侯国云、梁志敏、张起淮:"论新刑法的进步与失误——评修订后的《中华人民共和国刑法》",载《政法论坛》1999 年第 1 期。

全国人大常委会 1991 年 10 月 30 日通过的《进出境动植物检疫法》第 42 条规定："违反本法规定，引起重大动植物疫情的，比照刑法第一百七十八条的规定追究刑事责任。"① 为了与《进出境动植物检疫法》的规定相衔接，1996 年的《刑法修订草案》（征求意见稿）第 302 条增设了逃避动植物检疫罪："违反进出境动植物检疫法的规定，逃避动植物检疫，引起重大动植物疫情的，处三年以下有期徒刑或者拘役，可以并处或者单处罚金。""单位犯前款罪的，对单位判处罚金，并对其直接负责的主管人员和其他直接责任人员，依照前款的规定处罚。"1996 年的《刑法修订草案》第 307 条基本上沿用了上述规定，仅增加了"管制"这一刑种。1997 年 3 月 1 日，提交给八届全国人大五次会议审议的《中华人民共和国刑法（修订草案）》第 334 条在上述规定的基础上，删去了此前增加的"管制"，并将"可以并处或者单处罚金"改为"并处或者单处罚金"。这一修改方案，为 1997 年修订的《刑法》所采纳。

1997 年修订的《刑法》第 337 条规定："违反进出境动植物检疫法的规定，逃避动植物检疫，引起重大动植物疫情的，处三年以下有期徒刑或者拘役，并处或者单处罚金。单位犯前款罪的，对单位判处罚金，并对其直接负责的主管人员和其他直接责任人员，依照前款的规定处罚。"

1997 年《刑法》施行后，"最高人民检察院提出，从司法实践看，引发重大动植物疫情危险的，不仅有逃避进出境动植物检疫的行为，还有逃避依法实施的境内动植物防疫、检疫的行为。对后一类造成严重危害的违法行为，也应追究刑事责任"。② 据此，《刑法修正案（七）》第 11 条对《刑法》第 337 条第 1 款作了重要补充和修改：一是将"违反进出境动植物检疫法的规定"改为"违反有关动植物防疫、检疫的国家规定"；二是删去了"逃避动植物检疫"的表述；三是增加了"或者有引起重大动植物疫情危险，情节严重"的规定。

【立法规定】

《刑法》第 337 条规定："违反有关动植物防疫、检疫的国家规定，引起重大动植物疫情的，或者有引起重大动植物疫情危险，情节严重的，处三年以下有期徒刑或者拘役，并处或者单处罚金。单位犯前款罪的，对单位判处罚金，并对其直接负责的主管人员和其他直接责任人员，依照前款的规定处罚。"

【立法释义】

最高人民检察院、公安部 2008 年 6 月 25 日发布的《关于公安机关管辖的刑事案件立

---

① 1979 年《刑法》第 178 条规定的是妨害国境卫生检疫罪。

② 参见全国人大常委会法制工作委员会主任李适时 2008 年 8 月 25 日在十一届全国人大常委会第四次会议上所作的《关于〈中华人民共和国刑法修正案（七）（草案）〉的说明》。

案追诉标准的规定（一）》第 59 条规定："违反进出境动植物检疫法的规定，逃避动植物检疫，涉嫌下列情形之一的，应予立案追诉：（一）造成国家规定的《进境动物一、二类传染病、寄生虫病名录》中所列的动物疫病传入或者对农、牧、渔业生产以及人体健康、公共安全造成严重危害的其他动物疫病在国内暴发流行的；（二）造成国家规定的《进境植物检疫性有害生物名录》中所列的有害生物传入或者对农、林业生产、生态环境以及人体健康有严重危害的其他有害生物在国内传播扩散的。"

【立法建言】

建　议：将《刑法》第 337 条第 1 款修改为："违反有关动植物防疫、检疫的国家规定，引起重大动植物疫情的，或者有引起重大动植物疫情危险，情节严重的，处三年以下有期徒刑、拘役或者管制，可以并处或者单处罚金。"

理　由：

从立法技术上看，宜在本罪第 1 款的法定刑中增加"管制"的规定，并将"并处或者单处罚金"改为"可以并处或者单处罚金"，以与《刑法》的其他管制和罚金规定相一致。

第六节　破坏环境资源保护罪

一、污染环境罪（第 338 条）

【立法沿革】

污染环境罪是在 1989 年《中华人民共和国环境保护法》（以下简称《环境保护法》）第 43 条规定的基础上修改而来的，并经《刑法修正案（八）》第 46 条所修正。

在制定 1979 年《刑法》时，对环境污染等问题是否要规定追究刑事责任的问题曾进行过研究。但是，基于"这类问题比较复杂，现在很难用刑法解决，有关部门可以先制定单行法规，待问题成熟后可以补入刑法"的考虑，[①] 1979 年《刑法》没有规定这方面的犯罪。在全面研究修改刑法的过程中，1988 年的《刑法修改稿》在"危害公共安全罪"一章中规定了严重污染环境罪。[②] 该稿第 115 条规定："违反环境保护法规，严重污染环境，有条件治理而不治理，致人重伤、死亡或者造成公私财产重大损失的，处五年以下有期徒

---

① 参见全国人大常委会副委员长彭真 1979 年 6 月 7 日在五届全国人大常委会第八次会议上所作的《关于刑法（草案）刑事诉讼法（草案）的说明》。

② 参见 1988 年《刑法修改稿》分则第二章"危害公共安全罪"中的"修改说明"。

刑、拘役或者管制，可以单处或者并处罚金。"到了 1989 年 12 月 26 日，全国人大常委会通过的《环境保护法》第 43 条规定："违反本法规定，造成重大环境污染事故，导致公私财产重大损失或者人身伤亡的严重后果的，对直接责任人员依法追究刑事责任。"

在刑法修订研拟的过程中，为了与《环境保护法》的规定相衔接，1996 年的《刑法修订草案》（征求意见稿）在分则第六章"妨害社会管理秩序罪"第六节"破坏环境和生态环境罪"① 中增设了重大环境污染罪。该草案第 303 条规定："违反国家规定向陆地、水体、大气排放或者倾倒有放射性的污染物、含传染病原体的有毒物质或者其他危险废物，造成重大环境污染事故，致使公私财产遭受重大损失或者人身伤亡的严重后果的，处三年以下有期徒刑或者拘役，可以并处或者单处罚金；后果特别严重的，处三年以上七年以下有期徒刑，并处罚金。"第 309 条规定："单位犯本节规定之罪的，对单位判处罚金，并对其直接负责的主管人员和其他直接责任人员，依照本节各该条的规定处罚。"② 1996 年的《刑法修订草案》第 308 条在上述规定的基础上，对本罪作了两方面的修改：一是在罪状表述方面，将"向陆地、水体、大气排放或者倾倒有放射性的污染物、含传染病原体的有毒物质或者其他危险废物"改为"向土地、水体、大气排放、倾倒或者处置有放射性的废物、含传染病原体的废物、有毒物质或者其他危险废物"；二是在刑罚配置方面，增加了"管制"这一刑种。1997 年 3 月 1 日，提交给八届全国人大五次会议审议的《中华人民共和国刑法（修订草案）》第 335 条删去了此前增加的"管制"，并将"含传染病原体的废物"改为"含传染病病原体的废物"、将"可以并处或者单处罚金"改为"并处或者单处罚金"。这一修改方案，为 1997 年修订的《刑法》所采纳。

1997 年修订的《刑法》第 338 条规定："违反国家规定，向土地、水体、大气排放、倾倒或者处置有放射性的废物、含传染病病原体的废物、有毒物质或者其他危险废物，造成重大环境污染事故，致使公私财产遭受重大损失或者人身伤亡的严重后果的，处三年以下有期徒刑或者拘役，并处或者单处罚金；后果特别严重的，处三年以上七年以下有期徒刑，并处罚金。"

1997 年《刑法》施行后，"为加强刑法对广大人民群众生命健康的保护"③，《刑法修正案（八）》第 46 条调整了本罪的构成条件，降低了入罪门槛，增强了可操作性：一是删

---

① 该节的名称此后历经三次修改：一是 1996 年的《刑法修订草案》将其改为"破坏环境罪"；二是 1997 年的《刑法修订草案》（修改稿）将其改为"破坏环境保护罪"；三是 1997 年修订的《刑法》将其改为"破坏环境资源保护罪"。

② 1996 年的《刑法修订草案》（征求意见稿）对本节单位犯罪的规定集中在第 309 条之中；其他稿本均沿用这一立法模式，对单位犯罪作了专条规定。因此，本节在阐述以下各罪立法规定时，凡涉及《刑法修订草案》各次稿本的，均不再具体列举单位犯罪的规定。

③ 参见全国人大常委会法制工作委员会主任李适时 2010 年 8 月 23 日在十一届全国人大常委会第十六次会议上所作的《关于〈中华人民共和国刑法修正案（八）（草案）〉的说明》。

去了"向土地、水体、大气"的表述；二是将"其他危险废物"改为"其他有害物质"；三是将"造成重大环境污染事故，致使公私财产遭受重大损失或者人身伤亡的严重后果"改为"严重污染环境"。

【立法规定】

《刑法》第 338 条规定："违反国家规定，排放、倾倒或者处置有放射性的废物、含传染病病原体的废物、有毒物质或者其他有害物质，严重污染环境的，处三年以下有期徒刑或者拘役，并处或者单处罚金；后果特别严重的，处三年以上七年以下有期徒刑，并处罚金。"第 346 条规定："单位犯本节第三百三十八条至第三百四十五条规定之罪的，对单位判处罚金，并对其直接负责的主管人员和其他直接责任人员，依照本节各该条的规定处罚。"

【立法释义】

最高人民法院、最高人民检察院 2003 年 5 月 14 日发布的《关于办理妨害预防、控制突发传染病疫情等灾害的刑事案件具体应用法律若干问题的解释》第 13 条规定："违反传染病防治法等国家有关规定，向土地、水体、大气排放、倾倒或者处置含传染病病原体的废物、有毒物质或者其他危险废物，造成突发传染病传播等重大环境污染事故，致使公私财产遭受重大损失或者人身伤亡的严重后果的，依照刑法第三百三十八条的规定，以重大环境污染事故罪定罪处罚。"

最高人民检察院、公安部 2008 年 6 月 25 日发布的《关于公安机关管辖的刑事案件立案追诉标准的规定（一）》第 60 条规定："违反国家规定，向土地、水体、大气排放、倾倒或者处置有放射性的废物、含传染病病原体的废物、有毒物质或者其他危险废物，造成重大环境污染事故，涉嫌下列情形之一，应予立案追诉：（一）致使公私财产损失三十万元以上的；（二）致使基本农田、防护林地、特种用途林地五亩以上，其他农用地十亩以上，其他土地二十亩以上基本功能丧失或者遭受永久性破坏的；（三）致使森林或者其他林木死亡五十立方米以上，或者幼树死亡二千五百株以上的；（四）致使一人以上死亡、三人以上重伤、十人以上轻伤，或者一人以上重伤并且五人以上轻伤的；（五）致使传染病发生、流行或者人员中毒达到《国家突发公共卫生事件应急预案》中突发公共卫生事件分级Ⅲ级以上情形，严重危害人体健康的；（六）其他致使公私财产遭受重大损失或者人身伤亡的严重后果的情形。本条和本规定第六十二条规定的'公私财产损失'，包括污染环境直接造成的财产损毁、减少的实际价值，为防止污染扩散以及消除污染而采取的必要的、合理的措施而发生的费用。"

最高人民法院、最高人民检察院 2013 年 6 月 17 日发布的《关于办理环境污染刑事案件适用法律若干问题的解释》第 1 条规定："实施刑法第三百三十八条规定的行为，具有下列情形之一的，应当认定为'严重污染环境'：（一）在饮用水水源一级保护区、自然保护区核心区排放、倾倒、处置有放射性的废物、含传染病病原体的废物、有毒物质的；（二）非法排放、倾倒、处置危险废物三吨以上的；（三）非法排放含重金属、持久性有机污染物等严重危害环境、损害人体健康的污染物超过国家污染物排放标准或者省、自治区、直辖市人民政府根据法律授权制定的污染物排放标准三倍以上的；（四）私设暗管或者利用渗井、渗坑、裂隙、溶洞等排放、倾倒、处置有放射性的废物、含传染病病原体的废物、有毒物质的；（五）两年内曾因违反国家规定，排放、倾倒、处置有放射性的废物、含传染病病原体的废物、有毒物质受过两次以上行政处罚，又实施前列行为的；（六）致使乡镇以上集中式饮用水水源取水中断十二小时以上的；（七）致使基本农田、防护林地、特种用途林地五亩以上，其他农用地十亩以上，其他土地二十亩以上基本功能丧失或者遭受永久性破坏的；（八）致使森林或者其他林木死亡五十立方米以上，或者幼树死亡二千五百株以上的；（九）致使公私财产损失三十万元以上的；（十）致使疏散、转移群众五千人以上的；（十一）致使三十人以上中毒的；（十二）致使三人以上轻伤、轻度残疾或者器官组织损伤导致一般功能障碍的；（十三）致使一人以上重伤、中度残疾或者器官组织损伤导致严重功能障碍的；（十四）其他严重污染环境的情形。"第3条规定："实施刑法第三百三十八条、第三百三十九条规定的行为，具有下列情形之一的，应当认定为'后果特别严重'：（一）致使县级以上城区集中式饮用水水源取水中断十二个小时以上的；（二）致使基本农田、防护林地、特种用途林地十五亩以上，其他农用地三十亩以上，其他土地六十亩以上基本功能丧失或者遭受永久性破坏的；（三）致使森林或者其他林木死亡一百五十立方米以上，或者幼树死亡七千五百株以上的；（四）致使公私财产损失一百万元以上的；（五）致使疏散、转移群众一万五千人以上的；（六）致使一百人以上中毒的；（七）致使十人以上轻伤、轻度残疾或者器官组织损伤导致一般功能障碍的；（八）致使三人以上重伤、中度残疾或者器官组织损伤导致严重功能障碍的；（九）致使一人以上重伤、中度残疾或者器官组织损伤导致严重功能障碍，并致使五人以上轻伤、轻度残疾或者器官组织损伤导致一般功能障碍的；（十）致使一人以上死亡或者重度残疾的；（十一）其他后果特别严重的情形。"第4条规定："实施刑法第三百三十八条、第三百三十九条规定的犯罪行为，具有下列情形之一的，应当酌情从重处罚：（一）阻挠环境监督检查或者突发环境事件调查的；（二）闲置、拆除污染防治设施或者使污染防治设施不正常运行的；（三）在医院、学校、居民区等人口集中地区及其附近，违反国家规定排放、倾倒、处置有放射性的废物、含传染病病原体的废物、有毒物质或者其他有害物质的；（四）在限期整改期间，违反国家规定排放、倾倒、处置有放射性的废物、含传染病病原体的废物、有毒物质或者其他有害物质的。""实施前款第一项规定的行为，构成妨害公务罪的，以污染环境罪与妨害公务罪数罪并罚。"第5条规定："实施刑法第三百三十八条、第三百三十九条规定的犯罪行为，但及时采取措施，防止损失扩大、消除污染，积极赔偿损失的，可以酌情从宽处罚。"第6条规定："单位犯刑法第三百三十八条、第三百三十九条规定之罪的，依照本解释规定的相应个人犯罪的定罪量刑标准，对直接负责的主管人员和其他直接责任人员定罪处罚，并对单位判处罚金。"第7条规定："行为人明知他人无经营许可证或者超出经营许可范围，向其提供或者委托其收集、贮存、利用、处置危险废物，严重污染环境的，以污染环境罪的共同犯罪论处。"第8条规定："违反国家规定，排放、倾倒、处置含有毒害性、放射性、传染病病原体等物质的污染物，同时构成污染环境罪、非法处置进口的固体废物罪、投放危险物质罪等犯罪的，依照处罚较重的犯罪定罪处罚。"第9条规定："本解释所称'公私财产损失'，包括污染环境行为直接造成财产损毁、减少的实际价值，以及为防止污染扩大、消除污染而采取必要合理措施所产生的费用。"第10条规定："下列物质应当认定为'有毒物质'：（一）危险废物，包括列入国家危险废物名录的废物，以及根据国家规定的危险废物鉴别标准和鉴别方法认定的具有危险特性的废物；（二）剧毒化学品、列入重点环境管理危险化学品名录的化学品，以及含有上述化学品的物质；（三）含有铅、汞、镉、铬等重金属的物质；（四）《关于持久性有机污染物的斯德哥尔摩公约》附件所列物质；（五）其他具有毒性，可能污染环境的物质。"

【立法建言】

建　议： 将《刑法》第338条修改为："违反国家规定，排放、倾倒或者处置有放射性的废物、含传染病病原体的废物、有毒物质或者其他有害物质，严重污染环境的，处三年以下有期徒刑、拘役或者管制，可以并处或者单处罚金；后果特别严重的，处三年以上七年以下有期徒刑，并处罚金。"

理　由：

从立法技术上看，宜在本罪第1档法定刑中增加"管制"的规定，并将其中的"并处或者单处罚金"改为"可以并处或者单处罚金"，以与《刑法》的其他管制和罚金规定相一致。

二、非法处置进口的固体废物罪、擅自进口固体废物罪（第339条）

【立法沿革】

非法处置进口的固体废物罪、擅自进口固体废物罪是在1995年《中华人民共和国固体废物污染环境防治法》（以下简称《固体废物污染环境防治法》）第66条规定的基础上修改而来的，并经《刑法修正案（四）》第5条所修正。

全国人大常委会 1995 年 10 月 30 日通过的《固体废物污染环境防治法》第 66 条规定："违反本法规定，将中国境外的固体废物进境倾倒、堆放、处置，或者未经国务院有关主管部门许可擅自进口固体废物用作原料的，由海关责令退运该固体废物，可以并处十万元以上一百万元以下的罚款。逃避海关监管，构成走私罪的，依法追究刑事责任。以原料利用为名，进口不能用作原料的固体废物的，依照前款规定处罚。"为了与《固体废物污染环境防治法》的规定相衔接，1996 年的《刑法修订草案》（征求意见稿）第 304 条增设了非法处置进口的固体废物罪、擅自进口固体废物罪："违反国家规定，将中国境外不能用作原料的固体废物进境倾倒、堆放、处置，足以污染环境的，处五年以下有期徒刑或者拘役，可以并处罚金；造成重大环境污染事故，致使公私财产遭受重大损失或者人身伤亡的严重后果的，处五年以上十年以下有期徒刑，并处罚金；后果特别严重的，处十年以上有期徒刑，并处罚金。""未经国务院有关主管部门许可，擅自进口固体废物用作原料，造成重大环境污染事故，致使公私财产遭受重大损失或者人身伤亡的严重后果的，处五年以下有期徒刑或者拘役，可以并处罚金；后果特别严重的，处五年以上十年以下有期徒刑，并处罚金。"1997 年 3 月 1 日，提交给八届全国人大五次会议审议的《中华人民共和国刑法（修订草案）》第 336 条对上述规定作了较大的修改和调整：一是将第 1 款中的"中国境外不能用作原料的固体废物"改为"境外的固体废物"；二是将第 1 款规定的非法处置进口的固体废物罪由危险犯改为行为犯，删去了"足以污染环境"的条件限制；三是将第 1 款、第 2 款中的"人身伤亡的严重后果"改为"严重危害人体健康"；四是将第 1 款、第 2 款第 1 档法定刑中的"可以并处罚金"改为"并处罚金"；五是将《固体废物污染环境防治法》第 66 条第 2 款"以原料利用为名，进口不能用作原料的固体废物的，依照前款规定处罚"的规定修改后作为本条的第 3 款。这一修改方案，为 1997 年修订的《刑法》所采纳。

1997 年修订的《刑法》第 339 条规定："违反国家规定，将境外的固体废物进境倾倒、堆放、处置的，处五年以下有期徒刑或者拘役，并处罚金；造成重大环境污染事故，致使公私财产遭受重大损失或者严重危害人体健康的，处五年以上十年以下有期徒刑，并处罚金；后果特别严重的，处十年以上有期徒刑，并处罚金。未经国务院有关主管部门许可，擅自进口固体废物用作原料，造成重大环境污染事故，致使公私财产遭受重大损失或者严重危害人体健康的，处五年以下有期徒刑或者拘役，并处罚金；后果特别严重的，处五年以上十年以下有期徒刑，并处罚金。以原料利用为名，进口不能用作原料的固体废物的，依照本法第一百五十五条的规定定罪处罚。"

1997 年《刑法》施行后，"考虑到走私液态废物和置于容器中的气态废物，也应适用走私固体废物的规定"。① 因此，《刑法修正案（四）》第 5 条将 1997 年《刑法》第 339 条第 3 款修改为："以原料利用为名，进口不能用作原料的固体废物、液态废物和气态废物的，依照本法第一百五十二条第二款、第三款的规定定罪处罚。"

【立法规定】

《刑法》第 339 条规定："违反国家规定，将境外的固体废物进境倾倒、堆放、处置的，处五年以下有期徒刑或者拘役，并处罚金；造成重大环境污染事故，致使公私财产遭受重大损失或者严重危害人体健康的，处五年以上十年以下有期徒刑，并处罚金；后果特别严重的，处十年以上有期徒刑，并处罚金。未经国务院有关主管部门许可，擅自进口固体废物用作原料，造成重大环境污染事故，致使公私财产遭受重大损失或者严重危害人体健康的，处五年以下有期徒刑或者拘役，并处罚金；后果特别严重的，处五年以上十年以下有期徒刑，并处罚金。以原料利用为名，进口不能用作原料的固体废物、液态废物和气态废物的，依照本法第一百五十二条第二款、第三款的规定定罪处罚。"第 346 条规定："单位犯本节第三百三十八条至第三百四十五条规定之罪的，对单位判处罚金，并对其直接负责的主管人员和其他直接责任人员，依照本节各该条的规定处罚。"

【立法释义】

最高人民检察院、公安部 2008 年 6 月 25 日发布的《关于公安机关管辖的刑事案件立案追诉标准的规定（一）》第 61 条规定："违反国家规定，将境外的固体废物进境倾倒、堆放、处置的，应予立案追诉。"第 62 条规定："未经国务院有关主管部门许可，擅自进口固体废物用作原料，造成重大环境污染事故，涉嫌下列情形之一的，应予立案追诉：（一）致使公私财产损失三十万元以上的；（二）致使基本农田、防护林地、特种用途林地五亩以上，其他农用地十亩以上，其他土地二十亩以上基本功能丧失或者遭受永久性破坏的；（三）致使森林或者其他林木死亡五十立方米以上，或者幼树死亡二千五百株以上的；（四）致使一人以上死亡、三人以上重伤、十人以上轻伤，或者一人以上重伤并且五人以上轻伤的；（五）致使传染病发生、流行或者人员中毒达到《国家突发公共卫生事件应急预案》中突发公共卫生事件分级Ⅲ级以上情形，严重危害人体健康的；（六）其他致使公私财产遭受重大损失或者严重危害人体健康的情形。"

最高人民法院、最高人民检察院 2013 年 6 月 17 日发布的《关于办理环境污染刑事案件适用法律若干问题的解释》第 2 条规定："实施刑法第三百三十九条、第四百零八条规定的行为，具有本解释第一条第六项至第十三项规定情形之一的，应当认定为'致使公私

---

① 参见全国人大常委会法制工作委员会副主任胡康生 2002 年 12 月 23 日在九届全国人大常委会第三十一次会议上所作的《关于〈中华人民共和国刑法修正案（四）（草案）〉的说明》。

财产遭受重大损失或者严重危害人体健康'或者'致使公私财产遭受重大损失或者造成人身伤亡的严重后果'。"① 第 3 条规定:"实施刑法第三百三十八条、第三百三十九条规定的行为,具有下列情形之一的,应当认定为'后果特别严重':(一)致使县级以上城区集中式饮用水水源取水中断十二个小时以上的;(二)致使基本农田、防护林地、特种用途林地十五亩以上,其他农用地三十亩以上,其他土地六十亩以上基本功能丧失或者遭受永久性破坏的;(三)致使森林或者其他林木死亡一百五十立方米以上,或者幼树死亡七千五百株以上的;(四)致使公私财产损失一百万元以上的;(五)致使疏散、转移群众一万五千人以上的;(六)致使一百人以上中毒的;(七)致使十人以上轻伤、轻度残疾或者器官组织损伤导致一般功能障碍的;(八)致使三人以上重伤、中度残疾或者器官组织损伤导致严重功能障碍的;(九)致使一人以上重伤、中度残疾或者器官组织损伤导致严重功能障碍,并致使五人以上轻伤、轻度残疾或者器官组织损伤导致一般功能障碍的;(十)致使一人以上死亡或者重度残疾的;(十一)其他后果特别严重的情形。"第 4 条规定:"实施刑法第三百三十八条、第三百三十九条规定的犯罪行为,具有下列情形之一的,应当酌情从重处罚:(一)阻挠环境监督检查或者突发环境事件调查的;(二)闲置、拆除污染防治设施或者使污染防治设施不正常运行的;(三)在医院、学校、居民区等人口集中地区及其附近,违反国家规定排放、倾倒、处置有放射性的废物、含传染病病原体的废物、有毒物质或者其他有害物质的;(四)在限期整改期间,违反国家规定排放、倾倒、处置有放射性的废物、含传染病病原体的废物、有毒物质或者其他有害物质的。实施前款第一项规定的行为,构成妨害公务罪的,以污染环境罪与妨害公务罪数罪并罚。"第 5 条规定:"实施刑法第三百三十八条、第三百三十九条规定的犯罪行为,但及时采取措施,防止损失扩大、消除污染,积极赔偿损失的,可以酌情从宽处罚。"第 6 条规定:"单位犯刑法第三百三十八条、第三百三十九条规定之罪的,依照本解释规定的相应个人犯罪的定罪量刑标准,对直接负责的主管人员和其他直接责任人员定罪处罚,并对单位判处罚金。"第 8 条规定:"违反国家规定,排放、倾倒、处置含有毒害性、放射性、传染病病原体等物质的污染物,同时构成污染环境罪、非法处置进口的固体废物罪、投放危险物质罪等犯罪的,依照处罚较重的犯罪定罪处罚。"第 9 条规定:"本解释所称'公私财产损失',包括污染环境行为直接造成财产损毁、减少的实际价值,以及为防止污染扩大、消除污染而

---

① 该解释第 1 条第 6 项至第 13 项规定的情形是:"(六)致使乡镇以上集中式饮用水水源取水中断十二小时以上的;(七)致使基本农田、防护林地、特种用途林地五亩以上,其他农用地十亩以上,其他土地二十亩以上基本功能丧失或者遭受永久性破坏的;(八)致使森林或者其他林木死亡五十立方米以上,或者幼树死亡二千五百株以上的;(九)致使公私财产损失三十万元以上的;(十)致使疏散、转移群众五千人以上的;(十一)致使三十人以上中毒的;(十二)致使三人以上轻伤、轻度残疾或者器官组织损伤导致一般功能障碍的;(十三)致使一人以上重伤、中度残疾或者器官组织损伤导致严重功能障碍的。"

采取必要合理措施所产生的费用。"第 10 条规定："下列物质应当认定为'有毒物质'：（一）危险废物，包括列入国家危险废物名录的废物，以及根据国家规定的危险废物鉴别标准和鉴别方法认定的具有危险特性的废物；（二）剧毒化学品、列入重点环境管理危险化学品名录的化学品，以及含有上述化学品的物质；（三）含有铅、汞、镉、铬等重金属的物质；（四）《关于持久性有机污染物的斯德哥尔摩公约》附件所列物质；（五）其他具有毒性，可能污染环境的物质。"

【立法建言】

建　议：将《刑法》第 339 条第 1 款、第 2 款的第 1 档法定刑修改为："处五年以下有期徒刑、拘役或者管制，可以并处或者单处罚金"。

理　由：

从立法技术上看，宜在《刑法》第 339 条第 1 款、第 2 款的第 1 档法定刑中增加"管制"的规定，并将其中的"并处罚金"改为"可以并处或者单处罚金"，以与《刑法》的其他管制和罚金规定相一致。

三、非法捕捞水产品罪（第 340 条）

【立法沿革】

非法捕捞水产品罪是在 1979 年《刑法》第 129 条规定的非法捕捞水产品罪的基础上修改而来的。

在修订《刑法草案》第 22 稿的过程中，"有的同志提出，在有些地方，任意捕捞水产品以致破坏水产资源的情况相当严重，在刑法上应规定一条，禁止这种行为"。[1] 因此，1963 年的《刑法草案》第 33 稿在"破坏社会经济秩序罪"一章中增设了非法捕捞水产品罪。该稿第 140 条规定："违反保护水产资源规定，在禁渔区、禁渔期或者使用禁用的工具、方法捕捞水产品，情节严重的，处二年以下有期徒刑、拘役或者罚金。"鉴于国务院1979 年 2 月 10 日颁布了《水产资源繁殖保护条例》，1979 年《刑法》第 129 条将上述"违反保护水产资源规定"的表述相应修改为"违反保护水产资源法规"。

1979 年《刑法》第 129 条规定："违反保护水产资源法规，在禁渔区、禁渔期或者使用禁用的工具、方法捕捞水产品，情节严重的，处二年以下有期徒刑、拘役或者罚金。"

在全面研究修改刑法的过程中，1988 年的《刑法修改稿》第 169 条将本罪移至"破坏自然资源罪"一章，[2] 并对本罪的法定刑作了修改和调整：一是将最高刑由"二年有期

---

①　参见高铭暄：《中华人民共和国刑法的孕育和诞生》，法律出版社 1981 年版，第 175 页。
②　1988 年《刑法修改稿》分则第五章"破坏社会主义经济秩序罪"中的"修改说明"指出："修改后本章条文较多，故将破坏自然资源的犯罪抽出来另立为一章。"

徒刑"改为"三年有期徒刑";二是将"或者罚金"改为"可以单处或者并处罚金"。修改后的条文为:"违反水产资源保护法规,在禁渔区、禁渔期或者使用禁用的工具、方法捕捞水产品,情节严重的,处三年以下有期徒刑或者拘役,可以单处或者并处罚金。"1996年的《刑法修订草案》(征求意见稿)第305条将本罪移入"妨害社会管理秩序罪"一章,并以1979年《刑法》的规定为基础对本罪进行修改,适当提高了本罪的法定最高刑:"违反保护水产资源法规,在禁渔区、禁渔期或者使用禁用的工具、方法捕捞水产品,情节严重的,处三年以下有期徒刑、拘役或者罚金。"此外,该草案第309条还增加了单位犯罪的规定。1996年的《刑法修订草案》第310条在上述规定的基础上,增加了"管制"这一刑种。这一修改方案,为现行刑法所采纳。

【立法规定】

《刑法》第340条规定:"违反保护水产资源法规,在禁渔区、禁渔期或者使用禁用的工具、方法捕捞水产品,情节严重的,处三年以下有期徒刑、拘役、管制或者罚金。"第346条规定:"单位犯本节第三百三十八条至第三百四十五条规定之罪的,对单位判处罚金,并对其直接负责的主管人员和其他直接责任人员,依照本节各该条的规定处罚。"

【立法释义】

最高人民检察院、公安部2008年6月25日发布的《关于公安机关管辖的刑事案件立案追诉标准的规定(一)》第63条规定:"违反保护水产资源法规,在禁渔区、禁渔期或者使用禁用的工具、方法捕捞水产品,涉嫌下列情形之一的,应予立案追诉:(一)在内陆水域非法捕捞水产品五百公斤以上或者价值五千元以上的,或者在海洋水域非法捕捞水产品二千公斤以上或者价值二万元以上的;(二)非法捕捞有重要经济价值的水生动物苗种、怀卵亲体或者在水产种质资源保护区内捕捞水产品,在内陆水域五十公斤以上或者价值五百元以上,或者在海洋水域二百公斤以上或者价值二千元以上的;(三)在禁渔区内使用禁用的工具或者禁用的方法捕捞的;(四)在禁渔期内使用禁用的工具或者禁用的方法捕捞的;(五)在公海使用禁用渔具从事捕捞作业,造成严重影响的;(六)其他情节严重的情形。"

【立法建言】

建 议:将《刑法》第340条修改为:"违反保护水产资源法规,在禁渔区、禁渔期或者使用禁用的工具、方法捕捞水产品,情节严重的,处三年以下有期徒刑、拘役或者管制,可以并处或者单处罚金。"

理 由:

非法捕捞水产品罪属于贪利型犯罪。为了更好地惩治这类犯罪行为,改变以往"判了不罚,罚了不判"的状况,宜重视财产刑的运用,将本罪单处"罚金"的规定改为"可以并处或者单处罚金"。

四、非法猎捕、杀害珍贵、濒危野生动物罪、非法收购、运输、出售珍贵、濒危野生动物、珍贵、濒危野生动物制品罪、非法狩猎罪（第341条）

【立法沿革】

非法猎捕、杀害珍贵、濒危野生动物罪是在全国人大常委会 1988 年《关于惩治捕杀国家重点保护的珍贵、濒危野生动物犯罪的补充规定》规定的非法捕杀珍贵、濒危野生动物罪的基础上修改而来的；非法收购、运输、出售珍贵、濒危野生动物、珍贵、濒危野生动物制品罪是 1997 年《刑法》第 341 条增设的罪名；而非法狩猎罪则是在 1979 年《刑法》第 130 条规定的非法狩猎罪的基础上修改而来的。

从立法源流来看，非法狩猎罪最早见之于 1963 年的《刑法草案》第 33 稿。该稿第 194 条规定："违反保护珍禽、珍兽规定，进行狩猎，情节严重的，处二年以下有期徒刑、拘役或者罚金。"为了进一步保护珍禽、珍兽等野生动物资源，1979 年《刑法》不仅扩大了本罪犯罪对象的范围，而且还具体规定了本罪犯罪行为的表现形式。

1979 年《刑法》第 130 条规定："违反狩猎法规，在禁猎区、禁猎期或者使用禁用的工具、方法进行狩猎，破坏珍禽、珍兽或者其他野生动物资源，情节严重的，处二年以下有期徒刑、拘役或者罚金。"

1979 年《刑法》施行后，在起草《中华人民共和国野生动物法（草案）》时，"鉴于当前违反规定猎捕野生动物的情况非常严重和依现行有关规定打击不力的实际情况，草案对非法猎捕野生动物，非法买卖、加工、运输以及转让国家重点保护野生动物及其制品等违法行为，作出了处罚规定。考虑到《刑法》对破坏野生动物资源的犯罪行为处罚偏轻，起不到震慑犯罪分子的作用，草案规定，破坏野生动物资源情节特别严重的，比照《刑法》第一百五十二条的规定追究刑事责任。[1] 提高量刑幅度，突破过去最高只能判处二年有期徒刑的规定，有利于打击这种犯罪行为"。[2] 在审议该草案的过程中，"有些委员、地方、部门和法律专家提出，按照这个规定，对猎捕国家重点保护的野生动物的，一般仍按刑法第一百三十条规定最高处二年有期徒刑，量刑明显偏轻"。[3] 因此，全国人大常委会 1988 年 11 月 8 日通过的《关于惩治捕杀国家重点保护的珍贵、濒危野生动物犯罪的补充规定》规定："非法捕杀国家重点保护的珍贵、濒危野生动物的，处七年以下有期徒刑或

---

① 1979 年《刑法》第 152 条规定的是盗窃罪。

② 参见林业部长高德占 1988 年 8 月 29 日在七届全国人大常委会第三次会议上所作的《关于〈中华人民共和国野生动物法（草案）〉的说明》。

③ 参见全国人大法律委员会副主任委员林涧青 1988 年 11 月 2 日在七届全国人大常委会第四次会议上所作的《对〈中华人民共和国野生动物法（草案）〉审议结果的报告》。

者拘役，可以并处或者单处罚金；非法出售倒卖、走私的，按投机倒把罪、走私罪处刑。"

在全面研究刑法修改的过程中，1988年的《刑法修改稿》用两个条文分别规定了非法狩猎罪和破坏珍贵动物资源罪。① 该稿第170条规定："违反狩猎法规，在禁猎区、禁猎期或者使用禁用的工具、方法进行狩猎，情节严重的，处三年以下有期徒刑或者拘役，可以单处或者并处罚金。"第171条规定："违反野生动物保护法规，非法捕杀国家重点保护的珍贵、濒危野生动物的，处七年以下有期徒刑或者拘役，可以单处或者并处罚金。"到了1996年，《刑法修订草案》（征求意见稿）改变了上述立法模式，将其合并为1条加以规定。该草案第306条在上述规定的基础上，对破坏珍贵动物资源罪作了以下三方面的修改和补充：一是删去了"违反野生动物保护法规"的表述；二是增加了"非法收购、运输、加工、出售国家重点保护的珍贵、濒危野生动物及其制品"的内容；三是增加了"情节严重的，处七年以上有期徒刑，并处罚金或者没收财产"的规定。对非法狩猎罪则仅作了个别修改：一是增加了"破坏野生动物资源"的表述；二是将"处三年以下有期徒刑或者拘役，可以单处或者并处罚金"改为"处三年以下有期徒刑、拘役或者罚金"。修改后的条文为："非法捕杀国家重点保护的珍贵、濒危野生动物的，或者非法收购、运输、加工、出售国家重点保护的珍贵、濒危野生动物及其制品的，处七年以下有期徒刑或者拘役，可以并处罚金；情节严重的，处七年以上有期徒刑，并处罚金或者没收财产。违反狩猎法规，在禁猎区、禁猎期或者使用禁用的工具、方法进行狩猎，破坏野生动物资源，情节严重的，处三年以下有期徒刑、拘役或者罚金。"1996年的《刑法修订草案》第311条基本上沿用了上述规定，仅在第2款的法定刑中增加了"管制"这一刑种。1997年3月1日，提交给八届全国人大五次会议审议的《中华人民共和国刑法（修订草案）》第338条对第1款的规定作了较大的修改和调整：一是将"捕杀"的表述改为"猎捕、杀害"；二是删去了"加工"的行为方式；三是将原2档法定刑改为3档法定刑，并相应调整了量刑幅度。这一修改方案，为现行刑法所采纳。

【立法规定】

《刑法》第341条规定："非法猎捕、杀害国家重点保护的珍贵、濒危野生动物的，或者非法收购、运输、出售国家重点保护的珍贵、濒危野生动物及其制品的，处五年以下有期徒刑或者拘役，并处罚金；情节严重的，处五年以上十年以下有期徒刑，并处罚金；情节特别严重的，处十年以上有期徒刑，并处罚金或者没收财产。违反狩猎法规，在禁猎区、禁猎期或者使用禁用的工具、方法进行狩猎，破坏野生动物资源，情节严重的，处三年以下有期徒刑、拘役、管制或者罚金。"第346条规定："单位犯本节第三百三十八条至

---

① 参见1988年《刑法修改稿》分则第六章"破坏自然资源罪"中的"修改说明"。

第三百四十五条规定之罪的，对单位判处罚金，并对其直接负责的主管人员和其他直接责任人员，依照本节各该条的规定处罚。"

【立法释义】

全国人大常委会 2014 年 4 月 24 日通过的《关于〈中华人民共和国刑法〉第三百四十一条、第三百一十二条的解释》规定："知道或者应当知道是国家重点保护的珍贵、濒危野生动物及其制品，为食用或者其他目的而非法购买的，属于刑法第三百四十一条第一款规定的非法收购国家重点保护的珍贵、濒危野生动物及其制品的行为。知道或者应当知道是刑法第三百四十一条第二款规定的非法狩猎的野生动物而购买的，属于刑法第三百一十二条第一款规定的明知是犯罪所得而收购的行为。"

最高人民法院 2000 年 11 月 27 日发布的《关于审理破坏野生动物资源刑事案件具体应用法律若干问题的解释》第 1 条规定："刑法第三百四十一条第一款规定的'珍贵、濒危野生动物'，包括列入国家重点保护野生动物名录的国家一、二级保护野生动物、列入《濒危野生动植物种国际贸易公约》附录一、附录二的野生动物以及驯养繁殖的上述物种。"第 2 条规定："刑法第三百四十一条第一款规定的'收购'，包括以营利、自用等为目的的收购行为；'运输'，包括采用携带、邮购、利用他人、使用交通工具等方法进行运送的行为；'出售'，包括出卖和以营利为目的的加工利用行为。"第 3 条规定："非法猎捕、杀害、收购、运输、出售珍贵、濒危野生动物具有下列情形之一的，属于'情节严重'：（一）达到本解释附表所列相应数量标准的；（二）非法猎捕、杀害、收购、运输、出售不同种类的珍贵、濒危野生动物，其中两种以上分别达到附表所列'情节严重'数量标准一半以上的。""非法猎捕、杀害、收购、运输、出售珍贵、濒危野生动物具有下列情形之一的，属于'情节特别严重'：（一）达到本解释附表所列相应数量标准的；（二）非法猎捕、杀害、收购、运输、出售不同种类的珍贵、濒危野生动物，其中两种以上分别达到附表所列"情节严重"数量标准一半以上的。"第 4 条规定："非法猎捕、杀害、收购、运输、出售珍贵、濒危野生动物构成犯罪，具有下列情形之一的，可以认定为'情节严重'；非法猎捕、杀害、收购、运输、出售珍贵、濒危野生动物符合本解释第三条第一款的规定，并具有下列情形之一的，可以认定为'情节特别严重'：（一）犯罪集团的首要分子；（二）严重影响对野生动物的科研、养殖等工作顺利进行的；（三）以武装掩护方法实施犯罪的；（四）使用特种车、军用车等交通工具实施犯罪的；（五）造成其他严重损失的。"第 5 条规定："非法收购、运输、出售珍贵、濒危野生动物制品具有下列情形之一的，属于'情节严重'：（一）价值在十万元以上的；（二）非法获利五万元以上的；（三）具有其他严重情节的。""非法收购、运输、出售珍贵、濒危野生动物制品具有下列情形之一的，属于'情节特别严重'：（一）价值在二十万元以上的；（二）非法获利十万元以上的；（三）具有其他特别严重情节的。"第 6 条规定："违反狩猎法规，在禁猎区、禁猎期或者使用禁用的工具、方法狩猎，具有下列情形之一的，属于非法狩猎'情节严重'：（一）非法狩猎野生动物二十只以上的；（二）违反狩猎法规，在禁猎区或者禁猎期使用的工具方法狩猎的；（三）具有其他严重情节的。"第 7 条规定："使用爆炸、投毒、设置电网等危险方法破坏野生动物资源，构成非法猎捕、杀害珍贵、濒危野生动物罪，同时构成刑法第一百一十四条或者第一百一十五条规定之罪的，依照处罚较重的规定定罪处罚。"第 8 条规定："实施刑法第三百四十一条规定的犯罪，又以暴力、威胁方法抗拒查处，构成其他犯罪的，依照数罪并罚的规定处罚。"第 10 条规定："非法捕猎、杀害、收购、运输、出售《濒危野生动植物种国际贸易公约》附录一、附录二所列的非原产于我国的野生动物'情节严重'、'情节特别严重'的认定标准，参照本解释第三条、第四条以及付与其同属的国家一、二级保护野生动物的认定标准执行，没有与其同属的国家一、二级保护野生动物的，参照与其同科的国家一、二级保护野生动物的认定标准执行。"第 11 条规定："珍贵、濒危野生动植物制品的价值，依照国家野生动物保护主管的规定核定；核定价值低于实际交易价格的，以实际交易价格认定。"第 12 条规定："单位犯刑法第三百四十一条规定之罪，定罪量刑标准依照本解释的有关规定执行。"

国家林业局、公安部 2001 年 5 月 9 日发布的《关于森林和陆生野生动物刑事案件管辖及立案标准》第二部分"森林和陆生野生动物刑事案件的立案标准"第 8 条规定："凡非法猎捕、杀害国家重点保护的珍贵、濒危陆生野生动物的，应当立案，重大案件、特别重大案件的立案标准详见附表。"第 9 条规定："非法收购、运输、出售国家重点保护的珍贵、濒危陆生野生动物的应当立案，重大案件、特别重大案件的立案标准详见附表。非法收购、运输、出售国家重点保护的珍贵、濒危陆生野生动物制品的，应当立案；制品价值在 10 万元以上或者非法获利 5 万元以上的，为重大案件；制品价值在 20 万元以上或者非法获利 10 万元以上的，为特别重大案件。"第 10 条规定："违反狩猎法规，在禁猎区、禁猎期或者使用禁用的工具、方法进行狩猎，具有下列情形之一的，应予立案：1. 非法狩猎陆生野生动物 20 只以上的；2. 在禁猎区或者禁猎期使用禁用的工具、方法狩猎的；3. 具有其他严重破坏野生动物资源情节的。""违反狩猎法规，在禁猎区、禁猎期或者使用禁用的工具、方法狩猎，非法狩猎陆生野生动物 50 只以上的，为重大案件；非法狩猎陆生野生动物 100 只以上或者具有其他恶劣情节的，为特别重大案件。"

最高人民检察院、公安部 2008 年 6 月 25 日发布的《关于公安机关管辖的刑事案件立案追诉标准的规定（一）》第 64 条规定："非法猎捕、杀害国家重点保护的珍贵、濒危野生动物的，应予立案追诉。本条和本规定第六十五条规定的'珍贵、濒危野生动物'，包括列入《国家重点保护野生动物名录》的国家一、二级保护野生动物、列入《濒危野生动植物种国际贸易公约》附录一、附录二的野生动物以及驯养繁殖的上述物种。"第 65 条规定："非法收购、运输、出售国家重点保护的珍贵、濒危野生动物及其制品的，应予立案追诉。本条规定的'收购'，包括以营利、自用等为目的的购买行为；'运输'，包括采用携带、邮寄、利用他人、使用交通工具等方法进行运送的行为；'出售'，包括出卖和以营利为目的的加工利用行为。"第 66 条规定："违反狩猎法规，在禁猎区、禁猎期或者使用禁用的工具、方法进行狩猎，破坏野生动物资源，涉嫌下列情形之一的，应予立案追诉：（一）非法狩猎野生动物二十只以上的；（二）在禁猎区内使用禁用的工具或者禁用的方法狩猎的；（三）在禁猎期内使用禁用的工具或者禁用的方法狩猎的；（四）其他情节严重的情形。"

最高人民法院、最高人民检察院、国家林业局、公安局、海关总署 2012 年年 9 月 17 日发布的《关于破坏野生动物资源刑事案件中涉及的 CITES 附录Ⅰ和附录Ⅱ所列陆生野生动物制品价值核定问题的通知》第 1 条规定："CITES 附录Ⅰ、附录Ⅱ所列陆生野生动物制品的价值，参照与其同属的国家重点保护陆生野生动物的同类制品价值标准核定；没有与其同属的国家重点保护陆生野生动物的，参照与其同科的国家重点保护陆生野生动物的同类制品价值标准核定；没有与其同科的国家重点保护陆生野生动物的，参照与其同目的国家重点保护陆生野生动物的同类制品价值标准核定；没有与其同目的国家重点保护陆生野生动物的，参照与其同纲或者同门的国家重点保护陆生野生动物的同类制品价值标准核定。"第 2 条规定："同属、同科、同目、同纲或者同门中，如果存在多种不同保护级别的国家重点保护陆生野生动物的，应当参照该分类单元中相同保护级别的国家重点保护野生动物的同类制品价值标准核定；如果存在多种相同保护级别的国家重点保护陆生野生动物的，应当参照该分类单元中价值标准最低的国家重点保护陆生野生动物的同类制品价值标准核定；如果 CITES 附录Ⅰ、附录Ⅱ所列陆生野生动物所处分类单元有多种国家级重点保护陆生野生动物，但保护级别不同的，应当参照该分类单元中价值最低的国家重点保护陆生野生动物的同类制品价值标准核定；如果仅有一种国家重点保护陆生野生动物的，应当参照该种重点保护陆生野生动物的同类制品价值标准核定。"第 3 条规定："同一案件中缴获的同一动物个体的不同部分的价值总和，不得超过该种动物个体的价值。"第 4 条规定"核定价值低于非法贸易实际交易价格的，以非法贸易实际交易价格认定。"第 5 条规定："犀牛角、象牙等野生动物制品的价值，继续依照《国家林业局关于发布破坏野生动物资源刑事案件中涉及走私的象牙及其制品价值标准的通知》（林濒发〔2001〕234 号），以及《国家林业局关于发布破坏野生动物资源刑事案件中涉及犀牛角价值标准的通知》（林护发〔2002〕130 号）的规定核定。人民法院、人民检察院、公安、海关等办案单位可以依据上述价值标准，核定破坏野生动物资源刑事案件中涉及的 CITES 附录Ⅰ、附录Ⅱ所列陆生野生动物制品的价值。核定有困难的，县级以上林业主管部门、国家濒危物种进出口管理机构或者其指定的鉴定单位应该协助。"

最高人民法院 2015 年 5 月 29 日发布的《关于审理掩饰、隐瞒犯罪所得、犯罪所得收益刑事案件适用法律若干问题的解释》第 1 条第 4 款规定："依照全国人民代表大会常务委员会《关于〈中华人民共和国刑法〉第三百四十一条、第三百一十二条的解释》，明知是非法狩猎的野生动物而收购，数量达到五十只以上的，以掩饰、隐瞒犯罪所得罪定罪处罚。"

【立法建言】

建 议： 将《刑法》第 341 条修改为："非法猎捕、杀害国家重点保护的珍贵、濒危野生动物的，或者非法收购、运输、加工、出售国家重点保护的珍贵、濒危野生动物及其制品的，处五年以下有期徒刑、拘役或者管制，可以并处或者单处罚金；情节严重的，处五年以上十年以下有期徒刑，并处罚金；情节特别严重的，处十年以上有期徒刑，并处罚金。违反狩猎法规，在禁猎区、禁猎期或者使用禁用的工具、方法进行狩猎，破坏野生动物资源，情节严重的，处三年以下有期徒刑、拘役或者管制，可以并处或者单处罚金。"

理 由：

1. 从行为方式的角度来看，宜在《刑法》第 341 条第 1 款中增加"加工"的行为。在现实生活中，"加工"是一种常见的破坏资源保护的行为方式。因此，《刑法》第 344 条非法收购、运输、加工、出售国家重点保护植物、国家重点保护植物制品罪明确规定了"加工"行为。然而，由于《刑法》第 341 条第 1 款未规定"加工"这一行为方式，在司法实践中，为惩治这类犯罪行为，往往牵强地将其解释为"出售"行为。例如，最高人民法院《关于审理破坏野生动物资源刑事案件具体应用法律若干问题的解释》第 2 条后段规定："'出售'，包括出卖和以营利为目的的加工利用行为。"最高人民检察院、公安部《关于公安机关管辖的刑事案件立案追诉标准的规定（一）》第 65 条第 2 款对此也作了同样的规定。但是，"上述规定将'以营利为目的的加工利用行为'解释为'出售'的表现形式之一，超越了'出售'一词的含义范围，有违背罪刑法定原则之嫌"。[①] 因此，有必要在《刑法》第 341 条第 1 款中增加"加工"的规定，以满足司法实践的现实需要，并与《刑法》第 344 条的"加工"规定相协调。

2. 从立法技术的角度来看，宜在《刑法》第 341 条第 1 款第 1 档法定刑中增加"管制"的规定，将其中的"并处罚金"改为"可以并处或者单处罚金"，并删去第 3 档法定刑中的"没收财产"；同时，还宜将第 2 款法定刑中的"罚金"改为"可以并处或者单处

---

① 利子平：《刑法司法解释瑕疵研究》，法律出版社 2014 年版，第 300 页。

罚金"，以与《刑法》的其他管制、罚金和没收财产规定相一致。

五、非法占用农用地罪（第342条）

【立法沿革】

非法占用农用地罪是在1997年《刑法》第342条增设的非法占用耕地罪的基础上，经《刑法修正案（二）》修正而来的。

在全面研究修改刑法的过程中，1988年的《刑法修改稿》曾经规定了非法转让、买卖、侵占耕地罪。[①] 该稿第168条规定："违反土地管理法规，非法转让、买卖或者侵占耕地，情节严重的，处三年以下有期徒刑或者拘役，可以单处或者并处罚金；情节特别严重的，处三年以上七年以下有期徒刑，并处罚金。"但是，1996年的《刑法修订草案》（征求意见稿）删去了上述规定。在审议和征求意见的过程中，"有些委员和部门提出，土地和草原是国家的重要自然资源，对于破坏土地和草原资源的行为应当追究刑事责任。建议在刑法中明确规定非法倒卖土地使用权、滥用职权乱批土地、非法侵占土地、破坏耕地、破坏草原资源的犯罪。考虑到上述情况比较复杂，有些可以通过行政处分、行政处罚，加强执法力度解决，不宜都规定为犯罪"。[②] 所以，1996年的《刑法修订草案》在增加规定非法转让、倒卖土地使用权等犯罪的同时，仍未对本罪加以规定。到了1997年3月，在八届全国人大五次会议审议《中华人民共和国刑法（修订草案）》的过程中，"有些全国人大常委会委员和有关部门提出，土地是国家的重要自然资源，对于破坏土地资源的行为应当追究刑事责任。"[③] 据此，1997年修订的《刑法》第342条增设了非法占用耕地罪。

1997年修订的《刑法》第342条规定："违反土地管理法规，非法占用耕地改作他用，数量较大，造成耕地大量毁坏的，处五年以下有期徒刑或者拘役，并处或者单处罚金。"

1997年《刑法》施行后，为了惩治毁林开垦和乱占滥用林地的犯罪，切实保护森林资源，《刑法修正案（二）》对上述规定作了修改和补充，将"耕地"改为"耕地、林地等农用地"，扩大了犯罪对象的范围，从而使非法占用耕地罪演变为非法占用农用地罪。

【立法规定】

《刑法》第342条规定："违反土地管理法规，非法占用耕地、林地等农用地，改变被占用土地用途，数量较大，造成耕地、林地等农用地大量毁坏的，处五年以下有期徒刑或

---

① 参见1988年《刑法修改稿》分则第六章"破坏自然资源罪"中的"修改说明"。
② 参见全国人大常委会副委员长王汉斌1997年2月19日在八届全国人大常委会第二十四次会议上所作的《关于〈中华人民共和国刑法（修订草案）〉修改意见的汇报》。
③ 参见全国人大常委会副委员长王汉斌1997年3月6日在八届全国人大五次会议上所作的《关于〈中华人民共和国刑法（修订草案）〉的说明》。

者拘役，并处或者单处罚金。"第346条规定："单位犯本节第三百三十八条至第三百四十五条规定之罪的，对单位判处罚金，并对其直接负责的主管人员和其他直接责任人员，依照本节各该条的规定处罚。"

【立法释义】

全国人大常委会2001年8月31日通过的《关于〈中华人民共和国刑法〉第二百二十八条、第三百四十二条、第四百一十条的解释》规定："刑法第二百二十八条、第三百四十二条、第四百一十条规定的'违反土地管理法规'，是指违反土地管理法、森林法、草原法等法律以及有关行政法规中关于土地管理的规定。刑法第四百一十条规定的'非法批准征用、占用土地'，是指非法批准征用、占用耕地、林地等农用地以及其他土地。"

最高人民法院2000年6月19日发布的《关于审理破坏土地资源刑事案件具体应用法律若干问题的解释》第3条规定："违反土地管理法规，非法占用耕地改作他用，数量较大，造成耕地大量毁坏的，依照刑法第三百四十二条的规定，以非法占用耕地罪定罪处罚：（一）非法占用耕地'数量较大'，是指非法占用基本农田五亩以上或者非法占用基本农田以外的耕地十亩以上。（二）非法占用耕地'造成耕地大量毁坏'，是指行为人非法占用耕地建窑、建坟、建房、挖沙、采石、采矿、取土、堆放固体废弃物或者进行其他非农业建设，造成基本农田五亩以上或者基本农田以外的耕地十亩以上种植条件严重毁坏或者严重污染。"第8条规定："单位犯非法转让、倒卖土地使用权罪、非法占有耕地罪的定罪量刑标准，依照本解释第一条、第二条、第三条的规定执行。"第9条规定："多次实施本解释规定的行为依法应当追诉的，或者一年内多次实施本解释规定的行为未经处理的，按照累计的数量、数额处罚。"

最高人民法院2005年12月26日发布的《关于审理破坏林地资源刑事案件具体应用法律若干问题的解释》第1条规定："违法土地管理法规，非法占用林地，改变被占用林地用途，在非法占用的林地上实施建窑、建坟、建房、挖沙、采石、采矿、取土、种植农作物、堆放或排泄废弃物等行为或者进行其他非林业生产、建设，造成林地的原有植被或林业种植条件严重毁坏或者严重污染，并具有下列情形之一的，属于《中华人民共和国刑法修正案（二）》规定的'数量较大，造成林地大量毁坏'，应当以非法占用农用地罪判处五年以下有期徒刑或者拘役，并处或者单处罚金：（一）非法占用并毁坏防护林地、特种用途林地数量分别或者合计达到五亩以上；（二）非法占用并毁坏其他林地数量达十亩以上；（三）非法占用并毁坏本条第（一）项、第（二）项规定的林地，数量分别达到相应规定的数量标准的百分之五十以上；（四）非法占用并毁坏本条第（一）项、第（二）项规定的林地，其中一项数量达到相应规定的数量标准的百分之五十以上，且两项数量合计达到该项规定的数量标准。"第6条规定："单位实施破坏林地资源犯罪的，依照本解释规定的相关定罪量刑标准执行。"第 7 条规定："多次实施本解释规定的行为依法应当追诉且未经处理的，应当按照累积的数量、数额处罚。"

最高人民检察院、公安部 2008 年 6 月 25 日发布的《关于公安机关管辖的刑事案件立案追诉标准的规定（一）》第 67 条规定："违反土地管理法规，非法占用耕地、林地等农用地，改变被占用土地用途，造成耕地、林地等农用地大量毁坏，涉嫌下列情形之一的，应予立案追诉：（一）非法占用基本农田五亩以上或者基本农田以外的耕地十亩以上的；（二）非法占用防护林地或者特种用途林地数量单种或者合计五亩以上的；（三）非法占用其他林地十亩以上的；（四）非法占用本款第（二）项、第（三）项规定的林地，其中一项数量达到相应规定的数量标准的百分之五十以上，且两项数量合计达到该项规定的数量标准的；（五）非法占用其他农用地数量较大的情形。违反土地管理法规，非法占用耕地建窑、建坟、建房、挖沙、采石、采矿、取土、堆放固体废弃物或者进行其他非农业建设，造成耕地种植条件严重毁坏或者严重污染，被毁坏耕地数量达到以上规定的，属于本条规定的'造成耕地大量毁坏'。违反土地管理法规，非法占用林地，改变被占用林地用途，在非法占用的林地上实施建窑、建坟、建房、挖沙、采石、采矿、取土、种植农之五、堆放或者排泄废弃物等行为或者进行其他非林业生产、建设，造成林地的原有植被或者林业种植条件严重毁坏或者严重污染，被毁坏林地数量达到以上规定的，属于本条规定的'造成林地大量毁坏'。"

最高人民法院 2010 年 11 月 1 日发布的《关于个人违法建房出售行为如何适用法律问题的答复》第 1 条规定："你院请示的在农村宅基地、责任田上违法建房出售如何处理的问题，涉及面广，法律、政策性强。据了解，有关部门正在研究制定政策意见和处理办法，在相关文件出台前，不宜以犯罪追究有关人员的刑事责任。"第 2 条规定："从来函反映的情况看，此类案件在你省部分地区发案较多。案件处理更应当十分慎重。要积极争取在党委统一领导下，有效协调有关方面，切实做好案件处理的善后工作，确保法律效果与社会效果的有机统一。"第 3 条规定："办理案件中，发现负有监管职责的国家机关工作人员有渎职、受贿等涉嫌违法犯罪的，要依法移交相关部门处理；发现有关部门在履行监管职责方面存在问题的，要结合案件处理，提出司法建议，促进完善社会管理。"

最高人民法院 2012 年 11 月 2 日发布的《关于审理破坏草原资源刑事案件应用法律若干问题的解释》第 1 条规定："违反草原法等土地管理法规，非法占用草原，改变被占用草原用途，数量较大，造成草原大量毁坏的，依照刑法第三百四十二条的规定，以非法占用农用地罪定罪处罚。"第 2 条规定："非法占用草原，改变被占用草原用途，数量在二十亩以上的，或者曾因非法占用草原受过行政处罚，在三年内又非法占用草原，改变被占用草原用途，数量在十亩以上的，应当认定为刑法第三百四十二条规定的'数量较大'。"

"非法占用草原，改变被占用草原用途，数量较大，具有下列情形之一的，应当认定为刑法第三百四十二条规定的'造成耕地、林地等农用地大量毁坏'：（一）开垦草原种植粮食作物、经济作物、林木的；（二）在草原上建窑、建房、修路、挖砂、采石、采矿、取土、剥取草皮的；（三）在草原上堆放或者排放废弃物，造成草原的原有植被严重毁坏或者严重污染的；（四）违反草原保护、建设、利用规划种植牧草和饲料作物，造成草原沙化或者水土严重流失的；（五）其他造成草原严重毁坏的情形。"第5条规定："单位实施刑法第三百四十二条规定的行为，对单位判处罚金，并对其直接负责的主管人员和其他直接责任人员，依照本解释规定的定罪量刑标准定罪处罚。"第6条规定："多次实施破坏草原资源的违法犯罪行为，未经处理，应当依法追究刑事责任的，按照累计的数量、数额定罪处罚。"第7条规定："本解释所称'草原'，是指天然草原和人工草地，天然草原包括草地、草山和草坡，人工草地包括改良草地和退耕还草地，不包括城镇草地。"

【立法建言】

建　议：将《刑法》第342条修改为："违反土地管理法规，非法占用耕地、林地等农用地，改变被占用土地用途，数量较大，造成耕地、林地等农用地大量毁坏的，处五年以下有期徒刑、拘役或者管制，可以并处或者单处罚金。"

理　由：

从立法技术上看，宜在本罪的法定刑中增加"管制"的规定，并将"并处或者单处罚金"改为"可以并处或者单处罚金"，以与《刑法》的其他管制和罚金规定相一致。

六、非法采矿罪、破坏性采矿罪（第343条）

【立法沿革】

非法采矿罪是在1996年《中华人民共和国矿产资源法》（以下简称《矿产资源法》）第39条规定的基础上修改而来的，并经《刑法修正案（八）》第47条所修正；而破坏性采矿罪则是在《矿产资源法》第44条规定的基础上修改而来的。

在全面研究修改刑法的过程中，1988年的《刑法修改稿》增加规定了破坏矿产资源罪。[1] 该稿第166条规定："违反矿产资源保护法规，非法开采矿藏，造成矿产资源破坏，情节严重的，处三年以下有期徒刑或者拘役，可以单处或者并处罚金；情节特别严重的，处三年以上十年以下有期徒刑，并处罚金。"1996年8月29日，全国人大常委会对《矿产资源法》进行了修正。修正后的《矿产资源法》第39条规定："违反本法规定，未取得采矿许可证擅自采矿的，擅自进入国家规划矿区、对国民经济具有重要价值的矿区范围

---

① 参见1988年《刑法修改稿》分则第六章"破坏自然资源罪"中的"修改说明"。

采矿的，擅自开采国家规定实行保护性开采的特定矿种，责令停止开采、赔偿损失，没收采出的矿产品和违法所得，可以并处罚款；拒不停止开采，造成矿产资源破坏的，依照刑法第一百五十六条的规定对直接责任人员追究刑事责任。"① "单位和个人进入他人依法设立的国有矿山企业和其他矿山企业矿区范围内采矿的，依照前款规定处罚。"

在刑法修订研拟的过程中，为了与《矿产资源法》的规定相衔接，1996 年的《刑法修订草案》（征求意见稿）第 202 条增设了非法采矿罪："违反矿产资源保护法的规定，未取得采矿许可证擅自采矿的，擅自进入国家规划矿区、对国民经济具有重要价值的矿区和他人矿区范围采矿的，擅自开采国家规定实行保护性开采的特定矿种，经责令停止开采后拒不停止开采，造成矿产资源破坏的，处三年以下有期徒刑或者拘役，可以并处或者单处罚金。"1996 年的《刑法修订草案》第 312 条在上述规定的基础上，增加了"管制"这一刑种。1997 年的《刑法修订草案》（修改稿）第 338 条基本上沿用了上述规定，仅将"违反矿产资源保护法的规定"的表述改为"违反矿产资源法的规定"。1997 年 3 月 1 日，提交给第八届全国人大第五次会议审议的《中华人民共和国刑法（修订草案）》第 340 条又对本罪的法定刑作了两处修改：一是将"可以并处或者单处罚金"改为"并处或者单处罚金"；二是增加了"造成矿产资源严重破坏的，处三年以上七年以下有期徒刑，并处罚金"的规定。此外，为了进一步与《矿产资源法》的规定相衔接，该条还将《矿产资源法》第 44 条"违反本法规定，采取破坏性的开采方法开采矿产资源的，处以罚款，可以吊销采矿许可证；造成矿产资源严重破坏的，依照刑法第一百五十六条的规定对直接责任人员追究刑事责任"的规定，修改后作为第 2 款。这一修改方案，为 1997 年修订的《刑法》所采纳。

1997 年修订的《刑法》第 343 条规定："违反矿产资源法的规定，未取得采矿许可证擅自采矿的，擅自进入国家规划矿区、对国民经济具有重要价值的矿区和他人矿区范围采矿的，擅自开采国家规定实行保护性开采的特定矿种，经责令停止开采后拒不停止开采，造成矿产资源破坏的，处三年以下有期徒刑、拘役或者管制，并处或者单处罚金；造成矿产资源严重破坏的，处三年以上七年以下有期徒刑，并处罚金。违反矿产资源法的规定，采取破坏性的开采方法开采矿产资源，造成矿产资源严重破坏的，处五年以下有期徒刑或者拘役，并处罚金。"

1997 年《刑法》施行后，为增强非法采矿罪的可操作性，以进一步加大对矿产资源的保护，② 《刑法修正案（八）》第 47 条修改了非法采矿罪的犯罪构成条件：一是删去了

---

① 1979 年《刑法》第 156 条规定的是故意毁坏公私财物罪。

② 参见全国人大常委会法制工作委员会主任李适时 2010 年 8 月 23 日在十一届全国人大常委会第十六次会议上所作的《关于〈中华人民共和国刑法修正案（八）（草案）〉的说明》。

"经责令停止开采后拒不停止开采"的前置条件；二是将"造成矿产资源破坏"的结果条件改为"情节严重"，将"造成矿产资源严重破坏"的结果加重条件改为"情节特别严重"。

【立法规定】

《刑法》第 343 条规定："违反矿产资源法的规定，未取得采矿许可证擅自采矿的，擅自进入国家规划矿区、对国民经济具有重要价值的矿区和他人矿区范围采矿的，或者擅自开采国家规定实行保护性开采的特定矿种，情节严重的，处三年以下有期徒刑、拘役或者管制，并处或者单处罚金；情节特别严重的，处三年以上七年以下有期徒刑，并处罚金。违反矿产资源法的规定，采取破坏性的开采方法开采矿产资源，造成矿产资源严重破坏的，处五年以下有期徒刑或者拘役，并处罚金。"第 346 条规定："单位犯本节第三百三十八条至第三百四十五条规定之罪的，对单位判处罚金，并对其直接负责的主管人员和其他直接责任人员，依照本节各该条的规定处罚。"

【立法释义】

最高人民法院 2003 年 5 月 29 日发布的《关于审理非法采矿、破坏性采矿刑事案件具体应用法律若干问题的解释》第 1 条规定："违反矿产资源法的规定非法采矿，具有下列情形之一，经责令停止开采后拒不停止开采，造成矿产资源破坏的，依照刑法第三百四十三条第一款的规定，以非法采矿罪定罪处罚：（一）未取得采矿许可证擅自采矿；（二）擅自进入国家规划矿区、对国民经济具有重要价值的矿区和他人矿区范围采矿；（三）擅自开采国家规定实行保护性开采的特定矿种。"第 2 条规定："具有下列情形之一的，属于本解释第一条第（一）项规定的'未取得采矿许可证擅自采矿'：（一）无采矿许可证开采矿产资源的；（二）采矿许可证被注销、吊销后继续开采矿产资源的；（三）超越采矿许可证规定的矿区范围开采矿产资源的；（四）未按采矿许可证规定的矿种开采矿产资源的（共生、伴生矿种除外）；（五）其他未取得采矿许可证开采矿产资源的情形。"第 3 条规定："非法采矿造成矿产资源破坏的价值，数额在 5 万元以上的，属于刑法第三百四十三条第一款规定的'造成矿产资源破坏'；数额在 30 万元以上的，属于刑法第三百四十三条第一款规定的'造成矿产资源严重破坏'。"第 4 条规定："刑法第三百四十三条第二款规定的破坏性采矿罪中'采取破坏性的开采方法开采矿产资源'，是指行为人违反地质矿产主管部门审查批准的矿产资源开发利用方案开采矿产资源，并造成矿产资源严重破坏的行为。"第 5 条规定："破坏性采矿造成矿产资源破坏的价值，数额在 30 万元以上的，属于刑法第三百四十三条第二款规定的'造成矿产资源严重破坏'。"第 6 条规定："破坏性的开采方法以及造成矿产资源破坏或者严重破坏的数额，由省级以上地质矿产主管部门出具鉴定结论，经查证属实后予以认定。"第 7 条规定："多次非法采矿或者破坏性采矿构成犯罪，依法应当追诉的，或者一年内多次非法采矿或破坏性采矿未经处理的，造成矿产资源破坏的数额累计计算。"第 8 条规定："单位犯非法采矿罪和破坏性采矿罪的定罪量刑标准，按照本解释的有关规定执行。"第 9 条规定："各省、自治区、直辖市高级人民法院，可以根据本地区的实际情况，在 5 万元至 10 万元、30 万元至 50 万元的幅度内，确定执行本解释第三条、第五条的起点数额标准，并报最高人民法院备案。"

最高人民法院、最高人民检察院 2007 年 1 月 15 日发布的《关于办理盗窃油气、破坏油气设备等刑事案件具体应用法律若干问题的解释》第 6 条规定："违反矿产资源法的规定，非法开采或者破坏性开采石油、天然气资源的，依照刑法第三百四十三条以及《最高人民法院关于审理非法采矿、破坏性采矿刑事案件具体应用法律若干问题的解释》的规定追究刑事责任。"

最高人民法院、最高人民检察院 2007 年 2 月 28 日发布的《关于办理危害矿山生产安全刑事案件具体应用法律若干问题的解释》第 8 条规定："在采矿许可证被依法暂扣期间擅自开采的，视为刑法第三百四十三条第一款规定的'未取得采矿许可证擅自采矿'。违反矿产资源法的规定，非法采矿或者采取破坏性的开采方法开采矿产资源，造成重大伤亡事故或者其他严重后果，同时构成刑法第三百四十三条规定的犯罪和刑法第一百三十四条或者第一百三十五条规定的犯罪的，依照数罪并罚的规定处罚。"

最高人民检察院、公安部 2008 年 6 月 25 日发布的《关于公安机关管辖的刑事案件立案追诉标准的规定（一）》第 68 条规定："违反矿产资源法的规定，未取得采矿许可证擅自采矿的，或者擅自进入国家规划矿区、对国民经济具有重要价值的矿区和他人矿区范围采矿的，或者擅自开采国家规定实行保护性开采的特定矿种，经责令停止开采后拒不停止开采，造成矿产资源破坏的价值数额在五万至十万元以上的，应予立案追诉。具有下列情形之一的，属于本条规定的'未取得采矿许可证擅自采矿'：（一）无采矿许可证开采矿产资源的；（二）采矿许可证被注销、吊销后继续开采矿产资源的；（三）超越采矿许可证规定的矿区范围开采矿产资源的；（四）未按采矿许可证规定的矿种开采矿产资源的（共生、伴生矿种除外）；（五）其他未取得采矿许可证开采矿产资源的情形。在采矿许可证被依法暂扣期间擅自开采的，视为本条规定的'未取得采矿许可证擅自采矿'。造成矿产资源破坏的价值数额，由省级以上地质矿产主管部门出具鉴定结论，经查证属实后予以认定。"第 69 条规定："违反矿产资源法的规定，采取破坏性的开采方法开采矿产资源，造成矿产资源严重破坏，价值在三十万至五十万元以上的，应予立案追诉。本条规定的'采取破坏性的开采方法开采矿产资源'，是指行为人违反地质矿产主管部门审查批准的矿产资源开发利用方案开采矿产资源，并造成矿产资源严重破坏的行为。破坏性的开采方法以及造成矿产资源严重破坏的价值数额，由省级以上地质矿产主管部门出具鉴定结论，经查证属实后予以认定。"

【立法建言】

建　议： 将《刑法》第 343 条修改为："违反矿产资源法的规定，未取得采矿许可证擅自采矿的，擅自进入国家规划矿区、对国民经济具有重要价值的矿区和他人矿区范围采矿的，或者擅自开采国家规定实行保护性开采的特定矿种，情节严重的，处三年以下有期徒刑、拘役或者管制，可以并处或者单处罚金；情节特别严重的，处三年以上七年以下有期徒刑，并处罚金。违反矿产资源法的规定，采取破坏性的开采方法开采矿产资源，造成矿产资源严重破坏的，处五年以下有期徒刑、拘役或者管制，可以并处或者单处罚金。"

理　由：

从立法技术上看，宜将《刑法》第 343 条第 1 款第 1 档法定刑中的"并处或者单处罚金"改为"可以并处或者单处罚金"；同时，还宜在第 2 款的法定刑中增加"管制"的规定，并将其中的"并处罚金"改为"可以并处或者单处罚金"，以与《刑法》的其他管制和罚金规定相一致。

七、非法采伐、毁坏国家重点保护植物罪、非法收购、运输、加工、出售国家重点保护植物、国家重点保护植物制品罪（第 344 条）

【立法沿革】

非法采伐、毁坏国家重点保护植物罪是在 1997 年《刑法》第 344 条规定的非法采伐、毁坏珍贵树木罪的基础上，经《刑法修正案（四）》第 6 条修正而来的；而非法收购、运输、加工、出售国家重点保护植物、国家重点保护植物制品罪则是《刑法修正案（四）》第 6 条新增设的罪名。

非法采伐、毁坏珍贵树木罪，最早见之于 1996 年的《刑法修订草案》（征求意见稿）第 308 条的规定："违反森林法的规定，非法采伐、毁坏珍贵树木的，处三年以下有期徒刑或者拘役，可以并处罚金；情节严重的，处三年以上七年以下有期徒刑，并处罚金或者没收财产。" 1996 年的《刑法修订草案》第 314 条基本上沿用了上述规定，仅在第 1 档法定刑中增加了"管制"这一刑种。1997 年的《刑法修订草案》（修改稿）第 339 条在上述规定的基础上，删去了"没收财产"的规定。1997 年 3 月 1 日，提交给八届全国人大五次会议审议的《中华人民共和国刑法（修订草案）》第 341 条又将第 1 档法定刑中的"可以并处罚金"改为"并处罚金"。这一修改方案，为 1997 年修订的《刑法》所采纳。

1997 年修订的《刑法》第 344 条规定："违反森林法的规定，非法采伐、毁坏珍贵树木的，处三年以下有期徒刑、拘役或者管制，并处罚金；情节严重的，处三年以上七年以下有期徒刑，并处罚金。"

1997年《刑法》施行后，"有关部门提出，除珍贵树木以外，根据国家关于野生植物保护的规定，还有许多国家重点保护的珍贵野生植物同样具有重要经济和文化科学研究价值。近年来毁坏珍贵野生植物的情况较为严重，建议刑法对这种新情况作出相应规定"。① 据此，《刑法修正案（四）》第6条对非法采伐、毁坏珍贵树木罪作了相应的修改，并增设了非法收购、运输、加工、出售国家重点保护植物、国家重点保护植物制品罪。

【立法规定】

《刑法》第344条规定："违反国家规定，非法采伐、毁坏珍贵树木或者国家重点保护的其他植物的，或者非法收购、运输、加工、出售珍贵树木或者国家重点保护的其他植物及其制品的，处三年以下有期徒刑、拘役或者管制，并处罚金；情节严重的，处三年以上七年以下有期徒刑，并处罚金。"第346条规定："单位犯本节第三百三十八条至第三百四十五条规定之罪的，对单位判处罚金，并对其直接负责的主管人员和其他直接责任人员，依照本节各该条的规定处罚。"

【立法释义】

最高人民法院2000年11月22日发布的《关于审理破坏森林资源刑事案件具体应用法律若干问题的解释》第1条规定："刑法第三百四十四条规定的'珍贵树木'，包括由省级以上林业主管部门或者其他部门确定的具有重大历史纪念意义、科学研究价值或者年代久远的古树名木，国家禁止、限制出口的珍贵树木以及列入国家重点保护野生植物名录的树木。"第2条规定："具有下列情形之一的，属于非法采伐、毁坏珍贵树木行为'情节严重'：（一）非法采伐珍贵树木二株以上或者毁坏珍贵树木致使珍贵树木死亡三株以上的；（二）非法采伐珍贵树木二立方米以上的；（三）为首组织、策划、指挥非法采伐或者毁坏珍贵树木的；（四）其他情节严重的情形。"第8条规定："盗伐、滥伐珍贵树木，同时触犯刑法第三百四十四条、第三百四十五条规定的，依照处罚较重的规定定罪处罚。"第16条规定："单位犯刑法第三百四十四条、第三百四十五条规定之罪，定罪量刑标准按照本解释的规定执行。"

国家林业局、公安部2001年5月9日发布的《关于森林和陆生野生动物刑事案件管辖及立案标准》第二部分"森林和陆生野生动物刑事案件的立案标准"第4条规定："非法采伐、毁坏珍贵树木的应当立案；采伐珍贵树木2株、2立方米以上或者毁坏珍贵树木致死3株以上的，为重大案件；采伐珍贵树木10株、10立方米以上或者毁坏珍贵树木致

---

① 参见全国人大常委会法制工作委员会副主任胡康生2002年12月23日在九届全国人大常委会第三十一次会议上所作的《关于〈中华人民共和国刑法修正案（四）（草案）〉的说明》。

死 15 株以上的，为特别重大案件。"

最高人民检察院、公安部 2008 年 6 月 25 日发布的《关于公安机关管辖的刑事案件立案追诉标准的规定（一）》第 70 条规定："违反国家规定，非法采伐、毁坏珍贵树木或者国家重点保护的其他植物的，应予立案追诉。本条和本规定第七十一条规定的'珍贵树木或者国家重点保护的其他植物'，包括由省级以上林业主管部门或者其他部门确定的具有重大历史纪念意义、科学研究价值或者年代久远的古树名木，国家禁止、限制出口的珍贵树木以及列入《国家重点保护野生植物名录》的树木或者其他植物。"第 71 条规定："违反国家规定，非法收购、运输、加工、出售珍贵树木或者国家重点保护的其他植物及其制品的，应予立案追诉。"

【立法建言】

建　议：将《刑法》第 344 条修改为："违反国家规定，非法采伐、毁坏珍贵树木或者国家重点保护的其他植物的，或者非法收购、运输、加工、出售珍贵树木或者国家重点保护的其他植物及其制品的，处三年以下有期徒刑、拘役或者管制，可以并处或者单处罚金；情节严重的，处三年以上七年以下有期徒刑，并处罚金。"

理　由：

从立法技术上看，宜将《刑法》第 344 条第 1 档法定刑中的"并处罚金"改为"可以并处或者单处罚金"，以与《刑法》的其他罚金规定相一致。

八、盗伐林木罪、滥伐林木罪、非法收购、运输盗伐、滥伐的林木罪（第 345 条）

【立法沿革】

盗伐林木罪、滥伐林木罪是在 1979 年《刑法》第 128 条规定的盗伐林木罪、滥伐林木罪的基础上修改而来的；而非法收购、运输盗伐、滥伐的林木罪则是在 1997 年《刑法》第 345 条第 3 款规定的非法收购盗伐、滥伐的林木罪的基础上，经《刑法修正案（四）》第 7 条修正而来的。

国务院 1963 年 5 月 27 日颁布的《森林保护条例》第 39 条第 1 款规定：有盗伐、滥伐以及其他破坏林木的行为之一，"情节严重，使森林遭受重大损失或者造成人身伤亡重大事故的，送交司法机关处理"。据此，1963 年的《刑法草案》第 33 稿增设了盗伐、滥伐森林罪。该稿第 139 条规定："违反保护森林法规，盗伐、滥伐森林，情节严重的，处七年以下有期徒刑或者拘役，可以并处或者单处罚金。"1979 年《刑法》第 128 条对上述规定作了两方面的补充和修改：一是扩大了犯罪对象的范围，增加了"其他林木"的规定；二是降低了处罚的力度，将法定最高刑由"七年有期徒刑"改为"三年有期徒刑"。

1979 年《刑法》第 128 条规定："违反保护森林法规，盗伐、滥伐森林或者其他林木，情节严重的，处三年以下有期徒刑或者拘役，可以并处或者单处罚金。"

在全面研究修改刑法的过程中，1988 年的《刑法修改稿》第 167 条对上述规定作了较大的补充和修改：一是增加了"情节特别严重"的量刑幅度；二是增加了"盗伐林木，据为己有"的处罚规定。修改后的条文为："违反森林管理法规，盗伐、滥伐森林或者其他林木，情节严重的，处三年以下有期徒刑或者拘役，可以单处或者并处罚金；情节特别严重的，处三年以上十年以下有期徒刑，并处罚金。""盗伐林木，据为己有的，处五年以下有期徒刑或者拘役，可以单处或者并处罚金；情节严重的，处五年以上有期徒刑，并处罚金。"到了 1996 年，《刑法修订草案》（征求意见稿）第 307 条始将盗伐林木与滥伐林木分别加以规定，并增加了三种特定情形的处罚规定："盗伐森林或者其他林木，数量较大的，处三年以下有期徒刑或者拘役，可以并处或者单处罚金；数量巨大的，处三年以上七年以下有期徒刑，并处罚金；数量特别巨大的，处七年以上有期徒刑，并处罚金。""违反森林法的规定，滥伐森林或者其他林木，数量较大的，处三年以下有期徒刑或者拘役，可以并处或者单处罚金；数量巨大的，处三年以上七年以下有期徒刑，并处罚金。""滥伐他人经营管理的森林或者其他林木的，依照第一款的规定处罚。""在林区非法收购明知是盗伐、滥伐的林木的，依照第一款、第二款的规定处罚。""盗伐、滥伐国家级自然保护区内的森林或者其他林木的，从重处罚。"1996 年的《刑法修订草案》第 313 条基本上沿用了上述规定，仅在第 1 款、第 2 款的第 1 档法定刑中增加了"管制"这一刑种。1997 年的《刑法修订草案》（修改稿）第 340 条在上述规定的基础上，删去了第 3 款"滥伐他人经营管理的森林或者其他林木的，依照第一款的规定处罚"的规定，并对第 4 款作了较大的修改和调整：一是增加了"以牟利为目的"的主观要件；二是规定了独立的法定刑。该款的具体规定为："以牟利为目的，在林区非法收购明知是盗伐、滥伐的林木，情节严重的，处三年以下有期徒刑、拘役或者管制，并处或者单处罚金；情节特别严重的，处三年以上七年以下有期徒刑，并处罚金。"1997 年 3 月 1 日，提交给八届全国人大五次会议审议的《中华人民共和国刑法（修订草案）》第 342 条基本上沿用了上述规定，仅将第 1 款、第 2 款中的"可以并处或者单处罚金"改为"并处或者单处罚金"。这一修改方案，为 1997 年修订的《刑法》所采纳。

1997 年修订的《刑法》第 345 条规定："盗伐森林或者其他林木，数量较大的，处三年以下有期徒刑、拘役或者管制，并处或者单处罚金；数量巨大的，处三年以上七年以下有期徒刑，并处罚金；数量特别巨大的，处七年以上有期徒刑，并处罚金。违反森林法的规定，滥伐森林或者其他林木，数量较大的，处三年以下有期徒刑、拘役或者管制，并处或者单处罚金；数量巨大的，处三年以上七年以下有期徒刑，并处罚金。以牟利为目的，在林区非法收购明知是盗伐、滥伐的林木，情节严重的，处三年以下有期徒刑、拘役或者管制，并处或者单处罚金；情节特别严重的，处三年以上七年以下有期徒刑，并处罚金。盗伐、滥伐国家级自然保护区内的森林或者其他林木的，从重处罚。"

1997年《刑法》施行后，"有关部门提出，近年来各地加大了植树的力度，林区与非林区的界限已不明显，非林区也存在成片的森林需要保护，建议取消'在林区'的限制。同时，本条还规定了盗伐林木罪、滥伐林木罪和非法收购盗伐、滥伐的林木罪。有关部门反映，这类犯罪案件大量是在运输环节查获的，有些非法运输人员往往就是盗伐、滥伐、非法收购行为的直接参与者或者帮助者。但由于司法机关认识不一致，很难及时处理，建议将非法运输明知是盗伐、滥伐的林木的行为增加规定为犯罪"。① 据此，《刑法修正案（四）》第7条将非法收购盗伐、滥伐的林木罪修正为非法收购、运输盗伐、滥伐的林木罪。

【立法规定】

《刑法》第345条规定："盗伐森林或者其他林木，数量较大的，处三年以下有期徒刑、拘役或者管制，并处或者单处罚金；数量巨大的，处三年以上七年以下有期徒刑，并处罚金；数量特别巨大的，处七年以上有期徒刑，并处罚金。违反森林法的规定，滥伐森林或者其他林木，数量较大的，处三年以下有期徒刑、拘役或者管制，并处或者单处罚金；数量巨大的，处三年以上七年以下有期徒刑，并处罚金。非法收购、运输明知是盗伐、滥伐的林木，情节严重的，处三年以下有期徒刑、拘役或者管制，并处或者单处罚金；情节特别严重的，处三年以上七年以下有期徒刑，并处罚金。盗伐、滥伐国家级自然保护区内的森林或者其他林木的，从重处罚。"第346条规定："单位犯本节第三百三十八条至第三百四十五条规定之罪的，对单位判处罚金，并对其直接负责的主管人员和其他直接责任人员，依照本节各该条的规定处罚。"

【立法释义】

最高人民法院1993年7月24日发布的《关于滥伐自己所有权的林木其林木应如何处理的问题的批复》规定："属于个人所有的林木，也是国家森林资源的一部分。被告人滥伐属于自己所有权的林木，构成滥伐林木罪的，其行为已违反国家保护森林法规，破坏了国家的森林资源，所滥伐的林木即不再是个人的合法财产，而应当作为犯罪分子违法所得的财物，依照刑法第六十条的规定予以追缴。"

最高人民法院1996年9月11日发布的《关于盗伐、滥伐幼竹或竹笋行为定罪量刑的数量标准如何确定问题的答复》规定："对盗伐、滥伐幼竹或非食用性竹笋的定罪量刑的

---

① 参见全国人大常委会法制工作委员会副主任胡康生2002年12月23日在九届全国人大常委会第三十一次会议上所作的《关于〈中华人民共和国刑法修正案（四）（草案）〉的说明》。

数量，可以参考盗伐、滥伐幼树的定罪量刑的数量标准。"

最高人民法院 2000 年 11 月 22 日发布的《关于审理破坏森林资源刑事案件具体应用法律若干问题的解释》第 3 条规定："以非法占有为目的，具有下列情形之一，数量较大的，依照刑法第三百四十五条第一款的规定，以盗伐林木罪定罪处罚：（一）擅自砍伐国家、集体、他人所有或者他人承包经营管理的森林或者其他林木的；（二）擅自砍伐本单位或者本人承包经营管理的森林或者其他林木的；（三）在林木采伐许可证规定的地点以外采伐国家、集体、他人所有或者他人承包经营管理的森林或者其他林木的。"第 4 条规定："盗伐林木'数量较大'，以二至五立方米或者幼树一百至二百株为起点；盗伐林木'数量巨大'，以二十至五十立方米或者幼树一千至二千株为起点；盗伐林木'数量特别巨大'，以一百至二百立方米或者幼树五千至一万株为起点。"第 5 条规定："违反森林法的规定，具有下列情形之一，数量较大的，依照刑法第三百四十五条第二款的规定，以滥伐林木罪定罪处罚：（一）未经林业行政主管部门及法律规定的其他主管部门批准并核发林木采伐许可证，或者虽持有林木采伐许可证，但违反林木采伐许可证规定的时间、数量、树种或者方式，任意采伐本单位所有或者本人所有的森林或者其他林木的；（二）超过林木采伐许可证规定的数量采伐他人所有的森林或者其他林木的。林木权属争议一方在林木权属确权之前，擅自砍伐森林或者其他林木，数量较大的，以滥伐林木罪论处。"第 6 条规定："滥伐林木'数量较大'，以十至二十立方米或者幼树五百至一千株为起点；滥伐林木'数量巨大'，以五十至一百立方米或者幼树二千五百至五千株为起点。"第 7 条规定："对于一年内多次盗伐、滥伐少量林木未经处罚的，累计其盗伐、滥伐林木的数量，构成犯罪的，依法追究刑事责任。"第 8 条规定："盗伐、滥伐珍贵树木，同时触犯刑法第三百四十四条、第三百四十五条规定的，依照处罚较重的规定定罪处罚。"第 10 条规定："刑法第三百四十五条规定的'非法收购明知是盗伐、滥伐的林木'中的'明知'，是指知道或者应当知道。具有下列情形之一的，可以视为应当知道，但是有证据证明确属被蒙骗的除外：（一）在非法的木材交易场所或者销售单位收购木材的；（二）收购以明显低于市场价格出售的木材的；（三）收购违反规定出售的木材的。"第 11 条规定："具有下列情形之一的，属于在林区非法收购盗伐、滥伐的林木'情节严重'：（一）非法收购盗伐、滥伐的林木二十立方米以上或者幼树一千株以上的；（二）非法收购盗伐、滥伐的珍贵树木二立方米以上或者五株以上的；（三）其他情节严重的情形。具有下列情形之一的，属于在林区非法收购盗伐、滥伐的林木'情节特别严重'：（一）非法收购盗伐、滥伐的林木一百立方米以上或者幼树五千株以上的；（二）非法收购盗伐、滥伐的珍贵树木五立方米以上或者十株以上的；（三）其他情节特别严重的情形。"第 16 条规定："单位犯刑法第三百四十四条、第三百四十五条规定之罪，定罪量刑标准按照本解释的规定执行。"

第 17 条规定："本解释规定的林木数量以立木蓄积计算，计算方法为：原木材积除以该树种的出材率。本解释所称'幼树'，是指胸径五厘米以下的树木。滥伐林木的数量，应在伐区调查设计允许的误差额以上计算。"第 18 条规定："盗伐、滥伐以生产竹材为主要目的的竹林的定罪量刑问题，有关省、自治区、直辖市高级人民法院可以参照上述规定的精神，规定本地区的具体标准，并报最高人民法院备案。"第 19 条规定："各省、自治区、直辖市高级人民法院可以根据本地区的实际情况，在本解释第四条、第六条规定的数量幅度内，确定本地区执行的具体数量标准，并报最高人民法院备案。"

国家林业局、公安部 2001 年 5 月 9 日发布的《关于森林和陆生野生动物刑事案件管辖及立案标准》第二部分"森林和陆生野生动物刑事案件的立案标准"第 1 条规定："盗伐森林或者其他林木，立案起点为 2 立方米至 5 立方米或者幼树 100 至 200 株；盗伐林木 20 立方米至 50 立方米或者幼树 1000 株至 2000 株，为重大案件立案起点；盗伐林木 100 立方米至 200 立方米或者幼树 5000 株至 10000 株，为特别重大案件立案起点。"第 2 条规定："滥伐森林或者其他林木，立案起点为 10 立方米至 20 立方米或者幼树 500 至 1000 株；滥伐林木 50 立方米以上或者幼树 2500 株以上，为重大案件；滥伐林木 100 立方米以上或者幼树 5000 株以上，为特别重大案件。"第 3 条规定："以牟利为目的，在林区非法收购明知是盗伐、滥伐的林木在 20 立方米或者幼树 1000 株以上的，以及非法收购盗伐、滥伐的珍贵树木 2 立方米以上或者 5 株以上的应当立案；非法收购林木 100 立方米或者幼树 5000 株以上的，以及非法收购盗伐、滥伐的珍贵树木 5 立方米以上或者 10 株以上的为重大案件；非法收购林木 200 立方米或者幼树 1000 株以上的，以及非法收购盗伐、滥伐的珍贵树木 10 立方米以上或者 20 株以上的为特别重大案件。"

最高人民法院 2004 年 3 月 26 日发布的《关于在林木采伐许可证规定的地点以外采伐本单位或者本人所有的森林或者其他林木的行为如何适用法律问题的批复》规定："违反森林法的规定，在林木采伐许可证规定的地点以外，采伐本单位或者本人所有的森林或者其他林木的，除农村居民采伐自留地和房前屋后个人所有的零星林木以外，属于《最高人民法院关于审理破坏森林资源刑事案件具体应用法律若干问题的解释》第五条第一款第（一）项'未经林业行政主管部门及法律规定的其他主管部门批准并核发林木采伐许可证'规定的情形，数量较大的，应当依照刑法第三百四十五条第二款的规定，以滥伐林木罪定罪处罚。"

最高人民检察院、公安部 2008 年 6 月 25 日发布的《关于公安机关管辖的刑事案件立案追诉标准的规定（一）》第 72 条规定："盗伐森林或者其他林木，涉嫌下列情形之一的，应予立案追诉：（一）盗伐二至五立方米以上的；（二）盗伐幼树一百至二百株以上的。以非法占有为目的，具有下列情形之一的，属于本条规定的'盗伐森林或者其他林木'：（一）擅自砍伐国家、集体、他人所有或者他人承包经营管理的森林或者其他林木的；（二）擅自砍伐本单位或者本人承包经营管理的森林或者其他林木的；（三）在林木采伐许可证规定的地点以外采伐国家、集体、他人所有或者他人承包经营管理的森林或者其他林木的。本条和本规定第七十三条、第七十四条规定的林木数量以立木蓄积计算，计算方法为：原木材积除以该树种的出材率；'幼树'，是指胸径五厘米以下的树木。"第73条规定："违反森林法的规定，滥伐森林或者其他林木，涉嫌下列情形之一的，应予立案追诉：（一）滥伐十至二十立方米以上的；（二）滥伐幼树五百至一千株以上的。违反森林法的规定，具有下列情形之一的，属于本条规定的'滥伐森林或者其他林木'：（一）未经林业行政主管部门及法律规定的其他主管部门批准并核发林木采伐许可证，或者虽持有林木采伐许可证，但违反林木采伐许可证规定的时间、数量、树种或者方式，任意采伐本单位所有或者本人所有的森林或者其他林木的；（二）超过林木采伐许可证规定的数量采伐他人所有的森林或者其他林木的。违反森林法的规定，在林木采伐许可证规定的地点以外，采伐本单位或者本人所有的森林或者其他林木的，除农村居民采伐自留地和房前屋后个人所有的零星林木以外，属于本条第二款第（一）项'未经林业行政主管部门及法律规定的其他主管部门批准并核发林木采伐许可证'规定的情形。林木权属争议一方在林木权属确权之前，擅自砍伐森林或者其他林木的，属于本条规定的'滥伐森林或者其他林木'。滥伐林木的数量，应在伐区调查设计允许的误差额以上计算。"第 74 条规定："非法收购、运输明知是盗伐、滥伐的林木，涉嫌下列情形之一的，应予立案追诉：（一）非法收购、运输盗伐、滥伐的林木二十立方米以上或者幼树一千株以上的；（二）其他情节严重的情形。""本条规定的'非法收购'的'明知'，是指知道或者应当知道。具有下列情形之一的，可以视为应当知道，但是有证据证明确属被蒙骗的除外：（一）在非法的木材交易场所或者销售单位收购木材的；（二）收购以明显低于市场价格出售的木材的；（三）收购违反规定出售的木材的。"

【立法建言】

建　议：将《刑法》第 345 条第 1 款、第 2 款、第 3 款中的第 1 档法定刑修改为："处三年以下有期徒刑、拘役或者管制，可以并处或者单处罚金"。

理　由：

从立法技术上看，宜将《刑法》第 345 条第 1 款、第 2 款、第 3 款第 1 档法定刑中的"并处或者单处罚金"改为"可以并处或者单处罚金"，以与《刑法》的其他罚金规定相一致。

第七节 走私、贩卖、运输、制造毒品罪

一、走私、贩卖、运输、制造毒品罪（第347条）

【立法沿革】

走私、贩卖、运输、制造毒品罪是在全国人大常委会1990年《关于禁毒的决定》第2条规定的走私、贩卖、运输、制造毒品罪的基础上修改而来的。

新中国成立后，政务院迅即于1950年2月24日颁布了《关于严禁鸦片烟毒的通令》。该通令第4条规定："从本禁令颁布之日起，全国各地不许再有贩运制造及售卖烟土毒品情事，犯者不论何人，除没收其烟土毒品外，还须从严治罪。"据此，1950年的《刑法大纲草案》第67条规定："栽种、制造、运输或买卖鸦片毒品者，处一年以上五年以下监禁。特别严重者，处死刑，终身监禁或七年以上十五年以下监禁，并可没收其财产之全部或一部。"1954年的《刑法指导原则草案》第48条进一步规定："制造鸦片、吗啡、白面或者其他毒品的，判处流放或者三年以上十年以下有期徒刑；贩运或者售卖毒品的，判处流放或者七年以下有期徒刑。""一贯制造、贩运或者售卖毒品的，判处流放或者七年以上有期徒刑；情节特别严重的，判处无期徒刑或者死刑。""对于制造、贩运或者售卖毒品的罪犯，可以并处罚金或者没收财产的一部或全部。"1957年的《刑法草案》第22稿基本上沿用了上述规定，但大幅降低了法定刑。该稿第199条规定："制造、贩卖、运输鸦片、海洛因、吗啡或者其他毒品的，处七年以下有期徒刑或者管制，可以并处一万元以下罚金。""一贯或者大量制造、贩卖、运输前款毒品的，处七年以上有期徒刑，可以没收一部或者全部财产。"① 1963年的《刑法草案》第33稿第188条在上述规定的基础上，又增加了"无期徒刑"的规定。鉴于鸦片烟毒已经基本铲除，毒品犯罪在我国并不是一个严重问题，因此，1979年《刑法》仅用1个条文规定了制造、贩卖、运输毒品罪，并设置了相对较轻的法定刑。②

1979年《刑法》第171条规定："制造、贩卖、运输鸦片、海洛因、吗啡或者其他毒品的，处五年以下有期徒刑或者拘役，可以并处罚金。一贯或者大量制造、贩卖、运输前款毒品的，处五年以上有期徒刑，可以并处没收财产。"

然而，进入20世纪80年代以来，随着对外开放的逐步扩大，国际毒潮再次涌入我

① 该稿第200条还规定了吸毒罪："吸食或者注射毒品的，处一年以下有期徒刑、拘役或者管制。"
② 1979年《刑法》取消了《刑法草案》第22稿和第33稿规定的吸毒罪。

国，曾经禁绝多时的贩毒、制毒、吸毒现象又死灰复燃。为了坚决打击毒品犯罪活动，1982 年 3 月 8 日，全国人大常委会通过的《关于严惩严重破坏经济的罪犯的决定》对贩毒罪的法定刑作了补充规定："情节特别严重的，处十年以上有期徒刑、无期徒刑或者死刑，可以并处没收财产。"1988 年 1 月 21 日，全国人大常委会通过的《关于惩治走私罪的补充规定》第 1 条又对走私毒品的行为作出了具体规定："走私鸦片等毒品、武器、弹药或者伪造的货币的，处七年以上有期徒刑，并处罚金或者没收财产；情节特别严重的，处无期徒刑或者死刑，并处没收财产；情节较轻的，处七年以下有期徒刑，并处罚金。"到了 1990 年 12 月 28 日，全国人大常委会通过的《关于禁毒的决定》将走私毒品行为从走私罪中分离出来并入毒品犯罪，相应地将制造、贩卖、运输毒品罪改为走私、贩卖、运输、制造毒品罪。该决定第 2 条规定："走私、贩卖、运输、制造毒品，有下列情形之一的，处十五年有期徒刑、无期徒刑或者死刑，并处没收财产；（一）走私、贩卖、运输、制造鸦片一千克以上、海洛因五十克以上或者其他毒品数量大的；（二）走私、贩卖、运输、制造毒品集团的首要分子；（三）武装掩护走私、贩卖、运输、制造毒品的；（四）以暴力抗拒检查、拘留、逮捕，情节严重的；（五）参与有组织的国际贩毒活动的。走私、贩卖、运输、制造鸦片二百克以上不满一千克、海洛因十克以上不满五十克或者其他毒品数量较大的，处七年以上有期徒刑，并处罚金。走私、贩卖、运输、制造鸦片不满二百克、海洛因不满十克或者其他少量毒品的，处七年以下有期徒刑、拘役或者管制，并处罚金。利用、教唆未成年人走私、贩卖、运输、制造毒品的，从重处罚。对多次走私、贩卖、运输、制造毒品，未经处理的，毒品数量累计计算。"

在刑法修订研拟的过程中，1996 年的《刑法修订草案》（征求意见稿）第 310 条在上述规定的基础上，作了两方面的修改：一是删去了第 5 款"对多次走私、贩卖、运输、制造毒品，未经处理的，毒品数量累计计算"的规定；二是增加了第 1 款"走私、贩卖、运输、制造毒品，无论数量多少，都应当追究刑事责任，予以刑事处罚"的规定。但是，1997 年的《刑法修订草案》（修改稿）第 342 条又恢复了此前删去的"对多次走私、贩卖、运输、制造毒品，未经处理的，毒品数量累计计算"的规定。1997 年 3 月 1 日，提交给八届全国人大五次会议审议的《中华人民共和国刑法（修订草案）》第 344 条基本上沿用了上述规定，仅在第 6 款中增加了"向未成年人出售毒品的，从重处罚"的规定。在审议的过程中，"有的部门提出，在毒品中甲基苯丙胺（冰毒）的危害十分严重，建议在修订刑法时明确规定走私、贩卖、运输、制造、非法持有甲基苯丙胺的具体处刑数量标准"。[①]

① 参见全国人大法律委员会主任委员薛驹 1997 年 3 月 13 日在八届全国人大五次会议主席团第三次会议上所作的《关于〈中华人民共和国刑法（修订草案）〉、〈中华人民共和国国防法（草案）〉和〈中华人民共和国香港特别行政区选举第九届全国人民代表大会代表的办法（草案）〉审议结果的报告》。

1997 年《刑法》第 347 条采纳了上述建议，并增加了"单位犯第二款、第三款、第四款罪的，对单位判处罚金，并对其直接负责的主管人员和其他直接责任人员，依照各该款的规定处罚"的规定。

【立法规定】

《刑法》第 347 条规定："走私、贩卖、运输、制造毒品，无论数量多少，都应当追究刑事责任，予以刑事处罚。走私、贩卖、运输、制造毒品，有下列情形之一的，处十五年有期徒刑、无期徒刑或者死刑，并处没收财产：（一）走私、贩卖、运输、制造鸦片一千克以上、海洛因或者甲基苯丙胺五十克以上或者其他毒品数量大的；（二）走私、贩卖、运输、制造毒品集团的首要分子；（三）武装掩护走私、贩卖、运输、制造毒品的；（四）以暴力抗拒检查、拘留、逮捕，情节严重的；（五）参与有组织的国际贩毒活动的。走私、贩卖、运输、制造鸦片二百克以上不满一千克、海洛因或者甲基苯丙胺十克以上不满五十克或者其他毒品数量较大的，处七年以上有期徒刑，并处罚金。走私、贩卖、运输、制造鸦片不满二百克、海洛因或者甲基苯丙胺不满十克或者其他少量毒品的，处三年以下有期徒刑、拘役或者管制，并处罚金；情节严重的，处三年以上七年以下有期徒刑，并处罚金。单位犯第二款、第三款、第四款罪的，对单位判处罚金，并对其直接负责的主管人员和其他直接责任人员，依照各该款的规定处罚。利用、教唆未成年人走私、贩卖、运输、制造毒品，或者向未成年人出售毒品的，从重处罚。对多次走私、贩卖、运输、制造毒品，未经处理的，毒品数量累计计算。"

【立法释义】

最高人民法院 2000 年 6 月 6 日发布的《关于审理毒品案件定罪量刑标准有关问题的解释》第 1 条规定："走私、贩卖、运输、制造、非法持有下列毒品，应当认定为刑法第三百四十七条第二款第（一）项、第三百四十八条规定的'其他毒品数量大'：（一）苯丙胺类毒品（甲基苯丙胺除外）一百克以上；（二）大麻油五千克、大麻脂十千克、大麻叶及大麻烟一百五十千克以上；（三）可卡因五十克以上；（四）吗啡一百克以上；（五）度冷丁（杜冷丁）二百五十克以上（针剂 100mg/支规格的二千五百支以上，50mg/支规格的五千支以上；片剂 25mg/片规格的一万片以上，50mg/片规格的五千片以上）；（六）盐酸二氢埃托啡十毫克以上（针剂或者片剂 20ug/支、片规格的五百支、片以上）；（七）咖啡因二百千克以上；（八）罂粟壳二百千克以上；（九）上述毒品以外的其他毒品数量大的。"第 2 条规定："走私、贩卖、运输、制造、非法持有下列毒品，应当认定为刑法第三百四十七条第三款、第三百四十八条规定的'其他毒品数量较大'：（一）苯丙胺类毒品（甲基苯丙胺除外）二十克以上不满一百克；（二）大麻油一千克以上不满五千克，大麻脂二千克以上不满十千克，大麻叶及大麻烟三十千克以上不满一百五十千克；

（三）可卡因十克以上不满五十克；（四）吗啡二十克以上不满一百克；（五）度冷丁（杜冷丁）五十克以上不满二百五十克（针剂100mg/支规格的五百支以上不满二千五百支，50mg/支规格的一千支以上不满五千支；片剂25mg/片规格的二千片以上不满一万片，50mg/片规格的一千片以上不满五千片）；（六）盐酸二氢埃托啡二毫克以上不满十毫克（针剂或者片剂20ug/支、片规格的一百支、片以上不满五百支、片）；（七）咖啡因五十千克以主不满二百千克；（八）罂粟壳五十千克以上不满二百千克；（九）上述毒品以外的其他毒品数量较大的。"第3条规定："具有下列情形之一的，可以认定为刑法第三百四十七条第四款规定的'情节严重'：（一）走私、贩卖、运输、制造鸦片一百四十克以上不满二百克、海洛因或者甲基苯丙胺七克以上不满十克或者其他数量相当毒品的；（二）国家工作人员走私、制造、运输、贩卖毒品；（三）在戒毒监管场所贩卖毒品的；（四）向多人贩毒或者多次贩毒的；（五）其他情节严重的行为。"

最高人民法院2006年11月14日发布的《关于审理走私刑事案件具体应用法律若干问题的解释》第5条规定："对在走私的普通货物、物品或者废物中藏匿刑法第一百五十一条、第一百五十二条、第三百四十七条、第三百五十条规定的货物、物品，构成犯罪的，以实际走私的货物、物品定罪处罚；构成数罪的，实行数罪并罚。"

最高人民法院、最高人民检察院、公安部2007年11月8日发布的《办理毒品犯罪案件适用法律若干问题的意见》第2条"关于毒品犯罪嫌疑人、被告人主观明知的认定问题"规定："走私、贩卖、运输、非法持有毒品主观故意中的'明知'，是指行为人知道或者应当知道所实施的行为是走私、贩卖、运输、非法持有毒品行为。具有下列情形之一，并且犯罪嫌疑人、被告人不能做出合理解释的，可以认定其'应当知道'，但有证据证明确属被蒙骗的除外：（一）执法人员在口岸、机场、车站、港口和其他检查站检查时，要求行为人申报为他人携带的物品和其他疑似毒品物，并告知其法律责任，而行为人未如实申报，在其所携带的物品内查获毒品的；（二）以伪报、藏匿、伪装等蒙蔽手段逃避海关、边防等检查，在其携带、运输、邮寄的物品中查获毒品的；（三）执法人员检查时，有逃跑、丢弃携带物品或逃避、抗拒检查等行为，在其携带或丢弃的物品中查获毒品的；（四）体内藏匿毒品的；（五）为获取不同寻常的高额或不等值的报酬而携带、运输毒品的；（六）采用高度隐蔽的方式携带、运输毒品的；（七）采用高度隐蔽的方式交接毒品，明显违背合法物品惯常交接方式的；（八）其他有证据足以证明行为人应当知道的。"第3条"关于办理氯胺酮等毒品案件定罪量刑标准问题"规定："（一）走私、贩卖、运输、制造、非法持有下列毒品，应当认定为刑法第三百四十七条第二款第（一）项、第三百四十八条规定的'其他毒品数量大'：1.二亚甲基双氧安非他明（MDMA）等苯丙胺类毒品（甲基苯丙胺除外）100克以上；2.氯胺酮、美沙酮1千克以上；3.三唑仑、安眠酮50

千克以上；4. 氯氮卓、艾司唑仑、地西泮、溴西泮 500 千克以上；5. 上述毒品以外的其他毒品数量大的。（二）走私、贩卖、运输、制造、非法持有下列毒品，应当认定为刑法第三百四十七条第三款、第三百四十八条规定的'其他毒品数量较大'：1. 二亚甲基双氧安非他明（MDMA）等苯丙胺类毒品（甲基苯丙胺除外）20 克以上不满 100 克的；2. 氯胺酮、美沙酮 200 克以上不满 1 千克的；3. 三唑仑、安眠酮 10 千克以上不满 50 千克的；4. 氯氮卓、艾司唑仑、地西泮、溴西泮 100 千克以上不满 500 千克的；5. 上述毒品以外的其他毒品数量较大的。（三）走私、贩卖、运输、制造下列毒品，应当认定为刑法第三百四十七条第四款规定的'其他少量毒品'：1. 二亚甲基双氧安非他明（MDMA）等苯丙胺类毒品（甲基苯丙胺除外）不满 20 克的；2. 氯胺酮、美沙酮不满 200 克的；3. 三唑仑、安眠酮不满 10 千克的；4. 氯氮卓、艾司唑仑、地西泮、溴西泮不满 100 千克的；5. 上述毒品以外的其他少量毒品的。（四）上述毒品品种包括其盐和制剂。毒品鉴定结论中毒品品名的认定应当以国家食品药品监督管理局、公安部、卫生部最新发布的《麻醉药品品种目录》、《精神药品品种目录》为依据。"

最高人民法院 2008 年 12 月 1 日发布的《全国部分法院审理毒品犯罪案件工作座谈会纪要》第 1 条"毒品案件的罪名确定和数量认定问题"规定："刑法第三百四十七条规定的走私、贩卖、运输、制造毒品罪是选择性罪名，对同一宗毒品实施了两种以上犯罪行为并有相应确凿证据的，应当按照所实施的犯罪行为的性质并列确定罪名，毒品数量不重复计算，不实行数罪并罚。对同一宗毒品可能实施了两种以上犯罪行为，但相应证据只能认定其中一种或者几种行为，认定其他行为的证据不够确实充分的，则只按照依法能够认定的行为的性质定罪。如涉嫌为贩卖而运输毒品，认定贩卖的证据不够确实充分的，则只定运输毒品罪。对不同宗毒品分别实施了不同种犯罪行为的，应对不同行为并列确定罪名，累计毒品数量，不实行数罪并罚。对被告人一人走私、贩卖、运输、制造两种以上毒品的，不实行数罪并罚，量刑时可综合考虑毒品的种类、数量及危害，依法处理。罪名不以行为实施的先后、毒品数量或者危害大小排列，一律以刑法条文规定的顺序表述。如对同一宗毒品制造后又走私的，以走私、制造毒品罪定罪。下级法院在判决中确定罪名不准确的，上级法院可以减少选择性罪名中的部分罪名或者改动罪名顺序，在不加重原判刑罚的情况下，也可以改变罪名，但不得增加罪名。对于吸毒者实施的毒品犯罪，在认定犯罪事实和确定罪名时要慎重。吸毒者在购买、运输、存储毒品过程中被查获的，如没有证据证明其是为了实施贩卖等其他毒品犯罪行为，毒品数量未超过刑法第三百四十八条规定的最低数量标准的，一般不定罪处罚；查获毒品数量达到较大以上的，应以其实际实施的毒品犯罪行为定罪处罚。对于以贩养吸的被告人，其被查获的毒品数量应认定为其犯罪的数量，但量刑时应考虑被告人吸食毒品的情节，酌情处理；被告人购买了一定数量的毒品后，部分已被其吸食的，应当按能够证明的贩卖数量及查获的毒品数量认定其贩毒的数量，已被吸食部分不计入在内。有证据证明行为人不以牟利为目的，为他人代购仅用于吸食的毒品，毒品数量超过刑法第三百四十八条规定的最低数量标准的，对托购者、代购者应以非法持有毒品罪定罪。代购者从中牟利，变相加价贩卖毒品的，对代购者应以贩卖毒品罪定罪。明知他人实施毒品犯罪而为其居间介绍、代购代卖的，无论是否牟利，都应以相关毒品犯罪的共犯论处。盗窃、抢夺、抢劫毒品的，应当分别以盗窃罪、抢夺罪或者抢劫罪定罪，但不计犯罪数额，根据情节轻重予以定罪量刑。盗窃、抢夺、抢劫毒品后又实施其他毒品犯罪的，对盗窃罪、抢夺罪、抢劫罪和所犯的具体毒品犯罪分别定罪，依法数罪并罚。走私毒品，又走私其他物品构成犯罪的，以走私毒品罪和其所犯的其他走私罪分别定罪，依法数罪并罚。"第 2 条"毒品犯罪的死刑适用问题"规定："审理毒品犯罪案件，应当切实贯彻宽严相济的刑事政策，突出毒品犯罪的打击重点。必须依法严惩毒枭、职业毒犯、再犯、累犯、惯犯、主犯等主观恶性深、人身危险性大、危害严重的毒品犯罪分子，以及具有将毒品走私入境，多次、大量或者向多人贩卖，诱使多人吸毒，武装掩护、暴力抗拒检查、拘留或者逮捕，或者参与有组织的国际贩毒活动等情节的毒品犯罪分子。对其中罪行极其严重依法应当判处死刑的，必须坚决依法判处死刑。毒品数量是毒品犯罪案件量刑的重要情节，但不是唯一情节。对被告人量刑时，特别是在考虑是否适用死刑时，应当综合考虑毒品数量、犯罪情节、危害后果、被告人的主观恶性、人身危险性以及当地禁毒形势等各种因素，做到区别对待。近期，审理毒品犯罪案件掌握的死刑数量标准，应当结合本地毒品犯罪的实际情况和依法惩治、预防毒品犯罪的需要，并参照最高人民法院复核的毒品死刑案件的典型案例，恰当把握。量刑既不能只片面考虑毒品数量，不考虑犯罪的其他情节，也不能只片面考虑其他情节，而忽视毒品数量。对虽然已达到实际掌握的判处死刑的毒品数量标准，但是具有法定、酌定从宽处罚情节的被告人，可以不判处死刑；反之，对毒品数量接近实际掌握的判处死刑的数量标准，但具有从重处罚情节的被告人，也可以判处死刑。毒品数量达到实际掌握的死刑数量标准，既有从重处罚情节，又有从宽处罚情节的，应当综合考虑各方面因素决定刑罚，判处死刑立即执行应当慎重。具有下列情形之一的，可以判处被告人死刑：（1）具有毒品犯罪集团首要分子、武装掩护毒品犯罪、暴力抗拒检查、拘留或者逮捕、参与有组织的国际贩毒活动等严重情节的；（2）毒品数量达到实际掌握的死刑数量标准，并具有毒品再犯、累犯，利用、教唆未成年人走私、贩卖、运输、制造毒品，或者向未成年人出售毒品等法定从重处罚情节的；（3）毒品数量达到实际掌握的死刑数量标准，并具有多次走私、贩卖、运输、制造毒品，向多人贩毒，在毒品犯罪中诱使、容留多人吸毒，在戒毒监管场所贩毒，国家工作人员利用职务便利实施毒品犯罪，或者职业犯、惯犯、主犯等情节的；（4）毒品数量达到实际掌握的死刑数量标准，并具有其他从重处罚情节的；（5）毒品数量超过实际掌握的死刑数量标准，且没有法定、酌定从轻处罚情节的。毒品数量达到实际掌握的死刑数量标准，具有下列情形之一的，可以不判处被告人死刑立即执行：（1）具有自首、立功等法定从宽处罚情节的；（2）已查获的毒品数量未达到实际掌握的死刑数量标准，到案后坦白尚未被司法机关掌握的其他毒品犯罪，累计数量超过实际掌握的死刑数量标准的；（3）经鉴定毒品含量极低，掺假之后的数量才达到实际掌握的死刑数量标准的，或者有证据表明可能大量掺假但因故不能鉴定的；（4）因特情引诱毒品数量才达到实际掌握的死刑数量标准的；（5）以贩养吸的被告人，被查获的毒品数量刚达到实际掌握的死刑数量标准的；（6）毒品数量刚达到实际掌握的死刑数量标准，确属初次犯罪即被查获，未造成严重危害后果的；（7）共同犯罪毒品数量刚达到实际掌握的死刑数量标准，但各共同犯罪人作用相当，或者责任大小难以区分的；（8）家庭成员共同实施毒品犯罪，其中起主要作用的被告人已被判处死刑立即执行，其他被告人罪行相对较轻的；（9）其他不是必须判处死刑立即执行的。有些毒品犯罪案件，往往由于毒品、毒资等证据已不存在，导致审查证据和认定事实困难。在处理这类案件时，只有被告人的口供与同案其他被告人供述吻合，并且完全排除诱供、逼供、串供等情形，被告人的口供与同案被告人的供述才可以作为定案的证据。仅有被告人口供与同案被告人供述作为定案证据的，对被告人判处死刑立即执行要特别慎重。"第3条"运输毒品罪的刑罚适用问题"规定："对于运输毒品犯罪，要注意重点打击指使、雇佣他人运输毒品的犯罪分子和接应、接货的毒品所有者、买家或者卖家。对于运输毒品犯罪集团首要分子，组织、指使、雇佣他人运输毒品的主犯或者毒枭、职业毒犯、毒品再犯，以及具有武装掩护、暴力抗拒检查、拘留或者逮捕、参与有组织的国际毒品犯罪、以运输毒品为业、多次运输毒品或者其他严重情节的，应当按照刑法、有关司法解释和司法实践实际掌握的数量标准，从严惩处，依法应判处死刑的必须坚决判处死刑。毒品犯罪中，单纯的运输毒品行为具有从属性、辅助性特点，且情况复杂多样。部分涉案人员系受指使、雇佣的贫民、边民或者无业人员，只是为了赚取少量运费而为他人运输毒品，他们不是毒品的所有者、买家或者卖家，与幕后的组织、指使、雇佣者相比，在整个毒品犯罪环节中处于从属、辅助和被支配地位，所起作用和主观恶性相对较小，社会危害性也相对较小。因此，对于运输毒品犯罪中的这部分人员，在量刑标准的把握上，应当与走私、贩卖、制造毒品和前述具有严重情节的运输毒品犯罪分子有所区别，不应单纯以涉案毒品数量的大小决定刑罚适用的轻重。对有证据证明被告人确属受人指使、雇佣参与运输毒品犯罪，又系初犯、偶犯的，可以从轻处罚，即使毒品数量超过实际掌握的死刑数量标准，也可以不判处死刑立即执行。毒品数量超过实际掌握的死刑数量标准，不能证明被告人系受人指使、雇佣参与运输毒品犯罪的，可以依法判处重刑直至死刑。涉嫌为贩卖而自行运输毒品，由于认定贩卖毒品的证据不足，因而认定为运输毒品罪的，不同于单纯的受指使为他人运输毒品行为，其量刑标准应当与单纯的运输毒品行为有所区别。"第4条"制造毒品的认定与处罚问题"规定："鉴于毒品犯罪分子制造毒品的手段复杂多样、不断翻新，采用物理方法加工、配制毒品的情况大量出现，有必要进一步准确界定制造毒品的行为、方法。制造毒品不仅包括非法用毒品原植物直接提炼和用化学方法加工、配制毒品的行为，也包括以改变毒品成分和效用为目的，用混合等物理方法加工、配制毒品的行为，如将甲基苯丙胺或者其他苯丙胺类毒品与其他毒品混合成麻古或者摇头丸。为便于隐蔽运输、销售、使用、欺骗购买者，或者为了增重，对毒品掺杂使假，添加或者去除其他非毒品物质，不属于制造毒品的行为。已经制成毒品，达到实际掌握的死刑数量标准的，可以判处死刑；数量特别巨大的，应当判处死刑。已经制造出粗制毒品或者半成品的，以制造毒品罪的既遂论处。购进制造毒品的设备和原材料，开始着手制造毒品，但尚未制造出粗制毒品或者半成品的，以制造毒品罪的未遂论处。"第5条"毒品含量鉴定和混合型、新类型毒品案件处理问题"规定："鉴于大量掺假毒品和成分复杂的新类型毒品不断出现，为做到罪刑相当、罚当其罪，保证毒品案件的审判质量，并考虑目前毒品鉴定的条件和现状，对可能判处被告人死刑的毒品犯罪案件，应当根据最高人民法院、最高人民检察院、公安部2007年12月颁布的《办理毒品犯罪案件适用法律若干问题的意见》，作出毒品含量鉴定；对涉案毒品可能大量掺假或者系成分复杂的新类型毒品的，亦应当作出毒品含量鉴定。对于含有二种以上毒品成分的毒品混合物，应进一步作成分鉴定，确定所含的不同毒品成分及比例。对于毒品中含有海洛因、甲基苯丙胺的，应以海洛因、甲基苯丙胺分别确定其毒品种类；不含海洛因、甲基苯丙胺的，应以其中毒性较大的毒品成分确定其毒品种类；如果毒性相当或者难以确定毒性大小的，以其中比例较大的毒品成分确定其毒品种类，并在量刑时综合考虑其他毒品成分、含量和全案所涉毒品数量。对于刑法、司法解释等已规定了量刑数量标准的毒品，按照刑法、司法解释等规定适用刑罚；对于刑法、司法解释等没有规定量刑数量标准的毒品，有条件折算为海洛因的，参照国家食品药品监督管理局制定的《非法药物折算表》，折算成海洛因的数量后适用刑罚。对于国家管制的精神药品和麻醉药品，刑法、司法解释等尚未明确规定量刑数量标准，也不具备折算条件的，应由有关专业部门确定涉案毒品毒效的大小、有毒成分的多少、吸毒者对该毒品的依赖程度，综合考虑其致瘾癖性、戒断性、社会危害性等依法量刑。因条件限制不能确定的，可以参考涉案毒品非法交易的价格因素等，决定对被告人适用的刑罚，但一般不宜判处死刑立即执行。"第6条"特情介入案件的处理问题"规定："运用特情侦破毒品案件，是依法打击毒品犯罪的有效手段。对特情介入侦破的毒品案件，要区别不同情形予以分别处理。对已持有毒品待售或者有证据证明已准备实施大宗毒品犯罪者，采取特情贴靠、接洽而破获的案件，不存在犯罪引诱，应当依法处理。行为人本没有实施毒品犯罪的主观意图，而是在特情诱惑和促成下形成犯意，进而实施毒品犯罪的，属于'犯意引诱'。对因'犯意引诱'实施毒品犯罪的被告人，根据罪刑相适应原则，应当依法从轻处罚，无论涉案毒品数量多大，都不应判处死刑立即执行。行为人在特情既为其安排上线，又提供下线的双重引诱，即'双套引诱'下实施毒品犯罪的，处刑时可予以更大幅度的从宽处罚或者依法免予刑事处罚。行为人本来只有实施数量较小的毒品犯罪的故意，在特情引诱下实施了数量较大甚至达到实际掌握的死刑数量标准的毒品犯罪的，属于'数量引诱'。对因'数量引诱'实施毒品犯罪的被告人，应当依法从轻处罚，即使毒品数量超过实际掌握的死刑数量标准，一般也不判处死刑立即执行。对不能排除'犯意引诱'和'数量引诱'的案件，在考虑是否对被告人判处死刑立即执行时，要留有余地。对被告人受特情间接引诱实施毒品犯罪的，参照上述原则依法处理。"第 7 条"毒品案件的立功问题"规定："共同犯罪中同案犯的基本情况，包括同案犯姓名、住址、体貌特征、联络方式等信息，属于被告人应当供述的范围。公安机关根据被告人供述抓获同案犯的，不应认定其有立功表现。被告人在公安机关抓获同案犯过程中确实起到协助作用的，例如，经被告人现场指认、辨认抓获了同案犯；被告人带领公安人员抓获了同案犯；被告人提供了不为有关机关掌握或者有关机关按照正常工作程序无法掌握的同案犯藏匿的线索，有关机关据此抓获了同案犯；被告人交代了与同案犯的联系方式，又按要求与对方联络，积极协助公安机关抓获了同案犯等，属于协助司法机关抓获同案犯，应认定为立功。关于立功从宽处罚的把握，应以功是否足以抵罪为标准。在毒品共同犯罪案件中，毒枭、毒品犯罪集团首要分子、共同犯罪的主犯、职业毒犯、毒品惯犯等，由于掌握同案犯、从犯、马仔的犯罪情况和个人信息，被抓获后往往能协助抓捕同案犯，获得立功或者重大立功。对其是否从宽处罚以及从宽幅度的大小，应当主要看功是否足以抵罪，即应结合被告人罪行的严重程度、立功大小综合考虑。要充分注意毒品共同犯罪人以及上、下家之间的量刑平衡。对于毒枭等严重毒品犯罪分子立功的，从轻或者减轻处罚应当从严掌握。如果其罪行极其严重，只有一般立功表现，功不足以抵罪的，可予不从轻处罚；如果其检举、揭发的是其他犯罪案件中罪行同样严重的犯罪分子，或者协助抓获的是同案中的其他首要分子、主犯，功足以抵罪的，原则上可以从轻或者减轻处罚；如果协助抓获的只是同案中的从犯或者马仔，功不足以抵罪，或者从轻处罚后全案处刑明显失衡的，不予从轻处罚。相反，对于从犯、马仔立功，特别是协助抓获毒枭、首要分子、主犯的，应当从轻处罚，直至依法减轻或者免除处罚。被告人亲属为了使被告人得到从轻处罚，检举、揭发他人犯罪或者协助司法机关抓捕其他犯罪人的，不能视为被告人立功。同监犯将本人或者他人尚未被司法机关掌握的犯罪事实告知被告人，由被告人检举揭发的，如经查证属实，虽可认定被告人立功，但是否从宽处罚、从宽幅度大小，应与通常的立功有所区别。通过非法手段或者非法途径获取他人犯罪信息，如从国家工作人员处贿买他人犯罪信息，通过律师、看守人员等非法途径获取他人犯罪信息，由被告人检举揭发的，不能认定为立功，也不能作为酌情从轻处罚情节。"第8条"毒品再犯问题"规定："根据刑法第三百五十六条规定，只要因走私、贩卖、运输、制造、非法持有毒品罪被判过刑，不论是在刑罚执行完毕后，还是在缓刑、假释或者暂予监外执行期间，又犯刑法分则第六章第七节规定的犯罪的，都是毒品再犯，应当从重处罚。因走私、贩卖、运输、制造、非法持有毒品罪被判刑的犯罪分子，在缓刑、假释或者暂予监外执行期间又犯刑法分则第六章第七节规定的犯罪的，应当在对其所犯新的毒品犯罪适用刑法第三百五十六条从重处罚的规定确定刑罚后，再依法数罪并罚。对同时构成累犯和毒品再犯的被告人，应当同时引用刑法关于累犯和毒品再犯的条款从重处罚。"第9条"毒品案件的共同犯罪问题"规定："毒品犯罪中，部分共同犯罪人未到案，如现有证据能够认定已到案被告人为共同犯罪，或者能够认定为主犯或者从犯的，应当依法认定。没有实施毒品犯罪的共同故意，仅在客观上为相互关联的毒品犯罪上下家，不构成共同犯罪，但为了诉讼便利可并案审理。审理毒品共同犯罪案件应当注意以下几个方面的问题：一是要正确区分主犯和从犯。区分主犯和从犯，应当以各共同犯罪人在毒品共同犯罪中的地位和作用为根据。要从犯意提起、具体行为分工、出资和实际分得毒赃多少以及共犯之间相互关系等方面，比较各个共同犯罪人在共同犯罪中的地位和作用。在毒品共同犯罪中，为主出资者、毒品所有者或者起意、策划、纠集、组织、雇佣、指使他人参与犯罪以及其他起主要作用的是主犯；起次要或者辅助作用的是从犯。受雇佣、受指使实施毒品犯罪的，应根据其在犯罪中实际发挥的作用具体认定为主犯或者从犯。对于确有证据证明在共同犯罪中起次要或者辅助作用的，不能因为其他共同犯罪人未到案而不认定为从犯，甚至将其认定为主犯或者按主犯处罚。只要认定为从犯，无论主犯是否到案，均应依照刑法关于从犯的规定从轻、减轻或者免除处罚。二是要正确认定共同犯罪案件中主犯和从犯的毒品犯罪数量。对于毒品犯罪集团的首要分子，应按集团毒品犯罪的总数量处罚；对一般共同犯罪的主犯，应按其所参与的或者组织、指挥的毒品犯罪数量处罚；对于从犯，应当按照其所参与的毒品犯罪的数量处罚。三是要根据行为人在共同犯罪中的作用和罪责大小确定刑罚。不同案件不能简单类比，一个案件的从犯参与犯罪的毒品数量可能比另一案件的主犯参与犯罪的毒品数量大，但对这一案件从犯的处罚不是必然重于另一案件的主犯。共同犯罪中能分清主从犯的，不能因为涉案的毒品数量特别巨大，就不分主从犯而一律将被告人认定为主犯或者实际上都按主犯处罚，一律判处重刑甚至死刑。对于共同犯罪中有多个主犯或者共同犯罪人的，处罚上也应做到区别对待。应当全面考察各主犯或者共同犯罪人在共同犯罪中实际发挥作用的差别，主观恶性和人身危险性方面的差异，对罪责或者人身危险性更大的主犯或者共同犯罪人依法判处更重的刑罚。"第 10 条 "主观明知的认定问题"规定："毒品犯罪中，判断被告人对涉案毒品是否明知，不能仅凭被告人供述，而应当依据被告人实施毒品犯罪行为的过程、方式、毒品被查获时的情形等证据，结合被告人的年龄、阅历、智力等情况，进行综合分析判断。具有下列情形之一，被告人不能做出合理解释的，可以认定其'明知'是毒品，但有证据证明确属被蒙骗的除外：（1）执法人员在口岸、机场、车站、港口和其他检查站点检查时，要求行为人申报为他人携带的物品和其他疑似毒品物，并告知其法律责任，而行为人未如实申报，在其携带的物品中查获毒品的；（2）以伪报、藏匿、伪装等蒙蔽手段，逃避海关、边防等检查，在其携带、运输、邮寄的物品中查获毒品的；（3）执法人员检查时，有逃跑、丢弃携带物品或者逃避、抗拒检查等行为，在其携带或者丢弃的物品中查获毒品的；（4）体内或者贴身隐秘处藏匿毒品的；（5）为获取不同寻常的高额、不等值报酬为他人携带、运输物品，从中查获毒品的；（6）采用高度隐蔽的方式携带、运输物品，从中查获毒品的；（7）采用高度隐蔽的方式交接物品，明显违背合法物品惯常交接方式，从中查获毒品的；（8）行程路线故意绕开检查站点，在其携带、运输的物品中查获毒品的；（9）以虚假身份或者地址办理托运手续，在其托运的物品中查获毒品的；（10）有其他证据足以认定行为人应当知道的。"第 12 条 "特定人员参与毒品犯罪问题"第 1 款规定："近年来，一些毒品犯罪分子为了逃避打击，雇佣孕妇、哺乳期妇女、急性传染病人、残疾人或者未成年人等特定人员进行毒品犯罪活动，成为影响我国禁毒工作成效的突出问题。对利用、教唆特定人员进行毒品犯罪活动的组织、策划、指挥和教唆者，要依法严厉打击，该判处重刑直至死刑的，坚决依法判处重刑直至死刑。对于被利用、被诱骗参与毒品犯罪的特定人员，可以从宽处理。"第 13 条 "毒品案件财产刑的适用和执行问题"规定："刑法对毒品犯罪规定了并处罚金或者没收财产刑，司法实践中应当依法充分适用。不仅要依法追缴被告人的违法所得及其收益，还要严格依法判处被告人罚金刑或者没收财产刑，不能因为被告人没有财产，或者其财产难以查清、难以分割或者难以执行，就不依法判处财产刑。要采取有力措施，加大财产刑执行力度。要加强与公安机关、检察机关的协作，对毒品犯罪分子来源不明的巨额财产，依法及时采取查封、扣押、冻结等措施，防止犯罪分子及其亲属转移、隐匿、变卖或者洗钱，逃避依法追缴。要加强不同地区法院之间的相互协作配合。毒品犯罪分子的财产在异地的，第一审人民法院可以委托财产所在地人民法院代为执行。要落实和运用有关国际禁毒公约规定，充分利用国际刑警组织等渠道，最大限度地做好境外追赃工作。"

最高人民法院研究室 2009 年 8 月 17 日发布的《关于被告人对不同种毒品实施同一犯罪行为是否按比例折算成一种毒品予以累加后量刑的答复》规定："根据《全国部分法院

审理毒品犯罪案件工作座谈会纪要》的规定，对被告人一人走私、贩卖、运输、制造两种以上毒品的，不实行数罪并罚，量刑时可综合考虑毒品的种类、数量及危害，依法处理。故同意你院处理意见。"

最高人民法院研究室 2010 年 9 月 27 日发布的《关于贩卖、运输经过取汁的罂粟壳废渣是否构成贩卖、运输毒品罪的答复》规定："根据你院提供的情况，对本案被告人不宜以贩卖、运输毒品罪论处。主要考虑：（1）被告人贩卖、运输的是经过取汁的罂粟壳废渣，吗啡含量只有 0.01%，含量极低，从技术和成本看，基本不可能用于提取吗啡；（2）国家对经过取汁的罂粟壳并无明文规定予以管制，实践中有关药厂也未按照管制药品对其进行相应处理；（3）无证据证明被告人购买、加工经过取汁的罂粟壳废渣是为了将其当作毒品出售，具有贩卖、运输毒品的故意。如果查明行为人有将罂粟壳废渣作为制售毒品原料予以利用的故意，可建议由公安机关予以治安处罚。"

最高人民检察院、公安部 2012 年 5 月 28 日发布的《关于公安机关管辖的刑事案件立案追诉标准的规定（三）》第 1 条规定："走私、贩卖、运输、制造毒品，无论数量多少，都应予立案追诉。本条规定的'走私'是指明知是毒品而非法将其运输、携带、寄递进出国（边）境的行为。直接向走私人非法收购走私进口的毒品，或者在内海、领海、界河、界湖运输、收购、贩卖毒品的，以走私毒品罪立案追诉。本条规定的'贩卖'是指明知是毒品而非法销售或者以贩卖为目的而非法收买的行为。有证据证明行为人以牟利为目的，为他人代购仅用于吸食、注射的毒品，对代购者以贩卖毒品罪立案追诉。不以牟利为目的，为他人代购仅用于吸食、注射的毒品，毒品数量达到本规定第二条规定的数量标准的，对托购者和代购者以非法持有毒品罪立案追诉。明知他人实施毒品犯罪而为其居间介绍、代购代卖的，无论是否牟利，都应以相关毒品犯罪的共犯立案追诉。本条规定的'运输'是指明知是毒品而采用携带、寄递、托运、利用他人或者使用交通工具等方法非法运送毒品的行为。本条规定的'制造'是指非法利用毒品原植物直接提炼或者用化学方法加工、配制毒品，或者以改变毒品成分和效用为目的，用混合等物理方法加工、配制毒品的行为。为了便于隐蔽运输、销售、使用、欺骗购买者，或者为了增重，对毒品掺杂使假，添加或者去除其他非毒品物质，不属于制造毒品的行为。为了制造毒品而采用生产、加工、提炼等方法非法制造易制毒化学品的，以制造毒品罪（预备）立案追诉。购进制造毒品的设备和原材料，开始着手制造毒品，尚未制造出毒品或者半成品的，以制造毒品罪（未遂）立案追诉。明知他人制造毒品而为其生产、加工、提炼、提供醋酸酐、乙醚、三氯甲烷等制毒物品的，以制造毒品罪的共犯立案追诉。走私、贩卖、运输毒品主观故意中的'明知'，是指行为人知道或者应当知道所实施的是走私、贩卖、运输毒品行为。具有下列情形之一，结合行为人的供述和其他证据综合审查判断，可以认定其'应当知道'，但有证据证明确属被蒙骗的除外：（一）执法人员在口岸、机场、车站、港口、邮局和其他检查站点检查时，要求行为人申报携带、运输、寄递的物品和其他疑似毒品物，并告知其法律责任，而行为人未如实申报，在其携带、运输、寄递的物品中查获毒品的；（二）以伪报、藏匿、伪装等蒙蔽手段逃避海关、边防等检查，在其携带、运输、寄递的物品中查获毒品的；（三）执法人员检查时，有逃跑、丢弃携带物品或者逃避、抗拒检查等行为，在其携带、藏匿或者丢弃的物品中查获毒品的；（四）体内或者贴身隐秘处藏匿毒品的；（五）为获取不同寻常的高额或者不等值的报酬为他人携带、运输、寄递、收取物品，从中查获毒品的；（六）采用高度隐蔽的方式携带、运输物品，从中查获毒品的；（七）采用高度隐蔽的方式交接物品，明显违背合法物品惯常交接方式，从中查获毒品的；（八）行程路线故意绕开检查站点，在其携带、运输的物品中查获毒品的；（九）以虚假身份、地址或者其他虚假方式办理托运、寄递手续，在托运、寄递的物品中查获毒品的；（十）有其他证据足以证明行为人应当知道的。制造毒品主观故意中的'明知'，是指行为人知道或者应当知道所实施的是制造毒品行为。有下列情形之一，结合行为人的供述和其他证据综合审查判断，可以认定其'应当知道'，但有证据证明确属被蒙骗的除外：（一）购置了专门用于制造毒品的设备、工具、制毒物品或者配制方案的；（二）为获取不同寻常的高额或者不等值的报酬为他人制造物品，经检验是毒品的；（三）在偏远、隐蔽场所制造，或者采取对制造设备进行伪装等方式制造物品，经检验是毒品的；（四）制造人员在执法人员检查时，有逃跑、抗拒检查等行为，在现场查获制造出的物品，经检验是毒品的；（五）有其他证据足以证明行为人应当知道的。走私、贩卖、运输、制造毒品罪是选择性罪名，对同一宗毒品实施了两种以上犯罪行为，并有相应确凿证据的，应当按照所实施的犯罪行为的性质并列适用罪名，毒品数量不重复计算。对同一宗毒品可能实施了两种以上犯罪行为，但相应证据只能认定其中一种或者几种行为，认定其他行为的证据不够确实充分的，只按照依法能够认定的行为的性质适用罪名。对不同宗毒品分别实施了不同种犯罪行为的，应对不同行为并列适用罪名，累计计算毒品数量。"

最高人民法院、最高人民检察院、公安部 2012 年 6 月 18 日发布的《关于办理走私、非法买卖麻黄碱类复方制剂等刑事案件适用法律若干问题的意见》第 1 条规定："以加工、提炼制毒物品制造毒品为目的，购买麻黄碱类复方制剂，或者运输、携带、寄递麻黄碱类复方制剂进出境的，依照刑法第三百四十七条的规定，以制造毒品罪定罪处罚。以加工、提炼制毒物品为目的，购买麻黄碱类复方制剂，或者运输、携带、寄递麻黄碱类复方制剂进出境的，依照刑法第三百五十条第一款、第三款的规定，分别以非法买卖制毒物品罪、走私制毒物品罪定罪处罚。将麻黄碱类复方制剂拆除包装、改变形态后进行走私或者非法买卖，或者明知是已拆除包装、改变形态的麻黄碱类复方制剂而进行走私或者非法买卖的，依照刑法第三百五十条第一款、第三款的规定，分别以走私制毒物品罪、非法买卖制毒物品罪定罪处罚。非法买卖麻黄碱类复方制剂或者运输、携带、寄递麻黄碱类复方制剂进出境，没有证据证明系用于制造毒品或者走私、非法买卖制毒物品，或者未达到走私制毒物品罪、非法买卖制毒物品罪的定罪数量标准，构成非法经营罪、走私普通货物、物品罪等其他犯罪的，依法定罪处罚。实施第一款、第二款规定的行为，同时构成其他犯罪的，依照处罚较重的规定定罪处罚。"第2条规定："以制造毒品为目的，利用麻黄碱类复方制剂加工、提炼制毒物品的，依照刑法第三百四十七条的规定，以制造毒品罪定罪处罚。以走私或者非法买卖为目的，利用麻黄碱类复方制剂加工、提炼制毒物品的，依照刑法第三百五十条第一款、第三款的规定，分别以走私制毒物品罪、非法买卖制毒物品罪定罪处罚。"第3条规定："明知他人利用麻黄碱类制毒物品制造毒品，向其提供麻黄碱类复方制剂，为其利用麻黄碱类复方制剂加工、提炼制毒物品，或者为其获取、利用麻黄碱类复方制剂提供其他帮助的，以制造毒品罪的共犯论处。明知他人走私或者非法买卖麻黄碱类制毒物品，向其提供麻黄碱类复方制剂，为其利用麻黄碱类复方制剂加工、提炼制毒物品，或者为其获取、利用麻黄碱类复方制剂提供其他帮助的，分别以走私制毒物品罪、非法买卖制毒物品罪的共犯论处。"第4条规定："实施本意见规定的行为，符合犯罪预备或者未遂情形的，依照法律规定处罚。"第5条规定："对于本意见规定的犯罪嫌疑人、被告人的主观目的与明知，应当根据物证、书证、证人证言以及犯罪嫌疑人、被告人供述和辩解等在案证据，结合犯罪嫌疑人、被告人的行为表现，重点考虑以下因素综合予以认定：1. 购买、销售麻黄碱类复方制剂的价格是否明显高于市场交易价格；2. 是否采用虚假信息、隐蔽手段运输、寄递、存储麻黄碱类复方制剂；3. 是否采用伪报、伪装、藏匿或者绕行进出境等手段逃避海关、边防等检查；4. 提供相关帮助行为获得的报酬是否合理；5. 此前是否实施过同类违法犯罪行为；6. 其他相关因素。"第6条规定："实施本意见规定的行为，以走私制毒物品罪、非法买卖制毒物品罪定罪处罚的，应当以涉案麻黄碱类复方制剂中麻黄碱类物质的含量作为涉案制毒物品的数量。实施本意见规定的行为，以制造毒品罪定罪处罚的，应当将涉案麻黄碱类复方制剂所含的麻黄碱类物质可以制成的毒品数量作为量刑情节考虑。多次实施本意见规定的行为未经处理的，涉案制毒物品的数量累计计算。"第7条规定："实施本意见规定的行为，以走私制毒物品罪、非法买卖制毒物品罪定罪处罚的，涉案麻黄碱类复方制剂所含的麻黄碱类物质应当达到以下数量标准：麻黄碱、伪麻黄碱、消旋麻黄碱及其盐类五千克以上不满五十千克；去甲麻黄碱、甲基麻黄碱及其盐类十千克以上不满一百千克；麻黄浸膏、麻黄浸膏粉一百千克以上不满一千千克。达到上述数量标准上限的，认定为刑法第三百五十条第一款规定的'数量大'。实施本意见规定的行为，以制造毒品罪定罪处罚的，无论涉案麻黄碱类复方制剂所含的麻黄碱类物质数量多少，都应当追究刑事责任。"第 8 条规定："本意见所称麻黄碱类复方制剂是指含有《易制毒化学品管理条例》（国务院令第 445 号）品种目录所列的麻黄碱（麻黄素）、伪麻黄碱（伪麻黄素）、消旋麻黄碱（消旋麻黄素）、去甲麻黄碱（去甲麻黄素）、甲基麻黄碱（甲基麻黄素）及其盐类，或者麻黄浸膏、麻黄浸膏粉等麻黄碱类物质的药品复方制剂。"

最高人民法院、最高人民检察院、公安部、农业部、食品药品监督管理总局 2013 年 5 月 21 日发布的《关于进一步加强麻黄草管理严厉打击非法买卖麻黄草等违法犯罪活动的通知》第 3 条规定："各地人民法院、人民检察院、公安机关要依法查处非法采挖、买卖麻黄草等犯罪行为，区别情形予以处罚：（一）以制造毒品为目的，采挖、收购麻黄草的，依照刑法第三百四十七条的规定，以制造毒品罪定罪处罚。（二）以提取麻黄碱类制毒物品后进行走私或者非法贩卖为目的，采挖、收购麻黄草，涉案麻黄草所含的麻黄碱类制毒物品达到相应定罪数量标准的，依照刑法第三百五十条第一款、第三款的规定，分别以走私制毒物品罪、非法买卖制毒物品罪定罪处罚。（三）明知他人制造毒品或者走私、非法买卖制毒物品，向其提供麻黄草或者提供运输、储存麻黄草等帮助的，分别以制造毒品罪、走私制毒物品罪、非法买卖制毒物品罪的共犯论处。（四）违反国家规定采挖、销售、收购麻黄草，没有证据证明以制造毒品或者走私、非法买卖制毒物品为目的，依照刑法第二百二十五条的规定构成犯罪的，以非法经营罪定罪处罚。（五）实施以上行为，以制造毒品罪、走私制毒物品罪、非法买卖制毒物品罪定罪处罚的，涉案制毒物品的数量按照三百千克麻黄草折合一千克麻黄碱计算；以制造毒品罪定罪处罚的，无论涉案麻黄草数量多少，均应追究刑事责任。"

最高人民法院 2013 年 12 月 23 日发布的《关于常见犯罪的量刑指导意见》"走私、贩卖、运输、制造毒品罪"部分规定："1. 构成走私、贩卖、运输、制造毒品罪的，可以根据下列不同情形在相应的幅度内确定量刑起点：（1）走私、贩卖、运输、制造鸦片一千克，海洛因、甲基苯丙胺五十克或者其他毒品数量达到数量大起点的，量刑起点为十五年有期徒刑。依法应当判处无期徒刑以上刑罚的除外。（2）走私、贩卖、运输：制造鸦片二百克，海洛因、甲基苯丙胺十克或者其他毒品数量达到数量较大起点的，可以在七年至八年有期徒刑幅度内确定量刑起点。（3）走私、贩卖、运输、制造鸦片不满二百克，海洛因、甲基苯丙胺不满十克或者其他少量毒品的，可以在三年以下有期徒刑、拘役幅度内确定量刑起点；情节严重的，可以在三年至四年有期徒刑幅度内确定量刑起点。2. 在量刑起点的基础上，可以根据毒品犯罪次数、人次、毒品数量等其他影响犯罪构成的犯罪事实增加刑罚量，确定基准刑。3. 有下列情节之一的，可以增加基准刑的 10% ~ 30%：（1）利用、教唆未成年人走私、贩卖、运输、制造毒品的；（2）向未成年人出售毒品的；

（3）毒品再犯。4. 有下列情节之一的，可以减少基准刑的30%以下：（1）受雇运输毒品的；（2）毒品含量明显偏低的；（3）存在数量引诱情形的。"

最高人民法院、最高人民检察院2014年8月12日发布的《关于办理走私刑事案件适用法律若干问题的解释》第20条规定："直接向走私人非法收购走私进口的货物、物品，在内海、领海、界河、界湖运输、收购、贩卖国家禁止进出口的物品，或者没有合法证明，在内海、领海、界河、界湖运输、收购、贩卖国家限制进出口的货物、物品，构成犯罪的，应当按照走私货物、物品的种类，分别依照刑法第一百五十一条、第一百五十二条、第一百五十三条、第三百四十七条、第三百五十条的规定定罪处罚。刑法第一百五十五条第二项规定的'内海'，包括内河的入海口水域。"第22条规定："在走私的货物、物品中藏匿刑法第一百五十一条、第一百五十二条、第三百四十七条、第三百五十条规定的货物、物品，构成犯罪的，以实际走私的货物、物品定罪处罚；构成数罪的，实行数罪并罚。"

最高人民法院2015年5月18日发布的《全国法院毒品犯罪审判工作座谈会纪要》关于"罪名认定问题"部分规定："贩毒人员被抓获后，对于从其住所、车辆等处查获的毒品，一般均应认定为其贩卖的毒品。确有证据证明查获的毒品并非贩毒人员用于贩卖，其行为另构成非法持有毒品罪、窝藏毒品罪等其他犯罪的，依法定罪处罚。吸毒者在购买、存储毒品过程中被查获，没有证据证明其是为了实施贩卖毒品等其他犯罪，毒品数量达到刑法第三百四十八条规定的最低数量标准的，以非法持有毒品罪定罪处罚。吸毒者在运输毒品过程中被查获，没有证据证明其是为了实施贩卖毒品等其他犯罪，毒品数量达到较大以上的，以运输毒品罪定罪处罚。行为人为吸毒者代购毒品，在运输过程中被查获，没有证据证明托购者、代购者是为了实施贩卖毒品等其他犯罪，毒品数量达到较大以上的，对托购者、代购者以运输毒品罪的共犯论处。行为人为他人代购仅用于吸食的毒品，在交通、食宿等必要开销之外收取'介绍费''劳务费'，或者以贩卖为目的收取部分毒品作为酬劳的，应视为从中牟利，属于变相加价贩卖毒品，以贩卖毒品罪定罪处罚。购毒者接收贩毒者通过物流寄递方式交付的毒品，没有证据证明其是为了实施贩卖毒品等其他犯罪，毒品数量达到刑法第三百四十八条规定的最低数量标准的，一般以非法持有毒品罪定罪处罚。代收者明知是物流寄递的毒品而代购毒者接收，没有证据证明其与购毒者有实施贩卖、运输毒品等犯罪的共同故意，毒品数量达到刑法第三百四十八条规定的最低数量标准的，对代收者以非法持有毒品罪定罪处罚。行为人利用信息网络贩卖毒品、在境内非法买卖用于制造毒品的原料或者配剂、传授制造毒品等犯罪的方法，构成贩卖毒品罪、非法买卖制毒物品罪、传授犯罪方法罪等犯罪的，依法定罪处罚。行为人开设网站、利用网络聊天室等组织他人共同吸毒，构成引诱、教唆、欺骗他人吸毒罪等犯罪的，依法定罪处罚。"关于"共同犯罪认定问题"部分规定："办理贩卖毒品案件，应当准确认定居间介绍买卖毒品行为，并与居中倒卖毒品行为相区别。居间介绍者在毒品交易中处于中间人地位，发挥介绍联络作用，通常与交易一方构成共同犯罪，但不以牟利为要件；居中倒卖者属于毒品交易主体，与前后环节的交易对象是上下家关系，直接参与毒品交易并从中获利。居间介绍者受贩毒者委托，为其介绍联络购毒者的，与贩毒者构成贩卖毒品罪的共同犯罪；明知购毒者以贩卖为目的购买毒品，受委托为其介绍联络贩毒者的，与购毒者构成贩卖毒品罪的共同犯罪；受以吸食为目的的购毒者委托，为其介绍联络贩毒者，毒品数量达到刑法第三百四十八条规定的最低数量标准的，一般与购毒者构成非法持有毒品罪的共同犯罪；同时与贩毒者、购毒者共谋，联络促成双方交易的，通常认定与贩毒者构成贩卖毒品罪的共同犯罪。居间介绍者实施为毒品交易主体提供交易信息、介绍交易对象等帮助行为，对促成交易起次要、辅助作用的，应当认定为从犯；对于以居间介绍者的身份介入毒品交易，但在交易中超出居间介绍者的地位，对交易的发起和达成起重要作用的被告人，可以认定为主犯。两人以上同行运输毒品的，应当从是否明知他人带有毒品，有无共同运输毒品的意思联络，有无实施配合、掩护他人运输毒品的行为等方面综合审查认定是否构成共同犯罪。受雇于同一雇主同行运输毒品，但受雇者之间没有共同犯罪故意，或者虽然明知他人受雇运输毒品，但各自的运输行为相对独立，既没有实施配合、掩护他人运输毒品的行为，又分别按照各自运输的毒品数量领取报酬的，不应认定为共同犯罪。受雇于同一雇主分段运输同一宗毒品，但受雇者之间没有犯罪共谋的，也不应认定为共同犯罪。雇用他人运输毒品的雇主，及其他对受雇者起到一定组织、指挥作用的人员，与各受雇者分别构成运输毒品罪的共同犯罪，对运输的全部毒品数量承担刑事责任。"关于"毒品数量认定问题"部分规定："走私、贩卖、运输、制造、非法持有两种以上毒品的，可以将不同种类的毒品分别折算为海洛因的数量，以折算后累加的毒品总量作为量刑的根据。对于刑法、司法解释或者其他规范性文件明确规定了定罪量刑数量标准的毒品，应当按照该毒品与海洛因定罪量刑数量标准的比例进行折算后累加。对于刑法、司法解释及其他规范性文件没有规定定罪量刑数量标准，但《非法药物折算表》规定了与海洛因的折算比例的毒品，可以按照《非法药物折算表》折算为海洛因后进行累加。对于既未规定定罪量刑数量标准，又不具备折算条件的毒品，综合考虑其致瘾癖性、社会危害性、数量、纯度等因素依法量刑。在裁判文书中，应当客观表述涉案毒品的种类和数量，并综合认定为数量大、数量较大或者少量毒品等，不明确表述将不同种类毒品进行折算后累加的毒品总量。对于未查获实物的甲基苯丙胺片剂（俗称'麻古'等）、MDMA 片剂（俗称'摇头丸'）等混合型毒品，可以根据在案证据证明的毒品粒数，参考本案或者本地区查获的同类毒品的平均重量计算出毒品数量。在裁判文书中，应当客观表述根据在案证据认定的毒品粒数。对于有吸毒情节的贩毒人员，一般应当按照其购买的毒品数量认定其贩卖毒品的数量，量刑时酌情考虑其吸食毒品的情节；购买的毒品数量无法查明的，按照能够证明的贩卖数量及查获的毒品数量认定其贩毒数量；确有证据证明其购买的部分毒品并非用于贩卖的，不应计入其贩毒数量。办理毒品犯罪案件，无论毒品纯度高低，一般均应将查证属实的毒品数量认定为毒品犯罪的数量，并据此确定适用的法定刑幅度，但司法解释另有规定或者为了隐蔽运输而临时改变毒品常规形态的除外。涉案毒品纯度明显低于同类毒品的正常纯度的，量刑时可以酌情考虑。制造毒品案件中，毒品成品、半成品的数量应当全部认定为制造毒品的数量，对于无法再加工出成品、半成品的废液、废料则不应计入制造毒品的数量。对于废液、废料的认定，可以根据其毒品成分的含量、外观形态，结合被告人对制毒过程的供述等证据进行分析判断，必要时可以听取鉴定机构的意见。"关于"死刑适用问题"部分第 1 条"运输毒品犯罪的死刑适用"规定："对于运输毒品犯罪，应当继续按照《大连会议纪要》的有关精神，重点打击运输毒品犯罪集团首要分子，组织、指使、雇用他人运输毒品的主犯或者毒枭、职业毒犯、毒品再犯，以及具有武装掩护运输毒品、以运输毒品为业、多次运输毒品等严重情节的被告人，对其中依法应当判处死刑的，坚决依法判处。对于受人指使、雇用参与运输毒品的被告人，应当综合考虑毒品数量、犯罪次数、犯罪的主动性和独立性、在共同犯罪中的地位作用、获利程度和方式及其主观恶性、人身危险性等因素，予以区别对待，慎重适用死刑。对于有证据证明确属受人指使、雇用运输毒品，又系初犯、偶犯的被告人，即使毒品数量超过实际掌握的死刑数量标准，也可以不判处死刑；尤其对于其中被动参与犯罪，从属性、辅助性较强，获利程度较低的被告人，一般不应当判处死刑。对于不能排除受人指使、雇用初次运输毒品的被告人，毒品数量超过实际掌握的死刑数量标准，但尚不属数量巨大的，一般也可以不判处死刑。一案中有多人受雇运输毒品的，在决定死刑适用时，除各被告人运输毒品的数量外，还应结合其具体犯罪情节、参与犯罪程度、与雇用者关系的紧密性及其主观恶性、人身危险性等因素综合考虑，同时判处二人以上死刑要特别慎重。"第 2 条"毒品共同犯罪、上下家犯罪的死刑适用"规定："毒品共同犯罪案件的死刑适用应当与该案的毒品数量、社会危害及被告人的犯罪情节、主观恶性、人身危险性相适应。涉案毒品数量刚超过实际掌握的死刑数量标准，依法应当适用死刑的，要尽量区分主犯间的罪责大小，一般只对其中罪责最大的一名主犯判处死刑；各共同犯罪人地位作用相当，或者罪责大小难以区分的，可以不判处被告人死刑；二名主犯的罪责均很突出，且均具有法定从重处罚情节的，也要尽可能比较其主观恶性、人身危险性方面的差异，判处二人死刑要特别慎重。涉案毒品数量达到巨大以上，二名以上主犯的罪责均很突出，或者罪责稍次的主犯具有法定、重大酌定从重处罚情节，判处二人以上死刑符合罪刑相适应原则，并有利于全案量刑平衡的，可以依法判处。对于部分共同犯罪人未到案的案件，在案被告人与未到案共同犯罪人均属罪行极其严重，即使共同犯罪人到案也不影响对在案被告人适用死刑的，可以依法判处在案被告人死刑；在案被告人的罪行不足以判处死刑，或者共同犯罪人归案后全案只宜判处其一人死刑的，不能因为共同犯罪人未到案而对在案被告人适用死刑；在案被告人与未到案共同犯罪人的罪责大小难以准确认定，进而影响准确适用死刑的，不应对在案被告人判处死刑。对于贩卖毒品案件中的上下家，要结合其贩毒数量、次数及对象范围，犯罪的主动性，对促成交易所发挥的作用，犯罪行为的危害后果等因素，综合考虑其主观恶性和人身危险性，慎重、稳妥地决定死刑适用。对于买卖同宗毒品的上下家，涉案毒品数量刚超过实际掌握的死刑数量标准的，一般不能同时判处死刑；上家主动联络销售毒品，积极促成毒品交易的，通常可以判处上家死刑；下家积极筹资，主动向上家约购毒品，对促成毒品交易起更大作用的，可以考虑判处下家死刑。涉案毒品数量达到巨大以上的，也要综合上述因素决定死刑适用，同时判处上下家死刑符合罪刑相适应原则，并有利于全案量刑平衡的，可以依法判处。一案中有多名共同犯罪人、上下家针对同宗毒品实施犯罪的，可以综合运用上述毒品共同犯罪、上下家犯罪的死刑适用原则予以处理。办理毒品犯罪案件，应当尽量将共同犯罪案件或者密切关联的上下游案件进行并案审理；因客观原因造成分案处理的，办案时应当及时了解关联案件的审理进展和处理结果，注重量刑平衡。"第3条"新类型、混合型毒品犯罪的死刑适用"规定："甲基苯丙胺片剂（俗称'麻古'等）是以甲基苯丙胺为主要毒品成分的混合型毒品，其甲基苯丙胺含量相对较低，危害性亦有所不同。为体现罚当其罪，甲基苯丙胺片剂的死刑数量标准一般可以按照甲基苯丙胺（冰毒）的2倍左右掌握，具体可以根据当地的毒品犯罪形势和涉案毒品含量等因素确定。涉案毒品为氯胺酮（俗称'K粉'）的，结合毒品数量、犯罪性质、情节及危害后果等因素，对符合死刑适用条件的被告人可以依法判处死刑。综合考虑氯胺酮的致瘾癖性、滥用范围和危害性等因素，其死刑数量标准一般可以按照海洛因的10倍掌握。涉案毒品为其他滥用范围和危害性相对较小的新类型、混合型毒品的，一般不宜判处被告人死刑。但对于司法解释、规范性文件明确规定了定罪量刑数量标准，且涉案毒品数量特别巨大，社会危害大，不判处死刑难以体现罚当其罪的，必要时可以判处被告人死刑。"关于"缓刑、财产刑适用及减刑、假释问题"部分规定："对于毒品犯罪应当从严掌握缓刑适用条件。对于毒品再犯，一般不得适用缓刑。对于不能排除多次贩毒嫌疑的零包贩毒被告人，因认定构成贩卖毒品等犯罪的证据不足而认定为非法持有毒品罪的被告人，实施引诱、教唆、欺骗、强迫他人吸毒犯罪及制毒物品犯罪的被告人，应当严格限制缓刑适用。办理毒品犯罪案件，应当依法追缴犯罪分子的违法所得，充分发挥财产刑的作用，切实加大对犯罪分子的经济制裁力度。对查封、扣押、冻结的涉案财物及其孳息，经查确属违法所得或者依法应当追缴的其他涉案财物的，如购毒款、供犯罪所用的本人财物、毒品犯罪所得的财物及其收益等，应当判决没收，但法律另有规定的除外。判处罚金刑时，应当结合毒品犯罪的性质、情节、危害后果及被告人的获利情况、经济状况等因素合理确定罚金数额。对于决定并处没收财产的毒品犯罪，判处被告人有期徒刑的，应当按照上述确定罚金数额的原则确定没收个人部分财产的数额；判处无期徒刑的，可以并处没收个人全部财产；判处死缓或者死刑的，应当并处没收个人全部财产。对于具有毒枭、职业毒犯、累犯、毒品再犯等情节的毒品罪犯，应当从严掌握减刑条件，适当延长减刑起始时间、间隔时间，严格控制减刑幅度，延长实际执行刑期。对于刑法未禁止假释的前述毒品罪犯，应当严格掌握假释条件。"关于"非法贩卖麻醉药品、精神药品行为的定性问题"部分规定："行为人向走私、贩卖毒品的犯罪分子或者吸食、注射毒品的人员贩卖国家规定管制的能够使人形成瘾癖的麻醉药品或者精神药品的，以贩卖毒品罪定罪处罚。行为人出于医疗目的，违反有关药品管理的国家规定，非法贩卖上述麻醉药品或者精神药品，扰乱市场秩序，情节严重的，以非法经营罪定罪处罚。"

【立法建言】

建议一：将本节的节名修改为："毒品罪"或者"毒品犯罪"。

理　　由：

从类型化思维的角度来看，宜将《刑法》分则第六章第七节"走私、贩卖、运输、制造毒品罪"的节名改为"毒品罪"或者"毒品犯罪"。因为，以事物的根本特征为标准对研究对象作出合理的类属划分，是将事物"类型化"的基本途径。[1] 因此，"在刑事立法中，立法者应当通过'类型谱系'的构建，从横向与纵向两个层面形成毗邻类型、上位类型（母类型）、下位类型（子类型）等，以此型构刑法的'内在体系'"[2]。然而，《刑法》分则第六章第七节将毒品犯罪的类罪名命名为"走私、贩卖、运输、制造毒品罪"，其不仅与《刑法》第347条规定的走私、贩卖、运输、制造毒品罪这一属罪名完全重合，混淆了上位类型与下位类型的关系，而且在逻辑上也不周延，无法将《刑法》第348条至第355条规定的非法持有毒品罪等其他11个毒品犯罪的罪名包括在内。因此，从"类型谱系"的角度来看，有必要进一步厘清毒品犯罪行为上位类型与下位类型的关系，将《刑法》分则第六章第七节的节名改为"毒品罪"或者"毒品犯罪"[3]。

---

① 参见李可："类型思维及其法学方法论的意义——以传统抽象思维作为参照"，载《金陵法律评论》2003年秋季卷。

② 参见杜宇："类型思维的兴起与刑法上之展开路径"，载《当代法学研究》2012年第2期。

③ 参见利子平："我国毒品犯罪刑事立法的反思——以类型化思维为视角"，载《南昌大学学报（人文社会科学版）》2014年第5期。

建议二： 删去《刑法》第 347 条第 1 款。

理　由：

从刑法分则的条文结构来看，刑法分则的具体条文一般由罪状和法定刑两部分构成。[①] 然而，《刑法》第 347 条第 1 款"走私、贩卖、运输、制造毒品，无论数量多少，都应当追究刑事责任，予以刑事处罚"的规定却没有具体的罪刑内容。因此，该款不属于典型的分则性条款，而是"宣示式条款"；该款所规范的内容也不属于典型的罪刑规范。所以，早就有学者建议删去这一"多余"的条款。[②] 其主要理由是，"刑法分则条文只有通过具体的罪刑'链接'才能真正发挥其一般预防功能和规范司法实践的功能。而'宣言式条款'往往是空洞的。由于本条对'毒品数量大''毒品数量较大'和'少量毒品'犯罪都作了罪刑规定，即本条第二款以后的六款都具体'落实'了第一款所宣示的内容，故无论是从条文的简练，还是从条文的实际意义，该'宣言式条款'都不应出现在本条中。'宣言式条款'的出现使得刑法条文显得叠床架屋而当然有损刑事立法的科学性"。[③]

建议三： 将走私、贩卖、运输、制造毒品罪进行罪名分解，并分别配置相应的法定刑。

理　由：

从类型化思维的角度来看，《刑法》第 347 条将走私、贩卖、运输、制造毒品罪作为选择性罪名加以规定，并且配置了同一的法定刑，未能充分考虑这四种行为方式对社会危害的差异性。事实上，走私、贩卖、运输、制造毒品这四种行为类型对社会的危害不尽相同，并不具有同质性。因此，将走私、贩卖、运输、制造毒品这四种行为类型作为选择性罪名加以规定，并且配置同一的法定刑，不符合类型化的要求。因为类型化的思考并不仅仅是为了缕析研究对象，从而更具体、细致地把握生活事实，更为重要的是，它还能够诉诸明白的价值判断，从而更容易融合目的性的考量。[④] 具体到毒品犯罪刑事立法，类型化的思考并不是为区分毒品犯罪的类型而区分，其根本目的是为了更好地在毒品犯罪刑事立法中贯彻罪刑相适应原则，从而做到罪刑均衡。因此，从类型化的角度来看，划分毒品犯罪的行为类型必须与其应当配置的法定刑紧密联系起来。如果说走私、贩卖、运输、制造

① 参见高铭暄、马克昌主编：《刑法学》，北京大学出版社、高等教育出版社 2011 年版，第 321 页；张明楷：《刑法学》，法律出版社 2011 年版，第 577 页。有学者进一步指出，"刑法分则条文的基本内容，是具体规定什么样的行为构成什么罪，以及对每一种分则应当判处什么刑罚及刑罚幅度。可见，这种包含罪刑关系的条文，由两部分组成：一是罪状，二是法定刑"（王作富主编：《刑法》，中国人民大学出版社 2011 年版，第 229 页）。

② 参见侯国云："也谈刑法典应力求垂范久远——论修订后的《刑法》的矛盾和问题"，载《法学》1998 年第 5 期；马荣春：《刑法完善论》，群众出版社 2008 年版，第 384 页。

③ 参见马荣春：《刑法完善论》，群众出版社 2008 年版，第 384 页。

④ 有学者认为，类型思维是概念思维呈现没落态势时的基本法学思维方式，具有价值导向性、介于抽象与具体之间的中间性、使法规范与生活现实相互调适的开放性等特点（参见齐文远、苏彩霞："刑法中的类型思维之提倡"，载《法律科学》2010 年第 1 期）。

毒品行为对社会的危害程度具有同质性，那么，其理所当然地应当配置同一的法定刑；否则，就应重新考量《刑法》第347条将走私、贩卖、运输、制造毒品罪作为选择性罪名加以规定并配置同一法定刑的合理性。

从我国刑法学界对走私、贩卖、运输、制造毒品罪研讨的情况来看，许多学者都认为，走私、贩卖、运输、制造毒品犯罪的客观行为存在重要区别，其性质不同，将走私、贩卖、运输、制造毒品罪作为选择性罪名违背了选择性罪名设置的基本原理。因此，应当对走私、贩卖、运输、制造毒品罪进行罪名分解，并且只能对罪行极其严重的走私毒品罪或者走私毒品罪、贩卖毒品罪配置死刑。① 对此，笔者深表赞成。但问题在于，刑法学界对于应当如何应对运输毒品行为尚存在较大的分歧。例如，有学者认为，"无论从字面解释还是从实质解释来看，运输毒品罪都没有独立存在的必要"。因为"从刑法理论的角度分析，即使刑法不单独规定运输毒品罪，也完全可以对运输毒品行为进行处罚，相反，将运输毒品罪单独规定为一个罪名，可能会产生定罪与量刑上的不均衡"。② 笔者认为，上述观点确有一定的道理，但其理由却并不充分。主要原因在于，如果没有证据证明行为人本身就是走私、贩卖或者制造毒品的犯罪分子，或者行为人仅概括地认识到他人是毒品犯罪分子，但却不明知他人究竟是走私、贩卖还是制造毒品的犯罪分子，那么，将导致司法实践中既不能直接以走私、贩卖、制造毒品罪论处，也无法以走私、贩卖、制造毒品罪的共犯论处的困境。因此，从有利于查处毒品犯罪的角度来看，仍有必要将运输毒品罪作为一个独立的犯罪类型加以规定，并配置与之相适应的法定刑。③ 笔者的上述观点不仅有充分的理论依据，而且还有相关司法实践经验作为支撑。例如，最高人民法院2008年12月1日发布的《全国部分法院审理毒品犯罪案件工作座谈会纪要》明确规定："对同一宗毒品可能实施了两种以上犯罪行为，但相应证据只能认定其中一种或者几种行为，认定其他行为的证据不够确实充分的，则只按照依法能够认定的行为的性质定罪。如涉嫌为贩卖而运输毒品，认定贩卖的证据不够确实充分的，则只定运输毒品罪。" 如果取消运输毒品罪

---

① 参见崔敏："查处毒品犯罪中的疑难问题与解决问题的思路"，载《中国人民公安大学学报》2004年第6期；曾粤兴、蒋涤非：《毒品犯罪研究回顾与展望》，载《刑法论丛》2008年第13卷；李运才："论走私、贩卖、运输、制造毒品罪之罪名调整——以毒品犯罪死刑的立法控制为视角"，载《西部法学评论》2010年第6期；莫洪宪："毒品犯罪的挑战与刑法的回应"，载《政治与法律》2012年第10期。

② 参见丁友勤："关于毒品犯罪立法完善的几点思考"，载《湖北行政学院学报》2005年第2期；张洪成："禁毒国际公约对我国毒品犯罪法律规制的启示"，载《河北公安警察职业学院学报》2009年第3期；李运才："论走私、贩卖、运输、制造毒品罪之罪名调整——以毒品犯罪死刑的立法控制为视角"，载《西部法学评论》2010年第6期。

③ 最高人民法院2008年12月1日发布的《全国部分法院审理毒品犯罪案件工作座谈会纪要》明确指出："毒品犯罪中，单纯的运输毒品行为具有从属性、辅助性特点，且情况复杂多样。部分涉案人员系受指使、雇佣的贫民、边民或者无业人员，只是为了赚取少量运费而为他人运输毒品，他们不是毒品的所有者、买家或者卖家，与幕后的组织、指使、雇佣者相比，在整个毒品犯罪环节中处于从属、辅助和被支配地位，所起作用和主观恶性相对较小，社会危害性也相对较小。因此，对于运输毒品犯罪中的这部分人员，在量刑标准的把握上，应当与走私、贩卖、制造毒品和前述具有严重情节的运输毒品犯罪分子有所区别，不应单纯以涉案毒品数量的大小决定刑罚适用的轻重。"

的话，这类案件将无法处理。[①]

建议四： 在毒品犯罪中根据常见毒品对人体危害的不同对毒品进行分类，并配置与之相适应的法定刑；或者在毒品犯罪中不具体规定毒品的种类，但明确以最常见的一种毒品作为毒品换算的基准物来确定毒品的数量，从而明确不同毒品的定罪量刑标准。

理　由：

从毒品犯罪的对象来看，毒品的种类名目繁多，仅被国际公约明文规定管制的麻醉药品和精神药品就多达 160 余种。而不同的毒品具有不同的功能和作用，每一种毒品的毒性及其对人体的危害是不尽相同的。[②] 特别是晚近以来出现的大量新型毒品，[③] 其对于人体的危害更是远不及传统毒品。[④] 这就要求刑事立法在应对毒品犯罪时，必须充分考虑犯罪对象的差异性。然而，我国现行毒品犯罪刑事立法不仅未能明确界定毒品的概念，而且在具体的规定中也未能充分考虑不同的毒品对于人体的危害程度。主要表现在：（1）在界定毒品概念时过于抽象、原则，从而使毒品的概念在立法上处于相对开放的状态。《刑法》第 357 条第 1 款规定："本法所称的毒品，是指鸦片、海洛因、甲基苯丙胺（冰毒）、吗啡、大麻、可卡因以及国家规定管制的其他能够使人形成瘾癖的麻醉药品和精神药品。"该规定虽然采取列举加兜底的方式指明了我国毒品的主要种类和特征，但由于其在列举时不当地将新型毒品甲基苯丙胺（冰毒）混列在传统毒品之间，从而使在我国市场上蔓延不断的"K 粉""摇头丸"等物品是否属于毒品不免产生疑问。（2）在强调数量及其计算时未区分毒品的种类，从而有可能加重行为人的刑事责任。例如，《刑法》第 347 条第 1款规定："走私、贩卖、运输、制造毒品，无论数量多少，都应当追究刑事责任，予以刑事处罚。"第 357 条第 2 款规定："毒品的数量以查证属实的走私、贩卖、运输、制造、非法持有毒品的数量计算，不以纯度折算。"据此，如果行为人贩卖"K 粉""摇头丸"等新型毒品，"无论数量多少，都应当追究刑事责任，予以刑事处罚"，且在具体处罚时，只

---

① 参见利子平："我国毒品犯罪刑事立法的反思——以类型化思维为视角"，载《南昌大学学报（人文社会科学版）》2014 年第 5 期。

② 依据常见的被滥用的毒品对人体作用的差异，毒品可以分为以下四类：（1）镇静剂：能减弱人的心理活动能力的毒品。常见的镇静剂有：鸦片、吗啡、海洛因、可待因等天然毒品和美沙酮、巴比妥酸盐、苯巴比妥等合成毒品。（2）兴奋剂：能使人情绪亢奋的毒品。常见的兴奋剂有：古柯、可卡因等天然毒品和安非他命、甲基苯丙胺、美特拉嗪等合成毒品。（3）幻觉剂：能使人产生幻觉或错觉的毒品。常见的幻觉剂有：麦司卡林、致幻蘑菇菌等天然毒品和二甲基色胺、麦角酸二乙酰胺等合成毒品。（4）既是镇静剂，又是幻觉剂的毒品：主要是大麻类。小剂量服用大麻，其作用类似镇静剂；大剂量服用时，能起到幻觉剂的作用。大麻类毒品主要包括大麻花顶或果实、大麻叶、大麻树脂、大麻油等。

③ 所谓新型毒品是相对于海洛因、大麻、可卡因等传统毒品而言的，主要是指人工合成的、直接作用于人的中枢神经系统，能使人兴奋或抑制，连续使用会使人产生依赖性的一类精神药品。由于新型毒品大多是通过人工合成的化学合成类毒品，所以，新型毒品亦称为"实验室毒品""化学合成毒品"。同时，因为新型毒品的滥用多发生在娱乐场所，所以，新型毒品又称为"俱乐部毒品""休闲毒品""假日毒品"。

④ 正因如此，国际社会对"新型毒品"，特别是其具体种类的认识尚存在较大的分歧。

计算"K粉""摇头丸"等新型毒品的数量,而"不以纯度折算"。倘若如此,行为人不仅一律要被追究刑事责任,而且还有可能被判处死刑。显然,不考虑新型毒品的复杂性和特殊性,而将其与传统毒品同等看待,是不可能使这类案件得到客观公正处理的。[①]
(3)在具体规定毒品犯罪时做法不一,从而有可能导致相关毒品案件定罪量刑失衡。《刑法》规定的毒品犯罪定罪量刑标准,有的明确区分了犯罪对象,如《刑法》第347条规定的走私、贩卖、运输、制造毒品罪和第348条规定的非法持有毒品罪,均明确地将毒品种类分为鸦片、海洛因或者甲基苯丙胺和其他毒品三类,并分别设定了不同的定罪量刑标准;有的则未区分犯罪对象,如《刑法》第353条规定的引诱、欺骗他人吸毒罪和强迫他人吸毒罪以及第354条规定的容留他人吸毒罪,既未区分毒品的种类,也未规定毒品的数量。[②]那么,对于《刑法》未明确规定毒品种类和数量标准的,在定罪量刑时是否要考虑毒品的种类和数量呢?如果不予考虑的话,是否会导致与其他毒品案件定罪量刑失衡的结果呢?其答案是不言而喻的。

鉴于不同的毒品具有不同的功能和作用,而每一种毒品的毒性及其对人体的危害是不尽相同的。因此,毒品犯罪刑事立法应当充分考虑犯罪对象的差异性。从立法技术的角度考虑,配置与毒品犯罪对象相适应的法定刑,有以下两种方案可供选择:一是在《刑法》中根据常见毒品对人体危害的不同对毒品进行分类,并配置与之相适应的法定刑。例如,《刑法》第347条规定的走私、贩卖、运输、制造毒品罪和第348条规定的非法持有毒品罪,不仅明确地将犯罪对象分为鸦片、海洛因或者甲基苯丙胺和其他毒品三类,而且配置了不同的定罪量刑标准即是适例。问题在于,《刑法》的上述分类是否符合我国毒品犯罪的实际?是否与毒品的毒性及其对人体的危害具有一致性?这还有待进一步的实证分析才能得出最终的结论。二是在《刑法》中不具体规定毒品的种类,但明确以最常见的一种毒品作为毒品换算的基准物来确定毒品的数量,从而明确不同毒品的定罪量刑标准。多年来,刑法学界围绕毒品数量在不同毒品犯罪定罪量刑中的意义、毒品数量标准的确定、毒品数量的计算以及不同种类毒品数量的换算等问题进行了积极有益的探索,并提出了许多富有建设性的意见和建议。[③]但是,在现行刑法的体例和框架内,实难将其中的合理化建

①　为正确处理新型毒品案件,2006年8月最高人民法院刑一庭出台了《关于审理若干新型毒品案件定罪量刑的指导意见》,为常见的新型毒品案件确定了全国统一的追诉和量刑标准;同时,该意见还以海洛因作为毒品换算的基准物来统一常见新型毒品案件的数量标准,并对一些新型毒品设定了换算方式。该意见突破了刑法典的有关规定,使得法官可以更好地借助传统毒品犯罪的量刑标准来审理新型毒品案件。

②　《刑法》第353条和第354条规定的这3种犯罪,均为行为犯。

③　参见张华村:"如何确定毒品犯罪中量刑的毒品数量标准",载《人民司法》1991年第12期;刘明祥:"论毒品犯罪中的毒品数量",载《国家检察官学院学报》1993年第2期;马骊华:"毒品的种类、数量、含量与罪刑关系研究",载《云南大学学报(法学版)》2002年第4期;何荣功:"毒品的数量含量与毒品犯罪定罪量刑实务三题",载《刑法论丛》2012年第31卷。

议吸纳到《刑法》之中。因此，可考虑另辟蹊径：一方面，在《刑法》中仅原则规定走私毒品罪、非法持有毒品罪等毒品犯罪的类型以及"数量大""数量较大""数量较少"等定罪量刑的档次，而不具体规定毒品的种类及其具体的数量标准；另一方面，在立法解释或者司法解释中明确以最常见的一种毒品作为毒品换算的基准物来确定毒品的数量，从而明确不同毒品的定罪量刑标准。鉴于海洛因占我国传统毒品的80%，因此，可以参照2006年8月最高人民法院刑一庭出台的《关于审理若干新型毒品案件定罪量刑的指导意见》，以海洛因作为毒品换算的基准物来统一毒品案件的数量标准，并设定不同毒品之间的换算公式。① 最高人民法院2008年12月1日发布的《全国部分法院审理毒品犯罪案件工作座谈会纪要》进一步指出："对于刑法、司法解释等没有规定量刑数额标准的毒品，有条件折算为海洛因的，参照国家食品药品监督管理局制定的《非法药物折算表》，折算成海洛因的数量后适用刑罚。"②

二、非法持有毒品罪（第348条）

【立法沿革】

非法持有毒品罪是在全国人大常委会1990年《关于禁毒的决定》第3条规定的非法持有毒品罪的基础上修改而来的。

在新中国刑法立法史上，非法持有毒品的犯罪最早见之于1950年的《刑法大纲草案》。该草案第119条规定："吸食或非法持有、施用鸦片毒品者，处一年以下监禁。"但是，此后的刑法草案及1979年《刑法》均未规定非法持有毒品罪。

1979年《刑法》施行后，"在查缉毒品犯罪中，发现有些犯罪分子持有大量毒品，但又没有确凿证据证明查获的毒品是否属于走私、贩卖、制造或运输，定罪处刑有困难"。③为此，参照国际上的通常做法，1990年《关于禁毒的决定》第3条增设了非法持有毒品罪："禁止任何人非法持有毒品。非法持有鸦片一千克以上、海洛因五十克以上或者其他毒品数量大的，处七年以上有期徒刑或者无期徒刑，并处罚金；非法持有鸦片二百克以上不满一千克、海洛因十克以上不满五十克或者其他毒品数量较大的，处七年以下有期徒刑、拘役或者管制，可以并处罚金；非法持有鸦片不满二百克、海洛因不满十克或者其他

---

① 美国刑事判决委员会也制定了相应的标准对不同的毒品进行换算。由于美国最流行、市场占有量最大的毒品是大麻，美国便以大麻作为毒品换算的基准物。例如，1克海洛＝1千克大麻；1克α—甲芬太尼＝10千克大麻；1克左旋吗酰胺＝670克大麻；1克可待因＝80克大麻（参见夏锋："毒品数量折算问题研究"，载 http://www.chinalawedu.com/news/2005/8/ma550701661585003040.html）。

② 本书在阐述以下相关各罪的立法建言时，对删去具体毒品种类及其数量的理由，均不再赘述。

③ 参见全国人大常委会法制工作委员会副主任顾昂然1990年10月25日在七届全国人大常委会第十六次会议上所作的《关于禁毒的决定（草案）的说明》。

少量毒品的，依照第八条第一款的规定处罚。"①

在刑法修订研拟的过程中，1996 年的《刑法修订草案》（征求意见稿）第 311 条基本上沿用了上述规定，仅删去了其中"禁止任何人非法持有毒品"的宣示性规定和非刑法规范。1997 年 3 月 1 日，提交给第八届全国人大第五次会议审议的《中华人民共和国刑法（修订草案）》第 345 条在上述规定的基础上，删去了"可以并处罚金"规定中的选择性条件。经审议，1997 年《刑法》第 348 条对上述规定作了以下三方面的补充和修改：一是在犯罪对象中增加了"甲基苯丙胺"的规定；二是将"处七年以下有期徒刑、拘役或者管制，并处罚金"的规定改为"处三年以下有期徒刑、拘役或者管制，并处罚金"；三是增加了"情节严重的，处三年以上七年以下有期徒刑，并处罚金"的规定。

【立法规定】

《刑法》第 348 条规定："非法持有鸦片一千克以上、海洛因或者甲基苯丙胺五十克以上或者其他毒品数量大的，处七年以上有期徒刑或者无期徒刑，并处罚金；非法持有鸦片二百克以上不满一千克、海洛因或者甲基苯丙胺十克以上不满五十克或者其他毒品数量较大的，处三年以下有期徒刑、拘役或者管制，并处罚金；情节严重的，处三年以上七年以下有期徒刑，并处罚金。"

【立法释义】

最高人民法院 2000 年 6 月 6 日发布的《关于审理毒品案件定罪量刑标准有关问题的解释》第 1 条规定："走私、贩卖、运输、制造、非法持有下列毒品，应当认定为刑法第三百四十七条第二款第（一）项、第三百四十八条规定的'其他毒品数量大'：（一）苯丙胺类毒品（甲基苯丙胺除外）一百克以上；（二）大麻油五千克、大麻脂十千克、大麻叶及大麻烟一百五十千克以上；（三）可卡因五十克以上；（四）吗啡一百克以上；（五）度冷丁（杜冷丁）二百五十克以上（针剂 100mg/支规格的二千五百支以上，50mg/支规格的五千支以上；片剂 25mg/片规格的一万片以上，50mg/片规格的五千片以上）；（六）盐酸二氢埃托啡十毫克以上（针剂或者片剂 20ug/支、片规格的五百支、片以上）；（七）咖啡因二百千克以上；（八）罂粟壳二百千克以上；（九）上述毒品以外的其他毒品数量大的。"第 2 条规定："走私、贩卖、运输、制造、非法持有下列毒品，应当认定为刑法第三百四十七条第三款、第三百四十八条规定的'其他毒品数量较大'：（一）苯丙胺类毒品（甲基苯丙胺除外）二十克以上不满一百克；（二）大麻油一千克以上不满五千克，大麻脂二千克以上不满十千克，大麻叶及大麻烟三十千克以上不满一百五十千克；

---

① 该决定第 8 条第 1 款规定："吸食、注射毒品的，由公安机关处十五日以下拘留，可以单处或者并处二千元以下罚款，并没收毒品和吸食、注射器具。"

（三）可卡因十克以上不满五十克；（四）吗啡二十克以上不满一百克；（五）度冷丁（杜冷丁）五十克以上不满二百五十克（针剂 100mg/支规格的五百支以上不满二千五百支，50mg/支规格的一千支以上不满五千支；片剂 25mg/片规格的二千片以上不满一万片，50mg/片规格的一千片以上不满五千片）；（六）盐酸二氢埃托啡二毫克以上不满十毫克（针剂或者片剂 20mg/支、片规格的一百支、片以上不满五百支、片）；（七）咖啡因五十千克以主不满二百千克；（八）罂粟壳五十千克以上不满二百千克；（九）上述毒品以外的其他毒品数量较大的。"

最高人民法院、最高人民检察院、公安部 2007 年 11 月 8 日发布的《办理毒品犯罪案件适用法律若干问题的意见》第 2 条"关于毒品犯罪嫌疑人、被告人主观明知的认定问题"规定："走私、贩卖、运输、非法持有毒品主观故意中的'明知'，是指行为人知道或者应当知道所实施的行为是走私、贩卖、运输、非法持有毒品行为。具有下列情形之一，并且犯罪嫌疑人、被告人不能做出合理解释的，可以认定其'应当知道'，但有证据证明确属被蒙骗的除外：（一）执法人员在口岸、机场、车站、港口和其他检查站检查时，要求行为人申报为他人携带的物品和其他疑似毒品物，并告知其法律责任，而行为人未如实申报，在其所携带的物品内查获毒品的；（二）以伪报、藏匿、伪装等蒙蔽手段逃避海关、边防等检查，在其携带、运输、邮寄的物品中查获毒品的；（三）执法人员检查时，有逃跑、丢弃携带物品或逃避、抗拒检查等行为，在其携带或丢弃的物品中查获毒品的；（四）体内藏匿毒品的；（五）为获取不同寻常的高额或不等值的报酬而携带、运输毒品的；（六）采用高度隐蔽的方式携带、运输毒品的；（七）采用高度隐蔽的方式交接毒品，明显违背合法物品惯常交接方式的；（八）其他有证据足以证明行为人应当知道的。"第 3 条"关于办理氯胺酮等毒品案件定罪量刑标准问题"规定："（一）走私、贩卖、运输、制造、非法持有下列毒品，应当认定为刑法第三百四十七条第二款第（一）项、第三百四十八条规定的'其他毒品数量大'：1. 二亚甲基双氧安非他明（MDMA）等苯丙胺类毒品（甲基苯丙胺除外）100 克以上；2. 氯胺酮、美沙酮 1 千克以上；3. 三唑仑、安眠酮 50 千克以上；4. 氯氮卓、艾司唑仑、地西泮、溴西泮 500 千克以上；5. 上述毒品以外的其他毒品数量大的。（二）走私、贩卖、运输、制造、非法持有下列毒品，应当认定为刑法第三百四十七条第三款、第三百四十八条规定的'其他毒品数量较大'：1. 二亚甲基双氧安非他明（MDMA）等苯丙胺类毒品（甲基苯丙胺除外）20 克以上不满 100 克的；2. 氯胺酮、美沙酮 200 克以上不满 1 千克的；3. 三唑仑、安眠酮 10 千克以上不满 50 千克的；4. 氯氮卓、艾司唑仑、地西泮、溴西泮 100 千克以上不满 500 千克的；5. 上述毒品以外的其他毒品数量较大的。（三）走私、贩卖、运输、制造下列毒品，应当认定为刑法第三百四十七条第四款规定的'其他少量毒品'：1. 二亚甲基双氧安非他明（MDMA）等苯丙胺类毒品（甲基苯丙胺除外）不满 20 克的；2. 氯胺酮、美沙酮不满 200 克的；3. 三唑仑、安眠酮不满 10 千克的；4. 氯氮卓、艾司唑仑、地西泮、溴西泮不满 100 千克的；5. 上述毒品以外的其他少量毒品的。（四）上述毒品品种包括其盐和制剂。毒品鉴定结论中毒品品名的认定应当以国家食品药品监督管理局、公安部、卫生部最新发布的《麻醉药品品种目录》、《精神药品品种目录》为依据。"

最高人民法院 2008 年 12 月 1 日发布的《全国部分法院审理毒品犯罪案件工作座谈会纪要》第 1 条"毒品案件的罪名确定和数量认定问题"第 3 款规定："对于吸毒者实施的毒品犯罪，在认定犯罪事实和确定罪名时要慎重。吸毒者在购买、运输、存储毒品过程中被查获的，如没有证据证明其是为了实施贩卖等其他毒品犯罪行为，毒品数量未超过刑法第三百四十八条规定的最低数量标准的，一般不定罪处罚；查获毒品数量达到较大以上的，应以其实际实施的毒品犯罪行为定罪处罚。"第 5 款规定："有证据证明行为人不以牟利为目的，为他人代购仅用于吸食的毒品，毒品数量超过刑法第三百四十八条规定的最低数量标准的，对托购者、代购者应以非法持有毒品罪定罪。代购者从中牟利，变相加价贩卖毒品的，对代购者应以贩卖毒品罪定罪。明知他人实施毒品犯罪而为其居间介绍、代购代卖的，无论是否牟利，都应以相关毒品犯罪的共犯论处。盗窃、抢夺、抢劫毒品的，应当分别以盗窃罪、抢夺罪或者抢劫罪定罪，但不计犯罪数额，根据情节轻重予以定罪量刑。盗窃、抢夺、抢劫毒品后又实施其他毒品犯罪的，对盗窃罪、抢夺罪、抢劫罪和所犯的具体毒品犯罪分别定罪，依法数罪并罚。走私毒品，又走私其他物品构成犯罪的，以走私毒品罪和其所犯的其他走私罪分别定罪，依法数罪并罚。"第 5 条"毒品含量鉴定和混合型、新类型毒品案件处理问题"规定："鉴于大量掺假毒品和成分复杂的新类型毒品不断出现，为做到罪刑相当、罚当其罪，保证毒品案件的审判质量，并考虑目前毒品鉴定的条件和现状，对可能判处被告人死刑的毒品犯罪案件，应当根据最高人民法院、最高人民检察院、公安部 2007 年 12 月颁布的《办理毒品犯罪案件适用法律若干问题的意见》，作出毒品含量鉴定；对涉案毒品可能大量掺假或者系成分复杂的新类型毒品的，亦应当作出毒品含量鉴定。对于含有二种以上毒品成分的毒品混合物，应进一步作成分鉴定，确定所含的不同毒品成分及比例。对于毒品中含有海洛因、甲基苯丙胺的，应以海洛因、甲基苯丙胺分别确定其毒品种类；不含海洛因、甲基苯丙胺的，应以其中毒性较大的毒品成分确定其毒品种类；如果毒性相当或者难以确定毒性大小的，以其中比例较大的毒品成分确定其毒品种类，并在量刑时综合考虑其他毒品成分、含量和全案所涉毒品数量。对于刑法、司法解释等已规定了量刑数量标准的毒品，按照刑法、司法解释等规定适用刑罚；对于刑法、司法解释等没有规定量刑数量标准的毒品，有条件折算为海洛因的，参照国家食品药品监督管理局制定的《非法药物折算表》，折算成海洛因的数量后适用刑罚。对于国家管制的精神药品和麻醉药品，刑法、司法解释等尚未明确规定量刑数量标准，也不具备折算条件的，应由有关专业部门确定涉案毒品毒效的大小、有毒成分的多少、吸毒者对该毒品的依赖程度，综合考虑其致瘾癖性、戒断性、社会危害性等依法量刑。因条件限制不能确定的，可以参考涉案毒品非法交易的价格因素等，决定对被告人适用的刑罚，但一般不宜判处死刑立即执行。"第 8 条"毒品再犯问题"规定："根据刑法第三百五十六条规定，只要因走私、贩卖、运输、制造、非法持有毒品罪被判过刑，不论是在刑罚执行完毕后，还是在缓刑、假释或者暂予监外执行期间，又犯刑法分则第六章第七节规定的犯罪的，都是毒品再犯，应当从重处罚。因走私、贩卖、运输、制造、非法持有毒品罪被判刑的犯罪分子，在缓刑、假释或者暂予监外执行期间又犯刑法分则第六章第七节规定的犯罪的，应当在对其所犯新的毒品犯罪适用刑法第三百五十六条从重处罚的规定确定刑罚后，再依法数罪并罚。对同时构成累犯和毒品再犯的被告人，应当同时引用刑法关于累犯和毒品再犯的条款从重处罚。"第 10 条"主观明知的认定问题"规定："毒品犯罪中，判断被告人对涉案毒品是否明知，不能仅凭被告人供述，而应当依据被告人实施毒品犯罪行为的过程、方式、毒品被查获时的情形等证据，结合被告人的年龄、阅历、智力等情况，进行综合分析判断。具有下列情形之一，被告人不能做出合理解释的，可以认定其'明知'是毒品，但有证据证明确属被蒙骗的除外：（1）执法人员在口岸、机场、车站、港口和其他检查站点检查时，要求行为人申报为他人携带的物品和其他疑似毒品物，并告知其法律责任，而行为人未如实申报，在其携带的物品中查获毒品的；（2）以伪报、藏匿、伪装等蒙蔽手段，逃避海关、边防等检查，在其携带、运输、邮寄的物品中查获毒品的；（3）执法人员检查时，有逃跑、丢弃携带物品或者逃避、抗拒检查等行为，在其携带或者丢弃的物品中查获毒品的；（4）体内或者贴身隐秘处藏匿毒品的；（5）为获取不同寻常的高额、不等值报酬为他人携带、运输物品，从中查获毒品的；（6）采用高度隐蔽的方式携带、运输物品，从中查获毒品的；（7）采用高度隐蔽的方式交接物品，明显违背合法物品惯常交接方式，从中查获毒品的；（8）行程路线故意绕开检查站点，在其携带、运输的物品中查获毒品的；（9）以虚假身份或者地址办理托运手续，在其托运的物品中查获毒品的；（10）有其他证据足以认定行为人应当知道的。"第 13 条"毒品案件财产刑的适用和执行问题"规定："刑法对毒品犯罪规定了并处罚金或者没收财产刑，司法实践中应当依法充分适用。不仅要依法追缴被告人的违法所得及其收益，还要严格依法判处被告人罚金刑或者没收财产刑，不能因为被告人没有财产，或者其财产难以查清、难以分割或者难以执行，就不依法判处财产刑。要采取有力措施，加大财产刑执行力度。要加强与公安机关、检察机关的协作，对毒品犯罪分子来源不明的巨额财产，依法及时采取查封、扣押、冻结等措施，防止犯罪分子及其亲属转移、隐匿、变卖或者洗钱，逃避依法追缴。要加强不同地区法院之间的相互协作配合。毒品犯罪分子的财产在异地的，第一审人民法院可以委托财产所在地人民法院代为执行。要落实和运用有关国际禁毒公约规定，充分利用国际刑警组织等渠道，最大限度地做好境外追赃工作。"

最高人民检察院、公安部2012年5月16日发布的《关于公安机关管辖的刑事案件立案追诉标准的规定（三）》第2条规定："明知是毒品而非法持有，涉嫌下列情形之一的，应予立案追诉：（一）鸦片二百克以上、海洛因、可卡因或者甲基苯丙胺十克以上；（二）二亚甲基双氧安非他明（MD－MA）等苯丙胺类毒品（甲基苯丙胺除外）、吗啡二十克以上；（三）度冷丁（杜冷丁）五十克以上（针剂100mg/支规格的五百支以上，50mg/支规格的一千支以上；片剂25mg/片规格的二千片以上，50mg/片规格的一千片以上）；（四）盐酸二氢埃托啡二毫克以上（针剂或者片剂20mg/支、片规格的一百支、片以上）；（五）氯胺酮、美沙酮二百克以上；（六）三唑仑、安眠酮十克以上；（七）咖啡因五十千克以上；（八）氯氮卓、艾司唑仑、地西泮、溴西泮一百千克以上；（九）大麻油一千克以上，大麻脂二千克以上，大麻叶及大麻烟三十千克以上；（十）罂粟壳五十千克以上；（十一）上述毒品以外的其他毒品数量较大的。非法持有两种以上毒品，每种毒品均没有达到本条第一款规定的数量标准，但按前款规定的立案追诉数量比例折算成海洛因后累计相加达到十克以上的，应予立案追诉。本条规定的'非法持有'，是指违反国家法律和国家主管部门的规定，占有、携带、藏有或者以其他方式持有毒品。非法持有毒品主观故意中的'明知'，依照本规定第一条第八款的有关规定予以认定。"①

最高人民法院2015年5月18日发布的《全国法院毒品犯罪审判工作座谈会纪要》关于"罪名认定问题"部分中规定："贩毒人员被抓获后，对于从其住所、车辆等处查获的毒品，一般均应认定为其贩卖的毒品。确有证据证明查获的毒品并非贩毒人员用于贩卖，其行为另构成非法持有毒品罪、窝藏毒品罪等其他犯罪的，依法定罪处罚。吸毒者在购买、存储毒品过程中被查获，没有证据证明其是为了实施贩卖毒品等其他犯罪，毒品数量达到刑法第三百四十八条规定的最低数量标准的，以非法持有毒品罪定罪处罚。购毒者接

---

① 该规定第1条第8款规定："走私、贩卖、运输毒品主观故意中的'明知'，是指行为人知道或者应当知道所实施的是走私、贩卖、运输毒品行为。具有下列情形之一，结合行为人的供述和其他证据综合审查判断，可以认定其'应当知道'，但有证据证明确属被蒙骗的除外：（一）执法人员在口岸、机场、车站、港口、邮局和其他检查站点检查时，要求行为人申报携带、运输、寄递的物品和其他疑似毒品物，并告知其法律责任，而行为人未如实申报，在其携带、运输、寄递的物品中查获毒品的；（二）以伪报、藏匿、伪装等蒙蔽手段逃避海关、边防等检查，在其携带、运输、寄递的物品中查获毒品的；（三）执法人员检查时，有逃跑、丢弃携带物品或者逃避、抗拒检查等行为，在其携带、藏匿或者丢弃的物品中查获毒品的；（四）体内或者贴身隐秘处藏匿毒品的；（五）为获取不同寻常的高额或者不等值的报酬为他人携带、运输、寄递、收取物品，从中查获毒品的；（六）采用高度隐蔽的方式携带、运输物品，从中查获毒品的；（七）采用高度隐蔽的方式交接物品，明显违背合法物品惯常交接方式，从中查获毒品的；（八）行程路线故意绕开检查站点，在其携带、运输的物品中查获毒品的；（九）以虚假身份、地址或者其他虚假方式办理托运、寄递手续，在托运、寄递的物品中查获毒品的；（十）有其他证据足以证明行为人应当知道的。"

收贩毒者通过物流寄递方式交付的毒品，没有证据证明其是为了实施贩卖毒品等其他犯罪，毒品数量达到刑法第三百四十八条规定的最低数量标准的，一般以非法持有毒品罪定罪处罚。代收者明知是物流寄递的毒品而代购毒者接收，没有证据证明其与购毒者有实施贩卖、运输毒品等犯罪的共同故意，毒品数量达到刑法第三百四十八条规定的最低数量标准的，对代收者以非法持有毒品罪定罪处罚。"关于"共同犯罪认定问题"部分中规定："办理贩卖毒品案件，应当准确认定居间介绍买卖毒品行为，并与居中倒卖毒品行为相区别。居间介绍者在毒品交易中处于中间人地位，发挥介绍联络作用，通常与交易一方构成共同犯罪，但不以牟利为要件；居中倒卖者属于毒品交易主体，与前后环节的交易对象是上下家关系，直接参与毒品交易并从中获利。居间介绍者受贩毒者委托，为其介绍联络购毒者的，与贩毒者构成贩卖毒品罪的共同犯罪；明知购毒者以贩卖为目的购买毒品，受委托为其介绍联络贩毒者的，与购毒者构成贩卖毒品罪的共同犯罪；受以吸食为目的的购毒者委托，为其介绍联络贩毒者，毒品数量达到刑法第三百四十八条规定的最低数量标准的，一般与购毒者构成非法持有毒品罪的共同犯罪；同时与贩毒者、购毒者共谋，联络促成双方交易的，通常认定与贩毒者构成贩卖毒品罪的共同犯罪。居间介绍者实施为毒品交易主体提供交易信息、介绍交易对象等帮助行为，对促成交易起次要、辅助作用的，应当认定为从犯；对于以居间介绍者的身份介入毒品交易，但在交易中超出居间介绍者的地位，对交易的发起和达成起重要作用的被告人，可以认定为主犯。"关于"毒品数量认定问题"部分中规定："走私、贩卖、运输、制造、非法持有两种以上毒品的，可以将不同种类的毒品分别折算为海洛因的数量，以折算后累加的毒品总量作为量刑的根据。对于刑法、司法解释或者其他规范性文件明确规定了定罪量刑数量标准的毒品，应当按照该毒品与海洛因定罪量刑数量标准的比例进行折算后累加。对于刑法、司法解释及其他规范性文件没有规定定罪量刑数量标准，但《非法药物折算表》规定了与海洛因的折算比例的毒品，可以按照《非法药物折算表》折算为海洛因后进行累加。对于既未规定定罪量刑数量标准，又不具备折算条件的毒品，综合考虑其致瘾癖性、社会危害性、数量、纯度等因素依法量刑。在裁判文书中，应当客观表述涉案毒品的种类和数量，并综合认定为数量大、数量较大或者少量毒品等，不明确表述将不同种类毒品进行折算后累加的毒品总量。对于未查获实物的甲基苯丙胺片剂（俗称'麻古'等）、MDMA 片剂（俗称'摇头丸'）等混合型毒品，可以根据在案证据证明的毒品粒数，参考本案或者本地区查获的同类毒品的平均重量计算出毒品数量。在裁判文书中，应当客观表述根据在案证据认定的毒品粒数。办理毒品犯罪案件，无论毒品纯度高低，一般均应将查证属实的毒品数量认定为毒品犯罪的数量，并据此确定适用的法定刑幅度，但司法解释另有规定或者为了隐蔽运输而临时改变毒品常规形态的除外。涉案毒品纯度明显低于同类毒品的正常纯度的，量刑时可以酌情考虑。"关于"缓刑、财产刑适用及减刑、假释问题"部分规定："对于毒品犯罪应当从严掌握缓刑适用条件。对于毒品再犯，一般不得适用缓刑。对于不能排除多次贩毒嫌疑的零包贩毒被告人，因认定构成贩卖毒品等犯罪的证据不足而认定为非法持有毒品罪的被告人，实施引诱、教唆、欺骗、强迫他人吸毒犯罪及制毒物品犯罪的被告人，应当严格限制缓刑适用。办理毒品犯罪案件，应当依法追缴犯罪分子的违法所得，充分发挥财产刑的作用，切实加大对犯罪分子的经济制裁力度。对查封、扣押、冻结的涉案财物及其孳息，经查确属违法所得或者依法应当追缴的其他涉案财物的，如购毒款、供犯罪所用的本人财物、毒品犯罪所得的财物及其收益等，应当判决没收，但法律另有规定的除外。判处罚金刑时，应当结合毒品犯罪的性质、情节、危害后果及被告人的获利情况、经济状况等因素合理确定罚金数额。对于决定并处没收财产的毒品犯罪，判处被告人有期徒刑的，应当按照上述确定罚金数额的原则确定没收个人部分财产的数额；判处无期徒刑的，可以并处没收个人全部财产；判处死缓或者死刑的，应当并处没收个人全部财产。"

【立法建言】

建　议：将《刑法》第 348 条修改为："非法持有毒品数量大的，处七年以上有期徒刑或者无期徒刑，并处罚金或者没收财产；非法持有毒品数量较大的，处三年以下有期徒刑、拘役或者管制，可以并处或者单处罚金；情节严重的，处三年以上七年以下有期徒刑，并处罚金。"

理　由：

1. 从司法实践的角度来看，宜删去对本罪规定的具体毒品种类及其数量，以利于司法机关根据案件的具体情况掌握，或者由最高人民法院、最高人民检察院通过制定司法解释予以确定。

2. 从立法技术的角度来看，宜删去本罪第 1 档法定刑中的"没收财产"，并将第 2 档法定刑中的"并处罚金"改为"可以并处或者单处罚金"，以与《刑法》的其他没收财产和罚金规定相一致。

三、包庇毒品犯罪分子罪、窝藏、转移、隐瞒毒品、毒赃罪（第 349 条）

【立法沿革】

包庇毒品犯罪分子罪、窝藏、转移、隐瞒毒品、毒赃罪是在全国人大常委会 1990 年《关于禁毒的决定》第 4 条规定的包庇毒品犯罪分子罪、窝藏、转移、隐瞒毒品、毒赃罪的基础上修改而来的。

包庇毒品犯罪分子罪和窝藏、转移、隐瞒毒品、毒赃罪是 1990 年《关于禁毒的决定》第 4 条增设的罪名。该条规定："包庇走私、贩卖、运输、制造毒品的犯罪分子的，为犯罪分子窝藏、转移、隐瞒毒品或者犯罪所得的财物的，掩饰、隐瞒出售毒品获得财物的非法性质和来源的，处七年以下有期徒刑、拘役或者管制，可以并处罚金。犯前款罪事先通谋的，以走私、贩卖、运输、制造毒品罪的共犯论处。"

在刑法修订研拟的过程中，1996年的《刑法修订草案》（征求意见稿）第312条对上述规定主要作了两方面的修改和补充：一是刑罚配置方面，将"处七年以下有期徒刑、拘役或者管制，可以并处罚金"改为"处三年以下有期徒刑、拘役或者管制；情节严重的，处三年以上十年以下有期徒刑"；二是增加了第2款"缉毒人员或者其他国家机关工作人员掩护、包庇走私、贩卖、运输、制造毒品的犯罪分子的，依照前款规定从重处罚"的规定。[①] 1997年的《刑法修订草案》（修改稿）第344条在上述规定的基础上，删去了其中"掩饰、隐瞒出售毒品获得财物的非法性质和来源的"行为。[②] 这一修改方案，为现行刑法所采纳。

【立法规定】

《刑法》第349条规定："包庇走私、贩卖、运输、制造毒品的犯罪分子的，为犯罪分子窝藏、转移、隐瞒毒品或者犯罪所得的财物的，处三年以下有期徒刑、拘役或者管制；情节严重的，处三年以上十年以下有期徒刑。缉毒人员或者其他国家机关工作人员掩护、包庇走私、贩卖、运输、制造毒品的犯罪分子的，依照前款的规定从重处罚。犯前两款罪，事先通谋的，以走私、贩卖、运输、制造毒品罪的共犯论处。"

【立法释义】

最高人民法院2009年11月4日发布的《关于审理洗钱等刑事案件具体应用法律若干问题的解释》第3条规定："明知是犯罪所得及其产生的收益而予以掩饰、隐瞒，构成刑法第三百一十二条规定的犯罪，同时又构成刑法第一百九十一条或者第三百四十九条规定的犯罪的，依照处罚较重的规定定罪处罚。"第4条规定："刑法第一百九十一条、第三百一十二条、第三百四十九条规定的犯罪，应当以上游犯罪事实成立为认定前提。上游犯罪尚未依法裁判，但查证属实的，不影响刑法第一百九十一条、第三百一十二条、第三百四十九条规定的犯罪的审判。上游犯罪事实可以确认，因行为人死亡等原因依法不予追究刑事责任的，不影响刑法第一百九十一条、第三百一十二条、第三百四十九条规定的犯罪的认定。上游犯罪事实可以确认，依法以其他罪名定罪处罚的，不影响刑法第一百九十一条、第三百一十二条、第三百四十九条规定的犯罪的认定。本条所称'上游犯罪'，是指产生刑法第一百九十一条、第三百一十二条、第三百四十九条规定的犯罪所得及其收益的

---

① 该款是从《关于禁毒的决定》第11条第1款"国家工作人员犯本决定规定之罪的，从重处罚"的规定修改而来的。

② 该草案第192条在上述规定的基础上，将其修改为洗钱罪的客观行为。

各种犯罪行为。"

最高人民检察院、公安部 2012 年 5 月 16 日发布的《关于公安机关管辖的刑事案件立案追诉标准的规定（三）》第 3 条规定："包庇走私、贩卖、运输、制造毒品的犯罪分子，涉嫌下列情形之一的，应予立案追诉：（一）作虚假证明，帮助掩盖罪行的；（二）帮助隐藏、转移或者毁灭证据的；（三）帮助取得虚假身份或者身份证件的；（四）以其他方式包庇犯罪分子的。实施前款规定的行为，事先通谋的，以走私、贩卖、运输、制造毒品罪的共犯立案追诉。"第 4 条规定："为走私、贩卖、运输、制造毒品的犯罪分子窝藏、转移、隐瞒毒品或者犯罪所得的财物的，应予立案追诉。"

最高人民法院 2015 年 5 月 18 日发布的《全国法院毒品犯罪审判工作座谈会纪要》关于"罪名认定问题"部分中规定："贩毒人员被抓获后，对于从其住所、车辆等处查获的毒品，一般均应认定为其贩卖的毒品。确有证据证明查获的毒品并非贩毒人员用于贩卖，其行为另构成非法持有毒品罪、窝藏毒品罪等其他犯罪的，依法定罪处罚。"

【立法建言】

建　议：将《刑法》第 349 条第 1 款修改为："包庇走私、贩卖、运输、制造毒品的犯罪分子的，为犯罪分子窝藏、转移、隐瞒毒品或者犯罪所得的财物的，处三年以下有期徒刑、拘役或者管制，可以并处或者单处罚金；情节严重的，处三年以上十年以下有期徒刑，并处罚金。"

理　由：

从立法技术上看，宜在《刑法》第 349 条第 1 款中增加罚金刑的规定，以与《刑法》第 191 条、第 312 条的处刑规定相协调。

四、非法生产、买卖、运输制毒物品、走私制毒物品罪（第 350 条）

【立法沿革】

非法生产、买卖、运输制毒物品、走私制毒物品罪是在全国人大常委会 1990 年《关于禁毒的决定》第 5 条规定的走私制毒物品罪和 1997 年《刑法》第 350 条规定的非法买卖制毒物品罪的基础上，经《刑法修正案（九）》第 41 条修正而来的。

1979 年《刑法》施行后，考虑到"醋酸酐、乙醚、三氯甲烷等化学物品，既是化工生产和医药用的原料，又是制造海洛因等毒品必不可少的配剂，必须严防走私出境。1988 年我国卫生部、外贸部、公安部、海关总署发布了《关于对三种特殊化学品实行出口准许证管理的通知》，规定必须持有卫生部批准的特殊化学品出口准许证，才能出境。'国际公约'① 将

---

①　这里所说的"国际公约"，是指《联合国禁止非法贩运麻醉药品和精神药物公约》。

明知用于制造毒品的特殊化学物品提供给制毒分子的行为，规定为犯罪"。① 因此，1990年《关于禁毒的决定》第 5 条增设了走私制毒物品罪："对醋酸酐、乙醚、三氯甲烷或者其他经常用于制造麻醉药品和精神药品的物品，应当依照国家有关规定严格管理，严禁非法运输、携带进出境。非法运输、携带上述物品进出境的，处三年以下有期徒刑、拘役或者管制，并处罚金；数量大的，处三年以上十年以下有期徒刑，并处罚金；数量较小的，依照海关法的有关规定处罚。明知他人制造毒品而为其提供前款规定的物品的，以制造毒品罪的共犯论处。单位有前两款规定的违法犯罪行为的，对其直接负责的主管人员和其他直接责任人员，依照前两款的规定处罚，并对单位判处罚金或者予以罚款。"

在刑法修订研拟的过程中，1996 年的《刑法修订草案》（征求意见稿）第 313 条对上述规定作了以下三方面的修改和调整：一是将本罪的罪状修改为"违反国家规定，非法运输、携带醋酸酐、乙醚、三氯甲烷或者其他经常用于制造麻醉药品和精神药品的物品进出境的"；二是删去了"数量较小的，依照海关法的有关规定处罚"这一非刑法规范；三是将单位犯罪的表述调整为"单位有前两款规定的犯罪行为的，对单位判处罚金，并对其直接负责的主管人员和其他直接责任人员，依照前两款的规定处罚"。修改后的条文为："违反国家规定，非法运输、携带醋酸酐、乙醚、三氯甲烷或者其他经常用于制造麻醉药品和精神药品的物品进出境的，处三年以下有期徒刑、拘役或者管制，并处罚金；数量大的，处三年以上十年以下有期徒刑，并处罚金。明知他人制造毒品而为其提供前款规定的物品的，以制造毒品罪的共犯论处。单位有前两款规定的犯罪行为的，对单位判处罚金，并对其直接负责的主管人员和其他直接责任人员，依照前两款的规定处罚。"1996 年的《刑法修订草案》第 319 条在上述规定的基础上，增加了"违反国家规定，在境内非法买卖上述物品的"规定，从而增设了非法买卖制毒物品罪。1997 年的《刑法修订草案》（修改稿）第 345 条基本上沿用了上述规定，仅将第 3 款中"单位有前两款规定的犯罪行为"的表述修改为"单位犯前两款罪"。1997 年 3 月 1 日，提交给八届全国人大五次会议审议的《中华人民共和国刑法（修订草案）》第 347 条又对本条犯罪对象的表述作了修改，将其中的"其他经常用于制造麻醉药品和精神药品的物品"改为"其他用于制造毒品的原料或者配剂"。这一修改方案，为 1997 年修订的《刑法》所采纳。

1997 年修订的《刑法》第 350 条规定："违反国家规定，非法运输、携带醋酸酐、乙醚、三氯甲烷或者其他用于制造毒品的原料或者配剂进出境的，或者违反国家规定，在境内非法买卖上述物品的，处三年以下有期徒刑、拘役或者管制，并处罚金；数量大的，处三年以上十年以下有期徒刑，并处罚金。明知他人制造毒品而为其提供前款规定的物品

---

① 参见全国人大常委会法制工作委员会副主任顾昂然 1990 年 10 月 25 日在七届全国人大常委会第十六次会议上所作的《关于禁毒的决定（草案）的说明》。

的，以制造毒品罪的共犯论处。单位犯前两款罪的，对单位判处罚金，并对其直接负责的主管人员和其他直接责任人员，依照前两款的规定处罚。"

1997 年《刑法》施行后，"针对当前毒品犯罪形势严峻的实际情况和惩治犯罪的需要"，[①]《刑法修正案（九）》第 41 条对上述规定作了较大的修改和补充：一是将非法买卖制毒物品罪改为非法生产、买卖、运输制毒物品罪；二是增加了"情节较重"的入罪门槛；三是将"数量大"改为"情节严重"，并将"三年以上十年以下有期徒刑"改为"三年以上七年以下有期徒刑"；四是增加了"情节特别严重的，处七年以上有期徒刑，并处罚金或者没收财产"的规定；五是将第 2 款中的"明知他人制造毒品而为其提供"改为"明知他人制造毒品而为其生产、买卖、运输"。

【立法规定】

《刑法》第 350 条规定："违反国家规定，非法生产、买卖、运输醋酸酐、乙醚、三氯甲烷或者其他用于制造毒品的原料、配剂，或者携带上述物品进出境，情节较重的，处三年以下有期徒刑、拘役或者管制，并处罚金；情节特别严重的，处三年以上七年以下有期徒刑，并处罚金；情节特别严重的，处七年以上有期徒刑，并处罚金或者没收财产。明知他人制造毒品而为其生产、买卖、运输前款规定的物品的，以制造毒品罪的共犯论处。单位犯前两款罪的，对单位判处罚金，并对其直接负责的主管人员和其他直接责任人员，依照前两款的规定处罚。"

【立法释义】

最高人民法院 2000 年 6 月 6 日发布的《关于审理毒品案件定罪量刑标准有关问题的解释》第 4 条规定："违反国家规定，非法运输、携带进出境或在境内非法买卖醋酸酐、乙醚、三氯甲烷或者其他用于制造毒品的原料或者配剂达到下列数量标准的，依照刑法第三百五十条第一款的规定定罪处罚：（一）麻黄碱、伪麻黄碱及其盐类和单方制剂五千克以上不满五十千克；麻黄浸膏、麻黄浸膏粉一百千克以上不满一千千克；（二）醋酸酐、三氯甲烷二百千克以上不满二千千克；（三）乙醚四百千克以上不满三千千克；（四）上述原料或者配剂以外其他相当数量的用于制造毒品的原料或者配剂。违反国家规定，非法运输、携带进出境或者在境内非法买卖用于制造毒品的原料或者配剂，超过前款所列数量标准的，应当认定为刑法第三百五十条第一款规定的'数量大'。"

最高人民法院 2006 年 11 月 14 日发布的《关于审理走私刑事案件具体应用法律若干问题的解释（二）》第 5 条规定："对在走私的普通货物、物品或者废物中藏匿刑法第一

---

① 参见全国人大常委会法制工作委员会主任李适时 2014 年 10 月 27 日在十二届全国人大常委会第十一次会议上所作的《关于〈中华人民共和国刑法修正案（九）（草案）〉的说明》。

百五十一条、第一百五十二条、第三百四十七条、第三百五十条规定的货物、物品，构成犯罪的，以实际走私的货物、物品定罪处罚；构成数罪的，实行数罪并罚。"

最高人民法院、最高人民检察院、公安部 2009 年 6 月 26 日发布的《关于办理制毒物品犯罪案件适用法律若干问题的意见》第 1 条"关于制毒物品犯罪的认定"规定："（一）本意见中的'制毒物品'，是指刑法第三百五十条第一款规定的醋酸酐、乙醚、三氯甲烷或者其他用于制造毒品的原料或者配剂，具体品种范围按照国家关于易制毒化学品管理的规定确定。（二）违反国家规定，实施下列行为之一的，认定为刑法第三百五十条规定的非法买卖制毒物品行为：1. 未经许可或者备案，擅自购买、销售易制毒化学品的；2. 超出许可证明或者备案证明的品种、数量范围购买、销售易制毒化学品的；3. 使用他人的或者伪造、变造、失效的许可证明或者备案证明购买、销售易制毒化学品的；4. 经营单位违反规定，向无购买许可证明、备案证明的单位、个人销售易制毒化学品的，或者明知购买者使用他人的或者伪造、变造、失效的购买许可证明、备案证明，向其销售易制毒化学品的；5. 以其他方式非法买卖易制毒化学品的。（三）易制毒化学品生产、经营、使用单位或者个人未办理许可证明或者备案证明，购买、销售易制毒化学品，如果有证据证明确实用于合法生产、生活需要，依法能够办理只是未及时办理许可证明或者备案证明，且未造成严重社会危害的，可不以非法买卖制毒物品罪论处。（四）为了制造毒品或者走私、非法买卖制毒物品犯罪而采用生产、加工、提炼等方法非法制造易制毒化学品的，根据刑法第二十二条的规定，按照其制造易制毒化学品的不同目的，分别以制造毒品、走私制毒物品、非法买卖制毒物品的预备行为论处。（五）明知他人实施走私或者非法买卖制毒物品犯罪，而为其运输、储存、代理进出口或者以其他方式提供便利的，以走私或者非法买卖制毒物品罪的共犯论处。（六）走私、非法买卖制毒物品行为同时构成其他犯罪的，依照处罚较重的规定定罪处罚。"第 2 条"关于制毒物品犯罪嫌疑人、被告人主观明知的认定"规定："对于走私或者非法买卖制毒物品行为，有下列情形之一，且查获了易制毒化学品，结合犯罪嫌疑人、被告人的供述和其他证据，经综合审查判断，可以认定其'明知'是制毒物品而走私或者非法买卖，但有证据证明确属被蒙骗的除外：1. 改变产品形状、包装或者使用虚假标签、商标等产品标志的；2. 以藏匿、夹带或者其他隐蔽方式运输、携带易制毒化学品逃避检查的；3. 抗拒检查或者在检查时丢弃货物逃跑的；4. 以伪报、藏匿、伪装等蒙蔽手段逃避海关、边防等检查的；5. 选择不设海关或者边防检查站的路段绕行出入境的；6. 以虚假身份、地址办理托运、邮寄手续的；7. 以其他方法隐瞒真相，逃避对易制毒化学品依法监管的。"第 3 条"关于制毒物品犯罪定罪量刑的数量标准"规定："（一）违反国家规定，非法运输、携带制毒物品进出境或者在境内非法买卖制毒物品达到下列数量标准的，依照刑法第三百五十条第一款的规定，处三年以下有期徒刑、拘役或者管制，并处罚金：1. 1－苯基－2－丙酮五千克以上不满五十千克；2. 3，4－亚甲基二氧苯基－2－丙酮、去甲麻黄素（去甲麻黄碱）、甲基麻黄素（甲基麻黄碱）、羟亚胺及其盐类十千克以上不满一百千克；3. 胡椒醛、黄樟素、黄樟油、异黄樟素、麦角酸、麦角胺、麦角新碱、苯乙酸二十千克以上不满二百千克；4. N－乙酰邻氨基苯酸、邻氨基苯甲酸、哌啶一百五十千克以上不满一千五百千克；5. 甲苯、丙酮、甲基乙基酮、高锰酸钾、硫酸、盐酸四百千克以上不满四千千克；6. 其他用于制造毒品的原料或者配剂相当数量的。（二）违反国家规定，非法买卖或者走私制毒物品，达到或者超过前款所列最高数量标准的，认定为刑法第三百五十条第一款规定的'数量大的'，处三年以上十年以下有期徒刑，并处罚金。"

最高人民检察院、公安部 2012 年 5 月 16 日发布的《关于公安机关管辖的刑事案件立案追诉标准的规定（三）》第 5 条规定："违反国家规定，非法运输、携带制毒物品进出国（边）境，涉嫌下列情形之一的，应予立案追诉：（一）1－苯基－2－丙酮五千克以上；（二）麻黄碱、伪麻黄碱及其盐类和单方制剂五千克以上，麻黄浸膏、麻黄浸膏粉一百千克以上；（三）3，4－亚甲基二氧苯基－2－丙酮、去甲麻黄素（去甲麻黄碱）、甲基麻黄素（甲基麻黄碱）、羟亚胺及其盐类十千克以上；（四）胡椒醛、黄樟素、黄樟油、异黄樟素、麦角酸、麦角胺、麦角新碱、苯乙酸二十千克以上；（五）N－乙酰邻氨基苯酸、邻氨基苯甲酸、哌啶一百五十千克以上；（六）醋酸酐、三氯甲烷二百千克以上；（七）乙醚、甲苯、丙酮、甲基乙基酮、高锰酸钾、硫酸、盐酸四百千克以上；（八）其他用于制造毒品的原料或者配剂相当数量的。非法运输、携带两种以上制毒物品进出国（边）境，每种制毒物品均没有达到本条第一款规定的数量标准，但按前款规定的立案追诉数量比例折算成一种制毒物品后累计相加达到上述数量标准的，应予立案追诉。为了走私制毒物品而采用生产、加工、提炼等方法非法制造易制毒化学品的，以走私制毒物品罪（预备）立案追诉。实施走私制毒物品行为，有下列情形之一，且查获了易制毒化学品，结合行为人的供述和其他证据综合审查判断，可以认定其'明知'是制毒物品而走私或者非法买卖，但有证据证明确属被蒙骗的除外：（一）改变产品形状、包装或者使用虚假标签、商标等产品标志的；（二）以藏匿、夹带、伪装或者其他隐蔽方式运输、携带易制毒化学品逃避检查的；（三）抗拒检查或者在检查时丢弃货物逃跑的；（四）以伪报、藏匿、伪装等蒙蔽手段逃避海关、边防等检查的；（五）选择不设海关或者边防检查站的路段绕行出入境的；（六）以虚假身份、地址或者其他虚假方式办理托运、寄递手续的；（七）以其他方法隐瞒真相，逃避对易制毒化学品依法监管的。明知他人实施走私制毒物品犯罪，而为其运输、储存、代理进出口或者以其他方式提供便利的，以走私制毒物品罪的共犯立案追诉。"第 6 条规定："违反国家规定，在境内非法买卖制毒物品，数量达到本规定第五条第一款规定情形之一的，应予立案追诉。非法买卖两种以上制毒物品，每种制毒物品均没有达到本条第一款规定的数量标准，但按前款规定的立案追诉数量比例折算成一种制毒物品后累计相加达到上述数量标准的，应予立案追诉。违反国家规定，实施下列行为之一的，认定为本条规定的非法买卖制毒物品行为：（一）未经许可或者备案，擅自购买、销售易制毒化学品的；（二）超出许可证明或者备案证明的品种、数量范围购买、销售易制毒化学品的；（三）使用他人的或者伪造、变造、失效的许可证明或者备案证明购买、销售易制毒化学品的；（四）经营单位违反规定，向无购买许可证明、备案证明的单位、个人销售易制毒化学品的，或者明知购买者使用他人的或者伪造、变造、失效的许可证明或者备案证明，向其销售易制毒化学品的；（五）以其他方式非法买卖易制毒化学品的。易制毒化学品生产、经营、使用单位或者个人未办理许可证明或者备案证明，购买、销售易制毒化学品，如果有证据证明确实用于合法生产、生活需要，依法能够办理只是未及时办理许可证明或者备案证明，且未造成严重社会危害的，可不以非法买卖制毒物品罪立案追诉。为了非法买卖制毒物品而采用生产、加工、提炼等方法非法制造易制毒化学品的，以非法买卖制毒物品罪（预备）立案追诉。非法买卖制毒物品主观故意中的'明知'，依照本规定第五条第四款的有关规定予以认定。明知他人实施非法买卖制毒物品犯罪，而为其运输、储存、代理进出口或者以其他方式提供便利的，以非法买卖制毒物品罪的共犯立案追诉。"

最高人民法院、最高人民检察院、公安部 2012 年 6 月 18 日发布的《关于办理走私、非法买卖麻黄碱类复方制剂等刑事案件适用法律若干问题的意见》第 1 条规定："以加工、提炼制毒物品制造毒品为目的，购买麻黄碱类复方制剂，或者运输、携带、寄递麻黄碱类复方制剂进出境的，依照刑法第三百四十七条的规定，以制造毒品罪定罪处罚。以加工、提炼制毒物品为目的，购买麻黄碱类复方制剂，或者运输、携带、寄递麻黄碱类复方制剂进出境的，依照刑法第三百五十条第一款、第三款的规定，分别以非法买卖制毒物品罪、走私制毒物品罪定罪处罚。将麻黄碱类复方制剂拆除包装、改变形态后进行走私或者非法买卖，或者明知是已拆除包装、改变形态的麻黄碱类复方制剂而进行走私或者非法买卖的，依照刑法第三百五十条第一款、第三款的规定，分别以走私制毒物品罪、非法买卖制毒物品罪定罪处罚。非法买卖麻黄碱类复方制剂或者运输、携带、寄递麻黄碱类复方制剂进出境，没有证据证明系用于制造毒品或者走私、非法买卖制毒物品，或者未达到走私制毒物品罪、非法买卖制毒物品罪的定罪数量标准，构成非法经营罪、走私普通货物、物品罪等其他犯罪的，依法定罪处罚。实施第一款、第二款规定的行为，同时构成其他犯罪的，依照处罚较重的规定定罪处罚。"第 2 条规定："以制造毒品为目的，利用麻黄碱类复方制剂加工、提炼制毒物品的，依照刑法第三百四十七条的规定，以制造毒品罪定罪处罚。以走私或者非法买卖为目的，利用麻黄碱类复方制剂加工、提炼制毒物品的，依照刑法第三百五十条第一款、第三款的规定，分别以走私制毒物品罪、非法买卖制毒物品罪定罪处罚。"第3条规定："明知他人利用麻黄碱类制毒物品制造毒品，向其提供麻黄碱类复方制剂，为其利用麻黄碱类复方制剂加工、提炼制毒物品，或者为其获取、利用麻黄碱类复方制剂提供其他帮助的，以制造毒品罪的共犯论处。明知他人走私或者非法买卖麻黄碱类制毒物品，向其提供麻黄碱类复方制剂，为其利用麻黄碱类复方制剂加工、提炼制毒物品，或者为其获取、利用麻黄碱类复方制剂提供其他帮助的，分别以走私制毒物品罪、非法买卖制毒物品罪的共犯论处。"第4条规定："实施本意见规定的行为，符合犯罪预备或者未遂情形的，依照法律规定处罚。"第5条规定："对于本意见规定的犯罪嫌疑人、被告人的主观目的与明知，应当根据物证、书证、证人证言以及犯罪嫌疑人、被告人供述和辩解等在案证据，结合犯罪嫌疑人、被告人的行为表现，重点考虑以下因素综合予以认定：1. 购买、销售麻黄碱类复方制剂的价格是否明显高于市场交易价格；2. 是否采用虚假信息、隐蔽手段运输、寄递、存储麻黄碱类复方制剂；3. 是否采用伪报、伪装、藏匿或者绕行进出境等手段逃避海关、边防等检查；4. 提供相关帮助行为获得的报酬是否合理；5. 此前是否实施过同类违法犯罪行为；6. 其他相关因素。"第6条规定："实施本意见规定的行为，以走私制毒物品罪、非法买卖制毒物品罪定罪处罚的，应当以涉案麻黄碱类复方制剂中麻黄碱类物质的含量作为涉案制毒物品的数量。实施本意见规定的行为，以制造毒品罪定罪处罚的，应当将涉案麻黄碱类复方制剂所含的麻黄碱类物质可以制成的毒品数量作为量刑情节考虑。多次实施本意见规定的行为未经处理的，涉案制毒物品的数量累计计算。"第7条规定："实施本意见规定的行为，以走私制毒物品罪、非法买卖制毒物品罪定罪处罚的，涉案麻黄碱类复方制剂所含的麻黄碱类物质应当达到以下数量标准：麻黄碱、伪麻黄碱、消旋麻黄碱及其盐类五千克以上不满五十千克；去甲麻黄碱、甲基麻黄碱及其盐类十千克以上不满一百千克；麻黄浸膏、麻黄浸膏粉一百千克以上不满一千千克。达到上述数量标准上限的，认定为刑法第三百五十条第一款规定的'数量大'。实施本意见规定的行为，以制造毒品罪定罪处罚的，无论涉案麻黄碱类复方制剂所含的麻黄碱类物质数量多少，都应当追究刑事责任。"第8条规定："本意见所称麻黄碱类复方制剂是指含有《易制毒化学品管理条例》（国务院令第445号）品种目录所列的麻黄碱（麻黄素）、伪麻黄碱（伪麻黄素）、消旋麻黄碱（消旋麻黄素）、去甲麻黄碱（去甲麻黄素）、甲基麻黄碱（甲基麻黄素）及其盐类，或者麻黄浸膏、麻黄浸膏粉等麻黄碱类物质的药品复方制剂。"

最高人民法院、最高人民检察院、公安部、农业部、国家食品药品监督管理总局2013年5月21日发布的《关于进一步加强麻黄草管理严厉打击非法买卖麻黄草等违法犯罪活动的通知》第 3 条规定："各地人民法院、人民检察院、公安机关要依法查处非法采挖、买卖麻黄草等犯罪行为，区别情形予以处罚：（一）以制造毒品为目的，采挖、收购麻黄草的，依照刑法第三百四十七条的规定，以制造毒品罪定罪处罚。（二）以提取麻黄碱类制毒物品后进行走私或者非法贩卖为目的，采挖、收购麻黄草，涉案麻黄草所含的麻黄碱类制毒物品达到相应定罪数量标准的，依照刑法第三百五十条第一款、第三款的规定，分别以走私制毒物品罪、非法买卖制毒物品罪定罪处罚。（三）明知他人制造毒品或者走私、非法买卖制毒物品，向其提供麻黄草或者提供运输、储存麻黄草等帮助的，分别以制造毒品罪、走私制毒物品罪、非法买卖制毒物品罪的共犯论处。（四）违反国家规定采挖、销售、收购麻黄草，没有证据证明以制造毒品或者走私、非法买卖制毒物品为目的，依照刑法第二百二十五条的规定构成犯罪的，以非法经营罪定罪处罚。（五）实施以上行为，以制造毒品罪、走私制毒物品罪、非法买卖制毒物品罪定罪处罚的，涉案制毒物品的数量按照三百千克麻黄草折合一千克麻黄碱计算；以制造毒品罪定罪处罚的，无论涉案麻黄草数量多少，均应追究刑事责任。"

最高人民法院、最高人民检察院 2014 年 8 月 12 日发布的《关于办理走私刑事案件适用法律若干问题的解释》第 20 条规定："直接向走私人非法收购走私进口的货物、物品，在内海、领海、界河、界湖运输、收购、贩卖国家禁止进出口的物品，或者没有合法证明，在内海、领海、界河、界湖运输、收购、贩卖国家限制进出口的货物、物品，构成犯罪的，应当按照走私货物、物品的种类，分别依照刑法第一百五十一条、第一百五十二条、第一百五十三条、第三百四十七条、第三百五十条的规定定罪处罚。刑法第一百五十五条第二项规定的'内海'，包括内河的入海口水域。"第 22 条规定："在走私的货物、物品中藏匿刑法第一百五十一条、第一百五十二条、第三百四十七条、第三百五十条规定的货物、物品，构成犯罪的，以实际走私的货物、物品定罪处罚；构成数罪的，实行数罪并罚。"

最高人民法院、最高人民检察院、公安部 2014 年 9 月 5 日发布的《关于办理邻氯苯基环戊酮等三种制毒物品犯罪案件定罪量刑数量标准的通知》第 1 条规定："违反国家规定，非法运输、携带邻氯苯基环戊酮、1－苯基－2－溴－1－丙酮或者3－氧－2－苯基丁腈进出境，或者在境内非法买卖上述物品，达到下列数量标准的，依照刑法第三百五十条第一款的规定，处三年以下有期徒刑、拘役或者管制，并处罚金：（一）邻氯苯基环戊酮二十千克以上不满二百千克；（二）1－苯基－2－溴－1－丙酮、3－氧－2－苯基丁腈十五千克以上不满一百五十千克。"第 2 条规定："违反国家规定，实施上述行为，达到或者超过第一条所列最高数量标准的，应当认定为刑法第三百五十条第一款规定的'数量大'，处三年以上十年以下有期徒刑，并处罚金。"

最高人民法院 2015 年 5 月 18 日发布的《全国法院毒品犯罪审判工作座谈会纪要》关于"罪名认定问题"部分中规定："行为人利用信息网络贩卖毒品、在境内非法买卖用于制造毒品的原料或者配剂、传授制造毒品等犯罪的方法，构成贩卖毒品罪、非法买卖制毒物品罪、传授犯罪方法罪等犯罪的，依法定罪处罚。"关于"缓刑、财产刑适用及减刑、假释问题"部分中规定："对于毒品犯罪应当从严掌握缓刑适用条件。对于毒品再犯，一般不得适用缓刑。对于不能排除多次贩毒嫌疑的零包贩毒被告人，因认定构成贩卖毒品等犯罪的证据不足而认定为非法持有毒品罪的被告人，实施引诱、教唆、欺骗、强迫他人吸毒犯罪及制毒物品犯罪的被告人，应当严格限制缓刑适用。办理毒品犯罪案件，应当依法追缴犯罪分子的违法所得，充分发挥财产刑的作用，切实加大对犯罪分子的经济制裁力度。对查封、扣押、冻结的涉案财物及其孳息，经查确属违法所得或者依法应当追缴的其他涉案财物的，如购毒款、供犯罪所用的本人财物、毒品犯罪所得的财物及其收益等，应当判决没收，但法律另有规定的除外。判处罚金刑时，应当结合毒品犯罪的性质、情节、危害后果及被告人的获利情况、经济状况等因素合理确定罚金数额。"关于"非法贩卖麻醉药品、精神药品行为的定性问题"部分规定："行为人向走私、贩卖毒品的犯罪分子或者吸食、注射毒品的人员贩卖国家规定管制的能够使人形成瘾癖的麻醉药品或者精神药品的，以贩卖毒品罪定罪处罚。行为人出于医疗目的，违反有关药品管理的国家规定，非法贩卖上述麻醉药品或者精神药品，扰乱市场秩序，情节严重的，以非法经营罪定罪处罚。"

【立法建言】

建议一：将《刑法》第 350 条第 1 款修改为："违反国家规定，非法生产、买卖、运输醋酸酐、乙醚、三氯甲烷或者其他用于制造毒品的原料、配剂，或者携带上述物品进出境，情节严重的，处三年以下有期徒刑、拘役或者管制，可以并处或者单处罚金；情节特别严重的，处三年以上七年以下有期徒刑，并处罚金；情节特别严重的，处七年以上有期徒刑，并处罚金。"

理　由：

从立法技术上看，宜将《刑法》第 350 条第 1 款第 1 档法定刑中的"并处罚金"改为"可以并处或者单处罚金"，并删去第 3 档法定刑中的"没收财产"，以与《刑法》的其他罚金和没收财产规定相一致。

建议二：在《刑法》第 350 条后增加 1 条，作为第 350 条之一："走私、制造、非法买卖制毒物品、设备，或者明知他人实施走私、制造、非法买卖制毒物品、设备犯罪，而为其运输、储存或者以其他方式提供便利，情节严重的，处三年以下有期徒刑、拘役或者管制，可以并处或者单处罚金；情节特别严重的，处三年以上七年以下有期徒刑，并处罚金；情节特别严重的，处七年以上有期徒刑，并处罚金。"

理　由：

从犯罪类型的角度来看，尽管我国毒品犯罪刑事立法构建了较为严密的法网，但是，与我国参加的有关禁毒国际公约的要求相比，在行为类型上还存在未列全有关制毒物品、设备犯罪的缺漏。1988 年 12 月 19 日联合国通过的《联合国禁止非法贩运麻醉药物和精神药物公约》第 3 条明确规定，各缔约国应采取可能必要的措施将明知其用途是非法种植、生产或制造麻醉药品或精神药品而制造、运输或分销设备、材料或公约规定管制的物质以及明知其被用于或将用于非法种植、生产或制造麻醉药品或精神药品而占有设备、材料或公约规定管制的物质的行为确定为其国内法中的刑事犯罪。然而，我国现行毒品犯罪刑事立法并未完全涵盖上述犯罪行为。主要表现在：《刑法》第 350 条第 1 款规定了走私制毒物品罪和非法买卖制毒物品罪，第 2 款还规定明知他人制造毒品而为其提供制毒物品的，以制造毒品罪的共犯论处，但却没有规定走私、运输、制造、非法买卖制毒设备、材料的犯罪，也没有规定非法制造、运输制毒物品的犯罪。鉴于上述行为同样是非法制毒的一个重要环节，其社会危害性并不亚于走私制毒物品和非法买卖制毒物品的行为，因此，刑法学界早就出现了增设有关制毒物品、设备犯罪的呼声。例如，有学者呼吁，应将为制造毒品提供有关设备、材料的行为和将为制造麻醉药品或精神药品提供有关设备、材料的行为规定为犯罪。[①] 也有学者呼吁，应增设非法制造、运输制毒物品罪。[②] 遗憾的是，上述呼声并未引起立法者的关注，以至于在实践中常常遭遇如何应对这一类"空白"行为的尴尬。为统一司法适用，最高人民法院、最高人民检察院、公安部 2009 年 6 月 26 日发布的《关于办理制毒物品犯罪案件适用法律若干问题的意见》规定："为了制造毒品或者走私、非法买卖制毒物品犯罪而采用生产、加工、提炼等方法非法制造易制毒化学品的，根据刑法第二十二条的规定，按照其制造易制毒化学品的不同目的，分别以制造毒品、走私制毒物品、非法买卖制毒物品的预备行为论处。""明知他人实施走私或者非法买卖制毒物品犯罪，而为其运输、储存、代理进出口或者以其他方式提供便利的，以走私或者非法买卖制毒物品罪的共犯论处。"最高人民法院 2008 年 12 月 1 日发布的《全国部分法院审理毒品犯罪案件工作座谈会纪要》明确规定："购进制造毒品的设备和原材料，开始着手制造毒品，但尚未制出粗制毒品或者半成品的，以制造毒品罪的未遂论处。"尽管上述司法解释填补了刑法的部分漏洞，但囿于解释的权限，其不可能从根本上解决《刑法》第 350 条的立法缺陷。因此，有必要通过立法的途径来增设相关的犯罪。

① 参见彭建鸣："试析毒品犯罪立法的局限与完善"，载《云南警官学院学报》2004 年第 2 期。
② 参见丁友勤："关于毒品犯罪立法完善的几点思考"，载《湖北行政学院学报》2005 年第 2 期。

五、非法种植毒品原植物罪（第 351 条）

【立法沿革】

非法种植毒品原植物罪是在全国人大常委会 1990 年《关于禁毒的决定》第 6 条规定的非法种植毒品原植物罪的基础上修改而来的。

早在新中国成立之初，我国就开始实行禁种鸦片的政策。据此，1950 年的《刑法大纲草案》第 67 条规定了栽种鸦片毒品的犯罪："栽种、制造、运输或买卖鸦片毒品者，处一年以上五年以下监禁。特别严重者，处死刑，终身监禁或七年以上十五年以下监禁，并可没收其财产之全部或一部。"此后，禁种鸦片的政策一直持续至今，从未间断。例如，政务院 1952 年 5 月 21 日发布的《关于严禁鸦片烟毒的通令》第 6 条规定："禁种鸦片的政策，应结合爱国丰产运动。在已经禁种的地区，绝对不准再种，违者依法制裁；在某些少数民族地区，如有种烟者，应斟酌当地实际情况，有步骤地实行禁种，或劝导农民自动不种，并解决其改种其他作物的困难。"国务院 1973 年 1 月 13 日发布的《关于严禁私种罂粟和贩卖、吸食鸦片等毒品的通知》第 3 条重申："国务院或农林部制定国营农场有计划地种植药用罂粟。其他任何单位或个人，一律不准种植罂粟。对私自种植的罂粟，必须立即铲除，就地销毁，并追缴已收获的鸦片和种子。如有违抗，依法惩处。"然而，1979 年《刑法》并未将非法种植毒品原植物的行为作为独立的犯罪加以规定。

在全面研究修改刑法的过程中，1988 年的《刑法修改稿》第 193 条第 3 款首次规定了非法种植毒品原植物罪："非法种植罂粟等毒品原植物，情节严重的，依照第一款的规定处罚。"① 到了 1990 年，考虑到"近年来，有些地方非法种植罂粟等毒品原植物的情况日益严重。治安管理处罚条例规定，违反政府规定种植罂粟等毒品原植物的给予治安管理处罚，构成犯罪的，依法追究刑事责任。但什么情况构成犯罪，规定不明确"。② 因此，《关于禁毒的决定》第 6 条明确规定了非法种植毒品原植物罪："非法种植罂粟、大麻等毒品原植物的，一律强制铲除。有下列情形之一的，处五年以下有期徒刑、拘役或者管制，并处罚金：（一）种植罂粟五百株以上不满三千株或者其他毒品原植物数量较大的；（二）经公安机关处理后又种植的；（三）抗拒铲除的。非法种植罂粟三千株以上或者其他毒品原植物数量大的，处五年以上有期徒刑，并处罚金或者没收财产。非法种植罂粟不满五百株或者其他毒品原植物数量较小的，由公安机关处十五日以下拘留，可以并处

---

① 该条第 1 款规定："制造、贩卖、运输鸦片、海洛因、吗啡或者其他毒品的，处五年以下有期徒刑或者拘役，可以并处罚金。"

② 参见全国人大常委会法制工作委员会副主任顾昂然 1990 年 10 月 25 日在七届全国人大常委会第十六次会议上所作的《关于禁毒的决定（草案）的说明》。

三千元以下罚款。非法种植罂粟或者其他毒品原植物，在收获前自动铲除的，可以免除处罚。"

在刑法修订研拟的过程中，1996 年的《刑法修订草案》（征求意见稿）第 314 条基本上沿用了上述规定，仅删去了第 3 款"非法种植罂粟不满五百株或者其他毒品原植物数量较小的，由公安机关处十五日以下拘留，可以并处三千元以下罚款"的规定。这一修改方案，为现行刑法所采纳。

【立法规定】

《刑法》第 351 条规定："非法种植罂粟、大麻等毒品原植物的，一律强制铲除。有下列情形之一的，处五年以下有期徒刑、拘役或者管制，并处罚金：（一）种植罂粟五百株以上不满三千株或者其他毒品原植物数量较大的；（二）经公安机关处理后又种植的；（三）抗拒铲除的。非法种植罂粟三千株以上或者其他毒品原植物数量大的，处五年以上有期徒刑，并处罚金或者没收财产。非法种植罂粟或者其他毒品原植物，在收获前自动铲除的，可以免除处罚。"

【立法释义】

最高人民法院 2000 年 6 月 6 日发布的《关于审理毒品案件定罪量刑标准有关问题的解释》第 5 条规定："非法种植大麻五千株以上不满三万株，应当认定为刑法第三百五十一条第一款第（一）项规定的非法种植大麻'数量较大'；非法种植大麻三万株以上，应当认定为刑法第三百五十一条第二款规定的非法种植大麻'数量大'。"

最高人民检察院、公安部 2012 年 5 月 16 日发布的《关于公安机关管辖的刑事案件立案追诉标准的规定（三）》第 7 条规定："非法种植罂粟、大麻等毒品原植物，涉嫌下列情形之一的，应予立案追诉：（一）非法种植罂粟五百株以上的；（二）非法种植大麻五千株以上的；（三）非法种植其他毒品原植物数量较大的；（四）非法种植罂粟二百平方米以上、大麻二千平方米以上或者其他毒品原植物面积较大，尚未出苗的；（五）经公安机关处理后又种植的；（六）抗拒铲除的。本条所规定的'种植'，是指播种、育苗、移栽、插苗、施肥、灌溉、割取津液或者收取种子等行为。非法种植毒品原植物的株数一般应以实际查获的数量为准。因种植面积较大，难以逐株清点数目的，可以抽样测算每平方米平均株数后按实际种植面积测算出种植总株数。非法种植罂粟或者其他毒品原植物，在收获前自动铲除的，可以不予立案追诉。"

【立法建言】

建　议：将《刑法》第 351 条修改为："非法种植罂粟或者其他毒品原植物，有下列情形之一的，处五年以下有期徒刑、拘役或者管制，可以并处或者单处罚金：（一）种植数量较大的；（二）经公安机关处理后又种植的；（三）抗拒铲除的。非法种植罂粟或者其他毒品原植物数量大的，处五年以上有期徒刑，并处罚金。非法种植罂粟或者其他毒品原植物，在收获前自动铲除的，可以免除处罚。"

理 由：

1. 从文字表述的角度来看，宜将本罪第 1 款中的"非法种植罂粟、大麻等毒品原植物"改为"非法种植罂粟或者其他毒品原植物"，以与第 3 款的文字表述相协调；同时，还宜删去其中"一律强制铲除"的宣示性规定。

2. 从立法技术的角度来看，宜将本罪第 1 款法定刑中的"并处罚金"改为"可以并处或者单处罚金"，并删去第 2 款法定刑中的"没收财产"，以与《刑法》的其他罚金和没收财产规定相一致。

3. 从司法实践的角度来看，宜删去本罪中"罂粟五百株以上不满三千株"和"罂粟三千株以上"的定罪量刑标准，以利于司法机关根据案件的具体情况掌握，或者由最高人民法院、最高人民检察院通过制定司法解释予以确定。

六、非法买卖、运输、携带、持有毒品原植物种子、幼苗罪（第 352 条）

【立法沿革】

非法买卖、运输、携带、持有毒品原植物种子、幼苗罪是 1997 年《刑法》第 352 条增设的罪名。

非法买卖、运输、携带、持有毒品原植物种子、幼苗罪，最早见之于 1996 年 12 月 20 日的《刑法修订草案》。该草案第 321 条规定："非法买卖、运输、携带、持有未经灭活的罂粟等毒品原植物种子或者幼苗，数量较大的，处三年以下有期徒刑、拘役或者管制，可以并处或者单处罚金。" 1997 年 3 月 1 日，提交给八届全国人大五次会议审议的《中华人民共和国刑法（修订草案）》第 349 条在上述规定的基础上，将"可以并处或者单处罚金"改为"并处或者单处罚金"。这一修改方案，为现行刑法所采纳。

【立法规定】

《刑法》第 352 条规定："非法买卖、运输、携带、持有未经灭活的罂粟等毒品原植物种子或者幼苗，数量较大的，处三年以下有期徒刑、拘役或者管制，并处或者单处罚金。"

【立法释义】

最高人民检察院、公安部 2012 年 5 月 16 日发布的《关于公安机关管辖的刑事案件立案追诉标准的规定（三）》第 8 条规定："非法买卖、运输、携带、持有未经灭活的罂粟等毒品原植物种子或者幼苗，涉嫌下列情形之一的，应予立案追诉：（一）罂粟种子五十克以上、罂粟幼苗五千株以上；（二）大麻种子五十千克以上、大麻幼苗五万株以上；（三）其他毒品原植物种子、幼苗数量较大的。"

【立法建言】

建　议：将《刑法》第 352 条修改为："非法买卖、运输、携带、持有未经灭活的罂粟等毒品原植物种子或者幼苗，数量较大的，处三年以下有期徒刑、拘役或者管制，可以并处或者单处罚金。"

理　由：

从立法技术上看，宜将本罪法定刑中的"并处或者单处罚金"改为"可以并处或者单处罚金"，以与《刑法》的其他罚金规定相一致。

七、引诱、教唆、欺骗他人吸毒罪、强迫他人吸毒罪（第 353 条）

【立法沿革】

引诱、教唆、欺骗他人吸毒罪、强迫他人吸毒罪是在全国人大常委会 1990 年《关于禁毒的决定》第 7 条规定的引诱、教唆、欺骗他人吸毒罪、强迫他人吸毒罪的基础上修改而来的。

全国人大常委会 1990 年《关于禁毒的决定》第 7 条规定："引诱、教唆、欺骗他人吸食、注射毒品的，处七年以下有期徒刑、拘役或者管制，并处罚金。强迫他人吸食、注射毒品的，处三年以上十年以下有期徒刑，并处罚金。引诱、教唆、欺骗或者强迫未成年人吸食、注射毒品的，从重处罚。"

在刑法修订研拟的过程中，最初的各次刑法修订草案均直接移植了上述规定，未作任何修改。直至 1997 年 3 月 1 日，提交给八届全国人大五次会议审议的《中华人民共和国刑法（修订草案）》第 350 条才对上述第 1 款规定的法定刑作了调整，将"处七年以下有期徒刑、拘役或者管制，并处罚金"改为"处三年以下有期徒刑、拘役或者管制，并处罚金；情节严重的，处三年以上七年以下有期徒刑，并处罚金"。这一修改方案，为现行刑法所采纳。

【立法规定】

《刑法》第 353 条规定："引诱、教唆、欺骗他人吸食、注射毒品的，处三年以下有期徒刑、拘役或者管制，并处罚金；情节严重的，处三年以上七年以下有期徒刑，并处罚金。强迫他人吸食、注射毒品的，处三年以上十年以下有期徒刑，并处罚金。引诱、教唆、欺骗或者强迫未成年人吸食、注射毒品的，从重处罚。"

【立法释义】

最高人民检察院、公安部 2012 年 5 月 16 日发布的《关于公安机关管辖的刑事案件立案追诉标准的规定（三）》第 9 条规定："引诱、教唆、欺骗他人吸食、注射毒品的，应予立案追诉。"第 10 条规定："违背他人意志，以暴力、胁迫或者其他强制手段，迫使他人吸食、注射毒品的，应予立案追诉。"

最高人民法院 2015 年 5 月 18 日发布的《全国法院毒品犯罪审判工作座谈会纪要》关于"罪名认定问题"部分中规定："行为人开设网站、利用网络聊天室等组织他人共同吸毒，构成引诱、教唆、欺骗他人吸毒罪等犯罪的，依法定罪处罚。"关于"缓刑、财产刑适用及减刑、假释问题"部分中规定："对于毒品犯罪应当从严掌握缓刑适用条件。对于毒品再犯，一般不得适用缓刑。对于不能排除多次贩毒嫌疑的零包贩毒被告人，因认定构成贩卖毒品等犯罪的证据不足而认定为非法持有毒品罪的被告人，实施引诱、教唆、欺骗、强迫他人吸毒犯罪及制毒物品犯罪的被告人，应当严格限制缓刑适用。办理毒品犯罪案件，应当依法追缴犯罪分子的违法所得，充分发挥财产刑的作用，切实加大对犯罪分子的经济制裁力度。对查封、扣押、冻结的涉案财物及其孳息，经查确属违法所得或者依法应当追缴的其他涉案财物的，如购毒款、供犯罪所用的本人财物、毒品犯罪所得的财物及其收益等，应当判决没收，但法律另有规定的除外。判处罚金刑时，应当结合毒品犯罪的性质、情节、危害后果及被告人的获利情况、经济状况等因素合理确定罚金数额。"

【立法建言】

建　议：将《刑法》第 353 条第 1 款修改为："引诱、教唆、欺骗他人吸食、注射毒品的，处三年以下有期徒刑、拘役或者管制，可以并处或者单处罚金；情节严重的，处三年以上七年以下有期徒刑，并处罚金。"

理　由：

从立法技术上看，宜将《刑法》第 353 条第 1 款第 1 档法定刑中的"并处罚金"改为"可以并处或者单处罚金"，以与《刑法》的其他罚金规定相一致。

八、容留他人吸毒罪（第 354 条）

【立法沿革】

容留他人吸毒罪是在全国人大常委会 1990 年《关于禁毒的决定》第 9 条规定的容留他人吸食、注射毒品并出售毒品罪的基础上修改而来的。

全国人大常委会 1990 年《关于禁毒的决定》第 9 条规定："容留他人吸食、注射毒品并出售毒品的，依照第二条的规定处罚。"①

在刑法修订研拟的过程中，1996 年的《刑法修订草案》（征求意见稿）第 316 条直接

---

① 该条是将容留他人吸食、注射毒品并出售毒品的行为作为一种独立的犯罪加以规定，只是依照第 2 条规定的走私、贩卖、运输、制造毒品罪的法定刑处罚。

移植了上述规定。但是，1996年的《刑法修订草案》第323条将其改为依照走私、贩卖、运输、制造毒品罪"定罪处罚"①。到了1997年，《刑法修订草案》（修改稿）第349条不仅删去了本罪中"并出售毒品"的条件限制，而且还对本罪规定了独立的法定刑。修改后的条文为："容留他人吸食、注射毒品的，处三年以下有期徒刑、拘役或者管制。"1997年3月1日，提交给八届全国人大五次会议审议的《中华人民共和国刑法（修订草案）》第351条在上述规定的基础上，又增加了"并处罚金"的规定。这一修改方案，为现行刑法所采纳。

【立法规定】

《刑法》第354条规定："容留他人吸食、注射毒品的，处三年以下有期徒刑、拘役或者管制，并处罚金。"

【立法释义】

最高人民检察院、公安部2012年5月16日发布的《关于公安机关管辖的刑事案件立案追诉标准的规定（三）》第11条规定："提供场所，容留他人吸食、注射毒品，涉嫌下列情形之一的，应予立案追诉：（一）容留他人吸食、注射毒品两次以上的；（二）一次容留三人以上吸食、注射毒品的；（三）因容留他人吸食、注射毒品被行政处罚，又容留他人吸食、注射毒品的；（四）容留未成年人吸食、注射毒品的；（五）以牟利为目的容留他人吸食、注射毒品的；（六）容留他人吸食、注射毒品造成严重后果或者其他情节严重的。"

【立法建言】

建议一：将《刑法》第354条修改为："容留他人吸食、注射毒品的，处三年以下有期徒刑、拘役或者管制，可以并处或者单处罚金。"

理　由：

从立法技术上看，宜将本罪法定刑中的"并处罚金"改为"可以并处或者单处罚金"，以与《刑法》的其他罚金规定相一致。

建议二：在《刑法》第354条后增加1条，作为第354条之一："多次吸食、注射毒品，情节严重的，处拘役或者管制，可以并处或者单处罚金。"

理　由：

根据1988年12月19日联合国通过的《联合国禁止非法贩运麻醉药物和精神药物公约》第3条关于各缔约国应采取可能必要的措施将非法使用麻醉药品或精神药品的行为确定为其国内法中的刑事犯罪的规定，结合当前我国毒品犯罪的实际，宜将"多次吸食、注

---

① 该规定意味着容留他人吸食、注射毒品并出售毒品的行为不再是一种独立的犯罪。

射毒品，情节严重"的行为增设为犯罪。因为，"所有的市场（无论是合法市场还是非法市场）的动力都来自于利益，毒品犯罪的最终驱动力，当然也是毒品本身带来的巨额非法利益，而这些利益来自于毒品的消费者"。[①] 为了切断毒品犯罪的利益根源，《联合国禁止非法贩运麻醉药物和精神药物公约》要求各缔约国应将非法使用麻醉药品或精神药品的行为确定为其国内法中的刑事犯罪。目前，已有不少国家将吸毒规定为一种犯罪行为，如日本、韩国、蒙古、土耳其、希腊、意大利等，我国的香港、澳门、台湾地区也将吸毒规定为犯罪。[②] 鉴于吸毒行为已经成为我国毒品犯罪链条中最重要的一个连接点，因而刑法学界不断有人呼吁，为了根治毒品犯罪，有必要将情节严重的吸毒行为规定为犯罪。[③] 对此，笔者也持肯定的态度。

九、非法提供麻醉药品、精神药品罪（第355条）

【立法沿革】

非法提供麻醉药品、精神药品罪是在全国人大常委会1990年《关于禁毒的决定》第10条规定的非法提供麻醉药品、精神药品罪的基础上修改而来的。

全国人大常委会1990年《关于禁毒的决定》第10条规定："根据医疗、教学、科研的需要，国家卫生行政主管部门依照法律、行政法规的规定，可以指定特定的地方和制药厂，种植、生产限定数量的毒品原植物和麻醉药品、精神药品。依法从事生产、运输、管理、使用国家管制的麻醉药品、精神药品的单位和人员，必须严格遵守国家关于麻醉药品、精神药品的管理规定。依法从事生产、运输、管理、使用国家管制的麻醉药品、精神药品的人员违反国家规定，向吸食、注射毒品的人提供国家管制的麻醉药品、精神药品的，处七年以下有期徒刑或者拘役，可以并处罚金。向走私、贩卖毒品的犯罪分子或者以牟利为目的，向吸食、注射毒品的人提供国家管制的麻醉药品、精神药品的，依照第二条的规定处罚。单位有第二款规定的违法犯罪行为的，对其直接负责的主管人员和其他直接责任人员，依照第二款的规定处罚，并对单位判处罚金。"

在刑法修订研拟的过程中，1996年的《刑法修订草案》（征求意见稿）第317条沿袭了上述第2款的规定，仅对第3款单位犯罪的文字表述作了修改和调整。修改后的条文为："依法从事生产、运输、管理、使用国家管制的麻醉药品、精神药品的人员违反国家规定，向吸食、注射毒品的人提供国家管制的麻醉药品、精神药品的，处七年以下有期徒

---

① 莫洪宪："毒品犯罪的挑战与刑法的回应"，载《政治与法律》2012年第10期。

② 参见邱创教主编：《毒品犯罪惩治与预防全书》，中国法制出版社1998年版，第376、431、447页。

③ 参见彭建鸣："试析毒品犯罪立法的局限与完善"，载《云南警官学院学报》2004年第2期；李莉："关于新型毒品犯罪立法完善的几点思考"，载《前沿》2010年第5期；师维："新型毒品犯罪的现状审视及防控完善"，载《中国人民公安大学学报》2012年第1期；等等。

刑或者拘役，可以并处罚金。向走私、贩卖毒品的犯罪分子或者以牟利为目的，向吸食、注射毒品的人提供国家管制的麻醉药品、精神药品的，依照本法第三百一十条的规定处罚。"① "单位有前款规定的犯罪行为的，对单位判处罚金，并对其直接负责的主管人员和其他直接责任人员，依照前款的规定处罚。" 1996 年的《刑法修订草案》第 324 条在上述规定的基础上，将第 1 款中依照走私、贩卖、运输、制造毒品罪的规定"处罚"改为"定罪处罚"。1997 年的《刑法修订草案》（修改稿）第 350 条对上述规定作了两方面的修改和补充：一是将单位犯罪中"单位有前款规定的犯罪行为"的表述改为"单位犯前款罪"；二是增加了第 3 款"因走私、贩卖、运输、制造、非法持有毒品罪被判过刑，又犯本节规定之罪的，从重处罚"的规定。② 1997 年 3 月 1 日，提交给八届全国人大五次会议审议的《中华人民共和国刑法（修订草案）》第 352 条对上述第 1 款规定的法定刑作了调整，将"处七年以下有期徒刑或者拘役，可以并处罚金"改为"处三年以下有期徒刑或者拘役，并处罚金；情节严重的，处三年以上七年以下有期徒刑，并处罚金"。此外，该草案还将上述第 3 款规定抽出来作为第 353 条。1997 年《刑法》第 355 条在上述规定的基础上，又作了两处修改和调整：一是将第 1 款中的"向吸食、注射毒品的人提供国家管制的麻醉药品、精神药品"改为"向吸食、注射毒品的人提供国家规定管制的能够使人形成瘾癖的麻醉药品、精神药品"；二是将第 1 款中"向走私、贩卖毒品的犯罪分子或者以牟利为目的，向吸食、注射毒品的人提供国家管制的麻醉药品、精神药品的，依照本法第三百四十四条的规定定罪处罚"改为"向走私、贩卖毒品的犯罪分子或者以牟利为目的，向吸食、注射毒品的人提供国家规定管制的能够使人形成瘾癖的麻醉药品、精神药品的，依照本法第三百四十七条的规定定罪处罚"，并将其作为该条的第 2 款。

【立法规定】

《刑法》第 355 条规定："依法从事生产、运输、管理、使用国家管制的麻醉药品、精神药品的人员，违反国家规定，向吸食、注射毒品的人提供国家规定管制的能够使人形成瘾癖的麻醉药品、精神药品的，处三年以下有期徒刑或者拘役，并处罚金；情节严重的，处三年以上七年以下有期徒刑，并处罚金。向走私、贩卖毒品的犯罪分子或者以牟利为目的，向吸食、注射毒品的人提供国家规定管制的能够使人形成瘾癖的麻醉药品、精神药品的，依照本法第三百四十七条的规定定罪处罚。单位犯前款罪的，对单位判处罚金，并对其直接负责的主管人员和其他直接责任人员，依照前款的规定处罚。"

---

① 该草案第 310 条规定的是走私、贩卖、运输、制造毒品罪。
② 该款是从《关于禁毒的决定》第 11 条第 2 款"因走私、贩卖、运输、制造、非法持有毒品罪被判过刑，又犯本决定规定之罪的，从重处罚"的规定移植过来的。

【立法释义】

最高人民检察院2002年10月24日发布的《关于安定注射液是否属于刑法第三百五十五条规定的精神药品问题的答复》规定："根据《精神药品管理办法》等国家有关规定，'能够使人形成瘾癖'的精神药品，是指使用后能使人的中枢神经系统兴奋或者抑制连续使用能使人产生依赖性的药品。安定注射液属于刑法第三百五十五条第一款规定的'国家规定管制的能够使人形成瘾癖的'精神药品。鉴于安定注射液属于《精神药品管理办法》规定的第二类精神药品，医疗实践中使用较多，在处理此类案件时，应当慎重掌握罪与非罪的界限。对于明知他人是吸毒人员而多次向其出售安定注射液，或者贩卖安定注射液数量较大的，可以依法追究行为人的刑事责任。"

最高人民检察院、公安部2012年5月16日发布的《关于公安机关管辖的刑事案件立案追诉标准的规定（三）》第12条规定："依法从事生产、运输、管理、使用国家管制的麻醉药品、精神药品的个人或者单位，违反国家规定，向吸食、注射毒品的人员提供国家规定管制的能够使人形成瘾癖的麻醉药品、精神药品，涉嫌下列情形之一的，应予立案追诉：（一）非法提供鸦片二十克以上、吗啡二克以上、度冷丁（杜冷丁）五克以上（针剂100mg/支规格的五十支以上，50mg/支规格的一百支以上；片剂25mg/片规格的二百片以上，50mg/片规格的一百片以上）、盐酸二氢埃托啡零点二毫克以上（针剂或者片剂20mg/支、片规格的十支、片以上）、氯胺酮、美沙酮二十克以上、三唑仑、安眠酮一千克以上、咖啡因五千克以上、氯氮卓、艾司唑仑、地西泮、溴西泮十千克以上，以及其他麻醉药品和精神药品数量较大的；（二）虽未达到上述数量标准，但非法提供麻醉药品、精神药品两次以上，数量累计达到前项规定的数量标准百分之八十以上的；（三）因非法提供麻醉药品、精神药品被行政处罚，又非法提供麻醉药品、精神药品的；（四）向吸食、注射毒品的未成年人提供麻醉药品、精神药品的；（五）造成严重后果或者其他情节严重的。依法从事生产、运输、管理、使用国家管制的麻醉药品、精神药品的人员或者单位，违反国家规定，向走私、贩卖毒品的犯罪分子提供国家规定管制的能够使人形成瘾癖的麻醉药品、精神药品的，或者以牟利为目的，向吸食、注射毒品的人提供国家规定管制的能够使人形成瘾癖的麻醉药品、精神药品的，以走私、贩卖毒品罪立案追诉。"

【立法建言】

建议一： 将《刑法》第355条第1款第1档法定刑修改为："处三年以下有期徒刑、拘役或者管制，可以并处或者单处罚金"。

理　由：

从立法技术上看，宜在本罪第1款第1档法定刑中增加"管制"的规定，并将其中的"并处罚金"改为"可以并处或者单处罚金"，以与《刑法》的其他管制和罚金规定相一致。

建议二：将《刑法》第 355 条第 1 款第 2 部分修改为："向走私、贩卖毒品的犯罪分子或者以牟利为目的，向吸食、注射毒品的人提供国家规定管制的能够使人形成瘾癖的麻醉药品、精神药品的，处三年以上七年以下有期徒刑，并处罚金；情节严重的，处七年以上有期徒刑，并处罚金；情节特别严重的，处十五年有期徒刑或者无期徒刑，并处罚金或者没收财产。"

理　由：

从行为方式上看，走私、贩卖、运输、制造毒品罪仅包括走私、贩卖、运输、制造四种行为类型，其无法涵盖"提供"这一行为类型。然而，《刑法》第 355 条第 1 款中却明确规定："向走私、贩卖毒品的犯罪分子或者以牟利为目的，向吸食、注射毒品的人提供国家规定管制的能够使人形成瘾癖的麻醉药品、精神药品的，依照本法第三百四十七条的规定定罪处罚。"如果说向走私、贩卖毒品的犯罪分子提供上述药品的行为尚可解释为走私、贩卖毒品罪共犯的话，[①] 那么，以牟利为目的，向吸食、注射毒品的人提供上述药品的行为则根本无法将其解释为贩毒行为。因为"提供"与"贩卖"是两种不同的行为类型，不能因"提供"是"以牟利为目的"，就将其与"贩卖"行为混为一谈。因此，宜删除《刑法》第 355 条第 2 款中"依照本法第三百四十七条的规定定罪处罚"的规定，将其改为情节加重犯。这样，不仅可以理顺《刑法》第 355 条与第 347 条的关系，而且还可以避免过分加重行为人的刑事责任。[②]

建议三：将《刑法》第 355 条第 2 款修改为"单位犯前两款罪的，对单位判处罚金，并对其直接负责的主管人员和其他直接责任人员，依照前两款的规定处罚。"

理　由：

从现实情况来看，宜将《刑法》第 355 条第 2 款中的"犯前款罪"改为"犯前两款罪"。因为，在司法实践中，单位不仅可以"犯前款罪"，而且也可以犯第 1 款罪。为惩治单位非法提供麻醉药品、精神药品的犯罪行为，最高人民检察院、公安部《关于公安机关管辖的刑事案件立案追诉标准的规定（三）》第 12 条明确地将"单位"规定为非法提供麻醉药品、精神药品罪的主体。刑法理论的通说也认为，单位可以成为非法提供麻醉药品、精神药品罪的主体。[③]

---

① 即便将其解释为走私、贩卖毒品罪的共犯，"提供"也仅仅是走私、贩卖毒品的帮助行为而已，并不能将其直接解释为走私、贩卖毒品行为。

② 参见利子平："我国毒品犯罪刑事立法的反思——以类型化思维为视角"，载《南昌大学学报（人文社会科学版）》2014 年第 5 期。

③ 参见赵秉志主编：《刑法新教程》，中国人民大学出版社 2009 年版，第 660 页；王作富主编：《刑法》，中国人民大学出版社 2011 年版，第 479 页；高铭暄、马克昌主编：《刑法学》，北京大学出版社、高等教育出版社 2011 年版，第 599 页；张明楷：《刑法学》，法律出版社 2011 年版，第 1020 页。

十、毒品再犯（第356条）

【立法沿革】

毒品再犯是在全国人大常委会1990年《关于禁毒的决定》第11条第2款规定的基础上修改而来的。

为了严厉打击毒品犯罪活动，全国人大常委会1990年《关于禁毒的决定》第11条第2款设立了毒品再犯制度："因走私、贩卖、运输、制造、非法持有毒品罪被判过刑，又犯本决定规定之罪的，从重处罚。"

在刑法修订研拟的过程中，1996年的《刑法修订草案》（征求意见稿）和《刑法修订草案》均没有规定毒品再犯。到了1997年，《刑法修订草案》（修改稿）始将《关于禁毒的决定》第11条第2款的规定移入该草案第350条第3款，并作了相应的文字修改："因走私、贩卖、运输、制造、非法持有毒品罪被判过刑，又犯本节规定之罪的，从重处罚。"1997年3月1日，提交给八届全国人大五次会议审议的《中华人民共和国刑法（修订草案)》第353条改变了上述立法模式，而将其另作专条规定。这一修改方案，为现行刑法所采纳。

【立法规定】

《刑法》第356条规定："因走私、贩卖、运输、制造、非法持有毒品罪被判过刑，又犯本节规定之罪的，从重处罚。

【立法释义】

最高人民法院2008年12月1日发布的《全国部分法院审理毒品犯罪案件工作座谈会纪要》第8条规定："根据刑法第三百五十六条规定，只要因走私、贩卖、运输、制造、非法持有毒品罪被判过刑，不论是在刑罚执行完毕后，还是在缓刑、假释或者暂予监外执行期间，又犯刑法分则第六章第七节规定的犯罪的，都是毒品再犯，应当从重处罚。因走私、贩卖、运输、制造、非法持有毒品罪被判刑的犯罪分子，在缓刑、假释或者暂予监外执行期间又犯刑法分则第六章第七节规定的犯罪的，应当在对其所犯新的毒品犯罪适用刑法第三百五十六条从重处罚的规定确定刑罚后，再依法数罪并罚。对同时构成累犯和毒品再犯的被告人，应当同时引用刑法关于累犯和毒品再犯的条款从重处罚。"

最高人民法院2013年12月23日发布的《关于常见犯罪的量刑指导意见》"走私、贩卖、运输、制造毒品罪"部分第3条规定："有下列情节之一的，可以增加基准刑的10%～30%：（1）利用、教唆未成年人走私、贩卖、运输、制造毒品的；（2）向未成年人出售毒品的；（3）毒品再犯。"

最高人民法院2015年5月18日发布的《全国法院毒品犯罪审判工作座谈会纪要》关

于"死刑适用问题"部分第 1 条"运输毒品犯罪的死刑适用"第 1 款规定："对于运输毒品犯罪，应当继续按照《大连会议纪要》的有关精神，重点打击运输毒品犯罪集团首要分子，组织、指使、雇用他人运输毒品的主犯或者毒枭、职业毒犯、毒品再犯，以及具有武装掩护运输毒品、以运输毒品为业、多次运输毒品等严重情节的被告人，对其中依法应当判处死刑的，坚决依法判处。"关于"缓刑、财产刑适用及减刑、假释问题"部分中规定："对于毒品犯罪应当从严掌握缓刑适用条件。对于毒品再犯，一般不得适用缓刑。对于具有毒枭、职业毒犯、累犯、毒品再犯等情节的毒品罪犯，应当从严掌握减刑条件，适当延长减刑起始时间、间隔时间，严格控制减刑幅度，延长实际执行刑期。对于刑法未禁止假释的前述毒品罪犯，应当严格掌握假释条件。"关于"累犯、毒品再犯问题"部分规定："累犯、毒品再犯是法定从重处罚情节，即使本次毒品犯罪情节较轻，也要体现从严惩处的精神。尤其对于曾因实施严重暴力犯罪被判刑的累犯、刑满释放后短期内又实施毒品犯罪的再犯，以及在缓刑、假释、暂予监外执行期间又实施毒品犯罪的再犯，应当严格体现从重处罚。对于因同一毒品犯罪前科同时构成累犯和毒品再犯的被告人，在裁判文书中应当同时引用刑法关于累犯和毒品再犯的条款，但在量刑时不得重复予以从重处罚。对于因不同犯罪前科同时构成累犯和毒品再犯的被告人，量刑时的从重处罚幅度一般应大于前述情形。"

【立法建言】

建　议：删去《刑法》第 356 条。

理　由：

《刑法》第 356 条规定毒品再犯的目的，无非是出于从重处罚的考虑。但是，在刑法总则只规定了一般累犯和特殊累犯，而未规定一般再犯的前提下，在刑法分则中专门对毒品再犯作出特别规定，不仅在形式上将造成刑法总则性规定与分则性规定之间的不协调，而且在实质上也会造成毒品再犯制度与累犯制度的适用冲突。因此，无论在理论上和实践中对此如何进行解释，都难以得出令人满意的答案。最高人民法院前后三次对依法同时构成再犯和累犯的被告人如何适用法律的不同解释，就是适例。因此，从可行性的角度考虑，笔者主张，在现行刑法的框架内，宜删除《刑法》第 356 条关于毒品再犯的规定；同时，将其修改后吸纳到《刑法》第 66 条规定的特殊累犯之中。[①]

---

① 参见利子平："我国毒品犯罪刑事立法的反思——以类型化思维为视角"，载《南昌大学学报（人文社会科学版）》2014 年第 5 期。

十一、毒品的定义及数量计算（第 357 条）

【立法沿革】

毒品的定义是在全国人大常委会 1990 年《关于禁毒的决定》第 1 条规定的毒品定义的基础上修改而来的；而毒品的数量计算则是 1997 年《刑法》第 357 条第 2 款增设的规定。

全国人大常委会 1990 年《关于禁毒的决定》第 1 条规定："本决定所称的毒品是指鸦片、海洛因、吗啡、大麻、可卡因以及国务院规定管制的其他能够使人形成瘾癖的麻醉药品和精神药品。"

在刑法修订研拟的过程中，1996 年的《刑法修订草案》（征求意见稿）第 318 条将上述规定移入该条，同时还增加了第 2 款"毒品的数量以查证属实的走私、贩卖、运输、制造、非法持有毒品的数量计算，不以纯度折算。"1996 年的《刑法修订草案》第 325 条基本上沿用了上述规定，仅在毒品的定义中增加了"甲基苯丙胺（冰毒）"的内容。1997 年《刑法》第 357 条在上述规定的基础上，又将第 1 款中的"国务院"改为"国家"。

【立法规定】

《刑法》第 357 条规定："本法所称的毒品，是指鸦片、海洛因、甲基苯丙胺（冰毒）、吗啡、大麻、可卡因以及国家规定管制的其他能够使人形成瘾癖的麻醉药品和精神药品。毒品的数量以查证属实的走私、贩卖、运输、制造、非法持有毒品的数量计算，不以纯度折算。"

【立法释义】

最高人民法院、最高人民检察院、公安部 2007 年 11 月 8 日发布的《办理毒品犯罪案件适用法律若干问题的意见》第 4 条规定："可能判处死刑的毒品犯罪案件，毒品鉴定中应有含量鉴定的结论。"

最高人民法院 2008 年 12 月 1 日发布的《全国部分法院审理毒品犯罪案件工作座谈会纪要》第 5 条规定："鉴于大量掺假毒品和成分复杂的新类型毒品不断出现，为做到罪刑相当、罚当其罪，保证毒品案件的审判质量，并考虑目前毒品鉴定的条件和现状，对可能判处被告人死刑的毒品犯罪案件，应当根据最高人民法院、最高人民检察院、公安部 2007 年 12 月颁布的《办理毒品犯罪案件适用法律若干问题的意见》，作出毒品含量鉴定；对涉案毒品可能大量掺假或者系成分复杂的新类型毒品的，亦应当作出毒品含量鉴定。对于含有二种以上毒品成分的毒品混合物，应进一步作成分鉴定，确定所含的不同毒品成分及比例。对于毒品中含有海洛因、甲基苯丙胺的，应以海洛因、甲基苯丙胺分别确定其毒品种类；不含海洛因、甲基苯丙胺的，应以其中毒性较大的毒品成分确定其毒品种类；如果毒性相当或者难以确定毒性大小的，以其中比例较大的毒品成分确定其毒品种类，并在量刑时综合考虑其他毒品成分、含量和全案所涉毒品数量。对于刑法、司法解释等已规定了量刑数量标准的毒品，按照刑法、司法解释等规定适用刑罚；对于刑法、司法解释等没有规定量刑数量标准的毒品，有条件折算为海洛因的，参照国家食品药品监督管理局制定的《非法药物折算表》，折算成海洛因的数量后适用刑罚。对于国家管制的精神药品和麻醉药品，刑法、司法解释等尚未明确规定量刑数量标准，也不具备折算条件的，应由有关专业部门确定涉案毒品毒效的大小、有毒成分的多少、吸毒者对该毒品的依赖程度，综合考虑其致瘾癖性、戒断性、社会危害性等依法量刑。因条件限制不能确定的，可以参考涉案毒品非法交易的价格因素等，决定对被告人适用的刑罚，但一般不宜判处死刑立即执行。"

最高人民检察院、公安部 2012 年 5 月 16 日发布的《关于公安机关管辖的刑事案件立案追诉标准的规定（三）》第 13 条第 1 款规定："本规定中的毒品是指鸦片、海洛因、甲基苯丙胺（冰毒）、吗啡、大麻、可卡因以及国家规定管制的其他能够使人形成瘾癖的麻醉药品和精神药品。具体品种以国家食品药品监督管理局、公安部、卫生部发布的《麻醉药品品种目录》、《精神药品品种目录》为依据。"第 14 条规定："本规定中未明确立案追诉标准的毒品，有条件折算为海洛因的，参照有关麻醉药品和精神药品折算标准进行折算。"

最高人民法院、最高人民检察院、公安部 2012 年 6 月 18 日发布的《关于办理走私、非法买卖麻黄碱类复方制剂等刑事案件适用法律若干问题的意见》第 6 条规定："实施本意见规定的行为，以走私制毒物品罪、非法买卖制毒物品罪定罪处罚的，应当以涉案麻黄碱类复方制剂中麻黄碱类物质的含量作为涉案制毒物品的数量。实施本意见规定的行为，以制造毒品罪定罪处罚的，应当将涉案麻黄碱类复方制剂所含的麻黄碱类物质可以制成的毒品数量作为量刑情节考虑。多次实施本意见规定的行为未经处理的，涉案制毒物品的数量累计计算。"

最高人民法院、最高人民检察院、公安部 2014 年 8 月 20 日发布的《关于规范毒品名称表述若干问题的意见》第 1 条"规范毒品名称表述的基本原则"规定："（一）毒品名称表述应当以毒品的化学名称为依据，并与刑法、司法解释及相关规范性文件中的毒品名称保持一致。刑法、司法解释等没有规定的，可以参照《麻醉药品品种目录》《精神药品品种目录》中的毒品名称进行表述。（二）对于含有二种以上毒品成分的混合型毒品，应当根据其主要毒品成分和具体形态认定毒品种类、确定名称。混合型毒品中含有海洛因、甲基苯丙胺的，一般应当以海洛因、甲基苯丙胺确定其毒品种类；不含海洛因、甲基苯丙胺，或者海洛因、甲基苯丙胺的含量极低的，可以根据其中定罪量刑数量标准较低且所占比例较大的毒品成分确定其毒品种类。混合型毒品成分复杂的，可以用括号注明其中所含的一至二种其他毒品成分。（三）为体现与犯罪嫌疑人、被告人供述的对应性，对于犯罪嫌疑人、被告人供述的毒品常见俗称，可以在文书中第一次表述该类毒品时用括号注明。"第 2 条"几类毒品的名称表述"规定："（一）含甲基苯丙胺成分的毒品：1. 对于含甲基苯丙胺成分的晶体状毒品，应当统一表述为甲基苯丙胺（冰毒），在下文中再次出现时可以直接表述为甲基苯丙胺。2. 对于以甲基苯丙胺为主要毒品成分的片剂状毒品，应当统一表述为甲基苯丙胺片剂。如果犯罪嫌疑人、被告人供述为'麻古''麻果'或者其他俗称的，可以在文书中第一次表述该类毒品时用括号注明，如表述为甲基苯丙胺片剂（俗称'麻古'）等。3. 对于含甲基苯丙胺成分的液体、固液混合物、粉末等，应当根据其毒品成分和具体形态进行表述，如表述为含甲基苯丙胺成分的液体、含甲基苯丙胺成分的粉末等。（二）含氯胺酮成分的毒品：1. 对于含氯胺酮成分的粉末状毒品，应当统一表述为氯胺酮。如果犯罪嫌疑人、被告人供述为'K 粉'等俗称的，可以在文书中第一次表述该类毒品时用括号注明，如表述为氯胺酮（俗称'K 粉'）等。2. 对于以氯胺酮为主要毒品成分的片剂状毒品，应当统一表述为氯胺酮片剂。3. 对于含氯胺酮成分的液体、固液混合物等，应当根据其毒品成分和具体形态进行表述，如表述为含氯胺酮成分的液体、含氯胺酮成分的固液混合物等。（三）含 MDMA 等成分的毒品：对于以 MDMA、MDA、MDEA 等致幻性苯丙胺类兴奋剂为主要毒品成分的丸状、片剂状毒品，应当根据其主要毒品成分的中文化学名称和具体形态进行表述，并在文书中第一次表述该类毒品时用括号注明下文中使用的英文缩写简称，如表述为 3，4－亚甲二氧基甲基苯丙胺片剂（以下简称 MDMA 片剂）、3，4－亚甲二氧基苯丙胺片剂（以下简称 MDA 片剂）、3，4－亚甲二氧基乙基苯丙胺片剂（以下简称 MDEA 片剂）等。如果犯罪嫌疑人、被告人供述为'摇头丸'等俗称的，可以在文书中第一次表述该类毒品时用括号注明，如表述为 3，4－亚甲二氧基甲基苯丙胺片剂（以下简称 MDMA 片剂，俗称'摇头丸'）等。（四）'神仙水'类毒品：对于俗称'神仙水'的液体状毒品，应当根据其主要毒品成分和具体形态进行表述。毒品成分复杂的，可以用括号注明其中所含的一至二种其他毒品成分，如表述为含氯胺酮（咖啡因、地西泮等）成分的液体等。如果犯罪嫌疑人、被告人供述为'神仙水'等俗称的，可以在文书中第一次表述该类毒品时用括号注明，如表述为含氯胺酮（咖啡因、地西泮等）成分的液体（俗称'神仙水'）等。（五）大麻类毒品：对于含四氢大麻酚、大麻二酚、大麻酚等天然大麻素类成分的毒品，应当根据其外形特征分别表述为大麻叶、大麻脂、大麻油或者大麻烟等。"

最高人民法院 2015 年 5 月 18 日发布的《全国法院毒品犯罪审判工作座谈会纪要》关于"毒品数量认定问题"部分规定："走私、贩卖、运输、制造、非法持有两种以上毒品的，可以将不同种类的毒品分别折算为海洛因的数量，以折算后累加的毒品总量作为量刑的根据。对于刑法、司法解释或者其他规范性文件明确规定了定罪量刑数量标准的毒品，应当按照该毒品与海洛因定罪量刑数量标准的比例进行折算后累加。对于刑法、司法解释及其他规范性文件没有规定定罪量刑数量标准，但《非法药物折算表》规定了与海洛因的折算比例的毒品，可以按照《非法药物折算表》折算为海洛因后进行累加。对于既未规定定罪量刑数量标准，又不具备折算条件的毒品，综合考虑其致瘾癖性、社会危害性、数量、纯度等因素依法量刑。在裁判文书中，应当客观表述涉案毒品的种类和数量，并综合认定为数量大、数量较大或者少量毒品等，不明确表述将不同种类毒品进行折算后累加的毒品总量。对于未查获实物的甲基苯丙胺片剂（俗称'麻古'等）、MDMA 片剂（俗称'摇头丸'）等混合型毒品，可以根据在案证据证明的毒品粒数，参考本案或者本地区查获的同类毒品的平均重量计算出毒品数量。在裁判文书中，应当客观表述根据在案证据认定的毒品粒数。对于有吸毒情节的贩毒人员，一般应当按照其购买的毒品数量认定其贩卖毒品的数量，量刑时酌情考虑其吸食毒品的情节；购买的毒品数量无法查明的，按照能够证明的贩卖数量及查获的毒品数量认定其贩毒数量；确有证据证明其购买的部分毒品并非用于贩卖的，不应计入其贩毒数量。办理毒品犯罪案件，无论毒品纯度高低，一般均应将查证属实的毒品数量认定为毒品犯罪的数量，并据此确定适用的法定刑幅度，但司法解释另有规定或者为了隐蔽运输而临时改变毒品常规形态的除外。涉案毒品纯度明显低于同类毒品的正常纯度的，量刑时可以酌情考虑。制造毒品案件中，毒品成品、半成品的数量应当全部认定为制造毒品的数量，对于无法再加工出成品、半成品的废液、废料则不应计入制造毒品的数量。对于废液、废料的认定，可以根据其毒品成分的含量、外观形态，结合被告人对制毒过程的供述等证据进行分析判断，必要时可以听取鉴定机构的意见。"

【立法建言】

建　议：将《刑法》第 357 条修改为："本法所称的毒品，是指鸦片、海洛因、吗啡、大麻、可卡因以及国家规定管制的其他能够使人形成瘾癖的麻醉药品和精神药品。"

理　由：

1. 从毒品概念界定的角度来看，宜删去《刑法》第 357 条第 1 款中所列举的"甲基苯丙胺（冰毒）"。因为，鸦片、海洛因、吗啡、大麻、可卡因等属于传统毒品，而甲基苯丙胺（冰毒）则属于"精神药品"范畴的新型毒品。《刑法》第 357 条第 1 款在界定毒品概念时，虽然采取列举加兜底的方式指明了我国毒品的主要种类和特征，但由于其在列举时不当地将新型毒品"甲基苯丙胺（冰毒）"混列在传统毒品之间，从而使在我国市场上蔓延不断的"K 粉""摇头丸"等物品是否属于毒品不免产生疑问。因此，有必要删去《刑法》第 357 条第 1 款中所列举的"甲基苯丙胺（冰毒）"，而将其包含在"国家规定管制的其他能够使人形成瘾癖的麻醉药品和精神药品"之中，以还"甲基苯丙胺（冰毒）"的本来面目。

2. 从毒品数量计算的角度来看，宜删去《刑法》第 357 条第 2 款的规定。因为，该款仅强调毒品的数量而未区分毒品的种类，有可能加重行为人的刑事责任。例如，《刑法》第 347 条第 1 款规定："走私、贩卖、运输、制造毒品，无论数量多少，都应当追究刑事责任，予以刑事处罚。"第 357 条第 2 款规定："毒品的数量以查证属实的走私、贩卖、运输、制造、非法持有毒品的数量计算，不以纯度折算。"据此，如果行为人贩卖"K 粉""摇头丸"等新型毒品，"无论数量多少，都应当追究刑事责任，予以刑事处罚"，且在具体处罚时，只计算"K 粉""摇头丸"等新型毒品的数量，而"不以纯度折算"。倘若如此，行为人不仅一律要被追究刑事责任，而且还有可能被判处死刑。显然，不考虑新型毒品的复杂性和特殊性，而将其与传统毒品同等看待，是不可能使这类案件得到客观公正处理的。①

第八节　组织、强迫、引诱、容留、介绍卖淫罪

一、组织卖淫罪、强迫卖淫罪、协助组织卖淫罪（第 358 条）

【立法沿革】

组织卖淫罪、协助组织卖淫罪是在全国人大常委会 1991 年《关于严禁卖淫嫖娼的决定》第 1 条规定的组织卖淫罪、协助组织卖淫罪的基础上修改而来的；而强迫卖淫罪则是在上述决定第 2 条规定的强迫卖淫罪的基础上修改而来的。其中，协助组织卖淫罪并经《刑法修正案（八）》第 48 条所修正；组织卖淫罪、强迫卖淫罪并经《刑法修正案（九）》第 42 条所修正。

在新中国刑法立法史上，有关卖淫的犯罪最早见之于 1957 年的《刑法草案》第 22 稿。②该稿第 159 条规定："强迫妇女卖淫的，处五年以上有期徒刑。"1963 年的《刑法草案》第 33 稿第 148 条基本上沿用了上述规定，仅将其中的"五年以上有期徒刑"改为"三年

---

① 为正确处理新型毒品案件，2006 年 8 月最高人民法院刑一庭出台了《关于审理若干新型毒品案件定罪量刑的指导意见》，为常见的新型毒品案件确定了全国统一的追诉和量刑标准。同时，该意见还以海洛因作为毒品换算的基准物来统一常见新型毒品案件的数量标准，并对一些新型毒品设定了换算方式。该意见突破了刑法典的有关规定，使得法官可以更好地借助传统毒品犯罪的量刑标准来审理新型毒品案件。

② 该稿在分则第四章"侵犯人身权利罪"中规定了强迫妇女卖淫罪；在第七章"妨害其他管理秩序罪"中规定了引诱、容留妇女卖淫罪。

以上十年以下有期徒刑"。这一修改方案，为 1979 年《刑法》所采纳。

1979 年《刑法》第 140 条规定："强迫妇女卖淫的，处三年以上十年以下有期徒刑。"

1979 年《刑法》施行后，"这几年出现了一些严重犯罪的情况，性质恶劣，危害严重，民愤极大，应当判处死刑，但是按照'刑法'的有关规定不能判处死刑，需要修改、补充"。① 因此，全国人大常委会 1983 年 9 月 2 日通过的《关于严惩严重危害社会治安的犯罪分子的决定》第 1 条补充规定："对下列严重危害社会治安的犯罪分子，可以在刑法规定的最高刑以上处刑，直至判处死刑：……6. 引诱、容留、强迫妇女卖淫，情节特别严重的。"

在全面研究修改刑法的过程中，1988 年的《刑法修改稿》第 122 条取消了强迫妇女卖淫罪的死刑，② 并在 1979 年《刑法》第 140 条规定的基础上，增加了"情节严重的，处十年以上有期徒刑或者无期徒刑，并处没收财产"的规定。修改后的条文为："强迫妇女卖淫的，处三年以上十年以下有期徒刑，情节严重的，处十年以上有期徒刑或者无期徒刑，并处没收财产。"鉴于"新中国成立以后，我们在很短的时间内就根除了旧社会遗留下来的丑恶的娼妓制度。但是近年来，在一些地方，卖淫嫖娼活动又蔓延起来，严重败坏社会风气，使早已根绝的性病死灰复燃，危害社会治安秩序，必须坚决取缔"。③ 为了严禁卖淫、嫖娼，严惩组织、强迫、引诱、容留、介绍他人卖淫的犯罪分子，维护社会治安秩序和良好的社会风气，全国人大常委会 1991 年 9 月 4 日通过的《关于严禁卖淫嫖娼的决定》对刑法的有关规定作了补充修改。④ 该决定第 1 条规定："组织他人卖淫的，处十年以上有期徒刑或者无期徒刑，并处一万元以下罚金或者没收财产；情节特别严重的，处死刑，并处没收财产。协助组织他人卖淫的，处三年以上十年以下有期徒刑，并处一万元以下罚金；情节严重的，处十年以上有期徒刑，并处一万元以下罚金或者没收财产。"第 2 条规定："强迫他人卖淫的，处五年以上十年以下有期徒刑，并处一万元以下罚金；有下列情形之一的，处十年以上有期徒刑或者无期徒刑，并处一万元以下罚金或者没收财产；情节特别严重的，处死刑，并处没收财产：（一）强迫不满十四岁的幼女卖淫的；（二）强迫多人卖淫或者多次强迫他人卖淫的；（三）强奸后迫使卖淫的；（四）造成被迫卖淫的人重伤、死亡或者其他严重后果的。"

---

① 参见全国人大常委会秘书长、法制委员会副主任王汉斌 1983 年 9 月 2 日在六届全国人大常委会第二次会议上所作的《关于修改"人民法院组织法""人民检察院组织法"的决定和"关于严惩严重危害社会治安的犯罪分子的决定"等几个法律案的说明》。

② 参见 1988 年《刑法修改稿》分则第三章"侵犯公民人身权利、民主权利罪"中的"修改说明"。

③ 参见全国人大常委会法制工作委员会副主任顾昂然 1991 年 6 月 21 日在七届全国人大常委会第二十次会议上所作的《关于严禁卖淫嫖娼的决定（草案）的说明》。

④ 该决定的主要特色是将卖淫犯罪的对象由"妇女"改为"他人"。

在刑法修订研拟的过程中，1996 年的《刑法修订草案》（征求意见稿）第 319 条、第 320 条直接移植了上述规定，未作任何修改。① 1996 年的《刑法修订草案》出于减少死刑条文数量的考虑，将组织卖淫罪与强迫卖淫罪合并规定在 1 个条文中，② 并对条文作了相应的修改和调整。该草案第 326 条规定："组织他人卖淫或者强迫他人卖淫的，处五年以上十年以下有期徒刑，并处一万元以下罚金；有下列情形之一的，处十年以上有期徒刑或者无期徒刑，并处一万元以下罚金或者没收财产：（一）组织他人卖淫，情节严重的；（二）强迫不满十四岁的幼女卖淫的；（三）强迫多人卖淫或者多次强迫他人卖淫的；（四）强奸后迫使卖淫的；（五）造成被强迫卖淫的人重伤、死亡或者其他严重后果的。""有前款所列情形之一，情节特别严重的，处无期徒刑或者死刑，并处没收财产。""协助组织他人卖淫的，处五年以下有期徒刑，并处一万元以下罚金；情节严重的，处五年以上十年以下有期徒刑，并处一万元以下罚金或者没收财产。"1997 年的《刑法修订草案》（修改稿）第 352 条在上述规定的基础上，主要作了以下两方面的修改：一是删去了并处"一万元以下"罚金的数额限制；二是将其中"不满十四岁"的表述改为"不满十四周岁"。1997 年修订的《刑法》第 358 条基本上沿用了上述规定，仅删去了第 3 款第 2 档法定刑中的"没收财产"。

1997 年修订的《刑法》第 358 条规定："组织他人卖淫或者强迫他人卖淫的，处五年以上十年以下有期徒刑，并处罚金；有下列情形之一的，处十年以上有期徒刑或者无期徒刑，并处罚金或者没收财产：（一）组织他人卖淫，情节严重的；（二）强迫不满十四周岁的幼女卖淫的；（三）强迫多人卖淫或者多次强迫他人卖淫的；（四）强奸后迫使卖淫的；（五）造成被强迫卖淫的人重伤、死亡或者其他严重后果的。有前款所列情形之一，情节特别严重的，处无期徒刑或者死刑，并处没收财产。协助组织他人卖淫的，处五年以下有期徒刑，并处罚金；情节严重的，处五年以上十年以下有期徒刑，并处罚金。"

1997 年《刑法》施行后，"有部门提出，近年来，社会上出现了专门为卖淫场所招募、运送人员的组织和个人，他们虽不参加卖淫场所的组织卖淫、强迫卖淫活动，但为了牟利，致使许多女性陷入不幸境地，对这种'帮凶'行为也应追究刑事责任"。③ 有鉴于此，《刑法修正案（八）》第 48 条对《刑法》第 358 条第 3 款进行了补充修改，"明确规

---

① 但是在罪名的归属上，该草案将"组织、强迫、引诱、容留、介绍卖淫罪"这一类犯罪集中规定在分则第六章"妨害社会管理秩序罪"中，作为该章的第八节。

② 参见高铭暄：《中华人民共和国刑法的孕育诞生和发展完善》，北京大学出版社 2012 年版，第 580 页。

③ 参见高铭暄：《中华人民共和国刑法的孕育诞生和发展完善》，北京大学出版社 2012 年版，第 582 页。

定为组织卖淫的人招募、运送人员的，按照协助组织卖淫罪追究刑事责任"。①

为了"进一步减少适用死刑的罪名"②，《刑法修正案（九）》第42条取消了组织卖淫罪、强迫卖淫罪的死刑。③ 此外，该条还对《刑法》第358条作了以下五方面的修改和补充：一是将"组织他人卖淫或者强迫他人卖淫的"改为"组织、强迫他人卖淫的"；二是将"有下列情形之一的"改为"情节严重的"，并相应删去了所列举的5种情形；三是删去了第2款"有前款所列情形之一，情节特别严重的，处无期徒刑或者死刑，并处没收财产"的规定；四是增加了第2款"组织、强迫未成年人卖淫的，依照前款的规定从重处罚"的规定；五是增加了第3款"犯前两款罪，并有杀害、伤害、强奸、绑架等犯罪行为的，依照数罪并罚的规定处罚"的规定。

【立法规定】

《刑法》第358条规定："组织、强迫他人卖淫的，处五年以上十年以下有期徒刑，并处罚金；情节严重的，处十年以上有期徒刑或者无期徒刑，并处罚金或者没收财产。组织、强迫未成年人卖淫的，依照前款的规定从重处罚。犯前两款罪，并有杀害、伤害、强奸、绑架等犯罪行为的，依照数罪并罚的规定处罚。为组织卖淫的人招募、运送人员或者有其他协助组织他人卖淫行为的，处五年以下有期徒刑，并处罚金；情节严重的，处五年以上十年以下有期徒刑，并处罚金。"

【立法释义】

最高人民检察院、公安部2008年6月25日发布的《关于公安机关管辖的刑事案件立案追诉标准的规定（一）》第75条规定："以招募、雇佣、强迫、引诱、容留等手段，组织他人卖淫的，应予立案追诉。"第76条规定："以暴力、胁迫等手段强迫他人卖淫的，应予立案追诉。"第77条规定："在组织卖淫的犯罪活动中，充当保镖、打手、管账人等，起帮助作用的，应予立案追诉。"

最高人民法院、最高人民检察院、公安部、司法部2013年10月23日发布的《关于

---

① 参见全国人大常委会法制工作委员会主任李适时2010年8月23日在十一届全国人大常委会第十六次会议上所作的《关于〈中华人民共和国刑法修正案（八）（草案）〉的说明》。

② 参见全国人大常委会法制工作委员会主任李适时2014年10月27日在十二届全国人大常委会第十一次会议上所作的《关于〈中华人民共和国刑法修正案（九）（草案）〉的说明》。

③ 全国人大常委会法制工作委员会主任李适时2014年10月27日在十二届全国人大常委会第十一次会议上所作的《关于〈中华人民共和国刑法修正案（九）（草案）〉的说明》中指出："2011年出台的刑法修正案（八）取消13个经济性非暴力犯罪的死刑以来，我国社会治安形势总体稳定可控，一些严重犯罪稳中有降。实践证明，取消13个罪名的死刑，没有对社会治安形势形成负面影响，社会各方面对减少死刑罪名反应正面。这次准备取消死刑的9个罪名，在实践中较少适用死刑，取消后最高还可以判处无期徒刑。对相关犯罪在取消死刑后通过加强执法，该严厉惩处的依法严厉惩处，可以做到对整体惩处力度不减，以确保社会治安整体形势稳定。此外，上述犯罪取消死刑后，如出现情节特别恶劣，符合数罪并罚或者其他有关犯罪规定的，还可以判处更重的刑罚。"

依法惩治性侵害未成年人犯罪的意见》第 2 条规定："对于性侵害未成年人犯罪，应当依法从严惩治。"第 19 条规定："知道或者应当知道对方是不满十四周岁的幼女，而实施奸淫等性侵害行为的，应当认定行为人'明知'对方是幼女。对于不满十二周岁的被害人实施奸淫等性侵害行为的，应当认定行为人'明知'对方是幼女。对于已满十二周岁不满十四周岁的被害人，从其身体发育状况、言谈举止、衣着特征、生活作息规律等观察可能是幼女，而实施奸淫等性侵害行为的，应当认定行为人'明知'对方是幼女。"第 20 条规定："以金钱财物等方式引诱幼女与自己发生性关系的；知道或者应当知道幼女被他人强迫卖淫而仍与其发生性关系的，均以强奸罪论处。"第 26 条规定："组织、强迫、引诱、容留、介绍未成年人卖淫构成犯罪的，应当从重处罚。强迫幼女卖淫、引诱幼女卖淫的，应当分别按照刑法第三百五十八条第一款第（二）项、第三百五十九条第二款的规定定罪处罚。对未成年人负有特殊职责的人员、与未成年人有共同家庭生活关系的人员、国家工作人员，实施组织、强迫、引诱、容留、介绍未成年人卖淫等性侵害犯罪的，更要依法从严惩处。"第 29 条规定："外国人在我国领域内实施强奸、猥亵未成年人等犯罪的，应当依法判处，在判处刑罚时，可以独立适用或者附加适用驱逐出境。对于尚不构成犯罪但构成违反治安管理行为的，或者因实施性侵害未成年人犯罪不适宜在中国境内继续停留居留的，公安机关可以依法适用限期出境或者驱逐出境。"

【立法建言】

建　议： 将《刑法》第 358 条第 4 款修改为："为组织卖淫的人招募、运送人员或者有其他协助组织他人卖淫行为的，处五年以下有期徒刑、拘役或者管制，可以并处或者单处罚金；情节严重的，处五年以上十年以下有期徒刑，并处罚金。"

理　由：

从立法技术上看，宜在《刑法》第 358 条第 4 款第 1 档法定刑中增加"管制"的规定，并将其中的"并处罚金"改为"可以并处或者单处罚金"，以与《刑法》的其他管制和罚金规定相一致。

二、引诱、容留、介绍卖淫罪、引诱幼女卖淫罪（第 359 条）

【立法沿革】

引诱、容留、介绍卖淫罪、引诱幼女卖淫罪是在全国人大常委会 1991 年《关于严禁卖淫嫖娼的决定》第 3 条规定的引诱、容留、介绍卖淫罪、引诱幼女卖淫罪的基础上修改而来的。

早在 1957 年，《刑法草案》第 22 稿第 198 条就规定了引诱、容留妇女卖淫罪："意图营利，引诱、容留妇女卖淫的，处七年以下有期徒刑或者管制。"1963 年的《刑法草案》

第 33 稿第 187 条对上述规定作了以下三处修改和补充：一是删去了"意图营利"的主观要件；二是将主刑中的"管制"改为"拘役"；三是增加了"可以并处罚金或者没收财产"的规定。修改后的条文为："引诱、容留妇女卖淫的，处七年以下有期徒刑或者拘役，可以并处罚金或者没收财产。"1979 年《刑法》第 169 条在上述规定的基础上，主要作了两方面的修改和补充：一是在构成要件方面，增加了"以营利为目的"的主观限制；二是在刑罚配置方面，增加了"情节严重的"1 档法定刑。

1979 年《刑法》第 169 条规定："以营利为目的，引诱、容留妇女卖淫的，处五年以下有期徒刑、拘役或者管制；情节严重的，处五年以上有期徒刑，可以并处罚金或者没收财产。"

全国人大常委会 1983 年 9 月 2 日通过的《关于严惩严重危害社会治安的犯罪分子的决定》第 1 条补充规定：对引诱、容留妇女卖淫，情节特别严重的，"可以在刑法规定的最高刑以上处刑，直至判处死刑"。

在全面研究修改刑法的过程中，1988 年的《刑法修改稿》第 190 条删去了 1979 年《刑法》中"以营利为目的"的主观要件。[①] 1991 年《关于严禁卖淫嫖娼的决定》第 3 条在上述规定的基础上，主要作了三方面的补充修改：一是增加了介绍卖淫罪；[②] 二是增加了引诱幼女卖淫罪；三是增加了罚金数额的规定。修改后的条文为："引诱、容留、介绍他人卖淫的，处五年以下有期徒刑或者拘役，并处五千元以下罚金；情节严重的，处五年以上有期徒刑，并处一万元以下罚金；情节较轻的，依照治安管理处罚条例第三十条的规定处罚。引诱不满十四岁的幼女卖淫的，依照本决定第二条关于强迫不满十四岁的幼女卖淫的规定处罚。"

在刑法修订研拟的过程中，1996 年的《刑法修订草案》（征求意见稿）第 321 条基本上沿用了上述规定，仅删去了其中的非刑法规范。1996 年的《刑法修订草案》第 327 条取消了引诱幼女卖淫罪，而将其改为"依照本法第三百二十六条的规定定罪处罚"[③]。1997 年的《刑法修订草案》（修改稿）第 353 条对上述规定作了两方面的修改：一是删去了罚金数额的规定；二是将"不满十四岁"的表述改为"不满十四周岁"。修改后的条文为："引诱、容留、介绍他人卖淫的，处五年以下有期徒刑或者拘役，并处罚金；情节严

---

① "因为，实践往往遇到并非'以营利为目的'而是出于奸淫或者其他目的引诱、容留妇女卖淫的情况，有的情节严重，应当定罪，但如必须'以营利为目的'则不好追究这种人的刑事责任（目前对后一种情况只能定流氓罪）"（参见最高人民法院刑法修改小组："《关于刑法分则修改的若干问题（草稿）》（1989 年 3 月）"，载高铭暄、赵秉志编：《新中国刑法立法文献资料总览》（下），中国人民公安大学出版社 1998 年版，第 2328 页）。

② "由于社会上经常介绍卖淫的'皮条客'日益增多，危害严重，因而增加规定介绍卖淫罪"（参见全国人大常委会法制工作委员会副主任顾昂然 1991 年 6 月 21 日在七届全国人大常委会第二十次会议上所作的《关于严禁卖淫嫖娼的决定（草案）的说明》）。

③ 该草案第 326 条规定的相关罪名是强迫卖淫罪。

重的，处五年以上有期徒刑，并处罚金。引诱不满十四周岁的幼女卖淫的，依照本法第三百五十二条的规定定罪处罚。"[1] 1997 年 3 月 1 日，提交给八届全国人大五次会议审议的《中华人民共和国刑法（修订草案）》第 356 条基本上沿用了上述规定，仅在第 1 款第 1 档法定刑中增加了"管制"这一刑种。经审议，"考虑到就行为本质而言，引诱行为根本不同于强迫，显然对于引诱不满 14 岁的幼女卖淫的依照强迫卖淫罪定罪处罚，不尽妥当。"[2] 因此，1997 年《刑法》第 359 条将上述第 2 款的规定修改为"引诱不满十四周岁的幼女卖淫的，处五年以上有期徒刑，并处罚金"。

【立法规定】

《刑法》第 359 条规定："引诱、容留、介绍他人卖淫的，处五年以下有期徒刑、拘役或者管制，并处罚金；情节严重的，处五年以上有期徒刑，并处罚金。引诱不满十四周岁的幼女卖淫的，处五年以上有期徒刑，并处罚金。"

【立法释义】

最高人民检察院、公安部 2008 年 6 月 25 日发布的《关于公安机关管辖的刑事案件立案追诉标准的规定（一）》第 78 条规定："引诱、容留、介绍他人卖淫，涉嫌下列情形之一的，应予立案追诉：（一）引诱、容留、介绍二人次以上卖淫的；（二）引诱、容留、介绍已满十四周岁未满十八周岁的未成年人卖淫的；（三）被引诱、容留、介绍卖淫的人患有艾滋病或者患有梅毒、淋病等严重性病。（四）其他引诱、容留、介绍卖淫应予追究刑事责任的情形。"第 79 条规定："引诱不满十四周岁的幼女卖淫的，应予立案追诉。"

最高人民法院、最高人民检察院、公安部、司法部 2013 年 10 月 23 日发布的《关于依法惩治性侵害未成年人犯罪的意见》第 2 条规定："对于性侵害未成年人犯罪，应当依法从严惩治。"第 19 条规定："知道或者应当知道对方是不满十四周岁的幼女，而实施奸淫等性侵害行为的，应当认定行为人'明知'对方是幼女。对于不满十二周岁的被害人实施奸淫等性侵害行为的，应当认定行为人'明知'对方是幼女。对于已满十二周岁不满十四周岁的被害人，从其身体发育状况、言谈举止、衣着特征、生活作息规律等观察可能是幼女，而实施奸淫等性侵害行为的，应当认定行为人'明知'对方是幼女。"第 26 条规定："组织、强迫、引诱、容留、介绍未成年人卖淫构成犯罪的，应当从重处罚。强迫幼女卖淫、引诱幼女卖淫的，应当分别按照刑法第三百五十八条第一款第（二）项、第三百五十九条第二款的规定定罪处罚。对未成年人负有特殊职责的人员、与未成年人有共同家庭生活关系的人员、国家工作人员，实施组织、强迫、引诱、容留、介绍未成年人卖

---

① 该草案第 352 条规定的相关罪名是强迫卖淫罪。

② 参见高铭暄：《中华人民共和国刑法的孕育诞生和发展完善》，北京大学出版社 2012 年版，第 583 页。

淫等性侵害犯罪的，更要依法从严惩处。"第 29 条规定："外国人在我国领域内实施强奸、猥亵未成年人等犯罪的，应当依法判处，在判处刑罚时，可以独立适用或者附加适用驱逐出境。对于尚不构成犯罪但构成违反治安管理行为的，或者因实施性侵害未成年人犯罪不适宜在中国境内继续停留居留的，公安机关可以依法适用限期出境或者驱逐出境。"

【立法建言】

建　议：将《刑法》第 359 条第 1 款修改为："引诱、容留、介绍他人卖淫的，处五年以下有期徒刑、拘役或者管制，可以并处或者单处罚金；情节严重的，处五年以上有期徒刑，并处罚金。"

理　由：

从立法技术上看，宜将《刑法》第 359 条第 1 款第 1 档法定刑中的"并处罚金"改为"可以并处或者单处罚金"，以与《刑法》的其他罚金规定相一致。

三、传播性病罪（第 360 条）

【立法沿革】

传播性病罪是在全国人大常委会 1991 年《关于严禁卖淫嫖娼的决定》第 5 条规定的传播性病罪的基础上修改而来的。

1957 年的《刑法草案》第 22 稿第 153 条曾规定了传播性病罪："有花柳病的人，故意隐瞒而同他人性交，致使他人受传染的，处一年以下有期徒刑或者拘役。"1963 年的《刑法草案》第 33 稿第 150 条从两个方面缩小了本罪的处罚面：一是将"同他人性交"改为"同他人结婚"；二是增加了"前款罪，告诉的才处理"的条件限制。修改后的条文为："有花柳病的人，故意隐瞒而同他人结婚，致使他人受传染的，处一年以下有期徒刑或者拘役。""前款罪，告诉的才处理。"但是，1979 年《刑法》删去了上述规定。[1]

1979 年《刑法》施行后，"近年来，在一些地方，卖淫嫖娼活动又蔓延起来，严重败坏社会风气，使早已根绝的性病死灰复燃，危害社会治安秩序，必须坚决取缔"。[2] 因此，为了更有效地禁止卖淫嫖娼，1991 年《关于严禁卖淫嫖娼的决定》第 5 条增设了传播性病罪和嫖宿幼女罪："明知自己患有梅毒、淋病等严重性病卖淫、嫖娼的，处五年以下有

---

① 在对第 33 稿进行修订时，"大家认为，解放已三十年，旧社会遗留下来的象花柳病这些污毒，已经绝迹，本条实际意义不大，故予删去"（参见高铭暄：《中华人民共和国刑法的孕育和诞生》，法律出版社 1981 年版，第 201 页）。

② 参见全国人大常委会法制工作委员会副主任顾昂然 1991 年 6 月 21 日在七届全国人大常委会第二十次会议上所作的《关于严禁卖淫嫖娼的决定（草案）的说明》。

期徒刑、拘役或者管制，并处五千元以下罚金。嫖宿不满十四岁的幼女的，依照刑法关于强奸罪的规定处罚。"

在刑法修订研拟的过程中，1996年的《刑法修订草案》（征求意见稿）第322条基本上沿用了上述规定，仅作了个别文字修改。而1996年的《刑法修订草案》第328条则取消了嫖宿幼女罪的罪名，而将其改为"依照本法第二百一十七条的规定定罪处罚"①。1997年的《刑法修订草案》（修改稿）第354条对上述规定作了两处修改：一是删去了罚金的具体数额；二是将"不满十四岁"的表述改为"不满十四周岁"。修改后的条文为："明知自己患有梅毒、淋病等严重性病卖淫、嫖娼的，处五年以下有期徒刑、拘役或者管制，并处罚金。嫖宿不满十四周岁的幼女的，依照本法第二百三十六条的规定定罪处罚。"② "后来考虑到嫖宿幼女罪中的幼女有卖淫的行为，与强奸罪中的受害者相比，二者是有一定区别的，对嫖宿幼女行为单独定罪并规定独立的法定刑比较妥当。"③ 因此，1997年修订的《刑法》第360条将第2款修改为"嫖宿不满十四周岁的幼女的，处五年以上有期徒刑，并处罚金"。

1997年《刑法》施行后，"一些常委会组成人员提出取消嫖宿幼女罪。对这一问题，法律委员会、法制工作委员会一直在进行深入调查研究，召开座谈会，广泛听取有关部门、专家学者和社会各方面的意见。这一罪名是1997年修订刑法时增加的有针对性保护幼女的规定。考虑到，近年来这方面的违法犯罪出现了一些新的情况，执法环节也有一些问题，有关方面不断提出取消嫖宿幼女罪。法律委员会经研究，建议采纳这一意见，取消刑法第三百六十条第二款规定的嫖宿幼女罪，对这类行为可以适用刑法第二百三十六条关于奸淫幼女的以强奸论、从重处罚的规定，不再作出专门规定"。④ 经审议，《刑法修正案（九）》第43条删去了《刑法》第360条第2款嫖宿幼女罪的规定。

【立法规定】

《刑法》第360条规定："明知自己患有梅毒、淋病等严重性病卖淫、嫖娼的，处五年以下有期徒刑、拘役或者管制，并处罚金。"

【立法释义】

最高人民检察院、公安部2008年6月25日发布的《关于公安机关管辖的刑事案件立案追诉标准的规定（一）》第80条规定："明知自己患有梅毒、淋病等严重性病卖

---

① 该草案第217条规定的是强奸罪。
② 该草案第236条规定的是强奸罪。
③ 参见高铭暄：《中华人民共和国刑法的孕育诞生和发展完善》，北京大学出版社2012年版，第584页。
④ 参见全国人大法律委员会主任委员乔晓阳2015年8月24日在十二届全国人大常委会第十六次会议上作的《关于〈中华人民共和国刑法修正案（九）（草案）〉审议结果的报告》。

淫、嫖娼的，应予立案追诉。具有下列情形之一的，可以认定为本条规定的'明知'：（一）有证据证明曾到医疗机构就医，被诊断为患有严重性病的；（二）根据本人的知识和经验，能够知道自己患有严重性病的；（三）通过其他方法能够证明是'明知'的。"

最高人民法院、最高人民检察院、公安部、司法部2013年10月23日发布的《关于依法惩治性侵害未成年人犯罪的意见》第2条规定："对于性侵害未成年人犯罪，应当依法从严惩治。"第19条规定："知道或者应当知道对方是不满十四周岁的幼女，而实施奸淫等性侵害行为的，应当认定行为人'明知'对方是幼女。对于不满十二周岁的被害人实施奸淫等性侵害行为的，应当认定行为人'明知'对方是幼女。对于已满十二周岁不满十四周岁的被害人，从其身体发育状况、言谈举止、衣着特征、生活作息规律等观察可能是幼女，而实施奸淫等性侵害行为的，应当认定行为人'明知'对方是幼女。"第20条规定："以金钱财物等方式引诱幼女与自己发生性关系的；知道或者应当知道幼女被他人强迫卖淫而仍与其发生性关系的，均以强奸罪论处。"第29条规定："外国人在我国领域内实施强奸、猥亵未成年人等犯罪的，应当依法判处，在判处刑罚时，可以独立适用或者附加适用驱逐出境。对于尚不构成犯罪但构成违反治安管理行为的，或者因实施性侵害未成年人犯罪不适宜在中国境内继续停留居留的，公安机关可以依法适用限期出境或者驱逐出境。"

【立法建言】

建　议：将《刑法》第360条修改为："明知自己患有梅毒、淋病等严重性病卖淫、嫖娼的，处五年以下有期徒刑、拘役或者管制，可以并处或者单处罚金。"

理　由：

从立法技术上看，宜将本罪法定刑中的"并处罚金"改为"可以并处或者单处罚金"，以与《刑法》的其他罚金规定相一致。

四、特定行业单位人员组织、强迫、引诱、容留、介绍他人卖淫犯罪（第361条）

【立法沿革】

特定行业单位人员组织、强迫、引诱、容留、介绍他人卖淫犯罪是在全国人大常委会1991年《关于严禁卖淫嫖娼的决定》第6条规定的基础上修改而来的。

1979年《刑法》施行后，鉴于"一些旅馆、饭店、浴池、咖啡厅、出租汽车公司等服务行业和舞厅、娱乐场所等单位的负责人，明知本单位有卖淫嫖娼活动放任不管，有的甚至直接参与或纵容包庇这类违法活动，使这些单位成为卖淫嫖娼活动场所"①，因此，1991 年《关于严禁卖淫嫖娼的决定》第 6 条规定："旅馆业、饮食服务业、文化娱乐业、出租汽车业等单位的人员，利用本单位的条件，组织、强迫、引诱、容留、介绍他人卖淫的，依照本决定第一条、第二条、第三条的规定处罚。前款所列单位的主要负责人，有前款规定的行为的，从重处罚。"

在刑法修订研拟的过程中，1996 年的《刑法修订草案》（征求意见稿）第 323 条直接移植了上述规定。1996 年的《刑法修订草案》第 329 条进一步明确规定，特定行业单位人员组织、强迫、引诱、容留、介绍他人卖淫的，依照组织卖淫等犯罪"定罪处罚"。1997 年的《刑法修订草案》（修改稿）第 355 条基本上沿用了上述规定，仅将第 2 款中"有前款规定的行为"的表述修改为"犯前款罪"。这一修改方案，为现行刑法所采纳。

【立法规定】

《刑法》第 361 条规定："旅馆业、饮食服务业、文化娱乐业、出租汽车业等单位的人员，利用本单位的条件，组织、强迫、引诱、容留、介绍他人卖淫的，依照本法第三百五十八条、第三百五十九条的规定定罪处罚。前款所列单位的主要负责人，犯前款罪的，从重处罚。"

【立法释义】

目前，尚无与特定行业单位人员组织、强迫、引诱、容留、介绍他人卖淫犯罪相关的法律解释。

【立法建言】

建　　议：删去《刑法》第 361 条。

理　　由：

《刑法》第 361 条第 1 款的规定没有任何实际意义。因为，"任何人（包括外国人和在任何单位中从事工作的人员）只要实施组织、强迫、引诱、容留、介绍他人卖淫的行为，都要依照第 358、359 条追究刑事责任。这里并未把旅馆业、饮食服务业、文化娱乐业、出租汽车业等单位的人员排除在外，换言之，这四个行业的人员已经包含在第 358、359 条规定的犯罪主体中了，因此，第 361 条第 1 款完全是多余的、重复性的规定"。② 此外，该条第 2 款的规定也没有什么必要，通过司法解释即可加以解决。

---

① 参见全国人大常委会法制工作委员会副主任顾昂然 1991 年 6 月 21 日在七届全国人大常委会第二十次会议上所作的《关于严禁卖淫嫖娼的决定（草案）的说明》。

② 侯国云："也谈刑法典应力求垂范久远——论修订后的《刑法》的矛盾和问题"，载《法学》1998 年第 5 期。

五、特定行业单位人员包庇犯罪（第 362 条）

【立法沿革】

特定行业单位人员包庇犯罪是在全国人大常委会 1991 年《关于严禁卖淫嫖娼的决定》第 8 条规定的基础上修改而来的。

全国人大常委会 1991 年《关于严禁卖淫嫖娼的决定》第 8 条规定："旅馆业、饮食服务业、文化娱乐业、出租汽车业等单位的负责人和职工，在公安机关查处卖淫、嫖娼活动时，隐瞒情况或者为违法犯罪分子通风报信的，依照刑法第一百六十二条的规定处罚。"①

在刑法修订研拟的过程中，1996 年的《刑法修订草案》（征求意见稿）第 324 条基本上沿用了上述规定，仅将"依照刑法第××条的规定处罚"的表述改为"依照包庇罪的规定处罚"。1996 年的《刑法修订草案》第 330 条又恢复了"依照刑法第××条的规定处罚"的表述方式，但将其中的"处罚"修改为"定罪处罚"；同时，还删去了"隐瞒情况"的情形。1997 年的《刑法修订草案》（修改稿）第 356 条在上述规定的基础上，增加了"情节严重"的构成要件。1997 年《刑法》第 362 条又将其中的"负责人和职工"改为"人员"。

【立法规定】

《刑法》第 362 条规定："旅馆业、饮食服务业、文化娱乐业、出租汽车业等单位的人员，在公安机关查处卖淫、嫖娼活动时，为违法犯罪分子通风报信，情节严重的，依照本法第三百一十条的规定定罪处罚。"

【立法释义】

目前，尚无与特定行业单位人员包庇犯罪相关的法律解释。

【立法建言】

建　议：将《刑法》第 362 条修改为："旅馆业、饮食服务业、文化娱乐业、出租汽车业等单位的人员，在公安机关查处卖淫、嫖娼活动时，为违法犯罪分子通风报信，情节严重的，处三年以下有期徒刑、拘役或者管制，可以并处或者单处罚金。"

理　由：

从犯罪构成来看，该条所规定的"通风报信"行为，并不符合《刑法》第 310 条包庇罪的客观要件，对这类行为依照包庇罪定罪处罚未免过于牵强。因此，宜对其规定独立的法定刑，使之成为一个独立的罪名。

---

① 1979 年《刑法》第 162 条规定的是窝藏、包庇罪。

第九节　制作、贩卖、传播淫秽物品罪

一、制作、复制、出版、贩卖、传播淫秽物品牟利罪、为他人提供书号出版淫秽书刊罪（第363条）

【立法沿革】

制作、复制、出版、贩卖、传播淫秽物品牟利罪、为他人提供书号出版淫秽书刊罪是在全国人大常委会1990年《关于惩治走私、制作、贩卖、传播淫秽物品的犯罪分子的决定》第2条规定的制作、复制、出版、贩卖、传播淫秽物品牟利罪、为他人提供书号出版淫秽书刊罪的基础上修改而来的。

早在1950年，《刑法大纲草案》第120条就规定了诲淫行为罪："制作、出版、贩卖、出租淫书、淫画或其他诲淫物品者，处五年以下监禁，并可酌处罚金。为其他淫诲行为者，处二年以下监禁，并可酌处罚金或批评教育。"但是，此后的刑法草案均未规定这方面的犯罪。直到1979年，根据当时的实际情况，才增设了制作、贩卖淫书、淫画罪。

1979年《刑法》第170条规定："以营利为目的，制作、贩卖淫书、淫画的，处三年以下有期徒刑、拘役或者管制，可以并处罚金。"

在全面研究修改刑法的过程中，1988年的《刑法修改稿》第191条对上述规定作了较大的修改和补充：一是在犯罪主观方面，删去了"以营利为目的"的限制；二是在行为方式方面，增加了"传播"的情形；三是在犯罪对象方面，增加了"其他淫秽物品"；四是在入罪门槛方面，增加了"情节严重"的限制；五是在刑罚配置方面，提高了法定最高刑。修改后的条文为："制作、贩卖、传播淫书、淫画或者其他淫秽物品，情节严重的，处五年以下有期徒刑、拘役或者管制，可以并处罚金；情节特别严重的，处五年以上有期徒刑或者无期徒刑，并处罚金。"鉴于"近几年来，走私、制作、贩卖、传播淫秽的书刊、影片、录像带、录音带、图片等淫秽物品的违法犯罪情况很严重。这些违法犯罪活动，严重毒化社会风气，腐蚀人们的思想，危害社会治安"[①]，为了适应严禁淫秽物品的需要，全国人大常委会1990年12月28日通过了《关于惩治走私、制作、贩卖、传播淫秽物品的犯罪分子的决定》。该决定第2条规定："以牟利为目的，制作、复制、出版、贩卖、传播淫秽物品的，处三年以下有期徒刑或者拘役，并处罚金；情节严重的，处三年以上十年

[①] 参见全国人大常委会法制工作委员会副主任顾昂然1990年10月25日在七届全国人大常委会第十六次会议上所作的《关于惩治走私、制作、贩卖、传播淫秽物品的犯罪分子的决定（草案）的说明》。

以下有期徒刑，并处罚金；情节特别严重的，处十年以上有期徒刑或者无期徒刑，并处罚金或者没收财产。情节较轻的，由公安机关依照治安管理处罚条例的有关规定处罚。为他人提供书号，出版淫秽书刊的，处三年以下有期徒刑或者拘役，并处或者单处罚金；明知他人用于出版淫秽书刊而提供书号的，依照前款的规定处罚。"此外，该决定第 5 条还规定："单位有本决定第一条、第二条、第三条规定的违法犯罪行为的，对其直接负责的主管人员和其他直接责任人员，依照各该条的规定处罚，对单位判处罚金或者予以罚款，行政主管部门并可以责令停业整顿或者吊销执照。"①

在刑法修订研拟的过程中，1996 年的《刑法修订草案》（征求意见稿）第 325 条基本上沿用了上述决定第 2 条的规定，仅删去了其中的非刑法规范。1996 年的《刑法修订草案》第 331 条在上述规定的基础上，分别在第 1 款第 1 档法定刑和第 2 款法定刑中增加了"管制"的规定。这一修改方案，为现行刑法所采纳。

【立法规定】

《刑法》第 363 条规定："以牟利为目的，制作、复制、出版、贩卖、传播淫秽物品的，处三年以下有期徒刑、拘役或者管制，并处罚金；情节严重的，处三年以上十年以下有期徒刑，并处罚金；情节特别严重的，处十年以上有期徒刑或者无期徒刑，并处罚金或者没收财产。为他人提供书号，出版淫秽书刊的，处三年以下有期徒刑、拘役或者管制，并处或者单处罚金；明知他人用于出版淫秽书刊而提供书号的，依照前款的规定处罚。"第 366 条规定："单位犯本节第三百六十三条、第三百六十四条、第三百六十五条规定之罪的，对单位判处罚金，并对其直接负责的主管人员和其他直接责任人员，依照各该条的规定处罚。"

全国人大常委会 2000 年 12 月 28 日通过的《关于维护互联网安全的决定》第 3 条规定："为了维护社会主义市场经济秩序和社会管理秩序，对有下列行为之一，构成犯罪的，依照刑法有关规定追究刑事责任：……（五）在互联网上建立淫秽网站、网页，提供淫秽站点链接服务，或者传播淫秽的书刊、影片、音像、图片。"

【立法释义】

最高人民法院 1998 年 12 月 17 日发布的《关于审理非法出版物刑事案件具体应用法律若干问题的解释》第 8 条规定："以牟利为目的，实施刑法第三百六十三条第一款规定的行为，具有下列情形之一的，以制作、复制、出版、贩卖、传播淫秽物品牟利罪定罪处罚：（一）制作、复制、出版淫秽影碟、软件、录像带五十至一百张（盒）以上，淫秽音

---

① 《关于惩治走私、制作、贩卖、传播淫秽物品的犯罪分子的决定》对单位犯罪的规定集中在第 5 条之中。本节在阐述以下各罪立法规定时，凡涉及该决定的，均不再具体列举单位犯罪的规定。

碟、录音带一百至二百张（盒）以上，淫秽扑克、书刊、画册一百至二百副（册）以上，淫秽照片、画片五百至一千张以上的；（二）贩卖淫秽影碟、软件、录像带一百至二百张（盒）以上，淫秽音碟、录音带二百至四百张（盒）以上，淫秽扑克、书刊、画册二百至四百副（册）以上，淫秽照片、画片一千至二千张以上的；（三）向他人传播淫秽物品达二百至五百人次以上，或者组织播放淫秽影、像达十至二十场次以上的；（四）制作、复制、出版、贩卖、传播淫秽物品，获利五千至一万元以上的。以牟利为目的，实施刑法第三百六十三条第一款规定的行为，具有下列情形之一的，应当认定为制作、复制、出版、贩卖、传播淫秽物品牟利罪'情节严重'：（一）制作、复制、出版淫秽影碟、软件、录像带二百五十至五百张（盒）以上，淫秽音碟、录音带五百至一千张（盒）以上，淫秽扑克、书刊、画册五百至一千副（册）以上，淫秽照片、画片二千五百至五千张以上的；（二）贩卖淫秽影碟、软件、录像带五百至一千张（盒）以上，淫秽音碟、录音带一千至二千张（盒）以上，淫秽扑克、书刊、画册一千至二千副（册）以上，淫秽照片、画片五千至一万张以上的；（三）向他人传播淫秽物品达一千至二千人次以上，或者组织播放淫秽影、像达五十至一百场次以上的；（四）制作、复制、出版、贩卖、传播淫秽物品，获利三万至五万元以上的。以牟利为目的，实施刑法第三百六十三条第一款规定的行为，其数量（数额）达到前款规定的数量（数额）五倍以上的，应当认定为制作、复制、出版、贩卖、传播淫秽物品牟利罪'情节特别严重'。"第9条规定："为他人提供书号、刊号，出版淫秽书刊的，依照刑法第三百六十三条第二款的规定，以为他人提供书号出版淫秽书刊罪定罪处罚。为他人提供版号，出版淫秽音像制品的，依照前款规定定罪处罚。明知他人用于出版淫秽书刊而提供书号、刊号的，依照刑法第三百六十三条第一款的规定，以出版淫秽物品牟利罪定罪处罚。"第16条规定："出版单位与他人事前通谋，向其出售、出租或者以其他形式转让该出版单位的名称、书号、刊号、版号，他人实施本解释第二条、第四条、第八条、第九条、第十条、第十一条规定的行为，构成犯罪的，对该出版单位应当以共犯论处。"

最高人民法院、最高人民检察院、公安部2004年7月19日发布的《关于依法开展打击淫秽色情网站专项行动有关工作的通知》第2条规定："各级公安机关、人民检察院、人民法院要准确把握此类违法犯罪活动的特点，充分发挥各自的职能作用，依法严厉打击利用淫秽色情网站进行违法犯罪活动的不法分子。要通过专项行动破获一批以互联网为媒介，制作、贩卖、传播淫秽物品和组织卖淫嫖娼的案件，打掉一批犯罪团伙，严惩一批经营淫秽色情网站和利用互联网从事非法活动的违法犯罪分子和经营单位。在专项行动中，要严格按照《刑法》、全国人民代表大会常务委员会《关于维护互联网安全的决定》和有关司法解释的规定，严格依法办案，正确把握罪与非罪的界限，保证办案质量。对于利用互联网从事犯罪活动的，应当根据其具体实施的行为，分别以制作、复制、出版、贩卖、传播淫秽物品牟利罪、传播淫秽物品罪、组织播放淫秽音像制品罪及刑法规定的其他有关罪名，依法追究刑事责任。对于违反国家规定，擅自设立互联网上网服务营业场所，或者擅自从事互联网上网服务经营活动，情节严重，构成犯罪的，以非法经营罪追究刑事责任。对于建立淫秽网站、网页，提供涉及未成年人淫秽信息、利用青少年教育网络从事淫秽色情活动以及顶风作案、罪行严重的犯罪分子，要坚决依法从重打击，严禁以罚代刑。要充分运用没收犯罪工具、追缴违法所得等措施，以及没收财产、罚金等财产刑，加大对犯罪分子的经济制裁力度，坚决铲除淫秽色情网站的生存基础，彻底剥夺犯罪分子非法获利和再次犯罪的资本。要坚持惩办与宽大相结合的刑事政策，区别对待，审时度势，宽严相济，最大限度地分化瓦解犯罪分子；对于主动投案自首或者有检举、揭发淫秽色情违法犯罪活动等立功表现的，可依法从宽处罚。"

最高人民法院、最高人民检察院 2004 年 9 月 3 日发布的《关于办理利用互联网、移动通讯终端、声讯台制作、复制、出版、贩卖、传播淫秽电子信息刑事案件具体应用法律若干问题的解释》第 1 条规定："以牟利为目的，利用互联网、移动通讯终端制作、复制、出版、贩卖、传播淫秽电子信息，具有下列情形之一的，依照刑法第三百六十三条第一款的规定，以制作、复制、出版、贩卖、传播淫秽物品牟利罪定罪处罚：（一）制作、复制、出版、贩卖、传播淫秽电影、表演、动画等视频文件二十个以上的；（二）制作、复制、出版、贩卖、传播淫秽音频文件一百个以上的；（三）制作、复制、出版、贩卖、传播淫秽电子刊物、图片、文章、短信息等二百件以上的；（四）制作、复制、出版、贩卖、传播的淫秽电子信息，实际被点击数达到一万次以上的；（五）以会员制方式出版、贩卖、传播淫秽电子信息，注册会员达二百人以上的；（六）利用淫秽电子信息收取广告费、会员注册费或者其他费用，违法所得一万元以上的；（七）数量或者数额虽未达到第（一）项至第（六）项规定标准，但分别达到其中两项以上标准一半以上的；（八）造成严重后果的。利用聊天室、论坛、即时通信软件、电子邮件等方式，实施第一款规定行为的，依照刑法第三百六十三条第一款的规定，以制作、复制、出版、贩卖、传播淫秽物品牟利罪定罪处罚。"第 2 条规定："实施第一条规定的行为，数量或者数额达到第一条第一款第（一）项至第（六）项规定标准五倍以上的，应当认定为刑法第三百六十三条第一款规定的'情节严重'；达到规定标准二十五倍以上的，应当认定为'情节特别严重'。"第 5 条规定："以牟利为目的，通过声讯台传播淫秽语音信息，具有下列情形之一的，依照刑法第三百六十三条第一款的规定，对直接负责的主管人员和其他直接责任人员以传播淫秽物品牟利罪定罪处罚：（一）向一百人次以上传播的；（二）违法所得一万元以上的；（三）造成严重后果的。实施前款规定行为，数量或者数额达到前款第（一）项至第

（二）项规定标准五倍以上的，应当认定为刑法第三百六十三条第一款规定的'情节严重'；达到规定标准二十五倍以上的，应当认定为'情节特别严重'。"第6条规定："实施本解释前五条规定的犯罪，具有下列情形之一的，依照刑法第三百六十三条第一款、第三百六十四条第一款的规定从重处罚：（一）制作、复制、出版、贩卖、传播具体描绘不满十八周岁未成年人性行为的淫秽电子信息的；（二）明知是具体描绘不满十八周岁的未成年人性行为的淫秽电子信息而在自己所有、管理或者使用的网站或者网页上提供直接链接的；（三）向不满十八周岁的未成年人贩卖、传播淫秽电子信息和语音信息的；（四）通过使用破坏性程序、恶意代码修改用户计算机设置等方法，强制用户访问、下载淫秽电子信息的。"第7条规定："明知他人实施制作、复制、出版、贩卖、传播淫秽电子信息犯罪，为其提供互联网接入、服务器托管、网络存储空间、通讯传输通道、费用结算等帮助的，对直接负责的主管人员和其他直接责任人员，以共同犯罪论处。"

最高人民检察院、公安部2008年6月25日发布的《关于公安机关管辖的刑事案件立案追诉标准的规定（一）》第82条规定："以牟利为目的，制作、复制、出版、贩卖、传播淫秽物品，涉嫌下列情形之一的，应予立案追诉：（一）制作、复制、出版淫秽影碟、软件、录像带五十至一百张（盒）以上，淫秽音碟、录音带一百至二百张（盒）以上，淫秽扑克、书刊、画册一百至二百副（册）以上，淫秽照片、画片五百至一千张以上的；（二）贩卖淫秽影碟、软件、录像带一百至二百张（盒）以上，淫秽音碟、录音带二百至四百张（盒）以上，淫秽扑克、书刊、画册二百至四百副（册）以上，淫秽照片、画片一千至二千张以上的；（三）向他人传播淫秽物品达二百至五百人次以上，或者组织播放淫秽影、像达十至二十场次以上的；（四）制作、复制、出版、贩卖、传播淫秽物品，获利五千至一万元以上的。以牟利为目的，利用互联网、移动通讯终端制作、复制、出版、贩卖、传播淫秽电子信息，涉嫌下列情形之一的，应予立案追诉：（一）制作、复制、出版、贩卖、传播淫秽电影、表演、动画等视频文件二十个以上的；（二）制作、复制、出版、贩卖、传播淫秽音频文件一百个以上的；（三）制作、复制、出版、贩卖、传播淫秽电子刊物、图片、文章、短信息等二百件以上的；（四）制作、复制、出版、贩卖、传播的淫秽电子信息，实际被点击数达到一万次以上的；（五）以会员制方式出版、贩卖、传播淫秽电子信息，注册会员达二百人以上的；（六）利用淫秽电子信息收取广告费、会员注册费或者其他费用，违法所得一万元以上的；（七）数量或者数额虽未达到本款第（一）项至第（六）项规定标准，但分别达到其中两项以上标准的百分之五十以上的；（八）造成严重后果。利用聊天室、论坛、即时通信软件、电子邮件等方式，实施本条第二款规定行为的，应予立案追诉。以牟利为目的，通过声讯台传播淫秽语音信息，涉嫌下列情形之一的，应予立案追诉：（一）向一百人次以上传播的；（二）违法所得一万元以上的；（三）造成严重后果的。明知他人用于出版淫秽书刊而提供书号、刊号的，应予立案追诉。"第 83 条规定："为他人提供书号、刊号出版淫秽书刊，或者为他人提供版号出版淫秽音像制品的，应予立案追诉。"

最高人民法院　最高人民检察院 2010 年 2 月 2 日发布的《关于办理利用互联网、移动通讯终端、声讯台制作、复制、出版、贩卖、传播淫秽电子信息刑事案件具体应用法律若干问题的解释（二）》第 1 条规定："以牟利为目的，利用互联网、移动通讯终端制作、复制、出版、贩卖、传播淫秽电子信息的，依照《最高人民法院、最高人民检察院关于办理利用互联网、移动通讯终端、声讯台制作、复制、出版、贩卖、传播淫秽电子信息刑事案件具体应用法律若干问题的解释》第一条、第二条的规定定罪处罚。以牟利为目的，利用互联网、移动通讯终端制作、复制、出版、贩卖、传播内容含有不满十四周岁未成年人的淫秽电子信息，具有下列情形之一的，依照刑法第三百六十三条第一款的规定，以制作、复制、出版、贩卖、传播淫秽物品牟利罪定罪处罚：（一）制作、复制、出版、贩卖、传播淫秽电影、表演、动画等视频文件十个以上的；（二）制作、复制、出版、贩卖、传播淫秽音频文件五十个以上的；（三）制作、复制、出版、贩卖、传播淫秽电子刊物、图片、文章等一百件以上的；（四）制作、复制、出版、贩卖、传播的淫秽电子信息，实际被点击数达到五千次以上的；（五）以会员制方式出版、贩卖、传播淫秽电子信息，注册会员达一百人以上的；（六）利用淫秽电子信息收取广告费、会员注册费或者其他费用，违法所得五千元以上的；（七）数量或者数额虽未达到第（一）项至第（六）项规定标准，但分别达到其中两项以上标准一半以上的；（八）造成严重后果的。实施第二款规定的行为，数量或者数额达到第二款第（一）项至第（七）项规定标准五倍以上的，应当认定为刑法第三百六十三条第一款规定的'情节严重'；达到规定标准二十五倍以上的，应当认定为'情节特别严重'。"第 4 条规定："以牟利为目的，网站建立者、直接负责的管理者明知他人制作、复制、出版、贩卖、传播的是淫秽电子信息，允许或者放任他人在自己所有、管理的网站或者网页上发布，具有下列情形之一的，依照刑法第三百六十三条第一款的规定，以传播淫秽物品牟利罪定罪处罚：（一）数量或者数额达到第一条第二款第（一）项至第（六）项规定标准五倍以上的；（二）数量或者数额分别达到第一条第二款第（一）项至第（六）项两项以上标准二倍以上的；（三）造成严重后果的。实施前款规定的行为，数量或者数额达到第一条第二款第（一）项至第（七）项规定标准二十五倍以上的，应当认定为刑法第三百六十三条第一款规定的'情节严重'；达到规定标准一百倍以上的，应当认定为'情节特别严重'。"第 6 条规定："电信业务经营者、互联网信息服务提供者明知是淫秽网站，为其提供互联网接入、服务器托管、网络存储空间、通讯传输通道、代收费等服务，并收取服务费，具有下列情形之一的，对直接负责的主管人员和其他直接责任人员，依照刑法第三百六十三条第一款的规定，以传播淫秽物品牟利罪定罪处罚：（一）为五个以上淫秽网站提供上述服务的；（二）为淫秽网站提供互联网接入、服务器托管、网络存储空间、通讯传输通道等服务，收取服务费数额在二万元以上的；（三）为淫秽网站提供代收费服务，收取服务费数额在五万元以上的；（四）造成严重后果的。实施前款规定的行为，数量或者数额达到前款第（一）项至第（三）项规定标准五倍以上的，应当认定为刑法第三百六十三条第一款规定的'情节严重'；达到规定标准二十五倍以上的，应当认定为'情节特别严重'。"第7条规定："明知是淫秽网站，以牟利为目的，通过投放广告等方式向其直接或者间接提供资金，或者提供费用结算服务，具有下列情形之一的，对直接负责的主管人员和其他直接责任人员，依照刑法第三百六十三条第一款的规定，以制作、复制、出版、贩卖、传播淫秽物品牟利罪的共同犯罪处罚：（一）向十个以上淫秽网站投放广告或者以其他方式提供资金的；（二）向淫秽网站投放广告二十条以上的；（三）向十个以上淫秽网站提供费用结算服务的；（四）以投放广告或者其他方式向淫秽网站提供资金数额在五万元以上的；（五）为淫秽网站提供费用结算服务，收取服务费数额在二万元以上的；（六）造成严重后果的。实施前款规定的行为，数量或者数额达到前款第（一）项至第（五）项规定标准五倍以上的，应当认定为刑法第三百六十三条第一款规定的'情节严重'；达到规定标准二十五倍以上的，应当认定为'情节特别严重'。"第8条规定："实施第四条至第七条规定的行为，具有下列情形之一的，应当认定行为人'明知'，但是有证据证明确实不知道的除外：（一）行政主管机关书面告知后仍然实施上述行为的；（二）接到举报后不履行法定管理职责的；（三）为淫秽网站提供互联网接入、服务器托管、网络存储空间、通讯传输通道、代收费、费用结算等服务，收取服务费明显高于市场价格的；（四）向淫秽网站投放广告，广告点击率明显异常的；（五）其他能够认定行为人明知的情形。"第9条规定："一年内多次实施制作、复制、出版、贩卖、传播淫秽电子信息行为未经处理，数量或者数额累计计算构成犯罪的，应当依法定罪处罚。"第10条规定："单位实施制作、复制、出版、贩卖、传播淫秽电子信息犯罪的，依照《中华人民共和国刑法》、《最高人民法院、最高人民检察院关于办理利用互联网、移动通讯终端、声讯台制作、复制、出版、贩卖、传播淫秽电子信息刑事案件具体应用法律若干问题的解释》和本解释规定的相应个人犯罪的定罪量刑标准，对直接负责的主管人员和其他直接责任人员定罪处罚，并对单位判处罚金。"第11条规定："对于以牟利为目的，实施制作、复制、出版、贩卖、传播淫秽电子信息犯罪的，人民法院应当综合考虑犯罪的违法所得、社会危害性等情节，依法判处罚金或者没收财产。罚金数额一般在违法所得的一倍以上五倍以下。"第12条规定："《最高人民法院、最高人民检察院关于办理利用互联网、移动通讯终端、声讯台制作、复制、出版、贩卖、传播淫秽电子信息刑事案件具体应用法律若干问题的解释》和本解释所称网站，是指可以通过互联网域名、IP 地址等方式访问的内容提供站点。以制作、复制、出版、贩卖、传播淫秽电子信息为目的建立或者建立后主要从事制作、复制、出版、贩卖、传播淫秽电子信息活动的网站，为淫秽网站。"

【立法建言】

建　议：将《刑法》第 363 条修改为："以牟利为目的，制作、复制、出版、贩卖、传播淫秽物品的，处三年以下有期徒刑、拘役或者管制，可以并处或者单处罚金；情节严重的，处三年以上十年以下有期徒刑，并处罚金；情节特别严重的，处十年以上有期徒刑或者无期徒刑，并处罚金或者没收财产。为他人提供书号，出版淫秽书刊的，处三年以下有期徒刑、拘役或者管制，可以并处或者单处罚金；明知他人用于出版淫秽书刊而提供书号的，依照前款的规定处罚。"

理　由：

从立法技术上看，宜将《刑法》第 363 条第 1 款第 1 档法定刑中的"并处罚金"改为"可以并处或者单处罚金"，并将第 2 款法定刑中的"并处或者单处罚金"改为"可以并处或者单处罚金"，以与《刑法》的其他罚金规定相一致。

二、传播淫秽物品罪、组织播放淫秽音像制品罪（第 364 条）

【立法沿革】

传播淫秽物品罪、组织播放淫秽音像制品罪是在全国人大常委会 1990 年《关于惩治走私、制作、贩卖、传播淫秽物品的犯罪分子的决定》第 3 条规定的传播淫秽物品罪、组织播放淫秽音像制品罪的基础上修改而来的。

1979 年《刑法》施行后，考虑到"播放或者传播淫秽物品，不是为牟利，也没有其他犯罪活动的，情况比较复杂，在处理时必须严格区分罪与非罪的界限，防止扩大打击面"。[①] 因此，1990 年《关于惩治走私、制作、贩卖、传播淫秽物品的犯罪分子的决定》第 3 条规定："在社会上传播淫秽的书刊、影片、录像带、录音带、图片或者其他淫秽物品，情节严重的，处二年以下有期徒刑或者拘役。情节较轻的，由公安机关依照治安管理处罚条例的有关规定处罚。组织播放淫秽的电影、录像等音像制品的，处三年以下有期徒刑或者拘役，可以并处罚金；情节严重的，处三年以上十年以下有期徒刑，并处罚金。情节较轻的，由公安机关依照治安管理处罚条例的有关规定处罚。制作、复制淫秽的电影、

---

① 参见全国人大常委会法制工作委员会副主任顾昂然 1990 年 10 月 25 日在七届全国人大常委会第十六次会议上所作的《关于惩处走私、制作、贩卖、传播淫秽物品的犯罪分子的决定（草案）的说明》。

录像等音像制品组织播放的，依照第二款的规定从重处罚。向不满十八岁的未成年人传播淫秽物品的，从重处罚。不满十六岁的未成年人传抄、传看淫秽的图片、书刊或者其他淫秽物品的，家长、学校应当加强管教。"

在刑法修订研拟的过程中，1996年的《刑法修订草案》（征求意见稿）第326条基本上沿用了上述规定，仅删去了其中的非刑法规范。修改后的条文为："在社会上传播淫秽的书刊、影片、录像带、录音带、图片或者其他淫秽物品，情节严重的，处二年以下有期徒刑或者拘役。组织播放淫秽的电影、录像等音像制品的，处三年以下有期徒刑或者拘役，可以并处罚金；情节严重的，处三年以上十年以下有期徒刑，并处罚金。制作、复制淫秽的电影、录像等音像制品组织播放的，依照第二款的规定从重处罚。向不满十八岁的未成年人传播淫秽物品的，从重处罚。"1996年的《刑法修订草案》第332条在上述规定的基础上，分别在第1款和第2款的第1档法定刑中增加了"管制"这一刑种。1997年的《刑法修订草案》（修改稿）第358条基本上沿用了上述规定，仅删去了第1款中"在社会上"的表述。1997年3月1日，提交给八届全国人大五次会议审议的《中华人民共和国刑法（修订草案）》第361条将第2款中的"可以并处罚金"修改为"并处罚金"。这一修改方案，为现行刑法所采纳。

【立法规定】

《刑法》第364条规定："传播淫秽的书刊、影片、音像、图片或者其他淫秽物品，情节严重的，处二年以下有期徒刑、拘役或者管制。组织播放淫秽的电影、录像等音像制品的，处三年以下有期徒刑、拘役或者管制，并处罚金；情节严重的，处三年以上十年以下有期徒刑，并处罚金。制作、复制淫秽的电影、录像等音像制品组织播放的，依照第二款的规定从重处罚。向不满十八周岁的未成年人传播淫秽物品的，从重处罚。"第366条规定："单位犯本节第三百六十三条、第三百六十四条、第三百六十五条规定之罪的，对单位判处罚金，并对其直接负责的主管人员和其他直接责任人员，依照各该条的规定处罚。"

全国人大常委会2000年12月28日通过的《关于维护互联网安全的决定》第3条规定："为了维护社会主义市场经济秩序和社会管理秩序，对有下列行为之一，构成犯罪的，依照刑法有关规定追究刑事责任：……（五）在互联网上建立淫秽网站、网页，提供淫秽站点链接服务，或者传播淫秽的书刊、影片、音像、图片。"

【立法释义】

最高人民法院1988年12月17日发布的《关于审理非法出版物刑事案件具体应用法律若干问题的解释》第10条规定："向他人传播淫秽的书刊、影片、音像、图片等出版物达三百至六百人次以上或者造成恶劣社会影响的，属于'情节严重'，依照刑法第三百六十四条第一款的规定，以传播淫秽物品罪定罪处罚。组织播放淫秽的电影、录像等音像制品达十五至三十场次以上或者造成恶劣社会影响的，依照刑法第三百六十四条第二款的规定，以组织播放淫秽音像制品罪定罪处罚。"第16条规定："出版单位与他人事前通谋，向其出售、出租或者以其他形式转让该出版单位的名称、书号、刊号、版号，他人实施本解释第二条、第四条、第八条、第九条、第十条、第十一条规定的行为，构成犯罪的，对该出版单位应当以共犯论处。"

最高人民法院、最高人民检察院2004年9月3日发布的《关于办理利用互联网、移动通讯终端、声讯台制作、复制、出版、贩卖、传播淫秽电子信息刑事案件具体应用法律若干问题的解释》第3条规定："不以牟利为目的，利用互联网或者移动通讯终端传播淫秽电子信息，具有下列情形之一的，依照刑法第三百六十四条第一款的规定，以传播淫秽物品罪定罪处罚：（一）数量达到第一条第一款第（一）项至第（五）项规定标准二倍以上的；（二）数量分别达到第一条第一款第（一）项至第（五）项两项以上标准的；（三）造成严重后果的。利用聊天室、论坛、即时通信软件、电子邮件等方式，实施第一款规定行为的，依照刑法第三百六十四条第一款的规定，以传播淫秽物品罪定罪处罚。"第4条规定："明知是淫秽电子信息而在自己所有、管理或者使用的网站或者网页上提供直接链接的，其数量标准根据所链接的淫秽电子信息的种类计算。"第6条规定："实施本解释前五条规定的犯罪，具有下列情形之一的，依照刑法第三百六十三条第一款、第三百六十四条第一款的规定从重处罚：（一）制作、复制、出版、贩卖、传播具体描绘不满十八周岁未成年人性行为的淫秽电子信息的；（二）明知是具体描绘不满十八周岁的未成年人性行为的淫秽电子信息而在自己所有、管理或者使用的网站或者网页上提供直接链接的；（三）向不满十八周岁的未成年人贩卖、传播淫秽电子信息和语音信息的；（四）通过使用破坏性程序、恶意代码修改用户计算机设置等方法，强制用户访问、下载淫秽电子信息的。"

最高人民检察院、公安部2008年6月25日发布的《关于公安机关管辖的刑事案件立案追诉标准的规定（一）》第84条规定："传播淫秽的书刊、影片、音像、图片或者其他淫秽物品，涉嫌下列情形之一的，应予立案追诉：（一）向他人传播三百至六百人次以上的；（二）造成恶劣社会影响的。不以牟利为目的，利用互联网、移动通讯终端传播淫秽电子信息，涉嫌下列情形之一的，应予立案追诉：（一）数量达到本规定第八十二条第二款第（一）项至第（五）项规定标准二倍以上的；（二）数量分别达到本规定第八十二条第二款第（一）项至第（五）项两项以上标准的；（三）造成严重后果的。利用聊天室、论坛、即时通信软件、电子邮件等方式，实施本条第二款规定行为的，应予立案追诉。"第85条规定："组织播放淫秽的电影、录像等音像制品，涉嫌下列情形之一的，应予立案追诉：（一）组织播放十五至三十场次以上的；（二）造成恶劣社会影响的。"

最高人民法院　最高人民检察院2010年2月2日发布的《关于办理利用互联网、移动通讯终端、声讯台制作、复制、出版、贩卖、传播淫秽电子信息刑事案件具体应用法律若干问题的解释（二）》第2条规定："利用互联网、移动通讯终端传播淫秽电子信息的，依照《最高人民法院、最高人民检察院关于办理利用互联网、移动通讯终端、声讯台制作、复制、出版、贩卖、传播淫秽电子信息刑事案件具体应用法律若干问题的解释》第三条的规定定罪处罚。利用互联网、移动通讯终端传播内容含有不满十四周岁未成年人的淫秽电子信息，具有下列情形之一的，依照刑法第三百六十四条第一款的规定，以传播淫秽物品罪定罪处罚：（一）数量达到第一条第二款第（一）项至第（五）项规定标准二倍以上的；（二）数量分别达到第一条第二款第（一）项至第（五）项两项以上标准的；（三）造成严重后果的。"第3条规定："利用互联网建立主要用于传播淫秽电子信息的群组，成员达三十人以上或者造成严重后果的，对建立者、管理者和主要传播者，依照刑法第三百六十四条第一款的规定，以传播淫秽物品罪定罪处罚。"第5条规定："网站建立者、直接负责的管理者明知他人制作、复制、出版、贩卖、传播的是淫秽电子信息，允许或者放任他人在自己所有、管理的网站或者网页上发布，具有下列情形之一的，依照刑法第三百六十四条第一款的规定，以传播淫秽物品罪定罪处罚：（一）数量达到第一条第二款第（一）项至第（五）项规定标准十倍以上的；（二）数量分别达到第一条第二款第（一）项至第（五）项两项以上标准五倍以上的；（三）造成严重后果的。"第8条规定："实施第四条至第七条规定的行为，具有下列情形之一的，应当认定行为人'明知'，但是有证据证明确实不知道的除外：（一）行政主管机关书面告知后仍然实施上述行为的；（二）接到举报后不履行法定管理职责的；（三）为淫秽网站提供互联网接入、服务器托管、网络存储空间、通讯传输通道、代收费、费用结算等服务，收取服务费明显高于市场价格的；（四）向淫秽网站投放广告，广告点击率明显异常的；（五）其他能够认定行为人明知的情形。"第9条规定："一年内多次实施制作、复制、出版、贩卖、传播淫秽电子信息行为未经处理，数量或者数额累计计算构成犯罪的，应当依法定罪处罚。"第10条规定："单位实施制作、复制、出版、贩卖、传播淫秽电子信息犯罪的，依照《中华人民共和国刑法》、《最高人民法院、最高人民检察院关于办理利用互联网、移动通讯终端、声讯台制作、复制、出版、贩卖、传播淫秽电子信息刑事案件具体应用法律若干问题的解释》和本解释规定的相应个人犯罪的定罪量刑标准，对直接负责的主管人员和其他直接责任人员定罪处罚，并对单位判处罚金。"第12条规定："《最高人民法院、最高人民检察院关于办理利用互联网、移动通讯终端、声讯台制作、复制、出版、贩卖、传播淫秽电子信息刑事案件具体应用法律若干问题的解释》和本解释所称网站，是指可以通过互联网域名、IP地址等方式访问的内容提供站点。以制作、复制、出版、贩卖、传播淫秽电子信息为目的建立或者建立后主要从事制作、复制、出版、贩卖、传播淫秽电子信息活动的网站，为淫秽网站。"

【立法建言】

建　议：将《刑法》第 364 条第 1 款、第 2 款修改为："传播淫秽的书刊、影片、音像、图片或者其他淫秽物品，情节严重的，处二年以下有期徒刑、拘役或者管制，可以并处或者单处罚金。""组织播放淫秽的电影、录像等音像制品的，处三年以下有期徒刑、拘役或者管制，可以并处或者单处罚金；情节严重的，处三年以上十年以下有期徒刑，并处罚金。"

理　由：

从立法技术上看，宜在《刑法》第 364 条第 1 款的法定刑中增加"可以并处或者单处罚金"的规定，并将第 2 款第 1 档法定刑中的"并处罚金"改为"可以并处或者单处罚金"，以与《刑法》的其他罚金规定相一致。

三、组织淫秽表演罪（第 365 条）

【立法沿革】

组织淫秽表演罪是 1997 年《刑法》第 365 条增设的罪名。

组织淫秽表演罪，最早见之于 1996 年的《刑法修订草案》（征求意见稿）。该草案第 327 条规定："组织进行淫秽表演的，处三年以下有期徒刑或者拘役，并处罚金；情节严重的，处三年以上十年以下有期徒刑，并处罚金。"1996 年的《刑法修订草案》第 333 条基本上沿用了上述规定，仅在第 1 档法定刑中增加了"管制"的规定。这一修改方案，为现行刑法所采纳。

【立法规定】

《刑法》第 365 条规定："组织进行淫秽表演的，处三年以下有期徒刑、拘役或者管制，并处罚金；情节严重的，处三年以上十年以下有期徒刑，并处罚金。"第 366 条规定："单位犯本节第三百六十三条、第三百六十四条、第三百六十五条规定之罪的，对单位判处罚金，并对其直接负责的主管人员和其他直接责任人员，依照各该条的规定处罚。"

【立法释义】

最高人民检察院、公安部 2008 年 6 月 25 日发布的《关于公安机关管辖的刑事案件立案追诉标准的规定（一）》第 86 条规定："以策划、招募、强迫、雇佣、引诱、提供场地、提供资金等手段，组织进行淫秽表演，涉嫌下列情形之一的，应予立案追诉：（一）组织表演者进行裸体表演的；（二）组织表演者利用性器官进行诲淫性表演的；（三）组织表演者半裸体或者变相裸体表演并通过语言、动作具体描绘性行为的；（四）其他组织进行淫秽表演应予追究刑事责任的情形。"

【立法建言】

建　议： 将《刑法》第365条修改为："组织进行淫秽表演的，处三年以下有期徒刑、拘役或者管制，可以并处或者单处罚金；情节严重的，处三年以上十年以下有期徒刑，并处罚金。"

理　由：

从立法技术上看，宜将本罪第1档法定刑中的"并处罚金"改为"可以并处或者单处罚金"，以与《刑法》的其他罚金规定相一致。

四、淫秽物品的定义（第367条）

【立法沿革】

淫秽物品的定义是在全国人大常委会1990年《关于惩治走私、制作、贩卖、传播淫秽物品的犯罪分子的决定》第8条规定的淫秽物品的定义的基础上修改而来的。

"为了防止混淆罪与非罪的界限，对什么是淫秽的书刊、影片、录像带、录音带、图片等，需要有明确的界限。"① 因此，1990年《关于惩治走私、制作、贩卖、传播淫秽物品的犯罪分子的决定》第8条规定："本决定所称淫秽物品，是指具体描绘性行为或者露骨宣扬色情的诲淫性的书刊、影片、录像带、录音带、图片及其他淫秽物品。有关人体生理、医学知识的科学著作不是淫秽物品。包含有色情内容的有艺术价值的文学、艺术作品不视为淫秽物品。淫秽物品的种类和目录，由国务院有关主管部门规定。"

在刑法修订研拟的过程中，1996年的《刑法修订草案》（征求意见稿）第329条在上述规定的基础上，作了两处修改：一是将第2款中"包含有色情内容的有艺术价值的文学、艺术作品不视为淫秽物品"的规定移作第3款；二是删去了原第3款"淫秽物品的种类和目录，由国务院有关主管部门规定"的规定。这一修改方案，为现行刑法所采纳。

【立法规定】

《刑法》第367条规定："本法所称淫秽物品，是指具体描绘性行为或者露骨宣扬色情的诲淫性的书刊、影片、录像带、录音带、图片及其他淫秽物品。有关人体生理、医学知识的科学著作不是淫秽物品。包含有色情内容的有艺术价值的文学、艺术作品不视为淫秽物品。"

---

① 参见全国人大常委会法制工作委员会副主任顾昂然1990年10月25日在七届全国人大常委会第十六次会议上所作的《关于惩处走私、制作、贩卖、传播淫秽物品的犯罪分子的决定（草案）的说明》。

【立法释义】

最高人民法院、最高人民检察院 2004 年 9 月 3 日发布的《关于办理利用互联网、移动通讯终端、声讯台制作、复制、出版、贩卖、传播淫秽电子信息刑事案件具体应用法律若干问题的解释》第 9 条规定："刑法第三百六十七条第一款规定的'其他淫秽物品'，包括具体描绘性行为或者露骨宣扬色情的诲淫性的视频文件、音频文件、电子刊物、图片、文章、短信息等互联网、移动通讯终端电子信息和声讯台语音信息。有关人体生理、医学知识的电子信息和声讯台语音信息不是淫秽物品。包含色情内容的有艺术价值的电子文学、艺术作品不视为淫秽物品。"

【立法建言】

建　议：将《刑法》第 367 条第 2 款修改为："有关人体生理、医学知识的科学著作、电子信息和声讯台语音信息不是淫秽物品。"

理　由：

从现实情况来看，宜在《刑法》第 367 条第 2 款中增加"电子信息和声讯台语音信息"的内容。因为，该款所规定的"科学著作"，无论如何都不可能涵盖"电子信息和声讯台语音信息"。因此，最高人民法院、最高人民检察院《关于办理利用互联网、移动通讯终端、声讯台制作、复制、出版、贩卖、传播淫秽电子信息刑事案件具体应用法律若干问题的解释》第 9 条第 2 款已增加规定了上述内容。《刑法》也应"与时俱进"，适时对此加以规定。

第七章　危害国防利益罪

一、阻碍军人执行职务罪、阻碍军事行动罪（第 368 条）

【立法沿革】

阻碍军人执行职务罪、阻碍军事行动罪是 1997 年《刑法》第 368 条增设的罪名。

在刑法修订研拟的过程中，"根据有些委员和军委法制局的意见，草案修改稿增加了'危害国防利益罪'一章。对以暴力、威胁方法阻碍军人依法执行职务，故意阻碍武装部队军事行动，破坏军事设施或者武器装备，明知是不合格的军事设施、武器装备而提供给武装部队，聚众哄闹、冲击军事禁区和军事管理区，煽动军人逃离部队，在征兵工作中徇私舞弊，输送不合格兵员等 14 种危害国防利益的犯罪作了规定"。① 其中，1997 年的《刑法修订草案》（修改稿）第 362 条规定："以暴力、威胁方法阻碍军人依法执行职务的，处三年以下有期徒刑、拘役或者管制。故意阻碍武装部队军事行动，造成严重后果的，处五年以下有期徒刑或者拘役。"1997 年《刑法》第 368 条基本上沿用了上述规定，仅在第 1 款中增加了"罚金"这一刑种。

【立法规定】

《刑法》第 368 条规定："以暴力、威胁方法阻碍军人依法执行职务的，处三年以下有期徒刑、拘役、管制或者罚金。故意阻碍武装部队军事行动，造成严重后果的，处五年以下有期徒刑或者拘役。"

【立法释义】

目前，尚无与阻碍军人执行职务罪、阻碍军事行动罪相关的法律解释。

【立法建言】

建　议：删去《刑法》第 368 条第 1 款。

---

① 参见全国人大常委会副委员长王汉斌 1997 年 2 月 19 日在八届全国人大常委会第二十四次上所作的《关于〈中华人民共和国刑法（修订草案）〉修改意见的汇报》。

理　由：

从刑法理论上看，《刑法》第 368 条第 1 款规定的阻碍军人执行职务罪与第 277 条第 1 款规定的妨害公务罪之间存在法条竞合关系。所以，对阻碍军人执行职务的，应以阻碍军人执行职务罪论处。① 但是，由于上述特别法条与普通法条所规定的法定刑完全相同，因此，从立法论上而言，《刑法》第 368 条第 1 款的规定是完全没有必要的。②

二、破坏武器装备、军事设备、军事通信罪、过失损坏武器装备、军事设备、军事通信罪（第 369 条）

【立法沿革】

破坏武器装备、军事设备、军事通信罪是在 1981 年《中华人民共和国军人违反职责罪暂行条例》（以下简称《军职罪条例》）第 12 条规定的破坏武器装备、军事设施罪的基础上修改而来的，并经《刑法修正案（五）》第 3 条所修正；而过失损坏武器装备、军事设备、军事通信罪则是《刑法修正案（五）》第 3 条新增设的罪名。

早在 1981 年 6 月 10 日，全国人大常委会通过的《军职罪条例》第 12 条就规定了破坏武器装备、军事设施罪："破坏武器装备或者军事设施的，处三年以下有期徒刑或者拘役；破坏重要武器装备或者重要军事设施的，处三年以上十年以下有期徒刑；情节特别严重的，处十年以上有期徒刑、无期徒刑或者死刑。战时从重处罚。"③

在刑法修订研拟的过程中，1996 年的《刑法修订草案》（征求意见稿）第 389 条直接移植了上述规定。④ 到了 1997 年，《刑法修订草案》（修改稿）将其移入新增的"危害国防利益罪"一章中，并增加了破坏"军事通信"的情形。该草案第 363 条规定："破坏武器装备、军事设施或者破坏军事通信的，处三年以下有期徒刑、拘役或者管制；破坏重要武器装备、军事设施、军事通信的，处三年以上十年以下有期徒刑；情节特别严重的，处十年以上有期徒刑、无期徒刑或者死刑。战时从重处罚。"1997 年修订的《刑法》第 369 条基本上沿用了上述规定，仅将其中"破坏武器装备、军事设施或者破坏军事通信"的表述修改为"破坏武器装备、军事设施、军事通信"。

1997 年修订的《刑法》第 369 条规定："破坏武器装备、军事设施、军事通信的，处三年以下有期徒刑、拘役或者管制；破坏重要武器装备、军事设施、军事通信的，处三年以上十年以下有期徒刑；情节特别严重的，处十年以上有期徒刑、无期徒刑或者死刑。战时从重处罚。"

---

① 参见苏惠渔主编：《刑法学》（修订版），中国政法大学出版社 1997 年版，第 825 页。
② 参见张明楷：《刑法分则的解释原理》（下），中国人民大学出版社 2011 年版，第 708 页。
③ 根据《军职罪条例》第 2 条和第 25 条的规定，军人违反职责罪的主体是现役军人和军内在编职工。
④ 该条归属于 1996 年的《刑法修订草案》（征求意见稿）分则第九章"军人违反职责罪"。

1997 年《刑法》施行后，鉴于"近年来一些地方在生产建设过程中野蛮施工、违章作业，致使军事通信光缆等通信设施遭到破坏的情况比较突出，严重危及到国家的军事设施和军事通信的安全"。① 因此，《刑法修正案（五）》第 3 条增设了过失损坏武器装备、军事设备、军事通信罪："过失犯前款罪，造成严重后果的，处三年以下有期徒刑或者拘役；造成特别严重后果的，处三年以上七年以下有期徒刑。"相应地，将原"战时从重处罚"的规定修改为"战时犯前两款罪的，从重处罚"，作为该条的第 3 款。

【立法规定】

《刑法》第 369 条规定："破坏武器装备、军事设施、军事通信的，处三年以下有期徒刑、拘役或者管制；破坏重要武器装备、军事设施、军事通信的，处三年以上十年以下有期徒刑；情节特别严重的，处十年以上有期徒刑、无期徒刑或者死刑。过失犯前款罪，造成严重后果的，处三年以下有期徒刑或者拘役；造成特别严重后果的，处三年以上七年以下有期徒刑。战时犯前两款罪的，从重处罚。"

【立法释义】

最高人民法院 2007 年 6 月 26 日发布的《关于审理危害军事通信刑事案件具体应用法律若干问题的解释》第 1 条规定："故意实施损毁军事通信线路、设备，破坏军事通信计算机信息系统，干扰、侵占军事通信电磁频谱等行为的，依照刑法第三百六十九条第一款的规定，以破坏军事通信罪定罪，处三年以下有期徒刑、拘役或者管制；破坏重要军事通信的，处三年以上十年以下有期徒刑。"第 2 条规定："实施破坏军事通信行为，具有下列情形之一的，属于刑法第三百六十九条第一款规定的'情节特别严重'，以破坏军事通信罪定罪，处十年以上有期徒刑、无期徒刑或者死刑：（一）造成重要军事通信中断或者严重障碍，严重影响部队完成作战任务或者致使部队在作战中遭受损失的；（二）造成部队执行抢险救灾、军事演习或者处置突发性事件等任务的通信中断或者严重障碍，并因此贻误部队行动，致使死亡 3 人以上、重伤 10 人以上或者财产损失 100 万元以上的；（三）破坏重要军事通信三次以上的；（四）其他情节特别严重的情形。"第 3 条规定："过失损坏军事通信，造成重要军事通信中断或者严重障碍的，属于刑法第三百六十九条第二款规定的'造成严重后果'，以过失损坏军事通信罪定罪，处三年以下有期徒刑或者拘役。"第 4 条规定："过失损坏军事通信，具有下列情形之一的，属于刑法第三百六十九条第二款规定的'造成特别严重后果'，以过失损坏军事通信罪定罪，处三年以上七年以下有期徒刑：（一）造成重要军事通信中断或者严重障碍，严重影响部队完成作战任务或者致使部队在

---

① 参见全国人大常委会法制工作委员会主任胡康生 2004 年 10 月 22 日在十届全国人大常委会第十二次会议上所作的《关于〈中华人民共和国刑法修正案（五）（草案）〉的说明》。

作战中遭受损失的；（二）造成部队执行抢险救灾、军事演习或者处置突发性事件等任务的通信中断或者严重障碍，并因此贻误部队行动，致使死亡 3 人以上、重伤 10 人以上或者财产损失 100 万元以上的；（三）其他后果特别严重的情形。"第 5 条规定："建设、施工单位直接负责的主管人员、施工管理人员，明知是军事通信线路、设备而指使、强令、纵容他人予以损毁的，或者不听管护人员劝阻，指使、强令、纵容他人违章作业，造成军事通信线路、设备损毁的，以破坏军事通信罪定罪处罚。建设、施工单位直接负责的主管人员、施工管理人员，忽视军事通信线路、设备保护标志，指使、纵容他人违章作业，致使军事通信线路、设备损毁，构成犯罪的，以过失损坏军事通信罪定罪处罚。"第 6 条规定："破坏、过失损坏军事通信，并造成公用电信设施损毁，危害公共安全，同时构成刑法第一百二十四条和第三百六十九条规定的犯罪的，依照处罚较重的规定定罪处罚。盗窃军事通信线路、设备，不构成盗窃罪，但破坏军事通信的，依照刑法第三百六十九条第一款的规定定罪处罚；同时构成刑法第一百二十四条、第二百六十四条和第三百六十九条第一款规定的犯罪的，依照处罚较重的规定定罪处罚。违反国家规定，侵入国防建设、尖端科学技术领域的军事通信计算机信息系统，尚未对军事通信造成破坏的，依照刑法第二百八十五条的规定定罪处罚；对军事通信造成破坏，同时构成刑法第二百八十五条、第二百八十六条、第三百六十九条第一款规定的犯罪的，依照处罚较重的规定定罪处罚。违反国家规定，擅自设置、使用无线电台、站，或者擅自占用频率，经责令停止使用后拒不停止使用，干扰无线电通讯正常进行，构成犯罪的，依照刑法第二百八十八条的规定定罪处罚；造成军事通信中断或者严重障碍，同时构成刑法第二百八十八条、第三百六十九条第一款规定的犯罪的，依照处罚较重的规定定罪处罚。"第 7 条规定："本解释所称'重要军事通信'，是指军事首脑机关及重要指挥中心的通信，部队作战中的通信，等级战备通信，飞行航行训练、抢险救灾、军事演习或者处置突发性事件中的通信，以及执行试飞试航、武器装备科研试验或者远洋航行等重要军事任务中的通信。本解释所称军事通信的具体范围、通信中断和严重障碍的标准，参照中国人民解放军通信主管部门的有关规定确定。"

【立法建言】

建议一： 将《刑法》第 369 条修改为："破坏武器装备、军事设施、军事通信的，处三年以下有期徒刑、拘役或者管制，可以并处或者单处罚金；破坏重要武器装备、军事设施、军事通信的，处三年以上十年以下有期徒刑，可以并处罚金；情节特别严重的，处十年以上有期徒刑、无期徒刑或者死刑，可以并处罚金或者没收财产。过失犯前款罪，造成严重后果的，处三年以下有期徒刑、拘役、管制或者罚金；造成特别严重后果的，处三年以上七年以下有期徒刑。战时犯前两款罪的，从重处罚。"

理　由：

1. 从司法实践的角度来看，宜在《刑法》第 369 条第 1 款中增加规定财产刑。因为，"破坏武器装备、军事设施、军事通信"的行为，既可能是为了非法牟利，盗割国防通讯线路，[①] 也可能是以营利为目的，非法占用军事设施。[②] 对于具有贪利性质的破坏武器装备、军事设施、军事通信行为而言，对其适用财产刑正是"罚当其罪"，可以防止犯罪分子从中得到经济上的好处。

2. 从立法技术的角度来看，宜在《刑法》第 369 条第 2 款的法定刑中增加"管制"和"罚金"的规定，以与第 1 款的处刑规定以及《刑法》的其他管制和罚金规定相一致。

建议二：在《刑法》第 369 条中增加 1 款作为第 4 款："单位犯第一款、第二款罪的，对单位判处罚金，并对其直接负责的主管人员和其他直接责任人员，依照各该款的规定处罚。"

理　由：

从司法实践来看，单位实施上述犯罪的情况时有发生，并且，"在生产建设过程中野蛮施工、违章作业，致使军事通信光缆等通信设施遭到破坏的情况比较突出"[③]。为惩治单位实施的上述犯罪，最高人民法院《关于审理危害军事通信刑事案件具体应用法律若干问题的解释》第 5 条规定："建设、施工单位直接负责的主管人员、施工管理人员，明知是军事通信线路、设备而指使、强令、纵容他人予以损毁的，或者不听管护人员劝阻，指使、强令、纵容他人违章作业，造成军事通信线路、设备损毁的，以破坏军事通信罪定罪处罚。建设、施工单位直接负责的主管人员、施工管理人员，忽视军事通信线路、设备保护标志，指使、纵容他人违章作业，致使军事通信线路、设备损毁，构成犯罪的，以过失损坏军事通信罪定罪处罚。"然而，上述规定仅仅是权宜之计策，要从根本上解决上述问题，还有赖于在立法上增加单位犯罪的规定。

---

① 例如，1990 年广西贵港市防城乡农民雷某，伙同他人两次盗割国防通讯铜线 6400 米，价值 1.3 万元，致使我军某部机场被迫关闭 5 天，使该部 120 小时的飞行计划无法实施，直接影响战略巡航和 200 架次的飞行训练（参见《法制日报》1991 年 10 月 7 日报道）。

② 例如，兵器工业总公司所属的 203 研究所和西安昆仑机械厂（803 厂）设在秦岭北麓的两处试验靶场，从 1992 年起被少数人非法占有开办乡镇、个体企业，使重要军品试验受到严重影响，有些试验项目被迫取消。仅昆仑机械厂南山靶场，从 1992 年 11 月到 1993 年 11 月，先后被阻扰靶场火炮试验 35 次，耽误试验时间 418 小时（参见中央军委法制局、中国人民解放军军事法院："《危害国防罪（试拟稿）条文设置依据》（1997 年 1 月 14 日）"，见高铭暄、赵秉志编：《新中国刑法立法文献资料总览》（下），中国人民公安大学出版社 1998 年版，第 2869 页）。

③ 参见全国人大常委会法制工作委员会主任胡康生 2004 年 10 月 22 日在十届全国人大常委会第十二次会议上所作的《关于〈中华人民共和国刑法修正案（五）（草案）〉的说明》。

三、故意提供不合格武器装备、军事设施罪、过失提供不合格武器装备、军事设施罪（第 370 条）

【立法沿革】

故意提供不合格武器装备、军事设施罪、过失提供不合格武器装备、军事设施罪是 1997 年《刑法》第 370 条增设的罪名。

军工产品是国家重要的国防物资。为了确保军工产品的质量，国务院、中央军委 1987 年 6 月 5 日批准的《军工产品质量管理条例》第 63 条规定："对违反本条例规定，产品质量不符合标准，以致造成重大责任事故的，由有关部门追究责任人员的行政责任；构成犯罪的，由司法机关依法追究责任人员的刑事责任。"

在刑法修订研拟的过程中，1996 年的《刑法修订草案》（征求意见稿）将上述规定的精神吸收到了"军人违反职责罪"一章，并增设了故意提供不合格武器装备、军事设施、军用物资罪和过失提供不合格武器装备、军事设施、军用物资罪。该草案第 388 条规定："故意将不合格的武器装备、军事设施、军用物资提供给部队的，处五年以下有期徒刑或者拘役；情节严重的，处五年以上十年以下有期徒刑；情节特别严重的，处十年以上有期徒刑、无期徒刑或者死刑。过失犯前款罪，造成严重后果的，处五年以下有期徒刑或者拘役；情节特别严重的，处五年以上十年以下有期徒刑。战时犯前两款罪的，从重处罚。"到了 1997 年，《刑法修订草案》（修改稿）第 364 条将其移入新增的"危害国防利益罪"一章中，并对其作了较大的修改和补充：一是在犯罪对象方面，删去了"军用物资"的内容；二是在犯罪主体方面，增加了第 3 款单位犯罪的规定；[①] 三是在量刑幅度方面，降低了过失犯的法定刑；四是在量刑情节方面，删去了原第 3 款"战时犯前两款罪的，从重处罚"的规定。修改后的条文为："明知是不合格的武器装备、军事设施而提供给武装部队的，处五年以下有期徒刑或者拘役；情节严重的，处五年以上十年以下有期徒刑；情节特别严重的，处十年以上有期徒刑、无期徒刑或者死刑。过失犯前款罪，造成严重后果的，处三年以下有期徒刑、拘役或者管制；造成特别严重后果的，处三年以上七年以下有期徒刑。单位犯第一款罪的，对单位判处罚金，并对其直接负责的主管人员和其他直接责任人员，依照第一款的规定处罚。"1997 年 3 月 1 日，提交给八届全国人大五次会议审议的《中华人民共和国刑法（修订草案）》第 367 条基本上沿用了上述规定，仅删去了第 2 款第 1 档法定刑中的"管制"。这一修改方案，为现

---

① 早在 1997 年 1 月 6 日，中央军委法制局、中国人民解放军军事法院草拟的《危害国防罪（试拟稿）》就对本罪设置了单位犯罪的条款（参见高铭暄、赵秉志编：《新中国刑法立法文献资料总览》（下），中国人民公安大学出版社 1998 年版，第 2858 页）。

行刑法所采纳。

【立法规定】

《刑法》第370条规定："明知是不合格的武器装备、军事设施而提供给武装部队的，处五年以下有期徒刑或者拘役；情节严重的，处五年以上十年以下有期徒刑；情节特别严重的，处十年以上有期徒刑、无期徒刑或者死刑。过失犯前款罪，造成严重后果的，处三年以下有期徒刑或者拘役；造成特别严重后果的，处三年以上七年以下有期徒刑。单位犯第一款罪的，对单位判处罚金，并对其直接负责的主管人员和其他直接责任人员，依照第一款的规定处罚。"

【立法释义】

最高人民检察院、公安部2008年6月25日发布的《关于公安机关管辖的刑事案件立案追诉标准的规定（一）》第87条规定："明知是不合格的武器装备、军事设施而提供给武装部队，涉嫌下列情形之一的，应予立案追诉：（一）造成人员轻伤以上的；（二）造成直接经济损失十万元以上的；（三）提供不合格的枪支三支以上、子弹一百发以上、雷管五百枚以上、炸药五千克以上或者其他重要武器装备、军事设施的；（四）影响作战、演习、抢险救灾等重大任务完成的；（五）发生在战时的；（六）其他故意提供不合格武器装备、军事设施应予追究刑事责任的情形。"第88条规定："过失提供不合格武器装备、军事设施给武装部队，涉嫌下列情形之一的，应予立案追诉：（一）造成死亡一人或者重伤三人以上的；（二）造成直接经济损失三十万元以上的；（三）严重影响作战、演习、抢险救灾等重大任务完成的；（四）其他造成严重后果的情形。"

【立法建言】

建　议：将《刑法》第370条修改为："明知是不合格的武器装备、军事设施而提供给武装部队的，处五年以下有期徒刑、拘役或者管制，可以并处或者单处罚金；情节严重的，处五年以上十年以下有期徒刑，并处罚金；情节特别严重的，处十年以上有期徒刑、无期徒刑或者死刑，并处罚金或者没收财产。过失犯前款罪，造成严重后果的，处三年以下有期徒刑、拘役、管制或者罚金；造成特别严重后果的，处三年以上七年以下有期徒刑。单位犯前两款罪的，对单位判处罚金，并对其直接负责的主管人员和其他直接责任人员，依照各该款的规定处罚。"

理　由：

1. 从司法实践的角度来看，宜在《刑法》第370条第1款中增加规定财产刑。因为，故意提供不合格武器装备、军事设施罪属于贪利性犯罪，对其适用财产刑正是"罚当其罪"，可以防止犯罪分子从中得到经济上的好处。

2. 从立法技术的角度来看，宜在《刑法》第370条第1款第1档法定刑中增加"管制"的规定，并在第 2 款第 1 档法定刑中增加"管制"和"罚金"的规定，以与《刑法》的其他管制和罚金规定相一致。

3. 从单位犯罪的角度来看，宜将《刑法》第 370 条第 3 款中的"单位犯第一款罪"改为"单位犯前两款罪"。因为，尽管刑法学界仍有学者否认单位过失犯罪，[①] 但是，单位过失犯罪的现象却是客观存在的，且现行刑法分则中也明文规定了单位过失犯罪。[②] 正因如此，大多数学者均对单位过失犯罪持肯定的态度。[③]

四、聚众冲击军事禁区罪、聚众扰乱军事管理区秩序罪（第 371 条）

【立法沿革】

聚众冲击军事禁区罪、聚众扰乱军事管理区秩序罪是在 1990 年《中华人民共和国军事设施保护法》（以下简称《军事设施保护法》）第 33 条规定的基础上修改而来的。

全国人大常委会 1990 年 2 月 23 日通过的《军事设施保护法》第 33 条规定："扰乱军事禁区、军事管理区的管理秩序，情节严重的，对首要分子和直接责任人员比照刑法第一百五十八条的规定追究刑事责任；[④] 情节轻微，尚不够刑事处罚的，比照治安管理处罚条例第十九条的规定处罚。"

在刑法修订研拟的过程中，1997 年的《刑法修订草案》（修改稿）第 365 条将上述"比照"刑法追究刑事责任的规定，修改为刑法的具体条款："聚众哄闹、冲击军事禁区和军事管理区，严重扰乱军事禁区和军事管理区秩序，致使军事单位工作无法进行的，对首要分子，处七年以上有期徒刑；其他积极参加的，处七年以下有期徒刑、拘役、管制或者剥夺政治权利。"1997 年 3 月 1 日，提交给八届全国人大五次会议审议的《中华人民共和国刑法（修订草案）》第 368 条在上述规定的基础上，作了两方面的修改：一是在入罪门槛方面，增加了"造成严重损失"的限制；二是在刑罚配置方面，调整了量刑幅度。修改后的条文为："聚众哄闹、冲击军事禁区和军事管理区，严重扰乱军事禁区和军事管理区秩序，致使军事单位工作无法进行，造成严重损失的，对首要分子，处五年以上十年以下有期徒刑；其他积极参加的，处五年以下有期徒刑、拘役、管制或者剥夺政治权利。"考虑到聚众冲击军事禁区的行为更为严重，因此，1997 年《刑法》第 371 条将聚众冲击

---

① 参见高西江主编：《中华人民共和国刑法的修订与适用》，中国方正出版社 1997 年版，第 156 页；丁慕英等主编：《刑法实施中的重点难点问题研究》，法律出版社 1998 年版，第 314 页。

② 例如，《刑法》第 330 条规定的妨害传染病防治罪、第 332 条规定的妨害国境卫生检疫罪、第 334 条第 2 款规定的采集、供应血液、制作、供应血液制品事故罪、第 337 条规定的妨害动植物防疫、检疫罪等。

③ 参见黎宏：《刑法总论问题思考》，中国人民大学出版社 2007 年版，第 221～222 页；高铭暄、马克昌主编：《刑法学》，北京大学出版社、高等教育出版社 2011 年版，第 102 页。

④ 1979 年《刑法》第 158 条规定的是扰乱社会秩序罪。

军事禁区的行为与聚众扰乱军事管理区秩序的行为分款加以规定，并配置了轻重不同的法定刑。

【立法规定】

《刑法》第 371 条规定："聚众冲击军事禁区，严重扰乱军事禁区秩序的，对首要分子，处五年以上十年以下有期徒刑；对其他积极参加的，处五年以下有期徒刑、拘役、管制或者剥夺政治权利。聚众扰乱军事管理区秩序，情节严重，致使军事管理区工作无法进行，造成严重损失的，对首要分子，处三年以上七年以下有期徒刑；对其他积极参加的，处三年以下有期徒刑、拘役、管制或者剥夺政治权利。"

【立法释义】

最高人民检察院、公安部 2008 年 6 月 25 日发布的《关于公安机关管辖的刑事案件立案追诉标准的规定（一）》第 89 条规定："组织、策划、指挥聚众冲击军事禁区或者积极参加聚众冲击军事禁区，严重扰乱军事禁区秩序，涉嫌下列情形之一的，应予立案追诉：（一）冲击三次以上或者一次冲击持续时间较长的；（二）持械或者采取暴力手段冲击的；（三）冲击重要军事禁区的；（四）发生在战时的；（五）其他严重扰乱军事禁区秩序应予追究刑事责任的情形。"第 90 条规定："组织、策划、指挥聚众扰乱军事管理区秩序或者积极参加聚众扰乱军事管理区秩序，致使军事管理区工作无法进行，造成严重损失，涉嫌下列情形之一的，应予立案追诉：（一）造成人员轻伤以上的；（二）扰乱三次以上或者一次扰乱持续时间较长的；（三）造成直接经济损失五万元以上的；（四）持械或者采取暴力手段的；（五）扰乱重要军事管理区秩序的；（六）发生在战时的；（七）其他聚众扰乱军事管理区秩序应予追究刑事责任的情形。"

【立法建言】

建　议： 将《刑法》第 371 条修改为："聚众冲击军事禁区，严重扰乱军事禁区秩序的，对首要分子，处五年以上十年以下有期徒刑，可以并处罚金；对其他积极参加的，处五年以下有期徒刑、拘役、管制或者剥夺政治权利，可以并处或者单处罚金。聚众扰乱军事管理区秩序，情节严重，致使军事管理区工作无法进行，造成严重损失的，对首要分子，处三年以上七年以下有期徒刑，可以并处罚金；对其他积极参加的，处三年以下有期徒刑、拘役、管制或者剥夺政治权利，可以并处或者单处罚金。"

理　由：

从预防犯罪的角度来看，宜对《刑法》第 371 条规定之罪增加规定罚金刑，以利于剥夺犯罪分子再犯罪的能力。

五、冒充军人招摇撞骗罪（第 372 条）

【立法沿革】

冒充军人招摇撞骗罪是 1997 年《刑法》第 372 条增设的罪名。

1979 年《刑法》第 166 条规定的冒充国家工作人员招摇撞骗罪，涵盖了冒充军人招摇撞骗的行为。[①] 但是，在刑法修订研拟的过程中，有关部门提出，现行刑法将冒充现役军人进行招摇撞骗的行为包容在第 166 条冒充国家工作人员招摇撞骗罪中。这样处理，从犯罪的客观方面看有其一定的道理，但从犯罪性质和社会危害性来看，这样处理都不尽合理。因为这种犯罪侵害的主要是军人的威信和军队的正常活动。因此应当在危害国防罪中单独设立冒充军人罪。[②] 有鉴于此，1997 年的《刑法修订草案》（修改稿）第 366 条增设了冒充军人招摇撞骗罪："冒充军人招摇撞骗的，依照本法第二百七十七条的规定处罚。"[③] 考虑到上述援引法定刑的立法模式容易产生歧义，因此，1997 年《刑法》第 372 条将其修改为独立的法定刑。

【立法规定】

《刑法》第 372 条规定："冒充军人招摇撞骗的，处三年以下有期徒刑、拘役、管制或者剥夺政治权利；情节严重的，处三年以上十年以下有期徒刑。"

【立法释义】

最高人民法院、最高人民检察院 2011 年 7 月 20 日发布的《关于办理妨害武装部队制式服装、车辆号牌管理秩序等刑事案件具体应用法律若干问题的解释》第 6 条规定："实施刑法第三百七十五条规定的犯罪行为，同时又构成逃税、诈骗、冒充军人招摇撞骗等犯罪的，依照处罚较重的规定定罪处罚。"

【立法建言】

建　议：删去《刑法》第 372 条。

理　由：

从刑法理论上看，《刑法》第 372 条规定的冒充军人招摇撞骗罪与第 279 条第 1 款规定的招摇撞骗罪，是特别法条与普通法条的竞合关系。冒充军人招摇撞骗的，不适用《刑

[①] 1979 年《刑法》第 166 条规定："冒充国家工作人员招摇撞骗的，处三年以下有期徒刑、拘役、管制或者剥夺政治权利；情节严重的，处三年以上十年以下有期徒刑。"

[②] 参见中国人民解放军军事科学院军事研究部："《危害国防罪立法研究（征求意见稿）》（1994 年 9 月）"，见高铭暄、赵秉志编：《新中国刑法立法文献资料总览》（下），中国人民公安大学出版社 1998 年版，第 2842 页。

[③] 该草案第 277 条规定："冒充国家机关工作人员招摇撞骗的，处三年以下有期徒刑、拘役、管制或者剥夺政治权利；情节严重的，处三年以上十年以下有期徒刑。冒充人民警察招摇撞骗的，依照前款的规定从重处罚。"

法》第 279 条。[1] 但是，由于上述特别法条与普通法条所规定的法定刑完全相同，因此，从立法论上而言，《刑法》第 372 条的规定是多余的，完全没有必要。

六、煽动军人逃离部队罪、雇用逃离部队军人罪（第 373 条）

【立法沿革】

煽动军人逃离部队罪、雇用逃离部队军人罪是 1997 年《刑法》第 373 条增设的罪名。

在刑法修订研拟的过程中，1997 年的《刑法修订草案》（修改稿）第 367 条增设了煽动军人逃离部队罪和雇用逃离部队军人罪："煽动军人逃离部队或者明知是逃离部队的军人而雇用，情节严重的，处三年以下有期徒刑、拘役或者管制。"上述立法方案，为现行刑法所采纳。

【立法规定】

《刑法》第 373 条规定："煽动军人逃离部队或者明知是逃离部队的军人而雇用，情节严重的，处三年以下有期徒刑、拘役或者管制。"

【立法释义】

最高人民检察院、公安部 2008 年 6 月 25 日发布的《关于公安机关管辖的刑事案件立案追诉标准的规定（一）》第 91 条规定："煽动军人逃离部队，涉嫌下列情形之一的，应予立案追诉：（一）煽动三人以上逃离部队的；（二）煽动指挥人员、值班执勤人员或者其他负有重要职责人员逃离部队的；（三）影响重要军事任务完成的；（四）发生在战时的；（五）其他情节严重的情形。"第 92 条规定："明知是逃离部队的军人而雇用，涉嫌下列情形之一的，应予立案追诉：（一）雇用一人六个月以上的；（二）雇用三人以上的；（三）明知是逃离部队的指挥人员、值班执勤人员或者其他负有重要职责人员而雇用的；（四）阻碍部队将被雇用军人带回的；（五）其他情节严重的情形。"

【立法建言】

建 议： 将《刑法》第 373 条修改为："煽动军人逃离部队或者明知是逃离部队的军人而雇用，情节严重的，处三年以下有期徒刑、拘役或者管制，可以并处或者单处罚金。"

理 由：

从现实情况来看，《刑法》第 373 条规定之罪可能具有贪利的动机，因此，宜对其增加规定罚金刑，以防犯罪分子从中得到经济上的好处。

---

[1] 参见张明楷：《刑法学》，法律出版社 2011 年版，第 1039 页。

七、接送不合格兵员罪（第 374 条）

【立法沿革】

接送不合格兵员罪是 1997 年《刑法》第 374 条增设的罪名。

在刑法修订研拟的过程中，有关部门提出，"当前，征兵工作中出现两种现象：一种是有些应服兵役的人千方百计地逃避服兵役，另一种是有些不够条件的如有劣迹的人员，却千方百计地要到部队，以逃避制裁。之所以产生这种情况，与负责征兵的人员有密切的关系。个别征兵工作人员在征兵工作中营私舞弊，编造假情况，把一些本应服兵役的人员放过，而把一些有劣迹甚至是罪犯的人员征到部队中，给部队建设带来严重恶果。"① 有鉴于此，1997 年的《刑法修订草案》（修改稿）第 368 条增设了输送不合格兵员罪："在征兵工作中徇私舞弊，输送不合格兵员，情节严重的，处三年以下有期徒刑、拘役或者管制；造成特别严重后果的，处三年以上七年以下有期徒刑。"1997 年 3 月 1 日，提交给八届全国人大五次会议审议的《中华人民共和国刑法（修订草案)》第 371 条基本上沿用了上述规定，仅删去了第 1 档法定刑中的"管制"。1997 年《刑法》第 374 条在上述规定的基础上，又将"输送"一词改为"接送"，从而最终确立了接送不合格兵员罪的罪名。

【立法规定】

《刑法》第 374 条规定："在征兵工作中徇私舞弊，接送不合格兵员，情节严重的，处三年以下有期徒刑或者拘役；造成特别严重后果的，处三年以上七年以下有期徒刑。"

【立法释义】

最高人民检察院、公安部 2008 年 6 月 25 日发布的《关于公安机关管辖的刑事案件立案追诉标准的规定（一)》第 93 条规定："在征兵工作中徇私舞弊，接送不合格兵员，涉嫌下列情形之一的，应予立案追诉：（一）接送不合格特种条件兵员一名以上或者普通兵员三名以上的；（二）发生在战时的；（三）造成严重后果的；（四）其他情节严重的情形。"

【立法建言】

建 议： 将《刑法》第 374 条修改为："在征兵工作中徇私舞弊，接送不合格兵员，情节严重的，处三年以下有期徒刑、拘役或者管制，可以并处或者单处罚金；造成特别严重后果的，处三年以上七年以下有期徒刑，可以并处罚金。"

---

① 参见中国人民解放军军事科学院军事研究部："《危害国防罪立法研究（征求意见稿)》（1994 年 9 月)"，见高铭暄、赵秉志主编：《新中国刑法立法文献资料总览》（下），中国人民公安大学出版社 1998 年版，第 2848 页。

理　由：

1. 从立法技术上看，宜在本罪的第 1 档法定刑中增加"管制"的规定，以与《刑法》的其他管制规定相一致。

2. 从现实情况来看，征兵工作人员在征兵中之所以徇私舞弊，往往是出于贪财图利的动机，因此，宜对本罪增加规定罚金刑，以防犯罪分子从中得到经济上的好处。

八、伪造、变造、买卖武装部队公文、证件、印章罪、盗窃、抢夺武装部队公文、证件、印章罪、非法生产、买卖武装部队制式服装罪、伪造、盗窃、买卖、非法提供、非法使用武装部队专用标志罪（第 375 条）

【立法沿革】

伪造、变造、买卖武装部队公文、证件、印章罪、盗窃、抢夺武装部队公文、证件、印章罪、非法生产、买卖武装部队制式服装罪、伪造、盗窃、买卖、非法提供、非法使用武装部队专用标志罪是在 1997 年《刑法》第 375 条规定的伪造、变造、买卖武装部队公文、证件、印章罪、盗窃、抢夺武装部队公文、证件、印章罪和非法生产、买卖武装部队专用标志罪的基础上，经《刑法修正案（七）》第 12 条修正而来的。

在刑法修订研拟的过程中，1997 年的《刑法修订草案》（修改稿）第 369 条规定："伪造、变造、买卖或者盗窃、抢夺武装部队公文、证件、印章的，处三年以下有期徒刑、拘役、管制或者剥夺政治权利；情节严重的，处三年以上十年以下有期徒刑。非法制造、买卖武装部队制式服装、专用标志，情节严重的，处三年以下有期徒刑、拘役或者管制，可以并处或者单处罚金。单位犯前两款罪的，对单位判处罚金，并对其直接负责的主管人员和其他直接责任人员，依照前两款的规定处罚。"1997 年 3 月 1 日，提交给八届全国人大五次会议审议的《中华人民共和国刑法（修订草案)》第 372 条沿用了上述第 1 款的规定；对第 2 款的规定作了个别修改和调整，将其中"非法制造"的表述改为"非法生产"，同时删去了"可以并处或者单处罚金"中的"可以"一词；对第 3 款规定的单位犯罪的范围作了限制，将"单位犯前两款罪"改为"单位犯第二款罪"①。经审议，1997 年修订的《刑法》第 375 条基本上沿用了上述规定，仅在第 2 款中的"专用标志"之前增加了"车辆号牌等"的内容。

1997 年修订的《刑法》第 375 条规定："伪造、变造、买卖或者盗窃、抢夺武装部队公文、证件、印章的，处三年以下有期徒刑、拘役、管制或者剥夺政治权利；情节严重的，处三年以上十年以下有期徒刑。非法生产、买卖武装部队制式服装、车辆号牌等专用

---

① 该规定缩小了单位犯罪的成立范围，即单位只能构成非法生产、买卖武装部队制式服装、专用标志罪。

标志，情节严重的，处三年以下有期徒刑、拘役或者管制，并处或者单处罚金。单位犯第二款罪的，对单位判处罚金，并对其直接负责的主管人员和其他直接责任人员，依照该款的规定处罚。"

1997年《刑法》施行后，"中央军委法制局提出，近年来，盗窃、出租、非法使用军队车辆号牌的情况时有发生，扰乱社会管理秩序，损害军队形象和声誉，影响部队战备训练等工作的正常进行。对这类情节严重的行为，应当追究刑事责任。"① 因此，《刑法修正案（七）》第12条在《刑法》第375条中增加了第3款"伪造、盗窃、买卖或者非法提供、使用武装部队车辆号牌等专用标志，情节严重的，处三年以下有期徒刑、拘役或者管制，并处或者单处罚金；情节特别严重的，处三年以上七年以下有期徒刑，并处罚金"的规定。同时，相应将第2款修改为"非法生产、买卖武装部队制式服装，情节严重的，处三年以下有期徒刑、拘役或者管制，并处或者单处罚金②；将原第3款作为第4款，修改为"单位犯第二款、第三款罪的，对单位判处罚金，并对其直接负责的主管人员和其他直接责任人员，依照各该款的规定处罚"。

【立法规定】

《刑法》第375条规定："伪造、变造、买卖或者盗窃、抢夺武装部队公文、证件、印章的，处三年以下有期徒刑、拘役、管制或者剥夺政治权利；情节严重的，处三年以上十年以下有期徒刑。非法生产、买卖武装部队制式服装，情节严重的，处三年以下有期徒刑、拘役或者管制，并处或者单处罚金。伪造、盗窃、买卖或者非法提供、使用武装部队车辆号牌等专用标志，情节严重的，处三年以下有期徒刑、拘役或者管制，并处或者单处罚金；情节特别严重的，处三年以上七年以下有期徒刑，并处罚金。单位犯第二款、第三款罪的，对单位判处罚金，并对其直接负责的主管人员和其他直接责任人员，依照各该款的规定处罚。"

【立法释义】

最高人民检察院、公安部2008年6月25日发布的《关于公安机关管辖的刑事案件立案追诉标准的规定（一）》第94条规定："非法生产、买卖武装部队制式服装、车辆号牌等军用标志，涉嫌下列情形之一的，应予立案追诉：（一）成套制式服装三十套以上，或者非成套制式服装一百件以上的；（二）军徽、军旗、肩章、星徽、帽徽、军种符号或者其他军用标志单种或者合计一百件以上的；（三）军以上领导机关专用车辆号牌一副以上

---

① 参见全国人大常委会法制工作委员会主任李适时2008年8月25日在十一届全国人大常委会第四次会议上所作的《关于〈中华人民共和国刑法修正案（七）（草案）〉的说明》。

② 根据最高人民法院、最高人民检察院2009年10月14日发布的《关于执行〈中华人民共和国刑法〉确定罪名的补充规定（四）》的规定，本款规定的罪名相应改为非法生产、买卖武装部队制式服装罪。

或者其他军用车辆号牌三副以上的；（四）非法经营数额五千元以上，或者非法获利一千元以上的；（五）被他人利用进行违法犯罪活动的；（六）其他情节严重的情形。"

最高人民法院、最高人民检察院 2011 年 7 月 20 日发布的《关于办理妨害武装部队制式服装、车辆号牌管理秩序等刑事案件具体应用法律若干问题的解释》第 1 条规定："伪造、变造、买卖或者盗窃、抢夺武装部队公文、证件、印章，具有下列情形之一的，应当依照刑法第三百七十五条第一款的规定，以伪造、变造、买卖武装部队公文、证件、印章罪或者盗窃、抢夺武装部队公文、证件、印章罪定罪处罚：（一）伪造、变造、买卖或者盗窃、抢夺武装部队公文一件以上的；（二）伪造、变造、买卖或者盗窃、抢夺武装部队军官证、士兵证、车辆行驶证、车辆驾驶证或者其他证件二本以上的；（三）伪造、变造、买卖或者盗窃、抢夺武装部队机关印章、车辆牌证印章或者其他印章一枚以上的。实施前款规定的行为，数量达到第（一）至（三）项规定标准五倍以上或者造成严重后果的，应当认定为刑法第三百七十五条第一款规定的'情节严重'。"第 2 条规定："非法生产、买卖武装部队现行装备的制式服装，具有下列情形之一的，应当认定为刑法第三百七十五条第二款规定的'情节严重'，以非法生产、买卖武装部队制式服装罪定罪处罚：（一）非法生产、买卖成套制式服装三十套以上，或者非成套制式服装一百件以上的；（二）非法生产、买卖帽徽、领花、臂章等标志服饰合计一百件（副）以上的；（三）非法经营数额二万元以上的；（四）违法所得数额五千元以上的；（五）具有其他严重情节的。"第 3 条规定："伪造、盗窃、买卖或者非法提供、使用武装部队车辆号牌等专用标志，具有下列情形之一的，应当认定为刑法第三百七十五条第三款规定的'情节严重'，以伪造、盗窃、买卖、非法提供、非法使用武装部队专用标志罪定罪处罚：（一）伪造、盗窃、买卖或者非法提供、使用武装部队军以上领导机关车辆号牌一副以上或者其他车辆号牌三副以上的；（二）非法提供、使用军以上领导机关车辆号牌之外的其他车辆号牌累计六个月以上的；（三）伪造、盗窃、买卖或者非法提供、使用军徽、军旗、军种符号或者其他军用标志合计一百件（副）以上的；（四）造成严重后果或者恶劣影响的。实施前款规定的行为，具有下列情形之一的，应当认定为刑法第三百七十五条第三款规定的'情节特别严重'：（一）数量达到前款第（一）、（三）项规定标准五倍以上的；（二）非法提供、使用军以上领导机关车辆号牌累计六个月以上或者其他车辆号牌累计一年以上的；（三）造成特别严重后果或者特别恶劣影响的。"第 4 条规定："买卖、盗窃、抢夺伪造、变造的武装部队公文、证件、印章的，买卖仿制的现行装备的武装部队制式服装情节严重的，盗窃、买卖、提供、使用伪造、变造的武装部队车辆号牌等专用标志情节严重的，应当追究刑事责任。定罪量刑标准适用本解释第一至第三条的规定。"第 5 条规定："明知他人实施刑法第三百七十五条规定的犯罪行为，而为其生产、提供专用材料或者提供资金、账号、技术、生产经营场所等帮助的，以共犯论处。"第6条规定："实施刑法第三百七十五条规定的犯罪行为，同时又构成逃税、诈骗、冒充军人招摇撞骗等犯罪的，依照处罚较重的规定定罪处罚。"第7条规定："单位实施刑法第三百七十五条第二款、第三款规定的犯罪行为，对单位判处罚金，并对其直接负责的主管人员和其他直接责任人员，分别依照本解释的有关规定处罚。"

【立法建言】

建议一：删去《刑法》第375条第1款。

理　由：

从刑法理论上看，《刑法》第375条第1款"规定这两个罪的法条与刑法第280条是特别法条与普通法条的竞合关系，因此，只要是伪造、变造、买卖武装部队的公文、证件、印章，或者盗窃、抢夺武装部队的公文、证件、印章的，就认定为本罪，而不适用刑法第280条"。[1] 但是，由于1997年修订的《刑法》的上述特别法条与普通法条所规定的法定刑完全相同，因此，从立法论上而言，《刑法》第375条第1款的规定是完全没有必要的。[2] 何况，《刑法》第375条第1款不当地遗漏了"毁灭"行为，"而毁灭武装部队公文、证件、印章的行为具有可罚性，故对毁灭武装部队公文、证件、印章的行为，应适用刑法第280条，认定为毁灭国家机关公文、证件、印章罪"。[3] 更何况，《刑法修正案（九）》第22条还对第280条规定的犯罪增加了"并处罚金"的规定，从而使这一普通法条的法定刑重于特别法条。在这种情况下，如果仍然适用特别法条而排斥普通法条的适用，将导致明显罪刑失衡的结果；如果不适用特别法条而适用普通法条，又将导致特别法条失去存在的价值。面对司法适用两难的境地，最妥当的办法，就是果断删去这一特别规定。

建议二：将《刑法》第375条第2款、第3款修改为："非法生产、买卖武装部队制式服装，情节严重的，处三年以下有期徒刑、拘役或者管制，可以并处或者单处罚金。伪造、盗窃、买卖或者非法提供、使用武装部队车辆号牌等专用标志，情节严重的，处三年以下有期徒刑、拘役或者管制，可以并处或者单处罚金；情节特别严重的，处三年以上七年以下有期徒刑，并处罚金。"

理　由：

从立法技术上看，宜将《刑法》第375条第2款法定刑和第3款第1档法定刑中的"并处或者单处罚金"改为"可以并处或者单处罚金"，以与《刑法》的其他罚金规定相一致。

---

① 张明楷：《刑法学》，法律出版社2011年版，第1040页。

② 参见张明楷：《刑法分则的解释原理》（下），中国人民大学出版社2011年版，第708页。

③ 张明楷：《刑法学》，法律出版社2011年版，第1040页。

九、战时拒绝、逃避征召、军事训练罪、战时拒绝、逃避服役罪（第 376 条）

【立法沿革】

战时拒绝、逃避征召、军事训练罪是在 1984 年《中华人民共和国兵役法》（以下简称《兵役法》）第 61 条第 2 款规定的基础上修改而来的；而战时拒绝、逃避服役罪则是 1997 年《刑法》第 376 条第 2 款增设的罪名。

全国人大常委会 1984 年 5 月 31 日通过的《兵役法》第 61 条第 2 款规定："在战时，预备服役人员拒绝、逃避征召或者拒绝、逃避军事训练，情节严重的，比照《中华人民共和国惩治军人违反职责罪暂行条例》第六条第一款的规定处罚。"[①] 全国人大常委会 1995 年 5 月 10 日通过的《中华人民共和国预备役军官法》第 53 条第 2 款重申："在战时，预备役军官拒绝、逃避征召或者军事训练，情节严重的，依法追究刑事责任。"

在刑法修订研拟的过程中，1996 年的《刑法修订草案》（征求意见稿）在分则第九章"军人违反职责罪"中将上述"比照"刑法追究刑事责任的规定，改为刑法的具体条款。该草案第 384 条规定："预备服役人员战时拒绝、逃避征召或者拒绝、逃避军事训练，情节严重的，处三年以下有期徒刑。"到了 1997 年，《刑法修订草案》（修改稿）将上述规定移入新增的"危害国防利益罪"一章，作为第 370 条第 1 款，并增加了"拘役"的规定；同时，还在该条第 2 款中增设了战时拒绝、逃避服役罪。该草案第 370 条规定："预备役人员战时拒绝、逃避征召或者军事训练，情节严重的，处三年以下有期徒刑或者拘役。应征公民战时拒绝、逃避服役，情节严重的，处二年以下有期徒刑或者拘役。"1997 年《刑法》第 376 条基本上沿用了上述规定，仅在文字表述上将"应征公民"改为"公民"。

【立法规定】

《刑法》第 376 条规定："预备役人员战时拒绝、逃避征召或者军事训练，情节严重的，处三年以下有期徒刑或者拘役。公民战时拒绝、逃避服役，情节严重的，处二年以下有期徒刑或者拘役。"

【立法释义】

最高人民检察院、公安部 2008 年 6 月 25 日发布的《关于公安机关管辖的刑事案件立案追诉标准的规定（一）》第 95 条规定："预备役人员战时拒绝、逃避征召或者军事训练，涉嫌下列情形之一的，应予立案追诉：（一）无正当理由经教育仍拒绝、逃避征召或

[①] 《军职罪条例》第 6 条第 1 款规定："违反兵役法规，逃离部队，情节严重的，处三年以下有期徒刑或者拘役。"

者军事训练的；（二）以暴力、威胁、欺骗等手段，或者采取自伤、自残等方式拒绝、逃避征召或者军事训练的；（三）联络、煽动他人共同拒绝、逃避征召或者军事训练的；（四）其他情节严重的情形。"第 96 条规定："公民战时拒绝、逃避服役，涉嫌下列情形之一的，应予立案追诉：（一）无正当理由经教育仍拒绝、逃避服役的；（二）以暴力、威胁、欺骗等手段，或者采取自伤、自残等方式拒绝、逃避服役的；（三）联络、煽动他人共同拒绝、逃避服役的；（四）其他情节严重的情形。"

【立法建言】

建　议：将《刑法》第 376 条修改为："预备役人员战时拒绝、逃避征召或者军事训练，情节严重的，处三年以下有期徒刑、拘役或者管制。公民战时拒绝、逃避服役，情节严重的，处二年以下有期徒刑、拘役或者管制。"

理　由：

从立法技术上看，宜在《刑法》第 376 条第 1 款、第 2 款的法定刑中增加"管制"的规定，以与《刑法》第 378 条的处刑规定相协调。

十、战时故意提供虚假敌情罪（第 377 条）

【立法沿革】

战时故意提供虚假敌情罪是 1997 年《刑法》第 377 条增设的罪名。

战时故意提供虚假敌情罪，最早见之于 1997 年的《刑法修订草案》（修改稿）。该草案第 371 条规定："战时故意向武装部队提供虚假敌情，造成严重后果的，处三年以上十年以下有期徒刑；造成特别严重后果的，处十年以上有期徒刑或者无期徒刑。"这一立法方案，为现行刑法所采纳。

【立法规定】

《刑法》第 377 条规定："战时故意向武装部队提供虚假敌情，造成严重后果的，处三年以上十年以下有期徒刑；造成特别严重后果的，处十年以上有期徒刑或者无期徒刑。"

【立法释义】

目前，尚无与战时故意提供虚假敌情罪相关的法律解释。

【立法建言】

建　议：将《刑法》第 377 条修改为："战时故意向武装部队提供虚假敌情的，从三年以下有期徒刑、拘役或者管制；造成严重后果的，处三年以上十年以下有期徒刑；造成特别严重后果的，处十年以上有期徒刑或者无期徒刑。"

理　由：

从严密法网的角度来看，宜在《刑法》第 377 条中增加 1 档法定刑，以堵塞本不应该出现的漏洞。正如有学者指出，"战时故意向武装部队提供虚假敌情，虽未造成严重后果，但其危险包括行为人的人身危险性和引起严重结果发生的客观危险已足够作出罪刑规定，即对战时故意向武装部队提供虚假敌情虽未造成严重后果的，也应予以治罪配刑，或曰对战时故意向武装部队提供虚假敌情而未造成严重后果予以治罪配刑是正当的和必要的"。①

十一、战时造谣扰乱军心罪（第 378 条）

【立法沿革】

战时造谣扰乱军心罪是 1997 年《刑法》第 378 条增设的罪名。

在刑法修订研拟的过程中，考虑到非军人也可实施战时造谣惑众，扰乱军心的行为，②因此，1997 年的《刑法修订草案》（修改稿）第 372 条增设了战时造谣扰乱军心罪："战时造谣惑众，扰乱军心的，处三年以下有期徒刑或者拘役；情节严重的，处三年以上十年以下有期徒刑。" 1997 年 3 月 1 日，提交给八届全国人大五次会议审议的《中华人民共和国刑法（修订草案)》第 375 条在上述规定的基础上，在第 1 档法定刑中增加了"管制"的规定。这一修改方案，为现行刑法所采纳。

【立法规定】

《刑法》第 378 条规定："战时造谣惑众，扰乱军心的，处三年以下有期徒刑、拘役或者管制；情节严重的，处三年以上十年以下有期徒刑。"

【立法释义】

目前，尚无与战时造谣扰乱军心罪相关的法律解释。

【立法建言】

建　议：将《刑法》第 378 条修改为："战时造谣惑众，扰乱军心的，处三年以下有期徒刑、拘役或者管制；情节严重的，处三年以上十年以下有期徒刑；情节特别严重的，处十年以上有期徒刑或者无期徒刑。"

理　由：

从社会危害性来看，战时造谣扰乱军心罪的社会危害性，丝毫不亚于《刑法》第 291 条之一规定的编造、故意传播虚假恐怖信息罪。但是，本罪所规定的法定最高刑却明显低于后者。考虑到战时造谣惑众，扰乱军心的行为危害极大，因此，宜适当提高本罪的法定

① 马荣春：《刑法完善论》，群众出版社 2008 年版，第 414 页。
② 《军职罪条例》第 14 条规定了战时造谣惑众罪。

刑，以体现罪刑相适应原则。

十二、战时窝藏逃离部队军人罪（第 379 条）

【立法沿革】

战时窝藏逃离部队军人罪是 1997 年《刑法》第 379 条增设的罪名。

在刑法修订研拟的过程中，有关部门提出，"现役军人脱离部队逃跑的现象，现在比较严重，边远部队更为严重。① 而军人逃跑回家后，被家庭或社会上有关人员窝藏、并帮助其逃跑，给部队缉拿逃兵造成困难。致使逃兵现象愈演愈烈，严重地破坏了兵役制度的实施，干扰了部队的管理秩序。现行刑法没有把这种行为规定为犯罪，但从这种行为的社会危害性来看，应当设立本罪"。② 据此，1997 年的《刑法修订草案》（修改稿）将窝藏逃离部队军人的行为规定为犯罪，但作了"战时"的限制。该草案第 373 条规定："战时明知是逃离部队的军人而为其提供隐蔽处所、财物，情节严重的，处三年以下有期徒刑或者拘役。"这一立法方案，为现行刑法所采纳。

【立法规定】

《刑法》第 379 条规定："战时明知是逃离部队的军人而为其提供隐蔽处所、财物，情节严重的，处三年以下有期徒刑或者拘役。"

【立法释义】

最高人民检察院、公安部 2008 年 6 月 25 日发布的《关于公安机关管辖的刑事案件立案追诉标准的规定（一）》第 97 条规定："战时明知是逃离部队的军人而为其提供隐蔽处所、财物，涉嫌下列情形之一的，应予立案追诉：（一）窝藏三人次以上的；（二）明知是指挥人员、值班执勤人员或者其他负有重要职责人员而窝藏的；（三）有关部门查找时拒不交出的；（四）其他情节严重的情形。"

【立法建言】

建　议：将《刑法》第 379 条修改为："战时明知是逃离部队的军人而为其提供隐蔽处所、财物，情节严重的，处三年以下有期徒刑、拘役或者管制；情节特别严重的，处三年以上十年以下有期徒刑。"

理　由：

1. 从立法技术的角度来看，宜在本罪的法定刑中增加"管制"的规定，以与《刑法》

---

① 《军职罪条例》第 6 条规定了逃离部队罪。

② 参见中国人民解放军军事科学院军事研究部："《危害国防罪立法研究（征求意见稿）》（1994 年 9 月）"，见高铭暄、赵秉志编：《新中国刑法立法文献资料总览》（下），中国人民公安大学出版社 1998 年版，第 2844 页。

第 378 条的处刑规定相协调。

2. 从社会危害的角度来看，宜在本罪中增加"情节特别严重"1 档法定刑。因为，战时窝藏逃离部队军人罪的社会危害性，并不亚于《刑法》第 310 条规定的窝藏罪。但是，本罪所规定的法定最高刑却大大低于后者。因此，有必要对本罪增加 1 档法定刑，以体现罪刑相适应原则。

十三、战时拒绝、故意延误军事订货罪（第 380 条）

【立法沿革】

战时拒绝、故意延误军事订货罪是 1997 年《刑法》第 380 条增设的罪名。

在刑法修订研拟的过程中，有关部门提出，"随着市场经济的发展，有些企业事业单位觉得接受军事订货的比较利益太少，拒绝承担或千方百计逃避承担，严重威胁军队的生存条件。现行刑法没有把这种行为规定为犯罪，因此设立本罪是非常必要的。外国大部分国家也都把这种行为规定为犯罪"。[①] 有鉴于此，1997 年的《刑法修订草案》（修改稿）将拒绝、故意延误军事订货的行为规定为犯罪，但作了"战时"的限制。该草案第 374 条规定："战时拒绝或者故意延误军事订货，情节严重的，对单位判处罚金，并对其直接负责的主管人员和其他直接责任人员，处五年以下有期徒刑或者拘役；造成严重后果的，处五年以上有期徒刑。"这一立法方案，为现行刑法所采纳。

【立法规定】

《刑法》第 380 条规定："战时拒绝或者故意延误军事订货，情节严重的，对单位判处罚金，并对其直接负责的主管人员和其他直接责任人员，处五年以下有期徒刑或者拘役；造成严重后果的，处五年以上有期徒刑。"

【立法释义】

最高人民检察院、公安部 2008 年 6 月 25 日发布的《关于公安机关管辖的刑事案件立案追诉标准的规定（一）》第 98 条规定："战时拒绝或者故意延误军事订货，涉嫌下列情形之一的，应予立案追诉：（一）拒绝或者故意延误军事订货三次以上的；（二）联络、煽动他人共同拒绝或者故意延误军事订货的；（三）拒绝或者故意延误重要军事订货，影响重要军事任务完成的；（四）其他情节严重的情形。"

【立法建言】

建　议：将《刑法》第 380 条修改为："战时拒绝或者故意延误军事订货，情节严重

---

① 参见中国人民解放军军事科学院军事研究部："《危害国防罪立法研究（征求意见稿）》（1994 年 9 月）"，见高铭暄、赵秉志编：《新中国刑法立法文献资料总览》（下），中国人民公安大学出版社 1998 年版，第 2845 页。

的，对单位判处罚金，并对其直接负责的主管人员和其他直接责任人员，处五年以下有期徒刑、拘役或者管制，可以并处或者单处罚金；造成严重后果的，处五年以上有期徒刑，并处罚金。"

理　由：

1. 从立法技术上看，宜在本罪的第 1 档法定刑中增加"管制"的规定，以与《刑法》第 378 条的处刑规定相协调。

2. 从犯罪性质上看，宜对本罪的直接责任人员增加规定罚金刑。因为，战时拒绝、故意延误军事订货罪属于贪利性质的犯罪，对其适用罚金刑正是"罚当其罪"，可以防止犯罪分子在经济上得到好处。

十四、战时拒绝军事征收、征用罪（第 381 条）

【立法沿革】

战时拒绝军事征收、征用罪是在 1997 年《刑法》第 381 条规定的战时拒绝军事征用罪的基础上，经全国人大常委会 2009 年《关于修改部分法律的决定》第 2 条修订而来的。

在刑法修订研拟的过程中，有关部门提出，"拒绝、逃避军事征用、劳务的犯罪活动，虽然目前显得还不十分突出，但具有发生的现实可能性。而且在动员或战时可能会发生更多。这就会严重妨害军事行动，贻误战机。这种犯罪，一些西方主要国家的刑法都作了规定，而我国现行刑法没有规定这个罪，建议设立本罪。"[1] 有鉴于此，1997 年的《刑法修订草案》（修改稿）第 375 条增设了战时拒绝军事征用罪："战时拒绝军事征用，情节严重的，处三年以下有期徒刑或者拘役。"这一立法方案，为 1997 年修订的《刑法》所采纳。

1997 年修订的《刑法》第 381 条规定："战时拒绝军事征用，情节严重的，处三年以下有期徒刑或者拘役。"

1997 年《刑法》施行后，"2004 年宪法修正案将宪法第十条第三款有关'征用'的规定修改为'国家为了公共利益的需要，可以依照法律规定对土地或者公民的私有财产实行征收或者征用并给予补偿'，区分了'征收'和'征用'两种不同情形。在此之前制定的 16 件法律和法律解释中有关'征用'的规定需要根据宪法修正案的规定作出相应修改，以与宪法规定相一致。"[2] 据此，全国人大常委会 2009 年 8 月 27 日通过的《关于修改部分

---

① 参见中国人民解放军军事科学院军事研究部："《危害国防罪立法研究（征求意见稿）》（1994 年 9 月）"，见高铭暄、赵秉志编：《新中国刑法立法文献资料总览》（下），中国人民公安大学出版社 1998 年版，第 2850 页。

② 参见全国人大常委会法制工作委员会主任李适时 2009 年 6 月 22 日在十一届全国人大常委会第九次会议上所作的《关于〈全国人民代表大会常务委员会关于废止部分法律的决定（草案）〉和〈全国人民代表大会常务委员会关于修改部分法律的决定（草案）〉的说明》。

法律的决定》，将《刑法》第 381 条中的"征用"修改为"征收、征用"。

【立法规定】

《刑法》第 381 条规定："战时拒绝军事征收、征用，情节严重的，处三年以下有期徒刑或者拘役。"

【立法释义】

最高人民检察院、公安部 2008 年 6 月 25 日发布的《关于公安机关管辖的刑事案件立案追诉标准的规定（一）》第 99 条规定："战时拒绝军事征用，涉嫌下列情形之一的，应予立案追诉：（一）无正当理由拒绝军事征用三次以上的；（二）采取暴力、威胁、欺骗等手段拒绝军事征用的；（三）联络、煽动他人共同拒绝军事征用的；（四）拒绝重要军事征用，影响重要军事任务完成的；（五）其他情节严重的情形。"

【立法建言】

建　议：将《刑法》第 381 条修改为："战时拒绝军事征收、征用，情节严重的，处三年以下有期徒刑、拘役或者管制，可以并处或者单处罚金。"

理　由：

从立法技术上看，宜在本罪的法定刑中增加"管制"和"可以并处或者单处罚金"的规定，以与《刑法》的其他管制和罚金规定相一致。

第八章　贪污贿赂罪

一、贪污罪（第 382 条、第 383 条）

【立法沿革】

贪污罪是在全国人大常委会 1988 年《关于惩治贪污罪贿赂罪的补充规定》第 1 条、第 2 条规定的贪污罪的基础上修改而来的，并经《刑法修正案（九）》第 44 条所修正。

在新中国刑法立法史上，关于贪污罪的归属、主体及处罚等问题经历了较为复杂的发展演变过程。1950 年的《刑法大纲草案》在"职务上的犯罪"一章中规定了贪污罪和非工作人员协同贪污罪。该草案第 87 条规定："国家工作人员就主管事务，图谋私利，有下列情形之一者，处一年以上十年以下监禁。一、克扣或截留应行发给或解交之财物；二、盗卖、窃取、侵占、换掉、或挪用公款公物；三、勾结商人索取回扣，或有其他不利于公家之行为；四、其他私营舞弊之行为。犯前项之罪情节特别严重者，处死刑或终身监禁，并可没收其财产之全部或一部。"第 88 条规定："非国家工作人员引诱、帮助国家工作人员犯前条之罪者，处三年以下监禁，并可酌处罚金。非国家工作人员与工作人员共同计划或实施犯前条之罪者，比照前条之规定处罚。"到了 1952 年 4 月 21 日，"根据中国人民政治协商会议共同纲领第十八条严惩贪污的规定和'三反'、'五反'运动中所揭露的事实和蓄积的经验"，① 中央人民政府颁布了《中华人民共和国惩治贪污条例》② （以下简称《惩治贪污条例》）。该条例第 2 条规定："一切国家机关、企业、学校及其附属机构的工作人员，凡侵吞、盗窃、骗取、套取国家财物，强索他人财物，收受贿赂以及其他假公济私违法取利之行为，均为贪污罪。"③ 第 3 条规定："犯贪污罪者，依其情节轻重，按下列规定，分别惩治：一、个人贪污的数额，在人民币一亿元以上者，判处十年以上有期徒刑

---

① 参见中央人民政府政务院政治法律委员会副主任彭真 1952 年 4 月 18 日在中央人民政府委员会第十四次会议上所作的《关于中华人民共和国惩治贪污条例（草案）的说明》。

② "这个条例是以惩治贪污为主。但因为贪污分子的罪行多半与工商界盗窃分子的行贿或盗窃行为有关，因此，对于后者就不得不连带地统一加以处理，同时也应该统一地加以处理"（参见中央人民政府政务院政治法律委员会副主任彭真 1952 年 4 月 18 日在中央人民政府委员会第十四次会议上所作的《关于中华人民共和国惩治贪污条例（草案）的说明》）。

③ 《惩治贪污条例》第 15 条规定："社会团体的工作人员犯贪污罪者，适用本条例的规定。"第 16 条规定："现役革命军人犯贪污罪者，适用本条例的规定。"

或无期徒刑；其情节特别严重者判处死刑。二、个人贪污的数额，在人民币五千万元以上不满一亿元者，判处五年以上十年以下徒刑。三、个人贪污的数额，在人民币一千万元以上不满五千万元者，判处一年以上五年以下徒刑，或一年至四年的劳役，或一年至二年的管制。四、个人贪污的数额，不满人民币一千万元者，判处一年以下的徒刑、劳役或管制；或免刑予以开除、撤职、降职、降级、记过或警告的行政处分。"① "集体贪污，按各人所得数额及其情节，分别惩治。"② "贪污所得财物，应予追缴；其罪行特别严重者，并得没收其财产之一部或全部。"第4条规定："犯贪污罪而有下列情形之一者，得从重或加重处刑：一、对国家和社会事业及人民安全有严重危害者；二、出卖或坐探国家经济情报者；三、贪赃枉法者；四、敲诈勒索者；五、集体贪污的组织者；六、屡犯不改者；七、拒不坦白或阻止他人坦白者；八、为消灭罪迹而损坏公共财物者；九、为掩饰贪污罪行嫁祸于人者；十、坦白不彻底，判处后又被人检举出严重情节者；十一、犯罪行为有其他特殊恶劣情节者。因贪污而兼犯他种罪者，合并处刑。"第5条规定："犯贪污罪而有下列情形之一者，得从轻或减轻处刑，或缓刑，或免刑予以行政处分：一、未被发觉前自动坦白者；二、被发觉后彻底坦白、真诚悔过并自动地尽可能缴出所贪污财物者；三、检举他人犯本条例之罪而立功者；四、年岁较轻或一向廉洁，偶犯贪污罪又愿真诚悔改者。"第11条规定："本条例之罪者，依其犯罪情节，得剥夺其政治权利之一部或全部。"1954年的《刑法指导原则草案》在上述规定的基础上，不仅区分了"贪污"与"受贿"，而且还将犯罪主体严格限定为"国家机关工作人员"。该草案第74条规定："国家机关工作人员贪污、受贿的，按照下列规定分别处罚：（一）数额在一千万元以下的，判处四年以下有期徒刑、劳役或者予以行政处罚；（二）数额在一千万元以上不满五千万元的，判处三年以上八年以下有期徒刑；（三）数额在五千万元以上不满一亿元的，判处七年以上有期徒刑；（四）数额在一亿元以上的，判处十年以上有期徒刑、无期徒刑或者死刑；贪污、受贿使国家利益或者人民安全遭受严重危害，或者有其他严重情节的，可以从重或者加重处罚。行贿或者介绍行贿的人和受贿的人同罪。如果行贿是由于被勒索，可以免予处罚。行贿后、介绍行贿后或者受贿后立即自首，真诚悔过，交出赃物的，可以免予处罚。"到了1957年，《刑法草案》第22稿将贪污罪归属于"侵犯财产罪"一章，而将受贿罪归属于"渎职罪"一章，并将贪污罪的主体界定为"国家工作人员"。该稿第175条规定："国家工作人员利用职务上的便利，偷窃、侵占、诈骗公共财物的，处七年以下有期徒刑；数额在人民币五千元以上的，处七年以上有期徒刑。"1963年的《刑法草案》第33稿第164条在上述规定的基础上，主要作了以下三方面的补充和修改：一是在犯罪主体方面，增加

---

① 《惩治贪污条例》规定的人民币金额是旧币金额，旧币1万元折合新币1元。
② 这是新中国刑法立法史上唯一规定了"集体贪污"的立法例。

了"受国家机关、企业、事业单位、人民团体委托从事公务的人员犯前款罪的，依照前款的规定处罚"的规定；① 二是在犯罪客观方面，增加了"或者以其他方法贪污"的规定；三是在刑罚配置方面，将其修改为"处五年以下有期徒刑或者拘役；数额巨大、情节严重的，处五年以上有期徒刑或者无期徒刑，可以并处没收财产"。修改后的条文为："国家工作人员利用职务上的便利，偷窃、侵占、诈骗或者以其他方法贪污公共财物的，处五年以下有期徒刑或者拘役；数额巨大、情节严重的，处五年以上有期徒刑或者无期徒刑，可以并处没收财产。受国家机关、企业、事业单位、人民团体委托从事公务的人员犯前款罪的，依照前款的规定处罚。"1979 年《刑法》第 155 条基本上沿用了上述规定，除个别文字和立法技术上的修改外，主要是进一步加大了打击力度，增加了死刑的规定。

1979 年《刑法》第 155 条规定："国家工作人员利用职务上的便利，贪污公共财物的，处五年以下有期徒刑或者拘役；数额巨大、情节严重的，处五年以上有期徒刑；情节特别严重的，处无期徒刑或者死刑。犯前款罪的，并处没收财产，或者判令退赔。受国家机关、企业、事业单位、人民团体委托从事公务的人员犯第一款罪的，依照前两款的规定处罚。"

1979 年《刑法》施行后，鉴于"《刑法》对贪污罪的量刑标准，没有具体数额规定，各地感到不好掌握。"② 因此，根据几年来的审判实践经验，全国人大常委会 1988 年 1 月 21 日通过的《关于惩治贪污罪贿赂罪的补充规定》第 1 条规定："国家工作人员、集体经济组织工作人员或者其他经手、管理公共财物的人员，利用职务上的便利，侵吞、盗窃、骗取或者以其他手段非法占有公共财物的，是贪污罪。与国家工作人员、集体经济组织工作人员或者其他经手、管理公共财物的人员勾结，伙同贪污的，以共犯论处。"第 2 条规定："对犯贪污罪的，根据情节轻重，分别依照下列规定处罚：（1）个人贪污数额在五万元以上的，处十年以上有期徒刑或者无期徒刑，可以并处没收财产；情节特别严重的，处死刑，并处没收财产。（2）个人贪污数额在一万元以上不满五万元的，处五年以上有期徒刑，可以并处没收财产；情节特别严重的，处无期徒刑，并处没收财产。（3）个人贪污数额在二千元以上不满一万元的，处一年以上七年以下有期徒刑；情节严重的，处七年以上十年以下有期徒刑。个人贪污数额在二千元以上不满五千元，犯罪后自首、立功或者有悔改表现、积极退赃的，可以减轻处罚，或者免予刑事处罚，由其所在单位或者上级主管机关给予行政处分。（4）个人贪污数额不满二千元，情节较重的，处二年以下有期徒刑或者

① "修订中考虑到，有的虽非国家工作人员（如一般工人、汽车司机、售货员等），但受委托从事公务的，也可以成为贪污罪的主体，实践中也是这样做的。"因此，《刑法草案》第 33 稿增加了上述 1 款规定（参见高铭暄：《中华人民共和国刑法的孕育和诞生》，法律出版社 1981 年版，第 211 页）。

② 参见全国人大常委会秘书长、法制工作委员会主任王汉斌 1987 年 11 月 17 日在六届全国人大常委会第二十三次会议上所作的《关于惩治走私罪和惩治贪污罪贿赂罪两个补充规定（草案）的说明》。

拘役；情节较轻的，由其所在单位或者上级主管机关酌情给予行政处分。二人以上共同贪污的，按照个人所得数额及其在犯罪中的作用，分别处罚。对贪污集团的首要分子，按照集团贪污的总数额处罚；对其他共同贪污犯罪中的主犯，情节严重的，按照共同贪污的总数额处罚。对多次贪污未经处理的，按照累计贪污数额处罚。"

在全面研究修改刑法的过程中，"对贪污罪，有三种修改方案：（1）根据《惩治贪污罪贿赂罪的补充规定》，对原第155条贪污罪的主体和处刑作一些调整，仍执行补充规定；（2）删去贪污罪的规定，将其包括在新增加的侵占罪中；（3）扩大贪污罪的内容，使其既包括侵占又包括受贿等（如采取此办法，可以考虑将贪污罪在刑法分则中专列一章）。"[1] 但是，1988年的《刑法修改稿》最终并未采取上述任何一种修改方案，而是直接在1979年《刑法》第155条的基础上作了修改，并将其移入"渎职罪"一章中。[2] 该稿第133条规定："国家工作人员利用职务上的便利，侵吞公共财物的，是贪污罪，处五年以下有期徒刑或者拘役，可以单处或者并处罚金；数额巨大、情节严重的，处五年以上有期徒刑，并处罚金；数额特别巨大的或者情节特别严重的，处无期徒刑或者死刑，并处没收财产。"

在刑法修订研拟的过程中，1996年的《刑法修订草案》（征求意见稿）"将1988年关于惩治贪污罪贿赂罪的补充规定和最高人民检察院起草的反贪污贿赂法合并编为刑法的一章"[3]，因而将贪污罪移入新增加的"贪污贿赂罪"一章中，并以《关于惩治贪污罪贿赂罪的补充规定》为基础，对贪污罪作了适当的修改和调整。该草案第330条规定："国家工作人员和经手管理国家财物的人员，利用职务上的便利，侵吞、窃取、骗取或者以其他手段非法占有财物的，是贪污罪。与国家工作人员和经手管理国家财物的人员勾结，伙同贪污的，以共犯论处。"第331条规定："对犯贪污罪的，根据情节轻重，分别依照下列规定处罚：（一）个人贪污数额在十万元以上的，处十年以上有期徒刑或者无期徒刑，可以并处没收财产；情节特别严重的，处死刑，并处没收财产；（二）个人贪污数额在五万元以上不满十万元的，处五年以上有期徒刑，可以并处没收财产；情节特别严重的，处无期徒刑，并处没收财产；（三）个人贪污数额在五千元以上不满五万元的，处一年以上七年以下有期徒刑；情节严重的，处七年以上十年以下有期徒刑。个人贪污数额在五千元以上不满一万元，犯罪后自首、立功或者有悔改表现、积极退赃的，可以减轻处罚，或者免予刑事处罚，由其所在单位或者上级主管机关给予行政处分；（四）个人贪污数额不满五千

---

① 参见全国人大常委会法制工作委员会刑法室："《关于修改刑法的初步设想（初稿）》（1988年9月）"，载高铭暄、赵秉志：《新中国刑法立法文献资料总览》（下），中国人民公安大学出版社1998年版，第2110页。

② 参见1988年《刑法修改稿》分则第四章"渎职罪"中的"修改说明"。

③ 参见全国人大常委会副委员长王汉斌1996年12月24日在八届全国人大常委会第二十三次会议上所作的《关于中华人民共和国刑法（修订草案）的说明》。

元，情节较重的，处二年以下有期徒刑或者拘役；情节较轻的，由其所在单位或者上级主管机关酌情给予行政处分。二人以上共同贪污的，按照个人所得数额及其在犯罪中的作用，分别处罚。对贪污集团的首要分子，按照集团贪污的总数额处罚；对其他共同贪污犯罪中的主犯，情节严重的，按照共同贪污的总数额处罚。对多次贪污未经处理的，按照累计贪污数额处罚。"1996 年的《刑法修订草案》基本上沿用了上述规定，除个别文字修改外，主要作了以下三处补充和修改：一是在第 337 条第 1 款中增加了"管制"这一刑种；二是在第 337 条第 2 款中删去了"对其他共同贪污犯罪中的主犯，情节严重的，按照共同贪污的总数额处罚"的规定；三是增加了第 338 条"国有公司、企业的工作人员利用职务上的便利，将国有资产转移到境外化公为私的，以贪污论处"的规定。1997 年的《刑法修订草案》（修改稿）对上述规定作了较大的修改和补充：一是将贪污罪的概念修改为"国家机关、国有公司、企业、事业单位、人民团体中从事公务的人员和国家机关、国有公司、企业、事业单位委派到非国有公司、企业、事业单位、社会团体从事公务的人员，利用职务上的便利，侵吞、窃取、骗取或者以其他手段非法占有公共财物的，是贪污罪"，并相应对其第 2 款的文字表述作了调整；二是增加了"犯贪污罪积极退赃的，可以从轻处罚；其中个人贪污数额在五千元以上不满一万元，积极退赃的，可以减轻处罚，全部退赃的，可以免除处罚，由其所在单位或者上级主管机关给予行政处分"的规定，相应删去了"个人贪污数额在五千元以上不满一万元，犯罪后自首、立功或者有悔改表现、积极退赃的，可以减轻处罚，或者免予刑事处罚，由其所在单位或者上级主管机关给予行政处分"的规定；三是删去了"二人以上共同贪污的，按照个人所得数额及其在犯罪中的作用，分别处罚。对贪污集团的首要分子，按照集团贪污的总数额处罚；对其他共同贪污犯罪中的主犯，情节严重的，按照共同贪污的总数额处罚"的规定；四是删去了"国有公司、企业的工作人员利用职务上的便利，将国有资产转移到境外化公为私的，以贪污论处"的规定。1997 年 3 月 1 日，提交给八届全国人大五次会议审议的《中华人民共和国刑法（修订草案)》在上述规定的基础上，主要作了两处修改：一是将贪污罪的主体重新界定为"国家工作人员"；二是删去了贪污罪中的"管制"这一刑种。在审议中，"有的代表提出，贪污罪的主体中未能包括受国家机关、国有公司、企业、事业单位委托管理、经营国有财产的人员，不利于对国有财产的保护"。[①] 因此，1997 年修订的《刑法》在第 382 条中增加了 1 款规定："受国家机关、国有公司、企业、事业单位、人民团体委托管理、经营国有财产的人员，利用职务上的便利，侵吞、窃取、骗取或者以其他手段非法占有国有

[①] 参见全国人大法律委员会主任薛驹 1997 年 3 月 13 日在八届全国人大第五次会议主席团第三次会议上所作的《关于〈中华人民共和国刑法（修订草案)〉、〈中华人民共和国国防法（草案)〉和〈中华人民共和国香港特别行政区选举第九届全国人民代表大会代表的办法（草案)〉审议结果的报告》。

财物的，以贪污论。"相应地，将原第 2 款改为第 3 款，并作了个别文字修改。此外，还删去了"犯贪污罪积极退赃的，可以从轻处罚；其中个人贪污数额在五千元以上不满一万元，积极退赃的，可以减轻处罚，全部退赃的，可以免除处罚，由其所在单位或者上级主管机关给予行政处分"的规定。

1997 年修订的《刑法》第 382 条规定："国家工作人员利用职务上的便利，侵吞、窃取、骗取或者以其他手段非法占有公共财物的，是贪污罪。受国家机关、国有公司、企业、事业单位、人民团体委托管理、经营国有财产的人员，利用职务上的便利，侵吞、窃取、骗取或者以其他手段非法占有国有财物的，以贪污论。与前两款所列人员勾结，伙同贪污的，以共犯论处。"第 383 条规定："对犯贪污罪的，根据情节轻重，分别依照下列规定处罚：（一）个人贪污数额在十万元以上的，处十年以上有期徒刑或者无期徒刑，可以并处没收财产；情节特别严重的，处死刑，并处没收财产。（二）个人贪污数额在五万元以上不满十万元的，处五年以上有期徒刑，可以并处没收财产；情节特别严重的，处无期徒刑，并处没收财产。（三）个人贪污数额在五千元以上不满五万元的，处一年以上七年以下有期徒刑；情节严重的，处七年以上十年以下有期徒刑。个人贪污数额在五千元以上不满一万元，犯罪后有悔改表现、积极退赃的，可以减轻处罚或者免予刑事处罚，由其所在单位或者上级主管机关给予行政处分。（四）个人贪污数额不满五千元，情节较重的，处二年以下有期徒刑或者拘役；情节较轻的，由其所在单位或者上级主管机关酌情给予行政处分。对多次贪污未经处理的，按照累计贪污数额处罚。"

1997 年《刑法》施行后，"按照党的十八届三中全会对加强反腐败工作，完善惩治腐败法律规定的要求，加大惩处腐败犯罪的力度"①，《刑法修正案（九）（草案）》第 39 条修改了贪污受贿犯罪的定罪量刑标准。② 在草案审议和征求意见的过程中，"有的常委委员和有关部门建议对重特大贪污受贿犯罪规定终身监禁。法律委员会经同中央政法委等有关部门研究认为，对贪污受贿数额特别巨大、情节特别严重的犯罪分子，特别是其中本应

---

① 参见全国人大常委会法制工作委员会主任李适时 2014 年 10 月 27 日在十二届全国人大常委会第十一次会议上所作的《关于〈中华人民共和国刑法修正案（九）（草案）〉的说明》。

② "现行刑法对贪污受贿犯罪的定罪量刑标准规定了具体数额。这样规定是 1988 年全国人大常委会根据当时惩治贪污贿赂犯罪的实际需要和司法机关的要求作出的。从实践的情况看，规定数额虽然明确具体，但此类犯罪情节差别很大，情况复杂，单纯考虑数额，难以全面反映具体个罪的社会危害性。同时，数额规定过死，有时难以根据案件的不同情况做到罪刑相适应，量刑不统一。根据各方面意见，拟删去对贪污受贿犯罪规定的具体数额，原则规定数额较大或者情节较重、数额巨大或者情节严重、数额特别巨大或者情节特别严重三种情况，相应规定三档刑罚，并对数额特别巨大，并使国家和人民利益遭受特别重大损失的，保留适用死刑。具体定罪量刑标准可由司法机关根据案件的具体情况掌握，或者由最高人民法院、最高人民检察院通过制定司法解释予以确定。同时，考虑到反腐斗争的实际需要，对犯贪污受贿罪，如实供述自己罪行、真诚悔罪、积极退赃，避免、减少损害结果发生的，规定可以从宽处理"（参见全国人大常委会法制工作委员会主任李适时 2014 年 10 月 27 日在十二届全国人大常委会第十一次会议上所作的《关于〈中华人民共和国刑法修正案（九）（草案）〉的说明》）。

当判处死刑的，根据慎用死刑的刑事政策，结合案件的具体情况，对其判处死刑缓期二年执行相适应的刑法原则，维护司法公正，防止在司法实践中出现这类罪犯通过减刑等途径服刑期过短的情形，符合宽严相济的刑事政策。据此，建议在刑法第三百八十三条中增加一款规定，对犯贪污、受贿罪，被判处死刑缓期执行的，法院根据犯罪情节等情况可以同时决定在其死刑缓期执行二年期满依法减为无期徒刑后，终身监禁，不得减刑、假释。"①经审议，《刑法修正案（九）》第 44 条采纳了上述意见。

【立法规定】

《刑法》第 382 条规定："国家工作人员利用职务上的便利，侵吞、窃取、骗取或者以其他手段非法占有公共财物的，是贪污罪。受国家机关、国有公司、企业、事业单位、人民团体委托管理、经营国有财产的人员，利用职务上的便利，侵吞、窃取、骗取或者以其他手段非法占有国有财物的，以贪污论。与前两款所列人员勾结，伙同贪污的，以共犯论处。"第 383 条规定："对犯贪污罪的，根据情节轻重，分别依照下列规定处罚：（一）贪污数额较大或者有其他较重情节的，处三年以下有期徒刑或者拘役，并处罚金。（二）贪污数额巨大或者有其他严重情节的，处三年以上十年以下有期徒刑，并处罚金或者没收财产。（三）贪污数额特别巨大或者有其他特别严重情节的，处十年以上有期徒刑或者无期徒刑，并处罚金或者没收财产；数额特别巨大，并使国家和人民利益遭受特别重大损失的，处无期徒刑或者死刑，并处没收财产。对多次贪污未经处理的，按照累计贪污数额处罚。犯第一款罪，在提起公诉前如实供述自己罪行、真诚悔罪、积极退赃，避免、减少损害结果的发生，有第一项规定情形的，可以从轻、减轻或者免除处罚；有第二项、第三项规定情形的，可以从轻处罚。犯第一款罪，有第三项规定情形被判处死刑缓期执行的，人民法院根据犯罪情节等情况可以同时决定在其死刑缓期执行二年期满依法减为无期徒刑后，终身监禁，不得减刑、假释。"

【立法释义】

全国人大常委会 2000 年 4 月 29 日通过的《关于〈中华人民共和国刑法〉第九十三条第二款的解释》规定："村民委员会等村基层组织人员协助人民政府从事下列行政管理工作，属于刑法第九十三条第二款规定的'其他依照法律从事公务的人员'：（一）救灾、抢险、防汛、优抚、扶贫、移民、救济款物的管理；（二）社会捐助公益事业款物的管理；（三）国有土地的经营和管理；（四）土地征收、征用补偿费用的管理；（五）代征、代缴税款；（六）有关计划生育、户籍、征兵工作；（七）协助人民政府从事的其他行政管理

---

① 参见全国人大法律委员会主任委员乔晓阳 2015 年 8 月 24 日在十二届全国人大常委会第十六次会议上所作的《关于〈中华人民共和国刑法修正案（九）（草案）〉审议结果的报告》。

工作。村民委员会等村基层组织人员从事前款规定的公务，利用职务上的便利，非法占有公共财物、挪用公款、索取他人财物或者非法收受他人财物，构成犯罪的，适用刑法第三百八十二条和第三百八十三条贪污罪、第三百八十四条挪用公款罪、第三百八十五条和第三百八十六条受贿罪的规定。"

最高人民法院1998年4月17日发布的《关于审理挪用公款案件具体应用法律若干问题的解释》第6条规定："携带挪用的公款潜逃的，依照刑法第三百八十二条、第三百八十三条的规定定罪处罚。"

最高人民检察院1999年9月9日发布的《关于人民检察院直接受理立案侦查案件立案标准的规定（试行）》"贪污案（第382条、第383条、第183条第2款、第271条第2款、第394条）"部分规定："贪污罪是指国家工作人员利用职务上的便利，侵吞、窃取、骗取或者以其他手段非法占有公共财物的行为。""'利用职务上的便利'是指利用职务上主管、管理、经手公共财物的权力及方便条件。""受国家机关、国有公司、企业、事业单位、人民团体委托管理、经营国有财产的人员，利用职务上的便利，侵吞、窃取、骗取或者以其他手段非法占有国有财物的，以贪污罪追究其刑事责任。""'受委托管理、经营国有财产'是指因承包、租赁、聘用等而管理、经营国有财产。""国有保险公司的工作人员和国有保险公司委派到非国有保险公司从事公务的人员利用职务上的便利，故意编造未曾发生的保险事故进行虚假理赔，骗取保险金归自己所有的，以贪污罪追究刑事责任。""国有公司、企业或者其他国有单位中从事公务的人员和国有公司、企业或者其他国有单位委派到非国有公司、企业以及其他非国有单位从事公务的人员，利用职务上的便利，将本单位财物非法占为己有的，以贪污罪追究刑事责任。""国家工作人员在国内公务活动或者对外交往中接受礼物，依照国家规定应当交公而不变公，数额较大的，以贪污罪追究刑事责任。""涉嫌下列情形之一的，应予立案：1. 个人贪污数额在5千元以上的；2. 个人贪污数额不满5千元，但具有贪污救灾、抢险、防汛、防疫、优抚、扶贫、移民、救济款物及募捐款物、赃款赃物、罚没款物、暂扣款物，以及贪污手段恶劣、毁灭证据、转移赃物等情节的。"

最高人民法院2000年6月30日发布的《关于审理贪污、职务侵占案件如何认定共同犯罪几个问题的解释》第1条规定："行为人与国家工作人员勾结，利用国家工作人员的职务便利，共同侵吞、窃取、骗取或者以其他手段非法占有公共财物的，以贪污罪共犯论处。"第3条规定："公司、企业或者其他单位中，不具有国家工作人员身份的人与国家工作人员勾结，分别利用各自的职务便利，共同将本单位财物非法占为己有的，按照主犯的犯罪性质定罪。"

最高人民法院、最高人民检察院2003年5月14日发布的《关于办理妨害预防、控制突发传染病疫情等灾害的刑事案件具体应用法律若干问题的解释》第 14 条第 1 款规定："贪污、侵占用于预防、控制突发传染病疫情等灾害的款物或者挪用归个人使用，构成犯罪的，分别依照刑法第三百八十二条、第三百八十三条、第二百七十一条、第三百八十四条、第二百七十二条的规定，以贪污罪、侵占罪、挪用公款罪、挪用资金罪定罪，依法从重处罚。"

最高人民法院 2003 年 11 月 13 日发布的《全国法院审理经济犯罪案件工作座谈会纪要》中"关于贪污罪"部分第 1 条规定："贪污罪是一种以非法占有为目的的财产性职务犯罪，与盗窃、诈骗、抢夺等侵犯财产罪一样，应当以行为人是否实际控制财物作为区分贪污罪既遂与未遂的标准。对于行为人利用职务上的便利，实施了虚假平账等贪污行为，但公共财物尚未实际转移，或者尚未被行为人控制就被查获的，应当认定为贪污未遂。行为人控制公共财物后，是否将财物据为己有，不影响贪污既遂的认定。"第 2 条规定："刑法第三百八十二条第二款规定的'受委托管理、经营国有财产'，是指因承包、租赁、临时聘用等管理、经营国有财产。"第 3 条规定："对于国家工作人员与他人勾结，共同非法占有单位财物的行为，应当按照《最高人民法院关于审理贪污、职务侵占案件如何认定共同犯罪几个问题的解释》的规定定罪处罚。对于在公司、企业或者其他单位中，非国家工作人员与国家工作人员勾结，分别利用各自的职务便利，共同将本单位财物非法占有的，应当尽量区分主从犯，按照主犯的犯罪性质定罪。司法实践中，如果根据案件的实际情况，各共同犯罪人在共同犯罪中的地位、作用相当，难以区分主从犯的，可以贪污罪定罪处罚。"第 4 条规定："刑法第三百八十三条第一款规定的'个人贪污数额'，在共同贪污犯罪案件中应理解为个人所参与或者组织、指挥共同贪污的数额，不能只按个人实际分得的赃款数额来认定。对共同贪污犯罪中的从犯，应当按照其所参与的共同贪污的数额确定量刑幅度，并依照刑法第二十七条第二款的规定，从轻、减轻处罚或者免除处罚。""关于挪用公款罪"部分第 8 条规定："挪用公款罪与贪污罪的主要区别在于行为人主观上是否具有非法占有公款的目的。挪用公款是否转化为贪污，应当按照主客观相一致的原则，具体判断和认定行为人主观上是否具有非法占有公款的目的。在司法实践中，具有以下情形之一的，可以认定行为人具有非法占有公款的目的：1. 根据《最高人民法院关于审理挪用公款案件具体应用法律若干问题的解释》第六条的规定，行为人'携带挪用的公款潜逃的'，对其携带挪用的公款部分，以贪污罪定罪处罚。2. 行为人挪用公款后采取虚假发票平账、销毁有关账目等手段，使所挪用的公款已难以在单位财务账目上反映出来，且没有归还行为的，应当以贪污罪定罪处罚。3. 行为人截取单位收入不入账，非法占有，使所占有的公款难以在单位财务账目上反映出来，且没有归还行为的，应当以贪污罪定罪处罚。4. 有证据证明行为人有能力归还所挪用的公款而拒不归还，并隐瞒挪用的公款去向的，应当以贪污罪定罪处罚。"

最高人民法院研究室 2004 年 3 月 30 日发布的《关于对行为人通过伪造国家机关公文、证件担任国家工作人员职务并利用职务上的便利侵占本单位财物、收受贿赂、挪用本单位资金等行为如何适用法律问题的答复》规定："行为人通过伪造国家机关公文、证件担任国家工作人员职务以后，又利用职务上的便利实施侵占本单位财物、收受贿赂、挪用本单位资金等行为，构成犯罪的，应当分别以伪造国家机关公文、证件罪和相应的贪污罪、受贿罪、挪用公款罪等追究刑事责任，实行数罪并罚。"

最高人民法院、最高人民检察院 2010 年 11 月 26 日发布的《关于办理国家出资企业中职务犯罪案件具体应用法律若干问题的意见》第 1 条"关于国家出资企业工作人员在改制过程中隐匿公司、企业财产归个人持股的改制后公司、企业所有的行为的处理"规定："国家工作人员或者受国家机关、国有公司、企业、事业单位、人民团体委托管理、经营国有财产的人员利用职务上的便利，在国家出资企业改制过程中故意通过低估资产、隐瞒债权、虚设债务、虚构产权交易等方式隐匿公司、企业财产，转为本人持有股份的改制后公司、企业所有，应当依法追究刑事责任的，依照刑法第三百八十二条、第三百八十三条的规定，以贪污罪定罪处罚。贪污数额一般应当以所隐匿财产全额计算；改制后公司、企业仍有国有股份的，按股份比例扣除归于国有的部分。所隐匿财产在改制过程中已为行为人实际控制，或者国家出资企业改制已经完成的，以犯罪既遂处理。第一款规定以外的人员实施该款行为的，依照刑法第二百七十一条的规定，以职务侵占罪定罪处罚；第一款规定以外的人员与第一款规定的人员共同实施该款行为的，以贪污罪的共犯论处。在企业改制过程中未采取低估资产、隐瞒债权、虚设债务、虚构产权交易等方式故意隐匿公司、企业财产的，一般不应当认定为贪污；造成国家资产重大损失，依法构成刑法第一百六十八条或者第一百六十九条规定的犯罪的，依照该规定定罪处罚。"第 2 条"关于国有公司、企业在改制过程中隐匿公司、企业财产归职工集体持股的改制后公司、企业所有的行为的处理"规定："国有公司、企业违反国家规定，在改制过程中隐匿公司、企业财产，转为职工集体持股的改制后公司、企业所有的，对其直接负责的主管人员和其他直接责任人员，依照刑法第三百九十六条第一款的规定，以私分国有资产罪定罪处罚。改制后的公司、企业中只有改制前公司、企业的管理人员或者少数职工持股，改制前公司、企业的多数职工未持股的，依照本意见第一条的规定，以贪污罪定罪处罚。"第 4 条"关于国家工作人员在企业改制过程中的渎职行为的处理"第 3 款规定："国家出资企业中的国家工作人员在公司、企业改制或者国有资产处置过程中徇私舞弊，将国有资产低价折股或者低价出售给特定关系人持有股份或者本人实际控制的公司、企业，致使国家利益遭受重大损失的，依照刑法第三百八十二条、第三百八十三条的规定，以贪污罪定罪处罚。贪污数额以国有资产的损失数额计算。"第 5 条"关于改制前后主体身体发生变化的犯罪的处理"第 1 款、第 2 款规定："国家工作人员在国家出资企业改制前利用职务上的便利实施犯罪，在其不再具有国家工作人员身份后又实施同种行为，依法构成不同犯罪的，应当分别定罪，实行数罪并罚。国家工作人员利用职务上的便利，在国家出资企业改制过程中隐匿公司、企业财产，在其不再具有国家工作人员身份后将所隐匿财产据为己有的，依照刑法第三百八十二条、第三百八十三条的规定，以贪污罪定罪处罚。"第 6 条"关于国家出资企业中国家工作人员的认定"规定："经国家机关、国有公司、企业、事业单位提名、推荐、任命、批准等，在国有控股、参股公司及其分支机构中从事公务的人员，应当认定为国家工作人员。具体的任命机构和程序，不影响国家工作人员的认定。经国家出资企业中负有管理、监督国有资产职责的组织批准或者研究决定，代表其在国有控股、参股公司及其分支机构中从事组织、领导、监督、经营、管理工作的人员，应当认定为国家工作人员。国家出资企业中的国家工作人员，在国家出资企业中持有个人股份或者同时接受非国有股东委托的，不影响其国家工作人员身份的认定。"第 7 条"关于国家出资企业的界定"规定："本意见所称'国家出资企业'，包括国家出资的国有独资公司、国有独资企业，以及国有资本控股公司、国有资本参股公司。是否属于国家出资企业不清楚的，应遵循'谁投资、谁拥有产权'的原则进行界定。企业注册登记中的资金来源与实际出资不符的，应根据实际出资情况确定企业的性质。企业实际出资情况不清楚的，可以综合工商注册、分配形式、经营管理等因素确定企业的性质。"第 8 条"关于宽严相济刑事政策的具体贯彻"规定："办理国家出资企业中的职务犯罪案件时，要综合考虑历史条件、企业发展、职工就业、社会稳定等因素，注意具体情况具体分析，严格把握犯罪与一般违规行为的区分界限。对于主观恶意明显、社会危害严重、群众反映强烈的严重犯罪，要坚决依法从严惩处；对于特定历史条件下、为了顺利完成企业改制而实施的违反国家政策法律规定的行为，行为人无主观恶意或者主观恶意不明显，情节较轻，危害不大的，可以不作为犯罪处理。对于国家出资企业中的职务犯罪，要加大经济上的惩罚力度，充分重视财产刑的适用和执行，最大限度地挽回国家和人民利益遭受的损失。不能退赃的，在决定刑罚时，应当作为重要情节予以考虑。"

最高人民法院、最高人民检察院 2012 年 8 月 8 日发布的《关于办理职务犯罪案件严格适用缓刑、免予刑事处罚若干问题的意见》第 3 条第 1 款规定："不具有本意见第二条规定的情形，全部退缴赃款赃物，依法判处三年有期徒刑以下刑罚，符合刑法规定的缓刑适用条件的贪污、受贿犯罪分子，可以适用缓刑；符合刑法第三百八十三条第一款第（三）项的规定，依法不需要判处刑罚的，可以免予刑事处罚。"

最高人民法院 2012 年 9 月 18 日发布的指导案例 11 号《杨延虎等贪污案》中的"裁

判要点"指出:"1. 贪污罪中的'利用职务上的便利',是指利用职务上主管、管理、经手公共财物的权力及方便条件,既包括利用本人职务上主管、管理公共财物的职务便利,也包括利用职务上有隶属关系的其他国家工作人员的职务便利。2. 土地使用权具有财产性利益,属于刑法第三百八十二条第一款规定中的'公共财物',可以成为贪污的对象。"

最高人民法院 2015 年 10 月 29 日发布的《关于〈中华人民共和国刑法修正案(九)〉时间效力问题的解释》第 8 条规定:"对于 2015 年 10 月 31 日以前实施贪污、受贿行为,罪行极其严重,根据修正前刑法判处死刑缓期执行不能体现罪刑相适应原则,而根据修正后刑法判处死刑缓期执行同时决定在其死刑缓期执行二年期满依法减为无期徒刑后,终身监禁,不得减刑、假释可以罚当其罪的,适用修正后刑法第三百八十三条第四款的规定。根据修正前刑法判处死刑缓期执行足以罚当其罪的,不适用修正后刑法第三百八十三条第四款的规定。"

【立法建言】

建 议:将《刑法》第 383 条第 1 款修改为:"对犯贪污罪的,根据情节轻重,分别依照下列规定处罚:(一)贪污数额较大或者有其他较重情节的,处三年以下有期徒刑、拘役或者管制,可以并处或者单处罚金。(二)贪污数额巨大或者有其他严重情节的,处三年以上十年以下有期徒刑,并处罚金。(三)贪污数额特别巨大或者有其他特别严重情节的,处十年以上有期徒刑或者无期徒刑,并处罚金或者没收财产;数额特别巨大,并使国家和人民利益遭受特别重大损失的,处无期徒刑或者死刑,并处没收财产。"

理 由:

从立法技术上看,宜在本罪第 1 款第 1 项法定刑中增加"管制"的规定,并将其中的"并处罚金"改为"可以并处或者单处罚金";同时,还宜删去第 2 项法定刑中的"没收财产",以与《刑法》的其他管制、罚金和没收财产规定相一致。

二、挪用公款罪（第384条）

【立法沿革】

挪用公款罪是在全国人大常委会 1988 年《关于惩治贪污罪贿赂罪的补充规定》第 3 条规定的挪用公款罪的基础上修改而来的。

1979 年《刑法》施行后,鉴于"目前,有些个人长期挪用公款或者挪用公款进行非法活动、营利活动，情况比较严重，各地要求明确规定刑罚。"① 因此，1988 年《关于惩治贪污罪贿赂罪的补充规定》第 3 条增设了挪用公款罪："国家工作人员、集体经济组织工作人员或者其他经手、管理公共财物的人员，利用职务上的便利，挪用公款归个人使用，进行非法活动的，或者挪用公款数额较大、进行营利活动的，或者挪用公款数额较大、超过三个月未还的，是挪用公款罪，处五年以下有期徒刑或者拘役；情节严重的，处五年以上有期徒刑。挪用公款数额较大不退还的，以贪污论处。挪用救灾、抢险、防汛、优抚、救济款物归个人使用的，从重处罚。挪用公款进行非法活动构成其他罪的，依照数罪并罚的规定处罚。"

在全面研究修改刑法的过程中，1988 年的《刑法修改稿》将挪用公款罪归属于"渎职罪"一章中，并相应将犯罪的主体限定为"国家工作人员"；同时，还增加了"挪用公物"的情形，从而使挪用公款罪演变为挪用公共款物罪。② 该稿第 134 条规定："国家工作人员利用职务上的便利，挪用公共款物归个人使用，有下列情形之一的，处五年以下有期徒刑或者拘役，可以单处或者并处罚金；情节严重的，处五年以上有期徒刑，并处罚金：（一）进行非法活动的；（二）挪用数额较大，进行营利活动的；（三）挪用数额较大，超过六个月的。""挪用公款，数额较大不退还的，依照贪污罪的规定论处。"但在此后的刑法修订研拟中，立法工作机关放弃了上述修改思路，重新以《关于惩治贪污罪贿赂罪的补充规定》第 3 条为基础对挪用公款罪进行修订。1996 年的《刑法修订草案》（征求意见稿）第 332 条对上述第 3 条的规定作了两处修改：一是将本罪的主体由"国家工作人员、集体经济组织工作人员或者其他经手、管理公共财物的人员"改为"国家工作人员和经手管理国家财物的人员"；二是删去了"挪用公款进行非法活动构成其他罪的，依照数罪并罚的规定处罚"的规定。1997 年的《刑法修订草案》（修改稿）第 378 条除将本罪的主体修改为"国家机关、国有公司、企业、事业单位、人民团体中从事公务的人员和国家机关、国有公司、企业、事业单位委派到非国有公司、企业、事业单位、社会团体从事公务的人员"以外，主要是对挪用公款"不退还"的定罪处罚问题作了较大的调整，将挪用公款数额较大不退还的，以贪污罪"定罪处罚"的规定，改为"挪用公款数额巨大不退还，处十年以上有期徒刑或者无期徒刑"③。1997 年 3 月 1 日，提交给八届全国人大五

① 参见全国人大常委会秘书长、法制工作委员会主任王汉斌 1987 年 11 月 17 日在六届全国人大常委会第二十三次会议上所作的《关于惩治走私罪和惩治贪污罪贿赂罪两个补充规定（草案）的说明》。

② 参见 1988 年《刑法修改稿》分则第四章"渎职罪"中的"修改说明"。

③ 对于挪用公款"不退还"的，"以贪污论处"或者"以贪污罪定罪处罚"的规定，一些部门和学者历来都有不同的看法，并建议将其作为挪用公款罪的一个情节加以规定。其主要理由是：（1）挪用公款罪和贪污罪的犯罪构成是不同的，挪用公款数额较大不退还只是挪用公款的一个严重情节，不符合贪污罪的特征；（2）挪用公款数额较大不退还中的"数额较大"是与挪用公款罪中的"数额较大"为同一数额，还是与贪污罪中的"数额较大"为同一数额，在实践中容易产生歧义，这势必会造成司法实践的混乱；（3）上述规定有悖定罪的主客观相统一原则的要求，有客观归罪之嫌（参见最高人民法院刑法修改小组："《关于对〈中华人民共和国刑法（修订草案）（征求意见稿）〉的修改意见》（1996 年 11 月 8 日）和最高人民检察院刑法修改小组：《修改刑法研究报告》（1989 年 10 月 12 日）"，见高铭暄、赵秉志编：《新中国刑法立法文献资料总览》（下），中国人民公安大学出版社 1998 年版，第 2443、2473 页）。

次会议审议的《中华人民共和国刑法（修订草案）》第 381 条基本上沿用了上述规定，仅基于立法技术上的考虑，将本罪主体的表述简化为"国家工作人员"。经审议，1997 年《刑法》第 384 条在上述规定的基础上，又在第 2 款的犯罪对象中增加了"扶贫"和"移民"这两种款物，进一步扩大了本罪从重处罚的范围。

【立法规定】

《刑法》第 384 条规定："国家工作人员利用职务上的便利，挪用公款归个人使用，进行非法活动的，或者挪用公款数额较大、进行营利活动的，或者挪用公款数额较大、超过三个月未还的，是挪用公款罪，处五年以下有期徒刑或者拘役；情节严重的，处五年以上有期徒刑。挪用公款数额巨大不退还的，处十年以上有期徒刑或者无期徒刑。挪用用于救灾、抢险、防汛、优抚、扶贫、移民、救济款物归个人使用的，从重处罚。"

【立法释义】

全国人大常委会 2000 年 4 月 29 日通过的《关于〈中华人民共和国刑法〉第九十三条第二款的解释》规定："村民委员会等村基层组织人员协助人民政府从事下列行政管理工作，属于刑法第九十三条第二款规定的'其他依照法律从事公务的人员'：（一）救灾、抢险、防汛、优抚、扶贫、移民、救济款物的管理；（二）社会捐助公益事业款物的管理；（三）国有土地的经营和管理；（四）土地征收、征用补偿费用的管理；（五）代征、代缴税款；（六）有关计划生育、户籍、征兵工作；（七）协助人民政府从事的其他行政管理工作。村民委员会等村基层组织人员从事前款规定的公务，利用职务上的便利，非法占有公共财物、挪用公款、索取他人财物或者非法收受他人财物，构成犯罪的，适用刑法第三百八十二条和第三百八十三条贪污罪、第三百八十四条挪用公款罪、第三百八十五条和第三百八十六条受贿罪的规定。"

全国人大常委会 2002 年 4 月 28 日通过的《关于〈中华人民共和国刑法〉第三百八十四条第一款的解释》规定："有下列情形之一的，属于挪用公款'归个人使用'：（一）将公款供本人、亲友或者其他自然人使用的；（二）以个人名义将公款供其他单位使用的；（三）个人决定以单位名义将公款供其他单位使用，谋取个人利益的。"

最高人民检察院 1997 年 10 月 13 日发布的《关于挪用国库券如何定性问题的批复》规定："国家工作人员利用职务上的便利，挪用公有或本单位的国库券的行为以挪用公款论；符合刑法第三百八十四条、第二百七十二条第二款规定的情形构成犯罪的，按挪用公款罪追究刑事责任。"

最高人民法院 1998 年 4 月 17 日发布的《关于审理挪用公款案件具体应用法律若干问题的解释》第 1 条规定："刑法第三百八十四条规定的'挪用公款归个人使用'，包括挪用者本人使用或者给他人使用。挪用公款给私有公司、私有企业使用的，属于挪用公款归个人使用。"第 2 条规定："对挪用公款罪，应区分三种不同情况予以认定：（一）挪用公款归个人使用，数额较大、超过三个月未还的，构成挪用公款罪。挪用正在生息或者需要支付利息的公款归个人使用，数额较大，超过三个月但在案发前全部归还本金的，可以从轻处罚或者免除处罚。给国家、集体造成的利息损失应予追缴。挪用公款数额巨大，超过三个月，案发前全部归还的，可以酌情从轻处罚。（二）挪用公款数额较大，归个人进行营利活动的，构成挪用公款罪，不受挪用时间和是否归还的限制。在案发前部分或者全部归还本息的，可以从轻处罚；情节轻微的，可以免除处罚。挪用公款存入银行、用于集资、购买股票、国债等，属于挪用公款进行营利活动。所获取的利息、收益等违法所得，应当追缴，但不计入挪用公款的数额。（三）挪用公款归个人使用，进行赌博、走私等非法活动的，构成挪用公款罪，不受'数额较大'和挪用时间的限制。挪用公款给他人使用，不知道使用人用公款进行营利活动或者用于非法活动，数额较大、超过三个月未还的，构成挪用公款罪；明知使用人用于营利活动或者非法活动的，应当认定为挪用人挪用公款进行营利活动或者非法活动。"第 3 条规定："挪用公款归个人使用，'数额较大、进行营利活动的'，或者'数额较大、超过三个月未还的'，以挪用公款一万元至三万元为'数额较大'的起点，以挪用公款十五万元至二十万元为'数额巨大'的起点。挪用公款'情节严重'，是指挪用公款数额巨大，或者数额虽未达到巨大，但挪用公款手段恶劣；多次挪用公款；因挪用公款严重影响生产、经营，造成严重损失等情形。'挪用公款归个人使用，进行非法活动的'，以挪用公款五千元至一万元为追究刑事责任的数额起点。挪用公款五万元至十万元以上的，属于挪用公款归个人使用，进行非法活动'情节严重'的情形之一。挪用公款归个人使用，进行非法活动，情节严重的其他情形，按照本条第一款的规定执行。各高级人民法院可以根据本地实际情况，按照本解释规定的数额幅度，确定本地区执行的具体数额标准，并报最高人民法院备案。挪用救灾、抢险、防汛、优抚、扶贫、移民、救济款物归个人使用的数额标准，参照挪用公款归个人使用进行非法活动的数额标准。"第 4 条规定："多次挪用公款不还，挪用公款数额累计计算；多次挪用公款，并以后次挪用的公款归还前次挪用的公款，挪用公款数额以案发时未还的实际数额认定。"第 5 条规定："'挪用公款数额巨大不退还的'，是指挪用公款数额巨大，因客观原因在一审宣判前不能退还的。"第 6 条规定："携带挪用的公款潜逃的，依照刑法第三百八十二条、第三百八十三条的规定定罪处罚。"第 7 条规定："因挪用公款索取、收受贿赂构成犯罪的，依照数罪并罚的规定处罚。挪用公款进行非法活动构成其他犯罪的，依照数罪并罚的规定处罚。"第 8 条规定："挪用公款给他人使用，使用人与挪用人共谋，指使或者参与策划取得挪用款的，以挪用公款罪的共犯定罪处罚。"

最高人民检察院 1999 年 9 月 9 日发布的《关于人民检察院直接受理立案侦查案件立

案标准的规定（试行）》"挪用公款案（第 384 条、第 185 条第 2 款、第 272 条第 2 款）"部分规定："挪用公款罪是指国家工作人员利用职务上的便利，挪用公款归个人使用，进行非法活动的，或者挪用公款数额较大、进行营利活动的，或者挪用公款数额较大、超过三个月未还的行为。国有金融机构工作人员和国有金融机构委派到非国有金融机构从事公务的人员，利用职务上的便利，挪用本单位或者客户资金的，以挪用公款罪追究刑事责任。国有公司、企业或者其他国有单位中从事公务的人员和国有公司、企业或者其他国有单位委派到非国有公司、企业以及其他单位从事公务的人员，利用职务上的便利，挪用本单位资金归个人使用或者借贷给他人，数额较大、超过三个月未还的，或者虽未超过三个月，但数额较大，进行营利活动的，或者进行非法活动的，以挪用公款罪追究刑事责任。涉嫌下列情形之一的，应予立案：1. 挪用公款归个人使用，数额在 5 千元至 1 万元以上，进行非法活动的；2. 挪用公款数额在 1 万元至 3 万元以上，归个人进行营利活动的；3. 挪用公款归个人使用，数额在 1 万元至 3 万元以上，超过 3 个月未还的。各省级人民检察院可以根据本地实际情况：在上述数额幅度内，确定本地区执行的具体数额标准，并报最高人民检察院备案。'挪用公款归个人使用'，既包括挪用者本人使用，也包括给他人使用。多次挪用公款不还的，挪用公款数额累计计算；多次挪用公款并以后次挪用的公款归还前次挪用的公款，挪用公款数额以案发时未还的数额认定。挪用公款给其他个人使用的案件，使用人与挪用人共谋，指使或者参与策划取得挪用款的，对使用人以挪用公款罪的共犯追究刑事责任。"

最高人民检察院 2000 年 3 月 6 日发布的《关于国家工作人员挪用非特定公物能否定罪的请示的批复》规定："刑法第 384 条规定的挪用公款罪中未包括挪用非特定公物归个人使用的行为，对该行为不以挪用公款罪论处。如构成其他犯罪的，依照刑法的相关规定定罪处罚。"

最高人民检察院 2002 年 5 月 13 日发布的《关于认真贯彻执行全国人大常委会〈关于刑法第二百九十四条第一款的解释〉和〈关于刑法第三百八十四条第一款的解释〉的通知》第 2 条中规定："对于国家工作人员利用职务上的便利，实施《解释》规定的挪用公款'归个人使用'的三种情形之一的，无论使用公款的是个人还是单位以及单位的性质如何，均应认定为挪用公款归个人使用，构成犯罪的，应依法严肃查处。"

最高人民检察院 2003 年 1 月 28 日发布的《关于挪用失业保险基金和下岗职工基本生活保障资金的行为适用法律问题的批复》规定："挪用失业保险基金和下岗职工基本生活保障资金属于挪用救济款物。挪用失业保险基金和下岗职工基本生活保障资金，情节严重，致使国家和人民群众利益遭受重大损害的，对直接责任人员，应当依照刑法第二百七十三条的规定，以挪用特定款物罪追究刑事责任；国家工作人员利用职务上的便利，挪用失业保险基金和下岗职工基本生活保障资金归个人使用，构成犯罪的，应当依照刑法第三百八十四条的规定，以挪用公款罪追究刑事责任。"

最高人民法院、最高人民检察院 2003 年 5 月 14 日发布的《关于办理妨害预防、控制突发传染病疫情等灾害的刑事案件具体应用法律若干问题的解释》第 14 条规定："贪污、侵占用于预防、控制突发传染病疫情等灾害的款物或者挪用归个人使用，构成犯罪的，分别依照刑法第三百八十二条、第三百八十三条、第二百七十一条、第三百八十四条、第二百七十二条的规定，以贪污罪、侵占罪、挪用公款罪、挪用资金罪定罪，依法从重处罚。挪用用于预防、控制突发传染病疫情等灾害的救灾、优抚、救济等款物，构成犯罪的，对直接责任人员，依照刑法第二百七十三条的规定，以挪用特定款物罪定罪处罚。"第 17 条规定："人民法院、人民检察院办理有关妨害预防、控制突发传染病疫情等灾害的刑事案件，对于有自首、立功等悔罪表现的，依法从轻、减轻、免除处罚或者依法作出不起诉决定。"

最高人民法院 2003 年 9 月 22 日发布的《关于挪用公款犯罪如何计算追诉期限问题的批复》规定："根据刑法第八十九条、第三百八十四条的规定，挪用公款归个人使用，进行非法活动的，或者挪用公款数额较大、进行营利活动的，犯罪的追诉期限从挪用行为实施完毕之日起计算；挪用公款数额较大、超过三个月未还的，犯罪的追诉期限从挪用公款罪成立之日起计算。挪用公款行为有连续状态的，犯罪的追诉期限应当从最后一次挪用行为实施完毕之日或者犯罪成立之日起计算。"

最高人民法院 2003 年 11 月 13 日发布的《全国法院审理经济犯罪案件工作座谈会纪要》"关于挪用公款罪"部分第 1 条规定："经单位领导集体研究决定将公款给个人使用，或者单位负责人为了单位的利益，决定将公款给个人使用的，不以挪用公款罪定罪处罚。上述行为致使单位遭受重大损失，构成其他犯罪的，依照刑法的有关规定对责任人员定罪处罚。"第 2 条规定："根据全国人大常委会《关于〈中华人民共和国刑法〉第三百八十四条第一款的解释》的规定，'以个人名义将公款供其他单位使用的'、'个人决定以单位名义将公款供其他单位使用，谋取个人利益的'，属于挪用公款'归个人使用'。在司法实践中，对于将公款供其他单位使用的，认定是否属于'以个人名义'，不能只看形式，要从实质上把握。对于行为人逃避财务监管，或者与使用人约定以个人名义进行，或者借款、还款都以个人名义进行，将公款给其他单位使用的，应认定为'以个人名义'。'个人决定'既包括行为人在职权范围内决定，也包括超越职权范围决定。'谋取个人利益'，既包括行为人与使用人事先约定谋取个人利益实际尚未获取的情况，也包括虽未事先约定但实际已获取了个人利益的情况。其中的'个人利益'，既包括不正当利益，也包括正当利益；既包括财产性利益，也包括非财产性利益，但这种非财产性利益应当是具体的实际利益，如升学、就业等。"第3条规定："国有单位领导利用职务上的便利指令具有法人资格的下级单位将公款供个人使用的，属于挪用公款行为，构成犯罪的，应以挪用公款罪定罪处罚。"第4条规定："挪用金融凭证、有价证券用于质押，使公款处于风险之中，与挪用公款为他人提供担保没有实质的区别，符合刑法关于挪用公款罪规定的，以挪用公款罪定罪处罚，挪用公款数额以实际或者可能承担的风险数额认定。"第5条规定："挪用公款归还个人欠款的，应当根据产生欠款的原因，分别认定属于挪用公款的何种情形。归还个人进行非法活动或者进行营利活动产生的欠款，应当认定为挪用公款进行非法活动或者进行营利活动。"第6条规定："申报注册资本是为进行生产经营活动作准备，属于成立公司、企业进行营利活动的组成部分。因此，挪用公款归个人用于公司、企业注册资本验资证明的，应当认定为挪用公款进行营利活动。"第7条规定："挪用公款后尚未投入实际使用的，只要同时具备'数额较大'和'超过三个月未还'的构成要件，应当认定为挪用公款罪，但可以酌情从轻处罚。"第8条规定："挪用公款罪与贪污罪的主要区别在于行为人主观上是否具有非法占有公款的目的。挪用公款是否转化为贪污，应当按照主客观相一致的原则，具体判断和认定行为人主观上是否具有非法占有公款的目的。在司法实践中，具有以下情形之一的，可以认定行为人具有非法占有公款的目的：1. 根据《最高人民法院关于审理挪用公款案件具体应用法律若干问题的解释》第六条的规定，行为人'携带挪用的公款潜逃的'，对其携带挪用的公款部分，以贪污罪定罪处罚。2. 行为人挪用公款后采取虚假发票平账、销毁有关账目等手段，使所挪用的公款已难以在单位财务账目上反映出来，且没有归还行为的，应当以贪污罪定罪处罚。3. 行为人截取单位收入不入账，非法占有，使所占有的公款难以在单位财务账目上反映出来，且没有归还行为的，应当以贪污罪定罪处罚。4. 有证据证明行为人有能力归还所挪用的公款而拒不归还，并隐瞒挪用的公款去向的，应当以贪污罪定罪处罚。"

最高人民法院研究室2004年3月30日发布的《关于对行为人通过伪造国家机关公文、证件担任国家工作人员职务并利用职务上的便利侵占本单位财物、收受贿赂、挪用本单位资金等行为如何适用法律问题的答复》规定："行为人通过伪造国家机关公文、证件担任国家工作人员职务以后，又利用职务上的便利实施侵占本单位财物、收受贿赂、挪用本单位资金等行为，构成犯罪的，应当分别以伪造国家机关公文、证件罪和相应的贪污罪、受贿罪、挪用公款罪等追究刑事责任，实行数罪并罚。"

最高人民法院、最高人民检察院2010年11月26日发布的《关于办理国家出资企业中职务犯罪案件具体应用法律若干问题的意见》第3条"关于国家出资企业工作人员使用改制公司、企业的资金担保个人贷款，用于购买改制公司、企业股份的行为的处理"规定："国家出资企业的工作人员在公司、企业改制过程中为购买公司、企业股份，利用职务上的便利，将公司、企业的资金或者金融凭证、有价证券等用于个人贷款担保的，依照刑法第二百七十二条或者第三百八十四条的规定，以挪用资金罪或者挪用公款罪定罪处罚。行为人在改制前的国家出资企业持有股份的，不影响挪用数额的认定，但量刑时应当酌情考虑。经有关主管部门批准或者按照有关政策规定，国家出资企业的工作人员为购买改制公司、企业股份实施前款行为的，可以视具体情况不作为犯罪处理。"第 6 条"关于国家出资企业中国家工作人员的认定"规定："经国家机关、国有公司、企业、事业单位提名、推荐、任命、批准等，在国有控股、参股公司及其分支机构中从事公务的人员，应当认定为国家工作人员。具体的任命机构和程序，不影响国家工作人员的认定。经国家出资企业中负有管理、监督国有资产职责的组织批准或者研究决定，代表其在国有控股、参股公司及其分支机构中从事组织、领导、监督、经营、管理工作的人员，应当认定为国家工作人员。国家出资企业中的国家工作人员，在国家出资企业中持有个人股份或者同时接受非国有股东委托的，不影响其国家工作人员身份的认定。"第 8 条"关于宽严相济刑事政策的具体贯彻"规定："办理国家出资企业中的职务犯罪案件时，要综合考虑历史条件、企业发展、职工就业、社会稳定等因素，注意具体情况具体分析，严格把握犯罪与一般违规行为的区分界限。对于主观恶意明显、社会危害严重、群众反映强烈的严重犯罪，要坚决依法从严惩处；对于特定历史条件下、为了顺利完成企业改制而实施的违反国家政策法律规定的行为，行为人无主观恶意或者主观恶意不明显，情节较轻，危害不大的，可以不作为犯罪处理。对于国家出资企业中的职务犯罪，要加大经济上的惩罚力度，充分重视财产刑的适用和执行，最大限度地挽回国家和人民利益遭受的损失。不能退赃的，在决定刑罚时，应当作为重要情节予以考虑。"

【立法建言】

建 议：将《刑法》第 384 条第 1 款修改为："国家工作人员利用职务上的便利，挪用公款归个人使用，进行非法活动的，或者挪用公款数额较大、进行营利活动的，或者挪用公款数额较大、超过三个月未还的，处五年以下有期徒刑、拘役或者管制，可以并处或者单处罚金；情节严重的，处五年以上有期徒刑，并处罚金。挪用公款数额巨大不退还的，处十年以上有期徒刑或者无期徒刑，并处罚金或者没收财产。"

理 由：

从立法技术上看，宜删去本罪第 1 款中"是挪用公款罪"的表述，并在其中第 1 档法定刑中增加"管制"的规定；同时，还宜在本罪第 1 款的法定刑中增加规定财产刑，以与《刑法》的其他相关规定相一致。

三、受贿罪（第385条、第386条）

【立法沿革】

受贿罪是在全国人大常委会1988年《关于惩治贪污罪贿赂罪的补充规定》第4条、第5条规定的受贿罪的基础上修改而来的，并经《刑法修正案（九）》第44条所修正。

从立法源流来看，受贿罪最早源于1950年《刑法大纲草案》第89条规定的贿赂罪："国家工作人员，就主管事务，要求或收受贿赂者，处一年以上十年以下监禁。情节特别严重者，处死刑或终身监禁，并可没收其财产之全部或一部。"1952年的《惩治贪污条例》将受贿犯罪包含在广义的贪污罪之中，受贿罪自然失去了独立存在的空间。1954年的《刑法指导原则草案》第74条虽然规定了受贿罪，但却将其与贪污罪合并规定在同一个条文中。[①] 到了1957年，《刑法草案》第22稿始将受贿罪单独加以规定。该稿第205条规定："国家工作人员收受贿赂或者要求其他不正当利益而没有枉法的，处三年以下有期徒刑或者拘役。"第206条规定："国家工作人员收受贿赂或者要求其他不正当利益而枉法的，处七年以下有期徒刑。犯前款罪，致使国家或者公民利益遭受严重损失的，处七年以上有期徒刑。"1963年的《刑法草案》第33稿第198条对上述规定作了较大的修改和调整：一是改变了根据以是否"枉法"分别配置法定刑的立法模式，而将其删并为一个条文；[②] 二是删去了其中"要求其他不正当利益"的内容；三是加大了处罚力度，将受贿罪的法定最高刑提高到了无期徒刑；四是增加了"向国家工作人员行贿或者介绍贿赂"的规定。修改后的条文为："国家工作人员利用职务上的便利，收受贿赂的，处七年以下有期徒刑或者拘役。犯前款罪，致使国家或者公民利益遭受严重损失的，处七年以上有期徒刑或者无期徒刑。向国家工作人员行贿或者介绍贿赂的，依照前两款的规定处罚。"1979年《刑法》第185条沿用了上述立法模式，但在内容上作了以下三方面的修改和补充：一是增加了"赃款、赃物没收，公款、公物追还"的规定；二是调整了量刑幅度，降低了法定最高刑；三是改变了行贿或者介绍贿赂"依照前两款的规定处罚"的规定，而将其改为独立的法定刑。

1979年《刑法》第185条规定："国家工作人员利用职务上的便利，收受贿赂的，处五年以下有期徒刑或者拘役。赃款、赃物没收，公款、公物追还。犯前款罪，致使国家或者公民利益遭受严重损失的，处五年以上有期徒刑。向国家工作人员行贿或者介绍贿赂

---

① 《惩治贪污条例》和《刑法指导原则草案》有关规定的具体内容，请参见本章之一"贪污罪（第382条、第383条）"的相关介绍和说明，在此不再赘述。

② "修改中认为这样划分意义不大，而且还容易给人造成似乎受贿本身并不枉法的模糊观念，因此予以删除合并"（参见高铭暄：《中华人民共和国刑法的孕育和诞生》，法律出版社1981年版，第250页）。

的，处三年以下有期徒刑或者拘役。"

1979年《刑法》施行后，鉴于1980年以来索贿受贿犯罪活动猖獗，对国家社会主义建设事业和人民利益危害严重的情况，为了坚决打击这些犯罪活动，全国人大常委会1982年3月8日通过的《关于严惩严重破坏经济的罪犯的决定》对受贿罪修改为："国家工作人员索取、收受贿赂的，比照刑法第一百五十五条贪污罪论处；情节特别严重的，处无期徒刑或者死刑。"

"为了更好地执行刑法和《决定》，按照一手抓改革、开放、搞活，一手抓打击经济犯罪的精神，1982年，法制委员会对经济体制改革和对外开放过程中在经济犯罪方面出现的新情况、新问题进行了调查研究"，鉴于"近几年，有些走私、诈骗、投机倒把罪犯甚至有些企业单位，常常采取给经办人员回扣、手续费等手段，谋取非法利益，使国家遭受严重经济损失"。同时，"考虑到受贿后果往往较贪污严重，索贿比受贿情节更恶劣"①。因此，1988年《关于惩治贪污罪贿赂罪的补充规定》第4条规定："国家工作人员、集体经济组织工作人员或者其他从事公务的人员，利用职务上的便利，索取他人财物的，或者非法收受他人财物为他人谋取利益的，是受贿罪。与国家工作人员、集体经济组织工作人员或者其他从事公务的人员勾结，伙同受贿的，以共犯论处。国家工作人员、集体经济组织工作人员或者其他从事公务的人员，在经济往来中，违反国家规定收受各种名义的回扣、手续费，归个人所有的，以受贿论处。"第5条规定："对犯受贿罪的，根据受贿所得数额及情节，依照本规定第二条的规定处罚；受贿数额不满一万元，使国家利益或者集体利益遭受重大损失的，处十年以上有期徒刑；受贿数额在一万元以上，使国家利益或者集体利益遭受重大损失的，处无期徒刑或者死刑，并处没收财产。索贿的从重处罚。因受贿而进行违法活动构成其他罪的，依照数罪并罚的规定处罚。"

在全面研究修改刑法的过程中，"一些专家、部门提出，受贿罪的主体应当限于国家工作人员，不应包括集体经济组织工作人员和其他从事公务的人员。这样的限定有利于整肃吏治，树立廉洁政府，也有利于维护国有企事业单位的正常活动"。② 因此，1988年的《刑法修改稿》结合1979年《刑法》和《关于惩治贪污罪贿赂罪的补充规定》对受贿罪作了修改。该稿第132条规定："国家工作人员利用职务上的便利，索取他人财物的，或者非法收受他人财物，为他人谋取利益的，处七年以下有期徒刑或者拘役，可以并处没收财产；致使国家或者公民利益遭受严重损失的，处七年以上有期徒刑、无期徒刑或者死刑，并处没收财产。向国家工作人员行贿或者介绍贿赂的，处五年以下有期徒刑或者拘

---

① 参见全国人大常委会秘书长、法制工作委员会主任王汉斌1987年11月17日在六届全国人大常委会第二十三次会议上所作的《关于惩治走私罪和惩治贪污罪贿赂罪两个补充规定（草案）的说明》。

② 参见高铭暄：《中华人民共和国刑法的孕育诞生和发展完善》，北京大学出版社2012年版，第607页。

役；情节严重的，处五年以上有期徒刑。"但在此后的刑法修订研拟中，立法工作机关放弃了上述修改思路，重新以《关于惩治贪污罪贿赂罪的补充规定》为基础对受贿罪进行修订。1996年的《刑法修订草案》（征求意见稿）第333条规定："国家工作人员或者其他从事公务的人员，利用职务上的便利，索取他人财物或者非法收受他人财物为他人谋利益的，是受贿罪。国家工作人员或者其他从事公务的人员，在经济往来中，违反国家规定收受各种名义的回扣、手续费，归个人所有的，以受贿论处。"第334条规定："对犯受贿罪的，根据受贿所得数额及情节，依照本法第三百三十一条的规定处罚；[1] 受贿数额不满五万元，使国家利益遭受重大损失的，处十年以上有期徒刑；受贿数额在五万元以上，使国家利益遭受特别重大损失的，处无期徒刑或者死刑，并处没收财产。国家工作人员或者其他从事公务的人员，利用职务上的便利，敲诈勒索他人财物的，依照受贿罪的规定从重处罚。"1997年的《刑法修订草案》（修改稿）基本上沿用了上述规定，主要修改之处，是将受贿罪的主体具体表述为："国家机关、国有公司、企业、事业单位、人民团体中从事公务的人员和国家机关、国有公司、企业、事业单位委派到非国有公司、企业、事业单位、社会团体从事公务的人员。"1997年3月1日，提交给八届全国人大五次会议审议的《中华人民共和国刑法（修订草案）》在上述规定的基础上，又将受贿罪主体的表述简化为"国家工作人员"。经审议，1997年《刑法》第386条对上述受贿罪的处罚规定作了较大的修改，将"对犯受贿罪的，根据受贿所得数额及情节，依照本法第三百八十条的规定处罚；受贿数额不满五万元，使国家利益遭受重大损失的，处十年以上有期徒刑；受贿数额在五万元以上，使国家利益遭受特别重大损失的，处无期徒刑或者死刑，并处没收财产"和"国家工作人员利用职务上的便利，敲诈勒索他人财物的，依照前款的规定从重处罚"2款规定删并为1款："对犯受贿罪的，根据受贿所得数额及情节，依照本法第三百八十三条的规定处罚。索贿的从重处罚。"

1997年《刑法》施行后，《刑法修正案（九）》第44条修改了受贿罪的定罪量刑标准。[2]

【立法规定】

《刑法》第385条规定："国家工作人员利用职务上的便利，索取他人财物的，或者非法收受他人财物，为他人谋取利益的，是受贿罪。国家工作人员在经济往来中，违反国家规定，收受各种名义的回扣、手续费，归个人所有的，以受贿论处。"第386条规定："对犯受贿罪的，根据受贿所得数额及情节，依照本法第三百八十三条的规定处罚。索贿的从重处罚。"

---

[1] 该草案第331条是贪污罪的处刑规定。
[2] 参见本章之一"贪污罪（第382条、第383条）"的相关论述，在此不再赘述。

【立法释义】

全国人大常委会 2000 年 4 月 29 日通过的《关于〈中华人民共和国刑法〉第九十三条第二款的解释》规定："村民委员会等村基层组织人员协助人民政府从事下列行政管理工作，属于刑法第九十三条第二款规定的'其他依照法律从事公务的人员'：（一）救灾、抢险、防汛、优抚、扶贫、移民、救济款物的管理；（二）社会捐助公益事业款物的管理；（三）国有土地的经营和管理；（四）土地征收、征用补偿费用的管理；（五）代征、代缴税款；（六）有关计划生育、户籍、征兵工作；（七）协助人民政府从事的其他行政管理工作。村民委员会等村基层组织人员从事前款规定的公务，利用职务上的便利，非法占有公共财物、挪用公款、索取他人财物或者非法收受他人财物，构成犯罪的，适用刑法第三百八十二条和第三百八十三条贪污罪、第三百八十四条挪用公款罪、第三百八十五条和第三百八十六条受贿罪的规定。"

最高人民法院、最高人民检察院、公安部、国家工商行政管理局 1998 年 5 月 8 日发布的《关于依法查处盗窃、抢劫机动车案件的规定》第 8 条规定："公安、工商行政管理人员利用职务上的便利，索取或者非法收受他人财物，为赃车入户、过户、验证构成犯罪的，依照《刑法》第三百八十五条、第三百八十六条的规定处罚。"

最高人民检察院 1999 年 9 月 9 日发布的《关于人民检察院直接受理立案侦查案件立案标准的规定（试行）》"受贿案（第 385 条、第 386 条、第 388 条、第 163 条第 3 款、第 184 条第 2 款）"部分规定："受贿罪是指国家工作人员利用职务上的便利，索取他人财物的，或者非法收受他人财物，为他人谋取利益的行为。""'利用职务上的便利'，是指利用本人职务范围内的权力，即自己职务上主管、负责或者承办某项公共事务的职权及其所形成的便利条件。""索取他人财物的，不论是否'为他人谋取利益'，均可构成受贿罪。非法收受他人财物的，必须同时具备'为他人谋取利益'的条件，才能构成受贿罪。但是为他人谋取的利益是否正当，为他人谋取的利益是否实现，不影响受贿罪的认定。""国家工作人员在经济往来中，违反国家规定，收受各种名义的回扣、手续费，归个人所有的，以受贿罪追究刑事责任。""国有公司、企业中从事公务的人员和国有公司、企业委派到非国有公司、企业从事公务的人员利用职务上的便利，索取他人财物或者非法收受他人财物，为他人谋取利益，或者在经济往来中，违反国家规定，收受各种名义的回扣、手续费，归个人所有的，以受贿罪追究刑事责任。""国有金融机构工作人员和国有金融机构委派到非国有金融机构从事公务的人员在金融业务活动中索取他人财物或者非法收受他人财物，为他人谋取利益的，或者违反国家规定，收受各种名义的回扣、手续费归个人所有的，以受贿罪追究刑事责任。""国家工作人员利用本人职权或者地位形成的便利条件，通过其他国家工作人员职务上的行为，为请托人谋取不正当利益，索取请托人财物或者收受请托人财物的，以受贿罪追究刑事责任。""涉嫌下列情形之一的，应予立案：1. 个人受贿数额在 5 千元以上的；2. 个人受贿数额不满 5 千元，但具有下列情形之一的：（1）因受贿行为而使国家或者社会利益遭受重大损失的；（2）故意刁难、要挟有关单位、个人，造成恶劣影响的；（3）强行索取财物的。"

最高人民法院 2000 年 7 月 13 日发布的《关于国家工作人员利用职务上的便利为他人谋取利益离退休后收受财物行为如何处理问题的批复》规定："国家工作人员利用职务上的便利为请托人谋取利益，并与请托人事先约定，在其离退休后收受请托人财物，构成犯罪的，以受贿罪定罪处罚。"

最高人民检察院法律政策研究室 2003 年 1 月 13 日发布的《关于佛教协会工作人员能否构成受贿罪或者公司、企业人员受贿罪主体问题的答复》规定："佛教协会属于社会团体，其工作人员除符合刑法第九十三条第二款的规定属于受委托从事公务的人员外，既不属于国家工作人员，也不属于公司、企业人员。根据刑法的规定，对非受委托从事公务的佛教协会的工作人员利用职务之便收受他人财物，为他人谋取利益的行为，不能按受贿罪或者公司、企业人员受贿罪追究刑事责任。"

最高人民检察院法律政策研究室 2003 年 4 月 2 日发布的《关于集体性质的乡镇卫生院院长利用职务之便收受他人财物的行为如何适用法律问题的答复》规定："经过乡镇政府或者主管行政机关任命的乡镇卫生院院长，在依法从事本区域卫生工作的管理与业务技术指导，承担医疗预防保健服务工作等公务活动时，属于刑法第九十三条第二款规定的其他依照法律从事公务的人员。对其利用职务上的便利，索取他人财物的，或者非法收受他人财物，为他人谋取利益的，应当依照刑法第三百八十五条、第三百八十六条的规定，以受贿罪追究刑事责任。"

最高人民法院 2003 年 11 月 13 日发布的《全国法院审理经济犯罪案件工作座谈会纪要》"关于受贿罪"部分第 1 条规定："刑法第三百八十五条第一款规定的'利用职务上的便利'，既包括利用本人职务上主管、负责、承办某项公共事务的职权，也包括利用职务上有隶属、制约关系的其他国家工作人员的职权。担任单位领导职务的国家工作人员通过不属自己主管的下级部门的国家工作人员的职务为他人谋取利益的，应当认定为'利用职务上的便利'为他人谋取利益。"第 2 条规定："为他人谋取利益包括承诺、实施和实现三个阶段的行为。只要具有其中一个阶段的行为，如国家工作人员收受他人财物时，根据他人提出的具体请托事项，承诺为他人谋取利益的，就具备了为他人谋取利益的要件。明知他人有具体请托事项而收受其财物的，视为承诺为他人谋取利益。"第 3 条规定："刑法第三百八十八条规定的'利用本人职权或者地位形成的便利条件'，是指行为人与被其利用的国家工作人员之间在职务上虽然没有隶属、制约关系，但是行为人利用了本人职权或者地位产生的影响和一定的工作联系，如单位内不同部门的国家工作人员之间、上下级单位没有职务上隶属、制约关系的国家工作人员之间、有工作联系的不同单位的国家工作人员之间等。"第4条规定："参照《最高人民法院关于国家工作人员利用职务上的便利为他人谋取利益离退休后收受财物行为如何处理问题的批复》规定的精神，国家工作人员利用职务上的便利为请托人谋取利益，并与请托人事先约定，在其离职后收受请托人财物，构成犯罪的，以受贿罪定罪处罚。"第5条规定："根据刑法关于共同犯罪的规定，非国家工作人员与国家工作人员勾结，伙同受贿的，应当以受贿罪的共犯追究刑事责任。非国家工作人员是否构成受贿罪共犯，取决于双方有无共同受贿的故意和行为。国家工作人员的近亲属向国家工作人员代为转达请托事项，收受请托人财物并告知该国家工作人员，或者国家工作人员明知其近亲属收受了他人财物，仍按照近亲属的要求利用职权为他人谋取利益的，对该国家工作人员应认定为受贿罪，其近亲属以受贿罪共犯论处。近亲属以外的其他人与国家工作人员通谋，由国家工作人员利用职务上的便利为请托人谋取利益，收受请托人财物后双方共同占有的，构成受贿罪共犯。国家工作人员利用职务上的便利为他人谋取利益，并指定他人将财物送给其他人，构成犯罪的，应以受贿罪定罪处罚。"第6条规定："国家工作人员利用职务上的便利，以借为名向他人索取财物，或者非法收受财物为他人谋取利益的，应当认定为受贿。具体认定时，不能仅仅看是否有书面借款手续，应当根据以下因素综合判定：（1）有无正当、合理的借款事由；（2）款项的去向；（3）双方平时关系如何、有无经济往来；（4）出借方是否要求国家工作人员利用职务上的便利为其谋取利益；（5）借款后是否有归还的意思表示及行为；（6）是否有归还的能力；（7）未归还的原因；等等。在办理涉及股票的受贿案件时，应当注意：（1）国家工作人员利用职务上的便利，索取或非法收受股票，没有支付股本金，为他人谋取利益，构成受贿罪的，其受贿数额按照收受股票时的实际价格计算。（2）行为人支付股本金而购买较有可能升值的股票，由于不是无偿收受请托人财物，不以受贿罪论处。（3）股票已上市且已升值，行为人仅支付股本金，其'购买'股票时的实际价格与股本金的差价部分应认定为受贿。"

最高人民法院研究室2004年3月30日发布的《关于对行为人通过伪造国家机关公文、证件担任国家工作人员职务并利用职务上的便利侵占本单位财物、收受贿赂、挪用本单位资金等行为如何适用法律问题的答复》规定："行为人通过伪造国家机关公文、证件担任国家工作人员职务以后，又利用职务上的便利实施侵占本单位财物、收受贿赂、挪用本单位资金等行为，构成犯罪的，应当分别以伪造国家机关公文、证件罪和相应的贪污罪、受贿罪、挪用公款罪等追究刑事责任，实行数罪并罚。"

最高人民法院、最高人民检察院2005年5月11日发布的《关于办理赌博刑事案件具体应用法律若干问题的解释》第7条规定："通过赌博或者为国家工作人员赌博提供资金的形式实施行贿、受贿行为，构成犯罪的，依照刑法关于贿赂犯罪的规定定罪处罚。"

最高人民法院、最高人民检察院2007年7月8日发布的《关于办理受贿刑事案件适用法律若干问题的意见》第1条"关于以交易形式收受贿赂问题"规定："国家工作人员利用职务上的便利为请托人谋取利益，以下列交易形式收受请托人财物的，以受贿论处：（1）以明显低于市场的价格向请托人购买房屋、汽车等物品的；（2）以明显高于市场的价格向请托人出售房屋、汽车等物品的；（3）以其他交易形式非法收受请托人财物的。受贿数额按照交易时当地市场价格与实际支付价格的差额计算。前款所列市场价格包括商品经营者事先设定的不针对特定人的最低优惠价格。根据商品经营者事先设定的各种优惠交易条件，以优惠价格购买商品的，不属于受贿。"第2条"关于收受干股问题"规定："干股是指未出资而获得的股份。国家工作人员利用职务上的便利为请托人谋取利益，收受请托人提供的干股的，以受贿论处。进行了股权转让登记，或者相关证据证明股份发生了实际转让的，受贿数额按转让行为时股份价值计算，所分红利按受贿孳息处理。股份未实际转让，以股份分红名义获取利益的，实际获利数额应当认定为受贿数额。"第3条"关于以开办公司等合作投资名义收受贿赂问题"规定："国家工作人员利用职务上的便利为请托人谋取利益，由请托人出资，'合作'开办公司或者进行其他'合作'投资的，以受贿论处。受贿数额为请托人给国家工作人员的出资额。国家工作人员利用职务上的便利为请托人谋取利益，以合作开办公司或者其他合作投资的名义获取'利润'，没有实际出资和参与管理、经营的，以受贿论处。"第4条"关于以委托请托人投资证券、期货或者其他委托理财的名义收受贿赂问题"规定："国家工作人员利用职务上的便利为请托人谋取利益，以委托请托人投资证券、期货或者其他委托理财的名义，未实际出资而获取'收益'，或者虽然实际出资，但获取'收益'明显高于出资应得收益的，以受贿论处。受贿数额，前一情形，以'收益'额计算；后一情形，以'收益'额与出资应得收益额的差额计算。"第5条"关于以赌博形式收受贿赂的认定问题"规定："根据《最高人民法院、最高人民检察院关于办理赌博刑事案件具体应用法律若干问题的解释》第七条规定，国家工作人员利用职务上的便利为请托人谋取利益，通过赌博方式收受请托人财物的，构成受贿。实践中应注意区分贿赂与赌博活动、娱乐活动的界限。具体认定时，主要应当结合以下因素进行判断：（1）赌博的背景、场合、时间、次数；（2）赌资来源；（3）其他赌博参与者有无事先通谋；（4）输赢钱物的具体情况和金额大小。"第6条"关于特定关系人'挂名'领取薪酬问题"规定："国家工作人员利用职务上的便利为请托人谋取利益，要求或者接受请托人以给特定关系人安排工作为名，使特定关系人不实际工作却获取所谓薪酬的，以受贿论处。"第7条"关于由特定关系人收受贿赂问题"规定："国家工作人员利用职务上的便利为请托人谋取利益，授意请托人以本意见所列形式，将有关财物给予特定关系人的，以受贿论处。特定关系人与国家工作人员通谋，共同实施前款行为的，对特定关系人以受贿罪的共犯论处。特定关系人以外的其他人与国家工作人员通谋，由国家工作人员利用职务上的便利为请托人谋取利益，收受请托人财物后双方共同占有的，以受贿罪的共犯论处。"第8条"关于收受贿赂物品未办理权属变更问题"规定："国家工作人员利用职务上的便利为请托人谋取利益，收受请托人房屋、汽车等物品，未变更权属登记或者借用他人名义办理权属变更登记的，不影响受贿的认定。认定以房屋、汽车等物品为对象的受贿，应注意与借用的区分。具体认定时，除双方交代或者书面协议之外，主要应当结合以下因素进行判断：（1）有无借用的合理事由；（2）是否实际使用；（3）借用时间的长短；（4）有无归还的条件；（5）有无归还的意思表示及行为。"第9条"关于收受财物后退还或者上交问题"规定："国家工作人员收受请托人财物后及时退还或者上交的，不是受贿。国家工作人员受贿后，因自身或者与其受贿有关联的人、事被查处，为掩饰犯罪而退还或者上交的，不影响认定受贿罪。"第10条"关于在职时为请托人谋利，离职后收受财物问题"规定："国家工作人员利用职务上的便利为请托人谋取利益之前或者之后，约定在其离职后收受请托人财物，并在离职后收受的，以受贿论处。国家工作人员利用职务上的便利为请托人谋取利益，离职前后连续收受请托人财物的，离职前后收受部分均应计入受贿数额。"第11条"关于'特定关系人'的范围"规定："本意见所称'特定关系人'，是指与国家工作人员有近亲属、情妇（夫）以及其他共同利益关系的人。"第12条"关于正确贯彻宽严相济刑事政策的问题"规定："依照本意见办理受贿刑事案件，要根据刑法关于受贿罪的有关规定和受贿罪权钱交易的本质特征，准确区分罪与非罪、此罪与彼罪的界限，惩处少数，教育多数。在从严惩处受贿犯罪的同时，对于具有自首、立功等情节的，依法从轻、减轻或者免除处罚。"

最高人民法院、最高人民检察院2008年11月20日发布的《关于办理商业贿赂刑事案件适用法律若干问题的意见》第4条规定："医疗机构中的国家工作人员，在药品、医疗器械、医用卫生材料等医药产品采购活动中，利用职务上的便利，索取销售方财物，或者非法收受销售方财物，为销售方谋取利益，构成犯罪的，依照刑法第三百八十五条的规定，以受贿罪定罪处罚。医疗机构中的非国家工作人员，有前款行为，数额较大的，依照刑法第一百六十三条的规定，以非国家工作人员受贿罪定罪处罚。医疗机构中的医务人员，利用开处方的职务便利，以各种名义非法收受药品、医疗器械、医用卫生材料等医药产品销售方财物，为医药产品销售方谋取利益，数额较大的，依照刑法第一百六十三条的规定，以非国家工作人员受贿罪定罪处罚。"第5条规定："学校及其他教育机构中的国家工作人员，在教材、教具、校服或者其他物品的采购等活动中，利用职务上的便利，索取销售方财物，或者非法收受销售方财物，为销售方谋取利益，构成犯罪的，依照刑法第三百八十五条的规定，以受贿罪定罪处罚。学校及其他教育机构中的非国家工作人员，有前款行为，数额较大的，依照刑法第一百六十三条的规定，以非国家工作人员受贿罪定罪处罚。学校及其他教育机构中的教师，利用教学活动的职务便利，以各种名义非法收受教材、教具、校服或者其他物品销售方财物，为教材、教具、校服或者其他物品销售方谋取利益，数额较大的，依照刑法第一百六十三条的规定，以非国家工作人员受贿罪定罪处罚。"第6条规定："依法组建的评标委员会、竞争性谈判采购中谈判小组、询价采购中询价小组的组成人员，在招标、政府采购等事项的评标或者采购活动中，索取他人财物或者非法收受他人财物，为他人谋取利益，数额较大的，依照刑法第一百六十三条的规定，以非国家工作人员受贿罪定罪处罚。依法组建的评标委员会、竞争性谈判采购中谈判小组、询价采购中询价小组中国家机关或者其他国有单位的代表有前款行为的，依照刑法第三百八十五条的规定，以受贿罪定罪处罚。"第7条规定："商业贿赂中的财物，既包括金钱和实物，也包括可以用金钱计算数额的财产性利益，如提供房屋装修、含有金额的会员卡、代币卡（券）、旅游费用等。具体数额以实际支付的资费为准。"第8条规定："收受银行卡的，不论受贿人是否实际取出或者消费，卡内的存款数额一般应全额认定为受贿数额。使用银行卡透支的，如果由给予银行卡的一方承担还款责任，透支数额也应当认定为受贿数额。"第10条规定："办理商业贿赂犯罪案件，要注意区分贿赂与馈赠的界限。主要应当结合以下因素全面分析、综合判断：（1）发生财物往来的背景，如双方是否存在亲友关系及历史上交往的情形和程度；（2）往来财物的价值；（3）财物往来的缘由、时机和方式，提供财物方对于接受方有无职务上的请托；（4）接受方是否利用职务上的便利为提供方谋取利益。"第11条规定："非国家工作人员与国家工作人员通谋，共同收受他人财物，构成共同犯罪的，根据双方利用职务便利的具体情形分别定罪追究刑事责任：（1）利用国家工作人员的职务便利为他人谋取利益的，以受贿罪追究刑事责任。（2）利用非国家工作人员的职务便利为他人谋取利益的，以非国家工作人员受贿罪追究刑事责任。（3）分别利用各自的职务便利为他人谋取利益的，按照主犯的犯罪性质追究刑事责任，不能分清主从犯的，可以受贿罪追究刑事责任。"

最高人民法院、最高人民检察院2010年11月26日发布的《关于办理国家出资企业中职务犯罪案件具体应用法律若干问题的意见》第5条"关于改制前后主体身体发生变化的犯罪的处理"规定："国家工作人员在国家出资企业改制前利用职务上的便利实施犯罪，在其不再具有国家工作人员身份后又实施同种行为，依法构成不同犯罪的，应当分别定罪，实行数罪并罚。国家工作人员利用职务上的便利，在国家出资企业改制过程中隐匿公司、企业财产，在其不再具有国家工作人员身份后将所隐匿财产据为己有的，依照刑法第三百八十二条、第三百八十三条的规定，以贪污罪定罪处罚。国家工作人员在国家出资企业改制过程中利用职务上的便利为请托人谋取利益，事先约定在其不再具有国家工作人员身份后收受请托人财物，或者在身份变化前后连续收受请托人财物的，依照刑法第三百八十五条、第三百八十六条的规定，以受贿罪定罪处罚。"第 6 条"关于国家出资企业中国家工作人员的认定"规定："经国家机关、国有公司、企业、事业单位提名、推荐、任命、批准等，在国有控股、参股公司及其分支机构中从事公务的人员，应当认定为国家工作人员。具体的任命机构和程序，不影响国家工作人员的认定。经国家出资企业中负有管理、监督国有资产职责的组织批准或者研究决定，代表其在国有控股、参股公司及其分支机构中从事组织、领导、监督、经营、管理工作的人员，应当认定为国家工作人员。国家出资企业中的国家工作人员，在国家出资企业中持有个人股份或者同时接受非国有股东委托的，不影响其国家工作人员身份的认定。"第 8 条"关于宽严相济刑事政策的具体贯彻"规定："办理国家出资企业中的职务犯罪案件时，要综合考虑历史条件、企业发展、职工就业、社会稳定等因素，注意具体情况具体分析，严格把握犯罪与一般违规行为的区分界限。对于主观恶意明显、社会危害严重、群众反映强烈的严重犯罪，要坚决依法从严惩处；对于特定历史条件下、为了顺利完成企业改制而实施的违反国家政策法律规定的行为，行为人无主观恶意或者主观恶意不明显，情节较轻，危害不大的，可以不作为犯罪处理。对于国家出资企业中的职务犯罪，要加大经济上的惩罚力度，充分重视财产刑的适用和执行，最大限度地挽回国家和人民利益遭受的损失。不能退赃的，在决定刑罚时，应当作为重要情节予以考虑。"

最高人民法院 2011 年 12 月 20 日发布的指导案例 3 号"潘玉梅、陈宁受贿案"中的"裁判要点"指出："1. 国家工作人员利用职务上的便利为请托人谋取利益，并与请托人以'合办'公司的名义获取'利润'，没有实际出资和参与经营管理的，以受贿论处。2. 国家工作人员明知他人有请托事项而收受其财物，视为承诺'为他人谋取利益'，是否已实际为他人谋取利益或谋取到利益，不影响受贿的认定。3. 国家工作人员利用职务上的便利为请托人谋取利益，以明显低于市场的价格向请托人购买房屋等物品的，以受贿论处，受贿数额按照交易时当地市场价格与实际支付价格的差额计算。4. 国家工作人员收受财物后，因与其受贿有关联的人、事被查处，为掩饰犯罪而退还的，不影响认定受贿罪。"

最高人民检察院 2012 年 11 月 15 日发布的指导性案例检例第 8 号"杨某玩忽职守、徇私舞弊、受贿案"中的"要旨"指出："对于国家机关工作人员实施渎职犯罪并收受贿赂，同时构成受贿罪的，除刑法第三百九十九条有特别规定的外，以渎职犯罪和受贿罪数罪并罚。"

最高人民检察院 2014 年 2 月 21 日发布的指导性案例检例第 15 号"胡林贵等人生产、

销售有毒、有害食品，行贿；骆梅等人销售伪劣产品；朱伟全等人生产、销售伪劣产品；黎达文等人受贿，食品监管渎职案"中的"要旨"指出："负有食品安全监督管理职责的国家机关工作人员，滥用职权，向生产、销售有毒、有害食品的犯罪分子通风报信，帮助逃避处罚的，应当认定为食品监管渎职罪；在渎职过程中受贿的，应当以食品监管渎职罪和受贿罪实行数罪并罚。"

最高人民检察院 2014 年 2 月 21 日发布的指导性案例检例第 16 号"赛跃、韩成武受贿、食品监管渎职案"中的"要旨"指出："负有食品安全监督管理职责的国家机关工作人员，滥用职权或玩忽职守，导致发生重大食品安全事故或者造成其他严重后果的，应当认定为食品监管渎职罪。在渎职过程中受贿的，应当以食品监管渎职罪和受贿罪实行数罪并罚。"

【立法建言】

建　议： 将《刑法》第 385 条第 1 款修改为："国家工作人员利用职务上的便利，索取他人不正当利益的，或者非法收受他人不正当利益，为他人谋取利益的，是受贿罪。"

理　由：

从现实情况来看，宜将《刑法》第 385 条第 1 款中的"财物"改为"不正当利益"。因为，严格地说，所谓财物，特指钱财和物质，[1] 并不包括财产性利益，更不包括非财产性利益。但是，近些年来，在司法实践中，贿赂犯罪的对象出现了许多新情况、新特点：一些犯罪分子为了逃避法律的制裁，有时用财物以外的利益作为贿赂。贿赂由单纯的财物发展为财产性利益，如债权、劳务、住房使用权、干股、免费旅游等，甚至扩展到就业机会、色情服务等非财产性利益。面对新型的贿赂犯罪，《刑法》已经显得力不从心。因此，许多有识之士呼吁："从有利于国家的廉政建设出发，适当扩大贿赂的范围已是当务之急。"[2] 那么，应采取何种形式来扩大贿赂的范围呢？有学者认为，"在刑法未修改前，对于法律规定作为贿赂的'财物'，能否作扩张解释……我们认为，应当在不违背立法的基本精神的前提下，对贿赂的范围作出恰当的解释"。[3] 诚然，对"财物"进行扩张解释，可以解决财产性利益的问题。但是，由于"财物"一词有其特定的含义，且《刑法》明确规定贿赂为"财物"，因此，将财物扩张解释为包括财产性利益，明显超出了该用语的文义"射程"。"扩大解释所得出的结论，不能超出刑法用语可能具有的含义，而是在刑法的'射程'之内进行的解释。而且，不合理的扩大解释结论，可能会超出国民的预测可

---

① 参见中国社会科学院语言研究所词典编辑室：《现代汉语词典》，商务印书馆 2000 年版，第 115 页。
② 肖扬主编：《贿赂犯罪研究》，法律出版社 1994 年版，第 306 页。
③ 同上。

能性，侵犯国民的自由，从而违反罪刑法定原则。"① 退一步说，即使对财物作扩张解释，也无法涵盖非财产性利益。笔者认为，财物与财产性利益和非财产性利益作为贿赂，其性质是一样的，只不过表现形式不同而已：一个是"权钱交易"，一个是"权利交易"，两者都会侵犯国家工作人员职务行为的廉洁性。为何立法只对"财物"情有独钟呢？"从我国廉政建设的目的来看，反腐败并不局限于财物，收受财物是一种腐败，收受其他物质性利益及非物质性利益从某种程度上说，是一种更严重的腐败。"② 因此，将贿赂限定为财物，已远远不能适应我国当前反腐败斗争的实际需要。

由于将贿赂犯罪的对象仅限于"财物"已不能适应时代的发展，因而近年来不断有人呼吁要扩大贿赂的范围。但在扩大到何种范围的问题上，刑法学界有两种不同的观点：一种观点认为，"我国刑法应适当扩大贿赂犯罪的对象范围，不仅包括财物，而且包括财产性利益，至于其他不正当好处，如性服务等，目前不宜规定为犯罪"。③ 另一种观点则认为，"将非物质性利益纳入贿赂范围是时代发展的必然趋势。刑法中的概念是随着社会的发展而不断拓展其外延的。比如，盗窃罪中的'财物'在传统理念中只限于有形财产，而随着无形财产权的发展，电磁信息等顺理成章地纳入了财物之范围。随着我国市场经济的发展，人们的价值观念逐渐多元化，非物质性利益已经演变成一种重要的贿赂手段，我们不能固守成规，而应与时俱进，更新观念"。④ 笔者赞同第二种观点，即应将贿赂的范围扩大至一切不正当利益。因为非财产性利益与财物、财产性利益作为贿赂并无本质的区别。如果说它们之间有区别的话，无非是其隐蔽性更强，"犯罪黑数"更高，查处难度更大。而且，大多数国家的刑事立法均将非财产性利益纳入了贿赂的范围。如《法国刑法典》第433-2条规定："任何人直接或间接索要或同意奉送、许诺、赠礼、馈赠或其他任何好处，处……"在美国的联邦刑法中，用来指代贿赂的是报酬。"报酬，指金钱、财产、服务或有价值的任何其他东西，不一定都指金钱"。⑤ 同时，《联合国反腐败公约》也将贿赂的范围界定为"不正当好处"（undue advantage）。按照《牛津高阶英汉双解词典》的解释，"advantage"是指优势、好处、利益的意思。⑥ 而"'不正当好处'，指凡是能满足受贿人各种生活需要和精神欲望的一种财产刑利益和非财产性利益。"⑦ 因此，将贿赂的范围由"财物"扩大至"不正当利益"，可以更好地适应时代的发展，反映当前反腐败斗争

---

① 张明楷：《刑法分则的解释原理》，中国人民大学出版社2004年版，第17页。

② 武玉红："贿赂犯罪中贿赂物的内涵分析"，载《社会科学》2003年第3期。

③ 孙忠诚："借鉴反腐败公约完善国内立法"，载《人民检察》2006年第4期。

④ 杨剑波："贿赂范围新探——以《联合国反腐败公约》为背景的分析"，载《湖北大学学报（哲学社会科学版）》2006年第3期。

⑤ 参见储槐植：《美国刑法》，北京大学出版社2005年版，第209页。

⑥ 参见《牛津高阶英汉双解词典》，商务印书馆、牛津大学出版社2004年版，第25页。

⑦ 杨宇冠、吴高庆：《〈联合国反腐败公约〉解读》，中国人民公安大学出版社2004年版，第160页。

的实际需要。此外，用"不正当利益"一词指代贿赂比"不正当好处"更加符合我国立法和规范性文件的用语习惯，如《刑法》第 388 条、第 389 条、第 390 条、第 391 条和 2006 年 6 月 13 日《中共中央纪委关于严格禁止理应职务上的便利谋取不正当利益的若干规定》等均明确规定了"不正当利益"这一概念，因而使用"不正当利益"一词更容易被大家所理解和接受。①

四、单位受贿罪（第 387 条）

【立法沿革】

单位受贿罪是在全国人大常委会 1988 年《关于惩治贪污罪贿赂罪的补充规定》第 6 条规定的单位受贿罪的基础上修改而来的。

单位受贿罪是《关于惩治贪污罪贿赂罪的补充规定》第 6 条增设的罪名："全民所有制企业事业单位、机关、团体，索取、收受他人财物，为他人谋取利益，情节严重的，判处罚金，并对其直接负责的主管人员和其他直接责任人员，处五年以下有期徒刑或者拘役。"

在刑法修订研拟的过程中，1996 年的《刑法修订草案》（征求意见稿）第 335 条基本上沿用了上述规定，仅将其中的"全民所有制企业事业单位"改为"国有企业事业单位"。1996 年的《刑法修订草案》第 342 条在上述规定的基础上，增加了"国有公司"的规定，并将本罪主体的表述改为"国有公司、企业、事业单位、机关、团体"。到了 1997 年，《刑法修订草案》第 381 条正式将本罪的主体表述为"国家机关、国有公司、企业、事业单位、人民团体"。1997 年 3 月 1 日，提交给八届全国人大五次会议审议的《中华人民共和国刑法（修订草案)》第 384 条在上述规定的基础上，增加了第 2 款"前款所列单位，在经济往来中，在账外暗中收受各种名义的回扣、手续费的，以受贿论，依照前款的规定处罚"的规定。这一修改方案，为现行刑法所采纳。

【立法规定】

《刑法》第 387 条规定："国家机关、国有公司、企业、事业单位、人民团体，索取、非法收受他人财物，为他人谋取利益，情节严重的，对单位判处罚金，并对其直接负责的主管人员和其他直接责任人员，处五年以下有期徒刑或者拘役。前款所列单位，在经济往来中，在账外暗中收受各种名义的回扣、手续费的，以受贿论，依照前款的规定处罚。"

【立法释义】

最高人民检察院 1999 年 9 月 9 日发布的《关于人民检察院直接受理立案侦查案件立

---

① 参见利子平、辛波："斡旋受贿犯罪立法的反思与重构——以《联合国反腐败公约》为视角"，载《南昌大学学报（人文社会科学版)》2007 年第 5 期。

案标准的规定（试行）》"单位受贿案（第387条）"部分规定："单位受贿罪是指国家机关、国有公司、企业、事业单位、人民团体，索取、非法收受他人财物，为他人谋取利益，情节严重的行为。索取他人财物或者非法收受他人财物，必须同时具备为他人谋取利益的条件，且是情节严重的行为，才能构成单位受贿罪。国家机关、国有公司，企业、事业单位、人民团体，在经济往来中，在账外暗中收受各种名义的回扣、手续费的，以单位受贿罪追究刑事责任。涉嫌下列情形之一的，应予立案：1. 单位受贿数额在10万元以上的；2. 单位受贿数额不满10万元，但具有下列情形之一的；（1）故意刁难、要挟有关单位、个人，造成恶劣影响的；（2）强行索取财物的；（3）致使国家或者社会利益遭受重大损失的。"

【立法建言】

建　议：将《刑法》第387条第1款修改为："国家机关、国有公司、企业、事业单位、人民团体，索取、非法收受他人不正当利益，为他人谋取利益，情节严重的，对单位判处罚金，并对其直接负责的主管人员和其他直接责任人员，处五年以下有期徒刑、拘役或者管制，可以并处或者单处罚金。"

理　由：

1. 从现实需要的角度来看，宜将《刑法》第387条第1款中的"财物"改为"不正当利益"。[①]

2. 从立法技术的角度来看，宜在本罪直接责任人员的法定刑中增加"管制"和"可以并处或者单处罚金"的规定，以与《刑法》的其他单位犯罪及受贿罪的处刑规定相协调。[②]

五、斡旋受贿（第388条）

【立法沿革】

斡旋受贿是1997年《刑法》第388条增设的规定。

在刑法修订研拟的过程中，最高人民检察院提出，"国家工作人员利用其他工作人员的职务为他人谋取利益，本人从中索取或者收受贿赂的情况在司法实践中比较常见，按现行法律规定，如果不是利用本人的职权或者地位所形成的影响而收受贿赂的不能作为受贿罪处理。我们认为，应借鉴世界上大多数国家的成功立法经验，吸收司法解释中的有关规

---

① 具体理由请参见本章之三"受贿罪（第385条、第386条）"中"立法建言"部分的论述。本书在阐述以下贿赂犯罪的立法建言时，对将"财物"改为"不正当利益"的理由，均不再赘述。

② 《刑法修正案（九）》第44条对贪污罪、受贿罪增加规定了财产刑。

定，增设斡旋受贿罪，规定单独的罪状和法定刑"。① 1996 年的《刑法修订草案》（征求意见稿）部分采纳了上述建议。该草案第 336 条规定："国家工作人员利用本人职权或者地位形成的便利条件，通过其他国家工作人员职务上的行为，为请托人谋取不正当利益，索取请托人财物或者收受请托人财物的，以受贿论处。"这一立法方案，为现行刑法所采纳。

【立法规定】

《刑法》第 388 条规定："国家工作人员利用本人职权或者地位形成的便利条件，通过其他国家工作人员职务上的行为，为请托人谋取不正当利益，索取请托人财物或者收受请托人财物的，以受贿论处。"

【立法释义】

最高人民检察院 1999 年 9 月 9 日发布的《关于人民检察院直接受理立案侦查案件立案标准的规定（试行）》"受贿案（第 385 条、第 386 条、第 388 条、第 163 条第 3 款、第 184 条第 2 款）"部分中规定："国家工作人员利用本人职权或者地位形成的便利条件，通过其他国家工作人员职务上的行为，为请托人谋取不正当利益，索取请托人财物或者收受请托人财物的，以受贿罪追究刑事责任。"

最高人民法院 2003 年 11 月 13 日发布的《全国法院审理经济犯罪案件工作座谈会纪要》"关于受贿罪"部分第 3 条规定："刑法第三百八十八条规定的'利用本人职权或者地位形成的便利条件'，是指行为人与被其利用的国家工作人员之间在职务上虽然没有隶属、制约关系，但是行为人利用了本人职权或者地位产生的影响和一定的工作联系，如单位内不同部门的国家工作人员之间、上下级单位没有职务上隶属、制约关系的国家工作人员之间、有工作联系的不同单位的国家工作人员之间等。"

【立法建言】

建 议：将《刑法》第 388 条修改为："国家工作人员利用本人职权或者地位形成的便利条件，通过其他国家工作人员职务上的行为，为请托人谋取不正当利益，索取请托人财物或者收受请托人财物的，数额较大或者有其他较重情节的，处三年以下有期徒刑、拘役或者管制，可以并处或者单处罚金；数额较巨大或者有其他严重情节的，处三年以上十年以下有期徒刑，并处罚金；数额特别巨大或者有其他特别严重情节的，处十年以上有期徒刑或者无期徒刑，并处罚金或者没收财产。"

理 由：

1. 从犯罪构成的角度来看，宜将斡旋受贿规定为独立的罪名。自从 1997 年《刑法》

---

① 参见最高人民检察院刑法修改研究小组："《关于刑法修改中几个问题的意见的报告》（1996 年 9 月 13 日）"，见高铭暄、赵秉志编：《新中国刑法立法文献资料总览》（下），中国人民公安大学出版社 1998 年版，第 2626 页。

新增斡旋受贿犯罪的规定以来，刑法学界对斡旋受贿犯罪是否是一个独立的罪名就有不同的看法：一种观点认为，《刑法》第 388 条规定的并非是独立的罪名。因为，"从法理上讲，以某一条文论处是指以某一条文定罪量刑，因而不是一个独立罪名"。[1] 另一种观点则认为，"以受贿论处"并不意味着罪名就是普通受贿罪，罪名的成立与否，主要应取决于条文的实质内容。《刑法》第 388 条规定的行为有着其独特的犯罪构成，因此，是一个单立罪名。[2] 随着最高人民法院 1997 年 12 月 16 日《关于执行〈中华人民共和国刑法〉确定罪名的规定》和最高人民检察院 1997 年 12 月 25 日《关于适用刑法分则规定的犯罪的罪名的意见》明确斡旋受贿犯罪不是一个独立的罪名后，上述争论基本趋于平息。但是，上述司法解释将斡旋受贿作为受贿罪的一种特殊表现形式，而直接以受贿罪定罪处罚是否具有合理性，换言之，斡旋受贿犯罪应否作为一个独立的罪名呢？笔者的回答是肯定的。因为《刑法》第 388 条斡旋受贿犯罪与《刑法》第 385 条受贿罪所规定的犯罪构成存在明显的差异：（1）前者是"利用本人职权或者地位形成的便利条件"；而后者是"利用职务上的便利"。（2）前者必须"通过其他国家工作人员职务上的行为"；而后者则未必要通过其他国家工作人员。（3）前者必须是为请托人"谋取不正当利益"；而后者在索取贿赂时并不要求为他人谋取任何利益，在收受贿赂时尽管要求必须"为他人谋取利益"，但该利益既包括正当利益也包括不正当利益。"受贿罪与斡旋受贿犯罪既然有如此大的差异，把斡旋受贿犯罪行为按照受贿罪来认定，势必出现立法混乱，进而也容易导致对立法精神理解的混乱，由此就可能导致立法解释与司法解释混乱与不一致，定性偏差与量刑偏差就在所难免。同时，受贿罪的犯罪构成是以典型的受贿犯罪为标本制定，也难以客观、全面地反映现实生活中诸多典型形态的受贿犯罪。这样所形成的法律调整的空白和漏洞也就难以避免。"[3] 此外，将斡旋受贿作为一个独立的犯罪加以规定，也符合《联合国反腐败公约》的要求和大多数国家通行的做法。[4]

2. 从控制死刑的角度来看，将斡旋受贿改为独立的罪名，规定单独的法定刑，有利于控制死刑的适用范围，更好地贯彻严格控制和慎重适用死刑的刑事政策。

六、利用影响力受贿罪（第 388 条之一）

【立法沿革】

利用影响力受贿罪是《刑法修正案（七）》第 13 条新增设的罪名。

---

[1] 马李芬："斡旋受贿罪独立性探析"，载《四川警官高等专科学校学报》2005 年第 2 期。

[2] 参见刘光显："论间接受贿罪"，载《中国刑事法杂志》1998 年第 5 期。

[3] 马李芬："斡旋受贿罪独立性探析"，载《四川警官高等专科学校学报》2005 年第 2 期。

[4] 参见利子平、辛波："斡旋受贿犯罪立法的反思与重构——以《联合国反腐败公约》为视角"，载《南昌大学学报（人文社会科学版）》2007 年第 5 期。

1997 年《刑法》施行后，"有些全国人大代表和有关部门提出，有些国家工作人员的配偶、子女等近亲属，以及其他与该国家工作人员关系密切的人，通过该国家工作人员职务上的行为，或者利用该国家工作人员职权或者地位形成的便利条件，通过其他国家工作人员职务上的行为，为请托人谋取不正当利益，自己从中索取或者收受财物。同时，一些已离职的国家工作人员，虽已不具有国家工作人员身份，但利用其在职时形成的影响力，通过其他国家工作人员的职务行为为请托人谋取不正当利益，自己从中索取或者收受财物。这类行为败坏党风、政风和社会风气，对情节较重的，也应作为犯罪追究刑事责任。"① 因此，《刑法修正案（七）》第 13 条增设了利用影响力受贿罪。

【立法规定】

《刑法》第 388 条之一规定："国家工作人员的近亲属或者其他与该国家工作人员关系密切的人，通过该国家工作人员职务上的行为，或者利用该国家工作人员职权或者地位形成的便利条件，通过其他国家工作人员职务上的行为，为请托人谋取不正当利益，索取请托人财物或者收受请托人财物，数额较大或者有其他较重情节的，处三年以下有期徒刑或者拘役，并处罚金；数额巨大或者有其他严重情节的，处三年以上七年以下有期徒刑，并处罚金；数额特别巨大或者有其他特别严重情节的，处七年以上有期徒刑，并处罚金或没收财产。离职的国家工作人员或者其近亲属以及其他与其关系密切的人，利用该离职的国家工作人员原职权或者地位形成的便利条件实施前款行为的，依照前款的规定定罪处罚。"

【立法释义】

最高人民法院 2000 年 7 月 13 日发布的《关于国家工作人员利用职务上的便利为他人谋取利益离退休后收受财物行为如何处理问题的批复》规定："国家工作人员利用职务上的便利为请托人谋取利益，并与请托人事先约定，在其离退休后收受请托人财物，构成犯罪的，以受贿罪定罪处罚。"

最高人民法院 2003 年 11 月 13 日发布的《全国法院审理经济犯罪案件工作座谈会纪要》"关于受贿罪"部分第 4 条规定："参照《最高人民法院关于国家工作人员利用职务上的便利为他人谋取利益离退休后收受财物行为如何处理问题的批复》规定的精神，国家工作人员利用职务上的便利为请托人谋取利益，并与请托人事先约定，在其离职后收受请托人财物，构成犯罪的，以受贿罪定罪处罚。"

最高人民法院、最高人民检察院 2007 年 7 月 8 日发布的《关于办理受贿刑事案件适用法律若干问题的意见》第 10 条规定："国家工作人员利用职务上的便利为请托人谋取利益之前或者之后，约定在其离职后收受请托人财物，并在离职后收受的，以受贿论处。"

---

① 参见全国人大常委会法制工作委员会主任李适时 2008 年 8 月 25 日在十一届全国人大常委会第四次会议上所作的《关于〈中华人民共和国刑法修正案（七）（草案）〉的说明》。

"国家工作人员利用职务上的便利为请托人谋取利益，离职前后连续收受请托人财物的，离职前后收受部分均应计入受贿数额。"第 11 条规定："本意见所称'特定关系人'，是指与国家工作人员有近亲属、情妇（夫）以及其他共同利益关系的人。"

最高人民法院、最高人民检察院 2010 年 11 月 26 日发布的《关于办理国家出资企业中职务犯罪案件具体应用法律若干问题的意见》第 5 条第 3 款规定："国家工作人员在国家出资企业改制过程中利用职务上的便利为请托人谋取利益，事先约定在其不再具有国家工作人员身份后收受请托人财物，或者在身份变化前后连续收受请托人财物的，依照刑法第三百八十五条、第三百八十六条的规定，以受贿罪定罪处罚。"

【立法建言】

建　议：将《刑法》第 388 条之一第 1 款修改为："国家工作人员的近亲属或者其他与该国家工作人员关系密切的人，通过该国家工作人员职务上的行为，或者利用该国家工作人员职权或者地位形成的便利条件，通过其他国家工作人员职务上的行为，为请托人谋取不正当利益，索取请托人财物或者收受请托人财物，数额较大或者有其他较重情节的，处三年以下有期徒刑、拘役或者管制，可以并处或者单处罚金；数额巨大或者有其他严重情节的，处三年以上七年以下有期徒刑，并处罚金；数额特别巨大或者有其他特别严重情节的，处七年以上有期徒刑，并处罚金。"

理　由：

从立法技术上看，宜在本罪第 1 款第 1 档法定刑中增加"管制"的规定，并将其中的"并处罚金"改为"可以并处或者单处罚金"；同时，还宜删去第 1 款第 3 档法定刑中的"没收财产"，以与《刑法》的其他管制、罚金和没收财产规定相一致。

七、行贿罪（第 389 条、第 390 条）

【立法沿革】

行贿罪是在全国人大常委会 1988 年《关于惩治贪污罪贿赂罪的补充规定》第 7 条规定的行贿罪的基础上修改而来的，并经《刑法修正案（九）》第 45 条所修正。

新中国成立以来截至 1988 年初，我国均采取在同一条款中规定行贿罪和介绍贿赂罪的立法例。1950 年的《刑法大纲草案》第 90 条规定："向国家工作人员行贿或介绍贿赂者，处三年以下监禁或批评教育。被迫行贿或于行贿后自首者，不予处罚。"到了 1952 年，基于"向国家工作人员行使贿赂或介绍贿赂，是一种恶劣的犯罪行为"[①] 的考虑，《惩治贪污条例》对行贿罪和介绍贿赂罪规定了较为严厉的刑罚。该条例第 6 条规定："一

---

① 参见中央人民政府政务院政治法律委员会副主任彭真 1952 年 4 月 8 日在中央人民政府委员会第十四次会议上所作的《关于中华人民共和国惩治贪污条例草案的说明》。

切向国家工作人员行使贿赂、介绍贿赂者，应按其情节轻重参酌本条例第三条的规定处刑;① 其情节特别严重者，并得没收其财产之一部或全部;其彻底坦白并对受贿人实行检举者，得判处罚金，免予其他刑事处分。凡为偷税而行贿者，除依法补税、罚款外，其行贿罪，依本条例的规定予以惩治。凡胁迫或诱惑他人收受贿赂者，应从重或加重处刑。凡因被勒索而给予国家工作人员以财物并无违法所得者，不以行贿论;其被勒索的财物，应追还原主。"第 7 条规定:"在本条例公布前，曾因袭旧社会恶习在公平交易中给国家工作人员以小额回扣者，不以行贿论。但在本条例公布后，如在与国家工作人员交易中仍有送收小额回扣情事，不论送者、收者，均分别以行贿、受贿治罪。"1954 年的《刑法指导原则草案》进一步将行贿和介绍贿赂者的处罚，由"参酌"受贿的规定处刑改为"和受贿的人同罪"。该草案第 74 条第 3 款规定:"行贿或者介绍行贿的人和受贿的人同罪。如果行贿是由于被勒索，可以免予处罚。行贿后、介绍行贿后或者受贿后立即自首，真诚悔过，交出赃物的，可以免予处罚。"而 1957 年的《刑法草案》第 22 稿第 207 条则将"和受贿的人同罪"的规定，改为依照受贿罪的规定"从轻处罚"。修改后的条文为:"向国家工作人员行贿或者介绍贿赂的，分别依照第二百零五条、第二百零六条的规定从轻处罚。胁迫国家工作人员收受贿赂的，从重处罚。行贿以后即行自首的，可以免除或者减轻处罚。"1963 年的《刑法草案》第 33 稿再次修改了行贿罪和介绍贿赂罪的处刑原则，删去了依照受贿罪的规定"从轻处罚"中的"从轻"一词。该稿第 198 条第 3 款规定:"向国家工作人员行贿或者介绍贿赂的，依照前两款的规定处罚。"② "对三十三稿修订时，考虑到受贿是国家工作人员利用职务实施的犯罪，而且行贿人、介绍贿赂人的犯罪目的必须通过受贿人的犯罪活动才能实现，因此受贿罪的社会危害性一般应当认为比行贿、介绍贿赂罪的社会危害性更大。"③ 所以，1979 年《刑法》第 185 条对行贿罪和介绍贿赂罪规定了比受贿罪更轻的法定刑。

1979 年《刑法》第 185 条规定:"国家工作人员利用职务上的便利，收受贿赂的，处五年以下有期徒刑或者拘役。赃款、赃物没收，公款、公物追还。犯前款罪，致使国家或者公民利益遭受严重损失的，处五年以上有期徒刑。向国家工作人员行贿或者介绍贿赂的，处三年以下有期徒刑或者拘役。"

1979 年《刑法》施行后，鉴于"近几年，行贿问题比较严重，有的不法分子通过行贿谋取大量非法利益，使国家或者集体利益遭受重大损失。刑法对行贿罪规定处三年以下

---

① 该条例第 3 条是关于贪污罪的处刑规定。

② 该条第 1 款、第 2 款的规定是:"国家工作人员利用职务上的便利，收受贿赂的，处七年以下有期徒刑或者拘役。犯前款罪，致使国家或者公民利益遭受严重损失的，处七年以上有期徒刑或者无期徒刑。"

③ 参见高铭暄:《中华人民共和国刑法的孕育和诞生》，法律出版社 1981 年版，第 251 页。

有期徒刑或者拘役，已远远不能适应这种情况。""近几年，有些走私、诈骗、投机倒把罪犯甚至有些企业单位，常常采取给经办人回扣、手续费等手段，谋取非法利益，使国家遭受严重经济损失。这实质上也是受贿。"① 因此，1988 年《关于惩治贪污罪贿赂罪的补充规定》第 7 条规定："为谋取不正当利益，给予国家工作人员、集体经济组织工作人员或者其他从事公务的人员以财物的，是行贿罪。在经济往来中，违反国家规定，给予国家工作人员、集体经济组织工作人员或者其他从事公务的人员以财物，数额较大的，或者违反国家规定，给予国家工作人员、集体经济组织工作人员或者其他从事公务的人员以回扣、手续费的，以行贿论处。因被勒索给予国家工作人员、集体经济组织工作人员或者其他从事公务的人员以财物，没有获得不正当利益的，不是行贿。"第 8 条规定："对犯行贿罪的，处五年以下有期徒刑或者拘役；因行贿谋取不正当利益，情节严重的，或者使国家利益、集体利益遭受重大损失的，处五年以上有期徒刑；情节特别严重的，处无期徒刑，并处没收财产。行贿人在被追诉前，主动交代行贿行为的，可以减轻处罚，或者免予刑事处罚。因行贿而进行违法活动构成其他罪的，依照数罪并罚的规定处罚。"

在全面研究修改刑法的过程中，1988 年的《刑法修改稿》并未参照上述立法模式对行贿罪进行修改，而是沿袭了 1979 年《刑法》的立法例。该稿第 132 条第 3 款规定："向国家工作人员行贿或者介绍贿赂的，处五年以下有期徒刑或者拘役；情节严重的，处五年以上有期徒刑。"1996 年的《刑法修订草案》（征求意见稿）则以《关于惩治贪污罪贿赂罪的补充规定》为基础，对行贿罪的对象作了修改，删去了"集体经济组织工作人员"的规定，并相应删去了第 2 档法定刑中"集体利益"的表述。该草案第 337 条规定："为谋取不正当利益，给予国家工作人员或者其他从事公务的人员以财物的，是行贿罪。在经济往来中，违反国家规定，给予国家工作人员或者其他从事公务的人员以财物，数额较大的，或者违反国家规定，给予国家工作人员或者其他从事公务的人员以回扣、手续费的，以行贿论处。因被勒索给予国家工作人员或者其他从事公务的人员以财物，没有获得不正当利益的，不是行贿。"第 338 条规定："对犯行贿罪的，处五年以下有期徒刑或者拘役；因行贿谋取不正当利益，情节严重的，或者使国家利益遭受重大损失的，处五年以上有期徒刑；情节特别严重的，处无期徒刑，并处没收财产。行贿人在被追诉前主动交代行贿行为的，可以减轻处罚或者免除处罚。因行贿而进行违法活动，构成其他罪的，依照数罪并罚的规定处罚。"1997 年的《刑法修订草案》（修改稿）第 383 条、第 384 条在上述规定的基础上，主要作了两方面的修改：一是将行贿罪的对象改为"国家机关、国有公司、企业、事业单位、人民团体中从事公务的人员和国家机关、国有公司、企业、事业单位委派

① 参见全国人大常委会秘书长、法制工作委员会主任王汉斌 1987 年 11 月 17 日在六届全国人大常委会第二十三次会议上所作的《关于惩治走私罪和惩治贪污罪贿赂罪两个补充规定（草案）的说明》。

到非国有公司、企业、事业单位、社会团体从事公务的人员";二是删去了"因行贿而进行违法活动,构成其他罪的,依照数罪并罚的规定处罚"的规定。1997年3月1日,提交给八届全国人大五次会议审议的《中华人民共和国刑法(修订草案)》基本上沿用了上述规定,仅将行贿罪对象的表述简化为"国家工作人员"。经审议,1997年修订的《刑法》又对上述规定作了两处微调:一是在"回扣、手续费"之前增加了"各种名义的"表述;二是在"并处没收财产"之前增加了"可以"的规定。

1997年修订的《刑法》第389条规定:"为谋取不正当利益,给予国家工作人员以财物的,是行贿罪。在经济往来中,违反国家规定,给予国家工作人员以财物,数额较大的,或者违反国家规定,给予国家工作人员以各种名义的回扣、手续费的,以行贿论处。因被勒索给予国家工作人员以财物,没有获得不正当利益的,不是行贿。"第390条规定:"对犯行贿罪的,处五年以下有期徒刑或者拘役;因行贿谋取不正当利益,情节严重的,或者使国家利益遭受重大损失的,处五年以上十年以下有期徒刑;情节特别严重的,处十年以上有期徒刑或者无期徒刑,可以并处没收财产。行贿人在被追诉前主动交代行贿行为的,可以减轻处罚或者免除处罚。"

1997年《刑法》施行后,"按照党的十八届三中全会对加强反腐败工作,完善惩治腐败法律规定的要求",①《刑法修正案(九)》第45条加大了对行贿犯罪的处罚力度。主要是:第一,"完善行贿犯罪财产刑规定,使犯罪分子在受到人身处罚的同时,在经济上也得不到好处"。② 第二,"进一步严格对行贿罪从宽处罚的条件",将"行贿人在被追诉前主动交代行贿行为的,可以减轻处罚或者免除处罚"的规定,修改为"行贿人在被追诉前主动交代行贿行为的,可以从轻或者减轻处罚。其中,犯罪较轻的,对侦破重大案件起关键作用,或者有重大立功表现的,可以减轻或者免除处罚"。③

【立法规定】

《刑法》第389条规定:"为谋取不正当利益,给予国家工作人员以财物的,是行贿罪。在经济往来中,违反国家规定,给予国家工作人员以财物,数额较大的,或者违反国家规定,给予国家工作人员以各种名义的回扣、手续费的,以行贿论处。因被勒索给予国家工作人员以财物,没有获得不正当利益的,不是行贿。"第390条规定:"对犯行贿罪的,处五年以下有期徒刑或者拘役,并处罚金;因行贿谋取不正当利益,情节严重的,或者使国家利益遭受重大损失的,处五年以上十年以下有期徒刑,并处罚金;情节特别严重

---

① 参见全国人大常委会法制工作委员会主任李适时2014年10月27日在十二届全国人大常委会第十一次会议上所作的《关于〈中华人民共和国刑法修正案(九)(草案)〉的说明》。

② 同上。

③ 同上。

的，或者使国家利益遭受特别重大损失的，处十年以上有期徒刑或者无期徒刑，并处罚金或者没收财产。行贿人在被追诉前主动交代行贿行为的，可以从轻或者减轻处罚。其中，犯罪较轻的，对侦破重大案件起关键作用的，或者有重大立功表现的，可以减轻或者免除处罚。"

【立法释义】

最高人民法院、最高人民检察院 1999 年 3 月 4 日发布的《关于在办理受贿犯罪大要案的同时要严肃查处严重行贿犯罪分子的通知》第 1 条规定："要充分认识严肃惩处行贿犯罪，对于全面落实党中央反腐败工作部署，把反腐败斗争引向深入，从源头上遏制和预防受贿犯罪的重要意义。各级人民法院、人民检察院要把严肃惩处行贿犯罪作为反腐败斗争中的一项重要和紧迫的工作，在继续严肃惩处受贿犯罪分子的同时，对严重行贿犯罪分子，必须依法严肃惩处，坚决打击。"第 2 条规定："对于为谋取不正当利益而行贿，构成行贿罪、向单位行贿罪、单位行贿罪的，必须依法追究刑事责任。'谋取不正当利益'是指谋取违反法律、法规、国家政策和国务院各部门规章规定的利益，以及要求国家工作人员或者有关单位提供违反法律、法规、国家政策和国务院各部门规章规定的帮助或者方便条件。对于向国家工作人员介绍贿赂，构成犯罪的案件，也要依法查处。"第 3 条规定："当前要特别注意依法严肃惩处下列严重行贿犯罪行为：1. 行贿数额巨大、多次行贿或者向多人行贿的；2. 向党政干部和司法工作人员行贿的；3. 为进行走私、偷税、骗税、骗汇、逃汇、非法买卖外汇等违法犯罪活动，向海关、工商、税务、外汇管理等行政执法机关工作人员行贿的；4. 为非法办理金融、证券业务，向银行等金融机构、证券管理机构工作人员行贿，致使国家利益遭受重大损失的；5. 为非法获取工程、项目的开发、承包、经营权，向有关主管部门及其主管领导行贿，致使公共财产、国家和人民利益遭受重大损失的；6. 为制售假冒伪劣产品，向有关国家机关、国有单位及国家工作人员行贿，造成严重后果的；7. 其他情节严重的行贿犯罪行为。"第 4 条规定："在查处严重行贿、介绍贿赂犯罪案件中，既要坚持从严惩处的方针，又要注意体现政策。行贿人、介绍贿赂人具有刑法第三百九十条第二款、第三百九十二条第二款规定的在被追诉前主动交代行贿、介绍贿赂犯罪情节的，依法分别可以减轻或者免除处罚；行贿人、介绍贿赂人在被追诉后如实交代行贿、介绍贿赂行为的，也可以酌情从轻处罚。"第 5 条规定："在依法严肃查处严重行贿、介绍贿赂犯罪案件中，要讲究斗争策略，注意工作方法。要把查处受贿犯罪大案要案同查处严重行贿、介绍贿赂犯罪案件有机地结合起来，通过打击行贿、介绍贿赂犯罪，促进受贿犯罪大案要案的查处工作，推动查办贪污贿赂案件工作的全面、深入开展。"第 6 条规定："各级人民法院、人民检察院要结合办理贿赂犯罪案件情况，认真总结经验、教训，找出存在的问题，提出切实可行的解决办法，以改变对严重行贿犯罪打击不力的状况。工作中遇到什么情况和问题，要及时报告最高人民法院、最高人民检察院。"

最高人民检察院 1999 年 9 月 9 日发布的《关于人民检察院直接受理立案侦查案件立案标准的规定（试行）》"行贿案（第 389 条、第 390 条）"部分规定："行贿罪是指为谋取不正当利益，给予国家工作人员以财物的行为。在经济往来中，违反国家规定，给予国家工作人员以财物，数额较大的，或者违反国家规定，给予国家工作人员以各种名义的回扣、手续费的，以行贿罪追究刑事责任。涉嫌下列情形之一的，应予立案：1. 行贿数额在 1 万元以上的；2. 行贿数额不满 1 万元，但具有下列情形之一的：（1）为谋取非法利益而行贿的；（2）向 3 人以上行贿的；（3）向党政领导、司法工作人员、行政执法人员行贿的；（4）致使国家或者社会利益遭受重大损失的。因被勒索给予国家工作人员以财物，已获得不正当利益的，以行贿罪追究刑事责任。"

最高人民检察院 2000 年 12 月 22 日发布的《关于行贿罪立案标准》第 1 条规定："行贿罪是指为谋取不正当利益，给予国家工作人员以财物的行为。在经济往来中，违反国家规定，给予国家工作人员以财物，数额较大的，或者违反国家规定，给予国家工作人员以各种名义的回扣、手续费的，以行贿罪追究刑事责任。涉嫌下列情形之一的，应予立案：1. 行贿数额在一万元以上的；2. 行贿数额不满一万元，但具有下列情形之一的：（1）为谋取非法利益而行贿的；（2）向三人以上行贿的；（3）向党政领导、司法工作人员、行政执法人员行贿的；（4）致使国家或者社会利益遭受重大损失的。因被勒索给予国家工作人员以财物，已获得不正当利益的，以行贿罪追究刑事责任。"

最高人民法院、最高人民检察院 2008 年 11 月 20 日发布的《关于办理商业贿赂刑事案件适用法律若干问题的意见》第 7 条规定："商业贿赂中的财物，既包括金钱和实物，也包括可以用金钱计算数额的财产性利益，如提供房屋装修、含有金额的会员卡、代币卡（券）、旅游费用等。具体数额以实际支付的资费为准。"第 8 条规定："收受银行卡的，不论受贿人是否实际取出或者消费，卡内的存款数额一般应全额认定为受贿数额。使用银行卡透支的，如果由给予银行卡的一方承担还款责任，透支数额也应当认定为受贿数额。"第 9 条规定："在行贿犯罪中，'谋取不正当利益'，是指行贿人谋取违反法律、法规、规章或者政策规定的利益，或者要求对方违反法律、法规、规章、政策、行业规范的规定提供帮助或者方便条件。在招标投标、政府采购等商业活动中，违背公平原则，给予相关人员财物以谋取竞争优势的，属于'谋取不正当利益'。"第 10 条规定："办理商业贿赂犯罪案件，要注意区分贿赂与馈赠的界限。主要应当结合以下因素全面分析、综合判断：（1）发生财物往来的背景，如双方是否存在亲友关系及历史上交往的情形和程度；（2）往来财物的价值；（3）财物往来的缘由、时机和方式，提供财物方对于接受方有无职务上的请托；（4）接受方是否利用职务上的便利为提供方谋取利益。"

最高人民法院、最高人民检察院 2012 年 12 月 16 日发布的《关于办理行贿刑事案件具体应用法律若干问题的解释》第 1 条规定："为谋取不正当利益，向国家工作人员行贿，数额在一万元以上的，应当依照刑法第三百九十条的规定追究刑事责任。"第 2 条规定："因行贿谋取不正当利益，具有下列情形之一的，应当认定为刑法第三百九十条第一款规定的'情节严重'：（一）行贿数额在二十万元以上不满一百万元的；（二）行贿数额在十万元以上不满二十万元，并具有下列情形之一的：1. 向三人以上行贿的；2. 将违法所得用于行贿的；3. 为实施违法犯罪活动，向负有食品、药品、安全生产、环境保护等监督管理职责的国家工作人员行贿，严重危害民生、侵犯公众生命财产安全的；4. 向行政执法机关、司法机关的国家工作人员行贿，影响行政执法和司法公正的；（三）其他情节严重的情形。"第 3 条规定："因行贿谋取不正当利益，造成直接经济损失数额在一百万元以上的，应当认定为刑法第三百九十条第一款规定的'使国家利益遭受重大损失'。"第 4 条规定："因行贿谋取不正当利益，具有下列情形之一的，应当认定为刑法第三百九十条第一款规定的'情节特别严重'：（一）行贿数额在一百万元以上的；（二）行贿数额在五十万元以上不满一百万元，并具有下列情形之一的：1. 向三人以上行贿的；2. 将违法所得用于行贿的；3. 为实施违法犯罪活动，向负有食品、药品、安全生产、环境保护等监督管理职责的国家工作人员行贿，严重危害民生、侵犯公众生命财产安全的；4. 向行政执法机关、司法机关的国家工作人员行贿，影响行政执法和司法公正的；（三）造成直接经济损失数额在五百万元以上的；（四）其他情节特别严重的情形。"第 5 条规定："多次行贿未经处理的，按照累计行贿数额处罚。"第 6 条规定："行贿人谋取不正当利益的行为构成犯罪的，应当与行贿犯罪实行数罪并罚。"第 7 条第 1 款规定："因行贿人在被追诉前主动交代行贿行为而破获相关受贿案件的，对行贿人不适用刑法第六十八条关于立功的规定，依照刑法第三百九十条第二款的规定，可以减轻或者免除处罚。"第 8 条规定："行贿人被追诉后如实供述自己罪行的，依照刑法第六十七条第三款的规定，可以从轻处罚；因其如实供述自己罪行，避免特别严重后果发生的，可以减轻处罚。"第 9 条规定："行贿人揭发受贿人与其行贿无关的其他犯罪行为，查证属实的，依照刑法第六十八条关于立功的规定，可以从轻、减轻或者免除处罚。"第 10 条规定："实施行贿犯罪，具有下列情形之一的，一般不适用缓刑和免予刑事处罚：（一）向三人以上行贿的；（二）因行贿受过行政处罚或者刑事处罚的；（三）为实施违法犯罪活动而行贿的；（四）造成严重危害后果的；（五）其他不适用缓刑和免予刑事处罚的情形。具有刑法第三百九十条第二款规定的情形的，不受前款规定的限制。"第 11 条规定："行贿犯罪取得的不正当财产性利益应当依照刑法第六十四条的规定予以追缴、责令退赔或者返还被害人。因行贿犯罪取得财产性利益以外的经营资格、资质或者职务晋升等其他不正当利益，建议有关部门依照相关规定予以处理。"第 12 条规定："行贿犯罪中的'谋取不正当利益',是指行贿人谋取的利益违反法律、法规、规章、政策规定,或者要求国家工作人员违反法律、法规、规章、政策、行业规范的规定,为自己提供帮助或者方便条件。违背公平、公正原则,在经济、组织人事管理等活动中,谋取竞争优势的,应当认定为'谋取不正当利益'。"第 13 条规定:"刑法第三百九十条第二款规定的'被追诉前',是指检察机关对行贿人的行贿行为刑事立案前。"

最高人民检察院 2014 年 2 月 21 日发布的指导性案例检例 15 号《胡林贵等人生产、销售有毒、有害食品,行贿;骆梅等人销售伪劣产品;朱伟全等人生产、销售伪劣产品;黎达文等人受贿,食品监管渎职案》中的"要旨"指出:"实施生产、销售有毒、有害食品犯罪,为逃避查处向负有食品安全监管职责的国家工作人员行贿的,应当以生产、销售有毒、有害食品罪和行贿罪实行数罪并罚。"

【立法建言】

建　议： 将《刑法》第 390 条第 1 款修改为:"对犯行贿罪的,处五年以下有期徒刑、拘役或者管制,可以并处或者单处罚金;因行贿谋取不正当利益,情节严重的,或者使国家利益遭受重大损失的,处五年以上十年以下有期徒刑,并处罚金;情节特别严重的,或者使国家利益遭受特别重大损失的,处十年以上有期徒刑或者无期徒刑,并处罚金或者没收财产。"

理　由：

从立法技术上看,宜在本罪第 1 款第 1 档法定刑中增加"管制"的规定,并将其中的"并处罚金"改为"可以并处或者单处罚金",以与《刑法》的其他管制和罚金规定相一致。

八、对有影响力的人行贿罪（第 390 条之一）

【立法沿革】

对有影响力的人行贿罪是《刑法修正案（九）》第 46 条新增设的罪名。

1997 年《刑法》施行后,为了"严密惩治行贿犯罪的法网",[①]《刑法修正案（九）》第 46 条增设了对有影响力的人行贿罪,作为《刑法》第 390 条之一。

【立法规定】

《刑法》第 390 条之一规定:"为谋取不正当利益,向国家工作人员的近亲属或者其他

---

① 参见全国人大常委会法制工作委员会主任李适时 2014 年 10 月 27 日在十二届全国人大常委会第十一次会议上所作的《关于〈中华人民共和国刑法修正案（九）（草案）〉的说明》。

与该国家工作人员关系密切的人，或者向离职的国家工作人员或者其近亲属以及其他与其关系密切的人行贿的，处三年以下有期徒刑或者拘役，并处罚金；情节严重的，或者使国家利益遭受重大损失的，处三年以上七年以下有期徒刑，并处罚金；情节特别严重的，或者使国家利益遭受特别重大损失的，处七年以上十年以下有期徒刑，并处罚金。单位犯前款罪的，对单位判处罚金，并对其直接负责的主管人员和其他直接责任人员，处三年以下有期徒刑或者拘役，并处罚金。"

【立法释义】

目前，尚无与对有影响力的人行贿罪相关的法律解释。

【立法建言】

建　议：将《刑法》第390条之一修改为："为谋取不正当利益，向国家工作人员的近亲属或者其他与该国家工作人员关系密切的人，或者向离职的国家工作人员或者其近亲属以及其他与其关系密切的人行贿的，处三年以下有期徒刑、拘役或者管制，可以并处或者单处罚金；情节严重的，或者使国家利益遭受重大损失的，处三年以上七年以下有期徒刑，并处罚金；情节特别严重的，或者使国家利益遭受特别重大损失的，处七年以上十年以下有期徒刑，并处罚金。单位犯前款罪的，对单位判处罚金，并对其直接负责的主管人员和其他直接责任人员，依照前款的规定处罚。"

理　由：

从立法技术上看，宜在本罪第1款第1档法定刑中增加"管制"的规定，并将其中的"并处罚金"改为"可以并处或者单处罚金"；同时，还宜将第2款中的"处三年以下有期徒刑或者拘役，并处罚金"改为"依照前款的规定处罚"，以与《刑法》的其他管制、罚金和单位犯罪处刑规定相一致。

九、对单位行贿罪（第391条）

【立法沿革】

对单位行贿罪是1997年《刑法》第391条增设的罪名，并经《刑法修正案（九）》第47条所修正。

早在1988年，《关于惩治贪污罪贿赂罪的补充规定》第6条就增设了单位受贿罪。在刑法修订研拟的过程中，历次刑法修订稿本亦都规定了单位受贿罪。然而，上述法律和法律草案却不约而同地遗漏了与其对向性的行贿犯罪。考虑到既然已将单位受贿规定为犯罪，那么，也理应将向单位行贿的行为规定为犯罪。因此，为严密贿赂犯罪的法网，1997年修订的《刑法》增设了对单位行贿罪。

1997年修订的《刑法》第391条规定："为谋取不正当利益，给予国家机关、国有公司、企业、事业单位、人民团体以财物的，或者在经济往来中，违反国家规定，给予各种名义的回扣、手续费的，处三年以下有期徒刑或者拘役。单位犯前款罪的，对单位判处罚金，并对其直接负责的主管人员和其他直接责任人员，依照前款的规定处罚。"

1997 年《刑法》施行后，《刑法修正案（九）》第 47 条在上述第 1 款中增加了"并处罚金"的规定，"完善行贿犯罪财产刑规定，使犯罪分子在受到人身处罚的同时，在经济上也得不到好处"。[1]

【立法规定】

《刑法》第 391 条规定："为谋取不正当利益，给予国家机关、国有公司、企业、事业单位、人民团体以财物的，或者在经济往来中，违反国家规定，给予各种名义的回扣、手续费的，处三年以下有期徒刑或者拘役，并处罚金。单位犯前款罪的，对单位判处罚金，并对其直接负责的主管人员和其他直接责任人员，依照前款的规定处罚。"

【立法释义】

最高人民检察院 1999 年 9 月 9 日发布的《关于人民检察院直接受理立案侦查案件立案标准的规定（试行）》"对单位行贿案（第 391 条）"部分规定："对单位行贿罪是指为谋取不正当利益，给予国家机关、国有公司、企业、事业单位、人民团体以财物，或者在经济往来中，违反国家规定，给予上述单位各种名义的回扣、手续费的行为。涉嫌下列情形之一的，应予立案：1. 个人行贿数额在 10 万元以上、单位行贿数额在 20 万元以上的；2. 个人行贿数额不满 10 万元、单位行贿数额在 10 万元以上不满 20 万元，但具有下列情形之一的：（1）为谋取非法利益而行贿的；（2）向 3 个以上单位行贿的；（3）向党政机关、司法机关、行政执法机关行贿的；（4）致使国家或者社会利益遭受重大损失的。"

最高人民检察院 2000 年 12 月 22 日发布的《关于行贿罪立案标准》第 2 条规定："对单位行贿罪是指为谋取不正当利益，给予国家机关、国有公司、企业、事业单位、人民团体以财物，或者在经济往来中，违反国家规定，给予上述单位各种名义的回扣、手续费的行为。涉嫌下列情形之一的，应予立案：1. 个人行贿数额在十万元以上、单位行贿数额在二十万元以上的；2. 个人行贿数额不满十万元、单位行贿数额在十万元以上不满二十万元，但具有下列情形之一的：（1）为谋取非法利益而行贿的；（2）向三个以上单位行贿的；（3）向党政机关、司法机关、行政执法机关行贿的；（4）致使国家或者社会利益遭受重大损失的。"

最高人民法院、最高人民检察院 2012 年 12 月 16 日发布的《关于办理行贿刑事案件

---

[1]　参见全国人大常委会法制工作委员会主任李适时 2014 年 10 月 27 日在十二届全国人大常委会第十一次会议上所作的《关于〈中华人民共和国刑法修正案（九）（草案）〉的说明》。

具体应用法律若干问题的解释》第 6 条规定："行贿人谋取不正当利益的行为构成犯罪的，应当与行贿犯罪实行数罪并罚。"第 7 条规定："因行贿人在被追诉前主动交代行贿行为而破获相关受贿案件的，对行贿人不适用刑法第六十八条关于立功的规定，依照刑法第三百九十条第二款的规定，可以减轻或者免除处罚。单位行贿的，在被追诉前，单位集体决定或者单位负责人决定主动交代单位行贿行为的，依照刑法第三百九十条第二款的规定，对单位及相关责任人员可以减轻处罚或者免除处罚；受委托直接办理单位行贿事项的直接责任人员在被追诉前主动交代自己知道的单位行贿行为的，对该直接责任人员可以依照刑法第三百九十条第二款的规定减轻处罚或者免除处罚。"第 8 条规定："行贿人被追诉后如实供述自己罪行的，依照刑法第六十七条第三款的规定，可以从轻处罚；因其如实供述自己罪行，避免特别严重后果发生的，可以减轻处罚。"第 9 条规定："行贿人揭发受贿人与其行贿无关的其他犯罪行为，查证属实的，依照刑法第六十八条关于立功的规定，可以从轻、减轻或者免除处罚。"第 10 条规定："实施行贿犯罪，具有下列情形之一的，一般不适用缓刑和免予刑事处罚：（一）向三人以上行贿的；（二）因行贿受过行政处罚或者刑事处罚的；（三）为实施违法犯罪活动而行贿的；（四）造成严重危害后果的；（五）其他不适用缓刑和免予刑事处罚的情形。具有刑法第三百九十条第二款规定的情形的，不受前款规定的限制。"第 11 条规定："行贿犯罪取得的不正当财产性利益应当依照刑法第六十四条的规定予以追缴、责令退赔或者返还被害人。因行贿犯罪取得财产性利益以外的经营资格、资质或者职务晋升等其他不正当利益，建议有关部门依照相关规定予以处理。"第 12 条规定："行贿犯罪中的'谋取不正当利益'，是指行贿人谋取的利益违反法律、法规、规章、政策规定，或者要求国家工作人员违反法律、法规、规章、政策、行业规范的规定，为自己提供帮助或者方便条件。违背公平、公正原则，在经济、组织人事管理等活动中，谋取竞争优势的，应当认定为'谋取不正当利益'。"

【立法建言】

建　议：将《刑法》第 391 条第 1 款修改为："为谋取不正当利益，给予国家机关、国有公司、企业、事业单位、人民团体以不正当利益，或者在经济往来中，违反国家规定，给予各种名义的回扣、手续费的，处三年以下有期徒刑、拘役或者管制，可以并处或者单处罚金。"

理　由：

1. 从现实需要的角度来看，宜将本罪第 1 款中的"财物"改为"不正当利益"。

2. 从立法技术的角度来看，宜在本罪第 1 款的法定刑中增加"管制"的规定，并将其中的"并处罚金"改为"可以并处或者单处罚金"，以与《刑法》的其他管制和罚金规定相一致。

十、介绍贿赂罪（第 392 条）

【立法沿革】

介绍贿赂罪是在 1979 年《刑法》第 185 条第 3 款规定的介绍贿赂罪的基础上修改而来的，[①] 并经《刑法修正案（九）》第 48 条所修正。

在刑法修订研拟的过程中，1996 年的《刑法修订草案》（征求意见稿）第 339 条专条规定了介绍贿赂罪："介绍他人进行贿赂犯罪的，处三年以下有期徒刑或者拘役；情节严重的，处三年以上七年以下有期徒刑。"1996 年的《刑法修订草案》第 346 条对上述规定作了较大的修改和补充：一是在罪状表述方面，将"介绍他人进行贿赂犯罪"改为"向国家工作人员介绍贿赂"；二是在刑罚配置方面，增加了"管制"这一刑种，删去了"情节严重的，处三年以上七年以下有期徒刑"的规定；三是在量刑情节方面，增加了"介绍贿赂人在被追诉前主动交代介绍贿赂行为的，可以减轻处罚或者免除处罚"的规定。修改后的条文为："向国家工作人员介绍贿赂的，处三年以下有期徒刑、拘役或者管制。介绍贿赂人在被追诉前主动交代介绍贿赂行为的，可以减轻处罚或者免除处罚。"1997 年的《刑法修订草案》（修改稿）第 385 条在上述规定的基础上，对第 1 款作了两处修改和补充：一是在犯罪对象方面，将"国家工作人员"改为"国家机关工作人员"；二是在入罪门槛方面，增加了"情节严重"的限制条件。1997 年 3 月 1 日，提交给八届全国人大五次会议审议的《中华人民共和国刑法（修订草案）》第 388 条又对第 1 款作了两处修改和补充：一是在犯罪对象方面，将"国家机关工作人员"改回"国家工作人员"；二是在刑罚配置方面，删去了此前增加的"管制"。这一修改方案，为 1997 年修订的《刑法》所采纳。

1997 年修订的《刑法》第 392 条规定："向国家工作人员介绍贿赂，情节严重的，处三年以下有期徒刑或者拘役。介绍贿赂人在被追诉前主动交代介绍贿赂行为的，可以减轻处罚或者免除处罚。"

1997 年《刑法》施行后，《刑法修正案（九）》第 48 条对上述第 1 款的规定作了修改，增加了"并处罚金"的规定。[②]

---

① 关于 1979 年《刑法》第 185 条第 3 款规定的介绍贿赂罪的立法沿革及具体规定，以及 1988 年的《刑法修改稿》第 132 条第 2 款关于介绍贿赂罪的规定，请参见本章之七"行贿罪（第 389 条、第 390 条）"的相关介绍和说明，在此不再赘述。此外，需要说明的是，1988 年《关于惩治贪污贿赂罪的补充规定》没有规定介绍贿赂罪。

② "完善行贿犯罪财产刑规定，使犯罪分子在受到人身处罚的同时，在经济上也得不到好处"（参见全国人大常委会法制工作委员会主任李适时 2014 年 10 月 27 日在十二届全国人大常委会第十一次会议上所作的《关于〈中华人民共和国刑法修正案（九）（草案）〉的说明》）。

【立法规定】

《刑法》第 392 条规定："向国家工作人员介绍贿赂，情节严重的，处三年以下有期徒刑或者拘役，并处罚金。介绍贿赂人在被追诉前主动交代介绍贿赂行为的，可以减轻处罚或者免除处罚。"

【立法释义】

最高人民检察院 1999 年 9 月 9 日发布的《关于人民检察院直接受理立案侦查案件立案标准的规定（试行）》"介绍贿赂案（第 392 条）"部分规定："介绍贿赂罪是指向国家工作人员介绍贿赂，情节严重的行为。'介绍贿赂'是指在行贿人与受贿人之间沟通关系、撮合条件，使贿赂行为得以实现的行为。涉嫌下列情形之一的，应予立案：1. 介绍个人向国家工作人员行贿，数额在 2 万元以上的；介绍单位向国家工作人员行贿，数额在 20 万元以上的；2. 介绍贿赂数额不满上述标准，但具有下列情形之一的：（1）为使行贿人获取非法利益而介绍贿赂的；（2）3 次以上或者 3 人以上介绍贿赂的；（3）向党政领导、司法工作人员、行政执法人员介绍贿赂的；（4）致使国家或者社会利益遭受大损失的。"

【立法建言】

建　议：将《刑法》第 392 条第 1 款修改为："向国家工作人员介绍贿赂，情节严重的，处三年以下有期徒刑、拘役或者管制，可以并处或者单处罚金。"

理　由：

从立法技术上看，宜在本罪第 1 款的法定刑中增加"管制"的规定，并将其中的"并处罚金"改为"可以并处或者单处罚金"，以与《刑法》的其他管制和罚金规定相一致。

十一、单位行贿罪（第 393 条）

【立法沿革】

单位行贿罪是在全国人大常委会 1988 年《关于惩治贪污罪贿赂罪的补充规定》第 9 条规定的单位行贿罪的基础上修改而来的，并经《刑法修正案（九）》第 49 条所修正。

1979 年《刑法》施行后，"近几年，不少企业事业单位通过行贿进行投机倒把、套购倒卖甚至诈骗活动，推销劣货、次货、假货，严重破坏社会主义经济秩序，损害国家和人民利益。这些犯罪活动往往是经过单位领导同意或集体决定的，由于没有法律规定，司法机关感到难以追究法律责任"。[①] 有鉴于此，1988 年《关于惩治贪污罪贿赂罪的补充规定》第 9 条增设了单位行贿罪："企业事业单位、机关、团体为谋取不正当利益而行贿，或者

---

① 参见全国人大常委会秘书长、法制工作委员会主任王汉斌 1987 年 11 月 17 日在六届全国人大常委会第二十三次会议上所作的《关于惩治走私罪和惩治贪污罪贿赂罪两个补充规定（草案）的说明》。

违反国家规定，给予国家工作人员、集体经济组织工作人员或者其他从事公务的人员以回扣、手续费，情节严重的，判处罚金，并对其直接负责的主管人员和其他直接责任人员，处五年以下有期徒刑或者拘役。因行贿取得的违法所得归私人所有的，依照本规定第八条的规定处罚。"①

在刑法修订研拟的过程中，1996 年的《刑法修订草案》（征求意见稿）第 340 条在上述规定的基础上，主要作了以下三方面的修改：一是删去了犯罪对象中的"集体经济组织工作人员"；二是在"判处罚金"之前增加了"对单位"的字样；三是将"私人"的表述修改为"个人"。1996 年的《刑法修订草案》第 347 条基本上沿用了上述规定，仅作了两处补充修改：一是在本罪的主体中增加了"公司"；二是在"因行贿取得的违法所得归个人所有"情形的处理上明确规定依照行贿罪"定罪处罚"。到了 1997 年，《刑法修订草案》（修改稿）第 386 条对上述规定作了较大的调整和修改：一是在犯罪主体方面，将"公司、企业、事业单位、机关、团体"改为"单位"；二是在犯罪对象方面，将"国家工作人员或者其他从事公务的人员"改为"国家机关、国有公司、企业、事业单位、人民团体中从事公务的人员和国家机关、国有公司、企业、事业单位委派到非国有公司、企业、事业单位、社会团体中从事公务的人员"。1997 年 3 月 1 日，提交给八届全国人大五次会议审议的《中华人民共和国刑法（修订草案）》第 389 条又将本罪对象的表述简化为"国家工作人员"。这一修改方案，为 1997 年修订的《刑法》所采纳。

1997 年修订的《刑法》第 393 条规定："单位为谋取不正当利益而行贿，或者违反国家规定，给予国家工作人员以回扣、手续费，情节严重的，对单位判处罚金，并对其直接负责的主管人员和其他直接责任人员，处五年以下有期徒刑或者拘役。因行贿取得的违法所得归个人所有的，依照本法第三百八十九条、第三百九十条的规定定罪处罚。"

1997 年《刑法》施行后，《刑法修正案（九）》第 49 条对上述第 1 款的规定作了修改，增加了"并处罚金"的规定。②

【立法规定】

《刑法》第 393 条规定："单位为谋取不正当利益而行贿，或者违反国家规定，给予国家工作人员以回扣、手续费，情节严重的，对单位判处罚金，并对其直接负责的主管人员和其他直接责任人员，处五年以下有期徒刑或者拘役，并处罚金。因行贿取得的违法所得归个人所有的，依照本法第三百八十九条、第三百九十条的规定定罪处罚。"

---

① 该规定第 8 条是行贿罪的处刑规定。

② "完善行贿犯罪财产刑规定，使犯罪分子在受到人身处罚的同时，在经济上也得不到好处"（参见全国人大常委会法制工作委员会主任李适时 2014 年 10 月 27 日在十二届全国人大常委会第十一次会议上所作的《关于〈中华人民共和国刑法修正案（九）（草案）〉的说明》）。

【立法释义】

最高人民检察院 1999 年 9 月 9 日发布的《关于人民检察院直接受理立案侦查案件立案标准的规定（试行）》"单位行贿案（第 393 条）"部分规定："单位行贿罪是指公司、企业、事业单位、机关、团体为谋取不正当利益而行贿，或者违反国家规定，给予国家工作人员以回扣、手续费，情节严重的行为。涉嫌下列情形之一的，应予以立案：1. 单位行贿数额在 20 万元以上的；2. 单位为谋取不正当利益而行贿，数额在 10 万元以上不满 20 万元，但具有下列情形之一的：（1）为谋取非法利益而行贿的；（2）向 3 人以上行贿的；（3）向党政领导、司法工作人员、行政执法人员行贿的；（4）致使国家或者社会利益遭受重大损失的。因行贿取得的违法所得归个人所有的，依照本规定关于个人行贿的规定立案，追究其刑事责任。"

最高人民检察院 2000 年 12 月 22 日发布的《关于行贿罪立案标准》第 3 条规定："单位行贿罪是指公司、企业、事业单位、机关、团体为谋取不正当利益而行贿，或者违反国家规定，给予国家工作人员以回扣、手续费，情节严重的行为。涉嫌下列情形之一的，应予立案：1. 单位行贿数额在二十万元以上的；2. 单位为谋取不正当利益而行贿，数额在十万元以上不满二十万元，但具有下列情形之一的：（1）为谋取非法利益而行贿的；（2）向三人以上行贿的；（3）向党政领导、司法工作人员、行政执法人员行贿的；（4）致使国家或者社会利益遭受重大损失的。因行贿取得的违法所得归个人所有的，依照本规定关于个人行贿的规定立案，追究其刑事责任。"

最高人民法院、最高人民检察院 2012 年 12 月 16 日发布的《关于办理行贿刑事案件具体应用法律若干问题的解释》第 6 条规定："行贿人谋取不正当利益的行为构成犯罪的，应当与行贿犯罪实行数罪并罚。"第 7 条规定："因行贿人在被追诉前主动交代行贿行为而破获相关受贿案件的，对行贿人不适用刑法第六十八条关于立功的规定，依照刑法第三百九十条第二款的规定，可以减轻或者免除处罚。单位行贿的，在被追诉前，单位集体决定或者单位负责人决定主动交代单位行贿行为的，依照刑法第三百九十条第二款的规定，对单位及相关责任人员可以减轻处罚或者免除处罚；受委托直接办理单位行贿事项的直接责任人员在被追诉前主动交代自己知道的单位行贿行为的，对该直接责任人员可以依照刑法第三百九十条第二款的规定减轻处罚或者免除处罚。"第 8 条规定："行贿人被追诉后如实供述自己罪行的，依照刑法第六十七条第三款的规定，可以从轻处罚；因其如实供述自己罪行，避免特别严重后果发生的，可以减轻处罚。"第 9 条规定："行贿人揭发受贿人与其行贿无关的其他犯罪行为，查证属实的，依照刑法第六十八条关于立功的规定，可以从轻、减轻或者免除处罚。"第 10 条规定："实施行贿犯罪，具有下列情形之一的，一般不适用缓刑和免予刑事处罚：（一）向三人以上行贿的；（二）因行贿受过行政处罚或者刑事处罚的；（三）为实施违法犯罪活动而行贿的；（四）造成严重危害后果的；（五）其他不适用缓刑和免予刑事处罚的情形。具有刑法第三百九十条第二款规定的情形的，不受前款规定的限制。"第 11 条规定："行贿犯罪取得的不正当财产性利益应当依照刑法第六十四条的规定予以追缴、责令退赔或者返还被害人。因行贿犯罪取得财产性利益以外的经营资格、资质或者职务晋升等其他不正当利益，建议有关部门依照相关规定予以处理。"第 12 条规定："行贿犯罪中的'谋取不正当利益'，是指行贿人谋取的利益违反法律、法规、规章、政策规定，或者要求国家工作人员违反法律、法规、规章、政策、行业规范的规定，为自己提供帮助或者方便条件。违背公平、公正原则，在经济、组织人事管理等活动中，谋取竞争优势的，应当认定为'谋取不正当利益'。"

【立法建言】

建　议：将《刑法》第 393 条修改为："单位为谋取不正当利益而行贿，或者违反国家规定，给予国家工作人员以回扣、手续费，情节严重的，对单位判处罚金，并对其直接负责的主管人员和其他直接责任人员，处五年以下有期徒刑、拘役或者管制，可以并处或者单处罚金。因行贿取得的违法所得归个人所有的，依照本法第三百八十九条、第三百九十条的规定定罪处罚。"

理　由：

1. 从立法技术上看，宜在本罪直接责任人员的法定刑中增加"管制"的规定，并将其中的"并处罚金"改为"可以并处或者单处罚金"，以与《刑法》的其他管制和罚金管制相一致。

2. 从条款结构上看，宜将本罪后段"因行贿取得的违法所得归个人所有的，依照本法第三百八十九条、第三百九十条的规定定罪处罚"的规定另列为本罪的第 2 款，以更合乎逻辑。

十二、公务、外交活动中的贪污（第 394 条）

【立法沿革】

公务、外交活动中的贪污是在全国人大常委会 1988 年《关于惩治贪污罪贿赂罪的补充规定》第 10 条规定的外交活动中的贪污的基础上修改而来的。

为了规范对外交往中接受礼物的行为，进一步明确罪与非罪的界限，1988 年《关于惩治贪污罪贿赂罪的补充规定》第 10 条对贪污罪作了补充规定："国家工作人员在对外交往中接受礼物，依照国家规定应当交公而不交公，数额较大的，以贪污罪论处。"

在刑法修订研拟的过程中，"考虑到在国内公务活动中接受礼物，应当交公而不交公的，同样具有贪污的性质"，① 因此，1996 年的《刑法修订草案》（征求意见稿）第 341 条在上述规定的基础上，增加了"国内公务活动"的情形，扩大了犯罪成立的范围。1996 年的《刑法修订草案》第 348 条为了规范、统一立法表述，又将"以贪污罪论处"修改为"依照本法第三百三十六条、第三百三十七条的规定定罪处罚"②。这一修改方案，为现行刑法所采纳。

【立法规定】

《刑法》第 394 条规定："国家工作人员在国内公务活动或者对外交往中接受礼物，依照国家规定应当交公而不交公，数额较大的，依照本法第三百八十二条、第三百八十三条的规定定罪处罚。"

【立法释义】

目前，尚无与公务、外交活动中的贪污相关的法律解释。

【立法建言】

建　议：将《刑法》第 394 条修改为："国家工作人员在国内公务活动或者对外交往中接受礼物，依照国家规定应当交公而不交公，数额较大的，处五年以下有期徒刑、拘役或者管制，可以并处或者单处罚金。"

理　由：

从犯罪构成来看，该条所规定的犯罪与贪污罪的构成要件具有明显的差异，因而宜将其作为独立的罪名，并规定单独的法定刑。

十三、巨额财产来源不明罪、隐瞒境外存款罪（第 395 条）

【立法沿革】

巨额财产来源不明罪、隐瞒境外存款罪是在全国人大常委会 1988 年《关于惩治贪污罪贿赂罪的补充规定》第 11 条规定的巨额财产来源不明罪、隐瞒境外存款罪的基础上修改而来的，其中，巨额财产来源不明罪并经《刑法修正案（七）》第 14 条所修正。

1979 年《刑法》施行后，"近几年，国家工作人员中出现了个别财产来源不明的'暴发户'，或者支出明显超过合法收入，差额巨大，不是几千元，而是几万元、十几万元，甚至更多，本人又不能说明财产的合法来源，显然是来自非法途径。对这种情况，首先应当查清是贪污、受贿、走私、投机倒把或者其他犯罪所得，依照刑法有关规定处罚。但有的很难查清具体犯罪事实，因为没有法律规定，不好处理，使罪犯逍遥法外。事实上，国

---

① 参见高铭暄：《中华人民共和国刑法的孕育诞生和发展完善》，北京大学出版社 2012 年版，第 615 页。

② 该草案第 336 条、第 337 条规定的是贪污罪。

家工作人员财产超过合法收入差额巨大而不能说明来源的，就是一种犯罪事实，一些国家和地区的法律规定这种情况属于犯罪"。① 有鉴于此，1988 年《关于惩治贪污罪贿赂罪的补充规定》第 11 条规定："国家工作人员的财产或者支出明显超过合法收入，差额巨大的，可以责令说明来源。本人不能说明其来源是合法的，差额部分以非法所得论，处五年以下有期徒刑或者拘役，并处或者单处没收其财产的差额部分。② 国家工作人员在境外的存款，应当依照国家规定申报。数额较大、隐瞒不报的，处二年以下有期徒刑或者拘役；情节较轻的，由其所在单位或者上级主管机关酌情给予行政处分。"

在刑法修订研拟的过程中，1996 年的《刑法修订草案》（征求意见稿）第 342 条直接移植了上述规定。1996 年的《刑法修订草案》第 349 条基本上沿用了上述规定，仅在第 2 款中增加了"管制"这一刑种。1997 年的《刑法修订草案》（修改稿）第 388 条在上述规定的基础上，将两罪的主体由"国家工作人员"修改为"国家机关工作人员"。1997 年 3 月 1 日，提交给八届全国人大五次会议审议的《中华人民共和国刑法（修订草案)》第 391 条又将两罪的主体改回"国家工作人员"，并删去了此前增加的"管制"。经审议，1997 年修订的《刑法》第 395 条为避免产生歧义，将巨额财产来源不明罪中"并处或者单处没收其财产的差额部分"的表述修改为"财产的差额部分予以追缴"。

1997 年修订的《刑法》第 395 条规定："国家工作人员的财产或者支出明显超过合法收入，差额巨大的，可以责令说明来源。本人不能说明其来源是合法的，差额部分以非法所得论，处五年以下有期徒刑或者拘役，财产的差额部分予以追缴。国家工作人员在境外的存款，应当依照国家规定申报。数额较大、隐瞒不报的，处二年以下有期徒刑或者拘役；情节较轻的，由其所在单位或者上级主管机关酌情给予行政处分。"

1997 年《刑法》施行后，"有些全国人大代表和最高人民法院、最高人民检察院提出，本罪③的刑罚偏轻，建议加重。"④ 因此，《刑法修正案（七)》第 14 条对《刑法》第 395 条第 1 款作了补充规定，增加了"差额特别巨大的，处五年以上十年以下有期徒刑"

---

① 参见全国人大常委会秘书长、法制工作委员会主任王汉斌 1987 年 11 月 17 日在六届全国人大常委会第二十三次会议上所作的《关于惩治走私罪和惩治贪污罪贿赂罪两个补充规定（草案）的说明》。

② "应当说明，一些国家规定公务员应当申报财产收入，我国对国家工作人员是否建立申报财产制度问题，需在其他有关法律中研究解决，本规定只是对其财产或者支出明显超过其合法收入，差额巨大的，才要求说明来源。本人所在单位、上级主管机关、国家监察机关和检察机关都可以责令其说明来源，但如果要依照本规定处理，必须由检察机关起诉，由人民法院依法判决"（参见全国人大常委会秘书长、法制工作委员会主任王汉斌 1987 年 11 月 17 日在六届全国人大常委会第二十三次会议上所作的《关于惩治走私罪和惩治贪污罪贿赂罪两个补充规定（草案）的说明》）。

③ 这里所说的"本罪"，是指巨额财产来源不明罪。

④ 参见全国人大常委会法制工作委员会主任李适时 2008 年 8 月 25 日在十一届全国人大常委会第四次会议上所作的《关于〈中华人民共和国刑法修正案（七）（草案）〉的说明》。

的量刑幅度。①

【立法规定】

《刑法》第 395 条规定："国家工作人员的财产或者支出明显超过合法收入，差额巨大的，可以责令说明来源。本人不能说明其来源是合法的，差额部分以非法所得论，处五年以下有期徒刑或者拘役；差额特别巨大的，处五年以上十年以下有期徒刑。财产的差额部分予以追缴。国家工作人员在境外的存款，应当依照国家规定申报。数额较大、隐瞒不报的，处二年以下有期徒刑或者拘役；情节较轻的，由其所在单位或者上级主管机关酌情给予行政处分。"

【立法释义】

最高人民检察院 1999 年 9 月 9 日发布的《关于人民检察院直接受理立案侦查案件立案标准的规定（试行）》"巨额财产来源不明案（第 395 条第 1 款）"部分规定："巨额财产来源不明罪是指国家工作人员的财产或者支出明显超出合法收入，差额巨大，而本人又不能说明其来源是合法的行为。涉嫌巨额财产来源不明，数额在 30 万元以上的，应予立案。""隐瞒境外存款案（第 395 条第 2 款）"部分规定："隐瞒境外存款罪是指国家工作人员违反国家规定，故意隐瞒不报在境外的存款，数额较大的行为。涉嫌隐瞒境外存款，折合人民币数额在 30 万元以上的，应予立案。"

最高人民法院 2003 年 11 月 13 日发布的《全国法院审理经济犯罪案件工作座谈会纪要》"关于巨额财产来源不明罪"部分第 1 条规定："刑法第三百九十五条第一款规定的'不能说明'，包括以下情况：（1）行为人拒不说明财产来源；（2）行为人无法说明财产的具体来源；（3）行为人所说的财产来源经司法机关查证并不属实；（4）行为人所说的财产来源因线索不具体等原因，司法机关无法查实，但能排除存在来源合法的可能性和合理性的。"第 2 条规定："刑法第三百九十五条规定的'非法所得'，一般是指行为人的全部财产与能够认定的所有支出的总和减去能够证实的有真实来源的所得。在具体计算时，应注意以下问题：（1）应把国家工作人员个人财产和与其共同生活的家庭成员的财产、支出等一并计算，而且一并减去他们所有的合法收入以及确属与其共同生活的家庭成员个人的非法收入。（2）行为人所有的财产包括房产、家具、生活用品、学习用品及股票、债券、存款等动产和不动产；行为人的支出包括合法支出和不合法的支出，包括日常生活、工作、学习费用、罚款及向他人行贿的财物等；行为人的合法收入包括工资、奖金、稿

---

① "这样修改，加重了对这类犯罪的惩处，在量刑上又与贪污贿赂犯罪有所差别。司法实践中，对涉嫌贪污贿赂犯罪的，司法机关应当依法尽力查证犯罪事实，依照贪污贿赂犯罪的规定严惩"（参见全国人大常委会法制工作委员会主任李适时 2008 年 8 月 25 日在十一届全国人大常委会第四次会议上所作的《关于〈中华人民共和国刑法修正案（七）（草案）〉的说明》）。

酬、继承等法律和政策允许的各种收入。（3）为了便于计算犯罪数额，对于行为人的财产和合法收入，一般可以从行为人有比较确定的收入和财产时开始计算。"

【立法建言】

建　议：将《刑法》第395条修改为："国家工作人员的财产或者支出明显超过合法收入，差额巨大，不能说明其来源是合法的，差额部分以非法所得论，处五年以下有期徒刑、拘役或者管制，可以并处或者单处罚金；差额特别巨大的，处五年以上十年以下有期徒刑，并处罚金。国家工作人员隐瞒不报境外的存款，数额较大的，处二年以下有期徒刑、拘役或者管制，可以并处或者单处罚金。"

理　由：

1. 从规范内容的角度来看，宜删去《刑法》第395条第1款中的"可以责令说明来源"和"财产的差额部分予以追缴"的规定；同时，还宜删去第2款中的"应当依照国家规定申报"和"情节较轻的，由其所在单位或者上级主管机关酌情给予行政处分"的规定。因为，"可以责令说明来源"属于程序性规范，《刑法》不宜对此加以规定；而"财产的差额部分予以追缴"则是对"非法所得"处理的当然法律后果，对此，《刑法》第64条已有明文规定。至于"应当依照国家规定申报"和"情节较轻的，由其所在单位或者上级主管机关酌情给予行政处分"，显然属于行政法规范，《刑法》不宜对此加以规定。正如有学者指出，"刑法分则条文的功能本应是进行罪刑规定，而诸如此类的表述已经超出了刑法分则条文的本有功能而给人一种刑法欲取代行政法而解决一切问题的错觉。这种不正常的立法现象也是我国刑法特别是刑法分则冗长啰唆的一个重要因素。"[①]

2. 从立法技术的角度来看，宜在《刑法》第395条第1款第1档法定刑和第2款的法定刑中增加"管制"和"可以并处或者单处罚金"的规定，并在第1款第2档法定刑中增加"并处罚金"的规定，以与《刑法》的其他管制和罚金规定相一致。

十四、私分国有资产罪、私分罚没财物罪（第396条）

【立法沿革】

私分国有资产罪、私分罚没财物罪是1997年《刑法》第396条增设的罪名。

全国人大1996年3月17日通过的《中华人民共和国行政处罚法》第58条第1款规定："行政机关将罚款、没收的违法所得或者财物截留、私分或者变相私分的，由财政部门或者有关部门予以追缴，对直接负责的主管人员和其他直接责任人员依法给予行政处分；情节严重构成犯罪的，依法追究刑事责任。"然而，当时的法律对此并无明文规定，

---

① 马荣春：《刑法完善论》，群众出版社2008年版，第436页。

难以"依法追究刑事责任"。有鉴于此，在刑法修订研拟的过程中，最高人民检察院提出，"私分国有资产的现象在实践中非常普遍，由于人数多，数额大，造成国家财产严重流失，其社会危害性比贪污更大。例如，深圳国际信托投资公司 1993 年 1 月一次就集体私分 245 万元，1994 年 3 月一次集体私分 1706 万元。由于传统的'为公不犯法'、'法不责众'的思想，这种行为的社会危害性没有得到足够的认识，除少数按共同贪污做了处理以外，大部分都没有作为犯罪来追究。为了加强对国有资产的保护，有必要在刑法中作出补充规定"。① 据此，1996 年的《刑法修订草案》（征求意见稿）第 344 条增设了私分国有资产罪："国有企业事业单位、机关、团体，违反国家规定，截留应当上交国家的税金、罚没财物或者其他国有资产，以单位的名义集体私分给个人，数额较大的，对其直接负责的主管人员和其他直接责任人员，处三年以下有期徒刑，可以并处或者单处罚金；数额巨大的，处三年以上七年以下有期徒刑，可以并处罚金。"1996 年的《刑法修订草案》第 351 条在上述规定的基础上，主要作了以下三方面的补充和修改：一是在犯罪主体方面，增加了"公司"的表述；二是在犯罪客观方面，删去了"截留"的行为限制；三是在刑罚配置方面，增加了"拘役或者管制"两种主刑。修改后的条文为："国有公司、企业、事业单位、机关、团体，违反国家规定，将应当上交国家的税金、罚没财物或者其他国有资产，以单位名义集体私分给个人，数额较大的，对其直接负责的主管人员和其他直接责任人员，处三年以下有期徒刑、拘役或者管制，可以并处或者单处罚金；数额巨大的，处三年以上七年以下有期徒刑，可以并处罚金。"1997 年的《刑法修订草案》（修改稿）第 389 条将上述犯罪主体的表述修改为"国家机关、国有公司、企业、事业单位、人民团体"，并删去了犯罪对象中的"税金"。1997 年 3 月 1 日，提交给八届全国人大五次会议审议的《中华人民共和国刑法（修订草案）》第 392 条对上述规定又作了两处修改：一是删去了此前增加的"管制"；二是删去了罚金刑之前的"可以"一词。经审议，考虑到私分"国有资产"和"罚没财物"的性质不同，因此，1997 年《刑法》第 396 条将其分设两款加以规定。

【立法规定】

《刑法》第 396 条规定："国家机关、国有公司、企业、事业单位、人民团体，违反国家规定，以单位名义将国有资产集体私分给个人，数额较大的，对其直接负责的主管人员和其他直接责任人员，处三年以下有期徒刑或者拘役，并处或者单处罚金；数额巨大的，处三年以上七年以下有期徒刑，并处罚金。司法机关、行政执法机关违反国家规定，将应当上缴国家的罚没财物，以单位名义集体私分给个人的，依照前款的规定处罚。"

---

① 参见最高人民检察院刑法修改研究小组："《关于刑法修改中几个问题的意见的报告》（1996 年 9 月 13 日）"，载高铭暄、赵秉志编：《新中国刑法立法文献资料总览》（下），中国人民公安大学出版社 1998 年版，第 2625 页。

【立法释义】

最高人民检察院 1999 年 9 月 9 日发布的《关于人民检察院直接受理立案侦查案件立案标准的规定（试行）》"私分国有资产案（第 396 条第 1 款）"部分规定："私分国有资产罪是指国家机关、国有公司、企业、事业单位、人民团体，违反国家规定，以单位名义将国有资产集体私分给个人，数额较大的行为。涉嫌私分国有资产，累计数额在 10 万元以上的，应予立案。""私分罚没财物案（第 396 条第 2 款）"部分规定："私分罚没财物罪是指司法机关、行政执法机关违反国家规定，将应当上缴国家的罚没财物，以单位名义集体私分给个人的行为。涉嫌私分罚没财物，累计数额在 10 万元以上，应予立案。"

最高人民法院、最高人民检察院 2010 年 11 月 26 日发布的《关于办理国家出资企业中职务犯罪案件具体应用法律若干问题的意见》第 2 条"关于国有公司、企业在改制过程中隐匿公司、企业财产归职工集体持股的改制后公司、企业所有的行为的处理"规定："国有公司、企业违反国家规定，在改制过程中隐匿公司、企业财产，转为职工集体持股的改制后公司、企业所有的，对其直接负责的主管人员和其他直接责任人员，依照刑法第三百九十六条第一款的规定，以私分国有资产罪定罪处罚。改制后的公司、企业中只有改制前公司、企业的管理人员或者少数职工持股，改制前公司、企业的多数职工未持股的，依照本意见第一条的规定，以贪污罪定罪处罚。"第 8 条"关于宽严相济刑事政策的具体贯彻"规定："办理国家出资企业中的职务犯罪案件时，要综合考虑历史条件、企业发展、职工就业、社会稳定等因素，注意具体情况具体分析，严格把握犯罪与一般违规行为的区分界限。对于主观恶意明显、社会危害严重、群众反映强烈的严重犯罪，要坚决依法从严惩处；对于特定历史条件下、为了顺利完成企业改制而实施的违反国家政策法律规定的行为，行为人无主观恶意或者主观恶意不明显，情节较轻，危害不大的，可以不作为犯罪处理。对于国家出资企业中的职务犯罪，要加大经济上的惩罚力度，充分重视财产刑的适用和执行，最大限度地挽回国家和人民利益遭受的损失。不能退赃的，在决定刑罚时，应当作为重要情节予以考虑。"

【立法建言】

建　议：将《刑法》第 396 条第 1 款修改为："国家机关、国有公司、企业、事业单位、人民团体，违反国家规定，以单位名义将国有资产集体私分给个人，数额较大的，对其直接负责的主管人员和其他直接责任人员，处三年以下有期徒刑、拘役或者管制，可以并处或者单处罚金；数额巨大的，处三年以上七年以下有期徒刑，并处罚金。"

理　由：

从立法技术上看，宜在《刑法》第 396 条第 1 款第 1 档法定刑中增加"管制"的规定，并将其中的"并处或者单处罚金"改为"可以并处或者单处罚金"，以与《刑法》的其他管制和罚金规定相一致。

第九章　渎职罪

一、滥用职权罪、玩忽职守罪（第397条）

【立法沿革】

滥用职权罪是1997年《刑法》第397条增设的罪名；而玩忽职守罪则是在1979年《刑法》第187条规定的玩忽职守罪的基础上修改而来的。

从立法源流来看，玩忽职守罪最早见之于1950年《刑法大纲草案》第84条规定的怠忽职务罪："国家工作人员对于职务上之工作，因循敷衍，不负责任，致发生恶劣结果者，处三年以下监禁。"而滥用职权罪则最早见之于1954年《刑法指导原则草案》第73条规定的徇私舞弊罪："国家机关工作人员代表国家机关同私人进行经济往来的时候，从中徇私舞弊，故意订立不利于国家的契约或者故意损害公共利益的，判处三年以下有期徒刑、劳役或者予以行政处罚；情节特别严重的，判处三年以上有期徒刑。"此外，《刑法指导原则草案》第76条还将怠忽职务罪修改为玩忽职守罪："国家机关工作人员玩忽职守、不负责任具有下列情形之一，使公共财产、人民利益遭受严重损害的，判处三年以下有期徒刑、劳役或者予以行政处罚；情节严重的，判处三年以上有期徒刑。（一）违反法律、法令、安全纪律、操作规程或者其他规定的；（二）明知有遭受严重损害的可能或者已经发现有遭受严重损害的象征，可能防止而不积极防止的；（三）对于及时防止遭受严重损害的正确建议，置之不理的。"但是，1957年的《刑法草案》第22稿对上述犯罪行为均未加以规定。在修订第22稿的过程中，1962年11月召开了全国政法工作会议，"不少省、市代表在讨论刑法草案草稿时提出：粮食、商业、物资保管部门的一些工作人员，由于严重不负责任，使经管的大批粮食和其他市场上比较缺乏的商品霉烂、变质，造成国家很大的损失。对这些责任者应当考虑追究刑事责任。"[①] 因此，1963年的《刑法草案》第33稿第201条增设了玩忽职守罪："国家工作人员由于玩忽职守、严重不负责任，致使公共财产遭受重大损失的，处七年以下有期徒刑或者拘役。"[②] 此外，"在本章起草过程中，有一度打算增加一条：'国家工作人员滥用职权、违法乱纪，使公民人身权利遭受严重损害或

---

① 参见高铭暄：《中华人民共和国刑法的孕育和诞生》，法律出版社1981年版，第253~254页。
② "修订中大家认为，不仅上述部门有这个问题，其他部门也有，因而条文中的犯罪主体仍一般地写'国家工作人员'，而不在部门上加以限制"（参见高铭暄：《中华人民共和国刑法的孕育和诞生》，法律出版社1981年版，第254页）。

者使公私财产遭受重大损失的，处……'后来考虑，'滥用职权、违法乱纪'这个罪名太广泛，差不多是'渎职罪'概括性的总称，与其他具体条文并列在一起，引用起来有困难；弄得不好，就会不适当地过多地运用数罪并罚的原则，结果是普遍地加重了刑罚，不能正确体现政策。于是未采纳这一条。"① 1979 年《刑法》第 187 条在上述规定的基础上，作了以下三方面的修改：一是删去了"严重不负责任"的表述；二是将"致使公共财产遭受重大损失"改为"致使公共财产、国家和人民利益遭受重大损失"；三是将"七年以下有期徒刑或者拘役"改为"五年以下有期徒刑或者拘役"。

1979 年《刑法》第 187 条规定："国家工作人员由于玩忽职守，致使公共财产、国家和人民利益遭受重大损失的，处五年以下有期徒刑或者拘役。"

在全面研究修改刑法的过程中，1988 年的《刑法修改稿》增设了滥用职权罪，并将其与玩忽职守罪规定在同一条文，适用同一法定刑；相应地，适当提高了法定最高刑。该稿第 139 条规定："国家工作人员滥用职权或者玩忽职守，致使公共财产、国家和人民利益遭受重大损失的，处七年以下有期徒刑或者拘役。"1996 年的《刑法修订草案》（征求意见稿）对上述规定作了较大的修改和调整：一是将滥用职权罪与玩忽职守罪分别加以规定；二是将滥用职权罪和玩忽职守罪设置为普通法条。② 该草案第 345 条规定："国家工作人员玩忽职守，致使公共财产、国家和人民利益遭受重大损失的，处五年以下有期徒刑或者拘役；情节特别严重的，处五年以上十年以下有期徒刑。本法另有规定的，依照规定。"第 346 条规定："国家工作人员滥用职权，致使公共财产、国家和人民利益遭受重大损失的，处七年以下有期徒刑或者拘役；情节特别严重的，处七年以上有期徒刑。本法另有规定的，依照规定。"然而，1996 年的《刑法修订草案》第 353 条又将滥用职权罪和玩忽职守罪合并加以规定，并对法定刑作了较大的修改。修改后的条文为："国家工作人员滥用

---

①　参见高铭暄：《中华人民共和国刑法的孕育和诞生》，法律出版社 1981 年版，第 257～258 页。

②　该草案之所以将其设置为普通法条，是因为在"渎职罪"一章中根据业务部门的不同对滥用职权、玩忽职守的行为增加了许多特别规定。对于这种立法模式，有关部门存在着截然不同的意见：一种意见认为，这种立法模式能够直接反映犯罪的行为性质和特点，因此，建议仍保留刑法对滥用职权罪和玩忽职守罪的规定，并把单行刑事法律、民事、经济、行政法律中的专门规定增加到刑法典中。在罪状的表述上应当按行为人主观态度的不同，分别设立不同的罪名：凡国家工作人员因过失，未尽职守，致使公共财产、国家和人民利益遭受重大损失的行为，构成玩忽职守罪；国家工作人员故意滥用职权或者超越职权，严重侵犯公民合法权益，或者致使公共财产、国家和人民利益遭受重大损失的行为，构成滥用职权罪；国家工作人员故意放弃应当履行的职责，致使国家和人民利益遭受重大损失的行为，构成放弃职守罪。此外，还应当对一些常见频发的部门或者行业的玩忽职守行为也单独立罪，以示突出（参见最高人民检察院刑法修改研究小组："《关于对〈中华人民共和国刑法（修订草案）〉（征求意见稿）的修改意见》（1996 年 11 月 15 日）"，见高铭暄、赵秉志编：《新中国刑法立法文献资料总览》（下），中国人民公安大学出版社 1998 年版，第 2642 页）。另一种意见则认为，"《修订草案》以徇私舞弊和玩忽职守主体的不同行业、职业为划分标准，规定了多种徇私舞弊罪和玩忽职守罪。虽然已规定的犯罪做到了比较明确、具体，但是由于社会分工越来越细，部门种类繁多，而每一部门的工作人员都有可能徇私舞弊或者玩忽职守，如果不加以抽象规定，就会出现举不胜举或者挂一漏万的情况，因此，有必要加以归纳，使罪名、罪状能够适用于构成此类犯罪的不同行业、职业的主体"（参见最高人民法院："《关于对〈中华人民共和国刑法（修订草案）〉的修改意见的函》（1997 年 1 月 2 日）"，见高铭暄、赵秉志编：《新中国刑法立法文献资料总览》（下），中国人民公安大学出版社 1998 年版，第 2447 页）。

职权或者玩忽职守，致使公共财产、国家和人民利益遭受重大损失的，处三年以下有期徒刑、拘役或者管制；情节特别严重的，处三年以上七年以下有期徒刑。本法另有规定的，依照规定。"1997年的《刑法修订草案》（修改稿）第 390 条基本上沿用了上述规定，仅将犯罪主体修改为"国家机关工作人员"。1997年3月1日，提交给全国人大五次会议审议的《中华人民共和国刑法（修订草案）》第 393 条在上述规定的基础上，删去了此前增加的"管制"，并增加了第 2 款"国家机关工作人员徇私舞弊，犯前款罪的，处五年以下有期徒刑或者拘役；情节特别严重的，处五年以上十年以下有期徒刑。本法另有规定的，依照规定"的规定。这一修改方案，为现行刑法所采纳。

【立法规定】

《刑法》第 397 条规定："国家机关工作人员滥用职权或者玩忽职守，致使公共财产、国家和人民利益遭受重大损失的，处三年以下有期徒刑或者拘役；情节特别严重的，处三年以上七年以下有期徒刑。本法另有规定的，依照规定。国家机关工作人员徇私舞弊，犯前款罪的，处五年以下有期徒刑或者拘役；情节特别严重的，处五年以上十年以下有期徒刑。本法另有规定的，依照规定。"

全国人大常委会 1998 年 12 月 29 日通过的《关于惩治骗购外汇、逃汇和非法买卖外汇犯罪的决定》第 6 条规定："海关、外汇管理部门的工作人员严重不负责任，造成大量外汇被骗购或者逃汇，致使国家利益遭受重大损失的，依照刑法第三百九十七条的规定定罪处罚。"

【立法释义】

全国人大常委会 2002 年 12 月 28 日通过的《关于第九章渎职罪主体适用问题的解释》规定："在依照法律、法规规定行使国家行政管理职权的组织中从事公务的人员，或者在受国家机关委托代表国家机关行使职权的组织中从事公务的人员，或者虽未列入国家机关人员编制但在国家机关中从事公务的人员，在代表国家机关行使职权时，有渎职行为，构成犯罪的，依照刑法关于渎职罪的规定追究刑事责任。"①

---

① 1997年《刑法》施行后，"近年来，在司法实践中遇到一些新情况：一是法律授权规定某些非国家机关的组织，在某些领域行使国家行政管理职权。如根据证券法的规定，证券业和银行业、信托业、保险业实行分业经营、分业管理。证券公司与银行、信托、保险业务机构分别设立。国务院证券监督管理机构依法对全国证券市场实行集中统一监督管理。保险法也作了修改，规定国务院保险监督管理机构负责对保险业实施监督管理，而这些权力过去法律规定是由中国人民银行行使的。二是在机构改革中，有的地方将原来的一些国家机关调整为事业单位，但仍然保留其行使某些行政管理的职能。三是有些国家机关将自己行使的职权依法委托给一些组织行使。四是实践中有的国家机关根据工作需要聘用了一部分国家机关以外的人员从事公务。上述这些人员虽然在形式上未列入国家机关编制，但实际是在国家机关中工作或者行使国家机关工作人员的权力。一些部门认为，这些人员在行使国家权力时，玩忽职守、滥用职权、徇私舞弊构成犯罪的，也应按照国家机关工作人员渎职罪的规定处罚。最高人民法院、最高人民检察院建议全国人大常委会对此作出明确解释。"据此，全国人大常委会根据《立法法》第 44 条的规定，作出了上述解释（参见全国人大常委会法制工作委员会副主任胡康生 2002 年 12 月 23 日在九届全国人大常委会第三十一次会议上所作的《对〈全国人民代表大会常务委员会关于《中华人民共和国刑法》第九章渎职罪主体适用问题的解释（草案）〉的说明》）。

最高人民法院、最高人民检察院、公安部、国家工商行政管理局1998年5月8日发布的《关于依法查处盗窃、抢劫机动车案件的规定》第9条规定："公安、工商行政管理人员或者其他国家机关工作人员滥用职权或者玩忽职守、徇私舞弊，致使赃车入户、过户、验证的，给予行政处分；致使公共财产、国家和人民利益遭受重大损失的，依照《刑法》第三百九十七条的规定处罚。"

最高人民检察院2000年10月9日发布的《关于合同制民警能否成为玩忽职守罪主体问题的批复》规定："根据刑法第九十三条第二款的规定，合同制民警在依法执行公务期间，属其他依照法律从事公务的人员，应以国家机关工作人员论。对合同制民警在依法执行公务活动中的玩忽职守行为，符合刑法第三百九十七条规定的玩忽职守罪构成要件的，依法以玩忽职守罪追究刑事责任。"

最高人民检察院2000年10月31日发布的《关于属工人编制的乡（镇）工商所所长能否依照刑法第397条的规定追究刑事责任问题的批复》规定："根据刑法第93条第2款的规定，经人事部门任命，但为工人编制的乡（镇）工商所所长，依法履行工商行政管理职责时，属其他依照法律从事公务的人员，应以国家机关工作人员论。如果玩忽职守，致使公共财产、国家和人民利益遭受重大损失，可适用刑法第397条的规定，以玩忽职守罪追究刑事责任。"

最高人民检察院2000年5月4日发布的《关于镇财政所所长是否适用国家机关工作人员的批复》规定："对于属行政执法事业单位的镇财政所中按国家机关在编干部管理的工作人员，在履行政府行政公务活动中，滥用职权或玩忽职守构成犯罪的，应以国家机关工作人员论。"

最高人民检察院2001年8月24日发布的《人民检察院直接受理立案侦查的渎职侵权重特大案件标准（试行）》第1条规定的"滥用职权案"重大案件的标准为："1.致人死亡二人以上，或者重伤五人以上，或者轻伤十人以上的；2.造成直接经济损失五十万元以上的。"特大案件的标准为："1.致人死亡五人以上，或者重伤十人以上，或者轻伤二十人以上的；2.造成直接经济损失一百万元以上的。"第2条规定的"玩忽职守案"重大案件的标准为："1.致人死亡三人以上，或者重伤十人以上，或者轻伤十五人以上的；2.造成直接经济损失一百万元以上的。"特大案件的标准为："1.致人死亡七人以上，或者重伤十五人以上，或者轻伤三十人以上的；2.造成直接经济损失二百万元以上的。"

最高人民检察院2002年4月29日发布的《关于企业事业单位的公安机构在机构改革过程中其工作人员能否构成渎职侵权犯罪主体问题的批复》规定："企业事业单位的公安机构在机构改革过程中虽尚未列入公安机关建制，其工作人员在行使侦查职责时，实施渎职侵权行为的，可以成为渎职侵权犯罪的主体。"

最高人民检察院 2002 年 9 月 25 日发布的《关于买卖尚未加盖印章的空白〈边境证〉行为如何适用法律问题的答复》规定："对买卖尚未加盖发证机关的行政印章或者通行专用章印鉴的空白〈中华人民共和国边境管理区通行证〉的行为，不宜以买卖国家机关证件罪追究刑事责任。国家机关工作人员实施上述行为，构成犯罪的，可以按滥用职权等相关犯罪依法追究刑事责任。"

最高人民检察院法律政策研究室 2003 年 1 月 13 日发布的《关于对海事局工作人员如何使用法律问题的答复》规定："根据国办发〔1999〕90 号、中编办函〔2000〕184 号等文件的规定，海事局负责行使国家水上安全监督和防止船舶污染及海上设施检验、航海保障的管理职权，是国家执法监督机构。海事局及其分支机构工作人员在从事上述公务活动中，滥用职权或者玩忽职守，致使公共财产、国家和人民利益遭受重大损失的，应当依照刑法第三百九十七条的规定，以滥用职权罪或者玩忽职守罪追究刑事责任。"

最高人民法院、最高人民检察院 2003 年 5 月 14 日发布的《关于办理妨害预防、控制突发传染病疫情等灾害的刑事案件具体应用法律若干问题的解释》第 15 条规定："在预防、控制突发传染病疫情等灾害的工作中，负有组织、协调、指挥、灾害调查、控制、医疗救治、信息传递、交通运输、物资保障等职责的国家机关工作人员，滥用职权或者玩忽职守，致使公共财产、国家和人民利益遭受重大损失的，依照刑法第三百九十七条的规定，以滥用职权罪或者玩忽职守罪定罪处罚。"

最高人民法院、最高人民检察院 2003 年 9 月 4 日发布的《关于办理非法制造、买卖、运输、储存毒鼠强等禁用剧毒化学品刑事案件具体应用法律若干问题的解释》第 4 条规定："对非法制造、买卖、运输、储存毒鼠强等禁用剧毒化学品行为负有查处职责的国家机关工作人员，滥用职权或者玩忽职守，致使公共财产、国家和人民利益遭受重大损失的，依照刑法第三百九十七条的规定，以滥用职权罪或者玩忽职守罪追究刑事责任。"

最高人民法院、最高人民检察院、公安部 2003 年 11 月 12 日发布的《关于严格执行刑事诉讼法，切实纠防超期羁押的通知》第 5 条规定："严格执行超期羁押责任追究制度。超期羁押侵犯犯罪嫌疑人、被告人的合法权益，损害司法公正，对此必须严肃查处，绝不姑息。本通知发布以后，凡违反刑事诉讼法和本通知的规定，造成犯罪嫌疑人、被告人超期羁押的，对于直接负责的主管人员和其他直接责任人员，由其所在单位或者上级主管机关依照有关规定予以行政或者纪律处分；造成犯罪嫌疑人、被告人超期羁押，情节严重的，对于直接负责的主管人员和其他直接责任人员，依照刑法第三百九十七条的规定，以玩忽职守罪或者滥用职权罪追究刑事责任。"

最高人民法院 2003 年 11 月 13 日发布的《全国法院审理经济犯罪案件工作座谈会纪要》"关于贪污贿赂犯罪和渎职犯罪的主体"部分第 1 条规定："刑法中所称的国家机关

工作人员，是指在国家机关中从事公务的人员，包括在各级国家权力机关、行政机关、司法机关和军事机关中从事公务的人员。根据有关立法解释的规定，在依照法律、法规规定行使国家行政管理职权的组织中从事公务的人员，或者在受国家机关委托代表国家行使职权的组织中从事公务的人员，或者虽未列入国家机关人员编制但在国家机关中从事公务的人员，视为国家机关工作人员。在乡（镇）以上中国共产党机关、人民政协机关中从事公务的人员，司法实践中也应当视为国家机关工作人员。""关于渎职罪"部分第 1 条规定："根据刑法规定，玩忽职守、滥用职权等渎职犯罪是以致使公共财产、国家和人民利益遭受重大损失为构成要件的。其中，公共财产的重大损失，通常是指渎职行为已经造成的重大经济损失。在司法实践中，有以下情形之一的，虽然公共财产作为债权存在，但已无法实现债权的，可以认定为行为人的渎职行为造成了经济损失：（1）债务人已经法定程序被宣告破产；（2）债务人潜逃，去向不明；（3）因行为人责任，致使超过诉讼时效；（4）有证据证明债权无法实现的其他情况。"第 2 条规定："玩忽职守行为造成的重大损失当时没有发生，而是玩忽职守行为之后一定时间发生的，应从危害结果发生之日起计算玩忽职守罪的追诉期限。"第 3 条规定："对于 1999 年 12 月 24 日《中华人民共和国刑法修正案》实施以前发生的国有公司、企业人员渎职行为（不包括徇私舞弊行为），尚未处理或者正在处理的，不能按照刑法修正案追究刑事责任。"第 4 条规定："徇私舞弊型渎职犯罪的'徇私'应理解为徇个人私情、私利。国家机关工作人员为了本单位的利益，实施滥用职权、玩忽职守行为，构成犯罪的，依照刑法第三百九十七条第一款的规定定罪处罚。"

最高人民法院研究室 2004 年 11 月 22 日发布的《关于对滥用职权致使公共财产、国家和人民利益遭受重大损失如何认定问题的答复》规定："人民法院在审判过程中，对于行为人滥用职权，致使公共财产、国家和人民利益遭受的损失计算至侦查机关立案之时。立案以后，判决宣告以前追回的损失，作为量刑情节予以考虑。"

最高人民检察院 2006 年 7 月 26 日发布的《关于渎职侵权犯罪案件立案标准的规定》第一部分"渎职犯罪案件"第 1 条规定："滥用职权罪是指国家机关工作人员超越职权，违法决定、处理其无权决定、处理的事项，或者违反规定处理公务，致使公共财产、国家和人民利益遭受重大损失的行为。涉嫌下列情形之一的，应予立案：1. 造成死亡 1 人以上，或者重伤 2 人以上，或者重伤 1 人、轻伤 3 人以上，或者轻伤 5 人以上的；2. 导致 10人以上严重中毒的；3. 造成个人财产直接经济损失 10 万元以上，或者直接经济损失不满10 万元，但间接经济损失 50 万元以上的；4. 造成公共财产或者法人、其他组织财产直接经济损失 20 万元以上，或者直接经济损失不满 20 万元，但间接经济损失 100 万元以上的；5. 虽未达到 3、4 两项数额标准，但 3、4 两项合计直接经济损失 20 万元以上，或者合计直接经济损失不满 20 万元，但合计间接经济损失 100 万元以上的；6. 造成公司、企业等单位停业、停产 6 个月以上，或者破产的；7. 弄虚作假，不报、缓报、谎报或者授意、指使、强令他人不报、缓报、谎报情况，导致重特大事故危害结果继续、扩大，或者致使抢救、调查、处理工作延误的；8. 严重损害国家声誉，或者造成恶劣社会影响的；9. 其他致使公共财产、国家和人民利益遭受重大损失的情形。国家机关工作人员滥用职权，符合刑法第九章所规定的特殊渎职罪构成要件的，按照该特殊规定追究刑事责任；主体不符合刑法第九章所规定的特殊渎职罪的主体要件，但滥用职权涉嫌前款第 1 项至第 9 项规定情形之一的，按照刑法第 397 条的规定以滥用职权罪追究刑事责任。"第 2 条规定："玩忽职守罪是指国家机关工作人员严重不负责任，不履行或者不认真履行职责，致使公共财产、国家和人民利益遭受重大损失的行为。涉嫌下列情形之一的，应予立案：1. 造成死亡 1 人以上，或者重伤 3 人以上，或者重伤 2 人、轻伤 4 人以上，或者重伤 1 人、轻伤 7 人以上，或者轻伤 10 人以上的；2. 导致 20 人以上严重中毒的；3. 造成个人财产直接经济损失 15 万元以上，或者直接经济损失不满 15 万元，但间接经济损失 75 万元以上的；4. 造成公共财产或者法人、其他组织财产直接经济损失 30 万元以上，或者直接经济损失不满 30 万元，但间接经济损失 150 万元以上的；5. 虽未达到 3、4 两项数额标准，但 3、4 两项合计直接经济损失 30 万元以上，或者合计直接经济损失不满 30 万元，但合计间接经济损失 150 万元以上的；6. 造成公司、企业等单位停业、停产 1 年以上，或者破产的；7. 海关、外汇管理部门的工作人员严重不负责任，造成 100 万美元以上外汇被骗购或者逃汇 1000 万美元以上的；8. 严重损害国家声誉，或者造成恶劣社会影响的；9. 其他致使公共财产、国家和人民利益遭受重大损失的情形。国家机关工作人员玩忽职守，符合刑法第九章所规定的特殊渎职罪构成要件的，按照该特殊规定追究刑事责任；主体不符合刑法第九章所规定的特殊渎职罪的主体要件，但玩忽职守涉嫌前款第 1 项至第 9 项规定情形之一的，按照刑法第 397 条的规定以玩忽职守罪追究刑事责任。"第 18 条第 3 款规定："林业主管部门工作人员之外的国家机关工作人员，违反森林法的规定，滥用职权或者玩忽职守，致使林木被滥伐 40 立方米以上或者幼树被滥伐 2000 株以上，或者致使防护林、特种用途林被滥伐 10 立方米以上或者幼树被滥伐 400 株以上，或者致使珍贵树木被采伐、毁坏 4 立方米或者 4 株以上，或者致使国家重点保护的其他植物被采伐、毁坏后果严重的，或者致使国家严禁采伐的林木被采伐、毁坏情节恶劣的，按照刑法第 397 条的规定以滥用职权罪或者玩忽职守罪追究刑事责任。"

最高人民法院、最高人民检察院 2007 年 1 月 15 日发布的《关于办理盗窃油气、破坏油气设备等刑事案件具体应用法律若干问题的解释》第 7 条规定："国家机关工作人员滥用职权或者玩忽职守，实施下列行为之一，致使公共财产、国家和人民利益遭受重大损失的，依照刑法第三百九十七条的规定，以滥用职权罪或者玩忽职守罪定罪处罚：（一）超越职权范围，批准发放石油、天然气勘查、开采、加工、经营等许可证的；（二）违反国家规定，给不符合法定条件的单位、个人发放石油、天然气勘查、开采、加工、经营等许可证的；（三）违反《石油天然气管道保护条例》等国家规定，在油气设备安全保护范围内批准建设项目的；（四）对发现或者经举报查实的未经依法批准、许可擅自从事石油、天然气勘查、开采、加工、经营等违法活动不予查封、取缔的。"

最高人民法院、最高人民检察院 2007 年 2 月 28 日发布的《关于办理危害矿山生产安全刑事案件具体应用法律若干问题的解释》第 9 条规定："国家机关工作人员滥用职权或者玩忽职守，危害矿山生产安全，具有下列情形之一，致使公共财产、国家和人民利益遭受重大损失的，依照刑法第三百九十七条的规定定罪处罚：（一）对不符合矿山法定安全生产条件的事项予以批准或者验收通过的；（二）对于未依法取得批准、验收的矿山生产经营单位擅自从事生产经营活动不依法予以处理的；（三）对于已经依法取得批准的矿山生产经营单位不再具备安全生产条件而不撤销原批准或者发现违反安全生产法律法规的行为不予查处的；（四）强令审核、验收部门及其工作人员实施本条第（一）项行为，或者实施其他阻碍下级部门及其工作人员依法履行矿山安全生产监督管理职责行为的；（五）在矿山生产安全事故发生后，负有报告职责的国家机关工作人员不报或者谎报事故情况，贻误事故抢救的；（六）其他滥用职权或者玩忽职守的行为。"

最高人民检察院 2007 年 5 月 16 日发布的《关于对林业主管部门工作人员在发放林木采伐许可证之外滥用职权玩忽职守致使森林遭受严重破坏的行为适用法律问题的批复》规定："林业主管部门工作人员违法发放林木采伐许可证，致使森林遭受严重破坏的，依照刑法第四百零七条的规定，以违法发放林木采伐许可证罪追究刑事责任；以其他方式滥用职权或者玩忽职守，致使森林遭受严重破坏的，依照刑法第三百九十七条的规定，以滥用职权罪或者玩忽职守罪追究刑事责任，立案标准依照《最高人民检察院关于渎职侵权犯罪案件立案标准的规定》第一部分渎职犯罪案件第十八条第三款的规定执行。"

最高人民法院、最高人民检察院 2007 年 5 月 9 日发布的《关于办理与盗窃、抢劫、诈骗、抢夺机动车相关刑事案件具体应用法律若干问题的解释》第 3 条规定："国家机关工作人员滥用职权，有下列情形之一，致使盗窃、抢劫、诈骗、抢夺的机动车被办理登记手续，数量达到三辆以上或者价值总额达到三十万元以上的，依照刑法第三百九十七条第一款的规定，以滥用职权罪定罪，处三年以下有期徒刑或者拘役：（一）明知是登记手续不全或者不符合规定的机动车而办理登记手续的；（二）指使他人为明知是登记手续不全或者不符合规定的机动车办理登记手续的；（三）违规或者指使他人违规更改、调换车辆档案的；（四）其他滥用职权的行为。国家机关工作人员疏于审查或者审查不严，致使盗窃、抢劫、诈骗、抢夺的机动车被办理登记手续，数量达到五辆以上或者价值总额达到五十万元以上的，依照刑法第三百九十七条第一款的规定，以玩忽职守罪定罪，处三年以下有期徒刑或者拘役。国家机关工作人员实施前两款规定的行为，致使盗窃、抢劫、诈骗、抢夺的机动车被办理登记手续，分别达到前两款规定数量、数额标准五倍以上的，或者明知是盗窃、抢劫、诈骗、抢夺的机动车而办理登记手续的，属于刑法第三百九十七条第一款规定的'情节特别严重'，处三年以上七年以下有期徒刑。国家机关工作人员徇私舞弊，实施上述行为，构成犯罪的，依照刑法第三百九十七条第二款的规定定罪处罚。"第4条规定："实施本解释第一条、第二条、第三条第一款或者第三款规定的行为，事前与盗窃、抢劫、诈骗、抢夺机动车的犯罪分子通谋的，以盗窃罪、抢劫罪、诈骗罪、抢夺罪的共犯论处。"

最高人民检察院2012年11月15日发布的指导性案例检例第5号"陈某、林某、李甲滥用职权案"中的"要旨"指出："随着我国城镇建设和社会主义新农村建设逐步深入推进，村民委员会、居民委员会等基层组织协助人民政府管理社会发挥越来越重要的作用。实践中，对村民委员会、居民委员会等基层组织人员协助人民政府从事行政管理工作时，滥用职权、玩忽职守构成犯罪的，应当依照刑法关于渎职罪的规定追究刑事责任。"

最高人民检察院2012年11月15日发布的指导性案例检例第6号"罗甲、罗乙、朱某、罗丙滥用职权案"中的"要旨"指出："根据刑法规定，滥用职权罪是指国家机关工作人员滥用职权，致使'公共财产、国家和人民利益遭受重大损失'的行为。实践中，对滥用职权'造成恶劣社会影响的'，应当依法认定为'致使公共财产、国家和人民利益遭受重大损失'。"

最高人民检察院2012年11月15日发布的指导性案例检例第8号"杨某玩忽职守、徇私枉法、受贿案"中的"要旨"指出："本案要旨有两点：一是渎职犯罪因果关系的认定。如果负有监管职责的国家机关工作人员没有认真履行其监管职责，从而未能有效防止危害结果发生，那么，这些对危害结果具有'原因力'的渎职行为，应认定与危害结果之间具有刑法意义上的因果关系。二是渎职犯罪同时受贿的处罚原则。对于国家机关工作人员实施渎职犯罪并收受贿赂，同时构成受贿罪的，除刑法第三百九十九条有特别规定的外，以渎职犯罪和受贿罪数罪并罚。"

最高人民法院、最高人民检察院2012年12月7日发布的《关于办理渎职刑事案件适用法律若干问题的解释（一）》第1条规定："国家机关工作人员滥用职权或者玩忽职守，具有下列情形之一的，应当认定为刑法第三百九十七条规定的'致使公共财产、国家和人民利益遭受重大损失'：（一）造成死亡1人以上，或者重伤3人以上，或者轻伤9人以上，或者重伤2人、轻伤3人以上，或者重伤1人、轻伤6人以上的；（二）造成经济损失 30 万元以上的；（三）造成恶劣社会影响的；（四）其他致使公共财产、国家和人民利益遭受重大损失的情形。具有下列情形之一的，应当认定为刑法第三百九十七条规定的'情节特别严重'：（一）造成伤亡达到前款第（一）项规定人数 3 倍以上的；（二）造成经济损失 150 万元以上的；（三）造成前款规定的损失后果，不报、迟报、谎报或者授意、指使、强令他人不报、迟报、谎报事故情况，致使损失后果持续、扩大或者抢救工作延误的；（四）造成特别恶劣社会影响的；（五）其他特别严重的情节。"第 2 条规定："国家机关工作人员实施滥用职权或者玩忽职守犯罪行为，触犯刑法分则第九章第三百九十八条至第四百一十九条规定的，依照该规定定罪处罚。国家机关工作人员滥用职权或者玩忽职守，因不具备徇私舞弊等情形，不符合刑法分则第九章第三百九十八条至第四百一十九条的规定，但依法构成第三百九十七条规定的犯罪的，以滥用职权罪或者玩忽职守罪定罪处罚。"第 3 条规定："国家机关工作人员实施渎职犯罪并收受贿赂，同时构成受贿罪的，除刑法另有规定外，以渎职犯罪和受贿罪数罪并罚。"第 4 条规定："国家机关工作人员实施渎职行为，放纵他人犯罪或者帮助他人逃避刑事处罚，构成犯罪的，依照渎职罪的规定定罪处罚。国家机关工作人员与他人共谋，利用其职务行为帮助他人实施其他犯罪行为，同时构成渎职犯罪和共谋实施的其他犯罪共犯的，依照处罚较重的规定定罪处罚。国家机关工作人员与他人共谋，既利用其职务行为帮助他人实施其他犯罪，又以非职务行为与他人共同实施该其他犯罪行为，同时构成渎职犯罪和其他犯罪的共犯的，依照数罪并罚的规定定罪处罚。"第 5 条规定："国家机关负责人员违法决定，或者指使、授意、强令其他国家机关工作人员违法履行职务或者不履行职务，构成刑法分则第九章规定的渎职犯罪的，应当依法追究刑事责任。以'集体研究'形式实施的渎职犯罪，应当依照刑法分则第九章的规定追究国家机关负有责任的人员的刑事责任。对于具体执行人员，应当在综合认定其行为性质、是否提出反对意见、危害结果大小等情节的基础上决定是否追究刑事责任和应当判处的刑罚。"第 6 条规定："以危害结果为条件的渎职犯罪的追诉期限，从危害结果发生之日起计算；有数个危害结果的，从最后一个危害结果发生之日起计算。"第 7 条规定："依法或者受委托行使国家行政管理职权的公司、企业、事业单位的工作人员，在行使行政管理职权时滥用职权或者玩忽职守，构成犯罪的，应当依照《全国人民代表大会常务委员会关于〈中华人民共和国刑法〉第九章渎职罪主体适用问题的解释》的规定，适用渎职罪的规定追究刑事责任。"第 8 条规定："本解释规定的'经济损失'，是指渎职犯罪或者与渎职犯罪相关联的犯罪立案时已经实际造成的财产损失，包括为挽回渎职犯罪所造成损失而支付的各种开支、费用等。立案后至提起公诉前持续发生的经济损失，应一并计入渎职犯罪造成的经济损失。债务人经法定程序被宣告破产，债务人潜逃、去向不明，或者因行为人的责任超过诉讼时效等，致使债权已经无法实现的，无法实现的债权部分应当认定为渎职犯罪的经济损失。渎职犯罪或者与渎职犯罪相关联的犯罪立案后，犯罪分子及其亲友自行挽回的经济损失，司法机关或者犯罪分子所在单位及其上级主管部门挽回的经济损失，或者因客观原因减少的经济损失，不予扣减，但可以作为酌定从轻处罚的情节。"第9条规定："负有监督管理职责的国家机关工作人员滥用职权或者玩忽职守，致使不符合安全标准的食品、有毒有害食品、假药、劣药等流入社会，对人民群众生命、健康造成严重危害后果的，依照渎职罪的规定从严惩处。"

【立法建言】

建　议： 将《刑法》第397条修改为："国家机关工作人员玩忽职守，致使公共财产、国家和人民利益遭受重大损失的，处三年以下有期徒刑、拘役或者管制；情节特别严重的，处三年以上七年以下有期徒刑。本法另有规定的，依照规定。国家机关工作人员滥用职权，致使公共财产、国家和人民利益遭受重大损失的，处五年以下有期徒刑、拘役或者管制；情节特别严重的，处五年以上十年以下有期徒刑。本法另有规定的，依照规定。徇私舞弊犯前款罪的，从重处罚。本法另有规定的，依照规定。"

理　由：

从犯罪构成的角度来看，宜将滥用职权罪与玩忽职守罪分款加以规定，并且分别配置不同的法定刑。因为，滥用职权行为与玩忽职守行为的主观心态并不相同。[1]　"滥用职权行为是明知该行为不可为而为之，即为故意行为；而玩忽职守行为是严重不负责任、工作草率马虎的行为，是过失行为。"[2]"鉴于玩忽职守罪故意、过失并存一罪的不妥当，以及由此带来的其他不妥之处，如罪过含混以致司法操作性差，学界、立法、司法部门都力主修改玩忽职守罪，将故意玩忽职守罪情形，即滥用职权，与过失的玩忽职守分开。"[3]　因此，"我国《刑法》将滥用职权罪和玩忽职守罪规定在同一个条文，并且规定相同的法定刑，确有不妥当之处。这一不足可以通过《刑法》的修订来弥补"。[4]　此外，考虑到"徇

---

① 早在刑法修订研拟的过程中，最高人民检察院就指出，"从近几年的司法实践情况来看，玩忽职守罪出现了一种值得注意的新的动向，就是从纯粹的过失犯罪向故意犯罪发展。适应司法实践出现的新情况，适当分解玩忽职守罪，以使罪名和罪状能够更加恰当、直接地反映犯罪的行为性质和特点，非常必要"。"在罪状的表述上应当按行为人主观态度的不同，分别设立不同的罪名：凡国家工作人员因过失，未尽职守，致使公共财产、国家和人民利益遭受重大损失的行为，构成玩忽职守罪；国家工作人员故意滥用职权或者超越职权，严重侵犯公民合法权益，或者致使公共财产、国家和人民利益遭受重大损失的行为，构成滥用职权罪"（参见最高人民检察院刑法修改研究小组："《关于对〈中华人民共和国刑法（修订草案）〉（征求意见稿）的修改意见》（1996年11月15日）"，见高铭暄、赵秉志主编：《新中国刑法立法文献资料总览》（下），中国人民公安大学出版社1998年版，第2642页）。

② 利子平、郭苏："滥用职权罪罪过形式新探——以行为故意为视角"，载《江西师范大学学报（哲学社会科学版）》2006年第1期。

③ 崔中东："玩忽职守罪的司法适用"，见赵秉志主编：《疑难刑事问题司法对策》（第六集），吉林人民出版社1999年版，第215页。

④ 利子平、胡祥福主编：《渎职罪新论》，江西人民出版社2002年版，第48页。

私舞弊"只是滥用职权罪和玩忽职守罪的从重情节，而不是一个独立的罪名，因而不宜对其规定独立的法定刑，以免在理论上和实践中产生不必要的争议。①

二、故意泄露国家秘密罪、过失泄露国家秘密罪（第398条）

【立法沿革】

故意泄露国家秘密罪、过失泄露国家秘密罪是在1988年《中华人民共和国保守国家秘密法》（以下简称《保密法》）第31条第1款规定的基础上修改而来的。

在新中国刑法立法史上，有关泄露国家秘密的犯罪经历了一个较为复杂的发展演变过程。1950年的《刑法大纲草案》根据行为人主观心态的不同，分别规定了出卖国家机密罪、利用国家机密图利罪和泄露国家机密罪三种犯罪。该草案第93条规定："国家工作人员出卖国家机密材料或机密消息者，处三年以上十五年以下监禁。情节特别严重者，处死刑或终身监禁，并可没收其财产之全部或一部。""预备犯前项之罪者，比照前条规定减轻处罚。"② 第94条规定："国家工作人员利用国家机密投机图利者，处十年以下监禁，并可没收其财产之全部或一部。非国家工作人员犯前项之罪者，依前项规定处罚。"第95条规定："国家工作人员因疏忽而泄露国家机密或遗失国家机密材料者，处五年以下监禁。"到了1954年，《刑法指导原则草案》第69条将上述泄露国家机密的犯罪合并规定为1条，并以故意还是过失的标准对其分别予以处罚。该条规定："国家机关工作人员故意泄露国家机密应当追究刑事责任的，判处二年以下有期徒刑、劳役或者予以行政处罚；因而发生严重后果的，判处二年以上有期徒刑。国家机关工作人员过失泄露、遗失国家机密，隐瞒不报并且不积极设法挽救而应当追究刑事责任的，判处劳役或者予以行政处罚。如果屡犯不改，或者发生严重后果的，判处七年以下有期徒刑。"1957年的《刑法草案》第22稿第213条分别规定了出卖国家机密罪和泄露国家重要机密罪："国家工作人员出卖国家机密的，处五年以上有期徒刑；泄露国家重要机密的，处五年以下有期徒刑或者拘役。为敌人窃取、刺探或者供给情报的，依照本法第一百零四条的规定处罚。③ 非国家工作人员犯前款罪的，依照前款的规定处罚。"1963年的《刑法草案》第33稿第200条对上述规定作了较大的修改和调整：一是将"出卖"国家机密的行为涵盖于"泄露"国家机密的行

① 由于《刑法》第397条第2款规定了独立的法定刑，因此，刑法学界对该款是否应当确定为独立的徇私舞弊罪争议较大（相关学术观点及其理由，可参见利子平、胡祥福主编：《渎职罪新论》，江西人民出版社2002年版，第6页，本书不予赘述）。最高人民法院、最高人民检察院在是否确定徇私舞弊罪的问题上，也曾经产生了明显的分歧（参见利子平：《刑法司法解释瑕疵研究》，法律出版社2014年版，第382~383页）。

② 该草案第92条规定："国家工作人员违背法令，擅自派粮、派款、派差、派捐、征税或其他方法，增加人民负担者，处三年以下监禁。"

③ 该稿第104条规定的是间谍罪和资敌罪。

为中；二是将泄露国家重要机密罪的法定刑配置为"七年以下有期徒刑或者拘役"；三是删去了"为敌人窃取、刺探或者供给情报的"，依照间谍罪的规定处罚的提示性规定。修改后的条文为："国家工作人员泄露国家重要机密的，处七年以下有期徒刑或者拘役。非国家工作人员犯前款罪的，依照前款的规定处罚。"1979年《刑法》第186条在上述规定的基础上，又作了以下四方面的补充和修改：一是在违法要件方面，增加了"违反国家保密法规"的规定；二是在入罪门槛方面，增加了"情节严重"的限制；三是在刑罚配置方面，增加了"剥夺政治权利"的刑种；四是在处罚原则方面，将"非国家工作人员犯前款罪的"，由"依照前款的规定处罚"改为"依照前款的规定酌情处罚"。

1979年《刑法》第186条规定："国家工作人员违反国家保密法规，泄露国家重要机密，情节严重的，处七年以下有期徒刑、拘役或者剥夺政治权利。非国家工作人员犯前款罪的，依照前款的规定酌情处罚。"

1988年9月5日，全国人大常委会通过的《保密法》第31条第1款对上述规定作了两方面的补充：一是明确了泄露包括"故意"和"过失"两种情形；二是增加了"国家秘密"这一犯罪对象。该款规定："违反本法规定，故意或者过失泄露国家秘密，情节严重的，依照刑法第一百八十六条的规定追究刑事责任。"

在全面研究修改刑法的过程中，1988年的《刑法修改稿》吸收了上述规定的内容，将泄露国家重要机密罪修改为故意泄露国家秘密罪和过失泄露国家秘密罪。该稿第136条规定："国家工作人员违反国家保密法规，故意或者过失泄露国家秘密，情节严重的，处七年以下有期徒刑、拘役或者剥夺政治权利。非国家工作人员犯前款罪的，比照前款的规定处罚。"1996年的《刑法修订草案》（征求意见稿）第347条基本上沿用了上述规定，仅在文字表述上作了两处修改：一是将"违反国家保密法规"改为"违反保守国家秘密法的规定"；二是将"非国家工作人员犯前款罪的"，由"比照前款的规定处罚"改为"依照前款的规定酌情处罚"。1997年的《刑法修订草案》（修改稿）第392条对犯罪主体的范围进行了限制，将"国家工作人员"改为"国家机关工作人员"。1997年3月1日，提交给八届全国人大五次会议审议的《中华人民共和国刑法（修订草案）》第394条对上述法定刑作了较大的调整，将"情节严重的，处七年以下有期徒刑、拘役或者剥夺政治权利"改为"情节严重的，处三年以下有期徒刑、拘役或者剥夺政治权利；情节特别严重的，处三年以上七年以下有期徒刑"。经审议，1997年《刑法》第398条又删去了第1档法定刑中的"剥夺政治权利"。

【立法规定】

《刑法》第398条规定："国家机关工作人员违反保守国家秘密法的规定，故意或者过失泄露国家秘密，情节严重的，处三年以下有期徒刑或者拘役；情节特别严重的，处三年以上七年以下有期徒刑。非国家机关工作人员犯前款罪的，依照前款的规定酌情处罚。"

【立法释义】

全国人大常委会2002年12月28日通过的《关于第九章渎职罪主体适用问题的解释》规定："在依照法律、法规规定行使国家行政管理职权的组织中从事公务的人员，或者在受国家机关委托代表国家机关行使职权的组织中从事公务的人员，或者虽未列入国家机关人员编制但在国家机关中从事公务的人员，在代表国家机关行使职权时，有渎职行为，构成犯罪的，依照刑法关于渎职罪的规定追究刑事责任。"

最高人民法院2001年1月17日发布的《关于审理为境外窃取、刺探、收买、非法提供国家秘密、情报案件具体应用法律若干问题的解释》第6条规定："通过互联网将国家秘密或者情报非法发送给境外的机构、组织、个人的，依照刑法第一百一十一条的规定定罪处罚；将国家秘密通过互联网予以发布，情节严重的，依照刑法第三百九十八条的规定定罪处罚。"

最高人民检察院2001年8月24日发布的《人民检察院直接受理立案侦查的渎职侵权重特大案件标准（试行）》第3条规定的"故意泄露国家秘密案"重大案件的标准为："1. 故意泄露绝密级国家秘密一项以上，或者泄露机密级国家秘密三项以上，或者泄露秘密级国家秘密五项以上的；2. 故意泄露国家秘密造成直接经济损失五十万元以上的；3. 故意泄露国家秘密对国家安全构成严重危害的；4. 故意泄露国家秘密对社会秩序造成严重危害的。"特大案件的标准为："1. 故意泄露绝密级国家秘密二项以上，或者泄露机密级国家秘密五项以上，或者泄露秘密级国家秘密七项以上的；2. 故意泄露国家秘密造成直接经济损失一百万元以上的；3. 故意泄露国家秘密对国家安全构成特别严重危害的；4. 故意泄露国家秘密对社会秩序造成特别严重危害的。"第4条规定的"过失泄露国家秘密案"重大案件的标准为："1. 过失泄露绝密级国家秘密一项以上，或者泄露机密级国家秘密五项以上，或者泄露秘密级国家秘密七项以上并造成严重危害后果的；2. 过失泄露国家秘密造成直接经济损失一百万元以上的；3. 过失泄露国家秘密对国家安全构成严重危害的；4. 过失泄露国家秘密对社会秩序造成严重危害的。"特大案件的标准为："1. 过失泄露绝密级国家秘密二项以上，或者泄露机密级国家秘密七项以上，或者泄露秘密级国家秘密十项以上的；2. 过失泄露国家秘密造成直接经济损失二百万元以上的；3. 过失泄露国家秘密对国家安全构成特别严重危害的；4. 过失泄露国家秘密对社会秩序造成特别严重危害的。"

最高人民检察院2006年7月26日发布的《关于渎职侵权犯罪案件立案标准的规定》第一部分"渎职犯罪案件"第3条规定："故意泄露国家秘密罪是指国家机关工作人员或

者非国家机关工作人员违反保守国家秘密法，故意使国家秘密被不应知悉者知悉，或者故意使国家秘密超出了限定的接触范围，情节严重的行为。涉嫌下列情形之一的，应予立案：1. 泄露绝密级国家秘密1项（件）以上的；2. 泄露机密级国家秘密2项（件）以上的；3. 泄露秘密级国家秘密3项（件）以上的；4. 向非境外机构、组织、人员泄露国家秘密，造成或者可能造成危害社会稳定、经济发展、国防安全或者其他严重危害后果的；5. 通过口头、书面或者网络等方式向公众散布、传播国家秘密的；6. 利用职权指使或者强迫他人违反国家保守秘密法的规定泄露国家秘密的；7. 以牟取私利为目的泄露国家秘密的；8. 其他情节严重的情形。"第4条规定："过失泄露国家秘密罪是指国家机关工作人员或者非国家机关工作人员违反保守国家秘密法，过失泄露国家秘密，或者遗失国家秘密载体，致使国家秘密被不应知悉者知悉或者超出了限定的接触范围，情节严重的行为。涉嫌下列情形之一的，应予立案：1. 泄露绝密级国家秘密1项（件）以上的；2. 泄露机密级国家秘密3项（件）以上的；3. 泄露秘密级国家秘密4项（件）以上的；4. 违反保密规定，将涉及国家秘密的计算机或者计算机信息系统与互联网相连接，泄露国家秘密的；5. 泄露国家秘密或者遗失国家秘密载体，隐瞒不报、不如实提供有关情况或者不采取补救措施的；6. 其他情节严重的情形。"

【立法建言】

建　议： 将《刑法》第398条修改为："国家机关工作人员违反保守国家秘密法的规定，故意泄露国家秘密，情节严重的，处五年以下有期徒刑、拘役或者管制；情节特别严重的，处五年以上十年以下有期徒刑。国家机关工作人员违反保守国家秘密法的规定，过失泄露国家秘密，情节严重的，处三年以下有期徒刑、拘役或者管制；情节特别严重的，处三年以上七年以下有期徒刑。非国家机关工作人员犯前两款罪的，依照各该款的规定酌情处罚。"

理　由：

从犯罪构成的角度来看，宜将故意泄露国家秘密罪与过失泄露国家秘密罪分款加以规定，并且分别配置不同的法定刑。早在全面研究修改刑法的过程中，最高人民检察院就曾经提出，"故意和过失的危害有明显的不同，在刑法中其他的同时能够由故意和过失构成的犯罪，其故意犯和过失犯的法定刑都有很大差距。但在草案第136条中，虽然区分了故意和过失两种泄密，但其法定刑却没有区分，这种情况不合理，应将故意和过失泄密分别规定法定刑"。[①] 遗憾的是，1997年《刑法》并未采纳上述合理建议。1997年《刑法》颁行后不久，就有学者尖锐地指出，"本条对故意泄露国家秘密罪和过失泄露国家秘密罪规

---

① 参见最高人民检察院刑法修改小组："《修改刑法研究报告》（1989年10月12日）"，见高铭暄、赵秉志编：《新中国刑法立法文献资料总览》（下），中国人民公安大学出版社1998年版，第2494页。

定了相同的法定刑，显然不合法理。谁都知道，故意犯罪和过失犯罪的主观恶性大不相同，其改造难易也大不相同。因此，对故意犯罪较过失犯罪加重处罚，是刑事立法的一个最基本的原则，也是一个基本的常识。但第 398 条却作出了如此不合常理的规定，这不但与传统的立法规则相矛盾，而且严重违反罪刑相适应的基本原则。因此，我们建议，应尽快对此条作出修改，即对过失泄密罪和故意泄密罪规定不同的法定刑。"[①] 笔者认为，上述建议是中肯的，《刑法》宜对故意犯罪和过失犯罪分别规定法定刑。

三、徇私枉法罪、民事、行政枉法裁判罪、执行判决、裁定失职罪、执行判决、裁定滥用职权罪（第 399 条）

【立法沿革】

徇私枉法罪是在 1979 年《刑法》第 188 条规定的徇私舞弊罪的基础上修改而来的；民事、行政枉法裁判罪是 1997 年《刑法》第 399 条第 2 款增设的罪名；而执行判决、裁定失职罪和执行判决、裁定滥用职权罪则是《刑法修正案（四）》第 8 条第 3 款新增设的罪名。

早在 1954 年，《刑法指导原则草案》第 71 条就规定了颠倒黑白处理案件罪："司法人员出于陷害、报复、贪污或者其他个人目的，故意颠倒黑白处理案件的，判处五年以下有期徒刑或者劳役；因而造成严重后果的，判处五年以上有期徒刑。" 1957 年的《刑法草案》第 22 稿在上述规定的基础上，用 2 个条文分别规定了枉法追诉罪和违法裁判罪。该稿第 208 条规定："有追诉职务的人员，对明知是无罪的人而使他受追诉或者对明知是有罪的人而不使他受追诉的，处五年以下有期徒刑。" 第 209 条规定："有审判职务的人员，故意做枉法裁判的，处一年以上七年以下有期徒刑；情节特别严重的，处七年以上有期徒刑或者无期徒刑。" 到了 1963 年，《刑法草案》第 33 稿第 202 条将上述 2 条合并规定为 1 条，并作了以下三方面的修改和补充：一是在犯罪主体方面，将其界定为"司法工作人员"；二是在文字表述方面，增加了"故意包庇"和"颠倒黑白"的贬义词；三是在刑罚配置方面，调整为"三年以上十年以下有期徒刑"。修改后的条文为："司法工作人员对明知是无罪的人而使他受追诉、对明知是有罪的人而故意包庇不使他受追诉，或者是故意颠倒黑白做枉法裁决的，处三年以上十年以下有期徒刑。" 1979 年《刑法》第 188 条在上述规定的基础上，主要作了两处补充和修改：一是增加了"徇私舞弊"一词；二是调整了法定刑，将"处三年以上十年以下有期徒刑"改为"处五年以下有期徒刑、拘役或者剥夺政治权利；情节特别严重的，处五年以上有期徒刑"。

---

① 侯国云："也谈刑法典应力求垂范久远——论修订后的《刑法》的矛盾和问题"，载《法学》1998 年第 5 期。

1979 年《刑法》第 188 条规定："司法工作人员徇私舞弊，对明知是无罪的人而使他受追诉、对明知是有罪的人而故意包庇不使他受追诉，或者故意颠倒黑白做枉法裁判的，处五年以下有期徒刑、拘役或者剥夺政治权利；情节特别严重的，处五年以上有期徒刑。"

在全面修改研究刑法的过程中，1988 年的《刑法修改稿》第 141 条基本上沿用了上述规定，仅删去了其中的"颠倒黑白"一词。1996 年的《刑法修订草案》（征求意见稿）第 348 条在上述规定的基础上，主要对文字和法定刑作了修改和调整：一是将"徇私舞弊"的表述改为"徇私枉法"；二是在"故意作枉法裁判"之前增加了"在审判活动中"的表述；三是适当调整了法定刑。修改后的条文为："司法工作人员徇私枉法，对明知是无罪的人而使他受追诉、对明知是有罪的人而故意包庇不使他受追诉的，或者在审判活动中故意作枉法裁判的，处七年以下有期徒刑、拘役或者剥夺政治权利；情节特别严重的，处七年以上有期徒刑。"到了 1997 年，《刑法修订草案》（修改稿）又对本罪的罪状作了较大的补充和修改：一是增加了"徇情枉法"的表述；二是将在"在审判活动中"具体表述为"在刑事、民事、行政审判活动中"；三是将"故意作枉法裁判"改为"故意违背事实和法律作枉法裁判"；四是增加了"情节严重"的构成要件。该草案第 393 条规定："司法工作人员徇私枉法、徇情枉法，对明知是无罪的人而使他受追诉、对明知是有罪的人而故意包庇不使他受追诉的，或者在刑事、民事、行政审判活动中故意违背事实和法律作枉法裁判，情节严重的，处七年以下有期徒刑、拘役或者剥夺政治权利；情节特别严重的，处五年以上十年以下有期徒刑；情节特别严重的，处七年以上有期徒刑。"1997 年 3 月 1 日，提交给八届全国人大五次会议审议的《中华人民共和国刑法（修订草案)》第 395 条对上述立法模式作了较大的调整，将民事、行政枉法裁判行为单列为第 2 款："在民事、行政审判活动中故意违背事实和法律作枉法裁判，情节严重的，处五年以下有期徒刑、拘役或者剥夺政治权利；情节特别严重的，处五年以上十年以下有期徒刑"；并增加了第 3 款"司法工作人员贪赃枉法，有前两款行为的，同时又构成本法第三百八十二条规定之罪的，①依照处罚较重的规定定罪处罚"的规定。经审议，1997 年修订的《刑法》第 399 条基本上沿用了上述规定，仅删去了第 1 款和第 2 款中的"剥夺政治权利"。

1997 年修订的《刑法》第 399 条规定："司法工作人员徇私枉法、徇情枉法，对明知是无罪的人而使他受追诉、对明知是有罪的人而故意包庇不使他受追诉，或者在刑事审判活动中故意违背事实和法律作枉法裁判的，处五年以下有期徒刑或者拘役；情节严重的，处五年以上十年以下有期徒刑；情节特别严重的，处十年以上有期徒刑。在民事、行政审判活动中故意违背事实和法律作枉法裁判，情节严重的，处五年以下有期徒刑或者拘役；

---

① 该草案第 382 条规定的是受贿罪。

情节特别严重的，处五年以上十年以下有期徒刑。司法工作人员贪赃枉法，有前两款行为的，同时又构成本法第三百八十五条规定之罪的，依照处罚较重的规定定罪处罚。"

1997 年《刑法》施行后，"有些常委委员和有关部门提出，司法工作人员徇私舞弊的情况除在侦查、起诉、审判阶段存在外，在执行阶段也同样存在。有的司法工作人员徇私舞弊，对能够执行的案件故意拖延执行，或者违法采取诉讼保全措施、强制执行措施，给当事人或者他人的利益造成重大损失，社会危害较大，也需要追究刑事责任，对此刑法应有明确规定。法制工作委员会与有关部门、专家学者研究后认为，上述行为，按刑法第三百九十七条规定的滥用职权罪和玩忽职守罪是可以追究的，在司法实践中对这种行为没有及时追究刑事责任，主要是由于刑法对这种行为未作具体规定，司法机关在适用法律时认识不明确造成的。有关部门、专家学者还提出，这种行为与刑法第三百九十九条规定的犯罪行为在性质和犯罪表现形式上更接近，在刑法第三百九十九条中对这种行为作明确规定，更有利于惩处这种司法腐败行为。"[1] 因此，《刑法修正案（四）》第 8 条第 3 款增设了执行判决、裁定失职罪和执行判决、裁定滥用职权罪；同时，还将原第 3 款相应修改为"司法工作人员收受贿赂，有前三款行为的，同时又构成本法第三百八十五条规定之罪的，依照处罚较重的规定定罪处罚"，作为第 4 款。

【立法规定】

《刑法》第 399 条规定："司法工作人员徇私枉法、徇情枉法，对明知是无罪的人而使他受追诉、对明知是有罪的人而故意包庇不使他受追诉，或者在刑事审判活动中故意违背事实和法律作枉法裁判的，处五年以下有期徒刑或者拘役；情节严重的，处五年以上十年以下有期徒刑；情节特别严重的，处十年以上有期徒刑。在民事、行政审判活动中故意违背事实和法律作枉法裁判，情节严重的，处五年以下有期徒刑或者拘役；情节特别严重的，处五年以上十年以下有期徒刑。在执行判决、裁定活动中，严重不负责任或者滥用职权，不依法采取诉讼保全措施、不履行法定执行职责，或者违法采取诉讼保全措施、强制执行措施，致使当事人或者其他人的利益遭受重大损失的，处五年以下有期徒刑或者拘役；致使当事人或者其他人的利益遭受特别重大损失的，处五年以上十年以下有期徒刑。司法工作人员收受贿赂，有前三款行为的，同时又构成本法第三百八十五条规定之罪的，依照处罚较重的规定定罪处罚。"

【立法释义】

最高人民检察院 2001 年 8 月 24 日发布的《人民检察院直接受理立案侦查的渎职侵权

---

[1] 参见全国人大常委会法制工作委员会副主任胡康生 2002 年 12 月 23 日在九届全国人大常委会第三十一次会议上所作的《关于〈中华人民共和国刑法修正案（四）（草案）〉的说明》。

重特大案件标准（试行）》第 5 条规定的"枉法追诉、裁判案"重大案件的标准为："1. 对依法可能判处三年以上七年以下有期徒刑的犯罪分子，故意包庇不使其受追诉的；2. 致使无罪的人被判处三年以上七年以下有期徒刑的。"特大案件的标准为："1. 对依法可能判处七年以上有期徒刑、无期徒刑、死刑的犯罪分子，故意包庇不使其受追诉的；2. 致使无罪的人被判处七年以上有期徒刑、无期徒刑、死刑的。"第 6 条规定的"民事、行政枉法裁判案"重大案件标准为："1. 枉法裁判，致使公民的财产损失十万元以上、法人或者其他组织财产损失五十万元以上的；2. 枉法裁判，引起当事人及其亲属精神失常或者重伤的。"特大案件的标准为："1. 枉法裁判，致使公民的财产损失五十万元以上、法人或者其他组织财产损失一百万元以上的；2. 引起当事人及其亲属自杀死亡的。"

最高人民检察院 2003 年 1 月 14 日发布的"关于认真贯彻执行《中华人民共和国刑法修正案（四）》和《全国人大常委会关于〈中华人民共和国刑法〉第九章渎职罪主体适用问题的解释》的通知"第 3 条规定："要准确把握《刑法修正案（四）》和《解释》的时间效力，正确适用法律。《刑法修正案（四）》是对《刑法》有关条文的修改和补充，实践中办理相关案件时，应当依照《刑法》第十二条规定的原则正确适用法律。对于 1997 年修订刑法施行以后、《刑法修正案（四）》施行以前发生的枉法执行判决、裁定犯罪行为，应当依照《刑法》第三百九十七条的规定追究刑事责任。根据《立法法》第四十七条的规定，法律解释的时间效力与它所解释的法律的时间效力相同。对于在 1997 年修订刑法施行以后、《解释》施行以前发生的行为，在《解释》施行以后尚未处理或者正在处理的案件，应当依照《解释》的规定办理。对于在《解释》施行前已经办结的案件，不再变动。"

最高人民检察院 2003 年 4 月 16 日发布的《关于非司法工作人员是否可以构成徇私枉法罪共犯问题的答复》规定："非司法工作人员与司法工作人员勾结，共同实施徇私枉法行为，构成犯罪的，应当以徇私枉法罪的共犯追究刑事责任。"

最高人民检察院 2006 年 7 月 26 日发布的《关于渎职侵权犯罪案件立案标准的规定》第一部分"渎职犯罪案件"第 5 条规定："徇私枉法罪是指司法工作人员徇私枉法、徇情枉法，对明知是无罪的人而使他受追诉、对明知是有罪的人而故意包庇不使他受追诉，或者在刑事审判活动中故意违背事实和法律作枉法裁判的行为。涉嫌下列情形之一的，应予立案：1. 对明知是没有犯罪事实或者其他依法不应当追究刑事责任的人，采取伪造、隐匿、毁灭证据或者其他隐瞒事实、违反法律的手段，以追究刑事责任为目的立案、侦查、起诉、审判的；2. 对明知是有犯罪事实需要追究刑事责任的人，采取伪造、隐匿、毁灭证据或者其他隐瞒事实、违反法律的手段，故意包庇使其不受立案、侦查、起诉、审判的；3. 采取伪造、隐匿、毁灭证据或者其他隐瞒事实、违反法律的手段，故意使罪重的人受较轻的追诉，或者使罪轻的人受较重的追诉的；4. 在立案后，采取伪造、隐匿、毁灭证据或者其他隐瞒事实、违反法律的手段，应当采取强制措施而不采取强制措施，或者虽然采取强制措施，但中断侦查或者超过法定期限不采取任何措施，实际放任不管，以及违法撤销、变更强制措施，致使犯罪嫌疑人、被告人实际脱离司法机关侦控的；5. 在刑事审判活动中故意违背事实和法律，作出枉法判决、裁定，即有罪判无罪、无罪判有罪，或者重罪轻判、轻罪重判的；6. 其他徇私枉法应予追究刑事责任的情形。"第6条规定："民事、行政枉法裁判罪是指司法工作人员在民事、行政审判活动中，故意违背事实和法律作枉法裁判，情节严重的行为。涉嫌下列情形之一的，应予立案：1. 枉法裁判，致使当事人或者其近亲属自杀、自残造成重伤、死亡，或者精神失常的；2. 枉法裁判，造成个人财产直接经济损失10万元以上，或者直接经济损失不满10万元，但间接经济损失50万元以上的；3. 枉法裁判，造成法人或者其他组织财产直接经济损失20万元以上，或者直接经济损失不满20万元，但间接经济损失100万元以上的；4. 伪造、变造有关材料、证据，制造假案枉法裁判的；5. 串通当事人制造伪证，毁灭证据或者篡改庭审笔录而枉法裁判的；6. 徇私情、私利，明知是伪造、变造的证据予以采信，或者故意对应当采信的证据不予采信，或者故意违反法定程序，或者故意错误适用法律而枉法裁判的；7. 其他情节严重的情形。"第7条规定："执行判决、裁定失职罪是指司法工作人员在执行判决、裁定活动中，严重不负责任，不依法采取诉讼保全措施、不履行法定执行职责，或者违法采取保全措施、强制执行措施，致使当事人或者其他人的利益遭受重大损失的行为。涉嫌下列情形之一的，应予立案：1. 致使当事人或者其近亲属自杀、自残造成重伤、死亡，或者精神失常的；2. 造成个人财产直接经济损失15万元以上，或者直接经济损失不满15万元，但间接经济损失75万元以上的；3. 造成法人或者其他组织财产直接经济损失30万元以上，或者直接经济损失不满30万元，但间接经济损失150万元以上的；4. 造成公司、企业等单位停业、停产1年以上，或者破产的；5. 其他致使当事人或者其他人的利益遭受重大损失的情形。"第8条规定："执行判决、裁定滥用职权罪是指司法工作人员在执行判决、裁定活动中，滥用职权，不依法采取诉讼保全措施、不履行法定执行职责，或者违法采取保全措施、强制执行措施，致使当事人或者其他人的利益遭受重大损失的行为。涉嫌下列情形之一的，应予立案：1. 致使当事人或者其近亲属自杀、自残造成重伤、死亡，或者精神失常的；2. 造成个人财产直接经济损失10万元以上，或者直接经济损失不满10万元，但间接经济损失50万元以上的；3. 造成法人或者其他组织财产直接经济损失20万元以上，或者直接经济损失不满20万元，但间接经济损失100万元以上的；4. 造成公司、企业等单位停业、停产6个月以上，或者破产的；5. 其他致使当事人或者其他人的利益遭受重大损失的情形。"

【立法建言】

建　议：将《刑法》第 399 条第 1 款、第 2 款、第 3 款中的第 1 档法定刑修改为："处五年以下有期徒刑、拘役或者管制。"

理　由：

从立法技术上看，宜在《刑法》第 399 条第 1 款、第 2 款、第 3 款的第 1 档法定刑中增加"管制"的规定，以与《刑法》的其他管制规定相一致。

四、枉法仲裁罪（第 399 条之一）

【立法沿革】

枉法仲裁罪是《刑法修正案（六）》第 20 条新增设的罪名。

在刑法修订研拟的过程中，1996 年 8 月 8 日的《刑法分则修改草稿》第八章第 3 条第 2 款曾规定了枉法仲裁罪："仲裁人员徇私舞弊，在仲裁过程中违背事实、法律和仲裁规则，枉法仲裁，情节严重的，依照前款规定处罚。"[①] 然而，自 1996 年的《刑法修订草案》（征求意见稿）起，未再对本罪加以规定。1997 年《刑法》施行后，"有关部门提出，对仲裁机构中承担仲裁职责的人员在仲裁活动中枉法仲裁，情节严重的行为，也应追究其刑事责任"。[②] 因此，《刑法修正案（六）》第 20 条增设了枉法仲裁罪。

【立法规定】

《刑法》第 399 条之一规定："依法承担仲裁职责的人员，在仲裁活动中故意违背事实和法律作枉法裁决，情节严重的，处三年以下有期徒刑或者拘役；情节特别严重的，处三年以上七年以下有期徒刑。"

【立法释义】

目前，尚无与枉法仲裁罪相关的法律解释。

【立法建言】

建　议：将《刑法》第 399 条之一修改为："依法承担仲裁职责的人员，在仲裁活动中故意违背事实和法律作枉法裁决，情节严重的，处三年以下有期徒刑、拘役或者管制；情节特别严重的，处三年以上七年以下有期徒刑。"

理　由：

从立法技术上看，宜在本罪的第 1 档法定刑中增加"管制"的规定，以与《刑法》

---

① 该条第 1 款规定的是徇私枉法罪。

② 参见全国人大常委会法制工作委员会副主任安建 2005 年 12 月 24 日在十届全国人大常委会第十九次会议上所作的《关于〈中华人民共和国刑法修正案（六）（草案）〉的说明》。

的其他管制规定相一致。

五、私放在押人员罪、失职致使在押人员脱逃罪（第 400 条）

【立法沿革】

私放在押人员罪是在 1979 年《刑法》第 190 条规定的私放罪犯罪的基础上修改而来的；而失职致使在押人员脱逃罪则是 1997 年《刑法》第 400 条第 1 款增设的罪名。

从立法源流来看，私放在押人员罪最早源于 1954 年《刑法指导原则草案》第 70 条规定的私放罪犯罪："国家机关工作人员出于陷害、报复、贪污或者其他个人目的，利用职权地位非法逮捕、拘留公民或者私放罪犯的，判处三年以下有期徒刑或者劳役；因而造成严重后果的，判处三年以上有期徒刑。"到了 1957 年，《刑法草案》第 22 稿始将私放人犯或者便利人犯逃脱的行为单独加以规定。该稿第 211 条规定："有逮捕、拘留、解送、监管人犯职务的人员，私放人犯或者便利人犯逃脱的，处七年以下有期徒刑；私放反革命犯或者其他重要罪犯的，应当比照脱逃罪犯的罪论处。"1963 年的《刑法草案》第 33 稿第 204 条仅规定了私放罪犯罪，并对其采取"反坐"的处罚原则："司法工作人员私放罪犯的，比照所放罪犯的罪行处罚。"由于"反坐"适用于本罪不尽合理，因此，1979 年《刑法》第 190 条对本罪规定了独立的法定刑。

1979 年《刑法》第 190 条规定："司法工作人员私放罪犯的，处五年以下有期徒刑或者拘役；情节严重的，处五年以上十年以下有期徒刑。"

在全面研究修改刑法的过程中，1988 年的《刑法修改稿》第 143 条扩大了本罪犯罪对象的范围，将"罪犯"改为"人犯"。1996 年的《刑法修订草案》（征求意见稿）第 349 条对上述规定作了两方面的修改和调整：一是在犯罪对象方面，将"人犯"改为"犯罪嫌疑人或者罪犯"；二是在刑罚配置方面，提高了本罪的法定最高刑。修改后的条文为："司法工作人员私放犯罪嫌疑人或者罪犯的，处七年以下有期徒刑或者拘役；情节严重的，处七年以上有期徒刑。"1996 年的《刑法修订草案》第 356 条在上述规定的基础上，不仅增加了"被告人"这一犯罪对象，而且还增设了第 2 款"司法工作人员由于严重不负责任，致使在押的犯罪嫌疑人、被告人或者罪犯脱逃，造成严重后果的，处五年以下有期徒刑或者拘役；造成特别严重后果的，处五年以上十年以下有期徒刑"的规定。1997 年的《刑法修订草案》（修改稿）第 394 条基本上沿用了上述规定，仅在第 1 款、第 2 款的犯罪对象之前增加了"在押的"限制，并将第 2 款法定刑中的"五年"改为"三年"。1997 年 3 月 1 日，提交给八届全国人大五次会议审议的《中华人民共和国刑法（修订草案）》第 396 条对第 1 款规定的法定刑又作了较大的调整，将其由"处七年以下有期徒刑或者拘役；情节严重的，处七年以上有期徒刑"改为"处五年以下有期徒刑或者拘役；情节严的，处五年以上十年以下有期徒刑；情节特别严重的，处十年以上有期徒刑"。这一修改方案，为现行刑法所采纳。

【立法规定】

《刑法》第 400 条规定："司法工作人员私放在押的犯罪嫌疑人、被告人或者罪犯的，处五年以下有期徒刑或者拘役；情节严重的，处五年以上十年以下有期徒刑；情节特别严重的，处十年以上有期徒刑。司法工作人员由于严重不负责任，致使在押的犯罪嫌疑人、被告人或者罪犯脱逃，造成严重后果的，处三年以下有期徒刑或者拘役；造成特别严重后果的，处三年以上十年以下有期徒刑。"

【立法释义】

全国人大常委会 2002 年 12 月 28 日通过的《关于第九章渎职罪主体适用问题的解释》规定："在依照法律、法规规定行使国家行政管理职权的组织中从事公务的人员，或者在受国家机关委托代表国家机关行使职权的组织中从事公务的人员，或者虽未列入国家机关人员编制但在国家机关中从事公务的人员，在代表国家机关行使职权时，有渎职行为，构成犯罪的，依照刑法关于渎职罪的规定追究刑事责任。"

最高人民法院 2000 年 9 月 19 日发布的《关于未被公安机关正式录用的人员、狱医能否构成失职致使在押人员脱逃罪主体问题的批复》规定："对于未被公安机关正式录用，受委托履行监管职责的人员，由于严重不负责任，致使在押人员脱逃，造成严重后果的，应当依照刑法第四百条第二款的规定定罪处罚。不负监管职责的狱医，不构成失职致使在押人员脱逃罪的主体。但是受委派承担了监管职责的狱医，由于严重不负责任，致使在押人员脱逃，造成严重后果的，应当依照刑法第四百条第二款的规定定罪处罚。"

最高人民检察院 2001 年 3 月 2 日发布的《关于工人等非监管机关在编监管人员私放在押人员脱逃行为适用法律问题的解释》规定："工人等非监管机关在编监管人员在被监管机关聘用受委托履行监管职责的过程中私放在押人员的，应当依照刑法第四百条第一款的规定，以私放在押人员罪追究刑事责任；由于严重不负责任，致使在押人员脱逃，造成严重后果的，应当依照刑法第四百条第二款的规定，以失职致使在押人员脱逃罪追究刑事责任。"

最高人民检察院 2001 年 8 月 24 日发布的《人民检察院直接受理立案侦查的渎职侵权重特大案件标准（试行）》第 7 条规定的"私放在押人员案"重大案件的标准为："1. 私放三人以上的；2. 私放可能判处有期徒刑十年以上或者余刑在五年以上的重大刑事犯罪分子的；3. 在押人员被私放后又实施重大犯罪的。"特大案件的标准为："1. 私放五人以上的；2. 私放可能判处无期徒刑以上的重大刑事犯罪分子的；3. 在押人员被私放后又犯罪致人死亡的。"第 8 条规定的"失职致使在押人员脱逃案"的重大案件标准为："1. 致使脱逃五人以上的；2. 致使可能判处无期徒刑或者死刑缓期二年执行的重大刑事犯罪分子脱逃的；3. 在押人员脱逃后实施重大犯罪致人死亡的。"特大案件的标准为："1. 致使脱逃十人以上的；2. 致使可能判处死刑的重大刑事犯罪分子脱逃的；3. 在押人员脱逃后实施重大犯罪致人死亡二人以上的。"

最高人民检察院 2006 年 7 月 26 日发布的《关于渎职侵权犯罪案件立案标准的规定》第一部分"渎职犯罪案件"第 9 条规定："私放在押人员罪是指司法工作人员私放在押（包括在羁押场所和押解途中）的犯罪嫌疑人、被告人或者罪犯的行为。涉嫌下列情形之一的，应予立案：1. 私自将在押的犯罪嫌疑人、被告人、罪犯放走，或者授意、指使、强迫他人将在押的犯罪嫌疑人、被告人、罪犯放走的；2. 伪造、变造有关法律文书、证明材料，以使在押的犯罪嫌疑人、被告人、罪犯逃跑或者被释放的；3. 为私放在押的犯罪嫌疑人、被告人、罪犯，故意向其通风报信、提供条件，致使该在押的犯罪嫌疑人、被告人、罪犯脱逃的；4. 其他私放在押的犯罪嫌疑人、被告人、罪犯应予追究刑事责任的情形。"第 10 条规定："失职致使在押人员脱逃罪是指司法工作人员由于严重不负责任，不履行或者不认真履行职责，致使在押（包括在羁押场所和押解途中）的犯罪嫌疑人、被告人、罪犯脱逃，造成严重后果的行为。涉嫌下列情形之一的，应予立案：1. 致使依法可能判处或者已经判处 10 年以上有期徒刑、无期徒刑、死刑的犯罪嫌疑人、被告人、罪犯脱逃的；2. 致使犯罪嫌疑人、被告人、罪犯脱逃 3 人次以上的；3. 犯罪嫌疑人、被告人、罪犯脱逃以后，打击报复报案人、控告人、举报人、被害人、证人和司法工作人员等，或者继续犯罪的；4. 其他致使在押的犯罪嫌疑人、被告人、罪犯脱逃，造成严重后果的情形。"

【立法建言】

建 议：将《刑法》第 400 条修改为："司法工作人员私放在押的犯罪嫌疑人、被告人或者罪犯的，处五年以下有期徒刑、拘役或者管制；情节严重的，处五年以上十年以下有期徒刑；情节特别严重的，处十年以上有期徒刑。司法工作人员由于严重不负责任，致使在押的犯罪嫌疑人、被告人或者罪犯脱逃，造成严重后果的，处三年以下有期徒刑、拘役或者管制；造成特别严重后果的，处三年以上十年以下有期徒刑。"

理 由：

从立法技术上看，宜在《刑法》第 400 条第 1 款、第 2 款的第 1 档法定刑中增加"管制"的规定，以与《刑法》的其他管制规定相一致。

六、徇私舞弊减刑、假释、暂予监外执行罪（第 401 条）

【立法沿革】

徇私舞弊减刑、假释、暂予监外执行罪是 1997 年《刑法》第 401 条增设的罪名。

在刑法修订研拟的过程中，1996 年的《刑法修订草案》（征求意见稿）第 350 条规定了徇私枉法减刑、假释、保外就医罪："司法工作人员徇私枉法，对不符合减刑、假释、保外就医条件的罪犯，予以减刑、假释或者保外就医，情节严重的，处七年以下有期徒刑。"后来，"考虑到这种犯罪行为的本质在于徇私舞弊而非徇私枉法，而且保外就医仅仅是监外执行的一种情形，对于其他原因而暂予监外执行的也同样存在着徇私舞弊可能"[①]，因此，1996 年的《刑法修订草案》第 357 条将上述规定中的"徇私枉法"改为"徇私舞弊"，将"保外就医"改为"暂予监外执行"。修改后的条文为："司法工作人员徇私舞弊，对不符合减刑、假释、暂予监外执行条件的罪犯，予以减刑、假释或者暂予监外执行的，情节严重的，处七年以下有期徒刑。"1997 年 3 月 1 日，提交给八届全国人大五次会议审议的《中华人民共和国刑法（修订草案）》第 397 条对上述规定的法定刑作了较大的调整，将"处七年以下有期徒刑"修改为"处三年以下有期徒刑、拘役或者剥夺政治权利；情节严重的，处三年以上七年以下有期徒刑"。经审议，1997 年《刑法》第 401 条在上述规定的基础上，又删去了第 1 档法定刑中的"剥夺政治权利"。

【立法规定】

《刑法》第 401 条规定："司法工作人员徇私舞弊，对不符合减刑、假释、暂予监外执行条件的罪犯，予以减刑、假释或者暂予监外执行的，处三年以下有期徒刑或者拘役；情节严重的，处三年以上七年以下有期徒刑。"

【立法释义】

全国人大常委会 2002 年 12 月 28 日通过的《关于第九章渎职罪主体适用问题的解释》规定："在依照法律、法规规定行使国家行政管理职权的组织中从事公务的人员，或者在受国家机关委托代表国家机关行使职权的组织中从事公务的人员，或者虽未列入国家机关人员编制但在国家机关中从事公务的人员，在代表国家机关行使职权时，有渎职行为，构成犯罪的，依照刑法关于渎职罪的规定追究刑事责任。"

最高人民检察院 2001 年 8 月 24 日发布的《人民检察院直接受理立案侦查的渎职侵权重特大案件标准（试行）》第 9 条规定的"徇私舞弊减刑、假释、暂予监外执行案"的重大案件标准为："1. 办理三次以上或者一次办理三人以上的；2. 为重大刑事犯罪分子办理

[①] 参见高铭暄：《中华人民共和国刑法的孕育诞生和发展完善》，北京大学出版社 2012 年版，第 626 页。

减刑、假释、暂予监外执行的。"特大案件的标准为："1. 办理五次以上或者一次办理五人以上的；2. 为特别重大刑事犯罪分子办理减刑、假释、暂予监外执行的。"

最高人民检察院 2006 年 7 月 26 日发布的《关于渎职侵权犯罪案件立案标准的规定》第一部分"渎职犯罪案件"第 11 条规定："徇私舞弊减刑、假释、暂予监外执行罪是指司法工作人员徇私舞弊，对不符合减刑、假释、暂予监外执行条件的罪犯予以减刑、假释、暂予监外执行的行为。涉嫌下列情形之一的，应予立案：1. 刑罚执行机关的工作人员对不符合减刑、假释、暂予监外执行条件的罪犯，捏造事实，伪造材料，违法报请减刑、假释、暂予监外执行的；2. 审判人员对不符合减刑、假释、暂予监外执行条件的罪犯，徇私舞弊，违法裁定减刑、假释或者违法决定暂予监外执行的；3. 监狱管理机关、公安机关的工作人员对不符合暂予监外执行条件的罪犯，徇私舞弊，违法批准暂予监外执行的；4. 不具有报请、裁定、决定或者批准减刑、假释、暂予监外执行权的司法工作人员利用职务上的便利，伪造有关材料，导致不符合减刑、假释、暂予监外执行条件的罪犯被减刑、假释、暂予监外执行的；5. 其他徇私舞弊减刑、假释、暂予监外执行应予追究刑事责任的情形。"

最高人民检察院 2010 年 12 月 31 日发布的指导性案例检例第 3 号《林某徇私舞弊暂予监外执行案》中的"要旨"指出："司法工作人员收受贿赂，对不符合减刑、假释、暂予监外执行条件的罪犯，予以减刑、假释或者暂予监外执行的，应根据案件的具体情况，依法追究刑事责任。"

【立法建言】

建　议：将《刑法》第 401 条修改为："司法工作人员徇私舞弊，对不符合减刑、假释、暂予监外执行条件的罪犯，予以减刑、假释或者暂予监外执行的，处三年以下有期徒刑、拘役或者管制；情节严重的，处三年以上七年以下有期徒刑。"

理　由：

从立法技术上看，宜在本罪的第 1 档法定刑中增加"管制"的规定，以与《刑法》的其他管制规定相一致。

七、徇私舞弊不移交刑事案件罪（第 402 条）

【立法沿革】

徇私舞弊不移交刑事案件罪是在 1996 年《中华人民共和国行政处罚法》（以下简称《行政处罚法》）第 61 条规定的基础上修改而来的。

全国人大 1996 年 3 月 17 日通过的《行政处罚法》第 61 条规定："行政机关为牟取本单位私利，对应当依法移交司法机关追究刑事责任的不移交，以行政处罚代替刑罚，由上级行政机关或者有关部门责令纠正；拒不纠正的，对直接负责的主管人员给予行政处分；徇私舞弊、包庇纵容违法行为的，比照刑法第一百八十八条的规定追究刑事责任。"①

在刑法修订研拟的过程中，为了与《行政处罚法》的规定相衔接，1996 年的《刑法修订草案》（征求意见稿）第 351 条规定："行政执法人员徇私枉法，故意违背事实和法律作枉法处罚决定，对应当依法移交司法机关追究刑事责任的不移交，情节严重的，处七年以下有期徒刑或者拘役。"1996 年的《刑法修订草案》第 358 条在上述规定的基础上，进一步明确了"故意违背事实和法律作枉法处罚决定"与"对应当依法移交司法机关追究刑事责任的不移交"之间是"或者"的关系，而不是并列关系。到了 1997 年，《刑法修订草案》（修改稿）第 396 条对上述规定作了较大的修改和调整：一是将"徇私枉法"的表述改为"徇私舞弊"；二是删去了"故意违背事实和法律作枉法处罚决定"的情形；三是将法定刑由"处七年以下有期徒刑或者拘役"改为"处三年以下有期徒刑或者拘役；造成严重后果的，处三年以上七年以下有期徒刑"。这一修改方案，为现行刑法所采纳。

【立法规定】

《刑法》第 402 条规定："行政执法人员徇私舞弊，对依法应当移交司法机关追究刑事责任的不移交，情节严重的，处三年以下有期徒刑或者拘役；造成严重后果的，处三年以上七年以下有期徒刑。"

【立法释义】

全国人大常委会 2002 年 12 月 28 日通过的《关于第九章渎职罪主体适用问题的解释》规定："在依照法律、法规规定行使国家行政管理职权的组织中从事公务的人员，或者在受国家机关委托代表国家机关行使职权的组织中从事公务的人员，或者虽未列入国家机关人员编制但在国家机关中从事公务的人员，在代表国家机关行使职权时，有渎职行为，构成犯罪的，依照刑法关于渎职罪的规定追究刑事责任。"

最高人民检察院 2001 年 8 月 24 日发布的《人民检察院直接受理立案侦查的渎职侵权重特大案件标准（试行）》第 10 条规定的"徇私舞弊不移交刑事案件案"重大案件的标准为："1. 对犯罪嫌疑人依法可能判处五年以上十年以下有期徒刑的重大刑事案件不移交的；2. 五次以上不移交犯罪案件，或者一次不移交犯罪案件涉及五名以上犯罪嫌疑人的；3. 以罚代刑，放纵犯罪嫌疑人，致使犯罪嫌疑人继续进行刑事犯罪的。"特大案件的标准为："1. 对犯罪嫌疑人依法可能判处十年以上有期徒刑、无期徒刑、死刑的特别重大刑事案件不移交的；2. 七次以上不移交犯罪案件，或者一次不移交犯罪案件涉及七名以上犯

---

① 1979 年《刑法》第 188 条规定的是徇私舞弊罪。

罪嫌疑人的；3. 以罚代刑，放纵犯罪嫌疑人，致使犯罪嫌疑人继续进行严重刑事犯罪的。"

最高人民检察院 2006 年 7 月 26 日发布的《关于渎职侵权犯罪案件立案标准的规定》第一部分"渎职犯罪案件"第 12 条规定："徇私舞弊不移交刑事案件罪是指工商行政管理、税务、监察等行政执法人员，徇私舞弊，对依法应当移交司法机关追究刑事责任的案件不移交，情节严重的行为。涉嫌下列情形之一的，应予立案：1. 对依法可能判处 3 年以上有期徒刑、无期徒刑、死刑的犯罪案件不移交的；2. 不移交刑事案件涉及 3 人次以上的；3. 司法机关提出意见后，无正当理由仍然不予移交的；4. 以罚代刑，放纵犯罪嫌疑人，致使犯罪嫌疑人继续进行违法犯罪活动的；5. 行政执法部门主管领导阻止移交的；6. 隐瞒、毁灭证据，伪造材料，改变刑事案件性质的；7. 直接负责的主管人员和其他直接责任人员为牟取本单位私利而不移交刑事案件，情节严重的；8. 其他情节严重的情形。"

最高人民检察院 2012 年 11 月 15 日发布的指导性案例检例第 7 号"胡某、郑某徇私舞弊不移交刑事案件案"中的"要旨"指出："诉讼监督，是人民检察院依法履行法律监督的重要内容。实践中，检察机关和办案人员应当坚持办案与监督并重，建立健全行政执法与刑事司法有效衔接的工作机制，善于在办案中发现各种职务犯罪线索；对于行政执法人员徇私舞弊，不移送有关刑事案件构成犯罪的，应当依法追究刑事责任。"

【立法建言】

建　议：将《刑法》第 402 条修改为："行政执法人员徇私舞弊，对依法应当移交司法机关追究刑事责任的不移交，情节严重的，处三年以下有期徒刑、拘役或者管制；造成严重后果的，处三年以上七年以下有期徒刑。"

理　由：

从立法技术上看，宜在本罪的第 1 档法定刑中增加"管制"的规定，以与《刑法》的其他管制规定相一致。

八、滥用管理公司、证券职权罪（第 403 条）

【立法沿革】

滥用管理公司、证券职权罪是在全国人大常委会 1995 年《关于惩治违反公司法的犯罪的决定》第 8 条规定的基础上修改而来的。

全国人大常委会 1995 年 2 月 28 日通过的《关于惩治违反公司法的犯罪的决定》第 8 条规定："国家有关主管部门的国家工作人员，对不符合法律规定条件的公司设立、登记申请或者股票、债券发行、上市申请，予以批准或者登记，致使公共财产、国家和人民利益遭受重大损失的，依照刑法第一百八十七条的规定处罚。① 上级部门强令登记机关及其工作人员实施前款行为的，对其直接负责的主管人员依照前款规定处罚。"

在刑法修订研拟的过程中，1996 年的《刑法修订草案》（征求意见稿）第 352 条在上述规定的基础上，主要作了两方面的补充和修改：一是在罪状表述方面，增加了"玩忽职守，滥用职权"的规定；二是在刑罚配置方面，将援引法定刑修改为独立的法定刑。修改后的条文为："国家有关主管部门的国家工作人员，玩忽职守，滥用职权，对不符合法律规定条件的公司设立、登记申请或者股票、债券发行、上市申请，予以批准或者登记，致使公共财产、国家和人民利益遭受重大损失的，处五年以下有期徒刑或者拘役；造成特别重大损失的，处五年以上十年以下有期徒刑。上级部门强令登记机关及其工作人员实施前款行为的，对其直接负责的主管人员，依照前款规定处罚。"1996 年的《刑法修订草案》第 360 条对上述第 1 款的法定刑作了较大的修改，删去了其中的第 2 档法定刑。1997 年的《刑法修订草案》（修改稿）第 397 条基本上沿用了上述规定，仅将"国家工作人员"的表述修改为"国家机关工作人员"。1997 年 3 月 1 日，提交给八届全国人大五次会议审议的《中华人民共和国刑法（修订草案）》第 399 条在本罪的罪状表述上，将"玩忽职守"改为"严重不负责任"。经审议，1997 年《刑法》第 403 条又将上述"严重不负责任"的表述改为"徇私舞弊"。

【立法规定】

《刑法》第 403 条规定："国家有关主管部门的国家机关工作人员，徇私舞弊，滥用职权，对不符合法律规定条件的公司设立、登记申请或者股票、债券发行、上市申请，予以批准或者登记，致使公共财产、国家和人民利益遭受重大损失的，处五年以下有期徒刑或者拘役。上级部门强令登记机关及其工作人员实施前款行为的，对其直接负责的主管人员，依照前款的规定处罚。"

【立法释义】

全国人大常委会 2002 年 12 月 28 日通过的《关于第九章渎职罪主体适用问题的解释》规定："在依照法律、法规规定行使国家行政管理职权的组织中从事公务的人员，或者在受国家机关委托代表国家机关行使职权的组织中从事公务的人员，或者虽未列入国家机关人员编制但在国家机关中从事公务的人员，在代表国家机关行使职权时，有渎职行为，构成犯罪的，依照刑法关于渎职罪的规定追究刑事责任。"

最高人民检察院 2001 年 8 月 24 日发布的《人民检察院直接受理立案侦查的渎职侵权重特大案件标准（试行）》第 11 条规定的"滥用管理公司、证券职权案"重大案件的标

---

① 1979 年《刑法》第 187 条规定的是玩忽职守罪。

准为："1. 造成直接经济损失五十万元以上的；2. 因违法批准或者登记致使发生刑事犯罪的。"特大案件的标准为："1. 造成直接经济损失一百万元以上的；2. 因违法批准或者登记致使发生重大刑事犯罪的。"

最高人民检察院 2006 年 7 月 26 日发布的《关于渎职侵权犯罪案件立案标准的规定》第一部分"渎职犯罪案件"第 13 条规定："滥用管理公司、证券职权罪是指工商行政管理、证券管理等国家有关主管部门的工作人员徇私舞弊，滥用职权，对不符合法律规定条件的公司设立、登记申请或者股票、债券发行、上市申请予以批准或者登记，致使公共财产、国家和人民利益遭受重大损失的行为，以及上级部门、当地政府强令登记机关及其工作人员实施上述行为的行为。涉嫌下列情形之一的，应予立案：1. 造成直接经济损失 50 万元以上的；2. 工商管理部门的工作人员对不符合法律规定条件的公司设立、登记申请，违法予以批准、登记，严重扰乱市场秩序的；3. 金融证券管理机构工作人员对不符合法律规定条件的股票、债券发行、上市申请，违法予以批准，严重损害公众利益，或者严重扰乱金融秩序的；4. 工商管理部门、金融证券管理机构的工作人员对不符合法律规定条件的公司设立、登记申请或者股票、债券发行、上市申请违法予以批准或者登记，致使犯罪行为得逞的；5. 上级部门、当地政府直接负责的主管人员强令登记机关及其工作人员，对不符合法律规定条件的公司设立、登记申请或者股票、债券发行、上市申请予以批准或者登记，致使公共财产、国家或者人民利益遭受重大损失的；6. 其他致使公共财产、国家和人民利益遭受重大损失的情形。"

【立法建言】

建　议：将《刑法》第 403 条的法定刑修改为："处五年以下有期徒刑、拘役或者管制"。

理　由：

从立法技术上看，宜在本罪的法定刑中增加"管制"的规定，以与《刑法》的其他管制规定相一致。

九、徇私舞弊不征、少征税款罪（第 404 条）

【立法沿革】

徇私舞弊不征、少征税款罪是在 1992 年《中华人民共和国税收征收管理法》（以下简称《税收征收管理法》）第 54 条规定的基础上修改而来的。

全国人大常委会 1992 年 9 月 4 日通过的《税收征收管理法》第 54 条规定："税务人员玩忽职守，不征或者少征应征税款，致使国家税收遭受重大损失的，依照刑法第一百八十七条的规定追究刑事责任;① 未构成犯罪的，给予行政处分。"

在刑法修订研拟的过程中，1996年的《刑法修订草案》（征求意见稿）在将上述规定改为刑法的具体条款时，作了以下三方面的补充和修改：一是将"税务人员"改为"税务机关的工作人员"；二是将援引法定刑改为独立的法定刑；三是删去了"未构成犯罪的，给予行政处分"的规定。该草案第353条规定："税务机关的工作人员玩忽职守，不征或者少征应征税款，致使国家税收遭受重大损失的，处五年以下有期徒刑或者拘役；造成特别重大损失的，处五年以上有期徒刑。"1996年的《刑法修订草案》第361条基本上沿用了上述规定，仅将其中"玩忽职守"的表述改为"徇私舞弊"。这一修改方案，为现行刑法所采纳。

【立法规定】

《刑法》第404条规定："税务机关的工作人员徇私舞弊，不征或者少征应征税款，致使国家税收遭受重大损失的，处五年以下有期徒刑或者拘役；造成特别重大损失的，处五年以上有期徒刑。"

【立法释义】

全国人大常委会2002年12月28日通过的《关于第九章渎职罪主体适用问题的解释》规定："在依照法律、法规规定行使国家行政管理职权的组织中从事公务的人员，或者在受国家机关委托代表国家机关行使职权的组织中从事公务的人员，或者虽未列入国家机关人员编制但在国家机关中从事公务的人员，在代表国家机关行使职权时，有渎职行为，构成犯罪的，依照刑法关于渎职罪的规定追究刑事责任。"

最高人民检察院2001年8月24日发布的《人民检察院直接受理立案侦查的渎职侵权重特大案件标准（试行）》第12条规定的"徇私舞弊不征、少征税款案"重大案件的标准为："造成国家税收损失累计达三十万元以上的。"特大案件的标准为："造成国家税收损失累计达五十万元以上的。"

最高人民检察院2006年7月26日发布的《关于渎职侵权犯罪案件立案标准的规定》第一部分"渎职犯罪案件"第14条规定："徇私舞弊不征、少征税款罪是指税务机关工作人员徇私舞弊，不征、少征应征税款，致使国家税收遭受重大损失的行为。涉嫌下列情形之一的，应予立案：1. 徇私舞弊不征、少征应征税款，致使国家税收损失累计达10万元以上的；2. 上级主管部门工作人员指使税务机关工作人员徇私舞弊不征、少征应征税款，致使国家税收损失累计达10万元以上的；3. 徇私舞弊不征、少征应征税款不满10万元，但具有索取或者收受贿赂或者其他恶劣情节的；4. 其他致使国家税收遭受重大损失的

---

① 1979年《刑法》第187条规定的是玩忽职守罪。

情形。"

【立法建言】

建 议：将《刑法》第 404 条修改为："税务机关的工作人员徇私舞弊，不征或者少征应征税款，致使国家税收遭受重大损失的，处五年以下有期徒刑、拘役或者管制；造成特别重大损失的，处五年以上有期徒刑。"

理 由：

从立法技术上看，宜在本罪的第 1 档法定刑中增加"管制"的规定，以与《刑法》的其他管制规定相一致。

十、徇私舞弊发售发票、抵扣税款、出口退税罪、违法提供出口退税凭证罪（第 405 条）

【立法沿革】

徇私舞弊发售发票、抵扣税款、出口退税罪是在全国人大常委会 1995 年《关于惩治虚开、伪造和非法出售增值税专用发票犯罪的决定》第 9 条规定的玩忽职守发售发票、抵扣税款、出口退税罪的基础上修改而来的；而违法提供出口退税凭证罪则是 1997 年《刑法》第 405 条第 2 款增设的罪名。

全国人大常委会 1995 年 10 月 30 日通过的《关于惩治虚开、伪造和非法出售增值税专用发票犯罪的决定》第 9 条规定："税务机关的工作人员违反法律、行政法规的规定，在发售发票、抵扣税款、出口退税工作中玩忽职守，致使国家利益遭受重大损失的，处五年以下有期徒刑或者拘役；致使国家利益遭受特别重大损失的，处五年以上有期徒刑。"

在刑法修订研拟的过程中，1996 年的《刑法修订草案》（征求意见稿）第 354 条直接移植了上述规定，未作任何修改。1996 年的《刑法修订草案》第 362 条基本上沿用了上述规定，仅将其中的"玩忽职守"改为"徇私舞弊"。到了 1997 年，《刑法修订草案》（修改稿）第 399 条在上述规定的基础上，增加了第 2 款"其他国家机关工作人员违反国家规定，在提供出口货物报关单、出口收汇核销单等出口退税凭证的工作中，徇私舞弊，致使国家利益遭受重大损失的，依照前款的规定处罚"的规定。这一修改方案，为现行刑法所采纳。

【立法规定】

《刑法》第 405 条规定："税务机关的工作人员违反法律、行政法规的规定，在办理发售发票、抵扣税款、出口退税工作中，徇私舞弊，致使国家利益遭受重大损失的，处五年以下有期徒刑或者拘役；致使国家利益遭受特别重大损失的，处五年以上有期徒刑。其他国家机关工作人员违反国家规定，在提供出口货物报关单、出口收汇核销单等出口退税凭证的工作中，徇私舞弊，致使国家利益遭受重大损失的，依照前款的规定处罚。"

【立法释义】

全国人大常委会 2002 年 12 月 28 日通过的《关于第九章渎职罪主体适用问题的解释》规定："在依照法律、法规规定行使国家行政管理职权的组织中从事公务的人员，或者在受国家机关委托代表国家机关行使职权的组织中从事公务的人员，或者虽未列入国家机关人员编制但在国家机关中从事公务的人员，在代表国家机关行使职权时，有渎职行为，构成犯罪的，依照刑法关于渎职罪的规定追究刑事责任。"

最高人民检察院 2001 年 8 月 24 日发布的《人民检察院直接受理立案侦查的渎职侵权重特大案件标准（试行）》第 13 条规定的"徇私舞弊发售发票、抵扣税款、出口退税案"重大案件的标准为："造成国家税收损失累计达三十万元以上的。"特大案件的标准为："造成国家税收损失累计达五十万元以上的。"第 14 条规定的"违法提供出口退税凭证案"重大案件的标准为："造成国家税收损失累计达三十万元以上的。"特大案件的标准为："造成国家税收损失累计达五十万元以上的。"

最高人民检察院 2006 年 7 月 26 日发布的《关于渎职侵权犯罪案件立案标准的规定》第一部分"渎职犯罪案件"第 15 条规定："徇私舞弊发售发票、抵扣税款、出口退税罪是指税务机关工作人员违反法律、行政法规的规定，在办理发售发票、抵扣税款、出口退税工作中徇私舞弊，致使国家利益遭受重大损失的行为。涉嫌下列情形之一的，应予立案：1. 徇私舞弊，致使国家税收损失累计达 10 万元以上的；2. 徇私舞弊，致使国家税收损失累计不满 10 万元，但发售增值税专用发票 25 份以上或者其他发票 50 份以上或者增值税专用发票与其他发票合计 50 份以上，或者具有索取、收受贿赂或者其他恶劣情节的；3. 其他致使国家利益遭受重大损失的情形。"第 16 条规定："违法提供出口退税凭证罪是指海关、外汇管理等国家机关工作人员违反国家规定，在提供出口货物报关单、出口收汇核销单等出口退税凭证的工作中徇私舞弊，致使国家利益遭受重大损失的行为。涉嫌下列情形之一的，应予立案：1. 徇私舞弊，致使国家税收损失累计达 10 万元以上的；2. 徇私舞弊，致使国家税收损失累计不满 10 万元，但具有索取、收受贿赂或者其他恶劣情节的；3. 其他致使国家利益遭受重大损失的情形。"

最高人民法院研究室 2012 年 5 月 3 日发布的《关于违反经行政法规授权制定的规范一般纳税人资格的文件应否认定为"违反法律、行政法规的规定"问题的答复》规定："国家税务总局《关于加强新办商贸企业增值税征收管理有关问题的紧急通知》（国税发明电〔2004〕37 号）和《关于加强新办商贸企业增值税征收管理有关问题的补充通知》（国税发明电〔2004〕62 号），是根据 1993 年制定的《中华人民共和国增值税暂行条例》的规定对一般纳税人资格认定的细化，且 2008 年修订后的《中华人民共和国增值税暂行条例》第十三条明确规定：'小规模纳税人以外的纳税人应当向主管税务机关申请资格认定。具体认定办法由国务院主管部门制定。'因此，违反上述两个通知关于一般纳税人资格的认定标准及相关规定，授予不合格单位一般纳税人资格的，相应违反了《中华人民共和国增值税暂行条例》的有关规定，应当认定为刑法第四百零五条第一款规定的'违反法律、行政法规的规定'。"

【立法建言】

建　议：将《刑法》第 405 条第 1 款修改为："税务机关的工作人员违反法律、行政法规的规定，在办理发售发票、抵扣税款、出口退税工作中，徇私舞弊，致使国家利益遭受重大损失的，处五年以下有期徒刑、拘役或者管制；致使国家利益遭受特别重大损失的，处五年以上有期徒刑。"

理　由：

从立法技术上看，宜在《刑法》第 405 条第 1 款第 1 档法定刑中增加"管制"的规定，以与《刑法》的其他管制规定相一致。

十一、国家机关工作人员签订、履行合同失职被骗罪（第 406 条）

【立法沿革】

国家机关工作人员签订、履行合同失职被骗罪是 1997 年《刑法》第 406 条增设的罪名。

在刑法修订研拟的过程中，针对现实经济生活中出现的国家工作人员严重不负责任，给国家和人民利益造成重大损失的新情况，1996 年的《刑法修订草案》（征求意见稿）第 355 条增设了国家工作人员签订、履行合同失职被骗罪："国家工作人员在签订、履行经济贸易合同过程中，因严重不负责任被诈骗，致使国家利益遭受重大损失的，对其直接负责的主管人员和其他直接责任人员，处五年以下有期徒刑或者拘役；致使国家利益遭受特别重大损失的，处五年以上十年以下有期徒刑。"1996 年的《刑法修订草案》第 363 条沿用了上述罪状的规定，但将法定刑调整为"处三年以下有期徒刑、拘役或者管制；致使国家利益遭受特别重大损失的，处三年以上七年以下有期徒刑"。到了 1997 年，《刑法修订草案》（修改稿）第 400 条对上述规定作了较大的修改：一是在犯罪主体方面，将"国家工作人员"改为"国家机关工作人员"；二是在刑罚配置方面，删去了"致使国家利益遭受特别重大损失的，处三年以上七年以下有期徒刑"的规定。修改后的条文为："国家机关工作人员在签订、履行经济贸易合同过程中，因严重不负责任被诈骗，致使国家利益遭受重大损失的，对其直接负责的主管人员和其他直接责任人员，处三年以下有期徒刑、拘役或者管制。"1997 年 3 月 1 日，提交给八届全国人大五次会议审议的《中华人民共和国刑法（修订草案）》第 402 条对上述规定作了两处修改：一是删去了"对其直接负责的主管人员和其他直接责任人员"的表述；二是删去了"管制"这一刑种。经审议，1997 年《刑法》第 406 条在上述规定的基础上，又作了两方面的修改：一是在文字表述方面，删去了"经济贸易合同"中"经济贸易"的限制；二是在刑罚配置方面，增加了"致使国家利益遭受特别重大损失的，处三年以上七年以下有期徒刑"的规定。

【立法规定】

《刑法》第 406 条规定："国家机关工作人员在签订、履行合同过程中，因严重不负责任被诈骗，致使国家利益遭受重大损失的，处三年以下有期徒刑或者拘役；致使国家利益遭受特别重大损失的，处三年以上七年以下有期徒刑。"

【立法释义】

全国人大常委会 2002 年 12 月 28 日通过的《关于第九章渎职罪主体适用问题的解释》规定："在依照法律、法规规定行使国家行政管理职权的组织中从事公务的人员，或者在受国家机关委托代表国家机关行使职权的组织中从事公务的人员，或者虽未列入国家机关人员编制但在国家机关中从事公务的人员，在代表国家机关行使职权时，有渎职行为，构成犯罪的，依照刑法关于渎职罪的规定追究刑事责任。"

最高人民检察院 2001 年 8 月 24 日发布的《人民检察院直接受理立案侦查的渎职侵权重特大案件标准（试行）》第 15 条规定的"国家机关工作人员签订、履行合同失职被骗案"重大案件的标准为："造成直接经济损失一百万元以上的。"特大案件的标准为："造成直接经济损失二百万元以上的。"

最高人民检察院 2006 年 7 月 26 日发布的《关于渎职侵权犯罪案件立案标准的规定》第一部分"渎职犯罪案件"第 17 条规定："国家机关工作人员签订、履行合同失职被骗罪是指国家机关工作人员在签订、履行合同过程中，因严重不负责任，不履行或者不认真履行职责被诈骗，致使国家利益遭受重大损失的行为。涉嫌下列情形之一的，应予立案：1. 造成直接经济损失 30 万元以上，或者直接经济损失不满 30 万元，但间接经济损失 150 万元以上的；2. 其他致使国家利益遭受重大损失的情形。"

【立法建言】

建 议： 将《刑法》第 406 条修改为："国家机关工作人员在签订、履行合同过程中，因严重不负责任被诈骗，致使国家利益遭受重大损失的，处三年以下有期徒刑、拘役或者管制；致使国家利益遭受特别重大损失的，处三年以上七年以下有期徒刑。"

理 由：

从立法技术上看，宜在本罪的第 1 档法定刑中增加"管制"的规定，以与《刑法》的其他管制规定相一致。

十二、违法发放林木采伐许可证罪（第 407 条）

【立法沿革】

违法发放林木采伐许可证罪是在 1984 年《中华人民共和国森林法》（以下简称《森林法》）第 35 条规定的基础上修改而来的。

全国人大常委会 1984 年 9 月 20 日通过的《森林法》第 35 条规定："违反本法规定，超过批准的年采伐限额发放林木采伐许可证或者滥发林木采伐许可证的，对直接责任人员给予行政处分；情节严重，致使森林遭受严重破坏的，对直接责任人员依照《刑法》第一百八十七条的规定追究刑事责任。"①

在刑法修订研拟的过程中，1996 年的《刑法修订草案》（征求意见稿）第 358 条在将上述规定改为刑法的具体条款时，作了以下三方面的补充和修改：一是在罪状表述方面，增加了"滥用职权"的规定；二是在立法技术方面，删去了"对直接责任人员给予行政处分"的规定；三是在刑罚配置方面，将援引法定刑改为独立的法定刑。修改后的条文为："违反森林法的规定，滥用职权，超过批准的年采伐限额发放林木采伐许可证或者滥发林木采伐许可证，情节严重，致使森林遭受严重破坏的，处七年以下有期徒刑或者拘役。"1996 年的《刑法修订草案》第 367 条在上述规定的基础上，增加了"林业主管部门的工作人员"的主体限定，并将法定最高刑由"七年有期徒刑"降低为"五年有期徒刑"。到了 1997 年，《刑法修订草案》（修改稿）第 401 条又对上述规定作了两方面的修改和调整：一是删去了罪状中"滥用职权"的表述；二是将法定最高刑由"五年"降低为"三年"。这一修改方案，为现行刑法所采纳。

【立法规定】

《刑法》第 407 条规定："林业主管部门的工作人员违反森林法的规定，超过批准的年采伐限额发放林木采伐许可证或者违反规定滥发林木采伐许可证，情节严重，致使森林遭受严重破坏的，处三年以下有期徒刑或者拘役。"

【立法释义】

全国人大常委会 2002 年 12 月 28 日通过的《关于第九章渎职罪主体适用问题的解释》规定："在依照法律、法规规定行使国家行政管理职权的组织中从事公务的人员，或者在受国家机关委托代表国家机关行使职权的组织中从事公务的人员，或者虽未列入国家机关人员编制但在国家机关中从事公务的人员，在代表国家机关行使职权时，有渎职行为，构成犯罪的，依照刑法关于渎职罪的规定追究刑事责任。"

---

① 1979 年《刑法》第 187 条规定的是玩忽职守罪。

最高人民法院 2000 年 11 月 22 日发布的《关于审理破坏森林资源刑事案件具体应用法律若干问题的解释》第 12 条规定："林业主管部门的工作人员违反森林法的规定，超过批准的年采伐限额发放林木采伐许可证或者违反规定滥发林木采伐许可证，具有下列情形之一的，属于刑法第四百零七条规定的'情节严重，致使森林遭受严重破坏'，以违法发放林木采伐许可证罪定罪处罚：（一）发放林木采伐许可证允许采伐数量累计超过批准的年采伐限额，导致林木被采伐数量在十立方米以上的；（二）滥发林木采伐许可证，导致林木被滥伐二十立方米以上的；（三）滥发林木采伐许可证，导致珍贵树木被滥伐的；（四）批准采伐国家禁止采伐的林木，情节恶劣的；（五）其他情节严重的情形。"

最高人民检察院 2001 年 8 月 24 日发布的《人民检察院直接受理立案侦查的渎职侵权重特大案件标准（试行）》第 16 条规定的"违法发放林木采伐许可证案"重大案件的标准为："1. 发放林木采伐许可证允许采伐数量累计超过批准的年采伐限额，导致林木被采伐数量在二十立方米以上的；2. 滥发林木采伐许可证，导致林木被滥伐四十立方米以上的；3. 滥发林木采伐许可证，导致珍贵树木被滥伐二株或者二立方米以上的；4. 批准采伐国家禁止采伐的林木，情节特别恶劣的。"特大案件的标准为："1. 发放林木采伐许可证允许采伐数量累计超过批准的年采伐限额，导致林木被采伐数量超过三十立方米的；2. 滥发林木采伐许可证，导致林木被滥伐六十立方米以上的；3. 滥发林木采伐许可证，导致珍贵树木被滥伐五株或者五立方米以上的；4. 批准采伐国家禁止采伐的林木，造成严重后果的。"

最高人民检察院 2006 年 7 月 26 日发布的《关于渎职侵权犯罪案件立案标准的规定》第一部分"渎职犯罪案件"第 18 条规定："违法发放林木采伐许可证罪是指林业主管部门的工作人员违反森林法的规定，超过批准的年采伐限额发放林木采伐许可证或者违反规定滥发林木采伐许可证，情节严重，致使森林遭受严重破坏的行为。涉嫌下列情形之一的，应予立案：1. 发放林木采伐许可证允许采伐数量累计超过批准的年采伐限额，导致林木被超限额采伐 10 立方米以上的；2. 滥发林木采伐许可证，导致林木被滥伐 20 立方米以上，或者导致幼树被滥伐 1000 株以上的；3. 滥发林木采伐许可证，导致防护林、特种用途林被滥伐 5 立方米以上，或者幼树被滥伐 200 株以上的；4. 滥发林木采伐许可证，导致珍贵树木或者国家重点保护的其他树木被滥伐的；5. 滥发林木采伐许可证，导致国家禁止采伐的林木被采伐的；6. 其他情节严重，致使森林遭受严重破坏的情形。林业主管部门工作人员之外的国家机关工作人员，违反森林法的规定，滥用职权或者玩忽职守，致使林木被滥伐 40 立方米以上或者幼树被滥伐 2000 株以上，或者致使防护林、特种用途林被滥伐 10 立方米以上或者幼树被滥伐 400 株以上，或者致使珍贵树木被采伐、毁坏 4 立方米或者 4 株以上，或者致使国家重点保护的其他植物被采伐、毁坏后果严重的，或者致使国家严禁采伐的林木被采伐、毁坏情节恶劣的，按照刑法第397条的规定以滥用职权罪或者玩忽职守罪追究刑事责任。"

最高人民检察院2007年5月16日发布的《关于对林业主管部门工作人员在发放林木采伐许可证之外滥用职权玩忽职守致使森林遭受严重破坏的行为适用法律问题的批复》规定："林业主管部门工作人员违法发放林木采伐许可证，致使森林遭受严重破坏的，依照刑法第四百零七条的规定，以违法发放林木采伐许可证罪追究刑事责任；以其他方式滥用职权或者玩忽职守，致使森林遭受严重破坏的，依照刑法第三百九十七条的规定，以滥用职权罪或者玩忽职守罪追究刑事责任，立案标准依照《最高人民检察院关于渎职侵权犯罪案件立案标准的规定》第一部分渎职犯罪案件第十八条第三款的规定执行。"

【立法建言】

建　议：将《刑法》第407条修改为："林业主管部门的工作人员违反森林法的规定，超过批准的年采伐限额发放林木采伐许可证或者违反规定滥发林木采伐许可证，情节严重，致使森林遭受严重破坏的，处五年以下有期徒刑、拘役或者管制；情节特别严重，致使森林遭受特别严重破坏的，处五年以上十年以下有期徒刑。"

理　由：

从社会危害的角度来看，宜将本罪的法定刑修改为"处五年以下有期徒刑、拘役或者管制；情节特别严重，致使森林遭受特别严重破坏的，处五年以上十年以下有期徒刑"。因为，本罪属于滥用职权的犯罪，但其法定刑却明显低于作为普通法条的滥用职权罪和其他滥用职权的犯罪，导致实践中"林业主管部门工作人员之外的国家机关工作人员，违反森林法的规定，滥用职权或者玩忽职守，致使林木被滥伐"[1] 的处刑比本罪还重的不合理现象。因此，宜提高本罪的法定刑，以与《刑法》的其他滥用职权犯罪的处刑规定相协调。[2]

十三、环境监管失职罪（第408条）

【立法沿革】

环境监管失职罪是在1989年《中华人民共和国环境保护法》（以下简称《环境保护法》）第45条规定的基础上修改而来的。

全国人大常委会1989年12月26日通过的《环境保护法》第45条规定："环境保护

---

[1]　参见最高人民检察院《关于渎职侵权犯罪案件立案标准的规定》第一部分"渎职犯罪案件"第18条第3款的规定。

[2]　有学者从另一个角度提出，"林业主管部门工作人员违法发放林木采伐许可证包括超过批准的年采伐额发放林木采伐许可证和滥发林木采伐许可证，其社会危害性不亚于直接的违法采伐行为，且其多为徇私舞弊。因此，应以盗伐林木和滥伐林木的罪刑规定为参照而为违法发放林木采伐许可证的犯罪设置罪刑阶梯，且可考虑以'情节严重'和'情节特别严重'来作罪刑分档"（马荣春：《刑法完善论》，群众出版社2008年版，第449页）。

监督管理人员滥用职权、玩忽职守、徇私舞弊的，由其所在单位或者上级主管机关给予行政处分；构成犯罪的，依法追究刑事责任。"

在刑法修订研拟的过程中，为了与《环境保护法》的规定相衔接，1996 年的《刑法修订草案》（征求意见稿）第 359 条将上述规定改为了刑法的具体条款："环境保护部门的工作人员玩忽职守，造成重大环境污染事故，致使公私财产遭受重大损失或者造成人身伤亡的严重后果的，处五年以下有期徒刑或者拘役；后果特别严重的，处五年以上十年以下有期徒刑。"1996 年的《刑法修订草案》第 368 条基本上沿用了上述规定，仅将其中的"玩忽职守"改为"严重不负责任"。到了 1997 年，《刑法修订草案》（修改稿）第 402 条对上述规定作了较大的修改和调整：一是在犯罪主体方面，将"环境保护部门的工作人员"改为"负有环境保护监督管理职责的国家机关工作人员"；二是在因果关系方面，将"造成重大环境污染事故"改为"导致发生重大环境污染事故"；三是在刑罚配置方面，将"处五年以下有期徒刑或者拘役；后果特别严重的，处五年以上十年以下有期徒刑"改为"处三年以下有期徒刑或者拘役"。这一修改方案，为现行刑法所采纳。

【立法规定】

《刑法》第 408 条规定："负有环境保护监督管理职责的国家机关工作人员严重不负责任，导致发生重大环境污染事故，致使公私财产遭受重大损失或者造成人身伤亡的严重后果的，处三年以下有期徒刑或者拘役。"

【立法释义】

全国人大常委会 2002 年 12 月 28 日通过的《关于第九章渎职罪主体适用问题的解释》规定："在依照法律、法规规定行使国家行政管理职权的组织中从事公务的人员，或者在受国家机关委托代表国家机关行使职权的组织中从事公务的人员，或者虽未列入国家机关人员编制但在国家机关中从事公务的人员，在代表国家机关行使职权时，有渎职行为，构成犯罪的，依照刑法关于渎职罪的规定追究刑事责任。"

最高人民检察院 2001 年 8 月 24 日发布的《人民检察院直接受理立案侦查的渎职侵权重特大案件标准（试行）》第 17 条规定的"环境监管失职案"重大案件的标准为："1. 造成直接经济损失一百万元以上的；2. 致人死亡二人以上或者重伤五人以上的；3. 致使一定区域生态环境受到严重危害的。"特大案件的标准为："1. 造成直接经济损失三百万元以上的；2. 致人死亡五人以上或者重伤十人以上的；3. 致使一定区域生态环境受到严重破坏的。"

最高人民检察院 2006 年 7 月 26 日发布的《关于渎职侵权犯罪案件立案标准的规定》第一部分"渎职犯罪案件"第 19 条规定："环境监管失职罪是指负有环境保护监督管理职责的国家机关工作人员严重不负责任，不履行或者不认真履行环境保护监管职责导致发生重大环境污染事故，致使公私财产遭受重大损失或者造成人身伤亡的严重后果的行为。涉嫌下列情形之一的，应予立案：1. 造成死亡 1 人以上，或者重伤 3 人以上，或者重伤 2 人、轻伤 4 人以上，或者重伤 1 人、轻伤 7 人以上，或者轻伤 10 人以上的；2. 导致 30 人以上严重中毒的；3. 造成个人财产直接经济损失 15 万元以上，或者直接经济损失不满 15 万元，但间接经济损失 75 万元以上的；4. 造成公共财产、法人或者其他组织财产直接经济损失 30 万元以上，或者直接经济损失不满 30 万元，但间接经济损失 150 万元以上的；5. 虽未达到 3、4 两项数额标准，但 3、4 两项合计直接经济损失 30 万元以上，或者合计直接经济损失不满 30 万元，但合计间接经济损失 150 万元以上的；6. 造成基本农田或者防护林地、特种用途林地 10 亩以上，或者基本农田以外的耕地 50 亩以上，或者其他土地 70 亩以上被严重毁坏的；7. 造成生活饮用水地表水源和地下水源严重污染的；8. 其他致使公私财产遭受重大损失或者造成人身伤亡严重后果的情形。"

最高人民检察院 2012 年 11 月 15 日发布的指导性案例检例第 4 号《崔某环境监管失职案》中的"要旨"指出："实践中，一些国有公司、企业和事业单位经合法授权从事具体的管理市场经济和社会生活的工作，拥有一定管理公共事务和社会事务的职权，这些实际行使国家行政管理职权的公司、企业和事业单位工作人员，符合渎职罪主体要求；对其实施渎职行为构成犯罪的，应当依照刑法关于渎职罪的规定追究刑事责任。"

最高人民法院、最高人民检察院 2013 年 6 月 17 日发布的《关于办理环境污染刑事案件适用法律若干问题的解释》第 2 条规定："实施刑法第三百三十九条、第四百零八条规定的行为，具有本解释第一条第六项至第十三项规定情形之一的，应当认定为'致使公私财产遭受重大损失或者严重危害人体健康'或者'致使公私财产遭受重大损失或者造成人身伤亡的严重后果'。"①

【立法建言】

建　议：将《刑法》第 408 条修改为："负有环境保护监督管理职责的国家机关工作人员严重不负责任，导致发生重大环境污染事故，致使公私财产遭受重大损失或者造成人身伤亡的严重后果的，处三年以下有期徒刑、拘役或者管制。"

理　由：

从立法技术上看，宜在本罪的法定刑中增加"管制"的规定，以与《刑法》的其他管制规定相一致。

---

① 该解释第 1 条第 6 项至第 13 项规定的情形是："致使乡镇以上集中式饮用水水源取水中断十二小时以上的；致使基本农田、防护林地、特种用途林地五亩以上，其他农用地十亩以上，其他土地二十亩以上基本功能丧失或者遭受永久性破坏的；致使森林或者其他林木死亡五十立方米以上，或者幼树死亡二千五百株以上的；致使公私财产损失三十万元以上的；致使疏散、转移群众五千人以上的；致使三十人以上中毒的；致使三人以上轻伤、轻度残疾或者器官组织损伤导致一般功能障碍的；致使一人以上重伤、中度残疾或者器官组织损伤导致严重功能障碍的。"

十四、食品监管渎职罪（第408条之一）

【立法沿革】

食品监管渎职罪是《刑法修正案（八）》第49条新增设的罪名。

1997年《刑法》施行后，"有的常委会组成人员、代表、部门和社会公众提出，近年来食品安全方面的违法犯罪出现了一些新情况，刑法有关规定应及时作出相应调整，还应与全国人大常委会2009年通过的食品安全法相衔接，并进一步明确负有食品安全监督管理职责人员渎职行为的刑事责任"。① 据此，《刑法修正案（八）》第49条增设了食品监管渎职罪。

【立法规定】

《刑法》第408条之一规定："负有食品安全监督管理职责的国家机关工作人员，滥用职权或者玩忽职守，导致发生重大食品安全事故或者造成其他严重后果的，处五年以下有期徒刑或者拘役；造成特别严重后果的，处五年以上十年以下有期徒刑。徇私舞弊犯前款罪的，从重处罚。"

【立法释义】

全国人大常委会2002年12月28日通过的《关于第九章渎职罪主体适用问题的解释》规定："在依照法律、法规规定行使国家行政管理职权的组织中从事公务的人员，或者在受国家机关委托代表国家机关行使职权的组织中从事公务的人员，或者虽未列入国家机关人员编制但在国家机关中从事公务的人员，在代表国家机关行使职权时，有渎职行为，构成犯罪的，依照刑法关于渎职罪的规定追究刑事责任。"

最高人民法院、最高人民检察院2013年5月2日发布的《关于办理危害食品安全刑事案件适用法律若干问题的解释》第16条规定："负有食品安全监督管理职责的国家机关工作人员，滥用职权或者玩忽职守，导致发生重大食品安全事故或者造成其他严重后果，同时构成食品监管渎职罪和徇私舞弊不移交刑事案件罪、商检徇私舞弊罪、动植物检疫徇私舞弊罪、放纵制售伪劣商品犯罪行为罪等其他渎职犯罪的，依照处罚较重的规定定罪处罚。负有食品安全监督管理职责的国家机关工作人员滥用职权或者玩忽职守，不构成食品监管渎职罪，但构成前款规定的其他渎职犯罪的，依照该其他犯罪定罪处罚。负有食品安全监督管理职责的国家机关工作人员与他人共谋，利用其职务行为帮助他人实施危害食品安全犯罪行为，同时构成渎职犯罪和危害食品安全犯罪共犯的，依照处罚较重的规定定罪

---

① 参见全国人大法律委员会副主任委员李适时2010年12月20日在十一届全国人大常委会第十八次会议上所作的《关于〈中华人民共和国刑法修正案（八）（草案）〉修改情况的汇报》。

处罚。"第18条规定："对实施本解释规定之犯罪的犯罪分子，应当依照刑法规定的条件严格适用缓刑、免予刑事处罚。根据犯罪事实、情节和悔罪表现，对于符合刑法规定的缓刑适用条件的犯罪分子，可以适用缓刑，但是应当同时宣告禁止令，禁止其在缓刑考验期限内从事食品生产、销售及相关活动。"

最高人民检察院2014年2月21日发布的指导性案例检例第15号"胡林贵等人生产、销售有毒、有害食品，行贿；骆梅等人销售伪劣产品；朱伟全等人生产、销售伪劣产品；黎达文等人受贿，食品监管渎职案"中的"要旨"指出："实施生产、销售有毒、有害食品犯罪，为逃避查处向负有食品安全监管职责的国家工作人员行贿的，应当以生产、销售有毒、有害食品罪和行贿罪实行数罪并罚。负有食品安全监督管理职责的国家机关工作人员，滥用职权，向生产、销售有毒、有害食品的犯罪分子通风报信，帮助逃避处罚的，应当认定为食品监管渎职罪；在渎职过程中受贿的，应当以食品监管渎职罪和受贿罪实行数罪并罚。"

最高人民检察院2014年2月21日发布的指导性案例检例第16号"赛跃、韩成武受贿、食品监管渎职罪"中的"要旨"指出："负有食品安全监督管理职责的国家机关工作人员，滥用职权或玩忽职守，导致发生重大食品安全事故或者造成其他严重后果的，应当认定为食品监管渎职罪。在渎职过程中受贿的，应当以食品监管渎职罪和受贿罪实行数罪并罚。"

【立法建言】

建　议：将《刑法》第408条之一修改为："负有食品安全监督管理职责的国家机关工作人员严重不负责任，导致发生重大食品安全事故或者造成其他严重后果的，处三年以下有期徒刑、拘役或者管制；造成特别严重后果的，处三年以上七年以下有期徒刑。负有食品安全监督管理职责的国家机关工作人员滥用职权，导致发生重大食品安全事故或者造成其他严重后果的，处五年以下有期徒刑、拘役或者管制；造成特别严重后果的，处五年以上十年以下有期徒刑。徇私舞弊犯前两款罪的，从重处罚。"

理　由：

从犯罪构成的角度来看，宜将食品监管渎职罪中的滥用职权与玩忽职守分解为两个罪名，并分别配置法定刑。①

---

① 具体理由请参见本章之一"滥用职权罪、玩忽职守罪（第397条）"中"立法建言"部分的论述，在此不再赘述。

十五、传染病防治失职罪（第 409 条）

【立法沿革】

传染病防治失职罪是在 1989 年《中华人民共和国传染病防治法》（以下简称《传染病防治法》）第 39 条规定的基础上修改而来的。

全国人大常委会 1989 年 2 月 21 日通过的《传染病防治法》第 39 条规定："从事传染病的医疗保健、卫生防疫、监督管理的人员和政府有关主管人员玩忽职守，造成传染病传播或者流行的，给予行政处分；情节严重，构成犯罪的，依照刑法第一百八十七条的规定追究刑事责任。"①

在刑法修订研拟的过程中，为了与《传染病防治法》的规定相衔接，1996 年的《刑法修订草案》（征求意见稿）第 360 条增设了传染病防治失职罪："从事传染病的医疗保健、卫生防疫、监督管理的人员和政府有关主管人员玩忽职守，造成传染病传播或者流行，情节严重的，处五年以下有期徒刑或者拘役。"1996 年的《刑法修订草案》第 369 条基本上沿用了上述规定，仅将其中的"玩忽职守"改为"严重不负责任"。到了 1997 年，《刑法修订草案》（修改稿）第 403 条对上述规定作了较大的修改和调整：一是在犯罪主体方面，将"从事传染病的医疗保健、卫生防疫、监督管理的人员和政府有关主管人员"改为"从事传染病防治的政府卫生行政部门工作人员"；二是在因果关系方面，将"造成传染病传播或者流行"改为"导致发生传染病传播或者流行"；三是在刑罚配置方面，将"处五年以下有期徒刑或者拘役"改为"处三年以下有期徒刑或者拘役"。修改后的条文为："从事传染病防治的政府卫生行政部门工作人员严重不负责任，导致发生传染病传播或者流行，情节严重的，处三年以下有期徒刑或者拘役。"1997 年《刑法》第 409 条基本上沿用了上述公司，仅作了个别文字修改。

【立法规定】

《刑法》第 409 条规定："从事传染病防治的政府卫生行政部门的工作人员严重不负责任，导致传染病传播或者流行，情节严重的，处三年以下有期徒刑或者拘役。"

【立法释义】

全国人大常委会 2002 年 12 月 28 日通过的《关于第九章渎职罪主体适用问题的解释》规定："在依照法律、法规规定行使国家行政管理职权的组织中从事公务的人员，或者在受国家机关委托代表国家机关行使职权的组织中从事公务的人员，或者虽未列入国家机关人员编制但在国家机关中从事公务的人员，在代表国家机关行使职权时，有渎职行为，构

---

① 1979 年《刑法》第 187 条规定的是玩忽职守罪。

成犯罪的，依照刑法关于渎职罪的规定追究刑事责任。"

最高人民检察院 2001 年 8 月 24 日发布的《人民检察院直接受理立案侦查的渎职侵权重特大案件标准（试行）》第 18 条规定的"传染病防治失职案"重大案件的标准为："1. 导致乙类、丙类传染病流行的；2. 致人死亡二人以上或者残疾五人以上的。"特大案件的标准为："1. 导致甲类传染病传播的；2. 致人死亡五人以上或者残疾十人以上的。"

最高人民法院、最高人民检察院 2003 年 5 月 14 日发布的《关于办理妨害预防、控制突发传染病疫情等灾害的刑事案件具体应用法律若干问题的解释》第 16 条规定："在预防、控制突发传染病疫情等灾害期间，从事传染病防治的政府卫生行政部门的工作人员，或者在受政府卫生行政部门委托代表政府卫生行政部门行使职权的组织中从事公务的人员，或者虽未列入政府卫生行政部门人员编制但在政府卫生行政部门从事公务的人员，在代表政府卫生行政部门行使职权时，严重不负责任，导致传染病传播或者流行，情节严重的，依照刑法第四百零九条的规定，以传染病防治失职罪定罪处罚。在国家对突发传染病疫情等灾害采取预防、控制措施后，具有下列情形之一的，属于刑法第四百零九条规定的'情节严重'：（一）对发生突发传染病疫情等灾害的地区或者突发传染病病人、病原携带者、疑似突发传染病病人，未按照预防、控制突发传染病疫情等灾害工作规范的要求做好防疫、检疫、隔离、防护、救治等工作，或者采取的预防、控制措施不当，造成传染范围扩大或者疫情、灾情加重的；（二）隐瞒、缓报、谎报或者授意、指使、强令他人隐瞒、缓报、谎报疫情、灾情，造成传染范围扩大或者疫情、灾情加重的；（三）拒不执行突发传染病疫情等灾害应急处理指挥机构的决定、命令，造成传染范围扩大或者疫情、灾情加重的；（四）具有其他严重情节的。"

最高人民检察院 2006 年 7 月 26 日发布的《关于渎职侵权犯罪案件立案标准的规定》第一部分"渎职犯罪案件"第 20 条规定："传染病防治失职罪是指从事传染病防治的政府卫生行政部门的工作人员严重不负责任，不履行或者不认真履行传染病防治监管职责，导致传染病传播或者流行，情节严重的行为。涉嫌下列情形之一的，应予立案：1. 导致甲类传染病传播的；2. 导致乙类、丙类传染病流行的；3. 因传染病传播或者流行，造成人员重伤或者死亡的；4. 因传染病传播或者流行，严重影响正常的生产、生活秩序的；5. 在国家对突发传染病疫情等灾害采取预防、控制措施后，对发生突发传染病疫情等灾害的地区或者突发传染病病人、病原携带者、疑似突发传染病病人，未按照预防、控制突发传染病疫情等灾害工作规范的要求做好防疫、检疫、隔离、防护、救治等工作，或者采取的预防、控制措施不当，造成传染范围扩大或者疫情、灾情加重的；6. 在国家对突发传染病疫情等灾害采取预防、控制措施后，隐瞒、缓报、谎报或者授意、指使、强令他人隐瞒、缓报、谎报疫情、灾情，造成传染范围扩大或者疫情、灾情加重的；7. 在国家对突发传染病疫情等灾害采取预防、控制措施后，拒不执行突发传染病疫情等灾害应急处理指挥机构的决定、命令，造成传染范围扩大或者疫情、灾情加重的；8. 其他情节严重的情形。"

【立法建言】

建　议：将《刑法》第 409 条修改为："从事传染病防治的政府卫生行政部门的工作人员严重不负责任，导致传染病传播或者流行，情节严重的，处三年以下有期徒刑、拘役或者管制。"

理　由：

从立法技术上看，宜在本罪的法定刑中增加"管制"的规定，以与《刑法》的其他管制规定相一致。

十六、非法批准征收、征用、占用土地罪、非法低价出让国有土地使用权罪（第 410 条）

【立法沿革】

非法批准征收、征用、占用土地罪是在 1997 年《刑法》第 410 条规定的非法批准征用、占用土地罪的基础上，经全国人大常委会 2009 年《关于修改部分法律的决定》第 2 条修订而来的；而非法低价出让国有土地使用权罪则是 1997 年《刑法》第 410 条增设的罪名。

在刑法修订研拟的过程中，"有些全国人大常委会委员和有关部门提出，土地是国家的重要资源，对于破坏土地资源的行为应当追究刑事责任"。[①] 因此，1997 年的《刑法修订草案》（修改稿）在增设非法转让、倒卖土地使用权罪和非法占用耕地罪的同时，还增设了非法批准征用、占用土地罪和非法低价出让国有土地使用权罪。该草案第 404 条的规定："国家机关工作人员徇私舞弊，违反土地管理法规，滥用职权，非法批准征用、占用土地，或者非法低价出让国有土地使用权，情节严重的，处三年以下有期徒刑、拘役或者管制；致使国家或者集体利益遭受特别重大损失的，处三年以上七年以下有期徒刑。"1997 年 3 月 1 日，提交给八届全国人大五次会议审议的《中华人民共和国刑法（修订草案)》第 406 条基本上沿用了上述规定，仅删去了第 1 档法定刑中的"管制"。这一修改方案，为 1997 年修订的《刑法》第 410 条所采纳。

1997 年修订的《刑法》第 410 条规定："国家机关工作人员徇私舞弊，违反土地管理法规，滥用职权，非法批准征用、占用土地，或者非法低价出让国有土地使用权，情节严

---

① 参见全国人大常委会副委员长王汉斌 1997 年 3 月 6 日在八届全国人大五次会议上所作的《关于〈中华人民共和国刑法（修订草案)〉的说明》。

重的，处三年以下有期徒刑或者拘役；致使国家或者集体利益遭受特别重大损失的，处三年以上七年以下有期徒刑。"

1997 年《刑法》施行后，"2004 年宪法修正案将宪法第十条第三款有关'征用'的规定修改为'国家为了公共利益的需要，可以依照法律规定对土地或者公民的私有财产实行征收或者征用并给予补偿'，区分了'征收'和'征用'两种不同情形。在此之前制定的 16 件法律和法律解释中有关'征用'的规定需要根据宪法修正案的规定作出相应修改，以与宪法规定相一致"。[①] 据此，全国人大常委会 2009 年 8 月 27 日通过的《关于修改部分法律的决定》，将《刑法》第 410 条中的"征用"修改为"征收、征用"。

【立法规定】

《刑法》第 410 条规定："国家机关工作人员徇私舞弊，违反土地管理法规，滥用职权，非法批准征收、征用、占用土地，或者非法低价出让国有土地使用权，情节严重的，处三年以下有期徒刑或者拘役；致使国家或者集体利益遭受特别重大损失的，处三年以上七年以下有期徒刑。"

【立法释义】

全国人大常委会 2001 年 8 月 31 日通过的《关于〈中华人民共和国刑法〉第二百二十八条、第三百四十二条、第四百一十条的解释》规定："刑法第二百二十八条、第三百四十二条、第四百一十条规定的'违反土地管理法规'，是指违反土地管理法、森林法、草原法等法律以及有关行政法规中关于土地管理的规定。刑法第四百一十条规定的'非法批准征收、征用、占用土地'，是指非法批准征收、征用、占用耕地、林地等农用地以及其他土地。"

全国人大常委会 2002 年 12 月 28 日通过的《关于第九章渎职罪主体适用问题的解释》规定："在依照法律、法规规定行使国家行政管理职权的组织中从事公务的人员，或者在受国家机关委托代表国家机关行使职权的组织中从事公务的人员，或者虽未列入国家机关人员编制但在国家机关中从事公务的人员，在代表国家机关行使职权时，有渎职行为，构成犯罪的，依照刑法关于渎职罪的规定追究刑事责任。"

最高人民法院 2000 年 6 月 19 日发布的《关于审理破坏土地资源刑事案件具体应用法律若干问题的解释》第 4 条规定："国家机关工作人员徇私舞弊，违反土地管理法规，滥用职权，非法批准征用、占用土地，具有下列情形之一的，属于非法批准征用、占用土地'情节严重'，依照刑法第四百一十条的规定，以非法批准征用、占用土地罪定罪处罚：

[①] 参见全国人大常委会法制工作委员会主任李适时 2009 年 6 月 22 日在十一届全国人大常委会第九次会议上所作的《关于〈全国人民代表大会常务委员会关于废止部分法律的决定（草案）〉和〈全国人民代表大会常务委员会关于修改部分法律的决定（草案）〉的说明》。

（一）非法批准征用、占用基本农田十亩以上的；（二）非法批准征用、占用基本农田以外的耕地三十亩以上的；（三）非法批准征用、占用其他土地五十亩以上的；（四）虽未达到上述数量标准，但非法批准征用、占用土地造成直接经济损失三十万元以上；造成耕地大量毁坏等恶劣情节的。"第 5 条规定："实施第四条规定的行为，具有下列情形之一的，属于非法批准征用、占用土地'致使国家或者集体利益遭受特别重大损失'：（一）非法批准征用、占用基本农田二十亩以上的；（二）非法批准征用、占用基本农田以外的耕地六十亩以上的；（三）非法批准征用、占用其他土地一百亩以上的；（四）非法批准征用、占用土地，造成基本农田五亩以上，其他耕地十亩以上严重毁坏的；（五）非法批准征用、占用土地造成直接经济损失五十万元以上等恶劣情节的。"第 6 条规定："国家机关工作人员徇私舞弊，违反土地管理法规，非法低价出让国有土地使用权，具有下列情形之一的，属于'情节严重'，依照刑法第四百一十条的规定，以非法低价出让国有土地使用权罪定罪处罚：（一）出让国有土地使用权面积在三十亩以上，并且出让价额低于国家规定的最低价额标准的百分之六十的；（二）造成国有土地资产流失价额在三十万元以上的。"第 7 条规定："实施第六条规定的行为，具有下列情形之一的，属于非法低价出让国有土地使用权，'致使国家和集体利益遭受特别重大损失'：（一）非法低价出让国有土地使用权面积在六十亩以上，并且出让价额低于国家规定的最低价额标准的百分之四十的；（二）造成国有土地资产流失价额在五十万元以上的。"

最高人民检察院 2001 年 8 月 24 日发布的《人民检察院直接受理立案侦查的渎职侵权重特大案件标准（试行）》第 19 条规定的"非法批准征用、占用土地案"重大案件的标准为："1. 非法批准征用、占用基本农田二十亩以上的；2. 非法批准征用、占用基本农田以外的耕地六十亩以上的；3. 非法批准征用、占用其他土地一百亩以上的；4. 非法批准征用、占用土地，造成基本农田五亩以上，其他耕地十亩以上严重毁坏的；5. 非法批准征用、占用土地造成直接经济损失五十万元以上的。"特大案件的标准为："1. 非法批准征用、占用基本农田三十亩以上的；2. 非法批准征用、占用基本农田以外的耕地九十亩以上的；3. 非法批准征用、占用其他土地一百五十亩以上的；4. 非法批准征用、占用土地，造成基本农田十亩以上，其他耕地二十亩以上严重毁坏的；5. 非法批准征用、占用土地造成直接经济损失一百万元以上的。"第 20 条规定的"非法低价出让国有土地使用权案"重大案件的标准为："1. 出让国有土地使用权面积在六十亩以上，并且出让价额低于国家规定的最低价额标准的百分之六十的；2. 造成国有土地资产流失价额在五十万元以上的。"特大案件的标准为："1. 出让国有土地使用权面积在九十亩以上，并且出让价额低于国家规定的最低价额标准的百分之四十的；2. 造成国有土地资产流失价额在一百万元以上的。"

最高人民法院 2005 年 12 月 26 日发布的《关于审理破坏林地资源刑事案件具体应用法律若干问题的解释》第 2 条规定："国家机关工作人员徇私舞弊，违反土地管理法规，滥用职权，非法批准征用、占用林地，具有下列情形之一的，属于刑法第四百一十条规定的'情节严重'，应当以非法批准征用、占用土地罪判处三年以下有期徒刑或者拘役：（一）非法批准征用、占用防护林地、特种用途林地数量分别或者合计达到十亩以上；（二）非法批准征用、占用其他林地数量达到二十亩以上；（三）非法批准征用、占用林地造成直接经济损失数额达到三十万元以上，或者造成本条第（一）项规定的林地数量分别或者合计达到五亩以上或者本条第（二）项规定的林地数量达到十亩以上毁坏。"第 3 条规定："实施本解释第二条规定的行为，具有下列情形之一的，属于刑法第四百一十条规定的'致使国家或者集体利益遭受特别重大损失'，应当以非法批准征用、占用土地罪判处三年以上七年以下有期徒刑：（一）非法批准征用、占用防护林地、特种用途林地数量分别或者合计达到二十亩以上；（二）非法批准征用、占用其他林地数量达到四十亩以上；（三）非法批准征用、占用林地造成直接经济损失数额达到六十万元以上，或者造成本条第（一）项规定的林地数量分别或者合计达到十亩以上或者本条第（二）项规定的林地数量达到二十亩以上毁坏。"第 4 条规定："国家机关工作人员徇私舞弊，违反土地管理法规，非法低价出让国有林地使用权，具有下列情形之一的，属于刑法第四百一十条规定的'情节严重'，应当以非法低价出让国有土地使用权罪判处三年以下有期徒刑或者拘役：（一）林地数量合计达到三十亩以上，并且出让价额低于国家规定的最低价额标准的百分之六十；（二）造成国有资产流失价额达到三十万元以上。"第 5 条规定："实施本解释第四条规定的行为，造成国有资产流失价额达到六十万元以上的，属于刑法第四百一十条规定的'致使国家和集体利益遭受特别重大损失'，应当以非法低价出让国有土地使用权罪判处三年以上七年以下有期徒刑。"

最高人民检察院 2006 年 7 月 26 日发布的《关于渎职侵权犯罪案件立案标准的规定》第一部分"渎职犯罪案件"第 21 条规定："非法批准征用、占用土地罪是指国家机关工作人员徇私舞弊，违反土地管理法、森林法、草原法等法律以及有关行政法规中关于土地管理的规定，滥用职权，非法批准征用、占用耕地、林地等农用地以及其他土地，情节严重的行为。涉嫌下列情形之一的，应予立案：1. 非法批准征用、占用基本农田 10 亩以上的；2. 非法批准征用、占用基本农田以外的耕地 30 亩以上的；3. 非法批准征用、占用其他土地 50 亩以上的；4. 虽未达到上述数量标准，但造成有关单位、个人直接经济损失 30 万元以上，或者造成耕地大量毁坏或者植被遭到严重破坏的；5. 非法批准征用、占用土地，影响群众生产、生活，引起纠纷，造成恶劣影响或者其他严重后果的；6. 非法批准征用、占用防护林地、特种用途林地分别或者合计 10 亩以上的；7. 非法批准征用、占用其他林地 20 亩以上的；8. 非法批准征用、占用林地造成直接经济损失 30 万元以上，或者造成防护林地、特种用途林地分别或者合计 5 亩以上或者其他林地 10 亩以上毁坏的；9. 其他情节严重的情形。"第 22 条规定："非法低价出让国有土地使用权罪是指国家机关工作人员徇私舞弊，违反土地管理法、森林法、草原法等法律以及有关行政法规中关于土地管理的规定，滥用职权，非法低价出让国有土地使用权，情节严重的行为。涉嫌下列情形之一的，应予立案：1. 非法低价出让国有土地 30 亩以上，并且出让价额低于国家规定的最低价额标准的百分之六十的；2. 造成国有土地资产流失价额 30 万元以上的；3. 非法低价出让国有土地使用权，影响群众生产、生活，引起纠纷，造成恶劣影响或者其他严重后果的；4. 非法低价出让林地合计 30 亩以上，并且出让价额低于国家规定的最低价额标准的百分之六十的；5. 造成国有资产流失 30 万元以上的；6. 其他情节严重的情形。"

最高人民法院 2012 年 11 月 2 日发布的《关于审理破坏草原资源刑事案件应用法律若干问题的解释》第 3 条规定："国家机关工作人员徇私舞弊，违反草原法等土地管理法规，具有下列情形之一的，应当认定为刑法第四百一十条规定的'情节严重'：（一）非法批准征收、征用、占用草原四十亩以上的；（二）非法批准征收、征用、占用草原，造成二十亩以上草原被毁坏的；（三）非法批准征收、征用、占用草原，造成直接经济损失三十万元以上，或者具有其他恶劣情节的。具有下列情形之一，应当认定为刑法第四百一十条规定的'致使国家或者集体利益遭受特别重大损失'：（一）非法批准征收、征用、占用草原八十亩以上的；（二）非法批准征收、征用、占用草原，造成四十亩以上草原被毁坏的；（三）非法批准征收、征用、占用草原，造成直接经济损失六十万元以上，或者具有其他特别恶劣情节的。"

【立法建言】

建　议：将《刑法》第 410 条修改为："国家机关工作人员徇私舞弊，违反土地管理法规，滥用职权，非法批准征收、征用、占用土地，或者非法低价出让国有土地使用权，情节严重的，处三年以下有期徒刑、拘役或者管制；致使国家或者集体利益遭受特别重大损失的，处三年以上七年以下有期徒刑。"

理　由：

从立法技术上看，宜在《刑法》第 410 条的第 1 档法定刑中增加"管制"的规定，以与《刑法》的其他管制规定相一致。

十七、放纵走私罪（第 411 条）

【立法沿革】

放纵走私罪是在 1987 年《中华人民共和国海关法》（以下简称《海关法》）第 56 条

规定的基础上修改而来的。

全国人大常委会 1987 年 1 月 22 日通过的《海关法》第 56 条规定："海关工作人员滥用职权，故意刁难、拖延监管、查验的，给予行政处分；徇私舞弊、玩忽职守或者放纵走私的，根据情节轻重，给予行政处分或者依法追究刑事责任。"

在刑法修订研拟的过程中，为了与《海关法》的规定相衔接，1996 年的《刑法修订草案》（征求意见稿）第 361 条增设了放纵走私罪："海关工作人员徇私舞弊、放纵走私，情节严重的，处七年以下有期徒刑或者拘役；情节特别严重的，处七年以上有期徒刑。"1996 年的《刑法修订草案》第 370 条基本上沿用了上述规定，仅将"情节严重的，处七年以下有期徒刑或者拘役；情节特别严重的，处七年以上有期徒刑"改为"情节严重的，处五年以下有期徒刑或者拘役；情节特别严重的，处五年以上有期徒刑"。到了 1997 年，为进一步明确"徇私舞弊"与"放纵走私"之间的关系，《刑法修订草案》（修改稿）第 405 条将二者之间的顿号修改为逗号。这一修改方案，为现行刑法所采纳。

【立法规定】

《刑法》第 411 条规定："海关工作人员徇私舞弊，放纵走私，情节严重的，处五年以下有期徒刑或者拘役；情节特别严重的，处五年以上有期徒刑。"

【立法释义】

全国人大常委会 2002 年 12 月 28 日通过的《关于第九章渎职罪主体适用问题的解释》规定："在依照法律、法规规定行使国家行政管理职权的组织中从事公务的人员，或者在受国家机关委托代表国家机关行使职权的组织中从事公务的人员，或者虽未列入国家机关人员编制但在国家机关中从事公务的人员，在代表国家机关行使职权时，有渎职行为，构成犯罪的，依照刑法关于渎职罪的规定追究刑事责任。"

最高人民检察院 2001 年 8 月 24 日发布的《人民检察院直接受理立案侦查的渎职侵权重特大案件标准（试行）》第 21 条规定的"放纵走私案"重大案件的标准为："造成国家税收损失累计达三十万元以上的。"特大案件的标准为："造成国家税收损失累计达五十万元以上的。"

最高人民法院、最高人民检察院、海关总署 2002 年 7 月 8 日发布的《关于办理走私刑事案件适用法律若干问题的意见》第 16 条"关于放纵走私罪的认定问题"规定："依照刑法第四百一十一条的规定，负有特定监管义务的海关工作人员徇私舞弊，利用职权，放任、纵容走私犯罪行为，情节严重的，构成放纵走私罪。放纵走私行为，一般是消极的不作为。如果海关工作人员与走私分子通谋，在放纵走私过程中以积极的行为配合走私分子逃避海关监管或者在放纵走私之后分得赃款的，应以共同走私犯罪追究刑事责任。海关工作人员收受贿赂又放纵走私的，应以受贿罪和放纵走私罪数罪并罚。"

最高人民检察院 2006 年 7 月 26 日发布的《关于渎职侵权犯罪案件立案标准的规定》第一部分"渎职犯罪案件"第 23 条规定："放纵走私罪是指海关工作人员徇私舞弊，放纵走私，情节严重的行为。涉嫌下列情形之一的，应予立案：1. 放纵走私犯罪的；2. 因放纵走私致使国家应收税额损失累计达 10 万元以上的；3. 放纵走私行为 3 起次以上的；4. 放纵走私行为，具有索取或者收受贿赂情节的；5. 其他情节严重的情形。"

【立法建言】

建　议： 将《刑法》第 411 条修改为："海关工作人员徇私舞弊，放纵走私，情节严重的，处五年以下有期徒刑、拘役或者管制；情节特别严重的，处五年以上有期徒刑。"

理　由：

从立法技术上看，宜在本罪的第 1 档法定刑中增加"管制"的规定，以与《刑法》的其他管制规定相一致。

十八、商检徇私舞弊罪、商检失职罪（第 412 条）

【立法沿革】

商检徇私舞弊罪、商检失职罪是在 1989 年《中华人民共和国进出口商品检验法》（以下简称《进出口商品检验法》）第 29 条规定的基础上修改而来的。

全国人大常委会 1989 年 2 月 21 日通过的《进出口商品检验法》第 29 条规定："国家商检部门、商检机构的工作人员和国家商检部门、商检机构指定的检验机构的检验人员，滥用职权，徇私舞弊，伪造检验结果的，或者玩忽职守，延误检验出证的，根据情节轻重，给予行政处分或者依法追究刑事责任。"

在刑法修订研拟的过程中，1996 年的《刑法修订草案》（征求意见稿）将上述规定修改为刑法的具体条款。该草案第 362 条规定："国家商检部门、商检机构的工作人员和国家商检部门、商检机构指定的检验机构的检验人员，滥用职权，徇私舞弊，伪造检验结果的，处七年以下有期徒刑或者拘役；造成严重后果的，处七年以上有期徒刑。前款所列人员玩忽职守，延误检验出证，致使国家利益遭受重大损失的，处五年以下有期徒刑或者拘役；致使国家利益遭受特别重大损失的，处五年以上十年以下有期徒刑。"1996 年的《刑法修订草案》第 371 条对上述规定作了较大的修改和调整：一是删去了第 1 款中"滥用职权"的表述；二是调整了第 1 款规定的法定刑；三是将第 2 款中的"玩忽职守"改为"严重不负责任"；四是在第 2 款中增加了"对应当检验的物品不检验"和"错误出证"两种情形；五是调整了第 2 款规定的法定刑。修改后的条文为："国家商检部门、商检机构的工作人员和国家商检部门、商检机构指定的检验机构的检验人员，徇私舞弊，伪造检验结果的，处五年以下有期徒刑或者拘役；造成严重后果的，处五年以上十年以下有期徒刑。前款所列人员严重不负责任，对应当检验的物品不检验，或者延误检验出证、错误出证，致使国家利益遭受重大损失的，处三年以下有期徒刑、拘役或者管制；致使国家利益遭受特别重大损失的，处三年以上七年以下有期徒刑。"1997 年的《刑法修订草案》（修改稿）第 406 条在上述规定的基础上，又作了两方面的删改：一是在犯罪主体方面，删去了"国家商检部门、商检机构指定的检验机构的检验人员"；二是在刑罚配置方面，删去了第 2 款中的第 2 档法定刑。1997 年 3 月 1 日，提交给八届全国人大五次会议审议的《中华人民共和国刑法（修订草案）》第 408 条基本上沿用了上述规定，仅删去了第 2 款法定刑中的"管制"。这一修改方案，为现行刑法所采纳。

【立法规定】

《刑法》第 412 条规定："国家商检部门、商检机构的工作人员徇私舞弊，伪造检验结果的，处五年以下有期徒刑或者拘役；造成严重后果的，处五年以上十年以下有期徒刑。前款所列人员严重不负责任，对应当检验的物品不检验，或者延误检验出证、错误出证，致使国家利益遭受重大损失的，处三年以下有期徒刑或者拘役。"

【立法释义】

全国人大常委会 2002 年 12 月 28 日通过的《关于第九章渎职罪主体适用问题的解释》规定："在依照法律、法规规定行使国家行政管理职权的组织中从事公务的人员，或者在受国家机关委托代表国家机关行使职权的组织中从事公务的人员，或者虽未列入国家机关人员编制但在国家机关中从事公务的人员，在代表国家机关行使职权时，有渎职行为，构成犯罪的，依照刑法关于渎职罪的规定追究刑事责任。"

最高人民检察院 2001 年 8 月 24 日发布的《人民检察院直接受理立案侦查的渎职侵权重特大案件标准（试行）》第 22 条规定的"商检徇私舞弊案"重大案件的标准为："1. 造成直接经济损失五十万元以上的；2. 徇私舞弊，三次以上伪造检验结果的。"特大案件的标准为："1. 造成直接经济损失一百万元以上的；2. 徇私舞弊，五次以上伪造检验结果的。"第 23 条规定的"商检失职案"重大案件的标准为："1. 造成直接经济损失一百万元以上的；2. 五次以上不检验或者延误检验出证、错误出证的。"特大案件的标准为："1. 造成直接经济损失三百万元以上的；2. 七次以上不检验或者延误检验出证、错误出证的。"

最高人民检察院 2006 年 7 月 26 日发布的《关于渎职侵权犯罪案件立案标准的规定》第一部分"渎职犯罪案件"第 24 条规定："商检徇私舞弊罪是指出入境检验检疫机关、检验检疫机构工作人员徇私舞弊，伪造检验结果的行为。涉嫌下列情形之一的，应予立案：1. 采取伪造、变造的手段对报检的商品的单证、印章、标志、封识、质量认证标志等作虚假的证明或者出具不真实的证明结论的；2. 将送检的合格商品检验为不合格，或者将不合格商品检验为合格的；3. 对明知是不合格的商品，不检验而出具合格检验结果的；4. 其他伪造检验结果应予追究刑事责任的情形。"第 25 条规定："商检失职罪是指出入境检验检疫机关、检验检疫机构工作人员严重不负责任，对应当检验的物品不检验，或者延误检验出证、错误出证，致使国家利益遭受重大损失的行为。涉嫌下列情形之一的，应予立案：1. 致使不合格的食品、药品、医疗器械等商品出入境，严重危害生命健康的；2. 造成个人财产直接经济损失 15 万元以上，或者直接经济损失不满 15 万元，但间接经济损失 75 万元以上的；3. 造成公共财产、法人或者其他组织财产直接经济损失 30 万元以上，或者直接经济损失不满 30 万元，但间接经济损失 150 万元以上的；4. 未经检验，出具合格检验结果，致使国家禁止进口的固体废物、液态废物和气态废物等进入境内的；5. 不检验或者延误检验出证、错误出证，引起国际经济贸易纠纷，严重影响国家对外经贸关系，或者严重损害国家声誉的；6. 其他致使国家利益遭受重大损失的情形。"

【立法建言】

建　议：将《刑法》第 412 条修改为："国家商检部门、商检机构的工作人员徇私舞弊，伪造检验结果的，处五年以下有期徒刑、拘役或者管制；造成严重后果的，处五年以上十年以下有期徒刑。前款所列人员严重不负责任，对应当检验的物品不检验，或者延误检验出证、错误出证，致使国家利益遭受重大损失的，处三年以下有期徒刑、拘役或者管制。"

理　由：

从立法技术上看，宜在《刑法》第 412 条第 1 款、第 2 款的第 1 档法定刑中增加"管制"的规定，以与《刑法》的其他管制规定相一致。

十九、动植物检疫徇私舞弊罪、动植物检疫失职罪（第 413 条）

【立法沿革】

动植物检疫徇私舞弊罪、动植物检疫失职罪是在 1991 年《中华人民共和国进出境动植物检疫法》（以下简称《进出境动植物检疫法》）第 45 条规定的基础上修改而来的。

全国人大常委会 1991 年 10 月 30 日通过的《进出境动植物检疫法》第 45 条规定："动植物检疫机关检疫人员滥用职权，徇私舞弊，伪造检疫结果，或者玩忽职守，延误检疫出证，构成犯罪的，依法追究刑事责任；不构成犯罪的，给予行政处分。"

在刑法修订研拟的过程中，为了与《进出境动植物检疫法》的规定相衔接，1996 年的《刑法修订草案》（征求意见稿）第 363 条增设了动植物检疫徇私舞弊罪、动植物检疫失职罪："动植物检疫机关检疫人员滥用职权，徇私舞弊，伪造检疫结果的，处七年以下有期徒刑或者拘役；造成严重后果的，处七年以上有期徒刑。前款所列人员玩忽职守，延误检疫出证，致使国家利益遭受重大损失的，处五年以下有期徒刑或者拘役；致使国家利益遭受特别重大损失的，处五年以上十年以下有期徒刑。"1996 年的《刑法修订草案》第372 条对上述规定作了较大的修改和调整：一是删去了第 1 款中"滥用职权"的表述；二是调整了第 1 款的法定刑；三是将第 2 款中的"玩忽职守"改为"严重不负责任"；四是在第 2 款中增加了"对应当检疫的检疫物不检疫"和"错误出证"两种情形；五是调整了第 2 款的法定刑。修改后的条文为："动植物检疫机关检疫人员徇私舞弊，伪造检疫结果的，处五年以下有期徒刑或者拘役；造成严重后果的，处五年以上十年以下有期徒刑。前款所列人员严重不负责任，对应当检疫的检疫物不检疫，或者延误检疫出证、错误出证，致使国家利益遭受重大损失的，处三年以下有期徒刑、拘役或者管制；致使国家利益遭受特别重大损失的，处三年以上七年以下有期徒刑。"1997 年的《刑法修订草案》（修改稿）第 407 条在上述规定的基础上，删去了第 2 款中的第 2 档法定刑。1997 年 3 月 1 日，提交给八届全国人大五次会议审议的《中华人民共和国刑法（修订草案）》第 409 条基本上沿用了上述规定，仅删去了第 2 款法定刑中的"管制"。这一修改方案，为现行刑法所采纳。

【立法规定】

《刑法》第 413 条规定："动植物检疫机关的检疫人员徇私舞弊，伪造检疫结果的，处五年以下有期徒刑或者拘役；造成严重后果的，处五年以上十年以下有期徒刑。前款所列人员严重不负责任，对应当检疫的检疫物不检疫，或者延误检疫出证、错误出证，致使国家利益遭受重大损失的，处三年以下有期徒刑或者拘役。"

【立法释义】

全国人大常委会 2002 年 12 月 28 日通过的《关于第九章渎职罪主体适用问题的解释》规定："在依照法律、法规规定行使国家行政管理职权的组织中从事公务的人员，或者在受国家机关委托代表国家机关行使职权的组织中从事公务的人员，或者虽未列入国家机关人员编制但在国家机关中从事公务的人员，在代表国家机关行使职权时，有渎职行为，构成犯罪的，依照刑法关于渎职罪的规定追究刑事责任。"

最高人民检察院 2001 年 8 月 24 日发布的《人民检察院直接受理立案侦查的渎职侵权重特大案件标准（试行）》第 24 条规定的"动植物检疫徇私舞弊案"重大案件的标准为："1. 徇私舞弊，三次以上伪造检疫结果的；2. 造成直接经济损失五十万元以上的。"特大案件的标准为："1. 徇私舞弊，五次以上伪造检疫结果的；2. 造成直接经济损失一百万元以上的。"第 25 条规定的"动植物检疫失职案"重大案件的标准为："1. 造成直接经济损失一百万元以上的；2. 导致疫情发生，造成人员死亡二人以上的；3. 五次以上不检疫，或者延误检疫出证、错误出证，严重影响国家对外经贸关系和国家声誉的。"特大案件的标准为："1. 造成直接经济损失三百万元以上的；2. 导致疫情发生，造成人员死亡五人以上的；3. 七次以上不检疫，或者延误检疫出证、错误出证，严重影响国家对外经贸关系和国家声誉的。"

最高人民检察院 2006 年 7 月 26 日发布的《关于渎职侵权犯罪案件立案标准的规定》第一部分"渎职犯罪案件"第 26 条规定："动植物检疫徇私舞弊罪是指出入境检验检疫机关、检验检疫机构工作人员徇私舞弊，伪造检疫结果的行为。涉嫌下列情形之一的，应予立案：1. 采取伪造、变造的手段对检疫的单证、印章、标志、封识等作虚假的证明或者出具不真实的结论的；2. 将送检的合格动植物检疫为不合格，或者将不合格动植物检疫为合格的；3. 对明知是不合格的动植物，不检疫而出具合格检疫结果的；4. 其他伪造检疫结果应予追究刑事责任的情形。"第 27 条规定："动植物检疫失职罪是指出入境检验检疫机关、检验检疫机构工作人员严重不负责任，对应当检疫的检疫物不检疫，或者延误检疫出证、错误出证，致使国家利益遭受重大损失的行为。涉嫌下列情形之一的，应予立案：1. 导致疫情发生，造成人员重伤或者死亡的；2. 导致重大疫情发生、传播或者流行的；3. 造成个人财产直接经济损失 15 万元以上，或者直接经济损失不满 15 万元，但间接经济损失 75 万元以上的；4. 造成公共财产或者法人、其他组织财产直接经济损失 30 万元以上，或者直接经济损失不满 30 万元，但间接经济损失 150 万元以上的；5. 不检疫或者延误检疫出证、错误出证，引起国际经济贸易纠纷，严重影响国家对外经贸关系，或者严重损害国家声誉的；6. 其他致使国家利益遭受重大损失的情形。"

【立法建言】

建　议：将《刑法》第 413 条修改为："动植物检疫机关的检疫人员徇私舞弊，伪造检疫结果的，处五年以下有期徒刑、拘役或者管制；造成严重后果的，处五年以上十年以下有期徒刑。前款所列人员严重不负责任，对应当检疫的检疫物不检疫，或者延误检疫出证、错误出证，致使国家利益遭受重大损失的，处三年以下有期徒刑、拘役或者管制。"

理　由：

从立法技术上看，宜在《刑法》第 413 条第 1 款第 1 档法定刑和第 2 款的法定刑中增加"管制"的规定，以与《刑法》的其他管制规定相一致。

二十、放纵制售伪劣商品犯罪行为罪（第 414 条）

【立法沿革】

放纵制售伪劣商品犯罪行为罪是在全国人大常委会 1993 年《关于惩治生产、销售伪劣商品犯罪的决定》第 10 条第 2 款规定的基础上修改而来的。

全国人大常委会 1993 年 7 月 2 日通过的《关于惩治生产、销售伪劣商品犯罪的决定》

第 10 条第 2 款规定："负有追究责任的国家工作人员对有本决定所列犯罪行为的企业事业单位或者个人，不履行法律规定的追究职责的，根据不同情况依照刑法第一百八十七条或者比照刑法第一百八十八条的规定追究刑事责任。"①

在刑法修订研拟的过程中，1996 年的《刑法修订草案》（征求意见稿）将上述规定修改为刑法的具体条款。该草案第 364 条规定："国家工作人员利用职务，对明知有生产、销售伪劣商品犯罪行为的企业事业单位或者个人，故意包庇使其不受追诉的；② 负有追究责任的国家工作人员对有生产、销售伪劣商品犯罪行为的企业事业单位或者个人，不履行法律规定的追究职责的，处七年以下有期徒刑或者拘役；情节特别严重的，处七年以上有期徒刑。"1996 年的《刑法修订草案》第 373 条沿用了上述罪状的规定，但大幅降低了本罪的法定刑。修改后的条文为："国家工作人员利用职务，对明知有生产、销售伪劣商品犯罪行为的企业事业单位或者个人，故意包庇使其不受追诉的；负有追究责任的国家工作人员对有生产、销售伪劣商品犯罪行为的企业事业单位或者个人，不履行法律规定的追究职责的，处三年以下有期徒刑、拘役或者管制；情节特别严重的，处三年以上七年以下有期徒刑。"1997 年的《刑法修订草案》（修改稿）第 408 条在上述规定的基础上，主要作了两方面的修改：一是将其中的"国家工作人员"改为"国家机关工作人员"；二是增加了"公司"这一对象。1997 年 3 月 1 日，提交给八届全国人大五次会议审议的《中华人民共和国刑法（修订草案）》第 410 条对上述规定作了重大修改和调整：一是删去了"国家机关工作人员利用职务，对明知有生产、销售伪劣商品犯罪行为的公司、企业、事业单位或者个人，故意包庇使其不受追诉"的情形；二是将"负有追究责任的国家机关工作人员对有生产、销售伪劣商品犯罪行为的公司、企业、事业单位或者个人"的表述，修改为"对生产、销售伪劣商品犯罪行为负有追究责任的国家机关工作人员"；三是增加了"严重不负责任"的表述；四是将法定刑修改为"处五年以下有期徒刑或者拘役"。经审议，1997 年《刑法》第 414 条对上述规定又作了两处修改：一是将"严重不负责任"的表述改为"徇私舞弊"；二是增加了"情节严重"的入罪门槛。

【立法规定】

《刑法》第 414 条规定："对生产、销售伪劣商品犯罪行为负有追究责任的国家机关工作人员，徇私舞弊，不履行法律规定的追究职责，情节严重的，处五年以下有期徒刑或者拘役。"

---

① 1979 年《刑法》第 187 条规定的是玩忽职守罪；第 188 条规定的是徇私舞弊罪。
② 该段内容是在《关于惩治生产、销售伪劣商品犯罪的决定》第 10 条第 1 款规定的基础上修改而来的。该款规定："国家工作人员利用职务，对明知是有本决定所列犯罪行为的企业事业单位或者个人故意包庇使其不受追诉的，比照刑法第一百八十八条的规定追究刑事责任。"

【立法释义】

全国人大常委会 2002 年 12 月 28 日通过的《关于第九章渎职罪主体适用问题的解释》规定："在依照法律、法规规定行使国家行政管理职权的组织中从事公务的人员，或者在受国家机关委托代表国家机关行使职权的组织中从事公务的人员，或者虽未列入国家机关人员编制但在国家机关中从事公务的人员，在代表国家机关行使职权时，有渎职行为，构成犯罪的，依照刑法关于渎职罪的规定追究刑事责任。"

最高人民法院、最高人民检察院 2001 年 4 月 9 日发布的《关于办理生产、销售伪劣商品刑事案件具体应用法律若干问题的解释》第 8 条规定："国家机关工作人员徇私舞弊，对生产、销售伪劣商品犯罪不履行法律规定的查处职责，具有下列情形之一的，属于刑法第四百一十四条规定的'情节严重'：（一）放纵生产、销售假药或者有毒、有害食品犯罪行为的；（二）放纵依法可能判处二年有期徒刑以上刑罚的生产、销售、伪劣商品犯罪行为的；（三）对三个以上有生产、销售伪劣商品犯罪行为的单位或者个人不履行追究职责的；（四）致使国家和人民利益遭受重大损失或者造成恶劣影响的。"

最高人民检察院 2001 年 8 月 24 日发布的《人民检察院直接受理立案侦查的渎职侵权重特大案件标准（试行）》第 26 条规定的"放纵制售伪劣商品犯罪行为案"重大案件的标准为："1. 放纵生产、销售假药或者有毒、有害食品犯罪行为，情节恶劣或者后果严重的；2. 放纵依法可能判处五年以上十年以下有期徒刑刑罚的生产、销售伪劣商品犯罪行为的；3. 五次以上或者对五个以上有生产、销售伪劣商品犯罪行为的单位或者个人不履行追究职责的。"特大案件的标准为："1. 放纵生产、销售假药或者有毒、有害食品犯罪行为，造成人员死亡的；2. 放纵依法可能判处十年以上刑罚的生产、销售伪劣商品犯罪行为的；3. 七次以上或者对七个以上有生产、销售伪劣商品犯罪行为的单位或者个人不履行追究职责的。"

最高人民检察院 2006 年 7 月 26 日发布的《关于渎职侵权犯罪案件立案标准的规定》第一部分"渎职犯罪案件"第 28 条规定："放纵制售伪劣商品犯罪行为罪是指对生产、销售伪劣商品犯罪行为负有追究责任的国家机关工作人员徇私舞弊，不履行法律规定的追究职责，情节严重的行为。涉嫌下列情形之一的，应予立案：1. 放纵生产、销售假药或者有毒、有害食品犯罪行为的；2. 放纵生产、销售伪劣农药、兽药、化肥、种子犯罪行为的；3. 放纵依法可能判处 3 年有期徒刑以上刑罚的生产、销售伪劣商品犯罪行为的；4. 对生产、销售伪劣商品犯罪行为不履行追究职责，致使生产、销售伪劣商品犯罪行为得以继续的；5. 3 次以上不履行追究职责，或者对 3 个以上有生产、销售伪劣商品犯罪行为的单位或者个人不履行追究职责的；6. 其他情节严重的情形。"

【立法建言】

建 议：将《刑法》第414条修改为："对生产、销售伪劣商品犯罪行为负有追究责任的国家机关工作人员，徇私舞弊，不履行法律规定的追究职责，情节严重的，处五年以下有期徒刑、拘役或者管制；情节特别严重的，从五年以上十年以下有期徒刑。"

理 由：

1. 从立法技术的角度来看，宜在本罪的法定刑中增加"管制"的规定，以与《刑法》的其他管制规定相一致。

2. 从社会危害的角度来看，宜在本罪中增加"情节特别严重"的处刑档次。因为，放纵制售伪劣商品犯罪行为罪的社会危害性与放纵走私罪大体相当，且也有可能出现"情节特别严重"的情形。因此，宜参照《刑法》第411条的规定，增加1档法定刑。

二十一、办理偷越国（边）境人员出入境证件罪、放行偷越国（边）境罪（第415条）

【立法沿革】

办理偷越国（边）境人员出入境证件罪、放行偷越国（边）境罪是在1994年《关于严惩组织、运送他人偷越国（边）境犯罪的补充规定》第6条第1款规定的为他人偷越国（边）境办理出入境证件罪、私放他人偷越国（边）境罪的基础上修改而来的。

1979年《刑法》施行后，"有些负责办理出入境证件的人员和边防、海关等执法机关工作人员，违背职责，为偷越国（边）境的违法犯罪分子办理出入境证件或者放行"。①根据这种情况，全国人大常委会1994年3月5日通过的《关于严惩组织、运送他人偷越国（边）境犯罪的补充规定》第6条第1款规定："负责办理护照、签证以及其他出入境证件的国家工作人员，对明知是企图偷越国（边）境的人员予以办理出入境证件的；边防、海关等国家工作人员，对明知是偷越国（边）境的人员，予以放行的，处三年以下有期徒刑、拘役或者管制；情节严重的，处三年以上十年以下有期徒刑。"

在刑法修订研拟的过程中，1996年的《刑法修订草案》（征求意见稿）在将上述规定编入刑法时，对法定刑作了适当的调整。该草案第365条规定："负责办理护照、签证以及其他出入境证件的国家工作人员，对明知是企图偷越国（边）境的人员予以办理出入境证件的；边防、海关等国家工作人员，对明知是偷越国（边）境的人员，予以放行的，处五年以下有期徒刑、拘役或者管制；情节严重的，处五年以上十年以下有期徒刑。"1996年的《刑法修订草案》第374条沿用了上述罪状的规定，但将法定刑修改为"处三年以下

---

① 参见全国人大常委会法制工作委员会主任顾昂然1993年12月20日在八届全国人大常委会第五次会议上所作的《关于〈严惩组织、运送他人偷越国（边）境犯罪的补充规定〉的说明》。

有期徒刑、拘役或者管制；情节严重的，处三年以上七年以下有期徒刑"。1997 年的《刑法修订草案》（修改稿）第 409 条对上述规定作了两方面的修改：一是在犯罪主体方面，将"国家工作人员"改为"国家机关工作人员"；二是在立法技术方面，对个别标点符号和文字表述作了修改。1997 年 3 月 1 日，提交给八届全国人大五次会议审议的《中华人民共和国刑法（修订草案)》第 411 条基本上沿用了上述规定，仅删去了第 1 档法定刑中的"管制"。这一修改方案，为现行刑法所采纳。

【立法规定】

《刑法》第 415 条规定："负责办理护照、签证以及其他出入境证件的国家机关工作人员，对明知是企图偷越国（边）境的人员，予以办理出入境证件的，或者边防、海关等国家机关工作人员，对明知是偷越国（边）境的人员，予以放行的，处三年以下有期徒刑或者拘役；情节严重的，处三年以上七年以下有期徒刑。"

【立法释义】

全国人大常委会 2002 年 12 月 28 日通过的《关于第九章渎职罪主体适用问题的解释》规定："在依照法律、法规规定行使国家行政管理职权的组织中从事公务的人员，或者在受国家机关委托代表国家机关行使职权的组织中从事公务的人员，或者虽未列入国家机关人员编制但在国家机关中从事公务的人员，在代表国家机关行使职权时，有渎职行为，构成犯罪的，依照刑法关于渎职罪的规定追究刑事责任。"

最高人民检察院 2001 年 8 月 24 日发布的《人民检察院直接受理立案侦查的渎职侵权重特大案件标准（试行）》第 27 条规定的"办理偷越国（边）境人员出入境证件案"重大案件的标准为："1. 违法办理三人以上的；2. 违法办理三次以上的；3. 违法为刑事犯罪分子办证的。"特大案件的标准为："1. 违法办理五人以上的；2. 违法办理五次以上的；3. 违法为严重刑事犯罪分子办证的。"第 28 条规定的"放行偷越国（边）境人员案"重大案件的标准为："1. 违法放行三人以上的；2. 违法放行三次以上的；3. 违法放行刑事犯罪分子的。"特大案件的标准为："1. 违法放行五人以上的；2. 违法放行五次以上的；3. 违法放行严重刑事犯罪分子的。"

最高人民检察院 2006 年 7 月 26 日发布的《关于渎职侵权犯罪案件立案标准的规定》第一部分"渎职犯罪案件"第 29 条规定："办理偷越国（边）境人员出入境证件罪是指负责办理护照、签证以及其他出入境证件的国家机关工作人员，对明知是企图偷越国（边）境的人员，予以办理出入境证件的行为。负责办理护照、签证以及其他出入境证件的国家机关工作人员涉嫌在办理护照、签证以及其他出入境证件的过程中，对明知是企图偷越国（边）境的人员而予以办理出入境证件的，应予立案。"第 30 条规定："放行偷越国（边）境人员罪是指边防、海关等国家机关工作人员，对明知是偷越国（边）境的人员予以放行的行为。边防、海关等国家机关工作人员涉嫌在履行职务过程中，对明知是偷越国（边）境的人员而予以放行的，应予立案。"

【立法建言】

建　议：将《刑法》第 415 条修改为："负责办理护照、签证以及其他出入境证件的国家机关工作人员，对明知是企图偷越国（边）境的人员，予以办理出入境证件的，或者边防、海关等国家机关工作人员，对明知是偷越国（边）境的人员，予以放行的，处三年以下有期徒刑、拘役或者管制；情节严重的，处三年以上七年以下有期徒刑。"

理　由：

从立法技术上看，宜在《刑法》第 415 条的第 1 档法定刑中增加"管制"的规定，以与《刑法》的其他管制规定相一致。

二十二、不解救被拐卖、绑架妇女、儿童罪、阻碍解救被拐卖、绑架妇女、儿童罪（第 416 条）

【立法沿革】

不解救被拐卖、绑架妇女、儿童罪、阻碍解救被拐卖、绑架妇女、儿童罪是在全国人大常委会 1991 年《关于严惩拐卖、绑架妇女、儿童的犯罪分子的决定》第 5 条规定的基础上修改而来的。

1979 年《刑法》施行后，"近几年来，有些地方拐卖妇女、儿童的犯罪活动猖獗，严重危害妇女、儿童的人身安全，摧残妇女、儿童身心健康，破坏被害人家庭和社会治安秩序，已经成为严重危害社会安定的一个大问题。刑法和有关法律对拐卖妇女、儿童的犯罪规定了刑罚，直至判处死刑。但是，对收买被拐卖的妇女、儿童的，阻碍对收买的妇女、儿童解救的，负有解救职责的国家工作人员不进行解救的，没有明确规定追究刑事责任或者法律责任，这是拐卖妇女、儿童的犯罪活动之所以不能制止的一个重要原因"。[①] 有鉴于此，全国人大常委会 1991 年 9 月 4 日通过的《关于严惩拐卖、绑架妇女、儿童的犯罪分子的决定》第 5 条规定："各级人民政府对被拐卖、绑架的妇女、儿童负有解救职责，解救工作由公安机关会同有关部门负责执行。负有解救职责的国家工作人员接到被拐卖、绑架的妇女、儿童及其家属的解救要求或者接到其他人的举报，而对被拐卖、绑架的妇女、儿童不进行解救，造成严重后果的，依照刑法第一百八十七条的规定处罚；[②] 情节较轻的，予以行政处分。负有解救职责的国家工作人员利用职务阻碍解救的，处二年以上七

---

① 参见全国人大常委会法制工作委员会副主任顾昂然 1991 年 6 月 21 日在七届全国人大常委会第二十次会议上所作的《关于严惩拐卖、绑架妇女、儿童的犯罪分子的决定（草案）的说明》。

② 1979 年《刑法》第 187 条规定的是玩忽职守罪。

年以下有期徒刑；情节较轻的，处二年以下有期徒刑或者拘役。"

在刑法修订研拟的过程中，1996年的《刑法修订草案》（征求意见稿）第366条将上述第1款修改为刑法的具体条款，同时直接移植了上述第2款的规定："对被拐卖、绑架的妇女、儿童负有解救职责的国家工作人员接到被拐卖、绑架的妇女、儿童及其家属的解救要求或者接到其他人的举报，而对被拐卖、绑架的妇女、儿童不进行解救，造成严重后果的，处五年以下有期徒刑或者拘役。负有解救职责的国家工作人员利用职务阻碍解救的，处二年以上七年以下有期徒刑；情节较轻的，处二年以下有期徒刑或者拘役。"1996年的《刑法修订草案》第375条基本上沿用了上述规定，仅在第2款第2档法定刑中增加了"管制"这一刑种。1997年的《刑法修订草案》（修改稿）第410条将犯罪的主体由"国家工作人员"改为"国家机关工作人员"。1997年3月1日，提交给八届全国人大五次会议审议的《中华人民共和国刑法（修订草案）》第412条在上述规定的基础上，删去了此前增加的"管制"。这一修改方案，为现行刑法所采纳。

【立法规定】

《刑法》第416条规定："对被拐卖、绑架的妇女、儿童负有解救职责的国家机关工作人员，接到被拐卖、绑架的妇女、儿童及其家属的解救要求或者接到其他人的举报，而对被拐卖、绑架的妇女、儿童不进行解救，造成严重后果的，处五年以下有期徒刑或者拘役。负有解救职责的国家机关工作人员利用职务阻碍解救的，处二年以上七年以下有期徒刑；情节较轻的，处二年以下有期徒刑或者拘役。"

【立法释义】

全国人大常委会2002年12月28日通过的《关于第九章渎职罪主体适用问题的解释》规定："在依照法律、法规规定行使国家行政管理职权的组织中从事公务的人员，或者在受国家机关委托代表国家机关行使职权的组织中从事公务的人员，或者虽未列入国家机关人员编制但在国家机关中从事公务的人员，在代表国家机关行使职权时，有渎职行为，构成犯罪的，依照刑法关于渎职罪的规定追究刑事责任。"

最高人民检察院2001年8月24日发布的《人民检察院直接受理立案侦查的渎职侵权重特大案件标准（试行）》第29条规定的"不解救被拐卖、绑架妇女、儿童案"重大案件的标准为："1. 五次或者对五名以上被拐卖、绑架的妇女、儿童不进行解救的；2. 因不解救致人死亡的。"特大案件的标准为："1. 七次或者对七名以上被拐卖、绑架的妇女、儿童不进行解救的；2. 因不解救致人死亡三人以上的。"第30条规定的"阻碍解救被拐卖、绑架妇女、儿童案"重大案件的标准为："1. 三次或者对三名以上被拐卖、绑架的妇女、儿童阻碍解救的；2. 阻碍解救致人死亡的。"特大案件的标准为："1. 五次或者对五名以上被拐卖、绑架的妇女、儿童阻碍解救的；2. 阻碍解救致人死亡二人以上的。"

最高人民检察院 2006 年 7 月 26 日发布的《关于渎职侵权犯罪案件立案标准的规定》第一部分"渎职犯罪案件"第 31 条规定："不解救被拐卖、绑架妇女、儿童罪是指对被拐卖、绑架的妇女、儿童负有解救职责的公安、司法等国家机关工作人员接到被拐卖、绑架的妇女、儿童及其家属的解救要求或者接到其他人的举报，而对被拐卖、绑架的妇女、儿童不进行解救，造成严重后果的行为。涉嫌下列情形之一的，应予立案：1. 导致被拐卖、绑架的妇女、儿童或者其家属重伤、死亡或者精神失常的；2. 导致被拐卖、绑架的妇女、儿童被转移、隐匿、转卖，不能及时进行解救的；3. 对被拐卖、绑架的妇女、儿童不进行解救 3 人次以上的；4. 对被拐卖、绑架的妇女、儿童不进行解救，造成恶劣社会影响的；5. 其他造成严重后果的情形。"第 32 条规定："阻碍解救被拐卖、绑架妇女、儿童罪是指对被拐卖、绑架的妇女、儿童负有解救职责的公安、司法等国家机关工作人员利用职务阻碍解救被拐卖、绑架的妇女、儿童的行为。涉嫌下列情形之一的，应予立案：1. 利用职权，禁止、阻止或者妨碍有关部门、人员解救被拐卖、绑架的妇女、儿童的；2. 利用职务上的便利，向拐卖、绑架者或者收买者通风报信，妨碍解救工作正常进行的；3. 其他利用职务阻碍解救被拐卖、绑架的妇女、儿童应予追究刑事责任的情形。"

【立法建言】

建　议：将《刑法》第 416 条修改为："对被拐卖、绑架的妇女、儿童负有解救职责的国家机关工作人员，接到被拐卖、绑架的妇女、儿童及其家属的解救要求或者接到其他人的举报，而对被拐卖、绑架的妇女、儿童不进行解救，造成严重后果的，处五年以下有期徒刑、拘役或者管制。负有解救职责的国家机关工作人员利用职务阻碍解救的，处二年以上七年以下有期徒刑；情节较轻的，处二年以下有期徒刑、拘役或者管制。"

理　由：

从立法技术上看，宜在《刑法》第 416 条第 1 款的法定刑和第 2 款第 2 档法定刑中增加"管制"的规定，以与《刑法》的其他管制规定相一致。

二十三、帮助犯罪分子逃避处罚罪（第 417 条）

【立法沿革】

帮助犯罪分子逃避处罚罪是在全国人大常委会 1991 年《关于严禁卖淫嫖娼的决定》第 9 条第 1 款规定的基础上修改而来的。

为了严禁卖淫、嫖娼，全国人大常委会 1991 年 9 月 4 日通过的《关于严禁卖淫嫖娼的决定》第 9 条第 1 款规定："有查禁卖淫、嫖娼活动职责的国家工作人员，为使违法犯罪分子逃避处罚，向其通风报信、提供便利的，依照刑法第一百八十八条的规定处罚。"①

在刑法修订研拟的过程中，1996年的《刑法修订草案》（征求意见稿）第367条将上述规定修改为刑法的具体条款："有查禁卖淫、嫖娼活动职责的国家工作人员，为使违法犯罪分子逃避处罚，向其通风报信、提供便利的，处五年以下有期徒刑或者拘役；情节特别严重的，处五年以上有期徒刑。"1996年的《刑法修订草案》第376条对上述规定作了重大修改，主要是将查禁的对象由"卖淫、嫖娼活动"扩大为"犯罪活动"，将"违法犯罪分子"改为"犯罪分子"，并调整、降低了本罪的法定刑。修改后的条文为："有查禁犯罪活动职责的国家工作人员，为使犯罪分子逃避处罚，向其通风报信、提供便利的，处三年以下有期徒刑、拘役或者管制；情节特别严重的，处三年以上七年以下有期徒刑。"到了1997年，《刑法修订草案》（修改稿）第411条对上述规定作了以下三方面的修改和调整：一是将本罪的主体由"国家工作人员"改为"国家机关工作人员"；二是将"为使犯罪分子逃避处罚，向其通风报信、提供便利"的表述，修改为"向犯罪分子通风报信、提供便利，帮助犯罪分子逃避处罚"；三是将本罪情节加重犯的适用条件由"情节特别严重"改为"情节严重"，并将本罪的法定最高刑由"七年"有期徒刑提高到"十年"。1997年3月1日，提交给八届全国人大五次会议审议的《中华人民共和国刑法（修订草案)》第413条基本上沿用了上述规定，仅删去了本罪第1档法定刑中的"管制"。这一修改方案，为现行刑法所采纳。

【立法规定】

《刑法》第417条规定："有查禁犯罪活动职责的国家机关工作人员，向犯罪分子通风报信、提供便利，帮助犯罪分子逃避处罚的，处三年以下有期徒刑或者拘役；情节严重的，处三年以上十年以下有期徒刑。"

【立法释义】

全国人大常委会2002年12月28日通过的《关于第九章渎职罪主体适用问题的解释》规定："在依照法律、法规规定行使国家行政管理职权的组织中从事公务的人员，或者在受国家机关委托代表国家机关行使职权的组织中从事公务的人员，或者虽未列入国家机关人员编制但在国家机关中从事公务的人员，在代表国家机关行使职权时，有渎职行为，构成犯罪的，依照刑法关于渎职罪的规定追究刑事责任。"

最高人民法院、最高人民检察院、公安部、国家工商行政管理局1998年5月8日发布的《关于依法查处盗窃、抢劫机动车案件的规定》第10条规定："公安人员对盗窃、抢劫的机动车辆，非法提供机动车牌证或者为其取得机动车牌证提供便利，帮助犯罪分子逃

---

① 1979年《刑法》第188条规定的是徇私舞弊罪。

避处罚的，依照《刑法》第四百一十七条规定处罚。"

最高人民检察院 2001 年 8 月 24 日发布的《人民检察院直接受理立案侦查的渎职侵权重特大案件标准（试行）》第 31 条规定的"帮助犯罪分子逃避处罚案"重大案件的标准为："1. 三次或者使三名以上犯罪分子逃避处罚的；2. 帮助重大刑事犯罪分子逃避处罚的。"特大案件的标准为："1. 五次或者使五名以上犯罪分子逃避处罚的；2. 帮助二名以上重大刑事犯罪分子逃避处罚的。"

最高人民检察院 2006 年 7 月 26 日发布的《关于渎职侵权犯罪案件立案标准的规定》第一部分"渎职犯罪案件"第 33 条规定："帮助犯罪分子逃避处罚罪是指有查禁犯罪活动职责的司法及公安、国家安全、海关、税务等国家机关工作人员，向犯罪分子通风报信、提供便利，帮助犯罪分子逃避处罚的行为。涉嫌下列情形之一的，应予立案：1. 向犯罪分子泄漏有关部门查禁犯罪活动的部署、人员、措施、时间、地点等情况的；2. 向犯罪分子提供钱物、交通工具、通讯设备、隐藏处所等便利条件的；3. 向犯罪分子泄漏案情的；4. 帮助、示意犯罪分子隐匿、毁灭、伪造证据，或者串供、翻供的；5. 其他帮助犯罪分子逃避处罚应予追究刑事责任的情形。"

【立法建言】

建　议：将《刑法》第 417 条修改为："有查禁犯罪活动职责的国家机关工作人员，向犯罪分子通风报信、提供便利，帮助犯罪分子逃避处罚的，处三年以下有期徒刑、拘役或者管制；情节严重的，处三年以上十年以下有期徒刑。"

理　由：

从立法技术上看，宜在本罪的第 1 档法定刑中增加"管制"的规定，以与《刑法》的其他管制规定相一致。

二十四、招收公务员、学生徇私舞弊罪（第 418 条）

【立法沿革】

招收公务员、学生徇私舞弊罪是在 1995 年《中华人民共和国教育法》（以下简称《教育法》）第 77 条规定的基础上修改而来的。

全国人大常委会 1995 年 3 月 18 日通过的《教育法》第 77 条规定："在招收学生工作中徇私舞弊的，由教育行政部门责令退回招收的人员；对直接负责的主管人员和其他直接责任人员，依法给予行政处分；构成犯罪的，依法追究刑事责任。"

在刑法修订研拟的过程中，为了与《教育法》的规定相衔接，1996 年的《刑法修订草案》（征求意见稿）第 368 条增设了招收学生徇私舞弊罪："在招收学生工作中徇私舞弊，情节严重的，除由教育行政部门责令退回招收的人员外，对其直接负责的主管人员和其他直接责任人员，处五年以下有期徒刑或者拘役。"1996 年的《刑法修订草案》第 377 条在上述规定的基础上，主要作了两方面的修改和补充：一是扩大了犯罪圈，增加了"招收公务员"和"征兵"两种情形；二是降低了法定刑，增加了"管制"的规定。到了 1997 年，《刑法修订草案》（修改稿）第 412 条对上述规定作了较大的修改和调整：一是明确了本罪的主体是"国家机关工作人员"；二是删去了"征兵工作中"徇私舞弊的情形；① 三是删去了"除由有关部门责令退回招收的人员外，对其直接负责的主管人员和其他直接责任人员"的表述。修改后的条文为："国家机关工作人员在招收公务员、学生工作中徇私舞弊，情节严重的，处三年以下有期徒刑、拘役或者管制。"1997 年 3 月 1 日，提交给八届全国人大五次会议审议的《中华人民共和国刑法修订草案》第 414 条基本上沿用了上述规定，仅删去了法定刑中的"管制"。这一修改方案，为现行刑法所采纳。

【立法规定】

《刑法》第 418 条规定："国家机关工作人员在招收公务员、学生工作中徇私舞弊，情节严重的，处三年以下有期徒刑或者拘役。"

【立法释义】

全国人大常委会 2002 年 12 月 28 日通过的《关于第九章渎职罪主体适用问题的解释》规定："在依照法律、法规规定行使国家行政管理职权的组织中从事公务的人员，或者在受国家机关委托代表国家机关行使职权的组织中从事公务的人员，或者虽未列入国家机关人员编制但在国家机关中从事公务的人员，在代表国家机关行使职权时，有渎职行为，构成犯罪的，依照刑法关于渎职罪的规定追究刑事责任。"

最高人民检察院 2001 年 8 月 24 日发布的《人民检察院直接受理立案侦查的渎职侵权重特大案件标准（试行）》第 32 条规定的"招收公务员、学生徇私舞弊案"重大案件的标准为："1. 五次以上招收不合格公务员、学生或者一次招收五名以上不合格公务员、学生的；2. 造成县区范围内招收公务员、学生工作重新进行的；3. 因招收不合格公务员、学生，导致被排挤的合格人员或者其亲属精神失常的。"特大案件的标准为："1. 七次以上招收不合格公务员、学生或者一次招收七名以上不合格公务员、学生的；2. 造成地市范围内招收公务员、学生工作重新进行的；3. 因招收不合格公务员、学生，导致被排挤的合格人员或者其亲属自杀的。"

最高人民检察院 2006 年 7 月 26 日发布的《关于渎职侵权犯罪案件立案标准的规定》第一部分"渎职犯罪案件"第 34 条规定："招收公务员、学生徇私舞弊罪是指国家机关工作人员在招收公务员、省级以上教育行政部门组织招收的学生工作中徇私舞弊，情节严重

---

① 该草案将"在征兵工作中徇私舞弊"的犯罪移入了"危害国防利益罪"一章。

的行为。涉嫌下列情形之一的，应予立案：1. 徇私舞弊，利用职务便利，伪造、变造人事、户口档案、考试成绩或者其他影响招收工作的有关资料，或者明知是伪造、变造的上述材料而予以认可的；2. 徇私舞弊，利用职务便利，帮助 5 名以上考生作弊的；3. 徇私舞弊招收不合格的公务员、学生 3 人次以上的；4. 因徇私舞弊招收不合格的公务员、学生，导致被排挤的合格人员或者其近亲属自杀、自残造成重伤、死亡，或者精神失常的；5. 因徇私舞弊招收公务员、学生，导致该项招收工作重新进行的；6. 其他情节严重的情形。"

【立法建言】

建　议： 将《刑法》第 418 条修改为："国家机关工作人员在招收公务员、学生工作中徇私舞弊，情节严重的，处三年以下有期徒刑、拘役或者管制。"

理　由：

从立法技术上看，宜在本罪的法定刑中增加"管制"的规定，以与《刑法》的其他管制规定相一致。

二十五、失职造成珍贵文物损毁、流失罪（第 419 条）

【立法沿革】

失职造成珍贵文物损毁、流失罪是在 1991 年《中华人民共和国文物保护法》（以下简称《文物保护法》）第 31 条第 3 款规定的基础上修改而来的。

全国人大常委会 1991 年 6 月 29 日修正的《文物保护法》第 31 条第 3 款规定："国家工作人员滥用职权，非法占有国家保护的文物，以贪污论处；造成珍贵文物损毁的，比照刑法第一百八十七条的规定追究刑事责任。"[①]

在刑法修订研拟的过程中，1996 年的《刑法修订草案》（征求意见稿）第 369 条将上述"比照"刑法追究刑事责任的规定，改为刑法的具体条款："国家工作人员玩忽职守，造成珍贵文物损毁或者流失，情节严重的，处五年以下有期徒刑或者拘役。"1996 年的《刑法修订草案》第 378 条对上述规定作了较大的修改：一是将"玩忽职守"改为"严重不负责任"；二是将"情节严重"改为"后果严重"；三是将"五年以下有期徒刑或者拘役"改为"三年以下有期徒刑、拘役或者管制"。修改后的条文为："国家工作人员严重不负责任，造成珍贵文物损毁或者流失，后果严重的，处三年以下有期徒刑、拘役或者管制。"1997 年的《刑法修订草案》（修改稿）第 413 条在上述规定的基础上，将本罪的主体由"国家工作人员"改为"国家机关工作人员"。1997 年 3 月 1 日，提交给八届全国人

---

① 1979 年《刑法》第 187 条规定的是玩忽职守罪。

大五次会议审议的《中华人民共和国刑法（修订草案）》第415条基本上沿用了上述规定，仅删去了法定刑中的"管制"。这一修改方案，为现行刑法所采纳。

【立法规定】

《刑法》第419条规定："国家机关工作人员严重不负责任，造成珍贵文物损毁或者流失，后果严重的，处三年以下有期徒刑或者拘役。"

【立法释义】

全国人大常委会2002年12月28日通过的《关于第九章渎职罪主体适用问题的解释》规定："在依照法律、法规规定行使国家行政管理职权的组织中从事公务的人员，或者在受国家机关委托代表国家机关行使职权的组织中从事公务的人员，或者虽未列入国家机关人员编制但在国家机关中从事公务的人员，在代表国家机关行使职权时，有渎职行为，构成犯罪的，依照刑法关于渎职罪的规定追究刑事责任。"

最高人民检察院2001年8月24日发布的《人民检察院直接受理立案侦查的渎职侵权重特大案件标准（试行）》第33条规定的"失职造成珍贵文物损毁、流失案"重大案件的标准为："1. 导致国家一级文物损毁或者流失一件以上的；2. 导致国家二级文物损毁或者流失三件以上的；3. 导致国家三级文物损毁或者流失五件以上的；4. 导致省级文物保护单位严重损毁的。"特大案件的标准为："1. 导致国家一级文物损毁或者流失三件以上的；2. 导致国家二级文物损毁或者流失五件以上的；3. 导致国家三级文物损毁或者流失十件以上的；4. 导致全国重点文物保护单位严重损毁的。"

最高人民检察院2006年7月26日发布的《关于渎职侵权犯罪案件立案标准的规定》第一部分"渎职犯罪案件"第35条规定："失职造成珍贵文物损毁、流失罪是指文物行政部门、公安机关、工商行政管理部门、海关、城乡建设规划部门等国家机关工作人员严重不负责任，造成珍贵文物损毁或者流失，后果严重的行为。涉嫌下列情形之一的，应予立案：1. 导致国家一、二、三级珍贵文物损毁或者流失的；2. 导致全国重点文物保护单位或者省、自治区、直辖市级文物保护单位损毁的；3. 其他后果严重的情形。"

【立法建言】

建　议： 将《刑法》第419条修改为："国家机关工作人员严重不负责任，造成珍贵文物损毁或者流失，后果严重的，处三年以下有期徒刑、拘役或者管制。"

理　由：

从立法技术上看，宜在本罪的法定刑中增加"管制"的规定，以与《刑法》的其他管制规定相一致。

第十章　军人违反职责罪

一、军人违反职责罪（第 420 条）

【立法沿革】

军人违反职责罪是在 1981 年《中华人民共和国惩治军人违反职责罪暂行条例》（以下简称《军职罪暂行条例》）的基础上修订而来的。

为惩治军人违反职责的犯罪行为，教育军人认真履行职责，巩固部队战斗力，全国人大常委会 1981 年 6 月 10 日通过了《军职罪暂行条例》。"本条例是刑法的补充和续编，它所涉及的范围，仅限于刑法分则中没有列入的军人违反职责罪的定罪处刑问题。凡不属于违反军人职责的犯罪，如杀人、放火、强奸、重婚等都未列入；有的虽与军人职责有关，但刑法分则中已有规定的犯罪，如交通肇事、贪污、走私等也未列入。对这些未列入的犯罪，条例草案中专门写了一条'现役军人犯本条例以外之罪的，依照《中华人民共和国刑法》有关条款的规定处罚'（第二十三条）。这样，可使本条例较好地体现出军人违反职责罪的特点，并避免与刑法重复。"[1]

在刑法修订研拟的过程中，关于军人违反职责罪的立法模式问题曾经发生过激烈的争议，并经历了一个较为艰难的抉择过程。1995 年 12 月，中央军委提请全国人大常委会审议的《中华人民共和国惩治军人违反职责犯罪条例（草案）》（以下简称《军职罪条例（草案）》），采用特别刑法的模式规定军人违反职责罪；而 1996 年的《刑法修订草案》（征求意见稿）则采用普通刑法的模式规定军人违反职责罪。由于有关方面对军人违反职责罪应否编入刑法典的问题意见不一致，因此，1996 年的《刑法修订草案》虽然在分则中列出了"军人违反职责罪"一章的章名，但其内容却处于"待研究"的状态。[2] 在分组审议该草案的过程中，"对是否将军人违反职责罪纳入刑法，一种意见主张，不要纳入刑

---

[1]　参见中国人民解放军总政治部副主任史进前："关于《中华人民共和国惩治军人违反职责罪暂行条例（草案）》的说明"，见高铭暄、赵秉志编：《中国刑法立法文献资料精选》，法律出版社 2007 年版，第 367 页。

[2]　"这次修订刑法，正是把军职罪修改补入刑法比较合适的时机。如果这样办了，我们就可以制定一部统一的、完备的刑法典。现正同军委法制局进行研究。草案暂未编入军职罪的具体条文"（参见全国人大常委会副委员长王汉斌 1996 年 12 月 24 日在八届全国人大常委会第二十三次会议上所作的《关于中华人民共和国刑法（修订草案）的说明》）。

法，理由是惩治军人违反职责罪条例草案已经全国人大常委会第十七次会议审议。军队司法部门对运用惩治军人违反职责罪条例已经比较熟悉，在区分和认定军人违反职责罪与普通犯罪的关系方面积累了丰富的经验。惩治军人违反职责罪条例与解放军纪律条令相配套，形成了一个较为完整的预防、惩治军人违反军法、军纪的机制。军人违反职责犯罪的客体特殊，犯罪行为特殊，执法机关特殊，执法手段特殊，应该由特别法规定"。"有的委员认为，单立有单立的好处，如上面所讲的好处。合并也有合并的道理，可增强刑法典体系科学性和完整性，有利于对全民进行维护国家军事利益的教育，可使广大适龄青年在服役前就受到军法教育，使军人家属理解、支持军人严格履行职责，建议在刑法总则、分则中充分吸收、采纳条例中的内容和意见。""另一种意见认为，军职罪是刑法的组成部分，应借这次修订刑法之际纳入刑法，以制定一部统一的、完备的刑法典。"① 经研究并经中央军委同意，1997 年的《刑法修订草案》（修改稿）采纳了后一种意见，将正在审议中的《军职罪条例（草案）》，改为刑法分则的一章。这一立法模式，为现行刑法所采纳。②

军人违反职责罪的概念是在《军职罪暂行条例》第 2 条规定的基础上修改而来的。该条例第 2 条规定："中国人民解放军的现役军人，违反军人职责，危害国家军事利益，依照法律应当受刑罚处罚的行为，是军人违反职责罪。但是情节显著轻微、危害不大的，不认为是犯罪，按军纪处理。"

在刑法修订研拟的过程中，1996 年的《刑法修订草案》（征求意见稿）未规定军人违反职责罪的概念。到了 1997 年，《刑法修订草案》（修改稿）第 414 条重新对军人违反职责罪的概念作了规定。该条对《军职罪暂行条例》第 2 条主要作了以下两处修改：一是将"中国人民解放军的现役军人"改为"军人"；二是删去了"但是情节显著轻微、危害不大的，不认为是犯罪，按军纪处理"的规定。这一修改方案，为现行刑法所采纳。

【立法规定】

《刑法》第 420 条规定："军人违反职责，危害国家军事利益，依照法律应当受刑罚处罚的行为，是军人违反职责罪。"

---

① 参见八届全国人大五次会议秘书处："《八届全国人大常委会第二十三次会议分组审议刑法修订草案的意见》（1997 年 3 月 3 日印）"，见高铭暄、赵秉志编：《新中国刑法立法文献资料总览》（下），中国人民公安大学出版社1998 年版，第 2191 页。

② 全国人大常委会副委员长王汉斌 1997 年 3 月 6 日在八届全国人大五次会议上所作的《关于〈中华人民共和国刑法（修订草案）〉的说明》指出："1979 年制定刑法时，即提出刑法应当规定军职罪，当时因为来不及研究清楚，决定另行起草军职罪暂行条例。1980 年制定军职罪暂行条例时，明确说明：'在国家刑法的结构中'，军职罪'应属于刑法分则中的一章'，并且说明军职罪暂行条例'经人大常委会审定后，先在军内公布试行。待取得比较成熟的经验，再建议按立法程序修改补入刑法。'这次修订刑法，经同军委法制局研究并经军委同意，将中央军委已提请八届全国人大常委会审议的《中华人民共和国惩治军人违反职责罪犯罪条例（草案）》，改为刑法分则的一章。这样修订后，国家将制定一部统一的、完整的刑法典，对社会主义法制建设具有重大的意义。"

【立法释义】

最高人民检察院、解放军总政治部 2013 年 2 月 26 日发布的《军人违反职责罪案件立案标准的规定》第 34 条规定："本规定中的'违反职责'，是指违反国家法律、法规，军事法规、军事规章所规定的军人职责，包括军人的共同职责，士兵、军官和首长的一般职责，各类主管人员和其他从事专门工作的军人的专业职责等。"

【立法建言】

建　议：删去《刑法》第 420 条。

理　由：

1. 从体例上看，军人违反职责罪概念的规定，影响了分则体例的和谐统一。因为，《刑法》分则共规定了 10 类犯罪，而其他 9 类犯罪均未规定类罪名的概念。因此，仅对军人违反职责罪的概念加以规定，势必导致立法体例上的不协调。

2. 从内容上看，删去军人违反职责罪的概念，并不会影响军人违反职责罪的司法适用。正因如此，1996 年的《刑法修订草案》（征求意见稿）并未规定军人违反职责罪的概念。

二、战时违抗命令罪（第 421 条）

【立法沿革】

战时违抗命令罪是在《军职罪暂行条例》第 17 条规定的违抗作战命令罪的基础上修改而来的。

《军职罪暂行条例》第 17 条规定："在战斗中违抗命令，对作战造成危害的，处三年以上十年以下有期徒刑；致使战斗、战役遭受重大损失的，处十年以上有期徒刑、无期徒刑或者死刑。"

在刑法修订研拟的过程中，1996 年的《刑法修订草案》（征求意见稿）第 375 条基本上沿用了上述规定，仅将"在战斗中"修改为"战时"。这一修改方案，为现行刑法所采纳。

【立法规定】

《刑法》第 421 条规定："战时违抗命令，对作战造成危害的，处三年以上十年以下有期徒刑；致使战斗、战役遭受重大损失的，处十年以上有期徒刑、无期徒刑或者死刑。"

【立法释义】

最高人民检察院、解放军总政治部 2013 年 2 月 26 日发布的《军人违反职责罪案件立案标准的规定》第 1 条规定："战时违抗命令罪是指战时违抗命令，对作战造成危害的行为。违抗命令，是指主观上出于故意，客观上违背、抗拒首长、上级职权范围内的命令，包括拒绝接受命令、拒不执行命令，或者不按照命令的具体要求行动等。战时涉嫌下列情形之一的，应予立案：（一）扰乱作战部署或者贻误战机的；（二）造成作战任务不能完成或者迟缓完成的；（三）造成我方人员死亡一人以上，或者重伤二人以上，或者轻伤三人以上的；（四）造成武器装备、军事设施、军用物资损毁，直接影响作战任务完成的；（五）对作战造成其他危害的。"

【立法建言】

建　议：将《刑法》第 421 条修改为："战时违抗命令，情节严重的，处三年以上十年以下有期徒刑；致使战斗、战役遭受重大损失或者有其他特别严重情节的，处十年以上有期徒刑、无期徒刑或者死刑。"

理　由：

《刑法》第 421 条规定的"对作战造成危害"是构成本罪的结果要件。然而，"对作战造成危害"这一要件却语焉不详，难以准确认定。正因如此，1995 年的《军职罪条例（草案）》第 17 条和 1997 年 1 月 10 日的《中华人民共和国刑法（修订草案）》第 406 条均曾删去了"对作战造成危害"的规定。"后来，考虑到此罪由原先的结果犯修改为行为犯，致使成立犯罪的门槛过低，与其严重的法定刑的设置不相适应"，[1]　才恢复了"对作战造成危害"的限制。可见，立法者并不是一定要将本罪规定为结果犯，而是因为行为犯的入罪门槛过低。此外，考虑到本罪除可能"致使战斗、战役遭受重大损失"以外，还可能有"其他特别严重情节"，例如，"在重要方向、紧要关头或者危急时刻违抗命令的；违抗重要的作战命令的；煽动、串通其他部队和人员违抗命令的等。"[2]　因此，宜将本罪设置为情节犯，并增加情节加重犯的规定。

三、隐瞒、谎报军情罪、拒传、假传军令罪（第 422 条）

【立法沿革】

隐瞒、谎报军情罪、拒传、假传军令罪是在《军职罪暂行条例》第 18 条规定的谎报军情罪、假传军令罪的基础上修改而来的。

《军职罪暂行条例》第 18 条规定："故意谎报军情或者假传军令，对作战造成危害的，处三年以上十年以下有期徒刑；致使战斗、战役遭受重大损失的，处十年以上有期徒刑、无期徒刑或者死刑。"

---

①　参见高铭暄：《中华人民共和国刑法的孕育诞生和发展完善》，北京大学出版社 2012 年版，第 642 页。
②　参见中国人民解放军军事法院《惩治军人违反职责罪暂行条例》修改组："《〈中华人民共和国惩治军人违反职责犯罪条例（草案）〉条文修改说明》（1995 年 9 月）"，见高铭暄、赵秉志编：《新中国刑法立法文献资料总览》（下），中国人民公安大学出版社 1998 年版，第 2774 页。

在刑法修订研拟的过程中，"考虑到'拒传'的行为同样严重妨害命令的传递"，隐瞒军情与谎报军情"都会影响领导机关正确决策，危害作战或者其他国防安全利益"①，因此，1996年的《刑法修订草案》（征求意见稿）第376条在上述规定的基础上，增加了"隐瞒"军情和"拒传"军令两种行为方式，扩大了犯罪成立的范围。这一修改方案，为现行刑法所采纳。

【立法规定】

《刑法》第422条规定："故意隐瞒、谎报军情或者拒传、假传军令，对作战造成危害的，处三年以上十年以下有期徒刑；致使战斗、战役遭受重大损失的，处十年以上有期徒刑、无期徒刑或者死刑。"

【立法释义】

最高人民检察院、解放军总政治部2013年2月26日发布的《军人违反职责罪案件立案标准的规定》第2条规定："隐瞒、谎报军情罪是指故意隐瞒、谎报军情，对作战造成危害的行为。涉嫌下列情形之一的，应予立案：（一）造成首长、上级决策失误的；（二）造成作战任务不能完成或者迟缓完成的；（三）造成我方人员死亡一人以上，或者重伤二人以上，或者轻伤三人以上的；（四）造成武器装备、军事设施、军用物资损毁，直接影响作战任务完成的；（五）对作战造成其他危害的。"第3条规定："拒传军令罪是指负有传递军令职责的军人，明知是军令而故意拒绝传递或者拖延传递，对作战造成危害的行为。假传军令罪是指故意伪造、篡改军令，或者明知是伪造、篡改的军令而予以传达或者发布，对作战造成危害的行为。涉嫌下列情形之一的，应予立案：（一）造成首长、上级决策失误的；（二）造成作战任务不能完成或者迟缓完成的；（三）造成我方人员死亡一人以上，或者重伤二人以上，或者轻伤三人以上的；（四）造成武器装备、军事设施、军用物资损毁，直接影响作战任务完成的；（五）对作战造成其他危害的。"

【立法建言】

建　议：将《刑法》第422条修改为："故意隐瞒、谎报军情或者拒传、假传军令，情节严重的，处三年以上十年以下有期徒刑；致使战斗、战役遭受重大损失或者有其他特别严重情节的，处十年以上有期徒刑、无期徒刑或者死刑。"

理　由：

从立法技术上看，宜将《刑法》第422条中的"对作战造成危害"改为"情节严

---

①　参见中国人民解放军军事法院《惩治军人违反职责罪暂行条例》修改组："《〈中华人民共和国惩治军人违反职责犯罪条例（草案）〉条文修改说明》（1995年9月）"，见高铭暄、赵秉志编：《新中国刑法立法文献资料总览》（下），中国人民公安大学出版社1998年版，第2775页。

重",并在"致使战斗、战役遭受重大损失"之后增加"其他特别严重情节"的规定,[①]以与这类犯罪的性质相适应。

四、投降罪（第423条）

【立法沿革】

投降罪是从《军职罪暂行条例》第19条的规定直接移植过来的。

《军职罪暂行条例》第19条规定："在战场上贪生怕死,自动放下武器投降敌人的,处三年以上十年以下有期徒刑;情节严重的,处十年以上有期徒刑或者无期徒刑。投降后为敌人效劳的,处十年以上有期徒刑、无期徒刑或者死刑。"

在刑法修订研拟的过程中,1996年的《刑法修订草案》（征求意见稿）第377条直接移植了上述规定。1997年1月10日的刑法修订草案第401条对上述规定作了以下三方面的修改:一是将"情节严重"改为"情节特别严重";二是在第1款第2档法定刑中增加了"死刑"的规定;三是删去了第2款规定。修改后的条文为："在战场上贪生怕死,自动放下武器投降敌人的,处三年以上十年以下有期徒刑;情节特别严重的,处十年以上有期徒刑、无期徒刑或者死刑。"但是,1997年2月17日的《刑法修订草案》（修改稿）第417条又恢复了此前的规定。这一修改方案,为现行刑法所采纳。

【立法规定】

《刑法》第423条规定："在战场上贪生怕死,自动放下武器投降敌人的,处三年以上十年以下有期徒刑;情节严重的,处十年以上有期徒刑或者无期徒刑。投降后为敌人效劳的,处十年以上有期徒刑、无期徒刑或者死刑。"

【立法释义】

最高人民检察院、解放军总政治部2013年2月26日发布的《军人违反职责罪案件立案标准的规定》第4条规定："投降罪是指在战场上贪生怕死,自动放下武器投降敌人的行为。凡涉嫌投降敌人的,应予立案。"

【立法建言】

建　议:将《刑法》第423条修改为："在战场上贪生怕死,自动放下武器投降敌人,情节严重的,处三年以上十年以下有期徒刑;情节特别严重的,处十年以上有期徒刑、无

[①] 《军职罪条例（草案）》第18条和第19条均增加了"其他特别严重情节"的规定（参见中国人民解放军军事法院《惩治军人违反职责罪暂行条例》修改组:"《〈中华人民共和国惩治军人违反职责犯罪条例（草案）〉条文修改说明》（1995年9月）",见高铭暄、赵秉志编:《新中国刑法立法文献资料总览》（下）,中国人民公安大学出版社1998年版,第2774～2275页）。

期徒刑或者死刑。"

理　由：

从犯罪构成的角度来看，将本罪设置为行为犯的入罪门槛过低，与其严重的法定刑设置不相适应。因此，宜将本罪的基本犯由行为犯改为情节犯，并相应地将"情节严重"的加重处罚条件改为"情节特别严重"。同时，还宜删去第 2 款的规定。因为，"为敌人效劳"的规定太笼统，[①] 且完全可以被第 1 款"情节严重"所涵盖。因此，删去第 2 款，并将其中的死刑移至第 1 款，对本罪的处刑并不会产生实质性的影响。

五、战时临阵脱逃罪（第 424 条）

【立法沿革】

战时临阵脱逃罪是在《军职罪暂行条例》第 16 条规定的临阵脱逃罪的基础上修改而来的。

《军职罪暂行条例》第 16 条规定："畏惧战斗，临阵脱逃的，处三年以下有期徒刑；情节严重的，处三年以上十年以下有期徒刑；致使战斗、战役遭受重大损失的，处十年以上有期徒刑、无期徒刑或者死刑。"

在刑法修订研拟的过程中，有关部门提出，"原条例对构成本罪有'畏惧战斗'的要求，因'畏惧'属于行为人的主观心理活动，司法实践中难以认定"，因而应予删除。[②]据此，1996 年的《刑法修订草案》（征求意见稿）第 378 条删去了"畏惧战斗"的主观条件，同时增加了"战时"的时空条件。这一修改方案，为现行刑法所采纳。

【立法规定】

《刑法》第 424 条规定："战时临阵脱逃的，处三年以下有期徒刑；情节严重的，处三年以上十年以下有期徒刑；致使战斗、战役遭受重大损失的，处十年以上有期徒刑、无期徒刑或者死刑。"

【立法释义】

最高人民检察院、解放军总政治部 2013 年 2 月 26 日发布的《军人违反职责罪案件立案标准的规定》第 5 条规定："战时临阵脱逃罪是指在战斗中或者在接受作战任务后，逃

---

①　参见全国人大常委会法制工作委员会办公室、八届全国人大五次会议秘书处："《八届全国人大常委会第二十四次会议分组审议刑法修订草案（修改稿）的意见》（1997 年 3 月 3 日印）"，见高铭暄、赵秉志编：《新中国刑法立法文献资料总览》（下），中国人民公安大学出版社 1998 年版，第 2203 页。

②　参见中国人民解放军军事法院《惩治军人违反职责罪暂行条例》修改组："《〈中华人民共和国惩治军人违反职责犯罪条例（草案）〉条文修改说明》（1995 年 9 月）"，见高铭暄、赵秉志编：《新中国刑法立法文献资料总览》（下），中国人民公安大学出版社 1998 年版，第 2776 页。

离战斗岗位的行为。凡战时涉嫌临阵脱逃的，应予立案。"

【立法建言】

建　议：将《刑法》第 424 条修改为："战时临阵脱逃的，处三年以下有期徒刑或者拘役；情节严重的，处三年以上十年以下有期徒刑；致使战斗、战役遭受重大损失或者有其他严重情节的，处十年以上有期徒刑、无期徒刑或者死刑。"

理　由：

1. 从立法技术上看，宜在本罪的第 1 档法定刑中增加"拘役"的规定，以与《刑法》第 425 条、第 426 条等的处刑规定相协调。

2. 从犯罪情节上看，宜在本罪的第 3 档法定刑中增加"其他特别严重情节"的规定，[①] 以与本罪第 2 档法定刑"情节严重"的适用条件相衔接。

六、擅离、玩忽军事职守罪（第 425 条）

【立法沿革】

擅离、玩忽军事职守罪是在《军职罪暂行条例》第 5 条规定的擅离、玩忽军事职守罪的基础上修改而来的。

《军职罪暂行条例》第 5 条规定："指挥人员和值班、值勤人员擅离职守或者玩忽职守，因而造成严重后果的，处七年以下有期徒刑或者拘役。战时犯前款罪的，处五年以上有期徒刑。"

在刑法修订研拟的过程中，1996 年的《刑法修订草案》（征求意见稿）第 392 条直接移植了上述规定，未作任何修改。1997 年 3 月 1 日，提交给八届全国人大五次会议审议的《中华人民共和国刑法（修订草案)》第 421 条对上述规定作了两方面的修改和调整：一是在文字表述方面，将"因而造成严重后果"改为"造成严重后果"；二是在刑罚配置方面，将第 1 款规定的法定刑调整为"处三年以下有期徒刑或者拘役；造成特别严重后果的，处三年以上七年以下有期徒刑"。这一修改方案，为现行刑法所采纳。

【立法规定】

《刑法》第 425 条规定："指挥人员和值班、值勤人员擅离职守或者玩忽职守，造成严重后果的，处三年以下有期徒刑或者拘役；造成特别严重后果的，处三年以上七年以下有期徒刑。战时犯前款罪的，处五年以上有期徒刑。"

---

① "'其他特别严重情节'，是指指挥人员在紧要关头或危急时刻率部临阵脱逃的；率领成建制部队临阵脱逃的等"（参见中国人民解放军军事法院《惩治军人违反职责罪暂行条例》修改组："《〈中华人民共和国惩治军人违反职责犯罪条例（草案)〉条文修改说明》（1995 年 9 月)"，见高铭暄、赵秉志编：《新中国刑法立法文献资料总览》（下），中国人民公安大学出版社 1998 年版，第 2776 页)。

【立法释义】

最高人民检察院、解放军总政治部 2013 年 2 月 26 日发布的《军人违反职责罪案件立案标准的规定》第 6 条规定："擅离、玩忽军事职守罪是指指挥人员和值班、值勤人员擅自离开正在履行职责的岗位，或者在履行职责的岗位上，严重不负责任，不履行或者不正确履行职责，造成严重后果的行为。指挥人员，是指对部队或者部属负有组织、领导、管理职责的人员。专业主管人员在其业务管理范围内，视为指挥人员。值班人员，是指军队各单位、各部门为保持指挥或者履行职责不间断而设立的、负责处理本单位、本部门特定事务的人员。值勤人员，是指正在担任警卫、巡逻、观察、纠察、押运等勤务，或者作战勤务工作的人员。涉嫌下列情形之一的，应予立案：（一）造成重大任务不能完成或者迟缓完成的；（二）造成死亡一人以上，或者重伤三人以上，或者重伤二人、轻伤四人以上，或者重伤一人、轻伤七人以上，或者轻伤十人以上的；（三）造成枪支、手榴弹、爆炸装置或者子弹十发、雷管三十枚、导火索或者导爆索三十米、炸药一千克以上丢失、被盗，或者不满规定数量，但后果严重的，或者造成其他重要武器装备、器材丢失、被盗的；（四）造成武器装备、军事设施、军用物资或者其他财产损毁，直接经济损失三十万元以上，或者直接经济损失、间接经济损失合计一百五十万元以上的；（五）造成其他严重后果的。"

【立法建言】

建　议：将《刑法》第 425 条第 2 款修改为："战时犯前款罪的，处七年以上有期徒刑。"

理　由：

从立法技术上看，宜将本罪第 2 款的法定刑由"处五年以上有期徒刑"改为"处七年以上有期徒刑"，以与本罪第 1 款的法定刑相衔接。

七、阻碍执行军事职务罪（第 426 条）

【立法沿革】

阻碍执行军事职务罪是在《军职罪暂行条例》第 10 条规定的阻碍执行军事职务罪的基础上修改而来的，并经《刑法修正案（九）》第 50 条所修正。

《军职罪暂行条例》第 10 条规定："以暴力、威胁方法，阻碍指挥人员或者值班、值勤人员执行职务的，处五年以下有期徒刑或者拘役；情节严重的，处五年以上有期徒刑；情节特别严重的或者致人重伤、死亡的，处无期徒刑或者死刑。战时从重处罚。"

在刑法修订研拟的过程中，1996 年的《刑法修订草案》（征求意见稿）第 391 条直接移植了上述规定，未作任何修改。到了 1997 年，《刑法修订草案》（修改稿）第 420 条对上述第 3 档法定刑的适用条件作了顺序和文字上的调整，将"情节特别严重的或者致人重伤、死亡的"改为"致人重伤、死亡的或者有其他特别严重情节的"。修改后的条文为："以暴力、威胁方法，阻碍指挥人员或者值班、值勤人员执行职务的，处五年以下有期徒刑或者拘役；情节严重的，处五年以上有期徒刑；致人重伤、死亡的或者有其他特别严重情节的，处无期徒刑或者死刑。战时从重处罚。"1997 年 3 月 1 日，提交给八届全国人大五次会议审议的《中华人民共和国刑法（修订草案）》第 422 条基本上沿用了上述规定，仅在"致人重伤、死亡的"之后增加了一个逗号。这一修改方案，为 1997 年修订的《刑法》第 426 条所采纳。

1997 年修订的《刑法》第 426 条规定："以暴力、威胁方法，阻碍指挥人员或者值班、值勤人员执行职务的，处五年以下有期徒刑或者拘役；情节严重的，处五年以上有期徒刑；致人重伤、死亡的，或者有其他特别严重情节的，处无期徒刑或者死刑。战时从重处罚。"

1997 年《刑法》施行后，为了"进一步减少适用死刑的罪名"①，《刑法修正案（九）》第 50 条对本罪的刑罚规定作出了调整，取消了死刑；② 同时，还将"致人重伤、死亡的，或者有其他特别严重情节的"改为"情节特别严重的"。

【立法规定】

《刑法》第 426 条规定："以暴力、威胁方法，阻碍指挥人员或者值班、值勤人员执行职务的，处五年以下有期徒刑或者拘役；情节严重的，处五年以上十年以下有期徒刑；情节特别严重的，处十年以上有期徒刑或者无期徒刑。战时从重处罚。"

【立法释义】

最高人民检察院、解放军总政治部 2013 年 2 月 26 日发布的《军人违反职责罪案件立案标准的规定》第 7 条规定："阻碍执行军事职务罪是指以暴力、威胁方法，阻碍指挥人员或者值班、值勤人员执行职务的行为。凡涉嫌阻碍执行军事职务的，应予立案。"

【立法建言】

建　议： 在《刑法》第 426 条中增加 1 款作为第 2 款："战时犯前款罪的，从重处罚。"

---

① 参见全国人大常委会法制工作委员会主任李适时 2014 年 10 月 27 日在十二届全国人大常委会第十一次会议上所作的《关于〈中华人民共和国刑法修正案（九）（草案）〉的说明》。

② 在草案审议和征求意见的过程中，有的常委会组成人员、部门提出，对取消阻碍执行军事职务罪的死刑需要慎重。法律委员会经研究认为，"逐步减少适用死刑罪名"是党的十八届三中全会提出的改革任务，取消 9 个罪名的死刑，是与中央各政法机关反复研究、论证，并广泛听取人大代表、专家和各方面意见的基础上提出的，同时，为防止可能产生的负面影响，事先作了慎重评估。在常委会初次审议后，经同中央政法委、解放军总政治部等反复研究，认为草案的规定是适宜的（参见全国人大法律委员会主任委员乔晓阳 2015 年 6 月 24 日在十二届全国人大常委会第十五次会议上所作的《关于〈中华人民共和国刑法修正案（九）（草案）〉修改情况的汇报》）。

理　由：

从立法技术上看，宜将本罪后段"战时从重处罚"的规定另列为第 2 款，以与《刑法》其他从重处罚的条款结构相协调。

八、指使部属违反职责罪（第 427 条）

【立法沿革】

指使部属违反职责罪是 1997 年《刑法》第 427 条增设的罪名。

在刑法修订研拟的过程中，有关部门提出，"军队指挥人员滥用职权的行为，不仅直接破坏部队的正常内部关系，损害领导的权威，危害军队的高度集中和统一，而且因其指派部属进行的是违反军人职责的行为，性质更为恶劣，后果更严重，将会给人民军队的声誉带来不可估量的损害"。① 有鉴于此，1996 年的《刑法修订草案》（征求意见稿）第 394 条增设了指使部队违反职责罪："滥用职权，指使部队进行违反职责的活动，造成严重后果的，处五年以下有期徒刑或者拘役；情节特别严重的，处五年以上十年以下有期徒刑。" 1997 年的《刑法修订草案》（修改稿）第 421 条基本上沿用了上述规定，仅将"部队"一词改为"部属"。这一修改方案，为现行刑法所采纳。

【立法规定】

《刑法》第 427 条规定："滥用职权，指使部属进行违反职责的活动，造成严重后果的，处五年以下有期徒刑或者拘役；情节特别严重的，处五年以上十年以下有期徒刑。"

【立法释义】

最高人民检察院、解放军总政治部 2013 年 2 月 26 日发布的《军人违反职责罪案件立案标准的规定》第 8 条规定："指使部属违反职责罪是指指挥人员滥用职权，指使部属进行违反职责的活动，造成严重后果的行为。涉嫌下列情形之一的，应予立案：（一）造成重大任务不能完成或者迟缓完成的；（二）造成死亡一人以上，或者重伤二人以上，或者重伤一人、轻伤三人以上，或者轻伤五人以上的；（三）造成武器装备、军事设施、军用物资或者其他财产损毁，直接经济损失二十万元以上，或者直接经济损失、间接经济损失合计一百万元以上的；（四）造成其他严重后果的。"

【立法建言】

建　议：将《刑法》第 427 条修改为："滥用职权，指使部属进行违反职责的活动，情节严重的，处五年以下有期徒刑或者拘役；情节特别严重的，处五年以上十年以下有期

---

① 参见曹子丹、侯国云主编：《中华人民共和国刑法精解》，中国政法大学出版社 1997 年版，第 394 页。

徒刑。"

理　由：

从构成要件的角度来看，将本罪的基本犯设置为结果犯，而将本罪的加重犯设置为情节加重犯明显不相协调。因此，宜将本罪基本犯中的"造成严重后果"改为"情节严重"。

九、违令作战消极罪（第 428 条）

【立法沿革】

违令作战消极罪是 1997 年《刑法》第 428 条增设的罪名。

在刑法修订研拟的过程中，有关部门提出，"临阵畏缩，作战消极的行为，影响完成作战任务，对夺取作战胜利有严重危害"。[①] 因此，1997 年的《刑法修订草案》（修改稿）第 422 条增设了违令作战消极罪："指挥人员违背命令，临阵畏缩，作战消极，造成严重后果的，处五年以下有期徒刑；致使战斗、战役遭受重大损失或者有其他特别严重情节的，处五年以上有期徒刑。"1997 年《刑法》第 428 条基本上沿用了上述规定，仅将其中的"违背命令"改为"违抗命令"。

【立法规定】

《刑法》第 428 条规定："指挥人员违抗命令，临阵畏缩，作战消极，造成严重后果的，处五年以下有期徒刑；致使战斗、战役遭受重大损失或者有其他特别严重情节的，处五年以上有期徒刑。"

【立法释义】

最高人民检察院、解放军总政治部 2013 年 2 月 26 日发布的《军人违反职责罪案件立案标准的规定》第 9 条规定："违令作战消极罪是指指挥人员违抗命令，临阵畏缩，作战消极，造成严重后果的行为。违抗命令，临阵畏缩，作战消极，是指在作战中故意违背、抗拒执行首长、上级的命令，面临战斗任务而畏难怕险，怯战怠战，行动消极。涉嫌下列情形之一的，应予立案：（一）扰乱作战部署或者贻误战机的；（二）造成作战任务不能完成或者迟缓完成的；（三）造成我方人员死亡一人以上，或者重伤二人以上，或者轻伤三人以上的；（四）造成武器装备、军事设施、军用物资或者其他财产损毁，直接经济损失二十万元以上，或者直接经济损失、间接经济损失合计一百万元以上的；（五）造成其

---

① 参见中国人民解放军军事法院《惩治军人违反职责罪暂行条例》修改组："《〈中华人民共和国惩治军人违反职责犯罪条例（草案）〉条文修改说明》（1995 年 9 月）"，见高铭暄、赵秉志编：《新中国刑法立法文献资料总览》（下），中国人民公安大学出版社 1998 年版，第 2776 页。

他严重后果的。"

【立法建言】

建 议：将《刑法》第 428 条修改为："指挥人员违抗命令，临阵畏缩，作战消极，情节严重的，处五年以下有期徒刑或者拘役；致使战斗、战役遭受重大损失或者有其他特别严重情节的，处五年以上有期徒刑。"

理 由：

1. 从构成要件的角度来看，宜将本罪基本犯中的"造成严重后果"改为"情节严重"。因为，将本罪的基本犯设置为结果犯，而将本罪的加重犯设置为结果加重犯或者情节加重犯明显不相协调。

2. 从立法技术的角度来看，宜在本罪的第 1 档法定刑中增加"拘役"的规定，以与《刑法》第 426 条、第 427 条等的处刑规定相协调。

十、拒不救援友邻部队罪（第 429 条）

【立法沿革】

拒不救援友邻部队罪是 1997 年《刑法》第 429 条增设的罪名。

在刑法修订研拟的过程中，有关部门提出，"人民军队根本利益的一致性，要求各友邻部队在战场要团结协作，相互配合，相互支援。而在战场上明知友邻部队处境危急请求救援，能救援而不救援，致使友邻部队遭受重大损失的行为，违反了我军作战基本原则，危害了军事利益，应依法惩处"。[①] 据此，1997 年的《刑法修订草案》（修改稿）第 424 条增设了拒不救援友邻部队罪："在战场上明知友邻部队处境危急请求救援，能救援而不救援，致使友邻部队遭受重大损失的，对指挥人员处五年以下有期徒刑。"1997 年 3 月 1 日，提交给八届全国人大五次会议审议的《中华人民共和国刑法（修订草案）》第 426 条基本上沿用了上述规定，仅在"指挥人员"之后增加了一个逗号。这一修改方案，为现行刑法所采纳。

【立法规定】

《刑法》第 429 条规定："在战场上明知友邻部队处境危急请求救援，能救援而不救援，致使友邻部队遭受重大损失的，对指挥人员，处五年以下有期徒刑。"

【立法释义】

最高人民检察院、解放军总政治部 2013 年 2 月 26 日发布的《军人违反职责罪案件立

---

① 参见中国人民解放军军事法院《惩治军人违反职责罪暂行条例》修改组："《〈中华人民共和国惩治军人违反职责犯罪条例（草案）〉条文修改说明》（1995 年 9 月）"，见高铭暄、赵秉志编：《新中国刑法立法文献资料总览》（下），中国人民公安大学出版社 1998 年版，第 2778 页。

案标准的规定》第 10 条规定："拒不救援友邻部队罪是指指挥人员在战场上，明知友邻部队面临被敌人包围、追击或者阵地将被攻陷等危急情况请求救援，能救援而不救援，致使友邻部队遭受重大损失的行为。能救援而不救援，是指根据当时自己部队（分队）所处的环境、作战能力及所担负的任务，有条件组织救援却没有组织救援。涉嫌下列情形之一的，应予立案：（一）造成战斗失利的；（二）造成阵地失陷的；（三）造成突围严重受挫的；（四）造成我方人员死亡三人以上，或者重伤十人以上，或者轻伤十五人以上的；（五）造成武器装备、军事设施、军用物资损毁，直接经济损失一百万元以上的；（六）造成其他重大损失的。"

【立法建言】

建　议：将《刑法》第 429 条修改为："在战场上明知友邻部队处境危急请求救援，能救援而不救援，致使友邻部队遭受重大损失的，对指挥人员，处五年以下有期徒刑或者拘役。"

理　由：

从立法技术上看，宜在本罪的法定刑中增加"拘役"的规定，以与《刑法》第 426 条、第 427 条等的处刑规定相协调。

十一、军人叛逃罪（第 430 条）

【立法沿革】

军人叛逃罪是 1997 年《刑法》第 430 条增设罪名。

《军职罪暂行条例》第 7 条规定："偷越国（边）境外逃的，处三年以下有期徒刑或者拘役；情节严重的，处三年以上十年以下有期徒刑。战时从重处罚。"在刑法修订研拟的过程中，有关部门提出，"军人不同于普通公民，保卫社会主义祖国是军人的神圣职责。军人誓词要求'在任何情况下绝不背叛祖国'。军人叛逃的行为违背了军人职责，危害了国家和国防的安全，必须依法惩处。原条例第七条规定有偷越国（边）境外逃罪，虽然与叛逃罪的某些行为有相近之处，但侵害的是边境管理秩序，且处罚较轻，不能反映军人叛逃的本质特征和危害"。[①] 有鉴于此，1996 年的《刑法修订草案》（征求意见稿）删去了《军职罪暂行条例》第 7 条，并在第 379 条中增设了军人叛逃罪："叛逃境外或者在境外叛逃的，处五年以下有期徒刑或者拘役；情节严重的，处五年以上有期徒刑。驾驶航空器、舰船或者携带武器装备叛逃的，或者有其他特别严重情节的，处十年以上有期徒刑、无期

---

① 参见中国人民解放军军事法院《惩治军人违反职责罪暂行条例》修订组："《〈中华人民共和国惩治军人违反职责犯罪条例（草案）〉条文修改说明》（1995 年 9 月）"，见高铭暄、赵秉志编：《新中国刑法立法文献资料总览》（下），中国人民公安大学出版社 1998 年版，第 2769～2770 页。

徒刑或者死刑。"到了1997年,《刑法修订草案》(修改稿)第425条对上述规定作了较大的补充和修改:一是增加了"在履行公务期间,擅离岗位"的限制条件;二是增加了"危害国家军事利益"的结果条件;三是删去了"携带武器装备叛逃"的加重情节。这一修改方案,为现行刑法所采纳。

【立法规定】

《刑法》第430条规定:"在履行公务期间,擅离岗位,叛逃境外或者在境外叛逃,危害国家军事利益的,处五年以下有期徒刑或者拘役;情节严重的,处五年以上有期徒刑。驾驶航空器、舰船叛逃的,或者有其他特别严重情节的,处十年以上有期徒刑、无期徒刑或者死刑。"

【立法释义】

最高人民检察院、解放军总政治部2013年2月26日发布的《军人违反职责罪案件立案标准的规定》第11条规定:"军人叛逃罪是指军人在履行公务期间,擅离岗位,叛逃境外或者在境外叛逃,危害国家军事利益的行为。涉嫌下列情形之一的,应予立案:(一)因反对国家政权和社会主义制度而出逃的;(二)掌握、携带军事秘密出境后滞留不归的;(三)申请政治避难的;(四)公开发表叛国言论的;(五)投靠境外反动机构或者组织的;(六)出逃至交战对方区域的;(七)进行其他危害国家军事利益活动的。"

【立法建言】

建 议:将《刑法》第430条第1款修改为:"在履行公务期间,叛逃境外或者在境外叛逃的,处五年以下有期徒刑或者拘役;情节严重的,处五年以上十年以下有期徒刑。"

理 由:

1. 从形式逻辑上看,宜删去本罪第1款中"擅离岗位"的规定。因为,行为人如果没有"擅离岗位",就根本不可能实施"叛逃"行为;而"叛逃"行为本身,就意味着行为人已经"擅离岗位"。因此,"擅离岗位"这一规定纯属"多此一举",没有必要。

2. 从立法技术上看,宜删去本罪第1款中的"危害国家军事利益",以与《刑法修正案(八)》第21条删去"危害中华人民共和国国家安全"的立法趣旨相一致。此外,还宜将本罪第1款第2档法定刑修改为"五年以上十年以下有期徒刑",以与本罪第2款的法定刑相衔接。

十二、非法获取军事秘密罪、为境外窃取、刺探、收买、非法提供军事秘密罪(第431条)

【立法沿革】

非法获取军事秘密罪是1997年《刑法》第231条第1款增设的罪名;而为境外窃取、

刺探、收买、非法提供军事秘密罪则是在《军职罪暂行条例》第 4 条第 3 款规定的窃取、刺探、提供军事机密罪的基础上修改而来的。

《军职罪暂行条例》第 4 条第 3 款规定："为敌人或者外国人窃取、刺探、提供军事机密的，处十年以上有期徒刑、无期徒刑或者死刑。"

在刑法修订研拟的过程中，有关部门提出，"军事秘密关系国防和军队的安全与利益，《内务条令》和《保密条例》都明确规定必须严加保守，无关人员不得以非法手段获取军事秘密。《保密条例》还规定对抢劫、盗窃军事秘密的要 '根据情节轻重，给予纪律处分或依法追究刑事责任'。原条例第四条第三款已对为敌人或外国人窃取、刺探军事秘密的行为作了处罚规定，而对不是为敌人或外国人窃取、刺探军事秘密的和以收买或者其他方法非法获取军事秘密的，未作规定"。为了全面保护军事秘密的安全，建议对《军职罪暂行条例》第 4 条第 3 款进行修改和扩充。① 据此，1996 年的《刑法修订草案》（征求意见稿）第 380 条第 3 款对上述规定作了以下三方面的修改和补充：一是将"为敌人或者外国人"改为"为境外的机构、组织、人员"；二是增加了"收买"的行为方式；三是将"军事机密"改为"军事秘密"。修改后的条款为："为境外的机构、组织、人员窃取、刺探、收买、非法提供军事秘密的，处十年以上有期徒刑、无期徒刑或者死刑。"到了 1997 年，《刑法修订草案》（修改稿）对上述规定作了较大的补充和修改：一是在立法模式上采取了专条规定的方式对此类犯罪加以规定；二是在犯罪种类上增设了非法获取军事秘密罪。该草案第 426 条规定："以窃取、刺探、收买方法，非法获取军事秘密的，处七年以下有期徒刑；情节特别严重的，处七年以上有期徒刑。为境外的机构、组织、人员窃取、刺探、收买、非法提供军事秘密的，处十年以上有期徒刑、无期徒刑或者死刑。"1997 年 3 月 1 日，提交给八届全国人大五次会议审议的《中华人民共和国刑法（修订草案）》第 428 条在上述规定的基础上，对第 1 款的法定刑作了调整，将"处七年以下有期徒刑；情节特别严重的，处七年以上有期徒刑"改为"处五年以下有期徒刑；情节严重的，处五年以上十年以下有期徒刑；情节特别严重的，处十年以上有期徒刑"。这一修改方案，为现行刑法所采纳。

【立法规定】

《刑法》第 431 条规定："以窃取、刺探、收买方法，非法获取军事秘密的，处五年以下有期徒刑；情节严重的，处五年以上十年以下有期徒刑；情节特别严重的，处十年以上有期徒刑。为境外的机构、组织、人员窃取、刺探、收买、非法提供军事秘密的，处十年

---

① 参见中国人民解放军军事法院《惩治军人违反职责罪暂行条例》修改组："《〈中华人民共和国惩治军人违反职责犯罪条例（草案）〉条文修改说明》（1995 年 9 月）"，见高铭暄、赵秉志编：《新中国刑法立法文献资料总览》（下），中国人民公安大学出版社 1998 年版，第 2770 ~ 2771 页。

以上有期徒刑、无期徒刑或者死刑。"

【立法释义】

最高人民检察院、解放军总政治部2013年2月26日发布的《军人违反职责罪案件立案标准的规定》第12条规定："非法获取军事秘密罪是指违反国家和军队的保密规定，采取窃取、刺探、收买方法，非法获取军事秘密的行为。军事秘密，是关系国防安全和军事利益，依照规定的权限和程序确定，在一定时间内只限一定范围的人员知悉的事项。内容包括：（一）国防和武装力量建设规划及其实施情况；（二）军事部署，作战、训练以及处置突发事件等军事行动中需要控制知悉范围的事项；（三）军事情报及其来源，军事通信、信息对抗以及其他特种业务的手段、能力，密码以及有关资料；（四）武装力量的组织编制，部队的任务、实力、状态等情况中需要控制知悉范围的事项，特殊单位以及师级以下部队的番号；（五）国防动员计划及其实施情况；（六）武器装备的研制、生产、配备情况和补充、维修能力，特种军事装备的战术技术性能；（七）军事学术和国防科学技术研究的重要项目、成果及其应用情况中需要控制知悉范围的事项；（八）军队政治工作中不宜公开的事项；（九）国防费分配和使用的具体事项，军事物资的筹措、生产、供应和储备等情况中需要控制知悉范围的事项；（十）军事设施及其保护情况中不宜公开的事项；（十一）对外军事交流与合作中不宜公开的事项；（十二）其他需要保密的事项。""凡涉嫌非法获取军事秘密的，应予立案。"第13条规定："为境外窃取、刺探、收买、非法提供军事秘密罪是指违反国家和军队的保密规定，为境外的机构、组织、人员窃取、刺探、收买、非法提供军事秘密的行为。凡涉嫌为境外窃取、刺探、收买、非法提供军事秘密的，应予立案。"

【立法建言】

建　议：将《刑法》第431条第1款修改为："以窃取、刺探、收买方法，非法获取军事秘密的，处五年以下有期徒刑或者拘役；情节严重的，处五年以上十年以下有期徒刑；情节特别严重的，处十年以上有期徒刑。"

理　由：

从立法技术上看，宜在《刑法》第431条第1款第1档法定刑中增加"拘役"的规定，以与《刑法》第432条的处刑规定相协调。

十三、故意泄露军事秘密罪、过失泄露军事秘密罪（第432条）

【立法沿革】

故意泄露军事秘密罪、过失泄露军事秘密罪是在《军职罪暂行条例》第4条第1款、第2款规定的泄露、遗失军事机密罪的基础上修改而来的。

《军职罪暂行条例》第4条第1款、第2款规定："违反保守国家军事机密法规，泄露或者遗失国家重要军事机密，情节严重的，处七年以下有期徒刑或者拘役。战时犯前款罪的，处三年以上十年以下有期徒刑；情节特别严重的，处十年以上有期徒刑或者无期徒刑。"

在刑法修订研拟的过程中，1996年的《刑法修订草案》（征求意见稿）第380条直接移植了上述规定，未作任何修改。到了1997年，《刑法修订草案》（修改稿）第427条对上述规定作了较大的修改和补充：一是在犯罪主观方面，增加了"故意或者过失"的规定；二是在犯罪客观方面，删去了"遗失"这一行为方式；三是在犯罪对象方面，将"国家重要军事机密"改为"军事秘密"。修改后的条文为："违反保守国家秘密法规，故意或者过失泄露军事秘密，情节严重的，处七年以下有期徒刑或者拘役。战时犯前款罪的，处三年以上十年以下有期徒刑；情节特别严重的，处十年以上有期徒刑或者无期徒刑。"1997年3月1日，提交给八届全国人大五次会议审议的《中华人民共和国刑法（修订草案)》第429条在上述规定的基础上，对法定刑作了较大调整，并为现行刑法所采纳。

【立法规定】

《刑法》第432条规定："违反保守国家秘密法规，故意或者过失泄露军事秘密，情节严重的，处五年以下有期徒刑或者拘役；情节特别严重的，处五年以上十年以下有期徒刑。战时犯前款罪的，处五年以上十年以下有期徒刑；情节特别严重的，处十年以上有期徒刑或者无期徒刑。"

【立法释义】

最高人民检察院、解放军总政治部2013年2月26日发布的《军人违反职责罪案件立案标准的规定》第14条规定："故意泄露军事秘密罪是指违反国家和军队的保密规定，故意使军事秘密被不应知悉者知悉或者超出了限定的接触范围，情节严重的行为。涉嫌下列情形之一的，应予立案：（一）泄露绝密级或者机密级军事秘密一项（件）以上的；（二）泄露秘密级军事秘密三项（件）以上的；（三）向公众散布、传播军事秘密的；（四）泄露军事秘密造成严重危害后果的；（五）利用职权指使或者强迫他人泄露军事秘密的；（六）负有特殊保密义务的人员泄密的；（七）以牟取私利为目的泄露军事秘密的；（八）执行重大任务时泄密的；（九）有其他情节严重行为的。"第15条规定："过失泄露军事秘密罪是指违反国家和军队的保密规定，过失泄露军事秘密，致使军事秘密被不应知悉者知悉或者超出了限定的接触范围，情节严重的行为。涉嫌下列情形之一的，应予立案：（一）泄露绝密级军事秘密一项（件）以上的；（二）泄露机密级军事秘密三项（件）以上的；（三）泄露秘密级军事秘密四项（件）以上的；（四）负有特殊保密义务的人员泄密的；（五）泄露军事秘密或者遗失军事秘密载体，不按照规定报告，或者不如实提供有关情况，或者未及时采取补救措施的；（六）有其他情节严重行为的。"

【立法建言】

建　议：将《刑法》第 432 条修改为："违反保守国家秘密法规，故意泄露军事秘密，情节严重的，处五年以下有期徒刑或者拘役；情节特别严重的，处五年以上十年以下有期徒刑。战时犯前款罪的，处五年以上十年以下有期徒刑；情节特别严重的，处十年以上有期徒刑或者无期徒刑。违反保守国家秘密法规，过失泄露军事秘密，情节严重的，处三年以下有期徒刑或者拘役；情节特别严重的，处三年以上七年以下有期徒刑。战时犯前款罪的，处三年以上七年以下有期徒刑；情节特别严重的，处七年以上有期徒刑。"

理　由：

从犯罪构成的角度来看，宜将故意泄露军事秘密罪与过失泄露军事秘密罪分款加以规定，并分别配置不同的法定刑。[1]

十四、战时造谣惑众罪（第 433 条）

【立法沿革】

战时造谣惑众罪是从《军职罪暂行条例》第 14 条的规定直接移植过来的，并经《刑法修正案（九）》第 51 条所修正。

《军职罪暂行条例》第 14 条规定："战时造谣惑众，动摇军心的，处三年以下有期徒刑；情节严重的，处三年以上十年以下有期徒刑。勾结敌人造谣惑众，动摇军心的，处十年以上有期徒刑或者无期徒刑；情节特别严重的，可以判处死刑。"

在刑法修订研拟的过程中，1996 年的《刑法修订草案》（征求意见稿）第 381 条直接移植了上述规定，并为 1997 年修订的《刑法》第 433 条所采纳。

1997 年《刑法》施行后，《刑法修正案（九）》第 51 条对上述规定作了较大的修改：一是在第 1 款中增加了"情节特别严重的，处十年以上有期徒刑或者无期徒刑"的规定；二是删去了第 2 款"勾结敌人造谣惑众，动摇军心的，处十年以上有期徒刑或者无期徒刑；情节特别严重的，可以判处死刑"的规定。[2]

---

①　具体修改理由，请参见本书分则第九章之二"故意泄露国家秘密罪、过失泄露国家秘密罪（第 398 条）"中"立法建言"部分的论述，在此不再赘述。

②　在草案审议和征求意见的过程中，有的常委会组成人员、部门提出，对取消战时造谣惑众罪的死刑需要慎重。法律委员会经研究认为，"逐步减少适用死刑罪名"是党的十八届三中全会提出的改革任务，取消 9 个罪名的死刑，是与中央各政法机关反复研究、论证，并广泛听取人大代表、专家和各方面意见的基础上提出的，同时，为防止可能产生的负面影响，事先作了慎重评估。在常委会初次审议后，经同中央政法委、解放军总政治部等反复研究，认为草案的规定是适宜的（参见全国人大法律委员会主任委员乔晓阳 2015 年 6 月 24 日在十二届全国人大常委会第十五次会议上所作的《关于〈中华人民共和国刑法修正案（九）（草案）〉修改情况的汇报》）。

【立法规定】

《刑法》第433条规定："战时造谣惑众，动摇军心的，处三年以下有期徒刑；情节严重的，处三年以上十年以下有期徒刑；情节特别严重的，处十年以上有期徒刑或者无期徒刑。"

【立法释义】

最高人民检察院、解放军总政治部2013年2月26日发布的《军人违反职责罪案件立案标准的规定》第16条规定："战时造谣惑众罪是指在战时造谣惑众，动摇军心的行为。造谣惑众，动摇军心，是指故意编造、散布谣言，煽动怯战、厌战或者恐怖情绪，蛊惑官兵，造成或者足以造成部队情绪恐慌、士气不振、军心涣散的行为。凡战时涉嫌造谣惑众，动摇军心的，应予立案。"

【立法建言】

建　议：将《刑法》第433条修改为："战时造谣惑众，动摇军心的，处三年以下有期徒刑或者拘役；情节严重的，处三年以上十年以下有期徒刑；情节特别严重的，处十年以上有期徒刑或者无期徒刑。"

理　由：

从立法技术上看，宜在本罪的第1档法定刑中增加"拘役"的规定，以与本章其他"处三年以下有期徒刑或者拘役"的规定相协调。

十五、战时自伤罪（第434条）

【立法沿革】

战时自伤罪是从《军职罪暂行条例》第13条的规定直接移植过来的。

《军职罪暂行条例》第13条规定："战时自伤身体，逃避军事义务的，处二年以下有期徒刑；情节严重的，处三年以上七年以下有期徒刑。"

在刑法修订研拟的过程中，1996年的《刑法修订草案》（征求意见稿）第382条直接移植了上述规定，并为现行刑法所采纳。

【立法规定】

《刑法》第434条规定："战时自伤身体，逃避军事义务的，处三年以下有期徒刑；情节严重的，处三年以上七年以下有期徒刑。"

【立法释义】

最高人民检察院、解放军总政治部2013年2月26日发布的《军人违反职责罪案件立案标准的规定》第17条规定："战时自伤罪是指在战时为了逃避军事义务，故意伤害自己

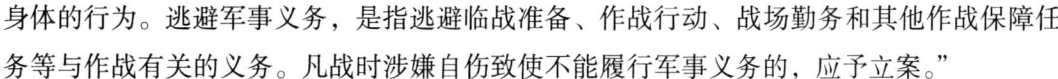

身体的行为。逃避军事义务，是指逃避临战准备、作战行动、战场勤务和其他作战保障任务等与作战有关的义务。凡战时涉嫌自伤致使不能履行军事义务的，应予立案。"

【立法建言】

建　议：将《刑法》第 434 条修改为："战时自伤身体，逃避军事义务的，处三年以下有期徒刑或者拘役；情节严重的，处三年以上七年以下有期徒刑。"

理　由：

从立法技术上看，宜在本罪的第 1 档法定刑中增加"拘役"的规定，以与本章其他"处三年以下有期徒刑或者拘役"的规定相协调。

十六、逃离部队罪（第 435 条）

【立法沿革】

逃离部队罪是从《军职罪暂行条例》第 6 条的规定直接移植过来。

《军职罪暂行条例》第 6 条的规定："违反兵役法规，逃离部队，情节严重的，处三年以下有期徒刑或者拘役。战时犯前款罪的，处三年以上七年以下有期徒刑。"

在刑法修订研拟的过程中，1996 年的《刑法修订草案》（征求意见稿）第 383 条基本上沿用了上述规定，仅将第 2 款的法定刑由"三年以上七年以下有期徒刑"改为"五年以上有期徒刑"。但是，1997 年的《刑法修订草案》（修改稿）第 430 条又将第 2 款的法定刑由"五年以上有期徒刑"改回"三年以上七年以下有期徒刑"。这一修改方案，为现行刑法所采纳。

【立法规定】

《刑法》第 435 条规定："违反兵役法规，逃离部队，情节严重的，处三年以下有期徒刑或者拘役。战时犯前款罪的，处三年以上七年以下有期徒刑。"

【立法释义】

最高人民法院、最高人民检察院 2000 年 12 月 5 日发布的《关于对军人非战时逃离部队的行为能否定罪处罚问题的批复》规定："军人违反兵役法规，在非战时逃离部队，情节严重的，应当依照刑法第四百三十五条第一款的规定定罪处罚。"

最高人民检察院、解放军总政治部 2013 年 2 月 26 日发布的《军人违反职责罪案件立案标准的规定》第 18 条规定："逃离部队罪是指违反兵役法规，逃离部队，情节严重的行为。违反兵役法规，是指违反国防法、兵役法和军队条令条例以及其他有关兵役方面的法律规定。逃离部队，是指擅自离开部队或者经批准外出逾期拒不归队。涉嫌下列情形之一的，应予立案：（一）逃离部队持续时间达三个月以上或者三次以上或者累计时间达六个月以上的；（二）担负重要职责的人员逃离部队的；（三）策动三人以上或者胁迫他人逃离部队的；（四）在执行重大任务期间逃离部队的；（五）携带武器装备逃离部队的；（六）有其他情节严重行为的。"

【立法建言】

建　议：将《刑法》第 435 条第 1 款修改为："擅离部队或者逾假拒不归队，情节严重的，处三年以下有期徒刑或者拘役。"

理　由：

1. 从犯罪客体的角度来看，宜删去本罪第 1 款中的"违反兵役法规"。因为，"违反兵役法规"意味着"必须有逃避服兵役的目的才能构成本罪。但从司法实践看，这类犯罪大量的是直接危害部队的管理秩序，因此，本条例将本罪归入妨害部队管理秩序的犯罪，不以逃避兵役为构成要件"。[①]

2. 从犯罪行为的角度来看，宜将本罪第 1 款中的"逃离部队"改为"擅离部队或者逾假拒不归队"。因为，在司法实践中，"逃离部队"有两种基本表现形式：一是"擅离部队"，即未经批准而自行离开部队；二是"逾假不归"，即经批准离队后，不按期归队。[②] 最高人民检察院、解放军总政治部《军人违反职责罪案件立案标准的规定》第 18 条第 3 款明确规定，"逃离部队，是指擅自离开部队或者经批准外出逾期拒不归队"。因此，宜将"逃离部队"的行为明确化。

十七、武器装备肇事罪（第 436 条）

【立法沿革】

武器装备肇事罪是在《军职罪暂行条例》第 3 条规定的武器装备肇事罪的基础上修改而来的。

《军职罪暂行条例》第 3 条规定："违反武器装备使用规定，情节严重，因而发生重大责任事故，致人重伤、死亡或者造成其他严重后果的，处三年以下有期徒刑或者拘役；后果特别严重的，处三年以上七年以下有期徒刑。"

在刑法修订研拟的过程中，1996 年的《刑法修订草案》（征求意见稿）第 386 条直接移植了上述规定，未作任何修改。1997 年的《刑法修订草案》（修改稿）第 431 条基本上沿用了上述规定，仅将其中的"重大责任事故"改为"责任事故"。这一修改方案，为现

---

① 参见中国人民解放军军事法院《惩治军人违反职责罪暂行条例》修改组："《〈中华人民共和国惩治军人违反职责犯罪条例（草案）〉条文修改说明》（1995 年 9 月）"，见高铭暄、赵秉志编：《新中国刑法立法文献资料总览》（下），中国人民公安大学出版社 1998 年版，第 2794 页。

② 同上。

行刑法所采纳。

【立法规定】

《刑法》第 436 条规定："违反武器装备使用规定，情节严重，因而发生责任事故，致人重伤、死亡或者造成其他严重后果的，处三年以下有期徒刑或者拘役；后果特别严重的，处三年以上七年以下有期徒刑。"

【立法释义】

中国人民解放军军事法院 1988 年 10 月 19 日发布的《关于审理军人违反职责罪案件中几个具体问题的处理意见》第 1 条"关于军职人员玩弄枪支、弹药走火或者爆炸，致人重伤、死亡或者造成其他严重后果的案件，是否一概以武器装备肇事罪论处的问题"规定："军职人员在执勤、训练、作战时使用、操作武器装备，或者在管理、维修、保养武器装备的过程中，违反武器装备使用规定和操作规程，情节严重，因而发生重大责任事故，致人重伤、死亡或者造成其他严重后果的，依照《条例》第三条的规定，以武器装备肇事罪论处；凡违反枪支、弹药管理使用规定，私自携带枪支、弹药外出，因玩弄而造成走火或者爆炸，致人重伤、死亡或者使公私财产遭受重大损失的，分别依照《刑法》第一百三十五条、第一百三十三条、第一百零六条的规定，以过失重伤罪、过失杀人罪或者过失爆炸罪论处。"第 4 条"关于军职人员驾驶军用装备车辆肇事的，是定交通肇事罪还是定武器装备肇事罪的问题"规定："军职人员驾驶军用装备车辆，违反武器装备使用规定和操作规程，情节严重，因而发生重大责任事故，致人重伤、死亡或者造成其他严重后果的，即使同时违反交通运输规章制度，也应当依照《条例》第三条的规定，以武器装备肇事罪论处；如果仅因违反交通运输规章制度而发生重大事故，致人重伤、死亡或者使公私财产遭受重大损失的，则依照《刑法》第一百一十三条的规定，以交通肇事罪论处。"

最高人民检察院、解放军总政治部 2013 年 2 月 26 日发布的《军人违反职责罪案件立案标准的规定》第 19 条规定："武器装备肇事罪是指违反武器装备使用规定，情节严重，因而发生责任事故，致人重伤、死亡或者造成其他严重后果的行为。情节严重，是指故意违反武器装备使用规定，或者在使用过程中严重不负责任。涉嫌下列情形之一的，应予立案：（一）影响重大任务完成的；（二）造成死亡一人以上，或者重伤二人以上，或者轻伤三人以上的；（三）造成武器装备、军事设施、军用物资或者其他财产损毁，直接经济损失三十万元以上，或者直接经济损失、间接经济损失合计一百五十万元以上的；（四）严重损害国家和军队声誉，造成恶劣影响的；（五）造成其他严重后果的。"第 37 条规定："本规定中的'武器装备'，是实施和保障军事行动的武器、武器系统和军事技术器材的统称。"

【立法建言】

建　议：将《刑法》第436条修改为："违反武器装备使用规定，因而发生责任事故，致人重伤、死亡或者造成其他严重后果的，处三年以下有期徒刑或者拘役；后果特别严重的，处三年以上七年以下有期徒刑。"

理　由：

从构成要件的角度来看，宜删去本罪中的"情节严重"。因为，本罪中的"情节严重"不仅语焉不详，① 而且还与本罪结果犯和结果加重犯的规定不协调。

十八、擅自改变武器装备编配用途罪（第437条）

【立法沿革】

擅自改变武器装备编配用途罪是1997年《刑法》第437条增设的罪名。

在刑法修订研拟的过程中，1996年的《刑法修订草案》（征求意见稿）第386条规定："违反武器装备使用规定，擅自动用武器装备或者改变武器装备的编配用途，造成严重后果的，处三年以下有期徒刑或者拘役；造成特别严重后果的，处三年以上七年以下有期徒刑。"1997年的《刑法修订草案》（修改稿）第432条对上述规定作了较大的修改和调整：一是将"违反武器装备使用规定"改为"违反武器装备管理规定"；二是删去了"擅自动用武器装备"的情形；三是删去了"造成特别严重后果的，处三年以上七年以下有期徒刑"的规定。修改后的条文为："违反武器装备管理规定，擅自改变武器装备的编配用途，造成严重后果的，处三年以上七年以下有期徒刑。"1997年3月1日，提交给八届全国人大五次会议审议的《中华人民共和国刑法（修订草案）》第434条又恢复了此前删去的"造成特别严重后果的，处三年以上七年以下有期徒刑"的规定。这一修改方案，为现行刑法所采纳。

【立法规定】

《刑法》第437条规定："违反武器装备管理规定，擅自改变武器装备的编配用途，造

---

① 例如，最高人民检察院、解放军总政治部《军人违反职责罪案件立案标准的规定》第19条第2款规定："情节严重，是指故意违反武器装备使用规定，或者在使用过程中严重不负责任。"该解释不仅没有也无法阐明"情节严重"的含义，而且实际上还变相否定了"情节严重"的规定。因为，根据《刑法》第436条的规定，构成本罪的前提条件就是"违反武器装备使用规定"，该解释又将"情节严重"解释为"故意违反武器装备使用规定"。倘若照此理解，《刑法》第436条关于"违反武器装备使用规定，情节严重"的规定，实际上就变成了"违反武器装备使用规定，故意违反武器装备使用规定"。如此重复"违反武器装备使用规定"，只能说明本罪中的"情节严重"没有任何实际的内容。此外，"在使用过程中严重不负责任"，其实也只不过是"违反武器装备使用规定"的另一种说法而已。因为，如果没有"在使用过程中严重不负责任"，就谈不上"违反武器装备使用规定"的问题。因此，"在使用过程中严重不负责任"与"违反武器装备使用规定"在内涵上是一致的。

成严重后果的，处三年以下有期徒刑或者拘役；造成特别严重后果的，处三年以上七年以下有期徒刑。"

【立法释义】

最高人民检察院、解放军总政治部2013年2月26日发布的《军人违反职责罪案件立案标准的规定》第20条规定："擅自改变武器装备编配用途罪是指违反武器装备管理规定，未经有权机关批准，擅自将编配的武器装备改作其他用途，造成严重后果的行为。涉嫌下列情形之一的，应予立案：（一）造成重大任务不能完成或者迟缓完成的；（二）造成死亡一人以上，或者重伤三人以上，或者重伤二人、轻伤四人以上，或者重伤一人、轻伤七人以上，或者轻伤十人以上的；（三）造成武器装备、军事设施、军用物资或者其他财产损毁，直接经济损失三十万元以上，或者直接经济损失、间接经济损失合计一百五十万元以上的；（四）造成其他严重后果的。"第37条规定："本规定中的'武器装备'，是实施和保障军事行动的武器、武器系统和军事技术器材的统称。"

【立法建言】

建　议：将《刑法》第437条修改为："违反武器装备管理规定，挪用武器装备，情节严重的，处三年以下有期徒刑或者拘役；情节特别严重的，处三年以上七年以下有期徒刑。"

理　由：

从行为性质上看，"擅自改变武器装备的编配用途"的行为属于"挪用武器装备"的范畴，[①] 而"挪用武器装备"的危害性未必表现为"造成严重后果"[②]。因此，宜将本罪中的"造成严重后果"和"造成特别严重后果"改为"情节严重"和"情节特别严重"[③]，以与这类犯罪行为的性质相适应。

---

① "'挪作他用'，是指不按编配用途、管理权限使用"（参见中国人民解放军军事法院《惩治军人违反职责罪暂行条例》修改组："《〈中华人民共和国惩治军人违反职责犯罪条例（草案）〉条文修改说明》（1995年9月）"，见高铭暄、赵秉志编：《新中国刑法立法文献资料总览》（下），中国人民公安大学出版社1998年版，第2787页）。

② "挪用武器装备不仅使武器装备管理失控，而且严重影响正常使用，甚至造成武器装备的毁损、丢失或者其他严重后果"（参见中国人民解放军军事法院《惩治军人违反职责罪暂行条例》修改组："《〈中华人民共和国惩治军人违反职责犯罪条例（草案）〉条文修改说明》（1995年9月）"，见高铭暄、赵秉志编：《新中国刑法立法文献资料总览》（下），中国人民公安大学出版社1998年版，第2787页）。

③ "'情节严重'，是指多次挪用的；造成武器装备毁损、被盗、丢失的；挪用的武器装备被他人用来实施犯罪活动的；严重影响部队执行任务的等。""'情节特别严重'，是指挪用武器装备从事非法活动的；多次挪用造成严重后果的；严重影响部队执行重要任务的；后果特别严重的等"（参见中国人民解放军军事法院《惩治军人违反职责罪暂行条例》修改组："《〈中华人民共和国惩治军人违反职责犯罪条例（草案）〉条文修改说明》（1995年9月）"，见高铭暄、赵秉志编：《新中国刑法立法文献资料总览》（下），中国人民公安大学出版社1998年版，第2787~2788页）。

十九、盗窃、抢夺武器装备、军用物资罪（第438条）

【立法沿革】

盗窃、抢夺武器装备、军用物资罪是在《军职罪暂行条例》第11条规定的盗窃武器装备、军用物资罪的基础上修改而来的。

《军职罪暂行条例》第11条规定："盗窃武器装备或者军用物资的，处五年以下有期徒刑或者拘役；情节严重的，处五年以上十年以下有期徒刑；情节特别严重的，处十年以上有期徒刑或者无期徒刑。战时从重处罚，情节特别严重的，可以判处死刑。"

在刑法修订研拟的过程中，1996年的《刑法修订草案》（征求意见稿）取消了盗窃武器装备、军用物资罪。到了1997年，《刑法修订草案》（修改稿）第433条又重新规定了盗窃武器装备、军用物资罪，并对其作了较大的修改和补充：一是增设了抢夺武器装备、军用物资罪；二是在第3档法定刑中增加了"死刑"的规定；三是删去了"战时从重处罚，情节特别严重的，可以判处死刑"的规定；四是增加了第2款"盗窃、抢夺枪支、弹药、爆炸物的，依照本法第一百二十七条的规定处罚"[①] 的规定。这一修改方案，为现行刑法所采纳。

【立法规定】

《刑法》第438条规定："盗窃、抢夺武器装备或者军用物资的，处五年以下有期徒刑或者拘役；情节严重的，处五年以上十年以下有期徒刑；情节特别严重的，处十年以上有期徒刑、无期徒刑或者死刑。盗窃、抢夺枪支、弹药、爆炸物的，依照本法第一百二十七条的规定处罚。"

【立法释义】

最高人民检察院、解放军总政治部2013年2月26日发布的《军人违反职责罪案件立案标准的规定》第21条规定："盗窃武器装备罪是指以非法占有为目的，秘密窃取武器装备的行为。抢夺武器装备罪是指以非法占有为目的，乘人不备，公然夺取武器装备的行为。凡涉嫌盗窃、抢夺武器装备的，应予立案。盗窃军用物资罪是指以非法占有为目的，秘密窃取军用物资的行为。抢夺军用物资罪是指以非法占有为目的，乘人不备，公然夺取军用物资的行为。凡涉嫌盗窃、抢夺军用物资价值二千元以上，或者不满规定数额，但后果严重的，应予立案。"第37条规定："本规定中的'武器装备'，是实施和保障军事行动的武器、武器系统和军事技术器材的统称。"第38条规定："本规定中的'军用物资'，是除武器装备以外专供武装力量使用的各种物资的统称，包括装备器材、军需物资、医疗

---

① 该草案第127条规定的是盗窃、抢夺枪支、弹药、爆炸物罪。

物资、油料物资、营房物资等。"

【立法建言】

建　议：删去《刑法》第 438 条第 2 款。

理　由：

《刑法》第 438 条第 2 款"盗窃、抢夺枪支、弹药、爆炸物的，依照本法第一百二十七条的规定处罚"属于提示性规定，不仅没有必要，而且势必导致理论上和实践中不必要的争议。[①]

二十、非法出卖、转让武器装备罪（第 439 条）

【立法沿革】

非法出卖、转让武器装备罪是 1997 年《刑法》第 439 条增设的罪名。

在刑法修订研拟的过程中，有关部门提出，"非法出卖、转让武器装备的行为，不仅严重违反了部队武器装备管理制度，而且严重危害公共安全"。[②] 据此，1996 年的《刑法修订草案》（征求意见稿）第 387 条增设了出卖武器装备罪："出卖军队编配的武器装备的，处三年以上七年以下有期徒刑；情节严重的，处七年以上有期徒刑；情节特别严重的，处十年以上有期徒刑、无期徒刑或者死刑。"到了 1997 年，《刑法修订草案》（修改稿）第 434 条对上述规定作了较大的修改和调整：一是将"出卖"改为"非法出卖、转让"；二是将"军队编配的武器装备"改为"军队武器装备"；三是将 3 档法定刑改为 2 档法定刑，并相应调整了处刑幅度；四是将加重处刑的条件改为"出卖、转让大量武器装备或者有其他特别严重情节"。这一修改方案，为现行刑法所采纳。

---

①　例如，有学者认为，"军人盗窃或者抢夺部队的枪支、弹药、爆炸物的，因刑法第四百三十八条相对于第一百二十七条来说属于特别法，按照法律适用原则，应当优先适用，所以仍定盗窃或者抢夺武器装备、军用物资罪。但根据罪刑相适应原则，可以刑法第一百二十七条第二款的法定刑处罚，也可以适用该条第一款的法定刑处罚"（周道鸾、张军主编：《刑法罪名精释》，人民法院出版社 2007 年版，第 962 页）。但是，通说认为，"如果盗窃、抢夺枪支、弹药、爆炸物，则按盗窃、抢夺枪支、弹药、爆炸物论处"（高铭暄、马克昌主编：《刑法学》，北京大学出版社、高等教育出版社 2011 年版，第 672 页）。其理由是："其一，军人盗窃、抢夺枪支、弹药、爆炸物的行为具有危害公共安全的性质，适用刑法第 127 条较为合适。其二，刑法第 438 条第 1 款是特别法条，但第 2 款本身并非特别法条，故不能以特别法条优于普通法条为由采取后一立场。其三，认为军人盗窃或者抢夺部队的枪支、弹药、爆炸物时，可以适用刑法第 127 条第 1 款，有损刑法的公平正义。其四，分则条文中的'处罚'与'定罪处罚'的含义并不绝对，刑法第 438 条第 2 款所使用的'处罚'概念，也不能成为后一立场的根据"（张明楷：《刑法学》，法律出版社 2011 年版，第 1128～1129 页）。

②　参见中国人民解放军军事法院《惩治军人违反职责罪暂行条例》修改组："《〈中华人民共和国惩治军人违反职责犯罪条例（草案）〉条文修改说明》（1995 年 9 月）"，见高铭暄、赵秉志编：《新中国刑法立法文献资料总览》（下），中国人民公安大学出版社 1998 年版，第 2787 页。

【立法规定】

《刑法》第439条规定："非法出卖、转让军队武器装备的，处三年以上十年以下有期徒刑；出卖、转让大量武器装备或者有其他特别严重情节的，处十年以上有期徒刑、无期徒刑或者死刑。"

【立法释义】

最高人民检察院、解放军总政治部2013年2月26日发布的《军人违反职责罪案件立案标准的规定》第22条规定："非法出卖、转让武器装备罪是指非法出卖、转让武器装备的行为。出卖、转让，是指违反武器装备管理规定，未经有权机关批准，擅自用武器装备换取金钱、财物或者其他利益，或者将武器装备馈赠他人的行为。涉嫌下列情形之一的，应予立案：（一）非法出卖、转让枪支、手榴弹、爆炸装置的；（二）非法出卖、转让子弹十发、雷管三十枚、导火索或者导爆索三十米、炸药一千克以上，或者不满规定数量，但后果严重的；（三）非法出卖、转让武器装备零部件或者维修器材、设备，致使武器装备报废或者直接经济损失三十万元以上的；（四）非法出卖、转让其他重要武器装备的。"第37条规定："本规定中的'武器装备'，是实施和保障军事行动的武器、武器系统和军事技术器材的统称。"

【立法建言】

建　议：将《刑法》第439条修改为："非法出卖、转让武器装备，数量较大或者有其他严重情节的，处三年以上十年以下有期徒刑；数量巨大或者有其他特别严重情节的，处十年以上有期徒刑、无期徒刑或者死刑。"

理　由：

1. 从文字表述的角度来看，"军队"一词纯属"画蛇添足"，没有必要。

2. 从司法实践的角度来看，对本罪的成立有一定数量和情节的要求。[①]

3. 从立法技术的角度来看，将本罪的基本犯设置为行为犯，而将"其他特别严重情节"规定为加重犯的适用条件不协调。

二十一、遗弃武器装备罪（第440条）

【立法沿革】

遗弃武器装备罪是1997年《刑法》第440条增设的罪名。

在刑法修订研拟的过程中，有关部门提出，"遗弃武器装备，削弱我军的战斗力，严

---

① 参见最高人民检察院、解放军总政治部2013年2月26日发布的《军人违反职责罪案件立案标准的规定》第22条的规定。

重危害公共安全，甚至可能被敌人所利用。"① 有鉴于此，1997 年的《刑法修订草案》（修改稿）第 435 条增设了遗弃武器装备罪："违背命令，遗弃武器装备的，处五年以下有期徒刑或者拘役；遗弃主要或者大量武器装备的，或者有其他严重情节的，处五年以上有期徒刑。"1997 年《刑法》第 440 条对上述规定作了两处修改：一是将"违背命令"改为"违抗命令"；二是将"遗弃主要或者大量武器装备"改为"遗弃重要或者大量武器装备"。

【立法规定】

《刑法》第 440 条规定："违抗命令，遗弃武器装备的，处五年以下有期徒刑或者拘役；遗弃重要或者大量武器装备的，或者有其他严重情节的，处五年以上有期徒刑。"

【立法释义】

最高人民检察院、解放军总政治部 2013 年 2 月 26 日发布的《军人违反职责罪案件立案标准的规定》第 23 条规定："遗弃武器装备罪是指负有保管、使用武器装备义务的军人，违抗命令，故意遗弃武器装备的行为。涉嫌下列情形之一的，应予立案：（一）遗弃枪支、手榴弹、爆炸装置的；（二）遗弃子弹十发、雷管三十枚、导火索或者导爆索三十米、炸药一千克以上，或者不满规定数量，但后果严重的；（三）遗弃武器装备零部件或者维修器材、设备，致使武器装备报废或者直接经济损失三十万元以上的；（四）遗弃其他重要武器装备的。"第 37 条规定："本规定中的'武器装备'，是实施和保障军事行动的武器、武器系统和军事技术器材的统称。"

【立法建言】

建　议：将《刑法》第 440 条修改为："违抗命令，遗弃武器装备的，处五年以下有期徒刑或者拘役；情节严重的，处五年以上有期徒刑。"

理　由：

从逻辑上看，"遗弃重要或者大量武器装备的"属于"情节严重"的范畴。因此，将"遗弃重要或者大量武器装备"与"其他严重情节"并列加以规定没有必要，宜将其改为"情节严重"。

二十二、遗失武器装备罪（第 441 条）

【立法沿革】

遗失武器装备罪是 1997 年《刑法》第 441 条增设的罪名。

---

①　参见中国人民解放军军事法院《惩治军人违反职责罪暂行条例》修改组："《〈中华人民共和国惩治军人违反职责犯罪条例（草案）〉条文修改说明》（1995 年 9 月）"，见高铭暄、赵秉志编：《新中国刑法立法文献资料总览》（下），中国人民公安大学出版社 1998 年版，第 2788 页。

在刑法修订研拟的过程中，有关部门提出，"遗失武器装备是部队中比较常见的问题，其危害后果与遗弃武器装备类似，应该给予惩处"。① 据此，1997 年的《刑法修订草案》（修改稿）第 436 条增设了遗失武器装备罪："遗失武器装备，不及时报告或者有其他严重情节的，处三年以下有期徒刑或者拘役。"这一立法方案，为现行刑法所采纳。

【立法规定】

《刑法》第 441 条规定："遗失武器装备，不及时报告或者有其他严重情节的，处三年以下有期徒刑或者拘役。"

【立法释义】

最高人民检察院、解放军总政治部 2013 年 2 月 26 日发布的《军人违反职责罪案件立案标准的规定》第 24 条规定："遗失武器装备罪是指遗失武器装备，不及时报告或者有其他严重情节的行为。其他严重情节，是指遗失武器装备严重影响重大任务完成的；给人民群众生命财产安全造成严重危害的；遗失的武器装备被敌人或者境外的机构、组织和人员或者国内恐怖组织和人员利用，造成严重后果或者恶劣影响的；遗失的武器装备数量多、价值高的；战时遗失的，等等。凡涉嫌遗失武器装备不及时报告或者有其他严重情节的，应予立案。"第 37 条规定："本规定中的'武器装备'，是实施和保障军事行动的武器、武器系统和军事技术器材的统称。"

【立法建言】

建　议：将《刑法》第 441 条规定："遗失武器装备，不及时报告，造成严重后果的，处三年以下有期徒刑或者拘役。"

理　由：

从立法技术上看，宜将本罪中的"不及时报告或者有其他严重情节的"改为"不及时报告，造成严重后果的"，以与《刑法》第 129 条的规定相协调。

二十三、擅自出卖、转让军队房地产罪（第 442 条）

【立法沿革】

擅自出卖、转让军队房地产罪是 1997 年《刑法》第 442 条增设的罪名。

在刑法修订研拟的过程中，有关部门提出，"军队房地产是国防资产的重要组成部分，权属统归军委、总部。擅自出卖、转让军队房地产，侵害了国防资产的所有权，应当依法

---

① 参见中国人民解放军军事法院《惩治军人违反职责罪暂行条例》修改组："《〈中华人民共和国惩治军人违反职责犯罪条例（草案）〉条文修改说明》（1995 年 9 月）"，见高铭暄、赵秉志编：《新中国刑法立法文献资料总览》（下），中国人民公安大学出版社 1998 年版，第 2788 页。

惩处。"① 据此，1997年的《刑法修订草案》（修改稿）第437条增设了擅自出卖、转让军队房地产罪："违反规定，擅自出卖、转让军队房地产，情节严重的，处五年以下有期徒刑或者拘役；情节特别严重的，处五年以上有期徒刑。"1997年3月1日，提交给八届全国人大五次会议审议的《中华人民共和国刑法（修订草案）》第439条对上述规定作了两方面的修改和调整：一是在归责范围方面，增加了"直接责任人员"的限定；二是在刑罚配置方面，适当降低了法定刑。这一修改方案，为现行刑法所采纳。

【立法规定】

《刑法》第442条规定："违反规定，擅自出卖、转让军队房地产，情节严重的，对直接责任人员，处三年以下有期徒刑或者拘役；情节特别严重的，处三年以上十年以下有期徒刑。"

【立法释义】

最高人民检察院、解放军总政治部2013年2月26日发布的《军人违反职责罪案件立案标准的规定》第25条规定："擅自出卖、转让军队房地产罪是指违反军队房地产管理和使用规定，未经有权机关批准，擅自出卖、转让军队房地产，情节严重的行为。军队房地产，是指依法由军队使用管理的土地及其地上地下用于营房保障的建筑物、构筑物、附属设施设备，以及其他附着物。涉嫌下列情形之一的，应予立案：（一）擅自出卖、转让军队房地产价值三十万元以上的；（二）擅自出卖、转让军队房地产给境外的机构、组织、人员的；（三）擅自出卖、转让军队房地产严重影响部队正常战备、训练、工作、生活和完成军事任务的；（四）擅自出卖、转让军队房地产给军事设施安全造成严重危害的；（五）有其他情节严重行为的。"

【立法建言】

建 议：将《刑法》第442条修改为："擅自出卖、转让军队房地产，情节严重的，对直接责任人员，处三年以下有期徒刑或者拘役；情节特别严重的，处三年以上十年以下有期徒刑。"

理 由：

"违反规定"这一前提条件纯属多余，没有必要。因为，"擅自"即意味着"违反规定"，如果没有"违反规定"，就不存在"擅自"的问题。因此，宜删去"违反规定"这一前提条件。

---

① 参见中国人民解放军军事法院《惩治军人违反职责罪暂行条例》修改组："《〈中华人民共和国惩治军人违反职责犯罪条例（草案）〉条文修改说明》（1995年9月）"，见高铭暄、赵秉志编：《新中国刑法立法文献资料总览》（下），中国人民公安大学出版社1998年版，第2792页。

二十四、虐待部属罪（第443条）

【立法沿革】

虐待部属罪是在《军职罪暂行条例》第9条规定的虐待、迫害部属罪的基础上修改而来的。

《军职罪暂行条例》第9条规定："滥用职权，虐待、迫害部属，情节恶劣，因而致人重伤或者造成其他严重后果的，处五年以下有期徒刑或者拘役；致人死亡的，处五年以上有期徒刑。"

在刑法修订研拟的过程中，考虑到"迫害"主要是指精神上的伤害，司法实践中难以认定，[①] 因此，1996年的《刑法修订草案》（征求意见稿）第395条在上述规定的基础上，删去了其中的"迫害"行为方式。1997年的《刑法修订草案》（修改稿）第438条基本上沿用了上述规定，仅删去了"致人重伤或者造成其他严重后果"之前的"因而"一词。这一修改方案，为现行刑法所采纳。

【立法规定】

《刑法》第443条规定："滥用职权，虐待部属，情节恶劣，致人重伤或者造成其他严重后果的，处五年以下有期徒刑或者拘役；致人死亡的，处五年以上有期徒刑。"

【立法释义】

最高人民检察院、解放军总政治部2013年2月26日发布的《军人违反职责罪案件立案标准的规定》第26条规定："虐待部属罪是指滥用职权，虐待部属，情节恶劣，致人重伤、死亡或者造成其他严重后果的行为。虐待部属，是指采取殴打、体罚、冻饿或者其他有损身心健康的手段，折磨、摧残部属的行为。情节恶劣，是指虐待手段残酷的；虐待三人以上的；虐待部属三次以上的；虐待伤病残部属的，等等。其他严重后果，是指部属不堪忍受虐待而自杀、自残造成重伤或者精神失常的；诱发其他案件、事故的；导致部属一人逃离部队三次以上，或者二人以上逃离部队的；造成恶劣影响的，等等。凡涉嫌虐待部属，情节恶劣，致人重伤、死亡或者造成其他严重后果的，应予立案。"

【立法建言】

建　议：将《刑法》第443条修改为："滥用职权，虐待部属，情节恶劣的，处五年以下有期徒刑或者拘役；致人重伤、死亡或者有其他特别严重情节的，处五年以上有期

---

① 参见中国人民解放军军事法院《惩治军人违反职责罪暂行条例》修改组："《〈中华人民共和国惩治军人违反职责犯罪条例（草案）〉条文修改说明》（1995年9月）"，见高铭暄、赵秉志编：《新中国刑法立法文献资料总览》（下），中国人民公安大学出版社1998年版，第2793页。

徒刑。"

理　由：

虐待部属，"情节恶劣"的行为具有严重的社会危害性，再加上"致人重伤或者造成其他严重后果"的条件限制，不仅使得本罪的入罪门槛太高，而且也与虐待罪、虐待被监管人罪和虐待俘虏罪的规定不协调。因此，宜删去"致人重伤或者造成其他严重后果"的规定，以降低本罪的入罪门槛；同时，还宜将"致人死亡"的加重处罚条件相应改为"致人重伤、死亡或者有其他特别严重情节"①。

二十五、遗弃伤病军人罪（第444条）

【立法沿革】

遗弃伤病军人罪是在《军职罪暂行条例》第15条规定的遗弃伤员罪的基础上修改而来的。

《军职罪暂行条例》第15条规定："在战场上故意遗弃伤员，情节恶劣的，对直接责任人员，处三年以下有期徒刑。"

在刑法修订研拟的过程中，1996年的《刑法修订草案》（征求意见稿）第396条直接移植了上述规定，未作任何修改。到了1997年，《刑法修订草案》（修改稿）第439条对本罪的犯罪对象作了补充修改，将"伤员"扩大为"伤病军人"。1997年《刑法》第444条又对本罪的法定刑作了调整，将"三年以下有期徒刑"改为"五年以下有期徒刑"。

【立法规定】

《刑法》第444条规定："在战场上故意遗弃伤病军人，情节恶劣的，对直接责任人员，处五年以下有期徒刑。"

【立法释义】

最高人民检察院、解放军总政治部2013年2月26日发布的《军人违反职责罪案件立案标准的规定》第27条规定："遗弃伤病军人罪是指在战场上故意遗弃我方伤病军人，情节恶劣的行为。涉嫌下列情形之一的，应予立案：（一）为挟嫌报复而遗弃伤病军人的；（二）遗弃伤病军人三人以上的；（三）导致伤病军人死亡、失踪、被俘的；（四）有其他恶劣情节的。"

---

① "'其他特别严重情节'，是指手段特别残忍的；诱发暴力性事件的；造成其他特别严重后果的等"（参见中国人民解放军军事法院《惩治军人违反职责罪暂行条例》修改组："《〈中华人民共和国惩治军人违反职责犯罪条例（草案〉〉条文修改说明》（1995年9月）"，见高铭暄、赵秉志编：《新中国刑法立法文献资料总览》（下），中国人民公安大学出版社1998年版，第2793页）。

【立法建言】

建　议：将《刑法》第444条修改为："在战场上故意遗弃伤病军人，情节恶劣的，对直接责任人员，处五年以下有期徒刑或者拘役。"

理　由：

从立法技术上看，宜在本罪的法定刑中增加"拘役"的规定，以与《刑法》第445条的处刑规定相协调。

二十六、战时拒不救治伤病军人罪（第445条）

【立法沿革】

战时拒不救治伤病军人罪是1997年《刑法》第445条增设的罪名。

在刑法修订研拟的过程中，有关部门提出，"拒不救治伤病军人，违反医务人员的职责，挫伤部队的士气，削弱部队的战斗力"。[①] 因此，1997年的《刑法修订草案》（修改稿）第440条增设了战时拒不救治伤病军人罪："战时在救护治疗职位上，有条件救治而拒不救治危重伤病军人的，处五年以下有期徒刑或者拘役；造成伤病军人伤残、死亡或者有其他严重情节的，处五年以上有期徒刑。"1997年3月1日，提交给八届全国人大五次会议审议的《中华人民共和国刑法（修订草案）》第442条在上述规定的基础上，作了两处修改：一是将"伤残"的后果改为"重残"；二是将法定最高刑降为"十年有期徒刑"。这一修改方案，为现行刑法所采纳。

【立法规定】

《刑法》第445条规定："战时在救护治疗职位上，有条件救治而拒不救治危重伤病军人的，处五年以下有期徒刑或者拘役；造成伤病军人重残、死亡或者有其他严重情节的，处五年以上十年以下有期徒刑。"

【立法释义】

最高人民检察院、解放军总政治部2013年2月26日发布的《军人违反职责罪案件立案标准的规定》第28条规定："战时拒不救治伤病军人罪是指战时在救护治疗职位上，有条件救治而拒不救治危重伤病军人的行为。有条件救治而拒不救治，是指根据伤病军人的伤情或者病情，结合救护人员的技术水平、医疗单位的医疗条件及当时的客观环境等因素，能够给予救治而拒绝抢救、治疗。凡战时涉嫌拒不救治伤病军人的，应予立案。"

[①] 参见中国人民解放军军事法院《惩治军人违反职责罪暂行条例》修改组："《〈中华人民共和国惩治军人违反职责犯罪条例（草案）〉条文修改说明》（1995年9月）"，见高铭暄、赵秉志编：《新中国刑法立法文献资料总览》（下），中国人民公安大学出版社1998年版，第2782页。

【立法建言】

建 议：将《刑法》第 445 条修改为："战时在救护治疗职位上，有条件救治而拒不救治危重伤病军人，情节恶劣的，处五年以下有期徒刑或者拘役。"

理 由：

从立法技术上看，宜在本罪中增加"情节恶劣"的入罪限制，以与《刑法》第 444 条的规定相协调。此外，还宜删去本罪中"造成伤病军人重残、死亡或者有其他严重情节的，处五年以上十年以下有期徒刑"的规定。因为，"拒不救治危重伤病军人"的行为必然会"造成伤病军人重残、死亡"的严重后果，两者在内容上具有包容关系。况且，《刑法》第 444 条也无加重犯的规定。

二十七、战时残害居民、掠夺居民财物罪（第 446 条）

【立法沿革】

战时残害居民、掠夺居民财物罪是在《军职罪暂行条例》第 20 条规定的掠夺、残害战区居民罪的基础上修改而来的。

《军职罪暂行条例》第 20 条规定："在军事行动地区，掠夺、残害无辜居民的，处七年以下有期徒刑；情节严重的，处七年以上有期徒刑；情节特别严重的，处无期徒刑或者死刑。"

在刑法修订研拟的过程中，1996 年的《刑法修订草案》（征求意见稿）第 397 条直接移植了上述规定，未作任何修改。到了 1997 年，《刑法修订草案》（修改稿）第 441 条对上述规定作了较大的修改和调整：一是增加了"战时"这一前提条件；二是将"掠夺、残害无辜居民"改为"残害无辜居民或者掠夺无辜居民财物"；三是调整了具体的量刑幅度。这一修改方案，为现行刑法所采纳。

【立法规定】

《刑法》第 446 条规定："战时在军事行动地区，残害无辜居民或者掠夺无辜居民财物的，处五年以下有期徒刑；情节严重的，处五年以上十年以下有期徒刑；情节特别严重的，处十年以上有期徒刑、无期徒刑或者死刑。"

【立法释义】

最高人民检察院、解放军总政治部 2013 年 2 月 26 日发布的《军人违反职责罪案件立案标准的规定》第 29 条规定："战时残害居民罪是指战时在军事行动地区残害无辜居民的行为。无辜居民，是指对我军无敌对行动的平民。战时涉嫌下列情形之一的，应予立案：（一）故意造成无辜居民死亡、重伤或者轻伤三人以上的；（二）强奸无辜居民的；（三）故意损毁无辜居民财物价值五千元以上，或者不满规定数额，但手段恶劣、后果严重的。战时掠夺居民财物罪是指战时在军事行动地区抢劫、抢夺无辜居民财物的行为。战时涉嫌下列情形之一的，应予立案：（一）抢劫无辜居民财物的；（二）抢夺无辜居民财物价值二千元以上，或者不满规定数额，但手段恶劣、后果严重的。"

【立法建言】

建　议： 将《刑法》第446条修改为："战时在军事行动地区，残害无辜居民或者掠夺无辜居民财物的，处五年以下有期徒刑或者拘役；情节严重的，处五年以上十年以下有期徒刑；情节特别严重的，处十年以上有期徒刑、无期徒刑或者死刑。"

理　由：

从立法技术上看，宜在本罪的第1档法定刑中增加"拘役"的规定，以与本章其他"处五年以下有期徒刑或者拘役"的规定相协调。

二十八、私放俘虏罪（第447条）

【立法沿革】

私放俘虏罪是1997年《刑法》第447条增设的罪名。

在刑法修订研拟的过程中，有关部门提出，"私放俘虏是严重违反战场纪律的行为，不利于消灭敌人的有生力量和获取敌方情况，还可能暴露我军秘密，应该依法惩处"。[①]因此，1996年的《刑法修订草案》（征求意见稿）第398条增设了私放俘虏罪："私放俘虏的，处三年以下有期徒刑；私放重要俘虏、私放俘虏多人或者有其他严重情节的，处三年以上十年以下有期徒刑。"1997年的《刑法修订草案》（修改稿）第442条在上述规定的基础上，对法定刑作了适当调整，加大了处罚的力度。这一修改方案，为现行刑法所采纳。

【立法规定】

《刑法》第447条规定："私放俘虏的，处五年以下有期徒刑；私放重要俘虏、私放俘虏多人或者有其他严重情节的，处五年以上有期徒刑。"

【立法释义】

最高人民检察院、解放军总政治部2013年2月26日发布的《军人违反职责罪案件立案标准的规定》第30条规定："私放俘虏罪是指擅自将俘虏放走的行为。凡涉嫌私放俘虏

---

① 参见中国人民解放军军事法院《惩治军人违反职责罪暂行条例》修改组："《〈中华人民共和国惩治军人违反职责犯罪条例（草案）〉条文修改说明》（1995年9月）"，见高铭暄、赵秉志编：《新中国刑法立法文献资料总览》（下），中国人民公安大学出版社1998年版，第2778～2779页。

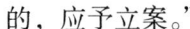

的，应予立案。"

【立法建言】

建　议：将《刑法》第 447 条修改为："私放俘虏的，处五年以下有期徒刑或者拘役；私放重要俘虏、私放俘虏多人或者有其他严重情节的，处五年以上有期徒刑。"

理　由：

从立法技术上看，宜在本罪的第 1 档法定刑中增加"拘役"的规定，以与本章其他"处五年以下有期徒刑或者拘役"的规定相协调。

二十九、虐待俘虏罪（第 448 条）

【立法沿革】

虐待俘虏罪是从《军职罪暂行条例》第 21 条的规定直接移植过来的。

《军职罪暂行条例》第 21 条规定："虐待俘虏，情节恶劣的，处三年以下有期徒刑。"

在刑法修订研拟的过程中，1996 年的《刑法修订草案》（征求意见稿）第 399 条直接移植了上述规定，并为现行刑法所采纳。

【立法规定】

《刑法》第 448 条规定："虐待俘虏，情节恶劣的，处三年以下有期徒刑。"

【立法释义】

最高人民检察院、解放军总政治部 2013 年 2 月 26 日发布的《军人违反职责罪案件立案标准的规定》第 31 条规定："虐待俘虏罪是指虐待俘虏，情节恶劣的行为。涉嫌下列情形之一的，应予立案：（一）指挥人员虐待俘虏的；（二）虐待俘虏三人以上，或者虐待俘虏三次以上的；（三）虐待俘虏手段特别残忍的；（四）虐待伤病俘虏的；（五）导致俘虏自杀、逃跑等严重后果的；（六）造成恶劣影响的；（七）有其他恶劣情节的。"

【立法建言】

建　议：将《刑法》第 448 条修改为："虐待俘虏，情节恶劣的，处三年以下有期徒刑或者拘役。"

理　由：

从立法技术上看，宜在本罪的法定刑中增加"拘役"的规定，以与本章其他"处三年以下有期徒刑或者拘役"的规定相协调。

三十、战时缓刑办法（第 449 条）

【立法沿革】

战时缓刑办法是从《军职罪暂行条例》第 29 条的规定直接移植过来的。

早在 1950 年，《刑法大纲草案》第 29 条即规定了对于军人的缓刑："战时法院对于判处刑罚的军役人员，得宣告暂缓执行。服务军役在前线作战期间，表现其为忠诚英勇的斗士者，原判刑罚不予执行。"为了缩小惩罚面，教育改造大多数，化消极因素为积极因素，[①] 1981 年《军职罪暂行条例》第 22 条规定了战时缓刑办法："在战时，对被判处三年以下有期徒刑没有现实危险宣告缓刑的犯罪军人，允许其戴罪立功，确有立功表现时，可以撤销原判刑罚，不以犯罪论处。"

在刑法修订研拟的过程中，1996 年的《刑法修订草案》（征求意见稿）第 400 条直接移植了上述规定，并为现行刑法所采纳。

【立法规定】

《刑法》第 449 条规定："在战时，对被判处三年以下有期徒刑没有现实危险宣告缓刑的犯罪军人，允许其戴罪立功，确有立功表现时，可以撤销原判刑罚，不以犯罪论处。"

【立法释义】

目前，尚无与战时缓刑办法相关的法律解释。

【立法建言】

建　议： 将《刑法》第 449 条移入总则第四章第五节"缓刑"之中。

理　由：

从规范的性质来看，《刑法》第 449 条所规定的内容属于总则性规范。并且，"本条以刑法的缓刑制度为基础"[②]，因而宜将其移至缓刑制度之中。

三十一、本章适用范围（第 450 条）

【立法沿革】

本章适用范围是在《军职罪暂行条例》有关规定的基础上修改而来的。

---

① 参见中国人民解放军总政治部副主任史进前："《关于〈中华人民共和国惩治军人违反职责罪暂行条例（草案）〉的说明》"，见高铭暄、赵秉志编：《中国刑法立法文献资料精选》，法律出版社 2007 年版，第 368 页。

② 参见中国人民解放军军事法院《惩治军人违反职责罪暂行条例》修改组："《〈中华人民共和国惩治军人违反职责犯罪条例（草案）〉条文修改说明》（1995 年 9 月）"，见高铭暄、赵秉志编：《新中国刑法立法文献资料总览》（下），中国人民公安大学出版社 1998 年版，第 2767 页。

《军职罪暂行条例》第 23 条规定："现役军人犯本条例以外之罪的，依照《中华人民共和国刑法》有关条款的规定处罚。"第 25 条规定："军内在编职工犯本条例之罪的，适用本条例。"由此可见，《军职罪暂行条例》只能适用于现役军人和军内在编职工。

在刑法修订研拟的过程中，有关部门提出，"执行军事任务的预备役人员和其他人员，虽然不具有军人的身份，但负有与军事有关的特殊职责"；"由于军队用工制度的变化，'在编职工'这一概念已不适用"[1]。据此，1996 年的《刑法修订草案》（征求意见稿）第 402 条对上述规定作了修改和调整。修改后的条文为："本章适用于中国人民解放军的现役军官、文职干部、士兵及具有军籍的学员和中国人民武装警察部队的现役警官、文职干部、士兵及具有军籍的学员以及执行军事任务的预备役人员和其他人员。"这一修改方案，为现行刑法所采纳。

【立法规定】

《刑法》第 450 条规定："本章适用于中国人民解放军的现役军官、文职干部、士兵及具有军籍的学员和中国人民武装警察部队的现役警官、文职干部、士兵及具有军籍的学员以及执行军事任务的预备役人员和其他人员。"

【立法释义】

最高人民检察院、解放军总政治部 2013 年 2 月 26 日发布的《军人违反职责罪案件立案标准的规定》第 32 条规定："本规定适用于中国人民解放军的现役军官、文职干部、士兵及具有军籍的学员和中国人民武装警察部队的现役警官、文职干部、士兵及具有军籍的学员以及执行军事任务的预备役人员和其他人员涉嫌军人违反职责犯罪的案件。"

【立法建言】

建　议：在《刑法》第 450 条中增加 1 款作为第 2 款："执行军事任务的预备役人员和其他人员，也适用本章规定。"

理　由：

从人员属性来看，"执行军事任务的预备役人员和其他人员"并非现役军人，而是属于"以现役军人论"的范畴。因此，宜将其另列为 1 款，以保持《刑法》立法体例上的协调。

三十二、战时的含义（第 451 条）

【立法沿革】

战时的含义是 1997 年《刑法》第 451 条增设的规定。

---

① 参见中央军委委员、总政治部主任于永波 1995 年 12 月 20 日在八届全国人大常委会第十七次会议上所作的《关于〈中华人民共和国惩治军人违反职责犯罪条例（草案）〉的说明》。

在刑法修订研拟的过程中，为了进一步明确战时的含义，1996 年的《刑法修订草案》（征求意见稿）第 403 条规定："本章所称战时，是指国家宣布进入战争状态、部队受领作战任务或者遭敌突然袭击时。军人执行戒严任务或者处置突发性暴力事件时，以战时论。"1997《刑法》第 451 条基本上沿用了上述规定，仅将第 2 款中的"军人"修改为"部队"。

【立法规定】

《刑法》第 451 条规定："本章所称战时，是指国家宣布进入战争状态、部队受领作战任务或者遭敌突然袭击时。部队执行戒严任务或者处置突发性暴力事件时，以战时论。"

【立法释义】

最高人民检察院、解放军总政治部 2013 年 2 月 26 日发布的《军人违反职责罪案件立案标准的规定》第 33 条规定："本规定所称'战时'，是指国家宣布进入战争状态、部队受领作战任务或者遭敌突然袭击时。部队执行戒严任务或者处置突发性暴力事件时，以战时论。"

【立法建言】

建　议：将《刑法》第 451 条第 2 款修改为："部队进入等级战备状态，执行戒严任务或者处置突发性暴力事件时，以战时论。"

理　由：

在部队中，"'等级战备'，是指军队战争准备和作战准备程度的区分。包括一级战备、二级战备和三级战备"。① 因此，宜将部队"进入等级战备状态"增加规定为"以战时论"的情形之一。

---

① 参见中国人民解放军军事法院《惩治军人违反职责罪暂行条例》修改组："《〈中华人民共和国惩治军人违反职责犯罪条例（草案）〉条文修改说明》（1995 年 9 月）"，见高铭暄、赵秉志编：《新中国刑法立法文献资料总览》（下），中国人民公安大学出版社 1998 年版，第 2795 页。

附　　则

本法的施行日期及相关法律的废止与保留（第452条）

【立法沿革】

附则是 1997 年《刑法》增设的规定。

为了解决修订的《刑法》开始施行的日期，以及《刑法》与全国人大常委会制定的单行刑法的关系问题，1997 年 3 月 1 日，提交给八届全国人大五次会议审议的《中华人民共和国刑法（修订草案）》增加规定了"附则"部分。该附则仅第 449 条 1 个条文，除规定"本法自 1997 年 10 月 1 日起施行"外，还"对十几年来全国人大常委会制定的有关刑法的 22 个修改补充规定和决定以及惩治军人违反职责罪暂行条例"，"根据两类不同情况分别处理：一类是已纳入本法或者已不适用，予以废止；一类是需要予以保留的，其中有关行政处罚和行政措施的规定仍然有效，有关刑事责任的规定已纳入本法，适用本法规定，在附则中作了具体规定"。① 这一立法方案，为现行刑法所采纳。

【立法规定】

《刑法》第 452 条规定："本法自 1997 年 10 月 1 日起施行。列于本法附件一的全国人民代表大会常务委员会制定的条例、补充规定和决定，已纳入本法或者已不适用，自本法施行之日起，予以废止。列于本法附件二的全国人民代表大会常务委员会制定的补充规定和决定予以保留。其中，有关行政处罚和行政措施的规定继续有效；有关刑事责任的规定已纳入本法，自本法施行之日起，适用本法规定。"

【立法释义】

目前，尚无与附则相关的法律解释。

【立法建言】

建　议：将《刑法》第 452 条修改为："本法自 1997 年 10 月 1 日起施行。列于本法

---

① 参见全国人大常委会副委员长王汉斌 1997 年 3 月 6 日在八届全国人大五次会议上作的《关于〈中华人民共和国刑法（修订草案）〉的说明》。

附件的全国人民代表大会常务委员会制定的条例、补充规定和决定，已纳入本法或者已不适用，自本法施行之日起，予以废止。"

理　由：

《刑法》第 452 条第 3 款关于"列于本法附件二的全国人民代表大会常务委员会制定的补充规定和决定予以保留。其中，有关行政处罚和行政措施的规定继续有效；有关刑事责任的规定已纳入本法，自本法施行之日起，适用本法规定"的规定，从当时的实际情况来看，是必要的。但是，由于附件二"有关行政处罚和行政措施的规定"已陆续为相关法律所取代或者废止，因而没有继续"保留"的必要，宜明确予以废止，以免与相关法律规定相冲突，造成法律适用的混乱。

附件一

　　全国人民代表大会常务委员会制定的下列条例、补充规定和决定，已纳入本法或者已不适用，自本法施行之日起，予以废止。

　　1.《中华人民共和国惩治军人违反职责罪暂行条例》

　　2.《关于严惩严重破坏经济的罪犯的决定》

　　3.《关于严惩严重危害社会治安的犯罪分子的决定》

　　4.《关于惩治走私罪的补充规定》

　　5.《关于惩治贪污罪贿赂罪的补充规定》

　　6.《关于惩治泄露国家秘密犯罪的补充规定》

　　7.《关于惩治捕杀国家重点保护的珍贵、濒危野生动物犯罪的补充规定》

　　8.《关于惩治侮辱中华人民共和国国旗国徽罪的决定》

　　9.《关于惩治盗掘古文化遗址古墓葬犯罪的补充规定》

　　10.《关于惩治劫持航空器犯罪分子的决定》

　　11.《关于惩治假冒注册商标犯罪的补充规定》

　　12.《关于惩治生产、销售伪劣商品犯罪的决定》

　　13.《关于惩治侵犯著作权的犯罪的决定》

　　14.《关于惩治违反公司法的犯罪的决定》

　　15.《关于处理逃跑或者重新犯罪的劳改犯和劳教人员的决定》

附件二

全国人民代表大会常务委员会制定的下列补充规定和决定予以保留，其中，有关行政处罚和行政措施的规定继续有效；有关刑事责任的规定已纳入本法，自本法施行之日起，适用本法规定。

1. 《关于禁毒的决定》
2. 《关于惩治走私、制作、贩卖、传播淫秽物品的犯罪分子的决定》
3. 《关于严惩拐卖、绑架妇女、儿童的犯罪分子的决定》
4. 《关于严禁卖淫嫖娼的决定》
5. 《关于惩治偷税、抗税犯罪的补充规定》
6. 《关于严惩组织、运送他人偷越国（边）境犯罪的补充规定》
7. 《关于惩治破坏金融秩序犯罪的决定》
8. 《关于惩治虚开、伪造和非法出售增值税专用发票犯罪的决定》

参考书目

1. 中国人民大学法律系刑法教研室资料室：《中华人民共和国刑法资料摘编》，群众出版社 1982 年版。

2. 梁国庆主编：《新中国司法解释大全》，中国检察出版社 1990 年版。

3. 卢泰山主编：《最高人民检察院司法解释评析（1979～1989）》，中国民主法制出版社 1991 年版。

4. 周道鸾主编：《中华人民共和国司法解释全集》，人民法院出版社 1994 年版。

5. 高铭暄、赵秉志编：《新中国刑法立法文献资料总览》（上、中、下），中国人民公安大学出版社 1998 年版。

6. 张穹主编：《最高人民检察院现行有效司法解释及其理解与适用》，中国民主法制出版社 2002 年版。

7. 张穹主编：《解读最高人民检察院司法解释》，人民法院出版社 2003 年版。

8. 高铭暄、赵秉志编：《中国刑法立法文献资料精选》，法律出版社 2007 年版。

9. 周强主编：《最高人民法院司法解释汇编（1949～2013）》（上、中、下），人民法院出版社 2014 年版。

10. 刘志伟编：《刑法规范总整理》，法律出版社 2015 年版。

11. 杨春洗等：《刑法总论》，北京大学出版社 1981 年版。

12. 利子平主编：《刑法原理》，江西高校出版社 1995 年版。

13. 苏惠渔主编：《刑法学》（修订版），中国政法大学出版社 1997 年版。

14. 陶驷驹主编：《中国新刑法通论》，群众出版社 1997 年版。

15. 赵长青主编：《新编刑法学》，西南师范大学出版社 1997 年版。

16. 高铭暄主编：《新编中国刑法学》，中国人民大学出版社 1998 年版。

17. 陈明华主编：《刑法学》，中国政法大学出版社 1999 年版。

18. 利子平主编：《刑法原理》（修订本），江西高校出版社 2000 年版。

19. 何秉松主编：《刑法教科书》（上下卷），中国法制出版社 2000 年版。

20. 韩忠谟：《刑法原理》，中国政法大学出版社 2002 年版。

21. 马克昌主编：《刑法学》，高等教育出版社 2003 年版。

22. 齐文远主编：《刑法学》，人民法院出版社、中国社会科学出版社 2003 年版。

23. 曲新久：《刑法学》，中国政法大学出版社 2009 年版。

24. 赵秉志主编：《刑法新教程》，中国人民大学出版社 2009 年版。

25. 张明楷：《刑法学》，法律出版社 2011 年版。

26. 王作富主编：《刑法》，中国人民大学出版社 2011 年版。

27. 高铭暄、马克昌主编：《刑法学》，北京大学出版社、高等教育出版社 2011 年版。

28. 林山田：《刑法通论》（上下册），北京大学出版社 2012 年版。

29. 刘艳红主编：《刑法学》（上、下），北京大学出版社 2014 年版。

30. 甘雨沛、何鹏：《外国刑法学》（上），北京大学出版社 1984 年版。

31. 张明楷：《外国刑法纲要》，清华大学出版社 1999 年版。

32. 马克昌主编：《外国刑法学总论》（大陆法系），中国人民大学出版社 2009 年版。

33. 贾济东：《外国刑法学原理》（大陆法系），科学出版社 2013 年版。

34. 高铭暄：《中华人民共和国刑法的孕育和诞生》，法律出版社 1981 年版。

35. 杨建华：《刑法总则之比较与研讨》，汉林出版社 1982 年版。

36. 蔡枢衡：《中国刑法史》，广西人民出版社 1983 年版。

37. 赵增祥、徐世虹：《〈汉书·刑法志〉注释》，法律出版社 1983 年版。

38. 沈家本：《历代刑法考》，中华书局 1985 年版。

39. 陆心国：《晋书刑法志注释》，群众出版社 1986 年版。

40. 高铭暄主编：《新中国刑法学研究综述》，河南人民出版社 1986 年版。

41. 陈兴良：《正当防卫论》，中国人民大学出版社 1987 年版。

42. 李光灿、马克昌、罗平：《论共同犯罪》，中国政法大学出版社 1987 年版。

43. 赵秉志：《犯罪未遂的理论与实践》，中国人民大学出版社 1987 年版。

44. 陈光中主编：《外国刑事诉讼程序比较研究》，法律出版社 1988 年版。

45. 钱大群：《唐律译注》，江苏古籍出版社 1988 年版。

46. 赵秉志：《犯罪主体论》，中国人民大学出版社 1989 年版。

47. 赵秉志主编：《刑法修改研究综述》，中国人民公安大学出版社 1990 年版。

48. 何秉松主编：《法人犯罪与刑事责任》，中国法制出版社 1991 年版。

49. 徐逸仁：《故意犯罪阶段形态论》，复旦大学出版社 1992 年版。

50. 陈兴良：《共同犯罪论》，中国社会科学出版社 1992 年版。

51. 陈兴良：《刑法哲学》，中国政法大学出版社 1992 年版。

52. 张晋藩等：《中国刑法史新论》，人民法院出版社 1992 年版。

53. 喻伟主编：《量刑通论》，武汉大学出版社 1993 年版。

54. 利子平、李保民主编：《行刑学》，江西人民出版社 1993 年版。

55. 高铭暄主编：《刑法学原理》（第 1 卷），中国人民大学出版社 1993 年版。

56. 高铭暄主编：《刑法学原理》（第 2 卷），中国人民大学出版社 1993 年版。

57. 高铭暄主编：《刑法学原理》（第 3 卷），中国人民大学出版社 1994 年版。

58. 赵永琛：《国际刑法与司法协助》，法律出版社 1994 年版。

59. 肖扬主编：《贿赂犯罪研究》，法律出版社 1994 年版。

60. 高潮、马建石主编：《中国历代刑法志注释》，吉林人民出版社 1994 年版。

61. 张明楷：《刑法的基础观念》，中国检察出版社 1995 年版。

62. 张智辉：《刑事责任论》，警官教育出版社 1995 年版。

63. 郎胜主编：《〈关于惩治破坏金融秩序犯罪的决定〉释义》，中国计划出版社 1995 年版。

64. 陈兴良主编：《刑法新罪评解全书》，中国民主法制出版社 1995 年版。

65. 赵炳寿主编：《刑罚专论》，四川大学出版社 1995 年版。

66. 胡云腾：《死刑通论》，中国政法大学出版社 1995 年版。

67. 赵秉志：《刑法改革问题研究》，中国法制出版社 1996 年版。

68. 赵秉志主编：《刑法争议问题研究》，河南人民出版社 1996 年版。

69. 高西江主编：《中华人民共和国刑法的修订与适用》，中国方正出版社 1997 年版。

70. 胡康生、李福成主编：《中华人民共和国刑法释义》，法律出版社 1997 年版。

71. 曹子丹、侯国云主编：《中华人民共和国刑法精解》，中国政法大学出版社 1997 年版。

72. 储槐植：《刑事一体化与关系刑法论》，北京大学出版社 1997 年版。

73. 陈兴良：《刑法疏义》，中国人民公安大学出版社 1997 年版。

74. 苏慧明主编：《中国金融刑法学》，中国人民公安大学出版社 1997 年版。

75. 高铭暄等编：《西原春夫古稀祝贺论文集》，中国法律出版社、日本成文堂 1997 年版。

76. 赵秉志主编：《新旧刑法比较与统一罪名理解与适用》，中国经济出版社 1998 年版。

77. 邱创教主编：《毒品犯罪惩治与预防全书》，中国法制出版社 1998 年版。

78. 周振想主编：《金融犯罪的理论与实务》，中国人民公安大学出版社 1998 年版。

79. 丁慕英等主编：《刑法实施中的重点难点问题研究》，法律出版社 1998 年版。

80. 马克昌主编：《经济犯罪新论》，武汉大学出版社 1998 年版。

81. 王晨：《刑事责任的一般理论》，武汉大学出版社 1998 年版。

82. 陈兴良主编：《刑法适用总论》（下），法律出版社 1999 年版。

83. 胡云腾：《存与废：死刑基本理论研究》，中国检察出版社 1999 年版。

84. 赵秉志主编：《疑难刑事问题司法对策》（第 6 集），吉林人民出版社 1999 年版。

85. 鲍遂献、雷东生：《危害公共安全罪》，中国人民公安大学出版社 1999 年版。

86. 陈兴良主编：《刑事法总论》，群众出版社 2000 年版。

87. 郭立新、杨迎泽主编：《刑法分则适用疑难问题解》，中国检察出版社 2000 年版。

88. 张明楷：《法益初论》，中国政法大学出版社 2000 年版。

89. 叶高峰主编：《危害公共安全罪的定罪与量刑》，人民法院出版社 2000 年版。

90. 白建军主编：《金融犯罪研究》，法律出版社 2000 年版。

91. 马克昌主编：《犯罪通论》，武汉大学出版社 2001 年版。

92. 邱兴隆主编：《比较刑法》（第 1 卷·死刑专号），中国检察出版社 2001 年版。

93. 王利荣：《行刑法律机能研究》，法律出版社 2001 年版。

94. 马克昌：《比较刑法原理》，武汉大学出版社 2002 年版。

95. 高铭暄主编：《刑法专论》，高等教育出版社 2002 年版。

96. 贾宇：《罪与刑的思辨》，法律出版社 2002 年版。

97. 吴孟栓、罗庆东：《刑法立法修正适用通解》，中国检察出版社 2002 年版。

98. 利子平、胡祥福主编：《环境犯罪新论》，江西人民出版社 2002 年版。

99. 利子平、胡祥福主编：《渎职罪新论》，江西人民出版社 2002 年版。

100. 张军等：《刑法纵横谈》，法律出版社 2003 年版。

101. 孙军工：《金融诈骗罪》，中国人民公安大学出版社 2003 年版。

102. 赵秉志：《刑法总则问题专论》，法律出版社 2004 年版。

103. 李宇先：《聚众犯罪研究》，湖南人民出版社 2004 年版。

104. 赵秉志、黄风主编：《被判刑人移管国际暨区域合作》，中国人民公安大学出版社 2004 年版。

105. 白建军：《罪刑均衡实证研究》，法律出版社 2004 年版。

106. 杨宇冠、吴高庆：《〈联合国反腐败公约〉解读》，中国人民公安大学出版社 2004 年版。

107. 王俊平主编：《刑法新增犯罪研究》，人民法院出版社 2004 年版。

108. 陈兴良、梁根林主编：《润物无声——北京大学法学院百年院庆文存之刑事一体化与刑事政策》，法律出版社 2005 年版。

109. 李希慧、刘宪权主编：《中国刑法学年会文集（2005 年度）第一卷：刑罚制度研究（上册）》，中国人民公安大学出版社 2005 年版。

110. 利子平、胡祥福主编：《金融犯罪新论》，群众出版社 2005 年版。

111. 孙国祥、魏昌东：《经济刑法研究》，法律出版社 2005 年版。

112. 侯国云：《刑法理论究探》，中国政法大学出版社 2005 年版。

113. 储槐植：《美国刑法》，北京大学出版社 2005 年版。

114. 苏彩霞：《中国刑法国际化研究》，北京大学出版社 2006 年版。

115. 熊永明：《伪造文书罪初论》，群众出版社 2006 年版。

116. 高铭暄、赵秉志：《中国刑法立法之演进》，法律出版社 2007 年版。

117. 孙国祥：《刑法基本问题》，法律出版社 2007 年版。

118. 周道鸾、张军主编：《刑法罪名精释》，人民法院出版社 2007 年版。

119. 黎宏：《刑法总论问题思考》，中国人民大学出版社 2007 年版。

120. 马荣春：《刑法完善论》，群众出版社 2008 年版。

121. 赵秉志等主编：《新中国刑法 60 年巡礼》（上卷：历程暨反思），中国人民公安大学出版社 2009 年版。

122. 吴宗宪、曹健主编：《老年犯罪》，中国社会科学出版社 2010 年版。

123. 王作富主编：《刑法分则实务研究》（上），中国方正出版社 2010 年版。

124. 刘宪权：《金融犯罪刑法学专论》，北京大学出版社 2010 年版。

125. 张明楷：《刑法分则的解释原理》（上、下），中国人民大学出版社 2011 年版。

126. 高铭暄、陈璐：《〈中华人民共和国刑法修正案（八）〉解读与思考》，中国人民大学出版社 2011 年版。

127. 卢建平：《刑事政策与刑法变革》，中国人民公安大学出版社 2011 年版。

128. 刘德法：《聚众犯罪理论与实务研究》，中国法制出版社 2011 年版。

129. 高铭暄：《中华人民共和国刑法的孕育诞生和发展完善》，北京大学出版社 2012 年版。

130. 彭文华：《犯罪既遂原理》，中国政法大学出版社 2013 年版。

131. 刘仁文：《死刑的全球视野与中国语境》，中国社会科学出版社 2013 年版。

132. 刘仁文：《死刑的温度》，生活·读书·新知三联书店 2014 年版。

133. 利子平：《刑法司法解释瑕疵研究》，法律出版社 2014 年版。

134. 【法】孟德斯鸠：《论法的精神》（上册），张雁深译，商务印书馆 1961 年版。

135. 【英】弗·培根：《培根论说文集》，水天同译，商务印书馆 1983 年版。

136. 【日】长谷川和夫、霜山德尔主编：《老年心理学》，车文博等译，黑龙江人民出版社 1985 年版。

137. 【美】戴维·L. 德克尔：《老年社会学》，沈健译，天津人民出版社 1986 年版。

138. 【英】鲁珀特·克罗斯、菲利普·A.琼斯：《英国刑法导论》，赵秉志等译，中国人民大学出版社1991年版。

139. 【日】木村龟二主编：《刑法学词典》，顾肖荣等译校，上海翻译出版公司1991年版。

140. 【法】卡斯东·斯特法尼等：《法国刑法总论精义》，罗结珍译，中国政法大学出版社1998年版。

141. 【日】中山研一：《刑法的基本思想》，姜伟、毕英达译，国际文化出版公司1998年版。

142. 【日】大谷实：《刑事政策学》，黎宏译，法律出版社2000年版。

143. 【德】汉斯·海因里希·耶赛克、托马斯·魏根特：《德国刑法教科书》（总论），徐久生译，中国法制出版社2001年版。

144. 【日】大塚仁：《刑法概说》（总论），冯军译，中国人民大学出版社2003年版。

145. 【日】西原春夫：《刑法的根基与哲学》，顾肖荣等译，法律出版社2004年版。

146. 【意】杜里奥·帕多瓦尼：《意大利刑法学原理》（注评版），陈忠林译评，中国人民大学出版社2004年版。

147. 【意】切萨雷·龙勃罗梭：《犯罪人论》，黄风译，中国法制出版社2005年版。

148. 【日】曾根威彦：《刑法学基础》，黎宏译，法律出版社2005年版。

149. 【韩】李在祥：《韩国刑法总论》，韩相敦译，中国人民大学出版社2005年版。

150. 【日】西田典之：《日本刑法总论》，刘明祥、王昭武译，中国人民大学出版社2007年版。

151. 【意】贝卡里亚：《论犯罪与刑罚》，黄风译，北京大学出版社2008年版。

152. 【德】约翰内斯·维塞尔斯：《德国刑法总论》，李昌珂译，法律出版社2008年版。

153. 【日】大野真义、墨谷葵：《要说刑法总论》（改订版），嵯峨野书院1990年版。

154. 【日】团藤重光：《死刑废止论》，有斐阁1993年版。

155. 【日】西原春夫：《刑法总论》（改订准备版）（下卷），成文堂1995年版。

后　　记

　　《新中国刑法的立法源流与展望》一书，是继作者2014年出版《刑法司法解释瑕疵研究》之后，关于刑法司法解释、刑法立法和刑法基础理论系列思考的研究成果之二。

　　本书以马克思列宁主义、毛泽东思想、邓小平理论、"三个代表"重要思想和科学发展观为指导，立足我国现行刑法立法，力图忠实地反映我国现行刑法立法孕育、产生和发展演变的过程，并对我国刑法立法的未来发展提出系统的、建设性的意见和建议。采用"立法沿革""立法规定""立法释义"和"立法建言"的体例结构，对《刑法修正案（九）》修正后的《刑法》逐条进行了全面、系统的梳理和探讨（其中，"立法释义"中的法律解释，是截至2015年10月31日以前我国现行有效的刑法立法解释和司法解释；"立法释义"中的指导性案例，收入了同期最高人民法院发布的指导案例中的"裁判要点"和最高人民检察院发布的指导性案例中的"要旨"），力求使本书成为集史料性、工具性、建设性于一体，既有理论意义，又有实践价值的综合性研究成果。

　　由于本书所涉的时间跨度较长、资料浩瀚、工作量巨大，因而特邀作者指导的硕士研究生蒋帛婷共同参与完成。在作者指导下，蒋帛婷同学作了大量的资料搜集、梳理和文字录入工作。在此基础上，作者完成了"立法沿革""立法建言"的撰写和"立法规定""立法释义"的整理工作。此外，应当指出的是，本书中的"立法建言"部分虽然是作者独立撰写完成的，但其中有的内容是与作者多年来所指导的青年教师竹怀军以及研究生樊宏涛、杨美蓉、郭苇、辛波、李春华、周建达、石聚航等合作研究的成果。这些研究成果在本书中均有所反映和体现，并注明了出处。在此，谨向他们表示诚挚的谢意！

　　在本书的撰写过程中，参考了大量的相关论著和资料；本书的出版得到了江西省高等学校重点学科建设项目资助，并得到了知识产权出版社的大力支持和责任编辑齐梓伊女士的无私帮助，在此一并致谢。

　　由于作者水平所限等原因，书中错漏之处在所难免，敬祈广大读者批评指正，以便再版时修订。

利子平

2015年11月于前湖之畔